# CÓDIGO
# PENAL
# COMENTADO

O GEN | Grupo Editorial Nacional – maior plataforma editorial brasileira no segmento científico, técnico e profissional – publica conteúdos nas áreas de concursos, ciências jurídicas, humanas, exatas, da saúde e sociais aplicadas, além de prover serviços direcionados à educação continuada.

As editoras que integram o GEN, das mais respeitadas no mercado editorial, construíram catálogos inigualáveis, com obras decisivas para a formação acadêmica e o aperfeiçoamento de várias gerações de profissionais e estudantes, tendo se tornado sinônimo de qualidade e seriedade.

A missão do GEN e dos núcleos de conteúdo que o compõem é prover a melhor informação científica e distribuí-la de maneira flexível e conveniente, a preços justos, gerando benefícios e servindo a autores, docentes, livreiros, funcionários, colaboradores e acionistas.

Nosso comportamento ético incondicional e nossa responsabilidade social e ambiental são reforçados pela natureza educacional de nossa atividade e dão sustentabilidade ao crescimento contínuo e à rentabilidade do grupo.

# GUILHERME DE SOUZA NUCCI

# CÓDIGO PENAL COMENTADO

25.ª edição revista e atualizada

- O autor deste livro e a editora empenharam seus melhores esforços para assegurar que as informações e os procedimentos apresentados no texto estejam em acordo com os padrões aceitos à época da publicação, e todos os dados foram atualizados pelo autor até a data de fechamento do livro. Entretanto, tendo em conta a evolução das ciências, as atualizações legislativas, as mudanças regulamentares governamentais e o constante fluxo de novas informações sobre os temas que constam do livro, recomendamos enfaticamente que os leitores consultem sempre outras fontes fidedignas, de modo a se certificarem de que as informações contidas no texto estão corretas e de que não houve alterações nas recomendações ou na legislação regulamentadora.

- Fechamento desta edição: *06.01.2025*

- O autor e a editora se empenharam para citar adequadamente e dar o devido crédito a todos os detentores de direitos autorais de qualquer material utilizado neste livro, dispondo-se a possíveis acertos posteriores caso, inadvertida e involuntariamente, a identificação de algum deles tenha sido omitida.

- **Atendimento ao cliente: (11) 5080-0751 | faleconosco@grupogen.com.br**

- Direitos exclusivos para a língua portuguesa
  *Copyright © 2025 by*
  **Editora Forense Ltda.**
  *Uma editora integrante do GEN | Grupo Editorial Nacional*
  Travessa do Ouvidor, 11 – Térreo e 6º andar
  Rio de Janeiro – RJ – 20040-040
  www.grupogen.com.br

- Reservados todos os direitos. É proibida a duplicação ou reprodução deste volume, no todo ou em parte, em quaisquer formas ou por quaisquer meios (eletrônico, mecânico, gravação, fotocópia, distribuição pela Internet ou outros), sem permissão, por escrito, da Editora Forense Ltda.

- Capa: Fabricio Vale

- **CIP-BRASIL. CATALOGAÇÃO NA PUBLICAÇÃO**
  **SINDICATO NACIONAL DOS EDITORES DE LIVROS, RJ**

  N876c
  25. ed.

  Nucci, Guilherme de Souza
  Código penal comentado / Guilherme de Souza Nucci. - 25. ed., rev. e atual. - [2. Reimp.] - Rio de Janeiro : Forense, 2025.
  1512 p. ; 24 cm.

  Apêndice
  Inclui bibliografia
  índice alfabético-remissivo
  ISBN 978-85-3099-596-6

  1. Brasil. [Código penal (1940)]. 2. Direito penal - Brasil. I. Título.

  24-95540
  CDU: 343.2(81)

  Gabriela Faray Ferreira Lopes - Bibliotecária - CRB-7/6643

## Sobre o Autor

Livre-docente em Direito Penal, Doutor e Mestre em Direito Processual Penal pela PUC-SP. Professor Associado da PUC-SP, atuando nos cursos de Graduação e Pós--graduação (Mestrado e Doutorado). Desembargador na Seção Criminal do Tribunal de Justiça de São Paulo.

www.guilhermenucci.com.br

# Índice Geral

| | |
|---|---|
| Índice Sistemático do Código Penal | IX |
| Tábua de Abreviaturas | XIII |
| Código Penal – Decreto-lei 2.848, de 7 de dezembro de 1940 | 1 |
| Referências Bibliográficas | 1421 |
| Apêndice – Súmulas | 1445 |
| Índice Alfabético-Remissivo | 1453 |
| Obras do Autor | 1493 |

# Índice Sistemático do Código Penal

## DECRETO-LEI 2.848, DE 7 DE DEZEMBRO DE 1940

### PARTE GERAL

| | | |
|---|---|---|
| **TÍTULO I – DA APLICAÇÃO DA LEI PENAL** | | 5 |
| Arts. 1.º a 12 | | 5 |
| **TÍTULO II – DO CRIME** | | 87 |
| Arts. 13 a 25 | | 104 |
| **TÍTULO III – DA IMPUTABILIDADE PENAL** | | 243 |
| Arts. 26 a 28 | | 243 |
| **TÍTULO IV – DO CONCURSO DE PESSOAS** | | 259 |
| Arts. 29 a 31 | | 260 |
| **TÍTULO V – DAS PENAS** | | 275 |
| Capítulo I | – Das espécies de pena (arts. 32 a 52) | 284 |
| Seção I | – Das penas privativas de liberdade (arts. 33 a 42) | 285 |
| Seção II | – Das penas restritivas de direitos (arts. 43 a 48) | 331 |
| Seção III | – Da pena de multa (arts. 49 a 52) | 351 |
| Capítulo II | – Da cominação das penas (arts. 53 a 58) | 364 |
| Capítulo III | – Da aplicação da pena (arts. 59 a 76) | 367 |
| Capítulo IV | – Da suspensão condicional da pena (arts. 77 a 82) | 470 |
| Capítulo V | – Do livramento condicional (arts. 83 a 90) | 481 |
| Capítulo VI | – Dos efeitos da condenação (arts. 91 a 92) | 495 |
| Capítulo VII | – Da reabilitação (arts. 93 a 95) | 508 |

# Código Penal Comentado · Nucci

**TÍTULO VI – DAS MEDIDAS DE SEGURANÇA** ............................................................. 513

Arts. 96 a 99 ............................................................................................................... 513

**TÍTULO VII – DA AÇÃO PENAL** .................................................................................. 527

Arts. 100 a 106 ........................................................................................................... 527

**TÍTULO VIII – DA EXTINÇÃO DA PUNIBILIDADE** ...................................................... 535

Arts. 107 a 120 ........................................................................................................... 536

## PARTE ESPECIAL

**TÍTULO I – DOS CRIMES CONTRA A PESSOA** .............................................................. 581

| | | |
|---|---|---|
| Capítulo I | – Dos crimes contra a vida (arts. 121 a 128) | 581 |
| Capítulo II | – Das lesões corporais (art. 129) | 645 |
| Capítulo III | – Da periclitação da vida e da saúde (arts. 130 a 136) | 663 |
| Capítulo IV | – Da rixa (art. 137) | 686 |
| Capítulo V | – Dos crimes contra a honra (arts. 138 a 145) | 688 |
| Capítulo VI | – Dos crimes contra a liberdade individual (arts. 146 a 154-B) | 714 |
| Seção I | – Dos crimes contra a liberdade pessoal (arts. 146 a 149-A) | 714 |
| Seção II | – Dos crimes contra a inviolabilidade do domicílio (art. 150) | 749 |
| Seção III | – Dos crimes contra a inviolabilidade de correspondência (arts. 151 e 152) | 754 |
| Seção IV | – Dos crimes contra a inviolabilidade dos segredos (arts. 153 a 154-B) | 764 |

**TÍTULO II – DOS CRIMES CONTRA O PATRIMÔNIO** ..................................................... 779

| | | |
|---|---|---|
| Capítulo I | – Do furto (arts. 155 e 156) | 779 |
| Capítulo II | – Do roubo e da extorsão (arts. 157 a 160) | 805 |
| Capítulo III | – Da usurpação (arts. 161 e 162) | 835 |
| Capítulo IV | – Do dano (arts. 163 a 167) | 841 |
| Capítulo V | – Da apropriação indébita (arts. 168 a 170) | 847 |
| Capítulo VI | – Do estelionato e outras fraudes (arts. 171 a 179) | 863 |
| Capítulo VII | – Da receptação (arts. 180 e 180-A) | 903 |
| Capítulo VIII | – Disposições gerais (arts. 181 a 183-A) | 917 |

**TÍTULO III – DOS CRIMES CONTRA A PROPRIEDADE IMATERIAL** ............................... 925

| | | |
|---|---|---|
| Capítulo I | – Dos crimes contra a propriedade intelectual (arts. 184 a 186) | 925 |
| Capítulo II | – Dos crimes contra o privilégio de invenção (arts. 187 a 191) (Revogados pela Lei 9.279/1996) | 936 |
| Capítulo III | – Dos crimes contra as marcas de indústria e comércio (arts. 192 a 195) (Revogados pela Lei 9.279/1996) | 937 |
| Capítulo IV | – Dos crimes de concorrência desleal (art. 196) (Revogado pela Lei 9.279/1996) | 937 |

# Índice Sistemático do Código Penal

**TÍTULO IV – DOS CRIMES CONTRA A ORGANIZAÇÃO DO TRABALHO**.................................... 939

Arts. 197 a 207 ................................................................................................................ 940

**TÍTULO V – DOS CRIMES CONTRA O SENTIMENTO RELIGIOSO E CONTRA O RESPEITO
AOS MORTOS** ................................................................................................................ 957

Capítulo I     – Dos crimes contra o sentimento religioso (art. 208)................................ 957

Capítulo II    – Dos crimes contra o respeito aos mortos (arts. 209 a 212)................... 960

**TÍTULO VI – DOS CRIMES CONTRA A DIGNIDADE SEXUAL** .............................................. 965

Capítulo I     – Dos crimes contra a liberdade sexual (arts. 213 a 216-A)................... 966

Capítulo I-A   – Da exposição da intimidade sexual (art. 216-B)................................. 997

Capítulo II    – Dos crimes sexuais contra vulnerável (arts. 217 a 218-C)................. 1000

Capítulo III   – Do rapto (arts. 219 a 222) (Revogados pela Lei 11.106/2005) .......... 1023

Capítulo IV   – Disposições gerais (arts. 223 a 226)................................................ 1023

Capítulo V    – Do lenocínio e do tráfico de pessoa para fim de prostituição ou outra
                forma de exploração sexual (arts. 227 a 232-A)..................................... 1026

Capítulo VI   – Do ultraje público ao pudor (arts. 233 e 234) .................................. 1045

Capítulo VII   – Disposições gerais (arts. 234-A a 234-C)......................................... 1052

**TÍTULO VII – DOS CRIMES CONTRA A FAMÍLIA** .............................................................. 1057

Capítulo I     – Dos crimes contra o casamento (arts. 235 a 240)............................. 1057

Capítulo II    – Dos crimes contra o estado de filiação (arts. 241 a 243) .................. 1064

Capítulo III   – Dos crimes contra a assistência familiar (arts. 244 a 247)................. 1068

Capítulo IV   – Dos crimes contra o pátrio poder, tutela ou curatela (arts. 248 e 249)........ 1076

**TÍTULO VIII – DOS CRIMES CONTRA A INCOLUMIDADE PÚBLICA** ................................... 1081

Capítulo I     – Dos crimes de perigo comum (arts. 250 a 259)................................ 1081

Capítulo II    – Dos crimes contra a segurança dos meios de comunicação e transporte
                e outros serviços públicos (arts. 260 a 266) ........................................ 1094

Capítulo III   – Dos crimes contra a saúde pública (arts. 267 a 285)........................ 1105

**TÍTULO IX – DOS CRIMES CONTRA A PAZ PÚBLICA** ....................................................... 1135

Arts. 286 a 288-A........................................................................................................... 1135

**TÍTULO X – DOS CRIMES CONTRA A FÉ PÚBLICA** .......................................................... 1147

Capítulo I     – Da moeda falsa (arts. 289 a 292)................................................... 1147

Capítulo II    – Da falsidade de títulos e outros papéis públicos (arts. 293 a 295) .......... 1158

Capítulo III   – Da falsidade documental (arts. 296 a 305) ..................................... 1166

Capítulo IV   – De outras falsidades (arts. 306 a 311) ............................................ 1197

Capítulo V    – Das fraudes em certames de interesse público (art. 311-A)................. 1209

## Código Penal Comentado · Nucci

**TÍTULO XI – DOS CRIMES CONTRA A ADMINISTRAÇÃO PÚBLICA** .................................... 1215

Capítulo I – Dos crimes praticados por funcionário público contra a administração em geral (arts. 312 a 327) ............................................... 1215

Capítulo II – Dos crimes praticados por particular contra a administração em geral (arts. 328 a 337-A) ....................................................................... 1257

Capítulo II-A – Dos crimes praticados por particular contra a administração pública estrangeira (arts. 337-B a 337-D) ...................................... 1297

Capítulo II-B – Dos crimes em licitações e contratos administrativos (arts. 337-E a 337-P) ... 1305

Capítulo III – Dos crimes contra a administração da justiça (arts. 338 a 359) ..................... 1328

Capítulo IV – Dos crimes contra as finanças públicas (arts. 359-A a 359-H) ..................... 1380

**TÍTULO XII – DOS CRIMES CONTRA O ESTADO DEMOCRÁTICO DE DIREITO** .................. 1397

Capítulo I – Dos crimes contra a soberania nacional (arts. 359-I a 359-K) ..................... 1397

Capítulo II – Dos crimes contra as instituições democráticas (arts. 359-L e 359-M) .......... 1407

Capítulo III – Dos crimes contra o funcionamento das instituições democráticas no processo eleitoral (arts. 359-N a 359-Q) .................................... 1409

Capítulo IV – Dos crimes contra o funcionamento dos serviços essenciais (art. 359-R) .... 1411

Capítulo V – (Vetado) ................................................................................................. 1412

Capítulo VI – Disposições comuns (arts. 359-T e 359-U) ................................................ 1412

**DISPOSIÇÕES FINAIS** ................................................................................................. 1419

Arts. 360 e 361 ........................................................................................................... 1419

# Tábua de Abreviaturas

**AC** – Apelação Criminal

**ADIn** – Ação Direta de Inconstitucionalidade

**ADPF** – Arguição de Descumprimento de Preceito Fundamental

**Ag** – Agravo

**AgExec.** – Agravo em Execução

**AgRg** – Agravo Regimental

**AI** – Agravo de Instrumento

*Ajuris* – *Revista da Associação dos Juízes do Rio Grande do Sul*

**Ap.** – Apelação

**Ap. Cív.** – Apelação Civil

**Ap. Crim.** – Apelação Criminal

**BACEN** – Banco Central do Brasil

**BMJ** – Boletim Mensal de Jurisprudência do Tribunal de Alçada Criminal de São Paulo

**Bol. AASP** – Boletim da Associação dos Advogados de São Paulo

**Bol. IBCCrim** – Boletim do Instituto Brasileiro de Ciências Criminais

**Bol. TJSP** – Boletim de Jurisprudência da Biblioteca do Tribunal de Justiça de São Paulo

**C.** – Câmara

**CC** – Código Civil

**cit.** – citado(a)

**CJ** – Conflito de Jurisdição

**CLT** – Consolidação das Leis do Trabalho

**Cor. Parc.** – Correição Parcial

**CP** – Código Penal

**CPC/1973** – Código de Processo Civil de 1973

**CPC/2015** – Código de Processo Civil de 2015

**CPP** – Código de Processo Penal

**Crim.** – Criminal

**CT** – Carta Testemunhável

**CTN** – Código Tributário Nacional

**Den.** – Denúncia

**Des.** – Desembargador

**DJ** – *Diário da Justiça*

**DJU** – *Diário da Justiça da União*

**ECA** – Estatuto da Criança e do Adolescente

**ED** – Embargos Declaratórios

**EI** – Embargos Infringentes

**Emb. Div.** – Embargos de Divergência

**EV** – Exceção da Verdade

**Extr.** – Extradição

**HC** – *Habeas Corpus*

**Inq.** – Inquérito Policial

**IUF** – Incidente de Uniformização de Jurisprudência

**j.** – julgado em

**JC** – Jurisprudência Catarinense

**JM** – Jurisprudência Mineira

**JSTF-Lex** – Jurisprudência do Supremo Tribunal Federal

**JSTJ** – Jurisprudência do Superior Tribunal de Justiça

**JTJ-Lex** – Julgados do Tribunal de Justiça (antiga *Revista de Jurisprudência do Tribunal de Justiça de São Paulo – RJTJESP*)

**JUBI** – Departamento Técnico de Jurisprudência e Biblioteca do Tribunal de Justiça de São Paulo (boletim)

**JUTACRIM-SP** – Julgados do Tribunal de Alçada Criminal de São Paulo

**JUTARS** – Julgados do Tribunal de Alçada do Rio Grande do Sul

**LCP** – Lei das Contravenções Penais

**LEP** – Lei de Execução Penal

**LRF** – Lei de Responsabilidade Fiscal

**MI** – Mandado de Injunção

**Min.** – Ministro

**MS** – Mandado de Segurança

**m.v.** – maioria de votos

**ob.** – obra

**p.** – página

**PE** – Pedido de Extradição

**PT** – Petição

**QC** – Queixa-crime

**RA** – Recurso de Agravo

**RBCCrim.** – *Revista Brasileira de Ciências Criminais*

**RC** – Reclamação

*RDA* – *Revista de Direito Administrativo*

*RDP* – *Revista de Direito Público*

*RDTJRJ* – *Revista de Direito do Tribunal de Justiça do Rio de Janeiro*

**RE** – Recurso Extraordinário

**Rec.** – Recurso Criminal

**Rec. Adm.** – Recurso Administrativo

**rel.** – Relator

**REsp** – Recurso Especial

**Rev.** – Revisão Criminal

*RF* – *Revista Forense*

**RHC** – Recurso de *Habeas Corpus*

**RISTF** – Regimento Interno do Supremo Tribunal Federal

*RJDTACRIM* – *Revista de Jurisprudência e Doutrina do Tribunal de Alçada Criminal de São Paulo*

*RJTAMG* – *Revista de Julgados do Tribunal de Alçada de Minas Gerais*

*RJTJ* – *Revista de Jurisprudência do Tribunal de Justiça* (ex.: RJTJSP, RJTJRS)

*RJTJRJ* – *Revista de Jurisprudência do Tribunal de Justiça do Rio de Janeiro*

*RJTJRS* – *Revista de Jurisprudência do Tribunal de Justiça do Rio Grande do Sul*

*RJTJSP* – *Revista de Jurisprudência do Tribunal de Justiça de São Paulo*

**RMS** – Recurso em Mandado de Segurança

**RO** – Recurso de Ofício

**RSE** – Recurso em Sentido Estrito

*RSTJ* – *Revista do Superior Tribunal de Justiça*

*RT* – *Revista dos Tribunais*

*RTFR* – *Revista do Tribunal Federal de Recursos*

*RTJ* – *Revista Trimestral de Jurisprudência* (STF)

*RTJE* – *Revista Trimestral de Jurisprudência dos Estados*

**STF** – Supremo Tribunal Federal

**STJ** – Superior Tribunal de Justiça

**T.** – Turma

**t.** – Tomo

**TA** – Tribunal de Alçada

**TACRIM/RJ** – Tribunal de Alçada Criminal do Rio de Janeiro

**TACRIM/SP** – Tribunal de Alçada Criminal de São Paulo

**TAPR** – Tribunal de Alçada do Paraná

**TFR** – Tribunal Federal de Recursos

**TJ** – Tribunal de Justiça

**TJM** – Tribunal de Justiça Militar

**TJMG** – Tribunal de Justiça de Minas Gerais

**TJSP** – Tribunal de Justiça de São Paulo

**TP** – Tribunal Pleno

**TRF** – Tribunal Regional Federal

**VCP** – Verificação de Cessação de Periculosidade

**v.u.** – votação unânime

# CÓDIGO PENAL

## DECRETO-LEI 2.848, DE 7 DE DEZEMBRO DE 1940

*O Presidente da República, usando da atribuição que lhe confere o art. 180 da Constituição, decreta a seguinte Lei:*

# PARTE GERAL

# Título I
## Da aplicação da lei penal[1-A-1-I]

**Anterioridade da lei[2]**

> **Art. 1.º** Não há crime[3] sem lei[4-5] anterior[6] que o defina.[7-9] Não há pena[10] sem prévia cominação legal.[11-16]

**1-A. Conceito de direito penal:** é o corpo de normas jurídicas voltado à fixação dos limites do poder punitivo do Estado, instituindo infrações penais e as sanções correspondentes, bem como regras atinentes à sua aplicação. Para vários autores, há diferença entre *direito penal* e *direito criminal*, sendo este abrangente daquele, porque daria enfoque ao *crime* e suas consequências jurídicas, enquanto este seria mais voltado ao estudo da *punição*. Assim não nos parece e tudo não passa de uma opção terminológica. Já tivemos, no Brasil, um Código Criminal (1830), mas depois passamos a denominar o corpo de normas jurídicas voltado ao combate à criminalidade como Código Penal (1890 e 1940). O mesmo ocorre em outros países, havendo ora a opção pela denominação de *direito criminal* (*v. g.*, Grã-Bretanha), ora de *direito penal* (*v. g.*, Itália).

**1-B. Direito penal objetivo e direito penal subjetivo:** o *direito penal objetivo* é o corpo de normas jurídicas destinado ao combate à criminalidade, garantindo a defesa da sociedade, como exposto no item anterior. Embora alguns autores denominem *direito penal subjetivo* como o direito de punir do Estado, que surge após o cometimento da infração penal, parece-nos correta a visão de Aníbal Bruno ao sustentar que inexiste, propriamente, um direito penal subjetivo, pois "o que se manifesta no exercício da Justiça penal é esse poder soberano do Estado, um poder jurídico que se faz efetivo pela lei penal, para que o Estado cumpra a sua função originária, que é assegurar as condições de existência e continuidade da organização social. Reduzi-lo a um direito subjetivo falsifica a natureza real dessa função e diminui a sua força e eficácia, porque resolve o episódio do crime apenas em um conflito entre direitos do indivíduo e direitos do Estado" (*Direito penal – Parte geral*, t. I, p. 34-35).

**1-C. Evolução do direito penal e escolas penais:** o ser humano sempre viveu agrupado, enfatizando seu nítido impulso associativo e lastreando, um no outro, suas necessidades, anseios, conquistas, enfim, sua satisfação. Ensina Carrara que "é falsa a transição de um estado primitivo, de absoluto isolamento, para outro, modificado e artificial. (...) O estado de associação é o único primitivo do homem; nele a própria lei natural o colocou desde o instante de sua criação" (*Programa do curso de direito criminal*, v. I, p. 18). Na mesma ótica: ANÍBAL BRUNO (*Direito penal – Parte geral*, t. I, p. 67). E desde os primórdios o ser humano violou as regras de convivência, ferindo semelhantes e a própria comunidade onde vivia, tornando inexorável a aplicação de uma punição. Sem dúvida, não se entendiam as variadas formas de castigo como se fossem *penas*, no sentido técnico-jurídico que hoje possuem, embora não passassem de embriões do sistema vigente. Inicialmente, aplicava-se a sanção como fruto da libertação do clã da ira dos deuses, em face da infração cometida, quando a reprimenda consistia, como regra, na expulsão do agente da comunidade, expondo-o à própria sorte. Acreditava-se nas forças sobrenaturais, que, por vezes, não passavam de fenômenos da natureza, como a chuva ou o trovão, motivo pelo qual, quando a punição era concretizada, imaginava o povo primitivo que poderia acalmar os deuses. O vínculo existente entre os membros de um grupo era dado pelo totem, que, na visão de PESSAGNO e BERNARDI, "era um animal, uma força sobrenatural (ou uma planta, mas, preferencialmente, um animal) e se considerava vinculado, de modo particular, aos indivíduos integrantes de uma tribo, uma família, uma casta ou um setor da comunidade, que poderiam, ou não, ser transmitidos hereditariamente, quando individualizados. Isto porque, ao lado dos totens individuais, existiam os de grupo, de membros da comunidade, do clã a estabelecer-se entre eles uma hierarquia e graduação" (PIERANGELI, Das penas: tempos primitivos e legislações antigas, *Escritos jurídico-penais*, p. 340). Na relação totêmica, instituiu-se a punição quando houvesse a quebra de algum tabu (proibição sagrada, ligada às religiões primitivas). Não houvesse a sanção, acreditava-se que a ira dos deuses abrangeria todo o grupo. Atingiu-se, em uma segunda fase, o que se convencionou chamar de *vingança privada*, como forma de reação da comunidade contra o infrator. Na realidade, a *justiça pelas próprias mãos* nunca teve sucesso, pois implicava, na essência, autêntica forma de agressão. Diante disso, terminava gerando a indesejada contrarreação e o círculo vicioso tendia a levar ao extermínio de clãs e grupos. O vínculo totêmico (ligação entre os indivíduos pela mística e mágica) deu lugar ao vínculo de sangue, que implicava a reunião dos sujeitos que possuíam a mesma descendência. Vislumbrando a tendência destruidora da *vingança privada*, adveio o que se convencionou denominar de *vingança pública*, quando o chefe da tribo ou do clã assumiu a tarefa punitiva. A centralização de poder fez nascer uma forma mais segura de repressão, sem dar margem ao contra-ataque. Nessa época, prevalecia o critério do talião (como explica PIERANGELI (Das penas: tempos primitivos e legislações antigas, *Escritos jurídico-penais*, p. 343), o vocábulo vem de *talis*, expressão de origem latina, cujo significado é que a sanção deve ser tal qual o atentado ou o dano provocado, implicando o *olho por olho, dente por dente*), acreditando-se que o malfeitor deveria padecer o mesmo mal que causara a outrem. Não é preciso ressaltar que as sanções eram brutais, cruéis e sem qualquer finalidade útil, a não ser apaziguar os ânimos da comunidade, acirrados pela prática da infração grave. No Oriente antigo, fundava-se a punição em caráter religioso, castigando-se o infrator duramente para aplacar a ira dos deuses. Notava-se o predomínio do talião, que, se mérito teve, consistiu em reduzir a extensão da punição e evitar a infindável onda de vingança privada. Na Grécia antiga, como retrataram os filósofos da época, a punição mantinha seu caráter sacro e continuava a representar forte tendência expiatória e intimidativa. Em uma primeira fase, prevalecia a vingança de sangue, que terminou cedendo espaço ao talião e à composição. O Direito Romano, dividido em períodos, contou, de início, com a prevalência do poder absoluto do *pater familias*, aplicando as sanções que bem entendesse ao seu grupo. Na fase do reinado, vigorou o caráter sagrado da pena, firmando-se o estágio da vingança pública. No período republicano, perdeu a pena o seu caráter de expiação, pois se separaram o Estado e o culto, prevalecendo, então, o talião e a composição. Havia, para tanto, a possibilidade de entregar um escravo para padecer a pena no lugar do infrator, desde que houvesse a concordância da vítima – o que não deixava de ser uma forma de composição, como bem lembra PIERANGELI (Das penas: tempos primitivos e legislações antigas, *Escritos jurídico-penais*, p. 366-368). A Lei das XII Tábuas teve o mérito de igualar os destinatários da pena, configurando autêntico avanço político-social. Durante o Império, a sanção penal tornou-se novamente mais rigorosa, restaurando-se a pena de morte e instituindo-se os trabalhos forçados. Se na República a pena tinha caráter predominantemente preventivo, passou-se a vê-la com o aspecto eminentemente intimidativo. Mas foi também a época de significativos avanços na concepção do elemento subjetivo do crime, diferenciando-se o dolo de ímpeto do dolo de premeditação, entre outras conquistas. Continuavam a existir, no entanto, as penas infamantes, cruéis, de morte, de trabalhos forçados e de banimento. O Direito Germânico, de natureza consuetudinária, caracterizou-se pela vingança privada e pela composição, havendo, posteriormente, a utilização das ordálias ou juízos de Deus. Eram provas que submetiam os acusados aos mais nefastos testes de culpa: caminhar pelo fogo, ser colocado em água fervente, submergir num lago com uma pedra amarrada aos pés – e, caso sobrevivessem, seriam considerados inocentes; do contrário, a culpa estaria demonstrada, não sendo preciso dizer o que terminava ocorrendo nessas situações. Havia, também, os duelos judiciários, em que acabava prevalecendo a *lei do mais forte*. O Direito Canônico, predominando na Idade Média, perpetuou o caráter sacro da punição, que continuava severa, mas havia, ao menos, o intuito corretivo, com vista à regeneração do criminoso. A religião e o poder estavam profundamente ligados nessa época e a heresia implicava crime contra o próprio Estado. "Assim, na Europa medieval o Estado concebeu-se em termos religiosos, como Estado confessional cristão, e isso gerava uma justificação também religiosa do Direito Penal. O delito era visto como uma forma de pecado, e a pena era justificada como exigência de justiça, análoga ao castigo divino" (MIR PUIG, *Estado, pena y delito*, p. 4). Surgiram os manifestos excessos cometidos pela Santa Inquisição, que se valia, inclusive, da tortura para extrair a confissão e punir, exemplarmente, com medidas cruéis e públicas, os pretensos culpados. Inexistia, até então, qualquer proporcionalidade entre a infração cometida e a punição aplicada. Vale mencionar, ainda, o estudo de JOÃO BERNARDINO GONZAGA, a respeito do direito penal no cenário indígena brasileiro: "O Direito assim constituído será forçosamente esquemático, nebuloso, mas nem por isso deixa de representar um instrumento de conservação da ordem pública. A reação não fica entregue ao inteiro alvedrio da vítima, porque resulta de imposição do pensamento coletivo. Em consequência, o que a História mostra existir em toda comunidade primitiva não é a simples *faculdade* de vingar-se o ofendido ou seu grupo, mas o *dever* de fazê-lo. O que varia é o modo de realizar-se a vingança. Se, num primeiro momento, permanece em larga margem entregue à discrição da vítima, o progresso neste terreno consiste em restringir-se cada vez mais a liberdade com que é exercida: na medida em que se aperfeiçoa a organização coletiva, da anárquica vingança privada, emotiva e geradora de excessos, o aparecimento de um Poder central leva inevitavelmente ao seu cerceamento. Evolui-se para o talião, para a composição pecuniária; opõem-se limites à intensidade da reação, indicam-se aqueles que poderão sofrê-la; e chega-se afinal à substituição da vingança pela pena, a cargo exclusivamente do Poder Público" (*O direito penal indígena. À época do descobrimento do Brasil*, p. 123). O destino da pena era a intimidação pura, o que terminou saturando muitos filósofos e juristas, até que, com a obra de CESARE BECCARIA (*Dos delitos e das penas*, 1764), nascia a corrente de pensamento denominada *escola clássica*. Contrário à pena de morte e às penas cruéis, pregou BECCARIA o princípio da proporcionalidade da pena à infração praticada, dando relevo ao dano que o crime havia causado à sociedade. O caráter humanitário presente em sua obra foi um marco para o direito penal, até porque se contrapôs ao arbítrio e à prepotência dos juízes, sustentando que somente leis poderiam fixar penas, não cabendo aos magistrados interpretá-las, mas somente aplicá-las tal como postas. Insurgiu-se contra a tortura como método de investigação criminal e pregou o princípio da responsabili-

# Art. 1.º

## Código Penal Comentado · Nucci

dade pessoal, buscando evitar que as penas pudessem atingir os familiares do infrator, o que era fato corriqueiro até então. A pena, segundo defendeu, além do caráter intimidativo, deveria sustentar-se na missão de regenerar o criminoso. Nesse período, havia o predomínio de duas teorias contrapostas: teoria da retribuição (absoluta) e teoria da prevenção (relativa). A primeira (CARRARA, ROSSI, KANT, HEGEL, entre outros) defendia que a pena tinha finalidade eminentemente retributiva, voltada ao castigo do criminoso; a segunda (BECCARIA, FEUERBACH, CARMIGNANI, entre outros) entendia que a pena deveria ter um fim utilitário, consistente na prevenção geral e especial do crime. A escola clássica encontrou seu grande representante e consolidador em CARRARA, que se manifestou contrário à pena de morte e às penas cruéis, afirmando que o crime seria fruto do livre-arbítrio do ser humano, devendo haver proporcionalidade entre o crime e a sanção aplicada. Passou-se a considerar que a responsabilidade penal se fundava na responsabilidade moral, justamente porque se deu ênfase ao livre-arbítrio. O crime passou a ser tratado como um *ente jurídico* e não como simples *fato do homem*. O escopo da pena era retribuir o mal do crime com o mal da sanção, embora pudesse haver – e até fosse desejável que ocorresse – a emenda do infrator. Essa situação, no entanto, não concernia ao direito penal. E diz CARRARA: "O espetáculo de um delinquente emendado é edificante, é utilíssimo à moral pública: nisso convenho. E por isso abomino e me oponho à pena de morte; porque acredito firmemente na força moralizadora do espetáculo de um delinquente emendado; e não acredito, absolutamente, na força, que com temerário cinismo ouvi chamar *moralizadora*, do espetáculo de uma cabeça decepada, exibida ao povo. Nessa cena de circo eu vejo, ao invés, todos os *embriões* da depravação do povo. Um criminoso emendado, porém, ao preço da atenuação da pena merecida é uma excitação à delinquência; é um escândalo político. Considero, pois, utilíssima a reforma do réu, a ser procurada com toda diligência, mas completamente fora do círculo do magistério penal" (*Programa do curso de direito criminal*, v. II, p. 92). Com a publicação do livro *O homem delinquente* (1876), de CESARE LOMBROSO, cravou-se o marco da linha de pensamento denominada *escola positiva*. LOMBROSO sustentou que o ser humano poderia ser um criminoso nato, submetido a características próprias, originárias de suas anomalias físico-psíquicas. Dessa forma, o homem nasceria delinquente, ou seja, portador de caracteres impeditivos de sua adaptação social, trazendo como consequência o crime, algo naturalmente esperado. Não haveria livre-arbítrio, mas simples atavismo. A escola positiva deslocou o estudo do direito penal para o campo da investigação científica, proporcionando o surgimento da antropologia criminal, da psicologia criminal e da sociologia criminal. FERRI e GAROFALO foram discípulos de LOMBROSO e grandes expoentes da escola positiva, sobretudo o primeiro. Defendeu FERRI que o ser humano seria responsável pelos danos que causasse simplesmente porque vivia em sociedade. Negou terminantemente o livre-arbítrio, defendido pela escola clássica. Assim, o fundamento da punição era a defesa social. A finalidade da pena consubstanciava-se, primordialmente, na prevenção a novos crimes. Não há dúvida que a escola positiva exerceu forte influência sobre o campo da individualização da pena, princípio que rege o direito penal até hoje, levando em consideração, por exemplo, a personalidade e a conduta social do delinquente para o estabelecimento da justa sanção. Várias outras escolas surgiram após a clássica e a positiva, buscando conciliar os princípios de ambas, mas nenhuma delas atingiu o grau de consistência das primeiras. Denominaram-se escolas ecléticas. Apreciando as inúmeras escolas penais, professa FREDERICO MARQUES que, na escola clássica, houve excesso de preocupação com o homem abstrato, sujeito de direitos, elaborando suas ideias com o método dedutivo do jusnaturalismo, enquanto na escola positiva houve uma hipertrofia naturalista, preocupando-se em demasia com as leis físicas que regem o universo, em detrimento da espiritualidade da pessoa humana. A escola eclética denominada técnico-jurídica, por sua vez, baseou-se na hipertrofia dogmática, sem grande conteúdo. Enfim, conclui, "o Direito Penal deve estudar o criminoso como espírito e matéria, como pessoa humana, em face dos princípios éticos a que está sujeito e das regras jurídicas que imperam na vida social, e também ante as leis do mundo natural que lhe afetam a parte contingente e material" (*Tratado de direito penal*, v. I, p. 110-111). Após a Segunda Guerra Mundial, Filippo Gramatica inaugurou a valorização da *defesa social* – um modelo de *escola eclética* –, negando a existência de um direito de castigar por parte do Estado e indicando que o caminho adequado seria socializar o criminoso, aplicando-lhe *medidas de defesa social*, de natureza preventiva, educativa e curativa, respeitada a personalidade do agente (García-Pablos de Molina, *Tratado de criminologia*, p. 507; Antonio Sólon Rudá, *Breve história do direito penal e da criminologia*, p. 389). A valorização da defesa social centralizar-se-ia no grau de antissociabilidade subjetiva do agente, permitindo-se individualizar as medidas, conforme a proporcionalidade exigida pelo caso concreto. Com isso, a sanção penal não seria um fim em si mesma, atendendo racionalmente a defesa da sociedade, pois o objetivo seria a recuperação do infrator, possibilitando o desaparecimento das causas geradoras da sua antissociabilidade. A proposta seria a substituição da responsabilidade penal pela antissociabilidade subjetiva. A pena perderia o caráter de castigo, gerando temor, para assumir a natureza de medida de defesa social preventiva, curativa e educativa. Gramatica indicou que o Estado não teria o direito de castigar, mas de socializar o delinquente, razão pela qual o foco se concentraria na sua personalidade e não do dano causado pelo crime (*Principios de defensa social*, p. 28-57). Não se negou a existência do livre-arbítrio para a prática do delito, mas se pretendia superar o debate entre ele e o determinismo, substituindo esse quadro pela antissociabilidade. Entretanto, a aplicação de uma medida de defesa social seria uma espécie de medida de segurança, concentrando-se no grau de periculosidade apresentado pelo indivíduo, cuja verificação se daria pela sua conduta, considerada antissocial, mesmo sem haver um prévio dano a bem jurídico tutelado. Pode-se diferenciar a teoria de Gramatica da ofertada, anteriormente, por Lombroso, porque a defesa social não afirma a origem atávica do criminoso, mas como consequência da sua antissociabilidade, fruto da personalidade. A inconveniência se torna nítida, pois a culpabilidade termina substituída pela antissociabilidade, podendo-se aplicar a medida preventiva para reabilitação a quem apresentasse periculosidade social, como os vagabundos, rufiões, homossexuais, prostitutas, traficantes de pornografia, mendigos, ébrios habituais e toxicômanos etc. (*Principios de defensa social*, p. 188). Opondo-se à defesa social, Marc Ancel apontou a necessidade de uma política criminal humanista, objetivando a proteção eficiente da sociedade, conhecendo-se, cientificamente, a personalidade do infrator e buscando neutralizar a sua periculosidade de modo individualizado e humanitário (*A nova defesa social*, p. 8-86). Surgiu a *nova* defesa social, buscando o tratamento ressocializador do criminoso e apresentando-se como uma reação ao sistema retributivo da pena. Reconheceu na sanção penal uma proteção à comunidade, visando à prevenção do delito e ao tratamento do delinquente, por meio de medidas extrapenais e mecanismos curativos ou educativos. Assim sendo, o ideal seria o estudo do fato criminoso e da personalidade do criminoso. Afastou-se o ingrediente metafísico do livre-arbítrio para fundamentar a prática do crime, como se fosse uma escolha entre o bem e o mal, eliminando-se a aplicação da pena como mecanismo para realizar a justiça *absoluta*, proporcional ao mal causado pelo crime em abstrato. Afinal, a justiça humana é sempre *relativa*, julgando-se a pessoa concreta. A nova defesa social considerou o crime com um fato humano, expressando a personalidade do agente e a crise do direito penal se concentraria na ideia de uma pena como expressão de simples retribuição. Se esta fosse a meta, estar-se-ia dando uma solução meramente abstrata e jurídica a um problema que ultrapassa a esfera limitada da lei. Rejeitou, também, o determinismo positivista, impondo-se o respeito à dignidade humana, com garantia da liberdade individual, a preservação da legalidade e a não adoção de medidas de segurança preventivas, antes da ocorrência do delito (*A nova defesa social*, p. 232-241). Marc Ancel defendeu a indi-

# Art. 1.º
Código Penal Comentado · **Nucci**

vidualização da pena como uma obrigação do magistrado, imposta por lei, adotando-se uma postura diferenciada em relação ao criminoso, o que levaria ao estudo da sua personalidade por métodos científicos. Porém, opôs-se ao sistema do duplo binário (aplicação de pena e medida de segurança), por considerá-lo superado; o Estado deve optar pela via penal (impondo pena) ou pela via da defesa social (aplicando medida de segurança). De qualquer forma, a política criminal da nova defesa social deve privilegiar a ressocialização, permitindo que o condenado se torne um cidadão livre (*A nova defesa social*, p. 281-350). Retornaremos ao tema no Título V, Capítulo I, deste Código.

**1-D. Política criminal:** para uns é ciência; para outros, apenas uma técnica ou um método de observação e análise crítica do direito penal. Parece-nos que política criminal é um modo de raciocinar e estudar o direito penal, fazendo-o de modo crítico, voltado ao direito posto, expondo seus defeitos, sugerindo reformas e aperfeiçoamentos, bem como com vistas à criação de novos institutos jurídicos que possam satisfazer as finalidades primordiais de controle social desse ramo do ordenamento. "Todo Direito penal responde a uma determinada Política criminal, e toda Política criminal depende da política geral própria do Estado a que corresponde" (MIR PUIG, *Estado, pena y delito*, p. 3). A política criminal se dá tanto antes da criação da norma penal como também por ocasião de sua aplicação. Ensina HELENO FRAGOSO que o nome de *política criminal* foi dado a importante movimento doutrinário, devido a VON LISZT, que teve influência como "tendência técnica, em face da luta de escolas penais, que havia no princípio deste século na Itália e na Alemanha. Essa corrente doutrinária apresentava soluções legislativas que acolhiam as exigências de mais eficiente repressão à criminalidade, mantendo as linhas básicas do Direito Penal clássico". E continua o autor, afirmando que o termo passou a ser utilizado pela ONU para denominar o "critério orientador da legislação, bem como os projetos e programas tendentes à mais ampla prevenção do crime e controle da criminalidade" (*Lições de direito penal*, p. 18). Conferir, ainda, o conceito feito por ROBERTO LYRA, na nota abaixo. Estabelecendo a diferença entre política criminal e criminologia (cujo conceito será visto na nota 1-E), SÉRGIO SALOMÃO SHECAIRA diz que "aquela implica as estratégias a adotarem-se dentro do Estado no que concerne à criminalidade e a seu controle; já a criminologia converte-se, em face da política criminal, em uma ciência de referências, na base material, no substrato teórico dessa estratégia. A política criminal, pois, não pode ser considerada uma ciência igual à criminologia e ao direito penal. É uma disciplina que não tem um método próprio e que está disseminada pelos diversos poderes da União, bem como pelas diferentes esferas de atuação do próprio Estado" (*Criminologia*, p. 41).

**1-E. Criminologia:** é a ciência voltada ao estudo das causas do crime e das razões que levam alguém a delinquir, enfocando essas causas e razões por meio de métodos empíricos e pela observação dos fenômenos sociais, onde se insere a avaliação da vítima, apresentando críticas ao modelo punitivo existente e proporcionando sugestões de aperfeiçoamento da política criminal do Estado. A criminologia envolve a antropologia criminal (estudo da constituição física e psíquica do delinquente) – inaugurada por LOMBROSO com a obra *O homem delinquente* –, bem como a psicologia criminal (estudo do psiquismo do agente da infração penal) e a sociologia criminal (estudo das causas sociais da criminalidade). ROBERTO LYRA inclui, ainda, no seu contexto a política criminal, definindo-a como a "ciência que estuda: a) as causas e as concausas da criminalidade e da periculosidade preparatória da criminalidade; b) as manifestações e os efeitos da criminalidade e da periculosidade preparatória da criminalidade; c) a política a opor, assistencialmente, à etiologia da criminalidade e da periculosidade preparatória da criminalidade, suas manifestações e seus efeitos" (*Criminologia*, p. 39). E arremata, afirmando que, enquanto a criminologia "considera, verticalmente, a criminalidade (conceito criminológico)", o direito penal "considera, horizontalmente, o crime (conceito jurídico)"

# Art. 1.º

Título I – Da aplicação da lei penal

(*Criminologia*, p. 51). Nas palavras de Sérgio Salomão Shecaira, "criminologia é um nome genérico designado a um grupo de temas estreitamente ligados: o estudo e a explicação da infração legal; os meios formais e informais de que a sociedade se utiliza para lidar com o crime e com atos desviantes; a natureza das posturas com que as vítimas desses crimes serão atendidas pela sociedade; e, por derradeiro, o enfoque sobre o autor desses fatos desviantes" (*Criminologia*, p. 31).

**1-F. Princípios de direito penal:** etimologicamente, princípio tem vários significados, entre os quais o de momento em que algo tem origem; causa primária, elemento predominante na constituição de um corpo orgânico; preceito, regra ou lei; fonte ou causa de uma ação. No sentido jurídico, não se poderia fugir de tais noções, de modo que o conceito de princípio indica uma ordenação, que se irradia e imanta os sistemas de normas, servindo de base para a interpretação, integração, conhecimento e aplicação do direito positivo. Há princípios expressamente previstos em lei, enquanto outros estão implícitos no sistema normativo. Existem, ainda, os que estão enumerados na Constituição Federal, denominados de *princípios constitucionais*, servindo de orientação para a produção legislativa ordinária, atuando como garantias diretas e imediatas aos cidadãos, bem como funcionando como critérios de interpretação e integração do texto constitucional. Há dois princípios considerados regentes, tanto do Direito Penal quanto do Processo Penal: a) *dignidade da pessoa humana*, que possui duplo aspecto. Objetivamente, cuida-se do mínimo existencial que o Estado deve garantir a qualquer pessoa, tal como moradia, alimentação, saúde, educação, lazer etc. Subjetivamente, cuida-se da autoestima e do respeito que qualquer ser humano merece, em qualquer situação ou condição; b) *devido processo legal*, representado, igualmente, por duplo prisma. Substantivamente, trata-se do próprio princípio da legalidade, pois assim foi previsto na Magna Carta, de 1215, na Inglaterra: ninguém pode ser preso senão por meio do devido processo legal. Na origem, a possibilidade de prisão condicionava-se às *leis da terra*, ou seja, o costume. Processualmente, quer dizer que ninguém pode ser processado regularmente sem o fiel respeito aos preceitos da ampla defesa e do contraditório. Quanto aos demais princípios, no campo penal, encontram-se os explícitos e os implícitos: I – *constitucionais explícitos*: a) *princípio da legalidade ou da reserva legal*: trata-se do fixador do conteúdo das normas penais incriminadoras, ou seja, os tipos penais, mormente os incriminadores, somente podem ser criados através de lei em sentido estrito, emanada do Poder Legislativo, respeitado o processo previsto na Constituição (ver a nota 4 ao art. 1.º). Encontra-se previsto no art. 5.º, XXXIX, da CF, bem como no art. 1.º do Código Penal; b) *princípio da anterioridade*: significa que uma lei penal incriminadora somente pode ser aplicada a um fato concreto, caso tenha tido origem *antes* da prática da conduta para a qual se destina. Como estipulam o texto constitucional e o art. 1.º do Código Penal, "não há crime sem lei *anterior* que o defina", nem tampouco pena "sem *prévia* cominação legal" (destacamos). De nada adiantaria adotarmos o princípio da legalidade sem a correspondente anterioridade, pois criar uma lei, após o cometimento do fato, pretendendo aplicá-la a este, seria totalmente inútil para a segurança que a norma penal deve representar a todos os seus destinatários. O indivíduo somente está protegido contra os abusos do Estado caso possa ter certeza de que as leis penais são aplicáveis para o futuro, a partir de sua criação, não retroagindo para abranger condutas já realizadas; c) *princípio da retroatividade da lei penal benéfica* (ou *princípio da irretroatividade da lei penal*): significa que a lei penal não retroagirá para abranger situações já consolidadas, sob o império de legislação diferenciada. Logo, quando novas leis entram em vigor, devem envolver somente fatos concretizados sob a sua égide. Abre-se exceção à irretroatividade quando ingressamos no campo das leis penais benéficas. Estas podem voltar no tempo para favorecer o agente, ainda que o fato tenha sido decidido por sentença condenatória, com trânsito em julgado (art. 5.º, XL, CF; art. 2.º, pará-

# Art. 1.º

Código Penal Comentado · **Nucci**

grafo único, CP); d) *princípio da personalidade ou da responsabilidade pessoal*: significa que a punição, em matéria penal, não deve ultrapassar da pessoa do delinquente. Trata-se de outra conquista do direito penal moderno, impedindo que terceiros inocentes e totalmente alheios ao crime possam pagar pelo que não fizeram, nem contribuíram para que fosse realizado. A família do condenado, por exemplo, não deve ser afetada pelo crime cometido. Por isso, prevê a Constituição, no art. 5.º, XLV, que "nenhuma pena passará da pessoa do condenado". Isso não significa que não haja possibilidade de garantir à vítima do delito a indenização civil ou que o Estado não possa confiscar o produto do crime – aliás, o que o próprio art. 5.º, XLV, prevê. Uma das consequências do princípio, associado à intranscendência do processo penal, é a multa, que, mesmo considerada dívida civil, para fins de cobrança, após o trânsito em julgado da decisão condenatória, não pode alcançar os herdeiros do condenado; e) *princípio da individualização da pena*: quer dizer que a pena não deve ser padronizada, cabendo a cada delinquente a exata medida punitiva pelo que fez. Não teria sentido igualar os desiguais, sabendo-se, por certo, que a prática de idêntica figura típica não é suficiente para nivelar dois seres humanos. Assim, o justo é fixar a pena de maneira individualizada, seguindo-se os parâmetros legais, mas estabelecendo a cada um o que lhe é devido. É o que prevê o art. 5.º, XLVI, da Constituição. Convém destacar existirem três momentos para a individualização: a) individualização legislativa: cabe ao legislador, quando cria um novo tipo penal incriminador, estabelecer o mínimo e o máximo, em abstrato, previstos para a pena; b) individualização judiciária: compete ao julgador, na sentença condenatória, concretizar a pena, de acordo com as várias circunstâncias previstas em lei; c) individualização executória: a pena aplicada, quando em cumprimento, sofre variações, conforme o desenvolvimento do sentenciado; é possível reduzi-la (remição, indulto etc.), alterar o regime (progressão ou regressão), entre outros fatores. Neste último aspecto, dispõe o art. 5.º, XLVIII, da Constituição Federal, deva o condenado cumprir a pena em estabelecimento adequado, conforme a natureza do delito, a idade e o sexo do apenado. Sobre o tema, em maiores detalhes, consultar o nosso trabalho *Individualização da pena*. Na jurisprudência: STJ: "1. O princípio da individualização da pena, previsto no artigo 5.º, XLVI da Constituição da República, diz-nos que a pena deve sempre ser individualizada para cada infrator. Doutrina e jurisprudência explicam que a individualização ocorre em três etapas: (a) legislativa; (b) judicial; e (c) executória. 2. Discorrendo sobre a terceira etapa da individualização da pena, Guilherme Nucci assevera que 'a sentença condenatória não é estática, mas dinâmica. Um título executivo judicial, na órbita penal, é mutável' (NUCCI, Guilherme de Souza. *Curso de Execução Penal*. 5.ª ed. Rio de Janeiro: Forense, 2022, p. 18) (...)" (REsp 1.953.607/SC, 3.ª Seção, rel. Ribeiro Dantas, 14.09.2022, v.u.); f) *princípio da humanidade*: significa que o direito penal deve pautar-se pela benevolência, garantindo o bem-estar da coletividade, incluindo-se o dos condenados. Estes não devem ser excluídos da sociedade somente porque infringiram a norma penal, tratados como se não fossem seres humanos, mas animais ou coisas. Por isso, estipula a Constituição que não haverá penas: 1) de morte (exceção feita à época de guerra declarada, conforme previsão do Código Penal Militar); 2) de caráter perpétuo; 3) de trabalhos forçados; 4) de banimento; 5) cruéis (art. 5.º, XLVII), bem como que deverá ser assegurado o respeito à integridade física e moral do preso (art. 5.º, XLIX). Na realidade, houve, em nosso entendimento, um desvio na redação desse inciso. O que a Constituição proíbe são as penas cruéis (gênero), do qual são espécies as demais (morte, perpétua, trabalhados forçados, banimento). E faltou, dentre as específicas, descrever as penas de castigos corporais. Logo, a alínea *e* do inciso XLVII do art. 5.º da Constituição Federal é o gênero (penas cruéis); as demais representam as espécies; II – *constitucionais implícitos*: a) *princípio da intervenção mínima* (da *subsidiariedade* ou da *fragmentariedade*): quer dizer que o direito penal não deve interferir em demasia na vida do indivíduo, retirando-lhe autonomia e liberdade. Afinal, a lei penal não deve ser vista como a primeira opção (*prima

# Art. 1.º

Título I – Da aplicação da lei penal

*ratio*) do legislador para compor os conflitos existentes em sociedade e que, pelo atual estágio de desenvolvimento moral e ético da humanidade, sempre estarão presentes. Há outros ramos do direito preparados a solucionar as desavenças e lides surgidas na comunidade, compondo-as sem maiores consequências. O direito penal é considerado a *ultima ratio*, isto é, a última cartada do sistema legislativo, quando se entende que outra solução não pode haver senão a criação de lei penal incriminadora, impondo sanção penal ao infrator. Como bem assinala Mercedes García Arán, "o direito penal deve conseguir a tutela da paz social obtendo o respeito à lei e aos direitos dos demais, mas sem prejudicar a dignidade, o livre desenvolvimento da personalidade ou a igualdade e restringindo ao mínimo a liberdade" (*Fundamentos y aplicación de penas y medidas de seguridad en el Código Penal de 1995*, p. 36). Caso o bem jurídico possa ser protegido de outro modo, deve-se renunciar à opção legislativa penal, justamente para não banalizar a punição, tornando-a, por vezes, ineficaz, porque não cumprida pelos destinatários da norma e não aplicada pelos órgãos estatais encarregados da segurança pública. Pode-se anotar que a vulgarização do direito penal, como norma solucionadora de qualquer conflito, pode levar ao seu descrédito. Atualmente, somente para exemplificar, determinadas infrações de trânsito possuem punições mais temidas pelos motoristas, diante das elevadas multas e do ganho de pontos no prontuário, que podem levar à perda da carteira de habilitação – tudo isso, sem o devido processo legal –, do que a aplicação de uma multa penal, sensivelmente menor. Enfim, o direito penal deve ser visto como *subsidiário* aos demais ramos do direito. Fracassando outras formas de punição e de composição de conflitos, lança-se mão da lei penal para coibir comportamentos desregrados, que possam lesionar bens jurídicos tutelados. Luiz Luisi sustenta que o Estado deve evitar a criação de infrações penais insignificantes, impondo penas ofensivas à dignidade humana. Tal postulado encontra-se implícito na Constituição Federal, que assegura direitos invioláveis, como a vida, a liberdade, a igualdade, a segurança e a propriedade, bem como colocando como fundamento do Estado democrático de direito a dignidade da pessoa humana. Daí ser natural que a restrição ou privação desses direitos invioláveis somente se torne possível caso seja estritamente necessária a imposição da sanção penal, para garantir bens essenciais ao homem (*Os princípios constitucionais penais*, p. 26). Não menos correta é a visão de Anabela Miranda Rodrigues ao dizer que, "na verdade, na mais recente definição de bem jurídico, independentemente da diversidade de formulações, o ponto de partida é o de que o bem jurídico possui natureza social e o de que o direito penal só deve intervir para prevenir danos sociais e não para salvaguardar concepções ideológicas ou morais ou realizar finalidades transcendentes". E continua firmando entendimento de que "a premissa de base continua a ser a de que o hodierno Estado de direito é informado pelo princípio do pluralismo e da tolerância, daqui se deduzindo, ainda mais uma vez, que a pena estatal não pode ser legitimamente aplicada para impor o mero respeito por determinadas concepções morais. Desta orientação axiológica do sistema constitucional derivaria, pois, um princípio vinculante de política criminal: o direito penal tem por função apenas preservar as condições essenciais a uma pacífica convivência dos indivíduos-cidadãos, só nesta medida logrando, pois, legitimidade a intervenção jurídico-penal" (*A determinação da medida da pena privativa de liberdade*, p. 268 e 282-283). Ilustrando a questão e demonstrando que o ordenamento jurídico penal brasileiro não prestigia o princípio ora comentado, pode-se encontrar acórdão do STF, debatendo a configuração (ou não) da contravenção penal de perturbação do sossego (art. 42, LCP). A correria e os objetos arremessados ao chão no apartamento onde reside o acusado e seus cinco filhos, menores de dez anos, serviriam para configurar o tipo penal da contravenção? O Pretório Excelso reuniu-se para deliberar que "o bem jurídico tutelado é a paz pública, a tranquilidade da coletividade, não existindo a contravenção quando o fato atinge uma única pessoa" (HC 85.032, 2.ª T., rel. Gilmar Mendes, 17.05.2005, embora antigo, serve para ilustrar o tema). Note-se não se tratar de questão pe-

# Art. 1.º

Código Penal Comentado · **Nucci**

nalmente relevante, a ponto de mobilizar o Supremo Tribunal Federal, o que evidencia estar o ordenamento jurídico penal totalmente defasado em relação ao que se espera de um "direito penal mínimo". O *princípio da fragmentariedade, como um corolário natural da intervenção mínima,* significa que nem todas as lesões a bens jurídicos protegidos devem ser tuteladas e punidas pelo direito penal, pois este constitui apenas uma parte do ordenamento jurídico. *Fragmento* é apenas a parte de um todo, razão pela qual o direito penal deve ser visto, no campo dos atos ilícitos, como *fragmentário,* ou seja, deve ocupar-se das condutas mais graves, verdadeiramente lesivas à vida em sociedade, passíveis de causar distúrbios de monta à segurança pública e à liberdade individual. O mais deve ser resolvido pelos outros ramos do direito, através de indenizações civis ou punições administrativas. Não deixa de ser um corolário do princípio da intervenção mínima ou da subsidiariedade do direito penal. Pode-se, ainda, falar em fragmentariedade de 1.º grau e de 2.º grau. A primeira refere-se à forma consumada do delito, ou seja, quando o bem jurídico precisa ser protegido na sua integralidade. A segunda cinge-se à tentativa, pois se protege o risco de perda ou de lesão, bem como a lesão parcial do bem jurídico (José de Faria Costa, *Tentativa e dolo eventual,* p. 21-22); b) *princípio da culpabilidade*: quer dizer que ninguém será penalmente punido se não houver agido com dolo ou culpa, dando mostras de que a responsabilização não deve ser objetiva, mas subjetiva (*nullum crimen sine culpa*). Trata-se de uma conquista do direito penal moderno, voltado à ideia de que a liberdade é a regra, sendo exceção a prisão ou a restrição de direitos. Além disso, o próprio Código Penal estabelece que somente há crime quando estiver presente o dolo ou a culpa (art. 18). Note-se, ainda, a redação do parágrafo único desse artigo: "Salvo os casos expressos em lei, ninguém pode ser punido por fato previsto como crime, senão quando o pratica dolosamente". Assim, a regra adotada é buscar, para fundamentar e legitimar a punição, na esfera penal, o dolo do agente. Não o encontrando, deve-se procurar a culpa, desde que expressamente prevista, como alternativa, no tipo penal incriminador. Em hipóteses extremadas, devidamente previstas em lei, pode-se adotar a responsabilidade penal objetiva, fundada em ato voluntário do agente, mas sem que, no momento da prática da conduta criminosa, estejam presentes o dolo ou a culpa, como ocorre com a embriaguez voluntária (art. 28, II, CP). Para mais detalhes, consultar a nota 17 ao art. 28. O princípio é expresso no Código Penal (art. 18), mas implícito na Constituição, onde encontra respaldo na busca por um direito penal de intervenção mínima, com fulcro na meta estatal geral de preservação da dignidade da pessoa humana. Na ótica de Jescheck, o princípio da culpabilidade serve, de um lado, para conferir a necessária proteção do indivíduo em face de eventual excesso repressivo do Estado, fazendo com que a pena, por outro, circunscreva-se às condutas merecedoras de um juízo de desvalor ético-social (*Tratado de derecho penal – Parte general,* p. 25-26); c) *princípio da taxatividade*: significa que as condutas típicas, merecedoras de punição, devem ser suficientemente claras e bem elaboradas, de modo a não deixar dúvida, em relação ao seu cumprimento, por parte do destinatário da norma. A construção de tipos penais incriminadores dúbios e repletos de termos valorativos vagos pode dar ensejo ao abuso do Estado na invasão da intimidade e da esfera de liberdade dos indivíduos. Aliás, não fossem os tipos taxativos – limitativos, restritivos, precisos – e de nada adiantaria adotar o princípio da legalidade ou da reserva legal. Este é um princípio decorrente, nitidamente, da legalidade, logo, é constitucional implícito. Ensina Luiz Luisi que "o postulado em causa expressa a exigência de que as leis penais, especialmente as de natureza incriminadora, sejam claras e o mais possível certas e precisas. Trata-se de um postulado dirigido ao legislador vetando ao mesmo a elaboração de tipos penais com a utilização de expressões ambíguas, equívocas e vagas de modo a ensejar diferentes e mesmo contrastantes entendimentos. O princípio da determinação taxativa preside, portanto, a formulação da lei penal, a exigir qualificação e competência do legislador, e o uso por este de técnica correta e de uma linguagem rigorosa e uniforme" (*Os princípios constitucionais penais*, p. 18); d) *princípio da proporcionalidade*: quer dizer que as penas devem ser harmônicas com a gravidade da infração penal cometida, não tendo cabimento o exagero, nem tampouco a extrema liberalidade na cominação das sanções nos tipos penais incriminadores. Não teria sentido punir um furto simples com elevada pena privativa de liberdade, como também não seria admissível punir um homicídio com pena de multa. A Constituição, ao estabelecer as modalidades de penas que a lei ordinária deve adotar, consagra a proporcionalidade de maneira implícita, corolário natural da aplicação da justiça, que é dar a cada um o que é seu, por merecimento. Fixa o art. 5.º, XLVI, as seguintes penas: 1) privação ou restrição da liberdade; 2) perda de bens; 3) multa; 4) prestação social alternativa; 5) suspensão ou interdição de direitos. Luís Roberto Barroso, com precisão, aponta as bases do princípio da proporcionalidade: "a constitucionalização do direito penal suscita um conjunto instigante e controvertido de ideias, a serem submetidas ao debate doutrinário e à consideração da jurisprudência. Boa parte do pensamento jurídico descrê das potencialidades das penas privativas de liberdade, que somente deveriam ser empregadas em hipóteses extremas, quando não houvesse meios alternativos eficazes para a proteção dos interesses constitucionalmente relevantes. Os bens jurídicos constitucionais obedecem a uma ordenação hierárquica, de modo que a gravidade da punição deve ser graduada em função dessa lógica. A disciplina jurídica dada a determinada infração ou a pena aplicável não deve *ir além* nem tampouco *ficar aquém* do necessário à proteção dos valores constitucionais em questão. No primeiro caso, haverá inconstitucionalidade por falta de razoabilidade ou proporcionalidade; no segundo, por omissão em atuar na forma reclamada pela Constituição" (*Curso de direito constitucional contemporâneo*, p. 417). No dizer de Mariângela Gama de Magalhães Gomes, "a circunstância de o princípio da proporcionalidade não estar expresso na Constituição brasileira não impede que seja reconhecido em vigor também aqui, invocando o disposto no § 2.º do art. 5.º" (*O princípio da proporcionalidade no direito penal*, p. 63); e) *princípio da vedação da dupla punição pelo mesmo fato*: significa que ninguém deve ser processado e punido duas vezes pela prática da mesma infração penal (*ne bis in idem*). Tal garantia está prevista implicitamente na Convenção Americana sobre Direitos Humanos (art. 8.º, 4). Se não há possibilidade de processar novamente quem já foi absolvido, ainda que surjam novas provas, é lógico não ser admissível punir o agente outra vez pelo mesmo delito. Ver a nota 92 ao art. 8.º.

**1-G. Dignidade da pessoa humana como princípio penal:** reconhecemos a crucial relevância da dignidade humana como princípio regente de todo o sistema de leis, sob o prisma do Estado Democrático de Direito. Porém, não se trata de um princípio exclusivamente penal. É um princípio norteador, que se aplica, sem dúvida, às ciências criminais. A dignidade da pessoa humana, ou seja, o respeito devido pelo Estado ao ser humano, individualmente considerado, não podendo ser sacrificado em nome do interesse coletivo (Manoel Gonçalves Ferreira Filho, *Comentários à Constituição brasileira de 1988*, p. 19), é uma meta geral, abrangendo toda a face do Estado Brasileiro e, consequentemente, do Estado Democrático de Direito. Nessa esteira, Celso Bastos e Ives Gandra Martins dizem que a "referência à dignidade da pessoa humana parece conglobar em si todos aqueles direitos fundamentais, quer sejam os individuais, clássicos, quer sejam os de fundo econômico e social. (...) Portanto, o que ele está a indicar é que é um dos fins do Estado propiciar as condições para que as pessoas se tornem dignas" (*Comentários à Constituição do Brasil*, v. 1, p. 425). Assim sendo, a dignidade da pessoa humana é uma meta a ser atingida pelo Estado e pela sociedade brasileira, não se considerando um princípio penal específico. Quem pratica homicídio, por exemplo, merecendo punição, ofendeu a dignidade da pessoa humana. Logo, todas as normas penais estão, em conjunto, protegendo o respeito ao ser humano e seus valores fundamentais. Não se trata de um princípio penal, mas tão somente de um *fundamento* do Estado Democrático

# Art. 1.º

Código Penal Comentado · **Nucci**

de Direito. Em nossa obra *Princípios constitucionais penais e processuais penais*, passamos a considerar a *dignidade da pessoa humana* como um princípio regente, norteador de todos os outros princípios jurídicos, especialmente na área das ciências criminais. Definimos a *dignidade da pessoa humana*, como já expusemos na nota anterior, sob dois prismas: objetivo e subjetivo. Objetivamente, envolve a garantia de um *mínimo existencial* ao ser humano, atendendo as suas necessidades vitais básicas, como reconhecido pelo art. 7.º, IV, da Constituição, ao cuidar do salário mínimo (moradia, alimentação, educação, saúde, lazer, vestuário, higiene, transporte, previdência social). Inexiste dignidade se a pessoa humana não dispuser de condições básicas de vivência. Subjetivamente, cuida-se do sentimento de respeitabilidade e autoestima, inerentes ao ser humano, desde o nascimento, quando passa a desenvolver sua personalidade, entrelaçando--se em comunidade e merecendo consideração, mormente do Estado. Consultar, também, a nossa obra *Direitos humanos x segurança pública*. Na jurisprudência: STF: "1. O Plenário desta Suprema Corte, no julgamento do RE 592.581-RG, Rel. Min. Ricardo Lewandowski, *DJe* de 1.º/2/2016, julgado sob o rito da repercussão geral (Tema 220), fixou tese no sentido de que: É lícito ao Judiciário impor à Administração Pública obrigação de fazer, consistente na promoção de medidas ou na execução de obras emergenciais em estabelecimentos prisionais para dar efetividade ao postulado da dignidade da pessoa humana e assegurar aos detentos o respeito à sua integridade física e moral, nos termos do que preceitua o art. 5.º, XLIX, da Constituição Federal, não sendo oponível à decisão o argumento da reserva do possível nem o princípio da separação dos poderes. 2. Agravo Regimental a que se nega provimento" (ARE 1.430.653 AgR, 1.ª T., rel. Alexandre de Moraes, 19.06.2023, v.u.).

**1-H. Lesividade (ou ofensividade) como princípio de direito penal:** há quem sustente a existência autônoma do princípio da lesividade (ou da ofensividade), alegando que somente podem ser criados tipos penais incriminadores capazes de ofender um bem jurídico alheio, devidamente tutelado. Em outras palavras, não se poderia aceitar a incriminação de uma conduta não lesiva – ou provocadora de ínfima lesão – a bem jurídico determinado. Fundam--se os autores em direitos constitucionais como *intimidade, liberdade, vida privada* etc. (por todos, Paulo Queiroz, *Direito penal – Parte geral*, p. 46-47). Permitimo-nos discordar. Não deixamos de aceitar o ponto de vista de que o direito penal deve se ocupar de condutas graves, ofensivas a bens jurídicos relevantes, evitando-se a intromissão excessiva na vida privada de cada um, cerceando em demasia a liberdade alheia e expondo ao ridículo, muitas vezes, o ser humano, buscando puni-lo por fatos nitidamente irrelevantes aos olhos da imensa maioria da sociedade. Não se trataria de um direito penal típico do Estado Democrático de Direito, mas de um Estado totalitário e intervencionista. Porém, não vemos o nomeado princípio da lesividade como algo autônomo, com vida própria, distinto, pois, do princípio da intervenção mínima. Afinal, em homenagem à *ultima ratio*, deixa-se ao direito penal o âmbito da tipifica-ção das condutas mais sérias, efetivamente lesivas a interesses relevantes. Punir pensamentos, por exemplo, seria o ápice da invasão de privacidade do indivíduo. Ofenderia o denominado princípio da lesividade? Na realidade, atacaria a *intervenção mínima*. O Estado deve respeitar a esfera íntima do cidadão. Quando defendemos em nossa obra *Leis penais e processuais penais comentadas – vol. 1,* a inconstitucionalidade da contravenção penal da *vadiagem* (art. 59 da Lei de Contravenções Penais), conforme expusemos na nota 318 ao referido art. 59, baseamo-nos no princípio da intervenção mínima, associado ao caráter discriminatório do tipo penal. Ora, pode-se argumentar, igualmente, que não há bem jurídico relevante a ser atacado por tal contra-venção. A conduta, na essência, é inofensiva à ordem pública e à sociedade. Sob outro prisma, quando defendemos o princípio da insignificância, como causa de exclusão da tipicidade (nota 27-B ao art. 14), fundamo-nos, também, na intervenção mínima e, por via de consequência, na falta de ofensividade a qualquer bem jurídico de relevo, ao menos a ser protegido penalmente.

Defendemos, portanto, que a ofensividade ou lesividade deve estar presente no contexto do tipo penal incriminador, para validá-lo, legitimá-lo, sob pena de se esgotar o direito penal em situações inócuas e sem propósito, especialmente quando se contrasta a conduta praticada com o tipo de sanção para ela prevista como regra, ou seja, a pena privativa de liberdade. Há enorme desproporção. Porém, a ofensividade é um nítido apêndice da intervenção mínima ou subsidiariedade do Direito Penal Democrático. Não necessita ser considerado à parte, como princípio autônomo, pois lhe falece força e intensidade para desvincular-se do principal, nem existem requisitos próprios que o afastem da ideia fundamental de utilizar a norma penal incriminadora como última cartada para solucionar ou compor conflitos emergentes em sociedade. Em suma, a ofensividade é uma consequência do respeito à intervenção mínima.

**1-I. Bem jurídico:** o termo *bem* indica, sempre, algo positivo, como um favor, uma benesse, um proveito ou uma ventura. Sob o prisma material, aponta para algo apto a satisfazer as necessidades humanas, integrando seu patrimônio. Quando se fala em bem comum, denota-se o nível das condições favoráveis ao êxito coletivo. Em suma, o bem se apresenta vinculado aos mais preciosos interesses humanos, seja do ponto de vista material, seja do prisma incorpóreo (moral ou ético). Há bens tutelados pelo Direito, considerados indispensáveis à vida em sociedade, merecendo proteção e cuidado. A partir disso, o bem se transforma em *bem jurídico*. Dos mais simples aos mais complexos; dos inerentes à natureza humana às criações alternativas da vida moderna; dos ligados à dignidade humana aos vinculados a puros interesses materialistas; todos os bens jurídicos gozam do amparo do Direito. Os mais relevantes e preciosos atingem a tutela do Direito Penal, sob a ótica da intervenção mínima. "Nem todo bem jurídico requer tutela penal, nem todo *bem jurídico* há de se converter em um *bem jurídico-penal*" (MIR PUIG, *Estado, pena y delito*, p. 85 – traduzi). Portanto, quando se trata de bem jurídico-penal, emerge um tipo penal incriminador para protegê-lo, indicando as condutas proibidas, sob pena de ameaça de pena. A Constituição Federal indica vários bens jurídicos, muitos dos quais ingressaram no universo do Direito Penal. Ilustrando, veem-se os seguintes bens jurídicos fundamentais: vida, liberdade, igualdade, segurança, propriedade, intimidade, vida privada, honra, trabalho, dentre outros. A eleição do bem jurídico *vida* dá ensejo a outros desdobramentos naturais da proteção ao bem principal: integridade física, respeito ao feto, saúde, repúdio à tortura etc. A tutela da liberdade envolve o direito de ir e vir (locomoção), a livre manifestação do pensamento, da atividade intelectual, artística, científica e de comunicação e a livre manifestação da consciência e da crença, com o exercício de cultos religiosos. O amparo à igualdade abarca o repúdio ao racismo e a toda forma de discriminação. O culto à segurança desdobra-se em tutela da paz pública, vedando-se a formação de associações criminosas, bem como o porte de arma de fogo, sem autorização legal. A propriedade possui inúmeros fatores, alcançando tipos penais, que proíbem o furto, o roubo, a apropriação indébita, o estelionato etc. Além disso, alcança-se, a despeito da propriedade material, a intelectual, tutelando-se variadas formas de propriedade imaterial. A intimidade e a vida privada demandam inviolabilidade de domicílio, de correspondência e de comunicações em geral, chamando-se o Direito Penal para punir as lesões aos referidos bens jurídicos tutelados. A honra demanda a proteção do ordenamento jurídico, por mecanismos civis e penais, sancionando-se a calúnia, a difamação e a injúria. O direito ao livre exercício de qualquer trabalho faz parte da sociedade democrática, demandando punição a quem busque, ilegalmente, reprimir e coibir essa opção individual. Quando o ordenamento jurídico opta pela tutela de um determinado bem, não necessariamente a proteção deve dar-se no âmbito penal. A este, segundo o princípio da intervenção mínima, são reservados os mais relevantes bens jurídicos, focando-se as mais arriscadas condutas, que possam, efetivamente, gerar dano ou perda ao bem tutelado. Observa-se, portanto, que os elementos do crime – tipicidade, a ilicitude e a culpabilidade – gravitam em torno do bem jurídico. O sistema penal, envolvendo o crime e a pena, ergue-se em torno do bem jurídico eleito para ser amparado e protegido, conforme o seu grau de importância. Na lição de Bustos Ramírez, o ordenamento seleciona certas relações, dentro das quais a norma proibitiva elege determinados aspectos para coibir. Ilustrando, o ordenamento jurídico escolhe a relação matrimonial monogâmica como bem jurídico tutelado, dando lugar a várias regras jurídicas, com diferentes valorações, bem como uma norma concreta, proibitiva, estabelecendo o âmbito da lesão e os sujeitos e objetos envolvidos (*Obras completas*, v. I, p. 80). É o que se dá com o tipo penal da bigamia (art. 235, CP), que pune a lesão ao bem jurídico *casamento monogâmico*. Portanto, para a correta análise dos elementos do crime e, também, para inspirar a aplicação da pena, é fundamental o conhecimento do bem jurídico, no caso concreto, avaliando se houve efetiva lesão ou se, na essência, encontra-se ele preservado, sem necessidade de movimentação da máquina estatal punitiva para tanto. Exemplo disso é o emprego do princípio da insignificância (crime de bagatela), quando se percebe que, em face do bem jurídico *patrimônio*, a conduta do agente, ao subtrair coisa alheia móvel, é inócua para ferir, na substância, o bem jurídico protegido. Outro ponto a destacar é a acidental ofensa ao bem, que, nesse caso, não se considera jurídico, mas apenas um interesse individual no cenário penal. A vida é tutelada penalmente (art. 121, CP), mas a agressão focada depende de origem humana, dolosa ou culposa. Portanto, se um raio mata o ser humano, não se trata de lesão a bem jurídico, porém somente a um valor biológico (cf. Bustos Ramírez, *Obras completas*, v. I, p. 538). A inteligência do bem jurídico, captando-o em todos os tipos penais incriminadores, analisando-o e conferindo-lhe o merecido alcance e abrangência, favorece – e muito – a atividade do operador do Direito, permitindo-lhe construir a justa aplicação do Direito Penal compatível com o Estado Democrático de Direito.

**2. Conceito de anterioridade:** significa que é obrigatória a *prévia* existência de lei penal incriminadora para que alguém possa ser por um fato condenado, exigindo, também, *prévia* cominação de sanção para que alguém possa sofrê-la. Por outro lado, cumpre esclarecer que, apesar de a rubrica do art. 1.º mencionar apenas a *anterioridade* da lei penal, espelha, ainda, o princípio da legalidade ou da reserva legal, como se verá a seguir.

**3. Extensão da palavra crime:** por força da tradição do princípio, vem-se usando a palavra *crime* em vez de *infração penal*, que seria o gênero, da qual são extraídas as espécies *crime* e *contravenção penal*. Entretanto, é posição tranquila a leitura extensiva do conceito de crime para abranger também a contravenção, submetida igualmente aos princípios da reserva legal e da anterioridade.

**4. Conceito de legalidade:** há três significados: a) político (garantia constitucional dos direitos humanos fundamentais; b) jurídico em sentido lato (ninguém está obrigado a fazer ou deixar de fazer alguma coisa senão em virtude de lei, conforme art. 5.º, II, CF); c) jurídico em sentido estrito ou penal (fixador do conteúdo das normas penais incriminadoras). No direito positivo de um povo segundo o qual não é permitido aplicar uma pena no sentido propriamente jurídico do termo, senão quando foi estabelecida por uma lei expressa, não poderá existir outra definição do delito que não represente uma violação da lei penal; a palavra *violação* significa atuação contra a lei e, portanto, que essa ação pode ser imputada a alguém (Birnbaum, *Sobre la necesidad de una lesión de derechos para el concepto de delito*, fls. 38). No prisma jurídico, em sentido estrito, é também conhecido como princípio da reserva legal, ou seja, os tipos penais incriminadores somente podem ser criados por lei em sentido estrito, emanada do Legislativo, de acordo com o processo previsto na Constituição Federal. Há, ainda, o que se chama de reserva legal qualificada, que é a reserva de lei, dependendo das especificações feitas pela Constituição Federal. Assim, não basta editar uma lei para disciplinar determinado assunto, sendo imprescindível que se respeite o âmbito estabelecido pelo constituinte. Exemplos: a) para violar o sigilo das comunicações telefônicas é necessária a edição de uma lei, que está limitada aos *fins de investigação criminal ou instrução processual penal* (art. 5.º, XII, CF); b) "com efeito, o próprio parágrafo 1.º, do mesmo artigo 220 [da CF], autoriza o legislador a disciplinar o exercício da liberdade de imprensa, tendo em vista, sobretudo, a proibição do anonimato, a outorga do direito de resposta e a inviolabilidade da intimidade, da vida privada, da honra e da imagem das pessoas. Trata-se, verdadeiramente, de uma *reserva legal qualificada*, que permite o estabelecimento de restrição à liberdade de imprensa com vistas a preservar outros direitos individuais, não menos significativos, como os direitos da personalidade em geral" (cf. Antonio Henrique Graciano Suxberger, *Responsabilidade penal sucessiva nos crimes de imprensa*, p. 37). A raiz histórica do princípio da legalidade – *a lei que ouve antes de condenar*, como ensina Webster – está na Magna Carta de 1215 ("Nenhum homem pode ser preso ou privado de sua propriedade a não ser pelo julgamento de seus pares ou pela lei da terra"). A expressão original – *by the law of the land* – foi modificada em edição posterior da Magna Carta para *due process of law* (devido processo legal). A garantia tinha por finalidade evitar que alguém fosse preso ou privado de seus bens pela vontade singular do soberano, obrigando que os magistrados aplicassem, efetivamente, as leis consuetudinárias à época consagradas pela comunidade. A formulação propriamente dita do princípio da legalidade coube a Beccaria, em sua festejada obra *Dos delitos e das penas*, com influência de Montesquieu e Rousseau. Por outro lado, a construção do preceito latino *nullum crimen, nulla poena sine previa lege* deveu-se a Feuerbach (Cerezo Mir, *Curso de derecho penal español – Parte general*, v. 1, p. 163; Jiménez de Asúa, *Lecciones de derecho penal*, p. 14 e 57). É a consagração da *tipicidade* (adequação dos fatos concretos ao modelo legal previsto na norma penal), que é a elaboração científica do princípio no contexto do direito penal.

**4-A. Diferença entre mera legalidade e estrita legalidade:** a primeira é uma "norma dirigida aos juízes, aos quais prescreve a aplicação das leis tais como são formuladas"; a segunda designa "a reserva absoluta de lei, que é uma norma dirigida ao legislador, a quem prescreve a taxatividade e a precisão empírica das formulações legais" (Luigi Ferrajoli, *Direito e razão*, p. 31). Não se pode, na atualidade, contentar-se com a *mera legalidade*, pois nem todo tipo penal construído pelo legislador obedece, como deveria, ao princípio da taxatividade. O ideal é sustentar a *estrita legalidade*, ou seja, um crime deve estar descrito em lei, mas *bem detalhado* (taxativo), de modo a não provocar dúvidas e questionamentos intransponíveis, bem como sendo possível visualizar uma ofensa a bem jurídico tutelado, agindo o autor com dolo ou culpa.

**5. Legalidade material e legalidade formal:** denomina-se *legalidade material* ou *substancial* o princípio vinculado ao conceito material de crime, ao passo que *legalidade formal* está ligado ao conceito formal de delito. Vale, pois, defini-los: *materialmente*, crime é, nas palavras de Bettiol, "todo fato humano lesivo de um interesse que possa comprometer as condições de existência, conservação e progresso da sociedade" (*apud* José Frederico Marques, *Tratado de direito penal*, v. 2, p. 23). Trata-se de um conceito muito aberto de delito, de forma que, sendo aceito, poderiam ser punidas todas as condutas perigosas, mesmo que não estivessem expressamente previstas em lei. Por isso, a legalidade substancial ou material não é a melhor garantia ao indivíduo. Ensina Paulo José da Costa Júnior que tal princípio é adotado em nome da chamada "defesa social" (*Comentários ao Código Penal*, p. 1), ou seja, ele mais vale à sociedade do que ao cidadão. *Formalmente*, crime é toda conduta que ofende um bem juridicamente tutelado, prevista em lei, sob ameaça de pena. Trata-se, sem dúvida, de um conceito mais seguro ao indivíduo, pois o Estado não poderá considerar delito a conduta que bem entender, mas somente a que estiver tipificada. E *tipicidade* é a redução a categorias jurídicas do princípio maior da legalidade. Adota-se, no Brasil, o princípio da legalidade formal, conforme demonstra o art. 1.º do Código Penal.

# Art. 1.º

Código Penal Comentado • **Nucci**

**6. Alcance dos princípios da legalidade e da anterioridade:** é fundamental que a lei penal incriminadora seja editada antes da ocorrência do fato. Enquanto a Parte Geral do Código Penal prevê o princípio geral (legalidade e anterioridade), a Parte Especial, através dos tipos penais, concretiza o direito penal liberal. Nas palavras de BAUMANN, "a parte especial do Código Penal se converte em uma 'Carta Magna do delinquente' (Von Liszt) unicamente quando se proíbe ao legislador a criação de um direito penal retroativo e ao juiz sua aplicação" (*Derecho penal – Conceptos fundamentales y sistema [introducción a la sistemática sobre la base de casos]*, p. 74).

**7. Eficácia dos princípios da legalidade e da anterioridade:** para verificar a eficácia dos princípios, primeiramente convém mencionar o conceito de tipo penal, que significa *modelo legal de conduta*. No prisma mais interessante para o direito penal, encontra-se o tipo penal incriminador, que estabelece o modelo de conduta proibida (ex.: "matar alguém" é o modelo de conduta vedada pelo ordenamento jurídico penal, intitulado "homicídio", que visa à proteção do bem jurídico "vida"). A definição legal da infração penal há de ser feita de forma clara e inteligível, para não gerar tipos *abertos demais*, causando o esvaziamento do princípio da reserva legal. O tipo *aberto* é aquele que depende da interpretação do juiz para ser integralmente compreendido e aplicado. Levando-se em consideração que o direito penal veda o uso da analogia (processo de integração da lei, que atua através de um método de semelhança, quando houver lacuna) para criar tipos penais incriminadores, é preciso evitar a elaboração de definições legais de crimes que sejam tão vagas, quanto inseguras. Exemplo disso seria a elaboração de um tipo penal enunciando como crime "agir perigosamente contra os interesses da sociedade". Qualquer conduta, conforme critérios imponderáveis do juiz, poderia encaixar-se nesse preceito, ferindo, obviamente, o princípio da legalidade. Por oportuno, deve-se mencionar a existência dos *tipos fechados* (aqueles que contêm apenas elementos descritivos, prescindindo da valoração cultural do magistrado, como o homicídio – art. 121, CP, supracitado) e dos *tipos abertos* (os que contêm elementos normativos ou subjetivos, merecedores de valoração pelo aplicador da lei, como a *exposição ou abandono de recém-nascido* – art. 134, CP –, que menciona o elemento "desonra", para apontar a motivação da mãe ao largar seu filho, que é de complexa interpretação, variando conforme o lugar e a época). Ambos são igualmente importantes (fechados e abertos), embora o que se esteja defendendo é a impossibilidade de criação de tipos penais incriminadores que transcendam o mínimo de segurança exigido pelo texto constitucional e pelo próprio art. 1.º do Código Penal, isto é, uma definição minimamente segura e detectável pelo intérprete. Ver, ainda, a respeito do tema a próxima nota.

**8. Eficiência da legalidade como garantia humana fundamental:** a legalidade, no campo penal, não pode ser uma garantia meramente formal, sendo insuficiente apenas a existência de uma lei anterior à conduta. Torna-se indispensável que a elaboração do tipo penal – modelo legal de conduta proibida – seja específica, ou seja, claramente individualizadora do comportamento delituoso (LUIZ VICENTE CERNICCHIARO, *Direito penal na Constituição*, p. 18). A preceituação genérica fere o princípio da legalidade. Reportemo-nos ao art. 6.º do Código Penal soviético de 1926: "Reputa-se perigosa toda ação ou omissão dirigida contra a estrutura do Estado soviético, ou que lese a ordem jurídica criada pelo regime dos trabalhadores e camponeses para a época de transição à organização social comunista...". Trata-se de um tipo extremamente aberto, com foco voltado à periculosidade da conduta, numa avaliação que era, com certeza, política. Portanto, mesmo que existente a lei, o princípio da legalidade estaria sendo apenas uma formalidade, pois qualquer ação ou omissão que o Estado desejasse considerar "perigosa", diante de um modelo tão aberto, poderia fazê-lo. A União Soviética, na prática, terminou negando eficácia ao princípio da reserva legal, como adverte BASILEU GARCIA, (*Instituições de direito penal*, v. 1, t. 1, p. 150-151). BATTAGLINI sempre considerou condenável colocar no Código Penal incriminações de alcance latíssimo, com a finalidade de cobrir, o mais possível, eventuais lacunas. Essa providência, que dá margem aos tipos exageradamente abertos, ofende a legalidade. Aliás, mesmo no direito anglo-americano, baseado no sistema do direito consuetudinário, portanto, não vinculado perfeitamente ao princípio da legalidade, já existem vários precedentes judiciais declarando inconstitucionais as regras de direito penal que permitem a elaboração de normas penais genéricas e imprecisas. O direito brasileiro não deixa de ter seus exemplos. Do exposto, deduz-se que as descrições genéricas de tipos penais podem ser mais perigosas do que a analogia, pois esta pelo menos tem um parâmetro de semelhança com outra conduta certa. Preleciona FREDERICO MARQUES que, "no Direito Penal, a analogia não pode ser aplicada para criar-se figura delitiva não prevista expressamente, ou sanção penal que o legislador não haja estatuído. O princípio da reserva impede que figuras típicas sejam elaboradas pelo processo analógico". Ainda assim, mencionando que a Dinamarca é um país cuja legislação adota a analogia em matéria penal, lembra o ensinamento de Stephan Hurwitz, da Universidade de Copenhague, dizendo ser mais seguro ao indivíduo a aplicação da analogia do que a formulação vaga e imprecisa de determinados tipos penais (*Tratado de direito penal*, v. 1, p. 227). É evidente que, para a elaboração de um tipo penal, o legislador precisa operar com certa liberdade, reservando ao juiz a tarefa de interpretar e complementar o conteúdo do tipo incriminador. Por isso, é possível existir *tipos abertos*, tais como os de aborto (arts. 124 a 127) e de rixa (art. 137), que precisam da interpretação do aplicador da lei para serem aplicados. Isto não significa que se deva privilegiar a criação de tipos muito vagos, pois, quanto mais específicos eles puderem ser, melhor para o direito penal e para o indivíduo. Assim, para assegurar a eficácia do princípio da legalidade é preciso manter o equilíbrio e o meio-termo: nem analogia, nem tipos extremamente vagos e genéricos. Em ambos os casos, estar-se-ia preterindo a aplicação do preceito constitucional da reserva legal. Na jurisprudência: STF: "1. A jurisprudência da Segunda Turma do Supremo Tribunal Federal firmou-se no sentido de que o art. 112, § 3.º, inc. V, da Lei de Execução Penal abrange apenas o tipo penal do art. 2.º da Lei n.º 12.850, de 2013, não cabendo ampliar o alcance da norma, sob uso de analogia *in malam partem*, para fazer alcançar os crimes de associação criminosa (art. 288 do Código Penal) ou associação para o tráfico (art. 35 da Lei n.º 11.343, de 2006), sob pena de violação ao princípio da legalidade. Precedentes. 2. Agravo regimental ao qual se nega provimento" (HC 210.667 AgR, 2.ª T., rel. André Mendonça, 05.12.2022, v.u.).

**9. Utilização da interpretação extensiva, interpretação analógica e analogia em direito penal:** a interpretação é um processo de descoberta do conteúdo da lei e não de criação de normas. Por isso, é admitida em direito penal, tanto a extensiva quanto a analógica. A extensiva é o processo de extração do autêntico significado da norma, ampliando-se o alcance das palavras legais, a fim de se atender à real finalidade do texto. A analógica é o processo de averiguação do sentido da norma jurídica, valendo-se de elementos fornecidos pela própria lei, através do método de semelhança. Como exemplos de interpretação extensiva encontrados no Código Penal, podem ser citados os seguintes: a) art. 172 (duplicata simulada), que preceitua ser crime "emitir fatura, duplicata ou nota de venda que não corresponda à mercadoria vendida, em quantidade ou qualidade, ou ao serviço prestado". Ora, é natural supor que a emissão de duplicata quando o comerciante não efetuou venda alguma também é crime, pois seria logicamente inconsistente punir quem emite o documento em desacordo com a venda efetiva realizada, mas não quando faz o mesmo sem nada ter comercializado. Assim, onde se lê, no tipo penal, "venda que não corresponda à mercadoria vendida", leia-se ainda "venda inexistente". Conferir nos comentários ao art. 172 neste Código; b) no caso do art. 176 (outras fraudes), pune-se a conduta de quem "tomar refeição em restaurante (...) sem dispor de recursos para efetuar o pagamento", ampliando-se o conteúdo do termo "restaurante" para abranger, também, boates, bares, pensões, entre outros estabelecimentos similares. Evita-se, com isso, que o sujeito faça uma refeição em uma pensão, sem dispor de recursos para pagar, sendo punido por estelionato, cuja pena é mais elevada; c) na hipótese do art. 235 (bigamia), até mesmo pela rubrica do crime, percebe-se ser delituosa a conduta de quem se casa duas vezes. Valendo-se da interpretação extensiva, por uma questão lógica, pune-se, ainda, aquele que se casa várias vezes (poligamia); d) o furto torna-se qualificado, com pena de reclusão de três a oito anos, caso a subtração seja de veículo automotor que venha a ser transportado para outro Estado ou para o exterior (art. 155, § 5.º). Não se mencionou o Distrito Federal, porém é ele equiparado, constitucionalmente, aos Estados-membros, em virtude de várias finalidades (arts. 32 e 34, CF). Por isso, levar o veículo de um Estado-membro ao Distrito Federal também é suficiente para caracterizar o furto qualificado (ver a nota 39 ao art. 155, § 5.º); e) na recepção qualificada (art. 180, § 1.º, CP), menciona-se apenas a configuração do delito por dolo eventual (análise da expressão *deve saber*), enquanto a figura simples, prevista no *caput*, demanda dolo direto (avaliação da expressão *que sabe ser*). Portanto, para que se apliquem, de maneira coerente, os preceitos, é preciso conferir interpretação extensiva à expressão *deve saber*, para abranger, igualmente, *que sabe* (ver a nota 12 ao art. 180). Isto significa que a receptação qualificada pode ser cometida tanto por dolo eventual como por dolo direto. Conferir: STJ: "Ademais, 'o artigo 180, § 1.º, do Estatuto Repressivo é constitucional e pode ser aplicado através da utilização da interpretação extensiva, ampliando o significado da expressão deve saber (dolo eventual), englobando também a expressão sabe (dolo direto). O comerciante ou industrial que adquire, vende, expõe à venda mercadoria que sabe ou devia saber ser de origem ilícita responde pela figura qualificada' (ARE 705.620 AgR, rel. Min. Luiz Fux, 1.ª T., j. 19.03.2013, processo eletrônico *DJe*-066 divulg. 10.04.2013 public. 11.04.2013)" (AgRg no AREsp 1.526.114-PR, 5.ª T., rel. Ribeiro Dantas, 15.10.2019, v.u.). Nas hipóteses mencionadas nas letras *a, c, d e e*, a interpretação extensiva pode prejudicar o réu, enquanto na situação descrita na letra *b* pode beneficiá-lo. No caso da interpretação analógica, confira-se o disposto no art. 121, § 2.º, III. Qualifica-se o homicídio quando o agente cometer o crime "com emprego de veneno, fogo, explosivo, asfixia, tortura *ou outro meio insidioso ou cruel, ou de que possa resultar perigo comum*" (grifamos), verificando-se, pois, que, dadas as amostras pelo tipo, permite-se que o intérprete vá buscar outros meios similares aos primeiros, igualmente configuradores de insídia, crueldade ou perigo comum. A adoção das interpretações extensiva e analógica é amplamente aceita pela doutrina e pela jurisprudência. Por todos, pode-se citar a lição de JIMÉNEZ DE ASÚA, afirmando que o meio literal e o teleológico podem levar a um resultado harmônico e conclusivo na interpretação das leis penais, seja ele *restritivo* ou *extensivo*, posto que, assim fazendo, consegue-se captar a vontade da lei. Somente quando houver dúvida na interpretação prevalece o critério restritivo para não prejudicar o réu e extensivo quando lhe for favorável (*Lecciones de derecho penal*, p. 73). A analogia, por sua vez, é um processo de autointegração, criando-se uma norma penal onde, originalmente, não existe. Nas palavras de Martin Heidegger, "analogia em geral significa correspondência de algo com algo, mais exatamente, a correspondência de uma relação com outra. Na matemática, a analogia designa a correspondência entre duas relações de grandeza, sua proporção. Se três elos são dados, o quarto por ser matematicamente conquistado e dado, construído. Na matemática, a analogia é uma determinação constitutiva. Na *filosofia*, o que está em questão *não* são relações *quantitativas*, mas *qualitativas* (Wolff), e aqui o quarto elo não pode ser dado e conquistado enquanto tal, mas só é determinável *como uma relação com o quarto elo*, ou seja, só o modo como o quarto elo precisa ser é determinável, só aquilo como o que ele precisa ser alcançado na experiência, se é que deve ser em geral experienciável em sua existência" (*A essência da liberdade humana: introdução à filosofia*, p. 201-202). O emprego de analogia não se faz por acaso ou por puro arbítrio do intérprete; há significado e lógica na utilização da analogia para o preenchimento de lacunas no ordenamento jurídico. Cuida-se de uma relação *qualitativa* entre um fato e outro. Entretanto, se noutros campos do Direito a analogia é perfeitamente aplicável, no cenário do Direito Penal ela precisa ser cuidadosamente avaliada, sob pena de ferir o princípio constitucional da legalidade (não há crime sem lei que o defina; não há pena sem lei que a comine). Nesse caso, não se admite a analogia *in malam partem*, isto é, para prejudicar o réu. Nem todas as vozes são contrárias ao emprego em geral da analogia no direito penal. Confira-se a lição de CARNELUTTI: "Considero que a proibição da analogia na aplicação das leis penais é outra superstição da qual devemos nos livrar. Nisso não se deve enxergar uma consequência do princípio da certeza jurídica, senão uma desconfiança com relação ao juiz, a qual, se tem razões históricas bastante conhecidas, carece de todo fundamento prático" (*El problema de la pena*, p. 74, traduzi). Por outro lado, somente em caráter excepcional a analogia *in bonam partem* (para beneficiar) deve ser utilizada em favor do réu. Cumpre destacar que, até mesmo o emprego da analogia para favorecer o réu, deve ser reservado para hipóteses excepcionais, uma vez que o princípio da legalidade é a regra, e não a exceção. Daí por que não pode o magistrado disseminar o uso da analogia para absolver o réu, pois isso colocaria em risco a segurança idealizada pelo direito penal. Não é demais citar a lição de HUNGRIA a esse respeito: "Os preceitos sobre causas descriminantes, excludentes ou atenuantes de culpabilidade ou de pena, ou extintivas de punibilidade, constituem *jus singulare* em relação aos preceitos incriminadores ou sancionadores, e, assim, não admitem extensão além dos casos taxativamente enumerados" (*Comentários ao Código Penal*, v. 1, t. I, p. 92). Em posição contrária, confira-se NEREU JOSÉ GIACOMOLLI, contestando a utilização de tipos abertos, normas penais em branco, interpretação extensiva e analógica: "A defesa de um direito penal com tipos abertos, difusos, indeterminados, ou com normas penais dependentes de uma normatividade integradora (normas penais em branco), ou de um regramento judicial, são características de um Direito Penal autoritário e demasiadamente repressivo, inadmissível no atual estado de desenvolvimento da civilização. (...) A exclusão das interpretações analógica, criativa ou extensiva, prejudiciais ao imputado, determinada pela reserva legal, se aplica tanto na concretude das normas criminais contidas na parte geral do Código Penal quanto nas especiais e nas extravagantes. É um imperativo da incidência da *lex stricta* a respeito da responsabilidade criminal, que engloba a descrição típica, a sanção e todas as circunstâncias que influem na dosimetria da pena" (*Função garantista do princípio da legalidade*, p. 483-485).

**10. Aplicação do dispositivo para pena e medida de segurança:** a medida de segurança não é pena, mas não deixa de ser uma espécie de sanção penal, aplicável aos inimputáveis ou semi-imputáveis, que praticam fatos típicos e ilícitos (*injustos*) e precisam ser internados ou submetidos a tratamento. Trata-se, pois, de medida de defesa social, embora se possa ver nesse instrumento uma medida terapêutica ou pedagógica destinada a quem é doente. Entretanto, ontologicamente, nas palavras de MAGALHÃES NORONHA, não há distinção alguma entre pena e medida de segurança (*Direito penal*, p. 312). Em suma, quando se trata de privar a liberdade de alguém, é preciso respeitar o princípio da legalidade. Torna-se importante, ainda, mencionar a lição de PIERANGELI e ZAFFARONI: "*Salvo o caso dos inimputáveis, sempre que se tira a liberdade do homem por um fato por ele praticado, o que existe é uma pena*, porque toda privação da liberdade tem um conteúdo penoso para quem a sofre. O nome que se lhe dê não tem significação, porque não é possível destruir todo o sistema de garantias trabalhado pelo Direito, na sua longa história de lutas pela liberdade humana, só com uma e outra denominações dadas a uma categoria de penas. Não é possível fazer-se aqui uma crítica geral à categoria das medidas de segurança, mas o que acabamos de afirmar constitui uma crítica sintetizada a respeito" (*Da tentativa*, p. 29). O antigo art. 75 do Código Penal dispunha que "as medidas de segurança regem-se pela lei vigente ao tempo da sentença, prevalecendo, entretanto, se diversa, a lei vigente ao tempo da execução". Ora, revogado que foi pela Reforma Penal de 1984, é natural ficarem, agora, as medidas de

# Art. 1.º

segurança sujeitas ao princípio da legalidade. Portanto, além das opiniões já mencionadas de Noronha, Pierangeli e Zaffaroni, com as quais concordamos, posiciona-se pela sua submissão à reserva legal e ao princípio da anterioridade ampla parcela da doutrina nacional: Julio Fabbrini Mirabete, Alberto Silva Franco, Paulo José da Costa Júnior, Celso Delmanto e Heleno Cláudio Fragoso. Em sentido contrário, admitindo a aplicação imediata da medida de segurança: Francisco de Assis Toledo, Luiz Vicente Cernicchiaro e Feu Rosa. Convém mencionar a posição de Lycurgo de Castro Santos: "A aplicação retroativa das medidas de segurança não importa um menoscabo do princípio de legalidade por dois motivos: 1.º) a aplicação de uma nova medida pressupõe que ela é mais eficaz que a anterior a fim de diminuir ou eliminar a probabilidade de que o indivíduo cometerá no futuro outros delitos (retroatividade em benefício do réu); 2.º) aplica-se, conforme os juízos sucessivos, uma consequência legal – a nova medida de segurança – existente no momento em que se comprova a periculosidade do agente: o que permite a aplicação da medida não é o fato criminoso, que opera como simples garantia, senão o estado perigoso do agente (aspecto subjetivo)" (*O princípio de legalidade no moderno direito penal*, p. 197). Melhor teria sido, no entanto, a Constituição ter deixado bem clara essa aplicação, nos moldes empreendidos pela Constituição portuguesa (art. 29, 1).

**11. Fontes do direito penal:** dividem-se em: a) *materiais*, as que propiciam a criação das normas penais. Consubstanciam-se na figura do Estado, através da União; b) *formais*, as que permitem o conhecimento e a exteriorização das normas penais. Quanto às materiais, preceitua o art. 22, I, da Constituição Federal: "Compete *privativamente* à União legislar sobre: I – direito civil, comercial, *penal*, processual, eleitoral, agrário, marítimo, aeronáutico, espacial e do trabalho" (grifamos). Aliás, nesse sentido, confira-se a Súmula 722 do STF: "São da competência legislativa da União a definição dos crimes de responsabilidade e o estabelecimento das respectivas normas de processo e julgamento". Excepcionalmente, prevê o art. 22, parágrafo único, da CF, que "lei complementar poderá autorizar os Estados a legislar sobre questões específicas das matérias relacionadas neste artigo". Portanto, visando à regionalização de determinadas questões penais, seria admissível que a União autorizasse o Estado a construir um tipo penal incriminador, prevendo delito peculiar a certa parte do País. Embora não se tenha notícia dessa prática, a verdade é que o Estado jamais poderia legislar em matéria de Direito Penal Fundamental (normas inseridas na Parte Geral do Código Penal, que devem ter alcance nacional, a fim de manter a integridade do sistema), nem tampouco poderia compor normas que contrariassem, de qualquer modo, a legislação federal. Assim, a atividade legislativa do Estado, em matéria penal, ocuparia eventual lacuna existente nas normas federais. Quanto às formais, dividem-se em *imediatas*, que são as leis em sentido estrito, criadoras e revogadoras de normas penais, e *mediatas*, que são os costumes e os princípios gerais de direito, auxiliadores do processo de interpretação e aplicação da lei penal. Assim, somente a lei, em sentido estrito, pode fixar crimes. Conceitua-se *lei* (formal ou em sentido estrito) como a "manifestação da vontade coletiva expressada através dos órgãos constitucionais" (Asúa, *Lecciones de derecho penal*, p. 54). Portanto, somente o Poder Legislativo Federal, como regra, pode fazer nascer uma lei penal. Analisemos outras espécies normativas: a) emenda à Constituição: não pode restringir os direitos e as garantias individuais (art. 60, § 4.º, IV, CF), de forma que não pode tocar no princípio da legalidade. Em tese, porque é fruto do Poder Constituinte Derivado ou Reformador, pode criar lei penal, já que nada veda expressamente. Entretanto, não é tradicional, nem cabível ocupar-se disso; b) lei complementar: pode legislar sobre matéria penal, porque tem processo legislativo mais complexo do que a lei ordinária. Como exemplo de norma penal incriminadora editada por lei complementar, confira-se o art. 10 da Lei Complementar 105/2001: "A quebra de sigilo, fora das hipóteses autorizadas nesta Lei Complementar, constitui crime e sujeita os responsáveis à pena de reclusão, de 1 (um) a 4 (quatro) anos, e multa, aplicando-se, no que couber, o Código Penal, sem prejuízo de outras sanções cabíveis. Parágrafo único. Incorre nas mesmas penas quem omitir, retardar injustificadamente ou prestar falsamente as informações requeridas nos termos desta Lei Complementar". Em sentido contrário, convém mencionar a posição de CERNICCHIARO. Sustenta que o rol da lei complementar é exaustivo na Constituição, não incluindo nenhuma hipótese de criação de lei penal, além do que é exigido quórum qualificado para elaborar uma lei complementar, o que iria engessar o Congresso Nacional a modificar a lei penal que fosse criada pelo processo qualificado (*Direito penal na Constituição*, p. 46-47); c) leis delegadas: são as normas elaboradas pelo Presidente da República por delegação do Congresso Nacional (art. 68, CF). Não podem ser utilizadas para criar lei penal, pelas seguintes razões: c.1) no inciso II do § 1.º do art. 68 consta a vedação para a delegação em matéria de *direitos individuais*. Estando o princípio da legalidade previsto no art. 5.º da Constituição, é natural que se trata de direito fundamental, alheio, portanto, à lei delegada; c.2) o processo legislativo praticamente deixa de existir, não sendo permitido o trâmite pelas duas Casas do Congresso, nem a apresentação de emendas; d) medida provisória: é norma jurídica, ou seja, lei em sentido material ou em sentido amplo, mas não em sentido formal ou estrito, de modo que não pode criar lei penal. Havia quem sustentasse ser possível a medida provisória criar lei penal, pois a Constituição, no art. 62, dizia somente que "em caso de relevância e urgência, o Presidente da República poderá adotar medidas provisórias, com força de lei (...)". Por outro lado, o antigo decreto-lei, que foi substituído pela medida provisória, em 1988, era aceito pelo Supremo Tribunal Federal para tal finalidade. Logo, a medida provisória também poderia, em tese, criar lei penal. A maioria dos penalistas, no entanto, sempre foi contrária à hipótese. O princípio da reserva legal, previsto no art. 5.º, fala em *lei*, não se podendo incluir nesse conceito a medida provisória. Além disso, a medida é ato de vontade exclusivo do Presidente da República, não nascendo da participação dos representantes do povo. De outra parte, seria irreparável o dano, caso alguém fosse preso, em razão de uma medida provisória criadora de lei penal, posteriormente revogada pelo Congresso Nacional. Finalmente, não existem razões de urgência e relevância que possam justificar a elaboração de leis penais por obra restrita do chefe do Executivo. O Supremo Tribunal Federal não chegou a se pronunciar, até hoje, sobre a possibilidade de se editarem leis penais por medida provisória. Há casos, no entanto, de leis penais criadas por tal via: Lei 7.960/1989 (prisão temporária) e Lei 7.679/1988 (proibição de pesca por explosivo) [revogada pela Lei 11.959/2009]. Convém ressaltar, por derradeiro, que havia maior aceitação doutrinária quanto à criação de lei penal *não incriminadora*, por intermédio de medida provisória, vedando-se, apenas, a produção de tipos penais incriminadores. Nosso pensamento sempre foi adverso. O direito penal não é matéria urgente que justifique a edição de normas por ato do Presidente da República, ainda que seja futuramente submetido ao Congresso Nacional, podendo transformar-se em lei. Não teria o menor sentido criar-se uma causa excludente de punibilidade, por exemplo, através de medida provisória – beneficiando vários condenados e réus por todo o País –, para, depois, não ser aprovada pelo Poder Legislativo, anulando seus efeitos *ex tunc*. Os beneficiados pela medida retornariam ao cárcere? Os processos seriam reabertos? Seria a consagração do caos. Atualmente, a questão foi definitivamente resolvida pela promulgação da Emenda Constitucional 32, de 11 de setembro de 2001, que alterou a redação do art. 62 da Constituição Federal, acrescentando-lhe o § 1.º, nos seguintes termos: "É vedada a edição de medidas provisórias sobre matéria: I – relativa a: (...) *b*) direito penal, processual penal e processual civil".

**12. Características da lei penal:** a lei, fonte única do direito penal, tem as seguintes características: a) é exclusiva, isto é, somente ela pode criar delitos, fixando as penas; b) é obrigatória, fazendo com que todos os seus destinatários a acatem, sejam os órgãos do Estado, seja o povo; c) é inafastável, somente sendo revogada por outra lei; d) é igualitária, prevendo aplicação idêntica a todos os seus destinatários, sem privilégios; e) é constitucional, devendo estar de acordo com a Constituição Federal, sob pena de não ser aplicada (ASÚA, *Lecciones de derecho penal*, p. 55).

# Art. 2.º

**13. Iniciativa de leis em matéria penal:** podem propor a criação de leis penais: a) os membros do Congresso Nacional (art. 61, *caput*, CF); b) o Presidente da República (art. 61, *caput*, CF); c) a iniciativa popular ("A iniciativa popular pode ser exercida pela apresentação à Câmara dos Deputados de projeto de lei subscrito por, no mínimo, um por cento do eleitorado nacional, distribuído pelo menos por cinco Estados, com não menos de três décimos por cento dos eleitores de cada um deles", conforme dispõe o art. 61, § 2.º, CF). Entende-se que o Supremo Tribunal Federal, os Tribunais Superiores e o Procurador-Geral da República não têm iniciativa de leis destinadas a dar existência a leis penais porque estas não constituem matéria de seu peculiar interesse (art. 96, II, CF).

**14. Normas penais em branco e legalidade:** ver nota 34 ao art. 3.º.

**15. Costume e legalidade:** o costume não serve para criar ou revogar lei penal, a despeito de servir para o processo de interpretação. Assim, em que pese a evolução social da atualidade, com a constante liberação dos comportamentos, não se pode considerar "revogado" o art. 215 do Código Penal (violação sexual mediante fraude), a pretexto de que os costumes estariam a indicar, praticamente, não haver mais possibilidade de alguém ser ludibriado por outrem, a fim de consentir numa relação sexual. Admitindo-se, somente para argumentar, que tal situação fosse plenamente verdadeira, o correto é manter-se o tipo penal vigendo, até que outra lei o revogue, podendo-se, no entanto, utilizar os atuais costumes para auxiliar na interpretação das elementares do tipo.

**16. Plebiscito e referendo:** não são meios adequados para dar origem à lei penal. O art. 49, XV, da Constituição Federal estipula caber ao Congresso Nacional autorizar referendo e convocar plebiscito, que, no entanto, somente podem aprovar ou rejeitar lei penal materializada ou a ser criada pelo Parlamento. Sobre a diferença entre ambas as formas de consulta popular, esclarece ALEXANDRE DE MORAES que, "enquanto o *plebiscito* é uma consulta prévia que se faz aos cidadãos no gozo de seus direitos políticos, sobre determinada matéria a ser, posteriormente, discutida pelo Congresso Nacional, o *referendo* consiste em uma consulta posterior sobre determinado ato governamental para ratificá-lo, ou no sentido de conceder-lhe eficácia (condição suspensiva), ou, ainda, para retirar-lhe a eficácia (condição resolutiva)" (*Constituição do Brasil interpretada e legislação constitucional*, p. 1.000). Confira-se o exemplo do referendo invocado para a aprovação de dispositivo de lei, notando-se que ele não *cria* a norma, mas serve para acolher ou rejeitar o que já foi editado pelo Congresso Nacional: art. 35 da Lei 10.826/2003 (Estatuto do Desarmamento): "É proibida a comercialização de arma de fogo e munição em todo o território nacional, salvo para as entidades previstas no art. 6.º desta Lei". Este dispositivo, para entrar em vigor, dependeria da aprovação mediante referendo popular, realizado em outubro de 2005. Em caso de aprovação do referendo popular, o disposto neste artigo entraria em vigor na data de publicação de seu resultado pelo Tribunal Superior Eleitoral. Entretanto, foi rejeitado, significando que o comércio de armas de fogo e munição continua autorizado, desde que respeitados os requisitos legais.

### Lei penal no tempo[17]

> **Art. 2.º** Ninguém pode ser punido por fato que lei posterior deixa de considerar crime,[18-18-C] cessando em virtude dela a execução e os efeitos penais da sentença condenatória.[19]
>
> **Parágrafo único.** A lei posterior,[20-21] que de qualquer modo favorecer o agente,[22-24-A] aplica-se[25-25-A] aos fatos anteriores,[26-27] ainda que decididos por sentença condenatória transitada em julgado.[28-29]

**17. Conceito e aplicação da extratividade da lei penal:** a regra geral em direito é a aplicação da lei vigente à época dos fatos (*tempus regit actum*). A exceção é a extratividade, ou seja, a possibilidade de aplicação de uma lei a fatos ocorridos fora do âmbito de sua vigência. O fenômeno da extratividade, no campo penal, realiza-se em dois ângulos: a) *retroatividade*: é a aplicação de uma nova lei penal benéfica a um fato (infração penal) acontecido antes do período da sua vigência (art. 5.º, XL, CF); b) *ultratividade*: é a aplicação de uma lei penal benéfica, já revogada, a um fato (sentença) ocorrido depois do período da sua vigência. O Código Penal brasileiro, no art. 2.º, faz referência somente à retroatividade, porque está analisando a aplicação da lei penal sob o ponto de vista da data do fato criminoso. Assim, ou se aplica o princípio-regra (*tempus regit actum*), se for o mais benéfico, ou se aplica a lei penal posterior, se for a mais benigna. Não se pode olvidar, no entanto, que, quando um juiz vai aplicar uma lei já revogada, no instante da sentença, por ser a mais benéfica e por ser a vigente à época do crime, está materializando o fenômeno da ultratividade. Em síntese: a retroatividade volta-se ao passado, enquanto a ultratividade projeta-se ao futuro. O surgimento de uma lei benéfica ao réu denomina-se *novatio legis in mellius*; o aparecimento de uma lei prejudicial ao acusado chama-se *novatio legis in pejus*.

**18.** *Abolitio criminis* **(abolição do delito):** trata-se do fenômeno que ocorre quando uma lei posterior deixa de considerar crime determinado fato (exemplo: a Lei 11.106/2005 deixou de considerar condutas criminosas o adultério, a sedução e o rapto consensual). Quando acontece a hipótese da *abolitio criminis*, segundo o disposto no art. 107, III, do Código Penal, extingue-se a punibilidade do agente. Em qualquer fase do processo ou mesmo da execução da pena, deve ser imediatamente aplicada a retroatividade da norma que retira a tipicidade de qualquer fato.

**18-A. Confronto com a edição de lei penal benéfica (novatio legis in mellius):** por vezes, o legislador prefere alterar determinado tipo penal incriminador, variando a descrição da conduta, de forma a excluir certas maneiras de execução, bem como modificando a sanção penal, conferindo-lhe abrandamento ou concedendo-lhe benefícios penais antes inexistentes. Assim, mantém-se a figura delitiva, embora com outra face. Quando isso acontece, não se trata de abolição do crime, mas apenas de modificação benéfica da lei penal. Essa alteração pode ser feita diretamente em um tipo penal específico, o que é muito raro de ocorrer no Brasil, pois a tendência é sempre a criminalização e o incremento das penas, como pode envolver um contexto genérico, valendo para vários tipos incriminadores. Exemplo deste último caso é a edição da Lei 9.714/1998, que permitiu a aplicação das penas restritivas de direitos a todos os delitos cuja pena privativa de liberdade não superasse a marca dos quatro anos de reclusão ou detenção, quando dolosos e não violentos (art. 44, CP). Não se aboliram penalidades, mas somente abrandou-se a punição, aumentando os benefícios. Na jurisprudência: STJ: "3. Por se tratar de inovação benéfica, *novatio legis in mellius*, a Lei n. 12.015/09 alcança todos os fatos ocorridos anteriormente à sua vigência. Na hipótese dos autos, considerando que a vítima foi submetida a conjunção carnal e atos libidinosos diversos, no mesmo contexto fático, deve ser concedida a ordem para reconhecer a ocorrência de crime único. 4. *Habeas corpus* não conhecido. Ordem concedida, de ofício, para determinar ao Juízo das Execuções que refaça a dosimetria da pena imposta ao paciente" (HC 441.523-BA, 5.ª T., rel. Joel Ilan Paciornik, 30.05.2019, *DJe* 11.06.2019, v.u.).

**18-B. Confronto com a edição de lei penal prejudicial (novatio legis in pejus):** há hipóteses em que o legislador, sem abolir a figura delituosa, mas com a aparência de tê-lo feito, apenas transfere a outro tipo incriminador a mesma conduta, por vezes aumentando a pena. Sem dúvida, em alguns casos, não se trata de uma singela transferência, porém há alguma

# Art. 2.º

Código Penal Comentado · **Nucci**

modificação na descrição do preceito primário. Exemplo disso ocorreu com a aparente abolição do crime de rapto, previsto no antigo art. 219 do Código Penal ("raptar mulher honesta, mediante violência, grave ameaça ou fraude, para fim libidinoso. Pena – reclusão, de 2 (dois) a 4 (quatro) anos"). A Lei 11.106/2005 extirpou esse artigo, mas transferiu parte da conduta para o art. 148, § 1.º, V, do Código Penal ("privar alguém de sua liberdade, mediante sequestro ou cárcere privado: (...) A pena é de reclusão, de 2 (dois) a 5 (cinco) anos: (...) se o crime é praticado com fins libidinosos"). Ora, o rapto era mesmo considerado, por grande parcela da doutrina, como um sequestro para fins libidinosos. Agora, passou a constar no capítulo adequado, com uma pena máxima abstrata maior, implicando *novatio legis in pejus*. Assim, o agente que tenha sido condenado por privar a liberdade de uma mulher honesta, para fim libidinoso (antiga figura do rapto), continuará a cumprir sua pena e será mantida a condenação, pois a figura permanece no sistema jurídico-penal, considerada como sequestro com fins libidinosos. Não teria sentido tratar o caso como *abolitio criminis*, uma vez que a conduta continua a ser, na parte essencial, objeto de punição.

**18-C. Lei penal benéfica e o caso concreto da Lei de Drogas:** a Lei 11.343/2006 houve por bem conceder ao usuário de drogas, aquele que adquire, guarda, tem em depósito, transporta ou traz consigo substâncias entorpecentes ilícitas, *para consumo pessoal* (art. 28), um benefício sem precedente. Aboliu, por completo, a pena privativa de liberdade. Manteve a figura delituosa e as penas, porém todas elas dizem respeito a restrição de direitos ou pagamento de multa. Não mais vai ao cárcere o usuário. Continua a ser crime trazer consigo droga, sem autorização, para consumo pessoal, mas com penas brandas. No entanto, qualquer pessoa respondendo pelo delito previsto no art. 16 da Lei 6.368/1976, ou já condenado, como incurso no mesmo artigo, assim que entrou em vigor o art. 28 da Lei 11.343/2006, sem dúvida, deve merecer a imediata aplicação da lei, nesse caso, indiscutivelmente mais favorável. A antiga previsão do art. 16 (detenção, de seis meses a dois anos, e multa) foi transmudada para penas restritivas de direitos ou, no máximo, multa, conforme o atual art. 28.

**19. Alcance da *abolitio criminis*:** nesse caso, não subsistem nem a execução da pena aplicada, com trânsito em julgado, que é o efeito principal, nem tampouco os efeitos secundários penais (reincidência, maus antecedentes, lançamento do nome do réu no rol dos culpados). Aliás, se já tiver cumprido integralmente a pena, havendo *abolitio criminis*, o réu terá a sua folha de antecedentes corrigida, para apagar a condenação anteriormente existente.

**20. Lei intermediária:** a lei *posterior* pode ser uma lei intermediária, ou seja, aquela que surgiu depois da prática do fato criminoso, mas foi revogada antes de o juiz proferir a sentença condenatória. Se for a lei mais benigna, deverá ser a utilizada.

**21. Lei penal em *vacatio legis*:** durante a *vacatio legis* (período estabelecido pelo legislador para que a sociedade tome conhecimento de uma determinada norma, após a sua publicação, antes de sua entrada em vigor), a lei penal já tem força suficiente para ser considerada lei mais favorável, aplicando-se retroativamente a fatos pretéritos? Responde *afirmativamente* PAULO JOSÉ DA COSTA JÚNIOR, citando Raggi e fazendo referência também a Nélson Hungria e Heleno Fragoso: "A lei, em período de *vacatio*, não deixa de ser *lei posterior*, devendo, pois, ser aplicada desde logo, se mais favorável ao réu" (*Comentários ao Código Penal*, p. 6). E, no mesmo prisma, ensinam CERNICCHIARO ("A *vacatio legis* é estabelecida para favorecer as pessoas. Instituto dessa natureza não pode ocasionar efeito oposto, ou seja, gerar prejuízo, aumentar ônus" – *Direito penal na Constituição*, p. 88) e ALBERTO SILVA FRANCO. Em *sentido contrário*, estão as opiniões de FREDERICO MARQUES, DELMANTO e DAMÁSIO, defendendo que a lei nova, em período de *vacatio*, ainda não vige, estando as relações sociais sob regência da lei antiga em vigor. Somente quando uma lei deixa de vigorar, outra lhe pode ocupar o espaço, produzindo efeitos. Quanto à posição de HUNGRIA, somos levados a discordar de PAULO JOSÉ DA COSTA JÚNIOR, pois, em nota de rodapé, diz o penalista carioca que, apesar da posição favorável de RAGGI, pela aplicação da lei posterior ainda em *vacatio legis*, "é bem de ver, porém, que, quando se fala em *lei posterior*, se entende a lei que passou a *vigorar* em substituição a outra" (*Comentários ao Código Penal*, v. 1, t. 1, p. 111). Portanto, NÉLSON HUNGRIA integra a segunda posição, contrária à aplicação da lei em período de *vacatio*. Defendíamos que a lei penal benéfica somente poderia retroagir para favorecer o réu no exato momento de sua entrada em vigor. Antes disso, cuidar-se-ia de norma silente, de conteúdo conhecido, mas de aplicabilidade nula. O risco de ter vigência antecipada, simplesmente por ser considerada benéfica, poderia conturbar o sistema normativo, permitindo, inclusive, debate doutrinário e jurisprudencial acerca do que é benevolente – e entra em vigor – e do que não pode ser assim considerado – permanecendo em vacância. Mudamos de ideia, após reflexões surgidas em face da edição da Lei 12.403/2011, que modificou vários artigos do Código de Processo Penal, no cenário da prisão e da liberdade. Essa lei permitiu a instituição de medidas cautelares alternativas à prisão provisória. Por que não a aplicar, desde logo, já que nitidamente benéfica, mesmo em período de *vacatio*? Por que não substituir a prisão preventiva do acusado, quando desnecessária, pela medida cautelar alternativa? Para responder a tais indagações, podemos utilizar dois critérios: formalista ou axiológico. Sob o ponto de vista formalista, *todos são iguais perante a lei* e o período de *vacatio* deve ser respeitado fielmente em qualquer situação, mesmo se cuidando de lei benéfica. Sob a ótica axiológica, os valores ligados à dignidade da pessoa humana devem prevalecer sob os aspectos formais do sistema legislativo, voltados, primordialmente, a conferir segurança à sociedade. Constituindo o período de *vacatio legis* um tempo de preparação de todos para o conhecimento do conteúdo da norma dormente, por certo, volta-se à preservação e proteção dos direitos individuais, vale dizer, não se instituiria uma sanção mais grave ou uma nova figura delitiva sem dar espaço à comunidade para tomar ciência disso. No entanto, tratando-se de lei penal ou processual penal benéfica, inexiste prejuízo algum para a sociedade se imediatamente posta em prática. Diante disso, respondendo às questões formuladas anteriormente, pode-se aplicar a medida cautelar alternativa desde logo, impedindo-se a prisão provisória desnecessária. Imagine-se que a lei benéfica seja revogada ainda no período de *vacatio*: torna o magistrado a analisar o caso concreto, agora à luz da legislação vigente, desconsiderada a novel lei. Pode decretar a prisão cautelar, vez que a medida cautelar alternativa deixou de existir, ou manter o indiciado/réu em liberdade. Na esfera penal, se houver *abolitio criminis*, no contexto de um conjunto de várias normas, não seria justo – e até mesmo digno – manter um sujeito preso, quando seu delito não mais assim será considerado dentro de alguns dias. Deve ser colocado imediatamente em liberdade ou deixar de ter o seu direito de ir e vir restringido de algum modo. Por certo, pode-se argumentar que, em caso de revogação da lei, em período de *vacatio*, ocorreria situação bizarra, pois o condenado não mais retornaria ao cárcere, já que extinta estaria a sua punibilidade. Entretanto, a fonte do desencontro e da contradição seria o próprio Estado. Afinal, a lei foi editada pelo Congresso Nacional e sancionada pelo Poder Executivo, ingressando em período de vacância apenas para conhecimento geral. O mesmo cenário bizarro poderia surgir se houvesse *abolitio criminis*, que entrasse em vigor de imediato, para, depois de algum tempo, ser reeditada a norma incriminadora. Quem foi beneficiado não tornaria ao cárcere, nem ao cumprimento de pena. Há quem argumente não deixar a lei em vacância de ser lei posterior, razão pela qual, se favorável, precisaria ser aplicada ao réu (PAULO JOSÉ DA COSTA JR., *Comentários ao Código Penal*, p. 6). Outro fator a nos conduzir à alteração de entendimento diz respeito à feitura da nossa obra *Princípios constitucionais penais e processuais penais*, com apegado zelo ao princípio da dignidade da pessoa humana. Assim compreendendo o tema, aplica-se, com esmerado

# Art. 2.º

rigor, o princípio constitucional da retroatividade benéfica, que simplesmente se refere a lei penal, sem qualquer restrição ou condição. Ademais, a *vacatio legis* é instituída por lei infraconstitucional, não podendo afastar a aplicação do princípio constitucional da retroatividade benéfica. Note-se, por derradeiro, que o art. 59, parágrafo único, da Constituição Federal, preceitua que lei complementar disporá sobre a elaboração, redação, alteração e consolidação das leis, mas não menciona, expressamente, a sua vigência. Pode-se, então, deduzir, *em favor do réu*, a possibilidade de se aplicar, em plenitude, a retroatividade benéfica durante o período de vacância. Afora os casos de *abolitio criminis*, vários outros benefícios podem ser editados por lei penal ou processual penal e merecem imediata aplicação, enquanto a sociedade toma conhecimento do novo ordenamento. Assim o determina a dignidade da pessoa humana, que paira acima de qualquer formalismo legal.

**22. Combinação de leis penais:** trata-se de tema polêmico, pois nem sempre é possível saber, com exatidão, qual é a lei penal mais benéfica, mormente quando várias são aplicáveis ao mesmo caso. Poderia o juiz combinar as leis penais, extraindo a posição mais benigna ao réu? *Defendendo* a possibilidade de combinação, pois é apenas um processo de integração da lei penal, visando à aplicação do preceito "que de *qualquer modo* favorecer", estão FREDERICO MARQUES, BASILEU GARCIA, MAGALHÃES NORONHA, JULIO FABBRINI MIRABETE, DAMÁSIO DE JESUS, CELSO DELMANTO, NEREU JOSÉ GIACOMOLLI, entre outros. *Contrários à tese*, pois significaria permitir ao juiz legislar, criando uma outra lei, não prevista pelo legislador, encontram-se NÉLSON HUNGRIA, ANÍBAL BRUNO, HELENO FRAGOSO, JAIR LEONARDO LOPES, PAULO JOSÉ DA COSTA JÚNIOR, JOSÉ HENRIQUE PIERANGELI, dentre outros. Ao se adotar a segunda posição, surge nova indagação: quem escolhe a lei mais favorável, o réu ou o juiz? Mais duas posições emergem: o réu, porque é ele quem vai cumprir a sanção penal; o juiz, porque ele é o órgão encarregado pelo Estado para aplicar a lei, sem ter de consultar a parte. De nossa parte, preferimos atualmente a posição intermediária, apontada por JIMÉNEZ DE ASÚA, baseando-se em Von Liszt, ao lecionar que a fórmula mais exata leva o juiz a fazer uma aplicação mental das duas leis que conflitam – a nova e a antiga –, verificando, no caso concreto, qual terá o resultado mais favorável ao acusado, mas sem combiná-las, evitando-se a criação de uma terceira lei (*Lecciones de derecho penal*, p. 98-99). É também a posição adotada por CLAUS ROXIN (*Derecho penal – Parte general*, t. I, p. 167-168). E, na impossibilidade de combinar as leis, cremos ser da competência do juiz a escolha de qual norma é a mais favorável, pois cabe ao Estado e não ao particular aplicar a lei ao caso concreto. Se o réu não concordar, pode recorrer da decisão. Deve-se ressaltar que o direito em jogo é indisponível, de modo que não cabe ao indivíduo optar por algo que considere, a seu modo, ser mais favorável. Na jurisprudência, hoje, prevalece o entendimento de que leis penais não se combinam. Ver a nota 22-A abaixo, evidenciando a tendência atual dos Tribunais Superiores de negar a combinação de leis penais no contexto da Lei de Drogas. Na jurisprudência: STJ: "3. O que ocorre é que o legislador, na atual redação do art. 112 da LEP, elencou várias frações aplicáveis a delitos comuns ou hediondos, violentos ou com resultado morte, praticados por réus primários ou reincidentes etc. O regramento próprio deve ser observado para cada crime, em atividade inerente à individualização da pena. A execução continua una (art. 111 da LEP) e, por isso, será obrigatório resgatar os percentuais relacionados a cada ilícito para a transferência a regime mais brando. O que há de ser observado, sob pena de incidir na *vedada combinação de leis penais no tempo*, é a incidência, na íntegra, de um ou outro inciso do art. 112 da LEP, sem possibilidade de seccionar o texto legal para aproveitar somente a parte favorável ao apenado. 4. Agravo regimental não provido" (AgRg no HC n. 707.263/SC, 6.ª T., rel. Rogerio Schietti Cruz, 08.02.2022, v.u., grifamos).

**22-A. Combinação das leis penais e o caso concreto da Lei de Drogas:** a Lei 11.343/2006, cuidando dos crimes relativos a tóxicos, revogou, expressamente, as Leis

6.368/1976 e 10.409/2002 (art. 75). Dentre outras situações, podemos destacar um exemplo concreto de confronto entre a lei antiga e a lei nova, em que não se sabe, ao certo, qual a norma mais favorável ao réu ou condenado. O art. 33 da Lei 11.343/2006, tratando do tráfico ilícito de drogas, aumentou a pena mínima para reclusão de cinco anos, enquanto o revogado art. 12 da Lei 6.368/1976 previa o montante mínimo de reclusão de três anos. Nesse ponto, a nova lei é mais severa. Por outro lado, o art. 33, § 4.º, da Lei 11.343/2006 trouxe uma causa de diminuição de pena de um sexto a dois terços, caso o agente seja primário, de bons antecedentes, sem dedicação a atividades criminosas, nem integração com organização criminosa. Nesse aspecto, a nova lei é favorável ao réu, pois o anterior art. 12 não possuía dispositivo semelhante. Para a aplicação da lei penal mais favorável, imaginemos um condenado por tráfico ilícito de entorpecentes, com base na Lei 6.368/1976, a três anos de reclusão. Ele é primário, sem antecedentes ou outra ligação com o crime. Tem direito à diminuição de sua pena, que fora aplicada no mínimo. Porém, deve o juiz subtrair o *quantum* de um sexto a dois terços da pena concretizada de três anos, advinda da anterior Lei 6.368/1976, ou da atual pena mínima de cinco anos? Se o magistrado adotar a corrente doutrinária (vide a nota 22 *supra*) que permite a combinação de leis penais, não há dúvida. Mantém a pena mínima em três anos e desta subtrai o montante de um sexto a dois terços. O exato *quantum* a diminuir dependerá das demais circunstâncias do art. 59 do Código Penal, em especial a natureza e a quantidade da substância ou do produto, além de levar em conta a personalidade e a conduta social do agente, como recomenda o art. 42 da Lei 11.343/2006. Por outro lado, se for adepto da corrente que não admite a combinação de leis penais, o que deve fazer? Estaria envolto num impasse? Cremos que não. Pensamos não deva o juiz combinar leis penais, como já expusemos no tópico precedente. Mas é viável que ele faça uma análise de qual lei é a mais favorável ao réu, no caso concreto. Em primeiro lugar, o magistrado deve realizar a seguinte projeção: a) levando em consideração a nova lei, no seu conjunto, incluindo a pena mínima de cinco anos, verificará, concretamente, qual seria a diminuição que o réu ou condenado mereceria. Ora, se atingisse o patamar de metade (entre um sexto e dois terços), exemplificando, deve utilizar a lei nova, pois a pena cairá para dois anos e seis meses de reclusão (cinco anos menos metade). Houve benefício ao acusado, cuja pena era de três anos de reclusão; b) se levar em conta a lei nova, tomando por base a pena mínima de cinco anos e perceber que o réu, concretamente, merece a diminuição mínima de um sexto, sua pena seria de quatro anos e dois meses, o que significa ser desvantajosa a utilização da lei nova. Mantém, então, a pena em três anos de reclusão, conforme a anterior Lei 6.368/1976. Não aplica, em suma, a lei nova. Em nosso entendimento, contrário que somos à combinação de leis penais, pois o juiz não é legislador, depende do caso concreto para sabermos se é viável a aplicação da lei nova ou a mantença da pena, conforme os critérios da lei anterior. *Pela impossibilidade de combinação, no sentido que defendemos*: STF: "1. A jurisprudência deste Supremo Tribunal é firme no sentido de não permitir, nem mesmo para beneficiar o réu, a combinação de dispositivos de leis diversas, criando uma terceira norma não estabelecida pelo legislador, sob pena de violação aos princípios da legalidade, da anterioridade da lei penal e da separação de poderes. Precedentes. 2. Inocorrência de omissão na decisão proferida pelo Superior Tribunal de Justiça. 3. Não havendo identidade entre as penas das leis de tráfico, não se pode falar na aplicação das causas especiais de diminuição e de aumento da pena, definidas em parágrafos e incisos específicos destinados exclusivamente aos fatos ocorridos na vigência da nova lei. 4. *Habeas corpus* denegado" (HC 103.429, 1.ª T., rel. Cármen Lúcia, 04.11.2020, v.u.). STJ: "3. A Terceira Seção deste Superior Tribunal de Justiça, no julgamento do Recurso Especial Repetitivo 1.117.068/PR, acolheu a tese no sentido de que a concessão da minorante do § 4.º do artigo 33 sobre a pena fixada com base no preceito secundário do artigo 12 da Lei n.º 6.368/76 não decorreria de mera retroatividade de lei nova mais benéfica, mas de verdadeira aplicação conjugada das normas revogada e revogadora, sendo, por isso, de todo inviável (AgRg

# Art. 2.º

no REsp 1.578.209/SC, Rel. Ministra Maria Thereza de Assis Moura, 6.ª T., *DJe* 27.06.2016). Assim, esta Corte Superior admite a retroatividade da Lei n. 11.343/2006, a fatos anteriores a sua vigência, quando mais favorável ao réu, sendo vedada a sua combinação com a revogada Lei n. 6.368/76. 4. Sobre a alegada ausência de dolo na conduta, inafastável a incidência do enunciado n. 7 da Súmula desta Corte, porquanto necessário o reexame do conjunto fático--probatório" (AgRg no AREsp 954.614-PR, 5.ª T., rel. Joel Ilan Paciornik, 19.02.2019, *DJe* 26.02.2019, v.u.). O Superior Tribunal de Justiça decidiu pela *impossibilidade de combinação de leis penais*, editando a Súmula 501: "É cabível a aplicação retroativa da Lei n. 11.343/2006, desde que o resultado da incidência das suas disposições, na íntegra, seja mais favorável ao réu do que o advindo da aplicação da Lei n. 6.368/1976, sendo vedada a combinação de leis". Em 7 de novembro de 2013, o STF apreciou o tema e, no Plenário, por maioria de votos, *vedou a combinação de leis penais* (RE 600.817-MS, rel. Ricardo Lewandowski).

**23. Efeitos da lei publicada com erros:** a lei erroneamente publicada, isto é, a lei que saiu publicada no *Diário Oficial* com incorreção não pode beneficiar o réu, pois não foi esta a vontade do Poder Legislativo. É a posição que se consolidou no Superior Tribunal de Justiça: "Texto que, por erro, foi publicado e que sequer foi aprovado pelo Congresso não acarreta consequências jurídicas (parágrafo único do art. 11 da Lei 9.639) (RHC 7.231-SP, 5.ª T., rel. Felix Fischer, *DJ* 18.12.1998)" (HC 8.457-SC, 5.ª T., rel. José Arnaldo da Fonseca, 01.06.1999, v.u., *DJ* 28.06.1999, p. 128; embora antigo, o caso concreto ocorreu apenas naquela época).

**24. Lei penal inconstitucional benéfica:** a lei penal inconstitucional pode servir para beneficiar o réu, desde que o juiz entenda correta a sua aplicação. Em verdade, o controle de constitucionalidade feito pelo magistrado, quando aplica a lei ao caso concreto, é cabível e efetivado de forma independente, ou seja, caso entenda ser a norma constitucional, certamente poderá o juiz aplicá-la à situação vivenciada pelo réu. Assim, até que seja considerada inconstitucional pelo Supremo Tribunal Federal (art. 102, § 2.º, da Constituição), em decisão que produza eficácia contra todos e efeito vinculante, está em pleno vigor, de modo que é capaz de produzir efeitos benéficos ao réu. Por outro lado, não há como obrigar o juiz, que considere inconstitucional uma determinada norma, a aplicá-la, ainda que beneficie o acusado ou condenado. Mas se o Supremo Tribunal Federal exercer o controle de constitucionalidade direto, declarando inconstitucional uma norma penal benéfica, já utilizada por vários magistrados, por exemplo, deve-se aplicar o efeito *ex nunc* (produz efeitos somente a partir da decisão de inconstitucionalidade) à decisão, sob pena de gerar prejuízos incalculáveis à segurança jurídica e ao indivíduo, que culpa não teve quando o Estado gerou uma norma em desacordo com a Constituição Federal. Note-se que os arts. 102, I, *a*, e § 2.º, c/c art. 52, X, tratando do tema, não se referem expressamente ao efeito da declaração de inconstitucionalidade, se *ex tunc* (desde a data de sua edição) ou se *ex nunc* (a partir da decisão do Supremo Tribunal Federal). Tratando-se de norma penal (ou processual penal material), diretamente relacionada a direito individual, que é a liberdade, não há de prevalecer o interesse coletivo sobre o individual. Imagine-se alguém que tenha sido beneficiado pela lei penal, tempos depois considerada inconstitucional, estando em liberdade, com a vida refeita. Não se pode considerar a hipótese de ter de retornar ao cárcere porque a lei que o retirou de lá foi declarada inconstitucional. Conforme lição precisa de CERNICCHIARO, o homem comum acredita na lei publicada, e, se o Estado errou ao elaborar a norma, não pode haver prejuízo para o indivíduo (*Direito penal na Constituição*, p. 87).

**24-A. Lei penal inconstitucional prejudicial ao réu:** se a norma penal, considerada prejudicial ao acusado, for declarada inconstitucional pelo STF, com eficácia para toda a sociedade (*erga omnes*), parece-nos seja viável deva retroagir para beneficiar o acusado, mesmo que exista decisão com trânsito em julgado. Se envolver a execução penal, o juiz que a conduz pode aplicar o novel entendimento (ex.: quando o STF considerou inconstitucional a vedação à progressão de regime para crime hediondo, o juiz da execução penal pôde aplicar diretamente a decisão, determinando a progressão no caso concreto). Por outro lado, se disser respeito à condenação (consolidação de uma pena, por exemplo), parece-nos viável que o juiz da execução também o faça – como se fosse uma lei penal favorável. Todavia, o entendimento não é uniforme, razão pela qual o juiz de primeiro grau pode não acolher essa pretensão, devendo ser ajuizada revisão criminal. Nesta hipótese, soa-nos injustificável que o tribunal não dê provimento para rever a pena aplicada, considerada inconstitucional pelo STF. Note- -se, como exemplo, o art. 273, § 1º-B, do Código Penal, cuja pena era de reclusão, de dez a 15 anos, e multa, mas o STF, em 2021, considerou-a inconstitucional, por lesão ao princípio da proporcionalidade, fazendo a pena retornar aos moldes anteriores à modificação legislativa, vale dizer, reclusão, de um a três anos, e multa. Não haveria sentido em se manter alguém preso, cumprindo pena de dez anos de reclusão, quando a sanção mínima passou a ser de um ano. É preciso fazer a *interpretação benéfica* retroagir para abranger casos em andamento ou já julgados. Consultar a nota 74-A ao art. 273.

**25. Competência para aplicação da lei penal benéfica:** a competência para a aplicação da lei nova favorável divide-se da seguinte forma: a) *com o processo em andamento* até a sentença, cabe ao juiz de 1.º grau a aplicação da lei; b) *em grau de recurso*, aplicará a norma favorável o Tribunal; c) *havendo o trânsito em julgado da decisão*, existem *duas posições: c.1)* cabe ao juiz da execução criminal; *c.2)* cabe ao Tribunal, pela via da revisão criminal. A primeira orientação leva em consideração a Súmula 611 do Supremo Tribunal Federal ("Transitada em julgado a sentença condenatória, compete ao juízo das execuções a aplicação de lei mais benigna"), o art. 13 da Lei de Introdução ao Código de Processo Penal ("A aplicação da lei nova a fato julgado por sentença condenatória irrecorrível, nos casos previstos no art. 2.º e seu parágrafo, do Código Penal, far-se-á mediante despacho do juiz, de ofício, ou a requerimento do condenado ou do Ministério Público") e o art. 66, I, da Lei de Execução Penal ("Compete ao juiz da execução: aplicar aos casos julgados lei posterior que de qualquer modo favorecer o condenado"). É o posicionamento majoritário da doutrina. A segunda sustenta caber ao Tribunal, pela via da revisão criminal. Ensina SILVA FRANCO: "Em algumas situações, como, por exemplo, na participação de menor importância ou na participação em fato menos grave, seria mister uma nova definição penal da conduta do agente, o que forçosamente implicaria um mergulho, em profundidade, na matéria probatória. Em casos desta ordem, a questão não deveria ser equacionada pelo juiz da execução penal, que não estaria sequer aparelhado, do ponto de vista processual, para o exame da matéria. Entendimento contrário conduziria a transformar o juiz da execução penal num 'superjuiz' com competência até para invadir a área privativa da Segunda Instância, alterando qualificações jurídicas definitivamente estatuídas. A revisão criminal, nesses casos, seria mais recomendável" (*Código Penal e sua interpretação jurisprudencial*, p. 54). Melhor é a orientação que defende a competência do juiz da execução penal, pois, além de mais prática, agiliza e facilita para o réu a aplicação da lei que o favoreceu.

**25-A. Competência para aplicação de interpretação benéfica da lei penal:** igualmente, cabe, se já houve o trânsito em julgado da decisão condenatória, ao juiz da execução penal, caso seja decisão de inconstitucionalidade de lei, proferida pelo STF, com efeito abrangente e vinculante. Ainda assim, sempre é viável adotar-se, para esse fim, a revisão criminal. Por outro lado, a mera mudança de entendimento acerca da interpretação de lei penal – sem envolver a inconstitucionalidade – não nos soa capaz de alterar a coisa julgada. Pode abranger somente os casos que estiverem em andamento. Afinal, a maneira de valorar a norma e o enfoque adotado pelo Judiciário, típica atividade de interpretação, pode mudar a qualquer tempo, conforme é

# Art. 2.º

Código Penal Comentado · **Nucci**

alterada a composição de um tribunal. Não se pode modificar a *coisa julgada* e a segurança jurídica por ela proporcionada, com o fim de revolver processo findo, somente porque a valoração de certa norma alterou-se. Inexiste, ainda, garantia de que a *nova* interpretação será mesmo adotada por tribunal superior (ex.: se o Tribunal de Justiça altera entendimento, pode ser que o Superior Tribunal de Justiça não o faça; se este modifica um posicionamento, nem sempre o Supremo Tribunal Federal dirige-se no mesmo sentido). Aliás, o mesmo colegiado, em sua composição plena, pode modificar o entendimento sobre certa matéria com a singela modificação de um ou poucos ministros, de modo a confirmar a volátil interpretação de normas. Em suma, a interpretação deve ser aplicada ao caso concreto e, transitando em julgado, assim permanecer, pois a *coisa julgada* é inerente à segurança judiciária.

**26. Crime permanente e lei penal benéfica:** aplica-se a lei nova durante a atividade executória do crime permanente, aquele cuja consumação se estende no tempo, ainda que seja prejudicial ao réu. Convém mencionar a lição de Hungria: "O *crime permanente* (em que a atividade antijurídica, positiva ou negativa, se protrai no tempo) incide sob a lei nova, ainda que mais severa, desde que prossiga na vigência dela a *conduta* necessária à *permanência* do resultado. É que a cada momento de tal *permanência* está presente e militando, por ação ou omissão, a vontade do agente (ao contrário do que ocorre nos *crimes instantâneos com efeitos permanentes*), nada importando assim que o 'estado de permanência' se haja iniciado no regime da lei antiga, ou que esta incriminasse, ou não, o fato" (*Comentários ao Código Penal*, v. 1, t. 1, p. 128). Assim também é o pensamento da maioria da doutrina e da jurisprudência. Exemplificando: se um sequestro está em andamento, com a vítima colocada em cativeiro, havendo a entrada em vigor de uma lei nova, aumentando consideravelmente as penas para tal delito, aplica-se de imediato a norma prejudicial ao agente, pois o delito está em plena consumação. Atualmente, é o teor da Súmula 711 do STF: "A lei penal mais grave aplica-se ao crime continuado ou ao crime permanente, se a sua vigência é anterior à cessação da continuidade ou da permanência".

**27. Crime continuado e lei penal benéfica:** no contexto do crime continuado, há duas posições: *a)* pela aplicação da mesma regra do crime permanente, encontra-se a sempre abalizada opinião de Nélson Hungria: "Em relação ao *crime continuado* (pluralidade de crimes da mesma espécie, sem intercorrente punição, que a lei unifica em razão de sua homogeneidade objetiva), se os atos sucessivos já eram incriminados pela lei antiga, não há duas *séries* (uma anterior, outra posterior à lei nova), mas uma única (dada a unidade jurídica do crime continuado), que incidirá sob a lei nova, ainda mesmo que esta seja menos favorável que a antiga, pois o agente já estava advertido da maior severidade da sanção, caso persistisse na 'continuação'. Se, entretanto, a incriminação sobreveio com a lei nova, segundo esta responderá o agente, a título de crime continuado, somente se os atos posteriores (subsequentes à entrada em vigor da lei nova) apresentarem a homogeneidade característica da 'continuação', ficando inteiramente abstraídos os atos anteriores" (*Comentários ao Código Penal*, v. 1, t. 1, p. 128). É também a lição de Frederico Marques e Aníbal Bruno; *b)* pela não aplicação da mesma regra do crime permanente está o entendimento de Delmanto, dizendo, quanto aos delitos continuados, que "o princípio da legalidade deve ser rigidamente obedecido. (...) Também a norma penal nova mais grave só deverá ter incidência na série de crimes ocorridos durante sua vigência e não na anterior" (*Código Penal comentado*, p. 10). O melhor entendimento é o de Hungria, pois se o crime continuado é uma ficção, entendendo-se que uma série de crimes constitui um único delito para a finalidade de aplicação da pena, é preciso que o agente responda, nos moldes do crime permanente, pelo que praticou em qualquer fase da execução do crime continuado. Portanto, se uma lei penal nova tiver vigência durante a continuidade, deverá ser aplicada ao caso, prejudicando ou beneficiando. Atualmente, é o teor da Súmula

711 do STF: "A lei penal mais grave aplica-se ao crime continuado ou ao crime permanente, se a sua vigência é anterior à cessação da continuidade ou da permanência".

**28. Lei penal corretiva ou interpretativa:** é aquela criada para dar significado a lei penal anterior, isto é, para interpretar o seu conteúdo, explicitando-lhe o significado. Ainda que para alguns (Frederico Marques, Jiménez de Asúa) ela possa retroagir, mesmo que prejudique o réu, porque faz parte essencial da lei principal, à qual tem por fim interpretar, a posição adotada pela maioria é no sentido negativo. A lei corretiva não tem o condão de retroagir para prejudicar o réu, porque, sendo interpretativa ou não, é lei penal e deve submeter-se ao preceituado neste artigo. Assim é a posição de Nélson Hungria, que preferimos: "Nem mesmo as leis destinadas a explicar ponto duvidoso de outras leis, ou a corrigir equívocos de que estas se ressintam, podem retroagir em desfavor do réu. Se o próprio legislador achou que a lei anterior (interpretada ou emendada) era de difícil entendimento ou continha erro no seu texto, não se pode exigir do réu que a tivesse compreendido segundo o pensamento que deixou de ser expresso com clareza e exatidão" (*Comentários ao Código Penal*, v. 1, t. I, p. 130).

**29. Retroatividade da lei processual penal benéfica:** como regra, as normas processuais são publicadas para vigorar de imediato, aplicando-se a todos os atos ainda não praticados e atingindo, por conseguinte, alguns fatos ocorridos antes de sua vigência. Entretanto, existem normas processuais penais que possuem íntima relação com o direito penal, refletindo diretamente na punição ao réu. Em virtude disso, a doutrina busca classificar as normas processuais em *normas processuais penais materiais* e *normas processuais penais propriamente ditas*. As primeiras, tratando de temas ligados ao *status libertatis* do acusado (queixa, perempção, decadência, prisão cautelar, prisão em flagrante etc.), devem estar submetidas ao princípio da retroatividade benéfica. A respeito, confira-se o disposto no Código Penal argentino: "No cômputo da prisão preventiva observar-se-á separadamente a lei mais favorável ao processado" (art. 3.º). As segundas, por serem vinculadas ao procedimento (formas de citação e intimação, modos de colheita de prova, prazos, mandados etc.), aplicam-se de imediato e não retroagem, mesmo que terminem por prejudicar o acusado. Essa posição, com a qual concordamos, é adotada por Silva Franco e pela maioria da jurisprudência. Basta ver o tratamento que foi dado à Lei 9.099/1995 pelos tribunais pátrios, admitindo que o art. 88 – que trata da necessidade de representação nos casos de lesões leves e culposas – retroagisse, atingindo ações penais já iniciadas. É o que nos parece correto. O entendimento de Frederico Marques é oposto: "Nada mais condenável que esse alargamento da lei penal mais branda, porquanto invade os domínios do direito processual, em que vigoram diretrizes diversas no tocante às normas intertemporais. Direito Penal é Direito Penal, e processo é processo. Um, disciplina a relação material consubstanciada no *jus puniendi*, e outro, a relação instrumental que se configura no *actum trium personarum* do juízo, seja este civil ou penal. É inaceitável assim, como lembra Antón Oneca, a aplicação das regras do Direito Penal intertemporal ao processo penal. Se lei penal não é lei processual, e lei processual não é lei penal, as regras sobre a ação penal e as condições de procedibilidade (queixa, representação e requisição ministerial) não se incluem no cânon constitucional do art. 5.º, XL, que manda retroagir, em benefício do réu, tão só a *lei penal*" (*Tratado de direito penal*, v. 1, p. 258). Na jurisprudência: STF: "1. A expressão lei penal contida no art. 5.º, inciso XL, da Constituição Federal é de ser interpretada como gênero, de maneira a abranger tanto leis penais em sentido estrito quanto leis penais processuais que disciplinam o exercício da pretensão punitiva do Estado ou que interferem diretamente no *status libertatis* do indivíduo. 2. O § 5.º do art. 171 do Código Penal, acrescido pela Lei 13.964/2019, ao alterar a natureza da ação penal do crime de estelionato de pública incondicionada para pública condicionada à representação como regra, é norma de conteúdo processual-penal ou híbrido, porque, ao mesmo tempo em que cria condição de procedibilidade para ação penal, modifica o exercício do direito de punir do Estado ao introduzir hipótese de extinção de punibilidade, a saber, a decadência (art. 107, inciso IV, do CP). 3. Essa inovação legislativa, ao obstar a aplicação da sanção penal, é norma penal de caráter mais favorável ao réu e, nos termos do art. 5.º, inciso XL, da Constituição Federal, deve ser aplicada de forma retroativa a atingir tanto investigações criminais quanto ações penais em curso até o trânsito em julgado. Precedentes do STF" (ARE 1.337.300 AgR, 2.ª T., rel. Edson Fachin, 08.08.2023, v.u.); "1. O art. 28-A do CPP é norma de natureza híbrida, ou mista, porque, embora discipline instituto processual, repercute na pretensão punitiva (de natureza material), devendo retroagir, ante o princípio da retroatividade da norma penal benéfica (CRFB, art. 5.º, inc. XL). (...)" (RHC 213.118 AgR, 2.ª T., rel. André Mendonça, 19.06.2023, v.u.).

**EXTRATIVIDADE DA LEI PENAL:** é a possibilidade de aplicação de uma lei a fatos ocorridos fora do âmbito de sua vigência (a mobilidade da lei penal no tempo, em favor do réu, somente é viável entre a data do fato e a extinção da punibilidade)

**EXTRATIVIDADE DA LEI PENAL BENÉFICA**

⌘ **Retroatividade:** do ponto de vista do fato, leis novas, surgidas após a prática do crime, retroagem no tempo, como se vigorassem à época da infração penal para aplicação

⌘ **Ultratividade:** do ponto de vista da sentença, leis já revogadas, que vigoravam à data do delito, são ressuscitadas para aplicação em favor do acusado

## EXTRATIVIDADE DA LEI PENAL

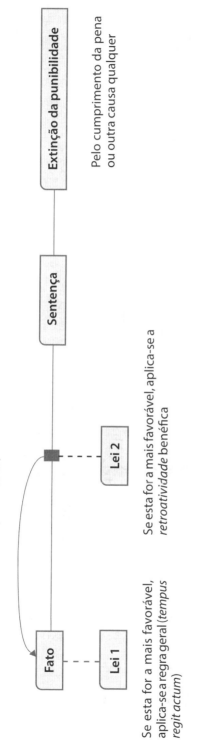

1) Enfocando a data do fato criminoso (ver nota 17)

Se esta for a mais favorável, aplica-se a regra geral (*tempus regit actum*)

Se esta for a mais favorável, aplica-se a *retroatividade benéfica*

Pelo cumprimento da pena ou outra causa qualquer

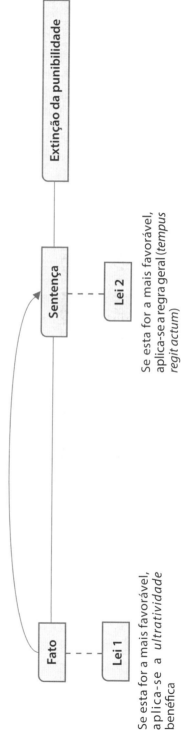

2) Enfocando a data da sentença (ver nota 17)

Se esta for a mais favorável, aplica-se a *ultratividade benéfica*

Se esta for a mais favorável, aplica-se a regra geral (*tempus regit actum*)

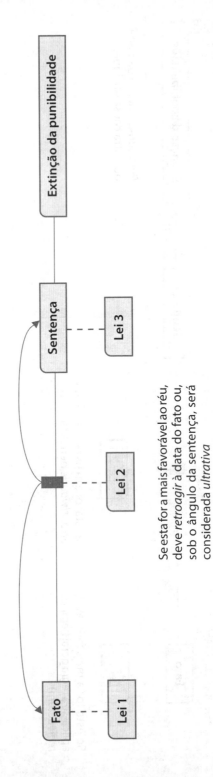

## Lei excepcional ou temporária[30]

> **Art. 3.º** A lei excepcional[31] ou temporária,[32] embora decorrido o período de sua duração ou cessadas as circunstâncias que a determinaram, aplica-se ao fato praticado durante a sua vigência.[33-34-A]

**30. Conceito de leis intermitentes:** as leis excepcionais e temporárias são espécies do gênero *intermitentes*, aquelas feitas para durar por um período determinado. Isto porque, como regra, as normas penais têm prazo de vigência indeterminado, até que sejam por outras revogadas. Entretanto, em algumas situações especiais, torna-se imprescindível estabelecer um prazo certo de duração para leis penais incriminadoras.

**31. Conceito de leis excepcionais:** são feitas para durar enquanto um estado anormal ocorrer. Cessam a sua vigência ao mesmo tempo em que a situação *excepcional* também terminar. Exemplo: durante o estado de calamidade pública, decretado em uma localidade devastada por alguma catástrofe, podem-se aumentar as penas dos crimes contra o patrimônio para buscar evitar os saques.

**32. Conceito de leis temporárias:** são as editadas com período determinado de duração, portanto, dotadas de autorrevogação. Assim, por exemplo, uma lei feita para valer por um prazo de seis meses.

**33. Extensão e eficácia:** as leis excepcionais ou temporárias são leis que, em tese, não respeitam a regra prevista no artigo anterior, ou seja, o princípio da retroatividade benéfica. Se o fizessem seriam inócuas, pois, cessado o prazo de sua vigência, todos os criminosos punidos pela prática de infrações penais nesse período excepcional ou temporário teriam benefícios. No exemplo mencionado da calamidade pública, caso os agentes pudessem ser beneficiados pela retroatividade benigna, tão logo as penas dos crimes contra o patrimônio voltassem aos patamares originais, suas penas seriam alteradas. De nada teria adiantado a edição da lei intermitente. Essas leis (temporárias ou excepcionais), por conta disso, seriam sempre ultrativas, a fim de manter o seu poder intimidativo. Haveria, no entanto, exceção: uma lei temporária mais benéfica, editada posteriormente, poderia alterar, para melhor, lei temporária anterior, desde que respeitado o mesmo período temporal. Nesse caso, o princípio da retroatividade benéfica estaria atuando entre normas de igual *status* e com idêntica finalidade. Questão constitucional: estar-se-ia ferindo o disposto no art. 5.º, XL, da Constituição Federal ("a lei penal não retroagirá, salvo para beneficiar o réu")? Há duas posições. Para a primeira, a resposta é negativa. Tal não ocorre pela razão de o fator "tempo" integrar a tipicidade da norma temporária ou excepcional, significando que, ao deixar de existir, não traz, em seu lugar, nenhuma outra norma aplicável à mesma hipótese. Exemplificando: uma lei penal é editada dobrando as penas dos delitos contra o patrimônio enquanto durar o estado de calamidade pública. Deve-se ler o tipo penal excepcional do furto: "Subtrair, para si ou para outrem, coisa alheia móvel, *durante estado de calamidade pública*". Uma vez encerrado esse período, torna a viger a anterior punição, que não se pode considerar nova norma penal, sujeita à retroatividade prevista na Constituição. Volta-se ao tipo penal anterior, de diferente redação: "Subtrair, para si ou para outrem, coisa alheia móvel". São normas diferenciadas, não incidindo a regra constitucional da retroatividade benéfica. Não basta simplesmente dizer que a temporária ou excepcional é ultrativa, fenômeno diverso do previsto na Constituição Federal, que menciona apenas a retroatividade, uma vez que, se fosse possível aplicar a retroatividade benéfica, certamente ela anularia qualquer efeito de lei considerada ultrativa por lei ordinária. Não poderia o Código Penal fixar a ultratividade

# Art. 3.º

Código Penal Comentado · **Nucci** 40

de normas que confrontassem diretamente com futuras leis mais benéficas, a pretexto de se considerar diferente o efeito, isto é, ultratividade e retroatividade. Em verdade, somente não se aplica o princípio constitucional previsto no art. 5.º, XL, quando a lei temporária ou excepcional cessa seu efeito, voltando a vigorar norma que estava com eficácia suspensa ou mesmo outra lei editada especialmente para regular determinado caso, por se tratar de diferentes normas: uma inclui na sua redação o fator *tempo*, enquanto a outra não o faz. Sobre as leis excepcionais, em visão diferenciada, leciona Luiz Luisi que as leis excepcionais são as que existem, em caráter permanente, embora só adquiram eficácia quando ocorrem fatos e situações especiais. Cita como exemplo o Código Militar. Há normas que somente se aplicam em época de guerra. Cessada esta, perdem a eficácia, mas continuam vigendo. Aplicam-se para o passado, levando-se em conta que a lei ainda existe, mas sem eficácia (*Os princípios constitucionais penais*, p. 22). Quanto às temporárias, que desaparecem após determinado período, crê ser inconstitucional o disposto no art. 3.º do CP, mandando que sejam aplicadas retroativamente (*Os princípios constitucionais penais*, p. 23). Essa é a segunda posição. Sustentávamos que tais leis estavam imunes ao princípio da retroatividade benéfica, pois o tempo integraria a sua tipicidade incriminadora, razão pela qual produziria o efeito de eternizá-las. Noutros termos, se determinada lei alterasse a pena do crime para maior, durante um certo período, quando perdesse a vigência, segundo o disposto no art. 3.º do Código Penal, continuaria aplicável aos casos ocorridos sob a sua égide. Previu-se tal dispositivo para conferir *efetividade* e *força* a tais normas intermitentes, do contrário, ninguém as respeitaria, pois já se saberia que, quando perdessem a vigência, a nova lei, prevendo pena menor, retrocederia e de nada teria adiantado a existência da lei temporária. O estudo sistematizado dos princípios constitucionais, após a publicação da nossa obra *Princípios constitucionais penais e processuais penais*, convenceu-nos do equívoco dessa postura. Em primeiro lugar, o princípio da retroatividade penal benéfica é expresso na Constituição Federal (art. 5.º, XL), sem qualquer tipo de restrição ou condição. Logo, necessita *aplicação integral*, sem que se possa invocar lei ordinária para barrá-lo. Além disso, a argumentação de que o tempo integra o tipo penal incriminador, eternizando a norma, em verdade, é puramente formal. Tem por finalidade fazer valer o art. 3.º do Código Penal. Analisando-se a situação em prisma axiológico, é impossível não considerar vazio tal fundamento. O referido artigo 3.º não especifica ser o período de tempo integrante do tipo penal; cuida-se de criação doutrinária. E mesmo que se pudesse deduzir tal incorporação, quando a lei intermitente perde a vigência, em seu lugar, por certo, surge norma mais favorável ao réu, merecendo sobreposição no tocante à anterior. Ainda mais, inserindo-se o tema sob o prisma da dignidade humana, não há como sustentar que o Estado tenha direito de editar leis de curta duração, buscando punir mais severamente alguns indivíduos, por exíguo tempo, para depois retroceder, abolindo o crime ou amenizando a pena. Não se deve tratar o Direito Penal como joguete político para a correção de casos concretos temporários ou passageiros. A intervenção mínima demanda a instituição de lei penal incriminadora somente em *ultima ratio*, quando nada mais resta ao Estado senão criminalizar determinada conduta. Por isso, leis intermitentes não se coadunam com o texto constitucional de 1988, reputando-se não recepcionado o art. 3.º do Código Penal. Como exemplo de lei temporária, pode-se citar a Lei 12.663/2012 (Lei Geral da Copa), que, pela primeira vez, após a edição do Código Penal, traz a previsão de tipos penais incriminadores (arts. 30 a 33) com prazo de validade determinado, até o dia 31 de dezembro de 2014 (art. 36).

**34. Normas penais em branco e o princípio da legalidade:** convém demonstrar que as normas penais em branco não ofendem o princípio da legalidade, o que se pode fazer através da análise das leis intermitentes. São normas penais em branco aquelas cujo preceito primário é indeterminado quanto a seu conteúdo, porém determinável, além de terem o preceito sancionador determinado. Dividem-se em: *a) normas impropriamente em branco,* que se valem de fontes formais homogêneas, não penais. Ex.: os impedimentos matrimoniais do crime do art. 237 (casar conhecendo tais impedimentos) são achados no Código Civil, que também é lei; *b) normas propriamente em branco,* que se utilizam de fontes formais heterogêneas, porque o órgão legiferante é diverso e sempre fora do âmbito do direito penal. Ex.: o crime contra a economia popular, referente à transgressão de tabela de preços, que é fixada por órgão do Poder Executivo, através de regulamento federal, leis ou regulamentos estaduais ou municipais, tem como complemento da lei penal em branco um elemento de diferente fonte normativa. As normas em branco não ofendem a legalidade, porque se pode encontrar o complemento da lei penal em outra fonte legislativa extrapenal, previamente determinada e conhecida. É preciso, no entanto, que se diga que o *complemento* da norma em branco é, como regra, de natureza intermitente, feito para durar apenas por um determinado período. Uma tabela de preços, por exemplo, tem caráter temporário. Assim, valendo-se desse caso, quando o complemento tiver caráter secundário à própria norma penal, utiliza-se o disposto no art. 3.º: ele é sempre ultrativo. Acrescentando ao exemplo da tabela: um comerciante que tenha transgredido a tabela A terá sua conduta avaliada pelo juiz com base nessa mesma tabela, e não com fundamento em outra, que venha a ser editada até a data da sentença. Por outro lado, quando o complemento da lei penal em branco for a parte essencial da norma, vale dizer, é mais importante conhecê-lo do que a própria descrição da norma penal, não é possível aplicar o art. 3.º, mas sim o art. 2.º. Ex.: se alguém traz consigo *substância entorpecente,* definida como ilícita em portaria de órgão vinculado ao Ministério da Saúde, uma vez que a droga seja retirada dessa relação, é natural que haja retroatividade benéfica. O mais importante, no caso do crime de porte de entorpecente, é saber o que é *substância entorpecente* e quais são as enumeradas na referida portaria de caráter administrativo, ao passo que no delito de transgredir *tabela de preços* é secundário saber qual é o preço. Concluindo: quando o complemento da norma em branco for secundário (*v. g.,* tabela de preços), ele é ultrativo; quando o complemento for fundamental para a compreensão do crime (*v. g.,* substância entorpecente), ele pode retroagir para beneficiar o réu. Um exemplo concreto: o *cloreto de etila* (lança-perfume), atualmente considerado substância entorpecente, porque incluído na relação editada pelo Ministério da Saúde, foi *excluído* da relação do DIMED pela Portaria de *04.04.1984,* retornando à lista pela Portaria 2/85, de *13.03.1985.* Houve, nesse caso, uma típica *abolitio criminis,* pois o complemento da norma em branco é fundamental à sua própria existência e compreensão, não se podendo considerar um elemento secundário. Nesse prisma, decidiu o STF: "É que o complemento da norma penal em branco passa a integrar, indubitavelmente, o conteúdo da conduta censurada, formando um todo, de forma que a alteração de uma parte, como resultado de uma nova valoração jurídica do mesmo fato, tem repercussão total e imediata, não se aplicando ao caso em exame a solução que a jurisprudência vem dando às hipóteses de tabelamento de preços, já que estes têm realmente caráter excepcional, vez que são editados como forma de disciplinar o mercado em situações especiais, revelando que se trata mesmo da hipótese prevista no art. 3.º do CP. (...) as *Portarias do Ministério da Saúde,* incluindo ou excluindo substância da lista anual já citada, *não têm caráter de norma excepcional,* que é aquela promulgada para vigorar em condições sociais anormais com vigência vinculada à duração dos motivos que inspiraram a sua edição, ou de norma temporária, que é aquela que tem tempo de vigência limitado e previamente determinado em seu próprio texto" (2.ª T., rel. Carlos Velloso, *Lex* 164/331). Voltou a ocorrer a descriminalização de vários delitos, relativos a entorpecentes, no tocante ao lança-perfume, em outra ocasião. Durante, aproximadamente, uma semana, no final de 2000, o cloreto de etila foi retirado da relação das substâncias de uso proibido, por razões de incentivo a outros setores da indústria, que utilizariam o produto. Foi o suficiente para gerar a aplicação retroativa da *abolitio criminis* verificada. Nessa linha, já

# Art. 3.º

Código Penal Comentado • **Nucci**

houve decisão do STF: "A sentença mediante a qual, no Processo Crime 86/93, da Comarca de Ponta Porã-MS, o Paciente foi condenado consigna a prática que se teve como delituosa em 28 de fevereiro de 1992. Todavia, o órgão competente para a definição das substâncias apanhadas pelo art. 12 da Lei 6.368/76 [atual art. 33 da Lei 11.343/2006] retirou o cloreto de etila do rol das substâncias entorpecentes, classificando-o como insumo químico. É certo que isso prevaleceu por curto espaço de tempo, ou seja, de 7 de dezembro a 15 de dezembro de 2000, quando republicada a resolução, cujos termos não permitem pese qualquer dúvida sobre o respectivo alcance, afastando-se, assim, a possibilidade de ter-se como ocorrido mero erro datilográfico. Dispôs o art. 1.º da citada resolução: 'Art. 1.º Excluir o Cloreto de Etila da substda (*sic*) Lista F2 – Lista das Substâncias Psicotrópicas de Uso Proscrito no Brasil, da Portaria SVS/MS 344/98, de 12 de maio de 1998. Parágrafo único. Fica proibido o Cloreto de Etila para fins médicos'. Já o art. 2.º incluiu o cloreto de etila na lista D2, isto é, a lista de insumos químicos, utilizados como precursores para fabricação e síntese de entorpecentes e/ou psicotrópicos, da Portaria SVS/MS 344/98, de 12 de maio de 1998, sujeitos ao controle do Ministério da Justiça (folha 91). Verificou-se a prática de ato jurídico que, em situação idêntica, levou esta Corte, mais precisamente a Segunda Turma, a deferir *habeas corpus*, constando da ementa: Penal – Tráfico ilícito de substância entorpecente – Lei 6.368/76, art. 36 [atual Lei 11.343/2006, art. 66] – Norma penal em branco – Portaria do DIMED do Ministério da Saúde, contenedora da lista de substâncias proscritas – Lança-perfume, cloreto de etila. (...) Vê-se, portanto, que a situação dos autos está coberta pelo precedente, variando tão somente o ato praticado: nele foi a venda de lança-perfume, enquanto aqui o Paciente foi surpreendido no transporte de tal mercadoria" (HC 80.752-SP, rel. Marco Aurélio, 23.02.2001; embora antigo, a situação concreta ocorreu naquela época). Há uma regra que poderá auxiliar o intérprete, para verificar se o complemento é fundamental à compreensão da norma ou não: quando o complemento da norma advier da mesma fonte legislativa que a própria lei penal em branco, a retroatividade benéfica é imperiosa. Excepcionalmente, pode-se encontrar norma penal em branco que admita as duas possibilidades: aplicação do art. 2.º, tornando retroativo o complemento mais benigno, ou aplicação do art. 3.º, tornando ultrativo o complemento mais prejudicial. Menciona o art. 268 do Código Penal: "Infringir determinação do poder público, destinada a impedir introdução ou propagação de doença contagiosa". A norma é considerada em branco, pois depende de complemento, que é a "determinação do poder público" no cenário das doenças contagiosas. Caso exista a revogação da referida determinação, porque não se tratava de doença efetivamente contagiosa, é natural que haja a retroatividade benéfica para envolver todos aqueles que estiverem sendo processados – ou tiverem sido condenados – pelo delito, por terem infringido a determinação. Entretanto, caso ocorra a revogação da determinação do poder público, porque a doença contagiosa, que se propagava, cessou de fazê-lo, é certo que o complemento é ultrativo, isto é, aqueles que estiverem sendo processados por terem infringido a determinação devem continuar respondendo pela infração penal. Portanto, o complemento, quando é vago demais, necessitando-se analisar qual é a determinação do poder público e qual foi o motivo da sua revogação, dá margem a aplicações diversas. Na jurisprudência: STF: "Direito penal. Crime de infração de medida sanitária preventiva (CP, art. 268). Norma penal em branco. Complementação por ato normativo estadual ou municipal. Artigo 22, inciso I, da Constituição Federal. Questão constitucional. Potencial multiplicador da controvérsia. Repercussão geral reconhecida com reafirmação de jurisprudência. Recurso extraordinário com agravo a que se dá provimento. 1. Nos termos da jurisprudência desta Suprema Corte a competência para proteção da saúde, seja no plano administrativo, seja no plano legislativo, é compartilhada entre a União, o Distrito Federal, os Estados e os Municípios, inclusive para impor medidas restritivas destinadas a impedir a introdução ou propagação de doença contagiosa. 2. A infração a determinações sanitárias do Estado, ainda que emanada de atos normativos estaduais, distrital ou municipais, permite seja realizada a subsunção do fato ao crime tipificado no artigo 268 do Código Penal, afastadas as alegações genéricas de inconstitucionalidade de referidas normas por violação da competência privativa da União. 3. Agravo em recurso extraordinário conhecido. Apelo extremo provido. 4. Fixada a seguinte tese: O art. 268 do Código Penal veicula norma penal em branco que pode ser complementada por atos normativos infralegais editados pelos entes federados (União, Estados, Distrito Federal e Municípios), respeitadas as respectivas esferas de atuação, sem que isso implique ofensa à competência privativa da União para legislar sobre direito penal (CF, art. 22, I)" (ARE 1.418.846 RG, Tribunal Pleno, rel. Rosa Weber, 24.03.2023, v.u.). STJ: "4. A norma penal em branco retroagirá se for mais benéfica ao réu e se sua complementação não contiver essência de norma excepcional ou temporária, pois, nessa situação, existe alteração do próprio tipo penal abstrato e transmuda-se a reprovabilidade produzida anteriormente pela sua infringência" (AgRg nos EDcl nos EDcl no AREsp 1.570.783-SP, 6.ª T., rel. Rogerio Schietti Cruz, 24.08.2021, v.u.).

**34-A. Normas penais em branco, tipos penais remetidos e normas imperfeitas ou incompletas:** em nosso entendimento, somente podem ser denominadas normas penais *em branco* aquelas que são específicas quanto à pena – jamais delegando a sua fixação abstrata a outro órgão legiferante que não seja penal – bem como indeterminadas quanto ao seu conteúdo, que, entretanto, é encontrado em outra norma extrapenal, perfeitamente inteligível. Não consideramos normas penais em branco os chamados tipos penais remetidos, que, para sua integral compreensão, fazem menção a outra(s) norma(s) penal (penais), bastando que esta(s) seja(m) consultada(s) para aclarar a primeira. Como ensinam Maurach e Zipf, esses tipos penais possuem "maior complexidade externa", mas não dependem de legislação fora do âmbito penal, logo, não são normas em branco (*Derecho penal – Parte general*, v. 1, p. 134). Nessa ótica, o art. 304 do Código Penal não é uma norma penal em branco, mas somente um tipo remetido: "Fazer uso de qualquer dos papéis falsificados ou alterados, a que se referem os arts. 297 a 302. Pena – a cominada à falsificação ou à alteração". Uma simples consulta aos referidos arts. 297 a 302 do mesmo Código esclarece perfeitamente o alcance da norma, que não é, pois, em branco. O art. 150 do Código Penal (violação de domicílio) prevê, no *caput*: "Entrar ou permanecer, clandestina ou astuciosamente, ou contra a vontade expressa ou tácita de quem de direito, em casa alheia ou em suas dependências"; na sequência, entende por bem definir o que abrange a expressão *casa* (§ 4.º) e o que não abrange (§ 5.º), não a transformando, obviamente, em uma norma penal em branco. Qualquer norma explicativa, de conteúdo penal, não é suficiente para gerar a caracterização de norma em branco daquela para a qual a explicação é destinada. Veja-se o exemplo do art. 327 do Código Penal, definindo o conceito de funcionário público, para os efeitos penais. Não tem ela o condão de transformar todos os demais tipos do art. 312 ao art. 326 em normas penais em branco. Não nos parece, ainda, adequada a denominação de normas penais imperfeitas ou incompletas para as normas penais em branco ou para os tipos penais remetidos. Respeitados os princípios da legalidade e da taxatividade, todo tipo penal há de ser completo e perfeito, sob pena de ser considerado, automaticamente, inconstitucional. Logo, se as normais penais em branco e os tipos remetidos forem tachados de imperfeitos ou incompletos, devem ser tidos por inconstitucionais, como, de fato, para alguns doutrinadores, eles o são. Soa-nos contraditório sustentar, ao mesmo tempo, que são as normas penais em branco e os tipos remetidos defeituosos ou imperfeitos, mas respeitam a legalidade e a taxatividade. Por todos os que assim pensam, confira-se Rogério Greco (*Curso de direito penal – Parte*

# Art. 4.º

*geral*, p. 26-27). As normas penais em branco apenas conferem a órgão legislador extrapenal a possibilidade de precisar o seu conteúdo, fazendo-o, por inúmeras vezes, com maior rigor e mais detalhes do que os denominados tipos abertos, que dependem da imprecisa e subjetiva interpretação do juiz. Estes seriam, em tese, mais "imperfeitos" do que as normas em branco. Em suma, normas penais, especialmente os tipos incriminadores, podem ser compostas de maneira complexa, mas nunca de modo imperfeito ou incompleto.

### Tempo do crime[35]

> **Art. 4.º** Considera-se praticado o crime no momento da ação ou omissão, ainda que outro seja o momento do resultado.[36-37]

**35. Teorias sobre o tempo do crime:** a) teoria da atividade: reputa-se praticado o delito no momento da conduta, não importando o instante do resultado; b) teoria do resultado: considera-se cometido o crime no momento do resultado; c) teoria mista ou da ubiquidade: o momento do crime pode ser tanto o da conduta, quanto o do resultado. Adotamos, segundo demonstra o art. 4.º, a teoria da atividade.

**36. Alcance da teoria da atividade:** serve para, dentre outros efeitos: a) determinar a imputabilidade do agente; b) fixar as circunstâncias do tipo penal; c) possibilitar eventual aplicação da anistia; d) dar oportunidade à prescrição. Adotando-se essa teoria, se houver, por exemplo, um homicídio (crime material), o mais importante é detectar o instante da ação (desfecho dos tiros), e não o momento do resultado (ocorrência da morte). Assim fazendo, se o autor dos tiros for menor de 18 anos à época dos tiros, ainda que a vítima morra depois de ter ele completado a maioridade penal, não poderá responder pelo delito.

**37. Crimes permanentes e continuados:** aplica-se a eles regra especial. No caso do crime permanente, a consumação se prolonga no tempo. É considerado *tempo do crime* todo o período em que se desenvolver a atividade delituosa. Assim, durante um sequestro, pode ocorrer de um menor de 18 anos completar a maioridade, sendo considerado imputável para todos os fins penais. A mesma regra deve ser aplicada ao crime continuado, uma ficção jurídica idealizada para beneficiar o réu, mas que é considerada uma *unidade delitiva*. Segundo JAIR LEONARDO LOPES, "é aplicável a lei do momento em que cessou a continuação (...), pois é uma unidade jurídica incindível" (*Curso de direito penal*, p. 104). Quanto ao tempo, no entanto, há quem sustente que, por ser um benefício ao réu, não se deve aplicar a mesma regra do crime permanente. Ensina DELMANTO: "Também a norma penal nova mais grave só deverá ter incidência na série de crimes ocorridos durante sua vigência e não na anterior" (*Código Penal comentado*, p. 10). No tocante à imputabilidade penal, é preciso ressalvar, no caso de crime continuado, que as condutas praticadas pelo menor de 18 anos devem ficar fora da unidade delitiva estabelecida pelo crime continuado. Sendo este uma mera ficção para beneficiar o acusado, não deve se sobrepor à norma constitucional – afinal, o art. 228 da Constituição preceitua serem "penalmente inimputáveis os menores de dezoito anos". Assim, caso o agente de quatro furtos, por exemplo, possua 17 anos, quando do cometimento dos dois primeiros, e 18, por ocasião da prática dos dois últimos, apenas estes dois é que servirão para formar o crime continuado. Despreza-se o que foi cometido em estado de inimputabilidade. Fora dessa hipótese, que é excepcional, ao crime continuado devem ser aplicadas as mesmas regras regentes do crime permanente, quanto ao tempo do delito.

## Territorialidade[38]

> **Art. 5.º** Aplica-se a lei brasileira,[39] sem prejuízo de convenções,[40] tratados[41] e regras de direito internacional,[42-48] ao crime cometido no território[49-50] nacional.[51-57]
>
> § 1.º Para os efeitos penais,[58] consideram-se como extensão do território nacional as embarcações e aeronaves brasileiras,[59] de natureza pública ou a serviço do governo brasileiro onde quer que se encontrem, bem como as aeronaves e as embarcações brasileiras, mercantes ou de propriedade privada, que se achem, respectivamente, no espaço aéreo[60] correspondente ou em alto-mar.[61]
>
> § 2.º É também aplicável a lei brasileira aos crimes praticados a bordo de aeronaves ou embarcações estrangeiras de propriedade privada, achando-se aquelas em pouso no território nacional ou em voo no espaço aéreo correspondente, e estas em porto ou mar territorial[62] do Brasil.[63-64]

**38. Conceito de territorialidade:** é a aplicação das leis brasileiras aos delitos cometidos dentro do território nacional. Esta é uma regra geral, que advém do conceito de soberania, ou seja, a cada Estado cabe decidir e aplicar as leis pertinentes aos acontecimentos dentro do seu território.

**39. Princípios que regem a aplicação da lei penal no espaço:** a) territorialidade; b) defesa ou proteção (que leva em consideração a nacionalidade brasileira do bem jurídico lesado pelo delito); c) justiça universal ou cosmopolita (que tem em vista punir crimes com alcance internacional, como o genocídio); d) nacionalidade ou personalidade (leva em conta a nacionalidade brasileira do agente do delito); e) representação ou bandeira (que tem em consideração a bandeira brasileira da embarcação ou da aeronave privada, situada em território estrangeiro, conforme regra do art. 7.º, II, *c*, CP).

**40. Conceito de convenção:** ver a próxima nota.

**41. Conceito de tratado:** expõe a Convenção sobre Direito dos Tratados, finalizada em Viena, em 1969, como ensina CELSO D. DE ALBUQUERQUE MELLO, que "tratado significa um acordo internacional concluído entre Estados em forma escrita e regulado pelo Direito Internacional, consubstanciado em um único instrumento ou em dois ou mais instrumentos conexos, qualquer que seja a sua designação específica" (*Curso de direito internacional público*, v. 1, p. 133). Para FRANCISCO REZEK, trata-se de "todo acordo formal concluído entre sujeitos de direito internacional público, e destinado a produzir efeitos jurídicos" (*Direito internacional público*, p. 14). Debate-se, outrossim, se tratado e convenção são termos correlatos ou diferenciados, até porque os textos legais, no Brasil, utilizam ambos, como é o caso do art. 5.º, *caput*, do Código Penal. Para REZEK, são termos correlatos, indevidamente utilizados no mesmo contexto, dando a ideia de que cuidam de coisas diversas (*Direito internacional público*, p. 15). Em igual posicionamento: LUIS IVANI DE AMORIM ARAÚJO, *Curso de direito internacional público*, p. 33; G. E. DO NASCIMENTO E SILVA e HILDEBRANDO ACCIOLY, *Manual de direito internacional público*, p. 23; LUIZ P. F. DE FARO JÚNIOR, *Direito internacional público*, p. 402. Para ALBUQUERQUE MELLO, no entanto, pode-se fazer a seguinte diferença entre ambos: "Tratado é utilizado para os acordos solenes, por exemplo, tratados de paz; convenção é o tratado que cria normas gerais, por exemplo, convenção sobre mar territorial" (*Curso de direito internacional público*, v. 1, p. 133). A tradição dos textos legislativos brasileiros tem, realmente, utilizado os dois termos, razão pela qual nada impede que possamos nos valer do sentido exposto por ALBUQUERQUE MELLO, embora cientes de que tratado é a essência do conceito. Em idêntico

# Art. 5.º

Código Penal Comentado · **Nucci**

sentido, fazendo diferença entre tratado e convenção, confira-se a lição de Elio Monnerat Sólon de Pontes: tratados "são, sempre, solenes, formais e geralmente destinados a pôr termo ou a evitar uma grave situação atritiva entre dois ou mais países, os quais podem estar agrupados em duas partes antagônicas: ou litigantes ou conflitantes"; e convenções "são atos solenes e formais, cujos trabalhos de elaboração são abertos à participação de todos os países e cujo conteúdo se destina a todos os povos, tendo por finalidade a codificação das normas concernentes a um certo e determinado campo considerável de relações jurídicas que demande tal iniciativa" (A propósito dos atos internacionais e da prevalência das normas de direito interno dos mesmos decorrentes, p. 77). E, também, a posição de Oliveiros Litrento, *Curso de direito internacional público*, p. 108.

**42. Regras de direito internacional:** regem, ainda, o direito internacional, e, consequentemente, podem ser consideradas para a aplicação excepcional em território brasileiro, como prevê este inciso, as demais regras de direito internacional, não abrangidas pelos tratados, como os costumes – vigentes em muitos aspectos referentes ao domínio do mar, relativos à guerra e a outros conflitos –, os princípios gerais de direito internacional, aceitos pela maioria das nações, na aplicação do seu direito interno, além de se poderem incluir, ainda, as decisões tomadas pelas organizações internacionais. A respeito, ver Francisco Rezek, *Direito internacional público*, p. 122-146.

**43. Exceção ao princípio da territorialidade:** as convenções, tratados e regras de direito internacional representam a primeira exceção ao princípio-regra da territorialidade. Assim, se o Brasil subscrever um tratado internacional, renunciando à aplicação do princípio da territorialidade, é possível afastar a incidência do art. 5.º do Código Penal. Exemplo disso é a Convenção de Viena, que trata das imunidades diplomáticas, cujos detalhes serão analisados nas próximas notas. O diplomata que cometer um crime no Brasil não será preso, nem processado no território nacional, por força da exceção criada. Aliás, justamente por conta dessas exceções, chama-se o princípio de *territorialidade temperada*.

**44. Fonte, significado e natureza jurídica das imunidades diplomáticas:** a fonte das imunidades diplomáticas e consulares são as *Convenções de Viena* (1961, sobre relações diplomáticas, e 1963, sobre relações consulares), aprovadas pelos Decretos 56.435/1965 e 61.078/1967. A fonte histórica das imunidades diplomáticas está em Roma, porque os embaixadores eram tidos em grande honra, possuindo caráter religioso suas imunidades. Fazem com que os representantes diplomáticos de governos estrangeiros gozem de imunidade penal, tributária (com exceções, tais como impostos indiretos incluídos nos preços) e civil (com exceções, tais como direito sucessório, ações referentes a profissão liberal exercida pelo agente diplomático fora das funções). A natureza jurídica é causa de exclusão da jurisdição.

**45. Abrangência, extensão e exclusão da imunidade:** a imunidade abrange os diplomatas de carreira (de embaixador a terceiro-secretário) e os membros do quadro administrativo e técnico (tradutores, contabilistas etc.) da sede diplomática, desde que recrutados no Estado de origem (extensiva à família – art. 37, 2, Convenção de Viena). Estende-se aos familiares dos diplomatas de carreira, que são todos os parentes que habitam com ele e vivem sob sua dependência econômica. Normalmente, os familiares são apresentados ao governo estrangeiro pela inclusão de seus nomes na lista diplomática, como preceitua a Convenção de Viena. Envolve, ainda, os familiares dos membros do quadro administrativo e técnico, os funcionários das organizações mundiais, quando estejam a serviço, os chefes de Estado estrangeiro e membros de sua comitiva, quando em visita a Estado estrangeiro (registre-se que, no tocante aos membros da comitiva, trata-se somente de um costume internacional a concessão de imunidade, uma mostra de amizade) e os diplomatas *ad hoc* (os nomeados pelo Estado acreditante para determinada função no Estado acreditado, tal como acompanhar a posse de algum Presidente da República). Excluem-se do contexto das imunidades os empregados particulares dos diplomatas (ex.: cozinheiro, faxineira, jardineiro etc.), mesmo que tenham a mesma nacionalidade. Entretanto, esses empregados gozam de isenção quanto aos impostos incidentes sobre seus salários, caso sejam estrangeiros. Imunidade não quer dizer impunidade. A Convenção de Viena é expressa a esse respeito, demonstrando que os diplomatas devem ser processados, pelos crimes cometidos, nos seus Estados de origem.

**46. Características das imunidades diplomáticas:** a) *inviolabilidade pessoal*: os diplomatas não podem ser presos ou detidos, nem obrigados a depor como testemunhas, mas podem ser investigados pela polícia. O mesmo ocorre com o diplomata em trânsito, significando que desde o momento da saída do seu país de origem, para assumir sua função no exterior, até a sua volta, não pode ser preso, detido ou violado de qualquer modo; b) *independência*: são independentes em tudo o que se refere à sua qualidade de representantes de um Estado estrangeiro; c) *isenção da jurisdição criminal civil e tributária (com exceções nos dois últimos casos)*: quanto à imunidade penal, tem-se sustentado que ela não deve ser absoluta. Há países que prendem em flagrante o diplomata envolvido em tráfico de drogas e em infrações aduaneiras, sem qualquer autorização do Estado de origem. Sustentam que esse tipo de atividade criminosa foge completamente à função de representação inerente à diplomacia; d) *inviolabilidade de habitação*: há muito não mais se consideram as sedes diplomáticas extensões do território alienígena. Portanto, a área de uma embaixada é território nacional, embora seja inviolável. A Convenção de Viena, no entanto, estabelece que a inviolabilidade da residência diplomática não deve estender-se além dos limites necessários ao fim a que se destina. Isso significa que utilizar suas dependências para a prática de crimes ou dar abrigo a criminosos comuns faz cessar a inviolabilidade. Além disso, podem as autoridades locais invadir a sede diplomática em casos de urgência, como a ocorrência de algum acidente grave; e) *dever de cumprimento das leis do Estado onde estão servindo*: a atividade diplomática não lhes dá o direito de descumprir as regras do país estrangeiro. Ex.: nos EUA, os diplomatas pagam multas de trânsito. A imunidade tem início no momento em que o diplomata ingressa no país onde vai exercer suas funções e termina no instante em que o deixa (mesmo havendo rompimento de relações diplomáticas). Se morrer, sua família continua gozando da imunidade, até que deixe o país, ressalvada a hipótese da *imunidade em trânsito*.

**47. Imunidades consulares:** possuem imunidade, não estando sujeitos à jurisdição brasileira, os funcionários consulares de carreira, envolvidos aí os chefes da repartição consular, que são o *cônsul-geral*, o *cônsul*, o *vice-cônsul* e o *agente consular*, quando no exercício de suas funções. Não envolve a imunidade qualquer tipo de funcionário consular honorário, inclusive o *cônsul honorário*. Os funcionários do consulado devem ter a nacionalidade do Estado que os envia, salvo autorização expressa em outro sentido do Estado receptor. Assim, poderá haver a contratação de brasileiros para trabalhar em consulado estrangeiro, embora o Brasil possa retirar essa autorização a qualquer momento. Idêntica imunidade é garantida aos empregados consulares, que fazem parte do corpo técnico e administrativo do consulado. Não possuem imunidade penal os membros da família, nem os empregados pessoais, tendo em vista que não podem atuar, como prevê a Convenção, *no exercício da função*. Lembre-se que os funcionários e empregados consulares somente estão isentos da jurisdição brasileira, mormente a penal, quando estiverem atuando em nome do Estado que os enviou. São funções consulares: a) proteger, no Estado receptor, os interesses do Estado que envia e de seus nacionais, pessoas físicas ou jurídicas, dentro dos limites permitidos pelo direito internacional; b) fomentar o desenvolvimento das relações comerciais, econômicas, culturais e científicas

# Art. 5.º

Código Penal Comentado · **Nucci**

entre o Estado que envia e o Estado receptor e promover ainda relações amistosas entre eles, de conformidade com as disposições da presente Convenção; c) informar-se, por todos os meios lícitos, das condições e da evolução da vida comercial, econômica, cultural e científica do Estado receptor, informar a respeito o governo do Estado que envia e fornecer dados às pessoas interessadas; d) expedir passaportes e documentos de viagem aos nacionais do Estado que envia, bem como vistos e documentos apropriados às pessoas que desejarem viajar para o referido Estado; e) prestar ajuda e assistência aos nacionais, pessoas físicas ou jurídicas, do Estado que envia; f) agir na qualidade de notário e oficial de registro civil, exercer funções similares, assim como outras de caráter administrativo, sempre que não contrariem as leis e regulamentos do Estado receptor; g) resguardar, de acordo com as leis e regulamentos do Estado receptor, os interesses dos nacionais do Estado que envia, pessoas físicas ou jurídicas, nos casos de sucessão por morte verificada no território do Estado receptor; h) resguardar, nos limites fixados pelas leis e regulamentos do Estado receptor, os interesses dos menores e dos incapazes, nacionais do país que envia, particularmente quando para eles for requerida a instituição de tutela ou curatela; i) representar os nacionais do país que envia e tomar as medidas convenientes para sua representação perante os tribunais e outras autoridades do Estado receptor, de conformidade com a prática e os procedimentos em vigor neste último, visando conseguir, de acordo com as leis e regulamentos do mesmo, a adoção de medidas provisórias para a salvaguarda dos direitos e interesses destes nacionais, quando, por estarem ausentes ou por qualquer outra causa, não possam os mesmos defendê-los em tempo útil; j) comunicar decisões judiciais e extrajudiciais e executar comissões rogatórias de conformidade com os acordos internacionais em vigor, ou, em sua falta, de qualquer outra maneira compatível com as leis e regulamentos do Estado receptor; k) exercer, de conformidade com as leis e regulamentos do Estado que envia, os direitos de controle e de inspeção sobre as embarcações que tenham a nacionalidade do Estado que envia, e sobre as aeronaves nele matriculadas, bem como sobre suas tripulações; l) prestar assistências às embarcações e às aeronaves a que se refere a alínea "k" *supra* e também às tripulações; receber as declarações sobre as viagens dessas embarcações, examinar e visar os documentos de bordo e, sem prejuízo dos poderes das autoridades do Estado receptor, abrir inquéritos sobre os incidentes ocorridos durante a travessia e resolver todo tipo de litígio que possa surgir entre o capitão, os oficiais e os marinheiros, sempre que autorizado pelas leis e regulamentos do Estado que envia; m) exercer todas as demais funções confiadas à repartição consular pelo Estado que envia, as quais não sejam proibidas pelas leis e regulamentos do Estado receptor, ou às quais este não se oponha, ou ainda às que lhe sejam atribuídas pelos acordos internacionais em vigor entre o Estado que envia e o Estado receptor. A imunidade destina-se a proteger os funcionários consulares no exercício das suas funções, nos limites geográficos do distrito consular. Como regra, eles não podem ser detidos ou presos preventivamente, salvo em caso de crimes graves, por ordem de autoridade judiciária. Podem ser convocados para prestar depoimento, salvo no que diz respeito a fatos relacionados ao exercício de suas funções, nem estão obrigados a exibir documentos e correspondências sigilosas do consulado. Preferencialmente serão ouvidos no local do seu domicílio ou na repartição consular, podendo, inclusive, prestar depoimento por escrito. As sedes consulares são invioláveis somente na medida de sua utilização funcional, assim como seus arquivos e documentos. O adido consular é pessoa sem delegação de representatividade e, portanto, não tem imunidade.

**48. Possibilidade de renúncia:** a imunidade pode ser renunciada pelo Estado acreditante, mas jamais pelo diplomata. Ela pertence ao Estado e não ao indivíduo e precisa ser expressa (art. 32, 1, da Convenção de Viena). O mesmo ocorre no tocante aos funcionários e empregados consulares (art. 45, 1, da segunda Convenção de Viena). Cumpre destacar que, em qualquer situação, se o diplomata, o funcionário ou empregado consular ou o Estado estrangeiro for processado e não contestar a ação, havendo revelia, esta atitude não implica renúncia à imunidade, como vem sendo reconhecido pelo Supremo Tribunal Federal.

**49. Conceito de território e seus elementos:** é todo espaço onde o Brasil exerce a sua soberania, seja ele terrestre, aéreo, marítimo ou fluvial. São elementos do território nacional: a) o solo ocupado pela nação; b) os rios, os lagos e os mares interiores; c) os golfos, as baías e os portos; d) a faixa de mar exterior, que corre ao largo da costa e que constitui o mar territorial; e) a parte que o direito atribui a cada Estado sobre os rios, lagos e mares contíguos; f) os navios nacionais; g) o espaço aéreo correspondente ao território; h) as aeronaves nacionais.

**50. Rios, lagos e mares fronteiriços e sucessivos:** são os situados na fronteira entre dois países, separando-os (chamados de simultâneos ou limítrofes). Cabe aos tratados ou às convenções internacionais fixarem a quem pertencem. Se não houver acordo internacional, entende-se que a fronteira fica estabelecida na metade do leito. Ex.: rio Solimões, situado entre o Peru e a Colômbia. Rios sucessivos ou interiores são os que passam pelo território de vários países. Ex.: rio Danúbio, que corta a Alemanha, a Áustria, a Eslováquia, a Hungria, a Iugoslávia, a Romênia, a Bulgária e a Ucrânia.

**51. Direito penal internacional e direito internacional penal:** deve-se diferenciar o *direito penal internacional*, disciplina jurídica que tem por finalidade determinar a norma aplicável à ação delituosa de um indivíduo quando afete a ordem jurídica de dois ou mais Estados, do *direito internacional penal*, ramo do direito internacional que trata da aplicação de penas a serem aplicadas aos Estados. A utilização da expressão "direito penal internacional" não conta com o apoio unânime da doutrina. Cerezo Mir a critica, dizendo que, na realidade, o que se chama de *direito penal internacional* não passa de um conjunto de normas de direito interno. Tal denominação necessitaria estar reservada à legislação penal de caráter internacional, emanada da comunidade internacional, que pudesse ser aplicada diretamente aos cidadãos de todas as nacionalidades. Seriam normas que tutelariam os interesses fundamentais da comunidade internacional, aplicadas por tribunais internacionais (*Curso de derecho penal español*, v. 1, p. 208). A mesma ressalva faz Jiménez de Asúa (*Lecciones de derecho penal*, p. 103). Cremos ser pertinente a observação formulada. O correto seria reservar a expressão "direito penal internacional" para a aplicação de uma legislação penal universal, cabível a cidadãos de várias nacionalidades, que cometessem delitos de interesse global, afetando a ordem jurídica de várias nações. Quanto às normas de direito interno, determinando ser ou não aplicável a lei brasileira ao sujeito que praticou o delito fora das fronteiras nacionais ou àquele que deu início à execução do crime no exterior, findando-o no Brasil (ou vice-versa), devemos denominar apenas "aplicação da lei penal no espaço", mas sem a denominação de "direito penal internacional". E continuaríamos usando a expressão "direito internacional penal" para o contexto das nações que praticam crimes contra outras, como ocorreu, recentemente, no caso da Sérvia, acusada de ter praticado genocídio contra a Bósnia.

**52. Imunidades parlamentares:** constituem outras exceções à regra da aplicação da lei penal a todo crime ocorrido em território nacional. Essas, no entanto, são previstas na Constituição Federal.

**53. Fonte e espécies de imunidades parlamentares:** trata-se de direito público interno. As imunidades parlamentares são essenciais ao correto desempenho do mandato, pois asseguram ao congressista absoluta liberdade de ação, através da exposição livre do seu pensamento, das suas ideias e, sobretudo, do seu voto. Livrando-se de determinados procedimentos

# Art. 5.º

legais, o parlamentar pode defender melhor o povo, que o elegeu e que é por ele representado. É antiga a origem da imunidade, remontando à Idade Média, na sua forma mais definida. Na conceituação de PINTO FERREIRA, a imunidade parlamentar "é a prerrogativa ou o privilégio outorgado a cada um dos membros do Congresso para gozar da mais ampla liberdade de palavra, em tudo o que seja relativo ao desempenho do seu mandato, garantindo-o contra qualquer coação ou abuso dos demais poderes" (*Princípios gerais do direito constitucional moderno*, p. 497). Inúmeros Estados estrangeiros a utilizam, embora possam variar a sua forma de aplicação e a sua extensão. Nos Estados Unidos, a imunidade material dá-se unicamente no recinto do Congresso, enquanto a imunidade processual começa antes das sessões e termina logo após, abrangendo o tempo necessário que o congressista deve ter para vir de seu domicílio ao Parlamento e para deste voltar à sua casa. Na Alemanha, vige a imunidade material, exceto quanto a ofensas caluniosas. No mais, pode-se prender o parlamentar, embora o Congresso possa soltá-lo, necessitando-se de licença para processá-lo. Os sistemas francês e italiano são bem similares ao brasileiro. São espécies de imunidades parlamentares: a) substantiva (material, absoluta, real ou irresponsabilidade legal), que é um privilégio de direito penal substantivo e visa assegurar a liberdade de palavra e de debates; b) processual (formal ou relativa), que é um privilégio de natureza processual e tem por fim garantir a inviolabilidade pessoal, evitando que o parlamentar seja submetido a processos tendenciosos ou prisões arbitrárias.

**54. Natureza jurídica da imunidade substantiva:** divide-se a doutrina em três grupos principais: *grupo 1: excludente do crime:* a) causa de exclusão do crime (NÉLSON HUNGRIA, PONTES DE MIRANDA, JOSÉ CELSO, NILO BATISTA, MANZINI, LUIZ ALBERTO DAVID ARAUJO e VIDAL SERRANO NUNES JÚNIOR); b) causa que se opõe à formação do crime (BASILEU GARCIA); c) causa de exclusão da criminalidade (VICENTE SABINO JR.); d) causa de exclusão da tipicidade (CERNICCHIARO, JOSÉ AFONSO DA SILVA); e) causa de exclusão da antijuridicidade por exercício regular de direito (PEDRO ALEIXO, JIMENEZ DE ASÚA, SILVIO RANIERI); *grupo 2: excludente de pena:* a) causa pessoal de exclusão de pena ou condição negativa de punibilidade do fato, havendo ilicitude do fato, mas sem aplicação da sanção (HELENO FRAGOSO); b) causa funcional de isenção ou exclusão de pena (DAMÁSIO, ROQUE DE BRITO ALVES); c) causa pessoal e funcional de isenção de pena (ANÍBAL BRUNO); d) causa de exclusão da pena (JAIR LEONARDO LOPES); *grupo 3: causa de incapacidade penal:* a) causa de incapacidade penal por razões políticas (FREDERICO MARQUES); b) causa de irresponsabilidade (MAGALHÃES NORONHA, CARLOS MAXIMILIANO, MANOEL GONÇALVES FERREIRA FILHO). Posicionamo-nos pela causa excludente do crime, por exclusão da tipicidade. Diz a Constituição que o parlamentar é inviolável por suas opiniões, palavras e votos, de forma que suas manifestações são sempre penalmente lícitas. Como bem explica LUIZ VICENTE CERNICCHIARO, nem mesmo se pode considerar um fato típico o que o congressista fala, já que a lei ordinária não pode considerar um *modelo legal de conduta proibida* o que a própria Constituição Federal diz ser inviolável, vale dizer, acima da ação da Justiça. E reiteram os constitucionalistas LUIZ ALBERTO DAVID ARAUJO e VIDAL SERRANO NUNES JÚNIOR que "a incidência do comando imunitário afasta a incidência penal. Em outras palavras, o comando imunitário exclui a responsabilidade penal dos parlamentares por eventuais condutas típicas que virtualmente teriam sido levadas a efeito por opiniões, palavras ou votos" (*Curso de direito constitucional*, 3. ed., p. 268).

**55. Características da imunidade substantiva:** a fonte legislativa é a Constituição Federal, no art. 53, *caput:* "Os Deputados e Senadores são invioláveis, civil e penalmente, por quaisquer de suas opiniões, palavras e votos". Não respondem pelos crimes de palavra, ou seja, aqueles que envolvem a opinião (crimes contra a honra, apologia de crime e incitação ao crime). Na jurisprudência: STF: "1. A legitimidade da atuação da procuradoria parlamentar da Câmara dos Deputados, nas hipóteses em que a discussão subjacente à pretensão punitiva envolve a delimitação da amplitude e do alcance da imunidade parlamentar, decorre de previsões constantes em atos normativos da Casa Legislativa. 2. A jurisprudência da Corte distingue manifestações dos parlamentares na tribuna da Casa Legislativa a que pertencem e fora dela, fazendo incidir, no primeiro caso, regra imunizante de amplíssimo espectro, que sequer demandaria investigação sobre o vínculo entre o conteúdo produzido e o exercício do mandato; e, no segundo caso, de ofensas proferidas fora da Casa Legislativa, imunidade condicionada à pertinência das manifestações e palavras com o exercício do mandato (*propter officium*). Precedentes. 3. Críticas relacionadas ao tratamento dado pelo Governador do Estado pelo qual foi eleito o parlamentar a agentes policiais envolvidos em investigações contra membros daquele mesmo governo. Relatos de exonerações, perseguições e extinção de delegacia especializada na apuração de crimes contra a Administração Pública. Veiculação em rede social e, posteriormente, na tribuna da Câmara dos Deputados. 4. Pertinência com o exercício do mandato. Diversos temas afetos à segurança pública demandam regulação legislativa em âmbito nacional, estando no plexo de atribuições de deputados federais, inclusive aqueles que tocam o exercício da atividade de polícia judiciária em âmbito estadual. Parlamentar com atuação em comissões permanentes voltadas ao tema da segurança pública, o que reforça, no caso concreto, a atividade parlamentar fiscalizatória. 5. Agravo regimental conhecido e não provido" (Pet 8.318 AgR, 1.ª T., rel. Rosa Weber, 04.05.2020, v.u.). Parte da doutrina entende que a imunidade substantiva é absoluta, sem qualquer tipo de restrição. Nesse sentido ensina MIRABETE que, "ao contrário do preceito constitucional anterior, não é necessário que, por ocasião do fato, o congressista se encontre no exercício de suas funções legislativas ou que a manifestação que constitui ilícito penal verse sobre matéria parlamentar" (*Manual de direito penal*, v. 1, p. 80). Em *sentido oposto*, no entanto, estão outros doutrinadores, sustentando que a imunidade substantiva se restringe à atividade parlamentar, portanto, é restrita. Nas palavras de FRAGOSO, temos: "A inviolabilidade, por óbvio, não abriga manifestações do parlamentar estranhas à sua atividade como membro do Legislativo, significando a atividade do congressista, na Casa do Congresso a que pertence, ou em missão oficial, por determinação dela. A reprodução do discurso em outro lugar ou sua divulgação em impresso não está coberta pela inviolabilidade" (*Lições de direito penal*, parte geral, p. 130). É, para nós, a melhor posição, a fim de não se permitir que o parlamentar exceda os limites do seu mandato, visto que a imunidade é um resguardo à democracia em última análise e não um manto protetor de ofensas pessoais sem qualquer vínculo com a atividade política. O Supremo Tribunal Federal tem-se inclinado por esta última posição. É preciso, pois, que a manifestação do parlamentar, ainda que produzida fora do recinto do Congresso, guarde relação com o exercício do mandato: STF: "3. A Constituição Federal consagra o binômio 'liberdade e responsabilidade'; não permitindo de maneira irresponsável a efetivação de abuso no exercício de um direito constitucionalmente consagrado; não permitindo a utilização da 'liberdade de expressão' como escudo protetivo para a prática de discursos de ódio, antidemocráticos, ameaças, agressões, infrações penais e toda a sorte de atividades ilícitas. 4. Não incidência da imunidade parlamentar prevista no *caput* do artigo 53 da Constituição Federal. A jurisprudência da Corte é pacífica no sentido de que a garantia constitucional da imunidade parlamentar material somente incide no caso de as manifestações guardarem conexão com o desempenho da função legislativa ou que sejam proferidas em razão desta, não sendo possível utilizá-la como verdadeiro escudo protetivo para a prática de atividades ilícitas. Precedentes. Inexistência da inviolabilidade em relação às condutas típicas imputadas pela querelante ao querelado" (Pet 10.001 AgR, Pleno, rel. Alexandre de Moraes, 06.03.2023, maioria); "1. A queixa-crime foi oferecida contra senador da República pela suposta prática de calúnia, difamação, injúria, desobediência e violência psicológica contra a mulher em entrevista concedida a jornal de ampla divulgação. 2. A imunidade material parlamentar quanto a palavras e opiniões emitidas fora do espaço do

Congresso Nacional pressupõe a presença de nexo de causalidade entre a suposta ofensa e a atividade parlamentar. Precedentes. 3. O contexto de rivalidade política entre as partes, de exercício de crítica política e de fiscalização da atuação do Governo Federal, presentes na espécie, conduzem à atipicidade da conduta, consoante remansosa jurisprudência da Suprema Corte. 4. Nesse cenário, o relator da causa pode, na hipótese de reconhecimento na espécie da imunidade parlamentar em sentido material, decidir monocraticamente. 5. Agravo regimental ao qual se nega provimento" (Pet 10.021 AgR, Pleno, rel. Dias Toffoli, 14.11.2022, v.u.). A imunidade substantiva não abrange a propaganda eleitoral, embora a processual continue atuante. Assim, o parlamentar-candidato, que ofenda outro, não tem imunidade substantiva, mas somente processual. Outra questão controversa é saber se o parlamentar afastado de suas funções em virtude do exercício de outro cargo público, tal como Secretário ou Ministro de Estado, permanece com sua imunidade. Por todos, na doutrina, com o que concordamos, cite-se ALEXANDRE DE MORAES: "Afastando-se, voluntariamente, do exercício do mandato, para ocupar cargo no Poder Executivo, o parlamentar não leva a prerrogativa conferida ao Poder Legislativo e, por via reflexa, a seus membros, no desempenho das funções específicas. Nem seria possível entender que, na condição de Ministro de Estado, Governador de Território, Secretário de Estado, continuasse inviolável, por suas opiniões, palavras e votos, ou com a isenção de ser preso ou processado criminalmente, sem prévia licença de sua Câmara, de modo diverso, assim, do que sucede com os altos dignitários do Poder Executivo, que veio integrar, deixando de exercer a função legislativa" (*Direito constitucional*, 7. ed., p. 400). A imunidade substantiva abrange apenas as matérias penal e civil, de modo que o parlamentar não pode ser, de qualquer forma, processado, conforme vem entendendo o Supremo Tribunal Federal. A atual redação dada ao *caput* do art. 53 da Constituição Federal (Emenda Constitucional 35, de 20 de dezembro de 2001), deixou clara a intenção de circunscrever a imunidade substantiva aos aspectos civil e penal. Não envolve, pois, o caráter disciplinar, podendo o parlamentar perder o mandato caso se exceda em ofensas, por exemplo, a outros colegas ou instituições. Aplica-se o art. 55, II, da CF (quebra de decoro parlamentar). A imunidade pertence ao Parlamento e não ao congressista, de modo que é irrenunciável. Diz Celso de Mello que a imunidade é "prerrogativa de caráter institucional, inerente ao Poder Legislativo, que só é conferida ao parlamentar *ratione muneris*, em função do cargo e do mandato que exerce. É por essa razão que não se reconhece ao congressista, em tema de imunidade parlamentar, a faculdade de a ela renunciar. Trata-se de garantia institucional deferida ao Congresso Nacional. O congressista, isoladamente considerado, não tem, sobre ela, qualquer poder de disposição" (STF, Inquérito 510-DF, Pleno, *RTJ* 135/509). Acrescente-se a isso não poder o Congresso renunciar à imunidade substantiva, salvo alterando a Constituição Federal. Quanto à imunidade processual, ver a próxima nota. Por outro lado, de acordo com a Súmula 245 do STF, a imunidade parlamentar não se estende a corréu sem essa prerrogativa. Inicia-se a imunidade a partir da expedição do diploma e segue até o término do mandato.

**56. Características da imunidade processual:** diz o art. 53, § 2.º, da CF: "Desde a expedição do diploma, os membros do Congresso Nacional não poderão ser presos, salvo em flagrante de crime inafiançável. Nesse caso, os autos serão remetidos dentro de vinte e quatro horas à Casa respectiva, para que, pelo voto da maioria de seus membros, resolva sobre a prisão" (nova redação dada pela Emenda Constitucional 35, de 20 de dezembro de 2001). São crimes inafiançáveis os previstos no art. 323 do Código de Processo Penal, ou seja, racismo, tortura, tráfico ilícito de entorpecentes, terrorismo, crimes hediondos e ações de grupos armados contra a ordem constitucional e o Estado Democrático (art. 5.º, XLII, XLIII e XLIV, CF). Caso o parlamentar seja preso, a autoridade deve enviar os autos de prisão em flagrante para sua respectiva Casa, em 24 horas, a fim de que esta delibere a respeito de sua prisão, por maioria absoluta, autorizando ou não a formação de culpa. Retirou-se do texto constitucional que a votação seria secreta. Logo, o correto é que seja aberta. A partir de agora, apresentada denúncia ou queixa contra parlamentar, o Tribunal competente pode recebê-la e, em se tratando de crime cometido *após* a diplomação, será dada ciência à Casa Legislativa respectiva. Esta, por sua vez, pelo voto da maioria dos seus membros, havendo a provocação de partido político nela representado, pode sustar o andamento do processo, desde que não tenha havido decisão com trânsito em julgado (art. 53, § 3.º, CF). Tem a Casa o prazo improrrogável de 45 dias para deliberar sobre a eventual sustação do feito (art. 53, § 4.º, CF). É indiscutível que a modificação merece aplausos e somente confere maior moralidade e transparência ao Poder Legislativo brasileiro. Havendo a sustação, a prescrição será suspensa (art. 53, § 5.º, CF). O início da suspensão da prescrição ocorre a partir da decisão proferida pela Câmara ou pelo Senado. O foro competente para julgar os parlamentares federais é o Supremo Tribunal Federal (art. 53, § 1.º, CF). Se o congressista que estiver respondendo a processo criminal for definitivamente condenado, poderá perder o mandato (art. 55, VI, CF). Prevalece, ainda, no contexto das imunidades o sigilo parlamentar, que é a impossibilidade de obrigar o congressista "a testemunhar sobre informações recebidas ou prestadas em razão do exercício do mandato, nem sobre as pessoas que lhes confiaram ou deles receberam informações" (art. 53, § 6.º, CF). Há, ainda, a garantia de ser o parlamentar ouvido em lugar previamente agendado com o juiz, quando for testemunha, não cabendo qualquer tipo de condução coercitiva. A imunidade subsiste no estado de sítio e somente pode ser suspensa pelo voto de dois terços dos membros da Casa respectiva (art. 53, § 8.º, CF). A imunidade processual não impossibilita a investigação policial, de forma que o Parlamento não pode sustar o curso de inquérito contra qualquer de seus membros. Entretanto, a investigação contará com a supervisão de Ministro do STF, cuidando-se de parlamentar federal. Sustenta Celso de Mello que "o membro do Congresso Nacional – Deputado Federal ou Senador da República – pode ser submetido a investigação penal, mediante instauração de Inquérito Policial perante o Supremo Tribunal Federal, independentemente de prévia licença da respectiva Casa legislativa. A garantia constitucional da imunidade parlamentar em sentido formal somente tem incidência em juízo, depois de oferecida a acusação penal" (STF, Inquérito 1.504-DF, 17.06.1999, *DO* 28.06.1999, p. 25; embora antigo, ainda ilustra a posição do Pretório Excelso). Sobre a vinculação do crime ao exercício da função parlamentar: STJ: "1. O Pleno do Supremo Tribunal Federal resolveu questão de ordem na Ap 937/RJ, fixando as seguintes teses: '(i) O foro por prerrogativa de função aplica-se apenas aos crimes cometidos durante o exercício do cargo e relacionados às funções desempenhadas; e (ii) Após o final da instrução processual, com a publicação do despacho de intimação para apresentação de alegações finais, a competência para processar e julgar ações penais não será mais afetada em razão de o agente público vir a ocupar outro cargo ou deixar o cargo que ocupava, qualquer que seja o motivo, com o entendimento de que esta nova linha interpretativa deve se aplicar imediatamente aos processos em curso, com a ressalva de todos os atos praticados e decisões proferidas pelo STF e pelos demais juízos com base na jurisprudência anterior, conforme precedente firmado na Questão de Ordem no Inquérito 687 (Rel. Min. Sydney Sanches, j. 25.08.1999)'. 2. Em atenção ao que decidido pelo Pretório Excelso, esta Corte Superior de Justiça, no julgamento da QO na Apn 857/DF e no AgRg na Apn 866/DF, estabeleceu que a sua competência originária em relação a todas as autoridades listadas no artigo 105 da Constituição é restrita aos delitos praticados no período em que o agente ocupa a função e deve ter relação intrínseca às atribuições exercidas. 3. Na espécie, verifica-se que os fatos imputados ao acusado detentor do foro por prerrogativa neste Sodalício foram praticados no exercício do mandato de deputado estadual, não possuindo qualquer relação com o cargo de Conselheiro do Tribunal de Contas do Estado do Amapá, que ocupa atualmente. 4. Inexistindo liame entre os crimes ora apurados e o cargo de Conselheiro do Tribunal de Contas do Estado ocupado pelo denunciado M. H. H. e que

# Art. 5.º

Código Penal Comentado · **Nucci**      54

ensejou a remessa da ação penal a este Superior Tribunal de Justiça, estando o feito na fase instrutória, e não havendo, entre os corréus, autoridade com foro por prerrogativa perante outro Tribunal, impõe-se a remessa dos autos à Justiça de primeira instância. 5. Questão de ordem resolvida, para que o processo seja remetido à Justiça de primeira instância do Estado do Amapá" (QO na APn 839/DF, Corte Especial, rel. Jorge Mussi, 07.11.2018, *DJe* 23.11.2018).

**56-A. Medidas cautelares alternativas à prisão:** introduzidas pela Lei 12.403/2011, constam do rol do art. 319 do Código de Processo Penal: "I – comparecimento periódico em juízo, no prazo e nas condições fixadas pelo juiz, para informar e justificar atividades; II – proibição de acesso ou frequência a determinados lugares quando, por circunstâncias relacionadas ao fato, deva o indiciado ou acusado permanecer distante desses locais para evitar o risco de novas infrações; III – proibição de manter contato com pessoa determinada quando, por circunstâncias relacionadas ao fato, deva o indiciado ou acusado dela permanecer distante; IV – proibição de ausentar-se da Comarca quando a permanência seja conveniente ou necessária para a investigação ou instrução; V – recolhimento domiciliar no período noturno e nos dias de folga quando o investigado ou acusado tenha residência e trabalho fixos; VI – suspensão do exercício de função pública ou de atividade de natureza econômica ou financeira quando houver justo receio de sua utilização para a prática de infrações penais; VII – internação provisória do acusado nas hipóteses de crimes praticados com violência ou grave ameaça, quando os peritos concluírem ser inimputável ou semi-imputável (art. 26 do Código Penal) e houver risco de reiteração; VIII – fiança, nas infrações que a admitem, para assegurar o comparecimento a atos do processo, evitar a obstrução do seu andamento ou em caso de resistência injustificada à ordem judicial; IX – monitoração eletrônica". Debatia-se a viabilidade de aplicação dessas medidas aos parlamentares, tendo em vista a denominada imunidade processual. A questão foi levada ao STF, que julgou, pelo Plenário, no dia 11.10.2017, por maioria, parcialmente procedente a ação direta de inconstitucionalidade, assentando que o Poder Judiciário dispõe de competência para impor, por autoridade própria, as medidas cautelares a que se refere o art. 319 do Código de Processo Penal, vencido o Ministro Marco Aurélio, que, ao assentar a premissa da inaplicabilidade da referida norma legal a parlamentares, declarava o prejuízo do pedido. Prosseguindo no julgamento, o Tribunal, também por votação majoritária, deliberou que se encaminhará à Casa Legislativa a que pertencer o parlamentar, para os fins a que se refere o art. 53, § 2.º, da Constituição, a decisão pela qual se aplique medida cautelar, sempre que a execução desta impossibilitar, direta ou indiretamente, o exercício regular de mandato parlamentar, vencidos no ponto os Ministros Edson Fachin (Relator), Roberto Barroso, Rosa Weber, Luiz Fux e Celso de Mello. Redator para o acórdão o Ministro Alexandre de Moraes. Em suma, se o parlamentar for obrigado a usar tornozeleira eletrônica, não há necessidade de consultar a sua Casa Legislativa; porém, se for suspenso da função, há de existir o aval do Parlamento.

**57. Outras imunidades – deputado estadual, vereador, advogado, prefeito:** os deputados estaduais possuem as mesmas imunidades que os parlamentares federais, conforme preceitua o art. 27, § 1.º, da Constituição Federal. Isto significa que podem ser processados sem autorização da Assembleia Legislativa do seu Estado, em qualquer tipo de crime, inclusive federal ou eleitoral, mas o processo pode ser sustado pelo voto da maioria do Parlamento, caso haja a provocação de algum partido político nela representado. Caso cometam delito da competência da Justiça Federal, devem ser processados pelo Tribunal Regional Federal. Se o delito for da esfera eleitoral, serão processados no Tribunal Regional Eleitoral. Portanto, não há mais aplicação para a Súmula 3 do STF, que advém de época anterior à Constituição Federal de 1988 ("A imunidade concedida a deputados estaduais é restrita à Justiça do Estado"). Na jurisprudência: STF: "1. Segundo a posição majoritária do Tribunal, o legislador constituinte originário estendeu expressamente aos deputados estaduais, no § 1.º do art. 27, as imunidades dos membros do Congresso Nacional. 2. É constitucional norma elaborada pelo constituinte derivado que mantenha a estrita disciplina das regras de repetição obrigatória referentes às imunidades parlamentares. 3. Ação direta julgada improcedente" (ADI 5.824, Pleno, Edson Fachin, 17.12.2022, maioria). STJ: "2. Conforme a dicção do art. 53 da Constituição da República, os deputados federais e senadores gozam de imunidade parlamentar material, o que afasta a tipicidade de eventuais condutas, em tese, ofensivas à honra praticadas no âmbito de sua atuação político-legislativa. Tal imunidade, por certo, é estendida aos deputados estaduais, a teor do disposto no art. 27, § 1.º, da CF" (HC 443.385-GO, 5.ª T., rel. Ribeiro Dantas, 06.06.2019, v.u.). Os vereadores possuem somente imunidade substantiva, desde que no exercício do mandato e na circunscrição do seu Município (art. 29, VIII, CF). Eles não têm imunidade processual, nem foro privilegiado. Há *polêmica* quanto ao requisito relativo à circunscrição do seu Município: *1.ª)* entende HELY LOPES MEIRELLES que, estando o vereador fora do seu Município, mas tratando de assuntos a ele relativos, pode a imunidade estabelecer-se. *In verbis*: "O espírito do Constituinte federal foi o de conceder plena liberdade ao Vereador na manifestação de suas opiniões sobre os assuntos sujeitos à sua apreciação, como agente político investido de mandato legislativo local. Dessa forma, ainda que esteja fora do território do seu Município, mas no exercício do seu mandato, como representante do Legislativo municipal, deve gozar dessa prerrogativa ao manifestar sua opinião, palavra ou voto" (*Direito municipal brasileiro*, p. 454). Igualmente, encontra-se a posição de ALBERTO ZACHARIAS TORON, para quem o critério material há de preponderar sempre sobre o formal (circunscrição do município) (*Inviolabilidade penal dos vereadores*, p. 390); *2.ª)* em sentido contrário, com o que concordamos plenamente, está a posição de JOSÉ AFONSO DA SILVA: "Representar o Legislativo fora, só por si, não caracteriza exercício do mandato" (*Manual do vereador*, p. 84). Em nosso entendimento, o vereador, por não ser parlamentar federal ou estadual, não deve ocupar-se de assuntos que não digam respeito ao seu município; logo, a sua liberdade de pensar e, consequentemente, manifestar-se deve estar vinculada à região onde atua. O vereador de um pequeno município não tem de emitir opiniões sobre o governo federal ou estadual, *resguardado pela imunidade material*, porque não lhe concernem tais temas políticos. Se quiser, pode fazê-lo como qualquer outro cidadão, responsabilizando-se pelo que disser. Sua atividade, em outras palavras, quando pertinente ao exercício de seu mandato, *na sua cidade*, merece proteção, pois é para tal mister que foi eleito. No mais, parece-nos largueza abusiva a permissão de falar, com imunidade material, onde quer que esteja. E se o vereador de uma cidade estiver em outro município, por qualquer razão, não está em atividade concernente ao seu mandato, pois este somente se realiza como tal no lugar onde foi eleito. Possuem os vereadores, no entanto, direito à prisão especial, de acordo com a Lei 3.181/1957, que deu nova redação ao art. 295, II, do Código de Processo Penal. O reconhecimento da imunidade substantiva do vereador vem sendo feito pelos Tribunais Superiores, ainda que em casos extremos. O Estatuto da Advocacia pretende estabelecer a imunidade substantiva para o exercício da profissão (chamada imunidade profissional), por ocasião da edição da Lei 8.906/1994. Diz o art. 2.º, § 3.º, da referida lei: "No exercício da profissão, o advogado é inviolável por seus atos e manifestações, nos limites desta Lei". Repete-se o preceituado pela Constituição Federal, no art. 133. Permanece em vigor a imunidade judiciária prevista no art. 142, I, do Código Penal. Em matéria processual, estipula o § 3.º do art. 7.º que "o advogado somente poderá ser preso em flagrante, por motivo de exercício da profissão, em caso de crime inafiançável, observado o disposto no inciso IV deste artigo". O inciso IV preceitua que o flagrante deve ser lavrado

# Art. 5.º

Código Penal Comentado · **Nucci**

com a presença de representante da OAB, pena de nulidade, quando ligado à profissão, e, nos demais casos, comunicação expressa à seccional da OAB. Quanto aos prefeitos, deve-se ressaltar que eles não têm imunidade, mas somente prerrogativa de foro, adquirida após a Constituição de 1988, só podendo ser julgados pelo Tribunal de Justiça.

**58. Território brasileiro por equiparação:** há duas situações: a) embarcações e aeronaves brasileiras de natureza pública ou a serviço do governo brasileiro *onde estiverem*. Ex.: o interior de um navio militar brasileiro ancorado num porto estrangeiro é considerado território nacional por equiparação. Nesse sentido, reiterando o preceituado no Código Penal está o disposto no Código Brasileiro de Aeronáutica, que menciona, no art. 107, § 3.º, o seguinte: "As aeronaves públicas são as destinadas ao serviço do Poder Público, inclusive as requisitadas na forma da lei; todas as demais são aeronaves privadas"; b) embarcações e aeronaves brasileiras, de propriedade privada, que estiverem navegando em alto-mar ou sobrevoando águas internacionais.

**59. Competência para o julgamento de crimes cometidos a bordo de embarcações e aeronaves:** é da Justiça Federal (art. 109, IX, CF) do local onde primeiro pousar a aeronave após o delito (ou da comarca de onde houver partido), conforme art. 90 do CPP. Vale ressaltar ter havido divergência no Supremo Tribunal Federal em caso de apreensão de drogas ilícitas, quando os agentes já estavam em solo, no aeroporto de Brasília, porém em conexão para um voo entre Cuiabá e São Paulo. Prevaleceu o entendimento de que a competência seria da Justiça Estadual, pois a referência feita pela Constituição, fixando a competência da Justiça Federal, ter-se-ia voltado à aeronave em voo pelo espaço aéreo brasileiro, uma vez que, nessa situação, não se saberia ao certo onde o crime se deu. Estando a aeronave em solo e os agentes, igualmente, fora dela, incompetente a Justiça Federal (RE 463.500-DF, 1.ª T., redator p/ o acórdão Marco Aurélio, 04.12.2007, m. v., para servir de ilustração). Quanto às embarcações, o STJ tem dado uma interpretação restritiva ao seu conceito, pois a Constituição Federal menciona a palavra "navio". Entende-se por esse termo a embarcação de grande porte, autorizada e adaptada para viagens internacionais. Portanto, é da competência da Justiça Estadual a punição de crimes cometidos a bordo de iates, lanchas, botes e embarcações equiparadas.

**60. Espaço aéreo:** quanto ao espaço aéreo, compreende todo o espaço acima do território, inclusive do mar territorial, até o limite da atmosfera. Não existe, nesse caso, o direito de *passagem inocente* e tudo é devidamente regulado por tratado. Na realidade, as aeronaves privadas podem passar, desde que informem previamente a sua rota (art. 14, § 2.º, Código Brasileiro de Aeronáutica). Quanto às aeronaves militares ou a serviço de governo estrangeiro, a passagem pelo espaço aéreo nacional somente pode ser realizada se houver *prévia* autorização (art. 14, § 1.º, do mesmo Código). Para tanto, é imprescindível que toda aeronave tenha uma bandeira, seja ela pública ou privada, pois, do contrário, há possibilidade de ser derrubada pelo governo estrangeiro, caso penetre no seu espaço aéreo. No contexto do espaço aéreo, vigora o sistema das cinco liberdades, sendo duas técnicas e três comerciais: a) *direito de sobrevoo do território*, embora possa haver proibição sobre determinadas áreas, mas sem discriminação; b) *direito a escala técnica*: em caso de pouso necessário e imperioso; c) *direito de desembarcar passageiros e mercadorias vindas do Estado patrial da aeronave*; d) *direito de embarcar passageiros e mercadorias com destino ao Estado patrial da aeronave*; e) *direito de embarque e desembarque, em seu território, de passageiros e mercadorias com destino ou provenientes de qualquer país do mundo* (depende de ajuste especial). Como exemplo de acordo que prevê as cinco liberdades, pode-se citar Brasil-Argentina. A invasão ao espaço aéreo é considerada ato grave, passível de derrubada da aeronave, embora esteja sujeito a abusos. A história demonstra a ocorrência de eventos trágicos nesse sentido: a) o *Boeing* 747 da *Korean Airlines,* em setembro de 1983, sobrevoando a União Soviética, foi derrubada – no acidente, 269 civis morreram; b) em julho de 1988, o *Airbus* da *Iran Air* sobrevoava o Estreito de Ormuz e foi abatido pela aviação americana, que estava bem longe do seu espaço aéreo, causando a morte de 290 civis, inclusive 66 crianças; c) no mês de janeiro de 1992, um Cessna brasileiro foi abatido pela Guarda Nacional venezuelana. Por isso, a fim de evitar a morte de inocentes, várias nações assinaram o *Protocolo de Montreal*, em 1984, fixando não ser ilimitado o uso da força para assegurar o espaço aéreo, devendo ser respeitada, em primeiro lugar, a vida humana. Está em vigor, no Brasil, cuidando do espaço aéreo, o Código Brasileiro de Aeronáutica (Lei 7.565/1986), substituto do Código Brasileiro do Ar. Quanto ao espaço cósmico, existe o Tratado sobre Exploração e Uso do Espaço Cósmico – inclusive a Lua e outros corpos celestes –, aprovado pelo Decreto 64.362/1969. Diz o acordo internacional que a exploração e o uso do espaço cósmico devem ter em mira o interesse de todos os países, além do que pode ser explorado e utilizado livremente por todos os Estados sem qualquer discriminação, em condições de igualdade e em conformidade com o direito internacional, devendo haver liberdade de acesso a todas as regiões dos corpos celestes (art. 1.º). O espaço cósmico não pode ser objeto de apropriação nacional por proclamação de soberania, por uso ou ocupação, nem por qualquer outro meio (art. 2.º).

**61. Correção da parte final do parágrafo:** deve-se fazer a seguinte inversão na leitura da norma penal: "... bem como as embarcações e as aeronaves brasileiras, (...) que se achem, respectivamente, em alto-mar ou no espaço aéreo correspondente". Aliás, essa alteração tem cabimento não somente para dar sentido ao texto, mas porque assim consta no atual Código Brasileiro de Aeronáutica (art. 3.º, II), lei mais recente.

**62. Mar territorial brasileiro:** quanto ao mar territorial, antigamente vigorava a regra do alcance do tiro de canhão, pois a soberania terminava onde o Estado se tornava impotente para fazer-se respeitar pela força das armas. Dizia Grotius que o mar territorial deveria ir "até onde o Estado marginal pudesse tornar efetiva e eficaz a sua autoridade e posse pelos canhões colocados à praia" (menção de Pinto Ferreira, *Teoria geral do estado*, p. 123). Até a década de 50, o Brasil possuía 3 milhas. Pelo Decreto-lei 44/1966, ampliou-se o mar territorial para seis milhas e, posteriormente, pelo Decreto-lei 1.098/1970, estendeu-se para duzentas milhas. Nessa época, o mesmo critério de ampliação foi utilizado pelos seguintes países: Argentina, Chile, Peru, Equador, Uruguai, Costa Rica, São Salvador e Panamá. Atualmente, a Lei 8.617/1993 fixa as regras para o mar territorial brasileiro. Essa norma é fruto do disposto na *Convenção das Nações Unidas sobre o Direito do Mar* (aberta a assinatura em Montego Bay, Jamaica, a partir de 10 de dezembro de 1982), que foi ratificada pelo Brasil. O mar territorial do Brasil, onde o Estado exerce soberania absoluta, possui 12 milhas. Nesse espaço, aplica-se a lei penal pátria. Além disso, na referida lei de 1993, há também a *Zona Contígua*, que vai das 12 às 24 milhas, servindo para fiscalização sobre assuntos aduaneiros, fiscais, sanitários ou sobre matéria referente à imigração. Por fim, prevê-se, também, a *Zona Econômica Exclusiva*, que abrange o espaço compreendido das 12 às 200 milhas. Nessa área, o Brasil pode explorar, sozinho, todos os recursos naturais possíveis. O art. 8.º da Lei 8.617/1993 faz referência a "exercício de sua jurisdição" nesse espaço de 188 milhas, embora o direito de soberania seja exclusivamente para fins de exploração e aproveitamento, conservação e gestão dos recursos naturais, vivos ou não vivos, das águas sobrejacentes ao leito do mar, do leito do mar e seu subsolo, e no que se refere a outras atividades visando à exploração e ao aproveitamento da zona para finalidade econômica. Dentro das 12 milhas, onde o Brasil tem soberania absoluta, existe a possibilidade da *passagem inocente*, significando a rápida e contínua travessia de barcos estrangeiros por águas nacionais, sem necessidade de pedir autorização ao governo. Ressaltemos que as ilhas brasileiras (ex.: Fernando de Noronha) também possuem o mar territorial de 12 milhas.

**63. Réu, vítima e navio estrangeiros em águas brasileiras:** competente é a Justiça Federal brasileira do porto onde primeiro tocou após o crime.

**64. Conflito do disposto neste artigo com a Convenção de Tóquio:** em 14 de setembro de 1963, o Brasil subscreveu a Convenção de Tóquio, que cuida das infrações praticadas a bordo de aeronaves, aprovada pelo Decreto-lei 479/1969. Pelo texto da Convenção, aplica-se a lei do Estado de matrícula da aeronave, com relação a todas as infrações penais praticadas a bordo nas seguintes situações: a) aeronave em voo sobre qualquer território estrangeiro; b) aeronave em voo sobre a superfície de alto-mar; c) aeronave em qualquer outra zona fora do território de um Estado. Segundo o art. 4.º, não se pode interferir no voo de uma aeronave, a fim de exercer a jurisdição penal em relação a infração cometida a bordo, a menos que "a infração produza efeitos no território deste Estado", "a infração tenha sido cometida por ou contra um nacional desse Estado ou pessoa que tenha aí sua residência permanente", "a infração afete a segurança desse Estado", "a infração constitua uma violação dos regulamentos relativos a voos ou manobras de aeronaves vigentes nesse Estado", "seja necessário exercer a jurisdição para cumprir as obrigações desse Estado, em virtude de um acordo internacional multilateral". Assim, o que se constata é o seguinte: se um avião estrangeiro de propriedade privada estiver sobrevoando o território brasileiro, havendo um crime a bordo, o Brasil somente teria interesse em punir o autor caso uma das hipóteses enumeradas no referido art. 4.º estivesse presente. Do contrário, caberia ao Estado de matrícula da aeronave punir o infrator. Ex.: um americano agride outro, em aeronave americana, sobrevoando o território brasileiro. Seria competente o Estado americano para aplicar a sua lei penal. Entretanto, o texto da Convenção de Tóquio entra em conflito com o disposto no art. 5.º, § 2.º, do Código Penal, com a redação dada pela Lei 7.209/1984, mais recente. Nota-se, por este dispositivo, que é aplicável a lei brasileira aos crimes praticados a bordo de aeronaves estrangeiras de propriedade privada, que estejam sobrevoando o espaço aéreo nacional. Logo, no exemplo citado, de acordo com o Código Penal, seria o autor punido pela lei brasileira, no Brasil. Mas se fosse aplicada a Convenção de Tóquio, caberia a punição aos Estados Unidos. Em função da atual posição do Supremo Tribunal Federal, a lei federal, quando mais recente que o tratado, tem prevalência sobre este, suspendendo-se a sua eficácia. Embora os internacionalistas critiquem essa postura, pregando a superioridade do tratado diante da legislação ordinária, não é o posicionamento adotado pelo Pretório Excelso. Assim, caso o referido avião americano pousasse, após a agressão de um americano contra outro, caberia a entrega do autor do delito às autoridades brasileiras.

## APLICAÇÃO DA LEI PENAL NO ESPAÇO

**REGRA: TERRITORIALIDADE**

Aplica-se a lei brasileira ao crime cometido no território nacional (art. 5.º, *caput*, CP)

**EXCEÇÕES**

1. Imunidades *diplomática e consular* → art. 5.º, *caput*, CP (convenções, tratados e regras de direito internacional). Ver as notas 43 a 48 ao art. 5.º.
2. Imunidade *parlamentar* → art. 53, *caput* e § 3.º, CF. Ver as notas 52 a 57 ao art. 5.º.
3. Extraterritorialidade: é a aplicação da lei brasileira ao crime cometido no exterior → art. 7.º, CP. Ver as notas 68 a 81 ao referido artigo.

# Art. 6.º

**Lugar do crime[65]**

> **Art. 6.º** Considera-se praticado o crime no lugar em que ocorreu a ação ou omissão, no todo ou em parte, bem como onde se produziu ou deveria produzir-se o resultado.[66-67]

**65. Teorias sobre o lugar do crime:** para o lugar do crime também existem três teorias: a) *atividade*: considera-se local do delito aquele onde foi praticada a conduta (atos executórios); b) *resultado*: o lugar do crime é aquele onde ocorreu o resultado (consumação); c) *mista ou da ubiquidade*: é lugar do crime tanto onde houve a conduta, quanto o local onde se deu o resultado. Adotamos, segundo o art. 6.º, a teoria mista. Na jurisprudência: STF: "2. Em tema de competência jurisdicional, a prática delitiva, ainda que em parte, em território nacional justifica a competência da autoridade judiciária brasileira (arts. 5.º, *caput*, e 6.º do CP). No caso concreto, sobressaem fundados indícios de que os crimes de lavagem de dinheiro foram, ao menos parcialmente, cometidos em território nacional, consoante a narrativa acusatória. 3. A aferição da extraterritorialidade da jurisdição encontra respaldo no comando normativo penal (art. 7.º, I, 'b', e II, 'a', do CP) e na Convenção das Nações Unidas contra o crime organizado transnacional (Decreto 5.015, de 2004, art. 6.º da Convenção de Palermo). Remanesce a competência jurisdicional nacional, ainda que sobrevenha a comprovação de que todas as etapas do branqueamento tenham ocorrido no exterior, porquanto os atos de lavagem de capitais atentam contra o patrimônio de sociedade de economia mista nacional (Petrobras S.A.) e também porque se trata de delito cuja prática o Brasil comprometeu-se a combater em convenção internacional. 4. Agravo regimental desprovido" (HC 185.223 AgR, 2.ª T., rel. Edson Fachin, 08.03.2022, v.u.).

**66. Conflito entre o art. 6.º do CP e o art. 70 do CPP:** levando-se em consideração que o art. 70 do Código de Processo Penal estabelece a competência ser determinada pelo "lugar em que se consumar a infração", poder-se-ia sustentar a existência de uma contradição entre a lei penal (teoria mista) e a lei processual penal (teoria do resultado). Ocorre que o art. 6.º do Código Penal destina-se, exclusivamente, ao denominado direito penal internacional, ou seja, à aplicação da lei penal no espaço, quando um crime tiver início no Brasil e terminar no exterior ou vice-versa (é o denominado "crime à distância"). Para delitos cometidos no território nacional, continua valendo o disposto no art. 70 da lei processual. Na jurisprudência: STJ: "5. A jurisprudência desta Corte firmou-se no sentido de que, independentemente de condicionantes extraterritoriais, à luz do princípio da territorialidade e da teoria da ubiquidade, adotados no ordenamento jurídico pátrio, é da justiça brasileira a competência para processar crimes consumados no território nacional, conforme inteligência dos arts. 5.º e 6.º do Código Penal. No caso, foi delineado no acórdão o fato incontroverso de que o crime de lavagem de dinheiro, embora iniciado no exterior, foi consumado no território brasileiro, concluindo a Corte de origem pela competência da Justiça Federal brasileira. Precedentes" (AgRg no RHC 167.277/RJ, 6.ª T., rel. Jesuíno Rissato, 06.03.2023, v.u.).

**67. Crime permanente ou crime continuado:** segue-se a regra do art. 71 do Código de Processo Penal, isto é, "praticada [a infração] em território de duas ou mais jurisdições, a competência firmar-se-á pela prevenção".

**Extraterritorialidade[68-69]**

> **Art. 7.º** Ficam sujeitos à lei brasileira, embora cometidos no estrangeiro:
> I – os crimes:

*a)* contra a vida ou a liberdade do Presidente da República;[70]

*b)* contra o patrimônio ou a fé pública da União, do Distrito Federal, de Estado, de Território, de Município, de empresa pública, sociedade de economia mista, autarquia ou fundação instituída pelo Poder Público;[71]

*c)* contra a administração pública, por quem está a seu serviço;[72]

*d)* de genocídio,[73] quando o agente for brasileiro ou domiciliado no Brasil;[74]

II – os crimes:

*a)* que, por tratado ou convenção, o Brasil se obrigou a reprimir;[75]

*b)* praticados por brasileiro;[76]

*c)* praticados em aeronaves ou embarcações brasileiras, mercantes ou de propriedade privada, quando em território estrangeiro e aí não sejam julgados.[77]

§ 1.º Nos casos do inciso I, o agente é punido segundo a lei brasileira, ainda que absolvido ou condenado no estrangeiro.[78]

§ 2.º Nos casos do inciso II, a aplicação da lei brasileira depende do concurso das seguintes condições:[79]

*a)* entrar o agente no território nacional;[80]

*b)* ser o fato punível também no país em que foi praticado;[81-81-A]

*c)* estar o crime incluído entre aqueles pelos quais a lei brasileira autoriza a extradição;[82-82-B]

*d)* não ter sido o agente absolvido no estrangeiro ou não ter aí cumprido a pena;[83]

*e)* não ter sido o agente perdoado no estrangeiro ou, por outro motivo, não estar extinta a punibilidade, segundo a lei mais favorável.[84]

§ 3.º A lei brasileira aplica-se também ao crime cometido por estrangeiro contra brasileiro fora do Brasil, se, reunidas as condições previstas no parágrafo anterior:[85]

*a)* não foi pedida ou foi negada a extradição;[86]

*b)* houve requisição do Ministro da Justiça.[87-91-A]

**68. Conceito de extraterritorialidade:** é a aplicação das leis brasileiras aos crimes cometidos fora do território nacional. Divide-se em: a) *incondicionada:* que não depende de condições. Além dessas hipóteses, previstas no art. 7.º, I, do CP, a Lei 9.455/1997 (que definiu os crimes de tortura no Brasil) prevê outra hipótese de extraterritorialidade incondicionada (art. 2.º: "O disposto nesta Lei aplica-se ainda quando o crime não tenha sido cometido em território nacional, sendo a vítima brasileira ou encontrando-se o agente em local sob jurisdição brasileira"); b) *condicionada*: que depende das condições descritas no art. 7.º, § 2.º, letras *a, b, c, d* e *e*, e § 3.º, do Código Penal.

**69. Extraterritorialidade incondicionada e entrada do agente no território nacional:** embora a lei penal não exija o ingresso do agente em território nacional, para que a ação penal tenha início, nos casos de extraterritorialidade incondicionada, convém ressaltar que uma das condições da ação é o interesse de agir, fundado, sobretudo, na utilidade que o processo possa trazer. Ora, estando o estrangeiro distante da jurisdição brasileira, não sendo cabível a sua extradição – ou tendo esta sido negada –, qual a razão de se instaurar processo-crime no Brasil? Se porventura tal medida for tomada, deverá o réu ser citado. Não tendo havido a extradição, possivelmente o país onde se encontre o acusado também não cumprirá

# Art. 7.º

Código Penal Comentado · **Nucci**

carta rogatória. Ainda que cumpra, ele pode tornar-se revel e a sentença, mesmo que condenatória, será inexequível, aguardando a prescrição. Caso seja feita a sua citação por edital, o processo será suspenso, nos termos do art. 366 do CPP, provavelmente resultando em idêntica prescrição (embora a lei ressalve que a prescrição fica suspensa, a doutrina não tem admitido que essa situação seja perene). Enfim, inexistindo utilidade, cremos que o juiz pode rejeitar a denúncia ou queixa, por falta de interesse de agir. Não se tem notícia de nenhum processo dessa maneira proposto, com qualquer resultado útil. Melhor é a posição adotada, nesse contexto, por outras legislações, justificadora de nossa posição a respeito da inutilidade do processo criminal contra estrangeiro ausente do país. A lei portuguesa é aplicável a crimes cometidos no exterior, conforme o bem jurídico afetado. Se for a segurança (interior ou exterior) do Estado, falsificação de selos públicos, de moedas portuguesas, de papéis de crédito público ou de notas de banco nacional, de companhias ou estabelecimentos legalmente autorizados para a emissão das mesmas notas, busca-se aplicar a lei penal portuguesa. Se o autor for nacional, é possível o julgamento à revelia, bastando que não tenha sido julgado no país onde delinquiu. *Quanto ao estrangeiro, é preciso que ingresse, voluntariamente ou não, em território português ou se possa obter a entrega dele* (Antonio Furtado dos Santos, *Direito internacional penal e direito penal internacional – Aplicação da lei penal estrangeira pelo juiz nacional*, Lisboa, 1960, p. 42-43, grifo nosso). E diz Eduardo Correia: "Não se exige para a aplicação da lei criminal portuguesa o comparecimento do agente português em Portugal. Isto é, de resto, uma coisa que se compreende, pois que, dadas as relações do nacional com a Mãe-Pátria, é possível que ele venha a Portugal, podendo então executar-se a sentença aplicada em julgamento à revelia. *No que toca a estrangeiros já se concebe que o processo seja inútil* e, portanto, se exija que o estrangeiro seja encontrado em Portugal. Aqui pode pôr-se o problema de saber se o encontrar-se em Portugal deve ser ou não voluntário. A resposta não pode ser senão a de que é indiferente a intervenção para que tal condição seja relevante. Trata-se de mera *condição de punibilidade*, que não exige imputação subjetiva" (*Direito criminal*, v. I, p. 175, grifamos). Completa, no mesmo sentido, Manuel Cavaleiro de Ferreira: "Na verdade, quanto a estrangeiros, só poderão ser julgados em Portugal se comparecerem em território português ou se se puder obter a entrega deles. *Em caso algum haverá assim processo penal de ausentes*, mas se comparecerem e tiver sido instaurado o processo, mesmo que se ausentem depois, já se não suspende ou extingue a ação penal. Tal condicionamento, quanto ao que consta no n. 3 do art. 53.º, é lógico e racional" (*Direito penal português – Parte geral*, v. I, grifamos). E ensina Asúa: "A lei penal do Estado pode ser extraterritorial também, não somente para nacionais, mas incluindo estrangeiros, quando seja preciso exercer a proteção dos interesses estatais ou dos cidadãos lesionados ou postos em perigo por um delito perpetrado no exterior. Por isso, denomina-se *princípio da proteção ou princípio real. Seu limite determina-se pela necessidade estrita, e o exercício da extraterritorialidade está condicionado à presença do infrator no território ou à entrega por extradição*" (*Tratado de derecho penal*, t. II, p. 769, grifo nosso).

**70. Princípio da defesa ou da proteção:** são os arts. 121, 122, 146 a 164, 359-I e seguintes do Código Penal. É caso de extraterritorialidade incondicionada.

**71. Princípio da defesa ou da proteção:** são os arts. 155 a 180 e 289 a 311 do Código Penal. É caso de extraterritorialidade incondicionada. Na jurisprudência: STF: "3. A aferição da extraterritorialidade da jurisdição encontra respaldo no comando normativo penal (art. 7.º, I, 'b', e II, 'a', do CP) e na Convenção das Nações Unidas contra o crime organizado transnacional (Decreto 5.015, de 2004, art. 6.º da Convenção de Palermo). Remanesce a competência jurisdicional nacional, ainda que sobrevenha a comprovação de que todas as etapas do branqueamento tenham ocorrido no exterior, porquanto os atos de lavagem de capitais atentam contra o patrimônio de sociedade de economia mista nacional (Petrobras S.A.) e, também, porque se trata de delito cuja prática o Brasil comprometeu-se a combater em convenção internacional" (HC 185223 AgR, 2.ª T., rel. Edson Fachin, julgado em 08.03.2022, v.u.).

**72. Princípio da defesa ou da proteção:** são os arts. 312 a 326, em combinação com o art. 327 do Código Penal. É caso de extraterritorialidade incondicionada.

**73. Conceito de genocídio:** é o extermínio, no todo ou em parte, de grupo nacional, étnico, racial ou religioso, matando ou causando lesão grave à integridade física ou mental de seus membros; submetendo o grupo, deliberadamente, a condições de existência capazes de proporcionar-lhe a destruição física, integral ou parcial; adotando medidas destinadas a impedir nascimentos no seio do grupo, bem como efetuando a transferência forçada de crianças do grupo para outro grupo (art. 1.º, Lei 2.889/1956).

**74. Princípio da justiça universal ou cosmopolita:** a punição do crime de genocídio é de interesse da humanidade, constituindo caso de extraterritorialidade incondicionada.

**75. Princípio da justiça universal ou cosmopolita:** são os delitos previstos em tratados ou convenções que o Brasil subscreveu, obrigando-se a punir, como o tráfico ilícito de drogas, a pirataria, a destruição ou danificação de cabos submarinos, o tráfico de mulheres, a tortura, entre outros. É caso de extraterritorialidade condicionada. Quanto à tortura, vige atualmente a Lei 9.455/1997, que estabeleceu a possibilidade de se aplicar a lei brasileira ao torturador, onde quer que o delito seja cometido, desde que a vítima seja brasileira ou esteja o autor da infração penal sob jurisdição brasileira (art. 2.º). Como se trata de lei especial, que não fixou condições para se dar o interesse do Brasil na punição do torturador, trata-se de extraterritorialidade incondicionada. Ver a nota 68 *supra*, a respeito de julgado sobre crime de tortura cometido no exterior.

**76. Princípio da nacionalidade ou da personalidade:** a justificativa para a existência desse princípio é a proibição de extradição de brasileiros, vedada pela Constituição Federal (art. 5.º, LI). Assim, caso um brasileiro cometa um crime no exterior e se refugie no Brasil, alternativa não resta – para não haver impunidade – senão a punição por um tribunal pátrio. A competência para o julgamento é da Justiça Estadual da Capital do Estado onde por último houver residido o acusado. Se nunca tiver residido no Brasil, será competente o juízo da Capital da República (art. 88, CPP). Entretanto, quando houver tratado de extradição celebrado entre o Brasil e outro Estado estrangeiro, se o autor do delito for brasileiro e vier para o Brasil, após o cometimento do delito no exterior, caso haja pedido de extradição da nação estrangeira, negado pelo governo brasileiro, porque não se extradita brasileiro, como regra, entende o Superior Tribunal de Justiça haver interesse da União. O referido interesse decorre da mantença do tratado com o governo estrangeiro, razão pela qual a competência para julgar o agente, no Brasil, pelo crime cometido no exterior, cabe à justiça federal. Deve-se aplicar a regra do art. 88 do CPP: juízo federal da capital do Estado onde por último residiu o acusado; se nunca tiver residido no Brasil, o juízo federal do Distrito Federal. Na jurisprudência: STJ: "4. Aplicável, ao caso específico, o Decreto 2.010/96, que incorporou ao ordenamento jurídico brasileiro o Tratado de Extradição entre o Governo da República Federativa do Brasil e o Governo da Austrália, o qual estabelece que, na impossibilidade de extradição de nacional, há obrigação da parte requerida em submeter o acusado a julgamento perante a autoridade competente. 5. Tem-se a consagração do princípio do direito internacional *aut dedere aut indicare ou extraditare vel iudicare*, o qual busca evitar a ausência de punição às pessoas que cometem crimes fora do país de sua nacionalidade. 6. Dessa forma, compete à Justiça Federal o julgamento da ação penal que versa sobre crime praticado no exterior por brasileiro que

# Art. 7.º

reingressa em território nacional, o qual tenha sido transferido para a jurisdição brasileira, pela impossibilidade de extradição, aplicável, assim, o art. 109, IV, da CF. 7. Recurso em *habeas corpus* provido para declarar a competência do Juízo Federal da capital do Estado do Rio de Janeiro para o julgamento da ação penal. Recomenda-se ao Juízo competente prioridade no reexame do alegado constrangimento ilegal da prisão preventiva" (RHC 110.733-RJ, 5.ª T., rel. Ribeiro Dantas, 18.08.2020, v.u.).

**77. Princípio da representação ou da bandeira:** é uma hipótese criada pela Reforma Penal de 1984, para solucionar uma lacuna anteriormente existente. Exemplo: se uma aeronave privada brasileira estiver sobrevoando território estrangeiro e um crime for cometido a bordo, por um estrangeiro contra outro, o interesse brasileiro pode ser, simplesmente, entregar o autor do delito às autoridades locais. Porém, é possível que, pelas leis do país alienígena, não haja previsão para tal hipótese. Assim sendo, o foro competente é o da bandeira da aeronave, ou seja, o Brasil. Frise-se: somente se aplica a lei penal brasileira caso o governo estrangeiro não tenha interesse em punir o criminoso.

**78. Casos de extraterritorialidade incondicionada:** aplica-se à hipótese de o agente já ter sido condenado e cumprido a pena no exterior o disposto no art. 8.º do Código Penal, como se verá a seguir, embora desde logo deva ser ressaltado que essa modalidade de extraterritorialidade é inútil e, se utilizada, inconstitucional. Não há qualquer possibilidade jurídica de alguém ser processado duas vezes pelo mesmo fato (vide a nota 92 ao art. 8.º), razão pela qual inexiste vantagem alguma em considerá-la *incondicional*, pois deve ser sempre submetida à condição natural de que o autor do delito não tenha sido processado no exterior por idêntico fato (absolvido ou condenado). Por outro lado, é inútil caso o agente não ingresse no território nacional (vide a nota 69 *supra*).

**79. Casos de extraterritorialidade condicionada:** devem-se respeitar as cinco condições previstas nesse artigo para haver interesse do Brasil em aplicar a lei penal nacional a crimes ocorridos fora do seu território.

**80. Condição de procedibilidade:** em se tratando de extraterritorialidade condicionada, torna-se fundamental a entrada do agente em território nacional, seja de modo voluntário ou não, a fim de gerar interesse punitivo. Mencione-se a lição de Frederico Marques a respeito: "Não distingue a lei se a entrada foi extemporânea ou forçada, ou se resultou simplesmente da passagem do autor do crime pelo país. Por outro lado, se essa entrada é condição *necessária*, para a perseguição penal, também o é *condição suficiente*, de forma que, instaurado o inquérito policial, com a comprovação da entrada do agente em território brasileiro, o processo ulteriormente pode desenvolver-se com ou sem a participação do réu, não tendo a revelia caráter impeditivo do prosseguimento normal da instância" (*Tratado de direito penal*, v. I, p. 338). Cumpre ressaltar, no entanto, que a posição exposta adveio antes da Lei 9.271/1996 que modificou o *caput* do art. 366 do Código de Processo Penal. Atualmente, pois, cumpre ressalvar que, caso o réu seja citado por edital, tornando-se revel, haverá a suspensão do processo e da prescrição. Ver, ainda, a nota 69 *supra*, onde tratamos da condição de entrada no País para o processo ter utilidade.

**81. Princípio da dupla tipicidade:** o fato praticado no exterior e considerado crime no Brasil necessita ser também infração penal na legislação do país que pede a extradição. Nesse sentido: STF: "1. Pedido de extradição formulado pelo Governo da Argentina que atende os requisitos do Tratado de Extradição pertinente. 2. Delitos de abuso sexual com acesso carnal e de abuso sexual simples que, nos termos da legislação estrangeira, correspondem ao crime tipificado no art. 214 do CP, vigente à época dos fatos. Dupla incriminação atendida. 3. Inocorrência de prescrição e óbices legais. 4. O compromisso de detração da pena, considerando o período de prisão decorrente da extradição, deve ser assumido antes da entrega do preso, não obstando a concessão da extradição. O mesmo é válido para os demais compromissos previstos no art. 96 da Lei 13.445/2017. 5. Extradição deferida" (Ext 1.679, 1.ª T., rel. Rosa Weber, 14.09.2022, v.u.).

**81-A. Crime cometido em lugar não pertencente a qualquer país:** é inviável a aplicação do princípio da territorialidade, pois no local inexistem leis postas (ex.: uma ilha em águas internacionais, que não pertença a nenhum país). Não se exige, igualmente, o preenchimento da *dupla tipicidade*. Segue-se, nessa hipótese, o princípio da nacionalidade do agente, pois o mínimo que se espera é o conhecimento das normas regentes de seu país de origem. Os nacionais são responsáveis pelo cumprimento das leis de seu local de residência. Ex.: náufragos se recolhem numa ilha sem soberania de qualquer nação; se houver uma agressão, o agente responde, quando possível, conforme as leis de seu país de origem.

**82. Conceito de extradição:** trata-se de um instrumento de cooperação internacional na repressão à criminalidade por meio do qual um Estado entrega a outra pessoa acusada ou condenada, para que seja julgada ou submetida à execução da pena. Ver, ainda, as notas 88 a 91-A.

**82-A. Diferença entre extradição, repatriação, deportação e expulsão:** como se viu na nota anterior, a extradição é um instrumento de cooperação internacional para a entrega de pessoa acusada da prática de crime a Estado estrangeiro, seja para responder ao processo, seja para cumprir pena. Portanto, quando o Brasil extradita alguém significa que está colaborando para a repressão à criminalidade internacional, embora o extraditando possa não ter feito nada de errado em solo nacional. A repatriação é a determinação de saída compulsória do Brasil, quando ocorre a "devolução de pessoa em situação de impedimento ao país de procedência ou de nacionalidade" (art. 49, *caput*, Lei da Migração). São situações de impedimento de entrada em território nacional (art. 45): "I – anteriormente expulsa do País, enquanto os efeitos da expulsão vigorarem; II – condenada ou respondendo a processo por ato de terrorismo ou por crime de genocídio, crime contra a humanidade, crime de guerra ou crime de agressão, nos termos definidos pelo Estatuto de Roma do Tribunal Penal Internacional, de 1998, promulgado pelo Decreto n.º 4.388, de 25 de setembro de 2002; III – condenada ou respondendo a processo em outro país por crime doloso passível de extradição segundo a lei brasileira; IV – que tenha o nome incluído em lista de restrições por ordem judicial ou por compromisso assumido pelo Brasil perante organismo internacional; V – que apresente documento de viagem que: a) não seja válido para o Brasil; b) esteja com o prazo de validade vencido; ou c) esteja com rasura ou indício de falsificação; VI – que não apresente documento de viagem ou documento de identidade, quando admitido; VII – cuja razão da viagem não seja condizente com o visto ou com o motivo alegado para a isenção de visto; VIII – que tenha, comprovadamente, fraudado documentação ou prestado informação falsa por ocasião da solicitação de visto; ou IX – que tenha praticado ato contrário aos princípios e objetivos dispostos na Constituição Federal. Parágrafo único. Ninguém será impedido de ingressar no País por motivo de raça, religião, nacionalidade, pertinência a grupo social ou opinião política". A deportação é a determinação de saída compulsória do território nacional, quando o estrangeiro aqui se encontra em situação migratória irregular, seja porque ingressou sem ter visto, este pode ter expirado, ou porque, a despeito de turista, exerceu atividade laborativa remunerada. Como diz FRANCISCO REZEK, "cuida-se de exclusão por iniciativa das autoridades locais, sem envolvimento da cúpula do governo: no Brasil, agentes policiais federais têm competência para promover a deportação de

# Art. 7.º

Código Penal Comentado · **Nucci**

estrangeiros, quando entendam que não é o caso de regularizar sua documentação. A medida não é exatamente punitiva, nem deixa sequelas. O deportado pode retornar ao País desde o momento em que se tenha provido de documentação regular para o ingresso" (*Direito Internacional Público*, p. 199). Poderá ser decretada a prisão do estrangeiro, por juiz federal, enquanto aguarda a deportação (o mesmo se diga para a expulsão). O procedimento administrativo de deportação sujeita-se ao contraditório, à ampla defesa e à garantia de recurso com efeito suspensivo, notificando-se sempre a Defensoria Pública da União (art. 51, Lei da Migração). A expulsão é a determinação de saída compulsória do território nacional do estrangeiro (migrante ou turista), com impedimento de reingresso por determinado prazo (art. 54). São causas para a expulsão: a) a condenação com sentença transitada em julgado relativa à prática de crime de genocídio, crime contra a humanidade, crime de guerra ou crime de agressão, nos termos definidos pelo Estatuto de Roma do Tribunal Penal Internacional, de 1998, promulgado pelo Decreto n.º 4.388, de 25 de setembro de 2002; b) a condenação com trânsito em julgado relativa à prática de crime comum doloso passível de pena privativa de liberdade, consideradas a gravidade e as possibilidades de ressocialização em território nacional. Os pressupostos para a expulsão são mais graves e a consequência, como regra, é a impossibilidade de retorno. Há inquérito, com contraditório e ampla defesa, notificando-se a Defensoria Pública da União a respeito. Cumpre lembrar que o reingresso de estrangeiro expulso é crime (art. 338, CP).

**82-B. Transferência de execução da pena e transferência de pessoa condenada:** a possibilidade de transferência de execução da pena de condenado no Brasil para o exterior, ou do estrangeiro para o Brasil, passa a ser permitida, vedado o *bis in idem*, nos seguintes termos (art. 100 da Lei 13.445/2017): "I – o condenado em território estrangeiro for nacional ou tiver residência habitual ou vínculo pessoal no Brasil; II – a sentença tiver transitado em julgado; III – a duração da condenação a cumprir ou que restar para cumprir for de, pelo menos, 1 (um) ano, na data de apresentação do pedido ao Estado da condenação; IV – o fato que originou a condenação constituir infração penal perante a lei de ambas as partes; V – houver tratado ou promessa de reciprocidade". Outra hipótese é a transferência de pessoa condenada, podendo ocorrer do território nacional para o estrangeiro ou deste para o Brasil, nos seguintes termos (art. 104): "I – o condenado no território de uma das partes for nacional ou tiver residência habitual ou vínculo pessoal no território da outra parte que justifique a transferência; II – a sentença tiver transitado em julgado; III – a duração da condenação a cumprir ou que restar para cumprir for de, pelo menos, 1 (um) ano, na data de apresentação do pedido ao Estado da condenação; IV – o fato que originou a condenação constituir infração penal perante a lei de ambos os Estados; V – houver manifestação de vontade do condenado ou, quando for o caso, de seu representante; VI – houver concordância de ambos os Estados". O Brasil já celebrou o tratado de transferência de preso com o Canadá, Argentina e Chile, *v.g.*, baseado no caso concreto do sequestro do empresário Abílio Diniz, cujos autores eram, na maioria, estrangeiros provenientes desses três países. Por pressões internacionais, firmou-se, primeiramente, o tratado para a transferência de presos entre Brasil e Canadá, assinado em Brasília, em 15 de julho de 1992. Foi aprovado pelo Decreto Legislativo 22, de 24 de agosto de 1993, passando a valer a partir da edição do Decreto 2.547, da Presidência da República, de 14 de abril de 1998. Em suma, esse tratado – que não é de extradição – prevê a possibilidade de condenados brasileiros no Canadá virem a cumprir sua pena no Brasil, bem como que condenados canadenses no Brasil possam cumprir a pena no seu país de origem. As condições são as seguintes: "o crime pelo qual a pena foi imposta também deve constituir infração criminal no Estado Recebedor" (princípio da dupla tipicidade); "o preso deverá ser nacional do Estado Recebedor"; "na ocasião da apresentação do pedido (...) devem restar pelo menos seis meses de pena por cumprir"; não deve pender "de julgamento qualquer recurso em relação à condenação imposta ao preso no

Estado Remetente ou que tenha expirado o prazo para a interposição de recurso". Atualmente, a possibilidade de transferência dá-se, genericamente, a qualquer preso estrangeiro. Conferir a nota 93-A, *infra*.

**83. Concretização do princípio do *ne bis in idem*:** o direito penal consagra a previsão de que ninguém deve ser punido duas vezes pelo mesmo fato.

**84. Causas extintivas da punibilidade:** o perdão é causa extintiva da punibilidade, embora existam outros motivos que levam ao mesmo resultado (ver art. 107 do Código Penal). A causa extintiva da punibilidade pode ser prevista no ordenamento brasileiro ou no estrangeiro, segundo a lei que for mais favorável.

**85. Princípio da defesa ou da proteção:** pune-se o crime praticado pelo estrangeiro contra brasileiro, no exterior, caso estejam presentes as condições enumeradas no § 2.º.

**86. Primeira condição específica para punir o estrangeiro:** o Brasil somente terá interesse em punir um estrangeiro que, no exterior, tenha cometido crime contra brasileiro, se não tiver sido concedida a extradição, seja porque não foram preenchidas as condições legais, seja porque não foi pedida pelo país onde a infração penal se concretizou.

**87. Segunda condição específica para punir o estrangeiro:** a requisição do Ministro da Justiça tem por fim evidenciar o interesse do governo brasileiro na punição do infrator. Na jurisprudência: STJ: "6. Não obstante o crime de estupro de vulnerável seja perseguido mediante ação penal pública incondicionada, o certo é que o fato de haver sido praticado por estrangeiro contra brasileiro no exterior faz com que a ação passe a ser pública condicionada à representação, nos termos do art. 7.º, § 3.º, alínea 'b', do Código Penal. 7. Inexistindo requisição do Ministro da Justiça e estando ausente uma das condições de procedibilidade, impõe-se o trancamento da presente ação penal, consoante já decidiu o Tribunal de Justiça do Distrito Federal e dos Territórios em caso semelhante. 8. *Habeas corpus* não conhecido. Ordem concedida de ofício para determinar o trancamento da ação penal instaurada contra o paciente" (HC 402.637-DF, 5.ª T., rel. Jorge Mussi, 22.10.2019, v.u.).

**88. Importância da extradição:** a relevância da extradição surge a partir do momento em que consideramos os princípios da territorialidade e da extraterritorialidade. Caso alguém cometa um crime em solo nacional (territorialidade), refugiando-se em país estrangeiro, cabe ao Brasil solicitar a sua extradição, a fim de que possa responder, criminalmente, pelo que fez. Em igual prisma, se o agente comete o crime no exterior, mas ofendendo interesse ou bem jurídico brasileiro, aplicando-se a regra da extraterritorialidade, terá o Brasil interesse em puni-lo, havendo necessidade de se utilizar do instituto da extradição.

**89. Espécies de extradição e fonte legislativa:** chama-se *extradição ativa* o pedido formulado por um Estado para a entrega de alguém e *extradição passiva* a entrega de uma pessoa por um Estado em razão do pedido formulado por outro. A fonte legislativa principal é a Lei 13.445/2017 – denominada Lei da Migração. Na Constituição Federal há dispositivo expresso determinando que somente a União pode legislar sobre extradição (art. 22, XV). O princípio básico que rege a extradição é que a punição do crime deve ser feita no local onde foi praticado, em virtude do abalo causado na sociedade.

**90. Requisitos para a concessão:** são os seguintes: 1.º) *exame prévio do Supremo Tribunal Federal* (art. 102, I, *g*, CF), em decisão da qual não cabe recurso, pois a análise é feita pelo Plenário, composto por todos os ministros. Em alguns países, a extradição é ato privati-

# Art. 7.º

Código Penal Comentado · **Nucci**

vo do Executivo, o que não ocorre com o Brasil, como veremos a seguir. Trata-se de uma ação de caráter constitutivo, visando à formação de um título jurídico que habilita o Poder Executivo a entregar um indivíduo a um país estrangeiro. Há participação do Ministério Público no processo. A nova Lei da Migração modificou o trâmite do pedido de extradição. Ele pode seguir direto do Judiciário estrangeiro ao Poder Executivo brasileiro (art. 88, *caput*). Cabe ao Executivo empreender o juízo de admissibilidade, checando os requisitos para a concessão da extradição, conforme exposto nos arts. 82 e 83, basicamente. Se considerar inadequado, pode ser remetido ao arquivo, sem prejuízo de renovação do pleito, apresentadas outras provas ou documentos (art. 89). Porém, se o Executivo entender admissível a extradição, encaminhará o pedido ao Supremo Tribunal Federal (art. 90). Caso a Suprema Corte defira a extradição, será o Estado estrangeiro requerente notificado a retirar do território nacional o extraditando, no prazo de 60 dias. Não o fazendo, o extraditando, como regra, será colocado em liberdade, sem prejuízo de outras medidas (art. 93). Se o STF indeferir a extradição, a decisão é proferida em caráter definitivo. O atual procedimento coloca a atuação do Poder Executivo à frente do Judiciário para apreciar a admissibilidade do pleito. Se admissível, segue ao STF, que poderá autorizar (devendo a decisão ser cumprida, sem outra manifestação do Executivo) ou negar (em decisão definitiva, sem qualquer recurso). Iniciado o processo de extradição, o extraditando poderá ser preso cautelarmente e colocado à disposição da Corte. Segundo o disposto pelo art. 86 da Lei da Migração, "o Supremo Tribunal Federal, ouvido o Ministério Público, poderá autorizar prisão albergue ou domiciliar ou determinar que o extraditando responda ao processo de extradição em liberdade, com retenção do documento de viagem ou outras medidas cautelares necessárias, até o julgamento da extradição ou a entrega do extraditando, se pertinente, considerando a situação administrativa migratória, os antecedentes do extraditando e as circunstâncias do caso". O processo de extradição, depois do *habeas corpus*, tem prioridade no Supremo Tribunal Federal. A defesa do extraditando é limitada e consiste, fundamentalmente, em três itens (art. 91, § 1.º): a) erro quanto à identidade da pessoa reclamada; b) defeito de forma dos documentos apresentados pelo Estado estrangeiro (neste caso, confere-se ao Estado requerente a oportunidade de sanar as irregularidades; caso não o faça, o pedido é indeferido); c) ilegalidade do pedido extradicional. Ao escasso âmbito quanto à matéria alegada em processos de extradição dá-se o nome de *contenciosidade limitada* (STF, Ext 1365-DF, 1.ª T., rel. Luiz Fux, 24.02.2015, v.u.); 2.º) *existência de convenção ou tratado firmado com o Brasil* ou, em sua falta, deve haver o *oferecimento de reciprocidade (art. 84, § 2.º). Em outros termos,* o país requerente se compromete a conceder, no futuro, em situação análoga, a extradição que lhe for pedida. Os tratados e convenções nascem da vontade do Presidente da República (art. 84, VIII, CF), referendados pelo Congresso Nacional (art. 49, I, CF). Exemplificando, possuem tratado de extradição com o Brasil os seguintes países: Chile, Equador, México, Itália, Bolívia, Lituânia, Venezuela, Colômbia, Uruguai, Bélgica, Estados Unidos, Argentina e Austrália. Exemplo de deferimento da extradição mediante oferecimento de reciprocidade: "A falta de tratado de extradição entre o Brasil e a República Federal da Alemanha não impede o atendimento da demanda, desde que o requisito da reciprocidade seja atendido mediante pedido formalmente transmitido por via diplomática. Precedentes" (Ext 1363-DF, 2.ª T., rel. Teori Zavascki, 10.03.2015, v.u.). Quando mais de um Estado estrangeiro requerer a extradição da mesma pessoa, o Brasil deve seguir as seguintes regras de preferência (art. 84): a) país em cujo território deu-se a infração penal; b) país onde ocorreu o crime mais grave, segundo a lei brasileira; c) país que primeiro houver pedido a extradição; d) país de origem do extraditando; e) país do domicílio do extraditando; f) o derradeiro critério fica por conta do órgão competente do Poder Executivo, devendo ser priorizado o Estado requerente que tiver tratado de extradição com o Brasil; havendo tratado(s), prevalecem as regras nele(s) prevista(s). O Brasil assinou a *Convenção Interamericana para punir a Tortu-*

## Art. 7.º

*ra* (ratificada pelo Decreto 98.386/1989), que prevê a obrigatoriedade de concessão da extradição de toda pessoa acusada da prática de tortura. Segundo esse texto internacional, todo tratado futuro de extradição assinado pelos países signatários da convenção deve conter regra específica autorizando a extradição em caso de tortura. Por outro lado, o Brasil também firmou a *Convenção contra a Tortura e outros Tratamentos ou Penas Cruéis, Desumanos ou Degradantes* (ratificada pelo Decreto 40/1991), estabelecendo proibição à expulsão, devolução ou extradição de pessoa sujeita a ser submetida a tortura no Estado requerente. No caso de conflito entre tratado e lei interna, segundo jurisprudência do STF, deve prevalecer a lei federal interna, caso seja mais recente; 3.º) *existência de sentença final condenatória, impositiva de pena privativa de liberdade ou prisão preventiva (ou outra modalidade de prisão cautelar) decretada por autoridade competente do Estado requerente.* O STF tem aceitado somente o mandado de condução (art. 83, II); 4.º) *ser o extraditando estrangeiro (art. 82, I).* É vedada a extradição de nacionais, não se distinguindo o brasileiro nato do naturalizado, conforme dispõe o art. 5.º, LI, da CF. Há exceções para o brasileiro naturalizado, previstas no mesmo dispositivo constitucional: a) quando a naturalização foi adquirida posteriormente ao fato que motiva o pedido; b) quando for comprovado envolvimento em tráfico ilícito de entorpecentes e drogas afins, exigindo-se, como regra, sentença penal condenatória com trânsito em julgado. Aliás, é conveniente registrar que, se não é possível a concessão de extradição de brasileiro, fica o Brasil obrigado a punir os nacionais que pratiquem delitos fora do País, conforme prevê o princípio da nacionalidade. Não fosse assim e estaria instaurada a impunidade. Esse é o texto expresso da *Convenção para a Repressão ao Tráfico de Pessoas e Lenocínio*, assinada pelo Brasil e ratificada pelo Decreto Legislativo 6/1958, no art. 9.º: "Os nacionais de um Estado, que não admite a extradição de nacionais, devem ser punidos por tais delitos pelos tribunais do seu próprio país. O mesmo se aplica caso não seja admitida a extradição de estrangeiro acusado de tráfico de pessoas ou lenocínio". Vale registrar que o STF, indeferindo o pedido, já deliberou que, para a extradição de brasileiro naturalizado, por envolvimento com o tráfico de entorpecentes, deve haver norma específica indicando o alcance desse dispositivo constitucional; 5.º) *o fato imputado deve constituir crime* – e não contravenção penal – *perante a lei brasileira e a do Estado requerente* (art. 82, II). Aliás, nesse sentido já decidiu o Pleno do Supremo Tribunal Federal: STF: "O crime denominado de 'branqueamento de capitais' na legislação penal portuguesa não atende ao requisito da dupla tipicidade quando, em razão do tempo do fato, o delito precedente não estava contemplado na então redação do rol do art. 1.º da Lei 9.613/1998. 4. O crime de falsificação de documentos corresponde a antefato impunível quando o falso se exaure na fraude. 5. O crime denominado de 'burla qualificada' na legislação penal portuguesa encontra correspondência no tipo penal do art. 171 do Código Penal (art. 77, II, da Lei 6.815/1980). Precedentes. 6. Extradição deferida parcialmente" (Ext 1.272, 2.ª T., rel. Teori Zavascki, 11.03.2014, v.u., para servir de ilustração). É a aplicação do princípio da *dupla tipicidade.* Pode, no entanto, haver diferença de *nomen juris* ou de designação formal entre os delitos, o que é irrelevante. No caso de dupla tipicidade, o Brasil, por força do disposto no art. 96 da Lei 13.445/2017, ao conceder a extradição, impõe *cláusulas limitadoras*, vinculando a atuação do Estado estrangeiro relativamente ao extraditando. São elas: a) "não submeter o extraditando a prisão ou processo por fato anterior ao pedido de extradição" (inciso I); b) "computar o tempo da prisão que, no Brasil, foi imposta por força da extradição" (inciso II). O STF já teve oportunidade de negar pedido de extradição formulado pela Itália, justamente porque o tempo em que o extraditando esteve preso no Brasil, preventivamente, durante o curso do processo de extradição, ultrapassou o total da pena aplicada no Estado requerente. Sobre o tema: STF: "Pedido de extradição deferido e condicionado à assunção prévia pelo Estado requerente dos compromissos previstos no art. 96 da Lei 13.445/2017, dentre eles o de detração da pena, a qual deve levar em conta apenas o período de prisão

# Art. 7.º

preventiva por força da extradição" (Ext 1.562, 2.ª T., rel. Edson Fachin, 11.06.2019, v.u.); c) "comutar a pena corporal, perpétua ou de morte em pena privativa de liberdade, respeitado o limite máximo de cumprimento de 30 (trinta) anos" [hoje, o limite foi alterado para 40 anos] (inciso III); d) "não entregar o extraditando, sem consentimento do Brasil, a outro Estado que o reclame" (inciso IV); e) "não considerar qualquer motivo político para agravar a pena" (inciso V); f) "não submeter o extraditando a tortura ou a outros tratamentos ou penas cruéis, desumanos ou degradantes" (inciso VI). A imposição das cláusulas limitadoras é decorrência do princípio da especialidade, ou seja, o extraditando somente poderá ser processado pelos fatos autorizados pelo processo de extradição. Por outro lado, é pacífico o entendimento de que não pode o Brasil impor, como cláusula limitadora, a observância de regras processuais peculiares ao direito interno, por exemplo, a aplicação da suspensão condicional do processo, prevista na Lei 9.099/1995; 6.º) *a pena máxima para o crime imputado ao extraditando deve ser privativa de liberdade superior a dois anos,* conforme a legislação nacional (art. 82, IV); 7.º) *o crime imputado ao extraditando não pode ser político ou de opinião,* incluídos nestes os de fundo religioso e de orientação filosófica (art. 5.º, LII, CF, e art. 82, VII, Lei da Migração). O crime político é aquele que ofende interesse político do Estado, tais como a independência, a honra, a forma de governo, entre outros, ou crimes eleitorais. Há, basicamente, três critérios para averiguar se o crime em questão é político: a) *critério objetivo*: liga-se à qualidade do bem jurídico ameaçado ou ofendido (ex.: a soberania do Estado ou sua integridade territorial); b) *critério subjetivo*: leva em conta a natureza do motivo que impele à ação, devendo ser sempre político (ex.: conseguir dinheiro destinado a sustentar a atividade de um partido político clandestino); c) *critério misto*: é a conjunção dos dois anteriores. O Supremo Tribunal Federal leva em consideração, para avaliar se o crime é político ou não, tanto a segurança interna do Estado, quanto a segurança externa. Existem crimes denominados *políticos relativos* (complexos ou mistos), que são os delitos comuns determinados, no todo ou em parte, por motivos políticos. Os crimes de opinião são os que representam abuso na liberdade de manifestação do pensamento. A qualificação do crime como político ou de opinião é do Estado ao qual é pedida a extradição e não do país que a requer. No Brasil, cabe ao STF fazer essa avaliação. A tendência atual é restringir o conceito de crime político, excluindo atos de terrorismo com violência à pessoa praticados com fim político, anarquismo, sabotagem, sequestro de pessoa, propaganda de guerra e processos violentos para subverter a ordem política ou social. Segundo o disposto no art. 6.º da Lei 2.889/1956, os crimes de genocídio jamais serão considerados crimes políticos, para fins de extradição. Finalmente, cabe ressaltar que o Brasil é signatário da *Convenção sobre Asilo Territorial,* aprovada pelo Decreto 55.929/1965, prevendo que não se aplica a extradição quando se tratar de perseguidos políticos ou acusados da prática de delitos comuns cometidos com fins políticos, nem tampouco quando a extradição for solicitada por motivos predominantemente políticos; 8.º) *o extraditando não pode estar sendo processado, nem pode ter sido condenado ou absolvido no Brasil pelo mesmo fato em que se fundar o pedido* (art. 82, V). É a aplicação do princípio do *ne bis in idem;* 9.º) *o Brasil tem de ser incompetente para julgar a infração,* segundo suas leis, e o Estado requerente deve provar que é competente para julgar o extraditando (art. 82, III); 10.º) *o extraditando, no exterior, não pode ser submetido a tribunal de exceção,* que é o juízo criado após o cometimento da infração penal, especialmente para julgá-la (art. 82, VIII); 11.º) *não pode estar extinta a punibilidade pela prescrição,* segundo a lei do Estado requerente ou de acordo com a brasileira (art. 82, VI). Na jurisprudência: STF: "1. Tanto o art. IV, 1, alínea 'c', do Tratado de Extradição entre a República Federativa do Brasil e o Reino da Espanha como o art. 82, VI, da Lei de Migração preveem que não se concederá a extradição quando estiver prescrita a pena, em conformidade com a legislação do Estado requerente ou do requerido. (...) Pedido de extradição indeferido, por configurada a prescrição da pretensão punitiva, sob a ótica da legislação penal brasileira, nos termos do art. 109, I do CP" (Ext 1501-DF, 2.ª T., rel. Edson Fachin, 27.02.2018, v.u.); 12.º) *o extraditando não pode ser considerado, oficialmente, como refugiado pelo Governo brasileiro* (art. 33, Lei 9.474/1997; art. 82, IX, Lei 13.445/2017). Finalizando, anote-se o disposto na Súmula 421 do STF: "Não impede a extradição a circunstância de ser o extraditando casado com brasileira ou ter filho brasileiro".

**91. Importância da extradição:** a relevância da extradição surge a partir do momento em que consideramos os princípios da territorialidade e da extraterritorialidade. Caso alguém cometa um crime em solo nacional (territorialidade), refugiando-se em país estrangeiro, cabe ao Brasil solicitar a sua extradição, a fim de que possa responder, criminalmente, pelo que fez. Em igual prisma, se o agente comete o crime no exterior, mas ofendendo interesse ou bem jurídico brasileiro, aplicando-se a regra da extraterritorialidade, terá o Brasil interesse em puni-lo, havendo necessidade de se utilizar do instituto da extradição.

**91-A. Retroatividade dos tratados de extradição:** o Supremo Tribunal Federal, em nosso entender corretamente, chegou a decidir que os tratados de extradição firmados entre o Brasil e a nação estrangeira têm validade retroativa, para casos envolvendo crimes cometidos antes da sua entrada em vigor – afinal, não se cuida de lei penal incriminadora.

### Pena cumprida no estrangeiro

> **Art. 8.º** A pena cumprida no estrangeiro atenua a pena imposta no Brasil pelo mesmo crime, quando diversas, ou nela é computada, quando idênticas.[92]

**92. Tentativa de amenizar a não aplicação do princípio** *ne bis in idem* **e não recepção parcial do dispositivo:** tratando-se de extraterritorialidade condicionada, a pena cumprida no estrangeiro faz desaparecer o interesse do Brasil em punir o criminoso. Entretanto, nos casos de extraterritorialidade incondicionada, o infrator, ingressando no País, estará sujeito à punição, pouco importando já ter sido condenado ou absolvido no exterior. Para tentar amenizar a não aplicação do princípio que proíbe a dupla punição pelo mesmo fato, fixou-se, no art. 8.º, uma fórmula compensadora. Caso a pena *cumprida* no exterior seja idêntica à que for aplicada no Brasil (ex.: pena privativa de liberdade no exterior e pena privativa de liberdade no Brasil), será feita a compensação; caso a pena *cumprida* no exterior seja diversa da que for aplicada no Brasil (ex.: multa no exterior e privativa de liberdade no Brasil), a pena a ser fixada pelo juiz brasileiro há de ser atenuada. Essa previsão legislativa não se coaduna com a garantia constitucional de que ninguém pode ser punido ou processado duas vezes pelo mesmo fato – consagrada na Convenção Americana dos Direitos Humanos, em vigor no Brasil, e cuja porta de entrada no sistema constitucional brasileiro dá-se pela previsão feita no art. 5.º, § 2.º, da Constituição Federal. Não é possível que alguém, já punido no estrangeiro pela prática de determinado fato criminoso, tornando ao Brasil, seja novamente processado e, conforme o caso, deva cumprir mais outra sanção penal pelo mesmo fato. Ver a nota 1-F ao art. 1.º, acerca do princípio da vedação da dupla punição sobre o mesmo fato. No sentido que defendemos: STF: "Penal e Processual Penal. 2. Proibição de dupla persecução penal e *ne bis in idem*. 3. Parâmetro para controle de convencionalidade. Art. 14.7 do Pacto Internacional sobre Direitos Civis e Políticos. Art. 8.4 da Convenção Americana de Direitos Humanos. Precedentes da Corte Interamericana de Direitos Humanos no sentido de "proteger os direitos dos cidadãos que tenham sido processados por determinados fatos para que não voltem a ser julgados pelos mesmos fatos" (Casos Loayza Tamayo *vs.* Peru de 1997; Mohamed *vs.* Ar-

# Art. 9.º

gentina de 2012; J. vs. Peru de 2013). 4. Limitação ao art. 8.º do Código Penal e interpretação conjunta com o art. 5.º do CP. 5. Proibição de o Estado brasileiro instaurar persecução penal fundada nos mesmos fatos de ação penal já transitada em julgado sob a jurisdição de outro Estado. Precedente: Ext 1.223/DF, rel. Min. Celso de Mello, 2.ª T., *DJe* 28.02.2014. 6. Ordem de *habeas corpus* concedida para trancar o processo penal" (HC 171.118-SP, 2.ª T., rel. Gilmar Mendes, 12.11.2019, v.u.). Em sentido contrário: STJ: "1. O crime também foi cometido no Brasil, tendo o acórdão reconhecido que a execução e os efeitos da lavagem de dinheiro ocorreram no território nacional, assim admite-se a persecução penal pela justiça brasileira, independentemente de outra condenação no exterior. 2. Desta forma, adota-se o princípio da territorialidade previsto no art. 5.º do Código Penal – CP, segundo o qual aplica-se a lei brasileira a qualquer crime cometido no Brasil. Todavia, segundo a previsão do art. 8.º CP, a pena cumprida no estrangeiro vai atenuar a reprimenda imposta aqui. 3. Recurso desprovido" (RHC 78.684-SP, 5.ª T., rel. Joel Ilan Paciornik, 04.12.2018, *DJe* 08.02.2019, v.u.).

### Eficácia de sentença estrangeira[93-93-B]

> **Art. 9.º** A sentença estrangeira, quando a aplicação da lei brasileira produz na espécie as mesmas consequências, pode ser homologada[94] no Brasil para:
>
> I – obrigar o condenado à reparação do dano, a restituições e a outros efeitos civis;[95]
>
> II – sujeitá-lo a medida de segurança.[96-97]
>
> **Parágrafo único.** A homologação depende:
>
> *a)* para os efeitos previstos no inciso I, de pedido da parte interessada;[98]
>
> *b)* para os outros efeitos,[99] da existência de tratado de extradição com o país de cuja autoridade judiciária emanou a sentença, ou, na falta de tratado, de requisição do Ministro da Justiça.[100]

**93. Necessidade de homologação em respeito à soberania nacional:** em razão da soberania da nação, uma sentença estrangeira não pode produzir efeitos no Brasil sem a homologação feita por um tribunal pátrio, porque, se assim fosse feito, estar-se-ia, em última análise, aplicando em território nacional leis estrangeiras. Um povo somente é efetivamente soberano quando faz suas próprias normas, não se submetendo a ordenamentos jurídicos alienígenas. Por isso, quando, em determinados casos, for conveniente que uma decisão estrangeira produza efeitos no Brasil, é preciso haver homologação. O objetivo é nacionalizar a lei penal estrangeira que deu fundamento à sentença a ser homologada. Nesse sentido a lição de MARINONI: "É comum o ensinamento de que o Direito Penal é territorial. O poder que o Estado exerce com a norma punitiva, a finalidade que com isso objetiva, justificam usualmente a afirmação geral da territorialidade do Direito Penal. E da territorialidade do Direito Penal deduz-se a inaplicabilidade da lei penal estrangeira e a inexequibilidade, quando não a ineficácia, da sentença penal estrangeira, e, de um modo geral, dos atos jurisdicionais estrangeiros de caráter penal. E sendo assim, a lei penal estrangeira, quando aplicada por um Estado, é lei nacionalizada, de forma que pode revestir-se da função própria de toda norma penal" (*apud* FREDERICO MARQUES, *Tratado de direito penal*, v. 1, p. 363). Na jurisprudência: STJ: "1. A homologação da sentença alienígena demanda o preenchimento dos requisitos previstos nos arts. 216-C e 216-D do Regimento Interno do Superior Tribunal de Justiça, quais sejam: I – estar instruída com o original ou cópia autenticada da decisão homologanda, bem como de outros documentos indispensáveis, traduzidos por tradutor oficial ou juramentado no Brasil e chancelados pela autoridade consular brasileira competente; II – haver sido proferida por autoridade competente; III – terem sido as partes citadas ou haver-se legalmente verificado a revelia; IV – ter transitado em julgado. Outrossim, exige o art. 216-F do RISTJ que a sentença estrangeira não ofenda a soberania nacional, a dignidade da pessoa humana nem a ordem pública. 2. A sentença penal estrangeira que determina a perda de bens imóveis do requerido situados no Brasil, por terem sido adquiridos com recursos provenientes da prática de crimes, não ofende a soberania nacional, porquanto não há deliberação específica sobre a situação desses bens ou sobre a sua titularidade, mas apenas sobre os efeitos civis de uma condenação penal, sendo certo que tal confisco, além de ser previsto na legislação interna, encontra arrimo na Convenção das Nações Unidas contra o Crime Organizado Transnacional (Convenção de Palermo), promulgada pelo Decreto n. 5.015/2004, e no Tratado de Cooperação Jurídica em Matéria Penal, internalizado pelo Decreto n. 6.974/2009. Precedente da Corte Especial. 3. Os bens imóveis confiscados não serão transferidos para a titularidade do país interessado, mas serão levados à hasta pública, nos termos do art. 133 do Código de Processo Penal. 4. No caso, ante o cumprimento de todos os requisitos legais, impõe-se a homologação do provimento alienígena. 5. Agravo interno não provido" (AgInt na SEC 10.250/EX, Corte Especial, rel. Luis Felipe Salomão, 15.05.2019, v.u.).

**93-A. Homologação de sentença estrangeira para o fim de cumprimento de pena imposta a brasileiro no exterior:** em primeiro lugar, cabe relembrar ser inviável a extradição de brasileiro a requerimento de juízo estrangeiro para que ele possa ser processado ou cumpra pena por delito cometido no exterior. Diante disso, em princípio, caso um brasileiro cometa infração penal em território estrangeiro, deve ser processado no Brasil (as autoridades estrangeiras enviam as provas colhidas ao juízo brasileiro). Entretanto, pode haver o caso de ser o nacional processado e condenado por juízo alienígena, vindo a se refugiar em território brasileiro. A partir da edição da Lei 13.445/2017 (Lei da Migração), tem o Superior Tribunal de Justiça entendido ser possível a homologação de sentença estrangeira para essa finalidade, com fundamento no art. 100 da mencionada lei. Na realidade, o disposto pelos arts. 100 a 105 da Lei da Migração refere-se, basicamente, aos tratados celebrados pelo Brasil com Estados estrangeiros para a troca de condenados, vale dizer, o preso estrangeiro condenado no Brasil poderia optar por cumprir a sua pena em seu país de origem, assim como o brasileiro condenado no estrangeiro poderia optar por cumprir a sua pena em território nacional. Entretanto, a redação dos arts. 100 a 102 da Lei 13.445/2017 pode ser interpretada, em sentido lato, como a viabilidade jurídica de se obrigar um brasileiro, que se encontra em território nacional, a cumprir sentença condenatória estrangeira no Brasil, desde que homologada pelo STJ. Tem-se considerado, neste caso, o surgimento de outra hipótese de homologação de sentença estrangeira, além das previstas pelo art. 9.º do Código Penal. *In verbis*, dispõe o art. 100 da Lei da Migração: "Nas hipóteses em que couber solicitação de *extradição executória*, a autoridade competente poderá solicitar ou autorizar a *transferência de execução* da pena, desde que observado o princípio do *non bis in idem*" (grifamos). Esses seriam os requisitos impostos pelo parágrafo único do referido artigo: "sem prejuízo do disposto no Decreto-Lei n.º 2.848, de 7 de dezembro de 1940 (Código Penal), a transferência de execução da pena será possível quando preenchidos os seguintes requisitos: I – o condenado em território estrangeiro for nacional ou tiver residência habitual ou vínculo pessoal no Brasil; II – a sentença tiver transitado em julgado; III – a duração da condenação a cumprir ou que restar para cumprir for de, pelo menos, 1 (um) ano, na data de apresentação do pedido ao Estado da condenação; IV – o fato que originou a condenação constituir infração penal perante a lei de ambas as partes; e V – houver tratado ou promessa de reciprocidade". Dentre os julgados do STJ: "Cuida-se de carta rogatória por meio da qual a Justiça portuguesa solicita, com amparo nos arts. 100 e 101, § 1.º, da Lei

# Art. 9.º

n. 13.445/2017, reconhecimento da sentença proferida no Processo n. 1593/12.5GACSC pelo Tribunal Judicial da Comarca de Lisboa Oeste – Juízo Local Criminal de Sintra – Juiz 3, com a consequente transferência da execução da pena imposta ao brasileiro F.A.O., com base na promessa de reciprocidade para casos análogos. Na origem, F.A.O. foi condenado pela Justiça portuguesa, por sentença transitada em julgado, à pena de 12 anos de prisão pela prática dos crimes de roubo, rapto e violação de burla informática (fls. 11-12). Determinada a intimação do interessado, esta restou frustrada, razão pela qual foi o feito remetido à Defensoria Pública da União, que, atuando no exercício da curadoria especial, apresentou impugnação às fls. 80-84, por meio da qual requereu: (i) a concessão dos benefícios da justiça gratuita; (ii) a intimação pessoal do réu; (iii) a determinação da instrução do processo com os documentos necessários à elucidação dos fatos imputados ao interessado nos termos do art. 260 do CPC; e (iv) a intimação pessoal da Defensoria Pública da União para acompanhar o feito. Remetidos os autos ao Ministério Público Federal, este manifestou-se às fls. 88-90, opinando pela reautuação da presente carta rogatória para Homologação de Sentença Estrangeira e, com relação ao mérito, pelo reconhecimento da sentença proferida no âmbito do Processo n. 1593/12.5GACSC pelo Tribunal Judicial da Comarca de Lisboa Oeste – Juízo Local Criminal de Sintra – Juiz 3, com a consequente transferência da execução da pena imposta ao brasileiro Fernando de Almeida Oliveira. É, no essencial, o relatório. Decido. Analisando a questão, é o caso de acolher a manifestação ministerial para determinar a reautuação do feito como Homologação de Sentença Estrangeira. Verifica-se que a homologação de sentença estrangeira, para viabilizar a transferência da execução da pena, é devida quando atendidos os pressupostos estabelecidos no art. 100 da Lei n. 13.445/2017, quais sejam: a) o condenado em território estrangeiro for nacional ou tiver residência habitual ou vínculo pessoal no Brasil; b) a sentença tiver transitado em julgado; c) a duração da condenação a cumprir ou que restar para cumprir for de, pelo menos, 1 (um) ano, na data de apresentação do pedido ao Estado da condenação; d) o fato que originou a condenação constituir infração penal perante a lei de ambas as partes; e e) houver tratado ou promessa de reciprocidade. No caso, como bem salientado pelo *parquet*, verifica-se que o condenado é nacional e tem residência do Brasil (fls. 57-58), a decisão estrangeira transitou em julgado (fl. 49), a duração da condenação a cumprir é de 4 (quatro) anos de prisão efetiva (fls. 10-46), os fatos que originaram a condenação constituem infração penal perante a lei brasileira (arts. 148 e 157 do CP) e há tratado firmado entre o Brasil e Portugal, promulgado no Brasil pelo Decreto n. 8.049/2013, além da promessa de reciprocidade. Ante o exposto, acolho o parecer de fls. 88-90, determino a reautuação do presente feito como Homologação de Sentença Estrangeira e, tendo em vista o preenchimento dos requisitos legais, homologo o referido título judicial proferido no âmbito do Processo n. 1593/12.5 GACSC pelo Tribunal Judicial da Comarca de Lisboa Oeste – Juízo Local Criminal de Sintra, com a consequente transferência da execução da pena imposta ao brasileiro F.A.O. Comunique-se o teor desta decisão ao Juízo rogante por intermédio da autoridade central. Publique-se. Intimem-se" (Carta Rogatória 15.889-EX (2020/0300292-2), Humberto Martins (presidente), 19.04.2021).

**93-B. Caso de conhecido jogador de futebol condenado por estupro na Itália:** em decisão mais recente, o STJ confirmou a possibilidade de homologar sentença estrangeira para que brasileiro, condenado no exterior, cumpra pena no Brasil. Conferir: "Por último, destaca-se, ainda que a negativa em homologar a sentença estrangeira geraria a impossibilidade completa de nova persecução penal do requerido R. de S., na medida em que não poderá ser novamente processado e julgado pelo mesmo fato que resultou em sua condenação na Itália. Trata-se do instituto do *non bis in idem*, também contemplado no art. 100 da Lei n. 13.445/2017, que assim dispõe: 'Nas hipóteses em que couber solicitação de extradição executória, a autoridade competente poderá solicitar ou autorizar a transferência de execução da pena, desde que observado o princípio do *non bis in idem*.' [sem grifo no original]. A Egrégia Segunda Turma do Supremo Tribunal Federal, em acórdão da lavra do eminente Ministro Gilmar Mendes, ao interpretar os arts. 5º, 6º e 8º do Código Penal, assentou que a proibição da dupla incriminação também incide no âmbito internacional. Assim, no Brasil, não se admite que um cidadão seja novamente processado e julgado pelos mesmos fatos que resultaram em sua condenação definitiva no exterior. (...) Portanto, a não homologação da sentença estrangeira terá o condão de deixar o requerido impune, pois não será julgado no Brasil e poderá permanecer em território nacional sem cumprir a pena imposta na Itália. Defender que não se possa executar aqui pena imposta em processo estrangeiro, portanto, é o mesmo que defender a impunidade do requerido pelo crime praticado, o que não se pode admitir sob pena de violação dos deveres assumidos pelo Brasil no plano internacional. De outro lado, se, por hipótese, fosse o requerido novamente aqui processado, condenado e cumprisse pena, seguiria ainda sujeito à pena imposta pela Justiça italiana, o que violaria, repita-se, o princípio do *non bis in idem*. (...) A alegação que a homologação da sentença estrangeira implica violação da soberania nacional não merece acolhimento. Por certo, a jurisprudência do Supremo Tribunal Federal considerava que atentava contra a soberania nacional a homologação de sentença estrangeira que resultasse na aplicação da pena privativa de liberdade. Isso porque a redação do art. 9º do Código Penal é bastante clara ao dispor: (...) A eficácia da sentença penal estrangeira estava limitada apenas aos efeitos secundários da condenação, porque se adotava o princípio da territorialidade das penas, segundo o qual o Estado que impôs a condenação é que deve ordenar e executar a pena. (...) Com a edição do art. 100 da Lei n. 13.445/2017, não há mais dúvida acerca da possibilidade da transferência da execução da pena, pois houve mitigação do princípio da territorialidade das penas previsto no art. 9º do Código Penal. Como o novo instituto veda a propositura de nova ação penal sobre o mesmo fato no território nacional, assegurou-se maior efetividade da jurisdição criminal. Reconhece-se, assim, conforme jurisprudência mencionada do Egrégio Supremo Tribunal Federal, o princípio do *non bis in idem* no plano internacional. A norma posterior representada pela Lei n. 13.445/2017, que disciplina a matéria, prevalece sobre a norma anterior prevista do Código Penal que apenas admitia a transferência de penas acessórias, por força do critério cronológico para resolução das antinomias. Com o novo arcabouço jurídico, não é mais possível considerar que a homologação de sentença penal estrangeira implica ofensa à soberania nacional, conforme sedimentada jurisprudência do Supremo Tribunal Federal" (STJ, HDE 7.986/EX, Corte Especial, rel. Francisco Falcão, 20.03.2024, m.v.).

**94. Competência para homologação da sentença estrangeira:** cabe ao Superior Tribunal de Justiça (art. 105, I, *i*, CF; arts. 787 a 790, CPP), por seu Presidente; havendo impugnação, à Corte Especial. Sobre o procedimento, ver o nosso *Código de Processo Penal comentado* (notas aos arts. 787 a 790).

**95. Reparação civil do dano causado à vítima e outros efeitos civis:** facilitando-se a posição da vítima, sem necessidade de dar início a um processo de indenização, provando-se novamente a culpa do infrator, uma vez feita a homologação da sentença estrangeira, concretiza-se a formação de um título executivo (art. 91, I, CP). Discutir-se-á, no juízo cível, somente o valor da reparação do dano. Por outro lado, no tocante à referência aos *outros efeitos civis*, deve-se enfocar o confisco de instrumentos do crime, do produto ou proveito do crime, como previsto pelo art. 91, II, CP. Na jurisprudência: STJ: "1. A homologação da sentença alienígena demanda o preenchimento dos requisitos previstos nos arts. 216-C e 216-D do Regimento Interno do Superior Tribunal de Justiça, quais sejam: I – estar instruída com o original ou cópia autenticada da decisão homologanda, bem como de outros documentos indispensáveis, traduzidos por tradutor oficial ou juramentado no Brasil e chancelados pela autoridade consular brasileira competente; II – haver sido proferida por autoridade competente;

# Art. 9.º

Código Penal Comentado · **Nucci**                                                                       76

III – terem sido as partes citadas ou haver-se legalmente verificado a revelia; IV – ter transitado em julgado. Outrossim, exige o art. 216-F do RISTJ que a sentença estrangeira não ofenda a soberania nacional, a dignidade da pessoa humana nem a ordem pública. 2. A sentença penal estrangeira que determina a perda de bens imóveis do requerido situados no Brasil, por terem sido adquiridos com recursos provenientes da prática de crimes, não ofende a soberania nacional, porquanto não há deliberação específica sobre a situação desses bens ou sobre a sua titularidade, mas apenas sobre os efeitos civis de uma condenação penal, sendo certo que tal confisco, além de ser previsto na legislação interna, encontra arrimo na Convenção das Nações Unidas contra o Crime Organizado Transnacional (Convenção de Palermo), promulgada pelo Decreto 5.015/2004, e no Tratado de Cooperação Jurídica em Matéria Penal, internalizado pelo Decreto 6.974/2009. Precedente da Corte Especial. 3. Os bens imóveis confiscados não serão transferidos para a titularidade do país interessado, mas serão levados à hasta pública, nos termos do art. 133 do Código de Processo Penal. 4. No caso, ante o cumprimento de todos os requisitos legais, impõe-se a homologação do provimento alienígena. 5. Agravo interno não provido" (AgInt na SEC 10.250/EX, Corte Especial, rel. Luis Felipe Salomão, 15.05.2019, v.u.).

**96. Aplicação de medida de segurança:** o termo "condenado" é relativamente impróprio nesse caso, pois o inimputável, sujeito à medida de segurança, é *absolvido*, ficando sujeito à internação ou ao tratamento ambulatorial (art. 97, CP). O semi-imputável, a despeito de condenado, pode ter sua sanção penal substituída por medida de segurança (internação ou tratamento ambulatorial), conforme previsão do art. 98 do Código Penal. Não há, no Brasil, medida de segurança para o imputável. Utiliza-se a aplicação da medida de segurança imposta por autoridade estrangeira em benefício do próprio sentenciado e, também, da sociedade, que evitará o convívio desregrado com um enfermo perigoso.

**97. Hipótese prevista na Lei de Lavagem de Dinheiro:** a Lei 9.613/1998, no art. 8.º, assegurou a possibilidade de serem sequestrados os bens, direitos e valores decorrentes do crime de "lavagem", de forma que, findo o processo, quando se tratar de delito internacional, poderão o Brasil e o país solicitante do sequestro dividir o que foi amealhado. Para tanto, é preciso a homologação da sentença estrangeira pelo Superior Tribunal de Justiça, a fim de que a perda dos bens se consume em definitivo. Conferir o julgamento mencionado na nota 93 *supra*.

**98. Condição indispensável para a reparação civil do dano:** para obrigar o condenado a reparar o dano, não age de ofício o Poder Judiciário, dependendo de provocação do interessado.

**99. Condição indispensável para a medida de segurança:** não há *outros*, como menciona o texto legal, mas apenas *um* outro efeito, que é a aplicação da medida de segurança. Novamente, refere a lei penal ser condição essencial, para a homologação da sentença estrangeira, que o crime esteja previsto em tratado de extradição firmado entre o Brasil e o Estado alienígena de cuja autoridade judiciária emanou a sentença. Inexistindo tratado, pode haver suprimento pela requisição do Ministro da Justiça.

**100. Efeitos da sentença condenatória estrangeira, que independem de homologação:** há casos em que a sentença estrangeira produz efeitos no Brasil, sem necessidade de homologação pelo Superior Tribunal de Justiça. São situações particulares, nas quais não existe *execução* da sentença alienígena, mas somente a consideração delas como fatos jurídicos. Explica Remo Pannain, em relação ao processo penal, o fenômeno da sentença como fato jurídico, *in verbis*: "O Ministério Público inicia a ação penal para a declaração de um crime de homicídio. Este órgão objetiva obter a condenação do réu; a parte civil procura obter a restituição, ou ressarcimento do dano, e o réu pleiteia a absolvição. O juiz declara a existência do crime e o concurso de todas as condições de punibilidade, e condena. Mas esta sentença produz também, na hipótese da prática de outro crime, o agravamento da pena pela reincidência, a impossibilidade da suspensão condicional da execução da pena etc. Estes efeitos, não presentes à mente das partes e do julgador, não previstos no pronunciamento judicial, derivam da sentença, segundo Calamandrei, não como ato jurídico, ou declaração de vontade, mas sim da sentença como fato jurídico" (*Le incapacità giuridiche quali effetti delle sentenze penale*, p. 73-105, citado por FREDERICO MARQUES, *Tratado de direito penal*, v. 1, p. 377). São as seguintes hipóteses: a) gerar reincidência (art. 63, CP); b) servir de pressuposto da extraterritorialidade condicionada (art. 7.º, II e § 2.º, *d* e *e*, CP); c) impedir o *sursis* (art. 77, I, CP); d) prorrogar o prazo para o livramento condicional (art. 83, II, CP); e) gerar maus antecedentes (art. 59, CP). Para tanto, basta a prova da existência da sentença estrangeira. Note-se que, mesmo não sendo a sentença estrangeira suficiente para gerar a reincidência, é possível que o juiz a leve em consideração para avaliar os antecedentes e a personalidade do criminoso.

### Contagem de prazo

> **Art. 10.** O dia do começo inclui-se no cômputo do prazo.[101] Contamse os dias, os meses e os anos pelo calendário comum.[102]

**101. Diversidade do prazo penal e do processual penal:** o prazo penal contase de maneira diversa do prazo processual penal. Enquanto neste não se inclui o dia do começo, mas sim o do vencimento (art. 798, § 1.º, CPP), naquele é incluído o primeiro dia, desprezando-se o último. Exemplos: se uma pessoa é recolhida ao cárcere para cumprir dois meses de pena privativa de liberdade, tendo início o cumprimento no dia 20 de março, que é incluído no cômputo, a pena findará no dia 19 de maio. Se alguém for preso às 22 horas de um dia, este dia é integralmente computado, ainda que faltem somente duas horas para findar. Entretanto, se o réu é intimado de uma sentença condenatória no dia 20 de março, cujo prazo de recurso é de 5 dias, vencerá no dia 25 de março. Quando se tratar de instituto de dupla previsão – inserido nos Códigos Penal e de Processo Penal –, como a decadência, por exemplo, deve-se contar o prazo da forma mais favorável ao réu, ou seja, conforme o Código Penal. Na jurisprudência: STJ: "2. O prazo prescricional tem natureza material e, portanto, em sua contagem, o dia do começo deve ser incluído, excluindo-se o dia do vencimento, com observância dos dias, dos meses e dos anos pelo calendário comum (art. 10 do CP)" (RHC 154.949/SC, 5.ª T., rel. João Otávio de Noronha, 24.05.2022, v.u.).

**102. Calendário comum:** é o gregoriano, no qual os meses não são contados por número de dias, mas de um certo dia do mês à véspera do dia idêntico do mês seguinte, desprezando-se feriados, anos bissextos etc. Exemplo: um ano de reclusão, iniciado o cumprimento em 20 de março de 2014, findará em 19 de março de 2015. Segue-se o disposto na Lei 810/49, arts. 1.º ("Considera-se ano o período de doze meses contado do dia do início ao dia e mês correspondentes do ano seguinte"), 2.º ("Considera-se mês o período de tempo contado do dia do início ao dia correspondente do mês seguinte") e 3.º ("Quando no ano ou mês do vencimento não houver o dia correspondente ao do início do prazo, este findará no primeiro dia subsequente"). A lei especifica a necessidade de se computar os prazos penais pelo calendário comum, buscando evitar distorções na prática. Ilustrando, se o juiz, em lugar de condenar o réu a três meses de detenção, inserisse na sentença a medida de 90 dias, teria errado. Afinal, nem sempre o mês tem 30 dias pelo calendário (há meses com 28, 29, 30 e 31 dias). Assim, para haver uniformidade, a contagem se faz pelo calendário.

# Art. 11

## NOTAS RELEVANTES

1. Qualquer prazo que envolver a liberdade do réu (ex.: prisão temporária) ou o direito de punir do Estado (ex.: prescrição) é penal.
2. Prazos processuais são prorrogáveis, pois envolvem o direito ao contraditório e/ou à ampla defesa. No exemplo dado, se o dia 11 for feriado, o prazo começa a ser computado no dia útil imediato, ou seja, dia 12. Se o dia 15 for feriado, o prazo prorroga-se para o primeiro dia útil seguinte, ou seja, dia 16.
3. Se o instituto for previsto tanto no Código Penal, quanto no de Processo Penal, prevalece a contagem como se fosse prazo penal, o que é mais benéfico ao réu. Ex.: decadência (art. 103, CP; art. 38, CPP).

### Frações não computáveis da pena

> **Art. 11.** Desprezam-se, nas penas privativas de liberdade e nas restritivas de direitos, as frações de dia,[103] e, na pena de multa, as frações de cruzeiro.[104]

**103. Desprezo das frações:** as frações de dias (horas) não são computadas na fixação da pena, sendo simplesmente desprezadas. Suponha-se alguém condenado, inicialmente, a 6 meses e 15 dias de detenção, pena da qual o juiz deve subtrair um sexto, em razão de alguma atenuante ou causa de diminuição. Seria o caso de extrair 1 mês, 2 dias e 12 horas do total. Entretanto, diante do disposto no art. 11, reduz-se somente o montante de 1 mês e 2 dias, rejeitando-se as horas.

**104. Utilização da interpretação extensiva:** em se tratando de norma penal não incriminadora, pode-se aplicar a interpretação que extraia o autêntico significado da lei. Onde se lê *cruzeiro*, leia-se *moeda vigente*, no caso presente, o real. As frações de real são os centavos, que devem ser desprezados na fixação da pena de multa.

### Legislação especial

> **Art. 12.** As regras gerais deste Código aplicam-se aos fatos incriminados por lei especial, se esta não dispuser de modo diverso.[105-111]

**105. Aplicação do princípio da especialidade:** a Parte Geral do Código Penal é aplicada a toda legislação penal especial, salvo quando esta trouxer disposição em sentido contrário. Exemplo: o art. 14, II, do Código Penal prevê a figura da tentativa, embora o art. 4.º da Lei das Contravenções Penais preceitue não ser punível a tentativa de contravenção.

**106. Conflito aparente de normas:** é a situação que ocorre quando, ao mesmo fato, parecem ser aplicáveis duas ou mais normas, formando um conflito apenas aparente. O conflito aparente de normas surge no universo da aplicação da lei penal, quando esta entra em confronto com outros dispositivos penais, ilusoriamente aplicáveis ao mesmo caso. Imagine-se a situação do indivíduo que importa substância entorpecente. À primeira vista, pode-se sustentar a aplicação do disposto no art. 334-A do Código Penal (crime de contrabando), embora o mesmo esteja previsto no art. 33 da Lei de Drogas. Estaria formado um conflito aparente entre normas igualmente aplicáveis ao fato ocorrido. O direito, no entanto, oferece mecanismos para a solução desse impasse fictício. Na situação exposta, aplica-se o art. 33 da Lei 11.343/2006 (tráfico de drogas), por se tratar de lei especial. Os critérios para solver os problemas surgidos na aplicação da lei penal são abaixo analisados. Há quem inclua o estudo do *conflito aparente de normas* no contexto do concurso de delitos (mesmo fazendo o destaque de se tratar de um *concurso de leis*), embora não creiamos ser esta a posição adequada. O concurso de crimes é, efetivamente, a concorrência de várias leis, aplicáveis a diversos fatos tipicamente relevantes, como ocorre na prática de inúmeros roubos, passíveis de gerar o concurso material (soma das penas) ou o crime continuado (aplicação da pena de um dos delitos, com um acréscimo). Quando, através de uma ação, o agente comete dois ou mais delitos, ainda assim aplica-se o concurso formal, que é a fixação da pena de um só deles, com uma exasperação. Portanto, como se vê, não há conflito algum de leis penais, mas a aplicação conjunta e uniforme de todas as cabíveis ao fato (ou aos fatos). No cenário do conflito *aparente* de normas, existe uma ilusória ideia de que duas ou mais leis podem ser aplicadas ao mesmo fato, o que não é verdade, necessitando-se conhecer os critérios para a correta *aplicação* da lei penal. Daí por que o mais indicado é destacar o tema do contexto do concurso de crimes ou mesmo do *concurso* de leis. Não são normas que *concorrem* (afluem para a mesma situação ou competem), mas que têm destino certo, excluindo umas as outras. Basta saber aplicá-las devidamente. Enfim, inexiste *concurso*, mas mera *ilusão de conflito*. Defendendo o estudo do tema no contexto da aplicação da lei penal, encontra-se a posição de JIMÉNEZ DE ASÚA (*Lecciones de derecho penal*, p. 89). Tendo em vista que o conflito entre normas penais é apenas aparente, convém conhecer os critérios que permitem solucioná-los. Lembremos que é viável resolver o referido conflito valendo-se de mais de um princípio, ao mesmo tempo: conferir o exemplo na nota 19-A ao art. 249 do Código Penal. São, fundamentalmente, cinco: a) critério da sucessividade; b) critério da especialidade; c) critério da subsidiariedade; d) critério da absorção (consunção); e) critério da alternatividade. Na jurisprudência: STJ: "1. O conflito aparente de normas penais incriminadoras tem lugar quando um mesmo fato admite, em tese, a subsunção de mais de um tipo penal a ele. Em nome da unidade do sistema jurídico e, buscando evitar a ocorrência da dupla punição pelo mesmo evento (*bis in idem*), cumpre ao aplicador da norma se valer dos critérios interpretativos, afastando a incidência de múltiplas leis sobre um mesmo fato" (REsp 1.698.621-MG, 6.ª T., rel. Sebastião Reis Júnior, 28.03.2019).

**106-A. Diferença entre concurso formal e concurso aparente de normas:** no concurso formal, o agente, através de uma só conduta, vulnera vários bens jurídicos, cometendo dois ou mais delitos. Assim, há várias tipicidades, porém um único fato (ex.: o agente desfere um tiro e mata duas pessoas). No concurso de normas penais, o agente afeta um único bem jurídico, havendo uma só tipicidade, embora haja a impressão de que teria praticado dois ou mais delitos (ex.: a mãe, que mata o filho recém-nascido, em estado puerperal, pratica infanticídio, embora fique a impressão de que cometeu também homicídio).

**107. Critério da sucessividade:** se houver sucessão de tempo entre normas aplicáveis ao mesmo fato, é preferível a lei posterior (*lex posterior derogat priori*). Ex.: o art. 3.º, V, da Lei 1.521/1951 (crimes contra a economia popular) prevê ser delito "vender mercadorias abaixo do preço de custo com o fim de impedir a concorrência". Entretanto, o art. 4.º, VI, da Lei 8.137/1990, embora tenha sido revogado pela Lei 12.529/2011, preceituava, identicamente, ser crime "vender mercadorias abaixo do preço de custo, com o fim de impedir a concorrência". Dessa forma, havendo duas normas penais incriminadoras, passíveis de aplicação ao mesmo fato, resolve-se o pretenso conflito através do critério da sucessividade, isto é, passou a valer o disposto na Lei 8.137/1990, que era mais recente. A revogação do art. 4.º, VI, da Lei 8.137/1990 em 2011 não faz renascer o art. 3.º, V, da Lei 1.521/1951, vale dizer, não há repristinação. Outra ilustração do

# Art. 12

Código Penal Comentado • **Nucci**

critério da sucessividade tem origem na edição do Código de Trânsito Brasileiro, que, no art. 309, prevê o crime de dirigir veículo sem habilitação, exigindo, para tanto, perigo concreto à segurança viária. Não há dúvida de que, por disciplinar matéria idêntica, ficou derrogado o disposto no art. 32 da Lei de Contravenções Penais, ou seja, a parte que cuida da mesma situação de direção de veículo automotor sem habilitação. Assim é o conteúdo da Súmula 720 do STF: "O art. 309 do Código de Trânsito Brasileiro, que reclama decorra do fato perigo de dano, derrogou o art. 32 da Lei das Contravenções Penais no tocante à direção sem habilitação em vias terrestres".

**108. Critério da especialidade:** lei especial afasta a aplicação de lei geral (*lex specialis derogat legi generali*), como, aliás, encontra-se previsto no art. 12 do Código Penal. Consultar a nota 105 *supra*. Para identificar a lei especial, leva-se em consideração a existência de uma particular condição (objetiva ou subjetiva), que lhe imprima severidade menor ou maior em relação à outra. Deve haver entre os delitos geral e especial relação de absoluta contemporaneidade. Ex.: furto qualificado exclui o simples; crime militar exclui o comum; infanticídio exclui o homicídio. Segundo Nicás, em decisão do Tribunal Supremo da Espanha, considerou-se que o princípio da especialização, conhecido dos jurisconsultos romanos, supõe que, quando entre as normas em aparente conflito exista uma relação de gênero a espécie, esta deve obter a prioridade sobre aquela, excluindo sua aplicação. Requer-se que a norma considerada especial contenha todos os elementos da figura geral, apresentando outras particulares características típicas que podem ser denominadas específicas, especializadoras ou de concreção, constituindo uma subclasse ou subespécie agravada ou atenuada. Em virtude disso, abrange um âmbito de aplicação mais restrito e capta um menor número de condutas ilícitas (*El concurso de normas penales*, p. 117). Note-se que, muitas vezes, na impossibilidade de provar determinada ocorrência, que caracteriza o delito especial, pode-se desclassificar a infração penal para a modalidade genérica. É o que ocorre quando a mãe mata seu filho e não se consegue evidenciar o "estado puerperal", caracterizador do infanticídio. Responde ela por homicídio. No exemplo mencionado anteriormente, que concerne à importação de mercadoria proibida, caso não fique provado o conhecimento do agente quanto ao conteúdo do que trazia para dentro do País, isto é, torna-se evidente que ele sabia trazer mercadoria vedada pela lei, embora não soubesse tratar-se de substância entorpecente, pode-se desclassificar o tráfico de drogas para contrabando. Lembremos que, como regra, a lei especial não é afetada pela edição de lei nova de caráter geral. Assim, se em determinada lei há um critério específico para o cálculo da pena de multa, advindo modificação no Código Penal, no capítulo genérico que cuida da multa, preserva-se o disposto na legislação especial. Entretanto, há exceções. Quando uma lei geral é benéfica ao réu, contendo nova sistemática para determinado instituto, é natural que possa afetar a legislação especial, pois não teria sentido a existência de dois mecanismos paralelos voltados a um mesmo cenário, cada qual imprimindo uma feição diferenciada à lei penal. Desse modo, quando o art. 12 do Código Penal preceitua que "as regras gerais deste Código aplicam-se aos fatos incriminados por lei especial, se esta não dispuser de modo diverso", refere-se a um contexto genérico, sem se levar em conta o princípio constitucional da retroatividade da lei penal benéfica. Por isso, quando mencionamos que a lei especial pode disciplinar a cobrança de multa de maneira diversa do que vem disposto no Código Penal, respeita-se a lei especial em detrimento da geral. Mas quando a lei geral, ao ser modificada, afeta essencialmente determinado instituto, igualmente constante em lei especial, esta deve ser afastada para aplicação da outra, que é nitidamente benéfica. É o que ocorreu com o confronto entre o art. 85 da Lei 9.099/1995 e o art. 51 do Código Penal, após a edição da Lei 9.268/1996. A atual redação do art. 51, considerando a multa como dívida de valor, afasta a possibilidade de sua conversão em prisão, caso não seja paga pelo condenado. Ocorre que o disposto no art. 85 da Lei dos Juizados Especiais estipula que, "não efetuado o pagamento de multa, será feita a conversão em pena privativa da liberdade, ou restritiva de direitos, nos termos previstos em lei". É verdade que o referido art. 85 fez menção aos "termos previstos em lei", remetendo, então, ao que preceituava o Código Penal à época (a conversão se dava na proporção de um dia-multa por um dia de prisão até o máximo de 360). Mas, ainda que assim não fosse, não haveria sentido em se manter a conversão da pena de multa não paga em prisão se o sistema penal fundamental foi alterado, ou seja, a Parte Geral do Código Penal já não admite tal situação, até porque modificou o próprio sentido da multa, considerando-a "dívida de valor". Enfim, nem sempre a lei especial mantém a sua aplicabilidade em face de modificação da lei geral. Tudo está a depender do caráter e da extensão da modificação havida nesta última: se for alteração na essência do instituto e benéfica ao réu, torna-se evidente a necessidade de sua aplicação, em detrimento da especial. Na jurisprudência, consagrando a especialidade: STJ: "4. Consoante o art. 12 do CP (Princípio da Especialidade), a parte final do preceito secundário do art. 183 da Lei 9.472/97 que fixou a pena de multa no valor de R$ 10.000,00 (dez mil reais), enquanto vigente no mundo jurídico, deve ser aplicada em detrimento ao disposto nos arts. 59 e 60, ambos do CP" (AgRg nos EDcl no REsp 1.791.568-PE, 5.ª T., rel. Joel Ilan Paciornik, 28.04.2020, v.u.).

**109. Critério da subsidiariedade (tipo de reserva):** uma norma é considerada subsidiária a outra quando a conduta nela prevista integra o tipo da principal (*lex primaria derogat legi subsidiariae*), significando que a lei principal afasta a aplicação de lei secundária. A justificativa é que a figura subsidiária está inclusa na principal. Na lição de NICÁS, a norma subsidiária somente se aplica em caso de defeito da norma principal (*lex primaria derogat legem subsidiariam*), preferindo-se esta em detrimento daquela, devendo ter, por questão de lógica, pena mais grave que a do delito subsidiário, pois este é residual (*El concurso de normas penales*, p. 149). Há duas formas de ocorrência: a) *subsidiariedade explícita*, quando a própria lei indica ser a norma subsidiária de outra ("se o fato não constitui crime mais grave", "se o fato não constitui elemento de crime mais grave", "se o fato não constitui elemento de outro crime"). Ex.: exposição a perigo (art. 132), subtração de incapazes (art. 249), falsa identidade (art. 307), simulação de autoridade para celebrar casamentos (art. 238), simulação de casamento (art. 239); b) *subsidiariedade implícita* (tácita), quando o fato incriminado em uma norma entra como elemento componente ou agravante especial de outra norma. Ex.: estupro contendo o constrangimento ilegal; dano no furto qualificado pelo arrombamento. Em lei especial (Lei 8.137/1990), verificamos ser subsidiário o disposto no art. 2.º, I, em relação ao art. 1.º, I. Em ambos os tipos está prevista a conduta de *prestar declaração falsa sobre bens* às autoridades fazendárias. Ocorre que o art. 2.º, I, é subsidiário, pois se trata de conduta mais leve. No art. 1.º, I, a declaração falsa implica efetiva supressão ou redução de tributo, cuja pena é de reclusão, de dois a cinco anos, e multa. Em relação ao art. 2.º, I, a declaração falsa *tem apenas a finalidade* de buscar o não pagamento de tributo, cuja pena é de detenção, de seis meses a dois anos, e multa.

**110. Critério da absorção (consunção):** quando o fato previsto por uma lei está previsto em outra de maior amplitude, aplica-se somente esta última (*lex consumens derogat legi consumptae*). Em outras palavras, quando a infração prevista na primeira norma constituir simples fase de realização da segunda infração, prevista em dispositivo diverso, deve-se aplicar apenas a última. Trata-se da hipótese do crime-meio e do crime-fim. Conforme esclarece NICÁS, ocorre a consunção quando determinado tipo penal absorve o desvalor de outro, excluindo-se este da sua função punitiva. A consunção provoca o esvaziamento de uma das normas, que desaparece subsumida pela outra (*El concurso de normas penales*, p. 157). É o que se dá, por exemplo, no tocante à violação de domicílio com a finalidade de praticar furto a uma residência. A violação é mera fase de execução do delito patrimonial. O crime de homicídio, por sua vez, absorve o porte ilegal de arma, pois esta infração penal constitui-se simples meio para a eliminação da vítima. Na jurisprudência: STF: "Princípio da consunção. Absorção do porte ilegal de arma pelo crime patrimonial. Recurso provido. 1. A posse de arma de fogo, logo após a execução de roubo com o seu emprego, não constitui crime autônomo previsto no art. 16, parágrafo único, IV, da Lei n.º 10.826/2003, por se encontrar na linha de desdobramento do crime patrimonial. 2. Recurso provido para o fim de absolver o recorrente da imputação

# Art. 12

de porte ilegal de arma" (RHC 123.399-RJ, 1.ª T., rel. Dias Toffoli, 30.09.2014, v.u.). STJ: "3. Incide o princípio da consunção quando o agente, no mesmo contexto fático, comete os crimes de porte ilegal de arma de fogo e de roubo, com nexo de dependência entre as condutas delitivas" (AgRg no AREsp n. 1.891.254/GO, 5.ª T., rel. João Otávio de Noronha, julgado em 14.06.2022, v.u.). A diferença fundamental entre o critério da consunção e o da subsidiariedade é que, neste último caso, um tipo está contido dentro de outro (a lesão corporal está incluída necessariamente no crime de homicídio, pois ninguém consegue tirar a vida de outrem sem lesioná-lo), enquanto na outra hipótese (consunção) é o fato que está contido em outro de maior amplitude, permitindo uma única tipificação (o homicídio absorve o porte ilegal de arma porque a vítima perdeu a vida em razão dos tiros disparados pelo revólver do agente, o que demonstra estar o fato – portar ilegalmente uma arma – ínsito em outro de maior alcance – tirar a vida ferindo a integridade física de alguém). Ocorre que é possível matar alguém sem dar tiros, isto é, sem portar ilegalmente uma arma. Assim, a consunção envolve fatos que absorvem fatos, enquanto a subsidiariedade abrange tipos que, de algum modo, contêm outros.

**111. Critério da alternatividade:** significa que a aplicação de uma norma a um fato exclui a aplicabilidade de outra, que também o prevê, de algum modo, como delito. Ex.: o fato *conjunção carnal* permite o enquadramento nos delitos de estupro (art. 213), violação sexual mediante fraude (art. 215) ou até assédio sexual (art. 216-A). Assim, eleito o estupro, estão, automaticamente, afastados os delitos de violação sexual mediante fraude e assédio sexual. Para SAUER, SPIEZZA, MAGGIORE, RANIERI, BASILEU GARCIA e outros penalistas, o critério é inútil e supérfluo, pois tudo pode ser resolvido sempre pela especialidade, subsidiariedade ou consunção. É o que também nos parece. A despeito dessas opiniões, defende o critério OSCAR STEVENSON: "Sem embargo dessas objeções, justifica-se o princípio da alternatividade. Até mesmo serve como prova de exação dos resultados a que se chega no emprego dos demais princípios reitores da aparente concorrência de normas penais" (Concurso aparente de normas penais, *Estudos em homenagem a Nélson Hungria*). A isso acresce MUÑOZ CONDE, fundado no art. 8.º, § 4.º, do Código Penal espanhol, que o critério da alternatividade deve ser levado em consideração para evitar absurdas impunidades ou despropósitos punitivos, que podem derivar de uma má coordenação das sanções penais de alguns tipos penais de estrutura semelhante. Se a um mesmo fato oferecem-se duas valorações distintas, nenhuma delas podendo ser afastada por razões de especialidade, subsidiariedade ou consunção, deve-se aplicar a norma que contenha a valoração de maior gravidade, o que seria mais fiel à vontade do legislador. Cita, como exemplo, os crimes de ameaça e assédio sexual (arts. 171, 1, e 184 do referido Código Penal), analisando que não teria cabimento punir-se o agente com a pena do assédio sexual, que contém ameaça, mas possui uma pena menor, se o crime de ameaça, sem a finalidade sexual, tem previsão de pena maior. Diz o autor que a mencionada finalidade sexual da ameaça não pode privilegiar aquele que, com uma simples ameaça, poderia obter pena mais elevada (*Derecho penal – Parte general*, p. 523). Preferimos, sem dúvida, a primeira posição, ou seja, o critério da alternatividade é mesmo inútil. Não há que se concordar com a posição esposada por MUÑOZ CONDE, uma vez que, no exemplo oferecido, deve haver, sim, a aplicação do critério da especialidade. O agente, ao assediar sexualmente a vítima, ameaçando-a, busca favores de ordem específica (sexual), conduta valorada pelo legislador em tipo penal próprio, com pena menos elevada do que a do crime de ameaça na Espanha. Dizer que a finalidade sexual estaria beneficiando o agente é o mesmo que pretender negar o critério da especialidade e até mesmo o princípio da reserva legal, pois ao legislador cabe a fixação das penas e não ao juiz. Se a pena do assédio sexual é menor do que a do delito de ameaça, é porque foi o critério adotado pelo criador da norma, possivelmente considerando menos grave a conduta de quem ameaça para conseguir benefício de ordem sexual, fundando a mencionada ameaça na frustração da expectativa que a vítima pode ter, no seu ambiente de trabalho, de ascensão profissional, por exemplo, do que outra pessoa que produz ameaças para finalidades diversas. Aliás, o disposto no art. 8.º, § 4.º, do Código Penal espanhol parece, de fato, inútil, pois menciona que, não sendo aplicáveis os critérios da especialidade, da subsidiariedade ou da consunção, deve-se levar em consideração sempre o preceito penal que trouxer a pena mais grave em detrimento daquele que prever pena menor. Em verdade, buscando-se respeitar o princípio da legalidade e o da culpabilidade, não vemos como aplicar o tipo penal levando em conta, singelamente, o fator "pena", desprezando-se a sua redação e a finalidade do agente. Logo, não vislumbramos situação fática concreta que admita a aplicação de tal preceito (art. 8.º, § 4.º, CP espanhol), pois os critérios da especialidade, da subsidiariedade e da consunção são suficientes para desmistificar o pretenso conflito de leis, na verdade inexistente.

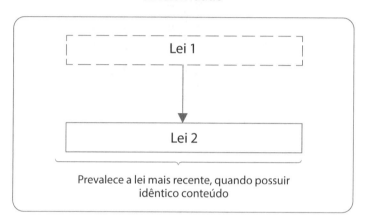

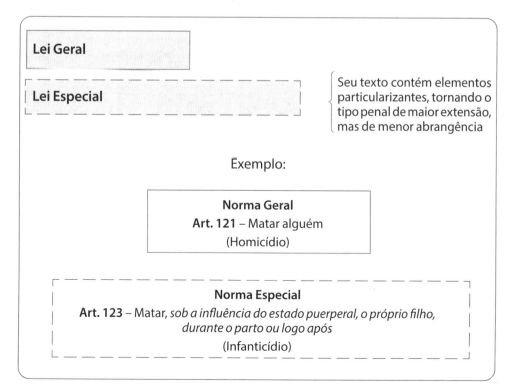

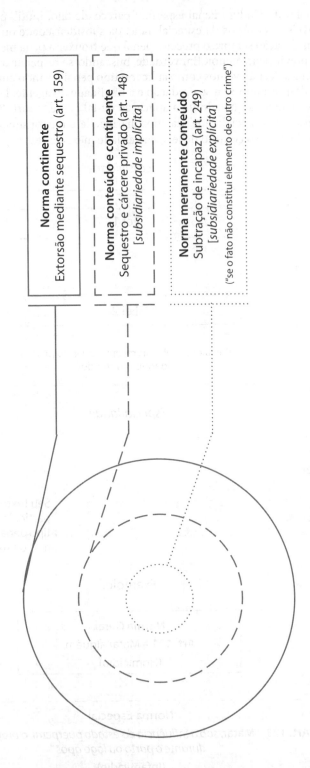

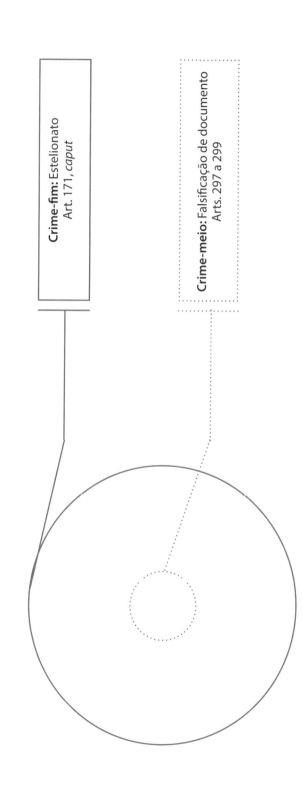

# Título II
## Do crime[1-5]

**1. Conceito de crime, sob três prismas:** desde logo, cumpre salientar que o conceito de crime é artificial, ou seja, independe de fatores naturais, constatados por um juízo de percepção sensorial, uma vez que se torna impossível apontar a uma conduta, ontologicamente, qualificando-a de criminosa. Em verdade, é a sociedade a criadora inaugural do crime, qualificativo que reserva às condutas ilícitas mais gravosas e merecedoras de maior rigor punitivo. Após, cabe ao legislador transformar esse intento em figura típica, criando a lei que permitirá a aplicação do anseio social aos casos concretos. Nas palavras de MICHEL FOUCAULT: "É verdade que é a sociedade que define, em função de seus interesses próprios, o que deve ser considerado como crime: este, portanto, não é natural" (*Vigiar e punir*, p. 87). A partir daí, verifiquemos os três prismas dispensados ao conceito de *crime*: a) *material*: é a concepção da sociedade sobre o que pode e deve ser proibido, mediante a aplicação de sanção penal. É, pois, a conduta que ofende um bem juridicamente tutelado, ameaçada de pena. Esse conceito é aberto e informa o legislador sobre as condutas que merecem ser transformadas em tipos penais incriminadores. Como ensina ROXIN, "o conceito material de crime é prévio ao Código Penal e fornece ao legislador um critério político-criminal sobre o que o Direito Penal deve punir e o que deve deixar impune" (*Derecho penal – Parte general*, t. I, p. 51). A palavra *crime* tem um sentido forte e único para a sociedade. Valemo-nos da lição de ROBERTO LYRA para exemplificar: "Todos hão de saber, porque sentirão, o que devemos exprimir pela palavra *crime*. Julgamos criminologicamente, quando irrompe dentro de nós, diante de certos fatos, a sentença: 'Isto é um *crime*'! Este clamor provém da civilização que não se limita a 'invólucro dentro do qual arde a paixão selvagem do homem' (CARLYLE). Há até uma sistematização subjetiva lançada na consciência humana através de um direito natural que ficou no verbo e agora será conquista, convicção, ação" (*Criminologia*, p. 62-63). Como bem demonstra NILS CHRISTIE, "crime é uma, apenas uma, das inúmeras formas de classificar atos deploráveis" (*Uma razoável quantidade de crime*, p. 25). Eis um exemplo de como nasce, na sociedade, o conceito material de crime, para, depois, caso assimilado pelo legislador, constituir figura típica incriminadora; b) *formal*: é a concepção do direito acerca do delito. É a conduta proibida por lei, sob ameaça de aplicação de pena, numa visão legislativa do fenômeno; c) *analítico*: é a concepção da ciência do direito, que não difere, na essência, do conceito formal. Trata-se de uma conduta típica, antijurídica e culpável, vale dizer, uma ação ou omissão ajustada a um modelo legal de conduta proibida (tipicidade), contrária ao direito (antijuridicidade) e sujeita a um juízo de reprovação social incidente sobre o fato e seu autor, desde que existam imputabilidade, consciência potencial de ilicitude e exigibilidade e possibilidade de agir conforme o direito (culpabilidade). Quanto ao conceito analítico, podem ser encontradas várias divergências doutrinárias. Há quem entenda ser o crime, do ponto de vista analítico: a) corrente bipartida: a.1) fato típico e culpável (a ilicitude estaria inserida na tipicidade); a.2) fato típico e antijurídico (a culpabilidade seria um pressuposto de aplicação da pena); b) corrente tripartida: fato típico, antijurídico e culpável (trata-se da posição majoritária, como será analisado posteriormente); c) corrente quadripartida: fato típico, antijurídico, culpável e punível. A posição tripartida (fato típico, antijurídico e culpável) congrega autores adeptos da ótica causalista, finalista e funcionalista do crime. Por isso, compõe a maioria dos estudos penais. O mais importante, nesse contexto, é perceber que a estrutura analítica do crime não se liga necessariamente à adoção da concepção finalista, causalista, social ou funcional da ação delituosa. Aliás, nesse sentido ensina o Ministro Victor Nunes Leal: "Tal como o causalismo, o finalismo vê no delito, analiticamente, uma ação típica, antijurídica e culpável. Mas, como este sistema advém de uma concepção finalista da conduta, é na teoria da ação que se situa a diferença entre os dois sistemas" (prefácio à obra de JUAREZ TAVARES, *Teorias do delito*, p. XV). O causalismo busca ver o conceito de conduta meramente naturalístico, despido de qualquer valoração, ou seja, neutro (ação ou omissão voluntária e consciente que exterioriza movimentos corpóreos). O dolo e a culpa estão situados na culpabilidade. Logicamente, para quem adota o causalismo, impossível se torna acolher o conceito bipartido de crime (fato típico e antijurídico), como ensina FREDERICO MARQUES, para quem o delito possui, *objetivamente* falando, dois elementos (tipicidade e antijuridicidade), mas não prescinde da parte subjetiva (culpabilidade) para formar-se completamente. O finalismo, de HANS WELZEL (que, aliás, sempre considerou o crime fato típico, antijurídico e culpável, em todas as suas obras), crendo que a conduta deve ser valorada, porque se trata de um juízo de realidade, e não fictício, deslocou o dolo e a culpa da culpabilidade para o fato típico. Assim, a conduta, sob o prisma finalista, é a ação ou omissão voluntária e consciente, que se volta a uma finalidade. Ao transferir o dolo para a conduta típica, o finalismo o despiu da consciência de ilicitude (tornando-a potencial), que continuou fixada na culpabilidade. Mais adiante tornaremos a esse ponto. O importante é estabelecer que a teoria tripartida é a mais aceita, por ora, dentre causalistas, finalistas, adeptos da teoria social da ação e funcionalistas. Não se pode acolher uma das concepções bipartidas, que refere ser o delito apenas um fato típico e antijurídico, simplificando em demasia a culpabilidade e colocando-a como mero pressuposto da pena. Com primor, alerta JUAREZ TAVARES que "o isolamento da culpabilidade do conceito de delito representa uma visão puramente pragmática do Direito Penal, subordinando-o de modo exclusivo à medida penal e não aos pressupostos de sua legitimidade" (*Teorias do delito*, p. 109). Assim sendo, haveríamos de considerar criminoso o menor de 18 anos simplesmente porque praticou um fato típico e antijurídico ou aquele que, sob coação moral irresistível, fez o mesmo. Em idêntico prisma, o autor de um fato típico e antijurídico que tenha sido levado à sua prática por erro escusável de proibição. Assim, sem ter a menor ideia de que o que praticava era ilícito, seria considerado um criminoso. E, ainda, o subordinado que segue ordem não manifestamente ilegal de autoridade superior (obediência hierárquica). Ora, se não se pode reprovar a conduta desses agentes, porque ausente a culpabilidade (seja por inimputabilidade, seja por falta de consciência potencial de ilicitude, seja ainda por ausência de exigibilidade de conduta conforme o direito), é incabível dizer que são "criminosos", mas deixam apenas de receber pena. Se não há reprovação – censura – ao que fizeram, não há crime, mas somente um injusto, que pode ou não dar margem a uma sanção. A importância da culpabilidade se alarga no direito penal, e não diminui, de forma que é inconsistente deixá-la fora do conceito de crime. Não fosse assim e poderíamos trivializar totalmente o conceito de delito, lembrando-se que, levado ao extremo esse processo de esvaziamento, até mesmo tipicidade e antijuridicidade – incluam-se nisso as condições objetivas de punibilidade – não deixam de ser pressupostos de aplicação da pena, pois, sem eles, não há delito, nem tampouco punição. Torna-se curial citar a precisa conclusão de David Teixeira de Azevedo, criticando, identicamente, a posição bipartida (fato típico e antijurídico) do crime: "A concepção do crime apenas como conduta típica e antijurídica, colocada a culpabilidade como concernente à teoria da pena, desmonta lógica e essencialmente a ideia jurídico-penal de delito, além de trazer sérios riscos ao direito penal de cariz democrático, porquanto todos os elementos que constituem pressuposto da intervenção estatal na esfera da liberdade – sustentação de um direito penal minimalista – são diminuídos de modo a conferir-se destaque à categoria da culpa, elevada agora a pressuposto único da intervenção. Abre-se perigoso flanco à concepção da culpabilidade pela conduta de vida, pelo caráter, numa avaliação tão só subjetiva do fenômeno criminal. O passo seguinte é conceber o delito tão só como índice de periculosidade criminal, ao feito extremo da defesa social de Filippo Gramatica, cuidando-se de assistir, para modificar o homem, seus valores, sua personalidade. É uma picada aberta ao abandono do direito penal do fato, pelo desvalor da conduta, e acolhimento do direito penal do autor, de pesarosas lembranças" (A culpabilidade e o conceito tripartido do crime, *Atualidades no direito e processo penal*, p. 69). Em igual posição crítica, Juarez Tavares, *Teorias do delito*, p. 109. Ver maiores detalhes sobre o tema nas notas 22, 23 e 24 ao art. 180, § 4.º.

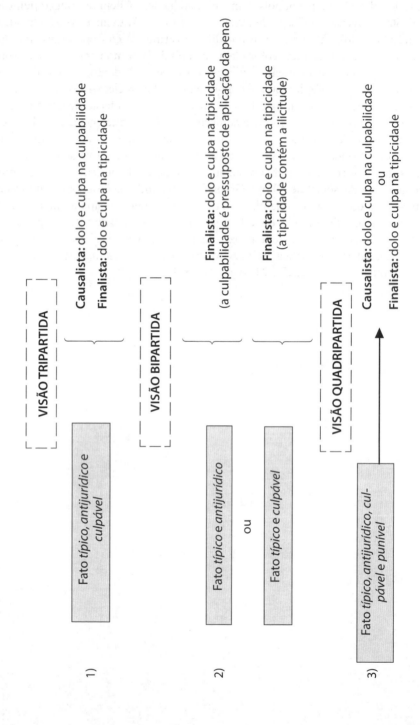

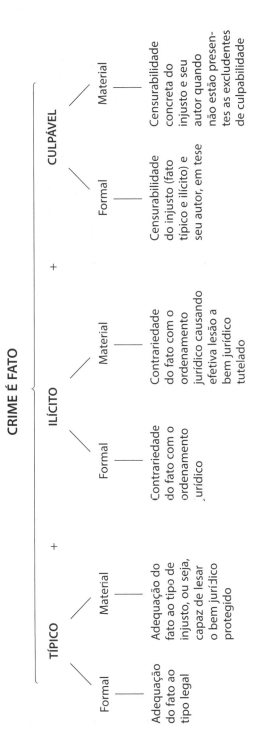

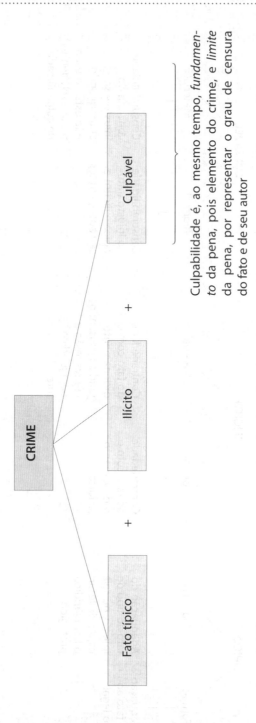

**2. Conceitos de tipicidade, culpabilidade e antijuridicidade:** ver notas 26 ao art. 14, 98 ao art. 22 e 105 ao art. 23.

**3. Diferença entre crime e contravenção penal:** o direito penal estabeleceu diferença entre crime (ou delito) e contravenção penal, espécies de infração penal. Entretanto, essa diferença não é ontológica ou essencial, situando-se, tão somente, no campo da pena. Os crimes sujeitam seus autores a penas de reclusão e detenção, enquanto as contravenções, no máximo, implicam prisão simples. Embora sejam penas privativas de liberdade, veremos as diferenças existentes entre elas em capítulo próprio. Além disso, aos crimes cominam-se penas privativas de liberdade, isolada, alternativa ou cumulativamente com multa, enquanto, para as contravenções penais, admite-se a possibilidade de fixação unicamente da multa (o que não ocorre com os crimes), embora a penalidade pecuniária possa ser cominada em conjunto com a prisão simples ou esta também possa ser prevista ou aplicada de maneira isolada (art. 1.º da Lei de Introdução ao Código Penal). Como diz Costa e Silva, comentando o art. 8.º do Código Penal de 1890, "todos os esforços envidados pela ciência para descobrir um traço de diferenciação, claro e preciso, entre o crime e a contravenção têm sido improfícuos" (*apud* Frederico Marques, *Tratado de direito penal*, v. 2, p. 49). Assim também é a lição de Antolisei, para quem o único método seguro de distinguir o crime da contravenção é ater-se ao direito positivo, verificando a qualidade e a quantidade da pena atribuída à infração penal, vale dizer, a gravidade que o legislador quis atribuir ao fato (*Manuale di diritto penale – Parte generale*, p. 190).

**4. Sujeito ativo do crime:** é a pessoa que pratica a conduta descrita pelo tipo penal. Animais e coisas não podem ser sujeitos ativos de crimes, nem autores de *ações*, pois lhes falta o elemento *vontade*. Entretanto, nem sempre foi assim. A história registra casos de animais condenados por suas *atuações criminosas*: "Cita-se o caso do elefante Charlie que foi absolvido por legítima defesa; é notável o exemplo de um galo condenado à morte por haver bicado os olhos de uma criança; recorda-se também o processo instaurado contra o papagaio que dava vivas ao rei, infringindo assim as novas concepções revolucionárias; assinalam-se exemplos, por igual, de cavalos homicidas, veados infanticidas e de cachorros acusados de *crimen bestialitatis*" (Marcello Jardim Linhares, *Legítima defesa*, p. 167). E, também, "historicamente, contudo, registra-se larga incriminação de atos não humanos, incluso de fatos produzidos por animais: na primeira metade do século XIX, um pesquisador francês (Berriat Saint-Prix) relacionou, por espécies, os animais levados a julgamento penal, de 1120 a 1741, em diferentes tribunais: a primazia esteve com porcos, 21 vezes; em seguida: cavalos (20), bois e vacas (12), asnos e mulas (10), ratos e ratazanas (7), cabras e ovelhas (5), cachorros (5) etc. A propósito, durante a Revolução Francesa (em que pesem as antecedentes perorações ideológicas de Beccaria, de Voltaire, de Verri etc.), um cachorro foi ritualmente condenado à morte, um dia depois da execução de seu dono, um e outro como coagentes contrarrevolucionários. Ao que parece terá sido considerado o primeiro cachorro reacionário ou fundamentalista consagrado pela História" (Ricardo Dip, *Crime e castigo*, p. 166). Sobre a confusão na mesma pessoa do sujeito ativo e passivo, conferir a nota 4-B a seguir.

**4-A. Responsabilidade penal da pessoa jurídica:** objeto de debate acirrado na doutrina é a possibilidade de a *pessoa jurídica poder ser autora de uma infração penal*, o que muitos negam sistematicamente, por razões variadas. As *principais objeções* são as seguintes: a) a pessoa jurídica não tem vontade, suscetível de configurar o dolo e a culpa, indispensáveis presenças para o direito penal moderno, que é a culpabilidade (*nullum crimen sine culpa*); b) a Constituição Federal não autoriza expressamente a responsabilidade penal da pessoa jurídica, e os dispositivos porventura citados – arts. 173, § 5.º, e 225, § 3.º – são meramente declaratórios. Assim, à pessoa jurídica reservam-se as sanções civis e administrativas e unicamente à pessoa física podem-se aplicar as sanções penais. Nessa ótica, a posição de José Antonio Paganella Boschi: "Já o texto do § 3.º do art. 225 da CF apenas reafirma o que é do domínio público, ou seja, que as pessoas naturais estão sujeitas a sanções de natureza penal e que as pessoas jurídicas estão sujeitas a sanções de natureza administrativa. O legislador constituinte, ao que tudo indica, em momento algum pretendeu, ao elaborar o texto da Lei Fundamental, quebrar a regra por ele próprio consagrada (art. 5.º, inciso XLV) de que responsabilidade penal é, na sua essência, inerente só aos seres humanos, pois estes, como afirmamos antes, são os únicos dotados de consciência, vontade e capacidade de compreensão do fato e de ação (ou omissão) conforme ou desconforme ao direito" (*Das penas e seus critérios de aplicação*, p. 133); c) as penas destinadas à pessoa jurídica não poderiam ser privativas de liberdade, que constituem o cerne das punições de direito penal. Afinal, para aplicar uma multa, argumenta-se, basta o disposto no direito administrativo ou civil; d) as penas são personalíssimas, de forma que a punição a uma pessoa jurídica certamente atingiria o sócio inocente, que não tomou parte na decisão provocadora do crime. Há outros fundamentos, embora estes sejam os principais. Em sentido contrário, estão aqueles que defendem a possibilidade de a pessoa jurídica responder pela prática de um delito. Argumentam: a) as pessoas jurídicas têm vontade, não somente porque têm existência real, não constituindo um mito, mas pelo fato de fazerem "com que se reconheça, modernamente, sua vontade, não no sentido próprio que se atribui ao ser humano, resultante da própria existência natural, mas em um plano pragmático-sociológico, reconhe-cível socialmente. Essa perspectiva permite a criação de um conceito novo denominado 'ação delituosa institucional', ao lado das ações humanas individuais" (SÉRGIO SALOMÃO SHECAIRA, *Responsabilidade penal da pessoa jurídica*, p. 148; ver, ainda, p. 94-95); b) ainda que não tives-sem vontade própria, passível de reconhecimento através do dolo e da culpa, é preciso desta-car existirem casos de responsabilidade objetiva, no direito penal, inclusive de pessoa física, como se dá no contexto da embriaguez voluntária, mas não preordenada (maiores detalhes podem ser colhidos nas notas ao art. 28); c) as penas não são a única característica marcante do direito penal, além do que, atualmente, está-se afastando, até mesmo para a pessoa física, a pena de encarceramento, porque não reeducativa e perniciosa; d) os artigos constitucionais mencionados – 173, § 5.º, e 225, § 3.º – são expressos ao admitir a responsabilidade penal da pessoa jurídica, especialmente o art. 225, § 3.º; aliás, nesse contexto, é incompreensível quem cita o art. 5.º, inciso XLV, como argumento. Este dispositivo diz que "nenhuma pena passará da pessoa do condenado", de modo que nada tem a ver com a responsabilidade penal da pessoa jurídica, visto que esta pode ser condenada e a pena não passará da sua pessoa (vide a próxima alínea *e*); e) no tocante às penas serem personalíssimas, o que não se nega, é preciso destacar que a sanção incidirá sobre a pessoa jurídica, e não sobre o sócio. Se este vai ser prejudicado ou não pela punição é outro ponto, aliás, fatal de ocorrer em qualquer tipo de crime. Se um empresário for condenado e levado à prisão, pode sua família sofrer as consequências, em-bora não tenha participado da prática da infração penal. Cremos estar a razão com aqueles que sustentam a viabilidade de a pessoa jurídica responder por crime no Brasil, após a edição da Lei 9.605/1998, que cuida dos delitos contra o meio ambiente, por todos os argumentos supracitados. E vamos além: seria possível, ainda, prever outras figuras típicas contemplando a pessoa jurídica como autora de crime, mormente no contexto dos delitos contra a ordem econômica e financeira e contra a economia popular (art. 173, § 5.º, CF). Depende, no entanto, da edição de lei a respeito. No mais, é preciso lembrar que, historicamente, o Tribunal de Nu-remberg chegou a condenar, por crimes de guerra contra a humanidade, não somente pessoas físicas, mas corporações inteiras, como a Gestapo e as tropas da SS. Confira-se, também, o caso retratado por SIDNEI BENETI, a respeito da primeira condenação de pessoa jurídica na Justiça francesa: Responsabilidade penal da pessoa jurídica: notas diante da primeira condenação na Justiça francesa, *RT* 731/471. No Brasil, já se tem registro de condenação de pessoa jurídica por delito contra o meio ambiente: STF: RE 548.181-PR, 1.ª T., rel. Rosa Weber, 06.08.2013, m.v.). STJ: "1. Após o julgamento do RE 548.181 pela Suprema Corte, a jurisprudência desta Corte consolidou-se no sentido de que é possível a responsabilização penal da pessoa jurídica por crimes ambientais independentemente da responsabilização concomitante da pessoa física que a represente" (RMS 56.073-ES, rel. Ribeiro Dantas, 5.ª T., 25.09.2018, *DJe* 03.10.2018). Sob outro aspecto, temos defendido que a pessoa jurídica, à falta de expressa menção no art. 3.º da

Lei 9.605/1998, pode responder sozinha, ou seja, mesmo que não se apure a responsabilidade penal da pessoa física executora direta da conduta típica. Adotam a responsabilidade penal da pessoa jurídica atualmente, além do Brasil: Estados Unidos, Inglaterra, Canadá, Austrália, Cuba, México, China, Japão, Holanda, Portugal, Escócia, França, Áustria e Dinamarca. Note-se o disposto no Código Penal do Alabama (EUA), disciplinando o conceito de sujeito ativo do crime: "um ser humano, e, onde for apropriado, uma empresa pública ou privada, uma associação, uma sociedade, um governo ou uma instituição governamental" (art. 13-A, 1-2).

**4-B. Sujeito passivo:** é o titular do bem jurídico protegido pelo tipo penal incriminador, que foi violado. Conforme esclarece ROCCO, "cada delito, enquanto consiste numa *ilicitude*, em um ilícito jurídico, enquanto é *violação* (ou ofensa) *de direito*, lesiona ou ameaça um determinado bem ou interesse jurídico ou um determinado direito subjetivo cujo sujeito é o sujeito passivo do delito" (*El objeto del delito y de la tutela jurídica penal*, p. 11). Divide-se em: a) *sujeito passivo formal* (ou constante): é o titular do interesse jurídico de punir, que surge com a prática da infração penal. É sempre o Estado; b) *sujeito passivo material* (ou eventual): é o titular do bem jurídico diretamente lesado pela conduta do agente. Podem repetir-se na mesma pessoa o sujeito passivo formal e o material. Lembremos que inexistem as seguintes possibilidades: a) animais, coisas e mortos como sujeitos passivos. Por certo, há crimes contra animais, figurando estes como objeto material da conduta do agente (vide o exemplo do art. 32 da Lei 9.605/1998: "praticar ato de abuso, maus-tratos, ferir ou mutilar animais silvestres, domésticos ou domesticados, nativos ou exóticos"), mas o sujeito passivo é sociedade, visto constituir o bem jurídico tutelado é dúplice, envolvendo a proteção ao meio ambiente e, também, a honestidade ou ética pública. Outra ilustração refere-se ao crime de *destruição, subtração ou ocultação de cadáver* (art. 211, CP), cujo objeto material é o cadáver ou parte dele, embora o sujeito passivo seja a sociedade, pois o objeto jurídico é o respeito aos mortos; b) confusão, na mesma pessoa, do sujeito ativo e passivo, levando-se em consideração uma única conduta. Assim, não há caso em que, através de determinada conduta, o agente possa ferir-se exclusivamente, provocando a ocorrência de um crime. Para isso, seria necessário punir a autolesão, o que não ocorre no Brasil. Entretanto, é possível haver, no mesmo crime, uma pessoa que seja tanto sujeito ativo quanto passivo, como ocorre na rixa. A situação viabiliza-se porque o delito é constituído de condutas variadas, cada qual tendo por destinatário outra pessoa. Não se deve confundir, ainda, o que foi afirmado – inexistência de delito punindo a autolesão – com situações similares, contendo certamente agressões que o agente faz contra si mesmo, mas cujo bem jurídico protegido é de pessoa diversa. É o que ocorre, por exemplo, no caso do *estelionato com fraude para o recebimento de indenização ou valor de seguro* (art. 171, § 2.º, V). O agente, nesse caso, pode lesar o próprio corpo ou a saúde (dirige a agressão contra si mesmo), mas com o fim de prejudicar a seguradora, logo, é crime patrimonial, nada tendo a ver com a punição da autolesão. Outro exemplo é o de crime militar, consistente em *criação ou simulação de incapacidade física* (art. 184, CPM). O agente pode provocar uma lesão em si mesmo apenas para se tornar inabilitado ao serviço militar, o que constitui delito, cujo sujeito passivo é o Estado.

**4-C. Objeto material do crime:** é o bem jurídico, de natureza corpórea ou incorpórea, sobre o qual recai a conduta criminosa. Como explica FREDERICO MARQUES, "*bem* é vocábulo que designa tudo quanto é apto a satisfazer uma necessidade humana. Ele pode consistir em um objeto do mundo exterior, ou em uma qualidade do sujeito. Pode ainda ter natureza incorpórea, pelo que, ao lado dos bens materiais, existem os bens imateriais ou ideais, que têm particular importância para o Direito Penal" (*Tratado de direito penal*, v. II, p. 39). Por isso, sustentamos que todo delito possui objeto material, como, aliás, demonstramos nas classificações das infrações penais feitas na Parte Especial. Exemplos de objetos materiais incorpóreos: a) o casamento no crime de bigamia; b) a reputação na calúnia e na difamação; c) a autoestima na injúria. Salientemos, no entanto, que há posições em *sentido contrário*, não aceitando a possibilidade da existência de crimes cujo objeto material seja incorpóreo. Para Rocco, o objeto material somente pode ser homem ou coisa (*El objeto del delito y de la tutela jurídica penal*, p. 11).

**4-D. Objeto jurídico:** é o interesse protegido pela norma penal, como a vida, o patrimônio, a honra, a fé pública, entre outros. Segundo Rocco, objeto jurídico é o bem ou interesse, eventualmente um verdadeiro e próprio direito subjetivo, protegido por uma norma jurídica imposta sob sanção penal e violada mediante uma ação delituosa. Naturalmente, ademais, e por isso mesmo, o objeto jurídico do delito é também a *norma jurídica* que tutela o bem ou interesse e em cuja transgressão consiste no delito, assim como a *obrigação* ou *dever jurídico* de onde deriva aquela norma e a cujo cumprimento o cidadão está obrigado, e ainda a *pretensão jurídica* que corresponde a essa obrigação; também a *relação jurídica* que deriva daquela obrigação e dessa pretensão (*El objeto del delito y de la tutela jurídica penal*, p. 12). Assim, exemplificando, no caso do furto de um veículo: o sujeito ativo é a pessoa que subtraiu o carro; o sujeito passivo é o proprietário do automóvel (sendo sujeito passivo formal o Estado); o objeto material é o veículo; o objeto jurídico é o patrimônio.

**5. Classificação dos crimes:** constitui tema de suma importância para o estudo dos tipos penais o conhecimento de algumas classificações, que, a seguir, serão expostas:

**5.1) crimes comuns e próprios:** são considerados *comuns* os delitos que podem ser cometidos por qualquer pessoa (ex.: homicídio, roubo, falsificação); são *próprios* os crimes que exigem sujeito ativo especial ou qualificado, isto é, somente podem ser praticados por determinadas pessoas. As qualidades do sujeito ativo podem ser *de fato*, referentes à natureza humana ou à inserção social da pessoa (ex.: mulher no autoaborto; mãe no infanticídio; enfermidade no perigo de contágio venéreo), ou *de direito*, referentes à lei (ex.: funcionário público, em vários delitos do Capítulo I, Título XI, da Parte Especial; testemunha no falso testemunho; perito na falsa perícia). Os *próprios* podem ser subdivididos em puros e impuros. Os *puros* dizem respeito aos delitos que, quando não forem cometidos pelo sujeito indicado no tipo penal, deixam de ser crime, caso a conduta se concretize por ato de outra pessoa (ex.: advocacia administrativa – art. 321. Nesse caso, somente o funcionário pode praticar a conduta; se for outra pessoa, não haverá infração penal). Os *impuros* referem-se aos delitos que, se não cometidos pelo agente indicado no tipo penal, transformam-se em figuras delituosas diversas (ex.: se a mãe mata o filho recém-nascido, após o parto, em estado puerperal, é infanticídio; caso um estranho mate o recém-nascido, sem qualquer participação da mãe, cuida-se de homicídio). Nessa ótica, conferir a lição de Nilo Batista (*Concurso de agentes*, p. 96). Dentro dos crimes próprios encontram-se, ainda, os crimes *de mão própria*, que exigem sujeito ativo qualificado, devendo este cometer direta e pessoalmente a conduta típica. Assim, neste último caso, não admitem coautoria, mas somente participação. É o caso do falso testemunho: somente a testemunha pode, diretamente, cometer o crime, apresentando-se ao juiz para depor e faltando com a verdade. Mencione-se, ainda, o crime de reingresso de estrangeiro expulso (art. 338): somente a pessoa que foi expulsa pode cometê-lo, reingressando no território nacional. Há quem sustente poder o crime de mão própria ser comum, isto é, praticado por qualquer pessoa, desde que o faça diretamente. Em nosso entendimento, tal proposta é inviável. O delito de mão própria somente tem significado se pudermos considerá-lo um crime próprio, vale dizer, cometido por sujeito ativo qualificado. Anotemos a precisa lição de Maurach: "Há determinados tipos que são necessariamente concebidos, conforme seu conteúdo de ilícito, de tal modo que somente pode ser autor dos mesmos aquele que estiver em condições de realizar, pessoal e diretamente, a conduta proibida. (...) Os terceiros podem chegar a ser cúmplices dos delitos de mão própria (o termo foi criado por Binding), mas não podem ser autores, isto é, nem como coautores, nem como autores mediatos. (...) A participação nos delitos de mão própria (indução e cumplicidade) é possível de forma restrita, posto que o partícipe coopera na ação *de outro*, e, em consequência, não precisa ter a qualidade de autor" (*Derecho penal – Parte general*, v. 1, p. 368-369). No mesmo prisma, Welzel cita como exemplos de delitos de mão própria somente os casos de crimes que são igualmente próprios, como o falso testemunho, o incesto (que não temos no Brasil), a deserção, entre outros (*Derecho penal alemán*, p. 128-129). Conferir, também, a lição de Nilo Batista: "Os crimes de mão própria não admitem coautoria nem autoria mediata na medida em que o seu conteúdo de injusto reside precisamente na pessoal e indeclinável realização da atividade proibida" (*Concurso de agentes*, p. 97). E assim deve ser. Somente para argumentar, tomemos como ilustrações as seguintes: as duas modalidades de aborto provocado por terceiro (arts. 125 e 126, CP) são espécies de crimes comuns, logo, jamais serão de mão própria, até pelo fato de ser perfeitamente possível que haja coautoria (duas parteiras realizam, em conjunto, o aborto da gestante), bem como é viável a autoria mediata (alguém utiliza pessoa inimputável ou induzida em erro para a realização do referido aborto). Se o crime pode ser cometido por interposta pessoa (autoria mediata) ou permite a realização em coautoria, deixou de ser de mão própria, qualidade da infração penal que somente aceita a participação (no falso testemunho, por exemplo, pode-se induzir alguém a mentir, mas nunca se poderá *mentir em conjunto*, pois depoimento não é jogral, nem tampouco pode a testemunha valer-se de terceiro para depor em seu lugar). Portanto, para o surgimento do delito de mão própria é fundamental que o sujeito ativo detenha uma qualidade especial, que o tornará único e habilitado à realização da ação típica de forma direta e pessoal. Lembremos, no entanto, em nosso entendimento, que a vedação à autoria mediata diz respeito ao sujeito ativo qualificado que, por deter especial condição, não consegue valer-se de terceira pessoa para o ato. Eventualmente, podemos conceber a hipótese de alguém, valendo-se de coação moral irresistível, obrigar uma testemunha a mentir. Responderia por falso testemunho como autor mediato. O cerne da questão, entretanto, é que a testemunha não tem condições de agir como autor mediato, isto é, valer-se ela de terceira pessoa para em seu lugar depor. Nesses termos é que afastamos a autoria mediata do cenário do crime de mão própria.

**5.2) crimes instantâneos e permanentes:** os delitos instantâneos são aqueles cuja consumação se dá com uma única conduta, que não produz um resultado prolongado no tempo. Assim, ainda que a ação possa ser arrastada no tempo, o resultado é instantâneo (ex.: homicídio, furto, roubo). Os delitos permanentes são os que se consumam com uma única conduta, embora a situação antijurídica gerada se prolongue no tempo até quando queira o agente. Exemplo disso é o sequestro ou cárcere privado. Com a ação de tirar a liberdade da vítima, o delito está consumado, embora, enquanto esteja esta em cativeiro, por vontade do agente, continue o delito em franca realização. Outros exemplos: extorsão mediante sequestro, porte ilegal de arma e de substância entorpecente. Para a identificação do crime permanente, oferece a doutrina duas regras: a) o bem jurídico afetado é imaterial (ex.: saúde pública, liberdade individual etc.); b) normalmente é realizado em duas fases, a primeira, comissiva, e a segunda, omissiva (sequestra-se a pessoa através de uma ação, mantendo-a no cativeiro por omissão). Essas regras não são absolutas, comportando exceções. No crime de introdução de animais em propriedade alheia, causando prejuízo (art. 164, CP), podemos ter a forma permanente e há ofensa a bem jurídico material. Por outro lado, é possível cometer-se o crime na forma omissiva apenas (o carcereiro, que legalmente custodiava o preso, ao receber o alvará de soltura do juiz não o libera, praticando cárcere privado) ou só na forma comissiva (tortura exercida contra alguém através de vários atos). O delito permanente admite prisão em flagrante enquanto não cessar a sua realização, além de não ser contada a prescrição até que finde a permanência. Inserem-se na categoria de crimes instantâneos – e não em uma classe à parte – os crimes instantâneos de efeitos permanentes, que nada mais são do que os delitos instantâneos que têm a aparência de permanentes por causa do seu método de execução. A bigamia é exemplo disso. Ao contrair o segundo casamento, o agente torna-se bígamo, estado que perdura com o passar do tempo. Assim, parece ser um delito permanente, que continuaria a afrontar o casamento, mas, em verdade, é instantâneo. Outro exemplo é o crime de loteamento clandestino. Está consumado assim que ocorre a partição de um terreno, sem autorização legal; depois, inúmeras construções serão realizadas; parece que o crime se encontra em fase de consumação, mas não, o que se vê é o rastro de um delito já consumado. Há, ainda, outras espécies de crimes instantâneos, que possuem formas peculiares de consumação. É o caso dos delitos instantâneos de continuidade habitual, isto é, aqueles que se consumam através de uma única conduta provocadora de um resultado instantâneo, mas que exige, em seguida, para a configuração do tipo, a reiteração de outras condutas em formato habitual. Note-se o caso do art. 228 (favorecimento à prostituição): "Induzir ou atrair alguém à prostituição...". A mera indução (dar a ideia) é a conduta do agente e o resultado não depende da sua vontade, configurando-se tão logo a pessoa se prostitua. Ainda que se possa falar em "resultado instantâneo", pois o que se pune é apenas o *favorecimento à prostituição*, e não o comércio do próprio corpo, depende--se, para a perfeita configuração típica, de prova concreta da reiterada conduta da vítima, uma vez que *prostituição* implica habitualidade (maiores detalhes podem ser encontrados nas notas ao art. 228). É o que ocorre também nos delitos previstos nos arts. 230, 247, I e II. Existe, também, o crime instantâneo de habitualidade preexistente, que é a figura típica passível de concretização pela prática de uma única conduta, com resultado instantâneo, embora exija, para tanto, o desenvolvimento habitual de outro comportamento preexistente. É o que ocorre no caso de venda de mercadoria de procedência estrangeira, introduzida clandestinamente no País, *no exercício de atividade comercial* (art. 334, § 1.º, III, CP). Não existindo anteriormente a prática habitual do comércio, não se configura o delito nesse tipo penal previsto, embora seja ele instantâneo. Por derradeiro, vale mencionar o denominado *crime eventualmente permanente*, que é o delito instantâneo, como regra, mas que, em caráter excepcional, pode realizar-se de modo a lesionar o bem jurídico de maneira permanente. Exemplo disso é o furto de energia elétrica. A figura do furto, prevista no art. 155, concretiza-se sempre instantaneamente, sem prolongar o momento consumativo, embora, como o legislador equiparou à coisa móvel, para efeito punitivo, a energia elétrica (art. 155, § 3.º), permite-se, certamente, lesionar o bem jurídico (patrimônio), desviando a energia de modo incessante, causando prejuízo continuado à distribuidora de energia. Observação interessante, que merece registro, é feita por Giovanni Grisolia, no sentido de que muitos delitos, considerados instantâneos, podem transformar--se em permanentes, desde que a atividade possa se prorrogar no tempo. Tal situação ocorre porque cada fato-crime é composto por uma conduta conforme a vontade do agente. E cada conduta tem uma dimensão temporal, uma duração, que pode ser brevíssima ou pode estender--se longamente no tempo: tudo depende da natureza da atividade, do bem sobre o qual incide a conduta e da vontade do agente. Uma violência sexual pode estender-se mais ou menos no tempo, por exemplo (*Il reato permanente*, p. 4).

**5.3) crimes comissivos, omissivos, comissivos por omissão e omissivos por comissão:** os delitos comissivos são os cometidos por intermédio de uma ação (ex.: estupro); os omissivos são praticados através de uma abstenção (ex.: omissão de socorro); os comissivos por omissão são os delitos de ação, excepcionalmente praticados por omissão, restrita aos casos de quem tem o dever de impedir o resultado (art. 13, § 2.º); os omissivos por comissão são os cometidos, normalmente, através de uma abstenção, mas que podem ser, excepcionalmente, praticados pela ação de alguém (ex.: é o caso do agente que impede outrem, pelo emprego da força física, de socorrer pessoa ferida).

**5.4) crimes de atividade e de resultado:** chamam-se delitos de atividade os que se contentam com a ação humana esgotando a descrição típica, havendo ou não resultado naturalístico. São chamados de formais ou de mera conduta. É o caso da prevaricação (art. 319). Contenta-se o tipo penal em prever punição para o agente que deixar de praticar ato de ofício para satisfazer interesse pessoal, ainda que, efetivamente, nada ocorra no mundo naturalístico, ou seja, mesmo que a vítima não sofra prejuízo. Embora controversa, há quem estabeleça diferença entre os crimes de atividade, vislumbrando situações diversas quanto aos formais e aos de mera conduta. Os formais seriam os crimes de atividade que comportariam a ocorrência de um resultado naturalístico, embora não exista essa exigência (reportamo-nos ao exemplo da prevaricação). Os de mera conduta seriam os delitos de atividade que não comportariam a ocorrência de um resultado naturalístico, contentando-se unicamente em punir a conduta do agente (ex.: violação de correspondência, reingresso de estrangeiro expulso, ato obsceno e algumas formas da violação de domicílio). Na categoria dos crimes de atividade, especificamente nos delitos formais, insere-se o crime *exaurido*, que é o delito que continua a produzir resultado danoso depois de estar consumado. É o que ocorre, por exemplo, no delito formal da prevaricação: se o agente prevaricador, que consumou o crime somente por deixar de praticar o ato de ofício, ainda conseguir prejudicar, efetivamente, a vítima, terá provocado o exaurimento do delito. Por vezes o exaurimento leva à exasperação da pena: ver arts. 317, § 1.º, 329, § 1.º. Os crimes de resultado (materiais ou causais) são aqueles que somente se concretizam se atingirem um resultado naturalístico, isto é, uma efetiva modificação do mundo exterior. Nas palavras de MANOEL PEDRO PIMENTEL, delito material "é aquele em que a descrição feita no preceito primário da norma inclui, como elemento essencial do fato típico, a produção de um determinado resultado. É o crime de dano por excelência. O efeito lesivo deve se concretizar em uma exteriorização destacada da ação" (*Crimes de mera conduta*, p. 76). Exemplos: homicídio, roubo, dano, estelionato.

**5.5) crimes de dano e de perigo:** os delitos de dano são os que se consumam com a efetiva lesão a um bem jurídico tutelado. Trata-se da ocorrência de um prejuízo efetivo e perceptível pelos sentidos humanos. Os crimes de perigo são os que se contentam, para a consumação, com a mera probabilidade de haver um dano. Ver maiores comentários no Capítulo III, do Título I, da Parte Especial. Registremos que os delitos de perigo, como regra, são editados para evitar a prática dos crimes de dano. Logo, espera-se que tenham penas mais brandas que as infrações de dano, com as quais apresentem ligação. Afinal, a probabilidade de dano é menos lesiva do que o dano em si. Note-se, entretanto, o disposto no art. 15 da Lei 10.826/2003: "Disparar arma de fogo ou acionar munição em lugar habitado ou em suas adjacências, em via pública ou em direção a ela, *desde que essa conduta não tenha como finalidade a prática de outro crime*: Pena – reclusão, de 2 (dois) a 4 (quatro) anos, e multa" (grifamos). Ora, se o agente dispara a arma de fogo em lugar habitado com o objetivo de provocar lesão corporal leve (crime de dano), sofreria uma pena de detenção, de três meses a um ano (art. 129, *caput*, CP), dependente, ainda, de representação da vítima (ação pública condicionada). Parece-nos um desvirtuamento do panorama lógico-sistemático no quadro dos delitos de perigo e de dano. Os de perigo não poderiam ser apenados mais gravemente que os de dano, como regra, repita-se. Inverte-se, no fundo e pouco a pouco, o horizonte a ser alcançado pelo direito penal nesse cenário. Quem provoca lesão corporal leve dolosa, em função de disparo de arma de fogo, comete infração penal de menor potencial ofensivo; aquele que dá um disparo de revólver num terreno baldio de determinada cidade, sem atingir ninguém, pode ser processado e condenado (ação pública incondicionada) a uma pena de, no mínimo, dois anos de reclusão. É preciso coerência, o que não vem sendo a realidade jurídica na criação de leis penais no Brasil. Aliás, para ilustrar, basta constatar que o delito de perigo, previsto no art. 273 do Código Penal, possui pena cominada de reclusão, de dez a quinze anos, e multa, superior, portanto, ao crime de homicídio simples (art. 121, *caput*, CP). Outro diferencial que merece anotação é em relação ao elemento subjetivo. O dolo de dano é a vontade de causar lesão a um bem jurídico tutelado. O dolo de perigo, no entanto, significa a vontade de vivenciar uma situação de risco intolerável e juridicamente vedada.

**5.6) crimes unissubjetivos e plurissubjetivos:** são unissubjetivos os crimes que podem ser praticados por uma só pessoa (ex.: aborto, extorsão, epidemia, homicídio, constrangimento ilegal, entre outros), enquanto denominam-se plurissubjetivos aqueles que somente podem ser cometidos por mais de uma pessoa (ex.: rixa, associação criminosa, bigamia, entre outros). Isto não significa, no caso dos plurissubjetivos, que todas as pessoas devam ser penalmente punidas. É o caso da bigamia, que exige, pelo menos, duas pessoas para a sua configuração, embora uma delas possa não ser responsabilizada, pois não é casada, nem sabe que a outra o é. Os delitos plurissubjetivos são, ainda, conhecidos pelas seguintes denominações: crimes convergentes, delitos de encontro, crimes de concurso necessário, delitos coletivos, crimes multitudinários e crimes de autoria múltipla.

**5.7) crimes progressivos e crimes complexos:** ambos fazem parte do fenômeno denominado continência, que se dá quando um tipo engloba outro. Pode ser a continência: *explícita*, quando um tipo penal expressamente envolve outro, como ocorre no caso do crime complexo (ex.: o roubo envolve o furto, a ameaça e a ofensa à integridade física); e *implícita*, quando um tipo penal tacitamente envolve outro, que é o crime progressivo. Para cometer um homicídio, necessariamente passa o agente pelo crime de lesão corporal, que no outro está contido. Convém, ainda, mencionar que há uma *divisão*, no contexto dos crimes complexos, em: *complexos em sentido estrito*, que é a autêntica forma de delito complexo, pois um tipo penal é formado pela junção de dois ou mais tipos, como no exemplo supracitado do roubo; *complexos em sentido amplo*, que é a forma anômala de delito complexo, pois o tipo penal engloba um outro tipo associado a uma conduta lícita qualquer. Como exemplo, pode-se mencionar o estupro, formado de um constrangimento ilegal (crime previsto no art. 146 do Código Penal) associado à relação sexual ou à prática de qualquer outro ato libidinoso (por si só, condutas lícitas). Parte da doutrina, no entanto, critica a denominação de *crime complexo em sentido amplo*. Alega-se que o verdadeiro crime complexo, como indicado no art. 101 do Código Penal, quer significar um tipo penal formado de outros *crimes* e não englobando apenas um. Entretanto, preferimos considerar existentes as duas formas de crimes complexos – afinal, o mencionado art. 101 estaria fazendo referência, exclusivamente, ao delito complexo *em sentido estrito*. Sobre a natureza jurídica do crime complexo, ensina Nuria Castelló Nicás que não deixa de ser um concurso de delitos, pois, de acordo com sua configuração técnico-legislativa, em lugar de se castigarem separadamente as lesões a variados bens jurídicos, opta-se pela figura complexa, mais específica, estabelecendo uma valoração conjunta dos fatos concorrentes (*El concurso de normas penales*, p. 52).

**5.8) progressão criminosa:** trata-se da evolução na vontade do agente, fazendo-o passar, embora num mesmo contexto, de um crime a outro, normalmente voltado contra o mesmo bem jurídico protegido. Denomina-se progressão criminosa propriamente dita ou progressão em sentido estrito, como ensina Frederico Marques (*Tratado de direito penal*, v. II, p. 474), a ocorrência de um crime progressivo cujos atos se apresentam, por exceção, desgarrados, temporariamente afastados. Quer o agente lesionar a vítima; após um período, delibera matá--la. Será punido unicamente pelo fato mais grave. Difere esta situação (progressão criminosa) do crime progressivo, em função do elemento subjetivo. Na progressão, a intenção inicial era a lesão, que evoluiu para o homicídio, enquanto no progressivo, o agente delibera matar, passando, por necessidade, pela lesão. O mesmo exemplo é utilizado por ANTOLISEI, que denomina essa modalidade de progressão de *progressão criminosa em sentido estrito* (*Manuale di diritto penale – Parte generale*, p. 538) Há, ainda, na progressão criminosa, o que se chama de *fato antecedente não punível*, significando que um delito serviu de meio para se atingir outro, desde que se trate do mesmo contexto delituoso. Usa-se o critério da absorção. É o que ocorre no caso do agente que contrabandeia um produto (art. 334) para, depois, vendê-lo (art. 334, § 1.º). Por derradeiro, fala-se, também, no *fato posterior não punível*, que é a sucessão de fato menos grave, contra objeto jurídico já atingido por delito mais grave, inexistindo motivo para a dupla punição. Exemplo disso ocorre quando o sujeito envenena água potável (art. 270) e, em seguida, entrega-a para consumo (art. 270, § 1.º). O mesmo se dá quando o agente furta um objeto (art. 155, CP) e, na sequência, o destrói (art. 163, CP). Nesse caso, no entanto, conforme lição de NURIA CASTELLÓ NICÁS, com a qual concordamos, a não punição do dano, que se seguiu ao furto, é mera política criminal, evitando-se a cumulação de sanções penais. Afinal, rigorosamente falando, deveria o agente ser punido em concurso material, pois, no caso de simples furto, o dono da coisa ainda tem a expectativa de recuperá-la. Se for destruída, perde-se para sempre (*El concurso de normas penales,* p. 55). Esse último caso é a denominada progressão criminosa em sentido lato.

**5.9) crime habitual:** é aquele que somente se consuma através da prática reiterada e contínua de várias ações, traduzindo um estilo de vida indesejado pela lei penal. Logo, pune-se o conjunto de condutas habitualmente desenvolvidas, e não somente uma delas, que é atípica. São requisitos para o seu reconhecimento: a) reiteração de vários fatos, b) identidade ou homogeneidade de tais fatos, c) nexo de habitualidade entre os fatos (MARINO PETRONE, *Reato abituale*, p. 17). É modalidade específica de crime, não admitindo confusão com os instantâneos e os permanentes. Configura, em nosso entender, equívoco a classificação que aponta a convivência da habitualidade com a permanência, isto é, o crime habitual não é permanente e vice-versa. O delito permanente consuma-se numa única conduta e o resultado prolonga-se no tempo, enquanto o habitual exige a prática de várias condutas, analisadas em conjunto no momento da aplicação da lei penal, a fim de se verificar se houve ou não habitualidade. Logo, os crimes habituais, diferentemente dos permanentes, não admitem tentativa (ver a nota 35 ao art. 14), nem tampouco suportam prisão em flagrante (ver maiores comentários na nota 37 ao art. 229). A impossibilidade de se aceitar essa modalidade de prisão quanto aos delitos habituais explica-se porque jamais a polícia teria condições de verificar que o crime habitual se consumou, isto é, de constatar a atualidade da conduta. Além disso, o crime habitual não tem suporte para configurar uma situação duradoura, persistente no tempo, passível de constatação e controlável, justificando a prisão em flagrante. A conduta do delito habitual é, por natureza, nebulosa e impossível de verificação à primeira vista. Em outro prisma, a flagrância não se dá no delito habitual porque o seu cometimento é dilatado no tempo, não representando uma *surpresa* (como exigiria o flagrante), mas apenas uma constatação da habitualidade, ou seja, da frequência dos atos. Assim: MARIO PETRONE (*Reato abituale*, p. 82-83). Quanto ao flagrante, há posição em sentido contrário, admitindo-o: TJSP: "Via de regra, a sindicância prévia constitui o melhor elemento para a definição da habitualidade. Isso não significa, porém, que ela seja imprescindível, desde que no próprio auto de flagrante sejam colhidas provas convincentes da habitualidade" (tratando de casa de prostituição – *RT* 415/55; julgado antigo, mas serve de ilustração). A justificativa concentra-se no fato de que, consumada a infração habitual, torna-se permanente. Deve-se, ainda, distinguir o crime habitual próprio do habitual impróprio. Aquele é o delito habitual propriamente dito (denominado de habitualidade constitutiva), que somente se tipifica apurando-se a reiteração de condutas do agente, de modo a configurar um estilo próprio de vida, enquanto o habitual impróprio (chamado de habitualidade delitiva) é a reiteração na prática de crimes instantâneos ou permanentes (ex.: pessoa que vive do cometimento de furtos repetidamente realizados). Acrescente-se, também, a existência da habitualidade agravante, quando é inserida a reiteração da prática criminosa como causa de aumento da pena, embora o delito seja instantâneo ou permanente (ex.: o crime de lavagem de dinheiro reiteradamente praticado provoca a elevação de um a dois terços, conforme disposto no art. 1.º, § 4.º, da Lei 9.613/1998).

**5.10) crimes unissubsistentes e plurissubsistentes:** os delitos unissubsistentes são os que admitem a sua prática através de um único *ato*, enquanto os plurissubsistentes exigem vários atos, componentes de uma ação. Há figuras delitivas que admitem ambas as hipóteses. É exemplo de crime unissubsistente a injúria verbal. Não se admite tentativa nesse caso. Como exemplo de crime plurissubsistente pode-se mencionar o homicídio.

**5.11) crimes de forma livre e de forma vinculada:** são delitos de forma livre os que podem ser praticados de qualquer modo pelo agente, não havendo, no tipo penal, qualquer vínculo com o método. Ex.: apropriação indébita, infanticídio, lesão corporal, entre outros. São delitos de forma vinculada aqueles que somente podem ser cometidos através de fórmulas expressamente previstas no tipo penal, como demonstra o caso do curandeirismo (art. 284).

**5.12) crimes vagos (multivitimários ou de vítimas difusas):** são aqueles que não possuem sujeito passivo determinado, sendo este a coletividade, sem personalidade jurídica. São os casos da perturbação de cerimônia funerária (art. 209) e da violação de sepultura (art. 210), entre outros. É evidente que o crime vago é o delito sem vítima, embora, como lembra ANA SOFIA SCHMIDT DE OLIVEIRA, há que se levar em conta outra categoria de crime sem vítima, que é a "categoria de crimes em que há pleno acordo de vontades entre os envolvidos e que não gera nenhum sentimento de vitimização. São também denominados *crimes consensuais*". Nesses casos, o indivíduo, ao violar a lei, não provoca nenhum tipo de lesão a outra pessoa e fica submetido unicamente ao julgamento da sociedade, porque teria causado um mal a si mesmo ou estaria inconformado de ter de agir conforme um padrão de comportamento moral eleito pela sociedade. Seria o caso da autolesão, da tentativa de suicídio e até mesmo das relações homossexuais consentidas entre adultos, que algumas legislações insistem em punir. A solução, para a autora, é a descriminalização, uma vez que há flagrante contrassenso na existência de um crime *sem vítima* (*A vítima e o direito penal*, p. 83-84).

**5.13) crimes remetidos:** são os tipos penais que fazem expressa remissão a outros. Ex.: uso de documento falso (art. 304).

**5.14) crimes condicionados:** são os que dependem do advento de uma condição qualquer, prevista no tipo (interna) ou não (externa), para se configurarem. Ex.: o crime falimentar depende, em regra, do advento da sentença de falência. Não admitem tentativa.

**5.15) crimes de atentado (ou de empreendimento):** são os delitos que preveem, no tipo penal, a forma tentada equiparada à modalidade consumada. Ex.: art. 352 ("Evadir-se ou tentar evadir-se o preso ou o indivíduo submetido a medida de segurança detentiva, usando de violência contra a pessoa").

## DIFERENÇAS ENTRE OS CRIMES INSTANTÂNEOS, PERMANENTES, HABITUAIS E CONTINUADOS

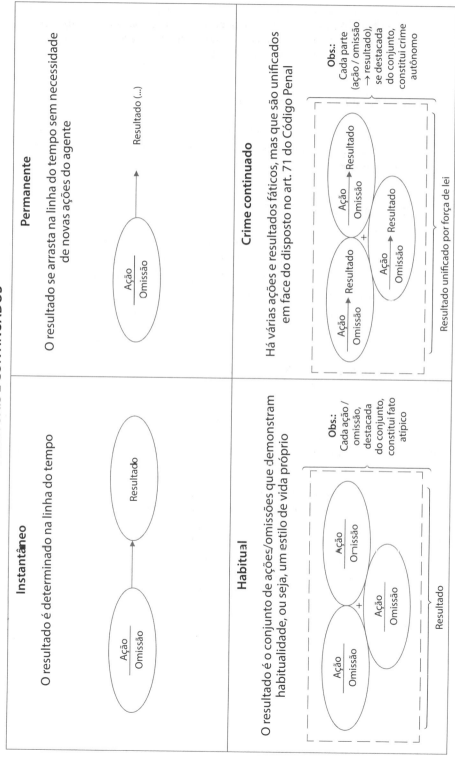

# Art. 13

Código Penal Comentado · **Nucci**

104

### Relação de causalidade[6]

> **Art. 13.** O resultado,[7] de que depende a existência do crime, somente é imputável a quem lhe deu causa. Considera-se causa[8] a ação[9-10] ou omissão[11] sem a qual o resultado não teria ocorrido.[12-13]

### Superveniência de causa independente[14]

> § 1.º A superveniência de causa relativamente independente exclui a imputação quando, por si só, produziu o resultado;[15] os fatos anteriores, entretanto, imputam-se a quem os praticou.[16]

### Relevância da omissão[17-17-A]

> § 2.º A omissão[18] é penalmente relevante[19] quando o omitente devia e podia agir[20] para evitar o resultado. O dever de agir incumbe a quem:
>
> *a)* tenha por lei obrigação de cuidado, proteção ou vigilância;[21]
>
> *b)* de outra forma, assumiu a responsabilidade de impedir o resultado;[22]
>
> *c)* com seu comportamento anterior, criou o risco da ocorrência do resultado.[23-23-A]

**6. Conceito de relação de causalidade:** é o vínculo estabelecido entre a conduta do agente e o resultado por ele gerado, com relevância para formar o fato típico. Portanto, a relação de causalidade tem reflexos diretos, em nosso entender, na tipicidade. *Causalidade* significa sucessão no tempo. "Literalmente, significa que o tempo se segue, que um tempo se segue a um outro. Por conseguinte, Kant diz, por exemplo: 'tempos diversos não são ao mesmo tempo, mas são um depois do outro'. O tempo 'flui constantemente'. Sua 'constância' é o fluir" (HEIDEGGER, *A essência da liberdade humana: introdução à filosofia*, p. 180).

**7. Conceito de resultado:** há dois critérios para analisar o *resultado*: a) *naturalístico*: é a modificação sensível do mundo exterior. O evento está situado no mundo físico, de modo que somente se pode falar em resultado quando existe alguma modificação passível de captação pelos sentidos. Exemplo: a morte de uma pessoa é um *resultado* naturalisticamente comprovável. Apoiam essa teoria do resultado: ANTOLISEI, GRISPIGNI, FLORIAN, BETTIOL, PETROCELLI, HAUS, SOLER, FREDERICO MARQUES, MAGALHÃES NORONHA (cf. MANOEL PEDRO PIMENTEL, *Crimes de mera conduta*, p. 90); b) *jurídico ou normativo*: é a modificação gerada no mundo jurídico, seja na forma de dano efetivo ou na de dano potencial, ferindo interesse protegido pela norma penal. Sob esse ponto de vista, toda conduta que fere um interesse juridicamente protegido causa um resultado. Ex.: a invasão de um domicílio, embora possa nada causar sob o ponto de vista naturalístico, certamente provoca um resultado jurídico, que é ferir o direito à inviolabilidade de domicílio do dono da casa. O critério jurídico foi o adotado pelo legislador, bastando analisar o disposto na Exposição de Motivos do Código Penal de 1940, que a Reforma Penal de 1984 manteve, mencionando que "não há crime sem resultado". Aliás, interessante crítica foi feita por MANOEL PEDRO PIMENTEL, dizendo que a expressão "não há crime sem resultado" equivale a dizer o óbvio: "não há crime sem crime" (*Crimes de mera conduta*, p. 14). Apoiam a teoria do resultado jurídico: PANNAIN, DELITALA, VANNINI, PERGOLA, RANIERI, JIMÉNEZ DE ASÚA, NÉLSON HUNGRIA, BASILEU GARCIA e ANÍBAL BRUNO (PIMENTEL, *Crimes* *de mera conduta*, p. 90). Prevalece, na doutrina pátria, no entanto, o conceito naturalístico de resultado. Justamente por isso, faz-se diferença entre crimes de atividade (formais e de mera conduta) e de resultado (materiais). Em verdade, a relação de causalidade somente tem real importância no cenário dos crimes materiais, isto é, aqueles que necessariamente relacionam a conduta a um resultado concreto, previsto no tipo. Não ocorrendo o resultado, não há consumação do crime. Os delitos de atividade (formais ou de mera conduta), que se configuram na mera realização da conduta, pouco importando se há ou não resultado naturalístico, pouco se valem da teoria do nexo causal.

**8. Conceito de causa:** significa toda ação ou omissão indispensável para a configuração do resultado concreto, por menor que seja o seu grau de contribuição. Não há qualquer diferença entre causa, condição (aquilo que permite à causa produzir o seu efeito) e ocasião (circunstância acidental que favorece a produção da causa), para fins de aplicação da relação de causalidade. Para apurar se alguma circunstância fática é causa do crime, deve-se utilizar o critério do *juízo hipotético de eliminação*, ou seja, abstrai-se determinado fato do contexto e, se ainda assim o resultado se produzisse, não seria ele causa do resultado. Ex.: a vítima morre em razão de ferimentos causados por disparos de arma de fogo dados por A; este, por sua vez, adquiriu o revólver de B; o fabricante C construiu a arma, vendida por B. São causas do resultado *morte*: dar o tiro + vender a arma + fabricar o revólver. Subtraído qualquer desses antecedentes – em juízo hipotético –, o resultado morte não teria ocorrido. Ver as notas 12 e 12-A *infra*.

**9. Conceito de conduta:** "etimologicamente, a palavra conduta é latina e significa conduzida ou guiada; quer dizer que todas as manifestações compreendidas no termo de conduta são ações conduzidas ou guiadas por algo que está fora das mesmas: pela mente. Dessa maneira, o estudo da conduta, considerada assim, assenta sobre um dualismo ou uma dicotomia corpo-mente, sobre a tradição do mais puro idealismo, no qual a mente tem existência própria e é o ponto de origem de todas as manifestações corporais; segundo essa perspectiva, o corpo é somente um instrumento ou um veículo do qual se vale a mente (alma) para se manifestar" (BLEGER, *Psicologia da conduta*, p. 23). COMPARATO afirma que "o homem é o único ser, no mundo, dotado de *vontade*, isto é, da capacidade de agir livremente, sem ser conduzido pela inelutabilidade do instinto" (*A afirmação histórica dos direitos humanos,* p. 37). O importante é deixar bem claro que a conduta humana é, ontologicamente, regida pela vontade e pela consciência. Nenhuma teoria jurídica pode alterar a realidade. Tais atributos da conduta permitem ao ser humano desenvolver o seu livre-arbítrio, conduzindo-o para o bem ou para o mal. No prisma jurídico, o conceito de conduta adquire diferentes pontos de vista. Na visão *finalista*, que adotamos, conduta é a ação ou omissão, voluntária e consciente, implicando um comando de movimentação ou inércia do corpo humano, voltado a uma finalidade (tomando o conceito de conduta como gênero, do qual são espécies a ação e a omissão, ver ainda ZAFFARONI e PIERANGELI, *Manual de direito penal – Parte geral*, p. 413; PIERANGELI, *Escritos jurídico-penais*, p. 441; WELZEL, *Derecho penal alemán*, p. 238, este último dizendo que "ação e omissão de uma ação são duas subclasses independentes dentro da 'conduta' susceptível de ser regida pela vontade final"). Há finalistas, no entanto, que não admitem a possibilidade de se elaborar um conceito genérico de conduta, envolvendo ação e omissão, preferindo visualizar a ação separada da omissão (LUIZ REGIS PRADO, *Curso de direito penal brasileiro*, v. 1, p. 247-248). Parece-nos, no entanto, que, embora a omissão tenha regramento particularizado e uma existência diferenciada da ação, não é inviável considerá-la, para efeito de estudo da conduta humana, como a *ação negativa*, pois tanto a ação propriamente dita (positiva) quanto a omissão (negativa) são frutos finalísticos da atuação do ser humano. Sobre a inclusão de ação e omissão no contexto da conduta – ou não –, diz ASSIS

# Art. 13

Código Penal Comentado · **Nucci**

TOLEDO que "essa questão puramente terminológica parece-nos irrelevante, no caso. Não tem evidentemente o condão de solucionar problemas que, se realmente existentes, seriam de natureza insuperável por uma simples troca de expressão linguística e, além disso, não oferece utilidade prática para o direito penal, em cujo domínio a ação e a omissão apresentam um aspecto comum, verdadeiramente relevante: ambas são, em certas circunstâncias, domináveis pela vontade e, por isso, podem ser dirigidas finalisticamente, isto é, podem ser orientadas para a consecução de determinados objetivos. Por essa razão, empregamos, indiferentemente, como sinônimos, os termos 'ação', 'comportamento' e 'conduta'" (*Princípios básicos de direito penal*, p. 91-92). Além da visão finalista, no entanto, há outras correntes conceituando conduta: a) *teoria causalista*: conduta é a ação ou omissão voluntária e consciente que determina movimentos corpóreos. Note-se que, para essa visão, não se inclui a finalidade na sua conceituação, pois é objeto de estudo no contexto da culpabilidade, em que se situa o elemento subjetivo do crime (dolo e culpa). Assim é a lição de NORONHA: "A ação positiva é sempre constituída pelo movimento do corpo, quer por meio dos membros locomotores, quer por meio de músculos, como se dá com a palavra ou o olhar. Quanto à ação negativa ou omissão, ingressa no conceito de ação (*genus*), de que é espécie. É também um comportamento ou conduta e, consequentemente, manifestação externa, que, embora não se concretize na materialidade de um movimento corpóreo – antes é abstenção desse movimento –, por nós é percebida como *realidade*, como *sucedido ou realizado*" (*Direito penal*, v. 1, p. 98); b) *teoria social*: conduta é o comportamento voluntário e consciente socialmente relevante. Tem por finalidade servir de ponte entre o causalismo e o finalismo, pois, em verdade, prega que o mais importante para a consideração da conduta como penalmente relevante é o seu *significado ou relevo social*. Tendo em vista que se trata de conceito vago e abstrato o que vem a ser *socialmente importante*, sofreu inúmeras críticas, sem encontrar muitos adeptos no Brasil; c) *teoria funcional*: é a ação ou omissão voluntária e consciente capaz de evidenciar uma autêntica *manifestação da personalidade*, ou seja, explicitar a esfera anímico-espiritual do ser humano (ROXIN, *Derecho penal – Parte general*, t. I, p. 265). Ou ainda: é a ação voluntária e consciente capaz de evitar um resultado, desde que lhe seja juridicamente exigível que assim faça (JAKOBS, citações de LUIZ REGIS PRADO, *Curso de direito penal brasileiro*, v. 1, p. 255; LUÍS GRECO, in: ROXIN, *Funcionalismo e imputação objetiva no direito penal*, p. 125). Embora funcionalistas, as duas teorias – a primeira, teoria personalista da ação; a segunda, teoria da evitabilidade individual, segundo LUIZ REGIS PRADO, *Curso de direito penal brasileiro*, v. 1, p. 253-254 –, baseiam-se em critérios normativos. Pretendem afastar as teorias causal e finalística de conduta, porque entendem que ambas se norteiam por critérios não jurídicos, logo, inadequados. Aliás, mencionam que as duas partem dos mesmos pressupostos, e a única diferença substancial é que o finalismo acrescenta ao conceito de conduta a finalidade do agente ao movimentar-se, regido pela vontade e pela consciência. Quanto à teoria social da conduta, entendem estar ela ínsita ao conceito proposto, que é, no entender dos funcionalistas, mais amplo. O funcionalismo se intitula corrente pós-finalista, portanto, um aperfeiçoamento do finalismo. Como ensina JAKOBS, "a discussão que se está produzindo atualmente, sob o nome de imputação objetiva, acerca da relevância jurídica de atos causais, é a prolongação, ou, melhor dizendo, a precisão da controvérsia relativa ao conceito de ação. Se WELZEL tivesse integrado sua teoria da adequação social na teoria da ação, teria superado meio século de evolução" (*Fundamentos de direito penal*, p. 59). Qual seria a vantagem de se adotar uma teoria funcionalista? Explica LUÍS GRECO que há uma finalidade político-criminal, pois, "através da valoração de que se trata de uma não ação, exclui-se, independentemente da aparência exterior e das consequências causais do existir humano, aquilo que já de antemão não se submete às categorias do proibido e do permitido" (in: ROXIN, *Funcionalismo e imputação objetiva no direito penal*, p. 233). Em nossa visão, como exposto linhas acima, o finalismo ainda é a mais correta definição de *conduta*, pois *não envolve* política criminal, que tende a ser volúvel como são os governos. A ideia de se ter um conceito *jurídico* de conduta – e não ontológico – é incabível. Tudo se faz, no mundo jurídico, por meio de conceitos e a ótica finalista faz parte disso, logo, é também um conceito jurídico, embora baseado em realidade. Ao *criar* um conceito denominado *jurídico*, tanto Roxin quanto Jakobs caíram no vazio. A conduta é manifestação da personalidade, diz Roxin. A conduta é ação capaz de evitar um resultado, diz Jakobs. Escrevam-se páginas e páginas, mas jamais se conseguirá *definir*, de maneira segura e inteligível, o que vem a ser *manifestação da personalidade* para fins penais. E muito menos o que se pode evitar e o que não se consegue evitar, sem um puro juízo de valor, conforme a política criminal do momento, que pode servir para oprimir pessoas e transformar o Direito Penal num instrumento de força descomunal, sem balizas realísticas. O funcionalismo pode denominar-se como quiser, inclusive como pós-finalismo, mas isso não significa avanço. Trata-se de um pós-finalismo rumo ao incerto, bastando mencionar que nem mesmo os funcionalistas se entendem. Buscando posicionar-se como uma via opcional entre finalismo e funcionalismo, procurando demonstrar o acolhimento de fundamentos de uma e outra das duas teorias, há a *teoria significativa* da conduta, segundo a qual, para fins penais, a conduta humana é a expressão simbólica de uma atividade, deixando o mundo do ser, para ter valor no mundo dos tipos penais. Pode haver conduta sem tipo, mas não pode existir tipo sem conduta (ação ou omissão). A ação não está no universo ôntico, tampouco no axiológico, mas resulta da inter-relação de ambos. Por isso, a teoria nega um único conceito de ação, afirmando existirem tantos conceitos quantos modelos de condutas relevantes – ou formalmente típicas (Paulo Busato, *Direito penal*, v. 1, p. 267-276). Afirma o *significativismo* que o crime não é um fato ontológico, mas a ação humana é, devendo-se interpretá-la não pela intenção do agente, mas pelo significado apresentado, conforme as normas postas. Diz ser a liberdade de ação o eixo central da organização do sistema penal. Essa seria a sua parcela ontológica. No mais, migra-se para o campo normativo, pois a interpretação dessa *ação livre* caberia ao universo das normas. Assim sendo, em lugar de se falar em *ação típica*, deve-se adotar o *tipo de ação* (a realização de algo interessante ao direito penal, em que não aparece a intenção; logo, a conduta pode ter a intenção ou não). Não nos parece constitua um meio-termo adequado entre finalismo e funcionalismo, absorvendo tanto a parcela ontológica do finalismo quanto a parte normativa do funcionalismo. O ponto fundamental de nossa discordância é a base da doutrina finalista: a conduta humana é ontológica, porque *contém a intenção do agente*. Essa intenção de agir ou deixar de agir é natural – e não depende de nenhuma norma penal para traduzi-la. Ela apresenta um caráter único. A partir da conduta humana, sem dúvida, livre, para que se possa denominá-la de *voluntária*, pode-se verificar se é típica. Em suma, a teoria significativa da conduta não nos soa correta, justamente por abstrair fatores ontológicos essenciais ao entendimento do que vem a ser a ação ou omissão humana.

**9-A. Elementos da conduta:** para a caracterização da conduta, sob qualquer dos prismas acima expostos, é indispensável a existência do binômio *vontade* e *consciência*. *Vontade* é o querer ativo, apto a levar o ser humano a praticar um ato, livremente. "Jung define vontade como a energia que está à disposição da consciência ou do ego. O desenvolvimento da vontade está associado com valores culturais apreendidos, padrões morais e correlatos. A vontade tem poder apenas sobre o pensamento e a ação conscientes, e não pode afetar diretamente processos instintivos ou outros processos inconscientes, embora tenha um poder indireto substancial entre eles". E William James diz que vontade "é o processo que mantém uma escolha entre alternativas o tempo suficiente para permitir que a ação ocorra (...). Querer não é ato em si mesmo. O querer orienta a consciência de maneira que a ação desejada possa revelar-se por si própria" (Fradiman e Frager, *Teorias da personalidade*, p. 60 e 159-160). Portanto, *não* há *voluntariedade* nos seguintes atos: a) movimentos obtidos por *coação física irresistível* (ex.: *A* é empurrado violentamente por *B*, caindo em cima de *C*, que se lesiona. Não se pode dizer que *A* praticou uma "ação", pois lhe faltou vontade). "É indiscutível que a impossibilidade do autor de atuar de outro por razões físicas (*vis absoluta*) não exclui a culpabilidade em sentido estrito, senão a própria *ação*" (Mir Puig, *Estado, pena y delito*, p. 163); b) *movimentos reflexos*, que são as reações motoras, secretórias ou fisiológicas, produzidas pela excitação de órgãos do corpo humano (ex.: tosse, espirro etc.). No contexto dos movimentos reflexos, é preciso distinguir tais movimentos das ações semiautomáticas, pois estas são penalmente relevantes, uma vez que resultam de um processo de formação da vontade, originalmente existente, que se concentrou no subconsciente através da prática. Embora não seja dirigida pela consciência atual de quem a desenvolve, é passível de dominação. Exemplo de movimento reflexo em contraposição a uma conduta semiautomática: se o motorista de um veículo é picado por uma vespa perto do olho, durante a condução, e, em face de um instintivo movimento de defesa, move bruscamente o volante, causando um acidente, não existe conduta penalmente relevante, pois o movimento é reflexo, provocado pela dor originária da picada. Trata-se de atitude involuntária. Mas se uma vespa ingressa no interior do veículo e começa a voltear a cabeça do motorista, perturbando-o, e fazendo com que, num gesto brusco, visando a atingir a vespa, colocando-a para fora do carro, vire o volante, causando um acidente, temos uma ação semiautomática. Trata-se de conduta penalmente relevante, pois passível de dominação (Maurach e Zipf, *Derecho penal – Parte general*, v. 1, p. 247); c) movimentos resultantes da *hipnose*, que é um estado mental semelhante ao sono, provocado artificialmente por alguém, levando o hipnotizado a agir como se fosse um autômato, obedecendo ordens e comandos. É um "sonambulismo provocado". Sobre hipnose, consultar ainda a próxima nota. *Consciência*, a outra parte do binômio, é a possibilidade que o ser humano possui de separar o mundo que o cerca dos próprios atos, realizando um julgamento moral das suas atitudes. Significa ter noção clara da diferença existente entre realidade e ficção. Para Flavio Fortes D'Andrea, o consciente "é uma parte relativamente pequena e inconstante da vida mental de uma pessoa. Corresponde a tudo aquilo de que o indivíduo está ciente em determinado instante e cujo conteúdo provém de duas fontes principais: o conjunto dos estímulos atuais, percebidos pelo aparelho sensorial, e as lembranças de experiências passadas, evocadas naquele instante". Por outro lado, o inconsciente "é a área da vida psíquica, onde se encontram os impulsos primitivos que influenciam o comportamento, e dos quais não se tem consciência e um grupo de ideias, carregadas emocionalmente, que uma vez foram conscientes, mas em vista de seus aspectos intoleráveis foram expulsas da consciência para um plano mais profundo, de onde não poderão vir à tona voluntariamente" (*Desenvolvimento da personalidade*, p. 17). Anote-se, ainda, o preceituado por Susan Cloninger, para quem o consciente refere-se "às experiências que a pessoa percebe, incluindo lembranças e ações intencionais. A consciência funciona de modo realista, de acordo com as regras do tempo e do espaço", enquanto o inconsciente é "o depósito de lixo daquilo que a consciência joga fora. É emocionalmente perturbador e menos civilizado do que a consciência" (*Teorias da personalidade*, p. 40). *Não há consciência*: a) no *sonambulismo*, doença de quem age ou fala durante o sono, tornando seus sentidos obtusos. Trata-se de um "sono patológico", quando o enfermo nem percebe estar dormindo, embora mantenha a sua atividade locomotora; b) na *narcolepsia*, outra doença que provoca acessos repentinos de sono, transportando o enfermo a um estado de irrealidade, permitindo-lhe, no entanto, continuar a ter movimentos e relações com o meio ambiente. Saliente-se que ação é o prisma da conduta que implica um fazer. Como exemplo de ação voluntária, porém inconsciente, lastreada no sonambulismo, em York, na Grã-Bretanha, um rapaz de 22 anos foi absolvido da acusação de estupro contra uma jovem em razão disso. "O caso ocorreu em março. Depois de sair com uma amiga de 22 anos, James Bilton convidou a jovem para ir para sua casa, oferecendo a ela o quarto enquanto dormia na sala. Dias depois, a moça reclamou à polícia ter sido acordada quando Bilton a estuprava. Bilton, que é sonâmbulo desde os 13 anos, garantiu ao juiz que não se lembrava de nada do que aconteceu naquela noite. A Justiça convocou então um especialista em problemas do sono. O médico atestou que Bilton é sonâmbulo, motivo pelo qual pode não se recordar, ao acordar, das coisas que faz quando está dormindo. O réu foi então absolvido" (*Jornal da Tarde*, Caderno A, p. 12, 21.12.2005). É evidente que, se o sujeito for informado a respeito de seu problema sonambúlico, provocador de resultados danosos a terceiros (lembremos que há sonâmbulos inofensivos), sem tomar providências para se tratar, poderá responder criminalmente pela lesão eventualmente causada, aplicando-se a teoria da *actio libera in causa* (ação livre na origem), que será mais bem analisada ao tratarmos da embriaguez, no contexto das excludentes de culpabilidade. Antecipando, se o agente sabia que adormecia repentinamente e, com isso, gerava perigo com suas atitudes, uma vez que não se tratou porque não quis, deve responder pelos seus atos. No exemplo supracitado, se Bilton tinha conhecimento de algum ato anterior seu, decorrente do sonambulismo, que tivesse gerado algum dano a outra pessoa, deveria responder pelo estupro cometido. Porém, se aquela foi a primeira vez em que atuou com violência, sem disso ter consciência, a decisão absolutória era, realmente, o caminho indicado. No mais, há outras situações de perda da consciência ou mesmo da vontade que são tratadas em outro cenário, porque decorrentes de intoxicação química ou doenças mentais. O primeiro caso tem solução equivalente à embriaguez; o segundo integra o contexto da inimputabilidade, que sujeita o autor da lesão a uma medida de segurança. Trataremos de ambas no contexto da culpabilidade. O conceito de omissão, prisma negativo da conduta, é dado na nota 11. Resume DOTTI que a ausência de conduta decorre "de fatores que impeçam a livre formação e o desenvolvimento normal da vontade, como se verifica nos casos de violência física ou moral, dos atos reflexos, dos estados sonambúlicos, das sugestões hipnóticas ou da submissão da pessoa à intoxicação pelo álcool ou substâncias afins, como as que podem determinar dependência fisiopsíquica" (*O incesto*, p. 95).

**10. Ações em curto-circuito e gestos habituais ou mecânicos:** as primeiras são as reações primitivas do ser humano, nas quais existe um estímulo externo, não registrando totalmente a presença de uma personalidade desenvolvida, surgindo, à superfície, de improviso, ações momentâneas e impulsivas ou mecanismos anímicos profundos, bem como reações explosivas. Exemplos: reações explosivas que se seguem ao encarceramento, estados de embriaguez patológica, estados crepusculares afetivos etc. (tradução livre de KRETSCHMER, *Medizinische Psychologie*, in EDMUNDO MEZGER, *Tratado de derecho penal*, t. I, p. 216). As denominadas ações em curto-circuito permitem a liberação do inconsciente, que "contém a força propulsora por trás de todos os comportamentos e é o depósito de forças que não conseguimos ver ou controlar". É a "moradia dos instintos, aqueles desejos que regem o nosso comportamento" (SCHULTZ & SCHULTZ, *Teorias de personalidade*, p. 49). Ou ainda, nas palavras de ROQUE DE BRITO ALVES: "As reações de curto-circuito são muito violentas, pois respondem a um forte estímulo externo inesperado – uma ofensa à honra, a visão ou descoberta de infidelidade conjugal, uma resistência imprevista a um assalto ou a uma relação sexual etc. – e existindo simultaneamente uma situação afetiva intensa do agente. Combinam-se ou relacionam-se intimamente, assim, um fator ou estímulo externo muito forte e um excepcional estado afetivo que produzem a reação extrema, inesperada, violenta do agente. Constituem típicos exemplos (tais reações) ou sintomas de ruptura do equilíbrio psíquico da personalidade" (*Ciúme e crime*, p. 33). Discute-se, na doutrina, se tais reações podem ser consideradas condutas, para fins penais, ao que se responde, majoritariamente, de modo afirmativo, pois existe um *querer prévio* que participa da genética do movimento corporal. Esse querer prévio pode ser controlado pela atenção do agente. Trata-se de uma espécie de *actio libera in causa* (ver a nota 18 ao art.

28). Quanto aos gestos habituais ou mecânicos, são os movimentos repetidos do ser humano, alheios à sua vontade, pois automaticamente realizados. Nessa hipótese, igualmente, existe um *querer prévio*, sendo possível ao agente controlar, pela atenção, a instalação do gesto habitual. Constituem condutas, entretanto, no âmbito penal.

**11. Conceito de omissão:** sob o prisma finalista, omissão é a conduta negativa, voluntária e consciente, implicando um não fazer, voltado a uma finalidade. O que se disse acerca dos elementos da ação tem a mesma aplicação no contexto da omissão. Conforme GIMBERNAT ORDEIG, "a omissão é uma *espécie* do *gênero* não fazer, espécie que vem caracterizada porque, dentre todos os possíveis comportamentos passivos, selecionam-se (normativamente) somente aqueles que merecem um juízo axiológico negativo: a omissão é um não fazer que *se deveria fazer* ou, em outras palavras, a *diferença específica* da omissão frente ao gênero não fazer, ao qual pertence, é a de que consiste em um não fazer desvalorado" (*Estudios sobre el delito de omisión*, p. 2).

**12. Teorias que cuidam do nexo de causalidade:** há, fundamentalmente, *duas posições* doutrinárias predominantes no Brasil acerca do nexo causal: a) *teoria da equivalência das condições* (teoria da equivalência dos antecedentes ou teoria da condição simples ou generalizadora): qualquer das condições que compõem a totalidade dos antecedentes é causa do resultado, pois a sua inocorrência impediria a produção do evento. É a teoria adotada pelo Código Penal (*conditio sine qua non*), que sustenta que a "causa da causa também é causa do que foi causado" (*causa causae est causa causati*). Utilizando o exemplo anterior (nota 8), a fabricação do revólver e a venda da arma, mesmo em atividade lícita de comércio, são causas do resultado (morte), porque sem a arma não teria havido os tiros fatais. Esta é a mais simples e segura teoria de nexo causal. Não vemos nenhum inconveniente para adotá-la. Lembremos: não se está apurando, nesta fase, a responsabilidade penal, que depende de dolo ou culpa, mas somente se apura o nexo causal. Ver a nota 12-A. Na jurisprudência: STJ: "2. No Brasil, a relação de causalidade é decifrada pela conjugação entre a Teoria da Equivalência dos Antecedentes Causais (art. 13 do CP), o método de eliminação hipotético e o filtro de causalidade psíquica (*imputatio delicti*). Em apertada síntese, uma ação poderá ser considerada causa do evento danoso se, suprimida mentalmente do contexto fático, o resultado teria deixado de ocorrer tal como ocorreu. Ainda, de forma a evitar o regresso ao infinito, deve-se sempre perscrutar o elemento subjetivo (dolo ou culpa) que anima a conduta do agente. (...)" (RHC 80.142-SP, rel. Maria Thereza de Assis Moura, Sexta Turma, julgado em 28.03.2017, v.u.); b) *teoria da causalidade adequada* (teoria das condições qualificadas): um determinado evento somente será produto da ação humana quando esta tiver sido apta e idônea a gerar o resultado. No exemplo *supra*, mencionado na nota 8, a fabricação do revólver e a venda da arma, desde que em atividade lícita de comércio, jamais seriam consideradas *causas do crime*, pois não se trata de ações idôneas à produção desse tipo de resultado, vale dizer, armas não são fabricadas ou vendidas em lojas para causar crimes de homicídio. O corte do nexo causal em ambas as teorias é feito de maneira diversa, embora se chegue ao mesmo resultado, ou seja, não haverá punição ao fabricante ou ao vendedor que, sem tomar parte ativa e consciente na atividade criminosa, entregou a arma ao comprador. Ambas sofrem críticas. Na primeira, adotada pelo Código, a fabricação e a venda são consideradas causas do delito, mas o fabricante e o vendedor não são punidos, uma vez que não agiram com dolo ou culpa. Realizaram a fabricação e a venda sem ter noção da finalidade do uso da arma. Sofre a crítica de ser uma teoria *cega* – geradora de uma regressão ao infinito –, colocando no nexo causal condutas que, dentro da lógica, são despropositadas, como a fabricação ou a venda lícita de uma arma (poder-se-ia considerar causa do crime de homicídio até mesmo o momento da concessão de funcionamento da fábrica da arma e assim por diante). Na segunda teoria, como já exposto, a ação do fabricante ou do vendedor não é razoável, nem idônea, para produzir o resultado *morte*, até mesmo porque foi lícito o negócio. Sofre, no entanto, a crítica de vincular, em demasia, causalidade e culpabilidade, colocando o juiz numa posição especial de análise do nexo causal (o que foi e o que não foi idôneo). Noutros termos, em caso de dúvida sobre a participação do fabricante ou do vendedor da arma, questiona-se a presença do dolo ou da culpa para *fechar o nexo causal*. Portanto, *antecipa-se* a análise do elemento subjetivo do crime para momento inadequado. Sobre o tema, analisando as críticas e defendendo a teoria da causalidade adequada, ver PAULO JOSÉ DA COSTA JÚNIOR, *Nexo causal*, p. 90-91. Há, ainda, uma terceira teoria, hoje dominante na Alemanha e bastante difundida na Espanha, que é a da *imputação objetiva*, pretendendo sanar os problemas existentes com as duas anteriores. Ela tem por finalidade imputar ao agente a prática de um resultado delituoso apenas quando o seu comportamento tiver criado, realmente, um risco não tolerado, nem permitido, ao bem jurídico. Por isso, a fabricação e a venda da arma, independentemente de qualquer outra análise, não podem ser consideradas *causas* do resultado, uma vez que o fabricante ou o vendedor não agiram de modo a produzir um risco não permitido e intolerável ao bem jurídico, já que a fabricação e a venda da arma foram feitas de modo lícito e o fabricante ou o comerciante não têm a obrigação de checar o uso das mercadorias fabricadas ou vendidas por quem quer que seja. Mais detalhes sobre a imputação objetiva, ver a próxima nota.

**12-A. Crítica à teoria da equivalência dos antecedentes, por meio de um exemplo:** "Engish propôs o seguinte exemplo: o carrasco A vai executar o assassino X às 6 da manhã; B, pai da vítima, que assiste no pátio do cárcere os preparativos da execução, deixando-se levar pela vingança pelas próprias mãos, a poucos segundos para as 6, lança-se contra o carrasco, afasta-o e aperta o mesmo botão acionador da guilhotina, que, às 6 em ponto, cai sobre X, decapitando-o. Se suprimirmos o comportamento de B (que colocou em funcionamento a guilhotina), o resultado (morte de X) não desaparece, já que nesse caso teria sido o carrasco que teria atuado, falecendo o condenado à mesma hora e nas mesmas circunstâncias. De acordo com a fórmula da *conditio sine qua non*, haveria de ser negada a condicionalidade da ação de B para a morte de X; mas como o carrasco tampouco a causou, já que ele não teve oportunidade de atuar, encontraríamos uma morte real (a de X) que não poderia ser imputada a nenhum comportamento, embora, evidentemente, alguém teve que guilhotinar o morto. Disso, segue-se que, para determinar se um comportamento é condição de um resultado, não se há que formular hipoteticamente o juízo do que poderia ter acontecido, senão averiguar o que realmente aconteceu e se uma conduta influenciou científico-naturalmente no resultado concreto" (GIMBERNAT ORDEIG, *Estudios sobre el delito de omisión*, p. 50-51). Não nos parece acertada a conclusão exposta no referido exemplo. No mundo fenomênico, os fatos acontecem de determina mancira porque não ocorreram de forma diversa. Não se trata de frase sem sentido, mas de pura realidade. Em primeiro lugar, o Direito existe para regular as relações sociais dentro de certos parâmetros; o Direito Penal tem seu lugar para impedir que as pessoas lesadas, por ilícitos praticados por outras, considerados particularmente graves, façam justiça pelas próprias mãos. Portanto, não cabe ao pai da vítima executar o réu. Essa atividade compete ao Estado (no país que adota a pena de morte). Somente por isso, *antecipar-se* ao carrasco, apertando o botão, *deu causa* à morte de X *da forma como ocorreu*. Em segundo lugar, poderia haver a interrupção da execução, segundos antes, pela concessão de graça por parte do Governador ou do Presidente, dependendo de que seja competente para conceder essa clemência. Se B aperta o botão *antes* do carrasco, esse perdão não poderia ocorrer e X teria morrido *exclusivamente* por força da conduta do pai da vítima. Em terceiro, é preciso evitar exemplos absolutamente fantásticos, como se B tivesse acesso ao botão de execução dois segundos antes do carrasco. Se é necessário construir uma ilustração praticamente absurda para criticar uma teoria, isto significa, com nitidez, ser ela acertada. Resolve, com precisão, 99,9%

# Art. 13

Código Penal Comentado · **Nucci**

de todas as situações jurídicas, no plano real. Se ainda se mencionar um restante de 0,01%, cai-se no argumento ao qual nos referimos em primeira linha: a ninguém é dado substituir o Estado para *fazer justiça*. Assim sendo, pode-se abstrair a conduta de B e a morte de X não aconteceria *como ocorreu*. Simples assim, como é a teoria da equivalência dos antecedentes. Afirmar que se trata de uma teoria *cega*, promotora do regresso ao infinito, naturalística, não representa nada no plano prático. O Estado, na figura da autoridade policial, para conduzir uma investigação, *jamais* vai ao infinito para buscar *causadores* do resultado. Tampouco o órgão acusatório age desse modo, pois simplesmente desnecessário. No exemplo citado na nota anterior (dar o tiro; vender a arma; fabricar o revólver), a investigação de um homicídio trabalha com hipóteses críveis; a autoridade policial, no inquérito, firma o nexo causal no âmbito dos disparos da arma e concausas porventura existentes. Pode estender a investigação ao vendedor da arma, se observar a sua participação no delito. Porém, por uma singela questão de bom senso, não atinge o proprietário da fábrica regular de armas de fogo. Em suma, a teoria adotada pelo Código Penal tem sido seguramente aplicada há décadas.

**13. Imputação objetiva:** trata-se de uma teoria originária dos trabalhos de Larenz (1927), um civilista, e, posteriormente, Honig (1930), que a levou para o campo penal, permanecendo adormecida por vários anos, na Alemanha, até obter seu grande impulso, a partir da década de 70, pelas mãos de Claus Roxin – um dos seus principais teóricos da atualidade –, tendo por função, como expõe Chaves Camargo, "a limitação da responsabilidade penal" (*Imputação objetiva e direito penal brasileiro*, p. 70). Assim, segundo o autor, "a atribuição de um resultado a uma pessoa não é determinado pela relação de causalidade, mas é necessário um outro nexo, de modo que esteja presente a realização de um risco proibido pela norma". A adoção da teoria da imputação objetiva, segundo seus defensores, transcende o contexto do nexo causal, impondo-se como uma alternativa ao finalismo, fazendo parte do contexto daqueles que aderiram ao funcionalismo – corrente intitulada de pós-finalista –, cujas premissas básicas seriam "a necessidade de legitimação do Direito Penal, com novos conceitos de suas categorias, com o fim de justificar a intervenção do Estado na sociedade moderna", bem como a busca de "transformações radicais nos institutos jurídico-penais, quer quanto ao conteúdo dogmático, quer quanto às classes e tipos de sanções a serem aplicadas", em face das constantes mudanças sociais (Chaves Camargo, *Imputação objetiva e direito penal brasileiro*, p. 42). Possui a imputação objetiva, embora em linha diversa da de Roxin, outro defensor nos dias de hoje, que é Günther Jakobs. É inequívoco, no entanto, que seu maior campo de atuação é na análise do nexo causal, gerador da tipicidade, como se pode notar pelas críticas tecidas às teorias da equivalência dos antecedentes (ou das condições) e da causalidade adequada, bem como pelos exemplos dados e debatidos pelos adeptos dessa linha de pensamento. Nesse sentido está a lição de Wolfgang Frisch, mencionando que o lugar comum da imputação objetiva está intrinsecamente ligado a um concreto problema de um determinado grupo de casos, a saber, trata-se da questão relativa ao nexo necessário entre a atuação do autor e a produção do resultado nos delitos de resultado (*La imputación objetiva: estado de la cuestión*, p. 31). A imputação objetiva, em síntese, exige, para que alguém seja penalmente responsabilizado por conduta que desenvolveu, a criação ou incremento de um perigo juridicamente intolerável e não permitido ao bem jurídico protegido, bem como a concretização desse perigo em resultado típico. Exemplificando: o sujeito que, dirigindo em alta velocidade, em zona habitada, perde o controle do carro, sobe na calçada e atropela um pedestre, caminhando calmamente em local permitido, deve responder por homicídio. Gerou um perigo intolerável e não permitido ao correr pela rua, em área da cidade habitada, sem que a vítima tivesse atuado de qualquer forma para isso, nem tampouco tenha ocorrido qualquer outro fator interferindo na situação de perigo gerada. Nota-se, pois, que a imputação objetiva se vale da teoria da equivalência dos antecedentes – *conditio sine qua non* –, que é naturalística, para estabelecer o vínculo entre conduta e resultado, sobre o qual aplicará seus conceitos. O veículo chocou-se contra a vítima, provocando-lhe ferimentos, que foram causa determinante de sua morte. Até esse ponto, utiliza-se o liame causal previsto no art. 13 do Código Penal – "considera-se causa a ação ou omissão sem a qual o resultado não teria ocorrido" –, mas, a partir daí e antes de ingressar no contexto do elemento subjetivo – se houve dolo ou culpa, sob o prisma finalista; ou se houve ilicitude e culpabilidade, sob a ótica causalista –, a imputação objetiva analisa se a conduta do agente gerou para a vítima um risco de lesão intolerável e não permitido, sem ter havido qualquer curso causal hipotético a determinar o resultado de qualquer forma, nem ter o ofendido contribuído, com sua atitude irresponsável ou dando seu consentimento, para a geração do resultado. Feito isso, imputa a morte ao motorista. Somente em seguida verificará o elemento subjetivo. Portanto, interpõe-se, na verificação da tipicidade, entre o nexo causal naturalístico e o elemento subjetivo. São *exemplos* trazidos pelos defensores da imputação objetiva, que excluiriam a relação de causalidade: 1.º) o funcionário de uma loja de armas, ao efetuar uma venda, não gera um risco juridicamente intolerável ou não permitido, mesmo porque o estabelecimento comercial é legalizado e a entrega de armas de fogo a particulares é regulamentada por lei. Assim, se alguém se valer da arma adquirida para matar outra pessoa, independentemente do que se passou no íntimo do vendedor – se sabia ou não que a arma seria para isso usada –, não responde este funcionário por homicídio. Afinal, sua atitude – vender a arma – era juridicamente tolerada e admissível. Não se pode considerá-la *causa* do evento; 2.º) se o inimigo do condenado, acompanhando os momentos precedentes à sua execução pelo carrasco, saca um revólver e dispara contra o sentenciado, matando-o, não deve ter sua conduta considerada causa do resultado, pois este se daria de qualquer modo. Teria havido um curso causal hipotético impeditivo (Damásio, *Imputação objetiva*, p. 31); 3.º) se o vendedor de bebidas fornece refrigerante a alguém, podendo prever que o líquido será utilizado para matar, por envenenamento, a família do comprador, não deve responder, pois existe, como corolário da imputação objetiva, a proibição de regresso. A conduta imprudente de alguém, interferindo no curso causal doloso de outra pessoa, deve ser considerada irrelevante para efeito de determinar o nexo de causalidade (Chaves Camargo, *Imputação objetiva e direito penal brasileiro*, p. 151). Idêntico exemplo é citado por Jakobs, apenas servindo-se de um padeiro, que vende uma bengala de pão, a ser utilizada para envenenamento de alguém (*La imputación objetiva en derecho penal*, p. 107); 4.º) se alguém resolve acompanhar o motorista prestes a disputar um *racha*, sabendo dos riscos que a atividade envolve, coloca-se em posição de perigo voluntariamente. Caso haja um acidente, morrendo o acompanhante do motorista, não deve este responder por homicídio, uma vez que a vítima assumiu o risco por sua própria conta (Chaves Camargo, *Imputação objetiva e direito penal brasileiro*, p. 160); 5.º) se um estudante de biologia ganha um dinheiro extra, trabalhando como garçom, e, quando é encarregado de servir uma salada exótica, descobre nela uma fruta que sabe, por seus estudos, ser venenosa, ainda assim, serve o prato e o cliente morre. Não deve sua conduta ser considerada causa do resultado, pois seus conhecimentos especiais de biologia não diziam respeito à atividade exercida, como garçom, de modo que seu comportamento não excedeu aos níveis do risco permitido. No máximo, responderia por omissão de socorro (Jakobs, *La imputación objetiva en derecho penal*, p. 137); 6.º) se um empresário, dono de uma fábrica, permite a entrega de pincéis com pelo de cabra chinesa a seus funcionários, sem a devida desinfecção, como mandam os regulamentos, e pessoas morrem, não se poderia considerar sua conduta penalmente relevante, desde que, posteriormente, constata-se que o desinfetante indicado para utilização nos pincéis era mesmo inócuo contra o bacilo. Para a imputação objetiva, sob o prisma de que o resultado se daria de qualquer modo, inexistiria responsabilidade para o empresário, no contexto da culpa. E, tivesse ele agido com dolo, deveria ser pu-

# Art. 13

Código Penal Comentado • **Nucci**

114

nido somente por tentativa de homicídio. É o que sustentam Roxin (*La imputación objetiva en el derecho penal*, p. 113) e Chaves Camargo (*Imputação objetiva e direito penal brasileiro*, p. 79). Para Damásio, no entanto, haveria punição, pois "já havia risco diante da periculosidade do material, aumentada sua intensidade pela conduta omissiva do industrial" (*Imputação objetiva*, p. 79); 7.º) se o sobrinho envia o tio ao bosque, em dia de tempestade, na esperança de que um raio o atinja, matando-o e dando margem a que lhe possa herdar os bens, sua conduta não seria considerada causa do resultado, conforme a imputação objetiva, pois o que realizou (induzir alguém a ir ao bosque) é lícito e tolerável, inexistindo norma proibitiva nesse sentido. O que houve na floresta, com a queda do raio, não lhe pode ser *objetivamente* imputado. Comentemos os exemplos, não sob a ótica da imputação objetiva, mas sob o prisma da teoria adotada pelo Código Penal, que é a da equivalência dos antecedentes: quanto ao *primeiro*, o funcionário da loja de arma, que efetuou a venda, terá sua atitude considerada como causa do evento, pois, sem ela, o resultado não teria ocorrido. Mas é preciso considerar que sua conduta não foi dolosa ou culposa, pois realizou seu mister, tal como mandam os regulamentos e leis vigentes para a venda e entrega de armas a terceiros. Ainda que pudesse, no íntimo, imaginar que a arma seria usada para matar outras pessoas, desejos não são objeto de punição pelo direito penal, mas somente a vontade, fruto do querer ativo, capaz de gerar o resultado. Por outro lado, se não alertou as autoridades a respeito de eventual tendência homicida do cliente, deve-se ressaltar que sua omissão é irrelevante penalmente, pois ele não é o garante da segurança pública, não incidindo em qualquer das hipóteses do art. 13, § 2.º, do Código Penal. Quanto ao *segundo*, o inimigo da vítima condenada, que se antecipa ao carrasco, está, sem dúvida, gerando o resultado. Sua conduta é causa da morte do sentenciado e deve ele responder penalmente pelo que fez. Note-se que o resultado ocorreu, *da forma como se deu*, graças à sua atitude, que, desautorizado pelo Estado, executou o condenado. Poderia ter havido, em tese – já que, em exemplos, tudo é permitido –, uma contraordem, à última hora, concedendo graça ao sentenciado, de modo que o carrasco não o teria executado. Houve nexo causal e dolo, caracterizando-se o homicídio. Por outro lado, invocar que o resultado poderia ocorrer de qualquer modo seria uma autorização em branco para que pessoas agissem em lugar do Estado, abstendo-se de seguir as leis, e chamando a si a capacidade de interferência no curso causal dos acontecimentos. Saliente-se que, quanto a esse exemplo, nem os adeptos da teoria da imputação objetiva chegam à mesma solução. Para Damásio, não deve ser considerada causa a conduta do sujeito que se antecipou ao carrasco, mas para Roxin, em citação de Chaves Camargo, deve responder, pois "o contrário levaria à situação insustentável de descontrole em relação à competência para agir" (*Imputação objetiva e direito penal brasileiro*, p. 78). Quanto ao *terceiro*, resolve-se do mesmo modo que o primeiro. O vendedor de bebidas não é garante da vida alheia, logo, sua omissão em comunicar a autoridade da eventual intenção homicida não lhe pode ser debitada. De outra parte, o simples fornecimento, sem qualquer aderência à conduta criminosa de envenenamento, afasta a incidência de dolo ou culpa, ainda que se possa, pela teoria da equivalência dos antecedentes, considerar causa do evento. Ser *causa* não significa haver punição. Quanto ao *quarto*, deve ser considerada causa da morte da vítima a conduta do motorista que, sabendo dos riscos envolvidos na prática de *racha*, carrega consigo, ainda que com o consentimento da pessoa, um acompanhante. Atualmente, têm os tribunais considerado que age com dolo eventual o participante de competição automobilística não autorizada, diante dos imensos riscos existentes, estando a evidenciar seu desprezo pela vida humana, configurador da assunção da produção do resultado. E, nesse contexto, o consentimento é irrelevante. Aliás, admitir que a conduta do motorista é penalmente irrelevante seria sustentar a possibilidade de alguém dispor da própria vida, o que não se tolera. E mesmo que assim fosse, somente para argumentar, não se trata de um problema de nexo causal, pois este estaria configurado, além do elemento subjetivo estar presente. Logo, haveria tipicidade. Se o consentimento da vítima fosse admissível nesse contexto, afastaria a ilicitude. Quanto ao *quinto*, o fato de o garçom ter servido a refeição, contendo a fruta envenenada, permite a conclusão de existir uma ação configuradora do resultado. Resta analisar o dolo ou a culpa nessa atuação. Logo, deve ser punido por homicídio doloso ou culposo, conforme o caso. Não vemos como eximi-lo de responsabilidade, pois terminou dando causa ao envenenamento da vítima. Inexiste sentido em afirmar que ele não atuava como *biólogo*, mas como garçom, pois o fato real é que *sabia* estar servindo veneno à vítima, levando-a à morte. No tocante ao *sexto*, o empresário deu causa à intoxicação havida, permitindo a entrega dos pincéis sem a devida desinfecção. Se o fez com dolo, deve responder por homicídio doloso, ainda que se constate que o desinfetante, eleito para ser utilizado antes do uso pelos funcionários, era inócuo. Se o resultado se daria de qualquer modo – como é afirmado no exemplo dado pela teoria da imputação objetiva –, tal situação não serve para afastar a provocação do resultado pelo empresário e, o que é mais grave, agindo com dolo. Aliás, se assim o fez, desejando ou assumindo o risco da morte de seus empregados, certamente não estaria preocupado em utilizar o tal desinfetante, nem tampouco se ele seria eficaz. No campo da culpa, se o empresário deixou de usar o referido desinfetante por mera negligência, é natural que sua conduta causou o resultado e o dever de cuidado objetivo foi violado, havendo previsibilidade quanto ao resultado fatal, pois os pelos de cabra eram tóxicos. O fato de o desinfetante ser inócuo – constatação feita *posteriormente* – não serve para afastar o nexo causal e o elemento subjetivo, afinal, o dono da fábrica aumentou, sem dúvida, o risco de dano aos empregados. Note-se, ademais, que a utilização do desinfetante, como determinava o regulamento, poderia ter demonstrado, a tempo, que ele era inútil, salvando vidas e impedindo maiores danos. Quanto ao *sétimo*, é preciso considerar que a simples conduta de enviar alguém a um bosque, desejando que morra, vitimada por um raio, não passa de um querer passivo, inapto à configuração do dolo. O sobrinho não tinha domínio do fato, pois não controla a natureza, nem os raios que partem do céu durante uma tempestade. Ainda que, pela teoria da equivalência dos antecedentes, possa ser considerada sua atitude causa ou condição do evento, inexistiu elemento subjetivo que o ligasse ao resultado. Nem de culpa se pode tratar, pois não infringiu o dever de cuidado objetivo. Utilizando a teoria da causalidade adequada, neste caso, pode-se dizer que a conduta do sobrinho não era idônea a gerar o resultado, pois não tinha controle algum sobre a ação da natureza, geradora do raio. Aliás, sobre esse exemplo do sobrinho, diz FRISCH o seguinte: "Os casos como o da herança do tio rico são certamente exemplos de cátedra muito bonitos, mas, de um ponto de vista prático, não têm nenhuma significação: quem tentaria matar seu inimigo – prescindindo de todas as dificuldades forenses da prova do subjetivo – de forma tão estranha e pouco frutífera?" (*Sobre el estado de la teoria del delito*, p. 39). Do exposto, cremos que a teoria da imputação objetiva pode ser uma alternativa à teoria da equivalência dos antecedentes – embora se valha desta para ser aplicada – ou à teoria da causalidade adequada, embora seja desnecessária e, em muitos casos, inadequada. Convém mencionar a crítica formulada por PAULO QUEIROZ, citando ENRIQUE GIMBERNAT ORDEIG, segundo o qual, "relativamente aos crimes culposos, se o agente se mantém dentro do risco permitido, não há imputação objetiva simplesmente porque não existe, em tal caso, culpa, já que o autor, atuando dentro do risco socialmente tolerado, não infringe, assim, o dever objetivo de cuidado, de sorte que não é necessário, para tanto, apelar à imputação objetiva". No tocante aos delitos dolosos, em muitos casos, o que a imputação objetiva oferece é um método de afastamento da punição daqueles que, realmente, já não seriam punidos por qualquer outra teoria, porque os exemplos oferecidos dizem respeito a cogitações maldosas, sem que o agente possa influenciar no resultado, efetivamente. E diz: "O legislador não pode proibir meros pensamentos nem intenções se estes não se exteriorizam num comportamento com mínima aparência delitiva (...), porque, se tal resultasse proibido (tipificado),

# Art. 13

Código Penal Comentado · **Nucci**                                                                                      116

então não se estaria castigando fatos – que são absolutamente corretos –, senão unicamente pensamentos que não se traduziram numa manifestação exterior que ofereça aparência alguma de desvalor". Finaliza Paulo Queiroz, ainda mencionando Gimbernat, que a "teoria da imputação objetiva é uma teoria que não se sabe exatamente o que é, nem qual é o seu funcionamento". Ademais, a enorme divergência entre os autores que a sustentam – o que se viu pelos exemplos mencionados, alguns sugerindo a punição e outros, evitando-a – termina por levar à conclusão de que, realmente, ainda é uma teoria em estudos e em desenvolvimento, como reconhecem seus próprios defensores (André Luís Callegari, *A imputação objetiva no direito penal*, p. 435 e 452). Por ora, parece-nos mais eficiente e menos sujeita a erros a teoria da equivalência dos antecedentes, adotada, expressamente, pelo direito penal brasileiro, mantendo-se, para sua aplicação, a ótica finalista. Aliás, convém citar a precisa crítica feita por Luiz Regis Prado, a respeito da teoria da imputação objetiva, que se autoproclama pós-finalista, pretendendo promover um juízo de tipicidade desvinculado do elemento subjetivo, algo que, sem dúvida, descaracterizaria o finalismo: "A imputação objetiva do resultado enseja um risco à *segurança jurídica* e, além disso, conduz lentamente à *desintegração* da categoria dogmática da tipicidade (de cunho altamente *garantista*), não delimita os fatos culposos penalmente relevantes e provoca um perigoso aumento dos tipos de injusto dolosos. Acaba, dessa forma, por atribuir ao agente perigos juridicamente desaprovados – e ainda que totalmente imprevisíveis do ponto de vista subjetivo – através de um tipo objetivo absolutamente desvinculado do tipo subjetivo. Esse procedimento pode representar um perigo inequívoco, na medida em que, se utilizado o tipo objetivo para atribuir a alguém algo que não está abarcado por sua vontade (p. ex., um perigo juridicamente desaprovado constante só da esfera de conhecimento de outra pessoa – a comunidade social, uma pessoa inteligente, um espectador objetivo etc.), imputa-se a essa pessoa algo que não é obra *sua*. Longe de obter a uniformização dos critérios de imputação e a necessária coerência lógico-sistemática, a teoria da imputação objetiva do resultado introduz uma verdadeira *confusão* metodológica, de índole *arbitrária*, no sistema jurídico-penal, como construção científica dotada de grande coerência lógica, adstrita aos valores constitucionais democráticos, e que deve ter sempre no inarredável respeito à liberdade e à dignidade da pessoa humana sua pedra angular" (*Curso de direito penal brasileiro*, v. 1, p. 282). E ainda a lição de Cezar Roberto Bitencourt: "Sintetizando, seus reflexos devem ser muito mais modestos do que o *furor de perplexidade* que está causando no continente latino-americano. Porque a única *certeza*, até agora, apresentada pela teoria da imputação objetiva é a *incerteza* dos seus enunciados, a imprecisão dos seus conceitos e a insegurança dos resultados a que pode levar! Aliás, o próprio Claus Roxin, maior expoente da teoria em exame, afirma que 'o conceito de risco permitido é utilizado em múltiplos contextos, mas sobre o seu significado e posição sistemática reina a mais absoluta falta de clareza'. (...) Propõe-se, na verdade, a discutir *critérios objetivos limitadores dessa causalidade*, sendo desnecessário, consequentemente, projetar-se critérios positivos, mostrando-se suficientes somente critérios negativos de atribuição. (...) A *relação de causalidade* não é suficiente nos *crimes de ação*, nem sempre é necessária nos *crimes de omissão* e é absolutamente irrelevante nos *crimes de mera atividade*; portanto, a teoria da imputação objetiva tem um espaço e importância reduzidos" (*Erro de tipo e erro de proibição*, p. 20-21).

**14. Causas independentes e relativamente independentes:** as causas independentes (aquelas que surgem e, por si mesmas, são aptas a produzir o resultado) cortam, naturalmente, o nexo causal. Ex.: um raio que atinja a vítima, matando-a, pouco antes de ela ser alvejada a tiros pelo agente, é suficiente para cortar o nexo de causalidade (é a chamada "causalidade antecipadora"). Por outro lado, existem causas *relativamente* independentes, que surgem de alguma forma ligadas às causas geradas pelo agente (por isso, são *relativamente* independentes), mas possuindo força suficiente para gerar o resultado por si mesmas. Exemplo tradicional da doutrina: se, por conta de um tiro, a vítima vai ao hospital e, lá estando internada, termina morrendo queimada num incêndio que toma conta do nosocômio, é preciso considerar que o fogo foi uma causa relativamente independente, a produzir o resultado *morte*. É causa do evento porque não fosse o tiro dado e o ofendido não estaria no hospital, embora o incêndio seja algo imprevisível. Daí por que o legislador resolveu criar uma válvula de escape ao agente, a fim de não responder por algo imponderável.

**15. Efeito da causa relativamente independente:** ela tem força para cortar o nexo causal, fazendo com que o agente responda somente pelo que já praticou, desde que se respeitem dois requisitos: a) imprevisibilidade do agente quanto ao resultado mais grave; b) força da causa superveniente para provocar, sozinha, o resultado. No exemplo supramencionado do fogo no hospital, trata-se de evento imprevisível pelo agente, de modo que, mesmo tendo produzido o motivo que levou a vítima ao nosocômio (dando-lhe um tiro), não deve responder pelo resultado mais grave, fora do seu alcance e da sua previsibilidade. O incêndio não se encontra, nas palavras de DE MARSICO, na "linha evolutiva do perigo", razão por que serve para cortar o nexo. Além disso, o referido incêndio teve força para causar a morte da vítima, por si só, tanto que provocou outras mortes também, de pessoas não feridas por tiros. O agente do disparo responderá somente pelo já praticado antes do desastre ocorrido: tentativa de homicídio ou lesão corporal consumada, conforme a sua intenção. Na jurisprudência: STJ: "1. Conforme o art. 13, § 1.º, do Código Penal, a superveniência de concausa relativamente independente exclui a imputação tão somente quando tenha produzido, por si só, o resultado (REsp 1.562.692/RS, Rel. Ministro Sebastião Reis Júnior, Sexta Turma, julgado em 16.02.2016, *DJe* 25.02.2016). 2. No presente caso, a Corte de origem consignou que, pelas provas encartadas nos autos, o acidente causado pela recorrente foi a causa eficiente da morte da vítima. Ora, concluir que não há nexo ligando o acidente de veículo ao resultado morte da vítima por choque séptico, pneumonia bacteriana, trauma raquimedular e politraumatismo, como requer a parte recorrente, importa revolvimento de matéria fático-probatória, vedado em recurso especial, segundo óbice da Súmula n. 7/STJ. 3. Agravo regimental não provido" (AgRg no REsp 1.666.375-RO, 5.ª T., rel. Reynaldo Soares da Fonseca, 13.06.2017, v.u.).

**16. Conceito de concausa e sua extensão no nexo causal:** concausa é a confluência de uma causa exterior à vontade do agente na produção de um mesmo resultado, estando lado a lado com a ação principal. Nas palavras de ENRIQUE ESBEC RODRÍGUEZ, concausa é fator estranho ao comportamento do agente, que se insere no processo dinâmico, de modo que o resultado é diferente do que seria esperado em face do referido comportamento (*Psicología forense y tratamiento jurídico-legal de la discapacidad*, p. 164). Exemplificando: o incêndio produzido no hospital (referência da nota 14 *supra*) não deixa de ser uma concausa, pois, juntamente com a ação do atirador, que levou a vítima à internação, causaram os ferimentos geradores da morte. A lei penal cuidou somente da ocorrência da concausa superveniente relativamente independente. Nada falou sobre as concausas preexistentes (também denominadas de "estado anterior") e concomitantes à ação do agente, levando a crer que há punição, sem qualquer corte do nexo causal. Assim, se a vítima é hemofílica (outro exemplo tradicional de concausa preexistente) e sofre um tiro, que produz hemorragia incontrolável, causando-lhe a morte, o agente do disparo responde por homicídio consumado. No mesmo prisma: WALTER VIEIRA DO NASCIMENTO, *A embriaguez e outras questões penais (doutrina – legislação – jurisprudência)*, p. 10. Em sentido contrário, torna-se importante mencionar a posição de PAULO JOSÉ DA COSTA JÚNIOR: "Embora o § 1.º se refira somente às causas supervenientes, entendemos que também as causas antecedentes ou intercorrentes que tenham sido por si sós suficientes (em sentido relativo) para produzir o evento prestam-se à exclusão do vínculo causal penalmente

# Art. 13

relevante. Trata-se de uma analogia *in bonam partem*, admissível em direito penal" (*Comentários aos crimes do novo Código Nacional de Trânsito*, p. 12). Essa analogia, apregoada por COSTA JÚNIOR, é inviável, porque ilógica. Quando se trata de causa superveniente, pode-se debater se o agente tinha ou não previsibilidade do resultado mais grave, uma vez que a referida causa ocorre *depois* da cessação de seus atos executórios. Assim, ele pode não mais deter o controle causal do que já fez. No tocante às causas preexistentes e concomitantes, quando forem *relativamente* independentes, é mais que óbvio tenha o autor a perfeita possibilidade de prever a sua ocorrência. Quem desfere um tiro no hemofílico (sem saber da doença), querendo matá-lo e acaba conseguindo o resultado pretendido, pois a hemorragia produzida é fatal, tem plena noção de que o tiro pode matar e, por uma questão de senso comum, a pessoa humana *pode* ter alguma enfermidade oculta ou defeito genético, que a impulsione mais rapidamente à morte. Quem desfecha o disparo de arma de fogo contra alguém, pretendendo matá-lo, assume todo e qualquer risco de que o tiro se associe a uma manifestação orgânica da vítima levando-a justamente ao resultado pretendido (a morte). No mesmo prisma, o agente que desfere um tiro na pessoa, que se encontra à beira de um precipício, tem perfeita noção de que o disparo tem potencialidade para ferir e igualmente levar à queda do sujeito. Logo, quando a concausa concomitante surge (tiro + queda), acarretando a morte da vítima, deve o autor responder por homicídio consumado. Ele tem previsibilidade da concretude da concausa concomitante. Em suma, a analogia *in bonam partem*, suscitada acima, é desprovida de fundamento em qualquer situação, desde que se trate de concausa *relativamente* independente. Por óbvio, as concausas *absolutamente* independentes servem para cortar o nexo causal sempre. Na jurisprudência: STJ: "4. O Código Penal, em seu art. 13, § 1.º, prevê uma hipótese de exclusão da imputação – denominada por alguns de 'rompimento do nexo causal' –, respondendo o agente apenas pelos atos já praticados. Essa hipótese, porém, apenas tem cabimento quando a concausa, além de relativamente independente, também for superveniente à ação do agente, conduzindo, por si só, ao resultado agravador. Ou seja, se a concausa relativamente independente for preexistente ou concomitante à ação do autor, não haverá exclusão do nexo de causalidade. 5. No caso, o laudo pericial não atestou que a morte tenha sido causada exclusivamente pela doença cardíaca preexistente da vítima. Ao contrário, consignou-se que o infarto 'pode ter sido ajudado pelo *stress* sofrido na data do óbito, pois há sinais de violência e tortura encontrados no exame' – o que evidencia que a vítima apenas veio a falecer, exatamente, durante o crime praticado pelos Pacientes, que a agrediram severamente. Considerando que a doença cardíaca, *in casu*, é *concausa preexistente relativamente independente*, não há como afastar o resultado mais grave (morte) e, por consequência, a imputação de latrocínio" (HC 704.718/SP, 6.ª T., rel. Laurita Vaz, 16.05.2023, v.u., grifamos).

**17. Crimes omissivos próprios e omissivos impróprios (comissivos por omissão):** são delitos omissivos próprios aqueles cuja conduta envolve um *não fazer* típico, que pode – ou não – dar causa a um resultado naturalístico. Na lição de JOÃO BERNARDINO GONZAGA, "o sujeito se abstém de praticar um movimento tendente a obter determinado efeito útil ou deixa de impedir a atuação de forças modificadoras da realidade, possibilitando o surgimento do mal" (*Crimes comissivos por omissão*, p. 250). Exemplo: deixar de prestar assistência, quando possível fazê-lo sem risco pessoal, à criança abandonada ou extraviada configura o delito de omissão de socorro – art. 135, CP –, porque o *não fazer* é previsto no tipo penal, como modelo de comportamento proibido. São crimes omissivos impróprios os que envolvem um *não fazer*, que implica a falta do dever legal de agir, contribuindo, pois, para causar o resultado. Não têm tipos específicos, gerando uma tipicidade por extensão. Para que alguém responda por um delito omissivo impróprio é preciso que tenha o dever de agir, imposto por lei, deixando de atuar, dolosa ou culposamente, auxiliando na produção do resultado. Exemplo: um policial acompanha a prática de um roubo, deixando de interferir na atividade criminosa, propositadamente, porque a vítima é seu inimigo. Responderá por roubo, na modalidade comissiva por omissão. Na jurisprudência: STJ: "3. Os pacientes não praticaram qualquer conduta típica relevante para o Direito Penal, porquanto eram apenas membros suplentes da referida diretoria da associação e não assumiram a obrigação de impedir a ocorrência de eventual desvio de dinheiro nesta instituição, notadamente porque a movimentação financeira não dependia da autorização deles e foi feita sem que eles tivessem ciência dos fatos. 4. Os suplentes são chamados para substituírem os membros titulares da diretoria e, se nessa qualidade praticarem qualquer ato ilegal, poderão ser responsabilizados penalmente. Todavia, isso não foi apontado na denúncia pelo *Parquet* Mineiro. 5. A suposta omissão constante da denúncia, por não terem os suplentes fiscalizado os membros da diretoria da associação e impedido o desvio de dinheiro não possui relevância para o Direito, porquanto esta omissão não se enquadra em qualquer das hipóteses previstas no § 2.º do art. 13 do Código Penal – CP, haja vista que eles não assumiram a posição de garante da conduta dos outros membros da associação, bem como não podiam evitar o resultado. 6. *Habeas Corpus* não conhecido. Ordem concedida, de ofício, para trancar a ação penal" (HC 492.740-MG, 5.ª T., rel. Joel Ilan Paciornik, 26.03.2019, v.u.).

**17-A. Tipicidade por extensão:** como explicado na nota 26 ao art. 14, cuida-se da aplicação conjunta do tipo penal incriminador, previsto na Parte Especial do Código Penal (ou em lei especial) juntamente com uma norma de extensão, prevista na Parte Geral do Código Penal, cuja finalidade é configurar a tipicidade de determinada infração penal. Noutros termos, a omissão penalmente relevante, envolvendo a figura do garante, não existe, por si só, nos tipos penais incriminadores; constrói-se a tipicidade por extensão, associando-se o tipo incriminador à norma do art. 13, § 2.º. Assim, se os pais, devendo, por lei, cuidar de seus filhos menores, protegê-los e vigiá-los (art. 13, § 2.º, *a*, deste Código), não o fizerem, permitindo, por omissão, que algum deles, menor de 14 anos, seja estuprado por terceiro, desde que pudessem agir para evitar o resultado, respondem por estupro de vulnerável. A classificação acusatória seria a seguinte: art. 217-A, combinado com art. 13, § 2.º, alínea *a*, do Código Penal. Porém, é relevante destacar que o emprego da norma de extensão funciona, no caso, como elementar do tipo incriminador, permitindo inserir, no cenário do crime, o omitente. Se isto se der, é preciso evitar o emprego de qualquer circunstância agravante ou causa de aumento relacionada ao mesmo fato. No exemplo supramencionado, se os pais forem acusados da prática de estupro de vulnerável, por omissão penalmente relevante, não poderão responder, igualmente, pela causa de aumento do art. 226, II, do Código Penal (crime cometido por ascendente). Seria o indevido *bis in idem*. Na jurisprudência: STJ: "5. Deve ser reconhecida a presença de manifesta ilegalidade na dosimetria da pena a exigir a intervenção excepcional desta Corte Superior de Justiça, pois. se os pacientes não fossem genitores da vítima. não poderiam ser condenados pela prática do crime de estupro de vulnerável na modalidade omissiva imprópria, nos moldes do art. 13, § 2.º, do CP, e, portanto, resta clara a ocorrência de indevido *bis in idem* no reconhecimento da causa de aumento do art. 226, II, do CP igualmente pela qualidade de pais da ofendida, a qual configura elementar do tipo. 6. *Writ* não conhecido. Ordem concedida, de ofício, somente para reduzir as reprimendas a 8 anos de reclusão, ficando mantido, no mais, o teor do decreto condenatório" (HC 442.865-SC, 5.ª T., rel. Ribeiro Dantas, 21.06.2018, v.u.)

**18. Natureza jurídica da omissão própria:** há duas posições: a) *existência normativa*: a omissão não tem existência no plano naturalístico, ou seja, existe apenas no mundo do *dever-ser*, sendo uma abstração. Afirmam alguns que "do nada, nada surge", por isso a existência da omissão é normativa. Somente se pune o agente que nada fez, porque a lei assim determina; b) *existência física*: a omissão é um trecho do mundo real, embora não tenha a mesma existência física da ação. Trata-se de um fenômeno perceptível aos sentidos humanos. Contrapondo-se

# Art. 13

à afirmação que "do nada, nada surge", explica Baumann: "A meu juízo, o sofisma da não existência da causalidade da conduta omissiva se baseia sobretudo na circunstância de que à omissão falta evidência. Na ação positiva pode-se sempre observar algo e na omissão não se vê, quase sempre, nada. Se a omissão tornar-se evidente, perde rapidamente terreno a tese segundo a qual *ex nihilo nihil fit*". E continua dizendo que, se alguém deixa descer ladeira abaixo um carrinho de bebê até um obstáculo formado por A, caso este, cansado de ser o obstáculo, quando o carrinho se aproxima, deixa-o passar, caindo no precipício, não há dúvida quanto à causalidade da conduta de A e a morte do bebê. O mesmo aconteceria se A tivesse freado o carrinho com o corpo e depois tivesse saído do lugar (*Derecho penal – Conceptos fundamentales y sistema*, p. 142). Na realidade, cremos que o Código Penal adotou uma teoria eclética quanto à omissão, dando relevo à existência física, no *caput* do art. 13, tal como diz a Exposição de Motivos: "Pôs-se, portanto, em relevo a ação e a omissão como as duas formas básicas do comportamento humano", embora concedendo especial enfoque à existência normativa no § 2.º do mesmo artigo. Há, na omissão, no ensinamento de Miguel Reale Júnior, um dado naturalístico, sujeito a um enfoque normativo (*Parte Geral do Código Penal – Nova interpretação*, p. 43). Na jurisprudência: STJ: "Os operadores do Direito que entendem não haver nexo de causalidade entre a omissão e o resultado baseiam-se na ideia clássico-helênica de que do nada, nada pode vir. Entrementes, trata-se de um argumento insatisfatório e que esbarra na dificuldade de descaracterizar a própria existência dos crimes omissivos, incontestes quanto à sua presença no ordenamento jurídico pátrio (art. 13, § 2.º, do CP)" (REsp 1.115.641-MG, 6.ª T., rel. Sebastião Reis Júnior, 27.03.2012, v.u.).

**19. Significado da expressão "penalmente relevante":** a omissão que não é típica, vale dizer, quando o *não fazer* deixa de constar expressamente num tipo penal (como no caso da omissão de socorro – art. 135, CP), somente se torna *relevante* para o direito penal caso o agente tenha o *dever de agir*. Do contrário, não se lhe pode exigir qualquer conduta. Ex.: qualquer do povo que acompanhe a ocorrência de um furto *pode* agir para impedir o resultado, mas não é *obrigado*. Daí por que, mesmo que aja dolosamente, não pode ser punido, pois não tinha o dever jurídico de impedir o resultado. A situação é diferente se a pessoa que acompanha o furto sem propositadamente agir é o vigilante contratado para zelar pela coisa subtraída: responderá por furto.

**20. Alcance da expressão "podia agir":** significa que o agente, fisicamente impossibilitado de atuar, não responde pelo delito, ainda que tivesse o dever de agir. Assim, se o vigilante presencia um furto, mas não tem tempo de impedir o resultado porque sofre um desmaio, não será responsabilizado pelo evento. Por outro lado, é possível ocorrer causa impeditiva decorrente de lei, contrato, medida judicial ou outra situação fática, que afaste o garante de seu natural posto. Por essa razão, inexiste, igualmente, possibilidade de atuação.

**21. Dever de agir imposto por lei:** a legislação impõe a várias pessoas o dever de cuidar, proteger e vigiar outras, tal como o faz com os pais em relação aos filhos, com os tutores em relação aos tutelados, com os curadores em relação aos curatelados e até mesmo com o administrador de um presídio em relação aos presos. Assim, se um detento está gravemente enfermo e o administrador da cadeia, dolosa ou culposamente, deixa de lhe conferir tratamento adequado, pode responder por homicídio. Convém mencionar a explicação de Luiz Luisi: "Neste dispositivo o nosso legislador se referiu não apenas à lei, mas especificou os deveres de cuidado, proteção e de vigilância, e adotando essa redação não se limitou à chamada teoria formal, mas acolheu a teoria das fontes. Trata-se de deveres que são impostos pela ordem jurídica *lato sensu*. Não são apenas obrigações decorrentes de lei em sentido estrito, mas de qualquer disposição que tenha eficácia de forma a poder constituir um vínculo jurídico. É o caso dos decretos, dos regulamentos, das portarias, e mesmo das sentenças judiciais e provimentos judiciários em geral, e até de ordem legítima de autoridade hierarquicamente superior. Podem tais deveres, outrossim, derivar de norma penal, como de norma extrapenal, tanto de direito público como de direito privado" (*Os princípios constitucionais penais*, p. 108). Na jurisprudência: STJ: "1. Condenada a ré pela prática do delito de estupro de vulnerável, por omissão imprópria (art. 13, § 2.º, do CP), a posição de garantidora, estabelecida apenas em razão da condição de ascendente da vítima, passa a ser elementar do tipo penal, motivo pelo qual configura *bis in idem* a consideração do mesmo fato para determinar o recrudescimento da pena, como causa de aumento (art. 226, II, do CP)" (HC n. 683.176/TO, 6.ª T., rel. Sebastião Reis Júnior, 07.12.2021, v.u.); "4. A condenação do réu está calcada na omissão dolosa, pois, no caso em apreço, detinha ele o dever de evitar o resultado (crime comissivo por omissão), haja vista que, consoante apurado pelas instâncias ordinárias, ainda que apenas um dos sócios 'lidasse rotineiramente com a administração financeira, esse não poderia proceder à omissão fraudulenta de recolhimento de tributos e prestação de informações falsas sem a ciência e consentimento do outro'. Assim, razão assiste à Corte de origem, pois o comportamento do acusado não pode ser classificado como mera participação, mas autoria em crime omissivo impróprio" (AgRg no AREsp 1.641.743-PE, 5.ª T., rel. Ribeiro Dantas, 02.03.2021, v.u.).

**22. Dever de agir de quem assumiu a responsabilidade de evitar o resultado:** é o dever decorrente de negócios jurídicos ou de relações concretas da vida. No primeiro caso, o vigia contratado para tomar conta das casas de um determinado condomínio não pode ficar inerte ao acompanhar a ocorrência de um furto. Se agir dolosamente, responderá pelo crime contra o patrimônio tal como os agentes da subtração. No segundo, se alguém assume a posição de *garante* (ou garantidor) da segurança alheia, fica obrigado a interferir caso essa segurança fique comprometida. No tradicional exemplo da doutrina do exímio nadador que convida o amigo para uma travessia, prometendo-lhe ajuda, em caso de emergência, fica obrigado a intervir se o inexperiente nadador começar a se afogar. Na jurisprudência: STJ: "5. A suposta omissão constante da denúncia, por não terem os suplentes fiscalizado os membros da diretoria da associação e impedido o desvio de dinheiro não possui relevância para o Direito, porquanto esta omissão não se enquadra em qualquer das hipóteses previstas no § 2.º do art. 13 do Código Penal – CP, haja vista que eles não assumiram a posição de garante da conduta dos outros membros da associação, bem como não podiam evitar o resultado. 6. *Habeas Corpus* não conhecido. Ordem concedida, de ofício, para trancar a ação penal" (HC 492.740-MG, 5.ª T., rel. Joel Ilan Paciornik, 26.03.2019, v.u.).

**23. Dever de agir por ter gerado o risco:** é o dever surgido de ação precedente do agente, que deu causa ao aparecimento do risco. Exemplo: alguém joga outro na piscina, por ocasião de um trote acadêmico, sabendo que a vítima não sabe nadar. Fica obrigado a intervir, impedindo o resultado trágico, sob pena de responder por homicídio.

**23-A. Questões controversas no cenário do nexo causal:** a) "A", depois de rechaçar uma ação ilícita, lesiona seu agressor "B", permitindo que ele morra sangrando; deve responder por um delito de omissão imprópria (homicídio) ou somente por omissão de socorro? Ao se defender de uma agressão injusta, "A" praticou um ato lícito (desde que, valendo-se dos meios necessários, moderadamente). A partir disso, surge o dever de solidariedade, imposto pelo art. 135 do CP (omissão de socorro), para salvar vidas. Portanto, deve responder por omissão de socorro. Não cabe inserir "A" na figura do homicídio (doloso ou culposo), com base no art. 13, § 2.º, *c*, do Código Penal (com seu comportamento anterior, criou o risco da ocorrência do resultado), pois quem se defende não está *gerando* um risco inaceitável (objeto do art. 13, § 2.º, *c*, do CP); ao contrário, produz um risco perfeitamente lícito, pois se encontra na defesa

# Art. 13

Código Penal Comentado · **Nucci**

de seu direito. A doutrina alemã se divide nessa questão. Pela omissão imprópria (homicídio): Kaufmann/Hassemer; Welp; Herzberg; Baumann/Weber; Sonnen; Maurach/Gössel. Pela omissão própria (omissão de socorro): Rudolphi; Pfleiderer; Schünemann; Stratenwerth; Schmidhäuser; Otto/Brammsen; Roxin; Bockelmann; Gallas; Freund; Wessels; Stree; Köhler (Gimbernat Ordeig, *Estudios sobre el delito de omisión*, p. 273); b) entre os pais e os filhos maiores de idade existe uma relação de garantia ou não? É certo que o pai deve zelar pelo filho pequeno, cuidando, protegendo e vigiando, nos termos do art. 13, § 2.º, *a*, do Código Penal. A partir do momento em que o filho completa 18 anos, não mais subsiste o poder familiar. Nenhuma ascendência legal tem o pai no tocante ao filho. Por isso, não vemos como poderia o pai continuar garante da segurança do filho, que pode fazer o que bem entende. Por outro lado, também não se torna o filho o garante da segurança do pai. O preceituado pelo art. 229 da Constituição Federal ("os pais têm o dever de assistir, criar e educar os filhos menores, e os filhos maiores têm o dever de ajudar e amparar os pais na velhice, carência ou enfermidade") é uma norma de apoio e assistência, a realizar-se no âmbito civil (pagamento de pensão, por exemplo). Não traz nenhum comando pertinente à função de garante, pois não se fala em cuidar, proteger ou vigiar. Entretanto, como adverte Gimbernat Ordeig, diferentes respostas são encontradas na doutrina e na jurisprudência, abrangendo avós e netos, irmãos, tios e sobrinhos etc. Outra dúvida, se houver uma posição de garante, o dever de evitar o resultado se limitaria aos bens jurídicos mais relevantes, como vida, liberdade e integridade física ou também outros, como a propriedade? (*Estudios sobre el delito de omisión*, p. 277). Como não acolhemos a posição de garante nessas hipóteses, é irrelevante o bem jurídico a ser protegido; c) existe a posição de garante decorrente de outros relacionamentos? Ex.: união estável, cônjuges, cônjuges separados de fato. Não nos parece exista o dever de impedir o resultado, nos moldes preconizados pelo art. 13, § 2.º, do Código Penal, tendo em vista que companheiros ou cônjuges não têm o dever jurídico de cuidar, proteger ou vigiar o outro. Companheiros e cônjuges têm o dever de assistência mútua, mas não são *crianças*, que dependam de cuidados, proteção ou vigilância; d) "se 'A' coloca veneno num alimento de 'X' e 'B' lhe crava a navalha; a autópsia somente pode determinar que a morte de X se deveu com 99% de probabilidades ao veneno, mas não se pode descartar a possibilidade de 1% de que a morte tenha decorrido do apunhalamento; a solução é aplicar tanto a 'A' quanto a 'B' um delito contra a vida em grau de tentativa; não se pode condenar 'A' por um tipo que requer *ter matado alguém* quando existe uma mínima possibilidade que não tenha sido 'A' quem matou" (Gimbernat Ordeig, *Estudios sobre el delito de omisión*, p. 285). Não podemos discordar da conclusão do autor, desde que "A" e "B" não estejam juntos, com unidade de propósitos, para matar "X". Se estiverem, conseguiram o almejado, pouco importando por qual meio. Respondem por homicídio consumado. Caso eles não estejam atuando juntos, cada qual responde por tentativa de homicídio. No entanto, esse laudo pericial, se apresentado desse modo (99% e 1%), seria uma raridade; talvez possa existir num país de Primeiro Mundo. No Brasil, o laudo, nesse caso, diria certamente, quando muito bem elaborado, que a navalhada e a ingestão do veneno levaram à morte da vítima. Logo, ambos terminariam respondendo por homicídio consumado em autoria colateral.

# Art. 13

## NEXO CAUSAL
### Teoria da equivalência das condições (ou dos antecedentes)
(Art. 13, *caput*, CP)

Todas constituem antecedentes causais do evento

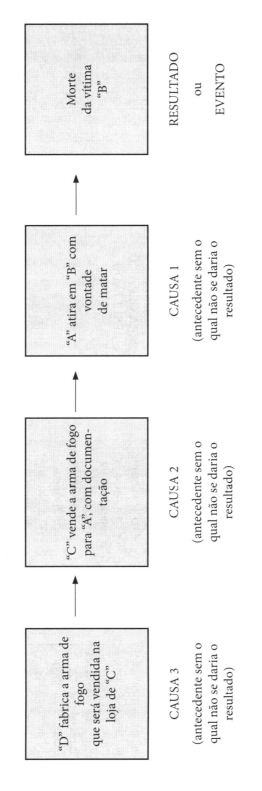

**Notas:**
a) Somente "A" será punido criminalmente pela morte de "B", pois deu causa ao resultado com dolo
b) "C" e "D" praticaram condutas, que constituem causas eficientes para a ocorrência do resultado, mas não serão penalmente responsabilizados, pois não agiram com dolo ou culpa

# Art. 13

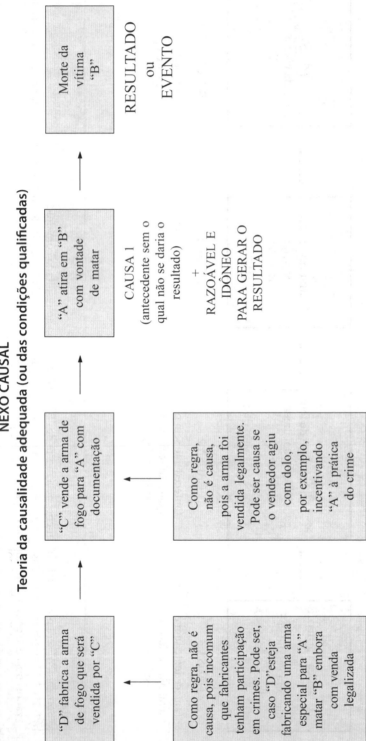

**Notas:**
a) "A" será punido criminalmente por homicídio doloso, já que deu causa à morte de "B"
b) "C" e "D", como regra, não serão penalmente responsabilizados, pois não é razoável supor que o vendedor e o fabricante de armas, quando em situação legalizada, tenham alguma participação nos delitos que possam ocorrer com o emprego das armas comercializadas
c) Podem ter suas condutas consideradas como antecedentes causais válidos para sua responsabilização penal, caso se prove que algum deles tenha agido com dolo ou culpa para a ocorrência do resultado "morte"

# Art. 13

Título II – Do crime

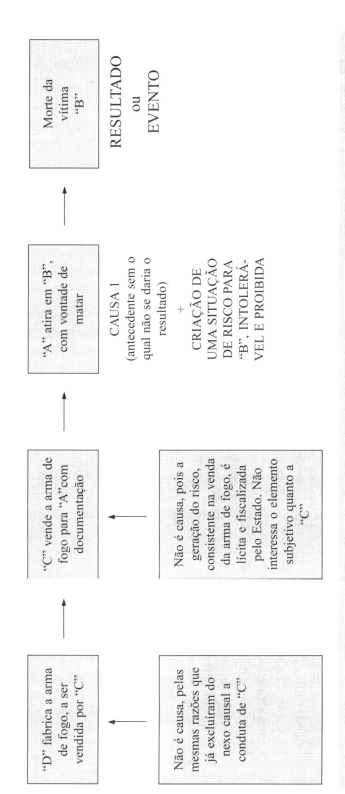

**Notas:**

a) "A" será punido pela prática de homicídio doloso, pois deu causa à morte de "B", o que é juridicamente proibido

b) "C" e "D" realizaram suas condutas dentro da legalidade, sob "as vistas" do Estado, não podem ser incluídos no nexo causal, pouco interessando se agiram com dolo ou culpa

c) "C" e "D" somente responderiam criminalmente e suas condutas seriam incluídas no nexo causal, caso fizessem venda e fabrico clandestinos da arma de fogo, pois, nessas situações, criariam um risco intolerável e proibido

## NEXO CAUSAL

**Concausas: são as causas que se unem para gerar o resultado**

**Causa Principal**

"A" desfere um tiro em "B"

**Causa Preexistente**

"B" é hemofílico. Ao sofrer a lesão causada pelo tiro, padece de sangramento incontrolável

+

+

**Causa Concomitante**

"B" sente o impacto do projétil, perde o equilíbrio e cai num despenhadeiro sofrendo várias outras lesões

+

**Causa Superveniente**

Em cirurgia, no hospital, "B" não resiste aos efeitos da anestesia. Ex.: choque anafilático

=

**RESULTADO**

Morte da vítima "B"

**Notas:**

A associação das causas pode levar ao resultado:

a) Causa preexistente (hemofilia) + tiro = morte

b) Tiro + causa concomitante (queda) = morte

c) Tiro + causa superveniente (choque anafilático) = morte

## CAUSA SUPERVENIENTE, QUE CORTA O NEXO CAUSAL
(Art. 13, § 1.º, CP)

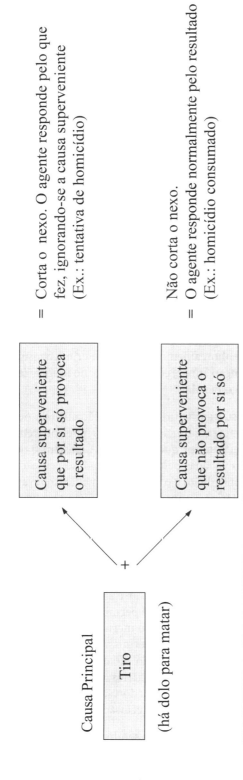

**Notas:**

a) O disposto no art. 13, § 1.º, do Código Penal, é uma exceção à regra da equivalência dos antecedentes, prevista no "caput". Pode-se dizer que é um abrandamento à regra, trazido pela teoria da causalidade adequada

b) No exemplo dado, seria uma causa superveniente relativamente independente, que por si só causou o resultado, um incêndio ocorrido no hospital, onde "B" se trata do tiro, morrendo queimado

c) Ainda no mesmo exemplo, seria uma causa superveniente relativamente independente, que não provocou por si só o resultado, o choque anafilático, sofrido por "B", durante a cirurgia para cuidar da lesão provocada pelo tiro

d) Há dois critérios para apurar se a causa superveniente é suficiente para cortar o nexo causal: *previsibilidade do agente* (é uma situação possível, como regra, de acontecer?) + força individual (é uma situação que tem potencial para tornar vítimas outras pessoas, além de "B", ferido a tiro, por "A"?). Se as respostas forem afirmativas, corta-se o nexo causal e "A" responde somente por tentativa de homicídio

# Art. 14

Código Penal Comentado · **Nucci**

> **Art. 14.** Diz-se o crime:

### Crime consumado[24]

> I – consumado, quando nele se reúnem todos os elementos de sua definição legal;[25-27-F]

### Tentativa[28-29-A]

> II – tentado,[30] quando, iniciada a execução,[31-32-B] não se consuma por circunstâncias alheias à vontade do agente.[33]

### Pena de tentativa

> **Parágrafo único.** Salvo disposição em contrário,[34] pune-se a tentativa[35] com a pena correspondente ao crime consumado, diminuída de 1 (um) a 2/3 (dois terços).[36-37-A]

**24. Conceito de crime consumado:** é o tipo penal integralmente realizado, ou seja, quando o tipo concreto se enquadra no tipo abstrato. Exemplo: quando A subtrai um veículo pertencente a B, com o ânimo de assenhoreamento, produz um crime consumado, pois sua conduta e o resultado materializado encaixam-se, com perfeição, no modelo legal de conduta proibida descrito no art. 155 do Código Penal.

**25. Conceito de tipo penal e sua estrutura:** é a descrição abstrata de uma conduta, tratando-se de uma conceituação puramente funcional, que permite concretizar o princípio da reserva legal (não há crime sem lei anterior que o defina). A existência dos tipos penais incriminadores (modelos de condutas vedadas pelo direito penal, sob ameaça de pena) tem a função de *delimitar* o que é penalmente ilícito e o que é penalmente irrelevante, tem, ainda, o objetivo de dar *garantia* aos destinatários da norma, pois ninguém será punido senão pelo que o legislador considerou delito, bem como tem a finalidade de conferir *fundamento* à ilicitude penal. Note-se que o tipo não *cria* a conduta, mas apenas a valora, transformando-a em *crime*. O tipo penal vem estruturado da seguinte forma: a) *título ou – nomen juris*": é a rubrica dada pelo legislador ao delito (ao lado do tipo penal incriminador, o legislador confere à conduta e ao evento produzido um *nome*, como *homicídio simples* é a rubrica do modelo de comportamento "matar alguém"); b) *preceito primário*: é a descrição da conduta proibida, quando se refere ao tipo incriminador, ou a da conduta permitida, referindo-se ao tipo penal permissivo. Dois exemplos: o preceito primário do tipo incriminador do art. 121 do Código Penal é "matar alguém"; o preceito primário do tipo permissivo do art. 25 do Código Penal, sob a rubrica "legítima defesa", é repelir injusta agressão, atual ou iminente, a direito próprio ou de terceiro, usando moderadamente os meios necessários; c) *preceito secundário*: é a parte sancionadora, que ocorre somente nos tipos incriminadores, estabelecendo a pena. Ex.: no crime de homicídio simples, o preceito secundário é "reclusão, de seis a vinte anos".

**25-A. Elementos do tipo penal incriminador:** sendo ele o modelo legal abstrato de conduta proibida, que dá forma e utilidade ao princípio da legalidade (não há crime sem lei anterior que o defina, nem pena sem lei anterior que a comine), fixando as condutas constitutivas dos crimes e contravenções penais, convém esmiuçar o estudo dos seus componentes. O tipo incriminador forma-se com os seguintes elementos: 1.º) *objetivos*, que são todos aqueles que não dizem respeito à vontade do agente, embora por ela devam estar envolvidos. Estes se subdividem em: a1) *descritivos*, que são os componentes do tipo passíveis de reconhecimento por juízos de realidade, isto é, captáveis pela verificação sensorial (sentidos humanos). Assim, quando se estuda o tipo penal do homicídio, verifica-se que é composto integralmente por elementos descritivos. *Matar alguém* não exige nenhum tipo de valoração ou interpretação, mas apenas constatação. *Matar* é eliminar a vida; *alguém* é pessoa humana; a2) *normativos*, que são os componentes do tipo desvendáveis por juízos de valoração, ou seja, captáveis pela verificação espiritual (sentimentos e opiniões). São os elementos mais difíceis de alcançar qualquer tipo de consenso, embora sua existência tenha justamente essa finalidade. Quando se discute, no crime de ato obsceno (art. 233), o conceito de *obscenidade*, sabe-se que este último termo não tem outra análise senão valorativa. A *obscenidade*, no cenário dos crimes contra os costumes, encontra variadas formas de visualização, motivadas por opiniões e por condições de lugar e tempo. Enfim, o elemento normativo produz um juízo de valor distante da mera descrição de algo. Podemos apontar, ainda, os juízos de valoração cultural (como a referida *obscenidade* nos crimes contra os costumes) e os juízos de valoração jurídica (como o conceito de *cheque*, no estelionato). Nas palavras de Roxin, "um elemento é 'descritivo' quando se pode perceber sensorialmente, vale dizer, ver e tocar o objeto que designa. Neste sentido, o conceito de 'ser humano', ao qual se referem os tipos de homicídio, é um elemento descritivo. Pelo contrário, fala-se de um elemento 'normativo' quando somente existe no âmbito das representações valorativas e, por isso, somente pode ser compreendido espiritualmente. Assim ocorre com o conceito de *alheio* em meu segundo exemplo inicial [furto]. O fato de uma coisa ser propriedade de alguém não se pode ver, senão apenas entender-se espiritualmente conhecendo os contextos jurídicos" (*La teoría del delito en la discusión actual*, p. 197); 2.º) *subjetivos*, que são todos os elementos relacionados à vontade e à intenção do agente. Denominam-se *elementos subjetivos do tipo específicos*, uma vez que há tipos que os possuem e outros que deles não necessitam. Determinadas figuras típicas, como o homicídio ("matar alguém"), prescindem de qualquer finalidade especial para se concretizarem. Logo, no exemplo citado, pouco importa a razão pela qual A mata B e o tipo penal pode integralizar-se por completo. Entretanto, há tipos penais que demandam, expressamente, finalidades específicas por parte do agente; do contrário, não se realizam. Só se pode falar em prevaricação (art. 319) caso o funcionário público deixe de praticar ou retarde o ato de ofício *para satisfazer interesse ou sentimento pessoal*. Aí está o elemento subjetivo do tipo específico da prevaricação. Se não estiver presente, pode-se falar de mera falta funcional. Há vários modos de introduzir no tipo essas finalidades específicas: "para si ou para outrem" (furto); "com o fim de obter, para si ou para outrem, qualquer vantagem, como condição ou preço do resgate" (extorsão mediante sequestro), entre outros. Pode ocorrer, ainda, a existência de elemento subjetivo específico implícito, vale dizer, que não consta expressamente no tipo penal, mas deduz-se sua presença oculta. É o que se dá no contexto dos crimes contra a honra (vide a nota 9 ao art. 138). Quando o tipo penal possui finalidade específica expressa, chama-se *delito de intenção* (ou de resultado cortado); quando a finalidade específica é implícita, denomina-se *delito de tendência*.

**26. Conceito de tipicidade:** é a adequação do fato ao tipo penal. Tipicidade é o fenômeno representado pela confluência dos tipos concreto (fato do mundo real) e abstrato (fato do mundo abstrato). Há, ainda, a denominada *tipicidade por extensão*, que é a aplicação conjunta do tipo penal incriminador, previsto na Parte Especial do Código Penal, com uma norma de extensão, prevista na Parte Geral, tendo por finalidade construir a tipicidade de determinado

# Art. 14

delito. É o que se dá com a tentativa. Não há, na Parte Especial, como regra, a descrição de crime tentado. Para a construção da tipicidade da tentativa é imprescindível a união entre o tipo incriminador e a norma prevista no art. 14, II, do Código Penal. Assim, a tentativa de roubo tem a seguinte tipicidade: art. 157, *caput*, combinado com art. 14, II, do Código Penal. Idêntico processo se dá para tipificar a conduta do garante, no contexto da omissão penalmente relevante. Se os pais se omitem, permitindo o estupro de filho menor de 14 anos por terceiro, devem responder por estupro de vulnerável: art. 217-A combinado com art. 13, § 2.º, alínea *a*, do Código Penal.

**27. Outras classificações do tipo penal:** a doutrina adota, dentre várias, as seguintes: a) *tipo fechado e tipo aberto*: o primeiro é constituído somente de elementos descritivos, que não dependem do trabalho de complementação do intérprete, para que sejam compreendidos (ex.: art. 121, *matar alguém* – os dois elementos são puramente descrições, sem qualquer valoração a exigir do intérprete conceitos que vão além do vernáculo). Defende ANÍBAL BRUNO que, quanto mais fechado o tipo, ou seja, quanto mais restrita a sua compreensão, maior a garantia que dele decorre para as liberdades civis (*Sobre o tipo no direito penal*, p. 61); o segundo é aquele que contém elementos normativos ou subjetivos, de modo que depende da interpretação de quem o conhece, para que adquira um sentido e tenha aplicação (ex.: art. 233, *praticar ato obsceno* – o tipo exige que se faça um juízo valorativo acerca do termo *obsceno*, que não é meramente descritivo, mas normativo). Normalmente, os tipos culposos são abertos, embora exista exceção (art. 180, § 3.º, CP); b) *tipo objetivo e tipo subjetivo*: o primeiro é a parte do tipo penal referente unicamente aos elementos objetivos, aqueles que não dizem respeito à vontade do agente (ex.: art. 155, subtrair coisa alheia móvel). Como diz CARNELUTTI, não há necessidade de se definir a circunstância objetiva. São todas as circunstâncias que *não são subjetivas* (não há necessidade de dar mais que esta noção negativa) (*Lecciones de derecho penal* – *El delito*, p. 177); o segundo é constituído da parte do tipo ligada à vontade do sujeito, podendo ela estar implícita, como ocorre com o dolo, bem como explícita, quando houver expressa menção no tipo penal a respeito de finalidade (ex.: no caso do furto, pode-se dizer que o tipo subjetivo é o dolo e também a específica finalidade *para si ou para outrem*); c) *tipo básico e tipo derivado*: o primeiro é a composição fundamental do crime, sem a qual não se poderia falar na infração penal, tal como intitulada pelo Código Penal. É a conduta nuclear com seus indispensáveis complementos. Como regra, encontra-se prevista no *caput* dos artigos (ex.: art. 163, destruir, inutilizar ou deteriorar coisa alheia). Faltando os verbos e qualquer dos complementos – coisa ou alheia –, não há crime de dano; o segundo é composto pelas circunstâncias especiais que envolvem a prática do delito, trazendo consequências na esfera da aplicação da pena (ex.: art. 163, parágrafo único: se o crime é cometido: I – com violência à pessoa ou grave ameaça; II – com emprego de substância inflamável ou explosiva, se o fato não constitui crime mais grave; III – contra o patrimônio da União, de Estado, do Distrito Federal, de Município ou de autarquia, fundação pública, empresa pública, sociedade de economia mista ou empresa concessionária de serviços públicos; IV – por motivo egoístico ou com prejuízo considerável para a vítima). Assim, para a existência do delito de dano, basta a configuração do tipo básico, previsto no *caput*, mas, se as circunstâncias especiais previstas no parágrafo único, componentes do tipo derivado, se realizarem, a pena é aumentada; d) *tipo simples e tipo misto*: o primeiro é composto de uma única conduta punível – como regra, há um só verbo no tipo (ex.: art. 184, *violar* direito autoral); o segundo é constituído de mais de uma conduta punível – como regra, há mais de um verbo no tipo, dividindo-se em tipo misto alternativo, quando a prática de uma ou várias das condutas previstas no tipo levam à punição por um só delito (art. 271, corromper ou poluir água potável). Tanto faz que o agente corrompa (adultere) ou suje (polua) a água potável ou faça as duas condutas, pois haverá um só delito. A outra forma do tipo misto é o cumulativo, quando a prática de mais de uma conduta, prevista no tipo, indica a realização de mais de um crime, punidos em concurso material (ex.: art. 208, escarnecer de alguém publicamente, por motivo de crença ou função religiosa; impedir ou perturbar cerimônia ou prática de culto religioso; vilipendiar publicamente ato ou objeto de culto religioso). Nesse caso, se o agente escarnecer de alguém, impedir cerimônia religiosa e vilipendiar objeto de culto religioso, deve responder por três delitos. Outro exemplo é encontrado no art. 358 (impedir, perturbar ou fraudar arrematação judicial *e* afastar ou procurar afastar concorrente ou licitante, por meio de violência, grave ameaça, fraude ou oferecimento de vantagem); e) *tipo de injusto* (teoria dos elementos negativos do tipo): é o tipo que congrega, na sua descrição, embora implicitamente, as causas de justificação. Assim, falar em tipicidade seria considerar, ao mesmo tempo, a antijuridicidade, como se o tipo penal fosse construído da seguinte forma: furto seria "subtrair coisa alheia móvel, para si ou para outrem, *desde que* não fosse em estado de necessidade". Por isso, quem subtrai algo, sob o manto do estado de necessidade, praticaria fato atípico. Há vários problemas, apontados por JUAREZ TAVARES, para a adoção do tipo-total de injusto: 1.º) altera-se a estrutura sistemática do delito, no seu aspecto dogmático (fato típico, antijurídico e culpável), tornando confusa a sua metodologia – afinal, foram anos de esforço para separar os componentes do crime, de maneira analítica. Inexiste vantagem prática na reunião do típico ao antijurídico; 2.º) não devem as causas de justificação ser consideradas *exceções* à regra, mas sim limitações de seu conteúdo, diante de um *fato concreto*. "O tipo, portanto, como categoria abstrata, é um limitador do arbítrio e uma segurança para o cidadão. A antijuridicidade retira sua validade do caso concreto". O tipo penal incriminador do homicídio existe para proteger a vida humana, bem jurídico maior. Logo, somente no caso concreto é que se admite haver um homicídio, porque foi cometido em legítima defesa. A excludente de ilicitude realiza-se no campo concreto e jamais no contexto abstrato do tipo penal; 3.º) a junção do tipo à antijuridicidade traz dificuldades para o enquadramento sistemático das excludentes de ilicitude previstas em outros ramos do direito, logo, extrapenais. A sua "incorporação ao tipo resultaria duvidosa, ainda que sob o enfoque de seu elemento negativo" (*Teoria do injusto penal*, p. 166-167); f) *tipo indiciário*: trata-se da posição de quem sustenta ser a tipicidade um indício de antijuridicidade. Preenchido o tipo penal incriminador, está-se constituindo uma presunção de que o fato é ilícito penal, dependente, pois, da verificação concreta da existência – ou não – de causas de justificação (excludentes de ilicitude). Nessa ótica, preceitua MUÑOZ CONDE que "a tipicidade de um comportamento não implica, no entanto, a antijuridicidade do mesmo, mas sim um *indício* de que o comportamento pode ser antijurídico (*função indiciária do tipo*)" (*Derecho penal – Parte general*, p. 283). Criticando essa nomenclatura, professa JUAREZ TAVARES que, "em vez de perquirir se existe uma causa que exclua a antijuridicidade, porque o tipo de injusto já a indicia, o que constituiria uma presunção *juris tantum* de ilicitude, deve-se partir de que só se autoriza a intervenção se não existir em favor do sujeito uma causa que autorize sua conduta. Neste caso, o tipo não constitui indício de antijuridicidade, mas apenas uma etapa metodológica de perquirição acerca de todos os requisitos para que a intervenção do Estado possa efetivar-se" (*Teoria do injusto penal*, p. 163); g) *tipo permissivo*: é aquele formado por conduta autorizadora, ou seja, é o constituído por uma excludente de ilicitude ou causa de justificação (ex.: art. 25, legítima defesa); h) *tipo congruente e tipo incongruente*: o primeiro é o tipo penal que espelha a coincidência entre a face objetiva e o lado subjetivo (ex.: no caso do homicídio, quando o agente extermina a vida da vítima, preenche o tipo objetivo – matar alguém – ao mesmo tempo que perfaz, plenamente, o tipo subjetivo – vontade de matar alguém); o segundo é o tipo penal que permite a inadequação do lado objetivo, nele previsto, com o que subjetivamente almeja o agente, embora se considere consumado o delito (ex.: na extorsão mediante sequestro – crime essencialmente patrimonial –, o tipo objetivo

# Art. 14

Código Penal Comentado · **Nucci**

prevê o sequestro de pessoa, com o fim de obter vantagem, como condição ou preço do resgate, demonstrando que a finalidade do agente é patrimonial. Entretanto, ainda que somente o sequestro se realize, bastando haver o intuito de obter resgate, está consumado o crime). Há incongruência entre o desejado pelo agente e o efetivamente alcançado; i) *tipo normal e tipo anormal*: o primeiro é o tipo, tal como originalmente idealizado por BELING, composto apenas de elementos descritivos, que não exigiriam valoração por parte do intérprete, para a exata compreensão da figura típica (ex.: matar alguém); o segundo é o tipo penal no qual se inseriram elementos normativos ou subjetivos, tornando-o passível de interpretação e valoração, para que possa ser convenientemente aplicado ao caso concreto (ex.: assédio sexual, inserindo-se a finalidade de "obter vantagem ou favorecimento sexual"). Nas palavras de JIMÉNEZ DE ASÚA, os tipos normais são aqueles que ratificam a função da lei penal, na parte especial, consistente em fazer uma mera descrição objetiva, enquanto anormais são o resultado da impaciência do legislador, que proporcionou a inserção, na descrição da conduta incriminada, de juízos valorativos pertinentes à antijuridicidade, incluindo os elementos normativos ou as excessivas alusões a elementos subjetivos do injusto (*Princípios de derecho penal – La ley y el delito*, p. 254-255); j) *tipo de tendência interna subjetiva transcendente*: trata-se do tipo penal que possui elemento subjetivo específico implícito, não se contentando com o dolo (ex.: crimes contra a honra). Ver, ainda, a nota 25-A *supra* e a nota 61 ao art. 18; k) *tipo remetido*: cuida-se de um tipo penal incriminador de construção externa complexa, fazendo remissão a outro(s) tipo(s) penal(ais) para que possa ser aplicado. A referência pode se dar tanto no preceito primário quanto no preceito sancionador. Um exemplo das duas situações pode ser encontrado no art. 304 do Código Penal: "Fazer uso de qualquer dos papéis falsificados ou alterados, a que se referem os arts. 297 a 302: Pena – a cominada à falsificação ou à alteração"; l) *tipo formal e tipo material*: o primeiro é o tipo legal de crime, ou seja, a descrição feita pelo legislador ao construir os tipos incriminadores, inseridos na Parte Especial do Código Penal (ex.: art. 129, ofender a integridade corporal ou a saúde de outrem); o segundo é o tipo legal adequado à lesividade, que possa causar a bens jurídicos protegidos, bem como socialmente reprovável (ex.: no caso das lesões corporais, somente se pode dar a tipicidade material, caso haja o preenchimento dos elementos do art. 129, associados à efetiva lesão do bem jurídico tutelado, de maneira reprovável. O furo na orelha de uma criança, por exemplo, para a colocação de um brinco, pode ser formalmente uma lesão à integridade corporal, mas, materialmente, trata-se de fato atípico, pois adequado socialmente. O delito do art. 129 tem por finalidade punir aquele que, fugindo aos parâmetros éticos e socialmente adequados, fere a integridade do corpo humano). Para apurar a tipicidade material, vale-se a doutrina dos princípios da adequação social e da insignificância. Com relação à *adequação social*, pode-se sustentar que uma conduta aceita e aprovada consensualmente pela sociedade, ainda que não se constitua em causa de justificação, pode ser entendida como não lesiva ao bem jurídico tutelado. É o caso da colocação do brinco, situação tradicionalmente aceita, como meta de embelezamento, embora se possa cuidar, ao menos na aparência, de lesão à integridade física. Convém citar a posição de MUÑOZ CONDE, contrária à utilização da adequação social como causa de exclusão da tipicidade material, devendo ser usada somente como critério de interpretação do tipo penal. Leciona o autor que "a adequação social pode ser um critério que permita, em alguns casos, uma interpretação restritiva dos tipos penais que, redigidos com excessiva amplitude, estendem em demasia o âmbito da proibição. Mas esta é uma consideração fática que não pode pretender validade geral, dada sua relatividade e insegurança" (*Derecho penal – Parte general*, p. 286). Parece-nos, entretanto, que a *adequação social* é, sem dúvida, motivo para exclusão da tipicidade, justamente porque a conduta consensualmente aceita pela sociedade não se ajusta ao modelo legal incriminador, tendo em vista que este possui, como finalidade precípua, proibir condutas que firam bens jurídicos tutelados. Ora, se determinada conduta é acolhida como socialmente adequada, deixa de ser considerada lesiva a qualquer bem jurídico, tornando-se um indiferente penal. A evolução do pensamento e dos costumes, no entanto, é o fator decisivo para a verificação dessa excludente de tipicidade. Atualmente, não mais se considera lesão corporal a utilização de tatuagem, por exemplo. Houve tempo, entretanto, que referida prática chocava a sociedade. Confira-se na lição de Moniz de Aragão: "O uso de *tatuagem* ('cicatrizes ideográficas, como define Lacassagne, coradas pela introdução de partículas corantes nas malhas do tecido subepidérmico'), tão frequente entre os criminosos, está também ligado a essa insensibilidade física, a essa percepção menor das sensações dolorosas: é uma consequência, talvez uma prova mesmo da analgesia e disvulnerabilidade dos delinquentes. 'Em 142 criminosos examinados por mim, informa Lombroso, cinco traziam tatuagens na verga; um desenhara aí uma cabeça de mulher, disposta de modo que a boca era formada pela extremidade do meato urinário, sobre o dorso da verga estavam figuras as armas do Rei; outro aí pintou as iniciais de sua amante, outro um ramalhete de flores. Estes fatos provam uma falta absoluta de pudor, e, mais ainda, uma estranha insensibilidade, porque não há região mais sensível à dor...' E conforme o mestre italiano, é principalmente atávico o impulso que leva os malfeitores a esse hábito singular, tão generalizado entre os selvagens" (*As três escolas penais: clássica, antropológica e crítica – Estudo comparativo*, p. 145). Vale mencionar, ainda, para ilustrar como se dá e se forma a adequação social, o seguinte exemplo, extraído da Espanha: "A violência culturalmente aceita adota diversas formas de se manifestar, fora das quais esta mesma violência não é tolerada. Um claro exemplo disso encontramos nas lutas com touros na Espanha: é um fato culturalmente aceito [pelos espanhóis] a tortura e morte de um touro em uma arena; no entanto, não é culturalmente aceita a violência dirigida contra o mesmo animal fora deste contexto (suponhamos atiradores disparando no animal em campo aberto)" (Margarita Beceiro Caneiro, Las dimensiones de la violencia: hacia uma tipología de la conducta antisocial, *La mente criminal*, p. 55, traduzi). Nesse cenário, diz Roxin: "A vida diária nos apresenta uma quantidade de privações de liberdade adequadas ao tipo nas quais o observador natural não pensaria nem mesmo em perguntar a respeito de justificação para o fato, pois 'essa ação se desenvolve completamente dentro dos limites de ordem histórico-ético-social da vida em comunidade e é permitida por esta ordem'. É o que acontece, por exemplo, nos casos em que os modernos meios de transporte privam a liberdade pessoal do particular, permitindo que desça apenas nos lugares onde está previsto e não simplesmente onde queira" (*Teoria del tipo penal – Tipos abiertos y elementos del deber jurídico*, p. 15). Além da tatuagem, insere-se no contexto da adequação social tanto o *piercing* (colocação de objetos perfurantes em partes variadas do corpo) quanto outras formas de lesão corporal praticada pelo agente em seu próprio corpo. A revista *Superinteressante* (n. 213, maio 2005) publicou artigo demonstrando outras formas de mutilação que vêm sendo perseguidas por alguns adeptos: a) bifurcação de língua: "procedimento cirúrgico que divide parte da língua em duas metades, dando a aparência de uma língua de lagarto ou cobra. Com o tempo, é possível mexer as duas partes individualmente"; b) *branding*: "aplicação de metal aquecido na pele, deixando uma queimadura que eventualmente se transforma em cicatriz"; c) escarificação: "também conhecida como *scarification* ou simplesmente *scar* (cicatriz em inglês). É a fabricação de cicatrizes, com intenções espirituais (como é comum em tribos africanas) ou estéticas; d) implante: "um objeto, que pode ser de vários materiais (silicone, plástico, osso, metal) e formatos, é inserido sob a pele, criando um relevo. Nos implantes transdermais, a base fica sob a pele e a ponta fica para fora"; e) nulificação: "é a remoção voluntária de partes do corpo, como testículos, dedos, dentes, mamilos e até mesmo remoção de membros inteiros". Esses procedimentos, embora possam parecer estranhos a muitas pessoas, para a grande maioria figuram como atitudes individualizadas, concernentes a quem os deseja, logo, totalmente ignoradas no contexto social. Por isso, penalmente irrelevantes.

# Art. 14

Código Penal Comentado · **Nucci**                                    134

**27-A. Destaque para o princípio da insignificância:** com relação à *insignificância* (crime de bagatela), ainda, sustenta-se que o direito penal, diante de seu caráter subsidiário, funcionando como *ultima ratio* no sistema punitivo, não se deve ocupar de bagatelas. Com efeito, essa postura decorre do princípio da intervenção mínima, que, no Estado Democrático de Direito, demanda *mínima ofensividade* ao bem tutelado para legitimar o braço punitivo estatal. O acolhimento da insignificância, no campo penal, gerando atipicidade material, deve respeitar três requisitos: a) *consideração do valor do bem jurídico em termos concretos*. Há de se avaliar o bem tutelado sob o ponto de vista da vítima, do agressor e da sociedade. Não se pode cultivar um Direito Penal elitista, preocupado apenas com a lesão a bens de valor economicamente superiores à média, pois essa posição afastaria a tutela estatal em relação aos mais pobres. Nem é preciso ressaltar os males advindos desse quadro, que, além de injusto, fomentaria divisão de classes sociais, incentivo para o exercício arbitrário das próprias razões e o descrédito no monopólio punitivo do Estado. Registre-se o advento da Súmula 589 do STJ: "É inaplicável o princípio da insignificância nos crimes ou contravenções penais praticados contra a mulher no âmbito das relações domésticas". E, também, a Súmula 606 do STJ: "Não se aplica o princípio da insignificância a casos de transmissão clandestina de sinal de internet via radiofrequência, que caracteriza o fato típico previsto no art. 183 da Lei n. 9.472/1997"; b) *consideração da lesão ao bem jurídico em visão global*. O bem lesado precisa inserir-se num contexto maior, envolvendo o agente do delito, pois a prática de pequenas infrações, com frequência, pode ser tão danosa quanto um único crime de intensa gravidade. Diante disso, réus com maus antecedentes ou reincidentes não merecem a aplicação do princípio da insignificância; c) *consideração particular aos bens jurídicos imateriais de expressivo valor social*. Não basta o foco no valor individualizado do bem, nem a análise da pessoa do agente. Torna-se essencial captar a essência do bem tutelado, verificando a sua real abrangência e o interesse despertado para a sociedade. Não se pode, por exemplo, tratar a corrupção como algo irrelevante; quem se corrompe por pouco não comete *delito de bagatela* em face do interesse social relevante despertado pela conduta ilícita. Atualmente, a jurisprudência nacional, partindo de exemplos extraídos do Supremo Tribunal Federal, em posição majoritária, aceita e aplica o princípio da insignificância, debatendo-se, somente, nos casos concretos, a sua conveniência. Verifique-se: STF: "O princípio da bagatela é afastado quando comprovada a contumácia na prática delitiva. Precedentes: HC 123.199-AgR, Primeira Turma, Rel. Min. Roberto Barroso, *DJe* de 13/03/2017, HC 115.672, Segunda Turma, Rel. Min. Ricardo Lewandowski, *DJe* de 21/5/2013, HC n.º 133.566, Segunda Turma, Rel. Min. Cármen Lúcia, *DJe* de 12/5/2016, ARE 849.776-AgR, Primeira Turma, Rel. Min. Roberto Barroso, *DJe* de 12/3/2015, HC 120.662, Segunda Turma, Rel. Min. Teori Zavascki, *DJe* de 21/8/2014, HC 120.438, Primeira Turma, Rel. Min. Rosa Weber, *DJe* de 12/03/2014, HC 118.686, Primeira Turma, Rel. Min. Luiz Fux, *DJe* de 4/12/2013, HC 112.597, Segunda Turma, Rel. Min. Cármen Lúcia, *DJe* de 10/12/2012" (AgR no RHC 163.009, 1.ª T., rel. Luiz Fux, 07.12.2018, v.u.). STJ: "1. Conforme jurisprudência desta Corte, a prática do delito de furto qualificado pelo concurso de agentes, caso dos autos, afasta a aplicação do princípio da insignificância, mormente quando se extrai dos autos a informação de que o valor dos bens subtraídos ultrapassa 10% do salário-mínimo vigente à época dos fatos" (AgRg no AREsp 1.648.500-SP, 5.ª T., rel. Joel Ilan Paciornik, 01.09.2020, v.u.); "1. O princípio da insignificância propõe excluam-se do âmbito de incidência do Direito Penal situações em que a ofensa concretamente perpetrada seja de pouca importância, ou seja, incapaz de atingir materialmente e de modo intolerável o bem jurídico protegido. Entretanto, a aplicação do mencionado postulado não é irrestrita, sendo imperiosa, na análise do relevo material da conduta, a presença de certos vetores, tais como (a) a mínima ofensividade da conduta do agente, (b) a ausência de periculosidade social da ação, (c) o reduzidíssimo grau de reprovabilidade do comportamento, e (d) a inexpressividade da lesão jurídica provocada.

2. No caso, não há como reconhecer o reduzido grau de reprovabilidade ou a mínima ofensividade da conduta, de forma a viabilizar a aplicação do princípio da insignificância, diante do valor dos objetos furtados – R$ 330,00, correspondente a aproximadamente 35% do salário-mínimo vigente à época (2017) –, e pela reiteração delitiva em crimes patrimoniais, tanto que apresentou nome falso aos policiais para não ser identificada, além do caráter supérfluo da *res furtiva* (biquínis e canga). 3. Apesar de não configurar reincidência, a existência de outras ações penais, inquéritos policiais em curso ou procedimentos administrativos fiscais é suficiente para caracterizar a habitualidade delitiva e, consequentemente, afastar a incidência do princípio da insignificância. (Precedentes)" (AgRg no HC 578.039-PR, 6.ª T., rel. Antonio Saldanha Palheiro, 01.09.2020, v.u.).

**27-B. Bagatela imprópria:** em nosso entendimento, inexiste no ordenamento jurídico-penal brasileiro. Há quem sustente ser a bagatela imprópria uma alternativa ao julgador, que, não podendo reconhecer a autêntica insignificância do delito (que exclui a tipicidade) nem estando o crime prescrito, terminaria por absolver o agente, sem fixar pena. Em verdade, quer-se aplicar uma espécie de perdão judicial. Entretanto, para que o fato típico, antijurídico e culpável deixe de ser apenado, torna-se imperiosa a participação do legislador. Perdão não é concedido a bel-prazer do magistrado, pois as suas hipóteses estão claramente tuteladas em lei. Buscar associar a tal *bagatela imprópria* com princípios funcionalistas, com a devida vênia, também é um equívoco, pois o que se detecta nessa ótica é a viabilidade de não se aplicar a pena, tendo em vista a ausência de culpabilidade, incluindo no conceito desta um prisma de política criminal. Em suma, esse instituto, em nosso entendimento, não galga acerto. Entretanto, a tese já foi absorvida por julgados do STJ: "Posse ilegal de arma de fogo de uso permitido. Absolvição sumária. Crime sem violência ou grave ameaça. Delito cometido há mais de 12 anos. Incidência do princípio da bagatela imprópria. Requisitos preenchidos. Desnecessidade da pena. (...) 10. Igualmente ficou bem demonstrado ter sido o delito cometido há mais de 12 (doze) anos, sem o registro de outros fatos delituosos atribuídos ao apelado, indicando, por consequência, sua recuperação social. 11. Assim, bem pontuadas essas premissas, decidiu acertadamente o Magistrado pela absolvição sumária, merecendo destaque o seguinte excerto da sentença, inclusive com respaldo doutrinário (fl. 132): '(...) Estamos convictos de que o direito penal, se à época da denúncia fazia algum sentido neste caso, atualmente sua aplicação não se mostra nem eficaz, nem necessária, nem razoável, nem justa. Com efeito, o réu está socialmente recuperado, o que se depreende da sua lista de antecedentes criminais, enquadrando-se sua situação naquele conceito a que a doutrina vem tratando como bagatela imprópria, situações onde a aplicação de pena, mesmo em caso de eventual condenação, mostrar-se-ia inteiramente desnecessária (...)' 12. Mais adiante ainda fundamentou seu entendimento, observando precedente do Tribunal da Cidadania (fl. 133): '(...) No mesmo sentido, já fez assentar o Superior Tribunal de Justiça que 'o reconhecimento do princípio da bagatela imprópria permite que o julgador, mesmo diante de um fato típico, deixe de aplicar a pena em razão desta se ter tornado desnecessária, diante da verificação de determinados requisitos' (STJ – HC 222.093/MS, rel. Min. Gilson Dipp, j. 07.08.2012) (...)'. 13. Da leitura dos trechos é possível notar a devida fundamentação no preceito basilar do direito penal, consubstanciado na desnecessidade da pena (art. 59 do CP), ensejando a absolvição do inculpado. (...) 15. É exatamente a hipótese dos autos, em que a imposição da pena, diante das circunstâncias concretas, perdeu completamente seu sentido, revelando-se, pois, desnecessária" (AgRg no Agravo em Recurso Especial 1.423.492-RN, 5.ª T., rel. Joel Ilan Paciornik, 21.05.2019, v.u.).

**27-C. Princípio da adequação social e lesões cometidas na prática de esportes:** como mencionado na nota anterior, ao cuidar da tipicidade material, o princípio da adequação social significa que uma conduta aceita e aprovada pela sociedade, de modo consensual,

# Art. 14

Código Penal Comentado • **Nucci**

não pode ser considerada materialmente típica; afinal, inexiste qualquer tipo de ofensa ao bem jurídico protegido pela norma penal incriminadora. Mas é sempre preciso salientar que a adequação social deve ser verificada no caso concreto, conforme os costumes da época, levando-se em consideração uma situação de natural consenso. Dessa forma, costuma-se considerar *socialmente adequada* a ocorrência de lesões durante a prática de esportes – não se está fazendo referência aos violentos, como o boxe, pois, nessa situação, há exercício regular de direito – como ocorre com entradas violentas em jogos de futebol. Entende-se que a violência praticada no campo deve ser solucionada no campo, isto é, pelos mecanismos naturais de expulsão e outras sanções. Entretanto, nem sempre é assim, e muitas vezes nota-se a evolução do próprio entendimento social a respeito de algo que parecia consolidado. Atualmente, conforme o caso, as lesões ocorridas no campo de futebol começam a fugir do âmbito da adequação social, ingressando no contexto das sanções admitidas pelo direito. Não se evoluiu a ponto de ser considerada uma lesão corporal, passível de punição pelo direito penal, mas já começam a surgir casos de indenização na esfera cível.

**27-D. Excludentes de tipicidade:** há excludentes legais, expressamente previstas nas normas penais, embora sem se poder apontar um único artigo ou capítulo para abrigá-las em conjunto. Assim, como exemplos, podemos citar: crime impossível (consultar as notas 53 e 54 ao art. 17); intervenção médico-cirúrgica e impedimento de suicídio (consultar as notas 14, 15 e 16 ao art. 146); retratação no crime de falso testemunho (consultar a nota 73 ao art. 342); anulação do primeiro casamento no crime de bigamia (consultar a nota 18 ao art. 235). Além dessas, existem, ainda, a anistia e a *abolitio criminis*, que constam como causas de exclusão da punibilidade no Código Penal (art. 107, II e III), mas, na essência, são autênticas causas de afastamento da tipicidade. A primeira (anistia) é uma forma de clemência do Estado, concedida pelo Poder Legislativo, voltada ao "esquecimento" de fatos considerados criminosos. Se o fato *desaparece* do mundo jurídico, é natural que não mais possa ser considerado típico. A segunda (*abolitio criminis*) significa que lei posterior deixa de considerar crime determinada conduta. Se assim ocorre, eliminando-se o tipo penal, afasta-se logicamente a tipicidade. Consultar as notas 12 (anistia) e 19 (*abolitio*) ao art. 107. Por outro lado, existem as excludentes supralegais, que afastam a tipicidade, embora não estejam expressamente previstas no Código Penal, como ocorre com a adequação social e a insignificância. Confira-se nesse prisma: "Paralelamente à descriminalização legislativa, assume papel significativo o reconhecimento dos princípios da adequação social e da insignificância, formas judiciais de descriminalização fática. A adequação social exclui desde logo a conduta em exame do âmbito de incidência do tipo, situando-se entre os comportamentos normalmente permitidos, isto é, materialmente atípicos. (...) O princípio da insignificância, por seu turno, equivale à desconsideração típica pela não materialização de um prejuízo efetivo, pela existência de danos de pouquíssima importância" (SÉRGIO SALOMÃO SHECAIRA e ALCEU CORRÊA JUNIOR, *Teoria da pena*, p. 155). Consultar a nota 27, tratando da classificação dos crimes, letra i (tipo formal e tipo material), inclusive para jurisprudência sobre o tema, bem como a nota 27-E, *infra*.

**27-E. Princípio da insignificância, seus requisitos e a posição do STF:** a doutrina e a jurisprudência não chegam a um consenso quanto aos requisitos necessários para o reconhecimento do princípio da insignificância, consequentemente, provocando a absolvição, por exclusão da tipicidade. Por isso, vale ressaltar, em tópico destacado, os julgados proferidos pelo STF: "2. O Plenário do STF tem entendimento consolidado no sentido de que o princípio da insignificância incide quando presentes, cumulativamente, as seguintes condições objetivas: (i) mínima ofensividade da conduta do agente; (ii) nenhuma periculosidade social da ação; (iii) grau reduzido de reprovabilidade do comportamento; (iv) inexpressividade da lesão jurídica provocada, ressaltando, ainda, que a contumácia na prática delitiva impede a aplicação do princípio. Hipótese em que o delito, segundo assentou o STJ, foi praticado em concurso de pessoas e mediante fraude. Inviável, no caso, a adoção do princípio da insignificância" (HC 187.093 AgR, 1.ª T., rel. Roberto Barroso, 24.08.2020, v.u.). Em visão diferenciada: STF: "2. Princípio da insignificância. Furto de três desodorantes. Reincidência. 3. O princípio da insignificância é excludente da própria tipicidade. 4. A primariedade/reincidência não é elemento da tipicidade, mas circunstância afeta à individualização da pena, motivo por que não faz qualquer sentido indagar, para o reconhecimento de atipicidade, em tese, se o réu é primário" (RHC 212351 AgR, 2.ª T., rel. Gilmar Mendes, 22.04.2022, v.u.).

**27-F. Princípio da insignificância e avaliação dos antecedentes do agente:** como regra, não se concede o benefício da atipicidade, por insignificância, quando se constata a reincidência ou os maus antecedentes do agente. A explicação para isso concentra-se no fato de não existir disciplina legal a respeito, razão pela qual é preciso que a doutrina e a jurisprudência construam os requisitos para a sua aplicação. Objetivamente, o valor intrínseco do bem é relevante. Porém, subjetivamente, é fundamental verificar se não se trata de agente que reitera a prática criminosa, inclusive se valendo da individual consideração da bagatela. Seria uma imunidade penal inconcebível. Entretanto, o STF decidiu que a avaliação dos antecedentes deve guardar correspondência com o caso presente. Se o agente responde por furto e antes cometeu lesão corporal, os fatos não se relacionam, podendo-se acolher a tese da insignificância. Parece-nos correta essa visão. Aliás, como sustentamos em nossa obra *Individualização da pena*, o mesmo critério deve ser utilizado para analisar as circunstâncias judiciais (art. 59, CP). Se o réu possui condenação anterior por furto e o juiz está sentenciando uma tentativa de homicídio passional, não deve utilizar o referido antecedente para elevar a pena-base; afinal, o crime patrimonial não possui nenhum vínculo com o delito contra a vida. Entretanto, se foi condenado por furto e, depois, comete roubo, o antecedente deve ser levado em conta. Na jurisprudência: STJ: "1. O princípio da insignificância é parâmetro utilizado para interpretação da norma penal incriminadora, buscando evitar que o instrumento repressivo estatal persiga condutas que gerem lesões inexpressivas ao bem jurídico tutelado ou, ainda, sequer lhe causem ameaça. 2. Nos termos da jurisprudência desta Casa, a *reiteração delitiva pode impedir a incidência do princípio da insignificância*, visto que o referido postulado não busca resguardar condutas habituais juridicamente desvirtuadas, mas sim impedir que desvios de conduta irrisórios e manifestamente irrelevantes sejam alcançados pelo Direito Penal" (AgRg nos EDcl no HC 569.254-SC, 6.ª T., rel. Nefi Cordeiro, 08.09.2020, v.u., grifamos). Consultar as notas anteriores, que também cuidam do princípio da insignificância, inclusive a novel posição da 2.ª Turma do STF (nota anterior).

**28. Conceito de crime tentado:** é a realização incompleta da conduta típica, que não é punida como crime autônomo. Como diz Aníbal Bruno, é a tipicidade não concluída. O Código Penal não faz previsão, para cada delito, da figura da tentativa, embora a grande maioria comporte a figura tentada. Preferiu-se usar uma *fórmula de extensão*, ou seja, para caracterizar a tentativa de homicídio, não se encontra previsão expressa no art. 121, da Parte Especial. Nesse caso, aplica-se a figura do crime consumado em associação com o disposto no art. 14, II, da Parte Geral. Portanto, o crime tentado de homicídio é a união do "matar alguém" com o início de execução, que não se consumou por circunstâncias alheias à vontade do agente. Pode-se ler: quem, pretendendo eliminar a vida de alguém e dando início à execução, não conseguiu atingir o resultado *morte*, praticou uma tentativa de homicídio.

**29. Natureza jurídica da tentativa:** trata-se de uma "ampliação da tipicidade proibida, em razão de uma fórmula geral ampliatória dos tipos dolosos, para abranger a parte da conduta imediatamente anterior à consumação" (Eugenio Raúl Zaffaroni e José Henrique

PIERANGELI, *Da tentativa*, p. 27). De fato, tendo em vista que o legislador não criou "tipos tentados", mas permite a aplicação da tentativa à grande maioria dos delitos, é preciso utilizar o tipo do crime consumado, unindo-o, como já explicado em nota anterior, à previsão legal da tentativa (art. 14, II, CP), conseguindo-se atingir e punir a parte anterior à consumação. Há outras opiniões doutrinárias acerca do tema. Dentre elas, destacam-se as seguintes: a) *delito imperfeito ou frustrado*: "Não é como crime autônomo que se pune a tentativa, mas como forma frustrada de determinado crime, punível sob esse caráter" (ANÍBAL BRUNO, *Direito penal*, t. 2, p. 244). Em igual prisma, JIMÉNEZ DE ASÚA (*Princípios de derecho penal – La ley y el delito*, p. 474-475), embora não deixe de fazer referência expressa que também significa uma causa de extensão da pena (p. 473-474); HUNGRIA, mencionando que a tentativa corresponde, objetivamente, a um "fragmento da conduta típica do crime (faltando-lhe apenas o evento condicionante ou característico da consumação)" (*Comentários ao Código Penal*, v. I, t. II, p. 78); FREDERICO MARQUES (*Tratado de direito penal*, v. II, p. 369); b) *regra de extensão da pena*: "Tanto a tentativa como a participação constituem fórmulas de ampliação ou extensão de pena de um delito especificado na lei, razão pela qual é impossível conciliar entre si duas figuras extensivas sem relaciná-las com o tipo legal. A tentativa é uma espécie de delito, que não chega a consumar-se e que se articula com uma fórmula de extensão de pena, situada na Parte Geral, mas que está vazia, enquanto não se conecte com o delito concreto que o agente queira consumar. Se uma das normas é a principal (a definição do tipo na lei) e a outra é a secundária (a que nos oferece o conceito de tentativa), não vemos como dessa conjunção nascer um novo título autônomo de delito" (ROBERTO REYNOSO D'AVILA, *Teoría general del delito*, p. 304); c) *delito autônomo, com estrutura completa, objetiva e subjetivamente:* "A estrutura do delito tentado é completa, situando-se seu relacionamento com o delito consumado apenas na convergência dos conjuntos de meios tutelares que se empregam em dois momentos diversos sobre o mesmo bem. O grau de ataque ao bem jurídico (delito consumado: efetiva lesão; delito tentado: potencial ou parcial lesão) justifica a construção típica da forma tentada, guardando-se o bem jurídico e preservando-se o valor que a ele adere do risco de negação. A proporcionalidade punitiva, por isso, deve ser respeitada, não se podendo, para a simples ameaça do dano, determinar pena igual àquela da efetiva lesão ao bem. Nenhuma outra razão, senão o bem jurídico, objetivamente considerado, e a modalidade do ataque contra ele dirigido, justifica a redução da margem punitiva" (DAVID TEIXEIRA DE AZEVEDO, *Dosimetria da pena*, p. 100).

**29-A. Teorias fundamentadoras da punição da tentativa:** são basicamente quatro: a) *subjetiva* (voluntarística ou monista): leva em consideração, para justificar a punição da tentativa, fundamentalmente, a vontade criminosa, desde que nítida, podendo ela estar presente e identificada tanto na preparação quanto na execução. Leva-se em conta apenas o *desvalor da ação*, não importando, para a punição, o *desvalor do resultado*. Nesse caso, inicia-se a possibilidade de punir a partir do momento em que o agente ingressa na fase da preparação. Como o objetivo é punir aquele que manifesta vontade contrária ao direito, nem sempre deve o juiz atenuar a pena; b) *objetiva* (realística ou dualista): o objetivo da punição da tentativa volta-se ao perigo efetivo que o bem jurídico corre, o que somente se configura quando os atos executórios, de caráter unívoco, têm início, com idoneidade, para atingi-lo. É a teoria adotada pelo art. 14, II, do Código Penal brasileiro. Leva-se em consideração tanto o *desvalor da ação* quanto o *desvalor do resultado*. A redução da pena torna-se, então, obrigatória, uma vez que somente se poderia aplicar a pena igual à que seria cabível ao delito consumado se o bem jurídico se perdesse por completo – o que não ocorre na figura da tentativa. A subdivisão da teoria objetiva em formal, material e individual está exposta na nota 32 *infra*; c) *subjetivo-objetiva* (teoria da impressão): o fundamento da punição é representado pela junção da avaliação da vontade criminosa com um princípio de risco ao bem jurídico protegido. Nas palavras de

Roxin, "a tentativa é punível, quando e na medida em que é apropriada para produzir na generalidade das pessoas uma impressão juridicamente 'abaladora'; ela põe, então, em perigo a paz jurídica e necessita, por isso, de uma sanção correspondente a esta medida" (Resolução do fato e começo da execução na tentativa, *Problemas fundamentais de direito penal*, p. 296). Como se leva em consideração a vontade criminosa e o abalo que a sua manifestação pode causar à sociedade, é faculdade do juiz reduzir a pena; d) *teoria sintomática*: preconizada pela Escola Positiva, entende que o fundamento de punição da tentativa concentra-se na análise da periculosidade do agente. Poder-se-ia punir os atos preparatórios, não se necessitando reduzir a pena, de caráter eminentemente preventivo.

**30. Dolo e culpa na tentativa:** não há tentativa de crime culposo, pois o agente não persegue resultado algum. No contexto da culpa, o resultado típico atingido deve ser sempre involuntário (ver notas 35 ao art. 14 e 71-A ao art. 18 quanto à possibilidade de haver tentativa na culpa imprópria). Quanto ao dolo, no crime tentado, é exatamente o mesmo do delito consumado. Afinal, o que o agente almeja é atingir a consumação, em ambas as hipóteses, consistindo a diferença no fato de que, na tentativa, foi impedido por causas exteriores à sua vontade. Portanto, não existe "dolo de tentativa". O crime tentado é subjetivamente perfeito e apenas objetivamente defeituoso. Na lição de Roxin, está presente o dolo "quando os motivos que pressionam ao cometimento do delito alcançaram preponderância sobre as representações inibitórias, embora possam ainda subsistir umas últimas dúvidas. Quem somente considera a possibilidade de cometer o crime, ou quem indeciso hesita, não está ainda resolvido. Para quem, no entanto, chegar ao estágio da execução com uma dominante vontade de cometer o crime, as dúvidas porventura ainda existentes não impedem a aceitação de uma resolução do fato e de uma tentativa, sendo, todavia, de valorar sempre como reserva de desistência..." (*Problemas fundamentais de direito penal*, p. 301). Por isso, inexiste diferença, no campo do dolo, entre crime tentado e consumado, já que a resolução é exatamente a mesma. Na jurisprudência: STJ: "2. Com efeito, o *reconhecimento da tentativa* não influi na tipicidade pois *não afasta a intenção do agente* de obter o resultado morte, conforme a teoria finalista da ação, adotada pelo ordenamento jurídico brasileiro, apenas serve como causa de redução da pena" (AgRg no HC 779.492/RS, 5.ª T., rel. Joel Ilan Paciornik, 15/04/2024, v.u., grifamos).

**31. Conceito e divisão do iter criminis:** trata-se do percurso para a realização do crime, que vai da cogitação à consumação. Divide-se em duas fases – interna e externa –, que se subdividem: a) *fase interna*, que ocorre na mente do agente, percorrendo, como regra, as seguintes etapas: a.1) *cogitação*: é o momento de ideação do delito, ou seja, quando o agente tem a ideia de praticar o crime; a.2) *deliberação*: trata-se do momento em que o agente pondera os prós e os contras da atividade criminosa idealizada; a.3) *resolução*: cuida do instante em que o agente decide, efetivamente, praticar o delito. Tendo em vista que a *fase interna* não é exteriorizada, logicamente não é punida, pois *cogitationis poenam nemo patitur* (ninguém pode ser punido por seus pensamentos), conforme já proclamava Ulpiano (*Digesto*, lib. XLVIII, título 19, lei 18); b) *fase externa*, que ocorre no momento em que o agente exterioriza, através de atos, seu objetivo criminoso, subdividindo-se em: b.1) *manifestação*: é o momento em que o agente proclama a quem queira e possa ouvir a sua resolução. Embora não possa ser punida esta fase como tentativa do crime almejado, é possível tornar-se figura típica autônoma, como acontece com a concretização do delito de ameaça; b.2) *preparação*: é a fase de exteriorização da ideia do crime, através de atos que começam a materializar a perseguição ao alvo idealizado, configurando uma verdadeira ponte entre a fase interna e a execução. O agente ainda não ingressou nos atos executórios, daí por que não é punida a preparação no direito brasileiro (ver nota 29-A *supra*). Exemplo de Hungria, em relação aos atos preparatórios, não puníveis: "Tício, tendo recebido uma bofetada de Caio, corre a um armeiro, adquire um revólver, carrega-o

# Art. 14

Código Penal Comentado • **Nucci**

140

com seis balas e volta, ato seguido, à procura do seu adversário, que, entretanto, por cautela ou casualmente, já não se acha no local da contenda; Tício, porém, não desistindo de encontrar Caio, vai postar-se, dissimulado, atrás de uma moita, junto ao caminho onde ele habitualmente passa, rumo de casa, e ali espera em vão pelo seu inimigo, que, desconfiado, tomou direção diversa. Não se pode conceber uma série de atos mais inequivocamente reveladores da intenção de matar, embora todos eles sejam meramente *preparatórios*" (*Comentários ao Código Penal*, v. I, t. II, p. 79). Excepcionalmente, diante da relevância da conduta, o legislador pode criar um tipo especial, prevendo punição para a preparação de certos delitos, embora, nesses casos, exista autonomia do crime consumado. Exemplo: possuir substância ou engenho explosivo, gás tóxico ou asfixiante ou material destinado à sua fabricação (art. 253, CP) não deixa de ser a preparação para os crimes de explosão (art. 251, CP) ou de uso de gás tóxico (art. 252, CP), razão pela qual somente torna-se conduta punível pela existência de tipicidade incriminadora autônoma. Outra ilustração: no crime de invasão de dispositivo informático (art. 154-A, CP), o § 1.º desse artigo prevê a punição dos atos preparatórios para a incursão indevida ("na mesma pena incorre quem produz, oferece, distribui, vende ou difunde dispositivo ou programa de computador com o intuito de permitir a prática da conduta definida no *caput*"); b.3) *execução*: é a fase de realização da conduta designada pelo núcleo da figura típica, constituída, como regra, de atos idôneos e unívocos para chegar ao resultado, mas também daqueles que representarem atos imediatamente anteriores a estes, desde que se tenha certeza do plano concreto do autor (consultar, sobre a passagem da preparação para a execução, as teorias expostas na nota 32 abaixo). Exemplo: comprar um revólver para matar a vítima é apenas a preparação do crime de homicídio, embora dar tiros na direção do ofendido signifique atos idôneos para chegar ao núcleo da figura típica "matar"; b.4) *consumação*: é o momento de conclusão do delito, reunindo todos os elementos do tipo penal.

**31-A. Exaurimento do crime:** significa a produção de resultado lesivo a bem jurídico após o delito já estar consumado, ou seja, é o esgotamento da atividade criminosa, implicando outros prejuízos além dos atingidos pela consumação. É o que ocorre no contexto dos crimes formais, quando atingem o resultado previsto no tipo – mas não obrigatório para a consumação. Exemplo disso: o recebimento do resgate (exaurimento) na extorsão mediante sequestro, que se consuma após a realização da privação da liberdade da vítima. Segundo Zaffaroni e Pierangeli, denomina-se também consumação material (*Da tentativa*, p. 26).

**32. Passagem da preparação para a execução:** não se trata de tema fácil e uniforme. Há, basicamente, *duas teorias* acerca do assunto: a) *subjetiva*: não existe tal passagem, pois o importante é a vontade criminosa, que está presente, de maneira nítida, tanto na preparação quanto na execução do crime. Ambas trazem punição ao agente; b) *objetiva*: o início da execução é, invariavelmente, constituído de atos que principiem a concretização do tipo penal. Trata-se da teoria adotada pelo Código Penal e sustentada pela doutrina pátria. Há, pois, maior segurança para o agente, que não será punido simplesmente pelo seu "querer", salvo quando exteriorizado por atos que sejam próprios e adequados a provocar o evento típico, causando um perigo real ao bem jurídico protegido pela norma penal. Ainda assim, dentro da teoria objetiva, a doutrina se divide em várias correntes, embora haja o predomínio das seguintes: a) *teoria objetivo-formal,* preconizando que ato executório é aquele que "constitui uma parte real do fato incriminado pela lei" (Von Liszt, Birkmeyer), ou, nas palavras de Beling, atos executórios são os que fazem parte do núcleo do tipo (verbo) (Hungria, *Comentários ao Código Penal*, v. I, t. II, p. 83-84). Ainda no contexto da teoria objetivo-formal, pode-se destacar a *teoria da hostilidade ao bem jurídico*, sustentando ser ato executório aquele que *ataca* o bem jurídico, retirando-o do "estado de paz". É a teoria adotada por Mayer e seguida por Hungria (*Comentários ao Código Penal*, v. I, t. II, p. 84). É a teoria que sustenta serem atos executórios apenas os idôneos e unívocos para atingir o resultado típico. Em seu apoio, além de Hungria, estão Frederico Marques (*Tratado de direito penal*, v. II, p. 373-374) e Paulo José da Costa Junior (*Comentários ao Código Penal*, 7. ed., p. 50); b) *teoria objetivo-material*, afirmando que atos executórios não são apenas os que realizam o núcleo do tipo ou atacam o bem jurídico, mas também aqueles imediatamente anteriores ao início da ação típica, valendo-se o juiz do critério do terceiro observador, para ter certeza da punição (Zaffaroni e Pierangeli, *Da tentativa*, p. 56). É a teoria adotada pelo Código Penal português: art. 22.2 "São atos de execução: a) os que preencherem um elemento constitutivo de um tipo de crime; b) os que forem idôneos a produzir o resultado típico; ou c) *os que, segundo a experiência comum e salvo circunstâncias imprevisíveis, forem de natureza a fazer esperar que se lhes sigam atos das espécies indicadas nas alíneas anteriores*" (grifo nosso); c) *teoria objetivo-individual*, defendendo que os atos executórios não são apenas os que dão início à ação típica, atacando o bem jurídico, mas também os praticados imediatamente antes, desde que se tenha prova do plano concreto do autor (Zaffaroni e Pierangeli, *Da tentativa*, p. 56). Logo, a diferença entre esta última teoria e a objetivo-material é que não se necessita do terceiro observador; ao contrário, deve-se buscar prova do plano concreto do agente, sem avaliação exterior. A primeira teoria – objetivo-formal, abrangendo a da hostilidade ao bem jurídico – predominava no Brasil, por ser, em tese, mais segura na averiguação da tentativa. Entretanto, as duas últimas vêm crescendo na prática dos tribunais, especialmente porque, com o aumento da criminalidade, têm servido melhor à análise dos casos concretos, garantindo punição a quem está em vias de atacar o bem jurídico, sendo desnecessário aguardar que tal se realize, desde que se tenha prova efetiva disso. Exemplo sob a ótica das teorias: se alguém saca seu revólver, faz pontaria, pretendendo apertar o gatilho para matar outrem, somente seria ato executório o momento em que o primeiro tiro fosse disparado (sob o critério das teorias objetivo-formal e da hostilidade ao bem jurídico), tendo em vista que unicamente o disparo poderia *atacar* o bem jurídico (vida), retirando-o do seu *estado de paz*, ainda que errasse o alvo. Para as duas últimas teorias (objetivo-material e objetivo-individual), poderia ser o agente detido no momento em que apontasse a arma, com nítida intenção de matar, antes de apertar o gatilho, pois seria o momento imediatamente anterior ao disparo, que poderia ser fatal, consumando o delito. Não se trata de punir a mera *intenção* do agente, pois esta estaria consubstanciada em atos claros e evidentes de seu propósito, consistindo o instante de *apontar a arma* um autêntico momento executório, pois coloca em risco o bem jurídico (vida). Nessa ótica, confira-se a ilustração de Américo de Carvalho: "Já será agressão atual o gesto de *A* de agarrar o revólver, que tem à cinta – e não apenas o empunhar e apontar essa arma –, quando, no contexto da azeda troca de palavras entre *A* e *B*, nada indica que ele não irá utilizar, de fato, a arma contra *B*. Salvo circunstâncias concretas muito claras no sentido de que ele não dispararia, em hipótese alguma, a arma contra *B* (hipótese muito improvável e que ter-se-ia de provar), assistia a *B* um direito de legítima defesa que poderia, se necessário, conduzir à morte de *A*" (*A legítima defesa*, p. 272). Parece-nos a teoria objetivo-individual a mais acertada. Ademais, a teoria objetivo-formal é extremamente restritiva, pretendendo punir somente atos idôneos e unívocos para atingir o resultado, desprezando os imediatamente anteriores, igualmente perigosos ao bem jurídico, o que, de certo modo, significa aguardar em demasia o percurso criminoso do agente. De todo o exposto, no entanto, deve-se ressaltar que qualquer teoria, à luz do caso concreto, pode ganhar contornos diferenciados, pois tudo depende das provas produzidas nos autos do inquérito (antes do oferecimento da denúncia ou queixa, voltando-se à formação da convicção do órgão acusatório) ou do processo (antes da sentença, tendo por fim a formação da convicção do julgador). Por isso, encontrar, precisamente, a passagem da preparação para a execução não é tarefa fácil, somente sendo passível de solução à vista da situação real. Confira-se caso real: "C.H.S., de 24 anos, foi o protagonista de um inusitado caso policial. Às

# Art. 14

Código Penal Comentado · **Nucci**

23 horas de anteontem, ele foi içado pelo guincho do Corpo de Bombeiros do interior da chaminé de uma padaria em Bauru, interior de São Paulo. Os policiais foram chamados pelos vizinhos, que ouviram gritos vindos do alto da padaria. Quando chegaram, encontraram o homem preso pelo tórax. Depois de retirado pelos bombeiros, S. foi levado ao pronto-socorro, onde tratou as escoriações. (...) O homem revelou que frequentava a padaria e *decidiu furtá-la*, entrando pela chaminé, mas calculou mal. (...) O delegado M.G. indiciou S. por *tentativa de furto...*" (*Jornal da Tarde*, Caderno A, p. 7, 22.11.2006, grifos nossos). À luz da teoria objetivo-formal, o ato não passaria de uma preparação malsucedida. Porém, levando-se em conta a teoria objetivo-individual, o ato imediatamente anterior à subtração (ingressar no estabelecimento comercial), associado ao plano concreto do autor (afirmou querer furtar bens do local), permitiu a sua prisão por *tentativa* de furto. Não se considerou, para análise, a teoria sintomática (leva-se em conta o grau de periculosidade do agente para efeito de aplicação de pena a crimes tentados), há muito superada pelos sistemas legislativos tanto do Brasil quanto de outros países. Na jurisprudência: STJ: "1. Hipótese em que, surpreendido dentro da casa da vítima sem estar na posse de algum objeto, o réu foi absolvido, ao entendimento de que a ação constitui mero ato preparatório impunível. 2. Nos termos das teorias objetiva e subjetiva, o início dos atos executórios pode ser aferido por outros elementos que antecedem a própria subtração da coisa, tais como, a pretensão do autor, a realização de atos tendentes à ação típica, ainda que periféricos, a idoneidade do ato para a realização da conduta típica e a probabilidade concreta de perigo ao bem jurídico tutelado, considerados os atos já realizados no momento da prisão do agente. 3. Embora a subtração não tenha sido efetivamente iniciada, o risco ao patrimônio de quem teve a casa já invadida, quando é o agente criminoso surpreendido, considerando-se a idoneidade da invasão para a realização da conduta típica, constituem relevantes atos periféricos indubitavelmente ligados ao tipo penal do delito de furto. 4. Os atos externados na conduta do agente, extraídos das premissas fáticas delineadas no acórdão, ultrapassaram meros atos de cogitação ou de preparação e, de fato, expuseram a perigo real o bem jurídico protegido pela norma penal. 5. Recurso especial provido para restabelecer a sentença condenatória" (REsp 1683589-RO, 6.ª T., rel. Nefi Cordeiro, 19.03.2019, v.u.).

**32-A. Tentativa e dolo eventual:** é perfeitamente admissível a coexistência da tentativa com o dolo eventual, embora seja de difícil comprovação no caso concreto. É a precisa lição de Nélson Hungria: "Se o agente *aquiesce* no advento do resultado específico do crime, previsto como possível, é claro que este entra na órbita de sua volição: logo, se, por circunstâncias fortuitas, tal resultado não ocorre, é inegável que o agente deve responder por tentativa". E arremata, quanto à dificuldade probatória: "A dificuldade de prova não pode influir na conceituação da tentativa" (*Comentários ao Código Penal*, v. I, t. II, p. 90). Assim, também, o entendimento de Frederico Marques (*Tratado de direito penal*, v. II, p. 384). Leciona, nesse sentido, Welzel: "Na tentativa o tipo objetivo não está completo. Ao contrário, o tipo subjetivo deve dar-se integralmente, e por certo do mesmo modo como tem que aparecer no delito consumado. Se, por isso, para a consumação é suficiente o dolo eventual, então também é suficiente para a tentativa" (*Derecho penal alemán*, p. 224). Em contrário, colha-se o magistério de Maia Gonçalves, comentando que não há tentativa no contexto do dolo eventual, porque o art. 22 do Código Penal português expressamente se refere à prática de atos de execução de um crime *que decidiu cometer*, logo, não pode o agente ter assumido o risco (*Código Penal anotado*, p. 131). Admite, no entanto, que o STJ português aceita a tentativa em caso de dolo eventual, pois nessa forma de dolo também existe *representação* e *vontade*, embora "enfraquecidas ou degradadas". Em monografia sobre o tema, José de Faria Costa enumera três pontos fundamentais para rejeitar a possibilidade de haver tentativa no contexto do dolo eventual: a) na tentativa pressupõe-se uma "irrecusável e inequívoca *decisão de* querer praticar um crime" (*Tentativa e dolo eventual*, p. 89), razão pela qual não se pode conceber que o agente *assuma* o risco de atingir o resultado como forma de compor o tipo penal tentado; b) nos casos de existência de "elemento subjetivo específico", como ocorre no furto, é exigida uma vontade específica de ter para si a coisa subtraída e não há como praticar uma tentativa de furto com dolo eventual. Diz o autor: "O agente não pode ter uma intenção de uso e simultaneamente uma intenção de apropriação. São realidades que mesmo só ao nível psicológico se excluem mutuamente e que também penalmente não admitem acasalamento. O que pode suceder é o agente, para além do seu querer intencional de apropriação, duvidar quanto à propriedade do objeto de que se quer apoderar, considerando nessa perspectiva ser eventualmente possível o objeto ser seu, mas mesmo que assim não seja conformar-se-á com a produção do resultado. Resumindo: o agente nunca pode duvidar no ato intencional; pode, isso sim, é permitir que a dúvida se instale no seu espírito relativamente ao conteúdo de um elemento normativo mas, como nos parece de singular clareza, tal dúvida não pode bulir minimamente com o ato intencionado" (*Tentativa e dolo eventual*, p. 91-92); c) o terceiro ponto de vista defende que a prática de atos idôneos para atingir o resultado – fator de destaque para o ingresso na fase executória do crime – não é possível de ser atingida no campo do dolo eventual. "O certo é que se o agente representa o resultado unicamente de modo eventual é manifesto que, pelo menos para o infrator, os atos que levariam ao fim desejado não podem ser tidos como idôneos. Pois, por mais plasticidade que se atribua ao conceito de idoneidade, este não se compadece com a dúvida que a representação como possível acarreta. Contudo, argumentar-se-á: estamos no domínio da pura objetividade, não tendo, por conseguinte, aqui, cabimento o apelo a qualquer elemento do dolo, mesmo que da zona da pura cognoscibilidade" (*Tentativa e dolo eventual*, p. 103). Menciona, ainda, que a impossibilidade de convivência entre tentativa e dolo eventual é a posição hoje predominante na doutrina italiana. Por todos, cita Mantovani: "Quem visando outros fins aceita, todavia, o risco de vir a verificar-se um delito, não representa e não quer os atos como diretos à produção do mesmo delito. O que quer dizer que só há delito tentado se o sujeito age com dolo intencional e que não é possível punir a tentativa com dolo eventual sem violar a proibição *in malam partem*" (*Diritto penale*, p. 104). Para fortalecer sua tese, fornece o seguinte exemplo: "*A* quer incendiar uma casa, mas representa como possível a morte de uma pessoa que aí vive, conformando-se, todavia, com esse resultado. Perante esta situação e pressuposto que a pessoa não morreu, os autores que advogam a compatibilidade entre o dolo eventual e a tentativa punem o agente da infração por crime de incêndio em concurso com tentativa de homicídio. Mas será isto razoável? Ou melhor: será isto dogmaticamente correto?" Respondendo, o autor diz que, caso o incêndio provocado fosse idôneo realmente para provocar o resultado morte, ainda assim o agente não poderia ser punido por tentativa de homicídio porque "a sua conformação é com o resultado, não se podendo daí concluir, como também já vimos, que aquela postura da consciência jurídico-normativa permite extrair que a conformação se estenda também à tentativa. Se *B* saiu ileso, não obstante a situação de real perigo a que esteve sujeito, perante este quadro subjetivo não há tentativa de homicídio" (*Diritto penale*, p. 108-109). Em oposição a tais argumentos, podemos enumerar os seguintes: a) sustentar que a *decisão* para o cometimento do crime é o único móvel da tentativa, incompatível, pois, com o dolo eventual, tendo em vista representar este elemento subjetivo apenas a assunção de um risco, não nos parece correta. Segundo a lei penal brasileira, configura-se a tentativa quando o agente deu início à execução de um crime que não se consumou por circunstâncias alheias à sua vontade, motivo pelo qual ele pode ingressar no estágio de execução movido pela assunção do risco e não necessariamente por uma vontade clara e direta de atingir o resultado. A partir do momento em que se encontra em plena fase executória, a interrupção, por ação de terceiros, leva à configuração da tentativa; b) para a realização completa do tipo, em nível subjetivo,

# Art. 14

Código Penal Comentado • **Nucci**

144

exige-se que o dolo envolva todos os elementos objetivos. É possível, então, valendo-se do exemplo supramencionado do furto, supor que o agente queira apoderar-se ("para si") de determinado bem ("coisa móvel"), mas tenha dúvida quanto ao elemento normativo do tipo ("alheia"). O dolo eventual incidiria justamente nessa forma: assumir o risco de levar coisa alheia em lugar de coisa própria. Se for surpreendido nessa atividade, admitindo-se que exista prova suficiente desse seu querer, do risco de levar coisa alheia em lugar da sua e pertencendo o objeto subtraído realmente a terceiro, nada impediria a configuração de tentativa de furto. Afinal, o bem jurídico correu o risco de se perder do mesmo modo que aconteceria se o agente tivesse agido com dolo direto; c) não se trata de analogia *in malam partem* nem tampouco de incompatibilidade do querer do agente com o conhecimento da sua própria vontade em face da idoneidade dos meios utilizados. Busca-se, em verdade, transformar a mente humana em algo mais hermético do que efetivamente é. Há, em nosso entender, zonas cinzentas do querer, totalmente compatíveis com a previsão legal do dolo eventual. Em outras palavras, é perfeitamente viável a atuação do agente que, buscando determinado resultado, admite como possível a ocorrência de outro, que, embora não desejado diretamente, é assimilado, acolhido, sufragado, ainda que camufladamente. O sujeito que desfere, por exemplo, vários tiros em uma delegacia de polícia, para aterrorizar a vizinhança e os policiais, buscando fragmentar o poder estatal, não quer, de forma direta, matar este ou aquele agente policial – aliás, pode nem saber se há algum no plantão –, mas, sem dúvida, *assume* o risco de fazê-lo. A representação do resultado *morte* passa-lhe na mente, ainda que como resultado secundário, admitido no íntimo, ou mesmo ignorado, quando não deveria sê-lo, o que permite a configuração de uma tentativa de homicídio caso o bem jurídico *vida* tenha efetivamente corrido risco. Ingressou na esfera executória (os tiros configuram atos idôneos para matar), estando esta indubitavelmente no âmbito do seu conhecimento, o que é mais do que suficiente para a concretização de uma tentativa, desde que haja a interrupção da trajetória por intervenção exterior à sua vontade. E frise-se: não interessa para a configuração da tentativa que a vontade seja direta, bastando que exista e haja previsão legal para a punição de um crime por dolo eventual. A solução almejada para o exemplo do incêndio, fornecido por JOSÉ DE FARIA COSTA, não é convincente. Deve o agente responder por crime de incêndio (houve dolo direto para causar perigo comum) e por tentativa de homicídio (houve a assunção do risco de matar alguém, que parecia estar dentro da casa). Assim, se realmente o incêndio era meio idôneo para matar e havia, de fato, pessoa na casa, o agente pode ser punido também por tentativa de homicídio, frisando-se que resposta em sentido contrário parece sinalizar para a existência de "dolo de tentativa" (querer tentar matar), o que a doutrina francamente já afastou. O autor do crime de incêndio queria certamente este resultado como sua meta principal, conformando-se, no entanto, que alguém morresse em razão disso. Eis aqui o dolo eventual e, saindo *B* ileso, por circunstâncias alheias ao querer do agente, é natural seja o incendiário punido pela tentativa de homicídio que concretizou. Na prática, temos encontrado situações em que é possível aplicar a tentativa nesse contexto. Imagine-se a hipótese daquele que ingressa em um bar, saca o revólver e começa a efetuar disparos a esmo, atingindo garrafas e móveis, enquanto pessoas se jogam ao chão, apavoradas. Advertido de que os disparos podem atingir alguém, o autor manifesta-se expressamente no sentido de que pouco lhe interessa o resultado e não vai cessar sua ação. Se for detido por terceiros, antes mesmo de atingir alguém com um tiro, pode ser processado por tentativa de homicídio, pois nítido foi seu desprezo pela vida, caracterizando o dolo eventual. Na jurisprudência: STJ: "2. Nos termos da jurisprudência desta Corte, não há incompatibilidade entre o reconhecimento do dolo eventual e o homicídio tentado" (AgRg no HC 824.143/SC, 5.ª T., rel. Ribeiro Dantas, 14.08.2023, v.u.); "2. Consoante o entendimento jurisprudencial desta Corte Superior, é compatível com a imputação de homicídio tentado o dolo eventual atribuído à conduta do acusado, hipótese na qual houve a demonstração do consentimento no resultado por parte do agente" (AgRg no HC 678.195-SC, 5.ª T., rel. Reynaldo Soares da Fonseca, 14.09.2021, v.u.).

**32-B. Tentativa e crime de ímpeto:** o delito de ímpeto é caracterizado pelo acesso de fúria ou paixão, fazendo com que o agente, sem grande reflexão, resolva agredir outrem. Argumenta-se que o momento de cólera poderia retirar qualquer possibilidade de nítida identificação do *iter criminis*, isto é, poderia o agente, com sua atitude, em momento instantâneo, atingir o resultado, sem possibilidade de fracionamento dos atos executórios. O ímpeto de seu gesto inviabilizaria a tentativa, até porque ficaria impossível discernir quanto ao seu elemento subjetivo. Tudo não passa, no entanto, como já se demonstrou na nota anterior, cuidando do dolo eventual, de uma questão de prova. É bem possível que o sujeito, sacando seu revólver em um momento de fúria, dispare contra alguém, com vontade de matar, errando o alvo e sendo imediatamente seguro por terceiros. Teremos uma tentativa de homicídio ocorrida em crime de ímpeto. Alerta HUNGRIA que "não se deve levar para a doutrina do dolo e da tentativa o que apenas representa a solução de uma dificuldade prática no terreno da prova. A tentativa tanto pode existir nos crimes de ímpeto quanto nos crimes refletidos. É tudo uma questão de prova, posto que a indagação do *animus* não pode deixar de ser feita *ab externo*, diante das circunstâncias objetivas" (*Comentários ao Código Penal*, v. I, t. II, p. 89). Na realidade, pode haver dificuldade, em certas situações, para se detectar, por exemplo, quando se trata de lesão corporal consumada ou tentativa de homicídio, justamente porque o agente atuou inopinadamente, sem qualquer reflexão. Desejaria ele ferir ou matar? Essa dúvida, no entanto, não pode extirpar, no campo teórico, a viabilidade de existência da tentativa no caso de crime de ímpeto. Se persistir a incerteza, é melhor punir o agente por lesão corporal consumada em lugar da tentativa de homicídio, o que não significa que esta jamais possa existir. É a posição de FREDERICO MARQUES (*Tratado de direito penal*, v. II, p. 385).

**33. Tentativa "branca" ou "incruenta":** é a tentativa sem haver derramamento de sangue, portanto, sem a ocorrência de lesões na vítima. Geralmente, nesses casos, o agente inicia o *iter criminis*, quando já é interrompido. Por isso, a diminuição da pena tende a ser maior. Na jurisprudência: STJ: "2. Conforme reiterada jurisprudência desta Corte Superior, nas hipóteses de crime de homicídio em que não há lesão à vítima – tentativa branca ou incruenta –, a fração de redução da pena deve ser aplicada no patamar máximo de 2/3, considerado o *iter criminis* percorrido" (AgRg no REsp 1.868.145-PR, 6.ª T., rel. Nefi Cordeiro, 30.06.2020, v.u.).

**34. Significado da expressão "salvo disposição em contrário":** quando o legislador deseja, pune a tentativa com a mesma pena do crime consumado, embora, nessa situação, exista expressa previsão no tipo penal. Exemplo: "Evadir-se ou tentar evadir-se o preso ou o indivíduo submetido a medida de segurança detentiva, usando de violência contra a pessoa" (art. 352, CP).

**35. Infrações penais que não admitem a tentativa:** a) *delitos culposos*, pois o resultado é sempre involuntário. Há quem a admita no caso de culpa imprópria (decorrente do erro – ver nota 71-A ao art. 18). HUNGRIA menciona o seguinte exemplo: "Supondo que o 'vigilante noturno' é um ladrão que me invade o quintal de casa, tomo de um revólver e, sem maior indagação, inconsideravelmente, faço repetidos disparos contra o policial, que, entretanto, escapa ileso ou fica apenas ferido. É inquestionável, em face do Código, que se apresenta uma *tentativa de homicídio culposo*" (*Comentários ao Código Penal*, v. I, t. II, p. 86); FREDERICO MARQUES (*Tratado de direito penal*, v. II, p. 376 e 383); NORONHA (*Direito penal*, v. 1, p. 129). Pensamos, no entanto, que tal solução não é a ideal. Se, no contexto do erro, prefere a lei a configuração do tipo culposo – e, neste, não há resultado desejado –, torna-se incompatível

# Art. 14

Código Penal Comentado · **Nucci**                                          146

a figura da tentativa, devendo haver punição apenas pelo resultado efetivamente atingido. No exemplo de Hungria, o agente que ferir, por erro inescusável, o policial deve responder por lesão corporal culposa; b) *crimes preterdolosos* (havendo dolo na conduta antecedente e culpa na consequente, possuindo o mesmo bem jurídico protegido nas duas fases), pois se necessita do resultado mais grave para a constituição do tipo (ex.: lesão corporal seguida de morte); c) *crimes unissubsistentes*, pois são constituídos de ato único (ex.: ameaça verbal), não admitindo *iter criminis*; d) *crimes omissivos próprios*, pois o não fazer, descrito no tipo, também não admite fracionamento: ou o agente não faz a conduta devida, configurando o tipo, ou faz, constituindo conduta atípica; e) *delitos habituais próprios*, que são os que se configuram somente quando determinada conduta é reiterada, com habitualidade, pelo agente. Não pode admitir a figura tentada, uma vez que atos isolados são penalmente irrelevantes. Como defendemos: Noronha (*Direito penal*, v. 1, p. 128); Frederico Marques (*Tratado de direito penal*, v. II, p. 377). Em sentido contrário, admitindo a tentativa: Mario Petrone, *Reato abituale*, p. 67; f) *contravenções penais*, pois a Lei das Contravenções Penais diz ser não punível a tentativa (art. 4.º); g) *delitos condicionados*, pois submetidos, para a sua concretização, à superveniência de uma condição. Exemplo: o crime de induzimento, instigação ou auxílio ao suicídio ou a automutilação (art. 122, CP) somente se configura se houver lesão grave, gravíssima ou morte da vítima, de modo que não há possibilidade de haver tentativa; h) *crimes de atentado* (delitos de empreendimento), cuja tentativa é punida com pena autônoma ou igual à do crime consumado (vide exemplo já mencionado do art. 352 do Código Penal: "Evadir-se ou tentar evadir-se..."); i) *crimes permanentes na forma omissiva*, pois não há *iter criminis* possível de diferenciar a preparação da execução. Exemplo: quando um carcereiro recebe um alvará de soltura e decide não dar cumprimento, deixando preso o beneficiado, comete o delito de cárcere privado na modalidade omissiva, sem possibilidade de fracionamento; j) *crimes que punem somente os atos preparatórios*: quando o tipo penal é constituído de atos formadores da fase preparatória de outro delito, é natural que não admita tentativa, pois seria ilógico punir a "tentativa de dar início à preparação de outro delito". Como já exposto, os atos preparatórios normalmente não são punidos, a menos que estejam expressamente previstos como tipos autônomos. E quando isso ocorre, é a exceção idealizada pelo legislador, que, por sua vez, não admite tentativa, ou seja, deixa-se fora do contexto penal a "exceção da exceção". Exemplos: arts. 253 (fabrico, fornecimento, aquisição, posse ou transporte de explosivos ou gás tóxico ou asfixiante) e 277 (substância destinada à falsificação). No sentido que defendemos, conferir a lição de Roberto Reynoso D'Avila: "quando a lei excepcionalmente erige em tipos delitivos condutas humanas que ontologicamente não são outra coisa que verdadeiros atos preparatórios ou de tentativa, é conceitualmente impossível ampliar a base típica desses delitos, pois todos os atos anteriores aos que se refere dita base carecem de natureza executiva" (*Teoría general del delito*, p. 306). Permitimo-nos acrescentar outros argumentos. Quando atos preparatórios de um determinado crime são tipificados à parte, como exceção à regra do art. 14, II, do CP, não deve o delito admitir tentativa. Como exemplo já referido, mencionemos o art. 253 (fabrico, fornecimento, aquisição, posse ou transporte de explosivos ou gás tóxico, ou asfixiante), que é preparação do crime previsto no art. 251 (explosão). Registre-se, no entanto, que ambos estão no mesmo capítulo, voltados à proteção do mesmo bem jurídico, que é a incolumidade pública. Por isso, a tentativa de prática do delito preparatório, excepcionalmente tipificado (como o art. 253), não pode comportar tentativa, que seria uma ampliação indevida, quase beirando a cogitação, esta, sim, sempre impunível. Por sua vez, há atos preparatórios de crimes que possuem tipicidade própria, totalmente independente do delito para o qual possam tender, constituindo, pois, crime completo. Estes admitem tentativa. Ex.: o crime de porte ilegal de arma, ainda que seja preparação para outro delito (homicídio, roubo etc.), pode comportar tentativa (embora, no exemplo ofertado, de difícil configuração). Em contrário, admitindo tentativa para os delitos que punem atos preparatórios: ZAFFARONI e PIERANGELI (*Da tentativa*, p. 15-16); l) *crimes cujo tipo penal é formado por condutas extremamente abrangentes*, impossibilitando, na prática, a existência de atos executórios dissociados da consumação. Exemplo disso é o crime de loteamento clandestino ou desautorizado: "Dar início, *de qualquer modo*, ou efetuar loteamento ou desmembramento do solo para fins urbanos sem autorização do órgão público competente" (art. 50, I, Lei 6.766/1979, grifo nosso). Nessa linha está o trabalho de PAULO AMADOR THOMAS ALVES DA CUNHA BUENO (*O fato típico nos delitos da Lei do Parcelamento do Solo Urbano – Lei n. 6.766, de 19 de dezembro de 1979*, p. 82). Mencione-se, ainda, a lição de DAVID TEIXEIRA DE AZEVEDO, ao cuidar do delito de loteamento clandestino: "Retroage o legislador a tutela jurídica para momento anterior ao da realização mesma do loteamento, de modo a incriminar, nesta hipótese, o ato de início de execução como se crime consumado fora. O legislador equipara, neste tipo penal, os atos executórios primeiros de 'dar início' à modalidade consumada de 'efetuar' loteamento. É suficiente, por isso, 'dar início' a loteamento, ou seja, praticar atos direcionados à realização do loteamento, atos que por sua natureza e qualidade se insiram como execução preliminar do loteamento. Esses atos assim encaminhados como início de execução de um loteamento hão de ser unívocos, reveladores da intencionalidade e materialmente mesmo capazes de corporificar ações hábeis à feitura do loteamento" (*O crime de loteamento clandestino, Atualidades no direito e processo penal*, p. 17).

**36. Critério para a diminuição:** o juiz deve levar em consideração apenas e tão somente o *iter criminis* percorrido, ou seja, tanto maior será a diminuição quanto mais distante ficar o agente da consumação, bem como tanto menor será a diminuição quanto mais se aproximar o agente da consumação do delito. Não se leva em conta qualquer circunstância – objetiva ou subjetiva –, tais como crueldade no cometimento do delito ou péssimos antecedentes do agente. Trata-se de uma causa de diminuição obrigatória, tendo em vista que se leva em conta o perigo que o bem jurídico sofreu, sempre diferente na tentativa se confrontado com o crime consumado. Criticando a punição mais branda da tentativa, confira-se a lição de MONIZ DE ARAGÃO: "E essa doutrina absurda e imoral, repugnante aos sentimentos naturais de justiça e senso moral comum dos homens honestos, está consignada nos dispositivos legais do nosso código criminal, modelado, como é, pelo espírito da Escola Clássica. Relativamente à punibilidade, já dissemos, o mesmo critério se observa: o crime consumado é punido com mais rigor do que a tentativa, não obstante em ambos os casos a intenção delituosa ser a mesma igualmente perversa" (*As três escolas penais – clássica, antropológica e crítica (estudo comparativo)*, p. 134). Há, no entanto, exceção à regra da diminuição obrigatória da pena, prevista no ordenamento pátrio: "Pune-se a tentativa com a pena correspondente ao crime, diminuída de um a dois terços, *podendo o juiz, no caso de excepcional gravidade*, aplicar a pena do crime consumado" (art. 30, parágrafo único, do Código Penal Militar, com grifo nosso). Na jurisprudência: STF: "O acórdão impugnado está alinhado com a orientação jurisprudencial do STF no sentido de que a definição do percentual de diminuição da pena pela tentativa (art. 14, II, CP) deve levar em consideração a proximidade do resultado almejado pelo agente. Precedentes. 4. Hipótese em que a redução da pena na fração de ½ (metade) pela tentativa de homicídio foi justificada pelas instâncias de origem com apoio em dados objetivos da causa e na prova judicialmente colhida, notadamente pelo fato de que a vítima foi atingida duas vezes com uma barra de ferro em sua cabeça, além da ameaça real de atropelamento, comprovada nos autos. Para dissentir dessas premissas, seria necessário o revolvimento da matéria fático-probatória, inviável na via estreita do *habeas corpus*. Precedentes. 5. Agravo regimental a que se nega provimento" (HC 146.339-DF, 1.ª T., rel. Roberto Barroso, 03.04.2018, m.v.). STJ: "6. Embora a redução da pena decorrente de tentativa branca, na 3.ª fase da dosimetria, via de regra deva acontecer na fração máxima de 2/3, não se deve reformar o acórdão que a fixa em 1/3 quando ele indica

# Art. 14

Código Penal Comentado · **Nucci**

148

que o acusado se aproximou muito da consumação, por ter efetuado nada menos que quarenta disparos de arma de fogo, em direção ao local do motorista do carro conduzido pela vítima, percorrendo ao máximo o *iter criminis*, obstado apenas em razão da aproximação da polícia" (AgRg nos EDcl no AREsp 1.326.136/SC, 5.ª T., rel. Ribeiro Dantas, julgado em 21.06.2022, v.u.).

**37. Distinção entre tentativa perfeita e tentativa imperfeita:** a) *perfeita* (acabada, frustrada ou crime falho) é a hipótese que se configura quando o agente faz tudo o que pode para chegar à consumação do crime, mas não sobrevém o resultado típico. Exemplo: o agente desfere inúmeros tiros certeiros na vítima e, acreditando que morreu, afasta-se do local. Ocorre que, socorrido por terceiros, o ofendido se salva. Trata-se de tentativa que merece menor diminuição da pena; b) *imperfeita* (inacabada) é a situação gerada quando o agente, não conseguindo praticar tudo o que almejava para alcançar a consumação, é interrompido, de maneira inequívoca e indesejada, por causas estranhas à sua vontade. Exemplo: pretendendo dar fim à vida da vítima a tiros, começa a descarregar sua arma, quando, antes de findar os atos executórios, pois crente que o ofendido ainda está vivo, é barrado pela ação de terceiros. Pode merecer diminuição maior da sua pena, pois a fase executória do *iter criminis*, nesse caso, pode ter apenas começado. Nos tribunais: STJ: "1. Na desistência voluntária, o agente decide interromper a empreitada criminosa, por uma causa intrínseca – poderia continuar, mas resolve internamente não prosseguir. Já na tentativa imperfeita, o agente é obstado de progredir na execução do crime, por impedimento físico ou psicológico, como, por exemplo, é contido fisicamente ou avista uma viatura policial" (REsp 1.946.490/SP, 6.ª T., rel. Olindo Menezes, julgado em 15.02.2022, v.u.).

**37-A. Diferença entre crime falho e tentativa falha:** o primeiro é a denominada *tentativa perfeita* (vide nota 37 *supra*), enquanto o segundo é a tentativa que se constitui com base em impedimento íntimo do agente, que acredita não poder prosseguir na execução, embora pudesse. Note-se que, nesta hipótese, inexiste interferência de elemento externo, nascendo o bloqueio para a continuação do percurso criminoso na mente do próprio agente. Não se trata de desistência voluntária, pois esta demanda a cessação dos atos executórios por *vontade livre* do autor. Exemplo: o agente aponta arma para a vítima e terceiro o convence de que o revólver está descarregado. Ele abaixa a arma, convicto de que *falhou* o seu plano. Trata-se de tentativa e não de desistência voluntária. O agente não vê alternativa a não ser baixar a arma (Roxin, *Problemas fundamentais de direito penal*, p. 339).

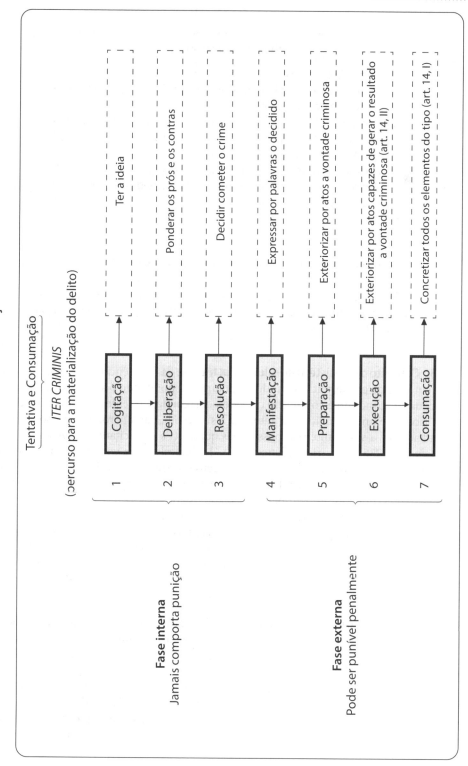

# Art. 15

**Código Penal Comentado · NUCCI**

> **NOTAS RELEVANTES**
>
> 1. A manifestação só pode ser punida como crime autônomo, se houver tipo específico (Ex.: ameaça – art. 147), mas nunca como tentativa de um crime.
> 2. A preparação só pode, igualmente, ser punida como crime autônomo, se houver tipo específico (Ex.: art. 253, que é o preparo para a concretização do art. 251).
> 3. A execução tem relevo para punição como tentativa (se o resultado não é atingido) ou como delito consumado (se o resultado é atingido).

### Desistência voluntária[38-39] e arrependimento eficaz[40-40-A]

> **Art. 15.** O agente que, voluntariamente,[41-42-A] desiste de prosseguir na execução ou impede que o resultado se produza, só responde pelos atos já praticados.[43-43-A]

**38. Conceito de desistência voluntária:** trata-se da desistência no prosseguimento dos atos executórios do crime, feita de modo voluntário, respondendo o agente somente pelo que já praticou. "O abandono é voluntário quando ocorre independentemente de impedimentos obrigatórios; é voluntário quando o autor diz a si mesmo: não quero, mas posso; não voluntário, quando diz a si mesmo: não posso, mas quero" (FRANK, citado por WELZEL, *Derecho penal alemán*, p. 235). Na jurisprudência: STJ: "1. Na desistência voluntária, o agente decide interromper a empreitada criminosa, por uma causa intrínseca – poderia continuar, mas resolve internamente não prosseguir. Já na tentativa imperfeita, o agente é obstado de progredir na execução do crime, por impedimento físico ou psicológico, como, por exemplo, é contido fisicamente ou avista uma viatura policial. 2. Entende esta Corte que, 'para reconhecer a desistência voluntária, exige-se examinar o *iter criminis* e o elemento subjetivo da conduta, a fim de avaliar se os atos executórios foram iniciados e se a consumação não ocorreu por circunstância inerente à vontade do agente, tarefa indissociável do arcabouço probatório' (REsp 1.757.543/RS, Rel. Ministro Antonio Saldanha Palheiro, Sexta Turma, julgado em 24/09/2019, *DJe* 07/10/2019)" (REsp 1.946.490/SP, 6.ª T., rel. Olindo Menezes, 15.02.2022, v.u.).

**39. Natureza jurídica da desistência voluntária e do arrependimento eficaz:** há pelo menos três correntes debatendo o tema: a) *causa de exclusão da tipicidade* (FREDERICO MARQUES, HELENO FRAGOSO, BASILEU GARCIA): o tipo penal da tentativa é formado com a utilização do art. 14, inciso II, do Código Penal, que prevê o início da execução e a não consumação por circunstâncias *alheias* à vontade do agente. Daí por que, se a desistência for voluntária, não há que se falar em causa *alheia* à vontade, afastando-se a tipicidade da conduta. O agente, segundo a regra do art. 15, responde somente pelo que já praticou. Exemplo: se estava tentando matar A e desiste, já tendo alvejado a vítima, responderá unicamente pelas lesões corporais causadas. Nas palavras de FREDERICO MARQUES: "Não tem sentido dizer que a tentativa já foi perpetrada e por isso não pode haver efeito *ex tunc* do arrependimento ou da desistência. (...) Os atos de execução, quando o delito não se consuma, de per si, são atividade atípica. Não fosse a norma de extensão sobre o *conatus*, e todo o processo executivo, em tais casos, seria irrelevante para o Direito Penal. Ora, se do próprio conteúdo dessa norma, que possibilita a adequação típica indireta, tira-se a ilação de que a tentativa só existirá se a consumação não ocorrer por motivos alheios à vontade do agente, é mais que evidente que não há adequação típica quando a não consumação decorre de ato voluntário do autor dos atos executivos do delito" (*Tratado de direito penal*, v. II, p. 387); b) *causa de exclusão da culpabilidade* (WELZEL, ROXIN): tendo em vista que o agente desistiu de prosseguir no crime idealizado, não deve mais sofrer juízo de reprovação social, resultando no afastamento da sua culpabilidade quanto ao delito principal, porém respondendo pelo que já concretizou; c) *causa pessoal de exclusão da punibilidade* (ZAFFARONI, PIERANGELI, ROBERTO REYNOSO D'AVILA, ANÍBAL BRUNO, PAULO JOSÉ DA COSTA JR., MAGALHÃES NORONHA, HUNGRIA): afasta-se, no caso, a punibilidade do agente, mas não a tipicidade ou a culpabilidade. Se o agente, exemplificando, estava atirando contra A para matá-lo, cada tiro que desferia e errava, por si só, configurava uma tentativa de homicídio, de modo que, ao cessar os atos executórios, afasta a possibilidade de ser punido, embora não se possa apagar uma tipicidade já existente. Trata-se de um *prêmio* pela desistência do agente. Não se pode suprimir retroativamente a tipicidade. Explicam ZAFFARONI e PIERANGELI: "A principal objeção que se pode formular contra o argumento daqueles que pretendem ver na desistência uma atipicidade, seja objetiva, seja subjetiva, encontra-se na impossibilidade de ter a desistência a virtualidade e tornar atípica uma conduta que antes era típica. Se o começo de execução é objetivo e subjetivamente típico, não se compreende como um ato posterior possa eliminar o que já se apresentou como proibido, situação que muito se assemelha à do consentimento subsequente" (*Da tentativa*, p. 87). Esta última corrente é, em nosso entender, a mais adequada. Aliás, a opção pela excludente pessoal de punibilidade produz reflexos concretos, como ocorre no contexto do concurso de pessoas. Imagine-se a hipótese de um homicídio encomendado. O mandante efetua o pagamento, embora, no momento da execução, o agente-executor desiste voluntariamente de prosseguir. Assim, não responderia este por tentativa de homicídio, mas somente pelo que já praticou, enquanto o mandante, que não desistiu de prosseguir, seria punido por tentativa de homicídio. Em idêntica visão: WELZEL (*Derecho penal alemán*, p. 235).

**40. Conceito de arrependimento eficaz:** trata se da desistência que ocorre entre o término dos atos executórios e a consumação. O agente, nesse caso, já fez tudo o que podia para atingir o resultado, mas resolve interferir para evitar a sua concretização. Exemplo: o autor ministra veneno a B; os atos executórios estão concluídos; se nada fizer para impedir o resultado, a vítima morrerá. Por isso, o autor deve agir, aplicando o antídoto para fazer cessar os efeitos do que ele mesmo causou.

**40-A. Eficácia do arrependimento:** exige a norma do art. 15 que o arrependimento do agente seja realmente *eficaz*, ou seja, capaz de impedir o resultado. Não se aplica o benefício previsto neste artigo caso o autor dos atos executórios, embora arrependido, não consiga evitar que o resultado se produza, por qualquer causa. Exemplificando: se o agente dá veneno, pretendendo matar a vítima, mas, antes que esta morra, arrepende-se e resolve ministrar o antídoto; caso o ofendido não se salve (seja porque o antídoto falhou ou mesmo porque a vítima não quis ingeri-lo), responderá por homicídio consumado. Confira-se a lição de MAGALHÃES NORONHA: "A responsabilidade perdura, a nosso ver, mesmo que outra causa concorra. Ainda na hipótese em questão, se, apresentado o antídoto, a vítima recusar-se a tomá-lo, por achar--se desgostosa da vida e querer consumar seus dias, não há isenção de pena ao agente, pois seu arrependimento *não teve eficácia*. A recusa da vítima não rompe o nexo causal entre a ministração do tóxico e a morte (por mais miraculosa fosse essa vontade, não teria o condão de fazer *aparecer veneno* nas vísceras do sujeito passivo). Por outro lado, é patente ser essa

# Art. 15

Código Penal Comentado · **Nucci**

152

vontade uma *concausa* (não ter observado o regime médico-higiênico reclamado por seu estado)" (*Direito penal*, v. 1, p. 131).

**41. Voluntariedade e espontaneidade:** no contexto do direito penal, há diferença entre *voluntário* e *espontâneo*. Agir voluntariamente significa atuar *livremente*, sem qualquer coação. Agir *espontaneamente* quer dizer uma vontade *sincera*, fruto do mais íntimo desejo do agente. No caso da desistência e do arrependimento eficaz, exige-se apenas *voluntariedade*, mas não *espontaneidade*. Se o agente deixar de prosseguir na trajetória criminosa porque se *arrependeu* do que vinha fazendo, terá agido de modo voluntário e espontâneo, embora não seja necessário este último requisito para configurar a excludente.

**42. Desistência momentânea:** é consistente para determinar a desistência voluntária, pois houve *voluntariedade* na conduta, embora possa não haver espontaneidade. Se o agente desistir de prosseguir na execução do delito, porque achou que o momento era inconveniente, pretendendo continuar em outra época, deve ser beneficiado pela excludente. É o pensamento majoritário. Na lição de Hungria: "Mesmo no caso em que o agente desiste da atividade executiva com o desígnio de repeti-la em outra ocasião (desistência da consumação, sem abandono total do propósito criminoso), há desistência voluntária" (*Comentários ao Código Penal*, v. I, t. II, p. 98). Há diferença, no entanto, entre *adiamento* da execução e *pausa* na execução, isto é, quando o agente suspende a execução, aguardando momento mais propício para concluir o delito, com nítida proximidade de nexo temporal. Ex.: espera o ladrão, que havia iniciado o arrombamento de uma janela, a passagem do vigia noturno pela rua, a fim de dar prosseguimento no intento de praticar o furto. Se for surpreendido, durante a *pausa*, haverá tentativa de furto. Em contrário, não aceitando a hipótese de desistência momentânea, ressalte-se da posição de Costa e Silva: "Não existe desistência, quando o agente suspende a execução com o pensamento de continuá-la depois, em ocasião propícia. Assim também quando deixa apenas de repetir o ato. A desfecha em B com o intuito de matá-lo, um tiro de seu revólver. A bala não fere o alvo: perde-se no espaço. Dispondo ainda de mais projéteis em sua arma, deixa A de deflagrá-los. Segundo algumas opiniões, há na hipótese uma desistência, que torna a tentativa impunível. Temos como mais jurídica a solução contrária. O tiro que falhou representa uma tentativa perfeita ou acabada. A inação, consistente na abstenção de novos tiros, não corresponde à exigência legal de voluntário impedimento do resultado. Nem *de lege ferenda* as aludidas opiniões se justificam. Elas criam uma situação de favor para o indivíduo que cautelosamente carrega todo o cilindro de seu revólver. O que dispõe só de uma bala, incorre em tentativa punível. O que dispõe de várias, não. É palpável o absurdo" (*Código Penal*, p. 92-93).

**42-A. O problema da execução retomada:** cuida-se da hipótese de pretender o autor realizar o crime através de um determinado método, considerado infalível. Este, no entanto, não dá certo. Ele poderia prosseguir de maneira diversa, retomando a execução, mas *renuncia* à continuidade. Para parte da doutrina, cuida-se da denominada tentativa falha, devendo haver punição. Estaria inserido o agente na denominada *teoria do ato isolado*, ou seja, cada ato parcial que, antes da execução, o agente considerava suficiente para atingir o resultado serve para fundamentar uma tentativa acabada e falha, caso não venha a atingir o seu fim. Mas, para outros, com os quais concordamos, trata-se de desistência voluntária. Roxin, nessa ótica, diz que posicionamento contrário, além de caminhar em sentido oposto ao da lei, não convence sob o ponto de vista da política criminal de *premiar* aquele que, de uma forma ou de outra, desde que fruto da sua vontade, cesse os atos executórios antes da consumação (*Problemas de direito penal*, p. 356-357). Afinal, completa ele, não se pode aceitar uma teoria cuja consequência seria, no caso de tentativa de homicídio, tornar a morte da vítima mais vantajosa do que poupá-la, pois há a possibilidade de ficar impune, caso o crime se consume (*Problemas de direito penal*, p. 359). E criticando aqueles que sustentam a punibilidade da conduta do agente, no caso da execução retomada, conferir o magistério de Zaffaroni e Pierangeli: "Se, durante a execução, o autor se cientificar de que a força é insuficiente e decidir pelo emprego de uma força maior do que aquela que, em princípio, pensava usar, nada fará mais do que seguir em frente com a mesma tentativa. Nenhuma importância terá o fato de o agente decidir matar com um único golpe e, comprovando não ser ele suficiente para produzir a morte, desferir-lhe mais cinco, com os quais consegue o seu objetivo, porquanto não haverá, em tal hipótese, um concurso de tentativa de homicídio com homicídio consumado. (...) Sendo assim, não vemos por que razão se há de considerar que a tentativa está fracassada quando o agente pode lograr o seu objetivo mediante uma variação não significativa do plano original, modificando a forma de execução do delito" (*Da tentativa*, p. 93-94).

**43. Diferença entre desistência ou arrependimento e tentativa:** nas duas primeiras hipóteses, o agente, voluntariamente, não mais deseja chegar ao resultado, cessando a sua atividade executória (desistência voluntária) ou agindo para impedir a consumação (arrependimento eficaz), enquanto na terceira hipótese o agente quer atingir o resultado, embora seja impedido por fatores estranhos à sua vontade. Consultar: STJ: "Malgrado semelhança com a tentativa imperfeita ou inacabada (CP, art. 14, II), compreendida como aquela em que o agente, por fatores alheios a sua vontade, não esgota os meios de execução ao seu alcance, dentro daquilo que considera suficiente, em seu projeto criminoso, para alcançar o resultado; a desistência voluntária (CP, art. 15), também denominada 'ponte de ouro', caracteriza-se pela interrupção voluntária do *iter criminis* pelo agente, que, livre de coação física ou moral, deixa de praticar os demais atos necessários à consumação, conquanto estivessem à sua disposição, de modo que essa interrupção seja capaz de evitar a consumação. *In casu*, as instâncias ordinárias, com base na persuasão racional acerca dos elementos de prova concretos e coesos dos autos, concluíram que o réu não consumou o crime de roubo pelo fato de ter a chave do carro quebrado dentro da ignição; e, quanto ao latrocínio, a consumação somente não ocorreu pela imperícia do paciente no manuseio da arma de fogo, pois errou todos os disparos realizados em direção à vítima. Tais premissas fáticas, que não podem ser alteradas no rito sumário do *habeas corpus*, que exige prova pré-constituída, levam à inarredável conclusão de ocorrência de tentativa em ambos os casos, pois somente não se verificou a consumação por circunstâncias alheias à vontade do réu, ora paciente" (HC 189.134-RJ, 5.ª T., rel. Ribeiro Dantas, 02.08.2016, v.u.).

**43-A. Tentativa qualificada:** são os fatos puníveis já consumados quando há a desistência de prosseguir na execução do crime ou ocorre arrependimento eficaz (Roberto Reynoso D'Avila, *Teoría general del delito*, p. 313; Welzel, *Derecho penal alemán*, p. 235).

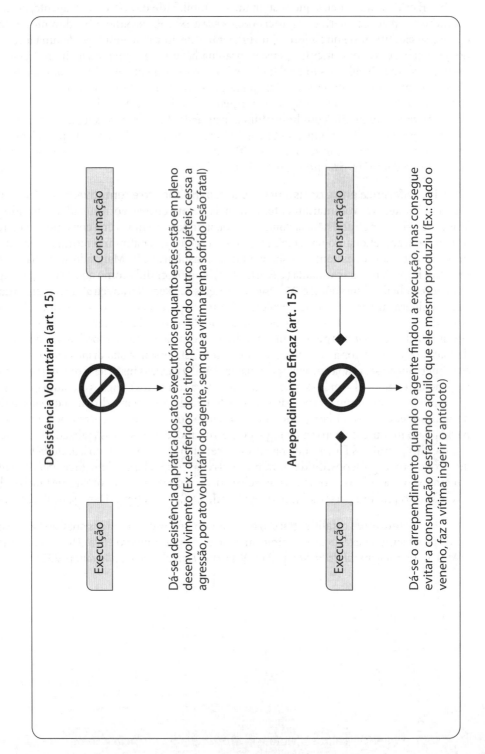

### Arrependimento posterior[44-45]

> **Art. 16.** Nos crimes cometidos sem violência ou grave ameaça à pessoa,[46-46-A] reparado o dano ou restituída a coisa,[47-47-C] até o recebimento da denúncia ou da queixa,[48-48-A] por ato voluntário[49] do agente, a pena será reduzida de 1 (um) a 2/3 (dois terços).[50-52]

**44. Conceito de arrependimento posterior:** trata-se da reparação do dano causado ou da restituição da coisa subtraída nos delitos cometidos sem violência ou grave ameaça, desde que por ato voluntário do agente, até o recebimento da denúncia ou da queixa. Chama-se "posterior" para diferençá-lo do eficaz. Quer dizer que ocorre *posteriormente* à consumação do delito. Na jurisprudência: TJRS: "Materialidade e autoria delitivas plenamente comprovadas, sobretudo pela prova oral reunida aos autos. Palavras da vítima, do réu (irmão do ofendido) e de seu genitor, além do policial militar, todas convergentes e uníssonas, demonstrando a prática do furto de R$ 2.220,00 (dois mil duzentos e vinte reais), a confissão do inculpado e a restituição integral dos valores subtraídos antes do recebimento da denúncia a partir de conduta voluntária do denunciado. Presentes os requisitos autorizadores do artigo 16 do Código Penal, acertada a decisão singular ao reconhecer a minorante do arrependimento posterior" (Ap. Crim. 50001831620158210157, 5.ª C. Crim., rel. Maria de Lourdes G. Braccini de Gonzalez, 13.09.2021, v.u.).

**45. Natureza jurídica do arrependimento posterior:** é causa pessoal de redução da pena, que pode variar de um a dois terços. Aliás, sua inserção pelo legislador no contexto da teoria do crime foi indevida, merecendo situar-se no capítulo pertinente à aplicação da pena.

**46. Ausência de violência ou grave ameaça:** trata-se de requisito indispensável para a aplicação do benefício, embora se devesse, em futura modificação da lei penal, ampliá-lo para qualquer delito que produza efeito patrimonial, *independentemente* de ter sido praticado com violência ou grave ameaça. Ao roubo, cometido com grave ameaça ou lesão leve, por exemplo, cujo agente, arrependido do que fez, procure a vítima ou a polícia, devolvendo, integralmente, a coisa subtraída, bem como pagando qualquer dano remanescente, deveria ser efetivada a causa de diminuição da pena. Não se privilegiam, no direito penal pátrio, de maneira eficiente, as formas de arrependimento do autor. Se, por um lado, quer-se que a pena sirva – e é a concepção mais difundida atualmente – de instrumento para a reeducação, quando se vislumbra uma forma real de arrependimento, significando uma natural reeducação, não se dá valor. Note-se a mesma incongruência com a *confissão espontânea*, mera atenuante e não uma causa de diminuição que permita aplicar a pena abaixo do mínimo legal. Há que se alterar esse quadro, permitindo que o agente possa dar mostra de seu arrependimento, recebendo efetivo benefício por isso. Confira-se no artigo publicado no jornal *Folha de S. Paulo* (20.05.1999): "M. S., 28, perdeu o emprego há um ano e meio, depois de trabalhar dez anos como vendedor de autopeças em Bauru. No final de abril, sem dinheiro para pagar o aluguel atrasado da casa onde moram a ex-mulher e o filho, ele assaltou uma lotérica, depois de mais uma manhã em busca de uma vaga. Levou R$ 279 em dinheiro, usando um acendedor de fogão em forma de revólver. Arrependido, no último sábado, ele procurou a polícia, confessou o crime e disse que quer trabalhar para devolver o valor roubado". A ele, no entanto, não se pode aplicar o arrependimento posterior.

**46-A. Violência culposa, violência presumida e violência imprópria:** é admissível a aplicação da causa de redução de pena, caso o delito, produzindo efeitos patrimoniais, tenha

# Art. 16

Código Penal Comentado • **Nucci**

sido praticado com violência culposa. Assim é a hipótese de haver lesões culposas – afinal, o resultado lesivo não foi, de forma alguma, desejado pelo agente. Mas é inviável se houver perda de bem irreparável, como a vida, em face da desproporcionalidade dos bens em conflito: STJ: "2. Inviável o reconhecimento do arrependimento posterior na hipótese de homicídio culposo na direção de veículo automotor, uma vez que o delito do art. 302 do Código de Trânsito Brasileiro não pode ser encarado como crime patrimonial ou de efeito patrimonial. Na espécie, a tutela penal abrange o bem jurídico mais importante do ordenamento jurídico, a vida, que, uma vez ceifada, jamais poderá ser restituída, reparada. Precedente" (AgRg no HC 510.052-RJ, 6.ª T., rel. Nefi Cordeiro, 17.12.2019, v.u.). No caso de violência presumida, já que os casos retratados em lei demonstram ser a violência fruto da inibição da vontade da vítima, não há possibilidade de aplicação da redução do arrependimento posterior. Aliás, acrescente-se que o universo dos crimes onde se fala em violência presumida é composto por delitos dolosos, cuja violência contra a pessoa, ainda que na forma ficta, termina ocorrendo como decorrência natural da vontade do agente – diferentemente da violência culposa, que é involuntária –, bem como são eles crimes não patrimoniais e sem efeitos patrimoniais (vide o campo dos delitos contra a liberdade sexual), logo incabível qualquer reparação do dano. E ressaltemos, ainda, que a violência presumida é uma forma de violência própria, isto é, presume-se que a vítima, não podendo consentir validamente, foi fisicamente forçada. A denominada violência imprópria – forma de redução da capacidade de resistência da vítima por meios indiretos, como ministrando droga para sedar quem se pretende roubar – também não autoriza a aplicação do benefício do arrependimento posterior. Na essência, adjetivar a violência como *imprópria*, em nosso entendimento, não é correto. Quando alguém reduz a capacidade de resistência da vítima por meios físicos indiretos, encaixa-se justamente na hipótese prevista no art. 224, *c*, do CP [cf. art. 217-A] ("não pode, por qualquer outra causa, oferecer resistência"). É violência contra a pessoa, tanto quanto a física exercida de maneira direta. Tanto é verdade que a utilização da denominada violência imprópria provoca o surgimento do roubo e não do furto, em caso de subtração por tal meio. Logo, é crime violento. Ver ainda as notas 6 e 7 ao art. 157, 73-A ao art. 44.

**47. Condição da reparação do dano ou da restituição da coisa:** deve ser feita de modo integral. Sendo parcial, não se pode aplicar o benefício ao agente. Entretanto, é preciso ressaltar que a verificação da completude do reparo ou da restituição deve ficar a cargo da vítima, salvo em casos excepcionais. Exemplificando: se o agente furta o veículo do ofendido, devolvendo-o sem as calotas, é possível que a vítima se dê por satisfeita, podendo-se considerar concretizado o arrependimento posterior. Entretanto, se o agente devolvesse somente os pneus do veículo, ainda que a vítima concordasse, seria uma forma de burlar o texto legal, não o aceitando o juiz. Adotando posicionamento diverso, Paulo José da Costa Jr. diz que é possível que a reparação do dano não seja integral, correspondendo, então, a uma menor diminuição da pena do que ocorreria se fosse completa (*Comentários ao Código Penal*, 7. ed., p. 61). Assim também é o magistério de Waléria Garcelan Loma Garcia, sustentando que a reparação não precisa ser completa para haver a incidência do art. 16, pois, se assim fosse, também não poderia incidir a atenuante do art. 65, tendo em vista que os fundamentos são os mesmos (*Arrependimento posterior*, p. 89). Não nos parece que deva haver esse padrão de comparação entre a causa de diminuição de pena do art. 16 e a atenuante do art. 65, até porque esta última menciona não somente a reparação do dano, mas também a possibilidade de o agente "evitar-lhe ou minorar-lhe as consequências", o que permitiria, então, falar em reparação parcial do dano. Na jurisprudência: STJ: "1. O reconhecimento do arrependimento posterior, previsto no art. 16 do Código Penal, exige a integral reparação do dano ou restituição da coisa até o recebimento da denúncia, de forma que o mero adimplemento de algumas parcelas da dívida, sem a sua quitação, até o marco temporal legalmente delimitado, não é suficiente para permitir a aplicação do instituto" (REsp 2.040.018/SP, 6.ª T., rel. Laurita Vaz, 20.06.2023, v.u.); "3. No que tange à causa de diminuição do art. 16 do CP, é entendimento desta Corte que 'a causa de diminuição de pena relativa ao artigo 16 do Código Penal (arrependimento posterior) somente tem aplicação se houver a integral reparação do dano ou a restituição da coisa antes do recebimento da denúncia, variando o índice de redução da pena em função da maior ou menor celeridade no ressarcimento do prejuízo à vítima. Na espécie, não foi preenchido o requisito relativo à reparação integral do dano, eis que as instâncias de origem consignaram que houve apenas devolução parcial' (HC 338.840/SC, Rel. Ministra Maria Thereza de Assis Moura, Sexta Turma, julgado em 4/2/2016, *DJe* 19/2/2016)" (AgRg nos EDcl no REsp 1.710.029-RN, 5.ª T., rel. Ribeiro Dantas, 08.06.2021, v.u.).

**47-A. Necessidade de existência de efeito patrimonial:** a causa de diminuição de pena prevista neste artigo exige, para sua aplicação, que o crime seja patrimonial ou possua efeitos patrimoniais. Afinal, somente desse modo seria sustentável falar em *reparação do dano* ou *restituição da coisa*. Em uma hipótese de homicídio, por exemplo, não teria o menor cabimento aplicar o arrependimento posterior, uma vez que não há nada que possa ser restituído ou reparado. No furto, ao contrário, caso o agente devolva a coisa subtraída ou pague à vítima indenização correspondente ao seu valor, torna-se viável a diminuição da pena. Não descartamos, por certo, outras hipóteses que não sejam crimes patrimoniais, como ocorreria com o peculato doloso. Em caso de restituição da coisa ou reparação total do dano, parece-nos viável a aplicação da redução da pena. Em sentido contrário, ensina Waléria Garcelan Loma Garcia: "Acatando a orientação de que o dispositivo aplica-se a qualquer espécie de crime, ausente a violência e a grave ameaça contra a pessoa, não podem ser afastados aqueles delitos que ensejam unicamente um dano não patrimonial e um dano moral. Assim, o crime de sedução [quando era considerado crime], os crimes contra a honra, contra a inviolabilidade de correspondência, contra a inviolabilidade dos segredos, contra a propriedade imaterial, contra o sentimento religioso e contra o respeito aos mortos etc. Certo que em alguns desses crimes coexistem danos patrimoniais, não patrimoniais e morais. Trata-se de um benefício legal, e ao intérprete não compete restringir o sentido ou alcance do dispositivo em prejuízo do agente, resultando, assim, somente enfrentar e dirimir as questões da aferição do dano e a forma de sua reparação" (*Arrependimento posterior,* p. 85). Permitimo-nos discordar dessa posição, destacando que, em alguns dos exemplos citados, torna-se até mesmo impossível não somente mensurar o dano (violação de sepultura ou perturbação de cerimônia religiosa, entre outros), mas, sobretudo, identificar a vítima, isto é, a pessoa destinatária da indenização. Na jurisprudência: STJ: "2. Para reconhecimento do arrependimento posterior, previsto no art. 16 do CP, exige-se que o crime praticado seja patrimonial ou possua efeitos patrimoniais. 2.1. Na espécie, considerando que o bem jurídico violado é a paz pública, mais precisamente a seguridade coletiva, não há de se falar em reconhecimento do arrependimento posterior" (AgRg no REsp 2.055.673/AC, 5.ª T., rel. Joel Ilan Paciornik, 09.10.2023, v.u.); "1. É devido o reconhecimento da causa de diminuição de pena do arrependimento posterior, previsto no art. 16 do Código Penal, ao crime de peculato doloso, em suas diversas vertentes, desde que procedida pelo agente, de forma voluntária, a restituição da coisa, apropriada ou desviada, ou reparado o dano o Erário, até o recebimento da denúncia, sob pena de se configurar aplicação da atenuante genérica estatuída no art. 65, inciso III, alínea *b*, do CP. 2. O *quantum* de redução da pena deve ser modulado, de 1/3 a 2/3 (um a dois terços), de forma proporcional à presteza e ao grau de voluntariedade por este externados" (AgRg no AREsp 1.467.975-DF, 6.ª T., rel. Laurita Vaz, 23.06.2020, v.u.).

**47-B. Reparação do dano moral:** não cremos que seja sustentável a aplicação da redução da pena caso o agente busque reparar apenas o dano moral provocado pelo crime. Em

# Art. 16

Código Penal Comentado · **Nucci**

158

primeiro lugar, o dano moral é de mensuração totalmente imprecisa, nem mesmo havendo lei expressa para dispor sobre seu montante. Em segundo plano, destaquemos o fato de que há lesões que não podem comportar qualquer tipo de reparação, pelo menos que contem com benefícios penais, como ocorre com o homicídio. A vida humana não tem preço para que possa comportar reparação. Embora familiares do morto possam requerer, na esfera cível, indenização por danos morais, tal situação não deve servir de parâmetro para a aplicação da diminuição da pena. Em terceiro lugar, justamente porque a mensuração do dano moral é complexa e controversa, pode levar muito tempo até que haja uma decisão judicial definitiva sobre o tema. E antes disso, certamente, o processo criminal já deverá ter iniciado – sob pena de prescrição –, afastando a possibilidade de aplicação da causa de redução da pena. Permitir que o agente pague à vítima ou aos seus familiares (em caso de dano moral) qualquer quantia seria ainda pior, pois não se estaria verificando, concretamente, se houve reparação total do dano. O juiz não pode aceitar qualquer tipo de pagamento, pois, se o fizesse, estaria maltratando a norma penal. Em contrário, aceitando o dano moral para o fim de aplicar a diminuição da pena: Waléria Garcelan Loma Garcia (*Arrependimento posterior*, p. 81).

**47-C. Negativa da vítima em receber a indenização ou a coisa:** pode ocorrer a hipótese de o ofendido recusar-se a receber a coisa subtraída ou a correspondente reparação do dano, por variadas razões, dentre as quais destaque-se o desejo de prejudicar o agente. Nesse caso, parece-nos sensata a possibilidade de utilização da ação de consignação em pagamento para desonerá-lo. Assim que o juiz autorizar o depósito, pode-se juntar prova no inquérito, antes do recebimento da denúncia ou queixa, como exige o art. 16, e estará configurada a possibilidade de haver redução da pena em virtude do advento do arrependimento posterior. Em certos casos, não é preciso ingressar com a consignação, pois, em se tratando de devolução da coisa furtada, por exemplo, pode-se entregá-la diretamente à autoridade policial, que mandará lavrar o auto de apreensão, para posterior restituição à vítima.

**48. Reparação ou restituição após a denúncia ou queixa:** aplicação da atenuante prevista no art. 65, III, *b*, do Código Penal.

**48-A. Reparação ou restituição antes da denúncia ou queixa e justa causa:** aplica-se o disposto no art. 16, no sentido de se utilizar a causa de diminuição da pena. Entretanto, confrontando o cenário do estelionato por meio da emissão de cheque sem fundo com outros delitos patrimoniais, há um desequilíbrio. Naquele caso, efetuado o pagamento do cheque antes do recebimento da denúncia ou queixa, deixa de haver *justa causa* para a ação penal. Nos demais, aplica-se apenas a redução da pena. Consultar a nota 51 *infra*. Na jurisprudência: STJ: "1. A jurisprudência deste Superior Tribunal de Justiça é pacífica no sentido de que, no crime de apropriação indébita, a restituição do bem ou o ressarcimento do dano antes do oferecimento da denúncia não excluem a tipicidade do crime ou extinguem a punibilidade do agente, sendo apenas causa de redução da pena, nos termos do artigo 16 do Código Penal. 2. Recurso desprovido" (RHC 93195-SP, 5.ª T., rel. Jorge Mussi, 24.04.2018, v.u.).

**49. Voluntariedade e não espontaneidade:** nesse caso, como já se viu, há necessidade de uma reparação ou restituição feita livremente pelo agente, mas não significando que, de fato, está arrependido pelo que fez, ou seja, não se exige espontaneidade. Em idêntica posição, separando o ato voluntário do espontâneo, encontra-se a lição de Waléria Garcia ao definir este último: "... reveste-se da qualidade de arrependimento; é um ato que nasce unicamente da vontade do agente (autodeterminação), sem qualquer interferência externa na ideia inicial" (*Arrependimento posterior*, p. 93). Justamente para evidenciar o requisito da voluntariedade é que se exige seja a devolução ou reparação feita *pessoalmente* pelo agente. Se for por interposta pessoa, é preciso uma razão comprovada, pois pode não representar uma restituição voluntária. Imagine-se a mãe do autor do furto que, por sua conta, resolva, sem que o filho saiba, devolver a coisa subtraída. É natural não ter havido, no caso, "ato voluntário do agente". Entretanto, se o filho estiver hospitalizado, por alguma razão, poderá valer-se de terceiro para proceder à reparação do dano ou restituição da coisa. Na jurisprudência: STJ: "3. O 'arrependimento posterior depende de ato voluntário do acusado, não incidindo a benesse se a reparação se der por ato de terceira pessoa' (AgRg no AREsp n. 868.942/SP, relator Ministro Jorge Mussi, Quinta Turma, julgado em 13/3/2018, *DJe* de 4/4/2018)" (AgRg no AgRg no AREsp n. 2.030.690/SP, 5.ª T., rel. Ribeiro Dantas, 02.08.2022, v.u.); "1. O benefício do arrependimento posterior exige a reparação integral do dano, por ato voluntário, até o recebimento da denúncia. *In casu*, consta do acórdão recorrido que a *conduta não foi voluntária* e que o reembolso teria ocorrido com o intuito de obstar a deflagração de Ação Penal, tendo o Requerente tentado se esquivar das consequências advindas da apuração delitiva. Essa conclusão não pode ser alterada em recurso especial ante o óbice da Súmula 7/STJ" (AgRg no AREsp 1.399.240-MG, 5.ª T., rel. Reynaldo Soares da Fonseca, 05.02.2019, v.u.).

**50. Critérios para a diminuição:** devem-se levar em consideração dois fatores: a) espontaneidade do agente; b) celeridade na devolução. Quanto mais sincera e rápida for a restituição ou reparação, maior será a diminuição operada. Na jurisprudência: STJ: "2. A questão de o acusado ter realizado o ressarcimento imediatamente ao tomar conhecimento dos fatos, devendo a redução do art. 16 do CP ser aplicada na fração máxima, não foi analisada pela Corte de origem, mesmo com a apresentação dos embargos de declaração, estando ausente o prequestionamento. Súmulas 211/STJ e 282/STF" (AgRg no AREsp n. 2.075.797/SP, 5.ª T., rel. Reynaldo Soares da Fonseca, julgado em 07.06.2022, v.u.); "1. É devido o reconhecimento da causa de diminuição de pena do arrependimento posterior, previsto no art. 16 do Código Penal, ao crime de peculato doloso, em suas diversas vertentes, desde que procedida pelo agente, de forma voluntária, a restituição da coisa, apropriada ou desviada, ou reparado o dano o Erário, até o recebimento da denúncia, sob pena de se configurar aplicação da atenuante genérica estatuída no art. 65, inciso III, alínea *b*, do CP. 2. O *quantum* de redução da pena deve ser modulado, de 1/3 a 2/3 (um a dois terços), de forma proporcional à presteza e ao grau de voluntariedade por este externados. 3. Merece reparos a decisão agravada, quando aplicou a fração mínima de 1/3 (um terço), não obstante a restituição do bem tenha ocorrido 3 (três) anos antes do recebimento da denúncia. Entretanto, não é cabível a aplicação do patamar máximo de 2/3 (dois terços). 4. Conforme evidenciado no aresto proferido pelo Tribunal de origem, como o referido bem desviado somente regressou à garagem da DIGEF 'após' a TV Record ter divulgado cenas do corréu, conduzindo o veículo desguarnecido dos adesivos que o caracterizaram como veículo oficial – de forma a denotar que a referida restituição do bem consubstanciou mera tentativa dos autores de se isentarem do crime em comento –, reputa-se razoável e proporcional, com base nas peculiaridades do caso concreto, a modulação da referida causa de diminuição de pena, para o delito em exame, à razão de 1/2 (metade), em atenção aos conjugados critérios do grau de presteza e voluntariedade por este externados" (AgRg no AREsp 1.467.975-DF, 6.ª T., rel. Laurita Vaz, 23.06.2020, v.u.).

**50-A. Requisito para aplicar a causa de diminuição não pode servir como critério de redução da pena:** consistiria num autêntico *bis in idem* às avessas, pois favorável ao réu, mas inadequado, pois se estaria tergiversando. Seria o mesmo que levar em conta não se ter consumado o crime – que é requisito para haver tentativa – como critério para a redução da pena. Portanto, os requisitos de reconhecimento de um benefício diferem dos critérios usados para mensurá-lo.

# Art. 17

**51. Análise da Súmula 554 do STF ("O pagamento de cheque emitido sem provisão de fundos, após o recebimento da denúncia, não obsta ao prosseguimento da ação penal"):** a consequência extraída da Súmula é que o pagamento do cheque sem fundo *antes* do recebimento da denúncia tem força para obstruir a ação penal. Há uma combinação com a Súmula 246 do mesmo tribunal ("Comprovado não ter havido fraude, não se configura o crime de emissão de cheques sem fundos"). Com o advento da Reforma Penal de 1984, introduzindo-se o arrependimento posterior, passou grande parte da doutrina a sustentar que já não tinha aplicação a Súmula 554, embora os tribunais não tenham acolhido tal proposição, sob o argumento de não se tratar de causa de arrependimento posterior, mas sim de falta de justa causa para a ação penal, por inexistência do ânimo de fraude. Em nosso entendimento, correta está a posição que sustenta ser caso de arrependimento posterior o pagamento de cheque sem fundos, dado com ânimo de fraudar, antes do recebimento da denúncia ou da queixa. Embora os Tribunais Superiores venham aplicando as Súmulas 554 e 246, observa-se que esta última é inútil, pois é certo que para todas as hipóteses de estelionato é indispensável haver o elemento subjetivo do tipo específico, que é a vontade de fraudar, motivo pelo qual a Súmula apenas declara o óbvio. Por outro lado, quanto à Súmula 554, nota-se que ela é aplicada indistintamente, ou seja, para qualquer situação de pagamento de cheque dado sem provisão de fundos, ainda que tenha havido a intenção de fraude. Tal postura está equivocada, pois o crime de estelionato já se encontrava aperfeiçoado e, no máximo, dever-se-ia aplicar a causa de redução da pena, mas não impedir que o órgão acusatório proponha a ação penal, que é pública incondicionada. Correta a análise e a conclusão de WALÉRIA GARCIA nesse sentido: "Com as Súmulas 246 e 554, ou sem elas, haverá crime de estelionato se houver fraude, e não haverá crime quando ausente a fraude. Isto é de lei. Referidas súmulas, invocadas e aplicadas de forma distorcida, estão trazendo o descrédito ao Poder Judiciário, representando, a deturpação da ideia originária do Direito Sumular, uma séria ameaça ao Direito" (*Arrependimento posterior*, p. 143).

**52. Incomunicabilidade da causa de diminuição da pena no concurso de pessoas:** sendo causa pessoal de diminuição da pena, parece-nos que a devolução da coisa ou a reparação do dano precisa ser voluntariamente praticada por todos os coautores e partícipes para que obtenham o favor legal. Assim, o arrependimento de um não serve para beneficiar os demais automaticamente; depende da vontade de cada um dos concorrentes em restituir a coisa ou reparar o dano. Em contrário: STJ: "O arrependimento posterior, previsto no art. 16 do Código Penal, por possuir natureza objetiva, deve ser estendido aos corréus. Precedentes" (REsp 1.578.197-SP, 6.ª T., rel. Sebastião Reis Júnior, 26.04.2016, v.u.). Observe-se o disposto pelos julgados supracitados, especialmente o segundo, quando menciona que a fração de redução deve ser aplicada, para mais ou para menos, *conforme a atuação de cada agente em relação à reparação efetivada*. Ora, caso somente um dos agentes repare o dano e os demais não tenham *nenhuma* atuação nisso, como fica a redução? Dá-se o mínimo? Mas se o concorrente que reparou o dano merecer o mínimo, o que os demais recebem? Em suma, parece-nos contraditório dizer que a causa de redução é objetiva e o grau de diminuição depende da atuação de cada um.

### Crime impossível[53-54]

> **Art. 17.** Não se pune[55] a tentativa[56-56-A] quando, por ineficácia absoluta do meio[57] ou por absoluta impropriedade do objeto,[58-58-A] é impossível consumar-se o crime.[59-59-D]

**53. Conceito de crime impossível (tentativa inidônea, impossível, inútil, inadequada ou quase crime):** é a tentativa não punível, porque o agente se vale de meios absolutamente ineficazes ou volta-se contra objetos absolutamente impróprios, tornando impossível a consumação do crime. Trata-se de uma autêntica "carência de tipo", nas palavras de Aníbal Bruno (*Sobre o tipo no direito penal*, p. 56). Exemplos: atirar, para matar, contra um cadáver (objeto absolutamente impróprio) ou atirar, para matar, com uma arma descarregada (meio absolutamente ineficaz).

**54. Natureza jurídica do crime impossível:** é uma causa excludente da tipicidade.

**55. Fundamento da não punição do crime impossível:** adota-se, no Brasil, a teoria objetiva, vale dizer, leva-se em conta, para punir a tentativa, o risco objetivo que o bem jurídico corre. No caso da tentativa inidônea, o bem jurídico não sofreu risco algum, seja porque o meio é totalmente ineficaz, seja porque o objeto é inteiramente impróprio. Daí por que não há punição.

**56. Diferença entre a tentativa inidônea e o erro de tipo:** na primeira hipótese, o agente acredita que poderá atingir o resultado almejado, apesar de não poder, agindo com dolo. Na segunda, o agente não atua com dolo, pois não prevê que poderá causar o resultado, embora possa. Melhor análise do erro de tipo será feita em capítulo próprio.

**56-A. Diferença entre crime impossível e crime putativo:** o primeiro constitui a hipótese do agente que, pretendendo cometer um delito, não atinge a consumação porque valeu-se de instrumento absolutamente ineficaz ou voltou-se contra objeto absolutamente impróprio; o segundo, por seu turno, prevê a hipótese do agente que, pretendendo cometer um delito, não consegue seu intento porque a conduta eleita não constitui fato típico. Exemplos: no crime impossível, o agente desfere tiros, com o intuito de cometer homicídio, contra pessoa que já morreu; no crime putativo, o agente deixa de pagar dívida, instrumentalizada por meio de nota promissória, crendo ser infração penal, quando, na realidade, não é.

**57. Ineficácia absoluta do meio:** a lei penal exige que o meio utilizado seja *totalmente* ineficaz, devendo-se avaliar a eficácia no caso concreto, jamais teoricamente. Em tese, uma arma descarregada não é um meio idôneo para matar, porém, se a vítima for cardíaca, poderá morrer pelo susto dos pretensos disparos feitos contra sua pessoa. Nesse caso, não houve crime impossível, pois o agente atingiu o resultado desejado. Outra ilustração, perfazendo o crime impossível, cuida-se do agente que, ingressando em loja de venda de celulares, toma o aparelho em suas mãos e sai correndo do local; entretanto, o referido celular está preso por um cabo de aço ao mostrador; o sujeito, então, é detido por segurança do estabelecimento. A viabilidade de consumação do furto é zero, pois jamais ele conseguiria retirar o aparelho, ligado a cabo de aço, da loja. Configura-se o delito impossível. Na jurisprudência: STF: "*Habeas corpus*. Porte de arma de fogo e de munições de uso permitido. Art. 14 da Lei 10.826, de 2003. Laudo pericial: demonstração da ineficácia absoluta dos objetos. Crime impossível. Art. 17 do Código Penal. Presunção de potencialidade lesiva afastada. Princípio da legalidade. 1. Não se desconhece que esta Suprema Corte possui o entendimento de que a simples posse ou porte de arma, munição ou acessório de uso permitido (sem autorização e em desacordo com determinação legal ou regulamentar) configura crime previsto na Lei 10.826, de 2003, de crime de perigo abstrato, no qual é prescindível a demonstração da efetiva situação de perigo para a sua consumação. 2. Há de se fazer distinção imprescindível. Uma coisa é dizer ser desnecessário o exame pericial para tipificação da conduta relativa ao porte/posse de arma de

# Art. 17

fogo; outra, completamente diferente, é concluir no sentido da neutralidade do exame pericial (realizado por órgão oficial) demonstrando a ausência completa de potencialidade lesiva. Na primeira situação, prevalece a presunção de potencialidade; na segunda, esta já foi afastada, revelando-se paradoxal a desconsideração. *3. Ainda que se trate de crime de perigo abstrato, se realizado o laudo técnico por perícia oficial, a constatar a ineficácia absoluta da arma de fogo para a realização de disparos e a impossibilidade de deflagração da munição defeituosa, tem-se crime impossível – art. 17 do CP.* 4. Conforme ensina abalizada doutrina, 'presumir perigo não significa inventar perigo onde este jamais pode ocorrer', de modo que perigo presumido não é sinônimo de perigo impossível'. 5. Se o objeto apreendido não possui aptidão para efetuar disparos, mostra-se equivocado até mesmo denominá-lo arma de fogo, conceituada no Decreto 10.030, de 2019, no Anexo III – Glossário. 6. A 'arma de fogo' inapta a efetuar disparos muito mais se aproxima do conceito, constante do decreto supracitado, de simulacro de arma de fogo, cujo porte, como se sabe, não configura crime. 7. Da mesma forma, demonstrado defeito que impede a deflagração dos cartuchos encontrados, a posse destes não configura crime. 8. Surge inviável, sob pena de transgressão ao princípio da legalidade, do qual decorre a taxatividade (art. 5.º, inc. XXXIX, da Constituição da República), ampliar o alcance do tipo penal para alcançar condutas que não se aderem a ele. 9. A conjuntura dos autos não equivale ao porte de arma de fogo desmuniciada ou desmontada, situações nas quais, embora inviabilizado o uso imediato, tem-se arma de fogo, que, caso montada ou municiada, estaria apta disparar. 10. Concessão da ordem" (HC 227.219, 2ª T., rel. André Mendonça, 25.03.2024, v.u.). STJ: "4. Razão assiste ao recorrente, pois doutrina e jurisprudência são uníssonas no sentido de que a consumação do crime de descaminho, na hipótese em que a mercadoria importada se submete ao procedimento aduaneiro, ocorre com a liberação pela alfândega, sem o pagamento do tributo competente, o que no caso dos autos, não ocorreu em face da apreensão antes da entrada no recinto da aduana. Precedentes. 5. Não tendo a mercadoria sequer chegado ao desembaraço aduaneiro, a tese de crime impossível é a única que se coaduna com a situação dos autos, tratando-se, portanto, de meros atos preparatórios, que, em regra, não são punidos pelo ordenamento jurídico, a não ser quando previstos expressamente como delitos autônomos. Doutrina" (RHC 179.244/SC, 6.ª T., rel. Sebastião Reis Júnior, 06.06.2023, v.u.); "1. As instâncias ordinárias, de forma justificada, entenderam que não havia necessidade de perícia, considerando que a falsidade documental já estava comprovada pois, tratando-se de documento digital, a pesquisa de autenticidade junto ao órgão emissor do documento constatou o falso. 2. Demonstrado que o documento falsificado foi efetivamente utilizado pelo paciente, para possibilitar sua admissão em cargo na Prefeitura, resta caracterizada a materialidade do delito, não havendo que se falar em crime impossível" (AgRg no HC 802.407/SP, 5.ª T., rel. Ribeiro Dantas, 08.05.2023, v.u.); "1. A jurisprudência desta Corte Superior está firmada no sentido de que é necessária a comprovação da imprestabilidade e, por conseguinte, da absoluta ausência de qualquer potencialidade lesiva da arma de fogo. 2. No caso dos autos, o fundamento adotado pelo Tribunal de Justiça para afastar a hipótese de crime impossível foi a conclusão do laudo pericial no sentido de que a ineficácia da arma não era absoluta, pois, mesmo que de forma não convencional, era 'possível a realização de disparos e tiros' (e-STJ fl. 274)" (AgRg no AREsp 2.223.554/GO, 6.ª T., rel. Antonio Saldanha Palheiro, 21.03.2023, v.u.).

**58. Absoluta impropriedade do objeto:** o mesmo comentário feito em nota anterior, quanto ao termo "absoluta", vale para este caso. Deve-se avaliar a impropriedade total do objeto no caso concreto. Nesse contexto, é preciso cautela quando se tratar de impropriedade *relativa*. Exemplo: se o agente, pretendendo matar a vítima, ingressa no quarto onde julga que se encontra, desferindo vários tiros contra o leito vazio, mas o ofendido se acha no quarto ao lado, conseguindo fugir, não se trata de crime impossível, mas de tentativa incruenta de homicídio, ou seja, sem lesões à vítima. O objeto almejado existia e podia ter sido atingido. Na jurisprudência: STJ: "3. Quanto à alegação de crime impossível, a jurisprudência desta Corte Superior é firme no sentido de que, 'ainda que não exista nenhum bem com a vítima, o crime de roubo, por ser delito complexo, tem iniciada sua execução quando o agente, visando a subtração de coisa alheia móvel, realiza o núcleo da conduta meio (constrangimento ilegal/lesão corporal ou vias de fato), ainda que não consiga atingir o crime fim (subtração da coisa almejada)' (REsp 1.340.747/RJ, Rel. Ministra Maria Thereza de Assis Moura, Sexta Turma, julgado em 13/5/2014, *DJe* 21/5/2014)" (AgRg no AREsp 2.300.583/DF, 5.ª T., rel. Ribeiro Dantas, 20.06.2023, v.u.); "2. A apreensão de ínfima quantidade de munição, aliada à ausência de artefato apto ao disparo, implica o reconhecimento, no caso concreto, da incapacidade de se gerar de perigo à incolumidade pública, o que impõe a preservação do quanto decidido pela instância ordinária. 3. Ambas as Turmas que compõem a Terceira Seção desta Corte Superior orientaram-se no sentido da atipicidade da conduta perpetrada, diante da ausência de afetação do referido bem jurídico, *tratando-se de crime impossível pela ineficácia absoluta do meio* (REsp 1.699.710/MS, Min. Maria Thereza de Assis Moura, 6.ª T., *DJe* 13.11.2017; e HC 438.148/MS, Min. Ribeiro Dantas, 5.ª T., *DJe* 30.05.2018). 4. A Segunda Turma do Supremo Tribunal Federal posicionou-se no sentido de desconsiderar a potencialidade lesiva na hipótese em que pouca munição é apreendida desacompanhada de arma de fogo (RHC 143.449/MS, Min. Ricardo Lewandowski, 2.ª T., *DJe* 09.10.2017)" (AgRg no REsp 1.841.147-RS, 6.ª T., rel. Sebastião Reis Júnior, 25.08.2020, v.u., grifamos).

**58-A. Momento de avaliação da idoneidade:** deve-se fazê-lo após a ocorrência do fato. Trata-se do único método seguro para analisar se o objeto era, realmente, *absoluta ou relativamente* impróprio e se o meio era *absoluta ou relativamente* ineficaz. Adverte MARCELO SEMER que "a aferição da idoneidade *ex ante* é a tônica da teoria objetiva moderada. Indica a análise de que o meio empregado era, antes de iniciada a execução do delito, e sem levar em consideração as circunstâncias em que os fatos se desenvolveram, apto ou inapto para provocar a consumação do crime. Trata-se, pois, de uma verificação *in abstrato* da idoneidade dos meios, consoante propugna a doutrina ora estudada: a tentativa só se exclui se o meio era essencialmente ineficaz. Tem-se propugnado, no entanto, que a verificação da idoneidade ou inidoneidade dos meios empregados pelo agente deve levar em conta as circunstâncias em que os fatos transcorreram, fazendo-se, assim, uma aferição *ex post*". E conclui, mais adiante, com pertinência: "Deve-se privilegiar a aferição *ex post* desde que se pretenda a incorporação, na aferição da idoneidade dos meios ou do objeto, das circunstâncias que concretamente atuaram no desenrolar dos fatos – o que, aliás, é mais consentâneo com a própria noção de tipicidade. Bem ainda analisar-se a idoneidade dos meios ou objeto de acordo com o plano concreto do agente – vale dizer, em relação ao propósito a que se lançara na empreitada delituosa" (*Crime impossível e a proteção aos bens jurídicos*, p. 87-89).

**59. Flagrante provocado ou preparado:** é o denominado *crime de ensaio*, ou seja, quando um terceiro provoca o agente à prática do delito, ao mesmo tempo em que age para impedir o resultado. Havendo eficácia na atuação do agente provocador, não responde pela tentativa quem a praticou. É o disposto na Súmula 145 do STF ("Não há crime, quando a preparação do flagrante pela polícia torna impossível a sua consumação"). Embora a súmula faça referência somente à polícia, é natural que seja aplicável, também, em outros casos. Assim, se um policial se disfarça de vítima, expondo objetos de valor para provocar um furto ou

# Art. 17 — Código Penal Comentado • NUCCI

um roubo, cercado por outros agentes disfarçados, havendo ação da parte de alguém, preso imediatamente sem nada conseguir levar, evidencia-se a hipótese do crime impossível. Outra ilustração: delegado que apresenta livro de sua propriedade para comerciante, pedindo-lhe que extraia fotocópia do exemplar inteiro, buscando caracterizar o crime de violação de direito autoral (art. 184, CP), dando-lhe voz de prisão logo após o término do serviço, constitui, igualmente, crime impossível. No tocante ao crime de tráfico ilícito de drogas, deve-se salientar haver 18 verbos alternativos no tipo penal incriminador do art. 33 da Lei 11.343/2006. Por isso, quando policiais se passam por usuários, pedindo ao traficante que lhes venda droga, dá-se voz de prisão em flagrante não pela venda (pois impossível), mas pelas outras condutas, de caráter permanente, como ter em depósito, guardar ou trazer consigo. No entanto, se policiais pedem a um usuário que lhes consiga droga, passando-se por compradores, ofertando preço bem acima do mercado, podem induzir o referido usuário a conseguir a droga junto a um traficante. Nesse caso, trata-se de crime impossível, pois o flagrante é nitidamente preparado. O usuário não tinha a droga; foi buscá-la com terceiro somente porque foi instigado a isso pelos agentes policiais. Na jurisprudência: STJ: "4. Indagação do estrangeiro que se revela esvaziada de qualquer dubiedade, tendo em vista tratar-se de costumeiro turista visitante do Brasil. Art. 12, *in fine*, da Lei n. 6.815/1990. O ádvena tem ciência de que, via de regra, sua estada no país terá o prazo de 90 (noventa) dias, podendo ser prorrogado por igual período. 5. A interpelação formulada pelo alienígena, após ser instruído por outros Agentes de Polícia, sendo inclusive munido de gravador sob suas vestes, denota patente ato de indução, hábil a configurar a hipótese como sendo de flagrante provocado. 6. A doutrina intitula o fato decorrente dessa espécie de flagrante como delito putativo por obra do agente provocador ou crime de ensaio, em que o ato de indução praticado por terceiro atrai a aplicação do art. 17 do Código Penal, culminando, por conseguinte, em crime impossível, visto que inviável sua consumação. 7. As nuances fáticas que antecederam a prisão em flagrante acarretam a incidência do enunciado n. 145/STF, posto que 'não há crime, quando a preparação do flagrante pela polícia torna impossível a sua consumação'. 8. *Writ* não conhecido. Ordem concedida de ofício para, cassando o acórdão vergastado, absolver a paciente" (HC 369.178-RJ, 6.ª T., rel. Antonio Saldanha Palheiro, 13.12.2016, v.u.).

**59-A. Flagrante esperado:** nesse caso, inexiste agente provocador, embora chegue à polícia a notícia de que um crime será praticado em determinado lugar. Colocando-se de guarda, é possível prender os autores em flagrante, no momento de sua prática. Como regra, não se trata de crime impossível, tendo em vista que o delito pode se consumar, uma vez que os agentes policiais não armaram o crime, mas simplesmente aguardaram a sua realização, que poderia acontecer de modo totalmente diverso do esperado. Não descartamos, no entanto, que o flagrante esperado se torne delito impossível, caso a atividade policial seja de tal monta, no caso concreto, que torne absolutamente inviável a consumação da infração penal. Vide, ainda, o nosso *Código de Processo Penal comentado*, notas 14 a 17 ao art. 302.

**59-B. Furto sob vigilância:** trata-se de hipótese extremamente polêmica, suscitando correntes que apoiam a ocorrência de crime impossível, enquanto outras a rejeitam. Pensamos, no entanto, que há duas possibilidades nesse caso. Quando o agente se encontra em um supermercado, por exemplo, vigiado em todos os corredores por câmeras, bem como por seguranças que o acompanham o tempo todo, sem perdê-lo de vista, não é razoável defender a hipótese de que, ao chegar à saída do estabelecimento, seja detido em flagrante por tentativa de furto. Qual seria a viabilidade de consumação se foi acompanhado o tempo todo por funcionários do supermercado? Nenhuma. Logo, é crime impossível. Entretanto, caso o agente, ainda que visualizado por alguma câmera furtando, não seja acompanhado o tempo todo, propiciando que os seguranças o percam de vista, é possível cuidar de tentativa de furto, pois, no caso concreto, havia viabilidade para a consumação do furto. Há quem seja surpreendido com mercadorias já fora do estabelecimento, no estacionamento, por exemplo; nesse caso, configura-se tentativa de furto. Consulte-se a Súmula 567 do STJ: "Sistema de vigilância realizado por monitoramento eletrônico ou por existência de segurança no interior de estabelecimento comercial, por si só, não torna impossível a configuração do crime de furto". Demonstrando o caráter relativo da referida Súmula, exatamente como defendemos, consulte-se julgamento realizado pelo Supremo Tribunal Federal: "Recurso ordinário em *habeas corpus*. Penal. Furto simples tentado. Artigo 155, *caput*, em combinação com o art. 14, inciso II, ambos do Código Penal. Conduta delituosa praticada em loja de departamento. Estabelecimento vítima que exerceu a vigilância direta sobre a conduta do paciente. Acompanhamento ininterrupto de todo o iter criminis. *Ineficácia absoluta do meio empregado para a consecução do delito, dadas as circunstâncias do caso concreto. Crime impossível caracterizado.* Artigo 17 do Código Penal. Atipicidade da conduta. Recurso provido. Com fundamento diverso, votaram pelo provimento do recurso os eminentes Ministros Celso de Mello e Edson Fachin. 1. *A forma específica mediante a qual os funcionários do estabelecimento vítima exerceram a vigilância direta sobre a conduta do paciente, acompanhando ininterruptamente todo o* iter criminis, *tornou impossível a consumação do crime, dada a ineficácia absoluta do meio empregado. Tanto isso é verdade que, no momento em que se dirigia para a área externada do estabelecimento comercial sem efetuar o pagamento do produto escolhido, o paciente foi abordado na posse do bem, sendo esse restituído à vítima.* 2. De rigor, portanto, diante dessas circunstâncias, a incidência do art. 17 do Código Penal, segundo o qual 'não se pune a tentativa quando, por ineficácia absoluta do meio ou por absoluta impropriedade do objeto, é impossível consumar-se o crime'. 3. Esse entendimento não conduz, automaticamente, à atipicidade de toda e qualquer subtração em estabelecimento comercial que tenha sido monitorada pelo corpo de seguranças ou pelo sistema de vigilância, sendo imprescindível, para se chegar a essa conclusão, a análise individualizada das circunstâncias de cada caso concreto. 4. Recurso provido para conceder a ordem de *habeas corpus*, reconhecendo-se a atipicidade da conduta imputada ao paciente na Ação Penal 0000802-76.2016.8.24.0039, com fundamento no art. 17 do Código Penal. 5. Com fundamento diverso, votaram pelo provimento do recurso os eminentes Ministros Celso de Mello e Edson Fachin" (RHC 144516, 2.ª T., rel. Dias Toffoli, 06.02.2018, v.u., grifamos). STJ: "1. A vigilância e a observação do agente por empregado do estabelecimento não induzem, necessariamente, à configuração do crime impossível, pois é possível que o agente, por habilidade ou rapidez, burle o sistema ou despiste o funcionário e consiga empreender fuga do local, bem como pode ocorrer do próprio sistema vir a falhar por problemas técnicos, conforme a inteligência da Súmula 567 do STJ. 2. Os sistemas de vigilância apenas reduzem a possibilidade de consumação dos furtos. Trata-se de medidas preventivas dos empresários na proteção de seus estabelecimentos, ante a ineficiência estatal, sendo completamente descabido cogitar conferir o benefício da excludente de tipicidade à criminalidade ocorrida contra aqueles que investem na segurança de seu patrimônio e, reflexamente, dos próprios clientes" (AGRG no AREsp 2.454.215, 5.ª T., rel. Ribeiro Dantas, 05.12.2023, v.u.); "1. A vigilância e observação do agente por empregado do estabelecimento não tornam, necessariamente, impossível a consumação do furto, pois é factível que o agente, por habilidade ou rapidez, burle o sistema ou despiste o funcionário e consiga empreender fuga do local, bem como pode o próprio sistema vir a falhar por problemas técnicos" (AgRg no REsp 1.961.641/ES, 5.ª T., rel. Ribeiro Dantas, 22.02.2022, v.u.).

# Art. 17

**59-C. Tiros em carro blindado:** cuida-se de situação a ser analisada no caso concreto. Como regra, para a blindagem padrão, realizada no Brasil, para carros particulares, deve-se admitir que se trata de objeto relativamente impróprio, isto é, sabe-se que é possível o seu rompimento, mormente se o autor dos tiros – visando matar, roubar ou sequestrar – insiste em desferi-los sempre no mesmo lugar. Logo, trata-se de tentativa punível. Mas, excepcionalmente, pode dar-se o caso de o agente valer-se de arma de baixo calibre voltada a blindagem de alto nível de recepção de impacto, o que tornaria, concretamente, impossível a consumação do delito. É a hipótese do art. 17. Na jurisprudência: STJ: "IV – Na hipótese, observa-se que as instâncias ordinárias destacaram a adequação da fração aplicada, levando em conta o critério do *iter criminis*, que foi substancialmente percorrido e chegou muito próximo da consumação, uma vez que, 'o réu abordou a vítima e, ante a tentativa frustrada em abrir as portas do automóvel, encostou a arma de fogo no vidro do carro, mirando-a na direção da cabeça da vítima, e atirou, não consumando o latrocínio em razão da blindagem do veículo'. Embora a vítima não tenha sido atingida, configurando, assim, tentativa branca, hipótese na qual se tem aplicado, em regra, a fração máxima (2/3), o fato de o paciente ter efetuado um disparo na direção da cabeça da vítima, não consumando o latrocínio em razão da blindagem do veículo, evidencia o maior percurso do *iter criminis*, justificando a fração de 1/3" (AgRg no HC 657.783-SP, 5.ª T., rel. Jesuíno Rissato, 24.08.2021, v.u.).

**59-D. Flagrante forjado:** nesta hipótese, a polícia não esperou o fato acontecer naturalmente, nem tampouco armou uma situação para que o fato ocorresse exatamente quando poderia ser impedido; o flagrante forjado é crime, pois agentes do Estado "montam" uma cena criminosa e ali inserem alguém, que nada praticou de ilícito. Seria o mesmo que jogar droga dentro do carro de alguém e, depois, fazendo uma revista, procurando coisas ilícitas, encontrar aquela droga e prender o dono do veículo. Na jurisprudência: STJ: "1. No flagrante preparado, a polícia provoca o agente a praticar o delito e, ao mesmo tempo, impede a sua consumação, cuidando-se, assim, de crime impossível, ao passo que no flagrante forjado a conduta do agente é criada pela polícia, tratando-se de fato atípico" (RHC 103.456-PR, 5.ª T., rel. Jorge Mussi, 06.11.2018, v.u.).

Iniciados os atos executórios, pode ocorrer:

⌘ **Tentativa:** cessa a execução, antes da consumação, por circunstância *alheias* à vontade do agente (art. 14, II, e parágrafo único)

⌘ **Desistência voluntária:** cessa a execução, durante seu desenvolvimento, por *vontade* do agente (art. 15)

⌘ **Arrependimento eficaz:** cessada a execução, o resultado não é atingido por *vontade* do agente, que desfaz o que havia produzido (art. 15)

⌘ **Arrependimento posterior:** consumado o crime, nas condições do art. 16, o agente repara o dano ou restitui a coisa, merecendo diminuição de pena

⌘ **Crime impossível:** por ineficácia absoluta do meio ou absoluta impropriedade do objeto, o resultado jamais pode ocorrer (art. 17)

⌘ **Consumação:** o resultado é atingido e o bem jurídico protegido, lesado (art. 14, I)

# Art. 18

**Art. 18.** Diz-se o crime:

## Crime doloso[60-61]

I – doloso,[62] quando o agente quis o resultado[63-64] ou assumiu o risco de produzi-lo;[65-67-A]

## Crime culposo[68-69]

II – culposo,[70-71-A] quando o agente deu causa ao resultado por imprudência,[72] negligência[73] ou imperícia.[74-75]

**Parágrafo único.** Salvo os casos expressos em lei, ninguém pode ser punido por fato previsto como crime, senão quando o pratica dolosamente.[76-77]

**60. Conceito de dolo:** dentre conceitos variados, predominam os seguintes: a) é a vontade consciente de praticar a conduta típica (*visão finalista* – é o denominado *dolo natural*), significando o *querer* e o *saber* para a prática da conduta típica; b) é a vontade consciente de praticar a conduta típica, acompanhada da consciência de que se realiza um ato ilícito (*visão causalista* – é o denominado *dolo normativo*). Nas palavras de HUNGRIA: "O nosso direito penal positivo concebe o dolo como *intenção criminosa*. É o mesmo conceito do *dolus malus* do direito romano, do *böser Vorsatz* do Código Penal austríaco, ou da *malice* da lei inglesa" (*A legítima defesa putativa*, p. 27). Em visão funcionalista, Roxin aponta: "por dolo típico se entende, segundo uma usual fórmula abreviada, o conhecimento (saber) e vontade (querer) dos elementos do tipo objetivo" (*Derecho penal, parte general*, t. I, p. 308, tradução livre). Ou, ainda, em outro prisma funcionalista, o "dolo é conhecimento da conduta junto com as suas consequências" (Jakobs, *Derecho penal, parte general*, p. 316, tradução livre).

**60-A. Teorias do dolo:** busca-se justificar esse elemento subjetivo do crime por variadas formas, mas, basicamente, as teorias dividem-se em *volitivas*, as que dão valor à vontade do agente, e as *cognitivas*, as que dão ênfase apenas ao lado intelectual ou do conhecimento, prescindindo da vontade. Porém, há, também, a teoria mista, unindo vontade e conhecimento, que, em verdade, cuida-se da mais adequada, em nosso entendimento. São as seguintes teorias: a) vontade, consentimento, assentimento ou indiferença: trata-se de considerar o dolo como uma vontade, com seus variados formatos, dirigida ao resultado típico. É a liberdade de ação ou omissão, quando o agente desenvolve uma conduta voltada à realização dos elementos objetivos do tipo penal incriminador, alcançando o resultado neste tipo previsto. Pode-se especificar a vontade, quando emerge no cenário do dolo direto ("quis o resultado"), mas também quando surge no contexto do dolo eventual, no formato de consentimento, assentimento ou indiferença ("assumiu o risco de produzir o resultado"). Portanto, descortina-se em *querer* atingir o resultado ou *consentir* que se produza. Segundo Nelson Hungria, teria sido esta a teoria adotada pelo Código Penal brasileiro (*Comentários ao Código Penal*, v. I, t. II, p. 114); b) representação, conhecimento ou possibilidade: considera-se dolo a representação subjetiva do resultado, vale dizer, o agente deve ter a previsão de que o resultado pode acontecer, em virtude do conhecimento dos fatos que o cercam. Desse modo, o momento intelectivo serve para delimitar o dolo. Fundamenta-se essa teoria na proposta de que, tendo o agente a perfeita captação do desenvolvimento da sua conduta, assim como de tudo que ela pode significar, em particular no tocante ao resultado lesivo que pode acarretar, deveria isso ser suficiente para fazê-lo desistir da empreitada. E, se não o faz, deve responder dolosamente pelo que produzir. O dolo seria puro conhecimento. Parece-nos que, embora pareça que o Código Penal adotou a teoria da vontade, o que resulta da redação do art. 18, I, cuidando do dolo direto e do dolo eventual, em verdade, a vontade, desprendida do conhecimento, é cega. Cremos que a união das teorias volitiva e cognitiva é o ideal. Deve-se verificar se o agente tem conhecimento do cenário onde está inserido para que, então, possa manifestar, validamente, a sua vontade ou o seu consentimento para atingir o resultado. Nessa ótica, encontra-se, também, a lição de Cezar Roberto Bitencourt: "as divergências das duas teorias anteriores foram importantes para chegar-se à conclusão de que dolo é, ao mesmo tempo, representação e vontade. Pois é através da constatação desses dois elementos estruturais do dolo que o operador jurídico poderá chegar à conclusão de que o autor da conduta típica tomou uma *decisão contra o bem jurídico*" (*Tratado de direito penal*, parte geral, 22. ed., p. 359).

**61. Distinção entre dolo genérico e dolo específico:** a doutrina tradicional costuma fazer diferença entre o dolo genérico, que seria a vontade de praticar a conduta típica, sem qualquer finalidade especial, e o dolo específico, que seria o complemento dessa vontade, adicionada de uma especial finalidade. Assim, nos crimes contra a honra, não bastaria ao agente divulgar fato ofensivo à reputação de alguém para se configurar a difamação, sendo indispensável que agisse com dolo específico, ou seja, a especial intenção de difamar, de conspurcar a reputação da vítima. Outra parcela da doutrina costuma, atualmente, utilizar apenas o termo *dolo,* para designar o *dolo genérico,* e *elemento subjetivo do tipo específico,* para definir o *dolo específico.* Esta é a posição que nos parece mais adequada à teoria finalista. Alguns autores, ainda, apreciam a denominação *elemento subjetivo do injusto* ou *elemento subjetivo do ilícito* para compor o universo das específicas finalidades que possui o agente para atuar. Entendemos desnecessárias essas últimas duas denominações, bastando considerar a existência do dolo e de suas finalidades específicas, que constituem o elemento subjetivo específico, podendo ser explícito ou implícito.

**62. Características do dolo:** a) *abrangência:* o dolo deve envolver todos os elementos objetivos do tipo, aquilo que MEZGER chama de "valoração paralela na esfera do leigo". Ilustrando, espera-se, no crime de homicídio, deseje o autor *matar* (eliminar a vida), tendo por objeto *alguém* (pessoa humana). Se faltar dolo em qualquer desses elementos, inexiste possibilidade de se configurar o homicídio, ao menos na sua forma dolosa; b) *atualidade:* o dolo deve estar presente no momento da ação, não existindo *dolo subsequente,* nem *dolo anterior.* Sobre o tema, consultar a nota 86-A ao art. 125. Algumas vozes sustentam a viabilidade de se constatar o dolo subsequente, citando, como exemplo, a apropriação indébita. O sujeito receberia um determinado bem, havendo a transferência de posse; posteriormente, quando o proprietário o pede de volta, o agente nega, apropriando-se. Ele estaria agindo com dolo *subsequente* à conduta, considerando-se esta como a entrega do bem. O equívoco dessa posição concentra-se na análise do verbo do tipo, que é *apropriar-se.* O autor somente se *apropria* do bem quando se recusa a devolvê-lo (dolo atual), e não quando o recebeu do proprietário em confiança; c) *possibilidade de influenciar o resultado:* é indispensável que a vontade do agente seja capaz de produzir o evento típico. Na lição de WELZEL, "a vontade impotente não é um dolo relevante de um ponto de vista jurídico penal" (*Derecho penal alemán,* p. 221-222). E ainda: "A vontade de realização do tipo objetivo pressupõe a possibilidade de *influir no curso causal,* pois tudo o que estiver fora da possibilidade de influência concreta do agente pode ser desejado ou esperado, mas não significa querer realizá-lo. Somente pode ser objeto da norma jurídica algo que o agente possa realizar ou omitir" (CEZAR ROBERTO BITENCOURT, *Erro de tipo e de proibição,* p. 27). Considerando-se a noção de *dolo* algo particular ao campo da ciência penal, há de se conferir a essa *vontade* humana um *plus* em relação ao mero

# Art. 18

Código Penal Comentado · **Nucci**

170

desejo. Se uma pessoa *deseja* que outra morra; caso esta seja vítima de um ataque cardíaco, não há cometimento de homicídio. O desejo é uma vontade passiva, sem atuação do agente, logo, inócua ao Direito Penal. Quando se fala em *dolo*, está-se referindo a uma vontade ativa, aquela que provoca a efetiva atuação do agente em busca do seu objetivo (praticar o tipo penal), tendo potencial para atingir o resultado. Dolo não é um *pensamento*, tampouco um simples *presságio*; não é uma vontade desprovida de *efetividade*. Cuida-se de uma vontade potente, apta a atingir exatamente o objetivo almejado.

**63. Conceito de dolo direto:** é a vontade do agente dirigida especificamente à produção do resultado típico, abrangendo os meios utilizados para tanto. Exemplo: o agente quer subtrair bens da vítima, valendo-se de grave ameaça. Dirigindo-se ao ofendido, aponta-lhe um revólver, anuncia o assalto e carrega consigo os bens encontrados em seu poder. A vontade se encaixa com perfeição ao resultado. É, também, denominado *dolo de primeiro grau*.

**64. Dolo direto de primeiro grau e dolo direto de segundo grau:** explica CLAUS ROXIN que o primeiro é a intenção do agente, voltada a determinado resultado, efetivamente perseguido, abrangendo os meios empregados para tanto (ex.: o atirador, almejando a morte da vítima, desfere-lhe certeiro e fatal tiro); o segundo, também denominado de *dolo de consequências necessárias* ou *dolo necessário*, é a intenção do agente, voltada a determinado resultado, efetivamente desejado, embora, na utilização dos meios para alcançá-lo, termine por incluir efeitos colaterais, praticamente certos. O agente não persegue os efeitos colaterais, mas tem por certa a sua ocorrência, caso se concretize o resultado almejado. O exemplo é do matador que, pretendendo atingir determinada pessoa, situada em lugar público, planta uma bomba, que, ao detonar, certamente matará outras pessoas ao redor. Ainda que não queira atingir essas outras vítimas, tem por certo o resultado, caso a bomba estoure, como planejado. Diferencia-se do dolo eventual, porque neste caso o agente não persegue o resultado típico atingido, e a sua vontade, portanto, está configurada mais debilmente. Não quer o autor determinado objetivo, mas somente *assume o risco* que ocorra (*Derecho penal – Parte general*, t. I, p. 415-416 e 423-424). Para a doutrina italiana, o dolo divide-se em *dolo intencional*, que é o dolo direto de 1.º grau, *dolo direto*, que é o dolo direto de 2.º grau, e, finalmente, *dolo eventual ou indireto*, exatamente como nós o denominamos (PAOLO VENEZIANI, *Motivi e colpevolezza*, p. 122).

**65. Conceito de dolo indireto ou eventual:** é a vontade do agente dirigida a um resultado determinado, porém vislumbrando a possibilidade de ocorrência de um segundo resultado, não desejado, mas admitido, unido ao primeiro. Por isso, a lei utiliza o termo "assumir o risco de produzi-lo". Nesse caso, de situação mais complexa, o agente não quer o segundo resultado diretamente, embora sinta que ele pode se materializar juntamente com aquilo que pretende, o que lhe é indiferente. Exemplo: A está desferindo tiros contra um muro, no quintal da sua residência (resultado pretendido: dar disparos contra o muro), vislumbrando, no entanto, a possibilidade de os tiros vararem o obstáculo, atingindo terceiros que passam por detrás. Ainda assim, desprezando o segundo resultado (ferimento ou morte de alguém), continua a sua conduta. Caso atinja, mortalmente, um passante, responderá por homicídio doloso (dolo eventual). É o denominado *dolo de segundo grau*. Sobre o dolo eventual, ensina JOSÉ DE FARIA COSTA que "o não querer aqui avençado nada tem de afirmação positiva da vontade, pretendendo antes expressar a atitude psíquica da passividade com que o agente encara o resultado. Certo é também, cumpre dizê-lo, que o agente sempre poderia dizer não. Sucede que não o faz porque a vontade de praticar a ação principal como que arrasta no seu halo a sujeição à passividade psíquica no que toca ao resultado possível. O que vale por afirmar: o agente *quer* a ação principal e como que é conivente, diríamos por omissão, com as ações acessórias tão só eventualmente representadas" (*Tentativa e dolo eventual*, p. 46). Extrai-se o dolo eventual, na grande maioria dos casos, da situação fática desenhada e não da mente do agente, como seria de se supor. Nesse sentido, conferir o preciso relato do Ministro Felix Fischer, que bem ilustra o contexto: "o dolo eventual não é, na verdade, extraído da mente do autor, mas sim das circunstâncias... Por exemplo, dizer--se que o fogo não mata porquanto existem pessoas com cicatrizes de queimaduras, *data venia*, não é argumento válido nem no *judicium causae*... Todos, desde cedo, independentemente do grau de instrução, sabem que brincar com fogo é muito perigoso. O fogo pode matar... Além do mais, se fogo não mata, então o que dizer do tipo previsto no art. 121, § 2.º, inciso III ('fogo') do Código Penal? Desnecessário responder!" (STJ, REsp 192.049-DF, 5.ª T., 09.02.1999, m. v., *DJU* 01.03.1999). E continua, em outra decisão, Felix Fischer: STJ: "o dolo eventual, na prática, não é extraído da mente do autor, mas, isto sim, das circunstâncias. Nele, não se exige que o resultado seja aceito como tal, o que seria adequado ao dolo direto, mas que a aceitação se mostre, no plano do possível, provável" (REsp 247263-MG, 5.ª T., 05.04.2001, m. v., *DJ* 20.08.2001, p. 515). O entendimento permanece o mesmo: STJ: "1. Tendo a denúncia imputado ao réu a prática de latrocínio na modalidade dolosa, não é necessário prévio aditamento da exordial para que seja possível sua condenação por dolo eventual – até porque as duas modalidades do elemento subjetivo têm igual consequência jurídica e tratamento legal no art. 18, I, do CP. Precedentes" (AgRg no REsp 1.969.689/PE, 5.ª T., rel. Ribeiro Dantas, 08.03.2022, v.u.).

**66. Dolo eventual nos graves crimes de trânsito:** tem sido posição adotada, atualmente, na jurisprudência pátria considerar a atuação do agente em determinados delitos cometidos no trânsito não mais como culpa consciente, e sim como dolo eventual. As inúmeras campanhas realizadas, demonstrando o risco da direção perigosa e manifestamente ousada, têm sido apontadas como esclarecimentos suficientes para os motoristas acerca da vedação legal de certas condutas, tais como o racha, a direção em alta velocidade sob embriaguez, entre outras. Se, apesar disso, continuar o condutor do veículo a agir dessa forma nitidamente arriscada, estaria demonstrando seu desapego à incolumidade alheia, podendo responder por delito doloso. *Exemplos extraídos da jurisprudência*: STF: "Homicídio doloso. Elementos indicativos de dolo eventual: 'réu que conduzia o veículo embriagado, em alta velocidade, na contramão da direção e com faróis desligados'. Desclassificação para o delito de homicídio culposo do Código de Trânsito. Inviabilidade. Necessidade de reexame do acervo fático-probatório. Decisão agravada em harmonia com a jurisprudência da Suprema Corte que orienta a matéria debatida. Reiteração dos argumentos expostos na inicial que não infirmam os fundamentos do pronunciamento atacado. Agravo não provido" (RHC 208.938 AgR, 1.ª T., rel. Dias Toffoli, 23.05.2022, v.u.); "A conduta social desajustada daquele que, agindo com intensa reprovabilidade ético-jurídica, participa, com o seu veículo automotor, de inaceitável disputa automobilística realizada em plena via pública, nesta desenvolvendo velocidade exagerada – além de ensejar a possibilidade de reconhecimento de dolo eventual inerente a esse comportamento do agente –, ainda justifica a especial exasperação da pena, motivada pela necessidade de o Estado responder, grave e energicamente, à atitude de quem, em assim agindo, comete os delitos de homicídio doloso e de lesões corporais" (HC 71.800-1-RS, 1.ª T., rel. Celso de Mello, *DJ* 20.06.1995, *RT* 733/478 – cuida-se de um dos primeiros acórdãos do Pretório Excelso acerca do tema, de modo que merece ser mantido para conhecimento). STJ: "1. É possível, em crimes de homicídio na direção de veículo automotor, o reconhecimento do dolo eventual na conduta do autor, desde que se justifique tal excepcional conclusão com base em circunstâncias fáticas que, subjacentes ao comportamento delitivo, indiquem haver o agente previsto o resultado morte e a ele anuído. 2. Contudo, o que normalmente acontece (*id quod plerunque accidit*), nas situações em que o investigado descumpre regras de conduta do trânsito viário, é concluir-se pela ausência do dever de cuidado objetivo, elemento caracterizador da culpa (*stricto sensu*), sob uma de suas três possíveis modalidades: a imprudência (falta de cautela e zelo na conduta), a negligência (desinteresse, descuido, desatenção no agir) e a imperícia (inabilidade, prática ou teórica, para o agir). 3. Nem sempre, é certo, essa falta de observância de certos cuidados configura tão somente uma conduta culposa. Há situações em que, claramente, o comportamento contrário ao Direito traduz, em verdade, uma tácita anuên-

# Art. 18

cia a um resultado não desejado, mas supostamente previsto e aceito, como por exemplo nos casos de 'racha', mormente quando a competição é assistida por populares, a sugerir um risco calculado e eventualmente assumido pelos competidores (que preveem e assumem o risco de que um pequeno acidente pode causar a morte dos circunstantes). 4. Na clássica lição de Nelson Hungria, para reconhecer-se o ânimo de matar, 'Desde que não é possível pesquisá-lo no foro íntimo do agente, tem-se de inferi-lo dos elementos e circunstâncias do fato externo. O fim do agente se traduz, de regra, no seu ato' (*Comentários ao Código Penal*. v. 49, n. 9. Rio de Janeiro: Forense, 1955). Assim, somente com a análise dos dados da realidade de maneira global e dos indicadores objetivos apurados no inquérito e no curso do processo, será possível aferir, com alguma segurança, o elemento subjetivo do averiguado. 5. As circunstâncias do presente caso evidenciam que, além de haver dúvida em relação ao apontado estado de embriaguez do réu, os demais elementos invocados para lastrear a pronúncia do acusado 'excesso de velocidade e má condição de visibilidade da pista' são, na verdade, particularidades que bem caracterizam a culpa, especialmente quando identificado que 'naquela mesma noite, no mesmo horário, outro automóvel também se acidentou naquele mesmo local, em circunstâncias bastante semelhantes' (fl. 82). 6. Dessa forma, a mera conjugação da embriaguez com o excesso de velocidade ou até com as condições climáticas do instante do evento, sem o acréscimo de outras peculiaridades que ultrapassem a violação do dever de cuidado objetivo, inerente ao tipo culposo, não autoriza a conclusão pela existência de dolo eventual no evento que vitimou a namorada do insurgente. 7. Ordem concedida para restaurar o *decisum* desclassificatório" (HC n. 702.667/RS, 6.ª T., rel. Rogerio Schietti Cruz, julgado em 02.08.2022, v.u.); "1. Havendo elementos nos autos que, a princípio, podem configurar o dolo eventual, o julgamento acerca da sua ocorrência ou da culpa consciente compete ao Tribunal do Júri, sob pena de usurpação de competência do conselho de sentença" (AgRg no REsp 1.943.072/RS, 5.ª T., rel. Joel Ilan Paciornik, 05.10.2021, v.u.).

**67. Exigibilidade do dolo direto e do dolo eventual:** a lei não faz distinção entre o dolo direto e o eventual para fins de aplicação da pena. Assim, o juiz poderá fixar a mesma pena para quem agiu com dolo direto e para quem atuou com dolo eventual. Como regra, já que os tipos penais que não se referem expressamente ao elemento subjetivo do delito são dolosos (ex.: "matar alguém" – art. 121, CP, no qual nada se diz acerca do dolo), pode-se aplicar tanto o direto, quanto o indireto. Na jurisprudência: STJ: "Não se pode descurar, ademais, que a imputação de conduta dolosa engloba tanto o dolo direto quanto o eventual, não se verificando, dessarte, ofensa ao princípio da congruência. Aliás, a equiparação entre o dolo direto e o dolo eventual decorre do próprio texto legal, não se revelando indispensável apontar se a conduta foi praticada com dolo direto ou com dolo eventual, 'tendo em vista que o legislador ordinário equiparou as duas figuras para a caracterização do tipo de ação dolosa' (HC 147.729/SP, rel. Min. Jorge Mussi, 5.ª T., j. 05.06.2012, *DJe* 20.06.2012). (AgRg no REsp 1.658.858/RS, rel. Min. Reynaldo Soares da Fonseca, 5.ª T., j. 18.06.2019, *DJe* 28.06.2019)" (AgRg no REsp 1.845.152-RS, 5.ª T., rel. Joel Ilan Paciornik, 28.04.2020, v.u.). Excepcionalmente, quando a lei exigir unicamente o dolo direto, tal circunstância vem claramente definida no tipo penal, como se pode observar no tipo da denunciação caluniosa ("crime, infração ético-disciplinar ou ato ímprobo de que o *sabe* inocente"), do art. 339 do Código Penal. Por outro lado, por vezes, o legislador lança mão da expressão *deve saber*, inserindo-a no tipo penal, o que indica o *dolo eventual* (ex.: art. 180, § 1.º, CP). Contrariando o entendimento majoritário da doutrina e da jurisprudência de que a expressão "sabe" equivale à referência ao dolo direto e, como regra, a expressão "deve saber" tem correlação com o dolo eventual, está a posição de DAVID TEIXEIRA DE AZEVEDO. Menciona o autor que "o 'sabe' e 'deve saber' têm o mesmo sentido de explicitar um aspecto intelectivo do dolo, não se ligando – e aqui a confusão da doutrina – com o aspecto volitivo, que é o decisivo para a configuração do dolo direto ou eventual. (...) O tipo penal doloso em sua estrutura encarna necessariamente as modalidades do dolo direto e do dolo indireto. Não fora assim, necessário seria que em norma da parte geral ou em cada norma incriminadora se excepcionasse a forma indireta do dolo, para não se ver violado o direito penal da culpa. A inclusão no tipo de elementos intelectivos e volitivos particulares *não pode e nem deve constituir previsão do dolo eventual*, pois já natural e necessariamente participante da estrutura do tipo doloso. A adição de tais elementos no tipo visa, muito ao contrário, a *maior restrição do aparecimento da forma eventual*". Em suma, conclui que é possível haver tipo penal contendo a expressão "que sabe", embora possa ser cometido com dolo eventual, o que contraria o entendimento predominante de que se constitui indicativo único de dolo direto. Cita como exemplo a denunciação caluniosa: "O agente que, conhecendo plenamente a inocência do imputado, encaminha *com animus injuriandi vel diffamandi* carta acusadora a um Procurador de Justiça, antecipando mentalmente e aceitando a alta probabilidade de este oficiar à Polícia ou mesmo instaurar procedimento investigatório ou oferecer denúncia, comete o delito com dolo eventual. Aceita o resultado de ataque ao bem jurídico (administração da justiça) como consequência de sua ação" (O crime de receptação e formas de execução dolosa, *Atualidades no direito e processo penal*, p. 31 e 39). Permitimo-nos discordar desse entendimento. Em primeiro lugar, cumpre ressaltar que todo delito possuidor de elemento subjetivo específico já dificulta, por natureza, a incidência do dolo eventual. Não é impossível, mas apenas mais improvável a sua concretização. Imagine-se o furto, em que se exige o ânimo de posse definitiva e do lucro. É difícil imaginá-lo praticado na forma do dolo eventual, pois o agente precisaria assumir o risco de estar subtraindo coisa móvel que *pode* ser alheia. Depende do caso concreto. Na dúvida, mas movido pelo elemento subjetivo específico, a respeito do qual não pode haver dubiedade, leva a coisa que tanto pode ser sua quanto de terceiro. Seria o furto praticado na modalidade do dolo eventual. A situação, frise-se, não é comum. Entretanto, se o tipo penal viesse construído "subtrair, para si ou para outrem, coisa móvel *que sabe ser alheia*", segundo nos parece, somente poderia o furto ser praticado com dolo direto. A intelecção completa dos elementos do tipo e a vontade específica de ter a coisa para si tornam inviável a produção do resultado a título de assunção de risco. O elemento volitivo, nessa hipótese, somente se aperfeiçoa na esfera do dolo direto. Se o agente *sabe* que a coisa móvel é de terceira pessoa e a quer para si, não nos sinaliza possível a existência de dolo eventual. Somente o direto faz sentido. Logo, a inserção da fórmula *que sabe* no tipo penal tem o intuito de delimitar a incidência do dolo eventual. No exemplo supracitado por David Teixeira de Azevedo, referente à denunciação caluniosa, temos que o agente, conhecendo plenamente a inocência de alguém, encaminha carta a um membro do Ministério Público narrando a prática de crime inexistente. Para concretizar a denunciação caluniosa, é preciso que ele também tenha em mente a específica vontade de dar margem à instauração de procedimento criminal contra o imputado (provocar prejuízo à administração da justiça). E quanto ao elemento subjetivo específico, de qualquer delito, não nos parece possa ele ser preenchido pela assunção do risco, isto é, pela eventualidade de existir ou não. No mais, se o agente comunica tal fato ao Ministério Público, com vontade de que haja procedimento criminal, porque *sabe* ser o denunciado inocente, já atuou com dolo direto. Se o Procurador vai ou não dar causa à instauração de qualquer investigação já está fora da alçada do agente; se der causa, consumou-se o crime com dolo direto; se não, pode-se configurar a tentativa, mesmo assim o dolo é direto.

**67-A. Outras classificações do dolo:** a) *dolo alternativo*: significa que o agente quer, indiferentemente, um resultado ou outro. Não se trata, como alerta Maurach, de uma forma independente de dolo, mas sim de uma aplicação das regras pertinentes à congruência dos tipos objetivos e subjetivos (*Derecho penal – Parte general*, p. 385). Cita, como exemplo, o caso do ladrão que encontra uma carteira, envolta num pano, na praia. Não sabe se foi deixada ali por um banhista que foi à água ou se alguém a esqueceu ali e foi para casa. Leva-a, de todo modo. Somente a análise do caso concreto irá determinar se houve furto (art. 155, CP) ou apropriação (art. 169, parágrafo único, II, CP); b) *dolo cumulativo*: significa que o agente deseja alcançar dois resultados, em sequência. Deseja surrar a vítima (lesão corporal), para depois matá-la

# Art. 18

Código Penal Comentado • Nucci

(homicídio). A questão não pode ser equacionada como se houvesse uma outra espécie de dolo (além do direto e do eventual), mas, sim, sob o ponto de vista de existir uma progressão criminosa. Deve responder por um ou mais delitos que cometer, conforme sua intenção de atingir um ou mais resultados, obtendo progresso; c) *dolo antecedente*: trata-se de elemento subjetivo inadequado para a teoria do crime. O autor deve agir, sempre, com dolo atual, isto é, concomitante à conduta desenvolve-se a sua intenção de realização do tipo penal. Logo, se alguém deseja matar o seu desafeto num determinado dia, mas muda de ideia, atropelando-o, acidentalmente, no dia seguinte, não pode ter a sua intenção transportada de um dia para outro, como se o dolo pudesse ser *antecedente* à conduta idônea a produzir o resultado. Por todos, contrariando a existência do dolo antecedente, ver Maurach e Zipf (*Derecho penal – Parte general*, v. I, p. 383); d) *dolo subsequente*: trata-se de outra hipótese inadequada, pelas mesmas razões já apontadas. Imagine-se o sujeito que atropela, acidentalmente, seu desafeto. Quando sai do carro, reconhecendo o inimigo, sente-se realizado por ter conseguido algo que almejava, embora não tenha agido para isso. Não pode responder por homicídio, pois significaria reconhecer a existência de um dolo *subsequente* à conduta idônea a causar o evento típico. Por todos, contrariando a existência do dolo subsequente, ver Maurach e Zipf (*Derecho penal – Parte general*, v. I, p. 383); e) *dolo geral* (também chamado de erro sucessivo ou *aberratio causae*). Trata-se, em verdade, de uma hipótese de engano quanto ao meio de execução do delito, mas que termina por determinar o resultado visado. É um erro sobre a causalidade, mas jamais quanto aos elementos do tipo, nem tampouco quanto à ilicitude do que se pratica. Típico exemplo é o do agente que, pretendendo matar o inimigo, esgana-o. Imaginando-o morto, o que não ocorreu de fato, estando a vítima apenas desmaiada, atira o corpo no rio, tendo por fim eliminar a evidência do crime. Nessa ocasião, a morte se produz por afogamento. Deve responder por homicídio consumado, tendo em vista a perfeita congruência entre o que fez e o que pretendia fazer, pouco importando seu equívoco, quanto ao método que lhe permitiu atingir o resultado. Trata-se de um acontecimento unitário, como defende a maioria da doutrina. Ensina Baumann que "é impossível exigir um *conhecimento exato* do curso causal. Segundo a doutrina dominante e a jurisprudência, basta que o autor tenha uma ideia aproximada do curso do episódio e que o resultado que se tenha representado não difira consideravelmente (quanto ao valor) do resultado que se tenha produzido: 'divergências irrelevantes entre o curso causal representado e o que tenha sido produzido não afetam o dolo do autor'" (*Derecho penal – Conceptos fundamentales y sistema (introducción a la sistemática sobre la base de casos)*, p. 244). Noronha, por sua vez, assinala não ser "preciso que o dolo persista ou perdure durante todo o fato; basta que a ação desencadeante do processo causal seja dolosa" (*Questões sobre a tentativa*, p. 245). Lembra Paulo José da Costa Jr., com pertinência, que "pouco importa que o agente, que pretendia a obtenção de determinado evento, tenha conseguido alcançá-lo com uma mudança do nexo causal. Se no campo objetivo a *aberratio causae* é de todo indiferente ao direito penal, não o será fatalmente no terreno subjetivo, em que poderá apresentar certa relevância, sobretudo na motivação da conduta" (*O crime aberrante*, p. 78-79). Por fim, acrescentamos a lição de Juarez Tavares, com a qual concordamos, no sentido de que o correto é falar apenas em dolo direto e dolo eventual, deixando de lado concepções como dolo alternativo, de ímpeto, determinado ou indeterminado, entre outras, uma vez que, adotado o finalismo, o dolo é associado somente ao sentido da atividade (*Teoria do injusto penal*, p. 141). Entretanto, se o agente desferiu um tiro da vítima e, acreditando estar ela morta, atirou-a no rio, quando ocorre a morte por afogamento, não se pode incluir a qualificadora de asfixia, pois o dolo do agente não envolveu essa circunstância. Outros, no entanto, preferem solução diversa. Maurach admite a possibilidade de punição por homicídio consumado, desde que o agente, na dúvida em relação à morte da vítima, atira-a ao rio, assumindo o risco de matá-la na segunda conduta (dolo eventual). Porém, se acreditava ter sido idônea a sua primeira conduta, o lançamento de seu corpo ao rio já não pode ser considerado doloso, devendo resolver-se no contexto da culpa. Assim, responderia ele por tentativa de homicídio, seguida de homicídio culposo (*Derecho penal – Parte general*, v. 1, p. 411). E também: "um caso particular de desviação do curso causal é aquele que se produz quando uma pessoa acredita ter causado a morte de outra e realiza uma segunda ação tendente a ocultar o delito, resultando na morte da vítima em consequência dessa segunda ação. (...) O dolo há de ser, porém, simultâneo à realização da ação típica. Carece de relevância tanto um dolo antecedente como um dolo subsequente (...) a imputação do resultado não exige que o dolo perdure até o momento da sua produção, mas nas premissas que comentamos, o resultado morte deriva-se de uma segunda ação que não está já animada pelo dolo de homicídio. A solução correta consiste, por conseguinte, em apreciar tentativa de homicídio, em possível concurso com um homicídio por imprudência" (Cerezo Mir, *Curso de derecho penal español, parte general*, t. II, p. 138-140). Assim, também, Frederico Marques, na doutrina nacional (*Tratado de direito penal*, v. II, p. 335).

**68. Conceito de culpa:** é o comportamento voluntário desatencioso, voltado a um determinado objetivo, lícito ou ilícito, embora produza resultado ilícito, não desejado, mas previsível, que podia ter sido evitado. O dolo é a regra; a culpa, exceção. Para se punir alguém por delito culposo, é indispensável que a culpa venha expressamente delineada no tipo penal. Trata-se de um dos elementos subjetivos do crime, embora se possa definir a natureza jurídica da culpa como sendo um elemento psicológico-normativo. Psicológico, porque é elemento subjetivo do delito, implicando a ligação do resultado lesivo ao querer interno do agente através da previsibilidade. Normativo, porque é formulado um juízo de valor acerca da relação estabelecida entre o *querer* do agente e o resultado produzido, verificando o magistrado se houve uma norma a cumprir, que deixou de ser seguida. Note-se o conceito de culpa extraído do Código Penal Militar, bem mais completo do que o previsto no Código Penal comum: "Diz-se o crime: (...) II – culposo, quando o agente, deixando de empregar a cautela, atenção, ou diligência ordinária, ou especial, a que estava obrigado em face das circunstâncias, não prevê o resultado que podia prever ou, prevendo-o, supõe levianamente que não se realizaria ou que poderia evitá-lo" (art. 33).

**68-A. Culpa e tipicidade:** a culpa e o dolo, na ótica finalista, situam-se no tipo penal, pois são decorrências naturais da conduta humana. A finalidade do agente, quando detectada, deve ser valorada pelo juiz, identificando-se o dolo (querer atingir o resultado ou assumir o risco de produzi-lo) ou a culpa (não desejar o resultado, mas tê-lo por previsível e continuar a desenvolver o comportamento descuidado). Assim, partilhamos do entendimento segundo o qual a previsibilidade, objetiva ou subjetiva, encontra-se na conduta humana e, por consequência, no tipo. As condições pessoais do agente, para captar e expressar essa previsibilidade, serão deslocadas para a culpabilidade somente no contexto da aplicação da pena. Em suma: a possibilidade de prever o resultado danoso, objetivamente considerada (sob o prisma do *homem médio*) e subjetivamente avaliada (conforme a situação concreta do autor), é elemento da tipicidade. Após, concluído ter havido crime culposo, no momento de fixação da pena, quando se leva em conta a outra face da culpabilidade (ver a nota 3 ao art. 59), devem-se considerar os fatores pessoais do agente (grau de cultura, antecedentes e conduta social etc.). Confira-se a posição de Marco Antonio Terragni: "Essas comparações indicam que a previsibilidade, como substantivo que é, constitui um requisito do tipo. Assim se compara a conduta que se realizou com outra cujos resultados seriam previstos por um homem cuidadoso. Isso não implica desconhecer que as condições pessoais de quem realizou o injusto imprudente devem constituir um elemento do juízo de reprovação, que estrutura a culpabilidade. E que, declarado penalmente responsável, tenham incidência os fatores pessoais para determinar a graduação de seu demérito" (*El delito culposo*, p. 25).

**69. Distinção entre culpa inconsciente e culpa consciente:** a primeira modalidade é a culpa por excelência, ou seja, a culpa sem previsão do resultado. O agente não tem previsão

# Art. 18

Código Penal Comentado · Nucci

(ato de prever) do resultado, mas mera previsibilidade (possibilidade de prever). A segunda é a chamada *culpa com previsão*, ocorrendo quando o agente prevê que sua conduta pode levar a um certo resultado lesivo, embora acredite, firmemente, que tal evento não se realizará, confiando na sua atuação (vontade) para impedir o resultado.

**70. Elementos da culpa:** a) *concentração na análise da conduta voluntária do agente*: o mais importante na culpa é a análise do comportamento, e não do resultado; b) *ausência do dever de cuidado objetivo*, significando que o agente deixou de seguir as regras básicas de atenção e cautela, exigíveis de todos que vivem em sociedade. Essas regras gerais de cuidado derivam da proibição de ações de risco que vão além daquilo que a comunidade juridicamente organizada está disposta a tolerar (cf. MARCO ANTONIO TERRAGNI, *El delito culposo*, p. 29); c) *resultado danoso involuntário*: é imprescindível que o evento lesivo jamais tenha sido desejado ou acolhido pelo agente; d) *previsibilidade*: é a possibilidade de prever o resultado lesivo, inerente a qualquer ser humano normal. Ausente a previsibilidade, afastada estará a culpa, pois não se exige da pessoa uma atenção extraordinária e fora do razoável. O melhor critério para verificar a *previsibilidade* é o critério objetivo-subjetivo, ou seja, verifica-se, no caso concreto, se a média da sociedade teria condições de prever o resultado, através da diligência e da perspicácia comum, passando-se em seguida à análise do grau de visão do agente do delito, vale dizer, verifica-se a capacidade pessoal que o autor tinha para evitar o resultado. É o que sustenta MAGALHÃES NORONHA (*Do crime culposo*, p. 91-92). E como esclarece MARCO ANTONIO TERRAGNI: "Em primeiro lugar, lembrar que essa palavra expressa a possibilidade de prever não se refere à previsão concreta. Em segundo, a previsibilidade se relaciona àquilo que um homem ideal, em igualdade de condições, poderia prever. Esse conceito, *homem ideal*, não se refere ao ser comum, como o modelo das qualidades de que está dotado o cidadão médio. O homem modelo é aquele que deveria estar realizando a mesma atividade do sujeito cuja conduta se julga. O contrário implicaria desconhecer que alguém, por mais atento, diligente ou cauteloso que fosse, não poderia realizar atividades para as quais não está especialmente treinado (como pilotar uma aeronave, por exemplo)" (*El delito culposo*, p. 24); e) *ausência de previsão*, ou seja, não é possível que o agente tenha previsto, efetivamente, o evento lesivo ou tenha tido a *previsão do resultado, mas esperando, sinceramente, que ele não acontecesse*; f) *tipicidade*: há especial atenção para esse ponto, pois, como já foi mencionado, o crime culposo precisa estar *expressamente* previsto no tipo penal. Ex.: não existe menção, no art. 155 do Código Penal, à culpa, de forma que não há "furto culposo"; g) *nexo causal*: somente a ligação, através da previsibilidade, entre a conduta do agente e o resultado danoso pode constituir o nexo de causalidade no crime culposo, já que o agente não deseja a produção do evento lesivo. Na jurisprudência: STJ: "2. O crime preterdoloso exige, ao menos, a demonstração de conduta culposa (art. 19 do CP). Nessa esteira, prescinde-se que o resultado mais gravoso esteja na esfera de representação do autor, basta a *previsibilidade objetiva*. 3. Com efeito, saliente-se que o crime culposo exige os seguintes requisitos: (a) conduta voluntária; (b) resultado involuntário; (c) nexo de causalidade; (d) tipicidade; (e) previsibilidade objetiva; (f) ausência de previsão concreta por parte do agente; e (g) violação de dever objetivo de cuidado. Portanto, não se exige a previsibilidade por parte do agente, mas sim uma *previsibilidade possível ao homem médio*. 4. O agente que, em briga de trânsito, golpeia com um soco tão forte o outro indivíduo que o leva a cair ao chão, bater a cabeça e, posteriormente, vir a óbito age, no mínimo, de maneira imprudente (modalidade de culpa)" (AgRg no RHC 172.929/SP, 5.ª T., rel. Ribeiro Dantas, 13.03.2023, grifamos).

**71. Situações peculiares no campo da culpa:** a) não existe *culpa presumida*: a culpa há de ser sempre demonstrada e provada pela acusação; b) *graus de culpa*: não existem, no contexto do direito penal, pouco importando se a culpa é levíssima, leve ou grave. Desde que seja suficiente para caracterizar a imprudência, a negligência ou a imperícia do agente, há punição. Os graus só interessam para a individualização da pena e para excluir do campo da culpa os casos em que a imprudência ou negligência sejam insignificantes e não possam ser considerados requisitos para a concretização do tipo penal (cf. Marco Antonio Terragni, *El delito culposo*, p. 33); c) *compensação de culpas*: não se admite no direito penal, pois infrações penais não são débitos que se compensem, sob pena de retornarmos ao regime do talião. Assim, se um motorista atropela um pedestre, ambos agindo sem cautela, responderá o condutor do veículo, ainda que se alegue ter incidido o passante em imprudência ao atravessar a rua; d) *concorrência de culpas*: é possível. É o que se chama de "coautoria sem ligação psicológica". Ex.: vários motoristas imprudentes causam um acidente – todos podem responder igualmente pelo evento.

**71-A. Culpa imprópria:** é a denominada *culpa com previsão*, ou seja, ocorre quando o agente deseja atingir determinado resultado, embora o faça porque está envolvido pelo erro (falsa percepção da realidade) inescusável (não há justificativa para a conduta, pois, com maior prudência, teria sido evitada). Nessa situação, o que se dá, concretamente, é uma atuação com vontade de atingir o resultado (dolo), embora esse desejo somente tenha ocorrido ao agente porque se viu envolvido em falsa percepção da realidade. "Na verdade, *antes da ação*, isto é, durante a elaboração do *processo psicológico*, o agente valora mal uma situação ou os meios a utilizar, incorrendo em erro, *culposamente*, pela falta de cautela nessa avaliação; já, no momento subsequente, *na ação propriamente dita*, age *dolosamente*, finalisticamente, objetivando o resultado produzido, embora calcado em erro culposo" (Cezar Roberto Bitencourt, *Erro de tipo e de proibição*, p. 45). Em suma, trata-se de uma conduta dolosa, cuja origem é a própria imprudência do agente. Exemplo: imaginando-se atacado por um desconhecido, o sujeito atira para matar, visando proteger-se. Após o fato, constata-se não ter havido agressão injusta. Houve dolo, no entanto, pois o tiro foi dado com intenção de matar ou ferir, ainda que para garantir a defesa pessoal. Entretanto, a lei penal prevê que, neste caso, se o erro for escusável estará configurada a legítima defesa putativa (art. 20, § 1.º), não havendo punição. Mas, caso o erro seja inescusável, deve haver punição a título de culpa. Cuida-se exatamente da culpa imprópria, isto é, a culpa com previsão do resultado. Pensamos que, mesmo havendo culpa imprópria, não se acolhe a possibilidade de tentativa, uma vez que a lei penal dá, a essa situação, o tratamento de culpa e esta não admite, em qualquer hipótese, tentativa.

**72. Conceito de imprudência:** é a forma ativa de culpa, significando um comportamento sem cautela, realizado com precipitação ou com insensatez. Ex.: a pessoa que dirige em alta velocidade dentro da cidade, onde há passantes por todos os lados, age com nítida *imprudência*.

**73. Conceito de negligência:** é a forma passiva de culpa, ou seja, assumir uma atitude passiva, inerte, material e psiquicamente, por descuido ou desatenção, justamente quando o dever de cuidado objetivo determina de modo contrário. Ex.: deixar uma arma de fogo ao alcance de uma criança ou não frear o carro ao estacionar em uma ladeira.

**74. Conceito de imperícia:** é a imprudência no campo técnico, pressupondo uma arte, um ofício ou uma profissão. Consiste na incapacidade ou falta de conhecimento necessário para o exercício de determinado mister. Trata-se, como diz Frederico Marques, da "imprudência qualificada". Ex.: o médico deixa de tomar as cautelas devidas de assepsia em uma sala de cirurgia, demonstrando sua nítida inaptidão para o exercício profissional, situação que provoca a morte do paciente. Existe uma tradição jurídica de milênios, identificando culpa com falta de sabedoria, prática, experiência ou habilidade em determinada arte ou profissão. Por isso, nas palavras de Marco Antonio Terragni, "a imperícia é a atuação inexperta ou inidônea em uma tarefa que demanda uma especial destreza. Uma exigência maior se formula a quem se dedica a um trabalho que carrega risco e que, por isso, deve ser desenvolvido com especial habilidade". Na realidade, está em jogo uma questão de confiança: aquela gerada nas pessoas de que o profissional, ou quem

# Art. 18

Código Penal Comentado · **Nucci**

se supõe seja idôneo para determinada atividade, detenha todos os conhecimentos necessários para o desempenho que a sua atuação requer (*El delito culposo*, p. 72).

**75. Distinção entre imperícia e erro profissional:** a deficiência profissional, que acarreta um dano a alguém, nem sempre pode ser caracterizada como imperícia. Enquanto esta é um erro grosseiro, que a média dos profissionais de determinada área não cometeria, em circunstâncias normais, o erro profissional faz parte da precariedade dos conhecimentos humanos, pois nem todos possuem o mesmo talento, a mesma cultura e idêntica habilidade. Quando houver erro, resolve-se na esfera civil. Flamínio Fávero divide os erros de diagnóstico dos médicos em inevitáveis e evitáveis. Os primeiros "têm a sua causa nas condições de insuficiência da própria medicina, e vão diminuindo à medida que ela avança em progresso. (...) Culpe-se a medicina com a qual o médico pode errar". Os segundos, ao contrário, "envolvem a responsabilidade do médico. Às vezes, é uma gravidez confundida com um tumor abdominal ou vice-versa" (*Medicina legal*, p. 73). Em ambos os casos não se trata de imperícia, mas de erro profissional: o inevitável não é passível nem mesmo de indenização; o evitável deve ser indenizado na esfera cível.

**76. Regra geral:** o dolo é presumido no tipo penal, não necessitando estar expresso; a culpa há de estar clara, do contrário, inexiste a modalidade culposa. Ex.: "Art. 121. (...) § 3.º Se o homicídio é culposo: Pena – detenção, de um a três anos".

**77. Diferença entre culpa consciente e dolo eventual:** trata-se de distinção teoricamente plausível, embora, na prática, seja muito complexa e difícil. Em ambas as situações o agente tem a previsão do resultado que sua conduta pode causar, embora na culpa consciente não o admita como possível, esperando, sinceramente, a sua não ocorrência; no dolo eventual, admite a possibilidade de se concretizar, sendo-lhe indiferente. É o que se denomina por *assumir o risco*. Portanto, nas duas situações (culpa consciente e dolo eventual), o agente busca um determinado resultado (R1); ao persegui-lo, de acordo com a conduta assumida, percebe ser possível atingir também outro resultado (R2); o autor quer apenas o primeiro resultado (R1), não desejando diretamente o segundo (R2). Emerge, agora, a diferença: na culpa, ele diz para si mesmo que não vai acontecer o segundo resultado (R2), enquanto no dolo ele vê esse segundo resultado (R2) de modo indiferente. Sem dúvida, na prática, as provas nem sempre conduzem, com clareza, à definição precisa e determinada a respeito do elemento subjetivo existente, quando se depara o juiz com a hipótese passível de acolher dolo eventual ou culpa consciente. Vislumbra-se, atualmente, em vários casos, optar o juízo pelo dolo eventual para garantir uma punição mais *justa* à situação concreta, tendo em vista que a pena pelo crime culposo é muito inferior à conferida ao delito doloso. Assim, parece-nos ter chegado o momento de se separar a culpa consciente da inconsciente, criando uma terceira faixa punitiva: a referente ao dolo; a condizente com a culpa consciente e a relacionada à culpa inconsciente, com penas distintas. Em verdade, no Código de Trânsito Brasileiro, o legislador já apontou essa diversidade, ao prever para o crime de racha (art. 308), por exemplo, se houver culpa quanto ao resultado mais grave (morte), a pena passa a ser reclusão, de 5 a 10 anos. Isso já indica a faixa condizente à culpa consciente. É preciso ampliar essa previsão para todo o Código Penal. Ainda assim, a apuração exata entre dolo eventual e culpa consciente não depende de ingressar na mente do agente (algo impossível), mas captar as circunstâncias do crime para deduzir qual o elemento subjetivo indicativo. Em nossa obra *Princípios constitucionais penais e processuais penais*, havíamos sugerido a eliminação dessa diferença, fazendo a culpa consciente ser absorvida pelo dolo eventual – como, atualmente, sugerem os adeptos da teoria puramente cognitiva do dolo. Cremos, no entanto, não ser a mais adequada solução, mas, sim, dividir em três faixas punitivas o dolo, a culpa consciente e a culpa inconsciente, pois estamos convictos de que há diferença, na conduta do agente, entre dolo eventual e culpa consciente, quanto ao fator volitivo, não devendo uma situação absorver a outra. Sobre o tema, consultar a nossa atual posição no capítulo *Dolo eventual e culpa consciente* (Coleção 80 anos do Código Penal, v. 1, Reale Jr. e Assis Moura (coord.), p. 149 e ss.). Ensina Juarez Tavares que, enquanto no dolo eventual o agente refletiu e está consciente acerca da *possibilidade* de causar o resultado típico, embora não o deseje diretamente, na culpa consciente o agente está, igualmente, ciente da possibilidade de provocar o resultado típico, embora não se coloque de acordo com sua realização, esperando poder evitá-lo, bem como confiando na sua atuação para isso. "A distinção, assim, deve processar-se no plano volitivo e não apenas no plano intelectivo do agente" (*Teoria do injusto penal*, p. 283-284). Mais uma vez, é difícil aferir o que se passou na mente do agente, mas, realmente, não é impossível e cada *caso é um caso*, existindo elementos concretos a demonstrar uma atitude ou outra. As circunstâncias do delito são fatores fundamentais para a avaliação do elemento subjetivo do delito. Visualizando as provas, o julgador forma a sua convicção no sentido de ter havido dolo eventual ou culpa consciente conforme o cenário e seus detalhes. Em verdade, é impossível extrair-se do pensamento do agente, reconhecendo a sua efetiva vontade, a real situação pertinente ao dolo eventual ou à culpa consciente e isso nem é exigível. Afinal, a avaliação de dolo eventual e culpa consciente também envolve elementos calcados na prova dos autos, nem sempre precisos e totalmente confiáveis. Na jurisprudência: STF: "A diferença entre o dolo eventual e a culpa consciente encontra-se no elemento volitivo que, ante a impossibilidade de penetrar-se na psique do agente, exige a observação de todas as circunstâncias objetivas do caso concreto, sendo certo que, em ambas as situações, ocorre a representação do resultado pelo agente" (HC 101.698-RJ, 1.ª T., rel. Luiz Fux, 18.10.2011, m.v.). STJ: "3. O agente, quando atua imbuído em dolo eventual, não quer o resultado lesivo, não age com a intenção de ofender o bem jurídico tutelado pela norma penal. O resultado, em razão da sua previsibilidade, apenas lhe é indiferente, residindo aí o desvalor da conduta que fez com o que o legislador equiparasse tal indiferença à própria vontade de obtê-lo" (AgRg no AREsp 1.682.533-SP, 5.ª T., rel. Reynaldo Soares da Fonseca, 19.05.2020, v.u.). Noutros termos, baseia-se na avaliação das circunstâncias externas do crime.

## DOLO DIRETO DE 1.º GRAU

## DOLO DIRETO DE 2.º GRAU

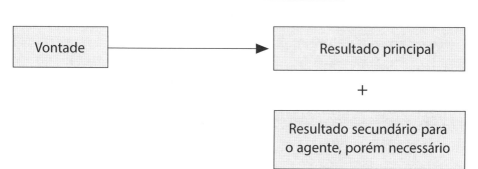

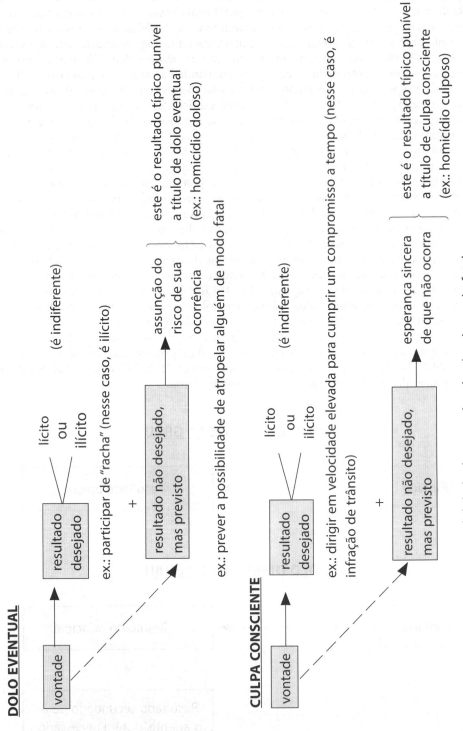

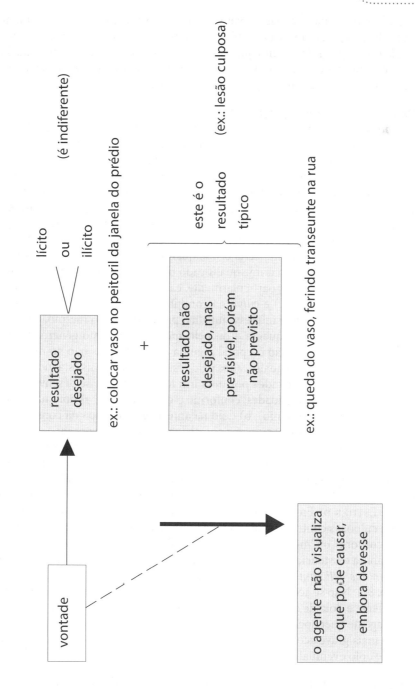

**Agravação pelo resultado**[78-79]

**Art. 19.** Pelo resultado que agrava especialmente a pena, só responde o agente que o houver causado ao menos culposamente.[80-80-A]

**78. Conceito de crime qualificado pelo resultado:** é o delito que possui um fato-base, definido e sancionado como crime, embora tenha, ainda, um evento qualificador, aumentando-

# Art. 19

Código Penal Comentado • **Nucci**

-lhe a pena, em razão da sua gravidade objetiva, bem como existindo entre eles um nexo de ordem física e subjetiva. Quando, de um roubo (fato-base), ocorre o resultado *morte da vítima em face da violência empregada* (evento qualificador), está-se diante de um crime qualificado pelo resultado, cuja pena é bem maior que a prevista para o delito-base. A pena para o roubo é de 4 a 10 anos de reclusão, enquanto para o latrocínio varia de 20 a 30 anos.

**79. Distinção entre crime qualificado pelo resultado e delito preterdoloso:** há quem diferencie tais infrações penais, o que resulta, fundamentalmente, da tradição da doutrina italiana. Confira-se a lição de Cezar Roberto Bitencourt: "Tem-se utilizado, a nosso juízo equivocadamente, as expressões *crime preterdoloso* e *crime qualificado pelo resultado* como sinônimas. No entanto, segundo a melhor corrente, especialmente na Itália, no crime *qualificado pelo resultado*, ao contrário do *preterdoloso*, o resultado ulterior, mais grave, derivado *involuntariamente* da conduta criminosa, lesa um bem jurídico que, por sua natureza, não contém o bem jurídico precedentemente lesado. Assim, enquanto a *lesão corporal seguida de morte* (art. 129, § 3.º) seria preterintencional, o *aborto seguido de morte da gestante* (arts. 125 e 126 combinados com o 127, *in fine*) seria crime qualificado pelo resultado" (*Erro de tipo e de proibição*, p. 47). Na realidade, o crime qualificado pelo resultado é o gênero no qual há a espécie preterdolosa. Esta última é, particularmente, caracterizada por admitir somente *dolo* na conduta antecedente (fato-base) e *culpa* na conduta consequente (produtora do evento qualificador), além de exigir que o interesse jurídico protegido seja o mesmo, tanto na conduta antecedente, como na consequente – ou pelo menos do mesmo gênero. Tal situação pode ocorrer, com exatidão, na lesão corporal seguida de morte, mas não no roubo seguido de morte, por exemplo. Os crimes qualificados pelo resultado, nos quais está incluído o delito preterdoloso, podem ser caracterizados por uma infração penal que se desenvolve em duas fases, havendo as seguintes modalidades, conforme o caso concreto: a) dolo na antecedente e dolo na subsequente (ex.: latrocínio); b) dolo na antecedente e culpa na consequente (ex.: lesão corporal seguida de morte); c) culpa na antecedente e culpa na consequente (ex.: incêndio culposo com resultado lesão grave ou morte). Não se admite, por impropriedade lógica, a modalidade culpa na conduta antecedente e dolo na consequente (ver a nota 44 ao art. 121). Torna-se impossível agir sem desejar o resultado quanto ao fato-base e almejar, ao mesmo tempo, o resultado qualificador. É um autêntico contrassenso. A propósito, convém mencionar a posição de Esther de Figueiredo Ferraz: "Em todos os casos em que o delito-base é culposo (crimes culposos contra a incolumidade pública agravados, por exemplo, pela ocorrência de 'lesão corporal' ou 'morte'), o resultado qualificativo pode integrar, no máximo, um crime culposo, pois a existência do dolo, em relação a esse resultado, *se chocaria com a culpa* que informa o *minus delictum*" (*Os delitos qualificados pelo resultado no regime do Código Penal de 1940*, p. 87). Não se acolhe, ainda, a possibilidade de existência de dolo de perigo na conduta antecedente e dolo de dano em relação ao resultado qualificador. São incompatíveis, por lógica. Se o agente quer apenas expor a perigo a incolumidade alheia, não pode pretender que o resultado mais grave aconteça como fruto do seu desejo, seja na modalidade de dolo direto, seja na de dolo eventual.

**80. Exigência do elemento subjetivo no resultado qualificador:** discutia-se, antes da Reforma Penal de 1984, havendo duas posições doutrinárias, se era possível imputar ao agente do fato-base a ocorrência do resultado qualificador, mesmo que ele não tivesse a menor previsibilidade do que poderia ocorrer, ou seja, responderia o autor do fato-base pelo resultado mais grave a título de responsabilização objetiva. Para cessar o dissídio, deixando bem clara a intenção da lei, inseriu-se o art. 19 no Código Penal, determinando que o resultado qualificador somente seja fonte de punição para o agente que o houver causado ao menos culposamente.

**80-A. Classificação dos crimes qualificados pelo resultado:** podemos dividir as figuras típicas previstas na Parte Especial da seguinte maneira: 1) crimes agravados pelo resultado cometidos com *dolo na conduta antecedente e dolo na subsequente* ou *dolo na antecedente e culpa na subsequente*: roubo seguido de lesão grave (art. 157, § 3.º, I) e roubo seguido de morte, ou seja, latrocínio (art. 157, § 3.º, II), extorsão com resultado lesão grave ou morte (art. 158, § 2.º), extorsão mediante sequestro, com resultado lesão grave ou morte (art. 159, §§ 2.º e 3.º), lesão corporal grave com incapacidade para as ocupações habituais por mais de trinta dias, com debilidade permanente de membro, sentido ou função e com aceleração de parto (art. 129, § 1.º, incisos I, III, IV), lesão corporal gravíssima, com incapacidade permanente para o trabalho, com enfermidade incurável, com perda ou inutilização de membro, sentido ou função e com deformidade permanente (art. 129, § 2.º, incisos I, II, III e IV), entrega de filho a pessoa inidônea, quando o menor é levado para o exterior (art. 245, § 1.º) e violação do sigilo funcional, quando há dano para a Administração Pública ou outrem (art. 325, § 2.º). Trata-se de posição majoritária tanto na doutrina quanto na jurisprudência; 2) crimes agravados pelo resultado praticados com *culpa na conduta antecedente e culpa na subsequente*: crimes culposos de perigo comum, resultando lesão corporal grave ou morte (art. 258, c/c arts. 250, § 2.º, 251, § 3.º, 252, parágrafo único, 256, parágrafo único), crimes culposos contra a segurança dos meios de comunicação e transportes qualificados por resultados mais graves (art. 263, c/c arts. 260, § 2.º, 261, § 2.º, 262, § 2.º), crimes culposos contra a saúde pública, agravados pelos eventos lesão corporal e morte (art. 267, § 2.º, art. 285, c/c art. 258 e arts. 270, § 2.º, 271, parágrafo único, 272, § 2.º, 273, § 2.º, 278, parágrafo único, 280, parágrafo único); 3) crimes agravados pelo resultado na hipótese de serem cometidos com *dolo de perigo na conduta antecedente e culpa na subsequente*: crimes de periclitação da vida e da saúde, com resultado lesão grave ou morte (arts. 133, §§ 1.º e 2.º; 134, §§ 1.º e 2.º, 135, parágrafo único, 136, §§ 1.º e 2.º), crimes de perigo comum dolosos, com resultado lesão grave ou morte (art. 258, c/c arts. 250 a 257), crimes dolosos contra a saúde pública, exceto o art. 267, com resultado lesão grave e morte (art. 285, c/c arts. 268 a 284), rixa, com resultado lesão grave ou morte (art. 137, parágrafo único), crimes contra a segurança dos transportes e meios de comunicação dolosos, com resultado lesão corporal e morte (art. 258, c/c arts. 260 a 262), arremesso de projétil, com resultado lesão e morte (art. 264, parágrafo único), epidemia dolosa, com resultado morte (art. 267, § 1.º). Quando houver dolo de perigo no antecedente, somente é possível culpa no consequente, pois dolo de dano neste último caso seria totalmente incompatível com o de perigo; 4) crimes qualificados pelo resultado que são polêmicos: a jurisprudência exige *dolo no antecedente* e *culpa no consequente*, pois se houvesse dolo seguido de dolo estaríamos diante de dois delitos. A doutrina majoritária segue o mesmo caminho, justificando que seria "injusta" a pena a ser aplicada caso houvesse *delito qualificado pelo resultado* no caso de dolo no antecedente e dolo no consequente. No exemplo do estupro seguido de morte, havendo dolo e culpa, estar-se-ia aplicando a pena do art. 213, § 2.º, ou seja, 12 anos no mínimo. Mas, estando presente dolo no antecedente e dolo eventual no evento subsequente, por exemplo, vinha entendendo a doutrina e a jurisprudência dominantes ser injustificada, porque reduzida, a pena de 12 anos, de forma que a aplicação correta seria o concurso de dois delitos (estupro seguido de homicídio qualificado), com pena mínima de 18 anos. A doutrina, ainda minoritária, continua a sustentar, em especial após a reforma trazida pela Lei 12.015/2009, que não há nada na lei a sinalizar para a exigência de haver somente dolo no antecedente e culpa no consequente nesses delitos, podendo ser aceita a posição dolo no antecedente e, também, dolo no subsequente. Confira-se, por todos, a precisa lição de ESTHER DE FIGUEIREDO FERRAZ (*Dos crimes qualificados pelo resultado*) com as seguintes justificativas: a) não há, em nenhum desses artigos, uma proibição para o resultado mais grave ser punido a título de dolo. O legislador não excluiu o dolo expressamente como fez com o art. 129, § 3.º; b) não há incompatibilidade entre o intuito de praticar o antecedente (estupro, por exemplo) e o intuito, mesmo que indireto, de praticar o consequente (morte,

# Art. 20

**Código Penal Comentado · Nucci**

184

por exemplo); c) a culpa deve ser sempre expressamente prevista. Se fosse somente punível a título de culpa, teria o legislador redigido o tipo na forma do art. 129, § 3.º, do Código Penal. São os seguintes delitos: aborto com resultado lesão grave e morte (art. 127); lesão com perigo de vida (art. 129, § 1.º, II), lesão seguida de aborto (art. 129, § 2.º, V), crimes sexuais (estupro, estupro de vulnerável) com resultado lesão grave e morte (art. 213, §§ 1.º e 2.º, 217-A, §§ 3.º e 4.º); 5) crime qualificado pelo resultado que somente pode ser cometido com *dolo na conduta antecedente e culpa na consequente* (preterdolo): lesão corporal seguida de morte (art. 129, § 3.º). Trata-se da única hipótese pacífica na doutrina e na jurisprudência em que é possível haver somente dolo no antecedente e culpa no consequente, afinal o legislador deixou isso expresso ("Se resulta morte e as circunstâncias evidenciam que o agente *não quis o resultado, nem assumiu o risco* de produzi-lo", destaque nosso); 6) delito qualificado pelo resultado, cuja prática exige *dolo na conduta antecedente* e *dolo na consequente*: furto de veículo automotor que venha a ser transportado para outro Estado ou para o exterior (art. 155, § 5.º).

### Erro[81] sobre elementos do tipo[82-82-A]

> **Art. 20.** O erro sobre elemento constitutivo[83] do tipo legal de crime[84] exclui o dolo, mas permite a punição por crime culposo, se previsto em lei.[85]

### Descriminantes putativas[86-87]

> § 1.º É isento de pena quem, por erro plenamente justificado pelas circunstâncias, supõe situação de fato que, se existisse, tornaria a ação legítima.[87-A-88] Não há isenção de pena quando o erro deriva de culpa e o fato é punível como crime culposo.

### Erro determinado por terceiro

> § 2.º Responde pelo crime o terceiro que determina o erro.[89]

### Erro sobre a pessoa[90]

> § 3.º O erro quanto à pessoa contra a qual o crime é praticado não isenta de pena. Não se consideram, neste caso, as condições ou qualidades da vítima, senão as da pessoa contra quem o agente queria praticar o crime.[91]

**81. Distinção entre erro e ignorância:** o erro é a falsa representação da realidade ou o falso conhecimento de um objetivo (trata-se de um estado positivo); a ignorância é a falta de representação da realidade ou o desconhecimento total do objeto (trata-se de um estado negativo). Erra o agente que pensa estar vendo, parado na esquina, seu amigo, quando na realidade é um estranho que ali se encontra; ignora quem está parado na esquina a pessoa que não tem ideia do outro que ali se encontra. No terreno jurídico, prevalece a *unidade* dos dois conceitos.

**82. Conceito de erro de tipo:** é o erro que incide sobre elementos objetivos do tipo penal, abrangendo qualificadoras, causas de aumento e agravantes. O engano a respeito de um dos elementos que compõem o modelo legal de conduta proibida sempre exclui o dolo, podendo levar à punição por crime culposo. Não basta o agente afirmar que lhe faltou noção precisa dos elementos do tipo penal; é fundamental existir verossimilhança nessa alegação. Se houver razoabilidade no equívoco, afastam-se o dolo e também a culpa. Inexistindo razoabilidade, pode-se afastar o dolo, mantendo-se a culpa (pune-se, caso haja, o tipo culposo). Na jurisprudência: STJ: "2. O erro de tipo, previsto no art. 20, § 1.º, do Código Penal, isenta de pena o agente que 'por erro plenamente justificado pelas circunstâncias, supõe situação de fato que, se existisse, tornaria a ação legítima'. O erro sobre elemento constitutivo do crime, portanto, exclui o dolo do agente. A idade da vítima é elemento constitutivo do crime de estupro de vulnerável, uma vez que, se ela contar com 14 anos ou mais, deve ser provada a prática de violência ou grave amaça, a fim de se configurar o delito descrito no art. 213 do Código Penal. 3. Hipótese na qual as instâncias ordinárias reconheceram que a vítima afirmou ao paciente possuir 15 anos, tendo contado sua verdadeira idade somente depois de praticar, na primeira oportunidade, conjunção carnal com o réu. 4. Resta configurado erro de tipo em relação ao primeiro estupro, pois o paciente, embasado na afirmação da própria vítima e na idade colocada por ela em seu perfil na rede social Facebook, desconhecia o fato de estar se relacionando com menor de 14 anos, o que afasta o dolo de sua conduta. 5. Correta a condenação do paciente pelo segundo estupro, pois, mesmo sabendo tratar-se de menor com 13 anos de idade, procurou a vítima e com ela manteve novamente relação sexual" (HC 628.870-PR, 5.ª T., rel. Ribeiro Dantas, 15.12.2020, v.u.); "2. Na hipótese, o Tribunal de origem afastou, de forma fundamentada, o alegado erro de tipo sobre a idade da vítima, porque não se mostrava crível o desconhecimento da idade da ofendida pelo ora agravante, o qual confirmou, em juízo, que a jovem tinha cerca de 12 ou 13 anos quando tiveram o relacionamento amoroso. Ademais, a própria vítima afirmou, em juízo, ter informado a sua idade para o réu. Desconstituir tais conclusões e acolher a tese defensiva de erro de tipo, por considerar que o agravante tinha absoluta ciência da idade da vítima, demandaria o aprofundado reexame fático-probatório, o que é sabidamente inviável em sede de *habeas corpus*" (AgRg no HC 738.814/TO, 5.ª T., rel. Reynaldo Soares da Fonseca, julgado em 10.05.2022, v.u.).

**82-A. Erro vencível (inescusável) e invencível (escusável):** a falsa percepção da realidade pode advir de um equívoco razoável, que qualquer pessoa, dentro da sua normal atenção, também cometeria; noutros termos, seria um erro invencível para a maioria das pessoas, o que o torna escusável: exclui o dolo e, também, a culpa. No entanto, se a falsa percepção da realidade tiver origem em um equívoco irrazoável, que uma pessoa, valendo-se da sua ordinária atenção, teria evitado, significa tratar-se de um equívoco inescusável: é suficiente para excluir o dolo, mas não a culpa. Se houver o tipo culposo, o agente responderá. O exemplo tradicional da doutrina acerca do erro é o do caçador, havendo um caso real ocorrido há bastante tempo para ilustração. Retrata-se um caso polêmico, que dividiu os julgadores no Tribunal entre o erro escusável e o inescusável. O caçador imagina que atrás de uma moita existe um animal feroz contra o qual atira, atingindo, no entanto, um outro caçador que ali estava à espreita da caça, matando-o. Pretendia o atirador matar um animal e não um ser humano. Ocorreu erro sobre o elemento "alguém" do tipo penal do homicídio ("matar alguém" – art. 121, CP). Vimos, anteriormente, que o dolo deve ser *abrangente*, o que não ocorreu no caso mencionado, pois a vontade de praticar a conduta típica inexistiu por completo: querer matar um animal é bem diferente de matar um ser humano. Assim, está excluído o dolo. Pode subsistir a forma culposa, como veremos em nota seguinte. Vale frisar que o exemplo supracitado do caçador que atira em seu companheiro de caça, pensando tratar-se de um animal, incidindo em erro, tem origem em caso concreto, julgado pelo Tribunal de Justiça de São Paulo: "A prova dos autos revela que, em 31.12.87, por volta das 18h, os dois réus e a vítima E.S.S., menor de 14 anos de idade, irmão de F., todos armados de espingardas, embora não dispusessem de

# Art. 20

licença da autoridade competente, saíram de suas casas no distrito de São João de Iracema à caça de capivaras nas margens do rio São José. Chegando ao sítio de propriedade de H. R. H., escolheram um ponto nas proximidades de um arrozal, onde se colocaram à espera de atirar nos animais que, para comerem, saíssem da água, e, para tanto, F. aboletou-se no alto de uma árvore; A. deixou-se ficar em meio da referida plantação; e a vítima subiu em um barranco. Permaneceram nessas posições, utilizando apitos à guisa de chamariz, sem, todavia, nada lograrem até cerca das 23h, quando a vítima, ao dessedentar-se, avistou luzes e, em vez de retornar ao barranco, foi à procura de A. para deixarem o local, temendo serem apanhados pela Polícia Florestal. Por isso, o ofendido veio caminhando em direção do arrozal, e, então, ouvindo o barulho desse movimento, A., pensando ser uma presa, efetuou um disparo que atingiu a vítima no abdome e causou-lhe lesões corporais de natureza grave, pois, penetrante o ferimento, exigindo laparotomia, sigmoidectomia e transversorrafia com colostomia, acarretou perigo de vida. A r. sentença entendeu inexistir culpa e consignou que: 'Embora A. tenha atirado 'por palpite' de que se tratava de uma capivara, na verdade tinha ele razões de sobra para assim pensar, pois a vítima trocou a blusa inicial por outra de cor diferente, o réu ouviu barulho próprio da capivara, a vítima não avisou que estava em movimento e nem sequer trazia seu farolete aceso...' (fls. 64, textual). Na realidade, porém, o erro de tipo – incidente, no caso, sobre o objeto material das lesões corporais – *ex vi* do *caput* do art. 20 do CP – exclui o dolo, mas permite a punição por crime culposo, se previsto em lei, porque: 'Dolo e erro de tipo são dois fenômenos que se excluem. O mesmo não se diga com relação a erro de tipo e culpa *stricto sensu* (negligência, imprudência ou imperícia), dois fenômenos que andam de mãos dadas' (Francisco de Assis Toledo, *O erro no direito penal*, São Paulo, Saraiva, 1977, p. 51). Logo, o erro de tipo, salvantes as hipóteses de caso fortuito ou força maior, denota culpa, da qual só se eximirá quem nele incorreu se o erro era inevitável, pois: 'Quem dispara contra uma pessoa, confundindo-a com um animal, não responde por homicídio doloso, mas a título de homicídio, se o erro derivar de uma negligência. O erro inevitável, isto é, aquele que o autor não poderia superar nem se tivesse empregado grande diligência, exclui a responsabilidade tanto a título de dolo como de negligência' (Francisco Muñoz Conde, *Teoria geral do delito*, trad. de Luiz Regis Prado e outro, Porto Alegre, Fabris, 1988, p. 63), ou se o evento era imprevisível, pois: 'Admite-se ainda a imprevisibilidade em situações resultantes de atividades da própria vítima ou de terceiro interveniente, com as quais o agente não pôde contar' (Juarez Tavares, *Direito penal da negligência*, São Paulo, RT, 1985, p. 180). Ora, na hipótese aqui apreciada, o erro era perfeitamente vencível, não fosse a desatenção do réu A., pois, conforme ele próprio se incumbiu de dizer, percebendo algo movimentar-se no arrozal, não utilizou o farolete para não espantar a caça (fls. 17v. e 37v.), e, além disso, a aproximação de um dos companheiros de expedição era perfeitamente previsível, principalmente a da vítima, pois esta participava pela primeira vez e nada previamente se combinara acerca do procedimento a adotarem quando, durante a caçada, um deles tivesse de deslocar-se até o lugar ocupado pelo outro (fls. 45v.). Logo, não se exigia de A. nada que exorbitasse da normal cautela reclamada pelas apontadas circunstâncias, motivo pelo qual, não se certificando, antes de disparar, sobre poder fazê-lo sem atentar contra a incolumidade de outrem, se bem lhe bastasse apenas empregar o farolete, agiu com manifesta imprudência, daí se impondo responsabilizá-lo pelas lesões causadas à vítima". O réu foi condenado como incurso nas penas do art. 129, § 6.º, do CP, a seis meses de detenção (embora julgada extinta a punibilidade pelo advento da prescrição). Mas, cumpre destacar, há voto vencido, considerando que o erro foi escusável, proferido por Rulli Júnior: "Caçador que atira em vulto imaginando tratar-se de capivara que não era, durante a noite, ferindo companheiro. Aquele que se faz passar por capivara, durante a noite, para fugir da ação da Polícia Florestal, iludindo inclusive o caçador que se acha nas proximidades e deste recebe um tiro, retira do atirador o elemento da previsibilidade indispensável à configuração do tipo penal (art. 129, § 6.º, do CP). Voto de forma divergente, tão somente para promover a absolvição do apelante A. M. R. da acusação de infração ao art. 129, § 6.º, do CP, com fulcro no art. 386, III, do CPP, ou seja, por não constituir o fato infração penal" (Ap. 567.959-0, 2.ª C., rel. Haroldo Luz, 09.08.1990, m. v., *RT* 663/300).

**83. Conceito de elemento constitutivo:** trata-se de cada componente que constitui o modelo legal de conduta proibida. No crime de lesão corporal temos os seguintes elementos: ofender + integridade corporal + saúde + outrem. O engano sobre qualquer desses elementos pode levar ao erro de tipo.

**84. Tipo legal de crime:** trata a lei penal somente do tipo penal incriminador, ou seja, aquele que cuida da definição da conduta proibida, sob ameaça de pena.

**85. Permissão para punição por crime culposo:** tendo sido excluído o dolo, é preciso verificar se o erro havido não derivou da desatenção ou descuido indevido do agente. Se todos têm o dever de cuidado objetivo, até mesmo para cometer erros é imprescindível analisar se não houve infração a tal dever. Caso o agente tenha agido com descuido patente, merece ser punido pelo resultado danoso involuntário a título de culpa. No exemplo citado: se o caçador, com maior atenção e prudência, pudesse ter evitado o disparo, isso significa ter infringido o dever de cuidado objetivo, o que pode resultar na punição por crime culposo (lesão ou homicídio, conforme o caso).

**86. Conceito de descriminantes putativas:** *descriminantes* são excludentes de ilicitude; *putativo* é imaginário, suposto, aquilo que aparenta ser verdadeiro. Portanto, as descriminantes putativas são as excludentes de ilicitude que aparentam estar presentes em uma determinada situação, quando, na realidade, não estão. Situação exemplificativa: o agente pensa estar agindo em legítima defesa, defendendo-se de um assalto, por exemplo, quando, em verdade, empreendeu desforço contra um mendigo que, aproximando-se de inopino da janela de seu veículo, pretendia apenas lhe pedir esmola.

**86-A. Reconhecimento no Tribunal do Júri:** se os jurados seguem a trilha da descriminante putativa, como a legítima defesa putativa, reconhecendo-a, não há possibilidade de se quesitar a respeito do excesso, porque, em verdade, foram afastados o dolo e a culpa, por erro de tipo invencível. Logo, o fato é atípico. Na jurisprudência: STF: "Logo, tratando-se de erro essencial inevitável – vale dizer, invencível, desculpável ou escusável –, que exclui o dolo e a culpa (art. 20, CP), não há que se falar em quesitação de eventual excesso, dada sua incompatibilidade com a conclusão dos jurados. 5. Ordem concedida para cassar o acórdão recorrido e tornar sem efeito a determinação de submissão do paciente a novo julgamento pelo Tribunal do Júri, mantendo-se sua absolvição" (HC 127.428, 2.ª T., rel. Dias Toffoli, 1.º.12.2015, v.u.).

**87. Divisão das descriminantes putativas:** podem ser de *três espécies*: a) *erro quanto aos pressupostos fáticos de uma causa de exclusão de ilicitude*. Neste caso, o agente, como visto no exemplo *supra*, pensa estar em *situação* de se defender, porque lhe representa, o assédio do mendigo, um ataque, na verdade inexistente. Ora, sabendo-se que a excludente de ilicitude (legítima defesa) é composta de requisitos, dentre eles a agressão injusta, o erro do agente recaiu justamente sobre esse elemento. Pensou estar diante de um ataque injusto (situação de fato), em realidade inexistente; b) *erro quanto à existência de uma causa excludente de ilicitude*. Pode o agente equivocar-se quanto à existência de uma excludente de ilicitude. Imagine-se que alguém, crendo estar aprovado um novo Código Penal no Brasil, prevendo e autorizando a eutanásia, apressa a morte de um parente desenganado. Agiu em "falsa realidade", pois a excludente não existe no ordenamento jurídico, por enquanto; c) *erro quanto aos limites de uma excludente*

# Art. 20

Código Penal Comentado · **Nucci**

*de antijuridicidade*. É possível que o agente, conhecedor de uma excludente (legítima defesa, por exemplo), creia poder defender a sua honra, matando aquele que a conspurca. Trata-se de um flagrante excesso, portanto um erro nos limites impostos pela excludente.

**87-A. Legítima defesa putativa e embriaguez voluntária ou culposa:** ver a nota 17-A ao art. 28.

**88. Natureza jurídica das descriminantes putativas:** quanto às duas últimas situações (erro quanto à existência ou quanto aos limites da excludente), é pacífica a doutrina, admitindo tratar-se de uma hipótese de erro de proibição, como será visto a seguir. Entretanto, em relação à primeira situação (erro quanto aos pressupostos fáticos da excludente), não chega a doutrina a um consenso, havendo nítida divisão entre os defensores da *teoria limitada (ou restritiva) da culpabilidade*, que considera o caso um típico *erro de tipo permissivo*, permitindo a exclusão do dolo, tal como se faz com o autêntico erro de tipo, e os que adotam a *teoria extremada da culpabilidade*, que considera o caso um *erro de proibição*, logo, sem exclusão do dolo. Segundo ROXIN, "trata a situação de maneira análoga ao erro de tipo, admitindo-se a exclusão do dolo e a viabilidade de punição por culpa (...) Denomina-se esta doutrina, a 'teoria restritiva da culpabilidade' porque segundo ela o erro sobre circunstâncias justificantes não é tratado – como o erro de proibição – como problema da culpabilidade, senão como uma questão de dolo do tipo. É difícil de entender a denominação. Mas, já que obteve carta de cidadania na discussão científica, deveria ser reconhecida. Objetivamente considero que é correta a teoria restritiva da culpabilidade, ou seja, o tratamento do erro sobre circunstâncias justificantes, de maneira análoga ao erro de tipo" (*La teoría del delito en la discusión actual*, p. 217-218). Na visão atual do Código Penal, deu-se ao erro quanto aos pressupostos fáticos que compõem a excludente de ilicitude um tratamento de erro de tipo, adotando-se a teoria limitada da culpabilidade. No entanto, segundo nos parece, na essência, cuida-se de um autêntico erro de proibição. Inserida a hipótese no § 1.º do art. 20 (erro de tipo), bem como se delineando, claramente, que, havendo erro derivado de culpa, pune-se o agente por delito culposo, é fatal concluir que se tratou dessa situação tal como se faz no *caput* do artigo com o erro de tipo. Assim, naquele exemplo da legítima defesa, o motorista que, crendo defender-se de um assaltante, usa de força contra o mendigo, está agindo em erro de tipo. Fica excluído o dolo, mas pode ser punido pelo que causar, de maneira inescusável, a título de culpa. A despeito de reconhecermos a posição legal, continuamos adotando a teoria extremada da culpabilidade, ou seja, vemos, nessa hipótese, um autêntico erro de proibição, que foi *tratado* como erro de tipo. O motorista que se engana e agride o mendigo certamente o fez com dolo, exatamente o mesmo dolo que há quando alguém se defende de um marginal, pretendendo lesioná-lo ou até mesmo matá-lo. O seu engano recai sobre a proibição: ele não estava autorizado a agir contra o mendigo, porque este não pretendia assaltá-lo e sim lhe pedir uma ajuda. Logo, dolo houve, embora possa ter sido afetada a sua consciência de ilicitude. E, se erro houve, pode-se fazer um juízo de culpabilidade por fato culposo. A desigualdade evidente de tratamento entre as três modalidades de descriminantes putativas, em nosso entender, não deveria existir e todas elas mereceriam o mesmo acolhimento no contexto do erro de proibição. Adotar a teoria limitada da culpabilidade, onde se sustenta a exclusão do dolo, pode trazer consequências indesejáveis, enumeradas por CEZAR ROBERTO BITENCOURT: "a) um fato praticado, com erro invencível, afasta o injusto típico, não podendo ser considerado como um fato antijurídico. Nessas circunstâncias, a vítima do erro terá que suportá-lo como se se tratasse de um fato lícito, sendo inadmissível a legítima defesa; b) não seria punível a participação de alguém que, mesmo sabendo que o autor principal incorre em erro sobre os pressupostos fáticos de uma causa de justificação, contribui de alguma forma na sua execução. A punibilidade do partícipe é afastada pelo princípio da acessoriedade limitada da participação, que exige que a ação principal seja típica (afastada pela eliminação do dolo) e antijurídica; c) a tentativa não seria punível, nesses casos, pois sua configuração exige a presença do dolo. Mesmo que o erro fosse vencível, o fato ficaria impune, pois os crimes culposos não admitem tentativa" (*Erro de tipo e de proibição*, p. 93).

**89. Agente provocador:** se um terceiro leva o agente a incidir em erro, deve responder pelo delito. Exemplo real e recente ocorreu no México, durante as filmagens de "La Venganza del Escorpión", em Cuernavaca, quando o ator mexicano Antonio Velasco foi morto por um disparo efetuado por colega seu. Consta que o ator Flavio Penichedo recebeu da produção um revólver carregado com balas de verdade no lugar das de festim. Desferiu dois tiros e percebeu que o amigo estava ferido. O produtor do filme e um contrarregra estão desaparecidos. Assim, note-se que alguém, desejando matar o ator Velasco, aproveitando-se da cena de disparo de arma de fogo com balas de festim, substituiu os projéteis por verdadeiros, entregando o instrumento ao outro ator, que, sem saber e não pretendendo *matar alguém*, puxa o gatilho, causando a tragédia. Nessa situação, o terceiro que trocou as balas responderá por homicídio, mas não o ator Penichedo, que foi envolvido em erro. Eventualmente, podem ocorrer outras situações: a) se o ator que recebeu o revólver deveria ter checado a munição, como regra imposta de cautela e não o fez, pode responder por homicídio culposo (é o que se chama de participação culposa em ação dolosa de outrem); b) se quem entregou a arma deveria ter checado os projéteis por segurança, assim como o ator que a recebeu, agiram os dois levianamente e são coautores em crime culposo; c) se apenas quem entregou a arma deveria checar a munição, mas não o ator que a utiliza, este não é punido (é a típica situação prevista neste parágrafo), mas somente o terceiro que provocou o erro (por dolo ou culpa, conforme o caso).

**90. Erro essencial e erro acidental:** o erro essencial é o que recai sobre elemento constitutivo do tipo penal, levando às soluções já aventadas; o erro acidental é o que recai sobre elementos secundários ou acessórios dos elementos constitutivos. Portanto, esses acessórios não fazem parte do tipo penal, razão pela qual não se tem configurado o erro de tipo. Exemplo: se o agente, pretendendo furtar uma caneta, leva, em seu lugar, uma lapiseira pertencente à vítima, praticou furto. A qualidade da coisa subtraída é irrelevante, pois o tipo penal do art. 155 do Código Penal protege a "coisa alheia móvel", pouco importando qual seja. É esse o sentido do § 3.º do art. 20: se o agente, pretendendo matar A, confunde-o com B, alvejando mortalmente este último, responde normalmente por homicídio, uma vez que o tipo penal protege o ser humano, pouco importante seja ele A ou B.

**91. Condições ou qualidades da vítima virtual:** no caso supramencionado, as condições ou qualidades pessoais levadas em conta para a configuração do delito e sua punição são as da vítima virtual, e não as da vítima real. Ex.. pretendendo matar seu desafeto, o agente atira, em ledo engano, atingindo seu próprio pai; não responderá por parricídio, com a agravante do art. 61, II, *e*, do Código Penal (delito contra ascendente). Embora tenha morrido seu genitor, a intenção era atingir pessoa estranha. Dá-se o mesmo em situação inversa: pretendendo matar o pai, o agente desfere o tiro, enganando-se quanto à pessoa, atingindo um estranho; responderá por homicídio com a agravante do art. 61, II, *e*, do Código Penal, vale dizer, como se tivesse atingido seu genitor.

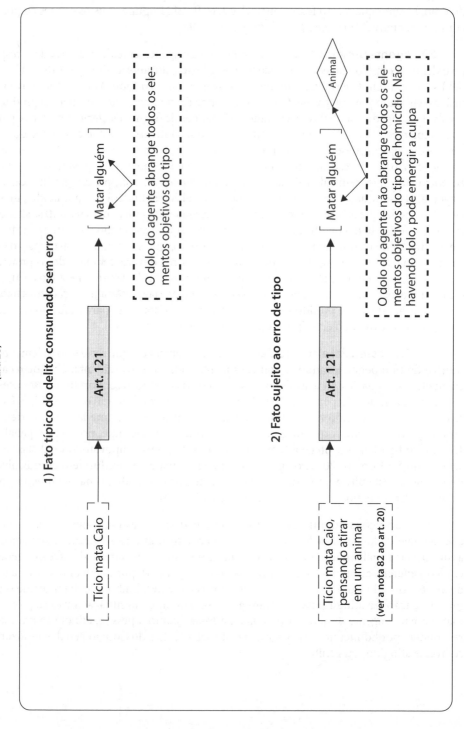

**ERRO DE TIPO**

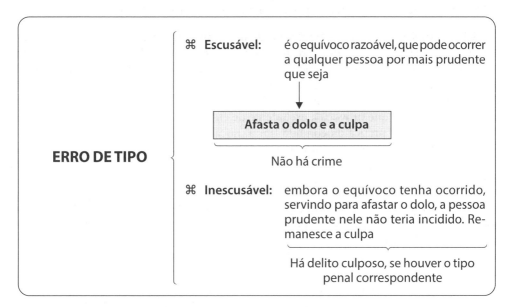

**Erro sobre a ilicitude do fato**[92-92-A]

> **Art. 21.** O desconhecimento da lei é inescusável.[93] O erro sobre a ilicitude do fato, se inevitável, isenta de pena;[94] se evitável, poderá diminuí-la de um sexto a um terço.[95]
>
> **Parágrafo único.** Considera-se evitável o erro se o agente atua ou se omite sem a consciência da ilicitude do fato, quando lhe era possível, nas circunstâncias, ter ou atingir essa consciência.[96-97]

**92. Conceito de erro de proibição:** é o erro incidente sobre a ilicitude do fato. O agente atua sem consciência de ilicitude, servindo, pois, de excludente de culpabilidade. O erro de proibição, até a Reforma Penal de 1984, era considerado apenas uma atenuante, na antiga redação do art. 48, III: "São circunstâncias que sempre atenuam a pena: (...) III – a ignorância ou a errada compreensão da lei penal, quando escusáveis". Agiu bem o legislador ao incluir no rol das excludentes de culpabilidade o erro quanto à ilicitude do fato, uma vez que é possível o agente desejar praticar uma conduta típica, sem ter noção de que é proibida. Ex.: um soldado, perdido de seu pelotão, sem saber que a paz foi celebrada, mata um inimigo, acreditando ainda estar em guerra. Trata-se de um erro quanto à ilicitude do fato, uma vez que, durante o período de guerra, é lícito eliminar o inimigo. Para que o erro se concretize (vencível ou invencível), é fundamental haver a ausência da *potencial consciência de ilicitude*, que significa não ter tido o agente a *real e atual* consciência de que a sua conduta era ilícita *e não tinha a menor condição de saber*. Por isso, faltou-lhe a noção do ilícito real e potencial. Na jurisprudência: STJ: "1. Nos termos do art. 21 do CP, a ninguém é dado alegar o desconhecimento da lei. O erro de proibição ocorre quando, por erro plenamente justificado, o agente não tem ou não lhe é possível o conhecimento da ilicitude do fato e assim supõe que atua legalmente. O agravante não pode argumentar desconhecimento quando o grau de discernimento é elevado ante a sua formação

# Art. 21

Código Penal Comentado • **Nucci**

acadêmica e o fato de já haver exercido cargo de vice-prefeito em outra oportunidade" (AgRg no AREsp 901.042-BA, 6.ª T., rel. Rogerio Schietti Cruz, 16.10.2018, v.u.).

**92-A. Consciência atual e potencial da ilicitude:** a ausência de consciência *atual* da ilicitude, que acarreta apenas um erro inescusável, com possibilidade de redução da pena de um sexto e um terço, significa que o agente, no exato momento do desenvolvimento da conduta típica, não tinha condições de compreender o caráter ilícito do fato, embora tivesse potencialidade para tanto, bastando um maior esforço de sua parte. A falta de consciência *potencial* de ilicitude, que provoca a excludente de culpabilidade, significa que o agente não teve, no momento da prática da conduta típica, noção da ilicitude, nem teria condições de saber, em razão das circunstâncias do caso concreto. Em síntese, para se configurar o erro de proibição escusável, torna-se indispensável que o agente não saiba, nem tenha condições de saber, que o ato praticado é ilícito, ainda que típico.

**93. Extensão da advertência legal a respeito do desconhecimento da lei e diferença do erro quanto à ilicitude:** o desconhecimento da lei, isto é, da norma escrita, não pode servir de desculpa para a prática de crimes, pois seria impossível, dentro das regras estabelecidas pelo direito codificado, impor limites à sociedade, que não possui, nem deve possuir, necessariamente, formação jurídica. Aliás, esse é o conteúdo da Lei de Introdução às normas do Direito Brasileiro: "Ninguém se escusa de cumprir a lei, alegando que não a conhece" (art. 3.º). Portanto, conhecer a norma escrita é uma presunção legal absoluta, embora o conteúdo da lei, que é o ilícito, possa ser objeto de questionamento. A pessoa que, por falta de informação devidamente justificada, não teve acesso ao conteúdo da norma poderá alegar *erro de proibição*. Frise-se que o conteúdo da lei é adquirido através da vivência em sociedade, e não pela leitura de códigos ou do *Diário Oficial*. Atualmente, no entanto, tendo em vista a imensa complexidade do sistema jurídico brasileiro, o *desconhecimento da lei* pode ser invocado pelo réu como atenuante (art. 65, II, CP). Mencione-se, ainda, a lição de BITENCOURT: "A *ignorantia legis* é matéria de aplicação da lei, que, por ficção jurídica, se presume conhecida por todos, enquanto o erro de proibição é matéria de culpabilidade, num aspecto inteiramente diverso. Não se trata de derrogar ou não os efeitos da lei, em função de alguém conhecê-la ou desconhecê-la. A incidência é exatamente esta: a relação que existe entre a lei, em abstrato, e o conhecimento que alguém possa ter de que seu comportamento esteja contrariando a norma legal. E é exatamente nessa relação – de um lado a norma, em abstrato, plenamente eficaz e válida para todos, e, de outro lado, o comportamento em concreto e individualizado – que se estabelecerá ou não a *consciência da ilicitude*, que é matéria de culpabilidade, e nada tem que ver com os princípios que informam a estabilidade do ordenamento jurídico" (*Erro de tipo e de proibição*, p. 84-85). Na jurisprudência: TRF-4: "A regra do artigo 21 do Código Penal deve ser aplicada quando o agente comprovar que, de fato, não possuía os meios que lhe viabilizassem o conhecimento do ilícito penal. A mera alegação de desconhecimento da antijuridicidade da conduta é insuficiente para aplicação dessa excludente de culpabilidade" (Ap. 5001734-22.2015.4.04.7017-PR, 8.ª T., rel. Victor Luiz dos Santos Laus, 27.06.2018, v.u.).

**94. Erro de proibição escusável ou inevitável:** quando o erro sobre a ilicitude do fato é impossível de ser evitado, valendo-se o ser humano da sua diligência ordinária, trata-se de uma hipótese de exclusão da culpabilidade. Ex.: um jornal de grande circulação, na esteira de grande debate anterior acerca do assunto, por engano, divulga que o novo Código Penal foi aprovado e entrou em vigor, trazendo, como causa excludente da ilicitude, a eutanásia. Um leitor, possuindo parente desenganado em leito hospitalar, apressa sua morte, crendo agir sob o manto protetor de uma causa de justificação inexistente. Trata-se de um erro escusável, pois não lhe foi possível, a tempo, constatar a inverdade da informação recebida. Na jurisprudência:

o agente foi processado por ter sido surpreendido guardando, em depósito, com finalidade de venda, leite impróprio ao consumo humano. Reconhecendo erro de proibição escusável: TRF2: "Direito penal e processual penal. Apelação criminal. Art. 171, § 3.º, do Código Penal. Erro de proibição inevitável. Art. 21 do Código Penal. Absolvição. Art. 386, inciso VI, do Código de Processo Penal. I – Se a prova dos autos indica que a acusada, pelo baixo grau de instrução, não possuía a necessária consciência acerca da ilicitude de sua conduta, inclusive por integrar grupo familiar enquadrado dentro do conceito de extrema pobreza, está demonstrada a incidência do erro de proibição inevitável, previsto no art. 21 do Código Penal, o que afasta a culpabilidade da ré. II – Ausente prova contundente acerca do dolo da agente na conduta criminosa, já que a última atualização cadastral dos dados da acusada ocorreu no ano de 2010, época em que ainda não possuía outra fonte de renda além do Bolsa Família, porquanto o benefício previdenciário de pensão por morte em seu favor só foi implementado em meados do ano de 2012. III – Diante da análise particularizada do caso, que se difere de outros tantos de estelionato majorado, sobretudo em razão do contexto socioeconômico complexo em que se insere a ré, que sequer possuía consciência efetiva acerca dos limites estreitos para a concessão do benefício Bolsa Família e para a atualização cadastral, a absolvição é medida que se impõe. IV – Recurso provido" (Ap 00028731020144025102-RJ, 2.ª T., rel. André Fontes, 24.06.2019, m.v.). TJRS: "Evidenciado que o réu não tinha conhecimento acerca da ilicitude do ato de utilizar motosserra sem a licença da autoridade competente, bem como agiu amparado por erro de proibição quanto a ilicitude do fato, já que sua conduta se limitou ao extrativismo de algumas árvores para utilização como lenha, fato que, aliado às suas condições sócio-culturais-educativas está plenamente justificado como excludente de crime. Impositiva a absolvição" (Ap. Crim. 71008972176, Turma Recursal Criminal, rel. Luis Gustavo Zanella Piccinin, 27.09.2021, v.u.).

**95. Erro de proibição inescusável ou evitável:** trata-se do erro sobre a ilicitude do fato que não se justifica, pois, se tivesse havido um mínimo de empenho em se informar, o agente poderia ter tido conhecimento da realidade. Ex.: abstendo-se do seu dever de se manter informado, o agente deixa de tomar conhecimento de uma lei, divulgada na imprensa, que transforma em crime determinada conduta. Praticando o ilícito, não poderá ver reconhecida a excludente de culpabilidade, embora lhe sirva ela como causa de redução da pena, variando de um sexto a um terço. Na jurisprudência: TJSP: "Posse ilegal de arma de fogo de uso restrito. Desconhecimento da lei. Erro de proibição. Erro sobre a ilicitude do fato. Além do mero desconhecimento da lei ser inescusável, tem-se que não cabe falar em erro sobre a ilicitude do fato quando não está minimamente demonstrado que o agente estimasse que manter armamento de fogo, disfarçado ou não, constituísse conduta louvável ou socialmente dignificante. Isso é ainda mais notório nos tempos em que vivemos, tanto que a cada dia mais e mais repreendida, censurada, preocupante e restringida por toda parte a sabidamente nociva conduta de manter consigo arma de fogo" (Ap. Crim. 1500368-19.2019.8.26.0567, 12.ª C. D. Crim., rel. Sérgio Mazina Martins, 27.08.2021, v.u.).

**96. Critérios para identificar o erro inescusável ou evitável:** a) quando o agente atua com consciência de que está fazendo algo errado; b) quando o agente não possui essa consciência, mas lhe era fácil, nas circunstâncias, obtê-la; c) quando o agente não tem consciência do ilícito, porque, de propósito, não se informou; d) quando não possui essa consciência, não se informando quando deveria tê-lo feito, tendo em vista tratar-se de atividade regulamentada em lei (cf. Francisco de Assis Toledo, *Princípios básicos de direito penal*, p. 270).

**97. Diferença entre crime putativo e erro de proibição:** são hipóteses inversas, pois, no crime putativo, o agente crê estar cometendo um delito (age com consciência do ilícito), mas não é crime; no erro de proibição, o agente acredita que nada faz de ilícito, quando, na realidade, trata-se de um delito.

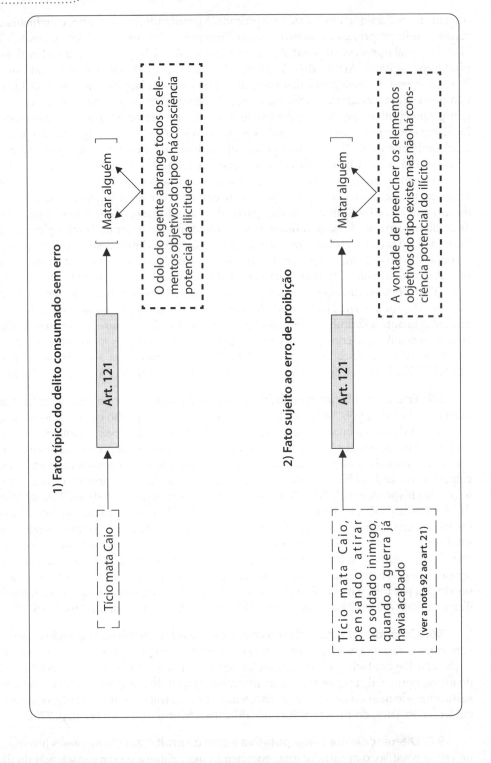

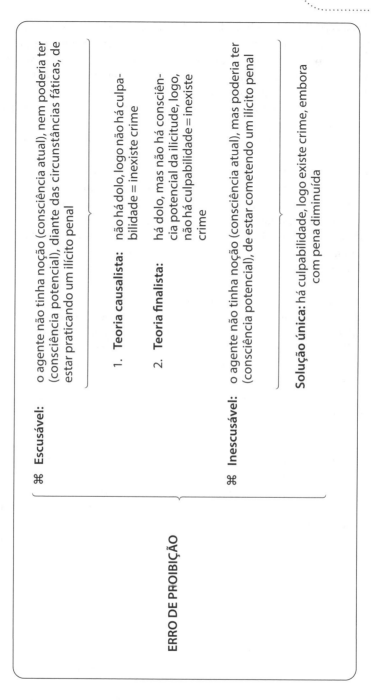

**Coação irresistível e obediência hierárquica**[98-99]

**Art. 22.** Se o fato é cometido sob coação irresistível[100-101-B] ou em estrita obediência a ordem, não manifestamente ilegal, de superior hierárquico,[102-102-A] só é punível o autor da coação ou da ordem.[103-104]

# Art. 22

Código Penal Comentado · **Nucci**

**98. Conceito de culpabilidade:** trata-se de um juízo de reprovação social, incidente sobre o fato e seu autor, devendo o agente ser imputável, atuar com consciência potencial de ilicitude, bem como ter a possibilidade e a exigibilidade de atuar de outro modo, seguindo as regras impostas pelo direito (teoria normativa pura, proveniente do finalismo). Como explica Assis Toledo, "se indagarmos aos inúmeros seguidores da corrente finalista o que é a culpabilidade e onde pode ela ser encontrada, receberemos esta resposta: 1.ª) culpabilidade é, sem dúvida, um juízo valorativo, um juízo de censura que se faz ao autor de um fato criminoso; 2.ª) esse juízo só pode estar na cabeça de quem julga, mas tem por objeto o agente do crime e sua ação criminosa" (*Princípios básicos de direito penal*, p. 229-230). O conceito de culpabilidade apresentou significativa evolução, podendo-se mencionar as seguintes quatro principais teorias: 1.ª) psicológica (causalista): culpabilidade é importante elemento do crime, na medida em que representa o seu enfoque subjetivo, isto é, dolo e culpa. Para esta corrente, ao praticar o fato típico e antijurídico (aspectos objetivos do crime), somente se completaria a noção de infração penal se estivesse presente o dolo ou a culpa, que vincularia, subjetivamente, o agente ao fato por ele praticado (aspecto subjetivo do crime). Em suma, culpabilidade é dolo ou culpa. A imputabilidade penal é, apenas, pressuposto de culpabilidade, portanto, somente se analisa se alguém age com dolo ou culpa, caso se constate ser essa pessoa imputável (mentalmente sã e maior de 18 anos). A teoria psicológica apresenta falhas variadas, embora a principal, em nosso entendimento, seja a inviabilidade de se demonstrar a inexigibilidade de conduta diversa, uma vez que não se faz nenhum juízo de valor sobre a conduta típica e antijurídica. Assim, aquele que é imputável e atua com dolo, por exemplo, ainda que esteja sob coação moral irresistível, poderia ser considerado culpável, o que se afigura ilógico; 2.ª) normativa ou psicológico-normativa (causalista): dando ênfase ao conteúdo normativo da culpabilidade e não simplesmente ao aspecto psicológico (dolo e culpa), acrescentou-se o juízo de reprovação social ou de censura que se deve fazer em relação ao autor de fato típico e antijurídico, quando considerado imputável (a imputabilidade passa a ser elemento da culpabilidade e não mero pressuposto), bem como se tiver agido com dolo (que contém a consciência da ilicitude) ou culpa, além de haver prova da exigibilidade e da possibilidade de atuação conforme as regras do direito. A teoria continua ideal para quem siga os passos do causalismo. No entanto, deslocando-se o enfoque para a corrente finalista, deve-se migrar para a teoria que se segue; 3.ª) normativa pura (finalista): a conduta, sob a ótica do finalismo, é uma movimentação corpórea, voluntária e consciente, com uma finalidade. Logo, ao agir, o ser humano possui uma finalidade, que é analisada, desde logo, sob o prisma doloso ou culposo. Portanto, para tipificar uma conduta – conhecendo-se de antemão a finalidade da ação ou da omissão –, já se ingressa na análise do dolo ou da culpa, que se situam, pois, na tipicidade – e não na culpabilidade. Nessa ótica, culpabilidade é um juízo de reprovação social, incidente sobre o fato típico e antijurídico e seu autor, agente esse que precisa ser imputável, ter agido com consciência potencial da ilicitude e com exigibilidade e possibilidade de um comportamento conforme o direito. Há quem sustente, em prisma finalista, a incidência do juízo de reprovação social somente sobre o autor – e não igualmente sobre o fato –, devendo o agente ser imputável, ter consciência potencial da ilicitude e por não ter agido de acordo com o direito, quando lhe era possível e exigível tal conduta (por todos, Cezar Roberto Bitencourt, *Tratado de direito penal*, v. 1, p. 304). Preferimos crer que a censura recai não somente sobre o autor do fato típico e antijurídico, mas igualmente sobre o fato. A reprovação é inerente ao que foi feito e a quem fez. Este, por sua vez, deverá ser censurado somente se for imputável, tiver atuado com consciência potencial da ilicitude e com exigibilidade e possibilidade de atuação conforme as regras impostas pelo direito. Em outras palavras, há roubos (fatos) mais reprováveis que outros, bem como autores (agentes) mais censuráveis que outros. Sob outro prisma, para a prática do mesmo roubo (idêntica reprovabilidade), como fato, podem-se censurar diversamente os coautores, autores do fato, na *medida da sua culpabilidade* (art. 29, parte final, CP). Aliás, a posição que sustentamos, quanto ao conceito de culpabilidade no cenário da teoria do crime, incidindo a reprovação sobre o fato e seu autor, fortalece, quando tornamos ao tema *culpabilidade*, na teoria da pena, a restrição da gradação da censura, para efeito de aplicação de maior ou menor punição, à culpabilidade de fato – e não simplesmente à culpabilidade de autor (cf. Assis Toledo, *Princípios básicos de direito penal*, p. 235). Verificar o leitor a nota 98-D *infra*, sobre culpabilidade do fato e culpabilidade do autor; 4.ª) funcionalista: embora sem consenso, autores denominados pós-finalistas passaram a sustentar um conceito de culpabilidade que se vinculasse às finalidades preventivo-gerais da pena, bem como à política criminal do Estado. Por isso, não poderia fundamentar-se exclusivamente numa concepção naturalística e improvável do livre-arbítrio (poder atuar, ou não, conforme as regras impostas pelo direito). "A culpabilidade é o âmbito no qual se comprovam as possibilidades psíquicas de motivação normal do autor de um comportamento antijurídico por parte da norma penal. Somente quando tal possibilidade de motivação normal concorra, será o autor 'culpável' e terá sentido realizar a ameaça penal em sua pessoa" (Mir Puig, *Estado, pena y delito*, p. 174, traduzi). Nas palavras de Günther Jakobs, a culpabilidade representa uma falta de fidelidade do agente com relação ao direito (*Derecho penal – Parte general*, p. 566-567). Essa falta de motivação para seguir as normas jurídicas é um conceito determinado normativamente, e por tal fundamento realiza-se o juízo de culpabilidade. Portanto, analisar se há ou não déficit motivacional por parte do agente, para seguir as normas jurídicas, é tarefa que independe de prova da exigibilidade ou inexigibilidade de poder agir conforme o direito. Deduz-se a infidelidade ao direito sem análise individualizada do agente, mas sob o prisma social, considerando-se os fins da pena. Exemplo: um doente mental, inimputável portanto, não tem condições de se motivar a agir conforme o direito, pois encontra limitação física. Logo, não é culpável, pois incapaz de contestar a validez da norma. Esse afastamento da atuação do livre-arbítrio do ser humano, voltando-se à mera verificação, sob critérios contestáveis, de ter sido o agente *fiel* ou *infiel* às regras jurídicas, de estar *motivado* ou *imotivado*, dentro de uma estrutura socialmente voltada às finalidades preventivas gerais da pena, torna-se incontrolável. Da mesma forma que a infidelidade ao direito pode ser vista com complacência, garantindo-se, até, por medida de política criminal, a não aplicação da pena, pode também servir a uma análise rigorosa, buscando a aplicação de sanções penais desmedidas, que possam servir de exemplo à sociedade. A culpabilidade não mais seria analisada sob o prisma individual, deixaria de servir de fundamento *real* para a pena e nem mais poderia ser útil ao *limite* da pena, pois tudo não passaria de critérios ligados à política criminal. Outros autores, como Roxin, criticando a posição de Jakobs, mas sem refutá-la por completo, também não aceitam a concentração da análise da culpabilidade no livre-arbítrio humano (poder ou não agir conforme as regras do direito), pois seria requisito não sujeito à demonstração empírica. Logo, a capacidade humana de culpabilidade, em sua visão, deve ser uma verificação científico-empírica, valendo-se de critérios fornecidos pela psicologia e pela psiquiatria, medindo-se o autocontrole do agente através de dados técnicos e menos abstratos. Sustenta que sua posição prescinde da disputa filosófica e das ciências naturais acerca do livre-arbítrio (*Derecho penal – Parte general*, p. 808). Permanece vinculado ao conceito funcional de culpabilidade como resultado da política criminal do Estado e de uma justificação social para a fixação da pena. Portanto, separa-se do funcionalismo de Jakobs na medida em que defende a culpabilidade como fundamento e limite para a aplicação da pena, a fim de coibir abusos do Estado, que não pode valer-se do indivíduo, ao destinar-lhe uma sanção penal, como mero instrumento de reafirmação dos valores do direito penal (*Derecho penal – Parte general*, p. 813-814). Permanecemos fiéis à teoria normativa pura, que não nos parece defeituosa; ao contrário, é a única que congrega fatores de valoração com a concreta situação do ser humano e de sua capacidade inegável de agir de acordo com seu livre-arbítrio. Não concordamos com as posições que criticam essa utilização. Por todos, JAKOBS diz que colocar o livre-arbítrio como pressuposto geral da culpabilidade, já que ele não comporta prova no caso concreto, fomenta um conceito carecedor de dimensão social. A culpabilidade não teria um efeito social, mas somente seria a desvalorização do indivíduo (*Derecho penal – Parte general*, p. 584-586). Não nos parece seja assim. A possibilidade e a exigibilidade de alguém agir conforme as regras impostas pelo ordenamento jurídico, em nosso entendimento, são perfeitamente comprováveis. Como SCHÜNEMANN afirma, o livre-arbítrio é uma parte da reconstrução social da realidade, vale dizer, é real (citação de ROXIN, *Derecho penal – Parte general*, p. 809). DÍEZ RIPOLLÉS, em crítica à culpabilidade funcional, diz ser ela lastreada em critérios normativos, como o da motivação normal, sendo preciso considerar que a substituição da análise psicológico-individual por processos de imputação também gera déficits, empobrecendo o conteúdo da culpabilidade em discutíveis pressupostos: seja porque não se têm os instrumentos técnicos precisos para conhecer os efeitos preventivo-gerais das normas, seja porque o conceito de motivabilidade leva, afinal, ao mesmo dilema que a capacidade de atuar de outro modo, seja a capacidade de autodeterminação média que, não somente é difícil de precisar senão que nos passa uma informação irrelevante numa perspectiva individualizadora (*La polémica entre las diversas perspectivas*, p. 205). E continua o autor afirmando que "opta em definitivo por um enfoque fundamentalmente psicológico-normativo na formulação e constatação dos elementos subjetivos da teoria do delito (...). Entre as razões para tanto tem-se: a) sua correspondência com a edificação do Direito Penal e da sociedade democrática em seu conjunto, em torno da pessoa em sua individualidade e com sua responsabilidade, algo reconhecido constitucionalmente; as referências à psique individual são fundamentais; desprezá-las seria uma violação à dignidade da pessoa humana; b) a natureza garantista do Direito Penal nos mostra que, com todos os seus defeitos, dificilmente se pode encontrar um ponto de referência mais sólido e crível quanto ao conteúdo dos elementos subjetivos do que a sua realidade psicológico-individual. Consegue-se frear o arbítrio judicial. Deve-se rechaçar energicamente a ideia de que os princípios garantistas do Direito Penal material, e especialmente do processual, suponham um argumento em favor de bases normativistas; c) a sua legitimação se dá por meio das convicções gerais da sociedade" (*La polémica entre las diversas perspectivas,* p. 268-269). Por isso, cremos ter o julgador condições de analisar, pelas provas dos autos, se o agente tinha possibilidade de atuar conforme o direito. E, com certeza, não fará juízo de censura se verificar, dentro dos critérios de razoabilidade, que o autor do injusto optou por interesses e valores mais importantes, no caso concreto, que não poderiam ser desprezados. Exemplificando: se o gerente de um banco tem a família sequestrada, sob ameaça de morte, ordenando-lhe o sequestrador que vá ao estabelecimento onde trabalha e de lá retire o dinheiro do cofre, pertencente ao banqueiro. O que poderá fazer? Coagido irresistivelmente, cede e subtrai o dinheiro do patrão para entregar a terceiro. Seu livre-arbítrio poderia tê-lo conduzido a outro caminho? Sem dúvida. Poderia ter-se negado a agir assim, mesmo que sua família corresse o risco de morrer. Seria, no entanto, razoável e justo? Que sociedade teria condições de censurar o pai que salva a vida dos seus filhos, embora tenha optado pelo caminho do juridicamente injusto (furto)? Em suma, é natural supor que o gerente tivesse dois caminhos – aceitar ou não a ordem recebida –, optando pelo respeito às regras jurídicas, que coíbem a subtração de coisa alheia, ou pelo desrespeito delas, justamente por estar em situação de inexigibilidade de conduta diversa. O livre-arbítrio pode levar o agente a subtrair coisa pertencente a terceiro, porém em situação excepcional. A análise dessa anormalidade pode ser feita por qualquer magistrado, de modo que não há necessidade de se recorrer a critérios normativos ou funcionais, nem ao menos à política criminal. Independe de análise do denominado "déficit motivacional", pois é patente que o livre-arbítrio encaminhou-se daquela maneira por ausência de alternativas razoáveis e justas. A culpabilidade, pois, deve ser um juízo de censura voltado ao imputável, que tem consciência potencial da ilicitude, e, dentro do seu livre-arbítrio (critério da realidade), perfeitamente verificável, opte pelo caminho do injusto sem qualquer razão plausível a tanto. Note-se, pois, que culpabilidade é *fundamento* e *limite* da pena, integrativa do conceito de *crime*, e não mero *pressuposto* da pena, como se estivesse fora da conceituação. *Pressuposto* é fato ou circunstância considerado antecedente necessário de outro, mas não, obrigatoriamente, elemento integrante. Considerar a culpabilidade como pressuposto da pena é retirar o seu caráter de *fundamento* da pena, pois *fundamento* é base, razão sobre a qual se ergue uma concepção, ou seja, é verdadeiro motivo de existência de algo. Logo, culpabilidade, se presente, fornece a razão de aplicação da pena, e o crime nada mais é do que o fato típico e antijurídico, merecedor de punição, tendo em vista que o tipo incriminador é formado – e isto é inegável – pela descrição de uma conduta, seguida de uma pena (ex.: "Matar alguém: Pena – reclusão, de seis a vinte anos", constituindo o homicídio). Portanto, torna-se incabível, em nosso ver, desmembrar a pena da conduta, acreditando que uma subsista sem a outra, no universo dos tipos penais incriminadores, ou seja, no contexto do crime. Um fato típico e antijurídico, ausente a culpabilidade, não é uma infração penal, podendo constituir-se em um ilícito de outra natureza. Sem a reprovação da conduta, deixa de nascer o crime. Pensar de modo diverso é esvaziar o conceito de delito.

**98-A. Culpabilidade formal e culpabilidade material:** a culpabilidade formal é a censurabilidade merecida pelo autor do fato típico e antijurídico, dentro dos critérios que a norteiam, isto é, se houver imputabilidade, consciência potencial da ilicitude e exigibilidade de atuação conforme o direito. Formalmente, a culpabilidade é a fonte inspiradora do legislador para construir o tipo penal na parte sancionadora. Surgindo um tipo penal incriminador inédito, quais serão os limites mínimo e máximo de punição? De acordo com o grau abstrato de censura, estabelece a lei, por exemplo, reclusão de 1 a 5 anos. Porém, a culpabilidade material é a censura realizada concretamente, visualizando-se o fato típico e antijurídico e conhecendo-se o seu autor, imputável, com consciência potencial do ilícito e que, valendo-se do seu livre-arbítrio, optou pelo injusto sem estar fundado em qualquer causa de exclusão da culpabilidade, por fatores de inexigibilidade de conduta diversa. Serve, então, a culpabilidade material a fundamentar a pena, auxiliando o juiz, na etapa seguinte, que é atingir o seu limite concreto.

**98-B. Conceito de coculpabilidade:** trata-se de uma reprovação conjunta que deve ser exercida sobre o Estado, tanto quanto se faz com o autor de uma infração penal, quando se verifica não ter sido proporcionada a todos igualdade de oportunidades na vida, significando, pois, que alguns tendem ao crime por falta de opção. Esclarecem ZAFFARONI e PIERANGELI que "há sujeitos que têm um menor âmbito de autodeterminação, condicionado desta maneira por causas sociais. Não será possível atribuir estas causas sociais ao sujeito e sobrecarregá-lo com elas no momento da reprovação de culpabilidade". Assim, deveria haver a aplicação da atenuante inominada do art. 66 (*Manual de direito penal brasileiro – Parte geral*, p. 613). Não nos parece correta essa visão. Ainda que se possa concluir que o Estado deixa de prestar a devida assistência à sociedade, não é por isso que nasce qualquer justificativa ou amparo para o cometimento de delitos, implicando fator de atenuação da pena. Aliás, fosse assim, existiriam muitos outros "coculpáveis" na rota do criminoso, como os pais que não cuidaram bem do filho ou o colega na escola que humilhou o companheiro de sala, tudo a fundamentar a aplicação da atenuante do art. 66 do Código Penal, vulgarizando-a. Embora os exemplos narrados possam ser considerados como fatores de impulso ao agente para a prática de uma infração penal qualquer, na realidade, em última análise, prevalece a sua própria vontade, não se podendo contemplar tais circunstâncias como suficientemente *relevantes* para aplicar a atenuante. Há de existir uma causa efetivamente importante, de grande valor, pessoal e es-

# Art. 22

Código Penal Comentado • **Nucci**

pecífica do agente – e não comum a inúmeras outras pessoas, não delinquentes, como seria a situação de pobreza ou o descaso imposto pelo Estado –, para implicar a redução da pena. Ressalte-se que os próprios autores que defendem a sua aplicação admitem não possuir essa circunstância sustentação expressa no texto legal do Código Penal (*Manual de direito penal brasileiro – Parte geral*, p. 839). Aliás, sobre a inadequação da denominada coculpabilidade para atenuar a pena, diz VON HIRSCH que, "se os índices do delito são altos, será mais difícil tornar a pobreza uma atenuante que diminua o castigo para um grande número de infratores. Recorrer a fatores sociais pode produzir justamente o resultado oposto: o ingresso em considerações de risco que ainda piorem a situação dos acusados pobres. (...) Não seria fácil, nem mesmo em teoria, determinar quando a pobreza é suficientemente grave e está suficientemente relacionada com a conduta concreta para constituir uma atenuante" (*Censurar y castigar*, p. 154 e 165). Na jurisprudência: STJ: "A teoria da coculpabilidade não pode ser erigida à condição de verdadeiro prêmio para agentes que não assumem a sua responsabilidade social e fazem da criminalidade um meio de vida. Ora, a mencionada teoria, 'no lugar de explicitar a responsabilidade moral, a reprovação da conduta ilícita e o louvor à honestidade, fornece uma justificativa àqueles que apresentam inclinação para a vida delituosa, estimulando-os a afastar da consciência, mesmo que em parte, a culpa por seus atos' (HC 172.505-MG, Rel. Ministro Gilson Dipp, Quinta Turma, julgado em 31.05.2011, *DJe* 01.07.2011)" (HC 213.482-SP, 5.ª T., rel. Laurita Vaz, 17.09.2013).

**98-C. Tipo positivo de culpabilidade e tipo negativo de culpabilidade:** cuida-se de uma proposta de um tipo total de culpabilidade, idealizado por JAKOBS, na teoria funcionalista, estabelecendo, quanto ao tipo positivo de culpabilidade, que esta pressupõe o injusto e o autor somente pode ser responsável pelo déficit de motivação jurídica se, ao cometer o referido injusto, tiver condições de questionar a validez da norma (imputabilidade). Por outro lado, quanto ao tipo negativo de culpabilidade, calca-se na atuação do agente fundada em ânimo exculpante ou em contexto exculpante. O injusto praticado não será considerado culpável se o autor estava envolvido em situação de desgraça, que retirou sua motivação para seguir os parâmetros impostos pela norma (*Derecho penal – Parte general*, p. 598-601).

**98-D. Culpabilidade do fato e culpabilidade do autor:** a culpabilidade é o elemento essencial, moral e ético, que serve de ligamento entre crime e pena, justamente por estar presente nos dois cenários: é imprescindível para a constatação do crime, mas também para a aplicação da pena. Em outros termos, é o fundamento e o limite da pena. Cometido o fato típico e antijurídico, para verificarmos se há crime, é imperioso constatar a existência de reprovabilidade do fato e de seu autor, devendo este ser imputável, agir com consciência potencial de ilicitude (para os causalistas, inclui-se, também, ter atuado com dolo ou culpa) e com exigibilidade e possibilidade de um comportamento conforme o direito. Reconhecida a censurabilidade do injusto (fato típico e antijurídico), encontramos o *crime*, logo, impõe-se a condenação. Passa-se, a partir desse ponto, ao contexto da aplicação da pena, tornando-se à análise da culpabilidade, aliás, expressamente mencionada no art. 59 do Código Penal, para encontrar-se a justa medida da pena. Entretanto, agora está ela despida de outros elementos específicos, significando apenas o grau de censura merecido pelo agente em face do que fez. Nesse ponto, em especial, para que não se julgue o ser humano apenas pelo que ele é ou pela sua conduta de vida, devemos voltar os olhos ao que fez. Em nossa obra *Individualização da pena*, deixamos claro que o direito penal do Estado Democrático de Direito necessita valer-se, primordialmente, da culpabilidade do fato, sem perder de vista a culpabilidade do autor, como ponto secundário de apoio. Em outras palavras, o particular modo de agir e pensar do agente, que desabrocha na análise da personalidade, traduz uma forma de censura ao fato e ao seu autor. Entretanto, tal reprovação não pode transbordar as fronteiras do fato praticado.

Ninguém deve ser culpado ou ter sua pena elevada por conta de uma conduta de vida ou por eventuais características negativas de personalidade. Porém, se essa faceta negativa de sua personalidade o impulsionar ao crime, sem dúvida, o juiz deve considerá-la para mensurar a pena. Exemplificando: o sujeito agressivo, que vive arrumando confusão e provocando pessoas que nada lhe fazem, quando efetivamente lesionar a integridade corporal de outrem, até mesmo matando alguém, precisa receber maior pena, pois a censurabilidade do que fez é mais grave. Não fosse assim, o termo *personalidade* – encontrado no Código Penal e em leis especiais, para utilização em vários momentos – perderia a razão de ser. O mesmo sujeito agressivo, no entanto, caso cometa um estelionato, não deve ter a sua personalidade, nesse ponto, levada em conta, pois ser agressivo não se relaciona com o delito patrimonial, não violento, praticado. Se o julgador assim fizer, utilizará, primordialmente, a culpabilidade do autor, olvidando a culpabilidade do fato. No primeiro exemplo (o agressivo que lesa ou mata), se tiver sua pena aumentada, levou-se em consideração a culpabilidade do fato, ou seja, a lesão corporal ou o homicídio torna-se mais grave, possibilitando pena mais elevada, porque não soube o autor controlar esse aspecto negativo de sua personalidade (agressividade). Evitando-se a confusão de termos, preferimos considerar que, para a aplicação da pena, o juiz deve levar em conta a *culpabilidade do fato*: analisa-se *o que foi praticado* à luz da personalidade do agente. Se algum lado negativo desta se aplicar ao crime, sua pena será aumentada. Do contrário, não. Logicamente, pode-se usar algum aspecto positivo da personalidade do agente, quando ligado ao fato praticado, para reduzir sua pena (ex.: por ser extremamente caridoso, termina por furtar, destinando todo o montante auferido a um orfanato, que se encontra em sérias dificuldades financeiras). Caso usássemos a culpabilidade do autor, como meta principal, pouco interessaria o que foi feito. Qualquer aspecto negativo da personalidade serviria para o aumento da pena. Essa posição é injusta, pois ninguém é perfeito, apresentando um modo de agir corretíssimo, sem qualquer desvio de conduta. Portanto, se alguém comete um crime que não se relaciona a determinado aspecto negativo da sua personalidade, não deve ser julgado pelo que é, mas pelo que fez, à luz do que é. Todos somos imperfeitos. Temos aspectos positivos e negativos de personalidade. Quando o art. 59 do Código Penal – e vários outros dispositivos em relação a outros institutos – faz incluir a análise da personalidade para a aplicação da pena, quer demonstrar o seguinte: o aspecto negativo, que se torna incontrolável, impulsionando o agente ao delito, deve ser ponderado na fixação da pena. Não quer significar que todos os defeitos de conduta devem ser levados em consideração. Fosse assim e não existiria pena mínima, pois, como dissemos, ninguém é santo. O tema está longe de atingir um consenso. O que não se pode afirmar, em hipótese alguma, é ter o Código Penal assumido, claramente, qual o modo pelo qual se deve encarar a culpabilidade, no momento de fixação da pena. Afinal, a personalidade do agente deve ser vista à vontade pelo juiz, dissociada do fato praticado, ou deve ser encarada no contexto do crime cometido exclusivamente? A lei penal não responde a tal indagação. Preferimos sustentar a segunda opção, vale dizer, a personalidade deve ser analisada sob o enfoque da infração penal materializada. Consagra-se um direito penal condizente com o Estado Democrático de Direito, pois ninguém será julgado pelo que é, repita-se, mas pelo que fez, em virtude do que é. Por derradeiro, não se deve confundir a discussão envolvendo *culpabilidade do fato* e *culpabilidade do autor* com o princípio penal da culpabilidade, que diz respeito a não poder existir crime sem ter o agente atuado com dolo ou culpa (*nullum crimen sine culpa*), ou seja, busca evitar a consagração da responsabilidade penal objetiva.

**99. Conceitos de coação irresistível e obediência hierárquica:** são causas de exclusão da culpabilidade e se situam no contexto da inexigibilidade de conduta diversa. O direito não pode exigir das pessoas comportamentos anormais ou heroicos, pretendendo que a lei penal seja aplicada cegamente, sem uma análise minuciosa da situação concreta na qual se vê envolvido

# Art. 22

Código Penal Comentado · **Nucci**

o agente de um injusto (fato típico e antijurídico). Assim, havendo coação moral insuportável, não é exigível que o coato resista bravamente, como se fosse um autômato cumpridor da lei. O mesmo se diga da obediência hierárquica, pois, havendo uma ordem do superior para o subordinado, dificilmente se pode exigir deste último que questione o autor da determinação. A lei não definiu, nem apresentou os elementos componentes das duas excludentes, restando à doutrina e à jurisprudência a tarefa de fazê-lo. A coação irresistível, referida no artigo, é a coação moral, uma vez que a coação física afeta diretamente a voluntariedade do ato, eliminando, quando irresistível, a própria conduta. Trata-se de uma grave ameaça feita pelo coator ao coato, exigindo deste último que cometa um crime contra terceira pessoa, sob pena de sofrer um mal injusto e irreparável. Quanto à obediência hierárquica, é a ordem de duvidosa legalidade dada pelo superior hierárquico ao seu subordinado, para que cometa um delito, sob pena de responder pela inobservância da determinação. Na jurisprudência: STJ: "2. Nos termos do § 2.º do art. 13 do Código Penal, a omissão é penalmente relevante quando o omitente devia e podia agir para evitar o resultado. O dever de agir incumbe a quem: a) tenha por lei obrigação de cuidado, proteção ou vigilância; b) de outra forma, assumiu a responsabilidade de impedir o resultado; c) com seu comportamento anterior, criou o risco da ocorrência do resultado. 3. O § 2.º do art. 1.º da Lei n. 9.455/1997 prevê, expressamente, a responsabilidade da pessoa que se omite em face de tortura realizada por terceiro quando tinha o dever de evitá-las ou apurá-las, incorrendo em apenamento específico. 4. A pessoa que tem o dever de agir e se omite diante de cárcere privado imposto por terceiro àquele que está sob os seus cuidados pratica fato típico, nos termos do art. 148 c/c o art. 13, ambos do Código Penal. 5. Configura causa excludente da culpabilidade a coação irresistível, prevista no art. 22 do Código Penal, de forma que a omissão penalmente relevante e decorrente de coação física e moral irresistível isenta o agente de pena. 6. Hipótese em que o Juízo sentenciante concluiu que a *paciente também era vítima da violência do corréu e que a sua omissão foi decorrente de coação moral e física irresistível*, o que configura causa *excludente da culpabilidade*, isentando-a de pena. Para a condenação da paciente, a Corte local descreveu a sua omissão, mas não apresentou motivação suficiente para desconstituir a conclusão constante da sentença no sentido de que a paciente também era vítima das agressões e confinamentos impostos pelo corréu, a denotar, no caso, coação moral e física irresistível, impondo-se o restabelecimento da sentença que a absolveu. 7. *Habeas corpus* não conhecido. Ordem concedida, de ofício, para restabelecer a sentença que absolveu a paciente" (HC 777.060/RJ, 5.ª T., rel. Reynaldo Soares da Fonseca, 09.05.2023, v.u., grifamos).

**100. Elementos da coação moral irresistível:** são cinco requisitos: a) *existência de uma ameaça* de um dano grave, injusto e atual, extraordinariamente difícil de ser suportado pelo coato; b) *inevitabilidade do perigo* na situação concreta do coato; c) *ameaça voltada diretamente contra a pessoa do coato ou contra pessoas queridas a ele ligadas*. Se não se tratar de pessoas intimamente ligadas ao coato, mas estranhos que sofram a grave ameaça, caso a pessoa atue, para proteger quem não conhece, pode-se falar em inexigibilidade de conduta diversa, conforme os valores que estiverem em disputa; d) *existência de, pelo menos, três partes envolvidas*, como regra: o coator, o coato e a vítima; e) *irresistibilidade da ameaça* avaliada segundo o critério do homem médio e do próprio coato, concretamente. Portanto, é fundamental buscar, para a configuração dessa excludente, uma intimidação forte o suficiente para vencer a resistência do homem normal, fazendo-o temer a ocorrência de um mal tão grave que lhe seria extraordinariamente difícil suportar, obrigando-o a praticar o crime idealizado pelo coator. Por isso, costuma-se exigir a existência de três partes envolvidas: o coator, que faz a ameaça; o coato, que pratica a conduta injusta; a vítima, que sofre o dano. Exemplo que, lamentavelmente, tem-se tornado comum atualmente: um gerente de banco tem sua família sequestrada, sob ameaça de morte, para obrigá-lo, acompanhando um dos integrantes de uma quadrilha, a abrir o cofre do estabelecimento bancário e entregar o dinheiro aos ladrões. Apesar de o gerente ter praticado um fato típico (art. 155, CP) e ilícito (não há excludente de antijuridicidade em seu favor), não pode ser punido, pois inexigível, de sua parte, conduta diversa. Elimina-se, pois, a culpabilidade. Na jurisprudência: TJRS: "Como destacou o Julgador, condenando o recorrente: 'Afirmou que usava droga e ficou em dívida com as pessoas que comprava, sendo que eles ameaçaram, mencionando que se não fizesse o arremesso iriam lhe matar...' Quanto à alegação de coação moral irresistível, não houve comprovação da ameaça supostamente sofrida. Além disso, mesmo que demonstrado que tivesse sido ameaçado para arremessar as drogas, inexistente coação moral irresistível, pois poderia o acusado, em vez de cometer a conduta criminosa, denunciar a situação à autoridade competente para as providências cabíveis, até mesmo porque estava no presídio cumprindo pena. Por conseguinte, tendo o acusado outra opção afora atender à suposta ameaça, não se cogita de coação moral irresistível ou inexigibilidade de outra conduta. Apelo desprovido, por maioria" (Ap. Crim. 70085044774, 1.ª C. Crim., rel. Sylvio Baptista Neto, 26.08.2021, m.v.). Vale mencionar, ainda, outro exemplo interessante de coação moral irresistível: "Conta-se que Rosamunda, a esposa de Alboin, rei dos *Langobardos*, utilizou o seguinte procedimento para induzir ao assassinato (por razões que, ainda que fossem compreensíveis, não vêm ao caso aqui) de seu marido: ocupou, sem ser reconhecida, o lugar de concubina de um dos vassalos do rei; com isso lhe surpreendeu, apesar de que este estava desprevenido e não tinha razão alguma para suspeitar de algo. Quando se deu por conta depois do coito diante do vassalo, que estava completamente surpreendido, resumiu a situação da seguinte maneira: (...) O vassalo queria realizar um ato completamente adequado do ponto de vista social, e nenhuma pessoa razoável, em seu lugar, poderia suspeitar de algo mau, mas apesar disso não pôde se distanciar da barbaridade de ter mantido relações sexuais com a esposa do rei, já que na sociedade em que ocorre esta lenda faz parte das condições imprescindíveis para poder instalar-se na realidade que não se produzam tais desajustes do ordenamento estabelecido. Se de todas as maneiras se produz esse desajuste, rei e vassalo já não podem continuar vivendo juntos sobre a face da Terra" (GÜNTHER JAKOBS, *Fundamentos do direito penal*, p. 50-51). Assim, o vassalo matou o rei, sob coação moral irresistível exercida pela rainha, que o ameaçou de contar ao soberano a relação sexual mantida por ambos, embora por engano. Em verdade, a rainha utilizou o vassalo para assassinar o esposo. O serviçal jamais poderia negar o pleito que lhe foi formulado, atuando em situação de inexigibilidade de conduta diversa.

**101. Existência de apenas duas pessoas na coação moral irresistível:** a despeito da predominância da tese oposta (haver pelo menos três partes envolvidas), a jurisprudência tem aceitado, em casos excepcionais, a configuração da excludente com somente duas partes: o coator e o coato. Nesse caso, o coator seria a própria vítima. A grave e injusta ameaça exercida pelo coator contra a pessoa do coato seria tão intensa e difícil de suportar que ele se voltaria contra o próprio coator, matando-o, por exemplo. Note-se que a intenção do coator não seria obrigar o coato a realizar qualquer ato contra terceiro, mas seria infligir um mal futuro qualquer que atingiria o próprio coato. Este, no entanto, não estaria em legítima defesa, por ausência de agressão atual ou iminente, mas encontrar-se-ia em situação desesperadora, causada pelo coator, contra quem terminaria agindo, para livrar-se da situação de agonia. Exemplo do STF: "O quesito que propõe a vítima como agente da coação moral irresistível não delira da lógica jurídica, nem apresenta coação absurda em tese" (HC 62.982-2, rel. Francisco Rezek, *RT* 605/380, embora antigo, o julgado é raro). Por outro lado, precedentes do Superior Tribunal de Justiça mostram que, eventualmente, a coação pode não vir diretamente do coator, mas sim da própria sociedade, com seus costumes e padrões rígidos: STJ: "Tecnicamente não há

# Art. 22

Código Penal Comentado • **Nucci**

204

dúvida, a coação pressupõe coator e coacto. Entretanto, o Tribunal do Júri é soberano. Vários precedentes indicam, como coator, a sociedade, que, através da sua cultura, exigiria reação violenta do coagido, no caso o réu. Exemplificativamente, nos crimes passionais, onde, em determinadas regiões, a própria sociedade exige que o traído sentimentalmente deve praticar determinados atos, sob pena de receber qualificativos desairosos no ambiente em que mora" (REsp 5.329-0-GO, 6.ª T., rel. José Cândido, 31.08.1992, v.u. – embora antigo, mantivemos a referência ao julgado, pois a situação é peculiar).

**101-A. Utilização de violência real:** a coação moral irresistível pressupõe a existência de uma ameaça exercida contra o coato e não um ato violento. Logo, num primeiro momento, deve-se descartar a ocorrência de violência real no cenário da coação moral. Ocorre que, torna-se viável, para a geração da ameaça séria e grave, o uso de violência real. O exemplo fornecido por IVAIR NOGUEIRA ITAGIBA é convincente: "um delinquente amarra o inimigo num tronco. Em seguida chicoteia, fere, esbordoa o filho covarde que, para se libertar de dores maiores e da morte temida, anui à vontade do perverso criminoso, matando o próprio pai" (*Do homicídio*, p. 259).

**101-B. Indispensabilidade da prova:** cuidando-se de excludente de culpabilidade, não basta a afirmação do acusado de que se encontrava, à época do delito, sob coação moral irresistível. Como se pode vislumbrar quanto aos elementos da excludente (nota 100 *supra*), a pressão sobre o agente há de ser insuperável, consistente em fato – e não em mera hipótese – de modo que é preciso prova nos autos.

**102. Elementos da obediência hierárquica:** são cinco requisitos: a) *existência de uma ordem não manifestamente ilegal*, ou seja, de duvidosa legalidade (essa excludente não deixa de ser um misto de inexigibilidade de outra conduta com erro de proibição); b) *ordem emanada de autoridade competente* (excepcionalmente, quando se cumpre ordem de autoridade incompetente, pode se configurar um "erro de proibição escusável"); c) *existência, como regra, de três partes* envolvidas: superior, subordinado e vítima; d) *relação de subordinação* hierárquica entre o mandante e o executor, em direito público. Não há possibilidade de se sustentar a excludente na esfera do direito privado, tendo em vista que somente a hierarquia no setor público pode trazer graves consequências para o subordinado que desrespeita seu superior (no campo militar, até a prisão disciplinar pode ser utilizada pelo superior, quando não configurar crime: CPM, art. 163: "Recusar obedecer a ordem do superior sobre assunto ou matéria de serviço, ou relativamente a dever imposto em lei, regulamento ou instrução: Pena – detenção, de um a dois anos, se o fato não constitui crime mais grave"); e) *estrito cumprimento da ordem*. Neste último caso, cremos que, em se tratando de ordem de duvidosa legalidade, é preciso, para valer-se da excludente, que o subordinado fixe os exatos limites da determinação que lhe foi passada. O exagero descaracteriza a excludente, pois se vislumbra ter sido exigível do agente outra conduta, tanto que extrapolou o contexto daquilo que lhe foi determinado por sua própria conta – e risco. Registre-se, nesse sentido, o disposto no Código Penal Militar: "Se a ordem do superior tem por objeto a prática de ato manifestamente criminoso, ou há *excesso nos atos ou na forma da execução*, é punível também o inferior [hierárquico]" (art. 38, § 2.º, grifo nosso).

**102-A. Análise da legalidade da ordem:** ao verificar se a ordem dada pelo superior foi legal, ilegal ou de duvidosa legalidade (somente esta última justifica a excludente da obediência hierárquica), deve-se checar, dentre outros fatores, a proporcionalidade entre o comando dado e o resultado a ser atingido. Por vezes, uma ordem soa legal, na aparência, porém, confrontando-a com os efeitos gerados, percebe-se a inviabilidade de seu atendimento. Confira-se no seguinte exemplo concreto: um motorista de ambulância alegou obediência hierárquica para não prestar socorro à vítima, após solicitação de policiais militares, afirmando que somente poderia fazê-lo com autorização superior. O Tribunal de Justiça do Rio Grande do Sul não reconheceu a excludente afirmando que "a orientação verbal [de não transportar pessoas sem autorização superior] não pode sobrepor-se à lei na hierarquia de valores do motorista de ambulância, pois ele presta um serviço de utilidade pública, ambulância é transporte próprio para socorrer pessoas em emergências, com problemas de saúde, podendo, inclusive, estar sob risco de vida, como o caso. A finalidade da orientação da Secretaria não foi a de negar a assistência e socorro como fez o réu (...). A ordem, mesmo sob a forma de orientação, é manifestamente ilegal, logo não sustenta a excludente de culpabilidade" (TJRS, Ap. 70003697117, 3.ª C., rel. Elba Aparecida Nicolli Bastos, 05.09.2002, v.u.; embora antigo, serve perfeitamente para a ilustração do assunto). Foi condenado por omissão de socorro, com resultado morte (art. 135, parágrafo único, CP).

**103. Punição do coator ou do autor da ordem:** poderá responder somente pelo resultado lesivo produzido pelo coato ou pelo subordinado, embora também possa responder, em concurso formal, pela coação exercida contra o coato ("Constitui crime de tortura: I – constranger alguém com emprego de violência ou grave ameaça, causando-lhe sofrimento físico ou mental: (...) *b*) para provocar ação ou omissão de natureza criminosa" – art. 1.º, Lei 9.455/1997, que define os crimes de tortura) ou pelo abuso cometido contra o subordinado (arts. 167 a 176 do Código Penal Militar).

**104. Inexigibilidade de conduta diversa:** há intensa polêmica na doutrina e na jurisprudência a respeito da aceitação da *inexigibilidade de outra conduta* como tese autônoma, desvinculada das excludentes da coação moral irresistível e da obediência hierárquica. Cremos ser perfeitamente admissível o seu reconhecimento no sistema penal pátrio. O legislador não definiu *culpabilidade*, tarefa que restou à doutrina, reconhecendo-se, praticamente à unanimidade, que a exigibilidade e possibilidade de conduta conforme o direito é um dos seus elementos. Ora, nada impede que de dentro da culpabilidade se retire essa tese para, em caráter excepcional, servir para excluir a culpabilidade de agentes que tenham praticado determinados injustos. É verdade que a *inexigibilidade de conduta diversa* faz parte da coação moral irresistível e da obediência hierárquica, embora se possa destacá-la para atuar isoladamente. Narra ODIN AMERICANO os casos concretos que primeiramente deram origem à tese, no início do século XX, na Alemanha. Primeiro caso ocorrido: *Leinenfanger* (cavalo indócil que não obedece às rédeas): "O proprietário de um cavalo indócil ordenou ao cocheiro que o montasse e saísse a serviço. O cocheiro, prevendo a possibilidade de um acidente, se o animal disparasse, quis resistir à ordem. O dono o ameaçou de dispensa caso não cumprisse o mandado. O cocheiro, então, obedeceu e, uma vez na rua, o animal tomou-lhe as rédeas e causou lesões em um transeunte. O Tribunal alemão absolveu o cocheiro sob o fundamento de que, se houve previsibilidade do evento, não seria justo, todavia, exigir-se outro proceder do agente. Sua recusa em sair com o animal importaria a perda do emprego, logo a prática da ação perigosa não foi culposa, mercê da inexigibilidade de outro comportamento". Outro caso, também na Alemanha: *Klaperstorch* (cegonha que traz os bebês), ocorrido num distrito mineiro alemão: "A empresa exploradora de uma mina acordou com os seus empregados que, no dia do parto da esposa de um operário, este ficaria dispensado do serviço, sem prejuízo de seus salários. Os operários solicitaram da parteira encarregada dos partos que, no caso de nascimento verificado em domingo, declarasse no Registro Civil que o parto se verificara em dia de serviço, ameaçando-a de não procurar seu mister se não os atendesse. Temerosa de ficar sem trabalho, a parteira acabou em situação difícil, por atender à exigência, e tornou-se autora de uma série de declarações falsas no Registro de Nascimento". Foi absolvida, por inexigibilidade de conduta diversa (*Da culpabilidade normativa*, p. 348-349). Pode-se admitir, portanto, que em certas situações extremadas, quando não for possível aplicar outras excludentes de culpabilidade, a *inexigibilidade de conduta diversa* seja utilizada para evitar a punição injustificada do agente.

# Art. 23

Convém mencionar, pela importância que o tema exige, o ensinamento de Assis Toledo: "A inexigibilidade de outra conduta é, pois, a primeira e mais importante causa de exclusão da culpabilidade. E constitui verdadeiro princípio de direito penal. Quando aflora em preceitos legislados, é uma causa legal de exclusão. Se não, deve ser reputada causa supralegal, erigindo-se em princípio fundamental que está intimamente ligado com o problema da responsabilidade pessoal e que, portanto, dispensa a existência de normas expressas a respeito" (*Princípios básicos de direito penal*, p. 328). E, também, a precisa lição de Baumann: "Se se admite que as causas de exclusão da culpabilidade reguladas na lei se baseiem no critério da inexigibilidade, nada impede que, por via da analogia jurídica, se postule a inexigibilidade como causa geral de exclusão da culpabilidade" (*Derecho penal – Conceptos fundamentales y sistema*, p. 70-71). Na jurisprudência: STJ: "2. Está suficientemente demonstrado o dolo do réu, pois ele adquiriu a arma de fogo sem autorização legal, de maneira irregular e informal, além de manter o porte clandestino do artefato, em desacordo com as determinações regulamentares. 3. *Não há falar em inexigibilidade de conduta diversa*, pois é notório que a segurança pública compete às polícias. Com base nos padrões sociais, o cidadão comum *não pode adquirir armamentos à margem da lei para defesa pessoal* ou patrimonial, por temer atos futuros e incertos" (AgRg no HC 778.738/RS, 6.ª T., rel. Rogerio Schietti Cruz, 13.03.2023, v.u.).

### Exclusão da ilicitude[105-108]

> **Art. 23.** Não há crime quando o agente pratica o fato:
>
> I – em estado de necessidade;[109]
>
> II – em legítima defesa;[110]
>
> III – em estrito cumprimento de dever legal[111-111-B] ou no exercício regular de direito.[112-113-A]

### Excesso punível[114]

> **Parágrafo único.** O agente, em qualquer das hipóteses deste artigo, responderá pelo excesso doloso ou culposo.[115-115-A]

**105. Conceito de ilicitude (antijuridicidade):** é a contrariedade de uma conduta com o direito, causando lesão a um bem jurídico protegido. Trata-se de um prisma que leva em consideração o aspecto formal da antijuridicidade (contrariedade da conduta com o direito), bem como o seu lado material (causando lesão a um bem jurídico tutelado). Nas palavras de Zaffaroni e Pierangeli, "a antijuridicidade é uma, material porque invariavelmente implica a afirmação de que um bem jurídico foi afetado, formal, porque seu fundamento não pode ser encontrado fora da ordem jurídica" (*Manual de direito penal brasileiro – Parte geral*, p. 573). No mesmo prisma encontra-se a lição de Muñoz Conde, mencionando como exemplos a falsificação da assinatura de uma personalidade famosa por puro passatempo ou a confecção de um título de crédito com finalidade didática. Tais situações não constituem, *materialmente*, uma ação antijurídica, pois não colocam em risco o bem jurídico protegido (*Derecho penal – Parte general*, p. 337). Pensamos que, nessa hipótese, não se pode utilizar a teoria da atipicidade material (ver nota 27, *h*, ao art. 14), tendo em vista que a conduta não é socialmente adequada (aceita por consenso pela sociedade). Mas reconhece-se a licitude das condutas exemplificadas por ausência de lesão concreta a qualquer bem jurídico tutelado.

**106. Excludentes de ilicitude:** se presente uma das causas relacionadas no art. 23 do Código Penal, está-se afastando um dos elementos do crime, que é a contrariedade da conduta ao direito. Ensina MAGGIORE que o conceito de justificação não é particular e exclusivo do direito penal, pertencendo ao direito em geral, tanto público como privado, pois é faculdade do ordenamento jurídico decidir se uma relação determinada é contrária ao direito ou está de acordo com ele. A excludente de antijuridicidade torna lícito o que é ilícito (*Derecho penal*, v. 1, p. 387-388). É possível que a ilicitude seja lançada dentro do tipo penal, como ocorre, por exemplo, no caso do crime de invasão de domicílio ("Entrar ou permanecer, clandestina ou astuciosamente, *ou contra a vontade expressa ou tácita de quem de direito*, em casa alheia ou em suas dependências" – art. 150, CP, grifo nosso). Assim ocorrendo, quando alguém entra em casa alheia *com consentimento do dono*, está praticando fato atípico, tendo em vista que a concordância do morador elimina um dos elementos do tipo penal – ainda que se esteja tratando, na essência, de ilicitude. Do contrário, quando a excludente está fora do tipo, a conduta pode ser considerada típica, mas não será antijurídica, tal como acontece com o agente que mata em legítima defesa.

**106-A. Classificação das excludentes de ilicitude:** como demonstra o quadro esquemático (conferir após a nota 138 *infra*), as excludentes de ilicitude podem ser divididas da seguinte forma: a) previstas na Parte Geral do Código Penal e válidas, portanto, para todas as condutas típicas estabelecidas na Parte Especial ou em leis penais especiais: a1) estado de necessidade (arts. 23, I, e 24); a2) legítima defesa (arts. 23, II, e 25); a3) estrito cumprimento do dever legal (art. 23, III); a4) exercício regular de direito (art. 23, III); b) previstas na Parte Especial do Código Penal e válidas, apenas, para alguns delitos. Exemplo: aborto necessário (art. 128, I, CP); c) previstas em legislação extrapenal. É interessante destacar que essas excludentes podem constituir modalidades específicas de estado de necessidade, legítima defesa, cumprimento de dever ou exercício de direito, mas que se voltam a situações peculiares, descritas em leis não penais. Se não existissem, seria possível que o crime se concretizasse, pois a excludente penal não seria cabível ao caso. Exemplo disso é a legítima defesa prevista no Código Civil (art. 1.210, § 1.º). *In verbis*: "O possuidor turbado, ou esbulhado, poderá manter-se ou *restituir-se por sua própria força*, contanto que o faça logo; os atos de defesa, ou de *desforço*, não podem ir além do indispensável à manutenção, ou restituição da posse" (grifo nosso). O Código Penal prevê a hipótese de utilização da legítima defesa apenas em caso de agressão atual (presente) ou iminente (futuro próximo), mas jamais em situação de agressão que já cessou (vide a nota 134 ao art. 25). Entretanto, o Código Civil é mais flexível e admite a busca da *restituição*, mediante o emprego de força, do que já foi tomado, embora com moderação. Fala-se no Código Civil em *desforço*, cujo significado é *vingança ou desforra*. Logo, a lei civil autoriza que o possuidor, embora já tenha perdido, por esbulho, o que é seu, retome o bem usando a força. Essa amplitude não existe no contexto penal. Aquele que for agredido, ainda que logo após, não pode *vingar-se*. Aquele que foi furtado, por exemplo, não pode invadir a casa do autor da subtração e de lá retirar, à força, o que lhe pertence – seria exercício arbitrário das próprias razões; d) consentimento do ofendido, que é excludente supralegal (não prevista expressamente em lei), consistente no desinteresse da vítima em fazer valer a proteção legal ao bem jurídico que lhe pertence.

**106-B. Excludente de ilicitude e permanência do crime:** os pressupostos fáticos que sustentam a excludente de ilicitude devem durar durante todo o tempo em que o crime se consumar, mormente quando se trata de delito permanente. Portanto, exemplificando, se alguém coloca em cárcere privado uma testemunha, que iria mentir em juízo, essa privação somente encontraria justificativa até que a audiência ocorresse, em razão de eventual legítima

# Art. 23

Código Penal Comentado · **Nucci**

defesa ou estado de necessidade. Após a audiência, não haveria mais como sustentar a licitude do cárcere privado.

**107. Consentimento do ofendido:** trata-se de uma causa supralegal e limitada de exclusão da antijuridicidade, permitindo que o titular de um bem ou interesse protegido, considerado disponível, concorde, livremente, com a sua perda. Não se trata de matéria de aceitação pacífica, tanto na doutrina quanto na jurisprudência. Entretanto, pode-se observar que a maioria tem perfilhado o entendimento de que se trata de excludente de ilicitude aceitável, embora não prevista expressamente em lei. Acolhendo a tese, escreve FREDERICO MARQUES que, "quando surge o consenso, em relação a determinados bens deixa de subsistir a situação de fato em relação à qual deve entrar em vigor a norma penal, o que acontece naqueles casos em que o interesse do Estado não seja tal que prescinda da vontade do particular. É que, em ocorrendo tais situações, o interesse público do Estado não pode exigir mais do que isto: que os bens individuais não sejam atingidos contra a vontade dos respectivos sujeitos. O interesse estatal se identifica com a conservação de bens individuais enquanto esta corresponda à vontade do titular; consequentemente, esses bens não podem ser tidos como lesados quando o respectivo sujeito manifestou sua vontade em sentido favorável à lesão" (*Tratado de direito penal*, v. 2, p. 189). E, ratificando esse entendimento, SALGADO MARTINS leciona que "as causas ilidentes da antijuridicidade não podem limitar-se às estritas prescrições da lei positiva, mas devem ser examinadas dentro de quadro mais amplo, isto é, à luz de critérios sociológicos, éticos, políticos, em suma, critérios que se situam antes do Direito ou, de certo modo, fora do âmbito estrito do Direito positivo" (*Direito penal – Introdução e parte geral*, p. 179). Há vários penalistas que, embora acolhendo o consentimento do ofendido como causa de exclusão da ilicitude, ressalvam que tal somente pode ocorrer quando os bens forem considerados *disponíveis*, enumerando-os. Nessa ótica, diz FRAGOSO que "o consentimento jamais terá efeito quando se tratar de bem jurídico *indisponível*, ou seja, aquele bem em cuja conservação haja interesse coletivo. A honra, a liberdade, a inviolabilidade dos segredos, o patrimônio são bens disponíveis. A vida e a administração pública, por exemplo, são bens irrenunciáveis ou indisponíveis. A nosso ver a integridade corporal também é bem jurídico disponível, mas não é esse o entendimento que prevalece em nossa doutrina" (*Lições de direito penal*, p. 193). No mesmo prisma: PAULO JOSÉ DA COSTA JR. (*Direito penal – Curso completo*, p. 109); CAMARGO ARANHA (Crimes contra a honra, p. 41). Cremos, igualmente, que o consentimento somente pode se dar quando se tratar de bens disponíveis (ver a nota abaixo, cuidando dos requisitos da excludente), embora prefiramos não elaborar uma relação daqueles que são disponíveis e dos que são indisponíveis, pois somente a evolução dos costumes e dos valores na sociedade poderá melhor acertar e indicar qual bem ou interesse ingressa na esfera de disponibilidade do lesado. Somente para exemplificar, vem sendo praticada a ortotanásia, aprovada, inclusive, como conduta ética dos médicos pela Resolução 1.805/2006 do Conselho Federal de Medicina: "Na fase terminal de enfermidades graves e incuráveis é permitido ao médico limitar ou suspender procedimentos e tratamentos que prolonguem a vida do doente, garantindo-lhe os cuidados necessários para aliviar os sintomas que levam ao sofrimento, na perspectiva de uma assistência integral, respeitada a vontade do paciente ou de seu representante legal" (*DOU* 28.11.2006, Seção I, p. 169). Cuida-se de procedimento comum nos hospitais, apoiado não somente pelos médicos, mas pelos próprios interessados – os pacientes terminais – e seus parentes. Atinge o âmbito do consentimento do ofendido, mas, antes de tudo, consiste em conduta socialmente adequada, logo, atípica. Pode-se debater, no cenário do consentimento do ofendido, a eutanásia (homicídio piedoso na forma ativa). Ver as notas 15 e 15-A ao art. 121. Em ampla abordagem do consentimento do ofendido, ANÍBAL BRUNO não deixa de mencionar a importância dos costumes na avaliação da ilicitude do fato. Como regra, diz o autor, a integridade física e a saúde são bens jurídicos indisponíveis, mas, em determinadas situações, o consentimento do ofendido pode ter poder descriminante, desde que a lesão não ponha em perigo a vida ou não afronte a capacidade do indivíduo como valor social (*Direito penal – Parte geral*, t. 2, p. 22). Consulte-se, ainda, a precisa monografia de José Henrique Pierangeli, *O consentimento do ofendido na teoria do delito*. Em sentido contrário, posiciona-se minoria da doutrina, entre os quais destacam-se Soler (*Derecho penal argentino*, t. I, p. 303-307) e Nélson Hungria, professando que "só se pode falar, do ponto de vista penal, em bem ou interesse jurídico *renunciável* ou *disponível*, a exclusivo arbítrio do seu titular, nos estritos casos em que a própria lei penal, explícita ou implicitamente, o reconheça. Não há investigar alhures as hipóteses de *livre disponibilidade* de direitos (bens, interesses) penalmente tutelados. É este o ponto intransponível para os que, seduzidos pelas chamadas *questões elegantes* de interpretação do *jus positum* em matéria penal, defendem o critério aceito pelo ilustre projetista" (*Comentários ao Código Penal*, v. I, t. II, p. 269). Nesse contexto, Hungria está criticando o projeto redigido por Alcântara Machado, que havia previsto expressamente o consentimento do ofendido como excludente de ilicitude. Os exemplos dados pelo autor do referido projeto, justificadores da excludente, foram da lesão havida na prática desportiva e do crime de dano. E, para tanto, Nélson Hungria diz que a lesão no esporte não passa de *exercício regular de direito*, pois regulado pela própria lei do Estado, além do que, se houver morte ou lesão grave, o fato somente poderia deixar de ser punido pela ausência de culpabilidade. No tocante ao delito de dano, menciona que o consentimento está ínsito ao tipo penal, visto ser crime patrimonial; logo, se houvesse consentimento, seria conduta atípica. Quanto a este, não há dúvida que podemos resolver no campo da tipicidade. Mas, no outro caso, pensamos que Hungria olvidou a possibilidade de haver esporte violento não autorizado pelo Estado, do qual tomassem parte pessoas adultas que consentissem nas lesões recíprocas. Imagine-se que tivessem ocorrido apenas lesões leves. Teria havido conduta criminosa? Note-se que não está ínsito ao tipo da lesão corporal o dissentimento da vítima, pois a tradição, no direito penal, é considerar indisponível a integridade física. Aliás, até o advento da Lei 9.099/1995 o delito de lesões leves era de ação pública incondicionada. Atualmente, apesar de ser de ação pública condicionada à representação da vítima, pode-se continuar a debater o tema. Afinal, havendo consentimento do ofendido, segundo entendemos, não há crime, logo, nem mesmo cabe falar em direito à representação. Não se trata, pois, de uma mera *questão elegante* de interpretação do direito posto, como afirmado, mas sim de uma evolução da análise da esfera de proteção obrigatória dada pelo direito penal, colocando inúmeros bens e interesses em patamares intocáveis (indisponíveis), não mais condizentes com a realidade. No exemplo dos esportes violentos não regulamentados pelo Estado, é possível que a parte lesada consinta nos danos sofridos sem que isso se transforme em drama criminal, somente sanável pela intervenção do direito penal. Embora possamos falar em fato típico, certamente o consentimento afasta a ilicitude, dentro da esfera razoável de disponibilidade do ofendido. É preciso salientar, por derradeiro, que o consentimento do ofendido vem ingressando no ordenamento jurídico, como fator excludente de responsabilidade penal, já há algum tempo. Exemplo disso é a edição da Lei 9.434/1997, que dispõe sobre a possibilidade de pessoa viva doar órgãos, tecidos e outras substâncias, desde que não haja o fito de comercialização. Trata-se de autêntico consentimento para a realização de uma lesão grave ou gravíssima, embora admitida expressamente em lei.

**107-A. Consentimento do ofendido e tipicidade:** em certos casos, o consentimento do ofendido influencia no juízo de tipicidade, fugindo ao âmbito da antijuridicidade. Quando a discordância do sujeito passivo estiver presente, expressa ou implicitamente, como elemento do tipo penal, deve-se afastar a tipicidade quando houver o consentimento para a realização da

# Art. 23

Código Penal Comentado · **Nucci**

conduta. A doutrina costuma indicar que, nos delitos patrimoniais, de invasão de domicílio ou violação de correspondência ou segredo, além dos delitos contra a liberdade sexual e contra a liberdade individual, havendo o consentimento do ofendido é caso de atipicidade. No mais, em alguns casos de crimes contra a pessoa e nos delitos contra a honra, a título de ilustração, não se pode dizer que o consentimento do ofendido esteja ínsito no tipo penal, motivo pelo qual prevalece a tese da exclusão da antijuridicidade. A análise a respeito de ser o consentimento do ofendido causa de exclusão da tipicidade ou da ilicitude pode representar, no entanto, alguns aspectos complexos, dependendo, a nosso sentir, da conformação do tipo penal. É certo que, no caso dos delitos patrimoniais, sem violência ou grave ameaça à pessoa, torna-se possível haver o consentimento do ofendido como causa excludente da própria tipicidade. Afinal, como regra, existe a livre disponibilidade dos bens materiais, que podem ser objeto de transação e, também, de mera doação. Se alguém permite que outrem subtraia coisa móvel sua, está, em verdade, doando incondicionalmente, o que não possibilita a constituição do furto. Por outro lado, ingressando na tipicidade a violência ou a grave ameaça, como ocorre, *v.g.*, com o roubo, já não se extrai a mesma conclusão. Aliás, nessa hipótese, por ora, nem mesmo se pode falar em exclusão da ilicitude por consentimento do ofendido. É possível supor o caso de alguém que, assaltado, termine concordando com a perda do objeto, por compreender que o agente está passando por alguma privação de índole econômica, e, embora não tenha pretendido doar o bem, resolve aquiescer à subtração, que se deu, de início, com grave ameaça. Nessa situação, típica sem dúvida é a conduta, mas seria igualmente ilícita? O consentimento do ofendido, como se sabe, somente pode tocar bens disponíveis, quando não afrontar os bons costumes e a ética social. Não se tem por disponível a subtração de coisa móvel ao envolver violência ou grave ameaça, uma vez que constitui interesse geral a punição do assaltante. Logo, causa repulsa à sociedade que o agente de roubo fique livre, porque houve o consentimento do ofendido, sabendo-se, por certo, que, movido pelo interesse patrimonial, pelo lucro fácil, pode voltar a ferir terceiros, caso não haja pronta intervenção e ação do Estado. Do exposto, podemos concluir que, nos tipos penais em que se constate a presença de violência ou grave ameaça, não é de acolher, de pronto, a tese da atipicidade, quando houver consentimento da vítima. É preciso checar até que ponto existe disponibilidade para validar a concordância esboçada. No contexto dos crimes contra a liberdade individual, há aqueles que possuem tipos constituídos dos elementos "violência" ou "grave ameaça" (arts. 146 – constrangimento ilegal; 147 – ameaça; 149 – redução de alguém a condição análoga à de escravo) e o que nada menciona a respeito desses elementos (art. 148 – sequestro ou cárcere privado, na figura do *caput*). Assim, caso haja concordância do ofendido em se deixar prender em algum lugar, desde que não fira a ética ou os bons costumes, o fato é atípico. Quando houver violência ou grave ameaça, não se pode admitir que o consentimento conduza à atipicidade, até porque, como regra, é conduta que interessa à sociedade punir (como vimos no exemplo do roubo). Em suma, quando o delito pressupuser o dissenso da vítima para que se aperfeiçoe, inexistindo violência ou grave ameaça (que fazem presumir a discordância), surgindo o consentimento do ofendido, deve-se concluir tratar-se de hipótese de atipicidade. Contudo, em caso de violência ou grave ameaça, bem como em tipos penais que não pressuponham a concordância do ofendido, se esta existir, deve-se analisar a questão do ponto de vista da exclusão da ilicitude, quando possível. Cumpre destacar, ainda, que, havendo adequação social ou insignificância, trata-se sempre de caso de atipicidade, ainda que haja violência ou grave ameaça. Em exemplos já explorados anteriormente, se alguém permite que lhe seja feita uma tatuagem, pode-se dizer que a lesão praticada é atípica, uma vez que a conduta é socialmente adequada. Afinal, o consenso da sociedade quanto a determinado resultado afasta a possibilidade de preenchimento da tipicidade material. Deve-se resolver, então, na esfera da ilicitude, analisando se é possível considerar a disponibilidade do bem jurídico protegido no caso concreto. E se por um lado pode-se afirmar não haver *adequação social*, por outro pode-se dizer que há preparo da sociedade para permitir que cada um, individualmente, disponha do seu corpo como bem lhe aprouver, respeitados os limites que os costumes da época imponham. Debate-se, nesse campo, a disponibilidade da vida humana, quando alguém se encontra gravemente enfermo, padecendo severo sofrimento. Uma conduta é socialmente adequada quando há consenso na sociedade em relação à sua prática. Uma conduta pode ser praticada contra determinado bem jurídico, quando este for considerado disponível pelo ofendido, embora a conduta em si possa ser socialmente reprovável. É o que acontece nos crimes que consideram a tutela da prostituição, como nos arts. 227, 228, 229, 230, do Código Penal; mesmo que a prostituta não se sinta lesada, mantêm-se tais tipos penais por conta de reprovação social. Outro exemplo: aquele que pratica esporte violento não regulamentado pelo Estado e sofre lesões. Não nos parece deva ser resolvida a questão pela atipicidade, pois a conduta não é socialmente aprovada, mas é possível afastar a ilicitude, pois disponível o bem lesado. A linha entre tipicidade e ilicitude, quando há o consentimento do ofendido, é de fato tênue, merecendo ser descortinada, sempre, no caso concreto.

**107-B. Requisitos da excludente do consentimento do ofendido:** para que se possa reconhecer presente a excludente, absolvendo o réu por ausência de ilicitude da conduta, é indispensável que determinados requisitos estejam presentes: a) *concordância do ofendido* (pessoa física ou jurídica), que deve ser obtida *livre de qualquer tipo de vício, coação, fraude ou artifício*. Quanto ao consentimento dado por pessoa completamente embriagada, torna-se inaceitável, visto não ter discernimento para concordar em ser vítima de um delito; b) *consentimento* dado de maneira *explícita ou implícita*, desde que seja possível reconhecê-lo. Não se admite o consentimento presumido. Se alguém, por exemplo, concorda com uma determinada agressão física uma vez, não quer isto significar que aquiesça sempre. Logo, a presunção não tem lugar nesse contexto; c) *capacidade para consentir*. Não havendo a excludente em nosso sistema jurídico, naturalmente inexiste uma idade legal para que o consentimento seja dado. Parece-nos razoável partir da idade penal, ou seja, 18 anos para estabelecer um limite. Afinal, aquele que tem capacidade para responder por seus atos, na esfera criminal, sem dúvida pode dispor, validamente, de bens ou interesses seus. Por outro lado, deve haver flexibilidade na análise da capacidade de consentimento, pois um menor, com 17 anos, por exemplo, certamente tem condições de discernir sobre a perda de algum bem; d) *disponibilidade do bem ou interesse*. Verifica-se a disponibilidade do bem ou interesse quando a sua manutenção interessa, sobremaneira, ao particular, mas não é preponderante à sociedade. E mais: quando a conduta não ferir os bons costumes e a ética social. Logicamente que tal análise somente se faz, com maior precisão, no caso concreto, analisando-se os costumes e valores sociais do momento, o que é passível de evolução. Registre-se o conteúdo do art. 13 do Código Civil: "Salvo por exigência médica, é defeso o ato de disposição do próprio corpo, quando importar diminuição permanente da integridade física, ou *contrariar os bons costumes*. Parágrafo único. O ato previsto neste artigo será admitido para fins de transplante, na forma estabelecida em lei especial" (grifamos). Consultar, ainda, a nota 15 ao art. 121, que cuida da eutanásia e, portanto, da questão referente à disponibilidade do bem jurídico *vida*; e) *consentimento* dado *antes ou durante* a prática da conduta do agente. Não se deve admitir que o consentimento seja dado após a realização do ato, pois o crime já se consumou, não devendo ter a vítima controle sobre isso. Aceitar o consentimento após a prática da infração penal equivale ao acolhimento do perdão, que difere substancialmente da concordância na perda do bem ou do interesse; f) *consentimento revogável a qualquer tempo*. Embora aceita a prática da conduta inicialmente, pode o titular do bem jurídico afetado voltar atrás a qualquer momento, desde que o ato não se tenha encerrado; g) *conhecimento do agente* acerca do consentimento do ofendido. É fundamental que o autor da conduta saiba que a vítima aquiesceu na perda do bem ou interesse, como se dá, aliás, nas demais excludentes de ilicitude (ver a nota 108 abaixo).

# Art. 23

**108. Elemento subjetivo nas excludentes:** discute-se se o agente, ao invocar qualquer das excludentes de ilicitude, precisa atuar consciente de que está se defendendo ou se valendo de um direito ou de um dever. Seria a excludente de natureza meramente objetiva ou exigiria, também, o aspecto subjetivo? É possível que alguém, sem saber que está em estado de necessidade (por exemplo, está em vias de ser atacado por um animal descontrolado), invada um domicílio. Responde pela invasão, em razão de não ter ingressado na casa alheia com conhecimento de que fugia de um perigo ou deve ser reconhecido o estado de necessidade, que era situação real, em seu favor? Ou, ainda, seria possível aplicar a legítima defesa a quem, pretendendo matar o inimigo, mas sem saber que este também deseja a sua morte, encontra-o, desferindo um tiro fatal, estando a vítima igualmente à procura do agente do disparo, para o mesmo fim? Estava ele na iminência de ser agredido, mas disso não tinha ciência. Há *duas teorias* para solucionar a questão: objetiva e subjetiva. Sustentando a *teoria objetiva*, confira-se a lição de MAGALHÃES NORONHA: "É causa objetiva de excludente da antijuridicidade. 'Objetiva' porque se reduz à apreciação 'do fato', qualquer que seja o estado subjetivo do agente, qualquer que seja sua convicção. Ainda que pense estar praticando um crime, se a 'situação de fato' for de legítima defesa, esta não desaparecerá. O que está no psiquismo do agente não pode mudar o que se encontra na realidade do acontecido. A convicção errônea de praticar um delito não impede, fatal e necessariamente, a tutela de fato de um direito" (*Direito penal*, v. 1, p. 196). E prossegue, em relação à excludente de ilicitude: "Situa-se no terreno físico ou material do fato, prescindindo de *elementos subjetivos. O que conta é o fim objetivo da ação, e não o fim subjetivo do autor*". Ilustrando, alega que "se, *v. g.*, um criminoso se dirige à noite para sua casa, divisando entre arbustos um vulto que julga ser um policial que o veio prender e, para escapar à prisão, atira contra ele, abatendo-o, mas verifica-se a seguir que se tratava de um assaltante que, naquele momento, de revólver em punho, ia atacá-lo, age em legítima defesa, porque de legítima defesa era a situação. *O que se passa na mente da pessoa não pode ter o dom de alterar o que se acha na realidade do fato externo*" (*Direito penal*, v. 1, p. 201). Sobre o tema, pronuncia-se HUNGRIA: "O preconizado critério *subjetivo*, em matéria de legítima defesa, só é compreensível para o efeito do *relativismo* com que, ocorrendo *efetivamente* uma agressão ou perigo de agressão, se deve apreciar o 'erro de cálculo' do agente, no tocante à gravidade da *real* agressão ou do *real* perigo, e consequente *excessus* no *modus* da reação. Somente para se saber se o *excessus defensionis* é *doloso, culposo* ou *isento de qualquer culpabilidade* é que se pode e deve indagar da *subjetividade* da ação" (*A legítima defesa putativa*, p. 141). Pensamos, entretanto, que, adotada a posição finalista em relação ao crime, não há como deixarmos de apoiar, também neste ponto, a *teoria subjetiva*. Afinal, se a finalidade do agente era invadir casa alheia, no exemplo supracitado, sem saber que corria perigo, não é merecedor da excludente, certamente não idealizada para privilegiar a má-fé e o ato injusto. Em idêntico sentido, não sabendo que seria atacado, não pode invocar a excludente da legítima defesa, quando, em verdade, queria matar o seu oponente. Nesse sentido, BUSTOS RAMÍREZ e VALENZUELA BEJAS ensinam que o que interessa ao ordenamento jurídico é que exista a motivação de preservar um bem jurídico, que seja considerado valioso e cuja preservação seja analisada no caso concreto (*Derecho penal latinoamericano comparado*, p. 228). Melhor teria agido o legislador se tivesse feito constar, expressamente, na lei penal, como o fez o Código Penal italiano, a *consciência da necessidade* de valer-se da excludente (arts. 52, 53 e 54). Aliás, a importância do ânimo de se defender ou de realizar a defesa de terceiros é tão intensa que algumas legislações expressamente exigem, em situações peculiares, como a defesa de pessoas estranhas, que o agente defensor não atue impulsionado pelo desejo de vingança, ressentimento ou outro motivo ilegítimo (nessa linha está o art. 10, § 6.º, do Código Penal chileno). E complementa DEL RIO: "Como temos mencionado, o legislador quis deixar aberto o caminho ao indivíduo que, movido por sentimentos generosos de humanidade e justiça, acode em defesa de um semelhante em perigo; mas, ao mesmo tempo, quis evitar que este defensor possa aproveitar a ocasião que se lhe apresenta para causar um mal ao agressor, movido por vingança, ressentimento ou outro motivo ilegítimo" (*Derecho penal – Parte general*, t. II, p. 171). Cremos exagerada tal disciplina, o que não ocorre na nossa lei. Se o agente efetivamente defender terceira pessoa, ainda que esteja aproveitando a ocasião para se vingar de inimigo, que é o agressor, configura-se a legítima defesa, pois deve prevalecer o intuito de defesa. Logicamente, sabendo-se da relação de inimizade entre defensor e agressor, releva observar, com maior cautela, os elementos referentes à necessariedade dos meios empregados e à moderação. Se houver excesso, naturalmente, deve o defensor ser punido. Não é preciso qualquer sentido ético à conduta defensiva, bastando o ânimo de se defender – ou defender terceira pessoa. Assim, também, a lição de MAURACH (*Derecho penal – Parte general*, v. 1, p. 449). Devemos destacar, ainda, que a consciência exigida não é da situação de *injustiça* (ilicitude) da agressão, pois, se assim fosse, inimputáveis (loucos e menores de idade) e ébrios não poderiam utilizar a legítima defesa, já que não teriam noção do que é certo e do que é errado (aliás, justamente por isso, não respondem por crime). As pessoas privadas da consciência do ilícito podem, sem dúvida, defender sua própria pessoa e seus bens e interesses, desde que tenham a *consciência* de estarem sendo vítimas de uma agressão. O instinto de preservação, mormente nas situações do estado de necessidade e da legítima defesa, está acima da capacidade de ciência do lícito ou do ilícito, conforme as leis vigentes. Um doente mental, inserido em um contexto de incêndio, vai procurar escapar de todo modo, ainda que tenha de machucar outras pessoas para atingir o seu objetivo. Os exageros cometidos pelo inimputável ou embriagado, ao buscar valer-se das excludentes de ilicitude, serão analisados e julgados como se fossem fatos criminosos comuns. A eles podem ser aplicadas as medidas alternativas de segurança ou socioeducativas, conforme o caso. Quanto ao ébrio, tudo vai depender da origem da embriaguez: se fortuita (art. 28, § 1.º, CP) ou voluntária ou culposa (art. 28, II, CP). Em suma, é mais difícil que inimputáveis em geral atuem em exercício regular de direito ou estrito cumprimento do dever legal, mas é bem provável que ajam em estado de necessidade ou legítima defesa, com plena consciência da situação perigosa da qual buscam escapar. Nos exemplos supramencionados, em relação àqueles que querem fazer o mal (invadir domicílio ou matar alguém), de maneira consciente, não há a menor noção de estado de necessidade ou legítima defesa. Pensam em delinquir e não se salvar de algo. Terminemos com a perspicaz lição de PEDRO VERGARA, defendendo a existência do elemento subjetivo nas excludentes de ilicitude: "se tudo, na vontade, é subjetivo – inclusive os fatos externos, refletidos, já, no psiquismo, e por ele assimilados e transformados – e se a defesa é ato de vontade –, como desconhecer-lhe o subjetivismo que a informa, e como recusar que a psique se assenhoriou – à sua maneira e com seus meios – da objetividade que provoca a sua excitação e move todas as suas integrantes? (...) A psicologia é uma só, e está sempre, como é óbvio, referida ao ser humano. Daí não podem ser tirados os *fatos da consciência*, para situá-los no exterior do ser, como se alguma coisa pudesse existir, para o homem e no homem, sem o homem (...) Ora, é *subjetivamente* – isto é –, com o seu psiquismo – que o agredido vê a *atualidade da agressão* – encarada, sempre, essa em termos de *perigo* apenas –, não de ofensas, já forçosamente, desencadeadas; é *subjetivamente*, do mesmo modo, que o agredido vê a *necessidade* de *reagir* – isto é –, de anular ou obviar o perigo; e é ainda, *subjetivamente*, que tem como *proporcionais* as armas que deve usar e o *modo* ou a intensidade por que executará e consumará a sua ação" (*Da legítima defesa subjetiva*, p. 11, 14 e 16). E prossegue o autor: "exigir, portanto, que os homens, para estar dentro da lei ou de fórmulas herméticas e hieráticas, se coloquem fora da sua psicologia, de si movediça e inestável – é violentar e forçar a sua própria natureza. Os que forem fortes e heroicos ficarão calmos e manterão uma atitude de aparente indiferença, diante do maior e do mais grave perigo. Há homens que oferecem o peito às balas, mas há também aqueles que

# Art. 23

Código Penal Comentado • **Nucci**

oferecem as costas (...) o mundo objetivo não pode prevalecer, quando estão em jogo duas inteligências, duas atitudes interiores que se anunciam e se repelem" (*Da legítima defesa subjetiva,* p. 167 e 169).

**109. Conceito de estado de necessidade:** é o sacrifício de um interesse juridicamente protegido, para salvar de perigo atual e inevitável o direito do próprio agente ou de terceiro, desde que outra conduta, nas circunstâncias concretas, não era razoavelmente exigível.

**110. Conceito de legítima defesa:** é a defesa necessária empreendida contra agressão injusta, atual ou iminente, contra direito próprio ou de terceiro, usando, para tanto, moderadamente, os meios necessários. Trata-se do mais tradicional exemplo de justificação para a prática de fatos típicos. Por isso, sempre foi acolhida, ao longo dos tempos, em inúmeros ordenamentos jurídicos, desde o direito romano, passando pelo direito canônico, até chegar à legislação moderna. Valendo-se da legítima defesa, o indivíduo consegue repelir agressões indevidas a direito seu ou de outrem, substituindo a atuação da sociedade ou do Estado, que não pode estar em todos os lugares ao mesmo tempo, através dos seus agentes. A ordem jurídica precisa ser mantida, cabendo ao particular assegurá-la de modo eficiente e dinâmico.

**111. Conceito de estrito cumprimento do dever legal:** trata-se da ação praticada em cumprimento de um dever imposto por lei, penal ou extrapenal, mesmo que cause lesão a bem jurídico de terceiro. Pode-se vislumbrar, em diversos pontos do ordenamento pátrio, a existência de deveres atribuídos a certos agentes que, em tese, podem configurar fatos típicos. Para realizar uma prisão, por exemplo, o art. 292 do Código de Processo Penal prevê que "se houver, ainda que por parte de terceiros, resistência à prisão em flagrante ou à determinada por autoridade competente, o executor e as pessoas que o auxiliarem *poderão usar dos meios necessários* para defender-se ou para vencer a resistência..." (grifamos). O mesmo se diga da previsão feita no art. 245, §§ 2.º e 3.º, do mesmo Código, tratando da busca legal e autorizando o emprego de força para cumprir o mandado judicial. Para se considerar *dever legal* é preciso que advenha de lei, ou seja, preceito de caráter geral, originário de poder público competente, embora no sentido lato (leis ordinárias, regulamentos, decretos etc.). Algumas dessas situações – e outras que também constituem cumprimento de dever legal – podem ser deslocadas para o campo da tipicidade. Por exemplo: o médico tem o dever de comunicar doença de notificação obrigatória à autoridade sanitária, sob pena de, não o fazendo, configurar o crime previsto no art. 269 do Código Penal. Logo, se fizer a comunicação, trata-se de fato atípico, não se necessitando utilizar a excludente de ilicitude do estrito cumprimento do dever legal. Em suma, quando a abstenção do cumprimento do dever configurar fato típico, o seu exercício constitui o oposto (fato atípico). No entanto, quando o cumprimento do dever permitir a formação do fato típico (lesão corporal durante a execução de uma prisão), valemo-nos da excludente de ilicitude referente ao estrito cumprimento do dever legal. Na jurisprudência: TRF-1: "Maus-tratos a animal (...). Age no estrito cumprimento do dever legal (excludente de ilicitude prevista pelo art. 23, III, do CP) o agente da Polícia Federal que durante uma operação sigilosa, e na missão de guia de uma cadela patrimônio da PF, treinada para a detecção de drogas, com apenas um disparo de arma de fogo e sem oferecer risco a terceiros, atinge e mata cão de rua, ao verificar iminente ataque ao animal sob sua guarda" (RESE 0012537-46.2012.4.01.3200, 3.ª T., rel. Monica Sifuentes, 11.03.2014, v.u., embora antigo, mantém-se para servir de ilustração).

**111-A. Incompatibilidade do cumprimento de dever legal e morte do suspeito ou preso:** não são raros os casos em que, durante uma prisão de suspeito da prática de crime, a polícia precisa agir com energia, justamente porque o perseguido resiste, desferindo tiros contra os agentes policiais. Nesta hipótese, reagindo aos disparos e terminando por matar o suspeito ou preso em fuga, não se está diante da excludente de estrito cumprimento do dever legal, pois ninguém detém autorização da lei para matar outrem no cumprimento de um dever, especialmente no caso mencionado. Assim sendo, o correto é tratar a situação como legítima defesa.

**111-B. Situações de cumprimento de dever legal:** constituem casos típicos de estrito cumprimento de dever legal as seguintes hipóteses: a) a execução de pena de morte feita pelo carrasco, quando o sistema jurídico admitir (no caso do Brasil, dá-se em época de guerra, diante de pelotão de fuzilamento); b) a morte do inimigo no campo de batalha produzida pelo soldado em tempo de guerra; c) a prisão em flagrante delito executada pelos agentes policiais; d) a prisão militar de insubmisso ou desertor; e) a violação de domicílio pela polícia ou servidor do Judiciário para cumprir mandado judicial de busca e apreensão ou mesmo quando for necessário para prestar socorro a alguém ou impedir a prática de crime; f) a realização de busca pessoal, nas hipóteses autorizadas pelo Código de Processo Penal; g) o arrombamento e a entrada forçada em residência para efetuar a prisão de alguém, durante o dia, com mandado judicial; h) a apreensão de coisas e pessoas, na forma da lei processual penal; i) o ingresso em casa alheia por agentes sanitários para finalidades de saúde pública; j) a apreensão de documento em poder do defensor do réu, quando formar a materialidade de um crime, de acordo com a lei processual penal; l) o ingresso em casa alheia por agentes municipais para efeito de lançamento de imposto; m) a comunicação da ocorrência de crime por funcionário público à autoridade, quando dele tenha ciência no exercício das suas funções; n) a denúncia à autoridade feita por médicos, no exercício profissional, da ocorrência de um crime; o) a denúncia feita por médicos à autoridade sanitária, por ocasião do exercício profissional, tomando conhecimento de doença de notificação obrigatória; p) a violência necessária utilizada pela polícia ou outro agente público para prender alguém em flagrante ou em virtude de mandado judicial, quando houver resistência ou fuga (cf. Marcello Jardim Linhares, *Estrito cumprimento de dever legal. Exercício regular de direito*, p. 120-121).

**112. Conceito de exercício regular de direito:** é o desempenho de uma atividade ou a prática de uma conduta autorizada por lei, que torna lícito um fato típico. Se alguém exercita um *direito*, previsto e autorizado de algum modo pelo ordenamento jurídico, não pode ser punido, como se praticasse um delito. O que é lícito em qualquer ramo do direito, há de ser também no direito penal. Exemplo: a Constituição Federal considera o domicílio asilo inviolável do indivíduo, sendo vedado o ingresso nele sem consentimento do morador, salvo em caso de flagrante delito ou desastre, bem como para prestar socorro (art. 5.º, XI, CF). Portanto, se um fugitivo da justiça esconde-se na casa de um amigo, a polícia somente pode penetrar nesse local durante o dia, constituindo exercício regular de direito impedir a entrada dos policiais durante a noite, mesmo possuindo um mandado. Acrescente-se, ainda, que o termo *direito* deve ser interpretado de modo amplo e não estrito – afinal, cuida-se de excludente de ilicitude e não de norma incriminadora. Logo, compreende "todos os direitos subjetivos pertencentes a toda categoria ou ramo do ordenamento jurídico, direta ou indiretamente reconhecido, como afinal são os costumes" (cf. Marcello Jardim Linhares, *Estrito cumprimento de dever legal. Exercício regular de direito*, p. 111).

**112-A. Situações de exercício regular de direito:** constituem casos típicos de exercício de direito as seguintes hipóteses: a) o aborto, quando a gravidez resulte de estupro, havendo o consentimento da gestante; b) a correção disciplinar dos pais aos filhos menores, quando moderada. Lembre-se da edição da Lei da Palmada, introduzindo o art. 18-A no Estatuto da Criança e do Adolescente, vedando castigos físicos e tratamentos degradantes ou humilhantes. Há de se interpretar esse novel dispositivo com cautela e bom senso para não suprimir o poder familiar dos pais, tornando crianças e adolescentes imunes a qualquer espécie de correção. Para

# Art. 23

Código Penal Comentado · **Nucci**

216

mais detalhes, consultar o nosso *Estatuto da criança e do adolescente comentado*; c) a ofensa irrogada na discussão da causa pela parte ou seu procurador; d) a crítica literária, artística ou científica; e) a apreciação ou informação do funcionário público, no exercício da sua função; f) o tratamento médico e a intervenção cirúrgica, quando admitidas em lei; g) o tratamento médico e a intervenção cirúrgica, mesmo sem o consentimento do paciente, quando ocorrer iminente risco de vida (nesta hipótese, diante dos termos do art. 146, § 3.º, I, do Código Penal, é mais acertado considerar excludente de tipicidade; ver a nota 15 ao art. 146); h) a coação para impedir suicídio (nesta hipótese, diante dos termos do art. 146, § 3.º, II, do Código Penal, é mais acertado considerar excludente de tipicidade; ver a nota 16 ao art. 146); i) a violação de correspondência dos pais com relação aos filhos menores e nos demais casos autorizados pela lei processual penal; j) a divulgação de segredo, ainda que prejudicial, feita com justa causa; k) a subtração de coisa comum fungível; l) a conservação de coisa alheia perdida pelo prazo de 15 dias; m) a prática de jogo de azar em casa de família; n) a publicação dos debates travados nas Assembleias; o) a crítica às leis ou a demonstração de sua inconveniência, desde que não haja incitação à sua desobediência, nem instiguem à violência; p) o uso dos ofendículos (para quem os considera exercício regular de direito); q) o direito de greve sem violência; r) a separação dos contendores em caso de rixa; s) o porte legal de arma de fogo; t) a venda de rifas paras fins filantrópicos, sem fim comercial, como assentado no costume e na jurisprudência; u) a doação de órgãos, tecidos e partes do corpo humano para fins de transplante, sem fins comerciais; v) a livre manifestação do pensamento, ainda que desagrade a alguns; w) a esterilização nos termos da lei; x) a prestação de auxílio a agente de crime, feita por ascendente, descendente, cônjuge ou irmão; y) os casos previstos na lei civil, como o penhor legal, a retenção de bagagens, o corte de árvores limítrofes, entre outros (cf. Marcello Jardim Linhares, *Estrito cumprimento de dever legal. Exercício regular de direito*, p. 122-125).

**112-B. Utilização de cadáver não reclamado como exercício regular de direito:** situação peculiar é prevista na Lei 8.501/1992, que autoriza o uso de cadáver para estudos e pesquisas científicas. É certo que se considera bem jurídico penalmente tutelado o respeito à memória dos mortos, punindo-se a destruição ou o vilipêndio ao cadáver (arts. 211 e 212, CP), embora haja, no caso mencionado, autorização legal para excepcionar a regra. Dispõe o art. 2.º da Lei 8.501/1992 que "o cadáver não reclamado junto às autoridades públicas, no prazo de trinta dias, poderá ser destinado às escolas de medicina, para fins de ensino e de pesquisa de caráter científico". Cabe tal destinação com relação ao cadáver sem qualquer documentação ou, quando identificado, sobre o qual inexistem informações relativas a endereço de parentes ou responsáveis legais (art. 3.º). Não se autoriza o uso do cadáver caso haja indício de que a morte seja resultado de ação criminosa.

**113. Situações polêmicas no contexto do exercício regular de direito:** a) *estupro da esposa praticado pelo marido*: há quem entenda ser exercício regular de direito o fato de o marido obrigar a esposa a com ele manter, mesmo valendo-se de violência ou grave ameaça, conjunção carnal, pois o débito conjugal seria exercício regular de direito, decorrente do dever de fidelidade. Nessa ótica, conferir: "A mulher não pode se opor ao legítimo direito do marido à conjunção carnal, desde que não ofenda ao pudor nem exceda os limites normais do ato. Decorre daí o direito do marido de constrangê-la, mediante o uso de moderada violência" (Marcello Jardim Linhares, *Legítima defesa*, p. 308). Não é mais de se aceitar tal entendimento, tendo em vista que os direitos dos cônjuges na relação matrimonial são iguais (art. 226, § 5.º, CF) e a mulher dificilmente atingiria o mesmo objetivo agindo com violência contra seu marido, inclusive porque não existe precedente cultural para essa atitude. De outra parte, deve-se resolver na esfera civil qualquer desavença conjugal, jamais se servindo de métodos coercitivos para qualquer finalidade. Seria ofensivo à dignidade da pessoa humana utilizar violência ou grave ameaça para atingir um ato que deveria ser, sempre, inspirado pelos mais nobres sentimentos e não pela rudeza e imposição; b) *trote acadêmico ou militar*: embora seja, reconhecidamente, pela força da tradição imposta pelo costume, o exercício de um direito, não se pode olvidar que o grande dilema, nesse contexto, não é o uso moderado da costumeira instituição, mas sim o exagero. Deve-se coibir o trote violento, que constitui um autêntico abuso, afastandose da previsão legal, que fala em "exercício *regular* de direito"; c) *castigos dos pais e dos professores*: quanto aos primeiros, continuam sendo exercício regular de direito, pois condizentes com o poder familiar, desde que presente o *animus corrigendi*, que é o elemento subjetivo específico (vontade de corrigir) para justificar a utilização da excludente, sem abusos e exageros; quanto aos mestres, há muito mudou o conceito educacional no País, de modo que não há mais permissivo legal para que exista qualquer tipo de correção física ou moral violenta contra alunos, admitindo-se, no máximo, advertências ou suspensões, dentro das regras próprias do estabelecimento de ensino; d) *correções disciplinares a filhos alheios*: como regra, somente se podem admitir admoestações e exortações, mas não castigos físicos ou injuriosos, e desde que seja necessário para corrigir excessos prejudiciais a terceiros. Por outro lado, quando se trata de membros de uma mesma família, a solução pode ser diversa. Caso vivam sob o mesmo teto, sob cuidado de tios, por exemplo, menores podem ser castigados, pois se cuida de reação natural de quem educa, em lugar dos pais. E, quanto aos irmãos, os mais velhos somente podem aplicar correções disciplinares aos menores – especialmente as que importem em privações – caso tenham assumido a condução da família, em lugar dos pais. Do contrário, não lhes é reconhecido o exercício regular de direito; e) *lesões praticadas no esporte*: trata-se, em regra, de exercício regular de direito, quando respeitadas as normas regentes do esporte praticado. Exemplo disso é a luta de boxe, cujo objetivo é justamente nocautear o adversário. A lesão corporal provocada é considerada exercício regular de direito. Fugindo das normas esportivas, entretanto, deve o agente responder pelo abuso ou valer-se de outra modalidade de excludente, tal como o consentimento do ofendido, ou mesmo do princípio da adequação social. Em uma partida de futebol, quando há violência exagerada entre os jogadores, a tendência da sociedade é visualizar o evento como se fosse algo inerente à prática desse esporte, devendo a punição, se cabível, cingir-se à esfera desportiva (adequação social). Por outro lado, quando os jogadores começam a produzir uma partida agressiva de ambos os lados, caso haja ferimento, pode-se sustentar a excludente do consentimento do ofendido. Enfim, depende da situação concreta; f) *violação da correspondência entre cônjuges*: ver nota 83 ao art. 151.

**113-A. Diferenças entre estrito cumprimento do dever legal e exercício regular de direito:** aponta MARCELLO JARDIM LINHARES, com precisão, as *três principais diferenças* existentes entre os dois institutos: a) a primeira excludente é de natureza compulsória, irrecusável, enquanto a segunda é facultativa; b) na primeira, o agente deve limitar-se a atender ao comando existente em lei, enquanto na segunda, detém ele o poder de agir, legitimado pela norma; c) na primeira, o dever de agir somente pode ter origem em lei, enquanto na segunda, o direito pode surgir de qualquer fonte do direito (*Estrito cumprimento do dever legal. Exercício regular de direito*, p. 63).

**114. Os excessos no contexto das excludentes:** a) *estado de necessidade*: concentra-se o excesso no "agir de outro modo para evitar o resultado". Se o agente afasta a ocorrência do resultado, valendo-se de meios dispensáveis, que acabem produzindo dano em bem jurídico alheio, terá agido com excesso; b) *legítima defesa*: o excesso está firmado na falta do emprego dos meios necessários para evitar a agressão ou no uso desses meios, embora de maneira imoderada; c) *estrito cumprimento do dever legal*: o excesso está focalizado no "dever legal". Quando a lei impõe um modo para o agente atuar, deve ele seguir exatamente os parâmetros

# Art. 23

Código Penal Comentado • **Nucci**

218

fixados; fugindo a eles, responde pelo excesso; d) *exercício regular de direito*: o excesso está no exercício *abusivo* de direito, isto é, exercitar um direito, embora de modo irregular e prejudicando direito alheio.

**115. Modalidades de excessos:** a) *excesso doloso*: quando o agente consciente e propositadamente causa ao agressor, ao se defender, maior lesão do que seria necessário para repelir o ataque. Atua, muitas vezes, movido pelo ódio, pela vingança, pelo rancor, pela perversidade, pela cólera, entre outros motivos semelhantes. O excesso doloso, uma vez reconhecido, elimina a possibilidade de se reconhecer a excludente de ilicitude, fazendo com que o autor da defesa exagerada responda pelo resultado típico que provocou no agressor. Pode, por vezes, funcionar como circunstância que leve à diminuição da pena ou mesmo a uma atenuante (violenta emoção após injusta provocação da vítima); b) *excesso culposo*: é o exagero decorrente da falta do dever de cuidado objetivo ao repelir a agressão. Trata-se do *erro de cálculo*, empregando maior violência do que era necessário para garantir a defesa. Se presente o excesso, o agente responde pelo resultado típico provocado a título de culpa. No contexto do excesso culposo, podem ser aplicadas, ainda, as mesmas regras atinentes aos erros de tipo e de proibição (neste último caso, como já mencionado, quando o agente se equivoca quanto aos limites da excludente); c) *excesso exculpante*: trata-se de uma causa supralegal de exclusão da culpabilidade, não prevista expressamente em lei. Como vimos defendendo na possibilidade do reconhecimento de excludentes supralegais, o excesso exculpante seria o decorrente de medo, surpresa ou perturbação de ânimo, fundamentadas na inexigibilidade de conduta diversa. O agente, ao se defender de um ataque inesperado e violento, apavora-se e dispara seu revólver mais vezes do que seria necessário para repelir o ataque, matando o agressor. Pode constituir-se uma hipótese de flagrante imprudência, embora justificada pela situação especial por que passava. Registre-se a lição de WELZEL na mesma esteira, mencionando que os estados de cansaço e excitação, sem culpabilidade, dificultam a observância do cuidado objetivo por um agente inteligente, não se lhe reprovando a inobservância do dever de cuidado objetivo, em virtude de medo, consternação, susto, fadiga e outros estados semelhantes, ainda que atue imprudentemente (*Derecho penal alemán*, p. 216). Convém mencionar, também, que, no direito espanhol, o medo chega a se constituir causa de exclusão da culpabilidade, conforme a situação (art. 20, 6.º, CP espanhol). Narra ENRIQUE ESBEC RODRÍGUEZ que o medo é um autêntico sobressalto do espírito, produzido por um temor fundado de um mal efetivo, grave e iminente, que obscurece a inteligência e domina a vontade, determinando alguém a realizar um ato que, sem essa perturbação psíquica, deveria ser considerado criminoso. Para a apreciação dessa excludente é imprescindível que o medo seja o móvel único da ação (*Psicología forense y tratamiento jurídico legal de la discapacidad*, p. 124). Embora no direito brasileiro não se possa considerar o medo como excludente de culpabilidade, é certo que ele pode dar margem a reações inesperadas por aquele que o sente, valendo levar esse estado de espírito em conta na análise da legítima defesa e do estado de necessidade, em especial quando se discute ter havido excesso. Finalmente, deve-se considerar que a hipótese do excesso exculpante vem prevista no Código Penal Militar (art. 45, parágrafo único: "Não é punível o excesso quando resulta de escusável surpresa ou perturbação de ânimo, em face da situação"), inexistindo razão para deixar de considerá-lo também no direito penal comum; d) *excesso acidental*: é o exagero que decorre do caso fortuito, embora não em intensidade suficiente para cortar o nexo causal. Por vezes, o agente se excede na defesa, mas o exagero é meramente acidental. Não se pode dizer ter havido moderação na defesa, pois o dano provocado no agressor foi além do estritamente necessário para repelir o ataque, embora o exagero possa ser atribuído ao fortuito. Disparos de arma de fogo são dados contra o autor de uma agressão, que cai sobre um gramado, sobrevivendo. Os mesmos disparos podem ser desferidos e o agressor cair sobre o asfalto, batendo a cabeça na guia, situação que, associada aos tiros sofridos, resulta na sua morte. Teria havido moderação? É possível que, considerando o resultado havido, no primeiro caso o juiz (ou o Conselho de Sentença) considere ter sido razoável a reação, embora no segundo, por conta da morte, chegue-se à conclusão de ter havido um excesso. Seria esse excesso meramente acidental, pois o caso fortuito estava presente, não podendo o agente responder por dolo ou culpa. Trata-se de um excesso *penalmente irrelevante* (ALBERTO SILVA FRANCO e ADRIANO MARREY, *Teoria e prática do júri*, p. 489). Na jurisprudência: TJPB: "A decisão dos jurados, inobstante reconhecendo a moderação, de que o meio utilizado na repulsa não era necessário, não afasta, de pronto, a legítima defesa, mas apenas reconhece um excesso. Logo, a condenação somente se consolida se afirmado ter havido esse excesso, a título de dolo ou culpa. Nesse sentir, negando, entretanto, o Júri ter o réu se havido com excesso doloso ou culposo, estará absolvendo-o, mediante o reconhecimento do excesso acidental ou não punível, decorrente de caso fortuito, não restando outra alternativa ao presidente do Júri senão firmar decisão absolutória" (Ap. 2001.004108-4, C. Crim., rel. Raphael Carneiro Arnaud, 06.09.2001, v.u.; embora antigo, ilustra bem o caso concreto).

**115-A. Excessos intensivo e extensivo:** há quem classifique o excesso nas excludentes sob os prismas *intensivo* e *extensivo*. O primeiro seria o autêntico excesso, vale dizer, respeitado o aspecto temporal (atualidade ou iminência, conforme o caso), o agente extrapolaria na necessariedade do meio ou no contexto da moderação. O segundo seria a extrapolação do limite de tempo para oferecer a resposta, ou seja, o agente, uma vez agredido, mas já fora do cenário da atualidade ou iminência, promove a reação. Concordamos com a doutrina que rechaça essa nomenclatura, uma vez que o denominado *excesso extensivo* não passa de um contra-ataque indevido, configurando outra forma de atuação (vingança, violenta emoção, inexigibilidade de conduta diversa etc.), diversa das modalidades de excesso. Nesse sentido: AMÉRICO DE CARVALHO (*A legítima defesa*, p. 348-350).

### Estado de necessidade[116-116-A]

> **Art. 24.** Considera-se em estado de necessidade quem pratica o fato para salvar de perigo atual,[117] que não provocou por sua vontade,[118] nem podia de outro modo evitar,[119] direito próprio ou alheio,[120] cujo sacrifício, nas circunstâncias, não era razoável exigir-se.[121]
>
> § 1.º Não pode alegar estado de necessidade quem tinha o dever legal de enfrentar o perigo.[122]
>
> § 2.º Embora seja razoável exigir-se o sacrifício do direito ameaçado, a pena poderá ser reduzida de um a dois terços.[123-123-A]

**116. Espécies de estado de necessidade, quanto à origem do perigo:** a) *estado de necessidade defensivo*: ocorre quando o agente pratica o ato necessário contra a coisa ou animal da qual promana o perigo para o bem jurídico. Ex.: A, atacado por um cão bravo, vê-se obrigado a matar o animal. Agiu contra o animal do qual veio o perigo; b) *estado de necessidade agressivo*: ocorre quando o agente se volta contra pessoa, animal ou coisa diversa da qual provém o perigo para o bem jurídico. Ex.: para prestar socorro a alguém, o agente toma o veículo alheio, sem autorização do proprietário. Não se inclui no estado defensivo a *pessoa*, pois, quando o perigo emana de ser humano e contra este se volta o agente, estar-se-á diante de uma hipótese de legítima defesa. Uma ilustração real: um gato ficou preso do lado de fora da janela do apartamento dos seus donos (exatamente entre a tela de proteção e o vidro), no 15.º andar, de um prédio no

# Art. 24

bairro de Higienópolis, em São Paulo, possivelmente por esquecimento. Um vizinho detectou e acionou o zelador, que alertou o subsíndico. Num primeiro momento, este nada quis fazer, pois os proprietários viajavam e somente poderiam ingressar no apartamento se houvesse invasão de domicílio, arrombando a porta, o que seria crime, em tese. Com a pressão da imprensa e de uma ONG de proteção a felinos, terminou-se concordando com a invasão, salvando-se o gato. Dois interesses entraram em confronto (inviolabilidade de domicílio e a proteção aos animais). Elegeu-se o mais importante, naquele caso concreto, porém "agredindo-se" a inviolabilidade domiciliar (*Folha de S. Paulo*, Cotidiano, 02.01.2008, p. 4). Quanto ao furto famélico: STJ: "4. Dessa forma, de acordo com as declarações prestadas em juízo, o acusado tentou furtar a carne porque estava passando fome e seus filhos também e que se encontrava arrependido da prática delitiva (e-STJ, fl. 101), circunstâncias aptas a afastar a ilicitude da sua conduta, caracterizando sua conduta como manifesto estado de necessidade. 5. Em tempos nos quais a eficácia da repreensão criminal é amplamente discutida pela sociedade, é necessário que as instâncias de controle reflitam sobre as consequências de uma ação penal deflagrada para apuração de uma tentativa de furto de nove pacotes de carne, ainda que o acusado seja reincidente. 6. Assim, no caso em análise, ante a existência de mínima ofensividade e reduzido grau de reprovabilidade do comportamento, independentemente dos antecedentes do recorrido e da capitulação qualificada do delito, tendo em vista as circunstâncias em que o delito foi praticado (tentativa de furto pela existência de situação de fome), a natureza do bem subtraído (produto alimentício – carne) e a ausência de qualquer ato mais grave, deve a ilicitude ser afastada" (AgRg no AREsp 1.850.772-SP, 5.ª T., rel. Reynaldo Soares da Fonseca, 17.08.2021, v.u.).

**116-A. Espécies de estado de necessidade, quanto ao bem sacrificado:** a) *estado de necessidade justificante*: trata-se do sacrifício de um bem de menor valor para salvar outro de maior valor ou o sacrifício de bem de igual valor ao preservado. Ex.: o agente mata um animal agressivo, porém patrimônio de outrem, para salvar alguém sujeito ao seu ataque (patrimônio *x* integridade física). Há quem sustente, como o faz CEZAR ROBERTO BITENCOURT (*Teoria geral do delito*, p. 133), que o sacrifício de bem de igual valor não é amparado pelo direito, ficando para o contexto do estado de necessidade exculpante, com o que não podemos concordar. Se um ser humano mata outro para salvar-se de um incêndio, buscando fugir por uma passagem que somente uma pessoa consegue atravessar, é natural que estejamos diante de um estado de necessidade justificante, pois o direito jamais poderá optar entre a vida de um ou de outro. Assim, é perfeitamente razoável, conforme preceitua o art. 24 do Código Penal, exigir-se o sacrifício ocorrido. E, no prisma que defendemos, confira-se a lição de ANÍBAL BRUNO (*Direito penal*, t. I, p. 397). Relembrando ASÚA, IVAIR NOGUEIRA ITAGIBA fornece outro exemplo: "Eram xifópagas as duas índias. Radica adoeceu de tuberculose. Para não contagiar a irmã, cogitou-se de uma operação cirúrgica. Firmou-se desde logo o diagnóstico de que Radica não resistiria ao choque operatório. Um médico fez a operação, com intento de salvar as duas moças. Radica morreu, e Doodica sobreviveu. Trata-se de um caso de necessidade. No conflito de duas vidas, o médico tratou de salvar uma" (*Do homicídio*, p. 276); b) *estado de necessidade exculpante*: ocorre quando o agente sacrifica bem de valor maior para salvar outro de menor valor, não lhe sendo possível exigir, nas circunstâncias, outro comportamento. Trata-se, pois, da aplicação da teoria da inexigibilidade de conduta diversa, razão pela qual, uma vez reconhecida, não se exclui a ilicitude, e sim a culpabilidade. Ex.: um arqueólogo que há anos buscava uma relíquia valiosa, para salvá-la de um naufrágio, deixa perecer um dos passageiros do navio. É natural que o sacrifício de uma vida humana não pode ser considerado razoável para preservar-se um objeto, por mais valioso que seja. Entretanto, no caso concreto, seria demais esperar do cientista outra conduta, a não ser a que ele teve, pois a decisão que tomou foi fruto de uma situação de desespero, quando não há tranquilidade suficiente para sopesar os bens que estão em disputa. Não poderá ser absolvido por excludente de ilicitude, visto que o direito estaria reconhecendo a supremacia do objeto sobre a vida humana, mas poderá não sofrer punição em razão do afastamento da culpabilidade (juízo de reprovação social). Cremos indispensável fazer um destaque nesse ponto: embora a doutrina defenda o ponto de vista suprassustentado (proporcionalidade entre os bens em conflito, não se podendo preservar um bem de valor menor sacrificando um de maior valor), a Exposição de Motivos da Parte Geral do Código Penal de 1940, nessa parte não alterada pela atual Exposição de Motivos, mencionou: "No tocante ao *estado de necessidade*, é igualmente abolido o critério anti-humano com que o direito atual lhe traça os limites. Não se exige que o direito sacrificado seja *inferior* ao direito posto a salvo, nem tampouco se reclama a 'falta *absoluta* de outro meio menos prejudicial'. O critério adotado é outro: identifica-se o *estado de necessidade* sempre que, nas circunstâncias em que a ação foi praticada, não era razoavelmente exigível o sacrifício do direito ameaçado. O estado de necessidade não é um conceito absoluto: deve ser reconhecido desde que ao indivíduo era 'extraordinariamente' difícil um procedimento diverso do que teve. O crime é um fato 'reprovável', por ser a violação de um dever de conduta, do ponto de vista da disciplina social ou da ordem jurídica. Ora, essa reprovação deixa de existir e não há crime a punir, quando, em face das circunstâncias em que se encontrou o agente, uma conduta diversa da que teve não podia ser exigida do *homo medius*, do comum dos homens". Pelo texto mencionado, parece-nos clara a intenção do legislador, à época, de acenar com a inserção da inexigibilidade de conduta diversa no contexto do estado de necessidade, tornando possível tanto o reconhecimento do estado de necessidade justificante, quanto do exculpante, embora essa não tenha sido a posição seguida pela doutrina e pela jurisprudência.

**117. Conceito e extensão de atualidade:** atual é o que está acontecendo, portanto, uma situação *presente*. Na ótica de Hungria, é o perigo concreto, imediato, reconhecido objetivamente, não se podendo usar a excludente quando se trata de perigo incerto, remoto ou passado (*Comentários ao Código Penal*, v. I, t. II, p. 273). Igualmente: Aníbal Bruno (*Direito penal*, t. I, p. 395). Não se inclui, propositadamente, na lei o perigo *iminente*, visto ser uma situação futura, nem sempre fácil de ser verificada. Um perigo que está por acontecer é algo imponderável, não autorizando o uso da excludente. Como leciona Enrico Contieri, "o perigo, em sentido próprio, é sempre efetivo; o perigo de um perigo ou perigo futuro não é perigo" (*O estado de necessidade*, p. 55). Ex.: vislumbrando o princípio de um naufrágio e, consequentemente, um perigo *iminente*, não pode o passageiro do navio agredir ou ferir outra pessoa a pretexto de estar em estado de necessidade. Por outro lado, quando se fala de perigo atual, está-se tratando de um dano *iminente*, daí por que se autoriza a utilização do estado de necessidade.

**118. Voluntariedade na causação do perigo:** é certo que a pessoa que deu origem ao perigo não pode invocar a excludente para sua própria proteção, pois seria injusto e despropositado. Em se tratando de bens juridicamente protegidos e lícitos que entram em conflito por conta de um perigo, torna-se indispensável que a situação de risco advenha do infortúnio. Não fosse assim, exemplificando, aquele que causasse um incêndio poderia sacrificar a vida alheia para escapar, valendo-se da excludente, sem qualquer análise da origem do perigo concretizado. *Questão polêmica,* desenvolvida na doutrina, é a da *valoração da vontade*: se pode ela dar origem a um perigo dolosa e culposamente ou somente dolosamente. Preferimos a posição defendida por Magalhães Noronha, embora alterando seu exemplo: "A nós nos parece que também o *perigo culposo* impede ou obsta o estado de necessidade. A ordem jurídica não pode *homologar* o sacrifício de um direito, favorecendo ou beneficiando quem já atuou contra ela, praticando um ilícito, que até pode ser crime ou contravenção. Reconhecemos, entretanto, que na prática é difícil aceitar solução unitária para todos os casos. Será justo punir quem, por imprudência, pôs sua vida em perigo e não pôde salvar-se senão lesando a propriedade

# Art. 24

alheia?" (*Direito penal*, v. 1, p. 191). Embora com ressalvas, coloca-se no mesmo sentido Assis Toledo, argumentando ser possível provocar um perigo *culposo* e não caber a invocação do estado de necessidade (*Princípios básicos de direito penal*, p. 186). Assim também Hungria: "Cumpre que a situação de perigo seja alheia à vontade do agente, isto é, que este não a tenha provocado intencionalmente ou por grosseira inadvertência ou leviandade" (*Comentários ao Código Penal*, v. I, t. II, p. 273). Ensina Enrico Contieri: "Poderia perguntar-se por que razão emprega a lei o termo 'voluntariamente' e não o de 'dolosamente'. É assim porque, não sendo o perigo da situação de necessidade o evento de uma infração, seria impróprio empregar um termo reservado para os delitos. O uso do termo 'dolosamente' provocaria, além disso, confusões, permitindo pensar que se referia a toda situação de necessidade e, portanto, também à inevitabilidade do fato necessitado, cujo evento constitui o evento de um determinado tipo de infração" (*O estado de necessidade*, p. 83-84). É o mais correto. A letra da lei fala em perigo não provocado por *vontade* do agente, não nos parecendo tenha aí o significado de *dolo*, ou seja, causar um perigo intencionalmente. O sujeito que provoca um incêndio culposo criou um perigo que jamais poderá deixar de ser considerado fruto da sua *vontade*; o contrário seria admitir que nos delitos culposos não há voluntariedade na conduta. Por isso, preferimos nos colocar contra a possibilidade de o agente do perigo originário da culpa poder invocar a excludente, embora façamos a mesma ressalva de Magalhães Noronha. O caso concreto poderá ditar a solução mais justa e adequada. Assim, tomando o exemplo do incêndio culposo: se o sujeito que causou o incêndio tiver de fugir do local, não poderá tirar a vida de pessoa inocente, que perigo nenhum causou, para salvar-se, ainda arguindo em seu benefício o estado de necessidade. Por outro lado, se, na mesma situação, para fugir do lugar, houver de agredir fisicamente uma pessoa inocente, causando-lhe lesão leve, mas para salvar sua própria vida, certamente poderá alegar estado de necessidade. Parece-nos que é essencial ponderar os bens em conflito: no primeiro caso, estão em conflito bens de igual valor, merecendo perecer o bem jurídico da pessoa que deu origem, por sua vontade, à situação de perigo; na segunda situação, estão em conflito bens de diferentes valores, merecendo perecer o de menor valor, ainda que seja o da pessoa inocente, que não provocou o perigo. Reconhecemos, entretanto, que grande parte da doutrina tem preferido a corrente que afasta a aplicação do estado de necessidade somente quando o perigo foi causado *dolosamente* pelo agente (Bento de Faria (*Código Penal brasileiro comentado*, v. 2, p. 195); Aníbal Bruno (*Direito penal*, t. I, p. 397).

**119. Inevitabilidade do perigo e inevitabilidade da lesão:** característica fundamental do estado de necessidade é que o perigo seja inevitável, bem como seja imprescindível, para escapar da situação perigosa, a lesão a bem jurídico de outrem. Podendo afastar-se do perigo ou podendo evitar a lesão, deve o autor do fato necessário fazê-lo. No campo do estado de necessidade, impõe-se a fuga, sendo ela possível. É o caráter subsidiário desta excludente. Exemplo: alguém se vê atacado por um cachorro feroz, embora possa, fechando um portão, esquivar-se da investida; não pode matar o cão, a pretexto de estar em estado de necessidade. O perigo era evitável, assim como a lesão causada. Concordamos com o alerta feito por Aníbal Bruno no sentido de que o agente do fato necessário deve atuar de modo a causar o menor estrago possível. Assim, entre o dano à propriedade e a lesão a alguém, o correto é a primeira opção; entre a lesão a várias pessoas e a uma só, melhor esta última (*Direito penal*, t. I, p. 395).

**120. Proteção a direito próprio ou de terceiro:** não pode alegar estado de necessidade quem visa à proteção de bem ou interesse juridicamente desprotegido. Assim, exemplificando, impossível invocar a excludente quem pretenda, a pretexto de preservar carregamento de substância entorpecente de porte não autorizado, sacrificar direito alheio.

**121. Proporcionalidade do sacrifício do bem ameaçado:** trata-se da condição que constitui o estado de necessidade *justificante*, já abordado. Somente se admite a invocação da excludente, interpretando-se a expressão "cujo sacrifício, nas circunstâncias, não era razoável exigir-se", quando para salvar bem de maior ou igual valor ao do sacrificado. No mais, pode-se aplicar a hipótese do estado de necessidade exculpante.

**121-A. A recusa de transfusão de sangue por testemunhas de Jeová:** trata-se de um tema importante, porque se mescla a liberdade de crença e culto com a tutela da vida e da saúde, sob o prisma da dignidade da pessoa humana. Enfoca-se a não aceitação de transfusão de sangue, pelos adeptos da religião denominada *testemunhas de Jeová*, embora possa abranger toda crença relacionada à recusa em receber tratamento médico, invocando razões íntimas. É perfeitamente possível conciliar os bens jurídicos constitucionalmente protegidos e regrados. A vida é bem indisponível, bem como direito humano fundamental. A liberdade de crença e culto constitui direito humano fundamental. Pode-se estabelecer o seguinte cenário harmô-nico: a pessoa maior e capaz não possui o direito de eliminar a própria vida, lembrando-se que o suicídio é considerado ato ilícito, assim como a tentativa de suicídio, embora esta não seja punida por uma questão de humanidade. A prova de que atentar contra a própria vida é conduta ilícita pode ser encontrada no art. 146, § 3º, II, deste Código (pode-se coagir alguém, mediante violência ou grave ameaça, a *não se matar*). Por outro lado, o ser humano maior e plenamente capaz não pode ser obrigado a cuidar da própria saúde, pois se deve preservar a sua liberdade de escolha, assim como rejeitar uma transfusão de sangue, por motivo de crença, é admissível. Aliás, qualquer pessoa pode refutar um tratamento e o código de ética médica possui preceito nesse sentido. Surge o problema em caso de *estado de necessidade*, em que o paciente, podendo morrer caso não receba uma transfusão de sangue se recusa a fazê-lo. Em princípio, haveria o conflito imediato de dois bens jurídicos, liberdade individual e vida ou liberdade de crença e vida. Parece-nos que o ponto fundamental deve cingir-se à análise do momento em que se dá essa recusa. Tratando-se de paciente, maior e capaz, com saúde debilitada por uma enfermidade, estando consciente e podendo resolver o que pode fazer a sua liberdade deve ser assegurada. No entanto, imagine-se a ocorrência de um desastre, com vários feridos, em estado grave; um desses feridos é testemunha de Jeová, mas se encontra inconsciente e precisa de transfusão de sangue imediata para evitar a morte. O médico visualiza o estado de necessidade, pois o cenário é exatamente o descrito pelo art. 24 do Código Penal; no confronto direto entre liberdade de crença e vida, deve-se optar pela vida, fazendo-se a transfusão. No entanto, havendo chance de escolha, com tempo para decidir, contando com paciente acordado e consciente, a sua liberdade de crença precisa ser respeitada. Aliás, repita-se, nem seria preciso deslocar a questão ao cenário da religião, visto que todo adulto maior e capaz tem liberdade plena de opção entre tratar-se ou não, mesmo que possa advir, no futuro, a sua morte, em decorrência da sua recusa. No entanto, para argumentar, caso o médico opte pela preservação da religiosidade, ainda que saiba do perecimento imediato do paciente, pode-se alegar a tese da inexigibilidade de conduta diversa, o que poderia afastar a culpabilidade. Caminha-se para a preservação, cada vez mais, da autonomia da vontade da pessoa, desde que ela seja maior e capaz. Registre-se, portanto, que a criança ou adolescente não pode recusar a transfusão de sangue, mesmo que seus pais objetem, por serem adeptos da religião *testemunhas de Jeová*. A liberdade de crença e culto pode ser exercida por pessoas com capacidade civil de manifestar, validamente, a sua vontade; optar por uma religião ou pelo ateísmo é um direito factível ao completar 18 anos. Antes disso, se os pais recusarem tratamento (ou transfusão de sangue) ao filho incapaz, deve o médico ou hospital, onde estiver internada a criança ou adolescente buscar o auxílio da Vara da Infância e Juventude para obter o suprimento do consentimento. O STF decidiu dois casos e fixos teses a respeito: "1 – Testemunhas de Jeová, quando maiores e capazes, têm o direito de recusar procedimento médico que envolva transfusão de sangue, com base na autonomia individual e na liberdade religiosa. 2 – Como consequência, em respeito ao direito à vida e à saúde, fazem jus aos procedimentos alternativos disponíveis no SUS podendo, se necessário, recorrer a tratamento fora de seu domicílio" (RE 979.742-AM, Pleno, rel. Luís Roberto Barroso, 25.09.2024, v.u.). "1 – É permitido ao paciente, no gozo pleno de sua capacidade civil, recursar-se a se submeter a tratamento de saúde por motivos religiosos. A recusa a tratamento de saúde por motivos religiosos é condicionada à decisão inequívoca, livre, informada e esclarecida do paciente, inclusive quando veiculada por meio de diretiva antecipada de vontade. 2 – É possível a realização de procedimento médico disponibilizado a todos pelo Sistema Único de Saúde, com a interdição da realização de transfusão sanguínea ou outra medida excepcional, caso haja viabilidade técnico-científica de sucesso, anuência da equipe médica com a sua realização e decisão inequívoca, livre, informada e esclarecida do paciente" (RE 1.212.272-AL, Pleno, rel. Gilmar Mendes, 25.09.2024, v.u.). Observe-se que a decisão tomada pelo Supremo Tribunal Federal ratifica o entendimento que expusemos linhas acima. Fica bem claro que as pessoas maiores e capazes, bem esclarecidas e informadas, podem refutar a transfusão de sangue; em sentido contrário, os incapazes não podem. Ademais, o exercício pleno da sua vontade liga-se a um tratamento de saúde e não está inserido no cenário de salvaguarda imediata da vida, tanto que se debateu nesses casos a utilização dos serviços do SUS, no Brasil, pelos que quiserem obter um tratamento e até mesmo se submeter a uma cirurgia, sem a transfusão de sangue, por motivo de crença. Indica-se, nas decisões apontadas, a viabilidade, *se possível*, com *aval médico*, de cuidados alternativos. Em nenhuma das hipóteses, o STF sinalizou pela liberdade de crença, quando em confronto direto e imediato com a vida, devendo o médico optar pela religião.

**121-B. A recusa da transfusão de sangue em crianças e adolescentes provocada pelos pais ou representante legal:** de acordo com o exposto na nota anterior, neste caso, o paciente é incapaz de decidir por si mesmo, valendo a voz dos pais. No entanto, se lida com a vida humana e nem mesmo se pode garantir, com absoluta precisão, que aquela criança ou jovem, no futuro, quando maior e capaz, abrace a religião dos pais, testemunhas de Jeová. Por isso, se houver resistência dos pais à transfusão de sangue, que pode salvar a vida do infante ou adolescente, parece-nos perfeitamente cabível levar a questão ao juízo da infância e da juventude para que possa suprir o não consentimento dos genitores, autorizando a referida transfusão. No mesmo prisma: Núñez Paz, Homicidio consentido..., p. 121.

**122. Dever legal de enfrentar o perigo:** o dever legal é o resultante de lei, considerada esta em seu sentido lato. Entretanto, deve-se ampliar o sentido da expressão para abranger também o dever *jurídico*, aquele que advém de outras relações previstas no ordenamento jurídico, como o contrato de trabalho ou mesmo a promessa feita pelo garantidor de uma situação qualquer. Identicamente: Bento de Faria (*Código Penal brasileiro comentado*, v. 2, p. 197). No prisma da ampliação do significado, pode-se citar o disposto na Exposição de Motivos da Parte Geral de 1940 (não alterada pela atual, conforme se vê no item 23): "A abnegação em face do perigo só é exigível quando corresponde a um *especial dever jurídico*". Por isso, tem o dever de enfrentar o perigo tanto o policial (dever advindo de lei), quanto o segurança particular contratado para a proteção do seu empregador (dever jurídico advindo do contrato de trabalho). Nas duas situações, não se exige da pessoa encarregada de enfrentar o perigo qualquer ato de heroísmo ou abdicação de direitos fundamentais, de forma que o bombeiro não está obrigado a se matar, em um incêndio, para salvar terceiros, nem o policial a enfrentar perigo irracional somente pelo disposto no art. 24, § 1.º. A finalidade do dispositivo é evitar que pessoas obrigadas a vivenciar situações de perigo, ao menor sinal de risco, se furtem ao seu compromisso. Em contrário, posiciona-se Hungria, ressalvando que somente o dever advindo de *lei* é capaz de impedir o estado de necessidade (*Comentários ao Código Penal*, v. I, t. II, p. 279-280).

**123. Causa de diminuição de pena:** essa causa somente é compatível com a situação do estado de necessidade exculpante, quando não reconhecido como excludente de culpabilidade. Eventualmente, salvando um bem de menor valor e sacrificando um de maior valor, não se configura a hipótese de inexigibilidade de conduta diversa, o que ainda permite ao juiz considerar a situação como *menos culpável*, reduzindo a pena.

**123-A. Indispensabilidade da prova:** assim como as demais excludentes de ilicitude, quando se configura o fato típico, para que não se concretize o crime, é fundamental *provar* a sua ocorrência. O estado de necessidade, conforme demonstram os seus requisitos, é situação excepcional, de modo que não basta o acusado alegar a sua existência; depende-se de prova para acolhê-lo. É certo que o ônus, em princípio, cabe ao réu, pois a alegação é de sua lavra (art. 156, CPP). Entretanto, o órgão acusatório, igualmente, deve comprovar a ocorrência do crime, por inteiro, significando um fato típico, ilícito e culpável. Desse modo, afirmada a excludente de ilicitude, ambas as partes têm interesse em participar da sua prova, pelo sim ou pelo não.

#### Legítima defesa[124-125-A]

> **Art. 25.** Entende-se em legítima defesa quem, usando moderadamente[126-128] dos meios necessários,[129-130] repele injusta[131] agressão,[132-133] atual ou iminente,[134-134-B] a direito seu ou de outrem.[135-138-N]
>
> **Parágrafo único.** Observados os requisitos previstos no *caput* deste artigo, considera-se também em legítima defesa o agente de segurança pública que repele agressão ou risco de agressão a vítima mantida refém durante a prática de crimes.[138-O]

**124. Fundamento da legítima defesa:** o Estado, a partir do momento em que chamou a si a responsabilidade de distribuir justiça, aplicando a lei ao caso concreto, pretendeu terminar com a *vingança privada*, geradora de inúmeros excessos e incidentes incontroláveis. Entretanto, não podendo estar, através dos seus agentes, em todos os lugares ao mesmo tempo, deve facultar à pessoa agredida a legítima defesa de seus direitos, pois, do contrário, o direito haveria de ceder ao injusto, o que é inadmissível. Como leciona JESCHECK, a legítima defesa tem dois ângulos distintos, mas que trabalham conjuntamente: a) no prisma jurídico-individual, é o direito que todo homem possui de defender seus bens juridicamente tutelados. Deve ser exercida no contexto individual, não sendo cabível invocá-la para a defesa de interesses coletivos, como a ordem pública ou o ordenamento jurídico; b) no prisma jurídico-social, é justamente o preceito de que o ordenamento jurídico não deve ceder ao injusto, daí por que a legítima defesa manifesta-se somente quando for essencialmente *necessária*, devendo cessar no momento em que desaparecer o interesse de afirmação do direito ou, ainda, em caso de manifesta desproporção entre os bens em conflito. É desse contexto que se extrai o princípio de que a legítima defesa merece ser exercida da forma menos lesiva possível (*Tratado de derecho penal – Parte general*, p. 459-461). Cuida-se, praticamente, de um direito natural, tornado legal por força da previsão feita no Código Penal. Aliás, o instinto de preservação do ser humano, mormente quando diz respeito às agressões à sua integridade física, é indeclinável e *fala mais alto*. Portanto, ainda que não houvesse lei, resguardando o uso da legítima defesa, seria esta utilizada identicamente, mesmo que, posteriormente, o agente respondesse, na esfera criminal, diante do Estado, *ad argumentandum*. Confira-se interesse trecho da oração de Cícero: "Há, sem dúvida, Juízes, esta lei, *não escrita, mas congênita, que não aprendemos, ouvimos ou lemos, mas participamos, bebemos e tomamos da mesma natureza*, na qual não fomos ensinados, mas formados, nem instruídos, mas criados: que se a nossa vida cair em algumas ciladas, e em insultos e armas de inimigos e ladrões, todo o modo de a salvar nos seja lícito. Porque as leis guardam silêncio entre as armas; nem mandam que as esperem, quando aquele que as quiser esperar primeiro há de pagar a pena injusta do que satisfazer-se da merecida" (CÉLIO DE MELO ALMADA, *Legítima defesa*, p. 34, grifos do original). Convém, ainda, lembrar a lição de AMÉRICO DE CARVALHO: "*Justificação* não é, pois, mera e estrita exclusão da ilicitude, não é um mero obstáculo ou impedimento ao juízo de ilícito, não é apenas a negação da negatividade; é, sim, expressão de uma valoração positiva de uma conduta praticada numa situação de conflito de interesses jurídicos, é positividade jurídica. (...) Daqui que toda a causa de justificação, enquanto possibilidade jurídica, seja, no mínimo, um direito de ação ou um *direito de intervenção*, e, enquanto concretização de um direito de intervenção, implique um dever de tolerância por parte do titular do bem concreto objeto da intervenção" (*A legítima defesa*, p. 171-172).

**125. Elementos da legítima defesa:** a) *relativos à agressão*: a.1) injustiça; a.2) atualidade ou iminência; a.3) contra direito próprio ou de terceiro; b) *relativos à repulsa*: b.1) utilização de meios necessários (*mezzi*); b.2) moderação (*grado*); c) *relativo ao ânimo do agente*: elemento subjetivo, consistente na vontade de se defender.

**125-A. A cautela na verificação das posições de agressor e vítima:** há, sem dúvida, uma tendência por parte de alguns operadores do direito, particularmente quanto a juízes e membros do Ministério Público, em visualizar a *vítima* de uma agressão como *inocente*, enquanto aquele que agride é considerado *culpado*. Em outras palavras, utilizando um exemplo, se A mata B, como regra, a vítima fatal seria a parte perdedora, "presumindo-se" a sua inculpabilidade, enquanto o sobrevivente passaria a ter o ônus de demonstrar o contrário. Muito embora se deva ter cuidado em aceitar a legítima defesa como justificativa para a "resolução pessoal de conflitos", pois seria possível incentivar a *vingança privada*, não é menos correto lembrar que há um nítido cenário de necessidade quando alguém, agredido, vê-se desprovido do amparo estatal. Cremos que não deve existir qualquer tipo de *presunção* para a análise equilibrada e justa de uma situação de conflito entre pessoas, com resultado danoso para um ou mais dos envolvidos. Não é o sobrevivente (ou o *menos lesado*) aquele que detém o ônus da prova. Desde a investigação policial, urge buscar elementos para verificar, minuciosamente, quem deu início ao embate, em que termos e quais seriam as opções para os envolvidos. Portanto, não é suficiente considerar que, na ilustração *supra*, se A matou B, cabe-lhe demonstrar tê-lo feito em legítima defesa. Nesse sentido, convém registrar o alerta de AMÉRICO DE CARVALHO: "Esta tendência a converter em exclusivamente vítima aquele que, muitas vezes, não foi senão um agressor (que só a si deverá imputar os danos que sofreu), ou que, no caso de ter havido excesso, é, simultaneamente, agressor (infrator) e vítima, é uma tendência que, para além de injusta e de juridicamente reprovada, é socialmente perigosa, ao neutralizar, na prática, a legítima e necessária dinâmica social preventivo-geral da legítima defesa" (*A legítima defesa*, p. 165).

**126. Moderação:** é a razoável proporção entre a defesa empreendida e o ataque sofrido, que merece ser apreciada no caso concreto, de modo relativo, consistindo na "medida dos meios necessários". Se o meio se fundamentar, por exemplo, no emprego de arma de fogo, a moderação basear-se-á no número de tiros necessários para deter a agressão. Não se trata de conceito rígido, admitindo-se ampla possibilidade de aceitação, uma vez que a reação de uma pessoa normal não se mede por critérios matemáticos ou científicos. Como ponderar o número de golpes de faca que serão suficientes para deter um atacante encorpado e violento? Daí por que a liberdade de apreciação é grande, restando ao magistrado valer-se de todo o bom senso peculiar à espécie a fim de não cometer injustiça. Rejeitando o excesso de facadas em uma briga de presos, portanto acatando a moderação, pode-se citar o seguinte aresto, mantendo nossa decisão, quando juiz do Tribunal do Júri da Capital de S. Paulo: TJSP: "Eventual excesso veio corretamente afastado pela r. decisão recorrida sob a assertiva de que o 'caso presente retrata uma briga dentro de uma prisão, onde as coisas naturalmente são violentas e rudes', sendo 'difícil argumentar que o réu, ameaçado pelo ofendido, um perigoso marginal e homicida, quando em luta corporal com ele, tivesse noção do número de golpes que estava dando na vítima'. Flagrante, então, a legítima defesa na ação do réu, e, tal como reconhecido pela r. decisão recorrida, a absolvição sumária era a solução que se impunha" (RSE 185.848-3/1, São Paulo, 5.ª C., rel. Christiano Kuntz, 18.07.1995, v.u., embora antigo, o caso é peculiar). Aliás, quanto às brigas ocorridas entre presos, narra Percival de Souza: "Cada acerto de contas é um duelo sem interferência, uma briga que geralmente só termina com a morte de um. São cenas rápidas, geralmente assistidas por privilegiados espectadores que tudo fazem para que nenhum funcionário veja o que está acontecendo e interfira para impedir o desfecho. Correr, fugir da luta, tentar escapar da morte se torna impossível. Mais do que isso, se torna imperdoável: se um dos envolvidos na briga sair correndo, não faltará quem lhe passe o pé para derrubá-lo ao chão. A briga, quando começa, tem de chegar ao fim, com um deles morto, ou perfurado a estilete" (*A prisão*, p. 18-19). A escolha do meio defensivo e o seu uso importarão na eleição daquilo que constitua a menor carga ofensiva possível, pois a legítima defesa foi criada para legalizar a defesa de um direito e não para a punição do agressor (cf. Jardim Linhares, *Legítima defesa*, p. 368). Convém analisar, em conjunto com o requisito *moderação*, a parte relativa aos meios necessários (ver nota 129 abaixo). Ainda, na jurisprudência: STJ: "3. A moderação dos meios na legítima defesa não precisa ser matemática, mormente quando demonstrado que o réu, adolescente, tinha fundado medo de que a vítima o matasse. Afinal, a vítima sempre portava um canivete, e foi ela quem o procurou, de forma ameaçadora, para tomar satisfações pelo desentendimento anterior" (AgRg no AREsp 1.791.365-MS, 5.ª T., rel. Ribeiro Dantas, 01.06.2021, v.u.).

**127. Proporcionalidade na legítima defesa:** a lei não a exige (art. 25, CP), mas a doutrina e a jurisprudência brasileiras posicionam-se no sentido de ser necessária a proporcionalidade (critério adotado no estado de necessidade) também na legítima defesa. Por tal razão, se o agente defender bem de menor valor fazendo perecer bem de valor muito superior, deve responder por excesso. É o caso de se defender a propriedade à custa da vida. Aquele que mata o ladrão que, sem emprego de grave ameaça ou violência, levava seus pertences fatalmente não poderá alegar legítima defesa, pois terá havido excesso, doloso ou culposo, conforme o caso.

**128. Excesso não punível:** conforme já exposto na nota 115 retro, em duas situações pode haver o excesso não sujeito a qualquer tipo de punição: a) *excesso exculpante*, fruto da perturbação de ânimo, do medo ou da surpresa exagerada no ataque. Trata-se de uma causa supralegal de exclusão da culpabilidade, fundada na inexigibilidade de conduta diversa, que, expressamente, adotamos, pois se encontra presente no conceito de culpabilidade. Nesse caso, no entanto, é preciso que seja incluído, quando se tratar de processo do júri, um quesito específico a esse respeito, requerido pela defesa; b) *excesso acidental*: é o resultado do fortuito, isto é, pode ser que tenha havido excesso, embora o magistrado (ou os jurados) não o considere relevante para configurar o dolo ou a culpa. Absolve-se, nesse caso.

**129. Meios necessários:** são os eficazes e suficientes para repelir a agressão ao direito, causando o menor dano possível ao atacante. Quanto à utilização do meio *menos gravoso* ao agressor, subsume-se essa situação no próprio conceito de *necessariedade* (indispensável, essencial, inevitável) (cf. Américo de Carvalho, *A legítima defesa*, p. 317). Na ótica de Roxin,

# Art. 25

Código Penal Comentado • **Nucci**

228

"a necessidade da defesa não está vinculada à proporcionalidade entre o dano causado e o impedido. Assim, pois, quem somente pode escapar de uma surra apunhalando o agressor, exerce a defesa necessária e está justificado pela legítima defesa ainda que a lesão do bem jurídico causado pelo homicídio seja muito mais grave do que a que teria sido produzido pela surra" (*Derecho penal – parte general*, p. 632). Não se exige, no contexto da legítima defesa, tal como se faz no estado de necessidade, a fuga do agredido, já que a agressão é injusta. Pode ele enfrentar a investida, usando, para isso, os meios que possuir ao seu alcance, sejam eles quais forem. A exigência de fuga, como lembra BETTIOL, degrada a personalidade moral, mas isso não significa que, de propósito, o sujeito procure passar próximo do local onde está o agressor, que já o ameaçou, para gerar uma situação de legítima defesa (*Diritto penale – Parte generale*, p. 260). Em igual linha: MANZINI, Carrara, RANIERI, SABATINI, SANTORO, VANNINI, WELZEL, ANTOLISEI, MAGGIORE, VENDITTI (citações de JARDIM LINHARES, que com a tese concorda, *Legítima defesa*, p. 353). É curial, no entanto, mencionar a correta ressalva feita por BENTO DE FARIA no sentido de que, "em casos excepcionais, a fuga se impõe sem acarretar vergonha, mas, ao contrário, elevando os sentimentos de quem a pratica. Assim, o filho que, embora possa reagir, prefere fugir à agressão injusta de seu pai, para não matá-lo ou molestá-lo" (*Código Penal brasileiro comentado*, v. 2, p. 205). É o que se chama de *commodus discessus*, ou seja, o cômodo afastamento do local, evitando-se a situação de perigo ou agressão, em nome da prudência, sem qualquer ofensa à imagem do ofendido. Não há cálculo preciso no uso dos meios necessários, sendo indiscutivelmente fora de propósito pretender construir uma relação perfeita entre ataque e defesa. Como lembra MARCELLO JARDIM LINHARES, "a escolha dos meios deve obedecer aos reclamos da situação concreta de perigo, não se podendo exigir uma proporção mecânica entre os bens em conflito", nem tampouco a paridade absoluta de armas. Utilizam-se as armas da razão (*Legítima defesa*, p. 343-344). O agressor pode estar, por exemplo, desarmado e, mesmo assim, a defesa ser realizada com emprego de arma de fogo, se esta for o único meio que o agredido tem ao seu alcance. O direito não deve ceder ao injusto, seja a que pretexto for. Nesse sentido, pode-se mencionar acórdão tratando de uma reação a tiros empreendida por uma vendedora ambulante contra marginal jovem, presumivelmente armado, que pretendia assaltá-la: TJSP: "E, ao que tudo indica, o revólver utilizado na reação empreendida pela valente mulher, de 45 anos de idade, contra um forte rapaz, com a metade de sua idade, pertencia ao último, que, no dizer da ré, chegou a acioná-lo duas vezes (o auto de apreensão – fls. 13 – refere a existência de duas cápsulas picotadas, mas não deflagradas). Numa disputa corporal violenta, como a que envolveu as personagens principais do delito, é difícil, senão impossível, reconhecer-se excesso doloso na reação empreendida, no caso, por parte de uma mulher, idosa, em presumível desvantagem física com o experimentado assaltante, que a acometera ou uma de suas clientes (a recorrida era dona de uma barraca de ambulante)" (RSE 175.799-3/9-SP, 4.ª C., rel. Augusto Marin, 12.07.1995, v.u.; embora antigo, trata-se de julgado de 2.º grau no tocante a uma decisão de nossa autoria). Confira-se, ainda, a lição de BENTO DE FARIA: "O homem que é subitamente agredido não pode, na perturbação e na impetuosidade da sua defesa, proceder à operação de medir e apreciar a sangue frio e com exatidão se há algum outro recurso para o qual possa apelar, que não o de infligir um mal ao seu agressor; se há algum meio menos violento a empregar na defesa, se o mal que inflige excede ou não o que seria necessário à mesma defesa. É preciso considerar os fatos como eles ordinariamente se apresentam, e reconhecer as fraquezas inerentes à natureza humana, não se exigindo dela o que ela não pode dar; reconhecer mesmo as exigências sociais, que podem justificar o emprego de certos meios de defesa, suposto não seja absoluta a necessidade desse emprego" (*Código Penal brasileiro comentado*, v. 2, p. 207).

**130. Ofendículo:** proveniente o termo da palavra *offendiculum*, que quer dizer obstáculo, impedimento, significa o aparelho, engenho ou animal utilizado para a proteção de bens e interesses. São autênticos obstáculos ou impedimentos posicionados para atuar no momento da agressão alheia. Debate-se, na doutrina, a natureza jurídica do ofendículo, havendo duas posições: a) *exercício regular de direito*, sob a ótica de que os obstáculos instalados na propriedade constituem o uso legítimo de um direito. Enfoca-se, com isso, o momento de instalação do ofendículo e não de seu funcionamento, que é sempre futuro. Aliás, como alerta Marcello Jardim Linhares, quando a armadilha entra em ação, não mais está funcionando o homem, motivo pelo qual não se pode admitir esteja ocorrendo uma situação de legítima defesa, mas sim de exercício de direito. E mesmo quando atinja um inocente, como uma criança que se fira em pontas de lança de um muro, atua o exercício de direito, pois não se pode considerar uma reação contra quem não está agredindo (*Estrito cumprimento de dever legal. Exercício regular de direito*, p. 256-257). Assim: Bento de Faria (*Código Penal brasileiro comentado*, v. 2, p. 217), Aníbal Bruno (*Direito penal*, t. 2, p. 9), Mirabete (*Manual de direito penal*, v. I, p. 187), Jair Leonardo Lopes (*Curso de direito penal – Parte geral*, p. 142), Paulo José da Costa Jr. (*Direito penal – Curso completo*, p. 105); b) *legítima defesa preordenada*, voltando-se os olhos para o instante de funcionamento do obstáculo, que ocorre quando o infrator busca lesionar algum interesse ou bem jurídico protegido. Posicionamo-nos nesse sentido, como o fazem Hungria (*Comentários ao Código Penal*, v. I, t. II, p. 293), Noronha (*Direito penal – Parte geral*, p. 197), Assis Toledo (*Princípios básicos de direito penal*, p. 206), Frederico Marques (*Tratado de direito penal*, v. II, p. 151). O aparelho ou animal é colocado em uma determinada propriedade para funcionar no momento em que esse local é invadido contra a vontade do morador, portanto serve como defesa necessária contra injusta agressão. É certo que o ofendículo, por constituir situação de legítima defesa, precisa respeitar os mesmos requisitos do art. 25. Deve ser necessário e moderado, pois qualquer excesso fará com que o instalador do ofendículo responda pelo resultado típico causado, por dolo ou culpa, conforme o caso concreto. Na ótica de Roxin, dispositivos perigosos para a vida não são necessários quase nunca para a defesa de bens (minas explosivas, disparos automáticos). Basta um alarme, descargas elétricas rápidas ou um cão (*Derecho penal – parte general*, p. 634-635). Uma fórmula interessante para detectar a licitude do uso de ofendículos é proposta por Ranieri, que menciona o seguinte: se forem colocados de modo visível, é evidente a sua legitimidade como meio defensivo, sem qualquer restrição de intensidade, porque o agressor, conhecendo o perigo ao qual se expõe, afronta-o deliberadamente. Entretanto, se for colocado de modo oculto, somente terá legitimidade como meio de defesa se for necessário e moderado, conforme o caso concreto (*Manuale di diritto penale – Parte generale*, v. 1, p. 145). Embora creiamos ter validade essa regra para auxiliar o juiz a decidir acerca da maior ou menor reprovação que a conduta do defensor possa merecer em caso de exagero, quando o obstáculo atuar de modo intenso, ceifando a vida do agressor do patrimônio, por exemplo, tornamos ao problema da proporcionalidade, exigida majoritariamente pela jurisprudência de nossas Cortes. Trata-se, afinal, de bem indisponível (vida), pouco valendo o fato de o ofendículo estar à vista ou não. Por outro lado, quando atingir um inocente (ex.: criança que se fere em cacos de vidro colocados em cima do muro, porque foi buscar uma pipa presa em uma árvore), pode-se invocar a *legítima defesa putativa*, desde que não haja, também nessa hipótese, flagrante exagero nos meios empregados para a defesa. Em igual sentido, encontra-se a posição de Hungria: "Suponha-se, entretanto, que ocorra uma *aberratio in persona*, isto é, que, ao invés do ladrão, venha a ser vítima do insidioso aparelho uma pessoa inocente. A nosso ver, a hipótese deve ser tratada como de legítima defesa putativa, uma vez que se comprove que o proprietário ou ocupante da casa estava persuadido de que a armadilha somente poderia colher o ladrão noturno: se foram tomadas as precauções devidas para que a armadilha não fosse fiel à sua finalidade, o evento lesivo não pode ser imputado a título de dolo, nem a título de culpa; caso contrário, configurar-se-á um crime culposo" (*A legítima defesa putativa*, p. 130-132). HEINZ ZIPF, no entanto, questiona o seu funcionamento contra inocentes, afirmando que, nessa hipótese, o instalador do ofendículo deve responder pelo evento causado. Alega ser "duvidosa a justificação desses meios porque eles não permitem uma individualização em seu funcionamento: um disparador automático opera não somente contra o ladrão de galinhas, senão também contra o hóspede que tenha confundido a porta de entrada. Se a instalação funciona como meio defensivo, o autor estará justificado. Do contrário, não cabe legítima defesa" (*Derecho penal – Parte general*, v. 1, p. 458). No mesmo sentido, CLAUS ROXIN (*Derecho penal – parte general*, p. 634-635). Essa postura é exagerada, uma vez que, fosse assim, os ofendículos estariam inviabilizados por completo, pois nunca se poderá garantir o seu funcionamento exclusivo contra agressores reais. Aliás, se o direito acolhe a putatividade para garantir a absolvição daquele que, justificadamente, vendo-se agredido – embora seja fruto do erro –, termina ferindo inocente, é natural que o mesmo se dê no contexto do ofendículo. Há basicamente dois tipos de obstáculos: coisas e animais. Quanto aos aparelhos e engenhos (como cercas eletrificadas, pontas de lança, arame farpado etc.), o controle do proprietário e a regulagem em relação ao funcionamento é maior e mais eficiente. Se alguém se ferir em um portão que, no alto, possui pontas de lanças, porque pretendia invadir a propriedade, ainda que morra, configura-se nítida situação de legítima defesa preordenada, necessária e moderada. A vítima, percebendo o perigo da ultrapassagem do obstáculo, aventurou-se, até por ingenuidade, acreditando poder evitar a lesão. Confira-se caso real: "Ontem, dois pequenos moradores da Zona Norte acabaram se ferindo em lanças de portão enquanto brincavam durante a tarde nesse período de recesso escolar. Um perfurou o tórax ao cair de um rombo nas telhas da garagem de seu prédio, às 16 h, no Jardim Peri, e outro perfurou a mão na proteção, às 17 h, em Parada de Taipas. A bola colorida ainda continuava presa no telhado quando B.H.J.R., 9 anos, entrava no Centro Cirúrgico do Hospital das Clínicas (HC), Zona Oeste, para retirar a ponta da lança da grade que entrou em seu peito direito, bem na hora em que o menino escorregou para salvar a pelota isolada no jogo de futebol disputado no quintal. (...) Para o vizinho que ajudou no salvamento, o acidente era previsível. 'Eles sempre ficam pulando para lá e para cá nessas cercas. E o pior é que, para segurança mesmo, essas lanças não adiantam nada', disse R.S., 29 anos" (*Jornal da Tarde*, Caderno A, p. 4, 14.12.2006). A cerca eletrificada para, apenas, repelir o invasor é, também, ofendículo razoável e moderado; se, por azar, na queda após o choque, o agressor terminar se lesionando mais gravemente, não se pode debitar ao proprietário, a título de excesso, esse episódio. É fruto do caso fortuito. Por outro lado, a cerca eletrificada para provocar choque fatal deve ser considerada ofendículo imoderado. Quanto aos animais, especialmente cães de guarda, o proprietário tem menor controle sobre suas reações, pois são seres vivos, que atuam por instinto de preservação do território e do dono. Não há regulagem, visto não serem aparelhos. Portanto, se um invasor for atacado por cães e terminar morrendo em virtude das lesões sofridas, trata-se de caso fortuito, não configurador de excesso. É lícito tê-los em qualquer residência ou lugar de comércio, desde que em área não acessível ao público que, legitimamente, frequenta o lugar. No mais, aquele que, durante a noite, por exemplo, invade propriedade alheia, murada, para qualquer atividade, pode ser atacado por cães, que protegem por instinto seu espaço, e morrer, configurando-se, ainda assim, a legítima defesa. Note-se que, se fosse o proprietário a dar um tiro em um mendigo invasor, poderíamos falar em excesso; porém, cães não têm discernimento para separar o invasor mendigo e o invasor assaltante, atacando-os igualmente. O proprietário do animal, por certo, não pode treiná-lo para ataques fulminantes, pois isto seria o mesmo que preparar uma cerca para matar eletrocutado o invasor. No entanto, o treinamento de defesa ou mesmo a ausência de adestramento deixa o cão trabalhar com seus instintos, que, dependendo do acontecimento, pode levar a um resultado fatal. Tal situação torna-se particularmente viável quando há mais de um cão de guarda, seja de que raça for, pois nasce aí o *instinto de matilha*, representado pelo ataque conjunto dos cães, um incentivando o outro a dar cabo da presa. Por isso, não pode o proprietário ser responsabilizado por um ofendículo que lida com o instinto de animal. Por outro lado, se alguém preferir utilizar animais diferenciados para a proteção de sua propriedade, como cobras venenosas ou felinos selvagens (leões, tigres etc.), teremos a possibilidade de levantar a imoderação do ofendículo, uma vez que a possibilidade de controle se torna ainda menor. Mas o ideal é sempre analisar a situação concreta, sem fórmulas preconcebidas.

**131. Injustiça da agressão:** entende-se, majoritariamente, na doutrina que *injustiça* é o mesmo que *ilicitude*, vale dizer, contrário ao direito. Valer-se da legítima defesa estaria a demandar a existência de uma agressão ilícita (não necessitando que se constitua em infração penal). Confira-se em: ANÍBAL BRUNO (*Direito penal*, t. I, p. 376); ASSIS TOLEDO (*Princípios básicos de direito penal*, p. 195), MARCELLO JARDIM LINHARES (*Legítima defesa*, p. 300-301). Na realidade, basear a legítima defesa em conceito aberto de *justo* ou *injusto* – honesto/desonesto, razoável/irrazoável, imparcial/parcial, exato/inexato, correto/incorreto – adentra o inseguro campo subjetivo, vale dizer, extremamente abstrato e individual. Imagine-se que o oficial de justiça, com mandado judicial, pretende executar uma ordem de despejo por falta de pagamento ou uma reintegração de posse; havendo resistência, pode o servidor público utilizar força e isso representa uma forma de agressão; o ocupante do imóvel entende ser *injusta* a coação efetivada pelo oficial, pelo prisma da irrazoabilidade, tendo em vista estar desempregado e necessitado, para si e sua família; agride o servidor e poderia alegar legítima defesa. O que é justo para uns, é injusto para outros, razão pela qual a abertura para reagir a agressões se tornaria incontrolável. No exemplo mencionado, o oficial de justiça se encontra no estrito cumprimento do dever legal, consistindo o seu ato de força em agressão *justa* – lícita – não comportando reação legalmente válida. Eis por que onde se lê *injusta agressão* deve-se entender *ilícita agressão*.

**132. Conceito de agressão:** é a "conduta humana que põe em perigo ou lesa um interesse juridicamente protegido" (FREDERICO MARQUES, *Tratado de direito penal*, v. 2, p. 149). Não se admite legítima defesa contra animal ou coisa, que não são capazes de *agredir* alguém (inexiste ação, como ato voluntário e consciente), mas apenas atacar, no sentido de *investir contra*. Animais que atacam e coisas que colocam pessoas em risco podem ser danificados ou eliminados, mas estaremos diante do estado de necessidade defensivo. Nesse prisma, a lição de BUSTOS RAMÍREZ e VALENZUELA BEJAS: "O perigo deve provir de uma *conduta humana* – também compreendido o inimputável –, pois, do contrário, surge o estado de necessidade. Isso porque somente se pode falar do justo e do injusto em relação ao homem" (*Derecho penal latinoamericano comparado*, p. 213). Em sentido contrário, porém minoritário, o ensinamento de MEZGER: "O ataque deve partir de um ser dotado de vida. Os objetos inanimados, ainda quando deles possa emanar um perigo, não podem atacar. Por outro lado, podem realizar uma agressão os animais vivos" (*Tratado de derecho penal*, t. I, p. 454). Animais que atacam podem ser utilizados como *instrumentos* de uma pessoa para ferir alguém, de modo que, nesse caso, a sua eliminação não constituirá estado de necessidade, mas legítima defesa, tendo em vista que eles serviram apenas de *arma* para a agressão, advinda do ser humano.

**133. Agressão como ação ou omissão:** certamente que uma agressão pode se realizar nas duas modalidades da conduta (positiva = ação; ou negativa = omissão). Como bem exemplifica MEZGER, o carcereiro que tem a obrigação de libertar um recluso, uma vez que sua pena findou, pode gerar uma agressão, através da sua omissão ilícita (*Tratado de derecho penal*, t. I, p. 453).

**134. Atualidade ou iminência:** atual é o que está acontecendo (presente), enquanto iminência é o que está em vias de acontecer (futuro imediato). Diferentemente do estado de

# Art. 25

Código Penal Comentado · **Nucci**

necessidade, na legítima defesa admitem-se as duas formas de agressão: atual ou iminente. Tal postura legislativa está correta, uma vez que a agressão iminente é um perigo atual, portanto passível de proteção pela defesa necessária do art. 25. Não é possível haver legítima defesa contra agressão *futura* (vide comentário abaixo) ou *passada*, que configura autêntica vingança, nem tampouco contra meras provocações, pois justificaria o retorno ao tempo do famigerado *duelo*. Ver julgado nesta nota. Em idêntico prisma: Bento de Faria (*Código Penal brasileiro comentado*, v. 2, p. 204). Cabe destacar que o estado de *atualidade* da agressão necessita ser interpretado com a indispensável flexibilidade, pois é possível que uma atitude hostil cesse momentaneamente, mas o ofendido pressinta que vai ter prosseguimento em seguida. Continua ele legitimado a agir, sob o manto da atualidade da agressão. É o que ocorre, *v. g.*, com o atirador que, errando os disparos, deixa a vítima momentaneamente, em busca de projéteis para recarregar a arma e novamente atacar. Pode o ofendido investir contra ele, ainda que o colha pelas costas, desde que fique demonstrada a sua intenção de prosseguir no ataque. Igualmente, não se descaracteriza a atualidade ou iminência de uma agressão simplesmente pelo fato de existir inimizade capital entre agressor e ofendido. Lembra Marcello Jardim Linhares que ambos, pelas regras da prudência, devem se evitar, mas, se houver um encontro casual, é possível a utilização da legítima defesa se um deles iniciar agressão injusta (*Legítima defesa*, p. 323-324). Quanto à agressão futura, que se tenha por certa e inevitável, o caminho não deve ser invocar a legítima defesa, que não abre mão da *atualidade* ou *iminência*, mas, eventualmente, a inexigibilidade de conduta diversa. No contexto da iminência, deve-se levar em conta a situação de perigo gerada no espírito de quem se defende. Seria demais exigir que alguém, visualizando agressão impendente, tenha de aguardar algum ato de hostilidade manifesto, pois essa espera lhe poderia ser fatal. Exemplo: o avanço do inimigo na direção do outro, carregando revólver na cintura, proferindo ameaças de morte, autoriza a reação. Aguardar que o agressor saque da arma e dê o primeiro disparo é contar com a sorte, já que o único tiro dado pode ser certeiro e mortal.

**134-A. Legítima defesa contra atos preparatórios de um crime:** como regra, é inadmissível a legítima defesa contra atos preparatórios de um delito, pois não se poderia falar em atualidade ou iminência, embora, em casos excepcionais, seja possível. Nas palavras de Magalhães Noronha, "a agressão há de ser atual ou iminente, porém não se exclui a justificativa contra os atos preparatórios, sempre que estes denunciarem a iminência de agressão: o subtrair a pessoa a arma que um indivíduo comprou para matar um terceiro não constitui furto, agindo ela em legítima defesa de terceiro" (*Direito penal*, v. 1, p. 198). Assim também a posição de Marcello Jardim Linhares (*Legítima defesa*, p. 320).

**134-B. Legítima defesa presumida:** está excluída a possibilidade de existência da legítima defesa *presumida*, anteriormente admitida no direito romano, como bem coloca Jorge Alberto Romeiro: "A noite autorizava, ainda, para os romanos, a presunção de legítima defesa em favor daquele que matasse um ladrão, quando surpreendido furtando, pelo justo receio do seu ataque" (*A noite no direito e no processo penal*, p. 183).

**135. Direito próprio ou de terceiro:** tal como no estado de necessidade, somente pode invocar a legítima defesa quem estiver defendendo bem ou interesse juridicamente protegido. Não há possibilidade de defesa contra agressão a bem sem proteção jurídica (exemplo: não pode invocar a excludente quem está defendendo, contra subtração alheia, a substância entorpecente, não autorizada, que mantém em seu poder). Permitir que o agente defenda terceiros que nem mesmo conhece é uma das hipóteses em que o direito admite e incentiva a solidariedade. Como explica La Medica, "o princípio humanitário de poder defender-se qualquer pessoa estranha, que estivesse em perigo extremo, não era reconhecido pelas leis de Roma. O triunfo desse princípio estava reservado para outros legisladores, e essa honra coube, essencialmente, ao cristianismo" (*O direito de defesa*, p. 17). Admite-se a defesa, como está expresso em lei, de direito próprio ou de terceiro, podendo o terceiro ser pessoa física ou jurídica, inclusive porque esta última não tem condições de agir sozinha. Merecem destaque, ainda, as especiais situações do feto e do cadáver, que não são titulares de direitos, pois não são considerados *pessoa*, isto é, não possuem personalidade, atributo que permite ao homem ser titular de direitos (arts. 2.º e 6.º, CC). Porém, como bem ressalta MANZINI, tanto em um caso, quanto noutro, é admissível a legítima defesa, tendo em vista a proteção que o Estado lhes confere, criando tipos penais específicos para essa finalidade (aborto e destruição de cadáver). No caso do nascituro, o próprio art. 2.º do Código Civil menciona que a lei põe a salvo alguns de seus direitos desde a concepção, voltando-se o direito penal, então, para a proteção da vida uterina. No outro, leva-se em consideração o respeito aos mortos. De qualquer forma, são interesses da sociedade. Quando são protegidos por alguém, em última análise dá-se cumprimento fiel ao disposto no art. 25, pois são direitos reconhecidos pelo Estado. Por isso, trata-se de hipótese plausível (cf. *Trattato di diritto penale italiano*, v. 2, p. 387-388).

**136. Legítima defesa de terceiro e consentimento do agredido:** para a configuração da hipótese de legítima defesa de terceiro, torna-se necessário que este dê o seu consentimento para que seja protegido de um ataque? Cremos que depende do interesse em jogo. Tratando-se de bem indisponível, como a vida, é natural que o consentimento seja desnecessário. Assim também a posição de MARCELLO JARDIM LINHARES, citando o seguinte exemplo: "A amásia, rudemente espancada pelo amante, que, pressentindo a iminente reação de um circunstante, a este se oponha, para que não seja ofendida a pessoa amada, preferindo suportar os castigos físicos a vê-la vitimada por uma intervenção inamistosa de terceiro" (*Legítima defesa*, p. 279). Não se deve, nessa situação, depender do consentimento da agredida para socorrê-la, tendo em vista que está sendo severamente espancada, o que refoge ao seu âmbito de aceitação, por tratar-se de bem indisponível. Em igual prisma, explica AMÉRICO DE CARVALHO que, "sendo indisponível o bem jurídico agredido (casos de agressões mortais ou de ofensas corporais graves), é claro que não pode existir qualquer dúvida de que a agressão é ilícita, pois que, mesmo que houvesse consentimento do agredido na heterolesão em curso, este seria irrelevante, seria ineficaz" (*A legítima defesa*, p. 334). Mas caso se trate de algo disponível, como o patrimônio ou mesmo a integridade física, quando se tratar de lesões leves, parece-nos importante conseguir o consentimento da vítima, caso seja possível. Note-se o exemplo ilustrativo narrado por ZIPF, para justificar a busca do consentimento: cliente de hotel agride a camareira, quando esta lhe entrega uma conta. Resolve, em seguida, violentá-la. O dono do lugar, vendo a cena, dá um tiro de advertência e, sem resultado, abre fogo contra o homem, atingindo a vítima. Essa lesão não está acobertada, no seu entender, pela legítima defesa, pois não houve o consentimento da ofendida. Ela não concordou que sua vida corresse risco, para escapar da agressão sexual. Dessa forma, o consentimento da vítima, ao menos presumido, o que será deduzido diante da gravidade da agressão, deve ser buscado pelo agente da legítima defesa (*Derecho penal – Parte general*, v. 1, p. 460). Mas é fundamental mencionar a possibilidade de haver uma legítima defesa putativa, isto é, sem saber que a pessoa ofendida se opõe a qualquer tentativa de reação contra o agressor, ainda que se cuide de bem disponível, alguém poderá agir em legítima defesa de terceiro, na credulidade de se tratar de conduta lícita e desejável.

**137. Legítima defesa da honra:** é tormentosa a questão de se avaliar a honra como bem jurídico apto a ser defendido, especialmente pelo emprego de força física. BASILEU GARCIA defendia não ser possível falar em legítima defesa da honra, porque se trata de bem imaterial, não susceptível de perecimento. Uma vez ofendida, a pessoa pode conseguir reparação nas esferas penal e civil, não sendo necessário valer-se da legítima defesa. Essa posição tornou-se

# Art. 25

minoritária, pois a própria Constituição garante o direito à honra e o Código Penal (art. 25) não faz distinção entre os direitos passíveis de proteção através do instituto da legítima defesa. A maioria da doutrina, atualmente, sustenta a possibilidade de reação contra agressão à honra, na esteira da lição de MEZGER: "é indiferente a índole do interesse juridicamente protegido contra o qual o ataque se dirige: pode ser o corpo ou a vida, a liberdade, a honra, a honestidade, a inviolabilidade de domicílio, a situação jurídica familiar, o patrimônio, a posse etc. (...) Todo bem jurídico é susceptível de ser defendido legitimamente" – *Tratado de derecho penal*, t. I, p. 454, com o que concordamos plenamente. Igualmente: Bento de Faria (*Código Penal brasileiro comentado*, v. 2, p. 200). Aliás, alguns textos legais, a fim de evitar qualquer dúvida nesse campo, mencionam, explicitamente, a possibilidade de defesa da honra. É o caso do Código Penal mexicano, art. 15, III (PAVON VASCONCELOS, *Manual de derecho penal mexicano – Parte general*, p. 287). Na ótica de ROXIN, se o ofensor profere uma injúria e cessa, não cabe legítima defesa da honra; porém, se o agressor continua pronunciando insultos e injúrias, de modo a prolongar a agressão, pode dar-se a legítima defesa, visando a calar o agressor (*Derecho penal – parte general*, p. 622). O ponto fundamental, na legítima defesa da honra, reside na moderação e no uso dos meios absolutamente necessários. Caso o agressor à honra persista, pode o ofendido defender-se, inclusive valendo-se da violência física ou grave ameaça. Porém, não está autorizado a exagerar, vale dizer, combater uma agressão verbal com graves lesões físicas e, muito menos, com a morte. Se assim for feito, configura-se excesso punível por dolo ou culpa, conforme o caso concreto.

**137-A. Legítima defesa da honra no cenário do adultério:** continua, no entanto, discutível a sua utilização no contexto do adultério. Neste caso, o grande dilema é descortinar qual é a honra atingida: do cônjuge inocente ou do adúltero? Pregando a impossibilidade, argumentam FREDERICO MARQUES e MAGALHÃES NORONHA que a honra é individual e não pode ser "partilhada" entre os cônjuges, cada qual possuindo a sua. Além disso, a honra de quem foi infiel é que foi atingida, pois foi a parte que infringiu os deveres do casamento. Em terceiro plano, deve-se considerar que não haveria mais atualidade na agressão, uma vez que já consumada com o simples início da relação adúltera. Finalmente, se o cônjuge inocente age para salvar sua honradez, em verdade provoca, com a violência empregada, um público conhecimento do acontecido. Esses argumentos perfazem o plano ideal, embora, na realidade, a sociedade termine vislumbrando a mancha da honra na pessoa de quem foi traído. Por isso, acaba-se esperando uma reação qualquer, algo que pode culminar em tragédia. Admissível, pois, em nosso entender, que possa o cônjuge ou companheiro(a) agir para preservar os laços familiares ou mesmo a sua honra objetiva, usando, entretanto, violência moderada. Exemplo: pode expulsar o amante da esposa ou companheira de casa, mesmo que para isso deva empregar força física, não passando de lesão corporal. Atingir o homicídio é nitidamente excessivo. Entretanto, a defesa tem alegado, atualmente, a figura do homicídio com causa de diminuição (*homicídio privilegiado*): "se o agente comete o crime (...) sob o domínio de violenta emoção, logo em seguida a injusta provocação da vítima, o juiz pode reduzir a pena de um sexto a um terço" (art. 121, § 1.º, CP). Mesmo esse prisma precisa ser superado, em nome da dignidade da pessoa humana. As traições conjugais ou amorosas necessitam ser trabalhadas em nível civilizado e, com isso, no máximo, em Vara Cível ou de Família. O Supremo Tribunal Federal vedou a tese da legítima defesa da honra: "Referendo de medida cautelar. Arguição de descumprimento de preceito fundamental. Interpretação conforme à Constituição. Artigos 23, inciso II, e 25, *caput* e parágrafo único, do Código Penal e art. 65 do Código de Processo Penal. 'Legítima defesa da honra'. Não incidência de causa excludente de ilicitude. Recurso argumentativo dissonante da dignidade da pessoa humana (art. 1.º, III, da CF), da proteção à vida e da igualdade de gênero (art. 5.º, *caput*, da CF). Medida cautelar parcialmente deferida referendada. 1. 'Legítima defesa da honra' não é, tecnicamente, legítima defesa. A traição se encontra inserida no contexto das relações amorosas. Seu desvalor reside no âmbito ético e moral, não havendo direito subjetivo de contra ela agir com violência. Quem pratica feminicídio ou usa de violência com a justificativa de reprimir um adultério não está a se defender, mas a atacar uma mulher de forma desproporcional, covarde e criminosa. O adultério não configura uma agressão injusta apta a excluir a antijuridicidade de um fato típico, pelo que qualquer ato violento perpetrado nesse contexto deve estar sujeito à repressão do direito penal. 2. A 'legítima defesa da honra' é recurso argumentativo/retórico odioso, desumano e cruel utilizado pelas defesas de acusados de feminicídio ou agressões contra a mulher para imputar às vítimas a causa de suas próprias mortes ou lesões. Constitui-se em ranço, na retórica de alguns operadores do direito, de institucionalização da desigualdade entre homens e mulheres e de tolerância e naturalização da violência doméstica, as quais não têm guarida na Constituição de 1988. 3. Tese violadora da dignidade da pessoa humana, dos direitos à vida e à igualdade entre homens e mulheres (art. 1.º, inciso III, e art. 5.º, *caput* e inciso I, da CF/88), pilares da ordem constitucional brasileira. A ofensa a esses direitos concretiza-se, sobretudo, no estímulo à perpetuação da violência contra a mulher e do feminicídio. O acolhimento da tese tem a potencialidade de estimular práticas violentas contra as mulheres ao exonerar seus perpetradores da devida sanção. 4. A 'legítima defesa da honra' não pode ser invocada como argumento inerente à plenitude de defesa própria do tribunal do júri, a qual não pode constituir instrumento de salvaguarda de práticas ilícitas. Assim, devem prevalecer a dignidade da pessoa humana, a vedação a todas as formas de discriminação, o direito à igualdade e o direito à vida, tendo em vista os riscos elevados e sistêmicos decorrentes da naturalização, da tolerância e do incentivo à cultura da violência doméstica e do feminicídio. 5. Na hipótese de a defesa lançar mão, direta ou indiretamente, da tese da 'legítima defesa da honra' (ou de qualquer argumento que a ela induza), seja na fase pré-processual, na fase processual ou no julgamento perante o tribunal do júri, caracterizada estará a nulidade da prova, do ato processual ou, caso não obstada pelo presidente do júri, dos debates por ocasião da sessão do júri, facultando-se ao titular da acusação recorrer de apelação na forma do art. 593, III, *a*, do Código de Processo Penal. 6. Medida cautelar parcialmente concedida para (i) firmar o entendimento de que a tese da legítima defesa da honra é inconstitucional, por contrariar os princípios constitucionais da dignidade da pessoa humana (art. 1.º, III, da CF), da proteção à vida e da igualdade de gênero (art. 5.º, *caput*, da CF); (ii) conferir interpretação conforme à Constituição aos arts. 23, inciso II, e 25, *caput* e parágrafo único, do Código Penal e ao art. 65 do Código de Processo Penal, de modo a excluir a legítima defesa da honra do âmbito do instituto da legítima defesa; e (iii) obstar à defesa, à acusação, à autoridade policial e ao juízo que utilizem, direta ou indiretamente, a tese de legítima defesa da honra (ou qualquer argumento que induza à tese) nas fases pré-processual ou processual penais, bem como durante o julgamento perante o tribunal do júri, sob pena de nulidade do ato e do julgamento. 7. Medida cautelar referendada" (ADPF 779 MC-Ref, Pleno, rel. Dias Toffoli, 15.03.2021, v.u.; a tese foi julgada definitivamente em agosto de 2023 e mantida na integralidade).

**137-B. O caso Euclides da Cunha *versus* Dilermando de Assis:** a história registra a traição conjugal sofrida pelo célebre escritor Euclides da Cunha (autor de *Os Sertões*), casado com Anna de Assis, que se enamorou do jovem Dilermando, 17 anos mais novo. Descoberta a infidelidade, Euclides invade a casa de Dilermando para matá-lo. Este reage e, após troca de tiros, termina alvejando, de modo fatal, o famoso escritor. Posteriormente, Euclides da Cunha Filho, para vingar a morte do pai, investe contra Dilermando, desferindo-lhe um tiro. Em resposta, o agredido reagiu, também, com tiro de arma de fogo, matando o agressor (cf. PEDRO PAULO FILHO, *Grandes advogados, grandes julgamentos*, Depto. Editorial OAB-SP. Disponível em: <http://www.oabsp.org.br/institucional/grandes-causas/as-mortes-de-euclides-da-cunha--e-seu-filho>. Acesso em: 27 jul. 2014). Estudantes e operadores do Direito devem conhecer a *tragédia da Piedade*, que terminou envolvendo dois homicídios, além de lesões corporais graves. Debate-se, nesse cenário, que, longe de mera ficção, constituiu-se realidade, a legítima defesa da honra, a legítima defesa real e seus limites, a imposição ou desnecessidade de fuga do agredido, a revanche e as circunstâncias envolvendo valores familiares. É verdade inconteste ter sido Euclides da Cunha traído pela esposa. Àquela época (transição do século XIX para o século XX), a infidelidade conjugal produzia danos irreparáveis à imagem do cônjuge traído. Entretanto, quando Euclides invade a residência de Dilermando, de arma em punho, dizendo ter ali comparecido para matar ou morrer, disparando o revólver, cria a situação típica, descrita pelo art. 25 do Código Penal, de *agressão injusta* (ilícita), além de *atual* (presente) contra a vida de terceiro. A legítima defesa da honra jamais serviu de suporte legítimo para ceifar a vida humana, embora algumas decisões proferidas pelo Tribunal Popular tenham absolvido quem assim agiu. Assim sendo, considerando-se *ilícita* a busca de *lavar a honra com sangue*, autoriza-se a reação de Dilermando com os meios necessários – o uso da arma de fogo – desferindo os tiros suficientes para barrar a agressão (moderação). Por isso, foi justa a absolvição de Dilermando no Tribunal do Júri. Na sequência, por vingança, o filho mais velho de Euclides também desfere tiros contra Dilermando. Outra não poderia ser a sua reação – uma vez mais – senão repelir com o meio necessário (emprego de arma de fogo), desfechando os tiros suficientes para a repulsa. Não se autoriza, no direito brasileiro, em hipótese alguma, a vingança, podendo-se, em certas situações, considerá-la um motivo torpe. Por isso, novamente, Dilermando foi absolvido, agora pela Justiça Militar, com integral justiça.

**138. Legítima defesa contra legítima defesa (legítima defesa recíproca):** não existe tal possibilidade, pois a agressão não pode ser injusta, ao mesmo tempo, para duas partes distintas e opostas. Se "A" agride "B", injustamente, permite que "B" se defenda, licitamente. Logo, "B" está em legítima defesa e "A", agressor, não tem do que se defender. Entretanto, pode haver legítima defesa real contra legítima defesa putativa (ou contra outra excludente putativa), uma vez que a primeira é reação contra agressão verdadeiramente injusta e a segunda é uma reação a uma agressão imaginária, embora na mente da pessoa que se defende ela exista. No primeiro caso, exclui-se a antijuridicidade; no segundo, afasta-se a culpabilidade. Convém destacar, ainda, a possibilidade de absolvição de ambos os contendores, caso ambos aleguem ter agido em legítima defesa, pelo fato de não se apurar, durante a colheita da prova, de quem partiu a primeira agressão, considerada injusta. Absolve-se não pelo reconhecimento da legítima defesa recíproca, mas por insuficiência de provas.

**138-A. Legítima defesa contra pessoa jurídica:** há quem argumente somente ser possível agir em legítima defesa contra agressão de ser humano; logo, seria inconcebível defender-se contra pessoa jurídica. Entretanto, é fundamental considerar a viabilidade, hoje, no Brasil, de responder por crime ambiental a pessoa jurídica. Pode, então, assumir conduta ilícita, que se volte contra alguém, autorizando, sim, a legítima defesa. Exemplo: para impedir que uma empresa derrube área florestal preservada, um sujeito provoca danos em tratores pertencentes à referida pessoa jurídica quando não há empregados. O prejuízo causado é exclusivo da empresa, configurando legítima defesa contra pessoa jurídica. Sabe-se que a pessoa jurídica materializa a sua vontade por meio de seres humanos, constituindo, pois, abertura razoável para haver injusta agressão. Outra ilustração: se um funcionário vê um aviso, dependurado no mural da empresa em que trabalha, contendo flagrantes impropérios contra a sua pessoa, poderá destruir o vidro que o separa do referido aviso para eliminá-lo, em defesa de sua honra. Nesse prisma, DE MARSICO, *Diritto penale – Parte generale*, p. 105; CÉLIO DE MELO ALMADA, *Legítima defesa*, p. 66-67.

**138-B. Legítima defesa contra agressão de inimputáveis:** é cabível, pois a lei exige apenas a existência de agressão injusta e as pessoas inimputáveis podem agir voluntária e ilicitamente, embora não sejam culpáveis. HUNGRIA dizia ser hipótese de estado de necessidade, equiparando o inimputável ao ser irracional, embora não se deva chegar a esse extremo. No mesmo sentido: "quando a causa do perigo da lesão de um direito subjetivo alheio é uma pessoa que não tem capacidade para cometer um ilícito jurídico (e é o caso das pessoas que, por efeito de uma causa natural, não têm capacidade de direito penal), a ofensa ameaçada não é injusta, e, em consequência, não existe a situação de legítima defesa, mas, desde que estejam presentes todos os requisitos da situação de necessidade, existe esta" (ENRICO CONTIERI, *O estado de necessidade,* p. 116). Como já ressaltado, no entanto, entendemos tratar-se de hipótese de legítima defesa. Mas, para reagir contra agressão de inimputável, exige-se cautela redobrada, justamente porque a pessoa que ataca não tem consciência da ilicitude do seu ato. É o que se chama de "legítima defesa ético-socialmente limitada" (cf. AMÉRICO DE CARVALHO, *A legítima defesa*, p. 254). Vale mencionar a lição de HEINZ ZIPF no sentido de que, diante da agressão de crianças, enfermos mentais, ébrios, pessoas em estado de erro, indivíduos tomados por violenta emoção, enfim, que não controlam, racionalmente, seus atos, cabe invocar a legítima defesa, pois não deixam de se constituir em atitudes, ilícitas (agressões injustas), mas não cabe o exercício de uma defesa *ofensiva*. Esses tipos de agressão devem ser contornados, na medida do possível, iludindo-se o agressor, em lugar de feri-lo (*Derecho penal – Parte general*, v. 1, p. 453). Outro exemplo, trazido por CÉLIO DE MELO ALMADA: "A solução da controvérsia, porém, quer nos parecer, depende do exame do caso concreto. A está no interior de sua casa, que é invadida por B, cujo estado de alienação mental aquele desconhece. B avança contra A, de arma em punho, ameaçando-o de agressão. A revida a agressão iminente e fere ou mata B. As condições objetivas do fato levam a admitir a excludente da legítima defesa" (*Legítima defesa*, p. 66).

**138-C. Legítima defesa sucessiva:** trata-se da hipótese em que alguém se defende do excesso de legítima defesa. Assim, se um ladrão é surpreendido furtando, cabe, por parte do proprietário, segurá-lo à força até que a polícia chegue (constrangimento admitido pela legítima defesa), embora não possa propositadamente lesar sua integridade física. Caso isso ocorra, autoriza o ladrão a se defender (é a legítima defesa contra o excesso praticado). Outro exemplo: "A" estupra "B"; a vítima consegue se desvencilhar, pega um revólver e desfere um tiro, fazendo cessar a agressão. Caso "B" continue a atirar contra "A", pretendendo tirar-lhe a vida, torna-se *excesso de legítima defesa*, autorizando a defesa de "A", em legítima defesa sucessiva.

**138-D. Legítima defesa contra multidão:** é admissível, pois o que se exige é uma agressão injusta, proveniente de seres humanos, pouco interessando sejam eles individualizados ou não. Reforce-se a ideia com a dissertação de MARCELLO JARDIM LINHARES: "Não deixará de ser legítima a defesa exercitada contra a multidão, conquanto em seu todo orgânico reúna elementos nos quais se possa reconhecer culpa e inocência, isto é, pessoas ativas ao lado de outras inertes (...) não seria a culpa dos componentes do grupo que daria origem à legítima defesa, mas a ofensa injusta, considerada do ponto de vista do atacado. Na multidão há uma unidade de ação e fim, no meio da infinita variedade de seus movimentos com uma só alma" (*Legítima defesa*, p. 166). Em sentido contrário, visualizando, nessa hipótese, estado de necessidade, porque a multidão não tem personalidade jurídica, provocando somente um perigo, mas não uma agressão, a lição de DE MARSICO (*Diritto penale – Parte generale*, p. 105).

**138-E. Legítima defesa contra provocação:** como regra, é inadmissível, pois a provocação (insulto, ofensa ou desafio) não é suficiente para gerar o requisito legal, que é a *agressão*. Nessa ótica, a preleção de EUSEBIO GÓMEZ, dizendo ser imperioso distinguir a agressão da

# Art. 25

Código Penal Comentado • **Nucci**

simples provocação, questão difícil de resolver, já que não serve para gerar o estado de perigo necessário para considerar-se legítima a defesa (*Tratado de derecho penal*, t. I, p. 562). Fazemos, no entanto, uma ressalva: quando a provocação for insistente, torna-se verdadeira agressão, justificando, pois, a reação, sempre respeitado o requisito da moderação. Observe-se, ainda, que não se elimina a possibilidade de alguém agir em legítima defesa, embora tenha provocado outra pessoa. Da mesma forma que se sustenta ser inadmissível agir em legítima defesa contra provocação, deve-se acolher a ideia de que, quando alguém reagir contra a provocação, está, na verdade, agredindo injustamente. Exemplificando: se *A* provocar *B* e este, em represália, buscar agredi-lo fisicamente, é natural que *A* possa agir em legítima defesa. O que se pretende frisar é o correto uso da legítima defesa, destinada a evitar danos irreparáveis e não a servir de instrumento de vingança.

**138-F. Legítima defesa contra animais:** é inadmissível, pois o cerne da legítima defesa é permitir uma reação moderada, com os meios necessários, contra *agressão injusta*. *Agredir* é ato humano, enquanto se pode dizer que animais atacam. A agressão pressupõe vontade, algo incompatível com o instinto animal. Aliás, animais também não produzem atos injustos (ilícitos). Não quer isso dizer que um ataque de qualquer bicho deva ser assimilado pela pessoa-alvo. Pode-se utilizar o estado de necessidade defensivo. Ilustrando, se um cão bravo escapa de uma casa e ataca um pedestre, este pode se defender, da maneira mais adequada, para contornar a situação de perigo. Ver a nota 132 *supra*, sobre estado de necessidade defensivo.

**138-G. Legítima defesa nas relações familiares:** vários aspectos a considerar: a) pode o filho se defender da agressão do pai ou da mãe? Depende do caso concreto. O poder familiar confere aos pais o direito de educar seus filhos menores de 18 anos, razão pela qual alguns cerceamentos de liberdade ou constrangimentos impostos constituem quadro de exercício regular de direito, não cabendo legítima defesa; b) pode um terceiro intervir, no processo educacional, em defesa do filho menor contra o pai ou a mãe? Não há uma resposta segura. É inadmissível uma agressão excessiva contra o filho, pois educar não significa lesionar a integridade física; se isso ocorrer, qualquer pessoa pode defender o menor em legítima defesa de terceiro, mesmo contra os genitores. Aliás, atualmente, está em vigor a chamada *Lei da Palmada*, que introduziu modificações no Estatuto da Criança e do Adolescente, vedando castigos físicos por parte dos pais. Mesmo assim, torna-se essencial discernir entre dois direitos: o decorrente do poder familiar, previsto no Código Civil, autorizando os pais a educar seus filhos, exigindo deles respeito, *versus* o decorrente da norma firmada no ECA, proibindo castigos físicos e humilhantes. O meio-termo há de ser a solução, pois o poder familiar não concede *carta branca* aos pais para castigar seus filhos menores; tampouco estes ficam completamente imunes a castigos, em prol de uma escorreita educação. No entanto, é preciso tratar-se de uma visível e nítida agressão desmedida; do contrário, a intervenção de um estranho no contexto familiar representará autêntica agressão injusta; c) pode o marido constranger a esposa (ou o companheiro a companheira)? A igualdade no casamento ou na união estável não permite tal situação. Dependendo do tipo de constrangimento, o casal deve resolver na Vara de Família. Porém, a violência doméstica configura evidente abuso (agressão injusta), autorizando a legítima defesa, seja por parte da esposa/companheira agredida, seja por terceiro. Outro aspecto não mais suportável é a antiga possibilidade de o marido exigir da mulher a conjunção carnal, mediante o uso de violência ou grave ameaça (vide nota 113, *a*, *supra*); se tal se der, consideramos perfeitamente lícita a utilização, pela mulher assediada com rudeza pelo esposo, da legítima defesa. Finalmente, um aspecto relevante se liga ao *respeito* permanente dos filhos em relação aos seus pais. Por isso, se um filho maior for corrigido de maneira abusiva pelo pai ou mãe, pode reagir, em legítima defesa, mas com extrema moderação. Afinal, cuida-se de seu genitor ou genitora. Uma reação explosiva e desmedida conduz ao excesso ilícito.

**138-H. Legítima defesa putativa e embriaguez voluntária ou culposa:** ver a nota 17-A ao art. 28.

**138-I. Legítima defesa por omissão:** embora hipótese rara, é viável. Imagine-se que o carcereiro, único do estabelecimento penal, tenha sido ameaçado de morte por determinado preso perigoso, dizendo este que, ao primeiro momento possível, irá matá-lo. Antes de qualquer providência, como a transferência do detento para outro estabelecimento penal ou a remoção do próprio carcereiro ameaçado, chega o alvará de soltura. É possível que esse agente penitenciário não o cumpra de imediato, para evitar agressão iminente e injusta contra sua vida, tendo em vista a concretude da ameaça realizada. Em tese, estaria praticando o delito de cárcere privado, mas assim age para garantir, antes, a sua transferência do presídio, deixando ao seu sucessor a tarefa de cumprir o mencionado alvará. Em decorrência disso, o potencial agressor ficaria, por exemplo, preso um dia a mais. Em situação normal, constituiria o referido delito de cárcere privado. Naquela circunstância específica, entretanto, representou a defesa do carcereiro contra agressão iminente. É possível que se diga poder o condenado, depois de solto, sair ao encalço do agente penitenciário, buscando efetivar a ameaça realizada. Não importa. Ainda assim, o carcereiro não está obrigado a ele mesmo, vítima em potencial, abrir a cela para ser morto de imediato. Que outro o faça, enquanto ele registra a ocorrência de ameaça, toma providências legais, busca proteção, enfim, procura outros mecanismos para evitar o mal que o ronda. Note-se: não se está sustentando deva o condenado, cuja pena chegou ao fim, ficar preso indefinidamente somente porque resolveu matar certo carcereiro. Argumenta-se, apenas, com a hipótese de não ser obrigado o próprio ameaçado a cumprir a ordem de soltura, colocando a sua vida em risco de imediato. Sua inércia em não soltar o algoz, até que se julgue protegido, é medida de legítima defesa. Aliás, como demonstramos na nota 133 *supra*, o carcereiro também pode cometer uma agressão injusta, deixando de soltar o preso, ao chegar o alvará de soltura, caso não tenha justificado motivo para tanto.

**138-J. Legítima defesa praticada por inimputáveis e ébrios:** é admissível. Além do que já expusemos na nota 108 *supra*, para a qual remetemos o leitor, acrescentamos que as pessoas deficientes mentais ou em crescimento, bem como embriagadas, podem ter perfeita noção de autopreservação. Em situações de perigo, como as desenhadas pela legítima defesa, têm elas noção suficiente, como regra, de que se encontram em situação delicada e precisam salvar-se. No caso do ébrio, ensina CÉLIO DE MELO ALMADA, comentando acórdão do Tribunal de Justiça de São Paulo, que afastou a legítima defesa praticada por pessoa embriagada, o seguinte: "A embriaguez só oblitera a consciência no estado mais evoluído. Afirmar-se, pois, que esse estado impede que o agredido tenha consciência da defesa do seu direito, como fez o aresto citado, não nos parece muito exato. Acresce que no exercício da descriminante, como já assinalamos antes, fala alto o instinto de conservação, embora não seja este a justificação jurídica do instituto. Assim, um ébrio que receba de inopino uma agressão a que deu causa, sentindo a injustiça dessa agressão, porque ainda não em estado de comoção cerebral, pode revidá-la e acredito que ninguém dirá que não o tenha feito em legítima defesa" (*Legítima defesa*, p. 66).

**138-K. Legítima defesa putativa e pretexto de legítima defesa:** a legítima defesa putativa, quando autêntica, configura hipótese de erro, logo, sendo justificável, pode conduzir à absolvição (art. 20, § 1.º, CP). No entanto, há a possibilidade de o agente *simular* uma situação em que estaria sob agressão, a fim de poder atacar outrem. Esse simulacro de legítima defesa não pode ser considerado erro, merecendo punição. "Evidentemente, não é de confundir-se a legítima defesa putativa com o chamado *pretexto de legítima defesa*, em que o indivíduo age na plena consciência de que, com a sua conduta violenta, não se acha em estado de legítima defesa. E ainda mesmo que o agente proceda na *dúvida* sobre a identidade entre a sua ação e a

# Art. 25

ação autorizada *in abstrato* pela lei, já não há falar-se em legítima defesa putativa: apresenta-se também, em tal caso, um crime doloso, pois que, como diz DE MARSICO, *chi arrischia vuole*" (HUNGRIA, *A legítima defesa putativa*, p. 114).

**138-L. Legítima defesa contra crime impossível:** pode ser admissível na forma putativa. Tratando-se verdadeiramente de delito impossível, há de se considerar a completa inviabilidade de ocorrer lesão ao bem jurídico, seja por ineficácia absoluta do meio empregado pelo agente ou por absoluta impropriedade do objeto da agressão. Se inexiste potencialidade lesiva, não cabe legítima defesa real. Mas a forma putativa, ligada ao erro, torna-se viável em certos casos. Imagine-se que "P", resolvendo matar "R", surge à sua frente, empunhando um revólver e faz menção de atirar. Esqueceu-se o agente "P" de carregar a arma (meio absolutamente ineficaz), mas a vítima "R" não sabe disso. Vendo-se em situação de agressão injusta (na sua mente), defende-se. É a legítima defesa putativa. Outro exemplo: "M" ingressa na casa de "Z" para matá-lo. Este, no entanto, morrera de infarto horas antes. Penetrando no quarto, onde "Z" encontra-se morto, dispara vários tiros contra seu cadáver. "L", parente de "Z", ouvindo os tiros, invade o cômodo e agride violentamente "M", visando a barrar a agressão. Embora esta fosse voltada contra objeto absolutamente impróprio (não há como matar quem já morreu), "L" não tinha ciência disso. Outra hipótese de legítima defesa putativa. Porém, como alerta ROXIN, se a potencial vítima sabe que a arma do agente está descarregada, não pode agir em legítima defesa, nem mesmo putativa; afinal, sabe que não há perigo algum (*Derecho penal – parte general*, p. 612).

**138-M. Legítima defesa de animais:** em tópico anterior, discutiu-se a inviabilidade de legítima defesa *contra* animais (usa-se o estado de necessidade defensivo). Nesta nota, há de se visualizar a possibilidade de defesa *dos* animais, muitos dos quais são maltratados e até torturados por pessoas. Cabe legítima defesa, pois o bem jurídico tanto pode ser a ética social ou a honestidade pública, quando se trata de maltrato de animal doméstico, como pode ser a fauna, cuidando-se de animal selvagem, tutelado pela Lei 9.605/1998. Como diz Roxin, pode-se defender a "compaixão humana em face do animal martirizado" (*Derecho penal – parte general*, p. 625). Para complementar, admitindo-se legítima defesa em prol de pessoa jurídica e, também, do feto (que ainda não tem personalidade reconhecida), por certo, os animais devem ser tutelados.

**138-N. Legítima defesa contra bens jurídicos indeterminados:** é preciso cautela, pois alguns bens jurídicos, como a paz social, são vagos, a ponto de não permitir a legítima defesa, em certas situações, sob pena de se permitir o estabelecimento de pretensos *guardiães da ordem*. É também o bom argumento tecido por CLAUS ROXIN (*Derecho penal – parte general*, p. 625). Se fosse possível defender um bem jurídico tão amplo, de difícil conceituação, como a referida paz social, haveria mais prejuízo do que vantagem para a sociedade se o cidadão comum resolvesse agir por conta própria. Isto não significa que está totalmente excluída a legítima defesa desse contexto. Imagine-se quem danifica o veículo de outrem para que certa associação criminosa não o utilize para a prática de crimes. Em tese, há legítima defesa. Porém, não há cabimento em se tolerar que *vigilantes* ou *justiceiros*, em prol da paz social, resolvam agir contra pretensos criminosos para garantir a ordem. Sob outro aspecto, enfocando-se o meio ambiente, que é um bem jurídico não pertencente a ninguém, mas de interesse de toda a sociedade, cabe legítima defesa. Afinal, os objetos protegidos são mais nítidos (fauna, flora etc.).

**138-O. Vítima mantida refém:** admite-se, claramente, no *caput* do art. 25 a legítima defesa de terceiro (no caso, por exemplo, a vítima refém). Então, não havia necessidade dessa *ampliação*, em prol dos agentes de segurança pública. Em suma, aprovou-se a inserção do parágrafo único art. 25, mas isto não veio do acaso. Situações concretas em grandes cidades brasileiras demonstraram que atiradores profissionais da Polícia Militar (*snipers*) abateram infratores, em diferentes quadros, que mantinham vítima como refém. Segundo nos parece, a inclusão desse parágrafo apenas *ratifica* o que sempre existiu: a legítima defesa de terceiro. Portanto, há de se interpretar que o agente de segurança pública pode repelir (rechaçar, defender) agressão (leia-se: atual, que está ocorrendo) ou risco de agressão (leia-se: iminente, que está em vias de acontecer), buscando defender vítima tomada como refém.

## Excludentes de Ilicitude

*Legais* (previstas expressamente no CP)

I) *Parte Geral*

a) estado de necessidade (arts. 23, I, e 24)

b) legítima defesa (arts. 23, II, e 25)

c) estrito cumprimento do dever legal (art. 23, III)

d) exercício regular de direito (art. 23, III)

II) *Parte Especial*

a) aborto necessário (art. 128, I)

b) aborto no caso de gravidez resultante de estupro (art. 128, II)

c) ofensa irrogada em juízo, na discussão da causa, pela parte ou seu procurador (art. 142, I)

d) opinião desfavorável da crítica literária, artística ou científica (art. 142, II)

e) conceito desfavorável emitido por funcionário público em apreciação ou informação que preste no cumprimento de dever de ofício (art. 142, III)

f) ingresso ou permanência em casa alheia ou em suas dependências, durante o dia, observando-se as formalidades legais, para efetuar prisão ou outra diligência (art. 150, § 3.º, I), ou a qualquer hora do dia ou da noite, quando algum crime está ali sendo praticado (150, § 3.º, II)

g) subtração de coisa comum fungível, cujo valor não excede a quota a que tem direito o agente (art. 156, § 2.º)

III) *Excludentes previstas em leis não penais*

Há várias situações que podem autorizar o exercício de um direito (ex.: o serviço postal abrir a carta com conteúdo suspeito – art. 10 da Lei 6.538/1978), ou mesmo da legítima defesa (ex.: retomar o imóvel esbulhado hoje em seguida à invasão – art. 1.210, § 1.º, CC), e também de estado de necessidade (ex.: abater animal protegido pela lei ambiental quando realizado para saciar a fome do agente ou de sua família – art. 37, I, Lei 9.605/1998).

*Supralegal* (implícita no ordenamento jurídico)

– consentimento do ofendido (nota 107)

# Art. 25

## Diferenças entre o estado de necessidade e a legítima defesa

| Estado de Necessidade | Legítima Defesa |
|---|---|
| 1) Há um conflito entre titulares de bens ou interesses juridicamente protegidos | 1) Há um conflito entre o titular de um bem ou interesse juridicamente protegido e um agressor, agindo ilicitamente |
| 2) A atuação do agente do fato necessário pode voltar-se contra pessoas, animais e coisas | 2) A atuação do titular do bem ou interesse ameaçado somente se pode voltar contra pessoas |
| 3) O bem ou interesse juridicamente tutelado está exposto a um perigo atual | 3) O bem ou interesse juridicamente tutelado está exposto a uma agressão atual ou iminente |
| 4) O agente do fato necessário pode voltar-se contra terceira parte totalmente inocente | 4) O titular do bem ou interesse ameaçado somente está autorizado a se voltar contra o agressor |
| 5) Pode haver ação contra agressão justa (estado de necessidade recíproco) | 5) Deve haver somente ação contra agressão injusta (ilícita) |
| 6) Deve haver proporcionalidade entre o bem ou interesse sacrificado e o bem ou interesse salvo pela ação do agente do fato necessário | 6) É discutível a necessidade da proporcionalidade entre o bem ou interesse sacrificado, pertencente ao agressor, e o bem ou interesse salvo, pertencente ao agredido |
| 7) Há, como regra, ação | 7) Há, como regra, reação |
| 8) O agente do fato necessário, se possível, deve fugir da situação de perigo para salvar o bem ou interesse juridicamente tutelado (subsidiariedade do estado de necessidade) | 8) O agredido não está obrigado a fugir, podendo enfrentar o agressor, que atua ilicitamente |

# Título III
# Da imputabilidade penal[1]

**1. Conceito de imputabilidade:** "imputabilidade é o conjunto de condições pessoais que dão ao agente capacidade para lhe ser juridicamente imputada a prática de um fato punível. Constitui, como sabemos, um dos elementos da culpabilidade" (ANÍBAL BRUNO, *Direito penal – Parte geral*, t. II, p. 39). Ou, como ensina ODIN AMERICANO: "É a roda mestra do mecanismo da culpabilidade, pois toda a força animada ou inanimada, alheia ao bem ou ao mal, não poderá responder pelo evento que 'causou' por não ser causa consciente e livre" (*Da culpabilidade normativa*, p. 330). A antiga Parte Geral do Código Penal, antes da reforma de 1984, classificava esse título como "Da responsabilidade", o que, de fato, merecia ser alterado. Enquanto imputabilidade é a capacidade de ser culpável e culpabilidade é juízo de reprovação social que pode ser realizado ao imputável, responsabilidade é decorrência da culpabilidade, ou seja, trata-se da relação entre o autor e o Estado, que merece ser punido por ter cometido um delito. Os conceitos não se confundem, embora possam ser interligados. O que está preceituado no Título III do Código Penal (arts. 26 a 28) é matéria de imputabilidade, e não de responsabilidade, observando-se, ademais, que a opção legislativa se concentrou em fixar as causas de exclusão da imputabilidade penal, mas não o seu conceito, exatamente nos moldes de outros Códigos, como ocorre na Espanha (cf. ENRIQUE ESBEC RODRÍGUEZ, *Psicología forense y tratamiento jurídico legal de la discapacidad*, p. 114).

### Inimputáveis[2]

> **Art. 26.** É isento de pena o agente que, por doença mental[3] ou desenvolvimento mental incompleto ou retardado,[4-5] era, ao tempo da ação ou da omissão, inteiramente incapaz de entender o caráter ilícito do fato ou de determinar-se de acordo com esse entendimento.[6-6-B]

### Redução de pena

> **Parágrafo único.** A pena pode ser reduzida de um a dois terços, se o agente, em virtude de perturbação de saúde mental[7-7-B] ou por desenvolvimento mental incompleto ou retardado, não era inteiramente capaz de entender o caráter ilícito do fato ou de determinar-se de acordo com esse entendimento.

**2. Elementos e critérios para apurar a inimputabilidade penal:** para ter condições pessoais de compreender o que fez, o agente necessita de *dois elementos*: I) *higidez biopsíquica*

# Art. 26

Código Penal Comentado · **Nucci**

(saúde mental + capacidade de apreciar a criminalidade do fato); II) *maturidade* (desenvolvimento físico-mental que permite ao ser humano estabelecer relações sociais bem adaptadas, ter capacidade para realizar-se distante da figura dos pais, conseguir estruturar as próprias ideias e possuir segurança emotiva, além de equilíbrio no campo sexual). No Brasil, em vez de se permitir a verificação da maturidade, caso a caso, optou-se pelo critério cronológico, isto é, ter *mais de 18 anos*. Os *critérios* para averiguar a inimputabilidade, quanto à higidez mental, são os seguintes: a) *biológico*: leva-se em conta exclusivamente a saúde mental do agente, isto é, se o agente é ou não doente mental ou possui ou não um desenvolvimento mental incompleto ou retardado. A adoção restrita desse critério faz com que o juiz fique absolutamente dependente do laudo pericial; b) *psicológico*: leva-se em consideração unicamente a capacidade que o agente possui para apreciar o caráter ilícito do fato ou de comportar-se de acordo com esse entendimento. Acolhido esse critério de maneira exclusiva, torna-se o juiz a figura de destaque nesse contexto, podendo apreciar a imputabilidade penal com imenso arbítrio; c) *biopsicológico*: levam-se em conta os dois critérios anteriores unidos, ou seja, verifica-se se o agente é mentalmente são e se possui capacidade de entender a ilicitude do fato ou de determinar-se de acordo com esse entendimento. É o princípio adotado pelo Código Penal, como se pode vislumbrar no art. 26. Constitui, também, o sistema de outras legislações, como a espanhola, ressaltando ENRIQUE ESBEC RODRÍGUEZ que o perito se pronuncia sobre as bases antropológicas e o juiz sobre a imputação subjetiva. Logo, não é suficiente que haja algum tipo de enfermidade mental, mas que exista prova de que esse transtorno afetou, realmente, a capacidade de compreensão do ilícito, ou de determinação segundo esse conhecimento, à época do fato (*Psicología forense y tratamiento jurídico legal de la discapacidad*, p. 118-119).

**3. Conceito de doença mental:** trata-se de um quadro de alterações psíquicas qualitativas, como a esquizofrenia, as doenças afetivas (antes chamadas de psicose maníaco-depressiva ou acessos alternados de excitação e depressão psíquica) e outras psicoses (WAGNER F. GATTAZ, Violência e doença mental: fato ou ficção?). O conceito deve ser analisado em sentido lato, abrangendo as doenças de origem patológica e de origem toxicológica. São exemplos de doenças mentais, que podem gerar inimputabilidade penal: epilepsia (acessos convulsivos ou fenômenos puramente cerebrais, com diminuição da consciência, quando o enfermo realiza ações criminosas automáticas; a diminuição da consciência chama-se 'estado crepuscular'); histeria (desagregação da consciência, com impedimento ao desenvolvimento de concepções próprias, terminando por falsear a verdade, mentindo, caluniando e agindo por impulso); neurastenia (fadiga de caráter psíquico, com manifesta irritabilidade e alteração de humor); psicose maníaco-depressiva (vida desregrada, mudando humor e caráter alternativamente, tornando-se capaz de ações cruéis, com detrimento patente das emoções); melancolia (doença dos sentimentos, que faz o enfermo olvidar a própria personalidade, os negócios, a família e as amizades); paranoia (doença de manifestações multiformes, normalmente composta por um delírio de perseguição, sendo primordialmente intelectual; pode matar acreditando estar em legítima defesa); alcoolismo (doença que termina por rebaixar a personalidade, com frequentes ilusões e delírios de perseguição); esquizofrenia (perda do senso de realidade, havendo nítida apatia, com constante isolamento; perde-se o elemento afetivo, existindo introspecção; não diferencia realidade e fantasia); demência (estado de enfraquecimento mental, impossível de remediar, que desagrega a personalidade); psicose carcerária (a mudança de ambiente faz surgir uma espécie de psicose); senilidade (modalidade de psicose, surgida na velhice, com progressivo empobrecimento intelectual, ideias delirantes e alucinações). Convém, no entanto, mencionar o alerta oportuno de TOBIAS BARRETO, nesse contexto: "Não há dúvida que, se todas as afecções mórbidas, exclusivas da imputabilidade, tivessem uma rubrica legal, havia mais garantias contra a injusta condenação de alienados, tidos em conta de espírito normais, e não menos injusta absolvição de verdadeiros facínoras, tomados por insensatos. Mas isso será possível? Talvez que não; e esta impossibilidade, que se levanta em terreno comum aos juristas e aos médicos, provém menos do lado do direito do que do lado da medicina. A proposição pode causar uma certa estranheza, porém, não deixa de ser verídica. Na falta de outras provas, bastaria lembrar o seguinte fato: ainda hoje os alienistas psiquiatras não estão de acordo sobre o modo exato de denominar as moléstias mentais, determinar o seu conceito e sujeitá-las a uma classificação. Cada autor apresenta a sua maneira de ver, que pode ser mais ou menos aceitável, mas não é definitiva. (...) A exuberância de termos, que fazem o cortejo de uma ideia, encerra alguma coisa de parecido com o guarda-roupa de um *dandy*. Assim como este, dentre seus vinte *fracs*, tem sempre um que mais lhe assenta, ou de dentre as suas cinquenta gravatas, sempre uma, que melhor lhe fica, da mesma forma sucede com o pensamento. A riqueza dos sinônimos não o inibe de achar uma expressão, que mais lhe convenha. Mas isto mesmo é o que não se dá na questão, que nos ocupa. Ao ser sincera, a ciência deve confessar que ainda não chegou a indicar o termo mais apropriado ao conceito de alienação do espírito, e a formular uma definição que se adapte a todo o definido" (*Menores e loucos em direito criminal*, p. 88-90). A preocupação do autor, exposta em 1884, não obteve alteração até o presente. Definir, com precisão, *doença mental*, estabelecendo seus limites e, com exatidão, seus casos concretos, está distante de ocorrer.

**4. Conceito de desenvolvimento mental incompleto ou retardado:** trata-se de uma limitada capacidade de compreensão do ilícito ou da falta de condições de se autodeterminar, conforme o precário entendimento, tendo em vista ainda não ter o agente atingido a sua maturidade intelectual e física, seja por conta da idade, seja porque apresenta alguma característica particular, como o silvícola não civilizado ou o surdo sem capacidade de comunicação.

**4-A. A verificação do indígena:** nem sempre o índio deve ser considerado inimputável ou semi-imputável, mormente quando estiver integrado à civilização. Portanto, depende da análise de cada caso concreto. Na jurisprudência: STF: "Inexiste razão para a realização de exames psicológico ou antropológico se presentes, nos autos, elementos suficientes para afastar qualquer dúvida sobre a imputabilidade de indígena, sujeitando-o às normas do art. 26 e parágrafo único do CP. Com base nesse entendimento, a Turma deferiu, em parte, *habeas corpus* impetrado em favor de índio Guajajara, condenado, por juízo federal, pela prática dos crimes previstos nos arts. 12, *caput* e § 1.º, II, e 14 da Lei 6.368/76 [atuais arts. 33, *caput* e § 1.º, II, e 35 da Lei 11.343/2006] e art. 10 da Lei 9.437/97 [art. 12 da Lei 10.826/2003]. Pleiteava-se, de forma alternativa, a anulação do processo, *ab initio*, a fim de que se realizasse o exame antropológico ou a atenuação da pena (Lei 6.001/73, art. 56, parágrafo único), assim como para garantir seu cumprimento no regime semiaberto em local próximo da habitação do paciente. Tendo em conta que a sentença afirmara a incorporação do paciente à sociedade, considerou-se que ele seria plenamente imputável e que o laudo pericial para a comprovação de seu nível de integração poderia ser dispensado. Asseverou-se que o grau de escolaridade, a fluência na língua portuguesa, o nível de liderança exercida na quadrilha, entre outros, foram suficientes para formar a convicção judicial de que o paciente seria inteiramente capaz de entender o caráter ilícito dos fatos ou de determinar-se de acordo com esse entendimento. No tocante à diminuição da pena, ressaltou-se que esta já fora efetuada pelo juízo quando proferida a sentença. HC deferido parcialmente para que o juiz da execução observe, quanto possível, o parágrafo único do art. 56 do Estatuto do Índio (Lei 6.001/73: '*Art. 56. No caso de condenação de índio por infração penal, a pena deverá ser atenuada e na sua aplicação o juiz atenderá também ao grau de integração do silvícola. Parágrafo único. As penas de reclusão e de detenção serão cumpridas, se possível, em regime especial de semiliberdade, no local de funcionamento do órgão federal de*

# Art. 26

Código Penal Comentado · **Nucci**

246

*assistência aos índios mais próximos da habitação do condenado')*" (HC 85.198-MA, 1.ª T., rel. Eros Grau, 17.11.2005, *Informativo* 409; julgado antigo, mas relevante para o tema).

**5. Doenças da vontade e personalidades antissociais:** são anomalias de personalidade que *não excluem a culpabilidade*, pois não afetam a inteligência, a razão, nem alteram a vontade. Ex.: o desejo de aparecer; os defeitos ético-sexuais; a resistência à dor; os intrometidos, entre outros. Denominam-se *personalidades instáveis*. No mesmo contexto estão as chamadas personalidades antissociais: "São as predisponentes para atos contra a sociedade, tais como indiferença pelos sentimentos alheios; desrespeito por normas sociais; incapacidade de manter relacionamentos, embora não haja dificuldades em estabelecê-los; baixo limiar para descarga de agressão e violência; incapacidade de experimentar culpa e aprender com a experiência, particularmente punição; propensão marcante para culpar os outros ou para oferecer racionalizações plausíveis para o comportamento que levou ao conflito com a sociedade" (WAGNER G. GATTAZ, Violência e doença mental: fato ou ficção?). Como bem diz ROBERTO LYRA, "a especificação psicológica ou psiquiátrica detém-se nas fronteiras. Loucura, anormalidade, normalidade? Em relação a quê? Notas caracterológicas, por exemplo, não são sintomas mórbidos. Neuroses, simples colorações psicofísicas da conduta, não afetam os processos mentais" (*Criminologia*, p. 86). Na mesma ótica, ensina MARIO FEDELI o seguinte: "Pode-se dizer que 'em todos os homens encontramos traços' de mecanismos neuróticos, 'ainda que de maneira menos vistosa e menos persistente, ao passo que uma perfeita compensação e equilíbrio entre o Eu racional e as forças inconscientes é um fenômeno muito raro e dificilmente realizável'. Essas palavras do psiquiatra inglês Storr fixam um conceito fundamental: que a obtenção da perfeita e completa integração psíquica é muito rara no homem e que, consequentemente, os limites entre o 'normal' e o 'patológico' são indefinidos e incertos em psicologia" (*Temperamento, caráter, personalidade – Ponto de vista médico e psicológico*, p. 253). Por isso, é preciso muita cautela, tanto do perito, quanto do juiz, para averiguar as situações consideradas limítrofes, que não chegam a constituir normalidade, pois que personalidade antissocial, mas também não caracterizam a anormalidade a que faz referência o art. 26. Pessoas que se valem, durante muito tempo, de substâncias entorpecentes de toda ordem ou são naturalmente agressivas podem desenvolver processos explosivos que as conduzem ao crime – ainda que violento e perverso –, sem que isso implique na constatação de doença mental ou mesmo perturbação da saúde mental. Devem responder pelo que fizeram, sofrendo o juízo pertinente à culpabilidade, sem qualquer benefício – e por vezes até com a pena agravada pela presença de alguma circunstância legal. Lembremos o alerta feito por CARLOTA PIZARRO DE ALMEIDA: "Em caso algum, uma personalidade antissocial deverá ser considerada indício de doença mental, ou sujeita a medidas de 'tratamento'. Muitos criminosos (e não só...) têm personalidades antissociais, sem que isso seja motivo de internamento" (*Modelos de inimputabilidade: da teoria à prática*, p. 102). Aliás, alguns autores chamam a *personalidade antissocial* de *loucura moral*. Confira-se em ROQUE DE BRITO ALVES: "Entendemos que o grande perverso é sempre aquele cuja personalidade não tem, não apresenta inibições ou freios morais, éticos, insensível sempre às exigências morais e afetivas mais elementares ou comuns, indiferente ou desajustado, assim, ao seu grupo ou ambiente social" (*Crime e loucura*, p. 119).

**6. Importância da perícia médica:** tendo em vista que a lei penal adotou o critério misto (biopsicológico), é indispensável haver laudo médico para comprovar a doença mental ou mesmo o desenvolvimento mental incompleto ou retardado (é a parte biológica), situação não passível de verificação direta pelo juiz. Entretanto, existe, ainda, o lado psicológico, que é a capacidade de se conduzir de acordo com tal entendimento, compreendendo o caráter ilícito do fato. Essa parte pode ser de análise do juiz, conforme as provas colhidas ao longo da instrução. É certo que se diz que o magistrado não fica vinculado ao laudo pericial, valendo-se, inclusive, do disposto no art. 182 do Código de Processo Penal, embora seja imprescindível mencionar que a rejeição da avaliação técnica, no cenário da inimputabilidade, não pode conduzir à substituição do perito pelo juiz. Portanto, caso não creia na conclusão pericial, deve determinar a realização de outro exame, mas não simplesmente substituir-se ao experto, pretendendo avaliar a doença mental como se médico fosse. A parte cabível ao magistrado é a psicológica, e não a biológica.

**6-A. Inimputabilidade e o princípio processual da prevalência do interesse do réu (*in dubio pro reo*):** a questão é complexa e não comporta resposta única. Primeiramente, relembremos que o princípio processual invocado determina que, havendo dúvida razoável, deve o juiz decidir em favor do réu – afinal, seu estado natural é o de inocência. Prevalece, em situação duvidosa, o interesse do acusado. Pois bem: por outro lado, acabamos de expor o grau de dificuldade existente para apurar a inimputabilidade, em especial quando proveniente de doença mental e sua capacidade de influenciar no discernimento do agente no momento da prática da conduta. Imaginemos que, no caso concreto, os peritos que avaliaram o réu não consigam chegar a uma conclusão unânime – se imputável ou inimputável –, deixando o magistrado em dúvida. Qual o caminho a seguir? Valendo-se da prevalência do interesse do réu, deve o juiz considerá-lo imputável, aplicando-lhe pena, ou inimputável, submetendo-o a medida de segurança? Podemos destacar, ao menos, três posições: a) o julgador estaria atrelado ao que foi alegado pelo réu, em sua defesa, ou seja, se sustentou ser inimputável, requerendo, inclusive, a realização do exame de insanidade mental, essa deve ser a solução adotada; se, porventura, alegou imputabilidade, em caso de dúvida, o juiz assim deve considerá-lo; b) a presunção natural é a de que as pessoas são capazes, razão pela qual o estado de inimputabilidade é anormal. Assim sendo, em caso de dúvida, deve-se considerar o réu imputável, com a consequente aplicação de pena; c) o estado de inimputabilidade e suas consequências têm origem normativa, razão pela qual, somente na situação concreta, caberá ao juiz decidir se é melhor para o réu considerá-lo imputável ou inimputável (cf. CARLOTA PIZARRO DE ALMEIDA, *Modelos de inimputabilidade: da teoria à prática*, p. 56-60). A primeira posição não nos parece adequada, pois o que está em jogo é a liberdade do acusado e, o que é mais grave, se o Estado deve puni-lo, aplicando a pena, ou submetê-lo a tratamento curativo, firmando a medida de segurança. Portanto, não se trata de direito disponível e de livre escolha da defesa. A segunda posição parece-nos simples demais. É verdade que todos nascemos presumidamente sãos, sendo esse o nosso estado natural. Entretanto, decidir em função somente dessa presunção pode acarretar grave erro judiciário, impondo pena e remetendo ao cárcere uma pessoa que não tinha condições de entender o ilícito, comportando-se de acordo com esse entendimento. Em suma, mais adequada é a terceira posição. O juiz, em caso de dúvida quanto à insanidade do réu, deve verificar, no caso concreto, conforme o tipo de doença mental afirmado por um ou mais peritos, bem como levando em consideração o fato criminoso cometido, qual caminho é o melhor a ser trilhado, em função da prevalência do interesse do acusado. Deve, ainda, o julgador lembrar-se do disposto no art. 183 da Lei 7.210/1984 (Lei de Execução Penal), permitindo a conversão da pena em medida de segurança. Uma pessoa mentalmente saudável, colocada entre doentes mentais, tende a sofrer muito mais – e até enlouquecer; um indivíduo insano, colocado entre os que sejam mentalmente sãos, em face de seu limitado grau de compreensão, inclusive quanto à sua situação, padece menos, além do que é juridicamente possível, a qualquer tempo, transformar sua pena em medida de segurança.

**6-B. Natureza jurídica da decisão absolutória imprópria:** trata-se, na essência, de uma imposição de sanção penal, consistente em medida de segurança. Logo, tal decisão é condenatória. Afirma-se, entretanto, cuidar-se de sentença absolutória, pois inexiste crime. Em virtude da técnica apresentada pela lei processual penal, a decisão é absolutória. De todo modo, a referida decisão não é capaz de gerar antecedentes criminais ou outro efeito secundário.

# Art. 27

**7. Conceito de perturbação da saúde mental:** não deixa de ser também uma forma de doença mental, embora não retirando do agente, completamente, a sua inteligência ou a sua vontade. Perturba-o, mas não elimina a sua possibilidade de compreensão, motivo pelo qual o parágrafo único tornou a repetir o "desenvolvimento mental incompleto ou retardado", bem como fez referência a não ser o agente *inteiramente* capaz de entender o caráter ilícito do fato ou mesmo de se determinar de acordo com tal entendimento. Nesse caso, não há eliminação completa da imputabilidade; logo, pode o agente sofrer o juízo de reprovação social inerente à culpabilidade, embora o juiz seja levado a *atenuar* a censura feita, reduzindo a pena de 1/3 a 2/3. Além disso, caso a *perturbação da saúde mental* (como dissemos, uma forma de doença mental) seja intensa o suficiente, de modo a justificar um especial tratamento curativo, o magistrado ainda pode substituir a pena privativa de liberdade por medida de segurança (internação ou tratamento ambulatorial), conforme o art. 98 do Código Penal. Na jurisprudência: STJ: "A jurisprudência desta Corte Superior é pacífica no sentido de que, constatada a semi-imputabilidade do réu, o magistrado, valendo-se da discricionariedade fundamentada, poderá optar por aplicar pena privativa de liberdade com o redutor previsto no art. 26, parágrafo único, do CP, ou submetê-lo a tratamento ambulatorial ou medida de internação, conforme preconiza o art. 98, do Estatuto Repressivo. A pena do semi-imputável pode ser reduzida de um a dois terços, se o agente, em virtude de perturbação de saúde mental ou por desenvolvimento mental incompleto ou retardado não era inteiramente capaz de entender o caráter ilícito do fato ou de determinar-se de acordo com esse entendimento (art. 26, parágrafo único, do Código Penal). As instâncias ordinárias apresentaram fundamentação idônea para aplicar, ao caso, a redução da pena na fração de 1/2, tendo em vista a existência de laudo indicando que o paciente, embora não sofresse qualquer déficit de desenvolvimento mental, por ser dependente químico de cocaína, tinha reduzida capacidade de entendimento e de autodeterminação. Tendo os julgadores da origem, com base no acervo fático e probatório dos autos, em especial, no laudo da perícia realizada no paciente, reconhecido sua semi-imputabilidade, e entendido ser mais recomendável a ele a redução da pena de prisão no patamar de 1/2, não há que se falar em falta de fundamentação na terceira etapa dosimétrica. *Habeas corpus* não conhecido" (HC 499.985-MG, 5.ª T., rel. Reynaldo Soares da Fonseca, 06.06.2019, v.u.).

**7-A. Critério para a diminuição:** há de se considerar, após o laudo pericial evidenciar a semi-imputabilidade, o grau de perturbação da saúde mental. Quanto mais perturbado, maior a diminuição da pena (2/3); quanto menos, menor a diminuição (1/3). Na jurisprudência: STJ: "1. A escolha da fração de redução de pena decorrente da semi-imputabilidade (art. 26, parágrafo único, do Código Penal), depende da avaliação concreta do grau de incapacidade do Acusado" (AgRg no AREsp 1.476.109-GO, 6.ª T., rel. Laurita Vaz, 02.06.2020, v.u.). Ver, ainda, o acórdão do STJ mencionado na nota anterior.

**7-B. Inviabilidade de isenção de pena:** o semi-imputável não deve ser absolvido, pois sofre juízo de culpabilidade (e não puramente de periculosidade como o inimputável). Imposta a pena, há a diminuição prevista no art. 26, parágrafo único. Logo, existe condenação. Caso a perturbação da saúde mental demande tratamento médico, o juiz *pode* convertê-la em medida de segurança. No entanto, a absolvição é destinada, unicamente, ao inimputável. Consultar a nota 19-B ao art. 98.

### Menores de dezoito anos[8]

> **Art. 27.** Os menores de 18 (dezoito) anos[9] são penalmente inimputáveis,[10] ficando sujeitos às normas estabelecidas na legislação especial.[11-11-A]

**8. Menoridade:** trata-se da adoção, nesse contexto, do critério puramente biológico, isto é, a lei penal criou uma presunção absoluta de que o menor de 18 anos, em face do desenvolvimento mental incompleto, não tem condições de compreender o caráter ilícito do que faz ou capacidade de determinar-se de acordo com esse entendimento. Analisando-se, estritamente, a condição psicológica do jovem e a sua maturidade, associada à capacidade de entendimento, não mais é crível que menores com 16 ou 17 anos, por exemplo, deixem de ter condições de compreender o caráter ilícito do que praticam. O desenvolvimento mental acompanha, como é natural, a evolução dos tempos, tornando a pessoa mais precocemente preparada para a compreensão integral dos fatos da vida. Em 1988, pela primeira vez, inseriu-se na Constituição Federal matéria nitidamente pertinente à legislação ordinária, como se vê no art. 228: "São penalmente inimputáveis os menores de dezoito anos, sujeitos às normas da legislação especial". No mesmo prisma, encontra-se o disposto neste artigo do Código Penal. A única via para contornar essa situação, permitindo que a maioridade penal seja reduzida, seria por meio de emenda constitucional, algo perfeitamente possível, tendo em vista que, por clara opção do constituinte, a responsabilidade penal foi inserida no capítulo *da família, da criança, do adolescente e do idoso*, e não no contexto dos direitos e garantias individuais (Capítulo I, art. 5.º, CF). Não podemos concordar com a tese de que a irresponsabilidade penal é um direito humano fundamental solto em outro trecho da Carta, por isso também *cláusula pétrea*, inserida na impossibilidade de emenda prevista no art. 60, § 4.º, IV, CF, pois se sabe que há "direitos e garantias de conteúdo material" e "direitos e garantias de conteúdo formal". O simples fato de ser introduzida no texto da Constituição Federal como *direito e garantia fundamental* uma determinada norma é suficiente para transformá-la, formalmente, como tal, embora possa não ser assim considerada materialmente. São os casos da proibição de identificação criminal para o civilmente identificado e da competência para o julgamento do autor de crimes dolosos contra a vida pelo Tribunal do Júri, que são garantias fundamentais apenas porque foram colocados no art. 5.º, mas não fazem parte de direitos internacionalmente reconhecidos como *fundamentais* – como diz PONTES DE MIRANDA, os *supraestatais*, aqueles que procedem do direito das gentes, o direito humano no mais alto grau. Por isso, a maioridade penal, além de não ser direito fundamental em sentido material, em nosso entendimento, também não o é no sentido formal. Assim, não há qualquer impedimento para a emenda constitucional suprimindo ou modificando o art. 228 da Constituição. Sob outro prisma, não se deve pretender que a redução da maioridade penal sirva, de algum modo, para o combate à criminalidade. Há de se compreender alguns aspectos: o jovem evoluiu quanto ao seu processo de amadurecimento e, em tese, seria viável reduzir a capacidade penal; a redução da idade seria possível pela edição de uma emenda à Constituição, modificando o art. 228; a alteração da responsabilidade penal não produz nenhum efeito direto na diminuição da prática de infrações penais. Diante disso, embora sob o prisma técnico, a redução da maioridade penal fosse viável, sob o ângulo da política criminal, não tem cabimento. Tendo em vista que os presídios se encontram superlotados, para os maiores de 18 anos, a redução da idade penal implicaria, em particular ao Poder Executivo, maiores gastos com a ampliação do número de vagas. Portanto, a contar com o descaso havido há anos em relação aos estabelecimentos penais no Brasil, tal solução está distante de se realizar. Pensamos, pois, que *dos males o menor*: mantém-se a idade penal aos 18 anos, evitando-se aumentar o caos do sistema carcerário, mas se modifica o disposto no Estatuto da Criança e do Adolescente, permitindo punições mais severas a determinados adolescentes infratores, tratados, hoje, com excessiva leniência, apesar dos gravíssimos atos infracionais que praticam.

**9. Início da maioridade penal aos 18 anos:** a partir do primeiro instante do dia do aniversário. É a posição predominante, pois coincide com a idade civil. Em outro prisma, há

# Art. 28

os que defendem que a maioridade somente tem início ao término do dia do aniversário de 18 anos (cf. José Antonio Paganella Boschi, *Das penas e seus critérios de aplicação*, p. 264).

**10. Presunção legal absoluta:** trata-se de *presunção*, que não depende nem se sujeita a prova em sentido contrário. Basta a demonstração da menoridade por força de documento hábil a comprovar a idade. Na jurisprudência: STJ: "1. É inadmissível a sujeição de menor de dezoito anos a processo penal, por força do art. 27 do Código Penal. A ilegalidade é mais evidente diante da condenação transitada em julgado e do já cumprimento de um sexto da pena em regime semiaberto. 2. Ordem concedida, acolhido o parecer ministerial, para revogar o trânsito em julgado e trancar a ação penal" (HC 119.384-SP, 6.ª T., rel. Maria Thereza de Assis Moura, 09.11.2010, v.u., embora antigo, serve para ilustrar).

**11. Legislação especial para o menor de 18 anos:** é o Estatuto da Criança e do Adolescente (Lei 8.069/1990).

**11-A. Inimputabilidade e crime permanente:** levando-se em consideração que o delito permanente é aquele cuja consumação se prorroga no tempo, é possível que alguém, inimputável (com 17 anos, por exemplo), dê início a um crime permanente, como o sequestro. Se atingir a idade de 18 anos enquanto o delito se encontrar em plena consumação, será por ele responsabilizado. Entretanto, é preciso destacar que a parte do crime referente à sua menoridade (inimputabilidade) não poderá ser levada em conta para qualquer finalidade, inclusive para a fixação da pena. Ex.: o menor, com 17 anos, age com crueldade contra a vítima; depois, ao completar 18 anos, tal conduta não mais ocorre. Esse cenário permite concluir que o juiz não pode levar em conta a crueldade para agravar a pena, tendo em vista que ocorreu durante o período em que o agente era penalmente irresponsável. No mesmo sentido: Giovanni Grisolia, *Il reato permanente*, p. 65.

### Emoção e paixão

> **Art. 28.** Não excluem a imputabilidade penal:
>
> I – a emoção[12-12-A] ou a paixão;[13]

### Embriaguez[14-15]

> II – a embriaguez,[16] voluntária ou culposa,[17-17-A] pelo álcool ou substância de efeitos análogos.[18]
>
> § 1.º É isento de pena o agente que, por embriaguez completa, proveniente de caso fortuito ou força maior,[19-19-A] era, ao tempo da ação ou da omissão, inteiramente incapaz de entender o caráter ilícito do fato ou de determinar-se de acordo com esse entendimento.
>
> § 2.º A pena pode ser reduzida de um a dois terços, se o agente, por embriaguez, proveniente de caso fortuito ou força maior,[20] não possuía, ao tempo da ação ou da omissão, a plena capacidade de entender o caráter ilícito do fato ou de determinar-se de acordo com esse entendimento.

**12. Conceito de emoção:** é "um estado de ânimo ou de consciência caracterizado por uma viva excitação do sentimento. É uma forte e transitória perturbação da afetividade, a que estão ligadas certas variações somáticas ou modificações particulares das funções da vida orgânica (pulsar precípite do coração, alterações térmicas, aumento da irrigação cerebral, aceleração do ritmo respiratório, alterações vasomotoras, intensa palidez ou intenso rubor, tremores, fenômenos musculares, alteração das secreções, suor, lágrimas etc.)" (NÉLSON HUNGRIA, *Comentários ao Código Penal*, v. 1, p. 367). FREUD diz que "as emoções são as vias para o alívio da tensão e a apreciação do prazer. Elas também podem servir ao ego ajudando-o a evitar a tomada de consciência de certas lembranças e situações". É preciso considerar que "não somos basicamente animais racionais, mas somos dirigidos por forças emocionais poderosas cuja gênese é inconsciente". Segundo PERLS, "emoções são a expressão de nossa excitação básica, as vias e os modos de expressar nossas escolhas, assim como de satisfazer nossas necessidades". Elas provocam os denominados "furos de nossa personalidade" (cf. FRADIMAN e FRAGER, *Teorias da personalidade*, p. 25). A emoção pode apresentar tanto um estado construtivo, fazendo com que o comportamento se torne mais eficiente, como um lado destrutivo; pode ainda fortalecer como enfraquecer o ser humano (D. O. HEBB, citação de ANTONIO GOMES PENNA, *Introdução à motivação e emoção*, p. 83). E as emoções vivenciadas pelo ser humano podem ser causas de alteração do ânimo, das relações de afetividade e até mesmo das condições psíquicas, proporcionando, por vezes, reações violentas, determinadoras de infrações penais. São exemplos de emoções a alegria, a tristeza, a aversão, a ansiedade, o prazer erótico, entre outras. Não servem para anular a imputabilidade, sem produzir qualquer efeito na culpabilidade. O agente que, emocionado, comete um delito responde normalmente pelo seu ato. No máximo, quando essa emoção for violenta e provocada por conduta injusta da vítima, pode receber algum benefício (privilégio ou atenuante). Lembremos que a emoção é controlável; logo, quando alguém, violentamente emocionado, agride outra pessoa, podemos invocar a teoria da *actio libera in causa*. Confira-se a lição de NARCÉLIO DE QUEIROZ: "Se o delito resultou de um estado emocional que podia ter sido evitado e só foi possível pela falta de disciplina do agente, da ausência de *self-control* – não pode haver dúvida de que o ato por ele praticado possa ser, de certa maneira, considerado como voluntário na sua causa. E a punição dos crimes assim praticados, num estado de perturbação emocional, deve encontrar a sua justificação não na chamada responsabilidade objetiva, ou legal, mas na teoria da *actio libera in causa*" (*Teoria da actio libera in causa*, p. 77). Na jurisprudência: STJ: "1. No que concerne à pretensão absolutória relativa ao delito previsto no art. 331, do CP, fundada na alegada ausência de dolo específico, a Corte *a quo* concluiu que a recorrente praticou o delito de desacato, estando 'presente o dolo específico da acusada ao proferir xingamentos contra policiais militares em exercício da função' (e-STJ, fl. 307). O Tribunal de origem consignou, ainda, que 'ficou demonstrada, pelas palavras proferidas, intenção de menosprezar a função pública' (e-STJ, fl. 307). 2. Nesse contexto, desconstituir as conclusões alcançadas pelo Tribunal de origem, com fundamento em exame exauriente do conjunto fático-probatório constante dos autos, no intuito de abrigar a pretensão absolutória, demandaria necessariamente aprofundado revolvimento do conjunto probatório, providência vedada em sede de recurso especial. Incidência da Súmula n. 7/STJ. 3. Ademais, é firme a jurisprudência desta Corte Superior no sentido de que 'a teor do art. 28, I, do CP, a emoção e a paixão não excluem a imputabilidade penal. Decerto, a perda momentânea do autocontrole, ainda que motivada por sentimento de indignação ou cólera impelidas por injusta provação da vítima, não elidem a culpabilidade, podendo, ao máximo, justificar a redução da pena com fulcro no art. 65, III, *c*, do mesmo diploma legal' (RHC 81.292/DF, Rel. Ministro Ribeiro Dantas, Quinta Turma, julgado em 5/10/2017, *DJe* 11/10/2017). 4. Com efeito, em que pese o esforço argumentativo da defesa em sustentar que a recorrente teria proferido as ofensas contra os policiais em decorrência de uma 'explosão emocional', no momento em que foi algemada e conduzida pelos ofendidos, a Corte local, ao concluir que 'o estado emocional alterado não afasta a tipicidade da conduta' e que 'tampouco, se exige ânimo calmo e refletido para a configuração do delito de desacato'

# Art. 28

Código Penal Comentado • **Nucci**

(e-STJ, fl. 307), decidiu em consonância com a jurisprudência desta Corte Superior. Incidência da Súmula n. 83/STJ" (AgRg no AREsp 1.709.116-DF, 5.ª T., rel. Reynaldo Soares da Fonseca, 27.10.2020, v.u.).

**12-A. Espécies de emoções:** embora a lei não estabeleça distinção, existem dois tipos de emoções: a) *astênicas:* são as emoções resultantes daquele que sofre de debilidade orgânica, gerando situações de medo, desespero, pavor; b) *estênicas:* são as emoções decorrentes da pessoa que é vigorosa, forte e ativa, provocando situações de cólera, irritação, destempero, ira. Há situações fronteiriças, ou seja, de um estado surge outro. Sob outro prisma, Kahan e Nussbaum demonstram haver duas formas básicas de entender o papel das emoções no comportamento humano: a) mecanicista, que tende a ver as emoções como "forças", "impulsos" ou "apetites" que não contêm pensamentos, nem respondem fundamentalmente à razão, senão que mais a perturba ou dificulta. É uma visão cética acerca da possibilidade de reconhecer qualquer responsabilidade no tocante às emoções; b) avaliativa, sustentando que as emoções encarnam e expressam valorações acerca de determinados objetos; tais valorações são acessíveis a uma avaliação crítica em que as pessoas podem configurar as suas próprias emoções, por meio da educação moral, por exemplo. Assim, as emoções não somente não estão discordes da razão, como supõe a visão mecanicista, senão que implicam necessariamente um pensamento acerca do objeto ao qual se referem (PEÑARANDA RAMOS, *Estudios sobre el delito de asesinato*, p. 50-51). Optamos, no art. 28, I, deste Código, pelo critério avaliativo.

**13. Conceito de paixão:** originária da emoção, a paixão é uma excitação sentimental levada ao extremo, de maior duração, causando maiores alterações nervosas ou psíquicas (cf. ANTONIO GOMES PENNA, *Introdução à motivação e emoção*, p. 113). Ainda que possa interferir no raciocínio e na vontade do agente, é passível de controle, razão pela qual não elide a culpabilidade. São exemplos: ódio, amor, vingança, ambição, inveja, ciúme, entre outros.

**14. Conceito de embriaguez:** é uma intoxicação aguda provocada no organismo pelo álcool ou por substância de efeitos análogos. Na lição de DI TULLIO, a respeito de embriaguez: "A consciência está fortemente obnubilada, produzem-se estados crepusculares com fenômenos de desorientação, perturbações humorais profundas, desordens psicossensoriais sob a forma de fenômenos ilusórios e alucinatórios, alterações da forma e especialmente do conteúdo ideativo até ao delírio" (*apud* ENRICO ALTAVILLA, *Psicologia judiciária*, v. 1, p. 283).

**15. Distinção entre embriaguez e alcoolismo:** este último é uma embriaguez crônica, que é caracterizada por um "abaixamento da personalidade psicoética", tornando o enfermo lento nas suas percepções ou levando-o a percepções ruins, a ponto de ter "frequentes ilusões", fixando mal as recordações e cansando-se ao evocá-las, ao mesmo tempo em que "a associação das ideias segue por caminhos ilógicos" (ALTAVILLA, *Psicologia judiciária*, v. 1, p. 284).

**16. Diagnóstico da embriaguez:** pode-se constatar esse estado de três maneiras diferentes: a) *exame clínico*: que é o contato direto com a pessoa, analisando-se o hálito, o equilíbrio físico, o controle neurológico, as percepções sensoriais, o modo de falar, a cadência da voz, entre outros; b) *exame de laboratório*: que é a dosagem etílica (quantidade de álcool no sangue); c) *prova testemunhal*: que pode atestar as modificações de comportamento do agente. Naturalmente, o critério mais adequado e seguro é a união dos três, embora somente um deles possa, no caso concreto, demonstrar a embriaguez.

**17. Embriaguez voluntária ou culposa:** voluntária é a embriaguez desejada livremente pelo agente e culposa aquela que ocorre por conta da imprudência do bebedor. Preceitua o Código Penal que, nesses casos, não se pode excluir a imputabilidade do agente, vale dizer, não se pode afastar a sua culpabilidade. É preciso destacar que o sujeito embriagado completamente, no exato momento da ação ou da omissão, está com sua consciência fortemente obnubilada, retirando-lhe a possibilidade de ter agido com dolo ou culpa. Portanto, ainda que se diga o contrário, buscando sustentar teorias opostas à realidade, trata-se de uma nítida *presunção* de dolo e culpa estabelecida pelo legislador, isto é, a adoção da responsabilidade penal objetiva, já que não havia outra forma de contornar o problema. Cuida-se de uma exceção ao princípio da culpabilidade (não há crime sem dolo ou culpa). Isto se dá porque não se obteve uma solução adequada para a permissão existente para que alguém se embriague completamente (não é crime), faltando-lhe, a partir disso, a consciência exata do que faz, bem como a noção entre o certo e o errado, característica indispensáveis ao dolo, que precisa ser *atual* (desenvolver-se exatamente no momento da conduta típica). Correta a análise de PAULO JOSÉ DA COSTA JÚNIOR: "Não se pode estender o princípio [falando da *actio libera in causa*] à embriaguez voluntária, em que o agente ingere a bebida alcoólica somente para ficar bêbado, ou à embriaguez culposa, em que se embriaga por imprudência ou negligência. Em nenhuma dessas hipóteses, porém, pretendia o agente praticar ulteriormente o crime. O legislador penal, ao considerar imputável aquele que em realidade não o era, fez uso de uma ficção jurídica. Ou melhor, adotou nesse ponto a responsabilidade objetiva, que se antagoniza com o *nullum crimen sine culpa*, apresentado como ideia central do novo estatuto. É forçoso convir: no capítulo da embriaguez, excetuada aquela preordenada, o Código fez reviver a velha fórmula medieval do *versari in re illicita*. (...) Entendemos que, com base em medidas de política criminal, pudesse ser adotada a solução perfilhada pelo Código. Seria, entretanto, mister que o legislador afirmasse corajosamente, em alto e bom som, que foi compelido a aceitar a responsabilidade objetiva, nesse ponto, para evitar as escusas absolutórias que passariam os criminosos a buscar, com o uso abusivo do álcool e substâncias similares" (*Comentários ao Código Penal*, p. 126). Destacando a responsabilidade penal objetiva que ainda impregna o contexto da embriaguez voluntária, conferir a lição de RENÉ ARIEL DOTTI: "Desprezando as lições mais adequadas cientificamente, o Código não empresta nenhum relevo à embriaguez voluntária ou culposa, tratando-as como se fossem iguais à preordenada. Se é verdade que em relação a esta o Código prevê uma agravação (art. 56, II, *c*) [o autor cuida do CP anterior a 1984]), também é certo que considera todas num mesmo plano para negar a isenção de pena. O anteprojeto Hungria e os modelos em que se inspirava resolviam muito melhor o assunto. O art. 31 e §§ 1.º e 2.º estabeleciam: 'A embriaguez pelo álcool ou substância de efeitos análogos, ainda quando completa, não exclui a responsabilidade, salvo quando fortuita ou involuntária. § 1.º Se a embriaguez foi intencionalmente procurada para a prática do crime, o agente é punível a título de dolo. § 2.º Se, embora não preordenada, a embriaguez é voluntária e completa e o agente previu e podia prever que, em tal estado, poderia vir a cometer crime, a pena é aplicável a título de culpa, se a este título é punível o fato'. Também o Código Penal de 1969 revelou-se indiferente ao problema da embriaguez voluntária e culposa, não lhes dando qualquer tratamento diversificado e ignorando-as como causas de isenção ou substituição de pena" (*O incesto*, p. 181-182). Mesmo assim, o referido Projeto Hungria é insuficiente para resolver, na prática, a hipótese de quem bebe voluntariamente, embriaga-se completamente, sem intenção para a prática do crime, mas termina matando alguém nesse estado. Havendo a previsibilidade, mencionada no § 2.º do art. 31 desse anteprojeto, estabelece-se uma punição por culpa; entretanto, essa pretendida solução não corresponde às necessidades reais de política criminal. O embriagado, sem qualquer intento preordenado de cometer um crime, quando mata alguém, dando-lhe uma facada, em estado de ebriez completa, responde por homicídio doloso, conforme as circunstâncias envolvendo o fato. Imagine-se uma discussão entre dois bêbados e um deles mata o outro raivosamente: nunca se teve notícia da tipificação em homicídio culposo; portanto, o Projeto Hungria é pobre de solução. Ver, também, a nota 18 *infra*. Na jurisprudência: STJ: "1.

# Art. 28

Código Penal Comentado • **Nucci**

A jurisprudência desta Corte Superior de Justiça está fixada no sentido de que 'nos termos do art. 28, II, do Código Penal, é cediço que a embriaguez voluntária ou culposa do agente não exclui a culpabilidade, sendo ele responsável pelos seus atos mesmo que, ao tempo da ação ou da omissão, era inteiramente incapaz de entender o caráter ilícito do fato ou de determinar-se de acordo com esse entendimento'. Aplica-se a teoria da *actio libera in causa*, ou seja, considera--se imputável quem se coloca em estado de inconsciência ou de incapacidade de autocontrole, de forma dolosa ou culposa, e, nessa situação, comete delito" (AgInt no REsp 1.548.520-MG, rel. Min. Sebastião Reis Júnior, 6.ª T., j. 07.06.2016, *DJe* 22.06.2016; sem grifos no original)" (AgRg no AREsp 1.551.160-SP, 6.ª T., rel. Laurita Vaz, 12.05.2020, v.u.).

**17-A. Embriaguez voluntária e legítima defesa putativa:** é inviável acolher a tese de putatividade, por quem se embriaga voluntariamente e, nesse estado, imagina estar sendo agredido por outra pessoa, reagindo e ferindo um inocente. Pronuncia-se, a respeito, Narcélio de Queiroz: "Um indivíduo, por estar em estado de embriaguez, julga-se na iminência de uma agressão por parte de outro, e o mata, no pressuposto de que legitimamente se defendia. Evidentemente, a convicção da iminência da agressão só foi possível devido ao estado de per-turbação mental do agente, produzida pelo álcool. Essa deficiência da capacidade de crítica das circunstâncias do fato, capaz de gerar aquela falsa convicção, resultou, pois, de uma ação voluntária, praticada num estado de plena imputabilidade penal. O defeito da inteligência, causa imediata do ato delituoso, estava em direta relação de causalidade com a ação voluntá-ria, causa mediata do evento. Só no caso de se tratar de uma embriaguez acidental poderia o agente, sem culpa na criação daquele defeito de inteligência, invocar a seu favor uma legítima defesa putativa..." (*Teoria da* actio libera in causa, p. 72). A conclusão está de acordo com o princípio segundo o qual a embriaguez voluntária ou culposa, mas não preordenada, espelha uma responsabilidade penal objetiva e jamais a teoria da *actio libera in causa*. Portanto, se, embriagado voluntariamente, o agente, não conseguiu perceber a situação como, de fato, ocorria, agredindo um inocente, deve responder pelo delito, sem poder alegar legítima defesa putativa (ou qualquer outra excludente putativa).

**18. A teoria da *actio libera in causa*:** com base no princípio de que a "causa da causa também é causa do que foi causado", leva-se em consideração que, no momento de se embria-gar, o agente pode ter agido dolosa ou culposamente, projetando-se esse elemento subjetivo para o instante da conduta criminosa. Assim, quando o indivíduo, resolvendo encorajar-se para cometer um delito qualquer, ingere substância entorpecente para colocar-se, proposita-damente, em situação de inimputabilidade, deve responder pelo que fez *dolosamente* – afinal, o elemento subjetivo estava presente no ato de ingerir a bebida ou a droga. Esse elemento subjetivo – dolo –, estando nítido no instante da ingestão do álcool ou de substância análoga, projeta-se para o momento da conduta típica, consistente em *matar alguém* e o agente respon-derá por homicídio doloso. Por outro lado, quando o agente, sabendo que irá dirigir um veí-culo, por exemplo, ingere bebida alcoólica antes de fazê-lo, precipita a sua imprudência para o momento em que atropelar e lesionar um passante. Responderá por lesão culposa, pois o elemento subjetivo do crime projeta-se do momento de ingestão da bebida para o instante do delito. Desenvolve a Exposição de Motivos da Parte Geral do Código Penal de 1940 a seguin-te concepção: "Ao resolver o problema da embriaguez (pelo álcool ou substância de efeitos análogos), do ponto de vista da responsabilidade penal, o projeto aceitou em toda a sua ple-nitude a teoria da *actio libera in causa ad libertatem* relata, que, modernamente, não se limita ao estado de inconsciência preordenado, mas se estende a todos os casos em que o agente se deixou arrastar ao estado de inconsciência" (nessa parte não alterada pela atual Exposição de Motivos). Tal assertiva não é compatível com a realidade, pois nem todos os casos em que o agente "deixou-se arrastar" ao estado de inconsciência podem configurar uma hipótese de "dolo ou culpa" a ser arremessada para o momento da conduta delituosa. Há pessoas que bebem por beber, sem a menor previsibilidade de que cometeriam crimes no estado de embriaguez completa, de forma que não é cabível a aplicação da teoria da *actio libera in causa* nesses casos. Confira-se: "Suponha-se, porém, que o mesmo motorista, com a sua jornada de trabalho já encerrada, depois de recolher normalmente o veículo à garagem, saia a se divertir com amigos. Horas após, inteiramente bêbado, recebe aviso inédito para fazer um serviço extra. Em estado sóbrio, jamais poderia supor fosse chamado para aquela tarefa. Era praxe rigorosa da empresa onde trabalhava não utilizar os empregados fora do expediente normal. Mas ele dirige-se à garagem e ali, ao pôr o carro em movimento, atropela o vigia. (...) Evidentemente, (...) não se situa nos domínios da *actio libera in causa*" (WALTER VIEIRA DO NASCIMENTO, *A embriaguez e outras questões penais (doutrina – legislação – jurisprudência)*, p. 23). De outra parte, se suprimirmos a responsabilidade penal dos agentes que, embriagados totalmente, matam, roubam ou estupram alguém, estaremos alargando, indevidamente, a impunidade, privilegiando o injusto diante do justo. No prisma de que a teoria da *actio libera in causa* ("ação livre na sua origem") somente é cabível nos delitos preordenados (em se tratando de dolo) ou com flagrante imprudência no momento de beber estão os magistérios de FREDERICO MARQUES, MAGALHÃES NORONHA, JAIR LEONARDO LOPES, PAULO JOSÉ DA COSTA JÚNIOR, JÜRGEN BAUMANN, MUNHOZ NETO, BASILEU GARCIA, entre outros, com os quais concordamos plenamente. No restante dos casos, aplica-se, para punir o embriagado que comete o injusto penal, a responsabilidade penal objetiva, como já exposto na nota 17. Convém mencionar, ainda, a posição de NARCÉLIO DE QUEIROZ, que busca sustentar a existência de dolo direto ou eventual no tocante ao *ato de beber*: "São os casos em que alguém, no estado de não imputabilidade, é causador, por ação ou omissão, de algum resultado punível, tendo se colocado naquele estado, ou propositadamente, com a intenção de produzir o evento lesivo, ou sem essa intenção, mas tendo previsto a possibilidade do resultado, ou, ainda, quando a podia ou devia prever" (*Teoria da actio libera in causa*, p. 40). Defendendo Narcélio de Queiroz, Hungria menciona não ser caso de "identificar-se na espécie, como já se tem pretendido, um caso de *responsabilidade objetiva*, mas de responsabilidade por ampliação (ditada por motivos de índole social) do próprio critério *voluntarístico*. (...) o agente se colocou, livremente, em estado de delinquir, sabendo ou devendo saber que a embriaguez facilmente conduz à frouxidão dos freios inibitórios e à consequente prática de atos contrários à ordem jurídica" (*Comentários ao Código Penal*, v. I, t. II, p. 388). A ânsia de defender um prisma, em realidade indefensável, faz com que se lance mão de argumentos recheados do mais puro eufemismo, querendo-se crer tenha sido feito na boa vontade de contornar a nítida responsabilidade objetiva, adotada pelo Código Penal, nessas hipóteses de embriaguez voluntária ou culposa, sem qualquer ranço de intencionalidade de cometer um crime. Afirma Hungria que não se trata de responsabilidade *objetiva*, mas responsabilidade por *ampliação*, admitindo, pelo menos, a necessidade de "índole social". Depois disso vai construindo todo o cenário para simplesmente apontar que quem bebe, permitindo-se atingir a embriaguez completa, sabe ou devia saber que isso afrouxa os freios inibitórios e ele pode *praticar qualquer ato contrário à ordem jurídica* (enfim, seria o mesmo que dizer que o bebedor assume o risco de praticar qualquer tipo penal incriminador existente, o que é um absurdo no campo da realidade). Enfim, é o modelo da teoria *versari in re illicita*. Em matéria penal, quando se busca um dolo abrangente e atual, capaz de produzir o resultado, inexiste qualquer espaço para tratar do tema com a singeleza de uma *responsabilidade por ampliação*, sem se adentrar o campo óbvio da responsabilidade *objetiva*. Cite-se, ainda, WALTER VIEIRA DO NASCIMENTO: "Como se nota, a *actio libera in causa* (...) sofreu a mais ampla flexibilidade, mas sem qualquer fundamento plausível. O que se fez foi forçar soluções que extrapolavam os limites desta teoria. Nem se diga que a definição de Narcélio de Queiroz autorizava tamanha e extravagante liberalidade. Como seria

# Art. 28

possível, em determinados estados de embriaguez fora da preordenada e da não acidental, estabelecer a relação de causalidade que liga a ação volitiva à atividade não livre?" (*A embriaguez e outras questões penais (doutrina – legislação – jurisprudência)*, p. 22). Conferir, ainda, a posição de NELSON DA SILVA: "Não se admite a aplicação da teoria da *actio libera in causa*, nos crimes cometidos em estado de embriaguez voluntária ou culposa. (...) Aplicar a teoria da *actio libera in causa*, nos delitos cometidos em estado de embriaguez voluntária ou culposa, é negar a realidade de que o ébrio, quando ingeriu a substância tóxica, não tinha a intenção de cometer crime" (*A embriaguez e o crime*, p. 35-36). Historicamente, o direito canônico foi o primeiro ordenamento a fixar que era inimputável o agente embriagado, considerando, no entanto, que a embriaguez era altamente censurável. Posteriormente, os práticos italianos fixaram as raízes da teoria da *actio libera in causa*, ao preceituarem que o agente que cometeu o crime em estado de embriaguez deveria ser punido pelo fato antecedente ao crime, pois durante o delito não tinha consciência do que fazia. Exceção era feita quando a embriaguez era deliberada para a prática do crime. Na Idade Média, passou-se a punir tanto o crime cometido quanto a embriaguez. No Código Criminal do Império de 1830 (art. 18, § 9.º) e no Código Penal de 1890 (art. 42, § 10), tratava-se de uma atenuante. Nessa ocasião, ainda não se tinha uma clara noção a respeito da *actio libera in causa*, não se absolvendo o réu que estava, ao tempo do crime, totalmente embriagado. A partir de 1890, em face do disposto no art. 27, § 4.º, do Código Penal da República ("Os que se acharem em estado de completa privação de sentidos e de inteligência no ato de cometer o crime" não são considerados criminosos), começou-se a equiparar a embriaguez completa à privação dos sentidos, provocando, então, decisões absolutórias. Assim, ainda que válida a teoria no campo dos crimes preordenados, implicando até no reconhecimento de uma agravante (art. 61, II, *l*, CP), não se pode ampliá-la para abranger outras situações de embriaguez. O problema é, igualmente, sentido em outras legislações. No direito penal alemão, pretendendo contornar o aspecto de quem bebe, voluntariamente, mas sem a intenção de cometer crimes, nem assumindo o risco de fazê-lo, criou-se figura típica específica: "quem se coloque em um estado de embriaguez premeditada ou negligentemente por meio de bebidas alcoólicas ou de outras substâncias estimulantes, será punido com pena privativa de liberdade de até cinco anos ou com multa quando cometa neste estado um fato ilícito e por esta causa não possa ser punido, porque como consequência da embriaguez seja inimputável" (art. 323a, CP alemão). A pena não poderá ser superior àquela que seria imposta pelo fato cometido no estado de embriaguez (art. 323a, II, CP alemão). Em suma, a *actio libera in causa* tem aplicação para a embriaguez preordenada (o agente ingere bebida alcoólica, já com o intuito de praticar infração penal, ou o faz, devendo imaginar que, na sua situação, pode cometer infração penal). Um exemplo histórico de *actio libera in causa*, embora envolvendo outras espécies de drogas, é a situação de Hitler e outros militares nazistas, que se drogavam para se manter atuantes durante a Sgunda Guerra Mundial. Conforme narra Norman Ohler, "os objetivos e os motivos, o mundo ideológico da loucura – nada disso foi resultado das drogas, mas estipulado muito antes. Hitler também não assassinou devido a um delírio; pelo contrário, ele manteve a sanidade mental até o fim. O consumo não limitou, de jeito nenhum, sua liberdade de decisão. O Führer sempre permaneceu lúcido, sabendo exatamente o que fazia e agindo de forma fria e alerta. Dentro de seu sistema, baseado desde o início em delírios e fuga da realidade, ele agiu, até o final, de maneira lógica, sendo terrivelmente consequente e nada louco. Um caso clássico de *actio libera in causa*: ele podia tomar drogas à vontade para se manter apto a cometer seus crimes – nada reduz sua culpa monstruosa" (*High Hitler. Como o uso de drogas pelo Führer e pelos nazistas ditou o ritmo do terceiro reich* p. 260). Um nítido caso de se drogar conscientemente, com dolo presente, para empreender as barbaridades cometidas. Noutros casos, envolvendo a embriaguez voluntária ou culposa, quando o agente *bebe por beber* (ou se droga por mero prazer), sem a menor noção de que pode vir a cometer algum ilícito, aplica-se, quando for preciso, a responsabilidade penal objetiva. É medida de exceção, mas necessária.

**19. Caso fortuito ou força maior:** é *fortuita* a embriaguez decorrente do acaso ou meramente acidental, quando o agente não tinha a menor ideia de que estava ingerindo substância entorpecente (porque foi ludibriado por terceiro, por exemplo) ou quando mistura o álcool com remédios que provocam reações indesejadas, potencializando o efeito da droga, sem estar devidamente alertado para isso. Exemplo típico dado por ANTOLISEI é o do operário de destilaria que se embriaga inalando os vapores do álcool, presentes na área de trabalho. Embriaguez decorrente de *força maior* é a que se origina de eventos não controláveis pelo agente, tal como a pessoa que, submetida a um trote acadêmico violento, é amarrada e obrigada a ingerir, à força, substância entorpecente. Ambas, no fundo, são hipóteses fortuitas ou acidentais. Essa causa dá margem a uma excludente de culpabilidade se, por conta dessa ingestão forçada ou fortuita, o agente acaba praticando um injusto. É preciso, no entanto, que esteja totalmente incapacitado de entender o caráter ilícito do fato ou de determinar-se de acordo com esse entendimento por conta da embriaguez completa.

**19-A. Embriaguez fortuita e aplicação de medida de segurança:** há incompatibilidade. A ocorrência de embriaguez acidental, levando o agente à prática de um fato criminoso, afasta a sua culpabilidade, razão pela qual será ele absolvido, sem a aplicação de qualquer tipo de sanção. É inadequado juridicamente impor-lhe medida de segurança, pois esta somente se torna viável a quem for considerado inimputável (doente mental ou viciado em álcool ou outra droga qualquer). Nesse prisma: TJPR: "O reconhecimento da incidência do art. 28, II, § 1.º (exclusão da imputabilidade), em razão da embriaguez fortuita, afasta a aplicação do art. 97 do Código Penal, o qual está vinculado expressamente ao art. 26 do mesmo estatuto. Assim, somente quando a embriaguez admitida se enquadre nas hipóteses do art. 26 do Código Penal (doença mental – psicose causada por alcoolismo) é que se poderia aplicar a medida de segurança, não no caso retratado, que é meramente ocasional" (Ap. 108.205-9, São Mateus do Sul, 2.ª C., rel. Carlos Hoffmann, 18.10.2001, v.u., embora antigo, o julgado é raro).

**20. Embriaguez incompleta fortuita:** nesse dispositivo não consta a exigência de a embriaguez ser *completa*, podendo-se, portanto, admitir a embriaguez incompleta, que, no entanto, há de ser fortuita ou resultante de força maior, bem como suficiente para gerar, ao tempo da conduta, entendimento dificultado do caráter ilícito do fato ou determinação do comportamento de acordo com esse entendimento. Como, nessa situação, o agente é imputável, portanto, culpável, há possibilidade de ser condenado, embora com redução da pena, tendo em vista que a reprovação social é menor.

### Excludentes de culpabilidade

*Legais* (expressamente previstas no CP)

1) Inimputabilidade:

1.1) Doença mental ou desenvolvimento mental incompleto ou retardado (art. 26, *caput*)

1.2) Embriaguez decorrente de vício: considerada doença mental (art. 26, *caput*)

1.3) Menoridade (art. 27)

2) Erro de proibição escusável (art. 21)

3) Descriminantes putativas, quando escusáveis (art. 20, § 1.º)

> **NOTA:** há entendimento de que o legislador deu a essa situação o tratamento de erro de tipo (ver nota 88 ao art. 20).

4) Coação moral irresistível (art. 22)

5) Obediência hierárquica (art. 22)

6) Embriaguez completa decorrente de caso fortuito ou força maior (art. 28, § 1.º)

*Supralegais* (implícitas no ordenamento jurídico)

1) Inexigibilidade de conduta diversa (nota 104 ao art. 22)

2) Estado de necessidade exculpante (nota 116, b ao art. 24)

3) Excesso exculpante (nota 115, c ao art. 23)

4) Excesso acidental (nota 115, d ao art. 23)

# Título IV
## Do concurso de pessoas[1-2]

**1. Conceito de concurso de pessoas:** trata-se da cooperação desenvolvida por várias pessoas para o cometimento de uma infração penal. Chama-se, ainda, em sentido lato: coautoria, participação, concurso de delinquentes, concurso de agentes, cumplicidade.

**2. Teorias do concurso de pessoas:** há, primordialmente, *três teorias* que cuidam do assunto: a) *teoria unitária* (monista): havendo pluralidade de agentes, com diversidade de condutas, mas provocando apenas um resultado, há somente um delito. Nesse caso, portanto, todos os que tomam parte na infração penal cometem idêntico crime. É a teoria adotada, como regra, pelo Código Penal (Exposição de Motivos, item 25); b) *teoria pluralista* (cumplicidade do delito distinto, autonomia da cumplicidade): havendo pluralidade de agentes, com diversidade de condutas, ainda que provocando somente um resultado, cada agente responde por um delito. Trata-se do chamado "delito de concurso" (vários delitos ligados por uma relação de causalidade). Como exceção, o Código Penal adota essa teoria ao disciplinar o aborto (art. 124 – "Provocar aborto em si mesma ou consentir que outrem lho provoque" – e art. 126 – "Provocar aborto com o consentimento da gestante"), fazendo com que a gestante que permita a prática do aborto em si mesma responda como incursa no art. 124 do Código Penal, enquanto o agente provocador do aborto, em vez de ser coautor dessa infração, responda como incurso no art. 126 do mesmo Código. A teoria se aplica, igualmente, no contexto da corrupção ativa e passiva (arts. 333 e 317, CP) e da bigamia (art. 235, *caput* e § 1.º, CP); c) *teoria dualista*: havendo pluralidade de agentes, com diversidade de condutas, causando um só resultado, deve-se separar os coautores, que praticam um delito, e os partícipes, que cometem outro. Na jurisprudência: STJ: "2. Em atendimento à teoria monista ou unitária adotada pelo Estatuto Repressor, malgrado o paciente não tenha praticado a violência elementar do crime de latrocínio tentado, conforme o entendimento consagrado por este Superior Tribunal de Justiça, havendo prévia convergência de vontades para a prática de tal delito, a utilização de violência ou grave ameaça, necessárias à sua consumação, comunica-se ao coautor, mesmo não sendo ele o executor direto do gravame. De fato, 'é pacífico o entendimento no sentido de que todos que participam do latrocínio em concurso de agentes são responsáveis pelo resultado mais gravoso, seguindo regra prevista no art. 29, *caput*, do Código Penal' (AgRg no AgRg no AREsp 1.710.516/SP, Rel. Ministro Reynaldo Soares da Fonseca, Quinta Turma, julgado em 6/10/2020, *DJe* 13/10/2020)" (AgRg no HC 619.548/PR, 5.ª T., rel. Ribeiro Dantas, julgado em 22.03.2022, v.u.); "3. A legislação penal brasileira adotou a chamada teoria monista no que se refere ao concurso de agentes. Segundo essa teoria, havendo diversos agentes, com múltiplas condutas que levam ao mesmo resultado, há um só delito para todos. Neste caso, não há que se falar em exclusão da qualificadora relativa à finalidade do sequestro e cárcere privado das

# Art. 29

vítimas, considerando que a finalidade libidinosa estava evidenciada e, a princípio, os coparticipantes sabiam desse propósito e a ele aderiram" (HC 595.198-SP, 5.ª T., rel. Reynaldo Soares da Fonseca, 25.08.2020, v.u.).

> **Art. 29.** Quem, de qualquer modo, concorre para o crime[3-4] incide nas penas a este cominadas,[5] na medida de sua culpabilidade.[6-7-A]
>
> § 1.º Se a participação for de menor importância,[8] a pena pode ser diminuída de 1/6 (um sexto) a 1/3 (um terço).
>
> § 2.º Se algum dos concorrentes quis participar de crime menos grave,[9] ser-lhe-á aplicada a pena deste; essa pena será aumentada até a 1/2 (metade), na hipótese de ter sido previsível o resultado mais grave.[10-12]

**3. Coautoria e participação:** o Código Penal de 1940 equiparou os vários agentes do crime, não fazendo distinção entre o coautor e o partícipe, podendo o juiz, em tese, aplicar a mesma pena para todos. Trata-se da teoria subjetiva, ou seja, o conceito extensivo de autor. Uma das provas disso é a redação dada ao tipo do art. 349 (favorecimento real), em que somente se fala em "coautoria", pois à época a expressão envolvia tanto o autor (ou coautor) e o partícipe. Coube à doutrina fazer a separação entre coautoria e participação, além do que a Reforma Penal de 1984 terminou por reconhecer que essa distinção é correta, acolhendo-a (Exposição de Motivos, item 25: "Sem completo retorno à experiência passada, curva-se, contudo, o Projeto aos críticos dessa teoria, ao optar, na parte final do art. 29, e em seus dois parágrafos, por regras precisas que distinguem a *autoria* da *participação*. Distinção, aliás, reclamada com eloquência pela doutrina, em face de decisões reconhecidamente injustas"). Prevaleceu a teoria objetiva, vale dizer, o *conceito restrito de autor*. Para tanto, autor é quem realiza a figura típica e partícipe é aquele que comete ações fora do tipo, ficando praticamente impune, não fosse a regra de extensão que os torna responsáveis. Atualmente, é a concepção majoritariamente adotada (Aníbal Bruno, Salgado Martins, Frederico Marques, Mirabete, René Ariel Dotti, Beatriz Vargas Ramos, Fragoso, *apud* Nilo Batista, *Concurso de agentes*, p. 61). Exemplo: aquele que aponta o revólver, exercendo a grave ameaça, e o outro que subtrai os bens da vítima são coautores de roubo, enquanto o motorista do carro que aguarda para dar fuga aos agentes é o partícipe (os dois primeiros praticaram o tipo do art. 157: exercer grave ameaça e subtrair coisa alheia; o último apenas auxiliou). Em nossa visão, a teoria objetiva é mais harmônica ao disposto no art. 29 do Código Penal, além de ser eficiente quanto ao seu uso nos casos concretos. Desse modo, o autor é aquele que pratica, de algum modo, a figura típica, enquanto ao partícipe fica reservada a posição de auxílio material ou suporte moral (em que se incluem o induzimento ou a instigação) para a concretização do crime. Consegue-se, com isso, uma clara visão entre dois agentes distintos na realização do tipo penal – o que ingressa no modelo legal de conduta proibida e o que apoia, de fora, a sua materialização –, proporcionando uma melhor análise da culpabilidade. É certo que o juiz pode aplicar penas iguais ao coautor e ao partícipe, bem como pode infligir pena mais severa ao partícipe, desde que seja recomendável. Exemplo disso é o partícipe que atua como mentor do delito, organizando a atividade dos executores: merece maior sanção penal, "na medida da sua culpabilidade", como estipula o art. 29 do Código Penal. Na jurisprudência: STF: "7. Da longa exposição descritiva constante na inicial, que esmiuçou os laços alegadamente mantidos entre os acusados e em qual medida teriam contribuído para as supostas práticas criminosas, é possível constatar que o concurso de agentes (ou de pessoas) está descrito, indicando-se o grau de envolvimento de cada um dos acusados nos diversos crimes narrados. Não é relevante, nesse momento processual, a definição se os acusados se enquadram no conceito de autores ou de partícipes dos crimes que lhes foram imputados" (Inq 4.074, 2.ª T., rel. Edson Fachin, rel. p/ Acórdão Dias Toffoli, 14.08.2018, m.v.). STJ: "4. O fato de os recorrentes não terem praticado a conduta descrita pelo verbo núcleo do tipo não tem o condão de tornar atípica sua parcela de contribuição para a ação comum, independentemente se na forma de coautoria ou de participação, sendo suficiente a existência de consciente cooperação na realização do plano global. Houve a descrição do liame subjetivo entre as condutas, indicando que os recorrentes foram responsáveis por vigiar o lado de fora do estabelecimento onde os fatos ocorreram, a fim de evitar qualquer obstáculo ou imprevisto a regular a realização do tipo de injusto" (RHC 112.309-GO, 6.ª T., rel. Sebastião Reis Júnior, 25.06.2019, v.u.).

**3-A. Autoria mediata e autoria imediata:** introduzida por WELZEL, na concepção finalista, aponta como autor não somente quem executa, diretamente, a conduta típica, mas também quem possui o controle final do fato (BITENCOURT, *Tratado de direito penal*, v. 1, p. 386; ESTEFAM, *Direito penal*, v. 1, p. 309). Diante disso, permite-se distinguir, no âmbito da *autoria*, o autor mediato e o autor imediato. A autoria mediata se dá quando o agente utiliza, como instrumento para o cometimento do crime, uma pessoa não culpável, ou que tenha atuado sem dolo ou culpa. São situações que admitem a autoria mediata: *a)* valer-se de inimputável (doente mental, criança ou embriagado). Exemplo interessante de autoria mediata é de ANÍBAL BRUNO, fazendo referência ao agente que, em situação de imputabilidade, delibera cometer um crime, fazendo de si mesmo um instrumento para tal fim, praticando-o no estado de embriaguez, segundo o comando anterior (*Das penas*, p. 110); *b)* coação moral irresistível (o coator força o coato a lesar a vítima); *c)* obediência hierárquica (o superior dá uma ordem de duvidosa legalidade para o subordinado agir contra a vítima); *d)* erro de tipo escusável, provocado por terceiro (alguém induz outrem em erro para o fim de atingir um terceiro); *e)* erro de proibição escusável, provocado por terceiro (alguém induz outrem para que atinja um terceiro, afirmando a licitude da situação). Outra ilustração: o agente utiliza um doente mental, ludibriando-o, para matar um desafeto. Portanto, quem se vale do enfermo mental é o autor mediato (tem o comando do resultado da conduta do seu instrumento – o doente mental), e a pessoa enferma, atuando por ordem de outrem, é o autor imediato, pois realiza diretamente o ato executório. A autoria mediata pode dar-se no caso de crimes comuns ou próprios. Dentre estes, há, ainda, os denominados crimes de *mão própria*, que devem ser executados, pessoalmente, pelo autor. Há quem negue a viabilidade da autoria mediata nessa hipótese. Conforme o caso, cremos admissível. Ilustrando: "F" coage (coação moral irresistível) "M" a mentir em juízo, como testemunha. A qualidade de testemunha é exclusivamente de "M" e está presente para configurar o falso testemunho, prejudicando a administração da justiça. Entretanto, quem deve responder pelo crime é "F" (coator). "M" não é culpável (coação moral irresistível), tendo servido de instrumento para "F" alcançar seu objetivo. Além disso, "F" responde pelo crime de tortura (art. 1.º, I, *b*, da Lei 9.455/1997). A atuação de "F" está longe de representar simples *participação*, pois ele age como *coator* (autor mediato).

**3-B. Teoria do domínio do fato:** essa teoria sustenta ser autor quem possui o pleno comando e integral poder sobre alguém, a ponto de determinar a atuação dessa pessoa, incapaz de resistir por razões variadas. É nesse contexto que se encaixa a autoria mediata e a autoria imediata, pois o autor mediato tem o domínio da ação do autor imediato (Cf. PIERANGELI e ZAFFARONI, *Manual de direito penal* – parte geral, p. 598-599). Note-se que o dominador não é um colaborador do dominado; não são concorrentes para a consecução do delito; inexiste entre eles um autêntico concurso de pessoas. Afinal, o autor imediato é vítima do autor mediato, que o comanda; por isso, um terceiro termina lesado pela atuação de ambos. Sob outro aspecto, ROXIN acrescenta a viabilidade de se considerar a autoria mediata no cenário da organização criminosa, pois o líder possui o comando nítido da conduta típica. Desse modo, o

# Art. 29

Código Penal Comentado · **Nucci**

262

chamado *homem de trás* tem poder quase absoluto sobre o executor, que está sempre disponível e pode ser facilmente substituído (*La teoría del delito en la discusión actual*, p. 532-533). Nas palavras de Luís Greco, "a mais notória consequência da construção de Roxin, contudo, é a figura de *autoria mediata por meio de aparatos organizados de poder*" (O que é e o que não é a teoria do domínio do fato sobre a distinção entre autor e partícipe no direito penal, p. 81). E prossegue: "aquele que, servindo-se de uma organização verticalmente estruturada e apartada, dissociada da ordem jurídica, emite uma ordem cujo cumprimento é entregue a executores fungíveis, que funcionam como meras engrenagens de uma estrutura automática, não se limita a instigar, mas é verdadeiro autor mediato dos fatos realizados. Isso significa que pessoas em posições de comando em governos totalitários ou em organizações criminosas ou terroristas são autores mediatos..." (O que é e o que não é a teoria do domínio do fato sobre a distinção entre autor e partícipe no direito penal, p. 81). Somos levados a concordar com Roxin e Luís Greco, pois o domínio do fato é um poder imenso nas mãos de alguém de modo a praticamente anular a autonomia de decisão de outros, como ocorre no crime organizado. O chefão dá uma ordem e o executor cumpre quase na mesma medida em que uma criança realiza a determinação de seu pai. Na jurisprudência: STF: "A narrativa que adota a teoria do domínio do fato 'com vistas a solucionar problemas de debilidade probatória ou a fim de arrefecer os rigores para a caracterização do dolo delitivo' não é admitida pela jurisprudência desta Suprema Corte (AP 975-AL e AP 987-MG, ambas de relatoria do Ministro Edson Fachin)" (HC 169.535 AgR, 2.ª T., rel. Ricardo Lewandowski, 14.02.2020, v.u.). STJ: "1. A teoria do domínio do fato funciona como uma *ratio*, a qual é insuficiente, por si mesma para aferir a existência do nexo de causalidade entre o crime e o agente. É equivocado afirmar que um indivíduo é autor porque detém o domínio do fato se, no plano intermediário ligado à realidade, não há nenhuma circunstância que estabeleça o nexo entre sua conduta e o resultado lesivo. 2. Não há, portanto, como considerar, com base na teoria do domínio do fato, que a posição de gestor, diretor ou sócio administrador de uma empresa implica a presunção de que houve a participação no delito, se não houver, no plano fático-probatório, alguma circunstância que o vincule à prática delitiva. 3. Na espécie, as instâncias ordinárias concluíram que o acusado era o responsável pela administração da empresa e, muito embora tenha contratado um escritório de contabilidade para cuidar das questões financeiras, recebia, ou ao menos deveria receber, todas as informações relativas ao planejamento contábil. 4. Diante desse quadro, não há como imputar-lhe o delito de sonegação de tributo com base, única e exclusivamente, na teoria do domínio do fato, máxime porque não houve descrição de nenhuma circunstância que indique o nexo de causalidade, o qual não pode ser presumido" (AgRg no REsp 1.874.619-PE, 6.ª T., rel. Rogerio Schietti Cruz, 24.11.2020, v.u.).

**4. Punição do partícipe:** para que seja o partícipe punido, impera, no Brasil, a teoria da acessoriedade limitada, ou seja, é preciso apurar que o autor praticou um fato típico e antijurídico, pelo menos. Se faltar tipicidade ou ilicitude, não há cabimento em punir o partícipe. Outras teorias existem: acessoriedade extrema, que exige, para a punição do partícipe, tenha o autor praticado um fato típico, antijurídico e culpável, bem como a acessoriedade mínima, exigindo que o autor tenha praticado apenas um fato típico. A primeira posição nos parece a mais justa. O cometimento de um fato típico e antijurídico configura a prática do injusto penal, vale dizer, da conduta penalmente proibida. Por isso, o partícipe somente ingressa no contexto do ilícito, caso sejam preenchidos esses dois requisitos. Não se inclui a culpabilidade, pois esta traz questionamentos de ordem pessoal, muito próprios à análise da situação de cada um dos autores e partícipes, vista individualmente. Logo, independentemente de culpabilidade, o partícipe pode ser punido. Exemplo: "A", com dezessete anos, desfere tiros em "B", matando-o. "C" emprestou o revólver a "A". Deve "C" responder como partícipe em homicídio? Sem dúvida, pois "A" praticou um fato típico e antijurídico, previsto no art. 121

do Código Penal, embora não seja culpável, logo, não tenha praticado um crime. Porém, "C" tomou parte no injusto cometido e, sendo culpável, merecendo reprovação, praticou um delito. Não se pode, também, exigir somente o fato típico, pois seria insuficiente. Exemplo: "A" mata "B" para defender sua própria vida. Age, portanto, em legítima defesa, situação lícita. "C" havia emprestado o revólver para "A". Não há sentido em responder como partícipe, pois a conduta de "A", sob o prisma do ordenamento jurídico, é correta, lícita. Inexiste injusto penal, portanto, inexiste participação criminosa.

**5. Concurso de agentes e crime plurissubjetivo:** o crime plurissubjetivo é aquele que, para configurar-se, exige a presença de duas ou mais pessoas (ex.: associação criminosa, rixa, bigamia etc.), enquanto o unissubjetivo é aquele que pode ser praticado por uma só pessoa (ex.: homicídio, roubo, estupro etc.). O crime plurissubjetivo, justamente porque exige mais de uma pessoa para sua configuração, não demanda a aplicação da norma de extensão do art. 29 (quem concorre para o crime incide nas suas penas), pois a presença de dois ou mais autores é garantida pelo tipo penal. Assim, exemplificando, as três ou mais pessoas que compõem uma associação criminosa são autores do delito previsto no art. 288 do Código Penal. Por outro lado, quando o crime é unissubjetivo, mas, na prática, é cometido por dois ou mais agentes, utiliza-se a regra do art. 29 para tipificar todas as condutas, pois certamente cada um agiu de um modo, compondo a figura típica total. Em um roubo, como já se mencionou, é possível que um autor aponte o revólver, exercendo a grave ameaça, enquanto outro proceda à subtração. Ambos praticaram o tipo penal do art. 157 em concurso de pessoas, necessitando-se empregar a regra do art. 29. Não se confunde o crime plurissubjetivo (concurso necessário) com o delito de *participação necessária*. Neste caso, há crimes que são cometidos por um só autor, embora o tipo penal exija a participação necessária de outra pessoa, que é o sujeito passivo e não é punido. Como exemplos, podemos mencionar o tráfico de pessoa para fim de exploração sexual, o favorecimento da prostituição ou outra forma de exploração sexual, o rufianismo, entre outros.

**6. Na medida da sua culpabilidade:** trata-se de expressão introduzida pela Reforma Penal de 1984, com a nítida meta de diferençar o coautor do partícipe, propiciando ao juiz que aplique a pena conforme o juízo de reprovação social que cada um merece. É bem possível que um coautor mereça uma pena mais severa do que um partícipe, pois agiu de modo direto contra a vítima, embora se possa ter o contrário, como já referido acima, aplicando-se ao partícipe pena superior, justamente por conta da sua maior *culpabilidade*. Tem-se verificado, na prática, no entanto, um relativo desprezo por essa modificação legislativa, terminando o juiz por equiparar, quase sempre, a conduta do coautor à do partícipe, alegando que, sem este, aquele poderia não ter realizado o delito. Portanto, ambos merecem receber idêntica pena. A generalização contém um erro lamentável, pois o partícipe, ainda que mereça punição, jamais, em algumas situações, mereceria ser igualado ao autor direto. Exemplo: um assaltante que, invadindo uma residência, atormentando a vítima, por meio de atos violentos e muitas ameaças, quebrando utensílios e agindo com selvageria ímpar precisa ser mais gravemente apenado do que o partícipe que ficou fora da casa, dentro do carro, aguardando para dar fuga. Com a devida vênia, o equívoco está em nivelar as penas pelo mínimo legal. Se ao partícipe for atribuída a pena de 5 anos e 4 meses (mínimo para o roubo com o concurso de duas ou mais pessoas), é de se esperar que ao agente mais perigoso seja atribuída pena mais severa, e não a mesma sanção. A equiparação é injustiça, pois não se está levando em conta a "medida da culpabilidade", determinada pelo legislador, conforme os atos que cada um tomou durante a prática da infração penal.

**7. Requisitos do concurso de agentes: são cinco:** *a)* existência de dois ou mais agentes (para haver cooperação é preciso, pelo menos, duas pessoas); *b)* relação de causalidade material

# Art. 29

entre as condutas desenvolvidas e o resultado (o nexo causal entre a conduta efetiva de uma pessoa e o resultado é essencial para incluí-la no cenário delituoso); *c)* vínculo de natureza psicológica ligando as condutas entre si (os concorrentes precisam aderir voluntariamente ao resultado). Não há necessidade de *ajuste prévio* entre os coautores. Ex.: uma empregada, decidindo vingar-se da patroa, deixa propositadamente a porta aberta, para que entre o ladrão. Havendo o furto, são colaboradores a empregada e o agente direto da subtração, porque suas vontades se ligam, pretendendo o mesmo resultado, embora nem mesmo se conheçam. Nessa hipótese, pode ocorrer a denominada *coautoria sucessiva.* Se o ladrão estiver retirando as coisas da casa, cuja porta foi deixada aberta pela empregada, pode contar com a colaboração de outro indivíduo que, passando pelo local, resolva aderir ao fato e também retirando as coisas da casa (cf. NILO BATISTA, *Concurso de agentes,* p. 116); *d)* reconhecimento da prática da mesma infração para todos (aplica-se a teoria monista: um crime e vários concorrentes); *e)* existência de fato punível (se o fato for considerado atípico, por óbvio, estende-se a atipicidade a todos). Na jurisprudência: STF: "'Habeas corpus' – homicídio culposo – acidente em parque de diversões – imputação desse evento delituoso ao presidente e administrador do complexo Hopi Hari – inviabilidade de instaurar-se persecução penal contra alguém pelo fato de ostentar a condição formal de 'chief executive officer' (CEO) – precedentes – doutrina – necessidade de demonstração, na peça acusatória, de nexo causal que estabeleça relação de causa e efeito entre a conduta atribuída ao agente e o resultado dela decorrente (CP, art. 13, *'caput'*) – magistério doutrinário e jurisprudencial. Inexistência, no sistema jurídico brasileiro, da responsabilidade penal objetiva – prevalência, em sede criminal, como princípio dominante do modelo normativo vigente em nosso país, do dogma da responsabilidade com culpa – 'nullum crimen sine culpa' – não se revela constitucionalmente possível impor condenação criminal por exclusão, mera suspeita ou simples presunção – o princípio da confiança, tratando-se de atividade em que haja divisão de encargos ou de atribuições, atua como fator de limitação do dever concreto de cuidado nos crimes culposos – entendimento doutrinário – inaplicabilidade da teoria do domínio do fato aos crimes culposos – doutrina – 'habeas corpus' deferido – recurso de agravo improvido" (HC 138.637 AgR, 2.ª T., rel. Celso de Mello, 10.10.2020, v.u.). STJ: "1. Inexiste a apontada ofensa ao art. 13 do Código Penal. No caso, as instâncias ordinárias rechaçaram a tese defensiva, assegurando que houve o *detalhamento pormenorizado e esclarecedor do esquema criminoso envolvendo os acusados, bem como a indicação precisa do papel de cada um na prática delitiva,* tendo a narrativa permitido o pleno conhecimento da incriminação. É pacífico nesta Corte Superior o entendimento de que, em se tratando de delito de autoria coletiva, é prescindível a descrição minuciosa e individualizada da ação de cada acusado, bastando a narrativa das condutas delituosas e da suposta autoria, com elementos suficientes para garantir o direito à ampla defesa e ao contraditório, hipótese dos autos, não se olvidando que o advento de sentença condenatória fulmina a alegação de ausência de aptidão da denúncia. Precedentes" (AgRg no AREsp 2.465.057/SP, 6.ª T., rel. Sebastião Reis Júnior, 02.04.2024, v.u., grifamos); "1. Conforme pacífico entendimento desta Corte, o fato de o acusado não haver praticado diretamente as elementares do crime não retira a existência da *convergência de vontades para a prática delitiva,* notadamente quando se verifica, pelos fatos descritos, que a sua atuação foi concreta e relevante (locação do imóvel que serviu como cativeiro da vítima), situação que acaba por abarcá-lo na figura típica, em coautoria" (AgRg no HC 731.874/SP, 6.ª T., rel. Rogerio Schietti Cruz, 26.04.2022, v.u., grifamos).

**7-A. Exceção pluralística à teoria monista:** quando a lei impõe um tipo penal diferenciado para quem foi coautor ou partícipe do crime, desde que atue em condições peculiares, afasta-se a regra do concurso de agentes. Respeita-se o princípio da legalidade, encaixando a situação no tipo correto. Pode-se conferir a posição do informante do tráfico, que não responde por participação no tráfico (art. 33, Lei 11.343/2006), mas como autor do crime do art. 37 da mesma Lei. Na jurisprudência: STJ: "3. A Lei n. 11.343/2006, ao estabelecer uma tipificação própria para quem colabora com informante, afastou a possibilidade de concurso entre o "colaborador como informante" e o "traficante". Considerando que o concurso de pessoas exige: i) a pluralidade de participantes e de condutas, ii) a relevância causal de cada conduta, iii) o vínculo subjetivo entre os participantes e, ressalto, iv) a identidade de infração penal, sendo que a tipificação própria da conduta do colaborador afasta a aplicação da norma de extensão (art. 29 do CP) cumulada com os arts. 33, *caput* e § 1.º, ou 34 da Lei de Drogas" (REsp 1.698.621-MG, 6.ª T., rel. Sebastião Reis Júnior, 28.03.2019, v.u.)

**8. Participação de menor importância:** reiterando a adoção da distinção entre coautor e partícipe, pela Reforma Penal de 1984, que introduziu os §§ 1.º e 2.º no art. 29, destaca-se, agora, o preceituado neste parágrafo. É possível, como já afirmado, que o partícipe mereça, "na medida da sua culpabilidade", idêntica pena que o coautor ou até sanção mais rigorosa, embora seja, também, possível admitir e reconhecer que há participações de somenos importância. Essas receberam um tratamento especial do legislador, pois foi criada uma *causa de diminuição da pena*. Assim, o partícipe que pouco tomou parte na prática criminosa, colaborando minimamente, deve receber a pena diminuída de um sexto a um terço, o que significa a possibilidade de romper o mínimo legal da pena prevista em abstrato. Ex.: imagine-se o partícipe que, embora tenha instigado outrem à prática do crime, arrependa-se e aja para impedir o resultado, embora não obtenha sucesso. Merece ser beneficiado pela diminuição da pena. Outra ilustração, trazida por MARCELO FORTES BARBOSA: "Entendemos que, em face da acessoriedade limitada, esta situação [cuidando da participação de menor importância no contexto do latrocínio] é possível, porque o motorista, por exemplo, que se limitou a levar os latrocidas ao local do crime, sequer esperando-os para lhes dar fuga, com evidência teve participação de menor importância" (*Latrocínio*, p. 54). Trata-se, no entanto, de outra modificação legislativa muito pouco utilizada na prática, sob o pretexto, utilizado por vários operadores do Direito, de que toda *participação* é importante para a configuração do crime. Mais uma vez, está-se generalizando a aplicação da lei, o que fere o disposto neste parágrafo. Destaque-se, por fim, que essa causa de diminuição se refere à "participação" (ação praticada), e não à pessoa do agente, que pode ser perigoso ou reincidente, merecendo, ainda assim, a diminuição, caso tenha auxiliado em baixo grau o cometimento do delito.

**9. Participação em crime menos grave (cooperação dolosamente distinta):** trata--se de um benefício criado ao acusado, pois, como dizia FLORIAN, é possível haver "desvios subjetivos" entre os coautores ou partícipes. A lei utiliza o termo "concorrente", o que permite supor ser possível aplicar o disposto neste parágrafo tanto a coautores, como aos partícipes. O agente que desejava praticar um determinado delito, sem condição de prever a concretização de crime mais grave, deve responder pelo que pretendeu fazer, não se podendo a ele imputar outra conduta, não desejada, sob pena de se estar tratando de responsabilidade objetiva, que a Reforma Penal de 1984 pretendeu combater. Quando um sujeito se coloca no quintal de uma casa, vigiando o local, para que outros invadam o lugar, subtraindo bens, quer auxiliar o cometimento de crime de furto. Se, dentro do domicílio, inadvertidamente, surge o dono da casa, que é morto pelos invasores, não deve o vigilante, que ficou fora da casa, responder igualmente por latrocínio. Trata-se de uma cooperação dolosamente distinta: um quis cometer o delito de furto, crendo que o dono da casa estava viajando, e, portanto, jamais haveria emprego de violência; os outros, que ingressaram no domicílio e mataram o proprietário, evoluíram na ideia criminosa sozinhos, passando do furto para o latrocínio. A cada um deve ser aplicada a pena justa. Na jurisprudência: STJ: "1. Embora o nosso Código Penal haja adotado, como regra, a Teoria Monista ou Unitária, a própria norma penal prevê exceções, nos casos

# Art. 29

Código Penal Comentado · **Nucci**    266

de cooperação dolosamente distinta, motivo pelo qual é imprescindível perquirir não apenas o nexo de causalidade entre a conduta e o resultado mas também a intenção do agente" (REsp 1.706.834-DF, 6.ª T., rel. Rogerio Schietti Cruz, 11.12.2018, v.u.).

**10. Previsibilidade do resultado mais grave:** justamente porque, em certos casos, é possível imaginar que algo mais sério ocorra, o legislador inseriu a regra de que, se este resultado mais grave acontecer, a pena será aumentada da metade. Se, no exemplo dado na nota anterior, o partícipe que ficou fora da casa tivesse a possibilidade de prever que algo mais grave poderia acontecer, justamente porque todos os que invadiram o lugar estavam armados, ainda assim receberá a pena do furto, que pretendia praticar, aumentada da metade. Tal dispositivo também vem sendo muito pouco aplicado na jurisprudência pátria. Vários tribunais se valem da tese do dolo eventual, ou seja, a previsibilidade do resultado mais grave seria tão evidente que configuraria a sua aceitação. Por isso, em lugar de aplicar a pena do crime menos grave, termina-se por impingir a sanção do delito mais sério. Entretanto, não se poderia generalizar, o que, na realidade, vem ocorrendo em várias cortes brasileiras.

**11. Concurso entre maior e menor:** nem todas as vezes que um menor de 18 anos toma parte no cometimento do injusto penal é um instrumento do maior (configurando a autoria mediata). Podem ser coautores, vale dizer, ambos desejam e trabalham para atingir o mesmo resultado, de modo que não é o menor um mero joguete do maior. Chama-se a essa modalidade de colaboração – tendo em vista que um é penalmente responsável e o outro não –, de "concurso impropriamente dito", "pseudoconcurso" ou "concurso aparente". A inimputabilidade do menor de 18 anos é absoluta (art. 228, CF; art. 27, CP) para o fim de gerar qualquer espécie de responsabilidade penal. Isso não significa que o adolescente deixe de ter, na realidade, vontade de integrar o quadro delituoso, associando-se ao maior. A medida de política criminal, isolando o jovem da punição penal, não se mescla com a efetividade de seu ânimo associativo. Tanto assim que o concurso entre dois maiores e um menor é suficiente para gerar o delito do art. 288 do Código Penal (associação criminosa), que demanda três ou mais pessoas.

**11-A. Coautoria e participação em crime culposo:** admite-se, no contexto do delito culposo, a coautoria, mas não a participação. Sendo o tipo do crime culposo aberto, composto sempre de "imprudência, negligência ou imperícia", segundo o disposto no art. 18, II, do Código Penal, não é aceitável dizer que uma pessoa auxiliou, instigou ou induziu outrem a ser imprudente, sem ter sido igualmente imprudente. Portanto, quem instiga outra pessoa a tomar uma atitude imprudente está inserido no mesmo tipo penal. Exemplo: "A" instiga "B" a desenvolver velocidade incompatível com seu veículo, próximo a uma escola. Caso haja um atropelamento, respondem "A" e "B" como coautores de um crime culposo (homicídio ou lesão corporal). No mesmo prisma: Walter Vieira do Nascimento, *A embriaguez e outras questões penais (doutrina – legislação – jurisprudência)*, p. 79. Na ótica de Nilo Batista, "a participação é conduta essencialmente *dolosa*, e deve dirigir-se à interferência num delito também *doloso*. (...) Não é pensável uma participação culposa: tal via nos conduziria inevitavelmente a hipóteses de autoria colateral" (*Concurso de agentes*, p. 158). Embora concordemos totalmente que a participação somente se dá em crime doloso, somos levados a afirmar que, havendo contribuição de alguém à conduta culposa de outrem, configura-se a coautoria e não uma mera autoria colateral. Esta, em nosso entendimento, demanda a contribuição para o resultado sem noção de que se está atuando em auxílio de outra pessoa. A autoria colateral, no cenário da culpa, para nós, caracteriza a denominada *culpa concorrente* (vide a nota 71 ao art. 18), pois reservamos a expressão "autoria colateral" para o dolo.

**11-B. Autoria colateral:** ocorre quando dois agentes, desconhecendo a conduta um do outro, agem convergindo para o mesmo resultado, que, no entanto, realiza-se por conta de um só dos comportamentos ou em virtude dos dois comportamentos, embora sem que haja a adesão de um ao outro. É uma modalidade de autoria, mas ambos não agem em concurso de pessoas. Exemplo: "A" e "B", matadores profissionais, colocam-se em um desfiladeiro, cada qual de um lado, sem que se vejam, esperando a vítima "C" passar para eliminá-la. Quando "C" aproxima-se, os dois disparam, matando-a. Responderão por homicídio em autoria colateral. Não podem ser considerados coautores (concorrentes para o mesmo crime), já que um não tinha a menor ideia da ação do outro (falta vínculo psicológico entre eles). Se porventura um deles atinge "C" e o outro erra, sendo possível detectar que o tiro fatal proveio da arma de "A", este responde por homicídio consumado, enquanto "B", somente por tentativa. Caso não se saiba de qual arma teve origem o tiro fatal, ambos respondem por tentativa (aplica-se o princípio geral do *in dubio pro reo*). Se "A" acertar "C", matando-o instantaneamente, para depois "B" alvejá-lo igualmente, haverá homicídio consumado para "A" e crime impossível para "B". Finalmente, caso um deles atinja "C", matando-o instantaneamente e o outro, em seguida, acertar o cadáver, não se sabendo quem deu o tiro fatal, ambos serão absolvidos por crime impossível (aplica-se novamente o princípio do *in dubio pro reo*).

**11-C. Autoria incerta:** é a hipótese no contexto da autoria colateral, quando não se sabe qual dos autores conseguiu chegar ao resultado. Tomando-se o exemplo dos dois atiradores, mencionado na nota anterior, caso ambos disparem, mas um só dos tiros atinja a vítima, matando-a, não se sabendo de qual arma veio aquele disparo, tem-se a hipótese de autoria incerta. Ilustrando, *snipers* australianos, valendo-se de dois fuzis Barret, modelo M82 A1, calibre 12.7x99mm, abateram um comandante Taleban a uma distância de 2.815 metros. Nessa hipótese, como os atiradores sabiam do objetivo, poderiam ser considerados concorrentes (unidade de desígnio presente), mas não se conseguiu apurar qual deles atingiu efetivamente o alvo, pois os disparos foram concomitantes. Um deles alcançou o alvo, não sendo possível determinar qual dos atiradores o fez. Tem-se um *concurso de agentes*: um *sniper* efetivamente matou o inimigo; o outro *sniper* participou da empreitada. Se fosse um delito de homicídio, ambos responderiam por isso em concurso de pessoas. Caso, porventura, dois atiradores fizessem o mesmo sem que um soubesse do outro, quando um deles atingisse o alvo, sem se descobrir qual dos dois o fez, seria uma *autoria colateral incerta* (disponível em: https://www.defesanet.com.br/armas/noticia/8716/sniper-novo-recorde-de-distancia 2 815m/. Acesso em: 18 set. 2023).

**11-D. Coautoria e participação nos crimes omissivos:** há dois tipos de delitos a enfocar: a) omissivos próprios; b) omissivos impróprios. Quanto aos crimes omissivos próprios – aqueles cuja omissão vem descrita no tipo penal (como a omissão de socorro, art. 135, CP) –, é perfeitamente viável tanto a coautoria como a participação. Se duas pessoas se deparam com um ferido e deixam de socorrê-lo, *em comum acordo*, são coautores. Se um terceiro as instiga a não socorrer a pessoa machucada, por telefone, estando distante do local, sem qualquer possibilidade de agir por conta própria, não pode ser considerado coautor da omissão, mas partícipe. Em contrário, há posição doutrinária defendendo a inviabilidade da coautoria, mas sustentando autoria colateral. Confira-se em NILO BATISTA: "A exemplo da linha argumentativa perfilhada no exame dos crimes culposos, o dever de atuar a quem está adstrito o autor do delito omissivo é infracionável. Por outro lado, como diz Bacigalupo, a falta de ação priva de sentido o pressuposto fundamental da coautoria, que é a divisão do trabalho (...). Quando dois médicos omitem – ainda que de comum acordo – denunciar moléstia de notificação compulsória de que tiveram ciência (art. 269, CP), temos dois autores diretos individualmente consideráveis. A inexistência do acordo (que, de resto, não possui qualquer relevância típica) deslocaria para uma autoria colateral, sem alteração substancial na hipótese. No famoso exemplo de Kaufmann, dos cinquenta nadadores que assistem passivamente ao afogamento do menino, temos cinquenta autores diretos da omissão de socorro. A solução não se altera se se

# Art. 29

Código Penal Comentado · **Nucci**

transferem os casos para a omissão imprópria: pai e mãe que deixam o pequeno filho morrer à míngua de alimentação são autores diretos do homicídio; a omissão de um não 'completa' a omissão do outro; o dever de assistência não é violado em 50% por cada qual" (*Concurso de agentes*, p. 86-87). O dever de atuar, ínsito aos tipos penais omissivos, pode envolver mais de uma pessoa, o que é indiferente. Portanto, não se trata de analisar se esse dever é fracionável ou não. O importante é verificar se os agentes, associados, vinculados psicologicamente ao mesmo resultado, a este prestaram sua contribuição, ingressando no tipo penal e perfazendo o necessário à configuração da coautoria. Se cada qual age por sua conta, omitindo-se, pratica o crime como autor; porém, havendo aderência de condutas omissivas, gera-se a coautoria. No mesmo sentido que defendemos, encontra-se a posição de Cezar Roberto Bitencourt (*Tratado de direito penal*, v. 1, p. 398). No tocante aos crimes omissivos impróprios (comissivos por omissão) – aqueles cuja omissão do garante é relevante penal, conforme o art. 13, § 2.º, do CP –, há possibilidade de o omitente ser autor do delito, porque se omitiu dolosamente (ex.: vendo a ocorrência de um furto, o policial não intervém de propósito, respondendo pelo crime como autor). Nesse sentido, consideramos o omitente um verdadeiro autor e não mero partícipe. A participação, no crime omissivo impróprio, soa-nos viável, visto ser possível que alguém incentive o policial a não agir na execução do furto, para se vingar do proprietário da coisa. O policial é o autor; o instigador, o partícipe.

**11-E. Participação por omissão em crime comissivo:** é possível. Confira-se, por meio de um exemplo: imagine-se que o carcereiro, ciente da prisão de um estuprador, deixa de trancar a sua cela para que outros presos possam acessá-la e violentá-lo. Comungam todos do mesmo objetivo: estuprar o agente estuprador. Os outros detentos, que realizam a conduta sexual, são coautores; o carcereiro, garante da segurança do ofendido, ao se omitir, tomou parte no delito, não como autor, mas na figura de partícipe.

**11-F. Conivência:** trata-se da participação por omissão, quando o agente não tem o dever de evitar o resultado, tampouco aderiu à vontade criminosa do autor. Não é punível pela lei brasileira, pois inexiste um dever legal de agir, mas somente um dever moral. Se alguém, visualizando a ocorrência de um delito, podendo intervir para impedir o resultado, não o faz, torna-se conivente (falha moral). É o chamado *concurso absolutamente negativo*.

**11-G. Participação posterior à consumação:** trata-se de hipótese impossível, em nosso entendimento. Uma vez que o crime se consuma, já não se pode falar em participação. De fato, somente pode o sujeito tomar parte daquilo que está em andamento, e não findo. O indivíduo que esconde, em sua casa, um criminoso fugitivo, logo após a consumação do crime, responde pelo delito de favorecimento pessoal (art. 348, CP). Entretanto, se ele prometeu, *antes da consumação* do crime, esconder o autor, torna-se partícipe, pois incentivou a sua prática. Há quem admita a ocorrência da denominada *coautoria sucessiva* para um crime já consumado, mas ainda não exaurido. Na realidade, invocando a doutrina de Rogério Greco, que se fundamenta em Nilo Batista, haveria dois tipos de coautoria sucessiva: a) aquela que ocorreria durante a execução do crime, mas antes da sua consumação (exemplo dado por Greco: "Suponhamos que 'A' perceba que seu irmão 'B' está agredindo 'C'. Querendo auxi-liá-lo, 'A' se une a 'B' para que, juntos, espanquem 'C'. Como o crime de lesões corporais já estava em andamento, o ingresso de 'A' no fato é tido como caso de coautoria sucessiva", *Curso de direito penal – parte geral*, p. 436); b) aquela que se daria quando, consumada a infração, ingressaria o coautor antes do exaurimento (exemplo de Nilo Batista: "Pode ocorrer a coautoria sucessiva não só até a simples consumação do delito, e sim até o seu exaurimento, que Maurach chama de 'ponto final'. Dessa forma, o agente que aderisse à empresa delituosa de extorsão (art. 158, CP) por ocasião da obtenção da indevida vantagem econômica (que está situada após a consumação, configurando mero exaurimento) seria coautor sucessivo", *Concurso de agentes*, p. 117). Não nos parecem válidas ambas as situações. A primeira delas (ingresso de coautor quando os atos executórios já tiveram início, mas ainda não houve consumação) não passa de singela coautoria. De sucessiva não tem nada, até porque não há utilidade prática nessa distinção. *Sucessivo* é o que vem depois, em seguida a algo. Ora, se o crime se encontra em pleno desenvolvimento executório, ainda que alguém ingresse depois do seu início, torna-se coautor. *Sucessividade* implica a ideia de, finda a execução, atingida a consumação, alguém ingressar *em seguida* à prática da infração penal. Note-se o que acontece na chamada *legítima defesa sucessiva*, simbolizando a reação contra o excesso na defesa. Aquele que, pretendendo defender-se de um ladrão, já o tendo dominado, parte para a agressão, autoriza o autor do furto, agora sim *sucessivamente* a se defender do abuso, do excesso. Encerrou-se a *legítima* defesa e começou uma agressão injustificada. Por isso se fala em legítima defesa *sucessiva* (que vem em seguida à primeira). Em consequência, enquanto o crime está em desenvolvimento, cada um que nele ingressar torna-se coautor ou partícipe, conforme a sua atuação, e o juiz fixará a pena merecida *na medida da sua culpabilidade*, como determina o art. 29, *caput*. A segunda hipótese (exemplo de Nilo Batista) poderia ser caracterizada como coautoria sucessiva, uma vez que o crime estaria consumado quando o coautor dele tomou parte. Mas, a despeito disso, não nos parece válida essa modalidade de coautoria. O exemplo dado da extorsão é de consumação complexa, havendo três estágios (vide a nota 41 ao art. 158): o agente constrange a vítima na primeira etapa; a vítima cede e faz o que ele quer na segunda; o agente consegue a indevida vantagem econômica na terceira. Assim, caso apenas exista a primeira, o crime está em execução (o ingresso de qualquer pessoa faz com que seja inserida na categoria de coautora ou partícipe, conforme o caso); se a segunda fase se findar, fazendo a vítima o que o agente determinou, consuma-se a infração (não há mais possibilidade, a partir daí, de ingresso de coautor ou partícipe, mas apenas de pessoas que possam favorecer a atividade criminosa, que é outra figura típica); a terceira é somente o exaurimento (qualquer atuação de terceiro indica igualmente favorecimento). Raciocinemos com um exemplo: "A" determina a "B" que retire seu carro da concessionária, onde se encontra para uma revisão, levando-o a determinado local, sob pena de seu filho ser morto. "B", cedendo à grave ameaça, vai ao estabelecimento comercial, retira o carro e leva ao local indicado; "A" se apossa, então, do veículo. Um terceiro somente ingressa como coautor até o momento em que "B" retira o carro da concessionária e leva ao local. Se esse terceiro é enviado por "A" para pegar o carro no lugar onde está estacionado, conduzindo-o a outro local, não se trata de *coautoria sucessiva*, mas simplesmente de favorecimento. O crime se consumou quando o ofendido cedeu ao mando do autor. Depois disso, em fase de exaurimento, não há o menor sentido em se inserir a coautoria, que é a colaboração de várias pessoas para o *cometimento* do crime. É certo que o delito está *cometido* quando ocorre a consumação, e não por ocasião do exaurimento. *Concorrer* para o crime, como está estipulado no art. 29, *caput*, é colaborar, auxiliar, dar suporte à sua realização, leia-se, consumação. O que vem depois é o esgotamento da infração, não mais pertinente ao concurso de pessoas, havendo figuras típicas específicas para quem dá apoio ao criminoso (arts. 348 e 349, CP). Continuamos a sustentar não haver participação ou coautoria após a consumação.

**11-H. Participação e cumplicidade:** há quem estabeleça diferença entre ambos os termos, em *três visões* distintas: *a)* cúmplice é a pessoa que presta auxílio à atividade criminosa de outrem, sem ter consciência disso. Ex.: dar carona para o bandido não sabendo que este está fugindo; *b)* cúmplice é a pessoa que presta auxílio material ao agente (partícipe material), como se encontra a lição de Nilo Batista (*Concurso de agentes*, p. 186); *c)* "é o sujeito que dolosamente *favorece* a prática de uma infração dolosa, mesmo sem o conhecimento do autor,

# Art. 29

Código Penal Comentado · **Nucci**

vale dizer, dispensando um prévio ou concomitante acordo de vontades" (Dotti, *O incesto*, p. 156). Parece-nos, no entanto, melhor equiparar o conceito de cúmplice a coautor ou partícipe, indiferentemente, no âmbito da legislação brasileira. Assim, quem colabora para a prática do delito é cúmplice, na modalidade de coautoria ou de participação.

**11-I. Participação em cadeia:** define Nilo Batista ser a situação de alguém que instiga outrem a instigar ou auxiliar o delito, ou auxilia a instigar ou auxiliar. "Considera-se que a instigação à instigação é *instigação mediata*, e os demais casos configuram *cumplicidade mediata*" (*Concurso de agentes*, p. 177). Logicamente, todas as hipóteses são igualmente puníveis pelo direito brasileiro, como participação, de modo que essa denominação é inócua, sem utilidade prática.

**11-J. Executor de reserva:** é o colaborador destacado para certificar-se do sucesso na concretização do crime, porém sem que consiga realizar ato executório efetivamente importante para a consumação. Discute-se se ele seria coautor ou partícipe. Pensamos que esta última opção é a mais adequada, uma vez que sua colaboração termina no campo moral (incentivo, instigação, apoio) sem que tenha conseguido, pelas circunstâncias, ingressar no tipo penal. Em contrário, consulte-se Nilo Batista: "Suponha-se que *A*, munido de revólver, e *B*, munido de faca, previamente resolvidos, ataquem *C*, ao deparar com ele numa estrada; ainda a uns trinta metros, *A* dispara um tiro letal, que atinge *C* na cabeça, de tal modo que, quando *B* lhe desfecha facadas, está na verdade esfaqueando um defunto. Os partidários de um critério formal-objetivo teriam que deslocar a conduta de *B* para a área de participação, porque não realizou ele qualquer ato típico do art. 121 CP, e recorreriam a fórmulas como 'força moral cooperativa', 'acoroçoar e encorajar pela certeza de sua solidariedade' etc. Aquele que comparece ao local da realização na qualidade de 'executor de reserva' é coautor: sua desistência interferiria no *Se*, tanto quanto sua assistência determina o *Como* do fato" (*Concurso de agentes*, p. 109). Parece-nos inadequada a ideia de que o *executor de reserva* é coautor, mormente no exemplo supracitado. A eventual desistência de um partícipe pode não alterar em absolutamente nada o curso causal. Afinal, o executor principal é quem desfecha os tiros. Eventualmente, se o chamado *executor de reserva* vai até a vítima para conferir se esta está morta e, percebendo que se encontra viva, desfere-lhe facadas, matando-a, torna-se coautor. Mas, nesse caso, desfaz-se a noção do *executor de reserva*, idealizada somente para explicar a situação de quem verifica o resultado sem tomar parte ativa na execução.

**12. Participação em ação alheia:** em face da teoria monista adotada pelo direito brasileiro, aquele que toma parte na prática de um delito, deve responder por este crime, tanto quanto os demais colaboradores. Assim, havendo vários coautores e partícipes, devem eles agir com o mesmo elemento subjetivo. Não há possibilidade de se encontrar um partícipe atuando com dolo, enquanto os coautores agem com culpa, ou mesmo um partícipe auxiliando, culposamente, os coautores, que atuam com dolo. Seria o mesmo que admitir a possibilidade de existência de um crime, ao mesmo tempo, doloso e culposo. Em suma, não há participação culposa em crime doloso, nem participação dolosa em crime culposo. Mas, é preciso destacar que há viabilidade na possibilidade de tomar parte em ação alheia, movido por elemento subjetivo distinto. Assim, é possível haver participação culposa em *ação* dolosa, bem como participação dolosa em *ação* culposa. Nesse caso, no entanto, existem dois delitos. Quem colaborou culposamente na ação dolosa alheia, responde por crime culposo, enquanto o autor será punido por crime doloso. É o que acontece no caso do funcionário público que, culposamente, concorre para a realização dolosa de crime alheio contra a administração (art. 312, § 2.º, CP). O funcionário responde por peculato culposo, enquanto o outro deverá ser punido pelo crime doloso cometido.

### Circunstâncias incomunicáveis[13]

> **Art. 30.** Não se comunicam as circunstâncias[14] e as condições[15] de caráter pessoal,[16] salvo quando elementares do crime.[17-19]

**13. Circunstâncias incomunicáveis:** são aquelas que não se transmitem aos coautores ou partícipes, pois devem ser consideradas individualmente no contexto do concurso de agentes.

**14. Conceito de circunstância de caráter pessoal:** é a situação ou particularidade que envolve o agente, sem constituir elemento inerente à sua pessoa. Como ilustração, pode-se indicar o cargo de *funcionário público*. Assim, também, deve ser considerada a motivação do delito, como a torpeza ou a futilidade, a menos que o coautor ou partícipe manifeste aderência à intenção. Na jurisprudência: STJ: "5. A jurisprudência do Superior Tribunal de Justiça é firme em assinalar que a qualificadora de caráter objetivo pode coexistir com o privilégio, haja vista que ambas as hipóteses previstas no § 1.º do art. 121 do CP são de natureza subjetiva. Precedentes" (AgRg no AREsp 1.787.454/RJ, 6.ª T., rel. Rogerio Schietti Cruz, 14.02.2023, v.u.). Outros exemplos: a) a confissão espontânea, proferida por um coautor, não faz parte da sua pessoa, nem tampouco se transmite, como atenuante que é, aos demais concorrentes do delito; b) a motivação do crime é particular a um determinado agente; nem sempre outros coautores partilham de idêntico motivo; c) a reincidência é uma circunstância pessoal, mas não é inerente à pessoa humana (logo, não é condição).

**15. Conceito de condição de caráter pessoal:** é o modo de ser ou a qualidade inerente à pessoa humana. Ex.: menoridade ou estado civil. O coautor menor de 21 anos não transmite essa condição, que funciona como atenuante, aos demais, do mesmo modo que o coautor, sendo marido da vítima, não transfere essa condição, que é agravante, aos outros.

**16. Circunstâncias e condições de caráter objetivo:** diz o texto legal que as situações ou qualidades que envolvem o agente precisam ser *pessoais*, nada mencionando quanto às objetivas, também passíveis de existir. Resta, pois, a dúvida: comunicam-se aos coautores e partícipes? Entende a doutrina predominante, com a qual concordamos, que, afastada a aplicação da responsabilidade objetiva, deve o coautor atuar, ao menos com previsibilidade, quanto à circunstância material que não causou diretamente. Ex.: "A" manda "B" matar "C", entregando-lhe, inclusive, um revólver para a tarefa. "B", no entanto, resolve cumprir o mandato criminoso empregando "tortura" e, lentamente, dá fim à vida da vítima. Não responderá "A" por homicídio qualificado pela tortura, caso não tenha noção de que "B" poderia assim agir. Por todos, a lição de Basileu Garcia: "O texto penal não esclareceu se a comunicabilidade dessas circunstâncias se dá em todos os casos. Cumpre resolver a questão invocando-se, mais uma vez, as normas da causalidade material e psíquica. É preciso saber se a circunstância pode ser havida como materialmente causada pelo participante e se é abrangida pelo seu dolo, mesmo eventual, isto é, se, pelo menos, o participante assumiu o risco da produção daquela circunstância, cooperando para ela..." (*Instituições de direito penal*, t. I, p. 424). Conferir: STJ: "7. Fica mantida a majorante do art. 40, V, da Lei 11.343/2006, visto que o tráfico foi praticado, em concurso de pessoas, entre Estados da Federação, sendo irrelevante o fato de o paciente ter transportado a droga somente dentro do Estado de Minas Gerais. Cuida-se de circunstância de caráter objetivo que se comunica a todos os autores do delito, nos termos do art. 30 do Código Penal – CP." (HC 461.985-MG, 5.ª T., rel. Joel Ilan Paciornik, 04.08.2020, v.u.).

**17. Elementar do crime:** trata-se de um elemento integrante do tipo penal incriminador. Ex.: "matar" e "alguém" são elementares do delito de homicídio. As circunstâncias do crime,

# Art. 30

Código Penal Comentado · **Nucci**

que compõem o tipo derivado, geralmente constante dos parágrafos, de modo a graduar a pena – para mais ou para menos – não se comunicam.

**18. Efeito da ressalva quanto às elementares do crime:** há determinadas circunstâncias ou condições de caráter pessoal que são integrantes do tipo penal incriminador, de modo que, pela expressa disposição legal, nessa hipótese, transmitem-se aos demais coautores e partícipes. Ex.: se duas pessoas – uma, funcionária pública, outra, estranha à Administração – praticam a conduta de subtrair bens de uma repartição pública, cometem peculato-furto (art. 312, § 1.º, CP). A condição pessoal – ser funcionário público – é elementar do delito de peculato, motivo pelo qual se transmite ao coautor, desde que verificada a ciência deste em relação àquela condição pessoal.

**18-A. A polêmica do concurso de pessoas no infanticídio:** intenso é o debate doutrinário acerca da coautoria e da participação no contexto desse crime, que não deixa de significar uma forma *privilegiada* do homicídio. A mãe, por estar em estado puerperal, mata o próprio filho recém-nascido, após o parto, recebendo, pois, pena bastante atenuada em relação à que está prevista no art. 121. Por isso, muitos autores, capitaneados por Hungria, chegaram a sustentar a incomunicabilidade dessa circunstância de caráter pessoal, afinal, o puerpério é perturbação físico-mental exclusiva da mãe. Não seria *justo*, dizem, que o coautor ou partícipe fosse favorecido, uma vez que se estaria cuidando de circunstância *personalíssima*. Adotam essa visão: Bento de Faria (*Código Penal brasileiro comentado*, v. IV, p. 39); Vicente Sabino (*Direito penal*, v. I, p. 274); Aníbal Bruno (*Direito penal*, t. 4, p. 151-152). Entretanto, cumpre ressaltar que o próprio Nélson Hungria alterou seu entendimento, na 5.ª edição de sua obra: "Nas anteriores edições deste volume, sustentamos o mesmo ponto de vista, mas sem atentarmos no seguinte: a incomunicabilidade das *qualidades* e *circunstâncias pessoais*, seguindo o Código helvético (art. 26), é irrestrita (...), ao passo que perante o Código pátrio (também art. 26) [atual art. 30 do CP] é feita uma ressalva: 'Salvo quando elementares do crime'. Insere-se nesta ressalva o caso de que se trata. Assim, em face do nosso Código, mesmo os terceiros que concorrem para o infanticídio respondem pelas penas a este cominadas, e não pelas do homicídio" (*Comentários ao Código Penal*, 5. ed., v. 5, p. 266). Fez o mesmo Heleno Fragoso (citação de Fernando de Almeida Pedroso, *Direito penal*, p. 559). Restam, atualmente, poucos autores que sustentam a possibilidade de punir por homicídio aquele que tomou parte no infanticídio praticado pela mãe, ou mesmo quando executou o núcleo do tipo, a pedido da mãe, que não teve forças para fazê-lo sozinha. São diversos os argumentos nessa ótica, mas, em suma, todos voltados a corrigir uma injustiça promovida pela própria lei penal, que deveria ter criado uma exceção pluralística à teoria monística. Não o fez. Assim, há quem pretenda a aplicação do art. 29, § 2.º, dizendo que, se o executor matar o recém-nascido, porém com o consentimento da mãe, esta teria querido participar de crime menos grave, isto é, aquele teria desejado cometer homicídio e a genitora, infanticídio. Olvida-se, nessa tese, que a vontade de matar é exatamente a mesma e que o infanticídio é apenas uma forma privilegiada de homicídio, como, aliás, já alertava Frederico Marques. Logo, tanto o estranho quanto a mãe querem "matar alguém". O delito somente se torna *unitariamente* (pela teoria adotada pelo Código Penal, que não pode ser rompida por desejo de correção de injustiça) considerado em face da circunstância de estar a mãe envolvida pelo estado puerperal, após o nascimento de seu filho. É nitidamente incabível o § 2.º do art. 29, tendo em vista ser este a figura da cooperação dolosamente distinta. Aliás, não nos parece nem um pouco correta a ideia de que o dolo deve envolver o elemento "estado puerperal", pois trata-se de situação de perturbação psíquica, logo, subjetiva, tanto quanto é o dolo (elemento subjetivo do crime). Outras soluções tentam apontar para a utilização, para a mãe, do disposto no art. 26, parágrafo único, enquanto, para o executor, estranho à criança, seria reservado o homicídio. Ora, trata-se, ainda que com eufemismo, de quebra da unidade do delito. Não houve homicídio, com participação de pessoa perturbada (no caso, a mãe). A circunstância especial de perturbação da saúde mental está prevista em um tipo penal especial, que deve ser aplicado, goste-se ou não da solução, entenda-se ou não ser ela injusta. Logo, se ocorreu um infanticídio, por expressa aplicação da comunicabilidade prevista no art. 30, outra não é a solução senão ambos punidos por infanticídio. A doutrina firmou entendimento nesse sentido, conferindo-se a partir de Paulo José da Costa Júnior: "Diante dos termos precisos do art. 30 do CP, entretanto, é inadmissível outro entendimento. A regra, aí inserida, é a de que as circunstâncias e as condições de caráter pessoal não se comunicam. E a exceção, constante da parte final do dispositivo, determina que haverão elas de comunicar-se, desde que elementares do crime. Ora, *in casu*, o estado puerperal, embora configure uma condição personalíssima, é elementar do crime. Faz parte integrante do tipo, como seu elemento essencial. Logo, comunica-se ao coautor. Aquele que emprestar sua cooperação à prática do infanticídio é infanticida, e não homicida" (*Direito penal – curso completo*, p. 263-264). E ainda a lição de Noronha: "não há dúvida alguma de que o *estado puerperal é circunstância* (isto é, estado, condição, particularidade etc.) *pessoal* e que, sendo *elementar* do delito, comunica-se, *ex vi* do art. 30, aos copartícipes. *Só mediante texto expresso tal regra poderia ser derrogada*" (*Direito penal*, v. 2, p. 52, grifo nosso). Acrescente-se: Mirabete (*Manual de direito penal*, v. 2, p. 73); Frederico Marques (*Tratado de direito penal*, v. II, p. 176, com a ressalva que a participação do estranho deve ser acessória); Delmanto (*Código Penal comentado*, p. 247); Damásio (*Código Penal anotado*, p. 389); Fernando de Almeida Pedroso (*Direito penal*, p. 557-559); Alberto Silva Franco (*Código Penal e sua interpretação jurisprudencial*, p. 1.650); Basileu Garcia (*Instituições de direito penal*, v. I, t. I, p. 422); Esther de Figueiredo Ferraz (*A codelinquência no direito penal brasileiro*, p. 41); Ivair Nogueira Itagiba, *Do homicídio*, p. 94. Logo, tanto faz se o estranho auxilia a mãe a matar o recém-nascido, após o parto, em estado puerperal, ou se ele mesmo, a pedido da genitora, executa o delito: ambos respondem por infanticídio.

**19. Conhecimento de circunstância elementar por parte do coautor ou partícipe:** é indispensável que o concorrente tenha noção da condição ou da circunstância de caráter pessoal do comparsa do delito, pois, do contrário, não se poderá beneficiar do disposto no art. 30. Assim, caso uma pessoa não saiba que está prestando auxílio a um *funcionário público* para apropriar-se de bens móveis pertencentes ao Estado (peculato para o funcionário – art. 312, CP), responderá por furto.

### Casos de impunibilidade[20-20-A]

> **Art. 31.** O ajuste, a determinação ou instigação e o auxílio,[21] salvo disposição expressa em contrário, não são puníveis, se o crime não chega, pelo menos, a ser tentado.

**20. Alcance do termo "impunibilidade":** pretende a lei atribuir o termo *impunibilidade* ao fato, e não ao agente, pois, no caso apresentado, trata-se de causa de atipicidade. Impuníveis são o ajuste, a determinação, a instigação e o auxílio, logo, condutas atípicas. Vimos, anteriormente, que a tentativa somente se torna fato típico, portanto, passível de punição do seu autor, se há o ingresso na fase executória. Portanto, é natural que condutas anteriores, ainda que relevantes, sejam atípicas (meramente preparatórias), caso não se dê início à execução do delito. O disposto neste artigo, diante do art. 14, II, do Código Penal, é supérfluo. Ademais, se houver disposição expressa em contrário (leia-se: existência de um tipo incriminador autônomo), é evidente que o ajuste, a determinação, a instigação e o auxílio podem ser punidos. Exemplo

# Art. 31

Código Penal Comentado · **Nucci**                                                    274

disso é a "associação de três ou mais pessoas para o fim específico de cometer crimes" (art. 288, CP), que constitui delito autônomo (associação criminosa). Não fosse o estipulado no mencionado art. 288 e o ajuste entre os integrantes de um bando não seria punível, caso não tivesse começo a execução do delito arranjado.

**20-A. Associação ao crime impossível:** as situações descritas neste artigo – ajuste, determinação, instigação ou auxílio ao crime – consolidam a teoria objetiva temperada, adotada pelo Código Penal, em relação à punição da tentativa, utilizada no contexto do crime impossível.

**21. Conceitos:** a) *ajuste*: é o acordo ou o pacto celebrado entre pessoas; b) *determinação*: é a ordem dada para alguma finalidade; c) *instigação*: é a sugestão ou estímulo à realização de algo; d) *auxílio*: é a ajuda ou a assistência dada a alguém.

# Título V
## Das penas[1-2-F]

**1. Conceito de pena:** é a sanção imposta pelo Estado, por meio de ação penal, ao criminoso como forma de reprovar e prevenir o delito. Havíamos sustentado que ela teria várias finalidades; entretanto, após a publicação da nossa obra *Criminologia*, apontamos ter a pena duas funções e três finalidades. Em primeiro lugar, deve-se diferenciar a *função* e a *finalidade* da pena. Tem-se por função a razão pela qual ela existe e a maneira como é prevista e aplicada no ambiente penal, representando o instrumento adequado para que possa atingir suas finalidades. De tal ponto de vista, a pena tem as funções retributiva e ressocializadora; a primeira simboliza uma aflição para despertar a consciência do condenado de que agiu de maneira equivocada e a segunda indica a possibilidade de rever os seus valores, adaptando-se às normas legais, existentes em sociedade, obrigatórias a todos. Se essas funções forem bem cominadas, aplicadas e cumpridas, haverá uma ampla probabilidade de que o apenado não torne a delinquir e retome o seu convívio social. É importante destacar que a função retributiva é imposta pelo Estado obrigatoriamente, mas, quanto à reeducação, os órgãos públicos devem ofertar as oportunidades e os instrumentos para isso, como trabalho e estudo, dependendo da autodeterminação do sentenciado para revisar os seus valores e alterar o seu comportamento. Quando se menciona a função retributiva, cumpre verificar o dever estatal de impor um alerta vigoroso, não dizendo respeito à *vingança* ou ao *mal pelo mal*, embora não se possa exigir da sociedade e da vítima que não pensem desse modo. A função retributiva da pena vem expressa em lei, como se vê no disposto no art. 59: "O juiz, atendendo à culpabilidade, aos antecedentes, à conduta social, à personalidade do agente, aos motivos, às circunstâncias e consequências do crime, bem como ao comportamento da vítima, estabelecerá, conforme seja *necessário* e *suficiente* para *reprovação* e prevenção do crime: I – as penas aplicáveis dentre as cominadas; II – a quantidade de pena aplicável, dentro dos limites previstos; III – o regime inicial de cumprimento da pena privativa de liberdade; IV – a substituição da pena privativa de liberdade aplicada, por outra espécie de pena, se cabível" (grifamos). Além disso, não é demais citar o disposto no art. 121, § 5.º, do Código Penal, salientando ser possível ao juiz aplicar o perdão judicial, quando as consequências da infração atingirem o próprio agente de maneira *tão grave* que a sanção penal se torne *desnecessária*, evidenciando o caráter retributivo da pena. É relevante interpretar esses dispositivos como parcelas da *função* da pena. Ademais, o aspecto retributivo é um fator de estabilidade e equilíbrio no contexto da proporcionalidade entre a lesão gerada pelo delito e a sanção correspondente. Desvincular todo e qualquer lado punitivo da sanção pode produzir efeito inverso, permitindo que o Estado comine penas muito mais rigorosas do que o crime cometido, visando, por exemplo, apenas a critérios preventivos. Não se vivencia mais, em quadros democráticos, a ideia de uma pena rancorosa, representando uma nítida desforra, para impor igual ou maior sofrimento ao delinquente do que o dano produzido pela sua atitude criminosa. Fosse assim, o homicídio deveria ser punido pela morte, quiçá precedida de tortura; o estupro teria por consequência idêntica violação sexual ao agente; o roubo, cometido com violência, demandaria igual expressão, com ferimento dolorido ao autor; enfim, se no passado esse era o pensamento, na atualidade, alterou-se para funções e finalidades compatíveis com a dignidade da pessoa humana. Tanto é verdade que a Constituição Federal brasileira impõe o dever judicial de individualizar a pena (art. 5.º, XLVI), evitando-se a sanção puramente padronizada e, por isso, injusta, na medida em que as pessoas são diferentes e, ainda que cometam o mesmo crime, podem fazê-lo por motivos completamente díspares e valendo-se de meios de execução diversos. Outro destaque pode ser indicado no art. 10, *caput*, da Lei de Execução Penal: "a assistência ao preso e ao internado é dever do Estado, objetivando *prevenir* o crime e *orientar o retorno à convivência* em sociedade" (grifamos). Na sequência, a função ressocializadora: "a assistência social tem por finalidade amparar o preso e o internado e *prepará-los para o retorno à liberdade*" (art. 22, Lei de Execução Penal, grifamos). Porém, tanto a função retributiva, que serve de alerta, quanto a meta de ressocialização, propiciando instrumentos para o apenado revisar o seu comportamento, podem não dar certo e haver reincidência. O Estado não tem um remédio definitivo e absoluto contra o crime. Não se pretende a pena milagrosa, mas somente a sanção disponível, dentro dos meios existentes a cada época da história. Visualizando as três finalidades buscadas pela cominação, aplicação e efetivo cumprimento da pena, pode-se apontar o seguinte: a) *finalidade legitimadora do direito penal*, cujo objetivo é demonstrar à sociedade a eficiência estatal para combater o crime, além de que as normas penais devem ser respeitadas, pois constituem legítimos instrumentos punitivos, criados por lei; b) *finalidade intimidante*, representando o modo pelo qual o Estado faz a sociedade enxergar, antes do cometimento do crime, quais são as condutas penalmente intoleráveis e exatamente quais as punições para elas previstas. Há um aspecto de intimidação, dentro do quadro civilizado de toda e qualquer sociedade, que não opera somente com leis penais, mas, igualmente, com ilícitos civis, trabalhistas, tributários, processuais, ambientais, administrativos etc., acompanhados de suas sanções devidamente cominadas em leis extrapenal; c) *finalidade protetora*, simbolizando a indispensabilidade de aplicar, para crimes graves, a pena de reclusão, em regime inicial fechado, segregando o indivíduo do convívio social por um período. Nem todas as sanções penais precisam ser isolantes, consistentes em efetivo claustro, pois existem inúmeras outras penas em regime de liberdade vigiada, assistida ou fiscalizada, bem como as sanções restritivas a outros direitos diversos da liberdade e as pecuniárias. Na tradicional visão da doutrina penal, que já chegamos a adotar, a pena teria duas finalidades básicas: retribuição e prevenção. Neste último campo da prevenção, seriam encontradas as seguintes finalidades: a) preventivo-geral positiva (legitimação do direito penal); b) preventivo-geral negativa (intimidação); c) preventivo-especial positiva (reeducação); d) preventivo-especial negativa (segregação). Preferimos visualizar duas funções e três finalidades, embora todas sejam cabíveis à pena. Não aquiescemos com a ideia de possuir a pena somente uma finalidade, como, por exemplo, a prevenção geral positiva, pois qualquer delas, isoladamente considerada, não é suficiente para fundamentar de modo justo a aplicação da pena em decorrência da prática do crime. Na ótica de MIR PUIG, "ninguém pode negar que a pena *é um mal* que se impõe como *consequência de um delito*. A pena é, sem dúvida, *um castigo*. Aqui não valem eufemismos, e também a teoria preventiva deve começar a reconhecer o caráter de castigo da pena. Entretanto, uma coisa é o que seja a pena e outra, distinta, qual seja a sua função e o que legitima o seu exercício. Noutro aspecto, contrapõem-se as concepções retributiva e preventiva. Os retribucionistas creem que a pena serve à realização da Justiça e que se legitima suficientemente como exigência de pagar o mal com outro mal. Os prevencionistas estimam, noutro prisma, que o castigo da pena se impõe para evitar a delinquência na medida do possível e que somente está justificado o castigo quando resulta necessário para combater o delito. Retribuição e prevenção supõem, pois, duas formas distintas de legitimação da pena. Rechaço a legitimação que oferece a retribuição. Inclino-me pela prevenção" (*Estado, pena y delito,* p. 41). Na jurisprudência: STF: "1. É permitida a imposição de regime mais rígido do que o recomendado nas alíneas do § 2.º do art. 33 do Código Penal, desde que por fundamentos alinhados às particularidades do caso concreto e conforme seja necessário e suficiente para *reprovação* e prevenção do crime. Precedentes. (...)" (HC 172.956 AgR, 1.ª T., rel. Rosa Weber, j. 08.06.2020, v.u., grifamos). STJ: "4. Não merece reparo o acórdão recorrido que, aplicando o privilégio estabelecido no § 2.º do art. 155 do CP, e visando o *caráter retributivo* da pena, que não seria alcançado caso fosse aplicada a pena de multa, reduziu a sanção reclusiva imposta, justificando que a pena pecuniária, na hipótese, não poderia ser arcada pelo réu, diante de sua falta de condições financeiras" (AgRg no REsp 1.781.675/SC, 5.ª T., rel. Reynaldo Soares da Fonseca, 19.02.2019, v.u., grifamos).

**1-A. O mito da elevação das penas e das leis penais mais rígidas:** sob qualquer ângulo que se possa visualizar a política criminal do Estado, o único instrumento a ser afastado, ao menos na fase de ordenação das políticas públicas no tocante à segurança pública, é o aumento de penas e a edição de leis penais rigorosas, por si só. Explica-se. Atualmente, o maior dilema da segurança pública não é o panorama existente de leis penais ou processuais penais. Faltam-lhe infraestrutura, armamento, remuneração condigna, treinamento adequado, fiscalização de seu trabalho, enfim, a atividade policial encontra-se ainda desarticulada, sob o prisma ideal. Não se possui, até hoje, um sistema de inteligência integrado, de âmbito nacional, nem mesmo um só documento de identidade, igualmente, de extensão nacional. Há carência de operadores do Direito no Ministério Público e na Magistratura. Em suma, esses fatores são mais que suficientes para fomentar, naturalmente, a impunidade. Elevar as penas pode gerar na sociedade uma falsa impressão de segurança, o que deve ser evitado. Sobre o mito da elevação das penas, com leis mais rígidas, Rafael Ferreira Viana explica, com razão, o seguinte: "parece que outra realidade difícil de ser aceita é que a maioria das pessoas gosta de se iludir que está mais segura por existirem leis e penas mais graves. Ter a sensação de segurança por existirem leis e penas mais graves. Ter a sensação de segurança é bom e melhor a qualidade de vida, mas isto não pode nos impedir de pensar o problema como ele se apresenta. Mais leis e penas mais graves apenas aumentam a sensação ilusória de segurança e não contribuem em nada para diminuir a criminalidade. Ao contrário, apenas aumentam a sensação de impunidade (o que faz com que o delinquente se sinta mais à vontade para cometer crimes), inebriam a polícia (que perde objetividade e foco, não sabendo o que efetivamente combater) e fazem com que os cidadãos (devido à falsa percepção da realidade) se tornem alvos mais fáceis para criminosos (...) Temos que nos conscientizar de que o direito penal e a polícia não podem e não são a resposta para todos os males sociais. Ao contrário, apreciam como parece lógico e coerente: quanto mais direito penal, menos a polícia consegue ser efetiva, mais desrespeitada e anacrônica se torna, mais a criminalidade tende a aumentar" (*Diálogos sobre segurança pública. O fim do estado civilizado.* p. 74-75).

**2. Abolicionismo penal e direito penal mínimo – visão crítica:** fruto dos estudos e dos artigos de Louk Hulsman (Holanda), Thomas Mathiesen e Nils Christie (Noruega) e Sebastian Scheerer (Alemanha), pode-se conceituar o abolicionismo penal como um novo método de vida, apresentando uma nova forma de pensar o Direito Penal, questionando o significado das punições e das instituições, bem como construindo outras formas de liberdade e justiça. O movimento trata da *descriminalização* (deixar de considerar infrações penais determinadas condutas hoje criminalizadas) e da *despenalização* (eliminação – ou intensa atenuação – da pena para a prática de certas condutas, embora continuem a ser consideradas delituosas) como soluções para o caos do sistema penitenciário, hoje vivenciado na grande maioria dos países. O método atual de punição, eleito pelo Direito Penal, que privilegia o encarceramento de delinquentes, não estaria dando resultado e os índices de reincidência estariam extremamente elevados. Por isso, seria preciso buscar e testar novos experimentos no campo penal, pois é sabido que a pena privativa de liberdade não tem resolvido o problema da criminalidade. A sociedade, no fundo, segundo o pensamento abolicionista, não tem sucumbido diante do crime, como já se apregoou que aconteceria, sabendo-se que há, no contexto da Justiça Criminal, uma imensa *cifra negra*, ou seja, existe uma diferença entre os crimes *ocorridos* e os delitos *apurados* e entre os crimes *denunciados* e os delitos *processados*. A maioria dos crimes cometidos não seria nem mesmo levada ao Judiciário, porque não descoberta a autoria ou porque não conhecida da autoridade policial a sua prática, querendo isto dizer que a sociedade teria condições de absorver os delitos cometidos sem a sua desintegração. Portanto, a descriminalização e a despenalização de várias condutas, hoje consideradas criminosas, poderiam facilitar a reeducação de muitos delinquentes, mediante outras formas de recuperação. Para isso, o *abolicionismo* recomenda, em síntese, a adoção dos seguintes princípios: *a) abolicionismo acadêmico,* ou seja, a mudança de conceitos e linguagem, evitando a construção de resposta punitiva para situações-problema; *b)* atendimento prioritário à vítima (melhor seria destinar dinheiro ao ofendido do que construindo prisões); *c)* guerra contra a pobreza; *d)* legalização das drogas; *e)* fortalecimento da esfera pública alternativa, com a liberação do poder absorvente dos meios de comunicação de massa, restauração da autoestima e da confiança dos movimentos organizados de baixo para cima, bem como a restauração do sentimento de responsabilidade dos intelectuais. Não há dúvida de que, por ora, o *abolicionismo penal* é somente uma utopia, embora traga à reflexão importantes conceitos, valores e afirmativas, demonstrando o fracasso do sistema penal atual em vários aspectos, situação que necessita ser repensada e alterada. Manifesta-se LUIGI FERRAJOLI sobre o tema: "O abolicionismo penal – independentemente dos seus intentos liberatórios e humanitários – configura-se, portanto, como uma utopia regressiva que projeta, sobre pressupostos ilusórios de uma sociedade boa ou de um Estado bom, modelos concretamente desregulados ou autorreguláveis de vigilância e/ou punição, em relação aos quais é exatamente o direito penal – com o seu complexo, difícil e precário sistema de garantias – que constitui, histórica e axiologicamente, uma alternativa progressista" (*Direito e razão*, p. 275). A respeito da inconveniência dos princípios apregoados pelo abolicionismo penal, escreveu PHILIP SHISHKIN para o *Wall Street Journal* (O Estado de S. Paulo, 10.06.2003, p. B9) que, em 1998, Vidar Sandli foi preso com mais de dois quilos de haxixe e condenado a três anos de prisão. "Mas como o país tem um problema crônico de falta de espaço na rede penitenciária e ele não havia cometido um crime violento, Sandli foi avisado de que iria ter de esperar meses ou até anos para poder cumprir a sentença. (...) Aqui na Noruega isso é chamado de 'fila para a prisão'. O sistema é um reflexo da antiga tradição humanitária e abordagem branda da Noruega em relação ao encarceramento. (...) Nils Christie, criminologista da Universidade de Oslo, chama a fila de 'um sinal de civilidade de uma sociedade humana, porque indica que a maioria dos criminosos são pessoas comuns, capazes de esperar na fila como qualquer outra pessoa'. Mas hoje a Noruega convive com um aumento no índice de criminalidade e a fila está ficando fora de controle. Nos últimos quatro anos, o número de condenados esperando para cumprir sentenças quase triplicou para 2.762 – quase o mesmo que toda a população carcerária do país, de 2.900 presidiários." (...) "Para acelerar a fila, o país planeja construir o primeiro presídio desde 1997 e recentemente transformou um acampamento militar em uma prisão de 40 lugares. Autoridades do setor carcerário esperam ganhar espaço para outros 450 presos até 2006. O Ministério da Justiça também espera que os legisladores possam liberar mais celas ao permitir que juízes sentenciem multas e serviços comunitários em vez de aprisionamento para crimes menores como porte de maconha. Embora a maior parte dos criminosos na fila de espera na Noruega seja de condenados por crimes relativamente pequenos, não violentos, uma pequena minoria cometeu crimes mais sérios, como violência doméstica e atentado ao pudor. Os que cometem crimes mais graves, como assassinato ou estupro, são enviados diretamente para a prisão". Convém, ainda, mencionar as soluções mais apropriadas de HASSEMER e MUÑOZ na ótica do *Direito Penal mínimo: a)* promover uma busca de alternativas à prisão, que principalmente afeta aos setores sociais mais baixos; *b)* realizar uma investigação que possa clarear o âmbito obscuro da "criminalidade dos poderosos", vinculada a reflexões políticas sobre a igualdade da criminalização em Direito Penal; *c)* estabelecer uma política de descriminalização da criminalidade menor ou de bagatela no âmbito da criminalidade "clássica"; *d)* efetuar investigações sobre a práxis do princípio da oficialidade na persecução dos delitos, unidas à busca de funções substitutivas desejáveis político-criminalmente (*Introducción a la criminología y al derecho penal*, p. 62). Entretanto, qualquer solução que se adote, na esfera legislativa, passa, necessariamente, pelas mãos do Poder Executivo, que precisa liberar verbas para a implementação de inúmeros programas de prevenção, punição e recuperação de criminosos. Não é possível que o Parlamento modifique sistematicamente leis, fornecendo a impressão de que isso basta à solução no combate à criminalidade, sem que o administrador libere as verbas necessárias ao seu implemento. Note-se, como exemplo, que até hoje várias cidades brasileiras – tome-se como exemplo a maior delas, São Paulo – não possuem a *Casa do Albergado*, lugar destinado ao cumprimento da pena em regime aberto, gerando certamente impunidade, quando se encaminhar o condenado para o regime de prisão-albergue domiciliar, sem qualquer fiscalização eficaz. De que adiantam, então, quaisquer mudanças se não houver vontade política de cumprir e fazer cumprir a lei? Logo, antes de se alterar descompassadamente a legislação, melhor seria implementar o que já possuímos. Antes de se criar, somente para parecer original, penas alternativas novas, seria fundamental fazer valer as que já estão previstas em lei, bem pouco aplicadas, de fato, mas não por culpa dos juízes brasileiros, e sim por falta de estrutura para sua implementação prática. O Poder Judiciário não detém recursos para concretizar o previsto na lei penal, aliás, nem mesmo é sua função. Portanto, torna-se imprescindível, antes de singelamente criticar o sistema penal vigente pela crise de impunidade, deve-se voltar os olhos para a necessidade de concretude da legislação existente; antes de se apoiar anteprojetos de mudança de leis, é preciso participar da cobrança de instrumentos ainda não existentes da alçada do Poder Executivo, no cenário do direito penal.

**2-A. Garantismo penal:** trata-se de um modelo normativo de direito, que obedece a estrita legalidade (vide a nota 4-A ao art. 1.º), típico do Estado Democrático de Direito, voltado a minimizar a violência e maximizar a liberdade, impondo limites à função punitiva do Estado. O modelo garantista de direito penal privilegia os seguintes axiomas: *a)* não há pena sem crime (*nulla poena sine crimine*); *b)* não há crime sem lei (*nullum crimen sine lege*); *c)* não há lei penal sem necessidade (*nulla lex poenalis sine necessitate*); *d)* não há necessidade de lei penal sem lesão (*nulla necessitatis sine injuria*); *e)* não há lesão sem conduta (*nulla injuria sine actione*); *f)* não há conduta sem dolo e sem culpa (*nulla actio sine culpa*); *g)* não há culpa sem o devido processo legal (*nulla culpa sine judicio*); *h)* não há processo sem acusação (*nullum judicium sine accusatione*); *i)* não há acusação sem prova que a fundamente (*nulla accusatio sine probatione*); *j)* não há prova sem ampla defesa (*nulla probatio sine defensione*) (FERRAJOLI, *Direito e razão*, p. 74-75). Associado ao princípio da intervenção mínima, e aos demais princípios constitucionais de nossa Constituição Federal, parece-nos uma indicada linha de política criminal a seguir. Consultar, também, a nossa obra *Princípios constitucionais penais e processuais penais*.

**2-B. Direito penal máximo:** é um modelo de direito penal caracterizado pela excessiva severidade, pela incerteza e imprevisibilidade de suas condenações e penas, voltado à garantia de que nenhum culpado fique impune, ainda que à custa do sacrifício de algum inocente, também conhecido como "tolerância zero". Conferir: LUIGI FERRAJOLI, *Direito e razão*, p. 84-85. O direito penal máximo identifica-se, ainda, com o chamado *Movimento da Lei e da Ordem*, que foi (e ainda é) bandeira utilizada nos Estados Unidos por várias autoridades, agindo para *limpar* a cidade de pequenos delitos (prostituição – que naquele país é crime, vadiagem, embriaguez pública, mendicância, furtos etc.), prendendo mais indivíduos do que seria realmente necessário. Vale-se, muitas vezes, da denominada *teoria das janelas quebradas* para atuar. Essa teoria significa que, deixando um carro na rua, com a janela quebrada, em pouco tempo ele será saqueado. Do mesmo modo, uma casa, em pacata rua, surgindo com as janelas quebradas, imediatamente, causará a sensação de abandono. Começará a ser invadida por mendigos, passantes, malfeitores e criminosos. Se nada for feito pelas autoridades, o efeito causado ali pode espalhar-se pela rua, moradores mudam-se dali e o bairro começa a ficar abandonado, com maior avanço da criminalidade. Enfim, permitindo-se a prática de infrações menores, alcança-se o universo dos crimes graves. JORGE LUIZ BEZERRA, no cenário do movimento da lei e da ordem, manifesta-se da seguinte forma: "vemos sem sucesso: duras punições e estratégias de impacto como medidas para enfrentar os crimes sérios (sequestros, latrocínios, assaltos, estupros etc.), não esquecendo do total desrespeito aos direitos humanos das minorias, as quais são frequentemente açodadas e vilaniadas por tropas policiais que invadem as periferias atrás de criminosos, distribuindo violência e balas indiscriminadamente (...) O movimento da Lei e da Ordem, a partir da década de 80, começou a ser mais maleável, mais democrático e basicamente foi absorvido pela concepção da Prevenção Geral do Crime. Esta deu azo ao desenvolvimento das políticas criminais voltadas ao bem-estar da comunidade, as quais serão abordadas adiante. Do ponto de vista doutrinário, o paradigma *Law and Order* baseia-se na teoria da retribuição, a qual entende que a finalidade da pena se encontra na compensação do mal causado pelo transgressor, impondo a este último uma resposta penal, de forma que possibilite a realização do ideal de justiça. Assim, a expiação do criminoso pelo crime cometido restabelece o direito violado" (*Segurança pública. Uma perspectiva político-criminal* p. 33-35).

**2-C. Teoria do etiquetamento:** a teoria do etiquetamento (rotulação social ou *labeling approach*) busca um novo modelo de controle social, dotado de certa carga ideológica. Procura demonstrar que o crime não tem uma natureza ontológica, mas é pura definição realizada por aqueles que detêm os mecanismos de controle na área penal, desprovido de qualquer carga etiológica. Enfim, a criminalidade é uma simples etiqueta. O *status* criminal é *atribuído* a alguém, como um rótulo, deixando de lado as suas qualidades, que passam a um segundo plano. Aponta ser relevante analisar o processo criminal à luz da realidade social, naturalmente conflituosa e problemática (do nosso *Criminologia*); também: García-Pablos de Molina (*Tratado de criminologia*, p. 217-218); Hassemer e Muñoz Conde (*Introducción a la criminologia y al derecho penal*, p. 59). Cuida-se de um movimento voltado à crítica do direito penal e da criminologia tradicionais, expondo que a intervenção da justiça criminal pode levar ao aprofundamento da criminalidade, tendo em vista que a prisão contribuiria para a *delinquência secundária*, resultado da estigmatização do condenado (cf. Shecaira, *Criminologia*, p. 256-257). Apregoa que o cometimento de um crime pode conduzir à rotulação do agente como *delinquente*, levando-o a procurar outras pessoas assim também etiquetadas, o que poderia dar ensejo à formação de uma associação criminosa. Sobre o etiquetamento, Howard Becker esclarece ser o condenado encarado como um *outsider* (não pertencente à sociedade), situação tendente a orientá-lo justamente para a criminalidade, em vez de resgatá-lo ao convívio social. Parece-nos que a teoria do etiquetamento não explica, de maneira clara, objetiva e abrangente, as causas ou origens do crime, considerando-se, por exemplo, ser o agente primário e sem antecedentes. Assim, só os condenados – "etiquetados" – apresentariam problemas ou obstáculos para a ressocialização, podendo voltar à criminalidade. Por outro lado, a rotulação a um sentenciado, se não for eficazmente controlada e mantida em sigilo, pode comprometer o processo de retorno à vida social, após o cumprimento de pena privativa de liberdade, razão pela qual o apoio de entes estatais é essencial para essa reconexão. Parece-nos caber ao Poder Executivo, em primeiro plano, como temos insistido, cumprir a sua parte e seguir exatamente o conteúdo da legislação penal e de execução penal vigente para que se possa aferir o resultado do processo de cumprimento da sanção penal, quando consistente em privação da liberdade, evitando-se a estigmatização do condenado. Enquanto isso não ocorrer, as falhas serão evidentes e qualquer teoria poderá atestar a sua ineficiência, não dependendo de etiquetamento para esse fim. No mais, algumas práticas criminosas são graves, como homicídio ou estupro, e independem de qualquer rotulação para prejudicar a imagem de seus autores; na comunidade onde vivem, essa marca negativa acontece naturalmente, sendo impossível evitar. Em suma, a teoria do etiquetamento aborda parcialmente os problemas atinentes à criminalidade.

**2-D. Direito penal do inimigo:** trata-se de um modelo denominado, por Günther Jakobs, de *direito penal do inimigo*, cuja finalidade é detectar e separar, dentre os cidadãos, aqueles que devem ser considerados os *inimigos* (terroristas, autores de crimes sexuais violentos, criminosos organizados, dentre outros) do Estado e da sociedade. Estes não merecem do Estado as mesmas garantias humanas fundamentais, pois, como regra, não respeitam os direitos individuais. Portanto, estariam situados *fora do sistema*, sem merecer, por exemplo, as garantias do contraditório e da ampla defesa, podendo ser flexibilizados, inclusive, os princípios da legalidade, da anterioridade e da taxatividade. São pessoas perigosas, em guerra constante contra o Estado, razão pela qual a eles caberia a aplicação de medidas de segurança e seus atos já seriam passíveis de punição quando atingissem o estágio da preparação. Admite-se, ainda, que contra eles sejam aplicadas sanções penais desproporcionais à gravidade do fato praticado (Günther Jakobs, *Derecho penal del inimigo*). Na realidade, à luz do sistema penal brasileiro, essa postura seria manifestamente inconstitucional. Mas não só isso. A denominação é falha, pois o Direito Penal tem por finalidade garantir tanto a punição do criminoso como conter qualquer excesso punitivo e ilegal por parte do Estado. Ademais, não se deve equiparar o terrorista com o estuprador, pois são autores de delitos completamente diversos. Outro ponto importante é considerar o terrorista um sujeito preocupado em desestabilizar as estruturas estatais, logo, cabe-lhe uma lei especial (hoje, Lei 13.260/2016). Noutros termos, não é um *direito penal comum*. Cuida-se de particular modelo punitivo. De toda sorte, seja como for, o poder estatal para punir está circunscrito ao preceituado pela Constituição Federal. Parece-nos que, para evitar chegarmos, um dia, a esse estágio de comportamento estatal (já em vigor nos EUA, por exemplo, em relação aos terroristas presos na base militar de Cuba), é fundamental termos instrumentos eficientes de combate à criminalidade perigosa, certamente existente, jamais perdendo de vista, pois desnecessário e imprudente, o amplo quadro dos direitos e garantias humanas fundamentais. Lembra, com acerto, Mir Puig que "os transportes rápidos, como os aviões, facilitam também a mobilidade dos delinquentes e das organizações criminosas de caráter internacional. Isso está *internacionalizando* formas graves de delinquência e dificultando sua persecução. Não faz falta recordar nesses momentos que os aviões se converteram inclusive em armas de destruição em massa acessíveis a terroristas suicidas, como os que os conduziram contra as torres gêmeas de Nova York e contra o Pentágono. Este foi o episódio desencadeante do drástico corte de garantias fundamentais do cidadão (...). A luta contra o narcotráfico, que evidentemente tem uma dimensão internacional, também gerou um agravamento considerável das penas e ocupa uma parte fundamental da justiça penal de países" (*Estado, pena y delito*, p. 10, tradução livre). A globalização da economia, dos meios de comunicação, do mercado financeiro, dos transportes, do turismo, dentre outros fatores, trouxe também a *globalização do crime*. Os Estados devem estar preparados para enfrentar esse tipo de delito por meio de um Direito Penal específico e eficiente, sem perder de vista as conquistas trazidas pelos direitos humanos fundamentais e sem misturar crimes comuns com os autenticamente perigosos ao modelo de Estado Democrático de Direito. É pura ilusão acreditar que a política criminal dos países sujeitos a atentados terroristas permanecerá intocável, como se nada estivesse ocorrendo. A modificação de vários ordenamentos demonstra a intensa atividade legislativa em função da garantia à segurança pública ou, pelo menos, ao reclamo da sociedade. No Brasil, embora ainda não tenha acontecido um atentado terrorista, o crime organizado já se instalou há um bom tempo e contra essa chaga há de se combater com firmeza. Em suma, respeitar os direitos constitucionais, em matéria penal e processual penal, não significa ser leniente com organizações criminosas, cujo objetivo é justamente esgarçar a estrutura democrática do Estado.

**2-E. Prós e contras do direito penal do inimigo:** enumera JAKOBS (*Derecho penal del inimigo*) os seguintes fatores em favor da adoção do direito penal do inimigo: *a)* o direito penal do cidadão é o direito de todos; o direito penal do inimigo é daqueles que formam uma frente contra o Estado, embora possa haver, a qualquer tempo, um "acordo de paz" (p. 33); *b)* um indivíduo que se recusa a ingressar no estado de cidadania não pode participar dos benefícios do conceito de pessoa; afinal, quem ganha a guerra determina o que é norma, quem perde há de se submeter a essa determinação (p. 40-41); *c)* para não privar o cidadão do Direito Penal vinculado à noção do Estado de Direito, deve-se denominar de outra forma o conjunto de normas penais voltadas ao combate da criminalidade específica, em autêntica "guerra refreada" (p. 42); *d)* a vigência dos direitos humanos continua a ser sustentada, embora o seu asseguramento dependa do destinatário; o inimigo perigoso pede regras próprias (p. 55); e) um direito penal do inimigo claramente delimitado é menos perigoso, na ótica do Estado de Direito, do que impregnar todo o Direito Penal com regras específicas e duras, próprias do Direito Penal do Inimigo (p. 56). CANCIO MELIÁ, na mesma obra, enumera os fatores contrários à adoção do direito penal do inimigo: *a)* falar em direito penal do cidadão é um pleonasmo, enquanto direito penal do inimigo, uma contradição nos termos (p. 61); *b)* o direito penal do inimigo não passa da consagração do direito penal *simbólico* (produção de tranquilidade mediante a edição de normas penais, ainda que não efetivamente aplicadas) e do *punitivismo* (endurecimento das normas penais existentes à moda antiga) (p. 69-70); *c)* no aspecto político, vislumbra-se que o discurso da *lei e da ordem* produz votos, tendo sido adotado pela esquerda política, o que era monopólio da direita política, havendo, pois, um descontrole da política criminal do Estado, com incremento das sanções penais (p. 70-72); *d)* a adoção do direito penal do inimigo lança o ordenamento jurídico-penal em uma visão prospectiva (o ponto de referência passa a ser o que pode acontecer), em lugar do tradicional método retrospectivo (o ponto de referência é o fato cometido); *e)* as penas passam a ser desproporcionalmente elevadas (p. 82); *f)* as garantias processuais são relativizadas ou mesmo suprimidas (p. 81); *g)* adotar-se-ia uma terceira velocidade para o direito penal, atingindo a coexistência de penas privativas de liberdade com a flexibilização dos princípios de política criminal e das regras de imputação (a primeira velocidade seria o ordenamento privilegiar as penas privativas de liberdade, mas também as clássicas regras de imputação e princípios processuais; a segunda velocidade seria a imposição de penas pecuniárias ou privativas de direitos, em função da menor gravidade de certos delitos, p. 82); *h)* o direito penal do inimigo seria um discurso do Estado para ameaçar seus inimigos e não para falar aos seus cidadãos (p. 86); *i)* nos campos de atuação do direito penal do inimigo (cartéis de drogas, criminalidade de imigração, criminalidade organizada, terrorismo) cuida-se de combater inimigos no sentido pseudorreligioso, e não no sentido propriamente militar; seria a "demonização" do infrator (p. 88); *j)* promoveria a consagração do direito penal do autor e não do direito penal do fato (p. 93-94 e 100-102); *k)* cuida-se de algo politicamente equivocado e inconstitucional, além de não contribuir para a prevenção fática dos crimes (p. 89-90); *l)* os candidatos a "inimigos do Estado" não parecem colocar efetivamente em risco os parâmetros fundamentais da sociedade num futuro previsível (p. 99-100).

**2-F. Justiça Retributiva x Justiça Restaurativa:** o Direito Penal sempre se pautou pelo critério da retribuição ao mal concreto do crime com o mal concreto da pena, segundo as palavras de HUNGRIA. A evolução das ideias e o engajamento da ciência penal em outras trilhas, mais ligadas aos direitos e garantias fundamentais, vêm permitindo a construção de um sistema de normas penais e processuais penais, preocupado não somente com a punição, mas, sobretudo, com a proteção ao indivíduo em face de eventuais abusos do Estado. O cenário das punições tem, na essência, a finalidade de pacificação social, muito embora pareça, em princípio, uma contradição latente falar-se, ao mesmo tempo em *punir* e *pacificar*. Mas é exatamente assim que ainda funciona o mecanismo humano de equilíbrio entre o bem e o mal. Se, por um lado, o crime jamais deixará de existir no atual estágio da Humanidade, em países ricos ou pobres, por outro, há formas humanizadas de garantir a eficiência do Estado para punir o infrator, corrigindo-o, sem humilhação, com a perspectiva de pacificação social. O Estado chamou a si o monopólio punitivo – medida representativa, a bem da verdade, de civilidade. A partir disso, não se pode permitir que alguns firam interesses de outros sem a devida reparação. E, mais, no cenário penal, é inviável que se tolere determinadas condutas lesivas, ainda que a vítima permita (ex.: tentativa de homicídio). Há valores indisponíveis, cuja preservação interessa a todos e não somente a um ou outro indivíduo (ex.: meio ambiente). Portanto, se "A" destruir uma floresta nativa, existente na propriedade de "B", não cabe ao Estado perguntar a este último se deve ou não punir o agente infrator. O interesse é coletivo. A punição estatal, logo oficial, realizada por meio do devido processo legal, proporciona o necessário contexto de Estado Democrático de Direito, evitando-se a insatisfatória e cruel *vingança privada*. A *Justiça Retributiva* sempre foi o horizonte do Direito Penal e do Processo Penal. Em sua ótica, despreza-se, quase por completo, a avaliação da vítima do delito; obriga-se, quase sempre, a promoção da ação penal por órgãos estatais, buscando a punição do infrator; leva-se às últimas consequências a consideração de bens indisponíveis, a ponto de quase tudo significar ofensa a interesse coletivo; elimina-se, na órbita penal, a conciliação, a transação e, portanto, a mediação. Em suma, volta-se a meta do Direito Penal a uma formal punição do criminoso como se outros valores inexistissem. A denominada *Justiça Restaurativa*, aos poucos, instala-se no sistema jurídico-penal brasileiro, buscando a mudança do enfoque supramencionado. Começa-se a relativizar os interesses, transformando-os de *coletivos* em *individuais* típicos, logo, disponíveis. A partir disso, ouve-se mais a vítima. Transforma-se o embate entre agressor e agredido num processo de conciliação, possivelmente, até, de perdão recíproco. Afinal, qual é o sentido de um pedido de desculpas? Responde PAUL BLOOM: "restabelecer o *status* da vítima. Se você me derrubar e não disser nada, você estará afrontando a minha dignidade. Um simples 'me desculpe' pode fazer maravilhas, porque você mostrará respeito pela minha pessoa; você estará admitindo para mim, e, possivelmente, para os outros, que é inaceitável me prejudicar sem justa causa. Se você não disser nada, estará enviando uma mensagem bem diferente. Sem um pedido de desculpas, eu poderia me sentir tentado a recuperar o meu *status* através da retaliação" (*O que nos faz bons ou maus*, p. 100). Essa retaliação pode ser realizada diretamente (exercício arbitrário das próprias razões), como pode ser um pleito e uma esperança dirigidos ao Estado, para que puna o agente, de maneira a satisfazer a vítima diante da aflição alheia. Entretanto, não se tem a punição do infrator como único objetivo do Estado. A ação

# Art. 32

Código Penal Comentado · **Nucci**

penal passa a ser, igualmente, flexibilizada, vale dizer, nem sempre obrigatoriamente proposta. Restaura-se o estado de paz entre pessoas que convivem, embora tenha havido agressão de uma contra outra, sem necessidade do instrumento penal coercitivo e unilateralmente adotado pelo Poder Público. Por mais vantagem que possa apresentar a Justiça Restaurativa, é imperioso e indispensável a sua adoção por meio de lei, válida para todo o Brasil, prevendo os critérios e procedimentos. Não nos parece razoável a aplicação desse modelo restaurativo pelo Poder Judiciário de maneira aberta, inspirando-se em sistemas internacionais ou por conta de princípios universais, pois não haveria igualdade de todos perante a lei. Suponha-se a existência de duas comarcas contíguas. Na comarca "A", adota-se a tradicional Justiça Retributiva, prevista em lei; na comarca "B", acolhe-se a Justiça Restaurativa. Podem-se solucionar os processos criminais, cujos fatos são similares, de maneira diversa em ambas e o agente pode ser punido na comarca "A", recebendo pena de prisão, enquanto na comarca "B", submetido a processo restaurativo, recomponha-se o caso de modo diferenciado, sem a punição que o outro experimentou. Caso se aplique a Justiça Restaurativa, sem o afastamento da Retributiva, mesmo assim, numa das comarcas houve maior vantagem ao acusado, reconciliando-se com a vítima e com a sociedade, enquanto o outro réu não obteve a mesma solução. O princípio da legalidade demanda a edição de lei, pelo Congresso Nacional, para instalar-se a Justiça Restaurativa.

### Capítulo I
### DAS ESPÉCIES DE PENA[3]

**3. Cominação das penas:** elas podem ser cominadas, abstratamente, da seguinte forma: a) *isoladamente*: quando somente uma pena é prevista ao agente (ex.: a privativa de liberdade, no crime de homicídio – art. 121, CP); b) *cumulativamente*: quando ao agente é possível aplicar mais de uma modalidade de pena (ex.: a privativa de liberdade cumulada com multa, no crime de furto – art. 155, CP). Nesse caso, aplica-se a Súmula 171 do STJ ("Cominadas cumulativamente, em lei especial, penas privativas de liberdade e pecuniária, é defeso a substituição da prisão por multa"); c) *alternativamente*: quando há possibilidade da opção entre duas modalidades diferentes (ex.: privativa de liberdade ou multa, no crime de ameaça – art. 147, CP).

> **Art. 32.** As penas[4] são:
> I – privativas de liberdade;[5]
> II – restritivas de direitos;[6]
> III – de multa.[7]

**4. Princípios da pena:** *a)* princípio da *personalidade* ou da *responsabilidade pessoal*: significa que a pena é *personalíssima*, não podendo passar da pessoa do delinquente (art. 5.º, XLV, CF); *b) princípio da legalidade*: significa que a pena não pode ser aplicada sem *prévia* cominação legal – *nulla poena sine praevia lege* (art. 5.º, XXXIX, CF); *c)* princípio da *inderrogabilidade*: significa que a pena, uma vez constatada a prática da infração penal, é *inderrogável*, ou seja, não pode deixar de ser aplicada (consequência da *legalidade*); *d)* princípio da *proporcionalidade*: significa que a pena deve ser *proporcional* ao crime, devendo guardar equilíbrio entre a infração praticada e a sanção imposta (art. 5.º, XLVI, CF). Nesse sentido, já tivemos oportunidade de expor que a Suprema Corte americana vem controlando, de modo rígido, a aplicação de penas proporcionais à espécie de delito praticado, não permitindo, por exemplo, que se aplique a pena de morte ao delito de estupro, alegando desproporcionalidade e, consequentemente, crueldade (caso Coker *vs*. Georgia, de 1978, citado em nosso *Júri – Princípios constitucionais*); *e)* princípio da *individualização* da pena: significa que, para cada delinquente, o Estado-juiz deve estabelecer a pena exata e merecida, evitando-se a *pena-padrão*, nos termos estabelecidos pela Constituição (art. 5.º, XLVI). Individualizar a pena é *fazer justiça*, o que, nas palavras de Goffredo Telles Júnior, significa "dar a cada um o que é seu" (*Preleção sobre o justo*, p. 137); *f)* princípio da *humanidade*: significa que o Brasil vedou a aplicação de penas insensíveis e dolorosas (art. 5.º, XLVII, CF), devendo-se respeitar a integridade física e moral do condenado (art. 5.º, XLIX).

**5. Penas privativas de liberdade:** são as penas de *reclusão*, *detenção* e *prisão simples*. As duas primeiras constituem decorrência da prática de crimes (ver nota 8 abaixo) e a terceira é aplicada a contravenções penais. Diz o art. 6.º da Lei das Contravenções Penais: "A pena de prisão simples deve ser cumprida, sem rigor penitenciário, em estabelecimento especial ou seção especial de prisão comum, em regime semiaberto ou aberto. § 1.º O condenado à pena de prisão simples fica sempre separado dos condenados à pena de reclusão ou de detenção. § 2.º O trabalho é facultativo, se a pena aplicada não excede a 15 (quinze) dias".

**6. Penas restritivas de direitos:** são as seguintes: prestação de serviços à comunidade, interdição temporária de direitos, limitação de fim de semana, prestação pecuniária e perda de bens e valores. Há, ainda, a pena de recolhimento domiciliar, prevista apenas para os delitos contra o meio ambiente (arts. 8.º, V, e 13 da Lei 9.605/1998).

**7. Pena de multa:** é a única modalidade de pena pecuniária prevista no Brasil.

**Seção I**
**Das penas privativas de liberdade**

**Reclusão e detenção[8]**

> **Art. 33.** A pena de reclusão deve ser cumprida em regime fechado, semiaberto ou aberto.[9] A de detenção, em regime semiaberto, ou aberto, salvo necessidade de transferência a regime fechado.[10-10-A]
>
> § 1.º Considera-se:
>
> *a)* regime fechado a execução da pena em estabelecimento de segurança máxima ou média;[11-12]
>
> *b)* regime semiaberto a execução da pena em colônia agrícola, industrial ou estabelecimento similar;[13-13-B]
>
> *c)* regime aberto a execução da pena em casa de albergado ou estabelecimento adequado.
>
> § 2.º As penas privativas de liberdade deverão ser executadas[14-15] em forma progressiva,[16-19] segundo o mérito[20-22-B] do condenado,[23-24] observados os seguintes critérios[25-26] e ressalvadas as hipóteses de transferência a regime mais rigoroso:[27-29-D]
>
> *a)* o condenado a pena superior a 8 (oito) anos deverá começar a cumpri-la em regime fechado;[30-30-A]
>
> *b)* o condenado não reincidente,[30-B] cuja pena seja superior a 4 (quatro) anos e não exceda a 8 (oito), poderá, desde o princípio, cumpri-la em regime semiaberto;

> *c)* o condenado não reincidente,[30-B1] cuja pena seja igual ou inferior a 4 (quatro) anos, poderá, desde o início, cumpri-la em regime aberto.[30-C]
>
> § 3.º A determinação do regime inicial de cumprimento da pena farse-á com observância dos critérios previstos no art. 59 deste Código.[31]
>
> § 4.º O condenado por crime contra a administração pública terá a progressão de regime do cumprimento da pena condicionada à reparação do dano que causou, ou à devolução do produto do ilícito praticado, com os acréscimos legais.[31-A]

**8. Diferenças entre as penas de reclusão e detenção:** são basicamente *quatro*: *a)* a reclusão é cumprida *inicialmente* nos regimes fechado, semiaberto e aberto; a detenção somente pode ter início no regime semiaberto ou aberto (art. 33, *caput*, CP); *b)* a reclusão pode ter por *efeito da condenação* a incapacidade para o exercício do pátrio poder (atualmente, poder familiar), tutela ou curatela, nos crimes dolosos, sujeitos a esse tipo de pena, cometidos contra filho, tutelado ou curatelado (art. 92, II, CP); *c)* a reclusão propicia a *internação* nos casos de medida de segurança; a detenção permite a aplicação do regime de tratamento ambulatorial (art. 97, CP); *d)* a reclusão é cumprida *em primeiro lugar* (art. 69, *caput*, parte final, CP). Em verdade, preconiza-se a extinção dessa diversa denominação, o que é bastante razoável, tendo em vista que as diferenças supra apontadas são mínimas e, na prática, quase sempre irrelevantes. Nesse prisma, encontra-se a lição de Paulo José da Costa Júnior: "Inexistindo entre reclusão e detenção qualquer diferença ontológica, mesmo porque a lei não ofereceu nenhum critério diferenciador, parece não restar outra solução ao intérprete que assentar na insuficiência do critério quantitativo as bases da diversificação" (*Comentários ao Código Penal*, p. 146). Na realidade, na ótica do legislador de 1940 "foram criadas duas penas privativas de liberdade. Para crimes mais graves, a *reclusão*, de no máximo 30 anos, sujeitava o condenado a isolamento diurno por até três meses e, depois, trabalho em comum dentro da penitenciária ou, fora dela, em obras públicas. A *detenção*, de no máximo três anos, foi concebida para crimes de menor impacto: os detentos deveriam estar separados dos reclusos e poderiam escolher o próprio trabalho, desde que de caráter educativo. A ordem de separação nunca foi obedecida pelas autoridades brasileiras, e as diferenças práticas entre reclusão e detenção desapareceriam com o tempo, permanecendo válidas apenas as de caráter processual" (Luís Francisco Carvalho Filho, *A prisão*, p. 43).

**9. Fundamentação e critério para a escolha do regime:** quando o juiz optar por um regime mais severo, entre as opções existentes no art. 33, § 2.º (fechado, semiaberto e aberto), deve fundamentar sua escolha, lastreado em fatos e provas constantes dos autos. Na verdade, *todas* as decisões devem ser motivadas, a teor de preceito constitucional (art. 93, IX, CF), de modo que a eleição do regime precisa seguir o mesmo caminho. Conferir o teor da Súmula 719 do STF: "A imposição do regime de cumprimento mais severo do que a pena aplicada permitir exige motivação idônea". Na jurisprudência: STF: "1. A fixação do regime inicial de cumprimento da pena não está atrelada, de modo absoluto, ao *quantum* da sanção corporal aplicada. Desde que o faça em decisão motivada, o magistrado sentenciante está autorizado a impor ao condenado regime mais gravoso do que o recomendado nas alíneas do § 2.º do art. 33 do Código Penal. Inexistência de ilegalidade" (HC 191.275 AgR, 1.ª T., rel. Alexandre de Moraes, 30.11.2020, v.u.). STJ: "1. Embora a paciente seja primária e a pena tenha sido fixada em 8 anos, o regime fechado mostra-se adequado para o início do cumprimento da sanção imposta, diante da maior gravidade do fato, nos termos dos art. 33 do CP c.c o art. 42 da Lei 11.343/2006. Segundo consta, a paciente trazia consigo 382,2 g de maconha e uma pistola, marca Can, calibre 9 mm, com um carregador do mesmo calibre, 1 munição intacta, calibre 9 mm, todas de uso restrito, tendo sido apontada ainda como a gerente do tráfico na localidade. 2. Agravo regimental não provido" (AgRg no HC 600.007/SC, 5.ª T., rel. Ribeiro Dantas, 08.09.2020, v.u.).

**10. Aplicação do regime fechado à pena de detenção:** há polêmica se é possível aplicar, inicialmente, o regime fechado a crimes apenados com detenção, formando-se *duas correntes*: *a)* é possível aplicar o *regime fechado*, quando o réu for reincidente e outras circunstâncias do art. 59 forem desfavoráveis. O § 2.º, *b* e *c*, do art. 33 do CP deve *prevalecer* sobre o *caput* (assim a posição de Jair Leonardo Lopes); *b)* somente é possível aplicar o *regime semiaberto*, mesmo que o réu seja reincidente. O *caput* do art. 33 *prevalece* sobre o § 2.º. É a posição majoritária da doutrina e da jurisprudência. A melhor posição é a segunda. Há, de fato, uma contradição entre o *caput* e o § 2.º do art. 33, que precisa ser resolvida em favor do réu. Aliás, o próprio legislador confirmou tal tendência ao editar a Lei 9.455/1997 (crimes de tortura), prevendo o regime inicial fechado a todos os delitos apenados com reclusão, exceto para o único crime apenado com detenção (art. 1.º, § 2.º – omissão de quem tinha o dever de agir para impedir a tortura).

**10-A. Escolha do regime em caso de aplicação concomitante de reclusão e detenção:** já expusemos na nota 8 *supra* a inutilidade da divisão das penas privativas de liberdade em reclusão e detenção, na medida em que elas são cumpridas praticamente da mesma forma, sem qualquer distinção de estabelecimento prisional. Em suma, reclusos e detentos (estes podem atingir o fechado por regressão), quando estão no regime fechado, encontram-se no mesmo presídio; quando no semiaberto, terminam na mesma colônia penal; inseridos no aberto, podem frequentar a mesma Casa de Albergado (aliás, na falta desse estabelecimento, cumpre cada qual na sua casa em prisão albergue domiciliar). Entretanto, como são penas privativas de liberdade diferentes, não admitem soma, obrigando o magistrado a aplicá-las, quando for o caso, cumulativamente. Ex.: por um estelionato (art. 171, CP), três anos de reclusão; por uma fraude no comércio, um ano de detenção; pela prática de fraude à execução, mais um ano de detenção, em concurso material (art. 69, CP). Se o julgador impuser regime aberto para 3 anos de reclusão e, igualmente, regime aberto para 2 anos de detenção, o juiz da execução pode unificar o montante e aplicar o regime condizente, que é o semiaberto (para penas superiores a quatro anos de privação de liberdade). Condena-se o réu a cumprir três anos de reclusão e dois anos de detenção, não se podendo somar os dois montantes, totalizando cinco anos. Entretanto, quando o total das condenações forem levados à Vara das Execuções Penais, cumpre-se o disposto pelo art. 111 da Lei 7.210/1984: "quando houver condenação por mais de um crime, no mesmo processo ou em processos distintos, a determinação do regime de cumprimento será feita pelo resultado da soma ou unificação das penas, observada, quando for o caso, a detração ou remição. Parágrafo único. Sobrevindo condenação no curso da execução, somar-se-á a pena ao restante da que está sendo cumprida, para determinação do regime".

**11. Gravidade do crime e regime fechado:** a gravidade abstrata do crime, por si só, não é motivo para estabelecer o regime fechado. É o nítido teor da Súmula 718 do STF: "A opinião do julgador sobre a gravidade em abstrato do crime não constitui motivação idônea para a imposição de regime mais severo do que o permitido segundo a pena aplicada". Logo, não basta o julgador mencionar, na sentença, que o crime de homicídio é grave e, por conta disso, a pena de seis anos de reclusão, imposta ao réu, deve ser cumprida no fechado. É fundamental que ele justifique por que *aquele* homicídio, no caso concreto, é grave. Aliás, outro ponto importante é a eventual contradição entre a aplicação da pena no mínimo legal (exemplo do homicídio simples em seis anos de reclusão), mas a imposição de regime mais rigoroso, como o fechado. Nesse prisma, a Súmula 719 do STF: "A imposição do regime de cumprimento mais severo

# Art. 33

do que a pena aplicada permitir exige motivação idônea". Em suma, unindo-se o disposto nas duas súmulas citadas, a gravidade em abstrato de um crime não é modelo, nem parâmetro para o estabelecimento do regime mais rigoroso. Exige-se a demonstração da concretude da gravidade, para o crime em julgamento (exemplo: um roubo cometido com extrema violência contra a vítima). Sob outro aspecto, se o delito apresenta gravidade *concreta* é sinal de que a pena não deve ser estabelecida no mínimo. Subindo-se a pena-base, torna-se mais coerente estabelecer um regime igualmente mais rigoroso. No roubo citado, cometido com violência extremada, à mão armada, pode-se dar uma pena de sete anos e o regime fechado. No entanto, se o roubo é simples, aplicando-se a pena de quatro anos de reclusão, o regime compatível é o aberto. Para que o julgador aplique o semiaberto ou o fechado, precisa, segundo o teor da Súmula 719, empregar *motivação idônea*, vale dizer, explicar detalhadamente por que a pena pode ficar no mínimo, mas não o regime. Assim sendo, como regra, se a pena é fixada no mínimo legal, deve haver coerência com o regime mais favorável para o caso. A Lei 13.964/2019 incluiu o § 8.º ao art. 2.º da Lei 12.850/2013, nos seguintes termos: "as lideranças de organizações criminosas armadas ou que tenham armas à disposição deverão iniciar o cumprimento da pena em estabelecimento penais de segurança máxima". Seria a obrigação de iniciar em regime fechado. Segundo a posição atual do STF, que declarou inconstitucional o art. 2.º, § 1.º, da Lei dos Crimes Hediondos, essa norma pode ferir o princípio da individualização da pena, logo, seria inconstitucional. Na jurisprudência: STF: "(...) A fixação do regime inicial de cumprimento da pena não está atrelada, de modo absoluto, ao *quantum* da sanção corporal aplicada. Desde que o faça em decisão lastreada nas particularidades do caso, o magistrado sentenciante está autorizado a impor ao condenado regime mais gravoso do que o recomendado nas alíneas do § 2.º do art. 33 do Código Penal. Inteligência da Súmula 719/STF. O mesmo raciocínio se aplica para impedir a conversão da pena corporal em restritiva de direitos. 3. Não cabe a esta Suprema Corte, em *Habeas Corpus*, proceder à revisão dos critérios de índole subjetiva invocados pelas instâncias antecedentes para a determinação do regime prisional inicial ou mesmo infirmá-los e, por consequência, concluir que a conversão da reprimenda é socialmente recomendável. Precedentes. 4. Agravo regimental a que se nega provimento" (HC 145000 AgR-SP, 1.ª T., rel. Alexandre de Moraes, 04.04.2018, m.v.). STJ: "1. Embora o paciente seja primário e a pena tenha sido estabelecida em patamar inferior a 8 anos, as instâncias ordinárias justificaram a escolha do regime inicial fechado, tendo como fundamento a quantidade de droga apreendida (mais de 30 quilos de maconha), circunstância inclusive utilizada para majorar a pena-base. Portanto, sendo desfavorável uma circunstância judicial, não há ilegalidade na definição do regime mais severo, conforme autoriza o art. 33, § 2.º e 3.º, III, 'a', do CP" (AgRg no HC 686.650-SP, 5.ª T., rel. Ribeiro Dantas, 21.09.2021, v.u.); "2. No presente caso, em atenção ao art. 33, § 2.º, alínea 'c', do CP, c/c o art. 42 da Lei n. 11.343/2006, embora estabelecida a pena definitiva do acusado em 4 anos e 2 meses de reclusão, a elevada quantidade e a variedade dos entorpecentes apreendidos (52,80 kg de cocaína e 1,44 kg de maconha) justificam a imposição de regime prisional mais gravoso, no caso, o fechado" (AgRg no REsp 1.950.599-SP, 5.ª T., rel. Reynaldo Soares da Fonseca, 14.09.2021, v.u.).

**12. Regime fechado e maus antecedentes:** cuida-se de uma possibilidade viável, pois o art. 33, § 2.º, do CP somente admite a escolha do regime (fechado, semiaberto ou aberto), conforme a quantidade de pena aplicada e a primariedade ou reincidência do acusado. Porém, o art. 33, § 3.º, do mesmo Código indica os critérios do art. 59 para a determinação do regime inicial de cumprimento da pena. Nesse contexto, encontram-se os antecedentes, dando ensejo à interpretação de que o réu, com maus antecedentes, pode começar no regime fechado. Tudo depende das demais circunstâncias judiciais e do *quantum* da pena privativa de liberdade. Sobre o regime fechado e a reincidência, consultar a nota 30-B. Na jurisprudência: STJ: "Segundo entendimento desta Corte, o período depurador de cinco anos previsto no art. 64, I, do Código Penal afasta a reincidência, mas não retira os maus antecedentes (HC 281.051-MS, Min. Maria Thereza de Assis Moura, 6.ª Turma, *DJe* 28.11.2013). Sendo assim, não há ilegalidade na sentença que fixa o regime inicial fechado com base em circunstância judicial negativa referente aos antecedentes do paciente, tendo em mente a previsão do art. 33, §§ 2.º e 3.º, do Código Penal" (AgRg no HC 296178-MT, 6.ª T., rel. Sebastião Reis Júnior, 05.03.2015, v.u.).

**13. Falta de vagas no regime semiaberto:** esta situação decorre da fixação inicial do regime semiaberto para o cumprimento da pena (ex.: cinco anos) ou advém da progressão do fechado para o semiaberto determinada pelo juiz da execução penal (ex.: cumpriu um sexto de seis anos e pede para passar do fechado ao semiaberto); em ambas as hipóteses há mandamento judicial para que a pena seja cumprida no regime semiaberto. Na prática, o Poder Executivo (responsável pelos presídios), em algumas unidades da Federação, como ocorre em São Paulo, alega não dispor de vagas. Assim sendo, insere o condenado em uma *fila de espera* até que surja a sua vez. Sempre houve, na jurisprudência, *duas posições* a respeito: *a)* deve o sentenciado aguardar no regime fechado, pois a sociedade não merece correr riscos por ineficiência do Estado. Afinal, o regime semiaberto não deixa de ser um modo prisional de cumprimento da pena; *b)* deve o condenado aguardar a vaga no regime aberto, pois a ineficiência do Estado em gerar espaço no semiaberto não pode ser atribuída ao indivíduo. Atualmente, o STF editou a Súmula Vinculante 56, determinando que a falta de vagas não pode justificar a mantença do condenado no fechado. *In verbis*: "A falta de estabelecimento penal adequado não autoriza a manutenção do condenado em regime prisional mais gravoso, devendo-se observar, nessa hipótese, os parâmetros fixados no RE 641.320/RS". Para ficar mais claro, reproduzimos a parte decisória do mencionado recurso extraordinário: "O Tribunal, por maioria e nos termos do voto do Relator, deu parcial provimento ao recurso extraordinário, apenas para determinar que, havendo viabilidade, ao invés da prisão domiciliar, observe-se: (i) a saída antecipada de sentenciado no regime com falta de vagas; (ii) a liberdade eletronicamente monitorada do recorrido, enquanto em regime semiaberto; (iii) o cumprimento de penas restritivas de direito e/ou estudo ao recorrido após progressão ao regime aberto, vencido o Ministro Marco Aurélio, que desprovia o recurso. Em seguida, o Tribunal, apreciando o tema 423 da repercussão geral, fixou tese nos seguintes termos: a) a falta de estabelecimento penal adequado não autoriza a manutenção do condenado em regime prisional mais gravoso; b) os juízes da execução penal poderão avaliar os estabelecimentos destinados aos regimes semiaberto e aberto, para qualificação como adequados a tais regimes. São aceitáveis estabelecimentos que não se qualifiquem como 'colônia agrícola, industrial' (regime semiaberto) ou 'casa de albergado ou estabelecimento adequado' (regime aberto) (art. 33, § 1.º, alíneas 'b' e 'c'); c) havendo déficit de vagas, deverá determinar-se: (i) a saída antecipada de sentenciado no regime com falta de vagas; (ii) a liberdade eletronicamente monitorada ao sentenciado que sai antecipadamente ou é posto em prisão domiciliar por falta de vagas; (iii) o cumprimento de penas restritivas de direito e/ou estudo ao sentenciado que progride ao regime aberto. Até que sejam estruturadas as medidas alternativas propostas, poderá ser deferida a prisão domiciliar ao sentenciado. Ausente, justificadamente, o Ministro Dias Toffoli. Presidiu o julgamento o Ministro Ricardo Lewandowski. Plenário, 11.05.2016". Na jurisprudência: STF: "1. A falta de estabelecimento penal adequado não autoriza a manutenção do condenado em regime prisional mais gravoso. Esse o teor da Súmula Vinculante 56, a qual se ofende com a imposição de permanência do apenado em unidade incompatível com o regime a que fez jus, porque inviabilizada a sua transferência em razão da pandemia de Covid-19. 2. O Plenário da Corte, no julgamento do RE 641.320/RS, reconheceu a impossibilidade de excesso de execução penal e assentou o dever de o Estado-Juiz, em havendo déficit de vagas, adotar medidas alternativas, consentâneas com as particularidades do caso concreto, como (i) a saída antecipada de sentenciados em regimes menos graves ou mais antigos; (ii) a liberdade eletronicamente monitorada; (iii) o cumprimento de penas restritivas de direitos e/ou estudo, para aquele que progrediu ao regime aberto; (iv) ou mesmo a prisão domiciliar, até que haja estrutura para aplicação das demais providências. 3. Agravo regimental provido, para julgar procedente a reclamação, a fim de determinar a inclusão imediata do reclamante no regime semiaberto ou a adoção, pelo Juízo da Execução Penal, das medidas alternativas, conforme os parâmetros estabelecidos no RE 641.320/RS" (Rcl 40.761 AgR, 2.ª T., rel. Cármen Lúcia, rel. para acórdão Edson Fachin, 29.06.2020, v.u.). STJ: "1. O Superior Tribunal de Justiça tem o entendimento consolidado de que constitui constrangimento ilegal a submissão do apenado a regime mais rigoroso do que aquele para o qual obteve a progressão. Nesse passo, o Supremo Tribunal Federal, ao julgar o RE n. 641.320/RS, em sede de repercussão geral, determinou que, diante da falta de vaga no estabelecimento prisional compatível e havendo viabilidade, deve ser observada, para evitar a prisão domiciliar, a seguinte ordem de providências: (i) a saída antecipada de sentenciado no regime com falta de vagas; (ii) a liberdade eletronicamente monitorada ao sentenciado que sai antecipadamente ou é posto em prisão domiciliar por falta de vagas; (iii) o cumprimento de penas restritivas de direitos e/ou estudo àquele que progride ao regime aberto. 2. No caso concreto, inexiste constrangimento ilegal na decisão proferida pelo Tribunal *a quo*, na medida em que a ausência de vagas em regime adequado não autoriza a concessão automática de prisão domiciliar com o monitoramento eletrônico. Portanto, devem ser observadas, ordenadamente, as providências estabelecidas no RE n. 641.320/RS" (AgRg no HC 792.401/MG, 6.ª T., rel. Antonio Saldanha Palheiro, 15.05.2023, v.u.).

**13-A. Condenação ao regime semiaberto inicial e falta de vagas:** nessa situação, que já mencionamos, não há *nenhum cabimento* em se determinar aguarde o preso, em regime fechado, a vaga no semiaberto, ao qual tem legítimo direito por sentença condenatória. Deve ser imediatamente transferido ao semiaberto, independentemente de qualquer "fila"; não cumprindo a decisão, além de responsabilidade funcional do integrante do Executivo, deve-se transferir o sentenciado ao aberto, para que ali aguarde a vaga no semiaberto, ou até mesmo nesse regime permaneça, conforme as condições do caso concreto.

**13-B. Fixação do regime semiaberto em lei especial:** preceitua o art. 56 da Lei 6.001/1973 que "no caso de condenação de índio por infração penal, a pena deverá ser atenuada e na sua aplicação o juiz atenderá também ao grau de integração do silvícola. Parágrafo único. As penas de reclusão e de detenção serão cumpridas, se possível, *em regime especial de semiliberdade*, no local de funcionamento do órgão federal de assistência aos índios mais próximos da habitação do condenado" (grifamos). Nesse caso, pouco importando o *quantum* da pena, deve-se inserir o condenado indígena em regime semiaberto. A expressão *se possível* diz respeito à existência de colônia penal no lugar da condenação, bem como à possibilidade de o sentenciado adaptar-se à semiliberdade. Afinal, tratando-se de pessoa perigosa, embora índio, deve ser recolhido ao regime fechado.

**14. Caráter jurisdicional da execução penal e rito do agravo:** a execução da pena tem o caráter misto, ou seja, há a parte jurisdicional, dizendo respeito aos direitos do preso à progressão e todos os conexos à sua liberdade, bem como a parcela administrativa, que é da atribuição do Executivo, no tocante à criação de vagas, manutenção dos presídios, sustento dos presos, pagamento dos funcionários e administração em geral. É preciso lembrar que, na execução da pena, as decisões judiciais devem ser combatidas pelo recurso denominado agravo em execução, que segue o rito e o processamento do recurso em sentido estrito.

**15. Competência para executar a pena:** é do juízo das execuções criminais. Ver Súmula 192, STJ: "Compete ao Juízo das Execuções Penais do Estado a execução das penas impostas a sentenciados pela Justiça Federal, Militar ou Eleitoral, quando recolhidos a estabelecimentos sujeitos à administração estadual". Verifica-se, em virtude do teor da Súmula 192, que o juízo competente para cuidar do andamento da execução é o estadual, pois depende do local onde se encontra preso o condenado. É preciso ressaltar que, à época da edição da mencionada súmula, não havia, no Brasil, presídios federais. Por isso, todos os sentenciados seguiam a estabelecimentos administrados pelo Estado da Federação. Atualmente, quem estiver recolhido em presídio estadual terá a sua execução conduzida por autoridade judiciária estadual; quem se encontrar em presídio federal, será acompanhado pelo juiz federal responsável pelas execuções penais da região.

**16. Regime progressivo de cumprimento da pena:** como parte da individualização executória da pena – fruto do princípio constitucional da individualização da pena – deve haver progressão de regime, representando uma forma de incentivo à proposta estatal de reeducação e ressocialização do sentenciado. Nos termos do art. 112 da Lei de Execução Penal, após a reforma da Lei 13.964/2019, "a pena privativa de liberdade será executada em forma progressiva com a transferência para regime menos rigoroso, a ser determinada pelo juiz, quando o preso tiver cumprido ao menos: I – 16% (dezesseis por cento) da pena, se o apenado for primário e o crime tiver sido cometido sem violência à pessoa ou grave ameaça; II – 20% (vinte por cento) da pena, se o apenado for reincidente em crime cometido sem violência à pessoa ou grave ameaça; III – 25% (vinte e cinco por cento) da pena, se o apenado for primário e o crime tiver sido cometido com violência à pessoa ou grave ameaça; IV – 30% (trinta por cento) da pena, se o apenado for reincidente em crime cometido com violência à pessoa ou grave ameaça; V – 40% (quarenta por cento) da pena, se o apenado for condenado pela prática de crime hediondo ou equiparado, se for primário; VI – 50% (cinquenta por cento) da pena, se o apenado for: a) condenado pela prática de crime hediondo ou equiparado, com resultado morte, se for primário, vedado o livramento condicional; b) condenado por exercer o comando, individual ou coletivo, de organização criminosa estruturada para a prática de crime hediondo ou equiparado; ou c) condenado pela prática do crime de constituição de milícia privada; VI-A – 55% (cinquenta e cinco por cento) da pena, se o apenado for condenado pela prática de feminicídio, se for primário, vedado o livramento condicional; VII – 60% (sessenta por cento) da pena, se o apenado for reincidente na prática de crime hediondo ou equiparado; VIII – 70% (setenta por cento) da pena, se o apenado for reincidente em crime hediondo ou equiparado com resultado morte, vedado o livramento condicional". Acrescenta-se a seguinte regra: "§ 1.º Em todos os casos, o apenado só terá direito à progressão de regime se ostentar boa conduta carcerária, comprovada pelo diretor do estabelecimento, respeitadas as normas que vedam a progressão" (nesse ponto, a reforma não alterou nada e ainda copiou o erro da parte final: "respeitadas as normas que vedam a progressão", visto que o STF já se manifestou pela inconstitucionalidade da *proibição* da progressão). Com outra redação, mas sem alteração, segue o § 2.º: "a decisão do juiz que determinar a progressão de regime será sempre motivada e precedida de manifestação do Ministério Público e do defensor, procedimento que também será adotado na concessão de livramento condicional, indulto e comutação de penas, respeitados os prazos previstos nas normas vigentes" (alterou-se apenas a redação). Mantiveram-se os §§ 3.º e 4.º, cuidando do local onde a mulher gestante ou mãe responsável por crianças ou pessoas com deficiência deve cumprir a pena, garantindo a sua progressão após cumprir 1/8 da pena em regime anterior. Aproveitando a decisão tomada pelo STF, a reforma da Lei 13.964/2019 introduziu o § 5.º: "não se considera hediondo ou equiparado, para os fins deste artigo, o crime de tráfico de drogas previsto no § 4.º do art. 33 da Lei n.º 11.343, de 23 de agosto de 2006".

# Art. 33

Introduziu-se, ainda, o § 6.º: "o cometimento de falta grave durante a execução da pena privativa de liberdade interrompe o prazo para a obtenção da progressão no regime de cumprimento da pena, caso em que o reinício da contagem do requisito objetivo terá como base a pena remanescente". Adotou-se, nesta hipótese, a jurisprudência majoritária, incluindo-a em texto legal. Segundo nos parece, a reforma adotou critérios mais rigorosos para a progressão, mas não a vedou, o que permite sustentar o respeito à individualização da pena. Aliás, constituiu-se uma individualização mais particularizada, separando os presos pelo que fizeram e quantas vezes o fizeram. Há um só problema, que precisa ser resolvido a curto prazo: a remodelação do regime fechado, com a ampliação do número de vagas, a inserção de trabalho/estudo e o fiel seguimento à Lei de Execução Penal, o que não vem ocorrendo.

**17. Cumprimento das penas referente a algumas mulheres:** tendo em vista que a reforma da Lei 13.964/2019 não alterou essa parte, reproduzimos nesta nota os parágrafos não alterados: "§ 3.º No caso de mulher gestante ou que for mãe ou responsável por crianças ou pessoas com deficiência, os requisitos para progressão de regime são, cumulativamente: I – não ter cometido crime com violência ou grave ameaça a pessoa; II – não ter cometido o crime contra seu filho ou dependente; III – ter cumprido ao menos 1/8 (um oitavo) da pena no regime anterior; IV – ser primária e ter bom comportamento carcerário, comprovado pelo diretor do estabelecimento; V – não ter integrado organização criminosa. § 4.º O cometimento de novo crime doloso ou falta grave implicará a revogação do benefício previsto no § 3.º deste artigo". Confere-se particular proteção à condenada gestante ou mãe responsável por crianças (até 11 anos completos) ou pessoas deficientes. Respeitados os requisitos constantes do referido § 3.º, a sentenciada poderá gozar de regime mais favorável cumprindo apenas 1/8 da sua pena no regime anterior. Em tese, o número de mulheres condenadas é muito inferior ao de homens; logo, o reflexo da novel legislação será mínimo. Resta esperar que, no futuro, as mulheres não assumam tarefas mais diretas no campo do tráfico de drogas, por exemplo, justamente para contar com o beneplácito de leis mais amenas.

**18. Execução das penas resultantes de crimes hediondos em conjunto com delitos comuns (não hediondos nem equiparados):** havendo concurso de crimes, adotou o Código Penal o sistema normativo para a aplicação das penas, ou seja, os critérios são estabelecidos expressamente em lei (arts. 69, 70 e 71, CP). Portanto, quando houver mais de uma ação ou omissão provocando dois ou mais crimes, aplicam-se *cumulativamente* as penas, significando que elas devem ser *somadas* (art. 69 do CP c/c art. 66, III, *a*, Lei de Execução Penal. Observa-se que as penas de reclusão, resultantes de concurso material, devem ser somadas, fazendo com que haja um montante unitário para conduzir a execução e sobre esse total incidam os benefícios e o período mínimo exigido para que eles sejam concedidos. Não importa, pois, se o condenado obteve várias condenações em diversas Varas: suas penas serão todas somadas na execução. Desse montante global extrai-se o que for necessário para permitir ou negar benefícios. Uma questão não examinada pelo legislador – que deveria ter sido feita – é o somatório de penas privativas de liberdade, quando da mesma espécie (todas de reclusão), embora *resultantes* de delitos com características diferenciadas. Pode-se encontrar vários sentenciados cujas penas de reclusão formam um todo resultante de crimes hediondos, dos equiparados a hediondos e de crimes não hediondos, que, para esse fim, chamaremos de comuns. Para calcular os benefícios penais nesse cenário, deve-se utilizar a redação do art. 112 da LEP. Foram criadas 8 faixas de percentuais para autorizar a progressão de crimes não hediondos e hediondos ou equiparados. Quatro delas para delitos comuns: 16% (1/6), 20% (1/5), 25% (1/4) e 30% (3/10); quatro outras para crimes hediondos e equiparados: 40% (2/5), 50% (1/2), 60% (3/5) e 70% (7/10). Os critérios das faixas estão estampados na nota 16 supra. Exemplificando: o sentenciado cometeu um homicídio qualificado (hediondo) e foi condenado a 12 anos. Deve cumprir 50% da sua pena para pedir progressão, ou seja, 6 anos. Foi também condenado por roubo simples, quando era primário, a uma pena de 4 anos. Dessa pena precisa cumprir 25%, portanto, 1 ano. Assim, cumprindo a mais grave em primeiro lugar – 6 anos – depois cumpre mais um ano referente à pena menos grave – 1 ano. Assim sendo, da pena total de 16 anos de reclusão, poderá progredir ao semiaberto (considerando-se que iniciou no fechado) ao atingir 7 anos, com bom comportamento carcerário. Quanto ao livramento condicional, no entanto, o sentenciado deve cumprir, pelo menos, dois terços da pena do delito hediondo e um terço do não hediondo (se primário e de bons antecedentes) ou metade do comum (se reincidente ou de maus antecedentes) para pedir o benefício.

**18-A. Progressão nos casos de condenados por crimes hediondos, quando reincidentes:** após a edição da Lei 13.964/2019, foram criadas várias faixas para a progressão, no art. 112 da Lei de Execução Penal, gerando dúvida no seguinte cenário: a) utiliza-se o percentual de 40% da pena, se o apenado for condenado pelo cometimento de delito hediondo ou equiparado, sendo primário; b) usa-se o percentual de 60% da pena, caso o sentenciado seja reincidente na prática de crime hediondo ou equiparado; c) vale-se do percentual de 50% da pena, se o apenado for condenado pelo cometimento de crime hediondo ou equiparado, com resultado morte, se primário; d) utiliza-se o percentual de 70% da pena, caso haja condenação de reincidente em crime hediondo ou equiparado, com resultado morte. Comparando-se as hipóteses das alíneas *a* e *b*, emerge o seguinte conflito aparente de normas: quem é reincidente não específico (comete um crime hediondo e depois um crime comum ou o contrário), deve progredir ao atingir 40% ou 60%, na medida em que, na referência feita aos 60%, menciona-se ser reincidente na prática de crime hediondo ou equiparado, vale dizer, estaria apontando uma reincidência específica. O mesmo conflito pode dar-se no cenário das alíneas *c* e *d*, pois a faixa dos 50% indica primariedade, enquanto a faixa dos 70% aponta para reincidência em crime hediondo ou equiparado. Decidindo casos concretos, chegamos a proferir o seguinte voto, que nos parece o mais indicado caminho, diante da uma interpretação teleológica: "visando a esclarecer tal situação, deve-se observar que, para o resgate das parcelas mais benéficas (25% e 40%), o legislador estipulou, expressamente, o preenchimento de duplo requisito, exigindo que os sentenciados, além de serem autores de crimes violentos ou hediondos, também sejam primários, assim vedando sua aplicação aos reincidentes que, de acordo com o art. 63 do Código Penal, são assim reconhecidos quando o agente comete novo crime, depois de transitar em julgado a sentença que, no País ou no estrangeiro, o tenha condenado por crime anterior. Portanto, de acordo com os incisos III e V, somente os sentenciados primários, frise-se, desprovidos de condenação anterior não atingida pelo período depurador de 5 anos, estarão guarnecidos pelos percentuais de 25% e 40%, respectivamente exigidos para práticas violentas e hediondas. Por outro lado, quando não preenchidos os requisitos cumulativamente previstos, por exclusão, devem os condenados se sujeitar ao cumprimento das maiores parcelas (30% e 60%), estipuladas pelos incisos IV e VII, as quais abarcam os reincidentes de qualquer tipo, sejam específicos ou não. De forma análoga, já vínhamos sustentado semelhante raciocínio, no tocante à fração exigida para a concessão de livramento condicional, aos sentenciados primários que ostentem maus antecedentes, *in verbis*: não se encaixando no primeiro dispositivo, que, expressamente, exige os bons antecedentes, somente lhe resta o segundo. Assim, o primário com maus antecedentes deve cumprir metade da pena para pleitear o livramento condicional. É a posição que adotamos, pois o art. 83, I, exige 'duplo requisito' e é expresso acerca da impossibilidade de concessão de livramento com 1/3 da pena a quem possua maus antecedentes (nota 7 ao art. 83)". Porém, terminou-se pacificando a posição dos Tribunais Superiores (STF e STJ), em prol do acusado, optando pela progressão ao atingir 40%. A partir disso, ressalvando a nossa posição pessoal, passamos a adotar essa posição para evitar que o condenado seja obrigado a atingir o Tribunal Superior para auferir o benefício de progredir

# Art. 33

ao atingir os 40%. Segundo cremos, embora não seja a ideal posição, trata-se da mais favorável ao acusado e, adotando-a, evita-se que ele seja obrigado a recorrer ao STJ, lembrando-se de que muitos não conseguem esse acesso, pois nem mesmo possuem uma defesa constituída. Por isso, preferimos acolher a visão mais favorável ao condenado.

**19. Impossibilidade de alteração do conteúdo da sentença condenatória, com trânsito em julgado, pelo juiz da execução penal, fora do contexto da lei penal benéfica:** essa é a regra, pois o título executivo formou-se validamente. Somente pode ser alterado diante de nova lei penal benéfica. Ilustrando, o juiz da condenação fixa a pena de 9 anos e concede regime semiaberto. O magistrado da execução penal deve promover o cumprimento nesse regime; não lhe cabe alterar o título, alegando que o regime contraria o disposto no art. 33, § 2.º, *a*, do CP.

**20. Conceito e análise do mérito do condenado:** o mérito do condenado é um juízo de valor incidente sobre a sua conduta carcerária passada e futura (diagnóstico e prognóstico), dando conta de que cumpriu, a contento, sem o registro de faltas graves no seu prontuário, a sua pena no regime mais rigoroso, além de estar preparado a enfrentar regime mais brando, demonstrando disciplina, senso crítico sobre si mesmo, perspectiva quanto ao seu futuro e ausência de periculosidade. O merecimento não deve, jamais, ser avaliado segundo o crime praticado e o montante da pena aplicada, pois não é essa a disposição legal. Por seu crime, o sentenciado já foi sancionado e cumpre pena, não podendo carregar, durante toda a execução, o estigma de ter cometido grave infração penal. O objetivo da pena, fundamentalmente, é reeducar a pessoa humana que, cedo ou tarde, voltará ao convívio social, de modo que a progressão é indicada para essa recuperação, dando ao preso perspectiva e esperança. Deve o merecimento ser apurado no caso concreto, podendo contar com o exame criminológico (ver a nota 21 a seguir). Na análise do merecimento, o STF incluiu a questão referente ao pagamento da multa: se o sentenciado puder pagar e não o fizer, não terá mérito para progredir (ver a nota 21-A *infra*).

**21. Análise do mérito para a progressão em confronto com a individualização executória da pena, após o advento das Leis 10.792/2003 e 14.843/2024:** em vigor desde o dia 2 de dezembro de 2003, a Lei 10.792, de 1.º de dezembro do mesmo ano, trouxe alterações substanciais à Lei de Execução Penal (Lei 7.210/1984). O objetivo principal da reforma foi o aprimoramento da legislação para o combate ao crime organizado e à atuação de grupos e quadrilhas dentro dos presídios. Houve a criação do Regime Disciplinar Diferenciado (RDD), que será objeto de análise em nota específica, bem como buscou-se diminuir a atuação da Comissão Técnica de Classificação no cenário da progressão de regime. Antes da Lei 10.792/2003, essa Comissão, composta pelo diretor do presídio, por, pelo menos, dois chefes de serviço, um psiquiatra, um psicólogo e um assistente social (art. 7.º, LEP), obrigatoriamente participava do processo de individualização da execução, opinando nos pedidos de progressão do regime fechado para o semiaberto e deste para o aberto. Cabia a ela, inclusive, propor as progressões e regressões de regime, bem como as conversões. Destarte, dispunha o art. 112, parágrafo único (hoje substituído pelos §§ 1.º a 7.º), cuidando da progressão de regime: "A decisão será motivada e precedida de parecer da Comissão Técnica de Classificação e do exame criminológico, quando necessário". Convém registrar que o exame criminológico deveria constituir peça destacada, elaborado por psiquiatra forense, mas terminou incorporado no parecer da Comissão, onde também atua o psiquiatra, junto com psicólogo e assistente social. Após a referida lei de 2003, afastou-se o parecer da Comissão Técnica de Classificação e o exame criminológico. A redação do art. 112 da Lei de Execução Penal passou a prever que a transferência em forma progressiva para regime menos rigoroso (fechado para o semiaberto e deste para o aberto) seria determinada pelo juiz, quando o preso atingisse determinado percentual da sua pena no regime anterior e tivesse *bom comportamento carcerário*, comprovado pelo diretor do estabelecimento, *respeitadas as normas que vedam a progressão*. Esta parte final não encontrava mais aplicação, pois inexistia lei a vedar a progressão. O art. 6.º da Lei de Execução Penal, com novo texto, continuou a indicar que a mencionada Comissão Técnica de Classificação deveria elaborar o programa individualizador da pena privativa de liberdade adequada ao condenado ou preso provisório, não mais mencionando que proporia a progressão ou regressão. A preocupação do legislador concentrou-se em eliminar a obrigatoriedade de participação da Comissão Técnica de Classificação no processo de avaliação da possibilidade de progressão de regime – igualmente no tocante ao livramento condicional, indulto e comutação – a pretexto de se tratar de medida desburocratizante. Entretanto, quando era realizado minucioso parecer por parte dessa Comissão, o juiz ficava muito mais informado a respeito do merecimento do condenado para progredir ou não. Retirando esse parecer, o julgador ficou adstrito a um mero atestado de conduta carcerária, expedido pela direção do presídio. Em função do princípio constitucional da individualização da pena, que opera, inclusive, na fase da execução penal, chegou-se, depois disso, por meio de decisões dos tribunais, a um meio-termo, permitindo que, nos casos de crimes violentos, pudesse o magistrado requisitar a elaboração do exame criminológico, a fim de verificar o grau de periculosidade do sentenciado. Nessa ótica, confira-se a Súmula Vinculante 26 do STF: "Para efeito de progressão de regime no cumprimento de pena por crime hediondo, ou equiparado, o juízo da execução observará a inconstitucionalidade do art. 2.º da Lei 8.072, de 25 de julho de 1990, sem prejuízo de avaliar se o condenado preenche, ou não, os requisitos objetivos e subjetivos do benefício, podendo determinar, para tal fim, de modo fundamentado, a realização de exame criminológico". Na mesma trilha, seguiu a Súmula 439 do STJ: "Admite-se o exame criminológico pelas peculiaridades do caso, desde que em decisão motivada". Resgatou-se a individualização executória da pena, propiciando ao magistrado, quando entendesse imprescindível para decidir, exigir o apoio do exame criminológico. Entretanto, a Lei 14.843/2024 modificou, novamente, esse cenário. A atual redação ao § 1.º do art. 112 passou a demandar, em todos os casos de progressão de regime, além da boa conduta carcerária, comprovada pelo atestado emitido pelo diretor do estabelecimento prisional, o exame criminológico. Dessa forma, migrou-se de um modelo, sem o referido exame para qualquer caso, a um mecanismo oposto, exigindo-se o exame criminológico para *todas as hipóteses*. Em nossa visão, exposta em artigo publicado (https://www.conjur.com.br/2024-mai-20/individualizacao-da-pena-e-exame-criminologico-analise-da-lei-14-843-2024/, acesso em 20.9.2024), após o STF declarar o estado de coisas inconstitucional no sistema carcerário brasileiro, torna-se inaceitável a indispensabilidade do exame criminológico para *todos* os sentenciados, tendo em vista obstar o andamento das progressões, pois não há profissionais suficientes para elaborá-lo em prazos razoáveis. Há uma inconstitucionalidade material, nesse ponto, na Lei 14.843/2024, porque ignorou o caos prisional e implantou um obstáculo capaz de impedir, por longo tempo, a passagem do fechado ao semiaberto e deste para o aberto, contribuindo para piorar a já existente lamentável situação. Sustentamos o meio-termo, como modelo ideal: elaborar o exame criminológico, quando o juiz reputar imprescindível para proferir a sua decisão, reservando-o a casos graves, relacionados a sentenciados com longas penas, autores de delitos violentos contra a pessoa e quando tiverem cometido faltas graves durante a execução. Nem se pode aceitar a eliminação completa do criminológico, nem impor a sua realização para todos os casos. Certamente, a questão será objeto de apreciação pelo STF, quanto à constitucionalidade da medida. Se, porventura, assim não entender o STF, temos defendido que a introdução de um novo requisito, dificultando a progressão de regime, é matéria de natureza penal, motivo pelo qual somente deve incidir a quem cometer crime a partir da edição da Lei 14.843/2024. Na jurisprudência: STJ: "1. A exigência de realização de exame criminológico para toda e qualquer progressão de regime, nos termos da Lei 14/843/2024, constitui *novatio legis in pejus*, pois incrementa requisito, tornando mais difícil alcançar regimes prisionais menos gravosos à li-

# Art. 33

Código Penal Comentado · **Nucci**

berdade. 2. A retroatividade dessa norma se mostra inconstitucional, diante do art. 5.º, XL, da Constituição Federal, e ilegal, nos termos do art. 2.º do Código Penal. 3. No caso, todas as condenações do paciente são anteriores à Lei 14.843/2024, não sendo aplicável a disposição legal em comento de forma retroativa. 4. Recurso em habeas corpus provido para afastar a aplicação do § 1.º do art. 112 da Lei de Execução Penal, com redação dada pela Lei 14.843/2024, determinando o retorno dos autos ao Juízo da execução para que prossiga na análise do pedido de progressão de regime" (RHC 200.670-GO, 6.ª T., rel. Sebastião Reis Júnior, 20.08.2024, v. u.); "A nova redação do § 1.º do art. 112 da Lei de Execuções Penais exige a realização prévia do exame criminológico, ao afirmar: 'Em todos os casos, o apenado terá direito à progressão de regime se ostentar boa conduta carcerária, comprovada pelo diretor do estabelecimento, e pelos resultados do exame criminológico, respeitadas as normas que vedam a progressão". No entanto, essa redação não é aplicável ao presente caso. Isso porque as normas relacionadas à execução são de natureza penal e, enquanto tais, somente podem incidir ao tempo do crime, ou seja, no momento em que a ação ou omissão for praticada (art. 4.º do CP), salvo se forem mais benéficas ao executando, situação em que terão efeitos retroativos (art. 2.º, parágrafo único, do CP)" (HC 947.070-SP, 5.ª T., rel. Daniela Teixeira, 23.09.2024, decisão monocrática).

**21-A. Pagamento da multa para obter a progressão de regime:** inexiste qualquer regra específica para bloquear a progressão de regime caso o condenado deixe de pagar, voluntariamente, a pena de multa. Aliás, para isso, existe a viabilidade de execução da pena pecuniária, que pode ser promovida pelo Ministério Público, nos termos dos arts. 164 a 170 da Lei de Execução Penal. Fora disso, o art. 118, § 1.º, da mesma Lei prevê a possibilidade de promover a regressão do condenado do regime aberto a outro mais rigoroso, se ele não pagar, podendo, a multa cumulativamente imposta. Entretanto, o STF deliberou que o não pagamento da pena de multa, de modo intencional, podendo fazê-lo, constitui impedimento à progressão de regime prisional. Entre os argumentos relevantes utilizados, aponta-se que o enfoque principal da progressão é o merecimento do sentenciado e que os requisitos para o apurar não se esgotam na previsão feita pelo art. 112 da Lei de Execução Penal. Confira-se decisão do STF: "11. Nada obstante essa regra geral, a jurisprudência desta Corte tem demonstrado que a análise dos requisitos necessários para a progressão de regime não se restringe ao referido art. 112 da LEP, tendo em vista que elementos outros podem, e devem, ser considerados pelo julgador na delicada tarefa de individualização da resposta punitiva do Estado, especialmente na fase executória. Afinal, tal como previsto na Exposição de Motivos à Lei de Execução Penal, '*a progressão deve ser uma conquista do condenado pelo seu mérito*', '*compreendido esse vocábulo como aptidão, capacidade e merecimento, demonstrados no curso da execução*'. 12. Nessa linha, recordo, por exemplo, a recente decisão adotada por este Plenário no julgamento de agravo regimental na Execução Penal 22, de que sou relator. Oportunidade em que esta Corte declarou a constitucionalidade do art. 33, § 4.º, do Código Penal, no ponto em que impõe ao apenado a reparação do dano causado à Administração Pública como condição para a progressão no regime prisional. Essa condição não figura nos requisitos do art. 112 da LEP. 13. Um outro exemplo está na possibilidade de o Juízo da Execução Penal determinar a realização do exame criminológico para avaliar o preenchimento, pelo sentenciado, do requisito subjetivo indispensável à progressão no regime prisional. Embora o exame criminológico tenha deixado de ser obrigatório, com a edição da Lei 10.792/2003, que alterou o art. 112 da LEP, este Tribunal tem permitido '*a sua utilização para a formação do convencimento do magistrado sobre o direito de promoção para regime mais brando*' (RHC 116.033, rel. Min. Ricardo Lewandowski). Essa orientação, consolidada na Corte, deu origem à Súmula Vinculante 26, assim redigida: (...) 14. A análise desses julgados demonstra que o julgador, atento às finalidades da pena e de modo fundamentado, está autorizado a lançar mão de requisitos outros, não necessariamente enunciados no art. 112 da LEP, mas extraídos do ordenamento jurídico, para avaliar a possibilidade de progressão no regime prisional, tendo como objetivo, sobretudo, o exame do merecimento do sentenciado. (...) 16. Todavia, especialmente em matéria de crimes contra a Administração Pública – como também nos crimes de colarinho branco em geral –, a parte verdadeiramente severa da pena, a ser executada com rigor, há de ser a de natureza pecuniária. Esta, sim, tem o poder de funcionar como real fator de prevenção, capaz de inibir a prática de crimes que envolvam apropriação de recursos públicos. A decisão que se tomar aqui solucionará não apenas o caso presente, mas servirá de sinalização para todo o país acerca da severidade com que devem ser tratados os crimes contra o erário. 17. Nessas condições, não é possível a progressão de regime sem o pagamento da multa fixada na condenação. Assinale-se que o condenado tem o dever jurídico – e não a faculdade – de pagar integralmente o valor da multa. Pensar de modo diferente seria o mesmo que ignorar modalidade autônoma de resposta penal expressamente concebida pela Constituição, nos termos do art. 5.º, inciso XLVI, alínea *c*. De modo que essa espécie de sanção penal exige cumprimento espontâneo por parte do apenado, independentemente da instauração de execução judicial. É o que também decorre do art. 50 do Código Penal, ao estabelecer que '*a multa deve ser paga dentro de 10 (dez) dias depois de transitada em julgado a sentença*'. 18. Com efeito, o não recolhimento da multa por condenado que tenha condições econômicas de pagá-la, sem sacrifício dos recursos indispensáveis ao sustento próprio e de sua família, constitui deliberado descumprimento de decisão judicial e deve impedir a progressão de regime. Além disso, admitir-se o não pagamento da multa configuraria tratamento privilegiado em relação ao sentenciado que espontaneamente paga a sanção pecuniária. 19. Não bastasse essa incongruência lógica, note-se, também, que a passagem para o regime aberto exige do sentenciado '*autodisciplina e senso de responsabilidade*' (art. 114, II, da LEP), o que pressupõe o cumprimento das decisões judiciais que se lhe aplicam. Tal interpretação é reforçada pelo que dispõe o art. 36, § 2.º, do Código Penal e o art. 118, § 1.º, da Lei de Execução Penal, que estabelecem a regressão de regime para o condenado que '*não pagar, podendo, a multa cumulativamente imposta*'. De modo que o deliberado inadimplemento da pena de multa sequer poderia ser comparável à vedada prisão por dívida, nos moldes do art. 5.º, LXVII, da CF/88, configurando apenas óbice à progressão no regime prisional". Ressalvando a situação de impossibilidade efetiva de pagar a multa, aduz o relator: "21. A absoluta incapacidade econômica do apenado, portanto, deve ser devidamente demonstrada nos autos, inclusive porque o acórdão exequendo fixou o *quantum* da sanção pecuniária especialmente em função da situação econômica do réu (CP, art. 60), como deve ser. De modo que a relativização dessa resposta penal depende de prova robusta por parte do sentenciado" (Ag.reg. na progressão de regime na execução penal 16-DF, Plenário, rel. Roberto Barroso, 15.04.2015, m.v.). Quanto à intimação do condenado para verificar o pagamento da multa: STJ: "5. Na mesma linha, este Superior Tribunal de Justiça consolidou jurisprudência no sentido de que, na hipótese de condenação concomitante a pena privativa de liberdade e multa, o não pagamento da sanção pecuniária impede a progressão de regime, salvo comprovação de inequívoca incapacidade econômica do apenado. Precedentes. 6. Nas hipóteses de inadimplemento da pena de multa, a fim de que não se imponha ao reeducando uma barreira intransponível, a ponto de violar o princípio da ressocialização da pena, nem se frustre, por outro lado, a finalidade da execução penal, o Juízo da Execução Criminal deve, antes de obstar ou deferir a progressão de regime ao apenado, verificar o valor da multa fixada e analisar, a partir de elementos fáticos, a respectiva capacidade econômica do sentenciado, com vistas a viabilizar, de algum modo, ainda que de forma parcelada, o pagamento da multa. Precedentes. 7. Desse modo, constatado o inadimplemento da pena de multa aplicada cumulativamente à privativa de liberdade, o Juízo da Execução Criminal deverá, antes de deliberar acerca da progressão de regime, intimar o reeducando para efetuar o

# Art. 33

pagamento, ressaltando a possibilidade de parcelamento, a pedido e conforme as circunstâncias do caso concreto (art. 50, *caput*, do CP), bem como oportunizando ao condenado comprovar, se for o caso, a absoluta impossibilidade econômica de arcar com seu valor sem prejuízo do mínimo vital para a sua subsistência e de seus familiares. 8. *In casu*, o Tribunal de origem deferiu a progressão de regime ao reeducando, sem o pagamento da multa, em razão da incapacidade econômica para o pagamento da sanção pecuniária. Assim, rever os fundamentos utilizados pela Corte Estadual, para decidir que não houve a comprovação da hipossuficiência do reeducando, como requer a acusação, importa revolvimento de matéria fático-probatória, vedado em recurso especial, segundo óbice da Súmula 7/STJ" (AgRg no AREsp 2.178.502/MG, 5.ª T., rel. Reynaldo Soares da Fonseca, 25.10.2022, v.u.).

**22. Lapso temporal e falta grave:** estabelece o art. 112 da Lei de Execução Penal (Lei 7.210/1984) que a pena será cumprida em forma progressiva, fixando vários lapsos temporais diferentes. Entretanto, quando o condenado cometer falta grave, o que afeta seu merecimento, eliminando a sua possibilidade de imediata progressão, deve cumprir mais um período de seu tempo para pleitear de novo o benefício. Sobre o cometimento da falta grave, conferir a Súmula 526 do STJ que dispõe: "o reconhecimento de falta grave decorrente do cometimento de fato definido como crime doloso no cumprimento da pena prescinde do trânsito em julgado de sentença penal condenatória no processo penal instaurado para apuração do fato".

**22-A. Lapso temporal e inquérito em andamento:** a existência, por si só, de um inquérito policial em trâmite, para apurar eventual crime cometido pelo condenado, não pode servir de obstáculo à concessão de progressão de regime ou outro benefício qualquer, desde que ele tenha preenchido o lapso temporal e o requisito do merecimento (atestado de conduta carcerária ou exame criminológico favorável).

**22-B. Falta grave e prescrição:** temos sustentado que o mais adequado prazo é de 180 dias, previsto pela Lei Federal 8.112/1990, disciplinando o regime jurídico dos servidores públicos civis da União, das autarquias e das fundações públicas federais (art. 142, III), conforme nota 110-A ao art. 50 da Lei de Execução Penal (*Leis penais e processuais penais comentadas*, vol. 2). A maior parte da jurisprudência, no entanto, adota a analogia com a pena – o que, para nós, é um equívoco, pois a falta disciplinar se dá no âmbito interno do presídio, constituindo sanção administrativa. Na escolha por qual prazo de prescrição mínima adotar, há julgados sugerindo acompanhar a menor prescrição para a pena privativa de liberdade (3 anos); outros, buscam a menor prescrição no Código Penal, que é da multa, em tese (2 anos); há também os que utilizam o prazo mínimo para o menor de 21 ou maior de 70 anos: ora 1 ano e 6 meses (se levar em conta os 3 anos da privativa de liberdade); ora 1 ano (levando-se em consideração os 2 anos da multa). Na jurisprudência: STJ: "2. O Superior Tribunal de Justiça reconhece a aplicação, por analogia, do prazo prescricional previsto no art. 109, inciso VI, do Código Penal, para apuração das faltas graves praticadas no curso da execução penal. Desde a publicação da Lei n. 12.234, de 5/5/10, o prazo para que a infração disciplinar seja apurada e homologada em Juízo é de 3 anos, a contar do cometimento da referida falta disciplinar" (HC 499.815/SP, 5.ª T., rel. Joel Ilan Paciornik, 14.05.2019, v.u.); "2. As Turmas que compõem a Terceira Seção desta Corte firmaram o entendimento de que, em razão da ausência de legislação específica, a prescrição da pretensão de se apurar falta disciplinar, cometida no curso da execução penal, deve ser regulada, por analogia, pelo prazo do art. 109 do Código Penal, com a incidência do menor lapso previsto, atualmente de três anos, conforme dispõe o inciso VI do aludido artigo" (HC 527.625/SP, 5.ª T., rel. Reynaldo Soares da Fonseca, 12.11.2019, v.u.).

**23. Avaliação do juiz ao laudo criminológico:** conforme o princípio geral de livre convencimento do magistrado na apreciação das provas, vigente no processo penal, o laudo não é vinculativo, podendo o juiz rejeitá-lo, aplicando a solução que entenda mais conveniente, desde que fundamente a sua decisão.

**24. Cessação de periculosidade como requisito para a progressão:** um dos fatores que se leva em consideração para deferir a progressão do fechado para o semiaberto é a conclusão de que o condenado já não oferece excessiva periculosidade (no sentido de antissociabilidade), podendo adaptar-se ao regime mais brando. Do contrário, deve ser mantido no regime mais severo. Apesar da modificação havida no art. 112 da LEP, autorizando apenas a apresentação de atestado de boa conduta carcerária, continua a ser essa a nossa posição, ou seja, para a progressão de condenados por crimes violentos, com longa pena a cumprir, é indispensável, em vários casos, a realização do exame criminológico para apurar a cessação da periculosidade. Consultar, no entanto, a nota 21 *supra*.

**25. Critérios legais para a progressão e a execução "por saltos":** deve-se observar, como regra, o disposto no Código Penal e na Lei de Execução Penal para promover a execução da pena, sem a criação de subterfúgios contornando a finalidade da lei, que é a da reintegração gradativa do condenado, especialmente daquele que se encontra em regime fechado, à sociedade. Assim, no plano ideal, é incabível a execução da pena "por saltos", ou seja, a passagem do regime fechado para o aberto diretamente, sem o necessário estágio no regime intermediário (semiaberto). De acordo com esse entendimento, o STJ editou a Súmula 491: "É inadmissível a chamada progressão *per saltum* de regime prisional". Atualmente, entretanto, vários condenados são beneficiados pela progressão do regime fechado ao semiaberto, embora, por falta de vagas, terminem aguardando no regime anterior, indevidamente. Por isso, vários julgados têm determinado que o condenado seja transferido diretamente para o aberto, em que aguardaria a tal vaga para o semiaberto. Ocorre que, estando bem colocado no aberto, não haveria sentido em retrocedê-lo ao semiaberto. Acaba-se consumando a execução por salto do fechado ao aberto por única culpa do Executivo, que não providencia o número de vagas suficientes nas colônias penais. Quase três décadas de inadimplência estatal, seja no regime aberto, com falta de Casa do Albergado, seja no semiaberto, por falta de vagas em colônias penais, já nos autorizam a não mais acreditar nesse sistema dirigido pelo Poder Executivo. Portanto, é preciso adaptar a lei à realidade, assegurando-se o cumprimento de direitos individuais diante do constrangimento ilegal gerado pelo Estado. E cabe ao Judiciário defender o justo, dentro do cenário do possível. Atento a essa realidade, o STF editou a Súmula Vinculante 56, não mais permitindo que o preso aguarde no regime fechado uma vaga a ser aberta no intermediário. Se o ideal não vem sendo praticado, temos adotado idêntica postura, em decisões judiciais, permitindo a passagem do fechado ao aberto, o que, na prática, não deixa de ser uma progressão por salto.

**26. Nova condenação no regime fechado inviabiliza progressão para o semiaberto:** ainda que já deferida pelo juiz a transferência do sentenciado do regime fechado para o semiaberto, advindo outra condenação, impondo regime fechado, torna-se inviável a progressão. Essa situação deve perdurar até que o juízo da execução penal determine a elaboração de novo cálculo das penas, unificando-as e verificando se cabe, ainda, a referida progressão. Por certo, enquanto não tiver cumprido o prazo de progressão no regime fechado inicial, determinado pela nova condenação, será inviável progredir.

**27. Critérios para a transferência a regime mais rigoroso:** há, basicamente, *duas situações* que desencadeiam essa transferência: a) *adaptação do regime*: nos termos do art. 111 da Lei de Execução Penal, "quando houver condenação por mais de um crime, no

# Art. 33

Código Penal Comentado · **Nucci**

mesmo processo ou em processos distintos, a determinação do regime de cumprimento será feita pelo resultado da soma ou unificação das penas, observada, quando for o caso, a detração ou a remição". E mais: "Sobrevindo condenação no curso da execução, somar-se-á a pena ao restante da que está sendo cumprida, para determinação do regime". Portanto, se o sujeito foi condenado a uma pena de 6 anos, em regime semiaberto, por um processo, e a 4 anos, em regime aberto, por outro, é curial que o juiz da execução penal estabeleça um regime único para o cumprimento de 10 anos de reclusão, que, aliás, demanda o regime fechado; b) *regressão*: nos termos do art. 118 da mesma lei, o condenado pode ser regredido a regime mais rigoroso quando "praticar fato definido como crime doloso ou falta grave" ou "sofrer condenação, por crime anterior, cuja pena, somada ao restante da pena em execução, torne incabível o regime". No caso de cometimento de crime doloso, é preciso, num primeiro momento, *sustar* os benefícios do regime em que se encontra (se está no aberto, será transferido, cautelarmente, para o fechado), aguardando-se a condenação com trânsito em julgado. Caso seja absolvido, restabelece-se o regime sustado; se for condenado, regride-se a regime mais severo. Porém, o STJ editou a Súmula 526: "o reconhecimento de falta grave decorrente do cometimento de fato definido como crime doloso no cumprimento da pena prescinde do trânsito em julgado de sentença penal condenatória no processo penal instaurado para apuração do fato".

**28. Sustação cautelar de regime semiaberto ou aberto:** trata-se de uma providência correta e fruto do poder geral de cautela do juiz. Melhor que promover a regressão sem uma devida apuração do ocorrido (descumprimento de condições, por exemplo), mas também, assegurando-se disciplina no cumprimento da pena e proteção à sociedade, pois se trata de um condenado acusado de ter cometido uma falta grave no curso da execução da pena, é fundamental que o magistrado utilize seu poder de cautela, sustando o regime até solução definitiva para a imputação.

**29. Registro da falta grave no prontuário do condenado:** para registrar no prontuário do sentenciado uma falta grave, é indispensável haver prévio procedimento administrativo, no estabelecimento prisional, proporcionando-lhe a oportunidade de exercer o contraditório e a ampla defesa. Esta última por meio de oitiva pessoal do condenado e por defesa técnica (advogado constituído, dativo ou defensor público). Não mais se admite que o sentenciado se defenda sozinho, sem assistência jurídica.

**29-A. Relação entre falta grave e crime:** pode ocorrer de uma falta grave cometida pelo condenado ser igualmente figura típica de crime, o que ocasionaria dupla investigação e processo. Exemplo: se o condenado foge, valendo-se de violência contra o carcereiro, responderá pelo delito previsto no art. 352 do Código Penal (haverá a instauração de inquérito e, depois, processo), bem como sofrerá processo administrativo para inscrição de falta grave em seu prontuário. Entretanto, se, por qualquer motivo, for absolvido no processo-crime, já não se pode mais anotar no prontuário a falta grave. Ainda que se possa dizer serem distintas as esferas penal e administrativa, não se aplica essa regra neste contexto. A única razão de existência da falta grave é justamente a sua exata correspondência com figura típica incriminadora. Ora, afastada esta, não pode subsistir aquela, menos importante.

**29-B. Falta grave e previsão legal:** o rol previsto no art. 50 da Lei 7.210/1984 (Lei de Execução Penal) é exaustivo. Não é viável a criação, por meio de Resolução, Portaria ou Decreto, de outras espécies, sob pena de ofensa à legalidade, até porque o registro de falta grave no prontuário do condenado pode inviabilizar a progressão de regime, o reconhecimento da remição, o indulto e outros benefícios. Aliás, em nosso entendimento, nem mesmo as faltas médias e leves podem ser criadas a não ser por lei estadual (nunca por resoluções ou atos administrativos).

**29-C. Interpretação extensiva quanto ao porte de celular:** é muito difícil apreender um aparelho de celular inteiro, pois os presos, para mantê-los ou introduzi-los no ambiente carcerário, estrategicamente, dividem-no em partes. Costumam retirar o chip para, em caso de apreensão do aparelho, alegarem que sem o referido chip o celular não tem utilidade. Desmontam o aparelho e conservam suas partes em locais separados. Em suma, parece-nos viável considerar esses dados concretos para acolher a falta grave, quando se apreende apenas o celular sem o *chip* (por exemplo) ou somente o aparelho, sem a bateria ou cabo de alimentação (noutro exemplo). Na jurisprudência: STJ: "3. Segundo entendimento adotado pelo Superior Tribunal de Justiça, após o advento da Lei n. 11.466/2007, a posse de aparelho celular, bem como de seus componentes essenciais, tais como *chip*, carregador ou bateria, constitui falta disciplinar de natureza grave" (AgRg no HC 662.734/SP, 5.ª T., rel. Ribeiro Dantas, 03.08.2021, *DJe* 09.08.2021). Quanto ao tema, consulte-se: Súmula 660 do STJ: "A posse, pelo apenado, de aparelho celular ou de seus componentes essenciais constitui falta grave". Súmula 661 do STJ: "A falta grave prescinde da perícia do celular apreendido ou de seus componentes essenciais".

**29-D. Prazo para progressão após o cometimento de falta grave:** o método de progressão de regimes (fechado ao semiaberto; semiaberto ao aberto) tem a finalidade de verificar o merecimento (ressocialização) do condenado. O requisito objetivo para que seja promovido de regime, em crimes comuns, é de um percentual de cumprimento da pena no regime anterior. Porém, se ele comete falta grave, registra-se em seu prontuário e ele, solicitando a progressão, poderá tê-la indeferida por mau comportamento. Assim, é preciso que, após o registro da falta grave, ele cumpra mais um percentual da pena remanescente para solicitar a progressão outra vez. Confira-se a Súmula 534 do STJ: "A prática de falta grave interrompe a contagem do prazo para a progressão de regime de cumprimento de pena, o qual se reinicia a partir do cometimento dessa infração".

**30. Imprescindibilidade do regime fechado:** optou o legislador por criar uma presunção absoluta de incompatibilidade de cumprimento de pena superior a 8 anos em regime mais brando, impondo o fechado. Nem sempre, no entanto, o condenado a pena superior a referido patamar é mais perigoso que outro, apenado em montantes inferiores. Na realidade, como exposto na nota 30-A *infra*, o Supremo Tribunal Federal considerou inconstitucional a Lei dos Crimes Hediondos na parte em que estabelece o regime fechado inicial obrigatório, lastreando o veredicto no princípio constitucional da individualização da pena. Ora, pode-se, igualmente, questionar a obrigatoriedade do regime fechado para penas superiores a oito anos. Em tese, pois, o condenado a patamares acima de oito anos, conforme o caso concreto, pode obter regime mais brando. Na jurisprudência: STF: "Em sessão realizada em 27.06.2012 (*DJe* 17.12.2013), o Plenário do Supremo Tribunal Federal, ao analisar o HC 111.840/ES, de relatoria do Ministro Dias Toffoli, por maioria, declarou, *incidenter tantum*, a inconstitucionalidade do § 1.º do art. 2.º da Lei 8.072/90, com a redação dada pela Lei 11.464/2007. Desse modo, ficou superada a obrigatoriedade de início do cumprimento de pena no regime fechado aos condenados por crimes hediondos ou a eles equiparados. Precedentes. 5. Ausência de argumentos capazes de infirmar a decisão agravada. 6. Agravo regimental desprovido" (HC 179.263 AgR, 2.ª T., rel. Gilmar Mendes, 22.05.2020, v.u.). Embora não se ligue este julgado exatamente às faixas de fixação da pena, permitindo, por exemplo, estabelecer regime menos grave que o fechado para penas superiores a 8 anos (ou aberto para penas acima de 4 anos), tem relação com o fato de que o mais importante é que o julgador escolha o regime inicial baseado em todas as circunstâncias do delito (em particular, as previstas no art. 59 do CP) e não apenas

# Art. 33

em relação aos montantes de pena: "4. O entendimento do Supremo Tribunal Federal é no sentido de que '[o] § 2.º do art. 33 do Código Penal é claro ao dispor que constitui faculdade e não obrigação, sujeita ao prudente arbítrio do magistrado, fixar um regime mais brando para o início do cumprimento da pena privativa de liberdade, sopesadas as peculiaridades de cada caso. Além disso, o § 3.º do art. 33 do mesmo diploma determina ao juiz sentenciante que, assim como no procedimento de fixação da pena, observe os critérios estabelecidos no art. 59 do Código Penal no momento da fixação do regime inicial de cumprimento da reprimenda' (HC 153.339-AgR, Rel. Min. Ricardo Lewandowski). 5. O Supremo Tribunal Federal já decidiu que 'o regime inicial de cumprimento de pena deve observar o disposto no art. 33, § 3.º, do Código Penal, e no art. 42 da Lei n.º 11.343/06, que expressamente remetem às circunstâncias do crime (art. 59, CP) e à natureza e à quantidade da droga. Logo, não há que se falar em *bis in idem* na valoração negativa desses mesmos vetores na majoração da pena-base e na fixação do regime prisional mais gravoso' (HC 130.592, Rel. Min. Dias Toffoli). 6. Hipótese de paciente definitivamente condenado a 5 anos de reclusão, em regime inicial fechado, pelo tráfico de 1,185 kg de cocaína. Situação concreta em que o regime mais gravoso foi fixado com apoio em dados empíricos idôneos, extraídos da prova judicialmente colhida, especialmente em razão da quantidade da droga apreendida e da existência de circunstância judicial desfavorável (circunstâncias do crime). De modo que não há situação ilegalidade flagrante. 7. Agravo regimental a que se nega provimento" (HC 226.019 AgR, 1.ª T., rel. Roberto Barroso, 22.08.2023, v.u.).

**30-A. Regime inicial fechado e crime hediondo ou equiparado:** a Lei 11.464/2007, modificando o art. 2.º, § 1.º, da Lei 8.072/1990, deixou assentado que o condenado por delito hediondo ou equiparado deveria *iniciar* o cumprimento em regime fechado. No entanto, o Supremo Tribunal Federal, considerou esse dispositivo inconstitucional, por ferir o princípio da individualização da pena. STF: *Habeas corpus*. Penal. Tráfico de entorpecentes. Crime praticado durante a vigência da Lei 11.464/2007. Pena inferior a 8 anos de reclusão. Obrigatoriedade de imposição do regime inicial fechado. Declaração incidental de inconstitucionalidade do § 1.º do art. 2.º da Lei 8.072/90. Ofensa à garantia constitucional da individualização da pena (inciso XLVI do art. 5.º da CF/88). Fundamentação necessária (CP, art. 33, § 3.º, c/c o art. 59). Possibilidade de fixação, no caso em exame, do regime semiaberto para o início de cumprimento da pena privativa de liberdade. Ordem concedida" (HC 111.840-ES, rel. Dias Toffoli, Pleno, 27.06.2012, m. v.). Em suma, em todo e qualquer delito, seja de que natureza for, cabe ao julgador escolher o regime inicial (fechado, semiaberto ou aberto), conforme o montante da pena e as condições pessoais do sentenciado, apresentando fundamentação para a sua opção.

**30-B. Reincidência e regime fechado ou semiaberto:** a regra estabelecida pelo Código Penal é de que o condenado reincidente deve iniciar o cumprimento da sua pena sempre no regime fechado, pouco importando o montante da sua pena (ver alíneas *b* e *c* do § 2.º deste artigo). E tem sido posição majoritária na doutrina e na jurisprudência não poder o réu reincidente receber outro regime, mormente quando apenado com reclusão, que não seja o fechado. No entanto, a superpopulação carcerária fez com que se amenizasse o preceito legal e, atualmente, está em vigor a Súmula 269 do Superior Tribunal de Justiça: "É admissível a adoção do regime prisional semiaberto aos reincidentes condenados à pena igual ou inferior a quatro anos se favoráveis as circunstâncias judiciais". Essa posição harmoniza-se com o entendimento de que penas curtas, quando cumpridas em regime fechado, somente deterioram ainda mais o caráter e a personalidade do sentenciado, produzindo mais efeitos negativos do que positivos. Por isso, o entendimento do STJ permite que o magistrado, no caso concreto, emita juízo de valor acerca das condições pessoais do réu, valendo-se das circunstâncias previstas no art. 59 do Código Penal, para inseri-lo, a despeito de reincidente, no regime semiaberto, mais condizente com penas não superiores a quatro anos. Conferir, ainda, o disposto na nota 30 *supra*.

**30-B1. Reincidência e regime aberto:** em caso de tentativa de furto, com condenação a uma pena de reclusão de 10 meses e multa, em que a Defensoria Pública pleiteou a aplicação do princípio da insignificância e a atenuação do regime, o STF não acolheu o critério da bagatela, porque se tratava de réu com três condenações antecedentes, mas, em razão da quantidade de pena aplicada, concedeu o regime aberto. Parece-nos correta essa visão, em particular por conta do superlotado sistema carcerário existente no Brasil. Uma pena de 10 meses, iniciando-se em regime fechado ou semiaberto iria ser de curta duração e somente complicaria ainda mais a organização interna de presídios e colônias penais. Conferir: STF: "1. Não se mostra possível acatar a tese de atipicidade material da conduta, pois não há como afastar o elevado nível de reprovabilidade assentado pelas instâncias antecedentes, ainda mais considerando os registros dando conta de que o paciente é reincidente. 2. Quanto ao modo de cumprimento da reprimenda penal, há quadro de constrangimento ilegal a ser corrigido. A imposição do regime inicial semiaberto parece colidir com a proporcionalidade na escolha do regime que melhor se coadune com as circunstâncias da conduta, de modo que o regime aberto melhor se amolda à espécie (cf. HC 123.533, Relator(a): Roberto Barroso, Tribunal Pleno, *DJe* de 18/2/2016; e HC 119.885, Relator(a): Min. Marco Aurélio, Relator(a) p/ Acórdão: Min. Alexandre de Moraes, Primeira Turma, *DJe* de 1.º/8/2018). 3. Recurso Ordinário parcialmente provido, para fixar o regime inicial aberto" (RHC 172.532-SC, 1.ª T., rel. para o acórdão Alexandre de Moraes, sessão virtual de 16 a 20.10.2020).

**30-B2. Pena superior a 4 anos e regime aberto:** o princípio constitucional da individualização da pena (art. 5.º, XLVI, CF) deve prevalecer, sempre, quando confrontado com qualquer dispositivo da lei ordinária. Por isso, embora o art. 33, § 2.º, *b*, do Código Penal aponte o regime fechado para reincidentes e para primários o regime semiaberto, quanto a este último caso, tivemos a oportunidade de impor o regime aberto inicial para roubo majorado, cuja pena foi de reclusão, de 5 anos e 4 meses. Na nota *supra* (nota 30-B1), expusemos um caso em que o STF impôs regime aberto inicial para condenado reincidente, assim como se sabe que a Súmula 269 do STJ permite a aplicação de regime semiaberto para sentenciado a até 4 anos, sendo reincidente (*vide* nota 30-B *supra*). Ademais, na nota 30-A *supra* aponta-se decisão do STF proclamando a inconstitucionalidade de dispositivo da Lei dos Crimes Hediondos que impõe o regime fechado inicial para delitos hediondos e equiparados, em homenagem à individualização da pena. Em suma, tem-se consagrado nos Tribunais Superiores o predomínio da norma constitucional em relação ao Código Penal e outras leis especiais. Confira-se: TJSP: "Apelações defensiva e ministerial. Roubo majorado pelo concurso de agentes. Pleito ministerial requerendo a fixação de regime inicial mais gravoso em relação a um dos réus e pleito defensivo objetivando a absolviçao por insuficiência de provas. Conjunto probatório robusto e coeso demonstrando que o apelante, agindo em concurso com outros dois indivíduos, mediante grave ameaça exercida com emprego de simulacro de arma de fogo, subtraiu um aparelho celular. Reconhecimento pessoal realizado pela vítima, em sede extrajudicial e durante a instrução judicial, à luz do procedimento delineado no art. 226 do CPP. Versão defensiva isolada. Declaração da vítima corroborada pelos depoimentos dos policiais militares e pela *confissão de um dos réus*. Condenação e cálculo de pena mantidos. Basilares fixadas no mínimo legal. Elevação, em um sexto, em relação ao apelante pela reincidência. Na terceira etapa, aumento de um terço em razão do concurso de agentes. Regime inicial fechado irreprochável, em relação ao apelante Nicolas. *Manutenção do regime inicial aberto* quanto ao apelado Marcello, levando-se em conta as *finalidades retributiva e preventiva da pena*, a teor do disposto no art. 33 c/c o art. 59, ambos do CP. Aplicação dos princípios da individualização e da proporcionalidade da pena. Negado provimento aos apelos defensivo e ministerial. (...) Do voto do relator: 'Por derradeiro, no tocante ao regime inicial para cumprimento da repri-

# Art. 33

**Código Penal Comentado · Nucci**

304

menda, em relação ao apelante Nicolas, tendo em vista a quantidade de pena e a reincidência, justificada a fixação do regime prisional inicial fechado, tal como concluído pela magistrada *a quo*, a teor do disposto no art. 33 c/c o art. 59, ambos do Código Penal. Também agiu com acerto a magistrada *a quo* em relação à *fixação excepcional do regime inicial aberto* em relação ao réu Marcello, baseando-se nas *circunstâncias favoráveis do caso concreto (primariedade, bons antecedentes, menoridade relativa, confissão espontânea e arrependimento)*. Muito embora não se desconheça a gravidade do crime praticado, é preciso atentar-se às particularidades do caso *sub judice*, cujos fundamentos mencionados serviram de subsídio para a fixação do mencionado regime pela autoridade sentenciante. Observa-se a existência de precedentes, no Superior Tribunal de Justiça, concluindo pela possibilidade de fixação do regime inicial aberto para aqueles que, embora tenham sido condenados pela prática do crime de roubo, detentor de sabida gravidade, sejam primários e ostentem bons antecedentes, com pena em concreto reduzida. Por todos, cite-se o seguinte julgado, *in verbis*: 'Penal. Agravo regimental no recurso especial. Roubo. Fixação do regime aberto para o cumprimento da pena. Possibilidade. Súmulas 440/STJ, 718/STF e 719/STF. Agravo regimental não provido. 1. Em relação ao regime de cumprimento de pena, a jurisprudência desta Corte firmou-se no sentido de que é necessária, para a fixação de regime mais gravoso, a apresentação de motivação concreta, fundada nas circunstâncias judiciais previstas no art. 59 do Código Penal ou na reincidência. Súmulas 440/STJ, 718/STF e 719/STF. 2. No caso, estabelecida a pena definitiva do acusado em 4 anos de reclusão, sendo favoráveis as circunstâncias do art. 59 do CP, primário o recorrente e sem antecedentes, não havendo qualquer outro elemento concreto demonstrado pela Corte de origem a justificar o regime mais gravoso, o regime aberto é o adequado à prevenção e reparação do delito. 3. Agravo regimental não provido (STJ, AgRg no REsp n. 2.013.751/MG, 5.ª T., rel. Reynaldo Soares da Fonseca, j. 27/09/2022, grifo nosso). Ademais, embora uma leitura literal do art. 33, § 2.º, do Código Penal, pudesse resultar na conclusão de que todos os condenados reincidentes deveriam iniciar o cumprimento de suas penas no regime prisional fechado, o Superior Tribunal de Justiça flexibilizou a referida regra, reputando-a como uma recomendação geral, ao editar o enunciado da Súmula 269: 'É admissível a adoção do regime prisional semiaberto aos reincidentes condenados a pena igual ou inferior a quatro anos se favoráveis as circunstâncias judiciais'. Em igual sentido, em importante precedente recente, o Supremo Tribunal Federal flexibilizou os critérios estipulados no art. 33, § 2.º, do Código Penal ao fixar o regime aberto a condenado reincidente, com espeque na individualização e na proporcionalidade das penas, em caso cuja reprimenda final restou estabelecida em 10 meses de reclusão, *in verbis*: 'Recurso ordinário em *habeas corpus*. Tentativa de furto. Princípio da insignificância. Inaplicabilidade. Abrandamento do regime inicial de cumprimento da pena. Viabilidade. 1. Não se mostra possível acatar a tese de atipicidade material da conduta, pois não há como afastar o elevado nível de reprovabilidade assentado pelas instâncias antecedentes, ainda mais considerando os registros dando conta de que o paciente é reincidente. 2. Quanto ao modo de cumprimento da reprimenda penal, há quadro de constrangimento ilegal a ser corrigido. A imposição do regime inicial semiaberto parece colidir com a proporcionalidade na escolha do regime que melhor se coadune com as circunstâncias da conduta, de modo que o regime aberto melhor se amolda à espécie (cf. HC 123.533, Relator(a): Roberto Barroso, Tribunal Pleno, *DJe* de 18/2/2016; e HC 119.885, Relator(a): Min. Marco Aurélio, Relator(a) p/ Acórdão: Min. Alexandre de Moraes, Primeira Turma, *DJe* de 1.º/8/2018). 3. Recurso Ordinário parcialmente provido, para fixar o regime inicial aberto (STF, RHC 172.532, 1.ª T., rel. Alexandre de Moraes, 26/10/2020, por maioria, grifamos). Isso porque, conforme mencionado pelo próprio legislador no art. 33, § 3.º, do Código Penal, a *avaliação judicial acerca do regime prisional inicial* mais adequado e proporcional deve ser efetuada com fulcro nas *circunstâncias do caso concreto*, nos termos do art. 59 do aludido diploma legal, inexistindo fórmula rígida a ser seguida, de modo genérico, pelo julgador. Por igual motivo, sob o prisma do princípio da individualização da pena, o Supremo Tribunal Federal já havia declarado a inconstitucionalidade do art. 2.º, § 1.º, da Lei n.º 8.072/1990, com a redação dada pela Lei n.º 11.464/2007, que instituiu a obrigatoriedade de fixação do regime inicial fechado aos condenados por crimes hediondos ou equiparados (STF, HC 111.840/ES, Pleno, rel. Dias Toffoli, j. 27/06/2012, por maioria). Veja-se, por oportuno, trecho da fundamentação do julgado paradigma supramencionado, no sentido de prevalecer a individualização da pena no caso concreto, *in verbis*: 'No caso em questão, pondero que a negativa de substituição calcou--se exclusivamente na vedação legal contida no art. 44 da Lei n.º 11.343/06, sem qualquer menção específica às condições pessoais da paciente, o que, a meu ver, não se afigurava possível. O legislador faculta a substituição de pena com base em critérios objetivos (a quantidade de pena cominada quando dolosa a infração e a inexistência de violência ou grave ameaça) e subjetivos (condições pessoais do agente do ilícito penal), e não em função do tipo do crime. Se houvesse a intenção, na Constituição Federal, de permitir que se proibisse por meio de lei a substituição consoante o tipo criminal, certamente tal restrição teria sido incluída entre as vedações feitas no inciso XLIII do art. 5.º. Portanto, do meu ponto de vista, a substituição da pena privativa de liberdade pela restritiva de direitos deve sempre ser analisada independentemente da natureza da infração, em razão da quantidade de pena cominada para a infração, da presença ou não de violência ou grave ameaça e das condições pessoais do agente, por se tratar de direito subjetivo garantido constitucionalmente ao indivíduo (Fls. 6/7 do respectivo acórdão, conforme voto condutor do relator Ministro Dias Toffoli). Importante frisar que não se está a dizer que a redação do art. 33, § 2.º, do Código Penal é inconstitucional. Todavia, note-se a paridade de situações em comparação com o julgamento supracitado do STF: se o regime inicial fechado da Lei dos Crimes Hediondos não deve prevalecer de modo automático, por consequência, o *quantum* de pena não deve ser sempre automaticamente um vetor absoluto para o estabelecimento do regime inicial, sob o prisma dos princípios da individualização e da proporcionalidade das penas. Desse modo, *in casu*, ainda que a pena efetivamente aplicada ao réu Marcello tenha extrapolado o mínimo legal, restando definitiva em 5 anos e 4 meses de reclusão, *não verifico qualquer incompatibilidade na manutenção do regime inicial aberto em prol do apelado, de modo excepcional,* levando-se em conta, conforme já pontuado, as *circunstâncias benéficas em seu favor, como a primariedade, os bons antecedentes, a menoridade relativa, a confissão espontânea e, inclusive, o arrependimento exarado em seu interrogatório judicial,* oportunidade em que alegou ter praticado o delito 'por emoção', sendo influenciado por seu amigo. Sendo assim, com base em tais fundamentos, entendo ser razoável e proporcional a fixação do regime prisional inicial aberto em favor do réu Marcello, sob o prisma das finalidades retributiva e preventiva da pena, além dos princípios da proporcionalidade e da individualização da pena, a teor do disposto no art. 33 c. c. o art. 59, ambos do Código Penal. Ante o exposto, pelo meu voto, nego provimento aos apelos defensivo e ministerial, mantendo-se a sentença hostilizada, por seus próprios e jurídicos fundamentos" (Ap. 1503643-64.2022.8.26.0536, 16.ª C., rel. Guilherme de Souza Nucci, 30.08.2023, m.v., grifamos).

**30-C. Regime mais gravoso do que a faixa apontada no § 2.º do art. 33:** é viável, desde que desfavoráveis as circunstâncias judiciais do art. 59 do CP ou o acusado seja reincidente, a depender do caso concreto. Há hipótese de ser o criminoso reincidente, mas não haver razão para o regime fechado, como expusemos na nota anterior. Contudo, tem prevalecido o entendimento de que as penas privativas de liberdade, de qualquer faixa, devem iniciar o seu cumprimento no regime fechado, quando o réu for reincidente e tiver maus antecedentes. Na jurisprudência: STF: "2. O 'regime de cumprimento da pena fixado na sentença deve ponderar as circunstâncias judiciais examinadas na primeira fase do cálculo da dosimetria da reprimenda,

# Art. 33

nos termos do art. 33, § 3.º, do Código Penal. (...) *In casu*, a sentença condenatória reconheceu a existência de circunstâncias judiciais desfavoráveis ao paciente pelo fato de ser portador de maus antecedentes restando, assim, adequada a imposição do regime fechado' (HC 112.485-AgR, Rel. Min. Luiz Fux). Ainda nessa linha, veja-se o HC 207.115-AgR, Rel. Min. Nunes Marques. 3. A 'fixação do regime inicial de cumprimento da pena não está atrelada, de modo absoluto, ao *quantum* da sanção corporal aplicada. Desde que o faça em decisão motivada, o magistrado sentenciante está autorizado a impor ao condenado regime mais gravoso do que o recomendado nas alíneas do § 2.º do art. 33 do Código Penal. Inteligência da Súmula 719/STF. Inexistência de ilegalidade' (HC 217.555 AgR, Rel. Min. Alexandre de Moraes). Ainda nessa linha, veja-se o RHC 216.402-AgR, Rel. Min. André Mendonça. 4. Quanto ao pedido de substituição da pena privativa de liberdade, '[c]ircunstâncias judiciais negativas afastam a substituição da pena privativa da liberdade por restritiva de direitos' (RHC 135.786-AgR, Rel. Min. Marco Aurélio). Ainda nesse sentido, vejam-se o HC 189.516-ED, Rel. Min. Ricardo Lewandowski; o HC 202.037-AgR, Rel. Min. Nunes Marques; o RHC 161.813-AgR, Rel. Min. Gilmar Mendes; o HC 113.104, Rel. Min. Dias Toffoli. 5. Agravo regimental a que se nega provimento" (RHC 229.067 AgR, 1.ª T., rel. Roberto Barroso, 22.08.2023, v.u.); "I – A reincidência do réu é motivação suficiente para a fixação do regime semiaberto, ainda que a pena fixada seja inferior a quatro anos, nos termos do art. 33, § 2.º, *c*, do Código Penal. Precedentes. II – A reincidência em crime doloso inviabiliza a substituição da pena privativa de liberdade por restritiva de direitos, a teor da expressa dicção do art. 44, II, do Código Penal. Precedentes. III – Agravo interno a que se nega provimento" (RHC 194.169 AgR, 2.ª T., rel. Nunes Marques, 08.04.2021, v.u.). STJ: "1. No que se refere ao regime prisional fixado, o entendimento esposado pelas instâncias ordinárias não merece reparos, mormente em função da escorreita aplicação do art. 33, § 3.º, do Código Penal, haja vista a presença de circunstância judicial negativa, que condicionou a fixação da pena-base acima do mínimo legal. 2. O regime fechado é o adequado para o cumprimento da pena reclusiva de 6 anos, 9 meses e 20 dias de reclusão, tendo em vista a aferição desfavorável das circunstâncias judiciais, nos termos dos arts. 33 e 59 do Código Penal (AgRg no HC n. 557.615/SP, Ministro Ribeiro Dantas, Quinta Turma, *DJe* 16/4/2020)" (AgRg no REsp 1.980.102/MS, 6.ª T., rel. Sebastião Reis Júnior, julgado em 28.06.2022, v.u.).

**31. Utilização do art. 59 do Código Penal para fixação do regime de cumprimento da pena:** nota-se que o emprego do disposto no art. 59 é múltiplo, valendo para vários momentos diferentes da individualização da pena. Assim, as circunstâncias previstas no art. 59 – culpabilidade, antecedentes, conduta social, personalidade do agente, motivos, circunstâncias, consequências do crime e comportamento da vítima – são utilizadas desde o momento de escolha do montante da pena privativa de liberdade, passando pela eleição do regime, até culminar na possibilidade de substituição da privativa de liberdade pela restritiva de direitos ou multa e outros benefícios. No sentido de dever o juiz valer-se não somente da gravidade do crime, mas também das circunstâncias pessoais do agente para fixar o regime: STF: "1. A presença de maus antecedentes ou de reincidência é razão suficiente para afastar a minorante do tráfico privilegiado. 2. A existência de circunstância judicial desfavorável é justificativa idônea para a imposição de regime mais gravoso" (HC 206199 AgR, 2.ª T., rel. Nunes Marques, julgado em 21.02.2022, v.u.).

**31-A. Exigência da reparação do dano ou devolução do produto do ilícito para a progressão de regime:** introduziu a Lei 10.763, de 12 de novembro de 2003, mais um empecilho à progressão de regime, demandando que o condenado por crime contra a Administração Pública, ainda que possua merecimento, seja obrigado a reparar previamente o dano causado ou devolver o produto do ilícito. Tal reclamo pode ser inconstitucional, caso se considere a referida condição em caráter absoluto, afinal, o sentenciado pode não ter condições econômicas para satisfazer o dano provocado. Se a progressão for vetada, não se atinge o propósito real de ressocialização da pena. Primeiramente, deve-se ressaltar que a sanção penal tem a finalidade de configurar uma resposta ao crime perpetrado (retribuição), ser uma prevenção a novas infrações, bem como valer como fator de reeducação e ressocialização (prevenção positiva especial), esta última, aliás, constante da Declaração Americana dos Direitos Humanos, subscrita pelo Brasil e em pleno vigor, além do art. 1.º da Lei de Execução Penal. Não há, como finalidade da pena, a meta de reparação do dano à vítima, seja ela quem for. Portanto, o condenado que esteja em regime fechado, dando mostras de plena recuperação, cumprido o período mínimo previsto em lei, sem o cometimento de falta grave nem tampouco possuindo laudo criminológico desfavorável (quando for realizado) tem o direito de progredir. A individualização, preceito constitucional (art. 5.º, XLVI, primeira parte), desenvolve-se em três fases, como já abordado (legislativa, judiciária e executória), razão pela qual o mais importante é verificar se o sentenciado mostra sinais de recuperação; assim sendo, quando viável a sua ressocialização, a passagem para regime mais brando é direito indiscutível. É bem verdade que há exigência semelhante, por exemplo, no campo do livramento condicional ("tenha reparado, *salvo efetiva impossibilidade de fazê-lo*, o dano causado pela infração" – art. 83, IV, CP, grifamos), mas não se deve olvidar que o livramento condicional não é regime de cumprimento de pena, embora esteja inserido no universo das medidas de política criminal para permitir a redução do tempo de prisão, propiciando a concessão antecipada da liberdade. Por outro lado, no caso mencionado, pelo menos deixou claro o legislador a hipótese de não ser possível ao condenado efetuar a reparação do dano. Ora, tal previsão não se fez no § 4.º do art. 33, o que demonstraria um desnível entre o sentenciado por crime contra a administração e os demais. Um estelionatário, *v.g.*, não tendo condições financeiras, deixa de indenizar a vítima e consegue o livramento condicional. No campo da progressão, então, nem mesmo precisa demonstrar que podia ou não reparar o dano. Um condenado por corrupção, no entanto, haveria de reparar o prejuízo de qualquer modo, do contrário não receberia benefício algum, ao menos no contexto da progressão. Tal medida, se aplicada em nível absoluto, seria discriminatória e iria ferir não somente a finalidade da pena, prejudicando a individualização, como também lesaria o princípio geral da igualdade de todos perante a lei. Portanto, embora o STF tenha considerado constitucional esse parágrafo, é preciso adaptá-lo à realidade do condenado: se tiver condições econômicas, deve reparar o dano ou devolver o produto desviado; se não possuir, deve obter a progressão do mesmo modo.

### Regras do regime fechado[32-32-D]

> **Art. 34.** O condenado será submetido, no início do cumprimento da pena, a exame criminológico de classificação[33] para individualização da execução.
>
> § 1.º O condenado fica sujeito a trabalho[34] no período diurno e a isolamento durante o repouso noturno.
>
> § 2.º O trabalho será em comum dentro do estabelecimento, na conformidade das aptidões ou ocupações anteriores do condenado, desde que compatíveis com a execução da pena.[35]
>
> § 3.º O trabalho externo é admissível, no regime fechado, em serviços ou obras públicas.[36-37]

**32. Local de cumprimento da pena no regime fechado:** é a penitenciária, alojando-se o condenado em cela individual, contendo dormitório, aparelho sanitário e lavatório, com salubridade e área mínima de seis metros quadrados (arts. 87 e 88, LEP). Segundo a lei, não se

# Art. 34

Código Penal Comentado · **Nucci**                                      308

cumpre pena em cadeia pública, destinada a recolher unicamente os presos provisórios (art. 102, LEP). Lamentavelmente, por falta de vagas, há muitos sentenciados cumprindo pena, sem qualquer condição de salubridade e distante dos objetivos da individualização da execução.

**32-A. Regime disciplinar diferenciado:** introduzido pela Lei 10.792/2003, com a modificação da Lei 13.964/2019, o regime disciplinar diferenciado é, em síntese, caracterizado pelo seguinte: *a)* duração máxima de 2 anos, sem prejuízo de repetição da sanção por nova falta grave de mesma espécie; *b)* recolhimento em cela individual; *c)* visitas quinzenais, de duas pessoas por vez, a serem realizadas em instalações equipadas para impedir o contato físico e a passagem de objetos, por pessoa da família ou, quando terceiro, autorizado pelo juízo, com duração de duas horas; *d)* direito de saída da cela para banho de sol por duas horas diárias podendo conviver com até quatro presos, desde que não sejam do mesmo grupo criminoso; *e)* entrevistas monitoradas, exceto com o defensor, em instalações equipadas para impedir o contato físico e a passagem de coisas, salvo expressa autorização judicial em contrário; *f)* fiscalização de conteúdo da correspondência; *g)* participação em audiências judiciais em videoconferência, de preferência, assegurando a presença do defensor no mesmo local que o preso. O regime é válido para condenados ou presos provisórios. Podem ser incluídos no mesmo regime os presos, nacionais ou estrangeiros, provisórios ou condenados, que apresentem alto risco para a ordem e a segurança do estabelecimento penal ou aqueles que (provisórios ou condenados) estiverem envolvidos ou participarem – com fundadas suspeitas –, a qualquer título, de organizações criminosas, quadrilha ou bando [associação criminosa, com a redação dada pela Lei 12.850/2013] (art. 52, § 1.º). Enfim, três são as hipóteses para a inclusão no RDD: *a)* quando o preso provisório ou condenado praticar fato previsto como crime doloso, conturbando a ordem e a disciplina interna do presídio onde se encontre; *b)* quando o preso provisório ou condenado representar alto risco para a ordem e à segurança do estabelecimento penal ou da sociedade; *c)* quando o preso provisório ou condenado estiver envolvido com organização criminosa, associação criminosa ou milícia, bastando fundada suspeita. O regime disciplinar diferenciado somente poderá ser decretado pelo juiz da execução penal, desde que proposto, em requerimento pormenorizado, pelo diretor do estabelecimento penal ou por outra autoridade administrativa (por exemplo, o Secretário da Administração Penitenciária, quando houver), ouvido previamente o membro do Ministério Público e a defesa (art. 54 e parágrafos). Embora o juiz tenha o prazo máximo de 15 dias para decidir a respeito, a autoridade administrativa, em caso de urgência, pode isolar o preso preventivamente, por até dez dias, aguardando a decisão judicial (art. 60). Os prazos, no entanto, deveriam coincidir, ou seja, se o juiz tem até 15 dias para deliberar sobre o regime disciplinar diferenciado, o ideal seria que a autoridade administrativa tivesse igualmente 15 dias para isolar o preso, quando fosse necessário. Nada impede, aliás, tudo recomenda, no entanto, que o juiz, alertado de que o preso já foi isolado, decida em dez dias, evitando-se alegação de constrangimento ilegal. O tempo de isolamento provisório será computado no período total de regime disciplinar diferenciado, como uma autêntica detração. Observa-se a severidade inconteste do mencionado regime, infelizmente criado para atender às necessidades prementes de combate ao crime organizado e aos líderes de facções que, de dentro dos presídios brasileiros, continuam a atuar na condução dos negócios criminosos fora do cárcere, além de incitarem seus comparsas soltos à prática de atos delituosos graves de todos os tipos. Por isso, é preciso que o magistrado encarregado da execução penal tenha a sensibilidade que o cargo lhe exige para avaliar a real e efetiva necessidade de inclusão do preso no RDD, especialmente do provisório, cuja inocência pode ser constatada posteriormente. A Lei 10.792/2003 prevê, ainda, a utilização de detectores de metais, nos estabelecimentos penais, aos quais devem submeter-se "todos que queiram ter acesso ao referido estabelecimento, ainda que exerçam qualquer cargo ou função pública" (art. 3.º). A segurança nos presídios, portanto, torna-se expressamente mais severa, devendo todos, de modo igualitário, às suas normas se sujeitar (magistrados, promotores, advogados, delegados, Secretários de Estado, Governadores etc.). O art. 4.º da mencionada Lei dispõe que os estabelecimentos penais, especialmente os que possuírem o regime disciplinar diferenciado, deverão possuir equipamento bloqueador de telecomunicação para celulares, radiotransmissores e outros meios. Espera-se que haja a devida e suficiente destinação de verba pelo Poder Executivo para tanto, a fim de que a norma não seja considerada ineficaz. Novamente, estipula-se a missão da União Federal para a construção de presídios em local distante da condenação para recolher os condenados, no interesse da segurança pública ou do próprio sentenciado (art. 86, § 1.º, LEP). Fica claro que cabe ao juiz da execução penal definir o estabelecimento prisional adequado para o cumprimento da pena ou para abrigar o preso provisório (art. 86, § 3.º, LEP). Na jurisprudência: STJ: "1. Na espécie, o sentenciado foi inserido no Sistema Penitenciário Federal, em Regime Disciplinar Diferenciado – RDD, o qual foi renovado fundamentadamente por mais 3 anos, contados de 28/4/2020, consignando-se, na oportunidade, persistirem os motivos para sua permanência no SPF, na medida em que o preso possui condenação por crime violento, por associação criminosa, consta que é líder de organização criminosa (OKD RB), e que esteve envolvido em episódio de rebelião e planejamento de fuga. 2. Assim, ficou explicitada adequadamente a necessidade de manutenção do apenado no Sistema Penitenciário Federal, justificada no interesse da segurança pública. 3. Por outro lado, não se pode olvidar que a Terceira Seção desta Superior Corte de Justiça possui entendimento consolidado no sentido de que a concessão do benefício da progressão de regime ao apenado em presídio federal de segurança máxima fica condicionada à ausência dos motivos que justificaram a transferência originária para esse sistema ou, ainda, à superação de eventual conflito de competência suscitado. Tal entendimento jurisprudencial deriva da interpretação sistemática dos dispositivos legais que norteiam o ingresso no Sistema Penitenciário Federal, os quais demonstram a absoluta incompatibilidade entre os motivos que autorizam a inclusão do preso e os benefícios liberatórios da execução (...) 4. No caso concreto, permanecem os motivos que justificaram a transferência do sentenciado para presídio federal de segurança máxima, não sendo plausível a concessão do referido benefício" (AgRg no HC 656.813-PR, 5.ª T., rel. Reynaldo Soares da Fonseca, 20.04.2021, v.u.).

**32-B. Constitucionalidade do regime disciplinar diferenciado:** tivemos a oportunidade de desenvolver esse tema, em nossa obra *Leis penais e processuais penais comentadas – vol. 2* (nota 124 ao art. 52 da Lei 7.210/1984). Nosso entendimento se baseia na constitucionalidade do novo regime, pois não se combate o crime organizado, dentro ou fora dos presídios, com o mesmo tratamento destinado ao delinquente comum. Se todos os dispositivos do Código Penal e da Lei de Execução Penal fossem fielmente cumpridos, há muitos anos, pelo Poder Executivo, encarregado de construir, sustentar e administrar os estabelecimentos penais, certamente o crime não estaria, hoje, organizado, de modo que não precisaríamos de regimes como o estabelecido pelo art. 52 da Lei de Execução Penal. A realidade distanciou-se da lei, dando margem à estruturação do crime, em todos os níveis. Mas, pior, organizou-se a marginalidade *dentro* do cárcere, o que é situação inconcebível, mormente se pensarmos que o preso deve estar, no regime fechado, à noite, isolado em sua cela, bem como, durante o dia, trabalhando ou desenvolvendo atividades de lazer ou aprendizado. Dado o fato, não se pode voltar as costas à realidade. Por isso, o regime disciplinar diferenciado tornou-se um *mal necessário*, mas está longe de representar uma pena cruel. Severa, sim; desumana, não. Aliás, proclamar a inconstitucionalidade desse regime, fechando os olhos aos imundos cárceres aos quais estão lançados muitos presos no Brasil, é, com a devida vênia, uma imensa contradição. Pior ser inserido em uma cela coletiva, repleta de condenados perigosos, com penas elevadas, muitos deles misturados aos presos provisórios, sem qualquer regramento e completamente insalubre, do que ser colocado em cela individual, longe da violência de qualquer espécie, com mais higiene e asseio, além de não se submeter a nenhum tipo de assédio de outros criminosos. Há presídios brasileiros, onde não existe o RDD, mas presos matam outros, rebeliões são

# Art. 34

Código Penal Comentado · **Nucci**

uma atividade constante, fugas ocorrem a todo o momento, a violência sexual não é contida e condenados contraem doenças gravíssimas. Pensamos ser essa situação mais séria e penosa do que o regime disciplinar diferenciado. Obviamente, poder-se-ia argumentar, *um erro não justifica outro*, mas é fundamental lembrar que o *erro essencial* provém, primordialmente, do descaso de décadas com o sistema penitenciário, gerando e possibilitando o crescimento do crime organizado dentro dos presídios. Ora, essa situação necessita de controle imediato, sem falsa utopia. Ademais, não há direito absoluto, como vínhamos defendendo em todos os nossos estudos, razão pela qual a harmonia entre direitos e garantias é fundamental. Se o preso deveria estar inserido em um regime fechado ajustado à lei – e não o possui no plano real –, a sociedade também tem direito à segurança pública. Por isso, o RDD tornou-se uma alternativa viável para conter o avanço da criminalidade incontrolada, constituindo meio adequado para o momento vivido pela sociedade brasileira. Em lugar de combater, idealmente, o regime disciplinar diferenciado, cremos ser mais ajustado defender, por todas as formas possíveis, o fiel cumprimento às leis penais e de execução penal, buscando implementar, na prática, os regimes fechado, semiaberto e aberto, que, em muitos lugares, constituem meras quimeras.

**32-C. Competência para aplicar o RDD:** considerando-se que, atualmente, a maior parte dos presídios aptos a receber presos incluídos no regime disciplinar diferenciado é da esfera federal, muitos detentos – provisórios ou definitivos – têm sido a eles encaminhados. Porém, cabe ao juiz das execuções penais, que cuida do processo relativo ao condenado, decidir se ele precisa ingressar nesse regime particular e não ao juiz federal, corregedor do presídio, avaliar essa necessidade. O contrário também poderia ocorrer, caso um juiz federal das execuções penais determine a inserção de preso no RDD, quando este pertencer a um presídio estadual da região. Tratando-se de preso provisório, o juiz condutor do processo pode determinar a inclusão no RDD, seja ele da esfera estadual ou federal; não cabe ao magistrado corregedor do presídio para onde o detento for levado (estadual ou federal) rever essa avaliação. O responsável pela fiscalização do presídio não conhece o processo (de conhecimento ou de execução), de modo que não tem elementos para analisar a necessidade ou desnecessidade da inserção no regime disciplinar diferenciado. Porém, torna-se competente para avaliar a execução penal, a partir daí, o juiz responsável pelo presídio.

**32-D. Cumprimento da pena em condições degradantes:** essa hipótese foi abordada pela Corte Interamericana de Direitos Humanos e houve determinação para o cômputo em dobro da pena, quando o cumprimento se der em situação degradante. STJ: "Trata-se de Recurso em *habeas corpus* interposto por O. O. S. em face de acórdão do Tribunal de Justiça do Rio de Janeiro (HC n. 0056922-61.2020.8.19.0000). Consta dos autos que a defesa impetrou *habeas corpus* em favor do ora recorrente, perante a Corte estadual, pleiteando o cômputo em dobro de todo o período em que o paciente cumpriu pena no Instituto Penal Plácido de Sá Carvalho, vale dizer, de 09 de julho de 2017 a 24 de maio de 2019. (...) Nesta sede, pretende o recorrente seja o seu recurso provido para que, uma vez reformada a decisão atacada, que o período de pena cumprida pelo apenado, no Complexo Prisional de Gericinó, em Bangu/RJ, seja considerado em dobro, por se tratar de pena cumprida de maneira degradante e desumana, conforme determinação da Corte Interamericana de Direitos Humanos. Aduz que a contagem em dobro deve incidir sobre o total da pena cumprida de forma degradante, o que levaria o recorrente a alcançar o período necessário tanto para a progressão de regime quanto para o livramento condicional. Em sede de manifestação, o Ministério Público opina pelo provimento do recurso ordinário em *habeas corpus*. É o relatório. Decido. A hipótese dos autos diz respeito ao notório caso do Instituto Penal Plácido de Sá Carvalho no Rio de Janeiro (IPPSC). A referida unidade prisional foi objeto de inúmeras inspeções que culminaram com a Resolução da Corte IDH de 22/11/2018, que ao reconhecer referido instituto inadequado para a execução de penas, especialmente em razão de os presos se acharem em situação degradante e desumana, determinou no item n. 4, que se computasse '*em dobro cada dia de privação de liberdade cumprido no IPPSC, para todas as pessoas ali alojadas, que não sejam acusadas de crimes contra a vida ou a integridade física, ou de crimes sexuais, ou não tenham sido por eles condenadas, nos termos dos Considerandos 115 a 130 da presente resolução*'. Ao denegar a ordem, o Tribunal *a quo*, no acórdão recorrido, assim pronunciou, no que aqui interessa (e-STJ, fls. 72): '(...) *Nesta toada, forçoso concluir-se quanto à obrigatoriedade da determinação contida na Resolução da Corte Interamericana de Direitos Humanos, de 22 de novembro de 2018, que determinou o cômputo em dobro do período de cumprimento de pena privativa de liberdade dos apenados no Instituto Penal Plácido de Sá Carvalho. Posto isto, não se discute o direito à contagem em dobro da pena, tanto o é, que o pleito foi acolhido pelo juízo impetrado. Referida resolução foi omissa quanto marco* a quo *da contagem, de forma que se deve aplicar as regras do ordenamento jurídico brasileiro, que confere efetividade e coercibilidade às decisões, na data de sua notificação formal*, in casu, *no dia 14 de dezembro de 2018*'. O Juízo da Execução, por sua vez, sobre o tema ventilado, assim havia se manifestado, no que interessa (e-STJ, fls. 57): '(...) *No que se refere ao termo* a quo *a partir do qual a medida ora em escopo é aplicável, deve-se ter como parâmetro o dia 14/12/2018, data em que o Brasil foi formalmente notificado pela Corte Interamericana de Direitos Humanos para cumprimento das medidas dispostas na Resolução de 22/11/2018. Pelo vigor de todo o exposto, DEFIRO o pleito. CUMPRA--SE a Resolução CIDH de 22/11/2018, computando-se EM DOBRO o tempo de pena cumprida pelo penitente no Instituto Plácido Sá Carvalho de 17.08.2018 até 06.09.2019, conforme TFD, ou seja, pelo período em que esteve configurada a situação constatada pela CIDH. Registre-se o incidente de remição, explicitando-se o período de prisão ora dobrado*'. Conforme se extrai dos trechos transcritos, a controvérsia se cinge ao termo inicial de efetividade da já mencionada Resolução da Corte IDH, de 22 de novembro de 2018, no que concerne ao item 4, onde se determinou que se computasse '*em dobro cada dia de privação de liberdade cumprido no IPPSC, para todas as pessoas ali alojadas, que não sejam acusadas de crimes contra a vida ou a integridade física, ou de crimes sexuais, ou não tenham sido por eles condenadas, nos termos dos Considerandos 115 a 130 da presente resolução*'. Vale asseverar, por oportuno, que conforme constatado pelo Juiz da Execução, na hipótese, '*não houve vulneração da integridade física das vítimas*' (e-STJ, fls. 56), situação que, de plano, afasta qualquer necessidade de digressão acerca do tema, ante os termos do item 4 retrotranscrito. Posta tal premissa, a aprovação da Convenção Americana de Direitos Humanos (CADH), também conhecida como Pacto de San Jose da Costa Rica, em 1969, trouxe aos Estados americanos, signatários do documento internacional, uma série de direitos e deveres envolvendo o tema. A partir do Decreto 4.463, de novembro de 2002, o Brasil submeteu-se à jurisdição contenciosa da Corte IDH e passou a figurar no polo passivo de demandas internacionais, o que resultou em obrigações de ajustes internos para que suas normas pudessem se coadunar com a Convenção Americana de Direitos Humanos. Ao sujeitar-se à jurisdição da Corte IDH, o País amplia o rol de direitos das pessoas e o espaço de diálogo com a comunidade internacional. Com isso, a jurisdição brasileira, ao basear-se na cooperação internacional, pode ampliar a efetividade dos direitos humanos. As sentenças emitidas pela Corte IDH, por sua vez, têm eficácia vinculante aos Estados que sejam partes processuais, não havendo meios de impugnação aptos a revisar a decisão exarada. Em caso de descumprimento da sentença, a Corte poderá submetê-la à análise da Assembleia Geral da Organização, com o fim de emitir recomendações para que as exigências sejam cumpridas e ocorra a consequente reparação dos danos e cessação das violações dos direitos humanos. A supervisão de cumprimento de sentença ocorre pela própria Corte, a qual pode requerer informações ao Estado-parte, quando consideradas pertinentes. Essa característica deriva do princípio internacional do *pacta sunt servanda*. Isto é, parte-se da premissa que os Estados têm de cumprir suas obrigações e deveres de boa-fé ao assumirem a responsabilidade diante da comunidade internacional. Tal princípio evita que os Estados se eximam das obrigações adimplidas, perante o Direito Internacional, em razão de seu direito interno,

# Art. 34

Código Penal Comentado · **Nucci**

o qual deve se coadunar com as resoluções e documentos internacionais dos quais faça parte. A propósito, o artigo 26 da CADH afirma que os Estados-partes se comprometem a adotar, tanto no âmbito interno quanto no internacional, as providências necessárias para conseguir o desenvolvimento progressivo e a plena efetividade dos direitos constantes da Carta da Organização dos Estados Americanos, inclusive para prevenir a violação dos direitos humanos. Portanto, a sentença da Corte IDH produz autoridade de coisa julgada internacional, com eficácia vinculante e direta às partes. Todos os órgãos e poderes internos do País encontram-se obrigados a cumprir a sentença. Sobre o tema vale destacar o art. 69 da CADH que afirma que a '*sentença da Corte deve ser notificada às partes no caso e transmitida aos Estados Partes na Convenção*'. Contudo, na hipótese, as instâncias inferiores ao diferirem os efeitos da decisão para o momento em que o Estado Brasileiro tomou ciência da decisão proferida pela Corte Interamericana, deixando com isso de computar parte do período em que o recorrente teria cumprido pena em situação considerada degradante, deixaram de dar cumprimento a tal mandamento, levando em conta que as sentenças da Corte possuem eficácia imediata para os Estados Partes e efeito meramente declaratório. De fato, não se mostra possível que a determinação de cômputo em dobro tenha seus efeitos modulados como se o recorrente tivesse cumprido parte da pena em condições aceitáveis até a notificação e a partir de então tal estado de fato tivesse se modificado. Em realidade, o substrato fático que deu origem ao reconhecimento da situação degradante já perdurara anteriormente, até para que pudesse ser objeto de reconhecimento, devendo, por tal razão, incidir sobre todo o período de cumprimento da pena. Nesse ponto, vale asseverar que, por princípio interpretativo das convenções sobre direitos humanos, o Estado-parte da CIDH pode ampliar a proteção dos direitos humanos, por meio do princípio *pro personae*, interpretando a sentença da Corte IDH da maneira mais favorável possível àquele que vê seus direitos violados. No mesmo diapasão, as autoridades públicas, judiciárias inclusive, devem exercer o controle de convencionalidade, observando os efeitos das disposições do diploma internacional e adequando sua estrutura interna para garantir o cumprimento total de suas obrigações frente à comunidade internacional, uma vez que os países signatários são guardiões da tutela dos direitos humanos, devendo empregar a interpretação mais favorável ao indivíduo. Logo, os juízes nacionais devem agir como juízes interamericanos e estabelecer o diálogo entre o direito interno e o direito internacional dos direitos humanos, até mesmo para diminuir violações e abreviar as demandas internacionais. É com tal espírito hermenêutico que se dessume que, na hipótese, a melhor interpretação a ser dada, é pela aplicação da Resolução da Corte Interamericana de Direitos Humanos, de 22 de novembro de 2018 a todo o período em que o recorrente cumpriu pena no IPPSC. Ante o exposto, dou provimento ao recurso ordinário em *habeas corpus*, para que se efetue o cômputo em dobro de todo o período em que o paciente cumpriu pena no Instituto Penal Plácido de Sá Carvalho, de 09 de julho de 2017 a 24 de maio de 2019" (RHC 136.961-RJ, decisão monocrática, rel. Reynaldo Soares da Fonseca, 28.04.2021, grifos no original). Na sequência, o STF também determinou que, em 60 dias, fosse concedida a todos os presos do Complexo do Curado em Recife-PE a contagem em dobro do período de prisão, enquanto estiverem alojados nesse estabelecimento, excluídos os acusados ou condenados por crimes contra a vida, a integridade física e os sexuais, independentemente da consideração de serem hediondos ou equiparados. Nestes últimos casos, os presos devem ser avaliados por equipe criminológica, nos termos indicados pela CIDH. Deve o juízo da execução penal proferir nova decisão acerca do cômputo do período de cumprimento da pena, conforme exposto (HC 208.337 MC-EXTN/PE, rel. Edson Fachin, 19.12.2022, decisão monocrática).

**33. Exame criminológico de classificação:** é o exame realizado pela Comissão Técnica de Classificação logo no início do cumprimento da pena, nos regimes fechado e semiaberto, para elaborar um perfil do sentenciado, assegurando um programa individualizador para a execução (arts. 6.º, 7.º e 8.º, LEP).

**34. Trabalho durante a execução da pena:** o condenado à pena privativa de liberdade deve trabalhar, conforme suas "aptidões e capacidade" (arts. 31 e 39, V, LEP). Não o fazendo, apesar de ter condições pessoais a tanto, constitui falta grave (art. 50, VI, LEP), o que o impedirá de conseguir benefícios, como a progressão ou o livramento condicional. Não é obrigatório, no entanto, para o preso político (art. 200, LEP), nem para o preso provisório (art. 31, parágrafo único, LEP). É facultativo para os condenados por contravenção penal sujeitos a prisão simples, não excedente de quinze dias (art. 6.º, § 2.º, Lei das Contravenções Penais).

**35. Complemento do art. 32 da Lei de Execução Penal:** "na atribuição do trabalho deverão ser levadas em conta a habilitação, a condição pessoal e as necessidades futuras do preso, bem como as oportunidades oferecidas pelo mercado. § 1.º Deverá ser limitado, tanto quanto possível, o artesanato sem expressão econômica, salvo nas regiões de turismo. § 2.º Os maiores de 60 (sessenta) anos poderão solicitar ocupação adequada à sua idade. § 3.º Os doentes ou deficientes físicos somente exercerão atividades apropriadas ao seu estado".

**36. Trabalho externo do condenado:** somente é admissível no regime fechado, em serviço ou obras públicas realizados por órgãos da administração direta ou indireta, como regra; eventualmente, pode ser feito em entidades privadas, desde que sob vigilância. Esse trabalho será remunerado e, quando for realizado em entidades privadas, depende do consentimento expresso do preso. Para ser autorizada essa modalidade de trabalho, torna-se indispensável o cumprimento de, pelo menos, um sexto da pena (arts. 36 e 37, LEP).

**36-A. Trabalho externo e crime hediondo (ou assemelhado):** viabilidade. Quem cumpre pena em razão de condenação por delito hediondo está inserido no regime fechado, devendo respeitar todas as regras a ele condizentes. Logo, é perfeitamente possível o trabalho externo, desde que realizado sob a devida vigilância.

**37. Permissão de saída:** podem os condenados em regime fechado ou semiaberto ou os presos provisórios receber permissão para sair do estabelecimento prisional, devidamente escoltados, quando houver falecimento ou doença grave de cônjuge, companheira, ascendente, descendente ou irmão ou necessidade de tratamento médico (art. 120, LEP). Vale registrar o fato inusitado, ocorrido no dia 14 de outubro de 2006, na Penitenciária José Parada Neto, em Guarulhos, Estado de São Paulo, quando a mulher de um preso considerado perigoso faleceu. Ele não pôde ir ao velório, pois os responsáveis pela escolta ficaram com medo de ocorrer um eventual resgate. Diante disso, o caixão foi levado para ser velado na prisão, com autorização da Coordenadoria dos Estabelecimentos Penitenciários da Capital e Grande São Paulo (*Jornal da Tarde*, 20.10.2006, p. 7A).

### Regras do regime semiaberto[38-38-A]

> **Art. 35.** Aplica-se a norma do art. 34 deste Código, *caput*, ao condenado que inicie o cumprimento da pena em regime semiaberto.[39]
>
> § 1.º O condenado fica sujeito a trabalho em comum durante o período diurno, em colônia agrícola, industrial ou estabelecimento similar.[39-A]
>
> § 2.º O trabalho externo é admissível,[40-40-B] bem como a frequência a cursos supletivos profissionalizantes, de instrução de segundo grau ou superior.[41]

**38. Local destinado ao cumprimento da pena no regime semiaberto:** é a colônia agrícola, industrial ou similar, podendo o condenado ser alojado em compartimento coletivo,

# Art. 35

Código Penal Comentado · **Nucci**

com salubridade, além de ser feita uma seleção adequada dos presos e observado o limite de capacidade, conforme a individualização da pena (arts. 91 e 92, LEP).

**38-A. Falta de vagas suficientes no regime semiaberto:** consultar a nota 13 ao art. 33.

**39. Exame criminológico de classificação no regime semiaberto:** segundo o Código Penal, esse exame é obrigatório, embora no art. 8.º, parágrafo único, da Lei de Execução Penal preceitue ser facultativo. O mais indicado, no entanto, é seguir o estipulado no Código Penal, tendo em vista que a realização do exame é benéfica ao condenado, individualizando o cumprimento da sua pena.

**39-A. Estabelecimento similar:** o regime semiaberto possui características particulares, com o propósito de abrandar as rígidas regras do fechado. Nos termos do art. 92 da Lei de Execução Penal, o condenado deve ser inserido em alojamento coletivo, podendo circular pelo interior do estabelecimento. Nessas dependências, deve haver a seleção adequada dos presos e o limite de capacidade máxima que atinja a meta de individualização executória da pena. O § 1.º do art. 33 do Código Penal menciona como locais do regime semiaberto a colônia agrícola ou industrial, referindo-se, ainda, a *estabelecimento similar*. Na verdade, o padrão da colônia é conhecido, dividindo-se em agrícola na zona rural e industrial na área urbana; porém, o lugar semelhante precisa ser analisado de modo amplo, desde que respeite os parâmetros traçados: alojamento coletivo, possibilidade de trabalho e saída temporária, inexistência de celas individuais. Na jurisprudência: STJ: "1. É possível o cumprimento da pena em estabelecimento prisional similar ao do regime semiaberto, desde que sejam assegurados ao reeducando a permanência em ala separada e o gozo dos benefícios relativos ao regime intermediário, o que ocorre na espécie. 2. No caso, os presos que cumprem pena em regime semiaberto permanecem encarcerados em ala separada dos detentos que cumprem pena em regime fechado, sendo a eles oportunizado, inclusive, o benefício da saída temporária" (AgRg no HC n. 832.164/SC, 6.ª T., rel. Rogerio Schietti Cruz, 18.09.2023, v.u.).

**40. Saída temporária e trabalho externo:** segundo a lei, o trabalho externo é admissível. O ideal é a atividade laborativa desenvolvida na própria colônia, mas a falta de estrutura, ocasionada pelo próprio Poder Executivo, termina obrigando o juiz da execução a autorizar o trabalho externo como regra. O mesmo critério se utiliza para o estudo do sentenciado. A saída temporária, sem fiscalização direta (embora possa haver monitoramento eletrônico), pode dar-se para o trabalho ou para a frequência a curso supletivo profissionalizante, bem como de instrução do 2.º grau ou superior, na Comarca do juízo de execução (arts. 34, § 2.º, CP; 122, II, LEP). Entretanto, após a edição da Lei 14.843/2024, veda-se a saída temporária, sem vigilância direta (não vale o monitoramento a distância), do condenado por crime hediondo ou cometido com violência ou grave ameaça contra pessoa (art. 122, § 2.º, LEP). Se puder obter a saída para estudo, o tempo deve ser o necessário para cumprir a atividade discente (art. 122, § 3.º, LEP). A referida lei revogou o direito à saída temporária para visita à família ou participação em outras atividades (para qualquer sentenciado). Quando possível, a saída temporária depende da avaliação, pelo juiz, do bom comportamento do condenado, cumprimento de, pelo menos, 1/6 da pena, se primário, ou 1/4, se reincidente (art. 123, I e II, LEP). Verifique-se, ainda, a Súmula 40 do Superior Tribunal de Justiça: "Para obtenção dos benefícios de saída temporária e trabalho externo, considera-se o tempo de cumprimento da pena no regime fechado". Em literal interpretação, quem ingressa no regime semiaberto, caso já tenha cumprido um sexto da pena no fechado, pode conseguir, de pronto, o benefício do trabalho externo ou da saída temporária. Porém, quem inicia o cumprimento da pena no semiaberto, precisaria cumprir um sexto, para, então, almejar os mencionados benefícios. No entanto, em interpretação lógico-

-sistemática, quem começa no semiaberto – regime nitidamente mais brando –, pode obter, desde logo, a saída temporária ou a viabilidade do trabalho externo. Essa foi a decisão tomada pelo STF, no conhecido caso "mensalão", no tocante aos sentenciados que iniciaram a pena no regime semiaberto. Além disso, tem havido o aumento considerável de casos de autorizações de saída para trabalho externo, sem qualquer vigilância, que vêm sendo concedidas por inúmeros magistrados. Essa medida se torna, em determinadas situações, a única saída que o juiz encontra para controlar rebeliões, fugas e revoltas. Tendo em vista que o regime aberto está falido, pois não existem Casas do Albergado, bem como o semiaberto encontra-se com nítida deficiência de vagas ou ausência de oferta de trabalho interno, a atividade laborativa externa termina sendo a forma encontrada pelo magistrado para reintegrar o preso à vida em comunidade. Prosseguindo-se desse modo, equipara-se o regime semiaberto às regras do aberto, o que não atende ao escopo da legislação de execução penal.

**40-A. Regime semiaberto e prisão domiciliar:** inexiste essa modalidade de prisão no âmbito do regime semiaberto. Na verdade, conforme dispõe o art. 117 da LEP, apenas no regime aberto pode-se contar com a modalidade de prisão-albergue domiciliar (enfermos, mulheres grávidas ou com filho menor ou deficiente, maiores de 70 anos). O STF debateu a questão, no conhecido caso "mensalão", negando a possibilidade de concessão da prisão domiciliar para o condenado em cumprimento de pena no regime semiaberto.

**40-B. Competência para autorização de saída temporária:** há muitos anos, o Judiciário vinha *delegando* ao diretor do estabelecimento prisional a concessão de saída temporária. Estabelecia-se uma *portaria* do juiz da execução, com algumas condições, para que a autoridade administrativa efetivasse o benefício. Entretanto, considerando-se o caráter jurisdicional da execução penal, bem como a saída temporária como benefício, deveria ser autorizada, a cada preso dela merecedor, pelo magistrado. Nessa ótica, o STJ editou a Súmula 520, que dispõe: "o benefício de saída temporária no âmbito da execução penal é ato jurisdicional insuscetível de delegação à autoridade administrativa do estabelecimento prisional".

**41. Regime semiaberto e estrangeiro:** era posição majoritária ser incompatível a situação do estrangeiro condenado no Brasil com o regime semiaberto, devendo cumprir toda a sua pena no fechado para, depois, ser expulso. Porém, atualmente, tem-se permitido a progressão e o livramento condicional, bem como outros benefícios, pois expressamente autorizado pela Lei 13.445/2017 (Lei de Migração). Essa nova posição está correta, visto não dever haver distinção alguma entre brasileiros e estrangeiros para o fim de aplicar benefícios penais, que lidam com a liberdade individual, direito humano fundamental. Acima de tudo, respeita-se a dignidade da pessoa humana. Inexiste razão para manter o estrangeiro encarcerado, sob o singelo argumento de *ser cidadao de outro país*. Essa condição não o torna um ser humano inferior, nem deve o Brasil dar esse mau exemplo para o mundo.

### Regras do regime aberto[42-43]

> **Art. 36.** O regime aberto baseia-se na autodisciplina e senso de responsabilidade do condenado.
>
> § 1.º O condenado deverá, fora do estabelecimento e sem vigilância, trabalhar, frequentar curso ou exercer outra atividade autorizada, permanecendo recolhido durante o período noturno e nos dias de folga.[43-A]
>
> § 2.º O condenado será transferido do regime aberto, se praticar fato definido como crime doloso, se frustrar os fins da execução ou se, podendo, não pagar a multa cumulativamente aplicada.[44]

# Art. 36

**42. Local para cumprimento da pena no regime aberto:** deve ser cumprida na Casa do Albergado, um prédio situado em centro urbano, sem obstáculos físicos para evitar fuga, com aposentos para os presos e local adequado para cursos e palestras (arts. 93 a 95, LEP). Tendo em vista a inexistência de Casas do Albergado, consolidou-se a utilização do regime de *prisão-albergue domiciliar* (PAD), originalmente destinada a condenados maiores de 70 anos, condenados acometidos de doença grave, sentenciadas com filho menor ou deficiente físico ou mental e condenada gestante (art. 117, LEP).

**42-A. Regime aberto e crime militar:** não se aplicam as regras previstas na Lei de Execução Penal (Lei 7.210/1984) aos condenados por crime militar, cuja pena será cumprida no estabelecimento militar adequado. Afinal, a esfera penal militar é especial, contando, pois, com regras igualmente específicas, no universo da disciplina e da hierarquia diferenciadas.

**43. Fixação do regime aberto diretamente na modalidade prisão-albergue domiciliar:** possibilidade. Se o juiz sabe, perfeitamente, que na sua comarca não há Casa do Albergado, deve estabelecer, na própria sentença condenatória, o regime albergue domiciliar, evitando-se que o sentenciado seja preso e indevidamente colocado no regime fechado, até que o juiz da execução penal decida o óbvio, que é a concessão do albergue domiciliar, diante da jurisprudência consagrada em todo o País.

**43-A. Condições para o regime aberto:** estabelece o art. 115 da Lei de Execução Penal existirem condições gerais e obrigatórias para o cumprimento da pena em regime aberto. Por outro lado, o magistrado pode fixar outras condições especiais, que julgar adequadas, embora não previstas expressamente em lei. Entretanto, não pode haver tergiversação na opção por condições especiais, ou seja, é vedado ao juiz fixar, como condição, qualquer espécie de pena restritiva de direitos. Afinal, essa modalidade de pena é substitutiva da privativa de liberdade; e, caso não seja cumprida, tornará à pena original (privativa de liberdade), sendo inviável considerá-la, novamente, agora como condição do regime aberto. Pacificando a questão, o STJ editou a Súmula 493: "É inadmissível a fixação de pena substitutiva (art. 44 do CP) como condição especial ao regime aberto". Na jurisprudência: STJ: "1. Mediante interpretação sistemática, incentivada pelo próprio art. 110 da LEP que remete ao art. 33 do CP ao dispor que 'o Juiz, na sentença, estabelecerá o regime no qual o condenado iniciará o cumprimento da pena privativa de liberdade' e pela existência de regras do regime aberto tanto no art. 36, § 1.º, do CP, quanto no art. 115 da LEP, o estabelecimento de condições especiais para a concessão do regime aberto pode ser realizado também pelo juiz sentenciante. 2. No caso concreto, ficou estipulada na sentença como condição especial para o regime aberto a frequência do réu a tratamento anti-drogadição pelo período de 01 (um) ano a ser fiscalizada na execução penal. Embora o sentenciante tenha reconhecido a semi-imputabilidade com redução de pena (art. 26, parágrafo único, do CP), tal condição cumulada com a pena privativa de liberdade não ofendeu ao sistema vicariante, pois diferente do tratamento ambulatorial curativo preconizado no art. 98 do CP (por tempo indeterminado e com perícia médica, em atenção ao art. 97, §§ 1.º a 4.º do CP)" (AgRg no REsp 2.026.477/SP, 5.ª T., rel. Joel Ilan Paciornik, 27.11.2023, v.u.); "2. O artigo 36 do Código Penal prevê como uma das regras do regime aberto, em seu parágrafo 1.º, que o 'condenado deverá, fora do estabelecimento e sem vigilância, trabalhar, frequentar curso ou exercer outra atividade autorizada, permanecendo recolhido durante o período noturno e nos dias de folga'. Na mesma toada, o art. 114 da Lei de Execuções Penais – LEP estabelece como uma das condições para a concessão de tal regime que o condenado esteja trabalhando ou que comprove a possibilidade imediata de trabalhar. 3. Por outro lado, o sistema progressivo de cumprimento da pena não implica a plena liberdade ao paciente quando obtida a progressão ao regime aberto, mas apenas uma menor vigilância, enquanto a pena é cumprida e a aptidão do sentenciado ao convívio social é comprovada. Assim, não poderá o sentenciado se ausentar da cidade onde reside, sem autorização judicial (art. 115, III, da LEP). 4. Eventuais pedidos de ausência da comarca devem ser específicos, seja quanto ao período da ausência, seja quanto ao local de destino, sendo vedados requerimentos de autorização excessivamente genéricos, por prazo indeterminado, sob pena de corresponder a uma soltura. 5. No caso concreto, em que o paciente necessita trabalhar como advogado em outras comarcas, basta que apresente os documentos de justificação e localização ao Juízo das Execuções, mantendo-se as condições do regime aberto estabelecidas no *decisum*. Em se tratando de processo judicial, é perfeitamente possível esse pedido de autorização prévia quando há necessidade de se ir a outra comarca para distribuir uma ação ou recurso, bem como para realizar audiências e atender clientes, situações essas que são marcadas com antecedência. 6. *Habeas corpus* não conhecido, salientando, contudo, a possibilidade de o impetrante/paciente solicitar prévia autorização perante o Juízo das Execuções, mediante documentação, a fim de que possa se deslocar a outras comarcas para atuar como advogado" (HC 541.659-SP, 5.ª T., rel. Reynaldo Soares da Fonseca, 21.11.2019, v.u.).

**44. Hipóteses de regressão do regime aberto a regime mais rigoroso:** há *quatro situações: a)* prática de fato definido como crime doloso. Nesse caso, o melhor a fazer é *sustar* cautelarmente o regime aberto, determinando a colocação do sentenciado em regime fechado ou semiaberto, conforme o caso, aguardando o término do procedimento administrativo instaurado para checar a falta grave; *b)* frustração dos fins da execução. Trata-se da hipótese de prática de falta grave, deixando de trabalhar ou até ausentando-se da Casa do Albergado durante o repouso noturno; *c)* não pagamento da multa cumulativamente aplicada, podendo fazê-lo. Se o condenado encontra-se no regime aberto, trabalhando, intimado a pagar a multa, deixa de efetuar o recolhimento, está obrigando o Estado a promover a execução forçada, o que é incompatível com o senso de "responsabilidade e disciplina" exigido pelo regime; *d)* condenação por crime anteriormente praticado, mas que torne a soma das penas incompatível com o regime (ex.: cumprindo três anos de reclusão em prisão-albergue domiciliar, o condenado recebe nova pena de seis anos. Não poderá permanecer no regime aberto, devendo ser transferido). Lembre-se que a regressão pode dar-se do regime aberto a qualquer dos regimes mais severos (semiaberto ou fechado), dependendo das circunstâncias. Afinal, seria inconcebível que alguém, inserido no aberto, cometesse, por exemplo, um latrocínio e não fosse transferido para o fechado. Entretanto, há posição em sentido contrário, sustentando que, em caso de regressão, não pode ela ir além do regime estabelecido na sentença condenatória (ex.: se o juiz fixou o semiaberto, passando o condenado, depois, para o aberto, caso haja regressão, ele teria de retornar para o semiaberto, mas não poderia ir para o fechado).

**Regime especial**

> **Art. 37.** As mulheres cumprem pena em estabelecimento próprio,[45] observando-se os deveres e direitos inerentes à sua condição pessoal, bem como, no que couber, o disposto neste Capítulo.

**45. Referências específicas:** ver também os arts. 82, § 1.º ("A mulher e o maior de 60 anos, separadamente, serão recolhidos a estabelecimento próprio e adequado à sua condição pessoal"), e 89 ("Além dos requisitos referidos no art. 88, a penitenciária de mulheres será dotada de seção para gestante e parturiente e de creche para abrigar crianças maiores de 6 (seis) meses e menores de 7 (sete) anos, com a finalidade de assistir a criança desamparada cuja responsável estiver presa.") da Lei de Execução Penal.

# Art. 38

**Direitos do preso**

> **Art. 38.** O preso conserva todos os direitos não atingidos pela perda da liberdade,[46-47] impondo-se a todas as autoridades o respeito à sua integridade física e moral.[48-49-B]

**46. Direito à visita íntima:** trata-se de situação não prevista *expressamente* no rol dos direitos do preso do art. 41 da Lei de Execução Penal. Permite-se a "visita do cônjuge, da companheira, de parentes e amigos em dias determinados" (inciso X). A interpretação sempre foi feita no sentido de encontro familiar ou amistoso, feito às claras, nos locais designados a todos os sentenciados. Entretanto, na prática, tem sido autorizada a *visita íntima*, com relacionamento sexual, pelo diretor do estabelecimento prisional, como forma de acalmar a população carcerária, evitar a violência sexual no seu interior e fomentar os laços familiares do preso com suas companheiras ou esposas. Tornou-se um *direito costumeiro*. No Decreto Federal 6.049/2007, cuidando do funcionamento dos presídios federais, previu-se como existente o *direito* à visita íntima (art. 95), a despeito de ser matéria de cunho legal, relativa à execução da pena, logo, inviável de ser regulada por decreto. Parece-nos, contudo, que a modificação introduzida no art. 41, § 2.º, da LEP, pela Lei 14.994/2024, pretendendo restringir direito do preso, quando condenado por crime contra a mulher, ao *proibir* a *visita íntima ou conjugal*, terminou por reconhecê-la, de modo explícito, embora indireto, como autêntico *direito* do preso. A partir da edição da referida lei, o juiz passa a ser o responsável, em lugar do diretor do estabelecimento, por ato motivado, a restringir o referido direito à visita íntima ou conjugal, como mencionado no § 1.º do art. 41.

**47. Direito de cumprir a pena no local do seu domicílio e inclusão em presídio federal:** não existe, como regra, o direito do preso de escolher o presídio onde vai cumprir a pena. Aliás, geralmente, o sentenciado cumpre pena no lugar do cometimento do delito. Quando viável, pode-se proporcionar maior proximidade do condenado com seus familiares. Entretanto, deve-se lembrar que os presídios federais, para criminosos perigosos, muitos dos quais autores de delitos hediondos e integrantes de organizações criminosas, estão situados em pontos estratégicos do País, impedindo, naturalmente, que o preso possa optar em qual Estado da Federação deseja cumprir pena. Na jurisprudência: STF: "O sentenciado não tem direito subjetivo ao cumprimento de pena no estado em que residem seus familiares, o qual se subordina a razões de segurança prisional e de ordem pública. 2. O elevado grau de periculosidade do sentenciado, integrante de facção criminosa, e seu histórico de fuga de estabelecimentos prisionais obstam sua transferência, a pretexto de conviver com familiares em prol de sua ressocialização, para estabelecimento prisional de outro Estado da Federação. 3. Recurso não provido" (RHC 122.204-SP, 1.ª T., rel. Dias Toffoli, 30.09.2014, v.u.).

**48. Disposição constitucional de proteção ao preso:** "é assegurado aos presos o respeito à integridade física e moral" (art. 5.º, XLIX). No mesmo enfoque estão os arts. 40 e 41 da Lei de Execução Penal (direitos do preso: *a)* alimentação suficiente e vestuário; *b)* atribuição de trabalho e sua remuneração; *c)* previdência social; *d)* constituição de pecúlio; *e)* proporcionalidade de tempo entre trabalho, descanso e recreação; *f)* participação de atividades profissionais, intelectuais, artísticas e desportivas, compatíveis com sua pena; *g)* assistência material, jurídica, educacional, social, religiosa e à saúde; *h)* proteção contra qualquer tipo de sensacionalismo; *i)* entrevista direta com o advogado; *j)* visita de cônjuge, companheira, parentes e amigos, em dias determinados; *l)* chamamento nominal; *m)* igualdade de tratamento, salvo quanto às exigências da individualização da pena; *n)* avistar-se com o diretor do presídio; *o)* possibilidade de representação e petição a qualquer autoridade; *p)* contato com o mundo exterior por meio de correspondência escrita, da leitura e de outros meios de informação que não comprometam a moral e os bons costumes); *q)* atestado de pena a cumprir, emitido anualmente.

**49. Direito do preso à execução provisória da pena:** tem sido posição predominante, tanto na doutrina, quanto na jurisprudência, poder o condenado a pena privativa de liberdade executá-la provisoriamente, em especial quando pretende a progressão de regime, pleiteando a passagem do fechado para o semiaberto. A viabilidade da execução provisória da pena não depende do trânsito em julgado da decisão condenatória para o órgão acusatório, mas somente de ter havido sentença impositiva de pena privativa de liberdade, com regime inicial fechado ou semiaberto, enquanto a defesa apresenta apelação, *estando o acusado preso provisoriamente*. Naturalmente, se estiver solto, aguardando a decisão definitiva – trânsito em julgado para as partes – não há execução provisória. É justo que se faça esta execução, caso haja prisão preventiva e o réu esteja inserido em regime fechado, enquanto o seu recurso é processado no tribunal. Inexiste prejuízo. Se ele triunfar, conseguindo a absolvição, será colocado em liberdade; se não alcançar esse resultado, confirmando-se a condenação, em lugar de se encontrar no fechado, é possível situar-se no semiaberto, vale dizer, atinge a progressão antes mesmo do trânsito em julgado para as partes. Além disso, o tempo de prisão provisória será computado como se fosse pena cumprida, em virtude da detração (art. 42, CP), o que fortalece, ainda mais, a possibilidade de se conceder ao sentenciado algum benefício, caso tenha preenchido o requisito objetivo, concernente ao tempo de prisão. Aliás, o art. 2.º, parágrafo único, da Lei 7.210/1984 prevê a possibilidade de se aplicar ao preso provisório o disposto nesta Lei, o que permite supor estar incluída a progressão. Logicamente, esta não será automática, respeitando-se os demais requisitos para a concessão, como o merecimento. Como argumento contrário à execução provisória da pena, invoca-se o princípio constitucional da presunção de inocência. Se o réu é inocente até que a decisão condenatória se torne definitiva, não seria possível fazê-lo cumprir antecipadamente a pena. Ocorre que os direitos e garantias fundamentais, previstos na Constituição, servem para proteção do indivíduo, e não para prejudicá-lo, o que aconteceria caso fosse levado como causa impeditiva da execução provisória. O correto é a extração da guia provisória de ofício, enviando-se ao juízo da execução penal, pois o direito à liberdade é indisponível, razão pela qual não cabe ao réu decidir se deseja ou não ser beneficiado por eventual progressão. A viabilidade, no entanto, de existir execução provisória da pena está consolidada, conforme se pode verificar pela edição da Súmula 716 do Supremo Tribunal Federal: "Admite-se a progressão de regime de cumprimento da pena ou a aplicação imediata de regime menos severo nela determinada, antes do trânsito em julgado da sentença condenatória". O Conselho Nacional de Justiça baixou resolução, determinando a expedição de guia de recolhimento provisória, possibilitando, como muitos juízes já vêm fazendo, a progressão do preso cautelar. Note-se que o CNJ não *determina* a progressão, pois não tem poder jurisdicional para tanto; apenas padronizou a expedição da guia para que o magistrado da execução penal possa decidir se defere (ou não) a progressão e em quais condições (com ou sem recurso do MP para elevar a pena).

**49-A. Execução provisória e prisão especial:** esta modalidade de prisão, separando presos provisórios por conta de títulos e não de periculosidade, constitui um privilégio. Portanto, nem seria o caso de se permitir a progressão, visto encontrar-se em um lugar especial assim que segregado. No entanto, admite-se o benefício. É o teor da Súmula 717 do STF: "Não impede a progressão de regime de execução da pena, fixada em sentença não transitada em julgado, o fato de o réu se encontrar em prisão especial".

**49-B. Execução provisória e unificação de penas:** são institutos incompatíveis, pois as penas geradoras de execução provisória ainda não são definitivas, antes do trânsito em jul-

# Art. 39

Código Penal Comentado • **Nucci**

320

gado; nessa medida, a unificação (transformar várias penas em uma só) não é aplicável, tendo em vista tratar-se de procedimento de execução *definitiva* da pena. Diante disso, conforme as penas *provisórias* forem se acumulando, o juiz da execução, sem unificá-las formalmente, apenas efetua a soma para verificar a adaptação do *quantum* ao regime imposto. Se observar, por exemplo, que a somatória torna incabível a permanência do condenado no regime semiaberto, deve transferi-lo ao fechado. Porém, isso não significa *unificação* (ver a nota 137-B ao art. 75).

### Trabalho do preso[50]

> **Art. 39.** O trabalho do preso será sempre remunerado,[51-55-B] sendo-lhe garantidos os benefícios da Previdência Social.[55-C]

**50. Distinção entre trabalho forçado e trabalho obrigatório:** este último faz parte da laborterapia inerente à execução da pena do condenado que necessita de reeducação, e nada melhor do que fazê-lo por intermédio do trabalho; por outro lado, a Constituição Federal veda a pena de trabalhos forçados (art. 5.º, XLVII, *c*), o que significa não poder se exigir do preso o trabalho sob pena de castigos corporais e sem qualquer benefício ou remuneração. Diz Luiz Vicente Cernicchiaro: "Extinta a escravatura, não faz sentido o trabalho gratuito, ainda que imposto pelo Estado, mesmo na execução da sentença criminal. A remuneração do trabalho está definitivamente assentada. O Direito Penal virou também a página da história. O Código Criminal do Império estatuía no art. 46: 'A pena de prisão com trabalho obrigará os réus a ocuparem-se diariamente no trabalho que lhes for designado dentro do recinto das prisões, na conformidade das sentenças e dos regulamentos policiais das mesmas prisões'. A superação do trabalho gratuito caminha paralelamente à rejeição do confisco de bens" (*Direito penal na Constituição*, p. 133).

**51. Trabalho do preso e remição:** *remição* é o resgate da pena pelo trabalho ou estudo, permitindo-se o abatimento do montante da condenação, periodicamente, desde que se constate estar o preso em atividade laborativa ou estudando. O trabalho, segundo a Lei de Execução Penal (art. 31), é obrigatório, mas não forçado. Deve trabalhar o condenado que almejar conseguir benefícios durante o cumprimento da pena, pois a sua recusa pode configurar falta grave (art. 51, III, c/c art. 39, V, da Lei de Execução Penal – 7.210/1984) e, consequentemente, o impedimento à progressão de regime e ao livramento condicional. O trabalho forçado, vedado constitucionalmente (art. 5.º, XLVII, *c*), teria o condão de impelir o sentenciado à atividade laborativa, sob pena de sofrer outras e mais severas sanções. Logo, a remição é um incentivo à laborterapia. São requisitos para o reconhecimento da remição: a) três dias de trabalho por um dia de pena (ou 12 horas de estudo por um dia de pena); b) apresentar *merecimento*, auferido pela inexistência de registro de faltas graves no seu prontuário; c) cumprir o mínimo de seis horas diárias (máximo de oito), com descanso aos domingos e feriados (o estudo se dá à razão de quatro horas por dia). É viável a concessão de horário especial de trabalho, quando o preso for designado para serviços de conservação e manutenção do presídio (art. 33, parágrafo único, da Lei de Execução Penal); d) apresentar atestado de trabalho fornecido pelo presídio, com presunção de veracidade (ou atestado de frequência escolar); e) exercício de trabalho reconhecido pela direção do estabelecimento prisional. Lembre-se o disposto pela Súmula 562 do STJ: "É possível a remição de parte do tempo de execução da pena quando o condenado, em regime fechado ou semiaberto, desempenha atividade laborativa, ainda que extramuros". Ver, também, a nota 55-A *infra*.

**51-A. Banco de horas:** há quem sustente a inexistência legal do *banco de horas*, mas ele é justo e indispensável. A Lei de Execução Penal prevê o trabalho diário do condenado de seis a oito horas (errou nessa disposição, justamente por deixar o tema em aberto). O preso que trabalhar seis horas terá um dia computado para fins de remição. Ora, o preso que trabalhar oito horas não poderá ter simplesmente um dia computado para fins de remição, pois terá trabalhado duas horas a mais que o outro. Assim sendo, quanto ao segundo preso, computa-se seis horas do seu trabalho de oito; reserva-se duas horas, lançando-as no seu *banco de horas*; computa-se mais um dia de trabalho (oito horas) do mesmo jeito que o anterior; acresce-se o terceiro dia de trabalho (oito horas) da mesma maneira. Com isso, esse sentenciado terá trabalhado três dias (seis horas cada) e mais um dia (soma das duas horas remanescentes de cada um desses três dias). Na jurisprudência: STJ: "1. Não se desconhece o entendimento desta Corte Superior no sentido de que a interpretação extensiva de que a jornada máxima de estudo fixada em 4 horas por dia decorre da especificada determinada pela literalidade normativa. 2. Ocorre que, tendo a norma do art. 126 da LEP o objetivo de ressocialização do condenado, deve-se observar o recente entendimento da decisão proferida no âmbito da Sexta Turma desta Corte Superior, no julgamento do HC 461.047/SP, Rel. Ministra Laurita Vaz, *DJe* 14/08/2020, no sentido de ser possível a remição das horas excedentes de estudo, não se limitando a jornada de estudo em 4 horas por dia. 3. Não se mostra razoável admitir-se horas extras na remição pelo trabalho e, por outro lado, negá-las quando a remição é feita por meio do estudo. 4. Agravo regimental não provido" (AgRg no AREsp 1.720.688 – SC, 5.ª T., rel. Reynaldo Soares da Fonseca, 06.10.2020, v.u.).

**51-B. Remição e princípio da confiança:** o condenado tem não somente a obrigação de trabalhar, quando cumpre sua pena privativa de liberdade, como possui o direito de fazê-lo; afinal, trabalhando, consegue o desconto de dias de sua pena. O condenado não tem a livre disposição do trabalho e da função a exercer dentro do presídio, aguardando seja designado um posto pela Administração do estabelecimento prisional. Se a lei prevê um mínimo de seis horas diárias de trabalho, é esta função que deve ser repassada ao preso. Noutros termos, ele deve trabalhar pelo menos seis horas por dia, para não ser prejudicado depois, alegando-se o não preenchimento de requisito objetivo (seis horas mínimas por dia). O STF teve a oportunidade de decidir o caso de condenado que trabalhou quatro horas por dia e teve a remição negada. Avaliou sob o prisma do princípio da confiança na Administração, vale dizer, se o que for determinado, foi cumprido, não pode implicar prejuízo. A solução dada pelo Pretório Excelso foi justa, mas também poder-se-ia ter calculado quantas horas no mês ele trabalhou, dividindo por seis esse total e apurando-se o número de dias a cada seis horas. Na jurisprudência: STF: "Recurso ordinário constitucional. *Habeas corpus*. Execução Penal. Remição (arts. 33 e 126 da Lei de Execução Penal). Trabalho do preso. Jornada diária de 4 (quatro) horas. Cômputo para fins de remição de pena. Admissibilidade. Jornada atribuída pela própria administração penitenciária. Inexistência de ato de insubmissão ou de indisciplina do preso. Impossibilidade de se desprezarem as horas trabalhadas pelo só fato de serem inferiores ao mínimo legal de 6 (seis) horas. Princípio da proteção da confiança. Recurso provido. Ordem de *habeas corpus* concedida para que seja considerado, para fins de remição de pena, o total de horas trabalhadas pelo recorrente em jornada diária inferior a 6 (seis) horas. 1. O direito à remição pressupõe o efetivo exercício de atividades laborais ou estudantis por parte do preso, o qual deve comprovar, de modo inequívoco, seu real envolvimento no processo ressocializador. 2. É obrigatório o cômputo de tempo de trabalho nas hipóteses em que o sentenciado, por determinação da administração penitenciária, cumpra jornada inferior ao mínimo legal de 6 (seis) horas, vale dizer, em que essa jornada não derive de ato insubmissão ou de indisciplina do preso. 3. Os princípios da segurança jurídica e da proteção da confiança tornam indeclinável o dever estatal de honrar o compromisso de remir a pena do sentenciado, legítima contraprestação ao trabalho prestado por ele na forma estipulada pela administração penitenciária, sob pena

# Art. 39

Código Penal Comentado · **Nucci**

322

de desestímulo ao trabalho e à ressocialização. 4. Recurso provido. Ordem de *habeas corpus* concedida para que seja considerado, para fins de remição de pena, o total de horas trabalhadas pelo recorrente em jornada diária inferior a 6 (seis) horas" (RHC 136.509-MG, 2.ª T., rel. Dias Toffoli, 04.04.2017, v.u.).

**51-C. Aprovação no Exame Nacional do Ensino Médio (ENEM) ou Exame Nacional de Competência de Jovens e Adultos (ENCCEJA):** a Resolução CNJ n. 391/2021aponta que a aprovação no ENEM e no ENCCEJA, que servem para certificar a conclusão do ensino fundamental ou médio, pode conferir ao preso o equivalente a 1200 horas (para ensino médio ou educação profissional técnica de nível médio) e 1600 horas (para os anos finais do ensino fundamental), acrescida e 1/3, se houver efetiva conclusão de nível de educação. É de se reconhecer não ser tarefa simples essa aprovação para quem está preso, logo, algum tipo de *prêmio* precisa de fato ocorrer. Registre-se ser irrelevante ter havido anterior conclusão ou não do ensino fundamental ou médio, porque a participação nos referidos exames constitui atividade de cunho educativo, incentivador ao processo ressocializador e demonstrativo do interesse do sentenciado em aprimorar o seu desenvolvimento intelectual. Na jurisprudência: STJ: "1. Ainda que o apenado já possuísse nível médio ou superior antes do cumprimento da pena, tal fato não impede de remir o *quantum* da pena por sua aprovação no ENEM (Exame Nacional do Ensino Médio), pois, conforme o art. 126 da LEP e Recomendação 391/21 do CNJ, tal certificação configura aproveitamento dos estudos realizados durante a execução da pena" (AgRg no REsp n. 2.132.114/MG, 5.ª T., rel. Reynaldo Soares da Fonseca, 18.06.2024, v.u.); "4. A Terceira Seção do Superior Tribunal de Justiça, ao julgar o EREsp 1.979.591/SP, relatado pelo Ministro Messod Azulay Neto e publicado em 13/11/2023, decidiu por unanimidade acompanhar o entendimento da Quinta Turma em que ficou estabelecido que a remição de pena pode ser concedida pela aprovação no ENEM, mesmo se o reeducando já possuía o diploma de ensino médio antes de iniciar o cumprimento da pena" (AgRg no REsp n. 2.107.364/MG, 5.ª T., rel. Ribeiro Dantas, 08.04.2024, v.u.); "1. A Portaria Judicial nº 11640319/2022-TJMG, que instituiu o Projeto 'Remição pelo Estudo através do Exame Nacional do Ensino Médio para Pessoas Privadas de Liberdade' e estabeleceu regras para concessão da remição da pena aos condenados que participem do ENEM e cumprem pena nos regimes fechado ou semiaberto, ainda que já concluído o ensino médio, não está em descompasso com a jurisprudência desta corte. (...) 4. Estabelecido o direito à remição de pena por meio de práticas sociais educativas não escolares, entre as quais as que englobam a autoaprendizagem a aprendizagem coletiva (art. 2.º, '*caput*' e II da Resolução nº 391 de 10/05/2021), a aprovação no ENEM pelo apenado evidencia seu interesse em se ver reintegrado ao convívio social" (AgRg no RMS 72.283/MG, 5.ª T., rel. Daniela Teixeira, 09.04.2024, v.u.).

**52. Perda dos dias remidos e falta grave:** tratava-se de jurisprudência amplamente majoritária que o condenado, ao praticar falta grave, perdia *todos* os dias remidos, iniciando--se novo cômputo a partir da data da falta. Era a aplicação literal do antigo art. 127 da Lei de Execução Penal: "O condenado que for punido por falta grave perderá o direito ao tempo remido, começando o novo período a partir da data da infração disciplinar". Embora alguns sustentassem haver, nesse caso, direito adquirido, ou seja, uma vez reconhecida a remição de parte da pena, cometida a falta grave, não se poderia perder o que já foi conquistado, aplicava-se exatamente o disposto no mencionado art. 127 – afinal, a própria lei estipulava não haver nem direito adquirido, nem tampouco coisa julgada material em relação ao reconhecimento do benefício. Desde logo, vale mencionar a existência de Súmula Vinculante do Supremo Tribunal Federal a respeito: "Súmula 9: O disposto no art. 127 da Lei 7.210/1984 (Lei de Execução Penal) foi recebido pela ordem constitucional vigente, e não se lhe aplica o limite temporal previsto no *caput* do art. 58". Com a edição da Lei 12.433/2011, que deu nova redação ao art. 127, novamente, questionou-se a constitucionalidade da perda dos dias remidos, após a prática de falta grave, argumentando-se que, declarada a remição, haveria a consolidação de direito adquirido, razão pela qual seria inviável a sua perda. O STF julgou a questão e novamente considerou constitucional o art. 127, sendo possível a perda dos dias remidos em decorrência do cometimento de falta grave: "4. *In casu*, revela-se constitucional o art. 127 da Lei de Execuções penais (Lei 7.210/1984), conforme a redação atribuída pela Lei 12.433/2011, ao fixar limite temporal à perda de dias remidos, em consequência da prática de falta grave" (RE 1.116.485, Tribunal Pleno, rel. Luiz Fux, 01.03.2023, m.v.)

**52-A. *Quantum* de perda da remição:** praticando falta grave, a perda dos dias remidos fica limitada a um terço. Em nossa visão, há erro nessa previsão, pois o tempo de perda deveria ser certo e não subjetivo e vago. Ao mencionar *até um terço*, abre-se a possibilidade de haver decretação de quantidades muito variadas de um sentenciado para outro. Por outro lado, não sendo estabelecido um mínimo para a referida perda, o juiz poderia estabelecer um dia (pena mínima possível no ordenamento brasileiro, visto inexistir pena em horas, conforme art. 11 do CP) para certo preso e 1/3 do total de dias remidos para outro, algo lesivo à segurança jurídica e à igualdade perante a lei. Entretanto, levando-se em conta esse teto, parece-nos essencial que o juiz fundamente, claramente, o *quantum* escolhido. Não deve haver a adoção automática de 1/3 (o máximo), pois seria uma infringência ao princípio constitucional da individualização da pena, em sede de execução. Reserva-se a perda de 1/3 para as faltas graves mais sérias, como a participação em motim ou fuga, mas um valor inferior para questões mais simples, sem gerar efetiva perturbação à ordem e disciplina do estabelecimento, como a demora para deixar o pátio do banho de sol, desatendendo ordem de agente do presídio. Na jurisprudência: STJ: "1. [...] Firmou-se neste Tribunal jurisprudência no sentido de que a natureza especialmente grave da falta disciplinar (fuga) justifica a adoção do percentual máximo de perda dos dias remidos (art. 127 da Lei de Execução Penal - LEP). 5. *Habeas corpus* não conhecido. (HC 465.565/RS, rel. Ministro Reynaldo Soares da Fonseca, Quinta Turma, julgado em 25/9/2018, *DJe* de 02.10.2018.) 2. No caso, as instâncias de origem se embasaram no fato praticado pelo sentenciado, que se reveste de extrema gravidade, eis que o descumprimento das condições do monitoramento eletrônico (rompimento da tornozeleira e permanência sem fiscalização até ser novamente preso) e a condição de evadido revela a falta de comprometimento e disciplina para execução da pena no regime semiaberto" (AgRg no HC 895.932/PR, 5.ª T., rel. Reynaldo Soares da Fonseca, 29.04.2024, v.u.); "Por conseguinte, não merece reforma o decisum agravado, porquanto a perda de dias remidos pelo cometimento de falta disciplinar de natureza grave não pressupõe a adoção objetiva da razão de 1/3 (um terço), que se trata de limite máximo para o decréscimo. Cabe ao Juízo das Execuções, com discricionariedade regrada, fundamentar a escolha do quantum de perda, consideradas 'a natureza, os motivos, as circunstâncias e as consequências do fato, bem como a pessoa do faltoso e seu tempo de prisão', nos termos do art. 57 da Lei de Execuções Penais (HC 692.749/SP, Ministra Laurita Vaz, Sexta Turma, *DJe* 06.10.2021)" (AgRg no HC 894.084/PR, 6.ª T., rel. Sebastião Reis Júnior, 29.04.2024, v.u.).

**52-B. Momento para a decretação da perda dos dias remidos:** deve ocorrer após procedimento administrativo no presídio, garantindo-se ao preso a ampla defesa. Atualmente, não perde o sentenciado *todos* os dias remidos, em caso de falta grave, mas somente o montante de *até um terço*, devendo o juiz motivar o *quantum* escolhido.

**53. Falta grave e tentativa de falta grave para efeito de remição:** enquanto a fuga, por exemplo, é considerada falta grave e acarreta a perda dos dias remidos, a tentativa de fuga não faz perder a remição conseguida, pela inaplicação do disposto no art. 49, parágrafo único, da LEP ("pune-se a tentativa com a sanção correspondente à falta consumada"), pois não é

# Art. 39

Código Penal Comentado • **Nucci**

324

falta grave propriamente dita. Embora se possa aplicar à tentativa a sanção da falta consumada (sanções previstas pelo art. 53 da Lei de Execução Penal), a consequência em relação à remição deve ser evitada, levando-se em conta a legalidade estrita. Fosse a tentativa de falta grave igualmente uma falta grave, essa disposição deveria estar claramente prevista em lei.

**54. Preso provisório e direito à remição:** havia, basicamente, *duas correntes* opostas nesse tema: *a) admitia-se a remição* porque o art. 2.º, parágrafo único, da Lei de Execução Penal determina que o disposto nessa lei seja também aplicado aos presos provisórios, incluindo, pois, o direito à remição. Por outro lado, aplicava-se o disposto no art. 31, parágrafo único, da LEP: "Para o preso provisório, o trabalho não é obrigatório e só poderá ser executado no interior do estabelecimento"; *b) não se admitia a remição* porque seria um autêntico *bis in idem* diante da detração, que já é o benefício para quem está preso provisoriamente, além do que o art. 126 da LEP diz que a remição só cabe a *condenado*. Atualmente, a questão está superada pela edição da Lei 12.433/2011, deixando claro o direito do preso provisório à remição (art. 126, § 7.º, LEP). E o fez com justiça, pois já se consagrou o direito à execução provisória da pena, não tendo cabimento algum se impedir o trabalho do segregado; se ele pode progredir de regime, por óbvio, pode (e deve) trabalhar para mostrar merecimento.

**55. Inexistência de oportunidade de trabalho ou estudo no presídio:** tem-se apontado não caber a remição, pois a lei é clara, exigindo o efetivo trabalho ou frequência escolar para a redenção da pena. Essa seria a solução técnica correta, vedando-se a denominada *remição ficta.* Porém, no Brasil, acompanhando-se o imenso descaso dos governantes no tocante aos presídios, preferindo retirar o trabalho do preso, terceirizando tudo o que é possível, como sustentar tal posição? A política criminal há de determinar um caminho para o preso que deseja trabalhar ou estudar e *não pode* porque o Estado *não permite.* Aliás, por que o Executivo prefere terceirizar os serviços de cozinha, lavanderia, limpeza e consertos no presídio, dentre outros? Diz-se ser medida de economia, mas o cumprimento de pena não deve ser valorado em termos de gastos reduzidos, pois isso acarreta a frustração da ressocialização dos condenados, gerando, no futuro, o incremento da criminalidade. Há quem aponte como erro a decisão judicial que permite a remição do preso pela leitura de um livro (em alguns casos, sem a conferência de ter sido eficiente o resultado da referida leitura), mas é uma alternativa para a omissão do Estado, que deveria proporcionar mecanismos eficientes de trabalho e estudo. Em suma, somos *obrigados* a alterar nossa posição para defender a possibilidade de remição, caso a administração penitenciária não proporcione trabalho ou estudo. Se o condenado *quer* trabalhar ou estudar e o Estado não lhe propicia nem um nem outro, *deve* ter direito à remição a cada três dias em que ficar à disposição da direção do estabelecimento penal para essa finalidade. É preciso dar um *basta* na indiferença do Poder Executivo em relação à comunidade que não lhe proporciona *votos* (os condenados). Aliás, confira-se o disposto na Lei 13.163/2015, que torna *obrigatória* a oferta de ensino médio nos presídios. Em decisão promissora, o Superior Tribunal de Justiça, por unanimidade, reconheceu a viabilidade de computar a remição, mesmo sem ter o sentenciado efetivamente trabalhado, em decorrência das restrições impostas pela pandemia da covid-19. Outras soluções equivalentes poderão ser tomadas no futuro, pois os órgãos de administração penitenciária deixam de cumprir a lei, omitindo-se em proporcionar trabalho e/ou estudo ao condenado. Conferir: "Com efeito, entendo que o princípio da dignidade da pessoa humana conjugado com os princípios da isonomia e da fraternidade (este último tão bem trabalhado pelo em. Min. Reynaldo Soares da Fonseca) não permitem negar aos indivíduos que tiveram seus trabalhos ou estudos interrompidos pela superveniência da pandemia de covid-19 o direito de remitir parte da sua pena tão somente por estarem privados de liberdade. Não se observa nenhum discrímen legítimo que autorize negar àqueles presos que já trabalhavam ou estudavam o direito de remitir a pena durante as medidas sanitárias restritivas. (...) Nada obstante a interpretação restritiva que deve ser conferida ao art. 126, § 4.º, da LEP, os princípios da individualização da pena, da dignidade da pessoa humana, da isonomia e da fraternidade, ao lado da teoria da derrotabilidade da norma e da situação excepcionalíssima da pandemia de covid-19, impõem o cômputo do período de restrições sanitárias como de efetivo estudo ou trabalho em favor dos presos que já estavam trabalhando ou estudando e se viram impossibilitados de continuar seus afazeres unicamente em razão do estado pandêmico" (Recurso Especial 1.953.607 – SC, Terceira Seção, rel. Ribeiro Dantas, 14.09.2022, v.u.).

**55-A. Remição pelo estudo:** após intenso debate doutrinário e jurisprudencial, a Lei 12.433/2011 instituiu a remição pelo estudo voltada a quem cumpre pena em regime fechado ou semiaberto. Far-se-á à razão de um dia de pena a cada doze horas de frequência escolar (atividade de ensino fundamental, médio, inclusive profissionalizante ou superior, bem como requalificação profissional), podendo-se conjugar com o trabalho (um dia de pena a cada três de trabalho). A Lei 13.163/2015 torna obrigatório o oferecimento do ensino médio nos presídios. Deve-se acreditar que isso será feito, gradativamente, sem se basear no descaso do Executivo com o sistema carcerário. Afinal, a própria Lei de Execução Penal não é cumprida há anos. Se o preso concluir o ensino fundamental, médio ou superior, tem direito a um acréscimo de um terço. Permanece a possibilidade de perda dos dias remidos, em caso de falta grave, mas limitada a um terço. O tempo remido será computado como pena cumprida, para todos os efeitos. Em linhas gerais, a lei de 2011 trouxe avanços para o cenário da remição. Um ponto relativo ao estudo não foi expressamente esclarecido pela legislação, relativo à comprovação do rendimento efetivo no estudo. Tem-se exigido a frequência, mas não o resultado positivo, situação que não se coaduna com o propósito de aprimoramento pessoal. Por fim, há a possibilidade de remir a pena pelo estudo no regime aberto ou em livramento condicional, como forma de estímulo ao aprendizado, lembrando que o trabalho é requisito indispensável para o gozo desse regime mais brando. Na jurisprudência: STF: "Recurso ordinário em *habeas corpus*. Execução penal. Pretensão de remição de pena por estudo a distância. Existência de certificado de conclusão do curso. Fiscalização deficiente do estudo por parte do estabelecimento prisional. Falha do poder público. Ordem concedida" (RHC 203.546-PR, 1.ª T., rel. Cármen Lúcia, 28.06.2022, v.u.).

**55-B. Expansão das atividades de trabalho e estudo:** em razão da ausência de empenho do poder público para promover atividades laborativas e educacionais nos estabelecimentos penais, o Judiciário tem sido condescendente em aceitar variadas alternativas para o sentenciado. É justo que assim seja, pois quem está detido depende do Estado para trabalhar e estudar, motivo pelo qual se nada é ofertado outras possibilidades podem ser alcançadas. Na jurisprudência: STJ: "1. O art. 126 da Lei de Execução Penal determina que o condenado que cumpre a pena em regime fechado ou semiaberto poderá remir, por trabalho ou por estudo, parte do tempo de execução da pena. 2. *In casu*, a remição da pena do sentenciado pelo trabalho intramuros foi indeferida pelo Tribunal de origem, fundamentalmente, por não haver comprovação das horas trabalhadas, não havendo que se falar na ressocialização do reeducando. 3. 'Esta Corte, em recentes julgados, vem flexibilizando as regras previstas do art. 126 da LEP a fim de se reconhecer a remição pela leitura, pelo estudo por conta própria e por tarefas de artesanato, não sendo, portanto, razoável que se afaste a remição da pena por atividade laboral devidamente reconhecida pelo estabelecimento prisional – representante de galeria –, sob pena de se inviabilizar o benefício para apenados que estejam encarcerados em unidades sem outras atividades laborais' (REsp 1.804.266/RS, relator o Ministro Nefi Cordeiro, Sexta Turma, *DJe* de 25.06.2019)" (AgRg no HC 870.002/RS, 5.ª T., rel. Ribeiro Dantas, 26.02.2024, v.u.).

**55-C. Benefícios previdenciários:** nos termos do art. 201 da Constituição Federal, "a previdência social será organizada sob a forma de regime geral, de caráter contributivo e de

# Art. 40

Código Penal Comentado · **Nucci**

filiação obrigatória, observados os critérios que preservem o equilíbrio financeiro e atuarial, e atenderá, nos termos da lei, a: (...) IV – salário-família e auxílio-reclusão para os dependentes dos segurados de baixa renda". Conforme dispõe o art. 80 da Lei 8.213/1991: "O auxílio-reclusão será devido, nas mesmas condições da pensão por morte aos dependentes do segurado recolhido à prisão, que não receber remuneração da empresa nem estiver em gozo de auxílio-doença, de aposentadoria ou de abono de permanência em serviço. Parágrafo único. O requerimento do auxílio-reclusão deverá ser instruído com certidão do efetivo recolhimento à prisão, sendo obrigatória, para a manutenção do benefício, a apresentação de declaração de permanência na condição de presidiário".

### Legislação especial

> **Art. 40.** A legislação especial regulará a matéria prevista nos arts. 38 e 39 deste Código, bem como especificará os deveres e direitos do preso, os critérios para revogação e transferência dos regimes e estabelecerá as infrações disciplinares e correspondentes sanções.[56]

**56. Legislação especial:** Lei de Execução Penal (Lei 7.210/1984).

### Superveniência de doença mental

> **Art. 41.** O condenado a quem sobrevém doença mental deve ser recolhido a hospital de custódia e tratamento psiquiátrico ou, à falta, a outro estabelecimento adequado.[57]

**57. Doença mental do condenado e do agente do fato criminoso:** é preciso distinguir a doença mental que acomete o sentenciado, durante a execução da sua pena, da enfermidade que possui o agente no momento da conduta delituosa. A este último, aplica-se o disposto no art. 26 do Código Penal, vale dizer, não se aplica pena, mas medida de segurança, ocorrendo a chamada *absolvição imprópria*. O juiz, apesar de absolver o réu, impõe-lhe medida de segurança (internação ou tratamento ambulatorial), que será, nos termos do art. 97, § 1.º, do Código Penal, indeterminada, até que haja a cessação da periculosidade (afinal, cometeu um injusto no estado de insanidade). A superveniência de doença mental ao condenado, no entanto, apesar de poder levar à conversão da pena em medida de segurança, nos termos do disposto no art. 41 do Código Penal, em combinação com o art. 183 da Lei de Execução Penal, não pode ser por tempo indeterminado, respeitando-se o final da sua pena. Afinal, o sistema do duplo binário (aplicação de pena e medida de segurança) foi abolido em 1984, de forma que, se o réu foi condenado, por ter sido considerado imputável à época do crime, recebendo a reprimenda cabível, por tempo determinado, não pode ficar o resto dos seus dias submetido a uma medida de segurança penal. Assim, terminada a sua pena, estando ele em hospital de custódia e tratamento psiquiátrico, deve ser colocado à disposição do juízo civil, tal como acontece com qualquer pessoa acometida de uma enfermidade mental incurável. Por derradeiro, é preciso que se diga que, se a doença mental for curável e passageira, não há necessidade de conversão da pena em medida de segurança, mas tão somente a transferência do preso para tratamento em hospital adequado, por curto período. Assim: "O internamento ou a sujeição ao ambulatório podem constituir providência temporária. Uma vez cessada a causa determinante daquela medida o agente voltará a cumprir a pena computando-se no seu tempo o período em que esteve internado" (Miguel Reale Júnior, René Ariel Dotti, Ricardo Antunes Andreucci e Sérgio Marcos de Moraes Pitombo, *Penas e medidas de segurança no novo Código*, p. 119). E na mesma ótica, conferir a lição de Aníbal Bruno: "tomada a pena, como hoje é geralmente admitida, sobretudo na sua fase executiva, como um processo recuperador do delinquente para o seu ajustamento à vida social, com este coincide o tratamento que visa à normalização do seu estado mental. Esse tratamento não se divorcia da corrente de atividades que a execução da pena faz que se exerçam sobre o sentenciado". Computar o tempo de tratamento como se fosse cumprimento da pena é "uma exigência não só de piedade e de justiça, mas de lógica do sistema. Assim, o sentenciado recolhido a hospital ou manicômio conta o tempo em que ali permanece como de execução da pena" (*Das penas*, p. 77). Na jurisprudência: STJ: "2. Embora a superveniência de doença mental do réu permita a conversão da pena privativa de liberdade em medida de segurança, nos termos do art. 41 do Código Penal, não se pode afirmar que tal substituição alteraria a natureza do título condenatório" (AgRg no HC 469.698/SP, 5.ª T., rel. Reynaldo Soares da Fonseca, 12.02.2019, v.u

### Detração[58]

> **Art. 42.** Computam-se, na pena privativa de liberdade e na medida de segurança,[59] o tempo de prisão provisória,[60] no Brasil ou no estrangeiro, o de prisão administrativa e o de internação em qualquer dos estabelecimentos referidos no artigo anterior.[61-64-B]

**58. Conceito de detração:** é a contagem no tempo da pena privativa de liberdade e da medida de segurança do período em que ficou detido o condenado em prisão provisória, no Brasil ou no exterior, de prisão administrativa ou mesmo de internação em hospital de custódia e tratamento. Ex.: se o sentenciado foi preso provisoriamente e ficou detido por um ano até a condenação transitar em julgado, sendo apenado a seis anos de reclusão, cumprirá somente mais cinco. A detração é matéria da competência do juízo da execução penal, como regra. Portanto, o desconto será efetivado após o trânsito em julgado e início do cumprimento da pena.

**59. Cômputo da prisão provisória na medida de segurança:** o desconto deve ser feito no prazo mínimo de internação ou tratamento ambulatorial (1 a 3 anos), e não no tempo total de aplicação da medida de segurança. Assim, se o juiz fixa 2 anos de internação mínima, mas o apenado já ficou preso por um ano, preventivamente, deve ser realizado o exame de cessação de periculosidade dentro de um ano (e não em dois, como originalmente determinado). Expõe a doutrina que "a regra da detração em relação à medida de segurança se justifica não para o fim de ser levantada a medida, como é curial, mas para o efeito de contar o tempo para a realização obrigatória do exame de averiguação de periculosidade ao termo do prazo mínimo" (Miguel Reale Júnior, René Ariel Dotti, Ricardo Antunes Andreucci e Sérgio Marcos de Moraes Pitombo, *Penas e medidas de segurança no novo Código*, p. 123). Em contrário, indicando a inclusão para cômputo no prazo máximo ou para fins de desinternação: STJ: "Em casos de aplicação de medida de segurança, deve ser descontado desta, para fins de cômputo do tempo de duração máxima da medida ou para fins de desinternação progressiva, o tempo em que o agente esteve cumprindo prisão cautelar ou internação, conforme determinação do artigo 387, § 2.º, do Código de Processo Penal, o qual aplica-se também às medidas de segurança. Precedente. *Habeas corpus* não conhecido. Ordem concedida de ofício para determinar que o Juízo das Execuções Penais realize o desconto do tempo de prisão cautelar ou de internação provisória que o paciente tenha cumprido para fins de observância do limite

# Art. 42

Código Penal Comentado · **Nucci**

328

máximo da medida de segurança ou para fins de desinternação progressiva" (HC 298.252-SP, 5.ª T., rel. Reynaldo Soares da Fonseca, 19.04.2016, v.u.).

**60. Prisão provisória:** são todas as formas de prisão cautelar, previstas no processo penal: *a)* prisão temporária; *b)* prisão preventiva; *c)* prisão em decorrência de flagrante; *d)* prisão decorrente da pronúncia; *e)* prisão em virtude de sentença condenatória recorrível; *f)* prisão para extradição. É preciso registrar que uma das formas de prisão cautelar é a prisão domiciliar, que, caso decretada, deve compor o cenário para a detração. Na jurisprudência: TJSP: "Condenação a pena de 05 (cinco) anos em regime semiaberto. Alegada incorreção dos cálculos. Desconsideração do tempo de prisão domiciliar e expedição de mandado de prisão. Juízo condiciona recolhimento da paciente ao cárcere para análise de benefício. Paciente em prisão domiciliar por período superior a 03 (três) anos. Possibilidade de detração do tempo de prisão domiciliar, nos termos do art. 317 do CPP e 42, CP. Ordem concedida para, ante a plausibilidade do pedido, determinar, independente do recolhimento da paciente à prisão, que seja instaurado o processo de execução para análise do pleito de detração quanto ao período de prisão domiciliar" (*Habeas Corpus* 2152441-97.2021.8.26.0000, 12.ª C., rel. Amable Lopez Soto, 30.08.2021 v.u.).

**61. Ligação entre a prisão provisória e a pena aplicada para aplicar a detração:** há basicamente *duas correntes*: a) *deve haver ligação entre o fato criminoso, a prisão provisória decretada e a pena aplicada;* b) *não precisa haver ligação entre o fato criminoso praticado, a prisão provisória e a pena*, desde que haja absolvição, extinção da punibilidade ou redução da pena em outro processo por crime anteriormente cometido, mas prisão decretada depois. Ex.: se o réu comete um roubo, no dia 20 de março de 1990, e depois pratica um furto, pelo qual tem a prisão preventiva decretada, no dia 13 de maio de 1990, caso seja absolvido pelo furto e condenado pelo roubo, poderá computar o tempo de prisão provisória na pena do crime pelo qual foi apenado. Nesse sentido: STJ: "1. Nos termos do disposto nos arts. 42 do CP e 111 da LEP, a legislação penal permite a detração do tempo de prisão cautelar, cumprida em processo distinto, apenas nas hipóteses em que o agente tenha sido absolvido ou tenha sido declarada extinta a sua punibilidade e desde que a segregação provisória ocorra em data posterior ao delito ao qual o sentenciado cumpre pena" (AgRg no HC 738.445/SP, 6.ª T., rel. Rogerio Schietti Cruz, 17.05.2022, v.u.). É o correto. O que não se pode aceitar, de modo algum, é a aplicação da detração quando o fato criminoso pelo qual houve condenação tenha sido praticado posteriormente ao delito que trouxe a prisão provisória e a absolvição. Seria o indevido "crédito em conta corrente". Ex.: o sujeito pratica um roubo, pelo qual é preso em flagrante, mas é absolvido; depois comete um furto, pelo qual vem a ser condenado. Se pudesse descontar o tempo do flagrante do roubo na pena do furto, estaria criando um "crédito" contra o Estado para ser utilizado no futuro, o que é ilógico.

**62. Detração e pena de multa:** aplica-se, por analogia, no desconto da pena de multa o tempo de prisão provisória. Assim, quem foi preso preventivamente para, ao final, ser condenado apenas à pena pecuniária não terá nada a cumprir. Trata-se da detração imprópria. Esta situação pode acontecer com quem foi preso por tráfico ilícito de drogas, permaneceu detido cautelarmente, durante o processo, para, ao final, ser condenado por porte para uso (art. 28), que não traz pena privativa de liberdade. É mais que justo que o magistrado reconheça a detração imprópria, dando por extinta a punibilidade.

**63. Detração e determinação do regime inicial da pena:** sob o prisma formal, a detração não se relaciona com a fixação do regime inicial de cumprimento da pena. Noutros termos, se o réu ficasse preso por 1 ano e recebesse 5 anos de pena privativa de liberdade, o regime inicial somente poderia ser o semiaberto ou o fechado, mas não o aberto, tendo em vista tratar-se de penalidade superior a 4 anos (art. 33, § 2.º, *b*, CP). Por certo, na execução penal, o sentenciado cumpriria apenas 4 anos, descontado 1 ano de prisão provisória. Essa posição sempre foi a dominante na doutrina e na jurisprudência, mas não era a mais justa. O primeiro ponto a observar consiste no advento da execução provisória da pena, que permitiu a progressão de regime, enquanto se aguarda o trânsito em julgado da decisão condenatória. Ora, se o tempo de prisão provisória já está sendo computado para tal finalidade, por que não poderia o juiz dele se servir para escolher o regime inicial? Eis o exemplo: o acusado fica preso provisoriamente por 2 anos. Condenado por furto, recebe a pena de 5. Sabe-se que ele não poderá cumprir 5, mas somente 3. Tem-se por certo, ainda, a lentidão injusta do Judiciário para julgar o caso definitivamente, motivo pelo qual inserir o réu no regime semiaberto não representaria nada mais do que simples formalismo, pois, assim que proclamada a sentença, ele já poderia pedir a transferência ao aberto (antes mesmo do trânsito em julgado). Certo disso, o juiz sentenciante poderia justificar na sua decisão tal situação concreta e visível, estabelecendo, desde logo, o regime inicial aberto, evitando-se, com isso, o desgaste inútil para a execução provisória da pena. A partir de 2008, introduziu-se expressa autorização para computar a detração na fixação do regime inicial de cumprimento da pena. *In verbis*: "§ 2.º O tempo de prisão provisória, de prisão administrativa ou de internação, no Brasil ou no estrangeiro, será computado para fins de determinação do regime inicial de pena privativa de liberdade." Saliente-se, entretanto, deva o julgador computar a detração, abatendo-se o montante da pena fixada em razão do tempo de prisão provisória, não significando seja obrigado a estabelecer, sempre, o regime mais favorável. Aliás, a individualização da pena envolve a escolha do regime de cumprimento, abrangendo o fechado, o semiaberto e o aberto. Ilustrando, caso seja o réu condenado a 9 anos de reclusão, estando preso há 2, cumprirá, como pena definitiva, somente 7. Em tese, poderia receber o regime inicial semiaberto, desde que tenha merecimento. Imagine-se um acusado reincidente, com vários fatores negativos relativos aos elementos do art. 59 do Código Penal: deve iniciar no regime fechado, cabendo ao juiz da execução penal avaliar o momento ideal para a progressão.

**64. Detração e suspensão condicional da pena:** o desconto deve operar-se na pena privativa de liberdade fixada, se vier a ser cumprida, caso revogado o *sursis*, mas não no tempo de suspensão. Imagine-se, por exemplo, que o réu seja condenado a dois anos de reclusão, tendo ficado preso provisoriamente por seis meses. Recebe o benefício da suspensão condicional da pena pelo prazo de dois anos. Caso seja revisto o *sursis*, em vez de cumprir dois anos, cumprirá somente um ano e seis meses. Em nada poderá interferir a prisão provisória no período de prova – afinal, se a condenação fosse de apenas um ano e seis meses, do mesmo modo caberia o *sursis* pelos mesmos dois anos.

**64-A. Detração e medidas cautelares alternativas à prisão:** instituídas pela Lei 12.403/2011, as medidas cautelares previstas no art. 319 do CPP têm por fim evitar a decretação da prisão provisória. Porém, algumas implicam restrição antecipada à liberdade individual. Algumas possuem maiores limitações que outras e, sob tal enfoque, entendemos deva ser apreciada a viabilidade de detração. Não se pode *compensar* com a pena privativa de liberdade, aplicada na sentença, toda e qualquer medida cautelar alternativa, pois seria despropositado. Imagine-se a imposição de *não se ausentar* da *Comarca sem autorização judicial*, perdurando por dois anos (durante o trâmite do processo), a ser descontada na pena de dois anos de reclusão: o acusado nada cumpriria e o objetivo punitivo perderia toda a essência. Note-se que a condenação a dois anos de privação de liberdade é totalmente diversa da restrição de ir e vir aplicada como cautelar. Há algumas medidas que nem mesmo representam restrição à liberdade de locomoção, como a proibição de se aproximar da vítima. Não se deve perder de vista a viabilidade de aplicação cumulativa de medidas cautelares alternativas, significando a necessidade de se confrontá-las com as regras do regime aberto (pena privativa de liberdade). Afinal, se houver plena coincidência, não é justo privar o sentenciado da detração, pois o que ele experimentou na fase processual é, basicamente, idêntico ao cenário da condenação em regime aberto. Suponha-se a fixação da medida cautelar de "recolhimento domiciliar no período noturno e nos dias de folga quando o investigado ou acusado tenha residência e trabalho fixos" (art. 319, V, CPP); equivale, exatamente, a uma das condições do regime aberto (art. 115, I, LEP), logo, é preciso incidir a detração. Deve-se analisar cada situação concreta para verificar se a medida cautelar, de algum modo, torna-se similar à execução de qualquer sanção penal ou suspensão condicional da pena. O Superior Tribunal de Justiça tem entendido viável a detração da medida cautelar de recolhimento noturno e nos fins de semana (art. 319, V, CPP), com ou sem monitoração eletrônica, em qualquer regime da pena privativa de liberdade. Acolhe o entendimento de aplicar a proporção de três dias da medida cautelar (recolhimento apenas noturno) para descontar um dia de pena; ou dois dias da medida cautelar para descontar um dia de pena, nos dias de recolhimento integral (dias não úteis). Entretanto, o STF adotou o entendimento de ser necessário haver correlação entre a medida cautelar imposta e a pena efetivamente aplicada. Desse modo, o recolhimento noturno e nos fins de semana equivale ao regime aberto, mas não tem qualquer relação com o regime fechado. É o que nos parece adequado. Sob outro prisma, caso acolhida a posição mais benéfica do STJ, não nos soa razoável *criar* um sistema de compensação não previsto em lei (três dias por um ou dois dias por um). Se houver entendimento de que não importa qual o regime da pena privativa de liberdade, vale dizer, equivalente ou não, cabe a detração levando em conta o recolhimento domiciliar, parece-nos que deve ser um dia da medida cautelar por um dia de pena. Na jurisprudência: STF: "Agravo regimental em recurso ordinário em *habeas corpus*. Processo penal. Detração. Medida cautelar diversa da prisão. Recolhimento domiciliar noturno e em dias de folga. Semelhança e homogeneidade entre a cautelar e a pena imposta. Analogia *in bonam partem*. Agravo regimental provido. 1. O recolhimento domiciliar noturno, por comprometer o *status libertatis* do investigado, deve ser computado para efeitos de detração penal *quando houver semelhança e homogeneidade entre medida cautelar aplicada no curso do processo e a pena imposta na sentença condenatória, em homenagem aos princípios da proporcionalidade e do* 'non bis in idem'. 2. Ante a lógica da detração, destinada a evitar o *bis in idem* no cumprimento da pena, deve-se proceder à analogia *in bonam partem*. 3. Agravo regimental provido para determinar a detração, da pena final aplicada, do período em que o recorrente cumpriu medida cautelar de recolhimento noturno e nos dias de folga" (RHC 190429 AgR, 2.ª T., rel. Edson Fachin, 07.05.2024, m.v. – voto vencido do Min. Nunes Marques não aplicando a detração; grifamos). STJ: "1. Sobre o tema, '[a] Terceira Seção do Superior Tribunal de Justiça, em recurso especial representativo da controvérsia, firmou a compreensão majoritária 'de se admitir a detração, na pena privativa de liberdade, do período de cumprimento da medida cautelar do art. 319, V, do Código de Processo Penal – CPP, com ou sem monitoração eletrônica. No cálculo, as horas de recolhimento domiciliar obrigatório devem ser somadas e convertidas em dias, desprezando-se o período inferior a 24 horas' (AgRg no HC n. 733.909/MG, rel. Ministro Joel Ilan Paciornik, 5.ª T., julgado em 09.08.2022, *DJe* de 15.08.2022)' (AgRg no HC n. 558.923/SC, rel. Ministro Rogerio Schietti, 6.ª T., *DJe* de 19.04.2023). 2. No que tange à proporção da conversão, não diverge a compreensão do Superior Tribunal de Justiça daquela apresentada pelo Juízo de primeiro grau, visto que, '[n]a hipótese de se decidir pela possibilidade de emprego do tempo de cumprimento da medida alternativa de recolhimento noturno e dos dias de folga, para fins de detração, alcançou-se a seguinte distinção: a) adoção da proporção de 3 dias da medida cautelar (recolhimento apenas noturno) para descontar 1 dia de pena; ou b) 2 dias da medida cautelar para descontar 1 dia de pena, nos dias de recolhimento integral (dias não úteis)' (EDcl no AgRg no HC n. 668.298/SP, rel. Ministro Rogerio Schietti, 6.ª, julgado em 03.08.2021, *DJe* de 13.08.2021)" (AgRg no HC n. 908.522/SP, 6.ª T., rel. Rogerio Schietti Cruz, 17.06.2024, v.u.).

**64-B. Detração e prescrição:** ver a nota 35 ao art. 109.

**Seção II**
**Das penas restritivas de direitos**

**Penas restritivas de direitos**[65-66]

> **Art. 43.** As penas restritivas de direitos são:
> I – prestação pecuniária;[67]
> II – perda de bens e valores;[68]
> III – (Vetado.);[69]
> IV – prestação de serviço à comunidade ou a entidades públicas;[70]
> V – interdição temporária de direitos;[71]
> VI – limitação de fim de semana.[72]

**65. Conceito de penas restritivas de direitos:** são penas alternativas às privativas de liberdade, expressamente previstas em lei, tendo por fim evitar o encarceramento de determinados criminosos, autores de infrações penais consideradas mais leves, promovendo-lhes a recuperação através de restrições a certos direitos. É o que NILO BATISTA define como um movimento denominado "fuga da pena", iniciado a partir dos anos 1970, quando se verificou, com maior evidência, o fracasso do tradicional sistema punitivo no Brasil (*Alternativas à prisão no Brasil*, p. 76).

**66. Natureza jurídica:** são sanções penais autônomas e substitutivas. São substitutivas porque derivam da permuta que se faz após a aplicação, na sentença condenatória, da pena privativa de liberdade. Não há tipos penais prevendo, no preceito secundário, pena restritiva de direito. Portanto, quando juiz aplicar uma pena privativa de liberdade, pode substitui-la por uma restritiva, pelo mesmo prazo da primeira. São autônomas porque subsistem por si mesmas após a substituição. O juiz das execuções penais vai, diretamente, cuidar de fazer cumprir a restrição de direito, e não mais a privativa de liberdade, salvo necessidade de conversão por fatores incertos e futuros. Ver MIGUEL REALE JÚNIOR, RENÉ ARIEL DOTTI, RICARDO ANTUNES ANDREUCCI e SÉRGIO MARCOS DE MORAES PITOMBO (*Penas e medidas de segurança no novo Código*, p. 138). Apesar do mencionado caráter substitutivo da pena restritiva de direitos, atualmente podem-se encontrar exemplos de penas restritivas aplicáveis cumulativamente às penas privativas de liberdade, como ocorre com o Código de Trânsito Brasileiro: o art. 292 dispõe que "a suspensão ou a proibição de se obter a permissão ou a habilitação para dirigir veículo automotor pode ser imposta isolada ou *cumulativamente* com outras penalidades" (grifamos), e outros dispositivos, como o art. 302, preveem a possibilidade de aplicar pena privativa de liberdade cumulada com a restritiva de direito: "Praticar homicídio culposo na direção de veículo automotor: Penas – detenção, de 2 (dois) a 4 (quatro) anos, e suspensão ou proibição de se obter a permissão ou a habilitação para dirigir veículo automotor". Por outro lado, há exemplo de penas restritivas de direitos completamente autônomas da privativa de liberdade, como ocorre com o art. 28 da Lei 11.343/2006: "Quem adquirir, guardar, tiver em depósito, transportar ou trouxer consigo, para consumo pessoal, drogas sem autorização ou

# Art. 43

Código Penal Comentado • **Nucci**

em desacordo com determinação legal ou regulamentar será submetido às seguintes penas: I – advertência sobre os efeitos das drogas; II – prestação de serviços à comunidade; III – medida educativa de comparecimento a programa ou curso educativo".

**67. Conceito de prestação pecuniária:** consiste no pagamento em dinheiro feito à vítima e seus dependentes ou a entidade pública ou privada, com destinação social, de uma importância fixada pelo juiz, não inferior a um salário mínimo nem superior a 360 salários mínimos. Possui, dentre outras, a finalidade de antecipar a reparação do dano causado pelo crime à vítima. Na jurisprudência: STJ: "1. Como a finalidade da pena restritiva de direitos na modalidade de prestação pecuniária (art. 43, I, do CP) é auxiliar a reparação do dano, não é necessário que esta reprimenda substitutiva guarde correspondência ou mesmo proporcionalidade com a pena privativa de liberdade substituída. Precedentes" (AgRg no AREsp 1.286.006-RS, 5.ª T., rel. Ribeiro Dantas, 18.05.2021, v.u.).

**68. Conceito de perda de bens e valores:** trata-se da perda, em favor do Fundo Penitenciário Nacional, de bens e valores adquiridos licitamente pelo condenado, integrantes do seu patrimônio, tendo como teto o montante do prejuízo causado ou o proveito obtido pelo agente ou terceiro com a prática do crime, o que for maior.

**69. Veto presidencial à pena de recolhimento domiciliar:** alegando impossibilidade de fiscalização, houve veto do Presidente da República à pena de recolhimento domiciliar – utilizada na Lei 9.605/1998, que cuida dos crimes ambientais –, embora não tivesse havido igual veto à limitação de fim de semana, que atualmente, quando imposta, é cumprida em domicílio, tal como a sanção penal objeto da impugnação presidencial. Por outro lado, há vários anos vem-se cumprindo o regime aberto também em domicílio, o que nunca foi questionado pelo Poder Executivo, de forma que o veto não deveria ter ocorrido. Ao menos a sanção de *recolhimento domiciliar* era algo objetivo e direto, impondo ao sentenciado que se recolhesse à sua casa fora do horário de trabalho. Melhor aplicar tal pena do que o indevido regime de albergue domiciliar para todos os condenados em regime aberto, hoje uma lamentável necessidade.

**70. Conceito da prestação de serviços à comunidade ou a entidades públicas:** é a atribuição de tarefas gratuitas ao condenado junto a entidades assistenciais, hospitais, orfanatos e outros estabelecimentos similares, em programas comunitários ou estatais. Trata-se, em nosso entender, da melhor sanção penal substitutiva da pena privativa de liberdade, pois obriga o autor de crime a reparar o dano causado através do seu trabalho, reeducando-se, enquanto cumpre pena. Nesse sentido, note-se a lição de PAUL DE CANT: "A ideia de fazer um delinquente executar um trabalho 'reparador' em benefício da comunidade tem sido frequentemente expressa nestes últimos anos. O fato mais admirável é que parece que Beccaria já havia pensado em uma pena dessa natureza ao escrever, no século XVIII, que 'a pena mais oportuna será somente aquela espécie de servidão que seja justa, quer dizer, a servidão temporária que põe o trabalho e a pessoa do culpado a serviço da sociedade, porque este estado de dependência total é a reparação do injusto despotismo exercido por ele em violação ao pacto social'" (*O trabalho em benefício da comunidade: uma pena de substituição?*, p. 47).

**71. Conceito de interdição temporária de direitos:** é a autêntica pena restritiva de direitos, pois tem por finalidade impedir o exercício de determinada função ou atividade por um período determinado, como forma de punir o agente de crime relacionado à referida função ou atividade proibida.

**72. Conceito de limitação de fim de semana:** trata-se do estabelecimento da obrigação do condenado de permanecer, aos sábados e domingos, por cinco horas diárias, em Casa do Albergado ou lugar adequado, a fim de participar de cursos e ouvir palestras, bem como desenvolver atividades educativas.

> **Art. 44.** As penas restritivas de direitos são autônomas e substituem as privativas de liberdade, quando:[72-A-72-B]
>
> I – aplicada pena privativa de liberdade não superior a 4 (quatro) anos e o crime[72-C] não for cometido com violência ou grave ameaça à pessoa ou, qualquer que seja a pena aplicada, se o crime for culposo;[73-74-A]
>
> II – o réu não for reincidente em crime doloso;[75]
>
> III – a culpabilidade, os antecedentes, a conduta social e a personalidade do condenado, bem como os motivos e as circunstâncias indicarem que essa substituição seja suficiente.[76-77]
>
> § 1.º (Vetado.)[78]
>
> § 2.º Na condenação igual ou inferior a 1 (um) ano, a substituição pode ser feita por multa ou por uma pena restritiva de direitos;[79-79-A] se superior a 1 (um) ano, a pena privativa de liberdade pode ser substituída por uma pena restritiva de direitos e multa ou por duas restritivas de direitos.[80-80-B]
>
> § 3.º Se o condenado for reincidente, o juiz poderá aplicar a substituição, desde que, em face de condenação anterior, a medida seja socialmente recomendável e a reincidência não se tenha operado em virtude da prática do mesmo crime.[81-82]
>
> § 4.º A pena restritiva de direitos converte-se em privativa de liberdade quando ocorrer o descumprimento injustificado da restrição imposta.[83-83-A] No cálculo da pena privativa de liberdade a executar será deduzido o tempo cumprido da pena restritiva de direitos, respeitado o saldo mínimo de 30 (trinta) dias de detenção ou reclusão.[84]
>
> § 5.º Sobrevindo condenação a pena privativa de liberdade, por outro crime, o juiz da execução penal decidirá sobre a conversão, podendo deixar de aplicá-la se for possível ao condenado cumprir a pena substitutiva anterior.[85-85-B]

**72-A. Requisitos cumulativos:** os requisitos apresentados no art. 44 são cumulativos, juntando-se, pois, os objetivos e os subjetivos para que se possa conceder a pena alternativa ao réu.

**72-B. Faculdade do juiz ou direito subjetivo do réu:** a substituição da pena privativa de liberdade pela restritiva de direitos aponta para um rol de requisitos, alguns de natureza objetiva; outros, subjetiva. O que é objetivo não comporta elasticidade, bastando a sua comprovação nos autos (ex.: pena inferior a quatro anos). A parte subjetiva dos requisitos depende da avaliação do juiz – e cada julgador pode valorar de um modo diverso – tal como indica o inciso III do art. 44. Em suma, cuida-se de faculdade do juiz analisar os requisitos subjetivos de maneira favorável ou desfavorável, desde que fundamente sua opção. Por outro lado, avaliando todos os requisitos como favoráveis, trata-se de direito subjetivo do acusado ter a sua pena privativa de liberdade substituída por restritivas de direito.

**72-C. Requisito objetivo:** o teto estabelecido pelo inciso I do art. 44 é um requisito objetivo, ou seja, deve ser respeitado, independentemente de outras circunstâncias, eventualmente favoráveis, que envolvam o crime doloso. Para o delito culposo inexiste teto em função da pena aplicada.

# Art. 44

Código Penal Comentado · **Nucci**

**73. A duração da pena aplicada e a espécie de crime:** todos os delitos culposos podem receber o benefício da substituição, qualquer que seja a pena, bem como os crimes dolosos, desde que a pena não ultrapasse 4 anos e não houver violência ou grave ameaça à pessoa. Não cabe ao juiz estabelecer exceção não criada pela lei, de forma que estão excluídos todos os delitos violentos ou com grave ameaça, ainda que comportem penas de pouca duração. No caso da lesão corporal dolosa – leve, grave ou gravíssima (pouco importando se de "menor potencial ofensivo" ou não) –, para efeito de aplicação da substituição da pena, não mais tem cabimento a restritiva de direitos. O juiz, em caso de condenação, poderá conceder o *sursis* ou fixar o regime aberto para cumprimento. Conferir acórdão do STF, vedando a pena alternativa quando houver violência doméstica, na nota 74-A. Consultar ainda: STJ: "Lesão corporal. Substituição da pena privativa de liberdade por restritiva de direitos. Crime cometido com violência. Óbice do art. 44 do CP. Agravo regimental desprovido. 1. Conforme o reconhecido no *decisum* ora impugnado, não faz jus o paciente à substituição da pena privativa de liberdade pela restritiva de direitos, em razão do óbice do art. 44, I, do Código Penal, que impede a substituição para crimes cometidos com violência ou grave ameaça à pessoa" (AgRg no HC 543.695/SP, 5.ª T., rel. Ribeiro Dantas, 04.02.2020, v.u.).

**73-A. Violência presumida e violência imprópria:** sustentamos que a violência abrange as formas física e moral, mas o legislador preferiu separá-las, quando as menciona nas normas penais, falando sempre de uma e outra. Deveria ter mencionado apenas a palavra *violência*. Não sendo assim, quando se lê *grave ameaça* entende-se a modalidade de violência moral; quando se lê *violência*, vê-se a física. A violência presumida é forma de violência física, pois resulta da incapacidade de resistência da pessoa ofendida. Quem não consegue resistir, porque o agente se valeu de mecanismos indiretos para dobrar seu esforço (drogando a vítima, por exemplo), está fisicamente retirando o que lhe pertence. Por isso, o que se denomina de violência *imprópria* não passa da violência presumida, que é, no caso do art. 44, igualmente impeditiva da concessão de penas alternativas.

**73-B. Delação premiada:** a Lei 12.850/2013 autorizou, em caso de colaboração premiada, pouco importando o *quantum* da pena, se doloso ou culposo o crime, a concessão de pena alternativa para o delator, conforme dispõe o art. 4.º: "o juiz poderá, a requerimento das partes, conceder o perdão judicial, reduzir em até 2/3 (dois terços) a pena privativa de liberdade ou substituí-la por restritiva de direitos daquele que tenha colaborado efetiva e voluntariamente com a investigação e com o processo criminal, desde que dessa colaboração advenha um ou mais dos seguintes resultados: I – a identificação dos demais coautores e partícipes da organização criminosa e das infrações penais por eles praticadas; II – a revelação da estrutura hierárquica e da divisão de tarefas da organização criminosa; III – a prevenção de infrações penais decorrentes das atividades da organização criminosa; IV – a recuperação total ou parcial do produto ou do proveito das infrações penais praticadas pela organização criminosa; V – a localização de eventual vítima com a sua integridade física preservada".

**74. Crimes hediondos e equiparados, especialmente tráfico de drogas:** como regra, não cabe a substituição da pena privativa de liberdade por restritiva de direitos, por falta do requisito objetivo: a pena é superior a 4 anos ou o delito é cometido com violência ou grave ameaça à pessoa. A única exceção mais frequente ficava por conta do *tráfico ilícito de entorpecentes*, cuja pena mínima era de 3 anos e não é espécie de delito cometido com violência ou grave ameaça à pessoa. Entretanto, após a edição da Lei 11.343/2006, a pena mínima do tráfico elevou-se para cinco anos. Diante disso, para a modalidade simples desse crime, inviável a substituição. No mais, quando se tratar de tráfico *privilegiado* (art. 33, § 4.º, Lei de Drogas), conforme o montante aplicado, pode o juiz conceder a substituição. Havia proibição, feita pelo art. 44 da mesma Lei, mas o STF a considerou inconstitucional. Além disso, o Pretório Excelso editou a Súmula Vinculante 59: "É impositiva a fixação do regime aberto e a substituição da pena privativa de liberdade por restritiva de direitos quando reconhecida a figura do tráfico privilegiado (art. 33, § 4.º, da Lei 11.343/06) e ausentes vetores negativos na primeira fase da dosimetria (art. 59 do CP), observados os requisitos do art. 33, § 2.º, alínea c, e do art. 44, ambos do Código Penal."

**74-A. Violência doméstica ou familiar:** além de ser expresso, neste artigo, o não cabimento de pena alternativa para crimes violentos (violência física ou moral), nas hipóteses de violência doméstica, com maior ênfase, não se pode aceitar a substituição da pena privativa de liberdade por restritiva de direitos, evitando banalizar a gravidade do crime. No STJ, conferir a Súmula 588: "A prática de crime ou contravenção penal contra a mulher com violência ou grave ameaça no ambiente doméstico impossibilita a substituição da pena privativa de liberdade por restritiva de direitos".

**75. Reincidência em crime doloso:** antes da Lei 9.714/1998, somente era possível substituir a pena privativa de liberdade pela restritiva de direitos em caso de não reincidente. Atualmente, restringiu-se tal possibilidade ao reincidente *por crime doloso*, embora ainda comporte exceção, conforme se verá no comentário ao § 3.º. Em boa hora, o legislador empreendeu a modificação, pois nem toda forma de reincidência torna perniciosa a substituição, ficando ao critério do magistrado a consideração que o caso concreto merece. Na jurisprudência: STF: "2. No caso concreto, as instâncias originárias fixaram o regime semiaberto e negaram a substituição da pena privativa de liberdade por restritivas de direitos em razão de o agravante ser reincidente e possuir maus antecedentes, o que está de acordo com a dicção do art. 44, II e III, do CP. Precedentes" (HC 226.624 AgR, 2.ª T., rel. Edson Fachin, 29.05.2023, v.u.). STJ: "I – Nos termos da jurisprudência consolidada no âmbito desta Eg. Corte Superior, e nos termos do art. 44, § 3.º, do Código Penal, a substituição da reprimenda corporal por restritiva de direitos é possível desde que a reincidência não se tenha operado em virtude da prática do mesmo crime, isto é, não seja reincidente específico, e a medida seja socialmente recomendável. Precedentes. II – *In casu*, quanto à possibilidade de substituição da pena corporal por restritiva de direitos, o Eg. Tribunal de origem indicou, como óbices, circunstâncias do caso concreto, notadamente o fato de o agravante ser reincidente, bem como a medida não ser socialmente adequada para o presente caso considerando o histórico de crimes patrimoniais (condenação por três roubos majorados pelo emprego de arma de fogo e concurso de pessoas). III – Com efeito, 'No caso concreto, apesar de não existir o óbice da reincidência específica tratada no art. 44, § 3.º, do CP, a substituição não é recomendável, tendo em vista a anterior prática de crime violento (roubo). Precedentes das duas Turmas' (AgRg no AREsp n. 1.716.664/SP, Terceira Seção, Rel. Min. Ribeiro Dantas, *DJe* de 31/08/2021)" (AgRg no AREsp 2.209.685/SP, 5.ª T., rel. Messod Azulay Neto, 11.04.2023, v.u.).

**76. Requisitos de avaliação subjetiva:** cabe ao juiz, dentro do seu prudente critério, novamente invocando o art. 59 do Código Penal, optar pela substituição da pena privativa de liberdade pela restritiva de direitos, levando em consideração a culpabilidade, os antecedentes, a conduta social e a personalidade do condenado, além dos motivos que o levaram ao delito, bem como as circunstâncias gerais de prática da infração. Nessa análise, de ordem subjetiva, o magistrado pode levar em conta a diferença existente entre dois crimes, que, embora objetivamente iguais, possam apresentar diversidades no tocante a quem os cometeu. Nas palavras de René Ariel Dotti, um "Direito Penal liberto de tantas superstições e quantas opressões; um Direito Penal que permita aos magistrados o exercício mais livre da sensibilidade nos domínios da lei, do Direito e da Justiça" (*Bases e alternativas para o sistema de penas*, p. 103). Na

# Art. 44

Código Penal Comentado • **Nucci**

336

jurisprudência: STF: "2. A conversão de pena corporal em restritiva de direitos é condicionada ao preenchimento dos requisitos objetivos (pena inferior a 4 anos e que o crime tenha sido cometido sem violência ou grave ameaça) e subjetivos (prognose acerca da suficiência da substituição) elencados no art. 44 do Código Penal. Ausente, no caso, requisito de ordem subjetiva previsto no art. 44, III, do Código Penal" (HC 163.821 AgR, 1.ª T., rel. Alexandre de Moraes, 14.12.2018, maioria). STJ: "5. No caso concreto, apesar de não existir o óbice da reincidência específica tratada no art. 44, § 3.º, do CP, a substituição não é recomendável, tendo em vista a anterior prática de crime violento (roubo). Precedentes das duas Turmas. (...)" (AgRg no AREsp 1.716.664-SP, 3.ª Seção, rel. Ribeiro Dantas, 25.08.2021, v.u.).

**76-A. Concessão de pena alternativa para estrangeiro:** se o estrangeiro possuir residência e visto de permanência no Brasil, inexiste qualquer óbice. Caso seja estrangeiro de passagem pelo país, poderia surgir a mesma polêmica que envolve o *sursis*. Nesta hipótese, como não tem vínculo com o Brasil, podendo ser expulso a qualquer tempo, não cumpriria pena alguma. Ainda que tal situação seja real, é preferível conceder a pena alternativa, quando preenchidos os requisitos do art. 44, ao estrangeiro de passagem pelo país, pois cuida-se de condenação a pena não elevada, por crime menos gravoso, constituindo medida exagerada determinar o seu encarceramento quando, para o brasileiro, em igual situação, seria possível a concessão da pena restritiva de direitos. Se o estrangeiro, beneficiado pela pena alternativa, for expulso ou retirar-se voluntariamente do Brasil, tanto melhor. Trata-se de melhor política criminal permitir que o estrangeiro, autor de crime considerado de menor importância, parta do território nacional do que mantê-lo encarcerado até que cumpra pena de curta duração. Consultar ainda a nota 16 ao art. 77.

**76-B. Gravidade do crime:** o juiz não deve negar a substituição da pena privativa de liberdade por restritivas de direitos baseado, unicamente, na gravidade abstrata do delito. É imperioso haver prova da gravidade concreta. Ilustrando, um crime de estelionato cometido contra pessoa idosa, que perde todos os seus bens, padecendo de enfermidade grave é diferente de outro estelionato praticado contra pessoa adulta, plenamente capaz, cuja perda patrimonial não é significativa, nem há outras consequências do delito.

**77. Conversão durante o cumprimento da pena:** na hipótese de a pena privativa de liberdade não ter sido substituída por restritiva de direitos, no momento da condenação, ainda existe essa possibilidade durante a execução da pena, respeitado o disposto no art. 180 da Lei de Execução Penal: *a)* pena privativa de liberdade não superior a 2 anos; *b)* cumprimento da pena em regime aberto; *c)* ter cumprido pelo menos 1/4 da pena; *d)* antecedentes e personalidade do condenado indiquem ser conveniente a conversão.

**78. Veto presidencial às penas de advertência, compromisso de frequência a curso e submissão a tratamento:** a justificativa dada é que seria a advertência uma penalidade muito branda, o que não deixa de ser realidade, embora, por estarem no mesmo parágrafo, tenham sido atingidas duas outras, que não poderiam ser desprezadas. A obrigação de frequência a cursos e o compromisso de submissão a tratamento poderiam ser mais eficazes do que a desprestigiada limitação de fim de semana.

**79. Composição com o disposto no art. 60, § 2.º, do Código Penal:** preceitua o art. 60, § 2.º, que "a pena privativa de liberdade aplicada, não superior a 6 meses, pode ser substituída pela de multa, observados os critérios dos incisos II e III do art. 44 deste Código", enquanto o § 2.º deste artigo menciona ser possível a substituição de penas iguais ou inferiores a um ano por multa. Assim, há a impressão de ter havido conflito entre os dispositivos. Para a pena privativa de liberdade superior a 6 meses e igual ou inferior a 1 ano pode ou não ser aplicada a substituição? Há *duas posições*: *a)* os que entendem ter o art. 44, § 2.º, por ser o mais recente (lei posterior afasta a aplicação de lei anterior – aplicação do critério da sucessividade), revogado o disposto no art. 60, § 2.º, razão pela qual a substituição é possível; *b)* aqueles que sustentam ser compatível a aplicação dos dois dispositivos, reservando-se à pena igual ou inferior a seis meses a possibilidade de substituição por multa (aplicando-se o art. 60, § 2.º) ou por restritiva de direitos (aplicando-se o art. 44, § 2.º), conforme o caso, bem como à pena superior a 6 meses e igual ou inferior a 1 ano somente uma pena restritiva de direitos. Preferimos a última posição, pois a possibilidade de harmonia é evidente: penas menos elevadas (6 meses ou inferiores) podem ser convertidas em multa ou restritiva de direitos, enquanto penas mais elevadas (mais de 6 meses até 1 ano) podem ser substituídas por uma única pena restritiva, já que para penalidades acima de 1 ano é indispensável fixar duas restritivas de direito ou uma restritiva acompanhada de uma multa. Essa interpretação, compondo as duas normas, é a mais indicada, também por outros fatores. Deve-se salientar que o art. 60 é especial em relação ao art. 44. Este último cuida da aplicação de penas restritivas de direitos, substancialmente, somente tangenciando a questão relativa à multa. Por outro lado, o título do art. 60 bem demonstra a sua inserção no capítulo relativo à aplicação da pena: "critérios especiais da pena de multa". Ora, se para a fixação da pena pecuniária deve o magistrado levar em consideração *principalmente* a situação econômica do réu e não os demais requisitos comuns às penas privativas de liberdade, é natural supor que o § 2.º, tratando da *multa substitutiva*, deva ser considerado, em igualdade de condições, específico para essa possibilidade de substituição. Ademais, seria ilógico conceder, por exemplo, uma pena de multa para um furto simples, cuja pena não ultrapasse um ano, podendo o juiz aplicar, igualmente, apenas uma pena de multa para o furto privilegiado (art. 155, § 2.º, CP), quando considerar de pequeno valor a coisa subtraída e primário o autor do crime. Estar-se-ia equiparando, indevidamente, situações francamente desiguais. Portanto, se a aplicação exclusiva da pena de multa foi reservada para a melhor das hipóteses de furto privilegiado, tudo leva a crer que a pena pecuniária não é compatível com delitos de sanção superior a seis meses. Parece-nos a melhor exegese a ser extraída do confronto entre os arts. 44, § 2.º, e 60, § 2.º, do Código Penal. No sentido que defendemos, checar a lição de Sérgio Salomão Shecaira e Alceu Corrêa Junior (*Teoria da pena*, p. 231): "Deve prevalecer, portanto, a interpretação no sentido da subsistência e da compatibilidade dos dois dispositivos legais, ou seja, o art. 60, § 2.º, sendo aplicável para pena de até seis meses (substituição por multa), e o art. 44, § 2.º, aplicável para pena superior a seis meses e igual ou inferior a um ano (substituição por multa ou por restritiva de direitos)". Na jurisprudência: STJ: "Ordem parcialmente concedida para determinar a substituição da pena privativa de liberdade imposta ao paciente (1 ano de reclusão) somente por multa, nos termos do art. 44, § 2.º, primeira parte, do Código Penal. Cabe ao Juízo das Execuções Criminais, após o trânsito em julgado da condenação, a escolha do valor devido, à luz das disposições constantes do art. 49 do Código Penal" (HC 401.695-SC, 6.ª T., rel. Rogerio Schietti Cruz, 24.10.2017, v.u.).

**79-A. Multa aplicada isoladamente e não cumprimento:** embora a sanção pecuniária tenha sido estipulada no contexto das penas restritivas de direitos, nem por isso a sua natureza jurídica se altera. Continua a ser uma pena pecuniária, que, não cumprida, sujeita-se à execução, mas não à reconversão da pena de multa em prisão.

**80. Regra específica em lei especial:** havendo norma diversa, aplica-se o princípio da especialidade, prevalecendo a legislação especial, como no caso da Lei 9.605/1998 (Crimes contra o Meio Ambiente), que permite a substituição da pena privativa de liberdade, desde que inferior a quatro anos, por somente uma restritiva de direitos (art. 7.º As penas restritivas de direitos são autônomas e substituem as privativas de liberdade quando: I – tratar-se de

# Art. 44

Código Penal Comentado • **Nucci**

338

crime culposo ou for aplicada a pena privativa de liberdade inferior a quatro anos; II – a culpabilidade, os antecedentes, a conduta social e a personalidade do condenado, bem como os motivos e as circunstâncias do crime indicarem que a substituição seja suficiente para efeitos de reprovação e prevenção do crime).

**80-A. Previsão de multa no tipo e substituição da privativa de liberdade por multa:** entende-se não ser recomendável mesclar espécies diversas de sanções penais, de modo a se transformarem em uma única penalidade. Noutros termos, se o tipo incriminador prevê pena de multa cumulada com a privativa de liberdade, torna-se mais adequado substituir esta última por restritiva de direitos. Se o magistrado o fizer por multa, em verdade, somada à outra multa cumulada, haverá uma só espécie de sanção, quando, na realidade, o tipo incriminador, no preceito secundário, previu duas modalidades diversas (privação de liberdade e pena pecuniária). Na jurisprudência: STJ: "O delito de furto qualificado já prevê, no seu preceito secundário, a pena autônoma e cumulativa de multa. Desse modo, a decisão da origem está em consonância com a orientação jurisprudencial desta Corte de Justiça, segundo a qual, se ao tipo penal é cominada pena de multa autônoma e cumulativa com a pena privativa de liberdade substituída, não se mostra socialmente recomendável a aplicação da multa substitutiva prevista no art. 44, § 2.º, 2.ª parte, do Código Penal" (AgRg no HC 580.352/SC, 5.ª T., rel. Reynaldo Soares da Fonseca, 02.06.2020, v.u.).

**80-B. Espécies de penas restritivas de direitos quando fixadas duas:** segundo nos parece, a lei indica ao magistrado, quando a pena privativa de liberdade for superior a um ano, substituí-la por uma restritiva e uma multa ou por duas restritivas de direito. Quer-se crer deva o julgador escolher duas diversas penas restritivas do rol apontado pelo art. 43, pois cada uma delas atinge finalidade diferente. Ilustrando, não seria cabível fixar, para uma pena de dois anos de reclusão, duas penas de prestação de serviços à comunidade, pois isso iria sobrecarregar o sentenciado. Assim fazendo, ele teria que cumprir duas horas por dia, durante dois anos, em vez de uma hora/tarefa por dia de condenação. Sob outro aspecto, estabelecer duas prestações pecuniárias seria estranho, mormente quando destinadas à vítima para efeito de indenização do crime cometido. Bastaria fixar uma prestação pecuniária, em montante compatível com a reparação necessária. Por isso, existe a variedade de opções de penas alternativas. Na jurisprudência, em sentidos diversos: STJ: "1. O art. 44, § 2.º, do Código Penal dispõe que, 'se superior a um ano, a pena privativa de liberdade pode ser substituída por uma pena restritiva de direitos e multa ou por duas restritivas de direitos', a critério do Magistrado, no exercício de sua discricionariedade motivada. Dessa forma, diferentemente da leitura realizada pelo agravante, não há óbice à fixação de duas penas de prestação de serviço à comunidade, devendo, cada qual, observar o parâmetro do art. 46, § 3.º, do Código Penal" (AgRg no REsp 1.794.829/SE, 5.ª T., rel. Reynaldo Soares da Fonseca, 23.06.2020, v.u.); "1. Esta Corte Superior de Justiça, ao interpretar a parte final do art. 44, § 2.º, do Código Penal, firmou a entendimento de que não é possível a substituição da pena privativa de liberdade superior a 1 (um) ano por duas penas de prestação pecuniária" (AgRg no AREsp 1.469.098/SP, 6.ª T., rel. Laurita Vaz, 06.08.2019, v.u.).

**81. Possibilidade de substituição aos reincidentes:** há *dois requisitos* estabelecidos em lei para que o juiz opere a substituição da pena privativa de liberdade por restritiva de direitos ao condenado reincidente por crime doloso: *a)* ser *socialmente recomendável*, o que é de análise extremamente subjetiva, embora assim deva ser, cabendo ao magistrado, no caso concreto, verificar se a hipótese de reincidência comporta a substituição, tendo em conta a maior possibilidade de reeducação do condenado. Não é *socialmente recomendável* encarcerar um sujeito que tenha duas penas leves a cumprir, podendo ficar em liberdade, prestando serviços à comunidade, por exemplo; *b) não ter havido reincidência específica.* Finalmente, nesta hipótese, o legislador definiu o que vem a ser reincidência específica – o que não fez na Lei dos Crimes Hediondos, dando margem a profundas divergências doutrinárias e jurisprudenciais –, considerando como tal a reiteração do *mesmo crime*, ou seja, o mesmo tipo penal. Os dois requisitos são cumulativos, e não alternativos. Na jurisprudência, sobre o conceito de reincidência específica: STJ: "1. Consoante o art. 44, § 3.º, do CP, o condenado reincidente pode ter sua pena privativa de liberdade substituída por restritiva de direitos, se a medida for socialmente recomendável e a reincidência não se operar no mesmo crime. 2. Conforme o entendimento atualmente adotado pelas duas Turmas desta Terceira Seção – e que embasou a decisão agravada –, a reincidência em crimes da mesma espécie equivale à específica, para obstar a substituição da pena. 3. Toda atividade interpretativa parte da linguagem adotada no texto normativo, a qual, apesar da ocasional fluidez ou vagueza de seus termos, tem limites semânticos intransponíveis. Existe, afinal, uma distinção de significado entre 'mesmo crime' e 'crimes de mesma espécie'; se o legislador, no particular dispositivo legal em comento, optou pela primeira expressão, sua escolha democrática deve ser respeitada. 4. Apesar das possíveis incongruências práticas causadas pela redação legal, a vedação à analogia *in malam partem* impede que o Judiciário a corrija, já que isso restringiria a possibilidade de aplicação da pena substitutiva e, como tal, causaria maior gravame ao réu. (...) 6. Agravo regimental desprovido, com a proposta da seguinte tese: a reincidência específica tratada no art. 44, § 3.º, do CP somente se aplica quando forem idênticos (e não apenas de mesma espécie) os crimes praticados" (AgRg no AREsp 1.716.664-SP, 3.ª Seção, rel. Ribeiro Dantas, 25.08.2021, v.u.).

**82. Análise do requisito socialmente recomendável:** essa expressão, embora sem um sentido claro e determinado, deve ser avaliada conforme a política criminal determinada pela imposição de penas alternativas. O correto é evitar o encarceramento de quem possui um curto prazo de pena privativa de liberdade a cumprir. Assim, mesmo sendo reincidente, é socialmente recomendável aplicar a substituição da pena de prisão pela restritiva de direitos, mesmo em caso de reincidência (não específica). Na jurisprudência: STF: "Receptação e corrupção de menores. Substituição da pena privativa de liberdade. Fundamentação idônea. Ausência de ilegalidade flagrante. 1. A orientação jurisprudencial do Supremo Tribunal Federal é no sentido de que as particularidades do caso concreto apuradas pelas instâncias ordinárias, que levam à conclusão de não ser a substituição da pena socialmente recomendável, constituem fundamentação idônea para o afastamento da medida, em consonância com o § 3.º do art. 44 do CP. Precedentes. 2. Não há nenhuma espécie de teratologia, abuso de poder ou ilegalidade flagrante no presente caso" (HC 176.837 AgR, 1.ª T., rel. Roberto Barroso, 15.05.2020, v.u.). STJ: "No caso concreto, a medida não é socialmente recomendada, haja vista a gravidade da recidiva prática, ou seja, crime de ameaça, além da constatação feita pelo v. acórdão impugnado, na primeira fase da dosimetria, de que o embargante ostenta diversas anotações em sua folha de antecedentes criminais, ainda sem trânsito em julgado (fl. 72)" (AgRg nos EDcl no HC 545.644/SP, 5.ª T., rel. Felix Fischer, 05.05.2020, v.u.).

**83. Reconversão da pena restritiva de direitos em privativa de liberdade:** trata-se de um incidente na execução penal. Não cumprindo as condições impostas pelo juiz da condenação, poderá o sentenciado perder o benefício que lhe foi concedido, retornando à pena original, ou seja, voltando à privativa de liberdade. O descumprimento das condições pode ocorrer nos seguintes casos: *a)* na *prestação de serviços à comunidade* e na *limitação de fim de semana*, quando o condenado não for encontrado por estar em lugar incerto e não sabido ou deixar de atender à intimação por edital; quando não comparecer, sem justo motivo, à entidade assistencial para prestar o serviço ou recolher-se no fim de semana; quando o sentenciado recusar-se, sem motivo válido, a prestar o serviço que lhe foi imposto ou a participar das atividades determinadas pelo juiz; quando praticar falta grave; quando for condenado por outro

# Art. 44

crime à pena privativa de liberdade, cuja execução, não suspensa, tornar incompatível o cumprimento da restritiva de direitos (art. 181, § 1.º, LEP); *b)* na *interdição temporária de direitos*, quando o condenado exercer o direito interditado, sem motivo justo; quando o sentenciado não for localizado para cumprir a restrição, por estar em lugar incerto e não sabido ou desatender à intimação por edital; quando sofrer condenação por crime sujeito à pena privativa de liberdade incompatível com a restrição; *c)* na *prestação pecuniária* e na *perda de bens ou valores*, caso deixe de efetuar o pagamento da prestação fixada ou deixe de entregar os bens ou valores, declarados perdidos por sentença. Ao editar a Lei 9.714/1998, criando essas duas penas no universo do Código Penal, deveriam ter sido estabelecidas, claramente, as condições para o cumprimento, para a execução e, especialmente, as consequências do inadimplemento. Não o fazendo, é preciso aplicar a Lei de Execução Penal, no que for cabível. O Ministério Público tem legitimidade para executar as penas, devendo ser o condenado intimado a efetuar o pagamento (prestação pecuniária) ou para entregar o bem ou valor (perda de bens ou valores), nos termos dos arts. 164 e seguintes da referida lei (processo para a execução da pena de multa). Se, durante o processo executivo, ficar demonstrado que o sentenciado está, deliberadamente, frustrando o cumprimento da pena restritiva de direitos, é natural que se faça a reconversão para pena privativa de liberdade. Quando, no entanto, perceber-se que a prestação pecuniária não foi paga, por absoluta impossibilidade financeira do condenado, bem como deixar de ser entregue ao Estado o bem declarado perdido, por ter perecido ou estando deteriorado, por motivo de força maior, é preciso aplicar, por analogia, o disposto no art. 148 da Lei de Execução Penal, ou seja, o juiz da execução pode, entendendo ser cabível, aplicar outra pena restritiva de direitos. Aliás, no específico caso da prestação pecuniária, o magistrado pode valer-se do disposto no § 2.º do art. 45 do Código Penal (substituição por prestação de outra natureza). Nesses casos fortuitos, não se deve deixar de cumprir a pena, nem tampouco convertê-la em privativa de liberdade, buscando-se, pois, suprir a lacuna deixada pelo legislador. Assim, em síntese: inicialmente, cabe ao Ministério Público executar as penas de prestação pecuniária e perda de bens e valores, na forma do art. 164 e seguintes da LEP (pena de multa); frustrando--se o pagamento por malícia do condenado, deve haver reconversão para pena privativa de liberdade; não ocorrendo o pagamento por impossibilidade financeira ou motivo de força maior, o juiz deve aplicar outra pena restritiva de direitos. Justamente por isso é que o juiz da condenação deve reservar tais penas (prestação pecuniária e perda de bens e valores) aos réus que, efetivamente, têm condições financeiras para suportá-las, sob pena de iludir a finalidade das novas penalidades. Sobre a possibilidade de reconversão da prestação pecuniária em prisão, analisando se deveria ou não conhecer ordem de *habeas corpus*, a jurisprudência tem aceitado. Na jurisprudência: STJ: "3. No caso, o agravante, condenado à pena de 2 anos e 29 dias de reclusão em regime aberto, e multa, pela prática do delito capitulado no art. 297, *caput*, do CP, teve substituída a reprimenda por penas restritivas de direitos. 4. Cumpridas na totalidade as penas de prestação de serviços à comunidade e de multa, deixou, porém, de efetuar o pagamento da prestação pecuniária, autorizando a sua conversão em privativa de liberdade, deduzido o tempo cumprido da pena restritiva de direitos" (AgRg no AREsp 2.147.948/SE, 5.ª T., rel. Reynaldo Soares da Fonseca, 18.04.2023, v.u.); "1. A prestação pecuniária prevista no art. 45, § 1.º, do Código Penal, tem a natureza de pena (restritiva de direitos), tratando--se de pagamento em dinheiro à vítima, seus dependentes ou a entidade pública ou privada com destinação social, de importância fixada pelo juiz, não inferior a um salário mínimo e nem superior a 360 (trezentos e sessenta), nos termos do art. 45, § 1.º, do Código Penal. Por ser pena, em caso de descumprimento, pode ser convertida em pena privativa de liberdade. (...)" (AgRg no RHC 32.328-ES, 6.ª T., rel. Rogerio Schietti Cruz, 14.03.2017, v.u.). TJMG: "O descumprimento injustificado da prestação pecuniária é causa legal que enseja a conversão em pena privativa de liberdade. Precedentes do STF e do STJ" (Agravo em Execução Penal 1.0313.18.018689-9/001, 8.ª C., rel. Márcia Milanez, 19.08.2021, v.u.).

**83-A. Juízo condenatório e reconversão:** como regra, a reconversão da pena restritiva de direitos em privativa de liberdade é um incidente da execução, pois é este juízo o competente para acompanhar o cumprimento da sanção aplicada. Entretanto, cabe ao juízo da condenação promover a audiência admonitória, como pacificado nos dias de hoje, advertindo o sentenciado acerca de suas obrigações (*sursis*, regime aberto e restritiva de direitos) para, na sequência, encaminhar o feito à execução. Ora, se o condenado nem mesmo comparece à referida audiência, ainda que intimado a tanto, o benefício estabelecido pelo juiz *perde o efeito*, retornando-se a pena ao seu patamar primário, ou seja, privativa de liberdade, em determinado regime. Nem é caso de se nomear essa situação como reconversão. Não se pode reconverter o que ainda não entrou em vigor. Portanto, é da competência do juízo do mérito da causa declarar, nos autos, a perda do efeito da substituição.

**84. Saldo da pena privativa de liberdade após a reconversão:** corrigiu-se, nesse ponto, uma injustiça anteriormente existente na lei penal. Aplicando-se, literalmente, o disposto na antiga redação do Código Penal, quando o juiz reconvertesse a pena restritiva de direitos em privativa de liberdade deveria fazê-lo pelo tempo integral desta última. Portanto, se o condenado viesse cumprindo regularmente uma pena de prestação de serviços à comunidade de oito meses, por exemplo, mas abandonasse sua obrigação depois de já ter executado quatro meses, deveria haver a reconversão pelo total, ou seja, iria cumprir oito meses de reclusão ou detenção. Atualmente, o tempo já cumprido de restrição de direito será devidamente descontado, ou seja, no exemplo supramencionado, teria o sentenciado mais quatro meses a cumprir. Dispôs, ainda, a lei penal que, havendo reconversão, deverá ser respeitado o saldo mínimo de 30 dias de reclusão ou detenção. Ex.: o condenado que deixar de cumprir sua pena, faltando 15 dias para findar, deverá cumprir o mínimo de 30 dias de pena privativa de liberdade. Não teria mesmo cabimento operar a reconversão para obrigar o sentenciado a cumprir uma semana de reclusão, que não daria nem mesmo para ser fiscalizada a contento, caso fosse fixado o regime mais brando, que é o aberto.

**85. Reconversão facultativa por condenação a pena privativa de liberdade:** não basta, para a reconversão da pena restritiva de direitos em privativa de liberdade, que a nova condenação seja por pena privativa de liberdade não suspensa – é imprescindível que haja impossibilidade de cumprimento cumulativo das penas (restritiva de direitos + privativa de liberdade). Assim, se a segunda pena, apesar de privativa de liberdade, for cumprida no regime aberto, mormente na modalidade de *prisão-albergue domiciliar*, nada impede que o condenado execute, concomitantemente, a restritiva de direitos, consistente em prestação de serviços à comunidade, por exemplo. Na jurisprudência: STJ: "2. Esta Corte firmou entendimento no sentido de que a conversão poderá ocorrer quando houver incompatibilidade na execução da pena restritiva de direitos com a privativa de liberdade (art. 181, § 1.º, alínea 'e', da LEP e art. 44, § 5.º, do Código Penal). 3. Na hipótese vertente, o ora paciente sofreu condenação à pena privativa de liberdade em regime fechado, além de prestação pecuniária. Sobreveio novo julgamento, com imposição de pena de reclusão, substituída por restritiva de direitos, e multa. Ainda, sucedeu nova condenação à pena de reclusão e prestação pecuniária, razão pela qual o Juízo da Vara de Execuções Criminais converteu a pena restritiva de direitos em privativa de liberdade, em consonância com a legislação de regência da matéria. Decisão mantida pelo Tribunal de origem, em sede de agravo em execução penal" (HC 495.062/RS, 5.ª T., rel. Reynaldo Soares da Fonseca, 12.03.2019, v.u.).

**85-A. Reconversão fundada em lei e não em desejo do condenado:** a reconversão da pena restritiva de direitos, imposta na sentença condenatória, em pena privativa de liberdade, para qualquer regime, a depender do caso concreto, depende do advento dos requisitos legais, não bastando o mero intuito do sentenciado em cumprir pena, na prática, mais fácil. Em tese, o regime carcerário, mesmo o aberto, é mais prejudicial ao réu do que a pena restritiva de direitos; sabe-se, no entanto, ser o regime aberto, quando cumprido em prisão-albergue domiciliar, muito mais simples do que a prestação de serviços à comunidade, até pelo fato de inexistir fiscalização. Por isso, alguns condenados manifestam preferência pelo regime aberto em lugar da restritiva de direitos. A única possibilidade para tal ocorrer será pela *reconversão* formal, vale dizer, ordena-se o cumprimento da restritiva e ele não segue a determinação. Outra forma é inadmissível.

**85-B. Reconversão limitada:** o Superior Tribunal de Justiça firmou entendimento no sentido de que, havendo condenação a pena privativa de liberdade, as *anteriores* sanções penais, consistentes em restritivas de direitos, podem ser revogadas, quando todas elas não forem compatíveis para cumprimento concomitante. Exemplo: o sentenciado cumpre pena de prestação de serviços à comunidade, de 2 anos; recebendo pena de 12 anos, em regime fechado inicial, o juiz converte a pena de prestação de serviços em regime carcerário; afinal, em regime fechado seria impossível cumprir a restritiva de direitos. No entanto, decidiu que a condenação a pena restritiva de direitos *posterior* a uma pena privativa de liberdade não estaria abrangida pelo § 5.º do art. 44, que menciona *restritiva de direitos* antes e *privativa de liberdade* depois. Desse modo, teria o sentenciado o direito de terminar a sua pena privativa de liberdade e, depois, cumprir a restritiva de direitos, aplicada depois da sua condenação a sanção penal em regime fechado ou semiaberto (incompatíveis com o cumprimento simultâneo da restritiva com a privativa). Na jurisprudência: STJ: "Sobrevindo condenação por pena privativa de liberdade no curso da execução de pena restritiva de direitos, as penas serão objeto de unificação, com a reconversão da pena alternativa em privativa de liberdade, ressalvada a possibilidade de cumprimento simultâneo aos apenados em regime aberto e vedada a unificação automática nos casos em que a condenação substituída por pena alternativa é superveniente" (REsp 1.918.287/MG, 3.ª Seção, rel. Min. Sebastião Reis Júnior, relatora para acórdão Ministra Laurita Vaz, 27.04.2022, *DJe* de 28.06.2022, maioria). Parece-nos não ter sido este o perfil adotado pelo § 5.º do art. 44 do Código Penal. A unificação das penas é uma necessidade para haver harmonia entre todas as condenações de alguém, situação a ser apreciada pelo juiz das execuções penais. Portanto, se o condenado tem uma pena privativa de liberdade, encontrando-se em regime fechado, recebendo, após, outra sanção, convertida em restritiva de direitos pelo juiz da condenação, quando essa pena ingressa no cenário universal da execução, é preciso unificá-la. O resultado dessa unificação poderá ser o cumprimento das sanções em regime carcerário; não nos soa adequado que a unificação deixe de ser realizada para que a pena restritiva de direitos possa ser cumprida mais tarde, quando o sentenciado esteja livre do regime de privação da liberdade.

### Conversão das penas restritivas de direitos

> **Art. 45.** Na aplicação da substituição prevista no artigo anterior, proceder-se-á na forma deste e dos arts. 46, 47 e 48.
>
> § 1.º A prestação pecuniária consiste no pagamento em dinheiro à vítima, a seus dependentes,[86] ou a entidade pública ou privada com destinação social, de importância fixada pelo juiz, não inferior a 1 (um) salário mínimo nem superior a 360 (trezentos e sessenta) salários mínimos.[87] O valor pago será deduzido do montante de eventual condenação em ação de reparação civil, se coincidentes os beneficiários.[88]

> § 2.º No caso do parágrafo anterior, se houver aceitação do beneficiário, a prestação pecuniária pode consistir em prestação de outra natureza.[89-91]
>
> § 3.º A perda de bens[92] e valores[93-94] pertencentes aos condenados dar-se-á, ressalvada a legislação especial, em favor do Fundo Penitenciário Nacional, e seu valor terá como teto – o que for maior – o montante do prejuízo causado ou do provento obtido pelo agente ou por terceiro, em consequência da prática do crime.[95]
>
> § 4.º (Vetado.)[96]

**86. Unilateralidade na imposição da pena:** não depende a aplicação dessa pena de consenso ou aceitação da parte beneficiária, pois seria ilógico e inaplicável o juiz, por ocasião da sentença condenatória, abrir prazo para a manifestação de quem quer que seja. Trata-se de um problema de execução, não esclarecido pela lei, mas que pode naturalmente ser contornado. Quanto à entidade pública ou privada, é consequência natural que haverá quem se interesse por receber uma doação em dinheiro, sem qualquer ônus ou obrigação. Quanto à vítima e seus dependentes, na maior parte dos casos, a indenização deve ser prontamente recebida, até porque há uma deficiência legal no Brasil quanto à garantia de recomposição do dano causado pelo crime. Entretanto, sobre a reparação do dano, consultar a próxima nota.

**86-A. Critério para a fixação do *quantum* e considerações sobre o caráter indenizatória da pena:** a Lei 9.714/1998 criou a pena de prestação pecuniária, em reforma pontual da parte geral do Código Penal, sem especificar critérios para estabelecer o *quantum*, nem fornecer outros detalhes. Portanto, em primeira análise, entendemos que seria uma maneira de *adiantar* para a vítima um valor mínimo de indenização civil pelo dano causado pelo crime. Essa conclusão adveio da análise do § 1.º do art. 45, 2.ª parte ("O valor pago será deduzido do montante de eventual condenação em ação de reparação civil, se coincidentes os beneficiários"). Se o montante de prestação pecuniária pode ser destinado à vítima e descontado do que vier a ser estabelecido em ação civil futura, a sua finalidade seria reparatória. No entanto, o disposto pelo § 2.º do mesmo art. 45 serviu para confundir o entendimento, permitindo que o beneficiário – vítima ou entidade social – aceite uma prestação de *outra natureza*, vale dizer, *não pecuniária*, tal como uma prestação de serviço. Não se especificou quando esse beneficiário faria essa opção, podendo-se deduzir que deveria ocorrer em fase de execução da pena, até pelo fato de que, antes, o réu não teria sido condenado. Não bastasse, se a prestação pecuniária pudesse se transformar em prestação de serviço, por exemplo, haveria confusão entre a pena de prestação pecuniária e a prestação de serviços à comunidade. Tudo isso fez com que o Judiciário, de forma geral, não a utilizasse com o critério indenizatório, como é possível constatar pelas inúmeras decisões condenatórias a partir de 1998. Muitos julgadores optaram por um critério impreciso de fixação da prestação pecuniária – muitos dos quais atentos somente ao valor mínimo – destinando-a a entidade social. O Ministério Público, de maneira geral, não institucionalizou o recurso dessas decisões, que terminaram se concretizando *sem o caráter de reparação civil de danos*. Por outro lado, a pessoa ofendida nem mesmo ingressava como assistente de acusação para pleitear nesse sentido, em linhas gerais. A par disso, o quadro se alterou substancialmente pela reforma processual penal instituída pela Lei 11.719/2008, que inseriu a denominada *cumulação de jurisdição* no art. 387, IV, do CPP, dentre os itens da sentença condenatória ("fixará valor mínimo para reparação dos danos causados pela infração, considerando os prejuízos sofridos pelo ofendido"). Todavia, mantendo a simplicidade da reforma, não se estipulou procedimento ou critérios para isso, dando ensejo a inúmeras controvérsias, a principal delas concernindo à viabilidade, ou não, de haver fixação de indenização de ofício pelo juiz na sentença, sem haver qualquer pedido do órgão acusatório ou da vítima. Prevaleceu

# Art. 45

**Código Penal Comentado · Nucci**

344

o entendimento, no Judiciário, de que, sem pedido, impossível seria o contraditório e a ampla defesa por parte do réu, logo, juridicamente inviável. Ressalte-se o ponto fundamental: a partir de 2008, o juiz criminal passou a ter competência civil para estabelecer uma reparação mínima na mesma decisão que impusesse uma pena ao acusado. Se assim é, não há mais sentido em admitir o estabelecimento de prestação pecuniária, com o caráter indenizatório, dando a liberdade ao julgador para fixar um valor de 1 a 360 salários mínimos, *de ofício*, sem viabilizar ao réu a impugnação ao pleito. Atualmente, havendo a possibilidade jurídica de se determinar um *quantum* de indenização civil do dano causado pelo delito na sentença condenatória e, para isso, é indispensável haver pedido do órgão acusatório (ou da vítima), substituir a pena privativa de liberdade por prestação pecuniária, estabelecendo um montante a título de reparação do dano, torna-se incabível, tendo em vista que o acusado não teve a oportunidade de se manifestar acerca disso. Desse modo, cremos que o valor da prestação pecuniária deve ser destinado a uma entidade pública ou privada com fins sociais. O *quantum* precisa observar os critérios da pena pecuniária (multa), calculando-se o número de salários mínimos, conforme a culpabilidade, associando-se ao poder aquisitivo do acusado, sempre respeito o princípio da proporcionalidade. Para argumentar, entendendo o julgador pelo cabimento da prestação pecuniária, como forma de indenização civil antecipada, é essencial determinar um montante, em salários mínimos, à vítima ou seus dependentes, que guarde correspondência com o dano gerado pelo delito, conforme evidenciado nos autos do processo criminal. Um valor muito superior ao prejuízo sofrido pode levar ao enriquecimento sem causa por parte do ofendido. Na dúvida, torna-se mais adequado estabelecer o mínimo legal, ou seja, um salário mínimo. Outra cautela diz respeito a ter o órgão acusatório, ou a vítima, pleiteado indenização civil, na causa criminal; se assim for realizado, o julgador, permitindo a defesa do acusado a respeito, cuidará disso diretamente na sentença. Porém, não tem sentido, paralelamente, fixar prestação pecuniária igualmente destinada ao ofendido, pois seria um *bis in idem*.

**87. Valor efetivo do salário mínimo:** a prestação pecuniária tem por parâmetro o salário mínimo (de 1 a 360), razão pela qual o seu valor efetivo deve ser apurado não no momento da condenação, mas quando do pagamento. Essa visão permite que a pena, satisfeita em pecúnia, esteja sempre atualizada, sem necessidade de aplicação de qualquer índice de correção monetária, como foi indicado para a multa (art. 49, § 2.º, CP). Na jurisprudência: "2. A pena restritiva de direitos consistente na prestação pecuniária deve ser calculada com base no valor do salário mínimo vigente à época do pagamento. Precedentes. 3. Embargos de declaração recebidos como agravo regimental, ao qual se dá provimento para fixar a pena de prestação pecuniária em um salário mínimo vigente à época do pagamento" (EDcl no HC 529.379/SC, 6.ª T., rel. Nefi Cordeiro, 10.03.2020, v.u.).

**88. Natureza jurídica da prestação pecuniária:** trata-se de sanção penal, restritiva de direitos, consistente no pagamento em pecúnia de certa quantia, mensurada em salário-mínimo, destinada a entidade pública ou privada com destinação social, bem como com caráter de antecipação de indenização civil, quando voltada à vítima ou seus dependentes. Nesta última hipótese, caso a pessoa ofendida ajuíze ação de reparação civil, o valor pago será devidamente descontado, evitando-se o enriquecimento sem causa por parte da vítima. Entretanto, se o valor for destinado integralmente a entidade pública ou privada com destinação social, a pena não tem qualquer conotação civil.

**89. Hipótese de despenalização:** compreendido este termo como a não aplicação de pena a uma conduta considerada criminosa – diferente da descriminalização, que é não mais considerar crime uma conduta –, está-se diante dessa situação, no caso da prestação pecuniária, quando destinado o pagamento em pecúnia diretamente à vítima ou seus dependentes. Isto porque a lei penal estabeleceu que, efetuado o pagamento, poderá ser descontado de futura indenização civil. Ora, se assim ocorrer, qual pena efetivamente teria cumprido o condenado? Em verdade, pagou ao ofendido o dano que causou, algo que seria devido de qualquer modo, passível de ser conseguido em ação civil. Por isso, determinando o juiz penal que o pagamento em dinheiro seja realizado à vítima, antecipando uma indenização civil, está-se despenalizando a conduta, de maneira indireta. Suponha-se, para ilustração, que o agente cometa um estelionato, recebendo a quantia de cinco salários mínimos de vantagem indevida, em prejuízo da vítima. Na sentença condenatória, o juiz fixa a pena em um ano de reclusão e a substitui por pagamento de prestação pecuniária no valor de cinco salários mínimos destinada à pessoa ofendida. Se esse montante pode ser descontado de futura indenização requerida em juízo civil, por óbvio, o pagamento da quantia de cinco salários mínimos na esfera criminal consistiu em antecipação da reparação e não uma autêntica pena.

**90. Prestação de outra natureza:** pouco esclareceu o legislador o disposto neste parágrafo, criando uma brecha inadequada para a aplicação da lei penal. Ao estabelecer que é possível substituir a pena de prestação pecuniária por "prestação de *outra natureza*", deu origem a uma pena indeterminada, o que pode tornar-se ilegal, se for considerada abusiva e inadequada. O juiz está autorizado a transformar a prestação em pecúnia em prestação de *outra natureza*, ou seja, não pecuniária, podendo representar a entrega de um bem ou valor (o que a confundirá com a perda de bem ou valor), equivalente ao montante da prestação (1 a 360 salários mínimos, conforme a fixação do magistrado), ou mesmo, segundo informou a Exposição de Motivos da Lei 9.714/1998, consistente em entrega de cestas básicas ou fornecimento de mão de obra. Ora, neste último enfoque, é natural que ela precise da concordância do beneficiário, pois é mais difícil encontrar entidades ou vítimas dispostas a receber serviços diretos por parte do condenado. Há de existir cautela redobrada do juiz para impor tal prestação: primeiro, para não transformar uma prestação pecuniária em perda de bens ou valores; segundo, para não dar a ela um caráter de transação – algo não admitido, pois não se cuida de crime de menor potencial ofensivo –, o que poderia ocorrer caso fosse vulgarizada a prestação oferecida, como, por exemplo, "pintar uma cerca num final de semana", ou a ser utilizada por ocasião da condenação (quando se ouviria a vítima antecipadamente); terceiro, porque a prestação de outra natureza não pode ser algo abusivo, como obrigar o condenado a passar semanas cuidando de crianças num orfanato, o que fatalmente iria confundi-la com a prestação de serviços à comunidade. É de se criticar, pois, o disposto neste parágrafo, devendo o juiz cuidar para que a eventual substituição tenha perfeita sintonia com a prestação pecuniária, ou seja, não podendo pagar 10 salários mínimos, *v.g.*, o condenado poderá ser obrigado a fornecer seus serviços profissionais em tempo e quantidade equivalentes aos 10 salários (se for mecânico, ficaria obrigado a consertar veículos de um hospital público, em quantidade equivalente ao que representaria o serviço por 10 salários mínimos). Além disso, a outra sugestão – entrega de cestas básicas – é totalmente descabida. Troca-se "seis por meia dúzia", pois, se o condenado não tem como pagar a prestação pecuniária, como iria comprar as cestas básicas para entregar a terceiros? Logicamente, pena de cestas básicas não existe e, caso fixada, ofende o princípio da legalidade. O abuso, nesse campo, tornou-se tão evidente que a Lei 11.340/2006 (Violência Doméstica) chegou a vedar a pena de cesta básica expressamente (art. 17).

**91. Competência para aplicação da prestação de outra natureza:** é do juízo das execuções penais. Não é admissível que o juiz da condenação, para obter a "aceitação" do beneficiário, tenha de ouvir, antes de proferir sentença, a vítima, seus dependentes ou qualquer entidade pública ou privada. Cabe ao juiz da execução penal, uma vez não paga a prestação pecuniária fixada, por absoluta impossibilidade financeira, transformá-la em prestação de *outra natureza*. Se o magistrado da condenação perceber que o réu não tem condições de arcar com esse tipo de pena, por ser muito pobre, deve optar por outra, dentre as previstas no Código Penal, pois não terá como fixar prestação de "outra natureza" sem ouvir, antes, o beneficiário. Ouvindo, transformará, indevidamente, sua sentença numa autêntica transação.

# Art. 46

Na jurisprudência: TJMA: "I – Se condenado o réu a pena restritiva de direitos na modalidade prestação pecuniária a ser revertida em valores pagos aos familiares da vítima, inviável a substituição da reprimenda tampouco exclusão em sede recursal, porquanto, *de competência do Juízo das Execuções Penais a análise da pretensão mediante oitiva prévia dos beneficiários da medida*" (Ap 0015862018-MA, 1.ª Câmara Criminal, rel. Antonio Fernando Bayma Araujo, 12.06.2018, v.u., grifo nosso).

**92. Conceito de bem:** é "coisa material ou imaterial que tem valor econômico e pode servir de objeto a uma relação jurídica. Nessa acepção, aplica-se melhor no plural. Para que seja objeto de uma relação jurídica será preciso que apresente os seguintes caracteres: a) idoneidade para satisfazer um interesse econômico; b) gestão econômica autônoma; c) subordinação jurídica ao seu titular ou tudo aquilo que pode ser apropriado" (MARIA HELENA DINIZ, *Dicionário jurídico*, v. 1, p. 390).

**93. Conceito de valor:** é o "papel representativo de dinheiro, como cheque, letra de câmbio etc. (direito cambiário), ou preço de uma coisa (direito civil e comercial)" (MARIA HELENA DINIZ, *Dicionário jurídico*, v. 1, p. 694).

**94. Natureza jurídica da perda de bens e valores:** trata-se de uma sanção penal, de caráter confiscatório, levando à apreensão definitiva por parte do Estado de bens ou valores de origem lícita do indivíduo. Afirma a Exposição de Motivos da Lei 9.714/1998 não ter tal pena a conotação de confisco, porque o crime é motivo mais do que justo para essa perda, embora não se esteja discutindo a justiça ou injustiça da medida, mas apenas o ato do Estado de apoderar-se de bens ou valores do condenado, ainda que por razão justificada. Aliás, a perda dos instrumentos e produtos do crime em favor do Estado (art. 91, II, *a* e *b*, CP) também é chamada de confisco e há justa causa para tanto. A Constituição Federal expressamente previu tal modalidade de pena (art. 5.º, XLVI, *b*), de modo que se trata de um "confisco legal".

**95. Licitude do patrimônio e limite para a perda:** é preciso esclarecer que os instrumentos utilizados para a prática do crime, o produto do delito ou o valor auferido como proveito pela prática do fato criminoso são confiscados, como efeito da condenação (art. 91, CP), não sendo cabível aplicar, como pena restritiva de direitos, a perda desses objetos ou valores. A perda deve recair sobre patrimônio de origem lícita do sentenciado, justamente para ter o caráter aflitivo de pena. Por outro lado, o limite para a imposição dessa penalidade, a fim de não se tornar abusiva e autenticamente um confisco sem causa, é o montante do prejuízo produzido (ex.: no crime de dano, o valor do bem destruído) ou do provento obtido pelo agente (ex.: no crime de furto, o valor conseguido pelo criminoso, inclusive com os lucros auferidos). Leva-se em conta o maior valor.

**96. Veto presidencial:** trata-se de consequência natural do veto à pena de recolhimento domiciliar, pois era a maneira de seu cumprimento.

### Prestação de serviços à comunidade ou a entidades públicas

**Art. 46.** A prestação de serviços à comunidade ou a entidades públicas[97] é aplicável às condenações superiores a 6 (seis) meses de privação da liberdade.[98]

§ 1.º A prestação de serviços à comunidade ou a entidades públicas consiste na atribuição de tarefas gratuitas ao condenado.

§ 2.º A prestação de serviço à comunidade dar-se-á em entidades assistenciais, hospitais, escolas, orfanatos e outros estabelecimentos congêneres, em programas comunitários ou estatais.[99-99-A]

> § 3.º As tarefas a que se refere o § 1.º serão atribuídas conforme as aptidões do condenado,[100] devendo ser cumpridas à razão de 1 (uma) hora de tarefa por dia de condenação, fixadas de modo a não prejudicar a jornada normal de trabalho.[101]
>
> § 4.º Se a pena substituída for superior a 1 (um) ano, é facultado ao condenado cumprir a pena substitutiva em menor tempo (art. 55), nunca inferior à 1/2 (metade) da pena privativa de liberdade fixada.[102-102-B]

**97. Natureza jurídica da prestação de serviços à comunidade ou a entidades públicas:** é pena restritiva de direitos, embora com conotação privativa de liberdade, pois o condenado fica sujeito a recolher-se em entidades públicas ou privadas, durante determinadas horas da sua semana, para atividades predeterminadas. Explica SÉRGIO SALOMÃO SHECAIRA: "As penas restritivas de direitos molestam o exercício do direito de liberdade, sem, contudo, retirar o homem do convívio social. Eis aí a diferença da pena prisional" (*Prestação de serviços à comunidade*, p. 45).

**98. Exigência de pena superior a seis meses:** somente após a edição da Lei 9.714/1998 estabeleceu-se um piso mínimo para a aplicação da pena de prestação de serviços à comunidade, provavelmente para incentivar o magistrado a aplicar outras modalidades de restrição de direitos, como a prestação pecuniária ou a perda de bens e valores, bem como para facilitar a fiscalização e o cumprimento – afinal, é dificultosa a mobilização para cumprir apenas um ou dois meses de prestação de serviços, escolhendo o local, intimando-se o condenado e obtendo-se resposta da entidade a tempo de, se for o caso, reconverter a pena em caso de desatendimento. Na jurisprudência: STJ: "1. A interpretação das normas penais demonstra a impossibilidade de aplicação da pena de prestação de serviços à comunidade às condenações iguais ou inferiores a 6 meses de privação de liberdade. Precedentes" (AgInt no REsp 1.833.793/RS, 6.ª T., rel. Antonio Saldanha Palheiro, 06.02.2020, v.u.).

**99. Lei dos Crimes contra o Meio Ambiente:** prevê-se, nessa lei, que a prestação de serviços à comunidade consistirá na atribuição de tarefas gratuitas junto a parques e jardins públicos e unidades de conservação ambiental; no caso de dano a coisa particular, pública ou tombada, na restauração desta, quando for possível (art. 9.º, Lei 9.605/1998). A pessoa jurídica, por sua vez, deverá prestar os seguintes serviços à comunidade: a) custeio de programas e projetos ambientais; b) execução de obras de recuperação de áreas degradadas; c) manutenção de espaços públicos; d) contribuições a entidades ambientais ou culturais públicas (art. 23, Lei 9.605/1998).

**99-A. Lei de Trânsito:** a Lei 9.503/1997, após modificação introduzida pela Lei 13.281/2016, criou uma forma específica de prestação de serviços à comunidade decorrente de delitos de trânsito. Seguindo-se o princípio da especialidade, deve-se aplicar o disposto nesta Lei em detrimento da prestação de serviços à comunidade prevista pelo art. 46 do Código Penal. Assim estabelece o art. 312-A do CTB, para ilustrar: "Para os crimes relacionados nos arts. 302 a 312 deste Código, nas situações em que o juiz aplicar a substituição de pena privativa de liberdade por pena restritiva de direitos, esta deverá ser de prestação de serviço à comunidade ou a entidades públicas, em uma das seguintes atividades: I – trabalho, aos fins de semana, em equipes de resgate dos corpos de bombeiros e em outras unidades móveis especializadas no atendimento a vítimas de trânsito; II – trabalho em unidades de pronto-socorro de hospitais da rede pública que recebem vítimas de sinistro de trânsito e politraumatizados; III – trabalho em clínicas ou instituições especializadas na recuperação de sinistrados de trânsito; IV – outras

# Art. 46

atividades relacionadas a resgate, atendimento e recuperação de vítimas de sinistros de trânsito". Na jurisprudência: STJ: "Crime de trânsito. Embriaguez ao volante. Art. 306, *caput*, da Lei 9.503/97. Substituição da pena restritiva de direito de prestação pecuniária por prestação de serviços à comunidade, nos termos do art. 312-A do Código de Trânsito Brasileiro – CTB. Lei especial que prevalece sobre a geral. Princípio da especialidade. Agravo regimental desprovido. 1. O v. aresto recorrido está em consonância com a jurisprudência desta Corte, a qual entende que a lei especial prepondera sobre a lei geral, em razão da aplicação do princípio da especialidade" (AgRg no REsp 1.862.231/SC, 5.ª T., rel. Joel Ilan Paciornik, 23.06.2020, v.u.)

**100. Tarefas conforme a aptidão do condenado:** trata-se de justa disposição feita pela lei, pois não é de se admitir que a pena de prestação de serviços à comunidade, através da reeducação pelo trabalho, transforme-se em medida humilhante ou cruel. Por isso, torna-se indispensável estabelecer ao condenado atividades que guardem sintonia com suas aptidões. Não há razão para se colocar um médico, *v.g.*, lavando roupa num hospital, se ele poderia ali estar oferecendo seus préstimos e dando consultas.

**101. Hora-tarefa:** o legislador optou por um sistema diferente do anterior, quando o condenado cumpria sete horas por semana, durante todo o montante da pena fixada, sem poder finalizar antecipadamente. Atualmente, é preciso converter a pena em dias para se ter noção do número de horas que devem ser prestadas pelo sentenciado, inclusive porque ele pode pretender antecipar o cumprimento. Assim, há maior flexibilidade na prestação dos serviços, podendo ser fixado um cronograma de trabalho variável, tudo para não prejudicar a jornada normal de labor do condenado. Não deixa de haver certa contradição desse dispositivo com o art. 10 do Código Penal, que prevê a contagem dos dias, meses e anos pelo calendário comum, vale dizer, sem converter anos em meses, meses em dias ou dias em horas. No caso do art. 46, § 3.º, do Código Penal, no entanto, se o juiz não converter a pena estabelecida (meses ou anos) em um número certo de dias para, depois, encontrar o número de horas, fica praticamente impossível cumpri-la a contento. Trata-se, pois, de uma exceção somente para a execução penal.

**102. Antecipação do cumprimento:** o condenado pode antecipar a finalização da sua pena, desde que o montante ultrapasse um ano, justamente porque se aumentou o teto para a substituição para 4 anos. Seria injusto obrigar o condenado a permanecer por 4 anos prestando serviços a alguma entidade, diária ou semanalmente, sem que pudesse antecipar o cumprimento. Para não banalizar a antecipação, entretanto, prescreveu a lei que o término prematuro só possa atingir metade da pena fixada. Ex.: se o condenado recebeu 2 anos de reclusão, substituída por 2 anos de prestação de serviços à comunidade, tem a oportunidade de antecipar um ano. Portanto, durante um ano *deverá* cumprir a pena, podendo resgatar antecipadamente o outro ano. Destaque-se que a antecipação não pode ser obrigação estabelecida pelo juiz da condenação ou da execução, pois a lei é clara ao mencionar que é *facultativa*. Na jurisprudência: STF: "1. O Juízo das execuções é o órgão competente para fixar os dias e o horário da pena de prestação de serviços à comunidade, bem como para zelar pelo seu efetivo cumprimento, atentando-se ao limite de duração de metade da pena privativa de liberdade, *ex vi* dos arts. 149, II, da Lei 7.210/84 e 46, § 4.º, do Código Penal" (HC 171.926 AgR, 1.ª T., rel. Luiz Fux, j. 30.08.2019, maioria).

**102-A. Inexistência de local apropriado para o cumprimento da prestação de serviços à comunidade ou a entidades públicas:** embora atualmente tal situação seja rara de ocorrer, não é impossível. E assim sendo, há, em nosso ponto de vista, somente duas soluções viáveis: a) aguardar a prescrição, enquanto o Estado não oferece condições concretas para o cumprimento da pena, o que é o correto, já que o mesmo se daria se estivesse foragido; b) dá-se a pena por cumprida, caso o tempo transcorra, estando o condenado à disposição do Estado para tanto. Esta não é a melhor alternativa, pois, paralelamente, somente para ilustrar, sabe-se que muitos mandados de prisão deixam de ser cumpridos por falta de vagas em presídios e nem por isso as penas "fingem-se" executadas.

**102-B. Prescrição executória:** deve-se contar o início do prazo prescricional a partir do trânsito em julgado da decisão condenatória para a acusação, nos termos do art. 112, I, do Código Penal; a causa de interrupção ocorre quando há o princípio do cumprimento da pena, conforme art. 117, V, deste Código. Ora, *cumprir* a pena de prestação de serviços significa dar início ao trabalho comunitário designado pelo juízo das execuções criminais. A mera retirada do ofício de encaminhamento a qualquer entidade (ou a singela ciência do local para onde deve seguir) é insuficiente para representar *efetivo cumprimento de pena*.

### Interdição temporária de direitos[103]

> **Art. 47.** As penas de interdição temporária de direitos são:
>
> I – proibição do exercício de cargo, função ou atividade pública, bem como de mandato eletivo;[104]
>
> II – proibição do exercício de profissão, atividade ou ofício que dependam de habilitação especial, de licença ou autorização do poder público;[105-105-A]
>
> III – suspensão de autorização ou de habilitação para dirigir veículo;[106]
>
> IV – proibição de frequentar determinados lugares.[107]
>
> V – proibição de inscrever-se em concurso, avaliação ou exame públicos.[107-A]

**103. Lei dos crimes ambientais:** para a pessoa jurídica, estabelece-se, como interdição temporária de direitos, a suspensão total ou parcial das atividades, quando não obedecer às disposições legais ou regulamentares de proteção ao meio ambiente; a interdição temporária do estabelecimento, obra ou atividade, caso esteja funcionando sem autorização; a proibição de contratar com o poder público, ou dele receber subsídios, subvenções ou doações, por até 10 anos (art. 22, Lei 9.605/1998). Para a pessoa física, aplicam-se as restrições que forem compatíveis, nos termos do art. 8.º da Lei 9.605/1998.

**104. Proibição concernente à esfera pública de atividade:** utiliza-se o inciso I para proibir o sujeito de exercer cargo, função ou atividade *pública*, bem como mandato eletivo, que não deixa de ser um cargo público.

**105. Proibição concernente à esfera privada:** utiliza-se o inciso II para proibir o condenado de exercer profissão, atividade ou ofício dependentes de autorização ou regulamentação do poder público, embora se encontrem na esfera privada.

**105-A. Da inviabilidade da pena de interdição temporária de direitos:** as modalidades de penas previstas no art. 47 do Código Penal (proibição do exercício de cargo, função ou atividade pública, bem como de mandato eletivo; proibição do exercício de profissão, atividade ou ofício que dependam de habilitação especial, de licença ou autorização do poder público; suspensão de autorização ou de habilitação para dirigir veículo; proibição de frequentar lugares; proibição de inscrever-se em concurso, avaliação ou exame públicos)) são totalmente dissociadas dos propósitos regeneradores da pena. Qual a utilidade de se proibir o

# Art. 47

Código Penal Comentado • **Nucci**

condenado de exercer uma profissão ou atividade lícita? Nenhuma. Se ele errou no exercício funcional, certamente, deve pagar pelo que fez, mas jamais com a imposição estatal de não poder se autossustentar. Caso o erro seja muito grave, deve deixar o cargo, a função, a atividade, o mandato, o ofício ou a profissão em definitivo. A proibição temporária é mais severa, pois implica desorientação e desativação da vida profissional, seja ela qual for, por um determinado período, vale dizer, não se parte para outro foco de atividade de uma vez por todas, porém, não se sabe se haverá condições de retornar ao antigo posto com dignidade. Imagine-se o médico que seja obrigado a permanecer um ano sem exercer sua profissão. Ele fecha o consultório, dispensa os pacientes e faz o que da sua vida? Sustenta a si e à sua família de que modo? Não se tem notícia de sucesso nessa jogada do Estado para punir crimes cometidos no exercício profissional. Por outro lado, passado um ano, como esse médico terá condições de reabrir o consultório e reativar sua antiga clientela? É humanamente impossível tal proeza, mormente em cidades do interior, onde todos conhecem o que se passa e torna-se inviável ocultar o cumprimento da pena. Se ele for obrigado a mudar de cidade para retomar sua vida, recria-se a pena de banimento indireto ou mesmo de ostracismo, o que é cruel. Somos contrários à proibição de exercício profissional de qualquer espécie.

**106. Derrogação do inciso III:** diante do disposto no Código de Trânsito Brasileiro, que regulou, completamente, a pena de suspensão ou proibição de dirigir veículos, bem como sendo necessária a aplicação deste dispositivo somente aos crimes de trânsito, como determina o art. 57 do Código Penal, está ele parcialmente revogado, restando unicamente a possibilidade de o juiz determinar a suspensão de autorização para dirigir veículo, que não foi prevista na Lei do Trânsito.

**107. Inutilidade do preceito:** a proibição de frequentar determinados lugares é uma condição imposta no contexto de outras penas ou benefícios da execução penal ou de leis especiais, como o livramento condicional (art. 132, § 2.º, *c*, da Lei de Execução Penal), o regime aberto (art. 115 da Lei de Execução Penal, como condição geral), a suspensão condicional da pena (art. 78, § 2.º, *a*, do Código Penal) ou a suspensão condicional do processo (art. 89, § 1.º, II, da Lei 9.099/1995). Ainda assim é quase impossível a sua devida fiscalização, podendo-se, eventualmente e de maneira casual, apenas descobrir que o condenado ou réu vem frequentando lugares proibidos, como botequins ou zonas de prostituição. Estabelecer tal proibição como pena restritiva de direitos autônoma e substitutiva da privativa de liberdade, com a devida vênia, foi um arroubo. Imagine-se substituir uma pena de furto qualificado de dois anos de reclusão pela proibição de frequentar bares e boates por igual prazo... Se já existe descrédito na sua efetivação como condição de pena ou benefício, não cremos deva o juiz aplicá-la como alternativa à privativa de liberdade. Quiçá no futuro, quando o sistema penitenciário e de execução penal possuir efetivos métodos de cumprimento e fiscalização de penas alternativas e benefícios legais.

**107-A. Relativa utilidade:** a pena restritiva de direitos consistente em proibir o condenado de se inscrever em certames (concursos, avaliações ou exames públicos) pode ter interesse punitivo àquele indivíduo realmente programado para ingressar em carreira pública ou prestar exame ou avaliação pública. E, mesmo assim, não poderia ser a pena única; somente teria eficiência, como punição, caso cumulada com outra restrição de direitos. Afinal, as penas para o novo tipo penal do art. 311-A, para o qual seria aplicável tal restrição, variam de um a seis anos, logo, são elevadas.

### Limitação de fim de semana

> **Art. 48.** A limitação de fim de semana consiste na obrigação de permanecer, aos sábados e domingos, por 5 (cinco) horas diárias, em casa de albergado ou outro estabelecimento adequado.[108-108-A]
>
> **Parágrafo único.** Durante a permanência poderão ser ministrados ao condenado cursos e palestras ou atribuídas atividades educativas.

**108. Inexistência de local adequado:** nas comarcas onde não houver Casa do Albergado ou local específico para reter o condenado por 5 horas aos sábados e domingos, ministrando-lhe palestras ou cursos, deve ser essa pena evitada, para não gerar franca impunidade. Não se deveria admitir o cumprimento em regime de albergue domiciliar (P.A.D.), à falta de Casa do Albergado. No entanto, nada se pode fazer em face do descaso estatal para criar e manter a referida Casa do Albergado (ou outro estabelecimento adequado). Diante disso, o mais adequado é *não substituir* a pena privativa de liberdade por esta modalidade de pena restritiva de direitos. Na jurisprudência: STJ: "4. *In casu*, não obstante a pena restritiva de direitos que foi imposta interfira no direito de ir e vir do embargante, certo é que o próprio art. 43 do Código Penal prevê a limitação de fim de semana como uma das possíveis reprimendas a ser escolhida pelo Juízo para substituir a reprimenda privativa de liberdade, de tal sorte que a seleção pelo magistrado da mais adequada ao caso concreto observará a promoção da efetiva ressocialização do apenado, razão pela qual inexiste ilegalidade flagrante a ser afastada por este Sodalício" (EDcl no AgRg no REsp 1.630.819/SC, 5.ª T., rel. Jorge Mussi, j. 08.02.2018, v.u.).

**108-A. Ilegalidade na substituição à Casa do Albergado:** a criatividade judicial não se aplica nessa hipótese, ou seja, não cabe ao julgador *inventar* modelos substitutos à Casa do Albergado. Uma das situações encontradas, na jurisprudência, enfoca a inserção do condenado em delegacias de polícia, onde passaria as cinco horas no sábado e outras cinco no domingo. Trata-se de constrangimento ilegal.

Seção III
Da pena de multa

### Multa[109]

> **Art. 49.** A pena de multa consiste no pagamento ao fundo penitenciário[110] da quantia fixada na sentença e calculada em dias-multa.[111-112] Será, no mínimo, de 10 (dez) e, no máximo, de 360 (trezentos e sessenta) dias-multa.[112-A]
>
> § 1.º O valor do dia-multa será fixado pelo juiz não podendo ser inferior a um trigésimo do maior salário mínimo[113] mensal vigente ao tempo do fato, nem superior a 5 (cinco) vezes esse salário.
>
> § 2.º O valor da multa será atualizado,[114] quando da execução, pelos índices de correção monetária.[115]

**109. Conceito de multa:** é uma sanção penal consistente no pagamento de uma determinada quantia em pecúnia, previamente fixada em lei.

# Art. 49

Código Penal Comentado • **Nucci**

352

**110. Fundo penitenciário:** trata-se, no caso do Estado de São Paulo, do FUNPESP (Fundo Penitenciário do Estado de São Paulo), podendo haver iguais fundos em outras unidades da federação. Preceitua o art. 2.º, V, da Lei Complementar federal 79/1994, que cria o Fundo Penitenciário Nacional, que constituem recursos do FUNPEN as "multas decorrentes de sentenças penais condenatórias com trânsito em julgado". Entretanto, não especifica a origem de tais multas, isto é, se decorrentes de crimes previstos no Código Penal ou em leis especiais. O entendimento firmado pela Corregedoria-Geral da Justiça do Estado de São Paulo, bem como pela Secretaria da Justiça, não questionado pela União, foi no sentido de que a lei complementar federal mencionada não confere exclusividade ao Fundo Penitenciário Nacional para ser o único destinatário das multas criminais aplicadas. Afinal, a matéria vincula-se ao direito penitenciário, proporcionando a Constituição competência concorrente para legislar sobre o assunto tanto à União quanto aos Estados e Distrito Federal (art. 24, I). Assim, quando a lei federal dispuser especificamente sobre o destino da multa, cabelhe decidir em última análise. Porém, quando nada mencionar a respeito, possibilita ao Estado a destinação da pena pecuniária para fundo de sua administração, como determina a Lei estadual 9.171/1995 (FUNPESP). Em síntese, pois, o que se vislumbra é a possibilidade de a União e o Estado legislarem, concorrentemente, sobre direito penitenciário – matéria que versa sobre a destinação do valor da multa –, de forma que a mera criação do Fundo Penitenciário Nacional não faz destinar todas as penas pecuniárias para os cofres da União, sendo indispensável que haja expressa previsão legal para isso se dar. O Estado de São Paulo criou o Fundo Penitenciário Estadual, mencionando expressamente que as multas aplicadas em decorrência de crimes previstos no Código Penal lhe são destinadas. No mesmo prisma, confira-se a lição de FERNANDO GALVÃO: "Não se pode interpretar que a Lei Complementar 79/94 discipline a destinação das multas aplicadas no âmbito da Justiça Estadual. Em primeiro lugar, porque ela não se refere às condenações proferidas na Justiça Estadual. Depois, porque a interpretação de que a lei complementar refere-se indistintamente às multas aplicadas na Justiça Estadual e Federal impõe forma centralizada de controle que desrespeita a competência legislativa concorrente dos Estados-membros para disporem sobre os interesses locais. É o Estado-membro que deve disciplinar como aplicar os recursos provenientes das multas provenientes de condenações criminais proferidas no âmbito da sua justiça. A disciplina estadual deve atender aos princípios gerais estabelecidos na norma federal, mas a competência legislativa da União é restrita à edição de normas gerais" (*Direito penal – Parte geral*, p. 564).

**111. Critério para a fixação da pena de multa:** a individualização da pena pecuniária deve obedecer a um particular *critério bifásico*: a) firma-se o número de dias-multa (mínimo de 10 e máximo de 360), valendo-se do sistema trifásico previsto para as penas privativas de liberdade; b) estabelece-se o valor do dia-multa (piso de 1/30 do salário mínimo e teto de 5 vezes esse salário), conforme a situação econômica do réu. Analisando, em maior profundidade, a questão relativa à aplicação da pena pecuniária (em nosso *Individualização da pena*, tópico 6.3.1.3), observamos que nada impede – ao contrário, tudo recomenda – utilize o julgador o mesmo critério estabelecido pelo art. 68 do Código Penal para a concretização do número de dias-multa. Portanto, levará em consideração não somente as circunstâncias judiciais (art. 59, CP), como também as agravantes e atenuantes, além das causas de aumento e diminuição da pena. Tal medida permite ao réu conhecer exatamente os passos que levaram o magistrado a chegar a determinado número de dias-multa. Não há uniformidade quanto a tal método. Há julgados que continuam entendendo ser suficiente, para o estabelecimento do número de dias-multa, apenas a avaliação dos requisitos do art. 59 do Código Penal. Na jurisprudência: STJ: "I – A fixação da pena de multa é realizada em duas etapas, sendo, inicialmente, estabelecida a quantidade de dias-multa, em proporcionalidade com a pena privativa de liberdade imposta, levando-se em consideração o limite mínimo de 10 (dez) e máximo de 360 (trezentos e sessenta), conforme o estabelecido no art. 49 do CP. II – Após a fixação da quantidade, o julgador deverá estabelecer o valor do dia-multa em conformidade com a capacidade econômica do apenado, respeitando o valor mínimo de 1/30 (um trigésimo) do salário mínimo mensal vigente ao tempo do fato, e máximo de 5 (cinco) salários mínimos (art. 49, § 1.º, do CP)" (AgRg no REsp 1.971.042/RS, 5.ª T., rel. Jesuíno Rissato, 29.03.2022, v.u.); "3. A aplicação da multa de forma proporcional à pena privativa de liberdade seria prejudicial ao postulante e, assim, não se pode reconhecer a contrariedade ao art. 49, *caput* e § 1.º, do CP. 4. Observou-se a capacidade econômica do condenado (art. 60 do CP) na fixação do valor unitário da multa, com a indicação, para tanto, de seu último recibo de entrega da declaração de ajuste anual de imposto de renda" (AgRg no AREsp 1.792.675-SP, 6.ª T., rel. Rogerio Schietti Cruz, 10.08.2021, v.u.). Entretanto, a pena de multa, no tocante ao número de dias-multa, como regra, deve acompanhar o montante de acréscimo ou diminuição usado para a privativa de liberdade. Se apenas a sanção pecuniária for aplicável, o juiz segue o critério trifásico do art. 68 do CP, para, depois, estabelecer o valor do dia-multa. Ilustrando, um condenado que mereça pena privativa de liberdade acima do mínimo legal fará com que o julgador eleve, igualmente, o número de dias-multa. Outro sentenciado, cuja pena privativa de liberdade for fixada no mínimo legal, merece a sanção pecuniária em idêntico patamar. Não se pode olvidar, entretanto, o peculiar fator determinado pela lei para a fixação da pena de multa: o magistrado deve atentar *principalmente* para a situação econômica do réu (art. 60, *caput*, CP). Verificando-se que sua situação financeira é consistente e elevada, deverá ter o valor de cada dia-multa estabelecido em valores superiores a um trigésimo do salário mínimo. Se, feito isso, continuar insuficiente, pode o juiz elevar o número de dias-multa. O mais relevante é que a sanção pecuniária tenha repercussão considerável no patrimônio do condenado.

**112. Exceções ao critério do dia-multa:** existem exceções a esse critério, estabelecidas em leis penais especiais e, também, no Código Penal. Exemplo deste último é o art. 244 (abandono material), que fixa a pena em salário mínimo ("Pena – detenção de 1 (um) a 4 (quatro) anos, e multa, de uma a dez vezes o maior salário mínimo vigente no País"). Quanto às leis especiais, podem-se mencionar as disposições da Lei 8.245/1991 (Lei de Locação de Imóveis Urbanos), que prevê multa equivalente ao valor do último aluguel atualizado (art. 43).

**112-A. Inviabilidade de suportar o pagamento da pena de multa:** consultar a nota 122-D infra.

**113. Constitucionalidade da fixação do valor do dia-multa em salário mínimo:** há quem sustente ser inconstitucional o estabelecimento de sanção penal valendo-se do salário mínimo como base para o cálculo, pois o art. 7.º, IV, da Constituição vedou a sua "vinculação para qualquer fim". Entretanto, essa não é a posição majoritária – nem acertada, em nosso entender. É nítida a finalidade do referido art. 7.º: se o salário mínimo é nacionalmente unificado e deve atender às necessidades básicas de quem o recebe, além de dever ser reajustado com periodicidade, para lhe preservar o *poder aquisitivo*, é certo que a vedação para o vincular a *qualquer fim* tem o objetivo de impedir a sua utilização como índice econômico. Se assim fosse feito, cada vez que houvesse um aumento salarial, os preços subiriam e de nada teria valido o aumento concedido. Logicamente que, sendo usado somente para efeito penal, não há nenhuma possibilidade disso ocorrer, de modo que está atendida a finalidade do constituinte. O contexto da vedação deve ser corretamente analisado, pois está se tratando dos "direitos sociais", e não dos individuais, onde estaria inserido o direito penal. Aliás, como bem salienta VICENTE GRECO FILHO, "se pensamos em 'dia-multa', queremos, de certa forma, vincular o valor da pena a um período salarial ou de trabalho do acusado, de modo que a sanção corresponda não apenas a uma quantidade de dinheiro, mas também a uma parcela do esforço pessoal do réu" (*Tóxicos*, p. 183). Por isso, está correta a correlação do dia-multa com o salário mínimo, ressaltando-se que o Código de Trânsito Brasileiro, lei publicada em 1997, tornou a revalidar, expressamente, a existência do art. 49, § 1.º, do Código Penal (art. 297).

# Art. 50

**114. Constitucionalidade da atualização monetária da multa:** há quem defenda ser inconstitucional a incidência de correção monetária sobre a pena de multa, pois isso seria equivalente a estabelecer uma "pena indeterminada", o que fere o princípio da legalidade. O réu não saberia, por ocasião da prolação da sentença, o *quantum* a que estaria obrigado a pagar. Além disso, argumenta-se que, por incidir correção monetária sobre o valor fixado em salário mínimo, estaria havendo *bis in idem*, uma vez que o salário mínimo é variável e a correção também – seria uma "atualização de atualização". Tais fundamentos, com a devida vênia, não convencem. Em primeiro lugar, é preciso destacar que a correção monetária não é pena, mas uma simples atualização do valor da moeda. Não se está "aumentando" a penalidade aplicada ao réu, sem que ele saiba quanto exatamente vai pagar. Ao contrário. A sanção é fixada em dias-multa com base no salário mínimo da *época do fato*, de modo que a atualização monetária pode ser feita por qualquer pessoa, não se constituindo em algo imponderável. Por outro lado, se o valor do salário mínimo é o vigente à época do fato, é preciso destacar que não há "atualização sobre atualização", mas uma única: a partir da data do fato em diante. Não variam, ao mesmo tempo, o salário mínimo e a correção monetária.

**115. Termo inicial de incidência da correção monetária:** muito já debateram a doutrina e a jurisprudência acerca dessa questão, havendo posições sustentando que o início da atualização monetária deveria ser a partir da data da sentença condenatória (quando se concretiza a sanção penal), a partir do trânsito em julgado da sentença condenatória para o réu (momento em que ela se torna imutável para quem deve pagar), a partir do trânsito em julgado para as partes (instante em que o título se torna passível de execução), a partir da citação do réu para pagamento (quando a multa se torna exigível), a partir dos 5 dias – utilizando a Lei 6.830/1980 – decorridos da citação (quando há mora) ou a partir de 10 dias após o trânsito em julgado da sentença condenatória (aplicação do art. 50, CP), embora tenha se tornado majoritária – e correta – a posição que defende a incidência da correção monetária a partir da data do cometimento da infração penal. Esta última é a posição acertada, porque o valor do dia-multa, como demonstra o § 1.º do art. 49, estabelecido com base no salário mínimo, leva em conta o salário vigente "ao tempo do fato". Logo, é perfeitamente natural que se atualize a multa, para que ela não decresça o seu montante, ligado à desvalorização da moeda, deixando de ter caráter aflitivo e tornando-se, até mesmo, inexequível, a partir da data do fato. Nem se diga que está havendo "retroatividade" indevida, pois a correção monetária não é pena, mas simples atualização do valor da moeda.

### Pagamento da multa

> **Art. 50.** A multa[116-116-A] deve ser paga dentro de 10 (dez) dias depois de transitada em julgado a sentença.[117] A requerimento do condenado[118] e conforme as circunstâncias, o juiz pode permitir que o pagamento se realize em parcelas mensais.[119]
>
> § 1.º A cobrança da multa pode efetuar-se mediante desconto no vencimento ou salário do condenado quando:
>
> *a)* aplicada isoladamente;
>
> *b)* aplicada cumulativamente com pena restritiva de direitos;
>
> *c)* concedida a suspensão condicional da pena.
>
> § 2.º O desconto não deve incidir sobre os recursos indispensáveis ao sustento do condenado e de sua família.[120]

**116. Multa irrisória:** esse debate ocorria quando a pena de multa era fixada em valores monetários (exemplo, à época: CR$ 500,00). Em tempos de inflação galopante, o valor da moeda era continuamente corroído, a ponto de ser apto a gerar uma situação paradoxal: no momento de pagar a multa, nem mais havia a moeda referente à condenação. Por isso, houve quem sustentasse, no passado, a inviabilidade de se cobrar multa de valor irrisório, pois o seu recolhimento, se pudesse ser realizado, nem cobriria os custos do processo. Atualmente, a multa é estabelecida em dias-multa, valendo cada dia de 1/30 a cinco vezes o salário mínimo, além de existir a incidência de correção monetária; portanto, inexiste multa de valor irrisório. Qualquer montante tem sempre lastro na moeda vigente para efeito de cobrança. Ademais, sob outro aspecto, todas as quantias devem ser devidamente exigidas dos sentenciados, de modo a evitar a impunidade.

**116-A. Inviabilidade de progressão de regime:** ratificando a natureza jurídica da multa como sendo sanção penal (conferir a nota 122 *infra*), o Supremo Tribunal Federal estabeleceu que o não pagamento deliberado da pena pecuniária por parte do sentenciado solvente é um obstáculo para a progressão de regime: "Inadimplemento deliberado da pena de multa. Progressão de regime. Impossibilidade. 1. O Plenário do Supremo Tribunal Federal firmou orientação no sentido de que o inadimplemento deliberado da pena de multa cumulativamente aplicada ao sentenciado impede a progressão no regime prisional. Precedente: EP 12-AgR, rel. Min. Luís Roberto Barroso. 2. Tal regra somente é excepcionada pela comprovação da absoluta impossibilidade econômica do apenado em pagar a multa, ainda que parceladamente. 3. Agravo regimental desprovido" (EP 16 ProgReg-AgR, Pleno, rel. Roberto Barroso, 15.04.2015, public. 20.05.2015).

**117. Pagamento espontâneo:** preceitua a lei que o condenado, ocorrido o trânsito em julgado, tem o prazo de 10 dias para recolher a multa. Não o fazendo, deve o juiz da condenação ou da execução intimá-lo a quitar a multa. Se, ainda assim, não houver pagamento, cabe agora ao Ministério Público executar a pena pecuniária na Vara da Execução Penal.

**118. Condenado preso e cobrança da multa:** pode-se cobrar, se o sentenciado trabalhar e tiver remuneração. Nesse caso, desconta-se uma quantia – de 1/4 a 1/10, conforme o caso – do que perceber. A execução, no entanto, só tem início quando ele estiver em liberdade, mesmo que em gozo de livramento condicional ou outro benefício (art. 170, LEP).

**119. Parcelamento da multa:** trata-se de uma possibilidade ainda existente, embora se esteja seguindo o procedimento previsto na Lei de Execução Fiscal e não na Lei de Execução Penal. Não há conflito, uma vez que o interesse do Estado é que o condenado pague a multa, sofrendo a sanção cabível. Assim, de acordo com o disposto nos arts. 168 e 169 da Lei de Execução Penal, pode-se determinar a cobrança da multa através de desconto no vencimento ou salário do condenado, observado o limite máximo de 1/4 da remuneração percebida e o mínimo de 1/10. O parcelamento pode ser requerido pelo sentenciado e concedido pelo juiz, para ser realizado em prestações iguais e sucessivas, de acordo com a situação econômica que apresente.

**120. Valor máximo e mínimo do desconto:** como mencionado, o valor não pode ser superior a 1/4 do salário do condenado nem inferior a 1/10.

### Conversão da multa e revogação[121]

**Art. 51.** Transitada em julgado a sentença condenatória, a multa será executada perante o juiz da execução penal e será considerada dívida de valor, aplicáveis as normas relativas à dívida ativa da Fazenda Pública,[122-122-D] inclusive no que concerne às causas interruptivas e suspensivas da prescrição.[123]

§ 1.º (Revogado pela Lei 9.268/1996.)

§ 2.º (Revogado pela Lei 9.268/1996.)

# Art. 51

**121.** *Habeas corpus* **e pena de multa:** o uso do *habeas corpus*, para discutir questões concernentes à multa, é incabível, por ausência de constrangimento à liberdade, mormente hoje, quando não mais cabe a conversão da pena pecuniária em privativa de liberdade. Na jurisprudência: STJ: "1. A imposição de pena de multa ao recorrente não tem o condão, por si só, de caracterizar ofensa ou ameaça à sua liberdade de locomoção, razão pela qual não é cabível o manejo do *habeas corpus*, uma vez que não poderá ser convertida em reprimenda privativa de liberdade, caso descumprida, nos termos do artigo 51 do Código Penal. Inteligência do enunciado 693 da Súmula do Supremo Tribunal Federal. 2. Recurso desprovido" (RHC 85.526/DF, 5.ª T., rel. Jorge Mussi, 26.02.2019, v.u.).

**122. Multa como sanção penal:** a Lei 9.268/1996 modificou o procedimento de cobrança da pena de multa, ao passar a considerá-la uma dívida de valor, aplicando-se-lhe as normas relativas à dívida da Fazenda Pública. A meta pretendida era evitar a conversão da multa em prisão, o que anteriormente era possível. Não se deve, com isso, imaginar que a pena de multa se transfigurou a ponto de perder a sua identidade, ou seja, passaria a ser, em sua natureza jurídica, uma sanção civil. Em hipótese nenhuma poderíamos admitir essa inversão. Continua, por certo, a ser sanção penal. Tanto assim que, havendo a morte do agente, não se estende a cobrança da multa aos seus herdeiros, respeitando-se o disposto na Constituição Federal de que "nenhuma pena passará da pessoa do condenado" (art. 5.º, XLV). Julgando a ADI 3.150-DF (Plenário, 13.12.2018, m.v.), o STF arrematou a questão, afirmando, categoricamente, a natureza jurídica da multa como sanção penal. Sobre o veredicto: a) do voto do Ministro Luís Roberto Barroso: "A referida modificação legislativa *não retirou da multa o seu caráter de pena,* de sanção criminal. O *objetivo da alteração legal foi simplesmente evitar a conversão da multa em detenção,* em observância à proporcionalidade da resposta penal, e para 'facilitar a cobrança da multa criminal, afastando obstáculos que, presentemente, têm conduzido à prescrição essa modalidade de sanção' (Exposição de Motivos n.º 288, de 12 de julho de 1995, do Ministro da Justiça). Em rigor, *a alteração legislativa nem sequer poderia cogitar de retirar da sanção pecuniária o seu caráter de resposta penal,* uma vez que o art. 5.º, XLVI, da Constituição, ao cuidar da individualização da pena, faz menção expressa à multa, ao lado da privação da liberdade e de outras modalidades de sanção penal. Coerentemente, o art. 32 do Código Penal, ao contemplar as espécies de pena, listou expressamente a multa (art. 32, III). (...) Como tenho sustentado em diversas manifestações, o sistema punitivo no Brasil encontra-se desarrumado. E cabe ao Supremo Tribunal Federal, nos limites de sua competência, contribuir para sua rearrumação. Nas circunstâncias brasileiras, o direito penal deve ser moderado, mas sério. Moderado significa evitar a expansão desmedida do seu alcance, seja pelo excesso de tipificações, seja pela exacerbação desproporcional de penas. Sério significa que sua aplicação deve ser efetiva, de modo a desempenhar o papel dissuasório da criminalidade, que é da sua essência. Em matéria de criminalidade econômica, *a pena de multa há de desempenhar papel proeminente. Mais até do que a pena de prisão* – que, nas condições atuais, é relativamente breve e não é capaz de promover a ressocialização –, cabe à multa o *papel retributivo e preventivo* geral da pena, desestimulando, no próprio infrator ou em infratores potenciais, a conduta estigmatizada pela legislação penal. Por essa razão, sustentei no julgamento da Ação Penal 470, que a multa deveria ser fixada com seriedade, em parâmetros razoáveis, e que seu pagamento fosse efetivamente exigido" (grifamos); b) do voto do Ministro Edson Fachin: "Quanto à concepção de cumprimento de pena, traçados esses nortes de que a pena de multa mantém seu caráter de sanção criminal ainda quando encaminhada para a cobrança na esfera da execução fiscal, *tenho que a pena somente pode ser considerada cumprida devidamente quando atingida a totalidade da pena fixada no decreto condenatório. Ou seja, apenas ocorre o cumprimento integral da pena estabelecida quando cumprida não só a pena privativa de liber-*

*dade, como também a pena de multa.* (...) Com a devida vênia dos que argumentam em sentido contrário, entendo que a nova redação do art. 51 do CP *não retirou o caráter de sanção
criminal da pena de multa;* e nem o poderia fazer, tendo em vista expressa previsão constitucional. Consoante art. 5.º, XLVI, *c,* da Constituição Federal, 'XLVI – a lei regulará a individualização da pena e adotará, entre outras, as seguintes: (...) c) multa;'. Em outras palavras, o
constituinte bem definiu que a *multa oriunda de sentença penal condenatória é pena* e, portanto, *sequer poder-se-ia cogitar que o legislador ordinário transmudasse a natureza da referida
sanção por meio de alteração legislativa infraconstitucional.* Destarte, em que pese a modificação realizada no art. 51 do CP em 1996, entendo que a pena de multa permanece com a sua
natureza de sanção criminal intacta *para todos os efeitos penais relacionados à execução da
pena.* A meu ver, o que ocorreu foi que, a partir de 1996, a alteração legislativa refletiu na
forma da cobrança da pena de multa, sem que isso signifique retirar-lhe o caráter penal" (grifamos); c) do voto do Ministro Alexandre de Moraes: "Desde logo, observo que a pena de
multa, aplicada em decorrência da prática de um crime, *não deve ser retirada do regime jurídico do Direito Penal, sob pena de violação a diversos preceitos constitucionais.* Ao definir as
espécies de reprimendas aplicáveis na esfera criminal, o art. 5.º, XLVI, 'c', da Constituição da
República prevê, entre outras, a pena de 'multa'. (...) Daí por que são aplicáveis, para as multas
criminais, entre outras garantias, a intransmissibilidade aos sucessores do incriminado (art.
5.º, XLV, da CF), a preservação do princípio do Juiz Natural (art. 5.º, XXXVII, CF), a subserviência ao princípio da estrita legalidade (art. 5.º, XXXIX, CF) e a irretroatividade da lei penal
maléfica (art. 5.º, XL, da CF). (...) Nessa perspectiva, *descabe entender* que o art. 51 do Código
Penal, na redação dada pela Lei n. 9.268/1996, *teria atribuído caráter extrapenal à pena de
multa, sob pena de vício de inconstitucionalidade.* Considerando que deve prevalecer a interpretação que prestigie a constitucionalidade da norma, entendo que o dispositivo legal em
apreço não afastou o cariz penal da multa. Ao ficar estabelecido que a multa será considerada
'dívida de valor', não cabe entender que se fez da multa uma sanção extrapenal, devendo-se,
ao contrário, empreender uma exegese em sentido diverso" (grifamos); d) do voto da Ministra
Rosa Weber: "Entendo que o art. 5.º, XLVI, da Constituição Federal, ao consagrar a pena de
multa, *não autoriza,* em hipótese alguma, que *o legislador infraconstitucional altere a natureza
jurídica respectiva.* Trata-se de uma pena com natureza penal, com caráter penal" (grifamos);
e) do voto do Ministro Luiz Fux: "E mais adiante, também tratando desse mesmo tema, nós
temos que a pena de multa, ainda que convertida em pena pecuniária, *tanto mantém a sua
natureza originária que impede a progressão do regime* como se estabeleceu na EP 12, agravo
regimental de relatoria do Ministro Roberto Barroso, julgado pelo Pleno, em 2015, que: 'O
inadimplemento deliberado da pena de multa cumulativamente aplicada ao sentenciado impede a progressão no regime prisional.' *Claro que a pena de multa é uma pena penal,* ainda que
conversível em valor. Por fim, *se nós alterássemos a natureza jurídica dessa pena de multa,*
transformando-a em dívida de valor e passível de execução fiscal, com todos os consectários
de uma execução por quantia certa contra devedor solvente, chegaríamos à conclusão de que
essa dívida poderia ser eventualmente cobrada do espólio do condenado, e aí *violaríamos,
mais uma vez, a Constituição,* na parte em que ela afirma que a pena não poderá passar da
pessoa do infrator da lei penal" (grifamos); f) do voto da Ministra Cármen Lúcia: "*Quanto à
natureza jurídica da multa, ressalto sua natureza penal.* Quanto à competência e à legitimação
para a cobrança dessa multa, anoto terem dificuldades os juízes primeiro pelo acúmulo de
execuções fiscais e também porque não têm o aparato suficiente para, no processamento, dar
cobro a sua tarefa de processo penal, tendo de se dedicar a algo fora de sua específica competência. Os princípios e as regras constitucionais que fundamentam o processo penal conduzem-
-se no sentido de, *mantida a natureza da multa e independente da referência a dívida de valor,*
reconhecer-se a legitimidade da atuação do Ministério Público, possibilitando-se a cobrança

# Art. 51

Código Penal Comentado · **Nucci**

segundo o rito de execução fiscal" (grifamos); g) do voto do Ministro Ricardo Lewandowski: "Mas eu entendo que, quando a Lei 9.268/96 alterou o art. 51 do Código Penal e assentou que a multa será considerada dívida de valor, ela *não alterou, nem poderia, por tratar-se de uma lei ordinária, o caráter ou a natureza criminal da multa*. Como bem lembrou o Ministro Luiz Fux, *o caráter criminal da multa está assentado em sede constitucional*, mais precisamente no art. 5.º, XLVI. Então, não poderia uma lei infraconstitucional, pelo simples fato de considerar a multa uma dívida de valor, transformar a sua natureza em natureza civil ou, quiçá, até administrativa" (grifamos). Esta decisão do Supremo Tribunal Federal consolida o entendimento que temos defendido desde a alteração legislativa ao mencionado art. 51 pela Lei 9.268/1996. No mesmo caminho, defendíamos que a multa devia ser cobrada pelo Ministério Público na Vara de Execuções Penais, embora respeitasse o rito procedimental da Lei 6.830/1980, no que fosse aplicável. Entretanto, o Superior Tribunal de Justiça decidiu, após essa modificação do art. 51, que a pena de multa deveria ser cobrada na esfera cível. Entretanto, com o advento da Lei 13.964/2019, inseriu-se neste art. 51, de modo expresso, que a pena de multa "será executada perante o juiz da execução penal". Antes de iniciar essa execução, no entanto, parece-nos ideal que o juiz da condenação (ou mesmo o da execução penal) determine a intimação do sentenciado, nos termos do art. 50 do Código Penal, a pagá-la em dez dias, voluntariamente. Se houver insucesso, o executado deve ser citado (pelo correio, pessoalmente ou por edital) para, no prazo de 5 (cinco) dias, pagar a dívida atualizada pela correção monetária. O devedor, então, pode efetuar o depósito, oferecer fiança bancária, nomear bens à penhora ou indicar à penhora bens oferecidos por terceiros e devidamente aceitos. Se não o fizer, devem ser penhorados bens suficientes para garantir a execução. Após, realizar-se-á leilão público.

**122-A. Legitimação da Fazenda Pública para a cobrança da pena de multa:** quando não havia expressa referência ao juízo competente para a execução da multa, mesmo considerada como dívida de valor (para efeito de cobrança), o STF, em julgamento de ação direta de inconstitucionalidade, indicou haver legitimação preferencial do Ministério Público na Vara de Execuções Penais, mas considerou viável, igualmente, a legitimidade da Fazenda Pública para essa cobrança, em Vara de Execução Fiscal, caso o MP não o fizesse em prazo razoável de 90 dias. Porém, essa decisão data de 2018, *antes da reforma introduzida pela Lei 13.964/2019*, que indicou a Vara competente para a execução da multa, como visto na nota anterior. Portanto, não nos parece que, advinda essa alteração legislativa, deva permanecer a legitimação concorrente da Fazenda Pública para executar a multa penal. É atribuição do Ministério Público e, acima de tudo, um dever, motivo pelo qual não se concebe a hipótese, sob pena de falta funcional, que o seu membro não o faça, permitindo, então, que um órgão do Poder Público, ligado a questões cíveis, ingresse no cenário para a cobrança. Ademais, a bem da verdade, a Fazenda Pública nunca se interessou, com efetividade, pela execução das multas aplicadas por juízos criminais, exceto as de grande valor (possivelmente). Segue a decisão do STF que tratou do tema: "1. A Lei n.º 9.268/1996, ao considerar a multa penal como dívida de valor, não retirou dela o caráter de sanção criminal, que lhe é inerente por força do art. 5.º, XLVI, *c*, da Constituição Federal. 2. Como consequência, a legitimação prioritária para a execução da multa penal é do Ministério Público perante a Vara de Execuções Penais. 3. Por ser também dívida de valor em face do Poder Público, a multa pode ser subsidiariamente cobrada pela Fazenda Pública, na Vara de Execução Fiscal, se o Ministério Público não houver atuado em prazo razoável (90 dias). 4. Ação direta de inconstitucionalidade, cujo pedido se julga parcialmente procedente para, conferindo interpretação conforme à Constituição ao art. 51 do Código Penal, explicitar que a expressão 'aplicando-se-lhes as normas da legislação relativa à dívida ativa da Fazenda Pública, inclusive no que concerne às causas interruptivas e suspensivas da prescrição', não exclui a legitimação prioritária do Ministério Público para a cobrança da multa na Vara de Execução Penal. Fixação das seguintes teses: (i) O Ministério Público é o órgão legitimado para promover a execução da pena de multa, perante a Vara de Execução Criminal, observado o procedimento descrito pelos artigos 164 e seguintes da Lei de Execução Penal; (ii) Caso o titular da ação penal, devidamente intimado, não proponha a execução da multa no prazo de 90 (noventa) dias, o Juiz da execução criminal dará ciência do feito ao órgão competente da Fazenda Pública (Federal ou Estadual, conforme o caso) para a respectiva cobrança na própria Vara de Execução Fiscal, com a observância do rito da Lei 6.830/1980" (ADI 3.150-DF, Plenário, redator para o acórdão Roberto Barroso, 13.12.2018, m.v.).

**122-B. Razão histórica para a modificação do art. 51 pela Lei 9.268/1996:** antes do advento dessa lei, a multa aplicada em sentença condenatória, com trânsito em julgado, era executada pelo Ministério Público, perante a Vara de Execução Penal (arts. 164 a 170). Ocorre que esta era a anterior redação do art. 51: "A multa converte-se em pena de detenção, quando o condenado solvente deixa de pagá-la ou frustra a sua execução. Modo de conversão: § 1.º Na conversão, a cada dia-multa corresponderá um dia de detenção, não podendo esta ser superior a um ano. Revogação da conversão: § 2.º A conversão fica sem efeito se, a qualquer tempo, é paga a multa". Dessa forma, era viável converter, por exemplo, uma pena de 20 dias--multa em 20 dias de detenção. Em várias legislações de outros países, pode-se encontrar o mesmo critério. Entretanto, no Brasil, houve o abuso da conversão da multa em pena privativa de liberdade. Nem bem se iniciava a execução, com a citação do condenado para pagamento, caso ele não o fizesse, o Ministério Público já pedia a referida conversão, sendo atendido pelo Judiciário. Formou-se um enorme contingente de devedores de multa, sob ameaça de prisão, criando um problema real, visto inexistir local para detê-los – separados dos sentenciados a penas privativas de liberdade elevadas –, mas também não se podendo desistir de cumprir o mandado de prisão expedido pelo juízo da execução penal. Enfim, a saída encontrada pelo Legislativo para coibir essa prática foi a nova redação dada ao art. 51, *caput*, do Código Penal, eliminando-se os parágrafos. Diante da modificação, *considerada* a multa como dívida de valor, não poderia mais haver prisão, pois ninguém poderia ser detido por dívida de natureza civil, leia-se, extrapenal. Desde aquela alteração, comentávamos que a intenção do legislador foi, unicamente, impedir a substituição dos dias-multa por dias-prisão. Nada mais que isso. Entretanto, àquela época surgiram inúmeros conflitos de competência entre juízes criminais e cíveis a respeito de quem deveria executar a multa. Defendemos que fosse executada na Vara de Execução Penal, por ação promovida pelo Ministério Público, pois a natureza jurídica da sanção continuava a ser penal, pois advinha da prática de um crime. A adaptação seria utilizar os critérios válidos para as cobranças de dívidas ativas da Fazenda Pública. Tanto continuava a ser sanção penal que, para o cálculo da prescrição da pena, continuou a valer a previsão feita pelo art. 114 do Código Penal, aliás, *introduzido* pela mesma Lei 9.268/1996, que modificou o art. 51 do CP. Além disso, sendo uma sanção penal, na essência, deveria respeitar o princípio constitucional da responsabilidade pessoal, vale dizer, a pena não ultrapassa a pessoa do condenado. Se este falecesse, antes de quitada a multa, haveria de ser decretada extinta a sua punibilidade – e jamais cobrada a dívida do espólio, pois estaria atingindo herdeiros, que não podem responder por delito alheio. Apesar de tudo, o Superior Tribunal de Justiça fixou o entendimento de que a pena de multa deveria ser executada pela Procuradoria da Fazenda no juízo cível. Durante décadas, notou-se que a Procuradoria se desinteressava dessa cobrança, em valores muito reduzidos na maioria dos casos, gerando impunidade. Finalmente, a reforma inserida pela Lei 13.964/2019 (era uma das propostas do Projeto Anticrime) deixou bem claro

# Art. 51

**Código Penal Comentado • Nucci**

o juízo competente para executar a pena de multa: execução penal. Naturalmente, em ação promovida pelo Ministério Público.

**122-C. Execução da multa e parâmetro da execução fiscal:** é sabido que a Fazenda Nacional e a Fazenda Estadual têm imposto limites mínimos para a execução de dívidas ativas sob o pretexto de haver muito trabalho a ser dedicado em torno de valores realmente importantes, vale dizer, montantes consideravelmente elevados. Apenas para ilustrar, a Procuradoria-Geral do Estado de São Paulo (Resolução 21, de 23 de agosto de 2017) impõe a regra de somente ser proposta execução fiscal para valores superiores a 1.200 Unidades Fiscais do Estado de São Paulo (UFESP's), o que corresponderia, em 2023, a cerca de R$ 41.112,00. Portanto, alguns magistrados da execução penal têm extinguido a punibilidade de condenados a multas criminais cujo montante situa-se abaixo desse valor. Essa visão não nos parece correta, pois a multa, imposta em processo penal, advém da prática de um crime e não se liga ao interesse ou conveniência do Estado em executar devedores de tributos e similares. A sanção penal precisa ser executada, por qualquer montante, para que faça valer o poder punitivo estatal, sob pena de gerar impunidade. Na jurisprudência: STJ: "4.1. No caso, embora o art. 51 do CP seja uma norma não incriminadora, o que permite a aplicação das normas relativas à dívida ativa da Fazenda Pública, a legislação estadual, ao afastar a execução da pena de multa quando não ultrapassada determina quantia, interfere no preceito secundário de normas penais incriminadoras, o que não se admite, em atenção ao princípio da legalidade (art. 1.º do CP, art. 5.º, XXXIX, e art. 22, ambos da CRFB/1988). Ademais, nas normas relativas à dívida ativa da Fazenda Pública preconizadas na Lei n. 6.830/1980 não há qualquer valor que permita ao Ministério Público deixar de executar a multa inscrita em dívida. 4.2. Sob outra perspectiva, sabe-se que o Código Penal possui aplicação aos crimes cometidos no território nacional (art. 5.º do CP), sendo certo que permitir a interferência da legislação estadual no direito penal incriminador fere o princípio da isonomia (art. 5.º, *caput*, da Constituição Federal – CRFB/1988). 4.3. Nesse contexto, as normas fazendárias estaduais no ponto em que afastam a cobrança da pena de multa não encontram aplicabilidade no disposto no art. 51 do CP" (AgRg no REsp 1.973.556/SP, 5.ª T., rel. Joel Ilan Paciornik, 07.02.2023, v.u.).

**122-D. Execução da multa e hipossuficiência do condenado:** em tese, dentro do princípio da legalidade estrita, as penas são indeclináveis, razão pela qual, havendo a condenação e imposição da sanção, deve esta ser executada pelo Estado. Se o condenado fugir ou, em caso de pena pecuniária, não puder pagar, dever-se-ia aguardar a prescrição. No entanto, há duas considerações relevantes. Em 1996, a mesma lei que modificou o art. 51 do Código Penal, alterou, também, o art. 114, tratando do prazo prescricional. Inseriu-se para este prazo o mesmo tempo utilizado para a pena privativa de liberdade, quando esta espécie de sanção for aplicada juntamente com a multa. Um delito, como o tráfico de drogas, com pena de cinco anos, caso o sentenciado não inicie o cumprimento, leva 12 anos para prescrever. Aplicada a pena de multa, conjuntamente, levaria o mesmo tempo para prescrever, motivo pelo qual é possível que o sentenciado termine a privativa de liberdade e ainda continue devendo a pena pecuniária por longo tempo. Ademais, ainda considerando as elevadas e ilógicas multas cominadas na Lei de Drogas, sabe-se que o traficante não possui patrimônio lícito, que possa custear a pena pecuniária. Logo, não tem como quitá-la. Outro ponto é a condenação de inúmeros pequenos traficantes, geralmente muito pobres, que terminam no tráfico justamente por não ter opções de sustento com facilidade. Unindo esses dois fatores, surge um quadro perverso, tendo em vista que o apenado cumpre a pena de prisão e ainda fica com a sanção penal *pendente*, pois não quitou a multa, prejudicando-

-o em diversos aspectos. Diante desse cenário, o Superior Tribunal de Justiça, após diversos julgamentos, terminou por consolidar o entendimento de que o condenado hipossuficiente pode ter a sua pena pecuniária extinta, após cumprir a privativa de liberdade, por uma questão humanitária, visto que não terá condições de arcar com o valor. O Supremo Tribunal Federal ratificou essa posição, embora ambas as Cortes tenham estabelecido o parâmetro de que a hipossuficiência comporta prova em contrário, produzida pelo Ministério Público, durante a execução. Significa não haver extinção da punibilidade automática, embora não se exija do condenado a prova específica de que não tem condições de arcar com o valor, pois seria uma prova impossível – a prova negativa sobre um fato. Pode-se admitir, conforme firmado pelo STJ, até mesmo a autodeclaração de pobreza, nos termos do art. 99, § 3.º, do Código de Processo Civil ("Presume-se verdadeira a alegação de insuficiência deduzida exclusivamente por pessoa natural"). Em síntese, o STF e o STJ atingiram o consenso para apontar a viabilidade de se extinguir a punibilidade do condenado, no tocante à pena de multa, quando já cumprida a pena privativa de liberdade, desde que se possa demonstrar a sua hipossuficiência. Essa prova de incapacidade econômica pode ser firmada de diversas maneiras, inclusive por uma declaração de pobreza. Além disso, não se trata de uma presunção absoluta, mas relativa, cedendo diante de prova em contrário, apontada pelo Ministério Público, convencendo-se o juiz da execução da viabilidade de cobrança. A solução encontrada pelos Tribunais Superiores parece-nos justa, em particular porque as penas de multa mais ilógicas, porque elevadas demais, cominadas em lei, podem ser encontradas na Lei de Drogas. Cumpre ressaltar, todavia, que não se deve uniformizar e padronizar a extinção da multa, sem pagamento, como regra, mesmo as que tenham baixo valor, visto existir até a possibilidade de o condenado parcelar o seu pagamento. Se toda e qualquer multa for extinta, unicamente porque o réu é pobre, mais sensato seria promover uma reforma legislativa para eliminar a pena pecuniária. O que não soa adequado é generalizar o afastamento da multa sem atentar para o seu valor e o caráter de indeclinabilidade da pena, afinal, a regra é exigir o pagamento; a extinção da punibilidade deve ser a exceção. Conferir os julgados: STF: "Ação direta de inconstitucionalidade. Art. 51 do decreto-lei nº 2.848/1940 (Código Penal). Lei 13.964/2019. Pena de multa. Inadimplemento. Óbice à extinção da punibilidade. Art. 5.º, XLVI, 'c', da Constituição Federal. Ressalva. Impossibilidade de pagamento. Demonstração. Intepretação conforme. Parcial provimento. 1. A alteração legislativa implementada no art. 51 do Código Penal, pela Lei 13.964/2019, não desnaturou a pena de multa, que permanece dotada do caráter de sanção criminal, a teor do art. 5.º, XLVI, 'c', da Constituição da República. 2. Esta Suprema Corte, ao julgamento da ADI 3.150, igualmente veiculada contra o art. 51 do Código Penal, na redação dada pela Lei 9.268/1996, pacificou o entendimento de que a pena de multa, embora considerada dívida de valor, não perde a sua natureza de sanção criminal. 3. É constitucional condicionar o reconhecimento da extinção da punibilidade ao efetivo pagamento da pena de multa – conjuntamente cominada com a pena privativa de liberdade –, ressalvada a hipótese em que demonstrada a impossibilidade de pagamento da sanção patrimonial. 4. Pedido provido parcialmente para conferir, ao art. 51 do Código Penal, interpretação conforme à Constituição da República, no sentido de que, cominada conjuntamente com a pena privativa de liberdade, o inadimplemento da pena de multa obsta o reconhecimento da extinção da punibilidade, salvo comprovada impossibilidade de seu pagamento, ainda que de forma parcelada" (ADI 7032-DF, Pleno, rel. Flavio Dino, Sessão virtual: 15 a 22 de março de 2024, v. u.). STJ: "7. É oportuno lembrar que, entre outros efeitos secundários, a condenação criminal transitada em julgado retira direitos políticos do condenado, nos termos do art. 15, III, da Constituição

# Art. 51

Código Penal Comentado · **Nucci**

da República de 1988. Como consequência, uma série de benefícios sociais – inclusive empréstimos e adesão a programas de inclusão e de complementação de renda – lhe serão negados enquanto pendente dívida pecuniária decorrente da condenação. 8. Ainda na seara dos malefícios oriundos do não reconhecimento da extinção da punibilidade, o art. 64, I, do Código Penal determina que, 'para efeito de reincidência: [...] não prevalece a condenação anterior, se entre a data do cumprimento ou extinção da pena e a infração posterior tiver decorrido período de tempo superior a 5 (cinco) anos, computado o período de prova da suspensão ou do livramento condicional, se não ocorrer revogação', o que implica dizer que continuará o condenado a ostentar a condição de potencial reincidente enquanto inadimplida a sanção pecuniária. 9. Não se mostra, portanto, compatível com os objetivos e fundamentos do Estado Democrático de Direito – "destinado a assegurar o exercício dos direitos sociais e individuais, a liberdade, a segurança, o bem-estar, o desenvolvimento, a igualdade e a justiça" (Preâmbulo da Constituição da República) – que se perpetue uma situação que tem representado uma sobrepunição dos condenados notoriamente incapacitados de, já expiada a pena privativa de liberdade ou restritiva de direitos, solver uma dívida que, a despeito de legalmente imposta – com a incidência formal do Direito Penal – não se apresenta, no momento de sua execução, em conformidade com os objetivos da lei penal e da própria ideia de punição estatal. 10. A realidade do sistema prisional brasileiro esbarra também na dignidade da pessoa humana, incorporada pela Constituição Federal, em seu art. 1.º, III, como fundamento da República. Ademais, o art. 3.º, III, também da Carta de 1988, propõe a erradicação da pobreza e da marginalização, bem como a redução das desigualdades sociais e regionais, propósito com que claramente não se coaduna o tratamento dispensado à pena de multa e a conjuntura de prolongado "aprisionamento" que dela decorre. (...) 16. Não se trata de generalizado perdão da dívida de valor ou sua isenção, porquanto se o Ministério Público, a quem compete, especialmente, a fiscalização da execução penal, vislumbrar a possibilidade de que o condenado não se encontra nessa situação de miserabilidade que o isente do adimplemento da multa, poderá produzir prova em sentido contrário. É dizer, presume-se a pobreza do condenado que sai do sistema penitenciário – porque amparada na realidade visível, crua e escancarada –, permitindo-se prova em sentido contrário. E, por se tratar de decisão judicial, poderá o juiz competente, ao analisar o pleito de extinção da punibilidade, indeferi-lo se, mediante concreta motivação, indicar evidências de que o condenado possui recursos que lhe permitam, ao contrário do que declarou, pagar a multa. (...) 19. A presunção de veracidade da declaração de hipossuficiência, a fim de permitir a concessão da gratuidade de justiça, possui amparo no art. 99, § 3.º, do Código de Processo Civil, segundo o qual "presume-se verdadeira a alegação de insuficiência deduzida exclusivamente por pessoa natural", podendo ser elidida caso esteja demonstrada a capacidade econômica do reeducando. 20. Recurso especial não provido para preservar o acórdão impugnado e fixar a seguinte tese: O inadimplemento da pena de multa, após cumprida a pena privativa de liberdade ou restritiva de direitos, não obsta a extinção da punibilidade, ante a alegada hipossuficiência do condenado, salvo se diversamente entender o juiz competente, em decisão suficientemente motivada, que indique concretamente a possibilidade de pagamento da sanção pecuniária" (REsp 2.090.454 – SP, 3.ª Seção, rel. Rogerio Schietti Cruz, 28.02.2024, v. u.).

**123. Causas interruptivas e suspensivas da prescrição:** suspende-se a prescrição enquanto não for localizado o devedor ou não forem encontrados bens sobre os quais possa recair a penhora (art. 40 da Lei 6.830/1980). Segundo o disposto no art. 174, parágrafo único, do Código Tributário Nacional, interrompe-se a prescrição: "I – pelo despacho do juiz que ordenar a citação em execução fiscal; II – pelo protesto judicial; III – por qualquer ato judicial que constitua em mora o devedor; IV – por qualquer ato inequívoco ainda que extrajudicial, que importe em reconhecimento do débito pelo devedor". O *prazo* prescricional continua regido pelo art. 114 do Código Penal.

### Suspensão da execução da multa

> **Art. 52.** É suspensa a execução da pena de multa, se sobrevém ao condenado doença mental.[124]

**124. Suspensão da execução:** no mesmo sentido está o art. 167 da Lei de Execução Penal. Respeita-se, nesse caso, para efeito prescricional, os prazos estipulados no art. 114 do Código Penal. Na jurisprudência: TJSP: "A multa é pena e nunca perderá essa natureza. Impossível a sua transformação em dívida ativa meramente fiscal, ainda que não tributária, na fase executória. A sua essência, que lhe dá peculiaridades teleológicas intrínsecas permanentes, funda-se na previsão e cominação prévia dos diplomas legislativos penais. Considerá-la, exatamente no momento em que, pela natureza sancionadora e repressiva, representará efetivo fator coercitivo de reeducação e ressocialização do infrator, somente como mais uma fonte de receita orçamentária, dissociada do homem condenado, seria a subversão de finalidade, a ruptura do sistema penal repressivo, a provocação até de um verdadeiro tumulto jurisdicional. Como admitir-se, na fase executória, o exercício jurisdicional simultâneo do Juízo fazendário e do Juízo da execução criminal? *A competência, por exemplo, para suspender a execução da pena de multa, se sobrevém ao condenado doença mental (art. 52 do Código Penal), será sempre do juiz da execução criminal*, assim como para julgar prescrita a pretensão executória da multa com base nos prazos fixados no Código Penal" (Ag 295.560.3/4, 3.ª C. D. Crim., rel. Luiz Pantaleão, 23.04.2001, grifamos; embora antigo, cuida exatamente do art. 52, o que é raro).

### Espécies de Penas
### Art. 32 do CP

| | |
|---|---|
| I) *Privativas de liberdade*<br>Art. 33, CP<br>Art. 6.º, Lei de Contravenções Penais | a) reclusão: prevista para crimes, admite regime inicial fechado, semiaberto e aberto<br>b) detenção: prevista para crimes, admite regime inicial semiaberto e aberto, salvo necessidade de rejeição<br>c) prisão simples: prevista para contravenções penais: admite regime semiaberto ou aberto, sempre em lugar distinto dos autores de crimes<br>nota: sobre as diferenças entre elas, ver nota 8 ao art. 33 |

| | |
|---|---|
| II) *Restritivas de direitos* (penas alternativas) Art. 43, CP | a) prestação de serviços à comunidade ou entidades públicas<br>b) perda de bens e valores<br>c) prestação pecuniária<br>d) limitação de fim de semana<br>e) interdição temporária de direito |

e1) proibição do exercício de cargo, função ou atividade pública, bem como mandato eletivo

e2) proibição do exercício de profissão, atividade ou ofício que dependem de habilitação especial de licença ou autorização do poder público

e3) suspensão da autorização para dirigir veículos (ver nota 106 ao art. 47)

e4) proibição de frequentar determinados lugares

III) *Pecuniária:* multa
Art. 49, CP

## Capítulo II
### DA COMINAÇÃO DAS PENAS[1]

**1. Conceito de cominação de penas:** é a prescrição, em abstrato, de penas, formulada no preceito secundário do tipo penal incriminador. Ex.: Homicídio, art. 121: "Matar alguém" (preceito primário): "Pena – reclusão, de 6 (seis) a 20 (vinte) anos" (preceito secundário). Em nota ao Capítulo I, deste Título, demonstrou-se que a cominação se faz de modo isolado, cumulativo ou alternativo.

**Penas privativas de liberdade**

> **Art. 53.** As penas privativas de liberdade têm seus limites estabelecidos na sanção correspondente a cada tipo legal de crime.[2]

**2. Preceito sancionador do tipo penal incriminador:** é a previsão abstrata feita no preceito secundário. Pode alterar-se, para mais ou para menos, conforme estejam presentes as causas de aumento ou de diminuição, como será visto em nota posterior.

### Penas restritivas de direitos

> **Art. 54.** As penas restritivas de direitos são aplicáveis, independentemente de cominação na parte especial, em substituição à pena privativa de liberdade, fixada em quantidade inferior a 1 (um) ano, ou nos crimes culposos.[3]

**3. Derrogação do art. 54:** a Lei 9.714/1998, ao prever, no art. 44, I, do Código Penal a possibilidade de aplicação da substituição da pena privativa de liberdade de até 4 anos para pena restritiva de direitos, terminou por revogar em parte este dispositivo. Melhor teria sido o legislador alterar o disposto neste artigo, como fez com os demais, que cuidavam das penas restritivas. Por outro lado, o sistema de substituição nem sempre é o melhor. Há crimes que, pela sua menor relevância ofensiva, poderiam ter, no preceito secundário, direta e isoladamente, a previsão da aplicação de pena restritiva de direitos, como se faz com a multa em alguns casos.

> **Art. 55.** As penas restritivas de direitos referidas nos incisos III, IV, V e VI do art. 43 terão a mesma duração da pena privativa de liberdade substituída,[4] ressalvado o disposto no § 4.º do art. 46.[5]

**4. Penas restritivas correlatas às privativas de liberdade:** as penas de prestação de serviços à comunidade ou a entidades públicas, interdição temporária de direitos e limitação de fim de semana devem ter a mesma duração das penas privativas de liberdade, justamente porque o preceito secundário dos tipos penais incriminadores não traz o montante, em abstrato, das penas restritivas de direitos. Assim, necessita o juiz aplicar a pena privativa, dentro dos critérios de individualização, para, depois, substituí-la pela restrição de direitos. O inciso III, mencionado no artigo, não tem aplicação, pois dizia respeito à pena de recolhimento domiciliar, que foi vetada. Na jurisprudência: STJ: "1. O tempo de prestação de serviços deve corresponder ao tempo total da sanção privativa de liberdade imposta, não estando configurada nenhuma ilegalidade no acórdão impugnado, que procedeu à substituição da pena privativa de liberdade por duas restritivas de direitos, pelo mesmo prazo da condenação, em regular aplicação dos arts. 44, § 2.º, e 55 do Código Penal. Precedente" (AgRg no HC 371.335/SC, 6.ª T., rel. Sebastião Reis Júnior, 26.02.2019, v.u.).

**5. Ressalva da antecipação do cumprimento da pena:** é válida a antecipação somente para a pena de prestação de serviços à comunidade ou a entidades públicas, pois não teria cabimento antecipar a limitação de fim de semana ou a interdição de direitos, por absoluta incompatibilidade com a finalidade da pena e com o modo de cumprimento. Entretanto, a ressalva feita neste artigo pode induzir a crer ser possível a antecipação para todas as penas restritivas mencionadas (prestação de serviços, interdição de direitos e limitação de fim de semana), o que não é correto, até mesmo porque a antecipação está prevista no § 4.º do art. 46, que cuida apenas da prestação de serviços.

> **Art. 56.** As penas de interdição, previstas nos incisos I e II do art. 47 deste Código, aplicam-se para todo o crime cometido no exercício de profissão, atividade, ofício, cargo ou função, sempre que houver violação dos deveres que lhes são inerentes.[6-7]

# Art. 57

Código Penal Comentado · **Nucci**                                                    366

**6. Vinculação da pena restritiva de direitos à espécie de crime praticado:** pretendeu o legislador estabelecer a substituição de pena privativa de liberdade por interdição temporária de direitos somente nas hipóteses em que o exercício do direito vetado tivesse direta ligação com o crime praticado. Assim, nos casos de "proibição do exercício de cargo, função ou atividade pública, bem como de mandato eletivo" e de "proibição do exercício de profissão, atividade ou ofício que dependam de habilitação especial, de licença ou autorização do poder público", torna-se imperiosa a vinculação da atividade exercida pelo agente com o delito cometido, tal como seria se o médico, no exercício da sua profissão, cometesse uma lesão culposa ou um homicídio culposo, bem como no caso do funcionário público que, no exercício do cargo, praticasse peculato.

**7. Descumprimento injustificado da interdição:** há duas posições: a) dá margem à reconversão da pena restritiva de direitos em privativa de liberdade, como firmado pelos arts. 44, § 4.º, do Código Penal e 181, § 3.º, da Lei de Execução Penal; b) provoca a reconversão e, também, incide o agente na figura típica do art. 359 do Código Penal: "Exercer função, atividade, direito, autoridade ou múnus, de que foi suspenso ou privado por decisão judicial". A primeira corrente é a mais adequada, pois o não cumprimento da restrição imposta pelo juiz já possui sanção específica na lei, que é a reconversão da pena em privação da liberdade. Não há cabimento em punir-se o réu duas vezes. Por outro lado, há que se ressaltar a existência do art. 307 do Código de Trânsito Brasileiro, prevendo que a violação da suspensão ou proibição de se obter a permissão ou habilitação para dirigir veículo é crime. Nesse caso, quando a pena restritiva imposta for *cumulativa* (e não substitutiva) com sanção privativa de liberdade, não havendo como proceder-se à reconversão, deve o agente ser punido pelo crime autônomo. Entretanto, se a pena restritiva de proibição de dirigir for substitutiva da privativa de liberdade, é preciso aplicar a reconversão, sem incidência no mencionado art. 307 – idêntico tratamento que se dá à interpretação do art. 359 do Código Penal.

> **Art. 57.** A pena de interdição, prevista no inciso III do art. 47 deste Código, aplica-se aos crimes culposos de trânsito.[8]

**8. Derrogação do art. 47, III, do Código Penal:** como já visto, a pena restritiva de direitos do art. 47, III, somente pode ser aplicada no tocante à suspensão de *autorização* para dirigir veículo, pois a parte concernente à habilitação foi integralmente regulada pelo Código de Trânsito Brasileiro.

### Pena de multa

> **Art. 58.** A multa, prevista em cada tipo legal de crime, tem os limites fixados no art. 49 e seus parágrafos deste Código.[9]
>
> **Parágrafo único.** A multa prevista no parágrafo único do art. 44[10-10-A] e no § 2.º do art. 60[11] deste Código aplica-se independentemente de cominação na parte especial.

**9. Limites para a pena de multa:** antes de Reforma Penal de 1984, os tipos penais incriminadores traziam, no preceito secundário, os montantes concernentes às multas (ex.: no crime de furto – art. 155 – previa-se a pena de multa de mil cruzeiros a vinte mil cruzeiros). Tal sistema foi abolido, especialmente por conta da corrosão do valor da moeda imposta por

# Título V – Das penas

# Art. 59

períodos de inflação, que tornava inútil a aplicação da pena pecuniária. Houve substituição pelo critério do "dia-multa", como exposto no capítulo que cuidou da pena de multa.

**10. Referência correta:** atual art. 44, § 2.º, do Código Penal.

**10-A. Multa substitutiva e multa cumulativa:** são institutos diversos para fins de aplicação da pena. As multas cominadas, na Parte Especial, cumulativas à pena privativa de liberdade devem sempre ser aplicadas, mesmo quando o juiz substitui a pena de prisão por restritiva de direitos consistente em uma restritiva e uma multa. Logo, na prática, haverá uma restritiva de direitos e duas multas.

**11. Preceito em vigor:** continua vigendo, como sustentamos, não tendo sido revogado pelo art. 44, § 2.º. Vide nota 79 nos comentários ao art. 44, § 2.º.

## Capítulo III
## DA APLICAÇÃO DA PENA

### Fixação da pena[1-2-C]

> **Art. 59.** O juiz, atendendo à culpabilidade,[3-3-D] aos antecedentes,[4-6] à conduta social,[7] à personalidade do agente,[8-8-G] aos motivos,[9-9-A] às circunstâncias[10-11] e consequências[12-12-B] do crime, bem como ao comportamento da vítima,[13] estabelecerá, conforme seja necessário e suficiente para reprovação e prevenção do crime:[14]
>
> I – as penas aplicáveis dentre as cominadas;[15-15-C]
>
> II – a quantidade de pena aplicável, dentro dos limites previstos;[16]
>
> III – o regime inicial de cumprimento da pena privativa de liberdade;[17-18]
>
> IV – a substituição da pena privativa de liberdade aplicada, por outra espécie de pena, se cabível.[19-22-A]

**1. Conceito de fixação da pena:** trata-se de um processo judicial de discricionariedade juridicamente vinculada visando à suficiência para prevenção e reprovação da infração penal. O juiz, dentro dos limites estabelecidos pelo legislador (mínimo e máximo, abstratamente fixados para a pena), deve eleger o *quantum* ideal, valendo-se do seu livre convencimento (discricionariedade), embora com fundamentada exposição do seu raciocínio (juridicamente vinculada). Consiste na aplicação prática do princípio constitucional da individualização da pena (art. 5.º, XLVI, CF). Na visão de LUIZ LUISI, "é de entender-se que na individualização judiciária da sanção penal estamos frente a uma 'discricionariedade juridicamente vinculada'. O Juiz está preso aos parâmetros que a lei estabelece. Dentre deles o Juiz pode fazer as suas opções, para chegar a uma aplicação justa da lei penal, atendo as exigências da espécie concreta, isto é, as suas singularidades, as suas nuanças objetivas e principalmente a pessoa a que a sanção se destina. Todavia, é forçoso reconhecer estar habitualmente presente nesta atividade do julgador um coeficiente criador, e mesmo irracional, em que, inclusive inconscientemente, se projetam a personalidade e as concepções de vida e do mundo do Juiz. Mas, como acentua Emílio Dolcini, não existe uma irremediável e insuperável antinomia entre o 'caráter criativo e o caráter vinculado da discricionariedade', pois este componente emocional e imponderável

# Art. 59

pode atuar na opção do Juiz determinando-lhe apenas uma escolha dentre as alternativas explícitas ou implícitas contidas na lei" (*Os princípios constitucionais penais*, p. 38). Diz a Exposição de Motivos do Código de Processo Penal: "A sentença deve ser *motivada*. Com o *sistema do relativo arbítrio judicial na aplicação da pena*, consagrado pelo novo Código Penal, e o do *livre convencimento* do juiz, adotado pelo presente projeto, é a *motivação* da sentença que oferece garantia contra os excessos, os erros de apreciação, as falhas de raciocínio ou de lógica ou os demais vícios de julgamento. No caso de absolvição, a parte dispositiva da sentença deve conter, de modo preciso, a razão específica pela qual é o réu absolvido. É minudente o projeto, ao regular a *motivação* e o *dispositivo* da sentença" (grifamos). Desde 1940, o legislador atribuiu ao juiz imensa discricionariedade na fixação da pena, determinando-lhe alguns parâmetros dos quais não deve furtar-se. Entretanto, no dizer de Roberto Lyra, "é preciso que o juiz, habituado ao angustioso formalismo do sistema anterior, se compenetre desse arbítrio para enfrentá-lo desassombradamente e exercê-lo desembaraçadamente, a bem da efetividade da individualização, dentro da indeterminação relativa da pena" (*Comentários ao Código Penal*, v. 2, p. 180-181). Nessa tarefa, o magistrado transcende as vestes de juiz e deve averiguar quem é o ser humano em julgamento, valendo-se de sua habilidade de captação dos informes trazidos pelo processo, além de seu natural bom senso. A aplicação da pena é uma atividade significativa do julgador e não merece ser atrelada a critérios estreitos, tampouco se deve desmerecer o juiz, alegando não possuir ele capacidade para conhecer e aplicar elementos extraídos da psicologia, da sociologia e das demais ciências humanas. Desenvolvemos detalhadamente o tema da aplicação da pena em nosso trabalho *Individualização da pena*. Na jurisprudência: STF: "2. A dosimetria da pena insere-se dentro de um juízo de discricionariedade do julgador, atrelado às particularidades fáticas do caso concreto e subjetivas do agente, somente passível de revisão no caso de inobservância dos parâmetros legais ou de flagrante desproporcionalidade, o que não é o caso dos autos. Precedentes. 3. O Diploma Penal não prevê regras aritméticas objetivas para fixação da pena, não estando o magistrado vinculado a parâmetros jurisprudenciais, os quais servem somente para nortear, minimamente, a individualização da pena, sem, contudo, tarifá-la. A dosimetria, consoante se explicita no final do citado art. 59, deve ser necessária e suficiente para reprovação e prevenção do crime, consideradas as especificidades de cada caso concreto. 4. Agravo regimental ao qual se nega provimento" (HC 220.573 AgR, 2.ª T., rel. André Mendonça, 15.08.2023, v.u.). STJ: "7. A dosimetria da pena está inserida no âmbito de discricionariedade do julgador, estando atrelada às particularidades fáticas do caso concreto e subjetivas dos agentes, elementos que somente podem ser revistos por esta Corte em situações excepcionais, quando malferida alguma regra de direito" (AgRg no REsp 1.902.959-RS, 5.ª T., rel. Reynaldo Soares da Fonseca, 03.08.2021, v.u.).

**1-A. Conceito de circunstâncias judiciais:** são as circunstâncias que envolvem o crime, nos aspectos objetivo e subjetivo, extraídas da livre apreciação do juiz, desde que respeitados os parâmetros fixados pelo legislador no art. 59 do Código Penal, constituindo efeito *residual* das circunstâncias legais. Em outras palavras, encontrado o tipo básico, isto é, havendo prova da ocorrência do crime (ex.: homicídio = matar alguém), passa o magistrado a aplicar a pena. Para tanto, serve-se de todas as circunstâncias (elementos que envolvem a infração penal), devendo ter a cautela de identificar, logo de início, as que são legais – previstas expressamente em lei (qualificadoras/privilégios; causas de aumento/diminuição; agravantes/atenuantes) – das que são judiciais – extraídas da construção do juiz, conforme dados fáticos encontrados nos autos. Por isso, embora o magistrado inicie a fixação da pena pela análise das denominadas circunstâncias judiciais do art. 59, não é demais ressaltar que elas são residuais, ou seja, se não constituírem qualificadoras/privilégios, causas de aumento/diminuição ou agravantes/atenuantes, podem ser levadas em conta na eleição do *quantum* da pena-base. Exemplo: no homicídio, o motivo fútil materializa uma qualificadora (art. 121, § 2.º, II, CP), logo, não pode ser considerado no item *motivos*, previsto igualmente no art. 59. E, também, não pode ser levado em conta na análise das agravantes, que envolvem o *motivo fútil* (art. 61, II, *a*, CP). Em suma, a circunstância que não estiver expressamente prevista em lei como qualificadora/privilégio, causa de aumento/diminuição ou agravante/atenuante pode servir ao magistrado para compor, livremente, mas com fundamento nas provas dos autos, o contexto das circunstâncias judiciais do art. 59. Na jurisprudência: STJ: "5. As circunstâncias judiciais dos motivos, das circunstâncias e das consequências do crime foram valoradas negativamente com fundamento em elementos concretos da conduta delitiva que desbordam do tipo penal, não havendo se falar, portanto, em ofensa aos arts. 59 e 68, ambos do Código Penal. Foram considerados negativos os motivos, haja vista o crime ter sido cometido com o objetivo de financiar a eleição do corréu para 'posterior parasitismo da prefeitura municipal', cuidando-se, portanto, 'ato de extrema reprovabilidade que provoca o desequilíbrio da própria democracia e a instabilidade das instituições'. Já as circunstâncias do crime foram consideradas negativas, em razão do '*modus operandi* utilizado pela organização criminosa, ao publicar um decreto municipal para dar aparência de legalidade nas práticas delitivas que foram perpetradas extrapola o tipo penal'. Quanto às consequências do crime, registrou-se que a 'atuação da Organização Criminosa levou o município ao caos completo, com paralisação de transporte público, de hospitais, colapso no serviço geral, servidores ficaram sem receber salário e 13.º até as vésperas no Natal, causando uma série de prejuízos a milhares de pessoas, fatos que em muito excedem o meramente esperado para a modalidade consumada'. 6. As instâncias ordinárias efetivamente aplicaram a fração de 1/6 sobre a pena mínima para cada vetorial valorada negativamente, utilizando, entretanto, a fração de 1/4 para valorar os motivos do crime. Contudo, a utilização de fração distinta e mais gravosa foi fundamentada de forma concreta, considerando-se que a conduta delitiva revelou 'ato de extrema reprovabilidade que provoca o desequilíbrio da própria democracia e a instabilidade das instituições'. Nesse contexto, diante da motivação concreta não há se falar em desproporcionalidade" (AgRg no AREsp 1.769.549-PR, 5.ª T., rel. Reynaldo Soares da Fonseca, 17.08.2021, v.u.).

**1-B. Momentos de ocorrência e de avaliação:** as circunstâncias do crime – judiciais ou legais – são utilizadas para a fixação da pena; porém, o juiz deve avaliar apenas as circunstâncias, positivas ou negativas, *anteriores* à data do fato criminoso. Assim, por ocasião da sentença condenatória, para individualizar a pena, toda a vida do réu, *antes* do delito, será devidamente analisada. O que acontecer após essa data, durante a investigação ou o processo, não serve de base para a mensuração da pena.

**2. Política da pena mínima:** significa a utilização, como regra, do estabelecimento da pena no mínimo legal, evitando-se, com isso, apresentar motivação, sob o argumento de que, estando no piso, presumem-se favoráveis todos os elementos do art. 59. A padronização da pena é contrária à individualização, de modo que é preciso alterar essa conduta ainda predominante. Não se está em busca da *pena máxima*, mas da *pena justa*. Ser contrário à *política da pena mínima* significa ser a favor do princípio constitucional da individualização da pena. Os acusados, mesmo quando autores de delitos advindos de idêntico tipo penal, não são seres humanos iguais; cada um tem a sua personalidade, o seu modo de ser e agir, a sua particular conduta social, podendo registrar – ou não – antecedentes. Sob outro prisma, ilustrando, dois roubos jamais são idênticos, até mesmo no modo de execução e nas consequências produzidas. As vítimas são diversas e o seu comportamento também. A lamentável *política da pena mínima* simboliza um desapego notório aos elementos expostos no art. 59 do Código Penal, seja por puro comodismo, seja por desconhecimento. É dever do julgador motivar suas sentenças; o dispositivo, onde se fixa a pena, é parcela relevante da decisão e não prescinde de fundamentação.

# Art. 59

Código Penal Comentado • **Nucci**                    370

Dizer que o estabelecimento da pena mínima faz presumir que todas as circunstâncias do art. 59 são favoráveis é um contorcionismo jurídico apenas e tão somente para evitar o trabalhoso processo de justificação. Fosse assim, absolver o réu, igualmente, prescindiria de motivação, afinal, vigora o princípio constitucional da presunção de inocência. Se ele for considerado *inocente*, encontra-se em seu estado natural, logo, independe de motivação. Presume-se não ter havido provas para condená-lo. Por óbvio, cuida-se de um sofisma, o mesmo que pode ser utilizado no cenário da *política da pena mínima*, buscando eximir o juiz de cumprir seu dever. Inexiste preceito legal autorizando a *ausência de fundamentação* de qualquer decisão judicial; aliás, se existisse, seria inconstitucional, considerando o disposto pelo art. 93, IX, da CF.

**2-A. Possibilidade de aplicação da pena máxima:** o critério da individualização da pena, evitando-se a indevida padronização da sanção penal, é fruto de dispositivo constitucional e de detalhado critério estabelecido pelo Código Penal, merecendo, pois, ser aplicado, quando for cabível. Nessa trilha, mantendo pena máxima aplicada a réu, considerado "justiceiro" perigoso, pronunciou-se o Tribunal de Justiça de São Paulo: "Ocorre que, *in casu*, o d. Magistrado fundamentou a pena, vale repetir, com inegável acerto, determinando o seguinte: '(...) Assim, estabeleço, novamente, o montante de trinta anos como pena-base, porque o réu possui personalidade integralmente voltada e dedicada ao crime, caráter francamente deturpado, vida social baseada no cometimento de gravíssimos delitos a sangue frio, necessitando de plena reeducação. Note-se que, no caso presente, a vítima foi executada na frente dos familiares, em típica atividade de extermínio, chaga social na cidade de São Paulo. A Constituição e o Código Penal determinam que o magistrado individualize a pena dentre o mínimo e o máximo possíveis. Não creio que exista outra hipótese fática que comporte a aplicação do máximo previsto em lei, já que o réu, 'justiceiro', confesso e orgulhoso de suas proezas, como demonstram suas entrevistas aos jornais, evidencia insensibilidade incomum. Delinquente contumaz, condenado a mais de duzentos anos, deve ser apenado no máximo previsto em lei. Se a pena mínima existe para ser usada aos primários, de bons antecedentes, sem qualquer especial circunstância que agrave a reprimenda, é natural que a máxima também deva ser utilizada quando o caso recomende. Se as penas são variáveis entre um mínimo e um máximo, é preciso distinguir os réus e aplicar a pena justa. Não fosse assim e seria inútil individualizar a reprimenda, já que a pena máxima nunca seria aplicada...'" (Rev. 282.549-3/4, São Paulo, 1.º Grupo de Câmaras Criminais, rel. Jarbas Mazzoni, 11.12.2000, v.u., embora antigo é um dos raros acórdãos a manter a pena máxima aplicada em primeiro grau). Outro exemplo, mais recente: "Na aplicação da pena de Lucas, atendendo ao que dispõe o art. 59 do Código Penal, observados a intensa culpabilidade, a quantidade de golpes fatais, os antecedentes agressivos, a frieza demonstrada em interrogatório judicial, a violência desmedida, por meio cruel com emprego de faca, por motivo fútil unicamente patrimonial, com total desprezo pela vida das pessoas, uma delas tendo um saco plástico amarrado à cabeça, passando por cima de um dos corpos para subtrair as roupas do armário, espalhando sangue por todo o apartamento, adulterando o local do crime e por fim pedir acolhida a um traficante de sua região, justifica-se plenamente a pena máxima, correspondente a 30 (trinta) anos de reclusão e pagamento de 360 (trezentos e sessenta) dias multa para cada latrocínio. A pena se aplica em respeito ao princípio da proporcionalidade e ao princípio da individualização da pena, observada a vontade do agente e a intensidade dolosa, bem como meio de repressão e prevenção aos crimes praticados, de acordo com os arts. 49, 59 e 60 do Código Penal. O réu agiu friamente, pois, apesar de tanto sangue e horror no apartamento, ainda teve a coragem e escrever com sangue e café nas paredes, algo que parecia muito mais com a palavra 'cu' do que com a palavra 'cv'. Assim, por serem duas as vítimas e os crimes terem resultado de desígnios autônomos, as penas devem ser somadas, conforme art. 69, do Código Penal, o que totaliza 60 (sessenta) anos de reclusão e pagamento de 720 (setecentos e vinte) dias multa. Não há outras causas a serem apreciadas de modo que essa pena é a definitiva para a ação praticada pelo réu" (Proc. 0081268-43.2011.8.26.0050, 30.ª Vara Criminal de S. Paulo, MM. Juíza Isaura Cristina Barreira, 01.02.2013). A pena foi mantida pelo Tribunal de Justiça de S. Paulo: "A pena-base do acusado ficou assentada no máximo legal (30 anos de reclusão), para cada um dos crimes de latrocínio. Ausentes quaisquer outras causas modificadoras, tornou-se definitiva, em 60 anos de reclusão, diante do reconhecimento do concurso material de infrações. Apesar de severa, a reprimenda deve ser mantida, porquanto a Juíza sentenciante justificou os motivos pelos quais resolveu exacerbá-la, obedecendo fielmente os ditames do art. 59 do Estatuto Repressivo, levando em consideração a 'intensa culpabilidade, a quantidade de golpes fatais, os antecedentes agressivos, a frieza demonstrada em interrogatório judicial, a violência desmedida, por meio cruel com emprego de faca, por motivo fútil unicamente patrimonial, com total desprezo pela vida das pessoas, uma delas tendo um saco plástico amarrado à cabeça, passando por cima de um dos corpos para subtrair as roupas do armário, espalhando sangue por todo o apartamento, adulterando o local do crime e por fim pedir acolhida a um traficante da sua região', ressaltando, ainda, que "apesar de tanto sangue e horror no apartamento, ainda teve a coragem de escrever com sangue e café nas paredes" (fls. 1.827/1.828, *verbis*) (Ap. 0081268-43.2011.8.26.0050, 6.ª C., rel. Ricardo Tucunduva, j. 30.01.2014, v.u., embora antigo, cuida-se de decisão rara). Na doutrina, explica Mariângela Gama de Magalhães Gomes que "o máximo abstrato de pena constitui, por sua vez, expressão da garantia da culpabilidade, posto ser a medida extrema do sacrifício que se pode impor ao autor do delito a fim de que corresponda às circunstâncias do caso concreto e sirva para que outros não sigam o exemplo negativo do delito; essa medida máxima representa o limite até o qual o ordenamento está disposto a assegurar a eficácia concreta da tutela penal, representando, conforme assinalado, a dialética entre necessidade de estabilização social e princípio de culpabilidade. (...) A tarefa do intérprete consiste em aplicar a sanção proporcionalmente ao ilícito cometido, considerando a valoração legislativa no sentido de cominar o mínimo aos casos que, adequando-se ao mesmo tipo penal abstrato, demonstrarem menor lesividade ao bem jurídico e cujos agentes apresentarem menor grau de culpabilidade, assim como impor o máximo aos casos em que evidenciarem maior gravidade na ação e maior culpabilidade do agente" (*O princípio da proporcionalidade no direito penal*, p. 164-165). Outras considerações podem ser obtidas em nossa obra *Individualização da pena*.

**2-B. Viabilidade de o Tribunal reavaliar as circunstâncias judiciais com elevação da pena:** o magistrado, ao proferir a sentença condenatória, deve fazer uma análise pormenorizada das circunstâncias do art. 59, valendo-se do quadro resultante para a fixação da pena base. Entretanto, havendo recurso da acusação, é perfeitamente possível que o Tribunal faça nova valoração das mesmas circunstâncias e, em consequência disso, eleve a pena do réu. Exemplificando, se o juiz analisou a agressividade do réu, como fator de personalidade, sem lhe dar a devida importância, pode o Tribunal, fundado no mesmo elemento, valorar de maneira diversa e proporcionar a elevação da pena-base. Afinal, a circunstância ingressou na decisão e foi analisada, logo, inexistiu qualquer surpresa para as partes; além disso, o órgão acusatório apresentou recurso, pretendendo a elevação da pena, embora não esteja atrelado exatamente na circunstância da *agressividade* do acusado. Na jurisprudência: STF: "A Turma, por maioria, negou provimento a recurso ordinário em *habeas corpus* no qual condenado por tentativa de roubo qualificado pelo concurso de pessoas (CP, art. 157, § 2.º, II c. c o art. 14, II) insurgia-se contra acórdão do tribunal de justiça local que, ao prover recurso de apelação do Ministério Público, majorara a pena aplicada pelo juízo sentenciante, em desconformidade com o art. 59 do CP. Tendo em conta que a apelação devolve ao tribunal a análise dos fatos e de seu enquadramento, reputou-se que o órgão revisor poderia exasperar a pena pelas mes-

# Art. 59

Código Penal Comentado • **Nucci**

372

mas circunstâncias judiciais apontadas na sentença, fixando-a em patamar acima daquele prolatado pelo juízo. Aduziu-se que, mesmo sem modificação dessas circunstâncias judiciais, o tribunal teria competência para valorá-las novamente e concluir que a pena mais adequada – dentro do balizamento do tipo – para a situação concreta não seria aquela disposta na sentença. Salientou-se que, se o órgão revisor só pudesse alterar a pena-base se constatada uma circunstância judicial não contemplada na sentença, ele ficaria manietado quanto à devolutividade e à revisão. Vencidos os Ministros Cármen Lúcia, relatora, e Ricardo Lewandowski que, embora reconhecendo a devolutividade da apelação, proviam o recurso ao fundamento de que as razões do acórdão impugnado teriam sido mera repetição dos motivos da sentença, sem que houvesse qualquer justificativa concreta capaz de validar a elevação da pena, o que gerara arbitrariedade" (HC 97.473-DF, rel. Dias Toffoli, 10.11.2009, m.v., embora a maioria não diga respeito à possibilidade de reavaliação das circunstâncias pelo Tribunal, mas, sim, ao caso concreto, em que os vencidos achavam não haver elementos fáticos para elevar a pena).

**2-C. Circunstâncias judiciais e reforma pelo tribunal – critério da *reformatio in pejus*:** as circunstâncias judiciais, como já exposto, foram elencadas no art. 59 em número de oito, sem qualquer especificação de valor para cada uma delas, deixando ao critério do julgador a análise do caso concreto e a extração não somente do seu efetivo conteúdo como também o seu montante. Em princípio, o Judiciário estabelece para cada uma o valor de 1/8 a 1/6, como regra, embora possa atingir quantias maiores (1/3, 1/2, 2/3). Tudo depende da valoração merecida à luz da concretude do fato apresentado a julgamento, avaliação esta que pode ser feita tanto pelo juiz de primeira instância como pelos tribunais em grau de recurso. Não há como estabelecer uma *tabela* de valores, pois isto significaria ingressar no cálculo matemático de circunstâncias, tão criticado pelos Tribunais Superiores. Dentro desse espectro, a valia de uma circunstância e o montante correspondente varia de magistrado para magistrado, o mesmo ocorrendo com as partes, ao avaliar a sentença condenatória. Parece-nos que a fixação da pena-base comporta uma verificação dos oitos elementos de maneira discricionária, desde que juridicamente vinculada à fundamentação, atrelada às provas dos autos. Uma circunstância pode ter o valor de 1/8 para um juiz e 1/6 para outro, devendo ser critério respeitado, desde que devidamente motivado. O conjunto das circunstâncias judiciais, quando negativo, pode proporcionar uma elevação da pena-base do mínimo para quantidade superior, sem ultrapassar o máximo cominado no preceito sancionador. Nessa mescla de circunstâncias, soa-nos correto que o tribunal, em recurso da defesa, possa redimensionar a pena-base, eliminando alguma circunstância e valorando de outra forma uma circunstância diversa, embora presente na sentença condenatória. Nesse exame, não poderá o tribunal retificar a pena-base elevando-a, pois somente a defesa ofertou recurso. O ideal é que, afastando alguma circunstância, entre todas as escolhidas pelo magistrado sentenciante, não acrescente outra, sem recurso da acusação, com o objetivo de piorar a pena-base, aumentando-a. Entretanto, afastando umas circunstâncias, mantendo outras e redimensionando os valores, fugindo ao critério meramente matemático para calcular uma por uma, o que importa é que a pena-base seja diminuída. Se isso ocorrer, inexistirá *reformatio in pejus*, além do que a defesa logrou alcançar pena inferior àquela fixada pela decisão de primeiro grau. Ademais, se as circunstâncias expostas e valoradas pelo julgador resultaram em certo montante de pena, com o qual se satisfaz o órgão acusatório, por certo, não irá recorrer para elevar. Então, se o tribunal retira alguma circunstância, rediscutindo o *quantum* de cada uma, reduzindo a pena-base, beneficiou a defesa, devendo a concepção de *reformatio in pejus* ser avaliada pelo todo e não pelo valor unitário ou proporcional de cada circunstância, a menos que se pretenda estabelecer matematicamente o montante da pena. Essa nos parece ser a interpretação da tese aventada pelo Superior Tribunal de Justiça. Conferir: STJ: "1. A questão posta no presente apelo nobre cinge-se a definir se é obrigatória a redução proporcional da pena-base, quando o Tribunal de origem, em sede de julgamento de recurso exclusivo da defesa, decotar circunstância judicial negativada na sentença condenatória, sob pena de, ao não fazê-lo, incorrer em violação da disposição contida no art. 617 do CPP (princípio *ne reformatio in pejus*). 2. A Terceira Seção do Superior Tribunal de Justiça já teve oportunidade de se debruçar sobre o tema, quando do julgamento do EREsp n.1.826.799/RS, sufragando o entendimento de ser imperiosa a redução proporcional da pena-base quando o Tribunal de origem, em recurso exclusivo da defesa, afastar uma circunstância judicial negativa do art. 59 do CP reconhecida no édito condenatório. 3. Ambas as Turmas de Terceira Seção são uníssonas quanto à aplicação do referido entendimento, havendo diversos julgados no mesmo sentido. 4. Tese a ser fixada, cuja redação original foi acrescida das sugestões apresentadas pelo Ministro Rogério Schietti Cruz (Sessão de julgamento de 28.08.2024): É obrigatória a redução proporcional da pena-base quando o tribunal de segunda instância, em recurso exclusivo da defesa, afastar circunstância judicial negativa reconhecida na sentença. Todavia, não implicam *reformatio in pejus* a mera correção da classificação de um fato já valorado negativamente pela sentença para enquadrá-lo como outra circunstância judicial, nem o simples reforço de fundamentação para manter a valoração negativa de circunstância já reputada desfavorável na sentença. 5. No caso concreto, o recorrente foi condenado à pena de 3 (três) anos de reclusão, no regime fechado, e ao pagamento de 15 (quinze) dias multa, pelo crime do art. 155, § 4.º, I e II, do CP. No julgamento da apelação defensiva, o Tribunal de Justiça mineiro afastou a valoração negativa da conduta social, sem promover a redução proporcional da pena na primeira fase da dosimetria. 6. Recurso especial provido para fixar a pena de 2 anos e 8 meses de reclusão, além do pagamento de 10 dias-multa, no valor mínimo legal, mantido o regime fechado" (REsp 2.058.971-MG, 3.ª Seção, rel. Sebastião Reis Júnior, 28.08.2024, m. v.); "1. É imperiosa a redução proporcional da pena-base quando o Tribunal de origem, em recurso exclusivo da defesa, afastar uma circunstância judicial negativa do art. 59 do CP reconhecida no édito condenatório. 2. Embargos de divergência desprovidos" (EDV nos ED em REsp 1.826.799-RS, 3.ª Seção, rel. Ribeiro Dantas, red. Antonio Saldanha Palheiro, 08.09.2021, m.v.).

**3. Conceito de culpabilidade:** trata-se da culpabilidade em sentido lato, ou seja, a reprovação social que o crime e o autor do fato merecem. A culpabilidade em sentido estrito já foi analisada para compor a existência do delito (onde, além da reprovação social, analisaram-se a imputabilidade, a potencial consciência de ilicitude e a exigibilidade e possibilidade de agir conforme o direito). Entretanto, volta o legislador a exigir do juiz a avaliação da censura que o crime merece – o que, aliás, demonstra que esse juízo não incide somente sobre o autor, mas também sobre o que ele cometeu –, justamente para norteá-lo na fixação da sanção penal merecida. Frisando que culpabilidade incide tanto sobre o fato, quanto sobre o seu autor: MIGUEL REALE JÚNIOR, RENÉ ARIEL DOTTI, RICARDO ANTUNES ANDREUCCI e SÉRGIO MARCOS DE MORAES PITOMBO, *Penas e medidas de segurança no novo Código*, p. 175. Levar em consideração um mesmo fator em diferentes estágios não é incomum: o próprio art. 59 é utilizado tanto para a fixação da pena como para a análise de uma série de benefícios penais (substituição por pena restritiva de direitos, concessão de *sursis*, concessão do regime aberto etc.). A culpabilidade, acertadamente, veio a substituir as antigas expressões "intensidade do dolo" e "graus da culpa". Para compor o fato típico, verifica o magistrado se houve dolo ou culpa, pouco interessando se o dolo foi "intenso" ou não, se a culpa foi "grave" ou não. O elemento subjetivo, portanto, não deve servir para guiar o juiz na fixação da pena, pois, nesse contexto, o importante é a reprovabilidade gerada pelo fato delituoso. Pode-se sustentar que a culpabilidade, prevista neste artigo, é o conjunto de todos os demais fatores unidos: antecedentes + conduta social + personalidade do agente + motivos do crime + circunstâncias do

# Art. 59

**Código Penal Comentado • Nucci**     374

delito + consequências do crime + comportamento da vítima = culpabilidade maior ou menor, conforme o caso. Nessa ótica: STF: "Ademais, ressaltou-se orientação da Turma no sentido de que as circunstâncias e consequências do crime permitem mensurar o grau de culpabilidade da conduta" (HC 97.677-PR, 1.ª T., rel. Cármen Lúcia, 29.09.2009, m.v., embora o voto vencido diga respeito a outro tema). STJ: "3. O exame da circunstância judicial da culpabilidade demanda a averiguação da 'maior ou menor censurabilidade da conduta delituosa praticada, não apenas em razão das condições pessoais do agente, como também em vista da situação em que ocorrida a prática criminosa' (STJ, AgRg no HC 612.171/SP, Rel. Ministro Antonio Saldanha Palheiro, Sexta Turma, julgado em 20/10/2020, *DJe* 27/10/2020). Dessa feita, o Julgador Monocrático valeu-se de motivação idônea para exasperar a pena-base no ponto, ao ressaltar que o Réu se aproveitou da confiança que ganhou da Vítima (com quem conviveu por mais de um ano) e de familiares, a reclamar apenamento mais rigoroso. O abuso de confiança constitui fundamento válido para desabonar a referida vetorial. Precedentes" (HC 704.196/SP, 6.ª T., rel. Laurita Vaz, 14.06.2022, v.u.).

**3-A. Culpabilidade do fato e culpabilidade do autor:** consultar a nota 98-D ao art. 22.

**3-B. Inimputabilidade, crime permanente e fixação da pena:** consultar a nota 11-A ao art. 27.

**3-C. Dolo intenso e culpa grave:** após a reforma penal da Parte Geral do Código Penal, em 1984, eliminou-se a expressão *intensidade do dolo e grau da culpa*, substituindo-a pela correta terminologia: culpabilidade (grau de reprovação). O dolo, definido como a vontade consciente de praticar a conduta típica, é incompatível com *intensidade*, vale dizer, com graduação. Inexiste, no âmbito anímico da pessoa humana, maior vontade de matar, por exemplo, ou menor vontade de matar. Quem deseja eliminar a vida de outrem age com dolo. E ponto. Quando algum operador do Direito queria, no passado, referir-se ao chamado *dolo intenso*, na realidade, fazia menção a outros fatores, ligados à personalidade do agente, tais como premeditação, sadismo, maquiavelismo, enfim, condutas que levavam ao preparo e planejamento do delito com mínimos detalhes. Durante a execução, por vezes, pode ser possível observar a crueldade no extermínio da vítima, mas isso não faz "crescer" o dolo; afirma apenas a personalidade sádica. Dá-se o mesmo no campo da culpa. A questão é simples: há – ou não – um comportamento desatencioso (imprudente, negligente ou imperito), levando a um resultado danoso involuntário? Nessa avaliação, torna-se contraproducente afirmar que a culpa é grave; ou média; ou leve. Basta haver o comportamento descuidado, infringindo o dever de cuidado objetivo, permitindo reconhecer o elemento subjetivo do crime, para o fim de condenação. Para a fixação da pena, igualmente, não se trabalha com o elemento subjetivo. Volta-se, em verdade, à personalidade do agente. Quem é extremamente descuidado, com certeza, apresenta desvio de personalidade, justamente o que vai determinar um aumento da pena-base. Mas não é o *grau da culpa* o fator a elevar ou reduzir a sanção.

**3-D. Culpabilidade em termos concretos:** todos os elementos previstos no art. 59 do Código Penal – as circunstâncias judiciais – somente podem ser reconhecidos na sentença condenatória, quando respaldados pelas provas existentes nos autos. Não cabe, portanto, a alegação abstrata, por convicção íntima do julgador, de se tratar de *culpabilidade grave* ou *intensa*.

**4. Conceito de antecedentes:** trata-se de tudo o que existiu ou aconteceu, no campo penal, ao agente antes da prática do fato criminoso, ou seja, sua vida pregressa em matéria criminal. Antes da Reforma de 1984, podia-se dizer que os antecedentes abrangiam todo o passado do réu, desde as condenações porventura existentes até os seus relacionamentos na família ou no trabalho. Atualmente, no entanto, destacando-se a conduta social de dentro dos antecedentes, terminou sendo esvaziado este último requisito, merecendo circunscrever sua abrangência à folha de antecedentes. É verdade que os autores da Reforma mencionam que os antecedentes "não dizem respeito à 'folha penal' e seu conceito é bem mais amplo (...) deve-se entender a forma de vida em uma visão abrangente, examinando-se o seu meio de sustento, a sua dedicação a tarefas honestas, a assunção de responsabilidades familiares" (Miguel Reale Júnior, René Ariel Dotti, Ricardo Antunes Andreucci e Sérgio Marcos de Moraes Pitombo, *Penas e medidas de segurança no novo Código*, p. 161). Entretanto, ao tratar da conduta social, os mesmos autores frisam que ela se refere "ao comportamento do réu no seu trabalho, no meio social, cidade, bairro, associações a que pertence", entre outros. Ora, não se pode concordar que os *antecedentes* envolvam mais do que a folha corrida, pois falar em "meio de sustento", "dedicação a tarefas honestas" e "responsabilidades familiares" tem a ver com conduta social.

**5. Definição de maus antecedentes:** para fins penais, tratava-se de outra questão polêmica, firmando-se o entendimento de que *antecedentes* são os aspectos passados da vida criminosa do réu. Há dois aspectos a considerar: a) no âmbito penal, em particular, por conta da edição da Súmula 444 do STJ. ("É vedada a utilização de inquéritos policiais e ações penais em curso para agravar a pena-base"), somente se podem considerar as condenações, com trânsito em julgado, existentes antes da prática do delito; b) sob o prisma processual, em que o foco é a prisão cautelar, hão de se verificar *todos* os registros existentes na folha de antecedentes do acusado. Afinal, quem tem, por exemplo, vários processos por roubo em andamento, ao praticar mais um, por certo, apresenta fator evidente para a prisão preventiva. Nessa hipótese, não importam as condenações, pois a prisão cautelar não é pena, mas a viabilidade de perpetuação da prática delituosa. Autores como Roberto Lyra já escreveram: "os precedentes penais caracterizam a reincidência, mas os processos arquivados ou concluídos com a absolvição, sobretudo por falta de provas, os registros policiais, as infrações disciplinares e fiscais, podem ser elementos de indiciação veemente" (*Comentários ao Código Penal*, v. 2, p. 211). E igualmente opinava Cernicchiaro: "O julgador, porque fato, não pode deixar de conhecer e considerar outros processos findos ou em curso, como antecedentes, partes da história do réu. Urge integrar a conduta ao *modus vivendi* anterior. Extrair a conclusão coerente com o modo de ser do acusado. Evidentemente com a necessária fundamentação para que se conheça que não ponderou como precedente o que é só antecedente penal" (*Direito penal na Constituição*, p. 116). Essas relevantes opiniões restam preservadas para fins de prisão cautelar, mas não subsistem no contexto penal, quando se vai fixar a pena. Ademais, afora o antecedente, existe a conduta social, que permite ao magistrado analisar outros fatores diversos do envolvimento criminal do réu. Na jurisprudência: STF: "1. A jurisprudência do Supremo Tribunal Federal só considera maus antecedentes condenações penais transitadas em julgado que não configurem reincidência. Trata-se, portanto, de institutos distintos, com finalidade diversa na aplicação da pena criminal. 2. Por esse motivo, não se aplica aos maus antecedentes o prazo quinquenal de prescrição previsto para a reincidência (art. 64, I, do Código Penal). 3. Não se pode retirar do julgador a possibilidade de aferir, no caso concreto, informações sobre a vida pregressa do agente, para fins de fixação da pena-base em observância aos princípios constitucionais da isonomia e da individualização da pena" (RE 593.818, Pleno, rel. Roberto Barroso, 18.08.2020, m.v.).

**5-A. Caducidade dos maus antecedentes:** diversamente da reincidência, os maus antecedentes não caducam, em nosso entendimento. O período depurador relativo à reincidência (art. 64, I, CP), de cinco anos, justifica-se porque essa circunstância acarreta vários gravames ao acusado/condenado (ver a nota 69 ao art. 64). Eis o motivo pelo qual há um prazo para

# Art. 59

caducar. Os antecedentes criminais, para fins penais, só têm um efeito, figurando como circunstância judicial (art. 59, CP), visando a mensurar a pena-base. Por outro lado, comprovada a reincidência, deve o juiz aplicar a agravante (art. 61, I, CP), que pode gerar uma elevação da pena, na segunda fase da fixação da pena, de um sexto ou mais. Quanto aos antecedentes, a sua aplicação depende do critério do julgador, sendo de consideração facultativa. Ademais, os maus antecedentes devem ser avaliados pelo magistrado no caso concreto, justamente para que apresentem alguma conexão com o crime cometido pelo agente. Ilustrando, se o réu apresenta um antecedente antigo de lesão corporal, nem merece ser levado em conta na fixação da pena, caso seja condenado por estelionato. Por outro lado, mesmo passados alguns anos, se o acusado foi anteriormente sentenciado por homicídio e torna a cometer um crime violento contra a pessoa, deve-se levá-lo em consideração. Deve-se ponderar, em cada situação, o tempo dos antecedentes, pois não teria sentido mensurar, negativamente, uma condenação por furto, com pena cumprida, há mais de dez anos, para agravar a pena-base em época presente por qualquer outro delito. Note-se que inexiste um critério único, porém o fato de não se poder aplicar a caducidade referente à reincidência ao plano dos antecedentes não significa um *automatismo*, destinado a obrigar o julgador a elevar a pena-base sempre que encontrar qualquer antecedente, em qualquer época. O STF definiu a questão, em julgamento ocorrido no Plenário, nos seguintes termos: "o Tribunal, por maioria, apreciando o tema 150 da repercussão geral, deu parcial provimento ao recurso extraordinário e fixou a seguinte tese: 'Não se aplica para o reconhecimento dos maus antecedentes o prazo quinquenal de prescrição da reincidência, previsto no art. 64, I, do Código Penal', nos termos do voto do Relator, vencidos os Ministros Ricardo Lewandowski, Marco Aurélio, Gilmar Mendes e Dias Toffoli (Presidente). Plenário, rel. Roberto Barroso, Sessão Virtual de 07.08.2020 a 17.08.2020" (RE 593.818-SC). Entretanto, com ponderação, o próprio Pretório Excelso modulou essa decisão: "2. O Plenário do Supremo Tribunal Federal, no julgamento do RE n. 593.818/SC, decidiu que 'Não se aplica para o reconhecimento dos maus antecedentes o prazo quinquenal de prescrição da reincidência, previsto no art. 64, I, do Código Penal' (RE 593.818/SC, Rel. Ministro Roberto Barroso, Tribunal Pleno, Ata de julgamento publicada no *DJe* de 1.º.9.2020). 3. No julgamento dos embargos de declaração, o Pleno decidiu no sentido de que pode 'o julgador, fundamentada e eventualmente, não promover qualquer incremento da pena-base em razão de condenações pretéritas, quando as considerar desimportantes, ou demasiadamente distanciadas no tempo, e, portanto, não necessárias à prevenção e repressão do crime, nos termos do comando do artigo 59, do Código Penal'. 4. Agravo parcialmente provido para determinar ao Juízo de Primeiro grau que reavalie a possibilidade de afastamento da desvaloração dos maus antecedentes" (RHC 224.682 AgR, 1.ª T., rel. Gilmar Mendes, 08.08.2023, v.u.). Na jurisprudência: STJ: "3. Conforme precedentes desta Corte, é possível a exasperação da pena-base com fulcro em condenações anteriores transitadas em julgado há mais de 5 anos, porquanto, apesar de não espelharem a reincidência, pois alcançadas pelo período depurador previsto no art. 64, inciso I, do Código Penal, podem ser utilizadas para caracterizar os maus antecedentes do réu" (AgRg no HC 557.776-ES, 6.ª T., rel. Rogerio Schietti Cruz, 10.08.2021, v.u.); "1. Nos termos da jurisprudência consolidada nesta Corte, as condenações alcançadas pelo período depurador de 5 anos, previsto no art. 64, I, do Código Penal afastam os efeitos da reincidência, mas não impedem a configuração de maus antecedentes, permitindo o aumento da pena-base acima do mínimo legal e a devida individualização das penas. Precedentes" (AgRg no HC 593.509/SP, 5.ª T., rel. Reynaldo Soares da Fonseca, 18.08.2020, v.u.).

**5-B. Antecedentes formados durante o processo:** emerge uma corrente jurisprudencial, permitindo a consideração de uma condenação, como mau antecedente, desde que a sua prática ocorra antes do crime em julgamento, mas o trânsito em julgado concretize-se antes da sentença, na qual esse antecedente será levado em conta. Imagine-se que o réu, no dia 20 de março de 2019, cometa um roubo. Antes, no dia 10 de janeiro de 2019, ele cometeu um furto. Em 17 de agosto de 2019, é condenado por furto, com sentença definitiva. Quando o julgador do roubo proferir a sentença, em 28 de setembro de 2019, segundo essa corrente, poderá considerar o furto como antecedente criminal do acusado, visto que ele praticou o fato (furto) antes do roubo e a confirmação da sua culpa deu-se antes da sentença do roubador. Não nos parece correta a exegese utilizada. Se a culpa só se forma, definitivamente, com o trânsito em julgado, será a partir dessa data que se terá certeza de que o réu cometeu um furto. Após esse ponto, se praticar um roubo, é reincidente. Se praticar um roubo depois de cinco anos daquela data, terá um antecedente criminal. Aceitar que o fato típico ocorra antes do crime em julgado, mas com trânsito em julgado durante o curso de certo processo, para se levar o antecedente criminal em conta representa um desafio à própria Súmula 444 do STJ. É preciso registrar que esta súmula menciona a impossibilidade de utilização, para efeito de considerar *mau antecedente* a ação penal *em curso*. Queremos crer que essa visão se baseia na data do fato criminoso; portanto, inquéritos e ações penais *em andamento*, neste momento, não pode constituir antecedente criminal. Tomemos novamente o exemplo supramencionado. Quem comete um roubo no dia 20 de março e antes havia cometido um furto no dia 10 de janeiro, na data de 20 de março tem contra si um processo em andamento (o processo que apura o furto); logo, na data do cometimento do delito de roubo não registra antecedente criminal. Durante o processo criminal, que apura o roubo, transita em julgado a decisão condenatória do furto. Essa situação jurídica não pode se constituir *antecedente criminal* após a prática do crime de roubo, em nosso entendimento. Não obstante, tem sido a posição prevalente no Superior Tribunal de Justiça e há precedente no STF. Na jurisprudência: STF: "1. É viável, para fins de maus antecedentes, a consideração de condenação por fato anterior quando o seu trânsito em julgado tiver ocorrido no curso da ação penal em exame, diferentemente do que se exige para a configuração da reincidência. Doutrina. Precedentes" (RHC 194.878, 1.ª T., rel. Alexandre de Moraes, 29.03.2021, m.v.). STJ: "Não há ofensa à Súmula 444 do STJ, considerando existirem circunstâncias judiciais desfavoráveis, não só os antecedentes, que, inclusive, estão calcados em condenações com trânsito em julgado posterior. Agravo regimental desprovido (AgRg no REsp 1.838.199/SP, 5.ª T., Joel Ilan Paciornik, 03.03.2020, v.u.).

**5-B1. Consideração dos antecedentes para fins de aplicação do redutor previsto para o tráfico ilícito de drogas:** sobre a viabilidade de utilizar *ação penal em andamento como maus antecedentes* para elevar a pena do acusado, com a *regra* de fato delituoso ocorrido antes do fato-crime em que se produzirá a sentença condenatória e trânsito em julgado daquele primeiro fato delituoso depois do segundo fato-crime e antes da decisão, pode-se, em tese, chegar à conclusão de haver um novo impeditivo à aplicação do redutor. Em 18 de agosto de 2022, julgou-se, no STJ, o tema 1.139 ("é vedada a utilização de inquéritos e/ou ações penais em curso para impedir a aplicação do art. 33, § 4.º, da Lei 11.343/06"). Ora, se Fulano praticar um tráfico de drogas no dia 20 de maio de 2020, tendo cometido um roubo em 12 de agosto de 2019, cujo trânsito em julgado da sentença condenatória ocorra em 23 de julho de 2020, esse tráfico cometido em 20 de maio, ao chegar à sentença, no dia 13 de setembro de 2020, mesmo com pouca quantidade de entorpecente, poderia gerar o impedimento à aplicação do redutor do art. 33, § 4.º, da Lei 11.343/2006, visto que, no dia da sentença, esse réu teria antecedente criminal. Assim não nos parece, pois, no dia 20 de maio de 2020, Fulano tinha um processo pela prática de roubo *em andamento*. Embora a pena do roubo tenha sido aplicada depois e tenha havido o trânsito em julgado antes da decisão condenatória do tráfico, soa-nos justo afirmar que Fulano, no dia 20 de maio de 2020, era primário e não registrava antecedentes, motivo pelo qual faz jus ao redutor a ser considerado na decisão do dia 13 de setembro de 2020.

# Art. 59

**Código Penal Comentado · Nucci**

378

**5-C. Atos infracionais:** os atos praticados pelo menor de 18 anos, nos termos do art. 103 do Estatuto da Criança e do Adolescente ("considera-se ato infracional a conduta descrita como crime ou contravenção penal"), devem ser inteiramente desprezados para fins penais. Não devem ser levados em conta para formar qualquer dos elementos descritos no art. 59 do Código Penal, como *antecedente, conduta social* ou mesmo *personalidade*. Nos termos do art. 104 do mesmo Estatuto, "são penalmente inimputáveis os menores de dezoito anos, sujeitos às medidas previstas nesta Lei". Assim, também, o art. 228 da Constituição Federal: "são penalmente inimputáveis os menores de dezoito anos, sujeitos às normas da legislação especial". Essa *imunidade* penal deve prevalecer para qualquer finalidade e não teria sentido considerar o cometimento de ato infracional como fator propulsor para o estabelecimento da pena-base acima do mínimo legal. Na jurisprudência: STJ: "Conforme o entendimento firmado no âmbito da Terceira Seção, a prática de ato infracional não justifica a exasperação da pena-base, por não configurar infração penal, não podendo, portanto, ser valorada negativamente na apuração da vida pregressa do réu a título de antecedentes, personalidade ou conduta social. Precedente" (HC 364.532/SP, 5.ª T., Ribeiro Dantas, 06.12.2017, v.u.)

**6. Maus antecedentes e reincidência:** pode o juiz levar em consideração ambos os elementos, desde que não tenham, como base, as mesmas condenações. Nesse contexto, saliente-se o disposto na Súmula 241 do Superior Tribunal de Justiça: "A reincidência penal não pode ser considerada como circunstância agravante e, simultaneamente, como circunstância judicial". Assim, caso alguns processos signifiquem *maus antecedentes*, outros podem levar ao reconhecimento da reincidência. Consultar, ainda, a nota 28-B ao art. 61. Na jurisprudência: STJ: "5. Se o réu ostenta mais de uma condenação definitiva, não há ilegalidade na utilização de uma delas na fixação da pena-base (maus antecedentes) e de outra no reconhecimento da reincidência, com acréscimo na segunda fase do cálculo penal. O que não se admite, sob pena de *bis in idem*, é a valoração de um mesmo fato em momentos diversos da aplicação da pena, circunstância esta não evidenciada na hipótese. Precedentes" (HC 479.212/SP, 6.ª T., rel. Laurita Vaz, 20.05.2019, v.u.). Ver, ainda, a nota 67 ao art. 63.

**7. Conceito de conduta social:** é o papel do réu na comunidade, inserido no contexto da família, do trabalho, da escola, da vizinhança etc. O magistrado precisa conhecer a pessoa que julgará, a fim de saber se merece uma reprimenda maior ou menor, daí a importância das perguntas que devem ser dirigidas ao acusado, no interrogatório, e às testemunhas, durante a instrução. Um péssimo pai e marido violento, em caso de condenação por lesões corporais graves, merece pena superior à mínima, por exemplo. A apuração da conduta social pode ser feita por várias fontes, mas é preciso boa vontade e dedicação das partes envolvidas no processo, bem como do juiz condutor da instrução. Em primeiro lugar, é dever das partes arrolar testemunhas, que possam depor sobre a conduta social do acusado. Tal medida vale para a defesa e, igualmente, para a acusação. O magistrado, interessado em aplicar a pena justa, pode determinar a inquirição de pessoas que saibam como se dava a conduta do réu, anteriormente à prática do crime. É natural que a simples leitura a folha de antecedentes não presta para afirmar ser a conduta do acusado boa ou ruim. Mesmo no caso de existirem registros variados de inquéritos arquivados, processos em andamento ou absolvições por falta de provas, há ausência de substrato concreto para deduzir ser o réu pessoa de má conduta social. Afinal, inicialmente, prevalece o princípio constitucional da presunção de inocência. Se ele não foi condenado criminalmente, com trânsito em julgado, é considerado inocente e tal estado não pode produzir nenhuma medida penal concreta contra seu interesse. Entretanto, conforme o caso, tanto a acusação como o próprio juiz podem valer-se da folha de antecedentes para levantar dados suficientes, que permitam arrolar pessoas com conhecimento da efetiva conduta social do acusado. Lembremos que *conduta social* não é mais sinônimo de *antecedentes* *criminais*. Deve-se observar como se comporta o réu em sociedade, ausente qualquer figura típica incriminadora. Na jurisprudência: STJ: "6. Quanto à conduta social, para fins do art. 59 do CP, esta corresponde ao comportamento do réu no seu ambiente familiar e em sociedade, de modo que a sua valoração negativa exige concreta demonstração de desvio de natureza comportamental. *In concreto*, a prática de ameaças e de lesões corporais contra membros da própria família constitui aspecto que permite a valoração negativa da conduta social" (AgRg no HC 805.325/PR, 5.ª T., rel. Ribeiro Dantas, 22.05.2023, v.u.); "2. Na hipótese, as instâncias ordinárias entenderam não ser favorável o proceder do acusado em sua comunidade, tendo em vista a existência de testemunhos nos autos que apontam o envolvimento do acusado com tráfico de drogas e com outros crimes, e não com base nas anotações criminais de sua folha de antecedentes. Tais fundamentos são considerados aptos pelo STJ a ensejar a análise negativa da conduta social. Precedentes" (AgRg no AREsp 2.316.990/MG, 6.ª T., rel. Rogerio Schietti Cruz, 08.08.2023, v.u.).

**8. Conceito de personalidade:** trata-se do conjunto de caracteres exclusivos de uma pessoa, parte herdada, parte adquirida. "A personalidade tem uma estrutura muito complexa. Na verdade, é um conjunto somatopsíquico (ou psicossomático) no qual se integra um componente morfológico, estático, que é a conformação física; um componente dinâmico--humoral ou fisiológico, que é o temperamento; e o caráter, que é a expressão psicológica do temperamento (...) Na configuração da personalidade congregam-se elementos hereditários e socioambientais, o que vale dizer que as experiências da vida contribuem para a sua evolução. Esta se faz em cinco fases bem caracterizadas: infância, juventude, estado adulto, maturidade e velhice" (Guilherme Oswaldo Arbenz, *Compêndio de medicina legal*). É imprescindível, no entanto, haver uma análise do meio e das condições em que o agente se formou e vive, pois o bem-nascido, sem ter experimentado privações de ordem econômica ou abandono familiar, quando tende ao crime, deve ser mais severamente apenado do que o miserável que tenha praticado uma infração penal para garantir a sua sobrevivência. Por outro lado, personalidade não é algo estático, mas encontra-se em constante mutação. Estímulos e traumas de toda ordem agem sobre ela. Não é demais supor que alguém, após ter cumprido vários anos de pena privativa de liberdade em regime fechado, tenha alterado sobremaneira sua personalidade. O cuidado do magistrado, nesse prisma, é indispensável para realizar justiça. São exemplos de fatores positivos da personalidade: bondade, calma, paciência, amabilidade, maturidade, responsabilidade, bom humor, coragem, sensibilidade, tolerância, honestidade, simplicidade, desprendimento material, solidariedade. São fatores negativos: maldade, agressividade (hostil ou destrutiva), impaciência, rispidez, hostilidade, imaturidade, irresponsabilidade, mau-humor, covardia, frieza, insensibilidade, intolerância (racismo, homofobia, xenofobia), desonestidade, soberba, inveja, cobiça, egoísmo. Segundo nos parece, a simples existência de inquéritos e ações em andamento, inquéritos arquivados e absolvições por falta de provas não são instrumentos suficientes para atestar a personalidade do réu. Em verdade, não servem nem mesmo para comprovar maus antecedentes. Aliás, personalidade distingue-se de maus antecedentes e merece ser analisada, no contexto do art. 59, separadamente. Por isso, é imprescindível cercar-se o juiz de outras fontes, tais como testemunhas, documentos etc., demonstrativos de como age o acusado na sua vida em geral, independentemente de acusações no âmbito penal. Somente após, obtidos os dados, pode-se utilizar o elemento *personalidade* para fixar a pena justa. Na doutrina, confira-se a lição de Mariângela Gama de Magalhães Gomes: "a consideração da pessoa do infrator e o escopo de prevenção especial impõem, na determinação da medida penal, a ponderação de condições não apenas de fato, mas relativas ao próprio homem, agente infrator, de modo a considerar, inclusive, sua personalidade" (*O princípio da proporcionalidade no direito penal*, p. 159). Na jurisprudência: STJ: "4. Quanto à personalidade, a Terceira Seção

# Art. 59

do Superior Tribunal de Justiça, em precedente qualificado, consubstanciado no julgamento do REsp 1.794.854/DF, Rel. Ministra Laurita Vaz, declarou que a avaliação negativa da referida circunstância judicial deve-se pautar em elementos concretos extraídos dos autos, que indiquem eventual insensibilidade no modo de agir do agente (Tema Repetitivo n. 1.077). Do que se conclui desse *leading case*, no qual não se contemplou um rol taxativo de características ou sentimentos, o egoísmo, a possessividade e ciúmes descontrolados podem consubstanciar fatores negativos da personalidade e justificarem a fixação da pena-base acima do mínimo legal. Ademais, especificamente quanto ao ciúme, vale reafirmar que tal estado emocional 'é de especial reprovabilidade em situações de violência de gênero, por reforçar as estruturas de dominação masculina – uma vez que é uma exteriorização da noção de posse do homem em relação à mulher – e é fundamento apto a exasperar a pena-base' (STJ, AgRg no AREsp n. 1.441.372/GO, Rel. Ministro Rogerio Schietti Cruz, Sexta Turma, julgado em 16/5/2019, *DJe* de 27/5/2019). A valoração negativa da personalidade não reclama a existência de laudo técnico especializado, podendo ser aferida a partir de elementos probatórios dos autos, o que efetivamente ocorreu na hipótese" (HC 704.196/SP, 6.ª T., rel. Laurita Vaz, 14.06.2022, v.u.); "Diante do comportamento violento e agressivo do agente, em suas relações domésticas, incabível a exclusão da vetorial personalidade" (AgRg no HC 697.993/ES, 5.ª T., rel. Joel Ilan Paciornik, julgado em 21.06.2022, v.u.); "11. A personalidade do agente resulta da análise do seu perfil subjetivo, no que se refere a aspectos morais e psicológicos, para que se afira a existência de caráter voltado à prática de infrações penais, com base nos elementos probatórios dos autos, aptos a inferir o desvio de personalidade de acordo com o livre convencimento motivado, independentemente de perícia. No caso, sob a influência da teoria da coculpabilidade às avessas, as instâncias ordinárias constataram reduzido senso ético-social do paciente, em razão de ter triado o caminho da criminalidade, a despeito das favoráveis condições socioeconômicas. Tal circunstância, cujos pressupostos fáticos não podem ser alterados nesta sumária via do *habeas corpus*, sob pena de indevido revolvimento fático probatório, permite concluir pela personalidade criminosa do agente" (HC 443.678/PE, 5.ª T., rel. Ribeiro Dantas, 21.03.2019, v.u.).

**8-A. Agressividade:** por si só, não pode ser, automaticamente, considerada um fator negativo da personalidade. Devemos dividi-la em três aspectos: a) *instrumental*: significando a garra que o ser humano desenvolve para obter algo que muito deseja; b) *defensiva*: querendo dizer a força realizada para a proteção da vida ou de interesses; c) *hostil* (destrutiva): que representa as manifestações de violência. Esta última, que é o fator negativo da personalidade, subdivide-se em: c.1) *direta*: que é a destruição de pessoas, coisas ou animais; c.2) *indireta*: que é fruto da maldade (maledicência), da inveja (olhar maldoso ou ódio) ou do sadismo (agressividade associada à libido, desejando atingir a subjugação de terceiros). O principal objetivo da agressão consiste em aumentar o próprio poder à custa do outro (SCHULTE, W. TÖLLE, *Manual de psiquiatria*, p. 34). Na lição de HUNGRIA: "Pouco importa que o agente tenha sido induzido ao erro pelo seu temperamento especial: também o delinquente doloso é arrastado ao crime pela sua índole própria, e nem por isso deixa de ser plenamente responsável" (*A legítima defesa putativa*, p. 121).

**8-B. Perversidade:** não se olvide a realidade, ou seja, existem pessoas perversas (más, cruéis), capazes de atos abomináveis, que, ainda assim, dormem tranquilas e suas consciências não apresentam nenhum motivo para remordimento. São sujeitos frios, insensíveis e, por vezes, calculistas. Valem-se de sua inteligência, não raramente privilegiada, para cometer os mais atrozes delitos, ao menos à vista do senso comum. O ser humano maldoso sente prazer em atuar dessa forma. Do mesmo modo em que o altruísta se sente aliviado ao promover o bem ao próximo, o perverso age em sentido oposto. O seu alívio advém da maldade concretizada ao semelhante. São, em grande parte, as denominadas personalidades antissociais (ver a nota 5 ao art. 26). Não se constituem doentes ou alienados mentais, pois têm inteligência e vontade preservadas. Tais agentes merecem ser apenados mais severamente pelo que fizeram. Cabe ao julgador avaliar, no caso concreto, o aumento de pena, a ser aplicado na fase do art. 59 do Código Penal, elevando a pena-base a patamares justos. Na jurisprudência: STJ: "A personalidade deformada do paciente e sua elevada culpabilidade revelam-se pelo *modus operandi* empregado, que se revelou extremamente brutal. Os réus utilizaram-se da macabra brincadeira de 'roleta russa', que culminou no disparo contra a cabeça da primeira vítima. Em seguida, determinaram à segunda vítima que passasse as mãos no sangue da primeira, a fim de verificar se estava quente, e, posteriormente, também realizando 'roleta russa', disparam contra a sua cabeça, sendo certo, ainda, que, antes de atirarem contra o terceiro ofendido, chutaram seu rosto e o humilharam, tudo isso a ilustrar, de forma trágica, a brutalidade fora do comum utilizada na empreitada criminosa, em contraste com o mais elementar sentimento de piedade. Demonstrou-se, pois, de forma cabal, o extremo grau de reprovabilidade da conduta e a deformação psíquica dos agentes, o que justifica a elevação da pena-base, uma vez que a culpabilidade ultrapassa o ordinário e a personalidade do paciente é indubitavelmente voltada para o crime e cruel" (HC 195.623-RJ, 5.ª Turma, rel. Ribeiro Dantas, 18.08.2016, v.u.).

**8-C. Personalidade voltada ao crime:** trata-se de expressão utilizada com certa frequência, em decisões judiciais, embora não siga qualquer critério científico de análise e conceituação da personalidade. O modo de ser e agir do ser humano, advindo do seu temperamento e do seu caráter, não se reduz a uma determinada prática, mas a uma qualidade ou defeito. Portanto, mencionar que o réu tem *personalidade voltada ao crime* equivale a declará-lo delinquente por natureza, algo mais afeito à teoria de Lombroso *(o homem delinquente)* do que, propriamente, à personalidade. Quem comete vários delitos, por certo, possui algum desvio de personalidade, restando ao julgador apontá-lo, conforme as provas colhidas. Pode ser um sujeito agressivo e, por conta disso, ter praticado várias lesões corporais ou homicídios. Quiçá, um indivíduo preguiçoso e irresponsável, tendendo ao cometimento de delitos patrimoniais. Em suma, não há *personalidade voltada à prática de crimes*, devendo-se cessar o uso de tal expressão, como fundamento para agravar a pena-base do acusado. Na jurisprudência: STJ: "5. O Magistrado concluiu que o agente possuía personalidade voltada para a criminalidade como mera decorrência da culpabilidade, em uma espécie de contaminação entre vetoriais, o que não se consubstancia em fundamentação idônea, porquanto tal circunstância demanda demonstração de elementos concretos para sua valoração negativa" (HC 369.152/SP, 6.ª T., rel. Antonio Saldanha Palheiro, 14.06.2022, v.u.).

**8-D. Época de avaliação da personalidade:** deve-se focar o período antecedente à data do fato criminoso, não importando o comportamento do réu subsequente a ela. É importante ressaltar tal aspecto, pois a personalidade é mutável e dinâmica, não se congelando no tempo. Portanto, quando do cometimento da infração penal, avalia-se quem era o acusado e o que ele praticou à custa disso. Após, muitas novas situações podem ter ocorrido, inclusive a passagem pela prisão (fator de modificação da personalidade), não espelhando exatamente o modo de ser e agir do autor do delito.

**8-E. Possibilidade de avaliação da personalidade pelo juiz:** algumas vozes na doutrina e na jurisprudência levantam-se contra a análise da personalidade do réu pelo julgador, afirmando não ser este um técnico capacitado a tanto. Argumentam inexistir laudo psicológico para esse perfil, de modo que *elevar* a pena, com fundamento na personalidade, seria temerário. Na verdade, foge-se ao real âmbito da questão, por variadas razões: a) o elemento *personalidade* encontra-se legalmente previsto não somente no art. 59 deste Código, mas em vários outros dispositivos da legislação brasileira, demonstrando o interesse efetivo do legis-

# Art. 59

Código Penal Comentado · **Nucci**

lador nesse quadro do ser humano; b) a análise feita pelo magistrado, na sentença, é *vulgar*, no sentido de não se equiparar a um laudo feito por perito psicólogo. A decisão judicial não representa um teste de personalidade, para fins de tratamento. O juiz avalia a personalidade do acusado exatamente como está autorizado a verificar o seu elemento subjetivo (dolo ou culpa). Não se alega que o magistrado é incapaz de checar a *vontade* ou o *conhecimento* do agente no tocante à conduta praticada; desse modo, é inócuo afirmar que a personalidade é algo intangível pelo julgador; c) dizer que a personalidade é um elemento eminentemente técnico significa desconhecer a realidade, pois qualquer pessoa avalia outra, quanto ao seu comportamento – positivo ou negativo; d) outro erro das opiniões contrárias à avaliação da personalidade é afirmar que ela permitiria um aumento indevido da pena; ora, a personalidade também é utilizada para reduzir a pena-base, quando positiva. Ilustrando, a personalidade positiva é capaz de ser compensada com os maus antecedentes e isso é no mais absoluto interesse do réu. Em suma, não vemos como subsistir essa repulsa à análise da personalidade do agente por ocasião da sentença condenatória. Na jurisprudência: STJ: "1. A avaliação negativa da personalidade, circunstância judicial prevista no art. 59 do Código Penal, não reclama a existência de laudo técnico especializado, podendo ser aferida a partir de dados da própria conduta do acusado que indiquem maior periculosidade do agente (Precedentes)" (AgRg no REsp 1.802.811/AL, 6.ª T., rel. Antonio Saldanha Palheiro, j. 23.06.2020, v.u.); "No caso, infere-se que a exasperação da pena-base operou-se com lastro não somente na qualificadora sobejante, mas, também, com fulcro na valoração desfavorável das circunstâncias do delito, praticado na presença da mãe, irmã e dos dois filhos da vítima, de tenra idade. Considerou-se, também, a personalidade agressiva do acusado, o qual diversas vezes agrediu a vítima – tendo em certa oportunidade destruído sua residência – e seus familiares, com ameaça concreta a vários deles, provocando temor e intranquilidade no lar. Assim, descabido o argumento de que a exasperação da pena-base estaria desprovida de fundamentação idônea, pois o afastamento do mínimo legal operou-se com lastro em elementos concretos existentes nos autos" (HC 294.594-SP, 5.ª T., rel. Reynaldo Soares da Fonseca, 16.06.2016, *DJe* 22.06.2016). Aqueles que continuam contrários à aplicação do elemento *personalidade* para a aplicação da pena deveriam sustentar a sua inconstitucionalidade, buscando convencer os órgãos legitimados a tanto a propor, perante o STF, a ação competente para extirpar esse ponto do art. 59 (e de várias outras normas). O que é insustentável é o singelo desprezo por tal circunstância, como se nada estivesse gravado em lei.

**8-F. Prática de atos infracionais:** em nosso entendimento, não podem ser levados em consideração, pois, à época do fato, o autor era menor de 18 anos, cuja conduta não deve ter qualquer reflexo penal futuro. Os atos infracionais se esgotam em si mesmos e devem ser sepultados. No cenário criminal, somente a partir dos 18 anos é que se começam a medir as circunstâncias judiciais e legais, inclusive para avaliar a personalidade do réu.

**9. Motivos do crime:** são os precedentes que levam à ação criminosa. "O motivo, cuja forma dinâmica é o móvel, varia de indivíduo a indivíduo, de caso a caso, segundo o interesse ou o sentimento. Tanto o dolo como a culpa se ligam à figura do crime em abstrato, ao passo que o móvel muda incessantemente dentro de cada figura concreta de crime, sem afetar a existência legal da infração. Assim, o homicídio pode ser praticado por motivos opostos, como a perversidade e a piedade (eutanásia), porém a todo homicídio corresponde o mesmo dolo (a consciência e a vontade de produzir morte)" (ROBERTO LYRA, *Comentários ao Código Penal*, v. 2, p. 218). Todo crime tem um motivo, que pode ser mais ou menos nobre, mais ou menos repugnante. A avaliação disso faz com que o juiz exaspere ou diminua a pena-base. Lembremos, ainda, que o motivo pode ser consciente (vingança) ou inconsciente (sadismo), além do que pode figurar como causa ou razão de ser da conduta (agir por paga para matar alguém) ou como objetivo da conduta (atuar por promessa de recompensa para matar alguém), indiferentemente. Somos adeptos do entendimento de que não há crime *sem motivo*; por vezes, o Estado pode não conhecer o motivo do agente, mas isso não significa que o delito foi cometido sem nenhuma explicação ou causa (conferir a nota 34 ao art. 61).

**9-A. Motivo do crime e premeditação:** concordamos com a lição de Ricardo Levene ao mencionar que "não se deve confundir o motivo com a resolução prolongada ou reflexiva que é a premeditação. Nada tem a ver com ela o motivo. Pode haver, inclusive, um homicídio que se cometa sem motivo, como no caso do homicídio por instinto de perversidade brutal; entretanto, na premeditação a base é a reflexão, que varia de homem a homem, pois existem os reflexivos, pouco reflexivos e irreflexivos, bem como há indivíduos que têm frieza de ânimo e outros, não" (*El delito de homicidio*, p. 175). Chegamos, inclusive, a ressaltar que a premeditação é fruto da personalidade do agente, fazendo emergir os aspectos de maldade e deslealdade, passíveis de maior reprovação (nosso livro *Individualização da pena*, p. 214-215). Porém, é relevante observar que grande parte das legislações estrangeiras consideram a premeditação, especialmente no caso do homicídio, uma causa de aumento de pena. À falta dessa hipótese legal, no Brasil, é preciso valorá-la no cenário da personalidade do acusado. Confirmando a ideia de afetar a personalidade do agente, explica Irureta Goyena que "aquele que premedita se desintegra espiritualmente: pensa na situação depois de cometido o crime perante a sociedade e sua família, pensa nos efeitos materiais e morais da condenação, na maneira de escapar da justiça; pensa, em uma palavra, em si mesmo ao mesmo tempo que pensa em matar (...)" (*El homicidio*, p. 156). Ver a jurisprudência citada na nota 10 *infra*. Na jurisprudência: "No caso, o fato de o crime ter sido premeditado, de *per si*, justifica a exasperação da reprimenda-base, máxime se considerado que o paciente seduziu a vítima, que então contava com apenas 11 de idade, fazendo-a se apaixonar por ele, com vista à obtenção de favores sexuais atentatórios à sua dignidade sexual" (HC 468.010/MG, 5.ª T., rel. Ribeiro Dantas, 06.06.2019, v.u.).

**10. Circunstâncias do crime:** são os elementos acidentais não participantes da estrutura do tipo, embora envolvendo o delito. Quando expressamente gravadas na lei, as circunstâncias são chamadas de *legais* (agravantes e atenuantes, por exemplo). Quando genericamente previstas, devendo ser formadas pela análise e pelo discernimento do juiz, são chamadas de *judiciais*. Um crime pode ser praticado, por exemplo, em local ermo, com premeditação, para dificultar a sua descoberta e a apuração do culpado, constituindo circunstância gravosa. Na jurisprudência: STJ: "1. Mantém-se a decisão agravada, pois, conforme o art. 59 do CP, é justificável o aumento da pena-base pela avaliação negativa das circunstâncias do delito. Isso porque o roubo majorado foi cometido em posto de gasolina, à noite, horário que facilitou a prática criminosa em sequência, logo após um latrocínio. Durante o dia, em horário de maior movimento e policiamento na rua, os sentenciados teriam encontrado dificuldade para exibir arma de fogo logo após disparos contra a primeira vítima e continuar subtraindo patrimônio alheio com facilidade" (AgRg no HC 898.430/CE, 6.ª T., rel. Rogerio Schietti Cruz, 24.06.2024, v.u.); "1. O aumento da pena-base está concretamente fundamentado em elementos que extrapolam o tipo penal, não havendo que se falar em violação do art. 59 do Código Penal. 2. Deve ser mantida a valoração negativa da culpabilidade, circunstâncias e consequências do crime, isso porque as particularidades que envolvem o delito (os recorrentes desrespeitaram ordem de parada, ultrapassaram sinal vermelho colocando em risco a vida de outras pessoas, causaram prejuízo a terceiros em função da colisão do veículo e, ainda, o concurso de pessoas não utilizado na terceira fase do dosimetria), extrapolam a figura do tipo penal violado e autorizam o incremento da pena basilar" (AgRg no AREsp 1.667.711/SP, 5.ª T., rel. Reynaldo Soares da Fonseca, 04.08.2020, v.u.).

# Art. 59

**11. Gravidade do delito servindo para aumentar a pena-base:** possibilidade. Afinal, há, no art. 59, expressa menção às circunstâncias do crime. Entretanto, é fundamental tratar-se de gravidade *concreta*, demonstrada por fatos, provados nos autos, não sendo suficiente a gravidade abstrata, constante meramente da previsão no tipo penal e em face da pena cominada.

**12. Consequências do crime:** é o mal causado pelo crime, que transcende ao resultado típico. É lógico que, em casos de homicídio, por exemplo, a consequência natural é a morte de alguém e, em decorrência disso, uma pessoa pode ficar viúva ou órfã. Entretanto, diversamente, quando o agente sabe que a morte da vítima colocará em risco uma família, dependente financeiramente do ofendido, pode-se considerar o fato (extrema dificuldade dos parentes) para mensurar a pena. Além disso, quando a vítima atingida é pessoa jovem e sofre algum dano imutável, como a morte ou lesões gravíssimas, cuida-se de resultado peculiar. Em caso de roubo, a intensa tortura psicológica exercida pelo agente contra a vítima pode gerar, além da perda patrimonial, um trauma marcante, formando-se um quadro de depressão e pânico em quem foi agredido. Outro exemplo marcante: um indivíduo assassina a esposa na frente dos filhos menores, causando-lhes um trauma sem precedentes; precisa ser mais severamente apenado, pois se trata de uma consequência não natural do delito. Cada caso concreto necessita ser averiguado de per si. Na jurisprudência: STF: "2. A pena-base foi adequadamente fixada com fundamento no art. 59 do Código Penal. Para exasperar a reprimenda e fixar os respectivos montantes, o STJ destacou (a) a personalidade desfavorável; e (b) as consequências do delito, reveladas pelo significativo montante que foi objeto de sonegação tributária. Com efeito, a extensão do dano causado é circunstância idônea para maior exasperação do apenamento. Precedentes. 3. A análise das questões fáticas suscitadas pela defesa, de forma a infirmar o entendimento da instância ordinária, demandaria o reexame do conjunto probatório, providência incompatível com esta via processual. Precedentes. 4. Agravo Regimental a que se nega provimento" (HC 168.360 AgR, 1.ª T., rel. Alexandre de Moraes, 12.04.2019, maioria). STJ: "1. É válida a valoração negativa das consequências do delito (para exasperar a pena-base) quando a vítima de homicídio deixa filhos órfãos. Precedentes" (AgRg no AREsp 1.820.372-GO, rel. Ribeiro Dantas, 03.08.2021, v.u.); "1. Há divergência entre a Quinta e a Sexta Turmas na questão veiculada no recurso especial, qual seja, se a tenra idade da vítima constituiu fundamento idôneo para agravar a pena-base, especificamente no que se refere ao crime de homicídio, mediante valoração negativa das consequências do crime. 2. Deve prevalecer a orientação da Quinta Turma, no sentido da idoneidade da fundamentação, pois a tenra idade da vítima (menor de 18 anos) é elemento concreto e transborda aqueles ínsitos ao crime de homicídio, sendo apto, pois, a justificar o agravamento da pena-base, mediante valoração negativa das consequências do crime, ressalvada, para evitar *bis in idem*, a hipótese em que aplicada a majorante prevista no art. 121, § 4.º (parte final), do Código Penal. 3. Agravo regimental improvido" (AgRg no REsp 1.851.435-PA, 3.ª Seção, rel. Sebastião Reis Júnior, 12.08.2020, m.v.).

**12-A. Consequências e crime continuado:** as consequências anormais, advindas de um delito, não se confundem com a continuidade delitiva, que significa cometer várias infrações penais em sequência. Ilustrando, um furto pode trazer imenso prejuízo à vítima, por envolver elevada quantia subtraída, podendo o magistrado elevar a pena-base (primeira fase), com fundamento no art. 59 do CP. Entretanto, se esse mesmo acusado comete seguidos furtos, terá outro acréscimo à sua pena, totalmente distinto da mensuração feita quanto à pena-base de um deles, envolvendo uma causa de aumento, a ser aplicada na terceira fase.

**12-B. Consequências e *iter criminis*:** havendo tentativa, deve o julgador diminuir a pena do réu, no montante de 1 a 2/3; leva-se em conta, para escolher o grau de diminuição, a maior ou menor proximidade ao resultado. Quanto mais distante do resultado, maior a diminuição da pena; quanto mais próximo, menor a diminuição. Essa consideração não se liga à avaliação acerca das consequências do crime; portanto, o juiz pode diminuir a pena em grau mínimo pela maior proximidade da consumação e, ainda assim, levar em conta eventual grave consequência gerada pelo crime para mensurar a elevação da pena-base, sem que se possa afirmar ter havido *bis in idem*. Na jurisprudência: STJ: "7. Nos moldes da jurisprudência desta Corte, 'não há que se falar em *bis in idem*, em face da valoração negativa das consequências do delito, com o real grau de violação que o bem efetivamente sofreu, e o *quantum* escolhido devido à causa de diminuição relativa à modalidade tentada, aqui considerado o *iter criminis* percorrido' (AgRg no REsp 1.789.359/SP, rel. Min. Reynaldo Soares da Fonseca, 5.ª T., 14.05.2019, *DJe* 23.05.2019)" (HC 549.460/SP, 5.ª T., rel. Ribeiro Dantas, j. 23.06.2020, v.u.).

**13. Comportamento da vítima:** é o modo de agir da vítima que pode levar ao crime. Segundo Miguel Reale Júnior, René Ariel Dotti, Ricardo Andreucci e Sérgio Pitombo, "o comportamento da vítima constitui inovação com vistas a atender aos estudos de vitimologia, pois algumas vezes o ofendido, sem incorrer em *injusta* provocação, nem por isso deixa de acirrar ânimos; outras vezes estimula a prática do delito, devendo-se atentar, como ressalta a Exposição de Motivos, para o comportamento da vítima nos crimes contra os costumes [atual *crimes contra a dignidade sexual*] e em especial a exploração do lenocínio, em que há por vezes uma interação e dependência da mulher para com aquele que a explora" (*Penas e medidas de segurança no novo Código*, p. 162-163). São exemplos: o exibicionista atrai crimes contra o patrimônio; o mundano, delitos sexuais; o velhaco, que gosta de viver levando vantagem, atrai o estelionato (ver os variados exemplos na nota 12 ao art. 171); o agressivo, o homicídio e as lesões corporais, e assim sucessivamente. Não se quer dizer que a pessoa mundana e lasciva, por exemplo, vítima de crime sexual, não esteja protegida pela lei penal, nem mesmo que o agente deva ser absolvido, porém é óbvio que, nesse caso, a pena do autor da infração penal não deve ser especialmente agravada. Em monografia sobre o tema, diz Ana Sofia Schmidt de Oliveira que, "desde que a vitimologia rompeu a separação maniqueísta entre vítima inocente e autor culpado (...), o comportamento da vítima passou a constituir importante foco de análise no campo da dogmática penal e não poderia mais ser desconsiderado na avaliação da responsabilidade do autor, sob pena de sobrecarregá-lo com uma culpa que não é só sua. No entanto, investigar o comportamento da vítima para buscar uma corresponsabilidade pode ter também alguns efeitos negativos que, no extremo, causariam uma absurda inversão de papéis. A ausência de questionamento acerca do comportamento da vítima pode representar, para o autor, a mesma sobrecarga que sua instauração pode ocasionar para a vítima" (*A vítima e o direito penal*, p. 136). Há diversos graus de censura para analisar o comportamento da vítima: 1) *completamente inculpável*: aquela que nada fez para merecer a agressão (ex.: um sujeito metido a valente agride uma pessoa mais fraca, que nada lhe fez, na frente dos amigos, somente para demonstrar força física); 2) *parcialmente culpável*, subdividida em: 2.1) *por ignorância ou imprudência* (ex.: a mulher morre ao permitir que se lhe faça um aborto em clínica clandestina); 2.2) *com escassa culpabilidade* (ex.: a moça entrega a senha da sua conta bancária ao noivo e sofre estelionato); 2.3) *por atitude voluntária* (ex.: o doente pede para morrer, pois encontra-se sofrendo mal incurável); 3) *completamente culpável*, subdividindo-se em: 3.1) *vítima provocadora* (ex.: sofre uma agressão física porque dirige graves injúrias a alguém em público); 3.2) *vítima que busca auxiliar o agente* (ex.: no estelionato, a torpeza bilateral é fator de apoio ao agente do crime, pois a vítima também busca levar vantagem); 3.3) *falsa vítima* (ex.: é a moça que acusa o ex-namorado da prática de estupro somente para vingar-se) (Beristain, *Victimologia: nueve palabras clave*, p. 461). Na jurisprudência, há o entendimento do STJ no sentido de que o *comportamento da vítima* não pode servir de argumento para *majorar* a pena do réu, mas somente abrandar ou manter no mesmo patamar, como circunstância neutra: STJ: "De acordo

# Art. 59

Código Penal Comentado · **Nucci**

com o entendimento desta Corte Superior, o comportamento da vítima é circunstância judicial que nunca será avaliada desfavoravelmente: ou será positiva, quando a vítima contribui para a prática do delito, ou será neutra, quando não há contribuição. Precedentes" (REsp 1.284.562/SE, 6.ª T., rel. Rogerio Schietti Cruz, 05.05.2016, *DJe* 17.05.2016). Entretanto, embora conectando as circunstâncias e consequências do delito, há argumentos de determinados julgados que se ligam mais adequadamente ao comportamento da vítima, que nada fez para merecer o resultado fatídico. Conferir: STJ: "4. Constitui fundamentação concreta e idônea para exasperação da pena-base do crime de homicídio, observadas as circunstâncias e consequências do crime, o *desvalor atribuído à pratica do crime contra vítima* que 'estava em cima de uma motocicleta, não estava armada, não agrediu fisicamente os acusados e, ainda, mesmo após a testemunha (...) ter pedido para que não furassem a vítima, os réus, no seu intento homicida, continuaram a desferir os golpes de faca nas costas da vítima, causando lesões de grande cavidade', o que ocasionou sua morte, deixando órfão um filho diagnosticado com autismo, que necessitaria dos cuidados especiais do pai" (AgRg no AREsp 2.029.219/PA, 6.ª T., rel. Olindo Menezes, julgado em 02.08.2022, v.u., grifamos).

**14. Reprovação e prevenção do crime:** nota-se, nesse ponto, o caráter primordial da pena, que é castigar o agente (reprovação), dando o exemplo à sociedade (prevenção). Haveria de constar, também, a função reeducativa da sanção penal.

**15. Pena-base:** é a primeira etapa da fixação do *quantum* da pena, quando o juiz elege um montante, entre o mínimo e o máximo previstos pelo legislador para o crime, baseado nas circunstâncias judiciais do art. 59. Sobre a pena-base incidirão as agravantes e atenuantes (2.ª fase) e as causas de aumento e de diminuição (3.ª fase).

**15-A. Cautela para a não incidência no *bis in idem*:** o juiz, mormente na fase de eleição do *quantum* da pena, pode terminar, inconscientemente, aplicando duas vezes a mesma circunstância para majorar a pena, o que é indevido. Muitas circunstâncias são similares e apenas alteram a denominação (e a posição no Código Penal), embora, na essência, signifiquem o mesmo. Ilustrando: não pode o magistrado dizer que, por ter agredido uma criança, o réu é covarde (fator de personalidade), logo, terá sua pena-base elevada, com base no art. 59 do CP; depois, ao analisar as agravantes, novamente aumenta a pena, tendo em vista que se trata de delito contra criança (art. 61, II, *h*, CP). Ora, o legislador já anteviu esse fator de personalidade (covardia), nesse cenário, inserindo-o como agravante. Por isso, é vedado ao magistrado considerar a mesma circunstância por duas vezes. Deve optar pela mais relevante, que, no caso, é a circunstância legal (agravante), pois prevista pela lei de maneira expressa. Outras situações semelhantes podem ocorrer, de modo que cabe ao julgador atuar com extremada cautela na eleição das circunstâncias que majoram a pena. Na jurisprudência: STJ: "1. A circunstância judicial negativa mantida na primeira fase refere-se à condição do agente ser médico. 2. Já, na segunda fase, foi aplicada a agravante prevista no inciso 'g' do inciso II do art. 61 do Código Penal – CP, em virtude de violação de dever inerente ao cargo de médico. 3. Assim, verifica-se a ocorrência de *bis in idem*, pois a qualidade de médico e a violação ao dever de médico, referem-se ao fato de o agente ser médico, o que não pode justificar duplo aumento da reprimenda por este motivo. 4. Destarte, afasta-se a circunstância judicial negativa referente à condição de médico, todavia o aumento da segunda fase deve ser mantido, porquanto o agente praticou o crime em violação ao dever inerente à sua profissão" (EDcl no HC 467.299/SP, 5.ª T., rel. Joel Ilan Paciornik, 04.06.2019, v.u.).

**15-B. Critérios para a fixação da pena-base:** a individualização da pena, preceito constitucional (art. 5.º, XLVI, CF), será concretizada, por meio da aplicação da pena, na sentença condenatória. Para tanto, o juiz deve partir da pena-base, construindo um montante, que pode variar entre o mínimo e o máximo, em abstrato, estabelecidos pelo legislador para cada tipo penal incriminador. A eleição desse *quantum* obedece às regras previstas no art. 59 do Código Penal, onde se encontram as circunstâncias judiciais, compostas por oito fatores, divididos da seguinte forma: a culpabilidade, que representa o conjunto dos demais, acrescida dos antecedentes, da conduta social, da personalidade, dos motivos, das circunstâncias, das consequências do crime e do comportamento da vítima. Portanto, quando os sete elementos inseridos no quadro da culpabilidade forem favoráveis haverá mínima censurabilidade; se forem desfavoráveis, ocorrerá máxima censurabilidade. Mensurar a pena-base, de maneira particularizada a cada acusado, é a meta fundamental do magistrado, na sentença condenatória. Esse mecanismo deve erguer-se em bases sólidas e lógicas, buscando a harmonia do sistema, mas sem implicar singelos cálculos matemáticos. Não se trata de mera soma de pontos ou frações como se cada elemento fosse rígido e inflexível. Há de se adotar um sistema *coerente* para que o julgador não se perca, acolhendo para situações similares critérios completamente diversos ou para fatos totalmente díspares o mesmo cálculo de elevação ou diminuição da pena-base. Embora tivéssemos sugerido, anteriormente, um sistema de pesos para valorar as circunstâncias judiciais – apenas com o intuito de fornecer um horizonte para essa relevante avaliação – parece-nos, hoje, desnecessário enfocar isso, visto que o mais importante é extrair do juiz o *seu* pessoal critério, desde que devidamente motivado e muito bem explicado, sem gerar arbítrio ou abuso, fomentando opiniões desconectadas da prova ou proveniente de preconceitos ou, ainda, fruto de qualquer espécie de discriminação. A fixação da pena-base constitui o cenário mais rico e complexo no âmbito da individualização da sanção penal, por-que o art. 59, *caput*, do Código Penal, indica vários elementos, sem os definir, nem mesmo mensurar o seu valor unitário. Opera o Judiciário entre o mínimo e o máximo cominados à figura típica incriminadora pela lei. Há ampla discricionariedade para a apreciação de cada fator e, igualmente, para mensurar o seu *quantum*. A isso se deve associar o dever do magis-trado de fundamentar as suas escolhas. Portanto, parece-nos relevante respeitar o método adotado pelo julgador, desde que se mostre coerente, razoável e proporcional ao crime em relação ao qual se constrói a sanção concreta. Há uma visível tendência dos juízes em acolher os valores de 1/8 a 1/6, como regra, para o montante atribuído a cada uma das circunstâncias judiciais, tanto para elevar, quanto para abrandar a pena. Nada impede, ainda, a utilização de um *quantum* fracionário maior (acima de 1/6), desde que a circunstância, atrelada a elementos fáticos, devidamente provados no processo, assim recomende. Portanto, valemo-nos de um *quantum* variável de 1/8 a 1/6, sempre avaliando a situação concreta colocada em julgamento. Essa aplicação, quando há mais de uma circunstância judicial negativa ou positiva, deve ater--se à soma de frações (ex.: 1/8 + 1/8 = 1/4 ou 1/6 + 1/6 = 1/3), lançando o valor encontrado sobre a pena mínima cominada no tipo penal. Por certo, se houver circunstâncias judiciais positivas e negativas, pode-se compensar umas com outras. Se houver somente as positivas, a pena fica circunscrita ao mínimo do preceito sancionador do tipo. Por hipótese, se todas as circunstâncias judiciais forem negativas, não se pode ultrapassar o máximo cominado no tipo penal. Na jurisprudência: STJ: "5. A culpabilidade, para fins do art. 59 do Código Penal, deve ser compreendida como juízo de reprovabilidade da conduta, apontando maior ou menor censura do comportamento do acusado. Não se trata de verificação da ocorrência dos elementos da culpabilidade, para que se possa concluir pela prática ou não de delito, mas, sim, do grau de reprovação penal da conduta do agente, mediante demonstração de elementos concretos do delito. No caso concreto, o envolvido extrapolou o razoável, uma vez que fora a pessoa responsável pela compra da droga no exterior e a violência empregada, consistente em avançar com um veículo Ford Ranger contra policial que estava a pé, o que denota o dolo intenso e a maior reprovabilidade do agir do réu, devendo, pois, ser mantido o incremento da

# Art. 59

básica" (AgRg no REsp 1.988.106/PE, 5.ª T., rel. Reynaldo Soares da Fonseca, j. 21.06.2022, v.u.); "1. A jurisprudência do STJ é firme em garantir a discricionariedade do julgador, sem a fixação de critério aritmético, na escolha da sanção a ser estabelecida na primeira etapa da dosimetria. Assim, o magistrado, dentro do seu livre convencimento motivado e de acordo com as peculiaridades do caso concreto, decidirá o *quantum* de exasperação da pena-base, em observância aos princípios da razoabilidade e da proporcionalidade" (AgRg no AREsp 1.176.777/GO, 6.ª T., rel. Rogerio Schietti Cruz, 23.06.2020, v.u.).

**15-C. Um dos critérios adotados pelo Superior Tribunal de Justiça:** no campo da valoração das circunstâncias judiciais, surge o fator lastreado em cotas (1/8 ou 1/6, no caso). Possivelmente, esse critério foi escolhido, tendo em vista a posição majoritária a considerar agravantes e atenuantes como fatores de elevação ou diminuição da pena em torno de 1/6. De qualquer forma, como vimos defendendo, o mais relevante para o julgador, ao individualizar a pena, à falta de elementos concretos estabelecidos em lei – ao menos para a pena-base e para as agravantes e atenuantes – é fixar um critério lógico. E mesmo assim, cada caso concreto demanda específica análise, visto que, do contrário, a individualização da pena se torna mera somatória de cotas. Na jurisprudência: STJ: "1. Para elevação da pena-base, podem ser utilizadas as frações de 1/6 sobre a pena-mínima ou de 1/8 sobre o intervalo entre as penas mínima e máxima, exigindo-se fundamentação concreta e objetiva para o uso de percentual de aumento diverso de um desses" (AgRg no AREsp 1.799.289-DF, 5.ª T., rel. João Otávio de Noronha, 03.08.2021, v.u.); "4. A pena para o delito de homicídio qualificado é de reclusão de 12 a 30 anos. Como a diferença entre a pena mínima e a máxima para o delito praticado é de 18 anos, é proporcional o aumento para cada circunstância negativada em até 3 anos (1/6 de 18 anos). 5. A jurisprudência deste Superior Tribunal firmou-se no sentido de que a exasperação da basal, pela negativação de circunstâncias judiciais, deve seguir o parâmetro de 1/6 (um sexto) para cada circunstância valorada, fração que se firmou em estrita observância aos princípios da razoabilidade e da proporcionalidade. 6. O Magistrado sentenciante majorou a pena básica em 10 anos, ante a negativação de quatro circunstâncias judiciais. Cada circunstância, portanto, representou um aumento de 2 anos e 6 meses na pena, *quantum* inferior ao considerado proporcional por esta Corte" (AgRg no HC 559.940/SP, 6.ª T., rel. Antonio Saldanha Palheiro, 12.08.2020, v.u.).

**16. Limites mínimo e máximo previstos no preceito secundário do tipo penal incriminador:** continua o legislador brasileiro arraigado à posição de que a pena tem o caráter primordial de *castigo*, pois não desiste de impor um limite mínimo para as sanções penais. Raciocinando-se assim (pena = castigo), sem levar em conta o caráter reeducativo que ela deveria possuir, em primeiro plano, ao criar tipos penais, na chamada *individualização legislativa*, impõe-se sempre um mínimo que o juiz deve aplicar ao réu, mesmo que ele, por alguma razão, já não precise daquela sanção. É a aplicação compulsória do castigo. Assim, para quem comete um furto simples, o mínimo possível é de 1 ano de reclusão. E se, no caso concreto, verificar o juiz que o autor do fato praticou a conduta em momento de desespero (não em estado de necessidade), arrependendo-se profundamente e mudando por completo a sua vida após o cometimento da infração penal? Não poderá perdoá-lo, nem tampouco impor-lhe uma pena menor do que um ano. Pode até substituir a pena privativa de liberdade (após a Lei 9.714/1998) por restritiva de direitos, mas igualmente por um ano. E, nessa linha, convém mencionar a lição de CLAUS ROXIN: "(...) a culpabilidade não deve servir como fundamento a uma retribuição, mas sempre somente como limite superior de pena. Expressa-se que o juiz, ao estabelecer a pena, não deve nunca ultrapassar o grau de culpabilidade, mas certamente pode ficar abaixo dele. (...) A culpabilidade, então, não exige nunca uma pena de determinada magnitude. Só determina qual é o limite que a pena não deve ultrapassar, determinada, quanto ao mais, de acordo com critérios de prevenção especial e geral" (*A culpabilidade como critério limitativo da pena*, p. 14).

**17. Fixação do regime inicial de cumprimento da pena:** trata-se de importante processo de individualização da pena, pois o regime faz parte da reprimenda merecida pelo acusado. Assim, após ter fixado o montante da pena, é indispensável que o magistrado estabeleça o regime cabível, devendo fundamentar a sua opção, principalmente se escolher um regime mais severo. Portanto, se couberem os regimes fechado, semiaberto e aberto, para fixar o fechado ou o semiaberto (mais rigorosos) deve o juiz dar o motivo do seu convencimento. Não o fazendo, é passível de reforma a sentença. Pode o magistrado, no entanto, valer-se dos mesmos fundamentos que usou para a fixação da pena acima do mínimo, não sendo necessária a repetição, a fim de justificar a imposição de regime mais severo. Para os crimes hediondos e equiparados (exceto o delito de tortura), o regime era o fechado *integral*, segundo o disposto no art. 2.º, § 1.º, da Lei 8.072/1990. A partir de 23.06.2006, o Supremo Tribunal Federal considerou inconstitucional a vedação à progressão nos delitos hediondos e equiparados (ver a nota 18 ao art. 33), logo, o regime passou a ser o fechado *inicial*. Ratificou-se esse entendimento pela nova redação ao art. 2.º, § 1.º, da Lei 8.072/1990, provocada pelo advento da Lei 11.464/2007. Entretanto, o STF novamente considerou inconstitucional parte da Lei 8.072/1990, voltando-se, especificamente, ao art. 2.º, § 1.º., que impunha o regime fechado inicial para delitos hediondos e equiparados (HC 111.840-ES, Pleno, rel. Dias Toffoli, 27.06.2012, m.v.). Passa a ser de livre escolha do juiz o regime inicial, conforme o montante da pena. Outro ponto que se deve abordar é o pertinente à suspensão condicional da pena, que não é *regime de cumprimento de pena*, mas uma *forma* alternativa de cumprir a pena. Assim, se resolver conceder o *sursis*, fica o magistrado obrigado a estabelecer o regime, pois o benefício pode não ser aceito pelo réu (ele é condicionado) ou pode ser revogado. Na jurisprudência: STF: "O Plenário do STF, em sessão realizada em 27.06.2012, ao analisar o HC 111.840/ES, de relatoria do Ministro Dias Toffoli, por maioria, declarou, *incidenter tantum*, a inconstitucionalidade do § 1.º do art. 2.º da Lei 8.072/90, com a redação dada pela Lei 11.464/2007. Desse modo, ficou superada a obrigatoriedade de início do cumprimento de pena no regime fechado aos condenados por crimes hediondos ou a eles equiparados. No entanto, este novo entendimento não obstou que, no momento da dosimetria, o órgão julgador, fundamentando-se no art. 33, §§ 2.º e 3.º, do CP, decidisse por regime mais gravoso. TJRJ, com base nas circunstâncias judiciais do art. 59 do CP, decidiu pela fixação de regime mais gravoso. Precedentes. Agravo regimental a que se nega provimento" (Rcl 22612 AgR, 2.ª T., rel. Gilmar Mendes, 1.º.03.2016, processo eletrônico *DJe*-052, divulg. 18.03.2016, public. 21.03.2016).

**18. Fixação do regime sem fundamentação:** deveria gerar a nulidade da sentença, pois fere norma constitucional que obriga o magistrado a fundamentar todas as suas decisões, além de prejudicar a individualização da pena, também princípio constitucional, uma vez que não há a análise minuciosa dos elementos do art. 59 do Código Penal, conforme determinação do art. 33, § 3.º, do CP. Entretanto, a jurisprudência tem admitido que o juiz pode fixar o regime de cumprimento da pena sem fundamentar quando for estabelecido o mais favorável. Nesse caso, presumem-se favoráveis ao réu (presunção para beneficiar seria admitida no direito penal) todas as circunstâncias do art. 59. Entretanto, se fixar um regime mais rigoroso, sem fundamentar, têm os tribunais preferido dar provimento a recurso (ou conceder ordem de *habeas corpus*) para aplicar o regime mais favorável em lugar de anular a decisão não fundamentada.

**19. Substituição da pena privativa de liberdade:** cuida o juiz nesse momento de verificar a possibilidade de substituir a pena privativa de liberdade por restritiva de direitos ou multa. Se conceder o *sursis*, não estará fixando um *regime* de cumprimento de pena, mas

# Art. 59

uma *forma* alternativa para cumprir a pena. Portanto, não se trata de substituição. De todo modo, o magistrado deve *motivar* a opção por conceder ou negar a substituição aventada pelo art. 59, IV, do Código Penal.

**20. Imprescindibilidade da fundamentação da pena aplicada:** não havendo motivação para a pena aplicada, mormente se estabelecida acima do mínimo legal, configura-se nítido constrangimento ilegal para o réu, sujeitando-se a decisão à anulação. Na prática, os tribunais têm preferido suprir a fundamentação *deficiente* dada por juízo inferior, alterando a pena; porém, se houver uma *ausência* de motivação, não há como suprir as falhas da decisão, pois significaria suprimir uma instância. O caminho deve ser a anulação, determinando que outra seja proferida, com a devida fundamentação.

**21. Fixação da pena no mínimo legal prescinde de motivação:** trata-se de outra situação inadmissível, não somente porque todas as decisões do Poder Judiciário devem ser fundamentadas, mas também pelo fato de se abandonar o processo de individualização da pena, optando-se pelo caminho mais fácil. Em nosso entendimento, a decisão é nula. Entretanto, a jurisprudência vem admitindo tal possibilidade, subentendendo-se, nesse caso, que todas as circunstâncias do art. 59 foram favoráveis ao réu.

**22. Aumento de pena, acima do mínimo, com fixação de regime mais severo, reconhecendo o juiz que todas as circunstâncias do art. 59 são favoráveis:** impossibilidade. Trata-se de autêntico contrassenso o juiz admitir que as circunstâncias judiciais são positivas, nada podendo ser enumerado contra o réu, e, ao mesmo tempo, estabelecer a pena acima do patamar mínimo, com regime mais gravoso do que o permitido em lei.

**22-A. Fixação completa da pena:** há três estágios para o juiz atingir a pena concreta. O primeiro deles, denominado de *primário*, envolve a eleição do montante da pena. Para este, há o sistema trifásico, previsto no art. 68 (pena-base + agravantes e atenuantes + causas de aumento e diminuição). O segundo, estágio *secundário*, abrange a escolha do regime aplicável, quando for possível (fechado, semiaberto e aberto). O terceiro, denominado estágio *terciário*, engloba a substituição da pena privativa de liberdade por penas restritivas de direitos ou multa, bem como a eventual aplicação do benefício da suspensão condicional da pena. Todos devem ser fundamentados, sob pena de nulidade.

# CULPABILIDADE COMO ELEMENTO DO CRIME E FUNDAMENTO DA PENA, ALÉM DE CONSTITUIR PARÂMETRO PARA O LIMITE DA PENA

CRIME = FATO TÍPICO, ILÍCITO E CULPÁVEL

- antecedentes
- conduta social
- motivos do crime
- personalidade
- circunstâncias do crime
- conseqüência do crime
- comportamento da vítima

LIMITE DA PENA: quanto maior a reprovação incidente sobre o fato e seu autor, mais elevada deve ser a sua pena

Grau de censura sobre o fato e seu autor.

AUTOR

imputável
+
consciente potencialmente do ilícito
+
capaz de agir conforme as regras do Direito

FUNDAMENTO DA PENA: sem esses elementos, não há crime e, conseqüentemente, não há viabilidade para aplicar pena

# ASPECTOS DA PERSONALIDADE NA APLICAÇÃO DA PENA

POSITIVOS                                                            NEGATIVOS

Bondade _____ Maldade
Calma _____ Agressividade (ver nota)
Paciência _____ Impaciência
Amabilidade _____ Rispidez/Hostilidade
Responsabilidade _____ Irresponsabilidade
Bom humor _____ Mau humor
Coragem _____ Covardia
Sensibilidade _____ Frieza
Tolerância _____ Intolerância (ver nota)
Honestidade _____ Desonestidade
Simplicidade _____ Soberba
Despreendimento _____ Inveja/Cobiça
Solidariedade _____ Egoísmo

Exemplos:

Matar alguém (art. 121, CP): o dolo e a culpa, quando constatados, são invariáveis

Motivo para matar alguém: os motivos (como causa e/ou objetivo) são variáveis, em hipóteses infinitas

Comparando:

"A" mata "B", por cobiça, buscando receber uma recompensa

"A" mata "B", para aliviar-lhe a dor de doença grave (ortotanásia)

motivos = diversos

dolo = idêntico

**NOTAS:**

a) A agressividade humana pode ser positiva ou negativa. Sob o aspecto positivo, ela divide-se em *instrumental* (gana para obter algo ou atingir algum objetivo) ou *defensiva* (proteção à vida ou outro bem). No aspecto negativo, a se ponderar para a fixação de pena, ela pode ser direta (destruição de pessoas ou coisas) ou indireta (maledicência, inveja, sadismo etc.)

b) A intolerância humana tem vários prismas. Exemplos: xenofobia, homofobia, racismo etc.

## MOTIVOS DO CRIME: podem ser conscientes ou inconscientes

- Como *causa* da conduta delituosa
  - por momento: Ex.: mediante paga
  - por decorrência da personalidade. Ex.: sadismo

- Como *objetivo* da conduta delituosa
  - por momento. Ex.: promessa de recompensa
  - por decorrência da personalidade. Ex.: visando o recebimento de herança, em homicídio, expondo cobiça e egoísmo

## MOTIVO ≠ ELEMENTO SUBJETIVO DO CRIME (dolo/culpa)

- Motivo ⟶ dinâmico, variado, mutável, espelhando a riqueza dos pensamentos, desejos humanos Havendo a prática do crime, o motivo pode ou não ser atingido ou satisfeito
- Dolo ⟶ estático, concentrado, vinculado ao tipo, significando querer realizar a conduta típica. Não interessa a razão ou o objetivo, como regra
- Culpa ⟶ estática, concentrada, vinculada ao tipo, significando um comportamento descuidado, que devia ter sido evitado. Não importa a razão ou o objeto da conduta para configurar-se

# COMPORTAMENTO DA VÍTIMA

1) COMPLETAMENTE INCULPÁVEL:  nada faz para provocar a situação da qual se torna vítima. Ex.: passando por um local, sofre uma lesão causada por tiro, advindo de tiroteio entre quadrilhas rivais

2) PARCIALMENTE CULPÁVEL:  tem alguma contribuição sua para gerar o delito do qual é vítima

2.1) Por ignorância/imprudência: Ex.: gestante morre ao permitir que lhe façam aborto fora do hospital

2.2) Escassa culpabilidade: Ex.: entrega a senha da sua conta bancária ao noivo, que faz saque inesperado e desaparece

2.3) Voluntária: Ex.: doente em estágio terminal pede para morrer

3) COMPLETAMENTE CULPÁVEL:  contribui, com sua conduta, de maneira determinante, para a realização do delito do qual se torna vítima

3.1) Provocadora: Ex.: assaltante é morto pela vítima do seu roubo

3.2) Propicia a ocorrência do delito: Ex.: há torpeza bilateral no estelionato, pois a vítima quer levar vantagem indevida

3.3) Falsa vítima (delito simulado):  Ex.: acusar o namorado de estupro, quando foram relações consensuais

**Notas:**
a) O quadro foi extraído da nossa obra "Individualização da Pena" e fornecido, inicialmente, por Antonio Beristain
b) O juiz deve graduar a pena do réu, levando em conta a atitude da vítima, elevando a pena-base quando se tratar de ofendido completamente inocente e aproximando-se ou fixando no mínimo quando se tratar de vítima totalmente culpável (censurável)
c) A falsa vítima deve provocar a absolvição do réu e futuro processo contra quem simulou o delito

### Critérios especiais da pena de multa

> **Art. 60.** Na fixação da pena de multa o juiz deve atender, principalmente, à situação econômica do réu.[23]
>
> § 1.º A multa pode ser aumentada até o triplo, se o juiz considerar que, em virtude da situação econômica do réu, é ineficaz, embora aplicada no máximo.[24-25]

### Multa substitutiva

> § 2.º A pena privativa de liberdade aplicada, não superior a 6 (seis) meses, pode ser substituída pela de multa, observados os critérios dos incisos II e III do art. 44 deste Código.[26-27]

**23. Referência específica:** sobre o tema, ver a nota 111 ao art. 49 do Código Penal.

**24. Aumento da pena de multa:** é possível que, mesmo aplicada no máximo – 360 dias-multa, calculado cada dia em 5 salários mínimos, ou seja, 1.800 salários –, a pena ainda se torne insuficiente para garantir a suficiência da punição pelo crime praticado, em razão da situação econômica privilegiada do réu. Por isso, é permitido ao juiz que triplique esse montante. Teríamos, então, um total máximo de 5.400 salários mínimos. O mesmo dispositivo se encontra na Lei 9.605/1998, art. 18 (meio ambiente). Por outro lado, as Leis 7.492/1986, art. 33 (crimes contra o sistema financeiro), e 9.279/1996, art. 197, parágrafo único (crimes contra a propriedade imaterial), preveem a possibilidade de aumentar dez vezes o valor máximo da multa, se o juiz entender necessário.

**25. Diminuição da pena de multa:** a pena de multa, quando for a única prevista para o crime, pode ser reduzida da metade no caso de transação no Juizado Especial Criminal (art. 76, § 1.º, da Lei 9.099/1995). No mesmo prisma, prevê o art. 197, parágrafo único, da Lei 9.279/1996, que "a multa poderá ser aumentada *ou reduzida*, em até 10 (dez) vezes, em face das condições pessoais do agente e da magnitude da vantagem auferida, independentemente da norma estabelecida no artigo anterior" (grifamos).

**26. Aplicação do § 2.º do art. 60:** entendemos que continua vigendo, não tendo sido revogado pelo art. 44, § 2.º, do Código Penal. Ver nota 79 a esse último artigo.

**27. Critério para a substituição:** deve ser levado em conta o caso concreto, verificando--se se a substituição será suficiente para a reprovação que o crime merece.

### Circunstâncias agravantes[28-28-C]

> **Art. 61.** São circunstâncias que sempre agravam a pena, quando não constituem[29] ou qualificam[30] o crime:[31]
>
> I – a reincidência;[32]
>
> II – ter o agente cometido o crime:[33]
>
> *a)* por motivo fútil[34-35] ou torpe;[36]
>
> *b)* para facilitar ou assegurar a execução, a ocultação, a impunidade ou vantagem de outro crime;[37]

# Art. 61

Código Penal Comentado · **NUCCI**

> *c)* à traição,[38] de emboscada,[39] ou mediante dissimulação,[40] ou outro recurso que dificultou ou tornou impossível a defesa do ofendido;[41]
>
> *d)* com emprego de veneno, fogo, explosivo, tortura ou outro meio insidioso ou cruel, ou de que podia resultar perigo comum;[42]
>
> *e)* contra ascendente, descendente, irmão ou cônjuge;[43-43-A]
>
> *f)* com abuso de autoridade ou prevalecendo-se de relações domésticas, de coabitação ou de hospitalidade, ou com violência contra a mulher na forma da lei específica;[44-45-A]
>
> *g)* com abuso de poder ou violação de dever inerente a cargo, ofício, ministério ou profissão;[46]
>
> *h)* contra criança,[47] maior de 60 (sessenta) anos,[48] enfermo[49] ou mulher grávida;[50-51]
>
> *i)* quando o ofendido estava sob a imediata proteção da autoridade;[52]
>
> *j)* em ocasião de incêndio, naufrágio, inundação ou qualquer calamidade pública, ou de desgraça particular do ofendido;[53]
>
> *l)* em estado de embriaguez preordenada.[54-55]

**28. Conceito de agravantes:** são circunstâncias objetivas ou subjetivas que aderem ao delito sem modificar sua estrutura típica, influindo apenas na quantificação da pena em face da particular culpabilidade do agente, devendo o juiz elevar a pena dentro do mínimo e do máximo, em abstrato, previstos pela lei. Portanto, por maior que seja o número de agravantes presentes, não há possibilidade de se romper o teto estabelecido no tipo penal.

**28-A. *Quantum* das agravantes:** como circunstâncias legais, previstas na Parte Geral deste Código, servem de orientação para o julgador elevar a pena na segunda fase da fixação. Preferiu o legislador deixar a critério do magistrado o montante exato para agravar a pena. Justamente por isso, a incidência de agravantes não pode romper o teto estabelecido para a pena máxima, no preceito sancionador do tipo penal. Ilustrando, se, avaliando a pena-base, o juiz aplica o máximo, não pode servir-se de nenhuma agravante. A recomendação feita no *caput* do art. 61 (sempre agravam a pena) deve ser lida: quando possível, dentro dos limites mínimo e máximo abstratamente previstos em lei. As agravantes não fazem parte da figura típica incriminadora, razão pela qual nem mesmo precisam constar da denúncia; o réu não se defende contra elas, pois servem de critério ao juiz. Diante disso, cada julgador tem o seu critério para o *quantum* da agravante. A maioria utiliza o valor de 1/6 (um sexto), que é a menor causa de aumento existente. Outros preferem 1/8 (um oitavo); alguns, 1/3 (um terço); terceiros se baseiam em montantes fixos, como seis meses ou um mês. Sempre sustentamos e aplicamos o aumento de um sexto, que nos parece justo. Por outro lado, a opção pelo valor fixo é a mais equivocada. Imagine-se, em relação a uma pena de 15 anos, o singelo aumento de um mês, em virtude de agravante. Ou, então, para uma pena de 1 ano, o aumento de 6 meses, representando metade da pena. O ideal é a elevação por fração, acompanhando a pena-base extraída da primeira fase. Na jurisprudência: STJ: "1 – Nesse contexto, a jurisprudência deste Superior Tribunal firmou-se no sentido de que o aumento para cada agravante ou de diminuição para cada atenuante deve ser realizado em 1/6 da pena-base, ante a ausência de critérios para a definição do patamar pelo legislador ordinário, devendo o aumento superior ou a redução inferior à fração paradigma estar concretamente fundamentado" (AgRg no REsp 2.124.779/ SE, rel. Reynaldo Soares da Fonseca, 5.ª T., 18.06.2024, *DJe* de 21/6/2024) "7 – Na ausência de previsão legal específica, a fração que via de regra deve ser aplicada por cada agravante reconhecida na segunda fase da dosimetria é de 1/6, o que conduz ao patamar de 1/3 no caso de presença de duas delas, não podendo ser aplicado o montante de uma sobre a outra dentro da mesma etapa" (AgRg no HC 633.447/GO, 5.ª T., rel. Ribeiro Dantas, 22.08.2023, *DJe* de 28.08.2023); "2. Consoante a jurisprudência desta Corte Superior, o aumento da pena em razão das agravantes genéricas em patamar superior a 1/6 demanda fundamentação concreta e específica, o que foi observado pelas instâncias ordinárias na hipótese em apreço. *In casu*, não há falar em excesso no aumento em 1/3 da pena, já que foi reconhecida a incidência de duas circunstâncias agravantes (motivo fútil e recurso que dificultou a defesa da vítima). Precedentes" (AgRg no AREsp 1.791.462/SP, 6.ª T., rel. Sebastião Reis Júnior, 15.06.2021, v.u.).

**28-B. Quantidade de aumento para multirreincidência e reincidência específica:** na nota anterior, mencionamos que o *quantum* majoritariamente adotado pelos tribunais é de 1/6. Entretanto, há duas situações extraordinárias, que merecem particular atenção. É possível que o julgador considere a multirreincidência do acusado, consistente em inúmeras condenações, não abrangidas pelo período depurador (art. 64, I, CP), de modo a estabelecer um aumento superior a 1/6, atingindo 1/5, 1/4 ou 1/3. Lembre-se de que é possível, também, dividir as condenações anteriores entre antecedentes (incluídos como circunstância judicial negativa, na primeira fase) e agravante (inserindo-se na segunda fase). Além disso, outra hipótese admissível circunscreve-se a empregar um aumento maior que 1/6, desde que se verifique a reincidência específica, significando que o réu cometeu outro delito idêntico, demonstrando-se maior culpabilidade. Porém, deve-se avaliar o caso concreto, sendo incabível o estabelecimento de um modelo padronizado para essa elevação. Na jurisprudência: STJ: "1. Uma análise evolutiva do ordenamento jurídico nacional mostra que antes do Código Penal de 1940 a configuração da agravante da reincidência tinha como pressuposto o cometimento de crimes de mesma natureza. O CP/1940, em sua redação original, ampliou o conceito da agravante da reincidência ao permitir que o crime anteriormente cometido fosse de natureza diversa do atual, inaugurando a classificação da reincidência em específica e genérica, com ressalva expressa de que pena mais gravosa incidiria ao reincidente específico. Durante esse período histórico, a diferença de tratamento entre reincidência específica e genérica para fins de cominação de pena já era discutível, com posições jurídicas antagônicas. 2. Nesse contexto, sobreveio a vigência da Lei n. 6.416/1977 que, alterando o CP/1940, aboliu a diferenciação entre reincidência específica e genérica e, por consequência, suprimiu o tratamento diferenciado no tocante à dosimetria da pena. Assim, considerando que a redação vigente do Código Penal estatuída pela Lei n. 7.209/84 teve origem na Lei n. 6.416/1977, a interpretação da norma deve ser realizada de forma restritiva, evitando, com isso, restabelecer parcialmente a vigência da lei expressamente revogada. Inclusive, tal interpretação evita incongruência decorrente da afirmativa de que a reincidência específica, por si só, é mais reprovável do que a reincidência genérica. 3. Ainda para fins de inadmitir distinção de agravamento de pena entre o reincidente genérico e o específico, é importante pesar que o tratamento diferenciado entre os reincidentes pode ser feito em razão da quantidade de crimes anteriores cometidos, ou seja, da multirreincidência. 4. Fica ressalvada a excepcionalidade da aplicação de fração mais gravosa do que 1/6 mediante fundamentação concreta a respeito da reincidência específica. 5. Recurso especial parcialmente provido para alterar a fração incidente na segunda fase da dosimetria para 1/6 em razão de única reincidência específica. TESE: "A reincidência específica como único fundamento só justifica o agravamento da pena em fração mais gravosa que 1/6 em casos excepcionais e mediante detalhada fundamentação baseada em dados concretos do caso" (REsp 2.003.716 – RS, 3.ª Seção, rel. Joel Ilan Paciornik, 25.10.2023, v.u.).

**28-C. Aplicabilidade das agravantes e atenuantes:** as circunstâncias legais, calculadas em frações, comportam um critério diferenciado das causas de aumento e diminuição, que incidem umas sobre as outras. Por isso, o ideal é seguir o parâmetro das circunstâncias judiciais, somando-se as frações, quando houver mais de uma, para depois aplicar sobre a pena resultante da primeira fase (pena-base). Como as agravantes e atenuantes não têm um valor estabelecido em lei, pode-se compensar uma positiva (ex.: motivo de relevante valor social) com uma negativa (reincidência, por exemplo). Na jurisprudência: STJ: "2 – Na segunda fase, foram valoradas duas agravantes, de modo que não há desproporcionalidade no aumento de 1/3 imposto sobre a pena" (AgRg no AREsp 2.404.460/SP, 5.ª T., rel. Ribeiro Dantas, 27.02.2024, *DJe* de 01.03.2024); "3 – Na segunda fase, reconheço a atenuante da confissão e a compenso integralmente com uma das quatro agravantes da reincidência. Tendo em vista haver mais três reincidências sobressalentes (e-STJ fl. 181), a pena deveria ser majorada em 1/6 por cada uma dessas agravantes, o que levaria à pena intermediária de 6 meses. Contudo, tendo a pena provisória sido majorada apenas para 5 meses, fica vedado seu aumento, nesta oportunidade, a 6 meses de detenção, sob pena de *reformatio in pejus* em recurso exclusivo da defesa" (AREsp 2.414.743, 6.ª T., rel. Antonio Saldanha Palheiro, *DJe* de 13.12.2023); "7 – Na ausência de previsão legal específica, a fração que via de regra deve ser aplicada por cada agravante reconhecida na segunda fase da dosimetria é de 1/6, o que conduz ao patamar de 1/3 no caso de presença de duas delas, não podendo ser aplicado o montante de uma sobre a outra dentro da mesma etapa" (AgRg no HC 633.447/GO, 5.ª T., rel. Ribeiro Dantas, 22.08.2023, *DJe* de 28.08.2023).

**29. Diferença entre elementares e circunstâncias:** as primeiras são componentes do tipo penal básico, integrando o modelo primário de conduta proibida (*caput*), enquanto as outras são apenas elementos que rodeiam o crime, podendo ou não fazer parte do tipo, sem alterar a sua existência (parágrafos). As circunstâncias que se incorporam ao tipo penal – para aumentar ou diminuir a punição – são consideradas integrantes do tipo derivado (qualificadoras ou privilégios). As que não fazem parte do tipo podem ser legais (previstas expressamente em lei, como as agravantes e atenuantes) ou judiciais (arroladas genericamente no art. 59). O alerta feito nesse artigo é para não se levar em conta, como agravante, a circunstância que tomar parte no tipo penal, vale dizer, aquelas que constituírem o tipo derivado. Ex.: um homicídio tem duas elementares: "matar" e "alguém". Bastam as duas para configurar o crime. Entretanto, se ele for cometido por motivação fútil, torna-se mais grave, porque possui o "motivo fútil" como circunstância qualificadora. Nesse caso, não se utiliza a agravante da futilidade, tendo em vista que ela já "constitui" o delito.

**30. Necessidade de evitar o *bis in idem*:** utilizando o mesmo raciocínio exposto na nota anterior, quando a circunstância agravante fizer parte do tipo derivado, como qualificadora, não será utilizada como tal, ou seja, o juiz não a levará em conta como circunstância legal. A providência é necessária para evitar a dupla punição pelo mesmo fato (*bis in idem*). Veremos mais adiante o conceito de qualificadora, embora, desde logo, saibamos que se trata de uma circunstância integrante do tipo derivado.

**31. Rol taxativo:** o elenco de agravantes previsto no art. 61 é restrito e não pode ser ampliado. Por isso, não há possibilidade de utilização de qualquer mecanismo, inclusive analogia, para aumentar as suas hipóteses de incidência.

**32. Incidência do inciso I:** a reincidência, que será mais bem analisada nos comentários ao art. 63, é igualmente aplicável aos delitos dolosos e culposos.

**33. Rol do inciso II para crimes dolosos:** entende-se, majoritariamente, serem aplicáveis as circunstâncias agravantes previstas no inciso II somente aos crimes dolosos, por absoluta incompatibilidade com o delito culposo, cujo resultado é involuntário. Como se poderia chamar de fútil o crime culposo, se o agente não trabalhou diretamente pelo resultado? Como se poderia dizer ter havido homicídio culposo cruel, se o autor nada fez para torná-lo mais sofrido à vítima? Enfim, estamos com a doutrina que sustenta haver incompatibilidade entre o rol do inciso II e o delito culposo. Nessa ótica: SÉRGIO SALOMÃO SHECAIRA e ALCEU CORRÊA JUNIOR, *Teoria da pena*, p. 265. Ainda assim, encontra-se, embora raramente, aplicação desse inciso ao universo da culpa. Cite-se, como exemplo: STF: "Não obstante a corrente afirmação apodíctica em contrário, além da reincidência, outras circunstâncias agravantes podem incidir na hipótese de crime culposo: assim, as atinentes ao motivo, quando referidas à valoração da conduta, a qual, também nos delitos culposos, é voluntária, independentemente da não voluntariedade do resultado: admissibilidade, no caso, da afirmação do motivo torpe – a obtenção do lucro fácil –, que, segundo o acórdão condenatório, teria induzido os agentes ao comportamento imprudente e negligente de que resultou o sinistro" (sobre o acidente do barco *Bateau Mouche*; HC, 05.10.1993, 1.ª T., rel. Sepúlveda Pertence, m.v.; maioria no tocante à substituição da pena para restritiva de direitos e quanto ao regime, mas não com relação à agravante, *RT* 730/407). Entretanto, também proveniente do STF, mais recente, impedindo a aplicação da motivação torpe ao delito culposo: "A 1.ª Turma concedeu ordem de *habeas corpus* para retirar o agravamento correspondente a 1/4 da pena-base da reprimenda imposta ao condenado. Na espécie, o paciente, militar, determinara a subordinado, então condutor do veículo, que lhe entregasse a direção, embora não possuísse carteira de motorista. Após assumir a direção, ocorrera acidente pelo qual fora condenado por lesão corporal e homicídio culposo com a agravante do motivo torpe. No caso, considerara-se como qualificadora a futilidade do motivo que levou o réu a tomar para si o volante da viatura, (...) por mero capricho. A Turma entendeu que, tendo em vista que nos crimes culposos seria necessário aferir o grau de culpabilidade do agente, não seria possível, em um segundo momento, analisar circunstância, com a exceção da reincidência, que revelasse o seu maior grau de culpabilidade, sob pena de incorrer em *bis in idem*" (HC 120.165-RS, rel. Dias Toffoli, 11.02.2014).

**34. Motivo fútil e ausência de motivo:** é o motivo de mínima importância, manifestamente desproporcional à gravidade do fato e à intensidade do motivo. Ex.: matar alguém porque perdeu uma partida de sinuca ou praticar um furto simplesmente para adquirir uma roupa elegante. O fundamento da maior punição da futilidade consiste no egoísmo intolerante, na mesquinhez com que age o autor da infração penal. *Não se deve confundir motivo fútil com motivo injusto*: afinal, o delito é sempre injusto. De outro lado, é bastante polêmica a possibilidade de equiparar a *ausência de motivo* ao motivo fútil. Sustentam alguns que praticar o delito sem qualquer motivo evidencia futilidade, com o que não podemos concordar. O crime sempre tem uma motivação, de modo que desconhecer a razão que levou o agente a cometê-lo jamais deveria ser considerado *motivo fútil*. É possível que o Estado-acusação não descubra qual foi o fator determinante da ação criminosa, o que não significa *ausência de motivo*. Uma pessoa somente é capaz de cometer um delito sem qualquer fundamento se não for normal, merecendo, nesse caso, uma avaliação psicológica, com possível inimputabilidade ou semi-imputabilidade. Por outro lado, quem comete o delito pelo mero prazer de praticá-lo está agindo com sadismo, o que não deixa de ser um motivo torpe. Ressalte-se que considerar a ausência de motivo como futilidade pode trazer sérios inconvenientes. Imagine-se o agente que tenha matado o estuprador de sua filha – circunstância que a doutrina considera *relevante valor moral* –, embora tenha fugido sem deixar rastro. Testemunhas presenciais do fato o reconhecem nas fases policial e judicial por fotografia ou porque já o conheciam de vista, mas não sabem indicar a razão do delito. Caso tenha sido denunciado por homicídio cometido por motivo fútil (pela ausência de motivo), estar-se-ia cometendo uma flagrante injustiça. Corretíssima, nesse sentido, a lição de NÉLSON HUNGRIA: "Não há crime *gratuito* ou sem motivo e é no motivo que reside a significação mesma do crime. O motivo é o 'adjetivo'

# Art. 61

Código Penal Comentado • **Nucci**

400

do elemento moral do crime. É em razão do 'porquê' do crime, principalmente, que se pode rastrear a personalidade do criminoso e identificar a sua maior ou menor antissociabilidade" (*Comentários ao Código Penal*, v. 5, p. 122-123).

**34-A. A questão do ciúme:** outro ponto a merecer destaque é o *ciúme*. Não se trata, para a maioria da doutrina e da jurisprudência, de motivo fútil, pois esse sentimento doloroso de um amor inquieto, egoísta e possessivo, apesar de injusto, não pode ser considerado ínfimo ou desprezível. Desde os primórdios da humanidade o ciúme corrói o homem e por vezes chega a configurar uma causa de diminuição da pena ou uma atenuante, quando em decorrência de "violenta emoção, provocada por ato injusto da vítima". O ciúme tem movido vários casos de homicídio passional, de forma que fútil não pode ser.

**34-B. Embriaguez e futilidade:** a *embriaguez* é, como regra, incompatível com a futilidade. O sujeito embriagado pode não ter noção exata do que faz, de forma que suas razões para o cometimento de uma infração penal nem sempre devem ser classificadas como fúteis. Entretanto, vigendo, na legislação brasileira, a responsabilidade objetiva no campo da ebriedade, como comentamos na primeira parte desta obra, não é demais supor que os atos do embriagado possam ser considerados *desproporcionais* ao crime praticado e, portanto, fúteis. Noutros termos, há de se ter cautela para avaliar a conduta infracional do ébrio. Cuidando-se de tolice, advinda justamente da ebriedade, nem mesmo se deve levar em conta para tipificar a ação. Porém, havendo situações mais graves, o bêbado responde pelo que faz, desde que a embriaguez tenha sido voluntária ou culposa. Assim sendo, caso se vislumbre futilidade na sua atitude, a agravante deve ser inserida na imputação.

**35. Futilidade direta ou imediata e indireta ou mediata:** ver a nota 23 ao art. 121, § 2.º, II.

**36. Motivo torpe:** é o motivo repugnante, abjeto, vil, que demonstra sinal de depravação do espírito do agente. O fundamento da maior punição ao criminoso repousa na moral média, no sentimento ético-social comum. Ex.: cometer um crime impulsionado pela ganância ou pela ambição desmedida. Costumeiramente, sustenta-se ser torpe a *vingança*, o que não corresponde sempre à realidade. Nem toda vingança pode ser tachada de torpe. Note-se o exemplo já mencionado do pai que, por vingança, mata o estuprador de sua filha, ou mesmo do professor que agride, por vingança, o traficante que perturba as crianças de sua escola. São motivos de *relevante valor* – moral ou social –, mas nunca repugnantes. Por outro lado, é imperioso destacar a hipocrisia que ainda cerca a questão no contexto social. A moral média – espelhada em livros, revistas, contos, novelas, filmes etc. – nem sempre elege a vingança como motivo a causar asco à sociedade. Fosse assim e não existiriam tantas histórias contendo a vingança como pano de fundo, justamente praticada por aquele que foi agredido injustamente e resolve "fazer justiça pelas próprias mãos". Não se quer com isso dizer que a vingança é motivo justo ou mesmo ideal de agir, embora não se deva desconhecer que a torpeza é a motivação vil, denotativa de repulsa social ao ato praticado; daí por que nem sempre a sociedade irá considerar torpe uma vingança. Sem falso moralismo, é preciso que o juiz tenha muita cautela antes de acolher a agravante do motivo torpe fundada na vingança. Do mesmo modo, o ciúme não deve ser considerado motivo torpe, pelas razões já expostas no item anterior.

**37. Motivação torpe específica:** essa agravante cuida de um motivo torpe com formulação particular. O agente que comete um delito para facilitar ou assegurar a execução, a ocultação, a impunidade ou a vantagem de outro delito demonstra especial torpeza. Quando, eventualmente, consiga o autor atingir dois resultados (ex.: um homicídio para esconder um estelionato), pune-se utilizando a regra do concurso material. Na jurisprudência: STF: "4. A incidência da agravante do artigo 61, II, 'b', do Código Penal prescinde de eventual sucesso no crime que se pretende facilitar, assegurar a execução, ocultação, impunidade ou vantagem" (RHC 131.660 AgR, 1.ª T., rel. Rosa Weber, 29.03.2019, maioria). STJ: "1. O Tribunal *a quo* consignou que somente quando o objeto ou o meio forem absolutamente impróprios é que não se pune a conduta. Não é o caso, pois o documento exibido pelo réu era apto a iludir e prejudicar direitos. Desse modo, inviável a tese de crime impossível que só se caracteriza quando o meio empregado pelo agente for absolutamente ineficaz para a produção de resultado, o que não é o caso dos autos. 2. A utilização de documento falsificado, a fim de ocultar a condição de foragido da justiça, como exercício da autodefesa, não é admitida por esta Corte Superior, independente de solicitação da autoridade policial para apresentar o documento. (...) 4. A teor do art. 61, II, 'b', do CP, é circunstância que sempre agrava a pena, ter o agente cometido o crime para facilitar ou assegurar a impunidade de outro crime. O Tribunal *a quo* assinalou que o condenado fez uso de documento falso por esse motivo, o que justifica concretamente a incidência da agravante" (AgRg no HC 557.776-ES, 6.ª T., rel. Rogerio Schietti Cruz, 10.08.2021, v.u.).

**38. Traição:** trata-se da consagração da deslealdade, da perfídia, da hipocrisia no cometimento de um crime. Essas referências do legislador são modos específicos de agir, que merecem maior censura no momento de aplicação da pena. A traição divide-se em material (ou objetiva), que é a atitude de golpear alguém pelas costas, e moral (ou subjetiva), que significa ocultar a intenção criminosa, enganando a vítima. Logicamente, a traição engloba a surpresa. Como exemplo, mencionamos um caso concreto que nos foi recentemente narrado: o empregado, despedido da empresa onde trabalhava, retornou ao local do antigo serviço e pediu ao chefe do seu setor – a quem imputava o motivo de sua demissão – para ler um determinado documento que carregava consigo. A vítima não desejava fazê-lo, mas o agente insistiu bastante. Quando tomou o referido papel para ler, foi violentamente golpeada pelas costas. Na jurisprudência: Agravante prevista no art. 61, II, 'c', do Código Penal. A narrativa dos fatos feita pela Corte originária permite a subsunção dos fatos à agravante apontada. Isso porque a vítima transitava pela via púbica quando foi golpeada pelas costas" (STJ, HC 569.565/SP, 5.ª T., rel. Felix Fischer, 19.05.2020, v.u.).

**39. Emboscada:** é o ato de esperar alguém passar para atacá-lo, vulgarmente conhecida por tocaia ou cilada.

**40. Dissimulação:** é o despistamento da vontade hostil; escondendo a vontade ilícita, o agente ganha maior proximidade da vítima. Não deixa de ser uma forma de traição moral. O agente, fingindo amizade para atacar, leva vantagem e impede a defesa. Na jurisprudência: STJ: "2. Nessa linha de raciocínio, é possível inferir que a dissimulação não é elemento próprio do tipo penal, porquanto o delito pode ser cometido até mesmo pela simples manutenção de depósito no exterior sem a devida comunicação à Receita Federal. 3. Na hipótese, o acusado participou de complexo esquema, fazendo uso de 'laranjas' para ocultar a identidade dos agentes envolvidos no delito, de modo a caracterizar a dissimulação" (AgRg no AREsp 1.218.352/MG, 5.ª T., rel. Jorge Mussi, 27.11.2018, v.u.).

**41. Interpretação analógica de outro recurso:** o legislador se vale da fórmula genérica de "outro recurso que dificulte ou torne impossível a defesa" do ofendido. É natural supor que todas as ações supradescritas são recursos que prejudicam ou impossibilitam a defesa, embora neste caso haja possibilidade de amoldar qualquer outra situação não descrita expressamente na norma penal. Trata-se de uma fórmula casuística. Há necessidade de ser uma situação

# Art. 61

Código Penal Comentado · **Nucci**

402

análoga às que foram descritas anteriormente. Exemplo disso é o de MacBeth, que assassinou o rei Duncan enquanto o soberano dormia.

**42. Análise global do dispositivo:** são meios de cometer o crime. Há três gêneros nessa agravante, com quatro espécies. O meio insidioso – que denota estratagema, perfídia –, a crueldade – significando a imposição à vítima de sofrimento além do necessário para alcançar o resultado típico pretendido –, bem como o perigo comum – situação que coloca em risco mais pessoas do que a visada pelo agente – são os gêneros, dos quais o legislador destacou exemplos específicos: a) *emprego de veneno*: podendo significar o uso de um meio insidioso ou camuflado para agir, o que acontece especialmente no homicídio, mas também pode espelhar crueldade, quando a substância provocar morte lenta e dolorosa; b) *o uso de fogo*: algo que tanto pode causar sofrimento exagerado à vítima, como produzir perigo a outras pessoas; c) *explosivo*: que, na definição de Sarrau, é "qualquer corpo capaz de se transformar rapidamente em gás à temperatura elevada" (citação de HUNGRIA, *Comentários ao Código Penal*, p. 166), e, assim ocorrendo, apto a provocar a violenta deslocação e destruição de matérias ao seu redor, tratando-se, evidentemente, de perigo comum; d) *tortura*: que é o suplício imposto a alguém, constituindo evidente forma de crueldade.

**43. Relações familiares:** aumenta-se a punição no caso de crime cometido contra ascendente, descendente, irmão ou cônjuge, tendo em vista a maior insensibilidade moral do agente, que viola o dever de apoio mútuo existente entre parentes e pessoas ligadas pelo matrimônio. Nesse caso, trata-se do parentesco natural ou civil. Descartam-se, apenas, as relações de afinidade, como as figuras do *pai ou da mãe de criação* e outras correlatas. Não se aceita, também, pelo princípio da legalidade estrita que vige em direito penal, qualquer inclusão de concubinos ou companheiros. É preciso evitar o *bis in idem*, quando a circunstância já tiver sido considerada como qualificadora ou causa de aumento.

**43-A. Parricídio:** na concepção atual do termo, considera-se o homicídio praticado pelo descendente contra ascendente, incidindo, pois, a agravante prevista neste artigo, uma vez que não se trata de qualificadora. Historicamente, houve diferença no emprego da palavra *parricídio*. Explica RICARDO LEVENE que "na evolução cronológica desse termo, encontramos que, no Direito Romano, se designava assim, primitivamente, todo homicídio de homem livre ('par' – semelhante), mas o mesmo não provinha de 'parens' (parente); depois, pela Lei das Doze Tábuas o parricídio se considerou como a morte do pai pelo filho. A Lei Pompeia de parricídio o estendeu à morte da esposa, sogros, sobrinhos, primos e patrão, mas Constantino o limitou à morte dos ascendentes e descendentes" (*El delito de homicidio*, p. 141).

**44. Abuso de autoridade e relações do lar:** também nessa agravante pune-se com maior rigor a afronta aos princípios de apoio e assistência que deve haver nessas situações. O abuso de autoridade mencionado é o abuso no campo do direito privado, vale dizer, nas relações de autoridade que se criam entre tutor-tutelado, guardião-pupilo, curador-curatelado etc. Quanto às relações domésticas, são as ligações estabelecidas entre participantes de uma mesma vida familiar, podendo haver laços de parentesco ou não. Ex.: um primo que se integre à vida da família priva das suas relações domésticas. Coabitação, por sua vez, significa apenas viver sob o mesmo teto, mesmo que por pouco tempo. Ex.: moradores de uma pensão. Finalmente, hospitalidade é a vinculação existente entre as pessoas durante a estada provisória na casa de alguém. Ex.: relação entre anfitrião e convidado durante uma festa. Na jurisprudência: STJ: "1. A coabitação em república é situação apta a atrair a agravante do art. 61, II, *f*, do CP, mesmo porque, conforme consignado pelas instâncias ordinárias, não se tratava só de residência no mesmo local, mas, também, de condição que facilitou a ação criminosa, pelo prévio conhecimento que a vítima tinha do agravante e demais corréus, contexto que ensejou a oportunidade da saída para o consumo de bebidas alcoólicas e o cometimento do crime. 2. 'Para os efeitos de incidência da Lei Maria da Penha, o âmbito da unidade doméstica engloba todo espaço de convívio de pessoas, com ou sem vínculo familiar, ainda que esporadicamente agregadas. Ademais, a família é considerada a união desses indivíduos, que são ou se consideram aparentados, por laços naturais, afinidade ou vontade expressa e que o âmbito doméstico e familiar é caracterizado por qualquer relação íntima de afeto, em que o agressor conviva ou tenha convivido com a ofendida, independentemente de coabitação' (AgRg no AREsp n. 1.643.237/GO, relator Ministro Rogerio Schietti Cruz, Sexta Turma, julgado em 21/9/2021, *DJe* de 29/9/2021)" (AgRg no REsp 1.982.473/PR, 6.ª T., rel. Jesuíno Rissato (Desembargador convocado do TJDFT), 14.08.2023, v.u.); "1. 'Não caracteriza *bis in idem* a utilização da agravante genérica prevista no art. 61, II, *f*, do Código Penal e da majorante específica do art. 226, II, do Código Penal, tendo em vista que a circunstância utilizada pelo Tribunal de origem para agravar a pena foi a prevalência de relações domésticas no ambiente intrafamiliar e para aumentá-la na terceira fase, em razão da majorante específica, utilizou-se da condição de padrasto da vítima, que são situações distintas' (REsp 1.645.680/RS, rel. Min. Joel Ilan Paciornik, 5.ª T., 14.02.2017, *DJe* 17.02.2017). (...) 3. Na espécie, o aumento da pena levado a efeito, em razão da aplicação da agravante genérica do art. 61, II, 'f', do Código Penal, deve considerar a tenra idade da vítima à época dos abusos, bem como o fato de ter sido submetida a uma diversidade de atos sexuais, ameaças, coações, uso de força, além do forte abalo psicológico sofrido" (AgRg no REsp 1.872.170/DF, 5.ª T., rel. Ribeiro Dantas, 09.06.2020, v.u.).

**45. União estável:** não sendo possível equiparar o casamento e a união estável para o fim de aplicar a agravante de crime cometido contra cônjuge, é perfeitamente admissível inserir a companheira (ou companheiro), fruto da união estável, na agravante prevista nesta alínea: "prevalecendo-se de relações domésticas".

**45-A. Violência doméstica contra a mulher:** a parte final da alínea *f* do inciso II do art. 61 foi introduzida pela Lei 11.340/2006. A mulher agredida no âmbito doméstico já gozava de particular proteção de qualquer modo, o que fica demonstrado nesta mesma alínea ("prevalecendo-se de relações domésticas"), ou na alínea *e* ("contra ascendente, descendente, irmão ou cônjuge"). Porém, esta inclusão pode abranger outros relacionamentos, como a relação existente entre namorados, quando o homem agride a mulher e eles nunca viveram juntos. Na jurisprudência: STJ: "5. Para que seja aplicada a agravante do art. 61, II, 'f', do Código Penal, basta a comprovação de que a violência contra a mulher foi exercida no âmbito da unidade doméstica, da família ou de qualquer relação íntima de afeto, na qual o agressor conviva ou haja convivido com a ofendida. Com efeito, é presumida, pela Lei Maria da Penha, a hipossuficiência e a vulnerabilidade da mulher em contexto de violência doméstica e familiar. 6. A partir dos pressupostos fáticos estabelecidos pelas instâncias de origem, a Corte local agiu em consonância com a jurisprudência do STJ, ao aplicar a agravante do art. 61, II, 'f', do CP à hipótese, haja vista a caracterização de violência doméstica contra a mulher, pela suposta agressão do denunciado contra a ex-esposa" (AgRg no AREsp 1.649.406/SP, 6.ª T., rel. Rogerio Schietti Cruz, 19.05.2020, v.u.); "3. Não restou evidenciada a violação do princípio do *non bis in idem*, porquanto a agravante disposta no art. 61, inc. II, 'f', foi inserida no Código Penal pela própria Lei Maria da Penha, visando recrudescer as sanções cometidas no contexto da violência doméstica contra a mulher. Além do mais, os dispositivos da Lei n. 11.340/06 além de afastarem as medidas despenalizadoras da Lei n. 9.099/95, também proibiram a incidência de sanções pecuniárias (pagamento de cestas básicas e multa) no intuito de inibir a violência doméstica contra a mulher. De outro modo, a finalidade da circunstância agravante inserida no art. 61, inc. II, 'f', do CP, é o recrudescimento da pena diante da maior gravidade dos atos

# Art. 61

Código Penal Comentado • **Nucci**

404

delituosos com prevalência de relações domésticas, de coabitação ou de hospitalidade, ou com violência contra a mulher" (HC 502.238/SC, 5.ª T., rel. Joel Ilan Paciornik, 16.05.2019, v.u.).

**46. Abuso de poder e violações de dever:** o abuso de poder ora retratado é justamente o abuso de uma função pública, por isso muito fácil de ser confundido com o abuso de autoridade, previsto na Lei 13.869/2019. É preciso, aliás, cautela para não haver *bis in idem*. Se o agente for punido com base na lei mencionada, não se pode aplicar esta agravante. Entretanto, quando não for o caso de aplicar o *abuso de autoridade*, é possível reconhecer o *abuso de poder*. Ex.: quando uma autoridade constrange alguém, mediante grave ameaça, a celebrar contrato de trabalho, responderá pelo crime descrito no art. 198 combinado com o art. 61, II, *g*, do Código Penal. Sob outro aspecto, por vezes, a relação de confiança integra o tipo penal, demonstrada pela violação de um dever. Assim sendo, não se pode aplicar esta agravante, evitando-se o *bis in idem*. Como exemplo: STJ: "2. A aplicação da agravante prevista no art. 61, II, *g*, do Código Penal – CP ter o agente cometido o crime com abuso de poder ou violação de dever inerente a cargo, ofício, ministério ou profissão – ao delito previsto no art. 1.º, III, do Decreto-Lei n. 201/67 – crime de responsabilidade de Prefeitos e Vereadores – configura indevido *bis in idem*. Precedentes" (HC 481.010/BA, 5.ª T., rel. Joel Ilan Paciornik, 13.12.2018, v.u.). Ver outros exemplos ao final desta nota. Melhor analisando o tema, permitimo-nos reformular a definição anterior acerca de *cargo*. Afinal, está-se no contexto do *abuso de poder*, mencionando o art. 61, II, *g*, do Código Penal, a violação de *dever*. Ora, o cargo somente pode ser o público, criado por lei, com denominação própria, número certo e remunerado pelo Estado, vinculando o servidor à Administração estatutariamente. Não vemos, hoje, sentido em mencionar *cargo em empresa particular* (inexiste contexto de *poder* e *dever*). Por uma questão de coerência, deve-se acrescer a *função pública* (atribuição que o Estado impõe aos seus servidores para a realização de tarefas nos três Poderes, sem ocupar cargo ou emprego). Além disso, merece inclusão, também, o emprego público (posto criado por lei na estrutura hierárquica da Administração Pública, com denominação e padrão de vencimentos próprios, ocupado por servidor contratado pelo regime da CLT). Tanto a função pública quanto o emprego público devem ser extraídos do termo *ofício*, porque assim se fazia quando o Código Penal foi editado. Entendia-se por ofício tanto o posto público quanto o privado, conforme indica Roberto Lyra: "no conceito de *ofício* entra, quer o ofício público, quer o privado. Ofício, em tal sentido, é toda função reconhecida e disciplinada pela lei, tanto no campo de direito público, como no campo do direito privado" (*Comentários ao Código Penal*, v. II, p. 295). Segue a mesma ideia, Noronha, ao indicar cargo ou ofício como funções públicas, primordialmente (*Direito penal*, v. 1, p. 256). Em interpretação teleológica, mas também extensiva, onde se lê *ofício* é fundamental ler *função pública* ou *emprego público*, pois são as atividades que possuem deveres previstos em lei. Parece-nos que, quando Lyra aponta o ofício privado, reconhecido e disciplinado pela lei, em verdade, está indicando o que, atualmente, se denomina por *profissão* (atividade de sustento, reconhecida e regulada pelo Estado), como apontamos a seguir. Não se deve, por óbvio, adotar o conceito vulgar de ofício (uma atividade que demanda conhecimento específico ou habilidade), pois seriam os exemplos de pintor, padeiro, pedreiro, dona de casa etc. Esses ofícios não são regulados pelo Estado, não estão previstos em lei, razão pela qual não possuem poderes, nem deveres, para que possam ser infringidos e, em consequência, gerar um crime com agravante. *Ministério*, por seu turno, é o exercício de atividade religiosa; *profissão* quer dizer uma atividade especializada, pressupondo preparo. Quanto ao exercício de ministério, torna-se indispensável seja uma religião reconhecida pelo Estado, com um mínimo de tradição e com um *código próprio de deveres*, como há no caso da Igreja Católica. Do contrário, valendo-se da liberdade de crença e culto, qualquer pessoa pode *criar* uma atividade religiosa inédita, sem qualquer previsão de poderes e deveres, razão pela qual se torna inviável aplicar a agravante do exercício de ministério, visto inexistir parâmetro para se aquilatar eventual abuso ou violação de dever. No tocante à profissão, cuida-se de atividade especializada, pressupondo preparo; porém, deve-se considerar apenas as que são reguladas pelo Estado, logo, possuem deveres fixados em lei ou em estatutos reconhecidos por lei (ex.: advogados, médicos, engenheiros etc.). Não se deve utilizar o termo *profissão* no sentido vulgar, como um trabalho habitual do qual alguém retira os meios necessários para sobreviver; se assim fosse, seria equivalente ao conceito vulgar de ofício e ambos seriam, portanto, sinônimos. A agravante em comento inicia mencionando o *abuso de poder*, passando, após, a cuidar de *violação de dever*, situações que, para a garantia de boa aplicação do Direito Penal, lastreado na legalidade, precisa ter sustentáculo em previsões feitas em lei, estabelecendo a disciplina do exercício do poder e do dever. Na jurisprudência: STJ: "1. Não há *bis in idem* na incidência da agravante genérica prevista no art. 61, II, *g*, do Código Penal ao crime de fraude em licitação, uma vez que a violação do dever inerente à função pública não integra o tipo previsto no art. 90 da Lei n. 8.666/93" (AgRg no AgRg no AREsp 1.223.079/SP, 5.ª T., rel. Ribeiro Dantas, 04.02.2020, v.u.).

**47. Criança:** para efeito de aplicação dessa agravante, há discussão doutrinária e jurisprudencial. Existem, basicamente, *três correntes*: a) a fase da criança vai até os sete anos completos, considerada a *primeira infância*; b) segue até os onze anos completos (doze anos incompletos), buscando conciliar o Código Penal com o Estatuto da Criança e do Adolescente; c) vai até os treze anos completos (quatorze anos incompletos), para aqueles que veem nas referências feitas no Código Penal uma maior proteção a quem possui essa faixa etária (ex.: art. 121, § 4.º, *in fine*). Segundo ALTAVILLA (*Psicologia judiciária*, p. 84 e ss.), a fase da criança segue até os 9 anos, ingressando a pessoa, após, na puberdade, que é a etapa intermediária de maturação sexual entre infância e adolescência. Mencionando ROSSEAU: "A puberdade é como um segundo nascimento; é o momento em que se nasce verdadeiramente para a vida, e nada de humano é mais estranho para o indivíduo". Com a puberdade, completa ALTAVILLA, "começa a organizar-se uma personalidade nova, na qual predominam aquisições progressivas, muito importantes para o indivíduo e para a espécie". Após os 12 anos, surge a adolescência, fase de transformações corporais e psicológicas que se estende dessa idade até os 20 anos. Justamente porque a psicologia considera finda a fase infantil entre os 7 e os 9 anos e a lei nada fala a respeito da puberdade (ou pré-puberdade), preferia se, majoritariamente, a primeira corrente. Dava-se, portanto, uma interpretação restritiva à definição de criança. Entendemos, no entanto, correta a segunda posição, que hoje já se pode considerar predominante, pois não tem sentido considerar criança, para efeito de aplicar a legislação especial (Estatuto da Criança e do Adolescente), o menor de até onze anos completos, enquanto para o fim de agravamento da pena somente levar-se em conta o indivíduo que tenha até sete anos completos. No mesmo sentido: SÉRGIO SALOMÃO SHECAIRA e ALCEU CORRÊA JUNIOR, *Teoria da pena*, p. 267; SÉRGIO DE OLIVEIRA MÉDICI, *Teoria dos tipos penais*, p. 118. Essa agravante é objetiva, vale dizer, basta que a vítima tenha menos de 12 anos para que incida na formação da pena; porém, a responsabilidade penal é subjetiva, significando que o agente deve ter conhecimento da idade da vítima.

**48. Idoso:** a agravante prevista nesta alínea, a contar pelos ofendidos que enumerou – criança, idoso, enfermo e mulher grávida –, tem em vista assegurar punição mais severa ao autor de crime que demonstrou maior covardia e facilidade no cometimento da infração penal, justamente pela menor capacidade de resistência dessas pessoas, devendo, naturalmente, haver nexo lógico entre a conduta desenvolvida e o estado de fragilidade da vítima. Sob outro aspecto, o agente deve conhecer essa circunstância envolvendo a idade da pessoa ofendida, aproveitando-se disso. No passado, o Código Penal mencionava caber a agravante quando o delito fosse cometido contra *velho*, que, majoritariamente, era entendido no sentido biológico, isto é, aquele que atingiu a senilidade, a decrepitude, tornando-se incapaz de se defender.

# Art. 61

Código Penal Comentado · **Nucci**

406

Superou-se essa terminologia, de fato inadequada, para assegurar maior punição a quem fere interesse ou bem jurídico de pessoa maior de 60 anos. O critério passa a ser cronológico, sem maior discussão em torno do momento em que se atinge a idade de maior vulnerabilidade. Há, no entanto, uma falha na redação da Lei 10.741/2003, pois, no art. 1.º, mencionou ser idosa a pessoa com idade *igual* ou *superior* a 60 anos, quando bastaria mencionar o maior de 60 anos. Quem completa essa idade já pode ser considerado *maior de 60*, exatamente como ocorre com a pessoa que completa 18 anos, tornando-se imputável no dia do seu aniversário (aliás, sobre o assunto, consultar a nota 9 ao art. 27). Essa agravante é objetiva, vale dizer, basta que a vítima tenha mais de 60 anos para que incida na formação da pena; porém, a responsabilidade penal é subjetiva, significando que o agente deve ter conhecimento da idade da vítima. Porém, quando não há a presença do idoso no cenário dos fatos, não se aplica a agravante pois se demanda nexo causal entre a conduta e a vulnerabilidade da vítima. Na jurisprudência: STJ: "III – Para a incidência da agravante prevista no art. 61, inc. II, 'h', do CP, é suficiente a comprovação de que o crime foi cometido contra pessoa maior de 60 (sessenta) anos, não havendo que se perquirir em demonstração de vulnerabilidade real das vítimas, como pretendido pela defesa. Precedentes" (AgRg no AREsp 1.789.918-SP, 5.ª T., rel. Felix Fischer, 20.04.2021, v.u.).

**49. Enfermo:** inicialmente podemos afirmar que enfermo é a pessoa que se encontra doente, portadora de alguma moléstia ou perturbação da saúde, embora se possa dizer, ainda, que é a pessoa anormal ou imperfeita. Para fim de aplicação da agravante, especialmente porque o direito penal não veda a aplicação da interpretação extensiva, podemos utilizar o termo em sentido amplo, até para fazer valer o bom senso. Quem tem as resistências diminuídas em razão de algum mal é uma pessoa enferma, contra a qual, em determinadas circunstâncias, pode-se praticar um delito mais facilmente. Por isso, justifica-se a agravação da pena. Do mesmo modo que contra a criança, o velho e a mulher grávida o agente do delito mostra sua pusilanimidade e ousadia, contra a pessoa adoentada faz o mesmo. É preciso, no entanto, checar, no caso concreto, qual é a moléstia ou a perturbação que acomete a vítima, a fim de não haver injustiça. O sujeito gripado pode ser considerado enfermo, embora não o possa ser para finalidade de aplicar a agravante. Assim, quem cometer um roubo contra o indivíduo nesse estado não merece pena mais grave, visto não ser enfermidade capaz de, em regra, diminuir sua capacidade de resistência. Diferente do outro, acometido de pneumonia, preso ao leito, contra quem se pratica um furto. Estando impossibilitado de se defender a contento, configura-se a agravante. Questão tormentosa é a do deficiente. A lei não o incluiu expressamente, como o fez a Lei 9.455/97 (Lei da Tortura), dentre os protegidos por esta agravante. O cometimento de crime contra deficiente pode configurar a agravante da enfermidade? Valemo-nos, para responder a essa indagação, do estudo feito por Luiz Alberto David Araujo, sobre o tema. Diz o autor que "o conceito de deficiência reside na incapacidade do indivíduo para certas tarefas, não na falta de qualquer capacidade física ou mental. A análise isolada não poderá ser feita; pelo contrário, a deficiência deve ser sempre correlacionada a tarefa ou atividade. (...) As deficiências não se restringem, apenas, aos sentidos (visual, auditiva ou da fala), nem aos membros (locomoção ou movimentação) ou, ainda, às faculdades mentais (deficiência mental), mas também alcançam situações decorrentes das mais variadas causas (fenilcetonúria, esclerose múltipla, talassemia, renais crônicos, dentre outros, inclusive AIDS). As pessoas portadoras de deficiência apresentam graus de dificuldade de integração, com uma multiplicidade de situações, que deve ser objeto de atenção rigorosa, tanto do legislador infraconstitucional, como do administrador e do juiz" (*A proteção constitucional das pessoas portadoras de deficiência*, p. 131). Portanto, pode ser considerado enfermo o deficiente e vice-versa, dependendo, no entanto, do caso concreto. O superdotado – pessoa com coeficiente de inteligência acima do normal – pode ser, segundo Araujo, um sujeito com dificuldade de integração social, considerado, pois, um portador de "deficiência", visto necessitar de cuidado e tratamento especial. Esse caso trata de um deficiente que, para efeito penal, não deve ser considerado um enfermo. Por outro lado, o acometido de insuficiência renal crônica e o aidético são considerados enfermos e, ainda, portadores de deficiência. Assim, é cabível, conforme a situação concreta que se apresentar ao juiz, aplicar a agravante da enfermidade também às vítimas portadoras de deficiência física ou mental. Finalizando, lembremos sempre que a enfermidade (abrangida a deficiência) deve ter relação com o crime praticado (quem quebrou uma perna está enfermo e, temporariamente, deficiente, mas não se pode aplicar a agravante se, realizando um negócio, for vítima de estelionato), devendo o agente ter conhecimento da doença ou elemento de incapacitação.

**50. Mulher grávida:** deve ser vista no mesmo prisma da maior dificuldade em se defender. Não é a simples existência da gravidez que torna o crime mais grave, sendo indispensável existir uma relação entre o estado gravídico e o delito perpetrado. Além disso, não basta a gravidez de alguns dias, sendo necessário um estágio mais avançado, que torne a mulher presa fácil de agentes criminosos. Abre-se exceção a tal regra se a gestação, mesmo que em estágio inicial, for conhecida do agente e o crime tiver relação com a maior exposição física e emocional que a mulher sofre, como quando é vítima do delito de tortura. De todo modo, o agente deve ter conhecimento da gestação para que incida a agravante, a fim de que fique evidenciada a sua covardia – justamente o elemento-chave que norteia esta agravante. Na jurisprudência, em outro sentido: "2. Quanto à agravante do art. 61, II, *h*, do CP, o crime foi praticado contra mulher grávida, o que justifica o incremento da pena intermediária. Além disso, considerando se tratar de agravante de natureza objetiva, ela deve ser aplicada, independentemente do conhecimento do estado gravídico da vítima pelo réu. Aplica-se, ao caso, o entendimento desta Corte sobre a agravante etária, a qual, inclusive, foi estabelecida na mesma alínea" (STJ, AgRg no HC 582.200/SP, 5.ª T., rel. Ribeiro Dantas, j. 04.08.2020, v.u.). De fato, a gravidez, a idade da vítima e a enfermidade constituem situações objetivas (como a crueldade, a impossibilidade de defesa da vítima, o emprego de meio gerador de perigo comum, entre outros, nas qualificadoras do homicídio), mas todas as circunstâncias causadoras de elevação da pena do agente precisam ser envolvidas pelo dolo, segundo nos parece. O elemento subjetivo não deve abranger apenas as elementares do crime, constitutivas do tipo básico, mas, igualmente, as circunstâncias de aumento da pena, evitando-se qualquer resquício de responsabilidade objetiva.

**51. Razão de ser da agravante:** não é preciso salientar que a agravante se deve ao fato de o agente atuar com maior perversidade ao investir contra essas pessoas, demonstrando sua frieza e covardia. Naturalmente, crianças, idosos, enfermos e mulheres grávidas têm maior dificuldade de se defender e, justamente por isso, pune-se mais gravemente o crime contra elas praticado.

**52. Proteção da autoridade:** quem está sob proteção do Estado não deve ser atacado, agredido ou perturbado. O agente que comete o delito contra vítima em tal situação demonstra ousadia ímpar, desafiando a autoridade estatal. Por isso, merece maior reprimenda. É o caso do linchamento, quando pessoas invadem uma delegacia para de lá retirar o preso, matando-o.

**53. Situação de desgraça particular ou calamidade pública:** mais uma vez o legislador pretende punir quem demonstra particular desprezo pela solidariedade e fraternidade, num autêntico sadismo moral, aproveitando-se de situações calamitosas para cometer o delito. Vale-se da fórmula genérica e depois dos exemplos específicos. Constituem os gêneros da agravante: a) *calamidade pública*: que é a tragédia envolvendo muitas pessoas; b) *desgraça particular do ofendido*: que é a tragédia envolvendo uma pessoa ou um grupo determinado de pessoas. Como espécies desses gêneros temos o incêndio, o naufrágio e a inundação, que podem ser ora

# Art. 61

calamidades públicas, ora desgraças particulares de alguém. Ex.: durante a inundação de um bairro, o agente resolve ingressar nas casas para furtar, enquanto os moradores buscam socorro. É fundamental haver nexo causal entre o cometimento do delito e a situação de calamidade pública ou desgraça particular da vítima. Durante a pandemia da covid-19, houve julgados acrescentando essa agravante a praticamente todas as infrações penais, o que não poderia ser realizado, porque não se demonstrava o nexo entre a prática do crime e a calamidade gerada pela situação pandêmica. Na jurisprudência: STJ: "1. A incidência da agravante da calamidade pública pressupõe a existência de situação concreta dando conta de que o paciente se prevaleceu da pandemia para a prática delitiva (HC 625.645/SP, Rel. Ministro Felix Fischer, *DJe* 04/12/2020). No mesmo sentido, dentre outros: HC 632.019/SP, Rel. Ministro Felix Fischer, *DJe* 10/2/2021; HC 629/981/SP, Rel. Ministro Joel Ilan Paciornik, *DJe* 9/2/2021; HC 620.531/SP, Ministro Sebastião Reis Júnior, *DJe* 3/2/2021. 2. Hipótese em que a agravante prevista no art. 61, inciso II, alínea *j*, do Código Penal foi aplicada apenas pelo fato de o delito ter sido praticado na vigência do Decreto Estadual n.º 64.879 e do Decreto Legislativo n.º 06/2020, ambos de 20.03.2020, que reconhecem estado de calamidade pública no Estado de São Paulo em razão da pandemia da covid-19, sem a demonstração de que o agente se aproveitou do estado de calamidade pública para praticar o crime em exame, o que ensejou o respectivo afastamento, com o redimensionamento da pena e o abrandamento do regime inicial. 3. Agravo regimental não provido" (AgRg no HC 655.339-SP, 5.ª T., rel. Reynaldo Soares da Fonseca, 13.04.2021).

**54. Embriaguez preordenada:** não bastasse ser punido o crime cometido no estado de ebriedade, atingido pelo agente de forma voluntária, há maior rigor na fixação da pena quando essa embriaguez foi alcançada de maneira preordenada, planejada. Há pessoas que não teriam coragem de cometer um crime em estado normal – para atingirem seu desiderato, embriagam-se e, com isso, chegam ao resultado almejado. A finalidade da maior punição é abranger pessoas que, em estado de sobriedade, não teriam agido criminosamente, bem como evitar que o agente se coloque, de propósito, em estado de inimputabilidade, podendo dele valer-se mais tarde para buscar uma exclusão de culpabilidade. Essa é a típica situação de aplicação de teoria da *actio libera in causa*, conforme expusemos no capítulo pertinente à imputabilidade penal.

**55. Agravantes previstas em legislação especial:** o legislador faz constar em leis especiais algumas circunstâncias agravantes típicas de situações determinadas. Portanto, o rol do art. 61 é taxativo para aplicação aos crimes previstos no Código Penal. Quando se tratar de leis especiais, é possível que outras surjam, sem que haja qualquer comprometimento ao princípio da legalidade, mesmo porque estão prévia e expressamente previstas em lei. É o caso do art. 15 da Lei 9.605/1998 (meio ambiente): "São circunstâncias que agravam a pena, quando não constituem ou qualificam o crime: I – reincidência nos crimes de natureza ambiental; II – ter o agente cometido a infração: *a*) para obter vantagem pecuniária; *b*) coagindo outrem para a execução material da infração; *c*) afetando ou expondo a perigo, de maneira grave, a saúde pública ou o meio ambiente; *d*) concorrendo para danos à propriedade alheia; *e*) atingindo áreas de unidades de conservação ou áreas sujeitas, por ato do Poder Público, a regime especial de uso; *f*) atingindo áreas urbanas ou quaisquer assentamentos humanos; *g*) em período de defeso à fauna; *h*) em domingos ou feriados; *i*) à noite; *j*) em épocas de seca ou inundações; *l*) no interior do espaço territorial especialmente protegido; *m*) com o emprego de métodos cruéis para abate ou captura de animais; *n*) mediante fraude ou abuso de confiança; *o*) mediante abuso do direito de licença, permissão ou autorização ambiental; *p*) no interesse de pessoa jurídica mantida, total ou parcialmente, por verbas públicas ou beneficiada por incentivos fiscais; *q*) atingindo espécies ameaçadas, listadas em relatórios oficiais das autoridades competentes; *r*) facilitada por funcionário público no exercício de suas funções".

**Agravantes no caso de concurso de pessoas**[56]

> **Art. 62.** A pena será ainda agravada em relação ao agente que:
>
> I – promove, ou organiza a cooperação no crime ou dirige a atividade dos demais agentes;[57-57-A]
>
> II – coage ou induz outrem à execução material do crime;[58]
>
> III – instiga ou determina a cometer o crime alguém sujeito à sua autoridade ou não punível em virtude de condição ou qualidade pessoal;[59]
>
> IV – executa o crime, ou nele participa, mediante paga ou promessa de recompensa.[60]

**56. Inteligência da expressão concurso de pessoas:** é preciso considerar que houve um equívoco legislativo na redação da rubrica do art. 62, denominando-se *concurso de pessoas* o que seria somente a aplicação de agravantes concernentes a delitos cometidos com o intercurso de mais de uma pessoa, mas não necessariamente baseado no art. 29 do Código Penal. Assim, pode-se aplicar a agravante deste dispositivo legal ao caso da autoria mediata por coação moral irresistível, embora não seja essa situação considerada um autêntico *concurso de pessoas*.

**57. Mentor ou dirigente da atividade criminosa:** esta é a hipótese que abrange a pessoa que comanda, organiza ou favorece a prática de um delito. Naturalmente, o *cabeça* de uma associação criminosa ou o *mentor intelectual* do fato é mais perigoso que o mero executor. Este, sozinho, pode não ter condições ou coragem para o cometimento da infração penal; daí por que se pune mais gravemente quem dá força à organização da atividade delituosa. Por isso sustentamos, nos comentários ao art. 29, que o partícipe – no caso de atuar como mentor ou dirigente – pode receber pena mais elevada do que o coautor, que executou materialmente o crime. Essa circunstância só pode ser levada em conta uma vez; havendo a agravante, deve ser nesta fase (a segunda, na fixação da pena, onde ingressam agravantes e atenuantes) – e não como circunstância judicial a ser ponderada na pena-base. Conferir: STJ: "1. Conforme a jurisprudência deste Superior Tribunal de Justiça, a posição de destaque ocupada pelo agente no esquema criminoso justifica a aplicação da agravante prevista no art. 62, I, do CP, exatamente como se verificou na hipótese dos autos. Ademais, o afastamento do que ficou consignado na origem em relação ao papel exercido pelo agente, que além de ter sido o mentor do delito, também instigou o comparsa a esgorjar a vítima, demandaria análise de prova, inadmissível em recurso especial, com incidência da Súmula n. 7 do STJ" (AgRg no AREsp 2.479.369/SC, 5.ª T., rel. Reynaldo Soares da Fonseca, 20.02.2024, v.u.); "2. Evidenciado que o recorrente exerceu papel de liderança na atividade criminosa, organizando e dirigindo a atuação dos demais acusados nas práticas delitivas, mostra-se devida a incidência da agravante prevista no art. 62, I, do Código Penal" (AgRg no AREsp 1.404.658-SP, 6.ª T., rel. Rogerio Schietti Cruz, 23.03.2021, v.u.).

**57-A. Mentor intelectual, participação e *bis in idem*:** temos sustentado (nota 3 ao art. 29) que o autor intelectual do delito (ou mandante) é partícipe, pois não praticou nenhum elemento do tipo penal (quem manda matar, efetivamente, não *executa* o homicídio, por exemplo). Isso não significa que deva ter punição menor. Ao contrário, preceitua o art. 29 do Código Penal que qualquer concorrente do crime (coautor ou partícipe) responde de acordo com sua culpabilidade (grau de reprovação merecido). O mandante, em muitos casos, merece pena mais severa que a aplicada ao executor. Aliás, esse é o motivo de existir a agravante prevista no art. 62, I, do Código Penal. Por isso, em especial no Tribunal do Júri, se o magistrado propuser o quesito de participação ("Fulano concorreu de qualquer modo para o crime, diri-

# Art. 63

Código Penal Comentado • **Nucci**

gindo a atividade dos executores?"), para determinar a sua concorrência para o evento e, na sequência, indagar, novamente, porém a título de agravante, se ele foi o dirigente da atividade dos executores, inexiste *bis in idem*. Os quesitos têm fundamentação e objetivação diversas. O primeiro tem por finalidade determinar se Fulano concorreu para o delito. O segundo diz respeito à circunstância agravante.

**58. Coação ou indução ao crime:** coagir é obrigar, enquanto induzir é dar a ideia. Tanto uma situação quanto outra tornam o coator ou indutor mais perigoso do que o mero executor. No caso da coação, é possível até que, em se tratando de coação moral irresistível, somente responda o coator (autoria mediata). Entretanto, se a coação for resistível, o coator responde por esta agravante e o coato recebe uma atenuante (art. 65, III, *c*, CP).

**59. Instigação ou determinação para o delito:** instigar é fomentar ideia já existente, enquanto determinar é dar a ordem para que o crime seja cometido. A referida ordem pode ser de superior para subordinado, podendo até mesmo configurar para o executor uma hipótese de exclusão da culpabilidade (obediência hierárquica) ou de atenuante (art. 65, III, *c*, CP), podendo ainda ser dada a um inimputável, o que configura, outra vez, a autoria mediata, punindo mais gravemente o autor mediato.

**60. Criminoso mercenário:** trata-se de uma hipótese de torpeza específica, ou seja, o agente que comete o crime ou dele toma parte pensando em receber algum tipo de recompensa. Na jurisprudência: STJ: "2. De todo modo, é possível a concessão de *habeas corpus* de ofício, a fim de afastar a agravante genérica do art. 62, IV, do CP, isso porque, quando a vantagem econômica ou de outra natureza for ínsita ao tipo legal do delito, como é a decorrente do crime de corrupção ativa do art. 333 do CP, configuraria *bis in idem*, situação vedada no sistema penal" (EDcl no AgRg no AREsp 2.101.521/RJ, 5.ª T., rel. Ribeiro Dantas, 13.02.2023, v.u.).

### Reincidência[61-61-A]

> **Art. 63.** Verifica-se a reincidência[62] quando o agente comete novo crime,[63] depois de transitar em julgado a sentença[64-64-C] que, no País ou no estrangeiro,[65] o tenha condenado por crime anterior.[66-67]

**61. Conceito de reincidência:** é o cometimento de uma infração penal após já ter sido o agente condenado definitivamente, no Brasil ou no exterior, por crime anterior. Admite-se, ainda, porque previsto expressamente na Lei das Contravenções Penais, o cometimento de contravenção penal após já ter sido o autor anteriormente condenado com trânsito em julgado por contravenção penal. Portanto, admite-se, para efeito de reincidência, o seguinte quadro: a) crime (antes) – crime (depois); b) crime (antes) – contravenção penal (depois); c) contravenção (antes) – contravenção (depois). Não se admite: contravenção (antes) – crime (depois), por falta de previsão legal.

**61-A. Reincidência e o princípio constitucional da vedação da dupla punição pelo mesmo fato (*ne bis in idem*):** é certo que ninguém deve ser punido *duas vezes* pelo *mesmo fato*. Se Fulano subtraiu bens de Beltrano, torna-se lógico não poder sofrer duas condenações por furto. Basta uma. Algumas vozes, entretanto, sustentam que levar em consideração, ilustrando, um furto anteriormente cometido por Fulano, pelo qual já foi condenado e cumpriu pena, com o fito de, em processo por roubo posterior, noutro cenário, portanto, ser condenado como reincidente, seria uma maneira indireta de punir alguém duas vezes pelo mesmo fato. O raciocínio seria o seguinte: se já pagou pelo delito de furto, quando for condenado por roubo, o juiz não poderia elevar a pena deste último delito, com base no anterior crime de furto. O referido aumento constituiria a punição *dupla*. A ideia, em nosso entendimento, peca pela simplicidade. O sistema de fixação de penas obedece a outro preceito constitucional, merecedor de integração com os demais princípios penais, que é a individualização da pena (art. 5.º, XLVI, CF). Não haverá pena padronizada. Cada ser humano deve valer por si mesmo, detentor de qualidades e defeitos, ponderados, quando espalhados num cenário criminoso, pelo julgador de modo particularizado. Logo, no exemplo acima, Fulano não está recebendo *nova punição* pelo seu anterior furto. Ao contrário, a pena do seu mais recente crime – o roubo – comporta gradação e o magistrado nada mais faz do que considerar o fato de Fulano, já tendo sido apenado pelo Estado, tornar a delinquir, desafiando a ordem pública e as leis vigentes. Demonstra persistência e rebeldia inaceitáveis para quem pretenda viver em sociedade. Destarte, sofre uma punição mais severa, *dentro da faixa* prevista para o roubo. Não se aplica a pena deste último crime no máximo e lança-se, acima disso, outra punição qualquer pelo furto anterior. Nada disso é operacionalizado. Ademais, se a reincidência fosse considerada inaplicável, como agravante, o que se diria de todas as circunstâncias judiciais do art. 59 do Código Penal? Se alguém pode sofrer penalidade mais grave simplesmente por apresentar personalidade perversa, é mais que natural deva o reincidente experimentar sanção mais elevada. Na ótica de IVAIR NOGUEIRA ITAGIBA, "a lei considera a pessoa do agente. O delinquente, que reincide no crime, demonstra desapreço à autoridade e desprezo à lei; deslouva e esquece a pena imposta pela condenação; manifesta persistência e reiteração no mal; realça a sua periculosidade. Essas razões predeterminam a necessidade da agravante. É princípio de política criminal que o procedimento moral do agente constitui elemento imprescindível na conceituação da culpabilidade" (*Do homicídio*, p. 158). Nesse sentido: STF: "É constitucional a aplicação da reincidência como agravante da pena em processos criminais (CP, art. 61, I). Essa a conclusão do Plenário ao desprover recurso extraordinário em que alegado que o instituto configuraria *bis in idem*, bem como ofenderia os princípios da proporcionalidade e da individualização da pena. Registrou-se que as repercussões legais da reincidência seriam múltiplas, não restritas ao agravamento da pena. Nesse sentido, ela obstaculizaria: a) cumprimento de pena nos regimes semiaberto e aberto (CP, art. 33, § 2.º, *b* e *c*); b) substituição de pena privativa de liberdade por restritiva de direito ou multa (CP, artigos 44, II; e 60, § 2.º); c) *sursis* (CP, art. 77, I); d) diminuição de pena, reabilitação e prestação de fiança; e e) transação e *sursis* processual em juizados especiais (Lei 9.099/95, artigos 76, § 2.º, I, e 89). Além disso, a recidiva seria levada em conta para: a) deslinde do concurso de agravantes e atenuantes (CP, art. 67); b) efeito de lapso temporal quanto ao livramento condicional (CP, art. 83, I e II); c) interrupção da prescrição (CP, art. 117, VI); e d) revogação de *sursis* e livramento condicional, a impossibilitar, em alguns casos, a diminuição da pena, a reabilitação e a prestação de fiança (CP, artigos 155, § 2.º; 170; 171, § 1.º; 95; e CPP, art. 323, III [norma suprimida pela Lei 12.403/2011]). Consignou-se que a reincidência não contrariaria a individualização da pena. Ao contrário, levar-se-ia em conta, justamente, o perfil do condenado, ao distingui-lo daqueles que cometessem a primeira infração penal. Nesse sentido, lembrou-se que a Lei 11.343/2006 preceituaria como causa de diminuição de pena o fato de o agente ser primário e detentor de bons antecedentes (art. 33, § 4.º). Do mesmo modo, a recidiva seria considerada no cômputo do requisito objetivo para progressão de regime dos condenados por crime hediondo. Nesse aspecto, a lei exigiria o implemento de 2/5 da reprimenda, se primário o agente; e 3/5, se reincidente. O instituto impediria, também, o livramento condicional aos condenados por crime hediondo, tortura e tráfico ilícito de entorpecentes (CP, art. 83, V). Figuraria, ainda, como agravante da contravenção penal prevista no art. 25 do Decreto-Lei 3.688/41 [embora citado, o próprio STF reconheceu não ter sido recepcionado pela CF de 1988, conforme RE

# Art. 63

Código Penal Comentado · **Nucci**

412

583.523]. Influiria na revogação do *sursis* processual e do livramento condicional, assim como na reabilitação (CP, artigos 81, I e § 1.º; 86; 87 e 95)" (RE 453.000-RS, Plenário, rel. Min. Marco Aurélio, 4.4.2013, v.u., *Informativo* 700).

**62. Espécies de reincidência:** a) *reincidência real*: quando o agente comete novo delito depois de já ter efetivamente cumprido pena por crime anterior; b) *reincidência ficta*: quando o autor comete novo crime depois de ter sido condenado, mas ainda sem cumprir pena.

**63. Primariedade e reincidência:** é nítida a distinção feita pela lei penal, no sentido de que é primário quem não é reincidente; este, por sua vez, é aquele que comete novo delito nos cinco anos depois da extinção da sua última pena. Logo, não há cabimento algum em criar-se uma situação intermediária, como o chamado *tecnicamente primário*, legalmente inexistente. Deixando de ser reincidente, após os 5 anos previstos no inciso I do próximo artigo, torna a ser primário, embora possa ter maus antecedentes.

**64. Cometimento de crime no dia em que transita em julgado a sentença condenatória por crime anterior e hipótese similar:** não é capaz de gerar a reincidência, pois a lei é expressa ao mencionar "depois" do trânsito em julgado. O dia do trânsito, portanto, não se encaixa na hipótese legal. Muito menos quando o trânsito em julgado se dá durante o trâmite processual da ação condenatória que irá avaliar essa condenação. Conferir: STJ: "Observa-se nos autos que o delito foi praticado pelo paciente em 29.3.2013 (e-STJ fl. 8) e, segundo a FAC do paciente, o trânsito em julgado do processo utilizado para fins de reincidência ocorreu apenas em 17.3.2014 (e-STJ fl. 45), ou seja, só transitou em julgado no curso da nova ação penal. Dessa forma, não há se falar em reincidência, devendo a agravante ser afastada. *Habeas corpus* não conhecido. Ordem concedida, de ofício, para afastar a agravante da reincidência e determinar que o Juízo das Execuções Criminais promova o redimensionamento da pena do paciente" (HC 338.171-RJ, 5.ª T., rel. Reynaldo Soares da Fonseca, 17.12.2015, *DJe* 02.02.2016).

**64-A. Exigência de crime cometido após o trânsito em julgado de condenação anterior:** é preciso deixar claro que a reincidência somente se aperfeiçoa quando o agente pratica outro delito *depois* de transitar em julgado sentença condenatória por crime anterior. É irrelevante para formar a reincidência cometer o crime após a simples sentença condenatória de crime anterior, ainda pendente de recurso. Na jurisprudência: STJ: "Nota-se que o paciente era primário até a data da prática do delito, haja vista que, conforme dispõe o art. 63 do Código Penal, a reincidência está configurada somente quando o agente comete novo delito depois do trânsito em julgado de sentença anterior, o que não ocorreu no caso em análise. Precedentes" (HC 357222-AC, 5.ª T., rel. Joel Ilan Paciornik, 27.02.2018, v.u.).

**64-B. Avaliação da reincidência durante a execução penal:** a individualização da pena, princípio constitucional expresso (art. 5.º, XLVI, primeira parte, CF), desenvolve-se em três estágios: a individualização legislativa (quando um tipo penal incriminador é criado, cabe ao Parlamento estabelecer o mínimo e máximo, em abstrato, previstos para a pena); a individualização judicial (é o momento da sentença condenatória, quando o julgador aplica a pena concreta, valendo-se das regras fixadas pelo Código Penal); e a individualização executória (trata-se da fase na qual a pena concretizada na decisão transitada em julgado é cumprida, seguindo-se as regras estabelecidas pela Lei de Execução Penal e, também, pelo Código Penal, no que couber). A questão referente à reincidência, que é um *fato jurídico*, passível de declaração pelo Judiciário, pode ser reconhecida como tal tanto na fase da sentença condenatória para a fixação da pena concreta, fazendo-a incidir como agravante, além de provocar reflexo na escolha do regime cabível. Se não o fizer o julgador, pode haver recurso do órgão acusatório, requerendo que o Tribunal assim declare, mesmo assim para o estabelecimento da pena concreta e respectivo regime inicial de cumprimento. Caso a fase da individualização judicial não a leve em consideração, por um lapso, embora presente e comprovada, a pena não será alterada. Porém, ingressando na fase de individualização executória da pena, *para outras finalidades*, parece-nos cabível que o juiz a reconheça, como *fato jurídico* que é. Noutros termos, não é o juiz da sentença que *constitui* nova situação jurídica, proclamando ser o réu reincidente, mas o julgador apenas declara esse fato. Se não o fez, nada impede que o juiz da execução penal – sem alterar a pena ou o regime fixado – leve em consideração a reincidência para efeito de progressão, livramento condicional e qualquer outro benefício próprio da fase de execução penal. Valemo-nos de uma ilustração, referente à homologação de sentença estrangeira (art. 9.º, CP): não há necessidade de homologar a decisão condenatória estrangeira para que ela surta efeito, no Brasil, gerando reincidência, visto que esta é um *fato jurídico* (ver nota 100 ao art. 9.º deste Código). Note-se o teor do art. 63 do Código Penal, com nossos grifos: "*verifica-se a reincidência quando o agente* comete novo crime, *depois* de transitar em julgado a sentença que, no País ou no estrangeiro, *o tenha condenado* por crime anterior". Portanto, essa situação pode ser reconhecida em fases distintas da persecução penal, que são separadas, inclusive com institutos diversos e jurisdição específica para cada uma delas. Na jurisprudência: STJ: "1. A individualização da pena se realiza, essencialmente, em três momentos: na cominação da pena em abstrato ao tipo legal, pelo Legislador; na sentença penal condenatória, pelo Juízo de conhecimento; e na execução penal, pelo Juízo das Execuções. 2. A intangibilidade da sentença penal condenatória transitada em julgado não retira do Juízo das Execuções Penais o dever de adequar o cumprimento da sanção penal às condições pessoais do réu. 3. 'Tratando-se de sentença penal condenatória, o juízo da execução deve se ater ao teor do referido *decisum*, no tocante ao *quantum* de pena, ao regime inicial, bem como ao fato de ter sido a pena privativa de liberdade substituída ou não por restritivas de direitos. Todavia, as condições pessoais do paciente, da qual é exemplo a reincidência, devem ser observadas pelo juízo da execução para concessão de benefícios (progressão de regime, livramento condicional etc.)' (AgRg no REsp 1.642.746/ES, rel. Min. Maria Thereza de Assis Moura, 6.ª T., j. 03.08.2017, *DJe* 14.08.2017). 4. Embargos de divergência acolhidos para, cassando o acórdão embargado, dar provimento ao agravo regimental, para dar provimento ao recurso especial e, assim, também cassar o acórdão recorrido e a decisão de primeiro grau, devendo o Juízo das Execuções promover a retificação do atestado de pena para constar a reincidência, com todos os consectários daí decorrentes" (Embargos de divergência em RE 1.738.968-MG, 3.ª Seção, rel. Laurita Vaz, 27.11.2019, m.v.).

**64-C. Reincidência e condenação anterior pelo crime do art. 28 da Lei de Drogas:** o consumidor de substância entorpecente ilícita, quando incurso no art. 28 da Lei 11.343/2006, não sofre pena privativa de liberdade, mas somente penas alternativas (advertência, prestação de serviços à comunidade, medida educativa, admoestação verbal ou multa). Há, basicamente, três razões para sustentar que a condenação com fundamento no art. 28 da Lei 11.343/2006 somente é apta a gerar reincidência específica, vale dizer, se houver outra condenação igualmente pelo art. 28. São elas: a) o delito previsto no art. 28 é de menor potencial ofensivo e deve seguir para o Juizado Especial Criminal. Assim sendo, nos termos do art. 76, § 4.º, da Lei 9.099/1995, a aplicação da pena não provocará reincidência e será registrada somente para não permitir nova transação no prazo de cinco anos; b) o princípio da proporcionalidade rege a situação, indicando que a infração de menor potencial ofensivo não teria base suficiente para gerar o negativo efeito da reincidência no contexto de infração penal mais grave; c) se a política criminal utilizada pelo Estado prevê punição, pelo art. 28, com penas restritivas de direitos e multa, afastando a privativa de liberdade, a consequência natural é evitar que, posteriormente, possa acarretar prejuízo em condenação por crime, sujeito a prisão. A todo esse cenário deve-

# Art. 64

-se acrescer a descriminalização da posse e porte de maconha, para consumo pessoal, motivo pelo qual se reitera a política criminal voltada a desconsiderar a utilização de droga, sem a caracterização de tráfico. Na jurisprudência: STF: "5. Cumpre registrar que, nos termos do art. 63 do Código Penal, verifica-se a reincidência 'quando o agente comete novo crime, depois de transitar em julgado a sentença que, no País ou no estrangeiro, o tenha condenado por crime anterior' (grifo nosso). Portanto, o conceito de reincidência reclama a condenação pela prática de um segundo crime após anterior com trânsito em julgado – e não contravenção penal, por exemplo. 6. O art. 28 da Lei 11.343/2006, *por não cominar pena de reclusão ou detenção, não configura crime nos termos da definição* contida na Lei de Introdução ao Código Penal, e, assim, não tem a condão de gerar reincidência, instituto disciplinado no Código Penal" (RHC 178512 AgR, 2.ª T., rel. Edson Fachin, 22.03.2022, v.u.). STJ: "II – É desproporcional o reconhecimento da agravante da reincidência ou a valoração negativa da vetorial antecedentes decorrente de condenação anterior pelo delito do art. 28, *caput*, da Lei n. 11.343/2006, consoante jurisprudência de ambas as Turmas da Terceira Seção desta Corte Superior" (AgRg no HC 790.901/SP, 5.ª T., rel. Messod Azulay Neto, 24.04.2023, v.u.).

**65. Condenação no exterior:** conforme comentário feito no art. 9.º do Código Penal, não é preciso a homologação do Superior Tribunal de Justiça para o reconhecimento da sentença condenatória definitiva estrangeira, visto que se trata apenas de um *fato jurídico*.

**66. Prova da reincidência:** era preciso juntar aos autos a certidão cartorária comprovando a condenação anterior. Ocorre que, com a informatização do Judiciário e os processos virtuais, eliminando-se os processos físicos, a prova da reincidência pode ser feita por meios eletrônicos confiáveis. Na jurisprudência: STF: "1. A prova da reincidência exige documentação hábil que traduza o cometimento de novo crime depois de transitar em julgado a sentença condenatória por crime anterior, sem exigir, contudo, forma específica para a comprovação (art. 63 do CP). 2. Afirmada a reincidência a partir de informações processuais extraídas dos sítios eletrônicos dos Tribunais, inviável concluir de forma diversa na via estreita do *habeas corpus*, à mingua de prova pré-constituída apta a desconstituir o conteúdo estabilizado nas instâncias antecedentes. 3. Agravo regimental conhecido e não provido" (HC 162.548 AgR, 1.ª T., rel. Rosa Weber, j. 16.06.2020, v.u.). Conferir, ainda, o teor da Súmula 636 do STJ: "A folha de antecedentes criminais é documento suficiente a comprovar os maus antecedentes e a reincidência".

**67. Cuidado especial para evitar o *bis in idem*:** o juiz, ao aplicar a agravante da reincidência, necessita verificar, com atenção, qual é o antecedente criminal que está levando em consideração para tanto, a fim de não se valer do mesmo como circunstância judicial, prevista no art. 59 (maus antecedentes). Nessa ótica: Súmula 241 do Superior Tribunal de Justiça: "A reincidência penal não pode ser considerada como circunstância agravante e, simultaneamente, como circunstância judicial". Note-se, entretanto, que o réu possuidor de mais de um antecedente criminal pode ter reconhecidas contra si tanto a reincidência quanto a circunstância judicial de mau antecedente.

> **Art. 64.** Para efeito de reincidência:[68-70]
>
> I – não prevalece a condenação anterior, se entre a data do cumprimento ou extinção da pena e a infração posterior tiver decorrido período de tempo superior a 5 (cinco) anos,[71-71-A] computado o período de prova da suspensão ou do livramento condicional, se não ocorrer revogação;[72]
>
> II – não se consideram os crimes militares próprios[73] e políticos.[74-75]

**68. Reincidência e pena de multa:** a pena pecuniária é capaz de gerar reincidência, pois o art. 63 do CP não faz diferença alguma, para esse efeito, do tipo de pena aplicada. Portanto, basta haver condenação, pouco importando se a uma pena privativa de liberdade, restritiva de direitos ou multa. Há posição em contrário, sustentando que a multa não gera reincidência por, basicamente, duas razões: a) o art. 77, § 1.º, do Código Penal, menciona que a pena de multa, anteriormente aplicada, não impede a concessão do *sursis*. Por isso, não é suficiente para gerar a reincidência, visto não ser cabível a suspensão condicional da pena ao reincidente em crime doloso (art. 77, I, CP); b) a multa é pena de pouca monta, aplicável a crimes mais leves, não sendo suficiente, portanto, para gerar efeitos tão drásticos como os previstos para o caso de reincidência. Essas razões não são capazes de afastar a reincidência, tendo em vista que a exceção aberta no art. 77, § 1.º, do Código Penal é apenas para propiciar a concessão de *sursis* a quem já foi condenado por crime anterior a uma pena de multa, o que não significa ter afastado o reconhecimento da reincidência. Diga-se o mesmo do outro argumento: ainda que a pena aplicada seja branda, é preciso considerar que houve condenação, logo, é o suficiente para o juiz levar em conta na próxima condenação que surgir. No mesmo prisma, defende ANÍBAL BRUNO que a multa "pode ter caráter pouco aflitivo, mas impõe ao réu a qualidade de condenado e assim adverte-o para a comissão de novo crime, que lhe comunicaria a condição de reincidente, com as graves consequências daí resultantes" (*Das penas*, p. 82).

**69. Efeitos da reincidência:** são os seguintes: a) existência de uma agravante que preponderá sobre outras circunstâncias legais (art. 67, CP); b) possibilidade de impedir a substituição da pena privativa de liberdade por restritiva de direitos ou multa (arts. 44, II, e 60, § 2.º, CP); c) quando por crime doloso, impedimento à obtenção do *sursis* (art. 77, I, CP); d) possibilidade de impedir o início da pena nos regimes semiaberto e aberto (art. 33, § 2.º, *b* e *c*, CP), salvo quando se tratar de detenção, porque há polêmica a esse respeito (vide nota ao art. 33, CP); e) motivo para aumentar o prazo de obtenção do livramento condicional (art. 83, II, CP); f) impedimento ao livramento condicional nos casos de crimes hediondos, tortura, tráfico de entorpecentes e terrorismo, tratando-se de reincidência específica (art. 83, V, CP); g) aumento do prazo de prescrição da pretensão executória em um terço (art. 110, *caput*, CP); h) causa de interrupção do curso da prescrição (art. 117, VI, CP); i) possibilidade de revogação do *sursis* (art. 81, I, CP), do livramento condicional (art. 86, I, CP) e da reabilitação (neste caso, se não tiver sido aplicada a pena de multa, conforme art. 95, CP); j) não permissão de concessão do furto privilegiado, do estelionato privilegiado e das apropriações privilegiadas (arts. 155, § 2.º, 171, § 1.º, e 170, CP); k) possibilidade de causar a decretação da prisão preventiva (art. 313, II, CPP); l) impedimento aos benefícios da Lei 9.099/1995 (arts. 76, § 2.º, I, e 89, *caput*); m) maiores prazos para alcançar a progressão de regime (art. 112, Lei de Execução Penal), dentre outros.

**70. Indulto, *anistia e abolitio criminis* com relação ao crime anterior:** o primeiro não gera efeito algum na reincidência, enquanto as duas últimas servem para desfazê-la.

**71. Caducidade da condenação anterior:** para efeito de gerar reincidência, a condenação definitiva, anteriormente aplicada, cuja pena foi extinta ou cumprida, tem o prazo de 5 anos para perder força. Portanto, decorrido o quinquídio, não é mais possível, caso haja o cometimento de um novo delito, surgir a reincidência. Não se trata de decair a reincidência, mas sim a condenação: afinal, quem é condenado apenas uma vez na vida não é reincidente, mas sim primário.

**71-A. Utilização do prazo quinquenal para outros fins:** inadequação, pois esse período de cinco anos tem a finalidade de eliminar os efeitos da condenação anterior para o fim de gerar reincidência. Tanto assim que, ultrapassado o quinquênio, pode-se considerar a condenação

# Art. 64

Código Penal Comentado · **Nucci**

416

pretérita como antecedente criminal. Na jurisprudência: STJ: "Com efeito, a partir da compreensão de que o período depurador do art. 64, I, do CP, somente se aplica a reincidência em si, entendo que não há base legal para aplicação desse lapso temporal prazo ou mesmo outro marco objetivo para fins de análise da contumácia delitiva (...) Ante o exposto, nego provimento ao recurso especial e proponho a fixação da seguinte tese: A reiteração da conduta delitiva obsta a aplicação do princípio da insignificância ao crime de descaminho – independentemente do valor do tributo não recolhido –, ressalvada a possibilidade de, no caso concreto, se concluir que a medida é socialmente recomendável. A contumácia pode ser aferida a partir de procedimentos penais e fiscais pendentes de definitividade, sendo inaplicável o prazo previsto no art. 64, I, do CP, incumbindo ao julgador avaliar o lapso temporal transcorrido desde o último evento delituoso à luz dos princípios da proporcionalidade e razoabilidade" (REsp 2.083.701/SP, 3.ª Seção, rel. Sebastião Reis Júnior, 28.02.2024, v.u.).

**72. Inclusão dos prazos do *sursis* e do livramento condicional:** caso o agente esteja em gozo de suspensão condicional da pena ou de livramento condicional, não tendo havido revogação, o prazo dos benefícios será incluído no cômputo dos 5 anos para fazer caducar a condenação anterior. Ex.: se o condenado cumpre *sursis* por 2 anos, sem revogação – ao término, o juiz declara extinta a sua pena, nos termos do art. 82 do Código Penal, e ele terá somente mais 3 anos para que essa condenação perca a força para gerar reincidência. Quanto ao livramento condicional, se alguém, condenado a 12 anos de reclusão, vai cumprir livramento por 6 anos, é natural que essa condenação, ao término, sem ter havido revogação e declarada extinta a pena, nos termos do art. 90 do Código Penal, perca imediatamente a força para gerar reincidência. No caso do *sursis*, os 5 anos são contados a partir da data da audiência admonitória.

**73. Crimes militares próprios e impróprios:** são próprios os crimes militares previstos unicamente no Código Penal Militar, portanto, praticados exclusivamente por militares. O civil, sozinho, não os pode praticar, pois não preencherá o tipo penal. Ex.: *Desrespeito a superior*: "Desrespeitar superior diante de outro militar: Pena – detenção, de 3 (três) meses a 1 (um) ano, se o fato não constitui crime mais grave. Parágrafo único. Se o fato é praticado contra o comandante da unidade a que pertence o agente, oficial-general, oficial de dia, de serviço ou de quarto, a pena é aumentada da 1/2 (metade)" (art. 160, CPM). Por outro lado, os crimes militares impróprios são capazes de gerar reincidência, pois são delitos previstos igualmente no Código Penal Militar e no Código Penal comum. Ex.: homicídio (arts. 205, CPM, e 121, CP). Se uma pessoa comete um crime militar próprio (desrespeito a superior) e depois pratica um crime comum (furto), não é reincidente. Mas, se cometer um estupro (art. 232, CPM) e depois cometer um roubo (art. 157, CP), torna-se reincidente. Finalmente, é de se ressaltar que gera reincidência o cometimento de um crime militar próprio e de outro delito militar próprio (art. 71, CPM), pois o que a lei quer evitar é a mistura entre crime militar próprio e crime comum.

**74. Crime político:** é o que ofende interesse político do Estado, tais como integridade territorial, soberania nacional, regime representativo e democrático, Federação, Estado de Direito, a pessoa dos chefes dos poderes da União, independência etc.

**75. Critérios para averiguar o crime político:** há, basicamente, *três*: a) *objetivo*: liga-se à qualidade do bem jurídico ameaçado ou ofendido (soberania do Estado, integridade territorial etc.); b) *subjetivo*: leva em conta a natureza do motivo que impele à ação, que deve ser sempre político (como melhoria das condições de vida da Nação); c) *misto*: é a conjunção dos dois anteriores e representa a tendência atual, pois é o que adotamos. Há, ainda, os denominados *crimes políticos relativos*, que são crimes comuns determinados, no todo ou em parte, por motivos políticos. Estes são capazes de gerar a reincidência. Deve-se salientar, ainda, que a condenação por crime político anterior e o cometimento de outro crime igualmente político é capaz de gerar a reincidência, pois o que a lei penal quis evitar foi a confusão entre crime político e crime comum.

### Circunstâncias atenuantes[76-76-A]

> **Art. 65.** São circunstâncias que sempre atenuam a pena:[77]
>
> I – ser o agente menor de 21 (vinte e um), na data do fato,[78] ou maior de 70 (setenta) anos, na data da sentença;[79]
>
> II – o desconhecimento da lei;[80]
>
> III – ter o agente:
>
> *a)* cometido o crime por motivo de relevante valor social ou moral;[81]
>
> *b)* procurado, por sua espontânea vontade e com eficiência, logo após o crime, evitar-lhe ou minorar-lhe as consequências, ou ter, antes do julgamento, reparado o dano;[82]
>
> *c)* cometido o crime sob coação a que podia resistir,[83] ou em cumprimento de ordem de autoridade superior,[84] ou sob a influência de violenta emoção, provocada por ato injusto da vítima;[85-85-A]
>
> *d)* confessado espontaneamente, perante a autoridade, a autoria do crime;[86-86-D]
>
> *e)* cometido o crime sob a influência de multidão em tumulto, se não o provocou.[87]

**76. Conceito de atenuantes:** são circunstâncias de caráter objetivo ou subjetivo, que servem para expressar uma menor culpabilidade, sem qualquer ligação com a tipicidade, devendo o juiz diminuir a pena dentro do mínimo e do máximo, em abstrato, previstos pela lei. Portanto, por maior que seja o número de atenuantes presentes, não há possibilidade de se romper o piso estabelecido no tipo penal.

**76-A. *Quantum* das atenuantes:** como circunstâncias legais, previstas na Parte Geral deste Código, servem se orientação para o julgador abrandar a pena na segunda fase da fixação. Preferiu o legislador deixar a critério do magistrado o montante exato para atenuá-la. Justamente por isso, a incidência de atenuantes não pode romper o piso estabelecido para a pena mínima, no preceito sancionador do tipo penal, como esclarecido na nota *77 infra*. As atenuantes não fazem parte da figura típica incriminadora, razão pela qual nem mesmo precisam constar da denúncia. Diante disso, cada julgador tem o seu critério para o *quantum* da atenuante. A maioria utiliza o valor de 1/6 (um sexto), que é a menor causa de diminuição existente. Outros preferem 1/8 (um oitavo); alguns, 1/3 (um terço); terceiros se baseiam em montantes fixos, como seis meses ou um mês. Sempre sustentamos e aplicamos o abrandamento de um sexto, que nos parece justo. Por outro lado, a opção pelo valor fixo é a mais equivocada. Imagine-se, em relação a uma pena-base de 15 anos, a singela diminuição de um mês, em virtude de atenuante. Ou, então, para uma pena de 1 ano, a diminuição de 6 meses, representando metade da pena, que é exagerada. O ideal é a atenuação por fração, acompanhando a pena-base extraída da primeira fase. Na jurisprudência: STJ: "Na espécie, não obstante reconhecida a atenuante do art. 65, inciso I, do CP, o Tribunal de origem diminuiu a pena na fração de, aproximadamente, 1/9 (um nono), sem fundamentação específica, evidenciando constrangimento ilegal. Fração de redução pela atenuante em questão alterada para 1/6 (um sexto)" (AgRg no AREsp 1.688.698/TO, 5.ª T., rel. Reynaldo Soares da Fonseca, 16.06.2020, v.u.).

# Art. 65

**77. Fixação da pena abaixo do mínimo legal:** utilizando o raciocínio de que as atenuantes, segundo preceito legal, devem *sempre* servir para reduzir a pena (art. 65, CP), alguns penalistas têm defendido que seria possível romper o mínimo legal quando se tratar de aplicar alguma atenuante a que faça jus o réu. Imagine-se que o condenado tenha recebido a pena-base no mínimo; quando passar para a segunda fase, reconhecendo a existência de alguma atenuante, o magistrado *deveria* reduzir, de algum modo, a pena, mesmo que seja levado a fixá-la abaixo do mínimo. Essa posição é minoritária. Aliás, os mesmos que a defendem não utilizam idêntico critério para as agravantes, ou seja, se a pena-base estiver no teto, havendo agravante, poderia o juiz ultrapassá-lo. São *dois pesos e duas medidas*. Parece-nos incorreta essa visão, pois as atenuantes não fazem parte do tipo penal, de modo que não têm o condão de promover a redução da pena abaixo do mínimo legal. O mesmo se dá com as agravantes, como expusemos na nota 28-A *supra*. Quando o legislador fixou, em abstrato, o mínimo e o máximo para o crime, obrigou o juiz a movimentar-se dentro desses parâmetros, sem possibilidade de ultrapassá-los, salvo quando a própria lei estabelecer causas de aumento ou de diminuição. Estas, por sua vez, fazem parte da estrutura típica do delito, de modo que o juiz nada mais faz do que seguir orientação do próprio legislador. Ex.: um homicídio tentado, cuja pena tenha sido fixada no mínimo legal (6 anos), pode ter uma redução de 1/3 a 2/3 porque a própria lei assim o dita (art. 14, parágrafo único, CP), tratando-se de uma *tipicidade por extensão*. Atualmente, está em vigor a *Súmula 231* do Superior Tribunal de Justiça: "A incidência da circunstância atenuante não pode conduzir a redução da pena abaixo do mínimo legal" (22.09.1999). Nesse sentido, ainda: STF: "Impossibilidade de redução da pena abaixo do mínimo legal. Precedentes. Pena superior a 4 (quatro) anos e inferior a 8 (oito) anos de reclusão. (...) Atenuantes genéricas não podem conduzir à redução da pena abaixo do mínimo legal. Precedentes" (HC 124954-DF, 1.ª T., rel. Dias Toffoli, 10.02.2015, v.u.). STJ: "1. Fixada a pena-base no mínimo legalmente previsto, inviável a redução da pena, pelo reconhecimento da confissão espontânea, prevista no art. 65, inc. III, *d*, do Código Penal – CP, conforme dispõe a Súmula 231 desta Corte. 2. Não há falar em aplicação do instituto do *overruling*, porquanto inexiste argumentação capaz de demonstrar a necessidade de superação da jurisprudência consolidada desta Corte Superior" (AgRg no REsp 1.882.605/MS, 5.ª T., rel. Joel Ilan Paciornik, 25.08.2020, v.u.). Na doutrina, mencione-se a lição de Lycurgo de Castro Santos: "Com efeito, dois são os motivos pelos quais não se pode admitir tal individualização da pena abaixo do mínimo legal: em primeiro lugar contraria o princípio da legalidade, já que a pena mínima estabelecida pelo legislador é o limite mínimo a partir do qual a pena pelo injusto culpável cumpre seus pressupostos de prevenção especial e geral. Em segundo lugar, a adoção do critério de rebaixar a pena aquém do marco mínimo traz consigo um perigo, desde o ponto de vista político criminal, à segurança jurídica" (*O princípio de legalidade no moderno direito penal*, p. 193).

**78. Menoridade relativa:** a menoridade relativa é atenuante aplicável aos indivíduos entre 18 e 21 anos na data do fato. Foi introduzida como atenuante no sistema penal a partir do Código Criminal do Império, de 1830, fixando-se, desde então, como a mais preponderante no confronto com eventuais agravantes, tendo em vista o curso do amadurecimento da pessoa, que, como regra, atinge o seu ápice após os 21 anos. Durante muito tempo, por força da tradição, esta atenuante terminava sendo aplicada em detrimento de qualquer outra circunstância agravante, inclusive as tratadas como preponderantes. A entrada em vigor do Código Civil de 2002, considerando plenamente capaz o maior de 18 anos *para os atos da vida civil,* em nada altera a aplicação desta atenuante, que deve continuar a ser considerada pelo magistrado na aplicação da pena. Note-se que o texto do Código Penal não faz referência a *menor*, sem especificar qualquer idade, quando então poder-se-ia supor ser o civilmente incapaz. Ao contrário, a referência é nítida quanto à idade da pessoa que possui *menos* de 21 e, obviamente, mais de 18.

O mesmo critério foi utilizado para a concessão da atenuante da senilidade, quando o Código preferiu valer-se da idade certa, ao mencionar a pessoa maior de 70 anos na data da sentença. É interessante registrar que, atualmente, com a edição do Estatuto da Pessoa Idosa, busca-se conceder efetiva proteção ao maior de 60 anos, o que não serve para alterar a atenuante do art. 65, I, segunda parte (ver nota abaixo). Outra interpretação, afastando a aplicação da atenuante da menoridade relativa penal, comprometeria irremediavelmente o princípio da legalidade, que deve ser estreitamente respeitado, mormente quando atue em favor do réu. Entretanto, pensamos não mais ser possível considerar a atenuante da menoridade como *a mais* preponderante de todas. Antes do advento do Código Civil, o menor de 21 anos era relativamente incapaz, o que não mais acontece. Assim, levamos em consideração a atenuante, no campo penal, mas não podemos certificá-la como a mais importante do rol do art. 65. Ela é *apenas* preponderante porque se liga à personalidade do acusado, ainda em desenvolvimento (art. 67, CP). Por derradeiro, a prova da menoridade se faz por qualquer documento hábil, como preceitua a Súmula 74 do Superior Tribunal de Justiça. Na jurisprudência: STJ: "1. O Superior Tribunal de Justiça já firmou o entendimento de que a reincidência e a menoridade relativa, sendo atributos da personalidade do agente, são igualmente preponderantes, consoante disposto no art. 67 do Código Penal, devendo ser mantida a compensação integral entre as referidas circunstâncias legais operada na etapa intermediária do cálculo dosimétrico, nos moldes do reconhecido no decreto condenatório. Precedentes. 2. Agravo regimental desprovido" (AgRg no HC 497.101/SC, 5.ª T., rel. Ribeiro Dantas, j. 06.06.2019, *DJe* 12.06.2019).

**79. Senilidade:** quanto ao maior de 70 anos, trata-se de pessoa que, diante da idade cronologicamente avançada, pode sofrer alterações somáticas repercutindo no seu estado psíquico, de forma que o indivíduo deixa de ser mentalmente o que sempre foi, podendo agir irracionalmente. Nas palavras de Flavio Fortes D'Andrea, a velhice "é o período que se inicia na década dos cinquenta anos, após o indivíduo ter atingido e vivenciado aquele platô de realizações pessoais que chamamos maturidade. (...) Se a considerarmos como um conjunto de ocorrências que representam o declínio global das funções físicas, intelectuais e emocionais, ela tende a ocorrer após os setenta anos. Em geral, só uma pessoa de mais de setenta anos possui uma série de características que a podem definir globalmente como um velho. Entre essas características podemos citar: o aspecto apergaminhado da pele, a atrofia muscular difusa, a fragilidade óssea, a canície, o desgaste e a queda dos dentes, a atrofia geral dos tecidos e órgãos, as alterações da memória, a limitação dos interesses intelectuais, a equanimidade, os sentimentos de saciedade dos impulsos etc." (*Desenvolvimento da personalidade*, p. 143). Da mesma forma que o menor de 21 anos comete o delito colhido pela imaturidade, merecendo a atenuação da pena, o ser humano acima de 70 anos pode fazê-lo premido pelo abalo psíquico que a velhice pode trazer. Ambos merecem maior condescendência do juiz ao aplicar-lhes a sanção penal, justamente para que tenham melhores condições de reeducação. Admite-se que, no tocante ao maior de 70, a atenuante seja aplicada também na data do reexame feito pelo tribunal. Não nos parece ser correta essa posição, pois o legislador mencionou o fator *idade* na "data da sentença", vale dizer, da decisão de 1.º grau. Se o magistrado não pôde aplicar a atenuante na ocasião da sentença, porque o réu possuía, por exemplo, 69 anos, é ilógico que no julgamento de eventual recurso o tribunal possa fazê-lo: afinal, o juiz não se equivocou na fixação da pena. Entretanto, se o magistrado de 1.º grau absolver o réu e o tribunal o condenar, pode-se considerar o acórdão como "sentença", pois foi a primeira decisão condenatória havida nos autos. Registre-se que o Estatuto da Pessoa Idosa, ao considerar pessoa idosa a que possui mais de 60 anos, não alterou este artigo, tendo em vista que a atenuante é voltada ao criminoso que atingiu a senilidade – presumida a partir dos 70 anos. Aliás, se houvesse intenção legislativa para isso, bastaria incluir o art. 65 na reforma trazida pela referida lei, passando a

# Art. 65

ser concedida atenuante a quem tivesse mais de 60 anos na data da sentença. Tal não se deu, motivo pelo qual a atenuação da pena continua valendo exclusivamente ao maior de 70 anos. Na jurisprudência: STJ: "3. Esta Corte possui entendimento no sentido de que a atenuante de senilidade só será aplicada ao agente que contar com 70 anos na data da sentença condenatória, e, não, na data da confirmação em grau de recurso" (AgRg no AREsp 1380448/RS, 6.ª T., rel. Nefi Cordeiro, 14.05.2019, v.u.).

**80. Desconhecimento da lei:** preceitua o art. 21 do Código Penal que "o desconhecimento da lei é inescusável", embora seja possível isentar de pena o agente que erre sobre a ilicitude do fato. A diferença entre "desconhecer a lei" e "errar quanto ao conteúdo da norma" já foi abordada quando tratamos do erro de proibição. Num país de direito codificado, como o Brasil, repleto de leis sobre todas as matérias, editadas e modificadas todos os dias, é natural que o agente obtenha pelo menos uma atenuante, ao cometer um delito desconhecendo a existência de alguma norma penal. Deve tratar-se de lei editada há bastante tempo, com pouca aplicação e divulgação. Exemplos de leis de difícil conhecimento: a Lei 5.700/1971, dispondo sobre a forma e a apresentação dos símbolos nacionais, preceitua que a execução do Hino Nacional deve ser feita conforme estipulado nesta lei ("será sempre executado em andamento metronômico de uma semínima igual a 120", em "tonalidade de si bemol para a execução instrumental simples", em "canto sempre em uníssono"; "nos casos de simples execução instrumental ou vocal, o Hino Nacional será tocado ou cantado integralmente, sem repetição" etc.); do contrário, considera-se contravenção, sujeitando o infrator à pena de multa de uma a quatro vezes o maior valor de referência vigente no País, elevada ao dobro nos casos de reincidência (art. 35); a Lei 6.001/1973, tratando do Estatuto do Índio, estipula constituir crime contra os índios e a cultura indígena: "I – escarnecer de cerimônia, rito, uso, costume ou tradição culturais indígenas, vilipendiá-los ou perturbar, de qualquer modo, a sua prática. Pena – detenção de 1 (um) a 3 (três) meses; II – utilizar o índio ou comunidade indígena como objeto de propaganda turística ou de exibição para fins lucrativos. Pena – detenção de 2 (dois) a 6 (seis) meses; III – propiciar, por qualquer meio, a aquisição, o uso e a disseminação de bebidas alcoólicas, nos grupos tribais ou entre índios não integrados. Pena – detenção de 6 (seis) meses a 2 (dois) anos" (art. 58).

**81. Relevante valor social ou moral:** *relevante valor* é um valor importante para a vida em sociedade, tais como patriotismo, lealdade, fidelidade, inviolabilidade de intimidade e de domicílio, entre outros. Quando se tratar de relevante valor *social*, leva-se em consideração interesse não exclusivamente individual, mas de ordem geral, coletiva. Exemplos tradicionais: quem aprisiona um bandido, na zona rural, por alguns dias, até que a polícia seja avisada; quem invade o domicílio do traidor da pátria para destruir objetos empregados na traição. No caso do relevante valor *moral*, o valor em questão leva em conta interesse de ordem pessoal. Ex.: agressão ou morte de traficante que fornece droga ao filho; praticar eutanásia. A respeito da diferença existente entre esta atenuante e a causa de diminuição de pena, prevista para o homicídio, consultar a nota 14-A ao art. 121.

**82. Arrependimento:** o arrependimento do agente, ao executar o crime, pode conduzi-lo ao arrependimento eficaz (art. 15), ao arrependimento posterior (art. 16) ou à atenuante do arrependimento. Neste último caso, consumado o delito, não sendo cabível o arrependimento posterior, pode o agente tentar por sua espontânea vontade amenizar ou até mesmo evitar as consequências do crime. Deve reparar o dano antes do julgamento ou agir para minorar os efeitos da infração penal logo depois de sua prática. É indispensável haver *sinceridade*, pois o legislador tratou de *espontânea vontade*, e, como já vimos no capítulo referente à desistência voluntária, voluntariedade não se confunde com espontaneidade no contexto do direito penal. Exemplo disso: o agente repara o dano causado pelo furto antes do julgamento ou busca sustentar a família desamparada da pessoa que matou.

**83. Coação resistível:** a coação dá-se em três níveis. Quando é física, exclui a própria conduta (ex.: arremessar alguém contra uma vitrine não constitui, por parte do arremessado, crime de dano, pois não chegou a atuar voluntariamente); quando moral, pode ser irresistível, configurando uma causa de exclusão da culpabilidade (art. 22, CP), bem como resistível, servindo como atenuante. É possível que alguém sofra uma coação a que podia refutar, mas não o tenha feito por alguma fraqueza ou infelicidade momentânea. Ainda que não mereça uma absolvição, deve ser punido com menor rigor. Ex.: alguém furta um estabelecimento por receio de que o coator narre à sua esposa um caso extraconjugal.

**84. Cumprimento de ordem superior:** essa ordem superior, dada no contexto das relações de direito público, onde há hierarquia, pode provocar também três consequências: a) ordem legal, exclui a antijuridicidade do fato, por estrito cumprimento do dever legal; b) *não manifestamente ilegal*, exclui a culpabilidade (obediência hierárquica – art. 22, CP); c) ilegal. Neste último caso, permite-se ao juiz aplicar ao agente uma atenuante, pois é sabida a dificuldade do subordinado em evitar o cumprimento de uma ordem superior, mesmo que ilícita.

**85. Violenta emoção:** é sabido que a violenta emoção pode provocar o cometimento de crimes. Quando se trata de homicídio ou lesão corporal, pode servir de causa de diminuição da pena (art. 121, § 1.º, e art. 129, § 4.º, CP), embora nesses casos exija-se "domínio" de violenta emoção "logo após" injusta provocação da vítima. Tratando-se da atenuante, o legislador foi mais complacente: basta a "influência" de violenta emoção, vale dizer, um estágio mais ameno, mais brando, capaz de conduzir à perturbação do ânimo, bem como não se exige seja cometido o delito logo em seguida à provocação, cabendo um maior lapso de tempo entre a ação e a reação.

**85-A. Premeditação e violenta emoção:** incompatibilidade. O agente que planeja cuidadosamente a prática do delito, não pode alegar, em hipótese alguma, estar violentamente emocionado, até porque a lei exige que o distúrbio emocional seja fruto da injusta provocação da vítima. Obviamente, além disso, há uma relação de imediatidade entre o ato da pessoa ofendida e a reação desencadeada no autor da agressão. Tal situação é inviável quando o agente tem tempo suficiente para premeditar o ataque.

**86. Confissão espontânea:** *confessar*, no âmbito do processo penal, é admitir contra si por quem seja suspeito ou acusado de um crime, tendo pleno discernimento, voluntária, expressa e pessoalmente, diante da autoridade competente, em ato solene e público, reduzido a termo, a prática de algum fato criminoso. A confissão, para valer como meio de prova, precisa ser voluntária, ou seja, livremente praticada, sem qualquer coação. Entretanto, para servir de atenuante, deve ser ainda espontânea, vale dizer, sinceramente desejada, de acordo com o íntimo do agente. O ato do réu necessita *colaborar* com a Justiça. Era a *posição jurisprudencial dominante*. Atualmente, tem dado margem a maior discussão. O STJ tem admitido, por exemplo, a confissão como atenuante, desde que o juiz a leve em conta na sentença, sob qualquer situação. Confira-se a Súmula 545 do STJ: "Quando a confissão for utilizada para a formação do convencimento do julgador, o réu fará jus à atenuante prevista no art. 65, III, *d*, do Código Penal". Por outro lado, o STJ editou a Súmula 630, que parece privilegiar a espontaneidade (vontade de colaborar com a justiça): "A incidência da atenuante da confissão espontânea no crime de tráfico ilícito de entorpecentes exige o reconhecimento da traficância pelo acusado, não bastando a mera admissão da posse ou propriedade para uso próprio". Parece-nos que pode haver conflito entre ambas as súmulas mencionadas. Imagine-se o réu que admite a posse

# Art. 65

Código Penal Comentado · **Nucci**

das drogas para uso próprio, auxiliando o convencimento do magistrado de que, realmente, a apreensão de drogas em seu poder foi correta; posteriormente, prova-se ser ele traficante. A confissão foi utilizada pelo julgador para a comprovação da posse das drogas (seria a incidência da Súmula 545), mas se demonstrou ser ele traficante, sendo ou não usuário igualmente (seria a incidência da Súmula 630). Em suma, utiliza-se ou não a atenuante da confissão? Parece-nos que há de se analisar o caso concreto: havendo dúvida quanto à apreensão das drogas em poder do acusado e admitindo este a posse do entorpecente, dirimindo a referida dúvida e auxiliando a formação do convencimento do julgador, deve incidir a Súmula 545, em qualquer situação. Porém, se a apreensão da droga for induvidosa, indicada por outras provas verossímeis, a confissão do réu de que a droga lhe pertence para uso próprio, mas se provando ser ele traficante, não deve valer a atenuante, aplicando-se a Súmula 630. Ver as próximas notas.

**86-A. Confissão usada pelo juiz para a condenação:** serve para configurar a atenuante. Alguns julgados vêm acolhendo a ideia de que, embora o réu tenha confessado parcialmente os fatos imputados, a utilização, pelo julgador, da sua admissão de culpa, na sentença, como forma de ratificar a necessidade de condenação, faz nascer o direito ao reconhecimento da atenuante. É o teor da Súmula 545 do STJ: "Quando a confissão for utilizada para a formação do convencimento do julgador, o réu fará jus à atenuante prevista no art. 65, III, *d*, do Código Penal". Parece-nos justa essa posição, pois o magistrado levou em conta, para formar o seu convencimento, a narrativa do acusado, em seu próprio prejuízo, ainda que parcial. Mas é preciso que a confissão utilizada pelo julgador *seja realmente relevante* para a condenação; do contrário, não vale como atenuante. Porém, como se pode checar nos julgados a seguir expostos, mesmo que a confissão seja apenas voluntária, mas não espontânea, vale para a atenuante. Na jurisprudência: STJ: "2. A confissão qualificada, se foi utilizada na cognição judicial, é suficiente para caracterizar a atenuante prevista no art. 65, III, *d*, do Código Penal. Precedente" (AgRg no REsp 1.875.340/MG, 6.ª T., rel. Rogerio Schietti Cruz, 04.08.2020, v.u.); "3. Deve ser reconhecida a confissão parcial do acusado, pois ele assumiu ter puxado o celular da mão da vítima, confirmando a prática de um furto; e a confissão, ainda que parcial, desde que empregada para fundamentar a condenação, deve servir para atenuar a pena, nos termos do art. 65, inciso III, alínea *d*, do Código Penal" (HC 528.390/SP, 5.ª T., rel. Reynaldo Soares da Fonseca, 10.03.2020, v.u.).

**86-B. Confissão parcial sem uso pelo magistrado:** não vale como atenuante, pois somente confunde o julgador em lugar de sanar a dúvida quanto à autoria. Porém, há posição diferenciada, admitindo qualquer espécie de confissão: STJ: "11. Recurso especial desprovido, com a adoção da seguinte tese: 'o réu fará jus à atenuante do art. 65, III, 'd', do CP quando houver admitido a autoria do crime perante a autoridade, independentemente de a confissão ser utilizada pelo juiz como um dos fundamentos da sentença condenatória, e mesmo que seja ela parcial, qualificada, extrajudicial ou retratada'" (REsp 1.972.098/SC, 5.ª T., rel. Ribeiro Dantas, 14.06.2022, v.u.).

**86-C. Confissão qualificada:** significa a admissão da culpa, que lhe foi imputada na peça acusatória, mas levantando uma questão justificadora, cuja intenção é levar à absolvição ou a uma pena menor. Ilustrando, se o réu admite ter matado, mas o fez em legítima defesa, o que pretende, na realidade, não é colaborar com a Justiça, mas escapar da punição, recebendo um veredicto de licitude de sua conduta. O mesmo ocorre quando o acusado é surpreendido portando drogas ilícitas; por vezes, fato testemunhado por várias pessoas; em lugar de simplesmente admitir a posse, assumindo a condição de traficante, prefere ocultar-se na personagem de consumidor, cuja pena é totalmente diversa. Não pretende colaborar com a Justiça, mas escapar à punição. Por isso, sustentamos que, na confissão qualificada, *como* *regra*, não deve ser aplicada a atenuante da confissão espontânea. Destaque-se a situação já descrita na nota 86-A supra, no sentido de que o julgador se vale da confissão do acusado, mesmo qualificada, para formar o seu convencimento. Nos termos da Súmula 545 do STJ, deve ser utilizada como atenuante. Afinal, pode-se argumentar que, por vezes, a prova da autoria é duvidosa e somente a admissão do acusado tornou-a clara; nesta hipótese, mesmo que alegue uma excludente de ilicitude, por exemplo, nada impede que se leve em conta a atenuante da confissão, havendo condenação. Na jurisprudência: STF: "4. Na linha dos precedentes da Corte, 'é inviável o reconhecimento da atenuante de confissão espontânea ao delito de tráfico de drogas, quando o réu, em interrogatório judicial, confessa a destinação da droga apreendida para uso próprio. Precedentes' (RHC n. 149.410/MS-AgR, Primeira Turma, Rel. Min. Rosa Weber, *DJe* de 25/11/20)" (HC 208434 AgR, 1.ª T., rel. Dias Toffoli, j. 04.04.2022, v.u.); "5. A confissão qualificada, segundo consolidada jurisprudência desta Suprema Corte, não enseja a incidência da atenuante prevista no art. 65, III, 'd' do CP. Precedentes" (HC 206.827 AgR, 2.ª T., rel. Edson Fachin, j. 28.03.2022, v.u.). STJ: "3. A atenuante da confissão, mesmo qualificada, pode ser compensada integralmente com a qualificadora do motivo fútil, que fora deslocada para a segunda fase da dosimetria em razão da pluralidade de qualificadoras no caso concreto. Isso, porque são circunstâncias igualmente preponderantes, conforme entende este Tribunal Superior, que define que 'tal conclusão, por certo, deve ser igualmente aplicada à hipótese dos autos, por se tratarem de circunstâncias igualmente preponderantes, que versam sobre os motivos determinantes do crime e a personalidade do réu, conforme a dicção do art. 67 do CP' (HC n. 408.668/SP, relator Ministro Ribeiro Dantas, Quinta Turma, julgado em 12/9/2017, *DJe* de 21/9/2017)" (AgRg no REsp 2.010.303/MG, 6.ª T., rel. Antonio Saldanha Palheiro, 14.11.2022, v.u.).

**86-D. Confronto entre confissão e reincidência:** ver as notas 90-A e 90-B ao art. 67 do Código Penal.

**87. Influência de multidão, em meio a tumulto:** na precisa lição de Esther de Figueiredo Ferraz, "há um caso, entretanto, em que a pluralidade de agentes denuncia, ao contrário, menor periculosidade: o da multidão criminosa, a *folla delinquente*. Sob o domínio da multidão em tumulto opera-se, por assim dizer, um fenômeno de desagregação da personalidade. Os bons sentimentos humanos cedem lugar à maré invasora dos maus instintos, das tendências perversas e antissociais. Facilmente se processa e se transmite de indivíduo a indivíduo a sugestão criminosa. A ideia do delito ganha terreno nessa praça de antemão conquistada. E os piores crimes passam a ser cometidos por pessoas que, individualmente, seriam incapazes de causar o menor mal a seu semelhante. Daí a pequena periculosidade do que age sob tal influência" (*A codelinquência no direito penal brasileiro*, p. 71). E na opinião de Aníbal Bruno: "Quando uma multidão se toma de um desses movimentos paroxísticos, inflamada pelo ódio, pela cólera, pelo desespero, forma-se por assim dizer uma alma nova, que não é a simples soma das almas que a constituem, mas sobretudo do que nelas existe de subterrâneo e primário, e esse novo espírito é que entra a influir e orientar as decisões do grupo, conduzindo-o muitas vezes a manifestações de tão inaudita violência e crueldade que espantarão mais tarde aqueles mesmos que dele faziam parte" (citação de Esther de Figueiredo Ferraz, *A codelinquência no direito penal brasileiro*, p. 82). É o sentimento de "alma coletiva", em que as reações de cada um passam a ser as da massa em tumulto (Jair Leonardo Lopes, *Curso de direito penal*, p. 220). Ex.: linchamentos, agressões praticadas por torcidas organizadas em estádios de futebol, brigas de rua, entre outros. É requisito essencial que o agente do crime não tenha provocado o tumulto no qual se viu envolvido, bem como não se aplica àqueles que, aproveitadores da situação de desordem, conduzem a massa.

# Art. 66

**Art. 66.** A pena poderá ser ainda atenuada em razão de circunstância relevante, anterior ou posterior ao crime, embora não prevista expressamente em lei.[88-89]

**88. Atenuante inominada:** trata-se de circunstância legal extremamente aberta, sem qualquer apego à forma, permitindo ao juiz imenso arbítrio para analisá-la e aplicá-la. Diz a lei constituir-se atenuante qualquer *circunstância relevante*, ocorrida *antes* ou *depois* do crime, mesmo que não esteja expressamente prevista em lei. Alguns a chamam de atenuante da *clemência*, pois o magistrado pode, especialmente o juiz leigo no Tribunal do Júri, levar em consideração a indulgência para acolhê-la. Um réu que tenha sido violentado na infância e pratique, quando adulto, um crime sexual (circunstância relevante anterior ao crime) ou um delinquente que se converta à caridade (circunstância relevante depois de ter praticado o delito) podem servir de exemplos. Um exemplo extraído da realidade: pessoas roubaram um veículo; na fuga, bateram em uma moto; em lugar de prosseguir a evasão, pararam, socorreram o motociclista e o levaram ao hospital. Em face disso, terminaram reconhecidos como autores do roubo. Porém, essa é uma circunstância relevante, posterior ao crime, embora não prevista expressamente em lei, a merecer a atenuante do art. 66. Na jurisprudência: STJ: "8. Quanto ao art. 66 do CP, somente pode ser reconhecida a existência da atenuante inominada quando houver uma circunstância, não prevista expressamente em lei, que permita ao Juiz verificar a ocorrência de um fato indicativo de uma menor culpabilidade do agente (AgRg no AREsp n. 1.809.203/SP, Relator Ministro Felix Fischer, Quinta Turma, *DJe* 22/3/2021) (AgRg no AREsp n. 1.976.758/TO, Relator Ministro Reynaldo Soares da Fonseca, Quinta Turma, julgado em 8/2/2022, *DJe* 15/2/2022). No presente caso, o fato do acusado ter sentido absoluta tristeza desde que tomou conhecimento do lamentável falecimento da vítima não diminui a culpabilidade do agente pela prática delitiva, não havendo qualquer ilegalidade ao não se reconhecer a atenuante do art. 66 do CP" (AgRg no AREsp 2.321.892/SP, 5.ª T., rel. Reynaldo Soares da Fonseca, 27.06.2023, v.u.).

**88-A. Coculpabilidade:** há quem defenda a aplicação dessa atenuante quando se observar que o agente do crime foi levado à sua prática por falta de oportunidades na vida, situação criada pelo Estado, que deveria zelar pelo bem-estar de todos, invocando a denominada *coculpabilidade* (sobre o tema, verificando os motivos de sermos contrários a considerá-la *atenuante genérica*, ver a nota 98-B ao art. 22). Na jurisprudência: STJ: "A teoria da coculpabilidade não pode ser erigida à condição de verdadeiro prêmio para agentes que não assumem a sua responsabilidade social e fazem da criminalidade um meio de vida" (AgRg no REsp 1.770.619/PE, 6.ª T., rel. Laurita Vaz, 06.06.2019, v.u.).

**89. Atenuantes em leis especiais:** como se mencionou no contexto das agravantes, há circunstâncias legais que atenuam a pena previstas somente em leis especiais. Exemplo disso pode ser dado pela Lei 9.605/1998 (meio ambiente): "Art. 14. São circunstâncias que atenuam a pena: I – baixo grau de instrução ou escolaridade do agente; II – arrependimento do infrator, manifestado pela espontânea reparação do dano, ou limitação significativa da degradação ambiental causada; III – comunicação prévia pelo agente do perigo iminente de degradação ambiental; IV – colaboração com os agentes encarregados da vigilância e do controle ambiental".

## Concurso de circunstâncias agravantes e atenuantes

**Art. 67.** No concurso de agravantes e atenuantes, a pena deve aproximar-se do limite indicado pelas circunstâncias preponderantes, entendendo-se

> como tais as que resultam dos motivos determinantes do crime, da personalidade do agente e da reincidência.[90-90-C]

**90. Concurso de agravantes e atenuantes:** o disposto neste artigo, tratando da preponderância de algumas circunstâncias sobre outras, evidencia a preocupação do legislador em estabelecer critérios para o juiz aplicar a pena e efetuar eventuais compensações. Em lei, optou-se pelos cenários considerados mais relevantes para o cometimento do crime: a motivação do agente (pode ser agravante ou atenuante); a personalidade (igualmente, pode gerar agravante ou atenuante); e, finalmente, a reincidência (agravante de caráter objetivo). Portanto, na segunda fase da fixação da pena, o magistrado deve fazer preponderar a agravante da reincidência, por exemplo, sobre a atenuante do desconhecimento da lei. Sob outro prisma, quando se confrontarem duas causas legais preponderantes (agravante preponderante x atenuante preponderante), por natural, pode haver a compensação. Na jurisprudência: STJ: "2. No concurso entre a confissão espontânea e a agravante do meio cruel, aplicadas com relação ao crime de latrocínio tentado, deve ser abrandada a pena intermediária pela preponderância da atenuante, na segunda fase da dosimetria. Nos termos do art. 67 do Código Penal, devem prevalecer as circunstâncias de cunho subjetivo, que são atributos da personalidade do agente, em detrimento daquelas atinentes aos meios de execução do crime (art. 61, II, alínea *d*, do CP), que têm caráter objetivo" (AgRg no REsp 1.829.082-MT, 6.ª T., rel. Antonio Saldanha Palheiro, 13.04.2021, v.u.).

**90-A. Reincidência *versus* confissão espontânea:** vínhamos sustentando devesse a reincidência, por ser preponderante, superar a atenuante da confissão espontânea. Admitíamos que a confissão espontânea, para ser reconhecida como abrandamento da pena, haveria de ser sincera – o real alcance e significado de espontaneidade, sem subterfúgios, com intenção de colaborar com a Justiça. E defendíamos constituir a espontaneidade, em alguns casos, fruto de aspecto positivo da personalidade do agente. Quando assim fosse, a confissão espontânea tornar-se-ia, igualmente, preponderante, pois personalidade é um dos elementos indicados no art. 67 do Código Penal. Em suma, admitida a confissão espontânea como preponderante, em confronto com a reincidência, haveria compensação entre ambas. Porém, na nossa atividade judicante, notamos a carência de provas e dados para detectar quando a confissão espontânea é fruto da personalidade positiva do agente – e quando seria por outros fatores. Desse modo, não se pode prejudicar o réu, buscando uma prova que, na maioria das vezes, inexiste nos autos, gerando dúvida mais que razoável acerca da origem da confissão espontânea. Por outro lado, é de se supor que, sendo espontânea, é sincera, representando, de algum modo, fiel espelho de uma personalidade íntegra no tocante à assunção dos próprios erros. Diante disso, alteramos a nossa posição, passando a admitir a compensação entre reincidência e confissão espontânea, basicamente lastreados no princípio constitucional do *in dubio pro reo*. É o que apresentamos na 5.ª edição do nosso *Individualização da Pena*. Na jurisprudência, o Superior Tribunal de Justiça, em julgamento proferido pela 3.ª Seção, decidiu ser viável a compensação entre a reincidência e a confissão espontânea, pois ambas as circunstâncias devem ser consideradas *preponderantes*. Do voto da Ministra, autora do desempate em favor dessa tese: "Aderindo aos que seguiram o culto relator, esta Ministra desempatou a votação, com base nos argumentos abaixo apresentados. Penso que a personalidade do agente é um universo amplo, com diversas peculiaridades a serem consideradas. Acredito até que ela pode ser valorada negativamente na fixação da pena-base, mas, à luz da confissão espontânea, apresentar peculiaridade nobre, de tal forma a, na segunda fase, repercutir, positivamente, no cômputo da pena. Nesse diapasão, é possível colher da confissão dado decisivo da personalidade do agente: 'Não cremos que exista uma solução única. Tudo depende do caso concreto. Se a confissão espontânea for, de fato, fruto de uma personalidade amigável, de quem cometeu o crime em face de um lamentável

# Art. 67

Código Penal Comentado · **Nucci**

lapso, mas, moído pelo remorso, resolve colaborar com o Estado para a apuração do ocorrido, é viável considerar-se uma atenuante preponderante' (NUCCI, Guilherme de Souza. *Código Penal comentado*. 6. ed. rev., atual. e ampl. São Paulo: Ed. RT, 2006, p. 388)" (Emb. Div. em REsp 1.154.752, 3.ª S., rel. Sebastião Reis Júnior, 23.05.2012, m.v.); "4. No julgamento dos EREsp 1.154.752/RS, ocorrido em 23.05.2012 (*DJe* 04.09.2012), a Terceira Seção deste Superior Tribunal pacificou o entendimento de que é possível, na segunda fase da dosimetria da pena, a compensação da agravante da reincidência com a atenuante da confissão espontânea, por serem igualmente preponderantes, de acordo com o art. 67 do Código Penal" (HC 528.390/ SP, 5.ª T., rel. Reynaldo Soares da Fonseca, 10.03.2020, v.u.).

**90-B. Multirreincidência *versus* confissão espontânea:** cuidando-se de confronto entre agravante preponderante (reincidência) e atenuante preponderante (confissão), parece--nos essencial distinguir a situação do acusado multirreincidente ou reincidente específico, cuja carga de reprovação é maior. Portanto, se a simples reincidência é considerada preponderante, há necessidade, por questão de lógica, de se conferir maior relevo à multiplicidade de processos capazes de gerá-la ou à situação de quem reincide exatamente no mesmo delito. Logo, é possível elevar a pena, nesses casos, mesmo havendo confissão espontânea. Na jurisprudência: STJ: "Acolhida a readequação da Tese n. 585/STJ, nos seguintes termos: 'É possível, na segunda fase da dosimetria da pena, a compensação integral da atenuante da confissão espontânea com a agravante da reincidência, seja ela específica ou não. Todavia, nos casos de multirreincidência, deve ser reconhecida a preponderância da agravante prevista no art. 61, I, do Código Penal, sendo admissível a sua compensação proporcional com a atenuante da confissão espontânea, em estrito atendimento aos princípios da individualização da pena e da proporcionalidade'" (REsp 1.931.145/SP, 3.ª Seção, rel. Sebastião Reis Júnior, 22.06.2022, v.u.); "7. O concurso entre circunstância agravante e atenuante de idêntico valor redunda em afastamento de ambas, ou seja, a pena não deverá ser aumentada ou diminuída na segunda fase da dosimetria. Todavia, tratando-se de réu multirreincidente, deve ser reconhecida a preponderância da agravante prevista no art. 61, I, do Código Penal, sendo admissível a sua compensação proporcional com a atenuante da confissão espontânea, em estrito atendimento aos princípios da individualização da pena e da proporcionalidade" (HC 576.876/SC, 5.ª T., rel. Ribeiro Dantas, j. 18.08.2020, v.u.).

**90-C. Menoridade relativa e senilidade:** no passado, era majoritária a corrente que defendia a preponderância da menoridade (entre 18 e 21 anos) e a senilidade (maior de 70 anos) sobre qualquer outra agravante, mesmo quando também considerada preponderante. A justificativa encontrada concentrava-se na *tradição*, ou seja, por força da costumeira aplicação acima de todas as demais, os tribunais sempre consideraram tais atenuantes com o caráter de preponderância absoluta. No entanto, a legislação se alterou e a pessoa com 18 anos, atualmente, é civilmente capaz para qualquer assunto. E, por óbvio, continua a ser plenamente capaz no âmbito penal. Por outro lado, o Estatuto da Pessoa Idosa, para *fins de tutela*, nomeia os maiores de 60 anos. As idades modificadas demonstram outro estágio de mentalidade da sociedade brasileira. Diante disso, não vemos mais fundamento lógico para manter a *preponderância absoluta, inexistente em lei*, da menoridade e da senilidade. Elas devem ser tratadas como atenuantes apenas preponderantes em face do confronto com outras agravantes igualmente preponderantes, *podendo haver compensação*. Entretanto, há julgados mantendo a tradição de serem elas preponderantes. Na jurisprudência: STJ: "I – A jurisprudência desta Corte é firme no sentido de que a atenuante de menoridade relativa prepondera sobre a agravante do emprego de meio que dificultou a defesa da vítima, nos termos do art. 67 do Código Penal, ante sua natureza subjetiva" (AgRg no HC 816.505/SC, 5.ª T., rel. Reynaldo Soares da Fonseca, 30.05.2023, v.u.).

# CONFRONTO ENTRE AGRAVANTES E ATENUANTES
## (art. 67, CP)

1) agravante simples X atenuante simples: anulam-se = a pena não deve sofrer alteração na 2.ª fase

2) agravante preponderante X atenuante simples: a agravante anula a atenuante = a pena deve ser elevada se possível na 2.ª fase

3) agravante simples X atenuante preponderante: a atenuante anula a agravante = a pena deve ser reduzida se possível, na 2.ª fase

4) agravante preponderante X atenuante preponderante: anulam-se = a pena não deve sofrer alteração na 2.ª fase

5) duas agravantes simples X uma atenuante preponderante: anulam-se = a pena não deve sofrer alteração na 2.ª fase

6) uma agravante preponderante X duas atenuantes simples: anulam-se = a pena não deve sofrer alteração na 2.ª fase

> **Notas:**
>
> a) são sugestões para garantir um equilíbrio entre as agravantes e atenuantes refletindo o prisma do art. 67 do Código Penal. Porém, não é uma operação aritmética, podendo o juiz valorar como entender mais apropriado o confronto, desde que o faça sempre, fundamentando a sua convicção
>
> b) são preponderantes:
>    * motivos determinantes do crime
>    * personalidade do agente
>    * reincidência
>
> c) lembrar que a análise de personalidade é fundamental para descobrir quais agravantes ou atenuantes devem preponderar umas sobre as outras. Ex.: atuar com crueldade será uma agravante simples, se houver mero acaso, porém se advier de personalidade agressiva sádica do réu é agravante preponderante

# Art. 68

Código Penal Comentado · **Nucci**

**Cálculo da pena**[91-92]

> **Art. 68.** A pena-base[93] será fixada atendendo-se ao critério do art. 59 deste Código; em seguida serão consideradas as circunstâncias atenuantes e agravantes;[94] por último, as causas de diminuição e de aumento.[95-98-A]
>
> **Parágrafo único.** No concurso de causas de aumento ou de diminuição previstas na parte especial, pode o juiz limitar-se a um só aumento ou a uma só diminuição, prevalecendo, todavia, a causa que mais aumente ou diminua.[99-100]

**91. Sistemas para a fixação do *quantum* da pena:** há *dois sistemas principais* para a sua aplicação: a) *critério trifásico*, preconizado por NÉLSON HUNGRIA; b) *critério bifásico*, defendido por ROBERTO LYRA. O Código Penal optou claramente pelo primeiro, conforme se vê do art. 68: "A pena-base será fixada atendendo-se ao critério do art. 59 deste Código; em seguida serão consideradas as circunstâncias atenuantes e agravantes; por último, as causas de diminuição e de aumento". Para HUNGRIA, o juiz deve estabelecer a pena em três fases distintas: a primeira leva em consideração a fixação da pena-base, tomando por apoio as circunstâncias judiciais do art. 59; em seguida, o magistrado deve aplicar as circunstâncias legais (atenuantes e agravantes, dos arts. 61 a 66), para então apor as causas de diminuição e de aumento (previstas nas Partes Geral e Especial). LYRA, por sua vez, ensina que as circunstâncias atenuantes e agravantes merecem ser analisadas em conjunto com as circunstâncias do art. 59 para a fixação da pena-base. Somente após aplicará, o juiz, as causas de diminuição e de aumento. A fundamentação para tal posicionamento consiste na coincidência das circunstâncias judiciais com as legais, não havendo razões sólidas para separá-las. E diz, a esse respeito, FREDERICO MARQUES: "Não nos parece que haja necessidade de separar as circunstâncias judiciais das circunstâncias legais, no juízo que o magistrado formula ao apreciar os elementos apontados no artigo 59. Em primeiro lugar, o exame em bloco das circunstâncias todas do crime é muito mais racional e, também, mais indicado para a individualização judiciária da pena. Em segundo lugar, como bem argumenta BASILEU GARCIA, as circunstâncias legais não estabelecem cálculo a efetuar, como sucede com as causas de aumento e diminuição de pena: 'Há a realizar, somente, a escolha de uma pena entre limites extremos'. Não há 'modificação quantitativa precisa' quando se reconhece a existência de uma agravante ou atenuante. Supérfluo seria, assim, separá-las das circunstâncias judiciais, para efeito do cálculo da pena entre o máximo e o mínimo cominados. Note-se, ao demais, que o artigo 59 manda que o juiz tenha em consideração circunstâncias objetivas, e subjetivas, a gravidade do crime e a personalidade do delinquente, para escolher e fixar a pena-base. Não é muito mais aconselhável que ele tenha uma visão completa e panorâmica desses elementos, do que se basear em aspectos fragmentários que só se completarão depois num segundo exame? O diagnóstico e prognóstico sobre a personalidade do delinquente não ficará muito mais perfeito se resultar do exame em conjunto das circunstâncias legais e judiciais de caráter subjetivo?" A despeito disso, como já ressaltado, prevaleceu o critério proposto por HUNGRIA, aliás, o mais detalhado para as partes conhecerem exatamente o que pensa o juiz no momento de aplicar a pena. Havendo a separação em três fases distintas, com a necessária fundamentação para cada uma delas, torna-se mais clara a fixação da sanção penal.

**91-A. Fixação completa da pena:** há três estágios para a concretização da pena, conforme expusemos na nota 22-A ao art. 59. Portanto, dentro do primeiro estágio encontra-se o denominado sistema trifásico, objeto de análise da nota anterior.

**92. Motivação para cada estágio e para cada fase:** é imperioso destacar que cada estágio (primário, secundário e terciário) exige fundamentação. Trata-se de direito do réu acompanhar todas as etapas da individualização da sua pena (estágios e fases). A falta de motivação pode acarretar a nulidade da sentença ou, pelo menos, a redução da reprimenda ao mínimo possível.

**93. Conceito de pena-base:** vide nota 15 ao art. 59.

**94. Cautela especial para evitar a dupla agravação pelo mesmo motivo:** justamente porque o critério eleito pela lei penal é o trifásico, e sabendo-se que as circunstâncias judiciais podem confundir-se com as legais (maus antecedentes – circunstância judicial – e reincidência – circunstância legal), deve o magistrado agir com redobrada cautela. Entretanto, quando houver o estabelecimento de duas situações distintas, dando azo à aplicação, também distinta, de circunstâncias judiciais e legais, é possível a dupla agravação. Nesse sentido: STJ: "A circunstância de a vítima ter sido atingida pelas costas já se encontra albergada na qualificadora do recurso que lhe impossibilitou a defesa, utilizada, na segunda fase, como agravante (art. 61, II, *a*, do Código Penal). *Bis in idem* reconhecido" (REsp 1.284.562-SE, 6.ª T., rel. Rogerio Schietti Cruz, 05.05.2016, *DJe* 17.05.2016). Consultar a nota 12 ao art. 59, com outros exemplos de dupla agravação pelo mesmo fato.

**95. Conceito de causas de aumento e diminuição:** são causas obrigatórias ou facultativas de aumento ou de diminuição da pena em quantidades fixadas pelo próprio legislador, porém sem estabelecer um mínimo e um máximo para a pena. Chamam-se, ainda, *qualificadoras em sentido amplo*. Exemplos de causas legais genéricas, previstas na Parte Geral do Código Penal: arts. 14, parágrafo único; 16; 21, parte final; 24, § 2.º; 26, parágrafo único; 28, § 2.º; 29, §§ 1.º e 2.º; 69; 70 e 71. Exemplos de causas legais específicas, previstas na Parte Especial do Código Penal: arts. 121, §§ 1.º e 4.º; 129, § 4.º; 155, § 1.º; 157, § 2.º; 158, § 1.º; 168, § 1.º; 171, § 1.º; 226 etc. As causas de aumento e de diminuição, por integrarem a estrutura típica do delito, permitem a fixação da pena acima do máximo em abstrato previsto pelo legislador, como também admitem o estabelecimento da pena abaixo do mínimo. Podem ser previstas em *quantidade fixa* (ex.: art. 121, § 4.º, determinando o aumento de 1/3) ou em *quantidade variável* (ex.: art. 157, § 2.º, determinando um aumento de 1/3 até a metade).

**96. Conceito de qualificadoras e privilégios:** são circunstâncias legais que estão jungidas ao tipo penal incriminador, aumentando ou diminuindo a pena obrigatoriamente, dentro de um mínimo e um máximo previstos pelo legislador (exemplos de qualificadoras: homicídio qualificado, do art. 121, § 2.º; furto qualificado, do art. 155, § 4.º; quanto ao privilégio, temos: corrupção privilegiada, do art. 317, § 2.º; explosão privilegiada, do art. 251, § 1.º; favorecimento pessoal privilegiado, do art. 348, § 1.º; dentre outros). Por vezes, a figura privilegiada do crime vem prevista em tipo autônomo, como aconteceu no caso do homicídio. O verdadeiro homicídio privilegiado é o infanticídio, inserido no art. 123. A diferença fundamental entre a causa de aumento e a qualificadora consiste na alteração feita pelo legislador dos valores mínimo e máximo no caso desta última. Enquanto para a causa de aumento existe um aumento adicionado à pena prevista para o tipo básico (ex.: o furto noturno prevê o aumento de 1/3 sobre a pena do furto simples – de 1 a 4 anos), no caso da qualificadora o legislador altera a *faixa de fixação da pena* (ex.: o furto qualificado passa a ter penas de 2 a 8 anos). Daí porque se pode afirmar que, tecnicamente, não há roubo qualificado, mas com causa de aumento (conforme art. 157, §§ 2.º e 2.º-A, CP). Entretanto, utiliza-se o termo *roubo qualificado*, porque as causas de aumento, como já mencionado, são as *qualificadoras em sentido amplo*.

**97. Existência de duas ou mais qualificadoras:** na realidade, as circunstâncias do crime são idênticas no campo fático (ex.: o motivo fútil é sempre o mesmo, independentemente de ser classificado como qualificadora, agravante ou circunstância judicial). Por isso, quando há mais de uma qualificadora, deve-se considerar que, a partir da segunda, aproveita-se como circuns-

# Art. 68

Código Penal Comentado · **Nucci**

tância legal (agravante ou causa de aumento) ou circunstância judicial (art. 59, CP). A primeira qualificadora reconhecida serve para a mudança de faixa na aplicação da pena (ex.: um furto simples passa de 1 a 4 anos de reclusão para 2 a 8 anos, quando qualificado); no mais, aproveita-se a circunstância faltante onde melhor se der. Em primeiro lugar, utiliza-se como causa de aumento (se houver) e, na sequência, como agravante (se houver). Não sendo viável, com certeza, pode-se usar como circunstância judicial, para a fixação da pena-base. Na jurisprudência: STJ: "Quanto à possibilidade propriamente dita de deslocar a majorante sobejante para outra fase da dosimetria, considero que se trata de providência que, além de não contrariar o sistema trifásico, é a que melhor se coaduna com o princípio da individualização da pena. De fato, as causas de aumento (3.ª fase), assim como algumas das agravantes, são, em regra, circunstâncias do crime (1.ª fase) valoradas de forma mais gravosa pelo legislador. Assim, não sendo valoradas na terceira fase, nada impede sua valoração de forma residual na primeira ou na segunda fases. 4. A desconsideração das majorantes sobressalentes na dosimetria acabaria por subverter a própria individualização da pena realizada pelo legislador, uma vez que as circunstâncias consideradas mais gravosas, a ponto de serem tratadas como causas de aumento, acabariam sendo desprezadas. Lado outro, se não tivessem sido previstas como majorantes, poderiam ser integralmente valoradas na primeira e na segunda fases da dosimetria" (HC 463.434-MT, 3.ª Seção, rel. Reynaldo Soares da Fonseca, 25.11.2020, v.u.). Trata-se de posição superada a que menciona a viabilidade de desconsiderar, na aplicação da pena, a segunda qualificadora (em diante). Essa corrente avalia ser função da qualificadora a alteração da mudança de faixa para a individualização da pena; assim, havendo uma ou várias qualificadoras, o objetivo é alcançado do mesmo modo. Então, após a considera-ção da primeira qualificadora (mudando a faixa da pena), as demais podem ser ignoradas. Essa posição está equivocada, pois a qualificadora não passa de uma circunstância do crime, como outra qualquer. Em primeiro lugar, busca-se a existência de, pelo menos, uma qualifi-cadora para alterar a faixa da pena abstrata (mínimo e máximo). Após, a presença de outra(s) qualificadora(s) está a demonstrar, nitidamente, haver mais circunstâncias para considerar no processo de individualização da pena. Se não é possível fazê-lo como *qualificadora(s)*, deve-se utilizar nos outros cenários, que também preveem circunstâncias para mensurar a pena justa. Desprezar circunstâncias significa, na prática, descumprir a lei e lesar o princípio constitucional da individualização da pena.

**98. Compensação entre circunstâncias judiciais e legais:** a compensação somente pode acontecer dentro da mesma fase. Assim, quando o juiz estiver ponderando as circuns-tâncias judiciais, pode compensar os maus antecedentes com o motivo nobre para a prática do crime, ou então a personalidade agressiva do réu com o mesmo comportamento agressivo da vítima. Na segunda fase, pode compensar a atenuante da confissão com a agravante de crime contra irmão, ou a atenuante do crime cometido sob a influência de multidão, em tumulto, com a agravante de meio de que possa resultar perigo comum. Para a terceira fase, o sistema de compensação ganha relevo especial e será visto a seguir. É vedada, no entanto, a compensação envolvendo fases diversas. Exemplo: não pode o juiz compensar os maus antecedentes (cir-cunstância judicial) com a confissão espontânea (circunstância legal, que configura atenuante). Afinal, respeita-se o sistema trifásico e cada uma das fases é um patamar isolado das demais. Caso se pudesse compensar todas as circunstâncias judiciais e legais, sem qualquer limitação, os três estágios estariam comprometidos e os valores atribuídos pela legislação penal se per-deriam. Aliás, a previsão feita no art. 68, *caput*, consagra a opção do legislador pela fixação da pena em distintas etapas, que devem ser respeitadas.

**98-A. Compensação entre agravantes/atenuantes e causas de aumento e diminui-ção:** inviabilidade. Existem três fases distintas para o estabelecimento do *quantum* da pena. Na primeira, ponderam-se todas as circunstâncias judiciais do art. 59 do CP. Pode-se compensar uma positiva com uma negativa. Na segunda, há o confronto entre agravantes e atenuantes, podendo-se, também, compensar uma agravante com uma atenuante. Na terceira, há causas de aumento e diminuição e não é viável a compensação, como se demonstra na nota 99 *infra*. Assim, como explicamos na nota 98 *supra*, a compensação somente pode ser feita na mesma fase, quando viável. Diante disso, é vedado promover a compensação de uma atenuante, por exemplo, com uma causa de aumento.

**99. Concurso entre causas de aumento e de diminuição:** todas as causas de aumento e de diminuição previstas na Parte Geral do Código Penal devem ser aplicadas, sem possibilidade de compensação. Aplicam-se, ainda, todas as causas de aumento ou diminuição previstas na Parte Geral em confronto com a Especial. Entretanto, as previstas na Parte Especial podem concorrer entre si, admitindo compensação da seguinte forma: tratando-se de duas ou mais causas de aumento ou duas ou mais causas de diminuição, o juiz pode aplicar a mais ampla delas ou todas. Ex.: no crime de incêndio (art. 250), tendo sido praticado com o intuito de obter vantagem pecuniária em proveito próprio (§ 1.º, com aumento de 1/3) e tendo causado lesão grave para a vítima (art. 258, com aumento de metade), o juiz pode aplicar as duas causas de aumento ou somente a mais grave. Se iguais, qualquer delas. Parece-nos que a medida do julgador para aplicar ambos os aumentos (ou diminuições) ou somente a mais ampla (ou maior) deve concentrar-se no *elemento subjetivo do agente*. No exemplo *supra* do incêndio, o motivo do agente era alcançar vantagem pecuniária em proveito próprio; quanto ao resultado qualificador, em que medida se deu a sua culpa é o que se precisa analisar (culpa grave, leve ou levíssima). Se houver culpa grave, aplicam-se os dois aumentos. Se houver culpa leve, apenas o mais amplo, ou seja, a metade. Em legislação especial, dá-se a aplicação do art. 68, parágrafo único, do Código Penal, valendo-se da analogia *in bonam partem*. Desse modo, no concurso dos aumentos possíveis, previstos nos arts. 19 e 20 da Lei 10.826/2003 (Estatuto do Desarmamento), pode o juiz aumentar a pena duas vezes, ou apenas uma, dependendo do caso concreto. Ver a nota 111 ao art. 20 do nosso livro *Leis penais e processuais penais comentadas* – vol. 2. Na jurisprudência: STJ: "1. A jurisprudência do Superior Tribunal de Justiça entende que o magistrado não está obrigado a aplicar somente uma das causas de aumento referentes à parte especial do Código Penal, na hipótese de concurso de majorantes (art. 68, parágrafo único, do CP), contudo a escolha da fração adotada deve se dar de forma sempre fundamentada. 2. Da análise dos autos, percebe-se que as instâncias ordinárias não apresentaram fundamento concreto para a adoção das frações de aumento de forma cumulada pelas majorantes do concurso de agentes e do emprego de arma de fogo, devendo ser limitado o incremento a 2/3. 3. Ainda que seja plenamente possível a aplicação sucessiva dos aumentos, sem que se possa falar em ofensa ao art. 68, parágrafo único, do CP, resta evidenciada flagrante ilegalidade na aplicação cumulativa das causas de aumento previstas no art. 157, § 2.º e § 2.º-A, ambos do Código Penal" (AgRg no HC 807.473/RJ, 5.ª T., rel. Ribeiro Dantas, 14.08.2023, v.u.); "7. No presente caso, constata-se que não ocorreu a cumulação injustificada das causas de aumento do delito de roubo circunstanciado, pois a jurisdição ordinária consignou a necessidade de aplicação de ambas as majorantes pelas peculiaridades do crime, que foi praticado por 4 indivíduos e grave ameaça com emprego de arma de fogo. Existência de fundamentação concreta para a aplicação cumulativa das causas de aumento em 1/3 e 2/3" (AgRg no HC 728.569/SC, 6.ª T., rel. Antonio Saldanha Palheiro, 21.06.2022, v.u.).

**100. Critério para aplicação dos aumentos e das diminuições:** há, fundamentalmente, *três posições* a esse respeito: 1.ª) *todas as causas de aumento e de diminuição devem incidir sobre a pena-base, extraída na 2.ª fase da fixação da pena.* Ex.: chegando à pena de 6 anos de reclusão pela prática de um roubo (os limites do art. 157 estão fixados entre 4 e 10), ao levar em conta o disposto nos arts. 59, 61 a 65, o juiz passará a considerar as eventuais causas de aumento.

Imaginando-se existirem duas – concurso de duas ou mais pessoas e continuidade delitiva –, os aumentos incidirão sobre os 6 anos. Portanto, 6 mais 2 (1/3 do art. 157, § 2.º) formam 8 anos. Aumentando-se mais 1 ano, por haver continuidade delitiva (1/6 do art. 71), a pena vai para 9 anos de reclusão. O mesmo critério é usado para as causas de diminuição; 2.ª) *todas as causas incidem umas sobre as outras*. No mesmo exemplo: dos 6 anos encontrados na 2.ª fase, o juiz passará a considerar as causas de aumento umas sobre as outras (*juros sobre juros*). Assim, 6 anos mais 2 (1/3 do art. 157, § 2.º) vão para 8 anos; sobre os 8 soma-se 1/6, totalizando 9 anos e 4 meses de reclusão. O mesmo critério é usado para as causas de diminuição; 3.ª) *as causas de aumento incidem sobre a pena extraída da 2.ª fase e as de diminuição incidem umas sobre as outras*. Este último critério é uma tentativa de conciliação. Nota-se que o segundo critério faz com que, em caso de aumento, a pena fique maior, justamente porque há a incidência de uma causa sobre outra. Em compensação, o primeiro critério, quando for caso de diminuição, poderá conduzir à pena *zero*. Exemplo disso: de um montante de 6 meses, o juiz deve extrair duas causas de diminuição (ambas de metade). Ora, aplicadas as duas sobre 6 meses, o magistrado encontrará que 6 meses menos 3 meses é igual a 3; novamente subtraindo 3, chegará a zero. Logo, o réu será condenado e não terá pena a cumprir. Pode até ficar o Estado devendo a ele. No caso de duas diminuições de 2/3: 6 anos menos 4 é igual a 2; novamente subtraindo 4, vai para menos 2 anos. Tendo em vista o grave inconveniente da chamada *pena zero*, o primeiro critério não pode ser adotado na íntegra. O terceiro, por sua vez, não oferece um método seguro: para aumentar, faz-se de um modo; para diminuir, utiliza o juiz outra forma. Parece-nos – e é majoritário esse entendimento – ser adequado o segundo: as causas de aumento e de diminuição são aplicadas umas sobre as outras. Evita-se a inoportuna *pena zero* e cria-se um método uniforme para aumentar e diminuir a pena igualitariamente. Aliás, justamente porque o segundo critério é dominante, não se admite que existam compensações entre causas de aumento e de diminuição. Quando o juiz for aplicar um aumento de 1/3 e uma diminuição de 1/3, por exemplo, não poderá compensá-los, anulando-os. Eis o motivo: se a pena extraída da 2.ª fase for de 6 anos, aplicando-se um aumento de 1/3, alcança-se a cifra de 8 anos. Em seguida, subtraindo-se 1/3, segue-se para a pena de 5 anos e 4 meses. Portanto, é incabível compensar as duas.

Título V – Das penas    **Art. 68**

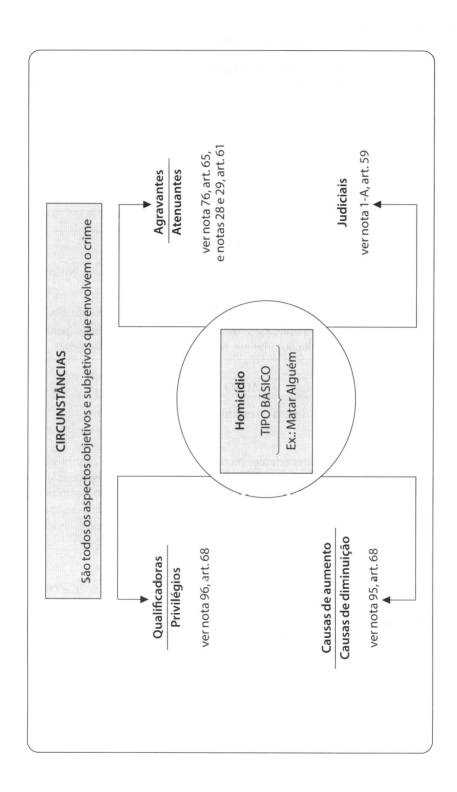

# Art. 68

## INDIVIDUALIZAÇÃO DA PENA

- LEGISLATIVA: ao elaborar o tipo penal incriminador, é o legislador o primeiro a fixar os valores mínimo e máximo para a pena, bem como os regimes e benefícios possíveis.

- JUDICIAL: é o processo de concretização da pena feito pelo juiz no momento da sentença condenatória.

- EXECUTÓRIA: é o processo de acompanhamento do cumprimento da pena do condenado, conduzido pelo juiz da execução criminal, podendo ser alterado o montante da pena, o regime de cumprimento e os benefícios concedidos.

## FASE JUDICIAL

1.ª) PRIMÁRIA: é o estabelecimento do montante da pena: usa-se o critério trifásico (próximo quadro)

2.ª) SECUNDÁRIA: estabelece-se o regime de cumprimento da pena (art. 33, § 3.º, CP)

3.ª) TERCIÁRIA: busca-se a aplicação, se viável, de benefícios penais (penas alternativas, multa substitutiva, suspensão condicional da pena)

## FIXAÇÃO DA PENA

Sistema trifásico (dentro do estágio primário) → art. 68

1.ª FASE: fixação da pena-base → critérios do art. 59 (ver nota 15)

- a) antecedentes (nota 4)
- b) conduta social (nota 7)
- c) personalidade do agente (nota 8)
- d) motivos (nota 9)
- e) circunstâncias do crime (nota 10)
- f) consequências do crime (nota 12)
- g) comportamento da vítima (nota 13)

*Culpabilidade*: grau de reprovação social, que representa o conjunto de todas as circunstâncias judiciais (nota 3)

2.ª FASE: cômputo das agravantes e atenuantes, arts. 61 a 66 (notas 28 e 76)

3.ª FASE: cômputo das causas de aumento e de diminuição, arts. 69 a 71(previstos na parte geral) + circunstâncias específicas da Parte Especial

Resultado

Observações especiais:
I) O art. 59 é utilizado como parâmetro também para a escolha do regime de cumprimento de pena (fechado, semiaberto ou aberto).
II) No mesmo prisma, vale-se o juiz das circunstância do art. 59 para resolver se cabe a substituição de pena privativa de liberdade por restritivas de direitos ou multa: art. 59, IV.

**Concurso material**[101-102]

> **Art. 69.** Quando o agente, mediante mais de uma ação ou omissão, pratica dois ou mais crimes, idênticos ou não, aplicam-se cumulativamente as penas privativas de liberdade em que haja incorrido.[103] No caso de aplicação cumulativa de penas de reclusão e de detenção, executa-se primeiro aquela.[104-104-A]
>
> § 1.º Na hipótese deste artigo, quando ao agente tiver sido aplicada pena privativa de liberdade, não suspensa, por um dos crimes, para os demais será incabível a substituição de que trata o art. 44 deste Código.[105]
>
> § 2.º Quando forem aplicadas penas restritivas de direitos, o condenado cumprirá simultaneamente as que forem compatíveis entre si e sucessivamente as demais.[106]

**101. Concurso de crimes:** quando o agente comete duas ou mais ações, causando dois ou mais resultados, para se saber se houve *unidade* ou *pluralidade* delitiva é preciso consultar a norma penal, tendo em vista que adotamos, no Brasil, a concepção normativa de concurso de crimes. Para tanto, cuida o Código Penal do concurso material, concurso formal e crime continuado, que serão vistos a seguir. Na jurisprudência: STJ: "3. Quando o agente adquire ou baixa arquivos de imagens pornográficas (fotos e vídeos) envolvendo crianças e adolescentes e os armazena no próprio HD – como no caso dos autos –, é perfeitamente possível o concurso material das condutas de 'possuir' e 'armazenar' (art. 241-B do ECA) com as condutas de 'publicar' ou 'disponibilizar' e 'transmitir' (art. 241-A), o que autoriza a aplicação da regra do art. 69 do Código Penal" (AgRg no AgRg no REsp 1.330.974/MG, 5.ª T., rel. Ribeiro Dantas, 12.02.2019, v.u.).

**101-A. Sistema da acumulação material:** o concurso material vale-se do sistema da acumulação material para a fixação da pena ao agente que, tendo praticado mais de uma ação ou omissão, cometeu dois ou mais crimes. Entretanto, o sistema que impõe a acumulação (soma) de penas também está presente em outras hipóteses, quando expressamente recomendada a sua utilização pela lei. É o que ocorre nos casos dos tipos penais prevendo a aplicação de determinada pena, *além* de outra, advinda da violência praticada em conjunto. Vide, como exemplo, o disposto no art. 344 do Código Penal (coação no curso do processo), estipulando a pena de 1 a 4 anos de reclusão, e multa, *além da pena correspondente à violência*. Portanto, embora através de uma única ação o agente tenha cometido a coação, deverá responder *também* pelo resultado gerado pela violência. O juiz utiliza a regra do concurso material (soma das penas), ainda que tenha havido uma única ação. Outro exemplo pode ser encontrado nos delitos previstos no art. 161 (alteração de limites, usurpação de águas e esbulho possessório), conforme prevê o § 2.º ("se o agente usa de violência, incorre também na pena a esta cominada").

**101-B. Sistema da acumulação jurídica:** embora não utilizado no Brasil, há outro modo de fixação da pena para o caso de concurso de crimes, levando-se em conta não a soma das penas dos delitos cometidos (como ocorre no concurso material), nem tampouco acarretando a aplicação da pena do mais grave deles acrescida de uma cota-parte previamente estabelecida em lei (como acontece no concurso formal e no crime continuado), mas, sim, fazendo com que exista uma média ponderada entre as várias penas previstas para os diversos crimes, impedindo que haja um excesso punitivo através da fixação de um teto. Assim, o montante de pena que ultrapassar esse teto será automaticamente extinto. É o sistema adotado na Espanha (art. 76). Exemplificando: caso o agente esteja sujeito a penas diversas (5 + 4 + 4 + 3 + 2), que somam

# Art. 69

**Código Penal Comentado · Nucci**

18 anos, notando-se que a mais grave delas atinge 5 anos, a pena não poderá ultrapassar 15 (o triplo da mais grave), julgando-se extinto o montante que ultrapassar esse teto; no caso, 3 anos.

**101-C. Sistema da absorção:** leva em consideração que, no caso de concurso de crimes, possa haver a fixação da pena com base apenas na mais grave, restando absorvidas as demais. É o que ocorre em Portugal, no tocante ao crime continuado (art. 79): "O crime continuado é punível com a pena aplicável à conduta mais grave que integra a continuação". Não adotamos esse sistema expressamente, mas há casos em que a jurisprudência, levando em conta o critério da consunção, no conflito aparente de normas, termina por determinar que o crime mais grave, normalmente o *crime-fim*, absorve o menos grave, o denominado *crime-meio* (ver nota 110 ao art. 12). Evita-se, com isso, a soma de penas.

**101-D. Sistema da exasperação da pena:** é o critério que permite, quando o agente pratica mais de um crime, a fixação de somente uma das penas, mas acrescida de uma cota--parte que sirva para representar a punição por todos eles. Trata-se de um sistema benéfico ao acusado e adotado, no Brasil, nos arts. 70 (concurso formal) e 71 (crime continuado).

**102. Conceito de concurso material:** quando o agente, mediante mais de uma ação ou omissão, pratica dois ou mais crimes, deve ser punido pela soma das penas privativas de liberdade em que haja incorrido, porque se adota o sistema da acumulação material nesse contexto. O concurso material pode ser *homogêneo* (prática de crimes idênticos) ou *heterogêneo* (prática de crimes não idênticos). Na jurisprudência: STJ: "4. A prática de pluralidade de condutas inviabiliza o reconhecimento do concurso formal entre os delitos dos arts. 217-A do CP e 240, § 2.º, II, do ECA, razão pela qual deve ser restabelecido o concurso material reconhecido na sentença" (REsp 1.579.578/PR, 6.ª T., rel. Rogerio Schietti Cruz, 04.02.2020, v.u.); "1. As condutas de armazenamento de arquivos de pornografia infantojuvenil e posterior transmissão parcial dos referidos arquivos denotam autonomia apta a configurar o concurso material, afastando-se a tese defensiva de aplicação do princípio da consunção" (AgRg no AREsp 1.471.304/PR, 5.ª T., rel. Joel Ilan Paciornik, 10.12.2019, v.u.).

**103. Critérios para a aplicação da pena:** torna-se imprescindível que o juiz, para proceder à soma das penas, individualize, antes, cada uma. Ex.: três tentativas de homicídio em concurso material. O magistrado deve, em primeiro lugar, aplicar a pena para cada uma delas e, no final, efetuar a adição, pois cada uma pode ter um *iter criminis* diferenciado, conduzindo a diminuições em montantes diversos. Por outro lado, não cabe fiança ao réu se, em concurso material, as penas mínimas para os vários crimes que praticou, somadas, forem maiores do que dois anos de reclusão (Súmula 81 do STJ). Ao crime falimentar como regra não se aplicava o concurso material, pois ele sempre foi considerado delito único (todos os atos praticados pelo falido contribuíram para a decretação da falência), salvo quando houvesse, também, crime comum. Nesse caso, poderia ser concurso formal perfeito ou imperfeito (desígnios autônomos).

**104. Aplicação cumulativa de reclusão e detenção:** determina o art. 69, *caput*, parte final, que a reclusão seja cumprida em primeiro lugar. A inutilidade dessa disposição é evidente, na medida em que não existe diferença, na prática, entre reclusão e detenção. Deveria haver um estabelecimento penal para reclusos e outro para detentos; ou, pelo menos, uma clara divisão entre alas para reclusos e detentos em certo presídio, mas nada disso ocorre. Na mesma ótica, confira-se a lição de Paulo José da Costa Júnior: "Em realidade, todavia, a disposição é inútil, pois as diferenças outrora existentes, entre reclusão e detenção, foram praticamente abolidas" (*Comentários ao Código Penal*, p. 238). O que importa para o condenado, na realidade, é o regime no qual foi inserido (sobre isso, consultar a nota 10-A ao art. 33).

Entretanto, é o dispositivo expresso da lei penal, não nos parecendo possa o aplicador do direito ao caso concreto desconsiderar esse aspecto. Assim, quando o julgador aplicar o concurso material, fixando, por exemplo, três anos de reclusão e dois anos de detenção, não pode fazer o somatório em cinco anos pela diversidade de espécies de penas privativas de liberdade. Para a escolha do regime inicial de cumprimento da pena e para os demais benefícios, o julgador fixa em separado. Depois, o juiz da execução penal, com fundamento no art. 111 da Lei de Execução Penal ("quando houver condenação por mais de um crime, no mesmo processo ou em processos distintos, a determinação do regime de cumprimento será feita pelo resultado da soma ou unificação das penas, observada, quando for o caso, a detração ou remição. Parágrafo único. Sobrevindo condenação no curso da execução, somar-se-á a pena ao restante da que está sendo cumprida, para determinação do regime"), unifica tudo e revê o que for preciso para estabelecer o regime cabível ao caso concreto. Na jurisprudência: STJ: "1. Na hipótese de concurso de infrações apenadas com reclusão e detenção, deve ser aplicado o regime inicial correspondente para cada um dos crimes, pois se aplica o disposto nos arts. 69 e 76 do Código Penal, e não o art. 111 da Lei de Execuções Penais, que cuida da hipótese de unificação das penas na execução. 2. A pena de reclusão será cumprida em primeiro lugar e, posteriormente, a de detenção, não havendo falar em unificação de penas, diante da impossibilidade de execução simultânea de duas modalidades distintas de penas privativas de liberdade (AgRg no REsp n. 1.835.638/GO, Ministro Nefi Cordeiro, Sexta Turma, *DJe* 3/12/2019). 3. Verifica-se que o caso dos autos não se refere à unificação das penas para fins de execução penal, mas para definição do regime inicial de cumprimento da pena. Nesse contexto, deve ser aplicado o regime correspondente para cada um dos crimes, nos termos dos arts. 69 e 76 do Código Penal e, não, o art. 111 da Lei de Execução Penal – LEP, como fez o TJGO. (...) No caso, mantém-se o estabelecimento do regime inicial semiaberto para o crime cuja a pena é de reclusão e regime inicial aberto para o crime cuja a pena é de detenção (AgRg no REsp n. 1.935.456/GO, Ministro Joel Ilan Paciornik, Quinta Turma, *DJe* de 26/5/2022)" (AgRg no REsp 1.993.618/MG, 6.ª T., rel. Sebastião Reis, 06.03.2023, v.u.); "1. A teor do art. 111 da Lei n. 7.210/1984, na unificação das penas, devem ser consideradas cumulativamente tanto as reprimendas de reclusão quanto as de detenção para efeito de fixação do regime prisional, porquanto constituem penas de mesma espécie, ou seja, ambas são penas privativas de liberdade. 2. As reprimendas de reclusao e de detenção devem ser somadas para fins de unificação da pena, tendo em vista que ambas são modalidades de pena privativa de liberdade e, portanto, configuram sanções de mesma espécie. Precedentes do STF e desta Corte Superior de Justiça. (REsp 1.642.346/MT, Rel. Ministro Jorge Mussi, Quinta Turma, julgado em 17/5/2018, *DJe* 25/5/2018). 3. No caso, tratando-se de hipótese de unificação de penas, regida pelo art. 111 da Lei de Execução Penal, e não de fixação por sentença de regime inicial de cumprimento das reprimendas, em concurso de infrações, situação em que são aplicáveis os arts. 69 e 76 do Código Penal, as reprimendas de reclusão e de detenção devem ser somadas para fins de unificação da pena. Se a execução n. 4 findou-se em 25/12/2011 em virtude de ter sido indultada a pena, a execução n. 5 iniciou-se, efetivamente, em 26/12/2011" (AgRg no HC 661.201-SP, 5.ª T., rel. Reynaldo Soares da Fonseca, 11.05.2021, v.u.).

**104-A. Concurso material moderado:** trata-se da aplicação do art. 75 do Código Penal, que prevê o máximo de cumprimento da pena em 40 anos, ao disposto no art. 69. Portanto, apesar de a soma das penas poder ser superior a esse teto, o condenado não irá cumprir mais do que três décadas de prisão. Por isso, o concurso material adotado é moderado.

**105. Possibilidade de cumulação de pena privativa de liberdade com restritiva de direitos:** o § 1.º estabelece a viabilidade de se cumular, por ocasião da aplicação da pena, quando o juiz reconhecer o concurso material, uma pena privativa de liberdade, com suspensão

# Art. 70

condicional da pena ou mesmo regime aberto (prisão-albergue domiciliar), com uma restritiva de direitos. É perfeitamente possível cumprir as condições de um *sursis*, ao mesmo tempo em que o condenado efetua o pagamento da prestação pecuniária. Não é cabível, por outro lado, a fixação de uma pena em regime fechado, ao mesmo tempo em que se estabelece outra, na mesma sentença, de prestação de serviços à comunidade.

**106. Cumprimento simultâneo ou sucessivo de penas restritivas de direitos:** preceitua o § 2.º que duas penas restritivas de direitos podem ser cumpridas ao mesmo tempo, desde que sejam compatíveis (ex.: prestação de serviços à comunidade e prestação pecuniária); do contrário, devem ser cumpridas sucessivamente, se incompatíveis (ex.: duas penas de limitação de fim de semana).

### Concurso formal[107-107-A]

> **Art. 70.** Quando o agente, mediante uma só ação ou omissão, pratica dois ou mais crimes, idênticos ou não, aplica-se-lhe a mais grave das penas cabíveis ou, se iguais, somente uma delas, mas aumentada, em qualquer caso, de 1/6 (um sexto) até 1/2 (metade).[108-109] As penas aplicam-se, entretanto, cumulativamente, se a ação ou omissão é dolosa e os crimes concorrentes resultam de desígnios autônomos, consoante o disposto no artigo anterior.[110-110-A]
>
> **Parágrafo único.** Não poderá a pena exceder a que seria cabível pela regra do art. 69 deste Código.[111]

**107. Conceito de concurso formal:** quando o agente, mediante uma única ação ou omissão, provoca dois ou mais resultados típicos, deve ser punido pela pena mais grave, ou uma delas, se idênticas, aumentada de um sexto até a metade, através do sistema da exasperação. Dá-se o concurso formal *homogêneo*, quando os crimes forem idênticos, e o *heterogêneo*, quando os delitos forem não idênticos. Na jurisprudência: STF: "2. Não há ilegalidade evidente ou teratologia a justificar a excepcionalíssima concessão da ordem de ofício. 3. A jurisprudência deste Supremo Tribunal Federal é firme ao reconhecer a aplicação do concurso formal de crimes (art. 70 do CP) aos delitos de roubo que, mediante conduta única, atingem o patrimônio de vítimas diversas" (HC 190.090 AgR, 2.ª T., rel. Edson Fachin, 30.11.2020, v.u.). STJ: "1. Na hipótese, as instâncias ordinárias concluíram que o recorrente ingressou na residência das vítimas e, mediante violência e ameaça exercida com emprego de arma de fogo, exigiu a entrega de dinheiro, joias e outros bens com valor econômico, tendo logrado êxito em se apoderar da importância de R$ 10,00 de uma das vítimas, momento em que foi abordado pela polícia. 2. Nesse contexto, imperativo o reconhecimento do concurso de um crime de roubo consumado e dois tentados, pois embora tenha conseguido se apossar do bem de apenas uma vítima (Jayne), deu início à execução dos delitos contra as demais (Débora e Sara), que apenas não se consumaram por circunstâncias alheias à sua vontade" (AgRg no REsp 2.040.519/MT, 5.ª T., rel. Sebastião Reis, 12.06.2023, v.u.); "3. A ação do réu direcionada às duas vítimas se deu no mesmo contexto fático, mediante um só ação, pois as vítimas foram abordadas em uma parada de ônibus e o réu, simulando estar armado, exigiu de uma das vítimas o celular e da outra a aliança. A presença do dolo e a pluralidade de vítimas não impedem a incidência do concurso formal próprio, quando restar incontroverso que os crimes contra vítimas distintas ocorreram no mesmo contexto fático, mediante uma ação" (AgRg no HC 686.739/SP, 5.ª T., rel. Ribeiro Dantas, 02.08.2022, v.u.).

**107-A. Concurso formal e crime único:** por vezes é preciso distinguir exatamente o que ocorre no plano fático. Uma conduta que atente contra dois bens jurídicos distintos gera o concurso formal; mas se a conduta, embora envolva mais de uma pessoa, pode referir-se a delito único, levando-se em conta um único bem jurídico tutelado. Na jurisprudência: STJ: "4. Extrai-se do combatido aresto o seguinte fundamento: por outro lado, vislumbro que, embora o julgador tenha considerado dois crimes de roubo, sendo um contra a Pizzaria (pessoa jurídica) e o outro contra Wellington (pessoa física), proprietário, tenho que a ação constitui crime único não caracterizando concurso formal, tendo em vista que os objetos subtraídos integravam patrimônio de apenas uma pessoa, tratando-se de um aparelho celular, avaliado em R$ 600,00 e a quantia de R$ 60,00 (sessenta reais) do caixa da empresa. Logo, deve ser considerada a pena de apenas um roubo (fl. 221). 5. Conforme a iterativa jurisprudência desta Corte, não há que se falar em crime único quando, num mesmo contexto fático, são subtraídos bens pertencentes a vítimas distintas, caracterizando concurso formal, por terem sido atingidos patrimônios diversos, nos moldes do art. 70 do Código Penal. No caso, as instâncias ordinárias constataram haver pluralidade de vítimas, conclusão esta que não é obstada pelo fato de uma das vítimas ser sócia da outra vítima, que é uma pessoa jurídica, ao que se depreende dos fatos (AgRg no HC n. 443.242/MG, Ministro Ribeiro Dantas, Quinta Turma, *DJe* 23/6/2020)" (AgRg no AgRg no AREsp 1.805.988-GO, 6.ª T., rel. Sebastião Reis Júnior, 18.05.2021, v.u.); "5. O concurso formal próprio ou perfeito (CP, art. 70, primeira parte), cuja regra para a aplicação da pena é a da exasperação, foi criado com intuito de favorecer o réu nas hipóteses de unicidade de conduta, com pluralidade de resultados, não derivados de desígnios autônomos, afastando-se, pois, os rigores do concurso material (CP, art. 69). No caso, as instâncias ordinárias entenderam que a conduta do réu realizou dois resultados típicos, haja vista a existência de duas adolescentes filmadas e fotografadas em sexo explícito. Verifica-se, entrementes, que inexistem dois resultados típicos, porquanto o crime em questão é formal ou de consumação antecipada, consumando-se, pois, unicamente pela prática da conduta de filmar ou fotografar cenas de sexo explícito, da qual participe criança ou adolescente. O efetivo abalo psíquico e moral por elas sofrido ou a disponibilidade das filmagens ou fotos é mero exaurimento do crime, irrelevantes para sua consumação, motivo pelo qual a quantidade de vítimas menores filmadas ou fotografadas é elemento meramente circunstancial, apto a ser valorado na pena-base, sem, contudo, indicar qualquer subsunção típica adicional. Por conseguinte, como as condutas de filmar e fotografar foram executadas durante o mesmo contexto fático, relativo ao ato sexual conjunto de dois corréus com as duas adolescentes, há duas condutas de subsunção típica única, motivo pelo qual se conclui pela existência de crime único 6. Diante do afastamento do concurso formal de crimes, de rigor a redução da pena para 4 anos de reclusão. Ademais, como a pena-base foi fixada no mínimo legal, sendo o réu primário, de rigor a fixação do regime aberto ao paciente, nos termos do art. 33, § 2.º, 'c', e § 3.º do Código Penal" (PExt no HC 438.080/MG, 5.ª T., rel. Ribeiro Dantas, 04.06.2019, v.u.).

**108. Concurso formal entre tipos omissivos:** é perfeitamente admissível a existência de concurso formal entre crimes omissivos. No exemplo de ZAFFARONI, se um funcionário do presídio deixa uma porta aberta para que um preso fuja e outro se vingue, matando o carcereiro, temos homicídio e favorecimento (*Tratado de derecho penal – Parte general*, p. 555). Por vezes, pode ser inviável a aplicação do concurso formal entre crimes omissivos. Note-se que, na omissão de socorro e no homicídio por omissão, cometidos por uma única conduta, o dolo da omissão seria consumido pela tipicidade homicida. Aliás, em verdade, é um concurso aparente ou concurso impróprio (cf. ZAFFARONI, *Tratado de derecho penal – Parte general*, p. 555).

**108-A. Concurso formal entre roubo e corrupção de menor:** quando o maior de 18 anos pratica o delito de roubo juntamente com o adolescente, incide no caso o concurso formal (uma só ação e dois resultados: perda patrimonial + menor corrompido). Não se deve utilizar o concurso material, pois não há uma conduta direta no tocante ao menor de 18

# Art. 70

Código Penal Comentado · **Nucci** 440

anos. Igualmente, não se trata de crime continuado, pois são delitos de espécies diferentes e a conduta é uma só. Na jurisprudência: STJ: "A teor do que dispõe o art. 70 do Código Penal, verifica-se o concurso formal de crimes quando o agente, mediante uma só ação ou omissão, pratica dois ou mais crimes, idênticos ou não. No caso, há concurso formal entre os crimes, porquanto a corrupção de menores se deu em razão da prática do delito do roubo majorado, constatando-se, assim, uma só ação para a prática de dois crimes" (HC 330.550-SP, 5.ª T., rel. Reynaldo Soares da Fonseca, 05.05.2016, *DJe* 12.05.2016).

**108-B. Grau de aumento da pena:** a elevação é limitada pelo mínimo de um sexto e o máximo de metade. Deve o julgador utilizar o mesmo critério do crime continuado, ou seja, o número de resultados provocados pela conduta do agente. Se houver dois resultados, o aumento é de um sexto. Quando vários resultados, aumenta-se a metade. Na jurisprudência: STJ: "2. O posicionamento pacificado desta Corte é no sentido de que '[o] percentual de aumento decorrente do concurso formal de crimes (art. 70 do CP) deve ser aferido em razão do número de delitos praticados, e não à luz do art. 59 do CP (...)' (HC 136.568/DF, Rel. Ministro Felix Fischer, Quinta Turma, *DJe* de 13/10/2009). No caso dos autos, correta a fixação da fração de 1/2 (metade) para a majoração da pena pelo concurso formal, pois, segundo consta da sentença condenatória, foram em número de 11 (onze) as vítimas" (AgRg no HC 640.366-SP, 5.ª T., rel. Ribeiro Dantas, 23.02.2021, v.u.).

**109. Concorrência de concursos:** trata-se de hipótese admissível. O agente pratica dois crimes em concurso formal e depois outros dois delitos, também em concurso formal. Entre esses dois concursos há um concurso material. Pode cometer dois delitos em continuidade delitiva em concurso material com outros delitos em continuidade delitiva. De outra parte, pode haver dois concursos formais em continuidade delitiva (um homicídio doloso e um culposo + um homicídio doloso e outro culposo). Nesse caso, há divergência quanto à aplicação da pena: a) aplicam-se os dois aumentos, ou seja, do concurso formal e do crime continuado; b) aplica-se somente o aumento do delito continuado, pois é o aspecto que predomina no contexto criminoso. O crime continuado pressupõe a união de várias condutas delituosas em apenas *um crime* em continuidade. Logo, pouco importa se as condutas foram praticadas em concurso formal; todas se transformam num só delito. Esta é a melhor posição. Na jurisprudência: STJ: "1. Nos termos da jurisprudência desta Corte Superior, em sintonia com a do STF, havendo concurso formal entre dois delitos cometidos em continuidade delitiva, somente incidirá um aumento de pena, qual seja, a relativa ao crime continuado. Todavia, tal regra não tem aplicabilidade nas hipóteses de delitos de espécies diversas. Precedentes do STJ" (AgRg no REsp 1.686.467-GO, 6.ª T., rel. Rogerio Schietti Cruz, 25.05.2021, v.u.).

**110. Concurso formal perfeito e imperfeito:** o art. 70 divide-se em duas partes. Na primeira, prevê-se o concurso formal perfeito, vale dizer, o agente pratica duas ou mais infrações penais através de uma única conduta. Exemplos: preso subtrai, para si, comprimidos psicotrópicos quando realiza faxina (concurso formal dos arts. 155 do CP e 16 da Lei de Tóxicos [atual art. 28 da 11.343/2006] – *RT* 709/318); agente leva menor para praticar roubo, tendo em mente só o produto desse delito e não a corrupção do menor (concurso formal dos arts. 157 do CP e 1.º da Lei 2.252/1954 [hoje, substituída pelo art. 244-B, da Lei 8.069/90] – STJ, 6.ª T., *RT* 737/578, somente para ilustrar). Nesses casos, o agente tem em mente uma só conduta, pouco importando quantos delitos vai praticar; por isso, recebe a pena do mais grave com o aumento determinado pelo legislador. Entretanto, na segunda parte, está previsto o concurso formal imperfeito: as penas devem ser aplicadas cumulativamente se a conduta única é dolosa e os delitos concorrentes resultam de desígnios autônomos. A intenção do legislador, nessa hipótese, é retirar o benefício daquele que, tendo por fim deliberado e direto atingir dois ou mais bens jurídicos, cometer os crimes com uma só ação ou omissão. Tradicional exemplo nos fornece Basileu Garcia: se o agente enfileira várias pessoas e com um único tiro, de arma potente, consegue matá-las ao mesmo tempo, não merece o concurso formal, pois agiu com desígnios autônomos. Por isso, são somadas as penas. Nesse contexto, é polêmica a conceituação do requisito *desígnios autônomos*, previsto para a aplicação do concurso formal imperfeito. *Duas posições* se formaram: 1.ª) a expressão "desígnios autônomos" significa ter agido o agente com *dolo direto* no tocante aos vários crimes praticados com uma única ação. Nesse sentido: "Entendeu o legislador que, havendo desígnios autônomos, ou seja, vontade deliberadamente dirigida aos diversos fins, não se justifica a diminuição da pena, porque subsiste íntegra a culpabilidade pelos fatos diversos. A expressão *desígnio* exclui o dolo eventual" (Heleno Fragoso, *Lições de direito penal*, 4. ed., p. 349). E mais: "Para a existência do concurso formal, não é exigida, em princípio, a *unidade de desígnio* ou de *intenção* (como no Código de 1890, art. 66, § 3.º), podendo ser reconhecido até mesmo no caso de ação ou omissão culposa com pluralidade de eventos lesivos. É suficiente a unidade de ação ou omissão" (Hungria, Concurso de infrações penais, p. 17). Esclarece Nuria Castelló Nicás que havendo dolo direto, voltado a lesões de diversos bens jurídicos, deve-se concluir, tanto do ponto de vista da antijuridicidade como do prisma da culpabilidade, que estamos diante de vários fatos puníveis em concurso real. Porém, quando a vontade do sujeito envolve a conduta, mas não o resultado, que não é diretamente perseguido (dolo eventual), há o verdadeiro concurso formal (*El concurso de normas penales*, p. 41); 2.ª) a colocação "desígnios autônomos" quer dizer qualquer forma de *dolo*, seja direto ou eventual. Por isso, quando o agente atua com dolo no que se refere aos delitos concorrentes, deve ser punido com base no concurso formal imperfeito, ou seja, a soma das penas. Esclarecedora, em nosso entender, a posição equilibrada de Basileu Garcia. O juiz deve, no caso concreto, deliberar qual a melhor forma de concurso a aplicar. A cozinheira que, pretendendo assassinar todos os membros de uma família para a qual trabalha, coloca veneno na refeição a ser servida, está praticando vários delitos com uma só ação. Merece, pois, ser punida pela *unidade de resolução* ("desígnios autônomos") com que agiu, recebendo a pena que seria cabível pela aplicação do concurso material (art. 70, 2.ª parte, CP). Entretanto, diz o mestre paulista, se alguém vai à sacada de um prédio, chamado por populares, e brada-lhes "Patifes!", estaria ofendendo a honra de um ou de todos? Qual teria sido sua intenção? Pelo plural utilizado, pode-se crer estar ofendendo mais de uma pessoa. Teria, no entanto, cabimento aplicar-lhe o concurso material, somando-se as penas, num total de 30 ou 40 injúrias? Obviamente que não. Não teve o agente "vários desígnios", almejando atingir várias pessoas determinadas, mas apenas um grupo de pessoas, de modo indefinido. Sugere então, finalizando o raciocínio, dever o magistrado, valendo-se da equidade, decidir à luz do caso concreto, tendo em vista a clara insuficiência de critérios legais, sem fechar questão em torno de o dolo dever ser *direto* ou *indireto* (*Instituições de direito penal*, t. II, p. 576). Logicamente, altera-se totalmente o contexto se o agente colocar uma bomba num carro, desejando matar um dos ocupantes, mas tendo certeza de que, pela potência do artefato, os outros ocupantes do veículo não sobreviverão. É caso típico de ter agido com dolo direto no tocante à vítima visada e, também, quanto aos demais passageiros. Merece ser punido pela regra do art. 70, 2.ª parte, do Código Penal. Assim, em síntese, no concurso formal, pode-se sustentar: a) havendo dolo quanto ao crime desejado e culpa quanto ao(s) outro(s) resultado(s) da mesma ação, trata-se de concurso formal perfeito; b) havendo dolo quanto ao delito desejado e dolo eventual no tocante ao(s) outro(s) resultado(s) da mesma ação, há concurso formal perfeito; c) havendo dolo quanto ao delito desejado e, também, em relação aos efeitos colaterais, deve haver concurso formal imperfeito. Lembramos que o dolo direto pode ser de 1.º e de 2.º graus (ver a nota 64 ao art. 18), o que é suficiente para configurar o concurso formal na modalidade imprópria ou imperfeita. Na jurisprudência: STF: "Ante

# Art. 70

Código Penal Comentado • **Nucci**

a multiplicidade de elementos subjetivos, no que, mediante ação única, visado ao resultado morte contra vítimas diferentes, cumpre reconhecer o concurso formal de crimes definido na segunda parte do art. 70, cabeça, do Código Penal, punindo-se observado o sistema do cúmulo material – art. 69 do citado Diploma" (HC 165.224, 1.ª T., rel. Marco Aurélio, 10.12.2019, v.u.). STJ: "1. O reconhecimento do concurso formal próprio exige que o agente, mediante apenas uma ação ou omissão, pratique dois ou mais crimes, idênticos ou não (CP, art. 70, *caput*), ou seja, é necessária a presença de unidade de conduta e a pluralidade de resultados criminosos. Ainda, caso evidenciado que a conduta dolosa do paciente deriva de desígnios autônomos, restará configurado o concurso impróprio (CP, art. 70, parágrafo único), que implica soma das penas, nos moldes do concurso material. 2. As instâncias ordinárias adotaram entendimento em consonância com a jurisprudência prevalente neste Superior Tribunal de Justiça, no sentido de que há concurso formal impróprio na prática de latrocínio quando a conduta do agente tenha por escopo mais de um resultado morte, ainda que a subtração recaia sobre os bens de uma única vítima, na medida em que ficam evidenciados desígnios autônomos, atraindo, portanto, o comando legal disposto no art. 70, segunda parte, do Código Penal" (AgRg no HC 884.143/SC, 5.ª T., rel. Ribeiro Dantas, 10.06.2024, v.u.); "1. A jurisprudência desta Corte, ao analisar o tema, firmou-se no sentido de que, configurado o crime de latrocínio, com única subtração patrimonial e mais de um resultado morte, com autonomia de desígnios, fica caracterizado o concurso formal impróprio, previsto no art. 70, parte final, do Código Penal, segundo o qual as penas cominadas serão aplicadas cumulativamente, seguindo a previsão do concurso material de crimes. 2. No caso dos autos, correta a decisão que entendeu configurado o concurso formal impróprio, uma vez que, embora tenha ocorrido a subtração de um único patrimônio, porquanto pertencente ao casal, os acusados, com desígnios autônomos, praticaram atos de violência dirigidos de modo particular a cada uma das vítimas, o que demonstra o dolo específico para cada ato colateral envolvendo a conduta delitiva roubar, provocando intencionalmente cada uma das mortes" (AgRg no AgRg no AREsp 1.873.668-SC, 5.ª T., rel. Reynaldo Soares da Fonseca, 03.08.2021, v.u.).

**110-A. Na dúvida, concurso formal perfeito:** nem sempre é fácil distinguir quando o agente atua com desígnios autônomos, no tocante aos resultados concretizados. Assim sendo, o caminho correto é manter o concurso formal perfeito ou próprio, valendo-se do princípio geral da prevalência do interesse do acusado (*in dubio pro reo*).

**111. Concurso material favorável ou benéfico:** determina o parágrafo único do art. 70 ser imperiosa a aplicação do concurso material, caso seja mais favorável do que o formal. Ex.: se o réu está respondendo por homicídio doloso e lesões culposas, em concurso formal, valendo-se da regra do art. 70, a pena mínima seria de 6 anos – pelo homicídio simples – acrescida de um sexto, diante da exasperação prevista, resultando em 7 anos de reclusão. Se fosse aplicada a pena seguindo a regra do concurso material, a pena ficaria em 6 anos de reclusão e 2 meses de detenção. Portanto, já que o concurso formal é um benefício ao réu, deve ser aplicada a pena como se fosse concurso material. Observe-se que o concurso é formal, embora a aplicação da pena siga a regra do concurso material. É a opção do legislador pelo sistema do acúmulo material. Na jurisprudência: STJ: "3. O concurso formal próprio ou perfeito (CP, art. 70, primeira parte), cuja regra para a aplicação da pena é a da exasperação, foi criado com intuito de favorecer o réu nas hipóteses de pluralidade de resultados não derivados de desígnios autônomos, afastando-se, pois, os rigores do concurso material (CP, art. 69). Por esse motivo, o parágrafo único do art. 70 do Código Penal impõe o afastamento da regra da exasperação, se esta se mostrar prejudicial ao réu, em comparação com o cúmulo material. Trata-se, portanto, da regra do concurso material benéfico como teto do produto da exasperação da pena" (HC 526.809/MG, 5.ª T., rel. Ribeiro Dantas, 07.11.2019, v.u.).

**Crime continuado**[112-113]

> **Art. 71.** Quando o agente, mediante mais de uma ação ou omissão, pratica dois ou mais crimes da mesma espécie[114-114-D] e, pelas condições de tempo,[115] lugar,[116] maneira de execução[117] e outras semelhantes,[118] devem os subsequentes ser havidos como continuação do primeiro,[119-119-A] aplica-se-lhe a pena de um só dos crimes, se idênticas, ou a mais grave, se diversas, aumentada,[120-120-A] em qualquer caso, de um sexto a dois terços.[121-122]
>
> **Parágrafo único.** Nos crimes dolosos, contra vítimas diferentes, cometidos com violência ou grave ameaça à pessoa,[123-124-A] poderá o juiz, considerando a culpabilidade, os antecedentes, a conduta social e a personalidade do agente, bem como os motivos e as circunstâncias, aumentar a pena de um só dos crimes, se idênticas, ou a mais grave, se diversas, até o triplo, observadas as regras do parágrafo único do art. 70 e do art. 75 deste Código.[125-127-B]

**112. Definição e aspectos históricos do crime continuado:** quando o agente, mediante mais de uma ação ou omissão, pratica dois ou mais crimes da mesma espécie, com condições de tempo, lugar e maneira de execução semelhantes, cria-se uma suposição de que os subsequentes são uma continuação do primeiro, formando o crime continuado. É a forma mais polêmica de concurso de crimes, proporcionando inúmeras divergências, desde a natureza jurídica até a conceituação de cada um dos requisitos que o compõem. Narram os penalistas que o crime continuado teve sua origem entre os anos de 1500 e 1600, em teoria elaborada pelos práticos italianos, dos quais ressaltam-se os trabalhos de PROSPERO FARINACIO e JULIO CLARO. Naquela época, a lei era por demais severa, impondo a aplicação da pena de morte quando houvesse a prática do terceiro furto pelo agente (*Potest pro tribus furtis quamvis minimis poena mortis imponi*). O tratamento era, sem dúvida, cruel, mormente numa época de tanta fome e desolação na Europa. Por isso, escreveu Claro: "Diz-se que o furto é único, ainda que se cometam vários em um dia ou em uma noite, em uma casa ou em várias. Do mesmo modo se o ladrão confessou ter cometido vários furtos no mesmo lugar e em momentos distintos, interpretando-se tal confissão favoravelmente ao agente, isto é, que suas ações, em momentos distintos, continuadamente, são um só furto e não vários..." (CARLOS FONTÁN BALESTRA, *Tratado de derecho penal*, t. III, p. 60). E, ainda, Farinacio: "Tampouco existem vários furtos senão um só, quando alguém roubar de um só lugar e em momentos diversos, mas continuada e sucessivamente, uma ou mais coisas: ... não se pode dizer 'várias vezes' se os roubos não se derem em espécie e tempo distintos. O mesmo se pode dizer daquele que, em uma só noite e continuadamente, comete diversos roubos, em lugares distintos, ainda que de diversos objetos... a esse ladrão não se lhe pode enforcar, como se lhe enforcaria se tivesse cometido três furtos em momentos distintos e não continuados" (BALESTRA, *Tratado de derecho penal*, t. III, p. 61). Na Itália, conforme lição de PISAPIA, a primeira disposição legislativa a respeito do crime continuado é encontrada na Toscana pela Lei de 30 de agosto de 1795 e pela Circular de 29 de fevereiro de 1821. Diziam essas normas que se reconhece o furto continuado, mesmo em se tratando de furtos cometidos em tempo e lugar diversos, com vítimas diferentes, desde que compreendidos no prazo de 20 horas. O melhor tratamento normativo para o instituto, no entanto, foi obtido no Código Toscano de 1853, no qual se vê, no art. 80, o seguinte: "Várias violações da mesma norma penal cometidas num mesmo contexto de ações ou, mesmo que em momentos diversos, com atos executórios frutos da mesma resolução criminosa, consideram-se um só delito continuado; mas a continuidade do delito acresce a pena dentro dos seus limites legais" (*Reato continuato*, p. 35).

# Art. 71

Código Penal Comentado · **Nucci**

**113. Natureza jurídica:** há, basicamente, *duas teorias* a respeito da natureza jurídica do crime continuado: 1.ª) trata-se de uma *ficção jurídica*. O delito continuado é uma pluralidade de crimes apenas porque a lei resolveu conferir ao concurso material um tratamento especial, dando ênfase à *unidade de desígnio*. Adotam essa teoria, dentre outros, Heleno Fragoso, Manoel Pedro Pimentel, Jair Leonardo Lopes, Carrara e Manzini; 2.ª) trata-se de uma *realidade*. O crime continuado existe, porque a ação pode compor-se de vários atos, sem que isso tenha qualquer correspondência necessária com um ou mais resultados. Assim, vários atos podem dar causa a um único resultado e vice-versa. São partidários dessa corrente: Balestra, Delitala, Alimena e Zaffaroni. O Código Penal adotou a teoria da ficção, que, de fato, parece ser a melhor. Na jurisprudência: STJ: "2. A ficção jurídica, criada por questões de política criminal, visa mitigar o rigor excessivo das penas cumuláveis a crimes praticados em desdobramento, desde que, favorecidos os requisitos do art. 71 do CP, sejam todos havidos como sucessão da inaugural conduta do agente. Busca-se, com isso, evitar penas descomunais e desnecessárias em situações que não revelam maior censurabilidade" (HC 465.134/RJ, 6.ª T., rel. Rogerio Schietti Cruz, 19.02.2019, v.u.).

**114. Crimes da mesma espécie:** há *duas posições* a esse respeito: a) *são delitos da mesma espécie os que estiverem previstos no mesmo tipo penal*. Nesse prisma, tanto faz sejam figuras simples ou qualificadas, dolosas ou culposas, tentadas ou consumadas. Assim: Hungria, Frederico Marques – com a ressalva de que não precisam estar no mesmo artigo (ex.: furto e furto de coisa comum, arts. 155 e 156, CP) –, Damásio, Jair Leonardo Lopes – embora admita, excepcionalmente, casos não previstos no mesmo tipo penal. Na jurisprudência: STJ: "1. Os delitos de apropriação indébita previdenciária e de sonegação de contribuição previdenciária, previstos, respectivamente, nos arts. 168-A e 337-A do CP, embora sejam do mesmo gênero, são de espécies diversas, obstando a benesse da continuidade delitiva" (AgRg no REsp 1.868.826-CE, 5.ª T., rel. Ribeiro Dantas, 09.02.2021, v.u.); b) *são crimes da mesma espécie os que protegem o mesmo bem jurídico, embora previstos em tipos diferentes*. É a lição de Basileu, Fragoso, Delmanto, Paulo José da Costa Jr, Walter Vieira do Nascimento. Assim, seriam delitos da mesma espécie o roubo e o furto, pois ambos protegem o patrimônio. Apesar de ser amplamente majoritária na jurisprudência a primeira, com a qual concordamos, Jair Leonardo Lopes traz um importante ponto para reflexão. Imagine-se um balconista que, para fazer o lanche, durante vários dias, deixa de colocar diariamente na gaveta R$ 2,00, de parte das vendas realizadas. Depois disso, durante vários outros dias, aproveitando-se da ausência do patrão, tire da mesma gaveta R$ 2,00, para o mesmo fim. A primeira ação, que seria "apropriar-se", está prevista no art. 168, § 1.º, III, do Código Penal, enquanto a segunda está prevista no art. 155, § 4.º, II, do Código Penal. Embora em tipos diferentes, seria justo que lhe fosse considerada a existência do crime continuado, pois a aplicação do concurso material seria extremamente severa (*Curso de direito penal*, p. 226). Portanto, *excepcionalmente*, pode-se considerar o furto e a apropriação indébita como delitos da mesma espécie.

**114-A. Roubo e extorsão:** não são delitos da mesma espécie, pois o primeiro encontra previsão no art. 157 e o segundo, no art. 158, ambos do Código Penal. São crimes contra o patrimônio, mas de execução totalmente diversa. Enquanto no roubo a violência ou grave ameaça é utilizada para fazer a vítima ceder e entregar o bem, embora este se situe próximo ao agente, na extorsão a conduta do agente se volta à pressão para que a vítima vá buscar o bem, que não está à mercê do agente. Diante disso, se o agente rouba o veículo da vítima e, na sequência, a obriga a sacar dinheiro de caixas eletrônicos, enquanto tem a sua liberdade cerceada, está-se diante de concurso material entre roubo e extorsão. Na jurisprudência: STF: "Na espécie vertente, quanto à argumentação para descaracterizar o concurso material entre roubo e extorsão, é firme a jurisprudência deste Supremo Tribunal no sentido de que, embora sejam crimes contra o patrimônio, são praticados com intenções autônomas, portanto impossível o reconhecimento do concurso formal" (Ag.Reg. no RO do HC 211.828 – DF, 1.ª T., rel. Cármen Lúcia, 21.03.2022, v.u.); "*Habeas corpus*. Direito Penal. Roubo e extorsão. Concurso material. Reconhecimento da figura da continuidade delitiva. Inadmissibilidade. Subtração violenta de bens. Posterior constrangimento da vítima a entregar o cartão bancário e a respectiva senha. Pluralidade de condutas e autonomia de desígnios. Inexistência de contexto fático único. Ordem denegada. 1. Tratando-se de duas condutas distintas, praticadas com desígnios autônomos, deve ser reconhecido o concurso material entre roubo e extorsão, na linha de precedentes" (HC 190.909 – SP, 1.ª T., red. acórdão Dias Toffoli, sessão Virtual de 16.10.2020 a 23.10.2020, m.v.). STJ: "1. A extorsão não é meio necessário para a prática do crime de roubo, tampouco o inverso, razão pela qual resulta inviável a aplicação do princípio da consunção entre os delitos. 2. Os crimes de roubo e extorsão, apesar de serem do mesmo gênero, são espécies delituosas diferentes, não se configurando, portanto, a continuidade delitiva, mas, sim, o concurso material. Precedente" (AgRg no HC 882.670 – PE, 5.ª T, rel. Ribeiro Dantas, 15.04.2024, v.u.); "2. Em situações nas quais a vítima tem seus pertences subtraídos e, após, é obrigada a fornecer aos criminosos o cartão bancário e a respectiva senha, para a realização de saques em sua conta, restam configurados dois crimes autônomos, de roubo e de extorsão, em concurso material" (AgRg no HC 894.991 – SP, 5.ª T., rel. Daniela Teixeira, 21.5.2024, v.u.).

**114-B. Roubo e latrocínio:** a tendência majoritária da jurisprudência sempre foi no sentido de negar a possibilidade de continuidade delitiva entre ambos, em especial, sustentando serem delitos de espécies diferenciadas. Pensamos que o meio-termo é o caminho adequado para refletir sobre tal hipótese. Em primeiro lugar, roubo e latrocínio (roubo seguido de morte) são da mesma espécie, pois previstos no mesmo tipo penal (art. 157, CP, pouco importando se no *caput* ou em qualquer parágrafo). Porém, o fator elementar a ser discutido, em nosso ponto de vista, é o meio de execução. Caso haja um primeiro roubo (dolo) e, posteriormente, um roubo (dolo), seguido de morte da vítima (dolo), pensamos ser inviável a continuidade delitiva. Os meios de execução foram propositadamente diversos. Na primeira situação, o agente somente se voltou contra o patrimônio da vítima; na segunda, dolosamente, atingiu dois bens jurídicos diversos (patrimônio e vida). Entretanto, se houver um primeiro roubo (dolo) para, depois, acontecer outro (dolo), com resultado morte da vítima, decorrente de culpa (resultado mais grave involuntário, pois), parece-nos razoável aplicar o crime continuado, desde que as demais condições do art. 71 do Código Penal estejam presentes. Na jurisprudência: STJ: "No caso dos crimes de roubo majorado e latrocínio, sequer é necessário avaliar o requisito subjetivo supracitado ou o lapso temporal entre os crimes, como fizeram as instâncias ordinárias, porquanto não há adimplemento do requisito objetivo da pluralidade de crimes da mesma espécie. São assim considerados aqueles crimes tipificados no mesmo dispositivo legal, consumados ou tentada, na forma simples, privilegiada ou tentada, e, além disso, devem tutelar os mesmos bens jurídicos, tendo, pois, a mesma estrutura jurídica. Perceba que o roubo tutela o patrimônio e a integridade física (violência) ou o patrimônio e a liberdade individual (grave ameaça); por outro lado, o latrocínio, o patrimônio e a vida" (HC 189.134-RJ, 5.ª T., rel. Ribeiro Dantas, 02.08.2016, v.u.); "Os crimes de roubo e latrocínio, pelos quais o Paciente foi condenado, apesar de serem do mesmo gênero, não são da mesma espécie. No crime de roubo, a conduta do agente ofende o patrimônio. No delito de latrocínio, ocorre lesão ao patrimônio e à vida da vítima, não havendo homogeneidade de execução na prática dos dois delitos, razão pela qual tem aplicabilidade a regra do concurso material. Precedentes" (HC 240.630-RS, 5.ª T., rel. Laurita Vaz, 04.02.2014, v.u.).

**114-C. Estupro e estupro de vulnerável:** da mesma forma que não se consideravam da mesma espécie o estupro e o atentado violento ao pudor (vide a nota 114-A *supra*), atualmen-

# Art. 71

Código Penal Comentado · **Nucci**

te, não se acolhe a continuidade delitiva entre o autor do estupro de vulnerável e do estupro, mesmo que seja contra a mesma vítima.

**114-D. Estupros de vulnerável:** quando ocorrer mais de um estupro de vulnerável, mesmo que envolva vítimas diferentes, conforme o caso, é possível a aplicação do crime continuado. Afinal, cuida-se de idêntico delito (mesmo tipo penal), podendo, inclusive, dar-se a unidade de desígnio, mormente quando o agente comete os estupros, no mesmo cenário, envolvendo mais de uma pessoa ofendida (ex.: padrasto violenta duas enteadas, quando todos residam na mesma casa). Nessa hipótese, pode-se utilizar a figura descrita no parágrafo único do art. 71. Na jurisprudência: STJ: "1. 'É possível o reconhecimento da continuidade delitiva entre crimes de estupro praticados contra vítimas diversas, desde que preenchidos, cumulativamente, os requisitos de ordem objetiva e o de ordem subjetiva' (HC 622.131/SP, rel. Reynaldo Soares da Fonseca, 5.ª T., 02.02.2021, *DJe* de 04.02.2021.) 2. Na espécie, as vítimas eram as enteadas e a esposa do acusado, genitora, ocasião em que foram abusadas, por mais de dez vezes, na mesma residência, com o mesmo *modus operandi* e na mesma época. 3. O entendimento da decisão agravada também está de acordo com a jurisprudência do STJ, o qual, por meio da Terceira Seção, fixou a tese do Tema n. 1.202, no sentido de que, 'No crime de estupro de vulnerável, é possível a aplicação da fração máxima de majoração prevista no art. 71, *caput*, do Código Penal, ainda que não haja a delimitação precisa do número de atos sexuais praticados, desde que o longo período de tempo e a recorrência das condutas permita concluir que houve 7 (sete) ou mais repetições' (REsp n. 2.029.482/RJ, rel. Laurita Vaz, Terceira Seção, 17.10.2023, *DJe* de 20.10.2023). 4. A continuidade delitiva específica, prevista no art. 71, parágrafo único, do CP, pressupõe que, além dos requisitos exigidos para o reconhecimento da continuidade delitiva simples, os crimes dolosos tenham sido praticados contra vítimas diferentes, com violência ou grave ameaça à pessoa. Atendidos tais requisitos, a lei somente estipula a exasperação máxima da continuidade delitiva específica (até o triplo), não apontando a fração mínima aplicável. No caso, considerando que a dosimetria da pena se insere dentro de um juízo de discricionariedade do julgador, atrelado às particularidades fáticas do caso concreto e subjetivas do agente, bem como diante do princípio da proporcionalidade e da vedação do art. 70, parágrafo único, do CP, a pena imposta revela-se adequada ao caso concreto, haja vista que o aumento ocorreu na fração máxima" (AgRg no HC 759.964/SC, 6.ª T., rel. Jesuíno Rissato, 04.03.2024, v.u.).

**115. Condições de tempo:** afirma Nélson Hungria, com inteira razão, ser necessária para a configuração do requisito temporal "uma certa continuidade no tempo", ou seja, uma determinada "periodicidade", que imponha "um certo ritmo" entre as ações sucessivas. Não se podem fixar, a esse respeito, indicações precisas. Apesar disso, firma a jurisprudência majoritária o entendimento de que, entre as infrações, deve mediar no máximo um mês: STJ: "2. Ademais, nos termos da jurisprudência desta Corte, apenas se admite a aplicação da continuidade delitiva se o intervalo entre o cometimento dos delitos não superar o limite de 30 dias" (AgRg no AREsp 1.759.955-MT, 5.ª T., rel. Ribeiro Dantas, 25.05.2021, v.u.). O juiz, por seu turno, não deve ficar limitado a esse posicionamento, embora possa tomá-lo como parâmetro. Imagine-se o agente que cometa vários delitos com intervalos regulares de dois meses entre eles. Merece o benefício do crime continuado, mesmo havendo mais de um mês entre os delitos, pois foi observado um ritmo preciso entre todos.

**116. Condições de espaço:** no mesmo prisma, defende-se como critério básico a observância de um certo ritmo nas ações do agente, vale dizer, que ele cometa seus delitos em localidades próximas, demonstrando uma certa *periodicidade* entre todas. Ex.: o agente comete furtos sempre em torno do eixo São Paulo-Baixada Santista. Assim, ora está em Santos, ora no Guarujá, ora em São Paulo, mas sempre nessa região (são cidades distantes cerca de alguns quilômetros uma da outra). Apregoa a jurisprudência majoritária serem mais bem indicadas, como condição de espaço, as cidades próximas, ficando a critério do magistrado definir o que venha a ser tal proximidade. Na jurisprudência: "1. Este Superior já decidiu que o reconhecimento da continuidade delitiva não exige que as condutas tenham sido praticadas no mesmo município, 'podendo ser admitida quando se tratarem de delitos ocorridos em comarcas limítrofes ou próximas' (HC 206.227/RS, rel. Min. Gilson Dipp, 5.ª T., j. 06.10.2011, *DJe* 14.10.2011)" (AgRg no REsp 1.849.857/RS, 5.ª T., rel. Ribeiro Dantas, 18.02.2020, v.u.).

**117. Formas de execuções:** apesar de muito difícil definir o que venham a ser formas de execução semelhantes, deve o juiz levar em conta, fundamentalmente, os métodos utilizados pelo agente para o cometimento de seus crimes, algo subjetivo, mas que pode levá-lo a estabelecer um padrão. Esse padrão seria a semelhança apontada pela lei. Ex.: um indivíduo que sempre aplique o mesmo golpe do *bilhete premiado*, na mesma região de São Paulo, seria um típico exemplo de execução semelhante do crime de estelionato. É lógico que muitas dúvidas vão surgir. O agente que pratique um furto por arrombamento e depois seja obrigado a escalar a morada para concretizar a subtração merece a aplicação do crime continuado? Apesar de serem, aparentemente, formas de execução diferenciadas, cremos indicado aplicar a continuidade, desde que o magistrado consiga perceber que ele ora age por escalada, ora por arrombamento, demonstrando até mesmo nesse ponto certo padrão. Conferir: STJ: "Para efeito de continuidade delitiva, é imprescindível, entre outros requisitos, que os crimes apresentem a mesma forma de execução, *ex vi* do art. 71 do Código Penal. *In casu*, o *modus operandi* ocorreu de forma distinta, uma vez que o paciente, além de cometer o crime em municípios distintos, empregou efetiva violência em um deles, inclusive com troca de tiros, o que não ocorreu em relação ao outro delito" (HC 310271-SP, 5.ª T., rel. Felix Fischer, 07.04.2015, v.u.). Bastante discutíveis são dois pontos: a) *a variação de comparsas*. Entendem alguns que essa variação não deve impedir a aplicação do crime continuado, o que nos parece ser o melhor posicionamento; b) *a variação entre autoria e participação, ou seja, ora o sujeito age como autor, ora como partícipe*. Cremos ser irrelevante tal alternância para o reconhecimento do delito continuado, visto haver uniformidade de pessoas conluiadas para cometer o crime.

**118. Outras circunstâncias semelhantes:** é lógico que estamos tratando de circunstâncias *objetivas* semelhantes, pois o critério de semelhança somente pode estar conectado aos primeiros requisitos enumerados pelo legislador, todos objetivos. No mais, qualquer tipo de componente do delito que permita demonstrar a parecença entre eles é suficiente. Ex.: obter o agente sempre do mesmo informante os dados necessários para praticar seus delitos.

**119. Delinquência habitual ou profissional:** não se aplica o crime continuado ao criminoso habitual ou profissional, pois não merece o benefício – afinal, busca valer-se de instituto fundamentalmente voltado ao criminoso eventual. Note-se que, se fosse aplicável, mais conveniente seria ao delinquente cometer vários crimes, em sequência, tornando-se sua "profissão", do que fazê-lo vez ou outra. Não se pode pensar em diminuir o excesso punitivo de quem faz do delito um autêntico meio de ganhar a vida. Convém expor a posição da jurisprudência: STJ: "9. Frise-se, por fim, que a continuidade delitiva deve ser aplicada tão somente aos delinquentes ocasionais, que agem por impulso provisório, perante situações oportunas, o que não se aplica ao caso em tela" (AgRg no AREsp 1.917.366-RS, 5.ª T., rel. Reynaldo Soares da Fonseca, 17.08.2021, v.u.); "3. Segundo a jurisprudência desta Corte Superior, a reiteração criminosa e a habitualidade delitiva afastam a possibilidade de reconhecimento do crime continuado (...) (REsp 1.501.855/PR, rel. Min. Sebastião Reis Júnior, 6.ª T., j. 16.05.2017, *DJe* 30.05.2017)" (AgRg no HC 556.968/SC, 6.ª T., rel. Antonio Saldanha Palheiro, 18.08.2020, v.u.); "3. Esta Corte tem posicionamento consolidado no sentido de não admitir a aplicação do art.

# Art. 71

Código Penal Comentado • **Nucci**

71 do Código Penal ao criminoso habitual. Precedentes" (AgRg no HC 470.124/SC, 5.ª T., rel. Joel Ilan Paciornik, 04.06.2019, v.u.); "Adotando a teoria objetivo-subjetiva ou mista, a doutrina e jurisprudência inferiram implicitamente da norma um requisito outro de ordem subjetiva, que é a unidade de desígnios na prática dos crimes em continuidade delitiva, exigindo-se, pois, que haja um liame entre os crimes, apto a evidenciar, de imediato, terem sido os crimes subsequentes continuação do primeiro, isto é, os crimes parcelares devem resultar de um plano previamente elaborado pelo agente. Dessa forma, diferenciou-se a situação da continuidade delitiva da delinquência habitual ou profissional, incompatível com a benesse. Precedentes" (HC 381.617/RS, 5.ª T., rel. Ribeiro Dantas, j. 20.06.2017, *DJe* 28.06.2017).

**119-A. Crime habitual continuado:** diferente da hipótese retratada na nota anterior, que se refere ao criminoso que, habitualmente, pratica vários delitos instantâneos ou permanentes, é possível haver crime habitual em continuidade delitiva. Assim, o agente pode cometer um crime habitual (ex.: manter casa de prostituição), havendo uma interrupção qualquer, seguida de outro delito habitual idêntico, o que configuraria o crime continuado. Nesse prisma: Mario Petrone (*Reato abituale*, p. 70).

**120. Critério de dosagem do aumento:** no crime continuado, o único critério a ser levado em conta para dosar o aumento (1/6 a 2/3, no *caput*, e até o triplo, no parágrafo único, do art. 71) é o número de infrações praticadas. É a correta lição de Fragoso, *Lições de direito penal*, p. 352. É o teor da Súmula 659 do STJ: "A fração de aumento em razão da prática de crime continuado deve ser fixada de acordo com o número de delitos cometidos, aplicando-se 1/6 pela prática de duas infrações, 1/5 para três, 1/4 para quatro, 1/3 para cinco, 1/2 para seis e 2/3 para sete ou mais infrações". Na jurisprudência: STF: "V – Consideradas as 19 condutas executadas pelo réu, também não há nenhum reparo a ser realizado na aplicação da fração de 2/3 a título de continuidade delitiva, mormente porque esse proceder encontra-se em consonância com a reiterada jurisprudência desta Suprema Corte sobre a matéria, no sentido de que o aumento da pena, em caso de crime continuado simples (art. 71 do CP), deve ser proporcional ao número de infrações cometidas. Precedentes" (HC 194.229 AgR, 2.ª T., rel. Ricardo Lewandowski, 17.02.2021, v.u.); STJ: "2. Quanto ao aumento pela continuidade delitiva, a jurisprudência desta Corte Superior é firme no sentido de que se aplica a fração de 1/6 pela prática de duas infrações; 1/5 para três infrações; 1/4 para quatro infrações; 1/3 para cinco infrações; 1/2 para seis infrações e 2/3 para sete ou mais infrações. Assim, na espécie, não se mostra excessiva ou desarrazoada a adoção do patamar de 2/3 em virtude da prática de dez ilícitos" (AgRg no REsp 2.025.605/RN, 6.ª T., rel. Rogerio Schietti Cruz, 06.03.2023, v.u.).

**120-A. Na dúvida, aumento mínimo:** por vezes, não se tem certeza, conforme as provas dos autos, em relação ao número de infrações penais cometidas. Tal situação é relativamente comum nos crimes de estupro contra vulnerável. Não se sabe quantas vezes houve a conduta criminosa contra a pessoa menor de 14 anos. Por isso, deve-se valer o julgador do princípio geral da prevalência do interesse do réu.

**121. A unidade de desígnio no crime continuado:** o principal dos requisitos a ser debatido é o referente à *unidade de desígnio*. Seria imprescindível, para o reconhecimento do crime continuado, encontrar no agente a *unidade de propósito*, vale dizer, uma proposta única para o cometimento das várias ações que o levaram a praticar vários resultados típicos? Para solucionar tal questão, há fundamentalmente *três teorias*: 1.ª) *subjetiva*: exige apenas unidade de desígnio para demonstrar a existência do delito continuado. É a menos utilizada pela doutrina, e, segundo Schultz, trata-se de uma tese isolada seguida pela jurisprudência suíça. Por tal teoria, o delito continuado somente existiria caso o agente conseguisse demonstrar que agiu com *unidade de desígnio*, ou seja, que desde o início de sua atividade criminosa tinha um único propósito. Como isso é, praticamente, impossível de se fazer sem o auxílio dos elementos objetivos, que compõem a continuidade delituosa, não se acolhe tal posicionamento; 2.ª) *objetiva*: não exige a prova da *unidade de desígnio*, mas única e tão somente a demonstração de requisitos objetivos, tais como a prática de crimes da mesma espécie, cometidos em semelhantes condições de lugar, tempo, modo de execução, entre outras. Sustentam-na: Feuerbach, Mezger, Liszt-Schmidt, Von Hippel, Jiménez de Asúa, Antón Oneca, Eduardo Corrêa. Na doutrina nacional: Fragoso, Frederico Marques, Hungria, Delmanto, Paulo José da Costa Jr., Costa e Silva, Manoel Pedro Pimentel, dentre outros. Sobre a desnecessidade de se exigir a prova da unidade de desígnio, destaca Aníbal Bruno que "o nosso Direito positivo vigente adota uma posição objetiva, dispensando, assim, a participação de qualquer elemento subjetivo unitário, na conceituação do crime continuado, abrangedor dos vários fatos que se sucedem". O autor ressalta, no entanto, a possibilidade *excepcional* de se usar a unidade de desígnio, quando houver dificuldade de estabelecer o vínculo de continuidade entre os fatos (*Das penas*, p. 168); 3.ª) *objetivo-subjetiva*: exige-se, para a prova do crime continuado, não somente a demonstração dos requisitos objetivos, mas ainda a prova da *unidade de desígnio*. Aliás, facilita-se a evidência desta última a partir dos dados objetivos. Defendem-na: Welzel, Sauer, Weber, Maurach, Bettiol, Antolisei, Alimena, Pisapia, Manzini, Florian, Balestra, Schönke-Schröder, Impallomeni, Camargo Hernández, Ricardo Nuñez, Zaffaroni. Na doutrina nacional: Roberto Lyra, Basileu Garcia, Noronha, Silva Franco, Damásio. Na Itália, por expressa previsão legal (art. 81, CP), exige-se unidade de desígnio para a caracterização do crime continuado. Por isso, conforme explica Roberta Ristori, é fundamental que o agente, ao dar início às infrações penais, tenha o objetivo de atingir todas elas. Da primeira à última, tudo é parte de um só programa orgânico (*Il reato continuato*, p. 6-7). Recentemente, afirmou a jurisprudência italiana que, para verificar a unidade de desígnio, basta a *representação* preventiva da série de crimes programados como um conjunto. A realização concreta de cada um significa uma eventualidade e não um comportamento futuro certo da parte do agente, o que amenizou a exigência da unidade de desígnio (*Il reato continuato*, p. 10). A corrente ideal, sem dúvida, deveria ser a terceira, tendo em vista possibilitar uma autêntica diferença entre o singelo concurso material e o crime continuado – afinal, este último exigiria a *unidade de desígnio*. Somente deveria ter direito ao reconhecimento desse benefício legal o agente criminoso que demonstrasse ao juiz o seu intuito único, o seu propósito global, vale dizer, evidenciasse que, desde o princípio, ou pelo menos durante o *iter criminis*, tinha o propósito de cometer um crime único, embora por partes. Assim, o balconista de uma loja que, pretendendo subtrair R$ 10.000,00 do seu patrão, comete vários e contínuos pequenos furtos até atingir a almejada quantia. Completamente diferente seria a situação daquele ladrão que comete furtos variados, sem qualquer rumo ou planejamento, nem tampouco objetivo único. Entretanto, apesar disso, a lei penal adotou claramente a segunda posição, ou seja, a teoria objetiva pura. Cremos deva-se seguir literalmente o disposto no art. 71 do Código Penal, pois não cabe ao juiz questionar os critérios do legislador. Ainda que a teoria objetivo-subjetiva seja a melhor, não se pode olvidar a escolha legal. Diz a Exposição de Motivos do Código, item 59: "O critério da teoria puramente objetiva não revelou na prática maiores inconvenientes, a despeito das objeções formuladas pelos partidários da teoria objetivo-subjetiva". Na jurisprudência, tem predominado de forma quase pacífica o entendimento de que a *unidade de desígnio* é imprescindível para o reconhecimento do crime continuado. Atualmente, ainda prevalece esse ponto de vista – contrário à adoção da teoria objetiva pura pela lei. *Em favor da teoria objetiva-subjetiva*: STF: "1. O reconhecimento da continuidade delitiva, prevista no art. 71 do Código Penal, está condicionado ao preenchimento dos seguintes requisitos: (a) pluralidade de condutas; (b) pluralidade de crimes da mesma espécie; (c) que os crimes sejam praticados em continuação, tendo em vista as circunstâncias objetivas (mesmas condições de tempo, lugar, modo de execução e outras semelhantes); e, por fim, (d) *unidade de propósitos*. 2. A instância ordinária apresentou fundamentação jurídica idônea no sentido de que o paciente não preenche os requisitos necessários para o reconhecimento da continuidade delitiva, destacando a ausência de unidade de propósitos, ou seja, não ficou comprovado o liame volitivo entre os delitos a demonstrar o entrelaçamento entre os atos criminosos. 3. Qualquer conclusão em sentido diverso demandaria o revolvimento de fatos e provas, providência inviável em *Habeas Corpus*" (HC 212310 AgR, 1.ª T., rel. Alexandre de Moraes, julgado em 28.03.2022, v.u., grifamos). STJ: "V – Pleito de aplicação da continuidade delitiva. Para que seja aplicada a regra do crime continuado, a jurisprudência desta Corte Superior de Justiça firmou o entendimento de que necessária a existência de ações praticadas em idênticas condições de tempo, lugar e modo de execução (requisitos objetivos), além de um liame a indicar a unidade de desígnios (requisito subjetivo). Precedentes. VI – *In casu*, constata-se que o Tribunal *a quo* considerou *inexistir unidade de desígnios* entre as ações, razão pela qual *afastou a aplicação da continuidade delitiva*, entendimento que se encontra em consonância com a jurisprudência desta Corte. Conclusão em sentido contrário ao manifestado pelo Tribunal de origem demandaria, à evidência, o revolvimento do acervo fático-probatório, inviável na via estreita do *habeas corpus*" (AgRg no HC 732.569/SC, 5.ª T., rel. Messod Azulay Neto, 13.12.2022, v.u., grifamos); "1. A jurisprudência desta Corte, 'ao interpretar o conteúdo do art. 71 do Código Penal, adotou a teoria mista, ou objetivo-subjetiva, segundo a qual, para o reconhecimento da continuidade delitiva, faz-se necessário o preenchimento de requisitos de natureza objetiva (pluralidade de ações; mesmas condições de tempo, lugar e modo de execução do delito) e subjetiva (unidade de desígnios)' (EDcl no AgRg no AREsp n. 1.949.385/RS, relator Ministro Antonio Saldanha Palheiro, Sexta Turma, julgado em 5/4/2022, *DJe* de 8/4/2022.). Tais requisitos são cumulativos e a ausência de um ou mais deles inviabiliza a aplicação do referido instituto, como na espécie" (AgRg no AREsp 2.056.931/SP, 6.ª T., rel. Olindo Menezes, julgado em 02.08.2022, v.u.); "1. Na hipótese, não se verifica a presença dos requisitos necessários ao reconhecimento da continuidade delitiva, visto que, segundo a orientação jurisprudencial dessa Corte, além de preenchidos os requisitos de natureza objetiva, deve existir unidade de desígnios que torne coesas todas as infrações perpetradas" (AgRg no HC 657.570-RS, 6.ª T., rel. Antonio Saldanha Palheiro, 22.06.2021, v.u.).

**121-A. Crime continuado e delito culposo:** adotada a teoria objetiva pura, como ocorre no art. 71 do Código Penal, não se exigindo unidade de desígnio para a concretização do delito continuado, é perfeitamente admissível a continuidade no contexto dos crimes culposos (onde não há resultado desejado pelo agente). Em sentido oposto, mas por expressa previsão legal, na Itália, a jurisprudência unanimemente exclui a possibilidade de continuidade delitiva nos crimes culposos, pois é inadmissível e ilógica a existência de *unidade de desígnio* (cf. ROBERTA RISTORIA, *Il reato continuato*, p. 17).

**122. Crime continuado e inimputabilidade:** quando, durante os vários delitos que constituem o crime continuado, o agente tornar-se inimputável ou, ao contrário, iniciar a cadeia de delitos inimputável e curar-se, impõem-se duas soluções: a) *deve ser aplicada pena e medida de segurança*: pena para quando estiver imputável e medida de segurança para quando estiver inimputável (ex.: ao praticar quatro furtos, o agente era imputável nos dois primeiros e inimputável nos dois últimos); b) *pena ou medida de segurança*: se o último delito for praticado quando imputável, aplica-se a pena; se o último for praticado quando inimputável, aplica-se medida de segurança. Tendo em vista que o Código Penal adota a teoria objetiva pura, nada impede se considere crime continuado, portanto, uma unidade, quatro furtos cometidos em condições de lugar, tempo e modo de execução semelhantes, mesmo que dois deles sejam cometidos por agente imputável e os outros dois, por inimputável.

**123. Crimes praticados contra vítimas diferentes, bens personalíssimos e cálculo específico:** houve época em que a jurisprudência era praticamente pacífica ao estipular não ser cabível crime continuado para crimes violentos cometidos contra vítimas diferentes e ofendendo bens personalíssimos, tais como vida ou integridade física. Havia a Súmula 605 do Supremo Tribunal Federal: "Não se admite continuidade delitiva nos crimes contra a vida", que não mais se aplica. Atualmente, os acórdãos seguem tendência em sentido contrário, acolhendo o delito continuado mesmo contra vítimas diferentes e bens personalíssimos. Aliás, outra não poderia ser a solução, pois a Reforma Penal de 1984 acrescentou o parágrafo único no art. 71 do Código Penal, prevendo claramente essa possibilidade. Na jurisprudência: STJ: "2. O fato de os crimes haverem sido praticados contra vítimas diversas não impede o reconhecimento do crime continuado, notadamente quando os atos houverem sido cometidos no mesmo contexto fático (AgRg no REsp n. 1.359.778/MG)" (AgRg no HC 648.423-SP, 6.ª T., rel. Rogerio Schietti Cruz, 08.06.2021, v.u.).

**123-A. O requisito *violência*:** toda vez que a lei penal mencionar em tipos criminais o termo *violência*, refere-se à real, autêntica, vale dizer, agressão física contra a pessoa. Isso porque separou da violência moral, colocando em destaque a terminologia *grave ameaça*. Em suma, violência é agressão; grave ameaça, intimidação. Não se pode concluir que a vulnerabilidade, mesmo a absoluta, possa ser interpretada como *violência*, especialmente agora que o Código Penal aboliu a referência à *presunção de violência*. Portanto, o estupro de vulnerável (art. 217-A) comporta a continuidade delitiva, como exposto na nota 114-D supra. Na jurisprudência: STJ: "A continuidade delitiva específica, descrita no art. 71, parágrafo único, do Código Penal, além daqueles exigidos para a aplicação do benefício penal da continuidade delitiva simples, exige que os crimes praticados: I) sejam dolosos; II) realizados contra vítimas diferentes; e III) cometidos com violência ou grave ameaça à pessoa. No caso em tela, os atos libidinosos praticados contra as vítimas vulneráveis foram desprovidos de qualquer violência real, contando apenas com a presunção absoluta e legal de violência do próprio tipo delitivo. 'A violência de que trata a continuidade delitiva especial (art. 71, parágrafo único, do Código Penal) é real, sendo inviável aplicar limites mais gravosos do benefício penal da continuidade delitiva com base, exclusivamente, na ficção jurídica de violência do legislador utilizada para criar o tipo penal de estupro de vulnerável, se efetivamente a conjunção carnal ou ato libidinoso executado contra vulnerável foi desprovido de qualquer violência real (...)' (HC 232.709/SP, Rel. Ministro Ribeiro Dantas, Quinta Turma, julgado em 25/10/2016, *DJe* 09/11/2016). Esta Corte Superior firmou a compreensao de que o aumento no crime continuado comum é determinado em função da quantidade de delitos cometidos. Assim, no caso, tendo sido cometidos crimes de estupro de vulnerável, com violência presumida, contra 8 vítimas diferentes, incide a continuidade delitiva simples, devendo ser aplicado o aumento de 2/3, que resulta na reprimenda definitiva de 13 anos e 4 meses de reclusão" (HC 483.468/GO, 5.ª T., rel. Reynaldo Soares da Fonseca, 05.02.2019, v.u.).

**124. Ações concomitantes, contemporâneas ou simultâneas:** não podem ser havidas como continuidade delitiva, pois a lei é bastante clara ao exigir que as ações sejam subsequentes. Por isso, quando houver ações simultâneas, deve-se optar ou pelo delito único ou pelo concurso material, mas jamais pelo crime continuado. Ex.: alguém atira com uma das mãos em uma pessoa e coloca fogo em um prédio com a outra mão. Trata-se de concurso material. Por outro lado, caso atire com dois revólveres, um em cada mão, contra a mesma pessoa, está praticando crime único. Outro exemplo, caracterizado pelo dolo direto de primeiro grau (ver

# Art. 71

Código Penal Comentado · **Nucci**

452

a nota 64 ao art. 18), configurando ação simultânea, é a conduta do matador que provoca a explosão de um avião, eliminando ao mesmo tempo várias pessoas. Deve ser punido pelo número de homicídios causados em concurso material.

**124-A. Envenenamento e crime continuado:** se o agente planeja matar várias pessoas, que se encontram numa reunião social, colocando veneno na bebida ou na comida servidas a todos concomitantemente, havendo mortes, responderá em concurso material, tendo em vista a inexistência de condutas sucessivas. Por outro lado, quando o agente, para despistar a ação da justiça, ministra todo dia um pouco de veneno na comida da vítima, até que esta, pelo acúmulo do produto, morre, trata-se de um único homicídio. Inexistem várias tentativas de homicídio em continuidade delitiva. Poder-se-ia tratar de crime continuado se o agente ministra veneno a várias pessoas que estejam em uma reunião social, desde que o faça copo por copo ou prato por prato, em ações sequenciais.

**125. Espécies de crime continuado:** há *duas espécies*: a) *crime continuado simples*, previsto no art. 71, *caput*, do Código Penal; b) *crime continuado qualificado ou específico*, previsto no art. 71, parágrafo único, do Código Penal. Entende parte da doutrina que o art. 71, parágrafo único, ao prever a possibilidade de o juiz triplicar a pena, quando sentir necessidade, desde que preenchidos os requisitos de terem sido delitos dolosos, praticados com violência ou grave ameaça contra vítimas diferentes, além da culpabilidade, antecedentes, conduta social, personalidade do réu, motivos e circunstâncias do crime o indicarem, descaracterizou a continuidade delitiva. O aumento, por ser aplicado no triplo, poderia levar o crime a pena semelhante àquela aplicada no caso de concurso material. A crítica não é razoável porque o juiz jamais poderá ultrapassar o critério do art. 69 (concurso material), sendo certo ainda que em crimes violentos, atingindo bens personalíssimos, a pena precisa ser aplicada com maior rigor. Na jurisprudência: STJ: "2. No caso, o agente foi condenado a 30 anos de reclusão, em cúmulo material de dois delitos de homicídio qualificado com decapitação e esquartejamento das vítimas. Em recurso de apelação, foi reconhecido crime continuado, mas sem alteração na pena final, porquanto aplicado o aumento por continuidade delitiva para dobrar a pena de 15 anos, nos termos do art. 71, parágrafo único, *in fine*, do Código Penal. 3. É pacífica a distinção entre os institutos da continuidade delitiva e da pena-base, a despeito de aparentemente partilharem a necessidade de valoração de vetoriais semelhantes, mesmo porque cada crime permanece independente na cadeia delitiva, tanto que se permite dosimetrias distintas para cada evento (Precedentes). 4. A distinção entre os referidos institutos – a saber, pena-base e continuidade delitiva – permite, inclusive, a valoração da mesma circunstância fática sob dois aspectos distintos, sem infringência ao princípio do *ne bis in idem* (Precedentes). 5. Ademais, *o reconhecimento da continuidade delitiva não importa na obrigatoriedade de redução da pena definitiva fixada em cúmulo material, porquanto há possibilidade de aumento do delito mais gravoso em até o triplo, conforme o trecho do dispositivo acima citado.* 6. Portanto, mantida a pena definitiva no mesmo montante, modificados somente os institutos penais sem o decote de qualquer vetorial negativa ou causa de aumento, não há de se falar em *reformatio in pejus*. 7. Na mesma linha a manifestação da Procuradoria-Geral da República, para quem 'não houve nova valoração das circunstâncias judiciais na primeira fase da dosimetria da pena, mas apenas o apontamento de elementos concretos para fundamentar o patamar aplicado em razão da continuidade delitiva, nos exatos termos do art. 71, parágrafo único, do Estatuto Repressivo, não havendo cogitar-se de *reformatio in pejus*'" (AgRg no HC 301.882/RJ, 6.ª T., rel. Antonio Saldanha Palheiro, 19.04.2022, v.u., grifamos). Houve, entretanto, um patente equívoco do legislador. O agente que pratique vários roubos contra a mesma pessoa receberá o aumento do *caput* do art. 71 (1/6 a 2/3) e outro, atuando contra vítimas diferentes, embora cometendo o mesmo tipo de delito, poderá receber uma pena triplicada.

**126. Diferença entre crime continuado e delito habitual:** neste último, cada um dos episódios agrupados não é punível em si mesmo, pois pertencem a uma pluralidade de atos requeridos no tipo para configurar um fato punível. No delito continuado, cada uma das condutas agrupadas reúne, por si mesma, todas as características do fato punível. Enquanto no crime habitual a pluralidade de atos é um elemento do tipo, tal como o exercício ilegal da medicina, que deve cumprir-se habitualmente, na continuidade, ao invés, cada ato é punível e o conjunto constitui um delito por obra da dependência de todos eles. Assim, três furtos podem ser um só delito, mas isso não quer dizer que cada furto não seja um delito (BALESTRA, *Tratado de derecho penal*, t. III, p. 63).

**127. Diferença entre concurso de delitos e reincidência:** "a pluralidade de fatos delituosos cometidos por uma mesma pessoa, sem que nenhum deles tenha propiciado uma condenação, é o que, no tecnicismo do direito penal, se conhece por concurso de delitos. A circunstância de não existir uma condenação anterior é o que o distingue da reincidência" (EUSEBIO GOMEZ, *Tratado de derecho penal*, t. I, p. 507).

**127-A. Crime continuado e suspensão condicional do processo:** preceitua o art. 89 da Lei 9.099/1995 que "nos crimes em que a pena mínima cominada for igual ou inferior a 1 (um) ano, abrangidas ou não por esta Lei, o Ministério Público, ao oferecer a denúncia, poderá propor a suspensão do processo, por 2 (dois) a 4 (quatro) anos, desde que o acusado não esteja sendo processado ou não tenha sido condenado por outro crime, presentes os demais requisitos que autorizariam a suspensão condicional da pena (art. 77 do Código Penal)". Para tanto, levando-se em conta que o crime continuado, embora seja uma ficção jurídica, considera a prática de vários delitos como um único, em continuidade, é preciso ter em mente, para a aplicação do disposto no referido art. 89, a exasperação mínima prevista no art. 71. Assim, quando se tratar, por exemplo, de um furto simples continuado (conforme descrição feita na denúncia), não cabe a suspensão condicional do processo, pois a pena mínima prevista será de 1 (um) ano acrescida de, pelo menos, um sexto, logo, fora do âmbito de aplicação do art. 89 da Lei 9.099/1995. Nesse prisma, conferir o disposto na Súmula 723 do STF: "Não se admite a suspensão condicional do processo por crime continuado, se a soma da pena mínima da infração mais grave com o aumento mínimo de 1/6 (um sexto) for superior a 1 (um) ano".

**127-B. Referências ao art. 70, parágrafo único, e ao art. 75:** a primeira cuida do aspecto já abordado em comentário anterior (nota 111 ao art. 70) de que, considerando-se o concurso formal e o crime continuado expressões do sistema da exasperação da pena (conforme nota 101-D ao art. 69), logo, benefícios ao réu, não poderia jamais a pena estabelecida em virtude do crime continuado, ainda que na forma qualificada exposta no parágrafo único do art. 71, ultrapassar aquela que seria cabível se o juiz utilizasse o concurso material. Exemplificando: se o réu responde por dois homicídios qualificados em continuidade delitiva, não pode o magistrado, ainda que o art. 71, parágrafo único, permita, aplicar a pena de um deles (12 anos, que é o mínimo), triplicando-a (36 anos), pois, usando o concurso material, a pena seria fixada em 24 anos. Logo, quando se tratar de crime continuado qualificado ou específico, o julgador deve estar atento à regra do art. 70, parágrafo único, chamada de *concurso material benéfico*. Por outro lado, a referência ao art. 75 não tem qualquer expressão prática para a aplicação da pena, cumprindo apenas o papel de recordar que, a despeito de ser fixada uma pena superior a quarenta anos de reclusão, por conta da regra do art. 71, parágrafo único, o condenado somente cumprirá quarenta, em virtude do teto estabelecido no *caput* do mencionado art. 75. Nem se poderia entender de outra forma, uma vez que o disposto nos arts. 69, 70 e 71 diz respeito à individualização da pena, ou seja, a escolha do montante concreto dentre o mínimo e o máximo propostos pelo legislador, enquanto o art. 75 insere-se no contexto da execução penal, demonstrando que há um limite para o cumprimento

# Art. 72

das penas e que, para tal fim, deve haver unificação. Sugerir que o crime continuado qualificado, em face da menção ao art. 75, não poderia jamais suportar pena superior a quarenta anos, quando da fixação, seria esvaziar o conteúdo do previsto no art. 71, parágrafo único, que demanda maior rigor do magistrado justamente porque o agente cometeu delitos dolosos e violentos contra a pessoa, possibilitando-lhe até triplicar a pena. Se existisse o teto de 40 anos para a individualização judiciária, um indivíduo que cometesse, *v.g.*, quatro latrocínios, em continuidade delitiva, receberia no máximo 40 anos, quando, na verdade, o que se pode esperar é uma pena de até 60 anos (triplo de 20) – sem fugir à norma do art. 70, parágrafo único (concurso material benéfico), já que, fosse aplicado o concurso material, a pena atingiria no mínimo 80 anos. Em suma, em outras palavras, o autor dos quatro latrocínios em continuidade delitiva pode ser apenado pelo juiz, caso as condições específicas do art. 71, parágrafo único, estejam preenchidas, a até 60 anos (levando-se em conta o mínimo de 20 anos, somente para ilustrar), sem que se rompa a regra do concurso material benéfico (afinal, usada a regra do art. 69, a pena poderia atingir 80 anos).

### Multas no concurso de crimes

> **Art. 72.** No concurso de crimes, as penas de multa são aplicadas distinta e integralmente.[128]

**128. Distinção aplicável ao crime continuado:** há duas posições nesse contexto: a) em caso de concurso material, concurso formal ou crime continuado, o juiz deve aplicar todas as multas cabíveis somadas (conforme FRAGOSO, *Lições de direito penal*, p. 353). Ex.: quatro furtos foram praticados em continuidade delitiva. Pode o juiz estabelecer a pena de 1 ano aumentada da metade (privativa de liberdade), mas terá de somar quatro multas de, pelo menos, 10 dias-multa cada uma; b) ensina PAULO JOSÉ DA COSTA JÚNIOR que o art. 72 é inaplicável ao crime continuado, pois nessa hipótese "não há concurso de crimes, mas crime único, e, desta forma, em paralelismo com a pena privativa de liberdade, a unificação deve atingir também a pena de multa" (*Comentários ao Código Penal*, p. 248). Segundo nos parece, a razão está com PAULO JOSÉ DA COSTA JÚNIOR, uma vez que, valendo-se da teoria da ficção, criou o legislador um verdadeiro crime único no caso do delito continuado. Assim, não há concurso de *crimes*, mas um só delito em continuação, motivo pelo qual a pena de multa também será única com o acréscimo legal. Na jurisprudência: STJ: "4. A aplicação do art. 72 do Código Penal é restrita ao concurso formal e material de crimes, não incidindo nas hipóteses de crime continuado" (AgRg no AREsp 2.027.717/SP, 6.ª T., rel. Laurita Vaz, 14.06.2022, v.u.); "1. Conforme jurisprudência desta Corte, a regra do art. 72 do Código Penal – CP é aplicada às hipóteses de concurso formal ou material, não incidindo o referido dispositivo aos casos em que há reconhecimento da continuidade delitiva" (AgRg no REsp 1.843.797/SP, 5.ª T., rel. Joel Ilan Paciornik, 05.03.2020, v.u.).

### Erro na execução[129]

> **Art. 73.** Quando, por acidente ou erro no uso dos meios de execução, o agente, ao invés de atingir a pessoa que pretendia ofender, atinge pessoa diversa, responde como se tivesse praticado o crime contra aquela, atendendo-se ao disposto no § 3.º do art. 20 deste Código.[130-131] No caso de ser também atingida a pessoa que o agente pretendia ofender, aplica-se a regra do art. 70 deste Código.[132-133]

**129. Conceito de erro na execução (*aberratio ictus*):** é o desvio no ataque, quanto à "pessoa-objeto" do crime (Paulo José da Costa Jr., *O crime aberrante*, p. 26). Em vez de atingir a pessoa visada, alcança pessoa diversa, porque a agressão esquivou-se do alvo original. Não se altera, no entanto, o *nomen juris* do crime (ex.: se o agente atira em *A* para matar, atingindo fatalmente *B*, termina por cometer homicídio consumado), pois a alteração da vítima não abala a natureza do fato. Na realidade, o que se efetiva nos casos de desvio no ataque é um *aproveitamento do dolo*, pois o objeto visado não se altera, incidindo a mesma tipicidade básica, apenas adaptada às circunstâncias específicas da vítima virtual. Em outras palavras, o erro na execução envolve somente pessoas, motivo pelo qual se o agente queria matar *A* e termina matando *B*, para a configuração do tipo básico de homicídio (matar *alguém*) é indiferente. Logo, resta fazer a adaptação das condições e circunstâncias pessoais da pessoa desejada e não da efetivamente atingida, como se operássemos uma troca de identidade. Na jurisprudência: STJ: "2. A norma prevista no art. 73 do Código Penal afasta a possibilidade de se reconhecer a ocorrência de crime culposo quando decorrente de erro na execução na prática de crime doloso. 3.Reconhecido pelo Conselho de Sentença o dolo na conduta do agente que efetua disparo de arma de fogo contra vítima e acaba por acertar terceiro em razão de erro na execução (*aberratio ictus*), se mostra contraditória resposta afirmativa no sentido de que a morte do terceiro decorreu de culpa. 4. A contradição na resposta aos quesitos não sanada por ocasião da votação, nos termos do art. 490 do Código de Processo Penal, acarreta nulidade que justifica a anulação do julgamento. Ausente, portanto, qualquer constrangimento ilegal na decisão da Corte Estadual que determinou a realização de nova sessão do Tribunal do Júri, uma vez que verificou nulidade no julgamento após as respostas contraditórias dos jurados aos quesitos apresentados. *Habeas Corpus* não conhecido" (HC 210.696/MS, 5.ª T., rel. Joel Ilan Paciornik, 19.09.2017, v.u.).

**130. Tipos de *aberratio ictus* (art. 73 do Código Penal):** são duas *as modalidades* de erro na execução: a) aberratio *com resultado único*, chamada de *unidade simples*, prevista na 1.ª parte do art. 73; b) aberratio *com resultado duplo*, chamada de *unidade complexa*, prevista na 2.ª parte do art. 73. No primeiro caso (unidade simples), o agente, em vez de atingir a vítima desejada, alcança terceiro não visado. Aplica-se a regra do art. 20, § 3.º, do Código Penal, ou seja, levam-se em consideração as qualidades da vítima almejada. Assim, se a vítima atingida e morta for pai do agente, não responderá este por parricídio; ao contrário, se a vítima virtual, mas não alcançada, for pai do agente, embora tenha este matado pessoa diversa, há parricídio. Apesar de se aplicar o art. 20, § 3.º, a *aberratio ictus* não se confunde com o erro quanto à pessoa. Este caso diz respeito ao agente que erra quanto à identidade da vítima: pensa estar vendo Caio, quando na realidade trata-se de Mévio; diante dessa confusão, termina atingindo Mévio. O erro na execução, por sua vez, tem outra conotação. O agente está vendo, com certeza, Caio e atira nele, errando o tiro, que atinge Mévio. Portanto, apesar de a solução ser a mesma, são duas hipóteses diversas. No segundo caso (unidade complexa), o agente atinge não somente a vítima desejada, mas também terceiro não visado. Responde pela regra do art. 70 (concurso formal). Lembre-se que, neste caso, vale o que já foi mencionado acerca de o concurso formal ser perfeito ou imperfeito. Na jurisprudência: TJDFT: "6. Configurada a *aberratio ictus* em unidade simples, quando há apenas um resultado naturalístico, isto é, as vítimas pretendidas não foram atingidas com o dolo homicida do réu, mas tão somente a virtual, classificando a conduta como crime único, conforme o texto expresso do art. 73, 1.ª parte, do Código Penal" (Ap. 00009931720188070010, 1.ª T., rel. Carlos Pires Soares Neto, 08.07.2021, v.u.).

**131. Situações possíveis:** a) *A* atira em *B* para matar, mas acerta fatalmente em *C* = homicídio doloso consumado como se fosse contra *B*; b) *A* atira em *B* para matar e termina atingindo fatalmente *B* e *C* = homicídio doloso em concurso formal; c) *A* atira em *B* para matar

# Art. 73

Código Penal Comentado • **Nucci**

e termina ferindo C = tentativa de homicídio contra B, como se a lesão de C fosse a da vítima desejada; d) A atira em B para matar e termina ferindo B e C = tentativa de homicídio contra B em concurso formal; e) A atira em B para matar, ferindo-o, mas termina matando C = homicídio consumado contra B em concurso formal. Defendíamos, anteriormente, a punição de A somente por um homicídio consumado contra B. A lesão corporal ficaria absorvida. Alteramos nosso entendimento, inclusive para estar de acordo com a defesa que fizemos da responsabilidade penal objetiva no caso de *aberratio ictus* (vide item 132 abaixo). Se há dois resultados, querendo ou não o agente atingir mais de um, deve responder por ambos. Assim, a regra do art. 73 fica bem aplicada, quando o agente atinge quem não desejava (1.ª parte), respondendo como se tivesse atingido a vítima almejada, bem como, em concurso formal (2.ª parte), quando atinge também a pessoa que pretendia. Nessa ótica, conferir Paulo José da Costa Júnior, *Comentários ao Código Penal*, 7. ed., p. 254; *Crime aberrante*, p. 28; f) A atira em B para matar, fazendo-o, mas também fere C = homicídio consumado contra B em concurso formal.

**132. Responsabilidade penal objetiva na *aberratio ictus*:** diz a lei, expressamente, que o desvio no ataque pode ocorrer por *acidente* ou por *erro*, bastando para responsabilizar o agente a existência de nexo causal. Esta é, pois, outra hipótese de responsabilidade penal objetiva constante no Código Penal. É certo que alguns penalistas sustentam não existir possibilidade de haver responsabilidade penal sem dolo e sem culpa, de modo que o resultado não desejado pelo agente somente a ele pode ser debitado caso tenha agido, no mínimo, com culpa. Não é esta, no entanto, a previsão legal, nem a aplicação que costumeiramente se encontra na jurisprudência. Análise de um exemplo: ao desferir o tiro, alguém esbarra no braço do agente, causando o desvio no ataque (citação de Damásio, *Código Penal anotado*, p. 189). Imagine-se que o tiro, por conta disso, atinja não só a vítima visada, mas também outra pessoa que passava pelo local. Haverá concurso formal, sem que se possa falar em culpa no tocante ao segundo resultado. Afinal, como poderia o agente prever o esbarrão em seu braço? No sentido de ser apenas responsabilidade objetiva pelo segundo evento está o posicionamento da doutrina majoritária na Itália, como ensina Delitala (*Scritti di diritto penale*, v. 1, p. 515). No Brasil: "Sob o ângulo da responsabilidade objetiva, a diferença entre a hipótese contida na segunda parte do art. 73 e aquela descrita pelo art. 74 é bem menor. E isto porque, na sistemática do Código de 1984, para que o agente responda pela consequência não desejada, basta a mera relação de causalidade material" (Paulo José da Costa Júnior, *O crime aberrante*, p. 27). Ver, ainda, tratando especificamente da *aberratio delicti*, as lições de Boscarelli, *Compendio di diritto penale – Parte generale*, p. 169; Santaniello e Maruotti, *Manuale di diritto penale – Parte generale*, p. 401.

**133. Dolo eventual quanto ao segundo resultado:** mantém-se o concurso formal. Na jurisprudência: STJ: "1. Ocorre *aberratio ictus* com resultado duplo, ou unidade complexa, de que dispõe o art. 73, segunda parte, do CP, quando, na execução do crime de homicídio doloso, além do resultado intencional, sobrevém outro não pretendido, decorrente de erro de pontaria, em que, além da vítima originalmente visada, outra é atingida por erro na execução. 2. Pronunciado como incurso nos arts. 121, § 2.º, I e IV, e do art. 121, § 2.º, e IV, c/c o art. 14, II, na forma do 73, do CP, o réu, em apelação, teve desclassificada a conduta, relativa ao resultado danoso não pretendido, para lesão corporal culposa. 3. Alvejada, além da pessoa que se visava atingir, vítima diversa, por imprecisão dos atos executórios, deve ser a ela estendido o elemento subjetivo (dolo), aplicando-se a regra do concurso formal. 4. 'A norma prevista no art. 73 do Código Penal afasta a possibilidade de se reconhecer a ocorrência de crime culposo quando decorrente de erro na execução na prática de crime doloso' (HC 210.696/MS, rel. Min. Joel Ilan Paciornik, 5.ª T., 19.09.2017, *DJe* 27.09.2017). 5. 'Por se tratar de hipótese de *aberratio ictus* com duplicidade de resultado, e não tendo a defesa momento algum buscado desvincular os resultados do erro na execução, a tese de desclassificação do delito para a forma culposa em relação somente ao resultado não pretendido só teria sentido se proposta também para o resultado pretendido' (HC 105.305/RS, rel. Min. Felix Fischer, 5.ª T., j. 27.11.2008, *DJe* 09.02.2009). 6. Recurso especial provido para restabelecer a sentença de pronúncia" (REsp 1.853.219/RS, 6.ª T., rel. Nefi Cordeiro, 02.06.2020, v.u.).

### Resultado diverso do pretendido[134]

> **Art. 74.** Fora dos casos do artigo anterior, quando, por acidente ou erro na execução do crime, sobrevém resultado diverso do pretendido, o agente responde por culpa, se o fato é previsto como crime culposo; se ocorre também o resultado pretendido, aplica-se a regra do art. 70 deste Código.[135]

**134. Conceito de resultado diverso do pretendido (*aberratio criminis ou aberratio delicti*):** trata-se do desvio do crime, ou seja, do objeto jurídico do delito. O agente, objetivando um determinado resultado, termina atingindo resultado diverso do pretendido. Ex.: Tício, tendo por fim atingir Caio, vendedor de uma loja, atira uma pedra contra sua pessoa. Em lugar de alcançar a vítima, termina despedaçando a vitrine do estabelecimento comercial. Portanto, em lugar de uma lesão corporal, acaba praticando um dano. O agente responde pelo resultado diverso do pretendido somente por culpa, se for previsto como delito culposo (art. 74, 1.ª parte, CP). No exemplo supracitado, Tício não responderia por crime de dano, por inexistir a figura culposa. Entretanto, se tentando quebrar a vitrine da loja, contra a qual atira uma pedra, termina atingindo uma pessoa, responderá o agente pela lesão culposa causada. Quando o agente alcançar o resultado almejado e, também, resultado diverso do pretendido, responderá pela regra do concurso formal (art. 74, 2.ª parte, CP). Devemos salientar que a hipótese do art. 74 também é um erro na execução, embora tenha outra denominação jurídica (diversa da constante do art. 73) pelo fato de não ser possível o *aproveitamento do dolo*, o que é consequência natural da alteração do objeto, com mudança da tipicidade. Note-se que, ao desviar-se no ataque contra determinada pessoa, atingindo pessoa diversa, não há problema algum em punir o agente *como se tivesse atingido* a vítima desejada (art. 73). Mas, por outro ângulo, seria totalmente inviável punir o autor de um disparo de arma de fogo contra um animal que, por erro na execução, termine atingindo ser humano, com base na mesma tipicidade. O dolo de matar animal permite a configuração do tipo penal descrito no art. 29 da Lei 9.605/1998, mas o dolo de matar alguém forma a tipicidade do art. 121 do Código Penal. Por tal razão, o que vislumbrou o legislador foi a possibilidade de punir o sujeito que atira em um animal, mas acerta em ser humano, por culpa, já que o desvio não foi proposital, mas fruto da sua imprudência, negligência ou imperícia. Enfim, o que se pretende demonstrar é a particular situação esboçada no art. 74, vale dizer, quando o erro no ataque envolver pessoas e coisas, pessoas e animais ou coisas e animais, torna-se impossível aproveitar o dolo quanto ao objeto buscado, valendo punir então pela remanescente figura culposa. Logicamente, quando viável, pode-se punir o concurso formal concretizado, visto que, além do dolo, emerge a culpa. Conferir as situações possíveis na próxima nota.

**135. Situações possíveis:** a) *A* atira em *B* para matar e acerta no carro de *C* = tentativa branca de homicídio contra *B* (não há dano culposo no tocante ao patrimônio particular, conforme art. 163, CP). Entretanto, se, ao atirar contra *B*, o disparo atingir bem protegido por lei, resguardando-se o patrimônio histórico (art. 62 da Lei 9.605/1998), torna-se possível o concurso formal, uma vez que há a forma culposa (art. 62, parágrafo único, da referida

# Art. 75

Código Penal Comentado • **Nucci**

Lei); b) *A* atira em *B* para matar, conseguindo, mas acerta também o carro de *C* = homicídio consumado (não há dano culposo, como já exposto). Eventualmente, se atingir bem protegido por lei, pode dar-se o concurso formal; c) *A* atira uma pedra no veículo pertencente a *C*, danificando-o, mas acerta também em *B* = dano doloso + lesão culposa (em concurso formal); d) *A*, caçador, atira em animal da fauna silvestre, erra por pouco e termina acertando em *B* = cuida-se de tentativa de crime contra a fauna (art. 29, Lei 9.605/1998) em concurso formal com a lesão culposa provocada em *B*. Há quem defenda nesta hipótese a "fiel aplicação do art. 74", motivo pelo qual deveria o agente ser punido somente pela lesão culposa. O fundamento seria a redação da norma que diz: "se *ocorre também o resultado* pretendido, aplica-se a regra do art. 70" (grifamos). Por isso, não teria ocorrido *também* a morte do animal para haver o concurso formal. Ora, a tentativa de um crime é um resultado jurídico relevante, tanto que é punível. Assim, se matar animal da fauna silvestre é crime relevante, cuja pena mínima, tratando-se de caçador profissional, é de seis meses a um ano de detenção, e multa (art. 29, § 5.º, Lei 9.605/1998), a tentativa merece ser considerada. E mais: é preciso ponderar que a lesão culposa (pena mínima de detenção de dois meses) não pode simplesmente absorver o delito mais grave, onde emergiu o dolo. Alterando posicionamento anterior, passamos a sustentar a viabilidade de punição dos dois fatos típicos gerados em concurso formal; e) *A* atira no carro de *C* e erra, quase atingindo *B* = tentativa de dano apenas, tendo em vista que não existe tentativa de crime culposo.

### Limite das penas

> **Art. 75.** O tempo de cumprimento das penas privativas de liberdade não pode ser superior a 40 (quarenta) anos.[136-137-A]
>
> § 1.º Quando o agente for condenado a penas privativas de liberdade cuja soma seja superior a 40 (quarenta) anos, devem elas ser unificadas[137-B] para atender ao limite máximo deste artigo.[138-138-B]
>
> § 2.º Sobrevindo condenação por fato posterior ao início do cumprimento da pena, far-se-á nova unificação, desprezando-se, para esse fim, o período de pena já cumprido.[139-140]

**136. Fundamento para o limite das penas, visão crítica e soluções para a conversão da pena em medida de segurança durante o cumprimento:** estabelece o art. 5.º, XLVII, da Constituição Federal que "não haverá penas: *a*) de morte, salvo em caso de guerra declarada, nos termos do art. 84, XIX; *b*) de caráter perpétuo; *c*) de trabalhos forçados; *d*) de banimento; *e*) cruéis". Sob tal prisma, há duas razões principais para a existência do art. 75 do Código Penal: 1.ª) tendo em vista que a Constituição proíbe, explicitamente, a pena de *caráter perpétuo*, não haveria possibilidade lógica para a aceitação da soma infinita de penas, pois conduziria o sentenciado a passar o resto da vida preso. Imagine-se a hipótese – nem um pouco irreal – do indivíduo que praticasse mais de trinta homicídios e latrocínios: seria condenado, infalivelmente, a uma pena que ultrapassaria 300 anos, se em concurso material. Estaria nesse caso fadado a passar toda a sua existência no cárcere, não fosse a existência do limite das penas; 2.ª) levando em consideração ter a Constituição adotado o princípio da humanidade, como já explicitamos nos comentários ao art. 32, não haveria senso encarcerar alguém para o resto da vida, sem qualquer esperança de um dia poder ser colocado em liberdade. Em tempo, o Parlamento corrigiu uma injustiça vigente há décadas: o limite máximo de cumprimento das penas privativas de liberdade. O prazo anterior de 30 anos, fixado em 1940 (ano de edição do atual Código Penal), estava obsoleto. Em 1984, quando houve a reforma da

Parte Geral, por intermédio da Lei 7.209/1984, deveria ter sido reparado esse teto, mas não foi. É certo que, no Brasil, não pode existir pena de caráter perpétuo. Por isso, em 1940, quando a expectativa de vida era de 45,5 anos (https://observatorio3setor.org.br/noticias/anos-40- -expectativa-de-vida-dos-brasileiros-era-de-45-anos/, acesso em 23.12.2019), estabeleceu-se o limite de cumprimento da pena privativa de liberdade em 30 anos. Haveria, assim, em tese, para os condenados a elevadas penas de prisão, uma chance de sair do cárcere para gozar em liberdade os seus últimos meses ou anos de vida. Já em 1984, quando a expectativa de vida subira para 63 anos, o limite do art. 75 deveria ter sido remodelado. Atualmente, a Lei 13.964/2019 incumbiu-se disso, aumentando para 40 anos, de maneira moderada, o referido teto. Afinal, a expectativa de vida do brasileiro é de 76,3 anos (https://www1.folha.uol.com. br/cotidiano/2019/11/expectativa-de-vida-do-brasileiro-atinge-763-anos-aponta-ibge.shtml, acesso em 23.12.2019). Tomando-se por base um condenado a mais de 200 anos de prisão – o que não é raro –, com seus 20 e poucos anos, poderá deixar o cárcere com aproximadamente 60 e poucos anos, com expectativa de mais dez anos de vida. Não se pode considerar essa alteração inconstitucional, por ferir a vedação de pena de caráter perpétuo. Muito menos pena cruel, pois quem precisa se beneficiar desse limite para sair do cárcere, com certeza cometeu barbaridades inúmeras, ultrapassando – em muito – os tais 40 anos, em volume de penas. Se é justo ou injusto o limite de cumprimento de penas privativas de liberdade foge ao âmbito desta obra, cuja finalidade é analisar as alterações trazidas pela Lei 13.964/2019. Lembremos do caso concreto do *Bandido da Luz Vermelha*, condenado a 326 anos de reclusão, pela prática de vários homicídios, latrocínios, estupros etc., que saiu do cárcere após ter cumprido 30 anos [limite de cumprimento à época], ou seja, menos de 10% da sua pena total. Entretanto, vale ressaltar que os §§ 1.º e 2.º do art. 75 continuam os mesmos, apenas com a adaptação introduzida no § 1.º, com referência aos 40 anos de teto. Desse modo, continua a prevalecer o disposto pela Súmula 715 do STF: "a pena unificada para atender ao limite de 30 (trinta) anos [agora, 40 anos] de cumprimento, determinado pelo art. 75 do Código Penal, não é considerada para outros benefícios, como o livramento condicional ou regime mais favorável de execução" (hoje, basta substituir os 30 pelos 40 anos). Voltando ao exemplo supra (*Bandido da Luz Vermelha*), estivesse vigorando o atual texto do art. 75, ele teria deixado o cárcere 40 anos depois de iniciar o cumprimento da pena, pouco mais de 10% da sua sanção integral. Em que pese ser, de fato, desumano encarcerar alguém por quarenta anos, não é menos verdade que o agente merecedor de penas elevadíssimas – incapacitando-o de receber os benefícios da execução penal antes dos 40 anos – destratou o ser humano, não teve o menor cuidado em preservar os direitos e os valores da sociedade onde vive, nem tampouco agiu com *humanidade* ao fazer tantas vítimas. Não é uma questão de vingança mantê-lo no cárcere por 40 anos ou mais, mas um fator de segurança para a comunidade. História real que se pode mencionar – sem sucesso na recuperação, frise-se – foi a soltura do famoso "Bandido da Luz Vermelha", em São Paulo, que, em 1997, atingiu 30 anos [anterior limite de cumprimento] de uma pena de mais de 300 e foi colocado em liberdade. Inadaptado, sem assistência do Estado e mesmo da família, terminou assassinado, embora também pudesse ter cometido, antes disso, um crime contra algum inocente. Para evitar a soltura de tais delinquentes, por vezes o Ministério Público tem alegado que o condenado se tornou insano durante a execução da pena, merecendo, pois, a conversão da sua pena em medida de segurança. Se isso fosse feito, poderia permanecer detido indefinidamente, até que a periculosidade cessasse. Em que pese defendermos melhor solução para os casos de criminosos com penas muito elevadas, não nos parece ser essa a solução tecnicamente correta, pois o sistema do duplo binário (aplicação de pena e medida de segurança) foi abolido na Reforma Penal de 1984, de modo que qualquer tentativa de trazê-lo de volta, mesmo que camufladamente, é indevida. Se o réu foi considerado imputável na época dos seus delitos e, por conta disso, recebeu pena – e não medida de

# Art. 75

Código Penal Comentado · **Nucci**

460

segurança –, não tem cabimento operar a transformação somente para segurá-lo preso. É verdade que o art. 183 da Lei de Execução Penal ("Quando, no curso da execução da pena privativa de liberdade, sobrevier doença mental ou perturbação da saúde mental, o juiz, de ofício, a requerimento do Ministério Público, da Defensoria Pública ou da autoridade administrativa, poderá determinar a substituição da pena por medida de segurança") prevê tal possibilidade, embora, nesse caso, deva a conversão para medida de segurança obedecer o restante da pena fixada ou, no máximo, o limite de 40 anos, que é o teto para o cumprimento de qualquer pena no Brasil. E mais: se a pena foi transformada em medida de segurança e, algum tempo depois, o condenado melhorou, deve ser reconvertida à sanção original. Exemplo: alguém é condenado a 20 anos de reclusão por latrocínio. Após 5 anos adoece mentalmente. Transformada sua pena em medida de segurança é natural que, se dois anos depois curar-se, deva retornar ao cárcere para findar o tempo restante, ou seja, 13 anos. A matéria, no entanto, é controversa. Enquanto posições jurisprudenciais e doutrinárias assim entendem, há opiniões em sentido contrário, sustentando que a medida de segurança se torna indefinida, ou seja, uma vez feita a conversão, somente quando cessar o estado de periculosidade pode o condenado ser liberado (MIRABETE, Execução penal, p. 413). Ademais, nem todo condenado a penas elevadas é acometido de doença mental, justificando a referida conversão, e, ainda assim, precisaria ser controlado ao sair da prisão, porque perigoso não deixou de ser. Outro caso de condenado que atingiu os 30 anos, mas foi mantido preso, no Estado de São Paulo, é o do também conhecido "Chico Picadinho", interditado *civilmente* pela Justiça (o Ministério Público ajuizou ação de interdição – Proc. 648/98 –, que tramitou na 2.ª Vara Cível de Taubaté, com base no Decreto 24.559/1934, [vigente à época] contra o acusado, alegando que não pode ser colocado em liberdade, pois é detentor de personalidade psicopática de tipo complexo: em face de sua loucura furiosa, deve ser mantido em regime de internação fechada). A solução encontrada nesse caso, pelo menos, foi tecnicamente correta, embora o lugar onde ele está internado não poderia ser exatamente o mesmo onde passou os últimos 30 anos da sanção penal. Se assim for, de nada adiantou substituir a pena, que foi extinta, pela internação civil. Mas, tais resultados somente demonstram ainda mais a incapacidade do sistema penal para lidar com perigosos delinquentes. Ensina SÉRGIO DE OLIVEIRA MÉDICI, criticando tal situação: "Um dos exemplos mais notáveis da falta de um sistema penal está na questão dos condenados reconhecidamente perigosos para a sociedade. Desde a reforma do Código Penal, em 1984, não se impõe medida de segurança ao condenado imputável, ainda que evidente a sua periculosidade. (...) Num passe de mágica, o legislador de 1984 praticamente baniu a periculosidade do Código Penal. (...) Assim, ao invés de melhorar o sistema, que realmente funcionava mal, o legislador simplesmente proibiu a medida de segurança ao imputável perigoso. E não criou nenhum mecanismo substitutivo para proteger a sociedade dos condenados que não demonstram condições de retornar à vida em liberdade". E cuidando do caso que enfocamos acima, diz que "a criatividade jurídica às vezes encontra soluções inesperadas. Para evitar a libertação do homicida conhecido por 'Chico Picadinho', face à aproximação do término da execução da pena privativa de liberdade, promotores de justiça da Capital (SP) pediram socorro ao Direito Civil: ajuizaram ação de interdição e, cautelarmente, requereram e obtiveram a internação judicial do homicida em casa de custódia e tratamento. (...) A solução encontrada para o caso 'Chico Picadinho', ao que parece, poderá ser adotada em situações semelhantes. Pelo menos até o aparecimento de uma nova lei que também proíba a internação civil dos condenados que já cumpriram pena criminal. Aí, quem sabe, os penalistas solicitarão socorro ao Direito Comercial, depois ao Direito do Trabalho, ao Direito Tributário..." (*Penalistas pedem socorro ao direito civil*, p. 6). Insistimos: ainda que não fossem tais pessoas mantidas para sempre na prisão, seria preciso adotar medidas alternativas de vigilância e acompanhamento, e não simplesmente libertar quem estaria "inapto para a vida livre". Além disso, outro argumento que se pode lançar diz respeito à prisão perpétua. Desumana poderia ser considerada tal penalidade caso fosse aplicada, como em alguns sistemas penais alienígenas, pela prática de um ou dois delitos. Note-se o exemplo do Código Penal do Alabama (EUA), que define o crime capital como sendo a infração penal sujeita à pena de morte ou à pena de prisão perpétua, sem condicional (art. 13A-5-39). No art. 13A-5-40 são definidos os crimes sujeitos à pena de prisão perpétua. Exemplos: homicídio praticado durante um sequestro ou durante um roubo, bem como homicídio de menor de 14 anos. Assim, por um único delito, pode o réu ser condenado à morte ou à prisão perpétua. No Brasil, inexiste tal forma de punição e esta nos parece ter sido a intenção do constituinte. Para que alguém fique preso eternamente, não houvesse o art. 75, seria preciso a prática de inúmeros delitos gravíssimos, de forma que as penas seriam apenas consequência dessa persistência na senda do crime, e não uma pena única de caráter perpétuo. Deve o legislador buscar desde logo soluções alternativas e imediatas, antes que vários condenados reconhecidamente perigosos deixem o cárcere, façam novas vítimas e, aí sim, pressionados pela opinião pública e pelo bom-senso os parlamentares alterem as normas penais. E se o fizerem de maneira urgente – o que significa logo após o acontecimento de uma tragédia – não haverá tempo suficiente para a curial reflexão que as modificações do Código Penal exigem. Outras considerações sobre o tema podem ser encontradas em nossa obra *Individualização da pena*.

**137. Tempo máximo de cumprimento de penas na Lei das Contravenções Penais:** é de 5 anos (art. 10).

**137-A. Tempo máximo de cumprimento de medida de segurança:** *ver a nota 8 ao art. 97.*

**137-B. Unificação das penas:** *unificar* significa transformar várias coisas em uma só. Quando se fala em *unificação das penas*, referimo-nos à possibilidade legal que o juiz das execuções penais tem de transformar várias penas (vários títulos executivos, portanto) em uma única. Essa providência se dá, fundamentalmente, para atender razões de adequação típica ou por motivo de política criminal do Estado. No primeiro caso, estamos diante do crime continuado. Não verificado a tempo que o réu realizou vários estelionatos, por exemplo, em circunstâncias de tempo, lugar e modo de execução semelhantes (art. 71, CP), mas somente quando as várias penas, aplicadas por juízes diferentes, chegaram para ser executadas pelo juízo universal da execução, cabe ao magistrado unificá-las, aplicando a mais grave delas, com a exasperação de um sexto a dois terços. No segundo caso, estamos cuidando do previsto neste artigo, ou seja, para evitar a prisão de caráter perpétuo, seguindo política criminal do Estado, fixou-se o teto de 40 anos para o cumprimento da pena privativa de liberdade. Dessa forma, cabe também a unificação para tal finalidade, como veremos na nota 138. Consultar, também, a nota 49-B ao art. 38 *supra*.

**138. Unificação das penas em 40 anos:** o condenado tem direito à unificação de sua pena em 40 anos, como estipula o § 1.º do art. 75. A unificação, portanto, será realizada apenas e tão somente para efeito de cumprimento da pena; aliás, é esse o objeto fixado no *caput*: "O *tempo de cumprimento das penas* privativas de liberdade não pode ser superior a 40 (quarenta) anos" (grifamos). Quanto aos benefícios (progressão, livramento condicional, remição etc.), serão todos calculados sobre o total de sua condenação. É a *posição consagrada e predominante na jurisprudência*: a matéria está hoje sumulada pelo STF (Súmula 715): "A pena unificada para atender ao limite de 30 (trinta) anos [hoje, 40 anos] de cumprimento, determinado pelo art. 75 do Código Penal, não é considerada para a concessão de outros benefícios, como o livramento condicional ou regime mais favorável de execução". E ainda: STF: "Não se depreende ilegalidade flagrante na decisão do juízo da execução que, diante de nova condenação por fato posterior ao início do cumprimento da pena, unifica as penas e desconsidera, para efeitos da contagem do limite trintenário previsto no art. 75, *caput*, do Código Penal, o período já cumprido. Precedentes" (HC 156.360 AgR, 2.ª T., rel. Edson Fachin, 05.04.2019, v.u.). STJ: "1. Incide o enunciado sumular n. 715 da Suprema Corte no cálculo do cômputo em dobro do período de pena cumprido no Complexo Curado por se tratar de um benefício da execução penal, cuja natureza jurídica é de uma remição sui generis. 2. É pacífico o entendimento do Superior Tribunal de Justiça no sentido de que 'A unificação das penas, prevista no art. 75 do Código Penal, diz respeito ao tempo de duração da pena privativa de liberdade, que não pode exceder ao limite de 30 (trinta) anos. Quanto aos benefícios (livramento condicional, progressão, remição etc.), todavia, o cálculo deverá ser executado sobre o total da condenação. Nesse sentido a jurisprudência consolidada desta Corte e do eg. Supremo Tribunal Federal, onde a matéria, inclusive, encontra-se sumulada com o seguinte teor: 'A pena unificada para atender ao limite de 30 (trinta) anos de cumprimento, determinado pelo art. 75 do Código Penal, não é considerada para a concessão de outros benefícios, como o livramento condicional ou regime mais favorável da execução.' (Súmula n. 715/STF)' (HC 333.735/SP, rel. Felix Fischer, 5.ª T., 23.02.2016, *DJe* de 04.03.2016)" (AgRg no HC 903.986/PE, 5.ª T., rel. Reynaldo Soares da Fonseca, 18.06.2024, v.u.); "2. O art. 75 do CP está relacionado somente ao tempo máximo de clausura, sem nenhum efeito sobre eventuais benefícios da execução" (AgInt no HC 500.076/SP, 6.ª T., rel. Rogerio Schietti Cruz, 23.04.2019, v.u.). Permitimo-nos acrescentar também as opiniões de CEZAR ROBERTO BITENCOURT, *Tratado de direito penal, parte geral*, 8. ed., p. 576; ROGÉRIO GRECO, *Curso de direito penal, parte geral*, p. 605-606; FERNANDO GALVÃO, *Direito penal – Parte geral*, p. 626-627. Há uma *segunda posição*, no entanto, sustentando que, havendo unificação da pena, vale dizer, se várias penas forem transformadas em uma única, seria decorrência natural a aplicação dos benefícios sobre o montante unificado. Não haveria mais uma série de penas, mas sim uma só, unificada. Além do mais, de que adiantaria aplicar remição sobre uma pena de 300 anos? Ou esperar 1/3 para aplicar o livramento condicional? Por isso, os benefícios seriam calculados sobre os 40 anos (CERNICCHIARO, MIRABETE, SILVA FRANCO, DELMANTO – fazendo a ressalva de que melhor seria a lei ter adotado a outra corrente –, JAIR LEONARDO LOPES – admitindo que a outra é a mais usada –, PIERANGELI e ZAFFARONI). *Correta é a primeira posição.* Se a igualdade de todos perante a lei deve ser uma máxima do direito e se a pena tem um enfoque reeducativo e exemplificativo, não teria sentido equiparar, para efeito de benefícios penais, aquele que, pelo cometimento de um único crime (sequestro com morte de menor de 14 anos, por exemplo), recebesse a pena de 40 anos e outro que, em face do cometimento de inúmeros delitos graves (homicídios, roubos, estupros, latrocínios), fosse apenado com mais de 300 anos, unificando sua pena para 40 anos. Por um crime, 40 anos; por 30 crimes, 40 anos. Onde estaria a igualdade e o critério de justiça que necessita imperar na aplicação da pena, dando a cada um o que é seu, o que efetivamente merece? Além do mais, parece-nos clara a redação da lei: a pena será unificada para atender ao limite máximo de 40 anos, ou seja, para que alguém não fique preso por tempo superior a quatro décadas.

**138-A. Oportunidade para a realização da unificação:** pode ser feita desde o início do cumprimento da pena, ou seja, assim que o montante total ultrapassar os quarenta anos já se pode falar em unificação – bem entendida esta para o fim único de cumprimento da pena e não em relação aos benefícios penais, como se viu na nota anterior.

**138-B. Unificação das penas e fuga do condenado:** não se pode considerar, porque hipótese não prevista em lei, a fuga do condenado como um marco interruptivo do cumprimento da pena, a ponto de ensejar o desprezo do tempo já cumprido, sob o ponto de vista da unificação. Em outras palavras, havendo a unificação do montante total das penas para o limite de 40 anos, a partir daí, caso ocorra a fuga, uma vez recapturado, continuará a cumprir o restante da pena. Somente se pode desprezar o período de pena já cumprido na hipótese prevista no § 2.º do art. 75 (sobrevindo condenação por fato posterior ao início do cumprimento da pena). Ilustrando: uma pena de 100 anos, unificada em 40, começa a ser cumprida. O condenado foge, após 10 anos. Não comete outra infração penal. Quando for recapturado, deverá cumprir mais 30 anos. Por isso, não se ignora o período de 10 anos já cumpridos.

**139. Modo de unificação:** para que o limite de cumprimento de penas (40 anos) não tornasse o sentenciado imune a qualquer outra condenação advinda durante a execução de sua pena, o legislador estabeleceu que, "sobrevindo condenação por fato posterior ao início do cumprimento da pena, far-se-á nova unificação, desprezandose, para esse fim, o período de pena já cumprido". Assim, temos o seguinte: a) nova condenação por fato anterior ao início do cumprimento da pena deve ser lançada no montante total já unificado, sem qualquer alteração; b) nova condenação por fato posterior ao início do cumprimento da pena deve ser lançada na pena unificada, desprezando-se o tempo já cumprido. Se for o caso (ultrapassar 40 anos), far-se-á nova unificação. Além disso, lança-se, também, no montante total, para efeito de cálculo dos benefícios. Exemplo da primeira situação: réu condenado a 300 anos recebe nova pena de 20 anos por crime cometido anteriormente ao início do cumprimento da pena. Lança-se esse *quantum* no cômputo geral, totalizando agora 320 anos, sem fazer nova unificação. Se o sentenciado entrou na cadeia no dia 10 de março de 1960, sairá da prisão no dia 9 de março de 2000. Com 300 ou 320 anos, o tempo máximo de cumprimento da pena não se altera. Exemplo da segunda situação: réu condenado a 300 anos, com pena unificada em 40, tendo cumprido 10 anos, comete novo crime no interior do presídio. Condenado a 25 anos, esse *quantum* é lançado na pena unificada, desprezando-se o tempo já cumprido: de 40 anos, cumpriu 10, período que é desprezado; portanto, aos 30 anos faltantes para terminar a pena adicionam-se os novos 25, totalizando agora 55. Deve-se fazer nova unificação, porque o montante (55) ultrapassou o limite de 40 anos. Isso significa que, tendo começado inicialmente a cumprir a pena em 10 de março de 1960, deveria sair em 9 de março de 2000; ocorre que em 1970 recebeu mais 25 anos, que, somados aos 30 restantes, tornaram-se 55, unificados novamente em 40. Sairá da cadeia, agora, somente no ano 2010. O sistema adotado pelo Código Penal é ineficaz caso o sentenciado cometa o crime logo após o início do cumprimento de sua pena. Se a pena de 300 anos, unificada em 40 (início em março de 1960 e término em março de 2000), receber nova condenação de 20 anos, por exemplo, logo no início do cumprimento da pena, por fato posterior ao início desse cumprimento, será praticamente inútil. Recebendo 20 anos em março de 1965, terminará a pena em março de 2005. Logo, por uma pena de 20 anos, o condenado cumprirá efetivamente, a mais, somente 5 anos. Na jurisprudência: STF: "2. Não se depreende ilegalidade flagrante na decisão do juízo da execução que, diante de nova condenação por fato posterior ao início do cumprimento da pena, unifica as penas e desconsidera, para efeitos da contagem do limite trintenário previsto no art. 75, *caput*, do Código Penal, o período já cumprido. Precedentes. 3. Agravo regimental desprovido" (HC 156.360 AgR, 2.ª T., rel. Edson Fachin, 05.04.2019, v.u.).

**140. Competência para a unificação das penas:** juízo das execuções penais (art. 66, III, *a*, LEP).

### Concurso de infrações

> **Art. 76.** No concurso de infrações, executar-se-á primeiramente a pena mais grave.[141]

**141. Cumprimento da pena mais grave em primeiro lugar:** a razão de existência deste dispositivo levaria em consideração que uma condenação a penas de reclusão e detenção, em estabelecimentos diversos, permitiria que o sentenciado terminasse a primeira e iniciasse a segunda. Firmou-se a ficção legal mais uma vez, pois inexiste qualquer diferença entre o local para um recluso e para um detento. Tem-se optado, então, em seguir o disposto pelo art. 111 da Lei de Execução Penal, unificando-se reclusão e detenção para o fim de escolha do regime de cumprimento da pena. Ademais, é preciso ressaltar que a pena de detenção pode ser cumprida em regime fechado, em caso de regressão, o que poderia ocorrer quando houvesse o acúmulo de penas de reclusão e detenção ao mesmo sentenciado. Parece-nos mais ajustado ser coerente com a realidade brasileira, dando-se mais atenção ao regime do que à espécie de pena. Na jurisprudência: STJ: "2. No caso, tratando-se de fixação de regime inicial de cumprimento da pena, deve ser aplicado o regime correspondente para cada um dos crimes, pois aplica-se o disposto nos arts. 69 e 76 do CP e, não, o art. 111 da Lei de Execução Penal, que cuida da hipótese de unificação das penas na execução" (AgRg no REsp 1.939.600-GO, 5.ª T., rel. Reynaldo Soares da Fonseca, 22.06.2021, v.u.). Conferir, também, a nota 104 ao art. 69. Por outro lado, quando se misturam penas privativas de liberdade e restritivas de direito, é preciso unificá-las, porque, afinal, as alternativas somente substituem penas de reclusão ou detenção. Então, não é caso de primeiro cumprir a pena privativa de liberdade e, depois, a restritiva de direitos. Esta precisa ser revogada e unida à outra, transformando-se num só montante relativo à privação de liberdade, escolhendo-se então o regime cabível. Nessa ótica: STJ: "1. Inexiste constrangimento ilegal na decisão do Juízo das Execuções que converte a condenação definitiva à pena restritiva de direitos em pena privativa de liberdade, ao unificá-la com sanções penais anteriormente impostas, quando impossível o cumprimento simultâneo das reprimendas. Inteligência do art. 111, parágrafo único, da Lei de Execução Penal. 2. 'Prevalece o entendimento de que o art. 76 do CP somente é aplicável ao concurso de infrações (art. 69 do CP) quando as penas privativas de liberdade são diferentes (detenção e reclusão)' (AgRg no HC 424.866/SP, Rel. Ministro Rogerio Schietti Cruz, Sexta Turma, julgado em 01/03/2018, *DJe* 12/03/2018). 3. Ordem de *habeas corpus* denegada" (HC 464.488/SP, 6.ª T., rel. Laurita Vaz, 27.11.2018, v.u.).

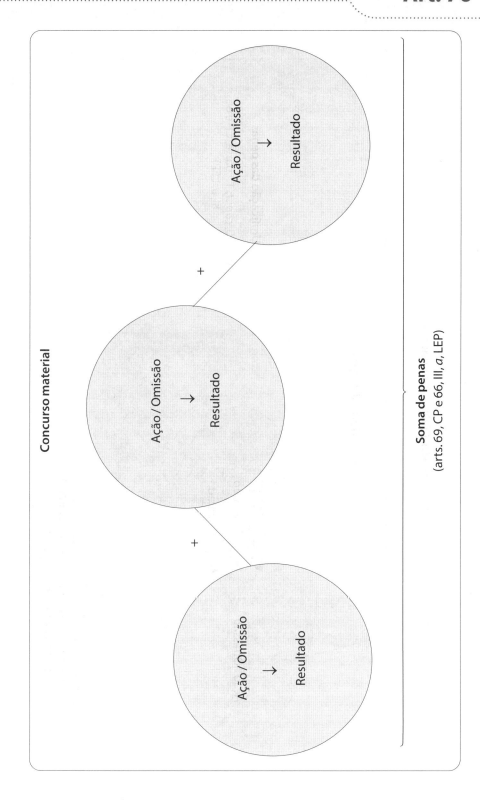

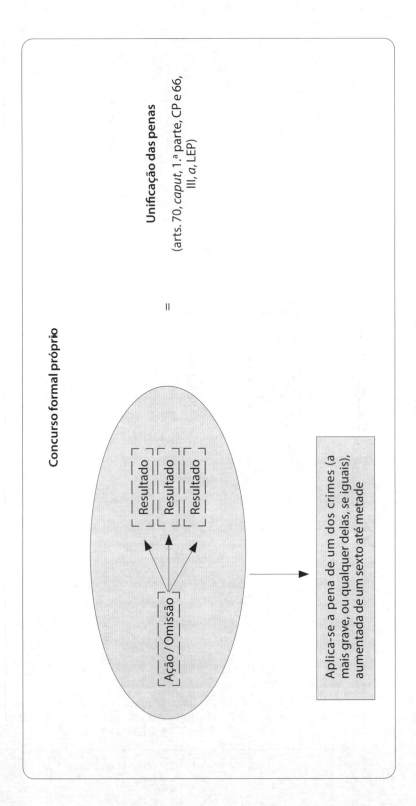

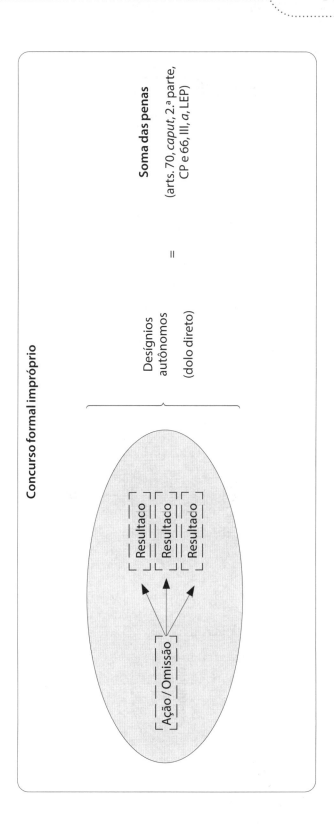

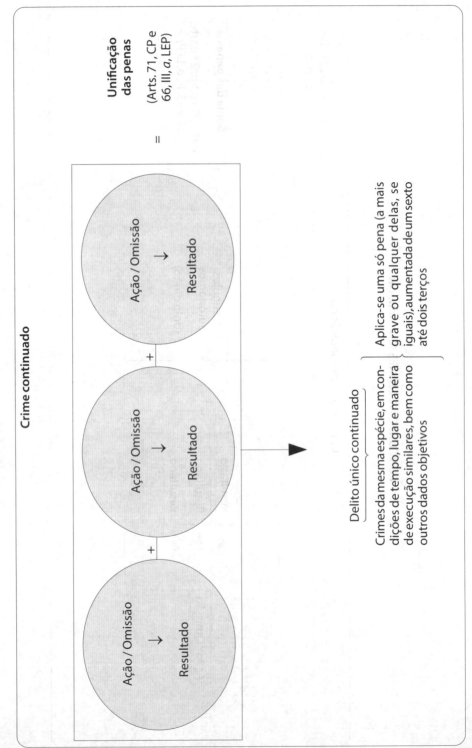

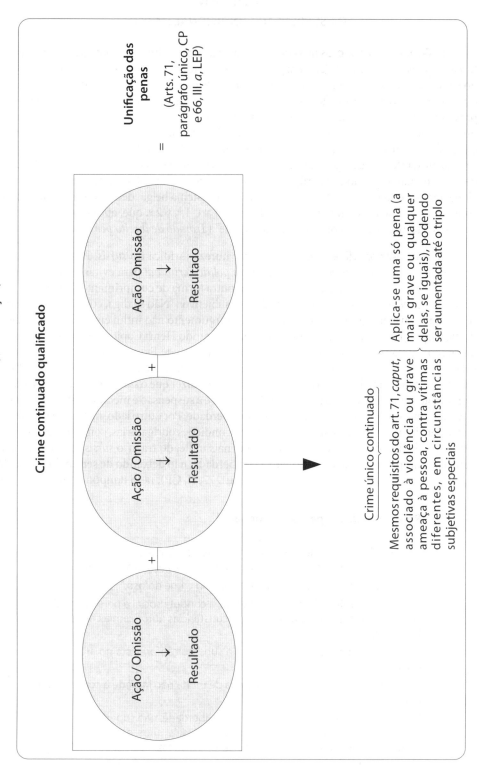

# Capítulo IV
# DA SUSPENSÃO CONDICIONAL DA PENA[1-2]

**1. Conceito e aspectos históricos:** trata-se de um instituto de política criminal, tendo por fim a suspensão da execução da pena privativa de liberdade, evitando o recolhimento ao cárcere do condenado não reincidente, cuja pena não é superior a dois anos (ou quatro, se septuagenário ou enfermo), sob determinadas condições, fixadas pelo juiz, bem como dentro de um período de prova predefinido. Historicamente, como ensina FREDERICO MARQUES, o *sursis* nasceu no Brasil por meio do Decreto 4.577, de 5 de setembro de 1922, que autorizou o Poder Executivo a instituir o benefício. "Valendo-se dessa autorização legislativa, submeteu João Luiz Alves à aprovação do Presidente da República o projeto de lei que se transformou no Decreto 16.588, de 6 de setembro de 1924, o qual, segundo seus próprios dizeres, se destinava a estabelecer 'a condenação condicional em matéria penal', e isto porque, adotando o sistema belga, dentro das diretrizes gerais do continente europeu, o citado decreto declarava no art. 1.º, § 2.º, que, após o prazo da suspensão da condenação, esta seria considerada inexistente" (*Tratado de direito penal*, v. 3, p. 338).

**2. Natureza jurídica:** controversa é a natureza jurídica do *sursis*. Pode-se mencionar a existência das seguintes *posições:* a) *medida de política criminal* para evitar a aplicação da pena privativa de liberdade, consubstanciada numa outra forma de cumprimento de pena; b) *pena;* c) *benefício penal ao réu*, com o caráter de direito subjetivo ("Não se diga, como costumeiramente se faz, que a suspensão é tão só um benefício. O argumento não influi em nada na conceituação do *sursis*, pois o benefício é também um direito. Segundo Henri Capitant, o benefício é o direito atribuído a uma pessoa em caráter excepcional", na lição de FREDERICO MARQUES, *Tratado de direito penal*, v. 3, p. 341). A mais adequada, em nosso entender, para configurar o instituto da suspensão condicional da pena é a primeira. Incabível dizer que o *sursis* seja pena, pois estas estão claramente enumeradas no art. 32 do Código Penal e a suspensão é medida destinada justamente a evitar a aplicação de uma delas, a privativa de liberdade. Por outro lado, não se deve sustentar ser *apenas* um benefício, pois o *sursis* traz, sempre, condições obrigatórias, consistentes em medidas restritivas da liberdade do réu. Daí por que é mais indicado tratar o *sursis* como medida alternativa de cumprimento da pena privativa de liberdade, não deixando de ser um benefício (aliás, a própria lei fala em benefício, como se vê no art. 77, II, CP), nem tampouco uma reprimenda.

### Requisitos da suspensão da pena[3-4-A]

> **Art. 77.** A execução da pena privativa de liberdade, não superior a 2 (dois) anos,[5-6] poderá ser suspensa, por 2 (dois) a 4 (quatro) anos, desde que:[7]
>
> I – o condenado não seja reincidente em crime doloso;[8]
>
> II – a culpabilidade, os antecedentes, a conduta social e personalidade do agente, bem como os motivos e as circunstâncias autorizem a concessão do benefício;[9-10]
>
> III – não seja indicada ou cabível a substituição prevista no art. 44 deste Código.[11]
>
> § 1.º A condenação anterior a pena de multa não impede a concessão do benefício.[12-14]
>
> § 2.º A execução da pena privativa de liberdade, não superior a 4 (quatro) anos, poderá ser suspensa, por 4 (quatro) a 6 (seis) anos, desde que o condenado seja maior de 70 (setenta) anos de idade, ou razões de saúde justifiquem a suspensão.[15-16]

**3. Espécies de *sursis*:** o legislador criou *dois tipos* de suspensão condicional da pena: a) *simples*, consistente na aplicação das condições de prestação de serviços à comunidade ou limitação de fim de semana (art. 78, § 1.º); b) *especial*, consistente na aplicação das outras condições, previstas no art. 78, § 2.º (proibição de frequentar determinados lugares; proibição de ausentar-se da comarca na qual reside, sem autorização do juiz; comparecimento pessoal e obrigatório a juízo, mensalmente, para informar e justificar suas atividades). O simples é mais severo do que o especial, de forma que somente se aplicará o primeiro caso se as condições pessoais do réu ou as circunstâncias do crime assim estejam a indicar. É tranquilo o entendimento de que as condições dos §§ 1.º e 2.º do art. 78 não podem ser aplicadas cumulativamente. Alguns autores mencionam a existência de um terceiro tipo de *sursis* – o etário –, aplicável aos maiores de 70 anos, que tenham sido condenados a pena privativa de liberdade não superior a 4 anos. Em verdade, há somente dois tipos, embora o chamado *sursis* etário seja apenas uma suspensão condicional da pena mais flexível. As condições a que se submete são as mesmas.

**4. Faculdade do juiz ou direito do réu:** essa questão deve ser resolvida com bom senso. Na análise dos requisitos subjetivos da suspensão condicional da pena, é natural que o magistrado tenha liberdade para avaliar se cabe ou não o benefício. Não pode ser obrigado, por exemplo, a considerar escorreita a personalidade do réu ou mesmo bons os seus antecedentes. Por outro lado, estando todos os requisitos preenchidos e dessa forma declarados na sentença condenatória, é direito do réu obter o *sursis*. A suspensão condicional da pena não é mero incidente da execução da pena, mas parte do processo de conhecimento, devendo sempre ser motivada. Assim, conceda ou não o benefício ao réu, deve o juiz fundamentar sua decisão. Na jurisprudência: STJ: "De rigor a concessão do *sursis*, nos termos do art. 77 do Código Penal, haja vista que a pena imposta é de dois anos, o paciente não é reincidente, possui circunstâncias judiciais favoráveis e não é cabível a substituição da pena privativa de liberdade por restritiva de direitos, porquanto o crime foi cometido mediante violência, consoante restrição do art. 44, I, primeira parte, do Código Penal. 5. *Habeas corpus* não conhecido. Ordem concedida, de ofício, para fixar o regime prisional aberto para o desconto da sanção corporal, bem como para reconhecer o direito do paciente ao benefício do *sursis*, nas condições a serem estipuladas pelo juízo das execuções" (HC 433033-SP, 5.ª T., rel. Ribeiro Dantas, 03.04.2018, v.u.).

**4-A. Violência doméstica:** é inadmissível a substituição da pena privativa de liberdade por restritiva de direitos, nos casos de violência doméstica, por dois motivos básicos: a) trata-se de delito cometido com emprego de violência ou grave ameaça; b) por medida de política criminal, a violência doméstica não comporta penas alternativas, extremamente benéficas, ao arrepio da ideia de rigidez em relação à conduta praticada. Porém, cabe suspensão condicional da pena, quando a pena não for superior aos prazos estabelecidos no art. 77 do CP.

**5. *Sursis* e concurso de crimes:** é perfeitamente possível aplicar a suspensão condicional da pena ao concurso de crimes, bastando que a pena aplicada não ultrapasse o limite imposto pela lei. Dessa forma, se, em virtude de concurso material, o sentenciado obtiver uma pena de 1 ano e 6 meses, fruto de três penas de 6 meses cada uma, seria possível aplicar o benefício.

**6. Requisito objetivo:** é a condenação a uma pena privativa de liberdade não superior a 2 anos, podendo ser de reclusão, detenção ou prisão simples (no caso das contravenções penais).

**7. *Sursis* e indulto: a compatibilidade entre ambos, mais uma vez, comporta divergência doutrinária e jurisprudencial:** a) *não é compatível*: pois o indulto é destinado a condenados que cumprem pena em regime carcerário, tanto que os decretos de indulto muitas vezes fazem referência a "bom comportamento carcerário". Quem está em liberdade

# Art. 77

Código Penal Comentado • **Nucci**

não necessita do indulto, fruto da política de esvaziamento dos presídios; b) *é compatível* (*majoritário*): pois o indulto é destinado a condenados em cumprimento de pena, sendo o *sursis* uma forma alternativa de cumprimento da pena. Nada impede, pois, que o beneficiário da suspensão condicional da pena seja beneficiado pelo decreto de indulto. Se, porventura, o decreto trouxer a exigência de "bom comportamento carcerário", pode-se interpretar, em benefício do sentenciado, "bom comportamento social". A melhor posição é, de fato, a segunda. Aliás, cumpre ressaltar que os últimos decretos de indulto vêm explicitando ser cabível o indulto aos condenados em gozo de *sursis*.

**8. Processos em andamento:** não impede a concessão do *sursis* o fato de o réu estar respondendo, concomitantemente, a mais de um processo. Eventualmente, para a corrente que sustenta serem maus antecedentes vários processos em andamento, conforme já exposto em capítulo anterior, pode não ser cabível a suspensão condicional da pena. Nesse caso, no entanto, a vedação não se dá porque a lei proíba, mas pelo entendimento particularizado do requisito "antecedentes" do art. 77, II, do Código Penal. O correto deve ser a concessão e, posteriormente, havendo outras condenações, ser o benefício revogado em sede de execução penal. No entanto, sendo reincidente, não cabe o *sursis*. Na jurisprudência: STJ: "III – Quanto ao pedido da defesa de substituição da pena privativa de liberdade por restritivas de direitos, o v. acórdão recorrido asseverou que a reincidência e o mau antecedente impedem a substituição da pena privativa de liberdade por restritivas de direitos ou multa, ou à concessão do *sursis* (CP, 44, incisos II e III, e 77, incisos I, II e III, todos Código Penal), portanto, nada a reparar" (AgRg no REsp 1.912.984-SP, 5.ª T., rel. Felix Fischer, 16.03.2021, v.u.).

**9. Requisitos subjetivos:** são os seguintes: a) não ser o réu reincidente em crime doloso; b) culpabilidade, antecedentes, conduta social, personalidade do agente, motivos e circunstâncias do crime recomendando a concessão do *sursis*. A reincidência em crime culposo, como se vê, não impede a suspensão condicional da pena. No tocante às condições pessoais do agente, é preciso analisar o que o condenado fez e como fez, e não o perigo que ele pode representar para o futuro. Interessa, nesse caso, a boa índole do acusado no momento do crime. Quanto ao delito, é importante verificar a gravidade do que foi praticado, pois esta pode evidenciar aspectos fundamentais da personalidade do agente. Na jurisprudência: STJ: "Não faz jus o paciente à substituição da pena privativa de liberdade pela restritiva de direitos e à concessão do *sursis*, dada a presença de circunstâncias judiciais desfavoravelmente valoradas, consoante vedação dos arts. 44, III, e 77, II, do Código Penal" (HC 524.062/SP, 5.ª T., rel. Ribeiro Dantas, 08.10.2019, v.u.).

**10. *Sursis* e crime hediondo:** não há unanimidade na apreciação da possibilidade de concessão da suspensão condicional da pena ao autor de crime hediondo. É bem verdade que, na grande maioria dos casos de condenação por crime hediondo, a pena é bem superior a dois anos, de modo que a suspensão condicional da pena está fora de propósito. Entretanto, há possibilidade de haver condenação na forma tentada, como, por exemplo, no caso do estupro. Sendo a pena mínima estabelecida em 6 anos, caso o juiz diminua o seu montante em 2/3, cairá para 2, comportando, pois, em tese, o benefício. Apesar de, objetivamente, ser possível a suspensão condicional, há *duas posições* a esse respeito: a) cabe *sursis*: pois a Lei 8.072/1990 não o vedou de modo algum, não competindo ao juiz criar restrições onde o legislador não previu. Nessa ótica, conferir a Súmula 10 do Tribunal de Justiça de Minas Gerais: "A Lei 8.072/90 não veda a concessão do *sursis*"; b) não cabe *sursis*: pois, mesmo que a referida lei nada tenha falado a respeito, tendo praticado um delito considerado hediondo, que nem liberdade provisória admite e impõe regime fechado integral para o cumprimento da pena, seria irracional conceder o benefício. Esta posição não mais pode prevalecer, em face da edição da Lei 11.464/2007, autorizando, expressamente, a progressão de regimes em condenações por crimes hediondos e equiparados, bem como a liberdade provisória. A corrente majoritária, entretanto, sempre foi a primeira, ainda que seja da nossa preferência adotar o meio-termo. De fato, tendo cometido um crime hediondo, não é razoável tenha o réu direito a exigir, *sempre*, a concessão do *sursis*, embora não se lhe possa negá-lo sistematicamente. A gravidade do crime faz parte dos requisitos para a obtenção do benefício (art. 77, II, CP), de modo que, conforme o caso, o juiz pode deixar de conceder a suspensão condicional da pena para o condenado por delito hediondo. Mais adequado, portanto, é analisar caso a caso com maior rigor, concedendo *sursis* ao sentenciado que, *realmente*, merecer. Ressalte-se que, a partir de 23.02.2006, o Plenário do STF (ver a nota 18 ao art. 33) considerou inconstitucional a vedação à progressão de regime fixada na Lei dos Crimes Hediondos, o que se torna mais um argumento favorável à possibilidade de concessão de *sursis* a condenados por delitos hediondos e equiparados. E, como já frisamos, a progressão de regime foi autorizada pela edição da Lei 11.464/2007.

**11. Requisito objetivo-subjetivo:** somente se aplica o *sursis* caso não caiba substituição da pena privativa de liberdade por restritiva de direitos. É nitidamente reconhecido pela doutrina e pela jurisprudência ser a pena restritiva de direitos mais favorável que a suspensão condicional, de modo que o juiz deve aplicá-la na medida do possível. Atualmente, diante das modificações trazidas pela Lei 9.714/1998, no contexto das penas restritivas de direitos, o *sursis* tende ao esquecimento. Não há razão para aplicar a suspensão condicional da pena ao réu primário condenado a dois anos de reclusão se o mesmo sujeito, caso tivesse sido apenado a quatro anos de reclusão, poderia receber a substituição por restrição de direitos. Portanto, somente em casos excepcionais, quando não for cabível a referida substituição – como, por exemplo, quando se tratar de crimes violentos contra a pessoa, como a lesão corporal –, pode o juiz aplicar o *sursis*. Nesse sentido: STJ: "2. Admitida a possibilidade de substituição da pena privativa de liberdade por restritiva de direitos, é incabível o benefício da suspensão condicional da pena, nos termos do art. 77, inciso III, do Código Penal" (AgInt no AREsp 1.290.257/RN, 6.ª T., rel. Laurita Vaz, 19.03.2019, v.u.).

**12. Reincidência, multa e *sursis*:** conforme comentários que fizemos no art. 63, consideramos que a pessoa condenada por crime à pena de multa, tornando a praticar um delito, é reincidente, embora, porque há a exceção prevista neste parágrafo, possa receber o benefício da suspensão condicional da pena. Nesse sentido está a Súmula 499 do STF: "Não obsta à concessão do *sursis* condenação anterior à pena de multa". Aliás, somente teria sentido a edição de súmula nessa ótica em face de ser, realmente, reincidente o autor de crime, quando já condenado anteriormente a pena de multa. Não fosse reincidente, teria pleno cabimento a concessão da suspensão condicional da pena, independentemente de se considerar a exceção prevista em lei.

**13. Circunstâncias especiais que não impedem a concessão do *sursis*:** são as seguintes: a) condenação anterior a pena de multa (art. 77, § 1.º, CP), como já exposto. Aliás, nesse sentido, já existia a Súmula 499 do Supremo Tribunal Federal; b) réu reincidente em crime culposo, admitindo as hipóteses: condenação por crime culposo seguida de condenação por crime culposo, condenação por crime culposo seguida de condenação por crime doloso e condenação por crime doloso seguida de condenação por crime culposo; c) prescrição da pretensão punitiva do crime anterior; d) condenação anterior por contravenção, pois não é apta a gerar reincidência; e) perdão judicial anteriormente concedido, que também não gera reincidência; f) réu foragido ou revel. A revelia não é motivo para impedir a concessão do *sursis*, embora possa ser um obstáculo, caso o condenado não compareça à audiência admonitória. Entretanto, não pode o magistrado, simplesmente porque o acusado não quis acompanhar a instrução, negar-lhe a suspensão condicional da pena.

# Art. 78

**14. Circunstâncias especiais que impedem a concessão do *sursis*:** além do não preenchimento dos requisitos do art. 77, podem impedir a concessão do benefício as seguintes hipóteses: a) prescrição da pretensão executória da condenação anterior; b) condenação anterior irrecorrível, no exterior, que é capaz de gerar a reincidência (art. 63, CP); c) aplicação de medida de segurança. O *sursis* é incompatível com internação ou tratamento ambulatorial. Aos semi-imputáveis, no entanto, é cabível, pois recebem pena privativa de liberdade, embora reduzida.

**15. *Sursis* etário e humanitário:** o etário é o aplicado aos maiores de 70 anos na data da sentença e o humanitário é o concedido à pessoa enferma, desde que devidamente justificado, podendo a pena atingir até 4 anos. Outra exceção está prevista na Lei 9.605/1998 (Lei dos crimes ambientais), que admite *sursis* para penas de até 3 anos, para qualquer condenado (art. 16).

**16. Estrangeiros de passagem pelo País e a possibilidade de concessão do *sursis*:** era controversa a possibilidade de concessão da suspensão condicional da pena aos estrangeiros em visita ao País. Atualmente, a questão encontra-se superada pela edição da Lei 13.445/2017 (Lei de Migração), que autoriza ao condenado estrangeiro qualquer benefício de execução penal e outros.

> **Art. 78.** Durante o prazo da suspensão, o condenado ficará sujeito à observação e ao cumprimento das condições estabelecidas pelo juiz.[17-18]
>
> § 1.º No primeiro ano do prazo, deverá o condenado prestar serviços à comunidade (art. 46) ou submeter-se à limitação de fim de semana (art. 48).[19-20-A]
>
> § 2.º Se o condenado houver reparado o dano,[20-B] salvo impossibilidade de fazê-lo, e se as circunstâncias do art. 59 deste Código lhe forem inteiramente favoráveis, o juiz poderá substituir a exigência do parágrafo anterior pelas seguintes condições, aplicadas cumulativamente:
>
> *a)* proibição de frequentar determinados lugares;
>
> *b)* proibição de ausentar-se da comarca onde reside, sem autorização do juiz;
>
> *c)* comparecimento pessoal e obrigatório a juízo, mensalmente, para informar e justificar suas atividades.[21-21-B]

**17. Compatibilidade com a fixação do regime penitenciário:** impõe-se ao juiz, segundo o disposto no art. 59, III, do Código Penal, fixar o regime de cumprimento da pena privativa de liberdade, independentemente da concessão ou não do *sursis*. Não é correto o argumento de alguns magistrados sustentando que, uma vez concedida a suspensão condicional da pena, não haveria mais necessidade de estabelecer o regime prisional, pois o condenado está em gozo de regime de pena alternativo. Em primeiro lugar, o *sursis* não é regime de cumprimento – só existem o fechado, o semiaberto e o aberto –, mas forma alternativa de execução da pena, obrigando o magistrado a seguir o que exige o legislador no referido art. 59. Em segundo plano, a suspensão condicional da pena é facultativa e por isso existe a audiência admonitória (art. 160 da Lei de Execução Penal: "Transitada em julgado a sentença condenatória, o juiz a lerá ao condenado, em audiência, advertindo-o das consequências de nova infração penal e do descumprimento das condições impostas"). Tratando-se de benefício *condicionado*, é justo que o sentenciado não aceite as condições impostas, passando então a cumprir a pena no regime imposto pelo juiz. Por outro lado, há argumentos no sentido de que a fixação do regime inicial de cumprimento da pena é irrelevante, pois, uma vez concedido o *sursis*, seria óbvia a concessão do regime aberto. Daí por que, mesmo que o magistrado omita o regime, tendo em vista que as regras para o estabelecimento do aberto são praticamente as mesmas da suspensão condicional, concedida esta, aquele seria consequência natural. Assim não pensamos. Tal como posto atualmente, o regime aberto é basicamente descumprido, pois, inexistindo Casa do Albergado, impõe-se, em substituição, como já expusemos em tópico anterior, o regime de *prisão-albergue domiciliar*, ou seja, o sentenciado cumpre sua pena em casa, sem qualquer vigilância. Eis a razão de o juiz poder fixar o *sursis*, com a obrigação de prestar serviços à comunidade por um ano, tendo em mente o réu vadio, sem desejo de trabalho lícito e autor de crime contra o patrimônio, bem como, alternativamente, impor o regime semiaberto, que permite a inserção em colônia penal agrícola. Assim, sujeitando-se à prestação de serviços à comunidade e sob prova durante dois anos, no mínimo, poderá o condenado ficar em liberdade. Não desejando permanecer nesse esquema, o melhor regime poderá ser o semiaberto. Em que pese, na maioria dos casos, ser razoável aplicar *sursis* e regime aberto, tal situação não deve constituir uma regra, pois o direito penal não é mecânico e muito menos uma ciência exata.

**17-A. Facultatividade do *sursis*:** frise-se, além dos argumentos tecidos na nota anterior, constituir o benefício da suspensão condicional da pena um instrumento de política criminal, cuja aceitação, pelo réu, não é obrigatória. Diversamente da pena imposta, que possui natureza cogente, o *sursis* é uma benesse. Se o sentenciado aceitar, cumprirá as condições e terá a pena privativa de liberdade suspensa por certo período. Não acatando, deve cumprir exatamente a pena imposta. Na jurisprudência: STJ: "8. O *sursis* é instituto de política criminal, que permite ao condenado cumprir a pena que lhe fora imposta de forma menos gravosa, somente se assim o desejar, ou seja, caso a Defesa técnica considere desproporcional a condição imposta pelo Juiz singular, poderá instruir seu assistido a não aceitar o aludido benefício, cumprindo regularmente a pena privativa de liberdade a ele imposta" (AgRg no HC 746.729/GO, 5.ª T., rel. Ribeiro Dantas, 19.12.2022, v.u.).

**18. *Sursis* e suspensão dos direitos políticos:** preceitua o art. 15, III, da Constituição Federal: "É vedada a cassação de direitos políticos, cuja perda ou suspensão só se dará nos casos de: (...) III – condenação criminal transitada em julgado, enquanto durarem seus efeitos". Logo, sendo o *sursis* uma forma alternativa de cumprimento da pena, enquanto estiver no prazo estipulado pelo magistrado para o período de prova, o beneficiário da suspensão condicional da pena está com seus direitos políticos suspensos.

**19. Período de prova e escolha das condições:** deve variar o período de prova em *três patamares*: a) de 2 a 4 anos para penas que não ultrapassem 2 anos; b) de 4 a 6 anos para penas superiores a 2 anos, que não ultrapassem 4 (*sursis* etário ou para enfermo); c) de 1 a 3 anos para penas provenientes de contravenções penais. A fixação do prazo, feita acima do mínimo permitido, deve ser devidamente justificada pelo magistrado, sob pena de ser reduzida pelo tribunal. Assim, caso o juiz opte pelo período de prova superior a 2 anos, deve motivar seu convencimento, esclarecendo tratar-se, por exemplo, de réu vadio, foragido e com personalidade instável, fatores não impeditivos da concessão do *sursis*, mas que demonstram, conforme o crime praticado, a necessidade de permanecer maior tempo em observação. Quanto à eleição das condições pelo julgador, tem ele largo critério subjetivo para fazê-lo. Deve levar em consideração que as condições do art. 78, § 1.º, são *mais rigorosas* que as previstas no mesmo artigo, § 2.º, conforme evidenciam os requisitos exigidos para a concessão destas últimas: "se as circunstâncias do art. 59 deste Código lhe forem inteiramente favoráveis".

**20. Constitucionalidade das penas restritivas de direitos impostas como condições do *sursis*:** argumentam alguns serem inconstitucionais as medidas restritivas impostas como condições do *sursis* (prestação de serviços à comunidade, limitação de fim de semana,

# Art. 78

Código Penal Comentado · **Nucci**

proibição de frequentar lugares determinados) porque isso seria uma dupla penalidade. Se o réu já recebeu pena privativa de liberdade, que foi suspensa, não teria cabimento eleger como condição uma outra pena. Teria, na prática, recebido duas penas pelo mesmo crime. Caso descumprisse a condição (limitação de fim de semana, por exemplo) depois de seis meses em gozo do *sursis*, teria o benefício revogado e iria cumprir a pena privativa de liberdade, configurando duas penas. Ora, a tese não parece ter consistência, pelas seguintes razões: a) o *sursis* é facultativo, vale dizer, o condenado não é obrigado a aceitá-lo, nem tampouco suas condições. Fossem penas cumulativas, seriam obrigatórias, porque penas são inderrogáveis e não se submetem à aceitação do réu. Nesse caso, pois, elas funcionam como meras condições e podem ser rejeitadas; b) nada impede ao legislador fixar, no tipo penal incriminador, em abstrato, penas privativas de liberdade cumuladas com outras (restritivas de direitos ou multa). Notem-se os seguintes exemplos: receptação (art. 180), prevendo pena privativa de liberdade e multa; homicídio culposo no trânsito (art. 302, Lei 9.503/1997), que prevê pena privativa de liberdade e restritiva de direitos, consistente na suspensão ou proibição para dirigir. Por que não se poderia estabelecer como condição do *sursis* uma restrição de direito? Sem dúvida, é juridicamente viável. Na jurisprudência: STJ: "2. Nos termos do art. 78, § 1.º, c/c art. 48, ambos do CP, não há falar em ilegalidade na fixação de limitação do final de semana, como condição do *sursis*, notadamente quando foi condenado à pena de 3 meses de detenção" (AgRg nos EDcl no REsp 1.830.877/SP, 6.ª T., rel. Nefi Cordeiro, j. 18.02.2020, v.u.).

**20-A. Inviabilidade da condição de prestação de serviços à comunidade:** nem sempre a condição ideal para a suspensão condicional da pena será a prestação de serviços comunitários, pois esta sanção pode se tornar muito mais gravosa quando se tratar de pena privativa de liberdade de pouca monta. Se o acusado é condenado ao cumprimento de alguns dias de detenção, aplicar-lhe o *sursis*, com um ano de prestação de serviços à comunidade, torna-se injusto e exagerado. Assim sendo, o correto é substituir a pena por restritiva de direitos. Não sendo possível (exemplo da violência doméstica), há de ser eleito o *sursis especial*. Na jurisprudência: STJ: "No caso dos autos, a paciente foi condenada à pena de 1 (um) mês de detenção, o que revela a impossibilidade de que lhe seja imposta a prestação de serviços à comunidade como condição do *sursis*, já que sua sanção imposta foi inferior a 6 (seis) meses de privação de liberdade. A prestação de serviços à comunidade, na espécie, se mostra mais gravosa até mesmo do que o cumprimento da reprimenda detentiva pela paciente, tratando--se de medida desproporcional, e que não atende às finalidades da suspensão condicional da pena. (...) Ordem concedida de ofício para substituir a prestação de serviços à comunidade pela limitação de final de semana como condição da suspensão da pena imposta à paciente" (HC 307103-MG, 5.ª T., rel. Jorge Mussi, 17.03.2015, v.u.).

**20-B. Reparação do dano:** tendo em vista que o *sursis* especial, previsto no § 2.º do art. 78, considerado mais favorável que o cominado no § 1.º do mesmo artigo, depende de circunstâncias judiciais favoráveis (art. 59, CP), impõe-se, ainda, a meta de o agente indenizar a vítima pelo dano provocado pelo crime, embora se estabeleça a exceção consistente em inexistir possibilidade econômica para isso. Segundo nos parece, a reparação do dano precisa ser provocada pelo ofendido; se este nada exigir, não há empecilho para a concessão dessa espécie de suspensão condicional da pena. Na jurisprudência: STJ: "1. Não havendo nos autos prova no sentido de que o acusado tenha buscado reparar o dano, torna-se incabível a aplicação do *sursis* especial, previsto no § 2.º do art. 78 do Código Penal" (AgRg no AREsp 1.211.475/SP, 6.ª T., rel. Nefi Cordeiro, 13.08.2019, v.u.).

**21. *Sursis* incondicionado:** não há mais *sursis* sem condições. Quanto à suspensão condicional da pena, prevista na Lei das Contravenções Penais, por ser esta lei especial, seria incondicionada. Pensamos de modo diverso. Se a lei especial apenas fixou um prazo menor para o período de prova do *sursis* (um a três anos), em momento algum mencionou ser o benefício incondicionado. Por isso, aplicam-se todas as regras do instituto, previstas na Parte Geral do Código Penal. É o que defendemos nos comentários à Lei das Contravenções Penais (ver a nota 22 ao art. 11 do nosso livro *Leis penais e processuais penais comentadas* – vol. 1). Comentam os autores da Reforma Penal de 1984, citando Manoel Pedro Pimentel, que a suspensão condicional da pena sem rígidas condições é o mesmo que provocar no sentenciado o sentimento de que foi "absolvido com *sursis*" (REALE JÚNIOR, DOTTI, ANDREUCCI e PITOMBO, *Penas e medidas de segurança no novo Código*, p. 210). Portanto, atualmente, qualquer suspensão da pena é condicional. Pode ocorrer, no entanto, de o magistrado olvidar as condições na sentença condenatória, tornando, na prática, o *sursis* incondicionado. Poderia o juiz da execução penal suprir a falha? A resposta é negativa, pois não cabe *reformatio in pejus*, nem revisão em favor da sociedade. Se o órgão acusador não recorreu, transitando em julgado a decisão, é inválida qualquer tentativa de modificação da *res judicata*. Aliás, do mesmo modo, não pode ser cassado o *sursis* em 2.º grau em recurso exclusivo da defesa.

**21-A. Duração do cumprimento das condições:** indica o § 1.º do art. 78 que o condenado, no *primeiro ano do prazo*, deve prestar serviços à comunidade ou submeter-se à limitação de fim de semana. Assim, também quando forem aplicadas as condições do § 2.º do art. 78, em lugar das primeiras, devem elas ser cumpridas apenas um ano, uma vez que a lei menciona que, se as condições forem favoráveis, pode haver a substituição da exigência do § 1.º pelas descritas no § 2.º, não se referindo ao prazo. O mesmo se diga quanto às condições peculiares previstas no art. 79.

**21-B. Cumulação de condições:** o *sursis* deve espelhar as condições do § 1.º ou do § 2.º. Não é viável a cumulação das condições. O § 2.º do art. 78 explicita que o juiz pode *substituir* as condições do § 1.º (mais rigorosas) pelas do referido § 2.º (menos severas), caso os elementos do art. 59 do CP sejam inteiramente favoráveis.

> **Art. 79.** A sentença poderá especificar outras condições a que fica subordinada a suspensão, desde que adequadas ao fato e à situação pessoal do condenado.[22-23]

**22. Outras condições não previstas em lei:** permitiu-se ao juiz que especifique "outras condições a que fica subordinada a suspensão, desde que adequadas ao fato e à situação pessoal do condenado". Essa disposição é pouco aplicada pelos magistrados, pois difícil acertar uma condição que se encaixe com perfeição à necessidade do cumprimento do *sursis*, sem configurar um abuso indevido, adentrando no cenário da ilegalidade. Exemplo de condição inaceitável seria obrigar o acusado a visitar a vítima de acidente de trânsito mensalmente. Por outro lado, um exemplo positivo poderia ser a obrigação de frequentar algum curso educativo contra a violência familiar, para o condenado por agressão à esposa ou aos filhos.

**23. *Sursis* e *habeas corpus*:** o *habeas corpus* não é meio idôneo, em regra, para discutir a concessão de suspensão condicional da pena, nem para a análise das condições estipuladas pelo juiz. É natural, no entanto, que em casos excepcionais a questão deva ser resolvida por intermédio do remédio constitucional, porque mais eficaz e célere. Um magistrado, por exemplo, que deixe de conceder *sursis* a um réu que, evidentemente, mereça o benefício, impondo-lhe, ao contrário, regime fechado e negando-lhe o direito de recorrer em liberdade, pode dar margem ao tribunal para corrigir essa imperfeição. Ou então, em outro exemplo, o

# Art. 80

Código Penal Comentado · **Nucci**

juiz que fixa condições aberrantes, tais como permanecer amordaçado toda vez que sair à rua ou acorrentar-se a algum membro da família para ser devidamente fiscalizado, pode ter sua pena revista diretamente por meio de *habeas corpus*, já que o descumprimento da condição imposta terá íntima ligação com a revogação do benefício e a imposição de medida detentiva, afetando a liberdade de locomoção.

> **Art. 80.** A suspensão não se estende às penas restritivas de direito nem à multa.[24]

**24. Aplicação restrita às penas privativas de liberdade:** constituindo o *sursis* uma medida de política criminal para evitar a aplicação da pena privativa de liberdade, consubstanciada numa outra forma de cumprimento de pena, é natural que ele não tenha qualquer aplicação para as penas restritivas de direitos, que já são formas alternativas para evitar o encarceramento, nem para a sanção pecuniária, que jamais resulta na possibilidade de prisão.

### Revogação obrigatória

> **Art. 81.** A suspensão será revogada se, no curso do prazo, o beneficiário:
> I – é condenado, em sentença irrecorrível, por crime doloso;[25]
> II – frustra, embora solvente, a execução de pena de multa ou não efetua, sem motivo justificado, a reparação do dano;[26]
> III – descumpre a condição do § 1.º do art. 78 deste Código.[27-28]

### Revogação facultativa

> § 1.º A suspensão poderá ser revogada se o condenado descumpre qualquer outra condição imposta[29] ou é irrecorrivelmente condenado, por crime culposo ou por contravenção, a pena privativa de liberdade ou restritiva de direitos.[30-31]

### Prorrogação do período de prova

> § 2.º Se o beneficiário está sendo processado por outro crime ou contravenção, considera-se prorrogado o prazo da suspensão até o julgamento definitivo.[32-33]
> § 3.º Quando facultativa a revogação, o juiz pode, ao invés de decretála, prorrogar o período de prova até o máximo, se este não foi o fixado.[34-35]

**25. Condenação definitiva por crime doloso:** o Código fala apenas em "condenação por crime doloso", o que, em tese, poderia ser também por multa. Entretanto, se esta penalidade não tem força de impedir a concessão do benefício, certamente não terá força para revogá-lo. Dessa forma, somente a condenação às penas privativa de liberdade ou restritiva de direitos é que tem o condão de afastar o benefício. Na jurisprudência: TJMG: "Se a condenação do reeducando com aplicação do *sursis* é superveniente à pena privativa de liberdade que já se encontrava em execução, incabível se torna a revogação da suspensão condicional da pena, já que o caso não se amolda às previsões do art. 81 do Código Penal" (AE 1.0231.16.021211-5/001, 5.ª C. Crim., rel. Adilson Lamounier, 15.03.2020, v.u.).

**26. Não pagamento da multa ou falta de reparação do dano:** há quem defenda a impossibilidade de se revogar o *sursis* pelo não pagamento da multa, somente porque esta passou a ser considerada dívida de valor, sujeita aos trâmites impostos pela Lei 6.830/1980. Não haveria mais, em tese, viabilidade para a multa transformar-se em prisão. O argumento não é correto, pois o legislador modificou somente o art. 51 e não os demais que lidam, indiretamente, com a multa. A suspensão condicional da pena não é sanção pecuniária, de modo que frustrar o pagamento desta última, sendo o condenado solvente, continua a ser, em nosso entendimento, motivo para cassar o *sursis*. Do mesmo modo se o sentenciado, podendo arcar com o prejuízo causado pelo delito, recusar-se a fazê-lo.

**27. Descumprimento das condições do *sursis* simples:** deixar de cumprir a prestação de serviços à comunidade ou a limitação de fim de semana provoca a revogação do benefício. Como já comentado, o *sursis* é forma alternativa de cumprimento da sanção privativa de liberdade aplicada, razão pela qual deve ser sempre condicionado. Se o condenado aceitou as condições fixadas, não pode deixar de segui-las. Na jurisprudência: TJMG: "Considerando que o sentenciado não descumpriu as obrigações dispostas no art. 78, § 1.º, do Código Penal, mas tão somente outra condição imposta, hipótese de revogação facultativa, prevista no art. 81, § 1.º do Código Penal e tendo decorrido o período de prova, a manutenção da decisão que extinguiu a punibilidade do recorrido é medida que se impõe" (Agravo em Execução Penal 1.0024.17.021008-2/001, 5.ª C. Crim., rel. Júlio César Lorens, 25.08.2020, v.u.).

**28. Concessão sem efeito:** se o sentenciado não comparecer à audiência admonitória, sem justo motivo, seja ele intimado pessoalmente ou por edital, em vez de revogação, a lei preceitua que o *sursis* fica *sem efeito* (art. 161, LEP).

**29. Descumprimento das condições do *sursis* especial:** se o beneficiário deixar de seguir as condições dos arts. 78, § 2.º (proibição de frequentar determinados lugares, proibição de ausentar-se da comarca onde reside, sem autorização do juiz, e comparecimento mensal, pessoal e obrigatório a juízo para informar e justificar suas atividades), ou 79 (outras condições compatíveis estabelecidas pelo juiz) do Código Penal, a suspensão condicional da pena *pode* ser revogada, ficando a decisão ao prudente critério do magistrado. O ideal é, antes de qualquer providência, buscar incentivar o condenado a cumprir as condições, tentando saber a razão pela qual vem descumprindo o pactuado.

**30. Condenação definitiva por crime culposo ou contravenção penal:** nesses casos é preciso que a pena imposta seja privativa de liberdade ou restritiva de direitos, mas vale, também nesse caso, invocar o prudente critério do juiz. Se o beneficiário do *sursis* fora condenado por lesão corporal grave e, posteriormente, é condenado pela contravenção de porte ilegal de arma (carregava consigo um punhal, por exemplo), pode não apresentar mérito para continuar gozando da suspensão.

**31. Prévia audiência do sentenciado:** em homenagem aos princípios da ampla defesa e do contraditório, e porque se trata de uma forma alternativa ao cárcere, é importante ouvir, antes de qualquer medida drástica, as razões do condenado. Pode ocorrer uma justificativa razoável para não ter sido cumprido o disposto na suspensão condicional da pena.

**32. Prorrogação do período de prova:** ocorre a *automática* dilação do período de prova do *sursis* quando o beneficiário esteja sendo processado por outro crime ou contravenção. Note-se que a lei menciona o termo *processado*, de modo que é preciso o recebimento da denúncia ou da queixa, sendo irrelevante o andamento de inquérito policial, mesmo que haja indiciamento. A prorrogação vai até o julgamento final da infração penal, independendo de

# Art. 82

Código Penal Comentado · **Nucci**

480

decisão judicial, o que se justifica diante da causa de revogação obrigatória prevista no art. 81, I (condenação irrecorrível por crime doloso), ou da facultativa, prevista no art. 81, § 1.º, ambos do Código Penal.

**33. Cumprimento de sursis simultâneo:** é possível ao condenado cumprir simultaneamente duas suspensões condicionais de penas. Isso é plausível quando o condenado recebe o benefício em dois processos distintos, de modo que as duas audiências admonitórias acontecem quase ao mesmo tempo. Ora, a única hipótese obrigatória de revogação é a condenação irrecorrível por crime doloso *durante* o prazo do *sursis*, o que significa receber a condenação depois de realizada a audiência admonitória. Assim, se o sentenciado for condenado duas vezes e as audiências ocorrerem depois, nada impede que cumpra simultaneamente duas suspensões, desde que compatíveis as condições estabelecidas. Há quem sustente, no entanto, que o gozo concomitante de *sursis* somente pode acontecer até que as duas condenações se tornem definitivas. Assim acontecendo, eles devem ser revogados. Posicionamo-nos atualmente pela possibilidade de cumprimento simultâneo de *duplo sursis*. Estamos convencidos de que tal hipótese não se encaixa na lei penal como causa de revogação obrigatória ou facultativa, sendo medida salutar de política criminal.

**34. Prorrogação máxima do período de prova:** evitando a revogação do benefício, em se tratando de condenação por crime culposo ou contravenção penal ou descumprimento das condições do *sursis* especial, pode o magistrado prorrogar ao máximo o período de prova, se este já não tiver sido o estabelecido. Durante a prorrogação, entende a maioria da doutrina que as condições estabelecidas não devem acompanhá-la. Cumpre relevar não ser admissível prorrogar o período de prova pela simples instauração de inquérito policial, sendo indispensável a ação penal.

**35. Consequências da revogação:** se o benefício for cassado, o sentenciado vai cumprir integralmente a pena privativa de liberdade, em regime fechado, semiaberto ou aberto, conforme o caso. Deve-se ressaltar que a prorrogação do período de prova, quando o condenado está sendo processado por outro crime ou contravenção, é automática, mas não a revogação. Embora a lei estipule ser causa *obrigatória* de revogação, não se valeu do termo "considera-se", como o fez com a prorrogação, mas utilizou "será revogada", o que implica decisão judicial. Por outro lado, no caso de condenação por crime doloso, durante a suspensão condicional da pena, não importa a data do fato, mas sim a data da condenação definitiva, o que não deixa de ser injusto para o réu. Se ele, por exemplo, tivesse sido condenado, no mesmo processo, a duas penas de seis meses, cada uma referindo-se a um delito diferente, poderia receber o *sursis*. Entretanto, caso esteja no gozo do benefício, por condenação a uma pena de 6 meses e receber outra, também de 6 meses, terá a suspensão condicional da pena revogada.

**Cumprimento das condições**

> **Art. 82.** Expirado o prazo sem que tenha havido revogação, considera-se extinta a pena privativa de liberdade.[36]

**36. Finalização da suspensão condicional da pena:** de acordo com o disposto no art. 82, a decisão que considera extinta a pena privativa de liberdade, uma vez expirado o prazo do *sursis*, é *declaratória*. Entretanto, a finalização do benefício não escapa da polêmica, pois é possível descobrir uma causa de revogação após o término do prazo. Seria possível revogar o *sursis*? Existem *duas posições*: a) aceitando a possibilidade de revogação, mesmo depois de findo o prazo, mormente quando ocorrerem hipóteses de revogação *obrigatória*; b) negando essa possibilidade, pois a lei, e não o juiz, considera extinta a pena, de modo que, sem a revogação feita no prazo, não há mais fundamento para fazê-la a destempo. Cremos que deve haver conciliação. O Código Penal considera prorrogado o período de prova, automaticamente, quando o condenado está respondendo por outro crime ou contravenção (art. 81, § 2.º), de modo que, nessa hipótese, havendo condenação, é natural poder o juiz revogar o *sursis*, porque não está findo o período de prova – foi ele prorrogado. Entretanto, se outras hipóteses acontecerem (frustração do pagamento da multa ou da reparação de dano; descumprimento das condições), sendo descobertas depois de expirado o prazo, não pode o juiz revogar a suspensão condicional da pena – o prazo não foi automaticamente prorrogado. O art. 82, nesse prisma, é cristalino: "considera-se extinta a pena", se não tiver havido revogação dentro do prazo. Na jurisprudência: STF: "Execução penal. Suspensão condicional do processo. Descumprimento de condição. Revogação após o término do período de prova. Possibilidade. Precedentes. Agravo regimental não provido. 1. A decisão ora questionada está em perfeita consonância com a orientação desta Suprema Corte no sentido de que 'a suspensão condicional do processo pode ser revogada, mesmo após o seu termo final, se comprovado que o motivo da sua revogação ocorreu durante o período do benefício (HC 90.833/RJ, 1.ª T., rel. Min. Cármen Lúcia, *DJ* de 11.05.2007)'" (HC 155.528 AgR, 2.ª T., rel. Dias Toffoli, 16.10.2018, v.u.). STJ: "1. Conforme já decidiu esta Corte, 'inexistindo revogação ou prorrogação do período de prova, correta a decisão que extinguiu a pena, nos termos do art. 82 do Código Penal, segundo o qual, 'expirado o prazo sem que tenha havido revogação, considera-se extinta a pena privativa de liberdade' (AgRg no REsp n. 1.468.840/RS, relator Ministro Reynaldo Soares da Fonseca, Quinta Turma, julgado em 15/12/2016, *DJe* 1.º/2/2017)" (AgRg no REsp 1.362.871-MG, 6.ª T., rel. Antonio Saldanha Palheiro, 27.04.2021, v.u.). No tocante à descoberta do descumprimento de condições após o término do prazo do *sursis*, a maioria dos julgados tem desconsiderado a falha, alegando que caberia ao juiz da execução e ao Ministério Público fiscalizar o cumprimento no tempo correto. Por isso, permite-se a extinção da punibilidade.

## Capítulo V
## DO LIVRAMENTO CONDICIONAL[1-2]

**1. Conceito de livramento condicional e aspectos históricos:** trata-se de um instituto de política criminal, destinado a permitir a redução do tempo de prisão com a concessão antecipada e provisória da liberdade do condenado, quando é cumprida pena privativa de liberdade, mediante o preenchimento de determinados requisitos e a aceitação de certas condições. Data da França a origem histórica do livramento condicional, instituído pelo juiz Bonneville, com o nome de "liberação preparatória" (1846). Ensina FREDERICO MARQUES, citando Roberto Lyra, ser o livramento a última etapa do sistema penitenciário progressivo, tendo sido idealizado na França e praticado, sobretudo, na Inglaterra, propagando-se por toda a Europa, em especial na Alemanha e na Suíça. No direito brasileiro, iniciou sua trajetória no Código Penal de 1890 (arts. 50 a 52), regulamentado pelos Decretos 16.665, de 6 de novembro de 1924, e 4.577, de 5 de setembro de 1922 (*Tratado de direito penal*, v. 3). Convém citar parte da Exposição de Motivos do Código de 1940, ainda atual para a matéria: "O livramento condicional é restituído à sua verdadeira função. Faz ele parte de um sistema penitenciário (*sistema progressivo)* que é incompatível com as penas de curta duração. Não se trata de um benefício que se concede por simples espírito de generosidade, mas de uma medida *finalística,* entrosada, num plano de política criminal. O Decreto 24.351, de 6 de junho de 1934, tornando possível a concessão do livramento condicional aos 'condenados por uma ou mais penas de mais de um ano', cedeu a razões de *equidade,* mas, é força reconhecê-lo, desatendeu à verdadeira finalidade desse

# Art. 83

instituto. É esta a última etapa de um gradativo processo de reforma do criminoso. Pressupõe um indivíduo que se revelou *desajustado* à vida em sociedade, de modo que a pena imposta, além do seu caráter *aflitivo* (ou *retributivo*), deve ter o fim de *corrigir*, de *readaptar* o condenado. Como derradeiro período de execução da pena pelo *sistema progressivo*, o livramento condicional é a antecipação de liberdade ao sentenciado, a título precário, a fim de que se possa averiguar como ele se vai portar em contato, de novo, com o meio social. *Esse período de experiência* tem de ser relativamente longo sob pena de resultar ilusório".

**2. Natureza jurídica:** é medida penal restritiva da liberdade de locomoção, que se constitui num benefício ao condenado e, portanto, faz parte de seu direito subjetivo, integrando um estágio do cumprimento da pena. Não se trata de um incidente da execução, porque a própria Lei de Execução Penal não o considerou como tal (vide Título VII – Dos Incidentes de Execução: Das conversões, Do excesso ou desvio, Da anistia e do indulto). Opiniões não destoantes: HUNGRIA também o vê como um direito do sentenciado – logo, é um benefício; SILVA FRANCO diz não ser incidente da execução, apesar de, na forma, ser um benefício e, no conteúdo, medida penal com características e propriedades típicas, sendo providência de política criminal (antecipação da liberdade) e medida penal alternativa da privação da liberdade; REALE JÚNIOR, DOTTI, ANDREUCCI e PITOMBO esclarecem ser uma medida penal restritiva de liberdade, vale dizer, uma forma de expiar a pena de reclusão ou de detenção em meio livre – ainda assim, um benefício; MIRABETE e NORONHA ensinam que é concessão antecipada da liberdade mediante determinados pressupostos e condições – portanto, um benefício; e FREDERICO MARQUES sustenta tratar-se de um direito público subjetivo de liberdade penal que a lei concede ao condenado. Destoando dessas vozes, está o posicionamento de DAMÁSIO, que diz tratar-se de medida penal de caráter repressivo e preventivo, restritiva da liberdade, não sendo um benefício, nem incidente da execução, nem direito público subjetivo do condenado, mas forma de execução da pena.

### Requisitos do livramento condicional

> **Art. 83.** O juiz poderá conceder livramento condicional[3-4-A] ao condenado[5] a pena privativa de liberdade igual ou superior a 2 (dois) anos,[6] desde que:
>
> I – cumprida mais de 1/3 (um terço) da pena se o condenado não for reincidente em crime doloso e tiver bons antecedentes;[7-7-A]
>
> II – cumprida mais da 1/2 (metade) se o condenado for reincidente em crime doloso;[8-8-A]
>
> III – comprovado:
>
> *a*) bom comportamento durante a execução da pena;[9]
>
> *b*) não cometimento de falta grave nos últimos 12 (dose) meses;[9-A]
>
> *c*) bom desempenho no trabalho que lhe foi atribuído;[10] e
>
> *d*) aptidão para prover a própria subsistência mediante trabalho honesto;[11-11-A]
>
> IV – tenha reparado, salvo efetiva impossibilidade de fazê-lo, o dano causado pela infração;[12]
>
> V – cumpridos mais de dois terços da pena, nos casos de condenação por crime hediondo, prática de tortura, tráfico ilícito de entorpecentes e drogas afins, tráfico de pessoas e terrorismo, se o apenado não for reincidente específico em crimes dessa natureza.[13-15]

> **Parágrafo único.** Para o condenado por crime doloso, cometido com violência ou grave ameaça à pessoa, a concessão do livramento ficará também subordinada à constatação de condições pessoais que façam presumir que o liberado não voltará a delinquir.[16-18]

**3. Duração do livramento:** é o tempo restante da pena privativa de liberdade a ser cumprida. Exemplo: condenado a 12 anos de reclusão, o sentenciado obtém livramento condicional ao atingir 5 anos de cumprimento da pena. O tempo do benefício será de 7 anos.

**4. Livramento condicional e *habeas corpus*:** o *habeas corpus* não é meio idôneo para discutir a concessão ou não do livramento condicional, que necessita de uma série de procedimentos especiais, incompatíveis com o regime célere do remédio constitucional. Excepcionalmente, pode o tribunal conceder livramento condicional, por meio do *habeas corpus*, caso o indeferimento do juiz seja manifestamente ilegal e todos os documentos necessários para verificar o seu cabimento estejam presentes nos autos.

**4-A. Vedação do livramento condicional:** preceitua o § 9.º do art. 2.º da Lei 12.850/2013, inserido pela Lei 13.964/2019, que "o condenado expressamente em sentença por integrar organização criminosa ou por crime praticado por meio de organização criminosa não poderá progredir de regime de cumprimento de pena ou obter livramento condicional ou por outros benefícios prisionais se houver elementos probatórios que indiquem a manutenção do vínculo associativo". Embora pareça uma norma draconiana, ela se explica pela parte final: mantença do vínculo associativo. Isto significa a continuidade dos mesmos erros. Por isso, a vedação foi imposta. Resta saber se o STF irá validá-la, pois, em decisão anterior, determinou a progressão de regime para todos os tipos de delitos. Quanto ao livramento condicional e sua proibição ainda não há decisão firmada em Cortes Superiores.

**5. Egresso:** é o sentenciado que foi beneficiado pelo livramento condicional, possuindo essa denominação enquanto durar o seu período de prova (art. 26, II, LEP).

**6. Requisito objetivo da quantidade de pena fixada na sentença:** exige-se que seja igual ou superior a 2 anos. Afinal, penas inferiores a dois anos, que não tenham merecido o *sursis*, também não fazem jus ao livramento, mas, se cumpridas a contento, podem ser convertidas, durante a execução, por restritivas de direitos (art. 180, LEP). Em visão ampla: STJ: "O Superior Tribunal de Justiça firmou entendimento no sentido de não haver obrigatoriedade de o sentenciado passar, previamente, por regime intermediário para que obtenha o benefício do livramento condicional, em razão da inexistência de tal previsão no art. 83 do Código Penal" (RHC 107.872/SP, 5.ª T., rel. Ribeiro Dantas, 14.05.2019, v.u.).

**7. Requisito objetivo do tempo de pena cumprida:** o condenado primário (em crime doloso) e com bons antecedentes faz jus ao livramento condicional, após cumprir 1/3 da pena. Houve uma lacuna lamentável no tocante ao primário que possua maus antecedentes. Não se pode incluí-lo com perfeita adequação nem neste dispositivo, nem no próximo, que cuida do reincidente. Surgiram *duas posições*: a) *na falta de expressa previsão, deve ser adotada a posição mais favorável ao condenado*, ou seja, o primário, com maus antecedentes, pode receber o livramento quando completar 1/3 da pena. São as posições de Reale Júnior, Silva Franco e Damásio; b) *deve-se fazer a adequação por exclusão*. Não se encaixando no primeiro dispositivo, que, expressamente, exige os bons antecedentes, somente lhe resta o segundo. Assim, o primário com maus antecedentes deve cumprir metade da pena para pleitear o livramento condicional. É a posição que adotamos, pois o art. 83, I, exige "duplo requisito" e é expresso

# Art. 83

Código Penal Comentado · **Nucci**

acerca da impossibilidade de concessão do livramento com 1/3 da pena a quem possua maus antecedentes.

**7-A. Efeito da unificação:** quando o condenado possui mais de uma condenação, todas são enviadas ao juízo universal das execuções penais, cabendo ao magistrado *unificá-las*, para o correto estabelecimento do regime e da forma de cumprimento. Por isso, pode ser incabível considerar alguém primário, para fins de contagem do prazo de concessão do livramento condicional, fazendo-o individualmente, ou seja, processo por processo na execução penal. Afinal, se a pena é unificada (todas são transformadas em uma), disso resulta a avaliação da sua derradeira condenação. Como regra, nesse caso, o condenado já não era primário ou tinha antecedente criminal. Excepcionalmente, pode-se ter o sentenciado primário, quando suas práticas criminosas e consequentes condenações ocorrem quase ao mesmo tempo. Mesmo unificada a pena, o preso deve ser considerado primário para o cálculo do livramento condicional.

**8. Requisito objetivo do tempo de pena cumprido:** para o reincidente em *crime doloso* exige-se o cumprimento de pelo menos metade da pena. Analisou-se, no item anterior, que nesta hipótese também se encaixa o primário com maus antecedentes. Na jurisprudência: STF: "1. O condenado reincidente em crime doloso, para a concessão do livramento condicional, é necessário preencher o requisito objetivo previsto no art. 83, II, do Código Penal, consistente no cumprimento de metade da pena. 2. Em havendo pluralidade de condenações, as penas devem ser unificadas, realizando-se o cálculo do livramento condicional sobre o montante obtido, nos termos do art. 84 do Código Penal" (HC 157.631 AgR, 1.ª T., rel. Alexandre de Moraes, 06.11.2018, v.u.). STJ: "*In casu*, como o paciente é reincidente em crime doloso, deve ser adotado o lapso preconizado no art. 83, inciso II, do Código Penal, impondo-se o transcurso do patamar de 1/2 (um meio) da sanção para a obtenção do livramento condicional, não havendo cogitar a aplicação concomitante do patamar de 1/3 (um terço) para a execução de pena aplicada ao tempo em que o réu ostentava a primariedade e de 1/2 (um meio) para as demais execuções" (AgRg no HC 494.119/MS, 5.ª T., rel. Jorge Mussi, 10.09.2019, v.u.).

**8-A. Desnecessidade de progressão de regime:** o livramento condicional é benefício totalmente independente da progressão de regimes. Quem ingressa no regime fechado não é obrigado a passar primeiro para o semiaberto para, depois, pleitear o livramento. Pode cumprir o período fixado neste art. 83, no regime fechado, solicitando diretamente a liberdade condicional, desde que preencha os seus requisitos objetivos e subjetivos.

**9. Requisito subjetivo do bom comportamento:** neste caso, o comportamento diz respeito à vida do sentenciado *após* a condenação. Exigia-se, antes de Reforma Penal de 1984, que houvesse *bom* comportamento, passou-se, depois, em reforma legislativa, a demandar apenas conduta *satisfatória*. Portanto, uma ou outra falta que viesse a ser cometida poderia ser relevada pelo juiz. São faltas graves: incitar ou participar de movimento para subverter a ordem ou a disciplina; fugir; possuir, indevidamente, instrumento capaz de ofender a integridade física de outrem; provocar acidente de trabalho; descumprir, no regime aberto, as condições impostas; não observar os deveres previstos nos incs. II e V do art. 39 da Lei de Execução Penal, ou seja, obediência ao servidor e respeito a qualquer pessoa com quem deva relacionar-se e execução do trabalho, das tarefas e das ordens recebidas; ter em sua posse, utilizar ou fornecer aparelho telefônico, de rádio ou similar, que permita a comunicação com outros presos ou com o ambiente externo. A partir da Lei 13.964/2019, voltou-se a exigir bom comportamento. Na jurisprudência: STJ: "3. Tese: a valoração do requisito subjetivo para concessão do livramento condicional – bom comportamento durante da execução da pena (art. 83, inciso III, alínea 'a', do Código Penal) – deve considerar todo o histórico prisional, não se limitando ao período de 12 meses referido na alínea 'b' do mesmo inciso III do art. 83 do Código Penal. 4. No caso concreto, o recorrido não preenche os requisitos para a obtenção do livramento condicional, diante da prática de falta grave, considerada pelo juízo da execução como demonstrativa de irresponsabilidade e indisciplina no cumprimento de pena" (AgRg no REsp 1.993.618/MG, 6.ª T., rel. Sebastião Reis, 06.03.2023, v.u.); "3. Tese: a valoração do requisito subjetivo para concessão do livramento condicional – bom comportamento durante da execução da pena (art. 83, inciso III, alínea 'a', do Código Penal) – deve considerar todo o histórico prisional, não se limitando ao período de 12 meses referido na alínea 'b' do mesmo inciso III do art. 83 do Código Penal" (REsp 1.970.217/MG, 3.ª Seção, rel. Ribeiro Dantas, 24.05.2023, por maioria).

**9-A. Não cometimento de falta grave nos últimos 12 meses:** trata-se de um acréscimo ao bom comportamento carcerário, demonstrativo, portanto, que, a cada falta grave cometida, o condenado vai levar 12 meses para eliminá-la do seu prontuário e, com isso, poder pleitear o livramento condicional. Entretanto, a avaliação do conjunto de atos do sentenciado, durante o cumprimento da pena, é o mais relevante, de modo que, como regra, não ter cometido falta grave nos últimos 12 meses é um fator objetivo relevante, mas pode não ser o único. Na jurisprudência: STJ: "2. A inclusão da alínea *b* no inciso III do art. 83 do CP pela Lei 13.964/2019, não significa que a ausência de falta grave no período de doze meses seja suficiente para satisfazer o requisito subjetivo exigido para a concessão do livramento condicional, tampouco que eventuais faltas disciplinares ocorridas anteriormente não possam ser consideradas pelo Juízo das Execuções Penais para aferir fundamentadamente o mérito do apenado. 3. Na hipótese em apreço, as instâncias ordinárias concluíram que a última falta praticada pelo recorrido ocorreu há mais de um ano, a saber, em 22/4/2020, e que o apenado apresenta condições pessoais aptas à reinserção social, o que levou a conclusão de fazer jus à concessão do benefício, porquanto presentes os requisitos subjetivos. Nesse contexto, desconstituir o entendimento firmado pelo Tribunal de origem, implicaria o revolvimento de matéria fático-probatória, inviável em sede de recurso especial, conforme orientação da Súmula 7 do STJ" (AgRg no REsp 2.006.696/PR, 5.ª T., rel. Ribeiro Dantas, julgado em 02.08.2022, v.u.).

**10. Requisito subjetivo do bom desempenho no trabalho:** salvo nos estabelecimentos penitenciários onde não houver possibilidade de o condenado trabalhar, a ausência das atividades laboristas é um impedimento à concessão do livramento condicional. Já se teve oportunidade de analisar que o trabalho, durante a execução da pena, não é forçado, mas é obrigatório. Por isso, torna-se importante verificar, no parecer da Comissão Técnica de Classificação, a parte referente ao diretor de produção e atividade laborterápica, ou seja, se o seu parecer é favorável ou não.

**11. Requisito subjetivo da aptidão para trabalho honesto:** esse requisito deve vir contido no parecer da Comissão Técnica de Classificação ou no exame criminológico, demonstrando, por meio da análise da personalidade do condenado, se ele está apto ou não a desempenhar, fora do presídio, uma atividade honesta. Há sentenciados que vivem de ilusão, não assumem em momento algum o crime que cometeram, creem que são injustiçados pela sociedade e insistem em dizer que não têm qualquer projeto para o futuro. Ora, por esse prisma psicológico, é possível auferir a sua inaptidão para trabalho honesto. É evidente que não se exige do preso a demonstração potencial de que terá um emprego ao sair da cadeia, pois seria altamente improvável conseguir prova idônea disso.

**11-A. Livramento condicional para estrangeiro:** nada impede seja concedido, inclusive para manter a plena igualdade com os brasileiros. Argumenta-se, para negá-lo, não poder o estrangeiro trabalhar, legalmente, no país, ou ainda a existência de decreto de expulsão. Ora,

# Art. 83

Código Penal Comentado · **Nucci**

se o Executivo resolver expulsar o estrangeiro, durante o cumprimento da pena, cuida-se de decisão discricionária sua (ver a nota 34, *infra*), devendo ser cumprida. Entretanto, caso a decisão de expulsão se dê após o cumprimento da pena, nada impede seja o sentenciado colocado em livramento condicional. E mais: se a expulsão ocorrerá após o cumprimento total da pena, cabe ao Governo providenciar um atestado de regularidade para o estrangeiro poder trabalhar legalmente enquanto isso. Não há sentido o Judiciário buscar suprir a falha do Executivo. Outro ponto interessante diz respeito ao caso em que o procedimento de expulsão nem mesmo teve início, ou seja, o Executivo não sabe da condenação do estrangeiro. Nessa hipótese, cabe ao juiz, ao conceder o livramento condicional (se já não o fez antes, por ocasião da decisão condenatória), comunicar o Ministério da Justiça para as providências cabíveis. Em suma, o condenado estrangeiro, com bom comportamento, cumprido os mesmos requisitos que o brasileiro, tem direito ao livramento condicional.

**12. Requisito objetivo da reparação do dano:** é preciso que o sentenciado tenha reparado o prejuízo causado à vítima, salvo a efetiva demonstração de que não pôde fazê-lo, em face de sua precária situação econômica. Há muitos condenados que, pelo próprio exame realizado pela Comissão Técnica de Classificação e por serem defendidos pela Defensoria Pública, são evidentemente pessoas pobres, de modo que fica dispensada a prova de reparação do dano. Ademais, por vezes, inexiste dano material (como se dá no caso de tráfico de drogas, cujo bem jurídico tutelado é a saúde pública) ou, mesmo que haja, não é demonstrado, nem apurado durante a instrução do processo em que se deu a condenação. Leva-se, também, em conta o desaparecimento da vítima ou seu desinteresse pelo ressarcimento. Na jurisprudência: TJSC: "Sentenças penais condenatórias que não fixaram valor mínimo para reparação do dano. Inexistência de informação nos autos sobre eventual ação cível movida pelas vítimas buscando indenização. Ausência de reparação do dano causado pelas infrações praticadas que, nas presentes circunstâncias, não pode obstar o deferimento do livramento condicional" (Agravo de Execução Penal 0000423-04.2020.8.24.0005, 5.ª C. Crim., rel. Antônio Zoldan da Veiga, 10.06.2021).

**13. Crimes hediondos e equiparados:** para os crimes hediondos [homicídio em atividade típica de grupo de extermínio, ou qualificado, feminicídio, lesão corporal gravíssima (art. 129, § 2.º) e lesão corporal seguida de morte (art. 129, § 3.º), quando praticadas contra autoridade ou agente descrito nos arts. 142 e 144 da Constituição Federal, integrantes do sistema prisional e da Força Nacional de Segurança Pública, no exercício da função ou em decorrência dela, ou contra seu cônjuge, companheiro ou parente consanguíneo até terceiro grau, em razão dessa condição, roubo circunstanciado pela restrição de liberdade da vítima, circunstanciado pelo emprego de arma de fogo (uso permitido, proibido ou restrito), qualificado pelo resultado lesão corporal grave ou morte, extorsão qualificada pela restrição da liberdade da vítima, ocorrência de lesão corporal ou morte, extorsão mediante sequestro e na forma qualificada, estupro, estupro de vulnerável, epidemia com resultado morte, falsificação, corrupção, adulteração ou alteração de produto destinado a fins terapêuticos ou medicinais, favorecimento da prostituição ou de outra forma de exploração sexual de criança ou adolescente ou de vulnerável, furto qualificado pelo emprego de explosivo ou de artefato análogo que cause perigo comum, genocídio, posse ou porte ilegal de arma de fogo de uso proibido, comércio ilegal de armas de fogo, tráfico internacional de arma de fogo, organização criminosa, quando direcionado à prática de crime hediondo ou equiparado] e equiparados (prática de tortura, tráfico ilícito de entorpecentes e terrorismo), previstos na Lei 8.072/1990, aos quais se associa o tráfico de pessoas (Lei 13.344/2016), é necessário cumprir 2/3 da pena, salvo se for reincidente específico, que não terá direito ao livramento condicional. Há *três posições* acerca da reincidência específica: a) quem torna a praticar qualquer dos crimes previstos na Lei dos Crimes Hediondos (ex.: latrocínio + tráfico ilícito de entorpecentes); b) quem torna a praticar crime da mesma natureza, ou seja, que protege o mesmo bem jurídico (ex.: extorsão mediante sequestro + latrocínio); c) quem torna a praticar o mesmo tipo penal (ex.: estupro + estupro). Neste caso, já que a lei não definiu o que vem a ser *reincidência específica*, cremos ser mais adequada a primeira posição, pois todos os delitos da Lei 8.072/1990 receberam o mesmo tratamento, de modo que a sua reiteração é igualmente perniciosa à sociedade.

**13-A. Associação para o tráfico (art. 35, Lei 11.343/2006):** a maior parte da doutrina e da jurisprudência não considera esse delito como hediondo. Entretanto, há julgados, especialmente, do STJ, considerando aplicável o disposto no art. 44, parágrafo único, da Lei 11.343/2006, que menciona ser cabível livramento condicional quando cumpridos 2/3 da pena aos infratores dos artigos 33, *caput* e § 1.º, e 34 a 37. Abrange o crime de associação para o tráfico, independentemente de ser qualificado como equiparado a hediondo. Desse modo, argumenta-se que regra especial (art. 44, parágrafo único, Lei 11.343/2006) afasta a norma geral (art. 83, I e II, CP). Na jurisprudência: STJ: "Não obstante o delito de associação ao tráfico de drogas não integrar o rol dos delitos hediondos ou a ele equiparados, persiste a necessidade de cumprimento de 2/3 da pena para a obtenção do livramento condicional, por força do disposto no parágrafo único do art. 44 da Lei n. 11.343/2006, por se tratar de regra determinada pela lei especial, que se sobrepõe a regra geral (art. 83 do CP). Precedentes" (HC 325.890-RS, 5.ª T., rel. Ribeiro Dantas, 14.06.2016, v.u.).

**13-B. Tráfico *privilegiado*:** quando alguém é condenado por tráfico ilícito de drogas, com a aplicação do redutor, previsto no art. 33, § 4.º, ao réu primário e sem antecedentes, não é considerado delito hediondo ou equiparado, nos termos do art. 112, § 5.º, da Lei de Execução Penal: "Não se considera hediondo ou equiparado, para os fins deste artigo, o crime de tráfico de drogas previsto no § 4.º do art. 33 da Lei n.º 11.343, de 23 de agosto de 2006". Na jurisprudência: STJ: "1. O sentenciado condenado, primeiramente, por tráfico privilegiado (art. 33, § 4.º, da Lei n. 11.343/2006) e, posteriormente, pelo crime previsto no *caput* do art. 33 da Lei n. 11.343/2006, não é reincidente específico, nos termos da legislação especial; portanto, não é alcançado pela vedação legal, prevista no art. 44, parágrafo único, da referida Lei (HC n. 419.974/SP, Ministra Maria Thereza de Assis Moura, Sexta Turma, *DJe* 4/6/2018). 2. Imperioso o afastamento da reincidência específica em relação ao tráfico privilegiado e ao tráfico previsto no *caput* do art. 33 da Lei de Drogas, nos termos do consolidado entendimento jurisprudencial, para fins da concessão do livramento condicional" (AgRg no HC 604.376-SP, 6.ª T., rel. Sebastião Reis Júnior, 15.09.2020, v.u.).

**14. Concessão do livramento condicional ao condenado por crime hediondo:** como já foi mencionado linhas acima, é possível a concessão de livramento condicional ao condenado por crime hediondo, salvo em se tratando de reincidente específico.

**15. Constitucionalidade da proibição do livramento ao reincidente específico:** não há óbice algum em se proibir a concessão de algum benefício a condenado considerado reincidente em delitos da mesma natureza, o que demonstra sua maior periculosidade e falta de condições de convívio em sociedade. Entende-se por crimes da *mesma natureza* os que forem considerados igualmente hediondos ou equiparados. Não se pode interpretar que a reincidência específica exija a prática do mesmo tipo penal, visto constar na lei a *natureza* dos delitos, e não a sua *espécie*. Na jurisprudência: STJ: "1. O Juízo da Vara de Execuções Criminais não cometeu qualquer ilegalidade ao indeferir o pleito de livramento condicional, pelo fato de o apenado ser reincidente específico em crime hediondos (homicídio qualificado e tráfico ilícito de entorpecentes), na medida em que a decisão se encontra fundamentada em dispositivo legal vigente, qual seja, o art. 83, V, do Código Penal" (AgRg no HC 660.961-SP, 6.ª, T., rel. Sebastião Reis Júnior, 08.06.2021, v.u.).

# Art. 84

Código Penal Comentado · **Nucci**

**16. Exame de cessação da periculosidade:** por ocasião da Reforma Penal de 1984, aboliu-se o sistema do duplo binário, que impunha ao condenado perigoso pena e medida de segurança, de modo que ele somente seria liberado, ao término de sua pena, caso cessasse a sua periculosidade. Entretanto, no tocante ao livramento condicional, manteve-se a análise desse aspecto da personalidade do sentenciado. Para que obtenha o benefício, é preciso demonstrar estar cessada a sua periculosidade, no sentido de antissociabilidade (potencial de tornar a delinquir); do contrário, não poderá sair em liberdade condicional. Trata-se de uma *prognose* – juízo que se projeta sobre o futuro, para prever se restaram elementos criminógenos que façam prever futuras reincidências (ALTAVILLA, *Psicologia judiciária*, v. 2, p. 403). É a "quase certeza" de que, voltando à sociedade, não tornará a delinquir. Nesse contexto, prevalece o preceito *in dubio pro societate*. Aos condenados por crimes violentos ou com grave ameaça à pessoa, tal exame é indispensável. Conferir a nota 18 infra.

**17. Parecer do Conselho Penitenciário:** segundo o art. 131 da Lei de Execução Penal, é indispensável o parecer do Conselho Penitenciário. Entretanto, no art. 70, I, a Lei 10.792/2003 eliminou esse parecer dentre as suas atribuições. Na prática, não mais tem sido exigida a participação do Conselho Penitenciário para livramento condicional. Seja como for, o juiz não se vincula a esse parecer, podendo decidir o caso como lhe aprouver.

**18. Exame criminológico:** exige-se, nas circunstâncias descritas no parágrafo único do art. 83, conforme mencionado na nota 16 supra. O condenado por crime doloso, cometido com violência ou grave ameaça à pessoa, para auferir o benefício do livramento condicional, deve ser submetido a uma avaliação psicológica, demonstrando, então, condições pessoais que façam presumir que não tornará a delinquir. Entretanto, o magistrado não está adstrito ao conteúdo desse exame, podendo proferir a sua decisão fundamentada em outras evidências dos autos.

### Soma de penas

> **Art. 84.** As penas que correspondem a infrações diversas devem somar-se para efeito do livramento.[19]

**19. Soma das penas para efeito de livramento:** é possível que o condenado possua penas fracionadas, nenhuma igual ou superior a dois anos, de modo que lhe seria impossível obter o livramento condicional, conforme disposição do art. 83, *caput*. Entretanto, pode-se realizar a soma das penas, o que é medida salutar de política criminal, para que o sentenciado possa atingir a liberdade antes do término de sua pena. Por outro lado, é fundamental somar--se as penas para atingir o *quantum* total e cabível no âmbito do cômputo dos prazos para a concessão do benefício. Na jurisprudência: STJ: "1. Havendo pluralidade de condenações, as penas devem ser unificadas, realizando-se o cálculo do livramento condicional sobre o montante obtido, nos termos do art. 84 do CP" (AgRg no REsp 1.724.683/RO, 6.ª T., rel. Nefi Cordeiro, 11.12.2018, v.u.).

### Especificações das condições

> **Art. 85.** A sentença especificará as condições a que fica subordinado o livramento.[20-21]

**20. Condições obrigatórias para o livramento condicional:** são as seguintes: a) obter ocupação lícita, dentro de prazo razoável, se for apto ao trabalho. Nesse caso, o juiz deve ter redobrado bom senso, pois pessoas sem qualquer condenação têm encontrado dificuldades para arranjar um emprego, quanto mais o sentenciado em liberdade condicional; b) comunicar ao juízo sua ocupação periodicamente; c) não mudar do território da comarca do Juízo da Execução, sem prévia autorização (art. 132, § 1.º, LEP).

**21. Condições facultativas para o livramento condicional:** são elas: a) não mudar de residência sem comunicação ao juiz e à autoridade incumbida da observação cautelar e de proteção; b) recolher-se à habitação em horário fixado; c) não frequentar determinados lugares (art. 132, § 2.º, LEP).

**Revogação do livramento**[21-A-21-B]

> **Art. 86.** Revoga-se o livramento,[22] se o liberado vem a ser condenado a pena privativa de liberdade, em sentença irrecorrível:
>
> I – por crime cometido durante a vigência do benefício;[23-24]
>
> II – por crime anterior, observado o disposto no art. 84 deste Código.[25-26]

**21-A. Revogabilidade do livramento condicional:** é da sua própria essência poder ser revogado a qualquer tempo, tendo em vista que se cuida de uma antecipação da liberdade, submetida a rigorosos requisitos para sua manutenção. ANÍBAL BRUNO, nesse contexto, ensina que "o livramento condicional é um ensaio de libertação em que se põe à prova a capacidade do condenado para a reintegração na vida livre sem perigo para a ordem de Direito. Assim, é por sua própria natureza revogável" (*Das penas*, p. 200).

**21-B. Suspensão cautelar do livramento condicional:** é viável, não necessitando da prévia oitiva do condenado. Afinal, cuida-se de medida cautelar, tão logo o juiz tome conhecimento de causa propícia à revogação, desde que a repute grave e sólida em primeira análise. Na jurisprudência: STJ: "A suspensão cautelar do livramento condicional sem a prévia oitiva do reeducando, diferentemente da revogação, não constitui ofensa às garantias constitucionais da ampla defesa e do contraditório, posto que somente ocorre uma postergação e não uma supressão do ato, que será realizado por ocasião da revogação do benefício. Precedentes desta Corte" (HC 261.079/SP, 6.ª T., rel. Maria Thereza de Assis Moura, 22.04.2014).

**22. Prévia oportunidade de defesa:** para a revogação, é sempre indispensável ouvir, antes, o liberado, permitindo-lhe o direito de ampla defesa. O ideal é que se produzam a autodefesa (oitiva do próprio liberado) e a defesa técnica (por meio de defensor constituído, dativo ou público).

**23. Condenação por crime cometido durante o curso do livramento:** o juiz pode ordenar a prisão do liberado, suspendendo o livramento, ouvido o Ministério Público, até final decisão da Justiça. Nessa linha a jurisprudência: TJMG: "Caso o condenado pratique novo delito durante o curso do livramento condicional, haverá a suspensão cautelar do benefício, com a revogação definitiva em caso de condenação, sendo que a necessidade de prisão do sentenciado em razão da suspensão cautelar deverá ser analisada caso a caso. Faz-se necessário o recolhimento do reeducando à prisão se este vinha cumprindo pena pelo crime de roubo majorado, tendo sido preso novamente pela contravenção penal de vias de fato, supostamente praticada em contexto que revela envolvimento com o tráfico de drogas" (*Habeas Corpus* 1.0000.19.062992-3/000, 4.ª Câmara Criminal, rel. Doorgal Borges de Andrada, 10.07.2019, v.u.). Consultar, ainda, a nota 29 *infra*.

**23-A. Crime cometido antes da liberação, mas após a concessão do livramento condicional:** não dá margem à suspensão e à revogação do benefício. A lei é clara ao determinar que é causa de revogação do livramento condicional a prática de crime *durante* a vigência do benefício. Portanto, ainda que o condenado tenha cometido o delito após a *concessão* do benefício, mas *antes* da efetiva liberação, não pode ocasionar a revogação.

**23-B. Cometimento de crime e falta grave:** a prática de delito durante o livramento condicional, quando o sentenciado se encontra em liberdade, não se assemelha à falta grave, visto existir sanção específica para tanto. O juiz da execução pode suspender o livramento e, depois, revogá-lo. Na jurisprudência: STJ: "1. Entende o STJ que não configura prática de falta grave a hipótese de cometimento de novo crime no curso do livramento condicional, pois, nesse caso, o benefício deverá ser revogado e o tempo que o reeducando esteve solto não será decotado da pena, nos termos do art. 86, I, e art. 88, do Código Penal, bem como do art. 145 da LEP. Precedentes. 2. O livramento condicional ostenta a peculiaridade de ser um benefício que, embora submetido à disciplina regular da execução penal, é usufruído integralmente fora do sistema prisional, característica que determina tratamento específico. Portanto, inexiste previsão legal de outas sanções que não a suspensão ou revogação do benefício e a de não se descontar da pena o tempo que o apenado esteve liberado, inadmissível, assim, ante o princípio da legalidade, estender a esta hipótese a possibilidade de configuração de falta grave e de todos os consectários que lhe são inerentes, como, no caso, a determinação de realização de audiência de justificação, nos termos do art. 118, § 2.º, da LEP, para apuração da respectiva falta grave" (AgRg no HC 617.911-RS, 6.ª T., rel. Nefi Cordeiro, 02.03.2021, v.u.).

**24. Decisão da revogação do livramento, em decorrência de condenação, prescinde de fundamentação:** em razão de expressa previsão legal, não há necessidade de o magistrado motivar sua decisão.

**25. Condenação definitiva por crime anterior ao livramento:** nesse caso, a revogação somente se dará se a pena recebida, somada àquela que permitiu o livramento, torne incompatível o gozo da antecipação da liberdade. Ex.: o réu, condenado a 10 anos, tendo cumprido 4 anos, obtém livramento condicional. Posteriormente, faltando ainda 6 anos, é condenado a 15, por outro crime, cometido antes do benefício. Sua pena total é de 25 anos, de modo que se torna incompatível receber livramento condicional tendo cumprido somente 4 anos, ou seja, menos de 1/5 da pena. Na jurisprudência: TJMG: "Se no curso da execução penal, quando já concedido o benefício do livramento condicional ao reeducando, o simples fato de aportar uma nova condenação, em virtude da prática de delito anterior à concessão do citado benefício, esse fato, por si só, não constitui causa de revogação da benesse, em especial porque ao serem somadas as penas, já tenha sido cumprida mais da metade da totalidade da pena corporal imposta, penas unificadas" (Agravo em Execução Penal 1.0521.18.003745-4/001, 7.ª C. Crim., rel. Sálvio Chaves, 11.11.2020, v.u.).

**26. Livramento insubsistente:** quando o condenado foge do presídio após a concessão do livramento condicional, mas antes da cerimônia obrigatória determinada pelo art. 137 da Lei de Execução Penal, não é caso de revogação, mas de torná-lo *insubsistente*.

### Revogação facultativa

> **Art. 87.** O juiz poderá, também, revogar o livramento, se o liberado deixar de cumprir qualquer das obrigações constantes da sentença,[27-28] ou for irrecorrivelmente condenado, por crime ou contravenção, a pena que não seja privativa de liberdade.[29]

**27. Falta de cumprimento das obrigações fixadas:** o juiz pode revogar o benefício, devendo, sempre que for possível, além de ouvir antes o liberado, fazer nova advertência, reiterando-lhe as condições estabelecidas ou até mesmo agravando tais condições (art. 140, parágrafo único, LEP). Na jurisprudência: TJPR: "Não há ilegalidade na decisão que determina, motivadamente, a revogação do livramento condicional, diante do descumprimento das condições impostas pelo Juízo da Execução Penal, em face do disposto no art. 87, do Código Penal. Nos casos de revogação do livramento condicional em razão de inobservância das obrigações, não se computará como pena cumprida o prazo no qual o reeducando esteve solto, nos termos dos art. 88, do Código Penal e art. 142, da Lei de Execução Penal. Recurso conhecido e não provido" (AE 0030012-73.2019.8.16.0013, 5.ª C. Crim., rel. Jorge Wagih Massad, j. 17.02.2020, v.u.). TJSP: "Agravo em execução. Revogação do livramento condicional. Insurgência defensiva. Descumprimento de condição imposta para o benefício, consistente no recolhimento noturno. Nos casos de revogação facultativa do livramento condicional, o juiz pode revogar o benefício, devendo, sempre que possível, além de ouvir o liberado, fazer nova advertência, reiterando-lhe as condições estabelecidas ou até mesmo agravando tais condições. Inteligência do art. 87 do CP e do art. 140, parágrafo único, da LEP. Desproporcionalidade da medida adotada no caso concreto, levando em conta a justificativa apresentada pelo reeducando em audiência e o fato de que a conduta praticada não se revestiu de reprovação ou gravidade elevada. Imposição de advertência, com a manutenção do benefício. Recurso de agravo provido" (Agravo de Execução Penal 0003676-88.2021.8.26.0496, 16.ª C. Crim., rel. Guilherme de Souza Nucci, 12.06.2021, v.u.).

**27-A. Ampla defesa:** há de se ouvir, previamente, em juízo, o liberado, para que possa justificar o eventual descumprimento das condições fixadas para o livramento condicional. Na jurisprudência: TJRS: "No caso de descumprimento das condições impostas pelo juízo, a revogação do livramento condicional é facultativa, nos termos do artigo 87 do Código Penal. Todavia, para assim proceder é necessária a oitiva do apenado, resguardando-se o contraditório e a ampla defesa. No caso, não tendo ocorrido a audiência de justificação, deve-se dar efeito suspensivo à decisão combatida, para que se realize audiência de justificação e, posteriormente, decida-se sobre a revogação do livramento condicional, bem como eventual desconsideração do período de prova como tempo de pena cumprida. Jurisprudência da Câmara. Agravo defensivo parcialmente provido" (Ag 70072222185-RS, 3.ª C. Crim., rel. Diogenes Vicente Hassan Ribeiro, 08.03.2017, v.u.).

**28. Revogação do livramento baseado na perda dos dias remidos:** impossibilidade. Não há que se confundir a falta grave durante a execução da pena privativa de liberdade para o efeito de provocar a perda dos dias remidos com as causas de revogação do livramento condicional.

**29. Condenação por crime ou contravenção à pena de multa ou restritiva de direitos:** a lei não faz referência à prisão simples, de modo que, em tese, essa modalidade de pena não permitiria a revogação do benefício. Nessa hipótese, no entanto, deve prevalecer o

# Art. 88

prudente critério do juiz, pois uma condenação por contravenção penal, cometida durante o prazo do livramento, pode ser grave, permitindo a revogação (porte de arma branca, por exemplo) ou não (perturbação do sossego abusando de instrumentos sonoros). Lembremos que, para haver coerência com o art. 86, I (causas de revogação obrigatória), é preciso que o delito ou contravenção, de onde se originou a pena restritiva de direitos ou multa, deve ser praticado durante a vigência do livramento.

### Efeitos da revogação

> **Art. 88.** Revogado o livramento, não poderá ser novamente concedido, e, salvo quando a revogação resulta de condenação por outro crime anterior àquele benefício, não se desconta na pena o tempo em que esteve solto o condenado.[30-30-A]

**30. Efeitos da revogação:** são os seguintes: a) réu condenado por crime (e não contravenção) cometido anteriormente à concessão do livramento condicional, cujo montante da pena não permita que continue em liberdade, pode obter novo livramento, e o período em que esteve no gozo do benefício é computado como cumprimento de pena; b) réu condenado por crime (e não contravenção) cometido durante a vigência do livramento não pode obter novo livramento, e o tempo em que ficou em liberdade é desprezado para fins de cumprimento de pena. Em tese, poderá obter livramento condicional na segunda condenação; c) réu perde o benefício do livramento porque descumpriu as condições impostas ou foi condenado por crime ou contravenção a pena de multa ou restritiva de direitos durante o prazo do livramento: não pode mais obter livramento quanto a esta pena e não se computa o tempo em que esteve solto como cumprimento da pena. Na jurisprudência: STF: (...) *In casu*, nota-se, pelos documentos constantes nos autos, que o Reclamante permanece recolhido em regime fechado, muito embora, por decisão proferida em 31 de janeiro do ano corrente, tenha sido deferida a progressão para o regime semiaberto: "2. Em que pese o posicionamento ministerial adotado, verifica-se dos autos que o sentenciado – de forma reiterada – obteve o Livramento Condicional e não soube aproveitar tal oportunidade, voltando a delinquir. Assim, há expressa vedação legal à presente postulação, a teor do art. 88 do Código Penal, pelo que indefiro o pedido. 3. Outrossim, considerando a comprovação da presença de lapso temporal necessário e da boa conduta carcerária, promovo o postulante, de ofício, ao regime semiaberto de cumprimento de pena" (Recl. 0093209-36.2020.1.00.0000, 1.ª T., rel. Luiz Fux, j. 21.05.2020, m.v.). STJ: "O art. 88 do Código Penal enuncia que, revogado o livramento, não poderá ser novamente concedido, e, salvo quando a revogação resulta de condenação por outro crime anterior àquele benefício, não se desconta na pena o tempo em que esteve solto o condenado, o que significa dizer, de acordo com Guilherme de Souza Nucci, que o réu condenado por crime (e não contravenção) cometido durante a vigência do livramento não pode obter novo livramento, e o tempo em que ficou em liberdade é desprezado para fins de cumprimento de pena. Em tese, poderá obter livramento condicional na segunda condenação (in Nucci, Guilherme de Souza, 14. ed., Rio de Janeiro: Forense, 2014)" (HC 412.614-SP, 6.ª T., rel. Nefi Cordeiro, 20.03.2018, v.u.). TJMG: "01. O art. 142 da LEP e o art. 88 do CP preveem que, na hipótese de revogação do livramento condicional motivada por infração penal cometida na vigência do benefício, não se concederá, em relação à mesma pena, novo livramento. 02. O óbice mencionado não se estende às guias de execução relativas a condenações que não integraram o livramento revogado, sendo possível a concessão da benesse em relação às penas referentes a outros delitos cometidos pelo condenado, conforme exegese da legislação aplicável ao instituto" (Agravo em Execução Penal 1.0120.09.007625-4/001, 3.ª C. Crim., rel. Fortuna Grion, 21.09.2021, v.u.).

**30-A. Oitiva do liberado:** em função da ampla defesa, parece-nos indispensável ouvir o condenado, antes de revogar definitivamente o livramento condicional, mesmo em caso de outra condenação.

### Extinção

> **Art. 89.** O juiz não poderá declarar extinta a pena, enquanto não passar em julgado a sentença em processo a que responde o liberado, por crime cometido na vigência do livramento.[31-31-A]

**31. Prorrogação automática do prazo do livramento:** quando o condenado estiver respondendo a processo por crime cometido durante a vigência do benefício, prorroga-se automaticamente o período a fim de se constatar se não era o caso de revogação obrigatória (art. 86, I, CP). Em sendo condenado definitivamente, o livramento será revogado com as consequências fixadas no art. 88. Essa nos parece a posição mais adequada e lógica ao disposto pelo art. 89. No entanto, tem prevalecido a corrente que sustenta outro prisma: se decorrido o prazo do livramento *sem ter havido suspensão do benefício* pelo juiz, não há prorrogação automática. Conferir julgados nesta nota e na nota 32 *infra*. Na jurisprudência: *pela prorrogação automática*: STJ: "(...) Desse modo, tendo cometido novo delito ainda durante o período de vigência do livramento condicional ou vindo a conhecimento informação de nova prática delitiva, demonstrou o seu descaso com a atividade jurisdicional e, como está explicitado no art. 89 do Código Penal, devendo suportar como uma das consequências a prorrogação do prazo do benefício até o trânsito em julgado da decisão referente ao novo crime perpetrado, impedindo, dessa forma, a declaração de extinção da pena, até porque o Ministério Público requereu tal providência ainda durante o período de vigência do benefício. (...) Ora, deixar de prorrogar o prazo do livramento condicional no caso em comento, ainda que a notícia seja recebida posteriormente ao período de prova pelo Juiz das Execuções, sem sua suspensão ou revogação, é desconsiderar as determinações constantes do art. 89 do Código Penal, tornando ineficaz este dispositivo. Ademais, deve ser observado, também, o disposto no art. 145 da Lei de Execuções Penais, que determina: 'Praticada pelo liberado outra infração penal, o juiz poderá ordenar a sua prisão, ouvidos o Conselho Penitenciário e o Ministério Público, suspendendo o curso do livramento condicional, cuja revogação, entretanto, ficará dependendo da decisão final'. Como se nota, a interpretação dos art. 90 do Código Penal e 146 da Lei de Execução Penal deve ser conjugada com o previsto nos arts. 89 daquele Diploma e 145 da Lei de Execução. Por fim, esclareço que, muito embora tenha conhecimento da recente edição da Súmula 617 pelo Colendo Superior Tribunal de Justiça, julgo ser inaplicável ao caso em comento, por ter o Ministério Público atuado, dentro do período de prova, para que fosse determinada a suspensão cautelar do benefício, justificada em dois fatores, o abandono do cumprimento da pena e na prática de novo delito" (HC 523.560 SP, 6.ª T., rel. Nefi Cordeiro, j. 25.09.2020, m.v.). *Em contrário:* STJ: "2. O acórdão impugnado está em dissonância com o Enunciado 617 da Súmula desta Corte, segundo o qual 'a ausência de suspensão ou revogação do livramento condicional antes do término do período de prova enseja a extinção da punibilidade pelo integral cumprimento da pena'. 3. *Habeas corpus* não conhecido, mas concedida a ordem, de ofício, para restabelecer a decisão do Juízo da Execução" (HC 558.474/SP, 5.ª T., rel. Joel Ilan Paciornik, 05.03.2020, v.u.).

**31-A. Suspensão cautelar como garantia e necessidade:** tendo em vista o posicionamento adotado pelos Tribunais Superiores (STF e STJ), conforme exposto na nota anterior, de

# Art. 90

que o livramento condicional, se não for suspenso ou revogado, antes do término do período de prova, considera-se extinto, *mesmo que o condenado tenha cometido crime durante a sua vigência*, recomenda-se aos juízes que suspendam cautelarmente o benefício, determinando o recolhimento do sentenciado ao cárcere, tão logo tenham notícia de causa apta à revogação. Se os magistrados da execução não o fizerem, crendo que o período do livramento será automaticamente prorrogado, poderão levar o caso à extinção da punibilidade. Noutros termos, segundo pensamos, o período do livramento condicional deve ser prorrogado automaticamente, assim que o sentenciado comete novo delito durante sua vigência. Portanto, somente se houvesse condenação efetiva, deveria o livramento ser revogado. Mas assim não é a posição dos Tribunais Superiores. Diante disso, para evitar que o sentenciado cometa uma infração penal durante o período de livramento condicional e, mesmo desse modo, nada lhe ocorra, é fundamental que o juiz das execuções penais *suspenda cautelarmente* o benefício, independentemente da oitiva prévia do condenado (ver a nota 21-B *supra*). Na jurisprudência: TJMG: "2. Diante do cometimento de novo crime no curso do período de prova do livramento condicional, conforme estabelecido nos art. 89 do Código Penal e 145 da Lei de Execução Penal, deve o juiz da execução suspender o gozo do benefício até o trânsito em julgado de eventual sentença condenatória, só então deve ser revogado o benefício" (Agravo em Execução Penal 1.0521.12.014768-6/004, 1.ª C. Crim., rel. Kárin Emmerich, 23.03.2021, v.u.).

> **Art. 90.** Se até o seu término o livramento não é revogado, considerase extinta[32] a pena privativa de liberdade.[33-35]

**32. Natureza da decisão que considera extinta a pena:** é declaratória, pois a própria lei estabelece que, findo o livramento, sem revogação, "considera-se extinta a pena". Lembre-se que, caso o condenado esteja respondendo por novo delito, cometido durante o prazo do livramento, está automaticamente prorrogado o seu término (art. 89). Mas essa posição não é mais pacífica. Se o juiz não suspender o livramento, acabará ocorrendo a extinção da punibilidade. Porém, consultar a nota 31-A *supra*. No entanto, fora a hipótese do cometimento de crime, o advento de outras causas de revogação não serve para prorrogar o período do livramento. Dessa forma, o ideal é que, constatada a falha do sentenciado, em qualquer sentido, o juiz suspenda cautelarmente o benefício; se não o fizer, ao fim do período, ocorrerá a extinção da punibilidade, sem viabilidade de revogação. Conferir a posição pela extinção: Súmula 617 do STJ: "A ausência de suspensão ou revogação do livramento condicional antes do término do período de prova enseja a extinção da punibilidade pelo integral cumprimento da pena". STJ: "1. Consoante o disposto no art. 90 do Código Penal – CP, não é possível suspender, prorrogar ou revogar o livramento condicional após o escoamento do período de prova, mesmo que em razão da prática de novo delito naquele período, uma vez que, terminado o referido prazo, considera-se extinta a pena privativa de liberdade" (AgRg no HC 771.470/MG, 5.ª T., rel. Joel Ilan Paciornik, 19.12.2022, v.u.).

**33. Livramento condicional para estrangeiro:** é controversa a possibilidade de estrangeiro obter livramento condicional. Posicionava-se, *majoritariamente*, a jurisprudência no sentido negativo. A única forma de romper essa barreira era o estrangeiro provar ter visto permanente no Brasil, endereço fixo e demonstrar, por certidão, não ter sido expulso. Essa corrente tornou-se minoritária, em particular nos Tribunais Superiores (STF e STJ). Costuma-se alegar que, sem vínculo com o País e se estiver sob a perspectiva de ser expulso por causa do crime cometido, nada obrigaria o sentenciado a cumprir as condições do seu benefício. Por isso, o ideal seria cumprir sua pena em regime fechado para, depois, deixar o território nacional. O argumento peca, em primeiro lugar, por desigualar brasileiros e estrangeiros, ofendendo o princípio da dignidade da pessoa humana. Pouco importa se o estrangeiro, em gozo do livramento condicional, pode ser expulso e não cumprir mais a pena, afinal, mesmo estando em regime fechado, conforme o critério discricionário do Poder Executivo, ele pode ser expulso (sem cumprir a pena). Então, se preenchidos os requisitos do art. 83, deve ser concedido o livramento condicional também ao estrangeiro. Essa é, atualmente, a posição que nos convence, pelos motivos já expostos. Há que se ressaltar a existência de algumas hipóteses em que há tratado firmado pelo Brasil e país estrangeiro, para que este cumpra a decisão prolatada por juiz brasileiro (e vice-versa). É o caso de condenados provenientes do Canadá, Argentina e Chile, uma vez que tais países possuem tratado específico com o Brasil para a troca de presos, razão pela qual a sentença condenatória brasileira pode ser reconhecida nesses lugares, valendo, então, o cumprimento do livramento condicional no exterior. Na jurisprudência: TJSP: "Agravo em execução. Progressão de regime prisional. Livramento condicional. Estrangeiro. Decreto de expulsão. A condição jurídica de estrangeiro, com ou sem decreto de expulsão, não constitui por si apenas óbice ao deferimento dos institutos do direito de execução penal, inclusive aqueles referentes à progressão de regime prisional e ao livramento condicional, mesmo porque, no direito brasileiro, ambos são formas de cumprimento de pena privativa de liberdade" (Agravo de Execução Penal 0001819-14.2021.8.26.0041, 13.ª C., rel. Sérgio Mazina Martins 21.05.2021, v.u.).

**34. Expulsão do estrangeiro antes do cumprimento da pena:** é possível, pois constitui ato discricionário do Presidente da República. Entretanto, se o Presidente determinar a expulsão somente após a sentença condenatória ser cumprida, é viável até, antes disso, colocar o preso em livramento condicional, aguardando-se o seu término para haver a referida expulsão. Esta é, atualmente, a posição adotada pela Lei 13.445/2017 (Lei de Migração).

**35. Competência para concessão do livramento condicional:** cabe ao juiz das execuções penais do lugar onde o preso cumpre pena, mesmo que ele esteja em outra unidade da Federação.

## Capítulo VI
### DOS EFEITOS DA CONDENAÇÃO[1]

**1. Conceito e natureza jurídica dos efeitos da condenação:** são os efeitos secundários ou acessórios da sentença. Como ensina FREDERICO MARQUES, "ao lado dos efeitos que a condenação produz como ato jurídico, consequências dela derivam como fato ou acontecimento jurídico. A sentença condenatória, de par com seus efeitos principais, tem o que alguns denominam efeitos 'reflexos e acessórios', ou efeitos indiretos, que são consequência dos efeitos principais, ou efeitos da sentença como fato jurídico". O efeito principal da sentença condenatória é fixar a pena. Outros efeitos podem advir: são os secundários, que não devem ser confundidos com as antigas *penas acessórias*, extintas por ocasião da Reforma Penal de 1984. Entretanto, é indiscutível que alguns dos chamados "efeitos da condenação" – especialmente os do art. 92 do Código Penal – ganharam ares de penas acessórias *camufladas*. Dessa opinião comunga JAIR LEONARDO LOPES (*Curso de direito penal*, p. 249). As extintas penas acessórias – definidas pela doutrina como "sanção especial, de natureza complementar, expressiva de restrições impostas à capacidade jurídica do condenado" (cf. BENTO DE FARIA, citado por FREDERICO MARQUES, *Tratado de direito penal*, v. 3) – eram as seguintes: "perda de função pública, eletiva ou de nomeação", "interdições de direitos" e "publicação da sentença" (art. 67 do Código Penal de 1940). Dentre as interdições de direitos estava a "incapacidade para o exercício do pátrio poder, tutela ou curatela". Ora, quem conferir a relação dos efeitos da condenação prevista no art. 92 do Código Penal atual pode notar, com clareza meridiana,

# Art. 91

Código Penal Comentado · **Nucci**

que lá estão as antigas "penas acessórias", agora com o nome de "efeitos da condenação". Dir-se-ia que as penas acessórias diferem dos efeitos da condenação porque estes, ao menos no caso do art. 92, como se vai analisar, são facultativos. Ocorre que as penas acessórias, segundo vários julgados do STF da época, também não decorriam automaticamente da sentença condenatória, merecendo ser impostas e fundamentadas pelos magistrados. Outros poderiam dizer que a diferença se concentra no fato de as penas acessórias dependerem das principais e sua aplicação estar jungida à graduação que a sentença tenha dado à pena privativa de liberdade. Assim também muitos dos efeitos da condenação (vide, no art. 92, o inciso I, *a* e *b*, que trata do *quantum* da pena, bem como o inciso II, que menciona o tipo de pena privativa de liberdade necessário). As antigas penas acessórias apenas ganharam melhor denominação jurídica. De fato, os efeitos do art. 92 são, como dizem REALE JÚNIOR, DOTTI, ANDREUCCI e PITOMBO, "sanções jurídicas, visando a consequências outras que não de caráter penal. Não guardam cunho retributivo. Estão presididos pela finalidade de prevenção, na medida em que inviabilizam a manutenção de situações que propiciam a prática do fato delituoso, assim o desestimulando" (*Penas e medidas de segurança no novo Código*, p. 259). Nesse prisma, é mais apropriado falar em "efeitos da condenação" do que em "penas acessórias", além de se evitar sempre a impressão de estar o Estado conferindo ao condenado duas penalidades pelo mesmo fato – a principal e a acessória –, num abrigo ilógico para o malfadado *bis in idem*. Apesar da alteração da nomenclatura, embora mantidas no sistema penal, não faltam críticos para sua existência. Ensina JAIR LEONARDO LOPES que elas "não educam, nem corrigem, porque não têm mobilidade na execução; elas não estimulam, porque humilham o condenado no seio da sua família (incapacidade para o exercício do pátrio poder ou da autoridade marital), no seio da sociedade (suspensão dos direitos políticos), no meio do grupo profissional (incapacidade para a profissão ou atividade). Elas acompanham o condenado, silenciosamente, como uma sombra negra, que não o ajuda, que não lhe desperta outro sentimento senão o da própria inferioridade" (tese de concurso, *Da reabilitação no direito penal*, in *Curso de direito penal*, p. 250).

### Efeitos genéricos e específicos[2]

> **Art. 91.** São efeitos da condenação:
>
> I – tornar certa a obrigação de indenizar o dano causado pelo crime;[3]
>
> II – a perda em favor da União, ressalvado o direito do lesado ou de terceiro de boa-fé:
>
> *a)* dos instrumentos do crime, desde que consistam em coisas cujo fabrico, alienação, uso, porte ou detenção constitua fato ilícito;[4]
>
> *b)* do produto do crime ou de qualquer bem ou valor que constitua proveito auferido pelo agente com a prática do fato criminoso.[4-A-4-D]
>
> § 1.º Poderá ser decretada a perda de bens ou valores equivalentes ao produto ou proveito do crime quando estes não forem encontrados ou quando se localizarem no exterior.[4-E]
>
> § 2.º Na hipótese do § 1.º, as medidas assecuratórias previstas na legislação processual poderão abranger bens ou valores equivalentes do investigado ou acusado para posterior decretação de perda.[4-F]

**2. Efeitos penais e extrapenais da sentença penal condenatória:** a sentença condenatória produz efeitos secundários de *duas ordens*: a) *penais* (tais como impedir ou revogar o *sursis*, revogar o livramento condicional ou a reabilitação, lançar o nome do réu no rol dos culpados, propiciar a reincidência etc.); b) *extrapenais* (cuja atuação se dá fora do âmbito penal), subdividindo-se em *genéricos* e *específicos*, previstos nos arts. 91 e 92 do Código Penal. Quanto aos efeitos extrapenais, eventual concessão de indulto não os alcança: STJ: "1. Consoante já decidiu esta Corte Superior, inexiste diferenciação em relação aos efeitos do indulto nos casos de condenado por sentença transitada em julgado ou daquele que ainda aguarda o julgamento de recurso. Em todo e qualquer caso, o indulto não engloba os demais efeitos da condenação, entre os quais se encontra a perda de bens e valores. 2. Agravo interno improvido" (AgInt no RMS 56.016/SC, 6.ª T., rel. Nefi Cordeiro, 18.09.2018, v.u.).

**3. Efeito genérico de tornar certa a obrigação de reparar o dano:** trata-se de efeito automático, que não necessita ser expressamente pronunciado pelo juiz na sentença condenatória e destina-se a formar título executivo judicial para a propositura da ação civil *ex delicto*. Vale mencionar o seguinte alerta de FREDERICO MARQUES: "Se a sentença penal reconhece que o fato típico não é ilícito em virtude da ocorrência de uma das justificativas do art. 23 do Código Penal, ilicitude também não existe no Direito Civil, e isto em face do próprio artigo do Código Civil, que exclui a antijuridicidade do ato danoso quando há legítima defesa, exercício regular de um direito e o estado de necessidade (art. 160, ns. I, II) [atual art. 188, I e II]. Todavia, apesar de no estado de necessidade o ato agressivo se considerar lícito, eximido não se encontra seu autor de indenizar os prejuízos causados. Vigora aí o princípio, segundo expõe Alceu Cordeiro Fernandes, de que, 'embora lícito o ato, isto é, praticado de conformidade com o direito, cria, não obstante, para o agente a obrigação de indenizar, por isso que causa dano, diminui o patrimônio de outrem'. (...) A aplicação dos arts. 1.519 e 1.520 [atuais arts. 929 e 930] do Código Civil, depois de absolvido criminalmente o acusado em virtude do estado de necessidade, não significa violação do art. 65 do Código de Processo Penal. O juiz civil aceitou, como não poderia deixar de acontecer, o que reconheceu o juiz penal; todavia, mesmo em estado de necessidade, mesmo praticando um ato lícito, o causador do prejuízo deve repará-lo, porque assim o determina o Código Civil" (*Tratado de direito penal*, v. III, p. 377). Nesse caso, a sentença penal faz nascer o título executório, sem mais discussão sobre a culpa (*an debeatur*), restando a análise do valor da indenização (*quantum debeatur*). Após a reforma introduzida pela Lei 11.719/2008, tornou-se possível, também, a fixação, na sentença condenatória, de valor mínimo para a indenização civil em decorrência da prática da infração penal (art. 387, IV, CPP). Sob outro prisma, a sentença absolutória não serve de título executivo, aplicando-se-lhe, entretanto, o disposto nos arts. 64 e 66 do Código de Processo Penal. Quando houver anistia, permanece o dever de indenização na esfera cível. No caso de prescrição da pretensão executória, mantém a sentença a sua força de título executório, o mesmo não ocorrendo com a prescrição da pretensão punitiva. Nesta situação, deve a vítima discutir, no cível, a culpa do réu.

**4. Efeito genérico da perda em favor do Estado dos instrumentos do crime, desde que bens e valores de origem ilícita:** é a hipótese do confisco, também automática, sem necessidade de ser declarada pelo juiz na sentença, largamente utilizada na antiguidade como pena total ou parcial. Nessa época, no entanto, terminava atingindo inocentes, como a família do réu, que perdia bens licitamente adquiridos por força de uma condenação que não deveria passar da pessoa do criminoso. Era medida desumana e injusta, até que, hoje, não mais se admite o confisco atingindo terceiros não participantes do delito (art. 5.º, XLV, CF). Os efeitos da condenação não mais se relacionam com essa modalidade de pena odiosa, porque só afetam instrumentos usados para a prática do delito ou o produto conseguido pela atividade criminosa, nada possuindo de aberrante. Os instrumentos que podem ser confiscados pelo Estado são os ilícitos, vale dizer, aqueles cujo porte, uso, detenção, fabrico ou alienação é vedado. Ex.: armas de uso exclusivo do Exército ou utilizadas sem o devido porte; documentos falsos; máquinas de

# Art. 91

fabrico de dinheiro etc. Na jurisprudência: "2. Nos termos do art. 91, inciso II, alínea 'a', do CP, a decretação do perdimento de bens que constituem instrumentos do crime em favor da União corresponde a efeito automático da condenação do acusado" (AgRg no AREsp 1.551.221/SP, 5.ª T., rel. Reynaldo Soares da Fonseca, 04.08.2020, v.u.). Deve-se mencionar, ainda, o confisco especial previsto na Lei de Drogas, que recai sobre veículos, embarcações, aeronaves e quaisquer outros meios de transporte, assim como os maquinismos, utensílios, instrumentos e objetos de qualquer natureza, utilizados para a prática dos crimes definidos nesta Lei, após a sua regular apreensão. A Constituição Federal também menciona o confisco de glebas usadas para a cultura de plantas psicotrópicas, sem pagamento de qualquer tipo de indenização (art. 243). Na jurisprudência: STJ: "1. A expropriação de bens em favor da União pela prática do crime de tráfico ilícito de entorpecentes tem previsão na própria Constituição Federal (art. 243, parágrafo único) e decorre de sentença penal condenatória, conforme regulamentado, primeiramente e de forma geral, no art. 91, II, do Código Penal e, posteriormente, de forma específica, no art. 63 da Lei 11.343/2006. 2. O Supremo Tribunal Federal, ao julgar o RE 638.491/PR sob a temática da repercussão geral (Tema 647), fixou a tese de que 'É possível o confisco de todo e qualquer bem de valor econômico apreendido em decorrência do tráfico de drogas, sem a necessidade de se perquirir a habitualidade, reiteração do uso do bem para tal finalidade, a sua modificação para dificultar a descoberta do local do acondicionamento da droga ou qualquer outro requisito além daqueles previstos expressamente no art. 243, parágrafo único, da Constituição Federal' (Rel. Min. Luiz Fux, Tribunal Pleno, *DJ* 23.08.2017). 3. Uma vez que, no caso, as instâncias ordinárias concluíram pela utilização do veículo automotor na prática do crime de tráfico de drogas, para concluir-se em sentido contrário – ou seja, para concluir pela origem lícita do bem apreendido e declarar ilegal o perdimento do referido veículo –, seria necessário o revolvimento de matéria fático-probatória, procedimento vedado em recurso especial, nos termos da Súmula 7 do STJ" (AgRg no AREsp 1.522.195/RS, 6.ª T., rel. Rogério Schietti Cruz, 10.03.2020, v.u.).

**4-A. Produto e proveito do crime:** quanto ao produto do delito, trata-se daquilo que foi diretamente conquistado com a prática delituosa, tal como o dinheiro subtraído do banco ou a coleção de armas retirada de um colecionador. Além do produto, é possível que o delinquente converta em outros bens ou valores o que auferiu por conta do crime, dando margem ao confisco. Nesse caso, fala-se no proveito do crime. Ex.: o apartamento adquirido com o dinheiro roubado do estabelecimento bancário. Em ambas as situações, a perda é automática, decorrente de mera sentença condenatória em face de quem possuía o produto ou proveito, independentemente de ter o julgador se manifestado a respeito. Na jurisprudência: STJ: "IV – Vedada ainda a restituição de todo bem e valor que constitua proveito auferido pelo agente com a prática do fato criminoso, considerando-se compreendidos o produto direto e o produto indireto da infração penal, conforme o art. 119 do CPP, visto que, com eventual condenação transitada em julgado, os produtos e proveitos do crime serão automaticamente declarados perdidos em favor da União, na forma do art. 91, inciso II, alínea 'b', do Código Penal. V – A perda em favor da União do produto ou do proveito do crime ou, quando estes não forem encontrados ou se situarem no exterior, de bens ou valores equivalentes ao produto ou proveito do crime é efeito automático da condenação, conforme o art. 91, §§ 1.º e 2.º, do Código Penal, prescindindo, por conseguinte, de requerimento expresso" (AgRg na ReCoAp 145-DF, Corte Especial, rel. Felix Fischer, 11.05.2021, v.u.).

**4-B. Efeito da contravenção penal:** o art. 91, II, *a* e *b*, CP, não fala na possibilidade de confisco no caso de contravenção penal, pois utiliza a palavra *crime* (instrumentos do crime e produto do crime), mas a *jurisprudência majoritária* prevê a possibilidade de esse efeito da condenação ser usado no contexto das contravenções penais. Onde está escrito "crime" leia-se "infração penal". Trata-se, de fato, da interpretação mais sintonizada com a finalidade da norma penal.

**4-C. Medidas para alcançar o produto e o proveito do crime:** como regra, o produto do crime é objeto de apreensão. Assim ocorre quando a polícia, verificando que o agente esconde em sua casa o dinheiro levado de um banco, por exemplo, consegue mandado de busca e apreensão, invadindo o local para apropriar-se do *produto* do crime. Entretanto, no tocante ao proveito do delito, não cabe proceder à apreensão, pois normalmente já foi convertido em bens diversos, móveis ou imóveis, que possuem a aparência de coisas de origem lícita. O delinquente que, empregando o dinheiro subtraído do banco, compra imóveis e carros, *v.g.*, deve ter esses bens sequestrados. Utiliza-se, então, a medida assecuratória prevista nos arts. 125 e 132 do Código de Processo Penal. Confira-se, a respeito, o nosso *Código de Processo Penal comentado*, notas aos arts. 125 a 144. E mais: não se devem confundir a apreensão do produto do crime e o sequestro do proveito do delito com outras medidas assecuratórias, que são a hipoteca legal, para tornar indisponíveis bens imóveis, e o arresto, que o Código de Processo Penal também denomina sequestro, para impedir a disposição dos bens móveis. Nessas hipóteses, tem-se por fim tomar bens do patrimônio lícito do criminoso, a fim de garantir a indenização à vítima ou ao Estado.

**4-D. Efeitos específicos, porém obrigatórios:** em leis penais especiais, podemos encontrar alguns efeitos da sentença condenatória, que são gerados obrigatoriamente, vale dizer, por força de lei, não necessitando nem mesmo constar da decisão judicial. Exemplo disso é o disposto no art. 244-A da Lei 8.069/1990 (Estatuto da Criança e do Adolescente): "Submeter criança ou adolescente, como tais definidos no *caput* do art. 2.º desta Lei, à prostituição ou à exploração sexual: Pena – reclusão de quatro a dez anos e multa, além da perda de bens e valores utilizados na prática criminosa em favor do Fundo dos Direitos da Criança e do Adolescente da unidade da Federação (Estado ou Distrito Federal) em que foi cometido o crime, ressalvado o direito de terceiro de boa-fé. § 1.º Incorrem nas mesmas penas o proprietário, o gerente ou o responsável pelo local em que se verifique a submissão de criança ou adolescente às práticas referidas no *caput* deste artigo. § 2.º *Constitui efeito obrigatório da condenação a cassação da licença de localização e de funcionamento do estabelecimento*" (grifamos).

**4-E. Confisco de bens lícitos como forma de compensação:** a medida assecuratória de sequestro tem por finalidade apreender o produto ou o proveito do crime; entretanto, por vezes, o agente do delito oculta tais bens (móveis ou imóveis), inclusive desviando-os ao exterior. A inviabilidade de localizá-los levou à alteração da lei, propiciando ao Estado sequestrar bens lícitos do criminoso como forma de compensação. Portanto, tornando-se indisponíveis os valores encontrados, ainda que lícitos, obriga-se o condenado a optar entre perdê-los ou indicar o paradeiro dos valores desviados. Exemplo: o sentenciado desvia a quantia de quinhentos mil reais, transferindo-a para o exterior. Assim sendo, pode o Estado providenciar o sequestro de um imóvel do réu – de valor equivalente – como forma de compensação.

**4-F. Sequestro:** é a medida assecuratória adequada para tornar indisponíveis os bens móveis e imóveis, que representam o produto ou o proveito do crime. Por isso, deve-se utilizá-la para captar os valores lícitos do acusado, na medida em que serão posteriormente compensados.

### Enriquecimento ilícito[4-G]

> **Art. 91-A.** Na hipótese de condenação por infrações às quais a lei comine pena máxima superior a 6 (seis) anos de reclusão,[4-H] poderá ser decretada a perda, como produto ou proveito do crime, dos bens correspondentes à dife-

# Art. 91-A

Código Penal Comentado · **Nucci**

500

rença entre o valor do patrimônio do condenado e aquele que seja compatível com o seu rendimento lícito.[4-I]

§ 1.º Para efeito da perda prevista no *caput* deste artigo, entende-se por patrimônio do condenado todos os bens:[4-J]

I – de sua titularidade, ou em relação aos quais ele tenha o domínio e o benefício direto ou indireto, na data da infração penal ou recebidos posteriormente; e

II – transferidos a terceiros a título gratuito ou mediante contraprestação irrisória, a partir do início da atividade criminal.

§ 2.º O condenado poderá demonstrar a inexistência da incompatibilidade ou a procedência lícita do patrimônio.[4-K]

§ 3.º A perda prevista neste artigo deverá ser requerida expressamente pelo Ministério Público, por ocasião do oferecimento da denúncia, com indicação da diferença apurada.[4-L]

§ 4.º Na sentença condenatória, o juiz deve declarar o valor da diferença apurada e especificar os bens cuja perda for decretada.[4-M]

§ 5.º Os instrumentos utilizados para a prática de crimes por organizações criminosas e milícias deverão ser declarados perdidos em favor da União ou do Estado, dependendo da Justiça onde tramita a ação penal, ainda que não ponham em perigo a segurança das pessoas, a moral ou a ordem pública, nem ofereçam sério risco de ser utilizados para o cometimento de novos crimes.[4-N]

**4-G. Enriquecimento ilícito:** apesar de não haver titulação neste novo artigo, o que se busca, em verdade, é identificar o enriquecimento sem causa, confiscando o excesso.

**4-H. Procedimento condicionado:** a condição fixada é a existência de qualquer infração penal cuja pena máxima seja superior a seis anos de reclusão. Em princípio, poder-se-ia defender a pesquisa sobre crimes do colarinho branco, mas esta não foi a opção legislativa. Baseou-se no critério da pena máxima. Assim sendo, até mesmo o homicídio comporta a verificação de enriquecimento ilícito. No entanto, a maior concentração se dará nos crimes de colarinho branco.

**4-I. Verificação do patrimônio irregular:** houve época em que projetos de lei foram elaborados, no sentido de considerar crime autônomo o *enriquecimento ilícito*. Houve muita polêmica, em particular quanto ao ônus da prova. Quem deveria provar que o patrimônio amealhado por alguém é justificado ou injustificado? Por isso, o crime não chegou a ser aprovado. Agora, de maneira diversa, estabelece-se um efeito da condenação, que é a detecção de patrimônio sem causa lícita. Não se trata de crime, mas de um efeito da condenação, quando, então, deverá o órgão acusatório demonstrar ao juiz, durante a instrução, que a diferença entre o valor do patrimônio do condenado e aquele que seja compatível com seu rendimento lícito é falacioso. Noutros termos, com os rendimentos declarados pelo acusado, jamais teria o patrimônio amealhado.

**4-J. Patrimônio do sentenciado:** enumera-se no § 1.º qual é o patrimônio considerado para os fins deste artigo. Constituem todos os bens de sua titularidade, ou em relação aos quais ele tenha o domínio e o benefício direto ou indireto, na data da infração penal ou recebidos posteriormente. Assim também os bens transferidos a terceiros, a título gratuito ou mediante contraprestação irrisória a partir do início da atividade criminal. Em verdade, essas transferências a título gratuito, depois do início da atividade criminal (investigação ou processo), funcionam como fraude à execução, existente na esfera cível.

**4-K. Ônus da prova:** o disposto pelo § 2.º define que "o condenado poderá demonstrar a inexistência da incompatibilidade ou a procedência lícita do patrimônio". Esse interesse, por óbvio, existe, mas não se pode, jamais, concebê-lo como a inversão do ônus da prova. Cabe ao acusador essa prova. O disposto neste § 2.º nem precisaria existir.

**4-L. Pedido na inicial:** a fim de proporcionar a devida ampla defesa e o contraditório, o MP deve pedir a perda patrimonial, desde a denúncia, pelo crime que também se apura, propiciando a defesa completa do réu, tanto em face da imputação criminal quanto à análise do patrimônio.

**4-M. Declaração do valor da diferença apurada e perda dos bens:** após a instrução, debatendo a parte criminal e a parte cível, caso se concretize a parte criminal, pode-se então declarar o valor da diferença apurada entre o patrimônio lícito e o ilícito, podendo-se especificar a perda de certos bens. Havendo absolvição, cessa esse efeito.

**4-N. Perda dos instrumentos do crime:** como consequência natural, os instrumentos usados para a prática do crime por organizações criminosas e milícias serão perdidos em favor da União ou do Estado. Esse confisco será imposto mesmo que as coisas não coloquem em risco a segurança as pessoas, a moral ou a ordem pública, nem ofereçam qualquer outro risco. Logo, ainda que sejam considerados instrumentos de utilização lícita.

---

**Art. 92.** São também efeitos da condenação:

I – a perda de cargo, função pública ou mandato eletivo:

*a)* quando aplicada pena privativa de liberdade por tempo igual ou superior a um ano, nos crimes praticados com abuso de poder ou violação de dever para com a administração pública;[5-5-A]

*b)* quando for aplicada pena privativa de liberdade por tempo superior a 4 (quatro) anos nos demais casos;[5-B]

II – a incapacidade para o exercício do poder familiar, da tutela ou da curatela nos crimes dolosos sujeitos à pena de reclusão cometidos contra outrem igualmente titular do mesmo poder familiar, contra filho, filha ou outro descendente, tutelado ou curatelado, bem como nos crimes cometidos contra a mulher por razões da condição do sexo feminino, nos termos do § 1.º do art. 121-A deste Código;[6-6-A]

III – a inabilitação para dirigir veículo, quando utilizado como meio para a prática de crime doloso.[7]

§ 1º Os efeitos de que trata este artigo não são automáticos, devendo ser motivadamente declarados na sentença pelo juiz, mas independem de pedido expresso da acusação, observado o disposto no inciso III do § 2.º deste artigo.[8]

§ 2º Ao condenado por crime praticado contra a mulher por razões da condição do sexo feminino, nos termos do § 1.º do art. 121-A deste Código serão:[9]

I – aplicados os efeitos previstos nos incisos I e II do *caput* deste artigo;[10]

II – vedadas a sua nomeação, designação ou diplomação em qualquer cargo, função pública ou mandato eletivo entre o trânsito em julgado da condenação até o efetivo cumprimento da pena;[11]

III – automáticos os efeitos dos incisos I e II do *caput* e do inciso II do § 2.º deste artigo.[12]

# Art. 92

Código Penal Comentado · **Nucci**

**5. Efeito específico da perda de cargo, função pública ou mandato eletivo:** trata-se de efeito não automático, que precisa ser explicitado na sentença, respeitados os seguintes pressupostos: a) nos crimes praticados com abuso de poder ou violação do dever para com a Administração Pública, quando a pena aplicada for igual ou superior a 1 ano; b) nos demais casos, quando a pena for superior a 4 anos. *Cargo público* é o cargo criado por lei, com denominação própria, número certo e remunerado pelos cofres do Estado (Estatuto dos Funcionários Públicos Civis da União), vinculando o servidor à administração estatutariamente; *função pública* é a atribuição que o Estado impõe aos seus servidores para realizarem serviços nos três Poderes, sem ocupar cargo ou emprego. Há dispositivo especial na Lei 7.716/1989, que dispõe sobre o racismo, a respeito da perda do cargo para o servidor público que incidir nas penas dessa lei ("Art. 16. Constitui efeito da condenação a perda do cargo ou função pública, para o servidor público, e a suspensão do funcionamento do estabelecimento particular por prazo não superior a 3 (três) meses"). Quanto ao *mandato eletivo*, a Constituição Federal trata do assunto no art. 15: "É vedada a cassação de direitos políticos, cuja perda ou suspensão só se dará nos casos de: (...) III – condenação criminal transitada em julgado, enquanto durarem seus efeitos" (vide, ainda, o art. 55, IV e VI, da CF, tratando da perda do mandato por condenação criminal). Ressalte-se, no entanto, que, nesse caso – condenação criminal –, cabe à Câmara dos Deputados ou ao Senado Federal, tratando-se de parlamentar federal, por maioria absoluta, mediante provocação da Mesa ou de partido político, garantida a ampla defesa, decidir pela perda do mandato (art. 55, § 2.º, CF). Na realidade, há duas posições: a) seguir o art. 15, III, CF, afirmando que o parlamentar condenado, com os direitos políticos suspensos, não pode exercer o mandato, que se supõe perdido em face da decisão judicial, sem necessidade de votação pelo Congresso; b) seguir o disposto pelo art. 55, § 2.º, CF, que é norma especial em relação ao referido art. 15, razão pela qual, mesmo diante de decisão judicial, impondo a perda do mandato, deve haver votação pela Casa Legislativa competente (Senado ou Câmara, conforme o caso). Esta última, como já expusemos, é a posição que defendemos. Atualmente, embora o STF esteja dividido, prevalece também a segunda. Na jurisprudência: STF: "O Plenário condenou senador (prefeito à época dos fatos delituosos), bem assim o presidente e o vice-presidente de comissão de licitação municipal pela prática do crime descrito no art. 90 da Lei 8.666/93 ['Art. 90. Frustrar ou fraudar, mediante ajuste, combinação ou qualquer outro expediente, o caráter competitivo do procedimento licitatório, com o intuito de obter, para si ou para outrem, vantagem decorrente da adjudicação do objeto da licitação: Pena – detenção, de 2 (dois) a 4 (quatro) anos, e multa'] à pena de 4 anos, 8 meses e 26 dias de detenção em regime inicial semiaberto. Fixou-se, por maioria, multa de R$ 201.817,05 ao detentor de cargo político, e de R$ 134.544,07 aos demais apenados, valores a serem revertidos aos cofres do município. Determinou-se – caso estejam em exercício – a perda de cargo, emprego ou função pública dos dois últimos réus. *Entendeu-se, em votação majoritária, competir ao Senado Federal deliberar sobre a eventual perda do mandato parlamentar do ex-prefeito (CF, art. 55, VI e § 2.º).* Reconheceu-se, também por maioria, a data deste julgamento como causa interruptiva da prescrição. Ademais, considerado o empate na votação, o Tribunal absolveu os sócios dirigentes das empresas envolvidas nas licitações em questão, denunciados pelo mesmo crime. Absolveu, outrossim, os sócios não detentores do cargo de gerência das empresas no tocante a essa imputação. Além disso, por decisão majoritária, absolveu todos os acusados no tocante ao crime de quadrilha (CP: 'Art. 288. Associarem-se mais de três pessoas, em quadrilha ou bando, para o fim de cometer crimes: Pena – reclusão, de um a três anos' [atual redação dada pela Lei 12.850/2013: 'Art. 288. Associarem-se 3 (três) ou mais pessoas, para o fim específico de cometer crimes: Pena – reclusão, de 1 (um) a 3 (três) anos']). A inicial narrava suposto esquema articulado com o propósito de burlar licitações municipais, perpetrado durante o mandato do então prefeito" (AP 565/RO, Plenário, rel. Min. Cármen Lúcia, 07 e 08.08.2013, m.v., *Informativo* 714; grifo nosso). STJ: "2.1. No presente caso, verifica-se que a perda do cargo público foi fundamentada apenas com base no disposto no art. 92, I, *a*, do CP. Assim, '[...], não tendo o decreto condenatório, na espécie, apontado qualquer elemento específico do caso concreto para justificar a perda do cargo público, fazendo afirmação genérica e abstrata sobre a literalidade da disposição legal do art. 92, I, do Código Penal, evidenciada se encontra a ausência de fundamentos válidos para a aplicação da referida pena acessória (AgRg no HC n. 509.144/RJ, Ministro Nefi Cordeiro, 6.ª T., *DJe* 21.11.2019)' (AgRg no AREsp n. 1.937.485/MG, rel. Ministro Sebastião Reis Júnior, 6.ª T., 16.04.2024, *DJe* de 18.04.2024). 3. Agravo regimental não conhecido, com a concessão da ordem de habeas corpus de ofício, com fundamento no art. 647-A, do CPP, para que seja afastado o efeito da condenação da perda do cargo do ora agravante C E G M, devendo tal ordem ser estendida aos demais corréus A B DE A e L G N, consoante o disposto no art. 580 do CPP" (AgRg no AREsp 2.461.377/SP, 5.ª T., rel. Joel Ilan Paciornik, 18.06.2024, v.u.); "1. Ambas as Turmas que compõem a 3.ª Seção têm entendido que, em que pese a perda da função pública não ser decorrência automática da condenação, há a possibilidade de aplicação da referida penalidade pelo juiz sentenciante como efeito da reprimenda fixada, devendo o magistrado apenas fundamentar suas conclusões em critérios objetivos e subjetivos inseridos nos autos, que demonstrem a incompatibilidade do ato criminoso com o cargo ocupado pelo acusado (AgRg no REsp 1.398.106/RN, rel. Min. Jorge Mussi, 5.ª T., j. 19.04.2018, *DJe* 27.04.2018). Ademais, o reconhecimento de que o réu praticou ato incompatível com o cargo por ele ocupado é fundamento suficiente para a decretação do efeito extrapenal de perda do cargo público (AgRg no REsp 1.613.927/RS, Rel. Min. Maria Thereza de Assis Moura, 6.ª T., j. 20.09.2016, *DJe* 30.09.2016). 2. No caso concreto, o julgado em embargos de declaração da 6.ª Turma desta Corte deixou claro que o afastamento do cargo público foi imposto 'ante a flagrante violação de dever para com a Administração Pública em que os apelantes incorreram (art. 92, I, *a*, do Código Penal), porquanto eles utilizaram o mais alto cargo político no âmbito municipal como veículo para a perpetração do ilícito em tela'. Tal fundamentação se revela idônea e suficiente para demonstrar que o réu praticou ato incompatível com o cargo por ele ocupado, violando dever para com a Administração Pública, o que se coaduna com a linha de entendimento das Turmas que compõem a Terceira Seção desta Corte" (AgRg nos EREsp 1.571.320/AL, 3.ª S., rel. Reynaldo Soares da Fonseca, 26.08.2020, v.u.).

**5-A. Imposição de penas alternativas à prisão:** não se elimina a viabilidade de perda do cargo, função ou mandato. Afinal, a lei menciona, apenas, a condenação a pena privativa de liberdade igual ou superior a um ano, por crime funcional. Eventuais benefícios penais, visando ao não cumprimento da pena em regime carcerário, não afeta o efeito da condenação. Na jurisprudência: STF: "3. Crime de facilitação de descaminho (art. 318 do CP). 4. Condenação a 3 anos e 8 meses de reclusão e perda do cargo público, nos termos do art. 92, inciso I, alínea 'a', do CP. 5. Substituição da pena privativa de liberdade por duas restritivas de direitos. 6. Crime praticado com abuso de poder ou violação de dever para com a Administração Pública. Perda do cargo devidamente justificada na sentença. 7. Alegações que dizem respeito à legislação infraconstitucional e ao reexame do conjunto fático-probatório dos autos. Óbice da Súmula 279/STF. 8. Agravo regimental a que se nega provimento" (ARE 1.069.336 AgR, 2.ª T., rel. Gilmar Mendes, 23.08.2019, v.u.). STJ: "7. A jurisprudência deste STJ entende que não há incompatibilidade entre o efeito de perda do cargo previsto no art. 92, inciso I, do Código Penal e a substituição da pena privativa de liberdade por restritiva de direitos. Precedentes" (AgRg no AREsp 1.764.654-RJ, 5.ª T., rel. Reynaldo Soares da Fonseca, 10.08.2021, v.u.).

**5-B. Perda de emprego público e aposentadoria:** *emprego público* é o posto criado por lei na estrutura hierárquica da Administração Pública, com denominação e padrão de vencimentos próprios, embora seja ocupado por servidor que possui vínculo contratual, sob

# Art. 92

a regência da CLT (ex.: escrevente judiciário contratado pelo regime da CLT). Segundo nos parece, em interpretação extensiva e sistemática, deve-se envolver o ocupante de emprego público no art. 92. Afinal, se a condenação criminal permite a perda do cargo e da função, logicamente deve-se abranger o emprego público, cuja diferença única existente com o cargo é que o ocupante deste é submetido a regime estatutário, enquanto o ocupante de emprego público é submetido a regime contratual (CLT). A aposentadoria, que é o direito à inatividade remunerada, não é abrangida pelo disposto no art. 92. A condenação criminal, portanto, somente afeta o servidor ativo, ocupante efetivo de cargo, emprego, função ou mandato eletivo. Caso já tenha passado à inatividade, não mais estando em exercício, não pode ser afetado por condenação criminal, ainda que esta advenha de fato cometido quando ainda estava ativo. Se for cabível, a medida de cassação da aposentadoria deve dar-se na órbita administrativa, não sendo atribuição do juiz criminal. Nessa ótica: STJ: "1. Atualmente, prevalece nesta Corte a orientação segundo a qual não se admite a cassação da aposentadoria como efeito penal da condenação com base no inciso I do art. 92 do Código Penal, por ausência de previsão expressa na norma penal. Precedentes" (AgRg no REsp 1.336.980/SC, 6.ª T., rel. Antônio Saldanha Palheiro, 05.11.2020, v.u.); "I – Nos termos do art. 92, inciso I, do Código Penal, constitui efeito extrapenal da sentença penal condenatória a perda de cargo, função pública ou mandato eletivo quando aplicada pena privativa de liberdade por tempo igual ou superior a um ano, nos crimes praticados com abuso de poder ou violação de dever para com a Administração Pública, ou quando for aplicada pena privativa de liberdade por tempo superior a 4 (quatro) anos nos demais casos. Entretanto, nos termos do parágrafo único do dispositivo acima citado, esta consequência não pode ser determinada de forma automática, sendo imprescindível a exposição dos motivos para a decretação da sanção. II- A previsão legal, no entanto, nada diz a respeito da cassação de aposentadoria do servidor civil, ou da reforma, caso se trate de servidor público militar. Por se tratar de norma penal punitiva, não se pode ampliar o rol de efeitos extrapenais contidos no dispositivo, sob pena de violação ao princípio que proíbe o emprego da interpretação analógica *in malam partem*, como consectário lógico do princípio da reserva legal, que veda a imposição de penalidade sem previsão legal prévia e expressa. Agravo regimental desprovido" (AgRg no AREsp 980297 – RN, 5.ª T., rel. Felix Fischer, 20.03.2018, v.u.).

**6. Efeito específico da incapacidade para o poder familiar, tutela ou curatela:** trata-se de efeito não automático e permanente, que necessita ser declarado na sentença condenatória. É aplicável aos condenados por crimes dolosos, sujeitos à pena de reclusão, cometidos contra outrem igualmente titular do mesmo poder familiar, contra filho, filha ou outro descendente tutelado ou curatelado. A Lei 13.715/2018 modificou a redação do inciso II do art. 92 do Código Penal, adaptando, de modo correto, a expressão "pátrio poder" para "poder familiar", como previsto no Código Civil. Inseriu, de modo inédito, como vítima do delito a outra pessoa que detém o mesmo poder familiar. Isso significa a hipótese de o pai agredir a mãe ou o contrário (ambos têm o poder familiar). Além disso, incluiu, no rol das vítimas do crime cometido pelo genitor, a "filha" e "outro descendente". Quanto ao termo "filha", a alteração foi desnecessária (a palavra "filho" já envolvia o feminino). Inseriram-se, ainda, devidamente, outros descendentes, como netos, bisnetos etc. Pouco interessa, nesse caso, qual o montante da pena aplicada, importando somente se tratar de crime sujeito à pena de reclusão. Embora seja de aplicação rara, por esquecimento do magistrado ou porque este se convence de sua inutilidade no campo reeducativo e pedagógico (lembremos que o efeito é permanente, podendo fomentar o descrédito do pai ou da mãe no lar em relação ao filho, mesmo depois de cumprida a pena), o fato é que a lei civil também prevê a hipótese de perda do poder familiar em caso de condenação. Dispõe o art. 1.638, parágrafo único, do Código Civil (com a redação dada pela Lei 13.715/2018) o seguinte: "perderá também por ato judicial o poder familiar aquele que: I – praticar contra outrem igualmente titular do mesmo poder familiar: a) homicídio, feminicídio ou lesão corporal de natureza grave ou seguida de morte, quando se tratar de crime doloso envolvendo violência doméstica e familiar ou menosprezo ou discriminação à condição de mulher; b) estupro ou outro crime contra a dignidade sexual sujeito à pena de reclusão; II – praticar contra filho, filha ou outro descendente: a) homicídio, feminicídio ou lesão corporal de natureza grave ou seguida de morte, quando se tratar de crime doloso envolvendo violência doméstica e familiar ou menosprezo ou discriminação à condição de mulher; b) estupro, estupro de vulnerável ou outro crime contra a dignidade sexual sujeito à pena de reclusão". Sob outro aspecto, constitui forma de suspensão do poder familiar a condenação por sentença irrecorrível, em face de delito cuja pena ultrapasse dois anos de prisão (art. 1.637, parágrafo único, CC). Nessa hipótese, pouco importa se o crime é apenado com reclusão ou detenção (fala-se somente em *prisão*) ou mesmo se tem a infração penal como vítima o filho. O enfoque deve ser a prisão efetiva, em regime incompatível com o exercício do poder familiar (ex.: aquele que está em regime fechado não tem condições de cuidar do filho). No entanto, se o genitor for condenado a regime semiaberto ou aberto, possuindo condições de criar os filhos, a suspensão se torna desnecessária. A Lei 14.994/2024 acrescentou a possibilidade de perda do poder familiar, tutela ou curatela, em caso de crime cometido contra a mulher, por razões da condição do sexo feminino (indicação feita no art. 121-A, § 1.º, CP), vale dizer, em situação de violência doméstica e familiar ou com menosprezo ou discriminação à condição de mulher. Poder-se-ia deduzir que, nesta hipótese, também seria exigível uma condenação por crime doloso apenado com reclusão. No entanto, não é essa a política criminal rigorosa, conhecida em sentido lato como *pacote antifeminicídio*. Ademais, para se extrair a conclusão de que qualquer crime (não contravenção penal) contra a mulher permite a perda do poder familiar, tutela ou curatela basta comparar com o outro efeito relativo à perda de cargo, função ou mandato eletivo, igualmente por conta de qualquer delito, nos mesmos termos. Avaliando o quadro recém-construído, faz sentido estabelecer a referida perda do poder familiar, tutela ou curatela, quando o agente agredir uma mulher, que não seja descendente ou cônjuge (companheira), envolvendo a condição supramencionada (violência doméstica, menosprezo ou discriminação), porque se vislumbra potencial ofensa a ser praticada contra filha (tutelado ou curatelado). Ilustrando, o agente estupra a sobrinha, quando esta o visita em casa; condenado a uma pena de reclusão, perde o poder familiar em relação à sua filha, tutelada ou curatelada. Todavia, se o agente pratica assédio sexual em relação a uma funcionária no escritório em que trabalha, menosprezando ou discriminando a situação da vítima, perder o poder familiar no tocante aos filhos menores de 18 anos soa ilógico. Essa hipótese não guarda relação causal e potencial no tocante à salvaguarda de descendente, funcionando, na realidade, como nítida sanção (seria uma *pena acessória* ou uma pena *a mais*). Conforme a condenação por delito praticado contra a mulher (ex.: ameaça, com dois meses de detenção), esse efeito da condenação é desproporcional (perda do poder familiar em relação aos filhos), podendo-se indicar a sua inconstitucionalidade.

**6-A. Alcance da incapacidade para o exercício do poder familiar, da tutela ou da curatela:** o pai ou a mãe, quando condenado por crime sujeito à pena de reclusão, cometido contra o outro detentor do poder familiar, do filho (filha) ou outro descendente, deve perder o poder familiar no tocante a *todos* os descendentes – e não somente quanto ao filho agredido (por exemplo). O tutor ou curador deve perder a tutela ou curatela no âmbito de todos os tutelados ou curatelados – e não apenas quanto à vítima do delito. Entendíamos de maneira diversa e alteramos a nossa posição. Parecia-nos injustificável que a perda do poder familiar se estendesse a todos os filhos, quando apenas um descendente tivesse sido agredido pelo genitor. A modificação de nosso entendimento deve-se a dois aspectos fundamentais: a) houve alteração

# Art. 92

Código Penal Comentado · **Nucci**

506

do inciso II do art. 92 do CP e do Código Civil (art. 1.638, parágrafo único). Nesses dispositivos, o legislador sinalizou, de maneira clara, o objetivo de afastar o poder familiar do agressor do descendente e, *também,* quando lesionar o *outro detentor do poder familiar* (o pai que vitimiza a mãe, por exemplo). No cenário da violência doméstica, portanto, se o companheiro cometer feminicídio de sua companheira, deve perder o poder familiar no tocante aos filhos. Do mesmo modo, se estuprar uma filha, perderá o poder familiar no âmbito concernente a todos os demais descendentes. Se a mãe matar um dos filhos, não mais exercerá o poder familiar quanto aos outros; b) a vivência em inúmeros julgamentos nos fez perceber que o desafio constante para vencer a violência doméstica e familiar demanda posições seguras e determinadas quanto ao agressor. Se o marido (companheiro, namorado, noivo) agride violentamente a sua esposa, está demonstrando a sua incapacidade de lidar com a família, logo, de criar e educar seus filhos com o merecido zelo e, mais que tudo, dando mostra de falta de serenidade e bom senso. O ascendente, ao estuprar um descendente vulnerável, por exemplo, emite o claríssimo sinal da sua incapacidade de exercer o poder familiar não somente em relação à vítima, mas também no tocante aos demais filhos ou netos. A tutela da dignidade humana, sobretudo no cenário familiar, leva-nos a acreditar na indispensabilidade de extensão da perda do poder familiar do agressor em relação a todos os seus descendentes. Não há mais tempo para decisões judiciais estreitas nesse contexto. Quem é capaz de agredir, com violência ou grave ameaça, os seus próprios familiares, não tem condições de exercer o papel exigido pelo poder familiar, tal como exposto na lei civil. Diante disso, não importa se a lesão é voltada a um dos filhos, tutelados ou curatelados; quem o fez, evitando-se males futuros, deve perder, totalmente, o poder familiar, a tutela ou a curatela de quem quer que seja. Atualmente, cabe ao Judiciário zelar pela defesa incontestável da família (em particular, a tutela da mulher, como prevê a Lei Maria da Penha), tomando as mais adequadas e amplas medidas contra os agressores.

**7. Efeito específico da inabilitação para dirigir veículo:** trata-se de efeito não automático, que precisa ser declarado na sentença condenatória e somente pode ser utilizado quando o veículo for usado como meio para a prática de crime doloso. A nova legislação de trânsito não alterou este efeito da condenação, pois, no caso presente, o veículo é usado como instrumento de delito doloso, nada tendo a ver com os crimes culposos de trânsito. Como lembra FREDERICO MARQUES, "quem usa do automóvel, intencionalmente, para matar ou ferir alguém, não está praticando um 'delito do automóvel', mas servindo-se desse veículo para cometer um homicídio doloso, ou crime de lesão corporal também dolosa" (*Tratado de direito penal,* v. 4). Convém mencionar, ainda, o caso verdadeiro, narrado por Basileu Garcia, de certo indivíduo que, com ódio de um guarda que várias vezes o havia multado por excesso de velocidade, vendo-o, certo dia, em serviço na rua, atropelou-o. Destaca o mestre paulista como o veículo pode ser não só um meio para a prática de crimes dolosos, mas, ainda, de delitos qualificados pela insídia (citação de ALMEIDA JÚNIOR e COSTA JÚNIOR, *Lições de medicina legal,* p. 257). Na jurisprudência: TJSC: "Pleito de inabilitação para dirigir veículo automotor, nos moldes do art. 92, III, do CP. Possibilidade. Efeito da condenação. Veículo utilizado para a prática de crime doloso. Cassação da CNH do acusado que se impõe. Utilização do veículo para o transporte do estupefaciente. Circunstância devidamente descrita na denúncia e que facilitou a prática do delito, seja para operar fuga da polícia, seja para facilitar o comércio e agilizar entregas" (Ap. Crim. 0005915-54.2019.8.24.0023, 3.ª C. Crim., rel. Leopoldo Augusto Brüggemann, 19.01.2021, v.u.).

**8. Efeitos específicos e não automáticos:** como exposto nos comentários aos incisos I e II deste artigo, embora sejam efeitos direcionados aos casos ali enumerados, que não são válidos para todos os delitos, cuida-se de situação devidamente descrita e imposta pelo juiz na sentença. Preceitua-se a indispensabilidade de motivação e acrescenta-se, com a Lei

14.994/2024, a dispensa de pedido expresso da acusação. Na realidade, a fundamentação é um dever judicial para qualquer decisão, regra advinda da Constituição Federal (art. 93, IX) e a determinação desse efeito nunca exigiu pedido explícito formulado pelo órgão acusatório, pois se cuida de autorização advinda diretamente de lei.

**9. Ampliação de efeitos específicos da condenação:** as consequências previstas no art. 92 são consideradas *específicas* porque deveriam ter algum liame com o crime cometido ou gerar algum outro efeito lógico. Para o servidor público perder o cargo, a função ou mandato eletivo deve haver nexo com o delito cometido, tendo por sujeito passivo a Administração Pública (inciso I, "a"). Pode, ainda, perder o cargo, a função ou o mandato quando a pena for privativa de liberdade superior a quatro anos, por inviabilizar o exercício funcional (inciso I, "b"), pois comporta regime fechado ou semiaberto. No tocante a uma condenação por qualquer delito contra a mulher (violência doméstica e familiar ou menosprezo e discriminação), o legislador *amplia*, visivelmente, os efeitos da condenação. O servidor público perde o cargo, função ou mandato eletivo, sem necessidade de haver qualquer nexo causal entre a infração cometida e o efeito gerado. No que concerne à incapacidade para o poder familiar, tutela ou curatela, do mesmo modo, não se demanda liame entre o delito contra a mulher e esse efeito. Observa-se o intento de uma reprimenda *a mais* ao agressor de mulher. Noutros termos, exemplificando, se alguém, casado, com filhos, além de ser tutor de um sobrinho, agredir uma mulher em seu ambiente laboratorial, por motivo de discriminação à condição feminina, perderá o poder familiar em relação aos seus filhos e a tutela de seu sobrinho, sem qualquer nexo entre infração penal e efeito da condenação. São medidas punitivas, que não constam expressamente no tipo penal, restando saber se, em alguns casos, não adentram o campo da desproporcionalidade, gerando inconstitucionalidade. Exemplo disso seria a condenação por delito patrimonial, na forma tentada, a uma pena de curta duração, cumprida em regime aberto, desencadeando perda do poder familiar e de cargo, função pública ou mandato eletivo.

**10. Condições para o efeito da condenação dos incisos I e II:** quanto à perda do poder familiar, tutela ou curatela, expusemos em itens anteriores inexistir necessidade de qualquer requisito para que esse efeito se implemente. Para a perda de cargo, função ou mandato, embora, também, não haja requisito especial, pode-se argumentar com o disposto nas alíneas *a* e *b* do inciso I do art. 92 (pena privativa de liberdade igual ou superior a um ano, em delitos funcionais ou superior a quatro anos em outros casos). Contudo, inexiste razão para mesclar um quadro específico, que sempre foi destinado a funcionários públicos, que cometessem infrações penais no exercício da sua atividade, com crimes praticados contra a mulher, em cenário de violência doméstica, menosprezo ou discriminação. Não há como demandar um patamar mínimo de pena – privativa de liberdade, igual ou superior a um ano (ou mais) –, visto que o denominado *pacote antifeminicídio*, envolvendo diversas modificações legislativas, tem por finalidade maior severidade quanto a crimes cometidos contra a mulher. Criaram-se, como decorrência *automática* da condenação, esses efeitos descritos nos incisos I e II.

**11. Impedimento de início de exercício de cargo, função pública ou mandato eletivo:** acompanhando a possibilidade de perda, cria-se a vedação à nomeação, designação ou diplomação do condenado por crime contra a mulher, como outro efeito automático, entretanto, temporário. Essa proibição perdura desde o trânsito em julgado da condenação até que o sentenciado cumpra integralmente a pena aplicada (ou tenha extinta a sua punibilidade por qualquer causa). Observe-se, uma vez mais, inexistir qualquer ligação entre o delito praticado e esse efeito, a não ser a maior punição ao agente, dentro do rigorismo imposto pela Lei 14.994/2024.

# Art. 93

Código Penal Comentado · **Nucci**

**12. Efeito automático:** diferindo da regra do art. 92, cujos efeitos são específicos e não automáticos, vale dizer, caso não impostos expressamente pelo juiz na sentença, são inaplicáveis, quando se tratar de condenação por delito cometida contra a mulher, passam a ser automáticos e não dependem da determinação judicial, pois frutos diretos da lei.

## Capítulo VII
## DA REABILITAÇÃO

### Reabilitação[1]

> **Art. 93.** A reabilitação alcança quaisquer penas aplicadas em sentença definitiva, assegurando ao condenado o sigilo dos registros sobre seu processo e condenação.[2]
>
> **Parágrafo único.** A reabilitação poderá, também, atingir os efeitos da condenação, previstos no art. 92 deste Código, vedada reintegração na situação anterior, nos casos dos incisos I e II do mesmo artigo.

**1. Conceito de reabilitação:** é a declaração judicial de reinserção do sentenciado ao gozo de determinados direitos que foram atingidos pela condenação. Ou, como ensinam REALE JÚNIOR, DOTTI, ANDREUCCI e PITOMBO, "é uma medida de Política Criminal, consistente na restauração da dignidade social e na reintegração no exercício de direitos, interesses e deveres, sacrificados pela condenação" (*Penas e medidas de segurança no novo Código*, p. 263). Antes da Reforma Penal de 1984, era causa extintiva da punibilidade (art. 108, VI, CP de 1940); atualmente é instituto autônomo que tem por fim estimular a regeneração. Porém, por óbvio, não cabe reabilitação em relação a sentença absolutória, por qualquer dos incisos do art. 387 do CPP.

**2. Crítica ao instituto:** tal como foi idealizado e de acordo com o seu alcance prático, trata-se, em verdade, de instituto de pouquíssima utilidade. Suas metas principais são garantir o sigilo dos registros sobre o processo e a condenação do sentenciado, bem como proporcionar a recuperação de direitos perdidos por conta dos efeitos da condenação. Ocorre que, no art. 202 da Lei de Execução Penal, consta que, "cumprida ou extinta a pena, não constarão da folha corrida, atestados ou certidões fornecidas por autoridade policial ou por auxiliares da Justiça, qualquer notícia ou referência à condenação, salvo para instruir processo pela prática de nova infração penal ou outros casos expressos em lei". Portanto, o sigilo já é assegurado pela referida norma, logo após o cumprimento ou extinção da pena. Por outro lado, poder-se-ia argumentar com a recuperação de direitos perdidos em virtude dos efeitos da condenação, mas o próprio Código reduz a aplicação ao art. 92, III ("inabilitação para dirigir veículo, quando utilizado como meio para a prática de crime doloso"). Os autores da Reforma Penal de 1984 buscam justificar a importância da reabilitação dizendo que vai além do preceituado no art. 202 da LEP, pois restaura a "dignidade, ofendida pela mancha da condenação, restaurando ao condenado o seu prestígio social" (*Penas e medidas de segurança no novo Código,* p. 268). Com a devida vênia, nem o condenado tem interesse nessa declaração de *reinserção social*, que quase nenhum efeito prático possui, como também dificilmente o prestígio social é recuperado, pelos próprios costumes da sociedade e diante da atitude neutra e, por vezes, hostil do Estado frente ao condenado. Pode até ser que seja resgatado, mas não será por intermédio da reabilitação e sim pela nova postura adotada pelo sentenciado após o cumprimento da sua pena. E diz, com razão, Jair Leonardo Lopes: "Nenhum condenado quererá sujeitar-se a chamar a atenção sobre a própria condenação, depois de dois anos do seu cumprimento ou depois de extinta a punibilidade, quando já vencidos os momentos mais críticos da vida do egresso da prisão, que são, exatamente, aqueles dos primeiros anos de retorno à vida em sociedade, durante os quais teria enfrentado as maiores dificuldades e talvez a própria rejeição social, se dependesse da reabilitação, e não lhe tivesse sido assegurado o sigilo da condenação por força do art. 202 da LEP. (...) Se alguém se der ao luxo de pesquisar em qualquer comarca, tribunal ou mesmo nos repertórios de jurisprudência qual o número de pedidos de reabilitação julgados, terá confirmação da total indiferença pela declaração judicial preconizada" (*Curso de direito penal*, p. 252). Assim não parece a Tourinho Filho, que defende a utilidade do instituto, chamando a atenção para o seguinte aspecto: menciona que o art. 202 da Lei de Execução Penal assegura o sigilo dos dados referentes a condenações anteriores de maneira mais branda do que o faz a reabilitação. Para chegar a tal conclusão, refere-se à parte final do art. 202, dizendo que o sigilo pode ser rompido "para instruir processo pela prática de nova infração penal ou outros casos expressos em lei", servindo, pois, não somente para processos criminais, mas, também, para concursos públicos, inscrição na OAB e fins eleitorais. No caso de ser concedida a reabilitação, argumenta, somente o juiz poderia quebrar o sigilo instaurado, como se vê do disposto no art. 748 do Código de Processo Penal (*Código de Processo Penal comentado*, v. 2, p. 489-490). Não nos parece tenha razão. A Lei de Execução Penal é lei mais recente, disciplinando exatamente o mesmo assunto, razão pela qual, nesse prisma, revogou o disposto no Código de Processo Penal. Portanto, reabilitado ou não, os dados constantes da folha de antecedentes do condenado serão exibidos sempre que houver requisição judicial ou para outros fins previstos em lei. Demonstre-se o nosso ponto de vista pela realidade. Não há interesse algum por parte de condenados de requerer a sua reabilitação, pois não veem vantagem alguma nisso, até porque os concursos públicos e demais órgãos do Estado, quando autorizados por lei, continuam, normalmente, a requisitar certidões de inteiro teor a respeito dos antecedentes do sentenciado, o que é perfeitamente viável. Na jurisprudência: STJ: "5. O Superior Tribunal de Justiça já enfatizou, em sucessivas decisões, que as anotações referentes a inquéritos e ações penais, em que houve absolvição ou extinção da punibilidade, conquanto não possam ser mencionadas na folha de antecedentes criminais, nem mesmo em certidão extraída dos livros em juízo, não podem ser excluídas do banco de dados do Instituto de Identificação, porque tais registros comprovam fatos e situações jurídicas e, por essa razão, não devem ser apagados ou excluídos, observando-se que essas informações estão protegidas pelo sigilo" (AgRg no REsp 1.751.708/SP, 6.ª T., rel. Sebastião Reis Júnior, 05.02.2019, v.u.).

---

**Art. 94.** A reabilitação poderá ser requerida,[3] decorridos 2 (dois) anos do dia em que for extinta, de qualquer modo, a pena ou terminar sua execução,[4-4-B] computando-se o período de prova da suspensão e o do livramento condicional,[5] se não sobrevier revogação, desde que o condenado:[6]

I – tenha tido domicílio no País no prazo acima referido;

II – tenha dado, durante esse tempo, demonstração efetiva e constante de bom comportamento público e privado;[6-A]

III – tenha ressarcido o dano causado pelo crime ou demonstre a absoluta impossibilidade de o fazer, até o dia do pedido, ou exiba documento que comprove a renúncia da vítima ou novação da dívida.[7]

**Parágrafo único.** Negada a reabilitação, poderá ser requerida, a qualquer tempo, desde que o pedido seja instruído com novos elementos comprobatórios dos requisitos necessários.[8-9]

# Art. 94

**3. Competência para a concessão de reabilitação:** é do juiz da condenação, nos termos do art. 743 do Código de Processo Penal, nessa parte não revogado. A Lei de Execução Penal, nada tendo disposto a respeito do tema, não transferiu ao juiz da execução a competência para tratar da reabilitação.

**4. Reabilitação em porções:** ocorreria a reabilitação *em porções* caso o sentenciado fosse, aos poucos, se reabilitando após o cumprimento ou a extinção de cada uma de suas várias penas, o que é inadmissível. Deve, primeiro, cumprir todas as penas e somente depois pedir a reabilitação.

**4-A. Desnecessidade em face de transação no JECRIM:** não há o que rever, pois a transação não resulta em condenação; houve um acordo, cujas consequências são inócuas para todos os fins, exceto para que o agente receba novamente o mesmo favor legal.

**4-B. Pagamento da multa:** constitui, igualmente, uma sanção penal, que deve ser paga para a extinção da punibilidade. Por isso, terminar a execução da pena privativa de liberdade ou restritiva de direitos, sem a quitação da multa imposta, não permite a reabilitação. Na jurisprudência: TJSC: "Reabilitação criminal (CP, art. 93, c/c art. 743 do CPP) – decisão que indefere o pedido – insurgência defensiva – 1. Prescrição não operada – regra do art. 114, II, do CP devidamente observada – 2. Pendência do pagamento da pena de multa que inviabiliza o deferimento da reabilitação – ADI n. 3.150 julgada pelo STF que reconhece o caráter de sanção criminal da pena de multa – manutenção da decisão. 'Não se cogita de reabilitação criminal quando inviabilizada a declaração de extinção da punibilidade de pena porque inadimplida a de multa. Inteligência do artigo 94 do CP. Precedentes hodiernos dos tribunais superiores' (TRF-4, des. Luiz Carlos Canalli). Recurso conhecido e desprovido" (Ap. Crim. 5004162-05.2020.8.24.0067, 3.ª C. Crim., rel. Getúlio Corrêa, 27.04.2021, v.u.).

**5. Prazo para ser requerida:** pode ser pedida 2 anos após a extinção ou término da pena, incluindo nesse período o prazo do *sursis* ou do livramento condicional, se não houver revogação. Ex.: o condenado a uma pena de um ano de reclusão recebe a suspensão condicional da pena pelo prazo de dois anos. Findo o *sursis* sem revogação, o juiz declara extinta a pena. O sentenciado pode, de imediato, pedir a reabilitação, pois decorreram os dois anos necessários. Entretanto, se não receber a suspensão condicional da pena e cumprir um ano de reclusão em regime aberto, somente após dois anos da extinção da sua pena poderá pedir a reabilitação. No primeiro caso, levou 2 anos para poder requerer o benefício; no segundo, foi obrigado a aguardar 3 anos. Lembre-se que a extinção da pena pode se dar não somente pelo seu cumprimento, mas por qualquer outra forma: prescrição, indulto, *abolitio criminis* etc. Outra nota que merece destaque é a seguinte: caso o *sursis* ou o livramento condicional tenham prazos maiores que 2 anos, é natural que o condenado tenha de esperar o final para requerer a reabilitação. Na jurisprudência: TJSP: "Para que seja deferido o pedido de reabilitação criminal, necessário que o agente tenha sido condenado por sentença definitiva. Inteligência dos artigos 93 e 94 do Código Penal e dos artigos 743, 748 e 749 do Código de Processo Penal. Recorrido que, beneficiado com a suspensão condicional do processo, teve julgada extinta a punibilidade, nos termos do artigo 89, § 5.º, da Lei n.º 9.099/95. Ante a ausência de comprovação satisfatória do preenchimento de todos os pressupostos e requisitos previstos no artigo 94 do Código Penal, tendo em vista a ausência de sentença condenatória transitada em julgado, impossível a manutenção da decisão que deferiu a reabilitação criminal. Recurso provido, para cassar a r. decisão, indeferindo a concessão da reabilitação criminal ao recorrido, com recomendação" (Remessa Necessária Criminal 0008144-70.2007.8.26.0663, 8.ª C. Crim., rel. Luis Augusto de Sampaio Arruda, 27.09.2021, v.u.).

**6. Compatibilidade dos dispositivos do Código de Processo Penal:** a reabilitação é tratada no Título IV, Capítulo II (arts. 743 a 750), do Código de Processo Penal, não estando revogados os dispositivos compatíveis com o Código Penal de 1984, até porque a Lei de Execução Penal não cuidou do tema. Na mesma ótica: Carlos Frederico Coelho Nogueira (*Efeitos da condenação, reabilitação e medidas de segurança*, p. 138). Assim, mantém-se o art. 744 do CPP, que exige, para instruir o pedido de reabilitação, os seguintes documentos: a) certidões de antecedentes do condenado das comarcas onde residiu durante os 2 anos posteriores à extinção da pena; b) atestados de autoridades policiais ou outros documentos que mostrem ter residido nas comarcas indicadas e mantido bom comportamento; c) atestados de bom comportamento fornecidos por pessoas a cujo serviço tenha estado. O bom comportamento deve seguir durante todo o processo de reabilitação, e não somente no período de 2 anos necessário para fazer o pedido; d) outros documentos que provem sua regeneração; e) prova de ter ressarcido o dano ou não poder fazê-lo. Não mais tem aplicação o art. 743 do CPP, exigindo 4 a 8 anos após a execução da pena ou da medida de segurança detentiva para ingressar com o pleito de reabilitação.

**6-A. Bom comportamento:** como exposto no item anterior, esse requisito deve ser mantido por todo o período, considerando-se o término do cumprimento ou extinção da pena até a entrada do pedido de reabilitação. Como regra, leva-se em conta a ausência de antecedentes criminais, razão pela qual se espera encontrar a inexistência de qualquer registro, incluindo acordos benéficos, que terminam por isentar o autor do delito a cumprir pena e até mesmo ser processado, como o *sursis* processual e o acordo de não persecução penal. Na jurisprudência: STJ: "1. O recorrente busca obter a reabilitação criminal, argumentando que o indiciamento seguido por um Acordo de Não Persecução Penal (ANPP) não deve ser considerado como antecedente criminal desfavorável, e que o recorrente foi localizado em todas as ocasiões em que foi demandado no curso do inquérito policial subsequente, demonstrando que seu domicílio permanece no país, justificando, assim, o deferimento do pedido de reabilitação. (...) 3. O fato de o ANPP não gerar reincidência ou maus antecedentes não necessariamente implica o reconhecimento de 'bom comportamento público e privado', conforme estabelecido no art. 94, II, do CP, que se refere à conduta social e moral do indivíduo na sociedade. 4. O termo 'bom comportamento público e privado', constante no art. 94, II, do CPP, refere-se à conduta social e moral de um indivíduo, tanto em suas interações públicas quanto privadas. Ele engloba ações éticas, respeitosas e socialmente aceitáveis em todas as áreas da vida, independentemente de estar em um ambiente público, onde outras pessoas estão presentes, ou em situações privadas, mais íntimas e pessoais. 5. Apesar dos efeitos do ANPP decorrentes de suposto crime previsto no art. 171, § 3.º, do CP pelo recebimento indevido do benefício de auxílio emergencial, a avaliação do 'bom comportamento' deve ser feita com base nas ações cotidianas do indivíduo. Logo, a ausência de bom comportamento devido ao seu indiciamento pelo crime de estelionato majorado por fraude eletrônica pode ser considerada como justificativa para negar o pedido de reabilitação" (REsp 2.059.742/RS, 5.ª T., rel. Ribeiro Dantas, 28.11.2023, v.u.).

**7. Reparação do dano à vítima:** há quem entenda que, não encontrada a vítima, deve a reparação do dano ser consignada em juízo, o que não é efetivamente o espírito da lei. O critério de *reparação do dano* deve ser amplo e flexível, ainda que possa abranger atualização monetária, quando for o caso. Quando o crime não causar prejuízo – o que pode ocorrer em alguns casos, *v.g.*, alguns crimes de perigo –, não há que se exigir tal requisito do condenado. Diga-se o mesmo quando se tratar de delito cujo sujeito passivo é indeterminado, como no caso de tráfico ilícito de drogas. Por outro lado, inexistindo pedido da vítima para a indenização dos danos provocados pelo agente, não há como se exigir esse requisito. Na jurisprudência: STJ: "2. Conforme a pacífica desta Corte Superior, para a obtenção da reabilitação, é necessário

# Art. 95

**Código Penal Comentado · Nucci**

que o requerente demonstre o ressarcimento do dano causado pelo crime ou a impossibilidade absoluta de o fazer, nos termos do art. 94, III, do Código Penal. 3. Tendo o agravante, que recebe atualmente benefício previdenciário no valor de um salário mínimo, comprovado que preencheu o requisito temporal e que teve seus imóveis apreendidos e leiloados para o ressarcimento dos danos causados pelos crimes praticados, não parece razoável exigir-se a reparação do valor total movimentado pelos delitos, o qual foi considerado como de impossível apuração na ação penal originária. 4. Ademais, não tendo ocorrido a apuração total do valor movimentado pelos delitos no processo originário, estar-se-ia exigindo da parte requerente a produção de prova impossível, obstando-se o próprio acesso ao direito à reabilitação do requerente, previsto no art. 94 do CP, com o intuito de proporcionar a restauração da dignidade pessoal e a reintegração do condenado à sociedade. 5. Demonstrada a impossibilidade de integral reparação dos danos causados, os quais não chegaram a ser totalmente apurados, deve ser reconhecido o preenchimento dos requisitos previstos para o deferimento da reabilitação ao recorrente. 6. Agravo regimental provido, para que seja deferida a reabilitação do recorrente em relação à condenação que lhe foi imposta no processo n. 0005729-23.1991.8.19.0000" (AgRg no AREsp 1.725.755-RJ, 6.ª T., rel. Nefi Cordeiro, 06.10.2020, v.u.). TJSP: "3) Entretanto, no caso presente, a reabilitação é possível, pois, a par do cumprimento dos demais requisitos (tais como o decurso do prazo após o integral cumprimento da pena, boa conduta e ausência de constatação de novas práticas criminais), fato é que se trata de crime ocorrido há mais de quatorze (14) anos e a condenação tornou-se definitiva em 2008, de modo que, no âmbito civil, ocorreu a prescrição da pretensão, na forma dos artigos 205 e seguintes do Código Civil, sendo desnecessária, na hipótese, portanto, a comprovação do ressarcimento do dano. 4) Reabilitação deferida, com determinação" (Ap. Crim. 0013041-02.2020.8.26.0562, 11.ª C. Crim., rel. Tetsuzo Namba, 18.08.2021, v.u.).

**8. Indeferimento da reabilitação:** neste ponto, está revogado o art. 749 do Código de Processo Penal, que exigia o prazo mínimo de dois anos para renovar o pleito. Aliás, da decisão denegatória da reabilitação cabe apelação. Por outro lado, quando o juiz a conceder, segundo o disposto no art. 746 do CPP, cabe recurso de ofício. Algumas vozes entendem revogada essa norma, sem que haja, no entanto, qualquer motivo a tanto. Outras modalidades de recurso de ofício subsistem normalmente no Código de Processo Penal, de forma que inexiste razão para a revogação no caso da reabilitação.

**9. Prescrição e reabilitação:** a prescrição da pretensão punitiva, porque afasta o *jus puniendi* do Estado, não permite o pedido de reabilitação. Entretanto, a prescrição da pretensão executória, que somente tem o condão de evitar a aplicação da sanção principal decorrente da decisão condenatória, permite a reabilitação.

> **Art. 95.** A reabilitação será revogada, de ofício ou a requerimento do Ministério Público, se o reabilitado for condenado, como reincidente,[10] por decisão definitiva, a pena que não seja de multa.[11]

**10. Reabilitação e reincidência:** são institutos totalmente diferentes, embora possuam conexões: a) a reabilitação não extingue a condenação anterior para efeito de reincidência, de modo que o reabilitado, cometendo novo crime, pode tornar-se reincidente; b) a reincidência pode servir para revogar a reabilitação.

**11. Caráter pessoal da reabilitação:** a reabilitação é pessoal e não pode ser requerida por sucessores ou herdeiros, diferentemente da revisão criminal.

# Título VI
## Das medidas de segurança[1]

**1. Conceito:** trata-se de uma espécie de sanção penal, com caráter preventivo e curativo, visando a evitar que o autor de um fato havido como infração penal, inimputável ou semi-imputável, mostrando periculosidade, torne a cometer outro injusto e receba tratamento adequado. JAIR LEONARDO LOPES conceitua: "É o meio empregado para a defesa social e o tratamento do indivíduo que comete crime e é considerado inimputável" (*Curso de direito penal*, p. 252). E FREDERICO MARQUES ensina: "É providência ditada pela defesa do bem comum e baseada no juízo de periculosidade, que, no tocante aos inimputáveis, substitui o juízo de reprovação consubstanciado na culpabilidade". Em posição análoga ao conceito que fornecemos acima estão os posicionamentos de PIERANGELI e ZAFFARONI, sustentando ser a medida de segurança uma forma de pena, pois, sempre que se tira a liberdade do homem, por uma conduta por ele praticada, na verdade o que existe é uma pena. Toda privação de liberdade, por mais terapêutica que seja, para quem a sofre não deixa de ter um conteúdo penoso. Assim, pouco importa o nome dado e sim o efeito gerado (*Da tentativa*, p. 29). É a postura majoritária. Para LUIZ VICENTE CERNICCHIARO e ASSIS TOLEDO, no entanto, em visão minoritária, a medida de segurança é instituto de caráter "puramente assistencial ou curativo", não sendo nem mesmo necessário que se submeta ao princípio da legalidade e da anterioridade (*Princípios básicos de direito penal*, p. 41). Seria medida pedagógica e terapêutica, ainda que restrinja a liberdade.

### Espécies de medidas de segurança[2]

> **Art. 96.** As medidas de segurança são:
>
> I – internação em hospital de custódia e tratamento psiquiátrico ou, à falta, em outro estabelecimento adequado;[3-3-A]
>
> II – sujeição a tratamento ambulatorial.[4]
>
> **Parágrafo único.** Extinta a punibilidade, não se impõe medida de segurança nem subsiste a que tenha sido imposta.[5]

**2. Sistemas de aplicação da pena e da medida de segurança:** antes da Reforma Penal de 1984, prevalecia o sistema do *duplo binário*, vale dizer, o juiz podia aplicar pena mais medida de segurança. Quando o réu praticava delito grave e violento, sendo considerado perigoso, recebia pena e medida de segurança. Assim, terminada a pena privativa de liberdade, continuava detido até que houvesse o exame de cessação de periculosidade. Na prática, pode-

# Art. 96

ria ficar preso indefinidamente, o que se afigurava profundamente injusto – afinal, na época do delito, fora considerado imputável, não havendo sentido para sofrer dupla penalidade. A designação – duplo binário – advém da expressão italiana *doppio binario*, que significa duplo trilho ou dupla via, como esclarece RENÉ ARIEL DOTTI (*Visão geral da medida de segurança*, p. 310). Atualmente, prevalecendo o sistema vicariante ("que faz as vezes de outra coisa"), o juiz somente pode aplicar pena ou medida de segurança. Caso o réu seja considerado imputável à época do crime, receberá pena; se for inimputável, caberá medida de segurança. Explica DOTTI que a adoção do sistema do binário único foi a melhor opção para evitar um paradoxo: "Se uma das finalidades da pena de prisão é ressocializar ou reeducar o infrator, sob o pálio da prevenção especial, como se justificar um complemento que pressupõe a periculosidade, ainda persistente? Trata-se de uma *contradictio in adjecto* e, portanto, a negação de um dos objetivos da pena, assim declarados em textos constitucionais e leis ordinárias" (*Visão geral da medida de segurança*, p. 311). *Em oposição* à abolição do sistema do duplo binário, confira-se a posição de CARLOS FREDERICO COELHO NOGUEIRA: "Em matéria de medidas de segurança, a sociedade e cada um de nós estaremos *totalmente desprotegidos* pela nova Parte Geral do Código Penal. (...) Não poderá mais ser declarada a periculosidade de réus imputáveis, por mais selvagens e revoltantes os crimes por eles praticados. Apenas porque, mentalmente, são *sãos*. Numa época em que a sociedade clama por segurança, dilui-se a repressão de crimes comuns, incentivando-se o incremento da criminalidade violenta" (*Efeitos da condenação, reabilitação e medidas de segurança*, p. 142).

**3. Internação em hospital de custódia e tratamento psiquiátrico:** é a obrigação de permanecer internado em hospital ou manicômio judiciário, sujeito a tratamento médico interno. Essa decisão advém do magistrado, mas tem base no laudo do perito, pois é quem possui conhecimento técnico suficiente para isso. É importante anotar que essa internação, para valer como cumprimento de medida de segurança, deve dar-se por ordem judicial e não por internação espontânea do próprio acusado. Na jurisprudência: STJ: "2. A jurisprudência desta Corte vem entendendo que não pode ser computado como pena efetivamente cumprida, por ausência de previsão legal, o tempo durante o qual o executado, sem prévia anuência ou determinação judicial, permaneceu internado, voluntariamente, em clínica para tratamento de dependência química, instituição que não se enquadra no rol do art. 96, I, do Código Penal (hospital de custódia e tratamento psiquiátrico) e, portanto, não está sujeita à fiscalização do Estado. Isso porque, se, durante o tempo de internação, o apenado não estava sujeito a restrições típicas da execução penal impostas pelo Juízo de execução, não há como se considerar que cumpria tempo de pena, tanto mais quando se tem em conta que o executado pode abandonar o tratamento quando bem entenda. Precedentes: AgRg no HC n. 626.670/ SC, relator Ministro Sebastião Reis Júnior, Sexta Turma, *DJe* de 28/3/2022; HC n. 451.223/PR, Ministro Joel Ilan Paciornik, Quinta Turma, *DJe* 27/9/2018; AREsp 1.931.271, Rel. Ministro Jesuíno Rissato (Desembargador convocado do TJDFT), publicada em 21/10/2021 e HC 664.616, Rel. Ministro Felix Fischer, publicado em 2/8/2021. 3. Situação em que executado que cumpria pena em regime semiaberto harmonizado, após romper a tornozeleira eletrônica, apresentou declaração, em juízo, informando se encontrar acolhido em instituição destinada ao tratamento de dependência química, tratamento esse com previsão de duração de 9 meses. Acolhida a justificativa, o Juízo de execução autorizou sua permanência na instituição, determinou a suspensão da execução penal e o instou a comunicar o juízo quando do término do tratamento, para reinstalação da tornozeleira e retomada do cumprimento das condições impostas quando da concessão do regime semiaberto harmonizado" (AgRg no HC 739.643/ PR, 5.ª T., rel. Reynaldo Soares da Fonseca, 14.06.2022, v.u.).

**3-A. Concorrência com a Lei 10.216/2001:** dispõe o art. 2.º, parágrafo único, da referida Lei: "são direitos da pessoa portadora de transtorno mental: I – ter acesso ao melhor tratamento do sistema de saúde, consentâneo às suas necessidades; II – ser tratada com humanidade e respeito e no interesse exclusivo de beneficiar sua saúde, visando alcançar sua recuperação pela inserção na família, no trabalho e na comunidade; III – ser protegida contra qualquer forma de abuso e exploração; IV – ter garantia de sigilo nas informações prestadas; V – ter direito à presença médica, em qualquer tempo, para esclarecer a necessidade ou não de sua hospitalização involuntária; VI – ter livre acesso aos meios de comunicação disponíveis; VII – receber o maior número de informações a respeito de sua doença e de seu tratamento; VIII – ser tratada em ambiente terapêutico pelos meios menos invasivos possíveis; IX – ser tratada, preferencialmente, em serviços comunitários de saúde mental". Na sequência, o art. 4.º preceitua: "a internação, em qualquer de suas modalidades, só será indicada quando os recursos extra-hospitalares se mostrarem insuficientes. § 1.º O tratamento visará, como finalidade permanente, a reinserção social do paciente em seu meio. § 2.º O tratamento em regime de internação será estruturado de forma a oferecer assistência integral à pessoa portadora de transtornos mentais, incluindo serviços médicos, de assistência social, psicológicos, ocupacionais, de lazer, e outros. § 3.º É vedada a internação de pacientes portadores de transtornos mentais em instituições com características asilares, ou seja, aquelas desprovidas dos recursos mencionados no § 2.º e que não assegurem aos pacientes os direitos enumerados no parágrafo único do art. 2.º". No art. 6.º, parágrafo único, consta: "são considerados os seguintes tipos de internação psiquiátrica: I – internação voluntária: aquela que se dá com o consentimento do usuário; II – internação involuntária: aquela que se dá sem o consentimento do usuário e a pedido de terceiro; e III – internação compulsória: aquela determinada pela Justiça". Finalmente, o art. 9.º dispõe que "a internação compulsória é determinada, de acordo com a legislação vigente, pelo juiz competente, que levará em conta as condições de segurança do estabelecimento, quanto à salvaguarda do paciente, dos demais internados e funcionários". A Lei 10.216/2001 não revogou, nem modificou o disposto no Código Penal, no tocante aos inimputáveis (ou semi-imputáveis), autores do injusto penal, que recebem medida de segurança. Em primeiro lugar, a mencionada Lei tem caráter civil – e não penal. Destina-se a regular as internações voluntárias, involuntárias e judiciais no âmbito cível. Em segundo, os direitos expostos nessa Lei são perfeitamente compatíveis com o escopo da Lei de Execução Penal. Quer-se a cura da pessoa sujeita à medida de segurança, devendo-se respeitar os seus direitos como paciente em tratamento, seja internado ou em liberdade. Por outro lado, atualmente, a imposição de internação ou tratamento ambulatorial tem obedecido o critério médico e não somente o texto legal do art. 97 deste Código. Em suma, a Lei 10.216/2001 *concorre* com o cenário das medidas de segurança, previstas e disciplinadas no Código Penal e na Lei de Execução Penal, não havendo colidência, mas simples composição de seus dispositivos. Na jurisprudência: TJSP: "Lesão corporal gravíssima. Sentença de absolvição imprópria. Defesa requer a imposição da medida de segurança de tratamento ambulatorial e a aplicação da Lei n.º 10.216/01. Subsidiariamente, pleiteia que o cumprimento da medida ocorra somente mediante disponibilização de vaga em hospital estadual credenciado. Internação hospitalar inafastável. Expressa previsão legal. Artigo 97, do Código Penal. Crime punido com pena de reclusão. Inaplicabilidade da Lei n.º 10.216/01 às hipóteses submetidas ao ordenamento jurídico penal. Sentença mantida. Recurso desprovido, com observação, nos termos do v. Acórdão" (Ap. Crim. 0003008-69.2014.8.26.0268, 1.ª C. Crim., rel. Péricles Piza, 01.07.2019, v.u.).

**4. Tratamento ambulatorial:** é a submissão do sujeito a tratamento médico externo, ou seja, não necessita ficar internado, embora esteja obrigado a comparecer com relativa frequência ao médico.

# Art. 97

Código Penal Comentado • **Nucci**

**5. Extinção de punibilidade:** é natural que o advento de alguma das causas de extinção da punibilidade provoque a cessação da aplicação da medida de segurança, pois nada mais existe a punir, uma vez que se encontra finda a pretensão punitiva do Estado. Assim, como exemplo, caso ocorra a prescrição da pretensão punitiva, porque entre a data do recebimento da denúncia e a data da sentença transcorreu tempo suficiente para a prescrição da pena em abstrato, o juiz não impõe medida de segurança, ainda que apurada a insanidade mental do acusado. Deve julgar extinta a sua punibilidade. Se a medida de segurança já tiver sido imposta, mas a prescrição da pretensão punitiva só for constatada posteriormente, deve ser julgada extinta a punibilidade e, consequentemente, finda a execução da internação ou do tratamento ambulatorial. Aliás, sobre a prescrição da medida de segurança, em especial, conferir a nota 33 ao art. 109.

## Imposição da medida de segurança para inimputável[6-6-A]

> **Art. 97.** Se o agente for inimputável, o juiz determinará sua internação (art. 26). Se, todavia, o fato previsto como crime for punível com detenção, poderá o juiz submetê-lo a tratamento ambulatorial.[7]

## Prazo

> § 1.º A internação, ou tratamento ambulatorial, será por tempo indeterminado,[8] perdurando enquanto não for averiguada, mediante perícia médica, a cessação de periculosidade.[9] O prazo mínimo deverá ser de 1 (um) a 3 (três) anos.[10-11-A]

## Perícia médica

> § 2.º A perícia médica realizar-se-á ao termo do prazo mínimo fixado e deverá ser repetida de ano em ano, ou a qualquer tempo, se o determinar o juiz da execução.[12-14]

## Desinternação ou liberação condicional

> § 3.º A desinternação, ou a liberação, será sempre condicional[15] devendo ser restabelecida a situação anterior se o agente, antes do decurso de 1 (um) ano, pratica fato indicativo de persistência de sua periculosidade.[16-17]
>
> § 4.º Em qualquer fase do tratamento ambulatorial, poderá o juiz determinar a internação do agente, se essa providência for necessária para fins curativos.[18-19]

**6. Pressupostos para aplicação da medida de segurança:** tratando-se, como afirmado, de uma medida restritiva de direitos ou da liberdade, portanto uma forma de sanção penal, é imprescindível que o agente tenha praticado um injusto, vale dizer, um fato típico e antijurídico (crime, do ponto de vista *objetivo*, para a doutrina tradicional). Na lição de Baumann: "Também em outros casos a dogmática se vale da ação típica e antijurídica, mas não necessariamente culpável, por exemplo, nos pressupostos da participação no fato principal. Fala-se, neste caso, de 'fato punível objetivo', ou melhor, 'fato antijurídico'" (*Derecho penal – Conceptos fundamentales*

# Art. 97

*y sistema*, p. 45). E, justamente por isso, também é indispensável haver o respeito ao devido processo legal. Deve-se assegurar ao agente, mesmo que comprovada sua inimputabilidade, o direito à ampla defesa e ao contraditório. Somente após o devido trâmite processual, com a produção de provas, poderá o juiz, constatando a prática do injusto, aplicar-lhe medida de segurança. Acrescente-se que, se alguma excludente de ilicitude estiver presente, é obrigação do juiz, a despeito de se tratar de inimputável, absolvê-lo por falta de antijuridicidade, sem aplicação de medida de segurança. Aliás, o mesmo deve ocorrer caso comprovada a insuficiência de provas, seja para a materialidade do delito, seja no tocante à autoria. Não há mais a *medida de segurança preventiva*, prevista no art. 378 do Código de Processo Penal, considerado revogado pela maioria da doutrina. De fato, previa-se a possibilidade de o juiz aplicar medida de segurança preventiva durante a instrução, mas essa providência era um reflexo do antigo art. 80 do Código Penal de 1940, *verbis*: "Durante o processo, o juiz pode submeter as pessoas referidas no art. 78, I [inimputáveis] e os ébrios habituais ou toxicômanos às medidas de segurança que lhes sejam aplicáveis". Revogado tal dispositivo, é natural que o direito processual penal tenha seguido o mesmo destino. Quando indispensável, pode o juiz decretar a medida de internação provisória prevista no art. 319, VII, do CPP.

**6-A. Absolvição imprópria:** a sentença que permite a aplicação da medida de segurança denomina-se *absolutória imprópria*, tendo em vista que, a despeito de considerar que o réu não cometeu delito, logo, não é criminoso, merece uma sanção penal (medida de segurança), como já expusemos na nota 1 *supra*. Dispõe o art. 386, parágrafo único, III, do CPP, que, na decisão absolutória, o juiz imporá medida de segurança. Sobre o tema, há a Súmula 422 do STF: "A absolvição criminal não prejudica a medida de segurança, quando couber, ainda que importe privação da liberdade".

**7. Internação em hospital de custódia e tratamento psiquiátrico:** diz a lei ser obrigatória a internação do inimputável que pratica fatos típicos e antijurídicos punidos com reclusão. Entretanto, esse preceito é nitidamente injusto, pois padroniza a aplicação da sanção penal e não resolve o drama de muitos doentes mentais que poderiam ter suas internações evitadas. Imagine-se o inimputável que cometa uma tentativa de homicídio, com lesões leves para a vítima. Se possuir família que o abrigue e ampare, fornecendo-lhe todo o suporte para a recuperação, por que interná-lo? Seria mais propícia a aplicação do tratamento ambulatorial. Melhor, nesse sentido, a Lei de Drogas, prevendo a internação somente quando o caso concreto o exigir. Na jurisprudência: STF: "1. O art. 97 do Código Penal impõe a aplicação da medida de segurança de internação ao agente inimputável que tenha praticado fato típico e jurídico punido com pena de reclusão, como ocorreu na espécie. 2. Nos termos do art. 182 do Código de Processo Penal, a existência de laudo médico pericial, elaborado antes da prolação da sentença absolutória imprópria, o qual concluiu pela possibilidade de tratamento ambulatorial da paciente, não vincula a conclusão do juiz, *que pode aceitá-lo ou rejeitá-lo, no todo ou em parte*, caso entender pela insuficiência da medida para a cessação da periculosidade" (HC 163.395 AgR, 1.ª T., rel. Alexandre de Moraes, 14.12.2018, v.u., grifamos). STJ: "1. O entendimento pacificado desta Corte Superior é no sentido de que a aplicação das medidas de segurança a inimputável não está adstrita à recomendação técnica tampouco à natureza da pena privativa de liberdade aplicável, devendo o julgador levar em consideração as particularidades do caso bem como a periculosidade do agente a fim de optar pelo tratamento mais apropriado, em homenagem aos princípios da adequação, da razoabilidade e da proporcionalidade. 2. Na hipótese, as instâncias ordinárias concluíram pela adequação da medida de internação a partir dos elementos fáticos, considerando a periculosidade do réu – evidenciada pelo fato de já ter sido recentemente absolvido impropriamente pela prática outros delitos, dentre eles, tentativa de homicídio duplamente qualificado – bem como a descontinuidade de tratamentos ambulatoriais anteriores. 3. A análise acerca da suficiência da aplicação de medida socioeducativa mais branda demanda reexame aprofundado de provas, providência vedada na via eleita" (AgRg no HC 736.312/SC, 5.ª T., rel. Joel Ilan Paciornik, 06.03.2023, v.u.); "3. A Terceira Seção deste Superior Tribunal de Justiça, por ocasião do julgamento dos Embargos de Divergência 998.128/MG, firmou o entendimento de que, à luz dos princípios da adequação, da razoabilidade e da proporcionalidade, em se tratando de delito punível com reclusão, é facultado ao magistrado a escolha do tratamento mais adequado ao inimputável, nos termos do art. 97 do Código Penal, não devendo ser considerada a natureza da pena privativa de liberdade aplicável, mas sim a periculosidade do agente. 4. Considerando que a medida de internação foi aplicada ao paciente em razão da gravidade do delito praticado e do fato de a pena corporal a ele imposta ser de reclusão, sem que nada de concreto tenha sido explicitado acerca de sua eventual periculosidade social, sendo certo que se trata de agente primário, sem qualquer envolvimento anterior com a prática delitiva, ou notícia de que tenha reiterado no crime, é cabível o abrandamento da medida de segurança, sendo suficiente e adequado o tratamento ambulatorial. 5. Habeas corpus não conhecido. Ordem concedida, de ofício, para aplicar ao paciente a medida de segurança de tratamento ambulatorial, a ser implementada pelo Juízo da Execução" (HC 617.639-SP, 5.ª T., rel. Ribeiro Dantas, 09.02.2021, v.u.); "2. O critério não é inflexível. Mesmo acontecido um delito apenado com reclusão, o juiz poderá, excepcionalmente, à luz do princípio da proporcionalidade, sujeitar o inimputável a tratamento ambulatorial, desde que constate, indene de dúvidas, a desnecessidade da internação para o fim de cura da periculosidade" (HC 584.154-SP, 6.ª T., rel. Rogerio Schietti Cruz, 04.08.2020, v.u.). No mesmo sentido, convém anotar a lição de CARLOTA PIZARRO DE ALMEIDA: "Não é correto, portanto, quando se trate de portadores de anomalia psíquica, estabelecer uma correspondência entre a medida de segurança e a gravidade do fato praticado. Mas já será importante estabelecê-la em relação à perigosidade do agente: só assim se respeita o princípio da proporcionalidade..." (*Modelos de inimputabilidade: Da teoria à prática*, p. 34).

**8. Internação por prazo indeterminado:** há quem sustente ser inconstitucional o prazo *indeterminado* para a medida de segurança, pois é vedada a pena de caráter perpétuo – e a medida de segurança, como se disse, é uma *forma* de sanção penal –, além do que, o imputável é beneficiado pelo limite das suas penas em 40 anos (art. 75, CP). Dizem ZAFFARONI e PIERANGELI: "Pelo menos é mister reconhecer-se para as medidas de segurança o limite máximo da pena correspondente ao crime cometido, ou a que foi substituída, em razão da culpabilidade diminuída" (*Manual de direito penal brasileiro* – Parte geral, p. 862). Não nos parece assim, pois, além de a medida de segurança não ser pena, deve-se fazer uma interpretação restritiva do art. 75 do Código Penal, muitas vezes fonte de injustiças. Como já exposto em capítulo anterior, muitos condenados a vários anos de cadeia estão sendo interditados civilmente, para que não deixem a prisão, por serem perigosos, padecendo de enfermidades mentais, justamente porque atingiram o teto fixado pela lei (40 anos). Ademais, apesar de seu caráter de sanção penal, a medida de segurança não deixa de ter o propósito curativo e terapêutico. Ora, enquanto não for devidamente curado, deve o sujeito submetido à internação permanecer em tratamento, sob custódia do Estado. Seria demasiado apego à forma transferi-lo de um hospital de custódia e tratamento criminal para outro, onde estão abrigados insanos interditados civilmente, somente porque foi atingido o teto máximo da pena correspondente ao fato criminoso praticado, como alguns sugerem, ou o teto máximo de 40 anos, previsto no art. 75, como sugerem outros. Embora alguns tribunais ainda pensem assim, o STJ editou a Súmula 527: "O tempo de duração da medida de segurança não deve ultrapassar o limite máximo da pena abstratamente cominada ao delito praticado". Portanto, adotou um posicionamento ainda mais brando do que o teto de 40 anos, previsto no art. 75 do Código Penal. Se houver uma internação por conta da prática de um roubo, o máximo de internação será de 10 anos. Mas, como temos defendido, o problema gerado somente "trocará de mãos". Muitos internos não possuem a menor condição de voltar ao convívio social; nessas hipóteses, provoca-se o Ministério Público a interditá-lo na esfera cível e ele continua internado, mas sob ordem de um magistrado atuante em Vara Cível. O que muda? Na vida do internado, absolutamente nada. No campo jurídico, altera-se a competência de qual juízo deve lidar com aquela insanidade. Entretanto, vale ressaltar que o Supremo Tribunal Federal já chegou a considerar a possibilidade de haver, também para a medida de segurança, o teto de 30 anos [hoje, o limite foi alterado para 40 anos], por analogia ao disposto no art. 75 do Código Penal. Ao conceder parcialmente a ordem de *habeas corpus*, porém, com o objetivo de não permitir a soltura de mulher internada há mais de 30 anos [hoje, o limite foi alterado para 40 anos] no Hospital de Custódia e Tratamento de Franco da Rocha (SP), por ter matado, por afogamento, seus dois filhos, considerada perigosa, ressuscitou-se o art. 682, § 2.º, do Código de Processo Penal (revogado pela Lei 7.210/84 – Lei de Execução Penal), que assim prevê: "Se a internação se prolongar até o término do prazo restante da pena e não houver sido imposta medida de segurança detentiva, o indivíduo terá o destino aconselhado pela sua enfermidade, feita a devida comunicação ao juiz de incapazes" (HC 84.219-SP, 1.ª T., rel. Marco Aurélio, 16.08.2005, v.u., embora antigo, serve de ilustração). Vale dizer, a pessoa internada, há mais de 40 anos, provavelmente terminará seus dias encarcerada, mas agora interditada pelo juízo cível.

**9. Culpabilidade e periculosidade:** o inimputável não sofre juízo de culpabilidade, embora com relação a ele se possa falar em periculosidade, que, no conceito de NÉLSON HUNGRIA, significa um estado mais ou menos duradouro de antissociabilidade, em nível subjetivo. Quanto mais injustos penais o inimputável comete, mais demonstra sua antissociabilidade. A periculosidade pode ser *real* ou *presumida*. É real quando há de ser reconhecida pelo juiz, como acontece nos casos de semi-imputabilidade (art. 26, parágrafo único, CP). Para aplicar uma medida de segurança ao semi-imputável o magistrado precisa verificar, no caso concreto, a existência de periculosidade. É presumida quando a própria lei a afirma, como ocorre nos casos de inimputabilidade (art. 26, *caput*, CP). Nesse caso, o juiz não necessita demonstrá-la, bastando concluir que o inimputável praticou um injusto (fato típico e antijurídico) para aplicar-lhe a medida de segurança. Outrora, antes da Reforma Penal de 1984, costumava-se aplicar ao agente do crime impossível ou no caso de ajuste, determinação, instigação e auxílio a atos preparatórios de crime (antigo art. 76, parágrafo único, CP) medida de segurança. Tal situação não persistiu no sistema penal.

**10. Conversão da pena em medida de segurança no curso da execução:** preceitua o art. 183 da Lei de Execução Penal: "Quando, no curso da execução da pena privativa de liberdade, sobrevier doença mental ou perturbação da saúde mental, o juiz, de ofício, a requerimento do Ministério Público, da Defensoria Pública ou da autoridade administrativa, poderá determinar a substituição da pena por medida de segurança". É preciso distinguir duas hipóteses: *a)* se o condenado sofrer de doença mental, não se tratando de enfermidade duradoura, deve ser aplicado o disposto no art. 41 do Código Penal, ou seja, transfere-se o sentenciado para hospital de custódia e tratamento psiquiátrico pelo tempo suficiente à sua cura. Não se trata de conversão da pena em medida de segurança, mas tão somente de providência provisória para cuidar da doença do condenado. Estando melhor, voltará a cumprir sua pena no presídio de onde saiu, desde que haja saldo remanescente; *b)* caso a doença mental tenha caráter duradouro, a transferência do condenado não deve ser feita como providência transitória, mas sim definitiva. Por isso, cabe ao juiz converter a pena em medida de segurança, aplicando-se o disposto no art. 97 do Código Penal. A discussão que se estabelece, no entanto, é no tocante à duração da medida de segurança. Há *quatro*

# Art. 97

Código Penal Comentado · **Nucci**

520

*correntes* a respeito: *a)* tem duração indefinida, nos termos do disposto no art. 97, § 1.º, do Código Penal; *b)* tem a mesma duração da pena privativa de liberdade aplicada. O sentenciado cumpre, internado, o restante da pena aplicada; *c)* tem a duração máxima de 30 anos, limite fixado para a pena privativa de liberdade [hoje, alterado para 40 anos]; *d)* tem a duração do máximo em abstrato previsto como pena para o delito que deu origem à medida de segurança. Parece-nos que o legislador deveria ter disciplinado melhor o disposto no art. 183 da Lei de Execução Penal, deixando *bem claro* o limite para seu cumprimento, após a conversão. Afinal, não mais sendo adotado o sistema do duplo binário (pena mais medida de segurança), cabe a verificação de imputabilidade no *momento do crime*, e não depois. Caso fosse considerado inimputável à época do crime, receberia por tal fato medida de segurança, podendo cumpri-la indefinidamente. A situação ora aventada, portanto, é diferente: num primeiro caso, já que cometeu um crime no estado de imputabilidade, recebeu pena. Este é o pagamento à sociedade pelo mal praticado. Ficando doente, merece tratamento, mas não por tempo indefinido. Num segundo caso, uma vez que praticou o delito no estado de inimputabilidade, recebeu medida de segurança. Pode ficar detido até que se cure. O injusto cometido tem ligação direta com a medida de segurança aplicada, justificando-se, pois, a indeterminação do término da sanção penal. Melhor seria exigir-se a clareza da lei. Não existindo tal nitidez, parece-nos mais lógico não interpretar a lei penal em desfavor do réu. Assim, tendo em vista que na época da infração penal o réu foi considerado imputável, recebeu do Estado, por consequência disso, uma pena, fixada em montante certo. Caso tenha havido conversão, é justo que a medida de segurança aplicada respeite o limite estabelecido pela condenação, ou seja, cumprirá a medida de segurança pelo prazo máximo da pena. Terminado esse prazo, continuando doente, torna-se um caso de saúde pública, merecendo ser interditado (arts. 1.767 a 1.778, CC), como aconteceria com qualquer pessoa que sofresse de enfermidade mental, mesmo sem praticar crime. Complementando: não há contradição com o que defendemos no início deste capítulo, ou seja, não ser inconstitucional a medida de segurança ter duração indefinida. O que se busca é analisar a situação do criminoso *no momento em que pratica o delito*, para evitar o malfadado duplo binário. Se era inimputável, pode receber medida de segurança por tempo indefinido, já que essa é a sanção merecida pelo que praticou. Sendo imputável, cabe-lhe a aplicação de uma pena, que não deve ser alterada no meio da execução por uma medida indeterminada. Afinal, de uma pena com limite prefixado, com trânsito em julgado, passaria o condenado a uma sanção sem limite, não nos parecendo isso correto. Para ilustrar: STJ: "Mister se faz ressaltar a diferença entre a medida de segurança prevista no Código Penal aos inimputáveis e a medida de segurança substitutiva, trazida pelo art. 183 da Lei de Execução Penal. Para os inimputáveis a lei prevê que a medida de segurança terá tempo indeterminado, durando enquanto perdurar a periculosidade do réu. Ao passo que a medida de segurança substitutiva é aplicada a quem foi julgado como imputável e no decorrer da execução da pena foi acometido por doença mental, estando, portanto, adstrita ao restante do tempo de cumprimento da pena" (HC 12.957-SP, 5.ª T., rel. Felix Fischer, 08.08.2000, v.u., *DJ* 04.09.2000, embora antigo, o julgado mantém atual o seu conteúdo). No mesmo prisma, encontramos o disposto no Código Penal português (arts. 104 e 105), determinando que a pena seja convertida em medida de segurança, se tal não se deu à época da sentença, quando ocorrer a constatação de doença mental e o agente se encontrar em estabelecimento prisional comum, pelo restante da pena aplicada. Diz CARLOTA PIZARRO DE ALMEIDA que, nessa hipótese, o que está em jogo não é a periculosidade do agente, mas a sua inadaptação para permanecer no meio prisional. Por isso, a internação será determinada pelo restante da pena, como se fosse o cumprimento da pena em estabelecimento destinado a inimputáveis (*Modelos de inimputabilidade*: Da teoria à prática, p. 121).

**10-A. Reconversão da medida de segurança em pena:** o caminho natural, para evitar qualquer tipo de subterfúgio, é converter a pena em medida de segurança, mas, melhorando o condenado, tornar a cumprir sua pena, havendo, portanto, a reconversão. Outra solução implicaria em abuso. Se a pena fosse convertida em medida de segurança indefinida, ultrapassando até mesmo o teto originalmente fixado como sanção penal pelo Estado, estaríamos diante de situação prejudicial ao sentenciado, uma vez que a imputabilidade deve ser analisada no momento do crime (vide nota 10 *supra*). Se a pena fosse convertida em medida de segurança, mas, pouco tempo depois, fosse constatada a melhora do condenado, caso pudesse conseguir a sua liberdade, muitas seriam as situações injustas. Como já citamos na nota 136 ao art. 75: se um condenado por latrocínio a 20 anos de reclusão adoecesse 5 anos após, convertida sua pena em medida de segurança e melhorando ele após 2 anos, é natural que volte a cumprir a pena faltante, ou seja, 13 anos. Liberdade imediata é o que não lhe cabe. O direito espanhol disciplinou tal situação expressamente, prevendo a possibilidade de haver a reconversão (art. 60, Código Penal).

**11. Detração e medida de segurança:** deve ser computado o período de prisão provisória no prazo mínimo estabelecido para a medida de segurança, como prevê o art. 42 do Código Penal. Assim, se a pessoa submetida à medida de segurança ficou detida, em prisão cautelar, durante toda a instrução, resultando num total de um ano, aplicada a medida de segurança de internação pelo prazo mínimo de um ano, transitada esta em julgado, aplica-se a detração, verificando-se, pois, já ser o caso de realização do exame de cessação de periculosidade (o prazo mínimo foi abatido pela detração). Se o indivíduo estiver curado, pode ser imediatamente desinternado. Do contrário, continua em tratamento e novo exame ocorrerá dentro de um ano. Entretanto, a aplicação desse dispositivo precisa ser feita com equilíbrio para não frustrar o objetivo da lei, que é somente liberar o doente quando estiver curado. Isto significa que a detração não tem o condão de, uma vez aplicada, provocar a imediata soltura da pessoa submetida à internação, mas, sim, que o exame de cessação da periculosidade deve ser providenciado. Criticando a possibilidade legal de aplicação da detração no prazo mínimo da medida de segurança está a lição de CARLOS FREDERICO COELHO NOGUEIRA: "Onde está, então, aquela distinção, preconizada pela própria Exposição de Motivos da nova Parte Geral, entre culpabilidade e periculosidade? A prisão não decorre da culpabilidade? Por que computá-la, pois, no tempo de medida de segurança, que decorre da perigosidade, nada tendo a ver com prisão provisória ou administrativa? Praticamente, o art. 42 da nova Parte Geral vai frustrar o período mínimo de duração das medidas de segurança, tornando-o uma falácia legal" (*Efeitos da condenação, reabilitação e medidas de segurança*, p. 145).

**11-A. Fixação do prazo de duração mínimo da medida de segurança:** precisa ser fundamentado, tal como se deve fazer no tocante à pena privativa de liberdade, afinal, cuida-se de sanção penal, embora com caráter curativo. O ideal é acompanhar a sugestão da perícia médica em relação ao tempo mínimo de duração da internação ou do tratamento ambulatorial. Porém, nem sempre tal orientação é encontrada no laudo, motivo pelo qual cabe ao julgador ponderar, diante das provas colhidas e do fato criminoso praticado, qual é o mais adequado tempo mínimo. Se fixar acima de um ano, deve apresentar bons argumentos; a eleição do *quantum* não pode ser arbitrária.

**12. Exame de cessação da periculosidade:** deve ser realizada a perícia médica, para comprovar a cura da pessoa submetida à medida de segurança (ou, pelo menos, o fim da sua periculosidade), propiciando a sua desinternação ou liberação do tratamento ambulatorial, como regra, após o prazo mínimo fixado pelo juiz (de um a três anos). Excepcionalmente, no entanto, surgindo algum fato superveniente, ainda no transcurso desse prazo, pode o juiz deter-

# Art. 97

Código Penal Comentado · **Nucci**

minar a antecipação do exame de cessação da periculosidade (art. 176, LEP). Essa antecipação pode ser fruto de requerimento fundamentado do Ministério Público, do interessado, de seu procurador ou defensor, mas também pode ser realizada de ofício. Embora o referido art. 176 pareça indicar que a antecipação somente pode ser determinada se houver requerimento das partes interessadas, não há sentido para se privar o juiz da execução penal dessa possibilidade, desde que chegue ao seu conhecimento fato relevante, indicativo da necessidade do exame.

**13. Procedimento para a realização do exame:** preceitua o art. 175, I, da Lei de Execução Penal que a "autoridade administrativa, até um 1 (mês) antes de expirar o prazo de duração mínima da medida, remeterá ao juiz minucioso relatório que o habilite a resolver sobre a revogação ou permanência da medida". Esse relatório deverá estar instruído com o laudo psiquiátrico. Em seguida, "serão ouvidos, sucessivamente, o Ministério Público e o curador ou defensor" (art. 175, III, do aludido Diploma Legal) – normalmente, este último é também o curador nomeado. Novas diligências podem ser realizadas, ainda que expirado o prazo mínimo da medida de segurança. Decide, então, o magistrado.

**14. Assistência de médico particular:** o art. 43 da Lei de Execução Penal garante a possibilidade de o agente contratar médico de sua confiança pessoal para orientar e acompanhar o tratamento. Havendo divergência entre o profissional particular e o médico oficial, decidirá o juiz da execução (art. 43, parágrafo único, LEP).

**15. Imposição de condições:** havendo a desinternação ou a liberação do tratamento ambulatorial, fica o agente em observação por um ano, sujeitando-se, como determina o art. 178 da Lei de Execução Penal, às condições do livramento condicional (arts. 132 e 133, LEP): a) *obrigatórias*: obter ocupação lícita; comunicar ao juiz sua ocupação, periodicamente; não mudar do território da comarca; b) *facultativas*: não mudar de residência, sem prévia comunicação; recolher-se à habitação no horário fixado; não frequentar determinados lugares. Ver nota 19 ao próximo parágrafo, sobre a possibilidade de conversão da internação em tratamento ambulatorial.

**16. Desinternação e liberação:** constatada a cessação de periculosidade, após o prazo mínimo fixado pelo juiz ou depois do tempo que for necessário para a eficácia do tratamento, ocorrerá a desinternação (para os que estiverem em medida detentiva) ou a liberação (para os que estiverem em tratamento ambulatorial). É preciso destacar que tanto a desinternação, como a liberação, serão sempre condicionais. Durante um ano ficará o agente sob prova; caso pratique algum ato indicativo de sua periculosidade – que não precisa ser um fato típico e antijurídico –, poderá voltar à situação anterior. Normalmente, faz-se o controle mediante análise da folha de antecedentes do liberado, pois não há outra forma de acompanhamento mais eficaz.

**17. Egresso:** é o internado ou submetido a tratamento ambulatorial que foi liberado em definitivo pelo período de um ano, a contar da saída do estabelecimento (art. 26, I, LEP).

**18. Conversão do tratamento ambulatorial em internação:** ver art. 184 da Lei de Execução Penal: "O tratamento ambulatorial poderá ser convertido em internação se o agente revelar incompatibilidade com a medida. Parágrafo único. Nesta hipótese, o prazo mínimo de internação será de 1 (um) ano".

**19. Conversão da internação em tratamento ambulatorial (desinternação progressiva):** prevê a lei penal que o tratamento ambulatorial pode ser convertido em internação, caso essa providência seja necessária para "fins curativos". Nada fala, no entanto, quanto à conversão da internação em tratamento ambulatorial, o que se nos afigura perfeitamente possível. Muitas vezes, o agente pode não revelar periculosidade suficiente para manter-se internado, mas ainda necessitar de um tratamento acompanhado. Assim, valendo-se da hipótese deste parágrafo, pode o magistrado determinar a desinternação do agente para o fim de se submeter a tratamento ambulatorial, que seria a *conversão* da internação em tratamento ambulatorial. Não é, pois, a desinternação prevista no parágrafo anterior – porque cessou a periculosidade –, mas sim para a continuidade dos cuidados médicos, sob outra forma. Essa medida torna-se particularmente importante, pois há vários casos em que os médicos sugerem a desinternação, para o bem do próprio doente, embora sem que haja a desvinculação do tratamento médico obrigatório. Ora, o art. 178 da Lei de Execução Penal é claro ao determinar que, havendo desinternação ou liberação, devem ser impostas ao apenado as condições obrigatórias e facultativas do livramento condicional (arts. 132 e 133, LEP). Ocorre que nenhuma delas prevê a possibilidade de se fixar, como condição, a obrigação de continuar o tratamento ambulatorial, após ter sido desinternado. Assim, o melhor a fazer é converter a internação em tratamento ambulatorial, pelo tempo que for necessário à recuperação, até que seja possível, verificando-se a cessação da periculosidade, haver a liberação condicional. Assim tem sido a posição de alguns magistrados da Vara das Execuções Penais de São Paulo, entre os quais se pode destacar a decisão de José Antonio Colombo no Proc. 358.442, de um sentenciado internado, há quase 7 anos, na Casa de Custódia e Tratamento de Taubaté, que, submetido a exame de cessação de periculosidade, teve sugerida a desinternação com aplicação de tratamento ambulatorial pelos peritos. Dessa forma, por entender contraditória a decisão que declarasse cessada a periculosidade, mas, ao mesmo tempo, impusesse tratamento ambulatorial, deliberou converter a medida de internação na mais branda, consistente em tratamento ambulatorial. Ademais, em reunião realizada no dia 26 de abril de 2001, no Hospital de Custódia e Tratamento Psiquiátrico "Prof. André Teixeira Lima", de Franco da Rocha, com a participação de autoridades da área (juiz, promotor, procurador do Estado e diretores técnicos), foi deliberado que, para a progressão do regime de internação para o tratamento ambulatorial, devem os peritos que examinarem o internado concluir pela cessação da periculosidade, embora seja recomendável o prosseguimento do acompanhamento com equipe técnica de saúde mental. Assim, os juízes das execuções penais poderiam viabilizar a colocação do internado em tratamento ambulatorial. Na jurisprudência: TJDFT: "1. A desinternação progressiva deve ser condicionada à nova perícia, com a finalidade de avaliar a cessação de sua periculosidade e não apenas sua resposta ao tratamento terapêutico, nos moldes do artigo 97, §§ 1.º e 2.º, do Código Penal e do artigo 176 da Lei de Execução Penal. 2. Considerando a natureza dos crimes cometidos pelo segurado, cujas penas foram convertidas em medida de segurança, antes de se aferir sua real situação de saúde mental, mediante perícia, deve ser mantida a decisão que indeferiu o pedido de submissão a tratamento ambulatorial. 3. Recurso conhecido e não provido para manter a decisão que indeferiu o pedido de desinternação condicional" (Agravo em Execução 07107510420218070000, 2.ª T. Crim., rel. Roberval Casemiro Belinati, 01.07.2021).

### Substituição da pena por medida de segurança para o semi-imputável

> **Art. 98.** Na hipótese do parágrafo único do art. 26 deste Código e necessitando o condenado de especial tratamento curativo, a pena privativa de liberdade pode ser substituída pela internação, ou tratamento ambulatorial, pelo prazo mínimo de 1 (um) a 3 (três) anos,[19-A-19-B] nos termos do artigo anterior e respectivos §§ 1.º a 4.º.[20-21]

**19-A. Prazo mínimo:** em qualquer hipótese, o prazo mínimo de internação ou tratamento ambulatorial deve respeitar a sugestão formulada pelo perito (médico). Se o magistrado não

# Art. 98

concordar, é preferível nomear outro perito, para que se atinja uma solução justa, vez que se trata de doença ou perturbação mental. Na jurisprudência: TJSP: "Roubo simples. Recurso defensivo. Réu confesso. Semi-imputabilidade reconhecida. Laudo pericial que apontou a necessidade de especial tratamento curativo. Imposição de medida de segurança em substituição à pena privativa de liberdade. Pretensão de limitação do prazo máximo de aplicação da medida de segurança à pena em concreto substituída. Não cabimento. Prazo máximo que está limitado ao máximo da sanção cominada em abstrato. Precedentes do STJ. Pleito de detração com o período de internação voluntária. Ausência de previsão legal. Recurso improvido" (Ap. Crim. 1506342-63.2018.8.26.0602, 16.ª C., rel. Leme Garcia, 03.11.2020, v.u.).

**19-B. Fixação da pena e, depois, substituição:** em caso de semi-imputabilidade, é preciso relembrar que o acusado sofre o juízo de culpabilidade mitigado, ou seja, deve ser condenado ao cumprimento de uma pena, com as causas de diminuição indicadas no art. 26, parágrafo único, do CP, para, depois, acolhendo sugestão do laudo pericial verificar a hipótese de conversão dessa pena em medida de segurança. É o que nos parece tecnicamente mais adequado, tendo em vista haver um juízo de censura, permitindo deduzir ter havido crime (fato típico, ilícito e culpável), motivo pelo qual há condenação – e não absolvição imprópria, típica do inimputável, cujo juízo é de periculosidade. A opção pela medida de segurança é um benefício ao condenado, evitando-se que siga para um estabelecimento penal, lugar em que pode ter a sua saúde mental, diagnosticada como perturbada, ainda mais prejudicada. Disso decorre que a medida de segurança não pode durar mais tempo que a pena fixada. Note-se o quão injusto seria se o semi-imputável estivesse sujeito a uma condenação de um mês de detenção ou reclusão e o juiz optasse, diretamente, pela aplicação da medida de segurança. Se isso fosse feito, o prazo mínimo da medida de segurança seria de um ano, podendo até mesmo haver internação. Não nos parece medida razoável ou proporcional. O raciocínio é o mesmo no caso de ser a pena substituída por medida de segurança, nos termos do art. 183 da Lei de Execução Penal. Além disso, para cálculo da prescrição, há uma pena a ser considerada. Consultar as notas 10 e 10-A supra. Na jurisprudência, há posições nos dois sentidos: STJ: "2. Segundo jurisprudência deste Superior Tribunal, 'O instituto da prescrição é aplicável até mesmo às medidas de segurança impostas em sentença absolutória imprópria, devendo, no entanto, o lapso prescricional se regular pela pena máxima abstratamente cominada ao delito" (AgRg no REsp n. 1.667.508/MG, rel. Nefi Cordeiro, 6.ª T., 10.04.2018, *DJe* de 23.04.2018). 3. Ao fazer a opção pela aplicação de medida de segurança, o julgador não pode, cumulativamente, também reduzir a reprimenda nos termos do art. 26, parágrafo único, do Código Penal. O quantum a ser considerado para aferição da prescrição da medida de segurança é a pena máxima abstratamente cominada sem a redução decorrente da eventual semi-imputabilidade" (AgRg no HC 885.405/SP, 6.ª T., rel. Rogerio Schietti Cruz, 29.04.2024, v.u.).

**20. Pena de multa e medida de segurança:** não cabe substituição da condenação a pena de multa do semi-imputável por medida de segurança.

**20-A. Critério para a substituição:** trata-se da conclusão extraída, principalmente, do laudo pericial, pois o juiz não teria como captar essa necessidade. Diante do semi-imputável, que pode, em tese, cumprir pena, o diferencial será o exame da perícia. Se este concluir pela internação ou mesmo tratamento ambulatorial, à falta de outros argumentos, o mais indicado é acatar essa recomendação para o bem do sentenciado.

**21. Medida de segurança aplicada em 2.ª instância:** diz a Súmula 525 do Supremo Tribunal Federal: "A medida de segurança não será aplicada em segunda instância, quando só o réu tenha recorrido". Essa súmula foi editada na época do sistema do duplo binário, ou seja,

525 Título VI – Das medidas de segurança **Art. 99**

quando era possível aplicar ao réu pena mais medida de segurança. De fato, se somente o réu havia recorrido, reclamando da aplicação da sua pena ou pleiteando absolvição, era natural não poder o tribunal, em vez de dar provimento ao apelo do acusado, aplicar-lhe, ainda, medida de segurança. Teria ocorrido uma *reformatio in pejus*, vedada em processo penal. Atualmente, no entanto, prevalecendo o sistema vicariante, podendo o juiz aplicar somente pena ou medida de segurança, nada impede que o semi-imputável, condenado a pena privativa de liberdade, recorrendo, tenha sua pena substituída por medida de segurança pelo tribunal, desde que seja necessário e vise ao seu tratamento curativo. Não estaria havendo *reformatio in pejus*, pois o recorrente estaria sendo beneficiado, e não prejudicado. Esse entendimento não é pacífico na jurisprudência. Na jurisprudência: STJ: "2. Embora a superveniência de doença mental do réu permita a conversão da pena privativa de liberdade em medida de segurança, nos termos do art. 41 do Código Penal, não se pode afirmar que tal substituição alteraria a natureza do título condenatório. 3. Por outro lado, não poderia a Corte de origem, em recurso exclusivo da defesa, cassar a condenação imposta ao paciente e modificar a natureza do título judicial (aplicação de medida de segurança), a pretexto de que a exclusão da pena seria favorável ao paciente. Proibição de *reformatio in pejus*" (AgRg no HC 469.698-SP, 5.ª T., rel. Reynaldo Soares da Fonseca, 12.02.2019, v.u.).

### Direitos do internado

> **Art. 99.** O internado será recolhido[22] a estabelecimento dotado de características hospitalares e será submetido a tratamento.[23-24]

**22. Competência para determinar o recolhimento:** cabe ao juiz das execuções penais. Após a decisão do juízo, absolvendo o acusado e impondo a medida de segurança, expede-se a guia de recolhimento, cabendo ao juiz das execuções penais determinar o seu cumprimento, a menos que o réu já se encontre recolhido em face de medida cautelar de internação provisória.

**23. Incompatibilidade da medida de segurança com o presídio comum:** se o agente for colocado em estabelecimento prisional comum, sem qualquer tratamento, cabe *habeas corpus* para fazer cessar o constrangimento. Ao Estado cabe providenciar, de pronto, vaga em qualquer instituição para enfermos mentais, retirando o inimputável do sistema carcerário comum. Na jurisprudência: STJ: "2. Consoante firme orientação desta Corte Superior, há constrangimento ilegal na segregação de (semi-)inimputável, submetido à medida de segurança de internação, em estabelecimento prisional comum, enquanto aguarda o surgimento de vaga em instituto psiquiátrico (Precedentes). 3. Ordem parcialmente conhecida e, nessa extensão, concedida, para determinar (I) a transferência do paciente para instituição de saúde mental ou, até que surja vaga apropriada à internação, seja o réu incluído em tratamento ambulatorial, bem como (II) a imediata realização de perícia para se aferir a periculosidade do sentenciado, nos termos dos arts. 175 e 176 da Lei de Execuções Penais" (HC 575.762-SP, 6.ª T., rel. Rogerio Schietti Cruz, 26.05.2020, v.u.); "1. Consoante entendimento deste Superior Tribunal, é indevida a segregação, em estabelecimento prisional comum, de inimputável submetido a medida de segurança de internação em hospital de custódia e tratamento, mesmo na hipótese de ausência de vaga nas instituições adequadas" (AgRg no RHC 107.147-SP, 5.ª T., rel. Ribeiro Dantas, 19.03.2019, *DJe* 25.03.2019). TJCE: "3.2. Desse modo, é evidente o constrangimento ilegal sofrido pelo paciente, uma vez que lhe foi aplicada a medida de segurança de internação, não podendo este ser mantido em prisão comum, ainda que em razão da inexistência de vaga em unidade hospitalar adequada, tendo em vista que é de responsabilidade do Estado, não podendo o paciente ser apenado por sua ineficiência. Dicção dos artigos 96 e 99 do Código Penal e artigos 99, 100, 101 e 174 da Lei de Execução Penal. 3.3. Portanto, ante a ausência de estabelecimento adequado, deve ser assegurado ao paciente local para tratamento e sua segurança, com vistas a respeitar os direitos e garantias fundamentais, que não são suspensos ou perdidos por ocasião da sentença condenatória. Precedentes STJ. 3.4 Ordem concedida de ofício para determinar que o juízo da execução adote, com urgência, as providências necessárias para que o paciente seja imediatamente transferido para estabelecimento penal apropriado ao cumprimento de medida de segurança na modalidade internação que lhe fora fixada e, na falta de vagas, deve, o paciente, ser submetido a prisão domiciliar com monitoramento eletrônico e tratamento ambulatorial até o surgimento da referida vaga" (*Habeas Corpus* Criminal: 0629983-50.2023.8.06.0000, 1ª Câm. Criminal, rel. Lira Ramos de Oliveira, 26.09.2023, v.u.).

**24. Medida de segurança na Lei de Drogas:** o art. 45, parágrafo único, da Lei 11.343/2006 prevê a possibilidade de ser internado o dependente, que, em razão da inimputabilidade, for absolvido. Não é obrigatória a determinação judicial para a internação. Depende do caso concreto e do parecer médico.

# Título VII
## Da ação penal[1]

**1. Conceito de ação penal:** o monopólio de distribuição de justiça e o direito de punir pertencem, exclusivamente, ao Estado, sendo vedada, como regra, a autodefesa e a autocomposição. Há exceções, como a legítima defesa, forma de autodefesa autorizada pelo Estado, que não pode estar em todos os lugares ao mesmo tempo, bem como a transação, prevista na Lei 9.099/1995, forma de autocomposição nas infrações de menor potencial ofensivo. A ação penal é o direito de agir, por parte do Ministério Público ou da vítima, exercido perante juízes e tribunais, invocando a prestação jurisdicional, que, na esfera criminal, é a pretensão punitiva do Estado, originária da prática da infração penal. A natureza jurídica é a mesma da ação civil, separando-se apenas em razão da matéria. O direito de punir, por seu turno, é um direito de coação indireta, pois ninguém pode ser condenado sem uma sentença judicial. Não se deve confundir o *direito de ação* com o *direito punitivo material* do Estado, pois a pretensão de punir decorre do crime e o direito de ação precede a este, não deixando de haver, entretanto, conexão entre ambos. O Estado-acusação – ou a pessoa ofendida – ingressa em juízo para obter do Estado-juiz o julgamento da pretensão punitiva e não necessariamente a condenação. Ver, ainda, o nosso livro *Código de Processo Penal comentado*, notas 1 e 2 ao Título III.

### Ação pública e de iniciativa privada

> **Art. 100.** A ação penal é pública,[2] salvo quando a lei expressamente a declara privativa do ofendido.[3-4]
>
> § 1.º A ação pública é promovida pelo Ministério Público, dependendo, quando a lei o exige, de representação do ofendido ou de requisição do Ministro da Justiça.[5]
>
> § 2.º A ação de iniciativa privada é promovida mediante queixa do ofendido ou de quem tenha qualidade para representá-lo.[6]
>
> § 3.º A ação de iniciativa privada pode intentar-se nos crimes de ação pública, se o Ministério Público não oferece denúncia no prazo legal.[7]
>
> § 4.º No caso de morte do ofendido ou de ter sido declarado ausente por decisão judicial, o direito de oferecer queixa ou de prosseguir na ação passa ao cônjuge, ascendente, descendente ou irmão.[8]

**2. Princípios que regem a ação penal pública incondicionada:** dois são os princípios que podem reger a acusação: 1.º) *obrigatoriedade*, estipulando que é indispensável a propo-

# Art. 100

Código Penal Comentado · **Nucci**

528

situra da ação, quando há provas suficientes a tanto e inexistindo obstáculos para a atuação do órgão acusatório. É o sistema italiano. Admitir o critério da oportunidade, sustentam os partidários desta posição, seria fazer a voz do Ministério Público substituir a do legislador. No Brasil, quando a lei não dispuser em sentido contrário, vigora o princípio da obrigatoriedade. Provas disso: a) a autoridade policial deve agir quando sabe de um crime (art. 6.º, CPP); b) a omissão na comunicação de crimes, no exercício da função pública, é contravenção (art. 66, LCP); c) o arquivamento do inquérito é devidamente controlado (art. 28, CPP); d) há indisponibilidade da ação penal (art. 42, CPP) e do recurso interposto (art. 576, CPP); 2.º) *oportunidade*, significando que é facultativa a propositura da ação penal, quando cometido um fato delituoso. Com base nesse critério, há uma verificação discricionária da utilidade da ação, sob o ponto de vista do interesse público. É o sistema francês e alemão (em certos casos). Como já ressaltado, adota-se, no Brasil, o princípio da obrigatoriedade, querendo dizer que o Ministério Público é o titular da ação penal, mas não é o *dono* da ação penal, ou seja, deve sempre promovê-la no prazo legal. Não o fazendo, no prazo legal, autoriza o particular a ajuizar a ação penal privada subsidiária da pública.

**3. Fixação da iniciativa da ação penal:** estabeleceu-se no Código Penal, em lugar de fazê-lo no Código de Processo Penal, quando a ação penal é pública – incondicionada ou condicionada – e privada. Para tanto, deve-se consultar, na Parte Especial, em cada tipo penal o que foi previsto pela lei. Se nada vier destacado, portanto, na omissão, a ação é pública incondicionada. Caso contrário, está evidenciado no próprio artigo (ex.: ameaça – art. 147 –, em que se prevê, no parágrafo único, que somente se procederá mediante representação; crimes contra a honra – arts. 138, 139 e 140, com a exceção do art. 140, § 2.º, onde se prevê a iniciativa mediante queixa). O presente capítulo, em nosso entender, está deslocado, merecendo a matéria ser tratada no círculo processual.

**4. Concurso de crimes e ação penal:** havendo concurso de delitos, envolvendo crimes de ação pública e privada, o Ministério Público somente está autorizado a agir no tocante ao delito de ação pública incondicionada. Ex.: em um cenário onde há uma tentativa de homicídio e uma injúria, o Promotor de Justiça só pode agir no tocante ao delito de ação incondicionada (tentativa de homicídio). Pode dar-se, no entanto, o litisconsórcio ativo entre o Ministério Público e o particular.

**5. Ação penal pública condicionada:** significa que a ação penal depende de prévia provocação do interessado: a) o Ministro da Justiça, nos casos de crimes contra a honra do Presidente da República ou de chefe de governo estrangeiro e para a persecução de crimes praticados no estrangeiro contra brasileiro. A requisição é condição para a ação penal e, também, condição de procedibilidade; b) representação do ofendido, nos casos taxativamente previstos em lei. O interesse de proteger o bem jurídico atingido é primordialmente do Estado, mas é preciso também que o particular tenha interesse na punição do autor. Logo, a pretensão punitiva do Estado somente pode ser deduzida em juízo quando há a representação, nos casos de ação pública condicionada. A representação não condiciona a existência do direito de punir do Estado, pois este surge a partir do cometimento do delito.

**6. Ação penal privada:** é a transferência do direito de acusar do Estado para o particular, pois o interesse é *eminentemente* privado. Note-se que não é transferido o direito de punir, mas tão somente o direito de agir. Canuto Mendes de Almeida já questionou essa terminologia, dizendo que não pode ser *privada* uma ação que é, na essência, *pública,* pois trata do direito de punir do Estado, lidando com direitos e garantias individuais do cidadão. Frederico Marques, no entanto, faz a crítica a essa postura, dizendo que é fruto da concepção imanentista de ação (ação correspondendo ao direito material), pois toda ação é pública (mesmo a civil), já que se trata de um direito público subjetivo de caráter instrumental exercido frente ao Estado. A ação penal privada é regida pelo princípio da *oportunidade*, tratando-se de um típico caso de *substituição processual* – do Estado pelo particular. Apesar de questionável a terminologia utilizada (ação *privada*), sob o ponto de vista da legitimidade para agir, é correta. Tanto assim que o Código Penal menciona "ação de *iniciativa* privada" (art. 100). Chama-se *privada* porque o interesse em jogo é mais particular do que público, e o escândalo gerado pelo processo pode ser mais prejudicial ao ofendido (*strepitus judicii*) do que se nada for feito contra o delinquente. *Classifica-se* a ação privada da seguinte forma: a) *principal* ou *exclusiva*: só o ofendido pode exercer (inclui-se, nesse contexto, a *personalíssima*, que somente o ofendido, pessoalmente, pode propor, conduzindo-a até o final, ou seja, não há sucessão no polo ativo por outra pessoa; caso morra a parte ofendida, antes do término da demanda, extingue-se a punibilidade do agente); b) *subsidiária da pública*: é intentada pelo ofendido diante da inércia do Ministério Público (art. 29, CPP), que deixa escoar o prazo legal sem oferecimento da denúncia; c) *adesiva*: ocorre quando o particular ingressa no processo como assistente do Ministério Público (denominação dada por alguns processualistas: cf. Frederico Marques, *Elementos de direito processual penal*, v. I, p. 325). Em nossa visão, trata-se de mera interveniência. Perde o direito de ajuizar ação o particular que: a) deixa ocorrer a decadência (decurso do prazo de seis meses, contado do dia em que veio a saber quem é o autor do crime); b) renuncia ao direito de queixa (ato unilateral); c) perdoa o querelado (ato bilateral); d) deixa ocorrer a peremção. Decorre do art. 48 do Código de Processo Penal ("A queixa contra qualquer dos autores do crime obrigará ao processo de todos, e o Ministério Público velará pela sua indivisibilidade") ser a ação penal privada indivisível, vale dizer, o particular não tem disponibilidade sobre a extensão subjetiva da acusação. Caso resolva propor contra um coautor, fica obrigado a ajuizá-la contra todos. Afinal, a tutela penal dirige-se a fatos, e não a pessoas.

**7. Ação privada subsidiária da pública:** trata-se de autorização constitucional fornecida pelo art. 5.º, LIX, possibilitando que a vítima ou seu representante legal ingresse, diretamente, com ação penal, por meio de oferecimento de queixa, quando o Ministério Público, nos casos de ações públicas, deixe de fazê-lo no prazo legal. Lembre-se que *deixar de propor a ação penal no prazo legal* é diferente de *requerer o arquivamento do inquérito*. Na primeira hipótese, pode-se dizer que o Ministério Público não respeitou o prazo previsto em lei; havendo provas suficientes, nada impede que a vítima proponha a queixa-crime. No entanto, se o MP proporcionou o arquivamento, por entender não haver provas suficientes para a denúncia (ou questão similar), ele agiu no prazo, mas em sentido contrário ao interesse da vítima. Esta não tem o direito de propor ação privada subsidiária da pública.

**8. Referência específica:** ver art. 31 do Código de Processo Penal. Tal dispositivo não se aplica no caso de ação penal privada *personalíssima*, que somente pode ser ajuizada e mantida até a sentença pela parte ofendida (ex.: art. 236, parágrafo único, CP).

### Ação penal no crime complexo

> **Art. 101.** Quando a lei considera como elemento ou circunstâncias do tipo legal fatos que, por si mesmos, constituem crimes, cabe ação pública em relação àquele, desde que, em relação a qualquer destes, se deva proceder por iniciativa do Ministério Público.[9]

# Art. 102

Código Penal Comentado · **Nucci**

**9. Ação penal no crime complexo:** crime complexo é aquele composto de dois ou mais tipos penais. Ex.: roubo = furto + lesões corporais ou ameaça. Diz o art. 101 que, quando um dos elementos ou das circunstâncias do crime constituir delito autônomo, pelo qual cabe ação pública incondicionada, caberá esta também para o crime complexo. Assim, tomando o mesmo exemplo suprarreferido do roubo, pode-se dizer que, se para o furto cabe ação pública incondicionada e para as lesões leves, condicionada, segundo a regra do art. 101, para o roubo a ação será sempre incondicionada. Esse dispositivo, no entanto, conforme crítica correta feita por parte da doutrina, seria inútil. Tudo poderia ser resolvido simplesmente pela aplicação do art. 100: o crime somente é de ação pública condicionada ou privada quando a lei assim estipular. Os demais serão sempre de ação pública incondicionada, de modo que seria irrelevante o preceituado pelo art. 101. Na jurisprudência: STJ: "1. O Código Penal estabelece a iniciativa estatal para as ações penais que envolvem crimes complexos, desde que, na formação desses delitos, esteja contida a descrição de, ao menos, um crime com persecução penal que dependa da iniciativa pública incondicionada, caso fosse considerado isoladamente. 2. É complexo o delito que compreende, na descrição do seu tipo básico ou derivado, a existência de fatos que podem ser considerados, por si mesmos, delitos autônomos. Nessa perspectiva, o crime de lesão corporal culposa no trânsito, com a causa de aumento de pena pela omissão de socorro, não pode ser considerado complexo para fins de persecução penal, porquanto a omissão de socorro não faz parte do tipo básico ou derivado, mas se trata de causa de aumento de pena. Logo, a persecução penal somente é possível mediante ação pública condicionada à representação. 4. É inviável presumir, de ofício, que a menção feita na denúncia acerca do possível estado de embriaguez do acusado pode servir para legitimar a iniciativa pública incondicionada da ação penal, quando tal aspecto não é levado em consideração pelas instâncias ordinárias, perante as quais nem sequer houve a comprovação do seu estado anímico. Além de incorrer em usurpação da competência da Corte local, há que sobrelevar o fato de que a via do *habeas corpus* é estritamente voltada para a defesa do réu. Em outras palavras, não há como reconhecer, de ofício, situação prejudicial à defesa, por mais que ela seja essencial para o deslinde da controvérsia. Evidentemente que não se trata de inviabilizar o exame de determinado caso com fundamentos distintos daqueles apresentados pelas instâncias ordinárias, mas apenas de tema ou matéria nova não debatida e que prejudique o acusado. 5. *Habeas corpus* concedido para extinguir o processo" (HC 447.351-DF, 6.ª T., rel. Antônio Saldanha Palheiro, 17.12.2019, v.u.).

### Irretratabilidade da representação

> **Art. 102.** A representação será irretratável depois de oferecida a denúncia.[10]

**10. Referência específica:** no mesmo sentido: art. 25 do Código de Processo Penal. Quanto à requisição do Ministro da Justiça, a lei silencia, razão pela qual entendemos que também é admissível a retratação até o oferecimento da denúncia. Na jurisprudência: STJ: "1. É firme a jurisprudência desta Corte no sentido de que, depois de oferecida a denúncia, a representação do ofendido será irretratável, consoante o disposto nos arts. 102 do Código Penal e 25 do Código de Processo Penal. Precedentes" (AgInt no REsp 1.719.900-RN, 6.ª T., rel. Laurita Vaz, 12.03.2019, v.u.).

### Decadência do direito de queixa ou de representação

> **Art. 103.** Salvo disposição expressa em contrário, o ofendido decai do direito de queixa ou de representação se não o exerce dentro do prazo de 6 (seis) meses, contado do dia em que veio a saber quem é o autor do crime, ou, no caso do § 3.º do art. 100 deste Código, do dia em que se esgota o prazo para oferecimento da denúncia.[11]

**11. Decadência:** significa o decurso do prazo previsto em lei sem a manifestação expressa da vítima desejando processar o autor do crime. Em caso de crime de ação privada, dentro dos seis meses, há de ser recebida a queixa-crime. Tratando-se de crime de ação penal pública condicionada à representação, esta tem que ser realizada dentro dos seis meses, legitimando o Ministério Público a agir. Na jurisprudência: STJ: "4. O prazo para o oferecimento da queixa-crime, em regra, é de seis meses, contados da data em que o ofendido vier a saber quem é o seu ofensor. Se a ação penal não é oferecida pelo particular no prazo mencionado, ocorrerá a decadência, nos termos do art. 103 do Código Penal. 5. Conforme estabelece a jurisprudência do Supremo Tribunal Federal, 'o prazo decadencial é preclusivo e improrrogável, e não se submete, em face de sua própria natureza jurídica, à incidência de quaisquer causas de interrupção ou suspensão' (Inq 774 QO, Rel. Ministro Celso de Mello, Tribunal Pleno, julgado em 23/09/1993, *DJe* 17/12/1993). 6. Considerando o princípio da legalidade estrita, que rege o Direito Penal, eventual causa impeditiva de fluência do prazo decadencial deve estar expressamente prevista em lei, o que não ocorre no caso em análise, devendo-se reconhecer a decadência" (RHC 139.063/AL, 6.ª T., rel. Laurita Vaz, j. 22.02.2022, v.u.); "2. O direito de queixa ou de representação decai se o ofendido não o exerce dentro do prazo de 6 (seis) meses, contado do dia em que veio a saber quem é o autor do crime (art. 103 do CP). Da análise dos autos, tem-se que o querelante tomou ciência dos fatos em 10/5/2018 (fl. 400) e apresentou a queixa-crime em 8/11/2018 (fl. 74), isto é, dentro do prazo de 6 meses. Improcedente, então, a alegação de decadência do direito" (AgRg no RHC 141.756-RO, 6.ª T., rel. Sebastião Reis Júnior, 15.06.2021, v.u.); "1. Nos termos dos arts. 38 do CPP e 103 do CP, o termo inicial do prazo decadencial para oferecimento da queixa-crime apenas se inicia no dia em que a vítima vem a saber quem é o autor do crime, sendo ônus do ofensor a prova em contrário. 2. Se a queixa-crime foi apresentada tempestivamente, isto é, dentro do prazo decadencial de 6 (seis) meses previsto no art. 38 do Código de Processo Penal, é irrelevante a data de seu aditamento. Precedentes" (AgRg no REsp 1.849.196-SP, 5.ª T., rel. Ribeiro Dantas, 05.03.2020, v.u.).

### Renúncia expressa ou tácita do direito de queixa

> **Art. 104.** O direito de queixa não pode ser exercido quando renunciado expressa ou tacitamente.[12]
>
> **Parágrafo único.** Importa renúncia tácita ao direito de queixa a prática de ato incompatível com a vontade de exercê-lo; não a implica, todavia, o fato de receber o ofendido a indenização do dano causado pelo crime.

**12. Renúncia ao direito de queixa:** a *renúncia* significa o desejo da vítima em não processar criminalmente o autor da infração penal, nos casos de ação penal privada ou ação pública condicionada. Em vez de deixar escoar o prazo de seis meses (decadência), o ofendido já declara textualmente não querer processar (renúncia expressa). Essa declaração pode ser feita

# Art. 105

Código Penal Comentado • **Nucci**

por escrito ou verbalmente, mas deve ser bem clara e nítida. Pode resultar, inclusive, de atitudes incompatíveis com a vontade de processar o ofensor, como, por exemplo, a reconciliação a olhos vistos entre ambos (renúncia tácita). Implica extinção da punibilidade. Na jurisprudência: STJ: "1. A renúncia tácita pressupõe que o querelante pratique ato incompatível com o desejo de processar o ofensor, que se consuma antes do oferecimento da queixa-crime. No caso, a queixa-crime foi oferecida e a conversa civilizada ocorreu em programa de rede nacional, um ato que, apenas por sua existência, não configura uma renúncia tácita" (RHC 48.216-RJ, 6.ª T., rel. Sebastião Reis Júnior, 15.05.2018, v.u.).

### Perdão do ofendido

> **Art. 105.** O perdão do ofendido, nos crimes em que somente se procede mediante queixa, obsta ao prosseguimento da ação.[13]

**13. Perdão:** o *perdão* tem exatamente o mesmo significado que a renúncia; diferem os dois institutos pelo momento procedimental em que se realizam. A renúncia deve ocorrer antes do ajuizamento da ação penal pelo ofendido. Por isso, ela é unilateral, ou seja, não depende de concordância do ofensor para ser aceita pelo juízo. No tocante ao perdão, ele se dá durante a instrução (após o ajuizamento da ação penal). Desse modo, a lei impõe o seu caráter *bilateral*, vale dizer, deve ser aceito pelo ofensor. Se este recusar, a ação precisa tramitar até o seu final. Trata-se de uma providência, em nosso entendimento, totalmente inútil. Se o agredido perdoa, extingue-se a punibilidade – é o caminho correto. Afinal, mesmo que o ofensor (querelado) recuse o perdão, pode o querelante (ofendido) permitir a ocorrência da perempção (art. 60, CPP), deixando de dar seguimento ao processo, terminando por acarretar a extinção da punibilidade do querelado do mesmo jeito.

> **Art. 106.** O perdão, no processo ou fora dele, expresso ou tácito:[14]
>
> I – se concedido a qualquer dos querelados, a todos aproveita;[15]
>
> II – se concedido por um dos ofendidos, não prejudica o direito dos outros;[16]
>
> III – se o querelado o recusa, não produz efeito.[17]
>
> § 1.º Perdão tácito é o que resulta da prática de ato incompatível com a vontade de prosseguir na ação.[18]
>
> § 2.º Não é admissível o perdão depois que passa em julgado a sentença condenatória.[19]

**14. Perdão:** pode dar-se no processo (por meio de petição, informando o juízo) ou fora dele (por meio de declaração a ser juntada no processo), de maneira expressa (como nos exemplos mencionados por petição ou declaração) ou tácita (tomando atitudes de reconciliação com o ofendido).

**15. Indivisibilidade da ação penal privada:** nos termos do art. 48 do CPP, "a queixa contra qualquer dos autores do crime obrigará ao processo de todos, e o Ministério Público velará pela sua indivisibilidade". Significa que a vítima, podendo exercitar o direito de ação, na esfera penal, não pode *escolher* contra quem ajuíza a demanda, caso haja mais de um ofensor. Deve mover ação contra todos. Por isso, se perdoar um dos querelados apenas, em razão da indivisibilidade, aproveita os demais.

**16. Perdão individualizado:** se houver ofendidos, caso um deles perdoe o querelado, a ação findará no tocante a quem o fez, sem prejudicar o intento dos demais de continuar a demanda. Afinal, respeita-se a *indivisibilidade* da ação penal no tocante à inviabilidade de a vítima eleger contra qual dos ofensores vai ajuizar a demanda. Está-se tratando, neste inciso, de mais de um ofendido, portanto, cada um deles podendo exercer o seu direito de ação individualmente. Com isso, se um dos querelantes perdoar o querelado, essa postura não afeta os outros.

**17. Natureza bilateral do perdão:** diversamente da renúncia, quando ainda não há ação ajuizada, no caso do perdão, existe demanda em andamento e, por essa razão, a lei entende que o querelado deve *aceitar* o gesto. Se o fizer, a ação termina e extingue-se a punibilidade do ofensor. Segundo nos parece, o perdão deveria ser, também, unilateral, sem necessidade da concordância do querelado, até porque o querelante pode abandonar o feito e deixar perimir a ação penal (art. 60, CPP).

**18. Perdão tácito:** a reconciliação com o ofensor, antes ou durante a ação penal, demonstra o seu desinteresse pelo processo criminal, razão pela qual não há sentido no prosseguimento. Como mencionado anteriormente, esse entendimento entre agressor e agredido pode ser evidenciado de maneira clara e inconteste (expresso) ou de modo subentendido ou implícito (tácito). Este último, podendo gerar dúvida, pode ser provado por variados meios, inclusive testemunhas, desde que se consiga demonstrar a conciliação entre querelante e querelado.

**19. Limite para o perdão:** finda a ação penal, havendo sentença condenatória, com trânsito em julgado (definitiva, sem qualquer possibilidade de recurso), não mais se possibilita à vítima o exercício do perdão, pois isso significaria um mecanismo de rescisão da coisa julgada – e não uma simples desistência de demanda em curso. O objetivo não é assegurar, indefinidamente, a oportunidade de desculpar a ofensa, vez que o Judiciário, chamado a aplicar a lei ao caso concreto, já o fez e consolidou a decisão. Finaliza, portanto, a intervenção do ofendido nesse contexto.

# Título VIII
## Da extinção da punibilidade[1-5]

**1. Conceito de extinção da punibilidade:** é o desaparecimento da pretensão punitiva ou executória do Estado, em razão de específicos obstáculos previstos em lei, por razões de política criminal. Inexiste fundamento de ordem técnica para justificar a causa de extinção da punibilidade; todas decorrem de vontade política do próprio Estado, por meio do Legislativo, de impedir a punição ao crime que seria imposta pelo Poder Judiciário. Não se deve confundir *extinção da punibilidade* com condição objetiva de punibilidade, condição negativa de punibilidade (também denominada escusa absolutória) e com *condição de procedibilidade*. Ver notas abaixo.

**2. Condições objetivas de punibilidade:** são as condições exteriores à conduta delituosa, não abrangidas pelo elemento subjetivo, que, como regra, estão fora do tipo penal, tornando-se condições para punir. São causas extrínsecas ao fato delituoso, não cobertas pelo dolo do agente. Ex.: sentença declaratória de falência em relação a alguns casos de crimes falimentares (art. 180, Lei 11.101/2005). São chamadas, também, de *anexos do tipo* ou *suplementos do tipo*. Nada impede, no entanto, que estejam inseridas no tipo penal, embora mantenham o seu caráter refratário ao dolo do agente, isto é, não precisam por este estar envolvidas. Observe-se, a título de exemplo, o disposto no art. 337-G: "patrocinar, direta ou indiretamente, interesse privado perante a Administração Pública, dando causa à instauração de licitação ou à celebração de contrato cuja invalidação vier a ser decretada pelo Poder Judiciário: Pena – reclusão, de 6 (seis) meses a 3 (três) anos, e multa" (grifamos). Nesse caso, a condição objetiva de punibilidade, que é a anulação da licitação ou do contrato em juízo, está inserida no tipo. No sentido que defendemos estão também as lições de JUAREZ TAVARES (*Teoria do injusto penal*, p. 199-204) e AMÉRICO CARVALHO (*A legítima defesa*, p. 143-144). Outro exemplo, consolidado por decisão do Supremo Tribunal Federal, é a consideração da solução definitiva do processo administrativo, que apura a existência de débitos tributários, como condição objetiva de punibilidade, para autorizar o ajuizamento de ação penal por crime contra a ordem tributária. Somente se pode concluir ser penalmente relevante uma obrigação tributária não cumprida quando, administrativamente, conclui-se que há débito. Do contrário, poder-se-ia iniciar a ação penal – o que significa, por si só, um constrangimento – para, depois, na órbita administrativa, apurar-se que nada é devido aos cofres públicos.

**3. Condições negativas de punibilidade (escusas absolutórias):** são as escusas especiais e pessoais, fundadas em razões de ordem utilitária ou sentimental, que não afetam o crime, mas somente a punibilidade. Têm efeito idêntico ao das condições objetivas de punibilidade,

# Art. 107

Código Penal Comentado · **Nucci**

mas natureza jurídica diversa. Ex.: art. 181, I e II, ou art. 348, § 2.º, do Código Penal (crimes contra o patrimônio e favorecimento pessoal, respectivamente). Nas palavras de Higuera Guimera, as escusas absolutórias "são fatos alheios à tipicidade, à antijuridicidade e à culpabilidade do sujeito, mas que são indispensáveis para que a conduta seja punível" (*Las excusas absolutórias*, p. 56). E continua o autor: "O pressuposto para que se possa aplicar uma escusa absolutória é a existência prévia de uma conduta típica, antijurídica e culpável. O delito pode atingir o grau de consumação ou de tentativa" (*Las excusas absolutórias*, p. 77).

**3-A. Diferenças entre as condições objetivas de punibilidade e as condições negativas de punibilidade:** quanto aos efeitos, ocorrendo a objetiva, impõe-se a pena; ocorrendo a negativa, exclui-se a punibilidade (as escusas absolutórias são condições de punibilidade formuladas pelo legislador no sentido negativo); por outro lado, as condições objetivas repercutem no cenário do concurso de pessoas, afastando a punição do partícipe; as negativas são de caráter pessoal, não influenciando na punição do partícipe (cf. Higuera Guimera, *Las excusas absolutórias*, p. 56).

**4. Condições de procedibilidade:** são as condições ligadas ao processo, que, uma vez presentes, autorizam a propositura da ação. Ex.: representação do ofendido nos crimes de ação pública condicionada.

**5. Causas gerais e específicas:** são gerais (comuns) as que se aplicam a todos os delitos (ex.: morte, prescrição etc.); são específicas (particulares) as que somente se aplicam a alguns tipos de delitos (ex.: retratação do agente nos crimes contra a honra). Como regra, ocorrendo uma dessas causas, extingue-se a possibilidade do Estado de impor uma pena ao agente, embora remanesça o crime praticado. Há duas exceções que permitem a exclusão do próprio delito: anistia e *abolitio criminis*. Quando um fato deixa de ser considerado criminoso (*abolitio*) ou o Estado declara esquecê-lo (anistia), é natural que afaste a concretização do crime.

**Extinção da punibilidade**[6-7]

> **Art. 107.** Extingue-se a punibilidade:[8-8-A]
>
> I – pela morte do agente;[9-11]
>
> II – pela anistia,[12] graça[13-14] ou indulto;[15-18]
>
> III – pela retroatividade de lei que não mais considera o fato como criminoso;[19]
>
> IV – pela prescrição,[20] decadência[21] ou perempção;[22]
>
> V – pela renúncia do direito de queixa ou pelo perdão aceito, nos crimes de ação privada;[23]
>
> VI – pela retratação do agente, nos casos em que a lei a admite;[24]
>
> VII – (Revogado pela Lei 11.106/2005);[25-26]
>
> VIII – (Revogado pela Lei 11.106/2005);[27-28]
>
> IX – pelo perdão judicial,[29] nos casos previstos em lei.[30-30-A]

**6. Comunicabilidade das causas extintivas da punibilidade:** são causas que *se comunicam* aos coautores e partícipes: a) o perdão para quem o aceitar; b) a *abolitio criminis*; c) a decadência; d) a perempção; e) a renúncia ao direito de queixa; f) a retratação no crime de falso testemunho. São causas que *não se comunicam*: a) a morte de um dos coautores; b) o perdão judicial; c) a graça, o indulto e a anistia (esta última pode incluir ou excluir coautores, conforme o caso); d) a retratação do querelado na calúnia ou difamação (art. 143, CP); e) a prescrição (conforme o caso; ex.: um agente é menor de 21 anos e o outro não é).

**7. Momentos de ocorrência:** havendo extinção da punibilidade, antes do trânsito em julgado da sentença, atinge-se o *jus puniendi* do Estado (pretensão punitiva), não persistindo qualquer efeito do processo ou da sentença condenatória. Ex.: prescrição da pretensão punitiva, decadência, renúncia. Quando a extinção da punibilidade for decretada, levando em conta período ocorrido após o trânsito em julgado para as partes, extingue-se a pretensão executória do Estado – imposição da pena –, remanescendo, no entanto, os efeitos secundários da sentença condenatória, tais como lançamento do nome no rol dos culpados, reincidência, entre outros.

**8. Rol exemplificativo:** o rol do art. 107 do Código Penal é apenas exemplificativo, podendo-se encontrar outras causas em diversos pontos da legislação penal. São também causas: a) o ressarcimento do dano no peculato culposo (art. 312, § 3.º, CP); b) o decurso do prazo do *sursis*, sem revogação (art. 82, CP); c) o término do livramento condicional (art. 90, CP); d) o cumprimento de pena no exterior por crime lá cometido (art. 7.º, § 2.º, *d*, CP); e) a morte do ofendido no caso do art. 236 do CP ("contrair casamento, induzindo em erro essencial o outro contraente, ou ocultando-lhe impedimento que não seja casamento anterior"), pois a ação só pode ser intentada pelo contraente enganado; f) as hipóteses previstas em leis especiais, tal como, a título de exemplo, o pagamento do tributo antes do oferecimento da denúncia, nos crimes de sonegação fiscal (art. 34, Lei 9.249/1995), ou, ainda, a não representação do ofendido na Lei 9.099/1995.

**8-A. Causas de extinção da punibilidade implícitas:** podem existir. Embora a lei não seja expressa, é possível verificar a ocorrência de extinção da punibilidade por causa implicitamente considerada como tal. É o caso do art. 522 do Código de Processo Penal: "No caso de reconciliação, depois de assinado pelo querelante o termo da desistência, a queixa será arquivada". Nos crimes contra a honra, antes de receber a queixa, o juiz oferece às partes a oportunidade de reconciliação. Se isto ocorrer, a queixa *será arquivada*, ou seja, extingue-se a punibilidade implicitamente, pois não se trata nem de renúncia, nem de perdão, que são causas explícitas de extinção da punibilidade.

**9. Morte do agente:** aplica-se a esta causa extintiva da punibilidade o princípio geral de que a morte tudo resolve (*mors omnia solvit*). A Constituição Federal cuida, também, da matéria, mencionando no art. 5.º, XLV, 1.ª parte, que a pena não deverá passar da pessoa do condenado, embora o perdimento de bens possa atingir os sucessores nos casos legalmente previstos. Aliás, justamente por isso é que a pena de multa, ainda que considerada uma dívida de valor, como estipula o art. 51 do Código Penal, com sua atual redação, morrendo o sentenciado antes do pagamento, deve ser extinta, jamais se transmitindo aos herdeiros a obrigação de quitá-la. É natural que somente os efeitos civis subsistam a cargo dos sucessores. Exige-se a certidão de óbito – que "tem por finalidade certificar a existência da morte e registrar a sua causa, quer do ponto de vista médico, quer de eventuais aplicações jurídicas, para permitir o diagnóstico da causa jurídica do óbito: seja o homicídio, o suicídio, o acidente ou a morte chamada natural" (Marco Segre) – para provar a morte, a teor do disposto no art. 62 do Código de Processo Penal. Na jurisprudência: STJ: "2. Noticiado o falecimento do agravante, extingue-se a punibilidade, por força do art. 107, I, do Código Penal. 3. Constatado o falecimento do réu, devidamente comprovado por atestado de óbito, deve ser declarada a extinção da punibilidade do réu, nos termos do art. 107, I, do Código Penal (EDcl na APn 404/AC, Min. Gilson Dipp, Corte Especial, *DJe* 18.08.2008)" (AgRg no REsp 1.815.736-MG, 6.ª T., rel. Sebastião Reis Junior, 19.11.2019, v.u.).

# Art. 107

Código Penal Comentado · **Nucci**

538

**9-A. Morte do agente e interesse recursal:** é natural que, falecendo o indiciado ou o réu, durante o trâmite do inquérito ou do processo, deve o magistrado julgar extinta a punibilidade, afetada a pretensão punitiva do Estado, arquivando-se o feito. Porém, se o réu morrer após ter sido condenado, durante o trâmite do seu recurso, poderia, em tese, haver interesse no seu processamento, manifestado por parente ou representante legal. Embora exista argumento de que o acusado, ainda que falecido, poderia ser absolvido, "limpando sua memória", ainda assim não nos convence o ponto sustentado. Afinal, antes de transitar em julgado a decisão condenatória para as partes, a morte do agente afeta diretamente a pretensão punitiva do Estado, não produzindo nenhum efeito, nem mesmo para produzir algum resultado negativo na esfera civil, como a formação de título executivo para obter indenização. Entretanto, há precedente do STJ permitindo que o espólio questione a validade de prova produzida no processo penal, tendo em vista a viabilidade de utilização em processo civil, com reflexo no patrimônio de herdeiros. Na jurisprudência: STJ: "1. Cinge-se a controvérsia acerca da legitimidade do espólio para contestar a validade das interceptações telefônicas em processo penal em que houve a extinção da punibilidade. A defesa sustenta que essas interceptações telefônicas, supostamente nulas no processo penal, impactam negativamente o patrimônio do espólio, visto que continuam a ser utilizadas em processos cíveis e administrativos relacionados à improbidade administrativa, mesmo após a extinção da punibilidade do acusado devido ao seu falecimento. 2. Embora a extinção da punibilidade pelo falecimento do agente encerre sua responsabilidade penal, não se elimina a necessidade de resolver pendências civis e indenizatórias. Essas questões perduram até que se obtenha uma resolução que esteja em conformidade com o direito substantivo e processual aplicável. Assim, o espólio e os herdeiros do falecido podem ser convocados a responder pelas consequências civis de seus atos, garantindo justiça e a devida reparação às partes afetadas. 3. Conforme o art. 107, I, do CP, a morte do agente extingue sua punibilidade. No entanto, isso não elimina os efeitos civis de decisões anteriores que repercutem sobre o patrimônio do espólio. Portanto, apesar de a responsabilidade penal ser extinta, os impactos patrimoniais de decisões em ações penais ou de improbidade administrativa – que se basearam em interceptações – podem continuar afetando o espólio. 4 Tese fixada: O espólio possui legitimidade para contestar a validade de interceptações telefônicas em processo penal, mesmo após a extinção da punibilidade devido ao falecimento do acusado, especialmente quando tais provas impactam significativamente o patrimônio dos herdeiros em ações de improbidade administrativa que se baseiam em provas emprestadas da ação penal originária" (AREsp 2.384.044/SP, 5.ª T., rel. Ribeiro Dantas, 11.06.2024, v.u.).

**9-B. Término da pessoa jurídica:** equivale à morte do agente, uma vez que a pessoa jurídica pode responder por crimes ambientais, razão pela qual, se a sua finalização ocorre, sem qualquer fraude, é de se julgar extinta a sua punibilidade. Na jurisprudência: STJ: "4. O princípio da intranscendência da pena, previsto no art. 5.º, XLV, da CR/1988, tem aplicação às pessoas jurídicas. Afinal, se o direito penal brasileiro optou por permitir a responsabilização criminal dos entes coletivos, mesmo com suas peculiaridades decorrentes da ausência de um corpo biológico, não pode negar-lhes a aplicação de garantias fundamentais utilizando-se dessas mesmas peculiaridades como argumento. 5. Extinta legalmente a pessoa jurídica ré – sem nenhum indício de fraude, como expressamente afirmou o acórdão recorrido –, aplica-se analogicamente o art. 107, I, do CP, com a consequente extinção de sua punibilidade" (REsp 1.977.172/PR, 3.ª Seção, rel. Ribeiro Dantas, 24.08.2022, por maioria).

**10. Morte presumida:** há dois enfoques a abordar: a) morte presumida em virtude de ausência, quando se der a sucessão definitiva (art. 6.º, Código Civil); b) morte presumida sem declaração de ausência, quando for "extremamente provável a morte de quem estava em perigo de vida" ou quando "alguém, desaparecido em campanha ou feito prisioneiro, não for encontrado até dois anos após o término da guerra" (art. 7.º, Código Civil). Há de se acrescentar, ainda, o disposto pelo art. 88 da Lei 6.015/1973: "poderão os Juízes togados admitir justificação para o assento de óbito de pessoas desaparecidas em naufrágio, inundação, incêndio, terremoto ou qualquer outra catástrofe, quando estiver provada a sua presença no local do desastre e não for possível encontrar-se o cadáver para exame". Em todas essas situações, sempre que houver a expedição de certidão de óbito, deve-se declarar extinta a punibilidade. Entretanto, havendo apenas a declaração de ausência para a sucessão provisória (arts. 26 e seguintes, Código Civil), entendemos incabível a extinção da punibilidade. Há de se respeitar a opção feita pelo art. 62 do Código de Processo Penal, estabelecendo a necessidade de haver certidão de óbito nos autos.

**11. Certidão de óbito falsa:** outra polêmica que circunscreve o tema é a relativa à certidão de óbito falsa. Caso o réu apresente uma certidão falsa e obtenha, com isso, a decretação da extinção da sua punibilidade, pode haver revisão? A maioria da doutrina posiciona-se, corretamente, pela negativa. Inexiste no direito brasileiro a hipótese de revisão *pro societate*, como há expressamente no Código de Processo Penal italiano (art. 69). Daí por que não se pode reabrir o processo contra o réu, sendo o caso de, no máximo, puni-lo pela falsidade. Enquanto o legislador não alterar a lei, prevendo tal possibilidade de revisão em favor da sociedade, cabe aos juízes cautela redobrada antes de declarar extinta a punibilidade do réu. Há decisões em contrário na jurisprudência, com base nos seguintes argumentos: a) se não houve morte, estava ausente o pressuposto da declaração de extinção da punibilidade, não podendo haver coisa julgada; b) a decisão de extinção da punibilidade é apenas interlocutória, não gerando coisa julgada material. Precedente do STF (antigos, mas raros): "A decisão que, com base em certidão de óbito falsa, julga extinta a punibilidade do réu pode ser revogada, dado que não gera coisa julgada em sentido estrito" (HC 104.998-SP, 1.ª T., rel. Dias Toffoli, 14.12.2010, v.u.); "Revogação do despacho que julgou extinta a punibilidade do réu, à vista do atestado de óbito, baseado em registro comprovadamente falso: sua admissibilidade, vez que referido despacho, além de *não fazer coisa julgada* em sentido estrito, fundou-se exclusivamente em fato juridicamente inexistente, não produzindo quaisquer efeitos" (HC 55.901-SP, 1.ª T., rel. Cunha Peixoto, 16.05.1978, v.u.); "A extinção da punibilidade do paciente baseou-se exclusivamente em documento falso, forjado pelo próprio réu, qual seja o registro criminoso de seu óbito e a consequente juntada aos autos da certidão comprobatória de sua morte. Ora, uma decisão proferida em tais circunstâncias, fundada exclusivamente em fato insubsistente, é juridicamente inexistente, não produz efeitos, mesmo porque, como bem pondera o Dr. Álvaro Augusto Ribeiro Costa, pela douta Procuradoria-Geral, estribado na autoridade de Manzini, a tese contrária violaria o 'princípio segundo o qual é inadmissível que o autor de um delito venha a ser beneficiado em razão da própria conduta delituosa'. A decisão que julga extinta a punibilidade, por outro lado, segundo a grande maioria de nossos processualistas em matéria penal – Magalhães Noronha, Eduardo Espínola Filho, Hélio Tornaghi –, não é sentença no seu sentido próprio, mas, sim, um despacho interlocutório misto, que decide incidentes da causa, sem examinar o mérito desta, pondo fim ao processo" (HC 60.095-RJ, 1.ª T., rel. Rafael Mayer, 30.11.1982, v.u., *RTJ* 104/1063). Com a devida vênia, conforme já expusemos, trata-se, em verdade, de uma revisão criminal em favor da sociedade *camuflada*, ainda que seja para reparar uma injustiça, não prevista pela lei processual penal. E mais: a decisão que julga extinta a punibilidade é, em nosso entender, terminativa, analisando o mérito, justamente ao declarar não mais haver pretensão punitiva do Estado (é uma sentença terminativa de mérito em sentido amplo).

**12. Anistia:** é a declaração pelo Poder Público de que determinados fatos se tornam impuníveis por motivo de utilidade social. O instituto da anistia volta-se a *fatos*, e não a pessoas. Como ilustração, aponta-se a mais notória anistia concedida no Brasil, advinda pela

# Art. 107

Código Penal Comentado · **Nucci**

edição da Lei 6.683/1979, emanada do Congresso Nacional, nos seguintes termos: "Art. 1.º É concedida anistia a todos quantos, no período compreendido entre 02 de setembro de 1961 e 15 de agosto de 1979, cometeram crimes políticos ou conexo com estes, crimes eleitorais, aos que tiveram seus direitos políticos suspensos e aos servidores da Administração Direta e Indireta, de fundações vinculadas ao poder público, aos Servidores dos Poderes Legislativo e Judiciário, aos Militares e aos dirigentes e representantes sindicais, punidos com fundamento em Atos Institucionais e Complementares. § 1.º – Consideram-se conexos, para efeito deste artigo, os crimes de qualquer natureza relacionados com crimes políticos ou praticados por motivação política. § 2.º – Excetuam-se dos benefícios da anistia os que foram condenados pela prática de crimes de terrorismo, assalto, sequestro e atentado pessoal". A base de datas envolve o período de turbulência política antes da tomada do poder pelos militares em 31 de março de 1964. Mesmo tendo sido excluídos os delitos de terrorismo, assalto, sequestro e atentado pessoal, é preciso lembrar que, novamente, por conta da Emenda Constitucional 26/1985, reiterou-se a concessão de ampla, geral e irrestrita anistia a *todos* os crimes políticos e conexos, conforme se vê: "Art. 4.º. (...) § 1.º É concedida, igualmente, anistia aos autores de crimes políticos ou conexos, e aos dirigentes e representantes de organizações sindicais e estudantis, bem como aos servidores civis ou empregados que hajam sido demitidos ou dispensados por motivação exclusivamente política, com base em outros diplomas legais. § 2.º A anistia abrange os que foram punidos ou processados pelos atos imputáveis pre-vistos no '*caput*' deste artigo, praticados no período compreendido entre 2 de setembro de 1961 e 15 de agosto de 1979". Portanto, a anistia foi *duplamente* concedida pelo Congresso Nacional, não apenas por lei ordinária, mas integrando o texto constitucional pela via da Emenda Constitucional de 1985, que convocou Assembleia Nacional Constituinte para renovar a Constituição Federal brasileira. A posição do STF é de que nenhuma norma internacional, seja de que espécie for, é superior ao nosso Texto Constitucional. Portanto, *todos* os crimes cometidos, inclusive a tortura de presos políticos, daquela época, foram anistiados de maneira incondicional e perene. Pode ocorrer a anistia antes da condena-ção definitiva – anistia própria – ou após o trânsito em julgado da condenação – anistia imprópria. Tem a força de extinguir a ação e a condenação. Primordialmente, destina-se a crimes políticos, embora nada impeça a sua concessão a crimes comuns. Aliás, o próprio constituinte deixou isso bem claro ao dispor, no art. 5.º, XLIII, não caber anistia para crimes hediondos, tortura, tráfico ilícito de entorpecentes e terrorismo, querendo dizer, portanto, que, se o Poder Público quisesse, poderia concedê-la a delitos comuns (como o tráfico ilegal de drogas). Pode ser *condicionada* ou *incondicionada*, vale dizer, pode ter condições a serem aceitas pelo beneficiário ou não. Se for condicionada, pode ser recusada; do con-trário, não cabe recusa. De um modo ou de outro, uma vez concedida, não pode mais ser revogada. É oportuno falar, ainda, em anistia *geral* ou *parcial*. A primeira favorece a todos os que praticaram determinado fato, indistintamente. A segunda beneficia somente alguns (ex.: os não reincidentes). Finalmente, ela pode ser *irrestrita* ou *limitada*, conforme abranja todos os delitos relacionados ao fato criminoso principal ou exclua alguns deles. A anistia só é concedida por meio de lei editada pelo Congresso Nacional. Possui efeito *ex tunc*, ou seja, apaga o crime e todos os efeitos da sentença, embora não atinja os efeitos civis. Serve, também, como já mencionado anteriormente, para extinguir a medida de segurança, nos termos do art. 96, parágrafo único, do Código Penal. Deve ser declarada a extinção da punibilidade, quando concedida a anistia, pelo juiz da execução penal. Tratada no art. 107 do Código Penal como excludente de punibilidade, na verdade, a sua natureza jurídica é de excludente de tipicidade, pois, *apagado* o fato, a consequência lógica é o afastamento da tipicidade, que é adequação do fato ao tipo penal.

**13. Graça ou indulto individual:** é a clemência destinada a uma pessoa determinada, não dizendo respeito a fatos criminosos. A Lei de Execução Penal passou a chamá-la, corretamente, de indulto individual (arts. 188 a 193), embora a Constituição Federal tenha entrado em contradição a esse respeito. No art. 5.º, XLIII, utiliza o termo *graça* e no art. 84, XII, refere-se tão somente a *indulto*. Portanto, diante dessa flagrante indefinição, o melhor a fazer é aceitar as duas denominações: *graça* ou *indulto individual*. Tratando-se de um perdão concedido pelo Presidente da República, dentro da sua avaliação discricionária, não sujeita a qualquer recurso, deve ser usada com parcimônia. Pode ser total ou parcial, conforme alcance todas as sanções impostas ao condenado (total) ou apenas alguns aspectos da condenação, quer reduzindo, quer substituindo a sanção originalmente aplicada (parcial). Neste último caso, não extingue a punibilidade, chamando-se *comutação*. Pode ser provocada por petição do condenado, por iniciativa do Ministério Público, do Conselho Penitenciário ou da autoridade administrativa. Exige-se o parecer do Conselho Penitenciário, seguindo ao Ministério da Justiça. Após, delibera sobre o pedido o Presidente da República, que pode, no entanto, delegar a apreciação aos Ministros de Estado, ao Procurador-Geral da República ou ao Advogado Geral da União (art. 84, parágrafo único, da Constituição). Assim como o indulto coletivo, pressupõe sentença condenatória com trânsito em julgado, servindo para apagar somente os efeitos executórios da condenação, mas não os secundários (reincidência, nome no rol dos culpados, obrigação de indenizar a vítima etc.). Torna possível, uma vez concedida, extinguir a medida de segurança. É preciso garantir que a aplicação da graça tenha uma finalidade útil de recompensa ao acusado ou condenado que, realmente, mereça. Não se pode transformar o instituto em uma *loteria*, ou seja, anualmente, sorteiam-se, ao acaso, situações de presos que são agraciados sem nada terem feito para receber a benesse. Essa não é a tradição da graça. Ilustrando, no direito medieval, "o agente que revidava uma agressão, agindo de acordo com a descriminante não era absolvido, mas a sua punibilidade era extinta pelo instituto da graça, impetrada ao soberano" (Célio de Melo Almada, *Legítima defesa*, p. 40). Em outros termos, a legítima defesa não era excludente de ilicitude, mas de punibilidade, dependendo, pois, da misericórdia e senso de justiça do soberano. Note-se, assim, o seu evidente caráter de realização de justiça no caso concreto.

**14. Avaliação judicial na graça e no indulto:** preceitua o art. 192 da Lei de Execução Penal que, "concedido o indulto e anexada aos autos cópia do decreto, o juiz declarará extinta a pena ou ajustará a execução aos termos do decreto, no caso de comutação", dando a entender que o magistrado poderá, conforme seu critério, decretar extinta a punibilidade. O fato é que, havendo qualquer tipo de condição no decreto presidencial, cabe a análise ao Judiciário, a fim de verificar se o beneficiário faz jus ao indulto. Somente quando o decreto for dirigido a uma pessoa (graça), sem estabelecer qualquer condição, o juiz é obrigado a acatar, liberando o condenado. Se, porventura, o Presidente de República, pretendendo conceder graça, fizer menção a decreto anterior de indulto coletivo, transfere ao magistrado a possibilidade de, valendo-se do art. 192 da LEP, efetivar ou não o benefício.

**15. Indulto coletivo:** é a clemência destinada a um grupo de sentenciados, tendo em vista a duração das penas aplicadas, podendo exigir requisitos subjetivos (tais como primariedade, comportamento carcerário, antecedentes) e objetivos (*v. g.*, cumprimento de certo montante da pena, exclusão de certos tipos de crimes). O indulto pode ser *total*, quando extingue todas as condenações do beneficiário, ou *parcial*, quando apenas diminui ou substitui a pena por outra mais branda. Neste último caso, não se extingue a punibilidade, chamando-se *comutação*. Controversa é a possibilidade de concessão do indulto a réu condenado, com recurso em andamento. Defende Frederico Marques a impossibilidade, pois é pressuposto do indulto a sentença condenatória definitiva, mas essa, atualmente, é uma questão superada. Predomina o entendimento de ser possível a concessão do indulto se já houve trânsito em julgado para

# Art. 107

Código Penal Comentado · **Nucci**

a acusação. E, mesmo que seja beneficiado com o indulto, pode ainda ser o recurso do réu apreciado, no mérito, pelo tribunal. Ressalte-se, a título de exemplo, o disposto no Decreto 2.838, de 06.11.1998: "Os benefícios previstos neste Decreto são aplicáveis, ainda que: I – a sentença condenatória tenha transitado em julgado somente para a acusação, sem prejuízo do julgamento do recurso da defesa na instância superior; II – haja recurso da acusação que não vise alterar a quantidade da pena aplicada ou as condições exigidas para a concessão do indulto e da comutação" (art. 4.º). Se o condenado estiver em gozo de *sursis* pode também ser beneficiado com o indulto. Aliás, é o que deixou bem claro o referido Decreto 2.838/1998 (art. 1.º, VII). Por outro lado, pode haver soma de penas para aplicação do indulto. Nesse sentido já havia decisão do Supremo Tribunal Federal, agora consolidada pelos mais recentes decretos que têm concedido o indulto (*v.g.*, Decreto 2.838/1998, art. 6.º: "As penas correspondentes a infrações diversas devem somar-se para efeito do indulto e da comutação"). Somente pode haver recusa por parte do beneficiário caso o indulto seja condicionado. Uma vez concedido, serve para extinguir os efeitos principais da sentença condenatória, mas não os secundários, salvo se o decreto assim o autorizar. Chama-se *indulto incidente* o referente a uma só das penas sofridas pelo condenado, em vias de cumprimento. Conferir o disposto pela Súmula 631 do STJ: "O indulto extingue os efeitos primários da condenação (pretensão executória), mas não atinge os efeitos secundários, penais ou extrapenais".

**15-A. Indulto condicional:** é a clemência concedida sob a condição de aperfeiçoamento futuro, isto é, o condenado pode ser colocado em liberdade, mas deve apresentar bom comportamento por certo período, normalmente dois anos, sob pena de não ser reconhecido o perdão concedido, voltando a cumprir a pena, perdendo a eficácia o indulto. Exemplificando com o Decreto 5.295, de 2004: "Art. 10. Aperfeiçoar-se-á o indulto depois de 24 (vinte e quatro) meses, a contar da expedição do termo de que trata o art. 12, devendo o beneficiário, nesse prazo, manter bom comportamento e não ser indiciado ou processado por crime doloso, excetuadas as infrações penais de menor potencial ofensivo. § 1.º Se o beneficiário vier a ser processado por crime doloso, praticado no período previsto no *caput*, considera-se prorrogado o prazo para o aperfeiçoamento do indulto, até o julgamento definitivo do processo. § 2.º Não impedirá o aperfeiçoamento do indulto a superveniência de decisão condenatória da qual resulte penas restritivas de direitos cumuladas ou não com multa, ou suspensão condicional da pena. Art. 11. Decorrido o prazo previsto no art. 10 e cumpridos os requisitos do benefício, o Juiz, ouvidos o Conselho Penitenciário, o Ministério Público e a defesa, declarará extinta a pena privativa de liberdade".

**15-B. Indulto facultativo:** se fixadas condições para o indulto (como ocorre no caso do indulto condicional), o condenado pode aceitá-lo ou rejeitá-lo. Confira-se no Decreto 5.295/2004, para ilustrar: "art. 12. O Presidente do Conselho Penitenciário ou a autoridade responsável pela custódia do preso, após a sentença concessiva do benefício *aceito pelo interessado*, chamará a sua atenção, em cerimônia solene, para as condições estabelecidas por este Decreto, colocando-o em liberdade, de tudo lavrando, em livro próprio, termo circunstanciado, cuja cópia será remetida ao Juízo da Execução Penal, entregando-se outra ao beneficiário".

**15-C. Indulto coletivo e crimes hediondos e assemelhados:** não é possível a concessão de indulto coletivo aos condenados por delitos hediondos e equiparados, a teor do disposto pelo art. 2.º, I, da Lei 8.072/1990. Há quem sustente ser esse dispositivo inconstitucional, uma vez que a Constituição Federal (art. 5.º, XLIII) teria vedado a concessão de anistia ou graça, mas não mencionou o indulto. Logo, quando a norma constitucional não proíbe, seria defeso à lei ordinária fazê-lo. Não comungamos desse entendimento (maiores detalhes são expostos na nota 28 ao art. 2.º da Lei 8.072/1990 em nosso livro *Leis penais e processuais penais comen-*

# Título VIII – Da extinção da punibilidade | Art. 107

tadas – vol. 1). Em verdade, houve mera falha de redação do mencionado art. 5.º, XLIII, CF. Onde se lê graça, leia-se indulto, pois ambos significam, na essência, a mesma coisa. Tanto é verdade que o Presidente da República tem competência expressa para conceder apenas indulto (art. 84, XII, CF), olvidando-se a graça. Ora, sempre o chefe do Executivo concedeu graça e não deixou de fazê-lo em face da redação, também lacunosa, do mencionado art. 84, XII. Por isso, parece-nos perfeitamente adequada a proibição feita pelo art. 2.º, I, da Lei 8.072/1990.

**15-D. Indulto da pena de multa e limite mínimo para inscrição de débito na dívida ativa:** o Decreto 8.172/2013, expedido pela Presidência da República, dispõe: "art. 1.º Concede-se o indulto coletivo às pessoas, nacionais e estrangeiras: (...) X – condenadas a pena de multa, ainda que não quitada, independentemente da fase executória ou juízo em que se encontre, aplicada cumulativamente com pena privativa de liberdade cumprida até 25 de dezembro de 2013, desde que não supere o valor mínimo para inscrição de débitos na Dívida Ativa da União, estabelecido em ato do Ministro de Estado da Fazenda, e que não tenha capacidade econômica de quitá-la". Alguns julgados têm indeferido a concessão de indulto a condenados, argumentando que o art. 1.º, § 1.º, da Portaria 75/2012 do Ministro da Fazenda estabelece que "os limites estabelecidos no *caput* não se aplicam quando se tratar de débitos decorrentes de aplicação de multa criminal". Entretanto, o aparente conflito de normas resolve-se pela aplicação da sucessividade, em primeiro lugar. O Decreto da Presidência da República, indultando a pena de multa, é posterior àquele relativo ao Ministério da Fazenda. Por outro lado, há nítida hierarquia de normas nesse caso. O indulto encontra-se constitucionalmente previsto no rol de atribuições do Chefe do Poder Executivo (art. 84, XII). A Portaria do Ministro nem possui *status* constitucional, além de ser o Ministro da Fazenda subordinado ao Presidente da República. Assim sendo, o disposto na Portaria não tem o condão de impedir o perdão concedido pelo Poder Executivo no tocante às penas de multa. O Decreto Presidencial é taxativo ao dizer que as multas estão indultadas, não superando o valor mínimo para inscrição de débitos na Dívida Ativa da União, estabelecido em ato do Ministro de Estado da Fazenda. Portanto, nos estritos termos da decisão presidencial, o único obstáculo para o perdão da multa é o valor mínimo estipulado para a inscrição da multa, mas não se pode impedir taxativamente o referido indulto, pela via indireta fixada em portaria. Noutros termos, essa norma não pode obstar o disposto em um Decreto Presidencial.

**15-E. Indulto humanitário:** como visto na nota 15-C *supra*, o indulto é vedado aos condenados por crimes hediondos. Entretanto, tratando-se de uma forma particular de *perdão*, proferido pelo Executivo, no tocante aos condenados gravemente enfermos, muitas vezes às vésperas do falecimento, pensamos que deva ser destinado a qualquer sentenciado. Mesmo os que estiverem cumprindo pena pela prática de crime hediondo ou equiparado são, igualmente, tutelados pelo princípio regente da *dignidade da pessoa humana*. Cuida-se, afinal, de indulto *humanitário*. Diante disso, entre a vedação ao indulto (ou graça, como já comentamos em nota anterior), prevista na Constituição Federal, no art. 5.º, e o princípio da dignidade da pessoa humana, no art. 1.º, III, CF, este último deve preponderar.

**16. Necessidade de apreciação pelo juiz da execução criminal:** o decreto de indulto do Presidente da República não produz efeito por si mesmo, devendo ser analisado pelo juiz da execução penal, que tem competência para decretar extinta a punibilidade do condenado, se for o caso. Aliás, os decretos presidenciais contêm condições objetivas e subjetivas, que necessitam de avaliação judicial, ouvindo-se o Ministério Público.

**16-A. Indulto inconstitucional:** defendemos a inaplicabilidade do indulto (coletivo ou individual) a condenados por crimes hediondos e equiparados (ver a nota 15-C *supra*),

# Art. 107

razão pela qual se o decreto contiver algum tipo de perdão, envolvendo pena decorrente de condenação por tais delitos, o juiz não é obrigado a cumpri-lo. Afinal, o decreto não vale por si só, dependendo da participação do Judiciário para dar-lhe eficácia, colocando-o em prática.

**17. Comutação (indulto parcial) e crime hediondo ou equiparado:** os decretos presidenciais trazem, como regra, a vedação para aplicar o indulto – parcial ou total – aos crimes hediondos e assemelhados. A polêmica se instaura, no entanto, no que diz respeito à possibilidade de aplicar o indulto aos crimes hoje considerados hediondos, mas que à época da sua prática não o eram, pois inexistia a Lei 8.072/1990. Posicionamo-nos pela viabilidade de aplicação, pois é inconcebível que um delito cometido antes da vigência da Lei 8.072/1990 seja considerado hediondo, prejudicando o condenado, por qualquer pretexto que seja. Trata-se, no fundo, de uma retroatividade de lei penal prejudicial ao réu, o que é vedado pelo art. 1.º do Código Penal e pelo art. 5.º, XL, da Constituição Federal. É intrínseco que a definição dos crimes hediondos e assemelhados, fazendo parte inexorável da figura típica incriminadora, está prevista no art. 1.º da referida Lei 8.072/1990, não ficando ao alvedrio do magistrado considerar hediondo o que não era.

**18. Indulto (parcial ou total) e cometimento de falta grave:** como regra, devem-se respeitar os termos do Decreto concessivo do indulto. E, geralmente, fixa-se um período para o não cometimento de falta grave, sob pena de indeferimento do benefício (ex.: concede-se o indulto caso o sentenciado não tenha cometido falta grave nos últimos doze meses). Porém, a prática de falta grave – e o seu reconhecimento – não serve para impedir a concessão do indulto, quando fora do período estipulado no próprio Decreto Presidencial.

**19. *Abolitio criminis*:** trata-se de lei nova deixando de considerar determinada conduta como crime. Nesse caso, como já abordado nos comentários ao art. 2.º, ocorre o fenômeno da *retroatividade da lei penal benéfica*. Assim acontecendo, nenhum efeito penal subsiste, mas apenas as consequências civis. O art. 107 a insere no contexto das excludentes de punibilidade, mas, na realidade, sua natureza jurídica é de excludente de tipicidade, pois, desaparecendo do mundo jurídico o tipo penal, o fato não pode mais ser considerado *típico*. Por outro lado, é preciso ficar atento para a viabilidade de se confundir a abolição do delito com a sua migração para outro tipo penal, mantendo-se a conduta como criminosa. Na jurisprudência: STJ: "2. Em se tratando de pedido de reconhecimento de extinção da punibilidade por suposta *abolitio criminis*, deve ser direcionado ao Juízo das Execuções Penais, nos termos do art. 107, inciso III, do CP, c/c o art. 66, incisos I e II, da Lei de Execuções Penais – LEP. Referida interpretação encontra amparo na Súmula n. 611 do Supremo Tribunal Federal – STF segundo a qual 'transitada em julgado a sentença condenatória, compete ao juízo das execuções a aplicação de lei mais benigna'. Precedente: AgRg na RvCr n. 4.969/DF, relator Ministro Reynaldo Soares da Fonseca, Terceira Seção, *DJe* de 1º/7/2019" (AgRg na RvCr 6.021/DF, 3.ª Seção, rel. Joel Ilan Paciornik, 13.03.2024, v.u.).

**20. Prescrição:** é a perda do direito de punir do Estado pelo não exercício em determinado lapso de tempo. Não há mais interesse estatal na repressão do crime, tendo em vista o decurso do tempo e porque o infrator não reincide, readaptando-se à vida social. Há duas maneiras de se computar a prescrição: a) pela pena *in abstracto*; b) pela pena *in concreto*. No primeiro caso, não tendo ainda havido condenação, inexiste pena para servir de base ao juiz para o cálculo da prescrição. Portanto, utiliza-se a pena máxima em abstrato prevista para o delito. No segundo caso, já tendo havido condenação com trânsito em julgado, ao menos para a acusação, a pena tornou-se concreta e passa a servir de base de cálculo para a prescrição. Nesse sentido, conferir o disposto na Súmula 146 do STF: "A prescrição da ação penal regula-

-se pela pena concretizada na sentença, quando não há recurso da acusação". Há várias teses fundamentando a existência da prescrição em diversos ordenamentos jurídicos, inclusive no nosso. Podem-se enumerar as seguintes: a) *teoria do esquecimento*: baseia-se no fato de que, após o decurso de certo tempo, que varia conforme a gravidade do delito, a lembrança do crime apaga-se da mente da sociedade, não mais existindo o temor causado pela sua prática, deixando, pois, de haver motivo para a punição; b) *teoria da expiação moral*: funda-se na ideia de que, com o decurso do tempo, o criminoso sofre a expectativa de ser, a qualquer tempo, descoberto, processado e punido, o que já lhe serve de aflição, sendo desnecessária a aplicação da pena; c) *teoria da emenda do delinquente*: tem por base o fato de que o decurso do tempo traz, por si só, mudança de comportamento, presumindo-se a sua regeneração e demonstrando a desnecessidade da pena; d) *teoria da dispersão das provas*: lastreia-se na ideia de que o decurso do tempo provoca a perda das provas, tornando quase impossível realizar um julgamento justo muito tempo depois da consumação do delito. Haveria maior possibilidade de ocorrência de erro judiciário; e) *teoria psicológica*: funda-se na ideia de que, com o decurso do tempo, o criminoso altera o seu modo de ser e de pensar, tornando-se pessoa diversa daquela que cometeu a infração penal, motivando a não aplicação da pena. Em verdade, todas as teorias, em conjunto, explicam a razão de existência da prescrição, que não deixa de ser medida benéfica e positiva, diante da inércia do Estado em sua tarefa de investigação e apuração do crime.

**21. Decadência:** trata-se da perda do direito de ação privada ou de representação por não ter sido exercido no prazo legal. Atinge o direito de punir do Estado. A regra geral, estabelecida no art. 103 do Código Penal, é a seguinte: "Salvo disposição expressa em contrário, o ofendido decai do direito de queixa ou de representação se não o exerce dentro do prazo de 6 *(seis) meses*, contado do dia em que veio a saber quem é o autor do crime, ou, no caso do § 3.º do art. 100 deste Código, do dia em que se esgota o prazo para oferecimento da denúncia". A exceção apontada pela lei é a seguinte: *30 dias* da homologação do laudo pericial nos crimes contra a propriedade imaterial. Conta-se como prazo penal (art. 10, CP). Quando a vítima é menor de 18 anos, o prazo para representar ou ingressar com queixa-crime corre somente para o representante. Alguns sustentam que, ao completar 18 anos, se ainda estava decorrendo o prazo legal para representar ou ajuizar queixa, a vítima terá somente o remanescente para exercer seu direito. Afinal, o prazo decadencial é um só. Portanto, exemplificando, se um menor com 17 anos e 10 meses for vítima de um delito de ação pública condicionada, conhecendo-se o autor do fato de imediato, ao completar 18 anos terá apenas mais quatro meses para representar. Outros defendem que, ao atingir 18 anos, terá o ofendido seis meses integrais para representar, pois antes o prazo não corria em relação à sua pessoa. Baseiam-se na Súmula 594 do STF: "Os direitos de queixa e de representação podem ser exercidos, independentemente, pelo ofendido ou por seu representante legal". Assim, o ofendido deve ter seis meses, o mesmo prazo que seu representante legal possui. Esta última parece-nos ser a posição correta. Reformulamos pensamento anterior, no sentido de que, se o prazo para o menor se esgotara antes de completar ele 18 anos, não possuiria seis meses para representar contra seu ofensor. Cremos que, sendo os prazos independentes, o menor deve tê-lo por inteiro, ao atingir os 18 anos. O prazo é interrompido com a apresentação da queixa em juízo, quando cuidar de ação privada, mesmo sem o recebimento formal pelo magistrado, ou da representação à autoridade policial ou ao membro do Ministério Público, quando se tratar de ação penal pública condicionada. A lei diz que "decai do direito" se não o "exercer" em seis meses. A propositura da ação significa o *exercício* do direito.

**22. Perempção:** trata-se de uma sanção pela inércia do particular na ação penal privada, impedindo-o de prosseguir na demanda. *Perempção* origina-se de *perimir*, que significa matar, destruir. É instituto aplicável apenas na ação penal privada exclusiva, e não na subsidiária

# Art. 107

Código Penal Comentado · **Nucci**

da pública. Há *quatro hipóteses* (art. 60 do Código de Processo Penal): 1.ª) iniciada a ação, o querelante deixa de promover o andamento do processo durante 30 dias seguidos. Ex.: deixa de pagar despesas do processo; retira os autos por mais de 30 dias sem devolver; não oferece alegações finais. Para considerar perempta a ação nesse caso, deve o juiz verificar, com cautela, o seguinte: a) se o querelante foi intimado, pessoalmente, a dar prosseguimento; b) se o motivo da paralisação não constituiu força maior; c) se a desídia foi do querelante e não de serventuário da justiça ou do próprio querelado; 2.ª) falecendo o querelante, ou ficando incapaz, não comparecem em juízo, para prosseguir no processo, dentro de 60 dias, seus sucessores, nessa ordem: cônjuge, ascendente, descendente ou irmão (art. 36, CPP); 3.ª) o querelante deixa de comparecer, sem motivo justificado, a qualquer ato do processo a que deva estar presente ou não formula pedido de condenação nas alegações finais. Basicamente, não há caso em que o querelante deva estar presente. Mas se ele e seu defensor faltam a uma audiência, por exemplo, sem justificativa, pode ocorrer a perempção. Quanto ao comparecimento em audiência de conciliação nos crimes contra a honra, entende a maioria da doutrina não ser obrigatório estar presente; 4.ª) o querelante, pessoa jurídica que se extingue, não deixa sucessor. Ocorre ainda a perempção em ação penal privada, no caso de morte do querelante, quando for personalíssima: induzimento a erro essencial (art. 236, CP).

**23. Renúncia e perdão:** *renúncia* é a desistência de propor ação penal privada. Para a maioria da doutrina, a renúncia é aplicável à ação penal subsidiária da pública, embora isso não impeça o Ministério Público de denunciar. *Perdão* é a desistência do prosseguimento da ação penal privada propriamente dita. Nota-se, pois, como são semelhantes os dois institutos. A única grande diferença entre ambos é que a renúncia ocorre antes do ajuizamento da ação e o perdão, depois. Tanto a renúncia como o perdão podem ser expressos ou tácitos. Expressos, quando ocorrem por meio de declaração escrita e assinada pelo ofendido ou por seu procurador, com poderes especiais (não obrigatoriamente advogado). Tácitos, quando o querelante praticar atos incompatíveis com o desejo de processar o ofensor (art. 104, parágrafo único, 1.ª parte, e art. 106, § 1.º, CP). Ex.: reatamento de amizade, não se incluindo nisso as relações de civilidade ou profissionais. Admite-se qualquer meio de prova para demonstrar a ocorrência da renúncia ou do perdão tácitos. Lembremos que receber indenização pelos danos causados não implica renúncia, em regra (art. 104, parágrafo único, 2.ª parte, CP), embora na Lei 9.099/1995 possa implicar (art. 74, parágrafo único). É preciso salientar a indivisibilidade da ação penal: havendo renúncia no tocante a um, atinge todos os querelados (art. 49, CPP), exceto quando não conhecida a identidade de um deles. O mesmo ocorre quanto ao perdão. No caso de dois titulares do direito de representação, a renúncia de um não afeta o direito do outro. O mesmo acontece no tocante ao perdão: a concessão feita por um dos querelantes não afeta o direito dos demais. Na hipótese do art. 31 do CPP, no entanto, o perdão concedido por um sucessor deve contar com a concordância dos demais. Afinal, se dois quiserem acionar, o juiz deve respeitar a ordem do art. 31, e não seria justo que o cônjuge ingressasse com a ação penal para, dois dias depois, por exemplo, perdoar o querelado. A renúncia é ato unilateral, não dependendo de aceitação da outra parte, enquanto o perdão é bilateral, necessitando ser aceito pelo querelado para produzir efeito. Esta foi uma imperfeição do legislador, pois não se deve obrigar o querelante a prosseguir na ação penal. Se ele realmente desejar, pode provocar a perempção, que não depende de aceitação. O perdão pode ser concedido e aceito até o trânsito em julgado da decisão condenatória. É possível sua ocorrência dentro ou fora do processo, o mesmo valendo para a aceitação.

**24. Retratação:** é o ato pelo qual o agente reconhece o erro que cometeu e o denuncia à autoridade, retirando o que anteriormente havia dito. Pode ocorrer: 1.º) nos crimes de calúnia e difamação (art. 143, CP); 2.º) nos crimes de falso testemunho e falsa perícia (art. 342, § 2.º, CP).

# Título VIII – Da extinção da punibilidade

# Art. 107

Somente pode se dar até a sentença de 1.º grau, embora existam opiniões defendendo a possibilidade de retratação até o trânsito em julgado da decisão condenatória. E mais: apenas tem valor quando ingressa nos autos, não dependendo de aceitação da parte contrária. No processo do júri, discute-se até que ponto pode o falso ser retratado: a) até a sentença de pronúncia; b) até a decisão do Tribunal do Júri; c) até o trânsito em julgado da sentença condenatória. A melhor posição é a segunda. Não se deve acolher como momento-limite a sentença de pronúncia, pois é esta apenas uma decisão interlocutória, julgando a admissibilidade da acusação. A sentença proferida no plenário é a que julga o mérito da causa. Entretanto, se houver impronúncia ou absolvição sumária, o prazo para retratação tem por limite tais decisões. Para quem admite participação nos crimes de falso testemunho e falsa perícia (delitos de mão própria), a retratação de um dos coautores pode beneficiar os demais? Há *duas posições*: a) não se comunica, pois vale a mesma regra dos crimes contra a honra: somente quem volta atrás não merece ser punido; b) comunica-se, pois a lei fala que o fato se torna "não punível". Ora, se o fato não é mais digno de punição, natural que os concorrentes não possam ser condenados caso um deles declare a verdade, retratando-se. Esta última, no caso do falso testemunho, parece ser a melhor posição. A retratação, em qualquer situação, deve ser cabal e completa.

**25. Casamento do(a) agente com a vítima:** *inciso revogado pela Lei 11.106/2005.* O propósito desta lei, revogando o inciso em comento, é justamente buscar a valorização da vítima do crime praticado contra a liberdade sexual, impedindo que o matrimônio constitua motivo de afastamento da possibilidade punitiva do Estado, em especial quando ocorre estupro.

**26. União estável:** *inciso revogado pela Lei 11.106/2005.* Parte da doutrina defendia aplicar-se, também, a quem mantivesse união estável, embora não mais seja relevante por conta da revogação do inciso VII.

**27. Casamento de terceiro(a) com a vítima:** *inciso revogado pela Lei 11.106/2005.* O matrimônio precisava ocorrer antes do trânsito em julgado da sentença penal condenatória. Além disso, a contar da data da celebração do casamento, a vítima tinha o prazo decadencial de 60 dias para requerer o prosseguimento do inquérito ou da ação penal. Se não o fizesse, ocorreria a extinção da punibilidade. Revogou-se o inciso VIII para valorizar a vítima nos delitos sexuais.

**28. União estável:** *inciso revogado pela Lei 11.106/2005.* Ver os comentários feitos na nota 26 *supra*.

**29. Perdão judicial:** é a clemência do Estado para determinadas situações expressamente previstas em lei, quando não se aplica a pena prevista para determinados crimes, ao serem preenchidos certos requisitos objetivos e subjetivos que envolvem a infração penal. Trata-se de uma autêntica *escusa absolutória*, que não pode ser recusada pelo réu.

**30. Natureza jurídica do perdão e da sentença que o concede:** é causa de extinção da punibilidade. Exige expressa previsão legal, pois a pena tem como característica fundamental ser inderrogável. Quanto à sentença, há *várias posições* encontradas na doutrina e na jurisprudência: a) trata-se de *decisão condenatória*, subsistindo todos os efeitos secundários da condenação, tais como a inclusão do nome do réu no rol dos culpados, a possibilidade de gerar maus antecedentes, a obrigação de reparar o dano, entre outros (Noronha, Hungria, Mirabete, Damásio, Antonio Rodrigues Porto); b) trata-se de *decisão declaratória*, mas que é capaz de gerar efeitos secundários, como o lançamento do nome do réu no rol dos culpados e a possibilidade de gerar maus antecedentes (Frederico Marques); c) é *decisão declaratória de extinção da punibilidade*, que nenhuma consequência gera para o réu. Para Rogério Lauria

# Art. 108

Tucci, trata-se de decisão terminativa do processo, pois é causa extintiva da punibilidade. Ainda segundo o autor, explora-se o percurso lógico do juiz que, para sentenciar, primeiro observa as consequências que o fato causou e a quem atingiu; depois, se não é caso de "perdoá-lo", passa a analisar as provas referentes à procedência ou improcedência. Logo, o perdão judicial é "questão preliminar". São as posições de Delmanto, Fragoso, Jair, Paulo José, Aníbal Bruno, Jorge Romeiro, Cernicchiaro. Regula o tema a Súmula 18 do Superior Tribunal de Justiça: "A sentença concessiva do perdão judicial é declaratória da extinção da punibilidade, não subsistindo qualquer efeito condenatório". Parece-nos ser uma decisão condenatória, na essência, pois ninguém perdoa um inocente. No entanto, o caminho percorrido pelo juiz, conforme a legislação penal e processual penal, é a consideração de ser a imposição de pena, por parte do Estado, uma situação jurídica inaceitável e inócua, tendo em vista que a sanção penal seria desnecessária, afastando a pretensão punitiva estatal. Noutros termos, o magistrado não profere uma sentença condenatória e, depois, concede o perdão. Analisando as provas, é possível que o órgão acusatório, após a investigação, requeira, em lugar do oferecimento de denúncia, a extinção da punibilidade do indiciado. Pode-se, ainda, ao longo da instrução, colhendo provas, o julgador, em vez de condenar, julgue extinta a punibilidade, reconhecendo o perdão. Significa o afastamento da pretensão punitiva estatal e, com isso, inexiste condenação. Em mais apurada reflexão, cremos acertada a posição estampada pela Súmula 18 do STJ.

**30-A. Situações que ensejam o perdão judicial:** encontramos na Parte Especial as seguintes possibilidades de concessão de perdão judicial: a) homicídio culposo (art. 121, § 5.º); b) lesão corporal culposa (art. 129, § 8.º); c) injúria (art. 140, § 1.º, I e II); d) outras fraudes (art. 176, parágrafo único); e) receptação culposa (art. 180, § 5.º); f) parto suposto, supressão ou alteração de direito inerente ao estado civil de recém-nascido (art. 242, parágrafo único); g) subtração de incapazes (art. 249, § 2.º); h) apropriação indébita previdenciária (art. 168-A, § 3.º); i) sonegação de contribuição previdenciária (art. 337-A, § 2.º). Na legislação penal especial, temos: a) Lei de Contravenções Penais (arts. 8.º e 39, § 2.º); b) Código Eleitoral (art. 326, § 1.º); c) Lei dos Crimes Ambientais (art. 29, § 2.º); d) Lei de Lavagem de Dinheiro (art. 1.º, § 5.º); e) Lei de Proteção à Vítima e à Testemunha (art. 13). Na jurisprudência: TJSC: "Apelante que registrou como seu filho o de outrem. Desclassificação para o delito do artigo 242 do Código Penal que se impõe. Reconhecimento, ainda, da possibilidade de se aplicar o perdão judicial ao apelante, diante da nobreza de sua conduta. Provas colacionadas nos autos que demonstram que o recorrente apenas buscou formalizar, perante a autoridade administrativa, a condição de pai afetivo por ele exercida ao longo de quase uma década. Evidenciada a boa-fé de seus atos. Ausência de qualquer interesse social em aplicar sanção criminal ao recorrente. Punibilidade extinta" (Ap. Crim. 0001689-25.2014.8.24.0041, 2.ª C., rel. Hildemar Meneguzzi de Carvalho, 30.03.2021, v.u.).

> **Art. 108.** A extinção da punibilidade de crime que é pressuposto, elemento constitutivo ou circunstância agravante de outro não se estende a este. Nos crimes conexos, a extinção da punibilidade de um deles não impede, quanto aos outros, a agravação da pena resultante da conexão.[31]

**31. Norma penal explicativa:** quer o legislador ressaltar a possibilidade de ocorrer extinção da punibilidade para um determinado crime, pressuposto, elemento constitutivo ou circunstância agravante de outro, sem que este último seja afetado. Ex.: não é porque o furto prescreveu, extinguindo-se a punibilidade do agente, que a punibilidade da receptação sofrerá qualquer arranhão, ou porque a ameaça deixa de ser considerada delito que o roubo será afetado.

## Prescrição antes de transitar em julgado a sentença[32-32-A]

> **Art. 109.** A prescrição, antes de transitar em julgado a sentença final, salvo o disposto no § 1.º do art. 110 deste Código, regula-se pelo máximo da pena privativa de liberdade cominada ao crime,[33] verificando-se:[34-37]
>
> I – em 20 (vinte) anos, se o máximo da pena é superior a 12 (doze);
>
> II – em 16 (dezesseis) anos, se o máximo da pena é superior a 8 (oito) anos e não excede a 12 (doze);
>
> III – em 12 (doze) anos, se o máximo da pena é superior a 4 (quatro) anos e não excede a 8 (oito);
>
> IV – em 8 (oito) anos, se o máximo da pena é superior a 2 (dois) anos e não excede a 4 (quatro);
>
> V – em 4 (quatro) anos, se o máximo da pena é igual a 1 (um) ano, ou, sendo superior não excede a 2 (dois);
>
> VI – em 3 (três) anos, se o máximo da pena é inferior a 1 (um) ano.[38-39-A]

## Prescrição das penas restritivas de direito

> **Parágrafo único.** Aplicam-se às penas restritivas de direito os mesmos prazos previstos para as privativas de liberdade.[40]

**32. Prazos de prescrição da pretensão punitiva:** os prazos fixados neste artigo, como regra, servem ao cálculo da prescrição da pretensão punitiva do Estado, isto é, a que ocorre em períodos anteriores à sentença condenatória com trânsito em julgado. Como já visto, o Estado perde o direito de punir o infrator, por ter demorado a fazê-lo. Apesar disso, o Código Penal se vale deste artigo para o cômputo da prescrição da pretensão executória, como se nota no art. 110. Sobre as consequências de a prescrição atingir a pretensão punitiva ou a pretensão executória do Estado, ver nota 20 ao art. 107. Na jurisprudência: STF: "Não transcorrido, entre os fatores interruptivos, prazo previsto no art. 109 do Código Penal, inexiste prescrição da pretensão punitiva do Estado" (HC 170.692, 1.ª T., rel. Marco Aurélio, 24.08.2020, v.u.).

**32-A. Espécies de prescrição e seus efeitos:** relembrando o exposto na nota 20 *supra*, há duas espécies de prescrição: a) *prescrição da pena em abstrato*, quando inexiste sanção fixada pelo Judiciário, calcula-se o prazo prescricional pela pena abstratamente cominada ao delito. Leva-se em conta a pena máxima possível, prevista no tipo, pois é o limite legal estabelecido para o julgador. Exemplo: no caso do furto simples, a pena é de reclusão, de um a quatro anos. Computa-se a prescrição pelo máximo, ou seja, quatro anos. O Estado possui o prazo de oito anos para investigar e iniciar o processo contra o furtador; b) *prescrição da pena em concreto*: a partir da prolação de sentença condenatória, há uma sanção concreta estabelecida ao réu; quando ocorre o trânsito em julgado para o órgão acusatório, atinge-se a pena *concreta* para fins de prescrição. No exemplo supracitado, se o julgador atribuir ao furtador a pena de um ano de reclusão, o prazo da prescrição cai pela metade, ou seja, quatro anos. Passa ser a base de cálculo da prescrição a partir daí. Quanto aos efeitos, como visto na nota 7 *supra*: a) prescrição da pretensão punitiva, significando que o prazo prescricional se consumou *antes* da sentença condenatória, com trânsito em julgado para as partes. Elimina-se todo rastro do direito de punir estatal. Se ainda não há decisão condenatória, não mais pode existir. Se já

# Art. 109

existe, ela perde o efeito para todos os fins. Não se computa para antecedentes, geração de reincidência, dever de indenizar etc.; b) prescrição da pretensão executória, significando que o prazo prescricional ocorreu *depois* do trânsito em julgado para as partes, embora o seu início se dê a partir da data do trânsito em julgado para a acusação. Nessa hipótese, a condenação somente perde o efeito para o fim de imposição da sanção principal – a pena aplicada. Remanescem os efeitos secundários da condenação, como o registro do antecedente, a viabilidade de gerar reincidência, o dever indenizatório na área cível etc. Na jurisprudência: STJ: "1. 'O reconhecimento da prescrição da pretensão executória impossibilita o Estado de executar a pena aplicada, sem, contudo, rescindir a sentença penal condenatória, razão pela qual seus efeitos secundários permanecem inalterados' (HC 470.455/SP, relator Ministro Rogerio Schietti Cruz, sexta turma, julgado em 5/2/2019, *DJe* 19/2/2019)" (AgRg no AREsp 2.079.017/RS, 6.ª T., rel. Antonio Saldanha Palheiro, 16.08.2022, v.u.).

**33. Prescrição da medida de segurança:** quando a medida de segurança é aplicada ao inimputável, há *quatro posições* a respeito: a) *só se aplica a prescrição da pretensão punitiva em abstrato*: isso se dá porque, para a pretensão executória, exige-se fixação de pena, o que não acontece no caso de medida de segurança. Portanto, antes da decisão, é possível haver prescrição; depois, não; b) *aplicam-se ambas as prescrições* (pretensão punitiva e pretensão executória): tanto a prescrição da pretensão punitiva como a prescrição da pretensão executória (nesta, porque não há pena e sim medida de segurança) têm o seu cálculo baseado pela pena em abstrato fixada ao crime. Nesse sentido: STJ: "1. 'A prescrição nos casos de sentença absolutória imprópria é regulada pela pena máxima abstratamente cominada ao delito. Precedentes' (AgRg no REsp 1656154/SP, rel. Min. Reynaldo Soares da Fonseca, 5.ª T., j. 23.05.2017, *DJe* 31.05.2017)" (AgRg no HC 469.698-SP, 5.ª T., rel. Reynaldo Soares da Fonseca, 12.02.2019, v.u.); c) *aplica-se a prescrição da pretensão punitiva e a executória tem regra especial*: quando antes da decisão, pelo máximo da pena prevista para o delito; após, diante do silêncio da lei, o melhor a fazer é verificar, antes de efetivar a medida de segurança de internação ao foragido, se o seu estado permanece o mesmo, ou seja, se continua perigoso e doente. Caso tenha superado a doença e a periculosidade, não mais se cumpre a medida de segurança. Ex.: o juiz aplica um ano de internação a alguém que está foragido. Encontrado dois anos depois, em vez de executar a medida, é melhor verificar se continua doente e perigoso. Não mais permanecendo nesse estado, a medida de segurança deve ser extinta. Do contrário, pode ser cumprida e o indivíduo será internado; d) aplica-se a prescrição da pretensão punitiva pelo máximo em abstrato previsto para o crime; a prescrição executória obedece ao máximo para a medida de segurança: quanto a esta última, deve-se seguir o máximo possível para a medida de segurança, numa analogia com o art. 75 do CP, vale dizer, 40 anos [após a edição da Lei 13.964/2019]. Embora, tecnicamente, a melhor posição, em nosso entendimento, seja a segunda, podemos considerar a terceira em casos especiais. Aliás, a segunda posição tem prevalecido, atualmente, na jurisprudência, valendo-se o Judiciário da analogia diante da pena. Embora pena e medida de segurança sejam espécies de sanção penal, o ideal seria a expressa previsão em lei em relação às regras prescricionais da medida de segurança. Quanto ao semi-imputável, leva-se em conta a pena fixada e depois convertida em internação (art. 98, CP) para o cálculo da prescrição executória. A prescrição da pretensão punitiva ocorre normalmente, como nos demais casos.

**34. Prescrição como matéria de ordem pública e decidida em preliminar:** tendo em vista que a prescrição é considerada matéria de ordem pública, deve ser decretada de ofício, em qualquer fase do processo. Em face disso, constitui tema preliminar de qualquer recurso a tribunal; assim, antes de analisar o mérito, avalia-se a ocorrência de prescrição; se isto se confirmar, extingue-se a punibilidade (prescrição da pretensão punitiva) sem análise de culpa ou inocência. Essa situação é justa, pois a perda da pretensão punitiva, por parte do Estado, gera total inconsistência da acusação, ou seja, não produz nenhum efeito negativo ao acusado. Na jurisprudência: STJ: "I – A prescrição da pretensão punitiva estatal, como matéria de ordem pública, cognoscível de ofício pelo julgador, deve ser declarada em qualquer momento e grau de jurisdição" (AgRg no AREsp 1.603.568-PB, 5.ª T., rel. Felix Fischer, 19.05.2020, v.u.). Pode haver também provocação das partes, inclusive em ações de impugnação ou, ainda, por meio de recursos (*habeas corpus*, revisão criminal e outros). Trata-se de matéria preliminar, ou seja, impede a análise do mérito. Assim já dizia a Súmula 241 do extinto Tribunal Federal de Recursos: "A extinção da punibilidade pela prescrição da pretensão punitiva prejudica o exame do mérito da apelação criminal".

**35. Prescrição e detração:** debate-se se a detração pode influenciar nos prazos prescricionais. Sustentam alguns a possibilidade de descontar o prazo da prisão provisória no cálculo da prescrição, tal como se faz na pena definitiva, valendo a analogia por razões de equidade. Seria o seguinte: se o réu foi condenado a 1 ano e 6 meses – cujo prazo prescricional é de 4 anos –, tendo sido preso provisoriamente por 8 meses, restam 10 meses de prisão – cujo prazo prescricional é de 3 anos. Portanto, se o réu fugir antes do trânsito em julgado da sentença condenatória, deve ser preso em, no máximo, 3 anos. Após, estará prescrita a pretensão executória do Estado. Uma *segunda posição* – a mais correta, em nosso entender – defende a impossibilidade de confundir institutos diversos. A detração, prevista no art. 42, serve apenas para descontar na pena definitiva o prazo de prisão provisória, enquanto a prescrição tem outra finalidade. Na jurisprudência: STF: "1. O entendimento desta Suprema Corte é no sentido de que o 'tempo de prisão provisória não pode ser computado para efeito da prescrição' (ARE 938.056-AgR, Segunda Turma, Rel. Min. Gilmar Mendes, *DJe* de 5/4/2016)" (HC 158.193, 1.ª T., rel. Alexandre de Moraes, 22.03.2021, m.v.). STJ: "I – O período de prisão provisória do réu é considerado somente para o desconto da pena a ser cumprida e não para contagem do prazo prescricional, o qual será analisado a partir da pena definitiva aplicada, não sendo cabível a detração para fins prescricionais" (AgInt no AREsp 1.428.799-SP, 5.ª T., rel. Felix Fischer, 26.03.2019, v.u.).

**36. Imprescritibilidade:** somente não se dá prescrição em dois tipos de crimes: a prática de racismo e a ação de grupos armados, civis ou militares, contra a ordem constitucional e o Estado Democrático, porque há expressa previsão constitucional (art. 5.º, XLII e XLIV). Sobre o tema, manifestou-se o STF: "A Constituição Federal de 1988 impôs aos agentes de delitos dessa natureza, pela gravidade e repulsividade da ofensa, a cláusula de imprescritibilidade, para que fique, *ad perpetuam rei memoriam*, verberado o repúdio e a abjeção da sociedade nacional à sua prática. (...) A ausência de prescrição nos crimes de racismo justifica-se como alerta grave para as gerações de hoje e de amanhã, para que se impeça a reinstauração de velhos e ultrapassados conceitos que a consciência jurídica e histórica não mais admitem" (HC 82.424-RS, Pleno, rel. para o acórdão Maurício Corrêa, 17.09.2003, m.v., *RTJ* 188/858, embora antigo, é mantido pela relevância do tema e raridade do julgado). Sobre os delitos de racismo, consultar a Lei 7.716/1989. Quanto aos crimes políticos, consultar os arts. 359-L (abolição violenta do Estado Democrático de Direito) e 359-M (golpe de Estado).

**37. Prescritibilidade no caso de suspensão do processo por citação ficta:** o art. 366 do Código de Processo Penal estabeleceu que, no caso de réu citado por edital, não comparecendo para ser interrogado, deve-se suspender o curso do processo, suspendendo-se, também, a prescrição. Não estipulou prazo. Logo, há possibilidade de se interpretar que a suspensão permaneça até o dia em que o réu for encontrado. Mas, assim pensando, o crime se tornaria

# Art. 109

Código Penal Comentado · **Nucci**

imprescritível, na prática. Não é o correto, pois, como vimos na nota anterior, somente dois delitos não prescreverem jamais. Dessa forma, o ideal é encontrar uma solução para o impasse. Têm a doutrina e a jurisprudência adotado a seguinte postura: o processo fica suspenso pelo prazo máximo em abstrato previsto para o crime, conforme o previsto no art. 109; em seguida, retoma-se o curso da prescrição, calculado pelo máximo da pena em abstrato previsto para o delito. Por isso, um processo por homicídio, por exemplo, ficaria paralisado por 20 anos. Depois, teria início a prescrição, que levaria outros 20 anos. Conferir: Súmula 415 do STJ: "O período de suspensão do prazo prescricional é regulado pelo máximo da pena cominada". Confirmando esse entendimento, o STF, no RE 600.851-DF (tema 438), em 18 de março de 2021, fixou a seguinte tese: "Em caso de inatividade processual decorrente de citação por edital, ressalvados os crimes previstos na Constituição Federal como imprescritíveis, é constitucional limitar o período de suspensão do prazo prescricional ao tempo de prescrição da pena máxima em abstrato cominada ao crime, a despeito de o processo permanecer suspenso".

**38. Natureza dos prazos de prescrição da pretensão punitiva:** são prazos penais, contando-se o dia do começo, não se suspendendo nas férias e sendo improrrogáveis. No cálculo da prescrição, influem as causas de aumento e de diminuição da pena, utilizando-se o limite máximo para o aumento e o percentual mínimo para a diminuição. Assim, por exemplo, tratando-se de uma tentativa, aplica-se a redução de 1/3 na pena máxima; cuidando-se de um roubo com emprego de arma branca, aplica-se o aumento de metade na pena máxima. E, para a análise da prescrição, é preciso levar em consideração o fato criminoso narrado na denúncia, e não a classificação feita pelo Promotor de Justiça.

**39. Prescrição antecipada ou virtual:** é a constatação da prescrição, antecipadamente, levando-se em conta a pena a ser *virtualmente* aplicada ao réu, ou seja, a pena que seria, em tese, cabível ao acusado. Ilustrando, quando o juiz recebesse a denúncia por uma lesão corporal simples dolosa, por exemplo, poderia vislumbrar a possibilidade de, em caso de condenação, aplicar a pena mínima, ou seja, três meses de detenção. Nesse caso, estaria prescrita a pretensão punitiva do Estado, porque já teria decorrido entre a data do fato e a do recebimento da denúncia um prazo superior a 3 anos. Se o magistrado se baseasse na pena *in abstracto* prevista para o crime, isto é, 1 ano (máximo possível), a pretensão punitiva prescreveria em 4 anos, de modo que ainda não teria ocorrido. A maioria da jurisprudência não aceitava a chamada *prescrição virtual*, pois entendia que o juiz estaria se baseando numa pena ainda não aplicada, portanto num indevido prejulgamento, embora fosse realidade que, muitas vezes, sabia-se, de antemão, que a ação penal estaria fadada ao fracasso. Pela impossibilidade do reconhecimento: Súmula 438 do STJ: "É inadmissível a extinção da punibilidade pela prescrição da pretensão punitiva com fundamento em pena hipotética, independentemente da existência ou sorte do processo penal". A questão perdeu o interesse, após a edição da Lei 12.234/2010, que eliminou a prescrição retroativa, no tocante a datas anteriores ao recebimento da denúncia ou queixa. Logo, entre o fato e a peça acusatória somente se dá a prescrição pela pena máxima em abstrato prevista para o delito; a pena concreta, quando fixada, não mais possui perspectiva retroativa nesse lapso (fato-denúncia).

**40. Prazos prescricionais das penas restritivas de direitos:** são os mesmos previstos para as penas privativas de liberdade justamente porque as restritivas são *substitutivas*, significando que não têm previsão autônoma no preceito secundário dos tipos penais incriminadores. Maiores detalhes podem ser vistos nos comentários ao art. 44.

## Prescrição depois de transitar em julgado sentença final condenatória[41-41-C]

> **Art. 110.** A prescrição depois de transitar em julgado a sentença condenatória regula-se pela pena aplicada e verifica-se nos prazos fixados no artigo anterior, os quais se aumentam de um terço, se o condenado é reincidente.[42-43]
>
> § 1.º A prescrição, depois da sentença condenatória com trânsito em julgado para a acusação ou depois de improvido seu recurso, regula-se pela pena aplicada, não podendo, em nenhuma hipótese, ter por termo inicial data anterior à da denúncia ou queixa.[44-45]
>
> § 2.º (Revogado pela Lei 12.234/2010.)

**41. Prescrição da pretensão executória:** é a perda do direito de punir do Estado, levando-se em consideração a pena aplicada na sentença condenatória (ou acórdão, conforme exposto na próxima nota), mas ainda não executada, em virtude de determinando lapso temporal. Baseia-se, pois, na pena concreta para o Estado (art. 110, § 1.º, CP).

**41-A. Equiparação ao acórdão condenatório:** embora a lei faça referência apenas ao trânsito em julgado de sentença condenatória, no tocante ao cálculo da prescrição da pretensão executória do Estado, é natural que se possa adicionar o acórdão condenatório. Afinal, não é raro que haja recurso e o tribunal se pronuncie (reformando sentença absolutória e emitindo acórdão condenatório; reformando sentença condenatória para alterar a pena; mantendo na íntegra a sentença condenatória). De toda forma, o acórdão substitui a sentença para efeito de execução, logo, conta-se a prescrição da pretensão executória do Estado a partir do trânsito em julgado da decisão do tribunal para a acusação. Para tanto, é curial ter a cautela de observar se houve recurso do órgão acusatório. Se este não recorrer, transitando em julgado eventual sentença condenatória, conta-se a prescrição a partir da data do trânsito em julgado da decisão de primeiro grau. Porém, caso haja recurso da acusação, somente o trânsito em julgado do acórdão (quanto ao órgão acusatório) permitirá o fluxo da prescrição executória.

**41-B. Prazos da prescrição da pretensão executória e aumento por conta da reincidência:** regulam-se os prazos pela pena aplicada e conforme os lapsos fixados pelo art. 109. Cabe 1/3 a mais no cálculo – acrescentando-se nos prazos estabelecidos no mencionado art. 109 – se o condenado for reincidente, assim reconhecido na sentença condenatória. Lembremos o conteúdo da Súmula 220 do STJ: "A reincidência não influi no prazo da prescrição da pretensão punitiva". Na jurisprudência: STJ: "IV – Não se aplica ao cálculo da prescrição da pretensão punitiva o acréscimo de um terço previsto no art. 110, *caput*, do Código Penal, pois esta regra se refere à prescrição da pretensão executória. Inteligência da Súmula n.º 220, STJ" (AgRg no AREsp 2.116.031/RS, 5.ª T., rel. Messod Azulay, 27.06.2023, por maioria).

**41-C. *Bis in idem*:** inexiste dupla punição em virtude do aumento de um terço na prescrição da pretensão executória da pena em relação ao reincidente. Cuida-se de um critério de política criminal, que respeita o princípio da razoabilidade, afinal, quem reincide na prática delituosa sobre maior punição é justo que o prazo prescricional lhe seja também computado de maneira diversa, ao menos para a execução da pena.

**42. Aumento em face da reincidência:** ver nota anterior.

# Art. 110

**43. Aumento relativo à pena de multa:** é inaplicável o aumento de um terço no prazo da prescrição da pretensão executória da pena de multa, quando esta é a única prevista ou a única aplicada, tendo em vista que o disposto neste artigo é taxativo, tratando apenas da elevação dos prazos do art. 109. Ora, quando a multa é a única pena cominada ou aplicada, seu prazo de prescrição é específico e vem disposto no art. 114, I.

**44. Prescrição intercorrente, subsequente ou superveniente:** é a prescrição da pretensão punitiva, com base na pena aplicada, com trânsito em julgado para a acusação ou desde que improvido seu recurso, que ocorre entre a sentença condenatória e o trânsito em julgado desta. Eventualmente, pode se dar entre o acórdão condenatório (imaginemos, ilustrando, que o juiz de primeira instância absolveu o réu, o órgão acusatório recorreu e o tribunal, dando provimento ao apelo, proferiu condenação) e o trânsito em julgado deste julgado para a defesa. Alguns autores a chamam de prescrição "retroativa intercorrente". Ex.: pena aplicada de 2 anos por furto, da qual recorre apenas a defesa. Se a sentença não transitar em julgado em menos de 4 anos, prescreve. Entretanto, se o Ministério Público recorrer, mas tiver insucesso no seu apelo, o prazo para a prescrição intercorrente corre da mesma forma, tal como se não tivesse havido o recurso. Se o recurso apresentando pelo Ministério Público não disser respeito à pena aplicada, não importa se tiver provimento, pois o prazo é computado normalmente. Ex.: o promotor recorre somente para alterar o regime aplicado e tem sucesso. Isso não é suficiente para interromper o curso da prescrição intercorrente. É a posição majoritária, mas há quem sustente em sentido contrário, ou seja, se o Ministério Público obtiver sucesso em qualquer linha do seu apelo, interrompe-se a prescrição. Acrescente-se, ainda, a possibilidade de haver recurso do Ministério Público, em relação à pena, conseguindo alteração do seu montante para mais, entretanto, sem provocar alteração do prazo prescricional. Nesse caso, considera-se presente do mesmo modo a ocorrência da prescrição intercorrente, pois equivale à não obtenção de sucesso no apelo. Ex.: imagine-se uma pena fixada em 1 ano e 6 meses de reclusão. Recorre o Ministério Público para elevá-la. O Tribunal, embora dê provimento ao apelo, aumenta a pena para 2 anos. Ora, nessa hipótese, o prazo prescricional continua exatamente o mesmo, ou seja, 4 anos (de 1 a 2 anos prescreve em 4 – art. 109, V), razão pela qual, se entre a sentença condenatória e o trânsito em julgado do acórdão, esse prazo já tiver sido atingido, não há dúvida de ter havido prescrição intercorrente. Nessa ótica, está a lição de Frederico Blasi Netto (*Prescrição penal*, p. 74). Na jurisprudência: STJ: "4. A atual redação do art. 110, § 1.º, do CP veda a aplicação da prescrição retroativa entre a data do fato e do recebimento da denúncia, contudo, como norma de natureza de direito penal, incide o princípio *tempus regit actum*, o que significa que, no caso, não terá efeito porquanto o fato praticado foi anterior à Lei n. 12.234/2010, que promoveu a sua alteração" (HC 480.702/CE, 5.ª T., rel. Ribeiro Dantas, 14.05.2019, v.u.). TJMG: "Após o trânsito em julgado da sentença para a acusação, a prescrição regula-se pela pena aplicada. Decorrido o lapso prescricional desde a data da publicação da sentença penal condenatória, sem a incidência de algum marco interruptivo, é de se julgar extinta a punibilidade da ré pela prescrição da pretensão punitiva na sua forma intercorrente ou superveniente" (Ap. Crim. 1.0079.13.020609-1/002, 4.ª C. Crim., rel. Júlio Cezar Guttierrez, 05.05.2021, v.u.).

**44-A. Efeito da interposição de recursos especial e extraordinário:** a prescrição intercorrente, como regra, conforme exposto na nota anterior, corre desde a data da sentença condenatória, com trânsito em julgado para a acusação ou improvido seu recurso, levando-se em conta a pena em concreto, até que ocorra o trânsito em julgado para a defesa. Entretanto, recentemente, o Supremo Tribunal Federal considerou que o trânsito em julgado para a defesa deve ser computado quando cessa a possibilidade de haver recurso ordinário. Portanto, proferido julgamento em 2.º grau, sem cabimento de recurso ordinário para instância superior,

# Título VIII – Da extinção da punibilidade

**Art. 111**

caso a defesa ingresse com recurso especial ou extraordinário, se algum desses tiver sucesso, há a prorrogação do marco interruptivo da prescrição intercorrente; porém, se eles forem considerados inadmissíveis, os efeitos desse reconhecimento retroagem e não se considera consumada a denominada prescrição intercorrente.

**45. Prescrição retroativa:** é a prescrição da pretensão punitiva com base na pena aplicada, sem recurso da acusação, ou improvido este, levando-se em conta prazo anterior à própria sentença. Trata-se do cálculo prescricional que se faz da frente para trás, ou seja, proferida a sentença condenatória, com trânsito em julgado, a pena torna-se concreta. A partir daí, o juiz deve verificar se o prazo prescricional não ocorreu entre a data do recebimento da denúncia e a sentença condenatória. Ex.: o delito de lesões corporais, levando-se em conta a pena em abstrato (leia-se, o máximo previsto para o crime, ou seja, 1 ano), prescreve em 4 anos. Mas se o juiz aplicar a pena de 6 meses, da qual não recorre o Ministério Público, o prazo prescricional cai para 2 anos. Portanto, utilizando a prescrição retroativa, é possível a sua verificação entre data do recebimento da denúncia ou queixa e a data da sentença condenatória. Tanto o juiz da condenação quanto o da execução podem reconhecer a ocorrência da prescrição retroativa. A Lei 12.234/2010 eliminou o § 2.º deste artigo, que previa o cômputo da prescrição retroativa entre a data do fato e a do recebimento da peça acusatória. Aliás, deixou bem clara essa opção diante da nova redação dada ao *caput* do art. 110. Restringiu-se o alcance da prescrição da pena concreta, mas não se eliminou o benefício. Os crimes em geral, salvo racismo e ação de grupos armados contra o Estado Democrático (previstos como imprescritíveis pela CF), continuam prescritíveis. Por isso, não vislumbramos inconstitucionalidade na reforma penal elaborada neste artigo. Na jurisprudência: STJ: "1. Diante de sentença condenatória, com o desprovimento do recurso de apelação da acusação e o trânsito em julgado para o Ministério Público, a pena em concreto manteve-se maior que 2 anos, mas inferior a 4 anos, resultando no lapso prescricional de 8 anos (art. 110, § 1.º, combinado com art. 109, IV, ambos do Código Penal – CP). 2. Entre o recebimento da denúncia, primeiro marco interruptivo da prescrição, e a sentença condenatória recorrível, próximo marco interruptivo da prescrição para o rito processual adotado no feito, o lapso prescricional de 8 anos foi ultrapassado, devendo ser reconhecida a prescrição (art. 110, § 1.º, combinado com art. 109, IV, e com art. 117, todos do CP). 3. Embargos declaratórios acolhidos, com efeitos infringentes, para reconhecer a extinção da punibilidade pela prescrição da pretensão punitiva (art. 107, IV, CP)" (EDcl no AgRg no REsp 1540012-PR, 5.ª T., rel. Joel Ilan Paciornik, 22.05.2018, v.u.).

**Termo inicial da prescrição antes de transitar em julgado a sentença final[46]**

> **Art. 111.** A prescrição, antes de transitar em julgado a sentença final, começa a correr:
>
> I – do dia em que o crime se consumou;[47-47-C]
>
> II – no caso de tentativa, do dia em que cessou a atividade criminosa;[48]
>
> III – nos crimes permanentes, do dia em que cessou a permanência;[49-50-A]
>
> IV – nos de bigamia e nos de falsificação ou alteração de assentamento do registro civil, da data em que o fato se tornou conhecido;[51]
>
> V – nos crimes contra a dignidade sexual ou que envolvam violência contra a criança e o adolescente, previstos neste Código ou em legislação especial, da data em que a vítima completar 18 (dezoito) anos, salvo se a esse tempo já houver sido proposta a ação penal.[51-A]

# Art. 111

Código Penal Comentado · **Nucci**

**46. Termo inicial da prescrição da pretensão punitiva:** são os previstos neste artigo, conforme a hipótese. Enquanto o início da prescrição da pretensão executória se dá a partir da sentença condenatória com trânsito em julgado para a acusação – ou depois de improvido seu recurso –, nos casos da pretensão punitiva ela tem início a partir da data do fato delituoso.

**47. Variação da data consumativa:** de acordo com a classificação dos crimes, deve-se verificar qual a data da consumação: *materiais,* no dia em que houve o resultado; *formais e de mera conduta,* na data da atividade; *omissivos próprios,* na data do comportamento negativo; *omissivos impróprios,* no dia do resultado; *preterdolosos ou qualificados pelo resultado,* na data do resultado; *culposos,* na data do resultado naturalístico. Quanto aos crimes habituais, ver a nota 50 ao inciso III, abaixo. Nos *crimes continuados,* vale a data da consumação de cada delito que os compõe. Na jurisprudência: STJ: "2. No caso, tratando-se de crime formal, a contagem do prazo prescricional é a data em que o último crime se consumou (art. 111, I, do Código Penal), ou seja, em 31.12.2013. Há de se reconhecer, assim, a prescrição da pretensão punitiva do ora recorrente, pois transcorrido lapso superior a 4 (quatro) anos entre os marcos interruptivos (denúncia recebida aos 07.11.2018)" (RHC 114.513-SP, 5.ª T., rel. Ribeiro Dantas, 27.08.2019, v.u.).

**47-A. Dúvida quanto à data da consumação:** decide-se sempre em favor do réu. Pode ocorrer situação duvidosa quanto à consumação de um crime. Imagine-se um homicídio cometido há muito tempo e quando se descobre o cadáver já não há condições de se apontar exatamente o dia em que houve o crime. A perícia pode indicar aproximadamente a época da morte. Se o fizer, por exemplo, mencionando ter sido entre janeiro e junho de determinado ano, deve-se computar a prescrição a partir do dia 1.º de janeiro e não do dia 30 de junho. E se qualquer outro delito tiver sido cometido, ilustrando, no ano de 1999, sem se poder precisar o dia ou o mês, computa-se a prescrição a partir de 1.º de janeiro de 1999 e não de 31 de dezembro desse ano. Por vezes, pode emergir a data da consumação por meio de depoimentos testemunhais, não se sabendo ao certo qual o dia exato, *v.g.,* de uma apropriação indébita. O juiz forma a sua convicção pelo depoimento mais convincente, em confronto com as demais provas. Se for inviável, pois cada testemunha aponta um dia diverso, utiliza-se a data mais favorável ao réu. É a prevalência do interesse do acusado atuando como princípio geral de direito penal e processo penal.

**47-B. Crimes falimentares:** a Lei 11.101/2005 estabeleceu que a prescrição, nos delitos falimentares, rege-se pelo disposto no Código Penal. Entretanto, quanto ao marco inicial, fixou o dia da decretação da falência, da concessão da recuperação judicial ou da homologação do plano de recuperação extrajudicial (art. 182). Como causa interruptiva, previu que a decretação da falência interrompe o curso da prescrição, se a contagem teve início com a concessão da recuperação judicial ou com a homologação do plano de recuperação extrajudicial (art. 182, parágrafo único).

**47-C. Início da prescrição nos crimes contra a honra e diferença com decadência:** cometido o delito contra a honra, inicia-se o cômputo da prescrição; porém, a decadência (direito da vítima de ingressar com ação penal) somente começa a ser contado quando o ofendido fica sabendo a autoria do agressor. Portanto, é possível correr o prazo prescricional enquanto ainda não teve início o decadencial. Este pode esgotar-se antes ou depois daquele. Enfim, tanto um quanto outro levam à extinção da punibilidade.

**48. Início de prescrição na tentativa:** é a partir do momento do último ato executório praticado pelo agente, antes de ser interrompido, contra a sua vontade, por terceiros.

**49. Regra especial para os delitos permanentes:** embora o delito permanente esteja consumado a partir de uma única ação (ex.: sequestrar pessoa, privando-a da sua liberdade), o fato é que a subsequente omissão do agente (ex.: não soltar a vítima, após a privação da liberdade) permite a continuidade da consumação. Assim, para não haver dúvida a respeito do início da prescrição, estipulou o legislador que, enquanto não cessada a permanência (leia-se, a consumação), não tem início a prescrição. Eventualmente, em caso de não haver cessação da permanência (ex.: a vítima do sequestro não mais é localizada), começa-se a contar a prescrição a partir do início do inquérito ou do processo pelo Estado. Quanto aos crimes permanentes, ver nota 5 ao Título II da Parte Geral. Na jurisprudência: STJ: "(...) o delito do art. 60 da Lei 9.605/98 é considerado permanente pela jurisprudência do Superior Tribunal de Justiça, contando-se o prazo prescricional na forma do art. 111 do Código Penal, ou seja, do dia em que encerrou a permanência" (AgRg no RHC 102.170-MG, 6.ª T., rel. Sebastião Reis Junior, 10.09.2019, v.u.).

**50. Prescrição dos crimes habituais:** não são eles nem instantâneos, nem permanentes (a esse respeito, ver a nota 39 ao art. 229), como já defendemos, mas, por terem configuração similar ao delito permanente, além de ser mais segura essa forma de cômputo, entendemos que tem início a prescrição a partir do momento em que cessar a habitualidade. Esta pode ser considerada encerrada tanto pela finalização das atitudes do agente, quanto no instante em que há o ajuizamento de ação penal contra o autor do delito.

**50-A. Estelionato contra a Previdência:** temos sustentado tratar-se, sempre, de crime instantâneo de efeitos permanentes. Logo, a prescrição deveria ser computada nos termos do art. 111, I. No entanto, o STJ o considera um delito permanente, cuja consumação se protrai no tempo. A prescrição, então, deve ser contada nos moldes do art. 111, III.

**51. Regra específica para bigamia e falsificação ou alteração de assentamento do registro civil:** nesses delitos, a prescrição corre da data em que o fato se tornou conhecido da autoridade competente para apurar e punir o infrator. O conhecimento da autoridade pode dar-se de modo presumido, quando o fato adquire notoriedade (pelo uso aparente do documento falso, por exemplo), ou de modo formal (apresentando-se a *notitia criminis*). A primeira posição é majoritária e parece-nos correta (modo presumido). Na jurisprudência: TJPR: "O inciso IV, do artigo 111, do Código Penal, dispõe sobre o termo inicial do prazo prescricional para os casos de 'falsificação ou alteração de assentamento de registro civil', não prosperando a tese de que seria aplicável a todas as falsidades" (Rese 0000027-56.2013.8.16.0082, 2.ª C. Crim., rel. Luís Carlos Xavier, 12.01.2021, v.u.).

**51-A. Maior proteção a crianças e adolescentes:** este inciso foi inicialmente incluído pela Lei 12.650/2012 (denominada Lei Joanna Maranhão), pois o abuso sexual praticado contra menores de 18 anos, nas mais variadas formas – violência física, ameaça, fraude, exploração – é uma constante, infelizmente. Observa-se que, em grande parte, tal assédio ocorre dentro do lar, cometido por familiares e amigos próximos. Justamente para atingir esse cenário de abuso, geralmente camuflado e oculto, pois a vítima não tem como se insurgir, por medo ou coação, modifica-se o termo inicial do prazo prescricional da pretensão punitiva estatal, fixando-o na data em que a pessoa ofendida completar 18 anos. Torna-se maior e capaz para todos os atos civis e penalmente responsável, motivo pelo qual, se pressionada foi anteriormente, poderá defender-se, denunciando o crime e seu autor. Assim fazendo, permitirá ao Estado, dentro do exercício de seu poder punitivo, atuar, instaurando a devida investigação e, conforme o caso, a ação penal. Entretanto, não se pode perder de vista o grave incômodo causado pelo decurso do tempo, em várias situações, prejudicando sobremaneira a higidez das provas. Ademais, embora

# Art. 112

a medida de política criminal do Estado tenha o foco de evidenciar o seu interesse punitivo em tais casos graves, poucos serão aqueles a merecer triunfo real, salvo quando se perpetuarem pela permanência ou continuidade. A vítima, ao sofrer abuso em tenra idade, dificilmente, terá clareza suficiente para narrar o ocorrido vários anos depois, apontando, com precisão, os acontecimentos e o seu autor. Fantasias infantis podem se transformar em relatos tendenciosos, acarretando processos levianos e perigosos, sob o ponto de vista da segurança jurídica exigida para a condenação de qualquer réu. Como mencionamos, a hipótese mais viável de sucesso seria a perpetuação da ofensa sexual ao longo de inúmeros anos, até alcançar época em que a vítima possa denunciar a contento; pelo menos, nesse caso, não se poderia cuidar de prescrição desde o início da ação criminosa. Quanto à parte final do novel inciso, se o delito sexual já foi descoberto, investigado e deu ensejo ao ajuizamento da ação penal contra o autor, por óbvio, o termo inicial da prescrição é computado nos termos do inciso I (data da consumação), pouco importando a idade da vítima. Expande-se o termo inicial da prescrição para os crimes contra a dignidade sexual previstos no Código Penal (arts. 213 a 234), bem como aos previstos em legislação especial, como ocorre com as infrações penais descritas no Estatuto da Criança e do Adolescente. A Lei 14.433/2022 (denominada Lei Henry Borel) incluiu neste inciso, juntamente com os crimes contra a dignidade sexual, os delitos violentos contra a criança ou adolescente, de modo a postergar o início do cômputo da prescrição para o momento em que a vítima completar 18 anos, com a ressalva de já ter sido proposta ação penal. A referida Lei 14.433/2022 envolve uma variada proteção no tocante aos infantes e jovens, embora, para o efeito de contagem da prescrição, tenha o legislador se limitado aos crimes *violentos* (praticados com agressão física), não abrangendo a grave ameaça e qualquer outra forma de perturbação psicológica ou emocional. Qualquer delito envolvendo coação psicológica ou similar não teve o seu início do prazo prescricional alterado. Nos mesmos termos já expostos linhas acima, é preciso cautela para apurar um crime contra criança ou adolescente que tenha ocorrido há muitos anos, pois as provas se perdem no tempo e a segurança jurídica esvai-se.

### Termo inicial da prescrição após a sentença condenatória irrecorrível

> **Art. 112.** No caso do art. 110 deste Código, a prescrição começa a correr:
>
> I – do dia em que transita em julgado a sentença condenatória, para a acusação, ou a que revoga a suspensão condicional da pena ou o livramento condicional;[52-53]
>
> II – do dia em que se interrompe a execução, salvo quando o tempo da interrupção deva computar-se na pena.[54]

**52. Termo inicial da prescrição da pretensão executória:** é a data do trânsito em julgado da sentença condenatória, *para as partes*. No art. 112, I, menciona-se que o cômputo começa do dia em que transita em julgado a decisão condenatória para a acusação, mas sempre foi considerado inconcebível que assim fosse, pois o Estado, mesmo que a sentença tivesse transitado em julgado para a acusação, não poderia executar a pena, devendo aguardar o trânsito em julgado para a defesa. Ora, se não havia desinteresse do Estado, nem inépcia, para fazer o condenado cumprir a pena, não deveria transcorrer a prescrição da pretensão executória. A *lei ainda é clara*: começa a ser computada a prescrição da pretensão executória a partir da data do trânsito em julgado da sentença condenatória. Entretanto, o Supremo Tribunal Federal, deliberando acerca desse tema, entendeu não recepcionada a expressão "para a acusação", constante do inciso I do art. 112, em nome, inclusive, da presunção de inocência. Noutros termos, havendo o trânsito em julgado somente para a acusação, o Estado não pode executar a pena aplicada, pois vigora a presunção de que o acusado é inocente; somente com o trânsito em julgado para a defesa, torna-se aplicável a sanção penal. Parece-nos que essa decisão se valeu do princípio constitucional da presunção de inocência para prejudicar o réu, algo que não nos soa razoável, pois os direitos e garantias individuais (art. 5.º, CF) não devem ter aplicabilidade contra o indivíduo em favor do Estado. Assim sendo, embora a letra expressa da lei, colocando a expressão "para a acusação", não fosse coerente com a ideia de que, sem o trânsito em julgado para as partes, o Estado não poderia tornar efetiva a punição, foi o intuito legislativo que dessa maneira ocorresse. Um dos motivos seria provocar a aceleração do julgamento de eventuais recursos da defesa, visando tornar definitiva a situação processual, sob pena de prescrever a pretensão executória. No entanto, o STF definiu a questão e, por ora, não cabe mais debate, devendo-se computar a prescrição da pretensão executória estatal a partir do trânsito em julgado para *as partes*. Por outro lado, ainda comentando o disposto no inciso I, uma vez revogado o *sursis* ou o livramento condicional, determinada a prisão, é natural que tenha início o prazo prescricional, pois o Estado tem um tempo certo para executar a pena. Há decisões, no entanto, que, preferindo não revogar o benefício, antes de ouvir o condenado, "sustam" o livramento condicional, por exemplo, até que ocorra a prisão. Assim, ouvido o sentenciado, revoga-se o benefício, caso as justificativas que apresente não sejam satisfatórias. Tal postura é benigna, por um lado, mas não se pode deixar de considerar que a prescrição tem início no instante em que houve a "sustação" do livramento condicional, pois o Estado não deve ter tempo indefinido para prender o condenado. Na jurisprudência: STF: "Prazo prescricional. Termo inicial. Pena concretamente fixada. Modalidade executória. Artigo 112, inciso I, primeira parte, do Código Penal. Literalidade. Aposto 'para a acusação' após a expressão 'trânsito em julgado'. Necessária harmonização. Presunção de inocência (CF, art. 5.º, inciso LVII). Garantia de necessidade de trânsito em julgado em definitivo para o início do cumprimento da pena. Inconstitucionalidade superveniente. ADC n.ºs 44, 53 e 54. Fluência de prazo prescricional antes da constituição definitiva do título executivo. Impossibilidade. Necessário nascimento da pretensão e da inércia estatal. Retirada da locução 'para a acusação' após a expressão 'trânsito em julgado'. Fixação de tese em consonância com a leitura constitucional do dispositivo. Recurso extraordinário ao qual se dá provimento. 1. A questão em foco é saber se, à luz do art. 5.º, incisos II e LVII, da Constituição Federal, o art. 112, inciso I, do Código Penal foi recepcionado pelo ordenamento jurídico, diante da previsão literal de que a fluência do prazo prescricional da pretensão executória estatal pela pena concretamente aplicada em sentença se inicia com o trânsito em julgado para a acusação. 2. Nas ADC n.ºs 43, 44 e 53, cujo objeto se traduziu no cotejo da redação dada ao art. 283 do Código de Processo Penal pela Lei 12.403/11 com o princípio da presunção de inocência (art. 5.º, inciso LVII, da CF), a Suprema Corte assentou a necessidade de trânsito em julgado para ambas as partes como condição para a execução da pena. 3. A partir da revisão do entendimento anterior 'que viabilizava a execução provisória da pena', pôs-se em discussão se a expressão do citado dispositivo 'para a acusação' manter-se-ia hígida, por determinar a fluência do prazo prescricional antes da formação do título executivo. 4. Reconhecidas a afronta ao princípio da presunção de inocência (conformado, quanto à execução da pena nas ADC n.ºs 43, 44 e 53), pela manutenção no ordenamento jurídico de regra que pressupõe a (vedada) execução provisória, a disfuncionalidade sistêmica e a descaracterização do instituto da prescrição, declara-se não recepcionado o dispositivo frente à Constituição Federal apenas quanto à locução 'para a acusação'. 5. Fixa-se, em consequência, a seguinte tese: A prescrição da execução da pena concretamente aplicada começa a correr do dia em que transita em julgado a sentença condenatória para ambas as partes, momento em que nasce para o Estado a pretensão executória da pena, conforme interpretação dada pelo Supremo Tribunal Federal, nas ADC n.ºs 43, 44 e 54, ao princípio da presunção de inocência (art. 5.º, inciso LVII, da Constituição Federal). 6. No

# Art. 112

caso concreto, entretanto, nas datas nas quais foram proferidas as decisões que declararam prescrita a pretensão executória: tanto pelo TJDF como pelo STJ (e embora o entendimento na Suprema Corte já fosse em mesmo sentido do presente voto), não havia decisões vinculantes na Suprema Corte. Desse modo, o condenado obteve decisões favoráveis prolatadas pelo sistema de Justiça, que não afrontaram precedentes vinculantes da Suprema Corte, ocorrendo a estabilização de seu *status libertatis*. Preponderam, nesse contexto, os princípios da segurança jurídica e da proteção da confiança e aplicam-se iguais *rati decidendi* a todos os casos em situação idêntica. Não foi provido, por essas razões, o recurso extraordinário. 7. Modulam-se os efeitos da tese para que seja aplicada aos casos i) nos quais a pena não tenha sido declarada extinta pela prescrição em qualquer tempo e grau de jurisdição; e ii) cujo trânsito em julgado para a acusação tenha ocorrido após 12/11/20 (data do julgamento das ADC n.º 43, 44 e 53). 8. Declara-se a não recepção pela Constituição Federal da locução 'para a acusação', contida na primeira parte do inciso I do art. 112 do Código Penal, conferindo a ela interpretação conforme à Constituição para se entender que a prescrição começa a correr do dia em que transita em julgado a sentença condenatória para ambas as partes" (ARE 848.107/DF, Tribunal Pleno, rel. Dias Toffoli, 03.07.2023, v.u.). STJ: "Sobre a questão, a orientação do STJ era no sentido de que o termo *a quo* para contagem do prazo, para fins de prescrição da pretensão executória, seria a data do trânsito em julgado para a acusação, e não para ambas as partes, prevalecendo a interpretação literal do art. 112, I, do Código Penal, mais benéfica ao condenado. No entanto, a Terceira Seção deste Tribunal Superior, em sessão realizada no dia 26/10/2022, no julgamento do AgRg no REsp n. 1.983.259/PR, em consonância com as decisões do Supremo Tribunal Federal – STF sobre a matéria, decidiu que a prescrição da pretensão executória tem como marco inicial o trânsito em julgado da condenação para ambas as partes. Ocorre que, em 3/7/2023, o STF modulou a referida tese para entender que seus preceitos não se aplicam aos processos com trânsito em julgado para a acusação ocorrido até 11/11/2020 (data do julgamento das ADCs ns. 43, 44 e 53) – Tema n. 788/STF" (EDcl no AgRg no PExt no AREsp 2.079.747/MS, 5.ª T., rel. Joel Ilan Paciornik, 06.08.2024, v.u.).

**53. *Sursis* sem efeito:** após a concessão do benefício, feita na sentença condenatória, somente se pode considerar o condenado em gozo do *sursis* após a audiência admonitória, prevista no art. 160 da Lei de Execução Penal ("Transitada em julgado a sentença condenatória, o juiz a lerá ao condenado, em audiência, advertindo-o das consequências de nova infração penal e do descumprimento das condições impostas"). O prazo fixado para a suspensão condicional da pena somente começa a correr a partir da aceitação das condições impostas e lidas pelo magistrado nessa audiência (art. 158, LEP). Por isso, caso o sentenciado não aceite o benefício, porque é condicionado – ou deixe de comparecer à audiência –, deve o juiz torná-lo *sem efeito*. A revogação somente ocorre se o *sursis* for aceito e, posteriormente, o condenado descumprir as condições. Portanto, caso seja considerado *sem efeito*, o início da prescrição remonta à data do trânsito em julgado da sentença condenatória.

**54. Interrupção da execução:** ocorre quando o condenado deixa de cumprir a pena que lhe foi imposta, porque foge do presídio, abandona o regime aberto ou deixa de seguir as restrições de direitos. Excepcionalmente, pode ser interrompida a execução, mas o período da interrupção pode ser computado como cumprimento de pena: é o que acontece quando o condenado adoece mentalmente, sendo transferido para hospital de custódia e tratamento (art. 41, CP). Consultar a nota 57 ao art. 41. Na jurisprudência: TJRJ: "O prazo previsto no inciso IV, do artigo 109, do Código Penal, 8 anos, reduzido à metade, 4 anos, transcorreu, eis que a prescrição é calculada pelo restante da pena, dois anos, cinco meses e vinte e um dias, nos termos do art. 112, II, do Código Penal. Declarada extinta a punibilidade pela prescrição da pretensão executória, nos termos do artigo 110 c/c artigo 112, II, ambos do Código Penal,

# Art. 114

de uma das penas unificadas e revogar a decisão agravada fundada em erro de cálculo que não considerou a prescrição da pretensão executória de uma das penas unificadas, determinar seja refeito o cálculo para fins de concessão dos benefícios que fizer jus o apenado" (Ag. 0218344-76.2019.8.19.0001, 1.ª C., rel. Katya Maria de Paula Menezes Monnerat, 02.06.2020).

### Prescrição no caso de evasão do condenado ou de revogação do livramento condicional

> **Art. 113.** No caso de evadir-se o condenado ou de revogar-se o livramento condicional, a prescrição é regulada pelo tempo que resta da pena.[55-55-A]

**55. Prescrição de pretensão executória:** o dispositivo prevê que "pena cumprida é pena extinta", de modo que não se pode computar, para o cálculo prescricional, a pena total do sentenciado, mas tão somente o tempo restante. Ex.: se foi condenado a 13 anos de reclusão, cujo prazo prescricional se dá em 20 anos, caso tenha cumprido 6 anos, ocasião em que fugiu, deverá ser recapturado em 12 anos (prazo prescricional dos 7 anos que faltam), e não em 20. Na jurisprudência: STJ: "II – 'O cálculo da prescrição pela pena residual, conforme prevê o art. 113 do Código Penal, limita-se às hipóteses de evasão e de revogação do livramento condicional. Vale dizer, o citado dispositivo tem interpretação restritiva' (RHC 99.969/RS, Quinta Turma, Rel. Min. Felix Fischer, *DJe* 19/09/2018). III – No caso concreto, nenhuma das hipóteses do art. 113 do Código Penal foi efetivamente comprovada" (HC 541.317-SP, 5.ª T., rel. Leopoldo de Arruda Raposo, 18.02.2020, v.u.).

**55-A. Inaplicabilidade da detração:** este instituto, previsto no art. 42 deste Código, serve apenas para o cumprimento efetivo da pena, não devendo causar influência no cômputo da prescrição. Na jurisprudência: STJ: "2. A prescrição pela pena residual, conforme autoriza o art. 113 do Código Penal, somente é possível nos casos de evasão ou de revogação do livramento condicional. Dessarte, não há se falar em detração da pena para fins de cômputo da prescrição, porquanto ausente disciplina legal, devendo o lapso prescricional ser regulado de acordo com a pena total aplicada na sentença, sem desconto pela detração" (AgRg no HC 847.217/PR, 5.ª T., rel. Reynaldo Soares da Fonseca, 30.11.2023, v.u.).

### Prescrição da multa

> **Art. 114.** A prescrição da pena de multa ocorrerá:
>
> I – em 2 (dois) anos, quando a multa for a única cominada ou aplicada;[56-57]
>
> II – no mesmo prazo estabelecido para a prescrição da pena privativa de liberdade, quando a multa for alternativa ou cumulativamente cominada ou cumulativamente aplicada.[58]

**56. Vigência do prazo penal:** continua sendo computada em 2 anos, pois foi a única aplicada, mesmo após a modificação do art. 51 pela Lei 9.268/1996. Na jurisprudência: STJ: "IV – Quanto à prescrição suscitada pela Defesa na matéria atinente à multa penal, prevalece o entendimento de que a nova redação do art. 51 do Código Penal não retirou o caráter penal da multa. Assim, o prazo prescricional continua sendo regido pelo art. 114, inciso II, Código Penal. Precedentes" (AgRg no AREsp 2.033.955/SC, 5.ª T., rel. Messod Azulay, 08.08.2023, v.u.); "1. Tendo em vista que foi deferida a substituição da pena privativa de liberdade dosada na decisão ora agravada pela pena de multa, verifica-se a ocorrência da prescrição da pretensão punitiva. Em

# Art. 115

Código Penal Comentado • **Nucci**

razão da nova reprimenda cominada, impõe-se a extinção de sua punibilidade, haja vista, para o *quantum* apenado, a prescrição ocorrer em 2 anos (art. 114, I, do CP). No caso, o referido lapso transcorreu levando-se em consideração o recebimento da denúncia em 02.09.2014 e a prolação da sentença condenatória em 08.08.2017. 2. A infração penal para a qual foi desclassificada a conduta do réu (art. 61 da Lei de Contravenções Penais) prevê apenas a sanção de multa, cujo lapso prescricional é de 2 anos, nos termos do art. 114, I, do Código Penal, prazo já transcorrido entre o último marco interruptivo, consistente no recebimento da denúncia, em 19.12.2012, e a presente data. Assim, deve ser declarada extinta a punibilidade do recorrido, pela prescrição da pretensão punitiva, com fundamento nos arts. 107, IV, e 114, I, do Código Penal (AgRg no REsp 1.511.314/PB, de minha relatoria, 6.ª T., *DJe* 20.08.2015). 3. Agravo regimental provido para declarar extinta a punibilidade do agravante pela prescrição da pretensão punitiva, na modalidade retroativa, nos termos do art. 107, IV, c/c o art. 114, I, ambos do Código Penal" (AgRg no REsp 1.774.083-RS, 6.ª T., rel. Sebastião Reis Junior, 27.08.2019, v.u.).

**57. Aumento do prazo prescricional da pretensão executória da pena de multa:** é inadmissível. Ver nota 43 ao art. 110, *caput*.

**58. Regra específica:** para esse cálculo, aplica-se a redução dos prazos de prescrição pela metade, por conta da idade, como determina o art. 115. Por outro lado, destaque-se que a modificação efetuada pela Lei 9.268/1996, aumentando o prazo prescricional da pena de multa, para fazer com que acompanhe o prazo da pena privativa de liberdade, somente pode ser aplicada para fatos ocorridos após 1.º de abril de 1996, pois se trata de lei mais gravosa. Na jurisprudência: STJ: "6. Se a pessoa jurídica, além de multa, foi condenada à prestação de serviços pelo tempo da pena privativa de liberdade imposta à pessoa natural por ela responsável, a prescrição da reprimenda imposta ao ente empresarial deve observar o mesmo prazo da prescrição da pena privativa de liberdade aplicada ao seu responsável, por força do art. 79 da Lei n. 9.605/1998 c.c os arts. 109, parágrafo único, e 114, inciso II, do Código Penal" (EDcl no AgRg no AREsp 1.603.271-RS, 6.ª T., rel. Laurita Vaz, 20.10.2020, v.u.).

### Redução dos prazos de prescrição

> **Art. 115.** São reduzidos de metade os prazos de prescrição quando o criminoso era, ao tempo do crime, menor de 21 (vinte e um) anos, ou, na data da sentença, maior de 70 (setenta) anos.[59-59-B]

**59. Menoridade relativa e senilidade:** outra vez mais, o Código concede tratamento mais brando àqueles que são menores de 21 anos à época do crime ou maiores de 70 à época da sentença. Em qualquer caso – pretensão punitiva ou executória –, os lapsos prescricionais são reduzidos da metade. Ex.: se o condenado, com 20 anos, tendo a cumprir uma pena de 5 anos, foge, deverá ser recapturado em 6 anos: toma-se o prazo prescricional da pena de 5 anos, que é 12, reduzindo-o pela metade. Atualmente, de acordo com a Súmula 74 do STJ, a prova da idade deve ser feita por meio de qualquer documento hábil, não mais sendo necessária a certidão de nascimento. Como já destacamos na nota 78 ao art. 65, para a qual remetemos o leitor, com a entrada em vigor do atual Código Civil (Lei 10.406/2002), que passou a considerar plenamente capaz para a vida civil o maior de 18 anos, nenhuma influência houve para a contagem pela metade dos prazos prescricionais. A referência do Código Penal ao menor de 21 anos é nítida e textual, não havendo ligação expressa com a menoridade civil. Podemos até argumentar que, em face da redução da idade civil para o alcance da maioridade, mereceria ser rediscutida a especial proteção que se confere, atualmente, ao menor de 21 anos (aliás, até mesmo a redução da maioridade penal poderia comportar debate). Entretanto, em fiel respeito ao princípio da legalidade, deve-se continuar aplicando o critério fixado pela lei penal, que é diverso da civil. Outro ponto importante a destacar é o advento do Estatuto da Pessoa Idosa, que passou a dar especial proteção a pessoas maiores de 60 anos. Essa lei, no entanto, em nada alterou a contagem da prescrição, que continua a ser feita pela metade *somente* quando a pessoa atingir 70 anos na data da sentença. Aliás, se o legislador quisesse beneficiar, no campo da prescrição, o maior de 60 anos, poderia tê-lo feito, do mesmo modo que inseriu a agravante de crime praticado contra maior de 60 anos no art. 61, II, *h*, do Código Penal. Conferir, ainda, as notas 59-A e 59-B *infra*. Na jurisprudência: STJ: "3. Os precedentes citados pelo embargante relacionam-se com casos em que foram opostos embargos de declaração contra a sentença condenatória, e entre a sentença condenatória e o julgamento dos embargos o réu atingiu a idade superior à 70 anos. Em tais casos, é possível aplicar o art. 115 do Código Penal tendo em vista que a decisão que julga os embargos integra a própria sentença condenatória, o que não ocorreu no presente caso, uma vez que nem sequer foram opostos embargos de declaração contra a sentença condenatória. 4. Ademais, é irrelevante o fato de o Tribunal ter mantido ou modificado a pena do réu, tendo em vista que o Código Penal é expresso em determinar que a aferição da idade deve ser feita na data da sentença condenatória" (EDcl no AgRg no REsp 1.877.388/CE, 6.ª T., rel. Antonio Saldanha Palheiro, 02.05.2023, v.u.).

**59-A. Data da sentença e pronúncia:** devemos considerar apenas a sentença no seu sentido estrito, isto é, de mérito, que acolhe ou rejeita a imputação, condenando ou absolvendo o réu, mas não a pronúncia, cuja natureza jurídica é de decisão interlocutória mista. Portanto, se o réu tem 67 anos no momento em que o juiz o pronuncia para ser submetido a julgamento pelo Tribunal do Júri, mas completa 70 anos antes da decisão de mérito em plenário, é lógico que a prescrição será computada pela metade.

**59-B. Data do acórdão:** em nosso entendimento, a lei é clara ao instituir o benefício do cômputo, pela metade, do período prescricional ao maior de 70 anos, na data da sentença. Por isso, pouco interessa a idade que possua quando houver julgamento de recurso seu, proferindo-se um acórdão. Na jurisprudência: STF: "1. Para fins de redução do prazo prescricional, observado o art. 115 do Código Penal, considera-se a idade do agente no momento da sentença condenatória. Precedentes" (RHC 194588 AgR, 2.ª T., rel. André Mendonça, julgado em 16/05/2022, v.u.); "2. Conforme o firme entendimento do STF, 'a prescrição não se reduz à metade quando o agente completa 70 anos de idade após a data da sentença condenatória' (HC n.º 199.025/PR-AgR, Primeira Turma, Rel. Min. Rosa Weber, *DJe* de 7/6/21)" (HC 209125 AgR, 1.ª T., rel. Dias Toffoli, j. 28.03.2022, v.u.). STJ: "4. A Terceira Seção desta Corte Superior de Justiça firmou o entendimento no sentido de que o termo 'sentença' contido no art. 115 do Código Penal se refere à primeira decisão condenatória, seja a do juiz singular ou a proferida pelo Tribunal, não se operando a redução do prazo prescricional quando o édito repressivo é confirmado em sede de apelação ou de recurso de natureza extraordinária. Ressalva do ponto de vista do Relator. 5. Na hipótese em tela, o acusado completou 70 (setenta) anos após a publicação da sentença condenatória, pelo que se mostra impossível a diminuição do prazo prescricional do ilícito que lhe foi imputado" (AgRg no HC 574.596-RJ, 5.ª T., rel. Jorge Mussi, 09.06.2020, v.u.).

### Causas impeditivas da prescrição[60]

> **Art. 116.** Antes de passar em julgado a sentença final, a prescrição não corre:
>
> I – enquanto não resolvida, em outro processo, questão de que dependa o reconhecimento da existência do crime;[61-61-A]

# Art. 116

> II – enquanto o agente cumpre pena no exterior;[62]
>
> III – na pendência de embargos de declaração ou de recursos aos Tribunais Superiores, quando inadmissíveis;[62-A] e
>
> IV – enquanto não cumprido ou não rescindido o acordo de não persecução penal.[62-B]
>
> **Parágrafo único.** Depois de passada em julgado a sentença condenatória, a prescrição não corre durante o tempo em que o condenado está preso por outro motivo.[62-C]

**60. Causas impeditivas ou suspensivas da prescrição da pretensão punitiva:** *impedir* ou *suspender* a prescrição significa apenas "congelar" o prazo prescricional, que recomeçará a correr do ponto onde parou, tão logo a causa que fundamentou a suspensão termine.

**61. Questões prejudiciais:** são as previstas nos arts. 92 e 93 do Código de Processo Penal. O termo inicial é o despacho que suspende o processo e o final é o despacho que determina o prosseguimento. Ex.: se alguém estiver sendo processado por bigamia, embora, no foro cível, esteja tramitando ação de anulação de um dos casamentos, deve o magistrado suspender o feito criminal até a resolução da questão prejudicial. Durante esse período de interrupção, não corre o prazo prescricional. Na jurisprudência: STJ: "6. Não se pode descurar, por fim, que a suspensão das investigações ou mesmo do processo, em virtude de questão prejudicial, é causa impeditiva da prescrição, nos termos do art. 116, I, do CP, motivo pelo qual fica igualmente suspenso o curso do prazo prescricional" (RHC 113.294-MG, 5.ª T., rel. Reynaldo Soares da Fonseca, 13.08.2019, v.u.).

**61-A. Suspensão do processo criminal por outros motivos:** não há suspensão da prescrição. Se o juiz suspender o curso do processo para aguardar decisão a ser proferida em procedimento administrativo (embora possa ter a denominação de *processo administrativo*), não é suficiente para deter o curso da prescrição. O mesmo ocorre se o processo for suspenso para aguardar a realização de laudo pericial para a constatação de inimputabilidade (incidente de insanidade mental) ou qualquer outra forma de procedimento incidente (como, por exemplo, o de suspeição). Trata-se, no art. 116, I, do CP, de causa impeditiva do curso da prescrição, situação prejudicial ao réu – logo, aplica-se a interpretação estrita sobre o termo "processo", referindo-se apenas àquele que se realiza em juízo, embora extrapenal.

**62. Outras causas impeditivas da prescrição:** a) a suspensão condicional do processo (art. 89, § 6.º, Lei 9.099/1995); b) a suspensão do processo, em caso de ausência do réu citado por edital (art. 366, CPP); c) o tempo necessário para o cumprimento de carta rogatória, estando o acusado no estrangeiro (art. 368, CPP); d) a falta de autorização para o processo contra congressistas (art. 53, § 5.º, CF), enquanto durar o mandato do parlamentar. Neste último caso, após a modificação introduzida pela Emenda Constitucional 35/2001, os parlamentares tiveram diminuída, sensivelmente, a denominada imunidade processual. Assim, se cometerem crimes após a diplomação, o STF pode dar início ao processo criminal, recebendo a denúncia ou queixa, sem autorização prévia. Comunicará o fato, no entanto, à Casa Legislativa respectiva, que poderá, pelo voto da maioria de seus membros, impedir o prosseguimento do feito. Se o fizer, suspende-se a prescrição a partir da comunicação ao Supremo Tribunal Federal.

**62-A. Pendência de recursos:** a prescrição fica suspensa, a partir do ingresso de embargos de declaração ou de recursos aos Tribunais Superiores, quando inadmissíveis. Seja em qualquer instância, os embargos de declaração interpostos, quando inadmissíveis, permitem a suspensão da prescrição, desde o seu ajuizamento até a sua decisão. O mesmo ocorre com os recursos especial e extraordinário, dirigidos, respectivamente, ao STJ e ao STF. Se ambos não tiverem provimento, a prescrição ficou suspensa, desde o dia em que ambos foram ajuizados até a última decisão do derradeiro recurso. Porém, há de se dividir. Se o recurso especial for admitindo e provido, a prescrição corre. No entanto, se o recurso extraordinário não tiver provimento, enquanto isso, a prescrição fica suspensa. E vice-versa. Este dispositivo já seria suficiente para evitar o que se denomina de *impunidade*, quando réus recorrem de maneira excessiva, visando, apenas, a ganhar tempo para atingir a prescrição. A partir da suspensão da prescrição quando os embargos de declaração, recurso especial e recurso extraordinário não forem acolhidos, a prescrição permanece suspensa. Com isso, não mais se pode falar em impunidade. Lembre-se do seguinte: ser admissível significa apreciar o mérito do recurso especial ou do extraordinário. Mesmo improvido, se foi admissível o recurso (especial ou extraordinário), a prescrição corre normalmente.

**62-B. Acordo de não persecução penal:** este acordo é uma novidade e significa mais uma oportunidade de não ajuizamento de ação penal, sob condições. Enquanto essas condições estiverem sendo cumpridas, a prescrição corre; porém, caso não cumprido ou não rescindido o acordo de não persecução penal, a prescrição fica suspensa. Tanto este tópico como o anterior, evita qualquer espécie de protelação.

**62-C. Prisão por outro motivo:** se o acusado/condenado cumpre outra pena, inexiste razão para correr prescrição no tocante às novas penas que venha a receber. Na jurisprudência: STJ: "4. O cumprimento de pena imposta em outro processo, ainda que em regime aberto ou em prisão domiciliar, impede o curso da prescrição executória. Precedentes" (AgRg no HC 756.413/SC, 6.ª T., rel. Jesuíno Rissato (Desembargador convocado do TJDFT), 13.03.2023, v.u.); "Prevalece no STJ o entendimento no sentido de que o regramento trazido no art. 116, parágrafo único, do CP abrange também aqueles que se encontram cumprindo pena em regime aberto, prisão domiciliar ou em livramento condicional. Dessa forma, encontrando-se o paciente cumprindo pena em livramento condicional, o curso da prescrição da pretensão executória não teve início com o trânsito em julgado para o Ministério Público, haja vista a existência de causa impeditiva" (HC 429.545-SP, 5.ª T., rel. Reynaldo Soares da Fonseca, 24.04.2018, v.u.).

### Causas interruptivas da prescrição[63]

**Art. 117.** O curso da prescrição interrompe-se:[63-A]

I – pelo recebimento da denúncia ou da queixa;[64-64-C]

II – pela pronúncia;[65]

III – pela decisão confirmatória da pronúncia;[66]

IV – pela publicação da sentença ou acórdão condenatórios recorríveis;[67-69-C]

V – pelo início ou continuação do cumprimento da pena;[70]

VI – pela reincidência.[71]

§ 1.º Excetuados os casos dos incisos V e VI deste artigo, a interrupção da prescrição produz efeitos relativamente a todos os autores do crime.[72-72-B] Nos crimes conexos, que sejam objeto do mesmo processo, estende-se aos demais a interrupção relativa a qualquer deles.

§ 2.º Interrompida a prescrição, salvo a hipótese do inciso V deste artigo, todo o prazo começa a correr, novamente, do dia da interrupção.

# Art. 117

**63. Interrupção do prazo de prescrição da pretensão punitiva:** *interromper* a prescrição significa recomeçar, por inteiro, o prazo prescricional. Ex.: se após o decurso de 2 anos do lapso prescricional, de um total de 4, houver a ocorrência de uma causa interruptiva, o prazo recomeça a correr integralmente. As causas de interrupção do art. 117 são taxativas, não admitindo qualquer ampliação.

**63-A. Nulidade e prescrição:** há determinados marcos interruptivos da prescrição que, se forem judicialmente anulados, eliminam a força para interromper o prazo prescricional. Exemplo: a anulação do recebimento da denúncia ou queixa pelo Tribunal, determinando que o juiz profira outra análise, termina por eliminar o marco interruptivo descrito no inciso I do art. 117.

**64. Recebimento da denúncia ou da queixa:** pode se dar em 1.ª ou 2.ª instância. Na hipótese de haver rejeição da denúncia ou da queixa, não se interrompe o prazo prescricional. O mesmo ocorre se o recebimento da peça acusatória for anulado posteriormente, pois atos nulos não podem produzir efeitos, especialmente negativos em relação ao réu. Assim também o ensinamento de Antonio Rodrigues Porto: "Entendemos que, sempre que seja declarada nulidade processual, deixará de ter eficácia interruptiva a decisão atingida pela anulação; o ato nulo é como se não tivesse existido" (*Da prescrição penal*, p. 72). Por outro lado, se o recebimento ocorrer em 2.ª instância, prescinde-se do trânsito em julgado e não se leva em conta a interposição de embargos infringentes para a interrupção ter efeito. Note-se que o recebimento da denúncia ou da queixa é causa interruptiva da prescrição da pretensão punitiva. Após a edição da Lei 11.719/2008, com a nova redação dada aos arts. 396 a 399 do Código de Processo Penal, inaugurou-se a discussão acerca do momento interruptivo da prescrição, pois, em face de equívoco na elaboração das normas citadas, dá-se a impressão de existência de dois momentos para o recebimento da peça inicial. Segundo cremos, a interpretação correta cinge-se ao recebimento mencionado no art. 396, desprezando-se, para todos os fins, o recebimento referido no art. 399 do CPP. Porém, remetemos o leitor aos comentários a tais artigos em nossa obra *Código de Processo Penal comentado*. Quando houver aditamento à denúncia, é viável a interrupção da prescrição novamente, mormente por trazer alteração fática substancial ao caso. Na jurisprudência: STJ: "1. A decisão agravada deve ser mantida, em relação à alegada prescrição, uma vez que o recebimento do aditamento da denúncia que traz modificação fática substancial enseja a interrupção da prescrição (AgRg no AREsp n. 1.350.483/RS, Ministro Rogerio Schietti Cruz, Sexta Turma, *DJe* 12/11/2020), isso porque, in casu, não houve apenas a alteração da capitulação jurídica, mas uma modificação substancial dos aspectos fáticos quanto à imputação do tipo penal (fl. 1.404). Precedentes" (AgRg no HC 659.335-SC, 6.ª T., rel. Sebastião Reis Júnior, 08.06.2021, v.u.). TJSC: "Segundo entendimento firme da doutrina e da jurisprudência, havendo aditamento da denúncia com substancial modificação da peça acusatória, o seu recebimento incorrerá em interrupção do prazo prescricional" (Ap. Crim. 0005533-48.2015.8.24.0008, 4.ª C. Crim., rel. Luiz Antônio Zanini Fornerolli, 02.09.2021).

**64-A. Necessidade de publicação da decisão de recebimento:** não se deve considerar, para efeito de interrupção da prescrição, a data constante da decisão de recebimento da denúncia ou da queixa, mas, sim, a de publicação do ato em cartório. Esta última confere publicidade ao ato e evita qualquer tipo de equívoco ou dubiedade. Ver também a nota 67-A *infra*. Em outro sentido: STJ: "1. Considera-se, para efeito de contagem do prazo para extinção da punibilidade pela prescrição, a data indicada pelo magistrado em sua decisão de recebimento da denúncia, independentemente do dia em que recebidos os autos na secretaria, ao contrário da sentença condenatória, que efetivamente depende de sua publicação em cartório, nos termos do art. 117, IV, do Código Penal" (AgRg no RHC 125.371-SP, 6.ª T., rel. Rogerio Schietti Cruz, 02.06.2020, v.u.).

# Art. 117

**64-B. Decisão de recebimento proferida por juiz incompetente:** anulada a decisão de recebimento da denúncia ou da queixa dada por juiz incompetente, somente se considera interrompida a prescrição caso se cuide de incompetência relativa. Entretanto, tratando-se de incompetência absoluta, a decisão não tem força para interromper o prazo prescricional. No mesmo sentido: Antonio Rodrigues Porto (*Da prescrição penal*, p. 68).

**64-C. Reforma do processo penal:** com a edição da Lei 11.719/2008, prevê-se, nos procedimentos ordinário e sumário (art. 394, § 1.º, CPP), o recebimento da denúncia ou queixa, tão logo recebido o inquérito concluído (ou outras peças de informação), conforme dispõe o art. 396, *caput*, do Código de Processo Penal. Entretanto, por falha de redação da novel lei, consta do art. 399, *caput*, do Código de Processo Penal, em tese, uma nova oportunidade para o recebimento da denúncia ou queixa. É natural não ser viável a coexistência de dois recebimentos da mesma peça acusatória, no processo. Dessa forma, deve prevalecer o disposto no art. 396, *caput*, do CPP, o primeiro recebimento, justamente a decisão que acarretará a interrupção da prescrição. Maiores detalhes, consultar os comentários aos arts. 396 e 399 do nosso livro Código de Processo Penal comentado.

**65. Pronúncia:** havendo desclassificação da infração penal pelo Tribunal do Júri (ex.: de tentativa de homicídio para lesões dolosas), a decisão de pronúncia continua sendo marco interruptivo da prescrição. É a posição majoritária, avalizada pela Súmula 191 do STJ (de agosto de 1997): "A pronúncia é causa interruptiva da prescrição, ainda que o Tribunal do Júri venha a desclassificar o crime". A impronúncia e a absolvição sumária, por seu turno, não têm o condão de interromper a prescrição.

**66. Decisão confirmatória da pronúncia:** acrescente-se a esta situação a hipótese de o tribunal pronunciar o réu, anteriormente impronunciado ou absolvido sumariamente pelo juiz. A razão de duas causas interruptivas, no procedimento do júri, explica-se pela complexidade e pela longa duração que ele normalmente apresenta. É causa interruptiva da prescrição da pretensão punitiva.

**67. Sentença ou acórdão condenatórios recorríveis:** a modificação introduzida pela Lei 11.596/2007, acrescentando ao inciso IV do art. 117 o acórdão condenatório, coloca um novo enfoque a um dos pontos controversos em matéria de interrupção da prescrição. Deve-se salientar que já era jurisprudência majoritária a equiparação do acórdão condenatório (significa ter havido absolvição em primeiro grau, pois, do contrário, o acórdão estaria confirmando a anterior sentença e não condenando pela primeira vez) à sentença condenatória recorrível. Defendia-se que o acórdão poderia ser considerado como "sentença recorrível", se fosse a primeira decisão condenatória ocorrida no processo, aliás, porque seria ela a fixar o *quantum* para o cálculo da prescrição *in concreto*. Outro ponto que foi resolvido é a data exata de interrupção, ao menos da sentença condenatória. Dá-se no dia em que for publicada, vale dizer, entregue em mãos do escrivão, em cartório, conforme dispõe o art. 389 do CPP. No tocante ao acórdão, cremos que a tendência deve permanecer a mesma, anterior à Lei 11.596/2007, vale dizer, reputa-se publicado na data da sessão de julgamento pela Câmara ou Turma – afinal, cuida-se de evento público. As partes podem, inclusive, acompanhar o julgamento. Não há a menor necessidade de se aguardar a redação do acórdão e sua publicação em diário oficial (eletrônico ou não). Esta última situação continua a prevalecer para a contagem de prazo para recurso, mas não para interromper a prescrição. Quanto ao acórdão confirmatório da sentença condenatória, segundo nos parece, não se pode considerá-lo marco interruptivo da prescrição. Isto porque *acórdão condenatório* é diferente de *acórdão confirmatório* de condenação. No primeiro caso, há absolvição em primeiro grau e o julgamento de segundo grau é o indicador da condenação. No segundo, há uma condenação em primeiro grau e o acórdão se limita a *confirmar* essa condenação. São situações diversas no processo. Surgiram posições diversas na jurisprudência, interpretando de maneira diferente o conteúdo, particularmente, do acórdão confirmatório da condenação. Alguns, não aceitando esse acórdão como marco interruptivo; outros, acolhendo. Entretanto, o STF levou o caso ao Plenário e tomou a decisão, por ora, definitiva: "1. A prescrição é o perecimento da pretensão punitiva ou da pretensão executória pela inércia do próprio Estado; prendendo-se à noção de perda do direito de punir por sua negligência, ineficiência ou incompetência em determinado lapso de tempo. 2. O Código Penal não faz distinção entre acórdão condenatório inicial ou confirmatório da decisão para fins de interrupção da prescrição. O acórdão que confirma a sentença condenatória, justamente por revelar pleno exercício da jurisdição penal, é marco interruptivo do prazo prescricional, nos termos do art. 117, IV, do Código Penal. 3. *Habeas corpus* indeferido, com a seguinte tese: Nos termos do inciso IV do art. 117 do Código Penal, o acórdão condenatório sempre interrompe a prescrição, inclusive quando confirmatório da sentença de 1.º grau, seja mantendo, reduzindo ou aumentando a pena anteriormente imposta" (HC 176.473-RR, Plenário, rel. Alexandre de Moraes, 27.04.2020, m.v.). Em suma, o acórdão condenatório e, também, o confirmatório da condenação são aptos a interromper a prescrição. Na jurisprudência: STJ: "6. Tese jurídica: O acórdão condenatório de que trata o inciso IV do art. 117 do Código Penal interrompe a prescrição, inclusive quando confirmatório de sentença condenatória, seja mantendo, reduzindo ou aumentando a pena anteriormente imposta" (REsp 1.920.091/RJ, 3.ª Seção, rel. João Otávio de Noronha, 10.08.2022, v.u.); "3. O Plenário do STF, no recente julgamento do AgRg no HC 176.473/RR, ocorrido em 27.04.2020, firmou a tese no sentido de que, nos termos do inciso IV do art. 117 do Código Penal, o acórdão condenatório sempre interrompe a prescrição, inclusive quando confirmatório da sentença de 1.º grau, seja mantendo, reduzindo ou aumentado a pena anteriormente imposta" (EDcl no AgRg no AREsp 1.625.691-MG, 5.ª T., rel. Reynaldo Soares da Fonseca, 02.06.2020, v.u.).

**67-A. Publicação em cartório:** a data colocada pelo magistrado na sentença condenatória não é tão relevante quanto a da publicação em cartório, em mãos do escrivão, quando o processo se torna efetivamente público. Em caso de dúvida e divergência de datas, prevalece esta última. Na jurisprudência: STJ: "A jurisprudência deste Superior Tribunal de Justiça é pacífica no sentido de que, nos termos do artigo 117, inciso IV, do Código Penal, a prescrição se interrompe na data da publicação da sentença em cartório, ou seja, de sua entrega ao escrivão, e não da intimação das partes ou publicação no órgão oficial" (EDcl no REsp 1398495-PB, 6.ª T., rel. Maria Thereza de Assis Moura, 19.05.2015, v.u.). TJSP: "A publicação da r. sentença condenatória se deu com a publicação em cartório, pelo assistente judiciário, ao ter liberada nos autos digitais a r. sentença assinada, e não com a publicação no Diário de Justiça eletrônico. Enquanto aquele ato tem como escopo tornar pública a sentença, interrompendo a prescrição, este (publicação no diário de justiça) tem a finalidade tão somente de intimar as partes" (Ap. Crim. 0028424-80.2017.8.26.0576, 15.ª C. Crim., rel. Gilda Alves Barbosa Diodatti, 24.06.2021, v.u.).

**68. Acórdão que majora ou agrava a pena:** a reforma trazida pela Lei 11.596/2007 nada alterou nesse prisma. O acórdão que eleva a pena é de interpretação duvidosa. Não é uma contraposição à sentença de primeiro grau, pois esta decisão concretizou uma condenação. Portanto, já teria servido para interromper a prescrição. Quando o colegiado resolve aumentar a pena, profere acórdão confirmando a condenação, porém, com pena diferenciada. Pensamos que permanecerão as *três posições existentes:* a) *serve para interromper a prescrição*, ainda formando posição majoritária; b) *não serve para interromper a prescrição*, pois o rol da interrupção é taxativo. Essa é posição que nos parece a correta, pois, de fato, o rol do art. 117 é expresso; c) *somente serve para interromper a prescrição se for "não unânime"*, portanto, sujeito a embargos. No entanto, o STF e o STJ adotaram a primeira corrente: "o acórdão condenatório de que trata o inciso IV do art. 117 do Código Penal interrompe a prescrição, inclusive quando confirmatório de sentença condenatória, seja mantendo, reduzindo ou aumentando a pena anteriormente imposta" (REsp 1.930.130/MG, 3.ª Seção, rel. João Otávio de Noronha, 10.08.2022, *DJe* de 22.08.2022.). Ver a nota 67 *supra*.

**68-A. Data da sessão de julgamento:** é o marco interruptivo da prescrição, quando o acórdão tiver tal efeito. Não importa a data da publicação, pois a publicidade do ato se dá no momento da sessão de julgamento, quando o colegiado se reúne para apresentar o veredicto. Na jurisprudência: STF: "A prescrição em segundo grau se interrompe na data da sessão de julgamento do recurso, e não na data da publicação do acórdão. Precedentes do Tribunal Pleno. Entendimento pacífico da Corte. Recurso não provido. 1. Segundo a pacífica jurisprudência do Supremo Tribunal, 'o marco interruptivo do prazo prescricional previsto no artigo 117, IV, do Código Penal, mesmo com a redação que lhe conferiu a Lei 11.596/2007, é o da data da sessão de julgamento' (AP 409/CE-AgR, 2.º, Tribunal Pleno, rel. Min. Teori Zavascki, *DJe* 28.10.2013). 2. Recurso ordinário ao qual se nega provimento" (RHC 125078-SP, 1.ª T., rel. Dias Toffoli, 03.03.2015, m.v.).

**69. Sentença condenatória reformada, diminuindo a pena:** não afeta a interrupção da prescrição, pois não se encaixa nas hipóteses legais.

**69-A. Sentença e embargos de declaração:** para a interrupção da prescrição leva-se em consideração a data da sentença condenatória recorrível, mas não podemos deixar de registrar que há possibilidade de a parte interpor embargos de declaração. Se o efeito dos embargos for simplesmente tornar mais claro o conteúdo da decisão, sem alterar a pena, é natural que não se possa falar em nova interrupção da prescrição. Porém, se os embargos apontarem para omissão do juiz que, quando reconhecida, provoque a modificação da decisão, elevando a pena, por exemplo, parece-nos perfeitamente admissível que ocorra novamente a interrupção da prescrição, pois surgiu nova sentença recorrível. Os embargos de declaração, nesse caso, geraram efeito infringente. O mesmo se diga, a partir de agora, em relação ao acórdão condenatório contra o qual sejam interpostos embargos de declaração.

**69-B. Sentença impondo medida de segurança:** é inadmissível para interromper a prescrição, não somente porque é, conforme regra processual penal, sentença absolutória (embora denominada *imprópria*), como também porque não consta expressamente no rol taxativo do art. 117.

**69-C. Sentença anulada:** não presta para interromper a prescrição. O que é considerado nulo pelo Judiciário não pode produzir nenhum efeito. Na jurisprudência: STJ: "A sentença condenatória anulada deixa de possuir o efeito interruptivo, sendo o recebimento da exordial acusatória o último marco, nos termos do art. 117, inciso I, do Código Penal" (REsp 929.692-PE, 5.ª T., rel. Laurita Vaz, 28.06.2007, v.u.).

**70. Início ou continuação do cumprimento da pena:** trata-se de causa interruptiva da pretensão executória. Menciona o dispositivo as duas hipóteses possíveis: início – quando o condenado começa a cumprir a pena que lhe foi imposta; continuação – quando o sentenciado retoma o cumprimento da pena, que foi interrompido pela fuga, por exemplo.

**71. Reincidência:** trata-se de marco interruptivo da pretensão executória. A reincidência verifica-se pela *prática* do segundo delito, embora fique o seu reconhecimento pelo juiz condicionado à condenação. Há quem sustente que, pelo princípio da presunção de inocên-

# Art. 117 — Código Penal Comentado · **Nucci** — 570

cia, somente a data da condenação com trânsito em julgado pode fazer o juiz reconhecer a existência da reincidência. Esta última posição não é a correta, pois a lei é clara ao mencionar apenas reincidência, que é o cometimento de outro crime depois de já ter sido condenado. Ora, ainda que se dependa da condenação definitiva para se ter certeza do marco interruptivo, este se dá muito antes do trânsito em julgado da segunda condenação. E, na doutrina, confira-se o magistério de Antonio Rodrigues Porto: "O réu será considerado reincidente quando passar em julgado a condenação pelo segundo crime; mas o momento da interrupção da prescrição, relativamente à condenação anterior, é o dia da prática do novo crime, e não a data da respectiva sentença. A eficácia desta retroage, para esse efeito, à data em que se verificou o segundo delito" (*Da prescrição penal*, p. 89).

**72. Comunicabilidade das causas interruptivas:** quando houver o recebimento da denúncia ou da queixa, a pronúncia, a decisão confirmatória da pronúncia ou a sentença condenatória recorrível com relação a um dos coautores de um delito, a interrupção se comunica, alcançando a todos. Significa que o Estado manifestou a tempo o seu interesse em punir, mantendo a sua pretensão de punir os demais, bastando que os encontre a tempo. Entretanto, as causas dos incisos V e VI são pessoais, vale dizer, se vários corréus são condenados e um deles foge, é óbvio que a prescrição da pretensão executória só envolve a sua pessoa, e não a dos demais, que cumprem pena. Dá-se o mesmo com a reincidência: se todos estão foragidos, é possível que um deles se torne reincidente, mas não os demais. Na jurisprudência: a) interrompendo: STJ: "Cuidando-se de aditamento para incluir novos crimes aos corréus, tem-se que o recebimento da referida peça é marco interruptivo para todos os denunciados, com relação a todos os crimes, nos termos do que consta do art. 117, § 1.º, do Código Penal. Nesse encadeamento de ideias, não há se falar em prescrição, porquanto não implementado o lapso, entre o recebimento do aditamento à denúncia e a publicação da sentença condenatória, necessário ao reconhecimento da extinção da punibilidade" (HC 414.685-SC, 5.ª T., rel. Reynaldo Soares da Fonseca, 20.02.2018, v.u.); b) não interrompendo: STJ: "1. O aditamento à denúncia é apto a interromper o prazo da prescrição apenas quando, por esse meio, são apresentados argumentos que denotam significativa modificação fática. 2. Cotejando os termos da denúncia e do respectivo 'aditamento/rerratificação', verifico que, por intermédio desse último, conquanto tenha sido pleiteada a exclusão do polo passivo ou absolvição sumária do corréu, não foi trazida à baila inovação substancial quanto aos fatos imputados aos recorrentes, pois tão somente foi explicitada, de maneira minudente, o que já havia sido delineado na peça de ingresso e, assim o fazendo, procedeu-se correta capitulação dos delitos. 3. Não tendo sido apresentada inovação factual de expressiva monta por força do aditamento à denúncia – na qual, inclusive, o *Parquet* estadual, textualmente, afirmou que '(...) os fatos em nada tenham sido alterados (...)' –, nos termos da jurisprudência desta Corte Superior de Justiça, o recebimento daquela peça processual pelo Juízo primevo não representou marco interruptivo da prescrição" (REsp 1.794.147-PA, 6.ª T., rel. Laurita Vaz, 05.12.2019).

**72-A. Aditamento à denúncia ou queixa para incluir coautores:** serve para interromper a prescrição no tocante a todos, inclusive com relação àquele que já estava sendo processado. Pode não ser a solução mais justa, embora seja a fiel aplicação do disposto neste parágrafo do art. 117. Verificar a jurisprudência citada na nota anterior.

**72-B. Interrupção da prescrição e crimes conexos:** se houver aditamento à denúncia ou queixa para incluir crime conexo, o recebimento implicará a interrupção da prescrição com relação a todos os crimes, inclusive no tocante àqueles já constantes da peça acusatória original. Isso significa que, a título de ilustração, se o réu estiver respondendo por furto, já decorridos seis meses da data do recebimento da denúncia, caso haja aditamento para incluir

Título VIII – Da extinção da punibilidade | Art. 119

delito conexo, haverá a interrupção, novamente, do prazo prescricional do delito de furto. Mais uma vez, deve-se ressaltar que, embora não seja a solução ideal, é a exata aplicação do disposto neste artigo.

> **Art. 118.** As penas mais leves prescrevem com as mais graves.[73]

**73. Referência à pena de multa e às restritivas de direitos:** são as penas mais leves às quais faz referência o art. 118. A pena restritiva de direitos, por ser substitutiva da privativa de liberdade, obedece, em última análise, ao prazo da pena mais grave – aliás, segundo o disposto no art. 109, parágrafo único, CP. Assim, se aplicada uma pena privativa de liberdade e uma restritiva de direitos – como admite o art. 302 do Código de Trânsito Brasileiro –, prescrita a primeira, a segunda segue o mesmo destino. No caso da multa, há disciplina própria (art. 114, II, CP), mas no mesmo prisma deste artigo. Não se aplica o art. 118 ao concurso de crimes, pois cada delito tem o seu prazo de prescrição próprio (art. 119, CP).

> **Art. 119.** No caso de concurso de crimes,[74-75-A] a extinção da punibilidade incidirá sobre a pena de cada um, isoladamente.[76-77]

**74. Concurso de crimes (crime continuado) e prescrição:** apesar de se unificarem as penas para efeito de cumprimento, quando se tratar do cálculo da prescrição, deve-se tomar, isoladamente, cada delito. Assim, caso o réu seja condenado à pena total de 13 anos de reclusão (12 por um homicídio qualificado e 1 pela prática de furto simples), verificando o juiz que, entre a data do recebimento da denúncia e a data da sentença, transcorreram 5 anos, deve reconhecer a ocorrência da prescrição da pretensão punitiva do furto, pela prescrição retroativa, mantendo, somente, a pena relativa ao homicídio. Outro exemplo: havendo um concurso formal, cuja pena foi fixada em 4 anos, inicialmente, com um acréscimo da metade, resultando em 6 anos, a prescrição não se dará em 12 anos (art. 109, III), mas em 8 (art. 109, IV). Na jurisprudência: STJ: "I. 'Tratando-se de vários fatos praticados em continuidade delitiva, e considerando-se que a prescrição incide sobre a pena de cada crime isoladamente, nos termos do art. 119 do Código Penal, tem-se que a prescrição de parte dos delitos não enseja a dos demais, que não foram alcançados pelo prazo prescricional (AgRg no RHC n. 134.594/ SP, de minha relatoria, Quinta Turma, *DJe* de 23.11.2020.)' (AgRg no HC n. 811.018/GO, rel. Ministro Reynaldo Soares da Fonseca, 5.ª T., julgado em 25/4/2023, *DJe* de 28.04.2023)" (AgRg no HC 839.786/PR, 6.ª T., rel. Jesuíno Rissato, 08.04.2024, v.u.); "2. Nos termos do art. 119 do Código Penal: 'No caso de concurso de crimes, a extinção da punibilidade incidirá sobre a pena de cada um, isoladamente'. A propósito, esclarece a Súmula n. 497/STF: 'Quando se tratar de crime continuado, a prescrição regula-se pela pena imposta na sentença, não se computando o acréscimo decorrente da continuação'. 3. O prazo prescricional de quatro anos, nos termos do inciso V do art. 109 do Código Penal, transcorreu entre a publicação da sentença condenatória em 03/08/2012 e o julgamento da apelação em 06/02/2019, ou seja, antes mesmo da interposição do recurso especial" (EDcl no AgRg nos EAREsp 1.595.916-ES, 3.ª Seção, rel. Laurita Vaz, 25.11.2020, v.u.); "II – No caso de concurso de crimes, a extinção da punibilidade incidirá sobre a pena de cada um, isoladamente (art. 119, do Código Penal). Também quando se tratar de crime continuado, a prescrição regula-se pela pena imposta na sentença, não se computando o acréscimo decorrente da continuação (Súmula 497/STF)" (AgRg no AREsp 1.603.568-PB, 5.ª T., rel. Felix Fischer, 19.05.2020, v.u.). Anote-se, nesse contexto, o disposto pela Súmula 497 do STF: "Quando se tratar de crime continuado, a prescrição regula-se pela pena imposta na sentença, não se computando o acréscimo decorrente da continuação".

# Art. 120

**75. Concurso de crimes (concurso formal) e prescrição:** calcula-se a prescrição, quando houver concurso formal, sobre a pena do delito mais grave, utilizada como base para acrescentar o aumento. Assim, despreza-se a exasperação gerada por força do disposto no art. 70 (1/6 até 1/2).

**75-A. Concurso de crimes (concurso material) e prescrição:** dá-se o mesmo que nas hipóteses anteriores, porém com visualização mais facilitada. Cada delito tem a prescrição calculada de forma isolada e individualizada.

**76. Prescrição em leis especiais:** devem ser respeitados os prazos específicos previstos para a prescrição em leis especiais, baseado no princípio da especialidade (art. 12, CP).

**77. Juiz competente para reconhecer a prescrição:** sendo matéria de ordem pública, a prescrição pode ser reconhecida pelo juiz do processo (conhecimento ou execução), que dela tomar conhecimento.

### Perdão judicial

> **Art. 120.** A sentença que conceder perdão judicial não será considerada para efeitos de reincidência.[78]

**78. Prescrição e perdão judicial:** para quem considera a sentença concessiva do perdão judicial de natureza condenatória, é possível considerar a prescrição da pretensão punitiva do Estado, de modo a não deixar nenhum resquício no passado do réu. Há *três posições* a respeito: a) o prazo da prescrição ocorre em 2 anos, que é o mínimo previsto para qualquer delito; b) o prazo da prescrição deve ser calculado pelo mínimo da pena que poderia ser aplicado, em abstrato, ao crime; c) o prazo da prescrição deve ser calculado pelo máximo da pena que poderia ser aplicado, em abstrato, ao crime. Parece-nos a terceira posição a ideal, equiparando-se aos demais delitos, ou seja, enquanto não há pena concreta aplicada, regula-se a prescrição pelo máximo em abstrato previsto para o crime.

## Quadro I
## Formas de Clemência do Estado

| | ANISTIA | INDULTO COLETIVO | INDULTO INDIVIDUAL ou GRAÇA | PERDÃO JUDICIAL |
|---|---|---|---|---|
| **CONCESSÃO:** | Congresso Nacional | Pres. da República | Pres. da República | Juiz de Direito ou Tribunal |
| **Meio:** | lei | decreto | decreto | decisão, sentença ou acórdão |
| **Abrangência:** | fatos considerados criminosos | condenados em número indeterminado | condenado específico | indiciado ou réu |
| **Formas e condições:** | condicionada ou incondicionada geral ou parcial irrestrita ou limitada | condicionado ou incondicionado total ou parcial | condicionado ou incondicionado total ou parcial | incondicionado e total |
| **Natureza jurídica:** | excludente de tipicidade | excludente de punibilidade | excludente de punibilidade | excludente de punibilidade |
| **Particularidades:** | a) Pode ocorrer antes de condenação definitiva (anistia própria) ou depois (anistia imprópria)<br><br>b) Possui efeito ex tunc e agrega ação e condenação, bem como elimina registros na folha de antecedentes<br><br>c) Destina-se, principalmente, a crimes políticos<br><br>d) Não cabe a crimes hediondos e equiparados<br>Ver a nota 12 do art. 107 do CP Comentado ou v. item 6, Cap. XXXV co Manual de Direito Penal | a) Podem ocorrer antes da condenação, desde que haja, pelo menos, trânsito em julgado para a acusação, ou depois (forma mais comum)<br><br>b) Depende da vontade discricionária da Pres. da República, que ora o concede para garantir um mero esvaziamento de cárceres, ora por entender ser instrumento de política criminal para incentivar o bom comportamento dos condenados<br><br>c) São vedados a crimes hediondos e equiparados. Há polêmica doutrinária quanto ao indulto coletivo<br><br>d) Quando perdoa ou desconta parte da pena total, chama-se comutação<br>v. as notas 13 a 18 ao art. 107 do CP Comentado ou v. os itens 7 e 8, Cap. XXXV do Manual de Direito Penal | a) O Judiciário deve respeitar os requisitos impostos por lei para conceder o perdão. Inexiste possibilidade de ampliação de clemência, nem por analogia<br><br>b) O rol das hipóteses de perdão é extenso e há dispositivos tanto na Parte Especial quanto na legislação penal especial<br><br><br><br>Ver as notas 29 a 30-A ao art. 107 do CP Comentado ou v. item 14, Cap. XXXV do Manual de Direito Penal | |

# Art. 120

## Quadro II
### Tabela dos prazos prescricionais (art. 109)

| Penas (em abstrato ou em concreto) | Prazo | Exceção 1: réu menor de 21 anos na data do fato ou maior de 70 anos na data da sentença – art. 115 | Exceção 2: réu reincidente no caso de prescrição da pretensão executória da pena – art. 110, *caput*, parte final, e Súm. 220 do STJ (aumento de 1/3) | |
|---|---|---|---|---|
| A) inferior a 1 ano | 3 anos | 1 ano e 6 meses | 4 anos | 2 anos |
| B) 1 a 2 anos | 4 anos | 2 anos | 5 anos e 4 meses | 2 anos e 8 meses |
| C) mais de 2 anos até 4 anos | 8 anos | 4 anos | 10 anos e 8 meses | 5 anos e 4 meses |
| D) mais de 4 anos até 8 anos | 12 anos | 6 anos | 16 anos | 8 anos |
| E) mais de 8 anos até 12 anos | 16 anos | 8 anos | 21 anos e 4 meses | 10 anos e 8 meses |
| F) superior a 12 anos | 20 anos | 10 anos | 26 anos e 8 meses | 13 anos e 4 meses |

# Quadro III
## Lapsos prescricionais e causas interruptivas da prescrição

| Pena em abstrato (máximo previsto no tipo penal incriminador) = prescrição da pretensão punitiva |
|---|
| Pena em concreto (fixada na sentença ou acórdão condenatórios com trânsito em julgado para a acusação ou improvido seu recurso) = prescrição da pretensão executória |

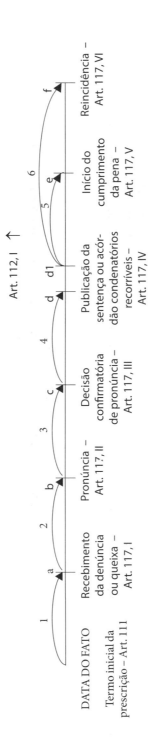

a, b, c, d, e, f = causas interruptivas de prescrição, lembrando que as causas apontadas nas letras "b" e "c" somente ocorrem no procedimento do júri

1, 2, 3, 4 = lapsos prescricionais que levam em conta a pena em abstrato (máximo previsto no tipo penal incriminador)

5, 6 = lapsos prescricionais que levam em conta a pena em concreto (fixada na sentença ou acórdãos condenatórios com trânsito em julgado para a acusação ou improvido seu recurso) afetando a pretensão executória do Estado

d1 = data do trânsito em julgado da sentença ou acórdãos condenatórios para a acusação

# Art. 120

## Quadro IV
### Lapsos prescricionais da prescrição retroativa, levando-se em conta a pena em concreto
### Art. 110, § 1.º e 2.º

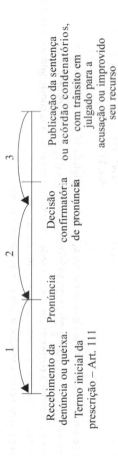

## Quadro V
### Lapsos prescricionais de prescrição intercorrente, levando-se em conta a pena em concreto
### Art. 110, §1.º

1, 2, 3 = prescrição da pretensão punitiva, verificada após tornar-se concreta a pena aplicada, computada em prazos anteriores à sentença condenatória

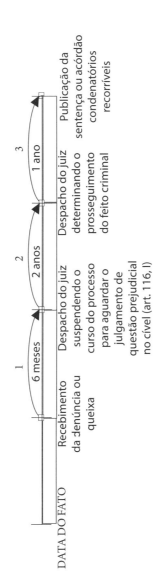

**Quadro VI**
**Lapso da suspensão da prescrição**
**Art. 116**

1 + 3 = prazo de cômputo da prescrição = 1 ano e 6 meses, desprezando-se 2 anos (lapso 2) em que o processo ficou suspenso. Paralisa-se a contagem da prescrição

Nota: Ver outras causas de suspensão da prescrição na nota 62.

2 = período de tempo em que a prescrição não corre

Nota: após a edição da Lei 13.964/2019, foram incluídas mais duas causas de suspensão do prazo prescricional: a) enquanto estiver pendente de julgamento os embargos de declaração ou os recursos encaminhados ao STF ou STJ, se forem considerados inadmissíveis (art. 116, III, CP); b) enquanto não for cumprido ou não rescindido o acordo de não persecução penal, previsto pelo art. 28-A do CPP (art. 116, IV, CP).

# PARTE ESPECIAL

# Título I
## Dos crimes contra a pessoa

### Capítulo I
### DOS CRIMES CONTRA A VIDA[1]

**1. Direito à vida:** a proteção à vida, bem maior do ser humano, tem seu fundamento na Constituição Federal, propagando-se para os demais ramos do ordenamento jurídico. O direito à vida, previsto, primordialmente, no art. 5.º, *caput*, da Constituição, é considerado um direito fundamental em sentido material, ou seja, indispensável ao desenvolvimento da pessoa humana, o que PONTES DE MIRANDA chama de *supraestatal*, procedente do direito das gentes ou direito humano no mais alto grau. Entretanto, nenhum direito fundamental é absoluto, pois necessita conviver harmoniosamente com outros direitos, igualmente essenciais. Como já tivemos ocasião de expor, em maior profundidade (cf., de nossa autoria, *Tribunal do Júri*), o que é indispensável a um Estado Democrático de Direito é a Constituição prever os direitos supraestatais que buscam assegurar a construção de uma personalidade digna e feliz para os membros da coletividade, embora restrições sejam paralelamente necessárias e possíveis. O direito à vida, ora em destaque, encontra limitação quando há confronto com outros interesses do Estado, razão pela qual a própria Carta Magna prevê a possibilidade, em tempo de guerra, de haver pena de morte (art. 5.º, XLVII, *a*) e o Código Penal Militar estabelece as hipóteses de sua aplicação (arts. 55, *a*, e 355 a 362, 364 a 366, *caput*, 368, 371 e 372, 375, parágrafo único, 378, 379, § 1.º, 383, *caput*, 384, 385, *caput*, 386 e 387, 389 e 390, 392, 394 a 396, 400, III, 401, 405, 406, 408, parágrafo único, *b*), podendo-se citar como exemplo um dos delitos de traição: "Art. 355. Tomar o nacional armas contra o Brasil ou Estado aliado, ou prestar serviço nas forças armadas de nação em guerra contra o Brasil: Pena – *morte*, grau máximo; reclusão, de 20 (vinte) anos, grau mínimo". Assim, em tempo de guerra, entende-se indispensável haver uma disciplina rígida e indeclinável, não se tolerando traição, covardia, motim, revolta, incitamento, quebra dos deveres militares, entre outros fatores, colocados acima do bem jurídico *vida*, sujeitando o infrator à pena de morte. Mencione-se, ainda, a autorização legal para a prática do aborto, quando a mulher que engravidou foi estuprada ou está correndo risco de vida com a gestação. Assim, como menciona o art. 4.º, 1, da Convenção Americana de Direitos Humanos (Pacto de São José da Costa Rica), "toda pessoa tem o direito de que se respeite sua vida. Esse direito deve ser protegido pela lei e, *em geral, desde o momento da concepção*. Ninguém pode ser privado da vida *arbitrariamente*" (grifamos). Em regra, protege-se a vida, mas nada impede que ela seja perdida, por ordem do Estado, que se incumbiu de lhe dar resguardo, desde que interesses maiores devam ser abrigados. O traidor da pátria, em tempo de guerra, não tem

# Art. 121

direito ilimitado à vida. A mulher, ferida em sua dignidade como pessoa humana, porque foi estuprada, merece proteção para decidir pelo aborto. O sequestrador pode ser morto pela vítima, que atua em legítima defesa. Enfim, interesses podem entrar em conflito e, conforme o momento, a vida ser o bem jurídico de menor interesse para o Estado, o que não o torna menos democrático. Aliás, os documentos internacionais que enaltecem os direitos humanos fundamentais bem o demonstram. A vida é direito fundamental, somente não podendo ser atacada *arbitrariamente*, o que não chega a abranger nem mesmo a possibilidade de aplicação da pena de morte. A Convenção Europeia dos Direitos do Homem preceitua (art. 2.º, 1) que "o direito de qualquer pessoa à vida é protegido pela lei. Ninguém poderá ser intencionalmente privado da vida, *salvo em execíio de uma sentença capital* pronunciada por um tribunal, no caso de o crime ser punido com esta pena pela lei" (grifo nosso). Admite-se, pois, em tese, a existência da pena de morte, sem que isso, por si só, seja uma violação dos direitos humanos fundamentais. Logo, o direito à vida é verdadeiramente essencial, embora não seja absoluto. A Constituição brasileira, além do art. 5.º, também o prevê nos arts. 227 e 230.

### Homicídio[2-3] simples[4-5]

> **Art. 121.** Matar[6-7] alguém:[8-12]
> Pena – reclusão, de 6 (seis) a 20 (vinte) anos.

### Caso de diminuição de pena[13]

> § 1.º Se o agente comete o crime impelido por motivo de relevante valor social ou moral,[14-15-B] ou sob o domínio de violenta emoção, logo em seguida a injusta provocação da vítima,[16-16-E] o juiz pode reduzir a pena de 1/6 (um sexto) a 1/3 (um terço).[17-18-A]

### Homicídio qualificado[19-20]

> § 2.º Se o homicídio é cometido:
>
> I – mediante paga ou promessa de recompensa,[21] ou por outro motivo torpe;[22]
>
> II – por motivo fútil;[23-24]
>
> III – com emprego[25-25-B] de veneno,[26-26-B] fogo,[27] explosivo, asfixia,[28] tortura[29] ou outro meio insidioso ou cruel, ou de que possa resultar perigo comum;[29-A]
>
> IV – à traição,[30-31] de emboscada,[32] ou mediante dissimulação[33] ou outro recurso que dificulte ou torne impossível a defesa do ofendido;[34-35]
>
> V – para assegurar a execução, a ocultação, a impunidade ou vantagem de outro crime;[36-38-A]
>
> Pena – reclusão, de doze a trinta anos.
>
> VI – (Revogado pela Lei 14.994/2024).
>
> VII – contra autoridade ou agente descrito nos arts. 142 e 144 da Constituição Federal, integrantes do sistema prisional e da Força Nacional de Segurança Pública, no exercício da função ou em decorrência dela, ou contra seu cônjuge, companheiro ou parente consanguíneo até terceiro grau, em razão dessa condição:[38-B]
>
> VIII – com emprego de arma de fogo de uso restrito ou proibido:[38-C]

### Homicídio contra menor de 14 (quatorze) anos

> IX – contra menor de 14 (quatorze) anos:[38-D]
>
> Pena – reclusão, de 12 (doze) a 30 (trinta) anos.
>
> § 2.º-A. (Revogado pela Lei 14.994/2024).
>
> § 2.º-B. A pena do homicídio contra menor de 14 (quatorze) anos é aumentada de: [38-E]
>
> I – 1/3 (um terço) até a metade se a vítima é pessoa com deficiência ou com doença que implique o aumento de sua vulnerabilidade; [38-F]
>
> II – 2/3 (dois terços) se o autor é ascendente, padrasto ou madrasta, tio, irmão, cônjuge, companheiro, tutor, curador, preceptor ou empregador da vítima ou por qualquer outro título tiver autoridade sobre ela.[38-G]
>
> III – 2/3 (dois terços) se o crime for praticado em instituição de educação básica pública ou privada.[38-H]

### Homicídio culposo[39]

> § 3.º Se o homicídio é culposo:[40]
>
> Pena – detenção, de 1 (um) a 3 (três) anos.

### Aumento de pena

> § 4.º No homicídio culposo, a pena é aumentada de 1/3 (um terço), se o crime resulta de inobservância de regra técnica de profissão, arte ou ofício,[41] ou se o agente deixa de prestar imediato socorro à vítima,[42-44] não procura diminuir as consequências do seu ato,[45] ou foge para evitar prisão em flagrante.[46] Sendo doloso o homicídio, a pena é aumentada de 1/3 (um terço), se o crime é praticado contra pessoa menor de 14 (quatorze) anos[47] ou maior de 60 (sessenta) anos.[47-A-48]
>
> § 5.º Na hipótese de homicídio culposo,[49] o juiz poderá[50] deixar de aplicar a pena, se as consequências da infração atingirem o próprio agente[51-52] de forma tão grave[53] que a sanção penal se torne desnecessária.
>
> § 6.º A pena é aumentada de 1/3 (um terço) até a metade se o crime for praticado por milícia privada, sob o pretexto de prestação de serviço de segurança, ou por grupo de extermínio.[53-A-53-D]
>
> § 7.º (Revogado pela Lei 14.994/2024).

**2. Conceito de homicídio:** é a supressão da vida de um ser humano causada por outro. Constituindo a vida o bem mais precioso que o homem possui, trata-se de um dos mais graves crimes que se pode cometer, refletindo-se tal circunstância na pena, que pode variar de 6 a 30 anos (mínimo da forma simples até o máximo da forma qualificada). "O vocábulo homicídio vem do latim *homicidium*. Compõe-se de dois elementos: *homo* e *caedere*. *Homo*, que significa homem, provém de *húmus*, terra, país, ou do sânscrito *bhuman*. O sufixo *cídio* derivou de *coedes*, de *cadere*, matar" (cf. ITAGIBA, *Do homicídio*, p. 47). No direito brasileiro, homicídio é sinônimo de assassinato, porém o termo assassinato "provém do árabe *haschis-*

# Art. 121

Código Penal Comentado · **Nucci**

*chin*; procedente de haxixe, planta que embriaga. Passou para o latim com a forma *assassini*. Assassinos eram sicários a serviço de Hasan-Sabbah, chefe de terrível seita religiosa do islã há oito séculos passados, que lhes dava *haschisch* a beber, com fito de contentá-los no vício, ou torná-los dispostos à prática de homicídios" (Itagiba, *Do homicídio*, p. 136). "A história do homicídio é, no fundo, a mesma história do Direito Penal. Com efeito, em todos os tempos e civilizações e em distintas legislações, a vida do homem foi o primeiro bem jurídico tutelado, antes que os outros, desde o ponto de vista cronológico, e mais que os restantes, tendo em conta a importância dos distintos bens" (cf. Ricardo Levene, *El delito de homicídio*, p. 17). Ainda sob o prisma histórico, vale mencionar a lição de João Bernardino Gonzaga: "A vida humana sempre encontrou proteção em todos os povos, por mais primitivos que fossem. A ordem social de qualquer comunidade lhe dispensa tutela, e em tempo algum se permitiu a indiscriminada prática de homicídios dentro de um grupo" (*O direito penal indígena*. À época do descobrimento do Brasil, p. 133).

**2-A. Conceito de genocídio:** cuida-se de crime contra a humanidade, considerado hediondo. O delito é descrito no art. 1.º da Lei 2.889/1956, possuindo várias condutas alternativas (desde matar pessoas até buscar impedir o nascimento de alguém). O principal fundamento da existência dessa figura típica consiste na intenção do agente, que é eliminar, ainda que parcialmente, um grupo nacional, étnico, racial ou religioso. Pensamos, ademais, que outros agrupamentos deveriam ser, identicamente, protegidos, como os relativos à orientação sexual ou posição filosófica. Sobre o genocídio, consultar as notas à Lei 2.889/1956 em nosso livro *Leis penais e processuais penais comentadas – vol. 2*.

**2-B. Diferença entre homicídio e assassinato:** há sistemas legislativos que diferenciam o homicídio e o assassinato, incriminando este último de maneira mais rigorosa e atribuindo um valor absoluto à vida humana. Geralmente, usa-se nos lugares onde se pune com pena de morte ou prisão perpétua os delitos de assassinato, bem como nas hipóteses de premeditação. Porém, há quem sustente ser a diferença importante também nos ordenamentos em que não há diversidade de penas. Buscam-se diferenças entre ambos, mas sem considerar o bem jurídico em jogo, que é a vida. Pode-se visualizar o assassinato tendo por cenário a ação contra uma vítima completamente estranha, sem nenhuma vinculação especial com o agente. Os homicídios ocorreriam tipicamente num contexto distinto, em que há disputas entre agente e vítima, tal como na família, entre amantes, no trabalho etc. (Peñaranda Ramos, Estudios sobre el delito de asesinato, p. 69-74). Segundo nos parece, caso houvesse, no Brasil, penas drásticas como a prisão perpétua ou a pena de morte, poder-se-ia cuidar de diferençar o crime doloso contra a vida entre esses dois termos, para atribuir maior rigor ao assassinato. Não sendo a hipótese, a separação seria inócua.

**3. Classificação:** trata-se de crime comum (aquele que não demanda sujeito ativo qualificado ou especial); material (delito que exige resultado naturalístico, consistente na morte da vítima); de forma livre (podendo ser cometido por qualquer meio eleito pelo agente); comissivo ("matar" implica ação) e, excepcionalmente, comissivo por omissão (omissivo impróprio, ou seja, é a aplicação do art. 13, § 2.º, do Código Penal); instantâneo (cujo resultado "morte" se dá de maneira instantânea, não se prolongando no tempo); de dano (consuma-se apenas com efetiva lesão a um bem jurídico tutelado); unissubjetivo (que pode ser praticado por um só agente); progressivo (trata-se de um tipo penal que contém, implicitamente, outro, no caso a lesão corporal); plurissubsistente (via de regra, vários atos integram a conduta de matar); admite tentativa.

**4. Rubrica do crime:** sob a denominação de *simples*, estabelece a lei penal um dos tipos mais singelos e de fácil compreensão que o Código Penal prevê. Trata-se de um tipo meramente descritivo, que não traz nenhum elemento normativo ou subjetivo, não contém componentes de ilicitude, nem de culpabilidade. Portanto, eliminar a vida de outro ser humano, sem qualquer circunstância especial, provoca a aplicação de uma pena de 6 a 20 anos de reclusão. Segundo Paulo Heber de Morais, "é a morte provocada por motivos que poderíamos chamar de 'neutros', eis que não sugerem um tratamento punitivo abrandado ou exasperado em relação à dosagem da pena. Ou seja, os motivos que impeliram o agente, ou os de que se serviu para praticar o crime, não são de forma a insinuar mais branda ou mais severa punição, como é o caso, respectivamente, do homicídio privilegiado e do qualificado" (*Homicídio*, p. 21).

**5. Homicídio simples hediondo:** prevê a Lei 8.072/1990, no art. 1.º, I, ser hediondo o homicídio simples "quando praticado em atividade típica de grupo de extermínio, ainda que cometido por um só agente". Entretanto, não cremos viável, na prática, essa figura típica, criada pelo legislador em momento de pouca reflexão. A atividade típica de grupo de extermínio sempre foi considerada pela nossa jurisprudência amplamente majoritária um crime cometido por motivo torpe. O sujeito que se intitula *justiceiro* e atua por conta própria eliminando vidas humanas certamente age com desmedida indignidade. Eventualmente, costuma-se sustentar, é possível que o agente mate outra pessoa, em atividade típica de grupo de extermínio, para preservar um bairro de ignóbil traficante de drogas. Ora, se assim for, sua motivação faz nascer o relevante valor social, que privilegia o homicídio, aplicando-se a regra do § 1.º do art. 121, e não a figura básica do *caput*. Não se concebe haver, ao mesmo tempo, um homicídio privilegiado pela relevância social do motivo e qualificado pela torpeza, pois são ambas circunstâncias subjetivas. Dessa maneira, não vemos como aplicar ao homicídio simples a qualificação de hediondo, pois, caso atue o agente como exterminador, a tipificação será de homicídio qualificado, pois delito certamente repugnante. O dia em que se considerar *simples* o homicídio praticado pelo "justiceiro" (e não se confunda com aquele que resolve vingar-se de alguém por algum motivo, pois não é um "vingador profissional ou habitual"), então, certamente, terá mudado o sentimento ético-social da comunidade e nem mesmo será preciso considerar hediondo o delito, pois também o vocábulo *hediondo* quer dizer sórdido, imundo, repulsivo, não muito diferente de *torpe*, ou seja, vil, repugnante, asqueroso. Dessa forma, se a acusação entender que a atividade do réu, no homicídio, decorreu de atividade exterminadora, deve qualificar o crime, submetendo-o ao crivo da defesa e passando pelo filtro da pronúncia. Do contrário, é defeso ao juiz reconhecer na sentença, mormente sem o necessário debate diante dos jurados, a hediondez de qualquer tipo de homicídio simples. Não bastasse, a Lei 12.720/2012 introduziu o § 6.º neste artigo, prevendo causa de aumento de pena para a atividade de milícia privada ou grupo de extermínio, o que sempre foi considerado motivo suficiente para qualificar o homicídio.

**6. Sujeito ativo:** qualquer pessoa. O que dizer, no entanto, de indivíduos duplos ou xifópagos? Responde-se com a lição de Euclides Custódio da Silveira: "Dado que a deformidade física não impede o reconhecimento da imputabilidade criminal, a conclusão lógica é que responderão ambos como sujeitos ativos. Assim, se os dois praticarem um homicídio, conjuntamente ou de comum acordo, não há dúvida de que responderão ambos como sujeitos ativos, passíveis de punição. Todavia, se o fato é cometido por um, sem ou contra a vontade do outro, impor-se-á a absolvição do único sujeito ativo, se a separação cirúrgica é impraticável por qualquer motivo, não se podendo excluir sequer a recusa do inocente, que àquela não está obrigado. A absolvição se justifica, como diz Manzini, porque conflitando o interesse do Estado ou da sociedade com o da liberdade individual, esta é que tem de prevalecer. Se para punir um culpado é inevitável sacrificar um inocente, a única solução sensata há de ser a impunidade" (*Direito Penal – Crimes contra a pessoa*, p. 25-26).

# Art. 121

**7. Conceito de morte:** para caracterizar o momento da morte, a fim de se detectar a consumação do delito de homicídio, que é crime material, sempre se considerou, conforme lição de ALMEIDA JÚNIOR e COSTA JÚNIOR, a cessação das funções vitais do ser humano (coração, pulmão e cérebro), de modo que ele não possa mais sobreviver, por suas próprias energias, terminados os recursos médicos validados pela medicina contemporânea, experimentados por um tempo suficiente, o qual somente os médicos poderão estipular para cada caso isoladamente. Os mesmos autores dizem: "A nosso ver, dar-se-á não apenas quando houver silêncio cerebral, revelado pelo eletroencefalógrafo, mas, também, quando ocorrer concomitantemente a parada circulatória e respiratória em caráter definitivo. Isso, entretanto, não significa permitir que num corpo humano, descerebrado funcionalmente, continue a circular o sangue e o ar unicamente por processo artificial, depois de inúteis e prolongadas tentativas, sem que haja reanimação espontânea" (*Lições de medicina legal*, p. 232-233). A Lei 9.434/1997 estabeleceu que a interrupção relevante para o Direito Penal, tanto que autoriza o transplante de órgãos, é a encefálica. O conceito de morte encefálica, de acordo com a *American Society of Neuroradiology* (Sociedade Americana de Neurorradiologia) é o seguinte: "Estado irreversível de cessação de todo o encéfalo e funções neurais, resultante de edema e maciça destruição dos tecidos encefálicos, apesar da atividade cardiopulmonar poder ser mantida por avançados sistemas de suporte vital e mecanismos de ventilação" (citação de MARIA CELESTE CORDEIRO LEITE SANTOS, *Morte encefálica e a lei dos transplantes de órgãos*, p. 39). Ora, de acordo com o tradicional conceito, não se vislumbra profunda modificação na constatação da morte, pois, como ensinam ALMEIDA JÚNIOR e COSTA JÚNIOR, em que pese exigirem-se as paradas circulatória e respiratória em caráter permanente, não se deve manter "viva" uma pessoa descerebrada, por meio de métodos artificiais, sem que haja reanimação espontânea. Portanto, havendo morte encefálica, fatalmente ocorrerá a cessação da vida de relação e da vida vegetativa, desde que a medicina não interfira com métodos artificiais. Daí por que se autoriza o transplante a partir do instante em que se constata a morte encefálica, ainda que leve algum tempo para que os demais órgãos (coração e pulmão) cessem, também, a sua atividade, o que inexoravelmente ocorrerá, não havendo, como se mencionou, prolongamento artificial dos batimentos e da respiração. Em síntese: o conceito de morte, trazido pela Lei 9.434/1997, não alterou substancialmente o que, tradicionalmente, a medicina legal apregoava, embora tenha enaltecido que o momento mais importante é a cessação da atividade encefálica, predominando sobre as funções circulatória e respiratória. Não se imagine que, com isso, autorizou a lei a "morte de pessoas vivas" somente para que seja possível a extração de órgãos; afinal, sem intervenção artificial da medicina, a finalização da vida seria mesmo inevitável.

**8. Sujeito passivo:** qualquer pessoa, com qualquer condição de vida, de saúde, de posição social, de raça, de estado civil, de idade, de convicção política, filosófica ou religiosa e de orientação sexual. O vocábulo "alguém" se restringe a ser humano. Obviamente que se trata de pessoa *com vida*, pois se morta estiver trata-se de um cadáver, não mais considerado *pessoa*, tanto assim que os crimes cujo objeto material é o corpo sem vida (arts. 211 e 212, CP) são delitos *vagos* (aqueles cujo sujeito passivo é a coletividade). Há vida intrauterina e extrauterina. Esta última é o objeto de proteção do homicídio, enquanto a outra fica no campo do aborto. Finalmente, urge repensar o conceito de sujeito passivo, defendido pela doutrina tradicional, no sentido de ser o *ser vivo, nascido de mulher* (NORONHA, *Direito Penal*, v. 2, p. 17; EUCLIDES CUSTÓDIO DA SILVEIRA, *Direito Penal – crimes contra a pessoa*, p. 26), pois a medicina está evoluindo dia após dia e, se já temos a fecundação fora do útero materno, nada impede que a gestação, no futuro, se desenvolva também fora do útero materno, nem por isso o ser humano dali advindo deve ficar sem a proteção do Direito Penal, no tocante à sua vida. Acrescente-se a isso, atualmente, a diversidade de gênero, a merecer respeito e, portanto, nem sempre uma gestação será mantida por uma *mulher*. Levando em conta o mesmo exemplo supramencionado dos irmãos xifópagos ou siameses, se eles forem as vítimas, trata-se de duplo homicídio. Havendo intenção de matar ambos (dolo direto), cuida-se de concurso formal imperfeito (desígnios autônomos), previsto no art. 70, *caput*, segunda parte, do Código Penal. Se a intenção era atingir apenas um deles, mas ambos morrem, há dolo direto quanto a um e, melhor refletindo, dolo direto de segundo grau (ver a nota 64 ao art. 18) quanto ao outro. Aplica-se o concurso formal imperfeito, igualmente. Afinal, se um morre, é óbvio arrastar o outro a idêntico fim. Porém, por derradeiro, caso o agente pretenda matar um deles, atingindo-o, mas o outro, não visado primordialmente, termina sobrevivendo em razão de uma pronta intervenção cirúrgica, temos, também, um concurso formal imperfeito (homicídio consumado e tentativa de homicídio, ambos os delitos contidos em uma única conduta).

**9. Vida extrauterina:** como mencionamos, a vida é igualmente protegida pelo ordenamento jurídico desde o instante da nidação, quando o óvulo fecundado pelo espermatozoide se une à parede do útero. Enquanto está em fase intrauterina, trata-se de aborto matar o ser humano em gestação. Quando a vida fora do útero materno principia, é natural tratar-se de homicídio – ou infanticídio, conforme a situação. Entretanto, há polêmica acerca do início da vida extrauterina para efeito de diferenciar o homicídio (ou infanticídio) do aborto. Cremos que, *em tese*, o correto seria considerar a vida extrauterina a partir do instante em que se instala o processo respiratório autônomo do organismo do ser que está nascendo, não mais dependente da mãe para *viver*. Esse fenômeno é passível de prova pericial: são as chamadas docimasias respiratórias. "Docimasia é palavra oriunda do grego 'dokimasía', que significa experiência ou prova. As docimasias se dividem, em linhas gerais, em duas principais categorias: docimasias respiratórias e docimasias não respiratórias. (...) A mais antiga das docimasias pulmonares, a mais importante e a melhor de todas é a pulmonar hidrostática de Galeno; quanto a esta afirmativa, pode-se dizer que não há divergência entre os autores. (...) Queremos referir-nos ao volume, à cor, à superfície, à consistência e ao peso específico do pulmão. Esse exame, pelas modificações que a respiração introduz, criando diferenças visíveis, oferece subsídios reais e permite o reconhecimento do pulmão fetal e a autenticação do pulmão do recém-nascido que respirou" (Alfredo Farhat, Do infanticídio, p. 53-54). Deixemos registrado, no entanto, o alerta feito por Euclides Custódio da Silveira de que é possível haver recém-nascido vivo, embora sem respiração (neonato apneico), cuja comprovação se dá pelos batimentos cardíacos ou movimento circulatório (*Direito Penal – crimes contra a pessoa*, p. 20). Portanto, o sujeito passivo do homicídio (ou infanticídio) *seria* o ser humano que já respira por conta própria, como regra. Mas não nos parece ser esta a melhor solução, pois é muito tarde para considerar o ser em fase de expulsão do útero materno um simples *feto*, protegido pelas penas bem menores do aborto (arts. 124 a 126, CP), além do que o tipo penal do infanticídio está a demonstrar que já não se fala de aborto quando o filho é morto pela mãe *durante o parto* (art. 123, CP). Por isso, unindo o conceito dado pelo art. 123 às lições de medicina legal, vislumbramos que o início da vida extrauterina, para o fim de aplicação dos arts. 121 e 123 do Código Penal, é o início do parto, que, segundo Almeida Júnior e Costa Júnior, começa com a ruptura da bolsa (parte das membranas do ovo em correspondência com o orifício uterino), pois "desde então o feto se torna acessível às ações violentas, quer praticadas com a mão, quer com instrumentos". Narram os autores, citando Bellot, o clássico caso da mulher que deu à luz gêmeos, matando o primeiro logo que se desprendeu do ventre materno e o segundo com pancadas dadas por um tamanco, assim que a cabeça surgiu na abertura vulvar. Há notícia, ainda, da hábil parteira que perfurava a moleira dos fetos no instante do nascimento, decapitando-os (*Lições de medicina legal*, p. 373). No mesmo prisma, encontra-se o ensinamento de Odon Ramos Maranhão, mencionando que a morte do *feto nascente*, isto é, durante o processo da

# Art. 121

Código Penal Comentado · **Nucci**

parturição, já é possível de ser considerada um infanticídio (*Curso básico de medicina legal*, p. 174). Por outro lado, pouco interessa que o ser nascente seja viável, vale dizer, tenha possibilidade de permanecer vivo, bastando que tenha *nascido com vida*. Finalmente, é de se destacar que o recém-nascido com características monstruosas, por conta de qualquer tipo de anomalia, goza de igual proteção, podendo constituir-se sujeito passivo de homicídio (ou infanticídio).

**10. Objeto material e objeto jurídico:** o objeto material é a pessoa que sofre a conduta criminosa, enquanto o objeto jurídico é o interesse protegido pela norma, ou seja, a vida humana.

**11. Elemento subjetivo:** é o dolo, não se exigindo elemento subjetivo específico. A forma culposa está prevista no § 3.º.

**11-A. Dolo eventual e qualificadoras subjetivas:** não há incompatibilidade. O elemento subjetivo do delito de homicídio é o dolo, em qualquer de suas espécies: direto ou eventual. Portanto, é viável que o agente assuma o risco de produzir o resultado morte (dolo eventual), motivado pela torpeza, futilidade ou ânsia de assegurar a execução, ocultação, impunidade ou vantagem de outro delito. Confira-se: STF: "O dolo eventual pode coexistir com a qualificadora do motivo torpe do crime de homicídio. Com base nesse entendimento, a Turma desproveu recurso ordinário em *habeas corpus* interposto em favor de médico pronunciado pela prática dos delitos de homicídio qualificado e de exercício ilegal da medicina (arts. 121, § 2.º, I e 282, parágrafo único, ambos c/c o art. 69, do CP, respectivamente), em decorrência do fato de, mesmo inabilitado temporariamente para o exercício da atividade, havê-la exercido e, nesta condição, ter realizado várias cirurgias plásticas – as quais cominaram na morte de algumas pacientes –, sendo motivado por intuito econômico. A impetração sustentava a incompatibilidade da qualificadora do motivo torpe com o dolo eventual, bem como a inadequação da linguagem utilizada na sentença de pronúncia pela magistrada de primeiro grau. Concluiu-se pela mencionada compossibilidade, porquanto nada impediria que o paciente – médico –, embora prevendo o resultado e assumindo o risco de levar os seus pacientes à morte, praticasse a conduta motivado por outras razões, tais como torpeza ou futilidade" (RHC 92.571-DF, rel. Celso de Mello, 30.06.2009, antigo, mas relevante para ilustração). STJ: "1. O dolo eventual é compatível, sim, com as qualificadoras subjetivas do motivo torpe ou fútil. Precedentes" (AgRg no REsp 1.926.056-MS, 5.ª T., rel. Ribeiro Dantas, 10.08.2021, v.u.).

**11-B. Dolo eventual e qualificadoras objetivas:** considerando-se, como já definido, o dolo eventual como uma das espécies do elemento subjetivo, por meio da qual o agente assume o risco de atingir o resultado danoso, embora não o deseje desde o princípio da execução, é possível figurar, também, no cenário das qualificadoras objetivas. Como visto no item anterior, admite-se, embora de rara ocorrência, o dolo eventual no cenário das qualificadoras subjetivas, que se referem à motivação do autor. Portanto, levando-se em conta o meio de execução escolhido pelo homicida (valer-se de veneno, fogo, explosivo, asfixia, tortura ou outro meio insidioso, cruel ou que possa resultar perigo comum, bem como atuar à traição, de emboscada ou mediante dissimulação ou outro recurso que dificulte ou torne impossível a defesa da vítima, agir contra mulher, autoridade ou parente e com arma de uso restrito ou proibido) pode-se acolher o dolo eventual nessas situações, embora não seja comum. Ilustrando, o agente pode instalar um explosivo para matar o ofendido, mas assumindo o risco de que outra(s) pessoa(s) se aproxime e seja atingida, gerando perigo comum. É possível, ainda, que atire contra a vítima com duas armas, uma de uso permitido e outra de uso restrito, assumindo o risco de que o alvo seja atingido por qualquer uma delas. Se o tiro fatal tiver origem na arma de uso restrito, como atestado pela perícia, está presente a qualificadora.

**12. Meios de matar:** podem ser *diretos*, os possuidores de força e eficácia para, por si sós, causarem a morte (ex.: desferir um golpe de machado na cabeça da vítima) e *indiretos*, os dependentes de outra causa para que o resultado seja atingido (ex.: fomentar a ira em um louco para que agrida e mate a vítima desejada). Podem, ainda, ser *materiais*, aqueles que atingem a integridade física do ofendido, de forma mecânica, química ou patológica, bem como *morais ou psíquicos*, os que atuam por meio da produção de um trauma psíquico na vítima, agravando doença já existente, que a leva à morte, ou provocando-lhe reação orgânica, que a conduza à enfermidade e, desta, à morte (Euclides Custódio da Silveira, *Direito Penal – crimes contra a pessoa*, p. 34-35).

**13. Homicídio privilegiado:** a denominação ora exposta é tradicional na doutrina e na jurisprudência, embora, no significado *estrito* de *privilégio*, não possamos considerar a hipótese do § 1.º do art. 121 como tal. O verdadeiro crime privilegiado é aquele cujos limites mínimo e máximo de pena, abstratamente previstos, se alteram, para montantes menores, o que não ocorre neste caso. Utiliza-se a pena do homicídio simples, com uma redução de 1/6 a 1/3. Trata-se, pois, como a própria rubrica está demonstrando, de uma *causa de diminuição de pena*. O verdadeiro homicídio privilegiado é o infanticídio, que tem as penas mínima e máxima alteradas, embora, para ele, tenha preferido o legislador construir um tipo autônomo. Assim, formalmente, o infanticídio é crime autônomo; materialmente não passa de um homicídio privilegiado. Esclarece Paulo Heber de Morais que essa causa de diminuição foi inserida para fugir à figura excepcional criada pelo Código Penal de 1890, que isentava de pena os que praticavam o delito em estado de perturbação dos sentidos e da inteligência – "uma porta escancarada à impunidade", mas sem deixar de abrandar a pena dos que realmente merecessem (*Homicídio*, p. 22).

**14. Relevante valor social ou moral:** como já expusemos em nota anterior, *relevante valor* é um valor importante para a vida em sociedade, tais como patriotismo, lealdade, fidelidade, inviolabilidade de intimidade e de domicílio, entre outros. Quando se tratar de relevante valor *social*, leva-se em consideração interesse não exclusivamente individual, mas de ordem geral, coletiva. Exemplos tradicionais: quem aprisiona um bandido, na zona rural, por alguns dias, até que a polícia seja avisada; quem invade o domicílio do traidor da pátria para destruir objetos empregados na traição. No caso do relevante valor *moral*, o interesse em questão leva em conta sentimento de ordem pessoal. Ex.: agressão (ou morte) desfechada pelo pai contra o estuprador da filha. É curial observar que a existência dessa causa de diminuição da pena faz parte do contexto global de que o direito à vida não é absoluto e ilimitado. Quando um traficante distribui drogas num colégio, sem qualquer ação eficaz da polícia para contê-lo, levando um pai desesperado pelo vício que impregna seu filho a matar o criminoso, surge o aspecto relativo do direito à vida (fosse *absoluto*, nada justificaria uma pena menor). Embora haja punição, pois não se trata de ato lícito (como no caso de legítima defesa ou estado de necessidade), o Estado, por intermédio da lei, entende ser cabível uma punição menor, tendo em vista a *relevância* do motivo que desencadeou a ação delituosa. Protege-se, indiscutivelmente, a vida do traficante, embora os valores que estão em jogo devam ser considerados para a fixação da reprimenda ao autor do homicídio. De outra parte, não se deve banalizar a *motivação relevante* – no enfoque social ou moral – para a eliminação da vida alheia, tornando-a um fator emocional ou pessoal, pois não é essa a melhor exegese do texto legal. A relevância não tem ótica individual, significando que o homicídio somente foi cometido porque houve uma saliente valia, de reconhecimento geral, ainda que os efeitos se conectem a interesses coletivos (social) ou particulares (moral). Criticando a divisão do relevante valor em moral e social, está a posição de Euclides Custódio da Silveira: "São motivos de relevante valor moral ou social, (...) aqueles que a consciência ética de um povo, num dado momento, aprova. E

# Art. 121

Código Penal Comentado • **Nucci**

590

bastaria falar-se de motivo 'moral', uma vez que a ética é individual e social ao mesmo tempo: a expressão 'social' é pleonástica e equívoca" (*Direito Penal – Crimes contra a pessoa*, p. 44).

**14-A. Diferença entre a causa de diminuição de pena e a atenuante:** neste artigo, prevê-se que o agente atua *impelido* por motivo de relevante valor social ou moral, ou seja, movido, impulsionado, constrangido pela motivação, enquanto no contexto da atenuante (art. 65, III, *a*) basta que o autor cometa o delito *por* motivo de relevante valor social ou moral, representando, pois, uma influência da motivação, mas não algo que o domina. Por tal razão, é possível que o juiz analise as duas possibilidades jurídicas no momento de aplicação da pena: não sendo possível, quando houver um homicídio, aplicar a causa de diminuição da pena, porque o agente não estava efetivamente *impelido* pela motivação, ainda é viável considerar a atenuante em caráter residual. Nesse prisma: José Antonio Paganella Boschi (*Das penas e seus critérios de aplicação*, p. 266). No entanto, torna-se inviável aplicar, ao mesmo caso, as duas situações jurídicas, vale dizer, se houve o reconhecimento da causa de diminuição de pena, não pode ser reconhecida a atenuante.

**14-B. Ciúme como fundamento para a causa de diminuição:** há quem sustente ser o ciúme motivo suficiente para a aplicação da minoração prevista no art. 121, § 1.º "Em verdade, excepcionalmente, não por si só porém aliado a outros motivos ou circunstâncias na conduta criminosa, o ciúme pode configurar-se ou enquadrar-se, tecnicamente, como atenuante genérica de motivo de relevância moral ou social e mesmo, em certos delitos, como minorativa penal, tornando privilegiada a infração penal (homicídio ou lesão corporal)" (Roque de Brito Alves, *Ciúme e crime*, p. 58). De nossa parte, acreditamos que o ciúme, exclusiva e automaticamente, não pode ser classificado como relevante valor moral ou social, tampouco como motivo fútil ou torpe. É preciso analisar o contexto. Dependendo de cada agente e vista a situação de modo particular, o ciúme tanto pode ser motivação relevante quanto fútil. Aliás, pode, igualmente, não representar motivo especial para aumentar ou diminuir a pena. Ilustrando: a) o ciúme egoístico, baseado em puro sentimento de posse, pode representar motivação fútil ou torpe; b) o ciúme, quando fundado em excessivos modos de expressar amor, cuidado, carinho e zelo, pode servir de base à motivação relevante.

**15. Eutanásia e homicídio privilegiado:** há pelo menos três conceitos diversos para o mesmo fenômeno: a) *eutanásia*: homicídio piedoso (chamado, também, homicídio médico, compassivo, caritativo ou consensual), para "abreviar, sem dor ou sofrimento, a vida de um doente, reconhecidamente incurável" (Hungria, *Ortotanásia ou eutanásia por omissão*, p. 14), que se encontra profundamente angustiado. Nesse caso, o paciente ainda não se encontra desenganado pela medicina. No sentido etimológico da palavra, quer dizer "morte suave, doce, fácil, sem dor", mas não é antecipação. Costuma-se dividi-la em ativa (pratica-se atos para matar o enfermo, que se encontra em sofrimento) e passiva (deixa-se de ministrar remédios – e/ou alimentação – ou outras intervenções, quando ainda viável fazê-lo). Há quem subdivida a eutanásia ativa em *direta* (quando o agente se dirige à execução de atos voltados a matar a vítima de grave enfermidade) e *indireta* (quando se ministra cada vez mais remédios para aliviar a dor, terminando por intoxicar o paciente ou reduzir ainda mais a sua capacidade de resistência orgânica) (Nuñez Paz, *Homicidio consentido...*, p. 142-151); b) *ortotanásia*: homicídio piedoso omissivo; morte no tempo certo (eutanásia omissiva em sentido lato, eutanásia moral ou terapêutica), deixando o médico de ministrar remédios que prolonguem artificialmente a vida da vítima, portadora de enfermidade incurável, em estado terminal e irremediável, já desenganada pela medicina; c) *distanásia*: morte lenta e sofrida de uma pessoa, prolongada pelos recursos que a medicina oferece. Sob o ponto de vista legal, qualquer dessas formas de matar o paciente, que se encontra angustiado por uma doença, é criminosa. Não se inclui a distanásia, pois esta é forma de prolongar o sofrimento até o fim natural da pessoa humana. Sob o ponto de vista médico, no entanto, conforme o Código de Ética Médica, trata-se a ortotanásia como procedimento ético. Entende-se, no entanto, no meio jurídico conservador, nutrido pelos valores morais e religiosos que estão em jogo, buscando evitar o sofrimento prolongado de alguém vitimado por doença grave, que se trata de um homicídio privilegiado, com base no relevante valor moral. Trata-se de um nítido equívoco, pois não cabe ao Direito regrar o momento da morte natural. Se uma pessoa está desenganada, qualquer medida para prolongar-lhe a vida, de maneira artificial, depende única e exclusivamente de seu consentimento. Fora disso, cabe ao médico garantir-lhe uma morte digna. Debate-se, no direito brasileiro, a possibilidade de se acolher alguma dessas formas de eliminação da vida humana (eutanásia ou ortotanásia) como excludente de ilicitude, fundada no consentimento do ofendido. Consulte-se a nota 107 ao art. 23, na qual está mencionada a Resolução 1.805/2006 do Conselho Federal de Medicina, ratificando o entendimento em prol da ortotanásia. A referida Resolução foi questionada pelo Ministério Público Federal junto à 14.ª Vara Federal/DF, mas a ação foi julgada improcedente pelo magistrado ROBERTO LUIS LUCHI DEMO, nos autos da Ação Civil Pública 2007.34.00.014809-3. O Conselho Federal de Medicina, contestando o pleito, afirmou que a ortotanásia não é crime, pois não elimina a vida; apenas garante o desenlace de maneira digna. Argumenta o juiz na decisão de improcedência da ação: "Sobre muito refletir a propósito do tema veiculado nesta ação civil pública, chego à convicção de que a Resolução CFM n. 1.805/2006, que regulamenta a possibilidade de o médico limitar ou suspender procedimentos e tratamentos que prolonguem a vida do doente na fase terminal de enfermidades graves e incuráveis, realmente não ofende o ordenamento jurídico posto. Alinho-me pois à tese defendida pelo Conselho Federal de Medicina em todo o processo e pelo Ministério Público Federal nas suas alegações finais, haja vista que traduz, na perspectiva da resolução questionada, a interpretação mais adequada do Direito em face do atual estado de arte da medicina". É interessante observar que o MPF ingressou com a demanda, pelas mãos de um procurador, mas, em alegações finais, pela lavra de outro, pediu a improcedência. Aliás, somente demonstra a intensa polêmica na qual está inserido esse tema. Contrariamente à eutanásia, levantam-se os seguintes argumentos: a) a santidade da vida humana, sob o aspecto religioso e sob o aspecto da convivência social; b) a eutanásia voluntária abriria espaço para a involuntária; c) poderia haver abuso de médicos e familiares, por interesses escusos; d) há sempre possibilidade de diagnóstico errôneo; e) há possibilidade do surgimento de novos medicamentos para combater o mal. "Cita-se, por oportuno, caso ocorrido na França, referente à filhinha de 5 anos de um médico que adoeceu gravemente a vários quilômetros de Paris. Atacada por difteria, moléstia de grande gravidade à época, cujo grau de letalidade atingia 99% de óbitos. Tendo utilizado o pai de todos os recursos possíveis e vendo avizinharem-se os sintomas precursores da morte, tais como, dispneia, cianose e os sinais de asfixia, resolve, desolado, pôr fim ao sofrimento da filha, injetando-lhe forte dose de ópio que, em poucos segundos, produziu seu efeito. Realizado o enterro, ao voltar do cemitério, triste, a imensa dor da saudade e a sensação de um cruel dever cumprido, depara-se com um telegrama a si dirigido, cujo texto dizia: *Roux acaba de descobrir o soro antidiftérico, aplicando-o com êxito. Aguarde remessa...*" (ANA RAQUEL COLARES DOS SANTOS SOARES, *Eutanásia: direito de morrer ou direito de viver?*, p. 151-152); f) há sempre a possibilidade de reações orgânicas do paciente, consideradas "milagres", restabelecendo-se o enfermo (HUNGRIA, *Ortotanásia ou eutanásia por omissão*, p. 16). Ainda assim, um dos Anteprojetos da Parte Especial do Código Penal, dentre vários em trâmite no Congresso Nacional, prevê, como excludente de ilicitude, a possibilidade de realização da ortotanásia, incluindo-se, no art. 121, o § 4.º: "Não constitui crime deixar de manter a vida de alguém por meio artificial, se previamente atestada por dois médicos, a morte como iminente e inevitável, e desde que haja consentimento do paciente, ou na sua impossibilidade, de ascendente, descendente, cônjuge, companheiro ou irmão". Essa previsão nem precisa ser aprovada, pois,

# Art. 121

Código Penal Comentado • **Nucci**

como se afirmou, a ortotanásia não pode ser considerada um homicídio. Se algum instituto merece debate, para inclusão ou não em lei, é a eutanásia ativa. São argumentos favoráveis ao acolhimento da eutanásia pelo Direito – ao menos, fortalecem a ortotanásia: a) sob o ponto de vista médico, a vida sem qualidade perde sua identidade; b) a Assembleia do Conselho da Europa, por meio da Recomendação 79/66, estabeleceu os direitos dos doentes e moribundos, mencionando o "direito ao respeito da vontade do paciente quanto ao tratamento a ser utilizado", "o direito à sua dignidade e integridade", "o direito de informação", "o direito de cura apropriada" e "o direito de não sofrer inutilmente". No mesmo sentido: *Patient's Bill of Rights* (Estados Unidos); Carta sobre Deveres e Direitos dos Doentes (França); Carta dos Direitos dos Enfermos (Itália). Narra-se que o fim da trajetória de Freud deveu-se à eutanásia. "No final de setembro de 1939 disse a seu médico, Max Schur: *hoje em dia, viver não é nada mais do que tortura. Não faz mais sentido* (SCHUR, 1972, p. 529). O médico havia lhe prometido que não o deixaria sofrer desnecessariamente. Ele ministrou três injeções de morfina nas 24 horas seguintes, cada dose maior do que o necessário para a sedação, e pôs fim aos longos anos de sofrimento de Freud" (SCHULTZ & SCHULTZ, *Teorias de personalidade*, p. 47). Enfim, longe de estar resolvida a questão, é preciso considerar que muitos aspectos de ordem religiosa estão envolvidos na discussão do tema. Por tal razão, dificilmente, em breve tempo, haverá solução legal para a eutanásia no Brasil. Enquanto tal não se der, resume-se o assunto a dois prismas: se alguém matar o paciente em agonia, levando em conta esse estado, cometerá homicídio privilegiado. Diz AMADEU FERREIRA que "o homicídio resultará não só da compaixão pelo sofrimento daquele a quem se vai matar, mas também pela insuportabilidade e pelo sofrimento que acarretam para o próprio homicida. A morte, muitas vezes conjunta, acaba por ser vista como a única 'saída' para tais situações" (*Homicídio privilegiado*, p. 66). Entretanto, estando desenganado, pode-se argumentar ter havido o consentimento do ofendido (causa supralegal de exclusão da ilicitude). Nada que se afirme, nesse contexto, é definitivo, merecendo a análise da situação concreta uma visão particularizada.

**15-A. Realidade *versus* Direito:** é inconteste que a ortotanásia, admitida pelos médicos como conduta ética, é largamente utilizada no Brasil, em qualquer hospital. Quando o paciente atinge momentos derradeiros da sua vida, padecendo de gravíssima enfermidade, sem qualquer perspectiva real de cura, a sua família, juntamente com o médico responsável, termina decidindo pela morte digna, sem mais sofrimento. Deixa-se de ministrar alimentação ou respiração forçada, eleva-se a dose de analgésicos e acelera-se o processo de desenlace. Esse quadro é absolutamente real, acontece todos os dias, em qualquer hospital de baixo ou alto padrão, ignorando-se, simplesmente, o entendimento do Direito acerca dessa finalização da vida humana. Segundo nos parece, cabe ao médico, em conjunto com os familiares e com o próprio paciente, decidir o destino do tratamento. Não compete ao Direito imiscuir-se nesse campo. Além do mais, a ortotanásia – que não possui nenhuma disciplina em lei – já se consolidou, no Brasil, como prática cotidiana no cenário médico-hospitalar. Ela é socialmente adequada, portanto, um fato atípico. Vale mencionar, ainda, ser inteiramente adverso esse ambiente ao operador do Direito, que jamais encontrará campo de investigação, ao arrepio da colaboração médica. Assim sendo, pouco importa a disciplina jurídica acerca da ortotanásia. Resta, no entanto, um ponto muito importante, ainda não solucionado: pacientes gravemente deficientes, que não mais desejam viver (ex.: pessoa tetraplégica, sem nenhum movimento no corpo do pescoço para baixo). Para eles – e situações similares – inexiste solução médica (a eutanásia não é praticada oficial e abertamente), nem mesmo norma jurídica amparando eventual vontade de morrer. Outro ponto relevante diz respeito à eutanásia passiva (não ministrar medicamentos a quem não deseja ser tratado). É inviável forçar alguém a se tratar; o desejo do paciente deve ser respeitado. Desse modo, a única possibilidade de se intervir, contra a vontade do enfermo, é em estado de necessidade, ou seja, se ele for internado e estiver necessitando de medicação, sob pena de falecer. Em suma, a ortotanásia já é praticada, sem a existência de lei. A eutanásia ativa é vedada pelo Direito e não é considerada conduta ética pelos médicos. A eutanásia passiva é um direito do paciente, que não pode ser obrigado a se medicar. A distanásia é evitada pelos médicos e raramente conta com o apoio da família ou do paciente.

**15-B. Sobre a recusa das testemunhas de Jeová em relação à transfusão de sangue:** consultar as notas 121-A e 121-B do art. 24.

**16. Domínio de violenta emoção e análise da atenuante:** como vimos em comentário ao art. 28, para o qual remetemos o leitor, a emoção, na lição de HUNGRIA, "é um estado de ânimo ou de consciência caracterizado por uma viva excitação do sentimento", podendo levar alguém a cometer um crime. Configura a hipótese do homicídio privilegiado, quando o sujeito está *dominado* pela excitação dos seus sentimentos (ódio, desejo de vingança, amor exacerbado, ciúme intenso) e foi injustamente provocado pela vítima, momentos antes de tirar-lhe a vida. As duas grandes diferenças entre o privilégio e a atenuante (art. 65, III, *c*, CP) são as seguintes: a) para o privilégio exige a lei que o agente esteja *dominado* pela violenta emoção e não meramente influenciado, como mencionado no caso da atenuante; b) determina a causa de diminuição de pena que a reação à injusta provocação da vítima se dê *logo em seguida*, enquanto a atenuante nada menciona nesse sentido. Portanto, estar tomado pela emoção intensa, causada pela provocação indevida do ofendido, pode provocar uma resposta *imediata* e violenta, terminando em homicídio. A causa especial de diminuição da pena é reconhecida, tendo em vista que o ser humano não pode ser equiparado a uma fria máquina, que processa dados ou informações, por piores que eles sejam, de modo retilíneo e programado. "Trata-se, pois, de um estado psicológico que não corresponde ao normal do agente, encontrando-se afetadas a sua vontade, a sua inteligência e diminuídas as suas resistências éticas, a sua capacidade para se conformar com a norma" (AMADEU FERREIRA, *Homicídio privilegiado*, p. 63). Do mesmo modo que o art. 59, após a Reforma Penal de 1984, incluiu nas bases para a fixação da pena o comportamento da vítima, é necessário destacar que a parte ofendida, muitas vezes, colabora enormemente para a prática do delito. A título de exemplo, pode-se mencionar a atitude agressiva, desajuizada e pretensiosa de um jovem que dá um tapa no rosto de um homem honrado, bem mais velho, na presença de seus familiares e amigos, sem qualquer razão plausível. Tal hostilidade pode desencadear no pacífico indivíduo uma emoção intensa, que o faz perder o controle, partindo para o contra-ataque, sem medir as consequências, nem atentar para os limites. Caso termine matando a vítima que o provocou injustamente, tendo agido logo em seguida, não pode ser absolvido pela vetusta *legítima defesa da honra*, embora se possa reconhecer em seu benefício a causa de diminuição da pena. Interessante denominação da violenta emoção geradora do crime é dada por AMADEU FERREIRA, dizendo tratar-se do "túnel da emoção" do qual somente se sai pela descarga emocional, ou seja, a saída é o cometimento do delito, do qual não se pode desviar (*Homicídio privilegiado*, p. 105). O aspecto temporal – *logo em seguida* – deve ser analisado com critério e objetividade, constituindo algo *imediato, instantâneo*. Embora se admita o decurso de alguns minutos, não se pode estender o conceito para horas, quiçá dias. Um maior espaço de tempo entre a injusta provocação e a reação do agente deve ser encaixado na hipótese da atenuante, mas jamais do privilégio. Caso não se preencha a figura do privilégio por não haver *domínio* de violenta emoção ou por não ter havido resposta imediata – *logo em seguida* –, é possível ao juiz ou aos jurados considerar a atenuante em caráter residual. Logo, por exemplo, no Tribunal do Júri, não destoa da lógica a quesitação dúplice, isto é, indaga-se aos jurados se houve a causa de diminuição de pena e, negada esta, ainda poder haver outra pergunta que diz respeito à atenuante. Entretanto, é inviável acolher-se, para o mesmo caso, as duas situações jurídicas, ou seja, reconhecer a causa de diminuição de pena e, também, a atenuante. Na jurisprudência: STJ: "1. *Não é possível a aplicação concomitante do privilégio do*

# Art. 121

§ *1.º do art. 121 do CP e o reconhecimento da atenuante prevista no art. 65, inciso III, alínea 'c', do CP.* Tais institutos não se confundem, visto que, quanto ao homicídio privilegiado, o sujeito está dominado pela excitação dos seus sentimentos (ódio, desejo de vingança, amor exacerbado, ciúme intenso) e foi injustamente provocado pela vítima, momentos antes de tirar-lhe a vida. As duas grandes diferenças entre o privilégio e a atenuante (art. 65, III, *c*, do CP) são as seguintes: a) para o privilégio exige a lei que o agente esteja dominado pela violenta emoção e não meramente influenciado, como mencionado no caso da atenuante; b) determina a causa de diminuição de pena que a reação à injusta provocação da vítima se dê logo em seguida, enquanto a atenuante nada menciona nesse sentido (NUCCI, Guilherme de Souza. *Código Penal comentado.* 19. ed. Rio de Janeiro: Forense, 2019, p. 741). 2. No presente caso, durante o julgamento, o Conselho de Sentença reconheceu que o homicídio foi cometido na sua forma privilegiada, sob o domínio de violenta emoção, logo em seguida a injusta provocação da vítima, nos termos do artigo. 121, § 1.º, do CP e, não, sob influência de violenta emoção, provocada por ato injusto da vítima (art. 65, inciso III, alínea 'c', do CP). Dessa forma, por serem institutos diversos, não há como se reconhecer a incidência do privilégio e da atenuante genérica" (AgRg no REsp 1.835.054-SP, 5.ª T., rel. Reynaldo Soares da Fonseca, 22.10.2019, v.u., grifamos).

**16-A. Fundamento da atenuação do homicídio no caso de violenta emoção:** há, basicamente, três critérios: a) *objetivo*: trata-se de uma espécie de compensação entre a violência gerada pelo provocador e a resposta dada pelo provocado, reduzindo a ilicitude do ato praticado. Seria uma espécie de *legítima defesa imperfeita*; b) *subjetivo*: põe em relevo a psicologia do agente, uma vez que a provocação diminui a sua culpabilidade, mas não altera a gravidade do fato ilícito. A diminuição da culpabilidade reside na circunstância de ter havido provocação, o que ocasiona a cólera do autor; c) *misto*: é a combinação das duas anteriores (AMADEU FERREIRA, *Homicídio privilegiado*, p. 24). Não há dúvida de que, no Brasil, adotamos a teoria subjetiva, ou seja, interessa o lado psicológico do agente, que, violentamente emocionado, não se contém. Cuida-se, pois, de diminuição da culpabilidade, motivo pelo qual reflete na redução da pena de 1/6 a 1/3.

**16-B. Concomitância de causas de diminuição:** é possível que, em situações excepcionais, ocorra mais de uma causa de diminuição de pena prevista no § 1.º do art. 121. Imagine-se o traidor da pátria que agride fisicamente alguém que, com justiça, recriminou seus atos. O ofendido, tomado de violenta emoção, termina por matá-lo. Pode o juiz levar em conta as duas circunstâncias (relevante valor social: eliminação do traidor da pátria + domínio de violenta emoção logo em seguida a injusta provocação da vítima) em momentos diferentes. Uma delas como atenuante e outra como causa de diminuição de pena, sem que se possa falar em *bis in idem*. Aliás, assim também se faz quando um crime comporta mais de uma qualificadora. O juiz leva em conta uma delas para alterar o patamar de fixação da pena e a outra (ou as outras) será levada em conta para outras fases, como a prevista no art. 59 ou a relativa às agravantes.

**16-C. Domínio de violenta emoção e dolo eventual:** compatibilidade. É viável supor que alguém, dominado pela violenta emoção, logo em seguida a injusta provocação da vítima, acabe assumindo o risco de, em reação agressiva, matá-la. Exemplo dado por AMADEU FERREIRA: "mulher sujeita a maus-tratos, agride o marido numa situação em que está violentamente emocionada. Prevê que, dessa agressão, possa resultar a morte do marido e, no entanto, agride-o" (*Homicídio privilegiado*, p. 82).

**16-D. Análise contextual da injusta provocação da vítima:** expusemos um exemplo de *injusta* provocação da vítima na nota 16 *supra* (um jovem dá um tapa no rosto de um homem honrado, bem mais velho, na presença de seus familiares e amigos, sem qualquer razão), porém nem sempre ocorre agressão física. Muitas vezes, a provocação se concretiza por meio de ofensas verbais, o que também dá margem ao distúrbio emocional de quem foi indevidamente agredido. Nesse caso, é fundamental considerar o cenário onde estão inseridos ofensor e destinatário da ofensa. Este, somente pode alegar domínio de *violenta emoção* quando a agressão verbal fugir completamente ao seu cotidiano e à sua expectativa. Pessoas que estão habituadas à troca de injúrias, com relativa frequência, não podem, de um momento para outro, sentir-se *violentamente* emocionadas com algum insulto que lhes seja dirigido. Por outro lado, aqueles que quase nunca proferem palavras de baixo-calão ou que estão imersas em um ambiente onde palavras afrontosas são raridades, quando ofendidas dessa maneira, injustamente, podem reagir sob o domínio de violenta emoção. Diz RICARDO LEVENE, com razão, que "esse insulto, entre gente sem educação, pode ser quase diariamente intercalado nas conversações normais, mas entre outras classes de pessoas pode ser a provocação exigida ou requerida pela lei para justificar o estado de emoção" (*El delito de homicidio*, p. 235).

**16-E. Premeditação e violenta emoção:** incompatibilidade. O agente que planeja cuidadosamente a prática do delito, não pode alegar, em hipótese alguma, estar violentamente emocionado, até porque a lei exige que o distúrbio emocional seja fruto da injusta provocação da vítima. Obviamente, além disso, há uma relação de imediatidade entre o ato da pessoa ofendida e a reação desencadeada no autor da agressão. Tal situação é inviável quando o agente tem tempo suficiente para premeditar o ataque.

**17. Obrigação ou faculdade do juiz:** sendo o homicídio um delito julgado pelo Tribunal do Júri (art. 5.º, XXXVIII, *d*, CF), é natural supor que o reconhecimento do privilégio, que integra o tipo do homicídio, tenha sido acolhido pelos jurados, dentro da sua soberania (art. 5.º, XXXVIII, *c*, CF), de modo que é obrigação do juiz aplicar a redução. O que fica ao critério do magistrado é o montante a ser reduzido e, nesse prisma, pode ele valer-se do livre convencimento. Conforme a relevância do motivo – maior ou menor – ou de acordo com a espécie de emoção (amor exagerado ou desejo de vingança), bem como com o tipo de *injustiça* da provocação da vítima (completamente fútil ou motivada por anteriores agressões sofridas), deve o juiz graduar a diminuição. Não vemos como o magistrado poderia reconhecer o privilégio se os jurados o negaram ou deixaram de se pronunciar com relação a ele – afinal, não se trata de mera atenuante (circunstância legal não integrante do tipo penal), mas de um tipo derivado. Se a acusação sustentou homicídio simples e a defesa nada pediu a esse respeito, é defeso ao juiz presidente aplicar a diminuição por sua conta, o que não deixa de ferir a soberania do veredicto (que reconheceu um homicídio *simples*, e não privilegiado). Defendendo, igualmente, a soberania dos veredictos dos jurados, a prevalecer sobre a opinião individual do magistrado, está a lição de EUCLIDES CUSTÓDIO DA SILVEIRA: "Ora, se os jurados afirmam o quesito relativo à causa de diminuição da pena, que é obrigatório quando requerido pela defesa (Código de Processo Penal, art. 484, IV [atual art. 483, § 3.º, I, com redação determinada pela Lei 11.689/2008]), iniludivelmente sacrificado estaria o princípio constitucional se o juiz Presidente do Tribunal do Júri pudesse desatendê-lo ou recusar-lhe acolhimento, que a tanto equivaleria não diminuir a pena prevista na cabeça do artigo, de um sexto a um terço" (*Direito Penal – Crimes contra a pessoa*, p. 51-52).

**18. Homicídio privilegiado hediondo:** não existe tal possibilidade, pois a Lei 8.072/1990 previu apenas as formas simples e qualificada do homicídio (art. 1.º, I), nada mencionando a respeito do § 1.º (o feminicídio – art. 121-A – não tem a forma privilegiada). E, conforme já expusemos, nem mesmo a figura simples comporta a classificação da hediondez. A Lei 8.072/1990, no art. 1.º, I, faz expressa referência apenas ao homicídio simples e ao qualificado. A figura híbrida, admitida pela doutrina e pela jurisprudência, configura situação anômala,

# Art. 121

Código Penal Comentado • **Nucci**

596

que não deve ser interpretada em desfavor do réu. Aliás, não se trata unicamente de dizer que a mencionada Lei 8.072/1990 apenas qualificou como hediondo um delito já existente (homicídio qualificado), sem qualquer nova tipificação. Sem dúvida que não houve a criação de um tipo penal novo, embora as consequências da novel qualificação invadam, nitidamente, a seara da incriminação, cortando benefícios variados (obrigação de cumprir a pena inicialmente no regime fechado, perda do direito à liberdade provisória, com fiança, ampliação do prazo para obtenção de livramento condicional etc.), devendo respeitar o princípio da legalidade (não há crime sem lei anterior que o defina). Por isso, inexistindo qualquer referência na Lei 8.072/1990 a respeito da causa de diminuição prevista no § 1.º do art. 121 do Código Penal, torna-se, a nosso juízo, indevida a sua qualificação como delito hediondo. Acrescente-se, ainda, o fato de que a referida causa de diminuição faz parte, sem dúvida, da tipicidade derivada, tanto assim que permite a fixação da pena abaixo do mínimo legal. Por isso, integrando o tipo penal, é indispensável que qualquer qualificação, tornando-o mais severo, passe pelo crivo da previsão expressa em lei, justamente o que não acontece no art. 1.º, I, da Lei dos Crimes Hediondos. E mais: não deixa de ser estranha a qualificação de *hediondo* (repugnante, vil, reles) a um delito cometido, por exemplo, por motivo de relevante valor moral ou social. Ainda que possa ser praticado com crueldade (qualificadora objetiva, que diz respeito ao modo de execução), a motivação nobre permite que se considere delito comum e não hediondo, afinal, acima de tudo, devem-se considerar os motivos (finalidade) do agente para a consecução do crime e não simplesmente seus atos.

**18-A. Critério para redução da pena:** estabelece a lei o grau de redução, variando de um sexto a um terço, devendo o juiz ater-se, exclusivamente, à causa em si, não levando em consideração fatores estranhos, vinculados a outras fases da aplicação da pena, como as circunstâncias judiciais (art. 59, CP). Portanto, tratando-se de relevante valor social ou moral, deve focar o quão importante esse valor apresentou-se ao réu e à sociedade no momento dos fatos. Embora de cunho subjetivo, a avaliação judicial deve ser fundamentada e calcada nas provas dos autos. Maior diminuição (um terço) para a mais aguda relevância; menor diminuição (um sexto), para relevância ordinária. No tocante à violenta emoção, mensura-se a intensidade desse sentimento exacerbado, conforme o grau de provocação injusta da vítima. Maior redução para a violentíssima emoção fundada em provocação de cristalina injustiça; menor, para a violenta emoção calcada em provocação de injustiça ordinária, sem qualquer destaque. Na jurisprudência: STF: "1. Pena-base fixada no mínimo legal à consideração de circunstâncias judiciais favoráveis. 2. Diminuição de um sexto em virtude do reconhecimento da causa de diminuição referente ao homicídio privilegiado (art. 121, § 1.º, do CP). 3. Improcedência da alegação de constrangimento ilegal decorrente da diminuição da pena em apenas um sexto em face do reconhecimento do homicídio privilegiado. 4. A diminuição da pena em virtude do reconhecimento do homicídio privilegiado nada tem a ver com a redução operada tendo em vista circunstâncias judiciais favoráveis. 5. O Juiz, ao aplicar a causa de diminuição do § 1.º do art. 121 do Código Penal, valorou a relevância do motivo de valor social, a intensidade da emoção e o grau de provocação da vítima, concluindo, fundamentadamente, pela diminuição da pena em apenas um sexto. 6. Ordem denegada" (HC 102.459-MG, 1.ª T., rel. Dias Toffoli, 03.08.2010, v.u.). STJ: "1. A jurisprudência desta Corte é firme no sentido de que 'a escolha do *quantum* de diminuição relativo à privilegiadora prevista no art. 121, § 1.º, do CP, entre os patamares de 1/6 a 1/3, deve se basear nas circunstâncias concretas evidenciadas nos autos, considerando 'os elementos caracterizadores do homicídio privilegiado, ou seja, a relevância social ou moral da motivação do crime, ou o grau emotivo do réu, além da intensidade da injusta provocação realizada pela vítima. Precedente do Pretório Excelso (AgRg no AREsp 1.041.612/PR, Rel. Ministro Joel Ilan Paciornik, Quinta Turma, julgado em 6/3/2018, *DJe* 16/3/2018) (AgRg no AREsp n. 2.055.192/RJ, Quinta Turma, Rel. Min. Reynaldo

Soares da Fonseca, *DJe* de 27/6/2022)' (AgRg no HC n. 758.946/GO, relator Ministro Jesuíno Rissato (Desembargador convocado do TJDFT), Quinta Turma, julgado em 22/11/2022, *DJe* de 2/12/2022). 2. No caso, revelou-se suficientemente fundamentada a escolha do patamar mínimo de diminuição, realizado com fulcro na desproporção entre a provocação da vítima e os elementos caracterizadores do homicídio, no qual se evidenciou que os agentes agrediram a vítima mediante golpes de faca, mesmo após ela já ter sido agredida anteriormente e sofrido diversas lesões. Assim, tendo o Tribunal de origem, soberano na análise do acervo fático-probatório dos autos, devidamente demonstrado a justificativa para realizar o cálculo efetuado, revela-se inviável infirmar as conclusões obtidas pela Corte de origem, em âmbito de *habeas corpus*, tendo em vista os limites de cognição da via eleita" (AgRg no HC 783.519/GO, 6.ª T., rel. Antonio Saldanha Palheiro, 14.08.2023, v.u.); "A escolha do *quantum* de diminuição relativo à privilegiadora prevista no art. 121, § 1.º, do CP, entre os patamares de 1/6 a 1/3, deve se basear nas circunstâncias concretas evidenciadas nos autos, considerando 'os elementos caracterizadores do homicídio privilegiado, ou seja, a relevância social ou moral da motivação do crime, ou o grau emotivo do réu, além da intensidade da injusta provocação realizada pela vítima. Precedente do Pretório Excelso' (AgRg no AREsp 1041612/PR, Rel. Ministro Joel Ilan Paciornik, Quinta Turma, julgado em 6/3/2018, *DJe* 16/3/2018). 2. Na espécie, a Corte local manteve a redução pelo art. 121, § 1.º, do CP no patamar de 1/6, com fundamento no grau de intensidade da injusta provocação realizada pela vítima, que, conforme asseverado no acórdão recorrido, apesar de proferir ameaça de atropelar o réu, 'não chegou sequer a movimentar o automóvel' (e-STJ fl. 717) na direção desse. O Tribunal *a quo* destacou, ainda, que o réu admitiu 'que efetuou o disparo de arma de fogo logo após a vítima engatar a primeira marcha do automóvel, o qual nem chegou a se mover em sua direção' (e-STJ fl. 685). Nesse contexto, revelando-se a conduta criminosa desproporcional à provocação da vítima, o Tribunal de origem logrou apresentar fundamentação concreta, suficiente e idônea para justificar a aplicação da benesse no patamar mínimo" (AgRg no AREsp 2.055.192/RJ, 5.ª T., rel. Reynaldo Soares da Fonseca, 21.06.2022, v.u.).

**19. Homicídio qualificado:** é o homicídio praticado com circunstâncias legais que integram o tipo penal incriminador, alterando para mais a faixa de fixação da pena. Portanto, da pena de reclusão de 6 a 20 anos, prevista para o homicídio simples, passa-se ao mínimo de 12 e ao máximo de 30 para a figura qualificada. Considera-se crime hediondo.

**19-A. Incidência de mais de uma qualificadora:** tendo em vista que todas elas se tratam de circunstâncias do crime, basta a comprovação de uma qualificadora para alterar a faixa de fixação da pena; havendo outras, devem ser consideradas como agravantes (se houver) ou, pelo menos, como circunstâncias judiciais, o que é sempre possível, levando-se em conta o disposto pelo art. 59 do CP, a serem empregadas na 1.ª fase da fixação da pena.

**20. Homicídio privilegiado-qualificado:** tem sido posição predominante na doutrina e na jurisprudência a admissão da forma privilegiada-qualificada, desde que exista compatibilidade lógica entre as circunstâncias. Como regra, pode-se aceitar a existência concomitante de qualificadoras objetivas com as circunstâncias legais do privilégio, que são de ordem subjetiva (motivo de relevante valor e domínio de violenta emoção). O que não se pode acolher é a convivência pacífica das qualificadoras subjetivas com qualquer forma de privilégio, tal como seria o homicídio praticado, ao mesmo tempo, por motivo fútil e por relevante valor moral. Convivem, em grande parte, harmoniosamente as qualificadoras dos incisos III, IV, VI e VII com as causas de diminuição da pena do § 1.º. Não se afinam as qualificadoras dos incisos I, II e V com as mesmas causas. No mesmo prisma, Paulo Heber de Morais (*Homicídio*, p. 36). Na jurisprudência: STJ: "5. A jurisprudência do Superior Tribunal de Justiça é firme em

# Art. 121

Código Penal Comentado · **Nucci**

assinalar que a qualificadora de caráter objetivo pode coexistir com o privilégio, haja vista que ambas as hipóteses previstas no § 1.º do art. 121 do CP são de natureza subjetiva. Precedentes" (AgRg no AREsp 1.787.454/RJ, 6.ª T., rel. Rogerio Schietti Cruz, 14.02.2023, v.u.); "3. O reconhecimento da figura privilegiada constante no § 1.º do art. 121 do CP, de que o réu agiu sob violenta emoção, após injusta provocação da vítima, por ser de natureza subjetiva, é compatível com as qualificadoras de ordem objetiva, como na hipótese, do emprego de recurso que impossibilitou a defesa do ofendido. Precedentes" (AgRg no REsp 950.404-RS, 6.ª T., rel. Antonio Saldanha Palheiro, 12.03.2019, v.u.). Excepcionalmente, pode ser incabível, conforme o caso concreto, a coexistência entre uma qualificadora objetiva e o privilégio. Tal aconteceria, por exemplo, quando, violentamente emocionado, sem equilíbrio e de inopino, o agente, logo após injusta provocação, reage, matando a vítima. Embora, em tese, se possa sustentar que o ataque ocorreu de surpresa, dificultando a defesa do ofendido, é preciso destacar que a provocação injusta foi motivo suficiente para uma reação súbita. Em sentido oposto, sustentando a inviabilidade, para qualquer hipótese, de haver homicídio qualificado-privilegiado, pois, uma vez comprovado o privilégio, tem ele força para repelir qualquer qualificadora, está o ensinamento de Euclides Custódio da Silveira: "foi propositadamente, e, a nosso ver, com acerto, que o Código fez preceder o dispositivo concernente ao privilégio ao das qualificadoras. Não admite ele o homicídio qualificado-privilegiado, por considerá-lo forma híbrida, enquanto reconhece a compossibilidade do mesmo privilégio nas lesões corporais graves, gravíssimas e seguidas de morte, onde não há realmente antagonismo algum" (*Direito Penal – Crimes contra a pessoa*, p. 55).

**21. Paga ou promessa de recompensa:** são formas específicas de torpeza. É o homicídio mercenário, cometido porque o agente foi recompensado previamente pela morte da vítima (paga) ou porque lhe foi prometido um prêmio após ter eliminado o ofendido (promessa de recompensa).

**22. Torpe:** é o motivo repugnante, abjeto, vil, que causa repulsa excessiva à sociedade. Note-se que a lei penal se vale, nesse caso, da interpretação analógica, admitida em Direito Penal (o que é vedado é o emprego da analogia), pois estabelece dois exemplos iniciais de torpeza e, em seguida, generaliza, afirmando "ou outro motivo torpe", para deixar ao encargo do intérprete a inclusão de circunstâncias não expressamente previstas, mas consideradas igualmente ignóbeis. É evidente que todo delito causa repulsa social, mas o praticado por motivo torpe faz com que a sociedade fique particularmente indignada, tal como ocorre com o delito mercenário – mata-se por dinheiro ou outra recompensa. Algo que, naturalmente, envolve a repugnância social é o cometimento do crime fundado em razões de ganho patrimonial. Na jurisprudência: STJ: "Nos termos da jurisprudência desta Corte Superior, a qualificadora do motivo torpe está configurada se o homicídio ocorreu em razão de disputas ligadas ao tráfico de drogas e a qualificadora do emprego de recurso que dificulte ou torne impossível a defesa do ofendido fica caracterizada com as circunstâncias típicas de execução em que se deu o crime (desferidos vários disparos de arma de fogo)" (AgRg nos EDcl no HC 664.841-RJ, 5.ª T., rel. Reynaldo Soares da Fonseca, 17.08.2021, v.u.).

**23. Fútil:** é o motivo flagrantemente desproporcional ao resultado produzido, que merece ser verificado sempre no caso concreto. Mata-se futilmente quando a razão pela qual o agente elimina outro ser humano é insignificante, sem qualquer respaldo social ou moral, veementemente condenável. Ex.: o autor suprime a vida da vítima porque esta, dona de um bar, não lhe vendeu fiado. Ressalta, no entanto, Custódio da Silveira que a "futilidade do motivo deve prender-se *imediatamente* à conduta homicida em si mesma: quem mata no auge de uma altercação oriunda de motivo fútil, já não o faz somente por este motivo mediato de que se originou aquela" (*Direito Penal – Crimes contra a pessoa*, p. 61). Concordamos, plenamente, com o exposto, mencionando o seguinte exemplo: costuma-se defender que uma mera briga ocorrida no trânsito, de onde pode sair um homicídio, constitui futilidade, qualificando o crime. Nem sempre. Se um motorista sofreu uma "fechada", provocada por outro, sai em perseguição e, tão logo o alcance, dispare seu revólver, matando-o, naturalmente, estamos diante de um homicídio qualificado pela futilidade, pois esta é direta e imediata. Entretanto, se, após alcançar o outro motorista, ambos param na via pública e uma acirrada discussão tem início, com troca de ofensas e até agressões físicas. A morte do perseguido, nessas circunstâncias, não faz nascer a qualificadora, pois o motivo fútil foi indireto ou mediato e não fruto direto do disparo do revólver. Em suma: há futilidade *direta ou imediata*, que serve para qualificar o homicídio, bem como futilidade *indireta ou mediata*, que não faz nascer o aumento da pena. Na jurisprudência: "2. O motivo fútil é aquele insignificante, flagrantemente desproporcional ou inadequado se cotejado com a ação ou a omissão do agente. Ceifar a vida de outrem, com três golpes de faca, em razão de uma dívida de R$ 10,00 (dez reais) ou por conta de uma disputa pelo domínio de uma região, é flagrantemente desproporcional e leviano" (AgRg no HC 485.388-PR, 6.ª T., rel. Antonio Saldanha Palheiro, 17.08.2021, v.u.).

**23-A. Ausência de motivo:** sobre o tema, consultar a nota 34 ao art. 61, demonstrando a inviabilidade de equiparar a eventual ausência de motivo ao motivo fútil. Além disso, nessa linha de pensamento, PAULO HEBER DE MORAIS ensina: "à unanimidade se afirma que não há crime sem motivo. Realmente, não há. Muitas vezes não se atina seguramente com ele, mas ele existe. O autor o tem e só ele o sabe. Desde os motivos aos quais o senso comum empresta relevante valor até ao simples prazer do mal, vai uma gama imensa de razões que levam o homem a matar" (*Homicídio*, p. 27).

**23-B. Embriaguez e futilidade:** a ebriedade não impede o processo e a condenação de alguém por ter cometido homicídio (art. 28, I, CP). Resta o debate acerca da qualificação do crime. Seria viável registrar como *fútil* o homicídio cometido pelo bêbado? Afinal, ele nem mesmo tem plena consciência do que está fazendo. Parece-nos que depende o grau de embriaguez. Tratando-se de incompleta, pode caracterizar-se a futilidade se realmente houver um abismo entre o motivo do delito e o resultado morte. Cuidando-se de embriaguez completa, torna-se mais difícil verificar essa situação, pois o ébrio pode não ter realmente noção do que faz; embora possa ser punido, é raro imputar-lhe uma qualificadora subjetiva. Logicamente, tratando-se da embriaguez letárgica (coma alcoólico), inexiste a viabilidade do subjetivismo de um motivo fútil. Assim também é a visão de PAULO HEBER DE MORAIS: "se a embriaguez, em princípio, não é incompatível com o motivo fútil, dependendo do seu grau, poderá atuar decisivamente sobre o psiquismo do agente, de maneira a excluir o reconhecimento dessa qualificadora" (*Homicídio*, p. 29).

**24. Ciúme não configura futilidade:** a reação humana, movida pelo ciúme, forte emoção que por vezes verga o equilíbrio do agente, não é suficiente para determinar a qualificadora do motivo fútil. "Cientificamente (...), seja como fenômeno ou sentimento normal, comum ou de caráter patológico, seja em suas formas impulsivas (reações primárias), afetiva ou na obsessiva, entendemos, em síntese e essencialmente, que o ciúme é uma manifestação de um profundo complexo de inferioridade de uma certa personalidade, sintoma de imaturidade afetiva e de um excessivo amor-próprio. O ciumento não se sente somente incapaz de manter o amor e o domínio sobre a pessoa amada, de vencer ou afastar qualquer possível rival como, sobretudo, sente-se ferido ou humilhado em seu amor-próprio. (...) O ciúme já na sua antiga origem etimológica grega, em sua terminologia em tal idioma, bem indicava tal estado psíquico de tormento pois significava 'ardor', 'ferver', 'fermentar', considerando-o os gregos, como um 'amor excessivo', enquanto os romanos identificavam-no mais com o sentimento de inveja

# Art. 121

Código Penal Comentado • **Nucci**

(Sokoloff). O próprio Santo Agostinho, em suas 'Confissões' proclamou que era 'flagelado pela férrea e abrasadora tortura dos ciúmes'. A sabedoria popular diz que o ciumento fica 'cego' pelo seu tormento, pelo inferno que vive, pois a verdadeira realidade não existe para ele, somente a realidade que 'imagina' ilusoriamente, alucinadamente, falsamente" (Roque de Brito Alves, Ciúme e crime, p. 19). Aliás, da mesma forma, agir por ciúme não serve para isentar a responsabilidade (art. 28, I, CP). Na jurisprudência: STJ: "O sentimento de ciúme pode tanto inserir-se na qualificadora do inciso I ou II do § 2.º, ou mesmo no privilégio do § 1.º, ambos do art. 121 do CP, análise feita concretamente, caso a caso. Polêmica a possibilidade de o ciúme qualificar o crime de homicídio, é inadmissível que o Tribunal de origem emita qualquer juízo de valor, na fase do *iudicium accusationis*, acerca da motivação do delito expressamente narrada na denúncia" (AgRg no REsp 1457054-PR, 5.ª T., rel. Reynaldo Soares da Fonseca, 21.06.2016, *DJe* 29.06.2016).

**25. Exegese das hipóteses qualificadoras:** a lei penal valeu-se, mais uma vez, da interpretação analógica. Forneceu exemplos – veneno, fogo, explosivo, asfixia e tortura – para depois generalizar dizendo "ou outro meio insidioso ou cruel, ou de que possa resultar perigo comum". Temos, então, *três famílias*: o meio insidioso (pérfido, enganoso, que constitui uma cilada para a vítima), *o meio cruel* (que exagera, propositadamente, o sofrimento impingido à vítima) e o *meio que traz perigo comum* (aquele que provoca dano à vítima, mas também faz outras pessoas correrem risco). As *espécies* são: *veneno* (meio insidioso ou cruel, conforme o caso. O veneno, para ser ministrado, em regra, é meio insidioso, pois o agente precisa ludibriar o ofendido, a fim de garantir a ingestão da substância. Mas nem sempre. Pode ser o veneno ministrado à força e a vítima sofrer em demasia, como o caso das queimaduras provocadas pelos cáusticos); *fogo* (pode constituir-se em meio cruel ou que gera perigo comum. A queimadura, em regra, é um sofrimento atroz, concretizando, pois, o desiderato cruento do agente. Por outro lado, pode atingir terceiros, conforme sua volatilidade); *explosivo* (provocar a morte da vítima por meio da explosão de determinada substância, em regra, gera perigo comum, mas também pode constituir-se em meio cruel, caso a detonação, previamente calculada pelo autor, provoque no ofendido a perda de membros e, consequentemente, uma morte agônica e lenta); *asfixia* (pode constituir-se em meio insidioso ou cruel – ou ambos –, pois ela demanda superioridade de forças do agente ou o efeito surpresa, além de ser, muitas vezes, agônica, demandando mais de três minutos para causar a morte); *tortura* (que evidentemente é um processo cruel, prolongando maldosamente o sofrimento da vítima).

**25-A. Qualificadoras objetivas e elemento subjetivo:** parece-nos importante detectar, no ânimo do agente, a vontade de concretizar as hipóteses qualificadoras denominadas objetivas. Outra posição equivaleria à sustentação da responsabilidade penal objetiva, que merece ser evitada em Direito Penal. Portanto, matar alguém, valendo-se de meio cruel, é situação a ser avaliada no contexto fático, sem dúvida, ou seja, se realmente causou sofrimento atroz à vítima, mas também no cenário do intuito do agente. Quis este, efetivamente, atingir o ofendido de maneira a lhe causar sofrimento além do necessário para conseguir o resultado morte? Por vezes, não. Agredir alguém, com vários socos e pontapés, pode ser consequência de uma briga furiosa e, embora constitua maneira dolorida de se causar a morte, não estava presente no ânimo do agente a referida dor exacerbada. Por outro lado, é possível que o autor do homicídio deseje sentir o padecimento da vítima, motivo pelo qual a agride com vários socos e pontapés, chegando a vibrar com seu sofrimento. Surge, então, a qualificação do delito. O dolo do agente, em suma, precisa, por certo, ser abrangente, isto é, envolver *todos* os elementos objetivos do tipo penal, o que inclui as qualificadoras de natureza objetiva (incisos III e IV do § 2.º do art. 121). Por certo, na maioria dos casos, o elemento subjetivo a envolver as qualificadoras objetivas é o dolo direto; porém, não descartamos a viabilidade de atuação do dolo eventual. Ex.: o sujeito pode assumir o risco de matar a vítima, mediante explosão, fazendo-a sofrer em demasia, caso a detonação não seja apta a levar à morte instantânea. Nesta hipótese, pode tratar-se tanto de gerar perigo comum, como também de provocar um meio cruel, pois o ofendido teve o corpo dilacerado e custou a morrer, enquanto se dava hemorragia de suas feridas. Porém, quando há dolo eventual, parece-nos mais seguro avaliar o caso concreto, a fim de verificar se, realmente, compatibiliza-se a forma eventual do dolo com as qualificadoras objetivas porventura existentes. Na jurisprudência: a) *contra o dolo eventual*: STJ: "2. As qualificadoras de natureza objetiva previstas nos incisos III e IV do § 2.º do art. 121 do Código Penal *não são compatíveis com a figura do dolo eventual*, prevista na segunda parte do art. 18, I, do mesmo diploma legal. 3. O dolo eventual não se harmoniza com a qualificadora de natureza objetiva prevista no inciso IV do § 2.º do art. 121 do Código Penal, porquanto, a despeito de o agente ter assumido o risco de produzir o resultado, por certo não o desejou. Logo, se não almeja a produção do resultado, muito mais óbvio concluir que o agente não direcionou sua vontade para impedir, dificultar ou impossibilitar a defesa do ofendido. 4. A qualificadora descrita no inciso III do § 2.º do art. 121 do Código Penal sugere ideia de suposta premeditação do delito e, consequentemente, o desejo do resultado. Ambas, portanto, são características da intenção do agente, não podendo, à semelhança do que ocorre com a tentativa, ser aceita na forma de homicídio cujo dolo é o eventual" (REsp 1486745-SP, 6.ª T., rel. Sebastião Reis Junior, 05.04.2018, v.u., grifamos); b) *em favor do dolo eventual*: STJ: "3. É cediço que as qualificadoras do delito de homicídio somente podem ser excluídas quando se revelarem manifestamente improcedentes, sob pena de usurpação da competência do Tribunal do Júri. 4. Não obstante a existência de julgados desta Corte Superior a respeito da incompatibilidade entre o dolo eventual e a qualificadora objetiva referente ao recurso que dificultou a defesa da vítima, tem-se a recente orientação no sentido de que: 'elege-se o posicionamento pela compatibilidade, em tese, do dolo eventual também com as qualificadoras objetivas (art. 121, § 2.º, III e IV, do CP). Em resumo, as referidas qualificadoras serão devidas quando constatado que o autor delas se utilizou dolosamente como meio ou como modo específico mais reprovável para agir e alcançar outro resultado, mesmo sendo previsível e tendo admitido o resultado morte' (AgRg no AgRg no REsp 1.836.556/PR, Rel. Ministro Joel Ilan Paciornik, Quinta Turma, julgado em 15/6/2021, *DJe* de 22/6/2021). 5. No caso, as instâncias de origem fundamentaram adequadamente a preservação da qualificadora do recurso que dificultou a defesa da vítima, notadamente diante dos suficientes indicativos de que os golpes de instrumento cortante realizados pelo acusado teriam ocorrido de inopino, sem a vítima esperar ataque semelhante, sendo incabível, portanto, a sua exclusão no presente momento processual. 6. Agravo regimental improvido" (AgRg no HC 678.195-SC, 5.ª T., rel. Reynaldo Soares da Fonseca, 14.09.2021, v.u.).

**25-B. Qualificadoras e tentativa:** há perfeita compatibilidade entre a figura tentada do homicídio e as qualificadoras apresentadas nos parágrafos do art. 121; isto porque é sabido que o dolo da tentativa é exatamente o mesmo do crime consumado. Noutros termos, a vontade consciente de praticar o tipo penal, no caso *matar alguém*, é invariável em qualquer das formas (consumado ou tentado), pois o dolo de matar não se altera somente porque o delito não chegou ao resultado almejado pelo agente. Afinal, conforme se pode constatar da leitura do art. 14, II, diz-se tentado o crime, quando iniciada a execução, não se consuma *por circunstâncias alheias à vontade* do agente; logo, a interrupção do percurso criminoso não tem nenhum relacionamento com o dolo; advém de elementos exteriores à vontade. Em suma, o dolo é exatamente o mesmo para o crime consumado ou para a sua forma tentada. Eis o motivo pelo qual as qualificadoras podem estar presentes quando o crime é meramente tentado. Na jurisprudência: STJ: "1. Não há ilegalidade na aplicação da qualificadora do emprego de meio cruel na hipótese de homicídio doloso tentado, quando admite o tribunal como configurado o intento de sofrimento desnecessário na ação de buscar matar a vítima esmagando-a com um veículo contra a parede, só não sendo atingindo o intento homicida por razões alheias à vontade do agente" (AgRg no HC 568.544-PR, 6.ª T., rel. Nefi Cordeiro, 02.06.2020, v.u.).

**26. Conceito de veneno:** é a "substância que, introduzida no organismo, altera momentaneamente ou suprime definitivamente as manifestações vitais de toda matéria organizada" (Odon Ramos Maranhão, *Curso básico de medicina legal*, p. 282). Os venenos dividem-se em gasosos (como o óxido de carbono, os gases de guerra, entre outros), voláteis (álcool, clorofórmio, benzina, entre outros), minerais (mercúrio, chumbo, arsênico, cáusticos, entre outros) e orgânicos fixos (barbitúricos, alcaloides, entre outros). "O veneno alcançou popularidade e uso extraordinários na Grécia e em Roma. No século XII, aparecem os primeiros livros que falam da arte de envenenar. Adquire uma grande importância nos séculos XV e XVI, especialmente na Itália, quiçá, mais que nada, devido ao uso que dele se fez na Corte dos Borgia. (...) O veneno passa, depois, à França, possivelmente levado por Catarina de Médicis, e se populariza tanto ali, abusa-se tanto dele e são tantas as mortes que ocasionam, sobretudo nos séculos XVII e XVIII, que os reis de França tiveram que editar várias leis perseguindo implacavelmente seu uso e Luís XIV criou a chamada Corte dos venenos, ou Câmara ardente, descrita por Victorieu Sardou, tribunal especializado e destinado a perseguir o uso desse meio, que tantas vítimas provocou" (Ricardo Levene, *El delito de homicidio*, p. 196).

**26-A. Veneno e vidro moído:** para verificarmos se há relação, podemos nos valer dos esclarecimentos de Ricardo Levene ao discutir o tema: "Para aqueles, como Groizard, que sustentam que toda substância alheia ao organismo e capaz de danificá-lo constitui veneno, o vidro moído, naturalmente, o é, ainda que atue fisicamente, mas para os que opinam que somente é veneno a substância que produz alterações químicas no organismo, mesclando-se, fundindo-se com o sangue, com os sucos e secreções, não é veneno. Determinaria em todo caso a comissão de um homicídio qualificado por insídia, por traição ou por sevícias, em face do sofrimento enorme da vítima pela forma como se lhe destroça o intestino, embora não seja veneno no conceito técnico" (*El delito de homicidio*, p. 198). Preferimos a segunda corrente. O veneno há de ser substância capaz de atuar no organismo, mesclando-se ao seu funcionamento, ministrado em forma gasosa, sólida ou líquida, provocando danos, porém sem a materialização do vidro moído. Assim, poderíamos considerar um gás venenoso, um comprimido fatal ou mesmo uma substância líquida mortífera. Na realidade, fazer com que a vítima ingira vidro moído significa uma forma de insídia, mas não necessariamente trata-se de veneno. Pode representar, sem dúvida, uma maneira cruel ou insidiosa de matar, o que qualifica o delito do mesmo modo. No mesmo prisma: Ivair Nogueira Itagiba, *Do homicídio*, p. 146.

**26-B. Veneno como meio exclusivamente insidioso:** há quem sustente, na doutrina (Vicente de Paula R. Maggio, *Curso de direito penal*, v. 2, p. 93), que o veneno deve ser, sempre, para servir como qualificadora, insidioso, vale dizer, ministrado de maneira camuflada. Se a vítima for forçada a ingerir o produto mediante violência, não estaria presente a qualificadora. Com isso não concordamos, pois o veneno pode estar presente tanto no cenário da insídia quanto no contexto da crueldade. Portanto, se o ofendido for forçado a ingerir o veneno, causando-lhe dor extrema, qualifica-se o homicídio pela crueldade. Neste último prisma, Álvaro Mayrink da Costa (*Direito penal* – Parte especial, v. 2, p. 109); Paulo Heber de Morais (*Homicídio*, p. 31).

**27. Fogo considerado como meio cruel ou perigo comum:** não se pode olvidar que o fogo pode representar *perigo comum*, pois um fogo inicialmente localizado (para matar a

Título I – Dos crimes contra a pessoa **Art. 121**

vítima) pode tornar-se um incêndio de grandes proporções, mas também um meio doloroso de causar a morte. Na jurisprudência: STJ: "O fogo pode matar. E mata de forma – sabidamente – terrível, extremamente dolorosa" (cuidando do caso do índio pataxó, Galdino Jesus dos Santos, incendiado por quatro rapazes no Distrito Federal, em 20 de abril de 1997) (RE 192.049-DF, 5.ª T., rel. Felix Fischer, 09.02.1999, m.v., embora antigo, cuida-se de caso relevante).

**28. Conceito de asfixia:** trata-se da supressão da respiração, que se origina de um processo mecânico ou tóxico. São exemplos: *o estrangulamento* (compressão do pescoço por um laço conduzido por força que pode ser a do agente agressor ou de outra fonte, exceto o peso do corpo do ofendido), *o enforcamento* (compressão do pescoço por um laço, causada pelo peso do próprio corpo da vítima), *a esganadura* (é o aperto do pescoço provocado pelo agente agressor diretamente, valendo-se das mãos, pernas ou antebraço), *o afogamento* (trata--se da inspiração de líquido, estando ou não imerso) e o *uso de gases ou drogas asfixiantes*, entre outros. Na jurisprudência: TJRS: "Há elementos mínimos a indicar a viabilidade da tese acusatória no que toca à qualificadora da asfixia, visto que a vítima, ao ser ouvida em juízo, disse que após ter sido alvejada pelos disparos de arma de fogo, o réu entrou no veículo e 'saiu andando, momento em que pegou o pano e tentou asfixiar a depoente'. Relatou, ainda, que o réu, durante o trajeto, '(...) diminuía a velocidade e colocava o pano em seu rosto, e fechava seu nariz com a mão (...)'. Assim, o fato de o laudo oficial do IGP, acostado à fl. 230, referir que inexistiu emprego de asfixia, não afasta, por si só, a existência de dita qualificadora" (Recurso em Sentido Estrito 70085170322, 2.ª C. Crim., rel. José Antônio Cidade Pitrez, 24.09.2021, v.u.).

**29. Conceito de tortura:** valemo-nos da definição fornecida pela Convenção da Organização das Nações Unidas, de Nova York, aprovada pelo Brasil por intermédio do Decreto 40/1991, que cuidou do tema (art. 1.º): "Para os fins da presente Convenção, o termo 'tortura' designa qualquer ato pelo qual dores ou sofrimentos agudos, físicos ou mentais, são infligidos intencionalmente a uma pessoa a fim de obter, dela ou de uma terceira pessoa, informações ou confissões; de castigá-la por ato que ela ou uma terceira pessoa tenha cometido ou seja suspeita de ter cometido; de intimidar ou coagir esta pessoa ou outras pessoas; ou por qualquer motivo baseado em discriminação de qualquer natureza; quando tais dores ou sofrimentos são infligidos por um funcionário público ou outra pessoa no exercício de funções públicas, ou por sua instigação, ou com seu consentimento ou aquiescência. Não se considerará como tortura as dores ou sofrimentos que sejam consequência unicamente de sanções legítimas, ou que sejam inerentes a tais sanções ou delas decorram". Portanto, qualquer forma de cominar a uma pessoa humana um sofrimento físico ou mental atroz visando à obtenção de qualquer coisa contra sua vontade ou mesmo para puni-la por algo que tenha praticado pode ser considerado *tortura*. Lembremos que, quando se tratar de tortura como meio para atingir a morte de alguém, a despeito da Lei 9.455/1997, que tipificou o delito de tortura no Brasil, continua ela a ser uma qualificadora. Na realidade, trata-se de uma questão ligada ao elemento subjetivo. Se o agente pretende matar a vítima, *por meio* da tortura, deve ser punido por homicídio qualificado. Entretanto, se o intuito é torturar o ofendido, para dele obter, por exemplo, a confissão (art. 1.º, I, *a*, Lei 9.455/1997), responderá por delito autônomo. Há, ainda, a possibilidade de ocorrer a morte da vítima, em decorrência da tortura, sendo esta última a finalidade do autor, configurando-se, então, o denominado *crime qualificado pelo resultado*. Será punido por tortura seguida de morte, cuja pena varia de oito a dezesseis anos de reclusão (art. 1.º, § 3.º, Lei 9.455/1997).

**29-A. Perigo comum:** cuida-se de uma probabilidade de dano, que ultrapassa o âmbito relacionado à vítima, alcançando outras pessoas. Ilustrando, atirar no ofendido, que se encontra num bar, lotado de clientes, por certo gera o perigo de atingir outras pessoas. Na jurisprudência:

# Art. 121

STJ: "2. A configuração do perigo comum (121, § 2.º, III, do CP) por disparo de arma de fogo tem como pressuposto que mais de um disparo tenha sido direcionado aos presentes no local ou que único disparo a eles direcionado tivesse potencialidade lesiva apta para alcançar mais de um resultado, o que não foi constatado" (AgRg no AgRg no REsp 1.836.556-PR, 5.ª T., rel. Joel Ilan Paciornik, 15.06.2021, v.u.); "1. Disparo de arma de fogo em erro de execução não se ajusta ao conceito de perigo comum previsto no art. 121, § 2.º, III, haja vista que o referido inciso prevê o que a doutrina chama de fórmula genérica, ou seja, os meios insidiosos, cruéis ou que possam resultar em perigo comum devem seguir a mesma linha da parte exemplificativa, qual seja: veneno, fogo, explosivo, asfixia e tortura" (AgRg no REsp 1.843.821-PR, 6.ª T., rel. Rogerio Schietti Cruz, 27.04.2021, v.u.).

**30. Exegese do dispositivo:** novamente, a lei penal vale-se da interpretação analógica. Usando vários exemplos, termina generalizando a partir do modelo: "recurso que dificulte ou torne impossível a defesa do ofendido". Portanto, é de se considerar que a traição, a emboscada e a dissimulação são espécies de recursos que dificultam ou impedem a defesa da vítima.

**31. Conceito de traição:** trair significa enganar, ser infiel, de modo que, no contexto do homicídio, é a ação do agente que colhe a vítima por trás, desprevenida, sem ter esta qualquer visualização do ataque. O ataque de súbito, pela frente, pode constituir *surpresa*, mas não traição. É, igualmente, a ótica de Paulo Heber de Morais (*Homicídio*, p. 33). Essa é a concepção da traição material. Há, ainda, a traição moral, consistente em deslealdade, fingimento e, inclusive, dissimulação.

**32. Conceito de emboscada:** emboscar significa ocultar-se para poder atacar, o que, na prática, é a tocaia. O agente fica à espreita do ofendido para agredi-lo. No mesmo sentido, Paulo Heber de Morais (*Homicídio*, p. 33).

**33. Conceito de dissimulação:** dissimular é ocultar a verdadeira intenção, agindo com hipocrisia. Nesse caso, o agressor, fingindo amizade ou carinho, aproxima-se da vítima com a meta de matá-la. Igualmente, Paulo Heber de Morais (*Homicídio*, p. 33). É uma espécie de traição moral. Na jurisprudência: TJRS: "Em relação à qualificadora do recurso que dificultou a defesa da vítima (dissimulação), verifica-se dos autos que há indícios suficientes (sobretudo nos relatos da ofendida), de que na ocasião dos fatos, o réu convidou a vítima para um programa de lazer e, no retorno, simulando falha mecânica no carro e um assalto, supostamente inexistentes, saiu do veículo para então efetuar os disparos de arma de fogo na direção da ofendida, que se encontrava sentada no banco do carona do carro, minimizando, em tese, a possibilidade de defesa. Assim, admissível a ocorrência da dissimulação" (Recurso em Sentido Estrito 70085170322, 2.ª C. Crim., rel. José Antônio Cidade Pitrez, 24.09.2021, v.u.).

**34. Outro recurso que dificulte ou torne impossível a defesa da vítima:** ao generalizar, fornecendo de antemão os exemplos, deixa a lei penal bem claro que o objetivo desta qualificadora é punir mais severamente o agente que, covardemente, mata o ofendido. Traindo-o, emboscando-o ou ocultando suas verdadeiras intenções, está prejudicando ou impedindo qualquer reação de sua parte, que se torna presa fácil. Entretanto, há possibilidade de surgirem outros aspectos dessa modalidade pusilânime de agir, o que permite o encaixe na figura genérica. Exemplo disso seria atacar quem está dormindo ou embriagado. A *surpresa* na agressão é o fator diferencial, que se deve buscar. Na jurisprudência: "2. Entende esta Corte que 'para configurar a qualificadora referente ao recurso que dificulte a defesa da vítima, a surpresa é o fator diferencial que se deve buscar (REsp n. 1.713.312/RS, Rel. Ministro Sebastião Reis Júnior, 6.ª T. *DJe* 3/4/2018)' (AgRg no REsp 1698353/SP, Rel. Ministro Rogerio Schietti Cruz, Sexta

Turma, julgado em 25/09/2018, *DJe* 11/10/2018)" (AgRg no REsp 1.969.326/SP, 6.ª T., rel. Olindo Menezes, 28.06.2022, v.u.). Entretanto, é preciso agir com cautela para não generalizar, na prática, uma qualificadora que torna a pena do homicídio muito mais grave. Note-se que todo ataque tem uma dose natural de surpresa, pois, do contrário, seria um autêntico duelo. Não se costuma cientificar a vítima de que ela será agredida, de forma que não é o simples fato de iniciar um ataque de súbito que faz nascer a qualificadora. É indispensável a prova de que o agente teve por propósito efetivamente *surpreender* a pessoa visada, enganando-a, impedindo-a de se defender ou, ao menos, dificultando-lhe a reação. É a presença do elemento subjetivo abrangente, como exposto na nota 25-A *supra*. Assim, se, durante uma exasperada discussão, alguém saca de um revólver atingindo o ofendido, isso não significa, necessariamente, a configuração da qualificadora da surpresa. Entretanto, se o agente, premeditando e preparando seus passos, provoca uma discussão e saca da arma que portava já com a finalidade de atirar na vítima, é natural que a qualificadora esteja concretizada. Por outro lado, a existência de *superioridade de armas*, por si só, não é motivo para qualificar o homicídio, considerando-se *surpresa no ataque*. Na lição de IVAIR NOGUEIRA ITAGIBA: "Impossível é medir-se a superioridade de armas no instante da luta. Com um pedaço de madeira, tal seja a distância e agilidade, a reação do agredido pode ter mais eficácia do que a ação do agressor armado de punhal, faca ou revólver. Ao demais disso, releva ponderar que, em alguns casos, o agente, em virtude da própria função, obrigatoriamente anda armado. Quanto à superioridade de força, é, tal e qual, impossível avaliá-la" (*Do homicídio*, p. 156). É a posição majoritária na doutrina, embora exista ainda polêmica na jurisprudência.

**35. Existência anterior de ameaça de morte:** não é suficiente para descaracterizar a qualificadora baseada na surpresa, desde que, nas circunstâncias fáticas concretas, a vítima não poderia esperar, naquele momento, o ataque. Na jurisprudência: STJ: "A existência de desavenças familiares, mesmo que acompanhadas de ameaças de morte, não torna manifestamente improcedente a qualificadora de recurso que impossibilitou a defesa da vítima" (AgRg no REsp 1.125.372-RS, 6.ª T, rel. Sebastião Reis Júnior, 09.08.2011, v.u.).

**36. Finalidade especial do agente:** esta qualificadora caracteriza-se pelo ânimo especial de agir – o elemento subjetivo específico ou *dolo específico*. Constitui uma qualificadora caracterizadora de uma *particular torpeza*. Quer o agente, ao matar a vítima, assegurar a execução de outro crime (ex.: mata-se o chefe de segurança de uma empresa para que se possa invadi-la, com maior chance de êxito, no dia seguinte), assegurar a ocultação de um delito (ex.: o sujeito que viola uma sepultura, percebendo que foi visto, elimina a testemunha a fim de que seu crime não seja descoberto), assegurar a impunidade do delito (ex.: o ladrão, notando ter sido reconhecido por alguém, durante a prática do furto, elimina essa pessoa, para não ser identificado) ou assegurar a vantagem de outro crime (ex.: elimina-se o parceiro para ficar integralmente com o dinheiro conseguido à custa de algum delito).

**37. Crime putativo ou impossível:** caso o agente cometa um homicídio para assegurar a execução, a ocultação, a impunidade ou a vantagem de outro delito, sendo este considerado putativo (crime que somente existe na mente do sujeito que o pratica) ou impossível (é a tentativa inidônea, cujos atos executórios desenvolvem-se através de meio absolutamente ineficaz ou que se voltam contra objeto absolutamente impróprio, não sendo punida) deixa de ser aplicada a qualificadora do inciso V. Exemplo da primeira situação seria o sujeito que mata a testemunha que o viu mantendo relação sexual com uma prostituta. Assim age, crendo que a prostituição é crime, o que não acontece, logo é crime putativo. Exemplo da segunda situação seria o indivíduo que, pretendendo subtrair bens de uma empresa, mata o vigilante da rua, embora depois se constate que a empresa se mudara do lugar, deixando para trás um

# Art. 121
Código Penal Comentado · **Nucci**

galpão vazio e imprestável. É uma tentativa impossível de furto, porque o objeto é absolutamente impróprio. Nas duas hipóteses, o crime de homicídio não deve ser qualificado com base neste inciso.

**38. Hipóteses de conexão consequencial, teleológica e ocasional:** denomina-se de conexão consequencial a prática de um crime para assegurar a ocultação, a impunidade ou a vantagem de outro. Neste caso, o homicídio é cometido para buscar garantir que outro delito não seja descoberto, seu autor fique impune ou o produto conseguido reste mantido. Chama-se de conexão teleológica a utilização de um crime como meio para garantir a execução de outro. É o caso de se cometer homicídio para atingir a consumação de delito posterior ou em desenvolvimento. São as hipóteses deste inciso. Finalmente, a denominada conexão ocasional é a prática de um crime no mesmo cenário em que se comete outro. Trata-se de simples concurso material, não envolvendo, pois, esta qualificadora. É o que ocorre se alguém, após matar o desafeto, resolve levar-lhe os bens. Sobre o tema, conferir as notas ao art. 76 do nosso *Código de Processo Penal comentado*.

**38-A. AIDS e homicídio:** a síndrome da imunodeficiência adquirida já foi considerada pela medicina uma doença fatal, passível de gerar o crime de homicídio (ou tentativa), quando transmitida ou passível de transmissão. Entretanto, constatando-se, atualmente, em razão dos progressos científicos, que sua manifestação é cada vez mais controlada com coquetéis de remédios, torna-se uma enfermidade incurável e crônica. Não se trata, simplesmente, de uma moléstia grave, que seja curável. Portanto, caso o agente tenha relação sexual com alguém, sabendo estar contaminado e fazendo-o sem qualquer proteção, tendo a intenção de transmitir a moléstia ou assumindo o risco de assim causar, deve responder por lesão corporal gravíssima (art. 129, § 2.º, II, do Código Penal), caso haja a transmissão. Do contrário, responderá por tentativa de lesão gravíssima. Na jurisprudência: STJ: "1. O Supremo Tribunal Federal, no julgamento do HC 98.712-RJ, rel. Min. Marco Aurélio (1.ª T., *DJe* 17.12.2010), firmou a compreensão de que a conduta de praticar ato sexual com a finalidade de transmitir AIDS não configura crime doloso contra a vida. Assim não há constrangimento ilegal a ser reparado de ofício, em razão de não ter sido o caso julgado pelo Tribunal do Júri. 2. O ato de propagar síndrome da imunodeficiência adquirida não é tratado no Capítulo III, Título I, da Parte Especial, do Código Penal (art. 130 e seguintes), onde não há menção a enfermidades sem cura. Inclusive, nos debates havidos no julgamento do HC 98.712-RJ, o eminente Ministro Ricardo Lewandowski, ao excluir a possibilidade de a Suprema Corte, naquele caso, conferir ao delito a classificação de 'Perigo de contágio de moléstia grave' (art. 131, do Código Penal), esclareceu que, 'no atual estágio da ciência, a enfermidade é incurável, quer dizer, ela não é só grave, nos termos do art. 131'. Na hipótese de transmissão dolosa de doença incurável, a conduta deverá ser apenada com mais rigor do que o ato de contaminar outra pessoa com moléstia grave, conforme previsão clara do art. 129, § 2.º, inciso, II, do Código Penal. A alegação de que a Vítima não manifestou sintomas não serve para afastar a configuração do delito previsto no art. 129, § 2.º, inciso II, do Código Penal. É de notória sabença que o contaminado pelo vírus do HIV necessita de constante acompanhamento médico e de administração de remédios específicos, o que aumenta as probabilidades de que a enfermidade permaneça assintomática. Porém, o tratamento não enseja a cura da moléstia" (HC 160982-DF, 5.ª T., rel. Laurita Vaz, 17.05.2012, v.u.).

**38-B. Crime contra agente estatal:** há muito se debatia, no Brasil, uma especial tutela aos agentes estatais, que lidam com a segurança do País. O crescimento visível do crime organizado e seus atentados contra agentes policiais, além de outros, fizeram com que houvesse o acréscimo desta qualificadora ao homicídio (Lei 13.142/2015). Haveria desigualdade nessa previsão? A vida do agente estatal é mais relevante do que outras vidas humanas? As respostas são negativas. Trata-se desigualmente os desiguais, como se fez na inclusão do feminicídio, consagrando-se o princípio da isonomia. Quem coloca a segurança pessoal em risco, porque exerce função específica para garantia da paz social, deve merecer maior respeito, visto representar a própria figura do Estado. Há situações similares – de aumentos de pena – em outros países, quando policiais são agredidos por criminosos. Além do homicídio, foram incluídas, também, como crimes hediondos, a lesão gravíssima e a lesão seguida de morte contra esses agentes e seus parentes. As vítimas em potencial estão destacadas: a) art. 142, CF: são os integrantes das Forças Armadas ("As Forças Armadas, constituídas pela Marinha, pelo Exército e pela Aeronáutica, são instituições nacionais permanentes e regulares, organizadas com base na hierarquia e na disciplina, sob a autoridade suprema do Presidente da República, e destinam-se à defesa da Pátria, à garantia dos poderes constitucionais e, por iniciativa de qualquer destes, da lei e da ordem"). Em tese, não haveria necessidade dessa previsão, pois Exército, Marinha e Aeronáutica só são acionados em casos excepcionais, especialmente de guerra externa, ingressando-se, então, no contexto do Código Penal Militar, que nada tem a ver com o Código Penal ou com a Lei dos Crimes Hediondos. No entanto, sabe-se que, no Brasil, integrantes das Forças Armadas são eventualmente convocados à atividade de segurança pública, como já ocorreu no Rio de Janeiro. Assim sendo, podem seus soldados ser vítimas de marginais, que, ferindo-os, cometem delito hediondo; b) art. 144, CF: são os integrantes das polícias ("A segurança pública, dever do Estado, direito e responsabilidade de todos, é exercida para a preservação da ordem pública e da incolumidade das pessoas e do patrimônio, através dos seguintes órgãos: I – polícia federal; II – polícia rodoviária federal; III – polícia ferroviária federal; IV – polícias civis; V – polícias militares e corpos de bombeiros militares; VI – polícias penais federal, estaduais e distrital."); c) integrantes do sistema prisional (carcereiros, agentes de segurança etc.), componentes de uma categoria de servidores sempre exposta a agressões, pois lidam diretamente com os presos provisórios e condenados; d) integrantes da Força Nacional de Segurança Pública. Naturalmente, o crime há de estar ligado ao exercício da sua função ou por causa dela, pois não teria sentido conferir um conteúdo mais grave à infração penal cometida em situações particulares, desprovidas de utilidade pública. Exemplo: se ocorrer um crime passional, cuja vítima é um delegado, não se aplica ao agente o previsto nesta Lei. Abrange-se, ainda, o cônjuge, companheiro ou parente do servidor, pois a criminalidade pode voltar-se contra os entes queridos ao funcionário ligados. Entretanto, assim como no feminicídio, parece-nos tratar-se de qualificadora de natureza *objetiva*. Matar o agente policial, sabendo o agente dessa condição (dolo abrangente), configura a qualificadora. Pode ser uma morte por motivo torpe, vingando-se de uma apreensão de drogas anteriormente feita pelo policial, incidindo, então, as duas qualificadoras: uma objetiva e outra, subjetiva. Eventualmente, em troca de tiros, buscando o criminoso garantir a sua liberdade, fugindo à prisão, a morte do agente policial qualifica o homicídio, embora não se possa apontar o motivo fútil ou torpe. A agressão contra os parentes do agente estatal deve decorrer em virtude desta última condição, constituindo, igualmente, uma qualificadora objetiva. Os motivos para o homicídio do parente podem ser avaliados (fútil, torpe, para assegurar a impunidade do crime anterior etc.) independentemente disso.

**38-C. Emprego de arma de fogo de uso restrito ou proibido:** a Lei 13.964/2019 introduziu o inciso VIII, como qualificadora do homicídio, e houve veto da Presidência da República, que, no entanto, foi derrubado pelo Congresso. Essa foi a motivação do veto: "A propositura legislativa, ao prever como qualificadora do crime de homicídio o emprego de arma de fogo de uso restrito ou proibido, sem qualquer ressalva, viola o princípio da proporcionalidade entre o tipo penal descrito e a pena cominada, além de gerar insegurança jurídica, notadamente aos agentes de segurança pública, tendo em vista que esses servidores poderão

# Art. 121

Código Penal Comentado • **Nucci**

ser severamente processados ou condenados criminalmente por utilizarem suas armas, que são de uso restrito, no exercício de suas funções para defesa pessoal ou de terceiros ou, ainda, em situações extremas para a garantia da ordem pública, a exemplo de conflito armado contra facções criminosas". O veto nos parecia incongruente, porque se trata de homicídio – crime grave – que, quando praticado com arma mais potente (como as armas de fogo de uso restrito ou proibido), torna-se mais letal. Portanto, essa circunstância é mais grave e deve ser mantida como qualificadora. Note-se que a mesma situação foi incluída como causa de aumento no crime de roubo ("§ 2.º-B. Se a violência ou grave ameaça é exercida com emprego de arma de fogo de uso restrito ou proibido, aplica-se em dobro a pena prevista no *caput* deste artigo"), justamente pela maior periculosidade à vítima. A assertiva de ferir o princípio da proporcionalidade não se coaduna com a violação do bem jurídico *vida*, afinal, com o emprego de arma mais eficaz, torna-se mais fácil atingir o resultado almejado. Por outro lado, não há motivo para gerar *insegurança jurídica*, tendo em vista que os agentes de segurança pública, ao usarem suas armas de uso restrito (e não proibido, porque a eles também é vedado o uso), devem fazê-lo pelo bem da comunidade, no embate contra criminosos, e, havendo conflito armado, por certo, aguarda-se que ajam em legítima defesa, portanto, nenhum crime haverá. Contudo, se esses agentes utilizarem as potentes armas para matar, sem causa justa, cometerão um grave delito, merecendo ser apenados mais severamente. Além disso, é preciso lembrar a atuação de milícias e criminosos denominados *justiceiros*, participando de chacinas, com o emprego de armas de uso restrito ou proibido.

**38-D. Vítima menor de 14 anos:** aplicava-se à vítima menor de 14 anos a causa de aumento de 1/3, nos homicídios dolosos, prevista no § 4.º, parte final, do art. 121. Se a ofendida tivesse menos de 14, com as condições previstas no § 2.º-A, ingressava no cenário do feminicídio, incidindo a causa de aumento de 1/3 até metade, nos termos da anterior redação do § 7.º, II, do art. 121. A Lei 14.344/2022 incluiu a circunstância de ser a vítima menor de 14 anos como qualificadora, não podendo mais incidir a causa de aumento do § 4.º, parte final, que *não foi revogado expressamente*, de maneira *concomitante*. Se o homicídio se qualificar apenas com fulcro no inciso IX do § 2.º (vítima menor de 14 anos), torna-se inviável aplicar, também, o aumento do § 4.º. No entanto, cuida-se de entendimento majoritário na doutrina e na jurisprudência, quando se tratar de homicídio dupla ou triplamente qualificado, pode o juiz reservar uma circunstância qualificadora para alterar a faixa de fixação da pena para reclusão de 12 a 30 anos, reservando a outra (ou outras) para figurar como causa de aumento, agravante ou circunstância judicial, onde mais adequadamente se encaixar. Ora, se o homicídio é cometido por motivo torpe, meio cruel, contra vítima menor de 14 anos, torna-se viável que o juiz se valha da torpeza para utilizar a faixa de 12 a 30 anos. Na sequência, na primeira fase, estabelece a pena-base (art. 59, CP). Feito isso, na segunda fase, a qualificadora não utilizada (crueldade) ingressa como agravante (há expressa previsão no art. 61 do CP); na terceira fase, utiliza a situação de ser a vítima menor de 14 como causa de aumento de 1/3. Não há *bis in idem*, pois cada circunstância foi aplicada uma só vez, em diversas fases da aplicação da pena.

**38-E. Existência de duas ou mais causas de aumento:** deve-se utilizar o disposto no art. 68, parágrafo único ("No concurso de causas de aumento ou de diminuição previstas na parte especial, pode o juiz limitar-se a um só aumento ou a uma só diminuição, prevalecendo, todavia, a causa que mais aumente ou diminua"). Dessa forma, é possível a coexistência de *ser a vítima menor de 14 anos*, com *deficiência*, além de ter sido morta pelo *padrasto*. Em tese, pode o julgador aplicar ambas (1/3 + 2/3) ou apenas uma delas, no caso a que mais aumente (2/3), a depender do caso concreto e das provas existentes nos. autos. Ilustrando, se a vítima, por ser deficiente, estiver extremamente vulnerável e o autor do homicídio for pessoa da família muito próxima, com dever de cuidado diretamente ligado a ela, o cenário permite a

Título I – Dos crimes contra a pessoa **Art. 121**

aplicação das duas causas de aumento. No mais, as situações que não exijam uma particular incidência das duas causas de aumento comportam apenas o aumento mais grave (2/3). É preciso lembrar, ainda, a hipótese descrita na nota 38-D *supra*: vale dizer, se o homicídio for dupla ou triplamente qualificado, pode-se utilizar uma qualificadora (por exemplo, motivo fútil) para alterar a faixa de fixação da pena para reclusão de 12 a 30 anos e reservar a causa de aumento (menor de 14 anos do § 4.º do art. 121) para impor a elevação de 1/3 na terceira fase de individualização. Porém, nessa situação, coexistindo três causas de aumento (vítima menor de 14 anos, deficiente e filha do autor do homicídio), torna-se fundamental não aplicar as três, pois tornaria a sanção muito elevada. De maneira proporcional à gravidade do fato, convém ao magistrado aplicar apenas a mais grave (2/3) ou, no máximo, uma das causas de elevação de 1/3 juntamente com a de 2/3.

**38-F. Vítima deficiente ou enferma:** essa causa de aumento, inserida pela Lei 14.344/2022, volta-se a uma variação de 1/3 até metade, a incidir na terceira fase da aplicação da pena, visto que a mera circunstância de ser a vítima menor de 14 anos tornou-se qualificadora, sem distinção de gênero. Aponta-se que a pessoa menor de 14 anos seja deficiente física ou mental, bem como possa apresentar uma enfermidade geradora do aumento de sua vulnerabilidade física ou mental, circunstâncias semelhantes à constante para o feminicídio (§ 7.º, II, deste artigo). Consultar, ainda, a nota 38-H *supra*.

**38-G. Autor ascendente, padrasto ou madrasta, tio, irmão, cônjuge, companheiro, tutor, curador, preceptor ou empregador da vítima ou por qualquer outro título tiver autoridade sobre ela:** nota-se que o aumento determinado pelo legislador, da ordem de 2/3, é bastante elevado, decorrendo com exatidão do motivo inspirador da Lei 14.344/2022, que foi o homicídio do menino Henry Borel, cometido, em tese, pois ainda não julgado definitivamente, pelo padrasto, com a complacência da mãe da criança. Todas as figuras mencionadas no § 2.º-B, II, deste artigo, costumam desempenhar alguma forma de autoridade sobre o menor de 14 anos; autoridade essa cuja meta é proteger a criança ou o jovem e nunca se voltar contra ela, mormente cometendo o grave delito de homicídio. Por óbvio, onde se lê a inserção masculina, lê-se, igualmente, a feminina (tio e tia, companheiro e companheira, tutor e tutora, curador e curadora, preceptor e preceptora, empregador ou empregadora). O substrato é punir mais severamente quem tinha *autoridade sobre a vítima*. Outra cautela a ser registrada diz respeito ao rol mencionado, pois o ascendente, o padrasto ou madrasta, o tio, o irmão, o tutor, o curador, o preceptor e o empregador (quer-se crer seja uma relação laboratoria ilícita, pois menores de 14 anos não estão autorizados a trabalhar, nem mesmo como aprendizes, nos precisos termos do art. 227, § 3.º, I, da Constituição Federal) vinculam-se à pessoa menor de 14 anos (seu pai ou sua mãe, seu tio ou sua tia, seu tutor ou sua tutora etc.); entretanto, os termos *cônjuge* e *companheiro* (ou companheira), por óbvio, não se ligam diretamente ao menor, que não pode ser casado, nem ter união estável reconhecida em tão tenra idade (ademais, nem sexo consentido lhe é permitido, consistindo estupro de vulnerável – art. 217-A, CP). Portanto, pode-se supor que se trate do companheiro da mãe da criança ou da companheira do pai do infante. Sobra o termo *cônjuge*, pois se este se casar com o pai ou a mãe do menor, torna-se padrasto ou madrasta, que já estão incluídos neste inciso. *Ad argumentandum*, se porventura um rapaz maior de 18 anos viver em "união estável" com uma adolescente de 13 anos, em situação anômala, caso mate a menor de 14 anos poderá sofrer a causa de aumento aqui prevista. Consultar a nota 38-H *supra*.

**38-H. Crime em instituição de ensino:** o fundamento dessa elevação da pena volta-se a situações concretas em que alguém (geralmente, aluno ou ex-aluno) ingressa em escola e desfere diversos tiros, matando a esmo vários estudantes. Cuida-se de um sintoma lamentável,

# Art. 121

Código Penal Comentado • **Nucci**

frequente em outros países, advindo de *bullying* ou outras espécies de provocações contra o atirador, feitas tempos antes, para terminar vitimando inocentes. Além disso, é preciso considerar que a instituição de ensino básico abrange crianças e adolescentes, devendo contar com maior proteção e amparo. Se, ao contrário disso, terminar por constituir palco de crime, aplica-se elevação da pena ao seu autor. No entanto, nunca é demais ressaltar que a permissividade de certas instituições de ensino quanto ao *bullying* acaba por incentivar atitudes hostis e excessivas pelos que foram vitimados pelo assédio constante e injusto.

**39. Conceito de homicídio culposo:** trata-se da figura típica do *caput* ("matar alguém"), embora com outro elemento subjetivo: culpa. É um tipo aberto, que depende, pois, da interpretação do juiz para poder ser aplicado. A culpa, conforme o art. 18, II, do Código Penal, é constituída de "imprudência, negligência ou imperícia". Portanto, matar alguém por imprudência, negligência ou imperícia concretiza o tipo penal incriminador do *homicídio culposo*. Vale mencionar a lição de Paulo Heber de Morais: "a imprudência é a desnecessária aceitação de um perigo ou a disposição de enfrentá-lo, sem prever os resultados nocivos que daí poderão advir, consistentes na violação de direitos tutelados pela lei. É arrojar-se em tarefa perigosa, arriscada, sem prever-lhe os resultados" (...) Negligência é a inobservância de norma a que se estava sujeito por dever de conduta. (...) Imperícia é a inabilidade para certas tarefas" (*Homicídio*, p. 41).

**40. Homicídio culposo no trânsito:** não mais se aplica o tipo penal do § 3.º do art. 121 ao homicídio cometido na direção de veículo automotor, pois o Código de Trânsito Brasileiro (Lei 9.503/1997), no art. 302, estipulou um tipo incriminador específico.

**41. Inobservância de regra técnica de profissão, arte ou ofício:** trata-se de uma desacertada causa de aumento de pena prevista para o homicídio culposo, pois confunde-se, nitidamente, com a imperícia (e até com algumas formas de imprudência e negligência). Considerando-se que a imperícia é a imprudência ou negligência no campo técnico, a doutrina tem buscado fórmulas para tornar compatível o aumento com o homicídio culposo cometido na modalidade de *imperícia*. Esclarece Nélson Hungria que as causas de aumento do art. 121, § 4.º, voltam-se primordialmente, na visão do legislador, para os delitos de trânsito – na época, não previstos em lei especial –, de modo que o motorista, causando um acidente fatal por excesso de velocidade, estaria, ao mesmo tempo, demonstrando a sua imprudência por correr demais, sem conseguir controlar o veículo (falta do dever de cuidado objetivo), e incidindo na causa de aumento, pois existe a regra técnica, quanto à velocidade, determinando que haja respeito ao limite estabelecido em normas de trânsito (*Comentários ao Código Penal*, v. 5, p. 190). O mesmo autor, buscando estabelecer uma diferença entre imperícia e inobservância de regra técnica de profissão, arte ou ofício, menciona que na imperícia o agente não tem conhecimentos técnicos, enquanto na agravante ele os possui, mas deixa de empregá-los, por indiferença ou leviandade (*Comentários ao Código Penal*, v. 5, p. 192). A quase totalidade da doutrina reproduz fielmente essa distinção. Entretanto, os exemplos convincentes são escassos, para não dizer inexistentes. Flávio Augusto Monteiro de Barros narra o seguinte: "Se o médico especialista em cirurgia cardíaca, por descuido, corta um nervo do paciente, causando-lhe a morte, está configurada a agravante, pois ele tinha o conhecimento técnico, mas não o observou. Entretanto, se a cirurgia fosse feita por um médico não especialista, sem a necessária habilidade, que cortasse o mesmo nervo, teríamos uma simples imperícia" (*Crimes contra a pessoa*, p. 40). Ora, não se pode aceitar tal postura, pois o desvalor da conduta do primeiro médico é muito menor do que a do segundo, mas a penalidade do primeiro torna-se maior, além do que o fato de ter "cortado o nervo por descuido", antes de se constituir em causa de aumento, serve para configurar a culpa (não fosse assim, qual teria sido a imprudência, negligência ou imperícia do médico?). O médico especialista que cortou um nervo, *por descuido*, mas tinha condições técnicas de realizar a cirurgia recebe uma pena aumentada em um terço, enquanto o outro médico aventureiro e inexperiente, porque não habilitado para proceder à intervenção cirúrgica no coração, recebe a pena do homicídio culposo sem qualquer aumento. A situação não se coaduna com o fundamento da lei, pois o primeiro médico, ao se descuidar de modo a configurar *erro grosseiro* (e não um simples erro médico, que não é punido penalmente), demonstrou sua imperícia, justamente por não observar o que a regra de sua profissão demandava. O outro profissional, por sua vez, também foi imperito, porque lançou-se a uma cirurgia para a qual não estava preparado, o que também configura o *erro grosseiro* e tipifica a culpa, na modalidade imperícia. Buscando exemplo para a causa de aumento, MIRABETE menciona o médico que não esteriliza os instrumentos que vai utilizar na cirurgia ou o motorista que dirige com apenas uma das mãos (*Manual de Direito Penal*, v. 2, p. 62). Mas tais situações, em nosso entender, são o fulcro da caracterização da culpa, vale dizer, constituem infrações ao dever de cuidado objetivo, não podendo, novamente, ser consideradas para agravar a pena. Seria o inconveniente *bis in idem*. Se o médico não esterilizou os instrumentos e isso causou a morte do paciente, trata-se do núcleo da culpa. Se o motorista dirigia com uma das mãos e, por conta disso, atropelou e matou o pedestre, também é esse o centro da culpa. Assim, não há aplicabilidade para a causa de aumento. Somos levados a crer, como explica HUNGRIA no início de sua exposição acerca das circunstâncias do § 4.º do art. 121, que o legislador pretendia impingir o aumento para o motorista amador que, agindo com imprudência, atropelasse e matasse alguém. Além do que fez, poderia ter deixado de observar alguma regra prevista no Código de Trânsito, o que lhe provocaria o aumento da pena. Essa agravação, no entanto, decorreria de uma responsabilidade objetiva inaceitável, pois inconsistente. O simples fato de não se cumprir regra técnica de profissão, arte ou ofício não deve levar a uma presunção de culpa – como, aliás, é a posição majoritária atualmente –, de modo que também não deve servir para aumentar a pena. Tanto é realidade ser essa agravação um estorvo que há muitas decisões que não a aplicam (nesse prisma, ver as decisões coletadas por ALBERTO SILVA FRANCO e outros, *Código Penal e sua interpretação jurisprudencial*, p. 1.613), além de não ter sido novamente prevista no atual Código de Trânsito Brasileiro, bem como ter sido extirpada do anteprojeto de Código Penal, que está em estudos atualmente (Portaria 232/98 do Ministério da Justiça, publicada no *Diário Oficial do Estado*, Seção 1, p. 1, 25.03.1998). Cremos, pois, ser inaplicável tal causa de aumento. Na jurisprudência: STJ: "3. 'A imputação da causa de aumento de pena por inobservância de regra técnica de profissão, objeto do disposto no art. 121, § 4.º, do Código Penal, só é admissível quando fundada na descrição de fato diverso daquele que constitui o núcleo da ação culposa, o que não ocorreu na espécie' (HC n. 143.172/RJ, relator Ministro Nefi Cordeiro, Sexta Turma, *DJe* de 5/2/2016). 4. Hipótese em que a causa de aumento prevista no § 4º do art. 121 do CP – inobservância da regra técnica de profissão – constitui elementar do delito de homicídio culposo cometido com imperícia médica. 5. Recurso especial provido para reduzir a fração de aumento pela vetorial da culpabilidade para 1/2 e decotar a majorante do § 4.º do art. 121 do Código Penal, readequando a pena definitiva a 1 ano e 6 meses de detenção, em regime aberto, mantidas as demais disposições" (REsp 1.926.591/SP, 6.ª T., rel. Antonio Saldanha Palheiro, 03.05.2022, v.u.).

**42. Omissão de socorro:** na esteira do já aventado na nota anterior, convém mencionar que o intuito das causas de aumento previstas neste parágrafo era cuidar, com maior rigor, dos crimes de trânsito. Note-se o disposto na Exposição de Motivos: "Com estes dispositivos, o projeto visa, principalmente, a *condução de automóveis*, que constitui, na atualidade, devido a um generalizado descaso pelas cautelas técnicas (notadamente quanto à velocidade), uma causa frequente de eventos lesivos contra a pessoa, agravando-se o mal com o procedimento

# Art. 121

*post factum* dos motoristas, que, tão somente com o fim egoístico de escapar à prisão em flagrante ou à ação da justiça penal, sistematicamente imprimem maior velocidade ao veículo, desinteressando-se por completo da vítima, ainda quando um socorro imediato talvez pudesse evitar-lhe a morte". Embora a meta tenha sido uma maior punição ao autor de crimes de trânsito – e de fato essa tenha sido a mais ampla aplicação do dispositivo –, atualmente está em vigor o Código de Trânsito Brasileiro, que regula por completo os delitos cometidos no contexto da via pública, de modo que não mais tem aplicação o homicídio culposo e suas causas de aumento para essa modalidade de crime. Quanto à omissão de socorro no homicídio culposo, trata-se, na Lei 9.503/1997, de causa de aumento que varia de 1/3 até a metade, mencionando-se: "deixar de prestar socorro, quando possível fazê-lo sem risco pessoal, à vítima do acidente" (art. 302, parágrafo único, III). Portanto, ainda que continue em vigor o disposto no § 4.º do art. 121 para outras hipóteses de homicídio culposo, o fato é que a prestação de socorro não deve ser exigida caso o agente corra risco pessoal, o que, em regra, ocorre quando é ameaçado por populares de linchamento. Assim, exemplificando, se um pedreiro derruba, imprudentemente, de uma obra um saco de cimento que atinge – e mata – um passante, revoltando as pessoas que estão por perto, pode não socorrer o ofendido, caso se sinta ameaçado pela multidão. Por outro lado, esta causa de aumento não se confunde com a omissão de socorro, pois nesta o agente não causou o ferimento que atingiu a vítima.

**43. Socorro prestado por terceiros:** há divergência jurisprudencial quanto à aplicação da causa de aumento se terceiros socorrem a vítima. Cremos que o meio-termo é a posição ideal. Se terceiros, concomitantemente ao desejo do autor do fato, prestam socorro ao ofendido, torna-se surrealista a hipótese de haver disputa pela vítima. Portanto, havendo consenso de que o socorro será prestado por quem está mais bem preparado a tanto, ainda que não seja o agente, é natural que ele não deva responder pela causa de aumento. Entretanto, se o agente deixa de fazer a sua obrigação, que é socorrer a pessoa que feriu, obrigando que terceiros o façam sob pena de não existir socorro, deve ele responder pelo aumento. Havendo morte instantânea da vítima, não há que se falar em prestação de socorro; portanto, não incide a causa de aumento. Nesse ponto andou mal o Código de Trânsito Brasileiro, ao estabelecer, no art. 304 (omissão de socorro) que o agente responde pela omissão ainda que a *vítima tenha morte instantânea*. Como prestar socorro a quem já morreu? Trata-se de hipótese de crime impossível.

**43-A. A questão relativa à morte instantânea da vítima:** conforme expusemos na nota anterior, se a pessoa lesada morrer instantaneamente, não há cabimento em aplicar ao réu a causa de aumento relativa à não prestação de socorro, pois seria crime impossível (como socorrer quem já morreu?). Entretanto, em caso de dúvida quanto à morte, deve o agressor socorrer o ofendido, ainda que este já tenha falecido, pois o que importa é a conduta moralmente elevada do agente e não o efetivo resultado, afinal, não se tinha certeza do estado do ferido. Anote-se bem: se a morte é clara, inconteste, desnecessário o socorro. Se a morte é duvidosa, o *dever* do agressor é promover o socorro, sob pena de ser mais severamente apenado. Na jurisprudência: STF: "Não se presta à exclusão da circunstância especial de aumento de pena, no homicídio culposo, a alegação de que as lesões causaram a morte imediata da vítima. Com base nesse entendimento, a Turma indeferiu *habeas corpus* em que se pretendia afastar da condenação do paciente a aplicação do § 4.º do art. 121 do CP ('*§ 4.º No homicídio culposo, a pena é aumentada de um terço, se o crime resulta de inobservância de regra técnica de profissão, arte ou ofício, ou se o agente deixa de prestar imediato socorro à vítima, não procura diminuir as consequências do seu ato, ou foge para evitar prisão em flagrante ...*'), tendo em vista a morte instantânea da vítima. Considerou-se que o acusado tinha condições de promover ou auxiliar no socorro da vítima, o que não fizera. Salientou-se, ainda, que não cabia a ele proceder à avaliação quanto a eventual ausência de utilidade do socorro, e que tal interpretação acabaria por esvaziar o sentido da referida regra, no que toca à reprovação da omissão do agente. Vencido o Ministro Celso de Mello, que deferia o *writ* por entender inaplicável a causa de aumento de pena no caso concreto, e, consequentemente, declarava a extinção de punibilidade do paciente (HC 84.380-MG, 2.ª T., rel. Gilmar Mendes, 05.04.2005, m. v., *Informativo* 382, embora antigo, de rara aplicação).

**44. Causa de aumento, e não crime qualificado pelo resultado:** não se deve considerar as causas de aumento do § 4.º, especialmente no tocante à omissão de socorro à vítima, resultados qualificadores. Trata-se, como já visto, até mesmo pela Exposição de Motivos, de uma conduta *post factum*, tomada pelo autor, que demonstra maior reprovação social ao que realizou, inspirando punição mais severa. Ademais, não se pode *qualificar* o evento maior, isto é, a morte da vítima já foi o máximo que poderia ter ocorrido, de modo que a não prestação de socorro não significa, em hipótese alguma, *resultado mais grave*. O dano foi perpetrado, de modo que o perigo não pode qualificá-lo, o que representaria um autêntico contrassenso. Por outro lado, como é sabido, os crimes qualificados pelo resultado necessitam estar *expressamente* previstos em lei, não os podendo criar o intérprete. Assim, não utilizou o legislador – nem poderia fazê-lo – a expressão usual "do fato resulta...", pois da morte da vítima não pode mesmo resultar omissão de socorro, nem fuga do local ou qualquer outro tipo de conduta tomada pelo agente.

**45. Não procurar diminuir as consequências do seu ato:** trata-se de uma sequência da causa de aumento anterior – deixar de prestar socorro imediato à vítima –, não podendo ser considerada juntamente com aquela, a fim de não haver indevido *bis in idem*. Portanto, caso o agente não possa prestar socorro à vítima, seja porque está ameaçado de linchamento, seja porque não tem recursos (veículo, por exemplo), poderá atenuar as consequências do seu ato buscando auxílio de terceiros ou chamando a polícia ou o médico. Assim agindo, não incidirá na omissão de socorro – porque estava ameaçado por populares – tampouco na causa de aumento subsidiária, que é buscar diminuir a consequência do seu ato.

**46. Fuga da prisão em flagrante:** trata-se de uma causa de aumento de duvidosa constitucionalidade, pois se obriga que a pessoa, autora de um crime, apresente-se voluntariamente à polícia para scr prcsa. Ora, se não se exige tal postura do agente de crime doloso, por que haveria de ser exigida do autor de delito culposo, nitidamente mais brando? Ninguém é obrigado a se autoincriminar, conforme garante a Convenção Americana sobre Direitos Humanos, além de ser posição predominante na jurisprudência brasileira. Se assim é, não tem sentido exigir-se que o autor de homicídio culposo seja o único criminoso a colaborar, de forma voluntária, com sua própria prisão. A causa de aumento foi idealizada, no entanto, como já vimos, para os crimes de trânsito, que agora têm Código próprio (Lei 9.503/1997). Entretanto, o STF validou a constitucionalidade do art. 305 da referida Lei ("Afastar-se o condutor do veículo do local do acidente, para fugir à responsabilidade penal ou civil que lhe possa ser atribuída") (RE 971.959-RS). O Código de Trânsito Brasileiro, no entanto, menciona apenas "fuga à *responsabilidade* penal ou civil", e não mais a prisão em flagrante, porque esta, finalmente, foi proibida, caso o agente preste socorro à vítima (art. 301). Aliás, não tinha mesmo sentido exigir que o autor do fato prestasse assistência ao ferido e, ao mesmo tempo, sucumbisse à prisão. Seria exigir-se uma postura sobre-humana, não compatível com o homem comum. Entendemos, pois, que deve ser aplicada, neste caso, uma analogia *in bonam partem*. Assim, caso o autor do homicídio culposo tenha prestado socorro imediato à vítima, não cabe prisão em flagrante, nos moldes apregoados pelo art. 301 do Código de Trânsito Brasileiro, não mais subsistindo esta causa de aumento do Código Penal.

**47. Vítima menor de 14 anos – Crítica:** trata-se de causa de aumento que poderia estar mais bem inserida. Está-se tratando do homicídio culposo – tanto nos §§ 3.º e 4.º, quanto no § 5.º –, de

# Art. 121

Código Penal Comentado · **Nucci**

modo que esta causa de aumento, aplicável somente ao *homicídio doloso*, está nitidamente deslocada. A despeito disso, poderia o legislador ter avançado no campo de proteção à criança e ao adolescente (como determina a Constituição Federal no art. 227, § 4.º), pois esta qualificadora em sentido amplo foi introduzida pela Lei 8.069/1990 (Estatuto da Criança e do Adolescente). Ora, criança, para efeito do Estatuto, é a pessoa que possui até 12 anos incompletos, passando, a partir daí, a ser considerado adolescente, até que atinja 18 anos, de forma que todo homicídio doloso contra menor de 18 anos deveria ser mais gravemente punido. A idade de 14 anos é a posição intermediária no curso da adolescência. Observa-se que o legislador, no Código Penal, elegeu a idade de 14 anos como marco para o consentimento válido para os atos sexuais, tanto assim que *presume* a violência quando um menor de 14 anos tem relações sexuais com outra pessoa (art. 217-A, CP), embora tal situação nada tenha a ver com a causa de aumento do homicídio doloso. Não se está no contexto dos crimes contra os costumes, mas dos delitos contra a vida. Portanto, se o legislador, ao introduzir esta nova causa de aumento, tinha por fim punir mais severamente os crimes contra adolescentes – especialmente os lamentáveis extermínios de meninos de rua que o País tem oportunidade de acompanhar –, deveria tê-lo feito com a amplitude merecida, vale dizer, deveria ter estendido a maior proteção aos menores de 18 anos. Entretanto, se o objetivo era conferir maior punição somente àqueles que matassem crianças, o melhor seria eleger os menores de 12 anos. A idade de 14, como bem demonstra a Exposição de Motivos, foi uma alteração introduzida em 1940 (a idade limite, antes, era 16 anos), para acompanhar a tendência hodierna (àquela época) de maior compreensão, para os atos sexuais, que os maiores de 14 anos possuem. E diz: "Com a redução do limite de idade, o projeto atende à evidência de um fato social contemporâneo, qual seja a precocidade no conhecimento dos fatos sexuais. (...) Ora, na época atual, seria abstrair hipocritamente a realidade o negar-se que uma pessoa de 14 (quatorze) anos completos já tem uma noção teórica, bastante exata, dos segredos da vida sexual e do risco que corre se se presta à lascívia de outrem". Assim, a idade de 14 anos tem relação, no Código Penal, com a possibilidade de a pessoa poder consentir, validamente, para um ato sexual (vide art. 217-A, do Código Penal, levando em conta esse parâmetro). Portanto, matar um menor com 14 anos é homicídio simples, embora matar outro, com 13, seja homicídio com pena aumentada em 1/3. Cremos que tal postura deveria ser alterada, pois se está usando parâmetro indevido para a causa de aumento.

**47-A. Vítima maior de 60 anos:** trata-se de introdução proporcionada pela Lei 10.741/2003 (Estatuto da Pessoa Idosa), voltada à maior punição do agente que mata, dolosamente, a pessoa maior de 60 anos. Atingindo a fase da plena maturidade, ao invés de obter carinho e proteção, termina sendo vítima de crime grave, fazendo transparecer a maior reprovação que o autor do delito merece. Registre-se o disposto no art. 2.º do Estatuto: "O idoso goza de todos os direitos fundamentais inerentes à pessoa humana, sem prejuízo da proteção integral de que trata esta Lei, assegurando-se-lhe, por lei ou por outros meios, todas as oportunidades e facilidades, para preservação de sua saúde física e mental e seu aperfeiçoamento moral, intelectual, espiritual e social, em condições de liberdade e dignidade". Parece-nos correta a causa de aumento, embora irregular a sua localização (vide crítica feita na nota anterior), pois no contexto do homicídio culposo.

**47-B. Causas de aumento de pena:** diversamente das agravantes e das circunstâncias judiciais, que constam da Parte Geral, sem o montante estabelecido em lei, as causas de aumento – consideradas qualificadoras em sentido amplo – constam dos tipos penais e, portanto, devem constar da denúncia e contra elas o réu tem o direito de se defender, sejam objetivas ou subjetivas. Aliás, existem qualificadoras objetivas e subjetivas em relação às quais o acusado, também, tem direito de apresentar a sua defesa. Diante disso, como as causas de aumento constituem parte da tipicidade derivada, precisam ser ofertadas aos jurados, em quesito apropriado, para o seu reconhecimento. Se isso não for feito, parece-nos inviável que o juiz presidente a inclua na condenação. Ademais, se o fato de ser uma circunstância objetiva permitisse a sua consideração pelo magistrado, sem o aval dos jurados, o mesmo poderia dar-se no tocante a todas as qualificadoras objetivas, o que não tem sido acolhido. Entretanto, há decisão do STJ permitindo o reconhecimento pelo juiz presidente, sem quesito reconhecido pelos jurados: "1. Nos moldes da jurisprudência desta Corte, 'a causa de aumento prevista no art. 121, § 4.º, parte final, do CP é de natureza estritamente objetiva, já que para a sua incidência basta o cotejo com o documento público indicador da idade da vítima, e atinge necessariamente a todos os sujeitos ativos, quando o homicídio for comprovadamente praticado contra menor de 14 (quatorze) anos, encontrando-se, assim, dentro da competência do Juiz-presidente, pois adstrita à dosimetria da pena, pelo que se mostra prescindível a sua quesitação aos jurados' (HC 222.216/RJ, Rel. Ministro Jorge Mussi, Quinta Turma, julgado em 14/4/2015, *DJe* 27/4/2015). 2. No caso, mesmo que não tenha sido objeto de quesitação, conforme o destacado na sentença, a idade da vítima, menor de 2 anos de idade, foi até mesmo objeto da denúncia, da pronúncia e da sustentação oral da acusação em plenário (e-STJ, fl. 19), devendo, portanto, ser mantida a incidência da causa de aumento do art. 121, § 4.º, do CP" (AgRg no HC 642.291/PR, 5.ª T., rel. Ribeiro Dantas, 21.06.2022, v.u.).

**48. Elemento subjetivo:** é preciso que o conhecimento do agente envolva esta causa de aumento, que não pode ser de aplicação automática e cega. Se o autor imagina estar matando pessoa com 16 anos, diante da sua compleição física avantajada, não deve responder com pena agravada. Abrange, no entanto, todas as formas do homicídio doloso (simples, privilegiado e qualificado).

**49. Perdão judicial:** é a clemência do Estado, que deixa de aplicar a pena prevista para determinados delitos, em hipóteses expressamente previstas em lei. Esta é uma das situações que autoriza a concessão do perdão. Somente ao autor de homicídio culposo – anotando-se que a introdução do perdão nesse contexto deveu-se aos crimes de trânsito –, com inspiração no Código Penal alemão, pode-se aplicar a clemência, desde que ele tenha sofrido com o crime praticado uma consequência tão séria e grave que a sanção penal se torne desnecessária. Baseia-se no fato de que a pena tem o caráter aflitivo, preventivo e reeducativo, não sendo cabível a sua aplicação para quem já foi punido pela própria natureza, recebendo, com isso, uma reeducação pela vivência própria do mal que causou. Ex.: o pai que provoca a morte do próprio filho, num acidente fruto de sua imprudência, já teve punição mais do que severa. A dor por ele experimentada é mais forte do que qualquer pena que se lhe pudesse aplicar. Por isso, surge a hipótese do perdão. O crime existiu, mas a punibilidade é afastada. Isso ainda pode ocorrer, havendo o falecimento de parente querido do agente, mesmo quando também morre o motorista (estranho) do outro veículo.

**50. Faculdade ou obrigação do juiz:** mais uma vez, a questão da utilização do verbo "poder". Cremos que, uma vez presentes todos os requisitos previstos em lei, não cabe ao magistrado negar o benefício. A lei não lhe conferiu poderes despóticos, mas sim livre convencimento. Portanto, apenas se não estiver convicto de que é uma situação concreta compatível com o perdão pode negá-lo, desde que o faça de modo fundamentado.

**51. Atingir o próprio agente:** podem as consequências do delito alcançar o autor do fato pessoal ou indiretamente, embora gerando sempre uma dor, física ou moral. A lei foi vaga nesse ponto, de forma que o juiz deve interpretar o dispositivo com visão altruísta. O agente que se torna paraplégico por conta de um acidente que provocou, terminando na morte de outra pessoa, já está punido, não merecendo ser sancionado pelo Estado. Por outro lado, como

# Art. 121

Código Penal Comentado · **Nucci**

616

já expusemos, o pai, que dá causa à morte do filho, a despeito de não sofrer uma dor pessoal e física, padece de uma aflição moral insuperável. Merece o mesmo benefício.

**52. Pessoas que podem ser atingidas, além do agente:** não se deve, nesse ponto, estabelecer uma relação fixa, pois o importante é levar em consideração a dor provocada no agente do fato danoso. Todas as pessoas próximas e intimamente ligadas ao autor, que sofram consequências graves em face de sua imprudência, podem servir de causa para a aplicação do perdão judicial. Mas há caso, na jurisprudência, em que se deixou de aplicar o perdão judicial à mãe, que deu causa à morte da filha, culposamente, por não ter sido evidenciada a dor concreta pelo delito: STJ: "1. O texto do § 5.º do art. 121 do Código Penal não definiu o caráter das consequências, mas não deixa dúvidas quanto à forma grave com que essas devem atingir o agente, ao ponto de tornar desnecessária a sanção penal. 2. Não há empecilho a que se aplique o perdão judicial nos casos em que o agente do homicídio culposo – mais especificamente nas hipóteses de crime de trânsito – sofra sequelas físicas gravíssimas e permanentes, como, por exemplo, ficar tetraplégico, em estado vegetativo, ou incapacitado para o trabalho. 3. A análise do grave sofrimento, apto a ensejar, também, a inutilidade da função retributiva da pena, deve ser aferido de acordo com o estado emocional de que é acometido o sujeito ativo do crime, em decorrência da sua ação culposa. 4. A melhor doutrina, quando a avaliação está voltada para o sofrimento psicológico do agente, enxerga no § 5.º a exigência de um vínculo, de um laço prévio de conhecimento entre os envolvidos, para que seja 'tão grave' a consequência do crime ao agente. A interpretação dada, na maior parte das vezes, é no sentido de que só sofre intensamente o réu que, de forma culposa, matou alguém conhecido e com quem mantinha laços afetivos. 5. O que se pretende é conferir à lei interpretação mais razoável e humana, sem jamais perder de vista o desgaste emocional (talvez perene) que sofrerá o acusado dessa espécie de delito, uma vez que era irmão da vítima. 6. Recurso especial a que se dá provimento, para declarar extinta a punibilidade do réu pelo homicídio culposo do irmão, em decorrência da concessão de perdão judicial, mantidos os demais termos da condenação" (REsp 1.871.697-MA, 6.ª T., rel. Rogerio Schietti Cruz, 25.08.2020, v.u.).

**53. Gravidade das consequências:** deve ser apurada no caso concreto, sem qualquer fórmula restritiva. Em regra, a lesão corporal leve em parente do autor do fato não chega a ser suficiente para a aplicação do perdão, por não configurar situação de nítida gravidade. Mas, o caso concreto pode desmentir a teoria. Imagine-se a esposa de um indivíduo que conduz uma lancha com imprudência, provocando um acidente. Embora a moça sofra apenas lesões leves no rosto, é ela atriz ou modelo, e tal situação lhe retira a oportunidade de permanecer na carreira, ainda que temporariamente, mas o suficiente para interromper a sua escalada. O sofrimento do autor pode ser imenso, diante do desgaste que sua relação pode sofrer e da gravidade que a situação concreta causou. Não se inclui nesse contexto, certamente, o mero arrependimento do agente pela conduta desastrada cometida. Em se tratando, no entanto, de um benefício ao réu, cabe à defesa demonstrar, conforme o caso, o sofrimento do acusado para que o juiz possa atestar a ocasião propícia de conceder o perdão.

**53-A. Milícia privada e grupo de extermínio:** inserido pela Lei 12.720/2012, o § 6.º volta-se a punir mais severamente o homicídio cometido por milícia privada (grupo paramilitar organizado por particulares com finalidades de segurança pública) ou grupo de extermínio (agrupamento de pessoas voltado a eliminar seres humanos por razões variadas). Estabeleceu-se uma causa de aumento de um terço até a metade. Entretanto, o disposto neste parágrafo, na realidade, pode ser inaplicável. O crime de homicídio, praticado por grupo de extermínio ou milícia privada, sempre foi considerado como qualificado, fundado no inciso I do § 2.º: paga, promessa de recompensa ou outro motivo torpe. Desconhece-se a figura do homicídio simples cometido por exterminadores. Diante disso, não se pode aceitar o indevido *bis in idem*. Se a atividade paramilitar ou vigilante é torpe, por natureza, provocando a qualificação do delito, deixa de incidir a causa de aumento. Porém, há uma hipótese em que tal causa de aumento torna-se aplicável. Se o homicídio se qualificar por outro fundamento, de caráter objetivo (incisos III e IV do § 2.º), pode-se utilizar o aumento de um terço até a metade. Ilustrando, Beltrano comete um homicídio por meio cruel, em grupo de extermínio. Qualifica-se o crime com base no § 2.º, III, associando-se ao § 6.º. A faixa de fixação da pena estabelece-se de 12 a 30 anos (por conta da qualificadora do inciso III), usando-se o aumento de um terço até metade na terceira fase da fixação do *quantum* da pena. Esse mecanismo é juridicamente viável porque, quando o homicídio é dupla ou triplamente qualificado, a primeira circunstância serve para qualificar, enquanto a(s) outra(s) funciona(m) como agravante(s). Ora, havendo causa de aumento, que predomina sobre agravante, deve-se utilizar a elevação de um terço até metade.

**53-B. Número mínimo de integrantes:** não há definição legal para o número de integrantes da milícia privada ou do grupo de extermínio. Deveria ter sido indicado o padrão a ser seguido, pois há associações de duas pessoas (tráfico – art. 35, Lei 11.343/2006), de três (associação criminosa – art. 288, CP) ou quatro (organização criminosa – art. 1.º, § 1.º, Lei 12.850/2013). O novel tipo incriminador, cuidando da constituição de milícia privada (art. 288-A, CP) silenciou quanto ao número mínimo. Diante disso, parece-nos razoável supor que esse mínimo se circunscreva a duas pessoas, quantidade suficiente para constituir uma milícia. Sugerir três ou quatro (ou até mais que isso) seria puramente arbitrário, já que dois indivíduos são suficientes para formar um grupo, embora pequeno. Relembremos, pois, que a prática de extermínio por uma pessoa continuará a ser tipificada como homicídio qualificado pela torpeza. Quando executado por duas ou mais pessoas, pode ser qualificado, igualmente, pela torpeza, ou, havendo outras circunstâncias qualificadoras, reserva-se esta para a causa de aumento do § 6.º.

**53-C. Montante de elevação da pena:** fixa-se uma causa de aumento variável, de um terço até a metade, devendo-se buscar um critério para a elevação. Cuidando-se de homicídio praticado por milícia privada ou grupo de extermínio, o menor aumento (um terço) deve ser reservado a quem age dentro do número mínimo de agentes, elevando-se o *quantum* conforme aumentar o número de integrantes do agrupamento, independentemente da eventual tipificação do crime do art. 288-A.

**53-D. Finalidade específica:** a causa de aumento demanda atividade de milícia privada, que aja sob o pretexto de prestação de serviço de segurança. Na realidade, tal previsão é tautológica, pois a milícia é, por essência, um grupo paramilitar, cuja finalidade é justamente serviços gerais de segurança. De outra parte, ao tratar do grupo de extermínio não se exigiu finalidade especial, pois já é da natureza de associações desse tipo a eliminação de pessoas.

### Feminicídio

> **Art. 121-A.** Matar mulher[53-E-53-G] por razões da condição do sexo feminino:[53-H-53-I]
>
> Pena – reclusão, de 20 (vinte) a 40 (quarenta) anos.[53-J]
>
> § 1.º Considera-se que há razões da condição do sexo feminino quando o crime envolve:[53-K]
>
> I – violência doméstica e familiar;[53-L]
>
> II – menosprezo ou discriminação à condição de mulher.[53-M]

# Art. 121-A

§ 2.º A pena do feminicídio é aumentada de 1/3 (um terço) até a metade se o crime é praticado:[53-N]

I – durante a gestação, nos 3 (três) meses posteriores ao parto ou se a vítima é a mãe ou a responsável por criança, adolescente ou pessoa com deficiência de qualquer idade;[53-O]

II – contra pessoa menor de 14 (catorze) anos, maior de 60 (sessenta) anos, com deficiência ou portadora de doenças degenerativas que acarretem condição limitante ou de vulnerabilidade física ou mental;[53-P]

III – na presença física ou virtual de descendente ou de ascendente da vítima;[53-Q]

IV – em descumprimento das medidas protetivas de urgência previstas nos incisos I, II e III do *caput* do art. 22 da Lei n.º 11.340, de 7 de agosto de 2006 (Lei Maria da Penha);[53-R]

V – nas circunstâncias previstas nos incisos III, IV e VIII do § 2.º do art. 121 deste Código.[53-S]

### Coautoria

§ 3.º Comunicam-se ao coautor ou partícipe as circunstâncias pessoais elementares do crime previstas no § 1.º deste artigo.[53-T]

**53-E. Análise do núcleo do tipo:** a eliminação da vida da mulher sempre foi tutelada pelo Direito Penal, na forma do homicídio. Em verdade, não significa o termo "homicídio" apenas eliminar a vida do homem, mas do ser humano, vivente no Planeta Terra. No entanto, diversas normas foram editadas ao longo do tempo, com o exclusivo objetivo de conferir maior proteção à mulher, em face da nítida opressão enfrentada quando em convívio com alguém do sexo masculino, como regra. Culturalmente, em várias partes do mundo, a mulher é inferiorizada sob diversos prismas. Pior ainda, quando é violentada e até mesmo morta, em razão de costumes, tradições ou regras religiosas questionáveis, a despeito da existência de tantos direitos humanos fundamentais consagrados internacionalmente. No Brasil, ainda hoje, verifica-se uma subjugação da mulher em níveis social, cultural, profissional e familiar, que resvala em costumes e tradições antiquados, predominando até agora uma sociedade machista e patriarcal. Constitucionalmente, todos são iguais perante a lei. Essa afirmação normativa não basta, tendo em vista que as mulheres continuam a sofrer dentro de seus lares (principalmente) inúmeras formas de violência física e psicológica. Adveio a Lei 11.340/2006 (Lei Maria da Penha) contendo normas explicativas, programáticas e impositivas, com o fito de tutelar, de maneira mais eficiente, a condição do sexo feminino, em particular nos relacionamentos domésticos e familiares. O feminicídio é uma continuidade dessa tutela especial. A edição da Lei 13.104/2015 criou o homicídio qualificado e hediondo em função da conduta de matar a mulher, valendo-se de sua *condição de sexo feminino* (vide nota específica abaixo), por razões pedagógicas, procurando destacar a todos os destinatários da lei penal a particular gravidade desse delito. Agora, a Lei 14.994/2024 dá um passo adiante e constrói a figura típica autônoma do *feminicídio*, novamente e de maneira saliente, para demonstrar à sociedade brasileira o quão grave e pernicioso é esse crime, a ponto de merecer uma das penas mais elevadas de toda a legislação penal: reclusão, de 20 a 40 anos. Ultrapassa o latrocínio (reclusão, de 20 a 30 anos) e fica próximo à extorsão mediante sequestro com resultado morte (reclusão, de 24 a 30 anos). Como tivemos a oportunidade de expor anteriormente, esse cenário – matar a mulher em razão de condição de sexo feminino – é de índole objetiva, podendo conviver com circunstâncias subjetivas, ligadas à motivação do crime (fútil ou torpe), que passam à consideração como agravantes, na fixação da pena. Lembre-se de que o feminicida não mata a mulher simplesmente porque ela é do gênero feminino. A sua motivação é variada, podendo fazê-lo por ódio, raiva, ciúme, orgulho ferido, disputa familiar, prazer, sadismo, enfim, diversas causas, que merecem a conceituação de futilidade ou torpeza. Outra razão para o destaque do feminicídio como delito autônomo foi evitar a aplicação das causas de diminuição do § 1.º do art. 121 (motivo de relevante valor social ou moral e domínio de violenta emoção logo após injusta provocação da vítima). Esta última, por sinal, continuava a ser levantada nos julgamentos pelo Tribunal do Júri, sob o manto do *feminicídio passional*, apontando as *traições conjugais* como causas para atenuação da pena. Nada impede que se alegue a atenuante do art. 65, III, *c*, do Código Penal (violenta emoção influenciado pela injusta provocação da vítima), mas não terá a mesma intensidade da causa de diminuição. Registre-se, ainda, que essa hipótese não representa a mesma alegação defensiva de *legítima defesa da honra*, que seria causa de absolvição, pois foi vedada a tese pelo STF (conferir na nota 137-A ao art. 23).

**53-F. Sujeitos ativo e passivo:** o sujeito ativo se torna específico, pois a vítima também o é. Como regra, é o homem, visto que a pessoa ofendida é a mulher nas condições de violência doméstica e familiar ou sofrendo discriminação ou menosprezo. O sujeito passivo é apenas a mulher. Destaque-se as peculiaridades da situação. É possível que, na convivência conjugal, uma mulher homossexual dominante, em violência doméstica, mate outra mulher, cometendo feminicídio. No entanto, se uma mulher mata outra, em briga de trânsito, cuida--se de homicídio. Do mesmo modo, se o homem mata a mulher, comparsa de crime, durante discussão pela divisão de bens furtados, trata-se de homicídio. Se tais particularidades não forem seguidas inexistiria razão para a criação de um tipo penal especial (art. 121-A). Aliás, se qualquer provocação de morte de mulher se transformasse, automaticamente, em feminicídio, estar-se-ia promovendo um tipo penal inconstitucional, pois haveria a supervalorização da vida humana feminina em detrimento da masculina. Outro fator a considerar é a construção do tipo incriminador: fosse apenas um crime de qualquer homem contra qualquer mulher, a redação deveria ser diversa e bem específica. Por derradeiro, convém analisar a hipótese de vítima transgênero, que se considera mulher. Caso esteja consolidada a situação com alteração do registro civil, nada se pode questionar, cuidando-se de mulher para todos os fins, inclusive para preencher as condições de sexo feminino do § 1.º deste artigo. Entretanto, sem a modificação jurídica, depende do caso concreto. Respeitando-se a dignidade da pessoa humana e a opção de identidade de gênero, para ilustrar, pode ocorrer a formação de casal, sendo um deles considerado *mulher* e o outro *homem*, repetindo-se o cenário de dominância do gênero masculino sobre o feminino, em contexto doméstico e familiar. Assim, caso o par masculino mate o feminino, pode-se tipificar como feminicídio.

**53-G. Elemento subjetivo:** é o dolo. Não há elemento subjetivo específico, justamente porque a situação é objetiva, valendo o cenário em que o delito é praticado. Ademais, o motivo especial para o cometimento do feminicídio pode ser qualquer um, inclusive fútil ou torpe, permitindo-se a aplicação da agravante respectiva. No entanto, inexiste a forma culposa, por ausência de previsão neste tipo do art. 121-A. Nos termos do art. 18, parágrafo único, do CP, a culpa deve ser expressa no tipo, do contrário, somente se pune o delito por dolo. Então, caso o marido mate a esposa, por imprudência, mesmo em discussão no lar conjugal, trata-se de homicídio culposo (art. 121, § 3.º, CP).

**53-H. Objetos material e jurídico:** o objeto material é a mulher que sofre a conduta criminosa. O objeto jurídico é a vida humana, com a particular ênfase do contexto de vulnerabilidade.

**53-I. Classificação:** trata-se de crime próprio (aquele que demanda sujeito ativo qualificado pelo contexto fático); material (delito que exige resultado naturalístico, consistente na morte da vítima); de forma livre (podendo ser cometido por qualquer meio eleito pelo agente); comissivo ("matar" implica ação); instantâneo (cujo resultado "morte" se dá de maneira instantânea, não se prolongando no tempo); de dano (consuma-se apenas com efetiva lesão a um bem jurídico tutelado); unissubjetivo (que pode ser praticado por um só agente); plurissubsistente (composto por vários atos); admite tentativa.

**53-J. Sanção penal:** trata-se de uma das mais elevadas penas da legislação penal e o único delito que possui a previsão de pena máxima em 40 anos. Aliás, essa cominação se tornou possível, porque o art. 75 do Código Penal foi modificado pela Lei 13.964/2019, prevendo em 40 anos o máximo a ser cumprido no Brasil. Não há benefícios aplicáveis e, mesmo fixando a pena mínima, o regime inicial deve ser o fechado.

**53-K. Razões da condição de sexo feminino:** cuida-se de um *cenário*, no qual se insere o sujeito passivo dessa versão particular do homicídio, que é o feminicídio. Por isso, aponta-se a eliminação da vida da mulher, quando imersa nas *razões da condição de sexo feminino*, vale dizer, tendo por *causas* ou *fundamentos* o *estado* do sexo feminino. A vítima se encontra em situação de vulnerabilidade composta por diversos fatores, que podem ser individualmente considerados ou mesclar-se, gerando, como regra, uma inferioridade material, entendida por força ou compleição física, social e econômica, voltada à consideração de dependente econômica e sem autonomia financeira, além de cultural, captada como prestígio à superioridade masculina (machismo), em sociedade patriarcal (dominada por homens). Por isso, associa-se esse cenário de inferioridade ao âmbito doméstico e familiar, quando se verifica a hegemonia do homem, seja ele marido, companheiro ou ascendente. Além disso, é viável aliar-se essa condição ao menosprezo (desvalorização, depreciação) ou discriminação (segregação, estabelecimento de diferença) que pessoas da condição de sexo masculino aplicam às mulheres nas relações cotidianas fora do contexto doméstico e familiar, atingindo outras conjunturas (trabalho, escola, clube, associação etc.). O panorama geral do Brasil ainda reflete essa desigualdade entre os gêneros masculino e feminino, produzindo a violência abusiva e frequente de homens contra mulheres, dando ensejo à edição da Lei 11.340/2006 (Maria da Penha) e diversas outras subsequentes, até atingir a Lei 14.994/2024, que criou o art. 121-A (feminicídio), com elevada sanção, como fator de desestímulo à continuidade dessa tirania, geradora de inúmeras vítimas, que perdem a vida todos os dias. Não será a modificação legislativa, por certo, a causa de estancamento da violência contra a mulher, mas a sociedade exige alguma providência e uma delas sempre foi – e continuará sendo – a resposta penal, criando tipos incriminadores e impondo sanções rigorosas, mesmo que tenha a meta pedagógica, evidenciando a todos a maior tutela dedicada à pessoa do sexo feminino. O fundamento para o nascimento da Lei Maria da Penha concentra-se exatamente na maior proteção às mulheres, quando evidenciadas as situações de visível contraste entre quem agride e quem é agredido, produzindo a conjuntura harmônica ao princípio da igualdade, que abrange o tratamento *desigual aos desiguais*. Seguindo essa tendência, edita-se o tipo penal do feminicídio, evitando-se a singela menção de "matar mulher"; ao contrário, pretende-se indicar o contexto para o qual o crime de homicídio ganhou destaque: as condições especiais do sexo feminino (violência doméstica e familiar; menosprezo ou discriminação à condição de mulher). Fora dessa moldura, a eliminação da vida humana constitui o homicídio, seja a vítima homem ou mulher. O feminicídio insere-se no quadro maior de tutela específica a grupos fragilizados da sociedade, em que se encontra a edição de variados conjuntos de leis protetivas a pessoas com deficiência, àquelas discriminadas pela cor da pele, religião, orientação sexual, origem, dentre outros fatores, a mulheres grávidas, a crianças e adolescentes, a pessoas enfermas, aos idosos, enfim, a todas em condição vulnerável diante do agressor.

**53-L. Violência doméstica e familiar:** disciplina o tema o art. 5.º da Lei 11.340/2006 (denominada Lei Maria da Penha), nos seguintes termos: "para os efeitos desta Lei, *configura violência doméstica e familiar contra a mulher qualquer ação ou omissão baseada no gênero que lhe cause morte*, lesão, sofrimento físico, sexual ou psicológico e dano moral ou patrimonial: I – no âmbito da unidade doméstica, compreendida como o espaço de convívio permanente de pessoas, com ou sem vínculo familiar, inclusive as esporadicamente agregadas; II – no âmbito da família, compreendida como a comunidade formada por indivíduos que são ou se consideram aparentados, unidos por laços naturais, por afinidade ou por vontade expressa; III – em qualquer relação íntima de afeto, na qual o agressor conviva ou tenha convivido com a ofendida, independentemente de coabitação. Parágrafo único. As relações pessoais enunciadas neste artigo independem de orientação sexual" (grifamos). Editou o STJ a Súmula 600, nos seguintes termos: "Para a configuração da violência doméstica e familiar prevista no artigo 5.º da Lei 11.340/2006 (Lei Maria da Penha) não se exige a coabitação entre autor e vítima".

**53-M. Menosprezo ou discriminação à condição de mulher:** pode-se compreender o contexto de desdém ou segregação da mulher, nas hipóteses enumeradas pelo art. 7.º da Lei 11.340/2006: "I – a violência física, entendida como qualquer conduta que ofenda sua integridade ou saúde corporal; II – a violência psicológica, entendida como qualquer conduta que lhe cause dano emocional e diminuição da autoestima ou que lhe prejudique e perturbe o pleno desenvolvimento ou que vise degradar ou controlar suas ações, comportamentos, crenças e decisões, mediante ameaça, constrangimento, humilhação, manipulação, isolamento, vigilância constante, perseguição contumaz, insulto, chantagem, violação de sua intimidade, ridicularização, exploração e limitação do direito de ir e vir ou qualquer outro meio que lhe cause prejuízo à saúde psicológica e à autodeterminação; III – a violência sexual, entendida como qualquer conduta que a constranja a presenciar, a manter ou a participar de relação sexual não desejada, mediante intimidação, ameaça, coação ou uso da força; que a induza a comercializar ou a utilizar, de qualquer modo, a sua sexualidade, que a impeça de usar qualquer método contraceptivo ou que a force ao matrimônio, à gravidez, ao aborto ou à prostituição, mediante coação, chantagem, suborno ou manipulação; ou que limite ou anule o exercício de seus direitos sexuais e reprodutivos; IV – a violência patrimonial, entendida como qualquer conduta que configure retenção, subtração, destruição parcial ou total de seus objetos, instrumentos de trabalho, documentos pessoais, bens, valores e direitos ou recursos econômicos, incluindo os destinados a satisfazer suas necessidades; V – a violência moral, entendida como qualquer conduta que configure calúnia, difamação ou injúria".

**53-N. Causa de aumento de pena:** a elevação deve ser aplicada na terceira fase de fixação do *quantum* da pena (após terem sido consideradas as circunstâncias judiciais do art. 59, bem como todas as agravantes e atenuantes), envolvendo um aumento variável de 1/3 até a metade. Como regra, havendo somente uma delas (incisos I a V), impõe-se a elevação de 1/3. Presente mais de uma, cabe ao critério discricionário do magistrado mensurar o aumento, sem ultrapassar a metade. Não se trata de pura matemática, reservando-se a metade apenas quando existentes as cinco circunstâncias e promovendo-se uma divisão fracionária rígida quando se encontrar duas, três ou quatro. Nada impede que seja aplicada a metade, quando uma só circunstância esteja presente, mas muito grave, como, por exemplo, um feminicídio cometido na frente de quatro filhos pequenos, traumatizando todos eles. Do mesmo modo, é viável impor apenas um terço de elevação, quando presentes duas circunstâncias não tão relevantes, como aproximar-se de pessoa maior de 60 anos, descumprindo a ordem de restrição. O importante é *fundamentar*, com base nas provas existentes nos autos, o critério utilizado. Lembre-se, ainda, que a causa de aumento permite o rompimento do teto cominado ao crime, no caso, 40 anos. Se, porventura, a pena extraída após a segunda fase tenha atingido o máximo, é possível

# Art. 121-A

Código Penal Comentado · **Nucci**

622

acrescentar mais um terço até metade. Em tese, para exemplificar, a pena por um feminicídio poderia chegar a 60 anos de reclusão. Um cuidado deve ter o julgador para não provocar a incidência de dupla valoração do mesmo fato ao elevar a pena (*bis in idem*). Ilustrando, se o feminicídio é cometido contra mulher grávida, aplica-se a causa de aumento, mas não se pode impor a agravante de crime praticado contra gestante (art. 61, II, *h*, CP).

**53-O. Durante a gestação, pós-parto e condição de mãe ou responsável por vulnerável:** essa circunstância envolve particular tutela para situações que refletem duplo aspecto. Matar a mulher grávida provoca a eliminação da vida da gestante e, também, do feto. Se o cometimento do crime se dá nos três primeiros meses após o parto, além da vida da mãe, priva-se a criança dos primeiros e essenciais cuidados fornecidos pela genitora. Na terceira hipótese, envolve-se a privação do trato e zelo da mãe em relação aos filhos (crianças ou adolescentes), além de se tolher o cuidado de quem é responsável por pessoa com deficiência. Não obstante, pode-se vislumbrar, ainda, a peculiar vulnerabilidade da vítima, que, além de mulher, está grávida ou acabou de dar à luz. É importante avaliar se o agente *sabia* (ou *devia saber*) da circunstância, porque o dolo (direto ou eventual) deve envolvê-la, assim como se exige quanto ao tipo básico (matar mulher). Desconhecendo por completo tratar-se de vítima gestante, por exemplo, não é possível incidir a causa de aumento; do contrário, seria responsabilidade objetiva, vedada em direito penal. Na jurisprudência: STJ: "2. A jurisprudência desta Corte vem sufragando o entendimento de que, enquanto o art. 125 do CP tutela o feto enquanto bem jurídico, o crime de homicídio praticado contra gestante, agravado pelo art. 61, II, *h*, do Código Penal protege a pessoa em maior grau de vulnerabilidade, raciocínio aplicável ao caso dos autos, em que se imputou ao acusado o art. 121, § 7.º, I, do CP [atualmente, art. 121-A, § 2.º, I], tendo em vista a identidade de bens jurídicos protegidos pela agravante genérica e pela qualificadora em referência" (REsp 1.860.829-RJ, 6.ª T., rel. Nefi Cordeiro, 15.09.2020, v.u.).

**53-P. Menor de 14, maior de 60 anos ou vulnerabilidade:** a circunstância enfocada diz respeito, nitidamente, à maior vulnerabilidade da vítima, o que demonstra a possibilidade de *cumulação de fragilidades* (além de mulher, também é menor de 14, maior de 60 ou possui alguma limitação). A faixa etária relativa ao menor de 14 anos abrange a criança – até 11 anos – e o adolescente – 12 e 13 anos, lembrando que, para o homicídio, há a qualificadora referente à pessoa menor de 14 anos (art. 121, § 2.º, IX). Envolve a causa de aumento, também, a pessoa idosa – maior de 60, bem como a que possuir qualquer deficiência, física ou mental, ou portadora de doença degenerativa, causadora de condição limitante. Em suma, finaliza este inciso II com a cláusula genérica e residual: seja a vítima *vulnerável*, de qualquer modo, física ou mentalmente. É preciso cautela, ao aplicar este aumento, evitando-se o *bis in idem*, pois existem agravantes correlatas (crime contra criança, idoso ou enfermo).

**53-Q. Presença de descendente ou ascendente da vítima:** o cometimento do feminicídio diante de filhos ou pais da vítima gera um trauma intenso e, infelizmente, não são poucos os casos em que isto se dá. Essa circunstância, quando ocorria, era tratada como consequência do crime, prevista no art. 59 do CP, por traumatizar os descendentes ou ascendentes. A *presença* implica visualização do momento da conduta lesiva, geradora da morte. Não exige, por óbvio, o momento do resultado (morte), pois este pode dar-se muito tempo depois da agressão. A previsão feita neste inciso atende aos critérios contemporâneos, voltados à tecnologia, tendo em vista a viabilidade de se dar a efetiva visualização do delito, em tempo real, por meio virtual (a vítima pode ser agredida no instante em que se comunica por rede social, inclusive por videoconferência, com filhos ou pais). Na jurisprudência: STJ: "2. O aumento da pena do paciente em metade, no que toca ao crime praticado contra uma das vítimas, por incidência da causa de aumento prevista no § 7.º do art. 121 do Código Penal [atual art. 121-A, § 2.º, III], foi suficientemente justificado, pois após o paciente ter praticado o crime na frente de seus descendentes, ainda armado, pediu aos filhos que confirmassem um suposto roubo no local, o que lhes causou pavor e sofrimento ainda mais intenso. Nesse contexto, o arbitramento da fração, dentre os patamares mínimo e máximo previstos em lei, obedeceu aos princípios da razoabilidade e da proporcionalidade" (AgRg no HC 661.308-PR, 5.ª T., rel. Reynaldo Soares da Fonseca, 11.05.2021, v.u.).

**53-R. Descumprimento de medidas protetivas:** mais grave se torna o fato porque o agente infringe determinação judicial para atingir a vítima, envolvendo maior ousadia, com prejuízo à administração da justiça. São as seguintes medidas protetivas de urgência (Lei 11.340/2006): "art. 22 (...) I – suspensão da posse ou restrição do porte de armas, com comunicação ao órgão competente, nos termos da Lei n.º 10.826, de 22 de dezembro de 2003; II – afastamento do lar, domicílio ou local de convivência com a ofendida; III – proibição de determinadas condutas, entre as quais: a) aproximação da ofendida, de seus familiares e das testemunhas, fixando o limite mínimo de distância entre estes e o agressor; b) contato com a ofendida, seus familiares e testemunhas por qualquer meio de comunicação; c) frequentação de determinados lugares a fim de preservar a integridade física e psicológica da ofendida".

**53-S. Meios e modos de execução:** foram colhidas as qualificadoras de índole objetiva do homicídio para inserir neste tipo penal como causas de aumento. Remete-se o leitor aos comentários feitos aos incisos III, IV e VIII do § 2.º do art. 121. Havia um debate em torno da natureza jurídica da qualificadora antes existente, referente ao feminicídio – agora transformada em tipo autônomo – no sentido de se tratar de circunstância objetiva ou subjetiva. Observa-se, com o advento da Lei 14.994/2024, terem migrado para o tipo do art. 121-A, como causas de aumento, apenas as objetivas, deixando de lado as subjetivas (motivo torpe, fútil e em razão de outro delito). Pode-se argumentar que o feminicídio seria, então, de fundo subjetivo e não poderia conviver com a motivação fútil ou torpe. Assim não nos parece. Cuida-se de política criminal, elegendo-se as qualificadoras mais graves do homicídio – de fundo objetivo – para gerar aumento da pena, mas deixando as circunstâncias subjetivas, referentes à motivação, para serem aplicadas como agravantes, na segunda fase da aplicação da pena privativa de liberdade. É uma mensuração diferenciada, embora possam ser aplicadas todas as circunstâncias subjetivas ao feminicídio. Parece-nos relevante assinalar que *matar a mulher em razão da condição de sexo feminino* é um fato de avaliação *objetiva*, demonstrativo da covardia do agente, que se volta contra pessoa vulnerável na relação doméstica e familiar ou como gênero discriminado ou menosprezado. Além disso, pode-se matar a mulher *por motivo fútil*, por exemplo, sem que se possa alegar *bis in idem*. Nessa hipótese, seria um feminicídio (reclusão de 20 a 40 anos), com a agravante da futilidade. Outro argumento demonstra a viabilidade de se cumular vulnerabilidades, elevando a pena por graus: matar a mulher possui uma pena mais elevada (reclusão de 20 a 40 anos); caso ela seja maior de 60 anos, possibilita-se elevar em mais 1/3 até metade. Compare-se com o menor de 14 anos: matar a criança faz incidir a qualificadora do homicídio (reclusão de 12 a 30 anos); se o infante for pessoa com deficiência (ainda mais vulnerável), há um aumento de 1/3 até metade. Nas duas ilustrações, inexiste dupla apenação pelo mesmo fato. Na jurisprudência (quando se avaliava se a qualificadora do feminicídio tinha natureza objetiva ou subjetiva): STJ: "III. A jurisprudência desta Corte de Justiça firmou o entendimento segundo o qual 'o feminicídio possui natureza objetiva, pois incide nos crimes praticados contra a mulher por razão do seu gênero feminino e/ou sempre que o crime estiver atrelado à violência doméstica e familiar propriamente dita, assim o *animus* do agente não é objeto de análise (AgRg no REsp n. 1.741.418/SP, Reynaldo Soares da Fonseca, 5.ª T., *DJe* 15.06.2018)' (AgRg no AREsp n. 1.454.781/SP, relator Ministro Sebastião Reis Júnior, 6.ª T., julgado em 17.12.2019, *DJe* de 19.12.2019)" (AgRg no AREsp 2.019.202/

SP, 6.ª T., rel. Jesuíno Rissato (Desembargador convocado do TJDFT), 18.04.2023, v.u.); "5. O acórdão combatido se alinha ao entendimento desta Corte Superior segundo o qual 'as qualificadoras do motivo torpe e do feminicídio não possuem a mesma natureza, sendo certo que a primeira tem caráter subjetivo, ao passo que a segunda é objetiva, não havendo, assim, qualquer óbice à sua imputação simultânea' (HC n. 430.222/MG, relator Ministro Jorge Mussi, 5.ª T., julgado em 15.03.2018, *DJe* 22.03.2018)" (AgRg no AgRg no AREsp 1.830.776-SP, 5.ª T., rel. Ribeiro Dantas, 24.08.2021, v.u.); "4. A qualificadora relativa ao crime praticado em contexto de violência doméstica é de ordem objetiva e compatível com a agravante do motivo fútil, de natureza subjetiva" (HC 480.406-SC, 6.ª T., rel. Rogerio Schietti Cruz, 09/04/2019, v.u.); "1. Esta Corte possui o entendimento segundo o qual 'as qualificadoras do motivo torpe e do feminicídio não possuem a mesma natureza, sendo certo que a primeira tem caráter subjetivo, ao passo que a segunda é objetiva, não havendo, assim, qualquer óbice à sua imputação simultânea' (HC n. 430.222/MG, relator Ministro Jorge Mussi, 5.ª T., julgado em 15.03.2018, *DJe* 22.03.2018). Precedentes" (AgRg no AREsp 1.166.764-MS, 6.ª T., rel. Antonio Saldanha Palheiro, 06.06.2019, v.u.).

**53-T. Concurso de agentes:** na hipótese de ser o crime cometido por várias pessoas, dentre coautores e partícipes, nos termos do art. 29 do CP, todos devem responder pelo mesmo delito, na medida da sua culpabilidade. Entretanto, para evitar qualquer dúvida, estabeleceu-se, no art. 30, que as elementares do delito *comunicam-se* a todos os envolvidos. Entende-se por *elementares* as partes componentes do tipo básico, a figura essencial da infração penal, geralmente constante do *caput* do artigo. Ilustrando, no peculato, descreve-se: "Apropriar-se o funcionário público de dinheiro, valor ou qualquer outro bem móvel, público ou particular, de que tem a posse em razão do cargo, ou desviá-lo, em proveito próprio ou alheio". Note-se que o termo *funcionário público* é elementar do crime, razão pela qual todos os coautores e partícipes, embora não funcionários, que estiverem junto com o servidor público, responderão igualmente por peculato. A elementar se comunica aos demais. A regra prevista no § 3.º do art. 121-A não precisaria existir, pois as situações enumeradas nos incisos I e II do § 1.º são *elementares* do crime de feminicídio, constituindo norma explicativa da *condição de sexo feminino* descrita no *caput*. Logo, por óbvio, atingem todos os coautores e partícipes, nos termos dos arts. 29 e 30 do Código Penal. Todos os que matarem a mulher nas condições do § 1.º do art. 121-A, sejam coautores ou partícipes, são feminicidas, demandando-se, naturalmente, o dolo abrangente.

### Induzimento, instigação ou auxílio a suicídio ou a automutilação[54-54-B]

> **Art. 122.** Induzir[55-57] ou instigar[58] alguém a suicidar-se ou a praticar automutilação ou prestar-lhe auxílio[59-60] para que o faça:[61-63-A]
>
> Pena – reclusão, de 6 (seis) meses a 2 (dois) anos.[63-B]
>
> § 1.º Se da automutilação ou da tentativa de suicídio resulta lesão corporal de natureza grave ou gravíssima, nos termos dos §§ 1.º e 2.º do art. 129 deste Código:[63-C]
>
> Pena – reclusão, de 1 (um) e 3 (três) anos.[63-D]
>
> § 2.º Se o suicídio se consuma ou se da automutilação resulta morte:[63-E]
>
> Pena – reclusão, de 2 (dois) a 6 (seis) anos.[63-F]
>
> § 3.º A pena é duplicada:
>
> I – se o crime é praticado por motivo egoístico,[64] torpe[64-A] ou fútil;[64-B]
>
> II – se a vítima é menor ou tem diminuída, por qualquer causa, a capacidade de resistência.[64-C]

§ 4.º A pena é aumentada até o dobro se a conduta é realizada por meio da rede de computadores, de rede social ou transmitida em tempo real.[64-D]

§ 5.º Aplica-se a pena em dobro se o autor é líder, coordenador ou administrador de grupo, de comunidade ou de rede virtual, ou por estes é responsável.[64-E-64-F]

§ 6.º Se o crime de que trata o § 1.º deste artigo resulta em lesão corporal de natureza gravíssima e é cometido contra menor de 14 anos ou contra quem, por enfermidade ou deficiência mental, não tem o necessário discernimento para a prática do ato, ou que, por qualquer outra causa, não pode oferecer resistência, responde o agente pelo crime descrito no § 2.º do art. 129 deste Código.[64-G]

§ 7.º Se o crime de que trata o § 2.º deste artigo é cometido contra menor de 14 (quatorze) anos ou contra quem não tem o necessário discernimento para a prática do ato, ou que, por qualquer outra causa, não pode oferecer resistência, responde o agente pelo crime de homicídio, nos termos do art. 121 deste Código.[65]

**54. Suicídio e automutilação:** o suicídio é a morte voluntária, que, segundo DURKHEIM, "resulta, direta ou indiretamente, de um ato positivo ou negativo, realizado pela própria vítima, a qual sabia dever produzir este resultado", chamando-se, ainda, autocídio e autoquiria (ODON RAMOS MARANHÃO, *Curso básico de medicina legal*, p. 222). No Brasil, não se pune o autor da tentativa de suicídio, por motivos humanitários: afinal, quem atentou contra a própria vida, por conta de comoção social, religiosa ou política, estado de miserabilidade, desagregação familiar, doenças graves, causas tóxicas, efeitos neurológicos, infecciosos ou psíquicos e até por conta de senilidade ou imaturidade, não merece punição, mas compaixão, amparo e atendimento médico. Pune-se, entretanto, aquele que levou outra pessoa ao suicídio, ainda que nada tenha feito para que o resultado se desse, tendo em vista ser a vida um bem indisponível, que o Estado precisa garantir, ainda que contra a vontade do seu titular. De outra parte, fica nítido que o suicídio é ato ilícito – embora não seja penalmente punido, até mesmo porque, quando se consuma, não teria sentido algum aplicar sanção à família – quando se vê, no art. 146, § 3.º, II, do Código Penal, não ser típica a "coação exercida para impedir suicídio". A mutilação é uma amputação ou destruição grotesca de parte do corpo humano, como retirar o dedo, a mão, o pé, o braço etc. A automutilação equivale ao suicídio, pois quem se fere o faz de maneira tão grave que pode chegar a tirar a própria vida.

**54-A. Baleia azul:** esta foi a razão de ser de a edição da Lei 13.968/2019 ter incluído, no art. 122, as referências à automutilação (cortar-se, ferir a si mesmo). Cuida-se de um jogo mórbido, que leva os envolvidos a praticar automutilação ou até mesmo suicídio. Segundo consta, teve origem na Rússia, espalhando-se pelo mundo. A baleia azul é encontrada nos oceanos Atlântico, Pacífico, Antártico e Índico e chega a procurar as praias para morrer, por vontade própria. O referido jogo tem 50 níveis de dificuldade, sendo o suicídio o fecho maior. Congrega um considerável número de adolescentes, mas chega a atingir alguns adultos. Dentre as *tarefas* estão: escrever frases e fazer desenhos na própria pele com instrumentos cortantes, assistir filmes de terror durante a madrugada, subir em telhados de edifícios, ouvir músicas depressivas, até atingir a mais importante missão, que é tirar a própria vida. Há relatos de jovens que se suicidaram em diversas cidades brasileiras, outros se machucaram, com lesões leves e graves. No Brasil, uma pesquisa conduzida pelo Centro de Estudos sobre Tecnologias da Informação e Comunicação (CETIC) apontou que um em cada dez adolescentes, entre 11 e 17 anos já acessaram formas de se ferir na Internet. Alguns, em situações mais graves, chegaram a

# Art. 122

cometer suicídio e deixaram uma nota dizendo que a *culpa é da baleia* (https://www1.folha.uol.com.br/colunas/claudiacollucci/2017/04/1875567-brasil-ja-registra-suicidios-e-mutilacoes--ligados-ao-jogo-baleia-azul.shtml,acesso em 23.12.2019; https://brasil.estadao.com.br/noticias/geral,oito-estados-tem-suicidios-e-mutilacoes-sob-suspeita-de-ligacao-com-baleia--azul,70001745155, acesso em 23.12.2019).

**54-B. Desafio do apagão:** nos moldes da incitação denominada *baleia azul*, surgiu na Internet, por intermédio do TikTok, lançado a qualquer pessoa, mas, infelizmente, acolhido por crianças e adolescentes, o desafio do *apagão* ("blackout challenge"), consistente em apertar o pescoço até perder a consciência. Isso conduziu Archie Battersbee, com 12 anos, passar pela provocação e terminar com morte cerebral. Outras mães apontaram para desafios diversos, levando a queimaduras graves, explosões e intoxicações, advindos da mesma plataforma. São provocações inadmissíveis, aptas a alcançar menores, gerando sérios danos, como o "desafio do congelamento" (queimadura feita com o bico de um desodorante aerossol perto da pele), o "desafio do soquete" (um carregador de celular fica um pouco para fora da tomada e uma moeda é lançada nos pinos expostos, gerando um monte de faíscas); o "desafio do sal e gelo" (pessoas jogam sal na pele e após cobrem com gelo, levando a uma sensação de congelamento, mas depois queima); o "desafio da noz-moscada" (pessoas ingerem uma quantidade de especiarias, elevando a frequência cardíaca, com intoxicação e convulsão); "desafio do quebra-crânio" (pessoa pula e outras passam a perna por baixo, fazendo a outra cair de costas no chão) (https://revistacrescer.globo.com/Educacao-Comportamento/noticia/2022/08/caso-archie-battersbee--e-outros-fazem-pais-pedirem-para-o-tiktok-remover-os-desafios-online-do-feed-das-crian-cas.html; acesso em 22.08.2022; https://www.uol.com.br/tilt/noticias/redacao/2022/07/08/pais-processam-tik-tok-apos-meninas-morrerem-fazendo-o-desafio-do-apagao.htm; acesso em 22.08.2022). Todos esses malfadados *desafios* encaixam-se no tipo penal do art. 122 do Código Penal, significando estímulo ao suicídio ou automutilação. "Cortes na pele são uma forma encontrada pelos jovens para lidar com sofrimentos emocionais, mas inspiram cuidados. (...) Jovens ouvidos pelo Estadão atribuem comportamento de autolesão a vários fatores, mas dizem que assistem na internet. 'Achava que era só eu que fazia isso, e aí vi outras pessoas (nas redes sociais) e comecei a conversar com elas. Isso foi criando bola de neve e me influenciando mais', conta a estudante Maria (nome fictício), de 24 anos, que se corta desde os 13. O ato de transformar o sofrimento mental em dor física é um comportamento chamado de autolesão e é mais comum na adolescência: 23,3% das ocorrências estão na faixa etária dos 15 aos 19 anos, segundo o Ministério da Saúde. Entre os diferentes tipos de autolesão estão as atitudes de se cortar, queimar, bater a cabeça, coçar, socar objetos e impedir cicatrizes de feridas" (*O Estado de S. Paulo*, 29.07.2022, p. A 17).

**55. Induzimento:** induzir significa dar a ideia a quem não possui, inspirar, incutir. Portanto, nessa primeira conduta, o agente sugere ao suicida que dê fim à sua vida.

**56. Sujeitos ativo e passivo:** qualquer pessoa. No caso do sujeito passivo, é preciso ter um mínimo de discernimento ou resistência, pois, do contrário, trata-se de homicídio, o que é reconhecido pelo § 7.º deste artigo.

**57. Elemento subjetivo:** é o dolo, não se admitindo a forma culposa, nem se exige elemento subjetivo específico. No tocante ao suicídio, pouco importa o motivo pelo qual se dá o agente induz, instiga ou auxilia alguém a se suicidar, tendo em vista o valor intrínseco que se dá à vida humana. Por outro lado, levar alguém à automutilação precisa conter um elemento subjetivo específico, consistente em conduzir a vítima ao suicídio; do contrário, inexistiria motivo para constar no capítulo dos crimes contra a vida e muito menos no tipo penal que equivale o suicídio à automutilação, para fins punitivos. Outro ponto relevante diz respeito a não se punir a autolesão no Brasil (exceto, naturalmente, quando se liga a outros delitos, como a autolesão cometida para conseguir valor de seguro, fraudando a seguradora). Se não há sanção penal para a autolesão, torna-se essencial interpretar o termo *automutilação* como algo realmente grave. Mutilar significa amputar, decepar, tirar uma parte do corpo, como um membro (mão, braço, pé, perna), pois somente nesse cenário é possível se atingir o suicídio. Se o agente, brincando, sugere à vítima que se mate não pode ser punido. Trata-se, neste caso, de verdadeira aberração, como ensina PAULO JOSÉ DA COSTA JÚNIOR (*Comentários ao Código Penal*, p. 377). É fundamental deixar claro que o crime, muitas vezes, pode ser cometido com dolo eventual. Note-se que o jogo *baleia azul* tem inúmeros estágios (provas), sendo o derradeiro o suicídio da vítima. Logo, está correta a inserção da indução, instigação ou auxílio à automutilação no cenário dos crimes contra a vida.

**58. Instigação:** instigar é fomentar uma ideia já existente. Trata-se, pois, do agente que estimula a ideia suicida que alguém anda manifestando.

**59. Auxílio:** trata-se da forma mais concreta e ativa de agir, pois significa dar apoio material ao ato suicida. Ex.: o agente fornece a arma utilizada pela pessoa que se mata. Nesse caso, deve dizer respeito a um apoio meramente secundário, não podendo, jamais, o autor, a pretexto de "auxiliar" o suicida, tomar parte ativa na ação de tirar a vida, tal como aconteceria se alguém apertasse o gatilho da arma já apontada para a cabeça pelo próprio suicida. Responde, nesta hipótese, por homicídio.

**60. Auxílio por omissão:** trata-se de questão controversa na doutrina e na jurisprudência, havendo duas correntes: a) *não se admite*: pois a expressão contida no tipo penal menciona "prestar auxílio", implicando ação. Assim posicionam-se FREDERICO MARQUES, BENTO DE FARIA, ROBERTO LYRA, EUCLIDES CUSTÓDIO DA SILVEIRA, PAULO JOSÉ DA COSTA, DAMÁSIO DE JESUS, entre outros; b) *admite-se*: desde que o agente tenha o dever jurídico de impedir o resultado. É o que pregam MAGALHÃES NORONHA, NÉLSON HUNGRIA, ARI DE AZEVEDO FRANCO, MIRABETE, entre outros. Preferimos esta última posição, pois o fato de o verbo do tipo ser comissivo não significa, necessariamente, estar afastada a hipótese do crime comissivo por omissão. Ora, todas as hipóteses da omissão penalmente relevante (art. 13, § 2.º, CP) demonstram que há delitos comissivos (matar, subtrair, constranger etc.) que possibilitam a punição por omissão, desde que haja o dever de impedir o resultado típico. Ex.: o pai que, sabendo da intenção suicida do filho menor, sob poder familiar, nada faz para impedir o resultado e a enfermeira que, tomando conhecimento da intenção suicida do paciente, ignora-a por completo, podem responder pela figura do auxílio, por omissão, ao suicídio.

**61. Objetos material e jurídico:** o primeiro é a pessoa contra a qual se volta a conduta do agente; o segundo é a vida humana em última análise. Mais uma vez, frise-se que os jogos de automutilação devem ter por finalização o suicídio; por isso a nova figura foi encaixada no art. 122. No entanto, somente para argumentar, se ficar provada que a intenção do agente era apenas induzir ou instigar alguém a se lesionar levemente, como mostra de coragem, por exemplo, trata-se de fato atípico, a menos que se trate de vítima menor de 14 anos ou incapaz de entender o que faz. Nesta hipótese, sendo leve a lesão, responde o agente pelo crime do art. 129, *caput*.

**62. Classificação do crime:** trata-se de delito comum (praticável por qualquer pessoa), material (que exige resultado naturalístico), nas formas dos §§ 1.º e 2.º, mas formal (delito que exige apenas a prática da conduta, sem que haja necessariamente um resultado naturalístico)

# Art. 122

Código Penal Comentado · **Nucci**

628

nas formas consubstanciadas no *caput*; instantâneo (cuja consumação não se arrasta no tempo), comissivo (de ação), de dano (exige lesão efetiva a bem jurídico nos formatos dos §§ 1.º e 2.º) ou de perigo (provoca uma potencialidade de dano), unissubjetivo (que pode ser cometido por uma só pessoa), de forma livre (a lei não exige forma especial para o cometimento) e plurissubsistente (em regra, praticado por mais de um ato). Além disso, é crime condicionado, nos formatos dos §§ 1.º e 2.º, não admitindo tentativa. Para a perfeita configuração do tipo, provocando a punição do agente, exige-se a ocorrência de uma condição, que é a morte da vítima ou a existência de lesões corporais de natureza grave ou gravíssima, conforme o caso concreto. Assim, se o agente induzir o ofendido a matar-se, mas este, tentando, sofrer apenas lesões leves, há o delito na forma do *caput*. A condição exigida no preceito secundário, para a configuração do delito com penalidade mais severa (morte ou lesão grave), para nós, é autêntica condição objetiva de punibilidade. No mesmo prisma: Juarez Tavares, *Teoria do injusto penal*, p. 199-204; Ivair Nogueira Itagiba, *Do homicídio*, p. 105. Porém, não olvidar a nova figura típica do *caput*, com pena menor e proporcional, que admite tentativa, embora de difícil comprovação.

**63. Pacto de morte:** é possível que duas ou mais pessoas promovam um pacto de morte, deliberando morrer ao mesmo tempo. Várias hipóteses podem se dar: a) se cada uma delas ingerir veneno, de per si, por exemplo, aquela que sobreviver responderá por participação em suicídio, tendo por sujeito passivo a outra (ou as outras, que morreram); b) caso uma ministre o veneno para as demais, se sobreviver, responderá por homicídio consumado de todos os que morreram (e tentativa de homicídio, com relação aos que sobreviverem), tendo em vista que o delito previsto no art. 122 não admite qualquer tipo de ato executório, com relação a terceiros; c) na hipótese de cada pessoa administrar veneno à outra ("A" dá veneno a "B", que fornece a "C", que o ministra a "D" etc.), todas sobrevivendo, responderá cada uma por tentativa de homicídio, tendo como sujeito passivo a pessoa a quem deu o tóxico; d) se cada pessoa ingerir, sozinha, o veneno, todas sobrevivendo, com lesões leves ou sem qualquer lesão, o fato será enquadrado na figura do *caput*; e) na hipótese de uma pessoa administrar veneno à outra, ao mesmo tempo em que recebe a peçonha desta, aquele que sobreviver responderá por homicídio consumado; se ambos sobreviverem, configurará tentativa de homicídio para as duas, como na alternativa "c"; f) caso quatro pessoas contratem um médico para lhes ministrar o veneno, tendo por resultado a morte de duas pessoas e a sobrevivência de outras duas. Estas, que ficaram vivas, responderão por participação em suicídio, tendo por sujeitos passivos as que morreram. O médico, por sua vez, responderá por dois homicídios consumados e duas tentativas de homicídio. Adaptando-se o pacto de morte à roleta russa (passar um revólver entre vários presentes, contendo uma só bala no tambor, que é girado aleatoriamente, para que a arma seja apontada por cada um na direção de seu corpo), dá-se o mesmo. Quem sobreviver, responde por participação em suicídio, tendo por vítima aquele que morreu. Finalmente, acrescente-se a hipótese, no contexto da roleta russa, do participante que der um tiro em si mesmo, sofrendo lesões graves, no entanto sobrevivendo. Ele não deve ser penalmente responsabilizado, pois o direito brasileiro não pune a autolesão. Os outros, sem dúvida, responderão por participação em suicídio.

**63-A. Auxílio a suicídio e ortotanásia:** como descrevemos na nota 15 ao art. 121, o apoio à denominada *morte no tempo certo*, que é a ortotanásia, tem sido considerada um ato ético por parte do médico. Portanto, há de se questionar o significado de *vida útil* e, igualmente, o direito do paciente terminal de *antecipar* a sua finalização. Inexiste expressa previsão legal no campo penal a esse respeito, embora se saiba da disciplina médica nesse cenário. Da mesma forma que é antiético obrigar o paciente a se tratar, considera-se atitude ética permitir que ele encerre a sua vida, quando desenganado e não quiser mais sofrer. Assim sendo, é preciso ponderar ser materialmente atípica a conduta de auxiliar alguém a terminar seus dias sem experimentar maiores dores ou aflições, quando a medicina já não puder fazer nada pela sua recuperação.

**63-B. Crime de menor potencial ofensivo:** criou-se, na figura do *caput*, um delito de perigo, portanto, gerador de potencialidade lesiva. É crime formal, pois do induzimento, instigação ou auxílio *pode* haver resultado naturalístico, deslocando-se, inclusive para um dos parágrafos abaixo (1.º ou 2.º).

**63-C. Ocorrência de lesão grave ou gravíssima:** perdeu o legislador a oportunidade de separar em diferentes resultados, com penas diversas, a ocorrência de lesão grave e de lesão gravíssima. É certo que, anteriormente, o tipo penal mencionava apenas a concretização de lesão grave para punir o agente com a pena de reclusão de um a três anos. Incluía-se, por interpretação lógica, a ocorrência também de lesão gravíssima. Afinal, se o menos é punido (lesão grave) o mais também precisa ser (lesão gravíssima). A nova redação ao art. 122, dada pela Lei 13.968/2019, corrigiu a anterior omissão, incluindo a lesão gravíssima, mas sem estabelecer diferença de penalidades. Assim sendo, cabe ao juiz, na aplicação da pena, valendo-se do art. 59 do Código Penal, mensurar de maneira diversa a vítima que sofre lesões graves da outra, que sofre lesões gravíssimas.

**63-D. Benefícios penais:** a pena de reclusão, de um a três anos, comporta a suspensão condicional do processo (com denúncia recebida) e aplicação das condições do art. 89 da Lei 9.099/1995.

**63-F. Crime condicionado:** trata-se da repetição, agora deslocada para o § 2.º, do preceito sancionador do *caput* do art. 122 na anterior redação. De todo modo, manteve-se a pena para o indutor, instigador ou auxiliar de quem se suicida ou morre em virtude de automutilação.

**63-G. Benefícios penais:** embora se trate de um crime grave, na forma consumada, trazendo o resultado morte, pode-se aplicar a suspensão condicional da pena (se a pena fixada for de dois anos) ou impor o regime aberto ou semiaberto.

**64. Motivo egoístico:** trata-se do excessivo apego a si mesmo, o que evidencia o desprezo pela vida alheia, desde que algum benefício concreto advenha ao agente. Logicamente, merece maior punição. Exemplos típicos: induzir ou instigar alguém a se matar para ficar livre do trabalho de cuidador do idoso.

**64-A. Motivo torpe:** trata-se do motivo de particular repugnância, vil, abjeto, demonstrativo de uma personalidade maldosa ou indiferente ao sofrimento alheio. Exemplo: instigar alguém a se suicidar para receber a herança (havendo a diferença, agora inserida na lei, entre egoísmo e torpeza, passamos a considerar o herdeiro criminoso como incurso no âmbito da torpeza).

**64-B. Motivo fútil:** trata-se do motivo de menor importância, reles, de pouca monta, gerador de um abismo entre a conduta do agente e do resultado encontrado. Pode-se aplicar exatamente ao sujeito que induz outra pessoa à automutilação para se divertir.

**64-C. Vítima menor ou incapaz de resistir:** ver a nota 65 abaixo.

**64-D. Causa de aumento referente ao dobro da pena:** exige a prática do crime pela rede mundial de computadores (Internet), que fornece a base para a existência de rede social e contato em tempo real entre agente e vítima. É natural que se promova um aumento de pena para quem se vale desse meio, visto ser uma opção facilitada de acesso a vítimas que podem se

# Art. 122

Código Penal Comentado • **Nucci**

encontrar a milhares de quilômetros de distância. Por outro lado, essa forma de cometimento do delito tem a potencialidade de atingir, ao mesmo tempo, diversas vítimas de idades e capacidades de resistência diferentes. Além disso, o crime cometido pela Internet é mais fácil de ser ocultado, tudo dependendo do conhecimento do agente em se manter camuflado para agir. Esta modalidade do delito é crime hediondo (art. 1.º, X, Lei 8.072/90).

**64-E. Causa de aumento de metade da pena:** prevê-se dobrar a pena, caso o autor seja líder, coordenador ou administrador de grupo de comunidade ou de rede virtual (ou por estes seja responsável). Isto se deve ao imenso poder de convencimento desses dirigentes que, pela força do argumento, possuem facilidade para convencer seus seguidores, a tomar atitudes impensadas e radicais, em especial os mais jovens. Geralmente, em casos de suicídio coletivo, havia esse tipo de líder dominador e verborrágico. Trata-se de circunstância particularmente grave, visto lidar com o emocional das pessoas psicologicamente frágeis, que terminam seguindo as regras do grupo para não serem excluídas. Exemplos não faltam, mas um dos piores eventos desse tipo envolveu o líder Jim Jones: "em 18 de novembro de 1978, 918 pessoas morreram em um misto de suicídio coletivo e assassinatos em Jonestown, uma comuna fundada por Jim Jones, pastor e fundador do Templo Popular, uma seita pentecostal cristã de orientação socialista. Embora algumas pessoas tenham sido mortas a tiros e facadas, a grande maioria pereceu ao beber, sob as ordens do pastor, veneno misturado a um ponche de frutas" (https://www.bbc.com/portuguese/geral-46258859, acesso em 05.1.2020). Sob outro prisma, é preciso destacar que muitas crianças e adolescentes têm acesso desvigiado à internet por conta da irresponsabilidade dos pais ou responsáveis. Sabe-se haver criança ou jovem que tem um celular privativo ou computador em seu quarto, com acesso à Internet, *sem qualquer controle efetivo* dos pais ou responsáveis. Assim sendo, quando participam de jogos abusivos e terminam chegando ao suicídio, pune-se com maior rigor quem os coordena, em *sites* ou *grupos virtuais*. No entanto, seria preciso identificar nos responsáveis por esse acesso ilimitado à rede mundial de computadores, uma omissão penalmente relevante, podendo apontá-los como partícipes do crime, a depender do caso concreto.

**64-F. Conjunção de causas de aumento da Parte Especial**: preceitua o art. 68, parágrafo único, da Parte Geral do Código Penal o seguinte: "no concurso de causas de aumento ou de diminuição previstas na parte especial, pode o juiz limitar-se a um só aumento ou a uma só diminuição, prevalecendo, todavia, a causa que mais aumente ou diminua". Vê-se, com a nova redação do art. 122, após a Lei 13.968/2019, haver três causas de aumento possíveis de incidir no crime (§§ 3.º, 4.º e 5.º). Em tese, nada impede que o agente subsuma a sua conduta nas três causas de aumento, cometendo o delito, por exemplo, por motivo torpe, por meio da Internet e sendo líder de seita. No caso concreto, deve o juiz ponderar a gravidade de cada uma dessas circunstâncias, para aplicá-las todas ou somente a mais severa. Se forem iguais (dobrar a pena ou duplicar tem o mesmo efeito: deve escolher qualquer delas, se for aplicar somente uma).

**64-G. Vítima menor de 14 anos, sem discernimento ou capacidade de resistência:** estipula o legislador que o agente deve responder por lesão gravíssima (art. 129, § 2.º, CP), caso resulte lesão grave ou gravíssima em decorrência de sua conduta. Equivocou-se. Se o agente investe contra menor de 14 anos ou pessoa sem a menor capacidade de resistência, como explicamos na nota 65 *infra,* deveria responder por tentativa de homicídio. Entretanto, tem que prevalecer o princípio da legalidade. Na lei anterior, o tema foi tratado de maneira vaga. Nesta, entretanto, houve clara opção por uma penalidade mais leve do que a tentativa de homicídio. Porém, embora seja apontada a pena da lesão gravíssima, não deixa de ser um crime contra a vida e, segundo nos parece, precisa ser julgado pelo Tribunal do Júri.

**65. Vítima menor ou com resistência diminuída:** a resistência diminuída configura-se por fases críticas de doenças graves (físicas ou mentais), abalos psicológicos, senilidade, infantilidade ou ainda pela ingestão de álcool ou substância de efeitos análogos. Há de se dividir em duas partes a condição da vítima: a) em razão da redução total da capacidade de resistência, como uma embriaguez completa, gera homicídio ao agente; b) em razão da redução parcial da capacidade de resistência, como uma fase de depressão, gera o crime do art. 122, §§ 1.º ou 2.º, conforme o caso, com a causa de aumento do § 3.º, II, da nova redação do art. 122. No tocante ao menor, deve-se entender a pessoa entre 14 e 18 anos, para haver a duplicação da pena. Se o menor tiver menos que 14 anos, não tem capacidade nem mesmo para consentir num ato sexual, certamente não a tem para a eliminação da própria vida. Dessa forma, o agente responde por homicídio, pois a vítima não tem a menor capacidade de resistência.

### Infanticídio[66-67]

> **Art. 123.** Matar,[68-70] sob a influência do estado puerperal,[71] o próprio filho, durante o parto ou logo após:[72-74]
>
> Pena – detenção, de 2 (dois) a 6 (seis) anos.

**66. Conceito de infanticídio:** trata-se do homicídio cometido pela mãe contra seu filho, nascente ou recém-nascido, sob a influência do estado puerperal. É uma hipótese de homicídio privilegiado em que, por circunstâncias particulares e especiais, houve por bem o legislador conferir tratamento mais brando à autora do delito, diminuindo a faixa de fixação da pena (mínimo e máximo). Embora formalmente tenha o legislador eleito a figura do infanticídio como crime autônomo, na essência não possa de um homicídio privilegiado, como já observamos. "Na antiguidade, matava-se os bebês recém-nascidos quando escasseavam alimentos, ou quando eram oferecidos em cerimônias religiosas. Tampouco era delito matá-los quando eram disformes ou tivessem um defeito físico tão grave que evidenciava sua futura inaptidão para a guerra (RICARDO LEVENE, *El delito de homicidio*, p. 263). Ensina MAIA GONÇALVES que "no primitivo direito romano somente a mãe era incriminada. O pai, em virtude do *jus vitae ac necis* sobre os filhos, não cometia qualquer crime se matasse o filho acabado de nascer. Este poder, afirma MOMMSEN (*Direito Penal romano*, trad. espanhola, v. 2, p. 97), estava compreendido no direito de propriedade, pelo que já na República se punia como homicídio a morte do filho realizada secreta ou aleivosamente. Foi no tempo de Constantino que o infanticídio praticado pelo pai começou a ser punido, o que foi reafirmado sob o império de Justiniano, cominando-se então pesadas penas para este crime, tradição que se manteve por influência da Igreja. Até ao início do século XIX, punia-se severamente em toda a Europa este crime. BECCARIA e outros autores protestaram contra tal dureza, em atenção à mãe que, para ocultar a desonra, matava o filho no ato do nascimento, e daí o preceito do parágrafo único do art. 356.º do Código de 1886 e os preceitos paralelos de diversos códigos da Europa e da América" (*Código Penal português anotado*, p. 466). Quando o infanticídio passou a receber tratamento privilegiado, levava-se em conta, primordialmente, a intenção da mãe de ocultar a própria desonra, tanto assim que o Código Penal de Portugal, no tipo penal do infanticídio – até 1995 –, incluía a finalidade específica "para ocultar a desonra", o que foi abolido na atual descrição típica. E o Código Penal brasileiro de 1890, que precedeu o de 1940, previa pena privilegiada para a mãe que matasse o filho recém-nascido "para ocultar desonra própria" (art. 298, parágrafo único). Por outro lado, o Código Penal italiano prevê o infanticídio na hipótese de a mãe matar o filho durante ou após o parto, caso tenha sido abandonada material ou moralmente (art. 578). A figura típica do Código Penal brasileiro atual (art. 123) não exige nenhum fim

# Art. 123

Código Penal Comentado · **Nucci**

632

especial para beneficiar a mãe com o delito privilegiado, bastando que ela esteja envolvida pelo estado puerperal (psicose puerperal). Aliás, concordando com a inexistência de benefício para o motivo relativo à honra, diz ALFREDO FARHAT o seguinte: "custa-nos aceitar, na generalidade dos casos, apesar de o momento puerperal acarretar excitações anormais, cuja graduação se pode medir, que variam de indivíduo para indivíduo, que não obedecem a um estalão certo, que, mais forte do que a sensação de ver, em forma humana, nova e diversa o próprio sangue e a própria carne, seja a vontade de não perder um conceito social, que se baseia numa convenção; que seja mais forte o egoísmo do que a maternidade" (*Do Infanticídio*, p. 146).

**67. Distinção entre infanticídio e aborto:** menciona a lei penal que o infanticídio pode ter lugar *durante* o parto ou logo após. Nesta última hipótese, não há dúvida: inexiste aborto. Entretanto, o problema mais sensível é descortinar o momento exato em que a criança deixa de ser considerada *feto* para ser tratada como *nascente*. Como vimos em nota anterior, o início do parto dá-se com a ruptura da bolsa (parte das membranas do ovo em correspondência com o orifício uterino), pois a partir daí o feto se torna acessível às ações violentas (por instrumentos ou pela própria mão do agente). Assim, iniciado o parto, torna-se o ser vivo sujeito ao crime de infanticídio. Antes, é hipótese de aborto.

**68. Análise do núcleo do tipo:** observe-se que o verbo "matar" é o mesmo do homicídio, razão pela qual a única diferença entre o crime de infanticídio e o homicídio é a especial situação em que se encontra o agente. Matar significa eliminar a vida de outro ser humano, de modo que é preciso que o ser nascente esteja vivo quando é agredido. Trata-se de crime punido somente na forma dolosa. "Os meios mais comuns, segundo SOUZA LIMA, são os traumatismos da cabeça e asfixia, com particularidade, e a sufocação e estrangulação. FLAMÍNIO FÁVERO divide as causas de morte em causas por energias mecânicas, energias físicas e ações físico-químicas. No primeiro grupo estão compreendidas as contusões de toda a espécie, figurando como principal a fratura do crânio, sendo de mencionar também as feridas incisas por instrumentos cortantes e as lesões por instrumentos perfurantes, como agulhas, por exemplo, e perfurocortantes. Entre as energias físicas avultam as queimaduras" (ALFREDO FARHAT, Do infanticídio, p. 105).

**69. Sujeitos ativo e passivo:** autora do delito só pode ser a mãe, enquanto a vítima é o ser nascente ou recém-nascido. Sobre a vida extrauterina, consultar a nota 9 ao art. 121.

**69-A. Elemento subjetivo:** é o dolo. Não se exige elemento subjetivo específico, nem se pune a forma culposa.

**70. Objetos jurídico e material:** o objeto jurídico protegido é a vida humana, enquanto o material é a criança, que sofre a agressão.

**71. Estado puerperal:** há transtornos mentais antes ou depois do parto, embora a maioria dos casos se concentre no estágio denominado *disforia puerperal* (*baby blues*), uma forma leve de quadro depressivo, atingindo de 50 a 85% das puérperas. Cuida-se de um transtorno passageiro de humor, tristeza, confusão e choro, decorrente do estresse de dar à luz e da responsabilidade de ser mãe. Com apoio material e emocional, essa fase é logo superada. Eventualmente, pode surgir uma *depressão pós-parto*, envolvendo cerca de 15 a 30% das mulheres e que pode emergir até um ano depois do parto. Há uma depressão mais acentuada, ansiedade excessiva, com insônia e alteração de peso. Isto pode gerar pensamentos ligados a lesionar a criança e a si mesma. Deve-se avaliar o histórico da mulher para o encaminhamento da situação. Essa forma de depressão pode gerar doença mental, nos termos do art. 26, *caput*, do Código Penal. Outra faceta se liga à *psicose pós-parto* (ou psicose puerperal), capaz de gerar quadros psicóticos, com início no puerpério. É rara a situação, ocorrendo em cerca de um ou dois casos a cada mil partos. Essa é a hipótese do *estado puerperal*, inserido no art. 123 do Código Penal. Há delírios da mãe, com pensamentos de causar danos a si mesma e ao bebê, emergindo a possibilidade de infanticídio. Por isso, para definir em qual situação se encontra a morte da criança, a fim de tipificar como homicídio, infanticídio ou até mesmo no cenário da inimputabilidade, por depressão pós-parto, é preciso um exame pericial.

**72. Circunstância de tempo:** o infanticídio exige que a agressão seja cometida *durante* o parto ou *logo após*, embora sem fixar um período preciso para tal ocorrer. Deve-se, pois, interpretar a expressão "logo após" com o caráter de imediatidade, pois, do contrário, poderão existir abusos. Enquanto o Código Penal italiano (art. 578) vale-se da expressão "imediatamente" após o parto – firmando o entendimento de uma situação instantânea –, o Código Penal chileno prefere estabelecer o período de 48 horas (art. 394). Parte da doutrina pátria prefere deixar ao caso concreto a análise do período máximo possível para configurar o infanticídio, afirmando apenas ser o tempo necessário para que a mãe entre na fase da *bonança* e da quietação, tornando a se afirmar o seu instinto maternal (por todos, HUNGRIA, *Comentários ao Código Penal*, v. 5, p. 265). Em caso de dúvida, o ideal é a avaliação pericial. Vale ressaltar a crítica formulada por ALFREDO FARHAT, em relação ao tipo penal do art. 123, que cuida do infanticídio: "Em resumo, a verdade é que o artigo é confuso e restringe a sua interpretação a motivos psicopatológicos de difícil ocorrência, criando embaraços reais para a aplicação da lei, gerando obrigações periciais e fazendo-se um verdadeiro ninho de exceções, se considerarmos o pensamento clínico unânime sobre as psicoses, distúrbios mentais ou loucura puerperal" (*Do infanticídio*, p. 130).

**73. Classificação do crime:** é delito próprio (só pode ser cometido por agente especial, no caso a mãe); instantâneo (a consumação não se prolonga no tempo); comissivo (exige ação); material (que se configura com o resultado previsto no tipo, a morte do filho); de dano (o bem jurídico precisa ser efetivamente lesado); unissubjetivo (pode ser cometido por uma só pessoa); progressivo (passa, necessariamente, por uma lesão corporal); plurissubsistente (vários atos integram a conduta); de forma livre (não se encontra no tipo a descrição da conduta que determina o resultado); admite tentativa. Aliás, vários casos de agressões contra recém-nascidos terminam não se consumando, pois "um fato curioso e digno de nota é que o recém-nascido tem menor necessidade de oxigênio e, em razão disso, resiste muito mais à asfixia [meio comum utilizado para a prática de infanticídio], sob qualquer de suas formas" (ALFREDO FARHAT, *Do infanticídio*, p. 110).

**74. Concurso de pessoas:** como já expusemos em nota anterior (ver art. 29), tendo o Código Penal adotado a teoria monista, pela qual todos os que colaborarem para o cometimento de um crime incidem nas penas a ele destinadas, no caso presente coautores e partícipes respondem igualmente por infanticídio. Assim, embora presente a injustiça, que poderia ser corrigida pelo legislador, tanto a mãe que mate o filho sob a influência do estado puerperal, quanto o partícipe que a auxilia, respondem por infanticídio. Dá-se o mesmo se a mãe auxilia, nesse estado, o terceiro que tira a vida do seu filho e ainda se ambos (mãe e terceiro) matam a criança nascente ou recém-nascida. A doutrina é amplamente predominante nesse sentido (ver a nota 18-A ao art. 30).

### Aborto provocado pela gestante ou com seu consentimento

**Art. 124.** Provocar[75-80] aborto em si mesma ou consentir que outrem lho provoque:[81-85]

Pena – detenção, de 1 (um) a 3 (três) anos.

# Art. 124

Código Penal Comentado · Nucci

**75. Análise do núcleo do tipo:** *provocar* significa dar causa ou determinar; *consentir* quer dizer dar aprovação, admitir, tolerar. O objeto das condutas é a cessação da gravidez, provocando a morte do feto ou embrião. O conceito de aborto é a interrupção da gravidez, cujo início se dá com a nidação (união do óvulo fecundado à parede do útero), antes do termo normal, causando a morte do feto ou embrião. Entretanto, nos termos do art. 4.1 da Convenção Americana dos Direitos Humanos, tem-se: "Toda pessoa tem o direito de que se respeite sua vida. Esse direito deve ser protegido pela lei e, em geral, *desde o momento da concepção*. Ninguém pode ser privado da vida arbitrariamente" (grifamos). Há quem interprete esse *começo* com maior elasticidade, conforme se pode verificar nos argumentos expostos na nota 85 *infra*. Na jurisprudência: TJSP: "Recorrida que, grávida no terceiro trimestre, ingeriu medicamento sabidamente abortivo, resultando na morte intrauterina e expulsão do feto" (Recurso em Sentido Estrito 1504683-95.2020.8.26.0554, 4.ª C. D. Crim., rel. Camilo Léllis, 23.08.2021, v.u.); "Aborto e falsa comunicação de crime em coautoria com o próprio marido. Alegação de inexistência de crime diante da tendência jurisprudencial revelada no HC 124.306 STF. Argumento descabido. Precedente sem o alcance pretendido. Alegação de falta de prova da gravidez. Descabido. Laudo pericial e relatos indicativos do contrário. Alegação de falta de adesão do recorrente. Questão que não pode ser acolhida, pois bem ou mal consta dos relatos que ele teria aderido à intenção, comprando o remédio abortivo para a companheira" (Recurso em Sentido Estrito 1507021-92.2018.8.26.0269, 3.ª C., rel. Xisto Albarelli Rangel Neto, 23.06.2020, v.u.).

**76. Formas do aborto:** a) *aborto natural*: é a interrupção da gravidez oriunda de causas patológicas, que ocorre de maneira espontânea (não há crime); b) *aborto acidental*: é a cessação da gravidez por conta de causas exteriores e traumáticas, como quedas e choques (não há crime); c) *aborto criminoso*: é a interrupção forçada e voluntária da gravidez, provocando a morte do feto; d) *aborto permitido ou legal*: é a cessação da gestação, com a morte do feto, admitida por lei. Esta forma divide-se em: d.1) *aborto terapêutico ou necessário*: é a interrupção da gravidez realizada por recomendação médica, a fim de salvar a vida da gestante. Trata-se de uma hipótese específica de estado de necessidade; d.2) *aborto sentimental ou humanitário*: é a autorização legal para interromper a gravidez quando a mulher foi vítima de estupro. Dentro da proteção à dignidade da pessoa humana em confronto com o direito à vida (nesse caso, do feto), optou o legislador por proteger a dignidade da mãe, que, vítima de um crime hediondo, não quer manter o produto da concepção em seu ventre, o que lhe poderá trazer sérios entraves de ordem psicológica e na sua qualidade de vida futura; e) *aborto eugênico ou eugenésico*: é a interrupção da gravidez, causando a morte do feto, para evitar que a criança nasça com graves defeitos genéticos. Há controvérsia se há ou não crime nessas hipóteses, como se verá no art. 128; f) *aborto econômico-social*: é a cessação da gestação, causando a morte do feto, por razões econômicas ou sociais, quando a mãe não tem condições de cuidar do seu filho, seja porque não recebe assistência do Estado, seja porque possui família numerosa, ou até por política estatal. No Brasil, é crime.

**77. Sujeitos ativo e passivo:** neste caso, o sujeito ativo é a gestante, enquanto o passivo é o feto ou embrião. Secundariamente, é a sociedade, que tem interesse em proteger a vida do ser em formação no útero materno. Sobre a vida extrauterina, consultar a nota 9 ao art. 121. Preferimos situar o feto ou embrião como sujeito passivo do crime de aborto, pois ele é um ser humano em potencial, não podendo ser tratado como uma *coisa qualquer*. No dizer de FÁBIO KONDER COMPARATO, visão com a qual concordamos: "o ser humano só começa a existir, como ente biologicamente distinto do organismo de sua matriz, a partir do nascimento com vida. Antes disso, ele é um projeto de ser humano. Nem por isso, todavia, carece o embrião humano da dignidade inerente a essa condição. Ele não é uma coisa, mas, para todos os efeitos, deve ser tido como uma pessoa em potencial e, portanto, titular dos direitos fundamentais, a começar pelo direito ao nascimento. O que veio, no entanto, complicar esse raciocínio foi o aperfeiçoamento da técnica de fecundação artificial *in vitro*. O embrião ainda não implantado no útero não tem a menor possibilidade de se tornar um ser humano. A ciência ainda não logrou inventar a gestação extrauterina. Quer isto dizer que os óvulos humanos fecundados artificialmente, enquanto conservados *in vitro*, podem ser tratados como simples coisas? Certamente que não. O que importa aqui é atentar para essa situação intermédia do zigoto ou óvulo fecundado e do feto no útero materno: não se trata de coisas, isto é, de não pessoas, mas ainda não estamos diante de um organismo autônomo e, portanto, de um ser humano inteiramente formado" (*A afirmação histórica dos direitos humanos,* p. 45). Além disso, o Direito Penal pode conceder proteção ao ser em gestação, independentemente da posição do Direito Civil de lhe conceder *personalidade* após o nascimento com vida. Nessa ótica, Diaulas Costa Ribeiro explica que "o Direito Penal, ao punir o aborto, está, efetivamente, punindo a frustração de uma expectativa, a expectativa potencial de surgimento de uma pessoa. Por essa razão, o crime de aborto é contra uma futura pessoa – nesse ponto reside a sua virtualidade – não porque o Código Penal teria atribuído o *status* de pessoa ao feto – o que nem o Código Civil atribuiu – mas porque o feto contém a energia genética potencial para, em um futuro próximo, constituir uma realidade jurídica distinta de seus pais, o que ocorrerá se for cumprido o tempo natural de maturação fetal e se o parto ocorrer com sucesso" (*Aborto por anomalia fetal,* p. 98).

**78. Elemento subjetivo:** é o dolo. Não exige elemento subjetivo específico, nem se pune a forma culposa.

**79. Objetos material e jurídico:** o objeto material é o feto ou embrião, que sofre a conduta criminosa. O objeto jurídico protegido é a vida do feto ou embrião.

**80. Prova do aborto:** como regra, faz-se por exame pericial. Excepcionalmente, por exame indireto, significando a análise, pelo perito oficial, de fichas clínicas do hospital que atendeu a gestante, em face do abortamento.

**81. Exigência da gravidez comprovada:** é preciso que a gestação seja, de algum modo, comprovada, pois "provocar" aborto implica matar o feto ou embrião. Se este não existe ou já estava morto, trata-se de crime impossível.

**82. Participação de terceiro:** cremos que o delito admite a participação, desde que na forma secundária, consistente em induzimento, instigação ou auxílio. Ex.: aconselhar a gestante a cometer, sozinha, o aborto. Se a pessoa atua diretamente para causar a interrupção da gravidez não é partícipe, mas autora do delito do art. 126.

**83. Classificação do crime:** trata-se de crime próprio (só a gestante pode cometer); instantâneo (cuja consumação não se prolonga no tempo); comissivo ou omissivo (provocar = ação; consentir = omissão); material (exige resultado naturalístico para sua configuração); de dano (deve haver efetiva lesão ao bem jurídico protegido, no caso, a vida do feto ou embrião); unissubjetivo (admite a existência de um só agente), mas na última modalidade (com seu consentimento) é plurissubjetivo, mesmo que existam dois tipos penais autônomos – um para punir a gestante, que é este, e outro para punir o terceiro, que é o do art. 126; plurissubsistente (configura-se por vários atos); de forma livre (a lei não exige conduta específica para o cometimento do aborto); admite tentativa. Pune-se somente a forma dolosa.

**84. Hipóteses que afastam a ocorrência de aborto:** a) *gravidez molar:* desenvolvimento completamente anormal do ovo. Não há aborto, pois é preciso se tratar de "embrião de vida

# Art. 124

Código Penal Comentado • **Nucci**

636

humana"; b) *gravidez extrauterina*: trata-se de um estado patológico, em que o embrião não tem condições de se desenvolver, atingindo vida própria de modo normal. Nesse caso, para haver aborto lícito, é necessário que não haja possibilidade médica de intervir para sanar o problema.

**85. A questão da descriminalização do aborto:** no Supremo Tribunal Federal, deliberando acerca da prisão preventiva de corréus que teriam praticado o crime de aborto (arts. 124 e 126 do Código Penal), a 1.ª Turma decidiu pela revogação da segregação cautelar e uma das razões seria pela própria inexistência de crime (ausência de materialidade), porquanto, em interpretação conforme a Constituição, o aborto voluntário não poderia ser considerado infração penal. Entretanto, não se concedeu a ordem para *trancar a ação penal* por atipicidade, mas para permitir aos acusados responder em liberdade, tanto que, no item 2 da ementa, menciona-se que, na hipótese de condenação, poderiam cumprir pena em regime aberto. Logo, cuidou-se de uma exposição de ideias acerca da descriminalização do aborto, sem que essa medida fosse concretamente adotada. Pode-se captar o início de uma postura a ser levada ao Plenário oportunamente. Da ementa, lê-se: "2. Em primeiro lugar, não estão presentes os requisitos que legitimam a prisão cautelar, a saber: risco para a ordem pública, a ordem econômica, a instrução criminal ou a aplicação da lei penal (CPP, art. 312). Os acusados são primários e com bons antecedentes, têm trabalho e residência fixa, têm comparecido aos atos de instrução e cumprirão pena em regime aberto, na hipótese de condenação. 3. Em segundo lugar, é preciso conferir interpretação conforme a Constituição aos próprios arts. 124 a 126 do Código Penal – que tipificam o crime de aborto – para excluir do seu âmbito de incidência a interrupção voluntária da gestação efetivada no primeiro trimestre. A criminalização, nessa hipótese, viola diversos direitos fundamentais da mulher, bem como o princípio da proporcionalidade. 4. A criminalização é incompatível com os seguintes direitos fundamentais: os direitos sexuais e reprodutivos da mulher, que não pode ser obrigada pelo Estado a manter uma gestação indesejada; a autonomia da mulher, que deve conservar o direito de fazer suas escolhas existenciais; a integridade física e psíquica da gestante, que é quem sofre, no seu corpo e no seu psiquismo, os efeitos da gravidez; e a igualdade da mulher, já que homens não engravidam e, portanto, a equiparação plena de gênero depende de se respeitar a vontade da mulher nessa matéria. 5. A tudo isto se acrescenta o impacto da criminalização sobre as mulheres pobres. É que o tratamento como crime, dado pela lei penal brasileira, impede que estas mulheres, que não têm acesso a médicos e clínicas privadas, recorram ao sistema público de saúde para se submeterem aos procedimentos cabíveis. Como consequência, multiplicam-se os casos de automutilação, lesões graves e óbitos. 6. A tipificação penal viola, também, o princípio da proporcionalidade por motivos que se cumulam: (i) ela constitui medida de duvidosa adequação para proteger o bem jurídico que pretende tutelar (vida do nascituro), por não produzir impacto relevante sobre o número de abortos praticados no país, apenas impedindo que sejam feitos de modo seguro; (ii) é possível que o Estado evite a ocorrência de abortos por meios mais eficazes e menos lesivos do que a criminalização, tais como educação sexual, distribuição de contraceptivos e amparo à mulher que deseja ter o filho, mas se encontra em condições adversas; (iii) a medida é desproporcional em sentido estrito, por gerar custos sociais (problemas de saúde pública e mortes) superiores aos seus benefícios. 7. Anote-se, por derradeiro, que praticamente nenhum país democrático e desenvolvido do mundo trata a interrupção da gestação durante o primeiro trimestre como crime, aí incluídos Estados Unidos, Alemanha, Reino Unido, Canadá, França, Itália, Espanha, Portugal, Holanda e Austrália. 8. Deferimento da ordem de ofício, para afastar a prisão preventiva dos pacientes, estendendo-se a decisão aos corréus". *Do voto do Ministro Roberto Barroso*: (...) "24. A criminalização viola, em primeiro lugar, a autonomia da mulher, que corresponde ao núcleo essencial da liberdade individual, protegida pelo princípio da dignidade humana (CF/1988, art. 1.º, III).

A autonomia expressa a autodeterminação das pessoas, isto é, o direito de fazerem suas escolhas existenciais básicas e de tomarem as próprias decisões morais a propósito do rumo de sua vida. Todo indivíduo – homem ou mulher – tem assegurado um espaço legítimo de privacidade dentro do qual lhe caberá viver seus valores, interesses e desejos. Neste espaço, o Estado e a sociedade não têm o direito de interferir. 25. Quando se trata de uma mulher, um aspecto central de sua autonomia é o poder de controlar o próprio corpo e de tomar as decisões a ele relacionadas, inclusive a de cessar ou não uma gravidez. Como pode o Estado – isto é, um delegado de polícia, um promotor de justiça ou um juiz de direito – impor a uma mulher, nas semanas iniciais da gestação, que a leve a termo, como se tratasse de um útero a serviço da sociedade, e não de uma pessoa autônoma, no gozo de plena capacidade de ser, pensar e viver a própria vida?" (...) "30. Por fim, a tipificação penal produz também discriminação social, já que prejudica, de forma desproporcional, as mulheres pobres, que não têm acesso a médicos e clínicas particulares, nem podem se valer do sistema público de saúde para realizar o procedimento abortivo. Por meio da criminalização, o Estado retira da mulher a possibilidade de submissão a um procedimento médico seguro. Não raro, mulheres pobres precisam recorrer a clínicas clandestinas sem qualquer infraestrutura médica ou a procedimentos precários e primitivos, que lhes oferecem elevados riscos de lesões, mutilações e óbito. 31. Em suma: na linha do que se sustentou no presente capítulo, a criminalização da interrupção da gestação no primeiro trimestre vulnera o núcleo essencial de um conjunto de direitos fundamentais da mulher. Trata-se, portanto, de restrição que ultrapassa os limites constitucionalmente aceitáveis" (...) 37. Na prática, portanto, a criminalização do aborto é ineficaz para proteger o direito à vida do feto. Do ponto de vista penal, ela constitui apenas uma reprovação "simbólica" da conduta. Mas, do ponto de vista médico, como assinalado, há um efeito perverso sobre as mulheres pobres, privadas de assistência. Deixe-se bem claro: a reprovação moral do aborto por grupos religiosos ou por quem quer que seja é perfeitamente legítima. Todos têm o direito de se expressar e de defender dogmas, valores e convicções. O que refoge à razão pública é a possibilidade de um dos lados, em um tema eticamente controvertido, criminalizar a posição do outro. (...) 41. Nesse ponto, ainda que se pudesse atribuir uma mínima eficácia ao uso do direito penal como forma de evitar a interrupção da gestação, deve-se reconhecer que há outros instrumentos que são eficazes à proteção dos direitos do feto e, simultaneamente, menos lesivas aos direitos da mulher. Uma política alternativa à criminalização implementada com sucesso em diversos países desenvolvidos do mundo é a descriminalização do aborto em seu estágio inicial (em regra, no primeiro trimestre), desde que se cumpram alguns requisitos procedimentais que permitam que a gestante tome uma decisão refletida. (...) 48. No caso em exame, como o Código Penal é de 1940 – data bem anterior à Constituição, que é de 1988 – e a jurisprudência do STF não admite a declaração de inconstitucionalidade de lei anterior à Constituição, a hipótese é de não recepção (i.e., de revogação parcial ou, mais tecnicamente, de derrogação) dos dispositivos apontados do Código Penal. Como consequência, em razão da não incidência do tipo penal imputado aos pacientes e corréus à interrupção voluntária da gestação realizada nos três primeiros meses, há dúvida fundada sobre a própria existência do crime, o que afasta a presença de pressuposto indispensável à decretação da prisão preventiva, nos termos da parte final do *caput* do art. 312 do CPP. III. Conclusão 49. Ante o exposto, concedo de ofício a ordem de *habeas corpus* para afastar a prisão preventiva dos pacientes, estendendo-a aos corréus". *Do voto da Ministra Rosa Weber*: Sobre a "definição do alcance do artigo. 4.1, em atenção aos conceitos 'pessoa', 'ser humano', 'concepção' e 'geral', a partir de uma interpretação sistemática e histórica, evolutiva e de acordo com o objeto e finalidade do Tratado internacional. Ademais, cumpre assinalar que a decisão da Corte Interamericana levou em consideração a interpretação sistemática dos sistemas regionais, interamericano, africano e europeu de direitos humanos, bem como o sistema universal, para o alcance da proteção da

# Art. 125

via intrauterina. Como resultado, entendeu a Corte Interamericana que a proteção do direito à vida com fundamento no artigo. 4.1 não é absoluta, mas gradual e incremental, conforme seu desenvolvimento, de modo que não constitui um dever absoluto e incondicional, cabendo exceções à regra geral" (...) A Corte Europeia de Direitos Humanos, nos casos Paton *vs.* Reino Unido, Vo *vs.* França, Evans *vs.* Reino Unido, *A, B, and C vs,* Irlanda, a título de exemplo, igualmente entendeu que a proteção do direito à vida intrauterina não é absoluta, tampouco a proteção dos interesses do embrião/feto, devendo haver uma proporcionalidade entre a proteção deste com a proteção dos demais direitos, notadamente os direitos da mulher e sua autonomia reprodutiva. Relevante assinalar que a Corte Europeia de Direitos Humanos não firmou uma interpretação sobre o direito à interrupção da gravidez, porquanto entendera que o Conselho da Europa não tem legitimidade para legislar sobre o assunto. Nos casos referidos, foi apreciada a questão da proporcionalidade entre as medidas de ingerência dos Estados em favor da proteção dos interesses dos nascituros e o direito à liberdade e autonomia reprodutiva da mulher" (...) Por tais razões, entendo, compartilhando das premissas argumentativas defendidas pelo Ministro Luís Roberto Barroso, no tocante aos fundamentos jurídicos e juízo de proporcionalidade, que o aborto sob a perspectiva constitucional no Brasil exige regulamentação jurídica que seja, ao mesmo tempo, conforme com os direitos do nascituro e a proteção do direito à vida e dignidade da pessoa humana, bem como em harmonia com o direito à liberdade e autonomia individual das mulheres, as quais devem ter seus direitos à autonomia reprodutiva e sexual, a não discriminação indireta de gênero igualmente tutelados" (HC 124.306-RJ, 1.ª T., relator. para o acórdão: Roberto Barros, relator:. Marco Aurélio (limitava-se em seu voto conhecer do *habeas corpus*, concedendo-o para a liberdade dos corréus); partilharam do voto do Min. Roberto Barroso os Ministros Luiz Fux, Rosa Weber e Edson Fachin, 29.11.2016).

### Aborto provocado por terceiro

> **Art. 125.** Provocar[86-88] aborto, sem o consentimento da gestante:[89-90]
> Pena – reclusão, de 3 (três) a 10 (dez) anos.

**86. Análise do núcleo do tipo:** ver nota 79 ao art. 124.

**86-A. Hipóteses de tentativa de aborto e de lesão ao feto:** a) o agente que, tentando matar o feto (aborto), agride a gestante; ocorre o nascimento com vida, mas, em decorrência das lesões provocadas ainda na fase uterina, a criança vem a falecer. Uma das características do dolo é a atualidade (deve estar presente no exato momento de prática da conduta). Portanto, é inviável punir o sujeito pela prática de homicídio, que significa *matar alguém*, vale dizer, eliminar a vida de pessoa humana (nascida com vida). Quando o agente quis matar o feto, a sua conduta voltava-se à prática de aborto, sem consentimento da gestante. Não tendo ocorrido o aborto (art. 125, CP), cuida-se de tentativa. Essa deve ser a punição. Se, no futuro, a criança, que nasceu com vida, vem a falecer, mesmo por conta da lesão sofrida ainda dentro do útero, estando consolidada a condenação pela tentativa de aborto, nada há a fazer. Mas, caso ainda esteja em fase de investigação ou processo, torna-se viável apresentar denúncia por aborto consumado, visto que o dolo de matar o feto (ser humano em gestação) terminou consolidando-se depois, quando o ser humano nasceu com vida para falecer na sequência com visível nexo causal com a agressão anterior. Pode-se valorar essa consequência do crime na fixação da pena-base. Deveria haver figura típica incriminadora específica para essa hipótese. Há julgado no sentido de se tratar de homicídio: STJ: "Na ação descrita como praticada pelo paciente é possível se identificar o suposto dolo de matar, resultado possível tanto no delito de aborto, quanto no de homicídio – ambos crimes contra a vida – devido ao fato de a criança ter nascido com vida – condição que, caso se mantivesse, resultaria no delito de tentativa de aborto – mas falecido em seguida em decorrência das agressões, deve-se adequar o tipo para o crime de homicídio consumado" (HC 85.298-MG, 6.ª T., rel. Marilza Maynard, 06.02.2014, v.u., embora antigo, muito raro); b) o agente que, tentando matar o feto, agride a gestante; ocorre nascimento com vida, mas a criança apresenta lesão corporal, advinda da agressão intrauterina. Cuida-se de tentativa de aborto (art. 125, CP). Deve-se elevar a pena-base em face da consequência do crime (lesão na criança); c) o agente tenta matar o feto, agride a gestante e lesiona o feto, mas não há aborto. Trata-se de tentativa de aborto. Se, após o nascimento, ficar demonstrada a lesão fetal, deve-se incluir no aumento da pena-base, como consequência do crime; d) o agente quer lesionar o feto e assim o faz, mas não gera aborto. A lesão ao feto não está prevista expressamente em lei, mas pode levar à viabilidade de se concluir, ao menos, pela existência do dolo eventual, porque essa agressão pode ter potencial para conduzir ao aborto. Logo, se assim for provado, seria tentativa de aborto. No entanto, imagine-se uma agressão específica ao feto, cometida por um médico, que sabe não haver viabilidade de aborto; sua intenção é machucar o feto para que a criança nasça com uma lesão. Não há figura típica prevista em lei. A lesão corporal tutela a integridade física de alguém (ser humano nascido).

**87. Sujeitos ativo e passivo:** neste caso, o sujeito ativo pode ser qualquer pessoa, embora o sujeito passivo não seja somente o feto ou embrião (sobre esse tema, ver a nota 77 *supra*), mas também a gestante, pois a agressão foi dirigida contra a sua pessoa, sem o seu consentimento. Secundariamente, é a sociedade, que tem interesse em proteger a vida do ser em formação no útero materno. Sobre a vida extrauterina, consultar a nota 9 ao art. 121.

**88. Elemento subjetivo do tipo:** ver nota 80 ao art. 124.

**89. Objetos jurídico e material:** os objetos jurídicos são a vida do feto ou embrião e a integridade física da gestante; os objetos materiais são, igualmente, o feto ou embrião e a gestante, que sofreram a conduta criminosa.

**90. Classificação do crime:** trata-se de crime comum (que pode ser praticado por qualquer pessoa); instantâneo (cuja consumação não se prolonga no tempo); comissivo (provocar = ação) ou omissivo (quando houver o dever jurídico de impedir o resultado. Ex.: o médico que, contratado para acompanhar uma gestação problemática, não o faz deliberadamente); material (exige resultado naturalístico para sua configuração); de dano (deve haver efetiva lesão ao bem jurídico protegido, no caso, a vida do feto ou embrião e a integridade física da mãe); unissubjetivo (admite a existência de um só agente); plurissubsistente (configura-se por vários atos); de forma livre (a lei não exige conduta específica para o cometimento do aborto); admite tentativa.

> **Art. 126.** Provocar[91-92] aborto[93-94] com o consentimento da gestante:[95-96]
> Pena – reclusão, de 1 (um) a 4 (quatro) anos.
> **Parágrafo único.** Aplica-se a pena do artigo anterior, se a gestante não é maior de 14 (quatorze) anos, ou é alienada ou débil mental,[97] ou se o consentimento é obtido mediante fraude, grave ameaça ou violência.[98]

**91. Análise do núcleo do tipo:** ver nota 79 ao art. 124.

**92. Elemento subjetivo do tipo:** ver nota 80 ao art. 124.

# Art. 127

Código Penal Comentado • **Nucci**

**93. Sujeitos ativo e passivo:** ativo é qualquer pessoa; passivo é o feto ou embrião (sobre esse tema, consultar a nota 77 *supra*). Secundariamente, é a sociedade, que tem interesse em proteger a vida do ser em formação no útero materno. Sobre a vida extrauterina, consultar a nota 9 ao art. 121.

**94. Objetos jurídico e material:** o objeto jurídico é a vida do feto ou embrião; o objeto material é o feto ou embrião, que sofre a conduta criminosa.

**95. Análise do tipo:** trata-se de uma exceção à teoria monística (todos os coautores e partícipes respondem pelo mesmo crime quando contribuírem para o mesmo resultado típico). Se existisse somente a figura do art. 124, o terceiro que colaborasse com a gestante para a prática do aborto incidiria naquele tipo penal. Entretanto, o legislador, para punir mais severamente o terceiro que provoca o aborto, criou o art. 126, aplicando a teoria pluralista do concurso de pessoas.

**96. Classificação do crime:** trata-se de crime comum (que pode ser praticado por qualquer pessoa); instantâneo (cuja consumação não se prolonga no tempo); comissivo (provocar = ação); material (exige resultado naturalístico para sua configuração); de dano (deve haver efetiva lesão ao bem jurídico protegido, no caso, a vida do feto ou embrião); plurissubjetivo (necessita da participação de, pelo menos, duas pessoas, embora, neste caso, existam dois tipos autônomos); plurissubsistente (configura-se por vários atos); de forma livre (a lei não exige conduta específica para o cometimento do aborto); admite tentativa. Pune-se somente a forma dolosa.

**97. Dissentimento presumido:** quando a vítima não é maior de 14 anos ou é alienada ou débil mental, não possui consentimento válido, levando à consideração de que o aborto se deu contra a sua vontade. Esse dispositivo é decorrência natural do enfoque que a lei penal concede ao menor de 14 anos (vide a incapacidade de consentimento para o ato sexual, demonstrada pelo art. 217-A, CP), incapaz de consentir validamente para certos atos.

**98. Dissentimento real:** quando o agente emprega violência, grave ameaça ou mesmo fraude, é natural supor que extraiu o consentimento da vítima à força, de modo que o aborto necessita encaixar-se na figura do art. 125.

### Forma qualificada[99-100]

> **Art. 127.** As penas cominadas nos dois artigos anteriores são aumentadas de 1/3 (um terço), se, em consequência do aborto ou dos meios empregados para provocá-lo, a gestante sofre lesão corporal de natureza grave; e são duplicadas, se, por qualquer dessas causas, lhe sobrevém a morte.[101]

**99. Aplicação restrita:** somente se aplica a figura qualificada às hipóteses dos arts. 125 e 126, pois não se pune a autolesão no direito brasileiro.

**100. Hipóteses da figura qualificada:** a) *lesões graves ou morte da gestante e feto expulso vivo*: tentativa de aborto qualificado; b) *aborto feito pela gestante, com lesões graves ou morte, havendo participação de outra pessoa*: esta pode responder por homicídio ou lesão culposa (se previsível o resultado para a gestante) em concurso com autoaborto, já que não se aplica a figura qualificada à hipótese prevista no art. 124.

**101. Crimes qualificados pelo resultado:** trata-se de hipótese em que o resultado mais grave qualifica o originalmente desejado. O agente quer matar o feto ou embrião, embora termine causando lesões graves ou mesmo a morte da gestante. Entendem a doutrina e a jurisprudência majoritárias que as lesões e a morte só podem decorrer de culpa do agente, constituindo, pois, a forma preterdolosa do crime (dolo na conduta antecedente e culpa na subsequente). Entretanto, a despeito disso, não há restrição legal expressa para que o resultado mais grave não possa ser envolvido pelo dolo eventual do agente. Mas, se isso ocorrer, conforme posição predominante, costuma-se dividir a infração em duas distintas (aborto + lesões corporais graves ou aborto + homicídio doloso, conforme o caso). Em suma, em nossa visão, o aborto com morte ou lesão grave para a gestante é um crime qualificado pelo resultado, que pode dar-se com dolo na conduta antecedente (aborto) e dolo eventual ou culpa na consequente (morte ou lesão grave para a gestante). Não se trata, pois, do autêntico crime preterdoloso, aquele que somente admite dolo na conduta antecedente e culpa na consequente. Por tal motivo, cremos possível a configuração da tentativa, isto é, o agente tenta praticar o aborto, não consegue, mas termina causando à gestante lesões graves. É uma tentativa de aborto com lesões graves para a mãe.

> **Art. 128.** Não se pune[102-103] o aborto praticado por médico:[104]

**Aborto necessário**

> I – se não há outro meio de salvar a vida da gestante;[105]

**Aborto no caso de gravidez resultante de estupro**[106-107]

> II – se a gravidez resulta de estupro[108-109] e o aborto é precedido de consentimento da gestante[110] ou, quando incapaz, de seu representante legal.[111-111-B]

**102. Análise da expressão "não se pune":** há duas posições a respeito: a) *trata-se de um equívoco do legislador*: pois fica parecendo ser uma escusa absolutória. Melhor teria sido dizer "não há crime"; b) *é correta a expressão*: pois está a lei dizendo que não se pune o *aborto*, o que significa que o *fato típico* deixa de ser punível, equivalendo a dizer que não há crime. Preferimos esta última posição. Em qualquer caso, no entanto, trata-se de excludente de ilicitude.

**103. Constitucionalidade do dispositivo:** como já expusemos na nota de abertura a este capítulo, nenhum direito é absoluto, nem mesmo o direito à vida. Por isso, é perfeitamente admissível o aborto em circunstâncias excepcionais, para preservar a vida digna da gestante. Em continuidade a essa ideia, convém mencionar a posição de ALBERTO SILVA FRANCO, ao dizer não ser inconstitucional o "sistema penal em que a proteção à vida do não nascido cedesse, ante situações conflitivas, em mais hipóteses do que aquelas em que cede a proteção penal outorgada à vida humana independente" *(Aborto por indicação eugênica*, p. 12). Há, no entanto, na doutrina posição contrária sustentando a absoluta impossibilidade de ser legitimado o aborto, pois seria ofensa à cláusula pétrea do art. 5.º, que é o direito à vida (VIDAL SERRANO NUNES JÚNIOR, *Curso de direito constitucional*, p. 85). Nesse sentido, ainda: "Eis a solução preconizada, tendente a minorar os traumas e impasses daí advindos: ao Estado caberia assumir a criação de quem nenhuma culpa teve de ser assim gerado. Do contrário, seria o caso, por exemplo, de se considerar igualmente lícito o aborto para evitar filhos portadores de doenças

# Art. 128

hereditárias ou congênitas" (WALTER VIEIRA DO NASCIMENTO, *A embriaguez e outras questões penais*. Doutrina – legislação – jurisprudência, p. 156).

**104. Sujeito que pode praticá-lo:** entende-se que somente o médico pode providenciar a cessação da gravidez nessas duas hipóteses, sem qualquer possibilidade de utilização da analogia *in bonam partem* para incluir, por exemplo, a enfermeira ou a parteira. A razão disso consiste no fato de o médico ser o único profissional habilitado a decidir, mormente na primeira situação, se a gestante pode ser salva evitando-se o aborto ou não. Quanto ao estupro, é também o médico que pode realizar a interrupção da gravidez com segurança para a gestante. Se a enfermeira ou qualquer outra pessoa assim agir, poderá ser absolvida por estado de necessidade ou até mesmo por inexigibilidade de conduta diversa, conforme o caso.

**105. Aborto terapêutico:** trata-se de uma hipótese específica de estado de necessidade. Entre os dois bens que estão em conflito (vida da gestante e vida do feto ou embrião), o direito fez clara opção pela vida da mãe. Prescinde-se do consentimento da gestante neste caso.

**106. Aborto humanitário ou piedoso:** em nome da dignidade da pessoa humana, no caso a mulher que foi violentada, o direito permite que pereça a vida do feto ou embrião. São dois valores fundamentais, mas é melhor preservar aquele já existente. AFRÂNIO PEIXOTO, no entanto, em posição contrária a essa autorização legal, diz: "É santo o ódio da mulher forçada ao bruto que a violou. Concluir daí que este ódio se estenda à criatura que sobreveio a essa violência, é dar largas ao amor próprio ciumento do homem, completamente alheio à psicologia feminina. Um filho é sempre um coração de mãe que passa para um novo corpo" (*apud* FREDERICO MARQUES, *Tratado de Direito Penal*, v. 4, p. 219).

**107. Estupro decorrente de *violência ficta*:** a) *autoriza o aborto sentimental*, pois está claramente prevista a hipótese em lei; b) *não autoriza*, pois é impossível a "morte de um ser humano" em nome de uma ficção. Preferimos a primeira posição, pois em harmonia com o princípio da legalidade. Na jurisprudência: STJ: "A hipótese cuida do que a doutrina chama de 'aborto humanitário', no qual incide causa excludente de ilicitude em razão de ser a gravidez resultante da prática do crime de estupro – no caso, estupro de vulnerável, dada a presunção absoluta de violência contra a vítima, que tem apenas 13 anos de idade. A propósito, o enunciado n. 593 da Súmula do STJ estabelece que 'o crime de estupro de vulnerável se configura com a conjunção carnal ou prática de ato libidinoso com menor de 14 anos, sendo irrelevante eventual consentimento da vítima para a prática do ato, sua experiência sexual anterior ou existência de relacionamento amoroso com o agente'. Posteriormente, aliás, referido entendimento veio a ser positivado na Lei n. 13.718/2018, que inseriu o § 5.º no art. 217 A do Código Penal. No presente caso, ao que se tem, e conforme exaustivamente narrado pela Defensoria Pública do Estado de Goiás, ora impetrante, muito embora o genitor da paciente seja contrário à interrupção da gestação, há consentimento da própria gestante, bem como de sua mãe. Em decisão proferida por esta Corte em caso idêntico – em que a vítima também contava com 13 anos de idade quando ficou grávida e no qual o seu genitor também se opunha à realização do aborto humanitário –, o Ministro relator deferiu o pedido de liminar para autorizar 'a interrupção da gravidez da adolescente L. S. M., vítima de estupro' (HC n. 879.004, Ministro Rogerio Schietti Cruz, *DJe* de 21.12.2023). Convém salientar, ainda, que a resolução do Conselho Federal de Medicina (CFM) que proibia o procedimento de assistolia fetal está suspensa por decisão do Ministro do Supremo Tribunal Federal Alexandre de Moraes, em liminar concedida na ADPF n. 1.141/DF. Na oportunidade, além de destacar que o procedimento de assistolia fetal é reconhecido e recomendado pela Organização Mundial da Saúde (OMS), inclusive para interrupções de gestações tardias, o Ministro apresentou os seguintes argumentos: (...) Assim, a situação que se apresenta impõe a imediata intervenção desta Corte para fazer cessar o constrangimento ilegal a que se encontra submetida a paciente. Evidencia-se, portanto, o *fumus boni iuris* e o *periculum in mora*, a autorizar o deferimento da medida de urgência" (*Habeas Corpus* 931.269, proferida pela Presidente do STJ Maria Thereza de Assis Moura, 24.07.2024, decisão monocrática).

**108. Violação sexual mediante fraude:** o aborto é expressamente autorizado se a gravidez decorrer de estupro; porém, pode-se utilizar de analogia *in bonam partem* para o caso de a mulher ser violada, mediante fraude, engravidando por conta da prática desse delito (art. 215, CP). Cuida-se de qualquer maneira de um crime sexual e não se poderia obrigar a vítima a manter uma gestação indesejada.

**109. Existência de condenação ou processo pelo delito de estupro:** prescindível, pois a excludente não exige a condenação do responsável pelo crime que deu origem à autorização legal. O importante é o fato e não o autor do fato. Por isso, basta o registro de um boletim de ocorrência e a apresentação do documento ao médico, que não necessita nem mesmo da autorização judicial.

**110. Consentimento da gestante:** é imprescindível, pois é ela que pode saber o grau de rejeição à criança que existe em seu coração. Caso decida gerar o ser, permitindo-lhe o nascimento, este é direito seu. Em verdade, terá dado mostra de superior desprendimento e nenhum bem será ainda mais sacrificado, além do trauma que já sofreu em virtude da violência sexual.

**111. A questão do aborto eugênico:** vinculado à eugenia, técnica utilizada para o denominado *aprimoramento da raça humana*, tem a tendência de eliminar os fetos ou embriões, considerados indesejáveis. Nesse caso, pode-se incluir qualquer classificação, desde fetos com anomalias futuramente curáveis, até aqueles que apresentem a falta de algum membro, por exemplo. Na 2.ª Grande Guerra, o nazismo buscou eliminar várias pessoas, a título de aprimoramento da raça pura – a ariana. Não se tolera o aborto eugênico ou eugenésico, pois, no Estado Democrático de Direito, devem reinar a igualdade entre os seres humanos, o respeito ao modo de ser físico e mental de cada um e a dignidade da pessoa humana.

**111-A. Autorizações para abortos reputados eugênicos:** segue-se ao Judiciário para encontrar alguns casos em que gestantes pretendem abortar os fetos, por terem detectado grave anomalia, que resultará no nascimento de um ser humano imperfeito, dependente de cuidados para o resto da vida. Uma das situações concretas a ilustrar essa conduta é a microcefalia, gerada, em tese, pelo chamado zika vírus. Com a devida vênia dos que pensam em sentido contrário, nessas hipóteses, a criança tem perspectiva de nascer, viver e tornar-se um ser humano, respeitada a sua dignidade. Se provocará maior ou menor trabalho aos seus pais, tal situação não é fator de autorização legal para o aborto. Afinal, hoje, a microcefalia; amanhã, poderão começar os abortos com fundamentos em outros defeitos genéticos, inaugurando-se, indevidamente, a eugenia. Por vezes, o juiz invoca a tese da inexigibilidade de conduta diversa, pois o feto ou embrião está "vivo" por conta do organismo materno que o sustenta, mas já se sabe do seu nascimento com vários problemas físicos e/ou mentais. A tese da inexigibilidade, nesse caso, teria dois enfoques: o da gestante, não suportando carregar no ventre uma criança de vida extrauterina complexa; o do médico, julgando salvar a genitora do forte abalo psicológico que vem sofrendo. A medicina, por ter meios, atualmente, de detectar tais anomalias gravíssimas, propicia ao juiz uma avaliação antes impossível. É *fundamental* não confundir tais anomalias gravíssimas com a anencefalia, objeto do próximo tópico. Diante disso, mais uma vez, não nos parece aceitável essa seleção *antinatural* de quem merece viver

# Art. 128

Código Penal Comentado · **Nucci**

e de quem merece morrer. Note-se a lição da doutrina, na palavra abalizada de Hungria: "É suficiente a vida; não importa o grau da capacidade de viver. Igualmente não importam, para a existência do homicídio, o sexo, a raça, a nacionalidade, a casta, a condição ou valor social da vítima. (...) O próprio *monstro* (abandonada a antiga distinção entre *ostentum* e *monstrum*) tem sua existência protegida pela lei penal" (*Comentários ao Código Penal*, v. 5, p. 37). Idem: Noronha (*Direito Penal*, v. 2, p. 18); Frederico Marques (*Tratado de Direito Penal*, v. 4, p. 104); Mirabete (*Manual de Direito Penal*, v. 2, p. 47), entre muitos outros. Não comungamos, pois, com a posição, nesse campo, ostentada por alguns penalistas, que sustentam haver proteção indeclinável ao ser nascido monstruoso, mas concordam com o aborto do feto ou embrião que, diante de anomalias, *irá nascer* monstruoso. Paulo José da Costa Júnior, por exemplo, menciona ser protegida – no campo do homicídio – qualquer vida humana, mesmo que o "recém-nascido seja um monstro, ou que a pessoa humana esteja desenganada por uma junta médica" (*Comentários ao Código Penal*, p. 358), embora, depois, afirme que andou bem o legislador ao permitir, no Anteprojeto de Reforma da Parte Especial do Código Penal, a possibilidade de abortamento de feto com graves e irreversíveis anomalias físicas ou mentais, pois seria inexigível obrigar os pais dessa criança anormal a "cuidarem do excepcional durante toda uma existência" (*Comentários ao Código Penal*, p. 384). A posição estaria justificada somente porque o feto tem "expectativa de vida" e o neonato já "nasceu vivo"? Não podemos acolher a tese de que o feto ou embrião, com anomalias, que irá constituir-se em ser vivo considerado *monstruoso*, ou com curta expectativa de vida, possa ser exterminado, enquanto, se os pais não o fizerem durante a gestação, não mais poderão assim agir quando o mesmíssimo ser humano nascer. Se a vida humana deve ser protegida de qualquer modo, seja de ser defeituoso ou não – com o que concordamos plenamente –, necessita-se estender essa proteção tanto à criança nascida quanto àquela que se encontra em gestação. E diga-se mais: a eventual curta expectativa de vida do futuro recémnascido também não deve servir de justificativa para o aborto, uma vez que não se aceita, no Brasil, a eutanásia, vale dizer, quem está desenganado não pode ser morto por terceiros, que terminarão praticando homicídio (ainda que privilegiado). Vale destacar a diferença entre malformações leves e graves, nas palavras de Alfredo Farhat: "É preciso que se distinga, desde logo, que inúmeras malformações, quando de pequeno vulto, são compatíveis com a vida. É o que acontece com o lábio leporino, a goela de lobo, ausência de membros, pés tortos, sexo dúbio, inversões viscerais etc. Outras vezes, a monstruosidade é de tal sorte que pode impedir a vida. Registram-se a evisceração do tórax e do abdome, a encefalia [sic], a ausência de cabeça, fusão de membros, duplicidade de cabeça, anomalias de grandes vasos, isso tratando-se de monstros unitários" (*Do infanticídio*, p. 39). As anomalias impeditivas da vida extrauterina merecem particular análise. Vale mencionar, no entanto, a posição de Alberto Silva Franco, favorável ao aborto eugênico de qualquer feto com malformações congênitas ou enfermidades hereditárias, mesmo que tenha vida viável após o nascimento, embora qualitativamente inferior ao do ser humano normal: "O aborto eugênico tem, por fundamento, o interesse social na qualidade de vida independente de todo ser humano, e não o interesse em assegurar a existência de qualquer um desses seres e em quaisquer condições. O aborto eugênico traduz-se, como as demais hipóteses do sistema de indicações, em causa excludente de ilicitude" (*Aborto por indicação eugênica*, p. 27).

**111-B. O aborto e a anencefalia:** se os médicos atestarem que o feto ou embrião é verdadeiramente inviável, vale dizer, possui malformação que lhe impedirá a vida fora do útero materno, não se cuida de "vida própria", mas de um ser que sobrevive à custa do organismo da gestante. No caso do anencéfalo (ausência de calota craniana e parcela do cérebro), uma vez que a própria lei considera cessada a vida tão logo ocorra a morte encefálica, não há viabilidade para se sustentar a gravidez. Assim, a ausência de abóbada craniana e de hemisférios cerebrais pode ser motivo mais que suficiente para a realização do aborto, que não é baseado, porém, em características monstruosas do ser em gestação, e sim na sua completa inviabilidade como pessoa, com vida autônoma, fora do útero materno. Autorizar o aborto, nessa hipótese, é um fato atípico. Expressa-se Debora Diniz, afirmando que a anencefalia é uma má-formação totalmente incompatível com a vida extrauterina. O feto nessa circunstância sobrevive, fora do útero materno, apenas algumas horas, embora a maioria já nasça morta. Há pouquíssimos casos de anencéfalos que viveram alguns dias. Embora valendo-se de termos fortes, a mulher grávida, nesse contexto, torna-se um "caixão ambulante" e o feto anencefálico um "vegetal" (Aborto por anomalia fetal, p. 44 e 48). José Aristodemo Pinotti ensina que a "anencefalia é resultado da falha de fechamento do tubo neural, decorrente da interação entre fatores genéticos e ambientais durante o primeiro mês de embriogênese (...) O reconhecimento de concepto com anencefalia é imediato. Não há ossos frontal, parietal e occipital. A face é delimitada pela borda superior das órbitas que contém globos oculares salientes. O cérebro remanescente encontra-se exposto e o tronco cerebral é deformado. Hoje, com os equipamentos modernos de ultrassom, o diagnóstico pré-natal dos casos de anencefalia tornou-se simples e pode ser realizado a partir de 12 semanas de gestação. A possibilidade de erro, repetindo-se o exame com dois ecografistas experientes, é praticamente nula. Não é necessária a realização de exames invasivos, apesar dos níveis de alfa-fetoproteína aumentados no líquido amniótico obtido por aminiocentese. A maioria dos anencéfalos sobrevive no máximo 48 horas após o nascimento. Quando a etiologia for brida amniótica (rompimento da membrana amniótica, que aprisiona um membro ou parte do feto), podem sobreviver um pouco mais, mas sempre é questão de dias. As gestações de anencéfalos causam, com maior frequência, patologias maternas como hipertensão e hidrâmnio (excesso de líquido amniótico) levando as mães a percorrerem uma gravidez com risco elevado" (Anencefalia, p. 63). Comparato aponta: "uma lógica consequência do fato de que o embrião humano deve ser protegido como pessoa em potencial é que essa proteção não se justifica quando o feto não tem a menor condição biológica de vida extrauterina, ou seja, quando ele não possui todos os órgãos essenciais para sobreviver duradouramente após o parto. É o caso bem conhecido dos embriões anencefálicos" (A afirmação histórica dos direitos humanos, p. 46). Conferir, ainda, o trabalho de Carolina Alves de Souza Lima (Aborto e anencefalia – direitos fundamentais em colisão, p. 76-77 e 175). Quanto à questão do feto anencéfalo, o Supremo Tribunal Federal proferiu decisão, reconhecendo não haver vida passível de tutela penal, pois há inviabilidade integral de sobrevivência do ser nascido, quando desprendido da gestante. Por isso, autoriza-se o aborto do anencéfalo (STF, ADPF 54, Pleno, rel. Marco Aurélio, 12.04.2012, DJe 20.04.2012).

### Capítulo II
### DAS LESÕES CORPORAIS

**Lesão corporal[1-2]**

> **Art. 129.** Ofender[3-5] a integridade corporal ou a saúde de outrem:[6-10]
> Pena – detenção, de 3 (três) meses a 1 (um) ano.

# Art. 129

Código Penal Comentado · **Nucci**

**Lesão corporal de natureza grave[11]**

> § 1.º Se resulta:
>
> I – incapacidade para as ocupações habituais,[12] por mais de 30 (trinta) dias;[13]
>
> II – perigo de vida;[14-14-A]
>
> III – debilidade permanente[15] de membro,[16] sentido[17] ou função;[18]
>
> IV – aceleração de parto:[19]
>
> Pena – reclusão, de 1 (um) a 5 (cinco) anos.
>
> § 2.º Se resulta:
>
> I – incapacidade permanente para o trabalho;[20]
>
> II – enfermidade incurável;[21-21-A]
>
> III – perda ou inutilização de membro, sentido ou função;[22-23]
>
> IV – deformidade permanente;[24]
>
> V – aborto:[25]
>
> Pena – reclusão, de 2 (dois) a 8 (oito) anos.

**Lesão corporal seguida de morte[26]**

> § 3.º Se resulta morte e as circunstâncias evidenciam que o agente não quis o resultado, nem assumiu o risco de produzi-lo:[27]
>
> Pena – reclusão, de 4 (quatro) a 12 (doze) anos.

**Diminuição de pena[28]**

> § 4.º Se o agente comete o crime impelido por motivo de relevante valor social ou moral, ou sob o domínio de violenta emoção, logo em seguida a injusta provocação da vítima, o juiz pode reduzir a pena de um sexto a um terço.

**Substituição da pena[29]**

> § 5.º O juiz, não sendo graves as lesões, pode ainda substituir a pena de detenção pela de multa:
>
> I – se ocorre qualquer das hipóteses do parágrafo anterior;
>
> II – se as lesões são recíprocas.[30]

**Lesão corporal culposa[31]**

> § 6.º Se a lesão é culposa:[32]
>
> Pena – detenção, de 2 (dois) meses a 1 (um) ano.

## Aumento de pena

> § 7.º Aumenta-se a pena de 1/3 (um terço), se ocorrer qualquer das hipóteses dos §§ 4.º e 6.º do art. 121 deste Código.[33]
>
> § 8.º Aplica-se à lesão culposa o disposto no § 5.º do art. 121.[34]

## Violência Doméstica[35-35-D]

> § 9.º Se a lesão[36] for praticada contra ascendente, descendente, irmão, cônjuge ou companheiro,[37] ou com quem conviva ou tenha convivido,[38] ou, ainda, prevalecendo-se o agente das relações domésticas, de coabitação ou de hospitalidade:[39]
>
> Pena – reclusão, de 2 (dois) a 5 (cinco) anos.[39-A]
>
> § 10. Nos casos previstos nos §§ 1.º a 3.º deste artigo, se as circunstâncias são as indicadas no § 9.º deste artigo, aumenta-se a pena em 1/3 (um terço).[40]
>
> § 11. Na hipótese do § 9.º deste artigo, a pena será aumentada de 1/3 (um terço) se o crime for cometido contra pessoa portadora de deficiência.[40-A]
>
> § 12. Se a lesão for praticada contra autoridade ou agente descrito nos arts. 142 e 144 da Constituição Federal, integrantes do sistema prisional e da Força Nacional de Segurança Pública, no exercício da função ou em decorrência dela, ou contra seu cônjuge, companheiro ou parente consanguíneo até terceiro grau, em razão dessa condição, a pena é aumentada de um a dois terços.[40-B]
>
> § 13. Se a lesão é praticada contra a mulher, por razões da condição do sexo feminino, nos termos do § 1.º do art. 121-A deste Código:[40-C]
>
> Pena – reclusão, de 2 (dois) a 5 (cinco) anos.

**1. Conceito de lesão corporal:** trata-se de uma ofensa física voltada à integridade ou à saúde do corpo humano. Não se enquadra neste tipo penal qualquer ofensa moral. Para a configuração do tipo é preciso que a vítima sofra algum dano ao seu corpo, alterando-se interna ou externamente, podendo, ainda, abranger qualquer modificação prejudicial à sua saúde, transfigurando-se qualquer função orgânica ou causando-lhe abalos psíquicos comprometedores. Não é indispensável a emanação de sangue ou a existência de qualquer tipo de dor. Tratando-se de saúde, não se deve levar em consideração somente a pessoa saudável, vale dizer, tornar enfermo quem não estava, mas ainda o fato de o agente ter agravado o estado de saúde de quem já se encontrava doente. É de se ressaltar, ainda, na lição de ANTOLISEI, que a lesão pode ser cometida por mecanismos não violentos, como o caso do agente que ameaça gravemente a vítima, provocando-lhe uma séria perturbação mental, ou transmite-lhe, deliberadamente, uma doença através de um contato sexual consentido (*Manuale di diritto penale. Parte speciale 1*, p. 76). O mesmo dizem ALMEIDA JÚNIOR e COSTA JÚNIOR, mencionando a denominada *morte por emoção*, quando a autópsia não consegue revelar qualquer lesão violenta, tendo em vista ter havido um trauma psíquico, levando a vítima à morte. Cita o seguinte exemplo: "um indivíduo sabia que certa velha tinha uma lesão cardíaca. Saltou, um dia, inesperadamente, sobre ela, gritando. A velha morreu" (*Lições de medicina legal*, p. 217-218). Note-se, no entanto, que, neste caso, deve responder o agente por homicídio e não por lesão corporal, na medida em que tinha conhecimento do estado de saúde da mulher, quando saltou em sua frente dando-lhe o susto fatal. O exemplo esclarece apenas que pode haver lesão por mecanismo não violento.

# Art. 129

Código Penal Comentado • **Nucci**

**2. Autolesão:** não é punida no direito brasileiro, embora seja considerada ilícita, salvo se estiver vinculada à violação de outro bem ou interesse juridicamente protegido, como ocorre quando o agente, pretendendo obter indenização ou valor de seguro, fere o próprio corpo, mutilando-se. Nessa hipótese, aplica-se o disposto no art. 171, § 2.º, V, do Código Penal, tendo em vista a proteção ao patrimônio da empresa seguradora.

**3. Análise do núcleo do tipo:** *ofender* significa lesar ou fazer mal a alguém ou a alguma coisa. O objeto da conduta é a integridade corporal (inteireza do corpo humano) ou a saúde (normalidade das funções orgânicas, físicas e mentais do ser humano).

**4. Sujeitos ativo e passivo:** qualquer pessoa, salvo em algumas figuras qualificadas. Como exemplo de sujeito passivo qualificado ou especial, pode-se mencionar a mulher grávida, no caso de lesão corporal com aceleração de parto (§ 1.º, IV) ou de aborto (§ 2.º, V).

**5. Elemento subjetivo:** na figura prevista no *caput*, que é a lesão corporal simples, somente o dolo, sem exigir-se elemento subjetivo específico ou *dolo específico*.

**6. Objetos material e jurídico:** o primeiro é a pessoa que sofre a lesão; o segundo é o bem jurídico protegido, que é a incolumidade física.

**7. Classificação:** é crime comum (pode ser cometido por qualquer pessoa); material (exige resultado naturalístico, consistente na lesão à vítima); de forma livre (podendo ser cometido por qualquer meio eleito pelo agente); comissivo ("ofender" implica ação) e, excepcionalmente, comissivo por omissão (omissivo impróprio, ou seja, é a aplicação do art. 13, § 2.º, do Código Penal); instantâneo (cujo resultado ocorre de maneira instantânea, não se prolongando no tempo); de dano (consuma-se apenas com efetiva lesão a um bem jurídico tutelado); unissubjetivo (que pode ser praticado por um só agente); plurissubsistente (em regra, vários atos integram a conduta de lesar); admite tentativa.

**8. Aplicação do princípio da insignificância ou da bagatela:** é viável não considerar fato típico a lesão ínfima causada à vítima, pois o Direito Penal não deve ocupar-se de banalidades, dependendo, naturalmente, do caso concreto. Assim, exemplificando, pequenas lesões causadas culposamente em acidentes de trânsito podem ser consideradas atípicas.

**9. Lesões leves provocadas por cônjuge:** costumava-se, como medida de política criminal, defender o arquivamento de inquérito policial ou até mesmo a absolvição da pessoa acusada quando o casal se reconciliava, visando à preservação da família. Uma condenação poderia provocar maiores danos à estabilidade conjugal, já alcançada pela recomposição de ambos. Ocorre que, atualmente, cuida-se de hipótese de violência doméstica (art. 129, § 9.º), cuja ação é pública incondicionada (ver a nota 35 *infra*). Por isso, não nos parece ser o caso de continuar a aplicar a *política criminal* de preservação dos laços familiares, pois o interesse público em buscar a punição do agente é superior à pretensa preservação do matrimônio.

**10. Consentimento do ofendido:** cremos perfeitamente aplicável, no contexto das lesões corporais, o consentimento da vítima como causa supralegal de exclusão da ilicitude. Não se pode mais conceber o corpo humano como bem absolutamente indisponível, pois a realidade desmente a teoria. É verdade que o Estado deve zelar pela vida humana, indisponível que é, além da integridade física, embora sem jamais desconhecer que a evolução dos costumes e da própria ciência traz modificações importantes nesse cenário. Atualmente, as práticas estão a demonstrar que o ser humano dispõe, no dia a dia, de sua integridade física, colocando-se em situações de risco de propósito ou submetendo-se a lesões desejadas. Do mesmo modo, não deve o Estado imiscuir-se na vida íntima das pessoas, resolvendo punir, por exemplo, lesões corporais consentidas cometidas durante a prática de ato sexual desejado entre adultos. Assim, conforme a sociedade for assimilando determinados tipos de lesão corporal, deve o Estado considerar válido o consentimento do ofendido para eliminar a ilicitude do fato. Tudo está a depender, naturalmente, da evolução dos costumes, pois não devem ser aceitas condutas que ofendam a moral e a ética social.

**11. Conceito de lesão corporal grave:** sob a mesma rubrica, o legislador tipificou dois modelos distintos de lesão corporal: a grave e a gravíssima. Enquanto no § 1.º encontram-se os casos de lesão corporal grave, no § 2.º estão os casos de lesão corporal gravíssima. A diferença entre ambas as denominações emerge cristalina a partir da análise da pena cominada: reclusão de 1 a 5 anos para a hipótese grave e reclusão de 2 a 8 anos para a gravíssima. Assim, a lesão corporal grave (ou mesmo a gravíssima) é uma ofensa à integridade física ou à saúde da pessoa humana, considerada muito mais séria e importante do que a lesão simples ou leve. Ontologicamente, inexiste diferença entre quaisquer dos tipos de lesão corporal dolosa, embora, para efeito de punição, leve-se em consideração a espécie de dano causado à vítima.

**12. Ocupação habitual:** deve-se compreender como tal toda e qualquer atividade regularmente desempenhada pela vítima, e não apenas a sua ocupação laborativa. Assim, uma pessoa que não trabalhe, vivendo de renda ou sustentada por outra, deixando de exercitar suas habituais ocupações, sejam elas quais forem – até mesmo de simples lazer –, pode ser enquadrada nesse inciso, desde que fique incapacitada por mais de trinta dias. A única e lógica exigência é que a atividade exercida pela vítima seja lícita, pois não teria cabimento considerar presente a qualificadora no caso de um delinquente que deixasse de cometer crimes por período superior ao trintídio porque foi ferido por um comparsa. Por derradeiro, deve-se destacar que o termo *habitual* tem a conotação de atividade frequente, não se podendo reconhecer a lesão corporal grave quando a vítima ficar incapacitada para ocupações que exercia raramente (ex.: o ofendido, por conta da lesão sofrida, foi obrigado a adiar por mais de 30 dias uma viagem de lazer, algo que costumava fazer esporadicamente).

**13. Comprovação por perícia:** torna-se indispensável a realização de laudo pericial para atestar o comprometimento da vítima para seu mister habitual por mais de 30 dias, devendo ser elaborado tão logo decorra o trintídio – embora possa subsistir a tolerância de alguns dias. O exame complementar pode ser suprido por prova testemunhal, como expressamente prevê o art. 168, § 3.º, do Código de Processo Penal. Sobre o tema, amenizando o trintídio: STJ: "3. Se os exames realizados foram suficientes para se averiguar o grau das lesões sofridas pelo ofendido, ensejando sua incapacidade para as ocupações habituais por mais de 30 (trinta) dias, desnecessária a realização do exame pericial complementar, nos termos da legislação de regência e da jurisprudência desta Corte" (HC 495.722-SC, 6.ª T., rel. Laurita Vaz, 30.05.2019, v.u.).

**14. Perigo de vida:** é a concreta possibilidade de a vítima morrer em face das lesões sofridas. Não bastam conjecturas ou hipóteses vagas e imprecisas, mas um fator real de risco inerente ao ferimento causado. Trata-se de um diagnóstico e não de um prognóstico, na palavra de Almeida Júnior, como oportunamente lembra Euclides Custódio da Silveira (*Direito Penal – Crimes contra a pessoa*, p. 142). Daí por que se torna praticamente indispensável o laudo pericial, sendo muito rara a sua substituição por prova testemunhal, salvo quando esta for qualificada, vale dizer, produzida pelo depoimento de especialistas, como o médico que cuidou da vítima durante a sua convalescença. Conferir, ainda, a nota 14-A *infra*. Reconhecemos que

# Art. 129

Código Penal Comentado · **Nucci**

a doutrina e a jurisprudência pátrias, majoritariamente, consideram que, neste caso, somente pode haver dolo na conduta antecedente (lesão corporal) e culpa no tocante ao resultado mais grave (perigo de vida), pois, havendo dolo em ambas as fases, estar-se-ia diante de uma tentativa de homicídio. Preferimos, no entanto, a posição esposada por ESTHER DE FIGUEIREDO FERRAZ, ao mencionar, com propriedade, que "também dolosos ou culposos podem ser os resultados mais graves no caso do artigo 129, §§ 1.º e 2.º (lesão corporal grave e gravíssima). (...) Pois se o legislador *não teve o cuidado de excluir expressamente o 'dolo'*, como o fez, logo abaixo, no parágrafo 3.º, é porque julgou que essa forma de culpabilidade poderia estar presente em relação a esse evento, como em relação aos demais relacionados nos vários números dos §§ 1.º e 2.º do artigo 129: 'perigo de vida', 'debilidade permanente de membro, sentido ou função', 'aceleração de parto', 'incapacidade permanente para o trabalho', 'perda ou inutilização de membro, sentido ou função', 'deformidade permanente', 'aborto'", acrescentando-se também a "incapacidade para as ocupações habituais por mais de 30 dias". E reitera a mestra: "Ora, se o legislador só excluiu o elemento 'dolo', direto ou eventual, *em relação ao crime de 'lesão corporal seguida de morte'*, e *silenciou* ao definir as *demais infrações qualificadas pelo resultado* é porque admitiu, *em tese*, a possibilidade de ocorrer essa modalidade de elemento subjetivo em *algumas figuras agravadas pelo evento*. Pois a lei não deve ter palavras inúteis e, ademais, as expressões restritivas devem ser restritivamente interpretadas" (*Os delitos qualificados pelo resultado no regime do Código Penal de 1940*, p. 85 e 90). Ora, nada impede que o agente tenha provocado uma lesão na vítima, assumindo o risco de colocá-la em perigo de vida, para responder pela figura do art. 129, § 1.º, II, do Código Penal. O contrário, ou seja, exigir se que no resultado qualificador (perigo de vida) somente possa existir o elemento subjetivo "culpa" é criar uma restrição onde não há expressa previsão legislativa. Quando desejou, a lei penal *expressamente* afastou o dolo – direto ou eventual –, como se dá no caso do art. 129, § 3.º. No mais, se a intenção original do autor era matar, havendo qualquer tipo de ferimento, ainda que leve, responderá por tentativa de homicídio, mas se sua intenção inicial era somente lesionar, mesmo que tenha vislumbrado a possibilidade de colocar a vítima em perigo de vida, necessita responder por lesão corporal grave. É preciso notar que correr "risco de vida" é uma situação objetiva, possível de ocorrer em vários tipos de ferimentos, o que não significa confundir a vontade de lesionar com a vontade de matar.

**14-A. Perícia:** como regra, é indispensável, pois a situação de perigo de vida é de nítida avaliação médica, que precisa ser convenientemente atestada e, sem dúvida, deixa vestígio. Desse modo, mesmo que não seja possível o exame pericial direto, pode-se buscar o indireto, feito por meio da análise das fichas clínicas da vítima. Na jurisprudência: STF: "A ausência do laudo pericial não impede seja reconhecida a materialidade do delito de lesão corporal de natureza grave por outros meios" (HC 114.567-ES, 2.ª T., rel. Gilmar Mendes, 16.10.2012, v.u.).

**15. Debilidade permanente:** trata-se de uma frouxidão duradoura no corpo ou na saúde, que se instala na vítima após a lesão corporal provocada pelo agente. Não se exige que seja uma debilidade perpétua, bastando ter longa duração. Trata-se de situação que deixa vestígio, sendo indispensável a perícia. Porém, basta um laudo, não se fazendo necessário exame complementar.

**16. Membro:** os membros do corpo humano são os braços, as mãos, as pernas e os pés. Os dedos são apenas partes dos membros, de modo que a perda de um dos dedos se constitui em debilidade permanente da mão ou do pé. Na jurisprudência: STJ: "1. A amputação parcial da falange do 3.º quirodáctilo direito configura debilidade permanente a caracterizar o crime de lesão corporal de natureza grave (art. 129, § 1.º, III, do CP) e não gravíssima (art. 129, § 2.º, III e IV, do CP). 2. Como bem leciona Guilherme de Souza Nucci, os membros do corpo humano são os braços, as mãos, as pernas e os pés. Os dedos são apenas partes dos membros, de modo que a perda de um dos dedos constitui-se em debilidade permanente da mão ou do pé (*in Código Penal Comentado*, 19.ª edição, pág. 797)" (AgRg no AREsp 1.895.015-TO, 5.ª T., rel. Reynaldo Soares da Fonseca, 17.08.2021, v.u.).

**17. Sentido:** possui o ser humano cinco sentidos: visão, olfato, audição, paladar e tato. Assim, exemplificando, perder a visão num dos olhos é debilidade permanente.

**18. Função:** trata-se da ação própria de um órgão do corpo humano. Exemplos: função respiratória, função excretória, função circulatória. A perda de um dos rins é debilidade permanente e não perda de função, pois se trata de órgão duplo.

**19. Aceleração de parto:** significa antecipar o nascimento da criança antes do prazo normal previsto pela medicina. Nesse caso, é indispensável o conhecimento da gravidez pelo agente. Se, em virtude da lesão corporal praticada contra a mãe, a criança nascer morta, terá havido lesão corporal gravíssima (art. 129, § 2.º, V). Há possibilidade de haver o nascimento com vida, mas, em razão da lesão corporal sofrida pela mãe, que tenha atingido o feto, venha a morrer a criança. Opinam alguns penalistas, nos moldes apregoados por HUNGRIA, que, nesse caso, responderia o agente por lesão corporal gravíssima, equiparando-se a situação à lesão corporal seguida de aborto (*Comentários ao Código Penal*, v. 5, p. 335). Outros, porém, sugerem que, havendo morte após o nascimento, caracteriza-se apenas a lesão corporal grave (MIRABETE, *Manual de Direito Penal*, v. 2, p. 96). Cremos que as seguintes hipóteses podem ocorrer: a) se houve aceleração de parto, o feto nasceu com vida, morrendo, em face das lesões sofridas, dias, semanas ou meses depois, não há como falar em lesão corporal gravíssima, ou seja, cujo resultado mais grave é o aborto, pois este é um termo específico, que significa a morte do feto *antes do nascimento*. Trata-se, pois, de lesão corporal grave (aceleração de parto); b) se a lesão corporal atingiu a mãe e também o feto, mas não provocou nem a aceleração de parto, nem o aborto, vindo a criança a morrer, depois do nascimento com vida, algum tempo depois, em virtude da lesão sofrida, não há como imputar-se ao agente lesão grave ou gravíssima, pois sua conduta, nesse prisma, não se amolda aos tipos penais do art. 129, §§ 1.º, IV, e 2.º, V. Neste último caso, quanto à lesão corporal, deverá ela ser tipificada como simples. Entretanto, ainda dentro do mesmo quadro (sem haver aceleração de parto, nem aborto), caso o agente tenha visado ao feto (dolo direto ou indireto), quando agrediu a mãe, poderá responder, concomitantemente, por lesão corporal leve e tentativa de aborto, sem o consentimento da gestante. Outra solução poderá estar aplicando ao autor da agressão tipo penal inadequado.

**20. Incapacidade permanente para o trabalho:** trata-se da inaptidão duradoura para exercer qualquer atividade laborativa lícita. Nesse contexto, diferentemente da incapacidade para as ocupações habituais, exige-se atividade remunerada, que implique em sustento, portanto, acarrete prejuízo financeiro para o ofendido. Convém ressaltar o alerta feito por ÁLVARO MAYRINK DA COSTA, com o qual concordamos: "A doutrina advoga que significa *qualquer modalidade de trabalho* e não especificamente o trabalho a que a vítima se dedicava. Contudo, há necessidade de serem estabelecidas certas *restrições*, visto que não se pode exigir de um intelectual ou de um artista que se inicie na atividade de pedreiro. Fixa-se no campo do factualmente possível e não no teoricamente imaginável. Portanto, incapacidade permanente é uma diminuição efetiva da capacidade física comparada à que possuía a vítima antes do fato punível" (*Direito Penal*, v. 2, t. 1, p. 231).

**21. Enfermidade incurável:** é a doença irremediável, de acordo com os recursos da medicina na época do resultado, causada na vítima. Não configura a qualificadora a simples

# Art. 129

**Código Penal Comentado · Nucci**

debilidade enfrentada pelo organismo da pessoa ofendida, necessitando existir uma séria alteração na saúde. Embora a vítima não seja obrigada a submeter-se a qualquer tipo de tratamento ou cirurgia de risco para curar-se, também não se deve admitir a recusa imotivada do ofendido para tratar-se. Se há recursos suficientes para controlar a enfermidade gerada pela agressão, impedindo-a de se tornar *incurável*, é preciso que o ofendido os utilize. Não o fazendo por razões injustificáveis, não deve o agente arcar com o crime na forma agravada. Por outro lado, uma vez condenado o autor da agressão por lesão gravíssima, consistente em ter gerado ao ofendido uma enfermidade incurável, não cabe revisão criminal caso a medicina evolua, permitindo a reversão da doença. Caberia a revisão criminal apenas se tivesse havido erro quanto à impossibilidade de cura no momento da condenação, ou seja, a enfermidade era passível de controle e tratamento, mas tal situação não foi percebida a tempo.

**21-A. Transmissão do vírus da AIDS:** ver a nota 24 ao art. 131. Cuida-se de aplicação deste tipo penal. Conferir: STJ: "Na hipótese de transmissão dolosa de doença incurável, a conduta deverá será apenada com mais rigor do que o ato de contaminar outra pessoa com moléstia grave, conforme previsão clara do art. 129, § 2.º inciso II, do Código Penal. A alegação de que a vítima não manifestou sintomas não serve para afastar a configuração do delito previsto no art. 129, § 2.º inciso II, do Código Penal. É de notória sabença que o contaminado pelo vírus do HIV necessita de constante acompanhamento médico e de administração de remédios específicos, o que aumenta as probabilidades de que a enfermidade permaneça assintomática. Porém, o tratamento não enseja a cura da moléstia" (HC 160.982-DF, 5.ª T., rel. Laurita Vaz, 17.05.2012, *DJe* 28.05.2012).

**22. Perda ou inutilização:** perda implica destruição ou privação de algum membro (ex.: corte de um braço), sentido (ex.: aniquilamento dos olhos) ou função (ex.: ablação da bolsa escrotal, impedindo a função reprodutora); inutilização quer dizer falta de utilidade, ainda que fisicamente esteja presente o membro ou o órgão humano. Assim, inutilizar um membro seria a perda de movimento da mão ou a impotência para o coito, embora sem remoção do órgão sexual.

**23. Cirurgia de mudança de sexo:** cremos admissível, atualmente, não só pela evolução dos costumes, mas sobretudo pelo desenvolvimento da medicina, constatando a necessidade da cirurgia, para a melhoria de vida do transexual, possa o sexo ser alterado. Formalmente, no entanto, não deixa de ser uma lesão corporal gravíssima, que inutiliza, permanentemente, a função sexual e, também, reprodutora. Pode-se dizer, em alguns casos, que os órgãos sexuais estavam atrofiados e não aptos à reprodução, embora existam e façam parte da constituição física do indivíduo. E justamente porque não mais são desejados, o caminho é mudá-los, por meio da intervenção médica. Em estudo específico sobre o tema, ensina Luiz Alberto David Araújo o seguinte: "Poder-se-ia argumentar que haveria uma mutilação do corpo, com a retirada do pênis, no caso da cirurgia do transexual homem-mulher. Mas o estado de necessidade justifica amplamente a escolha. E, ademais, a decisão, como já visto, passaria, obrigatoriamente, pelo acompanhamento de uma equipe multidisciplinar que seguiria o caso por, no mínimo, dois anos. Médicos, especialistas em diversas áreas, seriam ouvidos para bem distinguir um caso real de outro ligado à neurose ou à esquizofrenia ou a um estado passageiro de entusiasmo inconsequente. O argumento, portanto, da lesão corporal deve ser deixado de lado, sob pena de não aceitarmos a existência do estado de necessidade e, portanto, termos de reformular todo o sistema do Código Penal. Se o estado de necessidade permite a extinção da vida de outrem, em circunstâncias irreversíveis, como não permitir, com base no estado de necessidade, a retirada de parte do corpo que, para o indivíduo, não tem função de órgão sexual? O conflito entre a lesão do corpo e a busca da felicidade é a melhor opção, com larga vantagem sobre a mutilação apontada no primeiro caso" (*A proteção constitucional do transexual*, p. 107). Apesar de estarmos de acordo com a possibilidade de haver abrigo no Direito Penal para a referida cirurgia, não acolhemos a tese do estado de necessidade, sugerida pelo autor. O caso deve ser resolvido pelo consentimento do ofendido ou pela atipicidade material, conforme a tese adotada. Aliás, o estado de necessidade pressupõe um perigo atual irreparável, colocando em disputa dois bens jurídicos protegidos, havendo de ser salvo o de maior valor. Não é o caso do transexual. Ele não está à beira da morte porque, desejando modificar o sexo, não obtém permissão legal, de modo a autorizar que um médico intervenha, necessariamente para proceder à alteração objetivada. O confronto aventado entre a lesão corporal causada, de natureza gravíssima, e a busca da felicidade é por demais tênue para o contexto do Direito Penal, até porque a procura da felicidade, assim colocada, poderia gerar um maior número de fatos típicos, a pretexto de, não possuindo determinado bem ou não atingido determinado objetivo, mesmo que ilegais, o agente não seria feliz. Cremos que o direito à felicidade decorre do cumprimento fiel de todos os demais direitos e garantias individuais, assegurados pela ordem constitucional, mas não se pode considerá-lo um direito autônomo, passível de confronto com os demais, expressamente previstos em lei. Enfim, a hipótese do art. 24 do Código Penal não está evidenciada nesse caso, o que não afasta a possibilidade de se aplicar o consentimento do ofendido para legitimar a cirurgia referida. Na década de 70, o hoje extinto Tribunal de Alçada Criminal de São Paulo chegou a absolver, embora por maioria de votos, famoso cirurgião plástico que havia operado um transexual, retirando-lhe os órgãos sexuais masculinos, para inserir, em seu lugar, órgão sexual feminino artificialmente construído. A tese utilizada foi a ausência de dolo de lesionar a integridade corporal. A absolvição foi um marco histórico nesse contexto. Saliente-se que a cirurgia contou com a expressa concordância do ofendido – que chegou a depor em favor do médico, dizendo-se satisfeito com o resultado. São trechos do acórdão: o médico "que também concordava com o diagnóstico de transexualismo da vítima, com a anuência dela, operou-a, na qualidade de cirurgião plástico, retirando-lhe o falo (atrofiado e sexualmente inoperante, pois o ofendido, segundo suas palavras, nunca tivera ereção sexual e jamais copulara), a bolsa escrotal e os testículos (pequenos, amolecidos e com ausência de esperma – fls.), construindo cirurgicamente algo semelhante a uma vagina. (...) Com efeito, a acusação é da prática de um crime doloso. Por conseguinte, é necessário verificar se o réu obrou com dolo. E a resposta deve ser negativa. Não age dolosamente o médico que, através de uma cirurgia, procura curar o paciente ou reduzir o seu sofrimento físico ou mental. (...) seguiu a orientação de uma junta de especialistas, certo de que aquela era a única terapêutica para o caso, convicto de que iria estancar ou, pelo menos, minorar o sofrimento da vítima. E quem assim age não o faz dolosamente, a toda evidência, dada a superioridade de seu propósito" (trechos do voto do juiz Denser de Sá, relator designado). Em contraposição, no voto vencido, encontra-se a posição do juiz Octávio Ruggiero: "Todo problema equacionado neste processo, portanto, gira em torno do dolo, ou seja, da consciência da injuridicidade do ato praticado. Assim, é que o acusado, como profissional, sabia de antemão que a operação a ser realizada não traduzia um perfeito equilíbrio ao sistema funcional do órgão do paciente. Ou seja, a retirada dele, ainda que não fosse perfeito, introduzindo outro feminino, desfuncionado à sua semelhança, muito disforme, sem qualquer utilidade, representando apenas um receptáculo de esperma ou de qualquer elemento estranho. Então, com a retirada do órgão masculino, praticou o médico um ato punível, tanto que, embora o Conselho Fiscal da Medicina não proibisse, era pelo facultativo entendido como ilícito" (Ap. 201.999-SP, 5.ª C., m.v., *RT* 545/355). O juiz da condenação, além de rechaçar a tese de ausência de dolo, que afirmou existir sem qualquer dúvida, pois o médico sabia da ilicitude do seu ato, até por conta das várias opiniões existentes em contrário, no tocante ao consentimento do ofendido, assim manifestou-se: "Nem se diga que

# Art. 129

o consentimento do ofendido tornou lícita a intervenção cirúrgica. O consentimento da vítima não constitui circunstância de justificação. A doutrina é unânime em não considerá-lo como causa de exclusão da antijuridicidade ou de outro elemento do delito. (...) E como falar em consentimento válido de quem, como se tem reconhecido, sofre de grave distúrbio mental?" Convém mencionar o parecer emitido sobre o caso, nos autos do processo, de HELENO CLÁUDIO FRAGOSO. Primeiramente, o penalista salienta que há possibilidade de ser invocada a tese do consentimento do ofendido, algo admissível em vários outros ordenamentos jurídicos. Entretanto, nem seria necessária a utilização dessa excludente, pois "o médico não age para causar dano, mas exatamente no sentido oposto: para curar ou minorar um mal. (...) Para exclusão do dolo, os finalistas excluem a tipicidade da lesão corporal no tratamento curativo, e isso corresponde, pode-se dizer, à natureza das coisas. Quem quer curar não quer ferir". Citando MAURACH, arremata: "O fim de curar exclui a lesão corporal. A vontade de curar, própria dos médicos, é incompatível com o dolo de maus-tratos, exigido nos crimes de lesão corporal" (*RT* 545/303). Em suma, cremos que a decisão proferida pelo acórdão foi justa e legítima. Pode-se absolver o médico por atipicidade material – ausência de lesão ao bem jurídico protegido, tendo em vista que o delito do art. 129, nas suas variadas formas, tem por finalidade resguardar a lesão corporal desastrosa para a vítima e não a sua melhoria ou aprimoramento físico e mental, justamente o que aconteceu com o ofendido no caso apresentado. É a tese que preferimos. Assim, não entendendo o intérprete, inexistiria óbice para utilizar a causa supralegal de exclusão da ilicitude, que é o consentimento do ofendido. Portanto, havendo ou não consciência da ilicitude por parte do médico, o certo é que a vítima deu seu aval, crendo ser o melhor para sua pessoa, o que foi secundado por todos os profissionais da medicina ouvidos. Assim, seu consentimento pode ser válido, pois não atentatório à moral e aos bons costumes. Por uma forma ou outra, a solução de absolvição foi a mais acertada. Há Resolução do Conselho Federal de Medicina confirmando a sustentação que fizemos acima, ou seja, quando necessária, pode realizar-se. Em suma: autorizada a cirurgia de mudança de sexo, no campo da medicina, é fundamental que o direito a essa nova postura se adapte, uma vez que o tipo penal do art. 129 definitivamente não tem a finalidade de, protegendo a integridade física, causar o mal. Assim, ainda que formalmente se possa falar em lesão corporal no caso de mudança de sexo do transexual – pessoa que rejeita expressamente no campo psicológico o seu sexo natural –, certamente não o é materialmente, pois o bem jurídico maior é garantir o bem-estar do interessado.

**24. Deformidade permanente:** deformar significa alterar a forma original. Configura-se a lesão gravíssima quando ocorre a modificação duradoura de uma parte do corpo humano da vítima. Salienta a doutrina, no entanto, estar essa qualificadora ligada à estética. Por isso, é posição majoritária a exigência de ser a lesão visível, causadora de constrangimento ou vexame à vítima, e irreparável. Citam-se como exemplos as cicatrizes de larga extensão em regiões visíveis do corpo humano, que possam provocar reações de desagrado ou piedade (tais como as causadas pela vitriolagem, isto é, o lançamento de ácido no ofendido), ou a perda de orelhas, mutilação grave do nariz, entre outros. Somos levados a discordar dessa postura. O tipo penal não exige, em hipótese alguma, que a deformidade seja ligada à beleza física, tampouco seja visível. A restrição construída por parcela da doutrina e da jurisprudência é incompatível com a finalidade do artigo. Desde que o agente provoque na vítima uma alteração duradoura nas formas originais do seu corpo humano, é de se reputar configurada a qualificadora. Adotar-se posição contrária significaria exigir do juiz, ao analisar a lesão causada, um juízo de valor, a fim de saber se a vítima ficou ou não *deformada* conforme os critérios de estética que o magistrado possui, não se levando em conta o desagrado íntimo causado a quem efetivamente sofreu o ferimento e a alteração do seu corpo. Chega-se a levantar, como critério de verificação desta qualificadora, o sexo da vítima, sua condição social, sua profissão, seu modo de vida, entre outros fatores extremamente subjetivos, por vezes nitidamente discriminatórios e sem adequação típica. Uma cicatriz no rosto de uma atriz famosa seria mais relevante do que a mesma lesão produzida numa trabalhadora rural? Poderia ser, para o terceiro que não sofreu a deformidade – já que a análise desbancaria para o campo estético –, embora, para a vítima, possa ser algo muito desconfortável. Cremos, pois, pouco importar seja a deformidade visível ou não, ligada à estética ou não, passível de causar impressão vexatória ou não, exigindo-se somente seja ela duradoura, vale dizer, irreparável pelos recursos apresentados pela medicina à época do resultado. E acrescente-se possuir essa qualificadora caráter residual, isto é, quando houver lesão passível de alterar a forma original do corpo humano, não se configurando as outras hipóteses de deformidade – debilidade ou perda de membro, sentido ou função – deve ela ser aplicada. Na jurisprudência: STJ: "2. Pratica o tipo penal fundamental da lesão corporal aquele que ofende a integridade corporal ou a saúde física ou mental de outrem. Contudo, conforme entendimento firmado por ambas as turmas que compõem a Terceira Seção desta Corte Superior de Justiça, a qualificadora prevista no art. 129, § 2.º, inciso IV, do Código Penal (deformidade permanente), deve representar lesão estética de certa monta, capaz de causar desconforto a quem a vê ou ao seu portador, abrangendo, portanto, somente as condutas que resultam em lesão física" (HC 689.921/SP, 6.ª T., rel. Laurita Vaz, 08.03.2022, v.u.); "3. Na jurisprudência, a deformidade permanente apta a caracterizar a qualificadora no inciso IV do § 2.º do art. 129 do Código Penal, segundo parte da doutrina, precisa representar lesão estética de certa monta, capaz de produzir desgosto, desconforto a quem vê ou humilhação ao portador, não sendo qualquer dano estético ou físico. Embora se entenda que a deformidade não perde o caráter de permanente quando pode ser dissimulada por meios artificiais, ela precisa ser relevante (REsp 1220094/MG, Rel. Ministro Gilson Dipp, Quinta Turma, julgado em 22/02/2011, *DJe* 09/03/2011)" (AgRg no AREsp 1.895.015-TO, 5.ª T., rel. Reynaldo Soares da Fonseca, 17.08.2021, v.u.).

**25. Aborto:** é a interrupção da gravidez causando a morte do feto. Neste caso, exigem a doutrina e a jurisprudência majoritárias, como já tratado em nota anterior (ver comentários ao art. 129, § 1.º, II, *supra*), que o resultado qualificador (aborto) ocorra na forma culposa. Nessa visão, com a qual não concordamos, se o agente, ao agredir a gestante, tivesse agido com dolo (direto ou eventual) com relação à morte do feto, deveria responder pelo delito de aborto (absorvendo-se a lesão provocada na gestante), para alguns, ou por aborto em concurso com o crime de lesões corporais, para outros. Como expusemos, nada exige, na lei penal, seja esta a conclusão, pois o tipo penal, em momento algum, estabelece a forma preterdolosa para a lesão corporal seguida de aborto, vale dizer, não há a exigência – como existe no art. 129, § 3.º – de que o aborto somente possa ser punido a título de culpa. O crime é qualificado pelo resultado (uma figura híbrida por excelência), admitindo dolo no antecedente e dolo no consequente, bem como dolo no antecedente e culpa no consequente. Se a pena for considerada insuficiente, na opinião de alguns, para punir o agente que tiver manifestado o dolo nas duas fases, dever-se-ia alterar a parte sancionadora do tipo penal, mas não criar uma forma de punição alternativa. Se no roubo seguido de morte (latrocínio) admite-se, majoritariamente, a existência de dolo no antecedente (roubo), bem como dolo no subsequente (morte), o mesmo deve ocorrer neste e em outros casos de crimes qualificados pelo resultado. Cremos, pois, ser possível a incidência da lesão corporal gravíssima quando o agente agredir a mulher grávida, provocando-lhe o aborto, ainda que tenha atuado com dolo no tocante ao resultado qualificador. Caso o legislador desejasse uma consequência diversa, isto é, a punição do aborto, neste caso, somente se houvesse culpa por parte do agente, deveria ter deixado isso bem claro, como o fez na lesão corporal seguida de morte.

# Art. 129

**26. Crime preterdoloso:** trata-se da única forma autenticamente preterdolosa prevista no Código Penal, pois o legislador deixou nítida a exigência de dolo no antecedente (lesão corporal) e somente a forma culposa no evento subsequente (morte da vítima). Ao mencionar que a morte não pode ter sido desejada pelo agente, tampouco pode ele ter assumido o risco de produzi-la, está-se fixando a culpa como único elemento subjetivo possível para o resultado qualificador. Justamente por isso, neste caso, havendo dolo eventual quanto à morte da vítima, deve o agente ser punido por homicídio doloso.

**27. Tentativa:** inadmissível, pois o crime preterdoloso envolve a forma culposa e esta é totalmente incompatível com a figura da tentativa. Se o agente não quer, de modo algum, a morte da vítima, é impossível obter a forma tentada da lesão seguida de morte. Ademais, ou a morte ocorre e o crime está consumado, ou não ocorre e trata-se apenas de uma lesão corporal.

**28. Lesão corporal privilegiada:** ver os comentários feitos ao homicídio privilegiado (art. 121, § 1.º, CP), inteiramente cabíveis a este parágrafo do art. 129. Esta hipótese é aplicável às lesões grave, gravíssima ou seguida de morte. Para a lesão leve, reservou-se o próximo parágrafo. Entretanto, há um ponto mais sensível neste cenário, concernente à violência doméstica e familiar, cuja política criminal atual é privilegiada em face do número excessivo de agressões computadas. Assim, é preciso maior cautela ao admitir a lesão privilegiada ao se tratar de lesão corporal praticada no contexto mencionado, analisando de modo mais minucioso qual teria sido a provocação injusta para determinar a violenta emoção. Na jurisprudência: STJ: "III – Na hipótese dos autos, a controvérsia consistia em definir se o fato de a vítima ter chamado o réu de 'corno' durante discussão acalorada poderia dar causa à aplicação da diminuição de pena prevista no art. 129, § 4.º, do Código Penal. IV – Diante da evolução das relações sociais, sobretudo no que diz respeito à efetivação dos direitos fundamentais à igualdade, à dignidade e à proteção da vida, é temerário interpretar o § 4.º do art. 129 do Código Penal para reduzir a sanção a ser imposta a alguém, que em contexto de violência doméstica, desfere socos contra outrem em virtude de ofensa alusiva a ato de infidelidade conjugal. V – Durante o referendo da medida cautelar na ADPF 779, o Supremo Tribunal Federal apontou para o esvaziamento do caráter injusto que outrora poderia ter sido atribuído à infidelidade conjugal. VI – Nessa linha de raciocínio, o comportamento da vítima, ao chamar o réu de 'corno', não constitui suporte fático apto a caracterizar a 'injusta provocação' a que se refere o art. 129, § 4.º, do Código Penal" (AgRg no AREsp 2.215.484/SP, 5.ª T., rel. Messod Azulay Neto, 06.06.2023, v.u.).

**29. Lesão corporal privilegiada:** esta é uma autêntica hipótese de privilégio, embora conectada ao parágrafo anterior (como se vê no inciso I), acarretando a substituição da pena privativa de liberdade pela pecuniária. Aplica-se somente à hipótese de lesão corporal leve e desde que haja relevante valor social ou moral ou o domínio de violenta emoção, logo após injusta provocação da vítima.

**30. Lesões recíprocas:** além da hipótese anterior, considerou o legislador a possibilidade de aplicar o privilégio quando o agressor for também agredido pela vítima. É preciso ressaltar, no entanto, que não se trata de uma situação de legítima defesa, ou seja, se o ofendido agredir o agente apenas para se defender não deve este receber o privilégio. Ao referir-se a *lesões recíprocas*, dá a norma a entender que as duas partes entraram em luta injustamente. Não teria cabimento algum conceder o privilégio ao agressor cuja vítima, para dele se desvencilhar, tenha sido obrigada a agredi-lo e não conceder o benefício ao agente quando o ofendido tenha sofrido as lesões, conseguindo soltar-se do agressor sem fazer uso da força. Ora, se a vítima está em atitude lícita (agindo em legítima defesa), não pode esta situação servir de motivação para o atacante conseguir um benefício legal considerável, que é a substituição da pena privativa de liberdade por multa. Entretanto, se ambos são igualmente culpados e agressores um do outro, pode o juiz levar tal hipótese em consideração para aplicar o privilégio.

**31. Lesão culposa:** trata-se da figura típica do *caput* ("ofender a integridade corporal ou a saúde de outrem"), embora com outro elemento subjetivo: a culpa. É um tipo aberto, que depende, pois, da interpretação do juiz para poder ser aplicado. A culpa, conforme o art. 18, II, do Código Penal, é constituída de "imprudência, negligência ou imperícia". Portanto, lesionar alguém por imprudência, negligência ou imperícia concretiza este tipo penal incriminador.

**32. Lesão culposa no trânsito:** não mais se aplica o tipo penal do art. 129, § 6.º, à lesão corporal cometida na direção de veículo automotor, pois o Código de Trânsito Brasileiro (Lei 9.503/1997), no art. 303, estipulou um tipo incriminador específico.

**33. Aumento de pena:** ver comentários ao art. 121, § 4.º, inteiramente pertinentes a esta hipótese. Quanto ao aumento proporcionado pelo § 6.º, quando houver atuação de milícia ou grupo de extermínio, é preciso destacar ser rara a ação de tais agrupamentos apenas para lesionar a vítima, pois o intuito básico é a eliminação da vida. Por isso, a causa de aumento relativa à lesão corporal somente terá aplicabilidade nos casos de desclassificação de tentativa de homicídio para lesão dolosa; ou também nas situações de excesso em qualquer das excludentes de ilicitude, quando resulte lesão corporal dolosa, desde que advinda de milícia ou grupo de extermínio.

**34. Perdão judicial:** trata-se do mesmo caso já comentado no § 5.º do art. 121.

**35. Violência doméstica:** *doméstico* é termo que diz respeito à vida em família, usualmente na mesma casa, tanto assim que sempre se definiu a agravante prevista no art. 61, II, *f*, do Código Penal, como sendo "as ligações estabelecidas entre participantes de uma mesma vida familiar, podendo haver laços de parentesco ou não" (nota 44 ao art. 61). Introduziu-se, no § 9.º, outra versão qualificada do delito de lesão corporal, em decorrência dos inúmeros casos de agressões havidos em ambiente familiar. A pena é de reclusão, de dois a cinco anos, passando a constituir, após a edição da Lei 14.994/2024, uma pena razoável para o delito, equiparando-se, em termos de pena mínima, a uma lesão gravíssima. Torna-se mais compatível com a decretação de prisão preventiva, admissível em casos de violência doméstica e familiar. Tratando-se de lesão qualificada, a ação penal deve ser pública incondicionada. Isso porque o art. 88 da Lei 9.099/1995 preceitua que dependerá de representação a ação penal relativa aos crimes de lesões corporais leves (modalidade prevista no *caput* do art. 129) e lesões culposas (constante no § 6.º do mesmo artigo). Ora, a violência doméstica, embora lesão corporal, cuja descrição típica advém do *caput*, é forma qualificada da lesão, logo, não dependente de representação da vítima. Entretanto, é preciso ressaltar que essa qualificadora é de natureza objetiva – violência doméstica – podendo coexistir com agravantes de cunho subjetivo, como motivo torpe ou fútil. Na jurisprudência: STJ: "4. A qualificadora relativa ao crime praticado em contexto de violência doméstica é de ordem objetiva e compatível com a agravante do motivo fútil, de natureza subjetiva" (HC 480.406-SC, 6.ª T., rel. Rogerio Schietti Cruz, 09.04.2019, v.u.).

**35-A. Ação penal pública incondicionada:** quando a pena, para este delito, era de detenção, de três meses a três anos, debatia-se qual a natureza jurídica da ação penal – se condicionada ou incondicionada. Como exposto na nota anterior, sempre fomos da opinião de se cuidar de lesão qualificada, razão pela qual seria pública incondicionada. A questão se tornou pacífica com a decisão tomada pelo Supremo Tribunal Federal: "Eis um caso a exigir que se parta do princípio da realidade, do que ocorre no dia a dia quanto à violência doméstica, mais precisamente a violência praticada contra a mulher. Os dados estatísticos são alar-

# Art. 129

Código Penal Comentado · **Nucci**

658

mantes. Na maioria dos casos em que perpetrada lesão corporal de natureza leve, a mulher, agredida, a um só tempo, física e moralmente, acaba, talvez ante óptica assentada na esperança, por afastar a representação formalizada, isso quando munida de coragem a implementá-la. Conforme ressaltado na inicial, confeccionada com o desejável esmero, dados estatísticos demonstram que o percentual maior é de renúncia à representação, quer deixando-se de ter a iniciativa, quer afastando-a do cenário jurídico. Stela Cavalcanti, em '*Violência doméstica contra a mulher: análise da Lei Maria da Penha*', aponta que o índice de renúncia chega a alcançar 90% dos casos. Iniludivelmente, isso se deve não ao exercício da manifestação livre e espontânea da vítima, mas ao fato de vislumbrar uma possibilidade de evolução do agente, quando, na verdade, o que acontece é a reiteração de procedimento e, pior, de forma mais agressiva ainda em razão da perda dos freios inibitórios e da visão míope de que, tendo havido o recuo na agressão pretérita, o mesmo ocorrerá na subsequente. Os dados estatísticos são assombrosos relativamente à progressão nesse campo, vindo a desaguar, inclusive, em prática que provoque a morte da vítima. Sob o ponto de vista feminino, a ameaça e as agressões físicas não vêm, na maioria dos casos, de fora. Estão em casa, não na rua. Consubstanciam evento decorrente de dinâmicas privadas, o que, evidentemente, não reduz a gravidade do problema, mas a aprofunda, no que acirra a situação de invisibilidade social. Na maior parte dos assassinatos de mulheres, o ato é praticado por homens com quem elas mantiveram ou mantêm relacionamentos amorosos. Compõe o contexto revelador da dignidade humana o livre agir, a definição das consequências de certo ato. Essa premissa consubstancia a regra, mas, para confirmá-la, existe a exceção. Por isso mesmo, no âmbito penal, atua o Ministério Público, na maioria dos casos, sem que se tenha como imprescindível representação, bastando a notícia do crime. No tocante à violência doméstica, há de considerar-se a necessidade da intervenção estatal. Conforme mencionado na peça primeira desta ação, no Informe n.º 54/2001, da Comissão Interamericana de Direitos Humanos da Organização dos Estados Americanos, em análise sintomática da denúncia formalizada por Maria da Penha Maia Fernandes, assentou-se que o Brasil violara os direitos às garantias judiciais e à proteção judicial da peticionária, considerada violência que se apontou como a encerrar padrão discriminatório, tolerando-se a ocorrência no meio doméstico. Então, recomendou-se que prosseguisse o processo de reformas visando evitar a tolerância estatal e o tratamento discriminatório relativo à violência doméstica contra as mulheres. Foi justamente essa condenação de insuplantável teor moral que levou o País a editar a denominada Lei Maria da Penha – Lei n.º 11.340/2006 (...). No caso presente, não bastasse a situação de notória desigualdade considerada a mulher, aspecto suficiente a legitimar o necessário tratamento normativo desigual, tem-se como base para assim se proceder a dignidade da pessoa humana – artigo. 1.º, inciso III –, o direito fundamental de igualdade – artigo. 5.º, inciso I – e a previsão pedagógica segundo a qual a lei punirá qualquer discriminação atentatória dos direitos e liberdades fundamentais – artigo. 5.º, inciso XLI. A legislação ordinária protetiva está em fina sintonia com a Convenção sobre a Eliminação de Todas as Formas de Violência contra a Mulher, no que revela a exigência de os Estados adotarem medidas especiais destinadas a acelerar o processo de construção de um ambiente onde haja real igualdade entre os gêneros. Há também de se ressaltar a harmonia dos preceitos com a Convenção Interamericana para Prevenir, Punir e Erradicar a Violência contra a Mulher – a Convenção de Belém do Pará –, no que mostra ser a violência contra a mulher uma ofensa aos direitos humanos e a consequência de relações de poder historicamente desiguais entre os sexos. (...) Sob o ângulo constitucional explícito, tem-se como dever do Estado assegurar a assistência à família na pessoa de cada um dos que a integram, criando mecanismos para coibir a violência no âmbito de suas relações. Não se coaduna com a razoabilidade, não se coaduna com a proporcionalidade, deixar a atuação estatal a critério da vítima, a critério da mulher, cuja espontânea manifestação de vontade é cerceada por diversos fatores da convivência no lar, inclusive a violência a provocar o receio, o temor, o medo de represálias. Esvazia-se a proteção, com flagrante contrariedade ao que previsto na Constituição Federal, especialmente no § 8.º do respectivo artigo. 226, no que admitido que, verificada a agressão com lesão corporal leve, possa a mulher, depois de acionada a autoridade policial, atitude que quase sempre provoca retaliação do agente autor do crime, vir a recuar e a retratar-se em audiência especificamente designada com tal finalidade, fazendo-o – e ao menos se previu de forma limitada a oportunidade – antes do recebimento da denúncia, condicionando-se, segundo o preceito do artigo. 16 da Lei em comento, o ato à audição do Ministério Público. Deixar a cargo da mulher autora da representação a decisão sobre o início da persecução penal significa desconsiderar o temor, a pressão psicológica e econômica, as ameaças sofridas, bem como a assimetria de poder decorrente de relações histórico-culturais, tudo a contribuir para a diminuição de sua proteção e a prorrogação da situação de violência, discriminação e ofensa à dignidade humana. Implica relevar os graves impactos emocionais impostos pela violência de gênero à vítima, o que a impede de romper com o estado de submissão. Entender que se mostra possível o recuo, iniludivelmente carente de espontaneidade, é potencializar a forma em detrimento do conteúdo. Vejam que, recebida a denúncia, já não pode haver a retratação. Segundo o dispositivo ao qual se pretende conferir interpretação conforme à Carta da República, ocorrida a retratação antes do recebimento da denúncia, embora exaurido o ato agressivo, a resultar em lesões, é possível dar-se o dito pelo não dito e, com grande possibilidade, aguardar, no futuro, agressão maior, quadro mais condenável. Representa a Lei Maria da Penha elevada expressão da busca das mulheres brasileiras por igual consideração e respeito. Protege a dignidade da mulher, nos múltiplos aspectos, não somente como um atributo inato, mas como fruto da construção realmente livre da própria personalidade. Contribui com passos largos no contínuo caminhar destinado a assegurar condições mínimas para o amplo desenvolvimento da identidade do gênero feminino. Consigno, mais uma vez, que o Tribunal, no julgamento do *Habeas Corpus* n.º 106.212/MS, declarou a constitucionalidade do artigo. 41 da Lei n.º 11.340/2006 no que afasta a aplicação da n.º Lei 9.099, de 26 de setembro de 1995 – Lei dos Juizados Especiais –, relativamente aos crimes praticados com violência doméstica e familiar contra a mulher, independentemente da pena prevista para o tipo. E, no tocante aos crimes de lesão leve e de lesão culposa, a natureza condicionada da ação penal foi introduzida pelo artigo 88 da Lei n.º 9.099/95. Logo, a declaração, como já ocorreu, da constitucionalidade do artigo 41 da Lei n.º 11.340/2006, a estampar a não incidência da citada lei, afasta a previsão de que a ação relativa ao crime do artigo. 129 do Código Penal é pública condicionada, mas, já agora em processo objetivo – cuja decisão irradia-se extramuros processuais –, para expungir quaisquer dúvidas, resta emprestar interpretação conforme à Carta da República aos artigos 12, inciso I, e 16 da Lei n.º 11.340/2006, para assentar a natureza incondicionada da ação penal em caso de crime de lesão corporal, pouco importando a extensão dessa última" (ADI 4.424-DF, Plenário, rel. Marco Aurélio, 09.02.2012, m. v.).

**35-B. Insignificância:** houve época em que já se aplicou ao cenário da violência doméstica o critério do delito de bagatela, considerando atípicas as pequenas lesões, quando trocadas entre cônjuges, companheiros ou parentes. Hoje, não mais se deve seguir tal postura, pois é sabido da gravidade latente nesse cenário, quando, a partir de diminutas agressões, se não forem punidas a contento, seguem-se outras muito mais severas e intensas. Portanto, o ideal é promover, sempre, a ação penal contra o agente da agressão (agora, a ação é considerada pública incondicionada, conforme decisão do STF – vide nota acima), jamais acolhendo a tese da insignificância. Conferir o disposto pela Súmula 589 STJ: "É inaplicável o princípio da insignificância nos crimes ou contravenções penais praticados contra a mulher no âmbito das relações domésticas".

# Art. 129

**35-C. Indenização por dano efetivo e moral:** qualquer vítima de crime pode pleitear uma indenização por danos materiais ou morais, desde que o faça no início do processo-crime, permitindo que o réu se defenda da imputação delituosa e, também, do campo civil. No âmbito da violência doméstica, mais indicada ainda é a viabilidade de pleitear indenização, pelo menos por dano moral, para abrandar o sofrimento gerado. Na jurisprudência: STJ: "Nos casos de violência contra a mulher praticados no âmbito doméstico e familiar, é possível a fixação de valor mínimo indenizatório a título de dano moral, desde que haja pedido expresso da acusação ou da parte ofendida, ainda que não especificada a quantia, e independentemente de instrução probatória" (REsp 1.675.874-MS, 3.ª Seção, rel. Rogerio Schietti Cruz, 28.02.2018, v.u.).

**35-D. Formação da materialidade:** para as infrações que deixarem vestígios materiais, segundo dispõe o art. 158 do CPP, é indispensável a elaboração do exame de corpo de delito, direto ou indireto. O parágrafo único do referido artigo chega a mencionar que se dará prioridade à realização ao exame pericial quando se tratar de delito envolvendo violência doméstica e familiar contra mulher ou contra criança, adolescente, idoso ou pessoa com deficiência. Destaque-se, ainda, haver regra específica na Lei 11.340/2006 (Lei Maria da Penha), autorizando, expressamente, a admissão, como meio de prova, de laudos ou prontuários médicos fornecidos por hospitais e postos de saúde (art. 12, § 3.º). Em verdade, utilizar prontuários médicos aponta para a viabilidade de realização do que se denomina exame de corpo de delito indireto. O objetivo é facilitar a formação da materialidade do crime de violência doméstica e familiar, o que abrange, inclusive, a palavra da vítima, a merecer a devida análise, conforme o caso concreto. Na jurisprudência: "3. É prescindível o exame de corpo de delito a que se refere o art. 158, do CPP para fins de configuração do delito de lesão corporal ocorrido no âmbito doméstico, podendo a materialidade ser comprovada por outros meios, nos termos do art. 12, § 3.º, da Lei n. 11.340/2006, tais como laudos médicos subscritos por profissional de saúde, como na espécie. Precedentes. 4. Ademais, quanto à alegação de parcialidade e subjetividade do laudo médico, como bem ponderou a Corte de origem, o fato de a médica responsável pelo exame direto ter mencionado o estado psicológico da vítima no campo 'Observações' do mencionado laudo 'não compromete a objetividade do documento, visto que as lesões constatadas foram assinaladas em uma lista padrão, de maneira clara e direta (...)', tendo concluído que '(...) a ofendida apresentava lesão do tipo equimose/hematoma/edema na região lombar, do braço e temporal' (e-STJ fl. 293) (...) Na espécie, a defesa não logrou demonstrar o prejuízo concreto decorrente da inserção, no campo 'Observações' do laudo médico, de informações acerca do estado psicológico da vítima e de eventual aceleração do parto, até mesmo porque, acerca deste último dado, extrai-se do acórdão recorrido que a Corte de origem não o adotou como razão de decidir, tendo consignado, inclusive, que a vítima, em seu depoimento, informou ter ficado com bastantes dores nas costas em razão do ocorrido, mas que isso não prejudicou a gestação da sua filha (e-STJ fl. 295). 6. Outrossim, o Tribunal local, com base em fundamentação adequada e suficiente, assentou que, apesar de o segundo laudo, confeccionado pelo médico do Instituto Médico Legal – IML, não ter identificado a existência de lesões corporais visíveis na vítima, tal fato também não compromete a higidez do exame anterior, mormente por se tratar de lesões de natureza leve, que não deixam marcas por muitos dias e que, por ter sido realizado na delegacia, no segundo dia após os fatos, o primeiro laudo permitiu à médica responsável pelo exame direto, devido ao tempo recente da ocorrência, atestar a presença dos sinais. E concluiu que as lesões atestadas no laudo impugnado correspondem à narrativa da vítima, inclusive quanto às regiões em que ocorreram – escoriação, hematoma e edema, no braço e nas regiões lombar e temporal (e-STJ fl. 293) (...) 8. Ademais, como é cediço, esta Corte Superior consolidou o entendimento segundo o qual a palavra da vítima possui especial relevo nos delitos cometidos em contexto de violência doméstica e familiar, porquanto tais crimes são praticados, em regra, sem a presença de testemunhas. Incidência da Súmula n. 83/STJ. Na espécie, consoante assentado pelas instâncias ordinárias, 'o relato dos fatos apresentados pela vítima se mostrou íntegro em ambas as oportunidades, em completa sintonia com o laudo de exame de lesões corporais de mov. 8.5.' (e-STJ fl. 295)" (AgRg no AgRg no AREsp 1.661.307-PR, 5.ª T., rel. Reynaldo Soares da Fonseca, 12.05.2020, v.u.).

**36. Descrição típica:** menciona o parágrafo apenas a palavra *lesão*, remetendo, naturalmente, para o *caput* o entendimento do que signifique, ou seja, "ofender a integridade corporal ou a saúde de outrem".

**37. Ascendente, descendente, irmão, cônjuge ou companheiro:** sobre os primeiros quatro ofendidos nada foi alterado, continuando a valer as mesmas considerações da agravante do art. 61, II, *e* (nota 43). Houve modificação para introdução do termo *companheiro* (certamente abrangendo *companheira*), que é o reconhecimento da união estável para o efeito de equiparação ao cônjuge no contexto da proteção penal.

**38. Com quem conviva ou tenha convivido:** haverá violência doméstica se a agressão se voltar contra ascendente, descendente, irmão, cônjuge ou companheiro – em qualquer lugar, não necessitando ser no lar, onde todos eventualmente vivam, pois o tipo assim não exige – *ou* também (note-se a alternatividade) contra pessoa com quem o agente conviva ou tenha convivido. Esta hipótese serve para abranger namoro, noivado ou outra espécie de relacionamento amoroso. Conferir o teor da Súmula 600 do STJ: "Para a configuração da violência doméstica e familiar prevista no artigo 5.º da Lei n. 11.340/2006 (Lei Maria da Penha) não se exige a coabitação entre autor e vítima".

**39. Prevalência de relações domésticas, de coabitação ou de hospitalidade:** esta é outra menção incompreensível para o contexto da *violência doméstica*. Primeiramente, remetemos o leitor para a definição dessas situações, que consta na nota 44 ao art. 61. Devemos considerar, desde logo, que a finalidade da nova figura típica de lesão qualificada é atingir a agressão dentre familiares – por isso a primeira parte do tipo menciona ascendente, descendente, irmão, cônjuge ou companheiro com quem conviva ou tenha convivido (abstraímos o "ou", como exposto na nota acima), razão pela qual não tem sentido punir, como *violência doméstica*, outros tipos de agressões ocorridas, por exemplo, entre moradores de uma pensão (relação de coabitação), tampouco a lesão praticada pelo anfitrião contra a visita (relação de hospitalidade). Para isso, era mais do que suficiente a figura do *caput* com a aplicação da agravante do art. 61, II, *f*, até pelo fato de não se considerar que habitantes de uma pensão levem vida *doméstica* (familiar ou íntima).

**39-A. Modificação da pena:** com a edição da Lei 14.994/2024, a pena da lesão corporal, nesta hipótese, alterou-se novamente, como já apontamos na nota 35 *supra*. Passou de detenção, de três meses a três anos para reclusão, de dois a cinco anos. A violência doméstica aufere uma faixa de sanção penal compatível com a sua gravidade, tornando mais coerente a viabilidade de imposição de prisão preventiva. Aplicada a pena no mínimo, é possível a concessão da suspensão condicional da pena. Caso não ultrapasse quatro anos, admite regime aberto. Não se admite acordo de não persecução penal, suspensão condicional do processo ou transação.

**40. Causas de aumento:** as situações descritas no § 9.º (ofendido ascendente, descendente, irmão, cônjuge ou companheiro, com quem conviva ou tenha convivido, bem como prevalência de relações domésticas, de coabitação ou de hospitalidade), no contexto das lesões graves (§ 1.º do art. 129), gravíssimas (§ 2.º do mesmo artigo) e qualificadas pelo resultado (§ 3.º do mesmo artigo), por já constituírem estas três, figuras qualificadas em relação ao

# Art. 129

## Código Penal Comentado · Nucci

*caput*, passam a ser consideradas como causas de aumento de pena. Assim, na terceira fase da aplicação da pena (não mais levando em conta, para evitar o *bis in idem*, como agravantes na segunda fase), o juiz deverá inserir o aumento de um terço.

**40-A. Acréscimo de causa de aumento:** buscando maior proteção à pessoa deficiente (física ou mental), cuidou-se de criar outra causa de aumento (um terço), quando o ascendente, descendente, irmão, cônjuge ou companheiro for a vítima da violência doméstica. Esta causa de aumento, entretanto, é aplicável somente à violência doméstica que gere lesão simples, pois se refere somente ao § 9.º. Se as lesões forem graves ou gravíssimas (§§ 1.º e 2.º), existem faixas específicas de aplicação da pena, razão pela qual não se utiliza o § 9.º do art. 129. Quanto ao conceito de deficiente, consultar a nota 49 ao art. 61 do nosso *Código Penal comentado*.

**40-B. Lesão contra autoridade ou agente policial:** o crescimento visível do crime organizado e seus atentados contra agentes policiais, além de outros, fizeram com que houvesse o acréscimo dessa qualificadora à lesão corporal (Lei 13.142/2015). Não há desigualdade em tal previsão, pois se busca tutelar, com maior ênfase punitiva, a integridade corporal de quem atua em nome da segurança pública. Há situações similares – de aumentos de pena – em outros países, quando policiais são agredidos por criminosos. Além do homicídio, foram incluídas, também, como crimes hediondos, a lesão gravíssima e a lesão seguida de morte contra esses agentes e seus parentes. As vítimas em potencial estão destacadas: a) art. 142, CF: são os integrantes das Forças Armadas ("as Forças Armadas, constituídas pela Marinha, pelo Exército e pela Aeronáutica, são instituições nacionais permanentes e regulares, organizadas com base na hierarquia e na disciplina, sob a autoridade suprema do Presidente da República, e destinam-se à defesa da Pátria, à garantia dos poderes constitucionais e, por iniciativa de qualquer destes, da lei e da ordem"). Em tese, não haveria necessidade dessa previsão, pois Exército, Marinha e Aeronáutica só são acionados em casos excepcionais, especialmente de guerra externa, ingressando-se, então, no contexto do Código Penal Militar, que nada tem a ver com o Código Penal ou com a Lei dos Crimes Hediondos. No entanto, sabe-se que, no Brasil, integrantes das Forças Armadas são eventualmente convocados à atividade de segurança pública, como já ocorreu no Rio de Janeiro. Assim sendo, podem seus soldados ser vítimas de marginais, que, ferindo-os, cometem delito hediondo; b) art. 144, CF: são os integrantes das polícias ("a segurança pública, dever do Estado, direito e responsabilidade de todos, é exercida para a preservação da ordem pública e da incolumidade das pessoas e do patrimônio, através dos seguintes órgãos: I – polícia federal; II – polícia rodoviária federal; III – polícia ferroviária federal; IV – polícias civis; V – polícias militares e corpos de bombeiros militares; VI – polícias penais federal, estaduais e distrital"); c) integrantes do sistema prisional (carcereiros, agentes de segurança etc.), componentes de uma categoria de servidores sempre exposta a agressões, pois lidam diretamente com os presos provisórios e condenados; d) integrantes da Força Nacional de Segurança Pública. Naturalmente, o crime há de estar ligado ao exercício da sua função ou por causa dela, pois não teria sentido conferir um conteúdo mais grave à infração penal cometida em situações particulares, desprovidas de utilidade pública. Exemplo: se ocorrer um crime passional, cuja vítima é um delegado, não se aplica ao agente o previsto nesta Lei. Abrange-se, ainda, o cônjuge, companheiro ou parente do servidor, pois a criminalidade pode voltar-se contra os entes queridos ao funcionário ligados. Entretanto, cuida-se de qualificadora de natureza *objetiva*. Lesionar o policial, sabendo o agente dessa condição (dolo abrangente), configura a qualificadora. A agressão contra os parentes do agente estatal deve decorrer dessa última condição, constituindo, igualmente, uma qualificadora objetiva. Os motivos para a lesão do parente podem ser avaliados (fútil, torpe, para assegurar a impunidade do crime anterior etc.) independentemente disso.

**40-C. Lesão qualificada contra a mulher:** a Lei 14.188/2021 introduziu essa qualificadora, destacando do contexto da violência doméstica e familiar, a específica agressão contra a mulher, elevando a pena para o patamar de reclusão, de um a quatro anos. Após, a Lei 14.994/2024 modificou, novamente, a sanção penal para a faixa de reclusão, de dois a cinco anos. Estipulou-se que essa lesão se configuraria, por razões da condição do sexo feminino, conforme o § 1º do art. 121-A do Código Penal. Nesse dispositivo, encontra-se o seguinte: "considera-se que há razões de condição de sexo feminino quando o crime envolve: I – violência doméstica e familiar; II – menosprezo ou discriminação à condição de mulher". Cuida-se de qualificadora objetiva, ligando-se ao gênero da vítima. Não se vincula à motivação do agente, que pode ter variadas causas, como, por exemplo, motivo fútil ou torpe. Conferir as notas referentes ao art. 121-A. Do mesmo modo que acontece com a figura do § 9.º, conforme o patamar fixado, pode-se conceder a suspensão condicional da pena e o regime aberto. Não é admissível o acordo de não persecução penal, a suspensão condicional do processo ou a transação.

**Capítulo III**
**DA PERICLITAÇÃO DA VIDA E DA SAÚDE[1-3]**

**1. Crimes de perigo:** enquanto o delito de dano consuma-se com a efetiva lesão a um bem juridicamente tutelado, o crime de perigo contenta-se com a mera probabilidade de dano. Trata-se de um juízo de probabilidade que se funda na normalidade dos fatos, vale dizer, conforme o que usualmente costuma acontecer, o legislador leva em consideração o dano em potencial gerado por uma determinada conduta para tipificá-la. A melhor teoria, segundo cremos, para definir o perigo é a mista ou integrativa, para a qual o perigo é tanto uma hipótese quanto um trecho da realidade. Quando alguém dirige perigosamente, quer-se dizer que há a hipótese de que outra pessoa termine ferida por conta de um eventual atropelamento, mas também existe a realidade fenomênica, perceptível pelos sentidos humanos da alta velocidade desenvolvida e dos riscos inerentes às manobras perpetradas. A razão de se punir os crimes de perigo é a mesma que um pai possui em relação ao seu filho pequeno desobediente: evitar maiores e mais graves problemas. Se o Estado punir o perigo gerado, tende a evitar punir, no futuro, o dano. Embora cuidando dos delitos de mera conduta, a lição de MANOEL PEDRO PIMENTEL é precisa. "Dir-se-á que o homem é livre para querer, mesmo o mal, devendo apenas responder pelos seus atos voluntários. Entretanto, esse liberalismo excessivo é liberticida. Ninguém seria capaz de deixar uma criança caminhar imprudentemente sobre os trilhos da estrada de ferro, sem se importar com a proximidade de um trem; ou deixá-la brincar com um vidro de ácido; ou permitir que ela se entretivesse com uma arma carregada. Certamente a criança seria impedida de prosseguir, pois estaria arriscando a própria integridade e a dos demais. Seria castigada pela sua falta, com um castigo brando – pois nenhum mal ainda praticara – mas castigada para que não prosseguisse na sua caminhada sobre os trilhos, não entornasse o ácido, não disparasse a arma e, o que é mais, para que aprendesse que aquelas situações deveriam ser evitadas no futuro, para o seu próprio bem e para o bem de todos. Ninguém se rebelaria contra um castigo brando que fosse infligido à criança, pois todos compreendemos a sua finalidade. O mesmo diríamos em relação a um pai que castigasse o filho omisso nos seus deveres escolares, pela significação dessa falta e pela necessidade de reprimi-la, para evitar uma situação mais grave, projetada no porvir. Ninguém negará a função preventiva e educativa desses castigos" (*Crimes de mera conduta,* p. 137).

**2. Perigo concreto e perigo abstrato:** trata-se de ensinamento fundamental da doutrina majoritária a distinção entre o perigo concreto e o perigo abstrato, considerando-se o primeiro

# Art. 130

como a probabilidade de ocorrência de um dano que necessita ser devidamente provada pelo órgão acusador, enquanto o segundo significa uma probabilidade de dano presumida pela lei, que independe de prova no caso concreto. O legislador, nesse último caso, baseado em fatos reais, extrai a conclusão de que a prática de determinada conduta leva ao perigo, por isso tipifica a ação ou omissão, presumindo o perigo. Exemplos: a) *perigo concreto*: o delito consistente em expor a vida ou a saúde de uma pessoa a perigo *direto e iminente* necessita da prova da situação fática (dar um tiro na direção de alguém), bem como da prova do perigo (demonstração de que o disparo passou próximo ao corpo da pessoa); b) *perigo abstrato*: os delitos de tráfico e porte de entorpecentes (arts. 33 e 28 da Lei de Drogas) consistem em punir o sujeito que traz consigo substância entorpecente, porque tal conduta quer dizer um perigo para a saúde pública. Assim, para a tipificação desses delitos, basta a acusação fazer prova do fato (estar portando a droga), prescindindo-se da prova do perigo, que é presumido. Tal distinção é fundamental e continua a ser utilizada pela doutrina tradicional, bem como pela maioria da jurisprudência. Ensina Miguel Reale Júnior: "Já nos crimes de perigo abstrato, para aperfeiçoamento do modelo típico, há uma presunção absoluta, *juris et de jure*, da situação de perigo. Essa presunção não é, todavia, arbitrária, desvinculada da realidade, mas a constrói o legislador a partir da constatação da existência de condutas particulares, que, pela experiência e lógica, revelam ínsita uma situação de perigo" (Crime de gestão temerária, *Problemas penais concretos*, p. 18). Criticando a terminologia usualmente utilizada a respeito do *perigo abstrato*, diz José de Faria Costa que "o perigo nos chamados crimes de perigo abstrato não é elemento do tipo legal de crime mas unicamente motivação do legislador. Em verdadeiro rigor, com efeito, uma tal qualificação do tipo legal de crime não é muito correta. Se o perigo está fora do tipo e só serviu de razão justificadora ao legislador para criar uma norma incriminadora cujo sentido primacial é, neste caso, o de um dispositivo tipicamente imperativo não vemos o motivo para uma tal designação. Ou melhor: só o descortinamos quando numa visão translata, de leitura a dois níveis de captação da norma (o nível conformador e extranormativo e a dimensão já tipicamente normativa) se quer dar a ideia de que há um elo de ligação entre os chamados crimes de perigo concreto e os crimes de perigo abstrato. Mas essa aparência é indutora de erros. Se o perigo é motivo de criação de normas incriminadoras, a sua análise, estudo e qualificação não tem que ver com o 'antes' que levou à sua produção" (*Tentativa e dolo eventual*, p. 56).

**3. Perigo individual e perigo coletivo:** o primeiro expõe uma só pessoa ou um número determinado de pessoas a perigo – são os delitos previstos neste capítulo do Código Penal. O perigo coletivo expõe um número indeterminado de pessoas – são os crimes previstos no Capítulo I do Título VIII deste Código.

### Perigo de contágio venéreo

> **Art. 130.** Expor[4-5] alguém,[6] por meio de relações sexuais[7] ou qualquer ato libidinoso,[8] a contágio de moléstia venérea,[9-10] de que sabe ou deve saber[11] que está contaminado:[12-13]
>
> Pena – detenção, de 3 (três) meses a 1 (um) ano, ou multa.
>
> § 1.º Se é intenção do agente transmitir a moléstia:[14]
>
> Pena – reclusão, de 1 (um) a 4 (quatro) anos, e multa.
>
> § 2.º Somente se procede mediante representação.[15-16]

**4. Análise do núcleo do tipo:** *expor* significa colocar em perigo ou deixar a descoberto. O objeto da conduta é o contágio de moléstia venérea.

**5. Elemento subjetivo do tipo:** é o dolo de perigo na figura do *caput*. Não existe a forma culposa. Ver nota 14 abaixo, específica sobre o assunto.

**6. Sujeitos ativo e passivo:** o sujeito ativo deve ser qualquer pessoa contaminada por doença sexualmente transmissível, enquanto o sujeito passivo pode ser qualquer um, inclusive a pessoa que exerce a prostituição.

**7. Relação sexual:** é o coito, ou seja, a união estabelecida entre duas pessoas através da prática sexual. Trata-se de expressão mais abrangente do que conjunção carnal, que se limita à cópula *pênis-vagina*. Abrange, pois, o sexo anal ou oral.

**8. Ato libidinoso:** é a ação que dá ao autor prazer e satisfação sexual. Trata-se de expressão de máxima abrangência, envolvendo desde a conjunção carnal, passando-se pela relação sexual até atingir qualquer tipo de ato tendente a satisfazer a volúpia do agente. Ex.: carícias corporais, beijos sensuais, entre outros. Vê-se que o tipo penal envolveu toda forma de ato sexual possível de transmitir doenças.

**9. Moléstia venérea:** é a doença transmissível através de contato sexual. Trata-se de enfermidade que necessita ser conceituada pela medicina, não ficando ao critério do legislador defini-la. Exemplos: sífilis, gonorreia ou blenorragia, cancro mole.

**10. Utilização de preservativo:** não configura o delito, pois inexistente a conduta, que é *colocar em perigo* o sujeito passivo. Embora seja crime de perigo abstrato, é indispensável que o núcleo do tipo se concretize – *expor* – o que somente se dá, caso o agente atue sem qualquer proteção.

**11. Dolo direto ou eventual:** a expressão "sabe" indica que o agente tem conhecimento pleno de seu estado de enfermidade e, ainda assim, mantém com a vítima relação sexual capaz de transmitir a doença. Há, portanto, o chamado *dolo de perigo*, que é a vontade de expor outra pessoa a perigo. A expressão "deve saber" consiste no dolo eventual, querendo dizer que o agente, diante do estado de saúde que apresenta, deveria ter noção de que está contaminado e, consequentemente, assume o risco de transmitir a doença à pessoa com quem mantém relação sexual. Não existe a forma culposa. A *culpa deve ser expressa* na lei penal, jamais presumida. Além disso, se considerássemos a expressão "deve saber" como símbolo da culpa, estaríamos equiparando, no mesmo tipo, com idêntica sanção, os delitos dolosos e os culposos, o que representaria uma lesão ao princípio constitucional da proporcionalidade. Nessa ótica está a lição de Mariângela Gama de Magalhães Gomes (*O principio da proporcionalidade no Direito Penal*, p. 182).

**12. Objetos material e jurídico:** o objeto material é pessoa que mantém relação com o contaminado. Os objetos jurídicos são a vida e a saúde.

**13. Classificação:** trata-se de crime próprio (demanda sujeito ativo qualificado, que é a pessoa contaminada); formal (delito que não exige necessariamente a ocorrência de um resultado naturalístico); de forma vinculada (só pode ser cometido por meio de relação sexual ou outro ato libidinoso); comissivo ("expor" implica ação); instantâneo (cujo resultado se dá de maneira instantânea, não se prolongando no tempo); de perigo abstrato (consuma-se apenas com a prática da relação sexual ou do ato libidinoso); unissubjetivo (que pode ser praticado por um só agente); plurissubsistente (em regra, vários atos integram a conduta); admite tentativa.

# Art. 130

**14. Dolo de dano:** este parágrafo constitui uma exceção inserta no contexto do delito de perigo, que é o "perigo de contágio venéreo", pois cuida da hipótese em que o agente sabe estar contaminado e *quer transmitir a doença*. Nota-se, pela própria pena, que se altera para reclusão de 1 a 4 anos e multa, semelhante à da lesão corporal grave, ser um delito de perigo com a pena equiparada a um crime. Pune-se a conduta de manter relação sexual ou outro ato libidinoso com a vítima, desejando o contaminado transmitir-lhe a doença, causando-lhe um dano, embora seja dispensável o resultado naturalístico (a efetiva contaminação do ofendido). Havendo ou não o contágio, responderá o agente pela figura do art. 130, § 1.º. Entretanto, justamente porque a sua vontade é transmitir a doença, caso obtenha sucesso, atingindo formas mais graves de lesão, deverá responder por lesão grave ou gravíssima e até por lesão corporal seguida de morte, conforme o caso. Se ocorrer lesão corporal leve, fica absorvida pelo delito mais grave, que é a forma descrita no art. 130, § 1.º. Assim, há situações distintas: a) o agente sabe ou deve saber da sua contaminação e mantém relação sexual com a vítima, sem a pretensão de transmitir a doença, mas expondo o sujeito passivo a perigo: responderá pelo crime do art. 130, *caput*; b) o agente sabe ou deve saber da sua contaminação e quer transmitir a doença no contato sexual mantido (conseguindo ou não o contágio): responderá pelo delito do art. 130, § 1.º; c) o agente sabe ou deve saber da sua contaminação, quer transmitir a enfermidade no contato sexual mantido e consegue fazê-lo. Se configurar alguma das hipóteses da lesão corporal grave (art. 129, § 1.º), parece-nos mais lógica a tipificação nesse preceito. Caso configure uma enfermidade incurável (art. 129, § 2.º, II), nesse tipo se encaixa a conduta. Nada impede, ainda, que surjam hipóteses mais graves, como lesão corporal seguida de morte ou homicídio. Exemplo desse tipo penal seria o caso de o agente saber que está contaminado, ter conhecimento da gravidade do seu mal e desejar transmiti-lo para a vítima, que padece de saúde precária, podendo morrer caso seja atingida pela referida enfermidade, situação também conhecida pelo autor. O dolo volta-se, nesse caso, para o tipo penal do art. 121, e os germes microbianos, como ensinam ALMEIDA JÚNIOR e COSTA JÚNIOR, serviriam como agentes lesivos equivalentes a um veneno (*Lições de medicina legal*, p. 347).

**15. Ação pública condicionada:** tratando-se de crime cometido por meio de relacionamento sexual consentido, depende de representação para que o Ministério Público possa agir, oferecendo denúncia. É lógico que, deslocando-se para as figuras mais graves dos arts. 129 e 121, conforme o caso, será de ação pública incondicionada.

**16. AIDS:** a síndrome da imunodeficiência adquirida não é doença venérea, pois ela possui outras formas de transmissão que não só as vias sexuais. Assim, caso o portador do vírus – não mais considerado letal pela medicina – da AIDS mantenha relação sexual com alguém, disposto a transmitir-lhe o mal, poderá responder pela figura prevista no art. 131. Ver, ainda, o comentário feito no item 24 ao art. 131 *infra*, tratando do mesmo assunto. Na jurisprudência: TJSE: "O caso cuida de definir a competência para julgamento do fato criminoso de transmissão do vírus HIV (AIDS) para defini-lo perante o art. 130 do CP ou perante a incidência do art. 131 do mesmo Diploma. – É indubitável que não se aplica o art. 130 do CP (Perigo de Contágio Venéreo) porque a AIDS não é moléstia venérea e não se transmite somente por atos sexuais, podendo tipificar o crime do art. 131 do CP (Perigo de contágio de moléstia grave), do art. 129, § 2.º, II e § 3.º (Lesão corporal de natureza grave ou lesão corporal seguida de morte) ou até mesmo homicídio (art. 121), dependendo da intenção do agente, mas nunca o crime de perigo de contágio venéreo (art. 130)" (CJ: 0001954502019825000, Tribunal Pleno, rel. Ricardo Múcio Santana de A. Lima, 12.02.2020, v.u.).

## Perigo de contágio de moléstia grave[17]

> **Art. 131.** Praticar,[18] com o fim de transmitir[19] a outrem[20] moléstia grave[21] de que está contaminado, ato capaz de produzir o contágio:[22-24]
>
> Pena – reclusão, de 1 (um) a 4 (quatro) anos, e multa.

**17. Análise do tipo penal:** apesar de estar situado no capítulo referente aos crimes de perigo, o delito previsto no art. 131, da mesma forma que encontramos antes no art. 130, § 1.º, é formal (não exige resultado naturalístico), de perigo, mas com dolo de dano (o agente tem a finalidade de lesionar a saúde da vítima). O agente pratica ato capaz de produzir o contágio de moléstia grave da qual é portador com o claro objetivo de transmitir o mal a outrem, portanto, causando-lhe dano à saúde – o que é lesão corporal, em última análise. Ocorre que, situou o legislador neste capítulo tal figura delitiva apenas porque, no caso de haver o ato *capaz* de produzir o contágio, com a intenção do autor de que a moléstia se transmita, mas não ocorra a efetiva contração da enfermidade, o delito está consumado do mesmo modo. Nesse último prisma, houve o perigo de contágio, desejado pelo agente, mas não atingido. Por isso, inseriu-se a figura no capítulo dos crimes de perigo: havendo perigo de contágio, o crime está consumado; havendo o contágio, também está consumado. É uma figura mista, pois um crime de perigo, com dolo de dano. Optou o legislador pela criação desta figura, com pena próxima à lesão corporal grave, razão pela qual fazendo a vítima correr perigo ou levando, efetivamente, ao contágio, a punição se dará em torno de reclusão, de um a quatro anos, e multa. No caso de contração da enfermidade, não cabe a punição por lesão corporal simples (art. 129, *caput*), pois a sanção penal do crime do art. 131 é bem mais severa, apta a envolver o perigo ou o dano. E, por tal motivo, igualmente se afasta a tentativa de lesão. Caso haja efetiva lesão grave, prevalece esta figura se possível a tipificação no art. 129, § 1.º. Se ocorrer lesão gravíssima (enfermidade incurável), tipifica-se no art. 129, § 2.º, II. No caso da transmissão do vírus HIV, consultar a nota 24 *infra*.

**18. Sujeitos ativo e passivo:** o primeiro é a pessoa que está contaminada por moléstia grave contagiosa, enquanto o segundo pode ser qualquer pessoa, mesmo aquela que já está enferma, visto que a transmissão de outra doença pode agravar-lhe a perturbação à saúde. É natural que a pessoa portadora do mesmo mal do sujeito ativo não possa ser sujeito passivo deste crime, desde que, medicamente atestado, não exista possibilidade de piorar da doença que já a perturba.

**19. Elemento subjetivo do tipo:** exige-se o dolo de dano, com o elemento específico, consistente no "fim de transmitir a moléstia". Portanto, não basta que o agente realize ato capaz de produzir o contágio, mas que tenha a especial intenção de transmitir a enfermidade. É o que se pode denominar "dolo específico". Dessa forma, somente pode haver dolo direto (excluído o eventual por incompatibilidade lógica), acrescido do elemento subjetivo do tipo específico. Afastada está a forma culposa.

**20. Objetos material e jurídico:** o objeto material é a pessoa que sofre o contágio ou corre o risco de contaminar-se; o objeto jurídico é a vida e a saúde de pessoa humana.

**21. Moléstia grave:** trata-se de uma doença séria, que inspira preciosos cuidados, sob pena de causar sequelas ponderáveis ou mesmo a morte do portador. Não cremos tratar-se de *norma penal em branco*, pois esta depende de um complemento que não pode ser dado pelo magistrado, e sim por outra norma. No caso presente, o termo "moléstia grave" é apenas um

# Art. 131

Código Penal Comentado • Nucci

elemento normativo do tipo, vale dizer, compõe um tipo aberto, que pode ser interpretado pelo juiz. É natural que o magistrado dependa, muitas vezes, de auxílio médico para saber o que pode ser uma enfermidade séria, embora este não seja indispensável, na medida em que o conceito de "doença grave" é cultural. Sabe-se, perfeitamente, por exemplo, sem necessidade de uma perícia ou de consultas a normas de saúde pública do Ministério da Saúde, que a tuberculose é moléstia grave.

**22. Ato capaz de produzir o contágio:** torna-se evidente que não se trata de transmissão somente através do ato sexual, pois o tipo penal menciona *qualquer* ato apto a conduzir a doença da pessoa enferma para a pessoa sadia. Assim, desde a relação sexual propriamente dita – que também se inclui neste tipo penal, quando não for objeto do art. 130 – até o simples ato de tossir diretamente no rosto da pessoa saudável podem configurar meios de configuração deste delito.

**23. Classificação:** trata-se de crime próprio (aquele que demanda sujeito ativo qualificado ou especial); formal (delito que não exige necessariamente um resultado naturalístico); de forma livre (podendo ser cometido por qualquer meio eleito pelo agente); comissivo ("praticar" implica ação); instantâneo (cujo resultado "contágio" ou "perigo de contágio" se dá de maneira instantânea, não se prolongando no tempo); de dano, na sua essência, embora situado neste capítulo, com possibilidade de se punir o *iter criminis*, que já expõe a vítima a perigo, como delito consumado (é a forma mista eleita: consuma-se com a efetiva lesão à saúde ou com a simples exposição a perigo); unissubjetivo (que pode ser praticado por um só agente); unissubsistente ou plurissubsistente (se a forma de transmitir a doença for efetivada por um único ato toma o delito a forma unissubsistente, embora possa ser cometido através de vários atos, o que configura o aspecto plurissubsistente); admite tentativa na forma plurissubsistente.

**24. Aplicação da pena da lesão corporal gravíssima:** a síndrome da imunodeficiência adquirida (AIDS), na atualidade, deixou de ser considerada uma enfermidade mortal, mas geradora de doença incurável, que demanda tratamento contínuo. Assim sendo, se há um contato sexual, em que o portador do vírus HIV deseja transmitir a moléstia a outra pessoa, pode-se configurar a figura típica deste art. 131. Cuida-se de expor a vítima a perigo de contágio. Porém, caso haja efetiva transmissão, tipifica-se a lesão corporal gravíssima (art. 129, § 2.º, II). Se, no futuro, houver cura para a AIDS, retorna-se a punir o agente, que transmite o vírus HIV, com base no art. 131, havendo ou não o efetivo contágio. Na jurisprudência: STF: "Moléstia grave – Transmissão – HIV – Crime doloso contra a vida versus o de transmitir doença grave. Descabe, ante previsão expressa quanto ao tipo penal, partir-se para o enquadramento de ato relativo à transmissão de doença grave como a configurar crime doloso contra a vida. Considerações" (HC 98.712-SP, 1.ª T., rel. Marco Aurélio, 05.10.2010, v.u.). STJ: "1. O Supremo Tribunal Federal, no julgamento do HC 98.712-RJ, rel. Min. Marco Aurélio (1.ª T., *DJe* 17.12.2010), firmou a compreensão de que a conduta de praticar ato sexual com a finalidade de transmitir AIDS não configura crime doloso contra a vida. Assim não há constrangimento ilegal a ser reparado de ofício, em razão de não ter sido o caso julgado pelo Tribunal do Júri. 2. O ato de propagar síndrome da imunodeficiência adquirida não é tratado no Capítulo III, Título I, da Parte Especial, do Código Penal (art. 130 e seguintes), onde não há menção a enfermidades sem cura. Inclusive, nos debates havidos no julgamento do HC 98.712-RJ, o eminente Min. Ricardo Lewandowski, ao excluir a possibilidade de a Suprema Corte, naquele caso, conferir ao delito a classificação de 'Perigo de contágio de moléstia grave' (art. 131, do Código Penal), esclareceu que, 'no atual estágio da ciência, a enfermidade é incurável, quer dizer, ela não é só grave, nos termos do art. 131'. Na hipótese de transmissão dolosa de doença incurável, a conduta deverá será apenada com mais rigor do que o ato de contaminar outra pessoa com moléstia grave, conforme previsão clara do art. 129, § 2.º inciso II, do Código Penal. A alegação de que a Vítima não manifestou sintomas não serve para afastar a configuração do delito previsto no art. 129, § 2.º, inciso II, do Código Penal. É de notória sabença que o contaminado pelo vírus do HIV necessita de constante acompanhamento médico e de administração de remédios específicos, o que aumenta as probabilidades de que a enfermidade permaneça assintomática. Porém, o tratamento não enseja a cura da moléstia" (HC 160982-DF, 5.ª T., rel. Laurita Vaz, 17.05.2012, v.u.).

### Perigo para a vida ou saúde de outrem[25]

> **Art. 132.** Expor[26-28] a vida ou a saúde[29] de outrem a perigo direto e iminente:[30-31]
>
> Pena – detenção, de 3 (três) meses a 1 (um) ano, se o fato não constitui crime mais grave.[32-33]
>
> **Parágrafo único.** A pena é aumentada de 1/6 (um sexto) a 1/3 (um terço) se a exposição da vida ou da saúde de outrem a perigo decorre do transporte de pessoas para a prestação de serviços em estabelecimentos de qualquer natureza, em desacordo com as normas legais.[34]

**25. Perigo concreto:** trata-se de um tipo genérico de perigo, válido para todas as formas de exposição da vida ou da saúde de terceiros a risco de dano, necessitando da prova da existência do perigo para configurar-se. Não basta, pois, que a acusação descreva o fato praticado pelo agente, sendo indispensável, ainda, demonstrar ao juiz o perigo *concreto* sofrido pela vítima. Ex.: dar tiros num local habitado é o fato; provar que esses tiros quase atingiram uma pessoa é o perigo concreto.

**26. Análise do núcleo do tipo:** *expor* é colocar em perigo ou deixar a descoberto. O objeto, nesse caso, é a vida ou a saúde de outrem.

**27. Sujeitos ativo e passivo:** podem ser qualquer pessoa. A única cautela, neste caso, é que o sujeito passivo seja determinado, não se admitindo que seja pessoa incerta.

**28. Elemento subjetivo:** é o dolo de perigo, isto é, a vontade de colocar outra pessoa em risco de sofrer um dano. Ex.: dar tiros dentro de um bar para afugentar os fregueses. Permite o agente que as pessoas determinadas ali dentro presentes corram o risco de sofrer um ferimento, embora não deseje que isso ocorra. Caso quisesse causar um mal determinado, estaríamos diante de uma tentativa de lesão ou de homicídio. Não há elemento subjetivo específico, nem se pune a forma culposa.

**29. Objetos material e jurídico:** o objeto material do delito é a pessoa que corre o risco, enquanto o objeto jurídico divide-se em vida e saúde da pessoa humana.

**30. Perigo direto e iminente:** é o risco palpável de dano voltado a pessoa determinada. A conduta do sujeito exige, para configurar este delito, a inserção de uma vítima certa numa situação de risco real – e não presumido –, experimentando uma circunstância muito próxima ao dano. Parece-nos que o legislador teria sido mais feliz ao usar o termo "atual", em lugar de "iminente". Ora, o que se busca coibir, exigindo o *perigo concreto*, é a exposição da vida ou da saúde de alguém a um risco de dano determinado, palpável e iminente, ou seja, que está para acontecer. O dano é iminente, mas o perigo é atual, de modo que melhor teria sido dizer "perigo direto e atual". O perigo iminente é uma situação quase impalpável e imperceptível

# Art. 132

Código Penal Comentado · **Nucci**

(poderíamos dizer, penalmente irrelevante), pois falar em perigo já é cuidar de uma situação de risco, que é imaterial, fluida, sem estar claramente definida. Se perigo atual é um risco de dano, perigo iminente é a possibilidade de colocar uma pessoa em estágio imediatamente anterior àquele que irá gerar o risco de dano, ou seja, sem a concretude e a garantia exigidas pelo Direito Penal. Tanto é realidade o que estamos afirmando que alguns penalistas, ao definirem "iminência", referem-se a uma situação "presente e imediata" ou a um risco de dano "em vias de concretização", o que, na verdade, é característica do que é *atual*, e não do que é iminente (futuro próximo). Na jurisprudência: TJMG: "1. Demonstrado que o agente expôs a vida da vítima a risco direto e iminente, dirigindo veículo automotor em alta velocidade e realizando manobra próximo da ofendida, fica aperfeiçoado em sua configuração típica o delito previsto no artigo 132 do Código Penal" (Ap. Crim. 1.0408.16.000237-9/001, 7.ª C. Crim., rel. Paulo Calmon Nogueira da Gama, 18.09.2019, v.u.); "5. Não há falar em ausência da elementar relativa ao crime de perigo para a vida ou saúde de outrem quando se atira pedra em casa habitada, vez que resta evidente a intenção de colocar em risco a vida ou a saúde de indivíduo que lá reside" (Ap. Crim. 1.0629.15.004461-4/001, 1.ª C. Crim., rel. Kárin Emmerich, 06.11.2018, v.u.).

**31. Classificação:** trata-se de crime comum (aquele que não demanda sujeito ativo qualificado ou especial); de perigo concreto (delito que exige prova da existência do perigo gerado para a vítima); de forma livre (podendo ser cometido por qualquer meio eleito pelo agente); comissivo ou omissivo, conforme o caso ("expor" implica ação ou omissão, neste caso. Diversamente, a forma de "expor", prevista no art. 130 é comissiva, porque prevê a sua realização através de relação sexual ou outro ato libidinoso); instantâneo (cujo resultado "ocorrência do perigo" se dá de maneira instantânea, não se prolongando no tempo); unissubjetivo (que pode ser praticado por um só agente); plurissubsistente (em regra, vários atos integram a conduta); admite tentativa na forma comissiva.

**32. Análise da expressão "se o fato não constitui crime mais grave":** trata-se de um delito explicitamente subsidiário, ou seja, somente se utiliza a figura do art. 132 quando outra, mais grave, deixa de se concretizar. Assim, não tem cabimento punir o agente pela exposição a perigo de vida quando houve, em verdade, tentativa de homicídio. É lógico que no caso da tentativa branca, ou seja, sem lesões à vítima, houve perigo, embora se deixe de lado o tipo penal do art. 132, tendo em vista que ele é apenas um "tipo de reserva", cedendo espaço a figuras penais mais graves.

**33. Confronto com o art. 15 da Lei 10.826/2003 (Estatuto do Desarmamento):** é crime "disparar arma de fogo ou acionar munição em lugar habitado ou em suas adjacências, em via pública ou em direção a ela, desde que essa conduta não tenha como finalidade a prática de outro crime", resultando na pena de reclusão, de 2 a 4 anos, e multa. O delito é de perigo abstrato e mais grave que a figura prevista no art. 132 do Código Penal. Portanto, se alguém disparar sua arma de fogo em lugar habitado ou nas cercanias, coloca em perigo, segundo as regras da experiência, colhidas pelo legislador e transformadas em lei penal, pessoas humanas. Por isso, prova-se o fato, dispensando-se a prova do perigo. Caso o disparo seja efetuado em lugar não habitado normalmente, mas que naquela ocasião possuía alguma pessoa, que correu perigo efetivo, o delito configurado é o do art. 132. Portanto, são raras as hipóteses de, existindo disparo de arma de fogo, incidir a regra do Código Penal em lugar da regra especial do Estatuto do Desarmamento. Note-se, por fim, que também o delito do art. 15 da Lei 10.826/2003 é subsidiário, de modo que, havendo dano a alguém, desde que seja delito *mais grave* – o que se deve ponderar pela pena aplicada –, prepondera a figura típica principal (ex.: a tentativa de homicídio).

**34. Causa de aumento de pena:** trata-se de figura acrescentada em 29 de dezembro de 1998, pela Lei 9.777, que tem por fim específico punir, mais severamente, os proprietários de veículos que promovem o transporte de trabalhadores sem lhes garantir a necessária segurança. É um delito de trânsito, embora situado no Código Penal. Por isso, além de poder configurar-se em via pública – algo típico dos crimes de trânsito –, pode também ocorrer em propriedades privadas. Ataca-se frontalmente o transporte clandestino dos boias-frias, maiores vítimas dessa espécie de crime de perigo (o que não afasta a possibilidade de se atingir qualquer outro trabalhador). Se uma vítima correr perigo já é suficiente para o preenchimento do tipo penal.

### Abandono de incapaz

> **Art. 133.** Abandonar[35] pessoa[36-37] que está sob seu cuidado,[38] guarda,[39] vigilância[40] ou autoridade,[41] e, por qualquer motivo, incapaz[42] de defender-se dos riscos resultantes do abandono:[43]
>
> Pena – detenção, de 6 (seis) meses a 3 (três) anos.
>
> § 1.º Se do abandono resulta lesão corporal de natureza grave:[44]
>
> Pena – reclusão, de 1 (um) a 5 (cinco) anos.
>
> § 2.º Se resulta a morte:
>
> Pena – reclusão, de 4 (quatro) a 12 (doze) anos.

### Aumento de pena

> § 3.º As penas cominadas neste artigo aumentam-se de 1/3 (um terço):
>
> I – se o abandono ocorre em lugar ermo;[45]
>
> II – se o agente é ascendente ou descendente, cônjuge, irmão, tutor ou curador da vítima;[46]
>
> III – se a vítima é maior de 60 (sessenta) anos.[46-A]

**35. Análise do núcleo do tipo:** abandonar quer dizer *deixar só*, sem a devida assistência. O abandono, nesse caso, não é imaterial, mas físico. Portanto, não é o caso de se enquadrar, nesta figura, o pai que deixa de dar alimentos ou afeto ao filho menor, e sim aquele que larga a criança ao léu, sem condições de se proteger sozinha. Observam-se os elementos do tipo. "incapaz de defender-se dos riscos resultantes do abandono", representando, nitidamente, uma situação de perigo concreto, que precisa ser provada para a tipificação. Na jurisprudência: STJ: "1. É consolidado o entendimento doutrinário de que o crime de abandono de incapaz (art. 133 do CP) é de perigo concreto, não bastando, portanto, a mera potencialidade abstrata de risco ao bem jurídico tutelado pela norma penal, mas a demonstração que ele foi concretamente ameaçado, ainda que não tenha chegado a ocorrer dano efetivo. Doutrina. 2. Na espécie, a sentença, após uma análise minuciosa dos elementos fático-probatórios colacionados aos autos, ao contrário do alegado pela defesa, apontou elementos concretos que efetivamente evidenciam a existência de perigo concreto para as crianças, pois 'os réus eram usuários de drogas e por muitas vezes, passavam noites se drogando, sem energias mínimas para cuidarem das vítimas, ainda em tenra idade', bem como 'deixavam seus quatro filhos em casa, desvigiados, e não lhes proviam alimentação e educação escolar adequadas', motivo pelo qual 'as crianças eram constantemente trocadas de escolas e não chegavam a concluir o ano letivo', além de 'não apresenta[rem] desenvolvimento corporal sequer compatível com a idade". Essa conclusão foi posteriormente chancelada pelo Tribunal de origem por ocasião do julgamento da apelação, de modo que não identifico nenhuma ilegalidade pelo qual estaria sendo vítima a paciente no que concerne à tese ora ventilada" (AgRg no HC 809.426/DF, 6.ª T., rel. Rogerio Schietti Cruz, 15.05.2023, v.u.). TJSP: "Resta comprovado que os agentes abandonaram pessoa, por qualquer motivo incapaz de defender-se dos riscos resultantes do abandono – Descendente maior de idade, mas que apresentava transtornos psiquiátricos e estava sob seus cuidados, guarda, vigília – Sentença condenatória mantida" (Ap. Crim. 0000742-85.2018.8.26.0069, 9.ª C. D. Crim., rel. Fátima Gomes, 30.06.2021, v.u.).

**36. Sujeitos ativo e passivo:** são próprios ou qualificados, pois exigem uma qualidade especial. O autor deve ser guarda, protetor ou autoridade designada por lei para garantir a segurança da vítima, pessoa de qualquer idade, desde que incapaz, colocada sob seu resguardo.

**36-A. Elemento subjetivo:** exige-se dolo de perigo. Não há nenhuma menção ao elemento subjetivo específico ou dolo específico, vale dizer, a *especial intenção* de colocar em perigo – como defendem alguns –, pois o pai que abandona o filho para dar-lhe um corretivo, mesmo que não tenha a intenção de colocá-lo em perigo, efetivamente o faz, merecendo responder pelo crime.

**37. Objetos material e jurídico:** o objeto material é a pessoa incapaz de se defender, que sofreu o perigo do abandono; o objeto jurídico é a proteção à vida e à saúde da pessoa humana.

**38. Cuidado:** representa condutas que demandam atenção, zelo, cautela. É a figura mais ampla das quatro previstas. Ex.: a pessoa que está enferma não pode ser abandonada, pois está momentaneamente incapacitada. Assim fazendo o agente, configurado está o delito previsto neste artigo.

**39. Guarda:** trata-se de um nível mais intenso de cuidado, pois exige proteção, amparo e vigilância. É figura destinada à proteção de pessoas que necessitam receber mais do que mera atenção ou zelo, pois demandam abrigo do agente. Ex.: o filho pequeno não pode deixar de receber proteção, pois seu estado de incapacidade é permanente, durante a fase infantil.

**40. Vigilância:** é uma figura sinônima de cuidado, que está abrangida pela guarda. Reserva-se este termo do tipo penal para as vítimas que são capazes, em regra, embora, por estarem em situações excepcionais, podem tornar-se incapazes de se defender. Ex.: um guia turístico tem o dever de vigiar os turistas sob sua responsabilidade num país estrangeiro, de língua e costumes totalmente estranhos, além de poder possuir este locais de particular periculosidade.

**41. Autoridade:** é o vínculo que se estabelece, legalmente, entre uma pessoa que tem o direito de dar ordens a outra, de modo que dessa relação defluem os deveres de cuidado, guarda ou vigilância, conforme o caso. Ex.: se o sargento convoca a tropa para uma missão secreta num cenário hostil e perigoso, tem o dever de não abandonar os soldados, não conhecedores do lugar, que para ali foram exclusivamente atendendo a um comando.

**42. Incapacidade:** não se trata de um conceito jurídico, mas real. Portanto, deve-se considerar qualquer indivíduo que, em determinada situação, esteja incapacitado para defender-se, ainda que seja maior, física e mentalmente sadio, sem qualquer tipo de enfermidade permanente.

**43. Classificação:** trata-se de crime próprio quanto aos sujeitos ativo e passivo (exige qualidades específicas de ambos); de perigo concreto; de forma livre (podendo ser cometido por qualquer meio eleito pelo agente); comissivo ou omissivo; instantâneo (cujo resultado se dá de maneira instantânea, não se prolongando no tempo). Trata-se, no caso, de delito considerado *instantâneo de efeitos permanentes*, isto é, aquele cuja consumação se dá de maneira isolada no tempo, mas os efeitos persistem, dando a impressão de que o crime ainda se encontra em franco desenvolvimento; unissubjetivo (que pode ser praticado por um só agente); plurissubsistente (em regra, vários atos integram a conduta de abandonar); admite tentativa na forma comissiva.

**44. Figuras preterdolosas:** esta e a do próximo parágrafo constituem resultados que vão além do inicialmente desejado pelo agente. Tendo em vista que, no princípio, o autor age com "dolo de perigo", que é, por natureza, incompatível com o dolo de dano, não se pode falar em dolo no resultado mais grave. Assim, a lesão corporal de natureza grave e a morte, se houver, somente podem constituir frutos da culpa.

**45. Causa de aumento de pena relativa ao "lugar ermo":** entende-se por ermo o local normalmente abandonado, desértico, sem habitantes. Narra a doutrina, no entanto, e com razão, ser essa situação descampada apenas relativa, pois, se se tratar de um lugar *absolutamente* ermo, sem qualquer possibilidade de contato ou busca de socorro, é meio de execução do crime de homicídio.

**46. Causa de aumento relativa aos especiais laços entre agente e vítima:** é natural que seja considerado mais grave o crime de abandono praticado pelos ascendentes, descendentes, cônjuges, irmãos, tutores ou curadores da vítima, pois há especial dever de assistência entre tais pessoas. Em lugar de proteção, o agente termina determinando um perigo para o ofendido, o que é particularmente inadmissível, aumentando a reprovação social do fato. Na jurisprudência: TJMG: "2. Restando satisfatoriamente comprovado nos autos que a ré foi omissa nos cuidados com os seus filhos, que estavam sob a sua guarda e eram incapazes de se defender dos riscos resultantes do abandono, configurado está o crime do artigo 133, § 3.º, II, do Código Penal" (Ap. Crim. 1.0035.17.000900-1/001, 8.ª C., rel. Dirceu Walace Baroni, 23.09.2021, v.u.).

**46-A. Causa de aumento relativa à vítima idosa:** trata-se de inovação trazida pela Lei 10.741/2003, que busca dar a mais ampla proteção possível ao idoso, punindo mais severamente aqueles que pratiquem delitos contra pessoas maiores de 60 anos. A medida é salutar tendo em vista a grande quantidade de casos registrados de abandono de idosos, por parentes ou responsáveis, quando, em verdade, mereceriam eles carinho e proteção por terem atingido a fase madura da vida.

### Exposição ou abandono de recém-nascido

> **Art. 134.** Expor ou abandonar[47-48-A] recém-nascido,[49-50] para ocultar desonra própria:[51]
>
> Pena – detenção, de 6 (seis) meses a 2 (dois) anos.
>
> § 1.º Se do fato resulta lesão corporal de natureza grave:[52]
>
> Pena – detenção, de 1 (um) a 3 (três) anos.
>
> § 2.º Se resulta a morte:
>
> Pena – detenção, de 2 (dois) a 6 (seis) anos.

**47. Análise dos núcleos do tipo:** *abandonar* tem o sentido de largar ou deixar de dar assistência pessoal a alguém, *expor*, quando confrontado com o primeiro, pode ser conceitu-

# Art. 134

Código Penal Comentado · **Nucci**

674

ado como colocar em perigo, retirando a pessoa do seu lugar habitual para levá-la a ambiente hostil, desgrudando-se dela. O objeto das condutas alternativas é o recém-nascido, havendo o propósito de esconder a própria desonra.

**48. Sujeitos ativo e passivo:** trata-se de delito próprio, ativa e passivamente, pois, enquanto o agente precisa ser a "mãe" da criança concebida em qualquer tipo de situação irregular e, excepcionalmente, o pai, como veremos abaixo, a vítima necessita ser a pessoa recém-nascida, filho(a) do sujeito ativo. Note-se que o termo "ocultar desonra própria" é normativo, isto é, compõe um tipo aberto, que exige interpretação e valoração cultural a ser dada pelo juiz no caso concreto (regras fixas, neste contexto, não nos parecem adequadas). Não se deve sustentar, segundo pensamos, que somente a mãe que tenha concebido ilicitamente uma criança pode ser autora deste crime, mas toda mulher que, conforme os costumes do lugar onde habita, tenha gerado seu filho em circunstâncias irregulares para os padrões locais. Em uma grande cidade, por exemplo, o fato de a mulher solteira, profissionalmente estabelecida, gerar um filho sem ser casada, por óbvio, não pode ser invocado para compor a figura do delito do art. 134. Entretanto, em uma pequena comunidade, a mulher solteira, sem sustento próprio, morando com os pais, pode abandonar seu filho para evitar qualquer repressão moral no seio da sua família e dos demais que a volteiam. Embora de difícil configuração nos tempos atuais, é possível que, em uma sociedade extremamente conservadora, o pai resolva abandonar o recém-nascido para "ocultar a desonra" de tê-lo gerado sem os laços do matrimônio ou por conta de adultério. Não aceitamos, no entanto, a inclusão de parentes próximos do recém-nascido como agentes do delito, pois se trata de "desonra *própria*" – que somente é concernente aos pais. Sob prisma diverso, há de se empregar interpretação extensiva, quanto à expressão *desonra própria*, para beneficiar a mãe que abandone o recém-nascido, em virtude de causas emocionais diferentes, como a impossibilidade econômica de criar um filho ou por ser pessoa viciada em drogas.

**48-A. Elemento subjetivo:** exige-se apenas o dolo de perigo, embora, neste caso, acrescido da finalidade específica exigida pelo tipo: "para ocultar desonra própria". Não há a forma culposa.

**49. Conceito de recém-nascido:** estritamente falando, recém-nascido é o ser humano que acabou de nascer com vida, ou seja, que finalizou o parto com vida extrauterina caracterizada pela instalação da respiração pulmonar. Entretanto, o alcance deste tipo penal seria muito estreito, caso se aceitasse somente a figura da vítima que terminou de ser expulsa com vida do útero materno. Sabe-se que nos primeiros dias ainda se pode considerar a criança uma recém-nascida, de forma que preferimos esse critério, ainda que vago, mas a ser analisado concretamente pelo magistrado.

**50. Objetos material e jurídico:** o primeiro é o recém-nascido; o segundo é a proteção à vida e à saúde da pessoa humana.

**51. Classificação:** trata-se de crime próprio, nos polos ativo e passivo (aquele que demanda sujeitos ativo e passivo qualificados ou especiais); de perigo concreto (o perigo deve ser investigado e provado), embora o tipo penal não faça expressa referência à sua existência. Deflui tal conclusão da análise dos núcleos do tipo – expor e abandonar –, que requerem, de alguma forma, o surgimento de uma situação diversa da anterior, isto é, o nascimento do perigo; de forma livre (podendo ser cometido por qualquer meio eleito pelo agente); comissivo ou omissivo, conforme o caso; instantâneo de efeitos permanentes (o resultado se dá de maneira instantânea, não se prolongando no tempo, mas os efeitos do crime dão a impressão de que ele ainda se encontra em fase de consumação); unissubjetivo (que pode ser praticado por um só agente); plurissubsistente (em regra, vários atos integram a conduta); admite tentativa na forma comissiva.

**52. Formas preterdolosas:** os §§ 1.º (resultando lesão corporal grave) e 2.º (resultando morte) somente podem advir a título de culpa, pois o dolo de perigo, ínsito à conduta original, é incompatível com o dolo de dano (relacionado aos resultados mais graves).

### Omissão de socorro

> **Art. 135.** Deixar[53] de prestar assistência,[54-55] quando possível fazê-lo sem risco pessoal,[56-57] à criança abandonada ou extraviada,[58] ou à pessoa inválida ou ferida,[59] ao desamparo[60] ou em grave e iminente perigo;[61-62-A] ou não pedir, nesses casos, o socorro da autoridade pública:[63-65]
>
> Pena – detenção, de 1 (um) a 6 (seis) meses, ou multa.
>
> **Parágrafo único.** A pena é aumentada de 1/2 (metade), se da omissão resulta lesão corporal de natureza grave, e triplicada, se resulta a morte.[66]

**53. Análise dos núcleos do tipo:** a) deixar significa abandonar, largar, soltar. No caso presente, deixar de prestar assistência quer dizer não prestar socorro. Daí a rubrica do tipo penal ser omissão de socorro; b) pedir significa solicitar, exigir, requerer. No sentido do texto, quer dizer acionar a autoridade pública competente para que preste o socorro devido. Ora, quem não comunica à autoridade uma ocorrência que demande a sua pronta interferência está, também, omitindo socorro. A ordem de utilização dos núcleos é bem clara: em primeiro lugar, podendo fazê-lo sem risco pessoal, deve o sujeito prestar socorro à vítima; não conseguindo prestar a assistência necessária ou estando em risco pessoal, deve chamar a autoridade pública. Quando se tratar de perigo gerado pelo condutor de veículo automotor, que deixa de socorrer a vítima, configura-se a hipótese especial do art. 304 do Código de Trânsito Brasileiro.

**54. Sujeitos ativo e passivo:** qualquer pessoa no caso do polo ativo. No polo passivo, é necessário tratar-se de pessoa inválida ou ferida em situação de desamparo ou pessoa em grave perigo, bem como de criança abandonada ou extraviada.

**54-A. Elemento subjetivo do tipo:** é o dolo de perigo. Não há elemento subjetivo específico, nem se pune a forma culposa.

**55. Objetos material e jurídico:** o objeto material é a pessoa que deixa de ser atendida diante da omissão do agente, sofrendo, com isso, o efeito direto da conduta criminosa; o objeto jurídico divide-se em proteção à vida e à saúde da pessoa humana. Não nos soa correta a visão de que o objeto jurídico tutelado por este crime é a solidariedade humana. Afinal, acima disso está a proteção à vida e à saúde, verdadeiros bens tutelados por este e pelos outros delitos deste capítulo. Não fosse assim e qualquer pessoa que ignorasse o pedido de socorro de alguém seria, automaticamente, sujeito ativo do crime de omissão de socorro, ainda que o ferido tenha sido, a tempo, socorrido por terceiros, o que não acontece. Embora inegável que ele faltou com seu dever de solidariedade, não chegou a colocar em risco a vida ou a saúde da vítima, pois foi esta socorrida por outras pessoas, não se configurando o crime de omissão de socorro.

**56. Elemento normativo:** cuida-se da expressão "quando possível fazê-lo sem risco pessoal". A lei não deseja – e não pode exigir – que uma pessoa coloque a sua segurança em

# Art. 135

Código Penal Comentado • **Nucci**

risco para salvar outra de qualquer tipo de apuro. Aliás, outra não é a mensagem contida na excludente do estado de necessidade (art. 24, CP), que admite o perecimento de um bem jurídico para salvar outro de valor igual ou superior. Portanto, se um indivíduo está ferido ou desamparado em um local de difícil acesso, como ocorre em escombros de desabamento, não se pode exigir de alguém que ingresse no lugar, podendo ser vítima de igual desmoronamento. Nesta situação, o caminho indicado pela própria lei, ao prever dois núcleos do tipo, é chamar o socorro da autoridade pública. Por isso, a expressão ora analisada refere-se unicamente à primeira parte do artigo. Frise-se, no entanto, que o "risco pessoal" é inerente à integridade física do indivíduo, e não se relaciona a prejuízos de ordem material ou moral. Ex.: aquele que não presta socorro a pessoa ferida porque teme estragar o estofamento do seu veículo pelo derrame de sangue não escapa à punição.

**57. Análise dos casos médicos:** não é aceitável, nem desculpa válida, que médicos deixem de socorrer pessoas feridas de um modo geral alegando não estar em horário de serviço ou que a pessoa não pode efetuar o pagamento de seus honorários, tampouco que não há convênio médico com o hospital onde trabalha ou inexiste vaga. Devem responder pelo delito de omissão de socorro, pois em grande parte das vezes estão em lugar próprio para prestar a assistência (hospitais, por exemplo), têm o conhecimento técnico para tanto e não há qualquer risco pessoal para invocar como escusa.

**58. Criança abandonada ou extraviada:** *criança* é um termo que não encontra unanimidade de interpretação na doutrina e na jurisprudência. Entendemos, no entanto, na esteira do preceituado pelo Estatuto da Criança e do Adolescente, que é toda pessoa humana até 11 anos completos. Logicamente, é indispensável, para configurar o tipo penal do art. 135, que a criança não saiba se defender no local onde se encontra. Uma criança que vive na rua habitualmente, por exemplo, não preenche a figura do sujeito passivo, até mesmo porque não foi abandonada ou extraviada nesse local. Vive dessa forma por falta de condições materiais fornecidas pelo Estado ou pela sua própria família, apesar de saber se defender e se "virar" nesse ambiente, que, no entanto, pode ser completamente hostil a outro infante perdido, acostumado ao constante amparo familiar. Este último corre perigo, pois não tem a menor noção de como fazer para livrar-se da situação inusitada, enquanto o outro sabe perfeitamente aonde ir, nem sequer admitindo auxílio ou amparo de terceiros. Além disso, é conveniente fixar a diferença existente entre criança *abandonada* e *extraviada*: a primeira foi largada à própria sorte por seu responsável, enquanto a segunda perdeu-se, desligou-se de seu protetor por acaso.

**59. Pessoa inválida ou ferida:** inválida é a pessoa deficiente, física ou mentalmente, em decorrência da idade avançada ou de doença, não mais possuidora da capacidade de se defender; ferida é a pessoa que sofreu alguma lesão corporal.

**60. Desamparo:** é elemento normativo que exprime a ideia de abandono, falta de assistência. Portanto, para a concretização desta figura típica é curial existir pessoa inválida ou ferida, que esteja largada à própria sorte ou sem a assistência devida. Logo, não é unicamente um problema de solidariedade humana que este crime quer resolver, mas sim uma situação concreta de perigo à vida ou à saúde de pessoas.

**61. Pessoa em grave e iminente perigo:** já tivemos oportunidade de expor anteriormente (ver comentários ao art. 132) que o legislador foi infeliz ao utilizar a expressão "perigo iminente", pois o perigo interessante aos delitos previstos neste capítulo é o atual, vale dizer, o que coloca a vítima em risco iminente de dano. Perigo iminente é uma situação obscura e impalpável, incompatível com a segurança almejada pelo tipo penal (princípio da reserva legal). Portanto, sustentamos que, neste caso, é preciso que qualquer pessoa, mesmo saudável física e mentalmente, esteja correndo risco iminente e sério à sua vida ou à sua saúde. Uma pessoa que corte superficialmente o dedo, ainda que esteja ferida e em perigo, até que promova o devido curativo, não pode ser sujeito passivo deste delito, pois o risco iminente de dano que está correndo é mínimo, ou seja, leve. De outra parte, um indivíduo que se coloca na linha do trem, desmaiado, pretendendo matar-se, está em grave e atual perigo, merecendo o amparo de terceiros.

**62. Vítima que recusa ajuda:** não se pode compreender esteja configurado o delito em toda e qualquer hipótese, sob o pretexto de ser a "solidariedade humana" algo irrenunciável. Em primeiro lugar, cremos não ser a solidariedade o objeto jurídico do crime de omissão de socorro, e, sim, a proteção à vida e à saúde de pessoa humana, que, na maioria das vezes, são bens irrenunciáveis. Portanto, se a situação configurar hipótese de vítima consciente e lúcida que, pretendendo buscar socorro sozinha, recusar o auxílio oferecido por terceiros, não se pode admitir a configuração do tipo penal. Seria por demais esdrúxulo fazer com que alguém constranja fisicamente uma pessoa ferida, por exemplo, a permitir seja socorrida, podendo daí resultar maiores lesões e consequências. Entretanto, se um ferido moribundo balbucia que não deseja ser socorrido, porque deseja morrer, é obrigação de quem por ele passar prestar-lhe auxílio, tendo em vista que a vida é bem irrenunciável e está em nítido perigo.

**62-A. Vítima morta:** não há crime, caso não se preste socorro a quem já faleceu, pois se trata de crime impossível (absoluta impropriedade do objeto), conforme dispõe o art. 17 deste Código. Há quem diga deva existir o socorro, mesmo a quem morreu, pois pode haver dúvida quanto ao falecimento. Realmente, remanescendo qualquer viabilidade de estar viva, deve-se prestar socorro; entretanto, há situações em que a morte é evidente (ex.: a cabeça se separa do corpo). Assim sendo, não há omissão de socorro.

**63. Autoridade pública:** não é qualquer "autoridade pública", ou seja, funcionário do Estado que tem a obrigação de atender aos pedidos de socorro. Por outro lado, é dever de quem aciona a autoridade buscar quem realmente pode prestar assistência. Muito fácil seria, para alguém se desvincular do dever de buscar ajuda concreta, ligar, por exemplo, para a casa de um Promotor de Justiça – que não tem essa função pública – dizendo que há um ferido no meio da rua, aguardando socorro. É curial que o indivíduo acione os órgãos competentes, como a polícia ou os bombeiros.

**64. Análise especial do fator "perigo":** não se pode aceitar a posição dos penalistas que sustentam serem de perigo abstrato todas as figuras deste tipo penal, exceto aquela concernente à pessoa em "grave e iminente perigo", que seria de perigo concreto. Cremos que todas as formas deste tipo penal espelham situações de perigo concreto, que se exige seja devidamente investigado e provado. Não é qualquer criança abandonada ou extraviada que está em perigo – ainda que se trate de infante superprotegido pela família. Pode ocorrer que a criança, pela sua própria vivacidade, não encontrando imediato socorro de terceiros, encontre, sozinha, o caminho de sua casa ou do local onde se encontram seus pais. Nessa situação, ainda que esteja, inicialmente, perdida, por exemplo, salvou-se sozinha e nenhum perigo concreto adveio. Punir quem lhe negou auxílio é pura responsabilidade penal sem nexo com o resultado produzido, visto que nenhum risco ocorreu à sua integridade. No mesmo caso estão os demais (inválido ou ferido) que tenham encontrado meios de solucionar os seus respectivos problemas. Quando o tipo penal faz nítida referência à expressão "sem risco pessoal" (que vale para todas as situações), está indicando que o perigo há de ser concreto, pois o perigo presumido nem sempre espelha situação de risco de dano iminente. Além disso, não é por mero acaso que a lei iguala,

# Art. 135-A

no mesmo escudo protetor, a criança abandonada ou extraviada, a pessoa inválida ou ferida desamparada e a pessoa saudável em *grave e iminente perigo*. Em última análise, todos estão no mesmo patamar: precisam sofrer um perigo concreto.

**65. Classificação:** trata-se de crime comum, quanto ao agente (aquele que não demanda sujeito ativo qualificado ou especial), embora exija sujeito passivo específico; de perigo concreto, como exposto em item anterior; de forma livre (podendo ser cometido por qualquer meio eleito pelo agente); omissivo ("deixar de..." e "não pedir" implicam inação); instantâneo (cujo resultado se dá de maneira instantânea, não se prolongando no tempo); unissubjetivo (que pode ser praticado por um só agente); unissubsistente; não admite tentativa, porque somente encontra previsão na forma omissiva.

**66. Figuras preterdolosas:** se houver, como resultado da omissão de socorro, lesão corporal grave ou morte para a vítima, a pena será consideravelmente aumentada. Entretanto, somente se admite a presença da culpa no resultado mais gravoso, pois o dolo de perigo – existente na conduta original – é incompatível com o dolo de dano. Na jurisprudência: TJRS: "1. Réu que se omite em prestar assistência a pessoa em estado grave de saúde, quando possível fazê-lo sem risco pessoal, comete o delito de omissão de socorro. 2. A prova produzida na instrução é suficiente para manter-se a sentença proferida, na medida em que comprovado, pelos depoimentos das testemunhas, que o réu deixou de prestar socorro à vítima, que veio a falecer momentos após, apenas porque não havia documento de encaminhamento àquele hospital" (Recurso Crime 71008452310, Turma Recursal Criminal, rel. Edson Jorge Cechet, 10.06.2019, v.u.).

## Condicionamento de atendimento médico-hospitalar emergencial

> **Art. 135-A.** Exigir[67-69] cheque-caução, nota promissória ou qualquer garantia, bem como o preenchimento prévio de formulários administrativos, como condição para o atendimento médico-hospitalar emergencial:[70-72]
>
> Pena – detenção, de 3 (três) meses a 1 (um) ano, e multa.[73]
>
> **Parágrafo único.** A pena é aumentada até o dobro se da negativa de atendimento resulta lesão corporal de natureza grave, e até o triplo se resulta a morte.[74-75]

**67. Análise do núcleo do tipo:** exigir significa pedir de modo autoritário ou demandar algo de maneira intimidativa. O objeto da exigência é um título de crédito, como o cheque ou a nota promissória, com liquidez imediata, ou outra garantia similar (um depósito em dinheiro, por exemplo). Além disso, concomitantemente, ordena-se o preenchimento de formulários administrativos (cadastro, ficha, prontuário etc.) de maneira prévia (antes de qualquer outra providência). Ambas as demandas (garantia + formulários) constituem condições para o atendimento médico-hospitalar de emergência. Criou-se uma modalidade específica de omissão de socorro, consistente em deixar de atender o paciente, em situação de urgência, porque alguma providência burocrática não se perfez ou em virtude da falta de garantia de pagamento da conta hospitalar ou dos honorários médicos. A nova figura típica é atentatória ao princípio da intervenção mínima. Em primeiro lugar, a omissão de socorro (art. 135, CP) seria mais que suficiente para atingir situações como a descrita no art. 135-A. Se o médico ou outro profissional de saúde recusar-se a atender pessoa inválida ou ferida, que se encontra desamparada ou em grave e iminente perigo (emergência), pouco importando a razão burocrática, configura-se a omissão de socorro. Em segundo lugar, o Estado poderia, simplesmente, instituir uma multa elevada para o hospital – e porventura para o médico ou outro profissional da saúde – em caso de não atendimento até que se apresente garantia de pagamento da conta. Ou para a hipótese de burocratização do atendimento, com o preenchimento prévio de formulários administrativos. Resolveria sem a menor dúvida. Em terceiro, cria-se uma infração de menor potencial ofensivo, que dará margem a transação e ao pagamento de ínfima multa ou prestação alternativa branda. Em quarto lugar, transformar o ambiente hospitalar em caso de polícia não ajudará nem pacientes nem médicos. Se – *ad argumentandum* – houver a exigência indevida de garantia ou formulário, numa terrível situação emergencial, pretende-se chamar a polícia para lavrar um flagrante? Em relação a quem? Haverá um nítido jogo de empurra e ninguém assumirá, individualmente, a negativa quanto ao atendimento. Aliás, nem prisão pode haver, mas o mero preenchimento de um termo circunstanciado. A inserção dessa emergência no âmbito criminal não proporcionará o cuidado médico fundamental ao ferido ou lesionado. Diante disso, muito mais efetiva a imposição de multa e a tomada de medidas administrativas para punir o médico ou mesmo a empresa hospitalar. Na jurisprudência: TJSP: "Efetiva dúvida sobre a ocorrência de imprudência, imperícia ou negligência por parte dos réus. Situação excepcional. Doença de difícil diagnóstico. O menor também não apresentava sinais característicos de irritação meníngea (tais como rigidez de nuca e vômitos), o que dificultou ainda mais o diagnóstico correto. Mesmo com punções liquóricas realizadas na Santa Casa de Adamantina e de Marília restaram negativas nas primeiras amostras. Também não havia surto da doença na cidade, o que poderia levar à rápida suspeita. Ainda, a família não ofereceu o medicamento à criança, o que levou os médicos a interpretarem a falta de melhora como consequência da ausência de administração da medicação orientada, bem como não informaram acerca de todos os sintomas apresentados. Provas insuficientes para trazer a certeza quanto à culpa dos réus. Houve atendimento médico por parte de ambos os acusados, o que, por si só, afasta a omissão. Absolvição mantida" (Ap. Crim. 0003630-03.2016.8.26.0326, 7.ª C. D. Crim., rel. Freitas Filho, 24.09.2020, v.u.).

**68. Sujeitos ativo e passivo:** o sujeito ativo é o funcionário do hospital ou profissional da saúde encarregado do atendimento emergencial. O sujeito passivo pode ser qualquer pessoa.

**69. Elemento subjetivo do tipo:** é o dolo. Há elemento subjetivo específico, consistente na finalidade condicional de atendimento emergencial. Não se pune a forma culposa.

**70. Objetos material e jurídico:** o objeto material é a garantia exigida (cheque caução, nota promissória ou outra) ou formulário administrativo. O objeto jurídico é a proteção à vida e à saúde da pessoa humana.

**71. Classificação:** trata-se de crime próprio (só pode ser cometido por sujeito com qualidade especial); de perigo concreto (é preciso comprovar o perigo); de forma livre (pode ser cometido por qualquer meio eleito pelo agente); comissivo (o verbo implica ação); instantâneo (consuma-se em momento determinado pelo tempo); unissubjetivo (pode ser cometido por uma só pessoa); unissubsistente (cometido num único ato) ou plurissubsistente (praticado por vários atos), conforme o caso concreto; admite tentativa na forma plurissubsistente.

**72. Perigo concreto versus perigo abstrato:** o tipo penal foi constituído para figurar como perigo abstrato, ou seja, bastaria provar o fato (exigência da condição para o atendimento médico de urgência), presumindo-se o perigo gerado à vítima, que se apresenta para ser atendida. Afinal, inexiste qualquer menção a perigo iminente ou frase similar. Entretanto, somente se deve utilizar o perigo abstrato, para compor tipos penais, quando a situação espelhar evidente possibilidade de dano ao objeto primariamente tutelado. Ilus-

# Art. 135-A
Código Penal Comentado · **Nucci**

trando, quando se trata do tráfico ilícito de drogas, tem-se delito de perigo abstrato, mas é clara a possibilidade de lesão à saúde pública. No caso do tipo penal do art. 135-A, não nos parece seja tão evidente tal perigo. Afinal, não se distinguiu qual a enfermidade ou lesão, que envolve a vítima. Por vezes, um corte no dedo, sem maior gravidade, pode levar alguém ao pronto-socorro, mas, por óbvio, inexiste qualquer possibilidade real de dano se o atendimento atrasar porque o hospital demanda garantia ou preenchimento de formulário. Entretanto, se alguém é vítima de atropelamento e dá entrada ao hospital com múltiplas lesões, muitas delas graves, por certo, o atraso se torna injustificável, mormente a pretexto de satisfação burocrática. Não se pode, com a edição deste tipo incriminador, gerar aos hospitais o dever de atendimento de toda e qualquer "urgência", sob pena de se configurar o delito, pois, assim fazendo, estar-se-ia decretando o atendimento gratuito, em caráter de emergência, para todas as pessoas. Fácil seria o comparecimento a um hospital de primeira linha, pelo pronto-socorro, afirmando qualquer urgência, justificando, assim, a viabilidade de atendimento sem nenhum custo. Melhor que possuir um plano de saúde seria a cega aplicação do art. 135-A do Código Penal, constituindo nítido abuso de direito. Portanto, o perigo deve ser concreto para que o atendimento se faça de pronto, independentemente de prévia garantia ou preenchimento de formulário, que, em muitos casos, significa a indicação de plano de saúde para custear o tratamento. Hospitais não deixam de ser empresas, logo, não fazem caridade, nem podem ser compelidas pelo Poder Público a atuar gratuitamente. Médicos são profissionais liberais e têm seus honorários como ganha-pão, não podendo, igualmente, figurar na lista da gratuidade imposta pelo Estado. Em suma, atendimento de urgência, sob pena de dano grave à vítima, precisa ser assegurado em qualquer hospital, por qualquer médico, em qualquer parte do Brasil. Entretanto, a emergência há de ser efetiva, real e passível de demonstração. Logo, trata-se de crime de perigo concreto.

**73. Benefícios penais:** trata-se de infração de menor potencial ofensivo, comportando transação. Em caso de condenação, admite a substituição da pena privativa de liberdade por restritiva de direitos ou multa, bem como a aplicação de *sursis*. O regime aplicável, como regra, é o aberto.

**74. Crime qualificado pelo resultado:** trata-se da modalidade preterdolosa, que somente se configura com dolo (de perigo) na conduta antecedente e culpa quanto ao resultado consequente (lesão grave ou morte). Não pode haver, em hipótese alguma, dolo de perigo no início e dolo de dano no término, pois absolutamente ilógico.

**75. Aviso prévio da configuração do delito:** a Lei 12.653/2012 inova, determinando, no art. 2.º, que "o estabelecimento de saúde que realize atendimento médico-hospitalar emergencial fica obrigado a afixar, em local visível, cartaz ou equivalente, com a seguinte informação: 'Constitui crime a exigência de cheque-caução, de nota promissória ou de qualquer garantia, bem como do preenchimento prévio de formulários administrativos, como condição para o atendimento médico-hospitalar emergencial, nos termos do art. 135-A do Decreto-lei 2.848, de 7 de dezembro de 1940 – Código Penal'." Se a moda pegar, teremos avisos de crimes em diversos outros locais. Em supermercados, por exemplo, várias placas indicativas dos delitos contra o consumidor. Em clínicas e consultórios, a placa indicativa do crime de aborto. Em farmácias, o indicativo do delito de falsificação de remédios. Em *lan houses*, a placa apontando para o crime de violação de direito de autor de programa de computador. E assim por diante. Nesse ritmo, caminhamos a largos passos, cada vez mais, para o campo do Direito Penal puramente simbólico, quando a ameaça de punição passa a ser o real objetivo da norma. Uma ilogicidade frondosa e afrontosa.

**Maus-tratos**

> **Art. 136.** Expor[76] a perigo a vida ou a saúde[77] de pessoa sob sua autoridade, guarda ou vigilância,[78] para fim de educação[79], ensino[80], tratamento[81] ou custódia,[82-83] quer privando-a de alimentação ou cuidados indispensáveis,[84] quer sujeitando-a a trabalho excessivo ou inadequado,[85] quer abusando de meios de correção ou disciplina:[86-88]
>
> Pena – detenção, de 2 (dois) meses a 1 (um) ano, ou multa.
>
> § 1.º Se do fato resulta lesão corporal de natureza grave:[89]
>
> Pena – reclusão, de 1 (um) a 4 (quatro) anos.
>
> § 2.º Se resulta a morte:
>
> Pena – reclusão, de 4 (quatro) a 12 (doze) anos.[90]
>
> § 3.º Aumenta-se a pena de 1/3 (um terço), se o crime é praticado contra pessoa menor de 14 (quatorze) anos.[91-92]

**76. Análise do tipo penal:** *expor*, neste contexto, significa colocar em risco, sujeitar alguém a uma situação que inspira cuidado, sob pena de sofrer um mal. A despeito de existir um único verbo no preceito descritivo, o tipo é misto alternativo, ou seja, o agente pode praticar uma única conduta (expor a perigo a vida ou a saúde da vítima privando-a de alimentação) ou várias (privar da alimentação, privar dos cuidados indispensáveis, sujeitá-la a trabalho excessivo, sujeitá-la a trabalho inadequado, abusar dos meios de correção, abusar dos meios de disciplina), porque o delito será único. É evidente que, havendo mais de uma conduta, o juiz pode levar tal situação em conta para a fixação da pena. Por outro lado, é preciso destacar que tudo gira em torno da finalidade especial do agente, como se evidencia na nota 78 *infra*, tratando do elemento subjetivo do tipo específico, de ter alguém sob sua autoridade, guarda ou vigilância, maltratando-a. Por isso, o tipo faz referência ao que pode ser usado para esses objetivos, mencionando a privação da alimentação ou dos cuidados indispensáveis e a sujeição a trabalho excessivo ou inadequado. Depois, segundo cremos, generaliza, citando o "abuso dos meios de correção ou disciplina". Na jurisprudência: STJ: "1. O Tribunal de origem procedeu à desclassificação das condutas descritas como crime de tortura-castigo para o de maus tratos por entender, diante da narrativa fática e da prova pré-constituída, sem dúvida, que as condutas narradas na denúncia amoldavam-se ao crime de maus-tratos. Destacou que o conjunto indiciário – prova testemunhal e laudos psicológicos – apontou excessos e omissões no exercício do poder familiar, sem o ânimo de torturar, o que caracterizou o tipo penal do art. 136 do CP: rispidez na educação, com possíveis e severos castigos, xingamentos, restrições à criança de realizar certas atividades e frequente abandono da criança aos cuidados de terceiros por longos lapsos temporais" (AgRg no REsp 2.013.597/RS, 6.ª T., rel. Rogerio Schietti Cruz, 29.04.2024, v.u.). TJSP: "Uso ilegítimo e imoderado dos meios de correção. Cintadas desferidas com a fivela pelo avô enquanto o pai segurava a ofendida" (Ap. Crim. 1500342-02.2019.8.26.0638, 16.ª C., rel. Otávio de Almeida Toledo, 19.01.2021, v.u.); "Os pais têm o direito de corrigir seus filhos, entretanto, essa prerrogativa deve ser exercida com moderação e respeito à integridade física e mental da criança, configurando-se o excesso no crime de maus-tratos" (Ap. Crim. 0008752-48.2015.8.26.0482, 12.ª C. D. Crim., rel. Heitor Donizete de Oliveira, 22.09.2021, v.u.). "Maus-tratos. Pretendida absolvição. Impossibilidade. A vítima narrou os maus-tratos de forma coerente, sem contradições, expondo que o réu se excedia no propósito de educá-la e, em certa oportunidade, chegou a agredi-la fisicamente na perna, quando ela resistiu à determinação para que lavasse a louça, dentre outros episódios. Versão da vítima corroborada por outras provas. Negativa do réu isolada. Decisão condenatória mantida. *Sursis*. Necessidade de afastamento,

# Art. 136

Código Penal Comentado · Nucci

porquanto mais gravoso do que a própria pena privativa de liberdade. Recurso provido em parte" (Ap. Crim. 0001786-58.2017.8.26.0366, 1.ª C., rel. Diniz Fernando, 08.09.2021, v.u.).

**77. Objetos material e jurídico:** o objeto material é a pessoa que sofre os maus-tratos, enquanto o objeto jurídico é justamente a proteção à vida e à saúde do ser humano. Visa-se, com este tipo penal, evitar os castigos imoderados aplicados pelos pais ou responsáveis em relação aos filhos.

**78. Sujeitos ativo e passivo:** são ambos qualificados. O agente necessita ser pessoa responsável por outra, que é mantida sob sua autoridade, guarda ou vigilância, de acordo com a lei. Não pode ser a esposa, pois o marido não é pessoa que a tenha sob sua autoridade, guarda ou vigilância. Entretanto, se ela for submetida a maus-tratos, pode configurar-se o crime do art. 132.

**79. Conceito de educação:** trata-se do processo de desenvolvimento intelectual, moral e físico do ser humano, permitindo-lhe melhor integração social e aperfeiçoamento individual. Ex.: a relação estabelecida entre o tutor e o tutelado.

**80. Conceito de ensino:** é a transmissão dos conhecimentos indispensáveis ao processo educacional. Ex.: a relação estabelecida entre o professor e o aluno.

**81. Conceito de tratamento:** é o processo de cura de enfermidades. Para HUNGRIA, abrange também o "fato continuado de prover a subsistência de uma pessoa" (*Comentários ao Código Penal*, v. V, p. 450), o que está de acordo com o espírito deste artigo.

**82. Conceito de custódia:** significa dar proteção a algo ou alguém. Envolve, na precisa lição de HUNGRIA, a detenção de uma pessoa para fim autorizado em lei (*Comentários ao Código Penal*, v. V, p. 450).

**83. Elementos subjetivos do tipo:** o crime somente é punido se houver dolo, direto ou eventual, embora o tipo penal exija, especificamente, uma finalidade implícita, que é a "vontade consciente de maltratar o sujeito passivo, de modo a expor-lhe a perigo a vida ou a saúde" (HUNGRIA, *Comentários ao Código Penal*, v. V, p. 453). A previsão de estar o sujeito passivo sob autoridade, guarda ou vigilância "para fim de educação, ensino, tratamento ou custódia" é apenas o motivo pelo qual a vítima se encontra à mercê do sujeito ativo, mas não é sua finalidade especial. Exige o delito o elemento subjetivo do tipo específico ou dolo específico, não se punindo a forma culposa. Na jurisprudência: TJDFT: "3. O tipo subjetivo do crime de maus-tratos é o dolo de perigo, que não necessariamente precisa ser direto e pode ser eventual também, quando o agente assume o risco de produzir o resultado. Não é necessário também que exista dolo de impingir sofrimento. Precedentes" (Ap. 00002019620198070020, 1.ª T. Crim., rel. Humberto Ulhôa, 02.09.2021, v.u.).

**84. Privação da alimentação ou dos cuidados indispensáveis:** *privar* significa destituir, desapossar, retirar. Por isso, espera-se que a vítima deste delito tenha direito à alimentação para que possa ser dela "privada". No mesmo sentido, "cuidados indispensáveis" são aqueles necessários para o bom desenvolvimento de quem está sendo educado, tratado ou custodiado por alguém. Tem a vítima direito de ser tratada com zelo e dedicação. Na interpretação dessas situações é preciso cautela e bom senso, pois somente o caso concreto irá delinear se a privação imposta – de alimentação ou de cuidados indispensáveis – colocou em perigo o ofendido. Um pai que deixe o filho desordeiro à mesa das refeições sem almoço ou jantar, para que possa emendar-se, privará o descendente de seu *direito* à alimentação, mas tal circunstância fará

# Art. 136

**Título I – Dos crimes contra a pessoa** · 683

parte do exercício regular de direito, como meio de correção. Entretanto, caso aja dessa maneira reiteradas vezes, até debilitar a saúde do filho, incidirá no tipo penal. Por outro lado, em outro exemplo, a mãe que, para aplicar um corretivo ao filho mal-educado, porém gravemente doente, priva-o do remédio prescrito pelo médico, poderá, numa única conduta, expor sua vida ou sua saúde a perigo. Não se exige, nessas figuras, habitualidade, mas apenas a demonstração, na situação real, de que houve um perigo efetivo para a vítima. Por vezes, a privação da alimentação, para configurar o tipo penal, pode exigir certa habitualidade, noutras, não. Ilustrando, um preso debilitado que tem uma refeição negada pelo carcereiro, como medida punitiva, pode sofrer um risco imediato à sua saúde.

**85. Trabalho excessivo ou inadequado:** excessivo é o trabalho exagerado, que compromete a vida e a saúde de alguém, não podendo ser educativo ou terapêutico. Inadequado é o trabalho impróprio para determinada pessoa, que não conseguirá desenvolvê-lo sem colocar em risco sua saúde ou sua vida. O trabalho em si, como se nota, não é condenado, mas sim os seus desmandos.

**86. Abuso dos meios de correção e disciplina:** *abusar* quer dizer usar em excesso ou de modo inconveniente, mas não uma proibição. Por isso, costuma-se mencionar o "abuso de direito", demonstrando a perfeita ligação que pode haver entre o lícito (direito) e o ilícito (abuso), para evidenciar que o incorreto uso de um direito, em regra, constitui-se em proibição. O tipo penal em exame deixa claro o *exercício de direito* que envolve a tarefa de educar, ensinar, tratar ou custodiar alguém, valendo-se o agente de instrumentos de correção ou disciplina. O exagero, no entanto, configura o crime, uma vez que a própria excludente do art. 23, III, do Código Penal refere-se apenas ao "exercício *regular* de direito", e não ao mero exercício de um direito. Por outro lado, *correção* difere de *disciplina*: utiliza-se um meio de correção quando alguém errou e precisa ser endireitado; usa-se o meio de disciplina para manter a ordem, evitando-se os erros.

**86-A. A lei da palmada e o crime de maus-tratos:** a Lei 13.010/2014 alterou dispositivos do Estatuto da Criança e do Adolescente, incluindo, particularmente, os arts. 18-A e 18-B. Preceitua o art. 18-A: "a criança e o adolescente têm o direito de ser educados e cuidados sem o uso de castigo físico ou de tratamento cruel ou degradante, como formas de correção, disciplina, educação ou qualquer outro pretexto, pelos pais, pelos integrantes da família ampliada, pelos responsáveis, pelos agentes públicos executores de medidas socioeducativas ou por qualquer pessoa encarregada de cuidar deles, tratá-los, educá-los ou protegê-los. Parágrafo único. Para os fins desta Lei, considera-se: I – castigo físico: ação de natureza disciplinar ou punitiva aplicada com o uso da força física sobre a criança ou o adolescente que resulte em: a) sofrimento físico; ou b) lesão; II – tratamento cruel ou degradante: conduta ou forma cruel de tratamento em relação à criança ou ao adolescente que: a) humilhe; ou b) ameace gravemente; ou c) ridicularize". Dispõe o art. 18-B: "os pais, os integrantes da família ampliada, os responsáveis, os agentes públicos executores de medidas socioeducativas ou qualquer pessoa encarregada de cuidar de crianças e de adolescentes, tratá-los, educá-los ou protegê-los que utilizarem castigo físico ou tratamento cruel ou degradante como formas de correção, disciplina, educação ou qualquer outro pretexto estarão sujeitos, sem prejuízo de outras sanções cabíveis, às seguintes medidas, que serão aplicadas de acordo com a gravidade do caso: I – encaminhamento a programa oficial ou comunitário de proteção à família; II – encaminhamento a tratamento psicológico ou psiquiátrico; III – encaminhamento a cursos ou programas de orientação; IV – obrigação de encaminhar a criança a tratamento especializado; V – advertência; VI – garantia de tratamento de saúde especializado à vítima. Parágrafo único. As medidas previstas neste artigo serão aplicadas pelo Conselho Tutelar, sem prejuízo de outras providências legais". A

# Art. 136

Código Penal Comentado · **Nucci**

denominada Lei da Palmada busca impor um nível educacional aos pais em relação aos filhos, que pode ser perfeccionista demais ao contexto brasileiro, razão pela qual é preciso analisar cada caso concreto para se chegar à conclusão de ter havido efetivamente maus-tratos. É fundamental distinguir as condutas meramente educacionais das que sejam, de fato, abusivas, para fins de configuração do delito previsto neste artigo. Noutros termos, castigos físicos não concretizam, necessariamente, maus-tratos, pois esse crime demanda dolo. Eventualmente, pode-se visualizar a infringência das normas do ECA, cuja sanção aos pais é completamente diversa da prevista pelo Código Penal.

**87. Classificação:** trata-se de crime próprio (demanda sujeitos ativo e passivo qualificados); de perigo concreto (há de se provar a existência do risco para a vida ou para a saúde de alguém); de forma vinculada (a lei estabelece os modos pelos quais o crime pode ser cometido: privação da alimentação ou dos cuidados indispensáveis, sujeição a trabalho excessivo ou inadequado ou abuso dos meios de correção e disciplina); comissivo ou omissivo, a depender da conduta; instantâneo (cujo resultado se dá de maneira instantânea, não se prolongando no tempo), como regra, mas admite a forma permanente, tudo a depender do caso concreto e do modo de atuação do agente; unissubjetivo (que pode ser praticado por um só agente); plurissubsistente (em regra, vários atos integram a conduta de expor); admite tentativa na forma comissiva.

**88. Nota particular sobre o caráter instantâneo do crime:** há imensa divergência na doutrina acerca do caráter de instantaneidade ou permanência do delito de maus-tratos. Sustenta-se que apenas as duas primeiras figuras seriam permanentes (privação de alimentos ou cuidados indispensáveis), enquanto outros estendem essa característica para as outras duas (sujeição a trabalho excessivo ou inadequado). Chega-se, inclusive, a demandar deste tipo penal *habitualidade*. Cremos que todas as figuras são instantâneas, como regra, o que se verifica pelo núcleo do tipo "expor". Basta que o agente, por meio de uma única conduta, consiga colocar em perigo a vida ou a saúde alheia: estará consumado o crime, em qualquer uma das formas. Ainda que continue sua conduta (privando o ofendido da alimentação, sujeitando-o a trabalho exagerado ou mesmo agredindo-o diariamente), não estará ainda em fase de consumação, mas de mero exaurimento. Tal situação deve ser levada em conta pelo juiz na fixação da pena, o que não transmuda o caráter do delito de instantâneo para permanente. Aliás, uma das características principais da permanência é o agente poder, valendo-se da sua vontade, fazer cessar o prolongamento da consumação. O bem jurídico protegido geralmente, nesses casos, é imaterial. É o que ocorre no cárcere privado: enquanto a liberdade está sendo cerceada, o delito está em franca consumação, sendo o agente o senhor da sua paralisação. Devolvendo a vítima à liberdade, cessa a permanência, pois o bem jurídico deixou de ser constrangido, embora o delito esteja consumado. Não se pode dizer o mesmo de nenhuma figura do art. 136, inclusive da privação da alimentação. Quando esta privação ocorre em grau suficiente para provocar o risco de dano iminente (perigo à vida ou à saúde), não é o simples fato de o agente tornar a alimentar a vítima que restitui o bem jurídico tutelado à sua inteireza, tampouco depende da sua vontade fazer cessar a existência dos maus-tratos. O crime pode até ter ares de permanência, qualificando-se, conforme a situação fática, em "instantâneo de efeitos permanentes", mas não se pode aceitá-lo como permanente.

**89. Figuras preterdolosas:** tendo em vista que a conduta original – maus-tratos – é constituída pelo dolo de perigo, não se concebe, por absoluta incompatibilidade lógica, que no resultado qualificador (lesão grave ou morte) haja dolo de dano. Assim, para compor os §§ 1.º e 2.º demanda-se a existência unicamente de culpa.

**90. Tipos penais previstos em legislação especial:** quando leis específicas previrem figuras típicas semelhantes ao delito de maus-tratos, deve-se resolver o conflito aparente de normas através do emprego do princípio da especialidade, isto é, aplica-se a lei especial em detrimento do Código Penal, que é norma geral. É o que ocorre com o art. 232 do Estatuto da Criança e do Adolescente ("Submeter criança ou adolescente sob sua autoridade, guarda ou vigilância a vexame ou a constrangimento. Pena – detenção de 6 (seis) meses a 2 (dois) anos") e com o art. 1.º da Lei 9.455/1997, que definiu os crimes de tortura ("Constitui crime de tortura: I – constranger alguém com emprego de violência ou grave ameaça, causando-lhe sofrimento físico ou mental: a) com o fim de obter informação, declaração ou confissão da vítima ou de terceira pessoa; b) para provocar ação ou omissão de natureza criminosa; c) em razão de discriminação racial ou religiosa; II – submeter alguém, sob sua guarda, poder ou autoridade, com emprego de violência ou grave ameaça, a intenso sofrimento físico ou mental, como forma de aplicar castigo pessoal ou medida de caráter preventivo. Pena – reclusão, de 2 (dois) a 8 (oito) anos. § 1.º Na mesma pena incorre quem submete pessoa presa ou sujeita a medida de segurança a sofrimento físico ou mental, por intermédio da prática de ato não previsto em lei ou não resultante de medida legal. § 2.º Aquele que se omite em face dessas condutas, quando tinha o dever de evitá-las ou apurá-las, incorre na pena de detenção de 1 (um) a 4 (quatro) anos").

**91. Aplicação da causa de aumento:** demonstra a especial preocupação do legislador com todas as formas de violência que a sociedade adulta pode praticar contra o menor de 14 anos, pessoa ainda de pouca idade, incapaz de absorver rapidamente o dano potencial ou efetivo que lhe foi imposto. Merece, pois, maior punição o agente. Na jurisprudência: STJ: "As circunstâncias concretas do delito, praticado contra duas vítimas menores de 14 (quatorze) anos, denotam a necessidade de maior resposta penal, em atendimento ao princípio da individualização da pena e, portanto, não se infere ilegalidade no aumento superior a 1/3 (um terço) pela incidência da majorante do art. 136, § 3.º, do Código Penal" (RHC 80372-DF, 5.ª T., rel. Ribeiro Dantas, 06.03.2018, v.u.). TJDFT: "2. O crime de maus-tratos contra menor de 14 (catorze) anos, previsto no art. 136, § 3.º, do Código Penal, é crime de perigo, não havendo necessidade de demonstração cabal do efetivo dano causado, notadamente quando, em razão do tempo, os vestígios materiais se perdem. (...) 4. Os crimes previstos no art. 136, § 3.º do Código Penal e art. 232 do ECA são delitos autônomos, sendo inaplicável o princípio da consunção entre os dois crimes, diante da pluralidade de condutas e de resultados lesivos. Assim, não há se falar em *bis in idem*" (Ap. 20181210021743APR, 1.ª T. Crim., rel. Carlos Pires Soares Neto, 23.01.2020, v.u.).

**92. Aplicação de agravantes:** conforme o caso, não se deve fazer incidir, sob pena de *bis in idem*, as agravantes do art. 61, II, *e, f, g* e *h*. Como regra, as relações estabelecidas entre o sujeito ativo e o sujeito passivo já fazem parte do tipo penal do art. 136. Assim, estar sob autoridade, guarda ou vigilância dificilmente possibilita a aplicação das referidas agravantes. As relações familiares entre pais e filhos são suficientes para constituir "autoridade, guarda ou vigilância", de modo que não há cabimento em imputar ao pai que castiga severamente o filho o delito do art. 136 em combinação com o art. 61, II, *e*, pois se estaria punindo o agente duas vezes pela mesma situação fático-jurídica. No tocante ao cônjuge, nem estaria configurado o art. 136, pois a esposa não está sob autoridade, guarda ou vigilância do marido e vice-versa. Quanto aos irmãos, depende do caso concreto (irmãos da mesma idade ou um maior que cuida, legalmente, de outro menor?) para se afirmar existir relação de subordinação entre um e outro. Havendo a relação especial de guarda, por exemplo, já não é caso de se imputar a agravante de

# Art. 137

Código Penal Comentado · **Nucci**    686

delito praticado contra irmão, porque foi justamente o que propiciou a tipificação do crime de maus-tratos. Diga-se o mesmo do abuso de autoridade (tutor/tutelado, curador/curatelado etc.) e do abuso de poder (diretor do presídio/preso). A agravante que protege, especialmente, a criança, o velho, o enfermo ou a mulher grávida pode levar à mesma situação já exposta. Se a criança é filha ou tutelada do autor, já foi utilizado tal fato para a tipificação dos maus-tratos, não cabendo a utilização da mesma circunstância novamente para tornar mais grave a pena. As agravantes do art. 61 são nitidamente subsidiárias, ou seja, somente incidem quando o tipo não as prevê, de qualquer modo, no seu preceito descritivo.

## Capítulo IV
### DA RIXA

### Rixa

> **Art. 137.** Participar[1-4] de rixa, salvo para separar os contendores:[5-6]
> Pena – detenção, de 15 (quinze) dias a 2 (dois) meses, ou multa.
> **Parágrafo único.** Se ocorre morte ou lesão corporal de natureza grave, aplica-se, pelo fato da participação na rixa, a pena de detenção, de 6 (seis) meses a 2 (dois) anos.[7]

**1. Análise do tipo penal:** trata-se de um tipo aberto, especialmente pelo conceito de "rixa", não fornecido pela lei, dependente, pois, da interpretação do juiz. *Participar* significa associar-se ou tomar parte, enquanto *rixa* é uma briga, uma desordem ou um motim, caracterizada, neste contexto, pela existência de, pelo menos, três pessoas valendo-se de agressões mútuas de ordem material (e não meramente verbais), adrede preparadas ou surgidas de improviso. "As violências, empurrões, punhaladas, disparo de armas, pedradas e golpes podem ser recíprocos, ou seja, deve haver luta na qual ninguém atua passivamente, pois, do contrário, haveria agressão de um ou vários contra um ou vários e poderia ser o caso de legítima defesa" (Ricardo Levene, *El delito de homicidio*, p. 293). Por outro lado, não seria crível que uma briga somente entre duas pessoas caracterizasse a rixa, pois iríamos tratá-la como uma luta comum, situada no contexto da lesão corporal – que pode até ser recíproca; ou das vias de fato, além do que o tipo do art. 137 menciona, ao final, "salvo para separar os contendores" (no plural), demonstrando que há, ao menos, duas pessoas lutando e um terceiro que pode ingressar, instaurando-se uma "rixa", ou que pode ingressar para separar os rivais, constituindo fato atípico. Acrescente-se a isso que não pode existir vítima certa, ou seja, três pessoas contra uma, pois não se está diante de confusão generalizada, vale dizer, de rixa. Portanto, havendo individualização nítida de condutas, não há mais a figura do crime do art. 137.

**2. Crime de perigo:** é tão restrita a aplicação do tipo penal, como vimos acima, valendo unicamente para uma confusão generalizada em que pessoas se agridem sem objetivo certo, desferindo socos, pontapés ou simplesmente atirando objetos, que não se pode qualificá-lo como delito de dano. Este pressupõe uma intenção individualizada de ferir ou matar alguém, desnaturando a rixa. Por isso, o que o legislador teve em mente foi punir aquele que ingressa numa contenda para fomentar o perigo latente existente em brigas físicas de um modo geral, em vez de valer-se do bom senso de separar os opositores. Trata-se de perigo abstrato. Pressupõe a lei penal que a singela inserção na rixa é perigosa, de modo que não necessita provar, a acusação, a situação de risco efetivo de dano. É importante observar que a pena é leve (detenção de 15 [quinze] dias a 2 [dois] meses, ou multa), incompatível com a pena destinada a quem quer ferir alguém e consegue. Por isso, havendo lesão corporal ou morte, identificado o autor de uma ou de outra, haverá punição pelo delito de dano em concurso com o de perigo. Em tese, pode haver uma confusão generalizada da qual somente emerge a identificação da agressão dirigida de "A" contra "B", enquanto vários outros surraram e apanharam, mas sem se individualizarem condutas. "A" responde pelo que fez contra "B" (lesões corporais ou tentativa de homicídio), além da rixa, enquanto os demais se sujeitam unicamente ao crime de rixa. Por derradeiro, deve-se ressaltar que, ocorrendo exclusivamente "vias de fato", a contravenção fica absorvida pelo crime de rixa, que é mais grave e, igualmente, de perigo. Igualmente, sustentando tratar-se de crime de perigo: Ivair Nogueira Itagiba, *Do homicídio*, p. 225.

**3. Sujeitos ativo e passivo:** podem ser qualquer pessoa, embora, no caso peculiar da rixa, sejam todos agentes e vítimas ao mesmo tempo. Admite-se que haja, entre os contendores, para a tipificação deste delito, inimputáveis. O fato de o contendor ser ou não culpável não afasta a possibilidade real de estar havendo uma desordem generalizada com troca de agressões.

**4. Elemento subjetivo do tipo:** exige-se dolo de perigo, consistente na vontade de tomar parte da rixa, conhecendo os perigos que essa conduta pode trazer para a incolumidade física de todos os envolvidos. Requer o elemento subjetivo específico implícito, consistente no *animus rixandi*. Não se pune a forma culposa. Como bem esclarece Paulo José da Costa Júnior: "Não haverá o crime se se tratar de rixa simulada (*animus jocandi*), ou culposa, resultante da imprudência dos copartícipes" (*Comentários ao Código Penal*, p. 416).

**5. Objetos material e jurídico:** o material é a pessoa que sofre a conduta criminosa (neste caso, mais de uma); o jurídico é a incolumidade da pessoa humana.

**6. Classificação:** trata-se de crime comum (aquele que não demanda sujeito ativo qualificado ou especial); de perigo abstrato (não há necessidade de ser investigado e provado o perigo efetivo, pois é presumido pela lei); de forma livre (podendo ser cometido por qualquer meio eleito pelo agente); comissivo (exige-se ação); instantâneo (cujo resultado se dá de maneira instantânea, não se prolongando no tempo); plurissubjetivo (que somente pode ser praticado por mais de duas pessoas); plurissubsistente (em regra, vários atos integram a conduta de participar); admite tentativa na hipótese da rixa ser preordenada (quando surge de improviso é impossível haver *iter criminis* definido). Apesar de ser crime plurissubjetivo (de concurso necessário), admite participação, ou seja, a presença de um indivíduo que, sem tomar parte na rixa, fica de fora incentivando os demais. Ver a diferença entre coautoria e participação nos comentários ao art. 29.

**7. Figura preterdolosa:** havendo dolo de perigo na conduta original, somente se configura este resultado qualificador (existência de morte ou lesão corporal grave) quando houver culpa, visto que o dolo de dano é incompatível com o anterior. Aliás, é mais um demonstrativo de que a rixa é somente um delito de perigo. Neste caso, se uma pessoa morreu, mas não se apurou a autoria do homicídio, ocorre a punição pela simples participação na briga geral, levando os contendores a responder por rixa qualificada. Entretanto, se foi identificado o autor da morte, este deve responder pelo crime de dano (homicídio) em concurso material com rixa. O ponto que impede a absorção do crime de perigo (rixa) pelo de dano (homicídio) é que existem outras vítimas do primeiro – afinal, trata-se de um delito plurissubjetivo. Há sempre alguém que sofreu agressão, não se identificando o seu autor. Caso todos os autores sejam individualizados, não há mais rixa, e sim um mero concurso de crimes e, eventualmente, de pessoas (como ocorre em brigas de gangues rivais).

## Capítulo V
## DOS CRIMES CONTRA A HONRA[1-3]

**1. Conceito de honra:** é a imagem ou reputação de uma pessoa perante a sociedade e para si mesma. Em geral, o indivíduo quer parecer aos olhos de outros uma pessoa honesta, respeitável e moralmente correta. Essa apreciação envolve sempre aspectos positivos ou virtudes do ser humano, sendo incompatível com defeitos e más posturas, embora não se trate de um conceito absoluto, ou seja, uma pessoa, por pior conduta que possua em determinado aspecto, pode manter-se *honrada* em outras facetas da sua vida. Honra não pode ser, pois, um conceito fechado, mas sempre dependente do caso concreto e do ângulo que se está adotando. Não é demais ressaltar que sua importância está vinculada à estima de que gozam as pessoas dignas e probas no seio da comunidade onde vivem. E quem é estimado e respeitado por sua figura e por seus atos encontra paz interior, tornando-se mais feliz e equilibrado para comportar-se de acordo com os mandamentos jurídicos. Justamente por isso, o direito garante e protege a honra, visto que, sem ela, os homens estariam desguarnecidos de amor-próprio, tornando-se vítimas frágeis dos comportamentos desregrados e desonestos, passíveis de romper qualquer tipo de tranquilidade social. A Constituição Federal, em seu art. 5.º, X, menciona, expressamente, serem invioláveis a *honra* e a *imagem* das pessoas. Honra é, portanto, um direito fundamental do ser humano, protegido constitucional e penalmente. A imagem, por seu turno, decorre da honra, visto que se liga à autoestima e ao conceito social de que goza o indivíduo na comunidade onde habita. Note-se, nesse prisma, a definição esposada por LUIZ ALBERTO DAVID ARAUJO e VIDAL SERRANO NUNES JÚNIOR quanto ao tema: "A imagem assume a característica do conjunto de atributos cultivados pelo indivíduo e reconhecidos pelo conjunto social". É o que chamam de imagem-atributo, portanto, de certa forma ligada à honra (*Curso de direito constitucional*, p. 97).

**2. Honra objetiva e honra subjetiva:** diferem-se, com propriedade, as noções de honra objetiva e honra subjetiva, pois dizem respeito a diversos aspectos da integridade, reputação e bom conceito da pessoa. Honra objetiva é o julgamento que a sociedade faz do indivíduo, vale dizer, é a imagem que a pessoa possui no seio social. Tendo em vista, como exposto no item anterior, que honra é sempre uma apreciação positiva, a honra objetiva é a boa imagem que o sujeito possui diante de terceiros. Honra subjetiva é o julgamento que o indivíduo faz de si mesmo, ou seja, é um sentimento de autoestima, de autoimagem. É inequívoco que cada ser humano tem uma opinião afirmativa e construtiva de si mesmo, considerando-se honesto, trabalhador, responsável, inteligente, bonito, leal, entre outros atributos. Trata-se de um senso ligado à dignidade (respeitabilidade ou amor-próprio) ou ao decoro (correção moral).

**3. Honra comum e honra especial:** há quem diferencie a honra comum – inerente a todas as pessoas – da honra especial – relativa a certos grupos sociais ou a determinados indivíduos com seus específicos misteres. Preferimos acreditar que a honra é apenas um conceito aberto, admitindo variações conforme a pessoa e o lugar onde ela se encontra. Dizer que chamar um militar de *covarde* faz parte da honra especial e chamar uma pessoa comum de *burra* diz respeito à honra comum é apenas uma tentativa de classificar os diversos aspectos do mesmo fenômeno, isto é, conforme o momento, o local e o cenário, a pecha atribuída a alguém pode surtir efeito ou não. E mais: pode surtir maior ou menor efeito. Uma pessoa alistada no exército contra a sua vontade pode não considerar o chamamento *covarde* uma ofensa, justamente porque detesta a sua atual condição de militar. De outra sorte, em que pese ser atributo positivo de todos a *inteligência*, chamar um cientista de *burro* pode soar muito mais forte do que representaria a um trabalhador rural em sua atividade mecânica de

# Art. 138

Título I – Dos crimes contra a pessoa

689

colheita. Assim, consideramos que inexiste distinção entre *honra comum* e *honra especial*, mas tão somente um conceito aberto de honra, que ganha contornos especiais de acordo com a específica situação vivenciada pela vítima.

### Calúnia

> **Art. 138.** Caluniar[4] alguém,[5-7-A] imputando-lhe falsamente[8-9] fato[10-11] definido como crime:[12-15]
>
> Pena – detenção, de 6 (seis) meses a 2 (dois) anos, e multa.
>
> § 1.º Na mesma pena incorre quem, sabendo falsa a imputação, a propala ou, divulga.[16]
>
> § 2.º É punível a calúnia contra os mortos.[17]

### Exceção da verdade

> § 3.º Admite-se a prova da verdade, salvo:[18]
>
> I – se, constituindo o fato imputado crime de ação privada, o ofendido não foi condenado por sentença irrecorrível;[19]
>
> II – se o fato é imputado a qualquer das pessoas indicadas no n. I do art. 141;[20]
>
> III – se do crime imputado, embora de ação pública, o ofendido foi absolvido por sentença irrecorrível.[21]

**4. Análise do núcleo do tipo:** caluniar é fazer uma acusação falsa, tirando a credibilidade de uma pessoa no seio social. Possui, pois, um significado particularmente ligado à difamação. Cremos que o conceito se tornou eminentemente jurídico, porque o Código Penal exige que a acusação falsa realizada diga respeito a um fato definido como crime. Portanto, a redação feita no art. 138 foi propositadamente repetitiva (fala duas vezes em "atribuir": caluniar significa atribuir e imputar também significa atribuir). Mais adequado seria ter nomeado o crime como sendo "calúnia", descrevendo o modelo legal de conduta da seguinte forma: "Atribuir a alguém, falsamente, fato definido como crime". Isto é caluniar. Vislumbra-se, pois, que a calúnia nada mais é do que uma difamação qualificada, ou seja, uma espécie de difamação. Atinge a honra objetiva da pessoa, atribuindo-lhe o agente um fato desairoso, no caso particular, um fato falso definido como crime. É importante frisar que esse fato deve ser certo e determinado, não sendo admissível uma imputação aberta e vaga, sem que se consiga visualizar exatamente quem é caluniado. Na jurisprudência: STF: "1. O crime de calúnia exige narrativa de fato determinado direcionada a pessoa determinada. 2. Opiniões ou conceitos genéricos, ainda que ofensivos, expressos por narrador não caracterizam difamação ou injúria puníveis criminalmente quando não revelado a quem dirigidos" (AgR na Pet 7168, 1.ª T., rel. Rosa Weber, 07.12.2018, v.u.). STJ: "7. Com efeito, de acordo com entendimento pacífico do STJ, para configuração do crime de calúnia, urge a imputação falsa a outrem de fato definido como crime. Ou seja, deve ser imputado um fato determinado, devidamente situado no tempo e no espaço, bem como tal fato deve ser definido como crime pela lei penal, além de a imputação ser falsa. Portanto, não configura calúnia, em sentido oposto, a alegação genérica de uma conduta eventualmente delitiva. (...) 34. O exame dos elementos de prova constantes dos autos não revela a existência, na conduta atribuída ao denunciado, do *animus calumniandi, diffamandi vel injuriandi*, sem o qual não se tem por realizado o elemento subjetivo essencial à caracterização da infração penal

# Art. 138

Código Penal Comentado · **Nucci**

690

em comento e, consequentemente, à respectiva persecução penal. 35. As críticas proferidas, ainda que ácidas e eventualmente suscetíveis de consequências no âmbito administrativo disciplinar, não configuram, per se, imputação falsa de fato específico tido como criminoso, com a finalidade específica de ofender a honra de outrem" (APn 990/DF, Corte Especial, rel. Herman Benjamin, 21.09.2022, v.u.).

**5. Sujeitos ativo e passivo:** qualquer pessoa. No polo ativo, somente a pessoa humana. No polo passivo, diante da Lei 9.605/1998, que prevê a possibilidade de a pessoa jurídica delinquir, pode-se considerar também esta pessoa, embora apenas em casos relativos a crimes contra o meio ambiente.

**5-A. Pessoa humana ou jurídica como sujeito passivo:** há doutrina e jurisprudência sustentando que somente a pessoa humana pode ser sujeito passivo dos crimes contra a honra. O argumento principal consiste no fato de que esses delitos estão inseridos no contexto dos crimes contra a *pessoa*, traduzindo-se o termo *alguém* exclusivamente como pessoa humana. Ora, com a devida vênia, não vislumbramos razoabilidade nisso. Primeiramente, é preciso destacar que, conforme o tipo penal, o termo *alguém* pode ser considerado apenas como a pessoa humana, como ocorre com o homicídio, embora em outros casos, como acontece com a calúnia ou a difamação, seja possível considerar também a pessoa jurídica. Em segundo lugar, não é porque os tipos penais dos crimes contra a honra estão inseridos no título dos delitos contra a pessoa que, necessariamente, devem voltar-se à proteção de pessoas físicas. Os crimes de violação de domicílio, violação de segredo profissional, violação de correspondência, entre outros, estão inseridos no mesmo título, mas podem ter como sujeito passivo a pessoa jurídica.

**5-B. Pessoas indeterminadas:** depende do caso concreto e do conceito que se faz de *indeterminado*. Se o agente se valer de uma indeterminação ampla demais, a ponto de não se conseguir identificar ninguém, torna-se inviável a configuração de um crime contra a honra. Ex.: dizer que todos os profissionais de determinada área são desonestos. Não atinge ninguém em termos precisos. É o indeterminado absoluto. Porém, estando num congresso de determinada área e dizer que "todos os participantes deste congresso, da profissão X, são corruptos" permite a configuração do crime contra a honra. O mesmo pode ocorrer se o agente disser que todos os "juízes deste fórum são desonestos". Observa-se ser o indeterminado relativo, pois aparentemente indeterminado, mas determinável. Logicamente, depende do que exatamente fala o agente para se analisar a configuração de calúnia, difamação ou injúria. Bem lembra Camargo Aranha (*Crimes contra a honra*, p. 39-40) que a interpretação para o termo *alguém* não pode ser muito restrita, a ponto de significar uma só pessoa. E cita como exemplo o fato de o agente dizer que "todos os ministros são venais", referindo-se a determinada Corte. Mais adiante, conclui: "a pessoa indeterminada não pode ser sujeito passivo, porque a ofensa tem de ser dirigida contra *alguém*, isto é, uma pessoa, uma certa pessoa. Todavia, se genérica, havendo a possibilidade de determinação, de individualização, por um processo lógico ou dedutivo, de resultado concludente, surgirá a pessoa determinada, o alguém atingido pela ofensa". Na jurisprudência: STJ: "1. Ação penal privada em que se imputa a Desembargador do Tribunal de Justiça do Estado do Amapá a prática de delitos contra a honra de ex-Deputado Estadual. 2. A queixa-crime não observou a exigência prevista no artigo 41 do Código de Processo Penal, de que o fato criminoso seja exposto com todas as suas circunstâncias. Para a configuração dos tipos penais de calúnia, difamação e injúria (arts. 138 a 140 do Código Penal) é imprescindível que a ofensa seja direcionada a alguém, ou seja, a pessoa determinada, o que não ocorre no caso concreto. Com efeito, as falas do Desembargador em contexto de julgamento no Tribunal de Justiça e de exercício de docência não mencionam quem teria sido a pessoa que teria praticado os crimes objeto de seus comentários, nem quem teria sido a pessoa que teria atacado magistrados ou tentado provocar suspeição ou impedimento. 3. Ainda que o Querelante possa supor que o Querelado se referia a ele, não há justa causa para a presente ação penal (art. 395, III, do CPP), pois as falas proferidas pelo Querelado, transcritas na inicial, expressam o ânimo de narrar, esclarecer, compartilhar, prestar contas, aconselhar, quiçá criticar, mas não de ofender de forma penalmente relevante. 4. Queixa-crime rejeitada" (APn 884-DF, Corte Especial, rel. Benedito Gonçalves, 02.05.2018, v.u.).

**6. Inimputáveis e pessoas mortas:** os primeiros podem ser sujeitos passivos do crime de calúnia porque a lei fala em atribuir a prática de *"fato* definido como crime", e não singelamente na atribuição de *"crime".* Há figuras típicas (fatos) passíveis de serem praticadas por menores e loucos – como o homicídio, por exemplo –, embora não sejam crimes por lhes faltar o indispensável elemento, que é a culpabilidade. Quanto aos mortos, admite-se que sejam incluídos no polo passivo porque há *expressa* determinação legal (vide o § 2.º deste artigo). Levam-se em conta a memória e o respeito aos mortos.

**7. Pessoas consideradas desonradas:** trata-se de um conceito infundado. Em primeiro lugar, porque a honra, sendo um direito humano fundamental, é irrenunciável em gênero. É óbvio que, no caso concreto, pode o sujeito consentir com alguma ofensa, mas isso não significa que renunciou à proteção que o Estado destina à sua imagem. Por outro lado, é pura ficção argumentar que existem pessoas totalmente desonradas. É possível, como já dissemos, que em determinado contexto a pessoa não possa reclamar de certa ofensa, mas isso não quer dizer que, mudadas as circunstâncias fáticas ou de direito, não tenha direito à proteção penal.

**7-A. Embriaguez do autor:** conferir a nota 35-A ao art. 140.

**8. Elemento normativo do tipo:** é fundamental, para a existência de calúnia, que a imputação de fato definido como crime seja *falsa.* Caso seja verdadeira ou o autor da atribuição esteja em razoável dúvida, não se pode considerar preenchido o tipo penal do art. 138.

**9. Elemento subjetivo do tipo:** pune-se o crime quando o agente agir dolosamente. Não há a forma culposa. Entretanto, exige-se, majoritariamente (doutrina e jurisprudência), o elemento subjetivo do tipo específico, que é a especial intenção de ofender, magoar, macular a honra alheia. Este elemento intencional está implícito no tipo. É possível que uma pessoa fale a outra de um fato falsamente atribuído a terceiro como crime, embora assim esteja agindo com *animus jocandi,* ou seja, fazendo uma brincadeira. Embora atitude de mau gosto, não se pode dizer tenha havido calúnia. O preenchimento do tipo aparentemente houve (o dolo existiu), mas não a específica vontade de macular a honra alheia (o que tradicionalmente chama-se "dolo específico"). Em contrário, afastando o elemento subjetivo específico: "Por si só, ou seja, por não ser mais que uma expressão de gracejo, esse animus não pode nem deve prevalecer como elemento descaracterizador da ofensa. É evidente. Se a pilhéria alcança o indivíduo, digamos, com o qualificativo de velhaco, isto não quer significar simplesmente que ele esteja livre de sofrer um dano, ainda que não haja intenção afrontosa. Em poucas palavras, a ninguém é dado o direito de atingir a honra alheia, a pretexto de fazer pilhéria, narrar fato, corrigir ou aconselhar, e depois pretender que na sua conduta não havia o menor intuito de ofensa. No caso, o que deve ser considerado é o dano que a pessoa visada venha a sofrer" (WALTER VIEIRA DO NASCIMENTO, A embriaguez e outras questões penais (doutrina – legislação – jurisprudência), p. 41). Na jurisprudência: STJ: "Esta Corte Superior já se pronunciou no sentido de que não há configuração de crimes contra a honra, por atipicidade da conduta, quando evidenciado o *animus narrandi.* Precedentes" (RHC 89.531-SP, 5.ª T., rel. Joel Ilan Paciornik, 05.12.2017, v.u.). TJRS: "Comportamento do recorrido, Delegado Adjunto de Coordenadoria Regional de

# Art. 138

Código Penal Comentado · **Nucci**

Saúde, ao registrar em ata reclamações trazidas por usuários dos serviços públicos prestados pelo recorrente, Fiscal da Vigilância Sanitária, que revelam presente, tão somente, o 'animus narrandi', não se tratando de ofensa à honorabilidade, mas tão somente o intuito de dar aos fatos noticiados o devido tratamento legal, repassando-os, caso fosse necessário, ao superior hierárquico para as devidas providências administrativas pertinentes. Fato narrado na queixa-crime que não se traduz em investida de relevância penal à honra, pois movida pela intenção de narrar/apurar, o que não caracteriza os delitos imputados ao recorrido. Impositiva a manutenção do édito absolutório" (Ap. Crim. 71008857724, Turma Recursal Criminal, rel. Luis Gustavo Zanella Piccinin, 23.07.2021, v.u.).

**10. Atribuição de fato:** costuma-se confundir um mero xingamento com uma calúnia. Dizer que uma pessoa é "estelionatária", ainda que falso, não significa estar havendo uma calúnia, mas sim uma injúria. O tipo penal do art. 138 exige a imputação de *fato* criminoso, o que significa dizer que "no dia tal, às tantas horas, na loja Z, o indivíduo emitiu um cheque sem provisão de fundos". Sendo falso esse *fato*, configura-se a calúnia.

**10-A. Atribuição de mais de um fato:** pode configurar mais de um crime, quando o outro fato narrado não constitua delito, mas situação ofensiva à reputação, nos termos do art. 139 (difamação).

**11. Invalidade de atribuição de um tipo penal incriminador:** não basta, para a configuração do crime de calúnia, imputar a alguém a prática de um "homicídio" ou de um "roubo", por exemplo, sendo necessário que o agente narre um fato, ou seja, uma situação específica, contendo autor, situação e objeto.

**12. Objetos material e jurídico:** materialmente, o objeto do crime é a honra e a imagem da pessoa, que sofrem com a conduta criminosa; juridicamente, dá-se o mesmo.

**13. Contravenção penal:** não pode haver calúnia ao se atribuir a terceiro, falsamente, a prática de contravenção, pois o tipo penal menciona unicamente *crime*. Trata-se de tipo penal incriminador, de interpretação restritiva. Nesse caso, pode-se falar em difamação. Na jurisprudência: TJMG: "A imputação, ainda que falsa, de contravenção penal não é fato típico previsto no art. 138 do Código Penal" (Ap. Crim. 1.0071.16.000370-4/001, 8.ª C. Crim., rel. Lílian Maciel, 23.01.2020, v.u.).

**14. Consumação:** justifica-se a aplicação integral da pena, portanto, considera-se o delito consumado quando a imputação falsa chega ao conhecimento de terceiro, que não a vítima. Basta uma pessoa estranha aos sujeitos ativo e passivo para se consumar a calúnia. Se a atribuição falsa de fato criminoso se dirigir direta e exclusivamente à vítima, configura-se a injúria, pois ofendeu-se somente a honra subjetiva.

**15. Classificação:** trata-se de crime comum (aquele que não demanda sujeito ativo qualificado ou especial); formal (delito que pode ter resultado naturalístico, embora não seja indispensável); de forma livre (podendo ser cometido por qualquer meio eleito pelo agente); comissivo ("caluniar" implica ação) e, excepcionalmente, comissivo por omissão (omissivo impróprio, ou seja, é a aplicação do art. 13, § 2.º, do Código Penal); instantâneo (cujo resultado se dá de maneira instantânea, não se prolongando no tempo); unissubjetivo (que pode ser praticado por um só agente); unissubsistente ou plurissubsistente (pode ser praticado por um ou mais atos integrando a conduta de caluniar); admite tentativa, se for plurissubsistente.

**16. Análise do segundo núcleo do tipo:** há uma segunda figura, ainda considerada igualmente calúnia, que é propalar (espalhar, dar publicidade) ou divulgar (tornar conhecido de mais alguém). Entende-se que propalar é mais amplo do que divulgar, embora ambos deem conhecimento do fato falsamente atribuído a terceiros que dele não tinham ciência.

**17. Calúnia contra mortos:** é natural que os mortos não tenham qualquer tipo de conduta, de modo que seria irreal supor serem eles sujeitos ativos de fatos definidos como crimes. Entretanto, neste caso, preferiu o legislador considerar calúnia atribuir a um morto a prática de um crime (fazendo o agente menção à pessoa quando estava viva, evidentemente), para punir o desrespeito à memória das pessoas mortas, bem como preservar o sentimento da família.

**18. Exceção da verdade:** trata-se de um incidente processual, que é uma questão secundária refletida sobre o processo principal, merecendo solução antes da decisão da causa ser proferida. É uma forma de defesa indireta, através da qual o acusado de ter praticado calúnia pretende provar a veracidade do que alegou, demonstrando ser realmente autor de fato definido como crime o pretenso ofendido. Em regra, pode o réu ou querelado assim agir porque se trata de interesse público apurar quem é o verdadeiro autor do crime. Imagine-se que Fulano diga ter Beltrano matado alguém em determinada ocasião, mas que o fato não foi devidamente apurado pela polícia. Caso Beltrano o processe, alegando ter sido vítima de calúnia, pode Fulano ingressar com a "exceção da verdade", dizendo que pretende demonstrar a veracidade do alegado, pois o Estado tem interesse em conhecer a autoria do homicídio, crime de ação pública incondicionada. Além disso, se falou a verdade, não está preenchido o tipo penal ("imputar *falsamente* fato definido como crime").

**19. Vedação à exceção da verdade referente à ação privada:** não pode o querelado ou réu ingressar com a exceção da verdade, pretendendo demonstrar a veracidade do que falou, quando o fato imputado à vítima constitua crime de ação privada e não houve condenação definitiva sobre o assunto. Note-se a situação: "A" atribui a "B" ter injuriado "C". Este último nada faz a respeito, ou seja, não processa "B", ocorrendo a decadência. Não pode "A", sendo processado por "B", pretender provar a verdade do alegado, pois estaria substituindo-se a "C", único legitimado a processar "B". A única hipótese de "A" levantar a exceção da verdade seria no caso de "C" ter acionado "B", conseguindo a sua condenação definitiva.

**20. Vedação à exceção da verdade em razão da pessoa envolvida:** não se admite a exceção da verdade quando a calúnia envolver o Presidente da República ou chefe de governo estrangeiro. Seria demais admitir que alguém, num singelo processo, pudesse envolver a figura do chefe do Executivo da nação, imputando-lhe e provando a prática de um delito. Sabe-se da complexidade constitucional para o processo criminal contra o Presidente da República – dependente de autorização da Câmara Federal e sujeito à competência originária do Supremo Tribunal Federal (crimes comuns) ou do Senado Federal (crimes de responsabilidade), conforme disposto no art. 86, *caput*, da Constituição –, de forma que não é concebível resolver-se a esse respeito numa ação penal comum. No tocante ao chefe de governo estrangeiro, a exceção da verdade contra ele oferecida seria totalmente inócua, pois estaria imune à nossa jurisdição, podendo causar um sério incidente diplomático. Em contrário, manifesta-se VICENTE GRECO FILHO, afirmando que essas restrições foram revogadas pela Constituição Federal de 1988, "tendo em vista a plenitude do regime democrático, no qual a verdade não admite restrição à sua emergência, qualquer que seja a autoridade envolvida" (*Manual de processo penal*, p. 387).

**21. Vedação à exceção da verdade por ter havido absolvição:** é natural que não possa haver exceção da verdade quando o assunto já foi debatido e julgado, em definitivo, pelo

# Art. 139

Código Penal Comentado · **Nucci**

Poder Judiciário. No exemplo supramencionado, imagine-se que Fulano imputa a Beltrano a prática de um homicídio, mas Beltrano já foi julgado e absolvido por sentença com trânsito em julgado. Não se pode admitir que Fulano, acusado de calúnia, prove a verdade do que alegou, uma vez que estaria afrontando a coisa julgada.

### Difamação

> **Art. 139.** Difamar[22] alguém,[23-23-A] imputando-lhe fato[24-24-A] ofensivo[25-25-B] à sua reputação:[26-29]
>
> Pena – detenção, de 3 (três) meses a 1 (um) ano, e multa.

### Exceção da verdade[30]

> **Parágrafo único.** A exceção da verdade somente se admite se o ofendido é funcionário público e a ofensa é relativa ao exercício de suas funções.

**22. Análise do núcleo do tipo:** difamar significa desacreditar publicamente uma pessoa, maculando-lhe a reputação. Nesse caso, mais uma vez, o tipo penal foi propositadamente repetitivo. Difamar já significa imputar algo desairoso a outrem, embora a descrição abstrata feita pelo legislador tenha deixado claro que, no contexto do crime do art. 139, não se trata de qualquer fato inconveniente ou negativo, mas sim de *fato ofensivo à sua reputação*. Com isso, excluiu os fatos definidos como crime – que ficaram para o tipo penal da calúnia – bem como afastou qualquer vinculação à falsidade ou veracidade deles. Assim, difamar uma pessoa implica divulgar fatos infamantes à sua honra objetiva, sejam eles verdadeiros ou falsos. Na jurisprudência: STJ: "1. Os crimes de calúnia e difamação exigem, para sua ocorrência, a imputação de fato certo e determinado, narrado especificamente em determinadas condições de tempo e lugar" (AgRg no AREsp 1.422.649-DF, 6.ª T., rel. Rogerio Schietti Cruz, 09.06.2020, v.u.).

**23. Sujeitos ativo e passivo:** o sujeito ativo pode ser qualquer pessoa humana. No polo passivo, pode-se considerar a possibilidade de ser sujeito passivo, além da pessoa humana, a jurídica, que goza de reputação no seio social. Não olvidemos que o Superior Tribunal de Justiça editou a Súmula 227, mencionando que "a pessoa jurídica pode sofrer dano moral", o que simboliza, em nosso entender, possuir ela renome a preservar, motivo pelo qual pode ser vítima de difamação. Consultar, ainda, a nota 5-A ao art. 138. No sentido que defendemos, para servir de exemplo: STF: "A pessoa jurídica pode ser sujeito passivo do crime de difamação, não, porém, de injúria ou calúnia. Precedentes do Supremo Tribunal Federal" (Inquérito 800, Pleno, rel. Carlos Velloso, 10.10.1994, v.u.). Salientemos que a decisão tomada pelo STF, não admitindo que a pessoa jurídica pudesse ser sujeito passivo do crime de calúnia deu-se antes da edição da Lei 9.605/1998, que passou a prever a hipótese da pessoa jurídica ser autora de crime contra o meio ambiente. Logo, se ela pode ser autora de crime, é natural que possa ser caluniada. Na doutrina, admitem a pessoa jurídica como sujeito passivo do crime de difamação: Paulo José da Costa Júnior (*Comentários ao Código Penal*, 7. ed., p. 426); Cezar Roberto Bitencourt (*Tratado de Direito Penal*, v. 2, p. 354-355). Na doutrina, não admitem a inclusão da pessoa jurídica como sujeito passivo do crime de difamação, salientando que tal postura se deve apenas porque o delito está situado no título referente aos crimes contra a *pessoa* (traduzindo, pois, a física): Magalhães Noronha (*Direito Penal*, v. 2, p. 127); Mirabete (*Código Penal interpretado*, p. 783).

**23-A. Pessoas indeterminadas:** consultar a nota 5-B ao art. 138.

**24. Imputação de fato:** é preciso que o agente faça referência a um acontecimento, que possua dados descritivos como ocasião, pessoas envolvidas, lugar, horário, entre outros, mas não um simples insulto. Dizer que uma pessoa é caloteira configura uma injúria, ao passo que espalhar o fato de que ela não pagou aos credores "A", "B" e "C", quando as dívidas X, Y e Z venceram no dia tal, do mês tal, configura a difamação. Na jurisprudência: "1. Dentro do jogo e do contexto político, *a crítica pública do gestor atual ao governo anterior, sem indicação de pessoa determinada*, não configura os crimes de difamação e injúria. 2. Ainda que se possa eventualmente extrair crítica ao gestor anterior, se um cidadão comum pode ser mais sensível à crítica e sindicar proteção (quiçá penal) por sofrer algum efeito negativo com fala que repercuta ainda que levemente em sua reputação ou em seu autoconceito, aquele que voluntariamente exerce ou exerceu a gestão pública não pode reclamar estar imune à crítica capaz de colocar em questão sua eficiência ou mesmo sua probidade como gestor, desde que 'nos limites das críticas toleráveis no jogo político' (Inq 2.431, rel. Min. Cezar Peluso). 3. Pelo princípio da fragmentariedade, corolário dos princípios da intervenção mínima e da reserva legal, somente os bens jurídicos mais relevantes e somente as lesões mais acentuadas a esses bens jurídicos mais relevantes é que devem ser protegidas pelo Direito Penal. 4. Queixa-crime rejeitada por ausência de justa causa" (AgRg na APn 933-DF, Corte Especial, rel. Benedito Gonçalves, 25.08.2020, v.u., grifamos).

**24-A. Imputação de fatos:** havendo a atribuição de mais de um fato, sendo um deles considerado crime, pode-se processar o agente por difamação e calúnia. Ver a nota 10-A ao art. 138.

**25. Elemento subjetivo do tipo:** pune-se o crime quando o agente agir dolosamente. Não há a forma culposa. Entretanto, exige-se, majoritariamente (doutrina e jurisprudência), o elemento subjetivo do tipo específico, que é a especial intenção de ofender, magoar, macular a honra alheia. Este elemento intencional está implícito no tipo. É possível que uma pessoa fale a outra de um fato desairoso atribuído a terceiro; embora, assim, esteja agindo com *animus narrandi*, ou seja, a vontade de contar algo que ouviu, buscando, por exemplo, confirmação. Embora atitude antiética, não se pode dizer tenha havido difamação. O preenchimento do tipo aparentemente houve (o dolo existiu), mas nao a específica vontade de macular a honra alheia (o que tradicionalmente chama-se "dolo específico"). Em contrário, consultar a posição exposta na nota 9 ao art. 138. Na jurisprudência: TJDFT: "1. Nos crimes contra a honra, tipificados nos artigos 138, 139 e 140 do Código Penal, faz-se necessária a presença do elemento subjetivo do tipo, consubstanciado no dolo de caluniar, difamar ou injuriar, sem os quais há de ser confirmada a decisão que rejeitou a queixa crime, por atipicidade da conduta, que mais se amolda à crítica do exercício de mandato sindical pela querelante" (Ap. 07575018420198070016, 1.ª T. Crim., rel. Cruz Macedo, 24.09.2020, v.u.).

**25-A. Narrativa de testemunha:** não configura o crime de difamação se a testemunha se limita a expor, na sua ótica, sob o *animus narrandi*, o que lhe foi indagado pelo juiz, ainda que implique em considerações desairosas sobre alguém.

**25-B. Embriaguez do autor:** conferir o disposto na nota 35-A ao art. 140.

**26. Objetos material e jurídico:** materialmente, o objeto do crime é a honra e a imagem da pessoa, que sofrem com a conduta criminosa; juridicamente, dá-se o mesmo.

**27. Classificação:** trata-se de crime comum (aquele que não demanda sujeito ativo qualificado ou especial); formal (delito que pode ter resultado naturalístico, embora não seja

# Art. 140

indispensável); de forma livre (podendo ser cometido por qualquer meio eleito pelo agente, inclusive de maneiras indiretas ou reflexas); comissivo ("difamar" implica ação) e, excepcionalmente, comissivo por omissão (omissivo impróprio, ou seja, é a aplicação do art. 13, § 2.º, do Código Penal); instantâneo (cujo resultado se dá de maneira instantânea, não se prolongando no tempo); unissubjetivo (que pode ser praticado por um só agente); unissubsistente ou plurissubsistente (pode ser praticado por um ou mais atos integrando a conduta de difamar); admite tentativa, se for plurissubsistente.

**28. Difamação ou injúria divulgada em boletim de associação profissional:** trata-se de crime comum, e não de imprensa. A ADPF 130-7 finalizou no STF, considerando a não recepção da Lei 5.250/1967 (Lei de Imprensa). O exemplo pode ser mantido apenas para se captar o caráter genérico da infração penal, nada tendo de específico no tocante à imprensa.

**29. Consumação:** justifica-se a aplicação integral da pena, portanto, considera-se o delito consumado quando a imputação infamante chega ao conhecimento de terceiro, que não a vítima. Basta uma pessoa estranha aos sujeitos ativo e passivo para se consumar a difamação. Se a atribuição de fato negativo for dirigida exclusivamente à vítima, configura-se a injúria, pois a única honra afetada seria a subjetiva. Na jurisprudência: TJRS: "Ausente nos autos elementos que demonstrem as expressões utilizadas pelo querelado, para ofender a querelante, tenham se tornado públicas, uma vez que ocorridas em âmbito privado, no terreno em que se situam as residências da família. O delito de difamação não resulta configurado" (Ap. Crim. 70084397306, 3.ª C. Crim., rel. Gisele Anne Vieira de Azambuja, 26.10.2020, v.u.).

**30. Exceção da verdade:** a definição já foi dada na nota 18 ao art. 138, § 3.º. Neste caso, no entanto, há uma particularidade: não se aceita a prova da verdade como regra geral, pois é indiferente que o fato infamante seja verdadeiro ou falso. Ao tratar do funcionário público, dizendo respeito às suas funções, ao contrário, é interesse do Estado apurar a veracidade do que está sendo alegado. Trata-se de finalidade maior da Administração punir funcionários de má conduta. Assim, caso alguém diga que determinado funcionário retardou seu serviço, em certa repartição, porque foi cuidar de interesses particulares, admite-se prova da verdade, embora não seja crime. É um fato de interesse do Estado apurar e, se for o caso, punir.

### Injúria

> **Art. 140.** Injuriar[31] alguém,[32-33] ofendendo-lhe[34-35-A] a dignidade ou o decoro:[36-39]
>
> Pena – detenção, de 1 (um) a 6 (seis) meses, ou multa.
>
> § 1.º O juiz pode deixar de aplicar a pena:[40]
>
> I – quando o ofendido, de forma reprovável, provocou diretamente a injúria;[41]
>
> II – no caso de retorsão imediata, que consista em outra injúria.[42]
>
> § 2.º Se a injúria consiste em violência ou vias de fato,[43] que, por sua natureza ou pelo meio empregado, se considerem aviltantes:[44]
>
> Pena – detenção, de 3 (três) meses a 1 (um) ano, e multa, além da pena correspondente à violência.
>
> § 3.º Se a injúria consiste na utilização de elementos referentes a religião ou à condição de pessoa idosa ou com deficiência:[45]
>
> Pena – reclusão, de 1 (um) a 3 (três) anos, e multa.[46]

**31. Análise do núcleo do tipo:** injuriar significa ofender ou insultar (vulgarmente, xingar). No caso presente, isso não basta. É preciso que a ofensa atinja a dignidade (respeitabilidade ou amor-próprio) ou o decoro (correção moral ou compostura) de alguém. Portanto, é um insulto que macula a honra subjetiva, arranhando o conceito que a vítima faz de si mesma. Na jurisprudência: STJ: "2. Hipótese em que o Querelado, durante a Presidência de sessão de julgamento de órgão colegiado, referiu-se ao Querelante, advogado inscrito para realizar sustentação oral na ocasião, como 'toupeira', momento em que o áudio foi captado pelos microfones da sala e transmitido pela rede mundial de computadores. 3. Para a caracterização do crime de difamação, é preciso que se impute a alguém um fato concreto e determinado, nos termos do art. 139 do Código Penal. A expressão utilizada pelo Querelado não configura a atribuição de um fato ocorrido em determinada circunstância de tempo e lugar, motivo pelo qual deve ser afastada a imputação pelo crime de difamação. Precedentes. 4. A configuração do crime de injúria demanda a identificação do elemento subjetivo do tipo específico, ou seja, a vontade consciente de ofender a Vítima. Em outras palavras, é preciso que, da conduta do agente, depreenda-se com clareza o intento de desprezar, menoscabar ou desrespeitar a Vítima. 5. Ainda que a palavra 'toupeira', quando utilizada para se referir a uma pessoa, indiscutivelmente ostente potencial ofensivo em seu aspecto objetivo, não se identifica o dolo específico ou tendência intensificada (*animus injuriandi*) no caso concreto. 6. O Querelado, falando em voz baixa e, aparentemente, dirigindo-se à autoridade sentada à sua direita, adotou tom jocoso e chega a esboçar um leve sorriso. Não há dúvida de que se trata de conduta em que o *animus jocandi* se fez presente em local e momento inadequados. Porém, não ficou evidenciado o propósito ofensivo hábil à caracterização do crime de injúria. 7. Queixa-crime rejeitada" (QC 2/DF, Corte Especial, rel. Laurita Vaz, 16.08.2023, v.u.).

**32. Sujeitos ativo e passivo:** o sujeito ativo pode ser qualquer pessoa humana. No polo passivo, pode-se considerar a possibilidade de ser sujeito passivo apenas a pessoa humana. A jurídica, em que pese gozar de reputação no seio social, não tem "amor-próprio" a ser atingido. De qualquer forma, torna-se indispensável que a injúria seja dirigida a uma pessoa determinada; inexiste ofensa a um grupo indeterminado de pessoas. Na jurisprudência: STJ: "1. Dentro do jogo e do contexto político, a crítica pública do gestor atual ao governo anterior, sem indicação de pessoa determinada, não configura os crimes de difamação e injúria" (AgRg na APn 933-DF, Corte Especial, rel. Benedito Gonçalves, 25.08.2020, v.u.).

**32-A. Pessoas indeterminadas:** consultar a nota 5-B ao art. 138.

**33. Inimputáveis e mortos:** no tocante aos inimputáveis (doentes mentais e menores), é preciso distinguir a possibilidade de serem sujeitos passivos apenas no caso concreto. Uma criança em tenra idade não tem a menor noção do que venha a ser dignidade ou decoro, de modo que não pode ser sujeito passivo do crime, embora um adolescente já tenha tal sentimento e pode ser, sem dúvida, vítima de injúria, em que pese ser inimputável penalmente. O doente mental também é um caso à parte. Conforme o grau e o estágio de sua doença, pode ou não ter noção de dignidade ou decoro. Se possuir, é sujeito passivo do crime de injúria. Mortos, por sua vez, não podem ser injuriados, porque o Código não abriu exceção nesse caso.

**34. Elemento subjetivo do tipo:** pune-se o crime quando o agente agir dolosamente. Não há a forma culposa. Entretanto, exige-se, majoritariamente (doutrina e jurisprudência), o elemento subjetivo do tipo específico, que é a especial intenção de ofender, magoar, macular a honra alheia (conferir julgado mencionado na nota 31 *supra*). Este elemento intencional está implícito no tipo. É possível que uma pessoa ofenda outra, embora assim esteja agindo com *animus criticandi* ou até *animus corrigendi*, ou seja, existe a especial vontade de criticar uma conduta errônea para

# Art. 140

Código Penal Comentado · Nucci

que o agente não torne a fazê-la. Embora muitas vezes quem corrige ou critica não tenha tato para não magoar outra pessoa, não se pode dizer tenha havido injúria. O preenchimento do tipo aparentemente pode haver (o dolo existiu), mas não a específica vontade de macular a honra alheia (o que tradicionalmente chama-se "dolo específico"). Em contrário, consultar a posição exposta na nota 9 ao art. 138. Na jurisprudência: STJ: "Desse modo, ainda que se possa considerar tenha a querelada irrogado as expressões ao querelante, vislumbra-se, no limite da interpretação, eventual *animus criticandi*, o qual, mesmo que seja reputado inadequado em decisões judiciais, nem de longe pode equivaler a um fato tipificado pelo Código Penal, fazendo transparecer, por mais uma vez, a ausência de justa causa para o prosseguimento do processo criminal" (APn 881/DF, Corte Especial, rel. Og Fernandes, 15.08.2018, v.u.).

**34-A. Dolo eventual e elemento subjetivo específico:** temos sustentado a viabilidade dessa situação, conforme o caso concreto. O agente pode assumir o risco e proferir ofensa, sabendo que, se a vítima a receber como tal, sentir-se-á humilhada e magoada. É o dolo eventual do elemento específico. Conferir: STF: "O ato de atribuir o cometimento de um crime a alguém tem de estar marcado pela seriedade, com aparelhamento probatório, sob pena de incorrer em dolo eventual. É inaceitável que alguém alegue estar de boa-fé quando não se abstém de formular contra outrem uma grave acusação à vista de circunstâncias equívocas. O menor indício de dúvida não autoriza uma pessoa a lançar comentários ofensivos contra outra, em especial quando se atribui prática de crimes. Para tal, existem órgãos de investigação e persecução, os quais devem ser provocados. A presunção de inocência não pode virar 'letra morta' no nosso sistema. E é papel do Judiciário preservar essa garantia individual. Embora a querelada, em interrogatório, tenha negado que havia a intenção de denegrir a reputação do querelante, tal afirmação não se sustenta quando se observam o teor da publicação e as circunstâncias que rodearam os fatos. Queixa-crime parcialmente procedente, com a condenação da ré, pela prática do delito tipificado no art. 138, *caput*, c/c o art. 141, II e III, todos do Código Penal pátrio" (APn 613-SP, Corte Especial, rel. Og Fernandes, 20.05.2015, *DJe* 28.10.2015, embora antigo, serve para ilustração).

**35. Injúria proferida no calor da discussão:** não é crime, pois ausente estará o elemento subjetivo específico, que é a especial vontade de magoar e ofender. Em discussões acaloradas, é comum que os participantes profiram injúrias a esmo, sem controle, e com a intenção de desabafar. Arrependem-se do que foi dito, tão logo se acalmam, o que está a evidenciar a falta de intenção de ofender.

**35-A. Embriaguez do autor:** em princípio, conforme dispõe o art. 28, II, do Código Penal, não se afasta a responsabilidade penal. Pode-se eleger a teoria da *actio libera in causa* (ver comentários ao art. 28) ou mesmo uma forma de *responsabilidade penal objetiva*, em face do uso do álcool. No entanto, é fundamental captar o grau da embriaguez. Se incompleta, pode-se sustentar a prática da injúria, desde que detectado o *animus injuriandi*. Se completa, cremos ser inviável aceitar a prática de crime de ofensa à honra, pois a consciência do agente está obnubilada. Portanto, é preciso analisar o caso concreto. Na jurisprudência: STJ: "Segundo a jurisprudência deste Superior Tribunal, para a configuração dos crimes previstos nos arts. 139 e 140, ambos do Código Penal – difamação e injúria –, é necessária a presença do elemento subjetivo do tipo, consistente no dolo específico, que é a intenção de ofender a honra alheia. As instâncias ordinárias, soberanas na análise dos fatos e provas, entenderam que as expressões utilizadas pela ré demonstram a presença do *animus injuriandi*, não havendo falar em ausência de dolo específico. Nos termos do art. 28, II, do Código Penal, é cediço que a embriaguez voluntária ou culposa do agente não exclui a culpabilidade, sendo ele responsável pelos seus atos mesmo que, ao tempo da ação ou da omissão, era inteiramente incapaz de entender o caráter ilícito do fato ou de determinar-se de acordo com esse entendimento. Aplica-se a teoria da *actio libera in causa*, ou seja, considera-se imputável quem se coloca em estado de inconsciência ou de incapacidade de autocontrole, de forma dolosa ou culposa, e, nessa situação, comete delito" (AgInt no REsp 1548520-MG, 6.ª T., rel. Sebastião Reis Júnior, 07.06.2016, *DJe* 22.06.2016).

**36. Objetos material e jurídico:** materialmente, o objeto do crime é a honra e a imagem da pessoa, que sofrem com a conduta criminosa; juridicamente, dá-se o mesmo.

**37. Classificação:** trata-se de crime comum (aquele que não demanda sujeito ativo qualificado ou especial); formal (delito que pode ter resultado naturalístico, embora não seja indispensável); de forma livre (podendo ser cometido por qualquer meio eleito pelo agente, inclusive de maneiras indiretas ou reflexas); comissivo ("injuriar" implica ação) e, excepcionalmente, comissivo por omissão (omissivo impróprio, ou seja, é a aplicação do art. 13, § 2.º, do Código Penal); instantâneo (cujo resultado se dá de maneira instantânea, não se prolongando no tempo); unissubjetivo (que pode ser praticado por um só agente); unissubsistente ou plurissubsistente (pode ser praticado por um ou mais atos integrando a conduta de injuriar); admite tentativa, se for plurissubsistente.

**38. Consumação:** justifica-se a aplicação integral da pena, portanto, considera-se o delito consumado quando a ofensa chega ao conhecimento da vítima. Não é necessário que terceiro dela tome conhecimento. Na jurisprudência: "1. A absolvição sumária operada pelo Juízo de piso afastou o dolo específico de ofender a honra subjetiva da vítima, em razão da ausência de previsibilidade de que as palavras injuriosas chegassem ao seu conhecimento. As palavras injuriosas foram proferidas em conversa telefônica com outra interlocutora, razão pela qual a vítima só teve conhecimento por as ter ouvido, acidentalmente, pela extensão telefônica. 2. A jurisprudência do Superior Tribunal de Justiça assenta que o momento da consumação do delito de injúria acontece quando a vítima toma conhecimento da ofensa (precedentes). 3. A recorrente, ao saber que o seu superior hierárquico, vítima no caso, não havia abonado sua falta, proferiu palavras injuriosas por meio telefônico, não sendo previsível que a vítima estivesse ouvindo o teor da conversa pela extensão telefônica. Como a injúria se consuma com a ofensa à honra subjetiva de alguém, não há falar em dolo específico no caso em que a vítima não era seu interlocutor na conversa telefônica. 4. Recurso especial provido" (STJ, REsp 1.765.673-SP, 6.ª T., rel. Sebastião Reis Júnior, 26.05.2020, v.u.).

**39. Exceção da verdade:** é inadmissível, pois não se pode pretender provar um insulto ou uma afronta. A mágoa gerada subjetivamente é impossível de ser, judicialmente, desmentida. Seria esdrúxula a possibilidade de alguém que chamou outra pessoa de "imbecil" ter condições legais de provar tal afirmativa. Transformar-se-ia o Judiciário num palco inesgotável de provas ilógicas e impossíveis, pois a ninguém é dado o direito de emitir opiniões negativas acerca de outras pessoas.

**40. Perdão judicial:** trata-se de uma causa de extinção da punibilidade, quando o Estado, diante de circunstâncias especiais, crê não ser cabível punir o agente. É indispensável que o perdão judicial esteja previsto expressamente em lei, como é o caso presente, pois, uma vez configurado o crime, a pena seria indeclinável. Segundo orientação dominante atualmente, a decisão que concede o perdão é declaratória de extinção da punibilidade, não representando qualquer ônus primário ou secundário para o réu.

**41. Provocação reprovável:** configura-se uma hipótese semelhante à violenta emoção, seguida de injusta provocação da vítima. Aquele que provoca outra pessoa, indevidamente, até tirar-lhe o seu natural equilíbrio, pode ser vítima de uma injúria. Embora não seja correto, nem lícito, admitir que o provocado ofenda o agente provocador, é causa de extinção da punibilidade. Não haveria razão moral para o Estado punir quem injuriou a pessoa que o provocou.

**42. Retorsão imediata:** é uma modalidade anômala de "legítima defesa". Quem foi ofendido, devolve a ofensa. Mais uma vez: embora não seja lícita a conduta, pois a legítima defesa destina-se, exclusivamente, a fazer cessar a agressão injusta que, no caso da injúria, já ocorreu, é preciso ressaltar que o ofendido tem em mente devolver a ofensa para livrar-se da pecha a ele dirigida. Trata-se de uma maneira comum dos seres humanos sentirem-se recompensados por insultos recebidos. A devolução do ultraje acaba, internamente, compensando quem a produz. Por isso, o Estado acaba perdoando o agressor.

**43. Forma qualificada:** a violência implica a ofensa à integridade corporal de outrem, enquanto a via de fato representa uma forma de violência que não chega a lesionar a integridade física ou a saúde de uma pessoa. Um tapa pode produzir um corte no lábio da vítima, configurando violência, mas pode também não deixar ferimento, representando a via de fato. É possível que o agente prefira produzir um insulto dessa forma, o que, aliás, é igualmente infamante. Neste caso, se tiver havido violência, há concurso da injúria com o delito de lesões corporais. Circunscrevendo-se, unicamente, às vias de fato, fica a contravenção absorvida pela injúria chamada *real*.

**44. Elementos normativos do tipo:** não é qualquer lesão corporal ou agressão física que se configura em injúria real, ainda que possa haver a intenção especial do agente em humilhar o adversário. É indispensável que tal agressão seja considerada *aviltante* – humilhante, desprezível – através do meio utilizado ou pela sua própria natureza.

**45. Forma qualificada:** considera-se mais grave valer-se o agente da injúria para atingir a vítima por conta de circunstâncias pessoais muito específicas, cujo contexto na sociedade identifica um grupo mais vulnerável e, com isso, passível de sofrer humilhação e mágoa. Ofender a honra subjetiva de alguém, utilizando a religião, a idade avançada ou a deficiência física ou mental significa usar paradigmas muito conhecidos e sujeitos a gerar a lesão ao amor-próprio. Entretanto, esta injúria qualificada pode ser classificada como uma *prática racista*, quando o intuito se voltar não apenas contra a dignidade ou o decoro da vítima, mas a uma forma de discriminação e segregação de pessoas. A Lei 14.532/2023 criou o art. 2.º-A na Lei 7.716/1989, migrando os fatores referentes a raça, cor, etnia e procedência nacional e elevando a pena, o que, por si só, não afeta o entendimento do STF no sentido de que os insultos a judeus ou homossexuais, por exemplo, podem ser manifestações racistas (consultar os julgados do STF abaixo mencionados). A utilização da religião e da orientação sexual com o intuito *segregacionista* foi tipificado no termo *raça*, pelo Pretório Excelso, que agora é transferido para a Lei 7.716/1989, com pena mais elevada e ação pública incondicionada. Sob outro aspecto, em tese, pode-se utilizar a religião, a idade avançada ou a deficiência como puro xingamento, como, por exemplo, dentro de uma reunião familiar, onde não se pretende excluir ninguém, mas somente humilhar, de modo que nasce a injúria qualificada (note-se os exemplos extraídos dos julgados citados abaixo: "bicha espírita" e "velha safada"). O insulto proferido em público a alguém, por conta da sua religião, visando ao seu afastamento de determinado grupo, como num clube recreativo, constitui injúria racial, aplicando-se o art. 2.º-A da Lei 7.716/1989. Há que se analisar o elemento subjetivo específico implícito na ofensa, se honra ou também segregação. Quando se trata de ofensa por conta da cor da pele ingressa-se em fator mais intenso, que extravasa a meta de macular a honra para adentrar o nefasto campo do *racismo generalizado e oculto*, que há muito tempo assola a sociedade brasileira, cons-

# Art. 140

###### 701 · Título I – Dos crimes contra a pessoa

tituindo, por natureza, a injúria racial, agora tipificada no art. 2.º-A da Lei 7.716/1989. Em suma, a injúria qualificada deste parágrafo pode figurar como delito contra a honra, mas é passível de tipificação na Lei 7.716/1989. Julgado do STF quanto a *racismo* ligado a religião: "Publicação de livros: antissemitismo. Racismo. Crime imprescritível. Conceituação. Abrangência constitucional. Liberdade de expressão. Limites. Ordem denegada. 1. Escrever, editar, divulgar e comerciar livros 'fazendo apologia de ideias preconceituosas e discriminatórias' contra a comunidade judaica (Lei 7.716/89, art. 20, na redação dada pela Lei 8.081/90) constitui crime de racismo sujeito às cláusulas de inafiançabilidade e imprescritibilidade (CF, art. 5.º, XLII). 2. Aplicação do princípio da prescritibilidade geral dos crimes: se os judeus não são uma raça, segue-se que contra eles não pode haver discriminação capaz de ensejar a exceção constitucional de imprescritibilidade. Inconsistência da premissa. 3. *Raça humana. Subdivisão. Inexistência. Com a definição e o mapeamento do genoma humano, cientificamente não existem distinções entre os homens, seja pela segmentação da pele, formato dos olhos, altura, pelos ou por quaisquer outras características físicas, visto que todos se qualificam como espécie humana. Não há diferenças biológicas entre os seres humanos. Na essência são todos iguais. 4. Raça e racismo. A divisão dos seres humanos em raças resulta de um processo de conteúdo meramente político- -social. Desse pressuposto origina-se o racismo que, por sua vez, gera a discriminação e o preconceito segregacionista. 5.* Fundamento do núcleo do pensamento do nacional-socialismo de que os judeus e os arianos formam raças distintas. Os primeiros seriam raça inferior, nefasta e infecta, características suficientes para justificar a segregação e o extermínio: inconciliabilidade com os padrões éticos e morais definidos na Carta Política do Brasil e do mundo contemporâneo, sob os quais se ergue e se harmoniza o estado democrático. *Estigmas que por si só evidenciam crime de racismo.* Concepção atentatória dos princípios nos quais se erige e se organiza a sociedade humana, baseada na respeitabilidade e dignidade do ser humano e de sua pacífica convivência no meio social. Condutas e evocações aéticas e imorais que implicam repulsiva ação estatal por se revestirem de densa intolerabilidade, de sorte a afrontar o ordenamento infraconstitucional e constitucional do País. 6. Adesão do Brasil a tratados e acordos multilaterais, que energicamente repudiam quaisquer discriminações raciais, aí compreendidas as distinções entre os homens por restrições ou preferências oriundas de raça, cor, credo, descendência ou origem nacional ou étnica, inspiradas na pretensa superioridade de um povo sobre outro, de que são exemplos a xenofobia, 'negrofobia', 'islamafobia' e o antissemitismo. 7. A Constituição Federal de 1988 impôs aos agentes de delitos dessa natureza, pela gravidade e repulsividade da ofensa, a cláusula de imprescritibilidade, para que fique, *ad perpetuam rei memoriam,* verberado o repúdio e a abjeção da sociedade nacional à sua prática. 8. Racismo. Abrangência. Compatibilização dos conceitos etimológicos, etnológicos, sociológicos, antropológicos ou biológicos, de modo a construir a definição jurídico-constitucional do termo. *Interpretação teleológica e sistêmica da Constituição Federal, conjugando fatores e circunstâncias históricas, políticas e sociais que regeram sua formação e aplicação, a fim de obter-se o real sentido e alcance da norma. (...)* 11. Explícita conduta do agente responsável pelo agravo revelador de manifesto dolo, baseada na equivocada premissa de que os judeus não só são uma raça, mas, mais do que isso, um segmento racial atávico e geneticamente menor e pernicioso. 12. Discriminação que, no caso, se evidencia como deliberada e dirigida especificamente aos judeus, que configura ato ilícito de prática de racismo, com as consequências gravosas que o acompanham. 13. Liberdade de expressão. Garantia constitucional que não se tem como absoluta. Limites morais e jurídicos. O direito à livre expressão não pode abrigar, em sua abrangência, manifestações de conteúdo imoral que implicam ilicitude penal. (...) 16. A ausência de prescrição nos crimes de racismo justifica-se como alerta grave para as gerações de hoje e de amanhã, para que se impeça a reinstauração de velhos e ultrapassados conceitos que a consciência jurídica e histórica não mais admite. Ordem denegada" (HC-QO 82.424 – RS, rel.

# Art. 140

Código Penal Comentado · **Nucci**

Moreira Alves, rel. para o acórdão Maurício Corrêa, j. 17.09.2003, *DJ* 19.03.2004, p. 17, m.v., grifos nossos). Julgado do STF quanto à orientação sexual constituindo *prática racista*: "O Tribunal, por unanimidade, conheceu parcialmente da ação direta de inconstitucionalidade por omissão. Por maioria e nessa extensão, julgou-a procedente, com eficácia geral e efeito vinculante, para: a) reconhecer o estado de mora inconstitucional do Congresso Nacional na implementação da prestação legislativa destinada a cumprir o mandado de incriminação a que se referem os incisos XLI e XLII do art. 5.º da Constituição, para efeito de proteção penal aos integrantes do grupo LGBT; b) declarar, em consequência, a existência de omissão normativa inconstitucional do Poder Legislativo da União; c) cientificar o Congresso Nacional, para os fins e efeitos a que se refere o art. 103, § 2.º, da Constituição c/c o art. 12-H, *caput*, da Lei n.º 9.868/99; d) dar interpretação conforme à Constituição, em face dos mandados constitucionais de incriminação inscritos nos incisos XLI e XLII do art. 5.º da Carta Política, para enquadrar a homofobia e a transfobia, qualquer que seja a forma de sua manifestação, nos diversos tipos penais definidos na Lei n.º 7.716/89, até que sobrevenha legislação autônoma, editada pelo Congresso Nacional, seja por considerar-se, nos termos deste voto, que as práticas homotransfóbicas qualificam-se como espécies do gênero racismo, na dimensão de racismo social consagrada pelo Supremo Tribunal Federal no julgamento plenário do HC 82.424/RS (caso Ellwanger), na medida em que tais condutas importam em atos de segregação que inferiorizam membros integrantes do grupo LGBT, em razão de sua orientação sexual ou de sua identidade de gênero, seja, ainda, porque tais comportamentos de homotransfobia ajustam-se ao conceito de atos de discriminação e de ofensa a direitos e liberdades fundamentais daqueles que compõem o grupo vulnerável em questão; e e) declarar que os efeitos da interpretação conforme a que se refere a alínea 'd' somente se aplicarão a partir da data em que se concluir o presente julgamento, nos termos do voto do Relator, vencidos os Ministros Ricardo Lewandowski e Dias Toffoli (Presidente), que julgavam parcialmente procedente a ação, e o Ministro Marco Aurélio, que a julgava improcedente. Em seguida, por maioria, fixou-se a seguinte tese: 1. Até que sobrevenha lei emanada do Congresso Nacional destinada a implementar os mandados de criminalização definidos nos incisos XLI e XLII do art. 5.º da Constituição da República, as condutas homofóbicas e transfóbicas, reais ou supostas, que envolvem aversão odiosa à orientação sexual ou à identidade de gênero de alguém, por traduzirem expressões de racismo, compreendido este em sua dimensão social, ajustam-se, por identidade de razão e mediante adequação típica, aos preceitos primários de incriminação definidos na Lei n.º 7.716, de 08/01/1989, constituindo, também, na hipótese de homicídio doloso, circunstância que o qualifica, por configurar motivo torpe (Código Penal, art. 121, § 2.º, I, 'in fine'); (...) 3. O conceito de racismo, compreendido em sua dimensão social, projeta-se para além de aspectos estritamente biológicos ou fenotípicos, pois resulta, enquanto manifestação de poder, de uma construção de índole histórico-cultural motivada pelo objetivo de justificar a desigualdade e destinada ao controle ideológico, à dominação política, à subjugação social e à negação da alteridade, da dignidade e da humanidade daqueles que, por integrarem grupo vulnerável (LGBTI+) e por não pertencerem ao estamento que detém posição de hegemonia em uma dada estrutura social, são considerados estranhos e diferentes, degradados à condição de marginais do ordenamento jurídico, expostos, em consequência de odiosa inferiorização e de perversa estigmatização, a uma injusta e lesiva situação de exclusão do sistema geral de proteção do direito, vencido o Ministro Marco Aurélio, que não subscreveu a tese proposta. Não participaram, justificadamente, da fixação da tese, os Ministros Roberto Barroso e Alexandre de Moraes. Plenário, 13.06.2019" (disponível em: <http://portal.stf.jus.br/processos/detalhe.asp?incidente=4515053>. Acesso em: 10 out. 2019). E ainda: Ação direta de inconstitucionalidade por omissão 26 – Distrito Federal, Plenário, rel. Celso de Mello, 13.06.2019, m.v. Julgado do STF quanto à injúria racial, com elemento relativo à cor da pele: "2. O crime de injúria racial reúne todos os elementos necessários à sua caracterização como uma das espécies de racismo, seja diante da definição constante do voto condutor do julgamento do HC 82.424/RS, seja diante do conceito de discriminação racial previsto na Convenção Internacional Sobre a Eliminação de Todas as Formas de Discriminação Racial. 3. A simples distinção topológica entre os crimes previstos na Lei 7.716/1989 e o art. 140, § 3.º, do Código Penal não tem o condão de fazer deste uma conduta delituosa diversa do racismo, até porque o rol previsto na legislação extravagante não é exaustivo. 4. Por ser espécie do gênero racismo, o crime de injúria racial é imprescritível. 5. Ordem de *habeas corpus* denegada" (HC 154.248, Plenário, rel. Edson Fachin, 28.10.2021, m.v.).

**46. Proporcionalidade da pena:** em comparação singela com outros crimes, a pena fixada para esse tipo de injúria poderia ser considerada elevada demais. Ocorre que, há épocas em que o Estado se vê levado a punir de forma mais severa certas condutas, que estão atormentando com maior frequência a sociedade; noutras, não haveria razão para tal postura. Foi o caso dos crimes de trânsito. O homicídio culposo na direção de veículo automotor tem uma pena de detenção de dois a quatro anos, enquanto o homicídio culposo, do Código Penal, tem punição de um a três anos. Isto significa que o homicídio no trânsito vem prejudicando a sociedade com maior habitualidade e merece ser punido de forma mais rigorosa. Não vemos qualquer ofensa ao princípio da proporcionalidade. A injúria qualificada tende a ferir a honra de pessoas particularmente vulneráveis ou propõe-se a utilizar elementos condizentes a essas pessoas para proferir insultos.

### Disposições comuns

> **Art. 141.** As penas cominadas neste Capítulo aumentam-se de 1/3 (um terço), se qualquer dos crimes é cometido:[47]
>
> I – contra o Presidente da República, ou contra chefe de governo estrangeiro;[48]
>
> II – contra funcionário público, em razão de suas funções, ou contra os Presidentes do Senado Federal, da Câmara dos Deputados ou do Supremo Tribunal Federal;[49]
>
> III – na presença de várias pessoas, ou por meio que facilite a divulgação da calúnia, da difamação ou da injúria;[50]
>
> IV – contra criança, adolescente, pessoa maior de 60 (sessenta) anos ou pessoa com deficiência, exceto na hipótese prevista no § 3.º do art. 140 deste Código.[50-A]
>
> § 1.º Se o crime é cometido mediante paga ou promessa de recompensa, aplica-se a pena em dobro.[51]
>
> § 2.º Se o crime é cometido ou divulgado em quaisquer modalidades das redes sociais da rede mundial de computadores, aplica-se em triplo a pena.[51-A]
>
> § 3.º Se o crime é cometido contra a mulher por razões da condição do sexo feminino, nos termos do § 1º do art. 121-A deste Código, aplica-se a pena em dobro.[51-B]

**47. Causas de aumento da pena:** há razões, como será exposto nos comentários aos incisos, para tornar mais grave o delito contra a honra. Vêm tais motivos expostos no art. 141, obrigando o magistrado a aumentar em uma cota fixa, preestabelecida pelo legislador, a pena do réu (um terço).

# Art. 141

**48. Honra do Presidente da República ou de chefe de governo estrangeiro:** entendeu o legislador ser especialmente grave o ataque à honra, objetiva ou subjetiva, do representante maior de uma nação, seja ela brasileira (Presidente da República), seja estrangeira. A mácula à reputação dessas pessoas, em razão do alto cargo por elas ocupado, pode ter repercussão muito maior do que se se tratar de qualquer outro indivíduo, mesmo porque tende a ofender, em muitos casos, a própria coletividade por elas representada. Note-se que nem mesmo é permitida a exceção da verdade, nesse contexto, quando há calúnia (art. 138, § 3.º, II, CP).

**49. Honra de funcionário público:** trata-se de uma causa de aumento que leva em consideração o interesse maior da Administração. Do mesmo modo que se permite a exceção da verdade tanto no contexto da calúnia quanto no da difamação (art. 139, parágrafo único, CP), a fim de se saber se o funcionário público praticou crime ou qualquer outro fato desabonador, pune-se, com maior rigor, quem o ofenda, no *exercício das suas funções*, levianamente. A Lei 14.197/2021 acrescentou neste inciso os Presidentes do Senado Federal, da Câmara dos Deputados ou do Supremo Tribunal Federal. Embora se compreenda a relevância dessas funções, para efeito de elevação da pena, na realidade, já estariam abrangidos no cenário do *funcionário público*, visto exercerem funções públicas.

**50. Facilitação da divulgação da agressão à honra:** tendo em vista que os delitos contra a honra afetam substancialmente a reputação e o amor-próprio da vítima, é natural punir com maior rigor o agente que se valha de meio de fácil propagação da calúnia, da difamação ou da injúria. Ao ofender alguém na presença de várias pessoas, como, por exemplo, no meio de uma solenidade ou de uma festa, faz-se com que o dano à imagem seja potencialmente maior. Por outro lado, é possível que o instrumento utilizado, ainda que não se esteja diante de muitos destinatários, facilite, igualmente, a propagação do agravo (ex.: mandar pintar frases ofensivas no muro externo da casa da vítima). Na jurisprudência: STJ: "2. No caso, foi informado no Boletim de Ocorrência que as vítimas 'relataram terem sido xingadas de *macaco* e desejavam representar contra o autor', sendo, portanto, conduzidas à Delegacia de Polícia para prestarem declarações a respeito do fato, o que, de fato, foi feito. Tais circunstâncias evidenciam, de forma inequívoca, a intenção das ofendidas de inaugurarem a ação penal. 3. Foi esclarecido que, no momento do crime, 'o acusado estava junto a um grupo de oito pessoas', desse modo, aplica-se ao caso a causa de aumento de pena prevista no art. 141, inciso III, do Código Penal" (AgRg no HC 528.138-SC, 6.ª T., rel. Laurita Vaz, 27.10.2020, v.u.).

**50-A. Proteção diferenciada à criança, ao adolescente, à pessoa idosa e à pessoa com deficiência:** as Leis 10.741/2003 e 14.344/2022 incluíram as pessoas idosas (maiores de 60 anos), com deficiência (física ou mental) e as crianças e adolescentes. Quanto a estes últimos, parece-nos cauteloso adotar o critério misto, previsto no Estatuto da Criança e do Adolescente, bem como nos Códigos Civil e Penal, vale dizer, deve ser a pessoa entre 12 anos completos e 17 anos completos. Atingindo a idade de 18, torna-se maior para fins penais e civis, além do que o ECA se aplica somente em casos excepcionais até os 20 anos completos. É preciso lembrar que a criança em tenra idade ou o deficiente com grau intenso de incapacidade pode nem mesmo compreender a ofensa, de modo que se torna crimes impossível (art. 17, CP). Excluiu-se a injúria *qualificada* (art. 140, § 3.º, CP), no tocante a idosos e deficientes, porque se cuida de delito mais grave e deve predominar sobre esta *causa de aumento*, sob pena de gerar o indevido *bis in idem* (dupla punição pelo mesmo fato).

**51. Causa de aumento de motivação torpe:** o parágrafo único prevê a hipótese de o agente atuar fundamentado em motivo torpe (particularmente vil, repugnante), consistente em paga (recebimento de qualquer soma em dinheiro ou outra vantagem) ou promessa de recompensa (expectativa de auferir vantagem ou dinheiro). Poderia estar figurando dentre as causas expostas nos incisos, mas, tendo em vista a maior punição (dobra a pena), viu-se o legislador levado a destacar a causa de aumento em tópico à parte.

**51-A. Causa de aumento de pena:** a Lei 13.964/2019 inseriu o § 2.º a este artigo, nos seguintes termos: "se o crime é cometido ou divulgado em quaisquer modalidades das redes sociais da rede mundial de computadores, aplica-se em triplo a pena". O Poder Executivo vetou, inicialmente, sob o seguinte argumento: "A propositura legislativa, ao promover o incremento da pena no triplo quando o crime for cometido ou divulgado em quaisquer modalidades das redes sociais da rede mundial de computadores, viola o princípio da proporcionalidade entre o tipo penal descrito e a pena cominada, notadamente se considerarmos a existência da legislação atual que já tutela suficientemente os interesses protegidos pelo Projeto, ao permitir o agravamento da pena em um terço na hipótese de qualquer dos crimes contra a honra ser cometido por meio que facilite a sua divulgação. Ademais a substituição da lavratura de termo circunstanciado nesses crimes, em razão da pena máxima ser superior a dois anos, pela necessária abertura de inquérito policial, ensejaria, por conseguinte, superlotação das delegacias, e, com isso, redução do tempo e da força de trabalho para se dedicar ao combate de crimes graves, tais como homicídio e latrocínio". O motivo levantado pelo veto não se coaduna à realidade, pois a existência do aumento de um terço, previsto no art. 141, III, refere-se à prática do delito contra a honra na presença de várias pessoas ou outro meio que facilite a sua divulgação, dentro do âmbito de transmissão da ofensa em termos comuns, conhecidos muito antes do advento da Internet e das redes sociais. Noutros termos, já era considerado mais grave proferir qualquer agressão à honra diante de outras pessoas; entretanto, quando essa ofensa é inserida na rede mundial de computadores, a propagação se faz de maneira muito mais rápida e atinge um contingente imenso de pessoas, logo, a situação se torna mais lesiva ao bem jurídico tutelado da vítima. Desse modo, o aumento da pena (triplo) é proporcional ao dano. Além disso, os delitos previstos no capítulo são de ação penal privada (art. 145), como regra, razão pela qual não há como elevar o serviço policial, impedindo o resguardo à segurança pública, vale dizer, somente são apurados por iniciativa da vítima. Outrossim, nenhuma estatística criminal conhecida faz um paralelo entre crimes contra a honra e delitos tão graves, como homicídio ou latrocínio, de forma que a investigação de uns não interfere em nada na apuração de outros. O Parlamento, corretamente, derrubou o veto.

**51-B. Aumento de pena em agressão contra a mulher:** o art. 7.º, da Lei 11.340/2006, estabelece que "são formas de violência doméstica e familiar contra a mulher, entre outras: (...) V – a violência moral, entendida como qualquer conduta que configure calúnia, difamação ou injúria". Por isso, nessa esteira, justifica-se a causa de aumento prevista neste parágrafo, introduzida pela Lei 14.994/2024.

### Exclusão do crime[52]

> **Art. 142.** Não constituem injúria ou difamação punível:[53]
>
> I – a ofensa irrogada em juízo,[54] na discussão da causa,[55-56] pela parte ou por seu procurador;[57-59]
>
> II – a opinião desfavorável[60] da crítica literária, artística ou científica, salvo quando inequívoca a intenção de injuriar ou difamar;
>
> III – o conceito desfavorável[61] emitido por funcionário público, em apreciação ou informação que preste no cumprimento de dever do ofício.
>
> **Parágrafo único.** Nos casos dos ns. I e III, responde pela injúria ou pela difamação quem lhe dá publicidade.[62]

# Art. 142

Código Penal Comentado · **Nucci**

706

**52. Excludente de crime:** trata-se de uma causa específica de exclusão da antijuridicidade. Assim, é possível que, em tese, exista um fato típico, consistente em injúria ou difamação, embora possa ser considerado lícito, porque presente uma das hipóteses previstas neste artigo.

**53. Exclusão da calúnia:** o interesse da Administração Pública na apuração de crimes, especialmente os que preveem ação penal pública incondicionada, afasta a possibilidade de se excluir a ilicitude no caso de ocorrência de calúnia. Assim preleciona MARCELO FORTES BARBOSA: "Em ofensa caluniosa no plenário do júri, por exemplo, quando o advogado diz que o promotor está subornado pela família do réu para pedir sua absolvição, está-se diante de uma acusação criminosa e que necessita de apuração, porque, caso comprovada, fará com que o órgão do Ministério Público seja responsabilizado nos termos do art. 317 do CP, daí por que a calúnia não pode ser incorporada às causas de exclusão de crime" (*Crimes contra a honra*, p. 68). Na jurisprudência: STJ: "1. A imunidade material dos advogados não abrange a calúnia. A exclusão do crime contra a honra alcança somente a injúria e a difamação (art. 142, inciso I, do Código Penal)" (AgRg no RHC 106.978-RJ, 6.ª T., rel. Laurita Vaz, 17.12.2019, v.u.).

**54. Imunidade judiciária:** a primeira excludente de ilicitude diz respeito à imunidade auferida por quem litiga em juízo, terminando por se descontrolar, proferindo ofensas contra a parte contrária. É sabido que o calor dos debates, trazidos por uma contenda judicial, pode estimular os indivíduos envolvidos a perder o equilíbrio, exagerando nas qualificações e comentários desairosos. Exige-se, no entanto, que haja uma relação processual instaurada, pois é esse o significado da expressão "irrogada em juízo", além do que o autor da ofensa precisa situar-se em local próprio para o debate processual. Não teria cabimento a utilização desta excludente, por exemplo, quando o agente encontrasse a vítima, com quem mantém uma lide, em outra cidade, distante do fórum, ofendendo-a. Cremos, ainda, que a palavra "juízo" possui um significado específico, ligando-se ao exercício da jurisdição, típico do Poder Judiciário, e não a qualquer tipo de processo ou procedimento (estariam excluídos, pois, os processos administrativos, os inquéritos policiais, entre outros). Neste mesmo sentido, a despeito de doutas opiniões em contrário, está o magistério de MARCELO FORTES BARBOSA (*Crimes contra a honra*, p. 68). Na jurisprudência: STJ: "3. Não constitui injúria nem difamação a ofensa irrogada pela parte ou por seu procurador em juízo, na discussão de causa, por se tratar de situação acobertada pela imunidade judiciária prevista no art. 142, I, do Código Penal. A intenção de defender-se (*animus defendendi*) descaracteriza o elemento subjetivo e, por consequência, afasta a tipicidade dos crimes contra a honra. Precedentes. 4. Ordem de *habeas corpus* concedida para determinar o trancamento da ação penal" (HC 563.125-AL, 5.ª T., rel. João Otávio de Noronha, 13.04.2021, v.u.).

**55. Discussão da causa:** significa a ofensa produzida no debate, oral ou escrito, ocorrido na relação processual e necessitando, com esta, guardar relação. Pode acontecer por petição e ainda durante uma audiência.

**56. Ofensa ao magistrado:** não se beneficia da excludente, visto que o juiz não pode ser considerado, no sentido abraçado pelo tipo penal permissivo, parte no processo e não tem interesse algum na discussão da causa; ao contrário, deve julgá-la com imparcialidade. Por isso, qualquer ultraje dirigido ao magistrado pode ser punido, sem que a parte se valha da imunidade.

**57. Parte ou procurador:** as únicas pessoas que se utilizariam da excludente são as partes (autor e réu, incluídos, naturalmente, os assistentes e aqueles admitidos, de alguma forma, na relação processual) e seus procuradores (advogados ou estagiários – estes quando habilitados à prática do ato).

**58. Confronto da imunidade judiciária com o Estatuto da Advocacia:** em primeiro plano, deve-se ressaltar que a Constituição Federal de 1988 estabeleceu, no art. 133, ser o advogado "indispensável à administração da justiça", bem como "inviolável por seus atos e manifestações no exercício da profissão", embora *nos limites da lei*. Posteriormente, no art. 7.º, § 2.º, da Lei 8.906/1994, fixou-se que o advogado "tem imunidade profissional, não constituindo injúria, difamação ou desacato puníveis qualquer manifestação de sua parte, no exercício de sua atividade, em juízo ou fora dele, sem prejuízo das sanções disciplinares perante a OAB, pelos excessos que cometer". Pretendeu-se, com a edição do Estatuto da Advocacia, ampliar a imunidade judiciária do causídico, dando-lhe a conotação de imunidade material, tal como possuem os parlamentares (invioláveis por suas opiniões, palavras e votos – art. 53, CF). Entretanto, as decisões reiteradas dos tribunais pátrios vêm demonstrando que o art. 142, I, do Código Penal foi recepcionado pela Constituição Federal de 1988 e não sofreu qualquer alteração pelo disposto no Estatuto da Advocacia. Assim, os advogados continuam invioláveis por suas manifestações processuais, embora *dentro dos limites da lei*, que é o previsto no Código Penal. Por outro lado, quanto à previsão feita à palavra "desacato", constante no referido art. 7.º, § 2.º, da Lei 8.906/1994, foi considerada inconstitucional por conta de decisão do Supremo Tribunal Federal (ADIn 1.127-8).

**59. Ofensa ao Promotor de Justiça:** o representante do Ministério Público somente pode ser inserido no contexto da imunidade judiciária (como autor ou como vítima da ofensa) quando atuar no processo como parte. Assim é o caso do Promotor de Justiça que promove a ação penal na esfera criminal. Se ele ofender a parte contrária ou for por ela ofendido, não há crime. Entretanto, não se considera *parte*, no sentido da excludente de ilicitude, que se refere com nitidez à "discussão da causa", o representante do Ministério Público quando atua como *fiscal da lei*. Neste caso, conduz-se no processo imparcialmente, tal como deve fazer sempre o magistrado, não devendo "debater" a sua posição, mas apenas sustentá-la, sem qualquer ofensa ou desequilíbrio.

**60. Imunidade literária, artística e científica:** esta causa de exclusão diz respeito à liberdade de expressão nos campos literário, artístico ou científico, permitindo que haja crítica acerca de livros, obras de arte ou produções científicas de toda ordem, ainda que sejam pareceres ou conceitos negativos. Ocorre que da redação eleita pelo legislador denota-se a fragilidade do seu conteúdo. Emitir uma opinião desfavorável em relação a um livro publicado, por exemplo, com a intenção de injuriar o seu autor é situação não protegida pela excludente, conforme se vê da ressalva final: "(...) salvo quando inequívoca a intenção de injuriar ou difamar". Entretanto, se o conceito negativo emitido não contiver a intenção de ofender, seria considerado um fato lícito. Ocorre que, como visto linhas acima, para a concretização de um crime contra a honra é indispensável haver, além do dolo, o elemento subjetivo do tipo específico, que é justamente a especial vontade de ofender a vítima. Inexistindo tal intenção, o fato é atípico. Portanto, a excludente em questão é despicienda. Havendo intenção de ofender na crítica literária, artística ou científica, preenchido está o tipo penal e a excludente de ilicitude (imunidade) não se aplica. Não estando presente a vontade de injuriar ou difamar, antes mesmo de se falar na excludente de antijuridicidade, é preciso considerar que o tipo penal não está configurado.

**61. Imunidade funcional:** o funcionário público, cumprindo dever inerente ao seu ofício, pode emitir um parecer desfavorável, expondo opinião negativa a respeito de alguém, passível de macular a reputação da vítima ou ferir a sua dignidade ou o seu decoro, embora não se possa falar em ato ilícito, pois o interesse da Administração Pública deve ficar acima dos interesses individuais. Não teria sentido o funcionário deter-se nos seus comentários somente porque, em tese, alguém se sentiria ofendido, dando margem a uma ação penal por injúria

# Art. 143

ou difamação. No caso presente, mesmo que haja interesse do funcionário em injuriar ou difamar terceiro – configurando fato típico –, não será considerado ilícito caso esteja o agente no exercício do seu mister, bem como no interesse particular do Estado. Na jurisprudência: STJ: "3. A mera descrição de dificuldades operacionais em contratos de prestação de serviços consubstancia inequívoco *animus narrandi*, a eliminar, por consequência, o dolo específico de difamar. 4. Ausência de requisito essencial para a configuração do crime de difamação, consistente no indispensável *animus inffamandi vel injurandi*. 5. Incidência à espécie da causa de exclusão disposta no art. 142, inciso III, do Código Penal, o qual expressamente estatui que '(...) não constituem injúria ou difamação punível (...) o conceito desfavorável emitido por funcionário público, em apreciação ou informação que preste no cumprimento de dever de ofício. 6. Doutrina e Jurisprudência pacíficas do Superior Tribunal de Justiça. 7. Queixa-crime rejeitada por ausência de justa causa" (QC 5/DF, Corte Especial, rel. Mauro Campbell Marques, 17/04/2024, v.u.).

**62. Ressalva da divulgação da injúria ou da difamação:** a ofensa produzida em juízo, no debate da causa, pela parte ou seu procurador, bem como aquela que estiver contida num parecer funcional, no interesse da Administração, precisam ficar restritas ao cenário onde foram produzidas. Não é aceitável que um terceiro, que não é parte, tampouco funcionário público, possa propagar o conceito negativo acerca de alguém impunemente. Afinal, muitas vezes, a injúria ou a difamação, quando circunscritas num processo judicial (caso do inciso I) ou administrativo (caso do inciso III), ganha divulgação estreita e limitada, o que causa menor dano à parte ofendida. O terceiro, agindo com especial intenção de manchar a reputação ou magoar a vítima, merece punição. Não tratou a ressalva deste parágrafo da figura do inciso II porque, em regra, o parecer desfavorável no contexto literário, artístico ou científico é feito publicamente, portanto, passível de divulgação sem controle.

### Retratação[63]

> **Art. 143.** O querelado[64] que, antes da sentença,[65] se retrata[66] cabalmente da calúnia ou da difamação,[67] fica isento de pena.
>
> **Parágrafo único.** Nos casos em que o querelado tenha praticado a calúnia ou a difamação utilizando-se de meios de comunicação, a retratação dar-se-á, se assim desejar o ofendido, pelos mesmos meios em que se praticou a ofensa.[67-A]

**63. Causa extintiva da punibilidade:** a retratação é nitidamente uma causa de extinção da punibilidade, como demonstra o art. 107, VI, do Código Penal. Portanto, não diz respeito a qualquer dos elementos do crime – tipicidade, antijuridicidade e culpabilidade –, mas sim à punibilidade, que significa unicamente a possibilidade que o Estado possui de aplicar, concretamente, a sanção penal prevista para o delito. Nota-se, pois, que a expressão "isenção de pena" não se vincula, necessariamente, à culpabilidade, como querem fazer crer algumas opiniões. Na jurisprudência: STJ: "1. O STJ orienta não ser cabível a retratação prevista no art. 143 do Código Penal nos casos de injúria praticada em desfavor de funcionário público e devido a sua função. Precedentes. Incidência da Súmula n. 83 do STJ" (AgRg no REsp 1.796.100/PE, 6.ª T., rel. Rogerio Schietti Cruz, 03.05.2022, v.u.); "3. A isenção de pena para os delitos de calúnia e de difamação prevista no art. 143 do CP em razão de retratação antes da sentença se aplica para querelado (ação penal privada), não alcançando delitos contra a honra processados mediante requisição ou representação do ofendido (art. 145, parágrafo único, do CP)" (AgRg no REsp 1.860.770-SP, 5.ª T., rel. Joel Ilan Paciornik, 01.09.2020, v.u.).

**64. Ação penal privada:** a referência expressa ao *querelado* está a evidenciar que a retratação somente pode ocorrer quando a ação penal for privada, excluindo-se a possibilidade de se concretizar no cenário da ação penal pública. Na jurisprudência: STJ: "3. A isenção de pena para os delitos de calúnia e de difamação prevista no art. 143 do CP em razão de retratação antes da sentença se aplica para querelado (ação penal privada), não alcançando delitos contra a honra processados mediante requisição ou representação do ofendido (art. 145, parágrafo único, do CP)" (AgRg no REsp 1.860.770-SP, 5.ª T., rel. Joel Ilan Paciornik, 01.09.2020, v.u.).

**65. Condição temporal para a retratação:** há necessidade de o desmentido ser proferido antes da sentença de 1.º grau, não sendo cabível estender a sua aplicação até o trânsito em julgado.

**66. Significado de retratação:** retratar-se quer dizer voltar atrás, desdizer-se, desmentir-se. O agente reconhece que cometeu um erro e refaz as suas anteriores afirmações. Em vez de sustentar o fato desairoso, que deu margem à configuração da calúnia ou da difamação, reconhece que se equivocou e retifica o alegado.

**67. Abrangência da retratação:** envolve o desmentido somente a calúnia e a difamação porque essas figuras típicas, como já analisado, lidam com a atribuição à vítima da prática de um *fato*. Se este fato é falso e tipificado em lei como crime, trata-se da calúnia; caso se vincule a uma conduta indecorosa, verdadeira ou falsa, passível de afetar a reputação da vítima, trata-se de difamação. Ora, referindo-se à honra objetiva, aquela que diz respeito ao conceito que a sociedade faz do indivíduo, é possível haver um desmentido. Não permite a lei que exista retratação no contexto da injúria porque esta cuida da honra subjetiva, que é inerente ao amor-próprio. Neste caso, quando a vítima foi ofendida, não há desdito que possa alterar a situação concretizada. Nos casos de difamação e calúnia, no entanto, quando o agente volta atrás e narra a verdade, permite que a imagem da vítima seja restaurada diante da sociedade, proporcionando, então, a extinção da punibilidade. O termo *cabalmente*, utilizado pelo art. 143, não dá margem a qualquer dúvida: a retratação há de ser *completa, integral*, sem quaisquer mecanismos de *tergiversação*, sob pena de não servir para afastar a punição do agente. Na jurisprudência: STJ: "1. A retratação cabal da calúnia, feita antes da sentença, de forma clara, completa, definitiva e irrestrita, sem remanescer nenhuma dúvida ou ambiguidade quanto ao seu alcance – que é justamente o de desdizer as palavras ofensivas à honra, retratando-se o ofensor do malfeito –, implica a extinção da punibilidade do agente e independe de aceitação do ofendido. Inteligência do art. 143, c.c. o art. 107, VI, do CP. 2. Em se tratando de ofensa irrogada por meios de comunicação – como no caso, que foi por postagem em rede social na internet –, 'a retratação dar-se-á, se assim desejar o ofendido, pelos mesmos meios em que se praticou a ofensa' (art. 143, parágrafo único, do CP (grifei). 3. A norma penal, ao abrir ao ofendido a possibilidade de exigir que a retratação seja feita pelo mesmo meio em que se praticou a ofensa, não transmudou a natureza do ato, que é essencialmente unilateral. Apenas permitiu que o ofendido exerça uma faculdade. 4. Se o ofensor, desde logo, mesmo sem consultar o ofendido, já se utiliza do mesmo veículo de comunicação para apresentar a retratação, não há razão para desmerecê-la, porque o ato já atingiu sua finalidade legal. 5. Declarada a extinção da punibilidade da querelada" (APn 912-RJ, Corte Especial, rel. Laurita Vaz, 03.03.2021, v.u.).

**67-A. Ofensa por meios de comunicação:** o parágrafo único acrescido pela Lei 13.188/2015 tem utilidade evidente, pois a calúnia e a difamação constituem crimes que ferem a honra objetiva, vale dizer, a reputação da vítima (a imagem que a sociedade tem a seu respeito). Ora, quando a lesão à honra é realizada em ambiente restrito (ex.: um clube, uma empresa, uma festa em residência etc.), a retratação, efetivada no processo (ou fora dele)

# Art. 144

possui repercussão a quem interessa, ou seja, àqueles que a ouviram. O cenário é estreito para a sua divulgação, logo, também a retratação chega mais fácil aos ouvintes. Com isso, a reputação da pessoa ofendida é, de certa forma, *restaurada*. No entanto, proferida a calúnia ou difamação pelos variados meios de comunicação, em particular, nos dias de hoje, pelas redes sociais, via internet, a retratação, quando realizada no processo ou diretamente à vítima, torna-se insuficiente. Por isso, com razão, pode o ofendido exigir que a referida retratação se dê pelos mesmos canais por onde foi divulgada a ofensa, sob pena de não produzir o efeito de extinção da punibilidade. Não se trata de uma condição inafastável, pois a lei é clara: depende da vontade da pessoa ofendida. Por vezes, pode esta entender que, quanto maior divulgação tiver o fato, maior prejuízo lhe poderá ocorrer. Em suma, ofensas à honra objetiva (calúnia e difamação), se realizadas por qualquer meio de comunicação (TV, rádio, jornais, revistas, internet etc.), em caso de retratação do agressor, há de se consultar a vítima, intimando-a, se processo houver, para exercer a sua opção: retratação pública ou nos autos do processo. Antes dessa opção, o juiz não pode declarar extinta a punibilidade. Por óbvio, a retratação pública deve circunscrever-se aos mesmos meios de comunicação onde foi proferida inicialmente, sob pena de se tornar inviável ao ofensor voltar atrás naquilo que falou. Assim sendo, se ocorreu em determinado artigo no jornal X, ali deve ser realizada a retratação. Se outros meios de comunicação, retirando os dados do artigo, também o divulgaram, não fica o ofensor obrigado a retratar-se em todos eles. Caberá, posteriormente, à vítima, assim querendo, transmitir a retratação a outros veículos de comunicação.

> **Art. 144.** Se, de referências, alusões ou frases, se infere[68] calúnia, difamação ou injúria, quem se julga ofendido pode pedir explicações em juízo.[69] Aquele que se recusa a dá-las ou, a critério do juiz, não as dá satisfatórias, responde pela ofensa.[70]

**68. Análise do termo "inferência":** inferir significa um processo lógico de raciocínio consistente numa dedução. Quando alguém profere uma frase dúbia, pela qual, por dedução, consegue-se chegar à conclusão de que se trata de uma ofensa, tem-se o mecanismo da "inferência". Não há certeza da intenção ofensiva – como no caso de o agente dizer expressamente que "Fulano é ladrão" –, pois os meios utilizados são mascarados. Ex.: numa roda de pessoas, alguém diz: "Não sou eu o autor das subtrações que têm ocorrido nesta repartição". Pode ser difícil interpretar a frase. Por vezes, o seu autor quer referir-se a alguém que ali está, ofendendo-o indiretamente. Noutras ocasiões, é apenas uma coincidência, ou seja, quem falou não está com a intenção de macular a imagem de ninguém, embora tenha deixado impressão contrária. Para sanar a dúvida, faz-se o pedido de explicações. Na jurisprudência: STJ: "6. A interpelação judicial do art. 144 do CP cumpre a função de medida cautelar preparatória e facultativa, tendente a aparelhar e instruir futura e eventual ação penal condenatória pela prática de crimes contra a honra. 7. É pressuposto dessa interpelação que a ação imputada ao interpelado tenha o condão, desde o início, ao menos em tese, de se adequar à previsão típica de um dos crimes contra a honra. 8. A dubiedade que justifica a interpelação pode resultar do sentido da ofensa, bem como da vagueza de seus destinatários. 9. A dubiedade ou equivocidade deve, no entanto, possuir natureza objetiva, de forma que, se da manifestação interpelada não desponta qualquer liame entre o pretenso ofensor e a honra do pretenso ofendido, não há dubiedade ou equívoco hábeis ao manejo do pedido de explicações" (EDcl na IJ 159-MG, Corte Especial, rel. Nancy Andrighi, 01.09.2021, v.u.).

**69. Pedido de explicações em juízo:** a despeito de ser uma previsão formulada no Código Penal, cremos tratar-se de instituto pertinente ao processo penal. O crime contra a honra existe ou não existe – o que não se pode admitir é o meio-termo. Por isso, se alguém profere expressões ou conceitos dúbios a respeito de outrem, não se trata de problema a ser disciplinado no contexto de direito material. Melhor situado estaria o art. 144 do Código Penal no Código de Processo Penal, conferindo à parte pretensamente ofendida um instrumento procedimental para esclarecer a dúvida gerada: se o agente confirmar o agravo, nitidamente concretizado estará o tipo penal do crime contra a honra; caso negue, estar-se-ia tratando de fato atípico, erroneamente interpretado pela vítima. Assim, não nos parece uma disciplina de Direito Penal. Ainda assim, o artigo em questão vincula-se à dubiedade de referências que uma pessoa faz à outra, sem evidenciar, com clareza, o seu intuito. Estaríamos diante de um crime camuflado ou de um flagrante equívoco. Se a frase ou menção foi emitida sem qualquer maldade ou intenção de ofender, inexiste fato típico; caso tenha sido proferida com vontade de caluniar, difamar ou injuriar, há crime. O sujeito que se sente ultrajado, mas não tem certeza da intenção do autor, pode pedir explicações em juízo. Nesse procedimento, não haverá um julgamento de mérito do juiz, mas a simples condução do esclarecimento da dúvida. Havendo recusa a dar as explicações ou deixando de fornecê-las satisfatoriamente, fica o agente sujeito a ser processado pela prática de crime contra a honra. Esclarecendo, no entanto, o mal-entendido, livra-se de um processo criminal. Na jurisprudência: STF: "O pedido de explicações – formulado com suporte no Código Penal (art. 144) – tem natureza cautelar (*RTJ* 142/816), é cabível em qualquer das modalidades de crimes contra a honra, não obriga aquele a quem se dirige, pois o interpelado não poderá ser constrangido a prestar os esclarecimentos solicitados (*RTJ* 107/160), é processável perante o mesmo órgão judiciário competente para o julgamento da causa penal principal (*RTJ* 159/107 – *RTJ* 170/60-61 – *RT* 709/401), reveste-se de caráter meramente facultativo (*RT* 602/368 – *RT* 627/365), não dispõe de eficácia interruptiva ou suspensiva da prescrição penal ou do prazo decadencial (*RTJ* 83/662 – *RTJ* 150/474-475 – *RTJ* 153/78-79), só se justifica quando ocorrentes situações de equivocidade, ambiguidade ou dubiedade (*RT* 694/412 – *RT* 709/401) e traduz faculdade processual sujeita à discrição do ofendido (*RTJ* 142/816), o qual poderá, por isso mesmo, ajuizar, desde logo (*RT* 752/611), a pertinente ação penal condenatória. Doutrina. Jurisprudência" (AC 3883 AgR, 2.ª T., rel. Celso de Mello, 10.11.2015, processo eletrônico *DJe*-018, divulg. 29.01.2016, public. 1.º.02.2016).

**70. Consequência das explicações:** tratando-se de um procedimento processual equivalente ao da notificação judicial, não se tem qualquer tipo de análise de mérito quanto à existência de crime contra a honra. Por isso, como sustentamos, viria mais bem disciplinado, inclusive com o procedimento cabível, no Código de Processo Penal o *pedido de explicações*. Na sua falta, deve-se destacar somente que a frase "responde pela ofensa" significa, unicamente, que o agente do delito contra a honra pode ser criminalmente processado. Não se condena ninguém no singelo "pedido de explicações".

> **Art. 145.** Nos crimes previstos neste Capítulo somente se procede mediante queixa,[71] salvo quando, no caso do art. 140, § 2.º, da violência resulta lesão corporal.[72]
>
> **Parágrafo único.** Procede-se mediante requisição do Ministro da Justiça, no caso do inciso I do *caput* do art. 141 deste Código, e mediante representação do ofendido, no caso do inciso II do mesmo artigo, bem como no caso do § 3.º do art. 140 deste Código.[73-74-A]

**71. Ação penal privada:** a expressa menção de que somente se procede "mediante queixa" demonstra que a iniciativa da ação penal cabe à vítima, por isso é *privada*. Trata-se

# Art. 145

Código Penal Comentado · **Nucci**

712

de uma norma processual inserida no contexto do direito material, o que deveria ter sido evitado pelo legislador. A referência à iniciativa da ação penal deveria ficar circunscrita ao direito processual penal. De qualquer modo, o ofendido não pode agir sem ser representado por advogado. Na jurisprudência: STJ: "1. Cuida-se de queixa-crime assinada pelo próprio querelante, que não possui inscrição na OAB, pela suposta prática dos crimes previstos nos arts. 139, 140 c/c 141, III, do CP (difamação e injúria majorada). 2. O propósito recursal consiste em determinar: a) quais os efeitos do oferecimento da queixa-crime pelo próprio ofendido, pessoa não inscrita na OAB; e b) se o defeito da representação judicial do querelante foi corrigido oportunamente. 3. Ainda que a legitimidade ativa para a ação penal de iniciativa privada pertença ao ofendido, não se dispensa a representação por advogado regularmente inscrito na OAB, único com capacidade postulatória para o ajuizamento da queixa-crime. 4. O ato processual praticado por pessoa que não possua capacidade postulatória é considerado inexistente e inválido; incapaz, pois, de produzir efeitos em relação à pessoa em cujo nome foi praticado, já que se trata de pressuposto de existência e de validade do processo. 5. O oferecimento da queixa-crime praticado por pessoa sem capacidade postulatória – a exemplo da própria vítima, não inscrita na OAB – não é capaz de configurar o exercício do direito de dar início à ação penal privada dentro do prazo decadencial previsto para tanto. 6. A ausência de capacidade postulatória do signatário da peça inaugural deve ser corrigida antes do decurso do prazo decadencial de 6 (seis) meses, previsto nos arts. 103 do CP e 38 do CPP. 7. Ante a disponibilidade da ação penal privada, regida, ainda, pelos princípios da conveniência e da oportunidade, não cabe ao juiz tutelar o regular exercício do direito de queixa, limitando-se, conforme o caso, a aplicar o direito cabível à espécie. 8. Na hipótese dos autos, passados mais de 6 (seis) meses da data do conhecimento do fato e da autoria, não houve a apresentação de regular queixa-crime subscrita por advogados com inscrição na OAB" (AgRg nos EDcl na APn 958-RJ, Corte Especial, rel. Nancy Andrighi, 18.11.2020, v.u.).

**72. Ação pública incondicionada:** trata-se de exceção à regra de que, nos crimes contra a honra, a ação penal deve ser sempre privada, justamente porque o objeto jurídico lesado é, em primeiro plano, de interesse particular. Havíamos sustentado que, havendo injúria real, com a prática de violência física, dever-se-ia seguir literalmente o preceituado neste artigo. Porém, a reflexão nos mostra ser incabível esse caminho. A ação deve ser pública condicionada à representação da vítima. Os motivos para tanto: a) a partir da edição da Lei 9.099/1995, os delitos de lesão corporal simples e de lesão culposa passaram a ser de ação penal pública condicionada à representação da vítima, logo, deve estender-se a este contexto da injúria, que já é um crime de ação privada, como regra, para uma interpretação lógico-sistemática do ordenamento jurídico-penal; b) quando cometido por meio de vias de fato (agressão sem lesão física detectável por exame pericial), que é uma contravenção penal (art. 21, Decreto-lei 3.688/1941), embora o art. 17 deste Decreto-lei mencione tratar-se de ação pública incondicionada, não há sentido; se o mais (lesão corporal) é de ação condicionada, o menos (vias de fato) também precisa ser; c) o legislador estipulou a ação pública incondicionada para a injúria real, quando a lesão simples e as vias de fato eram de ação pública incondicionada, de modo que havia coerência; no entanto, como mencionado na alínea *a*, esta situação se alterou, além do que o crime de injúria, como regra, é de ação privada, situação jurídica a impactar no cenário da injúria real; d) o delito mais grave (injúria discriminatória do § 3.º) é de ação pública condicionada à representação da vítima, motivo pelo qual o crime mais ameno não poderia espelhar um interesse público punitivo incondicionado; e) a previsão legislativa é contraditória, pois aponta como pública incondicionada a ação se houver emprego de violência para o cometimento da injúria, mas não faz o mesmo em relação à utilização de vias de fato; ora, na época em que se fixou tal regra, tanto a lesão corporal simples como a contravenção de vias de fato eram de ação pública incondicionada. Portanto, criou-se um modelo desequilibrado. Em suma, parece-nos vital para a harmonia do ordenamento penal que a forma da injúria qualificada do § 2.º seja de ação condicionada ao interesse da pessoa ofendida. Naturalmente, se a violência empregada para o cometimento da injúria real (art. 140, § 2.º) resultar em lesão grave ou gravíssima deve-se considerar a ação pública incondicionada. Outra exceção se dá no contexto da violência doméstica contra a mulher, porque os tribunais vêm demonstrando postura mais rigorosa, em consonância com a Lei 11.340/2006: havendo qualquer forma de violência é preciso coibir, por meio de ação pública incondicionada.

**73. Hipóteses de ação pública condicionada:** quando o crime contra a honra for cometido contra o Presidente da República ou chefe de governo estrangeiro, bem como contra funcionário público, em razão de suas funções, a ação é pública condicionada, dependente de requisição do Ministro da Justiça no primeiro caso e de representação da vítima, no segundo caso. A partir da edição da Lei 12.033/2009, passa a ser pública, condicionada à representação da vítima, também, a injúria prevista no art. 140, § 3.º, do Código Penal. Debate-se a legitimidade concomitante entre o Ministério Público e o ofendido – funcionário público – para ingressar com a ação penal, de forma que poderia caber denúncia (quando a representação fosse feita) ou queixa-crime (caso a vítima preferisse acionar o agressor por conta própria). Cremos que a lei é bem clara: já que a iniciativa da ação penal – que deveria ser sempre prevista pelo Código de Processo Penal, através de fórmulas claras e precisas – foi objeto de disposição do Código Penal, tratando, caso a caso, da legitimidade de agir, não há como se admitir a possibilidade de a ação ser, ao mesmo tempo, pública e privada. O interesse em jogo deve ser primordialmente público ou privado. Sendo público, cabe ao Ministério Público agir quando houver provocação da vítima, já que se exige representação ou requisição, conforme o caso, mas não à vítima. Do mesmo modo, quando o interesse é nitidamente particular, cabendo a propositura de queixa-crime, não se pode aceitar que o Ministério Público ingresse com a demanda. Não há razão plausível para sustentar ser a ação *pública*, de iniciativa do Promotor de Justiça, ao mesmo tempo em que pode ser *privada*. É óbvio que o direito à honra é inviolável (art. 5.º, X, CF), merecendo ser protegido pelo Direito Penal, embora isso fique ainda mais claro quando se demonstra ser a ação *pública*, de interesse da sociedade promovê-la. Não se trata da *privação* do direito de queixa, pois caberia sempre a ação privada subsidiária da pública (art. 29, CPP, e art. 5.º, LIX, CF), caso o Ministério Público não agisse no prazo legal. Entretanto, pretender sustentar a *alternância* (denúncia ou queixa), com a livre escolha por parte do ofendido quando houver crime contra a honra de funcionário público, é dar um tratamento privilegiado e superior a esse delito, incompatível com a igualdade que deve existir com qualquer outro delito de ação pública condicionada. A honra não pode ser considerada um direito de preservação mais importante do que a integridade física, por exemplo (também de ação pública condicionada, quando houver lesão leve ou culposa). Por derradeiro, se o crime contra a honra for proferido contra funcionário público que já deixou o cargo ou não tiver a ofensa qualquer relação com suas funções, o crime é de ação privada. Na jurisprudência, a polêmica também está presente, embora no STF admita-se a dupla legitimação.

**74. Representação de conteúdo limitado:** havendo representação da vítima, não pode o Ministério Público ampliar o seu conteúdo, abrangendo fatos não imputados ao agente, tampouco criminalizando condutas indiferentes ao ofendido. O teor da representação limita a peça acusatória nos seus exatos termos.

**74-A. Informalidade da representação:** a manifestação de vontade da vítima em processar o autor da injúria racial não depende de termo específico de representação; pode-se obter o mesmo efeito quando ela registra o boletim de ocorrência, quando promove uma

# Art. 146

Código Penal Comentado · **Nucci**                                                            714

petição solicitando a instauração do inquérito ou quando é ouvida em declarações na fase policial. Conferir: STJ: "A condição de procedibilidade da ação penal condicionada deve ser reconhecida quando constatado que, logo depois dos fatos, a vítima compareceu à delegacia para relatar a suposta injúria racial, registrou o boletim de ocorrência, levou testemunha para prestar declarações e assinou o termo, pois inequívoca sua intenção de promover a responsabilidade penal do agente. Precedente" (HC 349.938-SP, 6.ª T., rel. Sebastião Reis Júnior, 12.04.2016, *DJe* 25.04.2016).

**Capítulo VI**
### DOS CRIMES CONTRA A LIBERDADE INDIVIDUAL

**Seção I**
**Dos crimes contra a liberdade pessoal[1]**

**1. Proteção constitucional:** a liberdade é direito assegurado expressamente pela Constituição Federal (art. 5.º, *caput*), assim como a possibilidade de cada ser humano se autodeterminar: "Ninguém será obrigado a fazer ou deixar de fazer alguma coisa senão em virtude de lei" (art. 5.º, II, CF). Portanto, o constrangimento à liberdade deve ser penalmente punido.

### Constrangimento ilegal

> **Art. 146.** Constranger[2] alguém,[3] mediante violência ou grave ameaça,[4] ou depois de lhe haver reduzido, por qualquer outro meio,[5] a capacidade de resistência,[6] a não fazer o que a lei permite, ou a fazer o que ela não manda:[7-9]
>
> Pena – detenção, de 3 (três) meses a 1 (um) ano, ou multa.

### Aumento de pena

> § 1.º As penas aplicam-se cumulativamente[10] e em dobro,[11] quando, para a execução do crime, se reúnem mais de três pessoas, ou há emprego de armas.[12]
>
> § 2.º Além das penas cominadas, aplicam-se as correspondentes à violência.[13]
>
> § 3.º Não se compreendem na disposição deste artigo:[14]
>
> I – a intervenção médica ou cirúrgica, sem o consentimento do paciente ou de seu representante legal, se justificada por iminente perigo de vida;[15]
>
> II – a coação exercida para impedir suicídio.[16]

**2. Análise do núcleo do tipo:** constranger significa forçar alguém a fazer alguma coisa ou tolher seus movimentos para que deixe de fazer. O objeto dessa conduta é uma pessoa humana forçada a assumir uma conduta que não deseja – sem obrigação legal a tanto –, ou a deixar de agir, contrariamente à sua vontade, quando a lei autoriza a conduta. O meio executório é o emprego de violência ou grave ameaça.

**3. Sujeitos ativo e passivo:** o sujeito ativo pode ser qualquer pessoa, o mesmo acontecendo com o passivo, desde que possua autodeterminação (um doente mental, por exemplo, não a possui). Excepcionalmente, tratando-se de funcionário público, que, no exercício da sua função, provoca o constrangimento indevido, pode constituir-se abuso de autoridade – crime previsto em lei especial.

**4. Violência e grave ameaça:** são os meios primários de se cometer o delito de constrangimento ilegal. A violência há de ser física contra a pessoa, enquanto a grave ameaça representa uma intimidação, contendo a promessa de promover contra a pessoa um mal futuro e sério. É da tradição do Direito Penal brasileiro, ao se valer do termo *violência*, referir-se à física, embora a grave ameaça não deixe de representar uma violência moral.

**5. Generalização do meio:** inicialmente, o tipo penal fornece as duas maneiras comuns de se cometer o constrangimento ilegal (violência ou grave ameaça), para, em seguida, generalizar, aceitando qualquer outro meio hábil a reduzir a capacidade de resistência da vítima. É natural supor que a violência e a grave ameaça são exemplos de meios pelos quais a capacidade de resistir ao constrangimento é diminuída ou até anulada. Outras atitudes que sejam análogas podem favorecer a configuração do tipo penal. Exemplo: o sujeito fornece algum tipo de entorpecente para a vítima, a fim de impedi-la de agir no sentido que pretendia.

**6. Elemento subjetivo:** exige-se dolo. Não existe a forma culposa. A despeito de opiniões em contrário, cremos que não há elemento subjetivo do tipo específico (dolo específico). As expressões "a não fazer o que lei permite" e "a fazer o que ela não manda" constituem elementos objetivos do tipo, e não subjetivos. Não se trata do propósito especial do agente, pois o constrangimento somente é ilegal, caracterizando-se como figura típica incriminadora, caso haja a realização de algo que a lei não manda ou a não realização do que ela permite. Quando o agente deste delito pratica a conduta, não tem (e não precisa ter) a visão *especial* de estar descumprindo a lei, mas única e tão somente necessita tolher a liberdade alheia em desacordo com o determinado pelo ordenamento jurídico. Assim, basta o dolo (na visão tradicional, o dolo genérico). Defender o contrário, ou seja, exigir a necessidade de "finalidade específica" significa sustentar que o crime de constrangimento ilegal seria inteligível sem o complemento ("a não fazer o que a lei permite" ou a "fazer o que ela não manda"), o que não é verdade. Retirando-se a última parte, que seria somente um fim especial de agir, o que resta do crime? "Constranger alguém, mediante violência ou grave ameaça, ou depois de lhe haver reduzido, por qualquer outro meio, a capacidade de resistência", por si só, não quer dizer nada sem que se saiba no que consiste o constrangimento, ou seja, a situação de compressão. O dolo estaria presente numa figura genérica que, no entanto, não quer dizer nada sem o seu devido complemento? Quem iria querer constranger alguém a nada? Eis a razão de entendermos ser crime sujeito apenas ao dolo genérico, pois a parte final do tipo penal é apenas um elemento objetivo (normativo) do tipo.

**7. Permissão e proibição legal:** a previsão feita no tipo penal coaduna-se com o universo jurídico: algo somente pode ser permitido, proibido ou obrigatório. Se for permitido, ninguém pode constranger outrem a não fazer o que pretende; se for proibido, logicamente é possível impedir a prática do ato, pois lesivo a outro interesse juridicamente protegido; se for obrigatório, é dever da pessoa praticar o ato. Cremos, no entanto, que deve haver cautela na análise das circunstâncias envolvendo este delito. Não é porque a lei impõe um dever a alguém que outra pessoa está autorizada a forçá-lo, com violência ou grave ameaça, a cumprir a obrigação, pois vivemos num Estado Democrático de Direito, onde o Estado assumiu o monopólio do direito de punir e de exigir, compulsoriamente, a prática de alguma conduta. Portanto, muitas vezes, quando o particular constrange outrem a fazer o que a lei manda está praticando o crime de exercício arbitrário das próprias razões (art. 345, CP).

**8. Objetos material e jurídico:** o objeto material é a pessoa que sofre com a conduta criminosa; o objeto jurídico é a liberdade física ou psíquica do ser humano.

**8-A. Tipo de reserva:** o constrangimento ilegal é um delito subsidiário, ou seja, somente é aplicável às situações nas quais o agente deixa de evidenciar um propósito específico claro e definido. Ele pode constranger alguém a fazer algo que a lei não manda, sem uma meta específica, constante em outro tipo penal, tutelando bem jurídico diverso, vale dizer, algo mais grave que a liberdade individual. É o que ocorre com o estupro, composto de um *constrangimento ilegal* associado à finalidade de *obter satisfação da lascívia*. Nessa hipótese, por certo, prevalece a tutela maior, que é a dignidade sexual.

**9. Classificação:** trata-se de crime comum (aquele que não demanda sujeito ativo qualificado ou especial); material (delito que exige resultado naturalístico, consistente na ocorrência de efetivo constrangimento); de forma livre (podendo ser cometido por qualquer meio eleito pelo agente); comissivo ("constranger" implica ação) e, excepcionalmente comissivo por omissão (omissivo impróprio, ou seja, é a aplicação do art. 13, § 2.º, do Código Penal); instantâneo (cujo resultado se dá de maneira instantânea, não se prolongando no tempo); de dano (consuma-se apenas com efetiva lesão a um bem jurídico tutelado); unissubjetivo (que pode ser praticado por um só agente); plurissubsistente (em regra, vários atos integram a conduta); admite tentativa. Trata-se de um tipo *subsidiário*, que cede à aplicação de outras figuras típicas mais graves. Ex.: o estupro é uma forma de constrangimento ilegal, embora específica. O agente constrange a mulher, valendo-se de violência ou grave ameaça, para obter a conjunção carnal.

**10. Aplicação cumulativa da pena:** originariamente, o preceito secundário do tipo prevê a alternância da pena: privativa de liberdade *ou* multa. Entretanto, se estiverem presentes a "reunião de mais de três pessoas" ou o "emprego de armas" impõe-se, por acumulação, as duas penas. Na jurisprudência: STJ: "4. Validade da exasperação da pena-base do crime de constrangimento ilegal pela presença de reprovabilidade que ultrapassa a previsão da majorante do art. 146, § 1.º, do CP, que requer apenas a prática de delito por 3 agentes ou o emprego de arma de fogo. Na hipótese, 8 indivíduos praticaram o crime, portando verdadeiro arsenal bélico, com inúmeras armas, acessórios e munições" (AgRg no HC 774.346/RJ, 6.ª T., rel. Jesuíno Rissato (Desembargador convocado do TJDFT), 14.08.2023, v.u.).

**11. Causa de aumento de pena:** além da cumulação, comentada acima, havendo a participação de pelo menos quatro pessoas ou a utilização de armas, deve o juiz dobrar a pena aplicada. O crime de constrangimento ilegal é infração de menor potencial ofensivo. Volta-se à proteção da liberdade pessoal. Por isso, havendo a participação de três ou mais pessoas, conforme o caso, nada impede a configuração do crime de associação criminosa (art. 288, CP), podendo ocorrer o concurso material. Diga-se o mesmo se houver a utilização de armas. Conforme a situação, pode-se configurar algum dos delitos previstos na Lei 10.826/2003 (Estatuto do Desarmamento), igualmente em concurso material.

**12. Conceito de arma:** tendo em vista que o tipo penal não especificou, é possível incidir a figura do aumento de pena se houver arma própria (as que são destinadas originariamente ao ataque e à defesa, como as armas de fogo) ou arma imprópria (instrumentos que não são destinados ao ataque ou à defesa, mas podem ser utilizados para tal finalidade, como uma faca de cozinha ou um canivete).

**13. Sistema da acumulação material:** como expusemos na nota 101-A ao art. 69, há situações em que o legislador estabelece uma punição mais severa, sem implicar em *bis in idem*. É o que ocorre com o constrangimento ilegal. Para que se configure, torna-se necessária a atuação do agente com violência ou grave ameaça – ou outro meio capaz de reduzir a resistência da vítima – motivo pelo qual o resultado proveniente da referida violência (lesão corporais, por exemplo), não deveria ser objeto de punição. Como regra, assim ocorre (veja-se o exemplo do roubo – art. 157 – onde pode haver o emprego de violência e esta não é punida à parte). Mas, por entender que a utilização da violência torna a infração particularmente grave, impõe-se, legalmente, que, além das penas cominadas ao delito de constrangimento ilegal, deve o magistrado aplicar, ainda, a resultante do crime originário da violência utilizada.

**14. Causas excludentes da tipicidade:** diante da especial redação do tipo, nota-se que a prática de intervenção cirúrgica, justificada por iminente perigo de vida, ou a coação para impedir suicídio são fatos *atípicos*, pois a lei vale-se da seguinte expressão: "Não se compreendem na disposição deste artigo". Assim, fica clara a finalidade de não considerar típicas tais situações. Não houvesse esse dispositivo e essas práticas poderiam ser consideradas causas de exclusão da ilicitude (estado de necessidade ou legítima defesa, conforme o caso).

**15. Intervenção médico-cirúrgica:** é possível que um paciente, correndo risco de vida, não queira submeter-se à intervenção cirúrgica, determinada por seu médico, seja porque tem medo, seja porque deseja morrer ou por qualquer outra razão. Entretanto, já que a vida é bem indisponível, a lei fornece autorização para que o médico promova a operação ainda que a contragosto. Não se trata de *constrangimento ilegal*, tendo em vista a ausência de tipicidade. Como se disse, não houvesse tal dispositivo, ainda assim o médico poderia agir, embora nutrido pelo estado de necessidade, que iria excluir a antijuridicidade.

**16. Impedimento de suicídio:** o suicídio é conduta ilícita, pois a vida, como se salientou, é protegida constitucionalmente e considerada bem indisponível. Portanto, quem tenta se matar pode ser impedido, à força, se preciso for, por outra pessoa. Essa coação será considerada *atípica*. Ainda que não houvesse tal dispositivo, qualquer um poderia impedir a tentativa de suicídio de outrem, abrigado pela legítima defesa de terceiro (lembremos que a autolesão é conduta ilícita, ainda que não punida pelo Direito Penal).

### Intimidação sistemática (*bullying*)[16-A]

> **Art. 146-A.** Intimidar[16-B-16-D] sistematicamente, individualmente ou em grupo, mediante violência física ou psicológica, uma ou mais pessoas, de modo intencional e repetitivo, sem motivação evidente, por meio de atos de intimidação, de humilhação ou de discriminação ou de ações verbais, morais, sexuais, sociais, psicológicas, físicas, materiais ou virtuais:[16-E-16-F]
>
> Pena – multa, se a conduta não constituir crime mais grave.[16-G]

### Intimidação sistemática virtual (*cyberbullying*)[16-H]

> **Parágrafo único.** Se a conduta é realizada por meio da rede de computadores, de rede social, de aplicativos, de jogos on-line ou por qualquer outro meio ou ambiente digital, ou transmitida em tempo real:[16-I]
>
> Pena – reclusão, de 2 (dois) anos a 4 (quatro) anos, e multa, se a conduta não constituir crime mais grave.[16-J]

# Art. 146-A

Código Penal Comentado · **Nucci**

**16-A. Cenário da intimidação sistemática:** a Lei 13.185/2015 instituiu o *programa de combate à intimidação sistemática* (*bullying*), embora não tenha tipificado o crime, o que já deveria ter feito, pois a conduta intimidatória é muito grave, apta a gerar severos traumas ou lesões à vítima. A mencionada lei conceitua a intimidação sistemática como "todo ato de violência física ou psicológica, intencional e repetitivo que ocorre sem motivação evidente, praticado por indivíduo ou grupo, contra uma ou mais pessoas, com o objetivo de intimidá-la ou agredi-la, causando dor e angústia à vítima, em uma relação de desequilíbrio de poder entre as partes envolvidas" (art. 1º, § 1º). Na mesma lei, o *bullying* é caracterizado quando ocorrer "violência física ou psicológica em atos de intimidação, humilhação ou discriminação e, ainda: I – ataques físicos; II – insultos pessoais; III – comentários sistemáticos e apelidos pejorativos; IV – ameaças por quaisquer meios; V – grafites depreciativos; VI – expressões preconceituosas; VII – isolamento social consciente e premeditado; VIII - pilhérias". Sob outro aspecto, mencionou-se o que vem a ser a intimidação sistemática na rede mundial de computadores (*cyberbullying*): "quando se usarem os instrumentos que lhe são próprios para depreciar, incitar a violência, adulterar fotos e dados pessoais com o intuito de criar meios de constrangimento psicossocial" (art. 2º). São espécies de intimidação sistemática, conforme as condutas praticadas: "I – verbal: insultar, xingar e apelidar pejorativamente; II – moral: difamar, caluniar, disseminar rumores; III – sexual: assediar, induzir e/ou abusar; IV – social: ignorar, isolar e excluir; V – psicológica: perseguir, amedrontar, aterrorizar, intimidar, dominar, manipular, chantagear e infernizar; VI – físico: socar, chutar, bater; VII – material: furtar, roubar, destruir pertences de outrem; VIII – virtual: depreciar, enviar mensagens intrusivas da intimidade, enviar ou adulterar fotos e dados pessoais que resultem em sofrimento ou com o intuito de criar meios de constrangimento psicológico e social" (art. 3.º).

**16-B. Análise do núcleo do tipo:** inicialmente, é preciso destacar que o tipo incriminador foi composto com base, quase idêntica, na descrição feita no art. 1.º, § 1.º, da Lei 13.185/2015. *Intimidar* possui diversos sentidos, tais como amedrontar, apavorar, assustar, levando alguém a se sentir ameaçado, constrangido e cerceado em sua liberdade. O objeto da intimidação é qualquer pessoa – insere-se no tipo, desnecessariamente, *uma ou mais pessoas* –, fazendo-o de maneira sistemática (frequente e de modo organizada), por meio de atos violentos físicos ou psicológicos. O tipo penal contém outros detalhes até mesmo em duplicidade, como mencionar que a intimidação deve ser *repetitiva*, o que se inclui no âmbito da conduta desenvolvida de maneira *sistemática*. Outro ponto inócuo diz respeito a agir de *modo intencional*, porque isto se liga ao elemento subjetivo, que é o dolo: não se inclui em qualquer tipo doloso esse intuito. Segue-se ao quadro descrito a referência a ter o agente atuado *sem motivação evidente*, pretendendo-se indicar que o *bullying*, em grande parte, é concretizado por razões banais, ocultas e até ilógicas e irracionais. Embora pareça outra parte desnecessária (agir sem motivo evidente), é relevante frisar que a intimidação sistemática, muitas vezes, possui um motivo *obscuro*, lamentavelmente, ligado a preconceito, discriminação, ódio, sadismo, enfim, fatores negativos da personalidade humana. Se houvesse a exigência de se encontrar a motivação do agente, tornar-se-ia um obstáculo, agora sim desnecessário, para punir o autor. Na verdade, o intimidador satisfaz-se quando constrange a vítima e, encontrando-se a razão, pode-se ponderar esse aspecto para a fixação da pena, provavelmente no elemento relativo à personalidade do agente. Uma vez mais, mescla-se fatores repetidos (agir por meio de *atos de intimidação* já se inclui no verbo nuclear do tipo, que é *intimidar*) com descrições importantes como: humilhação (rebaixamento, afronta, vergonha), discriminação (segregação) e ações verbais (o que é feito em viva voz), morais (relativos ao pudor), sexuais (práticas libidinosas), sociais (referentes às regras estabelecidas em comunidade), psicológicas (psíquicos ou emocionais), físicas (relativo a contato corporal), materiais (concretas ou visíveis) ou virtuais (inconcretas ou simuladas). A autoria pode ser realizada de *modo individual ou em grupo*, novamente a descrição de uma situação despicienda, pois é perfeitamente possível que o intimidador o faça sozinho ou acompanhado de outras pessoas.

**16-C. Sujeitos ativo e passivo:** ambos podem ser qualquer pessoa.

**16-D. Elemento subjetivo:** é o dolo. Não há elemento subjetivo específico, nem se pune a forma culposa.

**16-E. Objetos material e jurídico:** o objeto material é a pessoa que sofre a intimidação. O objeto jurídico é a liberdade individual, em sentido amplo, abrangendo a paz de espírito, a intimidade e a privacidade

**16-F. Classificação:** trata-se de crime comum (aquele que não demanda sujeito ativo qualificado ou especial); formal (delito que não exige resultado naturalístico, consistente na efetiva restrição à liberdade da vítima ou na prática de um dano efetivo, bastando a situação intimidatória); de forma livre (podendo ser cometido por qualquer meio eleito pelo agente); comissivo (*intimidar* demonstra ação); habitual (pune-se um conjunto de atitudes do agente, de modo a configurar um cenário frequente de intimidação); unissubjetivo (que pode ser praticado por um só agente); plurissubsistente (é cometido por vários atos); não admite tentativa, pois é delito habitual.

**16-G. Espécie de infração penal e subsidiariedade:** seguindo-se, literalmente, o disposto no art. 1º do Decreto-Lei 3.914/1941 (Lei de introdução do Código Penal), esta infração penal seria uma mera contravenção: "Considera-se crime a infração penal que a lei comina pena de reclusão ou de detenção, quer isoladamente, quer alternativa ou cumulativamente com a pena de multa; *contravenção, a infração penal a que a lei comina, isoladamente, pena de prisão simples ou de multa*, ou ambas, alternativa ou cumulativamente" (grifamos). Entretanto, é preciso adaptação às várias modificações legislativas ocorridas nas últimas décadas. Por isso, sustentamos que o *bullying*, na forma prevista no art. 146-A, *caput*, é um crime – e não uma contravenção. Eis os argumentos: a) a Lei das Contravenções Penais é de 1941, editada em época totalmente diferente da atual, razão pela qual a Lei de Introdução do Código Penal acompanha essa desatualização; b) o advento da Lei 9.099/95 terminou por equiparar crimes e contravenções como infrações de menor potencial ofensivo, com o mesmo tratamento jurídico-penal; c) o tipo penal, na parte sancionadora, especifica que a conduta será punida com multa, exceto se constituir *crime mais grave*, vale dizer, o *bullying* é crime; d) tem havido várias alterações no tocante às sanções penais, ao longo dos anos, de modo que a ausência de privação da liberdade não é mais a única penalidade imposta, como se pode constatar no art. 28 da Lei 11.343/2006 (usuário de drogas não é punido, jamais, com pena privativa de liberdade), que continua a ser considerado crime. Enfim, para finalizar, o delito foi inserido no Código Penal – onde há crimes descritos – além de que a figura qualificada do parágrafo único é igualmente um crime. Isto não significa que a pena cominada tenha sido justa. Parece-nos excessivamente branda, para o grave delito de intimidação sistemática, a pena de multa. Aliás, é incompreensível que a intimidação virtual – sem qualquer contato físico e direto – seja punida com pena de reclusão, de 2 a 4 anos, e multa, enquanto a intimidação pessoal, muitas vezes mais traumática, em face do contato direto entre intimidador e vítima, seja sancionada com simples multa. De todo modo, havendo resultados mais graves que a intimidação, como lesão corporal, por exemplo, pune-se apenas por este. O *bullying* é um delito de caráter subsidiário.

**16-H. Intimidação virtual:** é viável constatar inúmeras formas de *cyberbullying*, pois a intimidação, com todos os elementos descritos no *caput* deste artigo, torna-se mais fácil, visto

# Art. 147

Código Penal Comentado · Nucci

inexistir o contato físico e direto com a vítima. O meio informático – padrão do modelo virtual – refere-se à rede mundial de computadores (Internet), por *sites*, redes sociais, aplicativos de celulares, jogos *online*, além de outros instrumentos adequados ao cenário digital. Há um especial destaque quanto à menção à transmissão *em tempo real*, significando que o contato, para determinar a intimidação, pode dar-se por mensagens passadas em certa data e acessados muito tempo depois, o que não elimina o caráter amedrontador; além disso, as perseguições podem dar-se *ao vivo* (ou tempo real), representando uma situação presente, ou seja, ao mesmo tempo em que a conduta intimidatória se dá o ofendido a recebe e sente os seus efeitos.

**16-I. Figura qualificada:** a previsão da intimidação sistemática feita por meio da rede de computadores e similares transforma-se, por critério legislativo, em delito qualificado, com sanção privativa de liberdade (reclusão, de 2 a 4 anos), além de pena pecuniária (multa). Além disso, insere-se a viabilidade desse tipo ser subsidiário, caso ocorra um resultado mais gravoso. Qualquer forma de *bullying* pode gerar problemas graves, inclusive lesão corporal simples, grave ou gravíssima, induzimento ou instigação a suicídio, dentre outros. No entanto, embora o *cyberbullying* possa ser cometido mais facilmente, inclusive porque há o distanciamento físico e maiores chances de o autor se camuflar, não vemos uma diferença tão intensa a ponto de se estabelecer para um, multa, para outro pena privativa de liberdade e multa.

**16-J. Benefícios penais:** a pena abstrata (reclusão, de 2 a 4 anos) permite, em caso de condenação, a aplicação da suspensão condicional da pena, se fixada no mínimo. Pode ensejar acordo de não persecução penal, mas, nesta hipótese, a intimidação não pode conter violência ou ameaça à pessoa. Quanto à aplicação de penas restritivas de direitos se houver condenação, depende, ainda, como se disse, da inexistência de qualquer forma de violência ou ameaça à pessoa.

### Ameaça

> **Art. 147.** Ameaçar[17-18] alguém,[19-20-A] por palavra, escrito ou gesto, ou qualquer outro meio simbólico,[21] de causar-lhe mal injusto e grave:[22-24]
>
> Pena – detenção, de 1 (um) a 6 (seis) meses, ou multa.
>
> § 1.º Se o crime é cometido contra a mulher por razões da condição do sexo feminino, nos termos do § 1.º do art. 121-A deste Código, aplica-se a pena em dobro.[24-B]
>
> § 2.º Somente se procede mediante representação, exceto na hipótese prevista no § 1.º deste artigo.[25]

**17. Análise do núcleo do tipo:** ameaçar significa procurar intimidar alguém, anunciando-lhe um mal futuro, ainda que próximo. Por si só, o verbo já nos fornece uma clara noção do que vem a ser o crime, embora haja o complemento, que se torna particularmente importante, visto não ser qualquer tipo de ameaça relevante para o Direito Penal, mas apenas a que lida com um "mal injusto e grave". Segundo nos parece (vide a nota 22 *infra*), há de ser buscado o temor gerado na vítima, porque se esta desacredita e não leva em consideração a ameaça, torna-se inviável configurar o tipo penal, pois a liberdade não estaria sendo cerceada. Há posição em sentido contrário, embora nos soe estranho desconsiderar o que a pessoa destinatária da ameaça sinta. Na jurisprudência: STJ: "5. O crime imputado ao denunciado é formal, bastando que o agente queira intimidar a vítima, e que sua ameaça tenha o potencial para fazê-lo, tratando--se, outrossim, de delito de forma livre, que pode ser praticado por meio de palavras, gestos, escritos ou qualquer outro meio simbólico, de forma direta ou indireta, explícita ou implícita e, ainda, condicional, desde que a intimidação seja apta a causar temor na vítima, exatamente como ocorreu na espécie" (APn 943/DF, Corte Especial, rel. Jorge Mussi, 20.04.2022, v.u.); "1. Sendo apta a ameaça a intimidar o ofendido, é desnecessário que a vítima se sinta ameaçada ou ainda que o pretendido pelo imputado se consume, pois tais circunstâncias consistem no exaurimento do crime (AgRg nos EDcl no HC 665.271/SP, Rel. Ministro Reynaldo Soares da Fonseca, Quinta Turma, julgado em 08/06/2021, *DJe* 14/06/2021). 2. Consignado pelo Tribunal *a quo* que o réu proferiu ameaças contra a vítima (...), utilizando-se de palavras intimidadoras, inclusive com ameaça de morte, ameaças essas que em algumas ocasiões eram atuais (com arma branca em punho) e futuras, conforme trecho do depoimento da vítima colhido em Juízo do qual se destacam essas proposições: 'Que o réu disse: tá pensando que eu não vou lhe matar, não é? Vou pegar uma faca e vou lhe matar', não há que se falar em atipicidade da conduta. 3. A discussão acerca do consentimento da vítima a fim de afastar a configuração do crime de descumprimento de medida protetiva demanda o revolvimento do conjunto fático--probatório dos autos, o que não é cabível na via do *habeas corpus*" (AgRg no HC 661.757-SE, 6.ª T., rel. Olindo Menezes, 17.08.2021, v.u.); "1. O fato de as ameaças terem sido proferidas em um contexto de altercação entre o autor e as vítimas não retira a tipicidade do delito. Além disso, o crime de ameaça é de natureza formal, consumando-se com o resultado da ameaça, ou seja, com a intimidação sofrida pelo sujeito passivo ou simplesmente com a idoneidade intimidativa da ação, sendo desnecessário o efetivo temor de concretização (HC 437.730/DF, Rel. Ministra Maria Thereza de Assis Moura, Sexta Turma, *DJe* 1.º/8/2018)" (AgRg nos EDcl no HC 674.675-SP, 5.ª T., rel. Reynaldo Soares da Fonseca, 03.08.2021, v.u.).

**17-A. Sobre a ameaça de ingressar em juízo:** é fato atípico. Consultar a nota 36-B ao art. 158.

**18. Ameaça atual ou futura:** há quem sustente ser irrelevante que o mal a ser praticado seja atual ou futuro, vale dizer, quem ameaça outrem de causar-lhe um mal imediato cometeria o mesmo crime de alguém que ameace causar o mal no futuro. Preferimos a posição daqueles que defendem somente a possibilidade de o mal ser futuro. O próprio núcleo do tipo assim exige. Ameaçar, como se viu, é anunciar um mal futuro, ainda que próximo, não tendo cabimento uma pessoa ser processada pelo delito de ameaça quando diz que vai agredir a vítima de imediato, sendo segura por terceiros que separam a contenda. Ou o agente busca intimidar o seu oponente, prometendo-lhe a ocorrência de um mal injusto e grave que *vai acontecer*, ou está prestes a cometer um delito e avizinha-se dos atos executórios, portanto, de uma tentativa, caso não chegue à consumação. A preparação de um crime não necessariamente constitui-se em crime autônomo, ou seja, ameaça. Ex.: o sujeito diz que vai pegar a arma para matar o seu rival, o que, de fato, está fazendo. Deve ser considerado um ato preparatório ou até mesmo executório do delito de homicídio. Se o objeto do crime é justamente a tranquilidade de espírito da pessoa – que, de fato, não há durante uma contenda –, como se pode chamar de ameaça o anúncio de um mal imediato? Durante uma discussão, alguém toma às mãos uma faca e diz que vai furar o oponente... Seria ameaça ou tentativa de lesão corporal? Cremos ser um ato preparatório ou executório, conforme o caso, do delito de lesão corporal (não havendo, naturalmente, a intenção homicida, que configuraria outro crime).

**19. Sujeitos ativo e passivo:** qualquer pessoa pode cometer e sofrer o delito de ameaça. Exige-se, por óbvio, do sujeito passivo a capacidade de compreensão e entendimento da ameaça realizada. Não se pode ameaçar, por exemplo, um louco ou uma criança de pouquíssima idade, pessoas que não se deixam afetar por aquilo que lhes é incompreensível. Aliás, quanto à criança, é preciso cautela ao excluí-la da proteção do tipo penal de ameaça. Cremos que toda criança

# Art. 147

Código Penal Comentado • **Nucci**

que já possua capacidade de entendimento do mal injusto e grave que se lhe está anunciando pode ser sujeito passivo do delito. Afastar toda e qualquer criança seria negar uma proteção indispensável ao ser humano de tenra idade, que é a paz de espírito. Ressalte-se, ainda, que inexiste o delito de ameaça contra um sujeito indeterminado.

**20. Elemento subjetivo:** somente se pune a ameaça quando praticada dolosamente. Não existe a forma culposa e não se exige qualquer elemento subjetivo específico, embora seja necessário que o sujeito, ao proferir a ameaça, esteja consciente do que está fazendo. Em uma discussão, quando os ânimos estão alterados, é possível que as pessoas troquem ameaças sem qualquer concretude, isto é, são palavras lançadas a esmo, como forma de desabafo ou bravata, que não correspondem à vontade de preencher o tipo penal. Por isso, ainda que não se exija do agente estar calmo e tranquilo, para que o crime possa se configurar, também não se pode considerar uma intimidação penalmente relevante qualquer afronta comumente utilizada em contendas. Não se pode invocar uma regra teórica absoluta nesses casos, dependendo da sensibilidade do juiz ou do promotor no caso concreto.

**20-A. Embriaguez:** se o agente estiver embriagado, como regra, o crime de ameaça pode configurar-se normalmente, pois o art. 28, II, deste Código é claro ao preceituar a indiferença da ebriedade voluntária ou culposa. Tratando-se de embriaguez fortuita, pode-se alegar exclusão da culpabilidade (art. 28, § 1.º, CP). No mais, costuma-se dizer que o bêbado não deve ser levado a sério; logo, o que profere, em matéria de ameaça, seria atípico. Não é sempre assim. Tudo depende do grau de ebriedade, da capacidade de absorção do álcool pelo agente e, consequentemente, da mantença do seu raciocínio, bem como da seriedade da ameaça, quando seja capaz de atingir a vítima. Portanto, o estado de embriaguez não serve de justificativa para eximir o agente do delito. Na jurisprudência: STJ: "Para a caracterização do delito previsto no art. 147 do Código Penal, que possui natureza jurídica de delito formal, é suficiente a ocorrência do temor na vítima de que a ameaça proferida em seu desfavor venha a se concretizar. Dada a adoção da teoria da *actio libera in causa* pelo Código Penal, somente a embriaguez completa, decorrente de caso fortuito ou força maior que reduza ou anule a capacidade de discernimento do agente quanto ao caráter ilícito de sua conduta, é causa de redução ou exclusão da responsabilidade penal nos termos dos §§ 1.º e 2.º do art. 28 do Diploma Repressor. 4. Agravo regimental improvido" (AgRg no AREsp 1247201-DF, 5.ª T., rel. Jorge Mussi, 17.05.2018, v.u.).

**21. Meios de praticar a infração penal:** a lei prevê a possibilidade de se praticar o crime de ameaça através do uso variado de palavras, escritos, gestos ou quaisquer outros meios simbólicos (ex.: desenhos, ilustrações, mensagens transmitidas por e-mail etc.).

**22. Mal injusto, grave, sério e verossímil:** é preciso ser algo nocivo à vítima, além de se constituir em prejuízo grave, sério, verossímil e injusto (ilícito ou meramente iníquo, imoral). Inexiste ameaça quando o mal anunciado é improvável, isto é, liga-se a crendices, sortilégios e fatos impossíveis de demonstrar cientificamente. Por outro lado, é indispensável que o ofendido com efetividade se sinta ameaçado, acreditando que algo de mal lhe pode acontecer; por pior que seja a intimidação, se ela não for levada a sério pelo destinatário, de modo a abalar-lhe a tranquilidade de espírito e a sensação de segurança e liberdade, não se pode ter por configurada a infração penal. Afinal, o bem jurídico protegido não foi abalado. O fato de o crime ser formal, necessitando somente de a ameaça ser proferida, chegando ao conhecimento da vítima para se concretizar, não afasta a imprescindibilidade do destinatário sentir-se, realmente, temeroso. O resultado naturalístico que *pode* ocorrer é a ocorrência do mal injusto e grave, que seria somente o exaurimento do delito.

**23. Objetos material e jurídico:** o objeto material é a pessoa que sofre a conduta criminosa; o objeto jurídico é a paz de espírito, a segurança e a liberdade da pessoa humana.

**24. Classificação:** trata-se de crime comum (aquele que não demanda sujeito ativo qualificado ou especial); formal (delito que não exige resultado naturalístico, embora possa ocorrer); de forma livre (podendo ser cometido por qualquer meio eleito pelo agente); comissivo ("ameaçar" implica ação) e, excepcionalmente, comissivo por omissão (omissivo impróprio, ou seja, é a aplicação do art. 13, § 2.º, do Código Penal); instantâneo (cujo resultado se dá de maneira instantânea, não se prolongando no tempo); unissubjetivo (que pode ser praticado por um só agente); unissubsistente ou plurissubsistente (pode ser cometido por um único ato ou por vários); admite tentativa, em tese, conforme o meio de execução eleito (ex.: ameaça feita por escrito), embora seja de difícil configuração.

**24-A. Ameaça no contexto da violência doméstica:** é muito comum a ameaça acompanhar a lesão corporal – previamente ou ao mesmo tempo – quando o agressor atinge a vítima-mulher. Muitos agentes atormentam suas ex-esposas, companheiras ou namoradas com ameaças frequentes, capazes de gerar temor e intranquilidade constantes. A lei processual penal autoriza, mesmo para a prática de ameaça, a decretação da prisão preventiva contra o agressor; entretanto, o juiz deve ter a cautela de mensurar a custódia provisória para que não ultrapasse o próprio período previsto para a pena. De outra sorte, é vedado ao julgador aplicar somente pena pecuniária para o agente da violência doméstica (art. 17, Lei 11.340/2006). Logo, a pena alternativa prevista para esse delito do art. 147 (detenção ou multa), cuidando-se da multa, deve ser ignorada. Além disso, não se deve substituir a pena privativa de liberdade – por menor que seja – por restritiva de direitos, pois é crime realizado justamente com grave ameaça (vedação do art. 44, *caput*, CP). E mais, não se pode aplicar o princípio da insignificância, visto ser uma situação grave, que precisa de providência séria do Judiciário. Os Tribunais Superiores têm posição consensual vedando penas alternativas para agressões no âmbito da violência doméstica. Lembre-se que há dois tipos criados em 2021, que podem ser aplicados no cenário da violência doméstica: perseguição (art. 147-A, CP) e violência psicológica contra a mulher (art. 147-B, CP). Na jurisprudência: STJ: "1. O Superior Tribunal de Justiça tem jurisprudência reiterada de que não incidem os princípios da insignificância e da bagatela imprópria aos crimes e às contravenções praticados mediante violência ou grave ameaça contra mulher, no âmbito das relações domésticas, dada a relevância penal da conduta. Logo, a reconciliação do casal não implica o reconhecimento da atipicidade material da conduta ou a desnecessidade de pena (AgRg no REsp 1602827/MS, Rel. Ministro Ribeiro Dantas, Quinta Turma, *DJe* 09/11/2016). 2. Agravo regimental desprovido" (AgRg no REsp 1.743.996-MS, 5.ª T., rel. Reynaldo Soares da Fonseca, 14.05.2019, v.u.).

**24-B. Causa de aumento de pena:** aplica-se em dobro, quando preenchidas as hipóteses de ameaça a mulher, em situação de violência doméstica e familiar, bem como com menosprezo ou discriminação. A aplicação da sanção em dobro pode levar a pena a um patamar de dois meses a um ano de detenção e, mesmo assim, caso decretada a prisão preventiva, precisa ser muito bem controlada, pois há a possibilidade de extrapolar a pena posteriormente aplicada, gerando situação teratológica. Embora o tipo penal sancionador preveja pena de multa alternativa, não se tem admitido a aplicação de *somente* sanção pecuniária para violência doméstica e familiar ou contra a mulher, conforme jurisprudência dominante nos tribunais.

**25. Ação pública condicionada e incondicionada:** em geral, o Ministério Público somente está autorizado a agir, ingressando com a ação penal, caso a vítima ofereça representação, o que reforça a ideia de que é preciso que a parte ofendida tenha, de fato, levado a sério

# Art. 147-A

a intimidação feita pelo agente. Por outro lado, quando a ameaça se dirigir à mulher, nas hipóteses do § 1.º, cuida-se de ação pública incondicionada, nos termos da Lei 14.994/2024. Tem-se observado, em muitos casos, a retratação da ofendida, depois de ameaçada, enfraquecendo a punição nesses casos, razão pela qual muitas condenações terminam acontecendo com base no primeiro depoimento prestado pela vítima, na fase investigatória, quando representou e pediu providências. Naturalmente, associa-se essa primeira declaração a outras provas colhidas em juízo. Favorece o cenário para a devida punição do agressor a transformação da ação pública de condicionada para incondicionada, evitando a polêmica situação de tentativa de retratação por parte da ofendida.

### Perseguição

> **Art. 147-A.** Perseguir[25-A-25-C] alguém, reiteradamente e por qualquer meio, ameaçando-lhe a integridade física ou psicológica, restringindo-lhe a capacidade de locomoção ou, de qualquer forma, invadindo ou perturbando sua esfera de liberdade ou privacidade.[25-D-25-E]
>
> Pena – reclusão, de 6 (seis) meses a 2 (dois) anos, e multa.
>
> § 1.º A pena é aumentada de metade se o crime é cometido:[25-F]
>
> I – contra criança, adolescente ou idoso;
>
> II – contra mulher por razões da condição de sexo feminino, nos termos do § 2.º-A do art. 121 deste Código;
>
> III – mediante concurso de 2 (duas) ou mais pessoas ou com o emprego de arma.
>
> § 2.º As penas deste artigo são aplicáveis sem prejuízo das correspondentes à violência.[25-G]
>
> § 3.º Somente se procede mediante representação.[25-H]

**25-A. Análise do núcleo do tipo:** *perseguir*, no contexto desta figura típica, possui vários significados, como seguir alguém insistentemente, correr atrás de alguém, atormentar uma pessoa com pedidos abusivos, importunar, causar aborrecimento e até mesmo torturar, gerando angústia ou deixando a vítima em situação aflitiva. É o conhecido delito de *stalking*, já previsto em legislação estrangeira há muito tempo, consistente na excessiva vigilância que alguém dirige a outrem, forçando encontros e contatos indesejados, simbolizando uma forma de obsessão pela pessoa perseguida até que ela ceda aos caprichos do perseguidor (*stalker*). Aliás, tem-se destacado que essa perseguição surge, de forma relativamente comum, no cenário relativo às celebridades, seguidas por fãs obcecados. Para chegar ao seu objetivo, o agente se vale de todos os meios possíveis ao seu alcance; geralmente, se a vítima cede, termina dominada e, invariavelmente, ingressa num cenário muito pior de subjugação, podendo ser ferida, sexualmente abusada ou até mesmo assassinada. Em linhas gerais, a perseguição pode dar-se das seguintes formas: a) ameaça à integridade física (gerar um dano à integridade corporal); b) ameaça à integridade psicológica (gerar um tormento ou uma perturbação à saúde); c) restrição à locomoção (atingir o livre direito de ir e vir); d) invadir a esfera de liberdade ou privacidade (invasão da intimidade); e) perturbar a esfera de liberdade ou privacidade (conturbar a tranquilidade individual). O tipo é misto alternativo; a prática de uma ou mais condutas descritas no tipo, contra a mesma vítima, no mesmo contexto, configura um só delito. O objeto da perseguição é *alguém*, não sendo, portanto, um crime exclusivo para proteger mulheres; qualquer ser humano pode ser perseguido. Embora nos pareça que o verbo *perseguir* possui um forte conteúdo negativo, já indicando uma reiteração (ninguém pode ser considerado *perseguidor* por conta de uma única vez andar atrás da vítima para obter alguma atenção, pois não teria sentido para efeito de lesão ao bem jurídico tutelado), incluiu-se no tipo o termo *reiteradamente* (repetidamente, frequentemente). Em princípio, poder-se-ia dizer que a reiteração se configuraria pela singela repetição, ou seja, fazer outra vez; duas atitudes seriam suficientes para tanto. Entretanto, a união proposital de *perseguir* com *reiteradamente* tem o condão de indicar um crime habitual, cuja punição somente tem sentido se o agente demonstrar um comportamento reiterado inadequado, extraindo-se do conjunto a possibilidade de lesão ao bem jurídico tutelado. Uma conduta persecutória, com certeza, é fato inaplicável para consumar o delito do art. 147-A. Eventualmente, pode tipificar outro delito, como, por exemplo, ameaça (art. 147, CP) ou invasão de domicílio (art. 150, CP). Como em qualquer avaliação de crime habitual, pode-se indagar: quantos atos precisa o agente praticar para configurar-se a habitualidade e, consequentemente, o delito? Como regra, vários. Por exceção, apenas dois. É fundamental analisar cada um deles e sua gravidade para que se acolham somente dois e já permitir acolher a consumação do crime do art. 147-A. Aliás, muitos atos, no cenário da perseguição, podem ser penalmente atípicos, quando visualizados de modo isolado (encarar fixamente a vítima num local público; andar atrás da vítima na rua, permitindo que ela note estar sendo seguida; colocar-se à frente da casa da pessoa perseguida, vendo-a entrar e sair; telefonar e desligar o aparelho seguidas vezes, sem nada falar; enviar presentes inconvenientes ao local de trabalho ou à residência etc.). Constituindo crime habitual, não há possibilidade de tentativa, nem se torna adequada a prisão em flagrante (neste último caso, chega a ser dificultada pela exigência de representação da vítima). Quanto aos meios de execução, o tipo apresenta várias possibilidades. Apresenta três formatos e, depois, amplia para que se use interpretação analógica: ameaçar, restringir a locomoção ou, *de qualquer forma*, invadir ou perturbar a liberdade ou a privacidade. Por isso, a forma de perseguição expressa atitudes presenciais ou distantes, por meio da rede mundial de computadores, o que tem sido muito comum (*cyberstalking*). A internet propicia fácil acesso de algumas pessoas perseguidoras em relação a outras, gerando a viabilidade de acompanhar todos os passos da vítima (que, nessas situações, termina colaborando, pois posta suas realizações diárias) por meio de variados mecanismos (perfis em programas como *Facebook*, *Instagram*, *Twitter*, entre outros, bem como enviando e-mails, mensagens por aplicativos, como *WhatsApp*, *Telegram* e similares). Além disso, muitos perseguidores assumem identidade falsa para poder seguir sua vítima insistentemente, até que possa chegar próximo a ela, de maneira presencial. No entanto, as ameaças podem ser feitas pessoalmente ou por meio das redes sociais; a invasão à privacidade, igualmente, pode ser realizada diretamente (como uma invasão de domicílio) como, também, por meio da internet. A restrição à capacidade de locomoçao, como regra, somente ocorre em ação direta do perseguidor em relação à vítima. Porém, quando se menciona invasão ou perturbação da esfera de liberdade, o espectro é mais amplo, podendo envolver tanto a atuação direta sobre a vítima quanto uma insistente sequência de atos, na rede mundial de computadores, de modo a inibir a livre circulação da pessoa perseguida. Em prosseguimento, *ameaçar* significa uma intimidação, anunciando um mal futuro, representativo de algo injusto, grave e prejudicial à pessoa ameaçada. No contexto da perseguição, enfoca-se tanto a intimidação no campo físico quanto no psicológico, deixando bem clara a disposição do agente de se valer de todos os mecanismos possíveis para vergar a vontade da vítima, permitindo a aproximação do perseguidor. A parte relativa à restrição da capacidade de locomoção pode ter dois ângulos: a) fisicamente, o perseguidor sequestra a vítima, mesmo por tempo curto, para ter acesso a quem tanto deseja; b) à distância, emprega tantas ameaças que a vítima se sente incapacitada de sair de casa, por exemplo. Como mencionamos, o tipo é misto alternativo, mas a quantidade elevada de condutas sequenciais contra a vítima pode permitir não só

# Art. 147-A

Código Penal Comentado · **Nucci**

a consumação, mas, igualmente, a mensuração da pena-base pelo julgador, levando em consideração as circunstâncias judiciais do art. 59 do Código Penal. Geralmente, o perseguidor atua de maneira insistente e sequencial, até que seja parado pela atuação dos órgãos de segurança. Isso significa que a regra é a constituição de um único delito de condutas variadas e frequentes, de modo a compor um único quadro. Não é razoável apontar a consumação de um crime a cada vez que o perseguidor segue a vítima, física ou virtualmente, pois essas condutas podem ser inúmeras, redundando em sanção somada, totalmente desproporcional. Aliás, a perseguição compõe justamente um quadro de reiteradas condutas de importunação à vítima. Enquanto houver a referida perseguição está-se lesando os bens jurídicos tutelados até que a vítima tome providência, acionando os agentes estatais da segurança pública e haja prisão ou processo criminal contra o agente. Assim ocorrendo, *fecha-se* o quadro daquela perseguição. Caso o indivíduo seja colocado em liberdade e volte a perseguir a pessoa ofendida, abre-se um novo cenário delituoso. No futuro, é possível, conforme o caso, reconhecer-se até mesmo o crime continuado. Todas essas formas de perseguição – o tipo menciona *qualquer meio* – pode dar-se, inclusive, de modo indireto, provocando perturbações a pessoas queridas ligadas à vítima, a objetos e a animais de estimação (o que configura atitudes intimidatórias). Ao instituir esse tipo, o legislador revogou o art. 65 da Lei das Contravenções Penais, que tinha similitude com a atual figura criminosa ("molestar alguém ou perturbar-lhe a tranquilidade, por acinte ou por motivo reprovável") e o objeto jurídico tutelado consistia na polícia dos costumes, algo ultrapassado. É importante observar que a pena prevista para a figura do *caput* é de reclusão, de seis meses a dois anos, e multa, configurando uma infração de menor potencial ofensivo. Entretanto, envolvendo a causa de aumento do § 1.º, não mais se pode valer da transação. Por outro lado, se a perseguição for dirigida à mulher, por razões da condição de sexo feminino (inciso II), quando envolver o disposto pelo art. 121, § 2.º-A, inciso I (violência doméstica ou familiar), não se aplica a Lei 9.099/95, por vedação imposta pelo art. 41 da Lei 11.340/2006. Logo, são dois obstáculos: o montante da pena e o cenário de violência doméstica e familiar. Conferir, ainda, a nota 25-H *infra*. Há de se destacar um fator positivo para a criação desse tipo penal. Várias das condutas consideradas como *perseguição* podem constituir a conduta atualmente denominada de *assédio moral*, comportamento captado em ambientes de trabalho, quando o chefe ou superior persegue um funcionário qualquer, por motivos variados – exceto a finalidade de obtenção de favores sexuais, pois seria o crime de assédio sexual –, proferindo ameaças, podendo cercear a sua circulação onde exerce a sua atividade e até mesmo invadindo a sua privacidade. No Código Penal italiano, prevê-se, no art. 612-*bis*, o crime de atos persecutórios, que significam um típico assédio moral: quem, repetidamente, ameace ou assedie alguém de modo a causar um estado de ansiedade ou medo persistente e grave ou a gerar temor fundado pela segurança de si mesmo ou de parente próximo ou pessoa a ele ligada por relação afetiva ou para forçar a vítima a alterar seus hábitos de vida. Não se trata de uma perseguição propriamente dita, mas pode a ela se equivaler. Temos defendido o princípio da intervenção mínima, evitando-se criminalizar condutas inofensivas aos bens jurídicos, mas a perseguição tem sido uma situação frequente no cenário das perturbações relevantes aos direitos individuais. Em especial, temos encontrado, nos julgamentos do Tribunal de Justiça de São Paulo, vários casos de perseguição, sem que tivessem, até então, uma proteção eficiente. Por isso, esse tipo incriminador é importante. Na jurisprudência: TJSP: "Apelação. Perseguição. Pleito defensivo objetivando a absolvição por insuficiência probatória. Impossibilidade. Acervo probatório robusto e coeso demonstrando que a recorrente perseguiu reiteradamente seu ex-marido e a nova companheira deste, por meio de e-mails e mensagens, ameaçando-lhes a integridade psicológica, assim como invadindo e perturbando as suas esferas de liberdade e privacidade. Relatos contundentes das vítimas, corroborados ainda por depoimentos de testemunhas e provas documentais. Condenação mantida. Pena corretamente fixada. Regime inicial aberto irreprochável. Contudo, conquanto acertada a substituição da pena corporal, diante da quantidade de reprimenda fixada, de rigor a correção da pena alternativa estabelecida para a prestação pecuniária, no importe de um salário-mínimo. Recurso parcialmente provido" (Ap. 1540630-39.2021.8.26.0050, 16.ª C., rel. Guilherme de Souza Nucci, 26.04.2023, v. u.).

**25-B. Sujeitos ativo e passivo:** qualquer pessoa pode cometer e sofrer o delito de perseguição. Demanda-se do sujeito passivo a capacidade de discernimento de que se encontra sofrendo uma privação de sua liberdade, especialmente nos formatos ligados à ameaça e a outras formas de restrição. Porém, o tipo contém várias condutas e, mesmo quando se trata de criança, a restrição à sua locomoção e a invasão à sua esfera de intimidade ou privacidade pode acontecer, mesmo que o infante não perceba, embora seus pais ou responsáveis, sim. Essa perseguição, detectada pelos genitores do infante ou por seu responsável, pode dar margem à tipificação desse delito. Fora dos casos de relacionamentos amorosos complicados, com rompimentos unilaterais e retornos sem convicção, em que a perseguição ocorre, encontra-se a conduta mais voltada a celebridades e pessoas que apreciam se expor na internet, por várias redes sociais, contando intimidades e fazendo o público acompanhar as suas vidas privadas. Por outro lado, é viável uma perseguição camuflada, física ou virtual. Nesta hipótese, não se configura o tipo do art. 147-A, pois a falta de conhecimento impede a perturbação gerada pelo perseguidor, o que se busca punir nessa figura criminosa. Acompanhar os passos de alguém, como um fã ardoroso pode empreender em relação a seu ídolo, sem o perturbar ou prejudicar, cuida-se de conduta inofensiva e atípica. Contudo, algo mais ousado, como a invasão de dispositivo informático – o que um *hacker* saberia conduzir, sem que a vítima percebesse –, pode gerar o crime previsto pelo art. 154-A. Outro fator ligado à pessoa do sujeito passivo concerne às suas condições efetivas, sem se estabelecer qualquer espécie de presunção, vale dizer, é fundamental averiguar, concretamente, o grau de sensibilidade da vítima e o temor por ela desenvolvido em face da perseguição; há indivíduos emocionalmente mais frágeis que outros e a aplicação do tipo penal do art. 147-A precisa levar em consideração qual o cenário real do sujeito passivo, excetuando-se, naturalmente, as hipóteses previstas no § 1.º, em que já se presume a vulnerabilidade da vítima.

**25-C. Elemento subjetivo:** é o dolo. Não há a forma culposa. Não há elemento subjetivo específico, pois o agente pode atuar por qualquer razão e visando a qualquer objetivo. A embriaguez do agente, por si só, não elimina a concretização do delito, pois o art. 28, II, do Código Penal, é claro ao indicar ser indiferente a ebriedade voluntária ou culposa. Excepcionalmente, a embriaguez fortuita pode levar à exclusão da culpabilidade (art. 28, § 1.º, CP); no entanto, se ela é fortuita, acontece uma só vez, e o crime de perseguição demanda reiteração. Não é crível que alguém se embriague por caso fortuito inúmeras vezes e, a partir disso, persiga a vítima.

**25-D. Objetos material e jurídico:** o objeto material é a pessoa que sofre a conduta criminosa; o objeto jurídico é a liberdade pessoal, em sentido amplo, abrangendo a paz de espírito, a intimidade e a privacidade.

**25-E. Classificação:** trata-se de crime comum (aquele que não demanda sujeito ativo qualificado ou especial); formal (delito que não exige resultado naturalístico, consistente na efetiva restrição à liberdade da vítima ou na prática de um dano efetivo, bastando a situação intimidatória); de forma livre (podendo ser cometido por qualquer meio eleito pelo agente); comissivo (*perseguir* e os outros verbos demonstram ações); habitual (pune-se um conjunto de atitudes do agente, de modo a configurar um cenário frequente de perseguição); unissubjetivo (que pode ser praticado por um só agente); plurissubsistente (é cometido por vários atos); não

# Art. 147-A   Código Penal Comentado · Nucci   728

admite tentativa, pois é delito habitual. Um ato é atípico; dois podem ser igualmente atípicos. Quando ficar caracterizada a habitualidade, está configurado o crime.

**25-F. Causas de aumento da pena:** impõe-se uma elevação fixa, no montante de metade, para as hipóteses previstas nos incisos I a III do § 1.º. No inciso I, indica-se uma vítima particular, mais frágil e acessível: a) criança: menor de até 11 anos de idade completos (conforme previsão do Estatuto da Criança e do Adolescente); b) adolescente: menor de 12 a 17 anos completos (segundo o Estatuto da Criança e do Adolescente); c) idoso: maior de 60 anos (conforme o Estatuto da Pessoa Idosa). Os traumas gerados a essas vítimas são muito mais graves do que a adultos não idosos, pois estão em formação e maturação da sua personalidade (crianças e adolescentes) ou experimentam um envelhecimento capaz de lhes retirar a maior resistência física ou psicológica. No inciso II, ingressa, justamente, a vítima mais frequente, que é a mulher, inserida no cenário da violência doméstica e familiar ou menosprezada ou discriminada por ser do gênero feminino. Verifica-se, igualmente, a fragilidade da vítima, como se pode observar nas pessoas elencadas no inciso I. É preciso registrar que, em momento algum, a Lei Maria da Penha (e os documentos internacionais que apontam medidas de combate à violência contra a mulher) menciona ter aplicabilidade os seus dispositivos *apenas* a mulheres *vulneráveis*, o que seria um contrassenso. Está mais do que provado e reconhecido pela ONU e pela OMS que a violência contra a *mulher* – qualquer pessoa do gênero feminino – é presumidamente vulnerável, mormente diante do homem, fisicamente mais forte e dominador, em sociedade machista e patriarcal, como a maior parte delas mundo afora. Diante disso, o perseguidor da mulher, como regra, responde com a pena aumentada. Pode-se, naturalmente, encontrar a exceção, se, por exemplo, tratar-se de um homem apaixonado, de posto inferior na empresa, onde uma poderosa mulher chefia a firma e ele a persegue porque deseja envolver-se emocionalmente com ela. Não seria incluído na figura do art. 121, § 2.º-A, I e II, do CP. Mas esta é a exceção e não a regra. É preciso afastar o machismo na avaliação desse tipo penal, pretendendo sustentar que há *perfeita* igualdade de gêneros no plano da realidade, somente porque a Constituição assim prevê. Aliás, basta observar, no âmbito doméstico e familiar, o impressionante número de vítimas mulheres, totalmente dominadas pelos seus parceiros. Quanto à situação da transexual, torna-se necessário destacar que, para ser vítima de perseguição (*caput* do art. 147-A), isto não importa. Porém, pode-se debater a aplicação do aumento, caso a transexual se encontre em ambiente de violência doméstica e familiar ou cenário de menosprezo ou discriminação, exatamente como a mulher. Tivemos a oportunidade de expor em outros escritos que o ideal seria a pessoa transexual requerer (o que, atualmente, é possível) a alteração de seus dados oficiais, para que seja, juridicamente, considerada mulher, para, então, ser tutelada como tal. Entretanto, é preciso sempre caminhar, evoluir e acompanhar a realidade à nossa volta. Muitas transexuais, mais abonadas financeiramente e instruídas, conseguem essa modificação legal; porém, outras, com imensas dificuldades de toda ordem, embora se sintam, ajam e *sejam mulheres* na sua vida, inclusive em uniões estáveis, podem ser vítimas da violência doméstica e familiar e da típica situação de menoscabo e discriminação à sua condição de *mulher*, parte mais frágil do relacionamento amoroso e familiar, não por conta de orientação sexual. Cremos que não se deve afastar essa hipótese de aumento de pena, devendo-se avaliar o caso concreto, pois a transexual que *seja mulher de fato*, faltando somente o reconhecimento do direito, pode preencher o tipo penal. Há posições extremadas a não admitir o tratamento de mulher à transexual, mesmo que ela obtenha, judicialmente, esse reconhecimento, com a alteração de seus documentos. Ora, se o Judiciário afirma o seu gênero feminino, não se pode questionar esse *status*, com fundamento em argumentos preconceituosos. No inciso III, envolve-se o meio utilizado, que dificulta a defesa da vítima, além de tornar mais perigoso o cenário, podendo evoluir para crimes mais graves. O concurso de duas ou mais pessoas dificulta a reação e facilita a execução. O emprego de arma (qualquer instrumento passível de lesionar, ou seja, armas próprias e impróprias) produz um quadro potencialmente danoso, pois, a qualquer momento, o que seria uma simples ameaça pode tornar-se um crime de dano.

**25-G. Sistema da acumulação material:** adota-se a cumulatividade de pena para o delito de perseguição, associado a outro crime, quando houver emprego de violência contra a pessoa. Deve-se utilizar o concurso material de crimes, por força de lei (pena da perseguição + pena decorrente do crime violento). Pela descrição do tipo, a perseguição básica desenrola-se com ameaça à integridade física ou psicológica e não diretamente pela prática de lesão corporal. Se esta se efetivar, no contexto da perseguição, aplica-se, também, a sua pena. Aliás, nem precisaria existir o § 2.º do art. 147-A, pois o tipo penal (vide o *caput*) não menciona nenhuma ação violenta contra a vítima para o crime se consumar. Portanto, se não houvesse o referido § 2.º, empregando violência contra a vítima (como lesão corporal) seria aplicável o concurso de crimes. Possivelmente, o objetivo do legislador foi evitar a situação inversa de absorção, ou seja, considerar, na prática, o delito de perseguição absorvido pelo crime violento. Então, para deixar bem clara a cumulação das penas, inseriu-se o § 2.º. Além disso, acolher o sistema da acumulação material evidencia o concurso material, com a soma das penas. Naturalmente, por se tratar de um delito contra a pessoa, não envolvendo o patrimônio, qualquer violência contra coisas e animais permite a configuração de outro tipo penal, em concurso de crimes, sem precisar se valer do disposto no § 2.º do art. 147-A. O perseguidor – algo que efetivamente acontece – pode investir contra coisas valiosas ou animais de estimação da vítima para atormentá-la e deve responder pelos crimes cometidos, independentemente da perseguição. Não há como sustentar a simples absorção do dano ou dos maus-tratos a animais, porque podem significar infrações penais graves, com penas superiores à da perseguição. Note-se o dano qualificado (art. 163, parágrafo único: "IV – por motivo egoístico ou com prejuízo considerável para a vítima", com pena de detenção, de seis meses a *três anos*, e multa) e os maus-tratos contra os animais de estimação mais comuns, que são os cães e os gatos (art. 32, § 1.º-A, com pena de reclusão de *dois* a *cinco anos*, multa e proibição da guarda).

**25-H. Ação pública condicionada e benefícios processuais:** o Ministério Público somente está autorizado a agir, ingressando com a ação penal (e a autoridade policial a atuar, investigando o delito), caso a vítima ofereça representação, o que reforça a ideia de que é preciso que a parte ofendida tenha, de fato, levado a sério a perseguição feita pelo agente, em qualquer das situações descritas no art. 147-A. Caso a pessoa ofendida seja criança ou adolescente, deve ser representada pelos pais ou responsáveis. Como exposto anteriormente, a perseguição no cenário da violência doméstica e familiar ou envolvendo menosprezo ou discriminação à mulher, preenche a figura do § 1.º, II, do art. 147-A e constitui cenário apto à aplicação da Lei Maria da Penha, pois se trata de uma forma de violência doméstica e familiar, conforme descrito pelo art. 7.º, II, da Lei 11.340/2006: "II – a violência psicológica, entendida como qualquer conduta que lhe cause *dano emocional* e diminuição da autoestima ou que lhe *prejudique e perturbe o pleno desenvolvimento* ou que vise degradar ou *controlar suas ações*, comportamentos, crenças e decisões, mediante *ameaça*, constrangimento, humilhação, manipulação, isolamento, *vigilância constante*, *perseguição contumaz*, insulto, chantagem, *violação de sua intimidade*, ridicularização, exploração e limitação do direito de ir e vir ou qualquer outro meio que lhe cause *prejuízo à saúde psicológica* e à autodeterminação" (grifamos). Portanto, não se aplica qualquer benefício existente na Lei 9.099/1995 (art. 41, Lei 11.340/2006), o que exclui a suspensão condicional do processo (a transação já seria excluída pelo montante máximo da pena em face da causa de aumento). Sob outro aspecto, não se pode aplicar o acordo de não persecução penal para esse crime, caso ocorra no cenário da violência doméstica e familiar ou contra a mulher por razão da condição de sexo feminino (art. 28-A, § 2.º, IV, CPP). Se

# Art. 147-B

Código Penal Comentado • **Nucci**

houver grave ameaça do perseguidor, contra qualquer vítima, também não se aplica o acordo (art. 28-A, *caput*, CPP). O impedimento previsto no art. 28-A, § 2.º, II, CPP ("se o investigado for reincidente ou se houver elementos probatórios que indiquem conduta criminal *habitual, reiterada ou profissional*, exceto se insignificantes as infrações penais pretéritas") não se aplica ao crime de perseguição apenas pelo fato de o tipo penal indicar uma conduta reiterada. Isso porque essa reiteração somente é necessária para consumar o tipo penal. O disposto no inciso II do § 2.º suprarreferido refere-se a crimes cometidos de forma habitual, reiterada ou profissional, querendo expressar a criminalidade por *profissão*.

### Violência psicológica contra a mulher

> **Art. 147-B.** Causar [25-I-25-K] dano emocional à mulher que a prejudique e perturbe seu pleno desenvolvimento ou que vise a degradar ou a controlar suas ações, comportamentos, crenças e decisões, mediante ameaça, constrangimento, humilhação, manipulação, isolamento, chantagem, ridicularização, limitação do direito de ir e vir ou qualquer outro meio que cause prejuízo à sua saúde psicológica e autodeterminação: [25-L-25-M]
>
> Pena – reclusão, de 6 (seis) meses a 2 (dois) anos, e multa, se a conduta não constitui crime mais grave. [25-N-25-O]

**25-I. Análise do núcleo do tipo:** *causar* é a conduta principal, significando a razão de ser de alguma coisa; gerar um efeito; provocar um resultado. Volta-se ao dano emocional (lesão sentimental de natureza psicológica) da mulher, prejudicando-a (qualquer tipo de transtorno ou dano) *e* perturbando-a (transtornar, gerando desequilíbrio ou tristeza), capaz de ferir o seu desenvolvimento (como pessoa) ou visando a degradar (rebaixar ou infirmar a dignidade) ou controlar (dominar, exercer poder sobre alguém) as suas condutas em sentido amplo (ações e comportamentos), as suas crenças (credulidade em alguma coisa, geralmente voltada à religião) e as suas decisões (resolução para fazer ou deixar de fazer algo). Os meios eleitos pelo agente consistem em: ameaça (intimidação), constrangimento (forçar a fazer ou deixar de fazer alguma coisa), humilhação (usar de soberba para rebaixar alguém), manipulação (pressionar alguém a fazer algo que somente interessa ao manipulador), isolamento (tornar a pessoa inacessível a terceiros), chantagem (forma de ameaça ou coação para que alguém faça o que não deseja), ridicularização (zombar de alguém, tornando-o insignificante), limitação do direito de ir e vir (cerceamento da liberdade de locomoção). A partir disso, o tipo abre o método: "ou qualquer outro meio" causador de prejuízo à saúde psicológica e autodeterminação da vítima. Define-se o tipo como misto alternativo, como regra, quando há várias condutas (verbos) indicando alternância, de modo que o cometimento de um ou de várias, no mesmo contexto, gera apenas um delito. Ilustra-se com um dos mais conhecidos tipos alternativos, que é o tráfico ilícito de drogas: art. 33 da Lei 11.343/2006: "importar, exportar, remeter, preparar, produzir, fabricar, adquirir, vender, expor à venda, oferecer, ter em depósito, transportar, trazer consigo, guardar, prescrever, ministrar, entregar a consumo ou fornecer drogas, ainda que gratuitamente, sem autorização ou em desacordo com determinação legal ou regulamentar". No caso do art. 147-B, há um verbo principal (causar), mas ele pode ser associado com vários complementos, de modo que dá origem, também, a um tipo misto alternativo. O agente pode causar dano emocional à mulher prejudicando e perturbando seu pleno desenvolvimento *ou* visando à sua degradação ou controle das suas ações, comportamentos, crenças e decisões. Já existem aqui duas possibilidades e, quando no mesmo contexto, contra a mesma vítima, configura-se um só delito. Além disso, deve-se ter a cautela de compor a conduta principal – causar dano emocional à mulher – com oito complementos específicos (mediante ameaça, constrangimento, humilhação, manipulação, isolamento, chantagem, ridicularização, limitação do direito de ir e vir) e um complemento genérico (outro meio apto a causar prejuízo à sua saúde psicológica e autodeterminação). É possível que o agente opressor cause dano emocional à mulher valendo-se de vários meios empregados de maneira concomitante ou sequencial, embora se configure delito único. Por outro lado, se as condutas desenvolvidas pelo agente forem bem separadas na linha do tempo, torna-se viável apontar um concurso de crimes, inclusive se valendo do crime continuado. Esse tipo penal incriminador é outro mecanismo de fomento à erradicação da violência contra a mulher, tão necessário quanto vários outros tipos previstos na Lei Maria da Penha e os inseridos no Código Penal. Aliás, a leitura do relato feito pela própria inspiradora da lei de proteção às mulheres, Maria da Penha Maia Fernandes, na obra *Sobrevivi... posso contar* (Fortaleza: Armazém da Cultura, 2020) demonstra, ao longo do texto, exatamente, como funciona a violência psicológica contra a mulher, ora descrita nesse tipo penal. Isto, por óbvio, sem contar as condutas mais graves e lesivas, das quais ela, também, foi vítima (tentativa de homicídio, cárcere privado e outras violências). O delito exposto no art. 147-B, infelizmente, é uma realidade existente em sociedade machista e patriarcal, como ainda se percebe no Brasil. A opressão radical, realizada por homens contra mulheres, especialmente no contexto da violência doméstica e familiar, bem como no relacionamento amoroso, é frequente e todos os dias chegam aos juízos e tribunais. O crime de ameaça (art. 147, CP) precisa ser afastado, dando ensejo à aplicação deste novel tipo, que envolve ameaça e termina por perturbar psicologicamente a vítima. Em atividade, no Tribunal de Justiça de São Paulo, temos observado que o Ministério Público ainda não deu a expressão devida ao art. 147-B e continua a denunciar o agente por simples ameaça. O crime é de menor potencial ofensivo, mas, quando concretizado no cenário da violência doméstica e familiar (onde se detecta a maioria dos casos), não se aplica a Lei 9.099/1995, nos termos do art. 41 da Lei 11.340/2006. O dano emocional, diversamente da lesão física, não deixa vestígio material, razão pela qual é dispensável o exame pericial, bastando a avaliação do caso concreto, conforme relato da vítima e de testemunhas. Na jurisprudência: TJMG: "1. O crime de violência psicológica, tipificado no art. 147-B do Código Penal, foi criado com o objetivo de tipificar comportamentos violentos e potencialmente suficientes a causar dano emocional à ofendida, mulher, em âmbito doméstico e familiar. 2. Por se tratar de delito material, exige-se, para a tipicidade delitiva, prova concreta, por qualquer meio, de que as condutas violentas perpetradas pelo agressor efetivamente causaram abalo psicológico à vítima, de forma a prejudicar seu desenvolvimento e emoções. 3. Verificado que o arcabouço probatório é frágil e insuficiente, a absolvição é medida de rigor, com base no princípio do *in dubio pro reo*" (Emb. Infring. e de Nulidade: 0009648-61.2022.8.13.0271, 9ª Câm. Criminal, rel. Daniela Villani Bonaccorsi Rodrigues, 29.11.2023, v.u.).

**25-J. Sujeitos ativo e passivo:** o sujeito ativo pode ser qualquer pessoa, embora, como regra, seja o homem e, particularmente, aquele que tenha uma ligação amorosa, doméstica ou familiar com a vítima. Não se pode impor como sujeito ativo apenas o homem, pois uma mãe, preceptora, tutora ou responsável do gênero feminino pode praticar as condutas descritas no tipo. Mas, sem dúvida, na prática, o agente será majoritariamente o homem. E mais: vinculado de algum modo à vítima. O sujeito passivo é somente a mulher de qualquer idade.

**25-K. Elemento subjetivo:** é o dolo. Não há a forma culposa. Parece-nos haver o elemento subjetivo específico, pois a conduta do agente deve voltar-se a prejudicar ou perturbar o desenvolvimento da mulher *ou* ter por alvo degradar ou controlar as ações, comportamentos, crenças e decisões da mulher. Ofender a mulher pode constituir injúria (art. 140, CP), mas fazê-lo com o fim de controlar suas ações, dominando-a e causando-lhe dano emocional configura o crime do art. 147-B. São muitas condutas alternativas, que podem ser praticadas em

# Art. 147-B | Código Penal Comentado · Nucci | 732

brigas de casal, por exemplo, sem o intuito específico de dominar a vítima-mulher ou prejudicar o seu pleno desenvolvimento como pessoa. Nesse contexto, a embriaguez do agente não afasta a viabilidade de criminalização da conduta, nos termos do art. 28, II, do Código Penal, a menos que se trate de ebriedade fortuita (art. 28, § 1.º, CP). Entretanto, seria rara a hipótese de alguém praticar a figura criminosa do art. 147-B em estado de embriaguez fortuita. O que se tem visto é o agente embriagado voluntariamente (de modo frequente) oprimir a mulher, em cenário doméstico ou familiar.

**25-L. Objetos material e jurídico:** o objeto material é a mulher que sofre a conduta criminosa; o objeto jurídico é a liberdade pessoal, envolvendo a paz de espírito, a autoestima, o amor-próprio e a honra. Conforme a idade da mulher, pode abranger a sua formação moral e sexual.

**25-M. Classificação:** trata-se de crime comum (aquele que não demanda sujeito ativo qualificado ou especial); material (delito que exige resultado naturalístico, consistente em efetivo dano emocional à vítima); de forma livre (o tipo permite o emprego de variados meios pelos quais se atinge o dano emocional à mulher); comissivo ("causar" implica ação); instantâneo (cujo resultado se dá de maneira instantânea, não se prolongando no tempo, pois aponta a causação de dano emocional, determinado na linha do tempo, embora as condutas que levem a isso possam ser dilatadas no espaço); unissubjetivo (que pode ser praticado por um só agente); plurissubsistente (pode ser cometido por vários atos); admite tentativa.

**25-N. Crime subsidiário:** somente se aplica o tipo do art. 147-B, caso não se concretize delito mais grave. Afinal, todas as condutas descritas no tipo podem gerar infrações mais graves, como, por exemplo, lesão corporal grave ou gravíssima.

**25-O. Outras providências:** a Lei 14.188/2021 apresentou outras providências para acompanhar a criação do tipo penal do art. 147-B. Consulte-se o disposto nos arts. 1.º, 2.º e 3.º. Para facilitar o leitor, seguem: "art. 1.º Esta Lei define o programa de cooperação Sinal Vermelho contra a Violência Doméstica como uma das medidas de enfrentamento da violência doméstica e familiar contra a mulher previstas na Lei n.º 11.340, de 7 de agosto de 2006 (Lei Maria da Penha), e no Decreto-lei n.º 2.848, de 7 de dezembro de 1940 (Código Penal), altera a modalidade da pena da lesão corporal simples cometida contra a mulher por razões da condição do sexo feminino e cria o tipo penal de violência psicológica contra a mulher; art. 2.º Fica autorizada a integração entre o Poder Executivo, o Poder Judiciário, o Ministério Público, a Defensoria Pública, os órgãos de segurança pública e as entidades privadas, para a promoção e a realização do programa Sinal Vermelho contra a Violência Doméstica como medida de ajuda à mulher vítima de violência doméstica e familiar, conforme os incisos I, V e VII do *caput* do art. 8.º da Lei n.º 11.340, de 7 de agosto de 2006. Parágrafo único. Os órgãos mencionados no *caput* deste artigo deverão estabelecer um canal de comunicação imediata com as entidades privadas de todo o País participantes do programa, a fim de viabilizar assistência e segurança à vítima, a partir do momento em que houver sido efetuada a denúncia por meio do código 'sinal em formato de X', preferencialmente feito na mão e na cor vermelha; art. 3.º A identificação do código referido no parágrafo único do art. 2.º desta Lei poderá ser feita pela vítima pessoalmente em repartições públicas e entidades privadas de todo o País e, para isso, deverão ser realizadas campanha informativa e capacitação permanente dos profissionais pertencentes ao programa, conforme dispõe o inciso VII do *caput* do art. 8.º da Lei n.º 11.340, de 7 de agosto de 2006 (Lei Maria da Penha), para encaminhamento da vítima ao atendimento especializado na localidade".

### Sequestro e cárcere privado

> **Art. 148.** Privar[26-27] alguém[28] de sua liberdade,[29-29-A] mediante sequestro ou cárcere privado:[30-33]
>
> Pena – reclusão, de 1 (um) a 3 (três) anos.
>
> § 1.º A pena é de reclusão, de 2 (dois) a 5 (cinco) anos:[34]
>
> I – se a vítima é ascendente, descendente, cônjuge ou companheiro do agente[35-35-A] ou maior de 60 (sessenta) anos;[35-B]
>
> II – se o crime é praticado mediante internação da vítima em casa de saúde ou hospital;[36]
>
> III – se a privação da liberdade dura mais de 15 (quinze) dias;[37]
>
> IV – se o crime é praticado contra menor de 18 (dezoito) anos;[37-A-37-B]
>
> V – se o crime é praticado com fins libidinosos.[37-C]
>
> § 2.º Se resulta à vítima, em razão de maus-tratos ou da natureza da detenção, grave sofrimento físico ou moral:[38]
>
> Pena – reclusão, de 2 (dois) a 8 (oito) anos.

**26. Análise do núcleo do tipo:** privar significa tolher, impedir, tirar o gozo, desapossar. Portanto, o núcleo do tipo refere-se à conduta de alguém que restringe a liberdade de outrem, entendida esta como o direito de ir e vir – portanto físico, e não intelectual. Aliás, tal sentido fica nítido quando o tipo penal utiliza, parecendo uma repetição gratuita, a expressão "mediante sequestro ou cárcere privado". Há uma insistência proposital na construção deste tipo penal incriminador, pois "sequestrar" significa, por si só, retirar a liberdade de alguém, tanto assim que o legislador utilizou tal verbo na configuração do delito de extorsão mediante sequestro (art. 159), mencionando "sequestrar pessoa com o fim de...". No caso do art. 148, pretendendo demonstrar que a privação da liberdade é na esfera do direito de ir e vir, e não se relaciona à privação de ideias ou da liberdade de expressão de pensamentos e opiniões, valeu-se o legislador do *bis in idem*, ao mencionar "privar a liberdade", mediante "sequestro" ou "cárcere privado". O sequestro não tem o significado de tolhimento de liberdade de expressão, o que tornou bem clara a primeira parte do dispositivo "privar alguém de sua liberdade". Na jurisprudência: STJ: "2. A intenção do agente de privar a liberdade da vítima está claramente demonstrada no acórdão. O réu mediante o emprego de violência física (golpes de faca) e psicológica (ameaças) impedia a vítima de sair da casa, anulando sua capacidade de autodeterminação, contrariando, assim, a norma penal prevista no art. 148 do CP" (AgRg no AREsp 826.979-MT, 5.ª T., rel. Ribeiro Dantas, 26.06.2018, v.u.).

**27. Situação de permanência:** a privação da liberdade de alguém, mediante sequestro ou cárcere privado, exige permanência, isto é, deve perdurar no tempo por lapso razoável. Tanto assim que o crime é permanente, aquele cuja consumação se prolonga no tempo. Uma conduta instantânea de impedir que alguém faça alguma coisa que a lei lhe autoriza concretizar, segurando-a por alguns minutos, configura o delito de constrangimento ilegal. O fato de se exigir uma situação de permanência não significa que, para a consumação do crime do art. 148, haja necessidade de muito tempo. O importante é detectar a intenção do agente para a tipificação do delito correto: se o autor age com a intenção de reter a vítima por pouco tempo para que não pratique determinado ato, é constrangimento ilegal; se atua com a vontade de reter a vítima para cercear-lhe a liberdade de locomoção, é sequestro; se atua com a intenção de privar-lhe a liberdade para exigir alguma vantagem, trata-se de extorsão mediante sequestro.

# Art. 148

Código Penal Comentado · **Nucci**                    734

**28. Sujeitos ativo e passivo:** qualquer pessoa pode cometer e sofrer esse delito.

**29. Elemento subjetivo do tipo:** é o dolo. Não há a forma culposa, tampouco se exige qualquer vontade específica.

**29-A. Finalidade específica:** havendo uma meta especial a ser alcançada pelo agente ao praticar o sequestro da vítima, como regra, deixa de ser a conduta tipificada neste art. 148. É o que se dá, por exemplo, quando há roubo, com limitação da liberdade da vítima. Deve responder por roubo com causa de aumento (art. 157, § 2.º, V, CP).

**30. Sequestro e cárcere privado:** sequestrar significa tolher a liberdade de alguém ou reter uma pessoa indevidamente em algum lugar, prejudicando-lhe a liberdade de ir e vir. É a conduta-gênero, da qual é espécie o cárcere privado. Manter alguém em *cárcere privado* é o mesmo que encerrar a pessoa em uma prisão ou cela – recinto fechado, sem amplitude de locomoção –, portanto de significado mais restrito que o primeiro. Cremos que a simples menção a sequestro já era suficiente, dispensando-se o cárcere privado, que está inserido no primeiro contexto.

**31. Objetos material e jurídico:** quem sofre a conduta, com o cerceamento da liberdade, é o objeto material; o objeto jurídico é a liberdade de ir e vir.

**32. Classificação:** trata-se de crime comum (aquele que não demanda sujeito ativo qualificado ou especial); material (delito que exige resultado naturalístico, consistente na privação da liberdade da vítima), mas formal (crime que não necessita alcançar a finalidade pretendida pelo agente para consumar-se) na modalidade qualificada do inciso V do § 1.º; de forma livre (podendo ser cometido por qualquer meio eleito pelo agente); comissivo ou omissivo, conforme o caso; permanente (cujo resultado se prolonga no tempo, enquanto a liberdade estiver sendo cerceada); unissubjetivo (que pode ser praticado por um só agente); plurissubsistente, como regra, mas não afastando a possibilidade de ser cometido por um único ato (unissubsistente), na forma omissiva de não autorizar a soltura de quem legalmente merece; admite tentativa, na forma comissiva, embora de difícil configuração. Pouco tempo de privação de liberdade é suficiente para a configuração do tipo penal.

**33. Consentimento do ofendido:** cremos que elide o crime se a vítima concordar com a situação que lhe impõe a privação da liberdade. Não se trata de direito indisponível, salvo se ofender a ética e o bom senso, como, por exemplo, colocar uma pessoa numa cela, no porão de uma casa, tratando-a como se prisioneira fosse. Nesta situação o consentimento da vítima não tem efeito.

**34. Tipos qualificados:** as hipóteses retratadas nos §§ 1.º e 2.º constituem qualificadoras, pois alteram o mínimo e o máximo para a fixação da pena, demonstrando maior reprovabilidade nessas condutas.

**35. Relações familiares:** em várias oportunidades e conforme o tipo penal, quis o legislador aplicar pena mais grave ao agente que pratica crime contra seus familiares, uma vez que entre estes deve haver o dever de mútua assistência e amparo, jamais o cometimento de delitos (vide art. 61, II, *e*, CP). O parentesco pode ser natural ou civil, pois a lei não faz distinção. Descarta-se, entretanto, a relação de afinidade, como as figuras do *pai de criação* e afins de um modo geral. Não se aceita, também, pelo princípio da legalidade estrita que vige em Direito Penal, qualquer inclusão de concubinos ou companheiros.

**35-A. União estável:** ampliando os direitos inerentes à família constituída pela união estável, constitucionalmente tutelada (art. 226, § 3.º), a Lei 11.106/2005 inseriu, dentre as possibilidades de agravamento da pena, a prática do delito contra companheiro ou companheira, o que é natural, pois já se encontravam, no contexto do sequestro ou cárcere privado qualificado, o ascendente, o descendente e o cônjuge.

**35-B. Idoso:** conferiu-se mais severa punição ao agente de crime contra pessoa maior de 60 anos a partir da edição da Lei 10.741/2003 (Estatuto da Pessoa Idosa). A medida é salutar, pois, lamentavelmente, não são poucos os casos de idosos confinados em cárcere privado por parentes ou mesmo estranhos, justamente porque são mais frágeis, defendendo-se com precariedade.

**36. Internação fraudulenta:** a maior reprovação que decorre dessa conduta situa-se na fraude com que atua o agente. Valendo-se de pretensa doença mental, por vezes até simulada através do emprego de substâncias entorpecentes, consegue o autor que, oficialmente, a vítima seja internada para se tratar, quando na realidade não é enferma. Naturalmente, se o agente internar a própria mãe, por exemplo, há de ser considerada a presença de duas qualificadoras, produzindo efeito na aplicação da pena (incisos I e II). Quando há mais de uma qualificadora configurada para o mesmo delito, a segunda passa a valer como circunstância legal (agravante), se houver, ou como circunstância judicial (art. 59, CP).

**37. Privação da liberdade de longa duração:** a liberdade, bem precioso e fundamental do ser humano, não deve ser cerceada um minuto sequer, caso a lei não autorize. Por isso, uma privação de liberdade que dure mais de 15 dias, na consideração do legislador, merece maior reprovação e, consequentemente, elevação da pena. Aliás, quanto mais longa for a duração do tolhimento à liberdade de alguém, maiores são as chances de danos físicos e psíquicos para a vítima.

**37-A. Ofendido menor de 18 anos:** finalmente, deve-se salientar um acerto do legislador, que inseriu, dentre as hipóteses de qualificação do delito, ser a vítima menor de 18 anos, portanto, adolescente ou criança. Há situações legais em que tal proteção, merecedora de existir, pois se cuida de pessoa ainda em formação física e mental, é voltada somente à criança – e não ao adolescente (como ocorre com o art. 61, II, *h*, CP); noutros casos, trata-se somente de parte da adolescência (como acontece com o art. 121, § 4.º, cujo aumento de pena se dá quando o homicídio é cometido contra menor de 14 anos. Vide nota 47 ao art. 121). Esta forma do crime é delito hediondo (art. 1.º, XI, Lei 8.072/90).

**37-B. Confronto com o art. 230 da Lei 8.069/1990 (Estatuto da Criança e do Adolescente):** estabelece o referido art. 230: "Privar a criança ou o adolescente de sua liberdade, procedendo à sua apreensão sem estar em flagrante de ato infracional ou inexistindo ordem escrita da autoridade judiciária competente: Pena – detenção de 6 (seis) meses a 2 (dois) anos. Parágrafo único. Incide na mesma pena aquele que procede à apreensão sem observância das formalidades legais". Temos sustentado que este delito não se confunde com o previsto no art. 148 do Código Penal, em particular com a figura qualificada prevista no art. 148, § 1.º, IV. Cuida-se, na realidade, de figura mais branda que a prevista no Código Penal, envolvendo somente a apreensão de menor de 18 anos, sem flagrante ou ordem judicial. Apreender significa, neste caso, prender, mas não colocar em cárcere. Em outros termos, quem fizer a apreensão do menor, sem as formalidades legais (cf. art. 106 da Lei 8.069/1990), incide na figura do art. 230. Aquele que privar o menor de 18 anos de sua liberdade, inserindo-o em cárcere, deve responder pelo art. 148, § 1.º, IV, do Código Penal, com pena mais grave. A mera apreensão (retenção, prisão por algumas horas, detenção para averiguação) configura o delito do art. 230; outras formas mais duradouras de privação de liberdade equivalem, em nosso entendimento, ao sequestro ou cárcere privado. Aliás, não teria o menor sentido uma lei de proteção à criança

# Art. 149

ou adolescente considerar infração de menor potencial ofensivo a privação ilegal e duradoura da liberdade do menor de 18 anos, prevendo pena de detenção, de seis meses a dois anos, enquanto o Código Penal comina pena de reclusão, de dois a cinco anos.

**37-C. Finalidade libidinosa:** esta é outra modificação racional da Lei 11.106/2005, que aboliu o vetusto delito de rapto (arts. 219 e 220), incluindo, dentre as possibilidades de qualificação do sequestro ou cárcere privado, a finalidade libidinosa do agente. Aliás, sempre defendemos, em edições anteriores desta obra, a extinção do crime de rapto, pois não passava de um "sequestro para fim libidinoso". A correção foi feita pelo legislador. Portanto, na forma qualificada ("privar alguém de sua liberdade, mediante sequestro ou cárcere privado, para fins libidinosos"), temos um delito formal, que se materializa quando a liberdade for cerceada, independentemente de atingir o autor o fim objetivado. Na jurisprudência: STJ: "Estupro e cárcere privado (art. 213, *caput*, c/c o art. 148, § 2.º, do CP). Excesso na dosimetria. Ausência de ilegalidade. Idônea fundamentação para o aumento da pena-base. Discricionariedade vinculada atribuída ao juízo singular. 1. Os 'fins libidinosos' (inerentes ao crime de estupro) utilizados para aumentar a pena-base do crime de cárcere privado não configuram *bis in idem*, pois se trata da análise de crimes e fatos diferentes. 2. Não há ilegalidade na pena-base, devidamente fundamentada, com base nas provas dos autos" (AgRg no HC 598.579-PR, 6.ª T., rel. Sebastião Reis Júnior, 20.04.2021, v.u.).

**38. Maus-tratos e natureza da detenção:** poder-se-ia dizer, num primeiro momento, tratar-se de resultado qualificador (crime qualificado pelo resultado), mas não é o caso. O tipo penal se alterou para serem incluídos os maus-tratos e a natureza da detenção. Portanto, não é o grave sofrimento – físico ou moral – uma simples resultante do sequestro ou cárcere privado, mas sim de particular modo de praticar o crime. Assim, o agente que priva a liberdade de outrem e, além disso, submete a vítima a maus-tratos (ex.: espancando-a ou ameaçando-a constantemente, enquanto sua liberdade está tolhida) ou coloca-a em lugar imundo e infecto, causando-lhe, além da conta, particularizado sofrimento físico ou moral, deve responder mais gravemente. Havendo lesão corporal, não fica esta absorvida pelo crime de sequestro ou cárcere privado qualificado. Há concurso material, pois a ofensa à integridade física não é necessariamente o modo pelo qual se pratica a forma qualificada (§ 2.º) do delito do art. 148. Daí por que se deve levar em consideração o outro ânimo com que agiu o autor, que é o de ofender a integridade corporal ou a saúde da vítima.

### Redução a condição análoga à de escravo

> **Art. 149.** Reduzir[39] alguém[40-41] a condição análoga[42] à de escravo,[43-45] quer submetendo-o a trabalhos forçados[45-A] ou a jornada exaustiva,[45-B] quer sujeitando-o a condições degradantes de trabalho,[46] quer restringindo, por qualquer meio, sua locomoção em razão de dívida contraída com o empregador ou preposto:[46-A]
>
> Pena – reclusão, de 2 (dois) a 8 (oito) anos, e multa, além da pena correspondente à violência.[46-B]
>
> § 1.º Nas mesmas penas incorre quem:
>
> I – cerceia o uso de qualquer meio de transporte por parte do trabalhador, com o fim de retê-lo no local de trabalho;[46-C]
>
> II – mantém vigilância ostensiva no local de trabalho[46-D] ou se apodera de documentos ou objetos pessoais do trabalhador, com o fim de retê-lo no local de trabalho.[46-E]

# Título I – Dos crimes contra a pessoa

# Art. 149

> § 2.º A pena é aumentada de 1/2 (metade), se o crime é cometido:[46-F]
>
> I – contra criança ou adolescente;
>
> II – por motivo de preconceito de raça, cor, etnia, religião ou origem.[46-G]

**39. Análise do núcleo do tipo:** *reduzir*, no prisma deste tipo penal, significa subjugar, transformar à força, impelir a uma situação penosa. Antes da modificação introduzida pela Lei 10.803/2003, a previsão do art. 149 era apenas a seguinte: "reduzir alguém a condição análoga à de escravo", o que exigia a utilização, nem sempre recomendável, da analogia – embora nesse caso fosse opção do próprio legislador. Assim, reduzir uma pessoa à condição semelhante à de um escravo evidenciava um tipo específico de sequestro ou cárcere privado, pois os escravos não possuíam um dos bens mais sagrados dos seres humanos, que é a liberdade, associado à imposição de maus-tratos ou à prática da violência. A alteração legislativa teve nitidamente por finalidade atacar o grave problema brasileiro do "trabalho escravo", muito comum em fazendas e zonas afastadas dos centros urbanos, onde trabalhadores são submetidos a condições degradantes de sobrevivência e de atividade laborativa, muitos sem a remuneração mínima estipulada em lei, sem os benefícios da legislação trabalhista e, o que é pior, levados a viver em condições aviltantes, semelhantes a dos escravos, de triste memória na nossa história. E na atual redação do tipo penal do art. 149 não mais se exige, em todas as suas formas, a união de tipos penais como sequestro ou cárcere privado com maus-tratos, bastando que se siga a orientação descritiva do preceito primário. Destarte, para reduzir uma pessoa a condição análoga à de escravo pode bastar submetê-la a trabalhados forçados (neste caso, convém mencionar que, até mesmo para a imposição de pena, em face do cometimento de crime, é vedada a sanção de trabalhos forçados – art. 5.º, XLVII, "c", CF) ou a jornadas exaustivas (esgotamento físico ou cansaço extremo, o que foge ao âmbito do mero abuso de direito trabalhista, alcançando o cenário penal, pois afeta a dignidade da pessoa humana) ou a condições degradantes (humilhantes, desonrosas, infamantes, diversas das condições de um trabalhador comum) de trabalho. De resto, nas outras figuras, deve-se fazer algum tipo de associação à restrição à liberdade de locomoção, como explícito no próprio tipo (restringir a locomoção, por qualquer meio; cercear meio de transporte, com o fim de retê-lo no local do trabalho; manter vigilância ostensiva no local; apoderar-se de documentos ou objetos pessoais do trabalhador, com o fim de retê-lo no lugar). Em suma, as situações descritas no art. 149 são alternativas e não cumulativas. Certamente a redação do tipo melhorou, pois trouxe mais segurança ao juiz, pautando-se pelo princípio da taxatividade. Destaque-se, ainda, o disposto pelo art. 243 da Constituição Federal, com a redação dada pela Emenda 81/2014: "as propriedades rurais e urbanas de qualquer região do País onde forem localizadas culturas ilegais de plantas psicotrópicas ou a exploração de trabalho escravo na forma da lei serão expropriadas e destinadas à reforma agrária e a programas de habitação popular, sem qualquer indenização ao proprietário e sem prejuízo de outras sanções previstas em lei, observado, no que couber, o disposto no art. 5.º. Parágrafo único. Todo e qualquer bem de valor econômico apreendido em decorrência do tráfico ilícito de entorpecentes e drogas afins e da exploração de trabalho escravo será confiscado e reverterá a fundo especial com destinação específica, na forma da lei". Na jurisprudência: STJ: "3. Segundo a peça acusatória, os trabalhadores/vítimas eram impedidos de sair do local de trabalho antes do acerto de contas das dívidas contraídas com o empregador e diante da ausência de meios de transportes e precariedade de acesso ao local. Também se infere que os trabalhadores eram ameaçados de morte pelo 'gato', com emprego de espingarda calibre .20, caso tentassem evadir-se do local. Assim, cumpre reconhecer que as condutas narradas na denúncia se revestem de tipicidade aparente, pois imputada ao agravante a conduta de restringir o direito de ir e vir dos trabalhadores/vítimas. (...) 5.1. O recorrente

# Art. 149

além de ser o gerente da atividade criminosa, mantinha o sistema de servidão por dívidas (*truck system*), sendo as consequências também mais penosas que as usuais, pois, além do número de trabalhadores mantidos nessas precárias condições de trabalho, alguns deles tiveram que pedir socorro à família e ir em busca de medicamentos fora da fazenda, situada a 200 km da cidade de Sinop/MT. (...)" (AgRg no AREsp 2.251.382, 5ª T., rel. Joel Ilan Paciornik, 19.03.2024, v.u.); "2. A maior vulnerabilidade social da específica classe de trabalhadores explorados no caso concreto não é contemplada no próprio tipo penal, e por isso deve ser considerada válida para o exame desfavorável da culpabilidade" (AgRg no AREsp 1.193.202-PA, 5.ª T., rel. Ribeiro Dantas, 11.05.2021, v.u.).

**40. Sujeitos ativo e passivo:** o sujeito ativo pode ser qualquer pessoa, embora, como regra, passe a ser o empregador e seus prepostos. O sujeito passivo, entretanto, somente pode ser a pessoa vinculada a uma relação de trabalho. O tipo do art. 149, antes da modificação trazida pela Lei 10.803/2003, era amplo e colocava como sujeito passivo qualquer pessoa (alguém). Atualmente, no entanto, embora tenha mantido a palavra "alguém" no tipo, em todas as descrições das condutas incriminadas faz referência a "empregador" ou "trabalhador", bem como a "trabalhos forçados" ou "jornadas exaustivas". Poder-se-ia até mesmo sustentar que o crime de redução a condição análoga à de escravo ficaria mais bem situado no contexto dos crimes contra a organização do trabalho, mas a razão de se cuidar dele no Capítulo VI do Título I da Parte Especial é o envolvimento da liberdade individual de ir e vir.

**41. Elemento subjetivo:** é o dolo. Não existe a forma culposa. Não se exige elemento subjetivo específico, nas modalidades previstas no *caput*, mas, sim, nas formas do § 1.º: "com o fim de retê-lo no local de trabalho".

**42. Analogia:** antes, como explicitado na nota 39 *supra*, o tipo penal valia-se de modo integral da interpretação analógica. O modelo de conduta proibida era baseado num processo de comparação, sem o qual não se conseguia chegar à definição do delito. Assim, pretendia a lei construir um tipo indicando que a imposição a alguém de uma situação semelhante ou comparável àquela vivenciada pelos escravos configurava o delito do art. 149, cuja pena sempre foi maior do que a prevista no art. 148, *caput*; o que fazia sentido, uma vez que nem toda privação da liberdade precisaria colocar a pessoa próxima à condição de um escravo. Não mais se necessita integralmente, na atual redação, da interpretação analógica, uma vez que o legislador descreveu o que entende por "situação análoga à de escravo", bastando, pois, a adequação do fato ao modelo legal de conduta proibida.

**43. Escravo:** continua a ser um elemento normativo do tipo, que depende da interpretação cultural do juiz. Escravo, em análise estrita, era aquele que, privado de sua liberdade, não tinha mais vontade própria, submetendo-se a todos os desejos e caprichos do seu amo e senhor. Era uma hipótese de privação da liberdade em que imperava a sujeição absoluta de uma pessoa a outra. Logicamente, agora, para a configuração do delito, não mais se necessita voltar ao passado, buscando como parâmetro o escravo que vivia acorrentado, levava chibatadas e podia ser aprisionado no pelourinho. É suficiente que exista uma submissão fora do comum, como é o caso do trabalhador aprisionado em uma fazenda, com ou sem recebimento de salário, porém, sem conseguir dar rumo próprio à sua vida, porque impedido por seu pretenso patrão, que, em verdade, busca atuar como autêntico "dono" da vítima. O conceito de *escravo* deve ser analisado em sentido amplo, pois o crime pode configurar-se tanto na submissão de alguém a trabalhos forçados *ou* a jornadas exaustivas como também no tocante à restrição da liberdade de locomoção.

**44. Objetos material e jurídico:** o objeto material é a pessoa aprisionada como se escravo fosse; o objeto jurídico é a liberdade do indivíduo de ir, vir e querer, além de afetar a organização do trabalho e a própria dignidade da pessoa humana. Na jurisprudência: STF: "O bem jurídico objeto de tutela pelo art. 149 do Código Penal vai além da liberdade individual, já que a prática da conduta em questão acaba por vilipendiar outros bens jurídicos protegidos constitucionalmente como a dignidade da pessoa humana, os direitos trabalhistas e previdenciários, indistintamente considerados. (...)" (RE 459510, Plenário, rel. Cezar Peluso, rel. p/ acórdão Dias Toffoli, 26.11.2015, acórdão eletrônico *DJe*-067, divulg. 11.04.2016, public. 12.04.2016). Ver a nota 46-J a seguir.

**44-A. Classificação:** trata-se de crime comum (aquele que não demanda sujeito ativo qualificado ou especial); material (delito que exige resultado naturalístico, consistente na privação da liberdade ou de qualquer situação degradante ou abusiva na atividade laborativa); de forma vinculada (podendo ser cometido pelos meios descritos no tipo); comissivo ("reduzir" implica ação) e, excepcionalmente, comissivo por omissão (omissivo impróprio, ou seja, é a aplicação do art. 13, § 2.º, do Código Penal); permanente (cujo resultado se prolonga no tempo); de dano (consuma-se com efetiva lesão ao bem jurídico tutelado, que é a liberdade em sentido amplo); unissubjetivo (que pode ser praticado por um só agente); plurissubsistente (em regra, vários atos integram a conduta): STJ: "2. Sendo certo que o tipo previsto no art. 149 do CP é plurissubsistente, caracteriza-se o crime mediante a prática de quaisquer das ações ali descritas. Precedentes" (AgRg no AgRg no REsp 1.863.229-PA, 5.ª T., rel. Joel Ilan Paciornik, 14.09.2021, v.u.); admite tentativa.

**45. Consentimento da vítima:** pode afastar a configuração do delito, desde que a situação na qual se veja envolvido o ofendido não ofenda a ética social e os bons costumes.

**45-A. Trabalhos forçados:** é a atividade laborativa desenvolvida de maneira compulsória, sem voluntariedade, pois implica alguma forma de coerção caso não desempenhada a contento. Cumpre ressaltar que até mesmo aos condenados, veda, a legislação brasileira, a imposição da pena de trabalhos forçados (art. 5.º, XLVII, c, CF), motivo pelo qual é inconcebível que qualquer pessoa seja submetida a essa forma de trabalho.

**45-B. Jornada exaustiva:** é o período de trabalho diário que foge às regras da legislação trabalhista, exaurindo o trabalhador, independentemente de pagamento de horas extras ou qualquer outro tipo de compensação. Entretanto, diversamente do contexto dos trabalhos forçados (que, pela sua própria natureza, são compulsoriamente exigidos), a jornada exaustiva pode ser buscada pelo próprio trabalhador, por vezes para aumentar sua remuneração ou conseguir algum outro tipo de vantagem. Para a configuração do crime do art. 149 é preciso que o patrão *submeta* (isto é, exija, subjugue, domine pela força) o seu empregado a tal situação. Se se cuidar de vontade própria do trabalhador não se pode falar em concretização da figura típica (vide a nota 45 *supra*).

**46. Condições degradantes de trabalho:** *degradação* significa rebaixamento, indignidade ou aviltamento de algo. No sentido do texto, é preciso que o trabalhador seja submetido a um cenário humilhante de trabalho, mais compatível a um escravo do que a um ser humano livre e digno. Logo, apesar de se tratar de tipo aberto, dependente, pois, da interpretação do juiz, o bom senso está a indicar o caminho a ser percorrido, inclusive se valendo o magistrado da legislação trabalhista, que preserva as condições mínimas apropriadas do trabalho humano. Na jurisprudência: STJ: "1. A jurisprudência desta Corte Superior está fixada no sentido de que a submissão dos trabalhadores a situações degradantes de trabalho é suficiente para

# Art. 149

configurar o delito previsto no art. 149 do Código Penal. 2. O Tribunal de origem, reformando a sentença condenatória, absolveu os Réus por entender que as condições a que estavam submetidos os trabalhadores, conforme verificado pelos auditores fiscais do trabalho e apontado na denúncia, embora precárias, configuravam meros descumprimentos de normas laborais e não se prestavam à configuração do tipo penal insculpido no art. 149, *caput*, do Estatuto Repressor. 3. Situação concreta, contudo, em que há adequação típica do fato apurado nos autos ao delito previsto no art. 149 do Estatuto Repressor, pois restou incontroverso, tanto na sentença condenatória quanto no acórdão que a reformou, ter havido a submissão das Vítimas a condições degradantes de trabalho, entre outras, jornadas laborais exaustivas; ausência de fornecimento de água e de instalações sanitárias; inexistência de pausas para descanso nas atividades geradoras de sobrecarga muscular estática e dinâmica; e falta de abrigo para proteção contra a incidência da radiação solar, ainda que rústico" (REsp 1.952.180/PE, 6.ª T., rel. Laurita Vaz, 14.12.2021, m.v.).

**46-A. Restrição da liberdade de locomoção:** é lógico supor que o cárcere privado é medida ilustrativa da condição de escravo, mormente quando associada a perda da liberdade de ir e vir com o trabalho desgastante ou degradante. Entretanto, o tipo penal utilizou, como já exposto, a forma alternativa, bastando que o empregador submeta o trabalhador a trabalhos forçados *ou* a jornadas exaustivas *ou* a trabalho degradante *ou mesmo* a uma situação de vínculo obrigatório com o local de trabalho, através do artifício de constituir o trabalhador em eterno devedor, uma vez que o obriga a efetuar suas compras de caráter pessoal em loja ou equivalente pertencente ao próprio patrão, fazendo com que sua dívida nunca esteja quitada e, com isso, sua liberdade para deixar o emprego, manietada. Assim, *qualquer que seja o meio empregado*, se a liberdade de ir e vir do trabalhador for cerceada *em função* de dívida contraída com o empregador ou preposto seu, configura-se o delito do art. 149. Caso o patrão proporcione ao empregado a oportunidade de adquirir bens em comércio de sua propriedade – o que não é por si só ilícito – não pode jamais vincular a saída do empregado do seu posto em virtude da existência de dívida. Difere este delito do previsto no art. 203, § 1.º, I, do Código Penal, pelo fato de que, na redução à condição análoga à de escravo, o patrão restringe a liberdade de *locomoção* porque o empregado lhe deve algo em razão de dívida, logo é o equivalente a impor um cárcere privado por conta de dívida não paga. Naquele delito contra a organização do trabalho (figura residual, porque mais branda), o empregador obriga o trabalhador a usar mercadoria de determinado estabelecimento com o fim de vinculá-lo, pela dívida contraída, ao seu posto de trabalho, mas sem afetar sua liberdade de locomoção. Assim, caso o trabalhador se sinta vinculado ao lugar de trabalho por conta de dívida, embora possa ir e vir, concretiza-se o tipo penal do art. 203, § 1.º, I, mas se não puder locomover-se em face disso, o delito passa a ser o do art. 149. Ademais, o crime do art. 203, § 1.º, I, é formal, enquanto o do art. 149 é material (deve envolver sempre restrição efetiva à liberdade de ir e vir).

**46-B. Acumulação material e multa:** a pena do delito do art. 149 foi modificada, acrescentando-se multa, o que é correto, uma vez que o empregador, ao reduzir alguém a condição análoga à de escravo, busca o lucro, bem como implementando-se o sistema da acumulação material, ou seja, além de responder por crime contra a liberdade individual, caso haja o emprego de violência (ex.: lesões corporais), responderá também por este delito, somando-se as penas.

**46-C. Cerceamento de meio de transporte:** o disposto nos incisos I e II do § 1.º do art. 149, constituem tipos básicos autônomos, embora sujeitos às mesmas penas das condutas previstas no *caput*. São formas, portanto, de redução a condição análoga à de escravo: cerceamento de utilização de meio de transporte, objeto de análise desta nota, bem como manutenção de vigilância ostensiva no local de trabalho ou apossamento de documentos ou objetos pessoais do trabalhador. No caso do inciso I, a conduta típica prevê a restrição à livre opção do trabalhador de se ausentar do lugar de trabalho, valendo-se do meio de transporte que deseje e seja apto a tanto. Assim, qualquer método empregado pelo patrão para impedir que o trabalhador se afaste pode configurar o delito do art. 149. Note-se que a figura típica foi idealizada para as fazendas, distantes de centros urbanos, que possuem meios de transporte próprios para levar e buscar os trabalhadores às cidades e vilarejos próximos. Nesse contexto, não é incomum que o patrão, dono dos meios de transporte, com o fito de reter os empregados no lugar de trabalho, retire esse veículo, fazendo com que a locomoção para outro local deixe de ser viável. Nada impede, no entanto, que o crime se perfaça também em centros urbanos, pois a conduta típica admite o cerceamento do uso de *qualquer meio de transporte* e não somente os de propriedade do empregador.

**46-D. Manutenção de vigilância ostensiva no lugar de trabalho:** manter, por si só, vigilância ostensiva, isto é, cuidados de proteção visíveis no local de trabalho não configura o crime (é o que ocorre num banco, onde existe guarda armada), pois a finalidade do crime previsto no art. 149 é, através de vigilância aparente – armada ou não –, reter o empregado no lugar de trabalho. Há, pois, elemento subjetivo específico. É o que ocorre, infelizmente com certa frequência, em fazendas onde capangas armados não permitem que trabalhadores saiam dos seus postos, tal como se fazia no passado com os escravos.

**46-E. Apossamento de documentos ou objetos pessoais:** a figura é semelhante à existente no art. 203, § 1.º, II, do Código Penal, que é delito contra a organização do trabalho. A diferença consiste em que, no caso do art. 149, o apossamento dos documentos ou dos objetos pessoais do trabalhador impede que ele deixe o local de trabalho, caracterizando condição análoga à de escravo. No outro delito, o empregador retém documentos pessoais ou contratuais, sem afetar a liberdade de locomoção, com o fito de manter o vínculo com o empregado. Este, impossibilitado de apresentar documentos pessoais a outra empresa, por exemplo, acaba ficando no seu posto. É preciso considerar que o tipo penal do art. 203 passa a ser subsidiário, ou seja, quando não configurada a hipótese de redução a condição análoga à de escravo, por meio da retenção deliberada dos documentos ou pertences do trabalhador, impedindo sua liberdade de ir e vir, resta a punição pelo impedimento à liberdade de escolha do seu posto de trabalho. O fator diferencial há de ser a liberdade de locomoção, associada, evidentemente, à duração da conduta. O crime do art. 149 é permanente, pois fere a liberdade individual, enquanto o do art. 203 é instantâneo, configurando-se numa única ação, sem necessário prolongamento, voltando-se à liberdade de escolha de trabalho.

**46-F. Causas de aumento de pena:** impõe-se o aumento de metade no processo de fixação da pena quando o agente se voltar contra criança (pessoa que tenha até onze anos completos) ou adolescente (pessoa que possua entre doze e dezoito anos), bem como quando o crime se sustentar em motivo de preconceito de raça, cor, etnia, religião ou origem. Esta última situação não deixa de ser uma forma de *racismo*, por isso é imprescritível e inafiançável, conforme prevê a Constituição Federal (art. 5.º, XLII). Dessa maneira, quem cometer o delito de redução à condição análoga à de escravo motivado por razões de preconceito de raça, cor, etnia, religião ou origem será mais severamente apenado, além de não se submeter a pretensão punitiva estatal à prescrição.

**46-G. Competência:** o crime, na essência, tem por objeto jurídico a proteção à liberdade de ir, vir e querer da pessoa humana. Entretanto, após a modificação introduzida, no tipo penal, pela Lei 10.803/2003, descrevendo, pormenorizadamente, as condutas para a tipificação desta

# Art. 149-A

Código Penal Comentado · **Nucci**

742

infração penal, verificou-se uma preocupação real com o direito ao livre trabalho. Em outras palavras, embora o crime continue inserido no capítulo pertinente à liberdade individual, há pinceladas sensíveis de proteção à organização do trabalho. Em decorrência disso, o Supremo Tribunal Federal fixou como competente a Justiça Federal para apurar e julgar o crime previsto no art. 149 do Código Penal (redução a condição análoga à de escravo). Entretanto, o Pretório Excelso decidiu um caso concreto e deixou expresso que não se trata de um *leading case*, ou seja, uma posição permanente do STF, determinando ser da Justiça Federal a competência para todas as hipóteses de redução a condição análoga à de escravo. No fundo, vislumbrou--se na decisão tomada um forte conteúdo regional, que uniu uma situação de abuso contra a liberdade individual, direito humano fundamental, com o direito ao trabalho livre (organização do trabalho), envolvendo várias vítimas. Argumentou-se, inclusive, com o fato de se poder transferir à Justiça Federal qualquer delito que importe em grave violação dos direitos humanos (art. 109, § 5.º, CF). O precedente, no entanto, foi aberto. É possível haver crimes de redução a condição análoga à de escravo, unindo lesão à liberdade individual e direito ao livre trabalho, de interesse da União, logo, da Justiça Federal. Na realidade, tudo irá depender do número de trabalhadores lesados; se muitos, Justiça Federal; se um ou alguns, Justiça Estadual (mesmo critério para definir a competência dos crimes contra a organização do trabalho). Em suma, tudo a ver com o caso concreto, embora a competência ordinária seja da Justiça Estadual (RE 398041-PA, Pleno, rel. Joaquim Barbosa, 30.11.2006, m.v., embora antigo, é mantido pela relevância do tema). Ver a nota 44 *supra*.

### Tráfico de Pessoas[46-H]

> **Art. 149-A.** Agenciar, aliciar, recrutar, transportar, transferir, comprar, alojar ou acolher pessoa,[46-I-46-K] mediante grave ameaça, violência, coação, fraude ou abuso, com a finalidade de:[46-L-46-M]
>
> I – remover-lhe órgãos, tecidos ou partes do corpo;[46-N]
>
> II – submetê-la a trabalho em condições análogas à de escravo;[46-O]
>
> III – submetê-la a qualquer tipo de servidão;[46-P]
>
> IV – adoção ilegal;[46-Q] ou
>
> V – exploração sexual:[46-R]
>
> Pena – reclusão, de 4 (quatro) a 8 (oito) anos, e multa.[46-S]
>
> § 1.º A pena é aumentada de um terço até a metade se:[46-T]
>
> I – o crime for cometido por funcionário público no exercício de suas funções ou a pretexto de exercê-las;[46-U]
>
> II – o crime for cometido contra criança, adolescente ou pessoa idosa ou com deficiência;[46-V]
>
> III – o agente se prevalecer de relações de parentesco, domésticas, de coabitação, de hospitalidade, de dependência econômica, de autoridade ou de superioridade hierárquica inerente ao exercício de emprego, cargo ou função;[46-W] ou
>
> IV – a vítima do tráfico de pessoas for retirada do território nacional.[46-X]
>
> § 2.º A pena é reduzida de um a dois terços se o agente for primário e não integrar organização criminosa.[46-Y]

**46-H. Novo crime:** trata-se de tipo penal incriminador inédito em nossa legislação (da maneira como redigido), intitulado *tráfico de pessoas*, instituído pela Lei 13.344, de 6 de outubro de 2016, para entrar em vigor 45 dias após sua publicação. A mesma lei revogou os arts. 231 e 231-A, que tratavam do tráfico internacional e interno de pessoas *para fins sexuais*. Finalmente, uma lei mais racional e bem equilibrada do que outras, criando tipos penais novos. Temos criticado em nossas obras, incluindo a monografia *Tratado de crimes sexuais*, que o referido tráfico não se concentra apenas no campo sexual, abrangendo um contingente muito maior e mais amplo. Portanto, os arts. 231 e 231-A eram, de fato, vetustos. Aliás, nasceram envelhecidos e mal redigidos. Precisavam mesmo de um reparo completo, o que foi feito diante da criação do art. 149-A, cuja pretensão punitiva é tão abrangente quanto necessária. O tráfico de pessoas dá-se em todas as hipóteses descritas nos cinco incisos do novel artigo, além do que também criticávamos o uso do termo *prostituição*, como meta do traficante e da vítima. Foi alterado para a forma correta: exploração sexual. Nem sempre a prostituição é uma modalidade de exploração, tendo em vista a liberdade sexual das pessoas, quando adultas e praticantes de atos sexuais consentidos. Ademais, a prostituição individualizada não é crime, no Brasil, de modo que muitas mulheres (e homens) seguem para o exterior justamente com esse propósito, e não são vítimas de traficante algum. Em suma, a alteração é bem-vinda e, em nosso entendimento, quanto à parte penal, tecnicamente bem-feita.

**46-I. Análise do núcleo do tipo:** as condutas identificadas são alternativas (a prática de uma ou mais de uma gera somente um delito, quando no mesmo contexto fático): *agenciar* (tratar de algo como representante de outrem); *aliciar* (seduzir ou atrair alguém para alguma coisa); *recrutar* (atrair pessoas, formando um grupo, para determinada finalidade); *transportar* (levar alguém ou alguma coisa de um lugar para outro, valendo-se de um veículo qualquer); *transferir* (levar algo ou alguém de um lugar para outro); *comprar* (adquirir algo pagando certo preço); *alojar* (dar abrigo a alguém); *acolher* (proporcionar hospedagem). O objeto dessas condutas é a pessoa humana, sem qualquer distinção de gênero, orientação sexual, origem étnica ou social, procedência, nacionalidades, atuação profissional, raça, religião, faixa etária, situação migratória ou outro *status*, abrangendo, inclusive, a transversalidade das dimensões de gênero (transexuais e travestis), conforme espelha o art. 2.º, IV e V, da própria Lei 13.344/2016. O objetivo do agente pode ser variado, vale dizer, uma das opções descritas nos incisos I a V (remoção de órgãos, tecidos ou partes do corpo; submissão a trabalho em condições similares à de escravo; submissão a qualquer espécie de servidão; adoção ilegal; exploração sexual). Outro ponto importante, que também era objeto de nossas críticas ao antigo delito de tráfico de pessoas para fins sexuais (arts. 231 e 231-A, hoje revogados), concentrava-se justamente na ausência da descrição, no tipo penal, da *forma* pela qual o agente praticaria o crime. O legislador atende, agora, o objetivo principal, não permitindo um tipo aberto em demasia. A sua atividade precisa dá-se no cenário da grave ameaça (realização de mal intenso à vítima; violência moral), violência (agressão física), coação (forma de constrangimento, que se dá por violência material ou moral, incluindo nesta última a chantagem), fraude (forma de colocar outrem em erro, enganando-o, para obter qualquer vantagem) ou abuso (excesso, que precisa ser interpretado na esfera do direito; portanto, quem vai além do exercício de um direito, exagerando).

**46-J. Sujeitos ativo e passivo:** o sujeito ativo pode ser qualquer pessoa. O mesmo se dá no tocante ao sujeito passivo.

**46-K. Elemento subjetivo do tipo:** é o dolo. Não há a forma culposa. Exige-se o elemento subjetivo específico, consistente em atingir uma das cinco metas sugeridas pelos incisos I a V, que são alternativas, ou seja, o agente pode ter mais de uma finalidade, mas pelo menos uma delas. Sem o preenchimento da vontade específica, o crime pode transformar-se em

# Art. 149-A

Código Penal Comentado · **Nucci**

744

outra figura, como o constrangimento ilegal (art. 146, CP), sequestro (art. 148, CP), extorsão (art. 158, CP) etc.

**46-L. Objetos material e jurídico:** o objeto material é a pessoa humana, submetida ao agente para as finalidades descritas nos incisos I a V deste artigo. O objeto jurídico é a liberdade individual (como se deduz pela inserção do tipo neste capítulo do Código Penal), mas, acima de tudo, cuida-se de um tipo de múltipla proteção, envolvendo a dignidade sexual, o estado de filiação, a integridade física, enfim, a própria vida. Pode-se, então, afirmar cuidar-se de uma tutela penal à dignidade da pessoa humana.

**46-M. Classificação:** cuida-se de crime comum (pode ser cometido por qualquer pessoa humana, sem necessidade de qualificação especial); formal (não exige resultado naturalístico para se consumar, bastando a realização de uma das condutas alternativas do tipo); de forma livre (pode ser praticado por qualquer meio eleito pelo agente); comissivo (os verbos demonstram tratar-se de ação); instantâneo (a consumação se dá em momento determinado no tempo) nas formas *agenciar, aliciar, recrutar, comprar*, mas permanente (a consumação se arrasta no tempo, enquanto a conduta do agente se realizar) nas modalidades *transportar, transferir, alojar* e *acolher*; plurissubsistente (a ação desenvolve-se em vários atos). Admite tentativa, embora de difícil configuração.

**46-N. Remoção de órgãos, tecidos ou partes do corpo:** *remover* significa retirar de um lugar para inserir em outro. *Órgãos* são formações orgânicas constituídas por tecidos, com particular função no corpo humano, tais como o coração, o rim, o estômago etc. *Tecidos* constituem o conjunto de células em disposição uniforme com o objetivo de realizar certas funções no organismo humano, tal como o tecido adiposo, que armazena gordura. *Partes do corpo* significam a parte residual, ou seja, quando não se encaixar nas figuras antecedentes, envolvendo todo o conjunto do corpo humano, como o dedo, o braço etc. É importante frisar que a Lei 9.434/1997 (que comentamos em nosso *Leis penais e processuais penais comentadas*, v. 1) disciplina a remoção de órgãos, tecidos ou partes do corpo humano e, no seu art. 1.º, parágrafo único, exclui desse rol o sangue, o esperma e o óvulo. Além disso, é curial apontar a permissão dada pela legislação para que haja a *doação* de órgãos, tecidos e partes do corpo, desde que em conformidade com o texto da referida Lei 9.434/1997. Um dos pontos mais relevantes é a gratuidade da conduta, por parte de quem faz a doação, além de somente caber a remoção de órgão duplo (como o rim) ou que possa reconstituir-se (como alguns tecidos). Ademais, outro fator importante é o *consentimento válido* do doador, algo que o crime, ora previsto no art. 149-A do CP, não respeita, por óbvio (os métodos são violentos, constrangedores ou fraudulentos). Reunindo-se as condições para a doação legal, dos arts. 9.º e 10 da Lei 9.434/1997, temos: a) consentimento da vítima, sujeita à retirada do tecido, órgão ou outra parte; b) capacidade de consentimento (maior de idade); c) disposição gratuita; d) finalidade terapêutica *comprovada* ou para transplantes *indispensáveis* ao receptor (esse requisito, quando a doação ocorrer entre pessoas estranhas, deve ser submetido à apreciação do Poder Judiciário, pois é necessário o alvará autorizando o transplante. Por isso, se a finalidade terapêutica for duvidosa, como no caso de incompatibilidade entre doador e receptor, nega-se a autorização); e) destinatário cônjuge ou parentes consanguíneos até o quarto grau inclusive; f) autorização dada preferencialmente por escrito, diante de pelo menos duas testemunhas, especificando o tecido, órgão ou parte do corpo a ser retirada; g) destinatário constituído por qualquer pessoa estranha, desde que haja autorização judicial (desnecessária esta tratando-se de medula óssea); h) disposição de órgão que se constituir em duplicidade (ex.: rins) ou partes do corpo humano que não impliquem cessação da atividade orgânica do doador, nem lhe acarrete prejuízo para a vida sem risco à integridade ou comprometimento da saúde mental. No caso de parte do fígado, embora se trate de órgão único, tem-se entendido haver possibilidade, pois não haveria prejuízo para o doador; i) retirada da parte do corpo humano sem causar mutilação (decepamento de qualquer membro) ou deformação inaceitável; j) consentimento expresso do receptor, com inscrição em lista de espera. Se o receptor for juridicamente incapaz (menor de 18, por exemplo), um de seus pais ou responsável legal pode suprir o consentimento. Em caso de menor de 18 anos, atuando como doador, torna-se indispensável a autorização de ambos os pais ou responsáveis legais, além da autorização judicial, desde que para transplante de medula óssea (art. 9.º, § 6.º, desta Lei). Desse conjunto de regras específicas e rigorosas capta-se o entendimento de que nem mesmo o simples consentimento da vítima autoriza a remoção de órgãos, tecidos e outras partes do corpo humano. Assim sendo, o consentimento da vítima, no caso do art. 149-A, igualmente, não produz efeito algum. Há, por trás da proteção individual, o nítido propósito de resguardar a dignidade humana nesse campo. O inciso I do mencionado art. 149-A enquadra-se, com perfeição, no triste cenário do tráfico de órgãos, que realmente ocorre mundo afora. Afinal, em face dos rigorosos procedimentos previstos em várias legislações (nacional e internacional), os traficantes vendem as partes do corpo humano por um valor elevado. Para isso, torna-se imperiosa a captura da vítima, surgindo, então, o tráfico de pessoas. Esta figura é crime hediondo (art. 1.º, XII, Lei 8.072/90).

**46-O. Submissão a trabalho em condições análogas à de escravo:** essa finalidade também compõe o cenário do tráfico de pessoas, em especial, infelizmente, dentro do próprio território nacional. Sob falsas promessas (fraude), na maioria das vezes, trabalhadores atravessam o País em busca de um trabalho honesto e bem remunerado, largando tudo para trás. Ao chegarem no local, onde estaria o posto prometido, percebem o logro e, a partir daí, veem-se limitados em seu direito de locomoção, bem como, para sobreviver, submetem-se ao trabalho em condições desumanas; por isso a referência legislativa às condições similares à de escravo. É preciso ressaltar a existência do tipo específico de *redução a condição análoga à de escravo*, previsto no artigo anterior (art. 149, CP). A pena deste último crime, sem causa de aumento, varia de dois a oito anos de reclusão, e multa, além da pena relativa à violência (leia-se, a outro delito cometido, como lesões corporais, para capturar ou manter a vítima em certo lugar). Quando há o tráfico (interno ou externo) para essa finalidade a pena aumenta, correlatamente, para reclusão de quatro a oito anos, e multa. Esta figura é crime hediondo (art. 1.º, XII, Lei 8.072/90).

**46-P. Submissão a qualquer tipo de servidão:** o termo *servidão* possui o significado de escravidão ou sujeição intensa de alguém em face de outrem. Parece incidir este inciso em duplicidade, uma vez que no inciso II mencionou-se o trabalho em condições análogas à de escravo. No entanto, embora o tipo, nesse caso, termine com uma abertura interpretativa considerável, abrange todas as formas de escravidão *diversas* do trabalho. Afinal, o art. 149, de fato, refere-se ao trabalhador, nas variadas maneiras de se tornar *escravo*. Pode haver o tráfico de pessoas para fins de subjugação humana envolvendo uma finalidade não incluída nos demais incisos (ex.: casar-se com uma mulher, contra a sua vontade, mantendo-a cativa). Esta figura é crime hediondo (art. 1.º, XII, Lei 8.072/1990).

**46-Q. Adoção ilegal:** a *adoção*, como definimos em nossa obra *Estatuto da Criança e do Adolescente comentado*, é o estabelecimento do vínculo legal de paternidade e/ou maternidade a uma pessoa que, biologicamente, não é descendente, mas assim passa a ser considerada para todos os fins de direito. Há um procedimento judicial, previsto em lei (Lei 8.069/1990), para a constituição de uma família substituta à natural. Existe a previsão de adoção nacional e internacional. O que não se admite mais é aquela antiga concepção de *filho de criação* (ex.: um casal cuida de uma criança, sem qualquer laço jurídico, até que se torne adulta). Igualmente,

# Art. 149-A

Código Penal Comentado · Nucci

protege-se o estado de filiação, fortalecendo a ideia de que o ser humano *deve* ter o direito de conhecer seus pais biológicos e, ainda que seja adotado, tudo se realiza legal e judicialmente. A denominada *adoção à brasileira* não passa de um crime previsto no art. 242 do Código Penal, cuidando-se de situação muito comum no passado, mas ainda existente no presente, em particular no cenário do tráfico de crianças (ex.: uma pessoa *compra* um bebê, que foi sequestrado em outro Estado ou país, registrando-o diretamente em seu nome como filho). Há, sem dúvida, importância na previsão formulada no novo tipo penal do art. 149-A, tutelando o tráfico de pessoas (nesse contexto, crianças majoritariamente) para a finalidade de realizar uma adoção, sem conhecimento do Poder Judiciário. Note-se que, nessa hipótese, pode haver uma meta bondosa por parte de quem *adota* a criança (não por parte do traficante, que visa ao lucro; sem descartar que o próprio traficante seja também o adotante), pretendendo dar-lhe um lar, sem qualquer intento violento ou constrangedor. Não importa esse tipo de *finalidade*, pois, antes disso, protegem-se o estado de filiação e o controle estatal sobre o procedimento legal de adoção. Pode o julgador, na aplicação da pena, verificar exatamente o contexto fático, a fim de, por exemplo, conferir uma pena menor a quem *adota* uma criança ilegalmente em comparação ao traficante de pessoa para fins de escravidão. Por isso, para haver *justa pena*, torna-se fundamental o conhecimento e aplicação da individualização da pena, princípio constitucionalmente previsto. Esta figura é crime hediondo (art. 1.º, XII, Lei 8.072/1990).

**46-R. Exploração sexual:** finalmente, o legislador acordou e refez o seu entendimento para o sentido correto, em nossa visão. As antigas figuras de tráfico de pessoas (arts. 231 e 231-A, revogados) envolviam a finalidade de exercício da prostituição *ou outra forma* de exploração sexual, dando a entender que a prostituição seria, sempre, uma maneira de explorar o ser humano. Em nossa monografia *Prostituição, lenocínio e tráfico de pessoas*, buscamos demonstrar o atraso desse ponto de vista, tendo em vista que inexiste a *autoexploração*, o que ocorre no tocante a vários profissionais do sexo, adultos, ganhando a vida pelo contato sexual com quem se disponha a pagar certa quantia. Sob outro prisma, afirmar que todo agenciador da prostituição deve ser punido é outro retardo, pois esse agenciador pode perfeitamente ser benéfico ao profissional do sexo, retirando-o das ruas para abrigá-lo em local específico. Falar, hoje em dia, em "casa de prostituição" como figura delituosa é uma hipocrisia, pois o comércio sexual se dá em vários locais, a olhos vistos, seja em uma casa especial para tanto, seja em locais denominados motéis, hotéis, bares etc. A Lei 13.344/2016 merece aplauso nesse prisma, pois já se estão debatendo a legalização e a regulamentação da atividade sexual de maiores de idade, quando não há violência, ameaça ou fraude. Em suma, a finalidade de exploração sexual – sem menção à prostituição – é muito mais abrangente e pode, em certas situações, até envolver a prostituição. Tudo depende do modo como esta é exercida, da idade do profissional do sexo e do seu consentimento. *Explorar* significa tirar proveito de algo ou enganar alguém para obter algo. Unindo esse verbo com a atividade sexual, visualiza-se o quadro de tirar proveito da sexualidade alheia, valendo-se de qualquer meio constrangedor, ou enganar alguém para atingir as práticas sexuais com lucro. Explora-se sexualmente outrem, a partir do momento em que este é ludibriado para qualquer relação sexual ou quando o ofendido propicia lucro somente a terceiro, em virtude de sua atividade sexual. A expressão *exploração sexual* difere de *violência sexual*. Logo, o estuprador não é um explorador sexual. Por outro lado, *exploração sexual* não tem o mesmo sentido de *satisfação sexual*. Portanto, a relação sexual, em busca do prazer, entre pessoa maior de 18 anos com pessoa menor de 18 anos não configura exploração sexual. Esta figura é crime hediondo (art. 1.º, XII, Lei 8.072/1990). Na jurisprudência: STJ: "1. Após o advento da Lei n. 13344/16, somente haverá tráfico de pessoas com a finalidade de exploração sexual, em se se tratando de vítima maior de 18 anos, se ocorrer ameaça, uso da força, coação, rapto, fraude, engano ou abuso de vulnerabilidade, num contexto de exploração do trabalho sexual. 2. A prostituição, nem sempre, é uma modalidade de exploração, tendo em vista a liberdade sexual das pessoas, quando adultas e praticantes de atos sexuais consentidos. No Brasil, a prostituição individualizada não é crime e muitas pessoas seguem para o exterior justamente com esse propósito, sem que sejam vítimas de traficante algum. 3. No caso, o tribunal *a quo* entendeu que as supostas vítimas saíram voluntariamente do país, manifestando consentimento de forma livre de opressão ou de abuso de vulnerabilidade (violência, grave ameaça, fraude, coação e abuso)" (AgRg nos EDcl no Agravo em Recurso Especial 1.625.279/TO, 5.ª T., rel. Reynaldo Soares da Fonseca, 23.06.2020, v.u.).

**46-S. Benefícios penais:** se aplicada a pena mínima, pode o juiz aplicar, desde logo, o regime aberto, significativo de *prisão domiciliar*, na maior parte do Brasil. O crime, quando cometido com violência ou grave ameaça, não permite a conversão da pena privativa de liberdade em restritiva de direitos; no entanto, cometido com fraude, é viável a referida substituição. O legislador incluiu no art. 83, V, do Código Penal, o novo crime de tráfico de pessoas, exigindo o cumprimento de 2/3 da pena para a obtenção do livramento condicional. Por certo, ainda *sonha* com a aplicabilidade desse benefício, que, na prática, quase inexiste, pois o condenado prefere, evidentemente, a progressão de regimes (fechado para o semiaberto e, deste, para o aberto), passível de atingimento a períodos mínimos de cumprimento da pena (o tráfico de pessoas não é crime hediondo).

**46-T. Causas de aumento:** são as circunstâncias que envolvem a prática do crime (tipo básico = *caput*), tornando-o mais grave. Por isso, aplica-se um aumento variável de um terço até a metade, na terceira fase da aplicação da pena, podendo, se for preciso, romper o teto da pena cominada (no caso, oito anos).

**46-U. Agente funcionário público:** sobre o conceito de *funcionário público*, para fins penais, confira-se o disposto pelo art. 327 do Código Penal. Naturalmente, o tráfico de pessoas torna-se muito mais grave quando o servidor público o comete, visto que está atuando contra os interesses da própria Administração para a qual presta seu trabalho. Ademais, em muitos casos, quem pratica esse delito é um servidor encarregado da segurança pública, vale dizer, a pessoa responsável pela luta *contra* a criminalidade. É relevante anotar o seguinte: o funcionário pode estar em pleno exercício de sua função, como também estar fora dela, mas valer-se disso para o cometimento do delito.

**46-V. Vítimas vulneráveis:** o tráfico de pessoas torna-se mais grave, quando a vítima é vulnerável, pois a sua capacidade de defesa é diminuta. Além do trauma muito mais sério acarretado ao ofendido, evidencia-se uma negativa característica da personalidade do agente – a covardia. *Criança* é a pessoa humana até 11 anos completos (seguindo-se a linha do Estatuto da Criança e do Adolescente); a partir dos doze, cuida-se de *adolescente*. *Idoso* é a pessoa com mais de 60 anos (Estatuto da Pessoa Idosa). *Deficiente* é a pessoa com alguma limitação física, mental, intelectual ou sensorial. Nos termos do art. 2.º do Estatuto do Deficiente, "considera-se pessoa com deficiência aquela que tem impedimento de longo prazo de natureza física, mental, intelectual ou sensorial, o qual, em interação com uma ou mais barreiras, pode obstruir sua participação plena e efetiva na sociedade em igualdade de condições com as demais pessoas". Esta figura é crime hediondo (art. 1.º, XII, Lei 8.072/1990).

**46-W. Relações particulares com a vítima:** no mesmo sentido que a causa de aumento do inciso anterior, busca-se agravar a pena do agente que abusa da confiança nele depositada, demonstrando lados negativos de sua personalidade, tanto a covardia quanto a ingratidão. O ofendido torna-se mais vulnerável nessas hipóteses. *Parentes* são as pessoas que possuem laços

# Art. 149-A

Código Penal Comentado · **Nucci**

de consanguinidade ou quando, juridicamente, tornam-se integrantes da mesma família (como o caso do adotado). Dispõe o Código Civil a respeito: "Art. 1.591. São parentes em linha reta as pessoas que estão umas para com as outras na relação de ascendentes e descendentes. Art. 1.592. São parentes em linha colateral ou transversal, até o quarto grau, as pessoas provenientes de um só tronco, sem descenderem uma da outra. Art. 1.593. O parentesco é natural ou civil, conforme resulte de consanguinidade ou outra origem. Art. 1.594. Contam-se, na linha reta, os graus de parentesco pelo número de gerações, e, na colateral, também pelo número delas, subindo de um dos parentes até ao ascendente comum, e descendo até encontrar o outro parente. Art. 1.595. Cada cônjuge ou companheiro é aliado aos parentes do outro pelo vínculo da afinidade. § 1.º O parentesco por afinidade limita-se aos ascendentes, aos descendentes e aos irmãos do cônjuge ou companheiro. § 2.º Na linha reta, a afinidade não se extingue com a dissolução do casamento ou da união estável". *Relações domésticas* são as estabelecidas entre pessoas que comungam da mesma vida familiar, demonstrando intimidade e afeto, vivendo sob o mesmo teto (pode ser formada a relação doméstica entre amigos, entre parentes – o que já está incluído no aspecto anterior, enfim, entre quaisquer pessoas, entre casais –, quando inexiste casamento). *Relações de coabitação* dizem respeito aos liames estabelecidos entre pessoas que vivam sob o mesmo teto, independentemente de afeto ou intimidade (ex.: relação entre moradores de uma pensão). *Relações de hospitalidade* são os laços firmados entre anfitrião e hóspede. Quem recebe uma visita expõe a sua vida doméstica e permite a entrada em seu domicílio, motivo pelo qual anfitrião e visitante devem mútua confiança e reciprocidade. *Relações de dependência econômica* constituem uma definição nova, em matéria de circunstância de aumento da pena. Significam os liames estabelecidos entre pessoas que se vinculem por meio da relação econômica: dependente (recebe ajuda financeira) e dominante (presta a ajuda financeira). Pode dar-se entre parentes ou não. *Relações de autoridade* dizem respeito à autoridade civil, formando-se a partir do liame entre pessoas que se tornam dependentes de outra para conduzir a vida (ex.: tutor/tutelado; curador/curatelado; guardião/pupilo). *Relações de superioridade hierárquica* constituem, também, circunstância de aumento de pena inédita, constituindo o laço firmado entre pessoas, no serviço público, demonstrativo de relação de mando e obediência. Eis o motivo pelo qual se menciona o exercício de emprego (público), cargo ou função. Essa nos parece a mais adequada interpretação, como sempre se buscou realizar no cenário da expressão *superioridade hierárquica*, circunstância indicativa do serviço público. De qualquer forma, é preciso evitar o *bis in idem*, ou seja, considerando-se essa relação de superioridade hierárquica como a desenvolvida no setor público, não se deve levar em conta a causa de aumento do inciso I (crime cometido por funcionário público).

**46-X. Retirada da vítima do território nacional:** embora o tipo penal básico (*caput*) não construa uma diferença entre o tráfico nacional e o internacional, vê-se, por meio dessa causa de aumento, que o internacional é considerado mais grave. Portanto, quando se atingir uma fase do exaurimento do delito (a retirada do território nacional não é necessária para a consumação), levando, com efetividade, a vítima para fora do País (o que torna mais difícil a sua localização, bem como o seu resgate pelas autoridades brasileiras), há o aumento da pena.

**46-Y. Causas de diminuição da pena:** essas circunstâncias são cumulativas e consistem na primariedade do agente, ao mesmo tempo que ele não integre uma organização criminosa. Indica-se uma redução variável de um a dois terços, o que nos soa excessivo (praticamente a mesma diminuição prevista para a tentativa). Há até mesmo uma falta de critério para operar essa redução, visto que as circunstâncias são objetivas e não comportam flexibilidade. O traficante é primário ou é reincidente (não se aborda, neste contexto, ter antecedentes criminais); por outro lado, integra ou não uma organização criminosa. Como se exige a cumulação de ambas para aplicar o redutor, o juiz terá dificuldade em mensurar a quantidade da diminuição.

Parece-nos deva o julgador trabalhar com circunstâncias adjacentes a essas. Se o traficante for primário, mas registrar antecedente criminal, pode dar causa a uma diminuição menor da sua pena. Outra situação que pode ser ponderada é o não pertencimento a uma organização criminosa, cuja definição é dada pelo art. 1.º, § 1.º, da Lei 12.850/2013 ("considera-se organização criminosa a associação de 4 [quatro] ou mais pessoas estruturalmente ordenada e caracterizada pela divisão de tarefas, ainda que informalmente, com objetivo de obter, direta ou indiretamente, vantagem de qualquer natureza, mediante a prática de infrações penais cujas penas máximas sejam superiores a 4 [quatro] anos, ou que sejam de caráter transnacional"), mas integrar uma associação criminosa (art. 288, CP: "associarem-se 3 [três] ou mais pessoas, para o fim específico de cometer crimes"). Nessa hipótese, comportaria uma redução menor. No entanto, avaliando o magistrado que o traficante é primário, sem antecedentes criminais, não integrando organização criminosa, nem associação criminosa, parece-nos deva ser aplicado o redutor de dois terços.

### Seção II
### Dos crimes contra a inviolabilidade do domicílio[47]

**47. Proteção constitucional:** preceitua o art. 5.º, *caput*, da Constituição Federal, de modo genérico, que os indivíduos têm direito à segurança e à propriedade, o que se relaciona indiretamente com o tema; de modo específico, no inciso XI, garante a inviolabilidade de domicílio, salvo se houver consentimento do morador, flagrante delito, desastre ou necessidade de prestar socorro, ou, ainda, durante o dia, por determinação judicial.

**Violação de domicílio**

> **Art. 150.** Entrar ou permanecer,[48] clandestina ou astuciosamente, ou contra a vontade[49] expressa ou tácita[50] de quem de direito,[51] em casa[52] alheia ou em suas dependências:[53-54]
>
> Pena – detenção, de 1 (um) a 3 (três) meses, ou multa.
>
> § 1.º Se o crime[55] é cometido durante a noite,[56] ou em lugar ermo,[57] ou com o emprego de violência ou de arma,[58] ou por duas ou mais pessoas:[59]
>
> Pena – detenção, de 6 (seis) meses a 2 (dois) anos, além da pena correspondente à violência.[60]
>
> § 2.º Revogado pela Lei 13.869/2019.
>
> § 3.º Não constitui crime[67] a entrada ou permanência em casa alheia ou em suas dependências:
>
> I – durante o dia, com observância das formalidades legais, para efetuar prisão ou outra diligência;[68]
>
> II – a qualquer hora do dia ou da noite, quando algum crime[69] está sendo ali praticado ou na iminência de o ser.[70-70-A]
>
> § 4.º A expressão "casa" compreende:[71]
>
> I – qualquer compartimento habitado;[72]
>
> II – aposento ocupado de habitação coletiva;[73]
>
> III – compartimento não aberto ao público, onde alguém exerce profissão ou atividade.[74]
>
> § 5.º Não se compreendem na expressão "casa":

> I – hospedaria, estalagem ou qualquer outra habitação coletiva, enquanto aberta, salvo a restrição do n. II do parágrafo anterior;[75]
>
> II – taverna, casa de jogo e outras do mesmo gênero.[76]

**48. Análise do núcleo do tipo:** *entrar* significa a ação de ir de fora para dentro, de penetração, enquanto *permanecer* implica inação, ou seja, deixar de sair, fixando-se no lugar. Para a configuração do delito de invasão de domicílio admite-se tanto a ação de ingresso no lar alheio, quanto a omissão de deixar de sair da casa estranha.

**49. Três modalidades de invasão:** ao fazer referência à *clandestinidade, astúcia* ou *ausência de vontade da vítima*, o tipo penal quer demonstrar o seguinte: a) invadir o domicílio de maneira clandestina significa fazê-lo às ocultas, sem se deixar notar; justamente por isso está-se pressupondo ser contra a vontade de quem de direito; b) invadir o domicílio de modo astucioso significa agir fraudulentamente, criando um subterfúgio para ingressar no lar alheio de má-fé, o que também pressupõe ausência de consentimento; c) contra a vontade de quem de direito: essa é a forma geral, que pode dar-se às claras ou de qualquer outro modo, logicamente abrangendo as maneiras clandestina e astuciosa. A vontade, no entanto, pode ser expressa (manifestada claramente) ou tácita (exposta de maneira implícita, mas compreensível). Exemplo deste último é o consentimento tácito que o hóspede dá à camareira para ingressar no quarto por ele ocupado a fim de proceder à limpeza, pelo simples fato de estar num hotel e conhecer as regras que o regem.

**50. Elemento subjetivo:** é o dolo. Não há a forma culposa, tampouco elemento subjetivo específico. Entretanto, deve-se ressaltar que a existência no tipo da expressão "contra a vontade de quem de direito" faz com que o dolo eventual se torne figura incompatível. Não se pode assumir o risco de estar ingressando no lar alheio contra a vontade do morador: ou quem ingressa sabe que não pode fazê-lo ou tem dúvida, o que é suficiente para afastar o dolo. Na jurisprudência: STJ: "2. A finalidade do tipo penal do art. 150 – CP ('Violação de domicílio') não é a proteção do patrimônio, senão a proteção da liberdade e da tranquilidade doméstica. Ao morador, ocupante *more domestico*, seja a que título for – proprietário, locatário, possuidor, hóspede etc. – é que cabe a faculdade de repelir ou admitir os estranhos, até mesmo contra o proprietário (Hungria)" (AgRg no HC 755.861/SC, 6.ª T., rel. Olindo Menezes (Desembargador convocado do TRF 1.ª Região), 22.11.2022, v.u.).

**51. Sujeitos ativo e passivo:** o sujeito ativo pode ser qualquer pessoa, embora o passivo fique restrito à pessoa que tem direito sobre o lugar invadido. É preciso cautela para interpretar a expressão utilizada no tipo – "quem de direito" –, que envolve a pessoa que tem o poder legal de controlar a entrada e a saída do domicílio. Ficou nítida a intenção do legislador de conferir a apenas determinadas pessoas a possibilidade de manter ou expulsar alguém do domicílio. Assim, quando se está diante de uma família, não são todos os que podem autorizar ou determinar a permanência ou entrada de terceiros no lar, mas somente o casal (pai e mãe) que, em igualdade de condições, administra os interesses familiares. Entretanto, quando se tratar de um aposento coletivo, qualquer um que tenha direito a ali permanecer pode autorizar a entrada de terceiro, desde que respeitada a individualidade dos demais. Se neste local, no entanto, houver um administrador, cabe a este controlar a entrada e a saída de visitantes (é o que pode ocorrer num condomínio, onde vige um regulamento, a ser controlado e fiscalizado pelo síndico, ao menos no que diz respeito às áreas comuns). Em última análise, é natural supor, por exemplo, que um filho possa permitir o ingresso de alguém do seu interesse no lar comum da família, embora, se a pessoa for inconveniente, possa ser expulsa pelo pai ou pela mãe, ainda que a contragosto do filho. Há de prevalecer, no contexto do domicílio, certa relação de mando legal, vale dizer, abrigado pela lei. Do ponto de vista do sujeito ativo do delito, essa relação de mando e subordinação pode ser difícil de ser captada e compreendida, podendo, nesse caso, haver erro de tipo ou de proibição, conforme o caso.

**52. Conceito de casa:** o tipo penal fornece o conceito nos §§ 4.º e 5.º, envolvendo qualquer lugar onde alguém habite, que, em regra, não é um local público. Qualquer habitação merece proteção, mesmo que seja de caráter eventual ou precário, como uma barraca de campista ou um barraco de favela. Cremos que uma casa desabitada não pode ser objeto material do delito, pois é nítida a exigência de que o lugar seja ocupado por alguém. Por outro lado, se o local é ocupado por alguém que, excepcionalmente, está ausente ou viajando, entendemos ser possível a configuração do crime de invasão de domicílio.

**53. Objetos material e jurídico:** o objeto material é o domicílio invadido, que sofre a conduta de penetração ou permanência; o objeto jurídico é a segurança, a intimidade e a vida privada conferidas pelo domicílio, como refúgio, ao indivíduo.

**54. Classificação:** trata-se de crime comum (aquele que não demanda sujeito ativo qualificado ou especial); de mera conduta (delito que exige apenas a conduta, sem qualquer resultado naturalístico); de forma livre (podendo ser cometido por qualquer meio eleito pelo agente); comissivo ou omissivo, conforme o caso; instantâneo, na forma "entrar" (cujo resultado se dá de maneira instantânea, não se prolongando no tempo), e permanente, na forma "permanecer" (cujo resultado se prolonga no tempo); unissubjetivo (que pode ser praticado por um só agente); unissubsistente ou plurissubsistente, conforme o caso (um ou vários atos integram a conduta); admite tentativa na forma comissiva.

**55. Tipo qualificado:** estão presentes hipóteses que qualificam o crime, isto é, alteram o mínimo e o máximo no *quantum* abstrato da pena, por implicarem em maior reprovação social da conduta.

**56. Conceito de noite:** é o período que vai do anoitecer ao alvorecer, pouco importando o horário, bastando que o sol se ponha e depois se levante no horizonte. Há maior preocupação do legislador em punir com rigor a violação de domicílio durante a noite, pois é o período no qual se está menos vigilante e em fase de descanso. Além disso, a própria Constituição preleciona que, à noite, o domicílio se torna asilo inviolável até mesmo às ordens judiciais, somente cedendo quando há flagrante delito, desastre ou dever de prestar socorro, hipóteses nitidamente excepcionais. A Lei 13.869/2019 (crimes de abuso de autoridade), no art. 22, § 1.º, III, prevê como delito se a autoridade cumprir mandado de busca e apreensão domiciliar após as 21 horas ou antes das 5 horas, de modo que esse é um período de repouso noturno estabelecido em lei.

**57. Lugar ermo:** é o local afastado de centros habitados, vale dizer, trata-se de um ponto desértico, descampado. Se, excepcionalmente, houver uma casa nesse lugar – o que, por si só, não o torna *habitado* como regra – que for invadida, a pena do agressor será maior, tendo em vista a maior dificuldade de defesa do morador.

**58. Emprego de violência ou arma:** a violência deve ser física e exercida contra a pessoa, não contra a coisa (como arrombamento de portas, janelas etc.). A figura qualificada menciona, em dupla, o emprego de violência ou arma, demonstrando uma referência à pessoa, e não à coisa, pois a arma, no contexto da coisa, não teria sentido. É natural supor que a violência

# Art. 150

física contra a pessoa e o uso de qualquer tipo de arma (próprias – armas de fogo, punhais, entre outras – ou impróprias – facas de cozinha, canivetes, pedaços de pau, entre outros) cause maior intimidação e perigo para a vítima, merecendo maior rigor punitivo. De fato, tem razão Delmanto quando diz que interpretação contrária a essa seria um contrassenso: "A entrada em domicílio forçando a fechadura (violência contra a coisa) qualificaria o comportamento, mas a mesma entrada mediante a ameaça de jogar o proprietário pela janela do sexto andar para baixo (grave ameaça) não tornaria qualificada a conduta" (*Código Penal comentado*, 5. ed., p. 299). Reconhece-se, entretanto, que há posição acolhendo a possibilidade de violência também contra a coisa.

**59. Concurso de duas ou mais pessoas:** a atuação conjunta de duas ou mais pessoas torna mais dificultosa a defesa da vítima para impedir a entrada ou a permanência em seu domicílio, de forma que há maior rigor punitivo.

**60. Punição dupla quando houver violência:** determina a lei que, havendo violência, deve o agente responder não somente pelo delito de invasão de domicílio qualificada, mas também pelo crime que resultou da sua conduta violenta. Não se trata de subsidiariedade, pois, se assim fosse, havendo violência, punir-se-ia somente esta, absorvendo-se o crime do art. 150. Mais uma vez, ousamos insistir que a violência é física e contra a pessoa, o que mostra bom senso do legislador em punir a invasão, acrescida do delito contra a pessoa.

**61 a 66.** Notas referentes ao § 2.º, revogado.

**67. Causa excludente de ilicitude:** trata-se de uma excludente de antijuridicidade específica, embora desnecessária. O que está mencionado neste parágrafo já está abrangido pelo art. 23, III, primeira parte, do Código Penal (estrito cumprimento do dever legal) e pela própria Constituição Federal (art. 5.º, XI), autorizando o ingresso, sem o consentimento do morador, para efetuar prisão em flagrante (dever das autoridades) ou para acudir desastre ou prestar socorro (dever das autoridades, também).

**68. Formalidades legais para efetuar uma prisão:** ver art. 293, CPP: "Se o executor do mandado verificar, com segurança, que o réu entrou ou se encontra em alguma casa, o morador será intimado a entregá-lo, à vista da ordem de prisão. Se não for obedecido ime-diatamente, o executor convocará duas testemunhas e, *sendo dia*, entrará à força na casa, arrombando as portas, se preciso; *sendo noite*, o executor, depois da intimação ao morador, se não for atendido, fará guardar todas as saídas, tornando a casa incomunicável, e, logo que amanheça, arrombará as portas e efetuará a prisão. Parágrafo único. O morador que se recusar a entregar o réu oculto em sua casa será levado à presença da autoridade, para que se proceda contra ele como for de direito" (grifamos). A norma processual está em sintonia com o art. 5.º, XI, da Constituição Federal.

**69. Abrangência do termo crime:** tratando-se de tipo penal permissivo entendemos caber, onde se lê "crime", também o concurso da "contravenção penal". A meta da lei, ao referir--se à palavra "crime", foi cuidar do injusto penal – fato típico e antijurídico – ou, na linguagem da doutrina tradicional, do delito *objetivamente* considerado – fato típico e antijurídico –, incluindo-se nitidamente a contravenção penal, que é apenas um "crime de menor gravidade", mas também uma infração penal, portanto, um injusto.

**70. Ingresso autorizado por flagrante delito:** é preciso cautela na aplicação desta excludente de ilicitude, porque, aparentemente, estaria *derrogada* pela Constituição Federal. O art. 5.º, XI, é expresso ao autorizar o ingresso na casa de alguém, durante a noite, somente quando houver *flagrante delito*, o que não estaria abrangendo a hipótese de *iminência de cometimento de crime*. As hipóteses de flagrante são claras: estar cometendo a infração penal; ter acabado de cometê-la; ser perseguido, logo após o cometimento do crime, pela autoridade, em situação de presunção de autoria; ser encontrado logo depois do cometimento do delito com instrumentos, armas, objetos ou papéis que façam presumir a autoria (art. 302, CPP). Logo, não se pode invadir o domicílio de alguém, à noite, para impedir um crime que está *prestes a ocorrer*. Entretanto, se houver vítima individualizada – o que pode não ocorrer em todos os tipos de delito (vide o caso dos crimes vagos) –, necessitando ela de socorro, pode valer-se o agente do dispositivo, quando invadir o domicílio a fim de *prestar socorro*, inserindo-se, portanto, na norma constitucional (art. 5.º, XI, que menciona a situação de "prestar socorro"). Fora dessa hipótese, é de se entender revogada a parte final do inciso II do § 3.º.

**70-A. Crime permanente:** como regra, nos casos de crimes permanentes – aqueles cuja consumação se protrai no tempo –, como, por exemplo, o tráfico ilícito de drogas ou o porte ilegal de arma, a entrada de agentes estatais no domicílio alheio, de dia ou de noite, está autorizada. Afinal, um crime está ocorrendo naquele momento, diante da permanência do *estado de consumação*. Entretanto, o STF já entendeu que é preciso um mínimo de provas, a ser conferido posteriormente pelo Judiciário, quando for o caso, para que essa entrada seja lícita. O ingresso forçado, durante a noite especialmente, seguido do encontro fortuito de drogas ou armas, não autoriza a invasão.

**71. Norma penal explicativa:** o legislador penal, por vezes, lança mão de normas penais que têm por finalidade interpretar ou explicitar o conteúdo de outras, a fim de evitar divergências na doutrina e na jurisprudência, que certamente iriam surgir mais amiúde sem a explicação lançada na lei. O mesmo foi feito, por exemplo, no caso da definição do funcionário público (art. 327). "Conclui-se, portanto, que a proteção constitucional, no tocante à casa, independentemente de seu formato e localização, de se tratar de bem móvel ou imóvel, pressupõe que o indivíduo a utilize para fins de habitação, moradia, ainda que de forma transitória, pois tutela-se o bem jurídico da intimidade da vida privada" (HC 588.445-SC, 5.ª T., rel. Reynaldo Soares da Fonseca, 25.08.2020, v.u.).

**72. Compartimento habitado:** qualquer lugar, sujeito à ocupação do ser humano, é, em regra, passível de divisão. O resultado dessa divisão é o compartimento. Portanto, compartimento habitado é o local específico de um contexto maior, devidamente ocupado por alguém para morar, viver ou usar. Assim, o quarto de um hotel é um compartimento habitado, como também o é o pequeno barraco construído na favela. Vide, também, a nota 73 *infra*.

**73. Aposento ocupado de habitação coletiva:** em que pese alguns acreditarem ser redundante este dispositivo, a lei penal tem por meta, em várias oportunidades, ser o mais clara possível. A fim de evitar qualquer tipo de malícia na interpretação do inciso anterior (qualquer compartimento habitado), dando a entender tratar-se de compartimento particular, quis o legislador demonstrar que também gozam de proteção os compartimentos de habitação coletiva (hotéis, motéis, flats, pensões, "repúblicas" etc.) que estejam ocupados por alguém. Assim, um quarto vazio de hotel pode ser invadido, pois é parte de habitação coletiva não ocupado, mas o crime existe quando o aposento estiver destinado a um hóspede.

**74. Compartimento fechado ao público, onde alguém exerce profissão ou atividade:** supõe-se, de início, que o compartimento faz parte de um lugar público ou possua uma parte conjugada que seja aberta ao público, já que existe expressa menção a ser o local específico "não aberto ao público". Nesse caso, se alguém ali exerce profissão ou atividade, é

# Art. 150

Código Penal Comentado • **Nucci**

754

natural considerar-se seu domicílio. Ex.: pode ser o camarim do artista no teatro, o escritório do advogado, o consultório do médico e até o quarto da prostituta num prostíbulo. Observe--se, ainda, que o quintal de uma casa ou a garagem externa da habitação, quando devidamente cercados, fazem parte do conceito de domicílio, penalmente protegido.

**75. Hospedaria, estalagem ou outra habitação coletiva:** as habitações coletivas, aber-tas ao público, não gozam da proteção do art. 150, pois admitem a entrada e a permanência de variadas pessoas, sem necessidade de prévia autorização. Os termos são antiquados, embora possuam correspondentes na atualidade. Hospedaria é o local destinado a receber hóspedes que, pagando uma remuneração, têm o direito de ali permanecer por um tempo predetermi-nado – é o que hoje se conhece por hotel, motel ou flat. Assim, o ingresso no saguão de um hotel não depende de autorização, pois local aberto ao público, não se constituindo objeto da proteção penal. Estalagem é também lugar para o recebimento de hóspedes, mediante remuneração, embora em menor proporção do que a hospedaria, além de permitir a junção ao fornecimento de refeições. É o que, atualmente, se conhece por pensão, onde há quartos e refeições. A generalização que vem a seguir – "qualquer outra habitação coletiva" – significa qualquer outro lugar coletivo, aberto ao público, incluindo-se as áreas de lazer dos hotéis e motéis, *campings* (não incluídas as barracas), parques etc. Note-se que existe especial ressalva, para não parecer contraditório, do disposto no inciso II do parágrafo anterior, que menciona ser protegido o "aposento ocupado de habitação coletiva". Ver a nota 73 *supra*.

**76. Taverna, casa de jogo e outras:** da mesma forma que já comentamos no item anterior, esses lugares são tipicamente abertos ao público. Taverna é um termo antiquado que significa o lugar onde são servidas e vendidas bebidas e refeições. São os bares e restaurantes da atualidade. As casas de jogo são, normalmente, proibidas, pois não se aceitam cassinos no Brasil. Eventualmente, pode-se falar em fliperamas, que são jogos permitidos, mas não gozam da proteção penal de domicílio, pois são locais abertos ao público. A generalização se dá em torno dos demais lugares de diversão pública, tais como teatros, cinemas etc.

## Seção III
### Dos crimes contra a inviolabilidade de correspondência[77-78]

**77. Proteção constitucional:** o art. 5.º, XII, da Constituição Federal preceitua que "é inviolável o sigilo da correspondência e das comunicações telegráficas, de dados e das comu-nicações telefônicas, salvo, no último caso, por ordem judicial, nas hipóteses e na forma que a lei estabelecer para fins de investigação criminal ou instrução processual penal".

**78. Caráter relativo da proteção constitucional:** pela redação do art. 5.º, XII, da Cons-tituição, chega-se, num primeiro instante, à conclusão de que o sigilo da correspondência é assegurando de modo absoluto, pois não há, no dispositivo constitucional, qualquer exceção. Ocorre que, como vem sendo defendido por grande parte da doutrina nacional, bem como pela jurisprudência, não há direitos absolutos, ainda que constitucionalmente previstos. Deve haver plena harmonia entre direitos e garantias fundamentais, a fim de que um não sobre-puje outro. Assim, sustentamos, na esteira das lições de Ada Pellegrini Grinover, Alexandre de Moraes, Luiz Alberto David Araújo, Vidal Serrano Nunes Júnior e outros, que nenhuma liberdade pública é absoluta, devendo ceder em face do princípio da convivência das liberdades, nenhuma delas podendo lesar a ordem pública ou as liberdades alheias. Assim, quando a lei ordinária estabelecer proteção a determinados direitos, que também possuem fundamento constitucional (como vida, segurança, propriedade, entre outros), deve-se considerar possível a violação da correspondência. Não se poderia conceber, num Estado Democrático de Direito,

## Título I – Dos crimes contra a pessoa · Art. 151

que um criminoso utilizasse, como manto protetor, para a prática de seus delitos, o art. 5.º, XII, da Constituição Federal. Seria esdrúxulo o ordenamento jurídico que desse proteção ao crime em detrimento da segurança e da paz públicas. Por isso, a correspondência de um preso, por exemplo, pode ser devassada, se for imprescindível à segurança do estabelecimento penal ou para evitar o cometimento de delitos (*v.g.*, tráfico de entorpecentes através do envio de correspondência). Nesse prisma: STF: "Carta de presidiário interceptada pela administração penitenciária – Possibilidade excepcional e desde que respeitada a norma do art. 41, parágrafo único, da Lei 7.210/84 – Inviolabilidade do sigilo epistolar não pode constituir instrumento de salvaguarda de práticas ilícitas" (HC 70.814-5-SP, 1.ª T., rel. Celso de Mello, 01.03.1994, v.u., *DJ* 24.06.1994, *RT* 709/418; embora antigo, o julgado serve de paradigma para inúmeras decisões posteriores).

### Violação de correspondência[79]

> **Art. 151.** Devassar[80-84] indevidamente[85-87] o conteúdo de correspondência fechada,[88] dirigida a outrem:[89-90]
>
> Pena – detenção, de 1 (um) a 6 (seis) meses, ou multa.[91]

### Sonegação ou destruição de correspondência[92]

> § 1.º Na mesma pena incorre:
>
> I – quem se apossa[93-94] indevidamente[95-96] de correspondência alheia, embora não fechada[97] e, no todo ou em parte, a sonega ou destrói;[98-101]

### Violação de comunicação telegráfica, radioelétrica ou telefônica[102]

> II – quem[103] indevidamente[104] divulga, transmite a outrem ou utiliza abusivamente[105-106] comunicação telegráfica[107] ou radioelétrica[108] dirigida a terceiro,[109] ou conversação telefônica entre outras pessoas;[110-111]
>
> III – quem impede[112] a comunicação ou a conversação referidas no número anterior;[113]
>
> IV – quem instala ou utiliza[114] estação ou aparelho radioelétrico, sem observância de disposição legal.
>
> § 2.º As penas aumentam-se de metade, se há dano para outrem.[115]
>
> § 3.º Se o agente comete o crime, com abuso de função em serviço postal, telegráfico, radioelétrico ou telefônico:[116]
>
> Pena – detenção, de 1 (um) a 3 (três) anos.
>
> § 4.º Somente se procede mediante representação, salvo nos casos do § 1.º, IV, e do § 3.º.[117]

**79. Derrogação do art. 151:** as figuras típicas previstas no *caput* e no § 1.º foram substituídas pela lei que rege os serviços postais – especial e mais nova –, o que se pode constatar pela leitura do art. 40: "Devassar indevidamente o conteúdo de correspondência fechada dirigida a outrem: Pena – detenção, até 6 (seis) meses, ou pagamento não excedente a 20 (vinte) dias-

# Art. 151

Código Penal Comentado · **Nucci**

-multa. § 1.º Incorre nas mesmas penas quem se apossa indevidamente de correspondência alheia, embora não fechada, para sonegá-la ou destruí-la, no todo ou em parte. § 2.º As penas aumentam-se da metade se há dano para outrem". Tendo em vista que os tipos penais são praticamente idênticos, os comentários feitos neste Código servem para a Lei 6.538/1978, que passou a cuidar do delito de violação de correspondência.

**80. Análise do núcleo do tipo:** *devassar* significa penetrar e descobrir o conteúdo de algo, é ter vista do que está vedado. Portanto, a conduta proibida pelo tipo penal é descortinar, sem autorização legal, o conteúdo de uma correspondência, que é declarada inviolável por norma constitucional. Não significa necessariamente, embora seja o usual, abri-la, podendo-se violar o seu conteúdo por outros métodos, até singelos, como colocar a missiva contra a luz.

**81. Sujeitos ativo e passivo:** o sujeito ativo pode ser qualquer pessoa (inclusive o cego, desde que *tome conhecimento* do conteúdo da correspondência de algum modo); o passivo, no entanto, é de dupla subjetividade, necessitando ser o remetente e o destinatário da correspondência. Faltando um deles, ou seja, se um dos dois autorizar a violação, não pode haver crime. Não teria cabimento punir o agente que tomou conhecimento do conteúdo de uma carta devidamente autorizado pelo destinatário, por exemplo.

**82. Falecimento do remetente ou do destinatário:** o falecimento do remetente ou do destinatário, em tese, não exclui o delito, embora haja possibilidade legal de se devassar o conteúdo após a morte de um deles. Caso o remetente ainda não tenha colocado a carta no correio – o que a torna de sua propriedade exclusiva –, ocorrendo sua morte, os herdeiros têm direito de tomar conhecimento do conteúdo da correspondência, que agora lhes pertence. O mesmo ocorre com o destinatário que morre antes da carta chegar às suas mãos. Os herdeiros poderão devassar o seu conteúdo, pois não teria cabimento exigir que a correspondência fosse destruída como se não tivesse existido, já que ela pode conter material de interesse de todos. O morto não é sujeito de direitos, de forma que o sigilo, para ele, terminou com a morte. Dir-se-ia que a correspondência também interessa a quem a remeteu, ainda vivo, por exemplo. Ocorre que é humanamente impossível diferençar uma carta de conteúdo particular, sem interesse para o espólio, daquela que contém dados indispensáveis para a localização de bens ou para o pagamento de dívidas. Por isso, ao enviar a carta, se puder ser interceptada pelo remetente a tempo, a correspondência lhe pertence, mas, se já chegou ao destino, passa a ser propriedade do destinatário que, estando morto, transmite seus valores aos herdeiros. Terceiros, no entanto, podem praticar o crime, caso não sejam os herdeiros legais e devassem a correspondência do falecido.

**83. Marido e mulher:** é difícil e complexa a questão da violação de correspondência praticada pelo marido com relação à mulher ou vice-versa. Há franca divergência doutrinária e jurisprudencial. Preferimos, no entanto, a posição daqueles que sustentam a licitude da conduta, pois o casamento traz para o casal direitos e deveres incompatíveis com o estado de solteiro, situação de maior isolamento e privacidade do ser humano. É preciso considerar que determinadas regras, válidas para quem cuida da própria vida, sem dever satisfação a ninguém, não são aplicáveis para a vida em comum fixada pelo matrimônio. Não é cabível sustentar uma inviolabilidade total da correspondência, pois há situações que não podem aguardar, como o retorno de uma viagem, por exemplo. O casal pode receber, diariamente, correspondências que representem contas a pagar, carnês de colégios, lojas ou assemelhados, comunicações importantes referentes à vida doméstica e social, convites de toda ordem, enfim, um universo de cartas ou telegramas que interessam, quase sempre, a ambos. É verdade que, em situações normais, ou seja, estando ambos presentes, a ética e a moral impõem o respeito à individualidade alheia, de modo que cada um deve abster-se de tomar conhecimento da correspondência do outro, por mais *comercial* que ela seja. Mas, não estando presente o cônjuge, por razões variadas (viagens, hospitalizações, entre outros motivos), entendemos possível a violação da correspondência, levando-se em conta o que a vida em comum necessariamente impõe (e nem se diga que, nesse caso, haveria estado de necessidade, pois pode não ser a hipótese fática). É, sim, um exercício regular de direito. Como colocada a excludente no tipo penal, através do elemento normativo "indevidamente", caso a violação seja lícita, a conduta é atípica. Defendemos, ainda, que a constante violação da correspondência de um cônjuge pelo outro, sem razão plausível, pode até constituir motivo para a separação, pois não é conduta regular, moralmente aceitável, a menos que conte com a expressa concordância de ambos, embora não se possa falar em crime. Seria paradoxal a conduta do cônjuge que, por exemplo, se abstivesse de abrir a correspondência do outro, em viagem de negócios, deixando vencer contas, sem o devido pagamento, ou provocando o perecimento de algum direito, esperando o seu retorno.

**84. Correspondência destinada a filhos:** logicamente, se os filhos forem maiores, civilmente capazes, ainda morando com os pais, não há o menor cabimento em sustentar a possibilidade de violação da correspondência a eles destinada. Entretanto, o filho menor que, de algum modo, ainda depende dos pais pode ter a sua correspondência por eles violada. Trata-se de uma decorrência natural do poder familiar – exercício regular de direito. Embora defendamos que os pais não devem fazê-lo, sem que exista um motivo muito sério e justo – como o envolvimento dos filhos menores com drogas ou com a criminalidade –, consistindo atitude antiética devassar a correspondência gratuitamente, cremos não existir crime (não se trata de violação *indevida*).

**85. Indevidamente:** trata-se de elemento normativo do tipo, que alguns costumavam considerar como o elemento subjetivo do ilícito, pois se trata de uma antecipação do juízo de antijuridicidade para dentro do tipo penal. Logicamente, se o conhecimento do conteúdo de uma correspondência for precedido de autorização do destinatário, por exemplo, deixa de ser *indevido*, razão pela qual não está preenchida a figura típica. O que a lei protege é o *sigilo* da correspondência, e não a mera devassa da correspondência. Se não há sigilo aplicável, a violação pode ser considerada devida ou lícita.

**86. Excludentes de ilicitude específicas:** a Lei 6.538/1978, no art. 10, preceitua: "Não constitui violação de sigilo da correspondência postal a abertura de carta: I – endereçada a homônimo, no mesmo endereço; II – que apresente indícios de conter objeto sujeito a pagamento de tributos; III – que apresente indícios de conter valor não declarado, objeto ou substância de expedição, uso ou entrega proibidos; IV – que deva ser inutilizada, na forma prevista em regulamento, em virtude de impossibilidade de sua entrega e restituição. Parágrafo único. Nos casos dos incisos II e III a abertura será feita obrigatoriamente na presença do remetente ou do destinatário". Cremos dispensável tal dispositivo legal. A primeira hipótese pode perfeitamente encaixar-se no art. 20 (erro de tipo). Se o homônimo crê ser sua a correspondência, abrindo-a, incide no erro de tipo: exclui-se o dolo e não há crime (somente há a punição por dolo, não se admitindo a forma culposa). Se tiver certeza de que não é sua, é óbvio tratar-se de delito configurado, não se podendo considerar válida a hipótese do inciso I, pois seria privilegiar a iniquidade. Os demais casos são formas do exercício regular de direito ou do estrito cumprimento de dever legal, de modo que já previstos no Código Penal.

**87. Elemento subjetivo do tipo:** é o dolo. Não há a forma culposa, nem se exige elemento subjetivo específico.

# Art. 151

Código Penal Comentado · **Nucci**

**88. Correspondência fechada:** não goza da proteção penal a correspondência aberta, deixada ao acesso de terceiros. Embora antiética a conduta de quem toma conhecimento, sem autorização, de correspondência alheia, ainda que aberta, não se pode considerar fato típico, diante da nítida disposição da norma. É o que ocorre, também, com muitos envelopes que contêm a expressão "este envelope pode ser aberto pela Empresa de Correios e Telégrafos", mostrando a renúncia do remetente ao sigilo do material que está enviando.

**89. Objetos material e jurídico:** o objeto material é a correspondência que foi violada, não se exigindo que seja redigida em português. É preciso, entretanto, que se trate de idioma conhecido, pois, se for escrita em códigos indecifráveis, trata-se de crime impossível, por absoluta impropriedade do objeto. O objeto jurídico é o sigilo da correspondência.

**90. Classificação:** trata-se de crime comum (aquele que não demanda sujeito ativo qualificado ou especial); de mera conduta (delito que não possui um resultado naturalístico, punindo somente a conduta do agente); de forma livre (podendo ser cometido por qualquer meio eleito pelo autor); comissivo ("devassar" implica ação) e, excepcionalmente, comissivo por omissão (omissivo impróprio, ou seja, é a aplicação do art. 13, § 2.º, do Código Penal); instantâneo (cujo resultado se dá de maneira instantânea, não se prolongando no tempo); unissubjetivo (que pode ser praticado por um só agente); plurissubsistente (em regra, vários atos integram a conduta); admite tentativa.

**91. Pena atualizada pela nova lei:** como mencionado, a Lei 6.538/1978 alterou o disposto no art. 151, passando a prever uma pena de detenção de *até 6 meses* ou o pagamento de multa *não excedente a 20 dias-multa*. Não tendo o legislador fixado na lei especial a pena mínima para o crime, é preciso valer-se da regra geral: as menores penas possíveis no Código Penal são um dia de detenção ou de reclusão (art. 11, CP) e 10 dias-multa, quando se tratar de pena pecuniária (art. 49, CP).

**92. Análise do tipo equiparado:** também é uma forma de praticar crime contra a inviolabilidade da correspondência quem sonega – oculta ou esconde – ou destrói – faz desaparecer ou elimina – a correspondência alheia.

**93. Análise do núcleo do tipo:** *apossar* significa apoderar-se, tomar posse. Portanto, caso o agente tome da vítima a sua correspondência, ainda que aberta, para o fim de ocultá-la ou destruí-la, está cometendo o crime.

**94. Sujeitos ativo e passivo:** o ativo pode ser qualquer pessoa, enquanto no polo passivo há dupla subjetividade: remetente e destinatário. Entendemos, no entanto, que, estando a correspondência em poder exclusivo do destinatário, que já a recebeu e leu, é apenas ele o sujeito passivo. Somente em trânsito é que há dois sujeitos passivos.

**95. Elementos normativos do tipo:** mais uma vez surge o termo "indevidamente", que demonstra ser possível haver modos de apossamento lícitos. Ex.: o pai que destrói a correspondência dirigida ao filho menor, contendo o planejamento de um crime.

**96. Elemento subjetivo:** é o dolo, acrescido, no entanto, da finalidade específica de "sonegar" ou "destruir" a correspondência (elemento subjetivo do tipo específico). Não há a forma culposa.

**97. Correspondência aberta ou fechada:** neste caso, porque se trata de ocultação ou destruição, a correspondência pode estar fechada ou aberta.

**98. Substituição pela Lei 6.538/1978:** o inciso I do § 1.º do art. 151 foi substituído pelo § 1.º do art. 40 da Lei 6.538/1978.

**99. Objetos material e jurídico:** o objeto material é a correspondência extraviada do seu legítimo possuidor; o objeto jurídico é a inviolabilidade de correspondência, nesse sentido interpretada como a possibilidade de ser preservada até quando queira o seu legítimo detentor e na esfera de disponibilidade dele.

**100. Classificação:** trata-se de crime comum (aquele que não demanda sujeito ativo qualificado ou especial); formal (delito que pode ter resultado naturalístico, embora não seja exigível para a sua configuração); de forma livre (podendo ser cometido por qualquer meio eleito pelo agente); comissivo ("apossar" implica ação) e, excepcionalmente, comissivo por omissão (omissivo impróprio, ou seja, é a aplicação do art. 13, § 2.º, do Código Penal); instantâneo (cujo resultado se dá de maneira instantânea, não se prolongando no tempo); unissubjetivo (que pode ser praticado por um só agente); plurissubsistente (em regra, vários atos integram a conduta); admite tentativa.

**101. Competência:** é da Justiça Federal, quando a violação ou apossamento tiver ocorrido enquanto a carta estava em trânsito, portanto valendo-se do serviço postal; quando já estivesse na posse exclusiva do remetente ou do destinatário, é da Justiça Estadual.

**102. Derrogação do inciso II e revogação do inciso IV do § 1.º do art. 151:** a parte final do inciso II não foi revogada pela Lei 9.296/1996, que disciplinou a interceptação telefônica e criou um tipo incriminador específico para a violação do sigilo telefônico. Preferimos seguir, nesse prisma, o magistério de MIRABETE, que entende ainda viger o inciso II do § 1.º do art. 151, para aplicação ao terceiro que não participou na interceptação telefônica, mas divulgou-a a outras pessoas (*Código Penal interpretado*, p. 866). É verdade que, se o terceiro auxiliar na interceptação indevida, será partícipe do crime previsto no art. 10 da Lei 9.296/1996. Mas, tomando contato com gravação feita por quem nem mesmo conhece, percebendo tratar-se de material confidencial, embora não abrangido por segredo de justiça, ao divulgá-lo, incide no tipo penal deste artigo: "quem indevidamente divulga (...) conversação telefônica entre outras pessoas". Por outro lado, a parte relativa às comunicações telegráficas e radioelétricas possui dupla previsão legal: quando a violação for realizada por pessoas comuns, incide o Código Penal; mas quando for feita por funcionário do governo encarregado da transmissão da mensagem, aplica-se o Código Brasileiro de Telecomunicações (Lei 4.117/1962, art. 56). Nesse ponto, acertada a lição de DELMANTO, quando menciona o art. 58 da referida Lei (a pena aplicada é de um a dois anos de detenção ou perda do cargo ou emprego, com afastamento imediato do acusado até final decisão) como subsídio para a compreensão de que a referida lei especial somente se aplica aos crimes funcionais (*Código Penal comentado*, p. 303). Finalmente, o inciso IV foi integralmente substituído pelo art. 70 da Lei 4.117/1962.

**103. Sujeitos ativo e passivo:** o sujeito ativo pode ser qualquer pessoa; o sujeito passivo é de dupla subjetividade, pois envolve o remetente e o destinatário da mensagem telegráfica ou radioelétrica.

**104. Elemento normativo do tipo:** a palavra *indevidamente* está demonstrando, como uma antecipação do juízo do ilícito trazida para o tipo penal, que divulgações ou transmissões podem ser feitas, desde que *devidamente* autorizadas em lei.

**105. Análise do núcleo do tipo:** *divulgar* significa tornar público, dar conhecimento a terceiro; *transmitir* quer dizer enviar de um lugar a outro e *utilizar* significa aproveitar-se, fazer

# Art. 151

Código Penal Comentado · **Nucci**

760

uso. A lei veda que qualquer pessoa torne conhecido o conteúdo de uma mensagem telegráfica ou radioelétrica dirigida de "A" para "B". Assegura-se, também nesse contexto, o sigilo das comunicações. Por outro lado, é vedado, ainda, o envio da mensagem a um terceiro que não o destinatário original. A divulgação é tornar conhecido o teor da mensagem, ou seja, pode representar a conduta de quem toma a mensagem que chegou para "B" e, ao invés de entregá-la ao destinatário, torna-a conhecida de outras pessoas; a transmissão, por seu turno, representa o ato de enviar a mensagem a destinatário diverso do desejado por "A". Finalmente, na forma genérica, o tipo penal prevê a utilização abusiva da comunicação telegráfica ou radioelétrica, demonstrando que fazer uso da mensagem entre "A" e "B", para qualquer fim indevido, ainda que não haja divulgação ou transmissão, também é crime. A despeito de o termo *abusivamente* circunscrever-se à utilização da mensagem, cremos que foi um cuidado exagerado do legislador inseri-lo no tipo penal, tendo em vista que a utilização indevida é também abusiva. O elemento normativo do tipo – *indevidamente* – já seria suficiente. A utilização da mensagem pode ser feita sem abuso pelo funcionário encarregado de transmiti-la, que toma conhecimento do seu conteúdo, mas não o divulga, nem o transmite a terceiro. Entretanto, caso esse sujeito tome nota da mensagem para utilização posterior, ainda que para fins particulares, *abusará* do uso permitido e cometerá o delito.

**106. Elemento subjetivo:** é o dolo, não havendo a forma culposa. Não se exige elemento subjetivo específico. Na realidade, o termo "abusivamente" é apenas um elemento normativo do tipo, que depende, do mesmo modo que "indevidamente", da valoração jurídica a ser dada pelo juiz. Enquanto "abusivamente" quer dizer de maneira inconveniente, exagerada, descomedida e, portanto, ilícita; "indevidamente" significa, também, um modo inconveniente, impróprio e incorreto, consequentemente, ilícito. Ora, o abuso de direito é ilícito, tanto quanto o uso indevido. Por isso, se o legislador inseriu no tipo um elemento pertinente à ilicitude, cremos tê-lo transformado em elemento normativo, e não subjetivo do tipo. O dolo é suficiente para abranger o abuso havido, vale dizer, a utilização indevida ou inconveniente da mensagem. Aliás, é justamente por isso que consideramos excessiva a colocação dúplice dos termos "indevidamente" e "abusivamente". Poderia o agente fazer uso indevido e não abusivo? Se isso ocorresse, seria crime? Aceitando-se que os termos são diferenciados, um é objetivo e outro é subjetivo, a resposta deveria ser sim à primeira alternativa e não à segunda, o que não nos parece correto. Se alguém faz uso indevido de mensagem alheia está, automaticamente, abusando, o que é crime. Por outro lado, poder-se-á sustentar que a palavra "indevidamente" refere-se apenas aos verbos "divulgar" e "transmitir", enquanto o termo "abusivamente" seria pertinente à utilização. Em primeiro lugar, a redação do artigo assim não demonstra. Fala-se no sujeito que, indevidamente, comete três condutas alternativas: divulgar, transmitir *ou* utilizar. Portanto, o elemento normativo "indevido" há de valer para todas. E se assim é, não há necessidade de se reiterar a ilicitude da ação através do emprego do termo "abusivamente". Em segundo plano, ainda que se separem os termos, reservando-se o *indevido* para a divulgação e para a transmissão e o *abuso* para a utilização, cremos tratar-se de elemento normativo. Abusar, como já mencionado, é usar de modo inconveniente, impróprio e exorbitante, mas não uma finalidade em si mesma. Se fosse um elemento subjetivo específico, haveríamos de sustentar que alguém utiliza a mensagem alheia com a finalidade especial de abusar do uso, o que não nos parece correto. Quem usa a mensagem para fins diversos (quaisquer que sejam eles) do que seria conveniente e próprio (enviá-la ao destinatário) está *abusando*, o que é uma situação objetiva e indevida. Aliás, como exemplo de lei melhor redigida podemos citar o art. 56 da Lei 4.117/1962 (Código Brasileiro de Telecomunicações) que prevê: "Pratica crime de violação de telecomunicação quem, *transgredindo lei ou regulamento*, exiba autógrafo ou qualquer documento do arquivo, divulgue ou comunique, informe ou capte, transmita a outrem ou utilize o conteúdo, resumo, significado, interpretação, indicação ou efeito de qualquer comunicação dirigida a terceiro. § 1.º Pratica, também, crime de violação de telecomunicações quem *ilegalmente* receber, divulgar ou utilizar, telecomunicação interceptada. § 2.º Somente os serviços fiscais das estações e postos oficiais poderão interceptar telecomunicação" (grifamos). Note--se que a "divulgação", a "transmissão" e a "utilização" são equiparadas para o fim de punição, incidindo sobre essas condutas um único elemento normativo: no *caput* lê-se "transgredindo lei ou regulamento"; no § 1.º lê-se "ilegalmente", o que é correto, uma vez que o indevido e ilegal é também abusivo.

**107. Comunicação telegráfica:** é a transmissão de mensagens entre dois pontos distantes realizada através de um sistema de sinais e códigos, valendo-se de fios.

**108. Comunicação radioelétrica:** é a transmissão de mensagens entre dois pontos distantes realizada através de um sistema de ondas, que dispensa a utilização de fios.

**109. Classificação:** trata-se de crime comum (aquele que não demanda sujeito ativo qualificado ou especial); formal (delito que pode ou não ter resultado naturalístico), nas modalidades "divulgar", "transmitir" e "utilizar"; de mera conduta (delito que pune somente a conduta, não havendo resultado naturalístico), na situação de "interceptar"; de forma livre (podendo ser cometido por qualquer meio eleito pelo agente); comissivo (implica ação) e, excepcionalmente, comissivo por omissão (omissivo impróprio, ou seja, é a aplicação do art. 13, § 2.º, do Código Penal); instantâneo (cujo resultado se dá de maneira instantânea, não se prolongando no tempo); unissubjetivo (que pode ser praticado por um só agente); plurissubsistente (em regra, vários atos integram a conduta de violar); admite tentativa.

**110. Conversação telefônica:** o art. 5.º, XII, da Constituição, na parte final, autoriza que, por ordem judicial, seja quebrado o sigilo da comunicação telefônica entre pessoas, desde que seja respeitada a forma legal e para fins de investigação criminal ou instrução processual penal. A norma que cuida do assunto é a Lei 9.296/1996, prevendo o procedimento para que tal violação do sigilo telefônico seja realizada. A figura típica que incrimina a violação indevida está prevista no art. 10 da referida Lei. Note-se que a simples interceptação das comunicações telefônicas, abrangendo aquelas que são efetivadas por intermédio do uso integrado do computador e do telefone (como acontece quando se utiliza o *modem*), é suficiente para a configuração do delito, sendo desnecessária a divulgação, transmissão ou utilização abusiva da mensagem.

**111. Objetos material e jurídico:** o objeto material é a mensagem divulgada, transmitida ou abusivamente utilizada ou mesmo o aparelho de telefone que é interceptado; o objeto jurídico é a inviolabilidade das comunicações telegráficas, de dados e telefônicas.

**112. Análise do núcleo do tipo:** *impedir* significa colocar obstáculo ou tornar impraticável. Assim, é punido igualmente o sujeito que obstrui a comunicação ou conversação alheia, sem autorização legal.

**113. Semelhança com o inciso anterior:** as demais observações feitas no inciso anterior ficam válidas para este.

**114. Substituição pelo art. 70 da Lei 4.117/1962:** diz a norma do Código Brasileiro de Telecomunicações: "Constitui crime punível com a pena de detenção de 1 (um) a 2 (dois) anos, aumentada da metade se houver dano a terceiro, a instalação ou utilização de telecomunicações, sem observância do disposto nesta Lei e nos regulamentos. Parágrafo único. Precedendo ao processo penal, para os efeitos referidos neste artigo, será liminarmente procedida a busca e

# Art. 152

Código Penal Comentado • **Nucci**

apreensão da estação ou aparelho ilegal". A finalidade do tipo penal é impedir que qualquer pessoa tenha em seu poder um aparelho de telecomunicações clandestino, sem autorização do Estado, o que constitui crime. Ver a disciplina do assunto na Lei 9.472/1997.

**115. Causa de aumento da pena:** deverá ser aumentada da metade a pena do agente, quando o crime provocar dano a outrem. Entenda-se o dano na sua forma ampla: material ou moral. Note-se que a causação de dano é o exaurimento do crime, pois, majoritariamente, é delito formal. Ex.: a divulgação de mensagem telegráfica alheia é conduta delituosa; caso provoque dano (resultado naturalístico), ocorre o esgotamento do crime e há um aumento de pena.

**116. Figura qualificada:** somente é aplicável às hipóteses não revogadas pelo Código Brasileiro de Telecomunicações (Lei 4.117/1962) e pela Lei dos Serviços Postais (Lei 6.538/1978), como já analisado anteriormente. É o caso do inciso III, que continua vigendo. Ressalve-se, no entanto, quando for o caso de aplicação da qualificadora, que o agente precisa exercer alguma função relativa ao serviço postal, telegráfico, radioelétrico ou telefônico, não sendo o caso de se considerar aquele que é empregado de uma agência de correios e telégrafos em atividade totalmente distinta, como é o caso do contador da empresa.

**117. Ação pública incondicionada e condicionada:** somente havendo representação da vítima pode o Ministério Público agir, ingressando com a ação penal, nos casos dos incisos II e III, para os quais ainda se utiliza o Código Penal. Nos casos de crime cometido por quem instala ou utiliza estação ou aparelho radioelétrico, sem observância de disposição legal (§ 1.º, IV, substituído pelo art. 70 da Lei 4.117/1962), ou quando o agente abusa de sua função em serviço postal, telegráfico, radioelétrico ou telefônico (§ 3.º), a ação é pública incondicionada, segundo o próprio Código Penal. Entretanto, as hipóteses do *caput* e do § 1.º, inciso I, substituídos pelo art. 40 da Lei 6.538/1978, tornaram-se de ação pública incondicionada, pois não há, nessa lei, previsão para a representação da vítima. O disposto no art. 45 é mera obrigação do agente postal de comunicar o crime ao Ministério Público Federal (*in verbis*: "A autoridade administrativa, a partir da data em que tiver ciência da prática de crime relacionado com o serviço postal ou com o serviço de telegrama, é obrigada a representar, no prazo de 10 (dez) dias, ao Ministério Público federal contra o autor ou autores do ilícito penal, sob pena de responsabilidade").

### Correspondência comercial[118]

> **Art. 152.** Abusar[119] da condição de sócio ou empregado[120] de estabelecimento comercial ou industrial para, no todo ou em parte, desviar,[121] sonegar,[122] subtrair[123] ou suprimir[124] correspondência, ou revelar[125-125-A] a estranho seu conteúdo:[126-128]
>
> Pena – detenção, de 3 (três) meses a 2 (dois) anos.
>
> **Parágrafo único.** Somente se procede mediante representação.[129]

**118. Conceito de correspondência comercial:** é a troca de cartas, bilhetes e telegramas de natureza mercantil, ou seja, relativa à atividade de comércio (compra, venda ou troca de produtos com intuito negociável). Difere do crime de violação de correspondência, previsto no art. 151, tendo em vista a qualidade do sujeito ativo, mas não há propriamente alteração do objeto jurídico protegido, que continua sendo a inviolabilidade da correspondência, seja esta de que espécie for.

**119. Análise do núcleo do tipo:** *abusar* significa usar de modo inconveniente ou exorbitante, portanto, ilícito. Os sócios ou empregados de uma empresa possuem determinadas regalias, que lhes fornecem acesso a informações e correspondências do estabelecimento comercial ou industrial. Merecedora a pessoa jurídica de proteção legal, tal como o particular, para que suas correspondências não sejam violadas e transmitidas, indevidamente, a estranhos, criou-se este tipo penal.

**120. Sujeitos ativo e passivo:** o sujeito ativo há de ser sócio ou empregado da empresa; o sujeito passivo é a pessoa jurídica que mantém o estabelecimento comercial ou industrial. Ambos são qualificados ou especiais.

**121. Desviar:** significar afastar a correspondência do seu destino original. Se ela se destinava à empresa "X", o agente faz com que chegue à empresa "Y".

**122. Sonegar:** quer dizer ocultar ou esconder, impedindo que a correspondência seja devidamente enviada a quem de direito.

**123. Subtrair:** significa furtar ou fazer desaparecer a correspondência, também retirando a correspondência do lugar onde deveria estar ou para onde deveria ir.

**124. Suprimir:** quer dizer destruir ou eliminar, para que a correspondência não chegue ao seu destino ou desapareça da empresa, para onde foi enviada.

**125. Revelar:** tem o sentido de dar conhecimento ou descortinar o conteúdo da correspondência do estabelecimento comercial ou industrial a quem seja estranho aos seus quadros ou não mereça ter acesso ao seu conteúdo.

**125-A. Elemento subjetivo:** é o dolo. O elemento subjetivo específico é a intenção de desviar, sonegar, subtrair ou suprimir correspondência, ou revelar seu conteúdo. Não existe a forma culposa.

**126. Objetos material e jurídico:** o objeto material é a correspondência que sofre a ação criminosa, que é alternativa; o objeto jurídico é a inviolabilidade da correspondência.

**127. Classificação:** trata-se de crime próprio (aquele que demanda sujeito ativo qualificado ou especial), sendo, neste caso, exigível também sujeito passivo especial; formal (delito que não exige, necessariamente, resultado naturalístico, bastando a conduta proibida para se configurar); de forma livre (podendo ser cometido por qualquer meio eleito pelo agente); comissivo (implica ação), em regra, mas também pode ser cometido na forma omissiva, como "revelar" a estranho o conteúdo, deixando a correspondência confidencial propositadamente aberta em cima de uma mesa; instantâneo (cujo resultado se dá de maneira instantânea, não se prolongando no tempo); unissubjetivo (que pode ser praticado por um só agente); unissubsistente ou plurissubsistente (composto por um ou mais atos), conforme o caso; admite tentativa.

**128. Princípio da insignificância:** em se tratando de correspondência comercial, que é diferenciada, por seu próprio conteúdo, das correspondências particulares, é possível inserir-se no contexto do princípio da insignificância, deixando de ser considerado fato típico quando o sócio ou empregado pratica qualquer verbo do tipo em relação a correspondência autenticamente inútil para a empresa, como um folheto de propaganda qualquer.

**129. Ação pública condicionada:** é preciso que a pessoa jurídica faça representação, autorizando o Ministério Público a agir.

# Art. 153

## Seção IV
## Dos crimes contra a inviolabilidade dos segredos[130]

**130. Proteção constitucional:** o objetivo dos crimes deste capítulo é a proteção da intimidade e da vida privada das pessoas, que possui guarida no art. 5.º, X, da Constituição Federal. Há uma diferença fundamental entre violar uma correspondência – que é singelamente conhecer o seu conteúdo sem autorização para tanto – e violar um segredo – que é contar a terceiros um fato contido numa correspondência, capaz de gerar dano a outrem: o objeto protegido em um crime é a inviolabilidade da correspondência, enquanto noutro é a inviolabilidade do segredo. Um tipo penal protege diretamente o sigilo da correspondência, enquanto o outro protege a intimidade e a vida privada.

### Divulgação de segredo

> **Art. 153.** Divulgar[131] alguém,[132] sem justa causa,[133-134] conteúdo de documento particular[135] ou de correspondência confidencial,[136] de que é destinatário ou detentor, e cuja divulgação[137] possa produzir dano a outrem:[138-139]
>
> Pena – detenção, de 1 (um) a 6 (seis) meses, ou multa.
>
> § 1.º Somente se procede mediante representação.[140]
>
> § 1.º-A. Divulgar,[141-143] sem justa causa,[144] informações[145] sigilosas ou reservadas, assim definidas em lei,[146] contidas ou não nos sistemas de informações[147] ou banco de dados[148] da Administração Pública:[149-150]
>
> Pena – detenção, de 1 (um) a 4 (quatro) anos, e multa.
>
> § 2.º Quando resultar prejuízo[151] para a Administração Pública, a ação penal será incondicionada.

**131. Análise do núcleo do tipo:** *divulgar* é dar conhecimento a alguém ou tornar público. A finalidade do tipo penal é impedir que uma pessoa, legítima destinatária de uma correspondência ou de um documento, que contenha um conteúdo confidencial (segredo é o que não merece ser revelado a ninguém), possa transmiti-lo a terceiros, causando dano a alguém. É indispensável que o segredo esteja concretizado na forma escrita, e não oral.

**132. Sujeitos ativo e passivo:** o sujeito ativo há de ser o destinatário ou o possuidor legítimo da correspondência, cujo conteúdo é sigiloso; o sujeito passivo é a pessoa que pode ser prejudicada pela divulgação do segredo, seja ele o remetente ou não.

**133. Elemento normativo do tipo:** "sem justa causa" significa sem motivo lícito ou legítimo para fazê-lo. Portanto, não é qualquer divulgação que é criminosa, mas sim aquela que se encontra fora do amparo legal. Ex.: uma pessoa acusada de um crime, que entregue à autoridade policial uma carta que recebeu contendo a confissão da prática do delito pelo verdadeiro autor e remetente, não está divulgando, *sem justa causa*, o conteúdo da missiva. Essa autorização, aliás, é dada expressamente pelo art. 233, parágrafo único, do Código de Processo Penal.

**134. Elemento subjetivo:** é o dolo. Não existe a forma culposa, nem se exige qualquer elemento subjetivo específico.

**135. Documento particular:** documento é o escrito que contém declarações de vontade ou a narrativa de qualquer fato, passível de produzir efeito no universo jurídico. Se for produzido por pessoa que não seja funcionária pública, é um documento particular.

**136. Correspondência confidencial:** é o escrito na forma de carta, bilhete ou telegrama, que possui destinatário e cujo conteúdo não deve ser revelado a terceiros. O segredo pode ser estabelecido de modo expresso pelo remetente ou de maneira implícita, quando deixa claro que a divulgação pode causar dano a alguém.

**137. Divulgação a uma só pessoa é suficiente:** entendemos que a divulgação – dar conhecimento de algo a alguém – ocorre quando pelo menos uma pessoa passa a conhecer o conteúdo sigiloso de uma correspondência ou de um documento particular, possibilitando a concretização de um dano a outrem. Há quem sustente que "divulgar" implica narrar alguma coisa a várias pessoas. Ocorre que, muitas vezes, os mesmos que assim interpretam promovem nítida contradição na análise do mesmo verbo em outras figuras típicas, como por exemplo, a do art. 151, § 1.º, II, quando se sustenta ser cabível a divulgação a uma só pessoa. Por isso, mantendo a coerência, cremos que *divulgar* é tornar público ou conhecido o conteúdo de algo, pouco importando que se faça isso por meio de uma só pessoa ou de um número indeterminado de pessoas.

**138. Objetos material e jurídico:** o objeto material é o documento particular ou a correspondência que é divulgada; o objeto jurídico é a inviolabilidade da intimidade ou da vida privada.

**139. Classificação:** trata-se de crime próprio (aquele que demanda sujeito ativo qualificado ou especial); formal (delito que não exige necessariamente resultado naturalístico: pode ou não haver dano a terceiro e, ainda assim, com a mera divulgação o crime está consumado); de forma livre (podendo ser cometido por qualquer meio eleito pelo agente); comissivo (em regra, divulgar implica ação), podendo ser punida a forma omissiva (art. 13, § 2.º, CP); instantâneo (cujo resultado se dá de maneira instantânea, não se prolongando no tempo); unissubjetivo (que pode ser praticado por um só agente); unissubsistente ou plurissubsistente (um ou mais atos podem compor a conduta); admite tentativa.

**140. Ação pública condicionada:** em se tratando de crime contra a pessoa, tendo por objeto a intimidade e a vida privada, exige-se a representação da vítima para legitimar o Ministério Público a agir. Deve-se ficar atento, no entanto, à peculiaridade do § 2.º, pois, envolvendo interesse da Administração Pública, a ação será sempre incondicionada.

**141. Análise do núcleo do tipo:** *divulgar* é dar conhecimento de algo a alguém ou tornar algo público. O objetivo deste tipo penal é resguardar as informações sigilosas ou reservadas contidas em sistemas de informações ou banco de dados da Administração Pública. A informação deve estar guardada em sistema que contenha base material, isto é, não se configura o delito se a informação sigilosa ou reservada for unicamente verbal.

**142. Sujeitos ativo e passivo:** o sujeito ativo pode ser qualquer pessoa, desde que tenha acesso ou seja detentor da informação sigilosa ou reservada, de divulgação vedada. Sendo o agente funcionário público, responde pelo crime previsto no art. 325. O sujeito passivo é tanto a pessoa que pode ser prejudicada pela divulgação da informação, quanto a Administração Pública, conforme o caso. Note-se que, sendo atingido somente o indivíduo, a ação é pública condicionada à representação da vítima, conforme estipula o § 1.º, mas se houver qualquer tipo de prejuízo para a Administração Pública, a ação é incondicionada, como está previsto no § 2.º O ideal seria a separação, em tipos autônomos, das duas modalidades de crimes: a violação de segredo que afeta a pessoa e a liberdade individual, a constar na Seção IV, do Capítulo VI,

# Art. 153

Código Penal Comentado · **Nucci**

766

do Título I, da Parte Especial, ou seja, pode constar como art. 153, § 1.º-A, e a violação de segredo que afete a Administração Pública, atinja ou não qualquer indivíduo, a constar nos Capítulos I e II, conforme seja o autor funcionário público ou particular, do Título XI, da Parte Especial. Não é impossível que a divulgação de informação sigilosa ou reservada, constante ou não em sistema de informação ou banco de dados da Administração Pública, prejudique somente esta última (ex.: a divulgação de conteúdo de diligências contidas no inquérito policial, onde há sigilo legal, pode fazer com que o agente do crime promova o desaparecimento de provas, causando prejuízo para a Administração Pública), razão pela qual o melhor teria sido a previsão, em separado, de tipos incriminadores autônomos e não envolvendo o Capítulo da Parte Especial, que diz respeito aos crimes contra a liberdade individual.

**143. Elemento subjetivo do tipo:** é o dolo. Não se exige elemento subjetivo específico, nem se pune a forma culposa.

**144. Elemento normativo do tipo:** a expressão "sem justa causa" significa a ausência de motivo lícito ou legítimo para agir. Assim, somente a divulgação fora do amparo legal é objeto de punição.

**145. Informações sigilosas ou reservadas:** *informações* são dados acerca de alguma coisa ou a respeito de alguém. Considera-se *sigiloso* o dado secreto, restrito a um domínio específico e confidencial, enquanto *reservado* é o dado que merece discrição e cautela por parte das pessoas que dele podem tomar conhecimento. Na realidade, os termos se equivalem. Pode tratar-se de uma investigação ou processo, em que foi decretado sigilo, conforme previsto em lei. Ex.: "art. 234-B. Os processos em que se apuram crimes definidos neste Título correrão em segredo de justiça".

**146. Sigilo definido em lei:** exige-se que a informação objeto de divulgação seja considerada sigilosa ou reservada porque a lei assim determina, embora se deva dar ao termo *lei* interpretação abrangente, envolvendo qualquer norma elaborada pelo Poder Legislativo. Como exemplos, podemos mencionar os seguintes: a) o art. 202 da Lei de Execução Penal ("Cumprida ou extinta a pena, não constarão da folha corrida, atestados ou certidões fornecidas por autoridade policial ou por auxiliares da Justiça, qualquer notícia ou referência à condenação, salvo para instruir processo pela prática de nova infração penal ou outros casos expressos em lei") prevê o sigilo quanto aos dados da folha de antecedentes da pessoa que já cumpriu, ou teve extinta, sua pena, razão pela qual nenhuma pessoa que tenha acesso ao banco de dados do Instituto de Identificação, que concentra tais informações, poderá divulgá-los; b) o art. 76, § 4.º, da Lei 9.099/1995 ("Acolhendo a proposta do Ministério Público aceita pelo autor da infração, o juiz aplicará a pena restritiva de direitos ou multa, que não importará em reincidência, sendo registrada apenas para impedir novamente o mesmo benefício no prazo de 5 (cinco) anos") estipula igual sigilo com referência aos antecedentes de quem for beneficiado pela transação; c) os arts. 27, §§ 2.º, 6.º e 7.º (tratando da perda do cargo na magistratura, que exige decisão proferida em "sessão secreta" do tribunal competente), 40 ("A atividade censória de Tribunais e Conselhos é exercida com o *resguardo devido* à dignidade e à independência do magistrado" – grifamos), 43 ("A pena de advertência aplicar-se-á *reservadamente*, por escrito, no caso de negligência no cumprimento dos deveres do cargo" – grifamos), 44 ("A pena de censura será aplicada *reservadamente*, por escrito, no caso de reiterada negligência no cumprimento dos deveres do cargo, ou no de procedimento incorreto, se a infração não justificar punição mais grave" – grifamos), 45 (dispondo sobre a remoção ou disponibilidade do juiz em "escrutínio secreto") e 48 (conferindo aos regimentos internos dos tribunais o procedimento para a apuração de faltas puníveis com advertência e censura) da Lei Complementar 35/1979 preveem procedimentos reservados e sessões secretas para a efetivação das punições concernentes aos magistrados. Quem divulgar informações referentes a tais procedimentos, constantes no prontuário do magistrado, responde pelo delito do art. 153 do Código Penal. No caso de ser o agente funcionário público, aplica-se o disposto no art. 325; d) o art. 20, *caput*, do Código de Processo Penal preceitua que "a autoridade assegurará no inquérito o sigilo necessário a elucidação do fato ou exigido pelo interesse da sociedade". Assim, quem divulgar informações contidas nesse inquérito, que tramita sob sigilo, pode responder pelo delito em questão. Em todas as hipóteses, havendo prejuízo para a Administração Pública, a ação é pública incondicionada, como já mencionado.

**147. Sistema de informações:** é o conjunto de elementos materiais agrupados e estruturados visando ao fornecimento de dados ou instruções sobre algo. Embora se possa ter a impressão de se tratar de meio informatizado, cremos que pode ter maior abrangência, isto é, pode ser organizado por computadores ou não.

**148. Banco de dados:** é a compilação organizada e inter-relacionada de informes, guardados em um meio físico, com o objetivo de servir de fonte de consulta para finalidades variadas, evitando-se a perda de informações. Pode ser organizado também de maneira informatizada.

**149. Objetos material e jurídico:** o objeto material é a informação sigilosa ou reservada. O objeto jurídico é dúplice: a inviolabilidade da vida privada e da intimidade da pessoa, mas também o interesse da administração de resguardar o sigilo dos seus dados.

**150. Classificação:** trata-se de crime comum (aquele que pode ser cometido por qualquer pessoa); formal (delito que não exige, para sua consumação, a ocorrência de resultado naturalístico. Tanto é verdade que no § 2.º menciona-se que, "resultando prejuízo", a ação será incondicionada, demonstrando não ser da essência do delito o resultado); de forma livre (pode ser cometido por qualquer meio eleito pelo agente); comissivo (o verbo implica ação) e, excepcionalmente, omissivo impróprio ou comissivo por omissão (quando o agente tem o dever jurídico de evitar o resultado, nos termos do art. 13, § 2.º, CP); instantâneo (cuja consumação não se prolonga no tempo, dando-se em momento determinado); unissubjetivo (aquele que pode ser cometido por um único sujeito); unissubsistente (praticado num único ato) ou plurissubsistente (delito cuja ação é composta por vários atos, permitindo-se o seu fracionamento), conforme o caso concreto; admite tentativa, na forma plurissubsistente.

**151. Ação pública incondicionada:** quando a informação sigilosa ou reservada divulgada envolver somente uma pessoa determinada, não ultrapassando mais do que sua vida privada, aplica-se o disposto no § 1.º. Entretanto, se a informação divulgada envolver interesse da Administração Pública, é de se presumir o prejuízo, que não precisa ser concretamente demonstrado. Não haveria cabimento na divulgação do conteúdo, por exemplo, de um processo sigiloso contra magistrado, funcionário público que é para fins penais, com evidente interesse da Administração Pública em preservar a imagem do Poder Judiciário, calcada na imparcialidade de suas decisões, sem que se considerasse a existência natural de um prejuízo. Logo, nessa hipótese e em outras semelhantes, quando o interesse da Administração estiver evidente, há prejuízo presumido e a ação é pública incondicionada. Por outro lado, pode ocorrer a divulgação do conteúdo de uma folha de antecedentes de alguém, informe que é de

# Art. 154

Código Penal Comentado · **Nucci**

768

caráter reservado, mas a pessoa envolvida não ter interesse em representar. Nessa situação, não havendo interesse público, a ação não terá início.

### Violação do segredo profissional

> **Art. 154.** Revelar[152] alguém,[153-154] sem justa causa,[155-156] segredo,[157] de que tem ciência em razão de função,[158] ministério,[159] ofício[160] ou profissão,[161] e cuja revelação possa produzir dano a outrem:[162-163]
>
> Pena – detenção, de 3 (três) meses a 1 (um) ano, ou multa.
>
> **Parágrafo único.** Somente se procede mediante representação.[164]

**152. Análise do núcleo do tipo:** *revelar* significa desvendar, contar a terceiro ou delatar. O objetivo do tipo penal é punir quem, em razão da atividade exercida, obtém um segredo e, ao invés de guardá-lo, descortina-o a terceiros, possibilitando a ocorrência de dano a outrem. Neste tipo penal, diferentemente do que ocorre com o anterior, o segredo pode concretizar-se oralmente. Na jurisprudência: STJ: "5. Sabe-se que o sigilo profissional é norma cogente e que, em verdade, impõe o dever legal de que certas pessoas, em razão de sua qualidade e de seu ofício, não prestem depoimento e/ou declarações, em nome de interesses maiores, também preservados pelo ordenamento jurídico, como o caso do direito à intimidade (art. 154 do Código Penal e art. 207 do Código de Processo Penal). A vedação, porém, não é absoluta, eis que não há que se conceber o sigilo profissional de prática criminosa. (...) 7. Na hipótese, a princípio, a conduta do médico em informar à autoridade policial acerca da prática de fato, que até o presente momento configura crime capitulado nos delitos contra a vida, não violou o sigilo profissional, pois amparado em causa excepcional de justa causa, motivo pelo qual não se vislumbra, de pronto, ilicitude das provas presentes nos autos, como sustenta a defesa" (HC 514.617-SP, 5.ª T., rel. Ribeiro Dantas, 10.09.2019, v.u.).

**153. Sujeitos ativo e passivo:** o sujeito ativo é somente aquele que exerce uma função, ministério, ofício ou profissão, sendo detentor de um segredo; o sujeito passivo pode ser qualquer pessoa sujeita a sofrer um dano com a divulgação do segredo. Não concordamos com a terminologia utilizada por alguns doutrinadores de que os agentes deste delito são *sempre* chamados de "confidentes necessários", ou seja, pessoas que *recebem* o segredo em razão da sua atividade (função, ministério, ofício ou profissão). *Confidente* é a pessoa a quem se confia um segredo e *necessário* é o que não se pode dispensar. É razoável supor que um médico, especialmente o psicanalista, seja um confidente necessário de seus pacientes, o que não ocorre, no entanto, com a empregada doméstica, que não é destinatária necessária dos segredos dos patrões. Caso seja enxerida e indiscreta, *poderá* tomar conhecimento de segredo alheio, mas não foi destinatária dele, razão pela qual não é "confidente". Para tornar-se sujeito ativo deste delito basta o *nexo causal* entre o conhecimento do segredo e a atividade exercida pelo agente, sendo totalmente dispensável a intenção de alguém de *confidenciar-lhe* alguma coisa.

**154. Curador do menor de 21 anos:** pode cometer este crime, caso resolva falar a respeito do que lhe contou o curatelado ou a respeito de sua confissão extrajudicial, buscando confirmá-la em juízo, a contragosto da pessoa a quem deveria proteger. Exerce função especial no processo penal, não podendo concordar em depor contra o menor de 21 anos. Defendemos, em nosso *Código de Processo Penal comentado*, em nota 50 ao art. 208, que ele é impedido de prestar depoimento. Caso assim aja, pode ser processado por violação de segredo profissional, previsto neste artigo. Tornaghi assim também pensa (*Compêndio*

# Art. 154

*de processo penal*, t. III, p. 881). Cumpre ressaltar, no entanto, que, com a edição no atual Código Civil, não há mais sentido em se nomear curador ao réu menor de 21 anos, que se tornou plenamente capaz, para todos os fins, aos 18 anos. Ver nota 81-A ao art. 15 do nosso *Código de Processo Penal comentado.*

**155. Elemento normativo do tipo:** a expressão "sem justa causa" está a evidenciar que não é criminosa qualquer revelação de segredo, mas somente aquela que não possuir amparo legal. Ex.: o funcionário que, durante a condução de uma sindicância, toma conhecimento de um segredo, passível de incriminar outro servidor; revelando-o e dando margem a outro processo administrativo, está cumprindo seu dever, no interesse da Administração Pública. Por outro lado, é preciso destacar que há muitas profissões protegidas pelo sigilo, ou seja, estão impedidas legalmente de divulgar o segredo, mesmo que autorizado pelo interessado (como ocorre com médicos e advogados).

**156. Elemento subjetivo:** é o dolo, inexistindo a forma culposa. Não há, também, elemento subjetivo específico.

**157. Segredo:** é todo assunto ou fato que não deve ser divulgado, tornado público ou conhecido de pessoas não autorizadas.

**158. Função:** é a prática ou o exercício de uma atividade inerente a um cargo, que é todo emprego público ou particular. Ex.: a escrevente de sala de um juiz toma conhecimento, em razão de sua função, de segredos narrados durante uma audiência de divórcio, que corre em segredo de justiça, revelando-os a terceiros.

**159. Ministério:** é o exercício de uma atividade religiosa. Ex.: é próprio do sacerdote ouvir a confissão de fiéis, devendo guardar segredo. A revelação do que lhe foi contado pode constituir crime.

**160. Ofício:** é uma ocupação manual ou mecânica, que demanda habilidade, sendo útil a alguém. Ex.: a empregada doméstica que, tomando conhecimento de um segredo dos patrões, por trabalhar no interior da residência, revela-o a terceiros comete o delito.

**161. Profissão:** é uma atividade especializada, que exige preparo. Ex.: o médico que, ouvindo segredo do paciente, revela-o a terceiros.

**162. Objetos material e jurídico:** o objeto material é o assunto transmitido em caráter sigiloso, que sofre a conduta criminosa; o objeto jurídico é a inviolabilidade da intimidade e da vida privada das pessoas.

**163. Classificação:** trata-se de crime próprio (aquele que demanda sujeito ativo qualificado ou especial); formal (delito que não exige necessariamente resultado naturalístico – dano para a vítima – embora possa ocorrer); de forma livre (podendo ser cometido por qualquer meio eleito pelo agente); comissivo ("revelar" implica ação) e, excepcionalmente, comissivo por omissão (omissivo impróprio, ou seja, é a aplicação do art. 13, § 2.º, do Código Penal); instantâneo (cujo resultado se dá de maneira instantânea, não se prolongando no tempo); unissubjetivo (que pode ser praticado por um só agente); unissubsistente ou plurissubsistente (pode constituir-se por um ou mais atos); admite tentativa.

**164. Ação pública condicionada:** sem representação da vítima, o Ministério Público não pode ingressar com a ação penal.

# Art. 154-A

**Invasão de dispositivo informático**[165]

> **Art. 154-A.** Invadir[166-169] dispositivo informático de uso alheio, conectado ou não à rede de computadores, com o fim de obter, adulterar ou destruir dados ou informações sem autorização expressa ou tácita do usuário do dispositivo ou de instalar vulnerabilidades para obter vantagem ilícita:[170-172]
>
> Pena – reclusão, de 1 (um) a 4 (quatro) anos, e multa.[173]
>
> § 1.º Na mesma pena incorre quem[174-176] produz, oferece, distribui, vende ou difunde dispositivo ou programa de computador com o intuito de permitir a prática da conduta definida no *caput*.[177-178]
>
> § 2.º Aumenta-se a pena de 1/3 (um terço) a 2/3 (dois terços) se da invasão resulta prejuízo econômico.[179]
>
> § 3.º Se da invasão resultar a obtenção de conteúdo de comunicações eletrônicas privadas, segredos comerciais ou industriais, informações sigilosas, assim definidas em lei, ou o controle remoto não autorizado do dispositivo invadido:[180]
>
> Pena – reclusão, de 2 (dois) a 5 (cinco) anos, e multa.[181]
>
> § 4.º Na hipótese do § 3.º, aumenta-se a pena de um a dois terços se houver divulgação, comercialização ou transmissão a terceiro, a qualquer título, dos dados ou informações obtidos.[182-183]
>
> § 5.º Aumenta-se a pena de um terço à metade se o crime for praticado contra:[184]
>
> I – Presidente da República, governadores e prefeitos;
>
> II – Presidente do Supremo Tribunal Federal;
>
> III – Presidente da Câmara dos Deputados, do Senado Federal, de Assembleia Legislativa de Estado, da Câmara Legislativa do Distrito Federal ou de Câmara Municipal; ou
>
> IV – dirigente máximo da administração direta e indireta federal, estadual, municipal ou do Distrito Federal.

**165. Bem jurídico mediato e imediato:** a nova figura típica – invasão de dispositivo informático – insere-se no contexto dos crimes contra a liberdade individual, bem jurídico mediato a ser tutelado. Porém, de forma imediata, ingressou, com propriedade, no campo dos crimes contra a inviolabilidade dos segredos, cuja proteção se volta à intimidade, à vida privada, à honra, à inviolabilidade de comunicação e correspondência, enfim, à livre manifestação do pensamento, sem qualquer intromissão de terceiros. Sabe-se, por certo, constituir a comunicação telemática o atual meio mais difundido de transmissão de mensagens de toda ordem entre pessoas físicas e jurídicas. O e-mail tornou-se uma forma padronizada de enviar informes e mensagens a profissionais e particulares, para fins comerciais e pessoais. As redes sociais criaram, também, mecanismos de comunicação, com dispositivos próprios de transmissão de mensagens. Torna-se cada vez mais rara a utilização de cartas e outras bases físicas, suportando escritos, para a comunicação de dados e informes. Diante disso, criou-se a figura típica incriminadora do art. 154-A, buscando punir quem viole não apenas a comunicação telemática, mas também os dispositivos informáticos, que mantêm dados relevantes do seu proprietário. O tipo teve origem na Lei 12.737/2012, mas o incremento cada vez maior das comunicações pela internet, a evolução nefasta da atividade dos hackers, a confiabilidade depositada nos dispositivos informáticos para armazenar dados relevantes do usuário, a utilização de meios de pagamento e acesso a bancos online, enfim a crescente valorização da telemática proporcionou a modificação do tipo e a cominação de penas mais elevadas, por meio da Lei 14.155/2021. Como esclarecem Damásio de Jesus e José Antonio Milagre, a invasão a um computador obedece a um procedimento que eles denominam de anatomia de um ataque cibernético. Inicia-se com a fase de ganho de acesso, que representa o princípio dos atos executórios referentes à invasão. Antes disso, as fases de perfil, varredura e enumeração constituem atos preparatórios. Denominam-se crimes informáticos próprios os que lesionam o bem jurídico consistente em tecnologia da informação em si; constituem crimes informáticos impróprios aqueles que ferem bens jurídicos – como o patrimônio – por meio da tecnologia da informação (Manual de crimes informáticos, p. 33 e 52).

**166. Análise do núcleo do tipo:** invadir significa violar, transgredir, entrar à força em algum lugar, carregando o verbo nuclear do tipo um forte conteúdo normativo. Logo, a conduta do agente não é simplesmente entrar no dispositivo informático alheio, o que se pode dar por mero acidente, mas ocupar um espaço não permitido. O objeto da conduta é o dispositivo informático (qualquer mecanismo apto a concentrar informação por meio de computador ou equipamento similar). São dispositivos informáticos: computador de mesa (*desktop*), *notebook*, *tablet* (*ipad* e outros), laptop, bem como os smartphones, que hoje constituem verdadeiros "minicomputadores", entre outros a surgir com idêntica finalidade. Tal dispositivo informático há de ser alheio (pertencente a terceira pessoa), elemento normativo do tipo, tal como figura no furto (art. 155, CP). Faz-se menção expressa ao estado do dispositivo no tocante à rede de computadores, incluindo, por óbvio, a internet (rede mundial de computadores): é indiferente haja conexão ou não. E está correta tal medida, pois o agente pode invadir computadores desconectados de redes, conseguindo obter dados, adulterar ou destruir informes ali constantes. Pode, ainda, instalar vulnerabilidades, que somente se manifestarão quando houver conexão futura à rede. Há finalidade específica para a conduta, como se verá em nota própria. Finalmente, a outra conduta é instalar (preparar algo para funcionar) vulnerabilidade (mecanismos aptos a gerar aberturas ou flancos em qualquer sistema). É de caráter alternativo (praticar a invasão ou a instalação constitui tipo misto alternativo, vale dizer, cometer uma ou as duas condutas implica crime único). Deve-se complementar o objeto dessa conduta, que é o dispositivo informático. Portanto, o propósito do agente é obter qualquer vantagem ilícita, tornando o dispositivo informático, como, por exemplo, o computador de alguém, acessível à violação. Nota-se que a mera instalação de vulnerabilidade (ex.: *softwares* mal-intencionados, que permitem o acesso ao conteúdo do dispositivo informático tão logo seja conectado à rede) não causa a violação, mas é nitidamente o seu preparo. Optou o legislador por equiparar a preparação e a execução em igual quilate, para fins de criminalização. Assim, o autor pode apenas instalar vulnerabilidade no dispositivo informático para que, no futuro, outrem dele se valha, como também pode, ele mesmo, utilizar o mecanismo de espionagem para a violação de dados e informes. Se o mesmo agente instalar a vulnerabilidade e, depois, invadir o dispositivo informático, cometerá um só crime. Caso ele instale, mas outro invada, cada qual cometerá o seu delito distinto, ambos tipificados no art. 154-A. Se duas pessoas, mancomunadas, dividem tarefas (um instala; outro invade), trata-se de crime único, em concurso de agentes (art. 29, CP). Na redação anterior à Lei 14.155/2021, havia a expressão "mediante violação indevida de mecanismo de segurança", agora retirada. Fez bem o legislador em assim proceder, pois era um empecilho inserido no tipo penal, mas desnecessário. Afinal, indicava haver proteção somente para dispositivos informáticos que tivessem um sistema de proteção instalado; em tese, os que não possuíssem esse mecanismo de segurança ficariam ao largo da tutela desse dispositivo. A prova do delito não é simples, mas se admitem todos os meios lícitos possíveis. Quando a invasão estiver em andamento, a vítima poderá comprovar o fato imaterial por meio de testemunhas e da ata notarial (documento produzido por tabelião de notas com fé pública, atestando o fato),

# Art. 154-A

Código Penal Comentado • **Nucci**

além de fotos, filmagens, impressão da tela do computador etc. Nessa ótica: Damásio de Jesus e José Antonio Milagre (Manual de crimes informáticos, p. 104). Na jurisprudência: TJSP: "Invasão de dispositivo informático e associação criminosa – Paciente que invadia diversos sistemas sigilosos da Polícia Militar, tais como o COPOM, monitoramento em tempo real do deslocamento de viaturas policiais, pesquisas de emplacamento de veículos, RGs e CNHs de todas as pessoas do Estado de São Paulo, dentre outras informações, sensíveis à Segurança Pública, desempenhando ainda a função de 'rádio', repassando as informações a criminosos mediante o pagamento de altas quantias em dinheiro" (HC 2305832-04.2023.8.26.0000, 13ª Câm., rel. J. E. S. Bittencourt Rodrigues, 08.02.2024, v.u.).

**166-A. Infiltração de agentes:** para o combate a vários tipos penais relativos à tutela das crianças e dos adolescentes, no cenário da dignidade sexual, a Lei 13.441/2017 introduziu os arts. 190-A a 190-E no Estatuto da Criança e do Adolescente. Entretanto, disciplina, igualmente, a infiltração de agentes para investigar o crime previsto pelo art. 154-A. O principal dos novos artigos preceitua que "a infiltração de agentes de polícia na internet com o fim de investigar os crimes previstos nos arts. 240, 241, 241-A, 241-B, 241-C e 241-D desta Lei e nos arts. 154-A, 217-A, 218, 218-A e 218-B do Decreto-lei n.º 2.848, de 7 de dezembro de 1940 (Código Penal), obedecerá às seguintes regras: I – será precedida de autorização judicial devidamente circunstanciada e fundamentada, que estabelecerá os limites da infiltração para obtenção de prova, ouvido o Ministério Público; II – dar-se-á mediante requerimento do Ministério Público ou representação de delegado de polícia e conterá a demonstração de sua necessidade, o alcance das tarefas dos policiais, os nomes ou apelidos das pessoas investigadas e, quando possível, os dados de conexão ou cadastrais que permitam a identificação dessas pessoas; III – não poderá exceder o prazo de 90 (noventa) dias, sem prejuízo de eventuais renovações, desde que o total não exceda a 720 (setecentos e vinte) dias e seja demonstrada sua efetiva necessidade, a critério da autoridade judicial" (art. 190-A).

**167. Sujeitos ativo e passivo:** podem ser quaisquer pessoas. Quanto ao sujeito ativo, não se demanda nenhuma qualidade especial, razão pela qual é indiferente seja um técnico em informática ou um aventureiro na área. No tocante ao sujeito passivo, o tipo, antes da Lei 14.155/2021, mencionava o titular do dispositivo informático, logo, apontava-se a propriedade ou posse. Na atual redação, fez-se a inserção do termo usuário desse dispositivo, razão pela qual passa-se a tutelar, igualmente, o detentor do aparelho. Nesse aspecto, Jesus e Milagre apontam que "a vítima pode se dar a um dispositivo com diversas contas de usuário, como, por exemplo, um computador com contas de todos os membros da família. Quem será vítima? Em nosso entendimento, aquele cuja conta foi usada poderá responsabilizar o agente, ainda que não seja proprietário do dispositivo. Igualmente, o proprietário do computador terá legitimidade ativa" (Manual de crimes informáticos, p. 108).

**168. Elemento subjetivo do tipo:** é o dolo. Há elemento subjetivo do tipo específico para as duas condutas previstas no tipo. No tocante à invasão de dispositivo informático, é o fim de obter, adulterar ou destruir dados ou informações. Focalizam-se a obtenção (ter acesso a algo), a adulteração (modificação do estado original) ou a destruição (eliminação total ou parcial) de dados (elementos apropriados à utilização de algo) ou informações (conhecimentos de algo em relação a pessoa, coisa ou situação). Quanto à instalação de vulnerabilidade é a obtenção de vantagem ilícita (qualquer lucro ou proveito contrário ao ordenamento jurídico; não há necessidade de ser de natureza econômica). Pode ser, inclusive, a obtenção da invasão do dispositivo informático em momento posterior para obter dados e informações. Aliás, se houver prejuízo econômico, perfaz-se a causa de aumento do § 2.º. Não se pune a forma culposa. Entretanto, na prática, esta prática pode até ocorrer: "a invasão culposa tecnicamente pode ocorrer, por diversas formas, mas ela não será punida, como no caso do agente que, inexperiente e testando ferramenta de pen test, acaba por digitar um host alvo e acessá-lo, rompendo mecanismo de segurança (de forma automatizada) e recuperando dados do banco de dados" (Jesus e Milagre, Manual de crimes informáticos, p. 100).

**169. Confusão com o delito de exercício arbitrário das próprias razões:** quando a invasão tiver como meta provocar algum dano no ambiente informático, mas justificado pelo débito que o dono do computador ainda possui, deve-se dispensar a fórmula do art. 154-A, adotando-se o tipo do art. 345 do Código Penal. Na jurisprudência: TJDF: "Trata-se de apelação criminal interposta contra a sentença que extinguiu a punibilidade do autor do fato, com fundamento no art. 107, IV, do Código Penal. O recorrente representou ao Ministério Público para que fosse apurada a prática, em tese, de crime previsto no art. 154-A, CP, ao argumento de que o apelante celebrou contrato com o representado (G. L. O.), para que fossem prestados serviços de *design* de sítio na internet. Alega que o serviço foi prestado com atraso e ficaram pendentes algumas alterações de *layout*, o que motivou o não pagamento integral dos serviços. Todavia, o representado, inconformado com o não pagamento integral pelo serviço, invadiu o servidor onde o sítio da internet estava hospedado e deletou os arquivos que nele se encontravam. 2. O entendimento esposado na sentença guerreada não merece reparos, uma vez que a conduta de G. L. se amolda ao crime previsto no art. 345 do Código Penal, ou seja, exercício arbitrário das próprias razões. Ressalta-se que o autor do fato retirou da internet a página criada por ele e pela qual, segundo seu entendimento, não foi devidamente remunerado, buscando, assim, fazer justiça pelas próprias mãos, para satisfazer pretensão que entendia ser legítima. 3. Percebe-se, portanto, que o representado possuía o acesso necessário para colocar a página na rede, bem como para excluí-la, não havendo falar-se em invasão de dispositivo informático, mediante indevida violação de mecanismo de segurança e com o fim de obter, adulterar ou destruir dados ou informações sem autorização expressa ou tácita do titular do dispositivo ou instalar vulnerabilidade para obter vantagem ilícita. Destarte, o elemento subjetivo do tipo não era o dolo de invadir dispositivo informático alheio, e sim o de fazer valer um direito que o representado acreditava possuir, descaracterizando a conduta prevista no art. 154-A do CP, restando, todavia, configurada a conduta prevista no art. 345 do Código Penal. 4. Conforme bem salientado pelo *Parquet*, no parecer de fls. 101/103, exarado pela Promotora de Justiça Wanessa Alpino Bigonha Alvim, que bem analisou a questão, é forçoso reconhecer que o ora apelante já tinha conhecimento do fato e de sua autoria, desde o dia 22.08.2014 e já possuía elementos suficientes para oferecer a queixa-crime, dentro do prazo decadencial de 06 (seis) meses. Contudo, o apelante se manteve inerte, deixando decair o direito de oferecer queixa-crime pela prática do crime previsto no art. 345 do Código Penal. 5. Recurso conhecido e desprovido, correta a fundamentação realizada pelo Douto Magistrado *a quo*, ao prolatar a r. sentença, a qual deve ser mantida em sua integralidade e pelos seus fundamentos" (APJ 20140111998169, 3.ª T. Recursal, rel. Robson Barbosa de Azevedo, 28.07.2015, *DJe* 08.09.2015, p. 312).

**170. Elemento normativo ligado ao ilícito:** a expressão sem autorização expressa ou tácita do usuário do dispositivo contém o elemento do injusto, que não precisaria constar do tipo penal. Afinal, por óbvio, somente se pode falar em crime quando houver ingresso em dispositivo informático alheio sem o consentimento desse. Mas, optou o legislador por incluir na descrição típica o elemento vinculado à ilicitude. Diante disso, havendo autorização, o fato é atípico. Outro aspecto a se ressaltar foi a cautela de se apontar as modalidades de consentimento – o que não ocorre em vários outros dispositivos legais similares: pode ser expresso (visualizado facilmente por meio escrito ou falado) ou tácito (deduzido da ação do proprietário ou possuidor do dispositivo).

# Art. 154-A

Código Penal Comentado · **Nucci** 774

**171. Objetos material e jurídico:** o objeto material é o dispositivo informático; o objeto jurídico é múltiplo, envolvendo a inviolabilidade dos segredos, cuja proteção se volta à intimidade, à vida privada, à honra, à inviolabilidade de comunicação e correspondência e à livre manifestação do pensamento, sem qualquer intromissão de terceiros. Resguarda-se, também, o patrimônio da vítima, que pode ser afetado pelo agente invasor.

**172. Classificação:** trata-se de crime comum (pode ser cometido por qualquer pessoa); formal (delito que não exige resultado naturalístico, consistente na efetiva lesão aos bens tutelados, embora possa ocorrer); de forma livre (pode ser cometido por qualquer meio eleito pelo agente); comissivo (as condutas implicam ações); instantâneo (o resultado se dá de maneira determinada na linha do tempo), podendo assumir a forma de instantâneo de efeitos permanentes, quando a invasão ou a instalação de vulnerabilidade perpetua-se no tempo, como rastro da conduta; unissubjetivo (pode ser cometido por uma só pessoa); plurissubsistente (cometido por vários atos); admite tentativa.

**173. Benefícios penais:** após a edição da Lei 14.155/2021, não é mais uma infração de menor potencial ofensivo, porém, admite suspensão condicional do processo ou acordo de não persecução penal. Se houver condenação, pode a pena privativa de liberdade ser substituída por restritiva de direitos.

**174. Análise do núcleo do tipo:** a figura de equiparação, em verdade, tem a finalidade de punir os atos preparatórios do crime de invasão de dispositivo informático. Para que a violação se concretize, torna-se fundamental existir mecanismo apto a viabilizá-la. Portanto, os verbos do tipo são: produzir (dar origem a algo, criar, fabricar); oferecer (apresentar algo a alguém para que seja aceito); distribuir (entregar a várias pessoas); vender (alienar mediante a entrega de certo preço); difundir (tornar algo conhecido, propagar). São condutas alternativas, significando que a prática de uma ou várias delas provoca a concretização de crime único, quando no mesmo contexto. O objeto é o dispositivo (entendido, neste cenário, como mecanismo) ou programa (é o software, destinado a exercer funções preparadas a atingir certas finalidades) de computador (compreendido em sentido lato, abrangendo todas as espécies cabíveis, tais como desktop, notebook, *tablet*, smartphone etc.). Noutros termos, essa figura típica busca punir a preparação do crime descrito no *caput*, alcançando quem permite, de qualquer forma, o acesso a mecanismos ou programas específicos para a violação de dispositivo informático.

**175. Sujeitos ativo e passivo:** podem ser quaisquer pessoas. Entretanto, há um problema no tocante ao sujeito passivo. A mera produção, oferecimento, distribuição, venda ou difusão de dispositivo ou programa de computador, que permita a prática do delito de invasão de dispositivo informático não possui nenhum sujeito passivo determinado. Afinal, consiste na preparação do delito do *caput*. Diante disso, o interesse punitivo estatal, nessa hipótese, volta-se à proteção da sociedade, em nítido crime vago. Não se quer a produção desse tipo de programa para que o crime de invasão de dispositivo informático não ocorra. Ora, se o sujeito passivo, na realidade, é a sociedade, tal delito poderá não ser autonomamente punido, pois o art. 154-B estipula seja a ação pública condicionada à representação da vítima, salvo se o crime é cometido contra administração direta ou indireta. Portanto, quando o agente produz software para invadir computador de pessoa física ou jurídica, não vinculada à administração, constitui-se crime de ação pública condicionada, motivo pelo qual não há quem possa representar, na exata medida em que o sujeito passivo é a sociedade. Inviável punir-se. Se o agente produz programa para invadir computador da administração pública, direta ou indireta, sendo ação pública incondicionada, há viabilidade de punição. Outra hipótese, para permitir a ação penal, advém da junção da figura prevista no § 1.º com a do *caput*. Se Fulano produz o *software* viabilizador da invasão, transmitindo-o a Beltrano, que o utiliza para violar o computador de Sicrano, pode-se dizer, em apuração conjunta, ter sido sujeito passivo de ambos os crimes Sicrano, que precisa representar contra Fulano e Beltrano. Entretanto, detectando-se somente Fulano e seu programa invasor, sem qualquer nexo com a invasão concretizada, inexiste quem possa contra ele representar.

**176. Elemento subjetivo do tipo:** é o dolo. Há elemento subjetivo específico, consistente no intuito de permitir a prática da conduta definida no *caput* (invasão de dispositivo informático). Não se pune a forma culposa.

**177. Objetos material e jurídico:** o objeto material é o dispositivo ou programa de computador. O objeto jurídico múltiplo, envolvendo a inviolabilidade dos segredos, cuja proteção se volta à intimidade, à vida privada, à honra, à inviolabilidade de comunicação e correspondência e à livre manifestação do pensamento, sem qualquer intromissão de terceiros. Resguarda-se, também, o patrimônio da vítima, que pode ser afetado pelo agente invasor.

**178. Classificação:** trata-se de crime comum (pode ser cometido por qualquer pessoa); formal (delito que não exige resultado naturalístico, consistente na efetiva lesão aos bens tutelados, embora possa ocorrer); de forma livre (pode ser cometido por qualquer meio eleito pelo agente); comissivo (as condutas implicam ações); instantâneo (o resultado se dá de maneira determinada na linha do tempo); unissubjetivo (pode ser cometido por uma só pessoa); plurissubsistente (cometido por vários atos); não admite tentativa por se tratar de figura típica de exceção, cuja finalidade é punir atos preparatórios do crime previsto no *caput*.

**179. Causa de aumento e exaurimento:** o delito é formal, bastando a invasão de dispositivo informático ou a instalação de vulnerabilidade para se consumar. Entretanto, é possível que, além da mera invasão de privacidade, ocorra prejuízo econômico para a vítima, constituindo o exaurimento do delito. O esgotamento da prática criminosa provoca o aumento da pena, graduável entre um e dois terços. O critério para a elevação deve cingir-se, apenas, ao grau de prejuízo havido. Quanto mais elevado, maior o aumento; quanto menos, menor o aumento.

**180. Forma qualificada:** trata-se de uma figura típica peculiar. Pela redação conferida pelo legislador, num primeiro momento, poder-se-ia sustentar a existência de um crime qualificado pelo resultado, pois se menciona: "se da invasão resultar...". Imagina-se que, diante da invasão ao dispositivo informático, ocorreria um segundo resultado qualificador. Entretanto, tal avaliação é somente aparente. Na essência, cuida-se de crime qualificado. O foco da qualificação é a valoração feita no tocante aos dados e informações obtidos. Quando o agente alcança qualquer dado ou informe, configura-se o *caput*. Porém, quando obtiver, como dado ou informe, o conteúdo de comunicação eletrônica privada (como o *e-mail* armazenado no disco rígido do computador), segredos comerciais ou industriais (informes sigilosos de interesse dos negócios comerciais ou da atividade produtiva da indústria) ou informações sigilosas, assim definidas em lei (consultar a nota 145 ao art. 153) qualifica-se o delito, elevando-se a faixa de cominação das penas. A segunda parte do § 3.º espelha uma autêntica situação de qualificação pelo resultado, vale dizer, o agente obtém dados ou informes do computador da vítima e ainda mantém controle remoto do dispositivo invadido. O controle remoto significa instalar mecanismo apropriado para dominar o dispositivo informático à distância, sem autorização. Portanto, além de violar dados e informes da vítima, provoca o agente a possibilidade de controlar o aparelho quando bem quiser. O duplo resultado qualifica o crime, embora ambos continuem voltados à tutela da intimidade e da vida privada. Na jurisprudência: TJDF: "II – O crime previsto no art. 154-A do

# Art. 154-A

CP possui dois núcleos de conduta típica não cumulativos: (i) invadir dispositivo informático alheio, com o fim de obter, adulterar ou destruir dados ou informações sem autorização do titular e (ii) instalar vulnerabilidades, visando obter vantagem ilícita. Pela literalidade do dispositivo, a ausência de violação de dispositivo de segurança impede a configuração típica apenas da conduta de invadir. III – Pratica a conduta tipificada no art. 154-A, § 3º, do CP aquele que, sem o conhecimento de sua então namorada, instala programa espião no *notebook* dela, com o fim de monitorar as conversas e atividades e, diante dessa vulnerabilidade, consegue violar os dispositivos de segurança e, com isso, ter acesso ao conteúdo das comunicações eletrônicas privadas e outras informações pessoais, inclusive diversas senhas. IV – A constatação de que a conduta do réu causou transtornos de ordem psicológica que excederam a normalidade do tipo justifica a avaliação desfavorável das consequências do crime" (20160110635069 DF, 3ª T. Criminal, rel. Nilson de Freitas Custodio, 19.09.2019, v.u.).

**181. Benefícios penais:** a Lei 14.155/2021 alterou a pena para essa qualificadora. Não se trata mais de infração de menor potencial ofensivo, não comporta acordo de não persecução penal, nem mesmo a suspensão condicional do processo. Porém, havendo condenação, não se tratando de delito cometido com violência ou grave ameaça à pessoa, pode dar margem à substituição da pena privativa de liberdade por restritiva de direitos (até o limite de 4 anos).

**182. Causa de aumento e exaurimento sequencial:** a preocupação legislativa em face da violação da intimidade, da vida privada, dos segredos comerciais e de outros dados sigilosos foi manifestada em quatro níveis: a) a singela invasão de dispositivo informático, com o fim de obter dados ou informações, mesmo que não as consiga (figura do *caput*); b) caso essa invasão provoque algum prejuízo econômico à vítima, aumenta-se a pena (§ 2.º); c) se a invasão permitir a obtenção de dados vindos de comunicações eletrônicas privadas, segredos comerciais ou industriais, informes sigilosos ou controle remoto, qualifica-se o crime (§ 3.º); d) se os referidos dados privados, secretos ou sigilosos forem divulgados (espalhados a terceiros), comercializados (objetos de alienação por certo preço) ou transmitidos a outros (passados ao conhecimento alheio), configura-se o máximo exaurimento, elevando-se a pena de um a dois terços em relação à figura qualificada (§ 4.º).

**183. Transmissão de *e-mail* e suas peculiaridades:** o tipo penal permite a punição de quem invade dispositivo informático alheio e toma conhecimento do conteúdo das comunicações eletrônicas privadas (onde se situa o *e-mail*, mas também outras formas, como Facebook, Instagram etc.). Em verdade, o cerne do delito é a invasão à intimidade e à privacidade alheias. Cria-se, entretanto, uma figura de aumento de pena, caso haja transmissão a terceiros, a qualquer título. Logo, pouco importa tenha o agente a intenção de lucro ou não; é irrelevante se a divulgação ou transmissão se faz por utilidade pública ou social; desinteressante se o agente tem somente intuito de informar, sem prejudicar a imagem de qualquer pessoa. Afinal, houve invasão à privacidade alheia e, a partir disso, a divulgação do que era defeso. De outra parte, quem recebe um e-mail, mesmo que sigiloso, transmitindo-o a terceiros, não pode ser encaixado nesse artigo, pois não se trata de invasão de dispositivo informático. Eventualmente, cuida-se da figura típica prevista no art. 153, pois o e-mail é equiparado a documento.

**184. Causa de aumento em função da vítima:** as pessoas enumeradas no § 5.º representam maior gravidade para a infração penal, pois a violação à intimidade atinge interesses de governantes, o que, de certo modo, termina por afetar também a sociedade. Determinados segredos ou informes sigilosos, quando detidos por chefes de Poderes da República, são mais relevantes, do interesse geral. Por isso, além do aumento da pena, a ação é pública incondicionada. Essa elevação é aplicável a qualquer das figuras do art. 154-A.

## Ação penal

> **Art. 154-B.** Nos crimes definidos no art. 154-A, somente se procede mediante representação, salvo se o crime é cometido contra a administração pública direta ou indireta de qualquer dos Poderes da União, Estados, Distrito Federal ou Municípios ou contra empresas concessionárias de serviços públicos.[185]

**185. Ação penal:** é pública condicionada à representação, como regra. Entretanto, há figuras típicas inadequadas a tal disposição, como já mencionamos ao comentar o § 1.º do art. 154-A. A produção, oferecimento, distribuição, venda ou difusão de dispositivo ou programa de computador que possa permitir a invasão a dispositivo informático não tem vítima determinada. Interessa à sociedade a sua punição, impedindo-se que chegue a violar dados de alguém. No entanto, constituindo crime de ação pública condicionada à representação, inexiste quem possa fazê-lo. A única hipótese viável seria encontrar a pessoa ofendida pela conduta do *caput*, que se seguiu à do § 1.º De outra parte, se o crime for cometido contra a administração pública direta ou indireta de qualquer dos Poderes da República ou empresas concessionárias de serviços públicos a ação é pública incondicionada.

# Título II
## Dos crimes contra o patrimônio[1]

**1. Proteção constitucional:** preceitua o art. 5.º, *caput*, da Constituição Federal que todos são iguais perante a lei, garantindo-se aos brasileiros e aos estrangeiros residentes no País a *inviolabilidade* do direito à *propriedade*, considerado, pois, um dos direitos humanos fundamentais. Por isso, o Código Penal tutela e protege o direito de propriedade especificamente neste Título II.

### Capítulo I
### DO FURTO

**Furto[2]**

> **Art. 155.** Subtrair,[3-5] para si ou para outrem,[6] coisa[7-9] alheia[10] móvel:[11-13]
>
> Pena – reclusão, de 1 (um) a 4 (quatro) anos, e multa.
>
> § 1.º A pena aumenta-se de um terço,[14] se o crime é praticado durante o repouso noturno.[15-16]
>
> § 2.º Se o criminoso[17-17-B] é primário,[18] e é de pequeno valor[19] a coisa furtada, o juiz pode substituir a pena de reclusão pela de detenção, diminuí-la de um a dois terços, ou aplicar somente a pena de multa.[20-21-A]
>
> § 3.º Equipara-se à coisa móvel a energia elétrica ou qualquer outra que tenha valor econômico.[22-22-A]

**Furto qualificado[23]**

> § 4.º A pena é de reclusão de 2 (dois) a 8 (oito) anos, e multa, se o crime é cometido:
>
> I – com destruição[24] ou rompimento[25] de obstáculo à subtração da coisa;[26-28-B]
>
> II – com abuso de confiança,[29] ou mediante fraude,[30-30-A] escalada[31-31-A] ou destreza;[32]

# Art. 155

Código Penal Comentado · **Nucci**

> III – com emprego de chave falsa;[33]
>
> IV – mediante concurso de duas ou mais pessoas.[34]
>
> § 4.º-A. A pena é de reclusão de 4 (quatro) a 10 (dez) anos e multa, se houver emprego de explosivo ou de artefato análogo que cause perigo comum.[34-A]
>
> § 4.º-B. A pena é de reclusão, de 4 (quatro) a 8 (oito) anos, e multa, se o furto mediante fraude é cometido por meio de dispositivo eletrônico ou informático, conectado ou não à rede de computadores, com ou sem a violação de mecanismo de segurança ou a utilização de programa malicioso, ou por qualquer outro meio fraudulento análogo.[34-B]
>
> § 4.º-C. A pena prevista no § 4.º-B deste artigo, considerada a relevância do resultado gravoso:
>
> I – aumenta-se de 1/3 (um terço) a 2/3 (dois terços), se o crime é praticado mediante a utilização de servidor mantido fora do território nacional;[34-C]
>
> II – aumenta-se de 1/3 (um terço) ao dobro, se o crime é praticado contra idoso ou vulnerável.[34-D]
>
> § 5.º A pena é de reclusão de 3 (três) a 8 (oito) anos,[35-36] se a subtração for de veículo automotor[37] que venha a ser transportado[38] para outro Estado[39] ou para o exterior.[40-41]
>
> § 6.º A pena é de reclusão de 2 (dois) a 5 (cinco) anos se a subtração for de semovente domesticável de produção, ainda que abatido ou dividido em partes no local da subtração.[41-A]
>
> § 7.º A pena é de reclusão de 4 (quatro) a 10 (dez) anos e multa, se a subtração for de substâncias explosivas ou de acessórios que, conjunta ou isoladamente, possibilitem sua fabricação, montagem ou emprego.[41-B]

**2. Conceito de furto:** furtar significa apoderar-se ou assenhorear-se de coisa pertencente a outrem, ou seja, tornar-se senhor ou dono daquilo que, juridicamente, não lhe pertence. O *nomen juris* do crime, por si só, oferece uma bem definida noção do que vem a ser a conduta descrita no tipo penal.

**3. Análise do núcleo do tipo:** *subtrair* significa tirar, fazer desaparecer ou retirar e, somente em última análise, furtar (apoderar-se). É verdade que o verbo "furtar" tem um alcance mais amplo do que "subtrair", e justamente por isso o tipo penal preferiu identificar o crime como sendo *furto* e a conduta que o concretiza como *subtrair*, seguida, é lógico, de outros importantes elementos descritivos e normativos. Assim, o simples fato de alguém tirar coisa pertencente a outra pessoa não quer dizer, automaticamente, ter havido um furto, já que se exige, ainda, o ânimo fundamental, componente da conduta de *furtar*, que é assenhorear-se do que não lhe pertence.

**4. Sujeitos ativo e passivo:** podem ser qualquer pessoa. Nas palavras de Laje Ros, "pode ser sujeito passivo, aquele que alugou a coisa móvel do proprietário, pode ser quem a tivesse recebido por comodato, ou por qualquer outro título, que o tivesse constituído efetivamente em detenção da coisa. Até mesmo por ter sido vítima de um delito contra a propriedade. Tampouco se requer que o ofendido sejam um possuidor, no sentido de ter a coisa sob seu poder com intenção de submetê-la ao exercício de um direito de propriedade (...). É possível, ainda, que a vítima seja o ladrão que furtou a coisa e logo alguém a tenha subtraído dele. O contrário suporia que o ladrão que furtou o anterior ladrão deveria ficar impune, tão somente porque o último ladrão não furtou o proprietário ou o legítimo detentor" (*La interpretación* *penal en el hurto, el robo y la extorsión,* p. 87-88, traduzi). Discordamos de dois aspectos. O primeiro diz respeito ao mero detentor da coisa; se não é proprietário nem possuidor, não pode figurar como sujeito passivo de crime patrimonial, pois a *detenção* não possui valor econômico. Exemplo: o funcionário da empresa, ao levar o dinheiro ao banco para efetuar um pagamento referente ao empregador, caso tenha a quantia subtraída, o sujeito passivo é a empresa. O segundo refere-se ao caso do *ladrão que subtrai coisa já furtada de outro ladrão.* Há crime de furto, embora a vítima seja o legítimo dono ou possuidor do objeto. Portanto, inexiste impunidade: o primeiro ladrão, bem como o segundo respondem por furto, tendo por sujeito passivo o proprietário da coisa.

**5. Consumação do furto:** trata-se de tema polêmico e de difícil visualização na prática. Esclarece Laje Ros: "o furto consiste, de um ponto de vista material, em *apoderar-se da coisa alheia que se encontra em poder de outro, que, por apoderamento, resulta desapoderado daquela coisa.* Isso implica dizer que o objeto deixou de ser detido por este e que é detido pelo ladrão. Também importa entender que o apoderamento implica que o objeto deixou de pertencer a uma esfera de custódia e incorporou-se à de quem se apoderou" (*La interpretación penal en el hurto, el robo y la extorsión,* p. 97, traduzi). Há, basicamente, três teorias para fundamentar a consumação do furto, em nossa jurisprudência: a) basta o simples toque na coisa móvel alheia para apoderar-se dela (teoria do contato);b) exige-se a remoção da coisa do lugar onde foi colocada pelo proprietário ou possuidor, mas em dois momentos: a apreensão (*aprehensio*) e o traslado de um lugar a outro (*amotio de loco in locum*); para a consumação, requer-se que a coisa seja trasladada do lugar onde estava a outro local; somente assim se completa a subtração (*ablatio*). Há de sair da esfera de disponibilidade do dono; c) demanda-se o transporte da coisa pelo agente ao lugar por ele pretendido (*eo loco quo destinaverat*) para colocá-la a salvo (*La interpretación penal en el hurto, el robo y la extorsión,* p. 207-208). Segundo nos parece, o furto está consumado tão logo a coisa subtraída saia da esfera de disponibilidade da vítima. Por vezes, utiliza-se o termo *vigilância* da vítima para indicar que ela perdeu a disponibilidade do que lhe pertence, não significando *ter a visão* de onde a coisa se encontra. Tem-se adotado, majoritariamente, a segunda teoria: apreender e retirar da esfera de proteção da vítima. Não se demanda a posse *mansa e pacífica* (seria a terceira teoria), mas, sim, a retirada do bem da esfera de disponibilidade do ofendido. É imprescindível esta última situação, por tratar-se de crime material (aquele que se consuma com o resultado naturalístico); o bem precisa ser tomado do ofendido, estando, ainda que por breve tempo, em posse do agente. Se houver perseguição e em momento algum o autor da subtração tiver a livre disposição da coisa, trata-se de tentativa. Não se deve desprezar essa fase (retirada da esfera de proteção da vítima), sob pena de se transformar o furto em um crime formal, punindo-se unicamente a conduta, não se demandando o resultado naturalístico. Consultar, ainda, a nota 13 ao art. 157. Na jurisprudência: STF: "1. Para a consumação do furto, é suficiente que se efetive a inversão da posse, ainda que a coisa subtraída venha a ser retomada em momento imediatamente posterior. Jurisprudência consolidada do Supremo Tribunal Federal. 2. Ordem denegada" (HC 114329-RS, 1.ª T., rel. Roberto Barroso, 01.10.2013, m.v.). STJ: "Na conduta dos agentes, não houve contato direto com os ofendidos, de maneira que não se configurou qualquer violência ou grave ameaça contra a pessoa. O dolo dos agentes era de subtrair a res da maneira que fosse possível e o porte de arma de fogo era a garantia da consumação da subtração. Contudo, por razões alheias a sua vontade, e antes de confrontarem os habitantes da residência, *um alarme foi acionado, de modo que não houve a inversão da posse de qualquer bem.* Trata-se, portanto, da conduta de tentativa de furto qualificado pelo concurso de agentes, sendo correta a concessão da ordem, de ofício, para promover a desclassificação da condenação para o tipo do art. 155, § 4.º, inciso IV, c.c. art. 14, inciso II, ambos do Código Penal" (AgRg no HC 784.740/SC, 5.ª

T., rel. Reynaldo Soares da Fonseca, 07.02.2023, v.u.). Observa-se, entretanto, uma complexa avaliação do momento consumativo na jurisprudência. Há vários julgados considerando consumado o furto desde que haja a simples tomada da coisa das mãos da vítima, sem mencionar a inversão de posse e independentemente de sair da sua esfera de vigilância. Outras decisões afirmam que é preciso tomar a coisa da vítima, gerando inversão de posse, mesmo que por alguns momentos, mas nem mencionam a esfera de vigilância da pessoa ofendida. Muitos se referem à consumação como inversão de posse, tornando essa expressão como sinônima de sair a coisa da órbita de vigilância da vítima; porém, alguns julgados apontam a inversão da posse e a saída do âmbito de vigilância do ofendido como etapas distintas. Em suma, inexiste padronização no uso dos termos (inversão de posse, tomada da coisa, esfera de vigilância da vítima, campo de disponibilidade do ofendido, posse mansa e pacífica etc.), de modo que se torna dificultosa a análise dos julgados por meio da ementa. Afinal, somente conhecendo cada situação fática seria possível indicar o que, exatamente, pretendeu concluir o acórdão. Segundo nos parece, a simples tomada da coisa das mãos da vítima equivale a uma precária detenção, algo diverso da posse. Por isso, temos defendido a necessidade de inversão de posse, retirando a coisa da esfera de vigilância, leia-se, disponibilidade da vítima, mesmo que por alguns instantes, para se dar a consumação. Lembre-se de que o tipo penal do furto, em nossa visão, tutela a propriedade e a posse das coisas, mas não a mera detenção. Se Fulano detém algo pertencente a Beltrano, caso o agente subtraia essa coisa, o sujeito passivo do furto será Beltrano e não Fulano, o precário detentor do bem. Além disso, não são sinônimos os termos *apprehensio (apreensão)* e *amotio (remoção)*; na realidade, são fases sequenciais e constituem a segunda teoria, como explicitado em linhas anteriores. Primeiro, o agente apreende (*apprehensio*) e depois transfere de um lugar a outro (*amotio*), justamente o que retira o bem da esfera de proteção da vítima. Dando-se ambas as fases, atinge-se a *ablatio* (subtração efetiva). Não é preciso, para a consumação, atingir-se a terceira fase (*ablatio*), mas é indispensável, pelo menos, chegar à segunda (*amotio*). Contentar-se com a primeira fase (*apprehensio*) seria transformar o delito de furto em crime formal (bastaria praticar a conduta de *subtrair*, independentemente do resultado naturalístico, consistente na perda da posse da coisa). É fundamental chegar à inversão de posse, o que provoca a perda da proteção da vítima (a coisa não está mais ao seu alcance e ao seu dispor), mesmo que por breve tempo, sendo desnecessária a posse *mansa e pacífica*, equivalente à *ablatio*, com uso, gozo e livre disposição da coisa. Sintetizando, a maior parte dos julgados demanda a inversão de posse, mesmo que por curto espaço de tempo para atingir a consumação do furto (e do roubo).

**6. Elemento subjetivo do tipo:** exige-se o dolo (vontade do agente de subtrair coisa alheia móvel), mas, além disso, reclama-se o elemento subjetivo do tipo específico, que é a vontade de apossamento do que não lhe pertence, consubstanciada na expressão "para si ou para outrem". Essa intenção deve espelhar um desejo do agente de apoderar-se, definitivamente, da coisa alheia. É o que se chama tradicionalmente de dolo específico. Não existe a forma culposa.

**7. Conceito de coisa:** é tudo aquilo que existe, podendo tratar-se de objetos inanimados ou de semoventes. No contexto dos delitos contra o patrimônio (conjunto de bens suscetíveis de apreciação econômica), cremos ser imprescindível que a coisa tenha, para seu dono ou possuidor, algum valor econômico.

**8. Furto de coisa puramente de estimação:** entendemos não ser objeto material do crime de furto, pois é objeto sem qualquer valor econômico. Não se pode conceber seja passível de subtração, penalmente punível, por exemplo, uma caixa de fósforos vazia, desgastada, que a vítima possui somente porque lhe foi dada por uma namorada, no passado, símbolo de um amor antigo. Caso seja subtraída por alguém, cremos que a *dor moral* causada no ofendido deve ser resolvida na esfera civil, mas jamais na penal, que não se presta a esse tipo de reparação. Há posição em sentido contrário: TJPR: "Pode haver concurso de crimes entre a violação de sepultura e furto, desde que o objeto material do furto não seja o cadáver ou de próteses do cadáver. A lei não exige que a coisa furtada tenha valor comercial ou de troca, bastando que seja bem patrimonial, isto é, que represente alguma utilidade para quem detenha a posse, ou até mesmo um significado ditado pelo valor afetivo" (Ap. Crim. 225248-0-PR, 1.ª C. Crim., rel. Cunha Ribas, 15.05.2003, v.u.; embora antigo, o tema é de rara abordagem na jurisprudência).

**8-A. Furto de cadáver:** pode ser objeto material do crime de furto caso tenha valor econômico e esteja na posse legítima de alguém (ex.: subtrair o corpo pertencente a um museu, que o exibe por motivos científicos ou didáticos). Não sendo este o caso, a subtração do cadáver pode constituir crime contra o respeito aos mortos (art. 211, CP). "Os mortos são coisas, e são suscetíveis de ser levados de um lugar a outro. No entanto, não podem ser objeto de furto porque *não são coisas alheias*, e por isso não pertencem como coisas *próprias* a pessoa alguma. Não obstante, quem se apodera do corpo de um animal morto, em posse de outrem, comete furto, porque é uma coisa alheia" (Laje Ros, *La interpretación penal en el hurto, el robo y la extorsión*, p. 115). Assim: TJSP: "O cadáver – salvo quando perde sua individualidade, o que se dá, por exemplo, se constituir patrimônio de algum instituto científico, passando a ter valor econômico e a ser coisa alheia – é coisa fora do comércio e sua proteção é erigida em razão de princípios éticos, religiosos, sanitários e de ordem pública impostos pelo direito positivo" (1.ª C., 18.05.1987, rel. Marino Falcão, *RT* 619/291, acórdão antigo, mas mantido para ilustrar, em face da raridade de realização do crime).

**8-B. Furto de coisas abandonadas (*res derelicta*) não pertencentes a ninguém (*res nullius*) ou perdidas (*res deperdita*):** as duas primeiras situações não podem ser objeto do crime de furto, uma vez que não integram o patrimônio de outrem; a terceira hipótese também não se encaixa como objeto de furto, pois há tipo específico para tal caso, cuidando-se de apropriação indébita (art. 169, parágrafo único, II, CP). Na jurisprudência: TJMA: "Coisa abandonada (*res derelicta*) é aquela que não pertence a ninguém, não podendo ser objeto de furto por não integrar o patrimônio de outrem. Se o objeto do crime é de propriedade conhecida, estando apenas em local desabitado, seu apoderamento implica conduta ilícita" (Ap. 0118342013-MA, 2.ª C. Crim., rel. José Bernardo Silva Rodrigues, 30.01.2014, v.u., embora antigo, mantém-se o julgado para ilustração).

**8-C. Furto de coisas de ínfimo valor e princípio da insignificância:** em tese, as coisas de pequeno valor podem ser objetos do crime de furto, embora se deva agir com cautela nesse contexto, em face do princípio da insignificância (*crimes de bagatela*). O Direito Penal não se ocupa de insignificâncias (aquilo que a própria sociedade concebe ser de somenos importância), deixando de se considerar fato típico a subtração de coisas de pouco valor, compondo um quadro irrelevante. Ex.: o sujeito que leva, sem autorização, do banco, onde vai sacar determinada quantia, o clipe que está sobre o guichê do caixa, embora não lhe pertença. Não se deve exagerar, no entanto, na aplicação do princípio da bagatela, pois o que é irrelevante para uns pode ser extremamente importante para outros. Ex.: subtrair uma panela de quem possui apenas aquela para cozinhar representa um valor significativo, que necessitará ser recomposto. Por outro lado, subtrair uma panela de um supermercado pode ser insignificante, sem qualquer afetação real ao seu patrimônio. Ainda, deve-se analisar, cuidadosamente, a conduta do agente do furto, pois, assim fazendo, a insignificância pode ser afastada em face do caso concreto. Além disso, há vários outros fatores a considerar, como as condições pessoais do réu (primário ou reincidente, bons ou maus antecedentes), bem como a situação fática concreta, não se admitindo a insignificância, quando se trata de delito qualificado. Torna-se,

# Art. 155

então, injustificável aplicar, por exemplo, a um autor de furto mediante arrombamento ou com uso de explosivos o princípio da insignificância; a sua maior ousadia de romper obstáculo para subtrair a coisa, afasta o caráter ínfimo de sua conduta, demonstrativa de mais expressiva antissociabilidade. Em princípio, como mencionado, a reincidência ou os maus antecedentes do acusado impedem a aplicação do princípio da insignificância. Em Direito, nada pode ser absoluto, razão pela qual o caso concreto pode gerar a aplicação da bagatela (atipicidade do fato) em situações excepcionais, mesmo no caso de réu reincidente ou que tenha antecedentes criminais (ver a nota 8-C2 infra). Na jurisprudência: STF: "4. Não se mostra possível acatar a tese de atipicidade material da conduta, pois não há como afastar o nível de reprovabilidade assentado pelas instâncias antecedentes, notadamente se considerados os registros de que, 'além da reincidência específica em crimes contra o patrimônio (réu possui seis execuções penais por furtos e roubo), o crime em questão foi cometido durante o repouso noturno'; circunstâncias que desautorizam a aplicação do princípio da insignificância, na linha da jurisprudência desta Corte" (HC 229.796 AgR, 1.ª T., rel. Alexandre de Moraes, 22.08.2023, v.u.); "2. Não há ilegalidade na conclusão das instâncias ordinárias ao afastarem a aplicação do princípio da insignificância na espécie, tendo em vista o valor da res furtiva (acima de 15% do salário mínimo vigente à época em que praticado o delito) e o contexto dos fatos narrados na denúncia" (HC 218.300 AgR, 2.ª T., rel. Edson Fachin, 06.03.2023, m.v.); "Furto de uma bermuda usada. Paciente reincidente. Aplicação do princípio da insignificância. Possibilidade. Precedentes. Agravo regimental provido para conceder a ordem" (HC 214.876 AgR, 1.ª T., rel. Cármen Lúcia, 30.05.2022, maioria). STJ: "3. No caso dos autos, apesar da reincidência do paciente, verifico que há circunstâncias excepcionais que autorizam a aplicação do princípio da insignificância, tais como a natureza e o reduzido valor dos bens subtraídos (alimentos avaliados em R$ 122,00), a devolução dos itens à vítima, além dos antecedentes do paciente, conjuntura que admite a aplicação excepcional do princípio da bagatela" (AgRg no HC 752.239/SC, 5.ª T., rel. Reynaldo Soares da Fonseca, 02.08.2022, v.u.); "1. Esta Corte entende que a prática do delito de furto qualificado pelo concurso de agentes e mediante fraude, caso dos autos, indica a especial reprovabilidade do comportamento, sobretudo quando se trata de agente reincidente, o que afasta a aplicação do princípio da insignificância. 2. No caso dos autos, além da presença das qualificadoras, as instâncias ordinárias destacaram a reincidência do agravado, ante a condenação prévia por crime patrimonial (roubo majorado), circunstâncias que impedem o reconhecimento da atipicidade" (AgRg no AREsp 1.828.927-PR, 5.ª T., rel. Joel Ilan Paciornik, 21.09.2021, v.u.).

**8-C1. Critério do valor para a insignificância:** à falta de parâmetros fixados em lei, o STJ estabeleceu o teto de 10% do salário mínimo para servir de fronteira entre a insignificância e o pequeno valor. Entretanto, não se pode estabelecer um critério único e exclusivo para isso, dependendo do caso concreto. Na jurisprudência: STJ: "3. Na hipótese em análise, o entendimento do Tribunal de origem deve ser mantido, uma vez que se trata de situação que atrai a incidência excepcional do Princípio da Insignificância, mesmo sendo o valor do bem envolvido na prática delitiva (01 garrafa de uísque), superior a 10% do salário-mínimo vigente à época do crime, tendo em vista a primariedade da acusada, sem qualquer inquérito ou processo em andamento, as circunstâncias do delito (tentativa de furto simples), a inexistência de prejuízo à vítima (a res furtiva foi restituída), bem como a ausência de qualquer ato mais grave, sendo mínima a ofensividade e de reduzido grau de reprovabilidade o comportamento da envolvida" (AgRg no REsp 1.942.933-RJ, 5.ª T., rel. Reynaldo Soares da Fonseca, 03.08.2021, v.u.); "2. Na espécie, apesar de constar no acórdão recorrido que o agravado possui outra ação penal em andamento, concluí que a condenação pelo crime de furto, em virtude da subtração de um capacete avaliado em R$ 80,00 (oitenta reais), não seria razoável, tendo em vista a inexpressiva lesão ao bem jurídico tutelado, o fato de ele ter sido restituído à vítima e de o delito ter sido praticado sem violência ou grave ameaça. Precedentes" (AgRg no HC 649.320-RO, 6.ª T., rel. Antonio Saldanha Palheiro, 20.04.2021, v.u.).

**8-C2. Aplicação da insignificância a pessoa reincidente ou com maus antecedentes:** o denominado crime de bagatela, que gera atipicidade material, visto que a coisa subtraída tem reduzidíssimo potencial de afetar o patrimônio da vítima, como regra, não deve privilegiar o agente reincidente ou que tenha maus antecedentes. O objetivo é não produzir um instrumento de incentivo à prática delituosa, absolvendo-se o furtador sempre que ele subtrair coisas de valor reduzido. O critério da insignificância não se encontra previsto expressamente em lei, de modo que seus requisitos vêm sendo estabelecidos pela jurisprudência e pela doutrina. Por outro lado, inexistindo um método legal e claro para apreciar cada caso, o mais prudente é analisar a situação concreta, pois uma pessoa pode ser reincidente e terminar furtando um objeto de ínfimo valor, não se justificando uma pena privativa de liberdade. Há hipóteses de agentes que têm antecedentes, mas estes, também, são decorrentes de infrações menores, muitas das quais cometidas sem violência ou grave ameaça, razão pela qual poderia dar ensejo ao reconhecimento do delito de bagatela. Na jurisprudência: STJ: "1. Trilhando a jurisprudência desta Corte Superior, não é socialmente recomendável a aplicação do princípio da insignificância à espécie, dada a ausência de mínima ofensividade da conduta, uma vez constatada a multirreincidência do agente, havendo registro, no acórdão impugnado, da extensa ficha criminal do réu, o que afasta o reduzido grau de reprovabilidade da conduta, não sendo possível a incidência do princípio da bagatela" (AgRg no AREsp 2.096.861/RS, 6.ª T., rel. Sebastião Reis Júnior, 15.08.2023, v.u.); "3. No caso em análise, trata-se de situação que atrai a incidência excepcional do princípio da insignificância, mesmo sendo o acusado reincidente e com maus antecedentes, ante a existência de mínima ofensividade e de reduzido grau de reprovabilidade do comportamento, tendo em vista a circunstância do delito (furto simples), a natureza dos bens subtraídos (3 frascos de desodorante e 1 protetor solar), a inexistência de prejuízo à vítima, tendo sido a res furtiva restituída, e a ausência de qualquer ato mais grave" (AgRg no REsp 1.927.688-SP, 5.ª T., rel. Reynaldo Soares da Fonseca, 13.04.2021, v.u.).

**8 D. Furto de talão de cheques:** pode ser objeto do crime de furto, visto possuir nítido valor econômico, tanto para quem o subtrai, que o vende a estelionatários, quanto para a vítima, que é obrigada a sustar os cheques, retirar outro talão, pagando ao estabelecimento bancário taxas elevadas e sofrendo prejuízo material. "É suficiente que tenham *um valor*, ou *algum valor*, sem importar que esse valor traduza sempre uma estrita referência ao econômico. O valor da coisa não equivale a que ela deva ser intrinsecamente valiosa para todos. Por isso é que pode ter um valor afetivo e pode ser furtada" (Laje Ros, *La interpretación penal en el hurto, el robo y la extorsión*, p. 113).

**8-E. Furto de uso:** não se trata de crime, pois, como mencionado nos comentários feitos na análise do núcleo do tipo e do elemento subjetivo, há necessidade do ânimo de assenhoreamento. Se o agente retirar a coisa da posse da vítima apenas para usar por pouco tempo, devolvendo-a intacta, é de se considerar não ter havido crime. Cremos ser indispensável, entretanto, para a caracterização do furto de uso, a devolução da coisa no estado original, sem perda ou destruição do todo ou de parte. Se houver a retirada de um veículo para dar uma volta, por exemplo, devolvendo-o com o para-lama batido, entendemos haver furto, pois houve perda patrimonial para a vítima. De um modo indireto, o sujeito *apropriou-se* do bem de terceiro, causando-lhe prejuízo. Lembremos que a intenção de se apoderar implica, também, na possibilidade de dispor do que é do outro, justamente o que ocorre quando o agente trata a coisa como se sua fosse. Utilizar um automóvel para uma volta, provocando uma colisão e

# Art. 155

devolvendo-o danificado, é o modo que o autor possui de demonstrar a sua franca intenção de dispor da coisa como se não pertencesse a outrem. Além disso, é preciso haver imediata restituição, não se podendo aceitar lapsos temporais exagerados. E, por fim, torna-se indispensável que a vítima não descubra a subtração antes da devolução do bem. Se constatou que o bem de sua propriedade foi levado, registrando a ocorrência, dá-se o furto por consumado. É que, nesse cenário, novamente o agente desprezou por completo a livre disposição da coisa pelo seu dono, estando a demonstrar o seu ânimo de apossamento ilegítimo. Em síntese: admitimos o furto de uso desde que presentes os seguintes requisitos, demonstrativos da *total* ausência do ânimo de assenhoreamento: *1.º*) rápida devolução da coisa; *2.º*) restituição integral e sem qualquer dano do objeto subtraído; *3.º*) devolução antes que a vítima perceba a subtração, dando falta do bem. Na ótica de Laje Ros, "não furta, embora use, porque *não pode apoderar-se do que tem em seu poder*, e não pode violar a propriedade alheia porque o objeto detido não se encontra na esfera de custódia distinta da sua. (...) Por constituir propriamente furto de coisa alheia, *não pode assimilar-se ao uso ilegítimo de coisa alheia*, o fato de apoderar-se da coisa, servir-se dela e logo restituí-la" (*La interpretación penal en el hurto, el robo y la extorsión*, p. 139).

**8-F. Furto em túmulos e sepulturas:** cremos haver, como regra, apenas o crime de *violação de sepultura* (art. 210, CP) ou, conforme o caso, *destruição, subtração ou ocultação de cadáver* (art. 211, CP), pois os objetos materiais que estão dentro da cova não pertencem a ninguém. Foram ali abandonados pela família. Entretanto, se o agente subtrai adornos ou bens que guarnecem o próprio túmulo, como castiçais ou estátuas de bronze, naturalmente há furto. Na jurisprudência: TJMG: "A violação de túmulo com a consequente subtração do crânio ali sepultado configura tão somente o crime de violação de sepultura, não havendo que se falar em concurso material com o delito de furto em razão de as partes do esqueleto do defunto não configurarem coisas alheias móveis" (Ap. Crim. 1.0281.01.000374-3/001-MG, 5.ª C. Crim., rel. Adilson Lamounier, 05.08.2008, v.u., mantido para ilustração). E tratando de *furto da arcada dentária* do defunto: "Não se pretenda dizer que pertence ele à família, que é coisa que faz parte do patrimônio dos herdeiros do morto e que estes seriam, de conseguinte, as vítimas do crime de furto. Seria risível pensar tal hipótese. Se fosse assim, teria o cadáver que ser sempre objeto de inventário... E, se não tivesse o defunto família, passaria ele a constituir *res nullius* e não poderia ser objeto de furto!" (*RT* 619/291, julgado antigo, mas peculiar).

**8-G. Furto sob vigilância:** é possível ocorrer a hipótese descrita no art. 17 do Código Penal, ou seja, o sujeito eleger um meio absolutamente ineficaz ou voltar-se contra um objeto absolutamente impróprio no cometimento do furto. Haveria, nesse caso, tentativa inidônea ou quase crime, que não é punida. O importante é analisar se o meio eleito é, de fato, *absolutamente* ineficaz para a prática do crime, no caso concreto e não simplesmente em tese. O mesmo se diga de ser o objeto *absolutamente* impróprio, no caso concreto. Se um indivíduo é vigiado num supermercado o tempo todo por seguranças e câmeras internas, de modo a tornar, *naquela situação concreta*, impossível a consumação do delito de furto, trata-se da hipótese do art. 17. Mas se a vigilância for falha ou incompleta, cremos ser cabível falar em tentativa. O mesmo se diga de uma tentativa de furto de quem não possui bens economicamente viáveis. Se, de fato, nada puder ser levado, pois a vítima está completamente depauperada, pode ser crime impossível, embora, quando exista algo passível de se constituir objeto do furto – com algum valor, portanto –, cremos tratar-se de tentativa de furto. No entanto, dispositivo antifurto instalado em veículo ou outro bem qualquer não torna impossível o delito. Preceitua a Súmula 567 do STJ o seguinte: "sistema de vigilância realizado por monitoramento eletrônico ou por existência de segurança no interior de estabelecimento comercial, por si só, não torna impossível a configuração do crime de furto". Em verdade, o sistema de vigilância pode ou não permitir a consumação do delito, a depender do caso concreto. Logo, os termos da referida súmula dizem exatamente isso: a simples existência do sistema de vigilância – *por si só* – não torna impossível a consumação. Porém, dependendo do sistema de monitoramento, é possível gerar a hipótese do art. 17 do Código Penal. Na jurisprudência: STJ: "II – No presente caso, já foi devidamente esclarecido, na decisão agravada, que não se verifica qualquer constrangimento ilegal apto à concessão da ordem, de ofício, porquanto alegação de crime impossível, pela existência de vigilância e sistema de monitoramento eletrônico no estabelecimento comercial, por si só, não afasta a viabilidade da conduta praticada, quando existe a inversão da posse, ainda que breve (Súmula n. 567/STJ). III – 'A existência de sistema de monitoramento eletrônico ou a observação do praticante do furto pelo gerente do supermercado, como ocorreu na espécie, não rende ensejo, por si só, ao automático reconhecimento da existência de crime impossível, porquanto, mesmo assim, há possibilidade de o delito ocorrer. Incidência da Súmula 567 desta Corte. Tese firmada em recurso representativo da controvérsia (Resp n.º 1.385.621/MG, *DJe* 02/06/2015)' (HC n. 357.795/SP, Sexta Turma, Relª. Minª. Maria Thereza de Assis Moura, *DJe* de 01/08/2016)" (AgRg no HC 583.297-SC, 5.ª T., rel. Felix Fischer, 18.08.2020, v.u.). Consultar, ainda, a nota 59-B ao art. 17.

**8-H. A questão da trombada:** cremos não se tratar de furto, e sim de roubo. A violência utilizada na trombada, por menor que seja, é voltada contra a pessoa para arrancar-lhe a bolsa, a corrente, o relógio ou qualquer outro bem que possua, de forma que configurada está a figura do art. 157. Dizer que o ato violento tem por objetivo apenas a coisa é desconhecer o significado da "trombada", que inexoravelmente provoca o toque físico ao corpo da vítima, com uso da força bruta. O furto deve prescindir de todo e qualquer tipo de violência contra a pessoa, não havendo lesão à integridade física do ofendido. Pode-se falar em furto – mas, nesse caso, não acreditamos tratar-se de "trombada" – quando o agente ludibria a vítima, retirando-lhe o bem que possui. Ex.: fingindo limpar o líquido que propositadamente derrubou na roupa do ofendido, o autor toma-lhe a carteira. Há toque físico no corpo da vítima, embora esta conduta seja típica do furto, porque não houve violência contra a pessoa. Na jurisprudência: STJ: "2. O emprego de empurrão contra a vítima para subtração de bem móvel configura violência física apta à caracterização do crime de roubo" (AgRg no HC 618.574-SC, 5.ª T., rel. João Otávio de Noronha, 03.08.2021, v.u.); "1. Sendo a violência dirigida exclusivamente à coisa, limitando-se os réus 'a puxar a bolsa da vítima, sem sequer esboçar qualquer ato de violência ou de grave ameaça', e 'apesar de a vítima ter sofrido lesões durante a prática delitiva, tal como alega, tais lesões foram causadas de forma indireta pelo arrebatamento da bolsa', não há falar em desclassificação para o delito de roubo. Precedentes" (AgRg no AREsp 1.604.296-MG, 6.ª T., rel. Nefi Cordeiro, 16.06.2020, v.u.).

**8-I. Furto de cartão de crédito e bancário:** a simples subtração do cartão de plástico pode ser considerada crime de bagatela, ou seja, fato atípico. O cartão não tem valor algum e a administradora ou o estabelecimento bancário, comunicado o furto, repõe o mesmo ao cliente sem nenhum custo, como regra. Por isso, a situação é diversa daquela que apresenta o talão de cheques. Neste caso, há a necessária e custosa sustação das folhas e o reenvio de outro, muitas vezes cobrado. Se o agente do furto utilizar o cartão para fazer saques ou comprar algum produto em lugar do titular da conta, configura-se o estelionato.

**8-J. Furto de imagem:** a coisa, objeto do delito, deve ser palpável, não podendo tratar-se de uma imagem, como a captada por meio de uma foto ou filme. Se uma pessoa invade um lugar para fotografar ou filmar alguma coisa, pode responder por violação de domicílio e até violação de direito autoral, no tocante ao uso da imagem, mas não por furto. "O furto deve ser furto de coisa, ou recair em uma coisa; a coisa mesma deve ser subtraída. É por isso que não comete

# Art. 155

furto o fotógrafo do Santo Sudário que, em 1898, em Turim, porque se limitou tão somente a fotografá-lo" (Laje Ros, *La interpretación penal en el hurto, el robo y la extorsión*, p. 100).

**9. Furto famélico:** pode, em tese, constituir estado de necessidade. É a hipótese de se subtrair alimento para saciar a fome. O art. 24 do Código Penal estabelece ser possível o perecimento de um direito (patrimônio) para salvaguardar outro de maior valor (vida, integridade física ou saúde humana), desde que o sacrifício seja indispensável e inevitável. Atualmente, não é qualquer situação que pode configurar o furto famélico, tendo em vista o estado de pobreza que prevalece em muitas regiões de nosso país. Fosse ele admitido sempre e jamais se teria proteção segura ao patrimônio. Portanto, reserva-se tal hipótese a casos excepcionais, como, por exemplo, a mãe que, tendo o filho pequeno adoentado, subtrai um litro de leite ou um remédio, visto não ter condições materiais para adquirir o bem desejado e imprescindível para o momento.

**10. Elemento normativo do tipo:** *alheia* é toda coisa que pertence a outrem, seja a posse ou a propriedade.

**11. Conceito de móvel:** é a coisa que se desloca de um lugar para outro. Trata-se do sentido real, e não jurídico. Assim, ainda que determinados bens possam ser considerados imóveis pelo direito civil, como é o caso dos materiais provisoriamente separados de um prédio (art. 81, II, CC: "Não perdem o caráter de imóveis: (...) II – os materiais provisoriamente separados de um prédio, para nele se reempregarem"), para o Direito Penal são considerados móveis, portanto, suscetíveis de serem objeto do delito de furto. No mesmo sentido: "ainda que o Código Civil considere que as coisas móveis postas intencionalmente pelo proprietário, como acessórias de um imóvel, devem ser consideradas como tais, quem se apodera delas não comete usurpação de imóvel, mas furto" (Laje Ros, *La interpretación penal en el hurto, el robo y la extorsión*, p. 111).

**12. Objetos material e jurídico:** o objeto material é a coisa sujeita à subtração, que sofre a conduta criminosa; o objeto jurídico é o patrimônio do indivíduo, que pode ser constituído de coisas de sua propriedade ou posse, desde que legítimas. A mera detenção, em nosso entender, não é protegida pelo Direito Penal, pois não integra o patrimônio da vítima.

**13. Classificação:** trata-se de crime comum (aquele que não demanda sujeito ativo qualificado ou especial); material (delito que exige resultado naturalístico, consistente na diminuição do patrimônio da vítima); de forma livre (podendo ser cometido por qualquer meio eleito pelo agente); comissivo ("subtrair" implica ação) e, excepcionalmente, comissivo por omissão (omissivo impróprio, ou seja, é a aplicação do art. 13, § 2.º, CP); instantâneo (cujo resultado se dá de maneira instantânea, não se prolongando no tempo), na maior parte dos casos, embora seja permanente na forma prevista no § 3.º (furto de energia); de dano (consuma-se apenas com efetiva lesão a um bem jurídico tutelado); unissubjetivo (que pode ser praticado por um só agente); plurissubsistente (em regra, vários atos integram a conduta); admite tentativa.

**14. Causa específica de aumento de pena e aplicabilidade:** trata-se do furto cometido durante o repouso noturno – ou simplesmente *furto noturno* –, especial circunstância que torna mais grave o delito, tendo em vista a menor vigilância que, durante a noite, as pessoas efetivamente exercem sobre os seus bens, seja porque estão repousando, seja porque há menor movimentação na comunidade, facilitando a perpetração do crime. O legislador, reconhecendo o maior gravame, impõe um aumento de um terço para a pena, em quantidade fixa e predeterminada. Parcela da jurisprudência tem entendido que essa causa de aumento deve ser aplicada *somente* ao furto simples, isto é, à figura prevista no *caput*, tendo em vista a sua posição sistemática na construção do tipo penal. A pena do furto qualificado, já aumentada nas suas balizas mínima e máxima, não seria por este aumento afetada. Ademais, as circunstâncias que envolvem o furto previsto no § 4.º já são graves o suficiente para determinar uma justa punição ao autor da infração penal. Era a nossa posição. Mais detidamente refletindo sobre o tema, verificamos o seu desacerto no processo de fixação da pena. Em redor do tipo básico (*caput*), giram várias circunstâncias, algumas gerando aumento de pena, outras, diminuição. As elevações são obtidas por meio de qualificadoras e causas de aumento; as diminuições, por meio de privilégios e causas de diminuição. A qualificadora, quando presente, altera a faixa de fixação abstrata da pena (no caso do furto, pode-se alterá-la para dois a oito anos e multa – conforme § 4.º – ou para três a oito – conforme § 5.º). Na concomitante presença de qualificadora do § 4.º e do § 5.º, somente se pode eleger uma faixa para a pena, logo, escolhe-se a mais grave: de três a oito anos. A circunstância remanescente, pertencente à outra qualificadora do § 4.º (por exemplo, rompimento de obstáculo), deve ser levada em conta na aplicação da pena-base, como circunstância judicial. Entretanto, a incidência concomitante de causas de aumento e de diminuição, previstas no mesmo tipo penal, podem (e devem) ser aplicadas umas sobre as outras. Por isso, se houver furto noturno, cometido por primário, com coisa de pouco valor, pode-se fazer incidir os §§ 1.º e 2.º. Diante disso, presente apenas uma circunstância qualificadora do § 4.º (ilustrando, a escalada), além da causa de aumento de ter sido o crime cometido durante o repouso noturno, prevista no § 1.º, nada impede a aplicação de ambas. O juiz parte da faixa indicada pelo § 4.º, por conta da escalada, logo, dois a oito anos; fixa a pena-base, com fruto no art. 59 do CP; verifica se há agravantes ou atenuantes (arts. 61 a 65); finalmente, insere as causas de aumento, no caso, um terço a mais, por consideração ao §. 1.º. A posição da causa de aumento no tipo penal, bem como da qualificadora, é completamente indiferente, levando-se em conta o processo trifásico de aplicação da pena. Outras considerações, para não aplicar o aumento do § 1.º às formas qualificadas, constituem pura política criminal, visando à menor apenação ao acusado, embora distante da técnica de individualização da pena. Na jurisprudência, no sentido da nossa posição: STF: "1. A causa de aumento do repouso noturno se coaduna com o furto qualificado quando compatível com a situação fática. Precedente: HC 130.952, rel. Min. Dias Toffoli, 2.ª T., *DJe* 20.02.2017; RHC 172.782, rel. Min. Roberto Barroso, *DJe* de 22.08.2019" (HC 180.966 AgR, 1.ª T., rel. Luiz Fux, 04.05.2020, v.u.); "Não convence a tese de que a majorante do repouso noturno seria incompatível com a forma qualificada do furto, a considerar, para tanto, que sua inserção pelo legislador antes das qualificadoras (critério topográfico) teria sido feita com intenção de não submetê-la às modalidades qualificadas do tipo penal incriminador. Se assim fosse, também estaria obstado, pela concepção topográfica do Código Penal, o reconhecimento do instituto do privilégio (CP, art. 155, § 2.º) no furto qualificado (CP, art. 155, § 4.º) – como se sabe o Supremo Tribunal Federal já reconheceu a compatibilidade desses dois institutos. Inexistindo vedação legal e contradição lógica, nada obsta a convivência harmônica entre a causa de aumento de pena do repouso noturno (CP, art. 155, § 1.º) e as qualificadoras do furto (CP, art. 155, § 4.º) quando perfeitamente compatíveis com a situação fática" (HC 130.952/MG, 2.ª T., rel. Dias Toffoli, 13.12.2016, v.u.). Entretanto, a 3.ª Seção do Superior Tribunal de Justiça alterou a visão acerca desse tema, retornando a uma posição antiga, já adotada no passado pelo extinto Tribunal de Alçada Criminal de S. Paulo: "1. Na formulação de precedente judicial, sobretudo diante de sua carga vinculatória, as orientações jurisprudenciais, ainda que reiteradas, devem ser reexaminadas para que se mantenham ou se adéquem à possibilidade de evolução de entendimento. 2. A interpretação sistemática pelo viés topográfico revela que a causa de aumento de pena relativa ao cometimento do crime de furto durante o repouso noturno, prevista no art. 155, § 1.º, do CP, não incide nas hipóteses de furto qualificado, previstas no art. 155, § 4.º, do CP. 3. A pena decorrente da incidência da causa de aumento relativa ao furto noturno nas hipóteses de furto qualificado

# Art. 155

resulta em quantitativo que não guarda correlação com a gravidade do crime cometido e, por conseguinte, com o princípio da proporcionalidade. 4. Tese jurídica: A causa de aumento prevista no § 1.º do art. 155 do Código Penal (prática do crime de furto no período noturno) não incide no crime de furto na sua forma qualificada (§ 4.º). 5. Recurso especial parcialmente provido" (REsp 1.891.007/RJ, 3.ª Seção, relator João Otávio de Noronha, 25.05.2022, *DJe* de 27.06.2022). Como mencionamos linhas atrás, não nos parece a mais adequada corrente, pois a *posição* da causa de aumento ou diminuição no tipo penal é irrelevante. Note-se o que ocorre com a aplicação do art. 121, § 1.º (causas de diminuição), que se volta tanto à figura simples do *caput*, quanto às figuras qualificadas. Outro ponto a observar é que o privilégio do § 2.º do art. 155, conforme posição *topográfica*, somente seria aplicável ao furto simples; entretanto, a jurisprudência tem aceitado a aplicação às figuras qualificadas.

**15. Repouso noturno:** entende-se por repouso noturno, a fim de dar segurança à interpretação do tipo penal, uma vez que as pessoas podem dar início a esse repouso em variados horários, mormente em grandes cidades, o período que medeia entre o início da noite, com o pôr do sol, e o surgimento do dia, com o alvorecer. Entretanto, a Lei 13.869/2019 fixou o período noturno entre 21 horas e 5 horas, conforme o art. 22, § 1.º, III. Pode-se levar esse período em consideração para estabelecer um modo a mais com o fim de interpretar a lei no tocante ao *repouso noturno*. Ensina JORGE ALBERTO ROMEIRO que ocorreu na Índia a primeira anotação encontrada na lei penal acerca da circunstância agravante de furto praticado durante a noite: "Se os ladrões, depois de haverem feito uma brecha num muro, cometem um roubo *durante a noite*, que o rei ordene a sua empalação em pontudo dardo, após a amputação das duas mãos" (parágrafo 276 do Código de Manu). Continua o mestre dizendo que Moisés já definia o período noturno "como o espaço de tempo que medeia entre o pôr e o nascer do sol" (*A noite no direito e no processo penal*, p. 181). Assim, no contexto desta causa de aumento, se a vítima dorme durante o dia – por ser vigilante noturno, por exemplo –, não incide a agravação da pena. Por outro lado, é possível haver o aumento caso o furto seja cometido em zona rural (sítio ou fazenda), fora da casa-sede, desde que os moradores estejam repousando. Na jurisprudência: STJ: "Nos termos do § 1.º do art. 155 do Código Penal, se o crime de furto é praticado durante o repouso noturno, a pena será aumentada de um terço. 2. O repouso noturno compreende o período em que a população se recolhe para descansar, devendo o julgador atentar-se às características do caso concreto. 3. A situação de repouso está configurada quando presente a condição de sossego/tranquilidade do período da noite, caso em que, em razão da diminuição ou precariedade de vigilância dos bens, ou, ainda, da menor capacidade de resistência da vítima, facilita-se a concretização do crime. 4. São irrelevantes os fatos das vítimas estarem, ou não, dormindo no momento do crime, ou o local de sua ocorrência, em estabelecimento comercial, via pública, residência desabitada ou em veículos, bastando que o furto ocorra, obrigatoriamente, à noite e em situação de repouso" (REsp 1.979.989/RS, 3.ª Seção, rel. Joel Ilan Paciornik, 22.06.2022, *DJe* 27.06.2022); "2. A jurisprudência desta Corte Superior é firme no sentido de que, para aplicação da majorante do § 1.º do art. 155 do Código Penal, basta que o furto seja praticado durante o repouso noturno, ainda que o local dos fatos seja estabelecimento comercial ou residência desabitada, tendo em vista que a lei não faz referência ao local do crime. 3. O legislador tinha em mente, ao estabelecer a aludida causa de aumento, o fato da res estar mais desprotegida, dada a precariedade da vigilância durante o repouso noturno, que deve ser entendido como o período em que as pessoas se recolhem. No caso, reconhecido que o crime foi perpetrado às 5h30min durante o inverno, ou seja, ainda durante a madrugada, mesmo que as pessoas possam começar o dia mais cedo em uma cidade interiorana, no local dos fatos, conforme o reconhecido nos autos, as pessoas estavam repousando, o que basta para justificar o aumento na terceira fase do cálculo dosimétrico. 4.

De acordo com a jurisprudência deste Tribunal Superior, '(...) a causa de aumento tipificada no § 1.º do art. 155 do Código Penal, referente ao crime cometido durante o repouso noturno, é aplicável tanto na forma simples como na qualificada do delito de furto' (AgRg no REsp n. 1.708.538/SC, relator Ministro Sebastião Reis Júnior, Sexta Turma, julgado em 5/4/2018, *DJe* 12/4/2018)" (AgRg no HC 674.534-MS, 5.ª T., rel. Ribeiro Dantas, 10.08.2021, v.u.).

**16. Abrangência do repouso noturno:** há duas posições a respeito do tema: a) é indispensável que o furto ocorra em casa habitada, com os moradores nela repousando. Justamente porque prevalecia esse entendimento, não se admitia a incidência do aumento quando o furto ocorresse em casa comercial. É posição ultrapassada na jurisprudência; b) a causa de aumento está presente desde que a subtração ocorra durante o repouso noturno, ou seja, quando as pessoas de um modo geral estão menos atentas, com menor chance de vigilância dos seus e dos bens alheios, porque anoiteceu. Se um imóvel é invadido durante a noite, estando ou não habitado, com ou sem moradores no seu interior repousando, o furto merece pena mais severa. É a solução correta, pois sustentar o contrário faz com que a circunstância agravante se concentre no fato de haver maior perigo para a vítima – que está em casa dormindo – quando a subtração se realiza no mesmo local, o que não nos parece tenha sido o objetivo da lei. Na jurisprudência: STJ: "1. Nos termos do § 1.º do art. 155 do Código Penal, se o crime de furto é praticado durante o repouso noturno, a pena será aumentada de um terço. 2. O repouso noturno compreende o período em que a população se recolhe para descansar, devendo o julgador atentar-se às características do caso concreto. 3. A situação de repouso está configurada quando presente a condição de sossego/tranquilidade do período da noite, caso em que, em razão da diminuição ou precariedade de vigilância dos bens, ou, ainda, da menor capacidade de resistência da vítima, facilita-se a concretização do crime. 4. São irrelevantes os fatos de as vítimas estarem, ou não, dormindo no momento do crime, ou o local de sua ocorrência, em estabelecimento comercial, via pública, residência desabitada ou em veículos, bastando que o furto ocorra, obrigatoriamente, à noite e em situação de repouso" (REsp 1.979.989/RS, 3.ª Seção, rel. Joel Ilan Paciornik, 22.06.2022, v.u.).

**17. Furto privilegiado:** difundiu-se o entendimento de a figura prevista no § 2.º tratar-se do *furto privilegiado*, em que pese ser uma norma de caráter misto. Espelha a viabilidade de o julgador optar apenas pela diminuição da pena, o que seria uma causa de diminuição – e não um autêntico privilégio – aplicável na terceira fase da fixação do *quantum* da pena. Porém, há a possibilidade de se substituir por completo a pena privativa de liberdade pela pena pecuniária, o que altera substancialmente a sanção, constituindo um verdadeiro privilégio.

**17-A. Diferença da insignificância:** esta gera a atipicidade da conduta, pois o bem subtraído possui ínfimo valor, incapaz de afetar o patrimônio da vítima. A figura do furto privilegiado permite a concretização do delito, embora com atenuação da pena. O valor do bem afetado foge da esfera da bagatela, permitindo, entretanto, a sua consideração como de pequena monta.

**18. Primariedade:** é o primeiro requisito para o reconhecimento do furto privilegiado. A primariedade é um conceito negativo, ou seja, significa não ser reincidente. Portanto, quem não é reincidente, é primário. A reincidência ocorre quando o réu comete novo crime, após já ter sido condenado definitivamente, no Brasil ou no exterior. Lembremos, no entanto, que a condenação anterior somente surte efeito para provocar a reincidência desde que não tenha ocorrido o lapso temporal de cinco anos entre a data do cumprimento ou da extinção da pena e o cometimento da nova infração penal. Ver comentários ao art. 63 do Código Penal. É preciso anotar que a lei foi bem clara ao exigir somente a primariedade para a aplicação do

# Art. 155

Código Penal Comentado · **Nucci**

benefício, de modo que descabe, em nosso entendimento, clamar também pela existência de bons antecedentes.

**19. Pequeno valor:** não se trata de conceituação pacífica na doutrina e na jurisprudência, tendo em vista que se leva em conta ora o valor do prejuízo causado à vítima, ora o valor da coisa em si. Preferimos o entendimento que privilegia, nesse caso, a interpretação literal, ou seja, deve-se ponderar unicamente o valor da coisa, pouco interessando se, para a vítima, o prejuízo foi irrelevante. Afinal, quando o legislador quer considerar o montante do prejuízo deixa isso bem claro, como o fez no caso do estelionato (art. 171, § 1.º, CP). Por isso, concordamos plenamente com a corrente majoritária, que sustenta ser de pequeno valor a coisa que não ultrapassa quantia equivalente ao salário mínimo. De fato, seria por demais ousado defender a tese de que um objeto cujo valor seja superior ao do salário mínimo – auferido por grande parte da população – possa ser considerado de "pequeno valor". Nessa linha: STJ: "2. Tem-se por inaplicável a privilegiadora do § 2.º do art. 155 do CP, quando o valor da res furtiva supera o valor do salário-mínimo vigente à época dos fatos, considerando-se, ainda, que houve a quebra do vidro, quando do arrombamento do veículo, acarretando maiores prejuízos à vítima" (AgRg no REsp 1.909.057-MG, 6.ª T., rel. Olindo Menezes, 04.05.2021, v.u., grifamos); "Afasta-se a incidência do furto privilegiado quando o valor dos bens subtraídos é muito superior ao salário-mínimo" (AgRg no REsp 1.265.654-RS, 6.ª T., rel. Sebastião Reis Júnior, 02.02.2012, v.u.). Por derradeiro, deve-se salientar que o "pequeno valor" precisa ser constatado à época da consumação do furto, e não quando o juiz for aplicar a pena.

**20. Aplicação do privilégio à figura qualificada:** há polêmica quanto à possibilidade de aplicação do privilégio às figuras qualificadas previstas no § 4.º, prevalecendo o entendimento acerca da possibilidade. Assim, segundo a orientação hoje minoritária, o privilégio seria útil somente às figuras do *caput* e do § 1.º, mas não ao tipo qualificado. Discordamos desse posicionamento. No caso do homicídio, o § 1.º do art. 121, que é considerado o *homicídio privilegiado*, aplica-se, conforme doutrina e jurisprudência majoritárias, não somente ao *caput*, mas também ao § 2.º, que cuida das qualificadoras. Por que não fazer o mesmo com o furto? Inexistindo razão para dar tratamento desigual a situações semelhantes, cremos ser possível a aplicação da causa de diminuição da pena às hipóteses qualificadas do § 4.º. Ademais, ao se cuidar do chamado privilégio, aponta-se, na realidade, uma causa de diminuição de pena incidindo sobre um tipo qualificado. Assim, não vemos razão para punir o réu primário, que subtraiu coisa de pequeno valor, valendo-se de escalada, com a mesma pena daquele que subtraiu coisas de elevado valor, utilizando o mesmo expediente. São situações diferentes, que merecem o cuidado de aplicações diferenciadas quanto à reprimenda: para um, a pena de dois anos, diminuída de um a dois terços; para o segundo, a pena de dois anos, sem qualquer diminuição. Deve-se incentivar, segundo cremos, as hipóteses de diminuição de pena – e não simplesmente de atenuantes – com possibilidade de fixação da pena abaixo do mínimo legal em casos nitidamente menos graves. Nesse prisma: STF: "2. A jurisprudência desta Corte é firme no sentido de que '[o] furto qualificado privilegiado encerra figura harmônica com o sistema penal no qual vige a interpretação mais favorável das normas penais incriminadoras, por isso que há compatibilidade entre os §§ 2.º e 4.º do art. 155 do Código Penal quando o réu for primário e a *res furtivae* de pequeno valor, reconhecendo-se o furto privilegiado independentemente da existência de circunstâncias qualificadoras' (RHC 115.225, Rel. Min. Luiz Fux). 3. Contudo, esse entendimento há de ser aplicado ao furto qualificado quando preenchidos os requisitos do § 2.º do art. 155 do Código Penal, quais sejam, ser o criminoso primário e de pequeno valor a coisa furtada" (RHC 199.629 AgR, 1.ª T., rel. Roberto Barroso, 31.05.2021, v.u.). O STJ editou a Súmula 511: "É possível o reconhecimento do privilégio previsto no § 2.º do art. 155 do CP nos casos de crime de furto qualificado, se estiverem presentes a primariedade do agente, o pequeno valor da coisa e a qualificadora for de ordem objetiva". Concordamos, parcialmente, com o conteúdo da referida súmula. Cremos perfeitamente viável a aplicação da causa de diminuição da pena a qualquer figura qualificada do furto, pois há compatibilidade, vale dizer, a qualificadora altera a faixa de fixação da pena (altera o mínimo e o máximo em abstrato), enquanto a causa de diminuição é aplicada na terceira fase da concretização do quantum da pena. Inexiste, na lei, qualquer obstáculo para essa diminuição, cujos requisitos são objetivos: primariedade e pequeno valor da coisa furtada. Logo, a parte final da Súmula 511 não nos soa adequada, vedando-se a aplicação do § 1.º do art. 155 às qualificadoras de fundo subjetivo. Apontam-se, como tais, o abuso de confiança e a fraude. Entretanto, até mesmo essas formas de cometimento de furto constituem simples meios de execução – e não se ligam à motivação do agente; portanto, seria questionável indicá-las como de índole subjetiva. E, ainda, STJ: "1. Na hipótese dos autos, o crime de furto foi qualificado pelo emprego de fraude. Dessa forma, verifico que a conclusão exarada pelo Tribunal estadual está em consonância com a orientação do Superior Tribunal de Justiça 'consolidada no enunciado n. 511, [de que] é possível a incidência do benefício previsto no art. 155, § 2.º, do Código Penal, no caso de furto qualificado, desde que a qualificadora seja de natureza objetiva. Entretanto, tanto a qualificadora do abuso de confiança como a do emprego de fraude possuem 'natureza subjetiva e, por essa razão, por demonstrar maior gravidade da conduta, torna[m] incompatível o reconhecimento da figura privilegiada do furto, independentemente do pequeno valor da res furtiva e da primariedade da agravante' (AgRg no AREsp n. 395.916/MG, relator Ministro Sebastião Reis Júnior, Sexta Turma, *DJe* 28/2/2014)' (AgRg no HC 462.322/SC, Rel. Ministro Antonio Saldanha Palheiro, Sexta Turma, julgado em 27/11/2018, *DJe* 12/12/2018)" (AgRg no HC 663.514-SC, 6.ª T., rel. Laurita Vaz, 18.05.2021, v.u.)

**21. Aplicação dos §§ 1.º e 2.º concomitantemente:** há perfeita possibilidade. Trata-se de um concurso entre causa de aumento e causa de diminuição da pena, devendo o juiz aplicar as regras gerais para a fixação da pena. Assim, poderá aumentar de um terço a pena, por conta do furto praticado durante o repouso noturno, bem como, em seguida, compensar a elevação com a diminuição de um terço, por conta do disposto no § 2.º. Poderá, também, aumentar a pena em um terço (§ 1.º) e diminuí-la de dois terços (§ 2.º). Se preferir aplicar o privilégio, que é a substituição da pena privativa de liberdade pela multa, logicamente, o aumento do § 1.º deixará de ter importância. Enfim, conforme o caso, o § 1.º entra em sintonia com o § 2.º, cabendo a aplicação de ambos, mas pode o § 2.º suplantar o aumento do § 1.º, como já exposto.

**21-A. Critérios gerais para aplicação do privilégio, segundo o Superior Tribunal de Justiça:** "1. O reconhecimento do privilégio legal – direito subjetivo do réu – exige a conjugação de dois requisitos objetivos, consubstanciados na primariedade e no pequeno valor da coisa furtada que, na linha do entendimento pacificado neste Superior Tribunal, deve ter como parâmetro o valor do salário-mínimo vigente à época dos fatos. 2. A Terceira Seção desta Corte Superior consolidou o entendimento, no julgamento dos Recursos Especiais Representativos de Controvérsia n. 1.193.932/MG, 1.193.558/MG, 1.193.554/MG e 1.193.194/MG, submetidos ao rito do art. 543-C do CPC, de que o privilégio previsto no § 2.º do art. 155 do Código Penal pode ser aplicado mesmo quando o acusado for condenado pela prática de furto qualificado, desde que, como na espécie, a(s) qualificadora(s) seja(m) de natureza objetiva. Súmula n. 511 do STJ. 3. A aplicação da minorante abre um leque de possibilidades para o magistrado, que deve fundamentar a escolha que faz entre as alternativas legais: a) substituir a pena de reclusão por detenção; b) diminuir a pena privativa de liberdade de um a dois terços; c) aplicar somente a pena de multa. 4. Como se trata de delito duplamente qualificado – o que demonstra maior reprovabilidade da conduta –, não é possível substituir a pena privativa de liberdade por multa. 5. Diante da ausência de outros elementos que permitam identificar maior gravidade do delito

# Art. 155

perpetrado (tanto que a pena-base foi exasperada pela presença das duas qualificadoras, sem mencionar as circunstâncias judiciais do art. 59 do CP), deve a pena privativa de liberdade ser reduzida na fração máxima prevista no § 2.º do art. 155 do Código Penal. 6. *Habeas corpus* não conhecido. Ordem concedida de ofício para, reconhecida a incidência do privilégio descrito no art. 155, § 2.º, do Código Penal, determinar a diminuição da pena imposta aos pacientes em 2/3" (HC 208.685-SP, 6.ª T., rel. Rogerio Schietti Cruz, 21.06.2016, *DJe* 29.06.2016); "Não há parâmetros legais estabelecidos para que se determine o grau de redução a ser dado pelo reconhecimento do furto privilegiado, de modo que sua aferição deve considerar as particularidades do caso concreto, em um exercício de discricionariedade motivada por parte do magistrado. Na espécie, os fundamentos apresentados pela Corte estadual – o valor da res furtiva, equivalente a 25% do salário-mínimo vigente à época dos fatos, associado ao fato de o paciente ostentar cinco ações penais em curso, todas por crimes patrimoniais – justificam a aplicação da fração de 1/3 (um terço) em razão do privilégio do art. 155, § 2.º, do Código Penal. Precedentes. Não merece reparo o acórdão recorrido que, aplicando o privilégio estabelecido no § 2.º do art. 155 do CP, e visando ao caráter retributivo da pena, o qual não seria alcançado caso fosse aplicada somente a pena de multa, reduziu a sanção reclusiva imposta, justificando que a sanção pecuniária não poderia ser arcada pelo paciente, diante de sua falta de condições financeiras. Precedentes" (AgRg no HC 624.257-SC, 5.ª T., rel. Reynaldo Soares da Fonseca, 09.03.2021, v.u.).

**22. Equiparação a coisa móvel:** para não haver qualquer dúvida, deixou o legislador expressa a intenção de equiparar a energia elétrica ou qualquer outra que possua valor econômico à coisa móvel, de modo que constitui furto a conduta de desvio de energia de sua fonte natural. Energia é a qualidade de um sistema que realiza trabalhos de variadas ordens, como elétrica, química, radiativa, genética, mecânica, entre outras. Assim, quem faz uma ligação clandestina, evitando o medidor de energia elétrica, por exemplo, está praticando furto. Nessa hipótese, realiza-se o crime na forma permanente, vale dizer, a consumação se prolonga no tempo. Enquanto o desvio estiver sendo feito, está-se consumando a subtração de energia elétrica.

**22-A. Furto de sinal de TV a cabo e internet:** é válido para encaixar-se na figura prevista neste parágrafo, pois são formas de energia. Nessa ótica: STJ: "(...) o sinal de TV a cabo pode ser equiparado à energia elétrica para fins de incidência do artigo 155, § 3.º, do Código Penal. Doutrina. Precedentes" (RHC 30847-RJ, 5.ª T., rel. Jorge Mussi, 20.08.2013, v.u.).

**23. Conceito de qualificadora:** convém relembrar que o crime é *qualificado* quando o tipo penal faz prever circunstâncias acrescentadas ao tipo básico, tornando-o mais grave. O gravame é exposto na forma da alteração do mínimo e do máximo em abstrato das penas previstas para o delito. Assim, enquanto o furto simples (figura básica ou elementar) tem uma pena de reclusão de 1 a 4 anos e multa, o furto qualificado (contendo circunstâncias específicas) altera a pena para reclusão de 2 a 8 anos e multa.

**24. Destruição:** é a conduta que provoca o aniquilamento ou faz desaparecer alguma coisa.

**25. Rompimento:** é a conduta que estraga ou faz em pedaços alguma coisa. O rompimento parcial da coisa é suficiente para configurar a qualificadora.

**26. Obstáculo:** é o embaraço, a barreira ou a armadilha montada para dificultar ou impedir o acesso a alguma coisa. Nessa ótica: STF: "A jurisprudência da Corte está consolidada no sentido de que 'configura o furto qualificado a violência contra coisa, considerado veículo, visando adentrar no recinto para retirada de bens que nele se encontravam' (HC 98.606-RS,

1.ª T., rel. Min. Marco Aurélio, *DJe* 28.05.2010)" (HC 110.119-MG, 1.ª T., rel. Dias Toffoli, 13.12.2011, v.u.).

**27. Destruição ou rompimento da própria coisa furtada:** há duas correntes, fundamentalmente, analisando o assunto: *a) não se aplica a qualificadora* quando o agente atua contra a própria coisa. Assim, quem rompe o vidro do veículo para ter acesso ao seu interior, levando-o depois com uma "ligação direta", praticaria furto simples. Na jurisprudência: STJ: "2. Quando o rompimento ou a violência recai sobre a própria coisa objeto do furto, a jurisprudência prevalente nesta Corte ainda é no sentido de que não se aplica a qualificadora de destruição ou rompimento de obstáculo" (AgRg no REsp 1.918.935-DF, 6.ª T., rel. Sebastião Reis Júnior, 14.09.2021, v.u.); *b) aplica-se a qualificadora* quando a conduta do agente se volta contra obstáculo inerente à própria coisa. No exemplo supracitado, estaria presente a qualificadora. Pensávamos, quando iniciamos o estudo do assunto, ser mais adequada a primeira posição, pela fiel leitura do tipo penal. Afinal, a norma estipula ser qualificado o furto quando o autor destrói (aniquila) ou rompe (faz em pedaços) uma barreira que impede a subtração da coisa. É razoável supor, portanto, que o agente, pretendendo subtrair joias de um cofre situado numa residência, seja levado a romper ou destruir obstáculos. Arrombando uma porta ou uma janela, ingressa no recinto. Depois, torna-se necessário romper ou destruir a porta do cofre. Com isso, tem acesso às joias. É um furto qualificado pela maior audácia e poder de destruição do autor da infração penal. No caso do ladrão que destrói o vidro de uma das janelas do carro, estaria ele, em verdade, estragando a própria coisa que pretende levar. Essa primeira impressão *cessa* quando percebemos que há coisas cujo obstáculo a sua subtração é inerente ao próprio objeto desejado. É o exemplo do veículo. O vidro de um carro não funciona exclusivamente como protetor do motorista contra chuva ou vento, mas também é um obstáculo *natural* aos que pretendem subtraí-lo. O dono, ao largar seu automóvel na rua, faz questão de trancá-lo, fechando bem os vidros, que podem, inclusive, estar conectados a alarmes e outros dispositivos de emergência. Portanto, acredita que está mais bem protegido do que se o largasse com os vidros abertos. O agente que destrói o vidro para ter acesso ao carro certamente está sendo mais audaz e causando mais danos do que aquele que encontra o veículo aberto, levando-o. Não se podem fechar os olhos para a realidade. O proprietário de um automóvel sem capota, por exemplo, pode não o deixar na rua justamente porque sabe estar sem proteção alguma, mais sujeito ao furto, portanto. Aquele que possui o veículo protegido por portas e vidros não possui a mesma desconfiança. Sabe-se, aliás, ser mais dificultosa a subtração quando o carro está devidamente fechado do que quando está aberto, sem qualquer obstáculo. Uma árvore, noutro exemplo, pode estar sujeita a furto. O seu proprietário somente não colocou a planta sob maior proteção porque acredita que ela está naturalmente preservada pelas raízes grudadas ao chão. Assim, aquele que leva a árvore, arrancando-a do solo, estragando seu vínculo natural com a terra, deve responder por furto qualificado. Nem todos os obstáculos são *externos* à coisa. Cremos, pois, mais acertada a segunda posição. E mais: não vemos necessidade alguma de a subtração consumar-se para incidir a qualificadora. O sujeito que destrói o vidro do carro, sendo surpreendido quando fazia a "ligação direta", deve responder por tentativa de furto qualificado.

**28. Necessidade do exame de corpo de delito:** como regra, se o crime deixa vestígios, é indispensável o exame de corpo de delito (art. 158, CPP), não podendo supri-lo a prova testemunhal. Esta somente será admitida, em lugar do exame, caso os vestígios tenham desaparecido, conforme preceitua o art. 167 do Código de Processo Penal. Entretanto, é preciso considerar o avanço tecnológico, com novos formatos de provas, incluindo filmagens e fotos, com ótima qualidade, que podem demonstrar a ocorrência da qualificadora. Por outro lado, há situações nas quais a vítima conserta o que foi destruído no local dos fatos, inviabilizando

# Art. 155

a perícia, motivo pelo qual se tem suprido o exame por outras provas, desde que confiáveis e bem produzidas, de modo a não dar ensejo a qualquer dúvida. Na jurisprudência: STJ: "4. Quando presentes outros meios de prova suficientes para comprovar o rompimento de obstáculo, é possível o suprimento da prova pericial, assim como na hipótese dos autos, em que as instâncias ordinárias atestaram a presença da referida qualificadora, especialmente ante a confissão do próprio paciente" (AgRg no HC 921.388/SP, 5.ª T., rel. Reynaldo Soares da Fonseca, 18.06.2024, v.u.); "1. Assente o entendimento desta Corte de que a qualificadora do rompimento de obstáculo exige exame pericial para a sua comprovação. Somente se admite a prova indireta quando justificada a impossibilidade de realização do laudo. 2. A decisão agravada observou a compreensão de que o 'desaparecimento dos vestígios autoriza a constatação indireta da qualificadora do rompimento de obstáculo' (AgRg no AREsp n. 1.706.063/DF, Quinta Turma, Rel. Min. Ribeiro Dantas, *DJe* de 18/10/2022). 3. No caso, o autor do furto foi detido pela ação de populares, que acionaram a polícia militar. A vítima deixou o local dos fatos e não se prontificou em comparecer à delegacia para lavrar boletim de ocorrência. O automóvel não foi apreendido e a anotação da placa estava incorreta. Nesse contexto, não era possível a realização da perícia e a destruição do vidro foi comprovada por fotos e prova oral, que corroboram a confissão extrajudicial do acusado" (AgRg no HC 806.738/SC, 6.ª T., rel. Rogerio Schietti Cruz, 14.08.2023, v.u.).

**28-A. Desnecessidade do exame pericial:** há corrente sustentando a viabilidade de suprimento do laudo pericial, atestando o rompimento de obstáculo, por outros meios de prova, tais como o auto de constatação e testemunhas. Na jurisprudência: STJ: "1. Mesmo que não realizado exame de corpo de delito, é cabível o reconhecimento da incidência da qualificadora de rompimento de obstáculo prevista no inciso I do § 4.º do art. 155 do CP quando há registro de toda a conduta delituosa por meio de filmagem de câmeras de monitoramento do local" (AgRg no HC 600.596-SC, 5.ª T., rel. João Otávio de Noronha, 01.12.2020, v.u.).

**28-B. Destaque para o furto de água:** verifica-se em decisão proferida pelo STJ que o furto de água não pode ser considerado insignificante, diante da crise hídrica pela qual atravessa o país. Além disso, o pagamento da quantia devida não afasta o crime. Na jurisprudência: STJ: "Esta Corte Superior tem entendido ser inviável a aplicação do princípio da insignificância na hipótese de furto qualificado pelo rompimento de obstáculo, ante a audácia demonstrada pelo agente, a caracterizar maior grau de reprovabilidade da sua conduta. O reconhecimento do privilégio legal – direito subjetivo do réu – exige a conjugação de dois requisitos objetivos, consubstanciados na primariedade e no pequeno valor da coisa furtada, que, na linha do entendimento pacificado neste Superior Tribunal, deve ter como parâmetro o valor do salário-mínimo vigente à época dos fatos. A conduta do paciente – da subtração da água mediante rompimento de obstáculo (lacre do hidrômetro e uso de um *by pass*) – não se revela como de escassa ofensividade penal e social, visto que a lesão jurídica não se resume à água subtraída da empresa vítima, mas, mas da imposição de uma série de riscos a toda sociedade. Em tempos de escassez hídrica, aquele que furta água não precisa se preocupar em economizar, pois sobre ele não incidirão dispositivos como bandeiras tarifárias, multas por excesso de consumo etc. Ademais, as perdas de água não se apresentam apenas como um problema econômico decorrente da falta de pagamento pela água consumida, pois têm implicações mais amplas, com repercussões significativas no que concerne à saúde pública, com a possibilidade de contaminação da rede por ligações clandestinas, à necessidade de investimentos para as ações de redução ou manutenção das perdas – que não são cobertos pelo eventual pagamento da água furtada –, à perda de funcionamento eficiente do sistema, entre outros. A importância em se coibir a prática do furto de bem tão precioso para a vida e a cidadania tem movido inúmeras agências governamentais e internacionais em torno da preservação da água, a ponto do Painel de especialistas em perdas de águas da IWA (Associação Internacional da Água) estabelecer entre as metas de manejo da água – desde a captação, passando pelo tratamento, até a distribuição – a necessidade de reduzir os impactos dos furtos que causam perdas desnecessárias para o sistema de distribuição. A prática disseminada das ligações clandestinas de água – os 'gatos' – acabam por ter um último efeito deletério: por aumentarem demasiadamente os índices de perda das companhias de abastecimento – risco esse avaliado pelos bancos no momento de avaliar os projetos de investimento – inviabilizam o acesso a linhas de financiamento do Banco Interamericano de Desenvolvimento e do Banco Mundial, atrasando, assim, o cronograma de expansão das companhias de abastecimento e de saneamento, postergando, assim, o acesso da população mais carente à água limpa e à rede de coleta de resíduos, direitos humanos garantidos na Constituição Federal de 1988. Situação que se diferencia – pela exclusividade da tese defensiva da insignificância da conduta – da julgada no RHC n.º 59.656-MG, em que a Sexta Turma, por maioria, deu provimento ao recurso (este relator ficou vencido), por considerar que o pagamento do débito perante a companhia de água antes do oferecimento da denúncia extingue a punibilidade, mediante aplicação analógica do disposto nos arts. 34 da Lei n.º 9.249/1995 e 9.º da Lei n.º 10.684/2003. Agravo regimental não provido" (AgRg no HC 308.536-MG, 6.ª T., rel. Rogerio Schietti Cruz, 24.05.2016, *DJe* 06.06.2016).

**29. Abuso de confiança:** confiança é um sentimento interior de segurança em algo ou alguém; portanto, implica credibilidade. O abuso é sempre um excesso, um exagero em regra condenável. Portanto, aquele que viola a confiança, traindo-a, está abusando. A qualificadora que diz respeito ao *abuso de confiança* pressupõe a existência prévia de credibilidade, rompida por aquele que violou o sentimento de segurança anteriormente estabelecido. Ex.: uma empregada doméstica que há anos goza da mais absoluta confiança dos patrões, que lhe entregam a chave da casa e várias outras atividades pessoais (como o pagamento de contas), caso pratique um furto, incidirá na figura qualificada. Por outro lado, a empregada doméstica recém-contratada, sem gozar da confiança plena dos patrões, cometendo furto incide na figura simples. Note-se que a simples relação de emprego entre funcionário e empregador não faz nascer a *confiança* entre as partes, que é um sentimento cultivado com o passar do tempo. Pode aplicar-se, no entanto, a agravante de crime cometido valendo-se da relação doméstica ou de coabitação. Cabe, ainda, uma última análise, especialmente voltada à relação empregatícia. Nao se deve excluir, automaticamente, a incidência da qualificadora quando um empregado qualquer, recém-contratado, praticar furto contra o patrão. Deve-se verificar a forma de contratação. É possível que o empregador tome todas as cautelas possíveis para contratar alguém, tomando referências e buscando uma relação de confiança acima de tudo. Encontrada a pessoa – algo que é atualmente típico no contexto da empregada doméstica –, instala o empregado no seu posto, já acreditando estar diante de uma pessoa de *confiança*. Se for cometida a subtração, cremos estar configurada a qualificadora. De outra parte, há empregadores que não se preocupam, primordialmente, com a relação de confiança a ser estabelecida com o empregado. Contratam pessoas sem grande cautela. Nesse caso, sofrendo um furto, não há de incidir a figura qualificada. Entendemos que afastar a qualificadora do *abuso de confiança* unicamente porque o empregado é novel seria desconectar o Direito Penal da realidade, uma vez que se sabe a enorme diferença existente entre patrões que buscam estabelecer, logo de início e como pressuposto para a contratação, uma relação de confiança e segurança com a pessoa empregada e outros que não agem da mesma forma. Por isso, conforme o caso concreto, o abuso de confiança pode figurar como qualificadora no contexto do empregado que, recém-contratado, pratica furto contra o patrão. Na jurisprudência: STJ: "Estando comprovada a relação de confiança entre a empregada doméstica e a vítima que a contrata – seja pela entrega das chaves do imóvel ou pelas boas referências de que detinha a Acusada – cabível a incidência

# Art. 155

da qualificadora 'abuso de confiança' para o crime de furto ora sob exame. Precedente" (HC 192.922-SP, 5.ª T., rel. Laurita Vaz, 28.02.2012, v.u.).

**30. Fraude:** é uma manobra enganosa destinada a iludir alguém, configurando, também, uma forma de ludibriar a confiança que se estabelece naturalmente nas relações humanas. Assim, o agente que criar uma situação especial, voltada a gerar na vítima um engano, tendo por objetivo praticar uma subtração de coisa alheia móvel, incide da figura qualificada. Ex.: o funcionário de uma companhia aérea que, no aeroporto, a pretexto de prestar auxílio a um turista desorientado, prometendo tomar conta da bagagem da vítima, enquanto esta é enviada a outro balcão de informações, subtrai bens contidos nas malas incide na figura qualificada. A fraude está caracterizada pelo desapego que o proprietário teve diante de seus bens, uma vez que acreditou na *estratégia* criada pelo referido funcionário. Crendo ter os seus pertences guardados por pessoa credenciada por companhia aérea, deixou-os sem proteção e viu-se vítima de um furto. Foi enganado, logrado, ludibriado. Nota-se, pois, como a fraude implica num modo particularizado de *abuso de confiança*. Este, por si só, exige uma relação específica de segurança concretizada entre autor e vítima, enquanto a fraude requer, apenas, um plano ardiloso que supere a vigilância da vítima, fazendo com que deixe seus bens desprotegidos, facilitando a ação criminosa. A fraude é uma "relação de confiança instantânea", formada a partir de um ardil. Na jurisprudência: STJ: "1. A fraude empregada contra terceiro que viabiliza o acesso à res furtiva da vítima caracteriza a figura qualificada do furto mediante fraude" (AgRg no AREsp 1.525.385-MT, 6.ª T., rel. Antonio Saldanha Palheiro, 30.06.2020, v.u.); "1. De acordo com a jurisprudência desta Corte Superior, configura o crime de furto qualificado pela fraude (art. 155, § 4.º, II, do Código Penal) a conduta consistente no furto de água da concessionária de serviço público, praticado mediante ligação clandestina" (AgRg no REsp 1.830.267 SP, 5.ª T., rel. Ribeiro Dantas, 17.09.2019, v.u.).

**30-A. Furto com fraude em confronto com o estelionato:** eis uma polêmica estabelecida no caso concreto, provocando variadas posições na jurisprudência. O cerne da questão diz respeito ao modo de atuação da vítima, diante do engodo programado pelo agente. Se este consegue convencer o ofendido, fazendo-o incidir em erro, a *entregar*, voluntariamente, o que lhe pertence, trata-se de estelionato; porém, se o autor, em razão do quadro enganoso, ludibria a vigilância da vítima, retirando-lhe o bem, trata-se de furto com fraude. No estelionato, a vítima entrega o bem ao agente, acreditando fazer o melhor para si; no furto com fraude, o ofendido não dispõe de seu bem, podendo até entregá-lo, momentaneamente, ao autor do delito, mas pensando em tê-lo de volta. Ilustrando: Fulano apresenta-se como comprador do carro anunciado no jornal por Beltrano; pede para dar uma volta; Beltrano entrega a chave do veículo para o "teste"; Fulano foge com o carro. Houve furto com fraude. Por outro lado, Fulano, apresentando-se como comprador, entrega cheque falsificado a Beltrano, que lhe passa a chave, o manual do carro, um recibo e pensa ter efetivamente vendido o veículo. O cheque, por óbvio, não é compensado. Houve estelionato. Na jurisprudência: STJ: "2. Para que se configure o delito de estelionato (art. 171 do Código Penal), é necessário que o agente induza ou mantenha a vítima em erro, mediante artifício, ardil, ou qualquer outro meio fraudulento, de maneira que esta lhe entregue voluntariamente o bem ou a vantagem. Se não houve voluntariedade na entrega, o delito praticado é o de furto mediante fraude (art. 155, § 4.º, inciso II, do mesmo Estatuto). No caso concreto, não houve entrega voluntária dos valores pela Vítima no Fórum de Samambaia/DF, mas, sim, foram efetuados dois empréstimos e três saques de valores vinculados a sua conta corrente, sem o seu consentimento, em continuidade delitiva. Logo, esses saques fraudulentos em conta corrente configuram o delito de furto mediante fraude, mas não o de estelionato, que se consumou com a contratação de empréstimos vinculados à conta corrente da Vítima em agência bancária na cidade de Águas Lindas de Goiás – GO, onde também a Ofendida entregou voluntariamente ao Investigado o numerário" (CC 183.754/GO, 3.ª Seção, rel. Laurita Vaz, 14.12.2022, v.u.).

**31. Escalada:** é a subida de alguém a algum lugar, valendo-se de escada. Escalar implica subir ou galgar. Portanto, torna-se fundamental que o sujeito suba a algum ponto mais alto do que o seu caminho natural, ou seja, é o ingresso anormal de alguém em algum lugar, implicando acesso por aclive. Ex.: subir no telhado para, removendo telhas, invadir uma casa. Por outro lado, quando o agente ingressar no imóvel por uma janela que está próxima ao solo não se configura a qualificadora, por não ter obrado ele com esforço incomum. Se houver arrombamento, pode-se falar na figura do inciso I; se a janela estiver aberta, há furto simples. Acrescentamos, no entanto, a posição de NÉLSON HUNGRIA, com a qual concordávamos, para incluir no contexto desta qualificadora outras possibilidades anormais de ingresso em algum lugar, mediante a utilização de meios artificiais não violentos ou contando com a própria agilidade. Dessa forma, poder-se-ia falar em escalada, quando o agente invadisse uma casa, por exemplo, através de uma via subterrânea, normalmente não transitável, como o túnel de um esgoto (*Comentários ao Código Penal*, v. VII, p. 44). A interpretação extensiva, firmada por HUNGRIA, é desnecessária para dar sentido à norma. Logo, torna-se inadequada em face do princípio da legalidade. Admitimos a utilização da interpretação extensiva, mas somente quando indispensável para conferir racionalidade à aplicação da lei penal, seja ela incriminadora ou não. Não é o caso. *Escalar* é subir por escada, galgar um obstáculo, mas não se aprofundar num porão ou num subterrâneo. Quisesse o legislador punir mais severamente, como furto qualificado, quem ingressa numa residência pelo túnel do esgoto, deveria ter usado outra fórmula, como, por exemplo, mediante *ingresso por meio anormal*. No entanto, nada impede que o juiz, valendo-se das circunstâncias judiciais do art. 59, valore o ingresso em determinado lugar pelo porão ou subterrâneo, mas não como a qualificadora de escalada. Conferir ainda a lição de LAJE ROS: "o autor deve vencer as defesas que resguardam as coisas, e as deve vencer mediante *esforço*, toda vez que o obstáculo seja vencido sem aquela circunstância, a agravante não poderá ser aplicada, em razão de que o obstáculo não se apresentava como defesa, mas apenas como um puro e simples ornamento. (...) É preciso saber se o ingresso ou a entrada por um lugar não destinado a isso equivale à escalada. É evidente que o ladrão, ao escalar um muro, o faz por um lugar que não está destinado à entrada. O muro é o que impede a entrada. No entanto, pode o autor do delito ter acesso por um lugar não destinado a servir de entrada e o faça sem escalada. Neste sentido, uma janela de baixa altura não tem por fim servir de entrada. O ingresso por esse lugar, sem ser por escalada, não agrava a infração, porque a razão do maior aumento da pena não se funda na entrada por um lugar não destinado a isso, mas no fato de que se deve vencer, ou superar algo que se apresenta como um obstáculo, e que tenha sido posto para dar maior proteção às coisas" (*La interpretación penal en el hurto, el robo y la extorsión*, p. 196-200).

**31-A. Laudo pericial:** como regra, deve ser realizado, pois os vestígios são visíveis após a prática do crime. Excepcionalmente, pode ser substituído por testemunhas. O importante é não ter o Estado contribuído para a não realização do exame pericial. Na jurisprudência: STJ: "No caso dos autos, não tendo sido realizada perícia no local e inexistindo no aresto combatido qualquer menção sobre a impossibilidade da sua realização, deve ser afastada a incidência da qualificadora relativa à escalada, prevista no artigo 155, § 4.º, inciso II, do Código Penal" (AgRg no REsp 1594566-SC, 5.ª T., rel. Jorge Mussi, 28.06.2016, *DJe* 01.08.2016).

**32. Destreza:** é a agilidade ímpar dos movimentos de alguém, configurando uma especial habilidade. O batedor de carteira (figura praticamente extinta diante da ousadia dos criminosos atuais) era o melhor exemplo. Por conta da agilidade de suas mãos, conseguia

# Art. 155

Código Penal Comentado • **Nucci**

retirar a carteira de alguém, sem que a vítima percebesse. Não se trata de "trombadinha", que investe contra a vítima, arrancando-lhe, com violência, os pertences. Como vimos, nessa hipótese trata-se de roubo.

**33. Chave falsa:** é o instrumento destinado a abrir fechaduras ou fazer funcionar aparelhos. A chave original, subtraída sub-repticiamente, não provoca a configuração da qualificadora. Pode haver, nessa hipótese, conforme o caso concreto, abuso de confiança ou fraude. A mixa – ferro curvo destinado a abrir fechaduras –, segundo nos parece, pode configurar a qualificadora. Afinal, deve-se notar que se a chave é *falsa* não há de possuir o mesmo aspecto ou a mesma forma da chave original.

**34. Concurso de duas ou mais pessoas:** quando mais de um agente se reúnem para a prática do crime de furto é natural que se torne mais acessível a concretização do delito. Por isso, configura-se a qualificadora. O apoio prestado, seja como coautor, seja como partícipe, segundo entendemos, pode servir para configurar a figura do inciso IV. O agente que furta uma casa, enquanto o comparsa, na rua, vigia o local, está praticando um furto qualificado. Inexiste, na lei, qualquer obrigatoriedade para que o concurso se dê exclusivamente na forma de coautoria (quem pratica o núcleo do tipo, *executando* o crime), podendo configurar-se na forma de participação (auxílio a quem pratica a ação de subtrair).

**34-A. Qualificadora do emprego de explosivo:** introduzida pela Lei 13.654/2018, tem o objetivo de proporcionar um tratamento mais rigoroso à nova modalidade de furto a caixas eletrônicos, por meio da explosão do maquinário para, na sequência, haver a retirada do dinheiro. Menciona-se no § 4.º-A o uso de explosivo (substância inflamável, capaz de produzir explosão, isto é, um abalo seguido de forte ruído causado pelo surgimento repentino de uma energia física ou expansão de gás) ou artefato análogo (todos os produtos que possam produzir resultado similar, tal como o engenho de dinamite, que envolve explosivo à base de nitroglicerina), seguido da causação de perigo comum (probabilidade de dano a um número indeterminado de pessoas). Quanto ao perigo envolvendo pessoas incertas, torna-se relevante verificar em qual local se deu a explosão. Como regra, tratando-se de caixas eletrônicos, eles estão em zonas urbanas, logo, habitadas, motivo pelo qual o perigo comum se torna evidente. Mas, caso a explosão seja realizada num celeiro, para o furto de um cavalo, em local rural não habitado no momento, não se pode aplicar esta qualificadora. Resta ao juiz utilizar o rompimento de obstáculo para a subtração da coisa. Era preciso tomar uma atitude com relação a essa situação, embora o próprio julgador pudesse, valendo-se dos elementos do art. 59 do Código Penal, aplicar pena-base mais severa, justamente pelo emprego de explosão para atingir a coisa almejada. No entanto, preferiu o legislador tomar a dianteira e criou a qualificadora prevista no § 4.º-A. É preciso cautela para a composição de todas as qualificadoras do tipo do art. 155, pois todas elas merecem ser consideradas, quando presentes, embora em diversas fases da aplicação da pena. Esta qualificadora indica uma pena de reclusão, de quatro a dez anos, e pena pecuniária (multa). É, pois, juntamente com a outra novel qualificadora do § 7.º, a que possui a maior sanção em abstrato. Supera, portanto, as qualificadoras do § 4.º, do § 5.º e do § 6.º. Ilustrando, se o agente em duas ou mais pessoas, explodir um caixa eletrônico, rompendo obstáculo para subtrair o dinheiro, deve o julgador eleger a qualificadora do § 4.º-A para começar o processo de individualização da pena. As duas outras circunstâncias qualificadoras (duas ou mais pessoas; rompimento de obstáculo), previstas no § 4.º, devem ser valoradas como circunstâncias judiciais (art. 59, CP), promovendo um aumento da pena-base. A partir da edição da Lei 13.964/2019, esta figura passa a ser considerada crime hediondo (art. 1.º, IX, Lei 8.072/1990). Só se poderá computar como hediondo, quando o crime for cometido depois do início de vigência da referida Lei 13.964/2019 (final de janeiro de 2020). Afinal, lei penal mais rigorosa não pode retroagir para prejudicar o réu (art. 5.º, XL, da Constituição Federal).

**34-B. Qualificadora de fraude mediante uso de dispositivo eletrônico ou informático:** insere-se a sexta qualificadora neste tipo penal com a mesma faixa de cominação de penas do furto de substância explosiva ou empregando explosivos para a subtração de qualquer coisa, a partir da edição da Lei 14.155/2021. Nesta figura, pune-se mais severamente quem se vale de fraude (engodo, cilada, ardil) para ludibriar a vítima e conseguir a coisa almejada, pelo uso de dispositivo eletrônico ou informático (todo aparelho apto a concentrar informação por meio de computador ou qualquer equipamento similar). Considera-se como dispositivo informático o computador de mesa (desktop), o computador portátil (notebook), tablet e o smartphone (celulares avançados) e inúmeros outros que são criados todos os dias, habilitados a se conectar à internet e a redes de comunicação móvel (3G, 4G e, agora, 5G), além de todo o mais a ser inventado e implementado. Inclui-se a forma qualificada porque há um incremento evidente no número de subtrações de valores, por meio de fraude eletrônica, a partir da época em que as transações bancárias foram sendo transferidas para os dispositivos informáticos e as transferências de valores se fazem por essa via. Deixa-se claro que o aparelho pode estar conectado à internet ou não, tendo em vista haver viabilidade de se dar desvio de valores sem esse meio. Prevê-se, igualmente, a possibilidade de ocorrer a fraude com ou sem mecanismo de segurança no dispositivo eletrônico ou informático para conferir maior proteção à vítima. Finalmente, o emprego do denominado programa malicioso (malware) faz parte da previsão, pois instalado à distância por invasão de computadores e celulares, por hackers. Em suma, termina-se a qualificadora ampliando a abrangência do tipo: qualquer outro meio fraudulento análogo. O furto, quando praticado, por meio eletrônico ou informático, retira valores da vítima sem que esta perceba ou consinta. Na jurisprudência: STJ: "3. Em casos de furto mediante fraude por meios eletrônicos, esta Corte pacificou o entendimento de que a consumação se dá onde ocorreu o efetivo prejuízo à vítima, que ocorre no local onde a vítima possui conta bancária e o dinheiro sai da sua esfera de disponibilidade. Na espécie, contudo, o numerário foi efetivamente sacado com a senha e cartão da Vítima. Assim, por não se tratar de fraude eletrônica, os furtos se consumaram no local em que ocorreram os saques. Precedentes" (CC 183.754/GO, 3.ª Seção, rel. Laurita Vaz, 14.12.2022, v.u.).

**34-C. Causa de aumento pelo uso de servidor estrangeiro:** eleva-se a pena se o servidor, de onde partem os ataques a dispositivos alheios é hospedado em território fora do Brasil, porque dificulta muito a investigação e a descoberta da autoria. O aumento deve basear-se no grau de dificuldade da apuração do caso.

**34-D. Causa de aumento por conta da vítima:** volta-se essa elevação da pena por conta de ser a pessoa ofendida uma pessoa mais frágil, de algum modo incapaz de entender exatamente o que se passa no campo da informática, como se pode apontar no tocante aos idosos – menos aptos a compreender as inovações tecnológicas – bem como a outros vulneráveis – pessoas muito jovens ou inexperientes e até mesmo algumas com retardos mentais ou outras deficiências.

**35. Qualificadora do transporte do veículo:** trata-se de outra figura de crime qualificado. A pena aumenta – nas faixas abstratas mínima e máxima –, para reclusão de 3 a 8 anos, quando o veículo automotor for transportado para outro Estado da Federação ou para o exterior. Esta qualificadora foi introduzida pela Lei 9.426/1996, depois de intensa pressão exercida pelas companhias de seguro, fartas de indenizar subtrações de veículos automotores, cujo destino, na maioria das vezes, era outro Estado da Federação ou mesmo outro país.

# Art. 155

Código Penal Comentado · **Nucci**

**36. Esquecimento da pena de multa:** o tipo penal, quando foi modificado para receber mais uma qualificadora, teve um defeito: olvidou o legislador a pena de multa, típica sanção penal dos delitos contra o patrimônio.

**37. Veículo automotor:** todo veículo que é dotado de instrumentos de automovimentação. Há de ter um motor de propulsão, circulando por seus próprios meios. Pode ser um automóvel, um barco, uma moto, entre outros.

**38. Análise do tipo penal:** a expressão "venha a ser transportado" acabou configurando um delito material, ou seja, exige-se o resultado naturalístico previsto no tipo penal, sendo preciso que o veículo automotor efetivamente seja levado para outro Estado da Federação ou ainda a outro país. Se ficar na mesma unidade federativa, não há a incidência da qualificadora. Portanto, cremos não haver tentativa de furto qualificado se o ladrão está conduzindo o veículo para outro Estado ou país e é surpreendido pela polícia. Segundo a redação do tipo penal, trata-se de uma situação *mista*, abrangendo um crime qualificado pelo resultado (transpor as fronteiras do Estado ou do País) e uma finalidade específica de agir (ter o fim de transpor as fronteiras do Estado ou do País). O ladrão, ao subtrair o veículo automotor, pode ou não ter o fim de conduzi-lo a outro Estado brasileiro ou a outro país, embora a qualificadora só se configure quando, realmente, essa finalidade se delinear na mente do agente, além de ser, de fato, atingida. O veículo que *efetivamente vai* para outro Estado ou país torna o delito mais grave, pois dificulta sobremaneira a recuperação do bem pela vítima.

**39. Interpretação extensiva do termo Estado:** equiparado a Estado, para inúmeras finalidades, está o Distrito Federal. Veja-se o disposto nos arts. 32 e 34 da Constituição Federal. O Distrito Federal não poderá dividir-se em Municípios, mas tem a competência legislativa reservada aos Estados e Municípios, sendo dirigido por um Governador, contando com leis aprovadas por Deputados Distritais. Ademais, salvaguarda-se o Distrito Federal, tanto quanto o Estado, da intervenção federal da União, exceto em algumas situações, expressamente previstas na Constituição. E mais: muitas leis equiparam, para seus propósitos, o Distrito Federal ao Estado. Como exemplo, pode-se mencionar o disposto no art. 1.º, § 3.º, II, da Lei Complementar 101/2000: "Nas referências: (...) a Estados entende-se considerado o Distrito Federal". Por isso, se o agente do furto encaminhar o veículo para o Distrito Federal, saindo de qualquer outro Estado da Federação, terá incidido na hipótese desta qualificadora.

**40. Conhecimento e adesão à qualificadora:** é imperioso que o agente ou seus comparsas tenham perfeita noção de que o veículo foi subtraído com a finalidade de ser levado a outro Estado da Federação ou ao exterior, aceitando tal situação. Caso algum dos concorrentes para a prática do delito desconheça totalmente a remessa do automóvel para esses lugares, não pode incidir a qualificadora, por inexistência de dolo. Não se pune a forma culposa de furto em caso algum.

**41. Regras de preponderância de qualificadora:** deve-se utilizar, como faixa de aplicação da pena (mínimo e máximo), a qualificadora com os maiores valores. Havendo a incidência, no caso concreto, de outras qualificadoras, elas não mais serão usadas como tais; passam a ser utilizadas como agravantes (se possível) ou como circunstâncias judiciais (art. 59, CP). Ilustrando, caso o agente furte um veículo, incidindo inicialmente na figura do *caput* (furto simples) e depois leve o objeto subtraído para fora do País, a figura é qualificada (§ 5.º). Se o autor do furto rompeu obstáculo para a subtração da coisa (figura do § 4.º, I, do art. 155) e, em seguida, levou o veículo automotor para fora do Estado ou do País, incide somente a qualificadora mais grave, que é a do § 5.º.

**41-A. Qualificadora do furto de animais:** a Lei 13.330/2016 introduziu esta qualificadora, que passa a conflitar com outras. Desse modo, em primeiro lugar, o operador do direito precisa optar pela mais grave: a) utilizar, em primeiro plano, a qualificadora do § 4.º-A ou do § 7.º (maiores penas); b) depois, a qualificadora do § 5.º; c) na sequência, a qualificadora do § 4.º; d) finalmente, a qualificadora do § 6.º (a terceira maior pena). Nada impede, no entanto, a utilização das circunstâncias descritas nas qualificadoras que não puderam ser usadas para fixar a faixa de aplicação da pena na primeira fase (pena-base, art. 59, CP) ou na segunda (agravantes/atenuantes), conforme o caso concreto. O propósito legislativo foi a maior tutela em relação aos semoventes (animais, que sempre foram considerados, para efeito de furto, como *coisas*), domesticáveis (apto a se tornar caseiro, manso, domado, como são os cães há milênios), de produção (algo decorrente do trabalho humano, com ou sem instrumentos específicos, para atingir larga escala de *produtos*, com o fim de comércio e lucro). Visando à pormenorização dos animais domesticáveis de produção, acrescentou-se a parte final, até para tutelar o semovente morto: *ainda que abatido ou dividido em partes no local da subtração*. O abate significa a *matança de animais para servir de alimento* (no sentido específico desta qualificadora); essa ressalva faz com que o furtador não escape à punição se resolver matar um boi no pasto para depois subtraí-lo, por exemplo. Outra cautela legislativa, buscando evitar a tergiversação do intérprete no tocante à nova circunstância, fez inserir a viabilidade de matar o animal e separá-lo em pedaços no próprio lugar da subtração. Desse modo, seja para facilitar o transporte, seja para tentar a descaracterização de furto de animais (pois estes estariam abatidos e divididos em partes), o agente continua respondendo pela qualificadora. Pode-se argumentar que encontrar o animal abatido, noutro local, distante do lugar de onde foi subtraído, cortado em pedaços, desfiguraria a qualificadora, pois ali se menciona *dividido em partes no local da subtração*. Seria uma interpretação literal e alheia aos princípios hermenêuticos básicos. Por óbvio, se o agente levou o animal inteiro, abatido ou vivo, para realizar a tarefa de dividi-lo em partes noutro local, a qualificadora já estava configurada. O ponto fundamental da circunstância de aumento de pena é a subtração de animal domesticável (excluindo-se, pois, todos os selvagens, como onças, leões, zebras, girafas etc.), que sirva à produção básica de alimentos e congêneres. Ex.: bois, vacas, porcos, galinhas, ovelhas etc. Deve-se evitar, por óbvio, o animal não domesticável, como o peixe, o jacaré, o camarão, entre outros, embora possa ser de produção. Deveria ter optado o legislador por incluir uma causa de aumento de pena; assim, mesmo que houvesse a presença de outras qualificadoras, ela poderia incidir. Elegendo a figura qualificada, é de anotar ser inviável inserir *qualificadora sobre qualificadora*, ou seja, não se qualifica duas vezes um crime, quando as circunstâncias advêm de parágrafos diferentes, como já esclarecido no início desta nota.

**41-B. Qualificadora da subtração de explosivo:** esta circunstância qualificadora se volta ao objeto da subtração: coisa considerada perigosa, possibilitando a explosão, gerando situação de perigo comum. Sob outro prisma, a qualificadora do § 4.º-A enfoca o modo de execução do crime de furto, visto que o agente se vale de explosão para atingir o objeto desejado. A constituição potencial de danos consideráveis a pessoas impôs, para ambas, uma faixa de pena em abstrato bastante elevada: reclusão, de 4 a 10 anos, e multa. O objeto material desta figura qualificada é qualquer substância explosiva (elemento inflamável, capaz de produzir explosão, isto é, um abalo seguido de forte ruído causado pelo surgimento repentino de uma energia física ou expansão de gás). Embora neste dispositivo não se tenha mencionado artefato análogo, como consta do § 4.º-A, nada impede que se use interpretação extensiva para incluí-lo neste âmbito. O cenário desta qualificadora prescinde da menção a perigo comum, pois não ocorre explosão, mas a subtração de coisa apta a produzir o engenho explosivo. Da mesma forma como já mencionado em outros itens, esta qualificadora deve ser aplicada quando em

# Art. 156

Código Penal Comentado · **Nucci**

concurso com outras de menor valor (§§ 4.º, 5.º e 6.º). Pode ocorrer, entretanto, a subtração de substância explosiva, mediante o uso de explosivo detonado para romper obstáculo à retirada da coisa. Deve-se dar preferência à primeira conduta (explodir o local), aplicando-se o § 4.º-A. Depois, leva-se em consideração a circunstância do rompimento de obstáculo (§ 4.º, I) e de o objeto ser substância explosiva (§ 7.º) como circunstâncias judiciais, para elevar a pena-base, com fundamento no art. 59 do Código Penal.

### Furto de coisa comum[42]

> **Art. 156.** Subtrair[43] o condômino, coerdeiro ou sócio,[44-46] para si ou para outrem,[47] a quem legitimamente a detém,[48] a coisa comum:[49-51]
>
> Pena – detenção, de 6 (seis) meses a 2 (dois) anos, ou multa.
>
> § 1.º Somente se procede mediante representação.[52]
>
> § 2.º Não é punível a subtração de coisa comum fungível, cujo valor não excede a quota a que tem direito o agente.[53]

**42. Furto específico:** trata-se o furto de coisa comum de um tipo penal especial, pois prevê uma subtração de coisa que não é completamente alheia, mas pertencente a mais de uma pessoa.

**43. Análise do núcleo do tipo:** ver nota 3 ao artigo anterior.

**44. Condômino, coerdeiro ou sócio:** são sujeitos ativos especiais. O condômino é o coproprietário; o coerdeiro é o sucessor juntamente com outra pessoa; e o sócio é o membro de uma sociedade, portanto aquele que é proprietário em comum com outras pessoas, pertencentes ao mesmo agrupamento.

**45. Sujeitos ativo e passivo:** o sujeito ativo é exclusivamente o condômino, o coerdeiro ou o sócio, conforme a situação; o sujeito passivo, de igual modo, só pode ser o condômino, o coerdeiro ou o sócio, acrescentando-se que deve estar na posse legítima da coisa. Nem todo condômino tem a posse do bem que lhe pertence. Por isso, quem detiver, licitamente, a coisa pode ser sujeito passivo deste crime.

**46. Furto de sócio contra a sociedade:** se o bem furtado pertence à sociedade com personalidade jurídica, entendemos tratar-se da figura do art. 155, e não de furto de coisa comum. Afinal, o que pertence à pessoa jurídica não se confunde com os bens individuais do sócio.

**47. Elemento subjetivo:** é o dolo. Não existe a forma culposa. Exige-se, ainda, a finalidade específica de agir ("para si ou para outrem"), que é o ânimo de assenhoreamento (elemento subjetivo do tipo específico ou dolo específico).

**48. Detenção legítima:** é a conservação em seu poder, conforme a lei, de alguma coisa. Assim, quando se inaugura um inventário, cabe ao inventariante administrar os bens do espólio até que a partilha seja feita. Se um dos coerdeiros resolve levar, indevidamente, para sua casa bem que pertence igualmente aos demais e está sob detenção legítima do inventariante, comete o crime previsto no art. 156.

**49. Coisa comum:** coisa, como já vimos, é tudo aquilo que existe, podendo tratar-se de objetos inanimados ou de semoventes. O elemento normativo do crime de furto simples, associado à coisa, é *alheia*, implicando pertencer a outra pessoa que não o agente. No caso desta figura típica, encontra-se o elemento normativo *comum*, significando algo que pertence a mais de uma pessoa, isto é, o agente subtrai alguma coisa que lhe pertence, mas também e igualmente a terceiro. Ainda que o tipo penal não tenha feito referência, é preciso interpretar que a *coisa comum* seja móvel. Não há, no Brasil, furto de coisa imóvel.

**50. Objetos material e jurídico:** o objeto material é a coisa subtraída; o objeto jurídico é o patrimônio, que pode ser a propriedade ou a posse, desde que legítimas.

**51. Classificação:** trata-se de crime próprio (aquele que demanda sujeito ativo qualificado ou especial); material (delito que exige resultado naturalístico, consistente na diminuição do patrimônio da vítima); de forma livre (podendo ser cometido por qualquer meio eleito pelo agente); comissivo ("subtrair" implica ação) e, excepcionalmente, comissivo por omissão (omissivo impróprio, ou seja, é a aplicação do art. 13, § 2.º, do Código Penal); instantâneo (cujo resultado se dá de maneira instantânea, não se prolongando no tempo); de dano (consuma-se apenas com efetiva lesão a um bem jurídico tutelado); unissubjetivo (que pode ser praticado por um só agente); plurissubsistente (em regra, vários atos integram a conduta); admite tentativa.

**52. Ação pública condicionada:** somente está legitimado a agir o Ministério Público caso haja representação de alguma vítima. Essa representação não precisa ser formal, bastando a clara intenção dos coerdeiros em processar o agente do crime.

**53. Causa específica de exclusão da ilicitude:** se a coisa comum for fungível, isto é, substituível por outra da mesma espécie, quantidade e qualidade (como o dinheiro), e o agente subtrai uma parcela que não excede a cota a que tem direito, não há fato ilícito. Realmente, não teria cabimento punir, por exemplo, o coerdeiro que tomasse para si uma quantia em dinheiro encontrada no cofre do falecido, desde que tal valor seja exatamente aquilo a que ele teria direito caso aguardasse o término do inventário. Não cometeu crime algum, pois levou o que é somente seu. Entretanto, se o agente subtrai coisa infungível (como uma obra de arte, por exemplo), não está acobertado pela excludente, tendo em vista que o objeto do furto não pode ser substituído por outro de igual espécie e qualidade. Se é único, pertence a todos, até que se decida quem vai ficar, legitimamente, com o bem.

Capítulo II
**DO ROUBO E DA EXTORSÃO**

**Roubo**[1]

> **Art. 157.** Subtrair[2] coisa[3-3-A] móvel alheia, para si ou para outrem,[4-5] mediante grave ameaça ou violência a pessoa,[6] ou depois de havê-la, por qualquer meio,[7] reduzido à impossibilidade de resistência.[8-14]
>
> Pena – reclusão, de 4 (quatro) a 10 (dez) anos, e multa.
>
> § 1.º Na mesma pena incorre quem, logo depois de subtraída a coisa, emprega violência contra pessoa ou grave ameaça, a fim de assegurar a impunidade do crime ou a detenção da coisa para si ou para terceiro.[15-16]
>
> § 2.º A pena aumenta-se de 1/3 (um terço) até metade:[17-18]
>
> I – (revogado);[19-22]
>
> II – se há o concurso de duas ou mais pessoas;[23-24-A]

# Art. 157

Código Penal Comentado • **Nucci**

806

> III – se a vítima está em serviço de transporte de valores[25] e o agente conhece tal circunstância;[26]
>
> IV – se a subtração for de veículo automotor que venha a ser transportado para outro Estado ou para o exterior;[27]
>
> V – se o agente mantém a vítima em seu poder, restringindo sua liberdade.[28]
>
> VI – se a subtração for de substâncias explosivas ou de acessórios que, conjunta ou isoladamente possibilitem sua fabricação, montagem ou emprego.[28-A]
>
> VII – se a violência ou grave ameaça é exercida com emprego de arma branca;[28-A1]
>
> § 2.º-A A pena aumenta-se de 2/3 (dois terços):[28-B-28-C]
>
> I – se a violência ou ameaça é exercida com emprego de arma de fogo;[28-D]
>
> II – se há destruição ou rompimento de obstáculo mediante o emprego de explosivo ou de artefato análogo que cause perigo comum.[28-E]
>
> § 2.º-B. Se a violência ou grave ameaça é exercida com emprego de arma de fogo de uso restrito ou proibido, aplica-se em dobro a pena prevista no *caput* deste artigo.[28-F]
>
> § 3.º Se da violência resulta:
>
> I – lesão corporal grave, a pena é de reclusão, de 7 (sete) a 18 (dezoito) anos, e multa; [29-30]
>
> II – morte, a pena é de reclusão de 20 (vinte) a 30 (trinta) anos, e multa.[31-34]

**1. Crime complexo:** o roubo nada mais é do que um furto associado a outras figuras típicas, como as originárias do emprego de violência ou de grave ameaça. "É a reiteração da fórmula do furto a que se incorporam circunstâncias, de maneira tal que um roubo não pode existir sem que previamente seja furto" (Laje Ros, *La interpretación penal en el hurto, el robo y la extorsión*, p. 250-251).

**2. Sujeitos ativo e passivo:** podem ser qualquer pessoa. É preciso ressaltar que também a vítima *somente* da violência, mas não da subtração, pode ser sujeito passivo. Isto se deve aos objetos jurídicos protegidos pelo roubo, que incluem, além do patrimônio, a integridade física e a liberdade do indivíduo.

**3. Princípio da insignificância:** não pode ser aplicado no contexto do roubo. Trata-se de crime complexo, que protege outros bens além do patrimônio, de forma que a violência ou a grave ameaça não podem ser consideradas de menor relevância, configuradora do delito de bagatela. Na jurisprudência: STF: "Na concreta situação dos autos, não há como acatar a tese de irrelevância material da conduta protagonizada pelo paciente, não obstante a reduzida expressividade financeira dos objetos que se tentou furtar. A conduta debitada ao paciente, analisada inclusive sob o aspecto da violência física perpetrada em desfavor de uma pessoa idosa, justifica a mobilização do aparato de Poder em que o Judiciário consiste. Pelo que o processamento criminal do acusado não é de ser considerado medida drástica ou mesmo desproporcional ao particularizado modo como se deu a lesão ao bem jurídico tutelado pela norma incriminadora. Ordem denegada" (HC 111.198-MG, 2.ª T., rel. Ayres Britto, 06.03.2012, v.u., embora antigo, ainda é a posição do STF); "O crime de roubo se caracteriza pela apropriação do patrimônio de outrem mediante violência ou grave ameaça à sua integridade física ou psicológica. No caso concreto, ainda que o valor subtraído tenha sido pequeno, não há como se aplicar o princípio da insignificância, mormente se se considera que o ato foi praticado pelo paciente mediante grave ameaça e com o concurso de dois adolescentes, fato esse que não pode ser taxado como um comportamento de reduzido grau de reprovabilidade. A jurisprudência consolidada nesta Suprema Corte é firme no sentido de ser inaplicável o princípio da insignificância ao delito de roubo" (HC 97.190-GO, 1.ª T., rel. Dias Toffoli, 10.08.2010, m.v.). STJ: "1. A jurisprudência desta Corte é firme em assinalar que, nos crimes praticados mediante violência ou grave ameaça contra a vítima, como no roubo, não é aplicável o princípio da insignificância" (AgRg no HC 739630 RS 2022/0129319-0, 5.ª T., rel. Reynaldo Soares da Fonseca, 17.05.2022, v.u.).

**3-A. Crime impossível e desistência voluntária:** há quem sustente a desistência voluntária, quando o roubador nada encontra de valor com a vítima, e após exercer contra ela qualquer forma de violência ou grave ameaça, abandona o local sem nada conseguir. Sob outro aspecto, igualmente, cuidando-se de pessoa ofendida sem nada possuir de valor, mas já tendo sido exercida alguma violência ou grave ameaça, aponta-se para o crime impossível. Nenhuma dessas posições pode ser acolhida, pois o delito de roubo é crime complexo, como apontado na nota 1 supra, de modo que a inexistência de bem de valor econômico, interessante para o agente, é irrelevante, tendo em vista a presença de variados objetos em jogo: patrimônio, integridade física e liberdade individual. Exercida a ameaça, anunciar o assalto e deixar o local sem nada levar pode indicar uma tentativa de roubo, mas não um fato impunível ou punido apenas com a forma do crime de ameaça (art. 147, CP) ou lesão corporal (art. 129, CP). Por certo, quando o agente agride a vítima, ingressa na fase executória, não sendo mais viável afirmar fato atípico; além disso, quando ele se afasta porque o ofendido não possui bens de valor, assim age por circunstâncias alheias à sua vontade. E, por fim, ao atemorizar a vítima, já ofendeu parcela do bem jurídico tutelado pelo art. 157 do Código Penal, sendo inviável a consecução de um crime impossível. Na jurisprudência: STF: "I – As instâncias ordinárias concluíram que o roubo em questão somente não se consumou porque, depois de intimidarem as vítimas, simulando estarem armados, e de saberem que elas não possuíam dinheiro ou qualquer outro objeto de valor, os pacientes afastaram-se para continuarem seus intentos com outras vítimas que estavam nas proximidades. Se fosse, realmente, o caso de desistência voluntária, os roubadores não atentariam contra outras vítimas. Precedentes em casos análogos. II – Também não prospera a tese de crime impossível, uma vez que há tempo a jurisprudência do Supremo Tribunal Federal orienta-se no sentido de que '[a] inexistência de objeto de valor em poder da vítima não descaracteriza a figura típica prevista no art. 157 do Código Penal, porquanto o roubo é modalidade de crime complexo, cuja primeira ação – a violência ou grave ameaça – constitui início de execução' (HC 78.700/SP, Rel. Min. Ilmar Galvão)" (HC 190.534 AgR, 2.ª T., rel. Ricardo Lewandowski, 28.09.2020, v.u.).

**4. Análise do núcleo do tipo:** tendo em vista que o roubo, como se mencionou, é um furto cometido com violência ou grave ameaça, tolhendo a liberdade de resistência da vítima, quanto à análise da "subtração de coisa alheia móvel para si ou para outrem", vide notas ao art. 155. Não serve para caracterizar o roubo a violência exercida contra coisa, exceto se, de algum modo, atingir pessoa humana. Na jurisprudência: STF: "A efetiva intenção do agente de realizar o mal prometido não se revela imprescindível à caracterização da grave ameaça exigida pelo tipo penal roubo, bastando seja o meio utilizado para a subtração do bem revestido de aptidão a causar fundado temor ao ofendido" (HC 147.584, 1.ª T., rel. Marco Aurélio, 02.06.2020, m.v.).

**4-A. Elemento subjetivo:** é o dolo. Exige-se o elemento subjetivo específico, consistente em subtrair a coisa *para si ou para outrem*. No § 1.º, observa-se a seguinte finalidade específica: *assegurar a impunidade do crime ou a detenção da coisa para si ou para terceiro*. Não se pune a forma culposa.

**5. Roubo de uso:** não existe tal forma em nosso entendimento, pois o agente, para roubar – diferentemente do que ocorre com o furto –, é levado a usar violência ou grave ameaça

# Art. 157

Código Penal Comentado · **Nucci**

808

contra a pessoa, de forma que a vítima tem imediata ciência da conduta e de que seu bem foi levado embora. Logo, ainda que possa não existir, por parte do agente, a intenção de ficar com a coisa definitivamente (quer um carro somente para praticar um assalto, pretendendo depois devolvê-lo, por exemplo), consumou-se a infração penal. Quando tratamos do *furto de uso*, defendemos a posição de que somente é possível afastar-se a tipificação do furto quando o agente devolve o bem no mesmo lugar e no mesmo estado antes mesmo que a vítima perceba, pois, do contrário, estará afrontando nitidamente a sua possibilidade de dispor do que lhe pertence. Se o dono de um carro, pretendendo vendê-lo, resolve mostrar o bem a um interessado, não o encontrando, perde o negócio. Se vê surgir, depois disso, na sua frente o veículo, trazido por alguém que pretendia apenas dar uma volta com ele, trata-se de furto consumado, pois a vítima perdeu a disponibilidade do bem antes que este pudesse ter sido devolvido. Sofreu, inclusive, prejuízo. Não se deve, pois, dar uma interpretação agigantada à expressão configuradora do "elemento subjetivo do tipo específico" ("para si ou para outrem"), pretendendo dizer que pelo simples fato de o agente querer "usar" o bem por algumas horas está autorizado a fazê-lo, visto não ter agido com ânimo de apossamento definitivo. Na realidade, "emprestar" o carro de outrem, sem autorização do dono, para dar umas voltas é também vontade de se apossar do bem, correndo o risco, como já mencionamos, de perdê-lo por completo (definitivamente, portanto). Quando está "usando" o automóvel, este se encontra na esfera de disponibilidade de quem não é seu proprietário, o que afeta o patrimônio alheio do mesmo modo. Logo, não há roubo de uso, além do que o crime é complexo e há outros objetos jurídicos protegidos, como a integridade física ou a liberdade do indivíduo, já feridos quando da retirada do bem.

**6. Grave ameaça ou violência a pessoa:** a grave ameaça é o prenúncio de um acontecimento desagradável, com força intimidativa, desde que importante e sério. O termo *violência*, quando mencionado nos tipos penais, como regra, é traduzido como toda forma de constrangimento físico voltado à pessoa humana. Lembremos, no entanto, que *violência*, na essência, é qualquer modo de constrangimento ou força, que pode ser física ou moral. Logo, bastaria mencionar nos tipos, quando fosse o caso, a palavra *violência*, para se considerar a física e a moral, que é a grave ameaça. Mas, por tradição, preferiu o legislador separá-las, citando a grave ameaça (violência moral) e a violência, esta considerada, então, a física ou real.

**7. Violência imprópria:** após ter exemplificado como se obtém a redução da capacidade de resistência da vítima (com emprego de grave ameaça ou violência a pessoa), o tipo penal generaliza a forma de praticar o roubo, permitindo que o agente se valha de *qualquer outro meio* – além dos dois primeiros – para impedir a natural resistência do ofendido à perda dos seus bens. É o que se convencionou chamar de violência indireta ou imprópria. Meditando sobre o tema, chegamos à conclusão de que a adjetivação da violência nesses termos é incorreta. A chamada violência *imprópria* não passa da conhecida violência *presumida*, nos moldes do disposto anteriormente pelo art. 224, *c* (revogado pela Lei 12.015/2009), do Código Penal (não poder, por qualquer causa, oferecer resistência). Entretanto, manteve-se a ideia de violência presumida, visto ter permanecido o tipo penal incriminador, agora transmudado para o art. 217-A, § 1.º, parte final, do Código Penal. Se esta modalidade de violência é, *legalmente*, prevista no contexto do crime sexual, ainda que de modo implícito, o constante no tipo penal do roubo também o é. Retirar a capacidade de resistência da pessoa ofendida é o mesmo que fisicamente dobrar o seu esforço, retirando-lhe o que não quer entregar espontaneamente. Não fosse assim e consideraríamos induzimento ao suicídio, quando alguém convencer menor de 14 anos a se matar (ou outra pessoa sem capacidade de resistência), quando, na realidade, a doutrina afirma existir, no caso, homicídio. Em suma: violência imprópria não existe, mas, sim, violência presumida, que é própria. Assim, aquele que droga a vítima para, enquanto ela está desacordada, levar-lhe os pertences está cometendo roubo, e não furto. Não se deve confundir essa prática com outras figuras do furto qualificado (fraude, abuso de confiança ou destreza). No caso do art. 155, § 4.º, II, a fraude é utilizada para ludibriar a vítima que não se programa para resistir, pois é enganada pelo ardil utilizado; não há abuso de confiança, pois nem a relação de confiança se estabeleceu entre o agente e o ofendido; inexiste destreza, pois não se trata de agilidade das mãos do autor para tomar os bens da vítima. Na jurisprudência: STJ: "5. Ademais, ainda que superado o mencionado óbice, a pretensão recursal não prosperaria, no ponto, porquanto, como é cediço, a violência imprópria a que se refere a parte final do art. 157, *caput*, do CP pode ser traduzida no emprego de drogas, soníferos, hipnose, de modo a reduzir a possibilidade de resistência da vítima, para o cometimento do crime, o que, de acordo com o contexto delineado pelas instâncias ordinárias, não é a hipótese dos autos. Precedentes" (AgRg no AREsp 1.900.051-CE, 5.ª T., rel. Reynaldo Soares da Fonseca, 17.08.2021, v.u.).

**8. Objetos material e jurídico:** o objeto material é a coisa subtraída pelo agente e também a pessoa que sofre a violência, direta ou indireta, ou a grave ameaça. Os objetos jurídicos são o patrimônio, a integridade física e a liberdade do indivíduo.

**9. Classificação:** trata-se de crime comum (aquele que não demanda sujeito ativo qualificado ou especial); material (delito que exige resultado naturalístico, consistente na diminuição do patrimônio da vítima); de forma livre (podendo ser cometido por qualquer meio eleito pelo agente); comissivo ("subtrair" implica ação) e, excepcionalmente, comissivo por omissão (omissivo impróprio, ou seja, é a aplicação do art. 13, § 2.º, do Código Penal); instantâneo (cujo resultado se dá de maneira instantânea, não se prolongando no tempo); de dano (consuma-se apenas com efetiva lesão a um bem jurídico tutelado); unissubjetivo (que pode ser praticado por um só agente); plurissubsistente (em regra, vários atos integram a conduta); admite tentativa.

**10. Roubo contra várias pessoas através de uma ação:** concurso formal. Como regra, a ação desencadeada pelo agente envolve uma única grave ameaça, voltada a determinados ofendidos, confinados num local. Eles se desfazem dos seus pertences, quase ao mesmo tempo, constituindo cenário único. Por isso, caracteriza-se a figura do art. 70 do Código Penal. Ilustrando, o autor ingressa num ônibus, anuncia o assalto e pede que todos passem os bens. Concretiza-se o concurso formal perfeito, pois o agente não possui desígnios autônomos, vale dizer, dolo direto em relação a cada uma das vítimas, que nem mesmo conhece. Eventualmente, pode-se falar em concurso formal imperfeito (art. 70, *caput*, segunda parte, CP), desde que se prove o desígnio autônomo (dolo direto) do autor do crime no tocante a cada um dos ofendidos. Na jurisprudência: STJ: "1. O entendimento desta Corte é o de que a prática do crime de roubo mediante uma só ação, mas contra vítimas distintas, enseja o reconhecimento do concurso formal, e não de crime único. Precedentes do STJ (HC 366.078/SC, Rel. Ministro Jorge Mussi, Quinta Turma, *DJe* 21/2/2017)" (AgRg no AREsp 968.423-SP, 5.ª T., rel. Joel Ilan Paciornik, 05.02.2019, v.u.).

**10-A. Roubo seguido de resistência:** concurso material. Ambos os delitos tutelam bens jurídicos diversos: patrimônio e administração da justiça. Ademais, normalmente, quando a polícia chega o roubo já se encontra consumado, momento em que o agente investe contra os policiais, agressivamente, para evitar a prisão. Vislumbramos crimes independentes, gerando a figura do art. 69 do CP. Ver também a nota 13 ao art. 329.

**11. Roubo e estado de necessidade:** não vemos óbice legal a tanto. É evidente que o que se pretende coibir é o abuso e a falsa alegação de necessidade. Em casos excepcionais, no entanto, cremos possível haver a excludente de ilicitude, mesmo no contexto do roubo.

# Art. 157

Código Penal Comentado · **Nucci**

810

Destaque-se que a excludente do art. 24 do Código Penal permite que, em situação de perigo não gerada pelo autor do fato necessário, pode-se até matar. Vide o caso do náufrago que mata o outro para ficar com a boia somente para si, salvando-se. Assim, se alguém, necessitando de um carro com absoluta urgência para salvar seu pai, que está sofrendo um enfarte, utiliza de violência, retirando um motorista de dentro do seu veículo para dele fazer uso, pode-se perfeitamente configurar o estado de necessidade. Recentemente, vários jornais brasileiros noticiaram o caso de uma vítima de sequestro que, conseguindo fugir do cativeiro, carregando consigo a arma do sequestrador, foi obrigada a levar o carro de terceiro – pois ninguém queria lhe dar carona na zona erma em que se encontrava – para poder fugir do bairro onde estava aprisionada. Assim que vislumbrou uma viatura da Polícia Militar, jogou o carro subtraído contra ela e se apresentou como vítima de sequestro em fuga. Esta é uma nítida hipótese de roubo por estado de necessidade.

**12. "Trombada":** como já tivemos oportunidade de analisar no contexto do furto, qualquer tipo de violência incidente sobre a pessoa humana, com a finalidade de levar-lhe os pertences, configura o roubo, e não um simples furto. Ainda que a violência seja exercida contra a coisa, se de algum modo atingir a pessoa (lesionando-a ou não), existe roubo. O tipo penal do furto é bem claro, prevendo conduta livre de qualquer violência (uso de força ou coação) contra a pessoa humana, enquanto o tipo do roubo inclui tal figura. Logo, não é possível dizer que um "singelo" empurrão no ofendido não é suficiente para concretizar a violência exigida pelo tipo legal de roubo. A violência não tem graus ou espécies: estando presente, transforma o crime patrimonial do art. 155 para o previsto no art. 157.

**13. Consumação do crime de roubo:** está consumado quando, exercendo violência ou grave ameaça, o agente retira o bem da esfera de disponibilidade e vigilância da vítima. Trata-se da inversão de posse, mas sem necessidade de se atingir uma posse mansa e pacífica, que seria o equivalente a desfrutar da coisa como se sua fosse. Vide, a respeito, a nota 5 ao art. 155, pois se trata da mesma situação. Registre-se que o mínimo exigido para a consumação desse delito, classificado como material, é a lesão ao bem jurídico complexo, no caso, o misto de perda do patrimônio e atentado à incolumidade física. Simplesmente tocar no bem não nos parece suficiente; retirá-lo das mãos da vítima, mas ser preso na frente desta, sem que o bem fuja ao controle de seu proprietário ou possuidor, também não. Em nossa visão, torna-se indispensável a *inversão da posse*, retirando a coisa da esfera de vigilância e, consequentemente, de disponibilidade da vítima. Entretanto, o que se tem observado nas Cortes é uma nítida *mistura* terminológica. Alguns julgados mencionam ser desnecessária a posse *mansa e pacífica*, mas exigem a *inversão da posse*, o que nos parece correto. Porém, outros fragilizam essa tese, afirmando bastar a *posse precária*, sem, no entanto, esclarecer em detalhes o que isso significa na prática. Parece-nos, desse modo, que posse precária equivale à mera detenção, situação insuficiente para gerar a consumação. Há julgados defendendo a posse mansa e pacífica, o que nos soa excessivo. Outros, ainda, apontam para a necessidade de inversão da posse, mas entendem desnecessário retirar a coisa da esfera de vigilância e disponibilidade da vítima. Enfim, esses variados entendimentos quanto à consumação do roubo (e do furto) são relativos, pois se torna muito difícil avaliar o caso sem se tomar integral conhecimento dos fatos estampados no processo, a fim de se comparar o que aconteceu, conforme indicam as provas colhidas, e qual é a teoria invocada para justificar a consumação (ou não). Visualizando esse cenário, a maioria tende a demandar, pelo menos, a inversão de posse. Alguns acrescentam a retirada da coisa da esfera de vigilância e disponibilidade da vítima, o que nos parece correto. Essa inversão de posse pode ser por alguns instantes, sem necessidade de se tornar mansa e pacífica. Sobre o tema, o STJ editou a Súmula 582: "Consuma-se o crime de roubo com a inversão da posse do bem mediante emprego de violência ou grave ameaça, ainda que por breve tempo e em seguida à perseguição imediata ao agente e recuperação da coisa roubada, sendo prescindível a posse mansa e pacífica ou desvigiada." Segundo nos parece, a súmula seguiu a teoria majoritária, demandando a *apprehensio* (apreensão) do bem e a *amotio* (remoção), para que se possa falar em *inversão de posse*. Porém, apenas o último termo nos soa deslocado ao enfocar uma posse *desvigiada* como sendo uma situação desnecessária. Ora, a inversão da posse acarreta a retirada da coisa da esfera de disponibilidade da vítima e a sua consequente vigilância. Afinal, somente se pode vigiar o que se tem em sua posse. Perdendo-se esta, mesmo que por curto espaço de temo, perde-se, igualmente, a sua vigilância. Como vigiar o que se encontra em poder de outra pessoa? É inviável no plano fático. Portanto, a inclusão da palavra final – desvigiada – consistiu no único equívoco na redação da súmula. Em suma, o principal conteúdo da mencionada súmula consagrou o roubo como crime material, demandando resultado naturalístico para a sua consumação: a inversão da posse. Na jurisprudência: STJ: "1. Com relação à consumação dos delitos patrimoniais, esta Corte adotou a Teoria da Amotio ou Aprehensio, que se satisfaz com a 'inversão da posse', não se preocupando se ela se fez mansa, pacífica e desvigiada, conforme enuncia o verbete 582/STJ. 2. No caso, o agravante teve a posse dos bens objeto da subtração, tanto que trancou as vítimas em um cômodo da casa, tendo sido posteriormente rendido por uma delas somente no momento em que tentava imprimir fuga. Portanto, o delito se consumou" (AgRg no REsp 1.326.478-RS, 6.ª T., rel. Antonio Saldanha Palheiro, 20.04.2021, v.u.).

**13-A. Veículo com rastreador:** a recuperação do carro, por dispor de rastreador, não influi na consumação do roubo, pois o agente teve a posse do automóvel, retirando-o da esfera de vigilância e disponibilidade da vítima.

**14. Concurso de roubo e extorsão:** é possível haver, pois são crimes de espécies diferentes, cada qual previsto num tipo penal. Assim, o agente que ingressa numa residência, subtraindo coisas com violência ou grave ameaça, e, em seguida, delibera obrigar a vítima a dar-lhe a senha do caixa eletrônico ou faz com que o ofendido vá retirar o dinheiro, trazendo--o até o agente, comete roubo e extorsão, em concurso material. Nesse caminho: STJ: "II – 'É firme o entendimento desta Corte Superior de que ficam configurados os crimes de roubo e extorsão, em concurso material, se o agente, após subtrair bens da vítima, mediante emprego de violência ou grave ameaça, a constrange a entregar o cartão bancário e a respectiva senha, para sacar dinheiro de sua conta corrente' (AgRg no AREsp n. 1.557.476/SP, Sexta Turma, Rel. Min. Nefi Cordeiro, *DJe* de 21/02/2020)" (AgRg no REsp 1.931.204-SP, 5.ª T., rel. Felix Fischer, 18.05.2021, v.u.); "1. É firme o entendimento desta Corte Superior de que ficam configurados os crimes de roubo e extorsão, em concurso material, se o agente, após subtrair bens da vítima, mediante emprego de violência ou grave ameaça, a constrange a entregar o cartão bancário e a respectiva senha, para sacar dinheiro de sua conta corrente. Precedentes" (AgRg no HC 579.446-SP, 6.ª T., rel. Nefi Cordeiro, 25.08.2020, v.u.).

**15. Roubo próprio e roubo impróprio:** o modelo abstrato de conduta do *caput* configura o *roubo próprio*, isto é, a autêntica forma de realização do roubo. O agente usa a violência ou a grave ameaça para retirar os bens da vítima. Entretanto, existe uma segunda forma, prevista no § 1.º, denominada de *roubo impróprio*, que se realiza quando o autor da subtração conseguiu a coisa sem valer-se dos típicos instrumentos para dobrar a resistência da vítima, mas é levado a empregar violência ou grave ameaça após ter o bem em suas mãos, tendo por finalidade assegurar a impunidade do crime ou a detenção da coisa definitivamente. Há duas possibilidades para o emprego da violência ou da grave ameaça após a subtração ter-se efetivado: assegurar a impunidade, significando garantir que o agente não será preso (ex.: dar o ladrão um soco na vítima, que tenta prendê-lo, após descobrir a subtração), ou as-

# Art. 157

segurar a detenção da coisa para si ou para terceiro, querendo dizer que o objeto retirado do ofendido não deve voltar à sua esfera de disponibilidade (ex.: proferir o ladrão uma ameaça de morte, apontando o revólver, para que a vítima não se aproxime, tentando recuperar o bem que percebe estar sendo levado embora). Na jurisprudência: STJ: "1. Consuma-se o delito de roubo impróprio quando o agente emprega grave ameaça contra a vítima, visando assegurar a posse de bem subtraído" (AgRg no AREsp 1.705.250-PR, 5.ª T., rel. João Otávio de Noronha, 09.12.2020, v.u.); "Nos moldes do art. 157 do Código Penal, a violência ou grave ameaça caracterizadoras do crime de roubo poderão ser empregadas antes, durante ou logo após a subtração do bem. Assim, malgrado possa ter o agente iniciado a prática de conduta delitiva sem o uso de violência, se terminar por se valer de meio violento para garantir a posse da *res furtivae* ou, ainda, a impunidade do delito, terá praticado o crime de roubo, ainda que em sua modalidade imprópria (CP, art. 157, § 1.º), não havendo se falar em furto" (HC 415376-SP, 5.ª T., rel. Ribeiro Dantas, 03.05.2018, v.u.).

**16. Tentativa no roubo impróprio:** há duas posições a respeito: *a)* pode haver tentativa de roubo impróprio, quando o agente, apesar de ter conseguido a subtração, é detido por terceiros no instante em que pretendia usar violência ou grave ameaça; *b)* não é cabível. Se a subtração se concretizou, não há que se falar em tentativa de roubo impróprio: ou o agente usa violência ou grave ameaça e está consumado o roubo impróprio, ou não a utiliza e mantém-se somente a figura do furto (simples ou qualificado). A polêmica é de difícil solução, embora esteja concentrada no significado a ser dado à expressão "logo depois de *subtraída a coisa*". Se entendermos que tal expressão quer dizer o mesmo que *furto consumado*, naturalmente não se pode aceitar a ocorrência da tentativa de roubo impróprio, uma vez que a coisa já saiu da esfera de disponibilidade e vigilância da vítima. Não teria cabimento supor que, encontrado o autor bem longe do lugar da retirada do bem e ingressando em luta com o ofendido, a quem está agredindo quando é detido, está-se falando de tentativa de roubo impróprio. O que temos é um furto consumado em concurso com um crime violento contra a pessoa. Entretanto, se dermos à expressão a simples conotação de "retirada da coisa" da vítima, sem necessidade de se exigir a consumação do furto, então podemos cuidar da tentativa de roubo impróprio. O ofendido, por exemplo, vendo que sua bicicleta está sendo levada por um ladrão, vai atrás deste que, para assegurar sua impunidade ou garantir a detenção da coisa, busca agredir a pessoa que o persegue, momento em que é detido por terceiros. Existe aí uma tentativa de roubo impróprio. Esta nos parece ser a melhor posição. No § 1.º do art. 157 não se utilizou a expressão "subtraída a coisa" com o mesmo sentido amplo e firme da "consumação do crime de furto", vale dizer, exigindo-se a inversão de posse da coisa subtraída. O método de praticar o roubo é que varia. Enquanto no *caput* o agente usa a violência ou a grave ameaça para vencer a resistência da vítima, levando-lhe os bens, no § 1.º ele faz o mesmo, embora logo após ter conseguido, sozinho, tomar a coisa almejada. Na primeira hipótese, que é a mais usual, aponta um revólver para a vítima, ameaçando-a de morte e com isso vencendo-lhe a resistência, para tomar-lhe a bicicleta. No segundo caso, toma-lhe a bicicleta e, quando pretende escapar, notando a aproximação da vítima, aponta-lhe a arma, ameaçando-a de morte. Se neste momento for preso, tentou praticar um roubo impróprio. Naturalmente, se o furto está consumado (o bem foi retirado da esfera de vigilância e disponibilidade da vítima) e o agente é encontrado, logo depois, em situação que faça presumir ser ele o autor da infração penal (art. 302, IV, CPP), ainda que possa haver flagrante pela prática do furto, caso haja o emprego de violência contra a pessoa ou grave ameaça, estamos diante de crime autônomo. E, finalmente, se o agente está subtraindo a coisa (não conseguiu fazê-lo ainda), quando a vítima se aproxima entrando em luta com o ladrão, que é preso em seguida, deve-se falar em tentativa de furto seguida de eventual crime contra a pessoa.

**17. Causas de aumento da pena:** faz parte da tradição a denominação de *roubo qualificado* às formas de subtração previstas no § 2.º, embora sejam apenas causas de aumento da pena. A existência de uma qualificadora, como acontece no furto (§ 4.º do art. 155), seria suficiente para alterar a faixa de aplicação da pena, aumentando-se, concomitantemente, o mínimo e o máximo. No caso presente, impõe a lei somente um aumento, que pode variar de um terço até a metade.

**18. Incidência de mais de uma causa de aumento:** há quatro posições principais nesse contexto: *a)* deve haver um único aumento, baseado numa das causas constatadas. Se houver mais de uma circunstância, as demais podem ser consideradas como circunstâncias judiciais (art. 59) para estabelecer a pena-base; *b)* o aumento, que é variável (um terço até a metade), deve ser proporcional ao número de causas presentes. Assim, havendo uma única, cabe aumentar a pena em um terço. Se todas estiverem presentes, o juiz deve aumentar a pena da metade; *c)* a existência de mais de uma causa de aumento por si só não significa a elevação necessária da pena. O juiz, se assim entender, ainda que presentes várias causas de aumento, poderia aplicar o acréscimo de apenas um terço, pois o que está em jogo é a gravidade do meio empregado, e não o número de incisos do § 2.º que estejam configurados; d) deve haver a elevação necessária (entre um terço e metade) e suficiente para, no entendimento do julgador, punir de modo justo o crime, com as circunstâncias presentes, sem qualquer critério matemático fixo. A última posição é a correta e vem ganhando adeptos, inclusive nos Tribunais Superiores. Confira-se a Súmula 443 do STJ: "O aumento na terceira fase de aplicação da pena no crime de roubo circunstanciado exige fundamentação concreta, não sendo suficiente para a sua exasperação a mera indicação do número de majorantes". A presença de uma só causa de aumento pode ser tão relevante e grave que justifique o aumento de metade da pena. Por outro lado, duas causas de aumento podem ser de mínima ofensividade, no caso concreto, determinando o aumento de apenas um terço. Em suma, não se deve aceitar um critério matemático para a fixação da pena. Na jurisprudência: STF: "1. A inexistência de argumentação apta a infirmar o julgamento monocrático conduz à manutenção da decisão agravada. 2. A jurisprudência desta Suprema Corte é firme no sentido de que '[p]ara a escolha da fração de aumento prevista no § 2.º do art. 157 do Código Penal, exige-se decisão fundamentada em elementos concretos dos autos, não sendo suficiente a mera referência ao número de majorantes indicadas na sentença condenatória' (HC 128.338, Relator Teori Zavascki, Segunda Turma, *DJe* 25.11.2015). 3. Na espécie, a aplicação cumulativa das causas de aumento está devidamente motivada nas peculiaridades do caso concreto. Desse modo, considerando o limite cognitivo desta Corte, não há como acolher a pretensão defensiva" (HC 213.183 AgR, 2.ª T., rel. Edson Fachin, 01.03.2023, m.v.), "2. O magistrado de origem valeu se da pluralidade de agentes e do emprego de armas de fogo na prática do crime de roubo para fundamentar a majoração da pena na terceira fase da dosimetria no patamar de 3/8 (fundamentação concreta), circunstâncias fáticas essas que, na linha da jurisprudência desta Corte Suprema, são suficientes para a manutenção da pena privativa de liberdade aplicada pelas instâncias ordinárias: RHC 152.073/SC, Rel. Min. Gilmar Mendes, *DJe* 01/06/2018; RHC 153.135/SC, Rel. Min. Edson Fachin, *DJe* 11/05/2018; RHC 154.124/SC, Rel. Min. Alexandre de Moraes, *DJe* 12/04/2018 e RHC 152.058/SC, Rel. Min. Roberto Barroso, *DJe* 27/02/2018. 3. Agravo Regimental a que se nega provimento" (HC 199374 AgR, 1.ª T. rel. Alexandre de Moraes, 27.04.2021, v.u.). STJ: "2. Na terceira fase da dosimetria, a pena foi aumentada em 3/8, exclusivamente com fundamento no número de majorantes (art. 157, § 2.º, I e II, do Código Penal – CP), em desrespeito ao disposto no enunciado n. 443 da Súmula do STJ" (HC 671.048-SP, 5.ª T., rel. Joel Ilan Paciornik, 14.09.2021, v.u.). Quanto às demais posições, registremos os equívocos: a) a primeira pretende usar causas de aumento como circunstâncias judiciais, o que está errado. Se elas são circunstâncias para elevar a pena

# Art. 157

Código Penal Comentado • **Nucci**

na terceira fase, não podem ser transferidas pelo operador do Direito para a primeira fase; b) a segunda espelha critério puramente matemático, como se pode ver na nota 19 abaixo, algo extremamente danoso à individualização da pena, pois não faz o julgador *pensar* e *refletir*, ocupando-se ele somente de aplicações automáticas de frações, abstratamente consideradas; c) não considerar todas as circunstâncias, mas apenas uma é outra ofensa à individualização da pena, visto inexistir razão plausível para ignorá-las. Tudo o que o agente faz deve ser rigorosamente ponderado pelo juiz.

**19. Conceito de arma:** é o instrumento utilizado para defesa ou ataque. Em primeiro lugar, mantivemos as notas 19 a 22 lançadas neste inciso I do § 2.º para não renumerar todas as demais. Isto se deu porque a Lei 13.654/2018, pretendendo criar uma causa de aumento mais elevada (2/3) para quem praticasse roubo com emprego de arma de fogo (atual, § 2.º-A, I), terminou, por equívoco, revogando o inciso I, que era genérico, pois cuidava do emprego de *arma*, sem maiores detalhes. Abrangia todas as espécies de arma. Houve correção legislativa por meio da Lei 13.964/2019, que reinseriu, no inciso VII do § 2.º, o aumento para quem exercesse violência ou grave ameaça com emprego de *arma branca* (toda arma que não é de fogo). Sob outro prisma, denomina-se *arma própria* a que é destinada, primordialmente, para ataque ou defesa (ex.: armas de fogo, punhal, espada, lança etc.). Logicamente, muitas outras coisas podem ser usadas como meios de defesa ou de ataque. Nesse caso, são as chamadas *armas impróprias* (ex.: uma faca de cozinha atirada contra alguém; um martelo utilizado para matar; uma ferramenta pontiaguda servindo para intimidar). Quando o tipo penal se refere apenas a *arma*, devem-se admitir as próprias e as impróprias. Afinal, quando quer, o legislador deixa claro tratar-se de *arma de fogo* (vide o § 2.º-A, I, deste artigo). Para a análise do emprego de arma (própria ou imprópria), há duas visões a respeito do tema: a) *critério objetivo*: avalia o "emprego de arma", segundo o efetivo perigo que ela possa trazer à vítima. Logo, para essa teoria, uma arma de brinquedo, embora seja útil para constituir a grave ameaça, não presta à finalidade do aumento, que é a sua potencialidade lesiva concreta à pessoa do ofendido; b) *critério subjetivo*: analisa o "emprego de arma", conforme a força intimidativa gerada na vítima. Sob esse prisma, uma arma de brinquedo é instrumento hábil à configuração da causa de aumento, uma vez que o temor provocado no ofendido é muito maior – diminuindo a sua capacidade de resistência consideravelmente – quando é utilizada. Preferimos a teoria objetiva, ou seja, respeitando-se o princípio da legalidade, deve-se considerar *arma* exatamente aquilo que pode ser usado como instrumento de ataque ou defesa – ainda que seja imprópria (como, *v. g.*, a utilização de um machado para intimidar o ofendido). É, sem dúvida, mais perigosa a exposição da vítima do roubo a quem possua objeto desse cabedal. Ao contrário, o sujeito que exerce a grave ameaça valendo-se de outros meios, como o emprego de sua própria força física, gera menor potencialidade lesiva ao ofendido, que, inclusive, pode sentir-se mais preparado a reagir. Por isso, não podemos aquiescer à consideração de *arma de brinquedo* como se arma fosse. Ela não é instrumento de ataque ou defesa, nem próprio, nem impróprio. Logo, nesse caso, não nos parece esteja configurada qualquer circunstância para elevar a pena do roubo. A despeito disso, o Superior Tribunal de Justiça havia adotado o critério subjetivo e entendeu configurar o aumento quando o agente atuasse, valendo-se de arma de brinquedo. Era o conteúdo da Súmula 174: "No crime de roubo, a intimidação feita com arma de brinquedo autoriza o aumento da pena". Entretanto, na sessão de 24 de outubro de 2001, a Terceira Seção da Corte cancelou a referida Súmula, por maioria de votos (REsp 213.054-SP, rel. José Arnaldo da Fonseca, com voto vencedor. O único voto vencido foi proferido pelo Min. Edson Vidigal). Na doutrina, nos termos de Laje Ros, "admitido que o roubo se pode cometer com violência ou com intimidação às pessoas, torna-se muito difícil ao proprietário ou ao detentor defender a propriedade, ou o que tem em seu poder, quando o autor se vale de armas para cometer o delito. Isso porque anula toda possibilidade de defesa, e já resulta impossível frente a um ladrão armado, opor qualquer tipo de resistência. Não é o mesmo à mão limpa que a mão armada" (*La interpretación penal en el hurto, el robo y la extorsión*, p. 288).

**20. Se a violência ou ameaça é exercida com emprego de arma:** como mencionado na nota anterior, esta circunstância de aumento de pena foi revogada pela Lei 13.654/2018, ao mesmo tempo em que se incluiu o § 2.º-A, prevendo o aumento da pena de 2/3 se houver emprego de arma de fogo. A partir dessa revogação, quem empregasse arma branca para o roubo não mais teria esse fator analisado como causa de aumento; entretanto, o juiz poderia avaliar o uso de arma no cenário das circunstâncias judiciais (art. 59, CP), majorando, quando fosse o caso, a pena-base. Na jurisprudência: STJ: "Com o advento da Lei n. 13.654, de 23/4/2018, que revogou o inciso I do artigo 157 do Código Penal, o emprego de arma branca, embora possa eventualmente ser valorado como circunstância judicial desabonadora, não se subsume a qualquer uma das majorantes do crime de roubo, impondo-se, portanto, a redução da pena na terceira fase da dosimetria, em observância ao princípio da retroatividade da lei penal mais benéfica, insculpido no art. 5.º, XL, da Constituição da República" (HC 498.024-SP, 5.ª T., rel. Ribeiro Dantas, 26.03.2019, v.u.). A questão perdeu a razão de ser porque a Lei 13.964/2019 trouxe novamente a causa de aumento referente à utilização de arma branca (agora com referência expressa a esta espécie de arma) no inciso VII do § 2.º do art. 157.

**21. Lei favorável e sua aplicação:** conforme prevê o art. 5.º, XL, da Constituição Federal, bem como o art. 2.º do Código Penal, é preciso aplicar a lei penal mais favorável aos processos em andamento e às execuções de pena. Cancelada a causa de aumento referente à arma branca, no cenário do roubo, torna-se imprescindível a adaptação da pena em qualquer grau de jurisdição. Na jurisprudência: STJ: "A Lei n. 13.654, de 23 de abril de 2018, revogou o inciso I do artigo 157 do CP, de modo que o emprego de arma branca não se subsume mais a qualquer uma das majorantes do crime de roubo. Assim, uma vez que o caso dos autos é de roubo com emprego de arma branca (faca), impõe-se a concessão de *habeas corpus* de ofício para que a pena seja reduzida na terceira fase da dosimetria, em observância ao princípio da retroatividade da lei penal mais benéfica. 3. Agravo regimental desprovido. Concessão de *habeas corpus*, de ofício, para afastar a causa de aumento prevista no inciso I do § 2.º do art. 157 do CP" (AgRg no REsp 1724625-RS, 5.ª T., rel. Ribeiro Dantas, 21.06.2018, v.u.). Porém, essa questão foi transitória, visto que a Lei 13.964/2019 trouxe a causa de aumento referente à prática do roubo com emprego de arma branca para o contexto das causas de aumento do § 2.º do art. 157 (inciso VII).

**22. Arma defeituosa ou sem munição e a simulação:** na hipótese de arma defeituosa, entendemos ser indispensável a análise do caso concreto, desde que ela seja apreendida. Caso a arma seja considerada pela perícia *absolutamente* ineficaz por causa do seu defeito, não se pode considerar ter havido maior potencialidade lesiva para a vítima (teoria objetiva do emprego de arma); logo, não se configura a causa de aumento. Se a arma for considerada relativamente capaz de dar disparos, cremos presente o aumento previsto. No que se refere à arma sem munição, é apenas um meio relativamente ineficaz, pois a qualquer momento pode o agente colocar projéteis e disparar contra a vítima. Assim, entendemos deva estar configurada a causa de aumento [§ 2.º-A]. Outra hipótese cuida da simulação de arma, quando o agente se vale do próprio dedo ou de um instrumento pontiagudo embaixo de suas vestes, dando a impressão de carregar um revólver. Entendemos ser meio suficiente para gerar a grave ameaça, pois a vítima normalmente não costuma blefar nesses casos, entregando os seus bens. Deve responder na figura simples, prevista no *caput* do art. 157.

# Art. 157

**23. Concurso de duas ou mais pessoas:** sempre mais perigosa a conduta daquele que age sob a proteção ou com o auxílio de outra pessoa. Assim, o autor de roubo, atuando com um ou mais comparsas, deve responder mais gravemente pelo que fez. Entendemos, na esteira do ocorrido com o crime de furto, que basta haver o concurso de duas ou mais pessoas, sem necessidade de estarem todas presentes no local do crime. Afinal, não se pode esquecer da participação, moral ou material, também componente do quadro do concurso de agentes. Por derradeiro, vale lembrar que o concurso pode somar imputáveis com inimputáveis, configurando do mesmo modo a causa de aumento. Na jurisprudência: STF: "A incidência da causa de aumento relativa ao concurso de pessoas não exige a identificação de todos os envolvidos, revelando-se suficiente a demonstração de haver sido o delito praticado por duas ou mais pessoas" (HC 163.566, 1.ª T., rel. Marco Aurélio, 26.11.2019, v.u.).

**23-A. Concurso de maior com inimputável e condenação por corrupção de menor:** a incidência da causa de aumento, no roubo, prevista no inciso II, do § 2.º, do art. 157 (concurso de duas ou mais pessoas) tem por objetivo enfraquecer a defesa da vítima; seria o mesmo que ocorre quando o agente se vale do emprego de arma (branca ou de fogo). Por outro lado, agindo em concurso com menor de 18 anos, pode ser condenado por corrupção de menor (art. 244-B, Lei 8.069/1990). Nesta hipótese, a meta punitiva é diversa, visto estar em jogo, como bem jurídico, a boa formação moral do jovem. Seria, basicamente, atingir *dois bens jurídicos diversos* com a mesma conduta, como se fosse um *concurso formal*: o agente maior de 18 anos, juntamente com o menor, intimida a vítima do roubo com maior facilidade, atingindo o patrimônio e, ao mesmo tempo, prejudica a formação moral do jovem que ao seu lado atua. Portanto, não nos parece ocorra a hipótese de *bis in idem* (dupla punição pelo mesmo fato). Entretanto, em diverso entendimento: STJ: "3. 'O fato de o crime de roubo ter sido praticado em comparsaria com um adolescente, quando o réu já foi condenado pelo delito de corrupção de menores, não pode ser utilizado como fundamento na terceira fase da dosimetria da pena do roubo, sob pena de ofensa ao princípio do *ne bis in idem*' (AgRg no AREsp 1.284.925/RS, rel. Min. Nefi Cordeiro, 6.ª T., j. 27.11.2018, *DJe* 04.12.2018)" (AgRg no HC 554.402-RJ, 6.ª T., rel. Laurita Vaz, 26.05.2020, v.u.).

**24. Concurso material entre roubo qualificado e associação criminosa armada:** possibilidade, pois os bens jurídicos são diversos. Enquanto o tipo penal do roubo protege o patrimônio, o tipo penal da associação criminosa guarnece a paz pública. Ver, também, a nota 28 ao art. 288.

**24-A. Concurso formal entre roubo e corrupção de menores:** o agente, maior de 18 anos, ao praticar o crime de roubo juntamente com o menor, preenche, por meio de uma só conduta, dois tipos penais. Aplica-se, então, o concurso formal. No entanto, se o autor do roubo tiver por finalidade, além da subtração patrimonial, conduzir o adolescente ao cometimento de várias infrações penais, corrompendo-o, atua com desígnios autônomos, respondendo por concurso formal imperfeito, somando-se as penas. Na jurisprudência: STJ: "2. O crime de corrupção de menor foi cometido no mesmo contexto fático e momento da prática do crime de roubo, razão pela qual se mostra mais correto o reconhecimento do concurso formal de crimes, uma vez que não restou demonstrada, de forma concreta, a autonomia das condutas ou a precedência de uma em relação à outra. Infere-se no caso que, mediante uma única ação, o paciente praticou ambos os delitos, tendo a corrupção de menores se dado em razão da prática do delito patrimonial. Sendo assim, de rigor o reconhecimento do concurso formal" (HC 636.025-RJ, 5.ª T., rel. Ribeiro Dantas, 09.02.2021, v.u.).

**25. Vítima a serviço de transporte de valores:** o roubo é mais grave quando o agente subtrai bens de quem está transportando valores pertencentes a terceiro. Essa atividade envolve, fundamentalmente, as empresas que se dedicam justamente a esse transporte, constituindo alvo identificável e atrativo aos assaltantes. Além disso, o prejuízo, nessas situações, costuma ser consideravelmente alto. Por tais causas, ocorre a maior reprovação da conduta. Na jurisprudência: STF: "5. Não obstante o roubo ter ocorrido em face de pessoa que prestava serviço de transporte de mercadorias, a não identificação destas, de modo a propiciar o enquadramento, ou não, como 'valores', para as finalidades da lei, impede a aplicação da majorante" (HC 220.778, 2.ª T., rel. André Mendonça, 22.02.2023, v.u.).

**26. Dolo direto:** exige o tipo penal que o agente *conheça* a circunstância referente ao transporte de valores de terceiros, razão pela qual não se configura a causa de aumento quando houve dolo indireto (assumir o risco de provocar o resultado).

**27. Veículo automotor levado a outro Estado ou para o exterior:** vide nota 38 ao art. 155, § 5.º.

**28. Vítima com a liberdade cerceada:** introduzida pela Lei 9.426/1996, teve o legislador por finalidade punir mais gravemente o autor do roubo que, além do mínimo indispensável para assegurar o produto da subtração, detém a vítima em seu poder. Entretanto, não houve interpretação pacífica desse novo dispositivo, tendo em vista que três situações podem surgir: *a)* o agente segura a vítima por brevíssimo tempo, o suficiente para tomar-lhe o bem almejado (ex.: disposto a tomar o veículo da vítima, o agente ingressa no automóvel unicamente para, alguns quarteirões depois, colocá-la para fora). Trata-se de roubo, mas não se aplica a causa de aumento do § 2.º, V; *b)* o agente segura a vítima por tempo superior ao necessário ou valendo-se de forma anormal para garantir a subtração planejada (ex.: subjugando a vítima, o agente, pretendendo levar-lhe o veículo, manda que entre no porta-malas, rodando algum tempo pela cidade, até permitir que seja libertada ou o carro seja abandonado). Aplica-se a causa de aumento do inciso V do § 2.º. Na jurisprudência: STJ: "3. Não se verifica ilegalidade, na aplicação da majorante da restrição à liberdade da vítima, se a ação delitiva perdurou por tempo superior à necessária à consumação do delito, sendo imprópria a estreita via do especial à revisão do entendimento" (AgRg no AREsp 2.008.396/RJ, 6.ª T., rel. Jesuíno Rissato (Desembargador convocado do TJDFT), 08.08.2023, v.u.); "2. O referido fato ultrapassa a elementar referente à redução da capacidade de resistência da vítima, para caracterizar a causa de aumento prevista no art. 157, § 2.º, inciso V, do Código Penal, uma vez que a restrição perdurou por tempo juridicamente relevante, superior àquele necessário para a consumação do delito" (AgRg no AREsp 1.715.226-PB, 6.ª T. rel. Laurita Vaz, 22.09.2020, v.u.); *c)* o agente pretende segurar a vítima consigo para percorrer bancos 24 horas e fazer saques. Nesta hipótese, utiliza-se o tipo penal do art. 158, § 3.º (sequestro relâmpago). Trata-se de concurso material entre roubo (veículo) e extorsão, conforme art. 158, § 3.º, CP (saques em caixas eletrônicos). A partir da edição da Lei 13.964/2019, esta figura passa a ser considerada crime hediondo (art. 1.º, II, *a*, Lei 8.072/1990). Só se pode computar como hediondo, quando o crime for cometido depois do início de vigência da referida Lei 13.964/2019. Afinal, lei penal mais rigorosa não pode retroagir para prejudicar o réu (art. 5.º, XL, da Constituição Federal).

**28-A. Subtração de substâncias explosivas:** inserida pela Lei 13.654/2018, esta circunstância pretende tratar de maneira mais rigorosa a *onda de subtração e uso de explosivos*, cuja finalidade principal é estourar caixas eletrônicos para captar o dinheiro. No entanto, acrescentar à já extensa lista de causas de aumento do § 2.º do art. 157 é uma enorme perda de espaço para, realmente, incrementar a pena. Deve o julgador elevar a pena entre 1/3 e metade, agora levando em conta a existência de *cinco* fatores; noutros termos, é muito pouco aumento para a

# Art. 157

quantidade de circunstâncias que podem envolver um roubo. Essa nova causa de exasperação da pena deveria ter recebido um tratamento específico, destacado do referido § 2.º.

**28-A1. Violência ou grave ameaça exercida com emprego de arma branca:** relembremos o que já foi exposto nas notas 19 e 20 *supra*. *Arma* é o instrumento utilizado para defesa ou ataque. Denomina-se *arma própria*, a que é destinada, primordialmente, para ataque ou defesa (ex.: armas de fogo, punhal, espada, lança etc.). Logicamente, muitas outras coisas podem ser usadas como meios de defesa ou de ataque. Nesse caso, são as chamadas *armas impróprias* (ex.: faca de cozinha usado para agressão; um martelo utilizado para matar; uma ferramenta pontiaguda servindo para intimidar). Quando o tipo penal se refere apenas à *arma*, devem-se admitir as próprias e as impróprias. Quando a lei se refere às armas brancas, diz respeito a todas aquelas que, por exclusão, não são de fogo. Esta causa de aumento, que subsistia, genericamente, como *arma*, no inciso I deste § 2.º, retornou no inciso VIII, por força da Lei 13.964/2019.

**28-B. Causa de aumento de 2/3:** introduz-se a nova causa de elevação da pena, por intermédio da Lei 13.654/2018, visando à maior punição de quem, no roubo, utiliza arma de fogo ou usa explosivo, o que nos parece correto. Deve-se aplicá-la na terceira fase da individualização da pena, depois de fixada a pena-base (art. 59, CP) e as agravantes/atenuantes (arts. 61 a 66, CP). A partir da edição da Lei 13.964/2019, esta figura passa a ser considerada crime hediondo (art. 1.º, II, *b*, Lei 8.072/1990). Só se pode computar como hediondo, quando o crime for cometido depois do início de vigência da referida Lei 13.964/2019. Afinal, lei penal mais rigorosa não pode retroagir para prejudicar o réu (art. 5.º, XL, da Constituição Federal). Na jurisprudência: "3. De rigor a aplicação da majorante prevista no art. 157, § 2.º-A, I, do Código Penal, na medida em que sendo o delito cometido com o emprego de arma de fogo, a elevação é arbitrada em índice fixo pelo legislador, não cabendo ao julgador, portanto, ponderar sobre o *quantum* da exasperação" (STF, HC 560.059-SP, 6.ª T., rel. Nefi Cordeiro, 26.05.2020, v.u.).

**28-C. Concurso de causas de aumento:** é viável e todas podem ser aplicadas – ou apenas a mais grave, que é a prevista no § 2.º-A, nos termos do art. 68, parágrafo único, do CP. Se o julgador considerar graves todas as circunstâncias que envolvem o roubo, por exemplo, o concurso de várias pessoas (§ 2.º, II) e o emprego de arma de fogo (§ 2.º-A, I) pode, na terceira fase da aplicação da pena, determinar o aumento de 1/3 e, depois, mais 2/3. Lembre-se de que se faz aumento sobre aumento. Ilustrando: fixada a pena em 6 anos (após a segunda fase), atingindo o momento de fazer incidir as causas de aumento, lança-se 1/3, elevando a pena para 8 anos. Como houve uso de arma de fogo, aumenta-se mais 2/3 (sobre 8 anos), resultando 13 anos e 4 meses. Como decidir se o caminho é aplicar os dois aumentos ou somente o mais grave? Pelas circunstâncias concretas do fato. Ilustrando, sob dois aspectos: a) dois agentes roubam a vítima, sendo que um deles está no carro à espera do comparsa, enquanto o outro aponta o revólver e leva os pertences; b) quatro indivíduos, todos armados, abordam a vítima e a agridem com coronhadas, até que levam seus pertences. Na primeira hipótese, o julgador pode aplicar o aumento de 2/3 apenas, pois o concurso de duas pessoas quase não foi determinante para a vítima ceder ao roubo. Na segunda situação, vale a aplicação dos dois aumentos, pois eram quatro agentes agredindo a vítima, além de usarem armas de fogo. Se o agente, nesse roubo, utilizar arma de uso restrito ou proibido, incidiria, em tese, mais um aumento. Ver a nota 28-F abaixo. Na jurisprudência: STJ: "2. Tendo sido o crime de roubo praticado em concurso de agentes com um adolescente e com emprego de arma de fogo, correta se afigura a incidência separada e cumulativa das duas causas de aumento, não havendo manifesta ilegalidade" (AgRg no HC 646.116-MG, 6.ª T., rel. Olindo Menezes, 17.08.2021, v.u.); "2. Caso em que o sentenciante justificou o cúmulo de causas de aumento de pena referentes à parte especial (art.

157, § 2.º, II, IV e V, e § 2.º-A, I, do Código Penal), nos termos do art. 68, parágrafo único, do referido código, salientando a maior reprovabilidade da conduta diante do concurso de cinco agentes, da privação de liberdade da vítima por horas na residência desta, da venda do veículo automotor em outro país e do emprego de arma de fogo" (AgRg no REsp 1.908.846-PR, 6.ª T., rel. Olindo Menezes, 03.08.2021, v.u.).

**28-D. Desnecessidade da apreensão da arma e prova da causa de aumento:** a materialidade do roubo independe da apreensão de qualquer instrumento, assim como a prova da autoria pode ser concretizada pela simples, mas verossímil, palavra da vítima. Por isso, igualmente, para a configuração da causa de aumento (utilização de arma de fogo), bastam elementos convincentes extraídos dos autos, ainda que a arma não seja apreendida. Afinal, somente é exigido laudo pericial caso o crime deixe vestígios materiais (art. 158, CPP). O uso da arma para concretizar a grave ameaça, por exemplo, é conduta independente, que não deixa rastro algum. Sob outro aspecto, caso o agente do crime deseje exibir claramente o instrumento utilizado – como um simulacro de arma –, basta que entregue o material para perícia; não o fazendo, torna-se inconsistente simplesmente alegar não ter utilizado arma de fogo, quando esta for a visão captada pela vítima, que se intimidou e entregou os pertences. Na jurisprudência: STF: "Roubos qualificados pelo emprego de arma e pelo concurso de agentes, em concurso formal (CP, art. 157, § 2.º, I e II, por duas vezes, c/c o art. 70). Ausência de apreensão da arma de fogo e de sua submissão a perícia. Irrelevância. Emprego de arma demonstrado por outro meio de prova. Causa de aumento de pena mantida. Precedentes. Ilegalidade inexistente" (HC 125769-SP, 2.ª T., rel. Dias Toffoli, 24.03.2015, v.u.); "A qualificadora do art. 157, § 2.º, I, do Código Penal pode ser evidenciada por qualquer meio de prova, em especial pela palavra da vítima – reduzida à impossibilidade de resistência pelo agente – ou pelo depoimento de testemunha presencial" (HC 111.839-MT, 1.ª T., rel. Luiz Fux, 22.05.2012, v.u.). STJ: "1. Segundo reiterada jurisprudência desta Corte Superior, é prescindível a apreensão e a perícia do artefato bélico empregado na ação para que se possa reconhecer a configuração da majorante do art. 157, § 2.º-A, inciso I, do Código Penal, bastando que o juízo de fato firmado na origem esteja fundado em elementos de prova colhidos no curso da instrução criminal e complementados pelos elementos de informação amealhados na fase inquisitiva (AgRg no HC n. 795.873/SP, Ministro Reynaldo Soares da Fonseca, Quinta Turma, DJe 13/3/2023)" (AgRg no HC 804.301/SC, 6.ª T., rel. Sebastião Reis Júnior, 14.08.2023, v.u.); "1. A Terceira Seção deste Tribunal Superior, no julgamento do EREsp n. 961.863/RS, consolidou o entendimento de que a configuração da majorante atinente ao emprego de arma de fogo prescinde de apreensão da arma utilizada no crime e de realização de exame pericial para atestar a sua potencialidade lesiva, quando presentes outros elementos probatórios que atestem o seu efetivo emprego na prática delitiva, tal como na hipótese dos autos, em que o uso do artefato foi evidenciado pela palavra da vítima" (AgRg no REsp 1.916.225-RJ, 5.ª T., rel. Reynaldo Soares da Fonseca, 15.06.2021, v.u.).

**28-E. Destruição de obstáculo com explosivo:** *destruir* significa demolir, devastar, causar danos a alguma coisa; romper quer dizer abrir algo à força ou arrombar. As duas condutas alternativas são realizadas pelo uso de explosivo (substância inflamável, capaz de produzir explosão, isto é, um abalo seguido de forte ruído causado pelo surgimento repentino de uma energia física ou expansão de gás) ou artefato análogo (todos os produtos que possam produzir resultado similar, tal como o engenho de dinamite, que envolve explosivo à base de nitroglicerina). Mas somente isso não basta; é preciso gerar perigo comum, ou seja, a probabilidade de causar dano a um número indeterminado de pessoas. Como regra, a conduta retratada neste caso ocorre em bancos ou caixas eletrônicos, que se situam em zona urbana, logo, próximo a residências ou estada de pessoas. Desse modo, é praticamente certa a aplicação dessa causa de aumento. Entretanto, pode-se argumentar com o uso de explosivos, durante um roubo, em

# Art. 157

## Código Penal Comentado • Nucci

zona rural, distante de qualquer comunidade. Seria inviável gerar perigo comum, motivo pelo qual a causa de aumento seria inaplicável.

**28-F. Emprego de arma de fogo de uso restrito ou proibido:** pode-se debater se a indicação de aplicação da pena em dobro, apontando para a pena prevista no *caput*, poderia ser uma qualificadora. Entretanto, tecnicamente, a criação de uma qualificadora implica a expressa previsão de nova faixa abstrata de fixação da pena, como ocorre, por exemplo, no art. 155, § 4.º, do Código Penal (pena de reclusão, de 2 a 8 anos, e multa). Portanto, a indicação de dobrar a pena significa fazê-lo na terceira fase da escolha do *quantum* da sanção penal. Indica-se a pena prevista no *caput* apenas para que se torne claro a não utilização de outras faixas abstratas, eventualmente existentes no tipo (como a prevista no § 3.º). Ademais, utilizar essa elevação da pena como causa de aumento é benéfico ao réu, pois permite a aplicação do disposto pelo art. 68, parágrafo único, do Código Penal, significando que o juiz pode lançar todos os aumentos cominados pelo tipo incriminador ou pode optar apenas por um deles, o que mais aumente. Sob outro aspecto, é preciso lembrar que as armas de uso restrito e as proibidas estão descritas em decretos emitidos pelo Presidente da República (ex.: arma de uso restrito: pistolas de calibre 9 mm, .40, .45; arma de uso proibido: armas dissimuladas, aquelas cujo efeito primário seja ferir por meio de fragmentos que, no corpo humano, não são detectáveis por raios X e as armas incendiárias). Havendo a incidência de mais essa causa de aumento, a pena se aplica em dobro. O concurso entre a utilização de arma de fogo (art. 2.º-A, inciso I) e o emprego de arma de uso restrito ou proibido, por serem hipóteses similares, exigem a aplicação da mais grave apenas. Porém, o concurso de duas ou mais pessoas e o emprego de arma de fogo podem representar um quadro disposto à aplicação de duas causas de aumento cumuladas, pois podem configurar situações de periculosidade particular para a vítima. A partir da edição da Lei 13.964/2019, esta figura passa a ser considerada crime hediondo (art. 1.º, II, *b*, Lei 8.072/1990). Só se pode computar como hediondo, quando o crime for cometido depois do início de vigência da referida Lei 13.964/2019. Afinal, lei penal mais rigorosa não pode retroagir para prejudicar o réu (art. 5.º, XL, da Constituição Federal).

**29. Crime qualificado pelo resultado lesões graves:** é uma das hipóteses de delito qualificado pelo resultado, que se configura pela presença de dolo na conduta antecedente (roubo) e dolo ou culpa na conduta subsequente (lesões corporais graves – art. 129, §§ 1.º e 2.º, CP). Maiores detalhes podem ser obtidos nos comentários feitos ao art. 19. A partir da edição da Lei 13.964/2019, esta figura passa a ser considerada crime hediondo (art. 1.º, II, *c*, Lei 8.072/1990). Só se pode computar como hediondo, quando o crime for cometido depois do início de vigência da referida Lei 13.964/2019 (final de janeiro de 2020). Afinal, lei penal mais rigorosa não pode retroagir para prejudicar o réu (art. 5.º, XL, da Constituição Federal). Na jurisprudência: STJ: "1. A configuração da qualificadora prevista no art. 157, § 3.º, inciso I, do Código Penal (roubo qualificado pelo resultado lesão corporal de natureza grave) pode ser reconhecida ainda que não tenha sido confeccionado laudo pericial complementar. 2. No caso, o entendimento da jurisdição ordinária – soberana na análise de fatos e provas –, não pode ser infirmado, pois a Corte Estadual, com fundamentação legalmente idônea, concluiu que o crime fora cometido em sua forma qualificada pelo resultado. Ao lastrear-se na prova testemunhal (consubstanciada no depoimento em juízo do ofendido), e em exame de corpo de delito da vítima (que precisou instalar próteses dentárias após sofrer debilidade permanente da função mastigatória), o Tribunal local proferiu conclusão admitida pelo direito" (HC 554.155-SP, 6.ª T., rel. Laurita Vaz, 16.03.2021, v.u.).

**30. Hipóteses quanto ao resultado mais grave:** *a)* lesão grave consumada + roubo consumado = roubo qualificado pelo resultado lesão grave; *b)* lesão grave consumada + tentativa de roubo = roubo qualificado pelo resultado lesão grave, dando-se a mesma solução do latrocínio (morte consumada + tentativa de roubo; ver a nota 33 *infra*); *c*) lesão grave tentada + roubo tentado = tentativa de roubo com lesões graves; *d*) lesão grave tentada + roubo consumado = roubo consumado com lesões graves.

**31. Crime qualificado pelo resultado morte:** trata-se da hipótese do latrocínio, quando também se exige dolo na conduta antecedente (roubo) e dolo ou culpa na conduta subsequente (morte). É considerado crime hediondo. Cuidou o legislador de explicitar ser preciso haver, anteriormente, *violência*, razão pela qual entendemos não estar configurada a hipótese do latrocínio se, da grave ameaça, resultar lesão grave ou morte. Deve haver nexo de causalidade entre a prática do roubo e o resultado *morte* de qualquer pessoa envolvida nesse cenário, ou seja, não necessariamente a vítima do delito patrimonial. Não se admitindo a aplicação do § 3.º quando houver grave ameaça, a única solução viável é o desdobramento das condutas em dois delitos em concurso: roubo + lesões graves ou roubo + homicídio. O segundo delito será punido dolosa ou culposamente, conforme o caso. Na jurisprudência: STJ: "1. A despeito da controvérsia doutrinária a respeito da classificação do crime previsto no art. 157, § 3.º, inciso II, do Código Penal – se preterdoloso ou não – fato é que, para se imputar o resultado mais grave (consequente) ao autor, basta que a morte seja causada por conduta meramente culposa, não se exigindo, portanto, comportamento doloso, que apenas é imprescindível na subtração (antecedente). Portanto, é inócua a alegação de que não houve vontade dirigida com relação ao resultado agravador, porque, ainda que os Pacientes não tenham desejado e dirigido suas condutas para obtenção do resultado morte, essa circunstância não impede a imputação a título de culpa" (HC 704.718/SP, 6.ª T., rel. Laurita Vaz, 16.05.2023, v.u.).

**32. Aspectos do resultado morte:** cremos que a violência empregada para o roubo é apta a causar a morte de qualquer pessoa, e não somente da vítima. Assim, se um dos autores atira contra o ofendido, mas termina matando quem está passando pelo local, comete latrocínio. Diga-se o mesmo se o agente desfere tiros contra a polícia que chega no momento do assalto ou contra a vítima, matando um outro comparsa. A violência empregada trouxe o resultado "morte", não necessariamente do ofendido, pois o direito protege a vida humana, e não somente a vida da vítima do crime patrimonial. É evidente que a morte do coautor ou de quem está passando precisa, de algum modo, estar conectada ao roubo, a fim de garantir o liame causal. Se o agente resolve matar o comparsa, durante um assalto, simplesmente porque este diverge de suas ordens, não se pode falar em latrocínio. Porém, a aplicação da teoria do erro quanto à pessoa é cabível. Se, pretendendo matar a vítima, mata o coautor, responde como se tivesse assassinado o ofendido. Logo, é latrocínio. Mas se, desejando livrar-se do comparsa, mata-o durante um roubo, cremos estar configurada a hipótese de homicídio em concurso com o roubo. Não há ainda conexão entre a morte e o roubo, deixando de se configurar o latrocínio quando a vítima reage e mata um dos agentes. Outra observação relevante diz respeito a qualquer morte ocorrida em virtude de atos *alheios* ao roubo, como ocorre, por exemplo, no caso de fuga em veículo, dando causa a acidente de trânsito. Inexiste latrocínio. Sobre disparo de comparsa, pode haver punição de todos, se houver nexo causal e assunção do risco.

**32-A. Multiplicidade de vítimas:** tendo o legislador optado por inserir o latrocínio ou o roubo com lesões graves como delito qualificado pelo resultado, no contexto dos crimes contra o patrimônio, é preciso considerar que a morte de mais de uma pessoa (ou lesões graves), porém, voltando-se o agente contra um só patrimônio, pode constituir crime único. Nesse caso, entretanto, com mais de uma vítima sofrendo agressão, deve o magistrado ponderar as *consequências* do crime (mais de uma morte) para majorar a pena, valendo-se do art. 59 do Código Penal. Nesse cenário, parece-nos adequado supor a existência de quadros va-

# Art. 157

Código Penal Comentado · **Nucci**

riados, a merecer diversidade de soluções. O delito de roubo seguido de morte (ou lesões graves) é um crime qualificado pelo resultado, cuja técnica legislativa o incluiu dentre crimes contra o patrimônio – e não contra a pessoa. Em princípio, um só patrimônio envolvido, ocorrendo mais de uma morte (ou lesão grave), conduziria a um só latrocínio (ou roubo com lesões graves). Ocorre que, tratando-se de um delito complexo, tutelando não somente o roubo, mas, igualmente, a vida e a integridade física, torna-se essencial adequar o trato jurídico de tipificação à realidade punitiva ideal. Assim, caso o agente se volte contra um casal, com patrimônio comum, daí resultando uma só morte, cuida-se de um latrocínio. Se houver mais de uma morte, é fundamental avaliar o elemento subjetivo. Caso a morte de uma pessoa seja dolosa e da outra aconteça por conta de culpa, subtraindo-se um só patrimônio, há crime único de latrocínio. No entanto, se o agente se voltar contra o patrimônio do casal, deliberando, com dolo direto, matar marido e mulher, soa-nos desproporcional a consideração de apenas um latrocínio. Um patrimônio e duas vidas eliminadas com dolo direto não podem acarretar um só delito, mas o que se deve enfocar são dois latrocínios, em concurso formal impróprio (art. 70, *caput*, segunda parte). Outra solução, para confirmar a ideia de um crime de latrocínio, embora com duas mortes, pode ser visualizado na conduta do agente que desfere tiros na vítima para lhe retirar os bens, atingindo, também, o seu comparsa. Morrem a vítima e o comparsa: há um latrocínio, embora com duas mortes. Nesse caso, torna-se adequado mencionar o concurso formal perfeito, decorrente, inclusive, de erro na execução (art. 70, *caput*, primeira parte). É preciso valorizar a vida humana acima do patrimônio, e isso somente é possível se o dolo do agente se concentrar primordialmente na subtração de bens e, no máximo, de modo direto, em uma morte. Observe-se a situação complexa, merecedora de particular cuidado, se o agente invadir uma residência, para conseguir as chaves do veículo comum ao casal (um bem), mas termina desferindo tiros no casal e em dois filhos. Um veículo é levado e quatro pessoas perdem a vida, não se justificando um só latrocínio. Parece-nos curial analisar detidamente o elemento subjetivo no tocante a cada violência contra a pessoa. Caso a agressão se volte contra o casal para assegurar a tomada do veículo, com dolo direto em relação a ambos, mas há resolução à parte para matar os filhos e, com isso, não deixar testemunhas, a tipificação pode se concentrar em dois latrocínios em concurso formal impróprio e dois homicídios. Nesses delitos, o ânimo do agente foi eliminar a vida humana, sem mais relação com o patrimônio. Buscamos detalhar algumas situações, que são encontradas em casos concretos levados a julgamento, o que nos conduz a soluções particulares, sem uma padronização, em especial porque o elemento subjetivo, nos crimes qualificados pelo resultado, envolvem dolo direto e eventual e, também, culpa. A bem da verdade, houve época em que se debateu a inclusão do latrocínio na competência do Tribunal do Júri, justamente por causa do dolo direto do agente ao matar a vítima. Terminou vencedora a corrente de que se deve enfocar, como delito doloso contra a vítima, para seguir ao júri, somente as infrações penais enumeradas como tais no Código Penal. Isso não elide o fato de que é possível existir dolo direito de matar também no latrocínio. Diante disso, torna-se adequado punir convenientemente – e de maneira diferenciada – cada caso, conforme o elemento subjetivo do agente. Em suma, consideramos viável um latrocínio, com duas mortes (dolo e culpa ou culpa e culpa, no tocante às duas vidas perdidas); um latrocínio em concurso formal perfeito, com duas mortes, decorrente de *aberratio ictus* (dolo e culpa); um latrocínio em concurso formal imperfeito, com duas mortes, ambas com dolo direto; um latrocínio em concurso formal imperfeito, com duas mortes, ambas com dolo direto e homicídios à parte de pessoas que não se ligam imediatamente ao patrimônio e tenham sido eliminadas com dolo direto, em concurso material. Nesse último exemplo, há quem entenda que as mortes devam ser consideradas, também, latrocínios consumados. Na jurisprudência: STF: "I – A análise da questão envolvida neste *habeas corpus* não demanda revolvimento do conjunto fático-probatório. O núcleo da controvérsia consiste na possibilidade ou não de reconhecimento de concurso formal impróprio de latrocínios, na hipótese de delitos praticados mediante ação desdobrada em vários atos, que atinjam dois patrimônios de vítimas diferentes. II – É incontroverso nos autos que, inicialmente, houve a prática de um assalto à agência bancária do Banestado, com a subtração de quantia em dinheiro, e depois, durante a fuga, o roubo de um veículo de propriedade de outra vítima. Enquanto tentavam evadir-se e para assegurar a prática dos crimes patrimoniais anteriores, os assaltantes trocaram tiros com os policiais que atendiam a ocorrência, ferindo de morte dois deles. Nesse contexto, embora a vítima proprietária do veículo roubado não esteja entre as vítimas fatais, a morte dos policiais envolvidos na perseguição é suficiente para caracterizar o duplo latrocínio. É dizer, a subtração de dois patrimônios de vítimas distintas, com o resultado morte dos policiais durante a dinâmica dos fatos, caracteriza a prática de dois latrocínios, em concurso formal impróprio, conforme dispõe a parte final do art. 70 do Código Penal. III – O entendimento firmado pelo Supremo Tribunal Federal, no HC 71.267/ES, Rel. Min. Maurício Corrêa, Segunda Turma, *DJe* 20/4/1995, no sentido de que 'o crime de latrocínio é um delito complexo, cuja unidade não se altera em razão da diversidade de vítimas fatais [...]', incide no caso sob exame, mas apenas para confirmar que, havendo o roubo de dois patrimônios distintos (crime-fim), o número de homicídios (crime-meio) ocorridos no mesmo contexto fático não altera a caracterização do duplo latrocínio, que deverão ser computados em concurso formal impróprio (art. 70, parte final, do CP)" (HC 241.151-SP, rel. Cristiano Zanin, 24.06.2024, v. u.)"; "Agravo regimental no *habeas corpus*. Pluralidade de vítimas. Violação de um único patrimônio. Latrocínio único. Agravo regimental não provido. 1. O *decisum* refutado destoa da orientação jurisprudencial fixada por ambas as Turmas deste Supremo Tribunal, violado apenas patrimônio de um titular, ainda que ceifadas vidas de diversas vítimas, há um único crime de latrocínio" (Ag. Reg. HC 205.276-SC, rel. Ricardo Lewandowski, red acórdão Edson Fachin, 09.10.2023, m. v.); "1. No caso dos autos, houve uma vítima fatal e uma seriamente ferida, e constou do acórdão hostilizado que, embora tenha havido somente um bem patrimonial objeto do roubo, foi atentado contra a vida de duas pessoas. 2. Não há ilegalidade, pois na ocorrência de dois crimes de latrocínio (art. 157, § 3.º, parte final, do Código Penal), ainda que com apenas uma subtração patrimonial, mas com dois resultados contra a vida, um consumado e outro tentado, a hipótese caracteriza concurso formal impróprio, art. 70, parte final, do Código Penal" (HC 207.790-SC, rel. Edson Fachin, 12.08.2022). STJ: "6. O entendimento adotado pelas instâncias ordinárias encontra respaldo na jurisprudência atual do Superior Tribunal de Justiça, no sentido de que há concurso formal impróprio no crime de latrocínio quando, não obstante houver a subtração de um só patrimônio, o *animus necandi* seja direcionado a mais de um indivíduo, ou seja, a quantidade de latrocínios será aferida a partir do número de vítimas em relação às quais foi dirigida a violência, e não pela quantidade de patrimônios atingidos. 7. No entanto, essa posição destoa da orientação do Supremo Tribunal Federal, em suas duas Turmas, as quais têm afastado o concurso formal impróprio, e reconhecido a ocorrência de crime único de latrocínio, nas situações em que, embora o *animus necandi* seja dirigido a mais de uma pessoa, apenas um patrimônio tenha sido atingido. Por essa razão, mostra-se prudente proceder ao *overruling* da jurisprudência deste Tribunal Superior, adequando-a à firme compreensão do Pretório Excelso acerca do tema. 8. No caso concreto, as instâncias ordinárias afirmaram que houve desígnios autônomos em relação ao *animus necandi*, motivo pelo qual entenderam pelo concurso formal impróprio, o qual deve ser afastado, nos termos do entendimento do Supremo Tribunal Federal. No entanto, é inviável o reconhecimento de crime único, porque foram atingidos dois patrimônios distintos. Nesse contexto, deve ser reconhecida a prática de dois delitos de latrocínio, na forma tentada, em concurso formal próprio, pois não foi mencionado pelas instâncias ordinárias que também teria havido autonomia de desígnios em relação às

# Art. 158

subtrações patrimoniais, mas tão somente no tocante ao *animus necandi*" (AgRg no Agravo em Recurso Especial 2.119.185 – RS, 3.ª Seção, rel. Laurita Vaz, 13.09.2023, v. u.).

**33. Hipóteses de crime qualificado pelo resultado:** há quatro situações possíveis: a) *roubo consumado e homicídio tentado*: tentativa de latrocínio. Na jurisprudência: STJ: "2. Se houve prova de que o acusado agiu com *animus necandi*, no crime de roubo, não ocorrendo a consumação da morte por circunstâncias alheias à vontade do réu, conclui-se pela ocorrência da tentativa de latrocínio e não o roubo qualificado pela lesão corporal de natureza grave. (AgRg no REsp 1647962/MG, Rel. Ministro Reynaldo Soares da Fonseca, Quinta Turma, julgado em 09/03/2017, *DJe* 15/03/2017). 3. Mantida a condenação pelo delito de latrocínio tentado, ficam prejudicados os demais pleitos" (AgRg no AREsp 1.291.179-SP, 6.ª T., rel. Nefi Cordeiro, 07.05.2019, v.u.); b) *roubo consumado e homicídio consumado*: latrocínio consumado, inexistindo divergência na jurisprudência; c) *roubo tentado e homicídio tentado*: tentativa de latrocínio. Na jurisprudência: STJ: "1. A jurisprudência desta Corte Superior é no sentido de que há tentativa de latrocínio quando há dolo de subtrair e dolo de matar, sendo que o resultado morte somente não ocorre por circunstâncias alheias à vontade do agente" (AgRg no AREsp 1.701.048-GO, 5.ª T., rel. Reynaldo Soares da Fonseca, 25.08.2020, v.u.); d) *roubo tentado e homicídio consumado*: latrocínio consumado. Neste último caso, dever-se-ia falar, tecnicamente, em latrocínio tentado, pois o crime patrimonial não atingiu a concretização, embora da violência tenha resultado a morte. Entretanto, segundo a jurisprudência predominante, como a vida humana está acima dos interesses patrimoniais, soa mais justa a punição do agente por latrocínio consumado, até mesmo porque o tipo penal menciona "se da violência resulta morte", seja ela exercida numa tentativa ou num delito consumado anterior. É a posição da Súmula 610 do Supremo Tribunal Federal ("Há crime de latrocínio, quando o homicídio se consuma, ainda que não realize o agente a subtração de bens da vítima").

**34. Inviabilidade de aplicação do art. 9.º da Lei 8.072/1990:** a Lei dos Crimes Hediondos estabeleceu, no referido art. 9.º, que a pena do roubo qualificado pelo resultado (157, § 3.º) deve ser acrescida da metade, respeitado o limite superior de 40 anos, se a vítima estiver em qualquer das hipóteses do art. 224 do Código Penal. Esse artigo, entretanto, foi revogado pela Lei 12.015/2009, pois enumerava as pessoas até 14 anos de idade, alienadas ou débeis mentais e que não pudessem opor resistência por qualquer motivo. Era a chamada *presunção de violência*. Outros tipos penais foram criados pela referida Lei 12.015/2009, envolvendo essas pessoas mais vulneráveis a agressões sexuais. De todo modo, deixa de existir parâmetro válido para a aplicação do art. 9.º da Lei 8.072/1990, vez que a norma penal de referência (art. 224, CP) foi revogada. Em boa hora, pois se chegava ao absurdo de a pena mínima coincidir com a máxima. Assim, praticar latrocínio contra menor de 14 anos levava o juiz a fixar a pena mínima de 30 anos (20 anos + metade), que era também o máximo permitido. Em nosso entendimento, havia lesão ao princípio constitucional da individualização da pena (art. 5.º, XLVI, CF), tornando a aplicação do aumento inconstitucional. Entretanto, a questão está superada.

### Extorsão[35]

**Art. 158.** Constranger[36-36-B] alguém,[37] mediante violência ou grave ameaça,[38-38-A] e com o intuito de obter[39] para si ou para outrem indevida vantagem econômica,[40-41] a fazer, tolerar que se faça ou deixar de fazer alguma coisa:[42-44]

Pena – reclusão, de 4 (quatro) a 10 (dez) anos, e multa.

> § 1.º Se o crime é cometido por duas ou mais pessoas, ou com emprego de arma, aumenta-se a pena de 1/3 (um terço) até 1/2 (metade).[45]
>
> § 2.º Aplica-se à extorsão praticada mediante violência o disposto no § 3.º do artigo anterior.[46]
>
> § 3.º Se o crime é cometido mediante a restrição da liberdade da vítima, e essa condição é necessária para a obtenção da vantagem econômica,[46-A] a pena é de reclusão, de 6 (seis) a 12 (doze) anos,[46-B] além da multa; se resulta lesão corporal grave ou morte, aplicam-se as penas previstas no art. 159, §§ 2.º e 3.º, respectivamente.[46-C-46-D]

**35. Extorsão:** é uma variante de crime patrimonial muito semelhante ao roubo, pois também implica uma subtração violenta ou com grave ameaça de bens alheios. "Cria uma espécie de estado de necessidade, em razão de que quando a ordem se cumpre, quer-se evitar um mal maior" (Laje Ros, *La interpretación penal en el hurto, el robo y la extorsión*, p. 348). A diferença concentra-se no fato de a extorsão exigir a participação ativa da vítima *fazendo* alguma coisa, *tolerando que se faça* ou *deixando de fazer* algo em virtude da ameaça ou da violência sofrida. Enquanto no roubo o agente atua sem a participação da vítima, na extorsão o ofendido colabora ativamente com o autor da infração penal. Assim, como exemplos: para roubar um carro, o agente aponta o revólver e retira a vítima do seu veículo contra a vontade desta. No caso da extorsão, o autor aponta o revólver para o filho do ofendido, determinando que ele vá buscar o carro na garagem da sua residência, entregando-o em outro local predeterminado, onde se encontra um comparsa. Nota-se, pois, que na primeira situação o agente toma o veículo da vítima no ato da grave ameaça, sem que haja *ação* específica do ofendido, que simplesmente não resiste. Na segunda hipótese, a própria vítima busca o veículo, entregando-o, sob ameaça, a terceiro. E mais: no roubo a coisa desejada está à mão; na extorsão, a vantagem econômica almejada precisa ser alcançada, dependendo da colaboração da vítima. "O roubo se caracteriza porque o ladrão se apodera da coisa que a vítima tem em seu poder, o que não ocorrer na extorsão, porque neste caso é a vítima que faz a entrega da coisa ao agente" (Laje Ros, *La interpretación penal en el hurto, el robo y la extorsión*, p. 346).

**36. Análise do núcleo do tipo:** *constranger* significa tolher a liberdade, forçando alguém a fazer alguma coisa. É justamente a diferença do roubo, cujo núcleo é *subtrair*, demonstrando que o agente prescinde da colaboração da vítima, pois tem o bem ao seu alcance. Ver a nota 35 *supra*. Na jurisprudência: STJ: "1. 'A extorsão é crime formal e se consuma no momento em que a vítima, submetida a violência ou grave ameaça, submete-se ao comando do criminoso, sendo irrelevante a efetiva obtenção da vantagem indevida, que constitui mero exaurimento do delito. Inteligência da Súmula 96/STJ' (HC 410.220/PB, Rel. Ministro Reynaldo Soares da Fonseca, Quinta Turma, *DJe* 23/2/2018)" (AgRg no REsp 1.976.938/PR, 5.ª T., rel. Joel Ilan Paciornik, 21.06.2022, v.u.).

**36-A. Flanelinhas e similares:** os indivíduos, conhecidos por *flanelinhas*, são aqueles que, a pretexto de vigiar o carro de determinada pessoa, ao estacionar em plena via pública, *cobram* por isso. No entanto, não é uma simples cobrança, em várias oportunidades, mas uma ameaça – velada ou expressa – de que poderão danificar o veículo, caso não lhes seja paga determinada quantia, geralmente exorbitante. Em primeiro lugar, a conduta é ilícita porque o carro está na rua, local público, o que independe de qualquer pagamento, como regra. Em segundo, pagar certa quantia depende da vontade exclusiva do proprietário do automóvel, não podendo haver qualquer espécie de coerção. Em suma, a conduta é, no mínimo, irregular. Outra modalidade de *flanelinha*: no semáforo, o agente constrange o motorista a lhe pagar

# Art. 158

Código Penal Comentado • Nucci

826

certa quantia para que o para-brisa do carro seja *lavado*. Geralmente, o constrangimento é realizado por meio de súplicas sucessivas. Cuida-se de coerção emocional, não se podendo nem mesmo considerar ilícita, pois até mesmo a contravenção de mendicância não mais subsiste. Por outro lado, há quem exija o pagamento de qualquer valor, batendo no vidro e ameaçando o motorista. Como regra, no entanto, tais condutas não chegam a ponto de configurar o delito de extorsão, cuja pena é a mesma do roubo. Contudo, não se pode descartar completamente a tipificação no art. 158, pois o constrangimento pode ser efetivo e grave, com ameaça crível e virulenta, de modo a atemorizar a vítima, que alternativa não vê a não ser pagar o valor demandado. Portanto, depende-se da verificação de cada caso concreto.

**36-B. Alegação de ingresso com ação judicial:** tal medida não configura ameaça ilícita a ponto de caracterizar o crime de extorsão (ou mesmo o delito de ameaça). Cuida-se de um *direito* de qualquer pessoa, previsto na Constituição Federal (nenhuma lesão de direito será excluída da apreciação do Judiciário). Portanto, quem afirma que, se tal medida ou conduta não for concretizada, ingressará em juízo, nada mais faz do que alertar sobre o exercício de um direito.

**37. Sujeitos ativo e passivo:** qualquer pessoa.

**38. Violência ou grave ameaça:** ver comentários ao art. 157. É fundamental que a ameaça seja grave bastante para *constranger*, de fato, a vítima, a ponto de vencer sua resistência, obrigando-a a fazer o que não quer. Do contrário, o delito não se configura.

**38-A. Ameaça espiritual:** a liberdade de culto e crença é assegurada pela Constituição Federal; cada pessoa pode acreditar no que bem quiser, tanto na existência de Deus, como na inexistência. Pode crer em santos ou espíritos – ou nada disso. Cuidando-se de uma questão de fé, não vemos como aceitar o preenchimento do tipo penal da extorsão, quando o agente se vale de *elementos espirituais* para obter vantagem da vítima. Não há violência, nem grave ameaça, quando calcadas em dados esotéricos. O sobrenatural não pode ser reconhecido pelo Direito como *agente* válido para intimidar pessoas ou valorizar coisas. Quem doa bens, acreditando estar dando a *entes espirituais*, assim o faz porque quer. Desse modo, parece-nos inviável usar a *espiritualidade* para amedrontar quem quer que seja. Imagine-se se isso for alargado. Pode-se invocar bruxas e gnomos para amedrontar pessoas e, com isso, conseguir alguma vantagem. Não nos parece razoável encaixar essas "ameaças" como válidas para tipificar a extorsão. Na jurisprudência, em dois sentidos: STJ: "1. Orientação jurisprudencial no sentido de reconhecer como extorsão a 'ameaça de mal espiritual' (REsp n. 1299021/SP, Rel. Ministro Rogerio Schietti Cruz, Sexta Turma, julgado em 14/2/2017, *DJe* 23/2/2017). 2. A 'grave ameaça', elementar do delito de extorsão, consiste na intimidação que atua na dimensão psicológica da vítima, considerando a influência de múltiplos fatores" (AgRg no AREsp 1.009.662-RJ, 6.ª T., rel. Antonio Saldanha Palheiro, 03.04.2018, v.u.). TJSE: "2 – O crime de extorsão está previsto no artigo 158 do Código Penal e está descrito como: Constranger alguém, mediante violência ou grave ameaça, e com o intuito de obter para si ou para outrem indevida vantagem econômica, a fazer, tolerar que se faça ou deixar de fazer alguma coisa: 3 – Das provas colhidas, não se apreende que o acusado tenha induzido a erro a Sra. Aline com vistas a obter vantagem indevida, tampouco que em determinado momento passou a lhe ameaçar, mas sim que esta última, acreditando na sua prática religiosa e espiritual, entregou-se a sua fé, no sentido de que precisava contribuir de todas as formas, inclusive financeiramente, para atingir o seu objetivo espiritual. 4 – A liberdade de exercício de cultos religiosos, no país, é garantida pelo art. 5.º, inciso VI, da Carta Magna, cabendo ao Estado não apenas respeitar a opção de escolha e de professar qualquer religião, mas também de aceitar as contribuições financeiras que possam ser feitas por liberalidade, ainda que às vezes pareçam absurdas e irrazoáveis aos olhos dos mais céticos. 5 – Conforme bem colocou o magistrado na sentença ora combatida, "O momento de captação de recursos junto aos fiéis possui relação estreita com a questão da liberdade religiosa. O fiel que paga o dízimo ou mesmo mais que isso, que entrega determinado bem aos pastores, fá-lo inegavelmente por uma motivação religiosa, por acreditar que essa contribuição é necessária ou útil à propagação de sua fé ou mesmo para obter determinada graça. Assim, adentrar no mérito da doação efetuada num contexto religioso é um passo temerário para o Estado liberal e democrático, pois representaria de qualquer forma a possibilidade de sindicar uma questão religiosa, de crença e consciência." 6 – Não há provas para sustentar a ocorrência de estelionato ou de extorsão, mas de livre exercício da religião pelas partes, tanto pelo acusado, quanto pela suposta ofendida, que, a despeito do seu arrependimento em ter contraído dívidas em favor da prática religiosa, não conseguiu demonstrar que assim o fez por ter sido enganada pelo seu guia espiritual, ou mesmo obrigada, mas sim porque acreditava naquele momento na sua fé e na espiritualidade que praticava, mormente porque ostentava grau de instrução e entendimento para saber o que estava fazendo" (APR 00080813920198250053, Câm. Criminal, rel. Elvira Maria de Almeida Silva, 24.08.2021, v.u.).

**39. Elemento subjetivo:** pune-se a extorsão quando houver dolo. Inexiste a forma culposa. Exige-se, ainda, o elemento subjetivo do tipo específico ou o dolo específico, consistente na expressão "com o intuito de obter...".

**40. Indevida vantagem econômica:** o termo "indevida" demonstra a presença de um elemento normativo do tipo, de forma que, caso a vantagem exigida seja legítima, pode o agente responder por outro delito, como o exercício arbitrário das próprias razões (art. 345, CP). A vantagem *econômica* demonstra, nitidamente, ser um crime patrimonial.

**41. Consumação:** em que pese defendermos ser a extorsão um crime formal (não exige o resultado naturalístico consistente na redução do patrimônio da vítima), ainda há alguns aspectos a considerar no tocante ao momento consumativo. Ocorre que há, fundamentalmente, três estágios para o cometimento da extorsão: 1.º) o agente constrange a vítima, valendo-se de violência ou grave ameaça; 2.º) a vítima age, por conta disso, fazendo, tolerando que se faça ou deixando de fazer alguma coisa; 3.º) o agente obtém a vantagem econômica almejada. Este último estágio é apenas configurador do seu objetivo ("com o intuito de..."), não sendo necessário estar presente para concretizar a extorsão. Entretanto, o simples constrangimento, sem que a vítima atue, não passa de uma tentativa. Para a consumação, portanto, cremos mais indicado atingir o segundo estágio, isto é, quando a vítima cede ao constrangimento imposto e faz ou deixa de fazer algo. Sobre o tema, conferir a Súmula 96 do STJ: "O crime de extorsão consuma-se independentemente da obtenção da vantagem indevida". Na jurisprudência: STF: "Extorsão. Pretensão de reconhecimento do delito na forma tentada. Crime formal cuja consumação independe da obtenção da vantagem ilícita. Precedentes" (HC 176.578 ED-AgR, 2.ª T., rel. Cármen Lúcia, 13.03.2020, v.u.). STJ: "1. A consumação do delito de extorsão ocorre quando há o efetivo constrangimento, independente da obtenção da vantagem. Isso porque o crime de extorsão é formal, consumando-se no momento em que o agente, mediante violência ou grave ameaça, constrange a vítima com o intuito de obter vantagem econômica indevida. O recebimento da vantagem, por sua vez, constitui mero exaurimento do crime. Precedentes" (AgRg no AREsp 1.880.393-SP, 5.ª T., rel. Ribeiro Dantas, 14.09.2021, v.u.); "1. O crime de extorsão é formal e se consuma no momento em que a vítima, submetida a violência ou grave ameaça, realiza o comportamento desejado pelo criminoso. É irrelevante que o agente consiga ou não obter a vantagem indevida, pois esta constitui mero exaurimento do crime (Súmula 96 do STJ). 2. A vítima, ameaçada pelos acusados, comunicou a corregedoria da polícia, mas cumpriu a exigência de entrega dos valores. A ação policial apenas evitou a obtenção/fruição da vantagem indevida mero exaurimento da conduta, porém não impediu que o ofendido cedesse ao constrangimento. Crime consumado. 3. Agravo regimental não provido" (AgRg no REsp 1.868.140-GO, 6.ª T., rel. Rogerio Schietti Cruz, 04.08.2020, v.u.).

# Art. 158 — Código Penal Comentado · Nucci — 828

**42. Condutas da vítima:** *fazer, tolerar que se faça* ou *deixar de fazer* alguma coisa é precisamente a colaboração do ofendido para a configuração do crime de extorsão. É natural deduzir que somente tenha havido concordância porque existiu violência ou grave ameaça, embora seja indispensável que a vítima, de alguma forma, aquiesça ao propósito do autor.

**43. Objetos material e jurídico:** o objeto material é a pessoa que sofre a violência ou a grave ameaça; os objetos jurídicos são o patrimônio da vítima, bem como a sua integridade física e a sua liberdade.

**44. Classificação:** trata-se de crime comum (aquele que não demanda sujeito ativo qualificado ou especial); formal (delito que não exige resultado naturalístico necessário, configurando-se com o constrangimento imposto à vítima); de forma livre (podendo ser cometido por qualquer meio eleito pelo agente); comissivo ("constranger" implica ação); instantâneo (cujo resultado se dá de maneira instantânea, não se prolongando no tempo); de dano (consuma-se apenas com efetiva lesão a um bem jurídico tutelado); unissubjetivo (que pode ser praticado por um só agente); plurissubsistente (em regra, vários atos integram a conduta); admite tentativa.

**45. Causas de aumento de pena:** ver comentários ao art. 157, § 2.º. Entretanto, explicite--se a viabilidade de aplicação dessas causas de aumento às figuras qualificadas da extorsão. Como exemplo, se houver um sequestro relâmpago (§ 3.º do art. 158) cometido com duas ou mais pessoas ou emprego de arma, pode-se elevar a pena de 1/3 até a metade. Na jurisprudência: STJ: "4. É dispensável a apreensão e a perícia da arma de fogo, para a incidência do disposto no art. 158, § 1.º, do Código Penal, se evidenciada a utilização do artefato por outros meios de prova, como a palavra da vítima ou o depoimento de testemunhas. Precedentes" (AgRg no RHC 167.626/RJ, 6.ª T., rel. Rogerio Schietti Cruz, 18/10/2022, v.u.); "1. As majorantes previs-tas no § 1.º do art. 158 do Código Penal podem ser aplicadas tanto ao tipo simples quanto ao qualificado do delito de extorsão, sendo certo que a Lei 11.923/2009 não promoveu alteração que obstasse tal proceder" (AgRg no REsp 1.821.939-SC, 6.ª T., rel. Laurita Vaz, 09.06.2020, *DJe* 23.06.2020).

**46. Crime qualificado pelo resultado lesão grave ou morte:** ver comentários ao art. 157, § 3.º, em particular a nota 34, pois o aumento previsto no art. 9.º da Lei 8.072/1990 também se tornou inviável para a hipótese de extorsão, com resultado morte.

**46-A. Sequestro relâmpago:** a Lei 11.923/2009 criou-se a figura típica do *sequestro relâmpago*, inserindo no art. 158, § 3.º, do Código Penal, uma circunstância nova de execução do crime de extorsão, bem como a previsão da possibilidade de dois resultados qualificadores (lesão grave e morte). No mesmo parágrafo, houve o aproveitamento para a inclusão de uma qualificadora (crime cometido mediante a restrição da liberdade da vítima, sendo essa a con-dição necessária para a obtenção da vantagem econômica), com pena de reclusão, de 6 a 12 anos, e multa, mas também trouxe a figura qualificada pelo resultado, ou seja, se do sequestro relâmpago advier lesão grave, a pena será de reclusão, de 16 a 24 anos; se ocorrer morte, a pena será de reclusão, de 24 a 30 anos. Em primeiro lugar, convém destacar inexistir qualquer conflito aparente de normas ou confusão legislativa pela simples vigência do disposto no art. 157, § 2.º, V, do Código Penal ("se o agente mantém a vítima em seu poder, restringindo sua liberdade"). Já sustentávamos anteriormente, conforme se constata nos comentários a esse dispositivo, ser inaplicável a causa de aumento do art. 157, § 2.º, V, ao caso do sequestro re-lâmpago. Para tal situação, seria necessária a tipificação em roubo seguido de sequestro, por ausência de outra figura específica. A partir da inclusão do § 3.º ao art. 158, passa-se ao tipo preciso de extorsão, cujo constrangimento é voltado à restrição da liberdade da vítima como forma de pressão para a obtenção de vantagem econômica. Não mais se aplica o concurso de crimes (roubo + sequestro), inserindo-se o caso concreto, denominado vulgarmente de *sequestro relâmpago*, na figura nova. Jamais houve confusão entre roubo e extorsão. Quando o agente ameaça a vítima portando uma arma de fogo, exigindo a entrega do automóvel, por exemplo, cuida-se de roubo. A coisa desejada, afinal, está à vista e à disposição do autor do roubo. Caso o ofendido se negue a entregar, pode sofrer violência, ceder e o agente leva o veículo do mesmo modo. Porém, no caso da extorsão, há um constrangimento, com violência ou grave ameaça, que *exige*, necessariamente, a colaboração da vítima. Sem esta colaboração, por maior que seja a violência efetivada, o autor da extorsão não obtém o almejado. Por isso, obrigar o ofendido a empreender saque em banco eletrônico é extorsão – e não roubo. Sem a participação da vítima, fornecendo a senha, a coisa objetivada (dinheiro) não é obtida. Logo, obrigar o ofendido, *restringindo-lhe* (limitar, estreitar) a liberdade, constituindo esta restrição o instrumento para exercer a grave ameaça e provocar a colaboração da vítima é exatamente a figura do art. 158, § 3.º, do Código Penal. Permanece o art. 157, § 2.º, V, do Código Penal para a hipótese mais rara de o agente desejar o carro da vítima, ilustrando, levando-a consigo por um período razoável, de modo a se certificar da inexistência de alarme ou trava eletrônica. É um roubo, com restrição limitada da liberdade, de modo a garantir a posse da coisa, que *já tem em seu abrigo*. Entretanto, rodar com a vítima pela cidade, restringindo-lhe a liberdade, como forma de obter a coisa almejada, contando com a colaboração do ofendido, insere-se na extorsão mediante restrição à liberdade. Finalmente, a nova figura também não se confunde com a extorsão mediante sequestro, tendo em vista que nesta última hipótese, a privação (destituir, tolher) da liberdade é mais que evidente, ingressando o ofendido em cárcere, até que haja a troca da vantagem como condição ou preço do resgate. Na jurisprudência: STJ: "1. O delito descrito no art. 158, § 3.º, do Código Penal é formal, restando configurado apenas com o constrangimento da vítima, mediante violência ou grave ameaça e com restrição à sua liberdade, na intenção de obter vantagem econômica indevida. 2. O fato de a vítima ter fornecido a senha de seu cartão bancário, depois de ter sido abordada, com subtração de seus pertences, e mantida em seu veículo pelo agravante e seu comparsa, sendo ameaçada mediante emprego de arma de fogo, enquanto um dos agentes fazia compra com o referido cartão, caracteriza o crime de extorsão qualificada em concurso com o roubo circunstanciado" (AgRg no REsp 2.051.458/MG, 5.ª T., rel. Ribeiro Dantas, 26.06.2023, v.u.); "O delito descrito no art. 158, § 3.º, do Código Penal é formal, restando configurado apenas com o constrangimento da vítima, mediante violência ou grave ameaça e com restrição à sua liberdade, na intenção de obter vantagem econômica indevida. A obtenção da vantagem – na hipótese, os saques realizados – configura o exaurimento do crime. 4. O fato de a vítima ter fornecido as senhas de seus cartões bancários e de crédito, depois de ter sido abordada e mantida em seu veículo pelo paciente e outros agentes, sendo ameaçada com o uso de arma de fogo, enquanto outro elemento realizava saques em sua conta bancária, caracteriza o crime de extorsão qualificada, o qual não se confunde com o roubo, sendo que, na hipótese, todos os bens foram devolvidos depois da realização dos saques" (HC 402871-SP, 5.ª T., rel. Ribeiro Dantas, 20.03.2018, v.u.).

**46-B. Proporcionalidade das penas:** pode-se dizer, em primeira análise, que as penas previstas para a nova figura típica são muito elevadas e não estariam em harmonia com outros delitos. Afinal, somente para o sequestro relâmpago, prevê-se sanção de reclusão de 6 a 12 anos. Porém, em nosso entendimento, há perfeita proporcionalidade. A extorsão cometida com emprego de arma ou por duas ou mais pessoas pode redundar na pena de 5 anos e 4 meses a 15 anos de reclusão. Ora, a extorsão com restrição à liberdade que, invariavelmente, é cometida com emprego de arma e mediante concurso de duas ou mais pessoas, atinge 6 a 12 anos. Está aquém do mal cometido contra a vítima, que, além de sofrer o constrangimento mediante emprego de arma e concurso de pessoas, como regra, ainda tem a liberdade restringida, sofrendo trauma psicológico, em grande parte das vezes. O mesmo se diga do roubo com emprego de arma ou concurso de duas ou mais pessoas (reclusão, de 5 anos e 4 meses a 15 anos). Compa-

# Art. 159

rar a nova penalidade do sequestro relâmpago com crimes sexuais, por exemplo, afirmando que os seis anos de pena mínima do delito de estupro fere a proporcionalidade implica não analisar o contexto global. O fato de ser grave o delito de estupro não elimina, em hipótese alguma, a igual ou superior gravidade do sequestro relâmpago. Ademais, o que sempre nos pareceu lesão à proporcionalidade é o esquecimento do crime de homicídio, que fere o mais relevante bem jurídico – a vida humana. Não se pode mais sustentar a pena do homicídio simples em singelos seis anos. Afinal, se o estupro e o sequestro relâmpago merecem, como pena mínima, seis anos, algo está errado. E o equívoco deve-se à mantença da pena do delito de homicídio em *apenas* seis anos. Se quisermos debater a proporcionalidade das penas eleitas pelo Legislativo, poderíamos começar com o crime previsto no art. 273 (falsificação, corrupção, adulteração ou alteração de produto destinado a fins terapêuticos ou medicinais), que é infração de perigo, com pena de reclusão de 10 a 15 anos *e considerado hediondo*. Se muitos erros existem na legislação penal brasileira, não nos parece seja no tocante à pena do sequestro relâmpago. Por derradeiro, se houver lesão grave ou morte à vítima, optou o legislador pela sanção prevista para a outra modalidade de extorsão, prevista no art. 159. Não fugiu, portanto, de um padrão de comparação. Estaria equivocada a previsão do art. 159, §§ 2.º e 3.º, do CP? Haveria lesão à proporcionalidade? Eis outro passo importante para debater a questão. No entanto, se essas penalidades forem consideradas justas, nada impede, por política criminal, a fixação de igualdade no tocante à outra modalidade de extorsão, que também fere o direito à liberdade, consistente no sequestro relâmpago.

**46-C. Tipo remissivo:** optou o legislador por criar uma forma de remissão no tocante às sanções previstas para os possíveis resultados qualificadores. Por isso, quando, da prática do sequestro relâmpago, ocorrer lesão grave, a pena será de reclusão, de 16 a 24 anos (cf. art. 159, § 2.º, CP); se ocorrer morte, a pena será de reclusão, de 24 a 30 anos (cf. art. 159, § 3.º, CP).

**46-D. Inserção no rol dos crimes hediondos:** quando a Lei 11.923/2009 inseriu a figura criminosa do *sequestro relâmpago* terminou cometendo um equívoco: não lançou esse tipo específico no rol do art. 1.º da Lei 8.072/1990. Houve debate doutrinário e jurisprudencial acerca de estar ou não esse delito previsto, ainda que implicitamente, como crime hediondo. Essa omissão chegou ao fim, pois a Lei 13.964/2019 inseriu, expressamente, esse tipo no art. 1.º, III, da Lei dos Crimes Hediondos. Continuamos com a nossa posição anterior de que a extorsão com privação da liberdade da vítima não poderia ser considerado hediondo, até ser formalmente incluída no referido rol do art. 1.º da Lei 8.072/1990, sob pena de lesão ao princípio da legalidade. Isto significa que somente quem praticar extorsão com privação da liberdade da pessoa ofendida, após entrar em vigor a Lei 13.964/2019 (final de janeiro de 2020), poderá responder como delito hediondo. Afinal, a lei é prejudicial ao réu e não pode retroagir, abrangendo fatos pretéritos.

### Extorsão mediante sequestro

> **Art. 159.** Sequestrar[47] pessoa[48] com o fim de obter,[49] para si ou para outrem,[50] qualquer vantagem,[51] como condição[52] ou preço[53] do resgate:[54-55]
>
> Pena – reclusão, de 8 (oito) a 15 (quinze) anos.
>
> § 1.º Se o sequestro dura mais de 24 (vinte e quatro) horas,[56-57] se o sequestrado é menor de 18 (dezoito)[58] ou maior de 60 (sessenta) anos,[58-A] ou se o crime é cometido por bando ou quadrilha:[59]
>
> Pena – reclusão, de 12 (doze) a 20 (vinte) anos.
>
> § 2.º Se do fato[60] resulta lesão corporal de natureza grave:[61]
>
> Pena – reclusão, de 16 (dezesseis) a 24 (vinte e quatro) anos.

> § 3.º Se resulta a morte:
>
> Pena – reclusão, de 24 (vinte e quatro) a 30 (trinta) anos.
>
> § 4.º Se o crime[62] é cometido em concurso,[63] o concorrente que o denunciar à autoridade,[64] facilitando a libertação do sequestrado,[65] terá sua pena reduzida de 1 (um) a 2/3 (dois terços).

**47. Análise do núcleo do tipo:** *sequestrar* significa tirar a liberdade, isolar, reter a pessoa. Tal fato constitui crime autônomo (art. 148, CP), quando a finalidade do agente é, realmente, insular a vítima. Entretanto, havendo finalidade específica, consistente na obtenção de vantagem patrimonial, torna-se uma modalidade de extorsão.

**48. Sujeitos ativo e passivo:** qualquer pessoa.

**49. Elemento subjetivo:** é o dolo, que deve abranger os elementos objetivos do tipo. Não há a forma culposa. Exige-se, ainda, o elemento subjetivo do tipo específico – "com o fim de obter, para si ou para outrem, qualquer vantagem, como condição ou preço do resgate". É o dolo específico na doutrina tradicional.

**50. Consumação:** tratando-se de crime formal, pune-se a mera atividade de sequestrar pessoa, tendo a finalidade de obter resgate. Assim, embora o agente não consiga a vantagem almejada, o delito está consumado quando a liberdade da vítima é cerceada. Por outro lado, convém destacar que o crime de extorsão mediante sequestro está consumado, do mesmo modo, ainda que o agente, privando a liberdade da vítima, *com a intenção de pleitear resgate*, não tenha tempo para fazê-lo. Imagine-se que tenha sido preso *antes* de concretizar a exigência para a libertação da vítima, porém fique, claramente, demonstrado, nos autos da investigação ou do processo, ter sido essa a sua intenção quando agiu contra o ofendido: o delito está finalizado, não se cuidando de mera tentativa.

**51. Sobre o conteúdo do termo *vantagem*:** há duas posições: *a)* tendo em vista que o tipo penal menciona *qualquer* vantagem, não importa seja ela econômica ou não, devida ou indevida; *b)* levando-se em conta que o tipo penal é uma extorsão cometida através de um sequestro, estando no contexto dos crimes patrimoniais, ela deve ser econômica. Preferimos esta última corrente, pois o crime do art. 159 tem o mesmo *nomen juris* do anterior, ou seja, extorsão, que é nitidamente patrimonial, não só porque fala em obtenção de *vantagem econômica*, mas também porque é crime contra o patrimônio. Ora, a extorsão mediante sequestro é a maneira de se obter a vantagem econômica, valendo-se da privação da liberdade de uma pessoa. O resgate tem um preço, que necessita da conotação patrimonial. Não vemos sentido algum em incluir um crime cujo resultado visado pode ser ofensivo a outros bens jurídicos, que não o patrimônio, neste cenário. Se o legislador olvidou, no tipo penal, a palavra "econômica", para designar a vantagem – erros, aliás, são bastante comuns na elaboração de leis –, não quer isso dizer que o intérprete deva ficar circunscrito à literalidade da norma. Ademais, para extrair o real significado e o alcance do tipo penal incriminador, deve-se, sempre, promover o seu confronto com os demais tipos que fazem parte do mesmo capítulo onde está situado no Código Penal. Por isso, cremos que a extorsão mediante sequestro não passa de uma extorsão, cujo objetivo é uma vantagem econômica, praticada por meio particularizado, que é a privação da liberdade da vítima. Assim também a posição de Magalhães Noronha: "O Código fala em *qualquer* vantagem, não podendo o adjetivo referir-se à *natureza* desta, pois ainda aqui, evidentemente, ela há de ser, como no art. 158, *econômica*, sob pena de não haver razão para o delito ser classificado no presente título" (*Direito penal*, v. 2, p. 279). Por

# Art. 159

Código Penal Comentado • **Nucci**

outro lado, acompanhamos a posição majoritária que defende ser necessário ser a vantagem *indevida*, pois, caso seja devida, a pena ficaria extremamente desproporcional. Assim, havendo sequestro para obtenção de vantagem devida, é mais justo punir por sequestro em concurso com exercício arbitrário das próprias razões.

**52. Condição:** é uma obrigação que se impõe à(s) vítima(s) para que possa haver a libertação.

**53. Preço:** é a recompensa ou o prêmio que proporcionará a libertação.

**54. Objetos material e jurídico:** o objeto material é a pessoa privada da sua liberdade, bem como aquela que perde o patrimônio, e o objeto jurídico é tanto o patrimônio quanto a liberdade do indivíduo.

**55. Classificação:** trata-se de crime comum (aquele que não demanda sujeito ativo qualificado ou especial); formal (delito cujo resultado naturalístico previsto no tipo penal – recebimento do resgate – pode não ocorrer, contentando-se, para a sua configuração, com a conduta de sequestrar); de forma livre (podendo ser cometido por qualquer meio eleito pelo agente); comissivo ("sequestrar" implica ação) e, excepcionalmente, comissivo por omissão (omissivo impróprio, ou seja, é a aplicação do art. 13, § 2.º, do Código Penal); permanente (o resultado se prolonga no tempo); unissubjetivo (que pode ser praticado por um só agente); plurissubsistente (em regra, vários atos integram a conduta); admite tentativa. Trata-se de crime hediondo (Lei 8.072/1990).

**56. Figura qualificada:** as hipóteses do § 1.º constituem qualificadoras, pois são circunstâncias mais graves que servem para aumentar, abstratamente, o mínimo e o máximo previstos para a pena.

**57. Duração superior a 24 horas:** quando a privação da liberdade da vítima tiver prazo superior a 24 horas, o delito torna-se qualificado, tendo em vista o maior perigo gerado para o ofendido, inclusive à sua saúde, diante do estresse enfrentado.

**58. Sequestro de menor de 18 anos:** a proteção é maior às vítimas menores de 18 anos, mais frágeis e ainda em formação da personalidade, que podem sofrer abalos psicológicos gravíssimos pela privação arbitrária da sua liberdade.

**58-A. Sequestro de pessoa idosa:** trata-se de introdução proporcionada pelo Estatuto da Pessoa Idosa. Não há dúvida que a pessoa maior de 60 anos, pela fragilidade natural de sua situação física e mental, pode sofrer um trauma inigualável se for vítima de um sequestro. Se o menor de 18 anos, que ainda está formando sua personalidade, pode sofrer abalo psicológico de monta (vide nota anterior), o maior de 60 anos encontra-se na plena maturidade de sua existência, merecendo respeito e tratamento digno. Envelhecer é processo natural da vida, devendo a sociedade zelar para o bem-estar dos idosos, registrando-se o disposto no art. 8.º da Lei 10.741/2003: "O envelhecimento é um direito personalíssimo e a sua proteção um direito social, nos termos desta Lei e da legislação vigente".

**59. Bando ou quadrilha:** valeu-se o tipo penal da figura específica prevista no art. 288 do Código Penal, atualmente modificado pela Lei 12.850/2013, intitulando-se *associação criminosa*. Desse modo, é necessária a prova de que três ou mais pessoas se associaram com a finalidade específica de cometer crimes. Não se trata, nesse caso, de uma mera associação eventual, pois, se assim fosse, deveria o legislador ter feito constar apenas o "concurso de mais de ... pessoas". Nessa hipótese, o crime de associação criminosa (art. 288, CP) resta absorvido pela figura qualificada da extorsão mediante sequestro. Na jurisprudência: STJ: "2. A pretensão de absorção do crime de associação criminosa pela qualificadora da extorsão ter ocorrido mediante quadrilha ou bando (art. 159, § 1.º, do CP) não comporta acolhimento quando evidenciado nos autos que a reunião estável e permanente do grupo não se limitaria aos três delitos de extorsão praticados, de modo que alcançar conclusão inversa demandaria reexame de provas" (AgRg nos EDcl no HC 752.910/SP, 6.ª T., rel. Sebastião Reis Júnior, 27.09.2022, v.u.).

**60. Fato que dá margem ao resultado qualificador:** entende-se ser o sequestro, pois o núcleo do tipo é "sequestrar pessoa", sendo este o fato principal. A meta a ser atingida – obtenção do resgate – não é nem exigível para a consumação do delito. Nota-se, ainda, no § 1.º que o legislador continuou a falar do sequestro, prevendo questões pertinentes ao prazo de duração, à idade da vítima e à autoria.

**61. Forma qualificada pelo resultado:** este e o próximo parágrafo constituem figuras pertinentes ao delito agravado pelo resultado. Se do fato resultar lesão corporal grave, a pena eleva-se para reclusão, de 16 a 24 anos; se resultar morte, a pena sofre a elevação para reclusão, de 24 a 30 anos. Diversamente do roubo (art. 157, § 3.º, CP), onde constou "se da *violência* resulta lesão grave ou morte", neste caso mencionou o tipo penal apenas "se do *fato* resulta lesão grave ou morte", o que significa, portanto, qualquer espécie de violência (física ou moral). Ex.: se durante um sequestro, em razão da forte pressão emocional exercida contra a vítima privada de sua liberdade, ela sofre um ataque cardíaco e morre, cuida-se da figura qualificada prevista no art. 159, § 3.º.

**62. Delação premiada:** a Lei 8.072/1990, que instituiu os crimes hediondos, houve por bem criar, no Brasil, a delação premiada, que significa a possibilidade de se reduzir a pena do criminoso que entregar o(s) comparsa(s). É o "dedurismo" oficializado, que, apesar de moralmente criticável, deve ser incentivado em face do aumento contínuo do crime organizado. É um mal necessário, pois se trata da forma mais eficaz de se quebrar a espinha dorsal das associações criminosas, permitindo que um de seus membros possa se arrepender, entregando a atividade dos demais e proporcionando ao Estado resultados positivos no combate à criminalidade. Consultar, também, os arts. 13 e 14 da Lei 9.807/1999, que possui disposições aplicáveis, conforme o caso, à extorsão mediante sequestro. Cuidando-se de delito cometido por organização criminosa, consultar a Lei 12.850/2013.

**63. Requisito do concurso de agentes:** para a delação produzir a redução da pena do réu é necessário que o delito tenha sido cometido por, pelo menos, duas pessoas, já que se fala em "concurso" e "concorrente". Logo, seja o denunciante coautor ou partícipe, poderá usufruir do benefício.

**64. Autoridade:** qualquer autoridade capaz de levar o caso à solução almejada, causando a libertação da vítima (delegado, juiz, promotor, entre outros).

**65. Libertação do sequestrado:** observa-se ser requisito fundamental ocorrer a libertação da pessoa sequestrada. Sem esta, não há aplicação do prêmio para a delação, que, no caso presente, não se liga unicamente à identificação e à prisão dos responsáveis pelo crime. Por outro lado, é indispensável que a informação prestada pelo agente delator seja útil para a referida libertação (vide o emprego do verbo "facilitando"). Se a libertação for conseguida por outros meios, sem o uso da informação prestada pelo denunciante, não se aplica a redução da pena.

# Art. 160

Código Penal Comentado · **Nucci**

### Extorsão indireta

> **Art. 160.** Exigir ou receber,[66] como garantia de dívida,[67-68] abusando da situação de alguém,[69] documento[70] que pode dar causa[71] a procedimento criminal[72] contra a vítima[73] ou contra terceiro:[74-75]
>
> Pena – reclusão, de 1 (um) a 3 (três) anos, e multa.

**66. Análise do núcleo do tipo:** *exigir* significa ordenar ou reclamar, enquanto *receber* quer dizer aceitar ou acolher. Portanto, a extorsão indireta ocorre quando o agente ordena ou aceita, como garantia de uma dívida, abusando da vítima, um documento passível de gerar um procedimento criminal contra alguém. Imagine-se a situação daquele que, necessitando muito de um empréstimo e pretendendo convencer a pessoa que lhe emprestará a quantia de que irá pagar, entrega, voluntariamente, nas mãos do credor um cheque sem suficiente provisão de fundos. O simples fato de o credor aceitar tal oferta já configura o delito, pois sabe que, no futuro, poderá apresentar o cheque e enquadrar o devedor na figura do estelionato.

**67. Garantia de dívida:** a dívida existente entre autor e vítima pode ser resultante de contrato, título extrajudicial ou qualquer outra forma de obrigação. É possível que a dívida, conforme a sua constituição, seja ilícita, como a que decorre de um empréstimo a juros exorbitantes.

**68. Elemento subjetivo:** é o dolo, que envolve, inclusive, a noção de estar abusando da vítima. Não existe a forma culposa. Admite-se, ainda, o elemento subjetivo do tipo específico, consistente na finalidade de garantir uma dívida. No mesmo sentido: Noronha, *Direito penal*, v. 2, p. 287.

**69. Elemento normativo do tipo:** *abusar* significa exagerar, usando de modo inconveniente alguma coisa. No caso presente, indica-se, claramente, que o credor, aproveitando-se da situação do devedor – que sempre é de inferioridade pelo simples fato de *dever* –, exige ou recebe algo indevido.

**70. Documento que proporciona procedimento criminal:** são documentos, segundo o disposto no Código de Processo Penal, "quaisquer escritos, instrumentos ou papéis, públicos ou particulares" (art. 232). Os relevantes para a composição deste tipo penal são aqueles que podem proporcionar a instauração de uma ação penal ou inquérito policial contra alguém, como o cheque sem fundos, a duplicata fria, a confissão da prática de um delito etc.

**71. Potencialidade lesiva do documento:** não se exige que o documento efetivamente cause a instauração de uma ação penal ou de um inquérito policial contra a vítima, mas simplesmente que *possa* provocar esse resultado.

**72. Procedimento criminal:** ao mencionar singelamente *procedimento criminal*, o tipo penal sinalizou tanto para a ação penal quanto para o inquérito policial, um de natureza jurisdicional e o outro de natureza administrativa. É natural supor, no entanto, que, em última análise, pensou-se na hipótese da ação penal, pois o inquérito é meramente preparatório desta.

**73. Sujeitos ativo e passivo:** o sujeito ativo é o credor de uma dívida, enquanto o sujeito passivo é o devedor, que entrega o documento ao agente, ou terceira pessoa que pode ser prejudicada pela apresentação do documento às autoridades. Note-se que o tipo penal refere-se a "vítima", demonstrando, com nitidez, ser o devedor, que entregou peça importante para sua segurança nas mãos do algoz.

**74. Objetos material e jurídico:** o objeto material é o documento que sofre a conduta criminosa, finalidade maior do autor; o objeto jurídico é tanto o patrimônio, quanto a liberdade da vítima.

**75. Classificação:** trata-se de crime próprio (aquele que demanda sujeito ativo qualificado ou especial – no caso presente, é o credor da dívida); formal (delito que não exige resultado naturalístico, consistente no efetivo prejuízo para a vítima, seja pela diminuição do seu patrimônio, seja pelo perigo de sofrer um procedimento criminal); de forma vinculada (o tipo penal impõe o modo pelo qual a extorsão é praticada: exigindo-se ou recebendo-se documento); comissivo ("exigir" ou "receber" implicam ações) e, excepcionalmente, comissivo por omissão (omissivo impróprio, ou seja, é a aplicação do art. 13, § 2.º, do Código Penal); instantâneo (cujo resultado se dá de maneira instantânea, não se prolongando no tempo); unissubjetivo (que pode ser praticado por um só agente); plurissubsistente (em regra, vários atos integram a conduta); admite tentativa. Há quem defenda que na forma "exigir" o crime é formal e na forma "receber" é material, embora, com a devida vênia, não concordemos com tal posição. O crime é sempre formal. O resultado naturalístico previsto no tipo penal, que não se exige seja atingido, não é o mero recebimento do documento, mas sim a possibilidade de dar causa à instauração de um procedimento criminal. Assim, em ambas as formas o delito é formal.

## Capítulo III
### DA USURPAÇÃO[1]

**1. Proteção constitucional:** este capítulo protege o patrimônio no que concerne aos bens imóveis, como regra, de forma que também encontra respaldo na Constituição Federal, no art. 5.º, *caput* (todos têm direito à propriedade). Na impossibilidade real de se *furtar* um imóvel, que não é sujeito a remoção, tampouco foge totalmente à esfera de vigilância da vítima, utilizou-se o termo *usurpação*, significativo da conduta de quem adquire alguma coisa com fraude ou indevidamente. Assim, aplica-se a usurpação ao contexto dos bens imóveis, exceto no tocante ao delito previsto no art. 162, que cuida de gado ou rebanho. Aliás, o ideal seria deslocar o disposto neste artigo para outro capítulo, reservando este exclusivamente para os imóveis.

### Alteração de limites

> **Art. 161.** Suprimir ou deslocar[2-3] tapume,[4] marco[5] ou qualquer outro sinal indicativo de linha divisória,[6] para apropriar-se,[7] no todo ou em parte, de coisa imóvel alheia:[8-9]
>
> Pena – detenção, de 1 (um) a 6 (seis) meses, e multa.
>
> § 1.º Na mesma pena incorre quem:

### Usurpação de águas

> I – desvia ou represa,[10-11] em proveito próprio ou de outrem,[12] águas alheias;[13-15]

# Art. 161

**Esbulho possessório**[16]

> II – invade,[17-19] com violência a pessoa ou grave ameaça,[20] ou mediante concurso de mais de duas pessoas,[21] terreno ou edifício[22] alheio,[23] para o fim de esbulho possessório.[24-25]
>
> § 2.º Se o agente usa de violência, incorre também na pena a esta cominada.[26]
>
> § 3.º Se a propriedade é particular, e não há emprego de violência, somente se procede mediante queixa.[27]

**2. Análise do núcleo do tipo:** *suprimir* significa eliminar ou fazer desaparecer e *deslocar* quer dizer mudar do local onde se encontrava originalmente. O delito tem em vista punir a conduta daquele que se apropria de bem imóvel alheio eliminando ou mudando o local de marcas divisórias.

**3. Sujeitos ativo e passivo:** o sujeito ativo é o dono do imóvel ao lado daquele que terá a linha divisória alterada; o sujeito passivo é o proprietário do imóvel que teve a linha divisória modificada.

**4. Tapume:** é uma cerca ou uma vedação feita com tábuas ou outro material, utilizada, sobretudo, para separar propriedades imóveis.

**5. Marco:** é qualquer tipo de sinal demarcatório, natural ou artificial. Nas palavras de HUNGRIA, é "toda coisa corpórea (pedras, piquetes, postes, árvores, tocos de madeira, padrões etc.) que, artificialmente colocada ou naturalmente existente em *pontos* da linha divisória de imóveis, serve, também, ao fim de atestá-la *permanentemente* (ainda que não *perpetuamente*)" (*Comentários ao Código Penal*, v. 7, p. 86).

**6. Sinal indicativo de linha divisória:** *sinal* é qualquer símbolo ou expediente destinado a servir de advertência ou reconhecimento. Quando inserido no contexto da linha divisória, quer dizer um símbolo objetivando demonstrar a fronteira existente entre bens imóveis.

**7. Elemento subjetivo:** é o dolo. Não existe a forma culposa. Há, no entanto, o elemento subjetivo do tipo específico, consistente em suprimir ou deslocar o sinal da linha divisória *com a finalidade de apropriar-se da coisa alheia imóvel.*

**8. Objetos material e jurídico:** o objeto material é o imóvel que teve suas metragens alteradas; o objeto jurídico é o patrimônio.

**9. Classificação:** trata-se de crime próprio (aquele que demanda sujeito ativo qualificado ou especial); formal (delito que não exige a produção do resultado naturalístico previsto no tipo penal, consistente na apropriação de coisa alheia imóvel); de forma vinculada (pode ser cometido através das formas previstas no tipo); comissivo ("suprimir" e "deslocar" implicam ação) e, excepcionalmente, comissivo por omissão (omissivo impróprio, ou seja, é a aplicação do art. 13, § 2.º, do Código Penal); instantâneo (cujo resultado se dá de maneira instantânea, não se prolongando no tempo); unissubjetivo (que pode ser praticado por um só agente); plurissubsistente (em regra, vários atos integram a conduta); admite tentativa.

**10. Análise do núcleo do tipo:** *desviar* significa mudar a direção ou o destino de algo e *represar* quer dizer deter o curso das águas. A pena deste delito é muito menor do que a prevista para o furto, o que não deixa de ser incongruente. Se o agente subtrai uma caixa contendo uma dúzia de garrafas de água mineral comete furto, mas se desvia o curso de um rio, prejudicando a vítima, tem uma punição bem mais leve. A explicação plausível para tal situação é a possibilidade de recuperação do patrimônio pelo ofendido, situação mais fácil de ocorrer neste caso do que no furto. Tendo em vista que, no delito de usurpação de águas, trata-se de coisa imóvel, a sua localização e recuperação são facilitadas, ao passo que, no furto, há menor possibilidade de encontrar a *res furtiva*.

**11. Sujeitos ativo e passivo:** o sujeito ativo é qualquer pessoa; o passivo é o proprietário de algum leito ou curso de água.

**12. Elemento subjetivo:** é o dolo, acrescido do elemento subjetivo do tipo específico (tradicionalmente conhecido por dolo específico), consistente em agir "em proveito próprio ou de outrem". Não há forma culposa.

**13. Objetos material e jurídico:** o objeto material é a água alheia; o jurídico é o patrimônio.

**14. Elemento normativo do tipo:** *alheias*, como ocorre no furto, é o elemento normativo, de valoração jurídica, pois fornece a conotação de coisa não pertencente ao agente, mas a terceiro. Não é, pois, qualquer "água" que pode ser objeto material deste delito, e, sim, a pertencente a uma pessoa determinada. Sobre o tema relativo às águas e sua propriedade, consultar os arts. 1.288 a 1.296 do Código Civil e o art. 8.º do Decreto 24.643/1934.

**15. Classificação:** trata-se de crime comum (aquele que não demanda sujeito ativo qualificado ou especial); formal (delito que não exige o resultado naturalístico, consistente na efetiva diminuição do patrimônio da vítima e proveito do agente); de forma livre (podendo ser cometido por qualquer meio eleito pelo agente); comissivo (os verbos indicam ação) e, excepcionalmente, comissivo por omissão (omissivo impróprio, ou seja, é a aplicação do art. 13, § 2.º, do Código Penal); instantâneo (cujo resultado se dá de maneira instantânea, não se prolongando no tempo); unissubjetivo (que pode ser praticado por um só agente); plurissubsistente (em regra, vários atos integram a conduta); admite tentativa.

**16. Esbulho possessório:** *esbulhar* é privar alguém de alguma coisa, indevidamente, valendo-se de fraude ou violência. No caso presente, tem por fim o tipo penal punir aquele que toma a posse de um imóvel de outra pessoa.

**17. Análise do núcleo do tipo:** *invadir*, neste contexto, significa entrar à força, visando à dominação.

**18. Sujeitos ativo e passivo:** o sujeito ativo é qualquer pessoa; o passivo é a pessoa que detém a posse de um imóvel. Na jurisprudência: STJ: "1. A Vítima do crime de esbulho possessório, tipificado no art. 161, inciso II, do Código Penal é o possuidor direto, pois é quem exercia o direito de uso e fruição do bem. Na hipótese de imóvel alienado fiduciariamente, é o devedor fiduciário que ostenta essa condição, pois o credor fiduciário possui tão somente a posse indireta" (CC 179.467-RJ, 3.ª Seção, rel. Laurita Vaz, 09.06.2021, v.u.).

**19. Elemento subjetivo do tipo:** é o dolo, acompanhado da finalidade específica de agir ("para o fim de esbulho possessório"), que é o elemento subjetivo do tipo específico (dolo específico para a doutrina tradicional). Não existe a forma culposa. Note-se que a intenção de somente "turbar a posse" não possibilita a concretização do tipo penal. Entretanto, a tomada da terra por movimentos reputados sociais pode dar ensejo à tipificação deste delito.

# Art. 161

Código Penal Comentado · **Nucci**

Na jurisprudência: STF: "A prática ilícita do esbulho possessório que compromete a racional e adequada exploração do imóvel rural qualifica-se, em face do caráter extraordinário que decorre dessa anômala situação, como hipótese configuradora de força maior, constituindo, por efeito da incidência dessa circunstância excepcional, causa inibitória da válida edição do decreto presidencial consubstanciador da declaração expropriatória, por interesse social, para fins de reforma agrária, notadamente naqueles casos em que a direta e imediata ação predatória desenvolvida pelos invasores culmina por frustrar a própria realização da função social inerente à propriedade. Precedentes. O esbulho possessório, além de qualificar-se como ilícito civil, também pode configurar situação revestida de tipicidade penal, caracterizando-se, desse modo, como ato criminoso (CP, art. 161, § 1.º, II; Lei n.º 4.947/1966, art. 20). A União Federal, mesmo tratando-se da execução e implementação do programa de reforma agrária, não está dispensada da obrigação, que é indeclinável, de respeitar, no desempenho de sua atividade de expropriação, por interesse social, os postulados constitucionais que, especialmente em tema de propriedade, protegem as pessoas e os indivíduos contra eventual expansão arbitrária do poder. Essa asserção – ao menos enquanto subsistir o sistema consagrado em nosso texto constitucional – impõe que se repudie qualquer medida que importe em arbitrária negação ou em injusto sacrifício do direito de propriedade, notadamente quando o Poder Público deparar-se com atos de espoliação ou de violação possessória, ainda que tais atos sejam praticados por movimentos sociais organizados, como o MST. A necessidade de observância do império da lei ('rule of law') e a possibilidade de acesso à tutela jurisdicional do Estado – que configuram valores essenciais em uma sociedade democrática – devem representar o sopro inspirador da harmonia social, significando, por isso mesmo, um veto permanente a qualquer tipo de comportamento cuja motivação resulte do intuito deliberado de praticar atos inaceitáveis de violência e de ilicitude, como os atos de invasão da propriedade alheia e de desrespeito à autoridade das leis e à supremacia da Constituição da República perpetrados por movimentos sociais organizados, como o Movimento dos Trabalhadores Rurais Sem-Terra (MST). O Supremo Tribunal Federal, em tema de reforma agrária (como em outro qualquer), não pode chancelar, jurisdicionalmente, atos e medidas que, perpetrados à margem da lei e do direito por movimentos sociais organizados, transgridem, comprometem e ofendem a integridade da ordem jurídica fundada em princípios e em valores consagrados pela própria Constituição da República. Precedentes" (MS 32752 AgR, Plenário, rel. Celso de Mello, 17.06.2015, processo eletrônico *DJe*-156, divulg. 07.08.2015, public. 10.08.2015, embora antigo, muito relevante).

**20. Violência ou grave ameaça a pessoa:** melhor seria esta redação (violência ou grave ameaça a pessoa), em lugar da escolhida pelo tipo penal, que menciona "violência a pessoa" e "grave ameaça", como se esta última pudesse ser dirigida a algo que não fosse uma pessoa. O esbulho configura-se quando a invasão a um imóvel ocorre com violência física desferida contra uma pessoa ou quando houver grave ameaça.

**21. Concurso de mais de duas pessoas:** não se trata de uma circunstância qualificadora ou agravante, mas inerente ao próprio tipo básico. No caso presente, somente se configura o esbulho possessório quando o agente ingressa no imóvel à força ou valendo-se do concurso de *mais de duas pessoas*, o que, na prática, significa, também, uma invasão forçada. É muito mais difícil para o possuidor resistir ao ingresso de três ou mais pessoas do que quando o invasor é um só. Quanto ao *número mínimo* de agentes para configurar o crime de esbulho possessório, há duas posições: *a)* é preciso, pelo menos, quatro pessoas – aquele que invade, acompanhado de mais de duas pessoas. Ensina NORONHA ser tal interpretação *inquestionável* (*Direito penal*, v. 2, p. 304); *b)* é necessária a existência de, pelo menos, três pessoas. HUNGRIA demonstra que a circunstância modal de execução é a mesma que há no roubo especialmente agravado (concurso de agentes), com a única diferença de, neste caso, exigirem-se pelo menos três pessoas (*Comentários ao Código Penal*, v. 7, p. 92-93). Reconhecemos que a doutrina majoritária inclina-se pela primeira tese, embora prefiramos acompanhar Hungria. O tipo penal insere-se no contexto dos crimes contra o patrimônio, tanto quanto o furto e o roubo. Nesses dois casos, agrava-se especialmente a pena – qualificando-se o crime na primeira hipótese (art. 155, § 4.º, IV, CP) e aumentando-se a pena na segunda (art. 157, § 2.º, II, CP) – quando houver o concurso de duas ou mais pessoas. Portanto, o furto ou o roubo cometido por, no mínimo, duas pessoas é mais severamente punido, justamente porque torna-se mais fácil a subtração e mais custosa a resistência da vítima. Ora, no caso do esbulho possessório ocorre o mesmo. Quem invade o terreno acompanhado de outras duas pessoas promove um esbulho mediante o concurso de *mais de duas pessoas*. A regra é idêntica e a interpretação não pode variar. A justificativa aventada para, no caso do esbulho possessório, permitir-se a existência do agente invasor, acompanhado de, no mínimo, três pessoas, com a devida vênia, não convence. Dizer, valendo-se da mera redação, numa suposta interpretação literal, "quem ... invade ... mediante concurso de mais de duas pessoas" significaria a presença do agente principal ("quem") associado a outras três pessoas ("mais de duas"). Na realidade, a mesma situação não acontece no furto ou no roubo porque, naqueles casos, não se está cuidando de vários crimes num único tipo penal, como ocorre com o esbulho. O furto descreve a forma simples no *caput* e a qualificada no § 4.º, enquanto o roubo faz a construção da forma simples no *caput* e a circunstância de aumento de pena no § 2.º, o que não é a situação do esbulho possessório, um delito previsto no § 1.º, II, do crime de alteração de limites (figura do *caput*). Por estar tratando de três delitos diferentes (alteração de limites, usurpação de águas e esbulho possessório), o tipo penal utilizou a fórmula de equiparação, dizendo, no art. 161, § 1.º: "Na mesma pena incorre *quem*: (...) II – invade (...) mediante concurso de mais de duas pessoas...". O sujeito ("quem") ficou valendo para os outros dois delitos (usurpação e esbulho), que possuem a mesma pena do primeiro (alteração de limites). Nessa concepção, o que importa é ter sido o esbulho cometido através do concurso de mais de duas pessoas. No furto e no roubo não foi necessário usar novamente o sujeito ("quem"), porque os §§ 4.º do art. 155 (furto) e 2.º do art. 157 (roubo) continuam a tratar do mesmo crime. Seria mesmo estranho, por exemplo, dizer, no caso do furto: "§ 4.º Incorre na pena de reclusão de 2 a 8 anos e multa quem: (...) IV – mediante o concurso de duas ou mais pessoas". Haveria o sujeito, mas não teria sentido a construção, por ausência de conduta. Esse o fundamento de ter havido redação diferenciada entre o furto e o roubo em confronto com o esbulho possessório. Não cremos, pois, que isso seja suficiente para aumentar em uma pessoa os agentes necessários para cometer o delito.

**22. Terreno ou edifício:** *terreno* é a porção de terra sem construção, enquanto *edifício* é a construção feita de alvenaria, madeira ou outro material, que se destina normalmente à ocupação do ser humano, podendo ser um prédio, uma casa ou algo semelhante.

**23. Elemento normativo do tipo:** *alheio* é o elemento que demonstra ser o imóvel pertencente (posse ou propriedade) a outra pessoa.

**24. Objetos material e jurídico:** o objeto material é tanto o imóvel invadido, quanto a pessoa que sofreu a violência ou a grave ameaça. O objeto jurídico é o patrimônio e também a incolumidade física, bem como a liberdade do indivíduo.

**25. Classificação:** trata-se de crime comum (aquele que não demanda sujeito ativo qualificado ou especial); formal (delito que não exige o resultado naturalístico, consistente na efetiva perda da posse); de forma livre (podendo ser cometido por qualquer meio eleito pelo agente); comissivo ("invadir" implica ação) e, excepcionalmente, comissivo por omissão (omissivo impróprio, ou seja, é a aplicação do art. 13, § 2.º, do Código Penal); instantâneo

# Art. 162

Código Penal Comentado · Nucci

(cujo resultado se dá de maneira instantânea, não se prolongando no tempo); unissubjetivo (que pode ser praticado por um só agente, quando este utilizar violência ou grave ameaça) ou plurissubjetivo (quando se valer o agente do concurso de mais duas pessoas, pelo menos); plurissubsistente (em regra, vários atos integram a conduta); admite tentativa.

**26. Concurso com o crime violento:** os delitos de alteração de limites, usurpação de águas e esbulho possessório, quando praticados com violência (*vis corporalis*) contra a pessoa, devem ser punidos em concurso com o delito correspondente à violência cometida. Assim, por exemplo, esbulho possessório e homicídio. Há três formas de cometimento do esbulho, de modo que duas delas não se somam a outros crimes, enquanto noutra – violência contra a pessoa – exige-se, expressamente, a punição também do delito violento contra alguém.

**27. Ação pública incondicionada ou privada:** nas três hipóteses (alteração de limites, usurpação de águas e esbulho possessório) a ação será pública incondicionada. Entretanto, quando a propriedade, sujeita à alteração dos limites, as águas, objeto de desvio ou represamento, e a propriedade, sujeita à invasão, forem *privadas*, não tendo o crime sido cometido com *violência*, a ação será privada. O interesse público, portanto, limita-se à propriedade pública ou à forma violenta de cometimento do delito.

### Supressão ou alteração de marca em animais

> **Art. 162.** Suprimir ou alterar,[28-29] indevidamente,[30-31] em gado ou rebanho[32] alheio,[33] marca ou sinal indicativo de propriedade:[34-35]
>
> Pena – detenção, de 6 (seis) meses a 3 (três) anos, e multa.

**28. Análise do núcleo do tipo:** *suprimir* significa fazer desaparecer ou eliminar; *alterar* quer dizer transformar ou modificar. Implica a indispensável existência de sinal ou marca previamente colocados nos animais. Se o rebanho não está marcado, aquele que o fizer não responde por esta figura típica.

**29. Sujeitos ativo e passivo:** o sujeito ativo é qualquer pessoa, enquanto o passivo é o proprietário das reses.

**30. Elemento normativo do tipo:** a conduta do agente necessita ser *indevida*, ou seja, ilícita. Se houver modificação da marca de um rebanho porque existe autorização judicial ou alteração de propriedade, é natural que o tipo penal não se configure.

**31. Elemento subjetivo:** é o dolo. Não se pune a forma culposa. Inexiste elemento subjetivo do tipo específico. O elemento normativo "indevidamente" deve ser abrangido pelo dolo, não significando um elemento subjetivo específico.

**32. Objetos material e jurídico:** o objeto material do crime é o gado ou o rebanho. *Gado* e *rebanho* são sinônimos, embora, no tipo, estejam significando coletivos diferenciados. Enquanto gado serve para animais de grande porte, rebanho fica reservado para os de pequeno ou médio porte. O objeto jurídico é o patrimônio. Ressalte-se que o crime somente se configura se a alteração ou supressão abranger mais de um animal, pois o objeto material é coletivo.

**33. Elemento normativo do tipo:** *alheio* significa um demonstrativo de que a propriedade ou a posse dos animais pertence a sujeito determinando, que não é o agente.

**34. Marca ou sinal indicativo de propriedade:** *marca* é um desenho, um emblema ou um escrito qualquer que serve para identificar alguma coisa ou algum trabalho; *sinal* é o expediente usado, através de meios visíveis ou auditivos, para dar alerta sobre alguma coisa. No caso deste tipo penal, existe ainda um complemento *indicativo de propriedade*, significando, pois, que a marca ou o sinal tem por finalidade avisar aos que tomarem contato com o gado ou com o rebanho de que se trata de propriedade de alguém determinado.

**35. Classificação:** trata-se de crime comum (aquele que não demanda sujeito ativo qualificado ou especial); formal (delito que não exige resultado naturalístico, consistente na diminuição do patrimônio da vítima); de forma livre (podendo ser cometido por qualquer meio eleito pelo agente); comissivo ("suprimir" e "alterar" implicam ação) e, excepcionalmente, comissivo por omissão (omissivo impróprio, ou seja, é a aplicação do art. 13, § 2.º, do Código Penal); instantâneo (cujo resultado se dá de maneira instantânea, não se prolongando no tempo); unissubjetivo (que pode ser praticado por um só agente); plurissubsistente (em regra, vários atos integram a conduta); admite tentativa.

**Capítulo IV**

**DO DANO**

**Dano**[1]

---

**Art. 163.** Destruir, inutilizar ou deteriorar[2-4-A] coisa[5] alheia:[6-8]

Pena – detenção, de 1 (um) a 6 (seis) meses, ou multa.

---

**Dano qualificado**[8-A]

---

**Parágrafo único.** Se o crime é cometido:

I – com violência à pessoa ou grave ameaça;[9]

II – com emprego de substância inflamável ou explosiva,[10] se o fato não constitui crime mais grave;

III – contra o patrimônio da União, de Estado, do Distrito Federal, de Município ou de autarquia, fundação pública, empresa pública, sociedade de economia mista ou empresa concessionária de serviços públicos;[11-12]

IV – por motivo egoístico[13] ou com prejuízo considerável para a vítima:[14]

Pena – detenção, de 6 (seis) meses a 3 (três) anos, e multa, além da pena correspondente à violência.

---

**1. Dano e proteção constitucional:** é o prejuízo material ou moral causado a alguém por conta da deterioração ou estrago de seus bens. A Constituição Federal expressamente dá proteção ao indivíduo que sofre o dano, ao preceituar que é assegurada a indenização por dano material, moral ou à imagem (art. 5.º, V). Nesse contexto, entretanto, é o dano referente à pessoa, não à coisa. O Código Penal, por sua vez, cuidando da proteção ao patrimônio – bem constitucionalmente protegido também –, tipificou a conduta de quem destrói, inutiliza ou deteriora coisa alheia.

# Art. 163

Código Penal Comentado · **Nucci** · 842

**2. Análise do núcleo do tipo:** *destruir* quer dizer arruinar, extinguir ou eliminar; *inutilizar* significa tornar inútil ou imprestável alguma coisa aos fins para os quais se destina; *deteriorar* é a conduta de quem estraga ou corrompe alguma coisa parcialmente. Quem desaparece com coisa alheia, lamentavelmente, não pratica crime algum. Aliamo-nos à doutrina majoritária no sentido de que *desaparecer* não significa destruir, inutilizar ou deteriorar a coisa alheia, tendo havido uma falha na lei penal. Por furto também não há razão para punir o agente, tendo em vista que não houve o ânimo de apropriação. Assim, aquele que faz sumir coisa de seu desafeto, somente para que este fique desesperado a sua procura, responderá civilmente pelo seu ato.

**3. Sujeitos ativo e passivo:** tanto o ativo, quanto o passivo podem ser qualquer pessoa.

**4. Elemento subjetivo:** é o dolo. Não há forma culposa, nem se exige qualquer elemento subjetivo do tipo específico, pois o tipo não indica qualquer finalidade especial para a conduta do agente. Entretanto, é preciso observar que, na avaliação do dolo, deve-se verificar a vontade de danificar coisa alheia, *reduzindo-lhe o patrimônio*. Por isso, muitas fugas de cadeias deixam de configurar crime de dano, tendo em vista a intenção do agente se concentrar em se evadir do local, mas não em causar prejuízo à administração pública (ver a nota 12 adiante). Por outro lado, quando algum preso destrói instalação ou coisa do presídio onde se encontra, tendo por objetivo justamente causar prejuízo, pode-se cuidar do crime de dano. Na jurisprudência: "1. A danificação de tornozeleira eletrônica para evasão não configura o delito do art. 163, parágrafo único, III, do CP, por ausência de *animus nocendi*. Precedentes" (STJ, AgRg no REsp 1.861.044-RS, 5.ª T., rel. Joel Ilan Paciornik, 28.04.2020, v.u.).

**4-A. Elemento subjetivo específico no caso de dano ao patrimônio público:** para as hipóteses de dano ao patrimônio público (art. 163, parágrafo único, III, CP) basta o dolo, que precisa, por óbvio, ser *abrangente*, ou seja, envolver o tipo básico (vontade de destruir, inutilizar ou deteriorar coisa alheia) e a forma qualificada (saber que está danificando e causando prejuízo ao patrimônio público, sendo este o seu intuito). Quem almeja destruir coisa pertencente ao patrimônio público, conhecendo exatamente tais circunstâncias, atua com dolo abrangente, mas genérico e isso é suficiente para a punição. Exceto no peculiar caso do preso, que deseja fugir do cárcere (ver a nota 12 *infra*), em outras situações não vemos a incidência de elemento subjetivo específico. O denominado *animus nocendi* nada mais é do que a intenção de causar prejuízo, o que caracteriza o próprio delito de dano, em todas as hipóteses. Entretanto, há jurisprudência demandando *dolo específico* para a caracterização de qualquer dano ao patrimônio público: STJ: "Nos termos da jurisprudência desta Corte, para que se possa falar em crime de dano qualificado contra patrimônio da União, Estado ou Município, mister se faz a comprovação do elemento subjetivo do delito, qual seja, o *animus nocendi*, caracterizado pela vontade de causar prejuízo ou dano ao patrimônio público. 5. Conquanto tenha a denúncia narrado que o ora paciente destruiu o vidro traseiro de um veículo de propriedade do Município de Criciúma, o *Parquet* olvidou-se de descrever a sua vontade deliberada de causar prejuízo patrimonial ao erário, ou seja, o *animus nocendi* exigido para a configuração do tipo penal do art. 163, parágrafo único, III, do Código Penal. 6. *Writ* não conhecido. *Habeas corpus* concedido, de ofício, para restabelecer a decisão do Juízo da 1.ª Vara Criminal da Comarca de Criciúma – SC, que rejeitou a denúncia ofertada contra o ora paciente, em razão da atipicidade da conduta a ele imputada" (HC 420.013-SC, 5.ª T., rel. Ribeiro Dantas, 01.03.2018, v.u.)

**5. Conceito de coisa:** é tudo aquilo que existe, podendo tratar-se de objetos inanimados ou de semoventes. No contexto dos delitos contra o patrimônio (conjunto de bens suscetíveis de apreciação econômica), cremos ser imprescindível que a coisa tenha, para seu dono ou possuidor, algum valor econômico. Por isso, é razoável o entendimento daqueles que sustentam ser possível a configuração do crime de dano quando houver pichação de propriedade alheia, uma vez que isso significa a "deterioração" do bem, que fatalmente necessitará ser recuperado, causando prejuízo ao seu dono.

**6. Elemento normativo do tipo:** *alheia* quer dizer pertencente a outra pessoa (posse ou propriedade) que não é o agente.

**7. Objetos material e jurídico:** o material é a coisa que sofre a conduta criminosa do agente; o objeto jurídico é o patrimônio.

**8. Classificação:** trata-se de crime comum (aquele que não demanda sujeito ativo qualificado ou especial); material (delito que exige resultado naturalístico, consistente na diminuição do patrimônio da vítima); de forma livre (podendo ser cometido por qualquer meio eleito pelo agente); comissivo (os verbos implicam ação) e, excepcionalmente, comissivo por omissão (omissivo impróprio, ou seja, é a aplicação do art. 13, § 2.º, do Código Penal); instantâneo (cujo resultado se dá de maneira instantânea, não se prolongando no tempo); de dano (consuma-se apenas com efetiva lesão a um bem jurídico tutelado); unissubjetivo (que pode ser praticado por um só agente); plurissubsistente (em regra, vários atos integram a conduta); admite tentativa.

**8-A. Dano qualificado e princípio da insignificância:** em tese, são incompatíveis, pois as circunstâncias envolvendo o tipo qualificado ganham relevo por si sós, independendo do valor da lesão causada. Seria o mesmo fundamento que impõe o afastamento do delito de bagatela às formas qualificadas de outros crimes, como o furto. Na jurisprudência: STJ: "1. Esta Corte Superior possui entendimento consolidado no sentido de que o dano ao patrimônio público extrapola os prejuízos situados na esfera meramente econômica, o que impede a aplicação do princípio da insignificância, conforme a Súmula n. 599/STJ" (AgRg no HC 892.860/SP, 5.ª T., rel. Joel Ilan Paciornik, 17.06.2024, v.u.); "2. Na mesma esteira é a orientação da Súmula 599/STJ, no sentido de que o princípio da insignificância é inaplicável aos crimes contra a administração pública" (AgRg no HC 633.285-SC, 5.ª T., rel. Reynaldo Soares da Fonseca, 02.02.2021, v.u.).

**9. Violência ou grave ameaça à pessoa:** a forma correta de redação deveria ser esta (violência ou grave ameaça à pessoa), e não como consta no tipo (violência à pessoa e grave ameaça), já que ambas as circunstâncias são dirigidas à pessoa humana. Trata-se da violência física ou da ameaça séria voltada contra a pessoa, e não contra a coisa, pois a destruição, inutilização ou deterioração, previstas no *caput*, já abrangem violência contra a coisa. Na jurisprudência: STJ: "2. A qualificadora prevista no art. 163, parágrafo único, inciso I, do Código Penal estará presente se o agente empregar violência ou grave ameaça à pessoa para a consecução do delito de dano, de modo que a violência ou grave ameaça deve ser um meio para a prática do delito de dano" (AgRg no HC 784.900/SC, 5.ª T., rel. Reynaldo Soares da Fonseca, 13.12.2022, v.u.).

**10. Emprego de substância inflamável ou explosiva:** a utilização de material que se converte em chamas com facilidade ou de material provocador de explosão pode qualificar o dano, *se não se constituir em crime mais grave*. Esta é a natureza nitidamente subsidiária da qualificadora. Assim, se alguém explodir o veículo da vítima em um descampado, longe de outras pessoas, comete dano qualificado. Entretanto, se o fizer em zona urbana, colocando em risco a segurança alheia, comete outro delito mais grave (explosão – art. 251, CP).

**11. Patrimônio público:** quem danifica bem público deve responder mais gravemente, pois o prejuízo é coletivo, e não individual. Logo, mais pessoas são atingidas pela conduta

# Art. 163

criminosa. Na lição de MAGALHÃES NORONHA, "à expressão *patrimônio*, usada no dispositivo, não se pode dar o sentido restrito do inciso III do art. 66 do Código Civil [atual art. 99, III]. Se assim fosse, excluir-se-iam do gravame bens como as ruas, praças e edifícios, que são de uso comum do povo e de uso especial, para os quais, entretanto, milita a mesma razão de maior tutela. O vocábulo *patrimônio* tem, portanto, acepção ampla, abrangendo não só os *dominiais* como os de *uso comum do povo* e os de *uso especial* (CC, art. 66, I e II) [atual art. 99, I e II]" (*Direito penal*, v. 2, p. 320). Na jurisprudência: STJ: "1. O elemento especializante que diferencia o dano simples da forma qualificada prevista no art. 163, parágrafo único, inciso III, do Código Penal é a peculiar característica da vítima proprietária do bem danificado (União, Estado, Distrito Federal, autarquia, fundação pública, empresa pública, sociedade de economia mista ou empresa concessionária de serviços públicos). Trata-se de delito de subjetividade passiva própria. A qualificadora em exame configura-se quando o crime é cometido contra o patrimônio das pessoas jurídicas acima referidas. Logo, não basta que o objeto material do delito seja apenas utilizado pela Administração Pública, mas sim que seja de sua propriedade. (...) No entanto, configuraria indevida analogia in malam partem equiparar a avaria causada a bem privado, utilizado na prestação de serviços públicos, ao dano praticado contra patrimônio efetivamente público" (HC 725.136/GO, 6.ª T., rel. Laurita Vaz, 18.10.2022, v.u.).

**12. Preso que danifica a cadeia para fugir:** conforme avaliamos na nota 4 *supra*, quem pretende fugir do presídio tem por meta escapar do cárcere, algo que leva à danificação do patrimônio público, como medida indispensável. O dolo do agente não se perfaz como deveria, ou seja, não se concentra no fato de causar prejuízo patrimonial efetivo à Administração Pública. Aliás, nem mesmo se pune, como crime, a fuga sem violência a pessoa (vide o art. 352, CP). Portanto, destruir algo para evadir-se não permite a configuração do tipo penal do dano qualificado, previsto no parágrafo único, III, do art. 163. Porém, não se trata de exigir, para todo dano contra o patrimônio público, em qualquer situação, o elemento subjetivo específico implícito; cremos que, na situação peculiar do preso desejoso de fugir, o ânimo não é de dano, mas simplesmente evadir-se do cárcere. Porém, no STJ, indica-se a exigência de *dolo específico*: "Segundo a jurisprudência dessa Corte superior, para a caracterização do crime de dano qualificado contra patrimônio da União, Estado ou Município, mister se faz a comprovação do elemento subjetivo do delito, qual seja, o animus nocendi, caracterizado pela vontade de causar prejuízo ou dano ao patrimônio público, o que não se verifica na espécie, em que o recorrente destruiu a tornozeleira eletrônica para fins de fuga" (AgRg no RHC 145.733-SP, 6.ª T., rel. Olindo Menezes, 24.08.2021, v.u.).

**13. Motivo egoístico:** é um particular motivo torpe o egoísmo. Quem danifica patrimônio alheio somente para satisfazer um capricho ou incentivar um desejo de vingança ou ódio pela vítima deve responder mais gravemente pelo que faz. Ex.: o agente destrói a motocicleta do colega de classe somente para ser o único da sua turma a ter aquele tipo de veículo. Há quem sustente que um mero "sentimento pessoal de vingança" não serve para qualificar o delito, havendo necessidade de existir um objetivo posterior de ordem econômica, com o que não concordamos. A motivação *egoística* liga-se exclusivamente ao excessivo amor-próprio do agente, ainda que ele não possua interesse econômico envolvido.

**14. Prejuízo considerável para a vítima:** quando o crime de dano provoca na vítima um prejuízo de elevado custo, sendo esta a intenção do agente, é preciso puni-lo mais gravemente. Assim, por exemplo, é a conduta daquele que destrói a casa do inimigo, causando-lhe imenso transtorno e vultosa diminuição patrimonial.

## Introdução ou abandono de animais em propriedade alheia

> **Art. 164.** Introduzir ou deixar[15-16] animais[17] em propriedade alheia,[18] sem consentimento de quem de direito,[19-20] desde que do fato resulte prejuízo:[21-22]
> Pena – detenção, de 15 (quinze) dias a 6 (seis) meses, ou multa.

**15. Análise do núcleo do tipo:** *introduzir* significa fazer entrar e *deixar*, nesse contexto, quer dizer largar ou soltar.

**16. Sujeitos ativo e passivo:** o sujeito ativo pode ser qualquer pessoa e o passivo necessita ser o proprietário do lugar onde os animais foram introduzidos.

**17. Animais:** entendíamos que a menção feita no tipo penal (*animais*, no plural) queria dizer apenas o gênero daquilo que não deve ser introduzido ou largado em propriedade alheia, sob pena de se constituir delito. Assim, o tipo penal teria mencionado que qualquer animal poderia ser componente da conduta do agente, valendo-se do gênero: "animais". Mas, havemos de nos preocupar com a estrita legalidade, sem dar uma amplitude desnecessária de elemento previsto no tipo incriminador. Portanto, a referência a *animais* deve ser assim compreendida, vale dizer, mais de um, até porque um exemplar, como regra, é ineficiente para causar efetivo prejuízo patrimonial. De qualquer forma, mesmo que sejam introduzidos muitos animais na propriedade alheia, o tipo ainda é condicionado, demandando a prova do *prejuízo*.

**18. Elemento normativo do tipo:** *alheia* é o demonstrativo de que a propriedade precisa pertencer a outra pessoa que não o agente.

**19. Elemento normativo do tipo ("sem consentimento de quem de direito"):** trata-se de outro elemento a indicar o ilícito. Não somente a propriedade deve pertencer a outra pessoa, mas também não pode ter havido qualquer tipo de autorização para a introdução ou abandono de animal dentro dela. Ao mencionar "quem de direito" está o tipo penal prevendo a possibilidade de alguém, que não é o proprietário – sujeito passivo do crime –, conceder a permissão para a conduta do agente. Portanto, o administrador da fazenda pode permitir que o gado do vizinho ingresse no pasto por alguns dias. Mesmo não sendo o proprietário, tem possibilidade jurídica de dar o consentimento para que tal ocorra. Tal postura afasta a tipicidade do crime – e não a ilicitude –, pois o consentimento foi introduzido na descrição abstrata da conduta proibida.

**20. Elemento subjetivo:** é o dolo. Não existe a forma culposa, nem se exige elemento subjetivo do tipo específico.

**21. Objetos material e jurídico:** o objeto material é a propriedade onde os animais foram introduzidos; o jurídico é o patrimônio.

**22. Classificação:** trata-se de crime comum (aquele que não demanda sujeito ativo qualificado ou especial); material (delito que exige resultado naturalístico, consistente na diminuição do patrimônio da vítima); de forma livre (podendo ser cometido por qualquer meio eleito pelo agente); comissivo ou omissivo ("introduzir" implica ação e "deixar", em omissão); instantâneo (cujo resultado se dá de maneira instantânea, não se prolongando no tempo, na forma "introduzir") ou permanente (cuja consumação se arrasta no tempo, na forma "deixar"); de dano (consuma-se apenas com efetiva lesão a um bem jurídico tutelado); unissubjetivo (que pode ser praticado por um só agente); plurissubsistente (em regra, vários

# Art. 165

Código Penal Comentado · **Nucci**

atos integram a conduta); não admite tentativa, por ser crime *condicionado* – só há conduta punível se o fato trouxer prejuízo.

### Dano em coisa de valor artístico, arqueológico ou histórico

> **Art. 165.** Destruir, inutilizar ou deteriorar coisa tombada pela autoridade competente em virtude de valor artístico, arqueológico ou histórico:
>
> Pena – detenção, de 6 (seis) meses a 2 (dois) anos, e multa.[23-32]

**23 a 32. Revogação deste tipo penal pelo art. 62 da Lei 9.605/1998:** preceitua o art. 62 o seguinte: "Destruir, inutilizar ou deteriorar: I – bem especialmente protegido por lei, ato administrativo ou decisão judicial; II – arquivo, registro, museu, biblioteca, pinacoteca, instalação científica ou similar protegido por lei, ato administrativo ou decisão judicial: Pena – reclusão, de 1 (um) a 3 (três) anos, e multa. Parágrafo único. Se o crime for culposo, a pena é de 6 (seis) meses a 1 (um) ano de detenção, sem prejuízo da multa". Ver os comentários ao mencionado art. 62 da Lei 9.605/1998 em nosso livro *Leis penais e processuais penais comentadas* – vol. 2.

### Alteração de local especialmente protegido

> **Art. 166.** Alterar,[33-34] sem licença da autoridade competente,[35-36] o aspecto de local[37] especialmente protegido por lei:[38-39]
>
> Pena – detenção, de 1 (um) mês a 1 (um) ano, ou multa.

**33. Análise do núcleo do tipo:** *alterar* significa modificar ou transformar. Há lei especial que revogou, tacitamente, este delito, por disciplinar integralmente a matéria. Ver art. 63 da Lei 9.605/1998: "Alterar o aspecto ou estrutura de edificação ou local especialmente protegido por lei, ato administrativo ou decisão judicial, em razão de seu valor paisagístico, ecológico, turístico, artístico, histórico, cultural, religioso, arqueológico, etnográfico ou monumental, sem autorização da autoridade competente ou em desacordo com a concedida: Pena – reclusão, de 1 (um) a 3 (três) anos, e multa". Os comentários feitos a este tipo penal são aplicáveis à legislação especial no que for pertinente.

**34. Sujeitos ativo e passivo:** qualquer pessoa pode ser o sujeito ativo; o Estado é o sujeito passivo, em primeiro plano; secundariamente, é o proprietário (que também pode ser o Estado).

**35. Sem licença da autoridade competente:** é o elemento normativo que cuida da ilicitude, trazido para dentro do tipo penal. Na nova lei, fala-se ainda em proceder em "desacordo com a autorização concedida".

**36. Elemento subjetivo:** é o dolo, não existindo elemento subjetivo do tipo específico, nem a forma culposa.

**37. Local:** é um lugar que tenha valor especial para o Estado. Não se deve confundir com "coisa", objeto de proteção do artigo anterior.

**38. Objetos material e jurídico:** o objeto material é o local protegido por lei, que sofreu a conduta criminosa; o jurídico é o patrimônio histórico, cultural, ecológico, paisagístico, turístico, artístico, religioso, arqueológico, etnográfico ou monumental do Estado.

# Art. 168

**847**     Título II – Dos crimes contra o patrimônio

**39. Classificação:** trata-se de crime comum (aquele que não demanda sujeito ativo qualificado ou especial); material (delito que exige resultado naturalístico, consistente no prejuízo ao patrimônio da vítima); de forma livre (podendo ser cometido por qualquer meio eleito pelo agente); comissivo ("alterar" implica ação) e, excepcionalmente, comissivo por omissão (omissivo impróprio, ou seja, é a aplicação do art. 13, § 2.º, do Código Penal); instantâneo (cujo resultado se dá de maneira instantânea, não se prolongando no tempo); de dano (consuma-se apenas com efetiva lesão a um bem jurídico tutelado); unissubjetivo (que pode ser praticado por um só agente); plurissubsistente (em regra, vários atos integram a conduta); admite tentativa.

### Ação penal

> **Art. 167.** Nos casos do art. 163, do n. IV do seu parágrafo e do art. 164, somente se procede mediante queixa.[40]

**40. Casos de ação penal privada:** cuida-se das hipóteses do dano simples (art. 163), do dano qualificado pelo motivo egoístico ou com prejuízo considerável para a vítima (art. 163, parágrafo único, IV) e da introdução ou abandono de animais em propriedade alheia (art. 164).

## Capítulo V
### DA APROPRIAÇÃO INDÉBITA

### Apropriação indébita

> **Art. 168.** Apropriar-se[1-3-A] de coisa alheia móvel,[4] de que tem a posse ou a detenção:[5-7]
>
> Pena – reclusão, de 1 (um) a 4 (quatro) anos, e multa.

### Aumento de pena

> § 1.º A pena é aumentada de 1/3 (um terço), quando o agente recebeu a coisa:[8]
>
> I – em depósito necessário;[9]
>
> II – na qualidade de tutor, curador, síndico, liquidatário, inventariante, testamenteiro ou depositário judicial;[10]
>
> III – em razão de ofício, emprego ou profissão.[11-11-A]

**1. Análise do núcleo do tipo:** *apropriar-se* significa apossar-se ou tomar como sua coisa que pertence a outra pessoa. Cremos que a intenção é proteger tanto a propriedade, quanto a posse, conforme o caso. Num primeiro momento, há a confiança do proprietário ou possuidor, entregando algo para a guarda ou uso do agente; no exato momento em que este é chamado a devolver o bem confiado, negando-se, provoca a inversão da posse e a consumação do delito. Na jurisprudência: STF: "2. Sócio de sociedade empresária que não cumpre a determinação judicial de repassar ao Juízo porcentagem do faturamento bruto, realizada em processo de execução. Denúncia por apropriação indébita. Inocorrência. 3. O sócio-administrador, nome-

# Art. 168

Código Penal Comentado • **Nucci**

ado depositário judicial, que deixa de depositar, em Juízo, parte do faturamento da sociedade empresária, não comete o crime de apropriação indébita, porquanto falta a elementar do tipo 'alheia'. Princípio da legalidade. Atipicidade da conduta. 4. Caso equiparado à prisão do depositário infiel. Violação à Súmula Vinculante 25. O ordenamento jurídico prevê outros meios processual-executórios postos à disposição do credor-fiduciário para a garantia do crédito, de forma que a prisão civil, como medida extrema de coerção do devedor inadimplente, não passa no exame da proporcionalidade como proibição de excesso, em sua tríplice configuração: adequação, necessidade e proporcionalidade em sentido estrito. 5. Ordem concedida para restabelecer a decisão do Juízo de primeiro grau, de modo a rejeitar a denúncia por atipicidade da conduta" (HC 203.217, 2.ª T., rel. Gilmar Mendes, 25.10.2021, v.u.).

**2. Sujeitos ativo e passivo:** o sujeito ativo é a pessoa que tem a posse ou a detenção de coisa alheia; o sujeito passivo é o senhor da coisa dada ao sujeito ativo.

**3. Elemento subjetivo:** é o dolo. Não existe a forma culposa. Entendemos não haver, também, elemento subjetivo do tipo específico. A vontade específica de pretender apossar-se de coisa pertencente a outra pessoa está ínsita no verbo "apropriar-se". Portanto, incidindo o dolo sobre o núcleo do tipo, é isso suficiente para configurar o crime de apropriação indébita. Além disso, é preciso destacar que o dolo é sempre atual, ou seja, ocorre no momento da conduta "apropriar-se", inexistindo a figura por alguns apregoada do "dolo subsequente". Imagine-se que alguém receba uma joia para guardar e usar, enquanto o proprietário dela não se utiliza. Somente ocorrerá o delito de apropriação indébita no momento em que o dono pedir de volta a joia e o possuidor resolver dela apropriar-se, não mais devolvendo o que recebeu em confiança. Quando a não devolução decorrer de outro elemento subjetivo, tal como a negligência ou o esquecimento, não está caracterizada a infração penal.

**3-A. Objetos material e jurídico:** o objeto material é a coisa alheia móvel; o objeto jurídico é o patrimônio.

**4. Conceito de coisa alheia móvel:** ver comentários ao art. 155. A única cautela que se deve ter neste caso é quanto à coisa fungível (substituível por outra da mesma espécie, qualidade e quantidade), uma vez que não pode haver apropriação quando ela for dada em empréstimo ou em depósito. Está-se, nessa situação, transferindo o domínio. Ex.: se *A* entrega a *B* uma quantia em dinheiro para que guarde por algum tempo, ainda que *B* consuma o referido montante, poderá repor com outra quantia, tão logo *A* a exija de volta. Entretanto, se a quantia for dada para a entrega a terceira pessoa, caso *B* dela se apposse, naturalmente pode-se falar em apropriação indébita.

**5. Posse ou detenção:** a coisa precisa ter sido dada ao agente para que dela usufruísse, tirando alguma vantagem e exercitando a posse direta, ou pode ter sido dada para que fosse utilizada em nome de quem a deu, ou seja, sob instruções ou ordens suas. A posse ou a detenção devem existir previamente ao crime e precisam ser legítimas.

**6. Classificação:** trata-se de crime próprio (aquele que demanda sujeito ativo qualificado ou especial, no caso o indivíduo que recebeu a coisa em confiança); material (delito que exige resultado naturalístico, consistente na diminuição do patrimônio da vítima); de forma livre (podendo ser cometido por qualquer meio eleito pelo agente); comissivo ou omissivo ("apropriar-se" pode implicar em ação ou omissão) e, excepcionalmente, comissivo por omissão (omissivo impróprio, ou seja, é a aplicação do art. 13, § 2.º, do Código Penal); instantâneo (cujo resultado se dá de maneira instantânea, não se prolongando no tempo); de dano (consuma-se apenas com efetiva lesão a um bem jurídico tutelado); unissubjetivo (que pode ser praticado por um só agente); unissubsistente ou plurissubsistente (pode haver um único ato ou vários atos integrando a conduta); admite tentativa, conforme o meio eleito pelo agente.

**7. Reparação do dano:** o Código Penal não elegeu a reparação do dano, nos delitos patrimoniais, como causa que pudesse afastar a punibilidade do agente, devendo-se aplicar o art. 16 (arrependimento posterior), que é somente causa de redução da pena, dentro das condições ali especificadas. Entretanto, é lógico que, havendo reparação integral do dano, logo após a negativa de restituição da coisa dada ao agente, é possível excluir o dolo, ou seja, a vontade de se apropriar de coisa alheia. Conforme o caso concreto, portanto, cremos ser curial a análise da tipicidade, verificando-se se, de fato, o sujeito queria se apossar da coisa alheia. Entretanto, a mera devolução da coisa, antes do recebimento da denúncia, não afasta o crime. Na jurisprudência: STJ: "Conforme jurisprudência do STJ, no crime de apropriação indébita o ressarcimento do dano não exclui a tipicidade, apenas configura causa de redução da pena, se praticada antes do recebimento da denúncia, conforme artigo 16 do Código Penal – CP, o qual trata do arrependimento posterior. Precedentes. Ademais, a apropriação indébita tem como objetividade jurídica a proteção do patrimônio, não se aplicando a esse delito institutos exclusivos dos crimes contra a ordem tributária, em atenção aos princípios da legalidade e especialidade" (HC 452.163-RS, 5.ª T., rel. Joel Ilan Paciornik, 19.02.2019, v.u.).

**8. Causas de aumento da pena:** não se trata de § 1.º, mas sim de autêntico parágrafo único. Houve, na realidade, um lapso do legislador na enumeração do art. 168. Quando estiver presente alguma dessas causas, deve o agente responder por uma pena mais grave, concretizada através de um aumento de um terço.

**9. Depósito necessário:** está a demonstrar que o sujeito passivo não tinha outra opção a não ser confiar a coisa ao agente. Por isso, se sua confiança é atraiçoada, deve o sujeito ativo responder mais gravemente pelo que fez. Entende, majoritariamente, a doutrina ser "depósito necessário", para configurar esta causa de aumento, o depósito miserável, previsto no art. 647, II, do Código Civil, ou seja, o depósito que se efetua por ocasião de calamidade (incêndio, inundação, naufrágio ou saque). Nas outras hipóteses de depósito necessário (arts. 647, I, e 649 do Código Civil), que tratam dos casos de desempenho de obrigação legal ou depósito de bagagens dos viajantes, hóspedes ou fregueses em casas de hospedagem, resolve se com outras figuras típicas: peculato (quando for funcionário público o sujeito ativo), apropriação qualificada pela qualidade de depositário judicial ou apropriação qualificada em razão de ofício, emprego ou profissão. Na jurisprudência: STJ: "2. 'Não configura coisa própria, a elidir a elementar apropriação de coisa alheia, o fato de originalmente ser a mercadoria de propriedade da empresa onde associado o acusado, pois a ele entregue na condição de depósito e porque os bens da empresa não se confundem com bens do sócio' (RHC n. 58.234/PR, relator Ministro Nefi Cordeiro, Sexta Turma, julgado em 20/9/2016, *DJe* 3/10/2016). 3. Na hipótese vertente, como bem consignado no acórdão recorrido, 'ao denunciado foi entregue a posse do bem sendo, entretanto, obrigado a entregá-lo na forma de depósito de parcela do faturamento advindo de sua administração. A partir do momento que o fiel depositário deixa de repassar a parcela do faturamento penhorada, portanto vinculada à execução trabalhista, resta objetivamente configurada a apropriação de coisa alheia" (AgRg no REsp 1.468.046-SC, 6.ª T., rel. Antonio Saldanha Palheiro, 18.05.2021, v.u.).

**10. Qualidade da pessoa:** o tutor, o curador, o síndico, o liquidatário, o inventariante, o testamenteiro e o depositário judicial são pessoas que, em regra, recebem coisas de outrem para guardar consigo, necessariamente, até que seja o momento de devolver. Por isso, devem responder mais gravemente pela apropriação. O rol não pode ser ampliado. Na jurisprudência:

# Art. 168

STJ: "A figura do síndico a que se refere o inciso II do § 1.º do art. 168 do Código Penal diz respeito ao síndico da massa falida, hoje denominado administrador judicial (Lei 11.101/2005), e não ao síndico de condomínio edilício" (REsp 1552919-SP, 5.ª T., rel. Reynaldo Soares da Fonseca, 24.05.2016, *DJe* 01.06.2016).

**11. Ofício, emprego ou profissão:** a apropriação, quando cometida por pessoas que, por conta das suas atividades profissionais de um modo geral, terminam recebendo coisas, através de posse ou detenção, para devolução futura, é mais grave. Por isso, merece o autor pena mais severa. Não vemos necessidade, nesta hipótese, de haver relação de confiança entre o autor e a vítima, pois o tipo penal não a exige – diferentemente do que ocorre no caso do furto qualificado (art. 155, § 4.º, II). Aliás, diga-se o mesmo a respeito de remuneração pelo posto ocupado, que propicia a apropriação: o tipo penal não exige esse requisito. Na jurisprudência: STJ: "5. A retenção, por parte do agente, de valores doados à entidade beneficente, dos quais teve a posse em razão da função exercida naquele ente (tesoureiro), atrai a incidência da majorante do inciso III, § 1º, do art. 168 do CP. Não se exige, para tanto, que tenha sido fixada remuneração pelo trabalho realizado, porquanto tal condição não faz parte da descrição do tipo" (AgRg no REsp 2.110.923/PR, 5.ª T., rel. Ribeiro Dantas, 04.03.2024, v.u.); "2. A jurisprudência desta Corte Superior, no sentido de que configura bis in idem exasperar a pena-base pelo fato do réu ter se valido da atividade profissional de advogado para auferir vantagens patrimoniais ilícitas, quando a prática do crime no exercício de profissão já ensejou a elevação da reprimenda em 1/3 na terceira fase da dosagem da pena, com fundamento no art. 168, § 1.º, III, do CP. Precedentes" (AgRg no REsp 2.035.122/MG, 5.ª T., rel. Reynaldo Soares da Fonseca, 14.02.2023, v.u.); "A prática do delito no exercício de atividade profissional justifica a incidência da majorante do art. 168, § 1.º, III, do CP, sendo que tal fundamento não se confunde com os gravames causados à vítima, os quais, no caso, desbordam daqueles de natureza exclusivamente patrimonial típicos dos crimes de apropriação indébita, o que justifica o incremento da básica a título de consequências do crime, não se cogitando de indevido *bis in idem*" (AgRg no HC 539.226-RS, 5.ª T., rel. Ribeiro Dantas, 05.03.2020, v.u.).

**11-A. Apropriação indébita contra pessoa idosa:** a Lei 10.741/2003 criou a seguinte figura típica, no art. 102: "Apropriar-se de ou desviar bens, proventos, pensão ou qualquer outro rendimento do idoso, dando-lhes aplicação diversa da de sua finalidade: Pena – reclusão de 1 (um) a 4 (quatro) anos e multa". Portanto, havendo apropriação de coisa alheia móvel de pessoa maior de 60 anos, segue-se o disposto na lei especial e não mais o preceituado no art. 168 do Código Penal, embora a pena seja a mesma. Uma crítica merece ser feita, no entanto. As figuras de aumento de um terço, previstas no § 1.º do art. 168, não mais podem ser utilizadas para o crime contra o idoso. Assim, ilustrando, caso um advogado se aproprie do dinheiro do cliente com mais de 60 anos, a pena será fixada entre 1 e 4 anos de reclusão e multa, mas sem o aumento de crime praticado em razão de ofício, emprego ou profissão, pois forma não prevista no Estatuto da Pessoa Idosa. No mais, a alteração deu-se no tocante à maior extensão da figura típica da apropriação criada pelo Estatuto da Pessoa Idosa, que não menciona somente coisa móvel, mas fala genericamente de bens, proventos, pensão ou qualquer outro rendimento e não exige que estejam eles na posse ou detenção do autor do crime. É natural que, no tocante ao verbo *apropriar-se* (tomar posse de algo que pertence a outra pessoa), como regra, o objeto do delito esteja na posse ou detenção de quem o retira da esfera de disponibilidade do idoso. Excepcionalmente, pode o agente apossar-se daquilo que não detinha antes, quase equiparando a figura da *apropriação* ao furto. Por outro lado, na modalidade *desviar* (alterar o destino, afastar ou desencaminhar), a figura da lei especial possibilita a configuração do crime ainda que o agente não retenha para si o valor retirado da esfera de disponibilidade do idoso, podendo, por exemplo, encaminhar a terceiro. Consultar, ainda, a modificação ocorrida no art. 183, introduzindo o inciso III, que não mais permite a aplicação da imunidade a parentes que cometam delito patrimonial quando envolver o idoso.

### Apropriação indébita previdenciária[12-14]

> **Art. 168-A.** Deixar[15-18] de repassar à previdência social[19] as contribuições[20-21] recolhidas dos contribuintes, no prazo e forma legal ou convencional:[22-25-A]
>
> Pena – reclusão, de 2 (dois) a 5 (cinco) anos, e multa.
>
> § 1.º Nas mesmas penas incorre quem deixar de:
>
> I – recolher,[26-28] no prazo legal,[29] contribuição ou outra importância[30] destinada à previdência social que tenha sido descontada[31] de pagamento efetuado a segurados, a terceiros ou arrecadada do público;[32-33]
>
> II – recolher[34] contribuições devidas à previdência social que tenham integrado despesas contábeis ou custos relativos à venda de produtos ou à prestação de serviços;[35-37]
>
> III – pagar[38-39] benefício[40] devido a segurado, quando as respectivas cotas ou valores já tiverem sido reembolsados[41] à empresa pela previdência social.[42-43]
>
> § 2.º É extinta a punibilidade[44-44-A] se o agente, espontaneamente, declara, confessa e efetua o pagamento das contribuições, importâncias ou valores e presta as informações devidas à previdência social, na forma definida em lei ou regulamento, antes do início da ação fiscal.[45-45-A]
>
> § 3.º É facultado ao juiz deixar de aplicar[46-46-A] a pena ou aplicar somente a de multa se o agente for primário e de bons antecedentes, desde que:
>
> I – tenha promovido,[47] após o início da ação fiscal e antes de oferecida a denúncia, o pagamento da contribuição social previdenciária, inclusive acessórios; ou
>
> II – o valor das contribuições[48] devidas, inclusive acessórios, seja igual ou inferior àquele estabelecido pela previdência social, administrativamente, como sendo o mínimo para o ajuizamento de suas execuções fiscais.[49]
>
> § 4.º A faculdade prevista no § 3.º deste artigo não se aplica aos casos de parcelamento de contribuições cujo valor, inclusive dos acessórios, seja superior àquele estabelecido, administrativamente, como sendo o mínimo para o ajuizamento de suas execuções fiscais.[49-A]

**12. Fundamento constitucional:** preceitua o art. 194, *caput*, da Constituição Federal que "a seguridade social compreende um conjunto integrado de ações de iniciativa dos Poderes Públicos e da sociedade, destinadas a assegurar os direitos relativos à saúde, à previdência e à assistência social". E, no art. 195, estabelece que "a seguridade social será financiada por toda a sociedade, de forma direta e indireta, nos termos da lei, mediante recursos provenientes dos orçamentos da União, dos Estados, do Distrito Federal e dos Municípios, e das seguintes contribuições sociais: I – do empregador, da empresa e da entidade a ela equiparada na forma da lei, incidentes sobre: *a)* a folha de salários e demais rendimentos do trabalho pagos ou creditados, a qualquer título, à pessoa física que lhe preste serviço, mesmo sem vínculo empregatício; *b)* a receita ou o faturamento; *c)* o lucro; II – do trabalhador e dos demais segurados da previdência social, não incidindo contribuição sobre aposentadoria e pensão concedidas pelo regime geral de previdência social de que trata o art. 201; III – sobre a receita de concursos

# Art. 168-A

Código Penal Comentado • **Nucci**

852

de prognósticos; IV – do importador de bens ou serviços do exterior, ou de quem a lei a ele equiparar". Por isso, as figuras típicas incriminadoras estabelecidas pelo art. 168-A, acrescentado pela Lei 9.983/2000, têm por finalidade proteger a fonte de custeio da seguridade social, em especial a previdência social.

**13. Conceito de seguridade social e diferença da previdência social:** nos termos do art. 194 da Constituição Federal, "a seguridade social compreende um conjunto integrado de ações de iniciativa dos Poderes Públicos e da sociedade, destinadas a assegurar os direitos relativos à saúde, à previdência e à assistência social". Portanto, a previdência social constitui parte da seguridade social, voltando-se a garantir benefícios de amparo ao trabalhador-contribuinte, como a aposentadoria, o auxílio-doença, a pensão por morte, o salário-maternidade, dentre outros. A Lei 8.212/1991, que continha os crimes previdenciários, utilizava a expressão "seguridade social", enquanto a atual previsão, trazida pela Lei 9.983/2000, vale-se de "previdência social". A contribuição previdenciária diz respeito, diretamente, ao custeio da previdência social, razão pela qual optou o legislador por substituir o gênero pela espécie na redação dos novos tipos penais.

**14. Abrangência do título (*nomen juris*):** é válida a rubrica – apropriação indébita previdenciária – para todas as figuras previstas neste artigo: *caput* e § 1.º.

**15. Análise do núcleo do tipo:** *deixar de repassar* significa não transferir quantia à unidade administrativa cabível. O objeto da conduta omissiva é a contribuição recolhida dos contribuintes. Na jurisprudência: STJ: "I – É assente o entendimento já consolidado nesta Corte que 'o tipo penal do artigo 168-A do Código Penal constitui crime omissivo próprio, que se consuma com o não recolhimento da contribuição previdenciária dentro do prazo e das formas legais, inexigindo a demonstração do dolo específico' (AgRg no AREsp 774.580/SC, Quinta Turma, Rel. Min. Jorge Mussi, *DJe* 04.04.2018)" (AgRg no AREsp 1040813-SP, 5.ª T., rel. Felix Fischer, 17.05.2018, v.u.).

**16. Sujeitos ativo e passivo:** o sujeito ativo é o substituto tributário, que tem, por lei, o dever de recolher determinada quantia, também legalmente prevista, do contribuinte e repassá--la à previdência social. Há posição que não permite figurar como sujeito ativo representante de pessoa jurídica de Direito Público. O sujeito passivo é o Estado, especificamente o INSS (Instituto Nacional do Seguro Social).

**17. Elemento subjetivo do tipo:** é o dolo. Não se pune a forma culposa. Cremos existir elemento subjetivo do tipo específico, consubstanciado na vontade de fraudar a previdência, apossando-se, indevidamente, de quantias não pertencentes ao agente. Aliás, não foi à toa que o legislador utilizou, para denominar os crimes previstos neste artigo, de apropriação indébita previdenciária. É controversa essa posição. Na doutrina, exigindo apenas o dolo, sem elemento subjetivo específico: Antonio Lopes Monteiro (*Crimes contra a Previdência Social*, p. 37). Melhor analisaremos essa questão na próxima nota, embora reconheçamos que, atualmente, tem prevalecido, nos tribunais, a corrente que defende apenas o dolo, sem elemento subjetivo específico.

**18. Exigência do elemento subjetivo específico (dolo específico):** a polêmica em torno dessa exigência teve início por ocasião da criação do tipo penal incriminador previsto no art. 95, *d*, da Lei 8.212/1991 (ora revogado pela Lei 9.983/2000), que estabeleceu o tipo omissivo próprio consistente em deixar de recolher contribuição devida à Seguridade Social. Primeiramente, pretendeu-se equiparar o referido delito do art. 95, *d*, ao crime de apropriação, previsto no art. 168 do Código Penal. Fazendo-se tal equiparação, seria natural exigir, para a configuração do delito previdenciário, elemento subjetivo do tipo específico (dolo específico), que é ínsito à conduta de "apropriar-se", como se explicou nos comentários formulados ao art. 168 *supra*. A apropriação significa a pretensão de apossar-se de coisa pertencente a outra pessoa, o que não era, em tese, exigido no crime previsto no art. 95, *d*. Era a posição adotada por Roque Antônio Carrazza (*apud* CLÈMERSON MERLIN CLÈVE, *Contribuições previdenciárias. Não recolhimento. Art. 95, d, da Lei 8.212/91. Inconstitucionalidade*, p. 507). Em oposição, havia o entendimento daqueles que defendiam a não equiparação da figura criminosa previdenciária à apropriação indébita. Nesse sentido, menciona o Juiz Federal Celso Kipper: "Sendo estruturalmente diferentes os tipos da apropriação indébita e do crime de não recolhimento das contribuições arrecadadas dos segurados, não há equiparação possível entre os dois delitos no tocante às condutas descritas nos tipos penais. O crime de não recolhimento, na época própria, da contribuição devida à Previdência e arrecadada de terceiros não é, portanto, crime de apropriação. Deste, as leis previdenciárias anteriores à Lei 8.137/1990 só haviam aproveitado a pena (equiparação *quoad poenam*). A primeira consequência da estrutura omissiva do tipo do delito de não recolhimento das contribuições arrecadadas dos segurados, e da não equiparação ao crime de apropriação indébita, é a de que não se exige para a consumação do primeiro o *animus rem sibi habendi*, ou seja, o propósito de inverter o título da posse passando a possuir a coisa como se fosse sua, com a deliberada intenção de não restituir, própria da acepção do vocábulo apropriar-se, elemento integrativo do tipo penal do segundo delito. Havendo o desconto dos empregados das quantias relativas à contribuição previdenciária, e a posterior omissão no seu recolhimento aos cofres da Seguridade Social, consuma-se o delito, sem que seja preciso investigar, no *animus* do agente, a intenção de restituir ou não as quantias descontadas. O dolo necessário é o genérico, consistente na intenção de descontar do salário dos empregados as quantias referentes e de deixar de repassá-las à Seguridade Social" (*apud* CLÈMERSON MERLIN CLÈVE, *Contribuições previdenciárias. Não recolhimento. Art. 95, d, da Lei 8.212/91. Inconstitucionalidade*, p. 505-506). A posição intermediária, com a qual concordamos plenamente, terminou prevalecendo, isto é, não há equiparação entre o crime previdenciário, que prevê uma figura omissiva própria, e a apropriação indébita. Entretanto, não se pode admitir que inexista elemento subjetivo do tipo específico, consistente na especial vontade de se apossar de quantia pertencente ao INSS. Transformar o crime previdenciário num delito de mera conduta, sem qualquer finalidade especial, seria indevido, porque transformaria a lei penal num instrumento de cobrança. Assim, o devedor que, mesmo sem intenção de se apropriar da contribuição, deixasse de recolhê-la a tempo, ao invés de ser executado pelas vias cabíveis, terminaria criminalmente processado e condenado. Haveria nítida inconstitucionalidade da figura típica, pois a Constituição veda prisão civil por dívida, e o legislador, criando um modelo legal de conduta proibida sem qualquer *animus rem sibi habendi*, estaria buscando a cobrança de uma dívida civil através da ameaça de sancionar penalmente o devedor. Entretanto, demandando-se o dolo específico – a vontade de fraudar a previdência, apossando-se do que não lhe pertence –, deixa de existir mera cobrança de dívida, surgindo o elemento indispensável para configurar o delito previdenciário. É o que defende HUGO DE BRITO MACHADO: "A lei ordinária que define como crime o simples inadimplemento de uma dívida, e comina para o que nele incorre pena prisional, conflita com a norma da Constituição que proíbe a prisão por dívida. Há, na verdade, evidente antinomia entre a norma da Constituição, que proíbe a prisão por dívida, e aquela da lei ordinária, que define como crime o inadimplemento de dívida, para viabilizar, dessa forma, a aplicação da pena prisional ao devedor inadimplente". Sustenta, então, para contornar a inconstitucionalidade do crime de mera conduta, a exigência do dolo específico (elementar subjetiva) para fazer valer o tipo incriminador, já tendo decidido a esse respeito o TRF, 5.ª Reg., 1.ª T., 01.12.1994, *DJU*, Seção I, 10.03.1996 (citado por CLÈMERSON MERLIN CLÈVE, *Contribuições previdenciárias. Não reco-*

*lhimento. Art. 95, d, da Lei 8.212/91. Inconstitucionalidade*, p. 507). No mesmo prisma: Misabel Abreu Machado Derzi, Heloísa Estellita Salomão e Leônidas Ribeiro Scholz (artigo citado, p. 507). Em síntese, pois, exige-se o elemento subjetivo específico para que os tipos penais incriminadores previdenciários, omissivos próprios – seja o do art. 168-A, seja o previsto no § 1.º, I, que é repetição do art. 95, *d*, da Lei 8.212/1991, não padeçam do mal da inconstitucionalidade. Ainda assim, convém mencionar a lição de Clèmerson Merlin Clève, que, não se convencendo da exigência do dolo específico, sustentava a inconstitucionalidade do mencionado crime previsto no art. 95, *d*, da Lei 8.212/1991, embora não concordemos com a conclusão extraída. Seus argumentos continuam válidos, pois as figuras omissivas foram, com pequenas alterações, repetidas pela Lei 9.983/2000, que alterou o Código Penal. Evoca o autor paranaense a interpretação enunciativa, isto é, quando o intérprete se limita a enunciar uma nova regra, derivada da anterior. Exemplo disso seria a interpretação de que a *lei que proíbe o menos proíbe o mais*. Conclui, portanto, que, proibida constitucionalmente a prisão civil, implicitamente está proibido também o mais, que é a prisão criminal. E preleciona: "A simples tipificação como crime da conduta omissiva do sujeito passivo tributário (contribuinte ou responsável) não é compatível com o texto constitucional à luz de uma leitura mais sofisticada e, especialmente, compromissada com a efetividade da Constituição, assim como dos direitos fundamentais que ela proclama" (artigo citado, p. 511). Por outro lado, segundo o mesmo autor, o crime de apropriação indébita previdenciária estaria a ferir o princípio da proporcionalidade: "É evidente que o legislador se houve com excesso. Ele não está a tipificar a conduta fraudulenta, o abuso de confiança (como faz a lei penal-tributária portuguesa, *v. g.*, ou a legislação brasileira revogada), a apropriação em proveito próprio, mas apenas, através de um tipo omissivo próprio, a conduta (no sentido genérico) consistente em não pagar (satisfazer) obrigação tributária. (...) A medida, depois, é *desproporcionada*, agredindo o princípio da *justa medida*. É, por isso mesmo, excessiva, desmedida, desajustada, irracional e desarrazoada, resultando na aniquilação injustificada do direito de não sujeição à privação da liberdade por dívida, previsto no art. 5.º, LXVII, da Lei Fundamental da República. Neste ponto é preciso lembrar que o interesse protegido pela norma penal (arrecadação do Estado) não é suficiente para justificar a aniquilação do direito fundamental. Reitere-se: *o poder de legislar não implica o de destruir!*" (*Contribuições previdenciárias. Não recolhimento. Art. 95, d, da Lei 8.212/91. Inconstitucionalidade*, p. 525). Na jurisprudência: STJ: "3. De acordo com a jurisprudência desta Corte, a comprovação do crime de apropriação indébita de contribuição previdenciária (...) prescinde de dolo específico, sendo suficiente, para a sua caracterização, a presença do dolo genérico. Súmula n. 83/STJ" (AgRg no AREsp 2.137.812/RJ, 6.ª T., rel. Jesuíno Rissato (Desembargador convocado do TJDFT), 20.06.2023, v.u.); "1. Nos termos da jurisprudência desta Corte, 'em crimes de sonegação fiscal e de apropriação indébita de contribuição previdenciária, este Superior Tribunal de Justiça pacificou a orientação no sentido de que sua comprovação prescinde de dolo específico, sendo suficiente, para a sua caracterização, a presença do dolo genérico consistente na omissão voluntária do recolhimento, no prazo legal, dos valores devidos' (AgRg no AREsp n. 493.584/SP, rel. Min. Reynaldo Soares da Fonseca, 5.ª T., j. 02.06.2016, *DJe* de 08.06.2016)" (AgRg no AREsp 607.918-SP, 6.ª T., rel. Antonio Saldanha Palheiro, 15.09.2020, v.u.).

**19. Previdência social:** como já mencionado, a previdência social é uma das atividades da seguridade social, tendo por finalidade dar proteção ao trabalhador, que é segurado e contribuinte, por meio de aposentadoria, pensão, auxílio-doença, auxílio-desemprego e outros.

**20. Contribuições previdenciárias:** são espécies de tributos incidentes sobre a remuneração do empregado com o fim de custear a previdência social.

**21. Diversidade da figura do *caput* e da prevista no § 1.º:** aparentemente, deixar de repassar à previdência social as contribuições recolhidas seria o mesmo que deixar de recolher contribuição destinada à previdência social que tenha sido descontada de pagamento efetuado a segurados, a terceiros ou arrecadada do público, o que não corresponde à realidade. A figura do *caput* tem por fim punir o substituto tributário que deve recolher o que arrecadou do contribuinte à previdência social e não o faz. É a aplicação do art. 31 da Lei 8.212/1991: "A empresa contratante de serviços executados mediante cessão de mão de obra, inclusive em regime de trabalho temporário, deverá reter 11% (onze por cento) do valor bruto da nota fiscal ou fatura de prestação de serviços e recolher, em nome da empresa cedente da mão de obra, a importância retida até o dia 20 (vinte) do mês subsequente ao da emissão da respectiva nota fiscal ou fatura, ou até o dia útil imediatamente anterior se não houver expediente bancário naquele dia, observado o disposto no § 5.º do art. 33 desta Lei" (redação dada pela Lei 11.933/2009). A outra figura típica, como será visto, volta-se diretamente ao contribuinte-empresário que deve recolher a contribuição arrecadada dos seus funcionários.

**22. Prazo e forma legal ou convencional:** trata-se de norma penal em branco, merecendo o complemento de outras leis e regulamentos. Especialmente, deve-se consultar a Lei 8.212/1991, que traz os prazos e as formas legais para o repasse ser feito.

**23. Objetos material e jurídico:** o objeto material é a contribuição recolhida do contribuinte. O objeto jurídico é a seguridade social. É a tutela da subsistência financeira da previdência social.

**24. Classificação:** trata-se de crime próprio (aquele que só pode ser cometido por sujeito qualificado, que é o substituto tributário); formal (delito que não exige, para sua consumação, a ocorrência de resultado naturalístico). Cremos ser formal e não simplesmente de mera conduta, pois a falta de repasse, conforme o montante e a frequência, pode causar autênticos "rombos" nas contas da previdência social, que constituem nítido e visível prejuízo para a Administração Pública. É crime de forma livre (pode ser cometido por qualquer meio eleito pelo agente); omissivo (o verbo implica abstenção); instantâneo (cuja consumação não se prolonga no tempo, dando-se em momento determinado); unissubjetivo (aquele que pode ser cometido por um único sujeito); unissubsistente (praticado num único ato); não admite tentativa.

**25. Competência:** é da Justiça Federal e a ação é pública incondicionada.

**25-A. Condição objetiva de punibilidade:** é fundamental que a apuração do débito, na esfera administrativa, tenha sido concluída. Do contrário, torna-se inviável o ajuizamento de ação penal por apropriação indébita de contribuição previdenciária. Nesse sentido: STJ: "O Superior Tribunal de Justiça pacificou o entendimento de que os crimes de sonegação e apropriação indébita previdenciárias, a exemplo dos delitos previstos no art. 1.º da Lei 8.137/90, são materiais, não se configurando enquanto não lançado definitivamente o crédito, o que também impede o início da contagem do prazo prescricional" (AgRg nos EDcl no REsp 1.806.096-SP, 6.ª T., rel. Nefi Cordeiro, 03.10.2019, v.u.).

**26. Análise do núcleo do tipo:** *deixar de recolher* significa não arrecadar ou não entregar à previdência social o que lhe é devido. O objeto é a contribuição ou outra importância destinada à previdência. A figura corresponde ao antigo art. 95, *d*, da Lei 8.212/1991.

**27. Sujeitos ativo e passivo:** o sujeito ativo é o responsável pela empresa, que tem a função de administrar as contas, com atribuição de efetuar o recolhimento da contribuição previdenciária. O sujeito passivo é o Estado, especificamente o INSS.

# Art. 168-A

Código Penal Comentado · **Nucci**

856

**28. Elemento subjetivo do tipo:** ver nota 17 ao *caput*.

**29. Prazo legal:** é norma penal em branco, necessitando de complemento. Ver art. 30 da Lei 8.212/1991, com as alterações proporcionadas pelas Leis 11.324/2006, 11.718/2008 e 11.933/2009.

**30. Outra importância:** estipula o art. 195, § 4.º, CF, que "a lei poderá instituir outras fontes destinadas a garantir a manutenção ou expansão da seguridade social, obedecido o disposto no art. 154, I". Logo, além das contribuições previdenciárias, qualquer outra fonte de custeio pode ser criada, desde que se faça respeitado o princípio da legalidade, vale dizer, por meio da edição de lei.

**31. Desconto concretizado de pagamento feito:** essa foi uma modificação positiva trazida pela Lei 9.983/2000. A antiga figura típica (art. 95, *d*, da Lei 8.212/1991) não mencionava expressamente que o desconto tivesse sido feito, embora a doutrina e a jurisprudência já viessem exigindo tal situação. Logo, somente se concretiza o tipo penal da apropriação indébita previdenciária caso o empregador desconte a contribuição do segurado e não a repasse à previdência.

**32. Objetos material e jurídico:** ver nota 23 ao *caput*.

**33. Classificação:** trata-se de crime próprio (aquele que só pode ser cometido por sujeito qualificado, como mencionado *supra*); formal (delito que não exige, para sua consumação, a ocorrência de resultado naturalístico). Cremos ser formal e não simplesmente de mera conduta, pois a falta de repasse, conforme o montante e a frequência, pode causar autênticos "rombos" nas contas da previdência social, que constituem nítido e visível prejuízo para a Administração Pública. É crime de forma livre (pode ser cometido por qualquer meio eleito pelo agente); omissivo (o verbo implica abstenção); instantâneo (cuja consumação não se prolonga no tempo, dando-se em momento determinado); unissubjetivo (aquele que pode ser cometido por um único sujeito); unissubsistente (praticado num único ato); não admite tentativa.

**34. Análise do núcleo do tipo, sujeitos ativo e passivo e elemento subjetivo:** ver notas 26 a 28 ao inciso anterior. Esta figura guarda correspondência com o antigo art. 95, *e*, da Lei 8.212/1991.

**35. Despesas contábeis ou custos relativos à venda de produtos ou à prestação de serviços:** como explica ODONEL URBANO GONÇALES, "significa a apropriação de despesas para cálculo da fixação do preço da mercadoria. Noutras palavras, a contribuição devida pelo empregador (20% sobre a folha de remuneração, acrescidos do percentual relativo ao seguro acidente de trabalho) é levada em consideração no cálculo para a fixação de preço do produto, uma vez que se constitui em despesa operacional. O não recolhimento dessa contribuição, devida pelo empregador, desde que tenha integrado os custos (o que em regra ocorre), constitui o procedimento delituoso previsto na letra *e* do artigo focalizado" (*Seguridade social comentada*, p. 74).

**36. Objetos material e jurídico:** ver nota 23 ao *caput*.

**37. Classificação:** ver nota 33 ao inciso I.

**38. Análise do núcleo do tipo:** *deixar de pagar* significa não satisfazer encargo devido. O objeto é o benefício devido a segurado, já reembolsado pela previdência social. É figura equivalente ao antigo delito previsto no art. 95, *f*, da Lei 8.212/1991.

# Art. 168-A

**Título II – Dos crimes contra o patrimônio**

**39. Sujeitos ativo e passivo e elemento subjetivo:** ver notas 27 e 28 ao inciso I.

**40. Benefício:** trata-se da vantagem destinada ao segurado da previdência social, garantindo-lhe amparo em momentos adequados ou programados, como a aposentadoria ou o auxílio-doença.

**41. Necessidade do reembolso realizado:** para a configuração do crime omissivo ("deixar de pagar") é preciso que a previdência social tenha efetuado o pagamento à empresa e esta não o tenha repassado ao segurado. É lógico que assim seja, pois, do contrário, não seria *apropriação indébita*.

**42. Objetos material e jurídico:** o objeto material é o benefício devido ao segurado. O objeto jurídico é a seguridade social.

**43. Classificação:** ver nota 33 ao inciso I.

**44. Causa de extinção da punibilidade:** exigem-se, para que a punibilidade do agente da apropriação indébita previdenciária seja afastada, os seguintes requisitos: *a)* declaração do valor devido (demonstrar à previdência o montante arrecadado ou recolhido de contribuinte ou segurado e não repassado); *b)* confissão da prática delituosa, isto é, a admissão de não ter feito o recolhimento ou o repasse na época e da forma previstas em lei; *c)* efetuar o pagamento (recolher o devido com todos os encargos, visto que o parágrafo menciona que tudo deve ser realizado "na forma definida em lei ou regulamento", implicando nos acréscimos); *d)* prestar as informações devidas (além de declarar o devido, precisa esclarecer a previdência social a respeito da sua real situação, para que os próximos recolhimentos sejam corretamente efetuados. Assim, deverá narrar as despesas contábeis ou custos relativos à venda de produtos ou prestação de serviços que tem empreendido); *e)* espontaneidade (sinceridade na declaração, demonstrando arrependimento, agindo sem subterfúgios; para esta hipótese, tem-se admitido apenas a *voluntariedade*, manifestação livre de qualquer coação, embora não espelhe arrependimento); *f)* agir antes do início da ação fiscal, que deveria ser compreendida como o ajuizamento de ação promovida pelo fisco na justiça para cobrar a dívida. Ocorre que outro requisito menciona a confissão do débito, podendo demostrar que o Estado nem sabia da falta de recolhimento ou repasse. Logo, tem-se apontado como *ação fiscal* a atividade administrativa do órgão competente, desvendando a apropriação. Na jurisprudência: STF: "1. Tratando-se de apropriação indébita previdenciária (art. 168-A, § 1.º, I, CP), o pagamento integral do débito tributário, ainda que após o trânsito em julgado da condenação, é causa de extinção da punibilidade do agente, nos termos do art. 9.º, § 2.º, da Lei n.º 10.684/03. Precedentes" (RHC 128.245, 2.ª T., rel. Dias Toffoli, 23.08.2016, v.u.).

**44-A. Inaplicabilidade do princípio da insignificância:** trata-se de dinheiro público, de modo que a apropriação de contribuição previdenciária não deve beneficiar-se do cenário do *crime de bagatela*, como regra. Todavia, valores efetivamente ínfimos não podem gerar interesse penal, nem que se leve em consideração a subsistência financeira da Previdência Social. O que é mínimo, assim o é para qualquer finalidade, mormente em se tratando de ente estatal. Na jurisprudência: STJ: "1. Ambas as Turmas que compõem o Supremo Tribunal Federal entendem ser inaplicável o princípio da insignificância aos crimes de sonegação de contribuição previdenciária e apropriação indébita previdenciária, tendo em vista a elevada reprovabilidade dessas condutas, que atentam contra bem jurídico de caráter supraindividual e contribuem para agravar o quadro deficitário da Previdência Social. 2. A Terceira Seção desta Corte Superior concluiu que não é possível a aplicação do princípio da insignificância aos crimes de apropriação indébita previdenciária e de sonegação de contribuição previdenciária,

# Art. 168-A

Código Penal Comentado · **Nucci**

independentemente do valor do ilícito, pois esses tipos penais protegem a própria subsistência da Previdência Social, de modo que é elevado o grau de reprovabilidade da conduta do agente que atenta contra este bem jurídico supraindividual" (AgRg no REsp 1.783.334/PB, 6.ª T., rel. Laurita Vaz, 07.11.2019, v.u.). Em contrário: STJ: "2. A jurisprudência do Superior Tribunal de Justiça, nos casos de apropriação indébita previdenciária, entende cabível a aplicação do princípio da insignificância quando o valor do débito não ultrapassar R$ 10.000,00, excluídos os juros e a multa incidentes após a inscrição em dívida ativa. Interpretação do art. 20 da Lei n. 10.522/2002. Precedentes" (AgRg no REsp 1.609.757-SP, 6.ª T., rel. Antonio Saldanha Palheiro, 27.02.2018, v.u.).

**45. Não aplicação do art. 34 da Lei 9.249/1995:** o Supremo Tribunal Federal considerava aplicável à hipótese do não recolhimento de contribuições previdenciárias a causa de extinção da punibilidade prevista na referida lei. Entretanto, naquela hipótese, era preciso pagar toda a dívida antes do recebimento da denúncia. Ora, existindo causa específica para o crime previdenciário, não mais tem cabimento a aplicação do mencionado art. 34. Portanto, deixando de pagar o devido até a ação fiscal ter início, já não se deve considerar extinta a punibilidade caso o recolhimento seja efetuado antes da denúncia.

**45-A. Parcelamento do débito administrativamente:** se houver o deferimento, na órbita administrativa, do parcelamento do débito, autorizando-se o devedor a efetuar o pagamento, não há razão para deixar de excluir a sua punibilidade no campo penal. Afinal, o Estado aceitou receber o que lhe era devido e empreendeu um acordo com a parte devedora. Não haveria sentido algum em se aplicar qualquer punição. Por outro lado, há situações, previstas em lei, em que o parcelamento do débito suspende a pretensão punitiva do Estado, até que se constate o pagamento integral da dívida. Na jurisprudência: STJ: "2. Considerando que a adesão ao Refis não implica, necessariamente, a extinção da punibilidade, pois está condicionada ao pagamento integral do débito, não há ilegalidade na decisão que permite a persecução penal diante da inadimplência reiterada do acusado" (AgRg nos EDcl nos EDcl no HC 427.660-SP, 5.ª T., rel. Ribeiro Dantas, 19.11.2019, v.u.).

**46. Perdão judicial ou figura privilegiada:** criou-se, com o § 3.º, uma hipótese alternativa de perdão judicial ("deixar de aplicar a pena") ou de privilégio (aplicação somente da multa). Mas há requisitos gerais e específicos. Os gerais, válidos para qualquer hipótese, são: *a)* primariedade; *b)* bons antecedentes. Sobre os conceitos de primariedade e bons antecedentes, remetemos o leitor aos comentários aos arts. 63 (primariedade) e 59 (antecedentes), sabendo-se, desde logo, que primário é o sujeito que não é reincidente (o conceito é feito por exclusão) e possui bons antecedentes aquele que não os ostenta negativos (mais uma vez o conceito é feito por exclusão). Os específicos estão previstos nos incisos.

**46-A. Leis de refinanciamento:** muitas normas autorizando o refinanciamento de dívidas tributárias, em geral, podem ter reflexo – ou não – nas normas benéficas ao réu, previstas no Código Penal. No § 3.º do art. 168-A, prevê-se a viabilidade de aplicação de um perdão judicial ou de uma modificação da pena privativa de liberdade, transformada em multa, nos casos descritos pelos incisos I e II. Tome-se como exemplo o art. 9.º da Lei 10.684/2003: "É suspensa a pretensão punitiva do Estado, referente aos crimes previstos nos arts. 1.º e 2.º da Lei n.º 8.137, de 27 de dezembro de 1990, e nos arts. 168-A e 337-A do Decreto-Lei n.º 2.848, de 7 de dezembro de 1940 – Código Penal, durante o período em que a pessoa jurídica relacionada com o agente dos aludidos crimes estiver incluída no regime de parcelamento. § 1.º A prescrição criminal não corre durante o período de suspensão da pretensão punitiva. § 2.º Extingue-se a punibilidade dos crimes referidos neste artigo quando a pessoa jurídica relacionada com o agente efetuar o pagamento integral dos débitos oriundos de tributos e contribuições sociais, inclusive acessórios". Não cremos ter havido revogação tácita do § 3.º do art. 168-A por conta da edição da Lei 10.684/2003. Pode tornar-se inútil o referido § 3.º, desde que a pessoa jurídica relacionada ao agente do crime previdenciário estiver incluída no programa de refinanciamento e, pagando tudo, extingue-se a punibilidade da pessoa física. Porém, é preciso considerar que a participação nesses programas de refinanciamento não é obrigatória. Logo, alguém pode ser processado por apropriação indébita previdenciária e beneficiar-se do disposto pelo art. 168-A, § 3.º, I ou II, do Código Penal. Do mesmo modo, o empregador individual, que não toma parte em refinanciamento destinado a pessoas jurídicas.

**47. Promoção do pagamento:** deve o agente efetuar o pagamento de todo o montante devido à previdência social (contribuição previdenciária + acessórios) *antes* do oferecimento da denúncia e *depois* do início da ação fiscal. Como já mencionado, deve-se deixar de aplicar o art. 34 da Lei 9.249/1995, pois há hipótese nova criada pela Lei 9.983/2000. Caso a atuação do Fisco tenha início, já não existe possibilidade de a punibilidade ser extinta, embora subsista a alternativa de conseguir o agente o perdão judicial ou a substancial redução da pena, trocando-se a pena privativa de liberdade pela exclusiva aplicação de multa.

**48. Valor devido de pouca monta:** a segunda hipótese para a aplicação do perdão judicial ou do privilégio é ser o montante devido aos cofres previdenciários igual ou inferior ao estabelecido pela própria previdência, *administrativamente* (o que prescinde de lei), para justificar uma execução fiscal. Se o Fisco não tem interesse em cobrar judicialmente o valor, não há cabimento para a atribuição de penalidades severas ao agente.

**49. Critério para a escolha do juiz:** tendo em vista que o legislador previu hipóteses alternativas, mas impôs condições cumulativas para as duas, é preciso distinguir quando o magistrado deve aplicar o perdão judicial e quando deve aplicar somente a multa. Assim, para um ou para outro benefício demandam-se primariedade, bons antecedentes e pagamento integral da dívida ou pequeno valor das contribuições devidas. Parece-nos que a escolha deve se fundar nos demais elementos norteadores, sempre, da análise do agente do crime, que são as circunstâncias judiciais do art. 59. Dessa forma, a verificação da personalidade e da conduta social do autor, dos motivos do delito e das circunstâncias e consequências da infração penal, que constituem a culpabilidade, maior ou menor reprovação social do que foi feito, levarão o juiz à decisão mais justa: perdão ou multa.

**49-A. Excesso de benefícios:** se o contribuinte já conseguiu parcelamento, não há necessidade de outros benefícios, como os previstos no § 3.º.

### Apropriação de coisa havida por erro, caso fortuito ou força da natureza

> **Art. 169.** Apropriar-se[50] alguém[51] de coisa alheia[52-53] vinda ao seu poder[54] por erro,[55] caso fortuito[56] ou força da natureza:[57-59]
>
> Pena – detenção, de 1 (um) mês a 1 (um) ano, ou multa.
>
> **Parágrafo único.** Na mesma pena incorre:

# Art. 169

Código Penal Comentado · **Nucci**                                     860

### Apropriação de tesouro

> I – quem[60] acha tesouro em prédio alheio e se apropria,[61] no todo ou em parte, da quota a que tem direito o proprietário do prédio;[62-64]

### Apropriação de coisa achada

> II – quem[65] acha coisa alheia perdida[66] e dela se apropria,[67] total ou parcialmente, deixando de restituí-la ao dono ou legítimo possuidor[68] ou de entregá-la à autoridade competente, dentro no prazo de 15 (quinze) dias.[69]

**50. Análise do núcleo do tipo:** ver comentários ao art. 168, pois idêntico.

**51. Sujeitos ativo e passivo:** qualquer pessoa. No caso do sujeito passivo, é o proprietário da coisa desviada ou perdida por erro ou acidente.

**52. Coisa alheia:** ver comentários ao art. 155, cujo objeto material é o mesmo.

**53. Elemento subjetivo:** é o dolo. Não há elemento subjetivo do tipo específico, nem a forma culposa.

**54. Estar em poder do agente:** significa ter a coisa pertencente a terceiro sob sua esfera de vigilância e disponibilidade.

**55. Erro:** é a falsa percepção da realidade, que leva alguém a entregar ao agente coisa pertencente a outrem. Ex.: um entregador, confundindo o destinatário, passa às mãos do apropriador algo que não lhe cabe, havendo, então, o apossamento.

**56. Caso fortuito:** é o evento acidental, que faz com que um objeto termine em mãos erradas. Abrange, naturalmente, a força maior ou forças da natureza. Estamos, nesse prisma, com a lição de Nélson Hungria: "O dispositivo legal menciona o *caso fortuito* e a *força da natureza*, fazendo, a exemplo, aliás, do Código suíço, uma distinção que se pode dizer desnecessária, pois o caso fortuito abrange todo e qualquer acontecimento estranho, na espécie, à vontade do agente e do *dominus*. Tanto é caso fortuito se a coisa alheia vem ao meu poder em consequência da queda de um avião em meu terreno, quanto se foi trazida pela correnteza de uma enchente. Se bois alheios, por mero instinto de vagueação ou acossados pelo fogo de uma queimada, entram nas minhas terras, ou se peças de roupa no coradouro do meu vizinho são impelidas por um tufão até o meu quintal, tudo é caso fortuito" (*Comentários ao Código Penal*, v. 7, p. 151).

**57. Forças da natureza:** é a energia física e ativa que provoca o ordenamento natural das coisas (ex.: uma tempestade, que tem energia para destruir casas e veículos, provocando a diminuição do patrimônio alheio). Conforme mencionamos no item anterior, está incluída no caso fortuito. Assim, se, durante uma enchente, um automóvel vai cair na propriedade de outrem, fica este obrigado a devolvê-lo. Não o fazendo, configura-se o delito de apropriação.

**58. Objetos material e jurídico:** o objeto material é a coisa desviada acidentalmente; o objeto jurídico é o patrimônio.

**59. Classificação:** trata-se de crime comum (aquele que não demanda sujeito ativo qualificado ou especial); material (delito que exige resultado naturalístico, consistente na diminuição do patrimônio da vítima); de forma livre (podendo ser cometido por qualquer meio eleito pelo agente); comissivo ou omissivo, conforme o caso, e, excepcionalmente, comissivo por omissão (omissivo impróprio, ou seja, é a aplicação do art. 13, § 2.º, do Código Penal); instantâneo (cujo resultado se dá de maneira instantânea, não se prolongando no tempo); de dano (consuma-se apenas com efetiva lesão a um bem jurídico tutelado); unissubjetivo (que pode ser praticado por um só agente); unissubsistente ou plurissubsistente (em regra, vários atos integram a conduta); admite tentativa, quando na forma comissiva.

**60. Sujeitos ativo e passivo:** qualquer pessoa pode cometer o delito; o sujeito passivo há de ser o proprietário do prédio onde o tesouro foi achado.

**61. Análise do núcleo do tipo:** a conduta principal é *apropriar-se* – que já foi definida em nota anterior – de tesouro achado em prédio alheio. *Achar tesouro* significa encontrar um conjunto de coisas preciosas ou valiosas. É indispensável que o local onde o tesouro foi encontrado pertença a terceira pessoa.

**62. Quota pertencente ao proprietário:** preceitua o Código Civil (art. 1.264) dever existir a divisão, em partes iguais, de tesouro encontrado por acaso, que não possua dono conhecido, com o proprietário do lugar onde ele foi achado.

**63. Objetos material e jurídico:** o objeto material é o tesouro visado; o objeto jurídico é o patrimônio do proprietário do prédio.

**64. Elemento subjetivo e classificação:** vide notas 53 e 59 ao *caput*.

**65. Sujeitos ativo e passivo:** qualquer pessoa pode cometer o delito; o sujeito passivo é o proprietário ou legítimo possuidor da coisa perdida.

**66. Coisa perdida e coisa esquecida:** não se confundem, por certo. A perdida sumiu por causa estranha à vontade do proprietário ou possuidor, que não mais a encontra; a esquecida saiu da sua esfera de vigilância e disponibilidade por simples lapso de memória, embora o dono saiba onde encontrá-la. Ex.: saindo à rua, o indivíduo deixa cair sua carteira e continua caminhando sem perceber: trata-se de coisa perdida; saindo de um restaurante, esquece o casaco sobre a cadeira: trata-se de coisa esquecida, pois terá chance de voltar para pegá-lo. Assim, quem se apropria de coisa esquecida, disso tendo conhecimento, comete furto, e não apropriação.

**67. Análise do núcleo do tipo:** quanto à conduta principal de apropriação, ver nota 50 ao *caput*. O apossamento, neste caso, volta-se contra coisa pertencente a outrem, que está perdida. A obrigação imposta pela lei, portanto, é a pronta restituição do bem sumido a quem o está procurando. Essa devolução pode efetivar-se diretamente a quem de direito ou à autoridade competente.

**68. Dono ou legítimo possuidor:** evidencia-se, neste tipo penal, a proteção estendida, nos crimes patrimoniais, não somente ao dono da coisa, mas também a quem a possui legitimamente.

**69. Elemento temporal:** raramente o tipo penal prevê um prazo para o crime se consumar. No caso presente, houve por bem o legislador conferir ao agente o período de quinze dias para encontrar a vítima, devolvendo-lhe a coisa achada. Cremos não haver razão para isso. Se

# Art. 170

Código Penal Comentado • **Nucci**

o indivíduo quer apropriar-se do que não lhe pertence, ou seja, de coisa alheia perdida, pode evidenciar seu ânimo no exato momento em que se apossa do bem. Permitir que exista um prazo para a configuração do crime é o mesmo que estabelecer, dentro do próprio tipo, uma excludente. Assim, a apropriação estaria configurada, subjetivamente, no momento em que o autor demonstra a inequívoca vontade de se apropriar da coisa encontrada. Mas se, no decurso dos quinze dias, arrepender-se, pode devolvê-la à vítima e não há mais fato típico. *Seria* uma excludente de tipicidade se estivesse fora do tipo penal. Entretanto, como foi prevista dentro da figura típica, entendemos tratar-se de um delito condicionado. A apropriação somente ganha relevo jurídico-penal se houver o transcurso do período fixado no próprio tipo. Assim, não cabe tentativa: ou o agente fica com a coisa após o 15.º dia e o crime está consumado ou a devolve e não há ilícito penal. Há quem sustente que, no caso de cheque encontrado, se o agente deposita o título em sua conta o crime está consumado. Ora, qual a diferença entre o sujeito encontrar um objeto de arte, como um quadro, dependurando-o na parede de sua casa no primeiro dia, com a intenção de se apropriar do bem, e o caso do cheque? Em ambas as hipóteses o autor está se apropriando de coisa alheia perdida *antes dos 15 dias*. Seria crime consumado em ambos os casos? Se a resposta for positiva, perde o sentido o prazo de 15 dias colocado no tipo penal, circunstância objetiva, que precisa ser respeitada. Se a resposta fosse negativa com relação ao quadro, mas positiva com relação ao cheque, estar-se-ia transformando o período de quinze dias em um "elemento subjetivo específico", o que é ilógico. Dessa maneira, caso o agente fique com a coisa alheia durante quinze dias sem *dar demonstração ostensiva* de que vai dela se apossar, o crime inexiste. Porém, se der tal demonstração, o crime se consuma de imediato. Não nos parece seja assim. O tipo penal prevê um prazo que integra a descrição abstrata da conduta, *condicionando* a concretização do delito à sua ocorrência, pouco interessando o que o agente faz com o bem nesse período. É evidente que não é direito do sujeito que encontrou o bem dele usufruir por 15 dias, já que não lhe pertence. Cabe a apreensão se for encontrado em seu poder, embora não se possa falar em crime de apropriação, pois o legislador foi claro: *apropriar-se* de coisa alheia perdida exige o expresso prazo de 15 dias, período no qual pode haver a devolução, não se configurando ilícito penal.

> **Art. 170.** Nos crimes previstos neste Capítulo, aplica-se o disposto no art. 155, § 2.º.[70]

**70. Apropriação privilegiada:** segue as mesmas regras do furto privilegiado. Ver comentários ao art. 155, § 2.º. Na jurisprudência: STJ: "1. O reconhecimento do privilégio legal relativo ao crime de apropriação indébita exige a conjugação de dois requisitos objetivos, consubstanciados na primariedade e no pequeno valor da coisa apropriada indevidamente, que, na linha do entendimento pacificado neste Superior Tribunal, deve ter como parâmetro o valor do salário-mínimo vigente à época dos fatos. Precedente. 2. Pela leitura do art. 170 do Código Penal, no caso de apropriação indébita, seja ela qual for, o favor legal estampado no § 2.º do art. 155 do Código Penal, de especial mitigação da pena, é automático, bastando ser o réu primário e a coisa de pequeno valor, como na espécie, em que R$ 160,00 (cento e sessenta reais) correspondia a 20% do salário-mínimo em 2015. 3. Ordem concedida para, reconhecendo a incidência do art. 155, § 2.º, do Código Penal, reduzir a pena da paciente a 5 meses e 10 dias de reclusão, e 5 dias-multa, mantida, no mais, a sentença condenatória" (HC 402.873-SC, 6.ª T., rel. Sebastião Reis Júnior, 09.04.2019, v.u.).

## Capítulo VI
## DO ESTELIONATO E OUTRAS FRAUDES

### Estelionato

**Art. 171.** Obter,[1-2] para si ou para outrem,[3] vantagem ilícita,[4] em prejuízo alheio,[5] induzindo ou mantendo alguém em erro,[6] mediante artifício,[7] ardil,[8] ou qualquer outro meio fraudulento:[9-13]

Pena – reclusão, de 1 (um) a 5 (cinco) anos, e multa.

§ 1.º Se o criminoso é primário,[14] e é de pequeno valor o prejuízo,[15] o juiz pode[16] aplicar a pena conforme o disposto no art. 155, § 2.º.

§ 2.º Nas mesmas penas incorre quem:

### Disposição de coisa alheia como própria

I – vende, permuta, dá em pagamento,[17-18] em locação ou em garantia coisa alheia[19-20] como própria;[21-23]

### Alienação ou oneração fraudulenta de coisa própria

II – vende, permuta, dá em pagamento ou em garantia[24-25] coisa própria inalienável, gravada de ônus ou litigiosa,[26] ou imóvel que prometeu vender a terceiro, mediante pagamento em prestações,[27-28] silenciando sobre qualquer dessas circunstâncias;[29-30]

### Defraudação de penhor

III – defrauda,[31-32] mediante alienação[33] não consentida[34] pelo credor ou por outro modo, a garantia pignoratícia, quando tem a posse do objeto empenhado;[35-37]

### Fraude na entrega de coisa

IV – defrauda[38-39] substância, qualidade ou quantidade de coisa[40-41] que deve entregar[42] a alguém;[43-44]

### Fraude para recebimento de indenização ou valor de seguro

V – destrói,[45-46] total ou parcialmente, ou oculta coisa própria,[47] ou lesa o próprio corpo ou a saúde,[48] ou agrava as consequências da lesão ou doença, com o intuito de[49] haver indenização ou valor de seguro;[50-51]

# Art. 171

**Fraude no pagamento por meio de cheque**

> VI – emite[52-54] cheque,[55] sem suficiente provisão de fundos em poder do sacado,[56-58] ou lhe frustra o pagamento.[59-64]

**Fraude eletrônica**

> § 2.º-A. A pena é de reclusão, de 4 (quatro) a 8 (oito) anos, e multa, se a fraude é cometida com a utilização de informações fornecidas pela vítima ou por terceiro induzido a erro por meio de redes sociais, contatos telefônicos ou envio de correio eletrônico fraudulento, ou por qualquer outro meio fraudulento análogo.[64-A]
>
> § 2.º-B. A pena prevista no § 2.º-A deste artigo, considerada a relevância do resultado gravoso, aumenta-se de 1/3 (um terço) a 2/3 (dois terços), se o crime é praticado mediante a utilização de servidor mantido fora do território nacional.[64-B]
>
> § 3.º A pena aumenta-se de um terço,[65-65-C] se o crime é cometido em detrimento de entidade de direito público[66-67] ou de instituto de economia popular, assistência social ou beneficência.[68]

**Estelionato contra idoso ou vulnerável**

> § 4.º A pena aumenta-se de 1/3 (um terço) ao dobro,[68-A] se o crime é cometido contra idoso ou vulnerável, considerada a relevância do resultado gravoso.[68-B]
>
> § 5.º Somente se procede mediante reapresentação, salvo se a vítima for:[68-C-68-D]
>
> I – a Administração Pública, direta ou indireta;
>
> II – criança ou adolescente;
>
> III – pessoa com deficiência mental; ou
>
> IV – maior de 70 (setenta) anos de idade ou incapaz.

**1. Análise do núcleo do tipo:** a conduta é sempre composta. *Obter* vantagem indevida *induzindo* ou *mantendo* alguém em erro. Significa conseguir um benefício ou um lucro ilícito em razão do engano provocado na vítima. Esta colabora com o agente sem perceber que está se despojando de seus pertencentes. *Induzir* quer dizer incutir ou persuadir e *manter* significa fazer permanecer ou conservar. Portanto, a obtenção da vantagem indevida deve-se ao fato de o agente conduzir o ofendido ao engano ou quando deixa que a vítima permaneça na situação de erro na qual se envolveu sozinha. É possível, pois, que o autor do estelionato provoque a situação de engano ou apenas dela se aproveite. De qualquer modo, comete a conduta proibida. Na jurisprudência: STJ: "III – O preceito primário do art. 171 do Código Penal tem a seguinte redação: 'Obter, para si ou para outrem, vantagem ilícita, em prejuízo alheio, induzindo ou mantendo alguém em erro, mediante artifício, ardil ou qualquer outro meio fraudulento'. Observa-se que a norma incriminadora não qualifica o artifício, o ardil ou qualquer outro meio fraudulento. Ou seja, cuida-se de delito de forma livre, podendo ser cometido por qualquer meio eleito pelo agente. Portanto, o agir com astúcia, esperteza ou estratagema pode ganhar diversos contornos a depender do plano delitivo adotado pelo agente. IV – Na hipótese em foco, o paciente 'usou como ardil o relacionamento que construiu com a vítima, fazendo com que ela confiasse nele tendo em conta a paixão que sentia'. Em verdade, não se adjetivou as circunstâncias do crime pelo simples fato de o réu ter agido com ardil; mas, sim, por ter usado o envolvimento afetivo com a vítima como uma forma de ardil. Nessa ordem de ideias, merece maior reprovação a conduta do paciente de se valer do relacionamento íntimo que possuía com a vítima para a prática do delito" (AgRg no HC 577.861-SC, 5.ª T., rel. Felix Fischer, 09.06.2020, v.u.).

**2. Sujeitos ativo e passivo:** qualquer pessoa.

**3. Elemento subjetivo:** é o dolo. Inexiste a forma culposa. Além disso, existe o elemento subjetivo do tipo específico (ou dolo específico), que é a vontade de obter lucro indevido, destinando-o para si ou para outrem.

**4. Vantagem ilícita:** diversamente do objeto material do crime de furto – que menciona *coisa alheia* –, neste caso basta que o agente obtenha *vantagem*, isto é, qualquer benefício, ganho ou lucro, de modo *indevido*, ou seja, ilícito. Logicamente, trata-se de vantagem de natureza econômica, uma vez que se cuida de crime patrimonial (sobre a natureza da vantagem, consultar também a nota 51 ao art. 159).

**5. Elemento normativo:** *prejuízo* quer dizer perda ou dano; *alheio* significa pertencente a outrem. Portanto, a vantagem auferida pelo agente deve implicar numa perda, de caráter econômico, ainda que indireto, para outra pessoa.

**6. Erro:** é a falsa percepção da realidade. O agente coloca – ou mantém – a vítima numa situação enganosa, fazendo parecer realidade o que efetivamente não é. Ex.: o autor finge manter uma agência de venda de carros, recolhe o dinheiro da vítima, prometendo-lhe entregar o bem almejado, e desaparece.

**7. Artifício:** é astúcia, esperteza, manobra que implica engenhosidade. Ex.: o sujeito, dizendo-se representante de uma instituição de caridade conhecida, fazendo referência ao nome de pessoas conhecidas que, de fato, dirigem a mencionada instituição, consegue coletar contribuição da vítima, embolsando-a.

**8. Ardil:** é também artifício, esperteza, embora na forma de *armadilha*, cilada ou estratagema. No exemplo dado anteriormente, o agente prepara um local com a aparência de ser uma agência de venda de veículos, recebe o cliente (vítima), oferece-lhe o carro, recebe o dinheiro e, depois, desaparece. Trata-se de um ardil.

**9. Qualquer outro meio fraudulento:** trata-se de interpretação analógica, ou seja, após ter mencionado duas modalidades de meios enganosos, o tipo penal faz referência a qualquer outro semelhante ao artifício e ao ardil, que possa, igualmente, ludibriar a vítima.

**9-A. Estelionato sentimental:** trata-se da denominação do estelionato quando cometido por *mecanismos sentimentais*, vale dizer, os meios fraudulentos ou enganosos utilizados são variados, compondo um cenário de ardil ou artifício, inserindo as vítimas em erro (falsa percepção da realidade), obtendo-se, então, vantagens indevidas. Por certo, pode-se imaginar que as relações sentimentais entre adultos capazes não deveriam ser da alçada de órgãos estatais, em especial, os policiais e judiciários, na órbita criminal. No entanto, o crime de estelionato é de índole patrimonial e equivale ao furto, pois ambos não são cometidos com o emprego

# Art. 171

Código Penal Comentado · **Nucci**

866

de violência ou grave ameaça. Mas precisam ser punidos, visto que retiram das vítimas coisas integrantes de seu patrimônio contra a sua vontade, cada qual se valendo de um instrumental diferente. O estelionato faz com que a pessoa ofendida, iludida por um contexto fraudulento, entregue voluntariamente os seus pertencentes, pois acredita no retorno de algum benefício prometido pelo agente, enquanto, no caso de furto, o autor retira a coisa móvel da vítima sem que ela perceba, portanto, contra a sua vontade. O estelionatário sentimental vale-se de diversos instrumentos, como locais de encontros para chegar a namoro ou casamento, bem como para relacionamentos sexuais, situações perfeitamente amoldáveis, na atualidade, à Internet, em particular por meio de redes sociais. Há, ainda, aplicativos atraentes para uso facilitado em celulares, o que permite o acesso a incontáveis vítimas. Quando o criminoso atinge a pessoa visada, por meio das redes sociais ou de aplicativos de encontros, pode dar-se um encontro perigoso, envolvendo violência sexual ou agressividade física ou moral para a prática de estupro, roubo ou extorsão e até mesmo homicídio. Não sendo assim, o agente envolve a vítima em cenário fraudulento, passando-se por um pretendente amoroso, elogiando a pessoa com quem se encontrou e criando laços afetivos artificiais imediatos, tudo para formar o ardil apto a começar o desfalque patrimonial. O envolvimento amoroso pode representar um mecanismo extremamente fácil para enganar a vítima, podendo abranger namoros firmes, noivados e até promessas de uniões estáveis. A partir daí, o autor simula necessidades financeiras, solicitando empréstimos, bem como pode atuar como uma pessoa economicamente abonada e, com isso, demandar valores para investimentos, que poderão render elevados ganhos, tudo fictício. Em suma, os mecanismos são variados, mas a maioria é eficiente, apta a provocar a fragilidade emocional da pessoa escolhida como alvo, de quem o estelionatário consegue retirar elevados valores patrimoniais. Trata-se de autêntica forma de estelionato, justificadora da adequação fática ao tipo previsto no art. 171 deste Código. Em muitos casos, chegam a ser crimes com a causa de aumento do § 4.º, envolvendo idosos.

**10. Objetos material e jurídico:** o objeto material é tanto a pessoa enganada, quanto o bem obtido indevidamente, que sofrem a conduta criminosa. O objeto jurídico é o patrimônio.

**11. Classificação:** trata-se de crime comum (aquele que não demanda sujeito ativo qualificado ou especial); material (delito que exige resultado naturalístico, consistente na diminuição do patrimônio da vítima); de forma livre (podendo ser cometido por qualquer meio eleito pelo agente); comissivo ("obter", "induzir" e "manter" implicam ações) e, excepcionalmente, comissivo por omissão (omissivo impróprio, ou seja, é a aplicação do art. 13, § 2.º, do Código Penal); instantâneo (cujo resultado se dá de maneira instantânea, não se prolongando no tempo). Sobre a possibilidade de reconhecimento da permanência, ver a nota 13; de dano (consuma-se apenas com efetiva lesão a um bem jurídico tutelado); unissubjetivo (que pode ser praticado por um só agente); plurissubsistente (em regra, vários atos integram a conduta); admite tentativa.

**11-A. Crime de bagatela:** é admissível no contexto do estelionato, tanto quanto nos demais delitos patrimoniais sem violência ou grave ameaça. Se o bem jurídico da vítima for minimamente afetado, não se há que falar em crime configurado. Certamente, respeitam-se todas as demais condições para o acolhimento da tese do delito insignificante, como primariedade, bons antecedentes, objeto tutelado de interesse individual, valor do dano causado etc.

**12. Trabalho espiritual:** também denominado cartomancia, passes espirituais, bruxaria, macumba, entre outros, tratando-se de atividade gratuita ou remunerada, bem como referir-se a algum tipo de credo ou religião, não se pode punir, pois a Constituição Federal assegura liberdade de crença e culto. Modificamos a nossa posição, pois achávamos criminosa a atividade especial paga. Na verdade, se o sujeito que dela necessita quer remunerar o serviço, doar à igreja ou a outrem, por questão de fé, o Direito Penal nada pode fazer. Não se pode mais falar na contravenção penal da exploração da credulidade pública, pois o art. 27 da Lei das Contravenções Penais foi revogado pela Lei 9.521/1997.

**12-A. Mecanismos grosseiros de engodo:** inexiste crime, pois é exigível que o artifício, ardil ou outro meio fraudulento seja apto a ludibriar alguém. Afinal, esse é o cerne do estelionato: a potencialidade para enganar. Utiliza-se, como regra geral, o critério do *homem médio*, ou seja, a pessoa comum. Excepcionalmente, cremos ser cabível analisar, ainda, as condições pessoais da vítima, isto é, se for pessoa muito simples, colhida de surpresa, sem condições de se informar devidamente, portanto vítima que está abaixo da média da sociedade, é possível se configurar o estelionato através de meio fraudulento facilmente detectável pelo *homem médio*. De outra parte, quando o ofendido for pessoa extremamente esclarecida e especialista em determinada matéria, de onde proveio o seu logro, o critério do *homem médio* também pode falhar. Assim, o agente que conseguiria enganar a pessoa comum, valendo-se de determinado artifício, não o faria com a vítima preparada. Se esta se deixar envolver, por mera desatenção de sua parte, entendemos não configurado o delito.

**12-B. Esperteza nas atividades comerciais:** não configura o delito de estelionato, resolvendo-se, se for o caso, na esfera civil. É natural, no âmbito do comércio, o enaltecimento dos produtos colocados à venda, mesmo que sejam de qualidade duvidosa. Cabe ao consumidor ater-se às marcas de confiança, à tradição da empresa e à informação captada. Por outro lado, pode dar margem ao estelionato quando a propaganda chega a extrapolar os limites do razoável, afirmando situações inexistentes, negando garantia outrora prometida, tudo a demonstrar o ânimo de fraude por parte do vendedor ou fornecedor do produto ou serviço.

**12-C. Torpeza bilateral:** cuida-se da situação em que se vislumbra a mesma ânsia de levar indevida vantagem tanto do fornecedor/vendedor quanto do adquirente/comprador. Seria um cenário no qual ambos querem *enganar*, dependendo, pois, de sorte para tanto. Se essa ambição desmedida invadir o campo da fraude (ex.: vende-se um carro alheio, recebendo-se com cheque furtado) parece-nos que o fato é atípico, não se podendo eleger, aleatoriamente, quem punir. Por outro lado, não soa racional sustentar a ideia de ser o estelionato um crime de ação pública, logo, ambos devem ser punidos. Ora, o bem jurídico (patrimônio) não foi afetado, nem para quem vende bem alheio, nem para quem paga com título igualmente alheio. No entanto, o crime persiste, na hipótese de uma das partes agir com fraude atingindo o patrimônio da outra que atuou de forma imoral ou antiética. Assim, no conhecido golpe do *bilhete premiado*, o agente cerca a vítima, contando lhe uma mirabolante história de necessidade (como ter de socorrer, urgentemente, sua mãe à beira da morte no interior), propõe a troca de um bilhete *premiado,* que possui, por uma determinada quantia em dinheiro. Acompanhando o ofendido até uma casa lotérica, de posse de um bilhete *falsificado*, demonstra que, realmente, o referido bilhete foi premiado naquela semana. A vítima, por sua vez, pretendendo valer-se de boa oportunidade para auferir um lucro, aceita o negócio. Fica com o bilhete falsamente premiado e entrega uma soma ao agente. Existiu, nessa avença, torpeza bilateral, sob o ponto de vista moral: o agente enganou o ofendido, mostrando-lhe um bilhete falso; a vítima, por sua vez, em vez de auxiliar quem estaria precisando de apoio em momento tão crucial, resolve levar vantagem e adquire o *bilhete premiado* a baixo custo. Outro exemplo que merece ser mencionado, até porque configurou caso concreto, recentemente noticiado pela imprensa, é o caso dos alunos que, efetuando o pagamento de determinada quantia exigida, disseram-se lesados por determinado estabelecimento de ensino superior, tendo em vista que lhes foi prometido um curso rápido e compacto de uma semana para que obtivessem diploma universitário.

# Art. 171

Ora, o intuito de levar vantagem, com nítida torpeza, pois é do senso comum que tal situação está fora da realidade nacional, ficou patenteado em cada uma das "vítimas" desse golpe. Esta última situação pode afastar o conteúdo primordial do estelionato, que é potencialidade para enganar a vítima. Desse modo, quem se arriscar a *tirar um diploma* em uma semana está ingressando num jogo torpe desde o início. Outras hipóteses não faltam para exemplificar a participação do ofendido no contexto do estelionato, quase que "pedindo" para ser enganado. Outro golpe comum é o do "carro barato". Anúncios são publicados em classificados de jornais de grande circulação, oferecendo veículos a preços bem abaixo do mercado. Os telefones de contato normalmente são celulares ou linhas de telefone fixo comunitário. A pessoa que atende se identifica como funcionário ou representante de uma montadora e passa a solicitar dados pessoais do interessado (nome, endereço, número dos documentos), enviando-lhe, por fax, uma ficha cadastral. Em algumas situações exige-se um valor simbólico para essa ficha cadastral, a ser depositado na conta da própria montadora (os números das contas são obtidos ilegalmente). Em seguida, o estelionatário pede um depósito com o valor total ou parcial do veículo em nome de um terceiro (diz que é carro de frota, por exemplo). Quando a vítima faz o pagamento, recebe em casa, por fax, uma nota fiscal falsa, com logotipo do fabricante e dados do veículo. Posteriormente, agendada a data para pegar o carro, o comprador vai direto à fábrica para, então, descobrir-se vítima da fraude. Essa hipótese configura estelionato, porque o cenário montado para o logro da vítima é bem elaborado. O ofendido, por sua vez, pode ser ganancioso, mas não chega a atingir a torpeza.

**12-D. Estelionato e falsidade:** aplica-se, como regra, a Súmula 17 do Superior Tribunal de Justiça: "Quando o falso se exaure no estelionato, sem mais potencialidade lesiva, é por este absorvido". Trata-se da aplicação da regra de que o crime-fim absorve o crime-meio. No entanto, se o documento falsificado não se destina à prática de um delito de estelionato, servindo para outros propósitos do falsificador, deve haver concurso material de crimes.

**12-E. Reparação do dano:** não afasta a concretização do estelionato, pois inexiste previsão legal a tanto. É preciso destacar que, havendo desistência voluntária ou arrependimento eficaz (art. 15, CP), pode-se sair do âmbito do estelionato, respondendo o agente somente pelo que já realizou. Outra hipótese é o arrependimento posterior (art. 16, CP), que permite a reparação do dano, antes do recebimento da denúncia, dando ensejo a uma causa de diminuição da pena. Finalmente, a reparação do dano, antes da sentença, permite a aplicação de atenuante (art. 65, III, *b*, CP). Quanto à reparação do dano, no caso de cheque sem fundos, confira-se a nota 57 *infra*.

**12-F. Estelionato judiciário:** denomina-se como tal a manobra, o ardil ou o engodo, utilizado no processo, de forma a ludibriar o juízo ou a parte contrária, podendo alcançar provimento favorável à sua pretensão. Entretanto, não nos parece possa subsistir tal figura em plena demanda, quando provas podem ser produzidas e há contraditório, justamente para evitar esse tipo de fraude. Ademais, se houver uso de documento falso, há crime específico para isso; o mesmo se pode dizer de eventual falso testemunho ou patrocínio infiel. No mais, quando a parte não litigar com ética, configura-se infração profissional, a ser apurada pelo seu órgão de classe. Nesse sentido: STJ: "1. Esta Corte Superior entende que a figura do estelionato judiciário é atípica pela absoluta impropriedade do meio, uma vez que 'o processo tem natureza dialética, possibilitando o exercício do contraditório e a interposição dos recursos cabíveis, não se podendo falar, no caso, em 'indução em erro' do magistrado. Eventual ilicitude de documentos que embasaram o pedido judicial poderia, em tese, constituir crime autônomo, que não se confunde com a imputação de 'estelionato judicial' e não foi descrito na denúncia (REsp n. 1.101.914/RJ, relatora Ministra Maria Thereza de Assis Moura, Sexta Turma, julgado em 6/3/2012, *DJe* de 21/3/2012)'" (REsp 1.846.427/RS, 6.ª T., rel. Antonio Saldanha Palheiro, 20.09.2022, v.u.).

**12-G. Estelionato *versus* furto com fraude:** ver a nota 30-A ao art. 155.

**13. Estelionato como delito instantâneo de efeitos permanentes ou crime permanente:** em nossa visão, o crime é sempre instantâneo, podendo, por vezes, configurar o chamado delito instantâneo de efeitos permanentes. Ocorreria o estelionato *instantâneo* com *efeitos permanentes, v. g.*, quando alguém falsificasse certidão de nascimento para que outrem conseguisse receber do INSS, por vários meses, um valor indevido, seja para quem fez a falsificação, seja para quem receber mensalmente esse montante. Entretanto, há controvérsia a esse respeito. O STF e o STJ divergiram, ao longo do tempo e em função de casos diferentes. Para ilustrar: a) STF: "O denominado estelionato contra a Previdência Social (CP, art. 171, § 3.º) é crime instantâneo de efeitos permanentes e, como tal, consuma-se ao recebimento da primeira prestação do benefício indevido, contando-se daí o prazo de prescrição da pretensão punitiva. Com base nesse entendimento, a Turma, por maioria, deferiu *habeas corpus* para declarar extinta a punibilidade dos pacientes, tendo em conta a ocorrência da prescrição retroativa. Aduziu-se que, nesta espécie de crime, o prazo prescricional seria aquele previsto no art. 111, I, do CP. Vencida a Min. Ellen Gracie, relatora, que indeferia o *writ* por reputar que, no caso específico dos crimes de estelionato praticados contra a Previdência Social, a execução e a consumação do crime se prolongariam no tempo, não sendo necessário que a fraude ou o ardil fossem renovados a cada período de tempo" (HC 95.379-RS, 2.ª T., rel. para o acórdão Cezar Peluso, 25.08.2009, m. v.). STJ: "A Turma entendeu que o denominado estelionato contra a previdência social tem natureza de crime instantâneo de efeitos permanentes e, por consequência, consuma-se com o recebimento da primeira prestação do benefício indevido, contando-se, desse momento, a prescrição da pretensão punitiva. Precedente citado do STF: HC 95.379-RS, *DJ* 11.09.2009; do STJ: HC 121.336-SP, *DJe* 30.03.2009" (REsp 689.926-PE, 6.ª T., rel. Maria Thereza de Assis Moura, 29.09.2009, v.u.); b) STJ: "2. Na linha da orientação desta Corte, cuida-se de crime permanente a conduta daquele que recebe indevidamente benefício previdenciário de forma continuada" (AgRg no REsp 1.997.077-AL, 6.ª T., rel. Antonio Saldanha Palheiro, 12.06.2023, v.u.); "1. O Superior Tribunal de Justiça entende que o delito de estelionato praticado contra o INSS, na circunstância de saques realizados por terceiros de valores relativos a benefícios de titulares falecidos, é crime permanente que se consuma a cada saque indevido do benefício e caracteriza a continuidade delitiva" (AgRg no REsp 2.025.605-RN, 6.ª T., rel. Rogerio Schietti Cruz, 06.03.2023, v.u.); c) STJ: "1. O STJ entende que o estelionato praticado contra o INSS, na circunstância de intermediação realizada por terceiros para concessão irregular de benefícios, é considerado crime instantâneo de efeitos permanentes. Precedente. 2. A peculiaridade do caso concreto é que, embora a participação da acusada seja a de terceira intermediadora, esta se apropriou, de forma permanente e intermitente, de 75% do valor de todos os recebimentos indevidos, do primeiro ao último. 3. Deve ser considerado crime permanente o estelionato previdenciário praticado pelo terceiro intermediador da fraude, quando este se locupleta, em maior proporção do que o titular formal do benefício, de todos os recebimentos indevidos. 4. A situação apresentada é mais consentânea com aquela em que ocorrem saques indevidos de benefícios previdenciários depois do óbito do titular. Fere-se o princípio da isonomia, além de não ser razoável, se o agente que teve a participação mais relevante no ilícito ostentar situação jurídica mais favorável do que a corré. 5. Não é possível o reconhecimento da prescrição da pretensão punitiva, na modalidade retroativa, em período anterior ao recebimento da denúncia, para condutas praticadas após 05.05.2010 (art. 110, § 1.º, na redação da Lei 12.234, de 05.05.2010). 6. O estelionato previdenciário quando classificado como crime permanente tem o prazo inicial contado a partir do último recebimento indevido (consumação) que, na hipótese, ocorreu em 31.08.2014" (AgRg no REsp 1.860.685-PR, 6.ª T., rel. Rogerio Schietti Cruz,

# Art. 171

16.06.2020, v.u.). Não vemos sentido nessa diferença. O próprio beneficiário, a cada mês que faz o saque indevido, comete um crime de estelionato. Como faz isso todos os meses, surge o rastro do delito, que nada mais é do que o denominado *efeito permanente*. Se for terceiro, que se vale de documento falso, para todo mês retirar uma quantia indevida, da mesma forma, consuma o crime de estelionato a cada retirada. Como faz isso incessantemente, deixa o rastro, que significa o *efeito permanente*.

**14. Estelionato privilegiado:** como no caso do furto e da apropriação indébita, é possível haver substituição ou diminuição da pena (art. 155, § 2.º). Exige-se primariedade para o réu (não ser reincidente – art. 63, CP), embora não se fale em *antecedentes*. Portanto, somos da opinião de que o juiz, para aplicar este benefício, não deve exigir *bons* antecedentes.

**15. Pequeno valor do prejuízo:** diferentemente do que ocorre com o furto, neste caso não se refere o tipo penal ao pequeno *valor da coisa*, e sim à *perda sofrida* pela vítima. Essa perda, segundo entendimento que tem predominado, não pode ser superior a um salário mínimo. Na jurisprudência: STJ: "3. É válida a negativa de reconhecimento da forma privilegiada do crime de estelionato quando resta apurado que o valor do dano causado foi superior ao salário-mínimo vigente à época dos fatos. Precedente" (AgRg nos EDcl no HC 605.941-SP, 5.ª T., rel. Ribeiro Dantas, 06.10.2020, v.u.). Quanto ao momento de verificação da ocorrência do dano ao ofendido, cremos dever-se considerar o instante da consumação. Inexiste razão para ser feita a análise posteriormente, pois o benefício refere-se ao crime cometido e não às consequências do delito. Não fosse assim e poderia o estelionatário valer-se da sorte. Imagine-se que tenha provocado um imenso prejuízo à vítima. Quando esta recorre à polícia e o crime é descoberto, já que não pode evitar a punição, busca devolver o máximo que puder, visando à transformação do tipo penal simples para a figura privilegiada. Seria a utilização casuística do benefício legal. Ainda assim, há posição em sentido contrário, sustentando dever o juiz verificar o valor do prejuízo mesmo em data posterior à consumação do delito.

**16. Faculdade ou obrigação do juiz:** toda vez que o tipo penal se refere ao "poder" do juiz de aplicar algum benefício surge o debate acerca da sua facultatividade ou obrigatoriedade. Nessas hipóteses, defendemos existir, sempre, uma posição intermediária, ou seja, na avaliação dos requisitos do benefício, muitos deles de caráter nitidamente subjetivo, o magistrado é livre, não podendo ser obrigado a dar interpretação em favor do réu; porém, reconhecendo existentes todos os requisitos, é natural que tenha a obrigação de conceder o benefício, pois a lei não deve ser utilizada como objeto do capricho do seu aplicador.

**17. Análise do núcleo do tipo:** *vender* (alienar mediante determinado preço), *permutar* (trocar) ou dar em pagamento, locação ou garantia (esta última: hipoteca, penhor, anticrese) coisa que não lhe pertence é uma das modalidades de estelionato.

**18. Sujeitos ativo e passivo:** qualquer pessoa, desde que envolvida no negócio.

**19. Coisa alheia:** diversamente do furto, nesse caso podem incluir-se móveis e imóveis, não sendo necessária a tradição ou a realização completa e formal do negócio, como a transcrição no registro de imóveis, por exemplo. Inclui-se, nesse caso, a venda de coisa adquirida com reserva de domínio, bem como a realização do negócio por meio de compromisso de venda e compra.

**20. Elemento subjetivo:** é o dolo. Inexiste a forma culposa. Embora não esteja expresso, a figura típica é um complemento do *caput*, de forma que se exige o elemento subjetivo do tipo específico ("obter lucro indevido para si ou para outrem") – ou dolo específico.

**21. Objetos material e jurídico:** o objeto material é a coisa alheia vendida, permutada ou dada em pagamento; o objeto jurídico é o patrimônio.

**22. Classificação:** trata-se de crime comum (aquele que não demanda sujeito ativo qualificado ou especial); material (delito que exige resultado naturalístico, consistente na diminuição do patrimônio da vítima); de forma livre (podendo ser cometido por qualquer meio eleito pelo agente); comissivo ("vender", "permutar" e "dar" implicam ações) e, excepcionalmente, comissivo por omissão (omissivo impróprio, ou seja, é a aplicação do art. 13, § 2.º, do Código Penal); instantâneo (cujo resultado se dá de maneira instantânea, não se prolongando no tempo); de dano (consuma-se apenas com efetiva lesão a um bem jurídico tutelado); unissubjetivo (que pode ser praticado por um só agente); plurissubsistente (em regra, vários atos integram a conduta); admite tentativa.

**23. Furto e disposição de coisa alheia como própria:** trata-se de hipótese em que se devem punir os dois crimes praticados, em concurso material, porque os bens jurídicos protegidos pertencem a pessoas diversas; logo, não cabe falar em *post factum* não punível. O furto prejudicou o proprietário da coisa levada; o estelionato provoca dano no patrimônio de quem adquire a coisa não pertencente ao agente. Há posição em sentido contrário, acolhendo a tese da ocorrência de crime único quando o autor furta e, em seguida, vende como sua coisa alheia.

**24. Análise do núcleo do tipo:** vide nota 17 ao inciso anterior. O objeto material, neste caso, é que muda: em vez de ser coisa alheia, é coisa própria não passível de alienação. A ausência de prova da fraude não configura o crime. Na jurisprudência: TJRS: "Venda de lote. Pagamento em vinte e quatro vezes, mediante cheque. Pagas apenas as duas primeiras parcelas. Cheques devolvidos por insuficiência de fundos. Imóvel vendido a terceiro, por valor muito inferior ao da aquisição, sem autorização da vítima. Configuração do crime previsto no art. 171 do Código Penal. (...)" (Ap. Crim. 70071296776-RS, 4.ª C. Crim., rel. Aristides Pedroso de Albuquerque Neto, 01.06.2017, v.u.).

**25. Sujeitos ativo e passivo:** o sujeito ativo é o dono da coisa inalienável, gravada de ônus ou litigiosa; o sujeito passivo é qualquer pessoa, que tenha adquirido, feito a permuta ou recebido o bem em pagamento ou garantia.

**26. Coisa própria inalienável, gravada de ônus ou litigiosa:** o objeto material, na hipótese deste inciso, é coisa pertencente ao próprio agente que, no entanto, está impedido – por lei, por contrato ou por testamento – de aliená-la. Pode, também, ser coisa impedida de alienação porque gravada de ônus (ver Código Civil: "Art. 1.225. São direitos reais: I – a propriedade; II – a superfície; III – as servidões; IV – o usufruto; V – o uso; VI – a habitação; VII – o direito do promitente comprador do imóvel; VIII – o penhor; IX – a hipoteca; X – a anticrese; XI – a concessão de uso especial para fins de moradia; XII – a concessão de direito real de uso"; XIII – a laje). Além disso, podem ser consideradas as coisas que estão em litígio, impossíveis de serem vendidas, licitamente, até que haja uma decisão judicial a respeito da propriedade. Não se configura o crime, caso a promessa de venda e compra seja feita, embora sujeita à cláusula resolutiva de o inquilino exercer o seu direito de preferência.

**27. Imóvel prometido à venda, mediante pagamento de prestações:** é o caso do agente que, tendo compromissado seu imóvel, prometendo vendê-lo a terceiro, em vez de honrar o pacto, vende-o a outra pessoa, silenciando sobre a existência do compromisso anterior. Ressalte-se que o compromisso precisa contar com pagamento *em prestações*, conforme exige o tipo penal, não valendo, pois, o pagamento à vista.

# Art. 171

Código Penal Comentado · **Nucci**

**28. Elemento subjetivo:** é o dolo. Não há a forma culposa. Exige-se o elemento subjetivo do tipo específico, previsto no *caput: obter lucro indevido para si ou para outrem* (ou dolo específico).

**29. Objetos material e jurídico:** o objeto material é a coisa própria vendida, permutada, dada em pagamento ou garantia; o objeto jurídico é o patrimônio.

**30. Classificação:** trata-se de crime próprio (aquele que demanda sujeito ativo qualificado ou especial); material (delito que exige resultado naturalístico, consistente na diminuição do patrimônio da vítima); de forma livre (podendo ser cometido por qualquer meio eleito pelo agente); comissivo (os verbos implicam ações) e, excepcionalmente, comissivo por omissão (omissivo impróprio, ou seja, é a aplicação do art. 13, § 2.º, do Código Penal); instantâneo (cujo resultado se dá de maneira instantânea, não se prolongando no tempo); de dano (consuma-se apenas com efetiva lesão a um bem jurídico tutelado); unissubjetivo (que pode ser praticado por um só agente); plurissubsistente (em regra, vários atos integram a conduta); admite tentativa.

**31. Análise do núcleo do tipo:** *defraudar* significa lesar, privar ou tomar um bem de outrem. O tipo penal indica que a defraudação pode se dar através de alienação do bem ou de *qualquer outro modo*, desde que seja suficiente para privar o credor do seu direito sobre a garantia pignoratícia. Penhor não se confunde com penhora: TJRS: "O conjunto probatório demonstrou com extrema clareza que o réu vendeu veículo próprio, ciente de que sobre ele havia restrição consistente em penhora judicial. O bem alienado pelo réu não estava empenhado como consta na denúncia, mas penhorado em ação de execução de alimentos. A alienação de bem penhorado não configura o crime imputado ao réu, pois penhora e penhor são institutos distintos, com o que se torna impositiva a absolvição do acusado com fundamento no art. 386, III, do CPP" (Ap. Crim. 70054694476-RS, 7.ª C. Crim., rel. Carlos Alberto Etcheverry, 16.04.2015, v.u., mantido para ilustração).

**32. Sujeitos ativo e passivo:** o sujeito ativo é o devedor, que está com a coisa empenhada; o passivo é o credor pignoratício.

**33. Elemento subjetivo:** é o dolo. Não há a forma culposa. Exige-se, como no *caput*, o elemento subjetivo do tipo específico – "para si ou para outrem" – em relação à vantagem indevida auferida (ou dolo específico).

**34. Elemento normativo do tipo:** a falta de consentimento do credor refere-se à ilicitude da conduta do agente e, tendo sido colocada no tipo penal, torna-se elemento normativo.

**35. Objeto empenhado:** somente coisas móveis que foram dadas em garantia ao credor.

**36. Objetos material e jurídico:** o material é o objeto empenhado; o jurídico é o patrimônio.

**37. Classificação:** trata-se de crime próprio (aquele que demanda sujeito ativo qualificado ou especial); material (delito que exige resultado naturalístico, consistente na diminuição do patrimônio da vítima); de forma livre (podendo ser cometido por qualquer meio eleito pelo agente); comissivo ("defraudar" implica ação) e, excepcionalmente, comissivo por omissão (omissivo impróprio, ou seja, é a aplicação do art. 13, § 2.º, do Código Penal); instantâneo (cujo resultado se dá de maneira instantânea, não se prolongando no tempo); de dano (consuma-se apenas com efetiva lesão a um bem jurídico tutelado); unissubjetivo (que pode ser praticado por um só agente); plurissubsistente (em regra, vários atos integram a conduta); admite tentativa.

**38. Análise do núcleo do tipo:** vide nota 31 ao inciso anterior.

**39. Sujeitos ativo e passivo:** o sujeito ativo é a pessoa que esteja na posse da coisa a ser entregue – e com a obrigação de fazê-lo; o passivo é o destinatário da coisa.

**40. Substância, qualidade e quantidade de coisa:** *substância* é a matéria que compõe alguma coisa (ex.: substituir uma joia de diamante por uma de zircônio); *qualidade* significa a propriedade ou atributo que algo possui (ex.: substituir uma pedra preciosa pura por outra, contendo impurezas); *quantidade* é a medida em unidades de alguma coisa (ex.: entregar um colar de pérolas, faltando alguns glóbulos).

**41. Elemento subjetivo do tipo:** é o dolo. Não se admite a forma culposa. Como decorrência do *caput*, exige-se o elemento subjetivo do tipo específico, que é a obtenção de lucro para si ou para outrem (ou dolo específico).

**42. Elementos normativos do tipo:** o *dever de entrega* é sujeito à valoração jurídica, configurando hipótese de uma obrigação decorrente de lei, contrato ou acordo.

**43. Objetos material e jurídico:** o objeto material é a coisa a ser entregue; o jurídico é patrimônio.

**44. Classificação:** trata-se de crime próprio (aquele que demanda sujeito ativo qualificado ou especial); material (delito que exige resultado naturalístico, consistente na diminuição do patrimônio da vítima); de forma livre (podendo ser cometido por qualquer meio eleito pelo agente); comissivo ("defraudar" implica ação) e, excepcionalmente, comissivo por omissão (omissivo impróprio, ou seja, é a aplicação do art. 13, § 2.º, do Código Penal); instantâneo (cujo resultado se dá de maneira instantânea, não se prolongando no tempo); de dano (consuma-se apenas com efetiva lesão a um bem jurídico tutelado); unissubjetivo (que pode ser praticado por um só agente); plurissubsistente (em regra, vários atos integram a conduta); admite tentativa.

**45. Análise do núcleo do tipo:** *destruir* significa fazer desaparecer, aniquilar ou extinguir; *ocultar* quer dizer encobrir ou esconder; *lesar* significa ofender fisicamente; *agravar* quer dizer aumentar ou piorar. O tipo é misto alternativo, ou seja, o autor pode destruir, ocultar, lesar *ou* agravar, além de poder também praticar mais de uma das condutas típicas, como ocultar coisa própria, destruindo-a, em seguida, redundando num único delito.

**46. Sujeitos ativo e passivo:** o sujeito ativo é a pessoa que possui coisa ou o próprio corpo segurado. O sujeito passivo é a seguradora. Em qualquer das hipóteses previstas no tipo penal, é possível a colaboração ativa de terceiro, provocando a destruição, a ocultação, a lesão ou a agravação. Responde, ainda, o terceiro – se lesionar ou agravar a lesão – pelo crime contra a pessoa, segundo doutrina majoritária. Cremos, no entanto, possível de ser aplicada, neste caso, a causa supralegal de exclusão da ilicitude, consistente no consentimento do ofendido. Quem se deixa lesionar para receber valor do seguro torna lícita a conduta do autor, já não se podendo sustentar, na atualidade, a absoluta indisponibilidade da integridade física.

**47. Coisa própria:** diversamente do furto, neste caso é preciso que o agente se volte contra coisa que lhe pertence. A razão é simples: o sujeito passivo não é o proprietário do bem, mas sim a companhia seguradora, que haveria de ressarcir o dano. Quando se tratar de destruição, pode-se falar de bens móveis ou imóveis, mas, no caso da ocultação, somente de bens móveis.

**48. Próprio corpo ou saúde:** da mesma forma, a autolesão não é punida. O sujeito passivo é a seguradora que deveria pagar pelo dano propositadamente causado.

# Art. 171

Código Penal Comentado • **Nucci**

**49. Elemento subjetivo do tipo:** é o dolo. Não há a forma culposa. Exige-se o elemento subjetivo do tipo específico, que é o *intuito de* receber indenização ou valor de seguro, lucrando indevidamente (ou dolo específico).

**50. Objetos material e jurídico:** o objeto material pode ser a coisa pertencente ao agente ou seu próprio corpo ou saúde. O objeto jurídico é o patrimônio do sujeito passivo.

**51. Classificação:** trata-se de crime próprio (aquele que demanda sujeito ativo qualificado ou especial); formal (delito que não exige necessariamente resultado naturalístico, consistente na diminuição do patrimônio da vítima, para estar consumado, bastando a prática da conduta prevista no tipo); de forma livre (podendo ser cometido por qualquer meio eleito pelo agente); comissivo ou omissivo (as condutas típicas implicam, de regra, em ações; quanto à conduta de *agravar*, pode ser realizada na forma omissiva) e, excepcionalmente, comissivo por omissão (omissivo impróprio, ou seja, é a aplicação do art. 13, § 2.º, do Código Penal); instantâneo (cujo resultado se dá de maneira instantânea, não se prolongando no tempo), salvo na forma "ocultar", que é permanente (delito de consumação prolongada no tempo); unissubjetivo (que pode ser praticado por um só agente); plurissubsistente (em regra, vários atos integram a conduta); admite tentativa na forma comissiva.

**52. Análise do núcleo do tipo:** *emitir* cheque significa pôr em circulação o título de crédito; *frustrar* o pagamento quer dizer iludir ou enganar o credor, evitando a sua remuneração. Esta última conduta pode se realizar de variadas formas: desde a retirada dos fundos existentes na conta, passando pelo encerramento da conta antes da apresentação do cheque até chegar a ponto de determinar a sustação do título de crédito. Note-se que *emitir* não é equivalente a endossar. Portanto, o beneficiário que, ciente da ausência de fundos, passa adiante o cheque, deve responder por estelionato na modalidade prevista no *caput* do art. 171. Entretanto, se desde o início estão em conluio emitente e tomador, é natural que haja, nesse caso, concurso de pessoas, e ambos responderão pela figura do inciso VI. O avalista, por sua vez, responde como partícipe, se obrar com má-fé (cf. Dirceu de Mello, *Aspectos penais do cheque*, p. 122-123 e 125).

**53. Sujeitos ativo e passivo:** o sujeito ativo somente pode ser o emitente do cheque (caso o título pertença a terceiro, ingressa-se na figura do *caput*). Não se inclui, também, o endossante, que não *emite* o título de crédito. Esta pessoa pode responder como partícipe do crime ou por estelionato na forma simples. O sujeito passivo é qualquer pessoa que receba o título para pagamento de dívida.

**54. Elemento subjetivo do tipo:** exige-se o dolo. Não há a forma culposa. Pede-se, ainda, a existência do elemento subjetivo específico – não explícito no tipo, mas somente no *nomen juris* –, que é a vontade de *fraudar* (ou dolo específico). Como ensina Hungria, é o *animus lucri faciendi* ou a intenção de defraudar (*Comentários ao Código Penal*, v. 7, p. 246). Justamente por isso, não configura o crime a conduta de quem emite o cheque sem fundos acreditando que, até a apresentação do título, conseguirá suprir a deficiência de sua conta bancária. Não tendo sido possível o suprimento, apressa-se em saldar o débito antes de o título ser compensado pelo banco. Não houve, nesse caso, vontade de "fraudar" o credor. Importante a distinção entre dolo genérico e dolo específico (ou elemento subjetivo do tipo específico) feita por Dirceu de Mello: "Dolo genérico, no saque sem fundos, [é] a vontade de emitir o cheque, sabendo que ele não será pago; dolo genérico, na frustração do pagamento, [é] a vontade da retirada ou bloqueio, com consciência da ilicitude do comportamento; dolo específico, nas duas situações, [é] o *animus lucri faciendi* ou intenção de fraudar" (*Aspectos penais do cheque*, p. 92).

# Art. 171

**55. Elemento normativo do tipo:** *cheque* é um título de crédito, que consubstancia uma ordem de pagamento à vista, cujo conceito deve ser obtido no Direito Comercial; portanto, depende de valoração jurídica.

**56. Sem suficiente provisão de fundos em poder do sacado:** no momento da emissão do cheque – que não significa simplesmente o seu preenchimento, mas a entrega a terceiro – é preciso que o estabelecimento bancário, encarregado da compensação, já não possua fundo suficiente para cobrir o pagamento. Se possuir a provisão de fundos, mas esta for alterada antes da apresentação do título, recorre-se à segunda figura (frustrar o pagamento). Por outro lado, se o agente possuir cheque especial, é natural que o pagamento feito pelo banco, ainda que resulte em saldo negativo, não configura o delito. E mais: contando o emitente com seu limite de cheque especial – e emitindo o cheque com valor que não ultrapasse o referido limite –, caso o banco recuse o pagamento, por razões de política institucional, o crime também não se configura.

**57. Análise das Súmulas 246 e 554 do Supremo Tribunal Federal:** dizem as súmulas que, "comprovado não ter havido fraude, não se configura o crime de emissão de cheques sem fundos" (246) e "o pagamento de cheque emitido sem provisão de fundos, após o recebimento da denúncia, não obsta ao prosseguimento da ação penal" (554). Cremos ser necessário distinguir duas situações: *a)* o sujeito, como narrado em nota anterior, logo que emite o título, apesar de saber não possuir fundos suficientes, imagina poder cobrir o déficit, demonstrando não ter a intenção de fraudar o tomador. Inexistindo o elemento subjetivo do tipo específico, não há crime. É a aplicação da Súmula 246; *b)* o sujeito sabe não possuir fundos suficientes, mas, ainda assim, emite o título e tem a intenção de fraudar o tomador. Quando percebe que pode ser denunciado por isso, apressa-se em pagar. Nesta hipótese, delito houve, não havendo razão plausível para afastar a ação penal. A Súmula 554, no entanto, por não distinguir as situações, acabou permitindo que o pagamento do cheque, antes do recebimento da denúncia, impeça a ação penal. Teoricamente, neste último caso, no máximo, poder-se-ia falar em causa de redução da pena (art. 16, CP). Criticando, com razão, o tratamento benigno dado às fraudes praticadas por meio da emissão de cheque, confira-se a opinião de DIRCEU DE MELLO: "É verdade que, no plano inclinado das liberalidades, entre nós pelo menos, se acabou indo muito longe. De franquia em franquia, uma mais avançada que a outra, terminou advindo o quadro, afora antijurídico, injusto por excelência, que presentemente emoldura as situações de emissão sem fundos: o resgate do cheque, antes de iniciada a ação penal, extingue a punibilidade do agente. A solução é injurídica porque estabelecida à margem da lei, para não se dizer em oposição a ela" (*Aspectos penais do cheque*, p. 114).

**58. Cheque pré-datado (pós-datado) ou dado como garantia de pagamento:** o título de crédito tem por característica principal ser uma ordem de pagamento à vista. Por isso, quando alguém aceita o cheque para ser apresentando futuramente, em data posterior à da emissão, está recebendo o título como mera *promessa de pagamento*. Caso não seja compensado, por falta de suficiente provisão de fundos, é apenas um ilícito civil, mas não um crime. É posição atualmente tranquila na doutrina e na jurisprudência. Ver: STJ: "3. Na hipótese dos autos, os cheques foram entregues com o objetivo de garantir dívida preexistente, sendo do conhecimento da vítima que não possuíam provisão de fundos, uma vez que além de não terem sido entregues como forma de pagamento, o paciente a todo momento afirmava que ia resgatá-los após a transferência do valor devido. Portanto, não se verifica o uso de 'artifício, ardil ou qualquer outro meio fraudulento' que tenha induzido ou mantido a vítima em erro. 4. No crime descrito no art. 171, § 2.º, VI, do Código Penal, a fraude ocorre por meio do pagamento com cheque sem fundos, havendo o dolo específico do agente de induzir a vítima

# Art. 171

em erro, consistente na crença de que o cheque será descontado, ou seja, de que o emitente possui saldo suficiente em conta, situação não retratada no presente processo. A propósito, transcrevo o verbete n. 246/STF: 'Comprovado não ter havido fraude, não se configura o crime de emissão de cheque sem fundos'. 5. De igual sorte, também não se vislumbra, na hipótese dos autos, a utilização do cheque dado em garantia como fraude apta a configurar o tipo penal do *caput*. Com efeito, a vantagem indevida não foi obtida em virtude do cheque dado em garantia. Ao contrário, o cheque foi dado para garantir dívida já consolidada em virtude de anterior inadimplemento contratual. 6. Embora direito civil e penal tutelem o patrimônio, tem-se que apenas algumas condutas são tipificadas criminalmente pelo ordenamento jurídico, haja vista o caráter fragmentário do direito penal. Nessa linha de intelecção, à míngua da efetiva demonstração da fraude e do erro, a conduta do paciente se revela atípica, não autorizando, portanto, a intervenção do Direito Penal. 7. *Habeas corpus* não conhecido. Ordem concedida de ofício para absolver o paciente por atipicidade da conduta" (HC 676.483-AP, 5.ª T., rel. Reynaldo Soares da Fonseca, 17.08.2021, v.u.).

**59. Sustação do cheque:** quando indevida, porque sem motivo justo, pode configurar a modalidade prevista na segunda parte do inciso: *frustrar o pagamento*.

**60. Cheque sem fundos emitido para pagar dívida de jogo ilícito:** não configura o crime, pois é inexigível judicialmente a dívida proveniente de jogo ilegal (art. 814, Código Civil: "As dívidas de jogo ou de aposta não obrigam a pagamento; mas não se pode recobrar a quantia, que voluntariamente se pagou, salvo se foi ganha por dolo, ou se o perdente é menor ou interdito"). Assim, o título emitido para pagamento de dívida não exigível, caso não seja compensado, deixa de configurar o delito, por ausência da intenção de fraudar. Não se pode lesionar o credor que não tem possibilidade jurídica de exigir o pagamento. Nesse prisma está a posição de Noronha (*Direito penal*, v. 2, p. 430-431), acrescentando, no entanto, que, "se o cheque é transmitido a terceiro de boa-fé, por simples tradição ou endosso, ocorre a responsabilidade penal, pois a ilicitude da causa que o originou não pode ser oposta ao terceiro que a ignora; ela vigora apenas entre as partes primitivamente em contato". Com a devida vênia, não concordamos com essa postura. Deve-se verificar o dolo e o elemento subjetivo do tipo específico, para efeito de configuração do crime, no instante da emissão do cheque, e não posteriormente. Se o cheque foi emitido para "pagamento" de dívida de jogo, certo o emitente de que não possuía suficiente provisão de fundos, mas também de que a dívida não era exigível, uma vez que ilícito o jogo, não se pode falar na intenção de *fraudar* o credor. Como dissemos, *credor* essa pessoa não pode ser considerada, porque não pode proceder juridicamente à cobrança. Assim, não havendo *obrigação de pagamento*, inexiste o crime. E se assim é, ou seja, se a *emissão* do cheque deixa de ser considerada delito porque feita para "cobrir" dívida ilegal de jogo, não se pode sustentar que, passado o título adiante, torne-se crime simplesmente porque outra pessoa apresentou o título. Afinal, o ânimo do agente é um só e a emissão tem sempre uma finalidade bem clara, de forma que o rumo do título de crédito é irrelevante. Se um terceiro de boa-fé aceitou o cheque, que lhe foi passado por um jogador, deixando de receber o montante por falta de provisão de fundos, trata-se de um ilícito civil, que deve ser resolvido fora da esfera penal. No sentido que defendemos, a lição de Dirceu de Mello: "Nem alteraria o panorama o eventual endosso do cheque a terceiro de boa-fé. Por ausência do *animus lucri faciendi*, continuaria, em casos assim, não criminosa a frustração levada a cabo pelo emitente, de quem apenas a responsabilidade civil se poderia discutir" (*Aspectos penais do cheque*, p. 106). Em sentido contrário, afirmando que a emissão de cheque sem fundos, ainda que feita para pagar dívida de jogo, é crime, está a posição de Nélson Hungria (*Comentários ao Código Penal*, v. 7, p. 250).

**61. Cheque sem fundos emitido para pagar atividade de prostituição:** configura o crime. Adotávamos posição diversa, pela não tipificação, quando envolvesse a prostituição. Alteramos o nosso entendimento após escrevermos o livro *Prostituição, lenocínio e tráfico de pessoas. Aspectos constitucionais e penais.* Percebemos que a prostituição é atividade lícita no Brasil, embora não seja regulamentada por lei. Em primeiro lugar, a prostituição individual é fato atípico. Em segundo, o Ministério do Trabalho já lhe concedeu, oficialmente, o código necessário para figurar dentre as profissões regulares, permitindo o recolhimento de contribuição previdenciária. Em terceiro, sabe-se que empresas de cartões de crédito ofertam máquinas para que profissionais do sexo aceitem cartões de crédito de seus clientes. Em quarto, não há absolutamente nenhuma linha, no Código Civil, vedando a prostituição ou considerando-a, expressamente, como ilícita. Ademais, não há mais espaço, nos tempos de hoje, para afirmar ser atividade imoral ou contrária aos *bons costumes*, pois tudo isso evoluiu, não mais simbolizando o preconceito que se tinha em face dessa atividade sexual remunerada. Finalmente, trata-se de um contrato de prestação de serviços como outro qualquer, merecendo a proteção do Direito em caso de não pagamento, mormente pela emissão de cheque sem fundos.

**62. Cheque sem fundos emitido em substituição de outro título de crédito:** não configura crime, pois o credor aceitou um título em substituição a outro, não pago. Jamais pode alegar que foi ludibriado, uma vez que confiou no emitente do cheque, já devedor de outro título de crédito. É apenas um ilícito civil. Entretanto, se o cheque foi emitido para o *pagamento* de outro título de crédito, como uma duplicata, cremos existir o delito, pois o credor pode ser perfeitamente enganado. Crê estar recebendo o valor, dá quitação e vê frustrado o pagamento.

**63. Objetos material e jurídico:** o objeto material é o cheque emitido sem fundos ou cujo pagamento foi frustrado; o objeto jurídico é o patrimônio.

**64. Classificação:** trata-se de crime próprio (aquele que demanda sujeito ativo qualificado ou especial); material (delito que exige resultado naturalístico, consistente na diminuição do patrimônio da vítima). A despeito de existirem alguns posicionamentos defendendo a natureza formal do delito, é certo que, exigindo-se o elemento subjetivo específico (vontade de fraudar), não há possibilidade de se aceitar tal corrente. O crime é, majoritariamente, considerado material (ver DIRCEU DE MELLO, *Aspectos penais do cheque*, p. 98-102); de forma livre (podendo ser cometido por qualquer meio eleito pelo agente); comissivo ("emitir" e "frustrar" implicam ações); instantâneo (cujo resultado se dá de maneira instantânea, não se prolongando no tempo); de dano (consuma-se apenas com efetiva lesão a um bem jurídico tutelado); unissubjetivo (que pode ser praticado por um só agente); plurissubsistente (em regra, vários atos integram a conduta); admite tentativa, embora seja rara. Neste caso, como explica DIRCEU DE MELLO, seria a "emissão sem fundos, já no ato doloso da feitura e entrega do cheque ao beneficiário, que, por motivos alheios à vontade do agente, não evoluísse para o aperfeiçoamento do delito, com a recusa do pagamento pelo sacado" (*Aspectos penais do cheque*, p. 59).

**64-A. Qualificadora referente à fraude eletrônica:** tratando-se de estelionato, a utilização da fraude (ardil, cilada, engano) envolve a vítima de tal forma que ela acredita estar dispondo de algum valor porque realiza um negócio promissor ou qualquer atividade de seu interesse. Por isso, a norma estabelece que a pessoa ofendida, por erro, entregue o montante sugerido pelo agente do crime. O meio utilizado é a informação fornecida pela própria vítima ou terceiro enganado, valendo-se de redes sociais, contatos feitos por telefone ou envio de e-mails fraudulentos. Amplia-se ao final, prevendo *qualquer outro mecanismo fraudulento análogo*. Esta previsão, incluída pela Lei 14.155/2021, veio de encontro ao incremento das fraudes cometidas por diversos meios eletrônicos e informáticos, gerando novos e variados

# Art. 171

Código Penal Comentado · **Nucci**

mecanismos capazes de armar ciladas para ludibriar as pessoas, cada vez mais levadas a esse cenário pelas inovações tecnológicas. É preciso lembrar que as transações bancárias têm sido promovidas pela internet e por outros meios de comunicação, sem a presença do cliente na agência. Vários negócios são celebrados exclusivamente por meio eletrônico e isso fez com que os estelionatários migrassem para novas modalidades de fraude.

**64-B. Causa de aumento mediante uso de servidor estrangeiro:** eleva-se a pena se o servidor, de onde partem os *ataques* a dispositivos alheios é hospedado em território fora do Brasil, porque dificulta muito a investigação e a descoberta da autoria. O aumento deve basear-se no grau de dificuldade da apuração do caso.

**65. Causa de aumento de pena:** o tipo penal prevê um aumento definido por uma cota única (um terço), configurando uma causa de aumento da pena. No entanto, costuma-se chamar tal hipótese de *estelionato qualificado*, visto ser a causa de aumento uma *qualificadora em sentido amplo*. Sobre o estelionato contra a Previdência Social e a sua consumação, consultar a nota 13. Na jurisprudência: STJ: "1. A simulação de reclamação trabalhista na qual se celebra acordo reconhecendo diferenças salariais não constantes na Carteira de Trabalho de empregado falecido, com o intuito de promover o aumento da pensão por morte paga pelo INSS à viúva, assemelha-se ao emprego de fraude para obtenção de benefício previdenciário que pode ser enquadrada no art. 171, § 3.º, do Código Penal, e é da competência da Justiça Federal, dada a nítida intenção de induzir em erro o Judiciário, assim como em virtude de lesão potencial a interesse do INSS" (CC 154959-PR, 3.ª Seção, rel. Reynaldo Soares da Fonseca, 14.03.2018, v.u.).

**65-A. Princípio da insignificância no estelionato contra entidade pública:** por se tratar de patrimônio público, tem-se entendido, como regra, não ser cabível o crime de bagatela. Entretanto, segundo cremos, depende do caso concreto. Por vezes, a ínfima quantia desviada ou obtida irregularmente justifica o reconhecimento da insignificância. Não se pode descartar tal hipótese. Além disso, vale ressaltar que o STF tem entendido cuidar-se de fato atípico, por conta da insignificância, determinadas sonegações de tributos, baseado na posição do Estado em não manifestar interesse na cobrança dessas quantias, que podem atingir até R$ 20.000,00. Quanto ao tema: STJ: "1. Este Superior Tribunal de Justiça possui jurisprudência consolidada no sentido de que o princípio da insignificância não se aplica ao delito tipificado no art. 171, § 3.º, do Código Penal (estelionato praticado contra entidade de direito público ou instituto de economia popular, assistência social ou beneficência), independentemente dos valores envolvidos na prática delitiva, na medida em que o bem jurídico tutelado transcende a mera natureza patrimonial, não se restringindo o prejuízo ao valor obtido indevidamente, haja vista que fraudes dessa espécie atingem não apenas uma vítima, mas toda a coletividade. Precedentes. Incidência do óbice da Súmula n. 83/STJ" (AgRg no REsp 2.006.143-PE, 5.ª T., rel. Reynaldo Soares da Fonseca, 09.08.2022, v.u.).

**65-B. Aplicação da figura privilegiada à causa de aumento:** da mesma forma que se aplica no crime de furto a norma do privilégio (art. 155, § 2.º, CP) a qualquer dos formatos (qualificado ou com incidência de causa de aumento), porque inexiste incompatibilidade, bastando que o julgador aplique as regras do sistema trifásico para escolher o *quantum* da pena, faz-se o mesmo neste cenário. Nada impede o reconhecimento de estelionato praticado contra entidade de direito público ou instituto de economia popular, assistência social ou beneficência ao mesmo tempo em que se reconhece tenha havido pequeno valor do prejuízo, sendo o agente primário. Na jurisprudência: STJ: "1. A jurisprudência deste Superior Tribunal de Justiça, embora entenda inaplicável o princípio da insignificância em caso de estelionato praticado contra entidade de direito público, admite o reconhecimento da figura do estelionato privilegiado, se de pequeno valor o prejuízo causado. 2. O fato de o crime de estelionato ter sido cometido em detrimento de entidade de direito público (art. 171, § 3.º, do CP) não obsta, por si só, o reconhecimento da figura do privilégio, que pressupõe, para sua incidência, tão somente os requisitos previstos no § 1.º do art. 171 do Código Penal, quais sejam, a primariedade do agente e o pequeno valor do prejuízo. Demais disso, a posição topográfica dos §§ 1.º e 3.º do art. 171 do Código Penal não torna impossível a configuração do estelionato qualificado privilegiado, se presentes as circunstâncias fáticas da qualificadora e da causa de diminuição em questão, as quais não são incompatíveis entre si" (AgRg no AREsp 954.718-GO, 5.ª T., rel. Ribeiro Dantas, 04.02.2020, v.u.).

**65-C. Confronto com o art. 313-A do Código Penal:** prevalece o princípio da especialidade, devendo-se aplicar o art. 313-A. Na jurisprudência: STJ: "O Ministério Público descreveu que servidora do INSS, auxiliada pelos outros réus, habilitou e concedeu benefícios previdenciários indevidos a terceiros por meio de inserção de dados falsos no sistema da autarquia. A conduta, subsumida na exordial acusatória aos arts. 171, § 3.º do CP e 313-A do CP, de forma diferente para os acusados, foi amoldada, para todos, no crime de inserção de dados falsos em sistema de informações. 2. Do cotejo entre os tipos penais, colhe-se que os dois versam sobre a obtenção de vantagem indevida mediante fraude, mas um deles especifica as condições do engodo (inserção de dados falsos em sistema informatizado ou banco de dados da Administração) e circunstância de caráter pessoal de seu agente (funcionário autorizado). 3. O art. 313-A do CP é norma especial em relação ao art. 171, § 3.º, do CP, porquanto acrescenta circunstâncias elementares à descrição típica do estelionato, as quais se comunicam a todos os coautores do delito delas cientes, nos termos do art. 30 do CP" (AgRg no REsp 1.625.256-PR, 6.ª T., rel. Rogerio Schietti Cruz, 05.05.2020, v.u.).

**66. Entidade de Direito Público:** consoante preceitua o art. 1.º, § 2.º, II, da Lei 9.784/1999, entidade é "a unidade de atuação dotada de personalidade jurídica". Portanto, o universo das entidades de Direito Público é constituído das pessoas políticas (União, Estados, Municípios e Distrito Federal), assim como das autarquias e fundações públicas.

**67. Súmula 24 do Superior Tribunal de Justiça:** "Aplica-se ao crime de estelionato, em que figure como vítima entidade autárquica da Previdência Social, a qualificadora do § 3.º do art. 171 do Código Penal".

**68. Instituto de economia popular, assistência social ou beneficência:** são as entidades de Direito Privado, não abrangidas pela primeira parte, que têm fins beneméritos e, consequentemente, merecem maior proteção.

**68-A. Causa de aumento de pena:** volta-se essa elevação da pena por conta de ser a pessoa ofendida uma pessoa mais frágil, de algum modo incapaz de entender exatamente o que se passa no campo da tecnologia mais avançada e no cenário da informática, como se pode apontar no tocante aos idosos – menos aptos a compreender as inovações tecnológicas – bem como a outros vulneráveis – pessoas muito jovens ou inexperientes e até mesmo algumas com retardos mentais ou outras deficiências. Nessa hipótese, evidenciando contradição, menciona-se a pessoa idosa, logo, maior de 60 anos, enquanto no § 5.º, V, aponta-se maior proteção a quem tenha mais de 70 anos. O Parlamento não sabe inserir normas em harmonia no *mesmo tipo penal*.

**68-B. Grau de elevação:** dirige-se à relevância do resultado gravoso, portanto, quanto maior o prejuízo causado à vítima, maior deve ser o aumento imposto ao agente.

**68-C. Hipóteses de ação pública incondicionada:** o estelionato é um crime contra o patrimônio, baseado no emprego de artifício, ardil ou outro meio fraudulento para gerar na

# Art. 171

vítima um erro, que seja suficiente para ela entregar seu patrimônio ao agente (art. 171 do CP). Era de ação pública incondicionada. Passa a ser de ação pública condicionada à representação da vítima, com algumas exceções. O fato é que a medida nos parece válida, em relação à política criminal calcada no emprego do direito penal mínimo. Para que se possa processar e punir o estelionatário, passa-se a demanda ao interesse manifesto da vítima. Aliás, algo que já deveria estar previsto também quanto ao delito de furto (e outros similares, quando cometidos sem violência ou grave ameaça). As exceções, bem colocadas, mantendo o estelionato como crime de ação pública incondicionada, no tocante à vítima, são: a) administração pública, direta ou indireta; b) criança ou adolescente; c) pessoa com deficiência mental; d) maior de 70 anos de idade ou incapaz. Neste ponto, vale ressaltar como o Estatuto da Pessoa Idosa está defasado; não se pode mais considerar idoso quem tenha 60 anos. Em vários países a idade cronológica para apontar a velhice vem sendo revista. Neste caso, o estelionato contra idoso somente é de ação pública incondicionada quando a vítima tiver *mais de 70 anos*. Portanto, surge o contrassenso: o idoso com mais de 60 anos é considerado capaz o suficiente para optar entre processar ou não o agente estelionatário; porém, o idoso com mais de 70 anos é equiparado ao incapaz e o processo-crime contra o estelionatário se impõe. No entanto, para vários outros fatores e hipóteses, o indivíduo com mais de 60 anos é hipossuficiente e precisa de tutela especial. Uma contradição evidente.

**68-D. Transição para a forma condicionada à representação:** a partir da entrada em vigor da Lei 13.964/2019 (janeiro de 2020), o crime de estelionato passa a respeitar o disposto no § 5.º do art. 171, vale dizer, como regra, a ação deve ser pública, condicionada à representação da vítima, respeitadas as exceções enumeradas nos incisos I a IV. Porém, havia ações em andamento, quando entrou em vigor a referida lei. Como se deve avaliar a situação? Em nosso entendimento, como outras normas antecedentes (transação; *sursis* processual etc.), embora de natureza processual (condição de procedibilidade), há de se ressaltar que constitui norma de caráter misto, envolvendo direito penal, visto que a falta de representação gera a extinção da punibilidade do agente. Como toda norma processual penal material, há necessidade de retroagir para beneficiar, quando fosse o caso, agentes de estelionato, cujos processos estivessem em curso (art. 2.º, CP). Esse *retorno no tempo* deve respeitar qual limite? Em primeiro lugar, a representação não precisa ser formal, ou seja, em termo específico preenchido e assinado pela vítima. Ouvindo-se o ofendido, na fase policial, é perfeitamente possível captar-se o seu intento de ver o agente processado pelo estelionato cometido. Cuida-se de uma representação informal. Porém, se não ficar claro esse intento ou se o ofendido nem mesmo for ouvido, cremos ser indispensável colher o seu consentimento *até que ocorra o trânsito em julgado da decisão*. Deve-se, durante o trâmite do processo, em qualquer fase, intimar a vítima para se manifestar em 30 dias acerca de representar ou não contra o agente do estelionato. A criação de uma condição de procedibilidade, com aptidão para produzir efeito penal, cuida-se de norma processual penal material, logo, deve retroagir sempre. Inexiste, em nosso entendimento, *ato jurídico perfeito* com o mero recebimento da denúncia, pois isto ocorreu quando não havia a norma nova em questão. Ademais, fosse assim, também não se poderia fazer retroagir o "acordo de não persecução penal" se já tivesse havido o recebimento da denúncia, pois seria *ato jurídico perfeito* (como evitar a persecução penal se ela já teve início?). A proposta é a mesma: o referido acordo para não haver persecução penal é de natureza processual, com fundo penal (híbrido); o mesmo ocorre com a norma nova que aponta para a necessidade de colheita da vontade da vítima para processar o agente. Na jurisprudência, o Plenário do STF assim decidiu: STF: "*Habeas corpus*. Constitucional. Processo penal. Retroatividade do § 5.º do art. 171, incluído no Código Penal pela Lei n. 13.964/2019. Alteração da natureza da ação penal para o crime de estelionato comum. Inclusão de condição de procedibilidade. Norma de natureza híbrida. Retroação em benefício do acusado. Máxima efetividade dos direitos fundamentais. Inc. Xl do art. 5.º da Constituição da República. Necessidade de intimação da vítima para prosseguimento da ação. Precedentes. Ordem concedida" (HC 208.817 AgR, Plenário, rel. Cármen

Lúcia, 13.04.2023, m.v.). Ilustrando, na jurisprudência do STF: a) *considerando o limite para a aplicação do § 5.º é o trânsito em julgado da decisão condenatória*: "2. O § 5.º do art. 171 do Código Penal, acrescido pela Lei 13.964/2019, ao alterar a natureza da ação penal do crime de estelionato de pública incondicionada para pública condicionada à representação como regra, é norma de conteúdo processual-penal ou híbrido, porque, ao mesmo tempo em que cria condição de procedibilidade para ação penal, modifica o exercício do direito de punir do Estado ao introduzir hipótese de extinção de punibilidade, a saber, a decadência (art. 107, inciso IV, do CP). 3. Essa inovação legislativa, ao obstar a aplicação da sanção penal, é norma penal de caráter mais favorável ao réu e, nos termos do art. 5.º, inciso XL, da Constituição Federal, deve ser aplicada de forma retroativa a atingir tanto investigações criminais quanto ações penais em curso até o trânsito em julgado. Precedentes do STF. 4. A incidência do art. 5.º, inciso XL, da Constituição Federal, como norma constitucional de eficácia plena e aplicabilidade imediata, não está condicionada à atuação do legislador ordinário. 5. A jurisprudência deste Supremo Tribunal Federal é firme no sentido de que a representação da vítima, em crimes de ação penal pública condicionada, dispensa maiores formalidades. Contudo, quando não houver inequívoca manifestação de vontade da vítima no sentido do interesse na persecução criminal, cumpre intimar a pessoa ofendida para oferecer representação, nos moldes do previsto no art. 91 da Lei 9.099/95, aplicado por analogia ao procedimento comum ordinário consoante o art. 3.º do Código de Processo Penal. 6. O comparecimento da vítima em Delegacia ou em Juízo para prestar declarações não traduz, necessariamente, manifestação de vontade inequívoca dessa de representar criminalmente contra o acusado. Nesse sentido, cumpre memorar que vítimas, assim como testemunhas, são intimadas a comparecer na fase inquisitorial ou processual sob pena de sofrer sanções processuais (arts. 201, § 1.º e 224, do CPP). 7. A decisão agravada encontra-se em harmonia com a atual jurisprudência da Segunda Turma deste Supremo Tribunal, de modo que os autos devem baixar ao Juízo de origem para que se proceda à intimação da vítima para manifestar eventual interesse em dar prosseguimento à marcha processual penal. Precedente. 8. Agravo regimental desprovido" (ARE 1.337.300 AgR, 2.ª T., rel. Edson Fachin, 08.08.2023, v.u.); b) *considerando o limite para aplicação do novo parágrafo é o oferecimento/recebimento da denúncia ou queixa*: "5. Inaplicável a retroatividade do § 5.º do artigo 171 do Código Penal às hipóteses em que o Ministério Público tiver oferecido a denúncia antes da entrada em vigor da Lei 13.964/2019, uma vez que, naquele momento, a norma processual em vigor definia a ação para o delito de estelionato como pública incondicionada, não exigin do qualquer condição de procedibilidade para a instauração da persecução penal em juízo. Precedentes. 6. O aresto impugnado ampara-se em matéria situada no contexto normativo infraconstitucional, de forma que as ofensas à Constituição Federal são meramente indiretas (ou mediatas), o que inviabiliza o conhecimento do referido apelo" (ARE 1.432.317 AgR, 1.ª T., rel. Alexandre de Moraes, 05.06.2023, v.u.).

### Fraude com a utilização de ativos virtuais, valores mobiliários ou ativos financeiros

> **Art. 171-A.** Organizar, gerir, ofertar ou distribuir carteiras ou intermediar[68-E-68-H] operações que envolvam ativos virtuais, valores mobiliários ou quaisquer ativos financeiros com o fim de obter vantagem ilícita, em prejuízo alheio, induzindo ou mantendo alguém em erro, mediante artifício, ardil ou qualquer outro meio fraudulento.[68-I-68-J]
>
> Pena – reclusão, de 4 (quatro) a 8 (oito) anos, e multa.[68-K-68-L]
>
> \* Artigo acrescentado pela Lei 14.478/2022 (*DOU 22.12.2022*), em vigor após 180 dias de sua publicação oficial.

# Art. 171-A

Código Penal Comentado · **Nucci**

**68-E. Análise do núcleo do tipo:** *organizar* (reunir pessoas para atingir um objetivo, compondo uma estrutura previamente iniciada, aproximar coisas ou pessoas para uma finalidade), *gerir* (administrar, comandar ou dirigir), *distribuir* (repartir algo entre várias pessoas, dividir em partes), *intermediar* (servir de contato entre partes, entremear) são os verbos constitutivos da conduta típica, cujo objeto pode ser *carteira* (setores ou partes de instituições financeiras, conjunto de aplicações para obtenção de lucro, apontamentos financeiros) ou *operação* (prática de um conjunto de atos aptos a atingir uma meta). Nesta última hipótese, a operação se volta a *ativos virtuais* (valores representados por uma moeda digital, cujo mecanismo de armazenamento e transferência se dá por meio eletrônico), *valores mobiliários* (títulos ou contratos de investimento coletivo) e outros *ativos financeiros* (algo que pode ser convertido em dinheiro, representando o patrimônio ou capital da pessoa, como o depósito bancário). Cuida-se de tipo penal voltado a punir o *estelionato digital* ou o *criptoestelionato*, razão pela qual se exige o cenário dessa espécie de delito, envolvendo a obtenção de uma *vantagem ilícita* (qualquer benefício, ganho ou lucro auferido de modo *indevido*, ou seja, contrário às regras do ordenamento jurídico. Logicamente, trata-se de vantagem de natureza econômica, uma vez que se cuida de crime patrimonial), em detrimento do patrimônio da vítima. Não basta visualizar apenas o ganho ilícito, pois ele precisa originar-se de um cenário de erro (falsa percepção da realidade) provocado em que perde o seu bem jurídico, erro este causado pelo emprego de artifício (astúcia, esperteza, manobra que implica engenhosidade), ardil (também é um artifício, embora na forma de *armadilha*, cilada ou estratagema) ou outro meio fraudulento (trata-se de interpretação analógica, ou seja, após ter mencionado duas modalidades de meios enganosos, o tipo penal faz referência a qualquer outro semelhante ao artifício e ao ardil, que possa, igualmente, ludibriar a vítima). Em verdade, a fraude é o gênero, que abrange o artifício e o ardil, significando a trapaça, urdida de má-fé, envolvendo a desonestidade para iludir alguém. Nos termos da Lei 14.478/2022, "considera-se ativo virtual a representação digital de valor que pode ser negociada ou transferida por meios eletrônicos e utilizada para realização de pagamentos ou com propósito de investimento, não incluídos: I – moeda nacional e moedas estrangeiras; II – moeda eletrônica, nos termos da Lei n.º 12.865, de 9 de outubro de 2013 [art. 6.º, VI: 'moeda eletrônica – recursos armazenados em dispositivo ou sistema eletrônico que permitem ao usuário final efetuar transação de pagamento']; III – instrumentos que provejam ao seu titular acesso a produtos ou serviços especificados ou a benefício proveniente desses produtos ou serviços, a exemplo de pontos e recompensas de programas de fidelidade; e IV – representações de ativos cuja emissão, escrituração, negociação ou liquidação esteja prevista em lei ou regulamento, a exemplo de valores mobiliários e de ativos financeiros. Parágrafo único. Competirá a órgão ou entidade da Administração Pública federal definido em ato do Poder Executivo estabelecer quais serão os ativos financeiros regulados, para fins desta Lei". Destaque-se que o art. 1.º, parágrafo único, da Lei 14.478/2022 exclui deste âmbito os valores mobiliários, regidos, ainda, pela Lei 6.385/1976. Com origem na Medida Provisória 1.637, de 08 de janeiro de 1998, são valores mobiliários, "quando ofertados publicamente, quaisquer títulos ou contratos de investimento coletivo que gerem direito de participação, de parceria ou remuneração, inclusive resultante da prestação de serviços, cujos rendimentos advêm do esforço do empreendedor ou de terceiros" (https://www.gov.br/investidor/pt-br/investir/como-investir/conheca-o-mercado-de-capitais/o-que-sao-valores-mobiliarios, acesso em 26.12.2022). Conforme dispõe o art. 2.º da referida Lei 6.385/1976, são valores mobiliários: "I – as ações, debêntures e bônus de subscrição; II – os cupons, direitos, recibos de subscrição e certificados de desdobramento relativos aos valores mobiliários referidos no inciso II; III – os certificados de depósito de valores mobiliários; IV – as cédulas de debêntures; V – as cotas de fundos de investimento em valores mobiliários ou de clubes de investimento em quaisquer ativos; VI – as notas comerciais; VII – os contratos futuros, de opções e outros derivativos, cujos ativos subjacentes sejam valores mobiliários; VIII – outros contratos derivativos, independentemente dos ativos subjacentes; e IX – quando ofertados publicamente, quaisquer outros títulos ou contratos de investimento coletivo, que gerem direito de participação, de parceria ou de remuneração, inclusive resultante de prestação de serviços, cujos rendimentos advêm do esforço do empreendedor ou de terceiros". São excluídos da referida Lei: "I- os títulos da dívida pública federal, estadual ou municipal; II – os títulos cambiais de responsabilidade de instituição financeira, exceto as debêntures".

**68-F. Considerações sobre os ativos virtuais:** qualquer interessado poderá obter uma enorme quantidade de informações navegando pela Internet a respeito de moeda virtual ou digital, denominada de *criptomoeda*, pois se trata de um dinheiro virtual, vale dizer, não existe fisicamente. Surge, então, um novo vocabulário a ser dominado com o passar do tempo não somente pelos investidores desse mercado, mas, igualmente, pelos operadores do Direito, visto que, onde há circulação de valores passíveis de gerar riqueza, encontra-se o criminoso valendo--se da novidade para, também, inaugurar uma fatia de delinquência inovadora. Os agentes estatais devem lidar com esses golpes, que representam formatos de delitos contra o patrimônio tecnologicamente mais avançados. Diante disso, a Lei 14.478/2022 foi editada para dispor sobre as diretrizes da prestação de serviços relativos a ativos virtuais, regulamentando as prestadoras desses serviços. Não é a primeira nem será a derradeira a abordar essa temática, cada vez mais presente no cotidiano de todos. Em verdade, a era do dinheiro fisicamente existente já passou há muito, pois a confiança no mercado digital cresce a cada dia não somente porque as pessoas apreciam essa inovação, mas pelo fato de haver a imposição das instituições financeiras de um modo geral. Lembre-se do fechamento gradual das agências bancárias, onde havia o atendimento pessoal por diversos funcionários, surgindo, em seu lugar, postos de atendimento e, muito mais, pontos eletrônicos para transações ou retirada de papel-moeda. Não se guarda mais o dinheiro no cofre, esperando que ele valorize com o passar do tempo (considerando-se uma moeda forte, como o dólar ou o euro), desaparecendo, quase por completo, a era do *dinheiro guardado no colchão* (exceto para alguns corruptos que conseguem preencher um apartamento inteiro com papel moeda espalhado pelos cômodos). O cidadão comum é conduzido a promover transações por meio de aplicativos e, cada vez mais (por enquanto), por intermédio do celular, a ponto de se poder imaginar que a perda desse aparelho pode significar o desaparecimento de documentos digitais, contendo dados pessoais (CNH, RG, CPF, título de eleitor, dentre outros, em formato digital), aplicativos de bancos, onde se encontram dados financeiros detalhados e a viabilidade de se fazer transferências de quantias para outras contas (vide o incremento do PIX, utilizado, hoje, até para pessoas carentes solicitarem ajuda nos semáforos de grandes cidades), aplicativos de estabelecimentos comerciais, que podem ser usados para fazer compras online, além de uma infinidade de outras situações similares. Enfim, goste-se ou não, o cenário virtual já atinge a sociedade de modo definitivo e o papel-moeda perdeu seu status no meio econômico-financeiro, embora seja relevante para representar a riqueza de alguém, de uma empresa e até mesmo de um país. O dinheiro digital, criado por meio de software de criptografia, ocupa um espaço relevante nas aplicações e nos investimentos, de modo que se tornou um alvo dos criminosos, em particular, dos estelionatários. Torna-se impossível furtar um *bitcoin*, que não é uma *coisa móvel*, embora seja perfeitamente viável administrar uma carteira de investimentos de ativos virtuais fraudulenta, captando recursos, enganando várias pessoas e amealhando o patrimônio de terceiros. O cenário é propício ao *estelionato digital*. O ambiente da criptomoeda se alicerça na *confiança*, razão pela qual alguns a denominam de *moeda fiduciária*, embora não se possa distanciar tanto, no efeito prático, do uso do cartão de crédito – um "dinheiro de plástico" – que pode fazer compras e, com isso, pagamentos *online*, sem que se tenha em mãos um único centavo de dinheiro físico. Por certo, há uma década,

# Art. 171-A

mencionar qualquer transação em ativo virtual levantaria uma dúvida instransponível para a maioria das pessoas, inclusive porque muitos esperavam que a criptomoeda não fosse reconhecida oficialmente pelos governos mundo afora. Tal previsão não se concretizou e há o reconhecimento da moeda digital por meio da legislação brasileira e de vários outros países. Admite-se ser muito difícil rastrear transações de criptomoedas, além do que duas pessoas podem fazer uma compra e venda pela internet, sem apoio de qualquer instituição financeira. O Direito Penal precisa ingressar nesse campo, indiscutivelmente, respeitando-se o princípio da intervenção mínima, pois o estelionato digital é uma realidade e os criminosos não podem ficar impunes pela ausência de tipicidade específica para tanto. Ademais, todos os investimentos em ativos virtuais concentram-se em carteiras administradas por terceiros – e não se encontram no computador do investidor, facilitando a atuação dos golpistas, que podem promover diversificados meios de fraude, lesando o patrimônio alheio. Embora ainda existente, o famoso golpe do *bilhete premiado* (vide a nota 12-C supra) tende a ser varrido da história, conforme a sociedade avance na busca e no implemento de outras formas de captação de dinheiro ou riqueza, como ocorre nitidamente com o contexto dos ativos virtuais. Pode-se até inventar o golpe do *bitcoin premiado*, mas haverá de ser por mecanismos totalmente diferentes do vetusto bilhete de loteria falsificado. Em suma, a lei penal precisa adaptar-se à necessidade contemporânea para preencher os campos surgidos em outras áreas do ordenamento jurídico, conferindo a tutela indispensável para os bens jurídicos relevantes. Ilustrando a questão da fraude produzida por meio da criptomoeda, a imprensa divulgou a prisão do multibilionário Sam Bankman-Fried, da plataforma FTX, que teria causado cerca de U$ 1,8 bilhão de prejuízo aos seus clientes, investidores em moeda digital, porque desapareceu com os fundos de vários deles. Tudo não teria passado de um "castelo de cartas" baseado em fraudes, numa imensa corrente especulativa (Folha de S. Paulo, A24, 15.12.2022).

**68-G. Sujeitos ativo e passivo:** podem ser qualquer pessoa. Operar licitamente no mercado financeiro pode exigir requisitos específicos; entretanto, o estelionatário não o faz desse modo, passando-se por quem pode realmente administrar uma carteira de investimento ou realizar operações envolvendo ativos virtuais, valores mobiliários e outros ativos financeiros.

**68-H. Elemento subjetivo:** é o dolo. Inexiste a forma culposa. Além disso, existe o elemento subjetivo do tipo específico (ou dolo específico), que é a vontade de obter lucro indevido, destinando-o para si ou para outrem. Nessa perspectiva, essa particular vontade de ganho ilícito igualmente abrange a intenção de gerar erro a outrem, por meios fraudulentos. Assim sendo, o agente deste delito não é um operador incauto ou desastrado, sem a habilidade necessária para produzir lucro aos seus clientes, visto que a forma culposa não é admissível.

**68-I. Objetos material e jurídico:** o objeto material pode ser a carteira de investimento ou a operação envolvendo ativos virtuais, valores mobiliários ou outros ativos financeiros. O objetivo jurídico é o patrimônio. Não se trata de proteger o mercado de capitais, que já possui as figuras típicas adequadas a esse propósito na Lei 6.385/1976.

**68-J. Classificação:** trata-se de crime comum (aquele que não demanda sujeito ativo qualificado ou especial); material (delito que exige resultado naturalístico, consistente na diminuição do patrimônio da vítima); de forma livre (podendo ser cometido por qualquer meio eleito pelo agente); comissivo (as condutas típicas demandam a práticas de ações); instantâneo (o resultado se dá de maneira determinada, não se prolongando no tempo); de dano (consuma-se apenas com efetiva lesão ao bem jurídico tutelado); unissubjetivo (que pode ser praticado por um só agente); plurissubsistente (como regra, vários atos integram a conduta); admite tentativa.

**68-K. Aspectos punitivos:** a pena privativa de liberdade pode ser considerada excessiva, caso comparada com outros delitos, como, por exemplo, a lesão corporal gravíssima (art. 129, § 2.º, CP) e a lesão corporal seguida de morte (art. 129, § 3.º, CP). Se o juiz aplicar a pena mínima, o acusado pode ser beneficiado com a substituição por penas restritivas de direitos (art. 44, I, CP) ou receber o regime inicial aberto (art. 33, § 2.º, *c*, CP). O rigorismo adotado advém de postura legislativa já exposta pela Lei 14.155/2021, que delineou a *fraude eletrônica*, permitindo a punição do estelionato à pena de reclusão, de quatro a oito anos, e multa. Cuida-se da maior facilidade para gerar o cenário fraudulento e ludibriar a vítima, lesando o seu patrimônio, porque a forma de execução se dá pelo meio eletrônico em grande parte, envolvendo, ainda, o ativo virtual, que consiste em moeda fisicamente inexistente e desconhecida de parcela considerável da sociedade. Enfim, pode-se até mesmo argumentar com a magnitude das lesões, pois o ativo financeiro da pessoa ofendida pode ser de grande monta.

**68-L. Ação pública condicionada:** a Lei 13.964/2019 introduziu o § 5.º ao art. 171 do Código Penal, inserindo a necessidade de representação da vítima para que se possa processar o estelionatário, exceto nas hipóteses descritas pelos incisos I a IV. Sobre o tema, consultar a nota 68-C supra. No entanto, com a criação do estelionato digital, o art. 171-A nada menciona quanto à ação penal. Respeitada literalmente a regra de que a ausência de menção específica acerca da indisponibilidade ou disponibilidade da ação gera a compreensão de se tratar de delito de ação pública incondicionada, o *criptoestelionato* deveria ser regido pela ação incondicionada. Mas esse caminho tornaria ilógica a aplicação da norma penal, pois o estelionato cometido por meio de fraude eletrônica (§ 2.º-A), igualmente com sanção de reclusão, de quatro a oito anos, e multa, submete-se ao critério da ação pública condicionada previsto no § 5.º. Não há nenhum fundamento lógico-sistemático para que o estelionato digital possa adotar a ação pública incondicionada, de modo que nos parece perfeitamente aplicável a regra do mencionado § 5.º do art. 171 ao art. 171-A, com as exceções ali delineadas.

### Duplicata simulada

> **Art. 172.** Emitir[69-70] fatura, duplicata ou nota de venda[71-72-A] que não corresponda à mercadoria vendida, em quantidade ou qualidade, ou ao serviço prestado.[73-76]
>
> Pena – detenção, de 2 (dois) a 4 (quatro) anos, e multa.
>
> **Parágrafo único.** Nas mesmas penas incorrerá aquele que falsificar ou adulterar[77] a escrituração do Livro de Registro de Duplicatas.[78]

**69. Análise do núcleo do tipo:** *emitir* significa colocar em circulação. Os demais elementos seguem analisados em notas específicas.

**70. Sujeitos ativo e passivo:** o sujeito ativo é quem expede a fatura, duplicata ou nota de venda; o sujeito passivo é o recebedor, seja ele quem desconta a duplicata ou a pessoa contra a qual se saca a duplicata, fatura ou nota de venda. Não se incluem, conforme doutrina majoritária, nem o avalista, nem o endossatário.

**71. Fatura, duplicata e nota de venda:** *fatura* é "a escrita unilateral do vendedor e acompanha as mercadorias, objeto do contrato, ao serem entregues ou expedidas. Ela não é mais do que a nota descritiva dessas mercadorias, com indicação da qualidade, quantidade, preço e outras circunstâncias de acordo com os usos da praça. Não é título representativo da

# Art. 172

**Código Penal Comentado · Nucci**

mercadoria" (Carvalho de Mendonça, citado por RUBENS REQUIÃO, *Curso de direito comercial*, v. 2, p. 430). *Duplicata* é o título de crédito sacado com correspondência à fatura, visando à circulação, espelhando uma compra e venda mercantil. *Nota de venda* é o documento emitido por comerciantes para atender ao fisco, especificando a quantidade, a qualidade, a procedência e o preço das mercadorias que foram objeto de transação mercantil.

**72. Triplicata:** emite-se a chamada *triplicata* em substituição à duplicata que tenha sido extraviada ou subtraída. Cremos, pois, que se trata de uma "duplicata em 2.ª via", o que permite a configuração do delito. Há posição em contrário, não aceitando a triplicata como objeto material do crime do art. 172.

**72-A. Exigência de apresentação da duplicata para a comprovação do crime:** o crime previsto no art. 172, que cuida da duplicata simulada, é infração que deixa vestígios materiais, motivo pelo qual não prescinde da apresentação do título, que constitui o elemento indispensável para a formação do corpo de delito.

**73. Não correspondência à mercadoria vendida em quantidade ou qualidade ou ao serviço prestado:** a situação narrada pelo tipo penal espelha uma falta de sintonia entre a venda efetivamente realizada e aquela que se estampa na fatura, duplicata ou nota de venda. Assim, pode o comerciante alterar os dados quantitativa (ex.: vende um objeto e faz inscrever ter vendido dois) ou qualitativamente (ex.: vende cobre e faz constar ter vendido ouro). O mesmo pode ser feito pelo prestador de serviços, que altera significativamente o que fez. Ocorre que, por uma imprecisão lamentável, deixou-se de constar expressamente no tipo que a emissão de fatura, duplicata ou nota por venda ou serviço inexistente também é crime. Mencionou-se a emissão que não corresponda à mercadoria vendida ou ao serviço prestado, como se efetivamente uma venda ou um serviço tivesse sido realizado. Não faria sentido, no entanto, punir o emitente por alterar a quantidade ou a qualidade da venda feita e não punir o comerciante que nenhuma venda fez, emitindo a duplicata, a fatura ou a nota assim mesmo. Portanto, é de se incluir nesse contexto a "venda inexistente" ou o "serviço não prestado". Trata-se de decorrência natural da interpretação extensiva que se pode – e deve – fazer do tipo penal. Na jurisprudência: STJ: "1. O delito relativo à duplicata simulada consiste na emissão de fatura, duplicata ou nota de venda que não corresponda à mercadoria efetivamente vendida ou ao serviço prestado, ou seja, o documento pode se referir tanto a um negócio inexistente como ao que tenha sido realizado de forma diversa da descrita pelo emissor. (...)" (AgRg no REsp 1482745-SP, 5.ª T., rel. Jorge Mussi, 22.05.2018, v.u.).

**73-A. Não pagamento da duplicata é questão puramente civil:** não se deve confundir a emissão de título comercial sem causa ou com fundamento alterado com o simples inadimplemento, que é matéria civil e nesta órbita deve ser resolvida.

**74. Elemento subjetivo:** é o dolo. Não se pune a forma culposa, nem se exige elemento subjetivo do tipo específico.

**75. Objetos material e jurídico:** o objeto material é a fatura, duplicata ou nota sem correspondência à venda ou ao serviço; o objeto jurídico é o patrimônio.

**76. Classificação:** trata-se de crime próprio (aquele que demanda sujeito ativo qualificado ou especial); formal (delito que não exige resultado naturalístico, consistente na diminuição do patrimônio da vítima); de forma livre (podendo ser cometido por qualquer meio eleito pelo agente); comissivo ("emitir" implica ação); instantâneo (cujo resultado se dá de maneira instantânea, não se prolongando no tempo); unissubjetivo (que pode ser praticado por um só

Título II – Dos crimes contra o patrimônio

# Art. 173

agente); unissubsistente (um único ato é suficiente para colocar o título em circulação, não se exigindo outro resultado além deste); não admite tentativa.

**77. Análise do núcleo do tipo:** *falsificar* significa alterar ou modificar fraudulentamente. É a falsidade ideológica neste contexto, ou seja, inscrevem-se no livro dados não correspondentes à realidade. *Adulterar* quer dizer viciar ou mudar o conteúdo, valendo o paralelo com a falsidade material, ou seja, modifica-se o dado correto, substituindo-o pelo incorreto.

**78. Livro de Registros de Duplicatas:** é o livro obrigatório do comerciante, onde deve escriturar em ordem cronológica as duplicatas emitidas, contendo todos os dados que as possam identificar com perfeição.

### Abuso de incapazes

> **Art. 173.** Abusar,[79-80] em proveito próprio ou alheio,[81] de necessidade, paixão ou inexperiência[82] de menor, ou da alienação ou debilidade mental[83] de outrem, induzindo qualquer deles à prática de ato suscetível de produzir efeito jurídico,[84] em prejuízo próprio ou de terceiro:[85-86]
>
> Pena – reclusão, de 2 (dois) a 6 (seis) anos, e multa.

**79. Análise do núcleo do tipo:** há duas condutas, que devem estar unidas: *abusar* (exorbitar, exagerar ou utilizar de modo inconveniente) e *induzir* (dar a ideia, inspirar).

**80. Sujeitos ativo e passivo:** o sujeito ativo pode ser qualquer pessoa; o sujeito passivo é somente o menor, o alienado ou o débil mental.

**81. Elemento subjetivo do tipo:** é o dolo. Não existe a forma culposa. Exige-se o elemento subjetivo do tipo específico, consistente em agir para *proveito próprio ou alheio*.

**82. Necessidade, paixão ou inexperiência:** *necessidade* é aquilo que não se pode dispensar, que é essencial para a pessoa; *paixão* significa uma emoção exacerbada, que termina por suplantar a própria razão; *inexperiência* é a falta de prática de vida ou de habilidade em determinada função.

**83. Menor, alienado ou débil mental:** o menor é aquele que ainda não completou 18 anos, seguindo-se a orientação do Código Penal (são incapazes de compreender o caráter ilícito do fato ou de comportar-se conforme esse entendimento).

**84. Ato suscetível de produzir efeito jurídico:** significa a prática de qualquer conduta suficiente para gerar efeitos danosos ao patrimônio da vítima (menor, alienado ou débil mental). Ex.: convencer o menor a adquirir um bem inexistente. Diante da sua nítida inexperiência de vida, além de estar ciente de que os desejos de uma pessoa imatura são muito mais fortes do que a razão recomenda, o agente consegue auferir vantagem indevida (é o *efeito jurídico*), causando *prejuízo próprio* ou *a terceiro*.

**85. Objetos material e jurídico:** o objeto material é a pessoa ludibriada; o objeto jurídico é o patrimônio.

**86. Classificação:** trata-se de crime comum (aquele que não demanda sujeito ativo qualificado ou especial); formal (delito que não exige resultado naturalístico, consistente na diminuição do patrimônio da vítima, embora seja possível isto ocorrer); de forma livre (podendo ser cometido por qualquer meio eleito pelo agente); comissivo ("abusar" e "induzir"" implicam ações); instantâneo (cujo resultado se dá de maneira instantânea, não se prolongando

# Art. 174

Código Penal Comentado • **Nucci**

no tempo); unissubjetivo (que pode ser praticado por um só agente); plurissubsistente (em regra, vários atos integram a conduta); admite tentativa.

### Induzimento à especulação

> **Art. 174.** Abusar,[87-88] em proveito próprio ou alheio,[89] da inexperiência ou da simplicidade ou inferioridade mental de outrem,[90] induzindo-o à prática de jogo ou aposta,[91] ou à especulação com títulos ou mercadorias,[92] sabendo ou devendo saber que a operação é ruinosa:[93-94]
>
> Pena – reclusão, de 1 (um) a 3 (três) anos, e multa.

**87. Análise do núcleo do tipo:** ver nota 79 ao artigo anterior.

**87-A. Jogo de tampinhas:** uma modalidade de jogo de azar, embora manipulado, na verdade, pela destreza de seu operador (numa mesa, colocam-se três tampinhas de garrafa; abaixo delas uma pequenina bola; o agente manipula as tampinhas, mudando-as de lugar e pede para o apostador adivinhar onde está a bolinha; invariavelmente, o apostador perde). Trata-se de conduta que pode encaixar-se neste artigo.

**88. Sujeitos ativo e passivo:** o sujeito ativo pode ser qualquer pessoa; o passivo há de ser pessoa inexperiente, simples ou mentalmente inferiorizada.

**89. Elemento subjetivo:** é o dolo. Não há a forma culposa. Exigem-se, no entanto, duas outras formas de elementos subjetivos do tipo específico, que são o "abusar *em proveito próprio ou alheio*" e "sabendo ou devendo saber que a operação é ruinosa". Neste último caso, cremos tratar-se de uma nítida sinalização para a ocorrência tanto do dolo direto ("sabe") como do dolo eventual ("deve saber"). No caso da interpretação da expressão "deve saber" – toda vez que surge num tipo penal –, há muita polêmica. Muitos se posicionam pela adoção do dolo indireto ou eventual – o que achamos mais coerente, visto que a culpa deve ser *expressa*, e não presumida –, enquanto outros preferem dizer tratar-se de culpa (tendência adotada por Hungria, Noronha, entre outros). Ocorre que, a despeito disso, no caso presente, tornar--se-ia uma grave contradição afirmar a existência de um crime de *fraude culposa*. Ao mesmo tempo em que se exige o dolo de *abusar, em proveito próprio ou alheio*, estar-se-ia permitindo a invasão no tipo nitidamente doloso de um elemento estranho, que é a culpa, caso fosse interpretada como tal a expressão "devendo saber". Assim, posiciona-se a doutrina de forma praticamente unânime, neste tipo penal, pela aceitação das formas direta e eventual do dolo, mas não da culpa. Torna-se, pois, mais um dado relevante para sustentar o desapego com a técnica que possui a expressão "deve saber" (ou "devendo saber"), razão pela qual preferimos, sempre, dar-lhe o significado de dolo eventual, mas jamais de culpa.

**90. Inexperiência, simplicidade e inferioridade mental:** a *inexperiência* é caracterizada pela falta de vivência, própria das pessoas de pouca idade ou ingênuas; a *simplicidade* fundamenta-se pela franqueza, sinceridade e falta de afetação ou malícia nas atitudes, o que é típico de pessoas crédulas e confiantes no bom caráter alheio; a *inferioridade mental* deve ser interpretada, nos dias atuais, simplesmente como a situação de pessoas portadoras de doenças mentais ou algum tipo de desenvolvimento mental incompleto ou retardado. Outras formas de inferioridade mental devem ser incluídas na inexperiência ou na simplicidade. Cremos que alargar o conceito de *inferioridade mental*, quando se defende a igualdade e o respeito às pessoas, é discriminatório. Noronha sustentava, à sua época, ser possível encaixar a mulher nessa situação, pois ela "frequentemente não é aparelhada contra a astúcia ou a *manha* dos espertalhões e sabidos" (*Direito penal*, v. 2, p. 450). Talvez assim fosse, o que não mais se justifica na atualidade. Inexiste, para os padrões de sociedade globalizada, pessoa mentalmente inferior que se possa identificar pelo sexo, pela idade, pela raça, pela religião, entre outros. Insistir nessa avaliação do tipo penal é resvalar no preconceito e na discriminação.

**91. Prática de jogo ou aposta:** uma das condutas principais, previstas no tipo penal, é *induzir* (dar a ideia, incentivar) o inexperiente, o simplório e o mentalmente inferiorizado a praticar jogos ou apostas. Sabe-se que os jogos são, na sua grande maioria, atividades físicas ou mentais organizadas por um sistema de regras que privilegiam sorte ou azar. Não se está falando, é óbvio, dos jogos esportivos, onde prevalece a habilidade, o treino e a capacidade individual. O mesmo se diga das apostas, que beiram o mero desafio, também calcado na sorte ou no azar em grande parte. O Estado deveria, se quisesse de fato resolver essas situações de risco para o sujeito inexperiente, simplório ou mentalmente inferiorizado, proibir o jogo que não lhe interessar de maneira *severa e efetiva*, fiscalizando devidamente. Seria, pois, desnecessário um tipo penal de "induzimento à especulação", pois toda pessoa que jogasse, apostasse ou simplesmente participasse, de qualquer modo, de jogos ou apostas de azar estaria incursa no tipo penal. Mas o próprio Estado incentiva o jogo de azar e apostas em várias modalidades, desde que oficiais, o que torna mais difícil qualquer atuação nesse âmbito. Assim, deve-se compreender o crime de "induzimento à especulação" como um mal necessário, ou seja, já que não se consegue coibir o jogo ou a aposta, pelo menos se busca preservar o patrimônio daqueles que, por si sós, não conseguem distinguir o risco que correm ao jogar ou apostar.

**92. Especulação com títulos ou mercadorias:** *especular* é explorar ou auferir vantagens aproveitando-se de determinada condição ou posição. Não é atividade lucrativa, na grande maioria dos casos, para pessoas inexperientes, simplórias ou mentalmente inferiorizadas, de forma que a lei busca protegê-las dos inescrupulosos. Note-se que, no caso presente, é preciso que o agente saiba ou deva saber que está lançando a vítima em operação ruinosa. Entretanto, se, por mero acaso, a operação, que era para ser ruinosa, termina lucrativa, o delito não está afastado, pois se trata de crime formal. Consuma-se com a prática da conduta, independentemente do resultado naturalístico que possa ocorrer. Assim, se o sujeito passivo experimentar prejuízo efetivo, trata-se de mero exaurimento.

**93. Objetos material e jurídico:** o objeto material é a pessoa inexperiente, simples ou mentalmente inferiorizada que sofre a conduta criminosa; o objeto jurídico é o patrimônio dessa pessoa.

**94. Classificação:** trata-se de crime comum (aquele que não demanda sujeito ativo qualificado ou especial); formal (delito que não exige resultado naturalístico, consistente na diminuição do patrimônio da vítima); de forma vinculada (o abuso é restrito ao induzimento ao jogo ou aposta e à especulação com títulos ou mercadorias); comissivo ("induzir" implica ação) e, excepcionalmente, comissivo por omissão (omissivo impróprio, ou seja, é a aplicação do art. 13, § 2.º, do Código Penal); instantâneo (cujo resultado se dá de maneira instantânea, não se prolongando no tempo); unissubjetivo (que pode ser praticado por um só agente); plurissubsistente (em regra, vários atos integram a conduta); admite tentativa.

### Fraude no comércio

**Art. 175.** Enganar,[95] no exercício de atividade comercial,[96-97] o adquirente ou consumidor:[98]

I – vendendo, como verdadeira ou perfeita, mercadoria falsificada ou deteriorada;[99]

II – entregando uma mercadoria por outra:[100]

# Art. 175

Código Penal Comentado · **Nucci**

890

> Pena – detenção, de 6 (seis) meses a 2 (dois) anos, ou multa.
>
> § 1.º Alterar[101] em obra que lhe é encomendada a qualidade ou o peso de metal ou substituir, no mesmo caso, pedra verdadeira por falsa ou por outra de menor valor; vender pedra falsa por verdadeira; vender, como precioso, metal de outra qualidade:[102]
>
> Pena – reclusão, de 1 (um) a 5 (cinco) anos, e multa.
>
> § 2.º É aplicável o disposto no art. 155, § 2.º.[103]

**95. Análise do núcleo do tipo:** *enganar* significa induzir em erro, disfarçar ou esconder. Trata este tipo penal de crime de estelionato próprio do comerciante. Há, ainda, o complemento do verbo principal, previsto no *caput*, nas modalidades "vender" e "entregar", estampadas nos incisos.

**96. Sujeitos ativo e passivo:** o sujeito ativo somente pode ser o comerciante, que esteja na sua atividade de comércio, não sendo cabível a aplicação do tipo quando o indivíduo atuar em relações particulares, fora do âmbito profissional. O sujeito passivo só pode ser o adquirente ou o consumidor.

**97. Elemento subjetivo:** é o dolo. Não existe a forma culposa, nem se exige elemento subjetivo do tipo específico.

**98. Objetos material e jurídico:** o objeto material é a mercadoria falsificada, deteriorada ou substituída. No caso do § 1.º, é a pedra ou o metal modificado. O objeto jurídico é o patrimônio.

**99. Venda de mercadoria falsa, como verdadeira, e de mercadoria deteriorada, como perfeita:** note-se que a simples venda de uma mercadoria falsificada, crendo o comerciante que está alienando algo verdadeiro, não serve para configurar o delito, uma vez que o verbo "enganar" exige a vontade de ludibriar o comprador, configurando figura semelhante ao estelionato. O mesmo se diga do comerciante que vende mercadoria deteriorada, pensando estar em perfeitas condições. Quanto ao objeto material, é preciso lembrar que nem toda mercadoria se encaixa neste tipo penal, estando excluídas as que possuírem tipificação especial, como os delitos contra a saúde pública (ex.: art. 272, § 1.º-A, que cuida da venda de substância alimentícia adulterada). Por outro lado, embora parte da doutrina entenda que o inciso I do art. 175 foi revogado pelo art. 7.º, III, da Lei 8.137/1990 (Crimes contra as relações de consumo), cremos que ele continua em vigor. O inciso II trata da venda de uma mercadoria falsificada como se fosse verdadeira e de uma mercadoria deteriorada como se fosse perfeita, ou seja, é uma autêntica *substituição* de uma coisa por outra, enquanto o inciso III do art. 7.º da referida lei cuida da mistura de "gêneros e mercadorias de espécies diferentes, para vendê--los ou expô-los à venda como puros", bem como da mistura de "gêneros e mercadorias de qualidades desiguais para vendê-los ou expô-los à venda por preço estabelecido para os de mais alto custo". Ora, substituir uma coisa por outra é diferente de misturar coisas. Assim, quem vende uma seda misturada a outro tecido menos nobre praticaria a conduta da lei especial, enquanto quem substituísse a seda pelo tecido menos nobre responderia pelo Código Penal. Ainda que sutil a diferença, cremos persistir o tipo penal do art. 175, II.

**100. Entrega de uma mercadoria por outra:** é a substituição maliciosa de uma determinada mercadoria pelo comerciante, provavelmente de maior valor, por outra de menor valor, causando prejuízo patrimonial ao adquirente.

**101. Análise do núcleo do tipo:** o § 1.º prevê outra figura típica de fraude no comércio, que não se confunde com a prevista no *caput*, embora guarde a mesma raiz, que é ludibriar o adquirente ou consumidor. Refere-se o tipo a *alterar* (modificar ou transformar), *substituir* (trocar um por outro) e *vender* (alienar por um preço), quando se tratar dos seguintes casos: a) *alterar, em obra encomendada – o que é, em regra, atividade típica de joalheiros –, a qualidade ou o peso de um metal:* assim, o agente modifica a qualidade do metal, retirando a parte valiosa, para inserir material menos valioso, causando prejuízo ao ofendido, ou retira, em seu benefício, do material originalmente entregue pela vítima para o trabalho, parte do seu peso, provocando, também, prejuízo patrimonial; b) *substituir, em obra encomendada, pedra verdadeira por falsa ou por outra de menor valor:* leva-se em conta, naturalmente, o trabalho do agente que lida com pedras preciosas, tal como o joalheiro, que recebe a incumbência de realizar alguma tarefa específica com joia alheia e termina por prejudicar o proprietário da pedra, porque a substitui por uma falsa ou por outra menos valiosa; c) *vender pedra falsa por verdadeira:* é a conduta do comerciante de joias que, por exemplo, aliena uma pedra brilhante e bem lapidada, mas sem valor, como se fosse diamante; d) *vender como precioso metal de outra qualidade:* trata-se da substituição, para venda específica, de metal precioso por outro de qualidade inferior e sem o mesmo valor.

**102. Classificação:** trata-se de crime próprio (aquele que demanda sujeito ativo qualificado ou especial); material (delito que exige resultado naturalístico, consistente na diminuição do patrimônio da vítima); de forma livre (podendo ser cometido por qualquer meio eleito pelo agente); comissivo (os verbos implicam ações); instantâneo (cujo resultado se dá de maneira instantânea, não se prolongando no tempo); de dano (consuma-se apenas com efetiva lesão a um bem jurídico tutelado); unissubjetivo (que pode ser praticado por um só agente); plurissubsistente (em regra, vários atos integram a conduta); admite tentativa.

**103. Figura privilegiada:** vide nota ao art. 155, § 2.º.

### Outras fraudes

> **Art. 176.** Tomar[104-105] refeição em restaurante,[106] alojar-se em hotel[107] ou utilizar-se de meio de transporte[108-109] sem dispor de recursos para efetuar o pagamento:[110-113]
>
> Pena – detenção, de 15 (quinze) dias a 2 (dois) meses, ou multa.
>
> **Parágrafo único.** Somente se procede mediante representação,[114] e o juiz pode, conforme as circunstâncias, deixar de aplicar a pena.[115]

**104. Análise dos núcleos do tipo:** há três crimes previstos neste tipo penal: a) *tomar* refeição significa comer ou beber em restaurante, almoçando, jantando ou somente lanchando; b) *alojar-se* em hotel quer dizer hospedar-se, sujeito ao pagamento de um preço, normalmente calculado em diárias; c) *utilizar-se* de meio de transporte é empregar um meio de transporte pago para deslocar-se de um lugar para outro (ex.: táxi, ônibus, carro de aluguel, entre outros). A descrição típica, ao valer-se da fórmula alternativa (tomar refeição, alojar-se em hotel *ou* utilizar-se de meio de transporte), parece indicar um tipo misto alternativo, ou seja, seria irrelevante que o agente praticasse uma ou mais condutas, pois o crime seria sempre único. Não pode ser desse modo interpretado o tipo penal do art. 176, sob pena de se favorecer, desmedidamente, a fraude. Se o agente se alojar em um hotel de determinada cidade, tomar refeição em um restaurante estranho ao hotel e valer-se de um táxi para o seu deslocamento,

# Art. 176

Código Penal Comentado · **Nucci**

892

sem recursos para efetuar o pagamento, estará prejudicando três vítimas diferentes, portanto, três patrimônios diversos terão sido ofendidos. Assim, cremos configurados três delitos, em concurso material.

**105. Sujeitos ativo e passivo:** o sujeito ativo pode ser qualquer pessoa; o sujeito passivo necessita ser o prestador do serviço.

**106. Restaurante:** exige o tipo penal ocorra a *refeição em restaurante* (local onde se servem comida e bebida) e, em tese, não seria possível estender o conceito para lugares diversos, como bares, cantinas de escolas, estações de trem ou quartéis, boates, entre outros. Se a fraude fosse cometida nestes estabelecimentos, seria aplicável a forma fundamental do estelionato (art. 171, *caput*). Ocorre que a pena do estelionato é muito maior do que a prevista no tipo do art. 176, de forma que não teria cabimento o sujeito tomar refeição num restaurante, sem recursos para pagar, e receber apenas uma multa (a pena é alternativa: detenção ou multa) e aquele que fizer o mesmo numa cantina de escola receber uma pena de reclusão e multa. Portanto, parece-nos perfeitamente possível interpretar *extensivamente* o conceito de restaurante, abrangendo todos os estabelecimentos que servirem comida e bebida. Não se pode admitir, no entanto, o próprio domicílio do agente, onde, atualmente, é possível haver a entrega de refeição produzida por restaurante.

**107. Hotel:** trata-se, também, em tese, de um conceito restrito, pois no tipo penal não se fala em estabelecimento análogo. Portanto, seria o local onde se alugam quartos por períodos predeterminados, normalmente estabelecidos pelo mínimo de um dia. Ocorre que não tem cabimento algum punir quem se aloja num hotel, por um dia, não dispondo de recursos para pagar, com uma simples multa (ou até perdoando a pena, como diz o parágrafo único do art. 176), aplicando-se a pena de reclusão e multa ao outro que se hospeda num motel, para um período de algumas horas. Assim, o conceito de hotel é *extensivo*, abrangendo motel, pensão, hospedaria, albergue, entre outros.

**108. Meio de transporte:** é todo aquele utilizado, normalmente, para conduzir pessoas de um determinado local a outro, mediante remuneração. Aliás, por uma questão de bom senso, é preciso que o transportador exija o pagamento depois do serviço efetuado, pois, caso contrário, não teria havido ilusão à boa-fé do ofendido. Uma pessoa que pague a passagem de avião (que sempre é adquirida antes de a viagem efetuar-se) com um cheque sem fundos, por exemplo, não responde por este tipo penal, e sim por outro delito. Entretanto, no caso do sujeito que, servindo-se de um táxi, ao final da corrida pague com cheque sem suficiente provisão de fundos, a questão é polêmica: há quem sustente haver o crime do art. 176, embora prefiramos a segunda posição, que o faz responder pelo delito de emitir cheque sem suficiente provisão de fundos (art. 171, § 2.º, VI). O pagamento foi feito, embora com título de crédito imprestável para solver o débito, de forma que o delito é muito mais grave do que simplesmente dizer ao taxista que não tem dinheiro para pagar. A fraude foi mais séria, porque a ilusão perpetuou-se. Se dissesse não ter dinheiro, poderia imediatamente ser levado a uma delegacia de polícia, para as providências legais. Fazendo o pagamento com um cheque sem fundos, iludiu-se a vítima de tal maneira que ela acreditou estar recebendo o valor do serviço, sem qualquer ação imediata de sua parte. O ardil é mais grave naquele (art. 171, § 2.º, VI) do que neste (art. 176).

**109. Elemento subjetivo do tipo:** é o dolo. Não se pune a forma culposa, nem se exige o elemento subjetivo do tipo específico, consistente no ânimo de fraudar a vítima.

**110. Sem dispor de recursos:** é curial, para a configuração do tipo penal, que o agente *não possua* recursos suficientes para efetuar o pagamento. Qualquer outro tipo de divergência deve ser resolvido na esfera civil. Assim é o caso do cliente que discorda da conta que lhe foi apresentada ou que acreditou na possibilidade de pagar a conta com cartão ou com cheque, o que é refutado pelo estabelecimento. Enfim, toda vez que a polêmica envolver questões diversas da insuficiência de recursos para o pagamento, não há o crime do art. 176. É preciso, no entanto, verificar com o devido zelo se o agente, apesar de estar alegando não concordar com a conta apresentada, na realidade, não está escondendo a sua fraude de ter tomado refeição sem dispor de recursos para o pagamento.

**111. Objetos material e jurídico:** o objeto material é a pessoa que presta o serviço e deixa de receber a remuneração devida; o objeto jurídico é o patrimônio.

**112. Classificação:** trata-se de crime comum (aquele que não demanda sujeito ativo qualificado ou especial); material (delito que exige resultado naturalístico, consistente na diminuição do patrimônio da vítima). Há quem sustente, como MAGALHÃES NORONHA (*Direito penal*, v. 2, p. 467), ser o delito formal (mera atividade) e inadmissível a tentativa. Os verbos utilizados dão clara mostra de que não se trata de uma simples conduta, implicando sempre um resultado material. Tomar refeição é servir-se de alimento ou bebida, ingerindo-os; alojar-se em hotel significa a hospedagem e utilização efetiva do cômodo; utilizar meio de transporte é valer-se de um serviço de deslocamento qualquer. Portanto, sempre implica num uso de serviços ou bens alheios, o que, associado à falta de recursos para pagar, que também está no tipo expressamente, faz com que se deva classificar o delito como material. É, ainda, de forma livre (podendo ser cometido por qualquer meio eleito pelo agente); comissivo (os verbos implicam ações); instantâneo (cujo resultado se dá de maneira instantânea, não se prolongando no tempo); de dano (consuma-se apenas com efetiva lesão a um bem jurídico tutelado); unissubjetivo (que pode ser praticado por um só agente); plurissubsistente (como regra, vários atos integram a conduta); admite tentativa.

**113. Pendura:** por força da tradição, acadêmicos de direito costumam, como forma de comemorar a instalação dos cursos jurídicos no Brasil (11 de agosto), dar penduras em restaurantes, tomando refeições sem efetuar o devido pagamento. Tem entendido a jurisprudência, neste caso, não estar configurada a hipótese do art. 176, pois, na sua grande maioria, são pessoas que têm dinheiro para quitar a conta, embora não queiram fazê-lo, alegando "tradição". Tratar-se-ia, pois, de um ilícito meramente civil. A esse respeito, confira-se: TJSP: "É que a conta importou em Cz$ 2.740,00 e a cada um dos pacientes caberia a importância de Cz$ 62,27, quantia ínfima para a condição pessoal dos pacientes, todos estudantes de direito ou bacharéis, e que, portanto, caso inexistisse com um deles o numerário, poderiam assistir-se solidariamente, com grande facilidade. (...) Ora, como os pacientes tinham recursos para pagar a conta, o que houve foi calote e dano em nível de ilícito civil, como se sabe, que deve ser cobrado pelas vias comuns em ação competente. O propalado *animus jocandi* não é sequer questionado, porque, antes dele, a inexistência objetiva da figura típica do art. 176 exclui qualquer cogitação quanto à existência de materialidade criminal, sem, todavia, confrontar com o calote, que, evidentemente, ocorreu e que deve ser ressarcido pelas vias civis, juntamente com o dano" (RHC 456.609-9, São Paulo, rel. Fortes Barbosa, 13.11.1986, v.u., *Lex* 90/82), embora antigo, cuida-se de julgado peculiar. E também: TJSP: "Percebe-se com nitidez que os recorrentes foram unicamente movidos pelo *animus jocandi*. Não houve dolo, consistente na consciência e vontade de praticar a ação sabendo que não dispunham de recursos para efetuar o pagamento. Não houve fraude, no sentido de ludibriar o comerciante, gerando nele a crença de uma situação financeira diversa da real. Simplesmente quiseram brincar, seguindo secular tradição dos estudantes do Largo de São Francisco, e não causar prejuízo a terceiro em proveito próprio. Brincadeira. Sem dúvida, reprovável, verdadeiro calote, que causou prejuízo ao comerciante. Dano, porém, reparável, através

# Art. 177

da competente ação civil, aliás já proposta pela vítima (fls.)" (RHC 426.297-9, São Paulo, rel. Gonzaga Franceschini, 14.04.1986, v.u., antigo, mas relevante para ilustrar). Os julgados antigos são mantidos para ilustração. Ocorre que, na atualidade, o número dos estudantes de direito aumentou sensivelmente, provocando uma pesada carga para vários comerciantes do ramo de restaurantes, até porque alguns estabelecimentos, pela excelência dos seus serviços, são os mais procurados. Assim, conforme a situação aventada pelos estudantes, o grau do ardil utilizado (nem toda pendura é "diplomática", ou seja, previamente declarada ao comerciante) e, principalmente, o prejuízo causado, pode-se até situar a questão no contexto do estelionato (art. 171, *caput*). Os costumes gerados pela força da tradição não podem olvidar a mudança dos tempos e a nova realidade social e econômica que o País atravessa, pois os hábitos, de um modo geral, não são permanentes e definitivos. Portanto, cremos que o comerciante ludibriado por estudantes que não desejem simplesmente comemorar o dia 11 de agosto, através de pedidos singelos e de valor razoável, mas sim causar um prejuízo de monta, como forma de dar demonstração de poder ou esperteza nos meios acadêmicos, deve ser considerado uma vítima do crime previsto no art. 171. Não é possível sustentar-se, eternamente, uma "tradição" que somente beneficia estudantes de direito, autorizando-os a tomar refeição em restaurantes, pouco importando o montante da conta, pretendendo desconhecer que o universo das faculdades de direito é outro, assim como a situação econômica geral. É evidente que, no estelionato, busca-se o nítido intuito de fraudar, de obter vantagem indevida em prejuízo alheio, o que pode não estar presente na conduta de alguns estudantes ao comemorar a data mencionada. Entretanto, é perfeitamente possível que a intenção seja outra, menos de comemoração de uma data e mais de animação pela fraude a ser perpetrada. Assim, conforme o caso, parece-nos razoável a concretização do crime de estelionato.

**114. Ação penal pública condicionada:** somente se a vítima oferecer representação está o Ministério Público autorizado a agir.

**115. Perdão judicial:** ver nota ao art. 107, IX, do Código Penal. Trata-se de uma hipótese específica de clemência do Estado, aplicável *conforme as circunstâncias*. Não tendo o legislador fornecido os requisitos para a concessão do perdão, resta à doutrina e à jurisprudência a tarefa de fazê-lo. Atualmente, considera-se que é preciso comprovar o seguinte: a) ser diminuto o valor do prejuízo sofrido pela vítima; b) ser o réu primário e ter bons antecedentes; c) ter personalidade positivamente avaliada; d) estar em *estado de penúria*, que significa ser pessoa pobre, mas isso não se confunde com o estado de necessidade, causa excludente de ilicitude. Naquele, a pessoa, embora de parcos recursos, não está em situação de extrema necessidade.

### Fraudes e abusos na fundação ou administração de sociedade por ações

**Art. 177.** Promover[116-117] a fundação de sociedade por ações[118] fazendo,[119] em prospecto ou em comunicação[120] ao público ou à assembleia,[121] afirmação falsa sobre a constituição da sociedade, ou ocultando fraudulentamente fato a ela relativo:[122-123]

Pena – reclusão, de 1 (um) a 4 (quatro) anos, e multa, se o fato não constitui crime contra a economia popular.[124]

§ 1.º Incorrem na mesma pena, se o fato não constitui crime contra a economia popular:

I – o diretor, o gerente ou o fiscal de sociedade por ações,[125] que, em prospecto, relatório, parecer, balanço ou comunicação[126] ao público ou à assembleia, faz[127-128] afirmação falsa sobre as condições econômicas da sociedade, ou oculta fraudulentamente, no todo ou em parte, fato a elas relativo;[129-130]

II – o diretor, o gerente ou o fiscal[131] que promove,[132-133] por qualquer artifício,[134] falsa cotação das ações ou de outros títulos da sociedade;[135-136]

III – o diretor ou o gerente[137] que toma empréstimo à sociedade[138] ou usa, em proveito próprio ou de terceiro,[139] dos bens ou haveres sociais,[140] sem prévia autorização da assembleia-geral;[141-143]

IV – o diretor ou o gerente[144] que compra ou vende,[145-146] por conta da sociedade,[147] ações por ela emitidas, salvo quando a lei o permite;[148-150]

V – o diretor ou o gerente[151] que, como garantia de crédito social,[152] aceita[153-154] em penhor ou em caução[155] ações da própria sociedade;[156-157]

VI – o diretor ou o gerente[158] que, na falta de balanço, em desacordo com este, ou mediante balanço falso,[159] distribui[160-161] lucros ou dividendos fictícios;[162-163]

VII – o diretor, o gerente ou o fiscal[164] que, por interposta pessoa,[165] ou conluiado com acionista,[166] consegue[167-168] a aprovação de conta ou parecer;[169-170]

VIII – o liquidante,[171] nos casos dos ns. I, II, III, IV, V e VII;[172]

IX – o representante da sociedade anônima estrangeira,[173] autorizada a funcionar no País, que pratica os atos mencionados nos ns. I e II, ou dá[174] falsa informação[175] ao Governo.[176-178]

§ 2.º Incorre na pena de detenção, de 6 (seis) meses a 2 (dois) anos, e multa, o acionista[179] que, a fim de obter vantagem para si ou para outrem,[180] negocia[181-182] o voto nas deliberações de assembleia-geral.[183-184]

**116. Análise do núcleo do tipo:** *promover* significa gerar, provocar ou originar. Trata-se do crime cometido por quem constitui uma sociedade de ações fraudulentamente, omitindo dados relevantes sobre a sua criação, sobre o capital, sobre os recursos técnicos que possui, enfim, sobre qualquer elemento fundamental para a detecção da real "saúde" financeira da empresa, com suas perspectivas de sucesso ou insucesso. A formação da sociedade pode se dar de forma simultânea (a subscrição é particular e os fundadores são os primeiros subscritores do seu capital, com qualquer número – Rubens Requião, *Curso de direito comercial*, v. 2, p. 105) ou sucessiva (quando os fundadores lideram a constituição da sociedade, fazendo apelo público aos subscritores do capital – Requião, *Curso de direito comercial*, v. 2, p. 105).

**117. Sujeitos ativo e passivo:** o sujeito ativo é o fundador da sociedade por ações; o sujeito passivo é qualquer pessoa que subscreva o capital.

**118. Sociedade por ações:** é a sociedade "cujo capital é dividido em frações, representadas por títulos chamados *ações*". Há duas espécies: sociedade anônima e sociedade em comandita por ações (Requião, *Curso de direito comercial*, v. 2, p. 1).

**119. Elemento subjetivo:** é o dolo. Não se pune a forma culposa, nem se exige elemento subjetivo do tipo específico. Há posição contrária, exigindo o dolo específico, consistente no "intuito de constituir a sociedade" (Mirabete, *Manual de direito penal*, v. 2, p. 319; Damásio, *Código Penal anotado*, p. 619). Não se pode concordar com tal concepção, pois o mencionado *intuito de constituir a sociedade* é conduta ínsita ao verbo do tipo "promover", ou seja, gerar. Basta, pois, o dolo. No sentido que defendemos: Delmanto (*Código Penal comentado*, p. 379).

# Art. 177

**120. Prospecto ou comunicação:** *prospecto* é o material impresso e *comunicação* é qualquer forma de transmitir uma mensagem, usando o meio escrito ou falado.

**121. Público ou assembleia:** o público é constituído das pessoas que poderão subscrever o capital social, enquanto a assembleia é o agrupamento que está formando a sociedade.

**122. Objetos material e jurídico:** o objeto material é o prospecto ou a comunicação que contém a afirmação falsa ou a omissão fraudulenta; o objeto jurídico é o patrimônio.

**123. Classificação:** trata-se de crime próprio (aquele que demanda sujeito ativo qualificado ou especial); formal (delito que não exige resultado naturalístico, consistente na diminuição do patrimônio da vítima); de forma livre (podendo ser cometido por qualquer meio eleito pelo agente); comissivo ("fazer afirmação" implica ação) ou omissivo ("ocultar fato" é omissão); instantâneo (cujo resultado se dá de maneira instantânea, não se prolongando no tempo); unissubjetivo (que pode ser praticado por um só agente); plurissubsistente (vários atos integram a conduta); admite tentativa na modalidade comissiva.

**124. Tipo penal subsidiário:** estipula-se que o crime do art. 177, *caput*, somente deve ser considerado se não se configurar delito contra a economia popular. Tendo em vista que os crimes contra a sociedade por ações são, em regra, infrações penais contra a economia do povo, surge um impasse. A solução pode ser encontrada na lição de Magalhães Noronha: "Em se tratando de sociedade por ações, parece-nos necessário o exame de que o fato tenha lesado ou posto em perigo as *pequenas economias de um grande, extenso e indefinido número de pessoas.* Assim, se o fato é enquadrável no art. 177 do Código e em dispositivos da Lei 1.521, de 1951, que substituiu o Decreto-lei 869, de 1938, mas se a lesão real ou potencial atinge apenas a uma ou duas dezenas de pessoas ricas ou de magnatas que subscreveram *todo* o capital social, cremos que muito mal o delito poderia ser considerado contra a *economia do povo.* Ao contrário, se a subscrição fosse feita por avultado e extenso número de pessoas que, com seus minguados recursos, subscreveram uma ou outra ação, a ofensa patrimonial seria dirigida contra a economia popular. Numa hipótese, temos pequeno grupo de pessoas prejudicado, noutra é, a bem dizer, o *povo,* tal o número de lesados que sofre o dano" (*Direito penal,* v. 2, p. 469).

**125. Sujeitos ativo e passivo:** o sujeito ativo somente pode ser o diretor, o gerente ou o fiscal da sociedade por ações. O sujeito passivo é qualquer pessoa.

**126. Instrumento de execução:** *prospecto* (material impresso), *relatório* (narração, verbal ou escrita, pormenorizada, daquilo que se observa), *parecer* (opinião, geralmente técnica, de alguém), *balanço* (resumo de contas, contendo receita e despesa) ou *comunicação* (transmissão de uma mensagem por meio escrito ou falado) são os mecanismos válidos para a configuração do tipo penal.

**127. Análise do núcleo do tipo:** o art. 177 possui vários delitos agrupados. O primeiro, constante no *caput*, diz respeito à formação fraudulenta da sociedade por ações, enquanto no § 1.º, através de vários incisos, há outras figuras típicas. A prevista no inciso I concerne ao delito de falsa cotação das ações da sociedade. Prevê duas condutas: *fazer afirmação falsa* (mentir, iludir) e *ocultar fraudulentamente* (esconder com a intenção de iludir) dados relevantes relativos às condições econômicas da sociedade. Assim agindo, continua a sociedade a captar recursos em prejuízo alheio.

**128. Elemento subjetivo:** é o dolo. Não se pune a forma culposa, nem se exige elemento subjetivo do tipo específico.

**129. Objetos material e jurídico:** o objeto material é o prospecto, o relatório, o parecer, o balanço ou a comunicação que contém a falsidade ou a omissão fraudulenta. O objeto jurídico é o patrimônio.

**130. Classificação:** vide nota 123 ao *caput*.

**131. Sujeitos ativo e passivo:** o sujeito ativo só pode ser o diretor, o gerente ou o fiscal da sociedade por ações. O sujeito passivo é o sócio ou qualquer outra pessoa que possa subscrever ações.

**132. Análise do núcleo do tipo:** *promover*, como já vimos, é gerar ou dar causa. No caso presente, a conduta volta-se à falsa cotação das ações ou de outros títulos da sociedade (como as debêntures, que são títulos de crédito representativos de frações do valor de contrato de mútuo gerado no mercado de capitais), fazendo com que exista uma irreal visualização do seu preço.

**133. Elemento subjetivo:** é o dolo. Não há a forma culposa, nem se exige elemento subjetivo do tipo específico.

**134. Qualquer artifício:** trata-se de um meio de execução genérico. Pode o sujeito agir de qualquer maneira, desde que se sirva de um recurso engenhoso e hábil a enganar outrem.

**135. Objetos material e jurídico:** o objeto material são as ações ou outros títulos societários. O objeto jurídico é o patrimônio.

**136. Classificação:** vide nota 123 ao *caput*.

**137. Sujeitos ativo e passivo:** o sujeito ativo é o diretor ou o gerente da sociedade por ações. Os sujeitos passivos são a sociedade por ações e seus acionistas.

**138. Análise do núcleo do tipo:** *tomar empréstimo* (conseguir de alguém coisa em confiança, usando-a por um tempo, para depois restituí-la) sem autorização da sociedade é a primeira conduta típica; *usar* (servir-se de algum modo) os bens ou haveres sociais para seu proveito ou de outrem, sem autorização societária, é a segunda conduta.

**139. Elemento subjetivo:** é o dolo, inexistindo a forma culposa. Exige-se, ainda, o elemento subjetivo do tipo específico, consistente no intuito de agir "em proveito próprio ou de terceiro".

**140. Bens ou haveres sociais:** é tudo o que compõe o patrimônio da sociedade, incluindo-se móveis e imóveis.

**141. Elemento normativo do tipo:** o que é fundamental neste tipo penal é o elemento diferenciador constituído pela *falta de autorização prévia* da assembleia-geral. Portanto, tomar empréstimo ou usar bens ou haveres sociais, por si só, não é crime, desde que haja autorização para tanto.

**142. Objetos material e jurídico:** o objeto material é o empréstimo tomado à sociedade ou os bens ou haveres sociais; o jurídico é o patrimônio societário.

**143. Classificação:** vale o que foi exposto na nota 123 ao *caput*, com as seguintes adaptações: na forma *usar* o crime pode ser unissubsistente (praticado num único ato), de modo que não comporta tentativa.

# Art. 177

**144. Sujeitos ativo e passivo:** o sujeito ativo é o diretor ou o gerente da sociedade por ações; os sujeitos passivos são a sociedade e os acionistas.

**145. Análise do núcleo do tipo:** *comprar* (adquirir por certo preço) ou *vender* (alienar mediante o recebimento de determinado preço) ações emitidas pela sociedade são as formas típicas possíveis.

**146. Elemento subjetivo:** é o dolo. Não existe a forma culposa, nem se exige elemento subjetivo do tipo específico.

**147. Por conta da sociedade:** significa que a compra e venda é feita em nome da sociedade e não em nome de terceiro, vale dizer, o que é vedado é a transação feita pela sociedade com vista às suas próprias ações.

**148. Elemento normativo do tipo:** a compra e venda de ações, por si só, não constitui fato penalmente relevante, mas poderá tornar-se crime se "a lei não autorizar". Este é o elemento de destaque da figura típica. Ver, ainda, o art. 30 da Lei 6.404/1976: "A companhia não poderá negociar com as próprias ações. § 1.º Nessa proibição não se compreendem: *a*) as operações de resgate, reembolso ou amortização previstas em lei; *b*) a aquisição, para permanência em tesouraria ou cancelamento, desde que até o valor do saldo de lucros ou reservas, exceto a legal, e sem diminuição do capital social ou por doação; *c*) a alienação das ações adquiridas nos termos da alínea *b* e mantidas em tesouraria; *d*) a compra quando, resolvida a redução do capital mediante restituição, em dinheiro, de parte do valor das ações o preço destas em bolsa for inferior ou igual à importância que deve ser restituída. § 2.º A aquisição das próprias ações pela companhia aberta obedecerá, sob pena de nulidade, às normas expedidas pela Comissão de Valores Mobiliários, que poderá subordiná-la a prévia autorização em cada caso. § 3.º A companhia não poderá receber em garantia as próprias ações, salvo para assegurar a gestão dos seus administradores. § 4.º As ações adquiridas nos termos da alínea *b* do § 1.º, enquanto mantidas em tesouraria, não terão direito a dividendo nem a voto. § 5.º No caso da alínea *d* do § 1.º, as ações adquiridas serão retiradas definitivamente de circulação".

**149. Objetos material e jurídico:** o objeto material são as ações emitidas pela sociedade; o objeto jurídico é o patrimônio societário.

**150. Classificação:** ver nota 123 ao *caput*, aproveitando-se a classificação já feita.

**151. Sujeitos ativo e passivo:** o sujeito ativo é o diretor ou o gerente da sociedade. Os sujeitos passivos são a sociedade e os acionistas.

**152. Garantia de crédito social:** torna-se imprescindível que a sociedade tenha a receber um crédito de terceiro, ainda que acionista. Logo, aceitar as ações da própria sociedade para a garantia desse direito de receber determinada soma é nitidamente fraudulento, pois a pessoa não pode ser, ao mesmo tempo, credora e garantidora do crédito.

**153. Análise do núcleo do tipo:** *aceitar* significa estar de acordo em receber ações da sociedade, como garantia de penhor ou caução.

**154. Elemento subjetivo:** é o dolo. Não há a forma culposa, nem elemento subjetivo do tipo específico.

**155. Penhor e caução:** *penhor* é um direito real que vincula uma coisa a uma dívida, tornando-se sua garantia; *caução* é o depósito efetivado como garantia de uma obrigação assumida.

**156. Objetos material e jurídico:** o objeto material são as ações da sociedade aceitas em penhor ou caução; o jurídico é patrimônio societário.

**157. Classificação:** ver nota 123 ao *caput*.

**158. Sujeitos ativo e passivo:** o sujeito ativo é o diretor ou o gerente da sociedade; os passivos são a sociedade e os acionistas.

**159. Mecanismos de execução:** há três possibilidades: a) haver falta de balanço; b) haver balanço, mas não ser respeitado no momento da distribuição dos lucros e dividendos; c) haver balanço falso. O cerne da conduta é proceder à distribuição dos lucros ou dos dividendos *fictícios*, ou seja, não correspondentes à realidade do caixa da sociedade.

**160. Análise do núcleo do tipo:** *distribuir* é entregar, atribuir, colocar à disposição. Nota-se, pois, que não há necessidade de haver real prejuízo para a empresa, mas sim a mera probabilidade de isso ocorrer.

**161. Elemento subjetivo:** é o dolo. Não se pune a forma culposa, nem se exige elemento subjetivo do tipo específico.

**162. Objetos material e jurídico:** o objeto material são os lucros ou dividendos fictícios; o objeto jurídico é o patrimônio da sociedade ou dos acionistas.

**163. Classificação:** ver nota 123 ao *caput*.

**164. Sujeitos ativo e passivo:** o sujeito ativo somente pode ser o diretor, o gerente ou o fiscal da sociedade por ações. Admite-se, no entanto, expressamente no tipo, a participação de acionista. Os sujeitos passivos são a sociedade e os acionistas.

**165. Interposta pessoa:** é o sujeito que surge na assembleia, onde se dá a aprovação das contas ou pareceres, para votar, embora não seja acionista habilitado a fazê-lo. É preciso que a interposta pessoa esteja vinculada ao diretor, gerente ou fiscal.

**166. Conluio com acionista:** é a participação expressamente prevista no tipo. Nesse caso, a pessoa que vota e aprova as contas é, realmente, acionista, embora esteja mancomunada com o diretor, gerente ou fiscal para prejudicar a sociedade ou os demais acionistas.

**167. Análise do núcleo do tipo:** *conseguir* (obter, alcançar) a aprovação de contas ou pareceres, através de votações fraudulentas na assembleia. Para configurar a fraude, exige-se que o que foi aprovado esteja em desacordo com a realidade.

**168. Elemento subjetivo:** é o dolo. Não se pune a forma culposa, nem se exige o elemento subjetivo do tipo específico.

**169. Objetos material ou jurídico:** o objeto material é a conta ou o parecer fraudulentamente aprovado; o objeto jurídico é o patrimônio societário.

**170. Classificação:** ver nota 123 ao *caput*.

**171. Sujeitos ativo e passivo:** o sujeito ativo é o liquidante da sociedade por ações. Os sujeitos passivos são a sociedade e os acionistas.

**172. Tipo penal remetido:** é o tipo penal que faz remissão a outros, de modo que, para conhecer o seu conteúdo, torna-se indispensável verificar outras condutas típicas. Valem, portanto, as mesmas observações já realizadas para os incisos anteriores.

**173. Sujeitos ativo e passivo:** o sujeito ativo somente pode ser o representante de sociedade anônima estrangeira, em funcionamento no País. Os sujeitos passivos podem ser

# Art. 177

Código Penal Comentado · **Nucci**

a sociedade, os acionistas (nos casos dos incisos I e II) ou o Estado (na conduta de "falsa informação ao Governo").

**174. Análise do núcleo do tipo:** dar (fornecer, prestar ou emitir) informação não correspondente à realidade ao Governo, com a finalidade de fraudar a fiscalização ou algum interesse do Estado.

**175. Elemento subjetivo:** é o dolo. Não existe a forma culposa, nem se exige elemento subjetivo do tipo específico.

**176. Objetos material e jurídico:** nos casos dos incisos I e II, vide notas 129 e 135. Quanto à outra conduta (falsa informação), é objeto material a informação falsa prestada; os objetos jurídicos são o patrimônio societário e também a credibilidade das informações que interessam ao Estado.

**177. Classificação:** ver nota 123 ao *caput*.

**178. Causa de extinção da punibilidade, prevista em norma especial:** o art. 3.º do Decreto-lei 697/1969 preceitua: "Extingue-se a punibilidade dos crimes previstos no art. 177 do Código Penal para as omissões contábeis relativas a títulos registrados na forma do Dec.-lei 286, de 28 de fevereiro de 1967, ficando também assegurada a isenção das penalidades fiscais e cambiais decorrentes. Parágrafo único. Os benefícios previstos neste artigo não se aplicam aos diretores das empresas que não cumprirem, dentro do prazo fixado, as determinações do artigo anterior".

**179. Sujeitos ativo e passivo:** o sujeito ativo somente pode ser o acionista. Os sujeitos passivos são a sociedade e os demais acionistas.

**180. Elemento subjetivo:** é o dolo. Não há a forma culposa. Exige-se elemento subjetivo do tipo específico, consistente na finalidade de obter *vantagem para si ou para outrem*.

**181. Análise do núcleo do tipo:** *negociar* significa comerciar, fazer negócio ou ajuste, tendo por objeto o voto a ser dado em deliberações da assembleia-geral. Pressupõe-se uma troca: o voto dado num ou noutro sentido para receber em retorno uma vantagem qualquer. O crime é formal, de modo que não exige resultado naturalístico, ou seja, o voto não precisa efetivamente prejudicar a sociedade, mas é indispensável que haja o intuito de lucro por parte do sujeito ativo.

**182. Vigência do crime de negociação de voto:** sustenta MAGALHÃES NORONHA que a Lei 6.404/1976 revogou o disposto no § 2.º do art. 177, tendo em vista que tratou, expressamente, do *abuso* do direito de votar. O art. 115 teria disciplinado, no § 3.º ("O acionista responde pelos danos causados pelo exercício abusivo do direito de voto, ainda que seu voto não haja prevalecido"), a forma pela qual o acionista deve responder caso extrapole o seu direito. Além disso, o art. 118 prevê, expressamente, o direito de os acionistas negociarem o exercício do direito de voto – o chamado "acordo de acionistas" (*Direito penal*, v. 2, p. 480-481). Assim não nos parece, pois o *acordo de acionistas* e a punição civil estabelecida para quem abusar do direito de votar são insuficientes para revogar uma lei penal. Esta somente é considerada revogada de maneira expressa ou quando outra lei penal discipline inteiramente a matéria. O fato de haver possibilidade de o acionista ser responsável, respondendo pelos danos causados, pelo voto abusivo ou poder fazer acordos *lícitos* com outros acionistas não elide o delito, que tem por finalidade punir aquele que, fraudulentamente, busca obter vantagem para si ou para outrem em detrimento dos demais acionistas e da sociedade. Vale ressaltar, no entanto, o alerta feito por MIRABETE: "O alcance do dispositivo restou diminuído com a Lei 6.404, que permite o acordo de acionistas, inclusive quanto ao exercício do direito de voto (art. 118). Restará a incriminação quando a negociação não estiver revestida das formalidades legais ou contrariar dispositivo expresso da lei" (*Manual de direito penal*, v. 2, p. 325).

**183. Objetos material e jurídico:** o objeto material é o voto negociado; o objeto jurídico é o patrimônio da sociedade e dos acionistas, pois a votação cabalada pode vir a prejudicar o futuro e a existência da sociedade. Há quem sustente ser a "lisura das assembleias-gerais" (DAMÁSIO, *Código Penal anotado*, p. 625).

**184. Classificação:** ver nota 123 ao *caput*.

### Emissão irregular de conhecimento de depósito ou *warrant*

> **Art. 178.** Emitir[185-187] conhecimento de depósito ou *warrant*,[188] em desacordo com disposição legal:[189-191]
>
> Pena – reclusão, de 1 (um) a 4 (quatro) anos, e multa.

**185. Análise do núcleo do tipo:** *emitir* significa colocar em circulação. Assim, quando os títulos de crédito referidos neste tipo penal forem endossados e passem a circular, caso haja ofensa a dispositivo legal, configura-se o crime.

**186. Sujeitos ativo e passivo:** o sujeito ativo é o depositário da mercadoria, obrigado a emitir os títulos de crédito, respeitadas as normas legais. O sujeito passivo é a pessoa detentora do título (endossatário ou portador), que foi lesada por conta da emissão irregular.

**187. Elemento subjetivo:** é o dolo. Inexiste a forma culposa. Não se exige elemento subjetivo do tipo específico.

**188. Conhecimento de depósito e *warrant*:** são, na lição de Waldemar Ferreira, os chamados "*títulos armazeneiros*, que são emitidos pelas empresas de Armazéns Gerais e entregues ao depositante, que com eles fica habilitado a negociar as mercadorias em depósito, passando assim a circular, não as mercadorias, mas os títulos que as representam" (citação de WALDIRIO BULGARELLI, *Títulos de crédito*, p. 339). O conhecimento de depósito "é um título de representação e legitimação. Representa a mercadoria e legitima o seu portador como proprietário da mesma". O *warrant*, por sua vez, é um "título de crédito causal, constituindo, como pensam Hamel, Lagarde e Jauffret, uma promessa de pagamento. O subscritor, de fato, ao mesmo tempo em que se obriga a pagar uma certa soma em dinheiro no vencimento, confere ao beneficiário e aos seus portadores sucessivos um penhor sobre mercadorias depositadas" (RUBENS REQUIÃO, *Curso de direito comercial*, v. 2, p. 456). Portanto, em regra, os títulos devem andar juntos, mas nada impede que sejam negociados separadamente (art. 15 do Decreto 1.102, de 1903). Com o conhecimento de depósito em mãos, o depositante de mercadorias em um armazém pode negociá-las livremente, bastando endossar o título. Caso queira um financiamento, no entanto, pode dar as mercadorias depositadas como garantia, de forma que endossa, nesta hipótese, o *warrant*.

**189. Norma penal em branco:** necessita esta norma de um complemento para poder ser aplicada (sobre o conceito de *norma penal em branco*, ver nota ao art. 3.º). Assim, para saber se o crime do art. 178 está configurado é indispensável consultar a legislação aplicável ao conhecimento de depósito e ao *warrant*, a fim de saber se foram regular e licitamente emitidos. No caso, trata-se do Decreto 1.102, de 21 de novembro de 1903. O art. 15, por exemplo,

# Art. 179

Código Penal Comentado • **Nucci**

cuida dos requisitos para a emissão dos títulos, que, infringidos, pode levar à concretização do delito: "Os armazéns gerais emitirão, quando lhes for pedido pelo depositante, dois títulos unidos, mas separáveis à vontade, denominados – conhecimento de depósito e *warrant*. § 1.º Cada um destes títulos deve ter a ordem e conter, além da sua designação particular: 1) a denominação da empresa do armazém geral e sua sede; 2) o nome, profissão e domicílio do depositante ou de terceiro por este indicado; 3) o lugar e o prazo do depósito, facultado aos interessados acordarem, entre si, na transferência posterior das mesmas mercadorias de um para outro armazém da emitente, ainda que se encontrem em localidade diversa da em que foi feito o depósito inicial. Em tais casos, far-se-ão, nos conhecimentos e *warrants* respectivos, as seguintes anotações: a) local para onde se transferirá a mercadoria em depósito; b) para os fins do art. 26, § 2.º, as despesas decorrentes da transferência, inclusive as de seguro por todos os riscos; 4) a natureza e quantidade das mercadorias em depósito, designadas pelos nomes mais usados no comércio, seu peso, o estado dos envoltórios e todas as marcas e indicações próprias para estabelecerem a sua identidade, ressalvadas as peculiaridades das mercadorias depositadas a granel; 5) a qualidade da mercadoria, tratando-se daquelas a que se refere o art. 12; 6) a indicação do segurador da mercadoria e o valor do seguro (art. 16); 7) a declaração dos impostos e direitos fiscais, dos encargos e despesas a que a mercadoria está sujeita, e do dia em que começaram a correr as armazenagens (art. 26, § 2.º); 8) a data da emissão dos títulos e a assinatura do empresário ou pessoa devidamente habilitada por este. § 2.º Os referidos títulos serão extraídos de um livro de talão, o qual conterá todas as declarações acima mencionadas e o número de ordem correspondente. No verso do respectivo talão o depositante, ou terceiro por este autorizado, passará recibo dos títulos. Se a empresa, a pedido do depositante, os expedir pelo Correio, mencionará esta circunstância e o número e data do certificado do registro postal. Anotar-se-ão também no verso do talão as ocorrências que se derem com os títulos dele extraídos, como substituição, restituição, perda, roubo etc. § 3.º Os armazéns gerais são responsáveis para com terceiros pelas irregularidades e inexatidões encontradas nos títulos que emitirem, relativamente à quantidade, natureza e peso da mercadoria".

**190. Objetos material e jurídico:** o objeto material é o título de crédito emitido irregularmente; o objeto jurídico é o patrimônio.

**191. Classificação:** trata-se de crime próprio (aquele que demanda sujeito ativo qualificado ou especial); formal (delito que não exige resultado naturalístico, consistente na diminuição do patrimônio da vítima); de forma livre (podendo ser cometido por qualquer meio eleito pelo agente); comissivo ("emitir" implica ação); instantâneo (cujo resultado se dá de maneira instantânea, não se prolongando no tempo); unissubjetivo (que pode ser praticado por um só agente); unissubsistente (a emissão comporta um único ato); não admite tentativa.

### Fraude à execução

> **Art. 179.** Fraudar[192-194] execução,[195] alienando, desviando, destruindo ou danificando bens, ou simulando dívidas:[196-197]
>
> Pena – detenção, de 6 (seis) meses a 2 (dois) anos, ou multa.
>
> **Parágrafo único.** Somente se procede mediante queixa.[198]

**192. Análise do núcleo do tipo:** *fraudar* significa lesar ou enganar com o fito de obter proveito. O verbo principal chama outros, formando cinco figuras compostas: a) fraudar alienando bens; b) fraudar desviando bens; c) fraudar destruindo bens; d) fraudar danificando bens; e) fraudar simulando dívidas. Note-se, pois, estar presente a fraude, quando o devedor aliena seus bens durante um processo de execução. Porém, se restarem bens suficientes para satisfazer seu débito, não se configura o crime.

**193. Sujeitos ativo e passivo:** o sujeito ativo é o devedor (executado); o sujeito passivo é o credor (exequente).

**194. Elemento subjetivo:** é o dolo. Não existe a forma culposa, nem se exige elemento subjetivo do tipo específico. Há posição em sentido contrário, sustentando existir o elemento subjetivo do tipo específico, consistente na *vontade de fraudar a execução* (ver DELMANTO, *Código Penal comentado*, p. 383). Ora, não podemos concordar, pois o verbo principal do tipo é *fraudar*, que, abrangido pelo dolo, configura, naturalmente, a vontade de enganar o credor. Exigir o elemento subjetivo do tipo específico (dolo específico) é o mesmo que demandar a existência concomitante de duas vontades sobre o mesmo objeto, algo ilógico. Fraudar já é a intenção de iludir alguém, de modo que prescinde de elemento subjetivo específico.

**195. Execução:** é o processo instaurado para fazer cumprir, compulsoriamente, uma sentença condenatória. Na execução, em especial, o juiz tem o poder de mandar citar o executado para pagar o devido, de ordenar a ampliação da penhora, de fiscalizar a administração dos bens penhorados, de emitir provimentos satisfativos ao exequente ou ao executado. Enfim, trata-se de um processo em que se busca, através da penhora de bens do executado, a satisfação da dívida do exequente. Portanto, a figura típica em questão tem por fim impedir que o devedor, através de atos fraudulentos, fuja à sua obrigação de pagar. Há posição, no entanto, com a qual não podemos concordar, sustentando ser possível a configuração do crime desde que exista processo de conhecimento instaurado e o réu já tenha sido citado. Dessa forma, se ele aliena, destrói, desvia ou danifica os bens, evitando, no futuro, pagar o que deve, cometeria o crime. Essa corrente não é a mais acertada, pois o tipo penal é bem claro: é preciso haver *execução*, o que não acontece no caso do processo cognitivo.

**196. Objetos material e jurídico:** o objeto material são tanto os bens alienados, desviados, destruídos ou danificados, como o processo de execução; o objeto jurídico é o patrimônio.

**197. Classificação:** trata-se de crime próprio (aquele que demanda sujeito ativo qualificado ou especial); material (delito que exige resultado naturalístico, consistente na diminuição do patrimônio da vítima); de forma livre (podendo ser cometido por qualquer meio eleito pelo agente); comissivo (os verbos implicam ações); instantâneo (cujo resultado se dá de maneira instantânea, não se prolongando no tempo); de dano (consuma-se apenas com efetiva lesão a um bem jurídico tutelado); unissubjetivo (que pode ser praticado por um só agente); plurissubsistente (em regra, vários atos integram a conduta); admite tentativa.

**198. Ação penal privada:** a vítima deve ajuizar ação penal privada através da queixa-crime. Entretanto, a ação penal será pública incondicionada se a vítima for a União, o Estado ou o Município (art. 24, § 2.º, CPP).

**Capítulo VII**
**DA RECEPTAÇÃO**

**Receptação**

> **Art. 180.** Adquirir, receber, transportar, conduzir ou ocultar,[1-2] em proveito próprio ou alheio,[3] coisa[4] que sabe ser produto de crime,[5-6-A] ou influir para que terceiro, de boa-fé, a adquira, receba ou oculte:[7-8]
>
> Pena – reclusão, de 1 (um) a 4 (quatro) anos, e multa.

# Art. 180

Código Penal Comentado · **Nucci**

**Receptação qualificada**[9]

> § 1.º Adquirir, receber, transportar, conduzir, ocultar, ter em depósito, desmontar, montar, remontar, vender, expor à venda, ou de qualquer forma utilizar,[10] em proveito próprio ou alheio, no exercício de atividade comercial ou industrial,[11] coisa que deve saber[12] ser produto de crime:[13-14]
>
> Pena – reclusão, de 3 (três) a 8 (oito) anos, e multa.
>
> § 2.º Equipara-se à atividade comercial, para efeito do parágrafo anterior, qualquer forma de comércio irregular ou clandestino, inclusive o exercido em residência.[15]
>
> § 3.º Adquirir ou receber[16-17] coisa que, por sua natureza ou pela despro-porção entre o valor e o preço,[18] ou pela condição de quem a oferece,[19] deve presumir-se[20] obtida por meio criminoso:[21]
>
> Pena – detenção, de 1 (um) mês a 1 (um) ano, ou multa, ou ambas as penas.
>
> § 4.º A receptação é punível,[22] ainda que desconhecido ou isento de pena[23] o autor do crime[24] de que proveio a coisa.
>
> § 5.º Na hipótese do § 3.º, se o criminoso é primário, pode o juiz, tendo em consideração as circunstâncias, deixar de aplicar a pena.[25] Na receptação dolosa aplica-se o disposto no § 2.º do art. 155.[26]
>
> § 6.º Tratando-se de bens do patrimônio da União, de Estado, do Distrito Federal, de Município ou de autarquia, fundação pública, empresa pública, sociedade de economia mista ou empresa concessionária de serviços públicos, aplica-se em dobro a pena prevista no *caput* deste artigo.[27]

**1. Análise do núcleo do tipo:** o crime de receptação simples é constituído de dois blocos, com duas condutas autonomamente puníveis. A primeira – denominada *receptação própria* – é formada pela aplicação alternativa dos verbos *adquirir* (obter, comprar), *receber* (aceitar em pagamento ou simplesmente aceitar), *transportar* (levar de um lugar a outro), *conduzir* (tornar-se condutor, guiar), *ocultar* (encobrir ou disfarçar), tendo por objeto mate-rial coisa produto de crime. Nesse caso, tanto faz o autor praticar uma ou mais condutas, pois responde por crime único (ex.: aquele que adquire e transporta coisa produto de delito comete uma receptação). A segunda – denominada *receptação imprópria* – é formada pela associação da conduta de *influir* (inspirar ou insuflar) alguém de boa-fé a *adquirir* (obter ou comprar), *receber* (aceitar em pagamento ou aceitar) ou *ocultar* (encobrir ou disfarçar) coisa produto de crime. Nessa hipótese, se o sujeito influir para que a vítima adquira e oculte a coisa produto de delito, estará cometendo uma única receptação. Ocorre que a receptação, tal como descrita no *caput* do art. 180, é um tipo misto alternativo e, ao mesmo tempo, cumulativo. Assim, adquirir, receber, transportar, conduzir ou ocultar coisa originária de crime são condutas alternativas, o mesmo ocorrendo com a influência sobre terceiro para que adquira, receba ou oculte produto de crime. Mas se o agente praticar condutas dos dois blocos fundamentais do tipo, estará co-metendo dois delitos (ex.: o agente adquire coisa produto de crime e depois ainda influencia para que terceiro de boa-fé também o faça). A Lei 13.804/2019 acrescentou ao Código de Trânsito Brasileiro o art. 278-A, nos seguintes termos: "o condutor que se utilize de veículo para a prática do crime de receptação, descaminho, contrabando, previstos nos arts. 180, 334 e 334-A do Decreto-Lei n.º 2.848, de 7 de dezembro de 1940 (Código Penal), condenado por um desses crimes em decisão judicial transitada em julgado, terá cassado seu documento de habilitação ou será proibido de obter a habilitação para dirigir veículo automotor pelo prazo de 5 (cinco) anos". Na jurisprudência: STJ: "1. Ausente a confissão, única prova apta a revelar o que se passava na consciência do agente no momento da receptação, o elemento subjetivo do tipo penal deve ser averiguado pelo julgador com base nas circunstâncias exteriores da conduta. O modo de aquisição do bem, o contexto da transação, o valor ínfimo pago pela res etc. são dados reveladores de que o acusado sabia da proveniência ilícita da coisa, ante irregularidades perceptíveis pelo homem comum. 2. Está suficientemente demonstrado o dolo do réu, pois ele adquiriu a arma de fogo sem autorização legal, de maneira irregular e informal, além de manter o porte clandestino do artefato, em desacordo com as determinações regulamentares" (AgRg no HC 778.738-RS, 6.ª T., rel. Rogerio Schietti Cruz, 13.03.2023, v.u.).

**2. Sujeitos ativo e passivo:** o sujeito ativo pode ser qualquer pessoa. O sujeito passivo necessita ser o proprietário ou possuidor da coisa produto de crime. Note-se que o sujeito que foi coautor ou partícipe do delito antecedente, por meio do qual obteve a coisa, não responde por receptação, mas somente pelo que anteriormente cometeu.

**3. Elemento subjetivo:** é o dolo. A forma culposa possui previsão específica no § 3.º. Exige-se elemento subjetivo do tipo específico, que é a nítida intenção de tomar, para si ou para outrem, coisa alheia originária da prática de um delito. Além disso, deve-se destacar outra particularidade deste tipo penal: no contexto das duas condutas criminosas alternativas ("adquirir, receber, transportar, conduzir ou ocultar" e "influir para que terceiro a adquira, receba ou oculte") somente pode incidir o *dolo direto*, evidenciado pela expressão "que *sabe ser* produto de crime". Confira-se: STJ: "O aspecto anímico do conhecimento efetivo da origem delituosa é dado elementar do tipo e, portanto, essencial para a configuração típica" (AgRg no HC 498.117-SP, 6.ª T., rel. Rogerio Schietti Cruz, 07.11.2019, v.u.). Por outro lado, é de se frisar ser indispensável que o dolo, como urge sempre ocorrer, seja detectado concomitantemente à conduta, não se admitindo o chamado "dolo subsequente". É a posição majoritária da doutrina: NORONHA (*Direito penal*, v. 2, p. 505), MIRABETE (*Código Penal interpretado*, p. 1.179), DAMÁSIO (*Código Penal anotado*, p. 633), MAYRINK DA COSTA (*Direito penal*, v. 2, t. II, p. 573), DELMANTO (*Código Penal comentado*, p. 386), dentre outros. Em voz destoante, admitindo a existência do dolo subsequente está a posição de HUNGRIA (*Comentários ao Código Penal*, v. 7, p. 307). Há, ainda, uma dissidência no tocante à avaliação do dolo. NORONHA defende – seguido por alguns – a possibilidade de existir o "dolo antecedente" e fornece a seguinte hipótese: "Alguém pode, por exemplo, receber para guardar uma coisa, desconhecendo ser produto de crime; entretanto, vem a saber que foi furtada e agora combina com o ladrão vendê-la a outrem, ou somente agir junto a este para que a compre. Nesta hipótese, há receptação. Mas não se constitui pelo recebimento em *boa-fé* e sim pela *intervenção dolosa* para que terceiro a adquira etc. O dolo é ainda anterior à ação criminosa" (*Direito penal*, v. 2, p. 505). Com isso não podemos concordar. Nesse caso, o dolo também é concomitante à conduta. Se vem a saber que a coisa é produto de crime e influi para que terceiro a adquira, o dolo configura-se exatamente no momento em que existe a conduta de insuflar outrem a comprar a coisa produto de delito. No prisma que sustentamos, está a posição de MAYRINK DA COSTA (*Direito penal*, v. 2, t. II, p. 573).

**4. Conceito de coisa:** entendemos não diferir da definição extraída no crime de furto, acrescendo-se ser *produto de crime*. A coisa há de ser *alheia* e *móvel*, pela própria singularidade do tipo penal. Não haveria sentido em se punir a receptação de coisa própria, tampouco em se considerar presente a receptação de bem imóvel. No primeiro caso, deve-se destacar que o tipo penal protege o patrimônio, e não a boa-fé ou a integridade moral das pessoas. Portanto, adquirir, receber, transportar, conduzir ou ocultar um bem móvel de sua propriedade, que foi anteriormente furtado, não pode ser considerado crime, sob pena de se invadir a seara da ilogicidade (ex.: o agente identifica numa feira de antiguidades uma peça sua que foi anterior-

# Art. 180

mente subtraída de sua residência, adquirindo-a. Ainda que compre diretamente do ladrão uma coisa que lhe pertence, não cometerá crime). E mais: admitamos que o proprietário da coisa anteriormente subtraída vislumbre o objeto que lhe pertence sendo vendido na mesma feira de antiguidades e influa para que terceiro de boa-fé a adquira. Nesse caso, estará dispondo do que é seu (consentimento da vítima), não se configurando figura criminosa. É a posição majoritária na doutrina. Em sentido contrário, admitindo ser sujeito ativo de receptação o proprietário da coisa produto de crime, está a linha de DAMÁSIO (*Código Penal anotado*, p. 631). No tocante aos bens imóveis, bem esclarece HUNGRIA que "um imóvel não pode ser receptado, pois a receptação pressupõe um *deslocamento da 'res'*, do poder de quem ilegitimamente a detém para o do receptador, de modo a tornar mais difícil a sua recuperação por quem de direito" (*Comentários ao Código Penal*, v. 7, p. 304). Na jurisprudência: STJ: "2. O Supremo Tribunal Federal, em julgado da Relatoria do Ministro Moreira Alves, já decidiu que, em face da legislação penal brasileira, só as coisas móveis ou mobilizadas podem ser objeto de receptação. Interpretação do art. 180 do Código Penal. Assim, não é crime, no direito pátrio, o adquirir imóvel que esteja registrado em nome de terceiro, que não é o verdadeiro proprietário (RHC-57.710/SP, 2.ª T., *DJ* de 16.05.1980). No mesmo sentido, o RHC 58.329/MG, rel. Min. Cunha Peixoto, 1.ª T., *DJ* de 28.11.1980 e doutrina de Nelson Hungria e Guilherme de Souza Nucci" (HC 545.395-RO, 5.ª T., rel. Reynaldo Soares da Fonseca, 05.03.2020, v.u.).

**5. Produto de crime:** é preciso ter havido, anteriormente, um delito, não se admitindo a *contravenção penal*. Independe, no entanto, de prévia condenação pelo crime anteriormente praticado, bastando comprovar a sua existência, o que pode ser feito no processo que apura a receptação. Aliás, se por alguma razão o primeiro delito não for punido, permanece a possibilidade de se condenar o receptador. É o disposto expressamente no art. 108 do Código Penal (ex.: prescrito o furto, continua punível a receptação da coisa subtraída). No mesmo caminho, tratando o tipo penal somente de *crime*, não se exige seja delito antecedente contra o patrimônio.

**6. Receptação de receptação:** é perfeitamente admissível, pois a lei exige, unicamente, ser a coisa produto de *crime*, pouco importando qual seja.

**6-A. Receptação de coisa insignificante:** atipicidade. Se o crime anterior for considerado delito de bagatela, por exemplo, não há como permitir a configuração da receptação, por duas razões: a) não houve crime anterior, como exige o tipo do art. 180; b) não há coisa com valor econômico. Porém, mesmo que tenha havido um delito precedente, ao menos em tese, é preciso evitar a condenação por receptação de coisa insignificante, seguindo a mesma ideia que norteia o princípio da intervenção mínima em qualquer outra infração penal. Na jurisprudência: "1. Sedimentou-se a orientação jurisprudencial no sentido de que a incidência do princípio da insignificância pressupõe a concomitância de quatro vetores: a mínima ofensividade da conduta do agente, nenhuma periculosidade social da ação, o reduzidíssimo grau de reprovabilidade do comportamento e a inexpressividade da lesão jurídica provocada. 2. O pequeno valor do carrinho de mão receptado de propriedade de uma empreiteira, que representa menos de 5% do salário-mínimo vigente à época dos fatos – R$ 30,00, denota não relevante interesse social na onerosa intervenção estatal, ainda que se trate de réu reincidente por embriaguez ao volante e desobediência. 3. *Habeas corpus* concedido para absolver o paciente por atipicidade material da conduta e aplicação do princípio da insignificância, na Ação Penal 0015200-52.2012.816.0019, oriunda da 3.ª Vara Criminal de Ponta Grossa/PR" (HC 570.838-PR, 6.ª T., rel. Nefi Cordeiro, 19.05.2020, v.u.).

**7. Objetos material e jurídico:** o objeto material é a coisa produto de crime. Não se inclui nesse conceito o instrumento utilizado para a prática do crime. Se alguém ocultar, por exemplo, um revólver para proteger o criminoso, responde por favorecimento real, e não por receptação. O objeto jurídico é o patrimônio. Na jurisprudência: STJ: "3. O objeto de proteção do art. 180 do Código Penal é bem de natureza individual, qual seja, o patrimônio, mais especificamente, o patrimônio da vítima lesada pelo primeiro delito (furto, roubo, v.g.). Por isso, se dois veículos que pertencem a vítimas distintas, por exemplo, são receptados, ainda que no mesmo contexto, não se mostra coerente reconhecer a existência de crime único, pois, na hipótese, ocorrem duas lesões ao bem jurídico" (AgRg no HC 782.142/SP, 6.ª T., rel. Laurita Vaz, 13.02.2023, v.u.).

**8. Classificação:** trata-se de crime comum (aquele que não demanda sujeito ativo qualificado ou especial); material (delito que exige resultado naturalístico, consistente na diminuição do patrimônio da vítima), quanto à receptação própria, e formal (delito que não exige resultado naturalístico), no tocante à receptação imprópria; de forma livre (podendo ser cometido por qualquer meio eleito pelo agente); comissivo (as condutas implicam ações); instantâneo (cujo resultado se dá de maneira instantânea, não se prolongando no tempo), salvo na modalidade "ocultar", que é permanente (delito de consumação prolongada). A ocultação tem a peculiaridade de significar o disfarce para algo não ser visto, sem haver a destruição. Por isso, enquanto o agente estiver escondendo a coisa que sabe ser produto de crime, consuma-se a infração penal. É unissubjetivo (que pode ser praticado por um só agente); plurissubsistente (em regra, vários atos integram a conduta). Há quem sustente ser o crime unissubsistente na modalidade imprópria, ou seja, possível de se consumar num único ato, o que não permitiria a tentativa. Assim, ou o agente influencia o terceiro a comprar, receber ou ocultar a coisa produto de crime ou não o faz, inexistindo delito. Não nos convence essa ideia, uma vez que o fator distintivo do crime plurissubsistente para o unissubsistente é a possibilidade do *iter criminis* poder ser fracionado no primeiro caso. O unissubsistente, consubstanciado num único ato, não admite essa divisão, o que não nos parece ocorrer com a conduta de *influir*. É possível imaginar alguém insuflando outrem a adquirir coisa produto de crime, valendo-se de vários atos para isso, razão pela qual pode ser interrompido no curso da ação. Cremos possível a "tentativa de influenciação". É certo que a maioria da doutrina rejeita essa linha, crendo que a "influência" dá-se num único ato idôneo, sendo irrelevante que o terceiro aja conforme a sugestão. Ora, tal postura reduz – e muito – a importância da conduta de "influir", ampliando em demasia a possibilidade de punição. Pode-se imaginar a conduta de uma pessoa que, ciente de estar diante de uma coisa produto de crime, sugere a outra, de boa-fé, que a adquira (possivelmente, pensando em, posteriormente, ficar com ela para si, sem levantar qualquer suspeita). O simples fato de o agente dizer para o outro comprar a mercadoria não pode ser, automaticamente, um crime de receptação consumado. E se o terceiro rejeitar de imediato a sugestão, não demonstrando o menor interesse na coisa? Ainda assim dar-se-ia uma pena de, no mínimo, um ano de reclusão e multa para o autor do estímulo? Entendemos que isso não é cabível, podendo configurar-se, no máximo, uma tentativa. Não se pode, também, dizer que um mero palpite, sem influenciar o terceiro, seria um irrelevante penal. É a inadequada posição oposta, partindo-se para o tudo ou nada. "Influir", para nós, significa algo mais complexo do que um mero palpite, que invade o campo do convencimento, repleto de atos: excitando, animando, inspirando o terceiro a adquirir, receber ou ocultar. Dessa forma, ainda que o terceiro não adquira, receba ou oculte, é preciso, no mínimo, para a consumação do crime, que esteja inspirado a fazê-lo, influenciado a tanto, por ter sido verdadeiramente animado pelo agente. E se este for surpreendido pela polícia no momento em que está quase convencendo o outro, de boa-fé, a comprar coisa produto de crime? Por que não haver tentativa nessa hipótese? O fato de ser um crime formal, que não necessita do resultado naturalístico (adquirir, receber ou ocultar coisa produto de delito), não elimina a possibilidade de ser realizado em vários atos,

# Art. 180

o que, por si só, permite o fracionamento do *iter criminis*, tornando plausível a tentativa e não sendo um crime unissubsistente. Em síntese: se o agente conseguir influenciar o terceiro num único ato, é evidente ser unissubsistente a conduta, não admitindo tentativa; entretanto, se utilizar vários atos para inspirar o terceiro à prática das condutas de adquirir, receber ou ocultar, pode dar-se a forma plurissubsistente e, consequentemente, haver tentativa. A caracterização de uma conduta como unissubsistente não parece autorizar, invariavelmente, a conclusão de que ela não possa ocorrer, em outra situação fática, através de mais de um ato. É o que nos parece ocorrer com a conduta de "influir". Registre-se que NÉLSON HUNGRIA, apesar de defender a impossibilidade de tentativa no caso da receptação imprópria, sustentando que basta um "ato idôneo de mediação" para o crime se consumar, chega a afirmar que a conduta de "influir" consiste em praticar o agente *atos de mediação*, ou seja, mais de um ato (ver *Comentários ao Código Penal*, v. 7, p. 304 e 307). Logo, se a ação pode ser dividida em *atos*, não se pode afirmar ser o delito unissubsistente, o que possibilita, em tese, defender a existência de um *iter criminis* mais longo, passível de interrupção, concretizando a tentativa.

**9. Análise da nova figura típica qualificada:** a Lei 9.426/1996 introduziu a figura típica do § 1.º, tendo por finalidade atingir os comerciantes e industriais que, pela facilidade com que atuam no comércio, podem prestar maior auxílio à receptação de bens de origem criminosa. Note-se que a introdução de alguns novos verbos como "desmontar", "montar" e "remontar" está a demonstrar a clara intenção de abranger alguns "desmanches" de carros que tanto auxiliam a atividade dos ladrões de veículos. Em que pese parte da doutrina ter feito restrição à consideração desse parágrafo como figura qualificada da receptação, seja porque ingressaram novas condutas, seja pelo fato de se criar um delito próprio, cujo sujeito ativo é especial, cremos que houve acerto do legislador. Na essência, a figura do § 1.º é, sem dúvida, uma receptação – dar abrigo a produto de crime –, embora com algumas modificações estruturais. Portanto, a simples introdução de condutas novas, aliás típicas do comércio clandestino de automóveis, não tem o condão de romper o objetivo do legislador de qualificar a receptação, alterando as penas mínima e máxima, que saltaram da faixa de 1 a 4 anos para 3 a 8 anos.

**10. Análise do núcleo do tipo:** as condutas *adquirir, receber, transportar, conduzir* e *ocultar* já foram analisadas na nota 1 deste capítulo. *Ter em depósito* (colocar algo em lugar seguro), *desmontar* (arruinar ou desarrumar peças de alguma coisa, tornando-a inútil à sua finalidade original), *montar* (ajuntar peças constituindo alguma coisa distinta das partes individualmente consideradas, encaixar ou arrumar algo para funcionar), *remontar* (montar novamente ou consertar), *vender* (alienar por determinado preço) ou *expor à venda* (colocar em exposição para atrair comprador) e *utilizar* (fazer uso, empregar de qualquer modo) compõem a novidade no tipo qualificado, embora o objeto material seja o mesmo: coisa produto de crime. Na jurisprudência: STJ: "3. A figura do § 1.º do artigo 180 do Código Penal foi introduzida para punir mais severamente os proprietários de 'desmanches' de carros, exigindo-se ainda o exercício de atividade comercial ou industrial, devendo ser lembrado que o § 2.º equipara à atividade comercial, para efeito de configuração da receptação qualificada, qualquer forma de comércio irregular ou clandestino, inclusive o exercido em residência, abrangendo, com isso, o 'desmanche' ou 'ferro-velho' caseiro, sem aparência de comércio legalizado. 4. A atividade comercial ou industrial contida no tipo deve estar relacionada ao objeto da receptação" (REsp 1.743.514-RS, 5.ª T., rel. Jorge Mussi, 14.08.2018, v.u.).

**11. Sujeitos ativo e passivo:** o sujeito ativo somente pode ser o comerciante ou o industrial; o sujeito passivo é o proprietário ou possuidor legítimo da coisa produto de crime.

# Art. 180

**12. Elemento subjetivo e aplicação da pena:** exige-se o dolo, nas modalidades direta ou eventual. A forma culposa está prevista no § 3.º, exigindo-se, ainda, o elemento subjetivo do tipo específico, consistente em agir com a nítida vontade de se apossar de coisa alheia ("proveito próprio ou alheio"). É verdade que se instaurou, após a criação desta figura típica qualificada (Lei 9.426/1996), intensa polêmica para interpretar e aplicar a receptação qualificada do § 1.º, quando colocada em confronto com o *caput* do art. 180. A controvérsia cinge-se ao seguinte ponto: no *caput*, exige o tipo penal a ocorrência do dolo direto, o que é evidenciado pelo emprego da expressão "que sabe ser produto de crime", prevendo-se uma pena de reclusão de 1 a 4 anos e multa; no § 1.º, que é um crime próprio, mais grave porque praticado pelo comerciante ou industrial, mais bem aparelhado a se tornar empresário do crime, pelas facilidades que possui na atividade natural de negociação que o envolve no cotidiano – veja-se o exemplo de alguns "desmanches", que camuflam quadrilhas de receptadores por meio do manto protetor da atividade comercial –, fala-se em "coisa que deve saber ser produto de crime", expressão que consagra o dolo eventual (nem se argumente ser conduta culposa, pois há o tipo específico da receptação culposa no § 3.º), prevendo-se uma pena de reclusão de 3 a 8 anos e multa. Assim, a contradição seria a seguinte: analisando-se somente o elemento subjetivo do tipo, sem levar em conta os demais elementos típicos como um todo, para o crime mais grave (*caput*), por tratar do dolo direto, a pena é menor; para o crime mais leve (§ 1.º), por levar em conta o dolo eventual, a pena é maior. Ora, sustentam alguns que não teria cabimento aplicar ao comerciante que adquire determinada coisa na dúvida, assumindo o risco de ser produto de crime, uma pena bem maior do que a prevista para o cidadão não comerciante, nem industrial, que adquire certo bem, sabendo ser produto de delito. A sugestão oferecida, pois, é a desconsideração da pena do § 1.º, assumindo-se aquela prevista no *caput*. Diz DAMÁSIO ser a solução "menos pior": "O preceito secundário do § 1.º deve ser desconsiderado, uma vez que ofende os princípios constitucionais da proporcionalidade e da individualização legal da pena. Realmente, nos termos das novas redações, literalmente interpretadas, se o comerciante devia saber da proveniência ilícita do objeto material, a pena é de reclusão, de três a oito anos (§ 1.º); se sabia, só pode subsistir o *caput*, reclusão de um a quatro anos. A imposição de pena maior ao fato de menor gravidade é inconstitucional, desrespeitando os princípios da harmonia e da proporcionalidade" (*Código Penal anotado*, p. 637). A mesma linha adota DELMANTO (*Código Penal comentado*, p. 388). Ver crítica feita por David Teixeira de Azevedo a essa posição no final desta nota, com fundamento no respeito ao princípio da legalidade. De nossa parte, também não concordamos com a postura de adotar a pena do *caput* ao tipo previsto no § 1.º. Se – e somente se – interpretássemos *literalmente* as referidas figuras típicas (*caput* e § 1.º), poderíamos chegar a tal conclusão: quando se exige o dolo direto, pune-se o agente mais levemente do que quando se exige o dolo eventual. Ocorre que, a despeito do princípio da reserva legal, não se proíbe no Direito Penal o emprego da interpretação extensiva, tampouco da interpretação teleológica. O que se vê na *aparente* contradição existente entre o *caput* e o § 1.º do art. 180 é a mesma situação ocorrente com inúmeros outros dispositivos que contam com a imprecisão técnica do legislador. É evidente que a conduta mais grave é a do § 1.º, que é uma autêntica receptação qualificada, alterando-se o mínimo e o máximo abstratamente fixados para a pena. Quando o delito for cometido por um comerciante ou por um industrial, possuidor de maior facilidade para cometer receptações, diante da sua própria atividade profissional, que lhe fornece infraestrutura (como o mencionado caso dos "desmanches"), tanto que o tipo penal, no caso do § 1.º, usa os verbos "ter em depósito", "desmontar", "montar", "remontar", "vender", "expor à venda", não elencados no *caput*, é lógico que é *muito mais grave* do que a receptação simples. Houve um lapso na redação da figura qualificada, que merecia, explicitamente, as expressões "que sabe ou deve saber ser produto de crime". Entretanto, não cremos ser suficiente tal omissão para haver total despre-

# Art. 180

zo à pena fixada no preceito secundário. Lembremos que também a pena obedece ao princípio da legalidade, bem como ao princípio da indeclinabilidade, não podendo deixar de ser aplicada por conta da vontade do juiz. Assim, pensamos ser o caminho mais adequado interpretar com lógica o pretendido pelo legislador. Os tipos penais valem-se das expressões "sabe" ou "deve saber" para ressaltar, quando é o caso, a possibilidade de punir o crime tanto por dolo direto, quanto por dolo indireto, embora não nos pareça ser esta a melhor solução, pois bastaria ao legislador servir-se de fórmula mais objetiva, dizendo em um parágrafo, se desejasse, que o crime somente é punido por dolo direto. E, inexistindo tal advertência, presumem-se naturalmente as duas formas do dolo. Se assim não fez, é óbvio supor que o dolo direto, quando está no tipo sozinho e expresso, como ocorre no *caput* do art. 180, exclui o dolo indireto, menos grave. Porém, se o tipo traz a forma mais branda de dolo no tipo penal, de modo expresso e solitário, como ocorre no § 1.º, é de se supor que o dolo direto está implicitamente previsto. O mais chama o menos, e não o contrário. Logo, o agente comerciante ou industrial, atuando com dolo eventual (devendo saber que a coisa é produto de crime), responde pela figura qualificada do § 1.º, com pena de reclusão de 3 a 8 anos e multa. Caso aja com dolo direto (sabendo que a coisa é produto de crime), com maior razão ainda deve ser punido pela figura do mencionado § 1.º. Se o dolo eventual está presente no tipo, é natural que o direto também esteja. Se quem *deve saber* ser a coisa adquirida produto de delito merece uma pena de 3 a 8 anos, com maior justiça aquele que *sabe* ser a coisa produto criminoso. O legislador pode excluir o *menos* grave – que é o dolo indireto –, como o fez no *caput*, mas não pode incluir o menos grave, excluindo o *mais* grave – que é o dolo direto, como aparentemente o fez no § 1.º, sendo tarefa do intérprete extrair da lei o seu real significado, estendendo-se o conteúdo da expressão "deve saber" para abranger o "sabe". Se o fato de *assumir o risco* é suficiente para configurar o tipo qualificado, naturalmente, o fato de *ter plena consciência* também o é. Não vemos razão para afastar a pena mais grave idealizada para esse tipo de receptação, simplesmente porque houve uma falha do legislador. Adotando a posição que sustentamos: STF: "É constitucional o § 1.º do art. 180 do CP, que versa sobre o delito de receptação qualificada ('§ 1.º Adquirir, receber, transportar, conduzir, ocultar, ter em depósito, desmontar, montar, remontar, vender, expor à venda, ou de qualquer forma utilizar, em proveito próprio ou alheio, no exercício de atividade comercial ou industrial, coisa que deve saber ser produto de crime'). Com fundamento nessa orientação, a 1.ª Turma negou provimento a recurso ordinário em *habeas corpus*. A recorrente reiterava alegação de inconstitucionalidade do referido preceito, sob a assertiva de que ofenderia o princípio da culpabilidade ao consagrar espécie de responsabilidade penal objetiva. Reportou-se a julgados nos quais, ao apreciar o tema, o STF teria asseverado a constitucionalidade do dispositivo em comento. Precedentes citados: RE 443.388-SP (*DJe* de 11.09.2009); HC 109.012-PR (*DJe* de 1.º.04.2013)" (RHC 117.143-RS, 1.ª T., rel. Rosa Weber, 25.06.2013, v.u., *Informativo* 712). STJ: "Ademais, 'o art. 180, § 1.º, do Estatuto Repressivo é constitucional e pode ser aplicado através da utilização da interpretação extensiva, ampliando o significado da expressão deve saber (dolo eventual), englobando também a expressão sabe (dolo direto). O comerciante ou industrial que adquire, vende, expõe a venda mercadoria que sabe ou devia saber ser de origem ilícita responde pela figura qualificada' (ARE 705.620 AgR, rel. Min. Luiz Fux, 1.ª T., j. 19.03.2013, processo eletrônico *DJe*-066 divulg. 10.04.2013 public. 11.04.2013)" (AgRg no AREsp 1.526.114-PR, 5.ª T., rel. Ribeiro Dantas, 15.10.2019, v.u.); "A Terceira Seção desta Corte, no julgamento dos Embargos de Divergência 879.539-SP, firmou entendimento de que não há como admitir a imposição da reprimenda prevista para a receptação simples em condenação pela prática de receptação qualificada, por ser mais reprovável a conduta praticada no exercício de atividade comercial ou industrial. Ressalva do entendimento desta relatora" (AgRg no REsp 1.225.141-SP, 6.ª T., rel. Maria Thereza de Assis Moura, 18.09.2012, v.u.). Embora adotando postura diversa da nossa – entende o autor que é possível praticar qualquer crime com dolo direto ou eventual, independentemente da inclusão, no tipo, dos elementos "sabe" e "deve saber" (ver nota 67 ao art. 18) –, DAVID TEIXEIRA DE AZEVEDO critica, com razão, a posição adotada por parte da doutrina de utilizar a sanção prevista no *caput* do art. 180, associada à descrição típica feita no § 1.º: "Sob o pretexto de derrogação do princípio da proporcionalidade viola-se outro de maior gravidade: o princípio da legalidade dos delitos e das penas, na vertente da anterioridade e taxatividade da lei penal. Tanto o fato quanto a sanção jurídica hão de estar prévia e claramente escritos e previstos em lei. A conduta típica deve vir emoldurada anteriormente ao fato, de forma precisa, clara e taxativa, não se tolerando no seio do direito penal a analogia senão *in bonam partem*. Igualmente, a sanção penal deve ser disposta no preceito sancionador de forma clara e expressa com plena correspondência ao tipo incriminador, não se permitindo no direito penal penas genéricas estatuídas na parte geral a que recorrente o aplicador da lei. (...) E sob o falso argumento e a equivocada disposição de uma interpretação favorável quebra-se o equilíbrio democrático e viola-se a segurança jurídica. Perde-se de vista que nem sempre a interpretação que resulte na imposição de uma sanção aparentemente menos grave, porque de menor quantitativo, significará melhor solução normativa para o acusado" (O crime de receptação e formas de execução dolosa, *Atualidades no direito e processo penal*, p. 52-55).

**13. Objetos material e jurídico:** ver nota 7 ao *caput*.

**14. Classificação:** trata-se de crime qualificado próprio (aquele que demanda sujeito ativo qualificado ou especial); material (delito que exige resultado naturalístico, consistente na diminuição do patrimônio da vítima); de forma livre (podendo ser cometido por qualquer meio eleito pelo agente); comissivo (as condutas implicam ações); instantâneo (cujo resultado se dá de maneira instantânea, não se prolongando no tempo) e permanente nas modalidades "ter em depósito", "expor à venda" e "ocultar" (a consumação pode prolongar-se no tempo); de dano (consuma-se apenas com efetiva lesão a um bem jurídico tutelado); unissubjetivo (que pode ser praticado por um só agente); plurissubsistente (em regra, vários atos integram a conduta); admite tentativa.

**15. Norma penal explicativa:** mais uma vez, demonstra o legislador a intenção de atingir os "desmanches" de carros, que, funcionando na clandestinidade, não costumam se apresentar como autênticas empresas. Assim, ainda que a atividade se desenvolva no domicílio do agente receptador, de modo informal, configura-se o delito. Trata-se de uma figura de *equiparação*.

**16. Análise do núcleo do tipo:** trata-se da modalidade culposa da receptação. Os verbos *adquirir* e *receber* já foram analisados na nota 1, comentando o *caput*. Frise-se que essas condutas desencadeiam seis hipóteses alternativas: *a)* adquirir coisa que, pela sua natureza, deve presumir-se obtida por meio criminoso; *b)* receber coisa que, pela sua natureza, deve presumir-se obtida por meio criminoso; *c)* adquirir coisa que, pela desproporção entre o seu valor e o preço pago, deve presumir-se obtida por meio criminoso; *d)* receber coisa que, pela desproporção entre o seu valor e o preço pago, deve presumir-se obtida por meio criminoso; *e)* adquirir coisa que, pela condição de quem a oferece, deve presumir-se obtida por meio criminoso; *f)* receber coisa que, pela condição de quem a oferece, deve presumir-se obtida por meio criminoso. A presença de mais de uma dessas situações, num mesmo contexto fático, faz incidir apenas um crime de receptação culposa. Normalmente, o legislador menciona apenas que o crime pode ser punido na modalidade culposa, mas, no caso da receptação, optou por descrever o tipo, transformando-o de aberto em fechado. Nessa ótica, conferir a lição de SÉRGIO DE OLIVEIRA MÉDICI: "Na receptação culposa, por exemplo, o legislador afastou-se da fórmula genérica ao incluir no tipo o comportamento considerado descuidado: ao 'adquirir

# Art. 180

Código Penal Comentado · **Nucci**

ou receber coisa que, por sua natureza ou pela desproporção entre o valor e o preço, ou pela condição de quem a oferece, deve presumir-se obtida por meio criminoso'. Este tipo culposo está completo, com a descrição integral da conduta, não podendo o intérprete considerar típico o comportamento que não se ajuste a uma das hipóteses previstas, não obstante configurada a culpa" (*Teoria dos tipos penais*, p. 113).

**17. Sujeitos ativo e passivo/objetos material e jurídico:** ver notas 2 e 7 ao *caput*.

**18. Natureza do objeto ou desproporção entre o valor e o preço:** a *natureza* do objeto é a sua qualidade intrínseca (ex.: algumas pedras são chamadas de preciosas conforme sua própria natureza. Uma esmeralda é preciosa, mas a pedra-sabão não o é). Por isso, quem adquire esmeraldas de alto valor – objeto que, por sua natureza, é sempre vendido cercado de cautelas, em joalherias ou estabelecimento similar – no meio da rua, de uma pessoa qualquer, deve presumir tratar-se de coisa produto de crime. É a imprudência que se afigura incontestável, por nítida infração ao dever de cuidado objetivo. Por outro lado, a *desproporção* (falta de correspondência ou relação entre coisas) entre o valor do objeto e o preço pago é outro indicativo de que deveria o agente ter agido com cautela. Ele pode adquirir coisa produto de crime quando o faz por menos da metade do seu preço, embora esteja em perfeitas condições de uso. Mais uma vez, está presente a imprudência. A despeito disso, admite-se prova em contrário por parte do agente receptador, demonstrando não ter agido com culpa. Nem sempre o preenchimento deste tipo configura a receptação. Yolanda Mendonça narra que "a desproporção do valor entre o preço comanda a significação criminosa que o receptador culposo deveria compreender. Há inúmeras hipóteses de receptação culposa, que o receptador será isento de culpa. Um indivíduo está faminto, sem dinheiro para comer, vende um relógio de ouro por preço insignificante ao receptador. Não houve crime do vendedor miserável nem do receptador" (*Do crime de receptação*, p. 16). Essa *receptação* representou muito mais *força maior* do que *culpa*.

**19. Condição de quem a oferece:** é outro indicativo da imprudência do agente receptador. Utilizando, ainda, o exemplo das pedras preciosas, imagine-se a empregada doméstica buscando vender à sua patroa uma joia de muito valor. Ainda que peça o preço de mercado, pela sua condição de pessoa humilde, não afeita ao comércio, muito menos de joias, é natural provocar a suspeita de ser coisa produto de crime. Admite-se, no entanto, prova em sentido contrário, por parte do agente receptador, demonstrando não ter agido com culpa no caso concreto.

**20. Deve presumir-se:** é o indicativo da culpa, na modalidade imprudência. Não se valeu o legislador da expressão "deve saber", que é, para nós, indicativa do dolo eventual, mas sim da *presunção*. Presumir é suspeitar, desconfiar, conjeturar ou imaginar, tornando a figura compatível com a falta do dever de cuidado objetivo, caracterizador da imprudência. O agente que, sem cautela ou atenção, adquire coisa produto de crime é punido por receptação culposa, pois *deveria ter imaginado* – o que não fez por ter sido imprudente – a origem ilícita do bem. Enquanto "deve saber" indica a posição daquele que está assumindo o risco (dolo eventual), "deve presumir" liga-se àquele que age desatentamente. Ressalte-se, mais uma vez, que não se trata de *presunção absoluta*, admitindo prova em contrário visando à demonstração de não ter havido culpa.

**21. Classificação:** trata-se de crime comum (aquele que não demanda sujeito ativo qualificado ou especial); material (delito que exige resultado naturalístico, consistente na diminuição do patrimônio da vítima); de forma livre (podendo ser cometido por qualquer meio eleito pelo agente); comissivo (os verbos implicam ações); instantâneo (cujo resultado se dá de maneira instantânea, não se prolongando no tempo); de dano (consuma-se apenas com efetiva lesão a um bem jurídico tutelado); unissubjetivo (que pode ser praticado por um só agente); plurissubsistente (em regra, vários atos integram a conduta); *não* admite tentativa, por ser culposo.

**22. Receptação punível autonomamente:** o crime de receptação é autônomo, não dependendo, para sua concretização, de anterior condenação do autor do crime que deu origem à coisa adquirida. Portanto, não há necessidade de que o delito antecedente, seja de que espécie for, tenha sido objeto de apuração em processo próprio, havendo o trânsito em julgado de sentença condenatória. Entretanto, como faz parte do tipo penal da receptação ser a coisa *produto de crime*, é necessário evidenciar-se, no processo em que se apura o delito do art. 180, a *existência* do crime anterior.

**23. Desconhecido ou isento de pena:** significa que o autor do delito anterior, que fez surgir a coisa de origem ilícita, pode ser desconhecido, provando-se, tão somente, a *existência* do fato criminoso. Além disso, é possível que o autor do crime antecedente seja conhecido, mas não ocorra sua punição, por razões variadas: houve prescrição, ele era menor de 18 anos ou doente mental, entre outras causas. Na jurisprudência: STJ: "O fato de o autor do crime antecedente ser isento de pena, por força da escusa absolutória prevista no art. 181, II, do Código Penal, não afasta a punibilidade do terceiro que pratica a receptação do bem objeto desse delito, segundo disposição expressa do art. 180, § 4.º, do mesmo Estatuto" (REsp 1419146-SC, 6.ª T., rel. Sebastião Reis Júnior, 19.08.2014, *DJe* 10.10.2014).

**24. Autor de crime:** essa expressão utilizada no tipo penal da receptação dá margem a intenso debate doutrinário, especialmente por parte daqueles que sustentam ser o crime apenas um fato típico e antijurídico. Dizem que culpabilidade é pressuposto de aplicação da pena, invocando, como prova disso, a redação do art. 180, § 4.º, ao mencionar que o *autor de crime* pode ficar isento de pena. Assim, o menor de 18 anos, não culpável, poderia subtrair alguma coisa e depois passá-la adiante, o que tornaria a pessoa que adquire o objeto passível de punição pelo delito de receptação. Estaria evidenciado, então, que o não culpável pode cometer *crime*, sendo culpabilidade pressuposto somente da pena. Pensamos haver um equívoco nessa interpretação. Em primeiro lugar, deve-se destacar que a redação desse parágrafo sempre foi feita dessa forma, desde 1940 (antes da Reforma Penal de 1984), quando a doutrina tradicional colocava o dolo e a culpa na culpabilidade. Basta ver, nesse sentido, a posição doutrinária à época, bem como a Exposição de Motivos do Código Penal de 1940. Dessa forma, seria impossível considerar que há *crime* única e tão somente com a ocorrência de tipicidade e antijuridicidade, pois os elementos subjetivos do delito – dolo e culpa –, incluídos na culpabilidade, jamais poderiam ser considerados "pressupostos de aplicação da pena", o que seria um enorme contrassenso. Se assim é, a expressão "isento de pena o autor de crime" não prova nada, ao menos não evidencia que culpabilidade é pressuposto de aplicação da pena. Há explicação mais do que plausível para tanto. FREDERICO MARQUES, que considera o crime um fato típico, antijurídico *e culpável*, deixando isso bem claro em várias passagens da sua obra (ver *Tratado de direito penal*, v. 2, p. 28, item 2, 32, entre outras), afirma: "Na legislação brasileira encontra-se bem clara essa noção tripartida do delito, no contexto legal do Código vigente, e também cânones de outros diplomas legislativos" (*Tratado de direito penal*, v. 2, p. 29). Mais adiante, para justificar a razão pela qual o legislador valeu-se das expressões "não há crime" (excludentes de antijuridicidade) e "é isento de pena" (excludentes de culpabilidade), ensina: "Entende assim o Código pátrio que, havendo fato típico e antijurídico, configurado se encontra o ilícito penal. A punibilidade deste resultará, a seguir, do juízo de culpabilidade com que se liga o fato antijurídico ao agente. O legislador penal separou, assim, de forma bem

# Art. 180

Código Penal Comentado • **Nucci**

914

patente, a ilicitude, a *parte objecti*, da culpabilidade, a antijuridicidade objetiva da relação subjetiva com o fato, isto é, do juízo de valor sobre a culpa em sentido lato. Se um louco comete um furto, a ilicitude criminal do fato não o torna passível de pena porque a inimputabilidade impede a aplicação de *sanctio juris* dessa natureza. Mas se o louco vender a coisa furtada a um terceiro, esta será considerada produto de crime para caracterizar-se o delito de receptação descrito no art. 180, do Código Penal" (*Tratado de direito penal*, v. 2, p. 138-139). Ora, para a doutrina da época – e que conta com inúmeros adeptos até hoje –, quando dolo e culpa (elementos subjetivos do crime) estavam, incontestavelmente, incluídos na culpabilidade, podiam-se ver no crime duas partes: a objetiva (fato típico e antijurídico) e a subjetiva (culpabilidade). O *todo*, portanto, era composto das duas faces. Pode-se afirmar, para quem é adepto da teoria clássica do crime, que, objetivamente, delito é um fato típico e antijurídico, mas, subjetivamente, é um ilícito *culpável*. Assim, concretamente, para os clássicos do Direito Penal, crime, numa visão completa (objetiva e subjetiva), exige três elementos: tipicidade, antijuridicidade e culpabilidade. No caso da receptação e de outros crimes, o legislador, ao lançar no tipo a palavra "crime", usou-a com o significado objetivo, vale dizer, um fato típico e antijurídico, ou seja, um ilícito penal a *parte objecti*. O menor de 18 anos, portanto, pode perfeitamente praticar um ilícito penal, embora não seja punível, por lhe faltar culpabilidade. O art. 180, § 4.º, utiliza a palavra "crime" apenas para *destacar* que a infração penal anteriormente cometida e exigida para configurar a receptação não pode ser uma contravenção penal. Anote-se a lição de Noronha nesse contexto: "Confirma o legislador que, nesta, a coisa obtida por *meio delituoso* é a conseguida por meio de *crime*, não se compreendendo a originada de contravenção ou outro ato ilícito" (*Direito penal*, v. 2, p. 510). Vale-se do termo "crime" com o sentido puramente objetivo. Outros argumentos interessantes são enumerados por Cezar Roberto Bitencourt: "Ao contrário do que imaginam, essa *política criminal* adotada pelo Código de 1940 tem outros fundamentos: 1.º) de um lado, representa a adoção dos postulados da 'teoria da acessoriedade limitada', que também foi adotada pelo Direito Penal alemão em 1943, segundo a qual, para punir o partícipe, é suficiente que a ação praticada pelo autor principal seja típica e antijurídica, sendo indiferente a sua culpabilidade; 2.º) de outro lado, representa a consagração da prevenção, na medida em que pior que o ladrão é o receptador, posto que a ausência deste enfraquece o estímulo daquele; 3.º) finalmente, o fato de o nosso Código prever a possibilidade de punição do receptador, mesmo que o autor do crime anterior seja *isento de pena*, não quer dizer que esteja referindo-se, *ipso facto*, ao inimputável. O agente imputável, por inúmeras razões, como, por exemplo, coação moral irresistível, erro de proibição, erro provocado por terceiro, pode ser isento de pena" (*Erro de tipo e de proibição*, p. 54). Conferir, nessa esteira, o argumento de Nilo Batista: "Sem embargo do aprimoramento técnico da reforma de 1984, neste particular a conclusão é a mesma que se poderia extrair do texto de 1940: a *vox crime*, no Código Penal brasileiro, significa conduta típica e antijurídica. Está excluída, portanto, a acessoriedade mínima; como a regra do art. 30, que será oportunamente examinada, exclui a hiperacessoriedade, resta-nos decidir entre a limitada e a máxima. O reiterado emprego da expressão *crime* na disciplina do concurso de pessoas (arts. 29, seu § 2.º, 30, 31, 62 e seus incisos) não permite a menor dúvida: prevalece, no direito brasileiro, uma *acessoriedade limitada*" (*Concurso de agentes*, p. 165). Alegam alguns que a doutrina clássica estaria superada após a Reforma Penal de 1984, sendo cabível considerar que, tendo sido adotada a teoria finalista, o dolo e a culpa passaram a integrar a conduta típica, razão pela qual a culpabilidade transformou-se em mero pressuposto de aplicação da pena. Continua, segundo pensamos, inconsistente tal postura. Em primeiro lugar, apesar de a reforma mencionada possuir contornos nitidamente finalistas, não foram eles suficientes para transformar a Parte Geral do Código Penal em finalista. Além disso, nenhuma modificação foi feita na estrutura do crime, como se pode observar na Exposição de Motivos de 1984. Em segundo lugar, há muitos finalistas que continuam vendo o crime como fato típico, antijurídico e culpável (a respeito, por todos, ver FRANCISCO DE ASSIS TOLEDO, *Princípios básicos de direito penal*, p. 82). Na ótica finalista, portanto, a interpretação que se faz da palavra "crime", colocada no art. 180, § 4.º, é apenas de um injusto, ou seja, algo que não nos é permitido praticar. O injusto abrange o fato típico e antijurídico, embora não culpável. O injusto é uma conduta ilícita; para aperfeiçoar-se como *crime* genuíno necessita da culpabilidade (ASSIS TOLEDO, *Princípios básicos de direito penal*, p. 119). No mesmo prisma está a lição do idealizador maior do finalismo, HANS WELZEL, afirmando ser crime a ação típica, antijurídica e culpável ("A tipicidade, a antijuridicidade e a culpabilidade são os três elementos que convertem uma ação em um delito": *Derecho penal alemán – Parte general*, 11. ed., p. 57; *El nuevo sistema del derecho penal – Una introducción a la doctrina de la acción finalista*, p. 43). Em síntese: onde se lê *crime*, no texto do art. 180, § 4.º (e em outros tipos penais), leia-se apenas "*crime* objetivamente considerado" (doutrina clássica) ou "*injusto penal*" (doutrina finalista). Logo, culpabilidade continua sendo, contenha ou não dolo e culpa, elemento indissociável da visão *completa* de *crime*.

**25. Perdão judicial:** trata-se de mais uma hipótese de perdão judicial criada para atender somente a receptação culposa. Quanto ao conceito de perdão, ver nota ao art. 107, IX. No caso presente, estabelece a lei a condição expressa de o réu ser primário, além de deixar em aberto outras *circunstâncias* ao critério do juiz. Assim, fixaram a doutrina e a jurisprudência que, além da primariedade, deve-se exigir o seguinte: a) diminuto valor da coisa objeto da receptação; b) bons antecedentes; c) ter o agente atuado com culpa levíssima. Na jurisprudência: STJ: "Nos termos do artigo 180, § 5.º, do Código Penal, praticado o crime de receptação culposa, sendo o agente infrator primário, pode o juiz, considerando as circunstâncias, deixar de aplicar a pena. Tal discricionariedade, que deve ser motivada, pode abranger o ato infracional equiparado ao referido crime praticado por adolescente. Na espécie, todavia, as passagens anteriores dos adolescentes pela Vara da Infância e Juventude obstam a não aplicação de medida socioeducativa. Registra-se, ainda, que foi considerado pelo Tribunal de origem a natureza do bem receptado (motocicleta, avaliada em R$ 2.000,00, comprada pelos adolescentes por R$ 400,00) para justificar a aplicação de medida socioeducativa" (HC 387.703-SC, 6.ª T., rel. Maria Thereza de Assis Moura, 04.04.2017, v.u.).

**26. Figura privilegiada:** ver nota ao art. 155, § 2.º. Cremos, como já defendemos no caso do furto privilegiado, existir a possibilidade de aplicação do disposto neste parágrafo a todas as formas de receptação dolosa (*caput* e § 1.º). Aliás, nenhuma distinção fez o legislador ao determinar a aplicação do privilégio.

**27. Causa de aumento de pena:** acreditávamos constituir uma qualificadora a indicação de que a pena prevista no *caput* do artigo serviria como qualificadora, vale dizer, aumentaria o mínimo e o máximo em abstrato, em dobro. Entretanto, não é dessa forma, tecnicamente, que se cria uma qualificadora; o correto é indicar, expressamente, a nova faixa de fixação da pena abstrata, como se pode ver no art. 155, § 4.º, do Código Penal (pena de reclusão, de 2 a 8 anos, e multa). Portanto, indicar a aplicação da pena em dobro significa fazê-lo na terceira fase da escolha do *quantum* da sanção penal. Indica-se a pena prevista no *caput* apenas para que se torne clara a não utilização de outras faixas abstratas, como as apontadas nos §§ 1.º e 3.º. Leva-se em conta essa causa de aumento quando o produto de crime, referido no tipo penal, pertencer ao patrimônio da União, de Estado, do Distrito Federal, de Município ou de autarquia, fundação pública, empresa pública, sociedade de economia mista ou empresa concessionária de serviços públicos. Exige-se, no entanto, que o agente tenha conhecimento disso, pois não se trata da aplicação puramente objetiva do aumento. Na jurisprudência: STJ:

# Art. 180-A

"1. Dispõe expressamente o § 6.º, do art. 180, do Código Penal, que o aumento de pena nele previsto é aplicável à reprimenda prevista no *caput* do artigo. Assim, por força do princípio da legalidade, não pode incidir na receptação qualificada, tipificada no § 1.º do mesmo artigo e que possui penas abstratamente cominadas distintas" (REsp 1.837.971-SC, 6.ª T., rel. Laurita Vaz, 13.10.2020, v.u.); "2. Esta Corte Especial possui o entendimento de que o art. 180, § 6.º, do Código Penal – CP prevê, expressamente, a incidência da majorante quando o crime for praticado contra 'bens e instalações do patrimônio da (...) empresa concessionária de serviços públicos', estando, dessa forma, abrangida a ECT na sua tutela, não havendo falar em interpretação extensiva desfavorável ao conceito de bens da União. Precedentes. 3. O pleito relativo à suspensão condicional do processo fica prejudicado em razão do *quantum* de pena aplicado, tendo em vista que a suspensão condicional do processo, prevista no art. 89 da Lei 9.095/1995, requer que a pena mínima cominada ao delito seja igual ou inferior a 1 ano" (AgRg no AREsp 1.647.676-SP, 5.ª T., rel. Joel Ilan Paciornik, 19.05.2020, v.u.).

### Receptação de animal

> **Art. 180-A.** Adquirir, receber, transportar, conduzir, ocultar, ter em depósito ou vender,[28-30] com a finalidade de produção ou de comercialização, semovente domesticável de produção, ainda que abatido ou dividido em partes, que deve saber ser produto de crime:[31-32]
>
> Pena – reclusão, de 2 (dois) a 5 (cinco) anos, e multa.

**28. Análise do núcleo do tipo:** *adquirir* (obter, comprar), *receber* (aceitar em pagamento ou simplesmente aceitar), *transportar* (levar de um lugar a outro), *conduzir* (tornar-se condutor, guiar), *ocultar* (encobrir ou disfarçar), *ter em depósito* (colocar algo em lugar seguro) ou *vender* (alienar por determinado preço). O objeto das condutas é o semovente (animal) domesticável (apto a se tornar caseiro, domado, manso, como é o caso do cachorro, há muito tempo) de produção (atividade decorrente do trabalho humano, com ou sem instrumentos específicos, para atingir larga escala de *produtos*, com o fim de comércio e lucro). Visando à pormenorização dos animais domesticáveis de produção, acrescentou-se outra parte, até para tutelar o semovente morto: *ainda que abatido ou dividido em partes*. O abate significa a *matança de animais para servir de alimento* (no sentido específico desta qualificadora); essa ressalva faz com que o receptador não escape à punição se adquirir o semovente inteiro ou em partes. A última parte – outro equívoco do legislador, já cometido quando inseriu o § 1.º no art. 180 (receptação qualificada) – é parte do elemento subjetivo: *que deve saber ser produto de crime*. Será analisado na nota 30 *infra*.

**29. Sujeitos ativo e passivo:** o sujeito ativo pode ser qualquer pessoa. O sujeito passivo necessita ser o proprietário ou possuidor do animal produto do crime. Note-se: o sujeito que foi coautor ou partícipe do delito antecedente, por meio do qual obteve a coisa, não responde por receptação, mas somente pelo que anteriormente cometeu. Outro ponto importante é que, embora criada a qualificadora do furto para casos de subtração de animais para abate, se houver roubo, extorsão ou outro delito para retirar o semovente de seu proprietário, para o efeito da receptação do art. 180-A, continua valendo aquilo que foi realizado pelo agente, pois o tipo menciona somente *produto de crime*.

**30. Elemento subjetivo:** é o dolo, podendo tratar-se tanto do dolo direto quanto do eventual. Existe o elemento subjetivo específico, consistente na *finalidade de produção ou de comercialização*. Inexiste a forma culposa. Não deixa de ser outro problema criado pelo legislador na redação deste tipo, pois se valeu somente da expressão *que deve saber ser produto de crime*; noutros termos, o *deve saber* pressupõe o dolo eventual. Quando é caso de dolo direto (como na receptação prevista no *caput* do art. 180 do CP), usa-se *que sabe ser produto de crime*. A polêmica surgiu no momento em que se criou a receptação qualificada do § 1.º do art. 180 do CP, em que se utilizou apenas da expressão *que deve saber* (e não *que sabe*). Muitos autores argumentaram que a receptação qualificada, mais grave, poderia ocorrer com um *dolo mais brando*, enquanto a figura simples exigia o *dolo mais intenso*. Alegações de lesão à proporcionalidade ou à legalidade foram expostas. O fato é que, desde aquela época, posicionamo-nos pela validade do § 1.º tal como foi redigido. O argumento é simples: quem pode o mais, pode o menos. Se a receptação qualificada pode existir com o dolo eventual, é mais que lógico poder configurar-se, igualmente, com o dolo direto. Essa foi a posição que predominou. Sob outro prisma, o dolo é atual à conduta e não existem dolo antecedente nem dolo subsequente na receptação. Outro problema que se pode levantar é a subtração de semoventes para proveito próprio ou alheio – e não para fins de comercialização ou de produção. O tipo exige este último objetivo; do contrário, inexiste receptação de animal (art. 180-A). Portanto, subtrair bois, repassando-os a quem queira criá-los para deles se alimentar não constitui receptação de animal. Pode ingressar na figura do art. 180, *caput*, mas, nesta hipótese, demanda-se o dolo direto. Ou até na figura da receptação culposa, também do art. 180, § 3.º.

**31. Objetos material e jurídico:** o objeto material é o semovente domesticável de produção (abatido ou não; inteiro ou em partes). O objeto jurídico é o patrimônio.

**32. Classificação:** trata-se de crime comum (aquele que qualquer pessoa pode praticar); material (delito que exige resultado naturalístico, consistente na diminuição do patrimônio da vítima); de forma livre (podendo ser cometido por qualquer meio eleito pelo agente); comissivo (as condutas implicam ações); instantâneo (cujo resultado se dá de maneira instantânea, não se prolongando no tempo), nas formas "adquirir", "receber", "transportar", "conduzir" e "vender", e permanente, nas modalidades "ter em depósito" e "ocultar" (a consumação pode prolongar-se no tempo); de dano (consuma-se apenas com efetiva lesão a um bem jurídico tutelado); unissubjetivo (que pode ser praticado por um só agente); plurissubsistente (em regra, vários atos integram a conduta); admite tentativa.

**Capítulo VIII**
**DISPOSIÇÕES GERAIS**

> **Art. 181.** É isento de pena[1-2] quem comete qualquer dos crimes previstos neste título,[3] em prejuízo:[4]
>
> I – do cônjuge, na constância da sociedade conjugal;[5-8]
>
> II – de ascendente ou descendente, seja o parentesco legítimo ou ilegítimo, seja civil ou natural.[9-10]

**1. Imunidade penal absoluta ou impunibilidade absoluta:** *imunidade* é um privilégio de natureza pessoal, desfrutado por alguém em razão do cargo ou da função exercida, bem como por conta de alguma condição ou circunstância de caráter pessoal. No âmbito penal, trata-se (art. 181) de uma escusa absolutória, condição negativa de punibilidade ou causa pessoal de exclusão da pena. Assim, por razões de política criminal, levando em conta motivos de ordem utilitária e baseando-se na circunstância de existirem laços familiares ou

# Art. 181

Código Penal Comentado · **Nucci** 918

afetivos entre os envolvidos, o legislador houve por bem afastar a punibilidade de determinadas pessoas. O crime – fato típico, antijurídico e culpável – está presente, embora não seja punível. Cuida-se de imunidade *absoluta*, porque não admite prova em contrário, nem possibilidade de se renunciar à sua incidência. Nos crimes patrimoniais, não violentos e sem grave ameaça, os cônjuges, entre si, os ascendentes e os descendentes, entre si, ainda que cometam delitos, não são punidos. Ensina NÉLSON HUNGRIA que a razão dessa imunidade nasceu, no direito romano, fundada na *copropriedade familiar*. Posteriormente, vieram outros argumentos: a) evitar a cizânia entre os membros da família; b) proteger a intimidade familiar; c) não dar cabo do prestígio auferido pela família. Um furto, por exemplo, ocorrido no seio familiar deve ser absorvido pelos próprios cônjuges ou parentes, afastando-se escândalos lesivos à sua honorabilidade (*Comentários ao Código Penal*, v. 7, p. 324). Ver, ainda, FERNANDO MANTOVANI, *Diritto penale – Parte speciale*, p. 55. Ressalte-se que, havendo terceiro estranho à família, envolvido em qualquer dos delitos previstos neste título, figurando como sujeito passivo, deixa de haver a incidência da escusa absolutória.

**2. Impossibilidade de instauração de inquérito policial:** se a imunidade é absoluta e conhecida pela autoridade policial, desde a prática do fato, não se admite o indiciamento de quem a possui. No máximo, instaura-se o inquérito para apurar os acontecimentos e detectar a referida imunidade. Com maior razão, é vedada a propositura de ação penal.

**3. Crimes que admitem a incidência da imunidade penal absoluta:** furto (art. 155), furto de coisa comum (art. 156), alteração de limites, usurpação de águas e esbulho possessório (art. 161), supressão ou alteração de marca em animais (art. 162), dano (art. 163), introdução ou abandono de animais em propriedade alheia (art. 164), apropriação indébita (art. 168), apropriação por erro, caso fortuito ou força da natureza, apropriação de tesouro, apropriação de coisa achada (art. 169), estelionato, disposição de coisa alheia como própria, defraudação de penhor, fraude na entrega da coisa, fraude para recebimento de indenização ou valor de seguro, fraude no pagamento por meio de cheque (art. 171), duplicata simulada (art. 172), abuso de incapazes (art. 173), induzimento à especulação (art. 174), fraude no comércio (art. 175), fraude em restaurante, hotel ou meio de transporte (art. 176), fraude e abuso na fundação ou administração de sociedade por ações (art. 177), emissão irregular de conhecimento de depósito ou *warrant* (art. 178), fraude à execução (art. 179), receptação (art. 180). Excluem-se, desde logo, os delitos de dano em coisa de valor artístico, arqueológico ou histórico (art. 165) e alteração de local especialmente protegido (art. 166), porque o sujeito passivo primordial é o Estado. Os demais crimes somente podem ser atingidos pela imunidade penal caso os sujeitos passivos sejam exclusivamente as pessoas enumeradas, taxativamente, no art. 181, sem qualquer possibilidade de ampliação.

**4. Erro quanto à propriedade do objeto material:** entendemos que há crime. É preciso ressaltar, mais uma vez, que o fato praticado pelo agente é típico, antijurídico e culpável, mas não punível, exatamente como ocorre com as causas extintivas da punibilidade. Portanto, se o agente acredita que o veículo furtado pertence ao seu pai, mas, em verdade, é de propriedade de estranho, deve responder pelo delito de furto. O seu erro foi de punibilidade, ou seja, acreditou que não seria sancionado, mas enganou-se, não quanto à ilicitude da conduta, mas quanto às consequências do seu ato. Cremos aplicável, neste caso, a lição de ASSIS TOLEDO: "Erro de punibilidade – inescusável – o agente sabe que faz algo proibido, ou devia e podia sabê-lo, mas supõe inexistir pena criminal para a conduta que realiza, desconhece a punibilidade do fato" (*Princípios básicos de direito penal*, p. 271). Não tem cabimento utilizar a imunidade para socorrer o agente quando a vítima, na realidade, não é parente seu. Ele furtou o carro de um estranho e não seria punido por exclusão da culpabilidade? O erro de proibição não nos parece aplicável a este caso, pois a imunidade penal tem por finalidade evitar a cizânia na família e as consequências nefastas que o processo pode gerar para os envolvidos, quando exclusivamente são autor e vítima as pessoas enumeradas no art. 181. O ilícito penal está concretizado, deixando de ser punido *por razões de política criminal*, que desaparecem totalmente quando o ofendido é estranho. Não há, também, erro de tipo, pois o agente sabe que a coisa subtraída é *alheia*, estando nitidamente presente o dolo. Por outro lado, defendemos a postura inversa: se o agente subtrai o carro do seu pai, pensando tratar-se do veículo de um estranho, não deve ser punido. Nessa hipótese, a vítima real é seu genitor, encaixando-se com perfeição à figura do art. 181, II. Sustentamos que a imunidade penal é de caráter objetivo e assim deve ser aplicada. Nessa visão, está a lição de NÉLSON HUNGRIA: "A *pertinência* da *res* ao cônjuge ou parente deve ser apreciada *objetivamente*, nada importando a errônea *opinião* ou *suposição* do agente a respeito". O crime não deixa de ser punido por razões ontológicas, mas por mera política criminal (*Comentários ao Código Penal*, v. 7, p. 327). No mesmo sentido, confira-se a lição de HIGUERA GUIMERA: "A opinião majoritária na Alemanha e na Espanha, assim como a jurisprudência de ambos os países, considera que é irrelevante o erro sobre a punibilidade, e em nosso caso o erro sobre os pressupostos que servem de fundamento às escusas absolutórias. (...) Argumenta-se que esses casos de erro têm que ser irrelevantes porque nessas hipóteses está plenamente constituído o tipo, a antijuridicidade e a culpabilidade" (*Las excusas absolutorias*, p. 155). Há posição em sentido contrário, admitindo a aplicação do erro de proibição (DAMÁSIO, *Código Penal anotado*, p. 645).

**5. Cônjuge na constância da sociedade conjugal:** a expressão cônjuge é de interpretação restritiva, não se ampliando para companheiro(a) ou concubino(a). Por outro lado, tratando a lei da *constância da sociedade conjugal*, incide a imunidade ainda quando os cônjuges estejam separados de fato, pois o casamento não foi desfeito. Há quem sustente ser admissível a incidência da imunidade quando houver união estável, invocando o dispositivo constitucional que trata do tema: "Para efeito da proteção do Estado, é reconhecida a união estável entre o homem e a mulher como entidade familiar, devendo a lei facilitar sua conversão em casamento" (art. 226, § 3.º, CF). Essas são as posições de MIRABETE (*Código Penal interpretado*, p. 1.192) e DAMÁSIO (*Código Penal anotado*, p. 645). Alteramos o nosso entendimento, que era contrário a conceder a imunidade à união estável. Somos levados a aquiescer diante dos fatos: cada vez mais os julgados, inclusive do STF, incorporam a união estável com os mesmos direitos advindos do casamento. Por isso, em matéria penal, torna-se mais significativo elaborar uma interpretação extensiva ou mesmo valer-se de analogia para beneficiar o réu. Passamos a aceitar a imunidade do companheiro ou da companheira nesse cenário. Quanto ao crime de bigamia, por certo, continua inexistindo para a união estável, pois, nessa hipótese, seria elaborar uma analogia em prejuízo do acusado, o que é vedado pelo princípio da legalidade.

**6. A imunidade na jurisprudência, apenas para ilustrar a controvérsia:** no sentido da não aceitação: TJRJ: "Inaplicável, no caso em tela, a adoção da escusa absolutória contida no artigo 181, inciso I, do Código Penal, na medida em que o apelante e a vítima não eram casados, mas sim foram companheiros" (Ap. 0025086-03.2013.8.19.0037-RJ, 3.ª C. Crim., rel. Antonio Carlos Nascimento Amado, 03.03.2015, v.u.). Em contrário: TJMG: "Somente se aplica a escusa absolutória do art. 181, I, do Código Penal, se o crime é praticado na constância da união conjugal, a qual, por determinação constitucional, se estende à união estável" (Ap. Crim. 1.0625.12.002710-1/001-MG, 1.ª C. Crim., rel. Walter Luiz, 02.06.2015). TJRS: "É isento de pena o agente que, na constância do casamento ou da união estável, subtrair coisa móvel pertencente ao cônjuge ou companheiro. Inteligência do artigo 181, inciso I, do Código Penal. Escusa absolutória inaplicável ao infrator cujo matrimônio ou união estável

# Art. 182

Código Penal Comentado • Nucci

com a vítima tenha se dissolvido" (Ap. Crim. 70063904296-RS, 8.ª C. Crim., rel. Naele Ochoa Piazzeta, 13.05.2015, v.u.).

**7. Delito cometido durante o noivado, com posterior casamento:** não afasta o crime. A Corte de Cassação de Roma, mencionada por Hoeppner Dutra, já teve oportunidade de salientar que a razão da impunidade depende da subsistência do vínculo conjugal ou do parentesco no momento da consumação do crime, bem como da intimidade e solidariedade proporcionadas pela família. Não havendo vínculo entre agente e vítima ao tempo da consumação, não há como pretender-se que o casamento posterior faça retroagir a imunidade, afastando-se a punição (*O furto e o roubo em face do Código Penal brasileiro*, p. 263).

**8. Crime cometido durante casamento depois constatado nulo:** depende do caso concreto. Resolve bem a questão Basileu Garcia: "A imunidade absoluta não ocorre se se trata de casamento nulo, não contraído de boa-fé por nenhum dos cônjuges; é aceitável a imunidade absoluta se ambos os cônjuges o tiverem contraído de boa-fé; e será admitida, ainda, se um dos cônjuges o tiver contraído de boa-fé, mas agora restrita a este a imunidade" (*Crimes patrimoniais entre cônjuges e parentes*, p. 35).

**9. Ascendente e descendente:** cuida o artigo apenas dos ascendentes e descendentes em linha reta (pais, mães, avós, filhos, netos, bisnetos etc.). Não se incluem, pois, os parentes por afinidade e na linha transversal (sogro, genro, nora, cunhado, padrasto, madrasta, enteado, tio, sobrinho, primo etc.). O tipo penal é claro quanto ao parentesco: admite tanto o legítimo (originário no casamento), quanto o ilegítimo (originário fora do casamento). Aliás, de acordo com o preceituado na Constituição Federal (art. 227, § 6.º). Admite, ainda, tanto o parentesco natural (laços de sangue), quanto civil (adoção). Decisão da Suprema Corte de Justiça da Colômbia considerou que a imunidade decorrente dos laços entre pai e filho justifica-se porque o pai, quando furtado pelo filho, por arcar com os gastos da família, tem autorização legal para reclamar o bem subtraído de quem o possua indevidamente (Barrera Dominguez, *Delitos contra el patrimonio económico*, p. 348). Conferir: STJ: "Sendo o vínculo existente entre o recorrente e o sujeito passivo do delito perpetrado o de parentesco colateral/transversal de 4.º grau, não há que aplicar a causa especial de isenção de pena (causa de imunidade penal) disposta no art. 181 do Código Penal porquanto ela se limita às hipóteses de parentesco em linha reta" (AgRg no REsp 1.784.348-SP, 6.ª T., rel. Antonio Saldanha Palheiro, 03.09.2019, v.u.); "1. A escusa absolutória prevista no artigo 181, inciso II, do Código Penal, que isenta de pena quem comete determinados delitos patrimoniais em prejuízo de ascendente ou descendente (civil ou natural), não se aplica ao parentesco por afinidade, devendo ser adotada uma interpretação restritiva da norma. 2. Embora seja extremamente plausível a aplicação do dispositivo em tela nas hipóteses de paternidade socioafetiva, é incabível sua extensão ao padrasto, parente por afinidade em linha reta ascendente, com amparo na mera existência de união estável com a mãe biológica ou no longo convívio entre aquele e o descendente desta, se não comprovado o vínculo da filiação socioafetiva. 3. Recurso especial improvido" (REsp 1.709.971-RS, 6.ª T., rel. Maria Thereza de Assis Moura, 1.º.03.2018, v.u.).

**10. Prova do parentesco:** entendemos cabível a aplicação por analogia da Súmula 74 do Superior Tribunal de Justiça ("Para efeitos penais, o reconhecimento da menoridade do réu requer prova por documento hábil"), ou seja, prova-se por qualquer documento hábil (certidão de nascimento, de casamento, cédula de identidade, carteira profissional etc.).

> **Art. 182.** Somente se procede mediante representação,[11] se o crime previsto neste título é cometido em prejuízo:[12]

> I – do cônjuge desquitado ou judicialmente separado;[13]
>
> II – de irmão, legítimo ou ilegítimo;[14]
>
> III – de tio ou sobrinho, com quem o agente coabita.[15]

**11. Crime de ação pública condicionada:** o art. 182 trata da imunidade relativa e exige que a vítima do crime apresente representação, legitimando o Ministério Público a agir, ingressando com ação penal, ou mesmo autorizando a mera instauração de inquérito policial pelo delegado. Somente não se aplica o disposto neste artigo quando o crime contra o patrimônio já exigir, por si só, representação ou for de ação privada, sendo cabível a queixa. Há quem defenda não se tratar de imunidade alguma, mas tão somente de "alteração da espécie de ação penal, condicionando-a à *representação* do ofendido" (Cezar Roberto Bitencourt, *Código Penal anotado e legislação complementar*, p. 653).

**12. Erro quanto à propriedade do objeto material:** da mesma forma defendida na nota 4 ao art. 181, entendemos haver crime. Exemplificando: se o agente subtrai o veículo de estranho, pensando tratar-se de propriedade de seu irmão, sabe perfeitamente estar cometendo um ilícito penal, razão pela qual não pode beneficiar-se da imunidade relativa. O estranho, que teve seu automóvel furtado, pode apresentar a *notitia criminis*, exigindo a punição do agente.

**13. Cônjuge separado judicialmente:** quando houver separação decretada pela Justiça, seja a separação judicial ou a separação de corpos, aplica-se o art. 182, procedendo-se mediante representação, e não há a imunidade absoluta do art. 181. É natural supor que, tendo havido divórcio, já não subsiste qualquer tipo de imunidade.

**14. Irmãos, legítimos ou ilegítimos:** a previsão legal abrange tanto o irmão havido legitimamente (dentro do casamento), como o havido ilegitimamente (fora do casamento, embora o atual Código Civil já não utilize tal distinção). Inserem-se no dispositivo os filhos dos mesmos pais (bilaterais ou germanos), como os filhos do mesmo pai (unilaterais consanguíneos) ou da mesma mãe (unilaterais uterinos).

**15. Tio ou sobrinho, havendo coabitação:** o tio ou o sobrinho que cometam crime patrimonial um contra o outro podem ser inseridos neste dispositivo caso vivam sob o mesmo teto (coabitação). Assim, apesar de ser um caso de parentesco colateral, é possível aplicar a imunidade relativa.

> **Art. 183.** Não se aplica o disposto nos dois artigos anteriores:
>
> I – se o crime é de roubo ou de extorsão, ou, em geral, quando haja emprego de grave ameaça ou violência à pessoa;[16]
>
> II – ao estranho que participa do crime;[17]
>
> III – se o crime é praticado contra pessoa com idade igual ou superior a 60 (sessenta) anos.[18]

**16. Roubo, extorsão ou qualquer crime em que haja violência ou grave ameaça:** não tem cabimento sustentar a imunidade, seja absoluta ou relativa, quando os crimes forem de tal ordem que transponham os limites da intimidade familiar. Afinal, a política criminal de proteção à entidade familiar cede espaço para o interesse maior da sociedade em punir o agente de crime violento, venha de onde vier. Quanto à inclusão ou não da extorsão indireta,

# Art. 183-A

há duas posições: a) não se inclui neste inciso (NORONHA, *Direito penal*, v. 2, p. 518); b) inclui--se (DAMÁSIO, *Código Penal anotado*, p. 647). Preferimos a segunda posição, pois, de fato, o Código fala apenas em *extorsão*, cabendo a inclusão das três formas de extorsão previstas: arts. 158, 159 e 160. Havendo ou não violência ou grave ameaça, a extorsão deve ficar fora da abrangência da imunidade penal.

**17. Estranho que participa do crime:** trata-se de expressa menção à afastabilidade da comunicação das imunidades a terceiros estranhos às relações familiares, o que é natural. Se o intuito é preservar a intimidade da família, evitando-se o ódio entre seus membros, que se acirraria em caso de processo criminal, tal medida não tem nenhum liame com o terceiro partícipe do delito.

**18. Idoso:** cuida-se de modificação introduzida pela Lei 10.741/2003, visando conferir maior proteção ao idoso e maior punição a quem o eleger como vítima. Neste capítulo estão previstas as denominadas imunidades absolutas e relativas, ou seja, crimes patrimoniais, cometidos sem violência ou grave ameaça, quando praticados entre parentes ou no contexto familiar, não davam ensejo, necessariamente, à punição, conforme o disposto nos arts. 181 e 182. Entretanto, quando o ofendido for idoso, pessoa maior de 60 anos, não haverá imunidade alguma. Assim, se o filho subtrair bens pertencentes ao pai, que possua mais de 60 anos, poderá ser punido, não valendo invocar a imunidade do art. 181, II. A medida é salutar, pois é notória a atuação de muitos descendentes que se apropriam de pensões ou outros bens de seus pais idosos, largando-os à própria sorte. Todavia, não deixa de se criar uma situação peculiar, caso o descendente pratique delito patrimonial, sem violência ou grave ameaça, contra ascendente que possua, por exemplo, 59 anos – nesta hipótese, haverá imunidade absoluta.

> **Art. 183-A.** Nos crimes de que trata este Título, quando cometidos contra as instituições financeiras e os prestadores de serviço de segurança privada, de que trata o Estatuto da Segurança Privada e da Segurança das Instituições Financeiras, as penas serão aumentadas de 1/3 (um terço) até o dobro.[19]

**19. Causa de aumento de pena:** dispõe o art. 1º da Lei 14.967/2024 o seguinte: "Esta Lei institui o Estatuto da Segurança Privada e da Segurança das Instituições Financeiras, para dispor sobre os serviços de *segurança de caráter privado*, exercidos por pessoas jurídicas e, excepcionalmente, por pessoas físicas, em âmbito nacional, e para estabelecer as regras gerais para a segurança das instituições financeiras autorizadas a funcionar no País. Parágrafo único. A segurança privada e a segurança das dependências das instituições financeiras são *matérias de interesse nacional*" (grifamos). A importância da segurança privada cresceu nos últimos anos, em especial, por conta da terceirização de serviços realizada por órgãos públicos transferindo a segurança de seus prédios, de seus valores, das autoridades e dos servidores públicos para agentes de segurança não vinculados à administração pública. Ilustrando, inúmeros prédios dos tribunais, interna e externamente, contam com segurança privada, que substituiu, em grande parte, a presença de policiais militares. Do mesmo modo, as instituições financeiras contam com a segurança privada há muito mais tempo. Observe-se a amplitude da atuação da segurança privada, nos termos do art. 5.º da referida Lei 14.967/2024: "Sem prejuízo das atribuições das Forças Armadas, dos órgãos de segurança pública e do sistema prisional, são considerados serviços de segurança privada, para os fins desta Lei, nos termos de regulamen-to: I – vigilância patrimonial; II – segurança de eventos em espaços de uso comum do povo; III – segurança nos transportes coletivos terrestres, aquaviários e marítimos; IV – segurança perimetral nas muralhas e guaritas; V – segurança em unidades de conservação; VI – monitoramento de sistemas eletrônicos de segurança e rastreamento de numerário, bens ou valores; VII – execução do transporte de numerário, bens ou valores; VIII – execução de escolta de numerário, bens ou valores; IX – execução de segurança pessoal com a finalidade de preservar a integridade física de pessoas; X – formação, aperfeiçoamento e atualização dos profissionais de segurança privada; XI – gerenciamento de riscos em operações de transporte de numerário, bens ou valores; XII – controle de acesso em portos e aeroportos; XIII – outros serviços que se enquadrem nos preceitos desta Lei, na forma de regulamento". Um dos fatores principais justificador dessa causa de aumento de pena diz respeito a guarda e depósito, nas sedes das empresas de segurança privada, de várias armas de fogo e munição, sujeitas à subtração para emprego em atividades ilícitas. Outro fator diz respeito à mantença, vigilância e transporte de elevadas quantias em dinheiro e outros valores, igualmente alvo preferencial de criminosos. Note-se que, no roubo (art. 157, § 2.º, III, CP), incide causa de aumento "se a vítima está em serviço de transporte de valores e o agente conhece tal circunstância". Portanto, uma cautela se impõe desde logo: evitar o *bis in idem* (dupla apenação pelo mesmo fato), quando houver um roubo envolvendo empresa de transporte de valores. Parece-nos deva prevalecer a causa de aumento do art. 183-A em prejuízo do art. 157, § 2.º, III, pelo princípio da sucessividade (lei mais recente afasta a mais antiga). O aumento é variável, conforme a gravidade concreta do delito, como, por exemplo, a subtração de várias armas de fogo ou apenas poucas, determinando uma elevação maior para a primeira hipótese e menor para a segunda.

# Título III
# Dos crimes contra
# a propriedade imaterial[1]

**1. Proteção constitucional:** preceitua o art. 216 da Constituição Federal que "constituem patrimônio cultural brasileiro os bens de natureza material e imaterial, tomados individualmente ou em conjunto, portadores de referência à identidade, à ação, à memória dos diferentes grupos formadores da sociedade brasileira, nos quais se incluem: I – as formas de expressão; II – os modos de criar, fazer e viver; III – as criações científicas, artísticas e tecnológicas; IV – as obras, objetos, documentos, edificações e demais espaços destinados às manifestações artístico-culturais; V – os conjuntos urbanos e sítios de valor histórico, paisagístico, artístico, arqueológico, paleontológico, ecológico e científico", enquanto o art. 5.º, inciso IX, assegura a "livre expressão da atividade intelectual, artística, científica e de comunicação, independentemente de censura ou licença", bem como prevê, no inciso XXVII, que "aos autores pertence o direito exclusivo de utilização, publicação ou reprodução de suas obras, transmissível aos herdeiros pelo tempo que a lei fixar". Reconhecida constitucionalmente a existência e a possibilidade de amparo da propriedade imaterial, é natural que a legislação ordinária lhe confira a devida proteção. Os bens imateriais são impalpáveis, pois fazem parte do produto da atividade intelectual do ser humano, mas nem por isso deixam de ter considerável valor econômico. Na realidade, eles alcançam a proteção do direito quando se materializam através de obras literárias, científicas ou artísticas e invenções de um modo geral.

## Capítulo I
### DOS CRIMES CONTRA
### A PROPRIEDADE INTELECTUAL

### Violação de direito autoral[1-A]

> **Art. 184.** Violar[2-4] direitos[5-5-B] de autor[6-7] e os que lhe são conexos:[7-A-7-B]
>
> Pena – detenção, de 3 (três) meses a 1 (um) ano, ou multa.
>
> § 1.º Se a violação[8] consistir em reprodução[9] total ou parcial, com intuito de lucro[10] direto ou indireto, por qualquer meio ou processo,[11] de obra intelectual, interpretação, execução ou fonograma,[12] sem autorização expressa do autor, do artista intérprete ou executante, do produtor,[13] conforme o caso, ou de quem os represente:[14-15]
>
> Pena – reclusão, de 2 (dois) a 4 (quatro) anos, e multa.[16-16-A]

# Art. 184

§ 2.º Na mesma pena do § 1.º incorre quem, com o intuito de lucro direto ou indireto,[17] distribui, vende, expõe à venda, aluga, introduz no País, adquire, oculta, tem em depósito,[18-18-A] original ou cópia[19] de obra intelectual ou fonograma[20] reproduzido[20-A] com violação do direito de autor, do direito de artista intérprete ou executante ou do direito do produtor de fonograma, ou, ainda, aluga original ou cópia de obra intelectual ou fonograma, sem a expressa autorização dos titulares dos direitos ou de quem os represente.[21-22-A]

§ 3.º Se a violação consistir no oferecimento ao público, mediante cabo, fibra ótica, satélite, ondas ou qualquer outro sistema[22-B] que permita ao usuário realizar a seleção da obra ou produção para recebê-la em um tempo e lugar previamente determinados por quem formula a demanda, com intuito de lucro, direto ou indireto, sem autorização expressa, conforme o caso, do autor, do artista intérprete ou executante, do produtor de fonograma, ou de quem os represente:[23-24]

Pena – reclusão, de 2 (dois) a 4 (quatro) anos, e multa.

§ 4.º O disposto nos §§ 1.º, 2.º e 3.º não se aplica quando se tratar de exceção ou limitação ao direito de autor ou os que lhe são conexos, em conformidade com o previsto na Lei 9.610, de 19 de fevereiro de 1998, nem a cópia de obra intelectual ou fonograma, em um só exemplar, para uso privado do copista, sem intuito de lucro direto ou indireto.[25]

**1-A. Conceito de direito de autor:** ensina Carlos Alberto Bittar que o direito autoral "é o ramo do Direito Privado que regula as relações jurídicas, advindas da criação e da utilização econômica de obras intelectuais estéticas e compreendidas na literatura, nas artes e nas ciências. (...) As relações regidas por esse Direito nascem com a criação da obra, exsurgindo, do próprio ato criador, direitos respeitantes à sua face pessoal (como os direitos de paternidade, de nominação, de integridade da obra) e, de outro lado, com sua comunicação ao público, os direitos patrimoniais (distribuídos por dois grupos de processos, a saber, os de representação e os de reprodução da obra, como, por exemplo, para as músicas, os direitos de fixação gráfica, de gravação, de inserção em fita, de inserção em filme, de execução e outros)" (*Direito de autor*, p. 8).

**2. Análise do núcleo do tipo:** *violar* significa ofender ou transgredir, tendo por objeto o direito de autor à sua produção intelectual. O tipo é uma norma penal em branco, necessitando, pois, de vinculação com as leis que protegem o direito de autor (consultar as Leis 9.609/1998 e 9.610/1998), bem como se usando a interpretação do juiz para que possa ter real alcance e sentido. A transgressão ao direito autoral pode dar-se de variadas formas, desde a simples reprodução não autorizada de um livro por fotocópias até a comercialização de obras originais, sem a permissão do autor. Uma das mais conhecidas formas de violação do direito de autor é o *plágio*, que significa tanto assinar como sua obra alheia, como também imitar o que outra pessoa produziu. O plágio pode dar-se de maneira total (copiar ou assinar como sua toda a obra de terceiro) ou parcial (copiar ou dar como seus apenas trechos da obra de outro autor). São condutas igualmente repugnantes, uma vez que o agente do crime se apropria sorrateiramente de criação intelectual de outrem, o que nem sempre é fácil de ser detectado pela vítima. Diversamente dos delitos patrimoniais comuns, em que o proprietário sente a falta de seu bem tão logo ele sai da sua esfera de proteção e vigilância, no caso da violação de direito de autor torna-se complexo e dificultoso o processo de verificação do plágio ou mesmo da simples utilização não autorizada de obra intelectual, sem a devida remuneração, na forma da lei civil, ao seu autor. Registre-se, desde logo, que a *autorização* dada no § 4.º deste artigo, para que o copista de um único exemplar de obra intelectual ou fonograma, para uso privado, escape à punição, não se relaciona com o *caput*, tendo em vista que somente o disposto nos §§ 1.º, 2.º e 3.º ao copista não se aplicam. Ver, ainda, a nota 25 abaixo. Entretanto, pode-se continuar utilizando o disposto na Lei 9.610/1998, que prevê exceções e limitações ao direito autoral, não visando punir aquele que reproduz trechos de obras, indicando a fonte, bem como o executor de fonogramas no recinto doméstico, por exemplo. No mais, também podem ser resolvidas algumas situações peculiares por outros mecanismos, como ocorre, *v. g.*, no caso de reprodução de um livro esgotado, para uso privado do copista, até porque o direito autoral estaria preservado, pois o exemplar está fora do comércio, o que caracterizaria fato atípico. Em outras hipóteses, pode-se levantar a tese do crime de bagatela, quando alguém copia um CD musical de um amigo para uso doméstico e exclusivo seu, sem qualquer ânimo de lucro. Sob outro prisma, a violação de direito autoral constitui uma forma de corrupção, em sentido lato, pois despreza direitos, regras e normas, pretendendo o agente levar vantagem sobre o patrimônio alheio e, além disso, sobre a tributação do Estado.

**2-A. Direitos de autor:** o universo dos direitos de autor compõe-se dos seguintes: I) *direitos morais*: a) paternidade do autor sobre sua obra; b) indicação do nome do autor (ou intérprete) na utilização de sua obra; c) conservação da obra inédita; d) garantia da integridade da obra; e) modificação da obra; f) retirada da obra de circulação ou suspensão da utilização já autorizada; g) acesso a exemplar único e raro da obra que esteja, legitimamente, em poder de terceiro; II) *direitos patrimoniais*: a) gravação ou fixação; b) extração de cópias para comercialização; c) sincronização ou inserção em filmes em geral; d) tradução, adaptação e outras transformações; e) execução pública (cf. José Carlos Costa Neto, *Direito autoral no Brasil*, p. 179).

**3. Sujeitos ativo e passivo:** o sujeito ativo pode ser qualquer pessoa; o sujeito passivo é qualificado, só podendo ser o autor de obra intelectual ou o titular do direito sobre a produção intelectual de outrem, bem como seus herdeiros e sucessores.

**4. Elemento subjetivo:** é o dolo. Não existe a forma culposa, tampouco se exige o elemento subjetivo do tipo específico.

**5. Excludentes de tipicidade:** sao as limitações aos direitos autorais, previstas na Lei 9.610/1998, nos seguintes termos: "Art. 46. Não constitui ofensa aos direitos autorais: I – a reprodução: *a)* na imprensa diária ou periódica, de notícia ou de artigo informativo, publicado em diários ou periódicos, com a menção do nome do autor, se assinados, e da publicação de onde foram transcritos; *b)* em diários ou periódicos, de discursos pronunciados em reuniões públicas de qualquer natureza; *c)* de retratos, ou de outra forma de representação da imagem, feitos sob encomenda, quando realizada pelo proprietário do objeto encomendado, não havendo a oposição da pessoa neles representada ou de seus herdeiros; *d)* de obras literárias, artísticas ou científicas, para uso exclusivo de deficientes visuais, sempre que a reprodução, sem fins comerciais, seja feita mediante o sistema Braille ou outro procedimento em qualquer suporte para esses destinatários; II – a reprodução, em um só exemplar de pequenos trechos, para uso privado do copista, desde que feita por este, sem intuito de lucro; III – a citação em livros, jornais, revistas ou qualquer outro meio de comunicação, de passagens de qualquer obra, para fins de estudo, crítica ou polêmica, na medida justificada para o fim a atingir, indicando-se o nome do autor e a origem da obra; IV – o apanhado de lições em estabelecimentos de ensino por aqueles a quem elas se dirigem, vedada sua publicação, integral ou parcial, sem autorização prévia e expressa de quem as ministrou; V – a utilização de obras literárias, artísticas ou científicas, fonogramas e transmissão de rádio e televisão em estabelecimentos comerciais, exclusivamente para demonstração à clientela, desde que esses estabelecimentos comercializem

# Art. 184

Código Penal Comentado · **Nucci**

928

os suportes ou equipamentos que permitam a sua utilização; VI – a representação teatral e a execução musical, quando realizadas no recesso familiar ou, para fins exclusivamente didáticos, nos estabelecimentos de ensino, não havendo em qualquer caso intuito de lucro; VII – a utilização de obras literárias, artísticas ou científicas para produzir prova judiciária ou administrativa; VIII – a reprodução, em quaisquer obras, de pequenos trechos de obras preexistentes, de qualquer natureza, ou de obra integral, quando de artes plásticas, sempre que a reprodução em si não seja o objetivo principal da obra nova e que não prejudique a exploração normal da obra reproduzida nem cause um prejuízo injustificado aos legítimos interesses dos autores". "Art. 47. São livres as paráfrases e paródias que não forem verdadeiras reproduções da obra originária nem lhe implicarem descrédito." "Art. 48. As obras situadas permanentemente em logradouros públicos podem ser representadas livremente, por meio de pinturas, desenhos, fotografias e procedimentos audiovisuais."

**5-A. Excludentes supralegais de tipicidade:** costuma-se aventar a aplicação da insignificância ou da adequação social no contexto dos crimes contra a propriedade imaterial. Aponta-se o estudante, que tira fotocópia do livro, bem como o camelô a vender CDs e DVDs falsificados. Seriam bagatelas, que pouco atingiriam o bem jurídico tutelado. Por outro lado, poder-se-ia dizer tratar-se de condutas socialmente adequadas. Assim não pensamos, como regra. Admitimos o uso da insignificância, para afastar a tipicidade material, quando realmente se cuidar de mínima ofensividade. O sujeito que falsifica e vende um DVD, por certo, ingressa no cenário da bagatela. Porém, o camelô que expõe à venda centenas de CDs e DVDs pirateados está longe de configurar conduta insignificante. Sob outro aspecto, embora muitos adquiram esses produtos falsificados, não se pode sustentar que, para a sociedade em geral, trata-se de algo adequado. Ora, o socialmente adequado implica consensual aceitação, sem causar constrangimento às pessoas, ou seja, algo praticamente ignorado. Tal medida não ocorre no cenário da pirataria, que gera vários males no campo dos direitos autorais. Ademais, a compra de CDs e DVDs piratas por autoridades, inclusive, tanto policiais quanto judiciárias, faz com que muitos considerem uma atividade "normal". Logo, camelôs agem livremente; quando chegam a julgamento, terminam absolvidos sob os mais toscos argumentos. Mas é puro fruto da corrupção, do desrespeito ao trabalho alheio, da ignorância da arrecadação de tributos, enfim, do mero interesse pessoal. Afora esse dado, alegar que, "pelo menos, o 'pirata' não está assaltando" é o argumento definitivo para demonstrar que há complacência com a corrupção no Brasil. É melhor traficar drogas, comercializar produtos piratas, comprar autoridades, entre outras condutas não violentas, do que seguir a lei e respeitar a postura ética que o País atual exige. Há que se mudar o comportamento nesse campo. A Súmula 502 do STJ ("Presentes a materialidade e a autoria, afigura-se típica, em relação ao crime previsto no art. 184, § 2.º, do CP, a conduta de expor à venda CDs e DVDs piratas") evidencia não aceitar as teses da bagatela ou da adequação social. Segue a tendência dos julgados: STJ: "Firmou-se nesta Corte o entendimento no sentido de que não se aplica o princípio da insignificância ou da adequação social à conduta prevista no art. 184, § 2.º, do Código Penal, uma vez comprovadas a materialidade e a autoria do delito. Precedentes" (AgRg no HC 319.484-MS, 5.ª T., rel. Reynaldo Soares da Fonseca, 10.03.2020, v.u.); "A Terceira Seção deste Superior Tribunal de Justiça, no julgamento do REsp n. 1.193.196/MG, sedimentou entendimento no sentido da inaplicabilidade do princípio da adequação social e da insignificância ao delito descrito no art. 184, § 2.º, do Código Penal, sendo considerada materialmente típica a conduta" (HC 437.023-SP, 5.ª T., rel. Ribeiro Dantas, 17.04.2018, v.u.).

**5-B. Alegações de estado de necessidade e inexigibilidade de conduta diversa:** é preciso demonstrar, claramente, como se faz em qualquer situação, os requisitos fáticos de ambas as excludentes, a primeira, de ilicitude, a segunda, de culpabilidade. Portanto, não basta o agente da violação de direito autoral dizer que se encontra em estado de necessidade; aguarda-se que demonstre tal fato, nos termos do art. 24 do Código Penal. Na jurisprudência: STJ: "Não há falar em revolvimento fático probatório quanto ao reconhecimento da conduta típica delitiva de quem expõe à venda CDs e DVDs piratas, matéria que se encontra inclusive na Súmula 502/STJ, devendo, assim, ser mantida a decisão agravada por seus próprios fundamentos. No que se refere à alegação de estado de necessidade e de ausência de outro meio de subsistência de sua família, esclarece-se que, para que seja configurada a atipicidade da conduta ou reconhecida a existência de circunstâncias que excluam o crime ou o isente da pena, deveria ser demonstrada, nos autos, a situação de miserabilidade extrema do recorrido a ponto de não haver outra alternativa de meio de vida, o que não ocorreu no caso" (AgRg no AREsp 304.132-AC, 5.ª T., Rel. Ribeiro Dantas, 16.08.2016, v.u.).

**6. Objetos material e jurídico:** o objeto material é a obra violada, desde que inédita, justamente o que lhe confere o caráter de individualizada; o objeto jurídico é a propriedade intelectual. No campo específico do direito de autor, CARLOS ALBERTO BITTAR aponta como sendo o objetivo desse ramo da propriedade intelectual "a disciplinação das relações jurídicas entre o criador e sua obra, desde que de caráter estético, em função, seja da criação (direitos morais), seja da respectiva inserção em circulação (direitos patrimoniais), e frente a todos os que, no circuito correspondente, vierem a ingressar (o Estado, a coletividade como um todo, o explorador econômico, o usuário, o adquirente de exemplar)" (*Direito de autor*, p. 19).

**7. Classificação:** trata-se de crime comum (aquele que não demanda sujeito ativo qualificado ou especial), embora com sujeito passivo qualificado; formal (delito que não exige resultado naturalístico, consistente na diminuição do patrimônio da vítima); de forma livre (podendo ser cometido por qualquer meio eleito pelo agente); comissivo ("violar" implica ação); instantâneo (cujo resultado se dá de maneira instantânea, não se prolongando no tempo); unissubjetivo (que pode ser praticado por um só agente); plurissubsistente (em regra, vários atos integram a conduta); admite tentativa.

**7-A. Direitos conexos aos de autor:** acrescentou-se à redação do *caput* do art. 184 a proteçao não somente aos direitos de autor, mas também aos "que lhe são conexos". Ensina CARLOS ALBERTO BITTAR que "direitos conexos são os direitos reconhecidos, no plano dos de autor, a determinadas categorias que auxiliam na criação ou na produção ou, ainda, na difusão da obra intelectual. São os denominados direitos 'análogos' aos de autor, 'afins', 'vizinhos', ou, ainda, 'parautorais', também consagrados universalmente" (*Direito de autor*, p. 152). E, ainda, confira-se em ELIANE Y. ABRÃO: "Os chamados direitos conexos aos de autor, conhecidos como direitos vizinhos (*neighbouring rights, droits voisins*) na terminologia estrangeira, estão assentados em um tripé: artistas, gravadoras de discos e emissoras de rádio e televisão. A parte os artistas, os dois outros titulares desses direitos exercem o papel de multiplicadores e difusores das obras, encarregando-se de distribuí-las através de canais de venda, ou outro modo qualquer de acesso à obra intelectual. O mesmo papel é exercido pelas editoras gráficas e musicais, às quais, no entanto, coube tratamento diverso reservado pelo legislador, que sempre as igualou aos próprios autores, equiparando-os no processo criativo" (*Direitos de autor e direitos conexos*, p. 193-194). A inserção guarda sintonia e coerência com as modificações introduzidas pelos §§ 1.º a 3.º, uma vez que se faz expressa menção não apenas ao autor de obra intelectual, como, *v. g.*, da letra de uma música, mas também ao artista intérprete (cantor) ou executante (músico) e ao produtor (pessoas físicas ou jurídicas que custeiam a realização da obra), que são as figuras auxiliares na concretização e divulgação da obra. No caso de um livro, detentora do direito conexo é a editora que produz, divulga e distribui a obra. Entretanto, cumpre destacar que, mesmo antes do advento da Lei 10.695/2003, grande parte da doutrina

# Art. 184

Código Penal Comentado • **Nucci**                                                    930

incluía no contexto de proteção ao direito de autor os direitos que lhe são conexos. Confira--se em Álvaro Mayrink da Costa: "O direito autoral, que engloba o direito de autor e os chamados direitos conexos do direito de autor (direito dos artistas, intérpretes ou executantes, dos produtores de fonogramas e dos organismos de radiodifusão), disciplina a atribuição de direitos relativos às obras literárias, científicas e artísticas" (*Direito penal – Parte especial*, v. II, t. II, p. 670-671). Assim também: Mirabete (*Manual de direito penal*, v. 2, p. 347); Paulo José da Costa Júnior (*Comentários ao Código Penal*, p. 629).

**7-B. Materialidade do crime:** muitas violações de direito autoral deixam vestígios, como ocorre, por exemplo, nos casos de CDs e DVDs falsificados. Por isso, demanda-se, necessariamente, a prova pericial. Na prática, o que se tem verificado é a realização de laudos vazios de conteúdo, indicando, apenas, que houve falsificação, mas sem a indispensável indicação dos autores e empresas prejudicadas. Há conclusão lacônica: *houve falsificação*. A prova da existência do delito há de ser completa, sem que se possam aceitar exames malfeitos e incompletos. De nossa parte, temos acolhido a realização do laudo pericial por amostragem, afinal, a apreensão de milhares de DVDs falsificados, por exemplo, não comporta uma avaliação minuciosa (um a um). Porém, é preciso que o conteúdo seja verificado, mesmo que algumas peças somente. A checagem de alguns dos materiais apreendidos, em seu conteúdo, é fundamental para verificar se ali não está sendo cometido outro delito, como o estelionato, vendendo o agente CDs vazios. A Súmula 574 do STJ ("para a configuração do delito de violação de direito autoral e a comprovação de sua materialidade, é suficiente a perícia realizada por amostragem do produto apreendido, nos aspectos externos do material, e é desnecessária a identificação dos titulares dos direitos autorais violados ou daqueles que os representem") parece indicar que se contenta com a visão externa dos objetos. Infelizmente, essa observação da capa do DVD, sem verificar o conteúdo, não nos soa suficiente para configurar o crime, simplesmente porque o referido DVD pode estar totalmente vazio, como mencionado. Não há custo algum para um perito assistir a um DVD ou ouvir um CD, a fim de apontar o que ele contém. Na jurisprudência: STJ: "1. De acordo com o entendimento consolidado na Súmula n. 574/STJ, para a comprovação da materialidade do delito previsto no art. 184, § 2.º, do Código Penal, não é necessário que a perícia seja feita sobre a totalidade dos bens apreendidos, bastando que seja realizada por amostragem, e sob os aspectos externos da mídia. Além disso, é irrelevante a identificação das supostas vítimas do crime de violação ao direito autoral, uma vez que a apuração do mencionado delito é procedida mediante ação penal pública incondicionada. 2. Agravo regimental desprovido" (AgRg no REsp 1671266-RJ, 6.ª T., rel. Antonio Saldanha Palheiro, 10.10.2017, v.u.).

**8. Figura qualificada:** trata-se de autêntica qualificadora que, tomando por base o núcleo do tipo anterior (*violar*), acrescenta circunstâncias especiais de transgressão ao direito autoral. A pena, por sua vez, aumenta o mínimo e máximo, abstratamente previstos para o crime.

**9. Análise do núcleo do tipo:** é uma conjugação da *violação* (ofensa ou transgressão) ao direito autoral associada a uma particular maneira de empreendê-la, ou seja, através da *reprodução* (retirada de cópia ou imitação de obra) de obra intelectual ou de fonograma ou videofonograma.

**10. Elemento subjetivo do tipo específico:** além do dolo, presente na violação de direito autoral, exige-se o elemento subjetivo do tipo específico, consistente no "intuito de lucro", que pode ser direto (quando o agente obtém ganho, sem rodeios ou intermediários, na violação do direito de autor; por exemplo, seria o caso de cobrar ingresso para reproduzir, em determinado local, fita de vídeo ou DVD, contendo filme para uso doméstico) ou indireto (quando o agente se vale de interposta pessoa ou situação para atingir o ganho, fruto da violação do direito de autor, como ocorreria, *v.g.*, na conduta do sujeito que reproduz em seu restaurante, para atrair clientela, fitas de vídeo ou DVD, contendo filme destinado a uso doméstico). Essa finalidade específica liga-se à reprodução de obra intelectual, interpretação, execução ou fonograma (inclua-se o videofonograma – ver nota 12 abaixo), sem autorização do autor, do intérprete, do executor, do produtor ou de quem o representant. Tem sido posição da jurisprudência não considerar violação de direito autoral a postura de clubes e associações, sem finalidades *lucrativas*, que tocam fonogramas em bailes ou encontros para animar os sócios. Realmente, nesses casos, pode-se até equiparar o clube à situação do recesso familiar (figura atípica, conforme art. 46, VI, da Lei 9.610/1998), onde algumas pessoas usufruem da música sem qualquer intenção de lucrar e transgredir direito autoral.

**11. Qualquer meio ou processo:** *meio* é um recurso empregado para atingir um determinado objetivo, com um significado mais restrito e menos extenso na linha do tempo; *processo* é uma sequência de atos ou estágios com a finalidade de atingir certa meta, possuindo uma noção mais ampla e mais extensa na linha do tempo. Logo, para a reprodução não autorizada de obra intelectual de um modo geral, tanto faz que o agente utilize um método singular (meio) ou uma sequência deles (processo).

**12. Fonograma ou videofonograma:** *fonograma* é todo som gravado, como os contidos em CDs, fitas cassete, discos etc. *Videofonograma* é toda forma de imagem e som gravados em suporte material, tais como fitas de videocassete, DVDs, discos laser etc. Quer-se crer que a figura qualificada foi eleita pela maior facilidade de violação do direito autoral ao ser utilizada a via das gravações de um modo geral, que permitem pronta divulgação a longas distâncias para o grande público. É preciso lembrar da excludente de tipicidade, contida no art. 46, V e VI, da Lei 9.610/1998, permissiva da reprodução de fonogramas ou videofonogramas no recesso familiar ou para fins didáticos, sem intuito de lucro, ou em estabelecimentos comerciais para exibição à clientela. Lamentavelmente, na nova redação do § 1.º (o mesmo valendo para os tipos previstos nos §§ 2.º e 3.º), deixou-se de mencionar o videofonograma, que é a forma específica dos suportes materiais de imagem e som, como ocorre com as fitas de vídeo, DVDs, discos laser, dentre outros. Mencionou-se apenas o fonograma, onde se grava apenas o som. Entretanto, tal supressão não deve ser obstáculo à continuidade da criminalização da conduta daqueles que reproduzirem videofonogramas indevidamente. Em primeiro lugar, fonogramas e videofonogramas são apenas espécies de obras intelectuais. Afinal, o autor da letra e da música, quando as tem reproduzidas indevidamente em qualquer tipo de base material, é vítima de violação de obra produzida pelo seu intelecto. O mesmo se dá com o autor de filme, sujeito à gravação em outro tipo de suporte, porém similar, que também concretiza obra que é fruto de seu intelecto. Em segundo lugar, se os fonogramas são expressamente mencionados, não se pode deixar de dar a eles a indispensável interpretação extensiva, para dar lógica e sentido à nova norma editada, que busca maior – e não menor – proteção ao direito de autor, salientando-se, ainda, que videofonogramas não deixam de ser fonogramas, pois contêm o som da obra produzida (músicas ou diálogos criados pelo autor da obra). A omissão ao termo *videofonograma* não encontra justificativa, até porque a Exposição de Motivos 596, que encaminhou o Projeto da atual Lei 10.695/2003, fez sempre menção a esse tipo de obra e não somente ao fonograma.

**13. Autor, artista intérprete ou executante e produtor:** falava-se anteriormente apenas no autor (criador da obra intelectual) e no produtor (pessoa física ou jurídica que viabilizou, dando suporte material, a sua concretização). A Lei 10.695/2003 ampliou, para tornar mais clara, embora em nosso entender fosse desnecessário, visto que estava protegida pela lei civil, que é o complemento desta norma penal, a posição dos artistas intérpretes, que são os cantores

# Art. 184

Código Penal Comentado • **Nucci**

da música criada pelo autor ou os atores da peça teatral escrita por alguém, bem como a dos executantes, que constituem os músicos da orquestra ou banda.

**14. Objetos material e jurídico e classificação:** ver notas 6 e 7 ao *caput*.

**15. Elemento normativo do tipo:** introduziu-se um elemento pertinente à antijuridicidade no tipo, tornando-o um elemento normativo. Assim, havendo "autorização do produtor ou do seu representante", o fato torna-se atípico.

**16. Observação quanto à multa:** a modificação trazida pela Lei 10.695/2003 fez ressurgir a multa no contexto dos crimes tipificados nos parágrafos deste artigo. Isto porque, anteriormente, tendo em vista que os §§ 1.º e 2.º tiveram suas redações determinadas pela Lei 8.635/1993, fixando esta que o valor da multa fosse estabelecido em *cruzeiros*, ao arrepio do sistema adotado em 1984, consistente no dia-multa, variável e passível de atualização pela correção monetária, devia-se respeitar a lei mais recente, de modo que a multa era inexistente. Retomou-se, no entanto, a disciplina regular dos demais crimes da Parte Especial do Código Penal, com a mera referência à multa no preceito sancionador. Sua fixação se faz observados os critérios estabelecidos na Parte Geral (art. 49).

**16-A. Aumento da pena mínima:** possivelmente com a finalidade de evitar a aplicação do disposto na Lei 9.099/1995 (suspensão condicional do processo para crimes cuja pena mínima não ultrapasse um ano), para as figuras qualificadas do crime de violação de direito autoral, houve o aumento da pena mínima para dois anos, o que demonstra tratamento mais rigoroso com o delito em questão. Não significa, naturalmente, que esse incremento da pena acarrete o cumprimento da pena em regime carcerário. Pode o juiz aplicar tanto o *sursis* (quando a fixação da pena se der no patamar de dois anos) quanto as penas alternativas (que preveem um teto de quatro anos).

**17. Elemento subjetivo do tipo específico:** além do dolo, exige-se o especial "intuito de lucro", direto ou indireto (ver nota 10 *supra*).

**18. Análise do núcleo do tipo:** trata o § 2.º de tipo misto alternativo, isto é, caso o agente pratique uma ou mais condutas, cometerá um único delito. Ex.: se adquirir e, em seguida, expuser à venda um fonograma qualquer, sem autorização legal, pratica um único delito. *Distribuir* (entregar a várias pessoas em diversos locais), *vender* (alienar por um preço determinado), *expor à venda* (exibir para atrair compradores), *alugar* (ceder o objeto por tempo determinado mediante o pagamento de certo preço), *introduzir* no País (fazer ingressar), *adquirir* (obter ou conseguir), *ocultar* (esconder ou disfarçar), *ter em depósito* (manter alojado ou guardado) constituem as condutas alternativas que o agente pode concretizar. O objeto, neste caso, é a obra intelectual, o fonograma ou o videofonograma. Na jurisprudência: STJ: "2. Comprovada a materialidade do crime previsto no § 2.º do artigo 184 do Código Penal por meio da perícia que atestou serem falsificados os DVDs apreendidos com o sentenciado, mostra-se totalmente dispensável e irrelevante a inquirição dos produtores das mídias a partir das quais teriam sido feitas as cópias com ele encontradas para confirmarem que seus direitos autorais teriam sido violados" (AgRg no AREsp 1.427.679-SP, 5.ª T., rel. Jorge Mussi, 04.04.2019, v.u.); "Além disso, é irrelevante a identificação das supostas vítimas do crime de violação ao direito autoral, uma vez que a apuração do mencionado delito é procedida mediante ação penal pública incondicionada" (AgRg no REsp 1.767.921-SP, 6.ª T., rel. Antonio Saldanha Palheiro, 06.12.2018, v.u.).

**18-A. Violação de direitos autorais e descaminho:** inexiste dupla punição pelo mesmo fato, pois são objetos jurídicos diversos e vítimas, igualmente, diferentes. A competência federal, imposta pelo descaminho, atrai o julgamento do outro delito.

**19. Original ou cópia:** *original* é a obra primitiva, realizada pela primeira vez; *cópia* é a reprodução de um original, feita por qualquer forma. Tanto faz, para efeito de punição, que o agente se valha de original ou cópia de obra. Entretanto, pode-se ainda verificar que a simples extração de cópia do original constitui crime, previsto no *caput*, quando sem intenção de lucro. Mas quando tal extração ocorre para o fim de prática da figura prevista neste parágrafo, é natural que o delito qualificado absorva a forma simplificada, que não passou de um *crime-meio* para atingir o *crime-fim*.

**20. Utilização de marca legítima de outrem:** trata-se de crime previsto em lei especial, não se enquadrando no tipo penal do art. 184, § 2.º (ver arts. 190 e 194 da Lei 9.279/1996).

**20-A. Interpretação extensiva:** na modificação deste parágrafo, olvidou o legislador a possibilidade de ser a obra ou fonograma *produzido* com violação de direito autoral, o que havia na redação original. Portanto, para dar coerência ao artigo, onde se lê, atualmente, *reproduzido*, inclua-se *produzido*.

**21. Elemento normativo do tipo:** outra vez, utiliza-se o legislador, na construção do tipo, de elementos pertinentes à ilicitude. Assim, introduzido no tipo "com violação do direito de autor", na primeira parte, e "sem a expressa autorização dos titulares dos direitos ou de quem os represente", na segunda, tornam-se elementos normativos do tipo. A autorização do autor, portanto, torna o fato atípico.

**22. Classificação:** mantém-se a mesma classificação feita no tocante ao *caput*, acrescentando-se somente que o crime é permanente (a consumação se prolonga no tempo) nas formas "expor à venda", "ocultar" e "ter em depósito".

**22-A. Acréscimo na figura típica:** na norma anterior à Lei 10.695/2003, previa-se somente a conduta de quem vendia, expunha à venda, alugava, introduzia no País, adquiria, ocultava, emprestava, trocava ou tinha em depósito original ou cópia de obra intelectual, fonograma e videofonograma, *produzidos ou reproduzidos com violação de direito autoral*, acrescentando-se, agora, também a conduta de quem aluga original ou cópia de obra intelectual, fonograma ou videofonograma (este último por interpretação extensiva dos primeiros), produzidas ou reproduzidas legitimamente, porém *sem a expressa autorização dos titulares dos direitos ou de quem os represente* para a locação. A intenção foi nítida: atingir as locadoras de vídeo ou DVD, que se servem, muitas vezes, de material produzido licitamente (não são "cópias piratas"), mas que não possuem autorização para esse tipo de comércio, isto é, embora sejam fitas ou DVDs originais, seu destino seria o uso doméstico. Aliás, note-se que, sem a inclusão dos videofonogramas (termo extirpado do tipo por descuido), ficaria sem sentido essa nova previsão, pois não se costuma, como regra, fazer locação de livros ou CDs de música, mas sim de fitas de vídeo e DVDs.

**22-B. Violação do direito de autor por outros meios (cabo, fibra ótica, satélite, ondas):** o incremento da tecnologia, proporcionando formas cada vez mais céleres e facilitadas de acesso a obras intelectuais de um modo geral, obrigou a inclusão deste parágrafo. É perfeitamente possível a violação do direito de autor através da internet, por exemplo, valendo-se o agente do crime do oferecimento ao público, com intuito de lucro, de músicas, filmes, livros e outras obras, proporcionando ao usuário que as retire da rede, pela via de cabo ou fibra ótica, conforme o caso, instalando-as em seu computador. O destinatário da obra (lembremos que há livros inteiros que podem ser captados na internet, instalando-os no disco rígido do computador para leitura) paga pelo produto, mas o valor jamais chega ao autor. Assim, o fornecedor não promove a venda direta ao consumidor do produto (que seria figura do parágrafo anterior), mas coloca em seu *site*, à

# Art. 184

Código Penal Comentado · **Nucci**

disposição de quem desejar, para *download*, as obras que o autor não autorizou expressamente que fossem por esse meio utilizadas ou comercializadas. Lembremos que, atualmente, até mesmo por satélite ou ondas torna-se possível a recepção de obras em geral, sendo útil para a recepção um simples aparelho celular ou, como é mais comum, através da televisão por assinatura (TV a cabo ou por ondas). Nesse prisma, garantindo a aplicação da lei de proteção aos direitos autorais – consequentemente deste tipo penal –, em relação à TV por assinatura, explica CARLOS ALBERTO BITTAR que o "uso novo representa processo autônomo e distinto de utilização de obra intelectual (Lei 9.610, de 19.02.1998, art. 31), de sorte que se encarta, perfeitamente, ao regime autoral, dependendo a exploração da obra, no sistema, de autorização autoral e da correspondente remuneração do criador, incluída também a defesa dos sinais quanto aos direitos da empresa emissora" (*Contornos atuais do direito de autor*, p. 200). A norma incriminadora, no entanto, não contempla a figura do oferecimento ao público de obras em geral, sem intuito de lucro. Portanto, nessa hipótese, caso haja discordância do autor, pode-se usar a figura do *caput*.

**23. Determinação para a destruição da produção ou reprodução criminosa:** foi suprimido deste parágrafo o texto que impunha ao juiz, em caso de condenação, dar a ordem para a destruição da produção ou reprodução delituosa. Em seu lugar, introduziu-se novo tipo penal. Entretanto, a possibilidade de destruição da produção ou reprodução apreendida encontra guarida no art. 530-F do Código de Processo Penal ("Ressalvada a possibilidade de se preservar o corpo de delito, o juiz poderá determinar, a requerimento da vítima, a destruição da produção ou reprodução apreendida quando não houver impugnação quanto à sua ilicitude ou quando a ação penal não puder ser iniciada por falta de determinação de quem seja o autor do ilícito"). Consta, ainda, no art. 530-G, que "o juiz, ao prolatar a sentença condenatória, poderá determinar a destruição dos bens ilicitamente produzidos ou reproduzidos e o perdimento dos equipamentos apreendidos, desde que precipuamente destinados à produção e reprodução dos bens, em favor da Fazenda Nacional, que deverá destruí-los ou doá-los aos Estados, Municípios e Distrito Federal, a instituições públicas de ensino e pesquisa ou de assistência social, bem como incorporá-los, por economia ou interesse público, ao patrimônio da União, que não poderão retorná-los aos canais de comércio". Nota-se, pois, que, durante o processo, somente poderá o magistrado determinar a destruição das produções ou reproduções apreendidas caso não mais interessem à formação do corpo de delito (prova da existência do crime), desde que haja requerimento da vítima nesse sentido. Logo, não pode o juiz atuar de ofício. Por outro lado, quando há condenação, o julgador *poderá* (o antigo § 3.º do art. 184 valia-se do verbo "determinará", que significava imposição) determinar a destruição dos bens ilicitamente produzidos ou reproduzidos. Trata-se, nesse prisma, de ato facultativo. A segunda parte do art. 530-G do Código de Processo Penal prevê a possibilidade de haver o confisco dos equipamentos utilizados para a produção ou reprodução ilícita dos referidos bens. Estes poderão ser destruídos ou doados aos Estados, Municípios, Distrito Federal e instituições públicas em geral, bem como poderá haver a sua incorporação ao patrimônio da União. Em suma, os objetos apreendidos (fitas cassete ou CDs, por exemplo) *poderão* ser destruídos. Mas se a destruição é facultativa, embora certamente haja o confisco do mesmo modo, a teor do preceituado pelo art. 91, II, *b*, do Código Penal, o que a União faria com pilhas de CDs apreendidos? Devolveria à vítima? E se esta não os quiser? Certamente que outro caminho não poderá haver senão o da destruição, visto que os objetos ilicitamente produzidos ou reproduzidos não podem ser doados, como se permitiu aos equipamentos que os fabricaram.

**24. Crime de violação de direito do autor de programas produzidos para computador (*softwares*):** ver art. 12 da Lei 9.609/1998: "Violar direitos de autor de programa de computador: Pena – detenção, de 6 (seis) meses a 2 (dois) anos, ou multa. § 1.º Se a violação consistir na reprodução, por qualquer meio, de programa de computador, no todo ou em

# Art. 186

**935** Título III – Dos crimes contra a propriedade imaterial

parte, para fins de comércio, sem autorização expressa do autor ou de quem o represente: Pena – reclusão, de 1 (um) a 4 (quatro) anos, e multa. § 2.º Na mesma pena do parágrafo anterior incorre quem vende, expõe à venda, introduz no País, adquire, oculta ou tem em depósito, para fins de comércio, original ou cópia de programa de computador, produzido com violação de direito autoral. § 3.º Nos crimes previstos neste artigo, somente se procede mediante queixa, salvo: I – quando praticados em prejuízo de entidade de direito público, autarquia, empresa pública, sociedade de economia mista ou fundação instituída pelo poder público; II – quando, em decorrência de ato delituoso, resultar sonegação fiscal, perda de arrecadação tributária ou prática de quaisquer dos crimes contra a ordem tributária ou contra as relações de consumo. § 4.º No caso do inciso II do parágrafo anterior, a exigibilidade do tributo, ou contribuição social e qualquer acessório, processar-se-á independentemente de representação". O referido artigo foi analisado em nosso livro *Leis penais e processuais penais comentadas – vol. 1.*

**25. Exceções ou limitações ao direito de autor:** o disposto neste parágrafo pode ser considerado inútil, porque supérfluo. Note-se que, na primeira parte, menciona-se não ser aplicável o disposto nos tipos penais previstos nos §§ 1.º, 2.º e 3.º, reiterando autêntica excludente de tipicidade, às situações de exceção ou limitação de direito autoral previstas expressamente na Lei 9.610/1998. Ocorre que, ainda que nada fosse mencionado, continuaria a vigorar o disposto nesta última lei, em especial no art. 46 (ver nota 5 *supra*), que traz um rol de situações excepcionais e limitativas do direito de autor. Assim, nada mudou, uma vez que se sabe que excludentes de tipicidade ou de ilicitude podem estar dispostas em leis extrapenais. Era e continua sendo justamente o caso da Lei 9.610/1998. Logo, não tem utilidade prática este dispositivo. Aliás, o parágrafo em comento menciona somente as hipóteses dos §§ 1.º, 2.º e 3.º do art. 184. E quanto ao disposto no *caput*? Não se aplicaria, também a ele, eventual exceção ou limitação encontrada na referida Lei 9.610/1998? Cremos que sim, ainda que o § 4.º não lhe faça qualquer referência. Quanto à segunda parte do artigo, observa-se que o legislador pretendeu *autorizar* a cópia de obra intelectual ou fonograma, quando feita em um só exemplar, para uso privado do copista, desde que não haja *intuito de lucro*. Ora, todos os tipos incriminadores previstos nos §§ 1.º, 2.º e 3.º, para se tornarem aplicáveis a fatos concretos, exigem a presença do *intuito de lucro direto ou indireto*. Logo, não havendo o elemento subjetivo específico, o fato é atípico. Por isso, o disposto no § 4.º deste artigo é desnecessário.

> **Art. 185.** (Revogado pela Lei 10.695/2003.)
>
> **Art. 186.** Procede-se mediante:
>
> I – queixa, nos crimes previstos no *caput* do art. 184;[26]
>
> II – ação penal pública incondicionada, nos crimes previstos nos §§ 1.º e 2.º do art. 184;[27-28]
>
> III – ação penal pública incondicionada, nos crimes cometidos em desfavor de entidades de direito público, autarquia, empresa pública, sociedade de economia mista ou fundação instituída pelo Poder Público;[29]
>
> IV – ação penal pública condicionada à representação, nos crimes previstos no § 3.º do art. 184.[30]

**26. Ação penal privada:** somente a vítima tem legitimidade para dar início à ação penal, por meio da queixa-crime, quando se tratar de violação de direito de autor na forma simples. Nessa hipótese, continuam a ser utilizados os arts. 524 a 530 do Código de Processo Penal, que prevê procedimento especial prévio para o início da ação penal. Assim, é necessário que

# Art. 187

Código Penal Comentado • **Nucci**

o ofendido apresente um requerimento ao juiz para que seja expedido um mandado de busca e apreensão do material objeto da violação. Após, realizar-se-á perícia para que se comprove a materialidade da infração penal, o que viabilizará o ajuizamento da ação penal.

**27. Ação pública incondicionada quando houver intuito de lucro:** sabe-se que a violação do direito de autor propaga-se em ritmo acelerado, justificando, de fato, a mudança da lei, para conferir maior autonomia e liberdade de ação à autoridade policial e ao Ministério Público. Enquanto se previa a ação privada como regra e a pública como exceção, ainda que o infrator se movesse com o nítido intuito de lucro, era muito mais difícil controlar a *pirataria*. Não poderia o delegado de polícia, por exemplo, agir de ofício, caso encontrasse um depósito de CDs, de variados conteúdos musicais, pois dependeria de provocação da vítima. E onde seria ela encontrada? Com que rapidez antes que a materialidade se perdesse? Logicamente, terminava sem qualquer punição a infração penal. Artistas e intelectuais de um modo geral não têm tempo nem condições de fiscalizar a utilização de suas obras, além de ser um trabalho quase impossível, motivo pelo qual a autoridade pública deve ocupar seu lugar. Transformando os crimes previstos nos §§ 1.º e 2.º do art. 184 do Código Penal em delitos de ação pública incondicionada, o trabalho policial recebeu um voto de confiança, com o aval da classe artística e intelectual.

**28. Facilitação do procedimento:** a modificação do Código de Processo Penal também foi salutar. O art. 530-B estipula que, "nos casos das infrações previstas nos §§ 1.º, 2.º e 3.º do art. 184 do Código Penal, a autoridade policial procederá à apreensão dos bens ilicitamente produzidos ou reproduzidos, em sua totalidade, juntamente com os equipamentos, suportes e materiais que possibilitaram a sua existência, desde que estes se destinem precipuamente à prática do ilícito". Após, sem necessidade de ser a perícia conduzida por peritos do juiz (como prevê o art. 527, CPP), basta que a análise do material apreendido seja feita por perito oficial, ou, na sua falta, por pessoa tecnicamente habilitada (art. 530-D).

**29. Proteção especial às entidades de direito público:** permanece o desiderato de proteger, de um modo mais amplo e eficaz, as entidades de direito público, as autarquias, as empresas públicas, as sociedades de economia mista e as fundações instituídas pelo Poder Público, considerando de ação pública incondicionada qualquer delito de violação de direito de autor.

**30. Ação pública condicionada à representação:** no caso do § 3.º do art. 184, a ação é pública condicionada, isto é, há necessidade de se colher a concordância da vítima para que o Estado (polícia e Ministério Público) possa agir. Segundo nosso entendimento, essa hipótese deveria estar no mesmo contexto das anteriores, ou seja, ser de ação pública incondicionada. A vantagem, no entanto, é que, havendo a representação, segue-se o disposto no art. 530-B e seguintes e não nos arts. 525 a 530, que possuem maiores restrições ao exercício do direito de ação.

## Capítulo II
### DOS CRIMES CONTRA O PRIVILÉGIO DE INVENÇÃO

**Arts. 187 a 191.** (Revogados pela Lei 9.279/1996.)

## Capítulo III
## DOS CRIMES CONTRA AS MARCAS DE INDÚSTRIA E COMÉRCIO

**Arts. 192 a 195.** (Revogados pela Lei 9.279/1996.)

## Capítulo IV
## DOS CRIMES DE CONCORRÊNCIA DESLEAL

**Art. 196.** (Revogado pela Lei 9.279/1996.)[1]

**1. Crimes contra a propriedade industrial:** os crimes contra a propriedade industrial estão disciplinados nos arts. 183 a 195 da Lei 9.279/1996.

# Título IV
## Dos crimes contra
## a organização do trabalho[1-2]

**1. Proteção constitucional:** a Constituição Federal protege os direitos dos trabalhadores urbanos e rurais, bem como o direito de greve, portanto, a organização do trabalho (arts. 7.º, 8.º e 9.º). Por outro lado, estabelece que cabe aos juízes federais processar e julgar os crimes contra a organização do trabalho (art. 109, VI). Entretanto, nesse aspecto, o Supremo Tribunal Federal tem posição firmada de que, a despeito de o texto expresso da Constituição dar a entender que todos os delitos previstos no Título IV do Código Penal devem ser da competência da Justiça Federal, somente os crimes que ofendem interesses coletivos do trabalho pertencem à esfera federal; os demais devem ser processados e julgados pela Justiça Estadual. Lembremos que a Justiça do Trabalho não julga nenhum tipo de causa criminal, nem mesmo os delitos contra a organização do trabalho. Na jurisprudência: STF: "O Tribunal deferiu pedido de liminar formulado em ação direta de inconstitucionalidade ajuizada pelo Procurador-Geral da República para, com efeito *ex tunc*, dar interpretação conforme à Constituição Federal aos incisos I, IV e IX do seu art. 114 no sentido de que neles a Constituição não atribuiu, por si sós, competência criminal genérica à Justiça do Trabalho (CF: 'Art. 114. Compete à Justiça do Trabalho processar e julgar: I – as ações oriundas da relação de trabalho, abrangidos os entes de direito público externo e da administração pública direta e indireta da União, dos Estados, do Distrito Federal e dos Municípios; (...) IV – os mandados de segurança, *habeas corpus* e *habeas data*, quando o ato questionado envolver matéria sujeita à sua jurisdição; (...) IX – outras controvérsias decorrentes da relação de trabalho, na forma da lei'). Entendeu-se que seria incompatível com as garantias constitucionais da legalidade e do juiz natural inferir-se, por meio de interpretação arbitrária e expansiva, competência criminal genérica da Justiça do Trabalho, aos termos do art. 114, I, IV e IX, da CF. Quanto ao alegado vício formal do art. 114, I, da CF, reportou-se à decisão proferida pelo Plenário na ADI 3.395-DF (*DJU* 19.04.2006), na qual se concluiu que a supressão do texto acrescido pelo Senado em nada alterou o âmbito semântico do texto definitivo, tendo em conta a interpretação conforme que lhe deu" (ADI 3684 MC-DF, Pleno, rel. Cezar Peluso, 1.º.02.2007, v.u.). STJ: "1. Com base na orientação contida no verbete n. 115 da Súmula do extinto Tribunal Federal de Recursos, a jurisprudência deste Superior Tribunal de Justiça consagrou-se no sentido de que o julgamento pela prática do delito do art. 203 do Código Penal, consistente em frustração de direito assegurado por lei trabalhista, somente compete à Justiça Federal quando o interesse em questão afetar órgãos coletivos do trabalho ou a organização geral do trabalho. Precedentes. 2. Também o Supremo Tribunal Federal, em mais de uma ocasião, afirmou que somente se firmará a competência da Justiça Federal, prevista no art. 109, VI, da CF, quando houver ofensa ao sistema de órgãos e institutos destinados a preservar, coletivamente, os direitos e deveres dos trabalhadores. Prece-

# Art. 197

## Código Penal Comentado • Nucci

dentes: RE n. 398041 (Relator Min. Joaquim Barbosa, Tribunal Pleno, julgado em 30.11.2006, *DJe*-241, divulg. 18.12.2008, public. 19.12.2008, Ement. 02346-09/02007, *RTJ* 209-02/869), que examinava a competência para o julgamento do delito de redução de trabalhadores à condição análoga de escravo (art. 149, CP); e RE 449.848 (Relator Gilmar Mendes, Segunda Turma, julgado em 30.10.2012, acórdão eletrônico *DJe*-232, divulg. 26.11.2012, public. 27.11.2012) no qual se examinava a competência para o julgamento do delito descrito no art. 207, §§ 1.º e 2.º, do Código Penal (Aliciamento de trabalhadores de um local para outro do território nacional). 3. No caso concreto, são facilmente identificáveis os trabalhadores eventualmente prejudicados pelo não recolhimento e/ou apropriação indevida de valores descontados em folha de pagamento e não repassados ao órgão gestor do FGTS, limitado o seu número ao dos funcionários das duas empresas investigadas, razão pela qual não há que se falar em ofensa ao sistema de órgãos e institutos destinados a preservar, coletivamente, os direitos e deveres dos trabalhadores. Afasta-se, assim, a competência da Justiça Federal para o julgamento do feito. 4. Inviável a concessão de *habeas corpus* de ofício se, além de controversa, a questão sobre a suposta atipicidade da conduta investigada não chegou a ser submetida à apreciação do julgador de 1.ª instância, sob pena de indevida supressão de instância. 5. Conflito conhecido, para declarar competente para o julgamento do inquérito policial o Juízo de Direito da 2.ª Vara Criminal da Comarca de Birigui/SP" (CC 137.045-SP, 3.ª S., rel. Reynaldo Soares da Fonseca, *DJe* 29.02.2016, v.u.).

**2. Crítica ao título "Organização do Trabalho":** parece-nos pertinente a alteração do bem jurídico protegido pelas figuras típicas deste Título, como pondera João Marcello de Araújo Júnior, ao dizer que há uma ideia autoritária por trás da *organização do trabalho*, devendo-se falar em proteção à dignidade, liberdade, segurança e higiene do trabalho, valores históricos dos trabalhadores assalariados, além de suas reivindicações na defesa de seus interesses (*Dos crimes contra a ordem econômica*, p. 91).

### Atentado contra a liberdade de trabalho

> **Art. 197.** Constranger[3-4] alguém, mediante violência ou grave ameaça:[5-8]
>
> I – a exercer ou não exercer[9] arte, ofício, profissão ou indústria,[10] ou a trabalhar ou não trabalhar[11] durante certo período ou em determinados dias:
>
> Pena – detenção, de 1 (um) mês a 1 (um) ano, e multa, além da pena correspondente à violência;[12]
>
> II – a abrir ou fechar[13] o seu estabelecimento de trabalho, ou a participar[14] de parede[15] ou paralisação de atividade econômica:[16]
>
> Pena – detenção, de 3 (três) meses a 1 (um) ano, e multa, além da pena correspondente à violência.[17-18]

**3. Análise do núcleo do tipo:** *constranger* significa tolher a liberdade ou coagir. A conduta incriminada é o constrangimento exercido contra trabalhador, valendo-se de violência ou grave ameaça, para que faça o que a lei não manda ou deixe de fazer o que a lei permite.

**4. Sujeitos ativo e passivo:** o sujeito ativo é qualquer pessoa; o sujeito passivo pode ser qualquer pessoa, desde que na condição de trabalhador – empregado ou patrão, conforme o caso. Cremos que a pessoa jurídica não pode ser sujeito passivo deste crime, porque o tipo penal é apenas uma forma específica de cercear a liberdade da pessoa humana ao seu legítimo

# Art. 197

**941** Título IV – Dos crimes contra a organização do trabalho

direito ao trabalho. Como diz Hungria, "é o crime de *constrangimento ilegal* especialmente considerado quando lesivo da liberdade de trabalho" (*Comentários ao Código Penal*, v. 8, p. 30). A letra da lei é clara em todos os incisos e situações: *a)* constranger pessoa – que somente pode ser humana – a exercer ou não exercer arte, ofício, profissão ou indústria; *b)* constranger pessoa – também somente a humana – a trabalhar ou não trabalhar em certos períodos ou dias; *c)* constranger pessoa humana a abrir ou fechar o *seu* estabelecimento de trabalho. Note-se que a coação deve voltar-se contra *alguém* que possa *abrir* ou *fechar* o *seu* estabelecimento. Ora, somente o ser humano pode ser vítima da violência ou da grave ameaça, abrindo ou fechando o que lhe pertence. Não tem cabimento dizer, por exemplo, que a loja fechada pelo empregado, que sofreu a violência, tem por sujeito passivo a pessoa jurídica, uma vez que foi o vendedor que *fechou* o estabelecimento e este não lhe pertence. Eis por que é inadequado dizer que a pessoa jurídica é o sujeito passivo. No exemplo citado, se o constrangimento voltou-se somente contra o empregado, incide a hipótese do inciso I. Se foi contra o dono da loja (pessoa humana), incide o inciso II. Assim, também, a posição de Mirabete (*Manual de direito penal*, v. 2, p. 390). Em sentido contrário há a lição de Noronha, para quem o pronome indefinido "alguém" pode compreender a pessoa jurídica, embora reconheça que o constrangimento há de recair sobre a pessoa física que a dirige (*Direito penal*, v. 3, p. 49). No mesmo sentido: Mayrink da Costa (*Direito penal – Parte especial*, v. 2, t. II, p. 837).

**5. Violência ou grave ameaça:** são as formas eleitas pelo tipo penal para a prática do crime. A violência é o emprego de força física para dobrar a resistência de alguém, enquanto a grave ameaça é a violência moral, intimidando-se a pessoa para que atue conforme quer o agente.

**6. Elemento subjetivo do tipo:** é o dolo. Não existe a forma culposa, nem se exige elemento subjetivo do tipo específico.

**7. Objetos material e jurídico:** o objeto material é a pessoa que sofre a conduta criminosa; o objeto jurídico é a liberdade de trabalho.

**8. Classificação:** trata-se de crime comum (aquele que não demanda sujeito ativo qualificado ou especial); material (delito que exige resultado naturalístico, consistente no efetivo tolhimento da liberdade de trabalho); de forma livre (podendo ser cometido por qualquer meio eleito pelo agente); comissivo (os verbos implicam ações); instantâneo (cuja consumação não se arrasta no tempo) ou permanente (cujo resultado se prolonga no tempo), conforme o caso concreto; de dano (consuma se apenas com a efetiva lesão ao bem jurídico tutelado); unissubjetivo (que pode ser praticado por um só agente); plurissubsistente (em regra, vários atos integram a conduta); admite tentativa.

**9. Exercer ou não exercer:** o verbo *exercer* (desempenhar ou praticar) implica habitualidade, motivo pelo qual, conjugado com a conduta *constranger*, torna o delito permanente. De fato, enquanto o constrangimento impedir o trabalhador de *exercer* o seu mister ou atuar para que *exerça* o que *não* deseja, está-se atentando contra a liberdade de trabalho. O mesmo se diga para as demais formas de conduta: *trabalhar* implica habitualidade. O constrangimento exercido para impedir ou obrigar ao trabalho também é permanente. No tocante a abrir ou fechar, voltamos à conjugação com o núcleo principal, que é constranger. Enquanto o trabalhador for obrigado a manter fechado ou aberto o seu estabelecimento, contra sua vontade, está se consumando o delito. E, finalmente, o mesmo vale para a obrigação contínua de *participar* de paralisação da atividade laborativa.

# Art. 198

**10. Arte, ofício, profissão ou indústria:** *arte* é atividade manual, implicando habilidade, aptidão e técnica; *ofício* é habilidade manual ou mecânica, socialmente útil. Ambas podem ser remuneradas ou não. *Profissão* é atividade especializada, material ou intelectual, exercida, em regra, mediante remuneração, demanda preparo e devida regulamentação. *Indústria* é atividade de transformação de materiais, conforme as necessidades humanas – implica destreza e aptidão.

**11. Trabalhar ou não trabalhar:** ver nota 9 anterior, relativa ao verbo "exercer".

**12. Delito subsidiário:** prevê o preceito secundário do tipo que o agente responderá, quando utilizar violência contra a pessoa, não somente pelo crime do art. 197, mas também pela figura típica correspondente à violência utilizada.

**13. Abrir ou fechar:** ver nota 9 anterior, relativa ao verbo "exercer".

**14. Participar:** ver nota 9 anterior, relativa ao verbo "exercer".

**15. Parede:** é o abandono coletivo do trabalho, ou seja, é a greve. Para melhor compreender o alcance do tipo, é preciso analisar o conteúdo da Lei 7.783/1989, que disciplina o direito de greve. Em vários dispositivos, menciona-se estar assegurado o *direito de greve*, embora a paralisação deva ser, sempre, *pacífica*, assegurando-se aos grevistas o emprego de meios *pacíficos* para persuadir outros trabalhadores à adesão ao movimento, vedando-se o uso de qualquer tipo de constrangimento (arts. 1.º, 2.º e 6.º). Justamente por isso é cabível punir aqueles que impedirem, com violência ou grave ameaça, o direito de trabalhar.

**16. Paralisação de atividade econômica:** é a cessação, temporária ou definitiva, de uma atividade lucrativa.

**17. Delito subsidiário:** como já ressaltado, prevê o preceito secundário do tipo que o agente responderá, quando utilizar violência contra a pessoa, não somente pelo crime do art. 197, mas também pela figura típica correspondente à violência utilizada.

**18. Competência:** Justiça Estadual (objeto protegido: interesse individual do trabalhador). Eventualmente, pode ser da Justiça Federal, se vários forem os trabalhadores atingidos.

## Atentado contra a liberdade de contrato de trabalho e boicotagem violenta

> **Art. 198.** Constranger alguém, mediante violência ou grave ameaça,[19-21] a celebrar contrato de trabalho,[22] ou a não fornecer[23] a outrem ou não adquirir[24] de outrem matéria-prima[25] ou produto industrial ou agrícola:[26-28]
>
> Pena – detenção, de 1 (um) mês a 1 (um) ano, e multa, além da pena correspondente à violência.[29-30]

**19. Análise do núcleo do tipo:** ver nota 3 ao artigo anterior, inclusive no tocante à análise da violência ou grave ameaça.

**20. Sujeitos ativo e passivo:** podem ser qualquer pessoa. Registre-se que o constrangimento exercido contra uma ou mais de uma pessoa importa sempre em crime único.

**21. Elemento subjetivo do tipo:** é o dolo. Não existe a forma culposa, nem se exige elemento subjetivo do tipo específico.

**22. Contrato de trabalho:** é o "acordo tácito ou expresso, correspondente à relação de emprego" (definição de contrato individual dada pelo art. 442 da CLT) ou o "acordo de caráter normativo, pelo qual dois ou mais sindicatos representativos de categorias econômicas e profissionais estipulam condições de trabalho aplicáveis, no âmbito das respectivas representações, às relações individuais de trabalho" (definição de convenção ou contrato coletivo dada pelo art. 611, *caput*, da CLT). Como bem lembra Noronha, "embora a coação, no contrato coletivo, seja mais difícil, pelas exigências legais quanto à sua conclusão e validade, não é impossível de ser exercida sobre componentes de sindicatos, em número suficiente para a aprovação contratual" (*Direito penal*, v. 3, p. 54).

**23. Fornecer:** significa abastecer, prover ou proporcionar. A figura incriminada ("não fornecer" ou "não adquirir") é a chamada *boicotagem violenta*, que está estampada na rubrica do tipo penal. Valendo-nos do ensinamento de Hungria, "*boicotagem* vem do nome de um administrador agrícola, na Irlanda, James Boycott, com quem os camponeses e fornecedores da região romperam relações (forçando-o a emigrar para a América), em represália à sua atuação vexatória. Trata-se de uma espécie de *ostracismo econômico*: a pessoa atingida pela boicotagem é posta à margem do círculo econômico a que pertence, vendo-se na contingência de cessar sua atividade, porque ninguém lhe fornece os elementos indispensáveis a ela, nem lhe adquire os produtos" (*Comentários ao Código Penal*, v. 8, p. 41).

**24. Adquirir:** quer dizer obter, comprar ou conseguir.

**25. Matéria-prima:** é uma substância bruta da qual se extrai alguma coisa.

**26. Produto agrícola ou industrial:** é o resultado da atividade agrícola ou industrial.

**27. Objetos material e jurídico:** o objeto material é a pessoa que sofre o constrangimento; o objeto jurídico é a liberdade de trabalho.

**28. Classificação:** trata-se de crime comum (aquele que não demanda sujeito ativo qualificado ou especial); material (delito que exige resultado naturalístico, consistente no tolhimento efetivo da liberdade de trabalho da vítima); de forma livre (podendo ser cometido por qualquer meio eleito pelo agente); comissivo (os verbos implicam ações); instantâneo (cujo resultado se dá de maneira instantânea, não se prolongando no tempo) ou permanente (cuja consumação se prolonga no tempo), conforme o caso concreto; de dano (consuma-se apenas com efetiva lesão a um bem jurídico tutelado); unissubjetivo (que pode ser praticado por um só agente); plurissubsistente (em regra, vários atos integram a conduta); admite tentativa.

**29. Tipo cumulativo:** prevê o preceito secundário do tipo que o agente responderá, quando utilizar violência contra a pessoa, não somente pelo crime do art. 198, mas também pela figura típica correspondente à violência utilizada.

**30. Competência:** Justiça Estadual (objeto protegido: interesse individual do trabalhador). Pode ser da Justiça Federal, caso o contrato seja coletivo.

### Atentado contra a liberdade de associação

**Art. 199.** Constranger[31-33] alguém, mediante violência ou grave ameaça, a participar ou deixar de participar[34] de determinado sindicato ou associação profissional:[35-37]

Pena – detenção, de 1 (um) mês a 1 (um) ano, e multa, além da pena correspondente à violência.[38-39]

# Art. 200

Código Penal Comentado · **Nucci**

**31. Análise do núcleo do tipo:** ver nota 3 ao art. 197.

**32. Sujeitos ativo e passivo:** podem ser qualquer pessoa. No caso do sujeito passivo, exige-se que seja trabalhador ou profissional, passível de tomar parte em sindicato ou associação.

**33. Elemento subjetivo do tipo:** é o dolo. Não existe a forma culposa, nem se exige elemento subjetivo do tipo específico.

**34. Participar ou deixar de participar:** *participar* é tomar parte ou associar-se. O constrangimento, nesse caso, tem por meta obrigar alguém a tomar parte (ação) ou a não se associar (omissão) a um sindicato ou associação profissional.

**35. Associação profissional e sindicato:** associação profissional é o agrupamento de empregadores, empregados, trabalhadores, intelectuais, técnicos ou manuais, exercendo a mesma profissão ou profissões similares ou conexas, para fins de estudo, defesa e coordenação dos seus interesses profissionais (art. 1.º do Decreto-lei 1.402/39 e art. 511 do Decreto-lei 5.452/1943 – CLT). Sindicato é a associação profissional reconhecida por lei (art. 50 do Decreto-lei 1.402/39 e art. 561 do Decreto-lei 5.452/1943 – CLT).

**36. Objetos material e jurídico:** o objeto material é a pessoa constrangida; o objeto jurídico é a liberdade de associação e filiação a sindicato, constitucionalmente garantida (arts. 5.º, XVII, e 8.º, V, CF).

**37. Classificação:** trata-se de crime comum (aquele que não demanda sujeito ativo qualificado ou especial); material (delito que exige resultado naturalístico, consistente no tolhimento à liberdade de filiação ou associação da vítima); de forma livre (podendo ser cometido por qualquer meio eleito pelo agente); comissivo ("constranger" implica ação); instantâneo (cujo resultado se dá de maneira instantânea, não se prolongando no tempo) ou permanente (a consumação prolonga-se no tempo), conforme o caso concreto; unissubjetivo (que pode ser praticado por um só agente); plurissubsistente (em regra, vários atos integram a conduta); admite tentativa.

**38. Tipo cumulativo:** prevê o preceito secundário do tipo que o agente responderá, quando utilizar violência contra a pessoa, não somente pelo crime do art. 199, mas também pela figura típica correspondente à violência utilizada.

**39. Competência:** Justiça Federal (se afetar a existência da associação ou do sindicato, que é interesse coletivo do trabalhador) ou Justiça Estadual (se atingir somente o interesse individual do trabalhador).

## Paralisação de trabalho, seguida de violência ou perturbação da ordem

> **Art. 200.** Participar[40-42] de suspensão[43] ou abandono coletivo[44] de trabalho, praticando violência contra pessoa ou contra coisa:[45-47]
>
> Pena – detenção, de 1 (um) mês a 1 (um) ano, e multa, além da pena correspondente à violência.[48-49]
>
> **Parágrafo único.** Para que se considere coletivo o abandono de trabalho, é indispensável o concurso de, pelo menos, 3 (três) empregados.[50]

**40. Análise do núcleo do tipo:** *participar*, como já mencionado, refere-se a tomar parte ou associar-se. Exige, nesse caso, a existência de uma multiplicidade de pessoas que paralisam o trabalho, pois somente se pode *tomar parte* quando há várias pessoas agrupadas (três pelo menos) para qualquer fim.

**41. Sujeitos ativo e passivo:** podem ser qualquer pessoa, com a ressalva de que o sujeito ativo deve ser empregado ou empregador, pois o tipo exige a paralisação *do trabalho*.

**42. Elemento subjetivo do tipo:** é o dolo. Não existe a forma culposa, nem se exige elemento subjetivo do tipo específico.

**43. Suspensão do trabalho:** é a paralisação promovida pelos empregadores (*lockout*), ou seja, a greve patronal.

**44. Abandono coletivo do trabalho:** é a paralisação efetuada pelos empregados (greve).

**45. Violência contra pessoa ou coisa:** nesta figura típica, deixa claro o legislador ser punida a paralisação violenta do trabalho, podendo a força física voltar-se contra pessoas ou contra coisas. Portanto, a greve, em si mesma, não é crime. Fazê-lo com violência, ferindo pessoas ou destruindo coisas – evidentemente alheias –, é que tipifica a infração penal.

**46. Objetos material e jurídico:** o objeto material é a pessoa ou coisa que sofre a violência. O objeto jurídico é a liberdade de trabalho.

**47. Classificação:** trata-se de crime próprio (aquele que demanda sujeito ativo qualificado ou especial, isto é, empregado); material (delito que exige resultado naturalístico, consistente na ofensa à integridade física ou destruição do patrimônio alheio); de forma livre (podendo ser cometido por qualquer meio eleito pelo agente); comissivo (os verbos indicam ações); instantâneo (cujo resultado se dá de maneira instantânea, não se prolongando no tempo); de dano (consuma-se apenas com efetiva lesão a um bem jurídico tutelado); plurissubjetivo (que pode ser praticado por mais de um agente); plurissubsistente (em regra, vários atos integram a conduta); admite tentativa.

**48. Tipo cumulativo:** prevê o preceito secundário do tipo que o agente responderá, quando utilizar violência contra a pessoa, não somente pelo crime do art. 200, mas também pela figura típica correspondente à violência utilizada.

**49. Competência:** é da Justiça Federal, como regra, pois o abandono de trabalho é coletivo. Entretanto, há julgado do STJ apontando a necessidade de envolver interesse da União: "Crime contra a organização do trabalho. Inocorrência. Competência da justiça estadual. 1. No caso dos autos, o movimento grevista instaurado por servidores municipais, promovendo desordem, e impedindo, mediante ameaças e utilização de força física, o ingresso de servidores no local de trabalho, bem como a retenção de equipamentos necessários à execução dos serviços, sobretudo os essenciais, não configura crime contra a organização do trabalho. 2. Para a caracterização do crime contra a organização do trabalho, o delito deve atingir a liberdade individual dos trabalhadores, como também a Organização do Trabalho e a Previdência, a ferir a própria dignidade da pessoa humana e colocar em risco a manutenção da Previdência Social e as Instituições Trabalhistas, evidenciando a ocorrência de prejuízo a bens, serviços ou interesses da União, conforme as hipóteses previstas no art. 109 da CF, o que não se verifica no caso vertente" (AgRg no CC 62.875/SP, 3.ª Seção, rel. Og Fernandes, 22.04.2009, v.u.).

**50. Abandono coletivo de trabalho:** não se trata de um delito de concurso necessário, isto é, aquele que somente pode ser praticado por mais de uma pessoa. O que pretende o legislador com esta norma explicativa é proporcionar um adequado entendimento do tipo, evidenciando

# Art. 201

Código Penal Comentado · **Nucci**

que o abandono coletivo necessita ocorrer com, no mínimo, três empregados agrupados. No caso da suspensão, nada se mencionou, de modo que não cabe dizer que se exigem, no mínimo, três patrões, embora, por conta do verbo ("participar"), se deva buscar o agrupamento de pelo menos três pessoas, podendo ser um empregador e dois empregados, por exemplo.

### Paralisação de trabalho de interesse coletivo

> **Art. 201.** Participar[51-52] de suspensão ou abandono coletivo de trabalho, provocando[53] a interrupção de obra pública ou serviço de interesse coletivo:[54-56]
> Pena – detenção, de 6 (seis) meses a 2 (dois) anos, e multa.

**51. Análise do núcleo do tipo:** ver nota 40 ao artigo anterior, quanto aos conceitos fundamentais deste tipo. Cumpre ressaltar, no entanto, que o art. 201 sofreu séria limitação após a edição da Constituição Federal de 1988 e da Lei 7.783/1989 (sobre o direito de greve). Enquanto o art. 9.º da Constituição preceitua ser *direito* do trabalhador promover e participar de greve, sem limitações, a lei supramencionada disciplina os serviços e atividades de natureza essencial, onde deve haver cautela na paralisação, a fim de atender às necessidades inadiáveis da comunidade. E mais: estabeleceu, nitidamente, que "os abusos cometidos sujeitam os responsáveis às penas da lei" (art. 9.º, § 2.º, CF). Portanto, para compreender o alcance do ainda vigente art. 201, torna-se indispensável consultar a legislação ordinária, especificamente a Lei 7.783/1989. Entendemos que o direito de greve no setor não essencial é ilimitado, razão pela qual não mais tem aplicação a figura típica do art. 201. Entretanto, como nos setores essenciais o direito não é ilimitado, mas controlado por lei, pode haver abuso. Nesse prisma, ainda há possibilidade de punição. Consultem-se, a respeito, os arts. 11, 14 e 15 da Lei de Greve: "Art. 11. Nos serviços ou atividades essenciais, os sindicatos, os empregadores e os trabalhadores ficam obrigados, de comum acordo, a garantir, durante a greve, a prestação dos serviços indispensáveis ao atendimento das necessidades inadiáveis da comunidade. Parágrafo único. São necessidades inadiáveis da comunidade aquelas que, não atendidas, coloquem em perigo iminente a sobrevivência, a saúde ou a segurança da população". "Art. 14. Constitui abuso do direito de greve a inobservância das normas contidas na presente Lei, bem como a manutenção da paralisação após a celebração de acordo, convenção ou decisão da Justiça do Trabalho. Parágrafo único. Na vigência de acordo, convenção ou sentença normativa não constitui abuso do exercício do direito de greve a paralisação que: I – tenha por objetivo exigir o cumprimento de cláusula ou condição; II – seja motivada pela superveniência de fato novo ou acontecimento imprevisto que modifique substancialmente a relação de trabalho." "Art. 15. A responsabilidade pelos atos praticados, ilícitos ou crimes cometidos, no curso da greve, será apurada, conforme o caso, segundo a legislação trabalhista, civil ou penal. Parágrafo único. Deverá o Ministério Público, de ofício, requisitar a abertura do competente inquérito e oferecer denúncia quando houver indício da prática de delito."

**52. Sujeitos ativo e passivo:** o sujeito ativo pode ser qualquer pessoa, desde que seja empregado ou empregador, tendo em vista que se trata de paralisação *de trabalho*. O sujeito passivo é a coletividade.

**53. Elemento subjetivo do tipo:** é o dolo. Não existe a forma culposa. Cremos ser necessário o elemento subjetivo do tipo específico, consistente na vontade de tomar parte de uma paralisação *para interromper obra pública ou serviço de interesse coletivo*.

**54. Objetos material e jurídico:** o objeto material é o trabalho paralisado. O objeto jurídico é o interesse da sociedade na manutenção dos serviços.

**55. Classificação:** trata-se de crime próprio (aquele que demanda sujeito ativo qualificado ou especial, que é a condição de empregado); material (delito que exige resultado naturalístico, consistente na efetiva paralisação do serviço de interesse coletivo); de forma livre (podendo ser cometido por qualquer meio eleito pelo agente); comissivo (embora o tipo seja concernente à paralisação de serviços, dando a ideia de uma omissão, o núcleo é de ação: "tomar parte"); instantâneo (cujo resultado se dá de maneira instantânea, não se prolongando no tempo); plurissubjetivo (que somente pode ser praticado por mais de uma pessoa, visto não ter cabimento falar em cessação de serviço público por um único agente); plurissubsistente (em regra, vários atos integram a conduta); admite tentativa.

**56. Competência:** Justiça Federal (o interesse no trabalho é coletivo). Porém, consultar a nota 49 *supra*.

### Invasão de estabelecimento industrial, comercial ou agrícola. Sabotagem

> **Art. 202.** Invadir ou ocupar[57-58] estabelecimento[59] industrial, comercial ou agrícola, com o intuito[60] de impedir ou embaraçar o curso normal do trabalho, ou com o mesmo fim danificar[61] o estabelecimento ou as coisas nele existentes ou delas dispor:[62-64]
>
> Pena – reclusão, de 1 (um) a 3 (três) anos, e multa.

**57. Análise do núcleo do tipo:** *invadir* (entrar ou ocupar usando a força) e *ocupar* (entrar na posse) são as condutas incriminadas neste tipo, tendo por objeto um estabelecimento industrial, comercial ou agrícola.

**58. Sujeitos ativo e passivo:** o sujeito ativo pode ser qualquer pessoa. O sujeito passivo é o proprietário do estabelecimento, em primeiro lugar, podendo-se falar na coletividade, em segundo plano, se ela foi privada de serviço essencial.

**59. Estabelecimento:** é o lugar onde se desenvolve um determinado tipo de atividade. No caso presente, ele deve ser industrial, comercial ou agrícola.

**60. Elemento subjetivo do tipo:** é o dolo. Não há a forma culposa. Exige-se elemento subjetivo do tipo específico alternativo, consistente no intuito de *impedir* (impossibilitar a execução, estorvar) ou *embaraçar* (colocar impedimento ou tolher) o curso do trabalho ou mesmo com a finalidade de *danificar* (estragar, deteriorar) o estabelecimento ou suas coisas, podendo delas dispor. Na jurisprudência: STJ: "1. Para caracterização do delito do art. 202 do Código Penal, exige-se a presença do elemento subjetivo do tipo, consistente na finalidade específica de obstar ou perturbar o curso normal do trabalho" (AgRg no AREsp 1.638.943-PB, 5.ª T., rel. Joel Ilan Paciornik, 12.05.2020, v.u.).

**61. Sabotagem:** é o nome dado para a invasão ou ocupação de estabelecimento com o fim de destruir ou estragar o local ou os objetos nele constantes.

**62. Objetos material e jurídico:** o objeto material é o estabelecimento industrial, comercial ou agrícola ou as coisas nele existentes. Os objetos jurídicos são a liberdade de trabalho e o patrimônio do proprietário.

**63. Classificação:** trata-se de crime comum (aquele que não demanda sujeito ativo qualificado ou especial); formal (delito que não exige resultado naturalístico, consistente no

# Art. 203

Código Penal Comentado · **Nucci**

impedimento ao curso do trabalho ou na destruição das coisas do estabelecimento); de forma livre (podendo ser cometido por qualquer meio eleito pelo agente); comissivo (os verbos indicam ações); permanente (cujo resultado se dá de maneira prolongada, já que as ações são *invadir* e *ocupar*, implicando continuidade); unissubjetivo (que pode ser praticado por um só agente); plurissubsistente (em regra, vários atos integram a conduta); admite tentativa.

**64. Competência:** Justiça Federal (o interesse é coletivo). Consultar a nota 49 *supra*.

### Frustração de direito assegurado por lei trabalhista

> **Art. 203.** Frustrar,[65-66] mediante fraude ou violência,[67-68] direito assegurado pela legislação do trabalho:[69-71]
>
> Pena – detenção de 1 (um) ano a 2 (dois) anos, e multa, além da pena correspondente à violência.[72-73]
>
> § 1.º Na mesma pena incorre quem:
>
> I – obriga ou coage[74-75] alguém a usar mercadorias de determinado estabelecimento, para impossibilitar[76] o desligamento do serviço em virtude de dívida;[77-78]
>
> II – impede[79-80] alguém de se desligar de serviços de qualquer natureza, mediante coação[81] ou por meio da retenção[82] de seus documentos pessoais ou contratuais.[83-84]
>
> § 2.º A pena é aumentada[85] de 1/6 (um sexto) a 1/3 (um terço) se a vítima é menor de 18 (dezoito) anos, idosa,[86] gestante,[87] indígena[88] ou portadora de deficiência física ou mental.[89]

**65. Análise do núcleo do tipo:** *frustrar* implica enganar ou iludir. O objeto é o direito trabalhista, fazendo, pois, com que o trabalhador corra o risco de experimentar perdas ilegais.

**66. Sujeitos ativo e passivo:** o sujeito ativo pode ser qualquer pessoa. O sujeito passivo há de ser o titular do direito que foi frustrado (empregado ou empregador).

**67. Fraude ou violência:** não se vale o legislador da *grave ameaça*, contentando-se com a violência (força física) ou com a fraude (ação praticada com má-fé).

**68. Elemento subjetivo do tipo:** é o dolo. Não existe a forma culposa, nem se exige elemento subjetivo do tipo específico.

**69. Norma penal em branco:** é indispensável consultar a legislação trabalhista a fim de saber quais são os direitos assegurados ao trabalhador.

**70. Objetos material e jurídico:** o objeto material é o direito trabalhista. O objeto jurídico é a organização do trabalho e sua legislação.

**71. Classificação:** trata-se de crime comum (aquele que não demanda sujeito ativo qualificado ou especial); material (delito que exige resultado naturalístico, consistente na efetiva frustração do direito); de forma livre (podendo ser cometido por qualquer meio eleito pelo agente); comissivo ("frustrar" implica ação); instantâneo (cujo resultado se dá de maneira instantânea, não se prolongando no tempo) ou permanente (cuja consumação se prolonga no tempo), conforme o caso concreto; unissubjetivo (que pode ser praticado por um só agente); plurissubsistente (em regra, vários atos integram a conduta); admite tentativa.

**72. Tipo cumulativo:** prevê o preceito secundário do tipo que o agente responderá, quando utilizar violência contra a pessoa, não somente pelo crime do art. 203, mas também pela figura típica correspondente à violência utilizada.

**73. Competência:** pode ser da Justiça Federal (quando o interesse em questão afeta órgãos coletivos do trabalho) ou da Justiça Estadual (quando o interesse é individual).

**74. Análise do núcleo do tipo:** *obrigar* significa forçar, constranger ou impelir; *coagir* quer dizer constranger com força física ou ameaças. Compõem-se essas condutas com a ação de *usar* (empregar com habitualidade) mercadorias de determinado estabelecimento. A intenção legislativa é coibir aqueles que forçam trabalhadores a contrair dívidas em estabelecimentos do patrão, impossibilitando-os, portanto, de deixar o serviço. Note-se, entretanto, que este delito passa a ser subsidiário em relação ao previsto no art. 149 do Código Penal (redução à condição análoga à de escravo). Assim, o empregador que cerceia a liberdade de locomoção do empregado em virtude de dívida responde pelo delito do art. 149. Para incidir na figura do art. 203, § 1.º, I, é preciso que a conduta não envolva restrição à liberdade de ir e vir do trabalhador. Em verdade, neste caso (art. 203), há uma restrição moral ao empregado, enquanto naquele (art. 149) a restrição é física.

**75. Sujeitos ativo e passivo:** o sujeito ativo pode ser qualquer pessoa. O passivo há de ser o trabalhador impedido de se desligar do serviço.

**76. Elemento subjetivo do tipo:** é o dolo. Não existe a forma culposa. Exige-se o elemento subjetivo do tipo específico, que é a vontade de impedir o desligamento do trabalhador em virtude de dívida.

**77. Objetos material e jurídico:** o objeto material é a pessoa constrangida; o objeto jurídico é a liberdade de trabalho.

**78. Classificação:** trata-se de crime comum (aquele que não demanda sujeito ativo qualificado ou especial); formal (delito que não exige resultado naturalístico, consistente na efetiva vinculação do trabalhador ao emprego por conta da dívida); de forma livre (podendo ser cometido por qualquer meio eleito pelo agente); comissivo (os verbos implicam ações); instantâneo (cujo resultado se dá de maneira instantânea, não se prolongando no tempo); unissubjetivo (que pode ser praticado por um só agente); plurissubsistente (em regra, vários atos integram a conduta); admite tentativa.

**79. Análise do núcleo do tipo:** *impedir* significa obstaculizar ou opor-se, tendo por objeto o trabalhador que pretende desligar-se do serviço.

**80. Sujeitos ativo e passivo:** o sujeito ativo pode ser qualquer pessoa; o passivo há de ser o trabalhador prejudicado.

**81. Coação:** é a violência física ou moral.

**82. Retenção de documentos:** é a conduta daquele que detém em seu poder ou sob sua guarda os documentos pessoais (RG, CPF etc.) ou contratuais (carteira de trabalho), de forma a impedir que o trabalhador arranje outro emprego, mas sem implicar em cerceamento da liberdade de locomoção, que caracterizaria o crime do art. 149.

**83. Objetos material e jurídico:** o objeto material é a pessoa impedida de deixar o emprego ou os documentos retidos; o jurídico é a liberdade de trabalho.

# Art. 203 Código Penal Comentado · **Nucci** 950

**84. Classificação:** trata-se de crime comum (aquele que não demanda sujeito ativo qualificado ou especial); material (delito que exige resultado naturalístico, consistente no tolhimento da liberdade de trabalho); de forma livre (podendo ser cometido por qualquer meio eleito pelo agente); comissivo ("impedir" implica ação); instantâneo (cujo resultado se dá de maneira instantânea, não se prolongando no tempo); unissubjetivo (que pode ser praticado por um só agente); plurissubsistente (em regra, vários atos integram a conduta); admite tentativa.

**85. Causa de aumento:** prevê-se o aumento variável de um sexto a um terço, quando a vítima for menor de 18 anos, idosa, gestante, indígena ou deficiente física ou mental.

**86. Pessoa idosa:** antes mesmo do advento da Lei 10.741/2003, que substituiu o termo *velho* na agravante prevista no art. 61, II, *h*, por *maior de 60 anos*, já defendíamos que a não utilização, neste artigo, da denominação *velho* era suficiente para conceituarmos idoso como a pessoa com mais de 60 anos, em virtude do disposto no art. 2.º da Lei 8.842/1994. Atualmente, no entanto, uniformizou-se a terminologia, prevalecendo o correto: *idoso* em lugar de *velho*. Mais amplos direitos estão previstos no Estatuto da Pessoa Idosa, afinal o maior de 60 anos precisa ser bem tratado, sem discriminação, tendo todos os seus direitos respeitados, especialmente os sociais, nos quais estão os trabalhistas. Ora, o empregador ou outra pessoa que obriga, coage, impede ou frustra direitos trabalhistas da pessoa idosa está em frontal oposição à política do Estado de proteção aos maiores de 60 anos. Por isso, estando em jogo a liberdade de trabalho, está configurada a causa de aumento para aqueles que já passaram dessa idade, anotando-se ainda a visão constitucional de proteção ao idoso: "Art. 230. A família, a sociedade e o Estado têm o dever de amparar as pessoas idosas, assegurando sua participação na comunidade, defendendo sua dignidade e bem-estar e garantindo-lhes o direito à vida". E, por derradeiro, vale destacar que a Lei 10.741/2003 criou figura típica específica, referindo-se à proteção do direito de acesso ao trabalho, ao instituir, no art. 100, o seguinte: "Constitui crime punível com reclusão de 6 (seis) meses a 1 (um) ano e multa: I – obstar o acesso de alguém a qualquer cargo público por motivo de idade; II – negar a alguém, por motivo de idade, emprego ou trabalho (...)".

**87. Gestante:** é a mulher grávida, sendo, no entanto, indispensável que o autor do crime tenha consciência desse estado.

**88. Indígena:** a meta da União, constitucionalmente assegurada, é dar proteção aos índios e fazer respeitar os seus bens (art. 231, CF). Nessa esteira, o Estatuto do Índio (Lei 6.001/1973) determina competir à União, aos Estados e aos Municípios, bem como aos órgãos das respectivas administrações indiretas, estender à comunidade indígena os benefícios da legislação comum, sempre que possível, dar assistência aos índios não integrados à comunhão nacional, promover-lhes o desenvolvimento, assegurar-lhes a possibilidade de escolha do seu meio de vida, garantir-lhes o pleno exercício dos direitos civis e políticos que lhes couberem, dentre outros princípios (art. 2.º). Define o índio ou silvícola como sendo o "indivíduo de origem e ascendência pré-colombiana que se identifica e é identificado como pertencente a um grupo étnico cujas características culturais o distinguem da sociedade nacional", e a comunidade indígena ou grupo tribal como o "conjunto de famílias ou comunidades índias, quer vivendo em estado de completo isolamento em relação aos outros setores da comunhão nacional, quer em contatos intermitentes ou permanentes, sem contudo estarem neles integrados" (art. 3.º). Dividem-se os índios, ainda, em *isolados* (os que vivem em grupos desconhecidos, dos quais se tem pouca informação); *em vias de integração* (os que possuem maior contato com grupos estranhos, mas mantêm parte das suas condições de vida nativa) e os *integrados* (os que estão incorporados à comunhão nacional, no pleno gozo de seus direitos civis, conservando ape-

# Art. 203

nas seus usos, costumes e tradições), conforme art. 4.º. O art. 203 do Código Penal tem por finalidade tutelar os direitos assegurados pela legislação trabalhista e a liberdade de trabalho, pressupondo, pois, um contrato de trabalho existente, ao menos, no tocante à vítima. O índio em processo de integração não pode celebrar contrato de trabalho, sem a assistência do órgão tutelar competente, salvo se ele revelar consciência e conhecimento suficiente do ato praticado, não lhe sendo de alguma forma prejudicial. Note-se, ainda, que o Estatuto do Índio prevê formas de alteração do reconhecimento da capacidade do silvícola, passando-o de sua situação de semi-incapacidade para a de plena capacidade, desde que requeira ao juiz a sua liberação do regime tutelar previsto em lei. Para tanto, deve preencher os seguintes requisitos, conforme art. 9.º: idade mínima de 21 anos, conhecimento da língua portuguesa, habilitação para o exercício de atividade útil na comunhão nacional e razoável compreensão dos usos e costumes da comunhão nacional. Além disso, dispõe o Estatuto não dever existir qualquer discriminação entre trabalhadores indígenas e os demais trabalhadores, aplicando-se-lhes todos os direitos e garantias das leis trabalhistas e da previdência social (art. 14). E, expressamente, proíbe a celebração de contrato de trabalho com o índio isolado (art. 15), autorizando-a a partir da sua condição de silvícola em processo de integração, ainda assim com fiscalização do órgão próprio (art. 16). Portanto, em síntese, pode-se concluir o seguinte: a) o índio isolado está proibido de celebrar contrato de trabalho. Se alguém o empregar, contra o mandamento legal, explorando-o, poderá responder por outras figuras típicas, inclusive a do art. 149, CP (redução de alguém à condição análoga à de escravo), visto que ele não tem o menor entendimento do que se passa no seio da sociedade civilizada. Em qualquer caso, haverá a incidência da causa de aumento genérica de crime praticado contra índio (art. 59 da Lei 6.001/1973); b) o índio não integrado pode celebrar contrato de trabalho, sob autorização e fiscalização do órgão tutelar competente (FUNAI). Naturalmente, pode ser vítima do crime previsto no art. 203, valendo, no caso, a causa de aumento do § 2.º; c) o índio integrado também pode celebrar contrato de trabalho e já está no gozo de todos os seus direitos civis. Liberou-se, por decisão judicial, de seu órgão tutelar, por preencher os requisitos legais, e não pode mais ser considerado relativamente incapaz. Estando integrado completamente, não tem cabimento incidir a causa de aumento do § 2.º, pois o próprio Estado lhe reconhece integral autonomia e capacidade de se autodeterminar. Afinal, o objetivo da figura típica agravada é proteger os hipossuficientes que estiverem inseridos no mercado de trabalho.

**89. Pessoa com deficiência física ou mental:** repetimos (o tema já foi tratado no contexto das agravantes de crimes contra enfermo, do art. 61, II, *h*), por ser conveniente, a lição de Luiz Alberto David Araujo sobre o assunto: "O conceito de deficiência reside na incapacidade do indivíduo para certas tarefas, não na falta de qualquer capacidade física ou mental. A análise isolada não poderá ser feita; pelo contrário, a deficiência deve ser sempre correlacionada a tarefa ou atividade. (...) As deficiências não se restringem, apenas, aos sentidos (visual, auditiva ou da fala), nem aos membros (locomoção ou movimentação) ou, ainda, às faculdades mentais (deficiência mental), mas também alcançam situações decorrentes das mais variadas causas (fenilcetonúria, esclerose múltipla, talassemia, doenças renais crônicas, dentre outras, inclusive AIDS). As pessoas portadoras de deficiência apresentam graus de dificuldade de integração, com uma multiplicidade de situações que devem ser objeto de atenção rigorosa, tanto do legislador infraconstitucional, como do administrador e do juiz" (*A proteção constitucional das pessoas portadoras de deficiência*, p. 131). No caso dessas pessoas, quando celebrarem contratos de trabalho, sofrendo algum prejuízo, conforme preceituado pela figura típica do art. 203, incide a causa de aumento do § 2.º. Ressalte-se que a Constituição Federal concedeu especial atenção às pessoas portadoras de deficiência, como se pode observar nos arts. 23, II, 24, XIV, 37, VIII, 203, IV, 208, III, 227, § 1.º, II,

# Art. 204

Código Penal Comentado · **Nucci**

952

§ 2.º, e 244. Com particular relevo, deve-se, ainda, mencionar o art. 7.º, XXXI, que proíbe qualquer forma de discriminação no tocante a salário e critério de admissão do trabalhador portador de deficiência.

### Frustração de lei sobre a nacionalização do trabalho

> **Art. 204.** Frustrar,[90-92] mediante fraude ou violência,[93] obrigação legal relativa à nacionalização do trabalho:[94-96]
>
> Pena – detenção, de 1 (um) mês a 1 (um) ano, e multa, além da pena correspondente à violência.[97-98]

**90. Análise do núcleo do tipo:** *frustrar* é enganar ou iludir. Neste caso, tendo por objeto a obrigação legal de nacionalização do trabalho.

**91. Sujeitos ativo e passivo:** o sujeito ativo pode ser qualquer pessoa, enquanto o sujeito passivo é o Estado.

**92. Elemento subjetivo do tipo:** é o dolo. Não existe a forma culposa, nem se exige elemento subjetivo do tipo específico.

**93. Fraude ou violência:** *fraude* é a manobra feita para iludir, enquanto *violência* é o emprego de coação física. Não se admite, neste caso, o emprego de grave ameaça, porque é figura não utilizada pelo tipo penal.

**94. Norma penal em branco:** é imprescindível conhecer quais são as normas relativas à nacionalização do trabalho, ou seja, aquelas que dizem respeito à obrigatoriedade de contratação de mão de obra brasileira. Consultem-se, a respeito, os arts. 352 a 371 do Decreto-lei 5.452/1943 – CLT, especialmente os arts. 352 e 354: "Art. 352. As empresas, individuais ou coletivas, que explorem serviços públicos dados em concessão, ou que exerçam atividades industriais ou comerciais, são obrigadas a manter, no quadro do seu pessoal, quando composto de 3 (três) ou mais empregados, uma proporção de brasileiros não inferior à estabelecida no presente Capítulo. § 1.º Sob a denominação geral de atividades industriais e comerciais compreendem-se, além de outras que venham a ser determinadas em portaria do Ministro do Trabalho, Indústria e Comércio, as exercidas: *a)* nos estabelecimentos industriais em geral; *b)* nos serviços de comunicações, de transportes terrestres, marítimos, fluviais, lacustres e aéreos; *c)* nas garagens, oficinas de reparos e postos de abastecimento de automóveis e nas cocheiras; *d)* na indústria de pesca; *e)* nos estabelecimentos comerciais em geral; *f)* nos escritórios comerciais em geral; *g)* nos estabelecimentos bancários, ou de economia coletiva, nas empresas de seguros e nas de capitalização; *h)* nos estabelecimentos jornalísticos, de publicidade e de radiodifusão; *i)* nos estabelecimentos de ensino remunerado, excluídos os que neles trabalhem por força de voto religioso; *j)* nas drogarias e farmácias; *k)* nos salões de barbeiro ou cabeleireiro e de beleza; *l)* nos estabelecimentos de diversões públicas, excluídos os elencos teatrais, e nos clubes esportivos; *m)* nos hotéis, restaurantes, bares e estabelecimentos congêneres; *n)* nos estabelecimentos hospitalares e fisioterápicos cujos serviços sejam remunerados, excluídos os que neles trabalhem por força de voto religioso; *o)* nas empresas de mineração. § 2.º Não se acham sujeitas às obrigações da proporcionalidade as indústrias rurais, as que, em zona agrícola, se destinem ao beneficiamento ou transformação de produtos da região e as atividades industriais de natureza extrativa, salvo a mineração"; "Art. 354. A proporcionalidade será de 2/3 (dois terços) de empregados brasileiros, podendo, entretanto, ser fixada proporcionalida-

# Art. 205

**953** Título IV – Dos crimes contra a organização do trabalho

de inferior, em atenção às circunstâncias especiais de cada atividade, mediante ato do Poder Executivo, e depois de devidamente apurada pelo Departamento Nacional do Trabalho e pelo Serviço de Estatística de Previdência e Trabalho a insuficiência do número de brasileiros na atividade de que se tratar. Parágrafo único. A proporcionalidade é obrigatória não só em relação à totalidade do quadro de empregados, com as exceções desta Lei, como ainda em relação à correspondente folha de salários".

**95. Objetos material e jurídico:** o objeto material são os contratos irregularmente celebrados e o jurídico é o interesse do Estado em garantir reserva de mercado para brasileiros.

**96. Classificação:** trata-se de crime comum (aquele que não demanda sujeito ativo qualificado ou especial); material (delito que exige resultado naturalístico, consistente na efetiva frustração da proporcionalidade estabelecida em lei entre trabalhadores brasileiros e estrangeiros); de forma livre (podendo ser cometido por qualquer meio eleito pelo agente); comissivo ("frustrar" implica ação); instantâneo (cujo resultado se dá de maneira instantânea, não se prolongando no tempo); unissubjetivo (que pode ser praticado por um só agente); plurissubsistente (em regra, vários atos integram a conduta); admite tentativa.

**97. Tipo cumulativo:** prevê o preceito secundário do tipo que o agente responderá, quando utilizar violência contra a pessoa, não somente pelo crime do art. 204, mas também pela figura típica correspondente à violência utilizada.

**98. Competência:** Justiça Federal, pois o interesse é coletivo. Consultar a nota 49 *supra*.

### Exercício de atividade com infração de decisão administrativa

> **Art. 205.** Exercer[99-101] atividade,[102] de que está impedido por decisão administrativa:[103-105]
>
> Pena – detenção, de 3 (três) meses a 2 (dois) anos, ou multa.[106]

**99. Análise do núcleo do tipo:** *exercer* significa praticar, desempenhar ou cumprir, com certa habitualidade. Não se costuma dizer que alguém *exerce* determinada atividade se o fez uma só vez. O exercício fornece a nítida ideia de regularidade. Na jurisprudência: STJ: "1. Hipótese em que a controvérsia apresentada cinge-se à definição do tipo penal a que se amolda a conduta da Interessada, a qual teria exercido a advocacia com a inscrição na Ordem dos Advogados do Brasil suspensa, em razão de infração reconhecida pelos órgãos disciplinares competentes. 2. A questão difere daquela relativa ao inadimplemento de anuidade, na qual esta Corte tem entendido que se configura a contravenção penal do art. 47 do Decreto-lei n. 3.688/1941, porque 'não representa verdadeira punição disciplinar, mas apenas mero ato administrativo de saneamento cadastral e, por consequência, não se amolda ao conceito penal de decisão administrativa proibitiva do exercício da profissão' (CC n. 164.097/SP, Rel. Min. Reynaldo Soares da Fonseca, *DJe* de 11/03/2019). 3. Tendo sido a suspensão da inscrição determinada pela autoridade competente, qual seja, no caso, a OAB, em processo administrativo, está configurado o crime do art. 205 do Código Penal, qual seja, 'exercer atividade, de que está impedido por decisão administrativa'. 4. Conflito conhecido para declarar competente o Juízo Federal, o Suscitante" (CC 165.781-MG, 3.ª Seção, rel. Laurita Vaz, 14.10.2020, v.u.).

**100. Sujeitos ativo e passivo:** o sujeito ativo só pode ser a pessoa impedida de exercer a atividade; o sujeito passivo é o Estado.

# Art. 206

Código Penal Comentado · **Nucci**

954

**101. Elemento subjetivo do tipo:** é o dolo. Não existe a forma culposa, nem se exige elemento subjetivo do tipo específico.

**102. Atividade:** qualquer trabalho específico ou ocupação, evidentemente no contexto da organização do trabalho, diante dos interesses protegidos neste capítulo.

**103. Impedimento por decisão administrativa:** naturalmente, pela própria redação do tipo, o descumprimento de decisão judicial não se encaixa neste crime, podendo configurar a figura do art. 359 do Código Penal.

**104. Objetos material e jurídico:** o objeto material é a atividade desempenhada pelo agente; o objeto jurídico é o interesse do Estado no cumprimento de suas decisões.

**105. Classificação:** trata-se de crime próprio (aquele que demanda sujeito ativo qualificado ou especial); de mera conduta (delito que não possui resultado naturalístico, punindo-se a conduta); de forma livre (podendo ser cometido por qualquer meio eleito pelo agente); comissivo ("exercer" implica ação); habitual (delito que somente se consuma quando se apura a regularidade da conduta, punida pelo todo e não por ações particulares); unissubjetivo (que pode ser praticado por um só agente); plurissubsistente (em regra, vários atos integram a conduta); não admite tentativa.

**106. Competência:** Justiça Estadual ou Federal, a depender de qual órgão partiu a decisão administrativa.

### Aliciamento para o fim de emigração

> **Art. 206.** Recrutar[107-108] trabalhadores,[109] mediante fraude,[110] com o fim[111] de levá-los para território estrangeiro:[112-113]
>
> Pena – detenção, de 1 (um) a 3 (três) anos, e multa.[114]

**107. Análise do núcleo do tipo:** *recrutar* significa angariar adeptos, embora possua também o significado de *aliciar* (atrair, seduzir ou angariar adeptos por meio de atrativos). Melhor seria, pois, que o legislador tivesse usado o verbo *aliciar*, até para ficar em consonância com a rubrica do artigo, que é "aliciamento para o fim de emigração".

**108. Sujeitos ativo e passivo:** o sujeito ativo pode ser qualquer pessoa; o sujeito passivo é, primordialmente, o Estado, bem como, em segundo plano, qualquer pessoa, na condição de trabalhador.

**109. Trabalhadores:** não tendo usado o termo no singular, exige-se, pelo menos, dois para o crime se configurar.

**110. Mediante fraude:** não basta o convite sedutor feito por alguém, para levar mão de obra para o exterior, sendo indispensável a *fraude*, ou seja, o instrumento de ilusão, o engano, o logro.

**111. Elemento subjetivo do tipo:** é o dolo. Não existe a forma culposa. Exige-se, no entanto, elemento subjetivo do tipo específico, consistente na finalidade de levar o trabalhador para o exterior.

**112. Objetos material e jurídico:** o objeto material é a pessoa recrutada; o objeto jurídico é o interesse do Estado em manter a mão de obra no seu território.

**113. Classificação:** trata-se de crime comum (aquele que não demanda sujeito ativo qualificado ou especial); formal (delito que não exige resultado naturalístico, consistente na diminuição da mão de obra nacional); de forma livre (podendo ser cometido por qualquer meio eleito pelo agente); comissivo ("recrutar" implica ação); instantâneo (cujo resultado se dá de maneira instantânea, não se prolongando no tempo); unissubjetivo (que pode ser praticado por um só agente); plurissubsistente (em regra, vários atos integram a conduta); admite tentativa.

**114. Competência:** Justiça Federal, pois o interesse é coletivo. Consultar a nota 49 *supra*.

### Aliciamento de trabalhadores de um local para outro do território nacional

> **Art. 207.** Aliciar[115-116] trabalhadores,[117] com fim[118] de levá-los de uma para outra localidade do território nacional:[119-120]
>
> Pena – detenção de 1 (um) a 3 (três) anos, e multa.[121]
>
> § 1.º Incorre na mesma pena[122] quem recrutar trabalhadores fora da localidade de execução do trabalho, dentro do território nacional, mediante fraude ou cobrança de qualquer quantia do trabalhador, ou, ainda, não assegurar condições do seu retorno ao local de origem.[123]
>
> § 2.º A pena é aumentada de 1/6 (um sexto) a 1/3 (um terço) se a vítima é menor de 18 (dezoito) anos, idosa, gestante, indígena ou portadora de deficiência física ou mental.[124]

**115. Análise do núcleo do tipo:** *aliciar*, como mencionamos no artigo anterior, significa angariar por meio de atrativos ou seduzir. A ideia central é a mesma do artigo antecedente, embora neste caso os trabalhadores não devam seguir para o exterior e sim para outra região do território nacional. Na jurisprudência: TFR1: "1. O tipo penal previsto no art. 207, CP, segundo Guilherme de Souza Nucci, 'trata-se de crime comum (aquele que não demanda sujeito ativo qualificado ou especial); formal (delito que não exige resultado naturalístico, consistente na diminuição da mão de obra em um determinado ponto do território nacional); de forma livre (podendo ser cometido por qualquer meio eleito pelo agente); comissivo ('aliciar' implica em ação); instantâneo (cujo resultado se dá de maneira instantânea, não se prolongando no tempo); unissubjetivo (que pode ser praticado por só agente). Elemento subjetivo do tipo: é o dolo. Não existe a forma culposa' (In *Código Penal Comentado*, 14. ed. 2012, p. 1012). 2. Caso em que a cuidadosa análise das provas revela que o objetivo, a intenção do réu era realmente intermediar mão de obra para a colheita da cana-de-açúcar no município de Carneirinho/MG, buscando trabalhadores em outras cidades. Todavia, não se certificou corretamente sobre o período exato da colheita, arregimentando e levando os obreiros após o término do referido período, não conseguindo, assim, fornecer a eles a execução do labor prometido. Todavia, não há provas, sequer indícios, de que tenha agido com dolo, elemento indispensável à caracterização do tipo penal. 3. A falta de cuidado acerca da confirmação da época da colheita, de modo a conferir se os trabalhadores chegariam a tempo de executar o respectivo trabalho, embora reprovável, não pode levar à conclusão de que a conduta se subsume ao crime narrado na denúncia. Os trabalhadores não tiveram despesas nem contraíram dívidas. Ficaram sem receber salário por quase trinta dias em razão de não terem trabalhado porque a colheita já havia chegado ao fim e não havia demanda de mão de obra em Carneirinho/MG. 4. Recurso provido" (Ap. 0005007-91.2013.4.01.3802-TRF1, 3.ª T., rel. Mário César Ribeiro, 29.05.2018, v.u.).

# Art. 207

Código Penal Comentado · **Nucci**

956

**116. Sujeitos ativo e passivo:** o sujeito ativo pode ser qualquer pessoa; o sujeito passivo é, primeiramente, o Estado; secundariamente, o trabalhador aliciado.

**117. Trabalhadores:** não tendo usado o termo no singular, exige-se, pelo menos, dois para o crime se configurar.

**118. Elemento subjetivo do tipo:** é o dolo. Não existe a forma culposa. Exige-se, no entanto, elemento subjetivo do tipo específico, consistente na finalidade de levar o trabalhador para outro ponto do território nacional.

**119. Objetos material e jurídico:** o objeto material é a pessoa aliciada; o objeto jurídico é o interesse do Estado em não deslocar artificialmente mão de obra dentro do seu território.

**120. Classificação:** trata-se de crime comum (aquele que não demanda sujeito ativo qualificado ou especial); formal (delito que não exige resultado naturalístico, consistente na diminuição da mão de obra em um determinado ponto do território nacional); de forma livre (podendo ser cometido por qualquer meio eleito pelo agente); comissivo ("aliciar" implica ação); instantâneo (cujo resultado se dá de maneira instantânea, não se prolongando no tempo); unissubjetivo (que pode ser praticado por um só agente); plurissubsistente (em regra, vários atos integram a conduta); admite tentativa.

**121. Competência:** Justiça Federal, pois o interesse em jogo é coletivo. Consultar a nota 49 *supra*.

**122. Figura equiparada:** é o recrutamento de trabalhadores em região diversa daquela em que a atividade laborativa será exercida, valendo-se de *fraude* (logro, engano) ou *cobrança de quantia* (arrecadação de qualquer valor) e também quando o recrutamento é feito sem dar possibilidade ao trabalhador de retornar à sua região originária.

**123. Classificação:** a única observação pertinente e diferenciadora da classificação realizada na figura do *caput* é que a segunda parte configura crime omissivo próprio: "recrutar trabalhadores e não assegurar condições para o seu retorno". Só pode cometer o crime o agente recrutador e concretiza-se o tipo tão logo o ofendido queira voltar e não consiga, por falta de condições. Nessa hipótese, é crime próprio e não admite tentativa.

**124. Causa de aumento da pena:** ver nota 85 ao art. 203.

# Título V
## Dos crimes contra o sentimento religioso e contra o respeito aos mortos

### Capítulo I
### DOS CRIMES CONTRA O SENTIMENTO RELIGIOSO[1]

**1. Proteção constitucional:** assegura a Constituição Federal a liberdade de consciência e de crença, possibilitando o livre exercício dos cultos religiosos, bem como garantindo a proteção aos locais de culto e a suas liturgias, *na forma da lei*, ou seja, desde que não haja excessos ou abusos de modo a prejudicar outros direitos e garantias individuais (art. 5.º, VI).

**Ultraje a culto e impedimento ou perturbação de ato a ele relativo[2]**

> **Art. 208.** Escarnecer[3] de alguém[4-5] publicamente,[6] por motivo de crença ou função religiosa;[7-9] impedir ou perturbar[10-12] cerimônia ou prática de culto religioso;[13-15] vilipendiar[16-18] publicamente[19] ato ou objeto de culto religioso:[20-21]
>
> Pena – detenção, de 1 (um) mês a 1 (um) ano, ou multa.
>
> **Parágrafo único.** Se há emprego de violência,[22] a pena é aumentada de 1/3 (um terço), sem prejuízo da correspondente à violência.[23]

**2. Tipo misto cumulativo:** trata-se de tipo penal que contém três figuras criminosas autônomas, de modo que a prática de mais de uma implica na punição por mais de um crime. Assim, é possível que o agente responda, em concurso material, por escarnecer de alguém, por perturbar culto e por vilipendiar objeto religioso.

**3. Análise do núcleo do tipo:** *escarnecer* significa zombar ou fazer troça de alguém. O objetivo da figura típica é garantir a liberdade de crença e de função religiosa, impedindo que terceiros possam obstruir a sua prática através de manifestações ostensivas irônicas ou maldosas. Na jurisprudência: STJ: "3. Há que se distinguir entre o discurso religioso (que é centrado na própria crença e nas razões da crença) e o discurso sobre a crença alheia, especialmente quando se faça com intuito de atingi-la, rebaixá-la ou desmerecê-la (ou a seus seguidores). Um é tipicamente a representação do direito à liberdade de crença religiosa; outro, em sentido diametralmente oposto, é o ataque ao mesmo direito. 4. Como apontado pelo Superior Tribunal

# Art. 208

Código Penal Comentado · **Nucci**

de Justiça no julgado recorrido, a conduta do paciente não consiste apenas na "defesa da própria religião, culto, crença ou ideologia, mas, sim, de um ataque ao culto alheio, que põe em risco a liberdade religiosa daqueles que professam fé diferente [d]a do paciente" (RHC 146.303, rel. Edson Fachin, rel. p/ acórdão Dias Toffoli, 06.03.2018, v.u.).

**4. Sujeitos ativo e passivo:** podem ser qualquer pessoa. Note-se que, no caso do sujeito passivo, há de existir alguma pessoa determinada que preencha o elemento descritivo "alguém", não sendo possível tratar-se de um grupo de pessoas indeterminado.

**5. Elemento subjetivo do tipo:** é o dolo. Não existe a forma culposa. Pode-se falar na existência do elemento subjetivo do tipo específico (*dolo específico*, para a doutrina tradicional), pois, toda vez que o motivo do delito ingressa no tipo básico ou fundamental, passa a constituir uma finalidade especial do agente. Afinal, motivo e finalidade, na essência, significam o mesmo. O delito em questão leva em conta o ato de deboche voltado contra alguém, em público, por motivação religiosa, ou seja, com a finalidade de desrespeitar o culto ou a função religiosa alheia. Nesse prisma, convém salientar a posição de RENÉ ARIEL DOTTI: "Sob outro ângulo de visão, o dolo *específico* não é nada mais que o motivo da conduta, posto que em todo crime, como em qualquer ação humana, existe sempre um fim a perseguir. Assim o entende uma respeitável parcela de juristas, como PANNAIM e VANINI, enfatizando o primeiro que os motivos são as razões, os objetivos que impelem a ação criminosa, como qualquer outra, lícita ou ilícita. (...) Na composição dos tipos fundamentais ou derivados, o motivo funciona para estruturar o ilícito básico (...), para aumentar a reprovabilidade da conduta (...), para diminuí-la (...). Em alguns casos, a lei põe à mostra o *destino* da infração (...). Também poderá o motivo da ação desconstituir o tipo de ilícito em relação ao autor, como ocorre com o participante de rixa que procura separar os contendores" (*O incesto*, p. 104).

**6. Circunstância especial da conduta:** o tipo penal exige que a zombaria seja feita em local público ou de acesso público (como o escárnio feito pelos meios de comunicação), não configurando o delito quando o deboche é realizado em lugar privado, sem divulgação. O objetivo é impedir que várias pessoas tomem conhecimento das manifestações desairosas a respeito de determinada crença ou função religiosa, justamente o que pode perturbar o seu livre exercício.

**7. Crença ou função religiosa:** *crença* é fé religiosa e *função religiosa* é o ministério ou a incumbência de alguém de divulgar a religião (ex.: pastor, padre, bispo, rabino etc.).

**8. Objetos material e jurídico:** o objeto material é a pessoa que sofre o deboche; o objeto jurídico é a liberdade de culto e crença.

**9. Classificação:** trata-se de crime comum (aquele que não demanda sujeito ativo qualificado ou especial); formal (delito que não exige resultado naturalístico, consistente na efetiva perturbação da liberdade de culto e crença); de forma livre (podendo ser cometido por qualquer meio eleito pelo agente); comissivo ("escarnecer" implica ação); instantâneo (cujo resultado se dá de maneira instantânea, não se prolongando no tempo); unissubjetivo (que pode ser praticado por um só agente); unissubsistente (um único ato é capaz de realizar a conduta) ou plurissubsistente (vários atos integram a conduta), conforme o caso; admite tentativa na forma plurissubsistente.

**10. Análise do núcleo do tipo:** *impedir* significa interromper ou obstar o prosseguimento, enquanto *perturbar* é apenas estorvar ou atrapalhar. O objeto é o culto ou a cerimônia que se desenvolve. Na jurisprudência: TJDF: "4. O elemento subjetivo do crime previsto no art. 208 do Código Penal é o dolo, consistente na vontade livre e consciente de impedir ou perturbar a realização de culto religioso. 5. Extrai-se dos autos que a apelante de forma reiterada desestabilizou cerimônia de prática religiosa e lá passou a proferir ofensas e provocações aos integrantes da igreja. 6. A autoria e a materialidade do crime de impedimento e perturbação a culto religioso restaram devidamente demonstradas por meio das ocorrências policiais nº 58.058/2022-2 (ID 52216946), além de ocorrências registradas 2.572/2022-1 (ID 52216955) e 58.066/2022 (ID 52216954), TC Nº 282/2022 e prova oral produzida, sob o crivo do contraditório. 7. Os depoimentos das testemunhas foram condizentes entre e si e com as demais informações dos autos, apontando e confirmando a conduta delitiva da ré de perturbar o culto com comportamentos de gritaria, algazarra, zombaria com intenção de desestabilizar a cerimônia religiosa, conforme relatado pela vítima Daiane e as testemunhas ouvidas no Juízo: Solange, Edinilson e Guilherme. Ressalta-se que a narrativa fática da inicial foi corroborada pelos vídeos juntados aos autos (ID 52216947). 8. Assim, não há que se falar em *in dubio pro reo* em razão da ausência de dúvidas de que a ré praticava, no contexto de habitualidade, condutas com *animus* de tumultuar a liberdade de culto, já que praticou todos os atos típicos descritos no tipo penal. 9. Dessa forma, o fato é típico, ilícito e culpável, não havendo causas excludentes de ilicitude ou de culpabilidade" (0709915-73.2022.8.07.0007, 2.ª T. Recursal, rel. Edilson Enedino das Chagas, 28.02.2024, v.u.).

**11. Sujeitos ativo e passivo:** o sujeito ativo pode ser qualquer pessoa, enquanto o passivo é a coletividade e, também, os que forem diretamente atingidos pela conduta criminosa. É o denominado *crime vago* (cujo sujeito passivo é indeterminado).

**12. Elemento subjetivo do tipo:** é o dolo. Não existe a forma culposa, mas se exige elemento subjetivo do tipo específico, consistente na vontade de desonrar alguém por motivo de crença ou função religiosa.

**13. Cerimônia ou prática de culto:** *cerimônia* é a exteriorização de um culto (ritual, adoração, reverência) através de uma reunião solene; *prática de culto* é algo mais singelo, consistente no simples exercício do ritual que a religião solicita.

**14. Objetos material e jurídico:** o objeto material é a cerimônia ou o culto que sofre a conduta criminosa; o objeto jurídico é a liberdade de culto e crença.

**15. Classificação:** trata-se de crime comum (aquele que não demanda sujeito ativo qualificado ou especial); formal (delito que não exige resultado naturalístico, consistente em efetiva lesão ao bem jurídico tutelado). Defendíamos, anteriormente, ser o crime material nessa modalidade, ou seja, exigir resultado naturalístico. Melhor refletindo, observamos que a divisão, quanto ao momento consumativo do delito (se formal ou material), deve ser feita em relação ao objeto jurídico tutelado. Nos crimes deste capítulo, protege-se o sentimento religioso, traduzido na liberdade de culto e crença. Portanto, as condutas praticadas pelo autor, neste e nos demais tipos do capítulo, são punidas pelo que representam, independentemente de se fazer prova de ter havido *efetiva* ofensa ao sentimento religioso de alguém; de forma livre (podendo ser cometido por qualquer meio eleito pelo agente); comissivo (os verbos implicam ações); instantâneo (cujo resultado se dá de maneira instantânea, não se prolongando no tempo); unissubjetivo (que pode ser praticado por um só agente); unissubsistente (um único ato integra a conduta) ou plurissubsistente (em regra, vários atos integram a conduta), conforme o caso concreto; admite tentativa na forma plurissubsistente.

**16. Análise do núcleo do tipo:** *vilipendiar* quer dizer humilhar, menoscabar ou desonrar, tendo por objeto algum ato ou coisa de utilização religiosa.

# Art. 209

**17. Sujeitos ativo e passivo:** o sujeito ativo pode ser qualquer pessoa; o sujeito passivo é a coletividade, bem como as pessoas que se sentiram, em face da conduta, diretamente atingidas. É o denominado *crime vago* (cujo sujeito passivo é indeterminado).

**18. Elemento subjetivo do tipo:** é o dolo. Não existe a forma culposa. Na esteira dos delitos contra a honra, exige-se, além do dolo, o elemento subjetivo do tipo específico, que é a específica intenção de desonrar determinada religião através do vilipêndio a atos ou objetos do seu culto. O *animus narrandi* ou *jocandi* pode excluir a tipicidade.

**19. Circunstância especial da conduta:** o tipo penal exige que o ultraje seja feito em local público ou de acesso público (como o realizado através dos meios de comunicação), não se configurando o delito quando o vilipêndio é realizado em lugar privado, sem divulgação. O objetivo é impedir que várias pessoas tomem conhecimento das manifestações desairosas a respeito de determinado ato ou objeto de culto religioso, o que pode ferir a liberdade de culto e crença.

**20. Objetos material e jurídico:** o objeto material é o ato (ação, cerimônia, solenidade) que faz parte de um culto ou o objeto (alguma coisa perceptível pelos sentidos) utilizado para a prática de determinada religião (ex.: imagens de santos, cruz, vestes solenes etc.).

**21. Classificação:** trata-se de crime comum (aquele que não demanda sujeito ativo qualificado ou especial); formal (delito que não exige resultado naturalístico, consistente na desonra de determinada religião ou culto); de forma livre (podendo ser cometido por qualquer meio eleito pelo agente); comissivo ("vilipendiar" implica ação); instantâneo (cujo resultado se dá de maneira instantânea, não se prolongando no tempo); unissubjetivo (que pode ser praticado por um só agente); unissubsistente (pratica-se o delito através de um único ato) ou plurissubsistente (em regra, vários atos integram a conduta), conforme o caso; admite tentativa na forma plurissubsistente.

**22. Causa de aumento:** válida para as três figuras típicas – caso o agente empregue qualquer forma de violência (coação física), é punido com uma pena agravada em um terço. Embora a lei não seja expressa, deve-se interpretar que a violência utilizada se volta à pessoa humana – e não a coisas ou animais. Afinal, essa tem sido a preocupação constante do legislador em outros tipos penais: a maior proteção ao ser humano.

**23. Tipo cumulativo:** pune-se, além das figuras típicas do art. 208, o crime decorrente da violência empregada contra pessoa ou coisa. Ex.: o agente, escarnecendo de alguém, dá-lhe um empurrão, causando-lhe lesões corporais com a queda. Responde pelos delitos dos arts. 208 e 129, em concurso.

**Capítulo II**

**DOS CRIMES CONTRA O RESPEITO AOS MORTOS**

**Impedimento ou perturbação de cerimônia funerária**

> **Art. 209.** Impedir ou perturbar[1-3] enterro ou cerimônia funerária:[4-5]
>
> Pena – detenção, de 1 (um) mês a 1 (um) ano, ou multa.
>
> **Parágrafo único.** Se há emprego de violência,[6] a pena é aumentada de 1/3 (um terço), sem prejuízo da correspondente à violência.[7]

**1. Análise do núcleo do tipo:** *impedir* significa interromper ou obstar o prossegui-mento, enquanto *perturbar* é apenas estorvar ou atrapalhar. O objeto, neste caso, é enterro ou cerimônia funerária.

**2. Sujeitos ativo e passivo:** o sujeito ativo pode ser qualquer pessoa. O sujeito passivo é a coletividade. Secundariamente, as pessoas presentes no enterro ou na cerimônia. É o cha-mado *crime vago* (cujo sujeito passivo é indeterminado).

**3. Elemento subjetivo do tipo:** é o dolo. Não existe a forma culposa. Exige-se elemento subjetivo do tipo específico consistente na especial vontade de ultrajar a memória do morto. Há muitas pessoas que, em velórios, especialmente, descontroladas que estão, podem tomar atitudes que perturbam nitidamente a cerimônia, mas não o fazem com a intenção de menos-cabar a memória de quem morreu, embora saibam que estão perturbando (dolo).

**4. Objetos material e jurídico:** o objeto material é o enterro (ato de sepultar um cadá-ver) ou a cerimônia funerária (reunião fúnebre de caráter solene, como o velório). O objeto jurídico é o respeito à memória dos mortos.

**5. Classificação:** trata-se de crime comum (aquele que não demanda sujeito ativo qualificado ou especial); formal (delito que não exige resultado naturalístico, consistente em efetiva lesão ao bem jurídico tutelado). Ver a nota 15 ao artigo anterior; de forma livre (po-dendo ser cometido por qualquer meio eleito pelo agente); comissivo (os verbos implicam ações). Exemplo interessante de cometimento na forma omissiva é o fornecido por Mayrink da Costa: "Caio, agente funerário, com o objetivo de perturbar o funeral de seu devedor Tício, deixa de fornecer o esquife para o seu enterramento ou a viatura para o transporte do cadáver" (*Direito penal – Parte especial*, v. 2, t. II, p. 803); instantâneo (cujo resultado se dá de maneira instantânea, não se prolongando no tempo); unissubjetivo (que pode ser praticado por um só agente); unissubsistente (um único ato integra a conduta) ou plurissubsistente (em regra, vários atos integram a conduta), conforme o caso; admite tentativa na forma plurissubsistente.

**6. Causa de aumento:** caso o agente empregue qualquer forma de violência (coação física), é punido com uma pena agravada em um terço.

**7. Sistema da acumulação material:** pune-se, além da figura típica do art. 209, o crime decorrente da violência empregada. Não tendo sido especificada, cabe violência contra pessoa ou coisa.

### Violação de sepultura

> **Art. 210.** Violar ou profanar[8-10] sepultura ou urna funerária:[11-14]
> Pena – reclusão, de 1 (um) a 3 (três) anos, e multa.

**8. Análise do núcleo do tipo:** *violar* significa devassar ou invadir e *profanar* quer dizer tratar com irreverência ou macular. O objeto é a sepultura ou a urna funerária. Reserva-se a primeira figura para quem abre a sepultura ou invade o sepulcro, enquanto a segunda serve para quem infama o mesmo objeto.

**9. Sujeitos ativo e passivo:** o sujeito ativo pode ser qualquer pessoa. O sujeito passivo é a coletividade. Em segundo plano, a família do morto.

# Art. 211

**10. Elemento subjetivo do tipo:** é o dolo. Não existe a forma culposa. Não se exige elemento subjetivo do tipo específico para a violação, embora no tocante à profanação – que se liga a ultraje, desonra – seja preciso haver elemento subjetivo do tipo específico, isto é, a particular vontade de macular a memória do morto ou seu sepulcro.

**11. Objetos material e jurídico:** o objeto material é a sepultura (é a cova onde se coloca o morto e seus acessórios, como o jazigo, a lápide que compõe o túmulo etc.) ou a urna funerária (caixa utilizada para guardar cinzas ou ossos). O objeto jurídico é o respeito aos mortos.

**12. Sepulcro ou urna vazia:** crime impossível – absoluta impropriedade do objeto (art. 17, CP).

**13. Classificação:** trata-se de crime comum (aquele que não demanda sujeito ativo qualificado ou especial); formal (delito que não exige resultado naturalístico, consistente em efetiva lesão ao bem jurídico tutelado). Ver a nota 15 ao art. 208; de forma livre (podendo ser cometido por qualquer meio eleito pelo agente); comissivo (os verbos implicam ações); instantâneo (cujo resultado se dá de maneira instantânea, não se prolongando no tempo); unissubjetivo (que pode ser praticado por um só agente); plurissubsistente (em regra, vários atos integram a conduta); admite tentativa.

**14. Violação com a finalidade de furtar:** ver nota 8-F ao art. 155. Entendemos que, não havendo subtração, mas apenas violação da sepultura, responde o agente pelo crime especial, que é o do art. 210, e não por tentativa de furto. Caso haja subtração de algo colocado no túmulo, sem que exista a violação, responde o agente por furto. Finalmente, se o furto se voltar ao cadáver, entendemos configurar o delito do art. 211, que absorve o do art. 210.

### Destruição, subtração ou ocultação de cadáver

> **Art. 211.** Destruir, subtrair ou ocultar[15-18] cadáver ou parte dele:[19-20-A]
> Pena – reclusão, de 1 (um) a 3 (três) anos, e multa.

**15. Análise do núcleo do tipo:** *destruir* (arruinar, aniquilar), *subtrair* (fazer desaparecer ou retirar) ou *ocultar* (esconder) são condutas alternativas. O objeto é o cadáver (corpo sem vida de ser humano) ou parte dele. Se o agente concretizar uma ou todas responderá por um único delito. Na jurisprudência: TJDFT: "2. Cuidando-se os delitos de incêndio e ocultação de cadáver na forma tentada, respectivamente, de crimes contra a incolumidade pública e contra o respeito aos mortos, infere-se que os objetos jurídicos tutelados pela norma penal são distintos e exigem desígnios autônomos para sua consecução, o que afasta a aplicação do princípio da consunção" (Ap. 00033674720168070019, 1.ª T. Crim., rel. Costa Carvalho, 03.12.2020, v.u.). TJPR: "Afirmam os réus, em comum argumento, que as suas condutas não se amoldam a nenhuma das ações descritas no art. 211, do CP, pois limitaram-se a deixar os cadáveres em local acessível e visível. Vê-se, entretanto, que o simples fato de terem retirado os corpos do local de suas mortes, no meio da madrugada para conduzi-los a zona rural, em uma plantação de soja, revela que a pretensão era justamente ocultar os corpos. Aliás, as ilustrações contidas no relatório, acostado ao movimento 1.6, demonstram que os corpos estavam integralmente envoltos em cobertores, jogados em meio a um vasto campo verde, com plantação alta o suficiente para cobri-los parcialmente. Logo, se havia algo visível aos transeuntes eram os panos que cobriam os cadáveres, demonstrando, portanto, o aperfeiçoamento do tipo penal. Novamente, conforme visto, o veredicto condenatório encontra ressonância nos autos, agora pela imagem extraída do local da desova, onde se vê dois cobertores jogados em meio

# Art. 212

**Título V – Dos crimes contra o sentimento religioso**

a plantação, consentâneos com a intenção de quem pretende ocultar algo. (...)" (Ap. 0011489-57.2017.8.16.0021, 1.ª C. Crim., rel. Naor R. de Macedo Neto, 04.04.2019, v.u.).

**16. Sujeitos ativo e passivo:** o sujeito ativo pode ser qualquer pessoa. O sujeito passivo é a coletividade. Em segundo plano, a família, que preserva a memória do morto. Trata-se do chamado *crime vago*, que não possui sujeito passivo determinado.

**17. Elemento subjetivo do tipo:** é o dolo. Não existe a forma culposa, nem se exige elemento subjetivo do tipo específico.

**18. Erro de proibição:** é possível a configuração do erro de proibição (credulidade na licitude da conduta) quando o agente, visando ao transplante, acredita que o morto, ainda em vida, era considerado doador de órgãos ou tecidos, quando, na realidade, não o era; o mesmo pode ocorrer se a família for contra e o agente não tiver conhecimento disso. Ver, a respeito, o disposto na Lei 9.434/1997 (que dispõe sobre a remoção de órgãos, tecidos e partes do corpo humano para fins de transplante e tratamento).

**19. Objetos material e jurídico:** o objeto material é o cadáver ou parte dele. *Cadáver*, na definição de Von Liszt, é "o corpo humano inanimado, enquanto a conexão de suas partes não cessou de todo" (citação de Hungria, *Comentários ao Código Penal*, v. 8, p. 82). Inclui-se, no conceito de cadáver, o feto, desde que viável, e o natimorto. Não compreende a múmia, que é bem de valor histórico ou arqueológico (podendo configurar crime específico), mas sem representar à sociedade o mesmo respeito dedicado aos mortos, bem como as partes ou os pedaços do corpo humano. O objeto jurídico é o respeito aos mortos. Verificar na jurisprudência: STJ: "3. O bem jurídico tutelado no crime de ocultação de cadáver é o sentimento de respeito aos mortos. Assim, valoriza-se a reverência que os vivos prestam aos mortos" (REsp 1.664.607-PR, 6.ª T., rel. Maria Thereza de Assis Moura, 21.08.2018, v.u.).

**20. Classificação:** trata-se de crime comum (aquele que não demanda sujeito ativo qualificado ou especial); formal (delito que não exige resultado naturalístico, consistente em efetiva lesão ao bem jurídico tutelado). Ver a nota 15 ao art. 208; de forma livre (podendo ser cometido por qualquer meio eleito pelo agente); comissivo (os verbos implicam ações); instantâneo (cujo resultado se dá de maneira instantânea, não se prolongando no tempo), salvo na modalidade "ocultar", que é permanente (delito de consumação prolongada no tempo). *Ocultar* significa esconder, sem destruir, razão pela qual se sujeita ao prolongamento; de dano (consuma-se apenas com efetiva lesão a um bem jurídico tutelado); unissubjetivo (que pode ser praticado por um só agente); plurissubsistente (como regra, vários atos integram a conduta); admite tentativa.

**20-A. Confronto com a autodefesa:** não é admissível que se invoque o direito à autodefesa para o cometimento do delito previsto neste tipo penal. Afinal, o objeto jurídico é o respeito à memória do morto, que merece um sepultamento digno. Logo, não pode o homicida, a pretexto de se defender, desaparecer com o cadáver (prova da materialidade da infração penal), pois está atingindo outro bem, diverso da vida. Deve responder em concurso material com o homicídio. No entanto, ocultando o corpo, não haverá de ser responsabilizado, também, por fraude processual (ver a nota 123-A ao art. 347).

### Vilipêndio a cadáver

> **Art. 212.** Vilipendiar[21-23] cadáver[24] ou suas cinzas:[25]
> Pena – detenção, de 1 (um) a 3 (três) anos, e multa.

# Art. 212

**21. Análise do núcleo do tipo:** *vilipendiar* significa desprezar ou aviltar. O objeto é o cadáver ou suas cinzas. A conduta pode ser praticada através de gestos ou palavras, estas na forma escrita ou verbal. Na jurisprudência: STJ: "Caso em que o recorrente é acusado de ter asfixiado sua companheira e depois vilipendiado o corpo sem vida, deixando vestígios de violência sexual, tendo o cadáver sido encontrado sem roupas e empalado por um cano de PVC, tudo, ao que parece, por desavenças entre o casal, ambos usuários de drogas" (RHC 63.965-BA, 5.ª T., rel. Jorge Mussi, 21.06.2016, v.u.). TJSC: "Na sequência, o acusado dá início ao vilipêndio a cadáver, eis que impingiu ao corpo da vítima uma ferida incisa em forma de 'tridente' na região frontal da cabeça, duas feridas incisivas em forma de cruz, na região esternal, e, além disso, ferida incisa na região pubiana com amputação do pênis e escroto do ofendido. Introdução do pênis amputado na cavidade oral da vítima, com o sacro escrotal pendendo na parte externa da boca" (Ap. Crim. 0002409-44.2019.8.24.0064, 5.ª C. Crim., rel. Cinthia Beatriz da Silva Bittencourt Schaefer, 22.04.2021, v.u.); "O laudo pericial das fls. 13-26 aponta que o corpo da vítima foi esquartejado, o que é possível de configurar vilipêndio a cadáver, afinal R. da S. N. teve sua cabeça, braço, perna e três dedos amputados" (RESE 0013782-35.2018.8.24.0023, 2.ª C. Crim., rel. Sérgio Rizelo, 03.09.2019, v.u.).

**22. Sujeitos ativo e passivo:** o sujeito ativo pode ser qualquer pessoa. O sujeito passivo é a coletividade, cuja ética prevê o respeito aos mortos. Secundariamente, está a família do morto.

**23. Elemento subjetivo do tipo:** é o dolo. Não existe a forma culposa. Em se tratando de *vilipêndio*, é de se exigir o elemento subjetivo do tipo específico, consistente na vontade de humilhar ou desonrar a memória do morto. Exclui o crime outras intenções, como o ato cometido para fins didáticos ou científicos.

**24. Objetos material e jurídico:** o objeto material é o cadáver ou suas cinzas. Sobre o conceito de cadáver, ver nota 19. Quanto às cinzas, são os restos mortais, que podem ser resíduos da cremação ou da combustão ou resultado da ação do tempo. Incluem-se, por consequência lógica, as partes do cadáver – abrangendo o esqueleto –, já que se põem, como objeto material, até mesmo as cinzas. O objeto jurídico é o respeito aos mortos.

**25. Classificação:** trata-se de crime comum (aquele que não demanda sujeito ativo qualificado ou especial); formal (delito que não exige resultado naturalístico, consistente em efetiva lesão ao bem jurídico tutelado); de forma livre (podendo ser cometido por qualquer meio eleito pelo agente); comissivo ("vilipendiar" implica ação); instantâneo (cujo resultado se dá de maneira instantânea, não se prolongando no tempo); unissubjetivo (que pode ser praticado por um só agente); unissubsistente (um único ato integra a conduta) ou plurissubsistente (como regra, vários atos integram a conduta); admite tentativa na forma plurissubsistente.

# Título VI
## Dos crimes contra a dignidade sexual[1]

**1. Crimes contra a dignidade sexual:** a Lei 12.015/2009 provocou a alteração da nomenclatura do Título VI, substituindo a expressão *Dos crimes contra os costumes* pela atual, dando relevo à dignidade sexual, que é corolário natural da dignidade da pessoa humana, bem jurídico tutelado nos termos do art. 1.º, III, da Constituição Federal. Houve patente evolução na legislação penal, em consonância com a modernização dos costumes na sociedade. Somente para ilustrar, note-se como era definido o vocábulo *costumes* anteriormente, nas palavras de Nélson Hungria: "hábitos da vida sexual aprovados pela moral prática, ou, o que vale o mesmo, a conduta sexual adaptada à conveniência e disciplina sociais. O que a lei penal se propõe a tutelar, *in subjecta materia*, é o interesse jurídico concernente à preservação do *mínimo ético* reclamado pela experiência social em torno dos fatos sexuais" (*Comentários ao Código Penal*, v. 8, p. 103-104). E acrescenta Noronha: "*Costumes* aqui deve ser entendido como a conduta sexual determinada pelas necessidades ou conveniências sociais. Os crimes capitulados pela lei representam infrações ao mínimo ético exigido do indivíduo nesse setor de sua vida de relação" (*Direito penal*, v. 3, p. 96). Há muito tempo, defendíamos que não mais se concretizam no seio social tais sentimentos ou princípios denominados *éticos* no tocante à sexualidade. A sociedade evoluiu e houve uma autêntica liberação dos apregoados *costumes*, de modo que o Código Penal estava a merecer uma autêntica reforma nesse contexto. O que o legislador deve policiar, à luz da Constituição Federal de 1988, é a dignidade da pessoa humana, e não os hábitos sexuais que porventura os membros da sociedade resolvam adotar, livremente, sem qualquer constrangimento e sem ofender direito alheio, ainda que, para alguns, possam ser imorais ou inadequados. Foi-se o tempo em que a mulher era vista como um símbolo ambulante de castidade e recato, no fundo autêntico objeto sexual do homem. Registre-se, a respeito, a opinião de Hungria acerca da mulher: "Desgraçadamente, porém, nos dias que correm" – final dos anos 50 – "verifica-se uma espécie de *crise* do pudor, decorrente de causas várias. Despercebe a mulher que o seu maior encanto e a sua melhor defesa estão no seu próprio recato. Com a sua crescente deficiência de reserva, a mulher está contribuindo para abolir a espiritualização do amor (...). Com a decadência do pudor, a mulher perdeu muito do seu prestígio e *charme*. Atualmente, meio palmo de coxa desnuda, tão comum com as saias modernas, já deixa indiferente o transeunte mais *tropical*, enquanto, outrora, um tornozelo feminino à mostra provocava sensação e versos líricos. As moças de hoje, em regra, madrugam na posse dos segredos da vida sexual, e sua falta de *modéstia* permite aos namorados liberdades excessivas. Toleram os contatos mais indiscretos e comprazem-se com anedotas e *boutades* picantes, quando não chegam a ter a iniciativa delas, escusando-se para tanto inescrúpulo com o argumento de que a mãe Eva não usou *folha de parreira* na boca..." (*Comentários ao Código Penal*, v. 8, p. 92-93). Pela simples

# Art. 213

Código Penal Comentado · **Nucci**

leitura do texto, percebe-se, nitidamente, o interesse em manter, nessa época, a mulher alheia à vida sexual, sendo sempre o objeto, nunca a condutora dos interesses ou desejos, razão pela qual era, nesse prisma, difícil ou impossível conceber o "estupro do homem pela mulher", o que é perfeitamente possível de ocorrer, tanto assim que há, também, incriminação em outros países – Argentina, Itália, Uruguai, Venezuela e México (conforme SCARANCE FERNANDES e DUEK MARQUES, *Estupro – Enfoque vitimológico*, p. 269). O Código Penal estava a merecer, nesse contexto, reforma urgente, compreendendo-se a realidade do mundo moderno, sem que isso represente atentado à moralidade ou à ética, mesmo porque tais conceitos são mutáveis e acompanham a evolução social. Na atualidade, há nítida liberação saudável da sexualidade e não poderia o legislador ficar alheio ao mundo real. Portanto, merece aplauso o advento da Lei 12.105/2009, inserindo mudanças estruturais no Título VI da Parte Especial do Código Penal. Ao mencionar a *dignidade sexual*, como bem jurídico protegido, ingressa-se em cenário moderno e harmônico com o texto constitucional, afinal, *dignidade* possui a noção de decência, compostura e respeitabilidade, atributos ligados à honra. Associando-se ao termo *sexual*, insere-se no campo da satisfação da lascívia ou da sensualidade. Ora, considerando-se o direito à intimidade, à vida privada e à honra (art. 5.º, X, CF), nada mais natural do que garantir a satisfação dos desejos sexuais do ser humano de forma digna e respeitada, com liberdade de escolha, porém, vedando-se qualquer tipo de exploração, violência ou grave ameaça. Ainda assim, poderia a referida lei ter sido mais ousada, extirpando figuras como "mediação para satisfazer a lascívia de outrem", "lugar para exploração sexual" ou "ato obsceno" (ver notas a respeito), que poderiam ser resolvidas de outra maneira, se efetivamente abusivas, sem a necessidade de se valer do direito penal para tanto.

## Capítulo I
### DOS CRIMES CONTRA A LIBERDADE SEXUAL

**Estupro[2]**

> **Art. 213.** Constranger[3-5-A] alguém,[6-11] mediante violência[12-23-A] ou grave ameaça, a ter conjunção carnal ou a praticar ou permitir que com ele se pratique outro ato libidinoso:[24-29-C]
>
> Pena – reclusão, de 6 (seis) a 10 (dez) anos.[30-34]
>
> § 1.º Se da conduta resulta lesão corporal de natureza grave[35-36] ou se a vítima é menor de 18 (dezoito) ou maior de 14 (catorze) anos:[37]
>
> Pena – reclusão, de 8 (oito) a 12 (doze) anos.
>
> § 2.º Se da conduta resulta morte:[38]
>
> Pena – reclusão, de 12 (doze) a 30 (trinta) anos.

**2. Crime hediondo:** preceitua a Lei 8.072/1990 (art. 1.º, V) ser o estupro um delito hediondo, trazendo, por consequência, todas as privações impostas pela referida lei, dentre as quais: o cumprimento da pena inicialmente em regime fechado; a impossibilidade de obtenção de liberdade provisória, com fiança; o considerável aumento de prazo para a obtenção do livramento condicional, bem como para a progressão de regime; a impossibilidade de concessão de indulto, graça ou anistia, dentre outros. Havia posição considerando que o estupro e o atentado violento ao pudor, hoje unificados na figura do art. 213, na forma *simples*, não eram delitos hediondos. Levava-se em consideração que assim não estaria previsto no art. 1.º, V e VI (este inciso cuidava do atentado violento ao pudor), da Lei 8.072/1990, tendo em vista a menção feita: "estupro (art. 213 e sua combinação com o art. 223, *caput* e parágrafo único)" e "atentado violento ao pudor (art. 214 e sua combinação com o art. 223, *caput* e parágrafo único)". Pretendia-se indicar que somente os referidos crimes na forma qualificada pelo resultado é que poderiam ser hediondos. Não era a posição majoritária na doutrina, nem na jurisprudência, uma vez que o texto legal indicava, nitidamente, serem o estupro (art. 213) *e*, também, a *sua* combinação com o art. 223, isto é, quando for qualificado pelo resultado lesão grave ou morte, hediondos. A questão foi superada pela atual redação dada ao art. 1.º, V, da Lei 8.072/1990, considerando hediondo o "estupro (art. 213, *caput* e §§ 1.º e 2.º), logo, a sua forma simples e as suas formas qualificadas pelo resultado.

**3. Análise do núcleo do tipo:** *constranger* significa tolher a liberdade, forçar ou coagir. Nesse caso, o cerceamento destina-se a obter a conjunção carnal ou outro ato libidinoso. "*Stuprum*, no sentido próprio, significa *desonra, vergonha*". Envolve, na realidade, atos impudicos praticados com homens ou mulheres, com violência, cujo resultado é a desonra (João Mestieri, *Do delito de estupro*, p. 3). Na definição de Chrysolito de Gusmão, "é o ato pelo qual o indivíduo abusa de seus recursos físicos ou mentais para, por meio de violência, conseguir ter conjunção carnal com a sua vítima, qualquer que seja o seu sexo" (*apud* João Mestieri, *Do delito de estupro*, p. 17). A reforma trazida pela Lei 12.015/2009 unificou numa só figura típica o estupro e o atentado violento ao pudor, fazendo desaparecer este último, como rubrica autônoma, inserindo-o no contexto do estupro, que passa a comportar condutas alternativas. O objeto do constrangimento é qualquer pessoa, pois o termo usado é *alguém*. No mais, o referido constrangimento a alguém, mediante violência ou grave ameaça, pode ter as seguintes finalidades complementares: a) ter conjunção carnal; b) praticar outro ato libidinoso; c) permitir que com ele se pratique outro ato libidinoso. Outro ponto, quando houver estupro contra vulnerável, mesmo que violento, utiliza-se a figura especial do art. 217-A. Na jurisprudência: STJ: "1. Incontroversa a conduta do recorrido, pelo exame do material cognitivo realizado pelas instâncias ordinárias, consistente em passar as mãos, por cima da roupa, pelos seios e vagina da vítima, mediante violência ou grave ameaça, tem-se por consumado o crime de estupro, sendo, de rigor o afastamento da tentativa, mormente porque a proporcionalidade não é critério de aferição da consumação do delito. Precedentes" (AgRg no REsp 1.866.524-RS, 6.ª T., rel. Nefi Cordeiro, 04.08.2020, v.u.); "2. O estupro é tipo misto alternativo e crime pluriofensivo, pois o crime do art. 213 do Código Penal tutela dois bens jurídicos: a liberdade sexual e, alternativamente, a integridade corporal e a liberdade individual. O núcleo do tipo é 'constranger', o que acarreta no comportamento de retirar de uma pessoa sua liberdade de autodeterminação, no sentido de coagir alguém a fazer ou deixar de fazer algo. Outrossim, o dissenso da vítima quanto à conjunção carnal ou outro ato libidinoso é fundamental à caracterização do delito: trata-se de elementar implícita do tipo penal" (RHC 93.906-PA, 5.ª T., rel. Ribeiro Dantas, 21.03.2019, v.u.).

**3-A. Contato físico entre o agente e a vítima:** para a configuração do estupro, na forma do art. 213, ou do estupro de vulnerável, no modelo do art. 217-A, não há necessidade de contato físico. A dignidade sexual pressupõe o respeito à vontade de outrem quanto ao fomento da lascívia alheia. Exemplo disso seria constranger alguém, mediante violência ou grave ameaça, a se despir, ficando a vítima nua, enquanto o agente se masturba. Trata-se de estupro. Na jurisprudência: STJ: "O *Parquet* classificou a conduta do recorrente como ato libidinoso diverso da conjunção carnal, praticado contra vítima de 10 anos de idade. Extrai-se da peça acusatória que as corrés teriam atraído e levado a ofendida até um motel, onde, mediante pagamento, o acusado teria incorrido na contemplação lasciva da menor de idade desnuda. Discute-se se a inocorrência de efetivo contato físico entre o recorrente e a vítima autorizaria a desclassificação do delito ou mesmo a absolvição sumária do acusado. A maior parte da doutrina penalista pátria orienta no sentido de que a contemplação lasciva configura o ato libidinoso constitutivo dos tipos dos arts. 213 e 217-A do Código Penal – CP, sendo irrelevante, para a consumação dos delitos, que haja contato físico entre ofensor e ofendido. O delito imputado ao recorrente se encontra em capítulo inserto no Título VI do CP, que tutela a dignidade sexual. Cuidando-se de vítima de dez anos de idade, conduzida, ao menos em tese, a motel e obrigada a despir-se diante de adulto que efetuara pagamento para contemplar a menor em sua nudez, parece dispensável a ocorrência de efetivo contato físico para que se tenha por consumado o ato lascivo que configura ofensa à dignidade sexual da menor. Com efeito, a dignidade sexual não se ofende somente com lesões de natureza física. A maior ou menor gravidade do ato libidinoso praticado, em decorrência a adição de lesões físicas ao transtorno psíquico que a conduta supostamente praticada enseja na vítima, constitui matéria afeta à dosimetria da pena, na hipótese de eventual procedência da ação penal" (RHC 70.976-MS, rel. Joel Ilan Paciornik, 02.08.2016, v.u.). No mesmo sentido: STJ: AgRg no REsp 1.824.358-MG, 5.ª T., rel. Ribeiro Dantas, 03.11.2020, v.u.). TJRS: "Estupro de vulnerável. Édito condenatório. Manutenção. Prova amplamente incriminatória. Relatos coerentes e convincentes da vítima, criança de apenas 10 anos de idade à época dos fatos, dando conta de que, em duas oportunidades, manteve contato com o réu, pessoa que conheceu pela *internet*, por meio de *WebCam*, oportunidade em que ele se despiu, passando a praticar masturbação, instando-o a também manipular seu pênis, com o que concordou, ambos se masturbando simultaneamente. A palavra da vítima, em delitos que atentam contra a dignidade sexual, porque geralmente praticados sem testemunhas, assume especial relevância, principalmente quando encontra amparo no restante do contexto probatório, notadamente os diálogos anexados aos autos, dos quais se depreende claramente que o réu efetivamente praticava atos libidinosos diversos da conjunção carnal com o menor. Relatos vitimários corroborados, ainda, pelas declarações de seu genitor, acerca da descoberta dos abusos e deflagração da investigação policial, em consonância com os dizeres dos policiais civis que atuaram na ocorrência, esclarecendo que o increpado foi localizado por meio dos IPs dos locais onde ele utilizava o perfil falso que mantinha na rede social *Facebook*. Acusado que, embora negando ter se masturbado na frente da vítima, admitiu, em seu interrogatório judicial, que em uma oportunidade visualizou o menino manipulando o órgão genital por meio da *WebCam*, sustentando que 'ambos se estimularam a se exibir'. Ação delituosa praticada pelo indigitado que se enquadra perfeitamente na conceituação de atos libidinosos diversos da conjunção carnal, dedicados a satisfazer a libido deturpada do agente. Tipo penal que pode se configurar a despeito da ausência de contato físico, quando suficiente a mera 'contemplação lasciva'. Precedentes do E. STJ. Tipicidade incontroversa" (Ap. 70080331317, 8.ª C., rel. Fabianne Breton Baisch, 29.01.2020, v.u.). Ver, também, a nota 16 *infra*.

**4. Estupro como crime único de condutas alternativas:** a atual redação do crime de estupro, unificado ao atentado violento ao pudor, tornou-se muito semelhante ao tipo do art. 146 (constrangimento ilegal), do qual, aliás, emerge como uma figura especial (princípio da especialidade). *Constranger alguém, mediante violência ou grave ameaça, a ter conjunção carnal ou a praticar ou permitir que com ele se pratique outro ato libidinoso* é a figura do art. 213. É constituída de verbos em associação: a) constranger alguém a ter conjunção carnal; b) constranger alguém a praticar outro ato libidinoso; c) constranger alguém a permitir que com ele se pratique outro ato libidinoso. São três possibilidades de realização do estupro, de forma alternativa, ou seja, o agente pode realizar uma das condutas ou as três, desde que contra a mesma vítima, no mesmo local e horário, constituindo um só delito. *Constranger alguém, mediante violência ou grave ameaça, ou depois de lhe haver reduzido, por qualquer outro meio, a capacidade de resistência, a não fazer o que a lei permite, ou a fazer o que ela não manda* é a figura do art. 146. Note-se a mesma estrutura: a) constranger alguém a não fazer o que a lei permite; b) constranger alguém a fazer o que ela não manda. Se o agente desenvolver as duas condutas, contra a mesma vítima, no mesmo cenário, comete um só delito de constrangimento ilegal. Há quem sustente tratar-se a nova figura típica do art. 213 de um tipo misto cumulativo, devendo-se separar as condutas (ao menos duas delas): a) constranger alguém à conjunção carnal; b) constranger alguém à prática de outro ato libidinoso. Se o agente desenvolver as duas, ainda que contra a mesma vítima, no mesmo cenário, deveria responder por dois delitos em concurso material, somando-se as penas. Essa posição nos parece injustificável. Basta conhecer o tipo cumulativo autêntico para perceber a nítida diferença entre as situações. Verifiquemos o disposto no art. 208: *Escarnecer de alguém publicamente por motivo de crença ou função religiosa; impedir ou perturbar cerimônia ou prática de culto religioso; vilipendiar publicamente ato ou objeto de culto religioso*. Observam-se, com clareza, três episódios distintos: a) a conduta de escarnecer de alguém; b) a conduta de impedir ou perturbar (alternativa nesse ponto) cerimônia ou culto; c) a conduta de vilipendiar ato ou objeto de culto. Todas elas são ofensivas ao bem jurídico *liberdade de culto e crença*, porém são totalmente distintas. Caso o agente cometa as três, deve responder por três delitos cumulados. Acrescente-se que o autor nem mesmo conseguirá agir contra a mesma vítima, no mesmo cenário. Eis a cumulação que não se pode, nem em tese, aplicar ao delito do art. 213, de constituição visivelmente diversa. Por isso, a modificação introduzida pela Lei 12.015/2009, no cenário do estupro e do atentado violento ao pudor, foi produto de política criminal legislativa legítima, pois não há crime *sem lei* que o defina, cabendo ao Poder Legislativo a sua composição. Ao Judiciário cabe interpretar a lei, criticá-la até, mas não pode deixar de cumpri-la, a pretexto de não ser a norma ideal. Cabe, ainda, deixar de aplicá-la se ofender a Constituição Federal. Assim não sendo, respeita-se o fruto proveniente do Legislativo. Em primeiro lugar, deve-se deixar bem claro não ter havido a revogação do art. 214 do CP (atentado violento ao pudor) como forma de *abolitio criminis* (extinção do delito). Houve uma mera *novatio legis*, provocando-se a integração de dois crimes numa única figura delitiva, o que é natural e possível, pois similares. Hoje, tem-se o estupro, congregando todos os atos libidinosos (dos quais a conjunção carnal é apenas uma espécie) no tipo penal do art. 213. Esse modelo foi construído de forma alternativa, o que também não deve causar nenhum choque, pois o que havia antes, provocando o concurso material, fazia parte de um excesso punitivo não encontrado em outros cenários de tutela penal a bens jurídicos igualmente relevantes. A dignidade da pessoa humana está acima da dignidade sexual, pois esta é apenas uma espécie da primeira, que constitui o bem maior (art. 1.º, III, CF). Logo, pretender alavancar a dignidade sexual acima de todo e qualquer outro bem jurídico significa desprestigiar o valor autêntico da pessoa humana, que ficaria circunscrita à sua existência sexual. O agente do crime sexual, portanto, deve ter todos os direitos respeitados, tal como o autor de qualquer outro delito grave. Particularmente, não se podem olvidar os princípios-garantia, constitucionalmente previstos, em nome de um subjetivismo individualista e, por vezes, conservador, para a interpretação do novo art. 213. Visualizar dois ou mais crimes, em concurso material, extraídos das condutas alternativas do crime de estupro, cometido contra a mesma vítima, na mesma hora, em idêntico cenário, significa afrontar o princípio da legalidade (a *lei* define o crime) e o princípio da proporcionalidade, vez que se permite dobrar, triplicar, quadruplicar etc., tantas vezes quantos atos libidinosos forem detectados na execução de um *único* estupro. Ilustrando, se o agente dominar a vítima e, sequencialmente, obrigá-la a masturbá-lo, enquanto lhe dá um beijo lascivo, para, em continuidade, alisar todo o seu corpo nu com as mãos. São computados, até o momento, três atos libidinosos. Insere-se, então, o sexo oral, após a conjunção carnal e finalmente o sexo anal. Eis o cômputo de outros três atos libidinosos, um deles a conjunção carnal, apenas espécie do gênero *libidinagem*. Finalizando seu propósito de satisfação da lascívia, o agente obriga a vítima a manter-se deitada enquanto ele ejacula sobre o seu corpo, constituindo-se o derradeiro ato libidinoso. Toda a cena transcorre num único local, contra a mesma vítima, em menos de uma hora. Afastando-se a alternatividade das condutas, privilegiando a tese da cumulatividade ou dos tipos penais conjuntos, constituindo cada conduta um delito distinto, temos a prática de sete atos libidinosos, compondo o universo de sete estupros, em concurso material, para os mais exigentes, totalizando, no mínimo, 42 anos de reclusão, cuidando-se de delitos hediondos. Lembremos, por fim, estarmos exemplificando com a pena mínima. Se o magistrado individualizar, realmente, cada reprimenda, a pena pode ultrapassar, e muito, os 42 anos de reclusão. Nem o mais cruel homicídio de uma pessoa atingiria pena tão elevada. Se tal medida não for ofensiva à legalidade e à proporcionalidade, parece-nos, ao menos, lesão ao bom senso. Ademais, antes que se possa criticar a pretensa brandura da nova lei com relação à punição do delito de estupro, conferindo-lhe pena de seis a dez anos, torna-se indispensável registrar a existência do princípio constitucional da individualização da pena. Não se deveria debater esse tema valendo-se, unicamente, da pena mínima. Afinal, o agente que atuar contra a vítima, obrigando-a à conjunção carnal e a outros atos libidinosos jamais deveria ser apenado com meros seis anos. A pena pode ser elevada até o patamar de dez anos, dependendo do caso concreto. Lembremos, ainda, que inúmeras outras situações, uma vez rompida a tese do tipo misto alternativo, poderão vir à tona em outros cenários. Aliás, a contar do crime de tráfico ilícito de entorpecentes (art. 33, Lei 11.343/2006). Seus 18 verbos, constantes do tipo, permitem a realização em lugares diferentes, horários diversos, mas, ainda assim, são considerados alternativos. Ora, por que não os transformar em cumulativos, pois são condutas graves e de interesse da sociedade sejam bem punidas? Porque o direito penal é calcado na legalidade e a redação do tipo adotou, como o fez o estupro, a forma alternativa, indicada pela partícula ou. Tanto faz uma conduta como duas ou mais, pois o delito é único. Evidente, por certo, que a mudança da história, do cenário e do período altera a consequência jurídica da avaliação. Se alguém mantiver em cativeiro uma mulher por anos a fio e durante dias seguidos a estuprar, cometerá vários estupros, provavelmente, em continuidade delitiva. São vários estupros porque o agente investiu contra a mesma vítima em dias sucessivos, mas bem diferenciados na linha do tempo. Porém, se, em cada um desses dias, o agente teve conjunção carnal e praticou beijo lascivo com a vítima, não cometeu dois estupros, mas um único por dia. Essa é a visão do art. 213, que não deve comportar tergiversação. Outra comparação plausível: quando o agente se volta contra uma vítima e lhe retira, com violência, vários pertences, pratica um roubo, pois o patrimônio foi lesado de uma só vez, em ação única. Ora, do mesmo modo, quando o agente obriga uma vítima a praticar dois atos libidinosos, com violência, de uma só vez, comete um único estupro, pois a liberdade sexual foi lesada em ação única. Sob outro prisma, ambos os agentes retornam e o primeiro rouba, de novo, a vítima, no dia seguinte, bem como o segundo estupra, novamente, a vítima, no dia posterior, surgindo, então, dois novos crimes: um outro roubo e um outro estupro. Podem ser crimes continuados ou não, dependendo da análise das condições do art. 71 do Código Penal. A única argumentação harmônica à ideia de cumulatividade do tipo penal do art. 213 seria defender que conjunção carnal não é um ato libidinoso. Logo, o legislador estaria tutelando num único tipo, dois bens diferentes. Seria o fundamento para se extrair a cumulação, pois o agente, tendo conjunção carnal e praticando ato libidinoso, teria ferido dois objetos distintos, embora ambos sob o manto da liberdade sexual. Entretanto, parece-nos impossível tal defesa, seja no cenário do direito penal, seja no âmbito de qualquer outra ciência. A penetração do pênis na cavidade vagínica é somente uma forma de libidinagem, leia-se, ato capaz de provocar prazer sexual. Outras penetrações têm o mesmo sentido e produzem o mesmo prazer. É verdade que a conjunção carnal pode produzir filhos, mas o estupro não é crime contra o casamento, nem contra o estado de filiação. Cuida-se de delito contra a liberdade sexual do indivíduo, que pode ter qualquer relacionamento sexual com quem quiser, desde que no pleno gozo do seu discernimento e maturidade. Qualquer lesão violenta a essa liberdade, de que forma for, constitui a justa medida para a punição do estuprador. A nova redação do art. 213 adotou a conhecida fórmula do tipo misto alternativo, que, em nome da legalidade e em respeito à proporcionalidade, garantias constitucionais fundamentais, deve ser respeitado. A submissão à lei é justamente o escudo protetor do indivíduo, caracterizando o Estado Democrático de Direito, cuja principal missão é tutelar a dignidade da pessoa humana. Na jurisprudência: STF: "Destarte, a jurisprudência desta Corte, anteriormente ao advento da referida Lei 12.015, de 07.08.2009, refutava o reconhecimento da continuidade delitiva nos crimes de estupro e atentado violento ao pudor, sob o fundamento de configurarem delitos de espécies distintas, entendimento que há de ser revisto ante a inserção dos núcleos definidores do crime de atentado violento ao pudor na descrição típica do crime de estupro, passando a configurar delitos da mesma espécie" (HC 108181-RS, 1.ª T., rel. Luiz Fux, 21.08.2012, v.u.). STJ: "2. A jurisprudência do Superior Tribunal de Justiça é pacífica de que os crimes previstos nos arts. 213 e 214 do Código Penal – CP, após a redação dada pela Lei n. 12.015/09, configuram crime único. Todavia, devem as diversas condutas praticadas serem valoradas na primeira fase do cálculo da pena, ficando estabelecido como limite máximo para a nova sanção, a totalidade da pena anteriormente aplicada ao estupro e ao atentado violento ao pudor, de forma a se evitar a *reformatio in pejus*" (HC 441.523-BA, 5.ª T., rel. Joel Ilan Paciornik, 30.05.2019, v.u.); "A reforma introduzida pela Lei n. 12.015/2009 condensou num só tipo penal as condutas anteriormente tipificadas nos arts. 213 e 214 do CP, constituindo, hoje, um só crime o constrangimento, mediante violência ou grave ameaça, a ter conjunção carnal ou a praticar ou permitir que com ele se pratique outro ato libidinoso, na hipótese em que a conduta tenha sido praticada em um mesmo contexto fático e contra a mesma vítima, em observância ao princípio da retroatividade da lei mais benéfica. Trata-se, pois, de crime misto alternativo" (HC 325.411-SP, 5.ª T., rel. Ribeiro Dantas, 19.04.2018, v.u.).

**5. Elemento subjetivo do tipo:** é o dolo. Não existe a forma culposa. Há, também, a presença do elemento subjetivo do tipo específico, consistente na finalidade de obter a conjunção carnal ou outro ato libidinoso, satisfazendo a lascívia. Sobre as hipóteses de vingança ou humilhação, consultar a nota abaixo.

**5-A. Estupro-vingativo ou estupro-humilhação:** pode haver a possibilidade de o estupro dar-se com a finalidade de vingança – ou mesmo para humilhar e constranger moralmente a vítima –, tal situação, em nosso entender, não elimina o elemento subjetivo específico de satisfação da lascívia, até porque, nessas situações, encontra-se a satisfação *mórbida* do prazer sexual, incorporada pelo desejo de vingança, raiva, rancor ou outros sentimentos correlatos. Estímulos sexuais pervertidos podem levar alguém a se valer dessa forma de crime para ferir a vítima, inexistindo incompatibilidade entre tal desiderato e a finalidade lasciva do delito do art. 213. Acrescente-se, ainda, que somente os sexualmente pervertidos utilizam esse meio para a vingança. Portanto, ilustrando, introduzir um objeto no ânus ou na vagina de alguém, a pretexto de se vingar, não passa de uma perversão, apta a gerar prazer sexual ao agente, mesmo que intimamente, sem exteriorização. PATRÍCIA EASTEAL chega a mencionar que o "estupro não é um ato sexual. É um ato de violência que usa o sexo como arma. O estupro é motivado pela agressão e pelo desejo de exercer poder e humilhação" (*Voices of Survivors*, *apud* SHEILA JEFFREYS, *The idea of prostitution*, p. 244). O mesmo pensamento expõe Magalhães Noronha, exigindo o *dolo específico*, que é a satisfação da lascívia (*Crimes contra os costumes*, p. 33). A essas opiniões junta-se Aluízio Bezerra Filho (*Crimes sexuais*, p. 27). É fato que a ereção pode ter origem involuntária, um mero reflexo advindo da região da coluna (tal como ocorre na ereção noturna), como pode ser voluntária e, nesse caso, depende de estímulos cerebrais, provocadores de sinais excitativos. Afora essa excitação, não há possibilidade de haver ereção, pois o sangue não será conduzido pelas artérias aos corpos cavernosos do pênis. Como primeira conclusão, deve-se manter o elemento subjetivo específico, determinante para a ereção, como integrante do tipo penal do estupro. Ainda que atue por vingança, pretendendo o coito para

# Art. 213

Código Penal Comentado · **Nucci**

972

humilhar a vítima, há o fator excitante envolvido, ainda que perverso ou mórbido. Por vezes, o estuprador chega a ejacular na vítima – homem ou mulher – como forma de elevar a morbidez do ato e o grau de humilhação. Essa forma de violência sexual é comum nos presídios, justamente para impor a subjugação de um membro de gangue sobre outro detento, membro de outra ou delator. A finalidade imediata pode ser a imposição de uma tortura, uma vingança ou uma humilhação, mas a finalidade mediata termina sendo a satisfação de um enfermiço prazer sexual. Não se pode ser ingênuo a ponto de supor que, existindo milhares de formas violentas para se torturar ou se vingar de alguém, o agente escolha justamente aquelas ligadas a *atos sexuais* para atingir seu intento. A sexualidade é por demais complexa, dando ensejo a diversas formas de satisfação da libido.

**6. Sujeitos ativo e passivo:** o sujeito ativo pode ser qualquer pessoa, do mesmo modo que o sujeito passivo. A alteração provocada pela Lei 12.015/2009 transformou o delito de estupro em crime comum. Há variadas formas de realização e os envolvidos no delito podem ser homem-mulher, mulher-homem, homem-homem ou mulher-mulher. Assim sendo, deixa de se falar em crime próprio. É importante ressaltar que a cópula pênis-vagina, caracterizadora da conjunção carnal, demanda apenas a existência de *homem* e *mulher*, mas pouco interessa quem é o sujeito ativo e o passivo. A mulher que, mediante ameaça, obrigue o homem a com ela ter conjunção carnal comete o crime de estupro. O fato de ela ser o sujeito ativo não eliminou o fato, vale dizer, a concreta existência de uma conjunção carnal (cópula pênis-vagina). Há os que duvidam dessa situação, alegando ser *impossível* que a mulher constranja o homem à conjunção carnal. Abstraída a posição nitidamente machista, em outros países, que há muito convivem com o estupro da forma como hoje temos no Código Penal, existem vários registros a esse respeito. Alguns chegam a mencionar ser crime impossível, pois, se o homem for ameaçado, não seria capaz de obter a ereção necessária para a conjunção carnal. Ora, há vários tipos de ameaça grave, não necessariamente exercida com emprego de armas no local do delito. Ademais, existem inúmeros medicamentos dispostos a fomentar a ereção masculina na atualidade. E, por derradeiro, quem está ameaçado pode, perfeitamente, fazer valer a sua lascívia, que depende unicamente de comando mental. No mais, ainda que se possa dizer rara a hipótese, está bem distante de ser impossível. Quanto ao sujeito passivo, deve-se considerar qualquer pessoa, independentemente de suas qualidades (honesta ou desonesta, recatada ou promíscua, virgem ou não, casada ou solteira, velha ou moça). Saliente-se que nem sempre foi assim. O Código Penal de 1830 fazia distinção entre o estupro cometido contra "mulher honesta" – note-se que *honestidade* era requisito essencial para a mulher *poder* ser vítima do crime – e a violência sexual praticada contra prostituta. O primeiro tinha pena variável de três a doze anos, enquanto o segundo previa pena de um mês a dois anos. No Código Penal de 1890, manteve o legislador a discriminação, mencionando que o estupro havia de ter como sujeito passivo a mulher *honesta*, ainda que não fosse virgem. A pena era de um a seis anos. Se fosse *mulher pública ou prostituta*, a pena seria de seis meses a dois anos. O Código Penal de 1940 manteve apenas a discriminação no tocante ao homem, afastando-o do contexto do estupro, mas deixou de considerar a *honestidade* da mulher. A Lei 12.015/2009 igualou homem e mulher, desprezando qualquer qualidade especial que possam ter, aliás, o mínimo que se espera de uma lei justa. Na jurisprudência: STJ: "7. É irrelevante para a configuração do delito de estupro averiguar, por meio de estudo social da vítima, seu comportamento, se era ou não virgem ou se já havia tido relações sexuais com outros homens, porquanto o bem jurídico tutelado é a liberdade sexual, assegurado a toda e qualquer mulher. Ademais, o fato de o exame de corpo de delito ter identificado somente a ruptura himenal, não havendo presença de esperma apta a identificar o autor do crime, não consiste em fundamento hábil para afastar a condenação, porquanto a autoria pode ser comprovada por outros meios idôneos, como a palavra da vítima e a prova testemunhal, o que se verificou na hipótese" (HC 379.879-PR, 5.ª T., rel. Joel Ilan Paciornik, 19.09.2017, v.u.).

**6-A. Estupro de prostituta:** certamente, pode a pessoa prostituída ser sujeito passivo do delito de estupro, mas a prova do ocorrido, com a segurança exigida para configurar o crime, é muito difícil. Afinal, se o estupro for cometido, mediante o emprego de grave ameaça, portanto, sem deixar vestígios materiais, geralmente o que se tem é a palavra do autor contra a palavra da vítima. Muitas vezes, diz-se ter havido discordância quanto ao preço estabelecido, tornando-se muito difícil haver condenação, afinal, na dúvida, decide-se em favor do réu. Conferir na jurisprudência: TJSP: "em juízo, a vítima (...) afirmou que é garota de programa e, nessa condição, entrou no veículo do réu, um Pálio prata ou creme, não podendo afirmar exatamente, então partiram para um motel. Aduziu que, no caminho, o réu declarou que estaria armado e a obrigou à prática de sexo oral. Declarou que, após isso, de maneira violenta, puxando seu cabelo, obrigou-a a ficar na posição 'de quatro' e praticou sexo vaginal, partiu com o veículo e ficou dando voltas, então a vítima teria lhe perguntado o que mais o agressor desejava, então ele mandou que abrisse sua bolsa para ver se tinha dinheiro. Consignou que, ao ver a perua do jornaleiro, puxou sua bolsa e saiu do carro. Disse que o réu não pagou pelo programa, mas não registrou a ocorrência porque o réu 'transou' com camisinha e não a agrediu. Esclareceu que manteve contato com o réu somente nessa data. Falou que tanto o sexo oral como o sexo vaginal ocorreram contra a sua vontade, tanto pelo local quanto pela agressividade demonstrada pelo acusado. (...) Pelo relato da vítima, não restou provado o crime de estupro ou de atentado violento ao pudor, pois não é possível constatar a partir de que momento a relação passou a ser contra a sua vontade, uma vez que afirma ter entrado no carro do réu com o fim de fazer um programa sexual. A suposta vítima se limitou a dizer que o ato foi contra sua vontade pelo local e agressividade do réu e, logo em seguida, afirma que não registrou boletim de ocorrência porque o réu não a agrediu. Ao que parece, V. tinha o hábito de contratar prostitutas e, após consumar o ato sexual, não efetuava o pagamento. Assim, várias delas teriam se reunido para registrar a ocorrência. (...) Analisando o conjunto probatório produzido nos autos, observo que da prova oral colhida não se extrai a necessária certeza da autoria do crime. Isso, pois o réu negou a prática de estupro e de atentado violento ao pudor, revelando que contratou algumas garotas de programa e, após consumar o ato sexual, não efetuou o pagamento, por isso, estaria sendo acusado de tais crimes. Veja-se que, em relação a toda e qualquer acusação, como ponto de partida, tem-se que o *status libertatis* é a regra no nosso sistema jurídico, cuja inocência deve-se presumir e a restrição a qualquer direito de uma pessoa, entre os quais a liberdade, sempre deve ser precedida do devido processo legal, este com todas as garantias que lhe são inerentes, em particular à vista do contraditório e decisão fundamentada. Em outras palavras, o acusado é sempre inocente até prova inequivoca em sentido contrário, analisada por sentença e após seu trânsito em julgado" (Apelação Criminal 0366454-40.2010.8.26.0000, 1.ª C. Extraordinária, rel. Amable Lopez Soto, v.u.).

**7. O cônjuge como sujeito ativo:** deve-se incluir o marido (majoritariamente é o agressor nesses casos) ou a esposa, uma vez que o cônjuge não é objeto sexual do outro, cada qual possuindo iguais direitos no contexto da sociedade conjugal, como lhe assegura a Constituição Federal de 1988 (art. 226, § 5.º). Antigamente, tinha o homem o direito de subjugar a mulher à conjunção carnal, com o emprego de violência ou grave ameaça, somente porque o direito civil assegura a ambos o débito conjugal. Alegava-se exercício regular de direito. Porém, tal situação não criava o *direito* de *estuprar* a esposa, mas sim o de exigir, se fosse o caso, o término da sociedade conjugal na esfera civil, por infração a um dos deveres do casamento. "O que aproxima os cônjuges é o amor ou, se quisermos, o desejo sexual, jamais uma regra jurídica" (João Mestieri, *Do delito de estupro*, p. 58). Os direitos à incolumidade física e à liberdade

# Art. 213

Código Penal Comentado · **Nucci**

974

sexual estão muito acima do simples desejo sexual que um cônjuge possa ter em relação ao outro, pois, acima da sua condição de parte na relação conjugal, prevalece a condição de ser humano, possuidor, por natural consequência, do direito inviolável à vida, à liberdade, à igualdade e à segurança (art. 5.º, *caput*, CF); além do que, "homens e mulheres são iguais em direitos e obrigações" (art. 5.º, I, CF). Infelizmente, a mulher sempre foi considerada objeto sexual do homem e, por isso, a maioria dos crimes de estupro a tem por sujeito passivo. Não se desconhece, por certo, a dificuldade probatória que advém de um estupro cometido no recanto doméstico, inexistindo, muitas vezes, testemunhas da violência ou da grave ameaça, mas também porque a singela alegação da mulher (ou do homem) de ter sido estuprada(o) pelo(a) marido(esposa) pode dar margem a uma vindita, de ordem pessoal, originária de conflitos familiares. Entretanto, a complexidade da prova, nessas situações, jamais poderá servir de pretexto para o Judiciário fechar as portas à mulher violentada pelo marido, sob o vetusto argumento de ter havido *exercício regular de direito*. Havia penalistas que sustentavam a possibilidade de a mulher não consentir na relação sexual *apenas* no caso de ter *justo motivo*. Tal assertiva não se sustenta e vamos além, pois ela pode recusar-se sempre que quiser. Se o marido não suportar tal situação, o caminho é a separação judicial, mas jamais o estupro. Diga-se o mesmo em relação ao homem, quando não quiser a relação sexual. Na jurisprudência: TJDFT: "3. Com a redação dada ao artigo 226, inciso II, do Código Penal, pela Lei n. 11.106/05, que prevê causas de aumento para o crime de estupro e demais crimes contra a dignidade sexual, não há mais dúvida quanto à possibilidade de o marido/companheiro responder por este delito. O artigo 7.º da Lei n. 11.340/2006 define o abuso sexual no contexto de violência doméstica. 4. Diante de todo um contexto de violência doméstica, dependência e submissão, inclusive sexual, em que a companheira era constrangida a praticar sexo e, em caso de negativa, era xingada e ameaçada, a manutenção da condenação do réu pelo crime de estupro é medida que se impõe" (Ap. Crim. 20160610079217, 3.ª T. Crim., rel. Waldir Leôncio Lopes Júnior, 10.05.2018, v.u.).

**8. A dificuldade de prova do estupro cometido pelo cônjuge e o contraste com as demais formas de violência doméstica e familiar:** o estupro é um crime hediondo, enquanto outros delitos cometidos contra a mulher, como ameaça, lesão corporal, perseguição, violência psicológica, não são assim considerados e a sanção penal cominada a eles é bem mais branda. Entretanto, chega a ser paradoxal que a vítima tenha maior dificuldade de denunciar e provar o estupro do que uma ameaça, justamente pelo fato de que o crime sexual é o mais camuflado e perfaz o universo de máxima intimidade do casal, sem que existam testemunhas. Além disso, quando se comete uma lesão corporal, a infração deixa vestígio material e pode haver o exame de corpo de delito, algo que não acontece com o estupro, quando praticado por meio da grave ameaça. O confronto entre os relevantes valores da tutela da dignidade sexual da mulher e da presunção de inocência do acusado é um dos mais difíceis de solucionar na prática forense. De qualquer modo, da mesma forma que se vem buscando eliminar toda forma de violência contra a mulher, inclusive com a tipificação de condutas antes não punidas – como a perseguição (*stalking*) e a violência psicológica – deve-se dar especial atenção à violência sexual cometida no ambiente doméstico, seja quando se tratar do estupro violento contra pessoa adulta (art. 213), seja quando se cuidar do estupro de vulnerável. Tratamos, pormenorizadamente, dessa temática em nosso *Tratado de crimes sexuais*.

**9. Participação e coautoria:** admitem-se tanto a participação quanto a coautoria. Exemplos: a) enquanto uma mulher segura outra (praticando, pois, parte do tipo penal), o homem mantém com a vítima a conjunção carnal. Há coautoria entre a mulher e o homem agressores; b) quando a mulher instiga um homem a estuprar a vítima, há participação.

**10. Autoria mediata:** há, ainda, a possibilidade de qualquer pessoa ser autora mediata do crime de estupro, situação que pode ocorrer, por exemplo, quando uma mulher convencer um homem, doente mental, a manter conjunção carnal, mediante violência, com outra mulher. Sobre autoria mediata, consultar a nota 11 ao art. 29.

**11. Concurso de pessoas à distância:** para haver concurso de agentes, por ocasião da prática de estupro, não é exigível que todos estejam no mesmo ambiente, constrangendo, ao mesmo tempo, a vítima, bastando que se apresentem no mesmo cenário, dando apoio, um à prática delituosa do outro. Por exemplo, pode haver interação entre quem executa a conjunção carnal violenta e quem a incentiva, em tempo real, por meio de dispositivo informático.

**12. Conjunção carnal:** é um termo específico, dependente de apreciação particularizada, que significa a introdução do pênis na vagina. "*Restritivo* é o critério pelo qual apenas se admite como conjunção carnal a cópula *secundum naturam*; *amplo*, o compreensivo da cópula normal e da anal; e *amplíssimo* o que engloba o ato sexual e qualquer equivalente do mesmo; assim, a cópula vaginal, a anal e a *fellatio in ore*" (JOÃO MESTIERI, *Do delito de estupro*, p. 59). O critério prevalente, no Brasil, é o restritivo. Tal interpretação advém, dentre outros motivos, do fato de o legislador ter utilizado, no mesmo art. 213, a expressão "outro ato libidinoso", dando mostras de que, afora a união pênis-vagina, todas as demais formas de libidinagem estão compreendidas nesse tipo penal. Não importa, para a configuração do estupro, se houve ou não ejaculação por parte do homem e muito menos se o hímen se rompeu (no caso da mulher virgem).

**13. Ato libidinoso:** é o ato voluptuoso, lascivo, que tem por finalidade satisfazer o prazer sexual, tais como o sexo oral ou anal, o toque em partes íntimas, a masturbação, o beijo lascivo, a introdução na vagina dos dedos ou de outros objetos, dentre outros. Quanto ao beijo, excluem-se os castos, furtivos ou brevíssimos, tais como os dados na face ou rapidamente nos lábios ("selinho"). Incluem-se os beijos voluptuosos, com "longa e intensa descarga de libido", nas palavras de Hungria, dados na boca, com a introdução da língua. Na jurisprudência: STJ: "4. O beijo lascivo ingressa no rol dos atos libidinosos e, se obtido mediante violência ou grave ameaça, importa na configuração do crime de estupro. Evidentemente, não são lascivos os beijos rápidos lançados na face ou mesmo nos lábios, sendo preciso haver beijos prolongados e invasivos, com resistência da pessoa beijada, ou então dos beijos eróticos lançados em partes impudicas do corpo da vítima. Por conseguinte, verificar-se-á estupro mediante violência caso a conduta do beijo invasivo busque a satisfação da lascívia, desde que haja intuito de subjugar, humilhar, submeter a vítima à força do agente, consciente de sua superioridade física. 5. No caso, resta evidente a utilização de força física, conquanto ausentes vestígios de lesão, para beijar a vítima contra sua vontade, e ainda lhe esfregar o órgão genital ereto, tendo o recorrente parado apenas por ter sido impedido por testemunha. Em tese, tal conduta amolda-se à hipótese típica do crime de estupro, para realização de atos libidinosos, cometido por meio de violência, consistente no emprego de força física contra a vítima, subjugando-a pela superioridade física do agente, até porque aquela possui limitações físicas decorrentes da ataxia cerebelar" (RHC 93.906-PA, 5.ª T., rel. Ribeiro Dantas, 21.03.2019, v.u.).

**14. Consumação:** na forma da *conjunção carnal*, não se exige a introdução completa do pênis na vagina, bastando que ela seja incompleta. Como já se mencionou na nota 12, não se exige, ainda, a ejaculação, tampouco a satisfação do desejo sexual do agente. No tocante aos outros atos libidinosos, basta o toque físico eficiente para gerar a lascívia ou o constrangimento efetivo da vítima, que se expõe sexualmente ao autor do delito, de modo que este busque a obtenção do prazer sexual. Entretanto, o *iter criminis* deve ser analisado caso a caso, pois existem inúmeras formas de satisfação da lascívia, por meio do constrangimento de alguém.

**15. Estupro por inseminação artificial:** impossibilidade. O tipo penal exige, para a sua configuração, a conjunção carnal, que é a introdução do pênis na cavidade vaginal, ou outro

# Art. 213

Código Penal Comentado · **Nucci**

ato libidinoso entre o agente e a vítima. Logo, se houver inseminação artificial forçada, deve o autor responder somente por constrangimento ilegal.

**16. Impotência sexual e estupro:** a atual figura do estupro contempla a possibilidade de realização do delito por meio da conjunção carnal (cópula entre pênis e vagina) e outros atos libidinosos (atos sexuais aptos a satisfazer a libido). Por isso, mesmo sem ereção, não se pode afastar a viabilidade de ocorrência do estupro, afinal, esse delito não se configura exclusivamente pela penetração do pênis na vagina, podendo dar-se por meio de qualquer outro ato libidinoso, de modo que a impotência para o coito não é impeditivo para a consumação do delito.

**17. Presunção de violência:** não mais subsiste. Ver os comentários ao art. 217-A.

**18. Violência ou grave ameaça:** *violência* é a coação física, gerando lesão corporal, enquanto a grave ameaça é a violência moral, consistente numa intimidação séria, injusta e intensa. Quanto à ameaça, deve ser analisada objetiva e subjetivamente, sob o aspecto da suficiência. "Há certos tipos de ameaça que, por si sós, nos dão a certeza de provocarem, no espírito da vítima, séria perturbação. Nessa ordem, as ameaças de morte, expressas de forma real ou simbólica, como enviar uma coroa de flores, fazer uma cruz à porta etc. Nesses casos, presente o requisito da seriedade, nenhuma dúvida haverá sobre o poder inibidor de tal promessa. Nos outros casos vários cuidados são exigidos. Muita vez o exame puramente objetivo da ameaça não será suficiente. Faz-se imprescindível uma valoração, senão perfeita, ao menos aproximada da impressão causada à paciente. Não poucas vezes os Tribunais se têm detido no exame dos reflexos íntimos do mal *subjetivamente grave*. A idoneidade objetiva será analisada conjuntamente com o aspecto subjetivo para determinar-se, fora de dúvidas, a impossibilidade ou a *relevante inconveniência* em resistir" (João Mestieri, *Do delito de estupro*, p. 77).

**19. Violência exercida contra pessoa diversa da vítima:** é viável para configurar o crime, dependendo das circunstâncias do caso concreto. Afinal, quando o agente agride uma pessoa querida ligada à vítima, isto representa uma nítida forma de intimidação, passível de romper a rejeição da pessoa, que, então, permite a prática do ato libidinoso. Configura-se o estupro, tendo em vista a inexistência de consentimento válido por parte de quem foi violentado.

**20. Violência exercida contra coisa ou animal:** em tese, é possível que a situação possa configurar a grave ameaça. Imagine-se que o agente do estupro intimide a vítima, para que ceda à relação sexual, ameaçando destruir coisa que lhe é extremamente cara e relevante. Ou quando fere um animal de estimação, como forma de vergar a vontade da pessoa ofendida. Naturalmente, dependendo da análise particularizada da situação, pode-se chegar à conclusão de ter havido violência moral, logo, o constrangimento ilegal.

**21. Justiça da ameaça:** é posição dominante pouco importar a justiça da ameaça. Diz Hungria: "o agente pode ter a faculdade ou mesmo o dever de ocasionar o mal, mas não pode prevalecer-se de uma ou outro para obter a posse sexual da vítima contra a vontade desta. Não se eximiria à acusação de estupro, por exemplo, o agente de polícia que anulasse a resistência da vítima sob ameaça de denunciar crime que saiba tenha ela praticado (art. 66, I, da Lei das Contravenções Penais), hipótese que muito difere daquela em que a mulher, para evitar a denúncia, transige amigavelmente, de sua própria iniciativa, com o ameaçante, dispondo-se à prestação de um favor em troca de outro" (*Comentários ao Código Penal*, v. 8, p. 122). Embora, em tese, seja possível concordar com tal postura, é preciso destacar que a prova desse congresso sexual forçado é das mais difíceis, não se podendo, em hipótese alguma, utilizar presunções para a condenação. Não é incomum, de fato, poder haver transigência à ameaça que teve início com a proposta de relação sexual para evitar uma denúncia. Pode ser conveniente à mulher, no caso supramencionado, manter a cópula, de modo a garantir a impunidade do seu crime. O simples fato de a proposta ter partido do agente policial não afasta a incidência da pronta concordância da vítima. Portanto, não se deve exigir, nesses casos, como diz Hungria, que a mulher deva ter a iniciativa da troca de um favor por outro, sendo suficiente que ela aquiesça à referida troca. Justamente por isso, torna-se muito difícil provar tal constrangimento à conjunção carnal efetuado por ameaça consistente na prática de um mal *justo*. Diga-se o mesmo no contexto do ato libidinoso obtido de idêntica maneira.

**22. Grau de resistência da vítima:** ensinam Scarance Fernandes e Duek Marques, tratando da mulher como vítima, que "a tendência, contudo, é a de não se exigir da ofendida a atitude de mártir, ou seja, de quem em defesa de sua honra deva arriscar a própria vida, só consentindo no ato após ter-se esgotado toda a sua capacidade de reação. É importante, em cada caso concreto, avaliar a superioridade de forças do agente, apta a configurar o constrangimento através da violência" (*Estupro – Enfoque vitimológico*, p. 268), com o que concordamos plenamente. Não se exige a resistência heroica, que possa colocar a integridade física ou mental da pessoa ofendida em grave risco.

**23. Duração do dissenso da vítima:** segundo nos parece, deve acompanhar todo o desenvolvimento do ato sexual. Se houver concordância, em alguma fase posterior ao início, mas *antes* do final, permitindo concluir que a relação terminou de maneira consentida, desfaz-se a figura criminosa do estupro. Por outro lado, em consequência lógica ao que acabamos de expor, se a mulher ou o homem, durante o ato sexual, inicialmente consentido, manifestar a sua discordância quanto à continuidade, é de se exigir que outra parte cesse a sua atuação. Se persistir, forçando a vítima, física ou moralmente, permite o surgimento do crime de estupro. Em contrário está a posição de Mestieri, tratando, à época, somente da mulher como vítima: "O consentimento da mulher *durante* o ato sexual é irrelevante para o tipo; o momento consumativo do delito é o da efetiva penetração. Na mesma linha, o caso de a mulher consentir na cópula e durante ela, por sentir dores muito agudas, solicitar sua imediata interrupção. Se o agente prossegue no ato sexual, não se pode falar em dolo de estupro e nem mesmo na tipicidade objetiva desse crime" (*Do delito de estupro,* p. 93). A visão adotada pelo referido autor é oposta à nossa. A anuência da mulher, no exemplo apresentado, é extremamente relevante, mormente no contexto do estupro, em que há natural dificuldade de se produzir prova acerca da existência ou não de verdadeira resistência (em especial, quando não há violência física, mas somente grave ameaça). Por isso, se a relação começa com a concordância da mulher e, durante o encontro, esse consentimento cessa, a outra parte há de respeitar e parar, sob pena de, forçando o prosseguimento, caracterizar-se o estupro. Por outro lado, se a relação sexual tem início de maneira forçada, portanto, contra a vontade da mulher, é evidente que ela deva manter-se em dissenso até o final (lembre-se, dissenso é diverso de resistência, conforme exposto na nota anterior). Uma vez que, durante o ato sexual, termine concordando com a sua prática, torna írrita eventual punição do agente. Seria evidentemente paradoxal ouvir o depoimento da vítima, afirmando ao magistrado, por exemplo, que a relação sexual foi uma das melhores que já experimentou, embora se tenha iniciado a contragosto e, ainda assim, somente para argumentar, houvesse a condenação do autor por estupro. Vale o mesmo argumento para o caso de ser vítima o homem. Em suma, a conjunção carnal, ou outro ato libidinoso, não pode ser equiparada à assinatura de um contrato, que se dá de maneira instantânea. Há um desenvolvimento em vários atos, que se arrastam por algum tempo, situação suficiente para avaliar, autenticamente, a vontade da pessoa, potencialmente vítima do crime. Na jurisprudência: STJ: "4. É certo que o dissenso da vítima é fundamental para a caracterização do delito. Portanto, a discordância da ofendida precisa ser capaz de demonstrar sua oposição ao ato sexual. 5. Além disso, a concordância e o desejo inicial têm que perdurar durante toda a atividade sexual, pois a liberdade sexual pressupõe a possibilidade de interrupção do ato sexual. O consentimento anteriormente dado não significa que a outra pessoa possa obrigá-la à continuidade do ato sexual. Se um dos parceiros decide interromper a relação sexual e o outro, com violência ou grave ameaça, obriga a desistente a continuar, haverá a configuração do estupro" (AgRg no REsp 2.105.317/DF, 6.ª T., rel. para o acórdão Sebastião Reis Júnior, 13.08.2024, m.v.).

**23-A. Vida pregressa sexual e conduta social da vítima:** não são poucos os casos em que se utiliza o comportamento da vítima, especialmente a mulher, para descaracterizar o crime sexual, como se a experiência ou os gostos sexuais da pessoa ofendida pudessem interferir na tipificação do delito sexual, em particular o estupro. Há um predomínio, ainda existente, na sociedade brasileira, em torno do machismo e do patriarcalismo, de modo que a mulher, quando vítima de crime sexual, termina julgada *antes* do próprio acusado, o que se torna indevido, tendo em vista que essa conjuntura não tem nenhum liame com os elementos da infração penal. Por esse motivo, o Supremo Tribunal Federal deliberou pela vedação de perquirição desse padrão no contexto dos crimes contra a dignidade sexual. *In verbis*: STF: "1. Ofende os princípios da igualdade e da dignidade da pessoa humana a perquirição da vítima, em processos apuratórios e julgamentos de crimes contra a dignidade sexual, quanto ao seu modo de vida e histórico de experiências sexuais. 2. A despeito da atuação dos Poderes da República, pela análise dos argumentos postos na presente arguição de descumprimento de preceito fundamental, é de se concluir necessário que este Supremo Tribunal, no exercício de sua competência constitucional, interprete os dispositivos impugnados pelo arguente conforme a Constituição da República, para conferir máxima efetividade aos direitos constitucionalmente postos e coibir a perpetuação de práticas que impliquem na revitimização de mulheres agredidas sexualmente. 3. Arguição julgada procedente para i) conferir interpretação conforme à Constituição à expressão "elementos alheios aos fatos objeto de apuração" posta no art. 400-A do Código de Processo Penal, para excluir a possibilidade de invocação, pelas partes ou procuradores, de elementos referentes à vivência sexual pregressa da vítima ou ao seu modo de vida em audiência de instrução e julgamento de crimes contra a dignidade sexual e de violência contra a mulher, sob pena de nulidade do ato ou do julgamento, nos termos dos arts. 563 a 573 do Código de Processo Penal; ii) fica vedado o reconhecimento da nulidade referida no item anterior na hipótese de a defesa invocar o modo de vida da vítima ou a questionar quanto a vivência sexual pregressa com essa finalidade, considerando a impossibilidade de o acusado se beneficiar da própria torpeza; iii) conferir interpretação conforme ao art. 59 do Código Penal, para assentar ser vedado ao magistrado, na fixação da pena em crimes sexuais, valorar a vida sexual pregressa da vítima ou seu modo de vida e iv) assentar ser dever do magistrado julgador atuar no sentido de impedir essa prática inconstitucional, sob pena de responsabilização civil, administrativa e penal" (ADPF 1.107 – DF, Tribunal Pleno, rel. Cármen Lúcia, 23.5.2024, v. u.).

**24. Objetos material e jurídico:** o objeto material é a pessoa, que sofre o constrangimento. O objeto jurídico é a liberdade sexual.

**25. Classificação:** trata-se de crime comum (aquele que não demanda sujeito ativo qualificado ou especial); material (delito que exige resultado naturalístico, consistente no efetivo tolhimento da liberdade sexual da vítima). Há quem entenda ser crime de mera conduta, com o que não podemos concordar, pois o legislador não pune unicamente uma conduta, que não possui resultado naturalístico. A pessoa violentada pode sofrer lesões de ordem física – se houver violência – e, invariavelmente, sofre graves abalos de ordem psíquica, constituindo, com nitidez, um resultado detectável no plano da realidade. Conferir (embora cuidando do estupro de vulnerável, a classificação é a mesma): STJ: "o estupro de vulnerável é crime hediondo, comum, *material*, instantâneo, em regra plurissubsistente, cujos dois núcleos do tipo consistem em ter conjunção carnal ou praticar qualquer ato libidinoso com vulnerável, nos termos do art. 217-A e § 1.º, do Código Penal" (HC 431708-MS, 5.ª T., rel. Ribeiro Dantas, 24.05.2018, v.u., grifamos). É, ainda, delito de forma livre (pode ser cometido através de qualquer ato libidinoso); comissivo ("constranger" implica ação); instantâneo (cujo resultado se dá de maneira instantânea, não se prolongando no tempo); de dano (consuma-se apenas com efetiva lesão a um bem jurídico tutelado); unissubjetivo (que pode ser praticado por um só agente); plurissubsistente (como regra, vários atos integram a conduta); admite tentativa, embora de difícil comprovação. Na jurisprudência: STJ: "2. Incontroversa a conduta de que o recorrido surpreendeu a vítima, em um ponto de ônibus, tendo puxado pelo braço e tentado fazê-la tocar em seu órgão genital, no que só não obtivera êxito porque conseguira dele se desvencilhar, após muito relutar, o que configura ação atentatória contra o pudor praticada com o propósito lascivo, que não se consumou por circunstâncias alheias à vontade do agente, enquadrando-se no art. 213 c/c art. 14, inciso II, ambos do CP" (AgRg no REsp 1.767.968-MG, 6.ª T., rel. Nefi Cordeiro, 05.05.2020, v.u.).

**26. Concurso com o atentado violento ao pudor:** na anterior redação do Código Penal, os crimes dos arts. 213 e 214 eram considerados de espécies diferentes, segundo doutrina e jurisprudência majoritárias, de forma que poderia haver concurso material entre as infrações. Se o agente, exemplificando, mantivesse conjunção carnal e, em seguida, coito anal com a vítima, configurados estariam dois crimes hediondos em concurso material. O advento da Lei 12.015/2009, unificando o estupro e o atentado violento ao pudor, na figura do art. 213, faz desaparecer o concurso material entre a conjunção carnal forçada e outro ato libidinoso, igualmente forçado, contra a mesma vítima, no mesmo local e hora. O tipo é misto alternativo, constituindo crime único a prática de qualquer sequência de atos libidinosos (incluindo, por óbvio, a conjunção carnal). Porém, se a conjunção carnal for praticada em um determinado dia e, em outra data, contra vítima diversa, ocorrer um ato libidinoso, ambos violentos, é de se admitir o crime continuado, pois estaríamos diante de dois estupros, logo, crimes da mesma espécie. Se os delitos foram cometidos antes do advento da Lei 12.015/2009, configurando concurso material entre estupro e atentado violento ao pudor, cabe ao juiz da execução penal, em face da lei penal benéfica ora existente, unificar as penas, reconhecendo, se presentes os requisitos do art. 71, o crime continuado.

**27. Exame de corpo de delito:** é prescindível. Pode-se demonstrar a ocorrência do estupro por outras provas, inclusive pela palavra da vítima, quando convincente e segura. É o que ocorre quando o estupro é praticado mediante grave ameaça. Porém, havendo o emprego de violência contra a pessoa, torna-se viável a realização do exame pericial. Nesse contexto, deve-se lembrar da edição da Lei 13.721/2018, alterando o art. 158 do Código de Processo Penal para inserir o parágrafo único, nos seguintes termos: "dar-se-á prioridade à realização do exame de corpo de delito quando se tratar de crime que envolva: I – violência doméstica e familiar contra mulher; II – violência contra criança, adolescente, idoso ou pessoa com deficiência". Na jurisprudência: STJ: "1. Não há nenhuma nulidade quando o Juiz refuta o exame pericial não esclarecedor nos crimes de estupro de vulnerável sem conjunção carnal, para, acolhendo as demais provas, principalmente o depoimento da vítima e das testemunhas, concluir pela condenação do réu, porque no sistema jurídico penal brasileiro vigora o princípio do 'livre convencimento motivado' do julgador" (AgRg nos EDcl no RHC 127.089-MG, 6.ª T., rel. Nefi Cordeiro, 24.11.2020, v.u.).

**28. Ausência de lesões à vítima:** irrelevância, pois o estupro pode ocorrer através de vias de fato, que não deixam marcas visíveis e passíveis de constatação por exame de corpo de delito. Além disso, pode ocorrer por meio da grave ameaça, que também não deixa vestígios.

# Art. 213

Código Penal Comentado · **Nucci**

**29. Condenação por estupro baseada apenas na palavra da vítima:** existe a possibilidade de condenação, pois muitas vezes o delito é cometido em lugar privado, longe das vistas de outras pessoas. É difícil encontrar-se testemunhas presenciais, mas apenas pessoas que podem dar declarações acerca de elementos indiretos, tais como parentes e amigos da vítima e do acusado. Há muitos estudos em torno dos delitos sexuais, aptos a indicar que as acusações falsas são minoritárias e, como regra, envolvem casos familiares ou amorosos. Dificilmente, um estupro cometido por pessoa estranha à vítima redunda em imputação falsa. Cabe ao magistrado avaliar com o máximo critério todas as provas colhidas, abrangendo os fatores pessoais de réu e vítima, sem que isso signifique analisar a vida privada, como, por exemplo, o comportamento sexual prévio da pessoa ofendida. O confronto dos dados colhidos – diretos e indiretos – pode fornecer segurança ou dúvida em relação à materialidade e autoria. Da mesma forma que se torna indispensável proteger a vítima e sua dignidade sexual, deve-se levar em consideração o princípio da presunção de inocência, no tocante ao acusado, devendo-se equilibrar os valores em jogo para chegar a uma decisão segura.

**29-A. Apoio à vítima de violência sexual:** um dos delitos que mais trauma gera à pessoa ofendida é o estupro, razão pela qual o Estado precisa assumir uma postura mais atenta e efetiva no tocante a ela. Editou-se a Lei 12.845/2013 com esse objetivo. *In verbis:* "Art. 1.º Os hospitais devem oferecer às vítimas de violência sexual atendimento emergencial, integral e multidisciplinar, visando ao controle e ao tratamento dos agravos físicos e psíquicos decorrentes de violência sexual, e encaminhamento, se for o caso, aos serviços de assistência social. Art. 2.º Considera-se violência sexual, para os efeitos desta Lei, qualquer forma de atividade sexual não consentida. Art. 3.º O atendimento imediato, obrigatório em todos os hospitais integrantes da rede do SUS, compreende os seguintes serviços: I – diagnóstico e tratamento das lesões físicas no aparelho genital e nas demais áreas afetadas; II – amparo médico, psicológico e social imediatos; III – facilitação do registro da ocorrência e encaminhamento ao órgão de medicina legal e às delegacias especializadas com informações que possam ser úteis à identificação do agressor e à comprovação da violência sexual; IV – profilaxia da gravidez; V – profilaxia das Doenças Sexualmente Transmissíveis – DST; VI – coleta de material para realização do exame de HIV para posterior acompanhamento e terapia; VII – fornecimento de informações às vítimas sobre os direitos legais e sobre todos os serviços sanitários disponíveis. § 1.º Os serviços de que trata esta Lei são prestados de forma gratuita aos que deles necessitarem. § 2.º No tratamento das lesões, caberá ao médico preservar materiais que possam ser coletados no exame médico legal. § 3.º Cabe ao órgão de medicina legal o exame de DNA para identificação do agressor".

**29-B. Protocolo "Não é Não":** a Lei 14.786/2023 instituiu o protocolo "não é não", com o objetivo de prevenir o constrangimento e a violência contra a mulher e com o fito de proteger a vítima. Para tanto, pretende-se implantar medidas específicas para vigorar em casas noturnas e boates, em espetáculos musicais em locais fechados e em shows, com venda de bebida alcoólica. No art. 3.º da referida Lei, considera-se "I – constrangimento: qualquer insistência, física ou verbal, sofrida pela mulher depois de manifestada a sua discordância com a interação; II – violência: uso da força que tenha como resultado lesão, morte ou dano, entre outros, conforme legislação penal em vigor". Aplicando-se esse protocolo, deve-se observar os seguintes princípios: "I – respeito ao relato da vítima acerca do constrangimento ou da violência sofrida; II – preservação da dignidade, da honra, da intimidade e da integridade física e psicológica da vítima; III – celeridade no cumprimento do disposto nesta Lei; IV – articulação de esforços públicos e privados para o enfrentamento do constrangimento e da violência contra a mulher" (art. 4.º). Quanto à mulher, são reconhecidos os seguintes direitos: "I – ser prontamente protegida pela equipe do estabelecimento a fim de que possa relatar o constrangimento ou a violência sofridos; II – ser informada sobre os seus direitos; III – ser imediatamente afastada

Título VI – Dos crimes contra a dignidade sexual **Art. 213**

e protegida do agressor; IV – ter respeitadas as suas decisões em relação às medidas de apoio previstas nesta Lei; V – ter as providências previstas nesta Lei cumpridas com celeridade; VI – ser acompanhada por pessoa de sua escolha; VII – definir se sofreu constrangimento ou violência, para os efeitos das medidas previstas nesta Lei; VIII – ser acompanhada até o seu transporte, caso decida deixar o local" (art. 5.º). Dentre inúmeras medidas protetivas à vitima de estupro – a maioria constituída por mulheres –, encontra-se o protocolo editado ("não é não") que pode não resolver o grave problema relativo às agressões sexuais, mas permite maior confiabilidade à palavra da ofendida, visto que muitos crimes ocorrem de maneira camuflada, inclusive em ambientes públicos ou abertos ao público.

**29-C. Declarações de crianças e adolescentes:** o ideal é buscar o denominado *depoimento especial* e a *escuta especializada*, nos termos da Lei 13.431/2017. No entanto, nem sempre é viável tal método. Quando o magistrado faz a inquirição do menor de 18 anos deve ter a cautela de extrair os fatos de maneira simples e objetiva. Por outro lado, é sabido que crianças fantasiam e, também, podem ser manipuladas por adultos. Tal situação não significa o completo descrédito das declarações infantojuvenis, mas a integral credibilidade não é, igualmente, uma realidade. Depende do caso concreto. A composição dos fatos, conforme as provas colhidas nos autos, fará com que o julgador forme o seu convencimento.

**30. Causa de aumento de pena trazida pela Lei dos Crimes Hediondos:** não mais subsiste o aumento de metade da pena, constante do art. 9.º da Lei 8.072/1990. Na realidade, este artigo faz referência ao art. 224 do Código Penal, que foi revogado pela Lei 12.015/2009. Eliminada a fonte de referência, perde o sentido a aplicação do mencionado art. 9.º. Quando o aumento previsto no art. 9.º da Lei 8.072/1990 tiver sido aplicado a casos anteriores ao advento da Lei 12.015/2009, que eliminou a referência ao art. 224, impedindo a concretização do mencionado aumento, torna-se imperiosa a aplicação retroativa da lei penal benéfica. Em outros termos, se, atualmente, como exemplo, quem praticar uma extorsão mediante sequestro contra pessoa vulnerável não mais terá o aumento de metade em sua pena, é evidente que os condenados anteriormente devem ser beneficiados pela novel lei. Cumpre-se, afinal, o disposto no art. 5.º, XL, da Constituição Federal.

**31. Consentimento do ofendido afastando a ilicitude:** verificar a nota 107-A ao art. 23.

**32. Distinção entre estupro e importunação sexual:** tratando-se o estupro de crime hediondo, sujeito a uma pena mínima de seis anos, não se pode dar uma interpretação muito abrangente ao tipo do art. 213. Portanto, atos ofensivos ao pudor, como passar a mão nas pernas ou nos seios da vítima, devem ser considerados uma infração penal de menor intensidade. Durante vários anos, a doutrina nacional sustentou a indispensabilidade de se criar um tipo penal intermediário entre o estupro e a contravenção penal de importunação ofensiva ao pudor (art. 61, Lei das Contravenções Penais). O primeiro é muito grave, com penalidade elevada; a segunda, muito branda, com sanção iníqua. Finalmente, com a edição da Lei 13.718/2018, emerge o tipo penal intermediário do art. 215-A, titulado como *importunação sexual*. Essa mesma Lei revogou a contravenção penal do art. 61 supramencionada. Comentaremos o novel tipo em tópico próprio no art. 215-A. Na jurisprudência: STJ: "2. Incontroversa a conduta de que o recorrido surpreendeu a vítima, em um ponto de ônibus, tendo puxado pelo braço e tentado fazê-la tocar em seu órgão genital, no que só não obtivera êxito porque conseguira dele se desvencilhar, após muito relutar, o que configura ação atentatória contra o pudor praticada com o propósito lascivo, que não se consumou por circunstâncias alheias à vontade do agente, enquadrando-se no art. 213 c/c art. 14, inciso II, ambos do CP. 3. Não há falar em desclassificação para a figura do art. 215-A do CP, incluído pela Lei 13.718/2018, o qual pressupõe

# Art. 213

Código Penal Comentado · **Nucci**

que a ação atentatória contra o pudor praticada com propósito lascivo contra vítima maior de 14 anos ocorra sem violência ou grave ameaça, o que não se verificou na hipótese dos autos" (AgRg no REsp 1.767.968-MG, 6.ª T., rel. Nefi Cordeiro, 05.05.2020, v.u.).

**32-A. Distinção entre estupro e constrangimento ilegal:** o tipo penal do estupro é considerado *complexo em sentido amplo*, pois é formado pela união do constrangimento ilegal (art. 146, CP) associado à finalidade libidinosa. Portanto, quando não se prova a referida finalidade, resta a aplicação do *tipo de reserva*, o constrangimento ilegal.

**33. Lei benéfica retroativa:** o tipo penal do art. 213, com a nova redação dada pela Lei 12.015/2009, unificando o estupro e o atentado violento ao pudor, é favorável ao réu e deve retroagir, atingindo todos os que foram condenados, antes, pela prática de estupro e atentado violento ao pudor, contra a mesma vítima, no mesmo contexto, em concurso material de infrações penais. No mesmo sentido está a posição de ROGÉRIO SANCHES CUNHA (*Comentários à reforma criminal de 2009*, p. 36).

**34. Concurso de crimes no contexto do estupro:** em princípio, os atos sexuais violentos (conjunção carnal ou outro ato libidinoso) cometidos contra a mesma vítima no mesmo contexto configuram crime único. Há um só bem jurídico lesado: a liberdade sexual da pessoa ofendida. Surge o delito continuado, quando se puder detectar a sucessividade das ações no tempo, podendo-se, também, captar mais de uma lesão ao bem jurídico tutelado. O crime continuado é uma ficção, criada em favor do réu, buscando uma justa aplicação da pena, quando se observa a prática de várias ações, separadas no tempo, mas com proximidade suficiente para se supor serem umas continuações das outras. Pode dar-se no contexto do estupro. O agente estupra uma mulher em determinado dia (lesão à sua liberdade sexual); retorna na semana seguinte e repete a ação, sob outro contexto (novamente fere a sua liberdade sexual). Pode-se sustentar o crime continuado. Inexiste crime único, pois a ação de constranger alguém, com violência ou grave ameaça, à prática sexual fechou-se no tempo por duas vezes distintas. Houve dois constrangimentos em datas diversas. O crime único demanda um constrangimento, cujo objeto final pode ser tanto a conjunção carnal quanto outro ato libidinoso ou ambos. O concurso material poderá ser aplicado entre estupros cometidos reiteradamente, quando os requisitos do art. 71 do CP não estiverem presentes. Finalmente, o concurso formal somente tem sentido quando, no mesmo cenário, o agente constrange duas pessoas a lhe satisfazerem a libido, ao mesmo tempo. Pode-se debater se houve ou não desígnios autônomos, aplicando-se a primeira ou a segunda parte do art. 71, *caput*, do CP. Na jurisprudência: STJ: "2. Para fins da aplicação do instituto do crime continuado, art. 71 do Código Penal, pode-se afirmar que os delitos de estupro de vulnerável e estupro, descritos nos arts. 217-A e 213 do CP, respectivamente, são crimes da mesma espécie" (REsp 1.767.902-RJ, 6.ª T., rel. Sebastião Reis Júnior, 13.12.2018, v.u.).

**35. Crime qualificado pelo resultado lesão grave:** a Lei 12.015/2009 transferiu do art. 223 (hoje, revogado) para os parágrafos do art. 213 e do art. 217-A as figuras denominadas *crimes qualificados pelo resultado*. Alterou-se a redação, aprimorando-a. Anteriormente, o art. 223, *caput*, mencionava: "se da violência resulta lesão corporal de natureza grave", enquanto o parágrafo único destacava: "se do fato resulta morte". Somente pela diversidade de elementos, surgia a discussão se, afinal, era a violência o fator a desencadear o resultado qualificador ou o *fato*, abrangidos neste tanto a violência quanto a grave ameaça. Posições diversas surgiram, mas foram sepultadas pela nova redação dada aos parágrafos dos arts. 213 e 217-A. Consta, pois, o seguinte: "se da conduta resulta..." (grifamos). Mais adequada, certamente, a colocação referente à *conduta* do agente, pois abrange a ação exercida com violência e a exercida com grave ameaça. No caso do art. 217-A, a violência ou grave ameaça é uma presunção oculta, atualmente, inserida no conceito de vulnerabilidade. De todo modo, tanto a violência quanto a grave ameaça podem gerar o resultado qualificador: lesão grave ou morte. O delito qualificado pelo resultado poder dar-se com dolo na *conduta* antecedente (violência sexual) e dolo ou culpa quanto ao resultado qualificador (lesão grave). Logo, são as seguintes hipóteses: a) lesão grave consumada + estupro consumado = estupro qualificado pelo resultado lesão grave; b) lesão grave consumada + tentativa de estupro = estupro consumado qualificado pelo resultado lesão grave, dando-se a mesma solução do latrocínio (Súmula 610 do STF). O crime é hediondo (art. 1.º, V, da Lei 8.072/1990).

**36. Aplicação fiel do art. 19 do Código Penal (dolo e culpa no resultado):** cuidando dos delitos qualificados pelo resultado, o art. 19 menciona que o resultado qualificador deve advir, no mínimo, por culpa. Com isso, quer-se, obviamente, acolher que também o dolo é elemento subjetivo capaz de permear o resultado mais grave. E afasta-se a aplicação da responsabilidade objetiva, ou seja, se o resultado agravante advier de caso fortuito, sem dolo e sem culpa do agente, a ele não será debitado. No entanto, deve-se cessar, de uma vez por todas, a posição doutrinária e jurisprudencial que enxerga no tipo penal do estupro, quando ocorre lesão grave ou morte, um delito estritamente preterdoloso, ou seja, deve haver dolo do agente na conduta antecedente (estupro) e culpa na conduta consequente (geradora da lesão grave ou morte). Se houver dolo na antecedente e culpa na consequente, haveria a quebra do tipo penal em dois outros: estupro e lesão grave ou estupro e homicídio. Qual a razão científica para que tal medida se implemente? Com a devida vênia, inexiste. Deve-se considerar o estupro e suas formas qualificadas pelo resultado nos mesmos termos em que se confere tratamento ao roubo e suas formas qualificadas, afinal, na essência, são idênticas modalidades de crimes compostos por duas fases, contendo dois resultados. Assim sendo, exige-se dolo na conduta antecedente (violência ou grave ameaça gerando o constrangimento) e dolo ou culpa no tocante ao resultado qualificador (lesão grave ou morte). Justamente por existirem, como possíveis, dois resultados (constrangimento violento + lesão ou morte), previu o legislador um crime único, com penalidade própria (§§ 1.º ou 2.º do art. 213, CP). Não está autorizado o juiz a *quebrar* essa unidade, visualizado concurso material (estupro + homicídio, por exemplo), onde não existem duas ações completamente distintas. Da conduta violenta, no cenário sexual, advém a morte da vítima. Inexiste concurso de delitos, mas um crime qualificado pelo resultado. Aplica-se, literalmente, o disposto pelo art. 19 do Código Penal, vale dizer, o resultado qualificador deve ocorrer, ao menos, culposamente. E, por derradeiro, vale frisar que o delito autenticamente preterdoloso, na criação da doutrina italiana, é aquele que somente pode realizar-se com dolo na conduta antecedente e culpa na conduta subsequente. Não porque o magistrado assim quer, mas pelo fato de ser impossível ocorrer de outra forma. Exemplo disso é a lesão corporal seguida de morte. Somente existe essa modalidade caso haja dolo quanto à lesão e culpa quanto à morte. Afinal, se houver dolo quanto à lesão e dolo quanto à morte, desaparece o tipo penal de lesão corporal e emerge do tipo penal de homicídio. Não é o caso do estupro seguido de lesão grave ou morte. Finalizemos com a lição de ESTHER DE FIGUEIREDO FERRAZ, à qual aderimos: "O agente, 'impulsionado pelo desejo de satisfazer sua sexualidade', o 'criminoso sexual, para satisfazer sua lascívia', pode deixar-se possuir pelo *animus laedendi* ou *necandi*, pode querer, pelo menos eventualmente, matar ou ferir a vítima, *quando ela oponha resistência* aos seus propósitos libidinosos. Resistência cuja duração e intensidade são capazes de levá-lo a redobrar a intensidade da violência inicial, já contida nos atos de 'estupro' e 'atentado violento ao pudor', até que ela atinja os limites da 'lesão corporal de natureza grave' ou a 'morte'. As crônicas policiais e judiciárias contêm, às centenas ou milhares, exemplos de casos em que o sujeito ativo, contrariado em seus propósitos lascivos, não hesita ante a necessidade ou a eventualidade de ferir ou matar a vítima. O que demonstra a possibilidade de coexistirem,

# Art. 213

Código Penal Comentado · **Nucci**

em boa harmonia, o *animus laedendi* ou *necandi*, de um lado, com a vontade de estuprar ou de praticar, violentamente, atos libidinosos. Para que as figuras contempladas nos arts. 213 e 214, combinados com o art. 223 e seu parágrafo único [anteriormente à Lei 12.015/2009], excluíssem o 'dolo' direto ou eventual, em relação aos eventos 'morte' e 'lesão corporal', seria necessário, pois, que o legislador, à semelhança do que fez em relação ao § 3.º do art. 129 ('lesão corporal seguida de morte'), *afastasse essa modalidade de elemento subjetivo*, valendo-se da fórmula empregada nesse último dispositivo: 'se resulta morte [ou lesão corporal de natureza grave] e as circunstâncias evidenciam que o agente *não quis o resultado, nem assumiu o risco de produzi-lo*'. Não o tendo feito, é de se admitir que a lesão à vida ou à integridade pessoal possa assumir, nessas hipóteses, *tanto a forma culposa quanto a dolosa*. Tanto mais que a própria redação dos dispositivos que definem e apenam essas figuras qualificadas *é idêntica* à dos artigos que contemplam o crime de latrocínio (art. 157, § 3.º), e ninguém poderá negar, em boa doutrina, que no latrocínio sejam dolosos os delitos de 'homicídio' ou 'lesão corporal' que acompanham o crime de 'roubo'" (*Os delitos qualificados pelo resultado no regime do Código Penal de 1940*, p. 89-90).

**37. Qualificadora:** a circunstância de ser a vítima menor de 18 anos e (a partícula *ou* foi mal colocada no § 1.º do art. 217-A) maior de 14 anos, portanto, adolescente, confere maior ênfase à tutela penal. Se houver estupro, com violência ou grave ameaça, nesses casos, a pena será elevada para o patamar de 8 a 12 anos. Na jurisprudência: "1. A condição de vítima de 16 anos é suficiente para a configuração do delito do art. 213, § 1.º, do CP diante da prática de ato libidinoso diverso da conjunção carnal (passar as mãos nos seios e nas nádegas da vítima), que se subsume ao tipo penal de estupro qualificado" (STJ, AgRg no AREsp 1.338.984-MG, 5.ª T., rel. Joel Ilan Paciornik, 05.12.2019, v.u.).

**38. Crime qualificado pelo resultado morte:** além das observações constantes das notas 35 e 36, aplicáveis nesta hipótese, convém destacar que o delito pode ser cometido com dolo na conduta antecedente (violência sexual) e dolo ou culpa quanto ao resultado qualificador (morte). Portanto, afiguram-se as seguintes hipóteses: a) estupro consumado + morte consumada = estupro consumado com resultado morte; b) estupro consumado + homicídio tentado = tentativa de estupro seguido de morte; c) estupro tentado + homicídio tentado = tentativa de estupro seguido de morte; d) estupro tentado + homicídio consumado = estupro consumado seguido de morte. Tecnicamente, dá-se uma tentativa de estupro seguido de morte, pois o delito sexual não atingiu a consumação. Porém, tem-se entendido possuir a vida humana valor tão superior à liberdade sexual que, uma vez atingida fatalmente, deve levar à forma consumada do delito qualificado pelo resultado. É o que ocorre no cenário do latrocínio, cuja base é a Súmula 610 do STF ("Há crime de latrocínio, quando o homicídio se consuma, ainda que não realize o agente a subtração de bens da vítima").

# Título VI – Dos crimes contra a dignidade sexual

# Art. 213

## Esquema comparativo

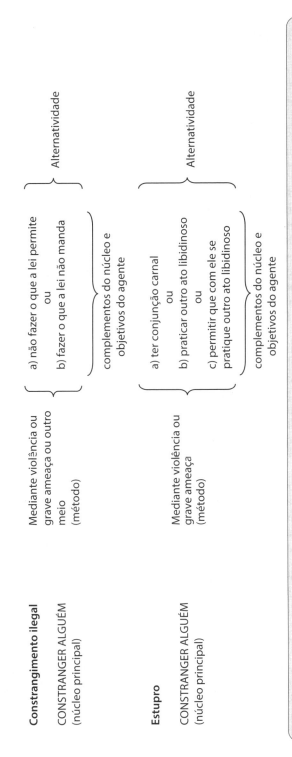

**Constrangimento ilegal**
CONSTRANGER ALGUÉM (núcleo principal)

Mediante violência ou grave ameaça ou outro meio (método)

a) não fazer o que a lei permite
ou
b) fazer o que a lei não manda
} Alternatividade

complementos do núcleo e objetivos do agente

**Estupro**
CONSTRANGER ALGUÉM (núcleo principal)

Mediante violência ou grave ameaça (método)

a) ter conjunção carnal
ou
b) praticar outro ato libidinoso
ou
c) permitir que com ele se pratique outro ato libidinoso
} Alternatividade

complementos do núcleo e objetivos do agente

**Notas:**
1) Há um *único* constrangimento ilegal quando o agente constrange a vítima, mediante violência, a não fazer algo permitido e a fazer algo não obrigatório.
2) Há um *único* estupro quando o agente constrange a vítima, mediante violência, a ter conjunção carnal e a praticar outro ato libidinoso.
3) Para argumentar, adotada a tese do tipo cumulativo, desprezando-se a alternatividade, se o agente constrange alguém, mediante violência, a praticar ato libidinoso (sexo oral) e a permitir que com ele se pratique outro ato libidinoso (sexo anal) seriam dois crimes em concurso material. Associando-se, no mesmo local, contra a mesma vítima, na mesma hora, uma conjunção carnal e um beijo lascivo, teríamos quatro crimes hediondos alcançando 24 anos de reclusão. Se o ousado agente desenvolvesse outros atos libidinosos, como p.ex., obrigar a vítima a masturbá-lo, seriam mais 6 anos, atingindo a pena de 30 anos de reclusão. Em suma, a prevalência da cumulatividade, nesse nível, sepultaria a tese do tipo alternativo e haveria o desrespeito aos princípios da legalidade e da proporcionalidade.

# Art. 214

Código Penal Comentado · **Nucci**

986

> **Art. 214.** (Revogado pela Lei 12.015/2009.)

### Violação sexual mediante fraude

> **Art. 215.** Ter[39-40] conjunção carnal[41-43] ou praticar outro ato libidinoso com alguém, mediante fraude[44] ou outro meio que impeça ou dificulte a livre manifestação de vontade da vítima:[45-49]
>
> Pena – reclusão, de 2 (dois) a 6 (seis) anos.
>
> **Parágrafo único.** Se o crime é cometido com o fim de obter vantagem econômica, aplica-se também multa.[50]

**39. Análise do núcleo do tipo:** *ter* é conseguir, alcançar ou obter, sendo o objeto a conjunção carnal ou outro ato libidinoso. O mecanismo para atingir o resultado pretendido é a fraude ou outro meio que impeça ou dificulte a livre manifestação de vontade da vítima. O tipo é misto alternativo, podendo o agente ter conjunção carnal e praticar ato libidinoso contra a mesma vítima, no mesmo local e hora, para se configurar crime único. Em análise anterior, parecia-nos um tipo penal desnecessário, em face do princípio da intervenção mínima. Entretanto, os casos se repetem e terminam por traumatizar as vítimas da violação sexual não consentida, porque obtida mediante fraude. O número de profissionais, particularmente médicos, que se valem de suas funções para agredir as pessoas sexualmente é elevado e não pode passar desapercebido no campo do direito penal. A execução do crime pode dar-se durante consultas e exames de rotina, o que constitui a fraude, levando a vítima a se confundir e, com isso, apresentar menor vigilância e condições de defesa. Na jurisprudência: STJ: "A prisão preventiva do paciente está fundamentada na necessidade de garantia da ordem pública, tendo em vista o *modus operandi* que extrapola os limites objetivos do tipo penal: o agravante é médico ginecologista/mastologista e nesse caso, é acusado de, em tese, praticar *abuso sexual mediante fraude, durante consulta médica*. O Tribunal de Justiça local consignou, ao decretar a prisão preventiva do agravante, que a necessidade da medida extrema se justificava pelo *grande número de vítimas relatando a prática de violência sexual, durante consultas médicas, em estabelecimentos hospitalares e clínicas públicas e privadas*, entre os anos de 2018 e 2020, tudo isso em três municípios distintos. Houve instauração, pela Polícia Civil, da 'Operação OBSIDERE' e existem 9 (nove) inquéritos em andamento, em duas comarcas distintas. O Tribunal de Justiça local ressaltou, ainda, a tentativa de intimidação das vítimas, uma vez que defesa do agravante ajuizou 5 (cinco) interpelações judiciais contra as ofendidas, a fim de que elas se justificassem sobre as declarações prestada à autoridade policial" (AgRg no HC 804.162-PA, 5.ª T., rel. Reynaldo Soares da Fonseca, 05.06.2023, v.u., grifamos); "2. A conduta se amolda ao tipo penal do art. 215 do Código Penal, uma vez que o recorrente 'valendo-se da profissão de dentista, bem como da óbvia ignorância da paciente quanto a determinados procedimentos, manteve-a em erro, fazendo com que tolerasse, por determinado período, práticas abusivas'. A Corte de origem destacou, ainda, que 'essas circunstâncias, aliadas às seguintes, consistentes em toques lascivos nas partes íntimas e frases pornográficas, quando já tolhida a resistência pela dor e pela necessidade de continuidade do tratamento emergencial já iniciado, tornam inquestionáveis a adequação típica do delito e o dolo do autor'. Assim, não há falar em desproporcionalidade na condenação do recorrente" (AgRg no AREsp 1.763.930-RJ, 6.ª T., rel. Antonio Saldanha Palheiro, 14.09.2022, v.u.). TJRS: "O Art. 215 do Código Penal pune a conduta do agente que mantém conjunção carnal ou pratica outro ato libidinoso com alguém, mediante fraude ou outro meio que impeça ou dificulte a livre manifestação de vontade da vítima. Caso que não vinga a pretensão de absolvição do réu por insuficiência de provas relativamente à materialidade e à autoria do segundo fato narrado na denúncia, tendo em vista a palavra da vítima, que revelou que apelante, na condição de médico, além de realizar o exame de toque retal, para o qual estava legitimado, também apalpou os seus seios e introduziu os dedos dele na sua vagina sem a sua permissão, violando a sua dignidade sexual" (Ap. 70080516735, 7.ª Câmara Criminal, rel. José Conrado Kurtz de Souza, 16.05.2019, v.u.). TJRJ: "A prova oral produzida pela acusação é harmônica e firme, no sentido de que o apelante, de forma livre e consciente, praticou atos libidinosos com a vítima, consistentes em acariciar seus seios e beijá-los, mediante fraude, na medida em que, na condição de pastor da igreja por ela frequentada, realizou os atos sob o pretexto de que estava orando para expurgar o mal de seu corpo. Logo, não há que se cogitar de absolvição. Além disso, ressalta-se que a fraude ocorreu com o engodo, a mentira, criando-se uma falsa ideia na vítima, uma ilusão de que os atos que estavam sendo praticados faziam parte de orações para expurgar o mal de seu corpo, inviabilizando o pleito de desclassificação da conduta para o crime previsto no artigo 215-A do CP" (Ap. 0017286-59.2019.8.19.0021, 4.ª C. Crim., rel. Antonio Eduardo Ferreira Duarte, 18.08.2020, v.u.).

**40. Sujeitos ativo e passivo:** o sujeito ativo pode ser qualquer pessoa, assim como o sujeito passivo. Embora seja delito comum, passível de cometimento por qualquer um, tem-se encontrado um número razoável de médicos atuando como sujeito ativo. Aliás, além de eles cometerem a violação mediante fraude, terminam incidindo na figura do art. 217-A (estupro de vulnerável).

**41. Conjunção carnal:** é a cópula vagínica, ou seja, a introdução do pênis na cavidade vaginal.

**42. Ato libidinoso:** é o ato capaz de gerar prazer sexual, satisfazendo a lascívia (ex.: coito anal, sexo oral, beijo lascivo).

**43. Elemento subjetivo do tipo:** é o dolo. Não existe a forma culposa. Há elemento subjetivo do tipo específico implícito, consistente em satisfazer a lascívia através da conjunção carnal ou do ato libidinoso.

**44. Fraude:** é a utilização de ardil, de cilada, ou de engano. Na jurisprudência: STJ: "2. A culpabilidade do réu foi considerada desfavorável porque ele, mediante fraude, manteve relação sexual com o adolescente ofendido, sob a alegação de que era 'possuidor de doença e que precisava de sêmen humano', havendo registros, ainda, de que, para elevar o nível de credibilidade, o agravante se utiliza de falso laudo médico. 3. Não foi a análise da fraude em si que justificou a valoração negativa da referida vetorial, mas sim o nível de repugnância dos atos praticados para consumar o embuste que determinou a manifestação da vontade da vítima. Não há falar-se em *bis in idem*, pois 'a infração da norma penal incriminadora não se confunde com o *modus operandi* sofisticado que o agente se utilizou para ofender o preceito legal e que serviu de base para a valoração negativa da circunstância judicial da culpabilidade' (AgRg no AREsp 1.302.966/SC, rel. Min. Ribeiro Dantas, 5.ª T., j. 20.09.2018, *DJe* 26.09.2018)" (AgRg no AREsp 1.632.307-PA, 5.ª T., rel. Jorge Mussi, 02.06.2020, v.u.).

**45. Meio que impeça ou dificulte a livre manifestação:** pode tratar-se de qualquer mecanismo disposto a conturbar o tirocínio da vítima. Naturalmente, não se refere o tipo penal a qualquer forma de violência ou grave ameaça. Liga-se o mencionado meio a artifícios semelhantes à fraude. Por isso, exemplificando, a vítima relativamente alcoolizada pode aquiescer à relação sexual sem estar na plenitude do seu raciocínio.

**46. Confusão com o art. 217-A e cautela na aplicação do art. 215:** é preciso precaução para não misturar os elementos do tipo previstos no art. 217-A com os elementos do art. 215. Afinal, no cenário do estupro de vulnerável, há referência a quem, por enfermidade ou deficiência

# Art. 215-A

Código Penal Comentado · **Nucci**

mental, não tiver o necessário discernimento para o ato, bem como aquele que, por qualquer outra causa, não possa oferecer resistência. São similares os elementos dos dois tipos penais, mas é preciso vislumbrar as diferenças existentes: a) no contexto do art. 217-A, em qualquer das duas hipóteses, busca-se uma *ausência* de discernimento para a prática do ato ou uma *completa* falta de resistência; b) no art. 215, está-se diante de aspectos *relativos* da livre manifestação, ou seja, a vítima, mesmo enferma ou deficiente, tem condições mínimas para perceber o que se passa e manifestar a sua vontade. Diga-se o mesmo acerca da resistência; quando esta for relativa, insere-se a conduta no art. 215, mas quando for absoluta, utiliza-se o art. 217-A. Ainda assim, torna-se necessário agir com cuidado, pois há várias pessoas que têm relação sexual em estado de embriaguez, não se podendo dizer, automaticamente, ter havido um crime (art. 215 ou art. 217-A). É fundamental verificar os fatos antecedentes a tal relação, bem como o que houve depois. Em outros termos, tratando-se de pessoas que se conhecem, já mantiveram relações noutra data, bem como continuam a se comunicar normalmente após o ato sexual, não há que se falar na figura do art. 215. Reserva-se este tipo penal para o caso de pessoas estranhas, como regra, em que uma, sóbria, leva outra, embriagada, para a cama, mantendo qualquer ato libidinoso do qual a pessoa ofendida não tinha plena capacidade de entender.

**47. Objetos material e jurídico:** o objeto material é a pessoa que sofre a violação. O jurídico é a liberdade sexual.

**48. Classificação:** trata-se de crime comum (aquele que não demanda sujeito ativo qualificado ou especial); material (delito que exige resultado naturalístico, consistente na conjunção carnal ou na prática de ato libidinoso); de forma livre (pode ser cometido por qualquer meio eleito pelo agente); comissivo ("ter" implica ação); instantâneo (cujo resultado se dá de maneira instantânea, não se prolongando no tempo); de dano (consuma-se apenas com efetiva lesão a um bem jurídico tutelado); unissubjetivo (que pode ser praticado por um só agente); plurissubsistente (como regra, vários atos integram a conduta); admite tentativa.

**49. Relação mantida com menor de 14 anos:** configura estupro de vulnerável (art. 217-A), mesmo que seja com fraude ou outro mecanismo similar.

**50. Aplicação da multa:** havendo, por parte do agente, a finalidade de obtenção de vantagem econômica, deve o magistrado aplicar também a pena de multa. Entretanto, parece-nos muito rara uma hipótese em que o autor tenha finalidade de lucro no cenário da violação sexual mediante fraude. Pode-se, eventualmente, imaginar a mulher que deseje engravidar de um milionário, motivo pelo qual, embriagando-o, não completamente, termina por manter a relação sexual, sem preservativo, buscando, sem dúvida, vantagem econômica, ainda que por meio da criança (pensão alimentícia ou herança).

### Importunação sexual

> **Art. 215-A.** Praticar[50-A-50-C] contra alguém e sem a sua anuência[50-D] ato libidinoso com o objetivo de satisfazer a própria lascívia ou a de terceiro:[50-E-50-F]
>
> Pena – reclusão, de 1 (um) a 5 (cinco) anos, se o ato não constitui crime mais grave.[50-G-50-H]

**50-A. Análise do núcleo do tipo:** *praticar* é a conduta principal, significando realizar, executar algo ou exercitar, em suas formas básicas. A realização refere-se a um *ato libidinoso* (ato voluptuoso, lascivo, apto à satisfação do prazer sexual). Para deixar clara a existência de

# Art. 215-A

Título VI – Dos crimes contra a dignidade sexual

uma vítima direta – e não algo voltado à coletividade (como é o caso da prática de ato obsceno – art. 233, CP) –, inseriu-se a expressão *contra alguém* (contra qualquer pessoa humana, sem distinção de gênero). Em suma, o tipo representa a execução de ato lascivo contra a vítima. Mesmo sendo desnecessário, ingressou-se com elementos pertinentes à ilicitude, moldando a expressão *sem a sua anuência* (sem autorização, sem consentimento válido da parte ofendida). E, finalizando, o tipo penal indica a finalidade específica do ato libidinoso, que é praticamente óbvia: satisfação da própria lascívia (prazer sexual) ou de terceiro. Apesar de não apresentar a mais adequada redação e taxatividade na descrição da conduta, o tipo penal permite a compreensão da conduta a ser punida: qualquer um que realize ato libidinoso em relação a outra pessoa (com ou sem contato físico, mas visível e identificável), satisfazendo seu prazer sexual, sem que haja concordância válida das partes envolvidas (supondo-se a anuência de adultos). Em cenário sexual, pessoas acima de 14 anos podem dar consentimento válido para o contato sexual. Por outro lado, *sem o consentimento*, inúmeras condutas podem ser inseridas no contexto do novo crime: masturbar-se na frente de alguém de maneira persecutória; ejacular em alguém ou próximo à pessoa, de modo que esta se constranja; exibir o pênis a alguém de maneira persecutória; tirar a roupa diante de alguém, igualmente, de maneira persecutória, entre outros atos envolvendo libidinagem, *desde que se comprove a finalidade específica de satisfação da lascívia*, ao mesmo tempo em que constranja a liberdade sexual da vítima. Afinal, quem faz xixi na rua pode até exibir o pênis, mas a sua finalidade não tem nenhum liame com prazer sexual. Diga-se o mesmo do ato de tirar a roupa: pode ter conotação artística, naturista, necessária para algo, mas sempre *desprovida* de libidinagem. Quanto ao menor de 14 anos, considerando-se inexistir consentimento válido para qualquer ato libidinoso, deve-se analisar o caso concreto, ou seja, conforme a espécie de ato praticado pode configurar estupro de vulnerável ou a importunação sexual. Por isso, não concordamos com a maneira absoluta de considerar toda bolinação libidinosa a menor de 14, automaticamente, um estupro de vulnerável. Faz-se justiça, encaixando neste tipo penal do art. 215-A, casos leves de libidinagem com relação aos menores de 14 anos. Ver, ainda, a nota 50-H *infra*. Na jurisprudência: STJ: "Presente o dolo específico de satisfazer à lascívia, própria ou de terceiro, a prática de ato libidinoso com menor de 14 anos configura o crime de estupro de vulnerável (art. 217-A do CP), independentemente da ligeireza ou da superficialidade da conduta, não sendo possível a desclassificação para o delito de importunação sexual (art. 215-A do CP)" (REsp 1.954.997/ SC, rel. Ribeiro Dantas, 3.ª Seção, 08.06.2022, *DJe* de 01.07.2022.).

**50-B. Sujeitos ativo e passivo:** o sujeito ativo é o autor do ato libidinoso, logo, qualquer pessoa. O sujeito passivo é o alvo do ato libidinoso, podendo ser qualquer pessoa.

**50-C. Elemento subjetivo do tipo:** é o dolo. Existe o elemento subjetivo específico, consistente em *satisfazer a própria lascívia ou a de terceiro*. Não há a forma culposa.

**50-D. Elemento normativo referente à ilicitude:** tratando-se de adultos, atos libidinosos *consentidos* podem ser licitamente realizados. Preferiu o legislador antecipar para o tipo penal elemento relativo à ilicitude, fixado na concordância da pessoa em relação à qual o ato libidinoso é praticado. Assim sendo, inexistindo anuência, permite-se dizer que o referido ato foi *contra* a pessoa, constituindo o crime previsto neste artigo. No entanto, havendo anuência, vislumbra-se a prática da libidinagem *com* outra pessoa, sem configurar qualquer delito. Trata--se, segundo a redação deste tipo penal, conduta atípica.

# Art. 216

**50-E. Objetos material e jurídico:** o objeto material é a pessoa contra a qual o ato libidinoso é dirigido. O objeto jurídico é a dignidade sexual no cenário da liberdade sexual.

**50-F. Classificação:** trata-se de crime comum (pode ser cometido por qualquer pessoa); material (delito que exige um resultado naturalístico, consistente na efetiva prática do ato libidinoso, visível e certo para a vítima, acarretando-se lesão à sua liberdade sexual); de forma livre (a libidinagem podem ser realizadas de qualquer maneira); comissivo (trata-se de crime de ação, conforme evidencia o verbo nuclear do tipo); instantâneo (o resultado se dá de modo determinado na linha do tempo); de dano (consuma-se com a lesão à liberdade sexual de alguém); unissubjetivo (pode ser cometido por uma só pessoa); plurissubsistente (a regra é que a prática libidinosa envolva vários atos); admite tentativa.

**50-G. Benefícios penais e crime subsidiário:** a pena mínima (1 ano) permite a suspensão condicional do processo. Além disso, havendo condenação até 4 anos, pode-se substituir a pena privativa de liberdade por restritivas de direito, já que não há violência ou grave ameaça. Eventualmente, também, pode caber *sursis*, para condenações até 2 anos. E, para condenações até 4 anos, o regime possível é o aberto. Trata-se, no entanto, de crime explicitamente subsidiário. Ele cede lugar a delito mais grave, como, por exemplo, o estupro.

**50-H. Confronto com o art. 217-A:** os tribunais superiores têm indicado a inaplicabilidade do art. 215-A quando o contato sexual, de qualquer espécie, for praticado com menor de 14 anos, apontando a tipificação do estupro de vulnerável. Entretanto, há situações de mínimo contato íntimo com o menor de 14 anos, de modo a tornar excessiva a pena mínima de 8 anos de reclusão, sendo mais apropriada uma punição menor, como a prevista no art. 215-A. É preciso ponderar, nesse cenário, o princípio constitucional da proporcionalidade. Existem condutas muito superficiais, incapazes de gerar qualquer trauma ou consequência na formação da personalidade da pessoa menor de 14 anos, de modo que a aplicação de uma sanção mínima de oito anos de reclusão, tal como prevista no art. 217-A, atenta não somente contra a proporcionalidade, mas atinge diretamente a dignidade humana. Inexiste razão para uma punição nesse patamar, quando a vítima nem mesmo percebe o que ocorreu consigo. Parece-nos fundamental não fechar completamente a porta para a possibilidade de um caso diferenciado (*distinguishing*) nesse campo. Na jurisprudência: TJSP: "Importunação sexual. Recurso ministerial. Pleito de condenação do réu pelo crime do artigo 217-A, c.c. artigo 14, inciso II, ambos do Código Penal, nos termos da denúncia. Impossibilidade. Conduta que melhor se amolda ao tipo penal previsto pelo artigo 215-A do Código Penal. Acusado que tentou beijar a vítima, a qual se desvencilhou antes que o acusado lograsse manter qualquer contato. Desclassificação bem operada. Considerando a grande variação entre as penas cominadas aos crimes de importunação sexual e de estupro de vulnerável, atos libidinosos menos invasivos, ainda que praticados contra menores de 14 anos, enquadram-se no tipo previsto no artigo 215-A do Código Penal, por razões de proporcionalidade. Pena e regime bem fixados, assim como a substituição da pena privativa de liberdade por duas restritivas de direitos. Condenação mantida, nos termos da sentença recorrida. Negado provimento aos recursos" (Apelação 1500523-97.2021.8.26.0681, 16ª. C., rel. Leme Garcia, 07.6.2024, v.u.).

### Atentado ao pudor mediante fraude

**Art. 216.** (Revogado pela Lei 12.015/2009.)

## Assédio sexual

> **Art. 216-A.** Constranger[51-54] alguém com o intuito de obter vantagem[55] ou favorecimento sexual, prevalecendo-se[56-57] o agente da sua condição de superior hierárquico[58] ou ascendência[59] inerentes ao exercício do emprego, cargo ou função.[60-66]
>
> Pena – detenção, de 1 (um) a 2 (dois) anos.[67-68]
>
> **Parágrafo único.** (Vetado.)[69]
>
> § 2.º A pena é aumentada em até um terço se a vítima é menor de 18 (dezoito) anos.[70-71]

**51. Análise do núcleo do tipo:** *constranger* tem significados variados – tolher a liberdade, impedir os movimentos, cercear, forçar, vexar, oprimir –, embora prevaleça, quando integra tipos penais incriminadores, o sentido de forçar alguém a fazer alguma coisa. No caso presente, no entanto, a construção do tipo penal não foi benfeita. Nota-se que o verbo *constranger* exige um complemento. Constrange-se alguém *a alguma coisa* (ver, nesse sentido, a nota 6, referente ao elemento subjetivo do art. 146). Assim, no caso do constrangimento ilegal (art. 146, CP), força-se alguém a não fazer o que a lei permite ou a fazer o que ela não manda. No contexto do crime sexual previsto no art. 213 do Código Penal, obriga-se pessoa a manter conjunção carnal ou outro ato libidinoso (estupro). Logo, há sentido na construção do tipo penal, a ponto de se poder sustentar ser o delito de estupro complexo em sentido amplo, isto é, aquele que se forma através da junção de um tipo incriminador com outra conduta qualquer. O estupro, por exemplo, é a união do constrangimento ilegal associado à conjunção carnal ou outro ato libidinoso. Por isso, trata-se de um constrangimento ilegal específico, voltando-se à ofensa à liberdade sexual. O tipo penal do art. 216-A, no entanto, menciona, apenas, o verbo *constranger*, sem qualquer complementação, dando a entender que está incompleto. Afinal, a previsão "com o intuito de obter vantagem ou favorecimento sexual" é somente elemento subjetivo específico, dizendo respeito à vontade, sem qualquer ligação com a conduta retratada pelo constrangimento. Queremos crer que a única maneira viável de se compatibilizar essa redação defeituosa com o intuito legislativo, ao criar a figura criminosa do assédio sexual, é interpretar que se trata de uma forma de abordagem insistente e desagradável, que coloque a vítima em estado de perturbação e incômodo sequencial. Assim, deve-se entender que a intenção do autor do assédio é forçar a vítima a fazer algo que a lei não manda ou a não fazer o que ela permite, desde que ligado a vantagens e favores sexuais. Quer o agente obter, em última análise, satisfação da sua libido – por isso o favorecimento é sexual – de qualquer forma. A concessão de vantagem sexual não é, por si, ilegal, mas, ao contrário, trata-se de fruto da liberdade de qualquer pessoa. Por isso, somente quando o superior força o subordinado a lhe prestar tais favores, sem a sua concordância livre e espontânea, termina *constrangendo* a vítima a fazer o que a lei não manda. Em síntese: qualquer conduta opressora, tendo por fim obrigar a parte subalterna, na relação laboratória, à prestação de qualquer favor sexual, configura o assédio sexual. Buscando explicar o tipo, Aluízio Bezerra Filho menciona que "a primeira fase da execução, o seu começo, pois está dentro do próprio tipo, é a proposição indecente, na forma de ameaça ou chantagem, pois traz consigo alguma retaliação se a pessoa negar-se a prestá-la. A integração do delito consubstancia-se com a efetiva realização dos fatos projetados de forma positiva ou negativa, afetando diretamente o bem jurídico tutelado, a liberdade sexual, a dignidade e a não-discriminação laboral" (*Crimes sexuais*, p. 71). Aliás, melhor teria sido descrever o crime em comento com os significados verdadeiramente pertinentes

# Art. 216-A

Código Penal Comentado · **Nucci**

ao contexto para o qual o delito foi idealizado. *Assediar* significa "perseguir com propostas; sugerir com insistência; ser importuno ao tentar obter algo; molestar" (*Dicionário Houaiss da língua portuguesa*, Instituto Antônio Houaiss, Rio de Janeiro, Objetiva, p. 319). E, na mesma obra, cuida-se do *assédio sexual*, nos seguintes termos: "Insistência importuna de alguém em posição privilegiada, que usa dessa vantagem para obter favores sexuais de um subalterno" (*Dicionário Houaiss da língua portuguesa*, Instituto Antônio Houaiss, Rio de Janeiro, Objetiva, p. 319). Ora, o que se pretendeu atingir foi o superior, na relação empregatícia, que persegue os funcionários, insistentemente, com propostas sexuais, importunando-os. Atinge-lhes a liberdade sexual; em última análise, a dignidade sexual. Essa deveria, pois, ter sido a descrição feita no tipo penal incriminador e jamais a utilização inoportuna do verbo *constranger*, que é algo mais sério e vinculado a um objeto certo, o que não figurou no art. 216-A. Finalmente, acrescente-se que o verbo central deve ser conjugado com a figura secundária *prevalecer-se* – levar vantagem, tirar proveito. O constrangimento associa-se à condição de tirar vantagem de alguém, em razão da condição de superior hierárquico ou ascendência no exercício de cargo, função ou emprego. Em igual ótica, define Laerte I. Marzagão Jr.: "No Direito pátrio, a figura do assédio sexual restringe-se ao constrangimento criminoso, manifestado única e tão somente em um contexto laboral, por parte do chefe, patrão ou superior hierárquico contra o empregado ou subordinado, com o objetivo de se auferir vantagem de natureza sexual" (*Assédio sexual e seu tratamento no direito penal*, p. 66). Na jurisprudência: TJRJ: "Por sua vez, o crime de assédio sexual, tipificado no art. 216-A, do Código Penal, pressupõe a existência de um vínculo laboral entre o agente e a vítima, em que o agente usa a hierarquia ou ascendência de seu cargo, emprego ou função com a finalidade de obter vantagem sexual. Entre os meses de janeiro de 2017 e janeiro de 2018, o Apelante prevalecendo-se da condição de patrão das vítimas (T. e K.), que trabalhavam como vendedoras em sua loja, contra elas proferiu ofensas às suas dignidades utilizando elemento pejorativo referente à sua raça e as constrangeu para obter vantagem ou favorecimento sexual, prevalecendo-se de sua condição de superior hierárquico. (...) As vítimas também disseram em Juízo que por diversas vezes o Apelante praticou assédio sexual contra elas, se referindo aos seus 'seios durinhos e grandes' e dizia que elas poderiam 'arrumar um dinheiro com eles'. Além disso, ele fazia menção ao seu órgão sexual e às suas posições sexuais preferidas" (Ap. 0242497-13.2018.8.19.0001, 4.ª C. Crim., rel. Márcia Perrini Bodart, 16.03.2021, v.u.).

**52. Análise da figura penal:** quando o crime de assédio sexual foi introduzido na legislação penal brasileira, em 2001, não havia um movimento popular a apoiá-lo, como se fosse uma infração penal indispensável à nossa sociedade. Por isso, na ótica da intervenção mínima, valendo-se da ideia de um direito penal de *ultima ratio*, consideramos um excesso. Foi um *crime importado* de outros países. Ademais, a pressa em editá-lo fez com que o tipo penal fosse mal redigido (vide nota anterior). Muitas questões de assédio, seja sexual, seja moral, poderiam ser resolvidas fora do contexto penal, nas esferas civil e trabalhista. Porém, há de se constatar a evolução dos costumes e dos hábitos da sociedade brasileira, nos últimos tempos, demandando-se maior ética no trato dos contatos íntimos entre as pessoas, em particular, quando houvesse investida de caráter sexual, envolvendo relação de poder entre agressor e vítima. Tornou-se o assédio sexual, então, um delito que ganhou importância conforme os anos se passaram; assim sendo, parece-nos relevante a revisão do tipo penal para aperfeiçoá--lo. Uma das modificações poderia evitar o emprego de interpretação extensiva ou teleológica (conferir a nota 63, *infra*) para incluir o professor ou o sacerdote como sujeito ativo, de maneira expressa, no art. 216-A.

**53. Sujeitos ativo e passivo:** o sujeito ativo somente pode ser pessoa que seja superior ou tenha ascendência, em relação laborativa, sobre o sujeito passivo. Este, por sua vez, só pode ser o subordinado ou empregado de menor escalão. Por se tratar de delito sexual, é importante mencionar que a figura típica não faz qualquer distinção relativamente ao sexo dos sujeitos envolvidos, podendo ser sujeito ativo tanto o homem, quanto a mulher, valendo o mesmo para o sujeito passivo. Pouco interessa, ainda, se o interesse é heterossexual ou homossexual. Pessoas de vida libertina (como prostitutas) podem ser sujeitos passivos do crime, embora seja ainda mais difícil comprovar a existência da infração penal.

**54. Elemento subjetivo do tipo:** é o dolo. Exige-se elemento subjetivo específico, consistente no "intuito de obter vantagem ou favorecimento sexual". Não há a forma culposa.

**55. Vantagem ou favorecimento:** *vantagem* quer dizer ganho ou proveito; *favorecimento* significa benefício ou agrado. Na essência, são termos correlatos e teria sido suficiente utilizar apenas um deles na construção do tipo penal, pois, na prática, é impossível diferenciá-los com segurança.

**56. Seriedade da ameaça:** embora não se exija, no tipo penal, que exista uma ameaça grave, é preciso considerar que a obtenção de favor sexual do subordinado não deve prescindir de uma ameaça desse tipo, capaz de comprometer a tranquilidade da vítima, podendo ser de qualquer espécie – desemprego ou preterição na promoção, por exemplo. A fragilidade da ameaça, porque inconsistente o gesto do autor ou por conta do tom de gracejo do superior, não é capaz de configurar o delito. Do contrário, qualquer tipo de abordagem estaria vetado, coibindo-se a prática milenar de flerte entre as pessoas, motivada por desejos sexuais. Não é, naturalmente, esse o objetivo da norma penal criada. Por outro lado, havendo a utilização da prática de mal injusto e grave, que configuraria o delito do art. 147 (ameaça), está este absorvido pelo assédio sexual, pois a ameaça, seja de mal injusto ou justo, faz parte do tipo penal. O crime-meio pode ser a ameaça (art. 147) para atingir o crime-fim (art. 216-A).

**57. Injustiça da ameaça:** não é exigida. Para a caracterização do delito, basta que o agente, prevalecendo-se de seu poder de mando, constranja a vítima, através de gestos ameaçadores, com finalidade de obter favor sexual. Se o fizer, invocando ameaça justa – ex.: preterir o empregado na próxima promoção, o que iria mesmo ocorrer, porque outro funcionário, mais bem preparado, está à sua frente –, o crime está identicamente concretizado. O cerne é infundir temor ao empregado, pouco interessando se há justiça ou injustiça na ameaça velada, transmitida pelo superior para conseguir favorecimento sexual.

**58. Superior hierárquico:** trata-se de expressão utilizada para designar o funcionário possuidor de maior autoridade na estrutura administrativa pública, civil ou militar, que possui poder de mando sobre outros. Não se admite, nesse contexto, a relação de subordinação existente na esfera civil. Aliás, tal interpretação está em consonância com o entendimento dominante a respeito da obediência hierárquica – excludente de culpabilidade – somente utilizável na esfera do direito público (ver nota 102 ao art. 22). Não se configura o crime de assédio sexual caso os funcionários possuam o mesmo nível, tampouco quando o de menor poder de mando assedia o chefe ou superior.

**59. Ascendência:** significa superioridade ou preponderância. No caso presente, refere-se ao maior poder de mando, que possui um indivíduo, na relação de emprego, com relação a outro. Liga-se ao setor privado, podendo tratar-se tanto do dono da empresa, quanto do gerente ou outro chefe, também empregado. Não há qualquer possibilidade de haver assédio sexual quando envolver empregados de igual escalão, tampouco quando o de menor autoridade assediar o de maior poder de mando.

# Art. 216-A

Código Penal Comentado · **Nucci**

**60. Exercício de emprego, cargo ou função:** *emprego* é a relação trabalhista estabelecida entre aquele que emprega, pagando remuneração pelo serviço prestado, e o empregado, aquele que presta serviços de natureza não eventual, mediante salário e sob ordem do primeiro. Refere-se, neste caso, às relações empregatícias na esfera civil. *Cargo*, para os fins deste artigo, é o público, que significa o posto criado por lei na estrutura hierárquica da administração Pública, com denominação e padrão de vencimentos próprios (Maria Sylvia Zanella Di Pietro, *Direito administrativo*, p. 420). *Função*, para os fins deste crime, é a pública, significando o conjunto de atribuições inerentes ao serviço público, não correspondentes a um cargo ou emprego (Maria Sylvia Zanella Di Pietro, *Direito administrativo*, p. 421). O crime de assédio sexual somente se aperfeiçoa se o sujeito ativo constranger a vítima, sua subordinada, por conta de relação de emprego ou estrutura hierárquica da administração, *valendo-se* do cargo, função ou emprego. Caso o assédio se realize, por exemplo, num local de lazer, como um clube, desvinculado da relação patrão-empregado (ou superior-subordinado), o tipo penal do art. 216-A não se concretiza.

**61. Objetos material e jurídico:** o objeto material do crime é a pessoa que sofre o constrangimento. O objeto jurídico é a liberdade sexual.

**62. Classificação:** trata-se de crime próprio (aquele que só pode ser cometido por sujeito qualificado, no caso é o superior hierárquico ou chefe da vítima); formal (crime que não exige, para sua consumação, resultado naturalístico, consistente em obter o agente o favor sexual almejado). Caso consiga o benefício sexual, o delito atinge o exaurimento; de forma livre (aquele que pode ser cometido de qualquer forma eleita pelo agente); comissivo (o verbo *constranger* implica ação); instantâneo (cuja consumação não se prolonga no tempo, dando-se em momento determinado); unissubjetivo (aquele que pode ser cometido por um único sujeito); unissubsistente (praticado num único ato) ou plurissubsistente (delito cuja ação é composta por vários atos, permitindo-se o seu fracionamento), conforme o caso concreto; admite tentativa na forma plurissubsistente, embora seja de difícil configuração.

**63. Relação entre docente e aluno:** não configura o delito, em nosso entendimento. O tipo penal foi bem claro ao estabelecer que o constrangimento necessita envolver superioridade hierárquica (esfera pública) ou ascendência (esfera privada) *inerentes* ao exercício de emprego, cargo ou função. Ora, o aluno não exerce emprego, cargo ou função na escola que frequenta, de modo que na relação entre professor e aluno, embora possa ser considerada de ascendência do primeiro no tocante ao segundo, não se trata de vínculo de trabalho. Deveria constar expressamente da lei para ser considerado o professor como sujeito ativo deste delito. Porém, promovendo interpretação extensiva – que, entretanto, na ementa foi denominada *interpretação teleológica* – a 6.ª Turma do STJ teve a oportunidade de considerar o professor como sujeito ativo do crime de assédio sexual, nos seguintes termos: "3. Insere-se no tipo penal de assédio sexual a conduta de professor que, em ambiente de sala de aula, aproxima-se de aluna e, com intuito de obter vantagem ou favorecimento sexual, toca partes de seu corpo (barriga e seios), por ser propósito do legislador penal punir aquele que se prevalece de sua autoridade moral e intelectual – dado que o docente naturalmente suscita reverência e vulnerabilidade e, não raro, alcança autoridade paternal – para auferir a vantagem de natureza sexual, pois o vínculo de confiança e admiração criado entre aluno e mestre implica inegável superioridade, capaz de alterar o ânimo da pessoa constrangida. 4. É patente a aludida 'ascendência', em virtude da 'função' desempenhada pelo recorrente – também elemento normativo do tipo –, devido à atribuição que tem o professor de interferir diretamente na avaliação e no desempenho acadêmico do discente, contexto que lhe gera, inclusive, o receio da reprovação. Logo, a 'ascendência' constante do tipo penal objeto deste recurso não deve se limitar à ideia de relação empregatícia entre as partes. Interpretação teleológica que se dá ao texto legal" (RE 1.759.135-SP, 6.ª T., rel. Rogerio Schietti Cruz, 13.08.2019, m.v.). No mesmo prisma, já decidiu a 5.ª Turma: AgRg no REsp 1832392/SP, rel. Reynaldo Soares da Fonseca, 5.ª T., 07.11.2019, *DJe* 22.11.2019). Em nosso entendimento, qualquer espécie de interpretação é possível de ser utilizada em direito penal, desde que seja indispensável para dar coerência à norma penal incriminadora. No entanto, deve-se evitar qualquer forma de interpretação, cujo objetivo seja ampliar o alcance do tipo penal, caso não seja indispensável para promover uma aplicação lógica ao preceito punitivo. Assim sendo, parece-nos que considerar a relação professor-aluno como de 'ascendência em razão de função', levando em conta *apenas o lado do professor*, que exerce um emprego na verdade (o termo *função* deve ser reservado para o setor público, relativo ao servidor que não possui cargo), sugere uma ampliação excessiva e desnecessária para conferir lógica ao tipo penal. Mas não se pode deixar de louvar a preocupação com a justa aplicação do tipo penal, visto ser possível, sem dúvida, que um professor possa exercer autoridade sobre algum(a) aluno(a), pretendendo obter qualquer favor sexual. O ideal, segundo nos parece, é a alteração do tipo penal para deixar essa situação bem clara.

**64. Relação entre ministro religioso e fiel:** não se configura o crime de assédio sexual, pelas mesmas razões já expostas na nota anterior. O padre, por exemplo, não tem relação laborativa, caracterizadora de poder de mando, estando fora da figura típica. Não deveria estar alheio a este delito, pois há possibilidade fática de existir assédio sexual nesse contexto, ainda que motivada a subserviência pela fé, visto existir o liame de ascendência de um (sacerdote) sobre outro (fiel). Entretanto, pelo respeito fiel ao princípio da legalidade, deve haver alteração legislativa para incluí-lo.

**65. Relação entre patrão e empregada doméstica:** pode configurar o crime, pois existe a relação de emprego e há ascendência de um (patrão) sobre a outra (doméstica).

**66. Paixão do agente pela vítima:** não serve para excluir o delito. O art. 28, I, do Código Penal é claro ao dispor que a emoção e a paixão não afastam a responsabilidade penal. Assim, ainda que o autor do delito esteja, realmente, apaixonado pela vítima, exigindo dela favores sexuais, valendo-se da condição de superior na relação empregatícia, o crime está configurado. Entretanto, pode a paixão justificar uma perseguição mais contundente do superior à vítima, sem que isso configure assédio sexual, desde que a intenção do agente fique nitidamente demonstrada, ou seja, não se trata de atingir um mero favorecimento sexual, mas uma relação estável e duradoura. Faltaria, nessa hipótese, o elemento subjetivo específico, que é a obtenção de *vantagem* ou *favor* sexual — algo incompatível com a busca de um relacionamento sólido. O que é inadmissível, no entanto, é valer-se da condição de superior para exigir um contato sexual, a fim de garantir uma proximidade maior com a parte ofendida, mesmo que seja para posterior comprometimento sério. Em outras palavras, se o superior ficar atrás de uma funcionária, por exemplo, propondo-lhe namoro ou casamento, mas sem ameaçá-la, não há assédio. Se propuser, em nome do sentimento, contato sexual, sem qualquer ameaça, também não há crime. Entretanto, se, em nome da paixão, constranger a vítima a conceder-lhe favores sexuais, certo de que, dessa forma, conseguirá conquistá-la, termina incidindo na figura do assédio sexual. Confira-se a posição de Aluízio Bezerra Filho: "a paquera, a cantada ou até mesmo a busca por um relacionamento amoroso ou sexual não configura a conduta típica de assédio sexual no ambiente de trabalho. (...) O galanteio ou o elogio, proporcionadores de elevação da autoestima das pessoas, massageando seus egos e contribuindo para o bem-estar, não caracterizam assédio sexual, porquanto não envolvem o uso funcional como instrumento de sua finalidade" (*Crimes sexuais*, p. 77).

# Art. 216-A

Código Penal Comentado · **Nucci**

**67. Causas de aumento da pena:** aplicam-se a este delito as causas de aumento da pena (um quarto até metade), previstas no art. 226 do Código Penal, com alguns reparos. Se o crime for cometido por duas ou mais pessoas (inciso I), não há problema algum. Entretanto, se for ascendente, pai adotivo, padrasto, irmão, tutor ou curador, torna-se preciso que seja, também, empregador ou superior hierárquico do filho, enteado, irmão, tutelado ou curatelado. Não é possível aplicar a causa de aumento referente a preceptor, pois se refere ao professor, não abrangido pelo crime de assédio sexual. Quanto a ser empregador, também não se aplica a causa de aumento, pois já faz parte do tipo penal do art. 216-A, não se prestando ao *bis in idem*. Pode não ser aplicável, ainda, a circunstância de ter, por qualquer outro título, autoridade sobre a vítima, desde que essa autoridade seja proveniente da relação de superioridade ou ascendência da relação laboral, pois característica do tipo básico.

**68. Ação penal:** é pública, a partir da edição da Lei 13.718/2018.

**69. Parágrafo único vetado:** dizia o dispositivo que "incorre na mesma pena quem cometer o crime: I – prevalecendo-se de relações domésticas, de coabitação ou de hospitalidade; II – com abuso ou violação de dever inerente a ofício ou ministério". A razão do veto, embora incompreensível, foi a seguinte: "No tocante ao parágrafo único projetado para o art. 216-A, cumpre observar que a norma que dele consta, ao sancionar com a mesma pena do *caput* o crime de assédio sexual cometido nas situações que descreve, implica inegável quebra do sistema punitivo adotado pelo Código Penal, e indevido benefício que se institui em favor do agente ativo daquele delito. É que o art. 226 do Código Penal institui, de forma expressa, causas especiais de aumento de pena, aplicáveis genericamente a todos os crimes contra a dignidade sexual, dentre as quais constam as situações descritas nos incisos do parágrafo único projetado para o art. 216-A. Assim, no caso de o parágrafo único projetado vir a integrar o ordenamento jurídico, o assédio sexual praticado nas situações nele previstas não poderia receber o aumento de pena do art. 226, hipótese que evidentemente contraria o interesse público, em face da maior gravidade daquele delito, quando praticado por agente que se prevalece de relações domésticas, de coabitação ou de hospitalidade". O veto é injustificado, pois o art. 226 menciona hipóteses perfeitamente compatíveis com as relações domésticas, de coabitação ou de hospitalidade. Trata do aumento de pena para quem agir em concurso de duas ou mais pessoas ou quando o agente for ascendente, pai adotivo, padrasto, irmão, tutor ou curador, preceptor ou empregador da vítima ou por qualquer outro título tenha autoridade sobre ela, bem como se for casado. Ora, o assédio sexual, tal como previsto no *caput*, ocorre nas relações empregatícias, não se referindo a relações domésticas, nem de coabitação e muito menos de hospitalidade. Tampouco o art. 226 se refere a elas. Logo, ainda que o art. 216-A tivesse o parágrafo único, seria possível aplicar, quando compatível, o art. 226. Talvez tivesse o Poder Executivo fixado as vistas apenas no tocante à relação entre pai e filho que, ao mesmo tempo em que pode ser de coabitação ou doméstica, também está prevista como causa de aumento no art. 226. Do modo como ficou, no entanto, se o pai assediar sexualmente a filha, por exemplo, não será punido, salvo se constituir outro crime sexual qualquer.

**70. Causa de aumento de pena:** volta-se à figura do adolescente, vítima de assédio sexual no seu ambiente de trabalho. Conforme previsão constitucional, aptos a exercer atividade laborativa regularmente estão os menores com 16 e 17 anos (art. 7.º, XXXIII, CF). Abrange, ainda, o aprendiz, com 14 e 15 anos. No mais, se houver assédio em relação a menor de 14 anos, ainda que este esteja trabalhando irregularmente, configura-se estupro de vulnerável (ou tentativa), dependendo do caso concreto.

**71. Aumento de até um terço:** prevê-se o aumento de *até um terço*, o que constitui nítida inovação no cenário da aplicação da pena. Entretanto, segundo nos parece, uma novidade infeliz. A fixação dos valores mínimo e máximo para as causas de aumento cabe ao legislador. Do contrário, o magistrado pode estabelecer o aumento de um dia (não deixa de ser quantidade que não ultrapassa um terço) na pena, o que frustraria a ideia de existência de causa de aumento da pena. O erro legislativo parece-nos claro. Exemplificando, o assédio sexual cometido contra menor de 18 anos poderia ser apenado em um ano e um dia de detenção, como pena mínima. O aumento seria pífio, logo, desnecessário e inútil.

## Capítulo I-A
### DA EXPOSIÇÃO DA INTIMIDADE SEXUAL[71-A]

**Registro não autorizado da intimidade sexual**

> **Art. 216-B.** Produzir, fotografar, filmar ou registrar,[72-74] por qualquer meio, conteúdo com cena de nudez ou ato sexual ou libidinoso de caráter íntimo e privado sem autorização dos participantes:[75-76]
>
> Pena – detenção, de 6 (seis) meses a 1 (um) ano, e multa.[77]
>
> **Parágrafo único.** Na mesma pena incorre quem realiza[78-80] montagem em fotografia, vídeo, áudio ou qualquer outro registro com o fim de incluir pessoa em cena de nudez ou ato sexual ou libidinoso de caráter íntimo.[81-82]

**71-A. Ação penal:** cuida-se de ação pública incondicionada, seguindo-se o parâmetro estabelecido pelo art. 225 deste Código ("Nos crimes definidos nos Capítulos I e II deste Título, procede-se mediante ação penal pública incondicionada"), nos moldes da política criminal determinante à época da sua derradeira alteração. Os crimes contra a dignidade sexual, em particular, contra a liberdade e a vulnerabilidade, foram considerados de interesse público, motivo pelo qual se fixou a incondicionalidade da ação penal. Posteriormente, ainda em 2018, surgiu o art. 216-B, enfocando a intimidade sexual, no Capítulo I-A. Seria possível debater se a ação penal entraria no universo da incondicionada ou ingressaria no cenário da condicionada ou mesmo da privada. A conclusão somente pode ser pela ação penal pública incondicionada, pois, quando nada é mencionado no tipo penal, deduz-se ser esta a natureza da ação. Assim sendo, não apenas por conta da política criminal adotada nesse contexto da tutela da dignidade sexual, mas porque inexiste exceção estabelecida no art. 216-B, deve-se apontar pela ação incondicionada. Na jurisprudência: STJ: "1. Discute-se, em resumo, se o delito de registro não autorizado da intimidade sexual (art. 216-B do CP) possui a natureza de ação penal pública incondicionada ou de ação penal pública condicionada à representação. 2. Importante ressaltar que a Lei 13.718/2018 converteu a ação penal de todos os crimes contra a dignidade sexual em pública incondicionada, nos seguintes termos: Nos crimes definidos nos Capítulos I e II deste Título, procede-se mediante ação penal pública incondicionada (art. 225 do Código Penal). 3. Posteriormente, a Lei 13.772/18 criou um novo capítulo no Código Penal, o Capítulo I-A, e dentro dele o delito do art. 216-B (Registro não autorizado da intimidade sexual). Ao criar esse novo capítulo, no entanto, deixou-se de acrescentar sua menção ao art. 225 do CP, o qual, como já visto, apenas se referia aos capítulos existentes à época da sua redação (Capítulos I e II). 4. Todavia, tal omissão legislativa não prejudica o posicionamento de que o crime de Registro não autorizado da intimidade sexual se trata de ação penal pública incondicionada, uma vez

# Art. 216-B

Código Penal Comentado • **Nucci**

que, inexistindo menção expressa, seja no capítulo I-A, seja no art. 216-B, de que se trata de ação privada ou pública condicionada, aplica-se a regra geral do Código Penal no sentido de que, no silêncio da lei, deve-se considerar a ação penal como pública incondicionada. 5. Dessa forma, no caso em aposto, não há falar em suspensão da audiência, nem sequer em trancamento da ação penal, já que ao considerar o delito de registro não autorizado da intimidade sexual como delito de ação penal pública incondicionada, inexiste a alegada decadência do direito de representação. 6. Recurso em *habeas corpus* improvido" (RHC 175.947-SP, 6.ª T., rel. Sebastião Reis Júnior, 25.04.2023, v.u.).

**72. Análise do núcleo do tipo:** *produzir* (criar ou gerar algo), *fotografar* (registrar na memória de máquina), *filmar* (registrar algo em filme) ou *registrar* (inscrever algo na memória de qualquer máquina) são condutas mistas alternativas, significando que a prática de uma delas ou todas, no mesmo cenário, faz nascer um crime único. O modo pelo qual as imagens serão captadas é livre ("por qualquer meio"). O alvo do registro é o "conteúdo com cena de nudez ou ato sexual ou libidinoso de caráter íntimo e privado". Foi relevante introduzir o caráter *íntimo e privado*, pois há quem produza cena sexual pornográfica, com fins comerciais ou mesmo para expor a terceiros por razões pessoais de autopromoção, de modo que a mencionada cena pode circular pela rede mundial de computadores sem que se possa alegar a prática de um delito, pois o ato libidinoso não foi realizado de maneira particular, com a meta de que permanecesse oculto. A cena de nudez pode ser total ou parcial, já que o tipo não especifica. Não havia necessidade de se inserir o termo *sexual* (algo relativo aos órgãos sexuais), pois está embutido no *ato libidinoso* (qualquer ato envolvendo prazer ou apetite sexual ou sensual). Esse ato – sexual ou libidinoso – é de caráter amplo, abrangendo qualquer espécie de volúpia (conjunção carnal, sexo oral, sexo anal, masturbação etc.). Incluiu-se na descrição típica um elemento normativo, referente à ilicitude: "sem autorização dos participantes". Porém, havendo a referida autorização, que pode ser verbal ou por escrito, o fato se torna atípico. Pode ser autor do crime um dos participantes da cena de nudez ou ato voluptuoso, quando capta imagens dos demais, *sem a autorização destes*. É importante destacar que as partes envolvidas em cena sexual podem até concordar com o registro, por foto ou filme, mas para que permaneça como recordação para os participantes. O consentimento dado para o mencionado registro afasta o delito do art. 216-B, porém, não justifica a sua ampliação, caso algum deles promova a divulgação dessa cena, sem autorização, configurando-se o delito do art. 218-C. Pode-se dizer o mesmo no tocante a quem faz montagem (parágrafo único) de cenas de nudez ou atos de libidinagem, incluindo-se no quadro; o crime remanesce desde que os outros não tenham autorizado a referida montagem. Caso o agente promova alguma das condutas descritas no tipo e divulgue a cena ou o ato sexual, pode configurar o tipo penal do art. 218-C. Haveria o concurso de crimes ou, conforme o caso, absorção do delito-fim pelo crime-meio. O registro não autorizado de cenas de nudez ou sexo explícito ou pornográfico envolvendo menores de 18 anos deve ser punido sob a órbita do Estatuto da Criança e do Adolescente (arts. 240, 241, 241-A, 241-B e 241-C). No entanto, a prova do delito é complicada, visto que, sem haver divulgação, pode ser que nem mesmo a vítima da captação irregular de sua imagem em cena de sexo consentido saiba do ocorrido. Imagine-se o namorado que fotografe ou filme a sua parceira nua ou em ato sexual, sem que ela saiba: o crime permanece oculto. Por outro lado, mesmo que ela perceba, não será tarefa fácil a prova do acontecimento, até porque o autor do registro pode apagá-lo antes mesmo de ser investigado. Na jurisprudência, embora se trate de caso civil: STJ: "4. A 'exposição pornográfica não consentida', da qual a 'pornografia de vingança' é uma espécie, constituiu uma grave lesão aos direitos de personalidade da pessoa exposta indevidamente, além de configurar uma grave forma de violência de gênero que deve ser combatida de forma contundente pelos meios jurídicos disponíveis. 5. Não há como descaracterizar um material pornográfico apenas pela ausência de nudez total. Na hipótese, a recorrente encontra-se sumariamente vestida, em posições com forte apelo sexual. 6. O fato de o rosto da vítima não estar evidenciado nas fotos de maneira flagrante é irrelevante para a configuração dos danos morais na hipótese, uma vez que a mulher vítima da pornografia de vingança sabe que sua intimidade foi indevidamente desrespeitada e, igualmente, sua exposição não autorizada lhe é humilhante e viola flagrantemente seus direitos de personalidade" (REsp 1.735.712-SP, 3.ª T., rel. Nancy Andrighi, 19.05.2020, v.u.).

**73. Sujeitos ativo e passivo:** podem ser qualquer pessoa. No caso concreto, o sujeito passivo é a pessoa envolvida em cena de nudez ou ato libidinoso.

**74. Elemento subjetivo do tipo:** é o dolo. Não há elemento subjetivo do tipo específico, nem se pune a forma culposa.

**75. Objetos material e jurídico:** o material é o conteúdo com cena de nudez ou ato sexual ou libidinoso de caráter íntimo e privado. O objeto jurídico é a dignidade sexual, envolvendo a intimidade e a privacidade da pessoa.

**76. Classificação:** trata-se de crime comum (pode ser cometido por qualquer pessoa); formal (consuma-se com a prática das condutas, independentemente de resultado naturalístico); de forma livre (pode ser executado por qualquer meio escolhido pelo agente); comissivo (cuida-se de delito de ação); instantâneo (consuma-se em determinado momento detectável na linha do tempo); unissubjetivo (pode ser praticado por uma só pessoa); plurissubsistente (cometido por vários atos). Admite tentativa.

**77. Benefícios penais:** é um crime de menor potencial ofensivo, que admite transação. Fora disso, admite substituição por pena restritiva de direito ou a suspensão condicional da pena.

**78. Análise do núcleo do tipo:** *realizar* (colocar algo em prática, criar), cujo objeto é a *montagem* (junção de peças ou partes de alguma coisa) em qualquer base material apta a captar e inserir imagens e sons (foto, vídeo, áudio etc.) relativa a determinada pessoa nos termos já declinados: em cena de nudez, total ou parcial; praticando ato sexual ou libidinoso, de caráter íntimo (reservado, privado). A diferença da figura prevista no parágrafo único e a do *caput* é a seguinte: neste último, o agente capta imagens e/ou sons da vítima; no âmbito do parágrafo único, o agente monta quadros envolvendo a vítima, valendo-se de peças separadas (ex.: une fotos, reúne filmes etc.). Geralmente, a montagem é falsa (coloca-se a vítima em cena libidinosa, juntando fotos que, isoladamente, representam outra coisa), enquanto a captação é autêntica.

**79. Sujeitos ativo e passivo:** qualquer pessoa.

**80. Elemento subjetivo do tipo:** é o dolo. Neste caso, há o elemento específico, consistente em *incluir pessoa em cena de nudez ou ato sexual ou libidinoso íntimo*. Não há a forma culposa.

**81. Objetos material e jurídico:** o material é a montagem em foto, vídeo, áudio ou similar, incluindo pessoa em cena de nudez ou ato libidinoso íntimo. O objeto jurídico é a dignidade sexual, concentrada nos valores *intimidade* e *privacidade*.

**82. Classificação:** trata-se de crime comum (pode ser cometido por qualquer pessoa); formal (consuma-se com a prática da conduta, independentemente de resultado naturalístico); de forma livre (pode ser executado por qualquer meio escolhido pelo agente); comissivo

# Art. 217

Código Penal Comentado · **Nucci**

1000

(cuida-se de delito de ação); instantâneo (consuma-se em determinado momento detectável na linha do tempo); unissubjetivo (pode ser praticado por uma só pessoa); plurissubsistente (cometido por vários atos). Admite tentativa.

## Capítulo II
### DOS CRIMES SEXUAIS CONTRA VULNERÁVEL

**Sedução**

---

**Art. 217.** (Revogado pela Lei 11.106/2005.)

---

**Estupro de vulnerável** [1-3]

---

**Art. 217-A.** Ter[4-6] conjunção carnal ou praticar outro ato libidinoso com menor de 14 (catorze) anos:[7-8]

Pena – reclusão, de 8(oito) a 15(quinze) anos.

§ 1.º Incorre na mesma pena quem pratica as ações descritas no *caput* com alguém que, por enfermidade ou deficiência mental, não tem o necessário discernimento para a prática do ato, ou que, por qualquer outra causa, não pode oferecer resistência.[9-9-A]

§ 2.º (Vetado.)

§ 3.º Se da conduta resulta lesão corporal de natureza grave:[10]

Pena – reclusão, de 10(dez) a 20 (vinte) anos.

§ 4.º Se da conduta resulta morte:[11-13]

Pena – reclusão, de 12 (doze) a 30 (trinta) anos.

§ 5.º As penas previstas no *caput* e nos §§ 1.º, 3.º e 4.º deste artigo aplicam--se independentemente do consentimento da vítima ou do fato de ela ter mantido relações sexuais anteriormente ao crime.[13-A-13-E]

---

**1. Vulnerabilidade:** uma das modificações introduzidas pela Lei 12.015/2009 teve por fim eliminar a antiga denominação acerca da presunção de violência e sua classificação valendo-se de situações fáticas. Revogou-se o art. 224 e criou-se o art. 217-A para consolidar tal alteração, que, em verdade, foi positiva. Mencionava o art. 224: "Presume-se a violência, se a vítima: *a)* não é maior de 14 (catorze) anos; *b)* é alienada ou débil mental, e o agente conhecia esta circunstância; *c)* não pode, por qualquer outra causa, oferecer resistência". O fulcro da questão era, simplesmente, demonstrar que tais vítimas (enumeradas nas alíneas *a, b* e *c*) não possuíam consentimento válido para ter qualquer tipo de relacionamento sexual (conjunção carnal ou outro ato libidinoso). A partir dessa premissa, estabeleceu o legislador a chamada *presunção de violência*, ou seja, se tais pessoas, naquelas situações retratadas no art. 224, não tinham como aceitar a relação sexual, pois incapazes para tanto, naturalmente era de se presumir tivessem sido obrigadas ao ato. Logo, a conduta do agente teria sido violenta, ainda que de forma indireta. Muita polêmica gerou essa expressão, pois em Direito Penal torna-se difícil aceitar qualquer tipo de presunção *contra* os interesses do réu, que é inocente até sentença condenatória definitiva. Por isso, a mudança na terminologia configura-se adequada. Emerge o estado de vulnerabilidade e desaparece qualquer tipo de presunção. São consideradas pessoas vulneráveis (despidas de proteção, passível de sofrer lesão), no campo sexual, os menores de 14 anos, os enfermos e deficientes mentais, quando não tiverem o necessário discernimento para a prática do ato, bem como aqueles que, por qualquer causa, não possam oferecer resistência à prática sexual. Independentemente de se falar em violência, considera a lei inviável, logo, proibida, a relação sexual mantida com tais vítimas, hoje enumeradas no art. 217-A do Código Penal. Não deixa de haver uma presunção nesse caso: baseado em certas probabilidades, supõe-se algo. E a suposição diz respeito à falta de capacidade de pessoas vulneráveis para compreender a seriedade e as consequências da relação sexual. É bem verdade que a proteção construída pelo legislador eleva o ato sexual à categoria de ato pernicioso, ao menos quando exercido sem consentimento (aliás, justamente por isso, pune-se severamente o estupro). De uma relação sexual podem advir consequências negativas, sem dúvida, como uma gravidez não desejada, a transmissão de doenças, a lesão à honra e à dignidade, o prejuízo à formação sexual, dentre outras. Atualmente, portanto, se lida com um novo conceito introduzido no Código Penal, qual seja o da vulnerabilidade. Os pontos polêmicos em relação ao novel termo serão explorados em notas específicas.

**2. Vulnerabilidade absoluta e vulnerabilidade relativa:** ao longo de anos, sem haver um consenso definitivo, debateram a doutrina e a jurisprudência se a presunção de violência, prevista no antigo art. 224, em particular no tocante à pessoa menor de 14 anos, seria absoluta (não comportando prova em contrário) ou relativa (comportando prova em contrário). Em outros termos, poderia haver algum caso concreto em que o menor de 14 anos tivesse a perfeita noção do que significaria a relação sexual, de modo que estaria afastada a presunção de violência? Muitas decisões de tribunais pátrios, mormente quando analisavam situações envolvendo menores de 14 anos já prostituídos, terminavam por afastar a presunção de violência, absolvendo o réu. Seria, então, uma presunção relativa. A modificação introduzida pela Lei 12.015/2009, eliminando a terminologia relativa à presunção de violência e inserindo o conceito de vulnerabilidade, buscou colocar fim a esse debate, em função da maior proteção às crianças e aos adolescentes menores de 14 anos. Um dos fatores visados foi a luta pela erradicação da prostituição infantojuvenil, razão pela qual a aceitação de que uma criança pudesse ser prostituída e, com isso, não fosse vítima de estupro de vulnerável seria um contrassenso. As alterações havidas em matéria de sexualidade nos últimos anos foram essenciais para rever conceitos e modificar leis penais não somente no Brasil, mas, também, em outros países. Por isso, passamos a estudar mais detidamente o cenário do aliciamento infantil e chegamos à conclusão do acerto em relação à proteção às crianças e aos adolescentes em sua formação sexual e moral. Talvez, quando o combate à exploração infantojuvenil tiver mais sucesso, possa-se admitir o consentimento para relacionamentos sexuais para os adolescentes, ou seja, pessoas com mais de 12 anos. Por enquanto, permanece a tutela *quase* absoluta aos menores de 14 anos. Uma exceção pode dar-se no cenário da união estável, como se verá na nota 3 *infra*. Esse é o teor da Súmula 593 do STJ: "O crime de estupro de vulnerável se configura com a conjunção carnal ou prática de ato libidinoso com menor de 14 anos, sendo irrelevante eventual consentimento da vítima para a prática do ato, sua experiência sexual anterior ou existência de relacionamento amoroso com o agente". No mesmo sentido, acrescentou-se o § 5.º ao art. 217-A. Eventualmente, podem ocorrer casos específicos (*distinghising*), de modo a conduzir a uma desclassificação para o art. 215-A (importunação sexual). Na jurisprudência: STJ: "II – O ato libidinoso, atualmente descrito nos artigos 213 e 217-A do Código Penal, não é só o coito anal ou o sexo oral, mas podem ser caracterizados mediante toques, beijo lascivo, contatos voluptuosos, contemplação lasciva, dentre outros. Isto porque o legislador, com a alteração trazida pela Lei n. 12.015/2009, optou por consagrar, no delito de estupro, a pratica de

# Art. 217-A

Código Penal Comentado · **Nucci**

conjunção carnal ou outro ato libidinoso, não havendo rol taxativo ou exemplificativo acerca de quais atos seriam considerados libidinosos. III – Em virtude da situação de vulnerabilidade da vítima, buscou o legislador punir de forma mais severa o agente que venha a praticar conjunção carnal ou qualquer outro ato libidinoso com menor de catorze anos, enfermo ou deficiente mental que, por sua própria condição, tenha dificuldade de discernir e, consequentemente, não possa consentir com a prática do ato sexual, ou ainda que, por qualquer outra causa, não possa oferecer resistência. IV – No caso dos autos, a conduta perpetrada pelo recorrido não se revelou como sendo um simples ato de 'importunação', mas, ao contrário disso, evidenciam-se claramente as características da prática de ato libidinoso diverso da conjunção carnal em face de vítima vulnerável, porquanto em estado de sono, restou prejudicada sua capacidade de resistir, condição que favoreceu ao agente abaixar suas calças, levantar as saias da vítima e tentar penetração ao afastar suas roupas íntimas, ocasião em que a vítima despertou e pôde, enfim, manifestar resistência. V – A Terceira Seção deste Superior Tribunal de Justiça, ao julgar o Tema repetitivo 1121, fixou tese no sentido de que: 'presente o dolo específico de satisfazer à lascívia, própria ou de terceiro, a prática de ato libidinoso com menor de 14 anos configura o crime de estupro de vulnerável (art. 217-A do CP), independentemente da ligeireza ou da superficialidade da conduta, não sendo possível a desclassificação para o delito de importunação sexual (art. 215-A do CP)' (REsp n. 1.959.697/SC, 3.ª Seção, Rel. Min. Ribeiro Dantas, *DJe* de 01.07.2022)" (AgRg no REsp 2.052.675/SC, 5.ª T., rel. Messod Azulay Neto, 13.06.2023, v.u.).

**2-A. Erro de tipo quanto à idade ou vulnerabilidade:** é preciso considerar a hipótese de ocorrência dessa espécie de *erro*. Muitas pessoas, embora menores de 14 anos, podem aparentar a terceiros já ter atingido a referida idade. Há as que possuem um corpo físico avantajado ou se maquiam em excesso; outras, pelas suas atitudes (ex.: prostituição de longa data), parecem ter mais idade do que realmente têm; enfim, a confusão com o elemento do tipo *menor de 14 anos* pode eliminar o dolo (não se pune a título de culpa). Na jurisprudência: STJ: "4. Resta configurado erro de tipo em relação ao primeiro estupro, pois o paciente, embasado na afirmação da própria vítima e na idade colocada por ela em seu perfil na rede social *Facebook*, desconhecia o fato de estar se relacionando com menor de 14 anos, o que afasta o dolo de sua conduta. 5. Correta a condenação do paciente pelo segundo estupro, pois, mesmo sabendo tratar-se de menor com 13 anos de idade, procurou a vítima e com ela manteve novamente relação sexual" (HC 628.870-PR, 5.ª T., rel. Ribeiro Dantas, 15.12.2020, v.u.); "3. Na espécie, a ofendida, à época com 12 anos de idade, foi submetida à prática de conjunção carnal. O réu, naquele tempo, contava 22 anos de idade. 4. O erro quanto ao elemento objetivo do tipo deve ser inescusável e, aceitar, com largueza, a incidência dessa excludente de tipicidade nos delitos de natureza sexual pode, com muita facilidade e conveniência, definir a responsabilidade penal do ato a partir da avaliação subjetiva do agente sobre o corpo da vítima" (AgRg no REsp 1.847.890-MG, 6.ª T., rel. Rogerio Schietti Cruz, 28.04.2020, v.u.).

**3. União estável ou casamento da(o) ofendida(o) com a pessoa agressora:** a família formada, por vezes com a presença de filhos nascidos dessa relação, merece *proteção constitucional*, acima da lei ordinária. Diante disso, se o casal se une, não vemos nenhum sentido em processar o(a) companheiro(a) ou cônjuge pela prática de estupro de vulnerável, lançando-o ao cárcere por, no mínimo, oito anos. Sem dúvida, não se está defendendo a união entre um maior e uma criança, mas entre um rapaz e uma adolescente. Ao menos nesses casos é preciso que os juízes considerem relativa a vulnerabilidade, atestando a atipicidade do fato, valendo-se de um caso diferenciado (*distinguishing*). Conferir a nota 13-B *infra*, cuidando, também, deste tema.

**4. Análise do núcleo do tipo:** *ter* (alcançar, conseguir obter algo) é o verbo nuclear, cujo objeto pode ser a conjunção carnal (cópula entre pênis e vagina) ou outro ato libidinoso (ato

# Título VI – Dos crimes contra a dignidade sexual | Art. 217-A

passível de gerar prazer sexual, satisfazendo a lascívia). A pessoa com a qual o agente pretende ter a relação sexual é o vulnerável. No *caput*, menciona-se o menor de 14 anos. Entretanto, no § 1.º estão enumerados os outros (enfermos e doentes mentais e privados de resistência). O tipo, nos mesmos moldes do estupro previsto no art. 213, é misto alternativo. O agente pode ter conjunção carnal e praticar outro ato libidinoso contra a mesma vítima, no mesmo local e hora, para responder por um só delito. Note-se que o relacionamento sexual pode ser obtido de forma violenta ou não violenta, pois irrelevante. O tipo penal enfoca a vítima, como critério de tutela jurídico-penal. O art. 213 do CP, quando há violência real, deve ser utilizado, exclusivamente, para os não vulneráveis ou quando houver dúvida sobre a vulnerabilidade e houver incidência de violência. Na jurisprudência: STJ: "1. A Corte *a quo* dispôs que, reavaliando-se as circunstâncias judiciais do art. 59 do CP, verifica-se que pesam em desfavor do apelante a sua culpabilidade, reprovável e censurável, pois, neste caso, o apelante agiu de forma fria e premeditada, uma vez que esperou a vítima cair em sono profundo, para encaminhar-se até o colchão que ela dormia e, sobre ela, masturbar-se, tendo a ofendida se assustado e acordado com os atos lascivos perpetrados pelo recorrente, bem como as circunstâncias do crime, pois a ação delituosa executada pelo acusado se mostrou bastante audaciosa, pois o delito foi cometido durante a madrugada, por volta de 2h00 da manhã, dentro de um quarto em que estavam o apelante, a vítima, acompanhada de seus dois filhos menores de idade, sua genitora e mais uma sobrinha dela, o que demonstra que o recorrente não impôs limites em seus anseios lascivos, circunstâncias factuais graves e que devem ser, portanto, avaliadas negativamente. (...)" (AgRg no AgRg no REsp 1.845.858-PA, 6.ª T., rel. Sebastião Reis Júnior, 01.09.2020, v.u.).

**4-A. Contato físico entre o agente e a vítima:** é dispensável. Ver a nota 3-A ao art. 213, inclusive a jurisprudência citada.

**4-B. Desclassificação para importunação sexual:** ver a nota 32 ao art. 213.

**4-C. Infiltração de agentes:** para o combate a vários tipos penais relativos à tutela das crianças e adolescentes, no cenário da dignidade sexual, a Lei 13.441/2017 introduziu os arts. 190-A a 190-E no Estatuto da Criança e do Adolescente. O principal dos novos artigos preceitua que "a infiltração de agentes de polícia na internet com o fim de investigar os crimes previstos nos arts. 240, 241, 241-A, 241-B, 241-C e 241-D desta Lei e nos arts. 154-A, 217-A, 218, 218-A e 218-B do Decreto-Lei n.º 2.848, de 7 de dezembro de 1940 (Código Penal), obedecerá às seguintes regras: I – será precedida de autorização judicial devidamente circunstanciada e fundamentada, que estabelecerá os limites da infiltração para obtenção de prova, ouvido o Ministério Público; II – dar-se-á mediante requerimento do Ministério Público ou representação de delegado de polícia e conterá a demonstração de sua necessidade, o alcance das tarefas dos policiais, os nomes ou apelidos das pessoas investigadas e, quando possível, os dados de conexão ou cadastrais que permitam a identificação dessas pessoas; III – não poderá exceder o prazo de 90 (noventa) dias, sem prejuízo de eventuais renovações, desde que o total não exceda a 720 (setecentos e vinte) dias e seja demonstrada sua efetiva necessidade, a critério da autoridade judicial" (art. 190-A).

**5. Sujeitos ativo e passivo:** o sujeito ativo pode ser qualquer pessoa. O sujeito passivo deve ser pessoa vulnerável. O delito pode ser cometido por omissão, quando o garantidor da segurança e da proteção de criança ou adolescente, em lugar de impedir, possibilita que outrem explore sexualmente a pessoa menor de 14 anos. Ilustrando, trata-se da hipótese de mãe que, para não perder a companhia do companheiro, permite que este estupre a(o) filha(o) pequena(o). Na jurisprudência: TJRS: "É penalmente relevante a omissão da mãe que, mesmo devendo e podendo agir para evitar estupro praticado pelo marido contra a filha do casal,

# Art. 217-A

Código Penal Comentado · **Nucci**

se mantém inerte, não cumprindo o seu dever legal de vigilância, guarda e proteção da filha" (Ap. Crim. 70084536481, 7.ª C. Crim., rel. Carlos Alberto Etcheverry, 25.02.2021, v.u.).

**5-A. Estupro recíproco:** utiliza-se essa expressão para indicar uma situação possível, quando uma pessoa menor de 14 anos tem relação sexual com outra pessoa menor de 14 anos. Não há nada a inviabilizar essa hipótese. Imagine-se um garoto de 13 anos tendo ato libidinoso com uma garota de 11 anos. Em tese, há um estupro de vulnerável recíproco. Ambos são considerados vulneráveis e incapazes de consentir sexualmente, merecendo a proteção que lhes é destinada pelo Estatuto da Criança e do Adolescente. A situação demonstra um quadro indesejável para duas pessoas imaturas, logo, nada impede que o juiz da infância e da juventude seja acionado para impor medidas educativas, cuja finalidade é proteger os destinatários, que não tiveram das suas famílias a orientação necessária para deixar de se envolver em ato libidinoso. Isso não significa a utilização de medidas drásticas, como a internação, mas o encaminhamento aos pais, a orientação e o apoio especializado, a requisição de um tratamento psicológico, enfim, medidas prontas a esclarecer aos menores de 14 anos qual a postura ideal nessa faixa etária. De outro lado, se a menina de 11 anos engravidar, houve um estupro (como ato infracional), o que é suficiente para que possa pleitear o aborto, representada pelos pais (art. 128, II, Código Penal).

**6. Elemento subjetivo do tipo:** é o dolo. Não existe a figura culposa. Exige-se o elemento subjetivo específico, consistente em buscar a satisfação da lascívia. Na jurisprudência: STJ: "16. Tese: *presente o dolo específico de satisfazer à lascívia*, própria ou de terceiro, a prática de ato libidinoso com menor de 14 anos configura o crime de estupro de vulnerável (art. 217-A do CP), independentemente da ligeireza ou da superficialidade da conduta, não sendo possível a desclassificação para o delito de importunação sexual (art. 215-A do CP)" (REsp 1.954.997/ SC, 3.ª Seção, rel. Ribeiro Dantas, 08.06.2022, v.u., grifamos).

**7. Objetos material e jurídico:** o objeto material é a pessoa vulnerável. O objeto jurídico é a liberdade sexual.

**8. Classificação:** trata-se de crime comum (aquele que não demanda sujeito ativo qualificado ou especial); material (delito que exige resultado naturalístico, consistente no efetivo tolhimento da liberdade sexual da vítima). Há quem entenda ser crime de mera conduta, com o que não podemos concordar, pois o legislador não pune unicamente uma conduta, que não possui resultado naturalístico. A pessoa violentada pode sofrer lesões de ordem física – se houver violência – e, invariavelmente, sofre graves abalos de ordem psíquica, constituindo, com nitidez, um resultado detectável no plano da realidade. Conferir: STJ: "o estupro de vulnerável é crime hediondo, comum, *material*, instantâneo, em regra plurissubsistente, cujos dois núcleos do tipo consistem em ter conjunção carnal ou praticar qualquer ato libidinoso com vulnerável, nos termos do art. 217-A e § 1.º, do Código Penal" (HC 431708-MS, 5.ª T., rel. Ribeiro Dantas, 24.05.2018, v.u.). É, ainda, delito de forma livre (pode ser cometido através de qualquer ato libidinoso); comissivo ("constranger" implica ação); instantâneo (cujo resultado se dá de maneira instantânea, não se prolongando no tempo); de dano (consuma-se apenas com efetiva lesão a um bem jurídico tutelado); unissubjetivo (que pode ser praticado por um só agente); plurissubsistente (como regra, vários atos integram a conduta); admite tentativa, embora de difícil comprovação.

**9. Outras pessoas vulneráveis:** além do menor de 14 anos, constante do *caput*, enumera o art. 217-A, § 1.º, outras situações de vulnerabilidade. O enfermo ou doente mental e aquele que não pode oferecer resistência também não possuem consentimento válido para a relação sexual. Por tal motivo, presume-se tenha havido coerção. Esse é o motivo da criminalização por estupro. Entretanto, há de se analisar o grau da vulnerabilidade, se absoluta ou relativa. Não se pode olvidar, nesse contexto, de que pessoas enfermas ou doentes mentais, com base no princípio da dignidade da pessoa humana, têm direito, quando possível, à vida sexual saudável. Sentem necessidade e desejo e podem manter relacionamentos estáveis, inclusive, conforme o caso. Diante disso, depende do caso concreto avaliar se o enfermo ou o deficiente mental é absolutamente incapaz de consentir ou tem discernimento mínimo para tanto. Somente se configura o estupro quando for totalmente incapacitado de distinguir com clareza o que pretende fazer. Por outro lado, a incapacidade de oferecer resistência, igualmente, merece avaliação ponderada do magistrado. Não há como analisar a situação sem a verificação dos fatos reais. A geração da incapacidade de resistência depende de inúmeros fatores, entre os quais se encontra o uso de substância entorpecente pela vítima, incluindo álcool, a saber se o fez voluntariamente ou foi forçada a ingerir (ou mesmo enganada para a ingestão). Além disso, resta avaliar se o estado de ebriedade é completo ou incompleto, o que pode indicar absoluta falta de condições de discernimento para o ato sexual ou relativa incompreensão. Somente se configura o estupro, quando houver total ausência de discernimento. Por outro lado, há de se considerar a situação de quem se coloca em posição de risco, sabendo das possíveis consequências de seu ato, de modo que, advinda uma relação sexual, não pode, depois, ser alegado estupro. Ex.: pessoa embriaga-se voluntariamente e decide participar de orgia sexual, envolvendo vários indivíduos. Ora, havendo relação sexual, por mais alcoolizado que esteja, tinha plena noção do que iria enfrentar. Essa incapacidade de resistência, em nosso entendimento, deve ser vista com reserva e considerada relativa. A prova produzida no sentido de que a vítima tinha perfeita ciência de que haveria um bacanal e que ela mesma estava se embriagando para ter coragem de tomar parte disso faz com que se afaste a *vulnerabilidade*, não se podendo sustentar a ocorrência de estupro. Na jurisprudência: STJ: "1. A indução ao consumo excessivo de bebida alcoólica pode ser utilizada como meio para submeter a Vítima a um estado de supressão da consciência ou de incapacidade de atuar conforme sua vontade, tornando-a vulnerável para os fins do art. 217-A, § 1.º, do Código Penal. Todavia, no caso concreto, as instâncias ordinárias concluíram que, embora com sua capacidade parcialmente afetada pelo uso de álcool, a Vítima – com 16 (dezesseis) anos de idade à época dos fatos – não teve sua consciência suprimida nem era absolutamente incapaz de oferecer resistência. 2. Ante o quadro fático delineado pelas instâncias ordinárias, não há como atender ao pleito acusatório de condenação do Recorrido como incurso no art. 217, § 1.º, do Código Penal, uma vez que não foi constatada a necessária incapacidade de discernimento da Vítima ou a sua completa impossibilidade de resistência no momento dos fatos" (REsp 1.775.136-AC, 6.ª T., rel. Laurita Vaz, 03.12.2019, v.u.); "2. Se completamente inerte e incapaz de usar seu potencial motor (oferecer resistência) contra a violência sexual, haverá crime de estupro de vulnerável (art. 217-A do CP). Se ainda lhe restar capacidade de discernir sobre a ilicitude da conduta, possibilidade de ofertar alguma resistência e não houver elementos biológicos incapacitantes, haverá o crime de estupro do art. 213 do CP. (...). 4. Agressão sexual contra vítima completamente impossibilitada de esboçar reação (vítima amarrada com as mãos para trás) configura estupro de vulnerável (art. 217-A, § 1.º, do CP)" (REsp 1.706.266-MT, 5.ª T., rel. Ribeiro Dantas, 18.10.2018, v.u.). TJDFT: "1 – Há crime de estupro de vulnerável se os depoimentos da vítima e das testemunhas e o laudo pericial não deixam dúvidas de que o réu manteve relação sexual com a vítima quando ela estava dormindo, sob efeito de bebida alcóolica, e sem condições de resistir ao ato sexual" (Ap. 07154188020198070007, 2.ª T. Crim., rel. Jair Soares, 21.01.2021, v.u.).

**9-A. Médico como sujeito ativo:** lamentavelmente, tem-se encontrado vários casos de violações sexuais cometidas por médicos, tanto com incidência do art. 215, quanto neste

# Art. 217-A

Código Penal Comentado · **Nucci**

dispositivo. Exemplificando: médico anestesista, com 31 anos, foi processado por estupro de vulnerável, na medida em que colocou o pênis na boca da paciente grávida desacordada, em mesa cirúrgica, para o parto. Após a primeira denúncia, várias outras vítimas surgiram para apresentar a mesma imputação (*Folha de S. Paulo*, 16.07.2022, p. B2). Ginecologista do Ceará, com 45 anos, é suspeito de estupro, porque teria abusado de pacientes. Após a primeira acusação, várias outras ofendidas apresentaram idênticos reclamos (*Folha de S. Paulo*, 16.07.2022, p. B2).

**10. Crime qualificado pelo resultado lesão grave:** consultar as notas 35 e 36 do art. 213.

**11. Crime qualificado pelo resultado morte:** consultar as notas 36 e 38 do art. 213.

**12. Erro de tipo e erro de proibição:** é preciso atenção para detectar eventuais casos de erros escusáveis, que levam à absolvição do agente. No contexto do erro de tipo, torna-se possível que o agente imagine ter relação sexual com alguém maior de 14 anos, embora seja pessoa com 12 ou 13 anos, mas de compleição avantajada. Se o engano for razoável, impõe-se o reconhecimento do erro de tipo escusável (art. 20, *caput*, CP). Por outro lado, torna-se viável que o agente, pessoa simples, sem cultura, jamais imagine ser vedada a relação sexual com doente mental. Mantido o relacionamento sexual, é preciso verificar se houve erro de proibição escusável. Assim constatado, o caminho é a absolvição (art. 21, *caput*, CP). Na jurisprudência: STJ: "5. O erro quanto ao elemento objetivo do tipo deve ser inescusável e aceitar, com larguez, a incidência dessa excludente de tipicidade nos delitos de natureza sexual pode, com muita facilidade e conveniência, definir a responsabilidade penal do ato a partir da avaliação subjetiva do agente sobre o corpo da vítima. 6. À exceção da exibição de documento de identidade falso, ou ante circunstâncias excepcionais que realmente permitam dar efetiva credibilidade ao erro de tipo, não é razoável alegar, por mera e simplória argumentação de que a vítima teria compleição física não compatível com sua verdadeira idade, o erro sobre a idade da pessoa abusada, e dessa forma dar curso a uma discricionariedade não compatível com o critério já definido como objetivo (etário) pelas Cortes Superiores. A franquia a essa tese defensiva, com semelhante generalidade, importaria também relativizar, de modo oportuno, o atributo inescusável do erro, autorizando a avaliação subjetiva, pelo agente, da maturidade física e psíquica da vítima para assentir ao conúbio sexual. (...)" (AgRg no AREsp 2.240.102-PI, 6.ª T., rel. Rogerio Schietti Cruz, 28.02.2023, v.u.).

**13. Lei mais gravosa e retroatividade benéfica:** o art. 217-A traz a pena mínima de oito anos, enquanto a anterior modalidade de estupro, com presunção de violência, permitia a fixação em seis anos. Porém, se praticado contra menor de 14, deficiente ou pessoa incapacitada para resistir, deveria o juiz aumentar a pena na metade, resultando em nove, conforme dispunha o art. 9.º da Lei dos Crimes Hediondos, baseando-se no antigo art. 224 do CP. Seria mais gravosa a anterior figura e menos severa a atual. Entretanto, para quem não aplicava o aumento de metade, previsto no art. 9.º da Lei dos Crimes Hediondos, ao estupro com presunção de violência, pela idade ou outro fator, por entender a ocorrência de *bis in idem*, a pena seria somente de seis anos. Nesse caso, o atual art. 217-A é mais severo, com pena mínima de oito anos. Por outro lado, quando houvesse estupro com violência real contra pessoa menor de 14 anos, deficiente ou incapacitada para resistir, havia o aumento de metade, resultando, então, em nove anos. Nessa situação, a atual lei (12.015/2009), incluindo o art. 217-A, com o mínimo de oito anos, é mais benéfica. Logo, depende do caso concreto para se saber qual é a melhor lei a aplicar.

**13-A. Opção legislativa pela vulnerabilidade absoluta:** a inclusão deste parágrafo possui o nítido objetivo de tornar claro o caminho escolhido pelo Parlamento, buscando colocar um fim à divergência doutrinária e jurisprudencial, no tocante à vulnerabilidade da pessoa menor de 14 anos. Elege-se a vulnerabilidade absoluta, ao deixar nítido que é punível a conjunção carnal ou ato libidinoso com menor de 14 anos *independentemente de seu consentimento* ou *do fato de ela já ter tido relações sexuais anteriormente ao crime*. Em primeiro lugar, há de se concluir que qualquer pessoa com menos de 14 anos, podendo consentir ou não, de modo válido, leia-se, mesmo compreendendo o significado e os efeitos de uma relação sexual, está proibida, por lei, de se relacionar sexualmente. Descumprido o preceito, seu(sua) parceiro(a) será punido(a) (maior de 18, estupro de vulnerável; menor de 18, ato infracional similar ao estupro de vulnerável). Cai, por força de lei, a vulnerabilidade relativa de menores de 14 anos. Associa-se a lei ao entendimento esposado pelo Superior Tribunal de Justiça (Súmula 593). A segunda parte está enfocando, primordialmente, a prostituição infantojuvenil; afinal, a norma penal refere-se, de propósito, a *relações sexuais* (no plural), pretendendo apontar para a irrelevância da experiência sexual da vítima. Essa experiência, como regra, advém da prostituição.

**13-B. Exceção à regra da vulnerabilidade absoluta (formação de núcleo familiar):** defendíamos depender do caso concreto a avaliação da vulnerabilidade da vítima, quando fosse adolescente de 12 ou 13 anos. Poderia, em tese, ser relativa, não justificando a punição do agente, pois a vítima teria preparo suficiente para o relacionamento sexual. Parece-nos inequívoco que o texto do § 5.º alterou esse quadro. Mesmo adolescentes de 12 ou 13 anos simplesmente *não podem consentir* com atos sexuais. Se o fizerem, o seu consentimento será legalmente desprezado. Mas há, em nosso entendimento, uma exceção à regra, visto que o Brasil é um país de natureza continental, com costumes e valores diferenciados em suas regiões. Sabe-se da existência de casais, em união estável, com filhos, possuindo a mãe, quando o relacionamento teve início, seus 12 ou 13 anos. Formada a família, pode-se desvendar o fato muito tempo após o começo da relação. Está constituída uma família, cuja proteção advém da Constituição Federal, não podendo prevalecer a lei ordinária para a busca de punição do rapaz, afirmando estupro de vulnerável. Preceitua o art. 226, *caput*, da CF: "a família, base da sociedade, tem especial proteção do Estado". Para efeito de proteção estatal, reconhece-se a união estável. Além disso, é uma entidade familiar toda comunidade formada por qualquer dos pais e seus descendentes. No art. 227 da Constituição, confere-se particular tutela à criança e ao adolescente, garantindo-lhe, entre outros direitos, a convivência familiar. Pode-se até argumentar que a adolescente deve ser protegida de qualquer maneira, punindo-se o seu companheiro, maior de 18 anos, condenando-o como estuprador; porém, emerge uma tensão entre as normas constitucionais de tutela à família e às crianças e o preceituado pelo Código Penal (lei ordinária). Estabelecida a família, pela união estável, com filhos, parece-nos inconstitucional retirar o companheiro desse convívio com base em *vulnerabilidade absoluta*, reconhecida em lei ordinária. Acima de tudo, encontram-se a entidade familiar e o direito da criança nascida de conviver com seus pais em ambiente adequado. Punir o jovem pai com uma pena mínima de 8 anos de reclusão não se coaduna com a tutela da família, base da sociedade, merecedora da proteção estatal. Diante disso, a única hipótese viável, privilegiando o texto constitucional em prol da família e da criança nascida, é não processar ou absolver o pai da acusação de estupro de vulnerável. A supremacia do bem jurídico consistente na *entidade familiar* e do bem jurídico relativo à *prioridade de proteção à criança* são suficientes para afastar a aplicação do § 5.º do art. 217-A. Parece-nos que deva ter o tratamento de um caso diferenciado (*distinguishing*). Exemplificando, em sede de revisão criminal, deu-se provimento para absolver um rapaz, que havia formado família com uma adolescente de 13 anos; após um tempo, já com filho, foi denunciado por estupro de vulnerável e condenado a 10 anos, 10 meses e 20 dias de reclusão, em regime inicial fechado. Expedido mandado de prisão, ele chegou a obter liminar, no STF, em *habeas corpus*, para não ser preso até que fosse julgada a sua revisão criminal. Assim foi feito e ele foi absolvido, justamente porque se usou, acima da lei penal, o preceituado na Constituição Federal: proteção da família e do superior interesse da criança. Tivemos a oportunidade de ser o relator dessa revisão criminal. Os fatos ocorreram em 2013 e a revisão criminal foi julgada em 2019, quando o réu, com 35 anos, já estava *casado* (certidão juntada aos autos) com a suposta vítima, então com 18 anos, possuindo da união pelo menos um filho. O 8.º Grupo de Câmaras do Tribunal de Justiça de São Paulo, por 7 votos contra um, deferiu a ação revisional para absolver o réu. Eis a ementa do julgado: "Revisão criminal. Estupro de vulnerável. Réu, com 29 anos, foi flagrado, no interior de veículo estacionado, no período vespertino, em via pública, praticando conjunção carnal com a vítima, sua prima, de 12 anos de idade. Guarda municipal responsável pelo flagrante, acionou conselheiro tutelar, tendo ambos confirmado o fato delitivo. Vítima disse, na delegacia, namorar com o réu há 8 meses. Em juízo, tentou minimizar a responsabilidade penal do acusado. Ajuizamento de ação revisional. Contrariedade à evidência dos autos. Juntada de certidão de casamento. Pedido de absolvição, por atipicidade da conduta. Possibilidade. Prevalência do artigo 226, da Constituição Federal. Supremacia do bem jurídico *entidade familiar*. Além disso, fartas são as provas acerca do relacionamento amoroso entre as partes, confirmado pela constituição do matrimônio, cujas relações sexuais são decorrências naturais de afeto. Particularidades do caso concreto que devem ser consideradas a fim de ser afastada a vulnerabilidade absoluta. Absolvição de rigor. Procedência da ação revisional" (Revisão Criminal 0052704-97.2017.8.26.0000, 8.º Grupo de Câmaras Criminais, rel. Guilherme de Souza Nucci, 06.08.2019). Na jurisprudência: STJ: "2. A presente questão enseja *distinguishing* quanto ao acórdão paradigma da nova orientação jurisprudencial, pois, diante dos seus componentes circunstanciais, verifica-se que o réu possuía, ao tempo do fato, 19 anos de idade, ao passo que a vítima, adolescente, contava com 12 anos de idade, sendo que, do relacionamento amoroso, resultou no nascimento de uma filha, devidamente reconhecida, fato social relevante que deve ser considerado no cenário da acusação. 3. 'Para que o fato seja considerado criminalmente relevante, não basta a mera subsunção formal a um tipo penal. Deve ser avaliado o desvalor representado pela conduta humana, bem como a extensão da lesão causada ao bem jurídico tutelado, com o intuito de aferir se há necessidade e merecimento da sanção, à luz dos princípios da fragmentariedade e da subsidiariedade' (RHC n. 126.272/MG, rel. Ministro Rogerio Schietti Cruz, 6.ª T., julgado em 1º.06.2021, *DJe* 15.06.2021). 4. Considerando as particularidades do presente feito, em especial o fato de a vítima viver maritalmente com o acusado desde o nascimento da filha do casal, denota que não houve afetação relevante do bem jurídico a resultar na atuação punitiva estatal. 5. 'A manutenção da pena privativa de liberdade do recorrente, em processo no qual a pretensão do órgão acusador se revela contrária aos anseios da própria vítima, acabaria por deixar a jovem e o filho de ambos desamparados não apenas materialmente mas também emocionalmente, desestruturando entidade familiar constitucionalmente protegida' (REsp 1.524.494/RN e AREsp 1.555.030/GO, rel. Min. Ribeiro Dantas, julgado em 18.05.2021, *DJe* 21.05.2021)" (AgRg no REsp 2.015.310/MG, 6.ª T., rel. Jesuíno Rissato, 12.09.2023, m.v.); "O crime de estupro de vulnerável não traz em sua descrição, a necessidade de haver qualquer tipo de ameaça ou violência, ainda que presumida, mas apenas a presunção de que o menor de 14 anos não tem capacidade para consentir com o ato sexual. Assim, para tipificar o delito em tela, basta a vítima ser menor de 14 anos. Diante do referido contexto legal, se faz imperativo, sob pena de violação da responsabilidade penal subjetiva, analisar detidamente as particularidades do caso concreto, pela perspectiva não apenas do autor, mas também da vítima. Na espécie, verifica-se que a menor antes de se relacionar sexualmente com o paciente, já possuía vida sexual ativa, não havendo nenhuma evidência de emprego de violência, ameaças ou qualquer tipo de artifício por parte dele a ensejar a prática do crime de estupro contra ela, ainda que de forma indireta; pelo contrário, a própria vítima asseverou que eles namoravam há cerca de três anos e que desde o início do relacionamento mantinham relações sexuais, sendo que ele não foi o primeiro e nem o único a manter relações sexuais [com ela], pois tinha 'perdido a virgindade' com Alexandre, seu vizinho (e-STJ, fl. 37). A adolescente já possuía experiência e compreensão sobre os assuntos relacionados ao sexo, e para consentir ou não na prática dos atos sexuais, tanto assim, que manteve um relacionamento afetivo e sexual com o paciente por cerca de três anos, com o intuito de futura constituição familiar. Note-se, ainda, que o paciente também era menor de idade à época dos fatos, pois afirmou contar com 16 anos de idade quando começou a namorar e manter relações sexuais com T., ou seja, estavam ambos descobrindo e explorando sua sexualidade, sem terem conhecimento de que tal prática constituiria crime. Observe-se, ainda, que ele afirmou que trabalhava e já estava fazendo planos para casar-se com ela, a indicar que mantinham um relacionamento amoroso estável, com vistas a um compromisso futuro, sem nenhuma intenção de aviltar sua dignidade sexual. Nesses termos, reputo que não ficou demonstrada ofensa à dignidade sexual da menor, tampouco lesão ou ameaça à sua formação moral, não sendo o caso de aplicação da tese firmada no Recurso Especial n.º 1.480.881/PI, haja vista as particularidades trazidas, que retiram a tipicidade material da conduta imputada ao paciente. Ademais, a condenação de um jovem, que não oferece nenhum risco à sociedade, ao cumprimento de uma pena de 8 anos de reclusão, revela uma completa subversão do direito penal, em afronta aos princípios fundamentais mais basilares, em rota de colisão direta com o princípio da dignidade humana. Dessa forma, estando a aplicação da lei na contramão da justiça, imperativa a prevalência do que é justo. Precedentes. Ante o exposto, não conheço do *habeas corpus*. Contudo, concedo a *ordemex officio*, para absolver o paciente do delito previsto no art. 217-A do Código Penal" (HC 772.844/MT, 5.ª T., rel. Reynaldo Soares da Fonseca, 08.11.2022, v.u.). *Em outro sentido:* STJ: "1. Para a caracterização do delito de estupro de vulnerável, é irrelevante eventual consentimento da vítima para a prática do ato, sua experiência sexual anterior ou existência de relacionamento amoroso com o réu, haja vista a presunção absoluta da violência em casos da prática de conjunção carnal ou ato libidinoso diverso com pessoa menor de 14 anos. Súmula n. 593 do STJ. 2. Na espécie, a ofendida, à época com 13 anos de idade, foi submetida à prática de conjunção carnal. O réu, naquele tempo, contava 20 anos de idade. 3. A gravidez da vítima, em decorrência do conúbio sexual, e o nascimento de uma criança dessa relação não diminui a responsabilidade penal; ao contrário, por força de lei, incrementa a reprovabilidade da ação, atraindo mesmo uma causa de aumento de pena (art. 234-A, III, do CP). 4. A constituição de família não exclui, per se, a punibilidade da conduta e tal alegação não se coaduna com o caso dos autos, pois, além de o réu não haver registrado a criança, o seu relacionamento com a vítima não subsiste" (AgRg no HC 849.912/MG, 6.ª T., rel. Rogerio Schietti Cruz, 20.02.2024, v.u.).

**13-C. Conflito aparente de normas:** desde a reforma introduzida pela Lei 12.015/2009 ao Capítulo II, que cuida dos crimes sexuais contra vulnerável, tem-se apontado na redação do § 1.º do art. 217-A um *avanço* em face do que constava na antiga letra do art. 224, *b*, do CP. O progresso se deu pelo fato de se ter realizado o reconhecimento de que a pessoa com enfermidade ou deficiência mental não pode ser privada, de modo absoluto, do relacionamento sexual. Note-se, inclusive, a existência do casamento de pessoas com síndrome de Down. O texto do referido § 1.º amenizou a vedação absoluta à relação sexual, pois mencionou ser crime quem tiver relacionamento libidinoso com alguém que, por enfermidade ou deficiência mental, "não tem o necessário discernimento para a prática do ato". Assim sendo, tornou a vulnerabilidade relativa. O deficiente mental que possuir *discernimento* para o relacionamento sexual não pode ser impedido de concretizá-lo. A partir da edição do § 5.º, apontando ser irrelevante o consentimento das pessoas do § 1.º, emerge um conflito de normas. Pensamos deva a questão

# Art. 218

Código Penal Comentado · **Nucci**

1010

ser decidida pela especialidade do § 1.º em relação ao § 5.º. Este faz referência geral ao *caput*, §§ 1.º, 3.º e 4.º. Porém, o § 1.º trata, com especial deferência, o direito ao prazer sexual das pessoas mentalmente enfermas (ou deficientes mentais) desde que essa prática lhes seja inteligível ou desejável. A especialidade do assunto disposto pelo § 1.º afasta a generalidade do § 5.º.

**13-D. Pessoa incapaz de oferecer resistência:** nesta situação, por mais que o § 5.º expresse ser o consentimento inválido (com ou sem relações sexuais antes), a realidade determina consistir a vulnerabilidade em *relativa*. Afinal, não basta simplesmente supor ou afirmar que a vítima, com quem o agente teve relação sexual, era incapaz de oferecer resistência; é preciso provar o grau de incapacidade. A relatividade é fator inerente à referida avaliação. Imagine-se quem ingere bebida alcoólica: vai perdendo a capacidade de resistência, conforme a bebida faz efeito em seu organismo; porém, há pessoas mais resistentes que outras; logo, há quem esteja alcoolizado e plenamente capaz de ter uma relação sexual consentida, assim como existe aquele que, sob efeito de altas doses, já se encontra prostrado, sem condições de consentir. Esse quadro demonstra que a terceira hipótese de vulnerabilidade é sempre relativa, dependente da prova de incapacidade de resistência.

**13-E. Confronto com o art. 215-A:** ver a nota 50-H ao art. 215-A. Verificar caso diferenciado (*distinghising*).

### Corrupção de menores

> **Art. 218.** Induzir[14-16] alguém menor de 14 (catorze) anos a satisfazer a lascívia de outrem:[17-19]
>
> Pena – reclusão, de 2 (dois) a 5 (cinco) anos.
>
> **Parágrafo único.** (Vetado.)

**14. Análise do núcleo do tipo:** *induzir* significa dar a ideia ou sugerir algo a alguém. O objeto da indução é o menor de 14 anos, tendo por finalidade a satisfação da lascívia de outra pessoa. Na realidade, seria uma *mediação de vulnerável para satisfazer a lascívia de outrem*. O tipo penal criado pela Lei 12.015/2009 é desnecessário e poderá causar problemas. Terminou-se por dar origem a uma exceção pluralística à teoria monística, ou seja, a participação moral no estupro de vulnerável passa a ter pena mais branda. Afinal, se utilizássemos apenas o disposto no art. 29 do CP, no tocante ao induzimento de menor de 14 anos a ter relação sexual com outra pessoa, poder-se-ia tipificar na figura do art. 217-A (consumado ou tentado). No entanto, passa a existir figura autônoma, beneficiando o partícipe. Sustentávamos que o verbo nuclear, apesar de dizer respeito apenas à conduta *induzir*, deveria ser interpretado de maneira mais ampla, abrangendo a instigação e o auxílio. Revemos essa posição, em face do delicado e importante bem jurídico protegido – a formação moral e sexual do menor de 14 anos. É mais sensato dar uma interpretação literal à exceção criada, inadvertidamente, pelo legislador. Quem induzir o menor de 14 anos a satisfazer a lascívia alheia responde pelo art. 218. Quem for além disso e, além de dar a ideia, instigar o menor, por aliciamento ou persuasão, bem como prestar auxílio direto à satisfação da lascívia de outra pessoa, pode responder por participação de estupro de vulnerável. Na jurisprudência: STJ: "II – No caso, consideradas as elementares do crime do art. 218 do CP – indução de menor à satisfação da lascívia de outrem – e o contexto fático delimitado pelo aresto recorrido, no qual a vítima teve contato via chamada de vídeo com o estrangeiro, ocasião em que foi induzida a ter conversas de cunho sexual para satisfação da lascívia de outrem, sobressai a autonomia da conduta em relação àquela de divulgação ou de exposição à venda do material pornográfico, não constituindo meio necessário ou fase normal de preparação ou execução de outro crime" (AgRg no REsp 2.053.138/RN, 5.ª T., rel. Messod Azulay Neto, 16.10.2023, v.u.).

**15. Sujeitos ativo e passivo:** o sujeito ativo pode ser qualquer pessoa; o sujeito passivo necessita ser pessoa menor de 14 anos.

**16. Elemento subjetivo do tipo:** é o dolo. Não há a forma culposa. Exige-se o elemento subjetivo do tipo específico, consistente na vontade de levar o menor à satisfação da lascívia alheia.

**17. Objetos material e jurídico:** o objeto material é o menor de 14 anos. O objeto jurídico é a dignidade da pessoa humana, voltada, particularmente, à boa formação moral da criança ou do adolescente.

**18. Classificação:** trata-se de crime comum (aquele que não demanda sujeito ativo qualificado ou especial). Quanto à consumação do crime, havíamos sustentado que se tratava de crime material, no sentido de ser exigida a prática efetiva de algum ato sexual para atingir a consumação. No entanto, é preciso uma *retificação*, levando-se em consideração não apenas a descrição típica, mas, sobretudo, o bem jurídico visado. O crime é de corrupção de menores, tal como está indicado no título, no campo sexual. Há outra figura típica de corrupção de menores, prevista no art. 244-B, da Lei 8.069/1990, cuja disposição é a seguinte: "corromper ou facilitar a corrupção de menor de 18 (dezoito) anos, com ele praticando infração penal ou induzindo-o a praticá-la: Pena – reclusão, de 1 (um) a 4 (quatro) anos". Esse último é delito formal, porque basta a prática da infração penal junto com o menor de 18 anos e está consumado, não se exigindo prova da efetiva corrupção (degradação de caráter) do jovem (Súmula 500 do STJ: "A configuração do crime do art. 244-B do ECA independe da prova da efetiva corrupção do menor, por se tratar de delito formal"). Está correta essa ideia na exata medida em que a depravação de personalidade do menor de 18 anos jamais deve ser considerada definitiva, pois todo o objetivo do Estatuto da Criança e do Adolescente, quando o jovem comete um ato infracional, é a sua recuperação e a recomposição na sua formação interior. Por isso, é preciso registrar esse equívoco. Buscando evitar a punição de alguém *apenas* por *induzir* (dar a ideia) um menor de 14 anos para satisfazer a lascívia alheia, sem que haja a prática sexual, terminamos olvidando o bem jurídico tutelado. Cremos indispensável a devida correção. O crime do art. 218 é formal, ou seja, não é preciso *provar* que o menor de 14 anos foi efetivamente *corrompido* para que atinja a consumação; no entanto, é indispensável que o agente induza o menor e este satisfaça a lascívia alheia para se ter por consumada a infração penal. A simples indução, devidamente provada, pode ficar na esfera da tentativa. Cuida-se de estabelecer um paralelo entre a corrupção de menor, no cenário sexual, e a corrupção de menor, prevista no Estatuto da Criança e do Adolescente. É preciso satisfazer a lascívia de outrem para consumar o delito do art. 218 do CP, assim como é fundamental que o menor pratique um ato infracional para que se consume o crime do art. 244-B do ECA. Em ambas as hipóteses, não é preciso a concretude da corrupção do menor. É delito de forma livre (pode ser cometido por qualquer meio eleito pelo agente); comissivo ("induzir" implica ação); de perigo, pois coloca em risco o bem jurídico, que é a integridade da formação moral do menor; instantâneo (cujo resultado se dá de maneira determinada, não se prolongando no tempo); unissubjetivo (pode ser praticado por um só agente); plurissubsistente (como regra, vários atos integram a conduta); admite tentativa, embora de rara configuração.

**19. Corrupção de menores:** quando o maior corrompe o menor, com ele praticando uma infração penal, deve-se consultar o art. 244-B da Lei 8.069/1990 (Estatuto da Criança e do Adolescente).

# Art. 218-A

Código Penal Comentado · **Nucci**

### Satisfação de lascívia mediante presença de criança ou adolescente

> **Art. 218-A.** Praticar,[20-22] na presença de alguém menor de 14 (catorze) anos, ou induzi-lo a presenciar, conjunção carnal ou outro ato libidinoso, a fim de satisfazer lascívia própria ou de outrem:[23-27]
>
> Pena – reclusão, de 2 (dois) a 4 (quatro) anos.

**20. Análise do núcleo do tipo:** *praticar* significa realizar, executar ou levar a efeito; *induzir* quer dizer dar a ideia ou sugerir; *presenciar* significa assistir ou ver algo. Essas são as condutas, que têm por objeto o menor de 14 anos. Na realidade, pode-se dividir o tipo penal em duas partes: a) praticar à vista de menor de 14 anos conjunção carnal (cópula entre pênis e vagina) ou outro ato libidinoso (ato apto a satisfazer o prazer sexual); b) induzir menor de 14 anos a presenciar conjunção carnal ou outro ato libidinoso. A finalidade de ambas é a satisfação da lascívia própria ou de outrem. Nota-se, portanto, a criação de um tipo incriminador voltado a punir quem aprecia realizar atos sexuais diante de menor de 14 anos. A perversão sexual diz respeito a uma forma invertida de *voyeurismo*. Afinal, o *voyeur* é aquele que gosta de presenciar ato sexual entre outras pessoas. Isso lhe dá prazer. Entretanto, no caso do art. 218-A, o agente do crime quer que menor de 14 anos atue como *voyeur* de ato sexual seu ou de outrem. O tipo é misto alternativo: praticar o ato sexual na presença do menor *ou* induzi-lo a presenciar o ato sexual. A realização de ambas as condutas, contra a mesma vítima, no mesmo local e hora, dá origem a um só delito. Registre-se que, no caso presente, o agente não tem qualquer contato físico com o menor de 14 anos, sob pena de se caracterizar o estupro de vulnerável (ou tentativa). Na jurisprudência: STJ: "É delito formal, não requerendo, para a sua consumação, que o Agente atinja o seu intento de satisfazer a lascívia própria ou alheia ou mesmo que haja o comprometimento do menor. 2. Contudo, a figura típica exige que a satisfação da lascívia seja dirigida ao menor, ou seja, é necessário que o Agente busque a satisfação de seus intentos lascivos (ou de terceiro), no fato de que a conjunção carnal ou o ato libidinoso está sendo presenciado pelo menor de 14 (catorze) anos. 3. No caso concreto, segundo o acórdão recorrido, não ficou provado que a presença da menor no local, enquanto ocorria a prática da conjunção carnal mediante violência, também teve por escopo a satisfação da lascívia do Recorrido" (REsp 1.824.457-RS, rel. Laurita Vaz, 6.ª T., 18.08.2020, v.u.); "3. Para a configuração do delito previsto no art. 218-A do CP, não é necessário que a vítima tenha sido tocada ou que participe diretamente do ato libidinoso, o que pode configurar delito mais grave (art. 217-A do CP), sendo suficiente que o menor seja induzido a presenciar ou presencie comportamento lascivo por parte do agente, já que o bem jurídico tutelado por essa norma legal é a dignidade sexual, no sentido de resguardar o adequado desenvolvimento moral e sexual da criança ou do adolescente" (AgRg no AREsp 1.660.621-MG, 6.ª T., rel. Nefi Cordeiro, 18.08.2020, v.u.).

**21. Sujeitos ativo e passivo:** o sujeito ativo pode ser qualquer pessoa. O sujeito passivo é o menor de 14 anos.

**22. Elemento subjetivo do tipo:** é o dolo. Não há a forma culposa. Exige-se o elemento subjetivo específico, consistente na vontade de satisfazer prazer sexual próprio ou alheio.

**23. Objetos material e jurídico:** o objeto material é o menor de 14 anos. O objeto jurídico é a liberdade sexual, em especial no prisma moral.

**24. Classificação:** trata-se de crime comum (aquele que não demanda sujeito ativo qualificado ou especial); formal (delito que não exige resultado naturalístico, consistente no

efetivo comprometimento moral do menor ou na satisfação da lascívia); de forma livre (pode ser cometido por qualquer meio eleito pelo agente); comissivo ("praticar" e "induzir" implicam ações); instantâneo (cujo resultado se dá de maneira determinada, não se prolongando no tempo); unissubjetivo (pode ser praticado por um só agente); plurissubsistente (como regra, vários atos integram a conduta); admite tentativa, embora de rara configuração.

**25. Presença do menor:** não é exigível a presença física no mesmo espaço onde se realize a conjunção carnal ou outro ato libidinoso. Basta que a relação sexual seja realizada à vista do menor. Este, no entanto, pode estar distante, visualizando tudo por meio de equipamentos eletrônicos (câmera e vídeo). O contrário também é viável. O menor está ao lado do agente, que lhe exibe filmes pornográficos, contendo cenas de conjunção carnal ou outro ato libidinoso. De toda forma, o menor está *presenciando* libidinagem alheia.

**26. Distinção com o delito previsto no art. 241-D da Lei 8.069/1990:** nesta última figura típica, o acesso do menor ao material pornográfico destina-se a convencê-la a com o agente praticar qualquer ato libidinoso. Na situação delineada pelo art. 218-A, a mera presença do menor durante a prática sexual é o objetivo do agente, que, com isso, se satisfaz ou atende à satisfação alheia.

**27. Interpretação extensiva:** onde se lê *induzir*, leia-se, ainda, *instigar* (incentivar, fomentar) ou *auxiliar* (proporcionar, dar a oportunidade), afinal, são formas similares de participação.

### Favorecimento da prostituição ou de outra forma de exploração sexual de criança ou adolescente ou de vulnerável

> **Art. 218-B.** Submeter, induzir ou atrair[28-31] à prostituição[31-A] ou outra forma de exploração sexual[32] alguém menor de 18 (dezoito) anos[32-A-32-B] ou que, por enfermidade ou deficiência mental, não tem o necessário discernimento para a prática do ato, facilitá-la, impedir ou dificultar que a abandone:[33-34]
>
> Pena – reclusão, de 4 (quatro) a 10 (dez) anos.
>
> § 1.º Se o crime é praticado com o fim de obter vantagem econômica, aplica-se também multa.[35]
>
> § 2.º Incorre nas mesmas penas:
>
> I – quem pratica conjunção carnal ou outro ato libidinoso com alguém menor de 18 (dezoito) anos e maior de 14 (catorze) anos na situação descrita no *caput* deste artigo;[36]
>
> II – o proprietário, o gerente ou o responsável pelo local em que se verifiquem as práticas referidas no *caput* deste artigo.[37]
>
> § 3.º Na hipótese do inciso II do § 2.º, constitui efeito obrigatório da condenação a cassação da licença de localização e de funcionamento do estabelecimento.[38]

**28. Análise do núcleo do tipo:** *submeter* (subjugar, dominar, sujeitar alguém a algo), *induzir* (dar a ideia, sugerir) ou *atrair* (seduzir, chamar a atenção de alguém para algo) são os verbos alternativos, cujo objeto é a prostituição ou outra forma de exploração sexual de pessoa menor de 18 anos ou que, em virtude de enfermidade ou deficiência mental, não tenha o discernimento necessário para a prática do ato. A segunda parte do tipo penal prevê as

# Art. 218-B

Código Penal Comentado · **Nucci**

seguintes condutas alternativas: *facilitar* (tornar acessível ou à disposição); *impedir* (obstar, colocar qualquer obstáculo) ou *dificultar* (tornar algo complicado). A primeira delas (facilitar) diz respeito à prostituição ou outra forma de exploração sexual, de modo que, num primeiro momento, parece estar mal colocada nesta parte do tipo, devendo integrar o primeiro cenário, junto com os verbos *submeter, dominar, induzir* e *atrair*. Porém, o objetivo almejado foi o seguinte: na primeira parte, o agente capta a vítima, inserindo-a na prostituição ou outra forma de exploração sexual; na segunda parte, já no universo da prostituição ou outra forma de exploração sexual, parte o agente para a mantença da vítima nesse cenário, facilitando a sua permanência ou de algum modo impedindo ou dificultando. Os outros verbos (impedir e dificultar) ligam-se ao abandono da prostituição ou outra forma de exploração sexual. De toda forma, o conjunto das condutas descritas espelha um tipo misto alternativo: a prática de mais de duas condutas implica no cometimento de um só crime. Na jurisprudência: STJ: "1. Nos termos do artigo 218-B do Código Penal, são punidos tanto aquele que capta a vítima, inserindo-a na prostituição ou outra forma de exploração sexual (*caput*), como também o cliente do menor prostituído ou sexualmente explorado (§ 1.º). 2. Na espécie, o paciente, a quem se imputou a exploração sexual dos ofendidos, também figurou como 'cliente' dos menores, com eles praticando atos libidinosos, fatos que se enquadram na figura do inciso I do § 2.º do artigo 218-B do Estatuto Repressivo. Precedentes. 3. O crime de favorecimento da prostituição ou outra forma de exploração sexual de criança ou adolescente busca proteger a dignidade sexual do vulnerável, assegurando que possa se desenvolver de forma saudável, e, no momento apropriado, decidir livremente o seu comportamento sexual. 4. Diferentemente do que ocorre nos artigos 217-A, 218 e 218-A do Código Penal, nos quais o legislador presumiu de forma absoluta a vulnerabilidade dos menores de 14 (catorze) anos, no artigo 218-B não basta aferir a idade da vítima, devendo-se averiguar se o menor de 18 (dezoito) anos não tem o necessário discernimento para a prática do ato, ou por outra causa não pode oferecer resistência, o que ocorre, na maioria das vezes, mediante a comprovação de que se entrega à prostituição devido às suas más condições financeiras. Doutrina. 5. No caso dos autos, não há que se falar em atipicidade da conduta sob o argumento de que os adolescentes teriam consentido com a prática dos atos libidinosos, uma vez que a vulnerabilidade dos ofendidos restou devidamente comprovada no acórdão impugnado, tendo a autoridade impetrada registrado que o paciente, aproveitando-se da situação de miserabilidade dos ofendidos, os atraiu a se prostituírem, com eles mantendo relações sexuais mediante pagamento, o que caracteriza o delito do artigo 218-B, § 2.º, inciso I, do Código Penal" (HC 371.633-SP, 5.ª T., rel. Jorge Mussi, 19.03.2019); "1. O inciso I do § 2.º do art. 218-B do Código Penal é claro ao estabelecer que também será penalizado aquele que, ao praticar ato sexual com adolescente, o submeta, induza ou atraia à prostituição ou a outra forma de exploração sexual. Dito de outra forma, enquadra-se na figura típica quem, por meio de pagamento, atinge o objetivo de satisfazer sua lascívia pela prática de ato sexual com pessoa maior de 14 e menor de 18 anos. 2. A leitura conjunta do *caput* e do § 2.º, I, do art. 218-B do Código Penal não permite identificar a exigência de que a prática de conjunção carnal ou outro ato libidinoso com adolescente de 14 a 18 anos se dê por intermédio de terceira pessoa. Basta que o agente, mediante pagamento, convença a vítima, dessa faixa etária, a praticar com ele conjunção carnal ou outro ato libidinoso. 3. Pela moldura fática descrita no acórdão impugnado se vê claramente que o recorrido procurou, voluntariamente, a vítima e, mediante promessa de pagamento, a induziu à prática de atos libidinosos, a evidenciar seu nítido intuito de exploração sexual da adolescente, o que justifica o restabelecimento de sua condenação. 4. Recurso provido para restabelecer a sentença monocrática, que condenou o réu à pena de 4 anos e 8 meses de reclusão, em regime inicial semiaberto, como incurso no art. 218-B, § 2.º, I, do Código Penal" (REsp 1.490.891-SC, 6.ª T., rel. Rogerio Schietti Cruz, 07.04.2018, v.u.).

**28-A. Desclassificação para a figura do art. 232 da Lei 8.069/1990:** tivemos oportunidade de relatar um caso de submissão de adolescente a constrangimento (art. 232. Submeter criança ou adolescente sob sua autoridade, guarda ou vigilância a vexame ou a constrangimento: Pena – detenção de seis meses a dois anos), que foi inicialmente tipificado como favorecimento da prostituição ou outra forma de exploração sexual de adolescente (art. 218-B do CP). Pela gravidade da conduta, foi aplicada a pena máxima em revisão criminal. *In verbis*: TJSP: "Revisão criminal. Art. 218-B do Código Penal. Pleito de desclassificação para o art. 232 do ECA. Necessidade. Genitor que obrigava a filha, maior de 14 anos de idade, a presenciar e registrar em vídeo relações sexuais homossexuais extraconjugais praticadas com o corréu. Inexistência de exploração sexual da ofendida. Necessária interpretação analógica da expressão exploração sexual, devendo ser interpretada como situação similar à prostituição, exigindo a prática de atos libidinosos pela vítima ou com a vítima. O ato de registrar a prática libidinosa não se configura em exploração sexual. Ademais, sendo a vítima maior de 14 anos, não se tipifica no art. 218-A do CP. Correta a desclassificação para o art. 232 do ECA, posto ter sido a ofendida submetida a constrangimento. Gravidade concreta da conduta. Pena-base fixada no patamar máximo, em 2 anos de detenção, posto ter sido a conduta revestida de grave ameaça. Regime semiaberto mantido. Revisão criminal julgada procedente" (Revisão Criminal 2167280-98.2019.8.26.0000, 8.º Grupo de Direito Criminal, rel. Guilherme de Souza Nucci, 12.06.2020).

**28-B. Confronto com o art. 244-A da Lei 8.069/1990:** todo o conteúdo do art. 244-A foi reproduzido pelo art. 218-B do Código Penal, inserido pela Lei 12.015/2009. Tratando-se esta de lei mais recente, o art. 218-B afastaria a aplicação do art. 244-A. Opinamos pela revogação tácita do art. 244-A. Entretanto, diante da edição da Lei 13.440/2017, alternando a pena do art. 244-A, quer-se crer tenha o legislador acreditado na mantença do mencionado art. 244-A. Valeu-se, então, do critério de lei especial afastando lei geral. O art. 244-A afastaria o art. 218-B, na parcela nele prevista. Subsistiria o referido art. 218-B quanto à parte da conduta não tutelada pelo art. 244-A.

**29. Sujeitos ativo e passivo:** o sujeito ativo pode ser qualquer pessoa. O sujeito passivo é o menor de 18 anos e maior de 14 (afinal, quando a pessoa, menor de 14 anos, estiver envolvida em qualquer atividade sexual, configura-se o estupro de vulnerável, nos termos do art. 217-A; vcr, ainda, a nota 28 *supra*) ou a pessoa enferma ou deficiente mental. Ademais, note-se o disposto no § 2.º, I, mencionando apenas o menor de 18 e *maior de 14 anos*. Observa-se a tendência de se estabelecer a diferença entre vulnerabilidade absoluta e vulnerabilidade relativa. No contexto do art. 217-A, são considerados vulneráveis os menores de 14 anos, os enfermos e deficientes mentais e os que não podem opor resistência. Entretanto, no art. 218-B, cuja titulação também trata de pessoa vulnerável, inclui-se o menor de 18 anos. Ora, nada mais lógico que concluir ser o menor de 18 e maior de 14 anos uma pessoa relativamente vulnerável. Desse modo, se um menor, com 17 anos, procurar a prostituição por sua conta, sem qualquer intermediação, cônscio da situação na qual se insere, não se pode falar em crime. O fato é atípico. No tocante aos enfermos e deficientes mentais, o mesmo prisma deve ser adotado. Há vulnerabilidade absoluta, quando o discernimento para a prática do ato for nulo. Há vulnerabilidade relativa, quando o discernimento for razoável. Nesta hipótese, existindo exploração sexual, configura-se o crime do art. 218-B; fora do contexto da exploração sexual, pode dar-se a figura do art. 215.

**30. Inviabilidade de concurso de crimes (arts. 218-B e 217-A):** poder-se-ia dizer que o menor de 14 anos, se for submetido à prostituição ou outra forma de exploração sexual, daria ensejo ao preenchimento do tipo penal do art. 218-B e, também, do art. 217-A. Portanto, se ele tivesse relação sexual com alguém, mediante paga, tratar-se-ia de concurso de crimes. Assim não nos parece, pois o objeto jurídico tutelado é exatamente o mesmo: a proteção à

# Art. 218-B

Código Penal Comentado · **Nucci**

1016

liberdade sexual do vulnerável. Ademais, cuida-se da mesma pessoa (vítima), razão pela qual deve prevalecer, pelo critério da absorção, a infração penal mais grave, cujos fatos são mais abrangentes, vale dizer, o tipo penal do estupro de vulnerável, constante do art. 217-A.

**31. Elemento subjetivo do tipo:** é o dolo. Não se pune a forma culposa, nem se exige elemento subjetivo específico, salvo na forma do § 1.º ("com o fim de obter vantagem econômica").

**31-A. Prostituição:** cuida-se do comércio do corpo humano, em que a pessoa se envolve em qualquer relação sexual, com a finalidade de satisfazer a libido, com outrem, mediante o recebimento de qualquer vantagem ou remuneração, fazendo-o de modo habitual. Quando ocorre entre pessoas adultas e capazes, é ato lícito, em decorrência natural dos princípios da intimidade e da privacidade. Por certo, envolvendo menores de 18 anos, atinge bem jurídico relevante, como a formação da personalidade da pessoa e merece um cuidado maior, recebendo tutela penal.

**32. Exploração sexual:** a Lei 12.015/2009 inseriu em vários tipos penais a expressão *exploração sexual*. O art. 234-C que a definia, foi vetado. Logo, criou-se um elemento normativo do tipo, dependente de valoração cultural. Em primeiro plano, deve-se considerar a sua similitude com a prostituição, pois o próprio texto legal menciona a prostituição *ou outra forma de exploração sexual*. *Explorar* significa tirar proveito de algo ou enganar alguém para obter algo. Unindo esse verbo com a atividade sexual, visualiza-se o quadro de tirar proveito da sexualidade alheia ou enganar alguém para atingir práticas sexuais. Explora-se sexualmente outrem, a partir do momento em que este é ludibriado para qualquer relação sexual ou quando o ofendido propicia lucro a terceiro, em virtude de sua atividade sexual. A expressão *exploração sexual* difere de *violência sexual*. Logo, o estuprador não é um explorador sexual. Por outro lado, *exploração sexual* não tem o mesmo sentido de *satisfação sexual*. Portanto, a relação sexual, em busca do prazer, entre pessoa maior de 18 anos com pessoa menor de 18 anos não configura exploração sexual. Desse modo, podemos considerar crimes ligados à exploração sexual as figuras dos arts. 215, 216-A, 218-B, 227, § 2.º, parte final, e § 3.º, 228, 229, 231 e 231-A.

**32-A. Erro de tipo:** não são poucos os casos nos quais o agente afirma erro de tipo, ou seja, o desconhecimento da idade da(o) menor prostituída(o). Essa é uma situação jurídica viável, prevista no art. 20 do Código Penal. No entanto, não pode servir de *desculpa* para que jovens sejam aliciados para a prostituição, sempre se alegando desconhecer as suas idades. Afinal, o relacionamento sexual é regrado no Brasil – como em outros países – devendo ser de conhecimento geral qual a idade adequada para cada passo. Menores de 14 anos não podem ter relação sexual com adulto, presumindo-se a sua vulnerabilidade e incapacidade de consentimento. Diante disso, quem pretende relacionar-se com adolescentes deve ter a cautela de conhecer, de fato, a sua idade. Maiores de 14 e menores de 18 podem ter relacionamentos sexuais voluntários e gratuitos, mas não podem ser submetidos, atraídos ou induzidos à prostituição pelo agenciador ou pelo cliente. Mais uma vez, cabe a quem pretende relacionar-se sexualmente com menores de 18 a cautela de verificar a idade, em especial se houver pagamento. Com isso, quer-se sinalizar para a viabilidade, sim, de haver erro de tipo (desconhecimento efetivo da idade do menor), mas ele deve ser devidamente provado – simples alegação, desconectada de outras provas, é inválida. Na jurisprudência: STJ: "7. No que se refere ao art. 218-B, § 2.º, II, CP, é razoável vislumbrar o ordenamento jurídico como verdadeira unidade jurídica, de forma a extrair da amplitude das normas quais são os bens jurídicos que estão a merecer melhor proteção. É o que reza o princípio da proibição da proteção deficiente. Em tempos atuais, o que se busca é a proteção aos direitos fundamentais em todas as suas dimensões. 8.

*In casu*, o escopo primordial dos direitos fundamentais está voltado à proteção integral à(ao) criança/adolescente e ao trabalhador urbano, direitos consagrados na Carta Magna e de vital importância no resguardo da dignidade da pessoa humana, pois além da prática de crime sexual contra menor de idade, houve infração às normas trabalhistas. 9. O erro de tipo em face à ignorância em torno da idade da vítima, não obstante tenha resguardo jurídico, se tornou um modo corriqueiro de se eximir da condenação penal. É desproporcional dar-lhe maior ênfase quando se tem, de outro lado, ofensa a direitos fundamentais. 10. É salutar reavivar os critérios determinantes da tipicidade conglobante de Zaffaroni, em que o juízo de tipicidade é analisado partindo do sistema normativo considerado em sua globalidade. Desse modo, imperiosa a análise do caso nessa perspectiva, não podendo a dúvida quanto à idade da vítima beneficiar os autores quando, por obrigatoriedade, a sua ciência seria requisito intrínseco para a formalização dos contratos trabalhista e de locação de imóvel. 11. É preciso que haja proteção de fato e de direito às crianças e adolescentes brasileiros, pois de nada adiantará todo o aparato judicial preventivo se não aplicado de forma efetiva. Recurso especial provido para o restabelecimento da sentença penal condenatória" (REsp 1464450-SC, 5.ª T., rel. Joel Ilan Paciornik, 17.08.2017, v.u.).

**32-B. *Sugar dating*:** conforme pudemos expor em nossa obra *Tratado de crimes sexuais*, o relacionamento romântico-sexual entre pessoas de idades muito diferentes (*sugar dating*), em que a parte jovem é sustentada pela mais velha, configura um formato da prostituição. Há o *sugar daddy* (homem idoso) ou *sugar mommy* (mulher mais velha) e o *sugar baby* (jovem sustentado – homem ou mulher). O conforto do sustento propicia que os jovens deem a sua contrapartida, inclusive com o ato sexual. Para quem pode pagar, a prostituição aufere diversos disfarces. Alguns países que proíbem a prostituição, muitas vezes, acolhem essa relação camuflada, *fingindo* tratar-se de um simples romance. Melhor seria descortinar a verdade de que se cuida, igualmente, de prostituição, embora, em nosso entendimento, seja lícita, quando envolve adultos capazes. Envolvendo menores de 18 anos, deve-se levar em consideração a legislação vigente, como, por exemplo, o preceituado no art. 218-B do Código Penal. Na jurisprudência: STJ: "2. A denúncia detalhou atos que configuram exploração sexual, conforme o art. 218-B, § 2.ºº, I, do Código Penal. Não há incongruência entre a denúncia e a sentença, pois a peça acusatória especifica a conduta do acusado ao atrair a vítima para seu domínio, sob o pretexto de ajudá-la, mas com o objetivo de exploração sexual. 3. Constata-se dos autos que o réu foi acusado de facilitar e promover a exploração sexual de uma adolescente, maior de 14 e menor de 18 anos, por meio de um site de relacionamentos, oferecendo transporte, hospedagem e outras vantagens econômicas indiretas. A vítima, atraída para um hotel de luxo sob a promessa de auxílio em sua carreira de influencer digital, foi submetida a atos libidinosos pelo réu. 4. A relação conhecida como sugar, em que um adulto oferece vantagens econômicas a um adolescente em troca de favores sexuais, caracteriza exploração sexual quando envolve menores de 18 anos. Essa prática, independentemente do consentimento da vítima, configura o crime previsto no art. 218-B, § 2.º, I, do Código Penal, dada a vulnerabilidade presumida dessa faixa etária e a natureza mercantilista da relação. 4.1. Tese fixada: O relacionamento entre adolescente maior de 14 e menor de 18 anos (*sugar baby*) e um adulto (*sugar daddy* ou *sugar mommy*) que oferece vantagens econômicas configura o tipo penal previsto no art. 218-B, § 2.º, I, do Código Penal, porquanto essa relação se constrói a partir de promessas de benefícios econômicos diretos e indiretos, induzindo o menor à prática de conjunção carnal ou qualquer outro ato libidinoso" (Ag. em REsp 2.529.631 – RJ, 5.ª T., Rel. Ribeiro Dantas, 10.9.2024, v. u.).

**33. Objetos material e jurídico:** o objeto material é o menor de 18 e maior de 14 anos (vide a nota 28 *supra*) ou a pessoa enferma ou deficiente mental. O objeto jurídico é a dignidade

# Art. 218-B

Código Penal Comentado • **Nucci**

1018

sexual, voltada, particularmente, à formação moral do menor de 18 e maior de 14 anos, bem como à autodeterminação sexual do deficiente ou enfermo mental.

**34. Classificação:** trata-se de crime comum (aquele que não demanda sujeito ativo qualificado ou especial); material (delito que exige resultado naturalístico, consistente na efetiva prática da prostituição ou outra forma de exploração sexual); de forma livre (pode ser cometido por qualquer meio eleito pelo agente); comissivo (todos os verbos implicam ações); instantâneo (cujo resultado se dá de maneira determinada, não se prolongando no tempo); unissubjetivo (pode ser praticado por um só agente); plurissubsistente (como regra, vários atos integram a conduta); admite tentativa, nas formas *impedir* e *dificultar*. Não cabe tentativa nas formas *submeter*, *atrair*, *induzir* e *facilitar*, pois é crime condicionado, dependente da prática da prostituição ou outra forma de exploração sexual. Entretanto, acolhendo a tentativa: TJRS: "Para a consumação do tipo previsto no art. 218-B do CP, é necessário que o agente induza a vítima à prostituição ou outra forma de exploração sexual, devendo a lesada, menor de 18 anos de idade, ser levada a se prostituir, ou seja, pratique o efetivo exercício da prostituição ou de outra forma de exploração sexual, ou ainda que se coloque à disposição para a prostituição ou exploração sexual, mesmo que não chegue à prática sexual propriamente dita, sendo o delito de natureza material ou causal. Ao concreto, em que pese a vítima tenha sofrido a ação delituosa do réu, que tentou convencê-la das vantagens da prostituição, dele recebendo proposta direta, com oferta de dinheiro, desde o início, opôs-se à investida do increpado de desvirtuar sua moral ou dignidade sexual, graças à sua consciência e maturidade, mostrando-se firme, não se deixando levar pelas promessas. Réu que ingressou na esfera executória do crime, o delito não se consumando por circunstâncias alheias à vontade do agente, qual seja, a negativa da vítima. Tentame reconhecido. (...)" (Ap. 70077599116, 8.ª C. Crim., rel. Fabianne Breton Baisch, 27.11.2019, v.u.).

**35. Finalidade de obtenção de vantagem econômica:** como regra, a imersão no universo da prostituição demanda vantagens econômicas tanto para quem agencia, quanto para quem a pratica. Cumula-se, nessa hipótese, a pena pecuniária à pena privativa de liberdade. Entretanto, há outras formas de exploração sexual (ex.: advinda de fraude), que podem não possuir conotação econômica. Por isso, nessas situações, não se aplica a pena de multa.

**36. Partícipe do favorecimento da prostituição ou outra forma de exploração sexual:** prevê-se punição para o cliente da pessoa (menor de 18 e maior de 14 anos, enfermo ou deficiente mental) submetida, atraída, induzida à prostituição ou outra forma de exploração sexual, bem como com a pessoa que tem a exploração sexual ou prostituição facilitada, obstada ou dificultada em relação ao abandono. Pune-se com a mesma pena de reclusão, de quatro a dez anos. Entretanto, há de se observar não somente o caráter da vulnerabilidade, que é relativa, admitindo prova em contrário no tocante ao discernimento da vítima, como também é fundamental encontrar o menor de 18 ou o enfermo (ou deficiente mental) em situação de exploração sexual por terceiro. Lembremos que a prostituição, em si, não é ato criminoso, pois inexiste tipificação. Logo, quer-se punir, de acordo com o art. 218-B, *caput*, aquele que insere o menor de 18 anos e maior de 14 no cenário da prostituição ou outra forma de exploração sexual, facilita sua permanência ou impede ou dificulta a sua saída da atividade. A partir disso, almeja-se punir o cliente do cafetão, agenciador dos menores de 18 anos, que tenha conhecimento da exploração sexual. O referido cliente atua, na essência, como partícipe. Não há viabilidade de configuração do tipo penal do art. 218-B, § 2.º, I, quando o menor de 18 anos e maior de 14 procurar a prostituição por sua conta, fazendo-o de maneira voluntária e espontânea, e mantiver relação sexual com outrem. Afinal, ele não se encontra na "situação descrita no *caput* deste artigo" (expressa menção feita no § 2.º, parte final). Quisesse o legislador punir a prostituição juvenil por inteiro, deveria ter construído o tipo penal de forma mais clara, sem qualquer remissão ao *caput*. Por outro lado, há de se considerar a hipótese de alguém *atrair* ou *induzir* o menor entre 14 e 18 à prostituição, servindo-se dele como cliente. Nessa forma, cremos configurar-se o § 2.º, I, deste artigo. Afinal, o menor não se prostituiu *voluntariamente*, mas foi *levado* a isso pelo próprio cliente. Na jurisprudência: STJ: "1. De acordo com o artigo 218-B, § 2.º, inciso I, do Código Penal, pune-se o cliente da pessoa menor de 18 (dezoito) anos e maior de 14 (catorze) anos submetida, atraída, induzida à prostituição ou outra forma de exploração sexual, bem como aquele que impede ou dificulta o abandono da exploração sexual ou prostituição de criança ou adolescente, não havendo qualquer menção à necessidade de obtenção de lucro ou vantagem material por parte do agente. 2. No caso dos autos, infere-se que o recorrente teria atraído três adolescentes a se prostituírem, com ele mantendo relações sexuais mediante promessa de pagamento, encontrando-se descritas, portanto, as elementares exigidas para a caracterização do crime em exame, o que é suficiente para que seja deflagrado o processo" (RHC 65.205-RN, 5.ª T., rel. Jorge Mussi, 12.04.2016, v.u.); "1. O inciso I do § 2.º do art. 218-B do Código Penal é claro ao estabelecer que também será penalizado aquele que, ao praticar ato sexual com adolescente, o submeta, induza ou atraia à prostituição ou a outra forma de exploração sexual. Dito de outra forma, enquadra-se na figura típica quem, por meio de pagamento, atinge o objetivo de satisfazer sua lascívia pela prática de ato sexual com pessoa maior de 14 e menor de 18 anos. 2. A leitura conjunta do *caput* e do § 2.º, I, do art. 218-B do Código Penal não permite identificar a exigência de que a prática de conjunção carnal ou outro ato libidinoso com adolescente de 14 a 18 anos se dê por intermédio de terceira pessoa. Basta que o agente, mediante pagamento, convença a vítima, dessa faixa etária, a praticar com ele conjunção carnal ou outro ato libidinoso. 3. Pela moldura fática descrita no acórdão impugnado se vê claramente que o recorrido procurou, voluntariamente, a vítima e, mediante promessa de pagamento, a induziu à prática de atos libidinosos, a evidenciar seu nítido intuito de exploração sexual da adolescente, o que justifica o restabelecimento de sua condenação. 4. Recurso provido para restabelecer a sentença monocrática, que condenou o réu à pena de 4 anos e 8 meses de reclusão, em regime inicial semiaberto, como incurso no art. 218-B, § 2.º, I, do Código Penal" (REsp 1490891-SC, 6.ª T., rel. Rogerio Schietti Cruz, 17.04.2018, v.u.).

**37. Outra possibilidade de participação do favorecimento da prostituição ou outra forma de exploração sexual:** busca-se punir, igualmente, o proprietário, gerente ou o responsável pelo local em que se verifiquem as práticas referidas no *caput* do artigo, ou seja, onde ocorra a exploração sexual do menor de 18 anos e maior de 14, do enfermo ou deficiente mental. Do mesmo modo, é preciso considerar que a remissão feita ao *caput* exige a prova de que o menor de 18 anos, por exemplo, esteja submetido por terceiro à prostituição ou à exploração sexual. O menor de 18 anos, que age por conta própria, não permite a adequação típica às várias situações descritas no *caput*. Logo, o responsável pelo local onde ocorra a prostituição ou exploração sexual necessita ter conhecimento de que há submissão, atração ou induzimento à prática sexual, ou que ocorre facilitação, impedimento ou dificultação para o abandono. Do contrário, ausente o dolo, inexiste infração penal.

**38. Efeito da condenação:** prevê-se, no caso de punição do gerente, proprietário ou responsável pelo local onde se verifique a exploração sexual, como efeito obrigatório da condenação, a cassação da licença de localização e de funcionamento do estabelecimento. Embora efeito obrigatório, ele não é automático, devendo o juiz estabelecê-lo na sentença condenatória, propiciando a execução imediata após o trânsito em julgado. Do contrário, se omissa a decisão, parece-nos deva servir a sentença condenatória de instrumento para que, na esfera administrativa ou civil, promova-se a interdição do local. A legitimidade para tanto é, primordialmente, do Ministério Público para essa tarefa.

# Art. 218-C

Código Penal Comentado · **Nucci**

## Divulgação de cena de estupro ou de cena de estupro de vulnerável, de cena de sexo ou de pornografia

> **Art. 218-C.** Oferecer,[39-41] trocar, disponibilizar, transmitir, vender ou expor à venda, distribuir, publicar ou divulgar, por qualquer meio – inclusive por meio de comunicação de massa ou sistema de informática ou telemática –, fotografia, vídeo ou outro registro audiovisual que contenha cena de estupro ou de estupro de vulnerável ou que faça apologia ou induza a sua prática, ou, sem o consentimento da vítima,[42] cena de sexo, nudez ou pornografia:[43-44]
>
> Pena – reclusão, de 1 (um) a 5 (cinco) anos, se o fato não constitui crime mais grave.[45]

### Aumento de pena

> § 1.º A pena é aumentada de 1/3 (um terço) a 2/3 (dois terços) se o crime é praticado por agente que mantém ou tenha mantido relação íntima de afeto com a vítima ou com o fim de vingança ou humilhação.[46]

### Exclusão de ilicitude

> § 2.º Não há crime quando o agente pratica as condutas descritas no *caput* deste artigo em publicação de natureza jornalística, científica, cultural ou acadêmica com a adoção de recurso que impossibilite a identificação da vítima, ressalvada sua prévia autorização, caso seja maior de 18 (dezoito) anos.[47]

**39. Análise do núcleo do tipo:** *oferecer* (colocar à disposição de alguém; exibir); *trocar* (permutar; entregar alguma coisa para receber algo em retorno); *disponibilizar* (tornar acessível; colocar algo ao alcance de outrem); *transmitir* (passar algo a outrem; propagar); *vender* (alienar alguma coisa mediante o pagamento de determinado preço); *expor à venda* (apresentar algo para ser alienado mediante o pagamento do preço); *distribuir* (espalhar; entregar algo a diversos receptores); *publicar* (levar algo ao conhecimento do público); *divulgar* (propagar; fazer algo ser conhecido) são os verbos, espelhando condutas alternativas, muitas das quais são sinônimas, cujo objeto é a fotografia, o vídeo ou outro registro audiovisual que contenha cena de estupro ou de estupro de vulnerável ou que faça apologia ou induza a sua prática. Lembre-se que a prática de mais de uma conduta alternativa, no mesmo contexto, representa o cometimento de um só delito do art. 218-C. O tipo penal foi criado com destino certo: tutelar a exposição, pela internet, de foto/vídeo de: a) estupro nas duas formas: típica (art. 213, CP) e contra vulnerável (art. 217-A, CP) ou a sua apologia (defesa, elogio, enaltecimento) ou induzimento (dar a ideia; incentivo); b) sexo, nudez ou pornografia (forma de explorar o sexo de maneira chula ou grosseira). Esses dois objetivos advieram dos vários casos concretos, acompanhados pela sociedade brasileira, nos últimos tempos. Houve quem estuprasse uma moça, inconsciente ou semi-inconsciente, colocando o vídeo dessa conduta na internet para conhecimento público. Houve, ainda, quem divulgasse foto de namorada nua ou de relação sexual mantida entre namorados, igualmente, para ciência pública em redes sociais. Há vários outros exemplos, agora abrangidos por este novo tipo penal, que possui nove verbos, detalhados meios de execução e sete objetos. O meio de execução do crime aponta a fórmula *por qualquer meio*, o que já seria suficiente; mesmo assim, o legislador insere uma frase explicativa desnecessária: *inclusive por meio de comunicação de massa ou sistema de informática ou telemática*. A justificativa para o surgimento deste tipo incriminador lastreia-se, objetivamente, na divulgação de dados referentes a nudez e sexo, expondo as vítimas a um grande público. Há de se destacar que a prática do estupro e sua divulgação por rede social, por exemplo, deveriam gerar dois delitos, pois se lesa a liberdade sexual e a honra da vítima. Porém, o tipo se proclama expressamente subsidiário, cedendo espaço a delitos mais graves que o envolvam. Diante disso, quem comete o estupro e divulga, segundo nos parece, pratica somente estupro; a seguinte divulgação é fato posterior não punido. Na jurisprudência: TJSP: "Acusados que, depois de prender em flagrante a vítima menor, detinham vigilância sobre ela além de dever de cuidado, cumprindo-lhes apresentá-la de imediato à autoridade competente, submetendo-a ao invés a intenso sofrimento físico e mental para castigá-la barbaramente – delito de tortura caracterizado, demonstrada ainda a prática de divulgação de cena de nudez, sem o consentimento, majorada pela finalidade de humilhação, além do cárcere privado. (...) A acusação contra os réus V. e D., no caso, foi em suma a de que em data e horário incertos do mês de julho de 2019, no interior do Supermercado R., em circunstâncias descritas, estando previamente ajustados e com unidade de desígnios e propósitos, depois de surpreenderem a vítima menor (E.) quando ela furtava 'barras de chocolate' do referido estabelecimento, a teriam abordado, levando-a ao interior de um cômodo existente no local, onde a despiram, amarraram e amordaçaram, aplicando-lhe açoites por meio de um chicote com fios elétricos trançados, seguindo-se palavras de humilhação e ameaças de morte, causando-lhe intenso sofrimento físico e moral, além de mantê-la, contra a vontade, com a liberdade restringida, filmando-a nua e em situação de agressão, divulgando as respectivas imagens junto à 'internet'" (Ap. Crim. 1526926-27.2019.8.26.0050, 4.ª C. D. Crim., rel. Ivana David, 24.11.2020, v.u.).

**40. Sujeitos ativo e passivo:** o sujeito ativo pode ser qualquer pessoa. O sujeito passivo, igualmente, pode ser qualquer pessoa.

**41. Elemento subjetivo do tipo:** é o dolo. Não há elemento subjetivo específico, vale dizer, o agente pode divulgar fotos ou vídeos de crimes sexuais ou relacionamentos sexuais por qualquer finalidade. Poderá haver finalidade específica quando se configurar uma das causas de aumento (ver a nota 46 *infra*). Inexiste a forma culposa.

**42. Expressão *sem o consentimento da vítima*:** cuida-se de elemento relativo à ilicitude. Afinal, o relacionamento sexual consentido entre adultos é um irrelevante penal, por ser conduta lícita. Mas, retirando-se o consentimento de uma das partes, nasce a ilicitude. Optou o legislador por inserir esse fator diretamente no tipo, de modo que as condutas sexuais consentidas são atípicas, como regra, e as praticadas sem o consentimento de um dos envolvidos torna-se típica, em geral.

**43. Objetos material e jurídico:** o objeto material é a fotografia, o vídeo ou outro registro audiovisual, contendo as cenas indicadas no tipo. O objeto jurídico é a dignidade sexual, mas também envolve a honra da vítima.

**44. Classificação:** trata-se de crime comum (pode ser cometido por qualquer pessoa); formal (delito que se consuma mediante a prática da conduta, independentemente de haver resultado naturalístico); de forma livre (a divulgação pode ser realizada de qualquer maneira); comissivo (trata-se de crime de ação, conforme evidenciam os verbos nucleares do tipo); instantâneo (o resultado se dá de modo determinado na linha do tempo), nas formas *oferecer*, *trocar*, *vender*, *distribuir*, *publicar* e *divulgar*, porém podem assumir o caráter permanente (o

# Art. 218-C

Código Penal Comentado · **Nucci**

1022

resultado arrasta-se no tempo) os modelos *transmitir* (cuidando-se de transmissão ininterrupta de um vídeo na internet, por exemplo); *expor à venda*; *disponibilizar* (quando se torna uma foto ou vídeo acessível, pode dar-se de maneira contínua); de dano (consuma-se com a lesão à dignidade sexual/honra de alguém); unissubjetivo (pode ser cometido por uma só pessoa); plurissubsistente (a regra é que a prática libidinosa envolva vários atos); admite tentativa.

**45. Benefícios penais e crime subsidiário:** a pena mínima (1 ano) permite a suspensão condicional do processo. Além disso, havendo condenação até 4 anos, pode-se substituir a pena privativa de liberdade por restritivas de direito, já que não há violência ou grave ameaça. Eventualmente, também, pode caber *sursis*, para condenações até 2 anos. E, para condenações até 4 anos, o regime possível é o aberto. Trata-se, no entanto, de crime explicitamente subsidiário. Ele cede lugar a delito mais grave, como, por exemplo, o estupro.

**46. Causa de aumento:** aplica-se a elevação, na terceira fase da individualização da pena, no montante de 1/3 a 2/3 quando ocorrer as seguintes hipóteses: a) prática do delito por agente que mantém ou tenha mantido relação íntima de afeto com a vítima; b) quando houver, por parte do agente, o fim de vingança ou humilhação. Entende-se mais grave a conduta, diante a relação de confiança normalmente existente entre pessoas que se relacionam intimamente, com afeto; o agente que, quebrando essa confiança, divulga, por exemplo, um vídeo da relação sexual na internet, sem o consentimento da outra parte envolvida, por certo, merece uma pena maior. O aumento deve ser graduado de 1/3 a 2/3 conforme o grau de estabilidade da relação íntima de afeto. Ilustrando, quem assim age após a primeira noite de sexo com alguém que conheceu há pouco tempo merece uma elevação de 1/3; quem já é noivo ou casado com a vítima, merece um aumento de 2/3. No tocante à segunda causa de aumento, está-se no cenário da finalidade específica de agir, pretendendo vingança ou a humilhação da vítima. A quantidade de elevação da pena deve obedecer ao caso concreto, avaliando-se, igualmente, o grau de relação existente entre o agente e a vítima; afinal, quanto mais próximos, mais grave a conduta; quanto mais distantes, menos grave. Pode-se, ainda, indicar o aumento de 2/3 para o agente que, mantendo relação íntima de afeto com a vítima, divulga sua nudez para humilhá--la. Na jurisprudência: TJMG: "É possível a demonstração da divulgação das cenas de sexo à configuração do delito art. 218-C, § 1.º, do CP, por outros meios de prova lícita, notadamente pela impossibilidade de realização da perícia técnica ante o desaparecimento dos vestígios do crime. Regra do art. 167 do CPP. Se ficou evidente, pela farta prova testemunhal que a conduta do agente se enquadra perfeitamente no tipo penal previsto no art. 218-C, § 1.º, do CP, tendo ele divulgado, sem o consentimento da vítima, vídeos e fotos íntimas, é dispensável a realização de exame pericial quando a autoria e a materialidade puderem ser conhecidas de outra maneira, notadamente, diante da prova testemunhal a comprovar os documentos colacionados aos autos" (Ap. 1.0707.19.003847-1/001, 4.ª C. Crim., rel. Âmalin Aziz Sant'ana, 16.03.2020, v.u.).

**47. Causas excludentes da ilicitude:** com acerto, preveem-se, neste § 2.º, as hipóteses com relação às quais inexiste afronta ao ordenamento jurídico, pois outros valores relevantes estão em cena. A divulgação (e outras condutas descritas no *caput*) de fotos ou vídeos para atender a liberdade de informação jornalística (art. 220, § 1.º, CF), a expressão de atividade científica, cultural ou acadêmica estão em harmonia com a Constituição e demais leis ordinárias. Além disso, o texto deste parágrafo é claro ao exigir a adoção de recurso que preserve a identificação da vítima. Coloca-se, ainda, uma exceção: se a pessoa ofendida for maior de 18 anos e der prévia autorização para a divulgação de sua imagem. Enfim, ainda que divulgar fotos e vídeos de conteúdo sexual (criminoso ou não) possa constituir um fato típico, adequado ao art. 218-C, não se trata de ilícito.

## Capítulo III
## DO RAPTO

### Rapto violento ou mediante fraude

**Art. 219.** (Revogado pela Lei 11.106/2005.)

• Ver a nota 18-B ao art. 2.º.

### Rapto consensual

**Art. 220.** (Revogado pela Lei 11.106/2005.)

### Diminuição de pena

**Art. 221.** (Revogado pela Lei 11.106/2005.)

### Concurso de rapto e outro crime

**Art. 222.** (Revogado pela Lei 11.106/2005.)

## Capítulo IV
## DISPOSIÇÕES GERAIS

### Formas qualificadas

**Art. 223.** (Revogado pela Lei 12.015/2009.)

### Presunção de violência

**Art. 224.** (Revogado pela Lei 12.015/2009.)

### Ação penal

**Art. 225.** Nos crimes definidos nos Capítulos I e II deste Título, procede-se mediante ação penal pública incondicionada.[1-3]

**Parágrafo único.** (Revogado).[2-4]

# Art. 226

**Código Penal Comentado · Nucci**

**1. Ação penal pública:** a partir da edição da Lei 12.015/2009, a ação penal, nos casos de crimes sexuais, passou de privada para pública condicionada à representação da vítima. A ideia principal era preservar a autonomia da vítima para denunciar o crime sexual, ou não. Afinal, por vezes, expor-se, como pessoa ofendida, poderia ser pior à sua imagem do que se calar. Tratava-se da opção dada pela lei. Com o surgimento da Lei 13.718/2018, todos os crimes previstos nos Capítulos I e II deste Título passam a ser investigados e processados mediante ação pública incondicionada, significando não mais se respeitar o *querer* da vítima. O delegado pode instaurar inquérito e o Ministério Público, denunciar, independentemente de qualquer provocação da pessoa ofendida. A mudança de postura do Legislativo deve-se à alteração de mentalidade da sociedade brasileira, que evoluiu para atingir o sentimento geral de punição ao agente de delito sexual, independentemente da vontade de quem foi vítima. Afinal, por exemplo, o agente do crime sexual, quando não punido, tende a reincidir; se não houve investigação anterior, torna-se mais difícil evitar que ele faça novas vítimas. Passa a vigorar a postura de que o crime sexual afeta interesse não somente da pessoa ofendida, mas também da sociedade. Na jurisprudência: TJSP: "Estupro de vulnerável. Pretensão de extinção da punibilidade do paciente pela decadência, por ausência de representação da vítima. Não cabimento. Delito que se procede mediante ação penal pública incondicionada. Inexigibilidade de oferecimento de representação pela ofendida. Ordem denegada" (*Habeas Corpus* 0030176-64.2020.8.26.0000, 16.ª Câmara de Direito Criminal, rel. Leme Garcia, 17.11.2020, v.u.).

**2. A Súmula 608 do STF:** prevê a referida súmula: "No crime de estupro, praticado mediante violência real, a ação penal é pública incondicionada". Entendíamos que a alteração legislativa, trazida pela Lei 12.015/2009, fazia cessar a aplicação da Súmula 608. Afinal, o art. 225, com nova redação de 2009, substituiu a ação privada (que deveria ser ajuizada pela vítima, por meio de advogado) pela ação pública condicionada (que deve ser ajuizada pelo MP, bastando a representação da vítima). Houve debate e divisão de posições na doutrina e na jurisprudência: pela revogação ou pela manutenção da Súmula 608 do STF. Essa discussão perdeu o sentido. O Parlamento optou pela ação pública incondicionada para todos os casos de crimes sexuais.

**3. Retroatividade do art. 225:** não mais subsiste a ação pública condicionada nos delitos sexuais; hoje, vigora a ação pública incondicionada. No entanto, como a norma anterior era mais benéfica ao réu, a atual redação do art. 225 somente vale para crimes sexuais cometidos a partir da edição da Lei 13.718/2018.

### Aumento de pena

> **Art. 226.** A pena é aumentada:[4]
>
> I – de quarta parte, se o crime é cometido com o concurso de 2 (duas) ou mais pessoas;[5]
>
> II – de metade, se o agente é ascendente, padrasto ou madrasta, tio, irmão, cônjuge, companheiro, tutor, curador, preceptor ou empregador da vítima ou por qualquer outro título tiver autoridade sobre ela;[6]
>
> III – (Revogado pela Lei 11.106/2005.)
>
> IV – de 1/3 (um terço) a 2/3 (dois terços), se o crime é praticado:

## Estupro coletivo

*a*) mediante concurso de 2 (dois) ou mais agentes; [6-A]

## Estupro corretivo

*b*) para controlar o comportamento social ou sexual da vítima. [6-B]

**4. Causa de aumento de pena:** obriga-se o magistrado a elevar a pena do réu na terceira fase da individualização, ou seja, após estabelecer a pena-base (1.ª fase, levando-se em conta os elementos do art. 59 do CP), fixar as agravantes e atenuantes porventura existentes (2.ª fase, tomando por critério os arts. 61 a 66 do CP), passa a considerar as causas de aumento e/ou diminuição.

**5. Concurso de duas ou mais pessoas:** não se exige sejam todos coautores, podendo-se incluir nesse contexto, para a configuração da causa de aumento, os partícipes. Portanto, se duas ou mais pessoas tomaram parte na prática do delito, antes ou durante a execução, é suficiente para aplicar-se a elevação da pena. Porém, se o crime sexual for o estupro, aplica-se a causa de aumento específica, prevista no inciso IV, *a*. Na jurisprudência: TJMT: "A aplicação da causa de aumento prevista no artigo 226, I, do Código Penal com relação ao crime de estupro praticado em concurso de pessoas não acarreta *bis in idem* quando o acusado também é condenado como incurso nas penas do delito de corrupção de menores" (Ap. 0004529-27.2015.8.12.0002, 3.ª Câmara Criminal, rel. Jairo Roberto de Quadros, 26.07.2019, v.u.).

**6. Autoridade do agente sobre a vítima:** as hipóteses enumeradas neste inciso dizem respeito à natural autoridade que muitas dessas pessoas podem possuir sobre a parte ofendida. Pais, padrastos ou madrastas, tios, irmãos (mais velhos, na maioria dos casos), tutores, curadores, preceptores (professores) ou empregadores, em regra, têm maior ascendência sobre ela. Merecem pena mais severa. A Lei 11.106/2005 determinou aumento de metade (anteriormente, cuidava-se de quarta parte) para todas essas situações. Por outro lado, revogando o inciso III, que tratava do agente casado, preferiu-se incluir, neste inciso II, o sujeito ativo casado ou em união estável, aplicando-se a ele igualmente o aumento de metade. Na jurisprudência: STJ: "4. A causa de aumento prevista no art. 226, II, do CP incide se o agente é ascendente, padrasto ou madrasta, tio, irmão, cônjuge, companheiro, tutor, curador, preceptor ou empregador da vítima ou por qualquer outro título tiver autoridade sobre ela, e não contempla interpretação restrita ao seio familiar da vítima, mas qualquer situação na qual houver demonstração de relação de autoridade do agente criminoso sobre a vítima" (AgRg no AREsp 2.463.012, 5.ª T., rel. Reynaldo Soares da Fonseca, 20.02.2024, v.u.); "III – A moldura fática delineada pela Corte de origem aponta que o paciente não era apenas um avô afetivo ou apenas um companheiro da avó da vítima, mas uma pessoa que exercia autoridade sobre ela, que era deixada na casa da avó para dormir quando os pais tinham de trabalhar, não havendo que se falar em afastamento da causa de aumento de pena prevista no artigo 226, II, do Código Penal" (AgRg no HC 901.089/SP, 5.ª T., rel. Messod Azulay Neto, 17.06.2024, v.u.); "3. Dessume-se dos autos que, aos olhos da vítima, o paciente exercia autoridade de fato sobre ela, porquanto era preposto da empresa contratualmente responsável por zelar pela segurança dos alunos transportados, tendo para a consecução desta obrigação a posição de garante contratual. Em decorrência desse fato, mostra-se adequada a elevação da pena pela incidência da causa de aumento prevista

# Art. 226

no art. 226, inciso II, do Código Penal" (AgRg no HC 567.406-RS, 5.ª T., rel. Ribeiro Dantas, 28.04.2020, v.u.); "1. 'Não caracteriza *bis in idem* a utilização da agravante genérica prevista no art. 61, II, *f*, do Código Penal e da majorante específica do art. 226, II, do Código Penal, tendo em vista que a circunstância utilizada pelo Tribunal de origem para agravar a pena foi a prevalência de relações domésticas no ambiente intrafamiliar e para aumentá-la na terceira fase, em razão da majorante específica, utilizou-se da condição de padrasto da vítima, que são situações distintas' (REsp 1.645.680/RS, rel. Min. Joel Ilan Paciornik, 5.ª T., j. 14.02.2017, *DJe* 17.02.2017)" (AgRg no REsp 1.872.170/DF, 5.ª T., rel. Ribeiro Dantas, 09.06.2020, v.u.). TJSP (permitindo a aplicação da causa de aumento ao companheiro da tia da vítima, que, também, teria o dever especial de proteção, vigilância e formação moral da ofendida, menor de 14 anos): Ap. 0020144-75.2018.8.26.0224, 5.ª C., rel. Geraldo Wohlers, 25.10.2021, v.u.

**6-A. Estupro coletivo:** trata-se da atuação de dois ou mais agentes contra a mesma vítima, promovendo o constrangimento, mediante violência ou grave ameaça, para o fim de praticar ato libidinoso com a pessoa ofendida (art. 213, CP). Ou, ainda, ter relação sexual com menor de 14 anos, pessoa enferma ou deficiente mental ou quem não é capaz de oferecer resistência (art. 217-A, CP). Conforme o título dado pelo legislador (estupro coletivo), são esses os dois crimes sujeitos a esta causa de aumento do inciso IV, *a*. No entanto, qualquer outro crime sexual dos Capítulos I e II, havendo duas ou mais pessoas como autoras, comporta a causa de aumento prevista no inciso I deste artigo. No mais, a elevação é variável de 1/3 a 2/3. Cremos que o aumento deve pautar-se pelo número de pessoas envolvidas. Se duas, aumento de 1/3; se muitas, elevação de 2/3.

**6-B. Estupro corretivo:** cuida-se da agressão sexual contra pessoa considerada *desviada* de seu gênero biológico (arts. 213 e 217-A). Volta-se, basicamente, à mulher homossexual ou bissexual, pansexual, transgênero, transexual, entre outros. O objetivo da violência sexual é *corrigir* o "pretenso" erro na demonstração de sua orientação sexual, ou seja, estupra-se a mulher lésbica para que ela "entenda" ser "mulher", logo, deva ter relacionamento sexual com homem. A elevação – de 1/3 a 2/3 – deve relacionar-se ao caso concreto, levando-se em consideração o grau de violência ou ameaça utilizado, o número de atos sexuais e suas espécies, tal como se deve fazer em qualquer caso de estupro (art. 213, CP). Na jurisprudência: STJ: "2. No caso, ficou assente a gravidade da conduta do ora agravante, que agiu na condição de iniciador da conduta delituosa, agredindo a vítima e incitando os demais agentes a praticarem o crime, com o intuito de controlar o comportamento sexual da vítima, que estava passando por processo de transição de gênero e já apresentava aspecto masculinizado, tendo o paciente ainda, segundo testemunhas, mencionado por diversas vezes que iria 'ensinar a vítima a ser mulher' e 'a gostar de homem'. Não há ilegalidade, pois, na aplicação cumulada das majorantes referentes ao estupro coletivo e ao estupro corretivo (art. 226, IV, alíneas 'a' e 'b', do Código Penal)" (AgRg no HC 753.071-SC, 6.ª T., rel. Antonio Saldanha Palheiro, 22.05.2023, v.u.).

**Capítulo V**

**DO LENOCÍNIO[1] E DO TRÁFICO DE PESSOA PARA FIM DE PROSTITUIÇÃO[1-A] OU OUTRA FORMA DE EXPLORAÇÃO SEXUAL**

**1. Conceito de lenocínio:** é a prestação de apoio, assistência e incentivo à vida voluptuosa de outra pessoa, dela tirando proveito. Os agentes do lenocínio são peculiarmente chamados de rufião (ou cafetão) e proxeneta.

**1-A. Prostituição individual como atividade lícita:** é preciso deixar claro constituir a prostituição, exercida pelo homem ou pela mulher, uma profissão como outra qualquer, que possui código próprio no Ministério do Trabalho (atual Ministério da Economia), podendo recolher contribuição para futura aposentadoria. Denomina-se *profissional do sexo*. O Direito Penal não criminaliza a prostituição individual, mas somente o agenciamento por terceiros, o que, também, precisa ser regularizado, para a própria proteção trabalhista dos profissionais do sexo. A única forma de se evitar a prostituição, considerando-a um ilícito penal, dá-se no cenário da violência, da grave ameaça e da fraude. No mais, os textos antiquados do Código Penal precisam ser urgentemente alterados. Em outros países, onde a prostituição é legalizada, chega a cumprir uma função socialmente relevante, como permitir que pessoas com deficiência possam ter a oportunidade de obter um relacionamento sexual de seu desejo (disponível em: https://g1.globo.com/mundo/noticia/2023/05/10/a-mulher-com-deficiencia-que-contratou- -profissional-para-fazer-sexo-pela-primeira-vez-aos-43.ghtml. Acesso em: 18 set. 2023). Há um caso exemplar, proveniente do STJ, em que se considerou a força despendida pela prostituta contra o cliente para receber o que estava combinado e não foi pago, após o programa, não como roubo (ou tentativa), mas como exercício arbitrário das próprias razões. Significa, indiretamente, reconhecer como lícita a atividade da profissional do sexo. STJ: "Não mais se sustenta, à luz de uma visão secular do Direito Penal, o entendimento do Tribunal de origem, de que a natureza do serviço de natureza sexual não permite caracterizar o exercício arbitrário das próprias razões, ao argumento de que o compromisso assumido pela vítima com a ré – de remunerar-lhe por serviço de natureza sexual – não seria passível de cobrança judicial. A figura típica em apreço relaciona-se com uma atividade que padece de inegável componente moral relacionado aos 'bons costumes', o que já reclama uma releitura do tema, mercê da mutação desses costumes na sociedade hodierna e da necessária separação entre a Moral e o Direito. Não se pode negar proteção jurídica àquelas (e àqueles) que oferecem serviços de cunho sexual em troca de remuneração, desde que, evidentemente, essa troca de interesses não envolva incapazes, menores de 18 anos e pessoas de algum modo vulneráveis e desde que o ato sexual seja decorrente de livre disposição da vontade dos participantes e não implique violência (não consentida) ou grave ameaça. Acertada a solução dada pelo Juiz sentenciante ao afastar o crime de roubo, situação versada nos autos – e entender presente o crime de exercício arbitrário das próprias razões, antes o descumprimento do acordo verbal de pagamento, pelo cliente, dos préstimos sexuais da paciente" (...) Trecho da sentença de primeiro grau, constante do acórdão: "Ora, ao se recusar a pagar o serviço, a vítima deu azo à atuação arbitrária da acusada, que, por suas próprias mãos, quis fazer valer o direito que na projeção da sua consciência era legítimo e lhe pertencia. Ocorre que J. excedeu-se na cobrança ao arbitrariamente arrancar a corrente com pingente da vítima e apontar uma faca para ela com a nítida intenção de assegurar seu pagamento. Por isso, entendo, diversamente do que sustenta o Ministério Público Estadual, que o crime em que incorreu J. não foi roubo impróprio, e sim exercício das próprias razões. (...) Sob essa mesma perspectiva, não vejo como se possa negar proteção jurídica àquelas (e àqueles) que oferecem seus serviços de natureza sexual em troca de remuneração, sempre com a ressalva, *evidentemente, de que essa troca de interesses não envolva incapazes, menores de 18 anos e pessoas de algum modo vulneráveis*, desde que o ato sexual seja decorrente de livre disposição da vontade dos participantes e não implique violência (não consentida) ou grave ameaça. Conforme leciona Nucci, 'na órbita do Direito Civil, a prostituição deve ser reconhecida como um negócio como outro qualquer (...) O comércio sexual entre adultos envolve agentes capazes. Como já se deixou claro, reconhecida a atividade no rol das profissões do Ministério do Trabalho, o objeto é perfeitamente lícito, pois é um contato sexual, mediante remuneração, entre agentes capazes. Seria o equivalente a um contrato de massagem, mediante remuneração, embora sem sexo. Não há forma prescrita em lei para tal negócio, que pode ser verbal (Nucci, Guilherme de Souza. *Prostituição, lenocínio e tráfico de pessoas*, 2. ed., Rio de Janeiro: Forense, 2015, p. 190). Em verdade, de acordo com o Código

# Art. 227

Código Penal Comentado · **Nucci**

Brasileiro de Ocupações de 2002, regulamentado pela Portaria do Ministério do Trabalho n. 397, de 9 de outubro de 2002, os (ou as) *profissionais de sexo* são expressamente mencionados no item 5198 como uma *categoria de profissionais*, o que conquanto ainda dependa de regulamentação quanto a direitos que eventualmente essas pessoas possam exercer, evidencia o reconhecimento pelo Estado brasileiro, de que *a atividade relacionada ao comércio sexual do próprio corpo não é ilícita e que, portanto, é passível de proteção jurídica*" (HC 211.888-TO, 6.ª T., rel. Rogério Schietti Cruz, v.u.).

### Mediação para servir a lascívia de outrem

> **Art. 227.** Induzir[2] alguém[3-4] a satisfazer a lascívia[5] de outrem:[6-8]
>
> Pena – reclusão, de 1 (um) a 3 (três) anos.
>
> § 1.º Se a vítima é maior de 14 (quatorze) e menor de 18 (dezoito) anos, ou se o agente é seu ascendente, descendente, cônjuge ou companheiro, irmão, tutor ou curador ou pessoa a quem esteja confiada para fins de educação, de tratamento ou de guarda:[9]
>
> Pena – reclusão, de 2 (dois) a 5 (cinco) anos.
>
> § 2.º Se o crime é cometido com emprego de violência, grave ameaça ou fraude:[10]
>
> Pena – reclusão, de 2 (dois) a 8 (oito) anos, além da pena correspondente à violência.
>
> § 3.º Se o crime é cometido com o fim de lucro,[11] aplica-se também multa.

**2. Análise do núcleo do tipo:** *induzir* é dar a ideia ou inspirar alguém a fazer alguma coisa. No caso presente, guarda relação com a satisfação da lascívia de outrem, que significa saciar o prazer sexual ou a sensualidade de outra pessoa, homem ou mulher, de qualquer maneira. Esse tipo penal fere o princípio da intervenção mínima, pois a sua prática não tem o condão de lesar o bem jurídico tutelado (dignidade sexual). Incentivar um adulto a ter relação sexual com outro não significa nada em matéria de prejuízo para qualquer das partes envolvidas. Logicamente, a única forma que seria viável de se proteger penalmente diria respeito ao emprego de violência, grave ameaça ou fraude; porém, nesse caso, já não seria mera mediação, passando-se à esfera do estupro. Mais detalhes podem ser encontrados na nossa obra *Tratado de crimes sexuais*.

**3. Sujeitos ativo e passivo:** o sujeito ativo pode ser qualquer pessoa. Em nosso entendimento, inexiste nesse delito a tutela à dignidade sexual da pessoa adulta e capaz que aquiesce à prática sexual; logo, na figura do *caput*, cuida-se de um interesse da sociedade, em função dos *bons costumes*, para os que acolherem a sua aplicabilidade. Nas figuras dos §§ 1.º e 2.º é qualquer pessoa.

**4. Vítima corrompida:** há quem sustente ser irrelevante tal fato. Entendemos que o delito nem mesmo deveria subsistir, quanto mais se considerando sujeito passivo a pessoa que já está corrompida pela vida de luxúria que leva, como é o caso da prostituta.

**5. Vítima e pessoa que satisfaz a lascívia determinada:** é característica fundamental do tipo penal que a pessoa ofendida seja determinada. Se o agente induz várias pessoas, ao mesmo tempo, falando-lhes genericamente a respeito da satisfação da luxúria alheia, não se pode considerar configurado o crime. Aliás, dá-se o mesmo no caso de o autor do induzimento

# Art. 227

Título VI – Dos crimes contra a dignidade sexual

fazer com que a vítima satisfaça a lascívia de várias pessoas. Por falta de adaptação ao art. 227, não há delito. Não cremos, como alguns sustentam, que, nessa hipótese, estaria configurado o tipo do art. 228. Neste último, fala-se em "prostituição", e não simplesmente em satisfação da lascívia. Ora, a prostituição pressupõe uma contraprestação, pois não se conhece prostituta que não cobre pelos seus serviços. Entretanto, a conduta de satisfazer a lascívia não exige, no *caput*, o intuito de lucro. Aliás, este é facultativo: se estiver presente, aplica-se ainda o § 3.º.

**6. Elemento subjetivo do tipo:** é o dolo, com a finalidade específica de satisfação da luxúria ou do prazer sexual de outra pessoa (elemento subjetivo do tipo específico). Não existe a forma culposa.

**7. Objetos material e jurídico:** o objeto material é a pessoa induzida. O objeto jurídico é o regramento e a moralidade na vida sexual. Nas figuras dos §§ 1.º e 2.º é a dignidade sexual. Trata-se, a nosso ver, de crime que mereceria ser extirpado do Código Penal, pois a liberdade sexual, exercida sem violência ou grave ameaça, não deve ser tutelada pelo Estado. Crendo-se ainda necessária tal figura típica, está-se fechando os olhos para a realidade, pois basta consultar as inúmeras ofertas de sexo feitas pelos mais variados meios de comunicação de massa do País para verificar o excessivo número de pessoas que estão, dia após dia, induzindo outras à satisfação da lascívia alheia e – o que é mais ostensivo – com a nítida finalidade de lucro.

**8. Classificação:** trata-se de crime comum (aquele que não demanda sujeito ativo qualificado ou especial); material (delito que exige resultado naturalístico, consistente na efetiva satisfação da lascívia, que não significa atingir o orgasmo); de forma livre (podendo ser cometido por qualquer meio eleito pelo agente); comissivo ("induzir" implica ação); instantâneo (cujo resultado se dá de maneira instantânea, não se prolongando no tempo); unissubjetivo (que pode ser praticado por um só agente); plurissubsistente (como regra, vários atos integram a conduta); admite tentativa.

**9. Figura qualificada:** há duas hipóteses, uma delas múltipla: a) sendo a vítima menor de 18 anos e maior de 14, aplica-se mais severamente a pena. Lembremos que, no caso da vítima menor de 14 anos, induzida à satisfação da lascívia de outrem, por não apresentar consentimento válido, configura se para o delito previsto no art. 218, CP; b) quando o agente é ascendente, descendente, cônjuge ou companheiro(a), irmão, tutor ou curador ou pessoa que cuide da educação, tratamento ou guarda da vítima, torna-se mais grave a punição, uma vez que não se admitiria tal postura justamente daqueles que deveriam zelar pela integridade moral da pessoa sob sua proteção.

**10. Figura qualificada pelo emprego de violência, grave ameaça ou fraude:** trata-se de figura típica razoável, pois ofensiva à liberdade sexual. Não há cabimento em se admitir que alguém induza outrem à satisfação da lascívia alheia, empregando métodos violentos, ameaçadores ou fraudulentos. Utiliza-se o legislador do sistema da acumulação material, determinando a aplicação concomitante da pena resultante do crime violento (ver a nota 101-A ao art. 69). Entretanto, não deixa de ser estranho o tipo penal, visto que o induzimento representa o convencimento pela força da palavra, não envolvendo qualquer contato físico. Diante disso, ingressando, no cenário, a violência física ou grave ameaça, estar-se-ia diante do estupro ou figura correlata (constrangimento ilegal).

**11. Finalidade de lucro:** não se trata de uma qualificadora, mas apenas do acréscimo da pena pecuniária ao tipo secundário. Não se exige que o agente obtenha lucro, mas apenas que o faça pensando em conseguir vantagem econômica. É figura formal e a doutrina o tem nomeado de *lenocínio questuário* (ambicioso ou interesseiro). De qualquer forma, a finalida-

# Art. 228

Código Penal Comentado · **Nucci**

1030

de de lucro deveria permear toda a figura típica, visto que proxenetas não atuam de modo gratuito, como regra.

### Favorecimento da prostituição ou outra forma de exploração sexual

> **Art. 228.** Induzir ou atrair[12] alguém[13-14] à prostituição[15] ou outra forma de exploração sexual, facilitá-la,[15-A] impedir ou dificultar que alguém a abandone:[16-18]
>
> Pena – reclusão, de 2 (dois) a 5 (cinco) anos, e multa.[19]
>
> § 1.º Se o agente é ascendente, padrasto, madrasta, irmão, enteado, cônjuge, companheiro, tutor ou curador, preceptor ou empregador da vítima, ou se assumiu, por lei ou outra forma, obrigação de cuidado, proteção ou vigilância:[20]
>
> Pena – reclusão, de 3 (três) a 8 (oito) anos.
>
> § 2.º Se o crime é cometido com o emprego de violência, grave ameaça ou fraude:[21-22]
>
> Pena – reclusão, de 4 (quatro) a 10 (dez) anos, além da pena correspondente à violência.[23]
>
> § 3.º Se o crime é cometido com o fim de lucro,[24] aplica-se também multa.

**12. Análise do núcleo do tipo:** há multiplicidade de condutas: a) *induzir* é inspirar ou dar a ideia a alguém para fazer alguma coisa. Além disso, inclui-se neste tipo a conduta de *atrair*, que significa seduzir ou chamar alguém a fazer alguma coisa; b) *facilitar* quer dizer dar acesso mais fácil ou colocar à disposição; c) *impedir* tem o significado de colocar obstáculo ou estorvar alguém; *dificultar* quer dizer tornar algo mais custoso a ser feito; ambos os verbos se compõem com *abandonar,* que representa largar ou deixar. Portanto, o tipo misto alternativo é composto das figuras de induzir pessoa à prostituição (outra forma de exploração sexual) ou atrair pessoa à prostituição (ou outra forma de exploração sexual), como primeira parte. Na segunda parte do tipo há outras condutas alternativas. Por isso, o agente pode facilitar o desenvolvimento da prostituição ou outra forma de exploração sexual, como pode impedir ou dificultar o abandono. Em suma, a prática de uma só conduta leva à configuração do delito. Porém, a prática de mais de uma conduta, em face da alternatividade, configura, igualmente, um só crime. Mais uma vez, somos levados a ressaltar que o tipo é vetusto. Dissemina-se na sociedade a prostituição, que não é punida em si, mas ainda subsiste o tipo penal voltado a punir o indivíduo que contribui, de alguma forma, à prostituição alheia. Ora, se a pessoa induzida, atraída, facilmente inserida, dificultada ou impedida (por argumentos e não por violência, ameaça ou fraude, que configuraria o § 2.º) de largar a prostituição é maior de 18 anos, trata--se de figura socialmente irrelevante. Cuidaria melhor o legislador de proteger o menor de idade ou aquele que é vítima de atos violentos, ameaçadores ou fraudulentos, mas não a pessoa adulta que foi convencida a levar vida promíscua. Ressaltemos, se tal conduta fosse realmente relevante e danosa à sociedade, não se teria a proliferação de anúncios e propagandas de toda ordem nessa área, com o beneplácito das autoridades. Confira-se trecho de acórdão do Tribunal de Justiça de Goiás, cuidando do tema: "Ademais, vejo nisso tudo um exagero descomunal, quando se lê nos jornais de circulação diária as ofertas das chamadas 'acompanhantes' e até mesmo 'garotos de programa'. nas recheadas páginas jornalísticas deparamo-nos com a descarada mercancia do corpo humano, com a oferta se fazendo com o aceite de pagamento com cheque pré-datado, cartão de crédito e, ironicamente, até em troca de vale-refeição. E tudo isso com endereço e telefone dos prostituídos, sem que o aparelho policial mova uma palha sequer para conter tais abusos, ou apologias" (HC 21580-0/217, 1.ª C., rel. Paulo Tales, 04.09.2003, empate na votação, *RDPPP* 25/04, p. 101, embora antigo o julgado, a referência serve como ilustração). Ainda na jurisprudência: TJRS: "Favorecimento da prostituição. Atipicidade. Fragilidade probatória. Absolvição. 1. Sendo o crime em tela delito de resultado, sua consumação está condicionada ao efetivo exercício da prostituição pela vítima, que, até então, seja alheia a tal conduta; a indução inidônea, que não convence a vítima a se prostituir ou que convence aquela que já era prostituída, não configura o crime. Lição de Guilherme de Souza Nucci. 2. A condenação só pode emergir da convicção plena do julgador – sua base ética indeclinável. A prova controversa, insegura e que não afasta todas as dúvidas possíveis enseja um desate favorável ao acusado, em homenagem ao consagrado princípio *in dubio pro reo*. Declararam a extinção da punibilidade de marta pela prescrição retroativa; deram provimento aos apelos de Marlene e José Antônio. Unânime" (Ap. 70037127966, 5.ª C., rel. Amilton Bueno de Carvalho, 26.01.2011, v.u., mantido o acórdão para exemplificar). Em suma, o favorecimento à prostituição, quando não violento ou fraudulento, deveria ser eliminado da legislação penal. Mais detalhes podem ser encontrados no nosso livro *Tratado de crimes sexuais*.

**13. Sujeitos ativo e passivo:** podem ser qualquer pessoa. Entendemos que, querendo-se aplicar esta figura típica, deve-se afastar a possibilidade de considerar sujeito passivo a pessoa já prostituída, por total atipicidade, exceto nas figuras relativas a impedir ou dificultar o abandono do meretrício. Não se pode punir, por exemplo, aquele que induz (dá a ideia) alguém à prostituição se essa pessoa já está prostituída. A "disciplinada vida sexual", objeto jurídico do tipo penal, está nitidamente comprometida nessa hipótese, de forma que não se vê razão lógica para a punição do agente. Ingressa, ainda, como sujeito passivo secundário a sociedade, em virtude do bem jurídico tutelado.

**14. Vítima determinada:** é preciso que a pessoa ofendida seja certa e identificada, não se configurando o tipo penal caso o agente, genericamente, leve pessoas indeterminadas à prostituição ou outra forma de exploração sexual.

**15. Prostituição:** é o comércio *habitual* de atividade sexual. Não se pode considerar uma pessoa prostituta porque uma única vez obteve vantagem econômica em troca de um relacionamento sexual, daí por que o crime deve ser visto como condicionado. Note-se que *induzir, atrair, facilitar, dificultar* e *impedir* não são condutas caracterizadas pela habitualidade, mas o termo *prostituição* é. Portanto, para configurar a conduta do agente, depende-se da habitualidade da conduta da vítima. A indução, por exemplo, só é penalmente relevante se a vítima efetivamente passar a se prostituir – comercializar o próprio corpo habitualmente. Além disso, pretendeu o legislador equiparar a prostituição à exploração sexual, mas, a bem da verdade, a maior parte das pessoas prostituídas não se sentem, nem são exploradas. Agem como tais porque desejam. Ver o nosso *Tratado de crimes sexuais*.

**15-A. Exploração sexual:** eis um conceito de difícil elaboração, constituindo nítida fórmula de valor, carregada de subjetivismo. *Explorar* significa *tirar proveito* em detrimento de outrem. A exploração *sexual* simboliza o proveito extraído de alguém no campo da lascívia. Em primeiro lugar, a própria prostituição não caracteriza, necessariamente, uma forma de exploração de uma pessoa sobre outra. A prostituição, quando praticada individualmente, é atividade lícita. Cuida-se de uma avença entre cliente e profissional do sexo para a satisfação da lascívia do primeiro mediante pagamento ao segundo. Cada um que visualize como quiser tal relacionamento – se moral ou imoral – mas o Direito não deve intervir. Portanto, conceituar *exploração sexual*, fora do campo da prostituição, é tarefa inglória. Pode-se argumentar com o uso de fraude para enganar alguém a praticar ato libidinoso com outra pessoa, viciando sua vontade. Abordamos, em detalhes, tal conceito em nosso livro *Tratado de crimes sexuais*.

# Art. 228

Código Penal Comentado · Nucci

**16. Elemento subjetivo do tipo:** é o dolo, exigindo-se o elemento subjetivo do tipo específico, consistente na vontade de enfronhar alguém no comércio profissional do amor sexual ou em outra forma de exploração sexual. Não há a forma culposa.

**17. Objetos material e jurídico:** o objeto material é a pessoa levada à prostituição ou outra forma de exploração sexual. O objeto jurídico é a moralidade sexual pública.

**18. Classificação:** trata-se de crime comum (aquele que não demanda sujeito ativo qualificado ou especial); material (delito que exige resultado naturalístico, consistente na efetiva prática da prostituição, ou outra forma de exploração sexual, pelo sujeito passivo); de forma livre (podendo ser cometido por qualquer meio eleito pelo agente); comissivo (os verbos indicam ações); instantâneo (cujo resultado se dá de maneira instantânea, não se prolongando no tempo). Há quem sustente que, na forma de impedir, o crime é permanente. Não concordamos com tal postura, pois a conduta, nesse caso, deve ser exercida sem violência, grave ameaça ou fraude, que é o tipo previsto no § 2.º. Portanto, a única forma de impedir, nesse caso, é pela força do argumento. O crime está consumado quando o agente convence a pessoa a não abandonar a prostituição ou qualquer outra forma de exploração sexual, não se podendo presumir ou aceitar que esse convencimento foi – ou é – tão forte que perdura no tempo, a ponto de não mais cessar enquanto a vítima estiver prostituída. É verdade que, havendo o emprego de violência, por exemplo, para que a vítima não largue a prostituição, pode se tratar de delito permanente. A forma do crime permanente é limitada e não extensiva. É crime unissubjetivo (que pode ser praticado por um só agente); plurissubsistente (como regra, vários atos integram a conduta); não admite tentativa nas formas *induzir ou atrair*, por se tratar de crime condicionado (ver nota 15, sobre *prostituição*). Nas formas facilitar, *impedir e dificultar* poderia configurar, mas, para nós, como já exposto, é figura de configuração impossível no campo fático. Se prostituição é uma conduta habitual e o sujeito passivo deste crime não pode ser pessoa *já* prostituída, logo, na forma *impedir* (quando não há violência, ameaça ou fraude), inexiste viabilidade de consumação. Argumentar de modo contrário seria admitir que a força de um simples "não" pudesse fazer com que uma prostituta – pessoa experiente e calejada – cedesse aos caprichos de outrem, continuando na sua vida sexual *já desregrada*. Cremos ser hipótese inverossímil.

**19. Pena pecuniária:** inseriu-se a multa cumulativa à pena privativa de liberdade, na figura do *caput*, pois, na maioria dos casos, o agente atua com intenção de lucro. Restou, ainda, o disposto no art. 228, § 3.º, prevendo a multa como medida facultativa. Torna-se aplicável apenas às figuras violentas, descritas no § 2.º, quando for o caso.

**20. Figura qualificada:** considera-se o delito mais grave, quando o agente tem nítida ascendência moral sobre a vítima, pois há uma relação de confiança, respeito e temor reverencial, como regra. Por isso, menciona-se o ascendente, o padrasto ou madrasta, o irmão (geralmente, mais velho), o enteado (também, quando mais velho), cônjuge ou companheiro, tutor, curador, preceptor (professor) ou empregador da vítima. Cita-se, ainda, o garante, aquele que assumiu, por lei ou outra forma, obrigação de cuidado, proteção ou vigilância (cf. art. 13, § 2.º, CP).

**21. Figura qualificada pelo emprego de violência, grave ameaça, fraude ou meio similar:** trata-se de figura típica razoável, pois ofensiva à liberdade sexual. Não há cabimento em se admitir que alguém induza outrem à satisfação da lascívia alheia, empregando métodos violentos, ameaçadores ou fraudulentos. Utiliza-se o legislador do sistema da acumulação material, determinando a aplicação concomitante da pena resultante do crime violento (ver a nota 101-A ao art. 69).

**22. Oferecimento de emprego, configurando a fraude:** é possível que o agente, através do artifício de oferecer emprego lícito à vítima, leve-a para alguma outra cidade, quando, então, exerce a violência, voltada a mantê-la na prática do meretrício.

**1033**     Título VI – Dos crimes contra a dignidade sexual     **Art. 229**

**23. Tipo cumulativo:** ainda que configurado nessa modalidade, pode-se punir o agente pela violência praticada contra a vítima, em concurso.

**24. Finalidade de lucro:** torna-se aplicável às figuras dos §§ 1.º e 2.º, pois, no tocante ao *caput*, a multa será sempre exigível.

### Casa de prostituição

> **Art. 229.** Manter,[25-28] por conta própria ou de terceiro,[29-30] estabelecimento em que ocorra exploração sexual,[31-33] haja, ou não, intuito de lucro[34] ou mediação[35] direta do proprietário ou gerente:[36-39]
>
> Pena – reclusão, de 2 (dois) a 5 (cinco) anos, e multa.

**25. Análise do núcleo do tipo:** *manter* quer dizer sustentar, fazer permanecer ou conservar, o que fornece a nítida visão de algo habitual ou frequente. O objeto da conservação é o estabelecimento destinado à exploração sexual. Há de fazer prova da habitualidade e, também, da exploração do sexo, mediante fraude ou outra forma similar. O tipo aponta para a indiferença no tocante à existência – ou não – de intuito de lucro, hipótese bizarra, pois o estabelecimento voltado à exploração sexual, por óbvio, visa ao lucro. Não se faz amostra grátis nesse cenário. Cuida-se de posição retrógrada do legislador, buscando manter um crime cujas bases se encontram em desuso há muito tempo. Por isso, concordamos integralmente com a decisão proferida pelo STJ: "1. Ao editar o art. 229 do Código Penal, o legislador pretendeu abarcar todo e qualquer local onde se pratique a exploração sexual, e não apenas 'em casa de prostituição ou lugar destinado a encontros para fim libidinoso'. A vontade da nova lei é tornar mais amplas as hipóteses de incidência do dispositivo penal, pois nada mais faz do que trazer a prática inerente a quem detém a propriedade ou a gerência dos locais antes descritos. O novo dispositivo agrava a situação daqueles que, a partir da vigência da Lei 12.015/2009, levarem a efeito atos de exploração sexual em qualquer estabelecimento que seja, e não só naqueles outrora taxativamente descritos" (AgRg nos EDcl no AgRg no AREsp 1.536.522-MG, 6.ª T., rel. Rogério Schietti Cruz, 26.05.2020, v.u.). A retirada do título do art. 229, que era "casa de prostituição", faz com que se remeta o tipo penal ao título anterior, vinculado ao art. 228: favorecimento da prostituição ou outra forma de exploração sexual. Ainda na jurisprudência: TJSC: "O art. 229 do Código Penal passou a criminalizar apenas quem mantém estabelecimento no qual ocorra a exploração sexual. Portanto, o aluguel de quarto, ainda que para fins de encontros sexuais, não configura, por si só, a conduta incriminadora" (Ap. 0004226-26.2015.8.24.0019, 3.ª C. Crim., rel. Getúlio Corrêa, 15.09.2020, v.u.). TJSP: "deve-se consignar que o preclaro Guilherme de Souza Nucci ao analisar o tipo penal do art. 229, em cotejo com o princípio constitucional da intervenção mínima, leciona: [cita-se o conteúdo na nota 33 a seguir]. A conduta, que envolve o ora apelante O. M. e o Bahamas, não é novidade nesta Colenda Câmara. Com efeito. Por ocasião do julgamento da Apelação Criminal n. 993.02.003223-1, em brilhante v. aresto conduzido pelo eminente Desembargador Salles Abreu, assentou-se, de forma acertada e unânime, que o estabelecimento em destaque é casa destinada ao encontro de pessoas adultas que buscam diversão como beber, ouvir música, fazer sauna, nadar, dançar e, se possível, mediante consenso, fazer sexo pago. Destarte, estribado em lição do ilustre Celso Bastos, decidiu-se no precitado voto condutor *e aqui está o fundamento absolutório* que casa de prostituição requesta a característica irrefutável de que as prostitutas precisam residir ou possuir forte vínculo com o sítio dos fatos e ali permanecer sob o *jugo tirânico do cáften*, sob pena de desnaturar o crime. Tal parecer foi acostado aos presentes autos, às fls.

# Art. 229

Código Penal Comentado · **Nucci**

225/245, com aditamento às fls. 246/255, merecendo destaque o seguinte trecho: 'casas de prostituição tinha um significado muito diferente das casas noturnas de hoje, voltadas a encontros amorosos. Na conceituação do Decreto-lei n. 2.848, de 7 de dezembro de 1940, entendia-se por aquela expressada as casas em que efetivamente as mulheres habitavam e trabalhavam. Elas, na verdade, acabavam reduzidas a autênticas escravas, por ausência de liberdade que se via atrofiada pela pressão exercida pelas circunstâncias; fundamentalmente, a de estar sempre na dependência do local para sobreviver, posto que lá residiam. Isto lhes impedia de assumir uma posição alternativa, ficando sempre ao sabor das exigências, normalmente de uma mulher, a cafetina, para saber o que lhe poderia ser oferecido e quanto. Nos dias de hoje, estas circunstâncias estão completamente ausentes nas casas noturnas, como a do proprietário em questão, que podem, evidentemente, prestar-se, inclusive para encontros dos quais resultarão relações carnais. Nesse sentido, bares, motéis, hotéis também podem se prestar para o mesmo fim (fls. 247). Em suma, para tipificação da conduta ilícita, é imperioso que as prostitutas residam no local e, paralelamente, que ele se destine à prostituição. E, com a devida vênia, mais uma vez, tais fatos não ocorreram na hipótese vertente. Noutros dizeres, dentre as múltiplas atividades exercidas no interior do Bahamas (*v.g.*, restaurante, *american bar*, sauna, bilhar, pista de dança, piscina) era possível o encontro sexual mediante pagamento que, ressalte-se, à luz da prova concatenada na espécie, não há lastro de que era repassado à casa noturna. É isso que se conclui dos vários depoimentos prestados por pessoas na instrução que se intitularam invariavelmente como garotas de programa (...). Não são poucos os precedentes desta Corte que fazem coro à decisão lançada. A este teor, confiram-se: Apelação Criminal 0004394-23.2005.8.26.0019, Rel. Des. Salles Abreu, julgada em 24.05.2011; Apelação Criminal 0006135-30.2007.8.26.0407, Rel. Des. Newton Neves, julgada em 15.02.2011; Apelação Criminal 990.10.270936-1, rel. Des. Antonio Manssur, julgada em 15.12.2010; Apelação Criminal 0023534-91.2004.8.26.0564, Rel. Des. Souza Nucci, julgada em 14.02.2012. Por fim, anota-se que a ilustre Procuradora de Justiça do Ministério Público do Estado de São Paulo, Dra. Luiza Nagib Eluf, em artigo publicado no jornal *Folha de S. Paulo*, edição de 1.10.09, defende que, hoje, para a ocorrência do tipo penal previsto no art. 229 do Código Penal, se tornou imprescindível demonstração da *exploração sexual* no estabelecimento, circunstância que, como se viu, jamais ocorreu no caso em apreço. Para essa douta representante do Ministério Público, *crime é manter a pessoa em condição de explorada, sacrificada, obrigada a fazer o que não quer. Explorar é colocar em situação análoga a de escravidão, impor a prática de sexo contra a vontade ou, no mínimo, induzir a isso, sob as piores condições, sem remuneração nem liberdade de escolha. A prostituição forçada é exploração sexual, um delito escabroso, merecedor de punição severa, ainda mais se praticado contra crianças. O resto não merece a atenção do direito penal. A profissional do sexo, por opção própria, maior de 18 anos, deve ser deixada em paz, regulamentando-se a atividade.* Continua ela: *a meu ver, com a recente alteração trazida pela nova lei [Lei 12.015/09], os processos que se encontram em tramitação pelo crime de casa de prostituição, se não envolverem exploração sexual, deverão resultar em absolvição, pois a conduta de manter casa para fins libidinosos por si só, não mais configura crime. Os inquéritos nas mesmas condições comportarão arquivamento e muita gente que estava sendo processada se verá dispensada da investigação.* (...) Feita tal introdução, respeitadas as balizadas vozes dissonantes, anota-se que o tipo penal não alcança a pessoa maior de dezoito anos de idade que, ao tempo do fato, se encontrava prostituída, ou seja, que já exercia, ainda que esporadicamente, o sexo pago. Ora, com a devida vênia, como o réu O. poderia atrair e facilitar prostituição das treze mulheres ouvidas na fase pretoriana, se todas, maiores de idade, indistintamente, admitiram que, antes dos fatos descritos na peça matriz, exerciam a atividade de garota de programa e foram até o Bahamas a convite de amigas para realizar encontros sexuais mediante remuneração, pagando, inclusive, ingresso para adentrar o estabelecimento? Noutros dizeres, as vítimas dão conta na instrução que se sentiram atraídas pela casa Bahamas porque ali, segundo pessoas de suas conveniências, era possível sexo consensual pago, podendo, inclusive, receber dos clientes pagamento por meio de cartão de crédito. E, em consequência, inexiste lastro de que o réu O., ou seus funcionários e sócia, auferiam alguma espécie de lucro com os encontros sexuais voluntariamente entabulados por essas mulheres dentro do Bahamas. (...) Ora, como falar em favorecimento à prostituição na hipótese vertente se inclusive há oferta diária de acompanhante e de programas sexuais mediante pagamento do cliente até nos jornais de grande circulação? O tipo penal, portanto, mais uma vez, não se aperfeiçoou" (Ap. Crim. 0002569-48.2005.8.26.0050, São Paulo, 4.ª C., rel. Euvaldo Chaib, 09.04.2013, m.v.). O tipo penal é nitidamente vetusto e já não encontra aplicação prática, merecendo ser eliminado do campo criminal. Mais detalhes em nosso livro *Tratado de crimes sexuais*.

**26. Sujeitos ativo e passivo:** o sujeito ativo pode ser qualquer pessoa. É o chamado *proxeneta* – aquele que pratica o lenocínio, mantendo locais destinados à exploração sexual. O sujeito passivo é a pessoa sexualmente explorada. Secundariamente, a coletividade, tendo em vista afetar a moralidade sexual e os bons costumes.

**27. Diferença entre proxeneta e rufião:** reserva-se o termo *proxeneta* à pessoa que intermedeia encontros amorosos para terceiros, mantendo locais próprios para tanto, auferindo ou não lucro; para o *rufião* (ou *cafetão*) guarda-se o conceito de pessoa que vive da prostituição alheia, fazendo-se sustentar pela(o) prostituta(o), com ou sem o emprego de violência.

**28. Sindicância prévia para comprovar a habitualidade:** não se exige. É inadequado falar em sindicância para provar a habitualidade, que se demonstra através da investigação oficial do Estado, ou seja, por intermédio do inquérito policial. Aliás, parece-nos ilógico instaurar uma "sindicância" (que, no fundo, é uma investigação ou um inquérito) para se provar o estado de flagrância (impossível, segundo veremos, de se configurar no delito habitual). Quem precisa de sindicância para provar o flagrante, com certeza, não tem um flagrante. Destacamos: como provar a habitualidade, que é inerente ao tipo penal, no auto de prisão em flagrante? Faz-se a prisão antes e comprova-se se é fato típico depois? Cremos ser conduta indevida, pois, se não ficar demonstrada a habitualidade no auto respectivo, o Estado terá praticado uma arbitrariedade; logo, não há de ser autorizada a prisão "para averiguar a tipicidade".

**29. Por conta própria ou de terceiro:** a manutenção do estabelecimento em que ocorra exploração sexual pode ser feita diretamente pelo agente, que paga o aluguel e as contas, por exemplo, ou por terceira pessoa, isto é, outrem paga as contas e mantém o local, enquanto o uso é feito pelo agente. Se o terceiro desconhece a finalidade do uso, não se torna partícipe; do contrário, ingressa na figura típica pelo concurso de agentes.

**30. Elemento subjetivo do tipo:** é o dolo, acrescido do elemento subjetivo do tipo específico, consistente na vontade de *manter* lugar com o fim de exploração sexual. É o que SANTORO denomina *habitus*, elemento psicológico indispensável para a caracterização do delito habitual (*Manuale di diritto penale*, v. 1, p. 317). Não existe a forma culposa.

**31. Prostituição e exploração sexual:** a Lei 12.015/2009 alterou a redação do art. 229, retirando a expressão "lugar destinado a encontros para fim libidinoso", para inserir, em seu lugar, "estabelecimento em que ocorra exploração sexual". Houve avanço, na medida em que se passa a demandar a prova da exploração, não bastando o local voltado a encontros libidinosos. Torna-se necessário lembrar que a prostituição não é crime, razão pela qual deveria haver um lugar onde ela fosse desenvolvida sem qualquer obstáculo. Entretanto, o legislador brasileiro, embora não criminalize a prostituição, pretende punir quem, de alguma forma, a favorece. Não

# Art. 229

Código Penal Comentado • **Nucci**

consegue visualizar que a marginalização da pessoa prostituída somente traz maiores dramas. Sem o abrigo legal, a pessoa prostituída cai na clandestinidade e é justamente nesse momento que surgem os aproveitadores. É evidente haver casas de prostituição de todos os moldes possíveis, com fachadas inocentes, mas onde a autêntica exploração sexual pode acontecer. Afinal, a pessoa prostituída vive na obscuridade, pois o Estado não pode puni-la, mas quer acertar contas com outras pessoas, as fornecedoras de qualquer auxílio à prostituição. É evidente ser necessária a punição do rufião, agressor e controlador da pessoa prostituída, atuando com violência ou grave ameaça. No entanto, se alguém mantém lugar para o exercício da prostituição, protegendo e abrigando a pessoa prostituída, menor mal causa à sociedade. Retirar-se-ia da via pública a prostituição, passando-a a abrigos controlados e fiscalizados pelo Estado. Em nossa visão, exploração sexual é expressão ligada a tirar proveito de alguém, em detrimento desta pessoa, valendo-se, primordialmente de fraude ou ardil. Não se pode confundi-la com violência sexual, nem com satisfação sexual. Há quem enumere as seguintes formas de exploração sexual: prostituição, turismo sexual, pornografia, tráfico para fins sexuais (ROGÉRIO SANCHES CUNHA, *Comentários à reforma criminal de 2009*, p. 68-69). Ora, quanto à prostituição, como espécie de exploração sexual, já tecemos os comentários pertinentes. Quanto ao denominado turismo sexual, na verdade, só pode ser, igualmente, prostituição. É para essa finalidade que estrangeiros podem vir ao Brasil. Turismo sexual, sem prostituição, inexiste. Afinal, não se trata de passear pelas praias acompanhando o desfile de lindos corpos caminhando pela areia. Entretanto, o turismo sexual verdadeiramente relevante é o que envolve a vítima criança ou adolescente. Pornografia, por outro lado, é atividade lícita, onde há, inclusive, o recolhimento de impostos ao Estado. Deve-se afastar dela os menores de 18 anos. No mais, pode ser até mesmo formas e expressões de arte. Não há nenhuma exploração sexual nisso. Pensando-se na pessoa que participa de fotos ou filmes pornográficos, não se pode denominar de exploração, mas de trabalho lícito, com remuneração, tal como qualquer outro filme ou sessão de fotos. Quanto ao tráfico para fins sexuais, cuida-se de figura típica autônoma (149-A, V, CP). Pode ser exploração sexual, sem dúvida, mas já há o tipo penal próprio. Enfim, a expressão *exploração sexual* não tem um significado legal expresso. As formas ilícitas de exploração sexual já possuem tipos próprios para a punição do agente. Desse modo, inserir, no art. 229, a mantença de estabelecimento em que ocorra exploração sexual não trouxe o esclarecimento necessário. Mais detalhes podem ser encontrados em nosso *Tratado de crimes sexuais*.

**31-A. Maior cautela quando envolver menor de 18 anos:** embora tenhamos defendido constituir a prostituição um direito da pessoa maior de idade, é preciso cautela ao envolver os menores de 18 e maiores de 14. Afinal, nesse cenário, torna-se comum o aliciamento de jovens para a prostituição, sem que se possa afirmar ter ocorrido plena concordância do menor. Incidindo a situação prevista no art. 218-B (atrair o menor à prostituição), torna-se mais certa a viabilidade de reprovar a existência de local onde se dê a prostituição desses jovens. Pode-se deduzir dos fatos a vulnerabilidade, embora relativa, dos menores de 18 anos e maiores de 14 (lembremos que os menores de 14, quando envolvidos em atos sexuais, geram o crime de estupro de vulnerável – art. 217-A); assim fazendo, é viável apontar a exploração sexual. Nesse sentido: STJ: "2. Os fatos comprobatórios de autoria e materialidade restaram incontestes, inclusive da análise detida da confissão da ré, bem como dos depoimentos prestados pelas assistentes sociais e pela menor no sentido de que no estabelecimento do réu funcionava uma casa de prostituição, sob auxílio administrativo daquela e lá realizava serviços sexuais uma menor de idade. 3. No que concerne ao art. 229 do CP, não é difícil perceber a correta subsunção dos fatos narrados ao crime previsto no citado dispositivo, ou seja, o tipo objetivo abarca a conduta de 'manter' estabelecimento de exploração sexual, conduta que pode ser realizada tanto pelo proprietário do estabelecimento, de forma direta, como por seu preposto – gerente do negócio. Ou seja, basta que se mantenha estabelecimento onde ocorra exploração sexual para que o delito seja consumado. 4. No caso, se evidenciou a mercancia sexual, com aferição de proveito e lucro, seja com a cobrança de percentual sobre a utilização dos quartos para a realização dos programas sexuais, seja indiretamente, com o consumo de bebidas pelos clientes. 5. A absolvição quanto ao crime de manutenção da casa de prostituição está pautada na atipicidade da conduta, ao argumento de que se exigiria a comprovação de exploração sexual sem liberdade e escolha da vítima. Ocorre que, no espectro dos crimes de *exploração sexual voltados contra criança/adolescente, esta Corte tem se posicionado no sentido da desnecessidade de tolhimento da liberdade e da escolha da vítima*, não se exigindo possível utilização da força ou de ação coercitiva moral. 6. Este Tribunal também definiu que 'atos ou comportamento de natureza sexual perpetrados por crianças e adolescentes, ainda que aparentemente voluntários ou consentidos, não podem receber a mesma valoração que se conferiria a quem já atingiu a vida adulta, antes, devem ser tratados dentro da vulnerabilidade e da imaturidade que são (presumidamente) peculiares a uma fase do desenvolvimento humano ainda incompleto' (AgRg no REsp 1.508.656/GO, Rel. p/ acórdão. Ministro Rogerio Schietti Cruz, Sexta Turma, *DJe* 1/2/2016)" (REsp 1464450-SC, 5.ª T., rel. Joel Ilan Paciornik, 17.08.2017, v.u.).

**32. Estabelecimento em que ocorra exploração sexual:** a descrição do local constitutivo do cerne do tipo penal incriminador é insuficiente. Afinal, em qualquer estabelecimento pode ocorrer exploração sexual. Tomando-se por base a prostituição, sabe-se, por certo, inexistir, na atualidade, como regra, lugares exclusivos para a prática de relações sexuais mediante remuneração. Em verdade, vários estabelecimentos, com finalidades múltiplas, são usados para tanto. Ilustrando: motel, hotel, quarto de pensão, cinema, boate, bar etc. Não significa, portanto, que o proprietário ou responsável por um cinema deva ser punido porque, no escuro, pessoas praticam atos libidinosos, mediante paga. Afinal, cinemas não são *destinados* a isso. O mesmo ocorre com outros lugares comerciais, de finalidade diversa do cultivo à exploração sexual. Enfim, retirando-se a surrada alegação da mera existência de *casa de prostituição*, qual seria outra forma de exploração sexual ocorrida em estabelecimentos a isso destinado? Lembremos que o verbo *manter*, implicando habitualidade, permaneceu. A questão permanece em aberto. Logo, o tipo penal do art. 229, em sua novel redação, não trouxe a inovação indispensável, sendo que o ideal seria a sua abolição.

**33. Ofensa ao princípio constitucional da intervenção mínima:** demanda-se, no Estado Democrático de Direito, uma intervenção estatal abrandada, na esfera penal, de modo a preservar valores mais relevantes do indivíduo, tais como intimidade e vida privada. O Direito Penal agigantado, buscando intervir na vida de todos e em inúmeros conflitos sociais, é totalitário e incompatível com a dignidade da pessoa humana. Vivemos em época diversa do tempo em que foi editado do Código Penal (1940), razão pela qual os atuais legisladores precisam dar-se conta dos avanços advindos. Não é crível que, até hoje, persista a cantilena de preservar os bons costumes, sem nem mesmo definir quais sejam, colocando o Direito Penal na procura pelo impossível. A prostituição é fato e, mais, uma conduta penalmente irrelevante. O estabelecimento que abrigue a prostituição nada mais faz do que um favor às pessoas que assim atuam. Inexiste qualquer ofensividade a bem jurídico, merecedora de tutela penal. Por isso, a intervenção mínima é desrespeitada, se houver *continuidade* na indevida *confusão* entre prostituição e exploração sexual. Esta última deve ser punida, mas a primeira, quando praticada por pessoa adulta e capaz, é irrelevante. Portanto, o ponto relevante é coibir a exploração, mas não a prostituição. Confira-se: STJ: "A jurisprudência desta Corte Superior orienta-se no sentido de que eventual tolerância de parte da sociedade e de algumas autoridades públicas não implica a atipicidade material da conduta de manter estabelecimento em que ocorra exploração sexual, delito tipificado no artigo 229 do Código Penal (Precedentes)"

# Art. 229

Código Penal Comentado · **Nucci**

(HC 238.688-RJ, 5.ª T., rel. Felix Fischer, 06.08.2015, m.v.). Porém, em relação a este último julgado, convém mencionar o voto vencido do Ministro Arnaldo Esteves Lima, considerando atípica a conduta, tendo em vista ser tolerada pela sociedade.

**34. Intuito de lucro:** é dispensável. Havendo ou não, configura-se o delito, visto que a moralidade sexual teria sido, de qualquer modo, ofendida.

**35. Mediação direta:** é apenas um alerta feito pelo tipo penal para demonstrar que o proprietário da casa pode entregar a administração do local a terceira pessoa e, ainda assim, estará incurso no tipo penal do art. 229. Diga-se o mesmo do gerente, que responde pelo crime, mesmo que administre o negócio ou o local à distância.

**36. Objetos material e jurídico:** o objeto jurídico é formado pela dignidade sexual da pessoa explorada. O objeto material é o estabelecimento em que ocorre exploração sexual. Como já mencionamos, os tribunais pátrios não vêm condenando os proprietários de vários estabelecimentos, onde há prostituição, sob o argumento de que não são lugares destinados, *exclusivamente*, à exploração sexual, mas motéis, bares, saunas ou casas de massagem, que podem abrigar, eventualmente, condutas configuradoras da prostituição.

**37. Casas de massagem, motéis, hotéis de alta rotatividade, saunas, bares ou cafés, drive ins, boates, casas de relaxamento (*relax for men*):** não configuram o tipo penal, segundo jurisprudência e doutrina majoritárias. A explicação, como abordado no item anterior, é simples: não são lugares específicos para a exploração sexual, mas onde se pode praticar a prostituição, que não pode ser confundida, automaticamente, com exploração. Ademais, muitos são locais de hospedagem, serviços de massagem ou relaxamento, saunas, serviços de bar etc. Sabe-se perfeitamente que, em muitos desses locais, trata-se de uma autêntica *casa de prostituição* disfarçada com um nome mais moderno e adaptado à realidade, mas onde inexiste exploração.

**38. Classificação:** trata-se de crime comum (aquele que não demanda sujeito ativo qualificado ou especial). Havíamos defendido ser crime formal (não demanda resultado naturalístico, que seria a corrupção dos bons costumes). Entretanto, após a reforma da Lei 12.015/2009, especificou-se a existência de exploração sexual. Ora, o delito passa a ser material, dependente de um resultado claro e nítido, no sentido de se demonstrar haver exploração, em detrimento de uma pessoa. Por isso, é preciso modificar essa classificação. Provada a exploração sexual, consuma-se. Sem isso, não há concretização do delito. É de forma livre (podendo ser cometido por qualquer meio eleito pelo agente); comissivo ("manter" implica ação); unissubjetivo (que pode ser praticado por um só agente); plurissubsistente (como regra, vários atos integram a conduta). É delito habitual e não comporta tentativa (ver tópico destacado abaixo).

**39. Conflito entre habitualidade e permanência e inviabilidade da prisão em flagrante:** o crime habitual é aquele que somente é punido em face do estilo de vida ou do comportamento reiterado do agente, compondo um quadro pernicioso à vida social. Assim, não é típica a conduta de quem, vez ou outra, gerencia lugar destinado a alguma forma de exploração sexual, mas sim o comportamento reiterado nessa prática. A infração penal habitual deve ser analisada como um todo, e não com o mesmo tratamento que parte da doutrina lhe pretende dar, ou seja, classificar essa modalidade tão específica de crime como permanente, aquele cuja consumação se arrasta no tempo, permitindo consequências sensíveis, tal como a possibilidade de prisão em flagrante a qualquer tempo. Em primeiro lugar, não admite tentativa o delito habitual, pois é impossível fracionar o *iter criminis*, vale dizer, é inaceitável considerar um fato isolado – que o legislador tratou como atípico – como fase de execução de um todo ainda não verificável. Quando, pela reiteração de condutas, houver a comprovação da *manutenção* de estabelecimento em que ocorra exploração sexual, pune-se o agente, estando consumada a infração penal. Enquanto pairar dúvida a respeito dessa *manutenção*, não se trata de fato típico. Não se preocupa a lei em punir uma conduta isolada, mas um *estilo* ou um *hábito* de vida. Não vemos como retirar do crime habitual um *iter criminis* individualizado e específico, que possa demonstrar a exata passagem da preparação (não punível) para a execução (punível). Por outro lado, há os que sustentam que, apesar de habitual, é delito permanente. Ousamos divergir, pois, uma vez configurada a habitualidade, está consumado o crime, sem que o resultado se arraste no tempo. A ofensa à moralidade sexual e aos bons costumes se dá diante da habitualidade do agente, que, repita-se, precisa ser vista em conjunto, e não isoladamente. O crime habitual é um todo, e não parcelas detectáveis e passíveis de isolamento e individualização. Quem *mantém* estabelecimento destinado à exploração sexual – o próprio termo *prostituição*, como já vimos, implica habitualidade – tem um comportamento inaceitável, pouco interessando a continuidade desse malfadado estilo após ter-se evidenciado a referida habitualidade. Comprova-se, por exemplo, que *"A"* possui um local destinado, habitualmente, a encontros libidinosos, advindos da prostituição: sua maneira de conduzir a vida está errada e ele merece punição. Comprovado tal fato, ofendeu os bons costumes, não tendo qualquer repercussão a continuidade disso, pois o estilo de vida é *exatamente o mesmo*. Diversa é a situação do sujeito que sequestra a vítima. A privação da liberdade – como conduta isolada no tempo – é suficiente para merecer reprovação do Estado e sanção penal. Portanto, continuando a privar a vítima de sua liberdade, permanece a infringir a norma penal. É o delito permanente. Não é o caso do habitual. Neste, o estilo de levar a vida é o que importa, e ele é único – um todo inseparável. Naquele, uma conduta é proibida e, caso se arraste no tempo, continua a sê-lo. Entendimentos contrários – no sentido de ser permanente – podem dar margem a injustiças e até à manipulação da lei penal para interesses escusos dos agentes do Estado. Imagine-se um estabelecimento onde ocorra a prostituição conhecida da polícia e da comunidade, em atividade há dez anos no mesmo local. Quando se tornou habitual a conduta e, portanto, passível de punição? Somente para argumentar, admitamos que foi ao término do primeiro ano de atividade. Se assim foi, deveria ter o Estado, através de seus agentes, proibido o seu funcionamento desde aquela época. E, caso alterada uma autoridade qualquer na cidade, resolva o Estado agir – uma década depois –, teria cabimento efetuar uma prisão em flagrante? Se fosse crime permanente, que leva em conta isoladamente o ato proibido, sim, pois ele ainda estaria sendo praticado. Em se tratando de crime habitual, não, pois o estilo de vida é único. Imagine-se, ainda, somente para argumentar, que a polícia efetuasse a prisão em flagrante do proprietário desse estabelecimento dez anos depois, pois considerou crime permanente. Poderia prender uma pessoa que iniciou há alguns dias a atividade, recebendo-a de outra. Logicamente, tal situação poderia ser verificada e a situação sanada, mas o mal da prisão injusta já se teria consumado. Isto porque não há certeza de quando se consuma e quem efetivamente é o autor desse tipo de infração. Existiria plausibilidade para o Estado calar-se por anos a fio e, subitamente, porque uma determinada autoridade não mais admite a sua existência, invocando a tese do *crime permanente*, lavrar uma prisão em flagrante? Cremos que não. Imagine-se outra hipótese: alguém, com habitualidade, mantém estabelecimento onde ocorre a prostituição por vários anos até que é preso em flagrante sob a justificativa de ser crime permanente (seu estilo de vida prolongou-se no tempo, ferindo continuamente os bons costumes). Colocado em liberdade provisória no dia seguinte à prisão, volta ao negócio e o pratica por mais uma semana. Há novo crime ou continua-se do ponto de partida anterior? Ou seja, deve ele ser preso mais uma vez pela prática de um crime habitual, levando-se em conta os vários anos anteriores à prisão acrescidos de mais uma semana para demonstrar o seu estilo permanente de vida, ou, tendo cessado a permanência por conta da prisão efetuada, a nova semana não configura a prática de um crime, pois insuficiente para demonstrar a habitualidade? Entendemos que, em se tratando de crime habitual, interessa ao Estado punir o todo da vida do agente, e não ato após ato. É natural que, na hipótese *supra*, o sujeito não deveria nem ter sido preso em flagrante. Se foi, não pode a nova semana ser computada como continuação dos atos que a antecederam, pois a "permanência teria cessado". A nova semana é situação atípica. Se fosse considerado delito permanente, haveria a propagação da possibilidade de corrupção policial, exigindo-se de muitos comerciantes o pagamento de propina para não haver prisão em flagrante, esquecendo-se que o Estado quer punir um estilo de vida, e não dar margem a um jogo de interesses. Entendendo-se haver em funcionamento um estabelecimento onde ocorre a prostituição, instaura-se o inquérito, investiga-se e, provada a habitualidade, pode-se punir, aplicando a sanção, através do exercício da ação penal, sem necessidade alguma da violência da prisão em flagrante, duvidosa, sempre, e maliciosa, muitas outras vezes. Não destoa desse pensamento FREDERICO MARQUES, para quem o delito permanente comporta prisão em flagrante a qualquer tempo, tendo em vista que "existe sempre uma atualidade delituosa", vale dizer, uma conduta é crime, enquanto a reiteração dela também o é. Mas o crime habitual, isolando-se uma ação no tempo, não faz nascer para o Estado o direito de punir, visto que somente a prova segura e efetiva do conjunto é que poderá configurar o tipo penal. E arremata: "Evidente se nos afigura, portanto, que não pode considerar-se em flagrante delito quem é surpreendido na prática de ação isolada de crime habitual, visto que se não pode dizer que, em tal situação, esteja ele cometendo a infração penal" (*Elementos de direito processual penal*, v. 4, p. 89). Assim, também, TOURINHO FILHO: "Quando a Polícia efetua a prisão em flagrante, na hipótese de crime habitual, está surpreendendo o agente na prática de um só ato. O auto de prisão vai apenas e tão somente retratar aquele ato insulado. Não os demais. Ora, aquele ato isolado constitui um indiferente legal. O conjunto, a integralidade, não. Se a corrente é formada de dezenas de elos, não se pode dizer que um elo seja uma corrente. Assim, também, no crime habitual. O tipo integra-se com a prática de várias ações. Surpreendido alguém cometendo apenas uma das ações, evidente que o auto da prisão não vai retratar o tipo... e sim uma das ações que o integram" (*Processo penal*, v. 3, p. 438). Ensina SANTORO ser indispensável haver, para configurar o crime habitual, várias condutas vinculadas psicologicamente formando um todo que ofende uma única vez um único dispositivo penal, havendo o elemento psicológico constituído do *habitus* (*Manuale di diritto penale*, I, p. 316). Demonstrando a incompatibilidade do crime permanente com o habitual, preleciona ALFONSO ARROYO DE LAS HERAS ser permanente o delito que, como os instantâneos, consuma-se *com uma só ação*, embora a situação antijurídica se prolongue no tempo voluntariamente pelo agente, ao passo que o crime habitual é aquele que *necessita de vários atos análogos* que, isoladamente considerados, são impuníveis, mas, constituindo-se em hábito do agente, devem ser sancionados *como delito único* (*Manual de derecho penal – El delito*, p. 268). E conclui, em obra singular, GIOVANNI LEONNE ser o crime permanente composto por duas fases, uma comissiva e outra omissiva, podendo até ter, em sua estrutura, alguns elementos de contato e semelhança com o crime permanente, o que se dá somente na primeira fase, mas jamais na segunda. Isto significa que o delito permanente realiza-se, como regra, em uma fase comissiva (ex.: sequestrar pessoa, privando-a da sua liberdade) e outra omissiva (deixar de soltá-la). O crime habitual, por sua vez, jamais é omissivo, possuindo sempre ações frequentes que o caracterizam. De outra sorte, o crime permanente é de execução contínua (ex.: a privação da liberdade da vítima do sequestro continua, sem cessar), enquanto o habitual é constituído de ações isoladas no tempo e no espaço, embora, no global, sejam consideradas um todo (ex.: receber dinheiro de prostituta como forma de sustento: cada conduta de entrega do dinheiro é um ato isolado, mas feito de maneira contínua). Por isso, são diferentes e não se encaixam na mesma classificação o delito habitual e o crime permanente, tampouco se deve levar em conta o delito habitual com o crime instantâneo (*Del reato abituale, continuato e permanente*, p. 469-471). Com isso concordamos plenamente, pois o delito permanente tem um ato isolado criminoso, que se pode prolongar no tempo. O delito habitual tem um conjunto de atos que, isoladamente, não são criminosos, de forma que não se arrastam no tempo. Pune-se o conjunto, e não a unidade. Não existe, pois, permanência no crime habitual. Apesar do nosso entendimento, reconhecemos que a posição ainda majoritária, no Brasil, aceita a possibilidade de ser considerado permanente o delito habitual: exemplifique-se com Noronha (*Direito penal*, v. 3, p. 259) e Delmanto (*Código Penal comentado*, p. 441). Aliás, a prova maior de que o crime previsto no art. 229 é relegado a segundo plano pelos órgãos estatais é, justamente, a carência de acórdãos atuais, cuidando do tema.

### Rufianismo[40-41]

> **Art. 230.** Tirar proveito[42-44] da prostituição alheia,[45] participando[46] diretamente de seus lucros[47] ou fazendo-se sustentar, no todo ou em parte, por quem a exerça:[48-50]
>
> Pena – reclusão, de 1 (um) a 4 (quatro) anos, e multa.
>
> § 1.º Se a vítima é menor de 18 (dezoito) e maior de 14 (catorze) anos ou se o crime é cometido por ascendente, padrasto, madrasta, irmão, enteado, cônjuge, companheiro, tutor ou curador, preceptor ou empregador da vítima, ou por quem assumiu, por lei ou outra forma, obrigação de cuidado, proteção ou vigilância:[51]
>
> Pena – reclusão, de 3 (três) a 6 (seis) anos, e multa.
>
> § 2.º Se o crime é cometido mediante violência, grave ameaça, fraude ou outro meio que impeça ou dificulte a livre manifestação da vontade da vítima:[52]
>
> Pena – reclusão, de 2 (dois) a 8 (oito) anos, sem prejuízo da pena correspondente à violência.

**40. Conceito de rufianismo:** é uma modalidade do lenocínio, que consiste em viver à custa da prostituição alheia. É a atividade exercida por aquele que explora prostitutas e, consequentemente, incentiva o comércio sexual. O termo equivalente é o cafetão ou cáften. A conduta, quando praticada sem violência, ameaça ou fraude, deveria ser penalmente irrelevante. Mais detalhes expomos em nosso *Tratado de crimes sexuais*.

**41. Diferença entre rufião e proxeneta:** ver nota 27 ao art. 229.

**42. Análise do núcleo do tipo:** *tirar proveito* significa extrair lucro, vantagem ou interesse. O objeto é o comércio habitual do prazer sexual promovido por alguém. As formas compostas do núcleo principal (*tirar proveito*) são *participando dos lucros* (reservando, para si, uma parte do ganho que a prostituta obtém com sua atividade) e *fazendo-se sustentar* (arranjando para ser mantido, provido de víveres ou amparado). Não se demanda seja essa a única fonte de renda do sujeito ativo, mas uma delas. Na jurisprudência: TJDFT: "2. Para a caracterização da conduta de rufianismo, tipificada no art. 230 do Código Penal, é imprescindível que seja reconhecida a habitualidade, presente na expressão 'participando diretamente de seus lucros ou fazendo-se sustentar'. Logo, a presença eventual de uma prostituta no estabelecimento comercial (bar), ainda que essa tenha confirmado o ofício, de forma isolada, não serve para caracterizar o crime" (Rese 07047747520198070008, 3.ª T. Crim., rel. Demetrius Gomes Cavalcanti, 19.03.2020, v.u.).

# Art. 230

Código Penal Comentado · **Nucci**                                          1042

**43. Sujeitos ativo e passivo:** o sujeito ativo pode ser qualquer pessoa. É o conhecido rufião ou cafetão. O sujeito passivo é a pessoa que exerce a prostituição. Secundariamente, é a coletividade, pois o delito é contra a moralidade sexual.

**44. Elemento subjetivo do tipo:** é o dolo. Não existe a forma culposa. Exige-se o elemento subjetivo do tipo específico, consistente no *habitus*, que é a vontade de praticar a conduta com habitualidade, como estilo de vida.

**45. Prostituição alheia:** a prostituição, como já vimos, é o comércio habitual do amor sexual. Nota-se que o tipo penal ressaltou ser tal atividade de outra pessoa, que não do próprio agente, visto que a prostituição, em si, no Brasil, não é considerada ilícito penal.

**46. Crime habitual:** *tirar proveito participando dos lucros* ou *tirar proveito fazendo-se sustentar* são condutas nitidamente habituais, que implicam um conjunto. Isoladamente, o fato de a pessoa tirar proveito dos lucros da prostituta uma única vez é atípico, penalmente irrelevante. Globalmente, entretanto, fazendo disso seu método de vida, torna-se punível para o direito penal. Ver outros comentários sobre o caráter do crime habitual, impossibilidade de haver tentativa ou prisão em flagrante na nota 39 feita ao art. 229.

**47. Lucro direto:** exige-se seja o ganho obtido, neste caso, diretamente auferido da prostituição, e não do comércio paralelo de outros produtos, como bebidas, alojamentos, alimentos, entre outros.

**48. Objetos material e jurídico:** o objeto material é a pessoa prostituída explorada. O objeto jurídico é a moralidade sexual e os bons costumes. Note-se que a prostituição em si não é moralmente elevada, nem eticamente suportável, dentro dos bons costumes, embora não seja penalmente punível. Entretanto, quem explora a prostituição pratica ato atentatório aos padrões médios de moralidade e, conforme a situação, penalmente relevante.

**49. Classificação:** trata-se de crime comum (aquele que não demanda sujeito ativo qualificado ou especial); material (delito que exige resultado naturalístico, consistente no efetivo proveito auferido pelo agente em detrimento da vítima); de forma livre (podendo ser cometido por qualquer meio eleito pelo agente); comissivo ("tirar proveito" implica ação); habitual (modalidade específica de crime, cuja relevância penal somente se encontra analisando-se o conjunto dos atos do agente. Não se focaliza uma ação isolada, pois a consumação é um todo indefinido, que precisa ser provado no curso da investigação ou do processo); unissubjetivo (que pode ser praticado por um só agente); plurissubsistente (como regra, vários atos integram a conduta, embora, por ser habitual, tais atos devam ser vistos no conjunto); não admite tentativa.

**50. Confronto com favorecimento à prostituição:** o rufianismo, por haver nítido intuito de lucro e de ser mantido graças à prostituição alheia, absorve o favorecimento (art. 228).

**51. Figura qualificada por conta da vítima ou do agente:** considera-se o delito mais grave, quando a vítima tem mais de 14 e menos de 18 anos ou o agente tem nítida ascendência moral sobre o ofendido, pois há uma relação de confiança, respeito e temor reverencial, como regra. Por isso, menciona-se o ascendente, o padrasto ou madrasta, o irmão (geralmente, mais velho), o enteado (também, quando mais velho), cônjuge ou companheiro, tutor, curador, preceptor (professor) ou empregador da vítima. Cita-se, ainda, o garante, aquele que assumiu, por lei ou outra forma, obrigação de cuidado, proteção ou vigilância (cf. art. 13, § 2.º, CP).

**52. Figura qualificada por conta do meio empregado:** trata-se de correta qualificadora, pois nitidamente ofensiva à liberdade sexual. Não há cabimento em se admitir que alguém tire proveito da prostituição alheia, empregando métodos violentos, ameaçadores, fraudulentos ou qualquer outro meio que impeça ou dificulte a livre manifestação de vontade da vítima. Por isso, a faixa de aplicação da pena é duplicada (reclusão, de 2 a 8 anos). Além disso, utiliza-se o legislador do sistema da acumulação material, determinando a aplicação concomitante da pena resultante do crime violento (ver a nota 101-A ao art. 69). Desse modo, se houver lesão ou morte, responderá o agente também por lesão corporal (leve, grave ou gravíssima, conforme o caso) ou homicídio.

### Tráfico internacional de pessoa para fim de exploração sexual

**Art. 231.** (Revogado pela Lei 13.344/2016; ver o art. 149-A.)

### Tráfico interno de pessoa para fim de exploração sexual

**Art. 231-A.** (Revogado pela Lei 13.344/2016; ver o art. 149-A.)
**Art. 232.** (Revogado pela Lei 12.015/2009.)

### Promoção de migração ilegal

**Art. 232-A.** Promover,[52-A-52-C] por qualquer meio, com o fim de obter vantagem econômica, a entrada ilegal de estrangeiro em território nacional ou de brasileiro em país estrangeiro: [52-D-52-E]

Pena – reclusão, de 2 (dois) a 5 (cinco) anos, e multa.

§ 1.º Na mesma pena incorre quem promover, por qualquer meio, com o fim de obter vantagem econômica, a saída de estrangeiro do território nacional para Ingressar Ilegalmente em país estrangeiro.[52 F]

§ 2.º A pena é aumentada de 1/6 (um sexto) a 1/3 (um terço) se:[52-G]

I – o crime é cometido com violência; ou

II – a vítima é submetida a condição desumana ou degradante.

§ 3.º A pena prevista para o crime será aplicada sem prejuízo das correspondentes às infrações conexas.[52-H]

**52-A. Análise do núcleo do tipo:** *promover* significa impulsionar ou ser a causa de algo. O objeto é a entrada de estrangeiro em território nacional ou de brasileiro em país estrangeiro. Há o elemento normativo do tipo, consistente no termo *ilegal*, vale dizer, contra as regras do ordenamento jurídico brasileiro. Diante disso, se alguém dá ensejo a que outrem saia *ilegalmente* do Brasil, rumo ao exterior (primeira conduta), ou proporciona o ingresso *ilegal* de estrangeiro no Brasil (segunda conduta), pode cometer o crime de promoção de migração ilegal. Embora pareça um tipo misto alternativo por conta da partícula "ou", o correto é visualizá-lo como cumulativo. Afinal, há duas condutas bem distintas: proporcionar a entrada ilegal de estrangeiro no Brasil e dar meio para o ingresso de brasileiro, de modo ilegal, no território estrangeiro. Acompanhando a formação do tipo incriminador, há mais dois elementos: o primeiro deles cuida da *forma de execução*, que foi deixada livre ("por qualquer meio"); o segundo aponta

# Art. 232-A

**Código Penal Comentado · Nucci**

para o fim específico do agente ("obter vantagem econômica"). Portanto, para o crime tornar--se concretizado é essencial dar condições para que um estrangeiro ingresse ilegalmente em território nacional (por terra, ar ou mar), com a finalidade lucrativa; ou, então, proporcionar que um brasileiro entre ilegalmente em território estrangeiro (por ar, mar ou terra), com fim de obtenção de vantagem econômica. Trata-se de norma penal em branco, pois a interpretação do termo *ilegal* depende da análise das regras constantes na Lei de Migração; somente assim se poderá atingir o ambiente seguro para apontar a ilegalidade da entrada ou saída de alguém do país. Conferir o capítulo XIII, item 2.1, da Parte Geral. Na jurisprudência: TRF-3: "02. Aplicação do princípio da continuidade normativa, pelo qual as condutas narradas na denúncia permanecem incriminadas mesmo após a revogação do Estatuto do Estrangeiro pela Lei n.º 13.445/2017 – Lei de Migração, subsumem-se ao crime de promoção de migração ilegal (art. 232-A, *caput*, do Código Penal), razão pela qual deve ser dada tal capitulação jurídica aos fatos tratados nestes autos, preservada, contudo, a sanção descrita no art. 125, inciso XII, da Lei n.º 6.815/1980, considerando seu caráter mais benéfico aos réus" (Ap. 0010860-97.2015.4.03.6181, 11.ª T., rel. Fausto de Sanctis, 04.06.2019, v.u.).

**52-B. Sujeitos ativo e passivo:** o sujeito ativo pode ser qualquer pessoa. O sujeito passivo é o Estado e a pessoa eventualmente prejudicada.

**52-C. Elemento subjetivo do tipo:** é o dolo. Não existe a forma culposa. Há o elemento subjetivo do tipo específico consistente na finalidade de obter vantagem econômica.

**52-D. Objetos material e jurídico:** o objeto material é a entrada de estrangeiro em território nacional ou de brasileiro no estrangeiro, bem como a saída de estrangeiro do território nacional para país estrangeiro. O objeto jurídico é o interesse estatal em regular a entrada e saída de estrangeiros e brasileiros no território nacional ou no país estrangeiro.

**52-E. Classificação:** trata-se de crime comum (aquele que pode ser cometido por qualquer pessoa); formal (para a consumação, exige apenas a prática da conduta, independente de qualquer resultado naturalístico); de forma livre (pode ser praticado por qualquer meio eleito pelo agente); comissivo (indica-se ação no tipo); instantâneo (aquele cuja consumação se dá em momento determinado na linha do tempo); unissubjetivo (pode ser praticado por uma só pessoa); plurissubsistente (exige vários atos para a sua configuração). Admite tentativa.

**52-F. Figura do § 1.º:** o tipo envolve, igualmente, a saída de estrangeiro do Brasil para entrar ilegalmente em qualquer país estrangeiro. A hipótese não abordada pela nova figura típica é a promoção de saída de brasileiro do exterior para ingressar ilegalmente no Brasil. Esta situação não despertou interesse, tendo em vista o direito do brasileiro de estar em seu território; se o fizer de maneira ilegal (sem documentos apresentados no ponto correto de entrada), deve-se resolver no campo do ilícito administrativo. Não houve interesse, também, em cuidar penalmente da movimentação do apátrida e do asilado.

**52-G. Causas de aumento da pena:** torna-se mais grave a promoção ilegal da migração quando envolver violência, deduzindo-se ser o estrangeiro ou brasileiro conduzido à força para o território nacional ou para o exterior. Porém, é preciso atenção para não confundir esta forma de migração com o tráfico de pessoas, tipificado pelo art. 149-A do CP. A diferença entre o tipo do art. 232-A e o previsto pelo art. 149-A é a finalidade da transferência do indivíduo de um lugar para outro. Além disso, o art. 232-A pode trazer qualquer modo de violência, não somente voltado a quem se transfere de um lugar a outro, mas contra pessoas que controlam a entrada e a saída, condutores de veículos utilizados para isso e outros envolvidos no processo de migração. A segunda causa de aumento de pena cinge-se à submissão da vítima a ser transferida de um local a outro sob condições degradantes ou desumanas. Isso envolve, por exemplo, caminhões ou veículos lotados de pessoas, sem suficiente ar, alimentação, água etc. Pode abranger extensas caminhadas, passando frio ou calor, fome ou sede, bem como longo tempo de espera em lugares insalubres. Nesse enfoque, os elementos normativos *desumana* e *degradante* comportam vasta interpretação. O aumento é de um sexto a um terço, devendo ser calibrado de acordo com a gravidade da violência ou com a intensidade e duração das condições desumanas ou degradantes.

**52-H. Sistema da acumulação material:** o § 3.º do art. 232-A estipula que "a pena prevista para o crime será aplicada sem prejuízo das correspondentes às infrações conexas". As infrações conexas são as ligadas aos crimes decorrentes do uso de violência, bem como aos fatores de submissão das pessoas a condições desumanas e degradantes.

### Capítulo VI
### DO ULTRAJE PÚBLICO AO PUDOR[1]

**1. Conceito de ultraje público ao pudor:** *ultrajar* significa ofender a dignidade, insultar ou afrontar; *pudor* é o sentimento de vergonha ou de desonra humilhante. Portanto, o capítulo destina-se aos delitos voltados à afronta pública (exposta à coletividade) do sentimento de recato e decência nutrido pela sociedade. Trata-se de outro contexto, profundamente alterado da data da criação do Código (1940) até o presente. Cremos devessem esses tipos penais (arts. 233 e 234) ser excluídos do Código Penal, reservando-se, se for o caso, para outros ramos do direito a punição merecida a quem pudesse ofender o pudor público. Não é mais época de tutela penal absoluta dos costumes e este capítulo não foge à regra, mormente quando a sexualidade tornou-se mais explorada, inclusive comercial e artisticamente, bem como o sentimento de vergonha modificou-se estruturalmente. Ao homem médio já não choca, como no passado, a mesma exposição de *obscenidades* que anteriormente era motivo para punições exemplares. Suprimindo-se essas figuras penais, acaba-se com a hipocrisia, por vezes reinante, em alguns setores da coletividade, que demandam um comportamento público que não possuem na sua vida privada. Fingem chocar-se com determinados atos, denominados *obscenos*, quando estão acostumados a vê-los, incentivá-los ou até praticá-los em locais e recintos privados. Poder-se-ia dizer que essa não é a média da sociedade, vale dizer, nem todos compactuam, em suas esferas privadas, de atos tidos por obscenos, embora não seja menos real afirmar que toleram, com mais amplitude, atos alheios. Isso não significa que se deseje uma sociedade libertina ou despudorada, mas que o controle dos costumes deve ser restrito e condicionado. Imagine-se que alguém tire a roupa na praia e outra o faça em pleno centro da cidade, ambas à vista de todos os presentes. É bem possível que, na praia, não haja o mesmo choque – em face do aumento do nudismo como prática naturalista – que ocorreria na zona central, onde todos estão vestidos e muito preocupados com a imagem. Ocorre que, ainda que se tire a roupa no centro da cidade, é possível que os passantes não liguem, deixando de se sentir ofendidos pela conduta; ao contrário, pode a pessoa que assim agiu ser objeto de piedade ou compaixão, pela atitude disparatada que protagonizou. E, dependendo do exato local, pode ser aplaudida e incentivada, diante da sua ousadia contestatória ou seu propósito propagandista. Portanto, condutas como essas – ainda consideradas pelo tipo penal como obscenas – poderiam ser objeto de punição administrativa, com pesadas multas, se fosse o caso, da mesma forma que são aplicadas para quem não respeita regras de trânsito. E, insistindo-se na mantença do crime, ao menos se deveria considerá-lo sujeito à representação, portanto de ação pública condicionada. Se, por-ventura, alguém se sentisse ofendido pelo ato tido por obsceno, apresentaria representação,

# Art. 233

autorizando o Ministério Público a agir. O Promotor, por sua vez, analisaria o contexto dos fatos e os usos e costumes da época para chegar à conclusão de promover ou não a ação penal. Tal problemática já foi abordada, embora de modo mais ameno, por NÉLSON HUNGRIA, nos idos de 50, tratando da interpretação dos crimes de ultraje ao pudor público: "A interpretação deste, na espécie, não pode abstrair os *usos* e *costumes*, pois aí é que o exegeta tem de buscar o sentido e o valor do texto da incriminação legal. Para a fixação do conceito de *pudor público*, objetividade jurídica do crime em questão, é imprescindível que se consultem os hábitos sociais variáveis, no espaço e no tempo, no seio de um mesmo povo e até no âmbito de uma mesma cidade. (...) A lei penal não pode preocupar-se com uma moral *ideal* ou rigidamente estandardizada, pois, de outro modo, estaria fatalmente condenada à *desuetudo*. Incumbe-lhe apenas salvaguardar a mutável e relativa moralidade média no seio da comunhão civil. O juiz penal não pode perder de vista que, ao incriminar o 'ultraje público ao pudor', o legislador propôs-se a tutelar a *moral coletiva*, não segundo um tipo puro ou abstrato, mas como o *sentimento* (aspecto interno) e a conduta (aspecto externo) *comuns* ou *normais* em torno da sexualidade da vida social. A lei protege não só o pudor público, que é o sentimento médio de moralidade sob o ponto de vista sexual (pudicícia do *homo medius*), como assegura os bons costumes, que dizem com o decoro, conveniência e reserva *usuais*, no tocante aos fatos sexuais (conduta ético-social do *homo medius*)" (*Comentários ao Código Penal*, v. 8, p. 308-309). É momento de descriminalização de condutas que podem ser punidas, se for o caso, por outros instrumentos, que não a via penal. Confira-se na expressão de LUIGI FERRAJOLI: "Comportamentos como o ato obsceno ou o desacato, por exemplo, correspondem a figuras delituosas, por assim dizer, 'em branco', cuja identificação judicial, devido à indeterminação de suas definições legais, remete inevitavelmente, muito mais do que a provas, a discricionárias valorações do juiz, que de fato esvaziam tanto o princípio formalista da legalidade quanto o empírico da fatualidade do desvio punível" (*Direito e razão*, p. 32).

### Ato obsceno

> **Art. 233.** Praticar[2-4] ato obsceno[5] em lugar público,[6] ou aberto ou exposto ao público:[7-10]
>
> Pena – detenção, de 3 (três) meses a 1 (um) ano, ou multa.

**2. Análise do núcleo do tipo:** *praticar* é executar, levar a efeito ou realizar, implicando movimentação do corpo humano, e não simplesmente em palavras. O objeto é ato obsceno. Na jurisprudência: TJSP: "Importunação sexual – ato de masturbação em local público – ausente a elementar do tipo penal 'contra alguém' – desclassificação da conduta para ato obsceno, previsto no artigo 233, do Código Penal. Afastados os maus antecedentes – não há nos autos qualquer condenação definitiva cujo trânsito em julgado tenha ocorrido em data posterior à conduta tratada nestes autos. Regime prisional semiaberto diante da reincidência. Parcial provimento do recurso" (Ap. Crim. 1500066-66.2019.8.26.0574, 12.ª Câmara de Direito Criminal, rel. Amable Lopez Soto, 10.02.2021, v.u.). TJRJ: "De fato, conforme restou amplamente demonstrado nos autos, notadamente a contundente prova oral produzida em Juízo, inclusive com a integral admissão pela vítima, de que o réu a seguiu com o pênis exposto, mas sequer a tocou, afigura-se inequívoca a incidência do crime de ato obsceno, vez que os fatos descritos na denúncia se amoldam perfeitamente ao delito inserto no artigo 233 do C.P." (Ap. 0021764-18.2017.8.19.0042, 8.ª C. Crim., rel. Elizabeth Alves de Aguiar, 26.09.2018, v.u.). TJSC: "2. As palavras de testemunhas que presenciaram o agente baixar as calças e sacudir o corpo nu em via pública, onde circulavam veículos e pedestres, é suficiente para demonstrar a vontade do agente de praticar o delito de ato obsceno" (Ap. 0014883-77.2018.8.24.0033, 2.ª C. Crim., rel. Sérgio Rizelo, 30.07.2019, v.u.). TJRS: "1. Caracteriza a prática de ato obsceno o réu que expõe sua genitália e masturba-se em local público, com intenção de ofender o pudor alheio. Sendo a vítima imediata a incolumidade e o pudor público, a palavra daqueles que viram o ato praticado é válida para a condenação" (Ap. Crim. 71009233693, Turma Recursal Criminal, rel. Luis Gustavo Zanella Piccinin, 24.08.2020, v.u.).

**3. Sujeitos ativo e passivo:** o sujeito ativo pode ser qualquer pessoa. O sujeito passivo é a coletividade. Deveria ser, se mantida a figura criminosa, como sustentamos na nota 5 ao art. 227, pessoa determinada, ou seja, alguém que efetivamente se sentisse ofendido pela conduta.

**4. Elemento subjetivo do tipo:** é o dolo, exigindo-se, ainda, o elemento subjetivo específico, consistente na vontade particular de ofender o pudor alheio. Não há a forma culposa.

**5. Ato obsceno – Elemento normativo do tipo:** a conceituação de *ato obsceno* envolve, nitidamente, uma valoração cultural, demonstrando tratar-se de elemento normativo do tipo penal. *Obsceno* é o que fere o pudor ou a vergonha (sentimento de humilhação gerado pela conduta indecorosa), tendo sentido sexual. Trata-se de conceito mutável com o passar do tempo e deveras variável, conforme a localidade. Cremos ser, diante do que a mídia divulga todos os dias em todos os lugares, conduta de difícil configuração, atualmente. Ainda assim, o movimento corpóreo voluntário (ato) que tenha por fim ofender o sentimento de recato, resguardo ou honestidade sexual de outrem pode ser classificado como *obsceno*. Ex.: a pessoa que mostra o seu órgão sexual em público para chocar e ferir o decoro de quem presencia a cena.

**6. Lugar público:** é o local de aberta frequência das pessoas, como ruas, praias, avenidas, entre outros. É o que Chassan denomina de "lugar público por natureza" (*apud* Hungria, *Comentários ao Código Penal*, v. 8, p. 311).

**7. Lugar aberto ou exposto ao público:** o lugar aberto ao público tem entrada controlada, mas admite uma variada gama de frequentadores, como os parques, cinemas, teatros, dentre outros. Na classificação de CHASSAN, é o "lugar público por destino" (*apud* Hungria, *Comentários ao Código Penal*, v. 8, p. 311). O local exposto ao público é aquele que, mesmo sendo de natureza privada, consegue chegar às vistas do público, como a varanda aberta de uma casa que fica defronte a via pública. Na visão de CHASSAN, é o "lugar público por acidente" (*apud* Hungria, *Comentários ao Código Penal*, v. 8, p. 311). Entendemos ser lugar "exposto ao público" aquele que está *apenas sujeito* à vista de várias pessoas (e não *necessariamente visto* por várias pessoas), ingressando nesse conceito, pois, o interior de veículo estacionado na rua, o quintal de uma residência cujos muros não sejam altos o suficiente para impedir acesso visual de terceiros, dentre outros.

**8. Objetos material e jurídico:** o objeto material é a pessoa que presencia o ato. O objeto jurídico é a moralidade pública, e, estando no contexto dos crimes contra a dignidade sexual, há de ter conotação sexual.

**9. Classificação:** trata-se de crime comum (aquele que não demanda sujeito ativo qualificado ou especial); formal (delito que não exige resultado naturalístico, consistente na efetiva produção de um resultado ofensivo ao pudor de alguém). Pela redação do tipo penal, essa é a conclusão a que se deve chegar, embora, como já sustentamos, seja o caso de descriminalização ou, ao menos, de transformação em crime material, implicando na existência de alguém efetivamente ofendido pelo ato. É crime de forma livre (podendo ser cometido por qualquer meio eleito pelo agente); comissivo ("praticar" implica ação);

# Art. 234

Código Penal Comentado · **Nucci**

instantâneo (cujo resultado se dá de maneira instantânea, não se prolongando no tempo); unissubjetivo (que pode ser praticado por um só agente); unissubsistente (praticado por um único ato) ou plurissubsistente (como regra, vários atos integram a conduta), conforme o caso; admite tentativa na forma plurissubsistente.

**10. Crime impossível:** defendemos o ponto de vista de que a *publicidade* é essencial à figura típica, ou seja, se o agente pratica o ato obsceno em *lugar* público, pela sua natureza, mas completamente longe das vistas de qualquer pessoa, é crime impossível. Não tem cabimento punir-se o agente que fica nu no meio de um estádio de futebol vazio, durante a madrugada, sem que ninguém tenha visto o seu ato. Ou punir-se aquele que resolve urinar no meio de uma rua deserta, ainda que exibindo, ostensivamente, seu órgão sexual. O objeto jurídico protegido é a moralidade pública, exigindo-se potencialidade lesiva nessa conduta, pois, do contrário, trata-se de objeto absolutamente impróprio (art. 17, CP). Defender o contrário é sustentar ser um crime de perigo abstrato, quando, em verdade, o tipo fala em "praticar" + "ato obsceno" + "lugar público ou exposto ao público", que, segundo nos parece, forma um trinômio destinado à possibilidade *concreta* de ofensa ao pudor. Ora, sem público não pode haver obscenidade, tampouco a concretização da lesão aos bons costumes. Reconhecemos, no entanto, que a maioria da doutrina e da jurisprudência exige apenas a prática da obscenidade em local público, aberto ou exposto ao público, independentemente de ter sido visto por alguém. Basta que alguém, em tese, possa por ali passar no momento do ato obsceno. Diz HUNGRIA: "Basta que o ato seja *potencialmente* escandaloso" (*Comentários ao Código Penal*, v. 8, p. 311). Justamente por não se exigir o escândalo na atual figura típica é que o Anteprojeto da Parte Especial do Código Penal estipulou em sentido contrário: "Praticar, em lugar público, aberto ou exposto ao público, ato obsceno *que cause escândalo*", o que melhora, consideravelmente, o tipo incriminador. Ainda assim, cremos ideal, além da exigência da produção de escândalo – se for para manter o crime no Código Penal –, que fosse condicionado à representação de alguém. *Ad argumentandum*, a se manter o rigorismo de interpretação do atual tipo penal, considerando-se, ainda, crime de perigo abstrato, bem como levando-se em conta alguns acórdãos disciplinando o assunto e fazendo incluir como ato obsceno o "beijo lascivo", a "bolinação", a "nudez em campanha publicitária", dentre outros, estaríamos diante de um delito dos mais comuns, passível de prisão em flagrante em inúmeras danceterias, cinemas, parques, ruas e locais onde jovens, despreocupados com tanto pudor, cometem tais atos frequentemente.

### Escrito ou objeto obsceno

**Art. 234.** Fazer, importar, exportar, adquirir ou ter[11-13] sob sua guarda, para fim de comércio, de distribuição ou de exposição pública, escrito, desenho, pintura, estampa ou qualquer objeto obsceno:[14-18]

Pena – detenção, de 6 (seis) meses a 2 (dois) anos, ou multa.

**Parágrafo único.** Incorre na mesma pena quem:

I – vende, distribui ou expõe à venda[19-21] ou ao público qualquer dos objetos referidos neste artigo;[22-23]

II – realiza,[24-26] em lugar público ou acessível ao público, representação teatral,[27] ou exibição cinematográfica[28] de caráter obsceno,[29] ou qualquer outro espetáculo,[30] que tenha o mesmo caráter;[31-32]

III – realiza,[33-35] em lugar público ou acessível ao público, ou pelo rádio, audição ou recitação[36] de caráter obsceno.[37-38]

**11. Análise do núcleo do tipo:** *fazer* (dar existência ou construir), *importar* (fazer ingressar no País vindo do estrangeiro), *exportar* (fazer sair do País com destino ao exterior), *adquirir* (obter ou comprar) e *ter sob sua guarda* (possuir sob sua vigilância e cuidado) são as condutas possíveis. O objeto é algo visível considerado obsceno. Trata-se de tipo misto alternativo: a prática de uma ou mais condutas implica na realização de um só delito.

**12. Sujeitos ativo e passivo:** o sujeito ativo pode ser qualquer pessoa. O sujeito passivo é a coletividade. Deveria ser, também, alguém determinado, como no caso do art. 233, evitando-se que haja o indevido perigo abstrato nesta hipótese.

**13. Elemento subjetivo do tipo:** é o dolo. Exige-se elemento subjetivo do tipo específico, consistente na vontade de comercializar, distribuir ou expor algo que possa ofender a moralidade pública no campo sexual. Não há a forma culposa.

**14. Conceitos de escrito, desenho, pintura e estampa:** *escrito* é o material representado por letras; *desenho* é a representação de formas por escrito, evidenciando uma ilustração concreta ou abstrata; *pintura* é a aplicação de tintas em uma superfície para expressar formas ou figuras, trazendo a lume uma ilustração concreta ou abstrata (não envolve, neste contexto, a simples aplicação de tinta corante em uma superfície); *estampa* é uma ilustração impressa. O tipo vale-se, ainda, da interpretação analógica, demonstrando que outros objetos semelhantes aos exemplificados, desde que obscenos, podem ser considerados.

**15. Conceito de obsceno:** ver nota 5 ao artigo anterior.

**16. Objetos material e jurídico:** o objeto material é o escrito, desenho, pintura, estampa ou qualquer objeto obsceno. O objeto jurídico é a moralidade pública no contexto sexual. Com maior razão do que já expusemos quanto ao art. 233, não há cabimento na manutenção deste tipo penal, especialmente após a edição da Constituição Federal de 1988, que busca eliminar toda forma de censura às atividades artísticas. Ver a próxima nota.

**17. Inconstitucionalidade do art. 234:** defendíamos ser o art. 234 do Código Penal, atualmente, inaplicável em virtude de atipicidade material, justificada pelo princípio da adequação social. Melhor refletindo, parece-nos, em verdade, ser inconstitucional. Logo, com maior razão, incabível a sua utilização. Não ofende, apenas, o princípio da legalidade, por via de seu corolário, a taxatividade, diante da falta de clara definição acerca do que vem a ser algo obsceno (elemento normativo do tipo de vagueza nítida). Fere, sobretudo, outras normas e princípios constitucionais, como a liberdade de expressão, especialmente no formato artístico, bem como a liberdade de comunicação social, sem qualquer tipo de censura. Para conferir: "É livre a manifestação do pensamento, sendo vedado o anonimato" (art. 5.º, IV, CF); "É livre a expressão da atividade intelectual, artística, científica e de comunicação, independentemente de censura ou licença" (art. 5.º, IX, CF); "A manifestação do pensamento, a criação, a expressão e a informação, sob qualquer forma, processo ou veículo não sofrerão qualquer restrição, observado o disposto nesta Constituição" (art. 220, *caput*, CF); "É vedada toda e qualquer censura de natureza política, ideológica e artística" (art. 220, § 2.º, CF). Em suma, a Constituição Federal em nenhum ponto proíbe ou mesmo menciona a *obscenidade*, mormente a que estiver voltada a aspectos de manifestação artística. Objetos e escritos eróticos (ou mesmo pornográficos) poderiam ser considerados *obscenos*? Por certo, alguns erotofóbicos prontamente diriam, sempre, que sim. Porém, eles não constituem a maioria da sociedade e não espelham a naturalidade com que o amor sexual, quando exercido livremente pela pessoa adulta, deve ser encarado na atualidade. Aliás, se tal conteúdo (erótico ou pornográfico) pudesse ser considerado obsceno, qualquer proprietário de uma *sex shop*, loja que comercializa tais produtos,

# Art. 234

Código Penal Comentado · **Nucci**

abertamente, recolhendo impostos aos cofres públicos, deveria ser preso e processado como incurso no art. 234 do Código Penal. Por outro lado, se a obscenidade diz respeito, essencialmente, ao conteúdo sexual da conduta humana, que possa causar ofensa ao pudor de outrem, inúmeros espetáculos, filmes, livros e revistas deveriam ser recolhidos e seus produtores e editores processados, com base no mencionado art. 234. Evidentemente, cuidar-se-ia de uma anomalia técnico-jurídica; uma afronta a direitos e garantias fundamentais expressamente previstos na Constituição Federal. Ilustrando, a cidade de São Paulo – como várias outras localidades mundo afora – foi palco, há alguns anos (27 de abril de 2002), no seu principal parque (Ibirapuera), de um ensaio fotográfico, quando inúmeras pessoas ficaram peladas e posaram para as devidas fotos *artísticas* do americano Spencer Tunick. Ao amanhecer de um sábado, quem chegasse ao parque público ainda poderia ver os indivíduos nus caminhando de um lado para outro. Trata-se de *obscenidade* ou *arte*? Ninguém foi detido; nenhum processo judicial houve. Aliás, os candidatos à nudez foram convidados ao mencionado ensaio pela internet e pela imprensa, à vista dos órgãos públicos. O que se deve proibir ou limitar – e leis federais existem para tanto – é o acesso de crianças e adolescentes a espetáculos em geral de conteúdo pornográfico, com o fito de respeitar a formação moral e intelectual das pessoas na faixa etária abaixo dos 18 anos, ainda imaturas. Para tanto, há os tipos penais adequados, estes sim em harmonia com a Constituição, que são os arts. 240, 241 e 241-A a 241-E da Lei 8.069/1990 (Estatuto da Criança e do Adolescente). No mais, pessoas adultas não precisam da tutela do Estado para terem acesso ou não à pornografia. Se tal fosse feito, não se poderia sustentar a liberdade de expressão, nem se poderia dizer que, no Brasil, inexiste censura. Enfim, o disposto no art. 234 do Código Penal é inadequado e inconstitucional, bastando voltar os olhos à realidade para constatar o seu esquecimento na prática.

**18. Classificação:** trata-se de crime comum (aquele que não demanda sujeito ativo qualificado ou especial); formal (delito que não exige resultado naturalístico, consistente na efetiva ofensa ao pudor público); de forma livre (podendo ser cometido por qualquer meio eleito pelo agente); comissivo (os verbos implicam ações); instantâneo (cujo resultado se dá de maneira instantânea, não se prolongando no tempo) e permanente (cuja consumação se arrasta no tempo) na modalidade "ter sob sua guarda"; unissubjetivo (que pode ser praticado por um só agente); plurissubsistente (como regra, vários atos integram a conduta); admite tentativa.

**19. Análise do núcleo do tipo:** *vender* é alienar por determinado preço; *distribuir* significa espalhar para diferentes partes; *expor à venda* quer dizer mostrar ou colocar a descoberto com a finalidade de vender. É tipo misto alternativo, podendo o agente concretizar uma ou mais condutas para responder por um único crime.

**20. Sujeitos ativo e passivo:** o sujeito ativo é qualquer pessoa. O sujeito passivo é a coletividade.

**21. Elemento subjetivo do tipo:** é o dolo, acrescido da vontade específica de ofender a moralidade pública sexual, com intenção comercial. Não há a forma culposa.

**22. Objetos material e jurídico:** o objeto material é qualquer objeto referido no *caput*. O objeto jurídico é a moralidade pública sexual.

**23. Classificação:** trata-se de crime comum (aquele que não demanda sujeito ativo qualificado ou especial); formal (delito que não exige resultado naturalístico, consistente na efetiva ofensa ao pudor público); de forma livre (podendo ser cometido por qualquer meio eleito pelo agente); comissivo (os verbos implicam ações); instantâneo (cujo resultado se dá de maneira instantânea, não se prolongando no tempo), exceto na forma "expor à venda", que

# Art. 234

1051      Título VI – Dos crimes contra a dignidade sexual

é permanente (a consumação se arrasta no tempo); unissubjetivo (que pode ser praticado por um só agente); plurissubsistente (como regra, vários atos integram a conduta); admite tentativa.

**24. Análise do núcleo do tipo:** *realizar* significa pôr em prática ou criar. Tem por objeto uma representação teatral ou cinematográfica ou espetáculo obsceno.

**25. Sujeitos ativo e passivo:** o sujeito ativo é qualquer pessoa. O sujeito passivo é a coletividade.

**26. Elemento subjetivo do tipo:** é o dolo, acrescido da vontade específica de ofender a moralidade pública sexual. Não há a forma culposa.

**27. Conceito de representação teatral:** é o ato de interpretar, através de cenas, uma determinada história ou situação da vida real para o público em geral.

**28. Conceito de exibição cinematográfica:** é a mostra de uma película feita para cinema.

**29. Conceito de obsceno:** ver nota 5 ao artigo anterior.

**30. Outro espetáculo:** é a interpretação analógica, utilizada no tipo penal, como forma de permitir ao aplicador do direito incluir qualquer mostra pública onde se use a interpretação, semelhante à representação teatral ou à exibição cinematográfica (ex.: espetáculo de dança).

**31. Objetos material e jurídico:** o objeto material é representação teatral, exibição cinematográfica ou outro espetáculo obsceno. O objeto jurídico é a moralidade pública sexual.

**32. Classificação:** trata-se de crime comum (aquele que não demanda sujeito ativo qualificado ou especial); formal (delito que não exige resultado naturalístico, consistente na efetiva ofensa ao pudor público); de forma livre (podendo ser cometido por qualquer meio eleito pelo agente); comissivo ("realizar" implica ação); permanente (cuja consumação se arrasta no tempo, enquanto o espetáculo estiver sendo realizado; unissubjetivo (que pode ser praticado por um só agente); plurissubsistente (como regra, vários atos integram a conduta); admite tentativa.

**33. Análise do núcleo do tipo:** ver nota 23 ao inciso anterior. O objeto, neste caso, é a audição ou a recitação obscena.

**34. Sujeitos ativo e passivo:** o sujeito ativo é qualquer pessoa. O sujeito passivo é a coletividade.

**35. Elemento subjetivo do tipo:** é o dolo, acrescido da vontade específica de ofender a moralidade pública sexual. Não há a forma culposa.

**36. Conceito de audição ou recitação:** *audição* é o processo de fazer ouvir, enquanto *recitação* é a leitura em alta e clara voz.

**37. Objetos material e jurídico:** o objeto material é a audição ou recitação obscena. O objeto jurídico é a moralidade pública sexual.

**38. Classificação:** trata-se de crime comum (aquele que não demanda sujeito ativo qualificado ou especial); formal (delito que não exige resultado naturalístico, consistente na efetiva ofensa ao pudor público); de forma livre (podendo ser cometido por qualquer meio

# Art. 234-A

eleito pelo agente); comissivo ("realizar" implica ação); permanente (cuja consumação se arrasta no tempo, enquanto a audição ou recitação estiver sendo realizada); unissubjetivo (que pode ser praticado por um só agente); plurissubsistente (como regra, vários atos integram a conduta); admite tentativa.

## Capítulo VII
## DISPOSIÇÕES GERAIS

### Aumento de pena

> **Art. 234-A.** Nos crimes previstos neste Título a pena é aumentada:
>
> I – (Vetado.);
>
> II – (Vetado.);
>
> III – de metade a 2/3 (dois terços), se do crime resulta gravidez;[1]
>
> IV – de 1/3 (um terço) a 2/3 (dois terços), se o agente transmite à vítima doença sexualmente transmissível de que sabe ou deveria saber ser portador, ou se a vítima é idosa ou pessoa com deficiência.[2]

**1. Causa de aumento de pena em razão de gravidez:** preocupa-se o legislador, neste caso, principalmente, com o delito de estupro, passível de gerar a concepção. A elevação da sanção penal tem por fim desestimular a ejaculação sem preservativo, com o risco de gravidez e, a partir disso, ocorrer um eventual aborto (art. 128, II, CP). Entretanto, se houver casamento entre o agente e a vítima, a causa de aumento torna-se desnecessária, embora a lei a tenha criado com o caráter de obrigatoriedade. Deveria ser facultativa, aplicando-se quando imprescindível e dependendo do cenário encontrado. Caberá ao magistrado, se ocorrer o matrimônio, ter a sensibilidade para considerar inaplicável o aumento, uma vez que o supedâneo para a existência dessa circunstância majorante não se confirmou (o trauma de gerar um filho não aceito, partindo para possível aborto). Lembremos, ainda, que, no passado, o casamento da ofendida com o agente permitia até mesmo a extinção da punibilidade. Por outro lado, a Lei 13.718/2018 introduziu um aumento variável – de metade a dois terços –, o que nos soa incompreensível. O fato é objetivo: gerar gravidez. Não haveria necessidade de impor uma gradação quanto ao aumento da pena. No entanto, ponderando-se haver a gradação do aumento, deve-se considerar a espécie do delito para optar entre o aumento maior ou menor. Havendo violência ou grave ameaça, indica-se a elevação de dois terços. Afora esse cenário, um aumento menor. Na jurisprudência: STJ: "2. A exasperação da pena-base foi devidamente justificada pelo desvalor da culpabilidade, pois a prática do crime de estupro sem o uso de preservativo aumenta a reprovabilidade da conduta" (AgRg no HC 772.436-SC, 6.ª T., rel. Rogerio Schietti Cruz, 12.06.2023, v.u.).

**2. Causa de aumento em face de doença sexualmente transmissível:** a transmissão de doença é outra preocupação legítima, dando ensejo ao aumento da pena. Volta-se, mais uma vez, a contatos sexuais intensos, como no caso do estupro. Lembremos que, no caso do vírus da AIDS, prevalece o entendimento de se configurar a lesão corporal gravíssima (gerar doença incurável). Mas, havendo crime sexual, aplica-se a causa de aumento, que absorve a lesão gravíssima. Por outro lado, a opção pelo aumento menor (1/3) ou maior (2/3) depende do tipo de enfermidade transmitida. A doença curável (como a gonorreia) gera uma elevação menor da pena. A enfermidade incurável (como a AIDS), uma elevação maior. Outro ponto consiste na utilização das expressões *de que sabe* (dolo direto) ou *deve saber* (dolo eventual), não se devendo interpretar qualquer incidência da figura culposa nesse contexto. A Lei 13.718/2018 alterou essa causa de aumento em dois pontos: a) inseriu uma elevação variável mais acentuada (de um terço a dois terços); b) incluiu a vítima idosa ou pessoa com deficiência. Aliás, nesta última hipótese, temos observado na jurisprudência um número crescente de casos de estupros contra mulheres idosas e, também, deficientes físicas ou mentais. Seja pela maior facilidade de atingir tais vítimas, seja por um impulso sexual pervertido, o agente tem buscado violações sexuais nesse cenário.

> **Art. 234-B.** Os processos em que se apuram crimes definidos neste Título correrão em segredo de justiça.[3]
>
> § 1.º O sistema de consulta processual tornará de acesso público o nome completo do réu, seu número de inscrição no Cadastro de Pessoas Físicas (CPF) e a tipificação penal do fato a partir da condenação em primeira instância pelos crimes tipificados nos arts. 213, 216-B, 217-A, 218-B, 227, 228, 229 e 230 deste Código, inclusive com os dados da pena ou da medida de segurança imposta, ressalvada a possibilidade de o juiz fundamentadamente determinar a manutenção do sigilo.[4-7]
>
> § 2.º Caso o réu seja absolvido em grau recursal, será restabelecido o sigilo sobre as informações a que se refere o § 1º deste artigo.[8]
>
> § 3.º O réu condenado passará a ser monitorado por dispositivo eletrônico.[9]

**3. Segredo de justiça:** os processos envolvendo os crimes sexuais (Título VI) devem correr em segredo de justiça. Acompanha-se, assim, a tendência natural de se resguardar a dignidade do agente (presumido inocente até a condenação definitiva) e da vítima, em especial no contexto dos delitos sexuais, que atraem a curiosidade de terceiros. Somente o juiz, o órgão acusatório, a defesa e o réu terão acesso aos autos. O segredo de justiça deve imperar desde a fase do inquérito policial, embora o art. 234-B refira-se somente aos *processos*. Trata-se de consequência lógica da ideia de resguardar as informações sobre o delito sexual ocorrido. Mencione-se, ainda, a redação dada ao art. 201, § 6.º, do CPP pela Lei 11.690/2009, prevendo o seguinte, em relação à vítima de qualquer crime: "o juiz tomará as providências necessárias à preservação da intimidade, vida privada, honra e imagem do ofendido, podendo, inclusive, determinar o segredo de justiça em relação aos dados, depoimentos e outras informações constantes dos autos a seu respeito para evitar sua exposição aos meios de comunicação". Na jurisprudência: STJ: "1. Conquanto o princípio constitucional da publicidade dos atos processuais seja a regra, esse é passível de sofrer restrições para, tal qual no caso concreto, preservar o interesse público ou a integridade e a intimidade das partes. 2. O segredo de justiça previsto no art. 234-B do Código Penal deve se dar integralmente, estendendo-se ao processo como um todo, não prevendo distinção entre réu e vítima" (AgRg no AREsp 1.676.136-RS, 6.ª T., rel. Laurita Vaz, 30.06.2020, v.u.); "Deve ser indeferido o pedido ministerial referente à alteração da autuação do presente recurso, com inclusão do nome por extenso do acusado. A jurisprudência desta Corte Superior de Justiça é no sentido de que o segredo de justiça determinado pelo artigo 234-B do Código Penal se destina ao processo como um todo, não fazendo distinção entre réu e vítima. 6. *Habeas corpus* não conhecido" (HC 423016-SC, 5.ª T., rel. Reynaldo Soares da Fonseca, 20.02.2018, v.u.); "5. O art. 234-B do Código Penal determina o segredo de justiça nos processos de apuração dos crimes contra a dignidade sexual, não fazendo distinção entre vítima e acusado. Deve o processo correr integralmente em segredo de justiça, preservando-se a intimidade do acusado em reforço à intimidade da própria vítima" (REsp 1.767.902-RJ, 6.ª T., rel. Sebastião Reis Júnior, 13.12.2018, v.u.).

# Art. 234-B

Código Penal Comentado · **Nucci**

**4. Cadastro Nacional de Pessoas Condenadas por Crime de Estupro:** este cadastro foi criado pela Lei 14.069/2020, contendo, pelo menos, quanto às pessoas condenadas pelo delito (arts. 213 e 217-A, CP), as suas características físicas e os dados de identificação dactiloscópica, identificação do perfil genético, fotos, lugar de moradia e atividade de trabalho desenvolvida nos últimos três anos, se houver livramento condicional (art. 1º). Cuida-se de um instrumento de cooperação entre a União e os Estados para a troca de informações na base de dados do cadastro, cujo propósito é o aprimoramento da investigação criminal, buscando-se localizar condenados por estupro que tenham alterado o lugar de residência e, eventualmente, possa agir noutra região, dentre outros. Pode-se considerar a medida positiva, podendo-se disseminar para outros delitos, desde que esse acesso seja privativo e controlado, destinado a autoridades policiais, membros do Ministério Público e magistrados, que tenham a competência para investigar e processar pessoas acusadas por estupro. A Lei 15.035/2024 inseriu na referida Lei 14.069/2020, o art. 2.º-A, nos seguintes termos: "É determinada a criação do Cadastro Nacional de Pedófilos e Predadores Sexuais, sistema desenvolvido a partir dos dados constantes do Cadastro Nacional de Pessoas Condenadas por Crime de Estupro, que permitirá a consulta pública do nome completo e do número de inscrição no Cadastro de Pessoas Físicas (CPF) das pessoas condenadas por esse crime". O parágrafo único desse artigo foi vetado, porque tinha a finalidade de disponibilizar esses dados, após o trânsito em julgado da condenação, para consulta pública, pelo prazo de 10 anos após o cumprimento integral da pena, exceto se houver reabilitação. Parece-nos correta a justificativa do veto, pois a mantença dos dados do condenado, para livre consulta, por uma década após a finalização da pena, somente o estigmatizaria, sem trazer ganho efetivo à sociedade. Seria atentatório a diversos princípios constitucionais e, em especial, à dignidade da pessoa humana. Quer-se crer, então, seja vedada a consulta pública a partir da extinção da pena, pelo cumprimento ou qualquer outra causa.

**5. Publicidade aos processos:** a introdução do § 1.º ao art. 234-B passa a permitir o acesso público aos dados do réu, a partir da condenação em primeira instância, pelos delitos dos arts. 213, 216-B, 217-A, 218-B, 227, 228, 229 e 230 do Código Penal. Não se compreende a equiparação, para fins de divulgação a público, de estupro (arts. 213 e 217-A) e registro não autorizado da intimidade sexual (art. 216-B). Enquanto o primeiro é hediondo, o segundo é infração de menor potencial ofensivo. Há uma diferença considerável. Além disso, considerando-se o conteúdo da Lei 15.035/2024, tratando de criar o Cadastro Nacional de Pedófilos e Predadores Sexuais, nota-se que a lista de delitos foge a esse contexto. As infrações penais dos arts. 227 a 230 não se ligam a estupro ou qualquer outra forma de violência sexual, pois se referem a exploração sexual, onde o legislador inclui a prostituição. Entretanto, na conjuntura da prostituição, sabe-se que o profissionalismo nessa área, quando exercido de modo individual, é fato atípico e, em nosso entendimento, lícito. As formas não violentas de apoio à prostituição deveriam ser descriminalizadas, conforme expomos ao comentar esses delitos. Acompanhando esses argumentos, acrescente-se a raridade de processos criminais cuidando das condutas descritas nos arts. 227 a 230 do Código Penal. Mais importante, em princípio, para a tutela de vulneráveis teria sido a inclusão dos arts. 218 (corrupção de menores), 218-A (satisfação de lascívia mediante presença de criança ou adolescente) e 218-C (divulgação de cena de estupro ou de cena de estupro de vulnerável, de cena de sexo ou de pornografia). O único a envolver menor de 18 anos, que constou da relação do § 1.º mencionado é o art. 218-B (favorecimento da prostituição ou de outra forma de exploração sexual de criança ou adolescente ou de vulnerável).

**6. Acesso público prematuro e inconstitucionalidade:** constata-se, à primeira vista, a contrariedade entre o *caput* e o § 1.º. Enquanto o primeiro estabelece o segredo de justiça, envolvendo o sigilo aos nomes do réu e da vítima (consultar a nota 3 *supra*), o parágrafo aponta para a publicidade total à identificação do acusado, a começar da condenação em primeira instância. Fere-se o princípio constitucional da presunção de inocência (CF, art. 5.º, "LVII – ninguém será considerado culpado até o trânsito em julgado de sentença penal condenatória"). Justifica-se a medida para a maior proteção a potenciais vítimas, embora inexista qualquer dado concreto de que essa divulgação prematura seja eficaz. Por outro lado, o dano gerado em decorrência do acesso público e posterior absolvição pode ser irreparável, afinal, se uma informação dessa for lançada na internet, por exemplo, o registro pode ser definitivo, quase impossível de ser apagado. Finalmente, relembre-se que, antes da Constituição de 1988, quem era condenado em primeira instância, tinha o seu nome lançado no rol dos culpados, situação que foi afastada justamente pela consagração ao princípio da presunção de inocência, inserido no texto constitucional.

**7. Decisão fundamentada do juiz para manter o sigilo:** a par da inconstitucionalidade apontada (nota anterior), em princípio, caso fosse possível a divulgação, o correto seria exatamente o oposto. O magistrado somente tornaria pública a identificação do acusado, de modo fundamentado, se houvesse necessidade. Fez-se o contrário. A publicidade é a regra; o sigilo passa a ser exceção. Se o § 1.º for mantido, reconhecida a sua constitucionalidade, o disposto pelo *caput* (segredo de justiça) passa a valer somente do início da investigação até o advento da sentença condenatória de primeiro grau. Por ora, um dos motivos a ser usado pelo juiz para a manutenção do sigilo pode calcar-se na presunção de inocência, negando-se a exposição nos casos concretos.

**8. Absolvição e reversão da publicidade:** a previsão feita neste parágrafo demonstra a contradição intrínseca da divulgação, pois indica a plausível viabilidade de se atingir a consagração do estado de inocência em julgado de 2.ª instância (ou superior). Note-se que a condenação de 1º grau não deve abalar a presunção de inocência, a ser mantida até o trânsito em julgado da decisão condenatória, pois em outro grau de jurisdição é possível revertê-la. A permissão de acesso total ao processo de sentenciados em primeiro grau pode produzir um dano irreparável, pois a divulgação se espalha e não há retrocesso, mesmo havendo a reversão ao sigilo, com a absolvição em grau superior.

**9. Monitoramento eletrônico:** essa medida – acompanhamento por monitoração a partir da condenação de primeira instância parece-nos viável, pois se cuida de medida cautelar e perfeitamente aplicável a várias outras hipóteses, conforme previsão feita pelo art. 319 do Código de Processo Penal (inciso IX). Em vez de tornar público o processo de sentenciados, torna-se mais efetiva e sigilosa a imposição de monitoração eletrônica, sem contar que o réu por delito sexual violento já pode se encontrar nesse sistema de acompanhamento. Por óbvio, não se aplica este dispositivo a todos os réus em prisão preventiva e aos que iniciam a pena no regime fechado, porque não se utiliza tornozeleira eletrônica em presídio. Durante o cumprimento da pena, prevê-se o monitoramento nas saídas temporárias (art. 122, § 1.º, LEP), durante o livramento condicional (arts. 132, § 2º, "e", 146-B, VIII, LEP), em prisão domiciliar (art. 146-B, IV, LEP) e em regime aberto e semiaberto (art. 146-B, VI, LEP), sem qualquer restrição.

> **Art. 234-C.** (Vetado.)

# Título VII
## Dos crimes contra a família[1]

**1. Proteção constitucional:** a Constituição Federal preceitua ser a família a base da sociedade, merecedora de especial proteção do Estado (art. 226, *caput*, CF). Por isso, são reconhecidos, como formadores de um núcleo familiar, não somente o casamento, mas também a união estável. Esta, no entanto, está fora da proteção dispensada pelo Direito Penal.

### Capítulo I
### DOS CRIMES CONTRA O CASAMENTO[2]

**2. Proteção constitucional:** o primeiro texto constitucional que, expressamente, fez referência à família é o de 1934. Nessa Constituição, mencionava-se ser a família constituída pelo casamento indissolúvel, gozando de especial proteção do Estado. O mesmo foi previsto nas Constituições de 1937, 1946 e 1967, inclusive com a Emenda Constitucional 1, de 1969. Em 1977, afastou-se a indissolubilidade do casamento, instituindo-se o divórcio no Brasil. A Constituição de 1988, apesar de inovadora na conceituação de família e de sua formação, continuou privilegiando o casamento como figura central na origem da entidade familiar (Guilherme Calmon Nogueira da Gama, *A família no direito penal*, p. 37-43).

### Bigamia[3]

> **Art. 235.** Contrair[4-6] alguém, sendo casado,[7] novo casamento:[8-13]
>
> Pena – reclusão, de 2 (dois) a 6 (seis) anos.
>
> § 1.º Aquele que, não sendo casado,[14] contrai casamento com pessoa casada, conhecendo[15] essa circunstância, é punido com reclusão ou detenção,[16] de 1 (um) a 3 (três) anos.[17]
>
> § 2.º Anulado por qualquer motivo o primeiro casamento, ou o outro por motivo que não a bigamia, considera-se inexistente o crime.[18]

**3. Conceito de bigamia:** é a situação da pessoa que possui dois cônjuges. Entretanto, no contexto dos crimes contra o casamento, quer espelhar a hipótese do sujeito que se casa mais de uma vez, não importando quantas. Assim, quem se casa por quatro vezes, por exemplo, é considerado bígamo, embora seja autêntico polígamo.

**4. Análise do núcleo do tipo:** *contrair casamento* significa ajustar a união entre duas pessoas de sexos diferentes, devidamente habilitadas e legitimadas pela lei civil, tendo por

# Art. 235

Código Penal Comentado • **Nucci**

1058

finalidade a constituição de uma família. O matrimônio, atualmente, não é a única forma de se constituir uma família, embora continue sendo uma das principais vias. A Constituição Federal reconhece a união estável como entidade familiar, *para efeito da proteção do Estado*, o que não significa que se formem, a partir daí, os laços matrimoniais (art. 226, § 3.º, CF). Portanto, o crime de bigamia somente se dá quando o agente, já sendo casado, contrai novo *casamento*, não sendo suficiente a união estável. Atualmente, a Resolução 175/2013 do Conselho Nacional de Justiça preceitua, no art. 1.º o seguinte: "é vedada às autoridades competentes a recusa de habilitação, celebração de casamento civil ou de conversão de união estável em casamento entre pessoas de mesmo sexo". Na jurisprudência: TJRJ: "A autoria e a materialidade restaram devidamente comprovadas pela cópia do processo administrativo; certidão do segundo casamento da ré e da averbação do divórcio do primeiro casamento da ré realizado apenas após contrair a segunda núpcias, a declaração assinada pela ré perante a 12.ª Circunscrição do Registro Civil, onde se afirma solteira, somadas as declarações prestadas pelas testemunhas em Juízo e pela própria ré a confessar ter contraído dois matrimônios, além da sentença judicial de anulação do segundo casamento. Constatado restou que a apelada casou-se duas vezes, primeiro em 2001 em Planaltina-GO e o segundo em 2010 no Rio de Janeiro-RJ, somente tendo se divorciado de seu 1.º consorte no ano de 2014. Importante mencionar ainda a existência da cópia do requerimento assinado pelos nubentes, habilitando-se ao casamento civil. Conduta descrita a se subsumir ao tipo penal previsto no art. 235 do CP, devendo-se condenar a ré pela prática do crime de bigamia. Quanto à condenação pelo crime de falsidade ideológica melhor sorte não resta ao pleito ministerial, por tratar-se de crime meio e, portanto, a bigamia (crime fim – mais grave) absorve a falsidade ideológica (delito meio – menos grave), com base no princípio da consunção" (Ap. 0025396-20.2018.8.19.0203, 7.ª C. Crim., rel. José Roberto Lagranha Távora, 18.03.2021, v.u.). TJSP: "Depreende-se pelos autos que W. C. M. foi denunciado como incurso no artigo 235, *caput*, por duas vezes, na forma do artigo 69, *caput*, ambos do Código Penal, porque, no dia 03 de dezembro de 1992, perante o Cartório de Registro Civil das Pessoas Naturais de Guarulhos, sendo casado com L. G. M., contraiu novo matrimônio com C. L. P. Consta, também, dos inclusos autos de inquérito policial que, no dia 03 de julho de 1999, perante o Cartório de Registro Civil das Pessoas Naturais de Mogi das Cruzes, na cidade e comarca de Mogi das Cruzes, W. C. M., sendo casado com L. G. M., contraiu novo matrimônio com A. de O. P." (Ap. Criminal 0177615820058260361, 8.ª Câm. de Direito Criminal, rel. Freddy Lourenço Ruiz Costa, 30.11.2022, v.u.); "Separação judicial que não extingue o vínculo matrimonial e é impeditivo de contrair novas núpcias – Dolo do réu configurado" (Ap. 0010386-52.2011.8.26.0019, 9.ª C. D. Crim., rel. Fátima Gomes, 26.04.2020, v.u.).

**5. Sujeitos ativo e passivo:** o sujeito ativo somente pode ser a pessoa casada. O sujeito passivo é o Estado, em primeiro lugar, que tem o interesse maior na preservação da *base da sociedade*, que é a entidade familiar monogâmica. Tanto isso é realidade que o sujeito, ainda que contando com a concordância do primeiro cônjuge, continuará sendo punido se contrair novo matrimônio. Porém, em segundo plano, está também o cônjuge do primeiro casamento. Pode ser considerado, ainda, o segundo cônjuge, caso não saiba que se está casando com pessoa impedida.

**6. Elemento subjetivo do tipo:** é o dolo. Não existe a forma culposa, nem se exige elemento subjetivo do tipo específico.

**7. Pressuposto para a configuração do delito:** existência válida do primeiro casamento. Se as primeiras núpcias estão sendo discutidas na esfera civil, trata-se de questão prejudicial, provocadora da suspensão do feito criminal até a sua solução definitiva no foro competente (art. 92, CPP).

**8. Novo casamento:** como já mencionado, não se configura o delito – que é contra o casamento – caso o sujeito já casado principie uma união estável com outra pessoa. O segundo matrimônio, para a configuração do delito, necessita ser válido. Observe-se que a anulação de qualquer dos casamentos por conta da bigamia não faz o crime desaparecer, pois é um efeito civil provocado justamente pelo delito praticado.

**9. Objetos material e jurídico:** o objeto material é o casamento. O objeto jurídico é o interesse estatal na preservação da família como base da sociedade e do casamento monogâmico, eleito como a forma mais estável de constituição familiar.

**10. Classificação:** trata-se de crime próprio (aquele que demanda sujeito ativo qualificado ou especial); material (delito que exige resultado naturalístico, consistente na efetiva ofensa aos laços matrimoniais); de forma vinculada (só podendo ser cometido pela contração de um segundo matrimônio, que exige uma série de formalidades legais); comissivo ("contrair" implica ação); instantâneo (cujo resultado se dá de maneira instantânea, não se prolongando no tempo). É este um típico exemplo do fenômeno que a doutrina chama de *crime instantâneo de efeitos permanentes*, isto é, o delito é instantâneo, sem prolongamento da consumação, mas aparenta ser permanente, pois o bígamo permanece casado com duas pessoas ao mesmo tempo, dando a impressão de continuar ofendendo o bem jurídico protegido. É crime plurissubjetivo (que somente pode ser praticado por mais de um agente), não significando que os dois serão punidos, ou seja, se o segundo cônjuge não souber que a pessoa com quem se casa já é casada, houve erro de tipo; plurissubsistente (em regra, vários atos integram a conduta); admite tentativa, embora de rara configuração. O processo de habilitação do casamento não deve ser considerado ato executório do crime, mas meramente fase de preparação. A execução tem início com a celebração.

**11. Prescrição:** possui regra especial. Em que pese ser crime instantâneo, a prescrição não começa a correr a partir da data da celebração do segundo casamento, mas sim do momento em que o fato se tornou conhecido (art. 111, IV, CP), justamente porque o delito de bigamia costuma ser camuflado, tornando mais difícil para o Estado punir o agente. Ver nota a respeito no art. 111.

**12. Concurso de crimes:** a contração de mais de dois casamentos pode dar ensejo ao crime continuado. Portanto, a união matrimonial realizada pelo agente depois de já se ter casado duas vezes deve ser considerada novo delito, aplicando-se, se preenchidos os requisitos, a regra do art. 71 do Código Penal. Há posição contrária, sustentando tratar-se sempre de concurso material (cf. NORONHA, *Direito penal*, v. 3, p. 298).

**13. Bigamia e erro de proibição:** somente é possível se acolher a afirmativa de ter havido erro quanto à ilicitude do fato caso o agente demonstre efetivo desconhecimento da potencialidade lesiva de sua conduta. Se utilizar inúmeras evasivas e tergiversações para encobrir o ato, estará demonstrando que tinha plena ciência da proibição do segundo casamento.

**14. Exceção pluralística:** elegeu o tipo penal uma exceção à teoria monista, adotada no concurso de pessoas. O monismo significa que "quem concorre para o crime incide nas penas a ele cominadas", ou seja, há um só delito para coautores e partícipes. No caso presente, como em outras exceções, preferiu o legislador punir mais brandamente a pessoa solteira que, tendo pleno conhecimento do estado civil do futuro cônjuge, contrai matrimônio com pessoa casada. Note-se que a pena é reduzida da metade.

**15. Elemento subjetivo do tipo:** neste caso, admite-se apenas o dolo direto, em face da expressão "conhecendo essa circunstância".

# Art. 236

Código Penal Comentado · **Nucci**                                                                 1060

**16. Pena alternativa:** a pena privativa de liberdade tem valores abstratos fixos – de 1 a 3 anos –, embora tenha permitido o legislador que o juiz opte entre reclusão e detenção. Embora a diferença prática entre ambas as penas seja imperceptível, é natural que a detenção seja mais branda que a reclusão. Portanto, deve o magistrado levar em consideração as circunstâncias do art. 59 do Código Penal para optar entre uma e outra.

**17. Concurso de pessoas:** é admissível o concurso de pessoas no contexto da bigamia. Imagine-se a hipótese do sujeito que instiga outro a casar-se duas vezes. É partícipe, embora, como bem lembra DELMANTO (*Código Penal comentado*, p. 449), deva responder como incurso nas penas do § 1.º, e não do *caput*. Afinal, se aquele que se casa, possibilitando a consumação do crime, tem pena menor, também o partícipe deve ser beneficiado pela redução.

**18. Causa específica de exclusão da tipicidade:** se o primeiro casamento, existente à época do crime, for posteriormente anulado, torna-se atípica a conduta do agente, que passará a manter casamento com uma só pessoa. A declaração de nulidade do primeiro casamento provoca efeito *ex tunc*, demonstrando que o agente não se casou, sendo casado. Logo, bigamia não houve.

### Induzimento a erro essencial e ocultação de impedimento

> **Art. 236.** Contrair casamento,[19-21] induzindo em erro essencial[22] o outro contraente, ou ocultando-lhe impedimento[23] que não seja casamento anterior:[24-26]
>
> Pena – detenção, de 6 (seis) meses a 2 (dois) anos.
>
> **Parágrafo único.** A ação penal depende de queixa[27] do contraente enganado e não pode ser intentada senão depois de transitar em julgado a sentença que, por motivo de erro ou impedimento, anule o casamento.[28]

**19. Análise do núcleo do tipo:** *contrair casamento* significa, como já visto na nota 4 ao artigo anterior, ajustar a união entre duas pessoas de sexos diferentes, devidamente habilitadas e legitimadas pela lei civil, tendo por finalidade a constituição de uma família. Neste caso, acrescentam-se as condutas de *induzir* (inspirar ou incutir) em erro e *ocultar* (esconder) impedimento. Portanto, há duas situações possíveis: *a)* contrair casamento levando a outra pessoa a incidir em engano fundamental; *b)* contrair casamento escondendo impedimento matrimonial.

**20. Sujeitos ativo e passivo:** o sujeito ativo pode ser qualquer pessoa que se case induzindo outrem em erro ou ocultando-lhe impedimento. O sujeito passivo é o Estado – que busca manter a regularidade do casamento monogâmico – e também a pessoa ludibriada.

**21. Elemento subjetivo do tipo:** é o dolo. Não existe a forma culposa, nem se exige elemento subjetivo do tipo específico.

**22. Erro essencial:** trata-se de norma penal em branco. Deve-se utilizar o disposto no art. 1.557 do Código Civil, que preceitua tratar-se de erro essencial sobre a pessoa do outro cônjuge os seguintes casos: "I – o que diz respeito à sua identidade, sua honra e boa fama, sendo esse erro tal que o seu conhecimento ulterior torne insuportável a vida em comum ao cônjuge enganado; II – a ignorância de crime, anterior ao casamento, que, por sua natureza, torne insuportável a vida conjugal; III – a ignorância, anterior ao casamento, de defeito físico irremediável que não caracterize deficiência ou de moléstia grave e transmissível, por contágio ou por herança, capaz de pôr em risco a saúde do outro cônjuge ou de sua descendência; IV – revogado pela Lei 13.146/2015". Assim, qualquer dessas situações que configuram *erro essencial* pode, em tese, dar margem à configuração deste delito. O agente que leva o outro contraente, por meio de ações – não sendo suficiente a mera ocultação – consistentes em convencê-lo da inexistência de quaisquer dessas situações previstas na lei civil pode cometer o crime do art. 236. Cremos, no entanto, ser figura defasada e antiquada, merecendo a devida abolição. Deve-se concentrar a resolução do problema na esfera cível, pois o Direito Penal, de acordo com o princípio da intervenção mínima, é a *ultima ratio*, não servindo como opção para esse tipo de ilícito.

**23. Impedimento matrimonial:** sendo norma penal em branco, é preciso buscar socorro no Código Civil, que prevê as hipóteses de impedimento, no art. 1.521. "Não podem casar: I – os ascendentes com os descendentes, seja o parentesco natural ou civil; II – os afins em linha reta; III – o adotante com quem foi cônjuge do adotado e o adotado com quem o foi do adotante; IV – os irmãos, unilaterais ou bilaterais, e demais colaterais, até o terceiro grau inclusive; V – o adotado com o filho do adotante; VI – as pessoas casadas; VII – o cônjuge sobrevivente com o condenado por homicídio ou tentativa de homicídio contra o seu consorte". Configura-se o delito quando o agente esconde impedimento do outro contraente, justamente para que o casamento seja celebrado. Há quem entenda tratar-se de conduta comissiva, isto é, a ocultação precisa ser ativa, buscando o agente convencer a outra parte de que são livres para o matrimônio. Assim não nos parece. Enquanto na primeira forma usa-se o verbo *induzir*, indicando conduta positiva, na segunda vale-se o tipo de *ocultar*, que demonstra apenas a omissão em contar. Se isso for realizado dolosamente, é suficiente para configurar o crime.

**24. Ressalva específica:** o tipo penal ressalva a hipótese de impedimento prevista no art. 1.521, VI, do Código Civil (pessoas casadas), pois o casamento celebrado com pessoa já casada configura o delito de bigamia.

**25. Objetos material e jurídico:** o objeto material é o casamento. O objeto jurídico é o interesse do Estado em manter regulares os casamentos realizados, pois estes constituem forma comum de formação da família, base da sociedade.

**26. Classificação:** trata-se de crime próprio (aquele que demanda sujeito ativo qualificado ou especial, que é o cônjuge); formal (delito que não exige resultado naturalístico, consistente na efetiva dissolução do matrimônio por conta do erro ou do impedimento); de forma vinculada (podendo ser cometido apenas pela indução em erro essencial ou ocultação de impedimento, submetendo-se o agente ao processo de casamento, que é rigidamente previsto em lei); comissivo ("contrair" implica ação); instantâneo (cujo resultado se dá de maneira instantânea, não se prolongando no tempo); plurissubjetivo (que somente pode ser praticado por mais de uma pessoa); plurissubsistente (em regra, vários atos integram a conduta); não admite tentativa, porque é crime condicionado (ver parágrafo único).

**27. Ação penal privada:** é ação penal que somente pode ser intentada pelo cônjuge enganado. Trata-se de ação privada personalíssima, de modo que, ocorrendo a morte do querelante durante o processo, extingue-se a punibilidade do agente.

**28. Condição de procedibilidade e objetiva de punibilidade:** não vemos inconveniente na eleição de uma causa mista. Criou o legislador uma condição para haver a punição do agente: ser o casamento anulado efetivamente. Assim, ainda que tenha sido enganado, pode ser que o agente permaneça casado, como, por exemplo, no caso da pessoa que se casa com quem padece de defeito físico irremediável. Logo, não há punição alguma para o autor. Apesar de configurado o delito, não há punibilidade. Essa condição objetiva, que não depende do dolo do agente, é também condição de procedibilidade para o ingresso da queixa-crime. No

# Art. 237

Código Penal Comentado · **Nucci**                                    1062

sentido de ser condição objetiva de punibilidade: Guilherme Calmon Nogueira da Gama (*A família no direito penal*, p. 158); Magalhães Noronha (*Direito penal*, v. 3, p. 303). Considerando condição de procedibilidade: Damásio E. de Jesus (*Código Penal anotado*, p. 734).

### Conhecimento prévio de impedimento

> **Art. 237.** Contrair casamento,[29-30] conhecendo[31] a existência de impedimento que lhe cause a nulidade absoluta:[32-34]
>
> Pena – detenção, de 3 (três) meses a 1 (um) ano.

**29. Análise do núcleo do tipo:** *contrair casamento* significa, como já visto na nota 4 ao art. 235, ajustar a união entre duas pessoas de sexos diferentes, devidamente habilitadas e legitimadas pela lei civil, tendo por finalidade a constituição de uma família. Esta hipótese pune o agente que se casa *ciente* do impedimento matrimonial, causador de nulidade absoluta (art. 1.521, I a VII, c/c o art. 1.548, II, CC).

**30. Sujeitos ativo e passivo:** o sujeito ativo pode ser qualquer pessoa que se case impedida pela lei civil. O sujeito passivo é o Estado; secundariamente, o cônjuge que não conhecia o impedimento.

**31. Elemento subjetivo do tipo:** é o dolo. Não existe a forma culposa, nem se exige elemento subjetivo do tipo específico. Observe-se que o tipo penal exige *dolo direto*, ao mencionar "conhecendo a existência de impedimento".

**32. Impedimento que lhe cause a nulidade absoluta:** como já mencionado, trata-se de norma penal em branco, que deve ser complementada pelo art. 1.521, I a VII, c/c o art. 1.548, II, do Código Civil. Os impedimentos que provocam nulidade são os seguintes: "I – os ascendentes com os descendentes, seja o parentesco natural ou civil; II – os afins em linha reta; III – o adotante com quem foi cônjuge do adotado e o adotado com quem o foi do adotante; IV – os irmãos, unilaterais ou bilaterais, e demais colaterais, até o terceiro grau inclusive; V – o adotado com o filho do adotante; VI – as pessoas casadas; VII – o cônjuge sobrevivente com o condenado por homicídio ou tentativa de homicídio contra o seu consorte".

**33. Objetos material e jurídico:** o objeto material é o casamento. O objeto jurídico é o interesse do Estado na regular formação da família, base da sociedade, através do casamento válido.

**34. Classificação:** trata-se de crime próprio (aquele que demanda sujeito ativo qualificado ou especial, ou seja, o cônjuge); material (delito que exige resultado naturalístico, consistente na efetiva anulação do casamento); de forma vinculada (podendo ser cometido somente pelo casamento, que é repleto de formalidades legais); comissivo ("contrair" implica ação); instantâneo (cujo resultado se dá de maneira instantânea, não se prolongando no tempo); plurissubjetivo (que só pode ser praticado por mais de uma pessoa, ainda que a outra não seja punida); plurissubsistente (em regra, vários atos integram a conduta); admite tentativa.

### Simulação de autoridade para celebração de casamento

> **Art. 238.** Atribuir-se[35-37] falsamente[38] autoridade para celebração de casamento:[39-41]
>
> Pena – detenção, de 1 (um) a 3 (três) anos, se o fato não constitui crime mais grave.[42]

**35. Análise do núcleo do tipo:** *atribuir-se* significa imputar-se ou dar a si mesmo. O agente proclama-se autoridade para celebração de casamento.

**36. Sujeitos ativo e passivo:** o sujeito ativo pode ser qualquer pessoa. Os sujeitos passivos são o Estado e os cônjuges ludibriados.

**37. Elemento subjetivo do tipo:** é o dolo. Não existe a forma culposa, nem se exige elemento subjetivo do tipo específico.

**38. Elemento normativo do tipo:** *falsamente* é elemento valorativo, que significa *contrário à realidade ou fictício.*

**39. Autoridade para celebração de casamento:** é, como regra, o juiz de paz. Não se pode considerar, como alguns fazem (vide ROMÃO CÔRTES DE LACERDA, in HUNGRIA, *Comentários ao Código Penal*, v. 8, p. 375), o oficial do registro, que efetivamente não é *autoridade* para celebrar casamento, mas somente aquele que vai documentar o ato. Preceitua a Constituição Federal (art. 98, II) que a justiça de paz é composta de "cidadãos eleitos pelo voto direto, universal e secreto, com mandato de quatro anos e competência para, na forma da lei, *celebrar casamentos*, verificar, de ofício ou em face de impugnação apresentada, o processo de habilitação e exercer atribuições conciliatórias, sem caráter jurisdicional, além de outras previstas na legislação" (grifo nosso). A Constituição do Estado de São Paulo estipula (art. 16, Disposições Transitórias) que, "até a elaboração da lei que criar e organizar a Justiça de Paz, ficam mantidos os atuais juízes e suplentes de juiz de casamentos, até a posse de novos titulares, assegurando-lhes os direitos e atribuições conferidos aos juízes de paz de que tratam o art. 98, II, da Constituição Federal, o art. 30 do Ato das Disposições Constitucionais Transitórias e o art. 89 desta Constituição". Portanto, a única autoridade constituída especificamente para celebrar casamentos é o juiz de paz. Entretanto, pode-se considerar no mesmo contexto o ministro religioso que possua atribuição para celebrar casamento religioso, uma vez que este pode ser transformado em civil (art. 226, § 2.º, CF, c/c art. 1.515, CC).

**40. Objetos material e jurídico:** o objeto material é o casamento. O objeto jurídico é o interesse do Estado na regular constituição do casamento, criador da família, base da sociedade.

**41. Classificação:** trata-se de crime comum (aquele que não demanda sujeito ativo qualificado ou especial); formal (delito que não exige resultado naturalístico, consistente na efetiva celebração de casamento por quem não está autorizado a fazê-lo); de forma livre (podendo ser cometido por qualquer meio eleito pelo agente); comissivo ("atribuir-se" implica ação); instantâneo (cujo resultado se dá de maneira instantânea, não se prolongando no tempo); unissubjetivo (que pode ser praticado por um só agente); unissubsistente (constituído por um único ato) ou plurissubsistente (em regra, vários atos integram a conduta), conforme o caso; admite tentativa somente na forma plurissubsistente, embora rara. No sentido que defendemos: NORONHA, *Direito penal*, v. 3, p. 307. Para ROMÃO CÔRTES DE LACERDA, a tentativa é sempre inadmissível (in HUNGRIA, *Comentários ao Código Penal*, v. 8, p. 375).

**42. Delito subsidiário:** se outro crime mais grave for cometido, absorve a prática da simulação de autoridade para celebração de casamento. Exemplo disso seria o agente que usurpa função pública auferindo vantagem: responde pelo delito do art. 328, parágrafo único, do Código Penal, que absorve o crime do art. 238.

### Simulação de casamento

> **Art. 239.** Simular[43-45] casamento mediante engano[46] de outra pessoa:[47-48]
>
> Pena – detenção, de 1 (um) a 3 (três) anos, se o fato não constitui elemento de crime mais grave.[49]

# Art. 240

Código Penal Comentado · **Nucci**

1064

**43. Análise do núcleo do tipo:** *simular* significa fingir, disfarçar ou aparentar aquilo que não é. Objetiva-se, nesta figura, proteger o casamento.

**44. Sujeitos ativo e passivo:** o sujeito ativo pode ser qualquer pessoa. O sujeito passivo há de ser o Estado, bem como a pessoa enganada.

**45. Elemento subjetivo do tipo:** é o dolo. Não existe a forma culposa, nem se exige elemento subjetivo do tipo específico.

**46. Elemento normativo do tipo:** não basta que o agente finja estar se casando, sendo indispensável que o faça através do *engano* (armadilha, logro, ilusão) do outro contraente. Assim, aquele que representa estar contraindo matrimônio para pregar uma peça em seus amigos não responde pelo delito, pois não está ludibriando a pessoa que aceita o papel de contraente.

**47. Objetos material e jurídico:** o objeto material é o casamento simulado. O objeto jurídico é o interesse do Estado de preservar o casamento, base primordial de formação da família.

**48. Classificação:** trata-se de crime comum (aquele que não demanda sujeito ativo qualificado ou especial); formal (delito que não exige resultado naturalístico, consistente em efetivos desdobramentos da conduta simulatória); de forma vinculada (podendo ser cometido por intermédio da celebração de um ato solene, que é o casamento); comissivo ("simular" implica ação); instantâneo (cujo resultado se dá de maneira instantânea, não se prolongando no tempo); unissubjetivo (que pode ser praticado por uma pessoa, embora, no caso presente, exija o concurso da própria vítima, que não é punida); plurissubsistente (em regra, vários atos integram a conduta); admite tentativa.

**49. Delito subsidiário:** se outra figura típica mais grave ocorrer, esta será absorvida. O objetivo do agente pode ser a violação sexual mediante fraude (art. 215), que prevalecerá sobre a simulação de casamento.

### Adultério

> **Art. 240.** (Revogado pela Lei 11.106/2005.)

### Capítulo II
### DOS CRIMES CONTRA O ESTADO DE FILIAÇÃO

### Registro de nascimento inexistente

> **Art. 241.** Promover[1-3] no registro civil a inscrição de nascimento inexistente:[4-8]
>
> Pena – reclusão, de 2 (dois) a 6 (seis) anos.

**1. Análise do núcleo do tipo:** *promover* significa gerar ou dar origem. O objeto é o registro civil de pessoa.

**2. Sujeitos ativo e passivo:** o sujeito ativo pode ser qualquer pessoa. O sujeito passivo é o Estado. Secundariamente, a pessoa prejudicada pelo registro inexistente.

**3. Elemento subjetivo do tipo:** é o dolo. Não existe a forma culposa, nem se exige elemento subjetivo do tipo específico.

**4. Conceito de nascimento inexistente:** *nascimento* é o ato de nascer, ou seja, ter início a vida do ser humano. Se inexistente é porque, de fato, não ocorreu, isto é, o feto foi expelido morto ou nunca foi gerado.

**5. Absorção da falsidade:** o delito do art. 241 absorve o crime de falsidade ideológica (art. 299, CP), por ser especial.

**6. Objetos material e jurídico:** o objeto material é o registro civil realizado. O objeto jurídico é o estado de filiação, que deve ser preservado pelo Estado, pois, em última análise, é medida protetora da família.

**7. Classificação:** trata-se de crime comum (aquele que não demanda sujeito ativo qualificado ou especial); formal (delito que não exige resultado naturalístico, consistente no efetivo prejuízo para alguém diante do falso registro); de forma livre (podendo ser cometido por qualquer meio eleito pelo agente); comissivo ("promover" implica ação); instantâneo (cujo resultado se dá de maneira instantânea, não se prolongando no tempo); unissubjetivo (que pode ser praticado por um só agente); plurissubsistente (em regra, vários atos integram a conduta); admite tentativa.

**8. Prescrição:** tem prazo inicial diferenciado, nos termos do art. 111, IV, do Código Penal (quando o fato se tornou conhecido).

### Parto suposto. Supressão ou alteração de direito inerente ao estado civil de recém-nascido

> **Art. 242.** Dar[9-11] parto alheio[12] como próprio; registrar como seu o filho de outrem;[13] ocultar recém-nascido ou substituí-lo,[14] suprimindo ou alterando direito inerente ao estado civil:[15-16]
>
> Pena – reclusão, de 2 (dois) a 6 (seis) anos.
>
> **Parágrafo único.** Se o crime é praticado por motivo de reconhecida nobreza:[17-18]
>
> Pena – detenção, de 1 (um) a 2 (dois) anos, podendo o juiz deixar de aplicar a pena.

**9. Análise do núcleo do tipo:** *dar*, neste tipo, tem o sentido de considerar ou tornar; *registrar* quer dizer lançar em livro ou consignar; *ocultar* é encobrir ou esconder; *substituir* quer dizer tomar o lugar de algo ou alguém; *suprimir* significa eliminar ou fazer desaparecer; *alterar* é modificar ou transformar. O objeto protegido é o estado de filiação. Trata-se de *tipo misto cumulativo e alternativo*. São previstas três condutas diferenciadas, embora, entre elas, exista alternatividade: *a)* dar parto alheio como próprio; *b)* registrar como seu o filho de outrem; *c)* ocultar *ou* substituir recém-nascido. Em todas incide, ainda, a consequência de suprimir ou alterar direito inerente ao estado civil. Assim, caso o agente pratique as três condutas, responderá por três delitos. Somente no caso da última é que pode praticar uma ou as duas e cometerá um só crime (ocultar ou substituir). Conferir: TJDFT: "1 – Os pais que se omitem e permitem que o avô registre, como sua, a filha deles, nada fazendo para impedir o ato, vindo a retificar o ato

# Art. 242

Código Penal Comentado · **Nucci**                                                1066

passados cinco anos do nascimento da criança, praticam o crime do art. 242 do CP – alteração de direito inerente ao estado civil de recém-nascido. 2 – Como pais da menor, os réus deviam e podiam agir para evitar o resultado. A omissão é, pois, penalmente relevante, razão pela qual respondem pelo crime (art. 13, § 2.º, do CP). 3 – Evidenciado que o avô da criança a registrou em seu nome para que ela pudesse usufruir dos benefícios na qualidade de sua dependente – plano de saúde do Corpo de Bombeiros e futura pensão vitalícia por morte – não se reconhece o motivo de reconhecida nobreza, previsto no § único do art. 242 do CP). 4 – O estelionato consuma-se no momento em que o agente obtém a vantagem econômica indevida – qualquer benefício ou ganho, de modo indevido. Inexistente prova de que os réus obtiveram vantagem econômica ilícita, em prejuízo alheio, a absolvição é medida que se impõe. 5 – Apelações não providas" (Ap. 0007099-47.2017.8.07.0004, 2.ª T. Criminal, rel. Jair Soares, 06.06.2019, v.u.).

**10. Sujeitos ativo e passivo:** o sujeito ativo pode ser: *a)* só a mulher na primeira figura; *b)* pai ou mãe na segunda figura; *c)* qualquer pessoa na terceira. Os sujeitos passivos são o Estado, que deseja a regularidade da formação da família, e a pessoa prejudicada (os herdeiros, nas duas primeiras situações; o próprio recém-nascido, na terceira).

**11. Elemento subjetivo do tipo:** é o dolo. Não existe a forma culposa. Exige-se, no entanto, elemento subjetivo específico, consistente na vontade de suprimir ou alterar estado civil. Esse elemento deve ser aplicado às três figuras, igualmente, pois não teria sentido "dar parto alheio como próprio" sem a finalidade de alterar direito inerente ao estado civil, o que esvaziaria por completo o crime *contra o estado de filiação*.

**12. Parto alheio:** o objeto da primeira conduta é considerar como seu o ato de outra pessoa, que dá à luz o feto. Assim agindo, precisa, de algum modo, suprimir ou alterar direito inerente ao estado civil, isto é, provocar mudança na situação jurídica do indivíduo em relação à sua família. Dessa forma, fazendo parecer seu o parto de outra pessoa, termina fazendo com que alguém tenha, juridicamente, outros pais, diversos dos biológicos. Lembra NORONHA que a hipótese inversa não é crime, isto é, dar parto próprio como alheio (*Direito penal*, v. 3, p. 317). Nesta figura, exige-se a simulação da gravidez para que possa a mulher considerar como seu o parto de outrem. O registro é dispensável, embora possa ser conduta naturalmente sequencial.

**13. Registro de filho de outra pessoa:** a segunda conduta é fazer consignar no registro civil outra filiação, diferente dos pais biológicos, fazendo com que o estado civil seja suprimido ou alterado. É o que se chama de "adoção à brasileira". Muitas pessoas, em vez de ingressarem em filas para adotar crianças, resolvem tratar diretamente com a mãe, registrando, diretamente, como seu o filho de outra pessoa. Por vezes, há intenção elevada, visto que pode ser a avó, ainda jovem, registrando o neto como filho, tendo em vista que sua filha, ainda imatura, não tem condições de cuidar da criança. Absorve, por ser especial, o crime de falsidade que venha a ocorrer pela inscrição no registro.

**14. Ocultação ou substituição de recém-nascido:** a terceira conduta é esconder a criança que acabou de nascer, impedindo seu correto registro, ou trocar o recém-nascido por outro, que nasceu de pessoa diversa. Nas duas hipóteses, o estado civil verdadeiro deve ser alterado ou eliminado.

**15. Objetos material e jurídico:** o objeto material pode ser o recém-nascido ou o registro. O objeto jurídico é o estado de filiação.

**16. Classificação:** trata-se de crime próprio (aquele que demanda sujeito especial), nas 1.ª e 2.ª figuras, e comum (aquele que não demanda sujeito ativo qualificado), na 3.ª figura;

material (delito que exige resultado naturalístico, consistente na efetiva supressão ou alteração do estado civil); de forma livre (podendo ser cometido por qualquer meio eleito pelo agente); comissivo (os verbos implicam ações); instantâneo (cujo resultado se dá de maneira instantânea, não se prolongando no tempo), exceto na modalidade "ocultar", que é permanente (delito de consumação prolongada no tempo); unissubjetivo (que pode ser praticado por um só agente); plurissubsistente (em regra, vários atos integram a conduta); admite tentativa.

**17. Figura privilegiada ou perdão judicial:** praticando qualquer das condutas típicas por *motivo de reconhecida nobreza*, isto é, se a razão que levou o agente a assim agir for nitidamente elevada ou superior, pode o juiz julgar extinta a punibilidade. Nem sempre o criminoso tem má intenção, podendo querer salvar da miséria um recém-nascido, cuja mãe reconhecidamente não o quer. Assim, termina registrando, por exemplo, o filho de outra pessoa como se fosse seu. Eventualmente, não sendo o caso de aplicar o perdão, porque o magistrado detectou outras condições pessoais desfavoráveis (ex.: maus antecedentes, reincidência, péssima conduta social), incide, então, a figura privilegiada, aplicando-se pena bem menor do que a prevista no *caput*. Lembremos que há duas opções fixadas pelo legislador ao juiz, quando houver motivo de reconhecida nobreza: aplicar o privilégio (pena menor) ou o perdão judicial (extinção da punibilidade), razão pela qual pode ele valer-se dos fatores pessoais do agente para essa avaliação. Na jurisprudência: STJ: "1. Se ficou entendido que a motivação para a prática do crime tipificado no art. 242, parágrafo único, do CP (parto suposto/alteração de direito inerente ao estado civil de recém-nascido) não foi exclusivamente nobre, havendo, igualmente, razões particulares que atendiam aos interesses dos agentes, não há falar em flagrante ilegalidade na não concessão do perdão judicial" (AgRg no HC 610.647/SC, 5.ª T., rel. João Otávio de Noronha, 17.05.2022, v.u.). TJMG: "Demonstrado o altruísmo do gesto de querer criar como próprio o filho de outrem, rejeitado pela mãe biológica, deve ser concedido o perdão judicial" (Ap. 1.0313.16.006409-0/001, 1.ª C. Crim., rel. Edison Feital Leite, 16.06.2020, m.v.).

**18. Prescrição:** o prazo começa a correr quando o fato se tornar conhecido da autoridade pública (art. 111, IV, CP).

### Sonegação de estado de filiação

> **Art. 243.** Deixar[19-20] em asilo de expostos ou outra instituição de assistência[21] filho próprio ou alheio,[22] ocultando-lhe a filiação ou atribuindo-lhe outra, com o fim[23] de prejudicar direito inerente ao estado civil:[24-25]
>
> Pena – reclusão, de 1 (um) a 5 (cinco) anos, e multa.

**19. Análise do núcleo do tipo:** *deixar*, no sentido do texto, significa largar ou abandonar; *ocultar* é esconder; e *atribuir* significa imputar ou conferir. Na jurisprudência, para exemplificar: TJSP: "Aquele que deixa no asilo a criança, ocultando-lhe a filiação, ou atribuindo-lhe outra, já com isso prejudica o seu estado de filiação" (Ap. Crim. 0133661-32.2010.8.26.0000, 12.ª C. Crim., rel. Paulo Rossi, 15.09.2010, v.u.).

**20. Sujeitos ativo e passivo:** o sujeito ativo pode ser qualquer pessoa. Os sujeitos passivos são o Estado e a pessoa prejudicada.

**21. Asilo de expostos ou outra instituição de assistência:** *asilo de expostos* é orfanato ou lugar que abriga crianças abandonadas. *Instituição de assistência* pode ser qualquer tipo de creche ou abrigo.

# Art. 244

## Código Penal Comentado · Nucci

**22. Filho próprio ou alheio:** o abandono pode ligar-se aos pais que deixam seu filho em instituição de assistência ou àquele que larga filho de outra pessoa. A criança desamparada não pode estar registrada, pois o objetivo previsto é *ocultar* filiação ou *atribuir-lhe* outra.

**23. Elemento subjetivo do tipo:** é o dolo. Exige-se o elemento subjetivo específico, que é a vontade de prejudicar direito inerente ao estado civil. Não há a forma culposa.

**24. Objetos material e jurídico:** o objeto material é a criança abandonada. O objeto jurídico é o estado de filiação.

**25. Classificação:** trata-se de crime comum (aquele que não demanda sujeito ativo qualificado ou especial); formal (delito que não exige resultado naturalístico, consistente em efetivo prejuízo ao estado civil); de forma livre (podendo ser cometido por qualquer meio eleito pelo agente); comissivo (apesar de parecer omissivo, por conta do verbo *deixar*, trata-se de ação); instantâneo (cujo resultado se dá de maneira instantânea, não se prolongando no tempo); unissubjetivo (que pode ser praticado por um só agente); plurissubsistente (em regra, vários atos integram a conduta); admite tentativa.

### Capítulo III
### DOS CRIMES CONTRA A ASSISTÊNCIA FAMILIAR[1]

**1. Proteção constitucional:** prevê o art. 229 que "os pais têm o dever de assistir, criar e educar os filhos menores, e os filhos maiores têm o dever de ajudar e amparar os pais na velhice, carência ou enfermidade".

**Abandono material**

> **Art. 244.** Deixar, sem justa causa,[2] de prover[3-5] a subsistência do cônjuge,[6] ou de filho menor de 18 (dezoito) anos ou inapto para o trabalho,[7] ou de ascendente inválido ou maior de 60 (sessenta) anos,[8] não lhes proporcionando os recursos necessários[9] ou faltando ao pagamento de pensão alimentícia judicialmente acordada, fixada ou majorada;[10] deixar, sem justa causa,[11] de socorrer descendente ou ascendente, gravemente enfermo:[12-14]
>
> Pena – detenção, de 1 (um) a 4 (quatro) anos, e multa, de uma a dez vezes o maior salário mínimo vigente no País.[15]
>
> **Parágrafo único.** Nas mesmas penas incide quem, sendo solvente, frustra ou ilide,[16-17] de qualquer modo,[18] inclusive por abandono injustificado de emprego ou função,[19] o pagamento de pensão alimentícia judicialmente acordada, fixada ou majorada.

**2. Elemento normativo do tipo:** *sem justa causa* significa uma conduta não amparada por lei. Assim, havendo estado de necessidade, é natural que possa o pai deixar de alimentar o filho, pois não teria cabimento punir aquele que não tem condições de sustentar nem a si mesmo.

**3. Análise do núcleo do tipo:** *deixar de prover a subsistência* significa não mais dar sustento para assegurar a vida ou a saúde; *não proporcionar recursos* quer dizer deixar de fornecer auxílio; *faltar ao pagamento* é deixar de remunerar; *deixar de socorrer* é abandonar a defesa ou proteção. É mais um tipo *misto cumulativo e alternativo*, significando que a prática de mais de uma conduta implica na punição por mais de um delito, em concurso

| 1069 | Título VII – Dos crimes contra a família | **Art. 244** |

material. São, em verdade, três condutas típicas, duas delas alternativas: *a)* deixar de prover a subsistência de cônjuge, filho ou ascendente, não lhes proporcionando recursos necessários. A conduta é mista, pois a simples falta de provisão não significa o desamparo, uma vez que podem as pessoas ter recursos para manter o sustento; *b)* deixar de prover à subsistência de pessoa credora de alimentos, faltando ao pagamento de pensão alimentícia. Há uma presunção de que, se foi fixada pensão alimentícia, é porque a pessoa dela necessita, de modo que, não havendo o pagamento, há falta de provisão à subsistência; *c)* deixar de socorrer parente enfermo. Assim, as duas primeiras condutas são alternativas, implicando num só delito. A terceira é autônoma; se praticada juntamente com uma das duas anteriores, provoca dupla punição. Para a configuração do crime, torna-se imprescindível que a vítima fique, realmente, ao desamparo, uma vez que, se a assistência for prestada por outro familiar ou amigo, não há preenchimento do tipo penal. Na jurisprudência: STJ: "3. A criminalização do inadimplemento da prestação alimentícia está alicerçada nos primados da paternidade responsável e da integridade do organismo familiar. 4. No entanto, considerando que o Direito Penal opera como *ultima ratio*, só é punível a frustração dolosa do pagamento da pensão alimentícia, isto é, exige-se a vontade livre e consciente de não adimplir a obrigação. Assim, nem todo ilícito civil que envolve o dever de assistência material aos filhos configurará o ilícito penal previsto no art. 244 do CP. 5. Além disso, a omissão do pagamento deve, necessariamente, ocorrer sem justa causa, por consistir em elemento normativo do tipo, expressamente descrito no texto legal. 6. Em suma, para a condenação pela prática do delito em tela, as provas dos autos devem demonstrar que a omissão foi deliberadamente dirigida por alguém que podia adimplir a obrigação. Do contrário, toda e qualquer insolvência seria crime. 7. Na hipótese, a responsável legal das crianças reconheceu que o acusado realiza pagamentos pontuais e informou que usou o cartão dele para sacar os valores devidos sob a rubrica de auxílio emergencial. Ademais, o paciente, além de não ter emprego formal, já foi preso civilmente em virtude da dívida – medida coercitiva extrema que foi incapaz de compelir o devedor a cumprir com sua obrigação. 8. Nesse contexto, ausente comprovação de dolo (elemento subjetivo do tipo) e de inexistência de justa causa (elemento normativo do tipo), não há como ser mantida a condenação. 9. Ordem concedida" (HC 761.940-DF, 6.ª T., rel. Rogerio Schietti Cruz, 04.10.2022, v.u); "Os agravantes foram condenados porque, após processo regular de adoção, entregaram uma das adotadas à mãe biológica (já destituída do pátrio poder, em razão da prática de condutas moralmente condenáveis), em cuja companhia sabiam ou deviam saber que a infante ficaria moral e materialmente em perigo, deixando de prestar-lhe, a partir de então, qualquer assistência material, não destinando recursos para a sua subsistência. A pretensão recursal de demonstrar a ausência de dolo nas condutas, de provar a idoneidade da mãe biológica da menor, bem como da efetiva prestação de auxílio material à menor no período em que esta permaneceu com a genitora, para o fim de descaracterizar a prática das condutas criminosas, em contraste com toda a prova mencionada pelo acórdão recorrido, demandaria nova e aprofundada incursão no acervo fático-probatório carreado aos autos, providência inadmissível na via eleita, a teor da Súmula 7/STJ" (AgRg no AREsp 672.170-SC, 5.ª T., rel. Reynaldo Soares da Fonseca, 02.02.2016, v.u.).

**4. Sujeitos ativo e passivo:** na primeira e na segunda figuras, os sujeitos ativos podem ser o cônjuge, os pais, os descendentes ou o devedor da pensão; na terceira, podem ser os ascendentes ou os descendentes. Os sujeitos passivos podem ser, na ordem inversa, o cônjuge, os filhos, os ascendentes ou o credor de alimentos (na primeira e segunda figuras) ou os descendentes ou ascendentes (na terceira figura). Secundariamente, o Estado, interessado na proteção à família.

# Art. 244

Código Penal Comentado · **Nucci**

**5. Elemento subjetivo do tipo:** é o dolo. Não existe a forma culposa, nem se exige elemento subjetivo do tipo específico. Na jurisprudência: TJMT: "2. O dolo, consubstanciado na intenção livre e consciente de abandonar materialmente a filha, menor de 18 anos, está comprovado, na medida em que o acusado, mesmo ciente da obrigação de prestar alimentos, deixou injustificadamente de cumprir com o determinado judicialmente" (Ap. 0002519-19.2018.8.07.0010, 1.ª T. Criminal, rel. Cruz Macedo, 23.05.2019, v.u.).

**6. Cônjuge:** é a pessoa casada, não sendo cabível considerar sujeito passivo do crime a companheira ou concubina. Ainda que se dê, atualmente, proteção à união estável, não há equiparação ao casamento.

**7. Filho menor de 18 anos ou inapto para o trabalho:** o menor de 18 anos é, presumidamente, incapaz de se cuidar. Deve-se, no entanto, considerar o caso concreto, pois, em alguns casos, o filho pode ganhar mais do que os pais, razão pela qual não pode ser sujeito passivo do crime. O filho inapto para o trabalho pode ter qualquer idade e a inaptidão não necessita decorrer, necessariamente, de deficiência física ou mental. Um filho, que seja vítima de grave acidente e esteja em recuperação, pode estar inapto para o trabalho.

**8. Ascendente inválido ou idoso:** *ascendente* é o ancestral, que pode ser o pai (mãe), o avô (avó), o bisavô (bisavó) e assim sucessivamente. *Inválida* é a pessoa que está debilitada e incapaz de se sustentar. *Idosa* é a pessoa maior de 60 anos, conforme conceituação feita pela Lei 10.741/2003.

**9. Recurso necessário:** é o auxílio indispensável à sobrevivência, não incluindo, portanto, qualquer supérfluo ou luxo.

**10. Pensão alimentícia judicialmente acordada, fixada ou majorada:** a renda mensal pode ser fixada por acordo – homologado pelo juiz – ou então ser decorrência de sentença condenatória, que a estabeleceu ou majorou. É evidente que, cessando o direito à pensão – porque o juiz assim determinou –, não há mais possibilidade de se concretizar o tipo penal.

**11. Elemento normativo do tipo:** *sem justa causa* significa uma conduta não amparada por lei. Se o agente não tem condições financeiras ou físicas de socorrer o descendente ou ascendente, é natural que não possa responder por abandono material.

**12. Enfermidade grave:** para configurar a terceira figura típica, torna-se indispensável que o descendente (filho, neto, bisneto etc.) ou o ascendente (pai, avô, bisavô etc.) esteja com algum tipo de doença séria, não mais podendo prover ao seu sustento ou mesmo à sua sobrevivência.

**13. Objetos material e jurídico:** o objeto material pode ser renda, pensão ou outro auxílio. O objeto jurídico é a proteção dispensada pelo Estado à família.

**14. Classificação:** trata-se de crime próprio (aquele que demanda sujeito ativo qualificado ou especial); formal (delito que não exige resultado naturalístico, consistente no efetivo prejuízo para a vítima); de forma livre (podendo ser cometido por qualquer meio eleito pelo agente); omissivo (os verbos implicam abstenções); permanente (cujo resultado se prolonga no tempo, em face do bem jurídico protegido que continua a ser aviltado); unissubjetivo (que pode ser praticado por um só agente); unissubsistente (delito que pode ser praticado por um único ato); não admite tentativa.

Título VII – Dos crimes contra a família **Art. 245**

**15. Pena de multa fixada em salário mínimo:** é uma exceção ao dia-multa, decorrente da Reforma Penal de 1984. Continua-se, pois, a fixar a pena pecuniária em salários mínimos.

**16. Análise do núcleo do tipo:** *frustrar* significa enganar ou iludir; *elidir* (forma correta) quer dizer suprimir ou eliminar. As condutas ligam-se a pessoa que pode (solvente), mas não quer, pagar pensão alimentícia, valendo-se de subterfúgios variados ou recursos processuais meramente protelatórios.

**17. Sujeitos ativo e passivo:** o sujeito ativo é o devedor de alimentos. O sujeito passivo é o credor de alimentos e, secundariamente, o Estado, que tem por finalidade proteger a família.

**18. Qualquer modo:** indica, nitidamente, a forma livre do crime, ou seja, pode ser cometido por qualquer meio eleito pelo agente.

**19. Abandono injustificado de emprego ou função:** não são poucos, lamentavelmente, os casos de pessoas que, somente para não pagar pensão alimentícia, mormente quando estão em litígio com o beneficiário, largam contratos de trabalho, passando ao desemprego ou ao trabalho camuflado ou informal, somente para não quitar o seu débito. Quem assim agir propicia a configuração do tipo penal.

### Entrega de filho menor a pessoa inidônea

> **Art. 245.** Entregar[20-21] filho menor de 18 (dezoito) anos[22] a pessoa em cuja companhia saiba ou deva saber[23] que o menor fica moral ou materialmente em perigo:[24-26-A]
>
> Pena – detenção, de 1 (um) a 2 (dois) anos.
>
> § 1.º A pena é de 1 (um) a 4 (quatro) anos de reclusão,[27] se o agente pratica delito para obter lucro, ou se o menor é enviado para o exterior.[28-29]
>
> § 2.º Incorre, também, na pena do parágrafo anterior quem, embora excluído o perigo moral ou material, auxilia[30] a efetivação de ato destinado ao envio de menor para o exterior, com o fito de obter lucro.[31-34]

**20. Análise do núcleo do tipo:** *entregar* significa passar algo ou alguém à posse de outrem. O objeto, neste tipo penal, é o filho menor de 18 anos.

**21. Sujeitos ativo e passivo:** os sujeitos ativos só podem ser os pais. O sujeito passivo é o filho menor de 18 anos.

**22. Menor de 18 anos:** é a pessoa que, por presunção legal, é imatura, não sabendo se defender sozinha. O Código Penal, em face da previsão da inimputabilidade do menor de 18 anos (art. 27), que é absoluta, terminou por proteger o filho com essa faixa etária, fundamentando-se no mesmo pressuposto, ou seja, de incapacidade de se proteger de más companhias. Atualmente, segundo cremos, do mesmo modo que a idade penal deve ser reduzida, porque não mais se justifica tratar como inimputável aquele que, efetivamente, não o é, também esta figura típica merece revisão, reduzindo-se a faixa etária da vítima.

**23. Elemento subjetivo do tipo:** é o dolo. Não existe a forma culposa, nem se exige elemento subjetivo do tipo específico. A figura típica indica, nitidamente, a intenção de envolver o dolo direto – "saiba" – e o dolo eventual – "deva saber". Há posição contrária, sustentando que a expressão "deve saber" é justificativa de culpa, e não de dolo, pois neste o agente sabe o

# Art. 245

Código Penal Comentado · **Nucci**

que vai acontecer e é indiferente ao resultado. Assim, trataria o tipo penal de culpa, embora merecendo crítica por ter introduzido, neste crime, a culpa subjetiva, quando, em outros, como a receptação, cuida da culpa objetiva, através da expressão "devem presumir-se" (NORONHA, *Direito penal*, v. 3, p. 333). Insistimos, no entanto, que a culpa deve estar *expressa* no tipo, não se podendo considerar culposo o que não ficou nítido pela lei. Além do mais, a previsão do dolo eventual é exatamente idêntica à da culpa consciente, de modo que ele não *sabe* existir o resultado, sendo-lhe indiferente, como afirmou o autor. Em verdade, o agente *prevê a possibilidade* de ocorrer o resultado, sendo-lhe indiferente que tal ocorra. O resultado, que não deseja, mas suporta, não é certo. Se fosse, tratar-se-ia do dolo direto. Portanto, quando se utiliza da expressão "deve saber", está o legislador legitimando o entendimento que já expôs na definição do dolo (art. 18, I, CP), isto é, pode o agente querer diretamente o resultado ("sabe" que vai ocorrer) ou pode assumir o risco de produzi-lo ("deve saber" que pode ocorrer). Além disso, não há o menor cabimento – e não tem sido esta a postura do legislador nos demais crimes – equiparar a conduta dolosa à culposa, prevendo idêntica pena para ambas. Fosse de modo diverso e o agente, *tendo certeza* de colocar o menor em risco ao entregá-lo para outra pessoa, responderia pela mesma pena destinada a quem, *sendo negligente*, entrega o filho a outra pessoa, sem desejar qualquer risco para a sua integridade, o que é um contrassenso.

**24. Perigo material ou moral:** *perigo material* é o que se pode verificar sensitivamente (permitir que o menor se envolva com atividades de extremo risco, comprometedoras de sua integridade física); *perigo moral* é o que não é detectado pelos sentidos, referindo-se às atividades comprometedoras da boa formação moral da pessoa humana (permitir que o menor se envolva com prostituição ou atividades criminosas).

**25. Objetos material e jurídico:** o objeto material é o menor. O objeto jurídico é a proteção da família ao menor.

**26. Classificação:** trata-se de crime próprio (aquele que demanda sujeito ativo qualificado ou especial); formal (delito que não exige resultado naturalístico, consistente em efetivo dano para o menor); de forma livre (podendo ser cometido por qualquer meio eleito pelo agente); comissivo ("entregar" implica ação); instantâneo (cujo resultado se dá de maneira instantânea, não se prolongando no tempo); unissubjetivo (que pode ser praticado por um só agente); plurissubsistente (em regra, vários atos integram a conduta); admite tentativa.

**26-A. Confronto com o art. 238 da Lei 8.069/1990 (Estatuto da Criança e do Adolescente):** estabelece o referido art. 238: "Prometer ou efetivar a entrega de filho ou pupilo a terceiro, mediante paga ou recompensa: Pena – reclusão, de 1 (um) a 4 (quatro) anos, e multa. Parágrafo único. Incide nas mesmas penas quem oferece ou efetiva a paga ou recompensa". Confrontando-se com o art. 245 do Código Penal, conclui-se pela concomitante vigência de ambos. Entretanto, o art. 238, por ser especial, afasta a aplicação do art. 245, quando a situação concreta assim exigir. Este, por seu turno, fica reservado para outras hipóteses, mais genéricas, como o pai que entrega o filho menor de 18 anos a pessoa de má reputação, para simples convivência, com ou sem intuito de lucro, mas sem caráter definitivo.

**27. Figura qualificada:** a pena é aumentada de detenção para reclusão, bem como dobra o máximo em abstrato previsto, quando o agente tem a intenção de obter lucro ou se o menor segue para o exterior.

**28. Elemento subjetivo do tipo:** no caso do § 1.º, exige-se, na primeira figura, além do dolo, o elemento subjetivo específico, consistente na vontade de obter lucro. Na segunda figura, tratando-se de crime qualificado pelo resultado, admite-se, quanto à ida do menor para o exterior, tanto dolo, quanto culpa.

**29. Classificação:** trata-se de crime próprio (aquele que exige sujeito ativo especial); formal (delito que não exige resultado naturalístico, consistente em obter lucro), na primeira figura, e material (delito que exige resultado naturalístico, consistente na ida do menor para o exterior), na segunda figura; de forma livre (podendo ser cometido por qualquer meio eleito pelo agente), comissivo ("entregar" implica ação); instantâneo (cujo resultado se dá de maneira instantânea, não se prolongando no tempo); unissubjetivo (que pode ser praticado por um só agente); plurissubsistente (em regra, vários atos integram a conduta); admite tentativa.

**30. Confronto com o art. 239 da Lei 8.069/1990 (Estatuto da Criança e do Adolescente):** melhor analisando detidamente os dois tipos penais, cremos que o art. 239 da Lei 8.069/1990, por ser mais abrangente e também especial, revogou, tacitamente, o referido art. 245, § 2.º, do Código Penal. Neste, o agente auxilia a efetivação de ato destinado ao envio de menor para o exterior, *com o fito de obter lucro*. Naquele, o autor auxilia *ou promove* a efetivação de ato destinado a enviar criança ou adolescente ao exterior, com o fito de obter lucro ou *com inobservância das formalidades legais*. Logo, mais amplo e abrangente.

**31 a 34. Remissão a lei especial:** remetemos o leitor aos comentários ao art. 239 da Lei 8.069/1990 em nosso *Leis penais e processuais penais comentadas – vol. 2*.

### Abandono intelectual

> **Art. 246.** Deixar,[35-36] sem justa causa,[37] de prover[38] à instrução primária[39] de filho em idade[40] escolar:[41-42]
>
> Pena – detenção, de 15 (quinze) dias a 1 (um) mês, ou multa.

**35. Análise do núcleo do tipo:** *deixar de prover* significa não mais providenciar alguma coisa. No caso deste tipo penal, é a instrução primária do filho menor. Na jurisprudência: TJSP: "Suposta vítima do delito que, à época dos fatos, já havia concluído a 'instrução primária'. Atipicidade caracterizada. Absolvição necessária" Ap. 0002712-47.2016.8.26.0407, 4.ª Câmara de Direito Criminal, rel. Luis Soares de Mello, 14.05.2019, v.u.).

**36. Sujeitos ativo e passivo:** os sujeitos ativos só podem ser os pais. O sujeito passivo é o filho em idade escolar.

**37. Elemento normativo do tipo:** *sem justa causa* significa algo ilícito, não amparado por lei. Logo, é um elemento de antijuridicidade colocado dentro do tipo penal. É natural que situações extremadas, como a pobreza ou miserabilidade dos pais e mesmo a falta de instrução destes, podem servir de justificativa para o não preenchimento do tipo penal. O mesmo se pode dizer da falta de vagas em escolas públicas, uma vez que cabe ao Estado proporcionar educação a todos os brasileiros, especialmente aos menos favorecidos economicamente.

**38. Elemento subjetivo do tipo:** é o dolo. Não existe a forma culposa, nem se exige elemento subjetivo do tipo específico.

**39. Instrução primária:** é a referente ao 1.º grau, quando se alfabetiza uma pessoa, ensinando-lhe os conceitos básicos e fundamentais da sua formação educacional.

# Art. 247

**40. Idade escolar:** é o período de vida que abrange a pessoa dos quatro aos dezessete anos completos. Dispõe a Constituição Federal ser dever do Estado promover a educação básica, obrigatória e gratuita, para todos os que a ele não tiverem acesso na idade própria. O acesso ao ensino obrigatório e gratuito constitui Direito Público subjetivo (art. 208, I e § 1.º). Em razão da modificação trazida pela Emenda Constitucional 59/2009, considera-se a *idade escolar* dos quatro aos dezessete anos.

**41. Objetos material e jurídico:** o objeto material é a instrução de filho. O objeto jurídico é a educação e a instrução de menores de 18 anos, que o Estado tem por finalidade preservar.

**42. Classificação:** trata-se de crime próprio (aquele que demanda sujeito ativo qualificado ou especial); formal (delito que não exige resultado naturalístico, consistente na efetiva falta de instrução da vítima); de forma livre (podendo ser cometido por qualquer meio eleito pelo agente); omissivo ("deixar" implica omissão); permanente (aquele cuja consumação se prolonga no tempo, enquanto estiver o menor em idade escolar, sem qualquer instrução); unissubjetivo (que pode ser praticado por um só agente); unissubsistente (crime que pode ser cometido por um ato); não admite tentativa.

> **Art. 247.** Permitir[43-45] alguém que menor de 18 (dezoito) anos, sujeito a seu poder ou confiado à sua guarda ou vigilância:[46-47]
>
> I – frequente[48] casa de jogo ou mal-afamada,[49] ou conviva com pessoa viciosa ou de má vida;[50]
>
> II – frequente espetáculo[51] capaz de pervertê-lo ou de ofender-lhe o pudor, ou participe de representação de igual natureza;[52]
>
> III – resida ou trabalhe em casa de prostituição;[53]
>
> IV – mendigue ou sirva a mendigo para excitar a comiseração pública:[54-55]
>
> Pena – detenção, de 1 (um) a 3 (três) meses, ou multa.

**43. Análise do núcleo do tipo:** *permitir* é dar liberdade ou licença, de forma expressa ou implícita. Associa-se às seguintes condutas: a) *frequentar* (visitar reiteradamente) casa de jogo ou mal afamada; b) *conviver* (viver em contato íntimo) com pessoa viciosa; c) *frequentar* espetáculo ofensivo à moral; d) *participar* (tomar parte) de representação dessa natureza; e) *residir* (morar ou viver) ou *trabalhar* (ocupar-se de alguma atividade) em casa de prostituição; f) *mendigar* (pedir esmola ou amparo) ou *servir a mendigo* (trabalhar para pedinte).

**44. Sujeitos ativo e passivo:** o sujeito ativo pode ser o pai, a mãe ou qualquer outra pessoa que tenha poder sobre o menor, como o tutor ou o guardião. O sujeito passivo é o menor de 18 anos.

**45. Elemento subjetivo do tipo:** é o dolo. Não existe a forma culposa, nem se exige elemento subjetivo do tipo específico.

**46. Objetos material e jurídico:** o objeto material é o menor de 18 anos. O objeto jurídico é educação moral do menor.

**47. Classificação:** trata-se de crime próprio (aquele que demanda sujeito ativo qualificado ou especial); formal (delito que não exige resultado naturalístico, consistente na efetiva má formação moral do menor); de forma livre (podendo ser cometido por qualquer meio eleito pelo agente); comissivo (implicando ação) ou omissivo (implicando abstenção), conforme o caso concreto; instantâneo (cujo resultado se dá de maneira instantânea, não se prolongando no tempo); unissubjetivo (que pode ser praticado por um só agente); unissubsistente (praticado num único ato) ou plurissubsistente (em regra, vários atos integram a conduta); admite tentativa, na forma plurissubsistente, embora rara.

**48. Habitualidade:** quando o tipo penal utiliza o verbo *frequentar* está indicando uma conduta habitual, reiterada. Dessa forma, não se pode considerar concretizado o crime quando o agente permite ao menor que vá, uma vez ou outra, a uma casa de jogo. Assim agindo, inexiste *frequência*, de modo que não há delito. Trata-se de um crime *instantâneo de continuidade habitual*.

**49. Casa de jogo ou mal afamada:** *casa de jogo* é o local onde se pratica jogo de azar ou onde se faz aposta (bilhar ou sinuca). É natural que, para guardar a coerência com o objeto jurídico protegido, não se possa considerar "casa de jogo" o lugar autorizado pelo Estado para funcionar, como é o caso das lotéricas. *Mal afamada* é a localidade de péssima reputação. Atualmente, é mais difícil a configuração deste tipo penal, em face do avanço nos costumes e da quebra permanente de tabus. Assim, o que antigamente se podia considerar local "mal afamado", como um bar noturno, hoje não mais o é.

**50. Pessoa viciosa ou de má vida:** *viciosa* é a pessoa adepta a desregramentos habituais, enquanto a *má vida* significa, neste contexto, moralmente imperfeita ou inadequada.

**51. Espetáculo capaz de perverter ou ofender o pudor:** *espetáculo* é uma representação teatral ou exibição de cinema ou televisão. *Perverter* significa corromper ou depravar. *Ofender o pudor* quer dizer envergonhar. Assim, é preciso que o menor vá com habitualidade a espetáculos que exibam cenas depravadas ou despudoradas, de modo a poder ser prejudicada sua formação moral.

**52. Especialidade:** se o menor trabalhar diretamente no espetáculo, em cena de sexo explícito ou pornografia, configura-se crime do Estatuto da Criança e do Adolescente (art. 240: "Produzir, reproduzir, dirigir, fotografar, filmar ou registrar, por qualquer meio, cena de sexo explícito ou pornográfica, envolvendo criança ou adolescente. Pena – reclusão, de 4 (quatro) a 8 (oito) anos, e multa. § 1.º Incorre nas mesmas penas quem agencia, facilita, recruta, coage, ou de qualquer modo intermedeia a participação de criança ou adolescente nas cenas referidas no *caput* deste artigo, ou ainda quem com esses contracena. § 2.º Aumenta-se a pena de 1/3 (um terço) se o agente comete o crime: I – no exercício de cargo ou função pública ou a pretexto de exercê-la; II – prevalecendo-se de relações domésticas, de coabitação ou de hospitalidade; ou III – prevalecendo-se de relações de parentesco consanguíneo ou afim até o terceiro grau, ou por adoção, de tutor, curador, preceptor, empregador da vítima ou de quem, a qualquer outro título, tenha autoridade sobre ela, ou com seu consentimento").

**53. Casa de prostituição:** é o lugar destinado ao comércio habitual de relacionamento sexual. Não pode, naturalmente, o menor morar ou trabalhar nesse lugar, o que seria drástico para sua formação moral.

**54. Mendigo que excita a comiseração alheia:** é o pedinte que tem por finalidade receber esmola de outrem. *Comiseração pública* é a piedade ou compaixão provocada na sociedade.

**55. Elemento subjetivo do tipo:** neste caso, está presente, ainda, o elemento subjetivo específico, que é a vontade de despertar a piedade alheia.

# Art. 248

Código Penal Comentado · **Nucci**

1076

## Capítulo IV
## DOS CRIMES CONTRA O PÁTRIO PODER,[1] TUTELA OU CURATELA

### Induzimento a fuga, entrega arbitrária ou sonegação de incapazes

> **Art. 248.** Induzir[1-A-3] menor de 18 (dezoito) anos, ou interdito,[4] a fugir[5] do lugar em que se acha por determinação de quem sobre ele exerce autoridade, em virtude de lei ou de ordem judicial;[6] confiar a outrem sem ordem do pai, do tutor ou do curador[7] algum menor de 18 (dezoito) anos ou interdito, ou deixar, sem justa causa,[8] de entregá-lo a quem legitimamente[9] o reclame:[10-11]
>
> Pena – detenção, de 1 (um) mês a 1 (um) ano, ou multa.

**1. Terminologia atual:** após a edição do novo Código Civil, passou-se a adotar a expressão *poder familiar*, uma vez que não cabe somente ao pai o comando da educação dos filhos.

**1-A. Análise do núcleo do tipo:** *induzir* significa dar a ideia ou inspirar. O objeto é o menor de 18 anos ou interdito. Associa-se à conduta de *fugir* (escapar ou afastar-se). A segunda figura típica cuida de *confiar*, querendo dizer entregar em confiança, menor de 18 anos ou interdito, a outrem, ou *deixar de entregá-lo* (reter ou segurar) a quem de direito. Trata-se de tipo misto *cumulativo e alternativo*. A primeira conduta (induzir menor ou interdito a fugir) pode ser associada à segunda, que é alternativa (confiar a outrem *ou* deixar de entregá-lo), configurando dois delitos.

**2. Sujeitos ativo e passivo:** o sujeito ativo pode ser qualquer pessoa. O sujeito passivo é a pessoa que detém a guarda ou exerce sobre o menor ou interdito autoridade. Secundariamente, o menor de 18 anos ou o interdito.

**3. Elemento subjetivo do tipo:** é o dolo. Não existe a forma culposa, nem se exige elemento subjetivo do tipo específico.

**4. Menor de 18 anos ou interdito:** o menor de 18 anos, por força de presunção legal, baseando-se em critério cronológico, é considerado imaturo para decidir seu próprio destino, enquanto o interdito é a pessoa que está sob interdição, impossibilitado de reger sua pessoa e seus bens, sendo natural não poder decidir onde deve viver, afastando-se do seu curador ou responsável legal.

**5. Necessidade da fuga:** a doutrina majoritária sustenta ser indispensável a fuga do menor ou do interdito para configurar o delito (Delmanto, *Código Penal comentado*, p. 465; Noronha, *Direito penal*, v. 3, p. 340), inclusive exigindo período razoável de afastamento na clandestinidade. Não cremos acertada essa postura. O crime não é condicionado como o induzimento ao suicídio ou à automutilação, que só é punível caso a vítima efetivamente se suicide ou termine com lesões graves. Trata-se de delito formal, e o mero induzimento já configura o crime contra o poder familiar (na antiga concepção, o pátrio poder), tutela ou curatela, desde que seja suficiente para formar a opinião do menor ou do interdito. Assim, se essas pessoas forem realmente induzidas e estejam tentando escapar quando forem surpreendidas, o delito está configurado para quem as convenceu a fazê-lo. É crime de perigo, pois retirar o menor ou o interdito da esfera de quem legalmente o protege pode conduzi-lo a situações danosas, além de atingir diretamente o poder familiar (na antiga concepção, o pátrio poder), a tutela ou a curatela. Não vemos razão para aguardar que o menor ou o interdito escape, efetivamente, do local onde deve permanecer para punir o agente indutor. O comando da norma penal é a proibição de inspirar menores ou interditos a fugir de seus pais ou guardas. Depois que eles estiverem convencidos a fazê-lo, torna-se mais difícil controlar o que lhes pode acontecer. Por isso, o crime é de atividade, e não de resultado. Acrescente-se, ainda, que a indução deve ser para que a fuga seja realizada pelo próprio menor ou interdito. Caso o convencimento seja para que a vítima acompanhe o agente, trata-se de subtração de incapazes (art. 249).

**6. Lugar específico:** tanto o menor quanto o interdito devem permanecer no local designado pela pessoa que sobre eles possui autoridade legal ou judicial, isto é, advinda da própria lei (poder familiar) ou de ordem proferida por juiz de direito (curatela).

**7. Elemento normativo do tipo:** *sem ordem do pai, do tutor ou do curador* é elemento da ilicitude introduzido no tipo penal, transformando-se em elementar. Assim, quando não houver autorização, configura-se o crime, mas, existindo, é fato atípico.

**8. Elemento normativo do tipo:** *sem justa causa* também é elemento da ilicitude colocado no tipo penal. Se porventura houver motivo para a entrega não ser feita (ex.: o menor está convalescendo de uma enfermidade e necessita de mais alguns cuidados), o crime deixa de se configurar.

**9. Elemento normativo do tipo:** na mesma conduta existem dois elementos normativos relativos à ilicitude. O primeiro, já visto ("sem justa causa"), compõe com este ("legitimamente") o contexto do delito. É exigível ser a pessoa que deseja receber o menor ou o interdito *legalmente* habilitada a reclamá-lo. Assim, o fato de ser pai, por exemplo, não confere, automaticamente, o direito de reclamar a entrega do filho menor de 18 anos, caso seja a mãe a guardiã legal do filho.

**10. Objetos material e jurídico:** o objeto material é o menor de 18 anos ou o interdito. O objeto jurídico é a proteção ao poder familiar, tutela ou curatela.

**11. Classificação:** trata-se de crime comum (aquele que não demanda sujeito ativo qualificado ou especial); formal (delito que não exige resultado naturalístico, consistente em efetivo prejuízo para o menor ou interdito ou a seus pais, tutores ou curadores); de forma livre (podendo ser cometido por qualquer meio eleito pelo agente); comissivo (implicando ação), nas formas "induzir" e "confiar", e omissivo (implicando abstenção), na forma "deixar de entregar"; instantâneo (cujo resultado se dá de maneira instantânea, não se prolongando no tempo) nas modalidades "induzir" e "confiar", podendo ser permanente (cuja consumação se arrasta no tempo) na forma "deixar de entregar"; unissubjetivo (que pode ser praticado por um só agente); plurissubsistente (em regra, vários atos integram a conduta), nas duas primeiras condutas, mas unissubsistente (um ato é suficiente para perfazer a conduta criminosa) na forma omissiva; admite tentativa na modalidade plurissubsistente.

### Subtração de incapazes

> **Art. 249.** Subtrair[12-14] menor de 18 (dezoito) anos ou interdito[15] ao poder de quem o tem sob sua guarda em virtude de lei ou de ordem judicial:[16-18]
>
> Pena – detenção, de 2 (dois) meses a 2 (dois) anos, se o fato não constitui elemento de outro crime.[19-19-A]
>
> § 1.º O fato de ser o agente pai ou tutor do menor ou curador do interdito não o exime de pena, se destituído ou temporariamente privado do pátrio poder, tutela, curatela ou guarda.[20]
>
> § 2.º No caso de restituição do menor ou do interdito, se este não sofreu maus-tratos ou privações, o juiz pode deixar de aplicar pena.[21]

# Art. 249

Código Penal Comentado · **Nucci**                    1078

**12. Análise do núcleo do tipo:** *subtrair* significa retirar, fazer escapar ou afastar. O objeto é o menor de 18 anos ou o interdito. Na jurisprudência: TJSP: "Não houve a subtração da menor – os réus tinham a guarda da infante por determinação judicial – houve sentença de adoção em primeiro grau, revertida no tribunal de justiça, no julgamento de apelação, quando a criança adotada já contava com 09 (nove) anos de idade, de convívio com os réus – antes da comunicação da decisão desfavorável, a ré fugiu com a filha adotiva e não mais foi encontrada, deixando o corréu (marido) para trás, rompendo vínculos familiares e de amizade – não há adequação típica, sendo a absolvição a melhor solução para o caso em apreço, mesma solução a ser aplicada ao corréu – apelo defensivo provido para absolver Rosângela Romanelli Canova e apelo ministerial desprovido" (Ap. Crim. 0004081-27.2013.8.26.0619, 4.ª C. Crim., rel. Euvaldo Chaib, 10.11.2020, v.u.).

**13. Sujeitos ativo e passivo:** o sujeito ativo pode ser qualquer pessoa. O sujeito passivo é a pessoa que tem o menor ou o interdito sob sua guarda ou detém autoridade sobre ele. Secundariamente, pode-se considerar também o menor ou o interdito, levado da sua esfera legal de proteção.

**14. Elemento subjetivo do tipo:** é o dolo. Não existe a forma culposa, nem se exige elemento subjetivo do tipo específico.

**15. Menor de 18 anos ou interdito:** ver nota 4 ao artigo anterior.

**16. Poder advindo da guarda:** pode uma pessoa tornar-se guardiã de um menor de 18 anos ou de um interdito, por força de lei (como ocorre com os pais no exercício do poder familiar) ou por ordem judicial (é o que acontece com o curador nomeado pelo magistrado para cuidar do interdito). A idade de 18 anos é o marco escolhido pelo Direito Penal para fixar a imputabilidade, de modo que aqueles que ainda não a atingiram são presumidamente imaturos.

**17. Objetos material e jurídico:** o objeto material é o menor ou o interdito. O objeto jurídico é a proteção ao poder familiar, tutela ou curatela.

**18. Classificação:** trata-se de crime comum (aquele que não demanda sujeito ativo qualificado ou especial); formal (delito que não exige resultado naturalístico, consistente em efetiva privação do poder familiar, tutela ou curatela); de forma livre (podendo ser cometido por qualquer meio eleito pelo agente); comissivo ("subtrair" implica ação); instantâneo (cujo resultado se dá de maneira instantânea, não se prolongando no tempo); unissubjetivo (que pode ser praticado por um só agente); plurissubsistente (em regra, vários atos integram a conduta); admite tentativa.

**19. Delito subsidiário:** somente se pune o agente pela prática de subtração de incapaz, caso não se configure, com a subtração, crime mais grave, como, por exemplo, subtrair o menor, privando-o de sua liberdade, para exigir resgate da família (extorsão mediante sequestro).

**19-A. Confronto com o art. 237 da Lei 8.069/1990 (Estatuto da Criança e do Adolescente):** preceitua o referido art. 237: "Subtrair criança ou adolescente ao poder de quem o tem sob sua guarda em virtude de lei ou ordem judicial, com o fim de colocação em lar substituto: Pena – reclusão, de 2 (dois) a 6 (seis) anos, e multa". Portanto, há um conflito aparente de normas em relação ao art. 249 do Código Penal. Resolve-se, nesse caso, com a utilização de três critérios, concomitantemente: a) subsidiariedade: prevalece o art. 237, pois o art. 249 estabelece, no preceito sancionador, o seu caráter de tipo de reserva ("se o fato não constitui elemento de outro crime"); b) especialidade: prevalece o art. 237, uma vez que há uma finalidade específica por parte do agente ("com o fim de colocação em lar substituto"); c) sucessividade: prevalece, ainda, o art. 237, por se tratar de lei mais recente. Na jurisprudência: TJDFT: "I – Não há nos autos exame, laudo, relatório médico ou qualquer prova hábil a demonstrar o estado mental apontado. A prova da alegação incumbe a quem a formula, nos termos do art. 156 do CPP. Ônus do qual a defesa não se desincumbiu. II – O tipo do art. 249 do Código Penal é delito subsidiário. Aplica-se somente quando não for configurado crime mais grave. O dispositivo ressalva que o fato não pode constituir 'elemento de outro crime'. Se a subtração da criança possui finalidade específica por parte do agente, 'o fim de colocação em lar substituto', a conduta amolda-se à descrita no art. 237 do ECA. III – O conjunto probatório demonstra que a ré articulou meticulosamente a subtração de uma criança para criá-la como filha dela e do companheiro. Condenação mantida. IV – Recurso desprovido" (APR 20170110414788-DFT, 1.ª T. Crim., rel. Sandra de Santis, 01.03.2018, v.u.).

**20. Norma explicativa:** estabelece o § 1.º que o pai – inclua-se também a mãe –, o tutor ou o curador, *desde que* destituídos ou privados temporariamente do poder familiar, tutela, curatela ou guarda (coloca-se esta porque o pai pode perder a guarda para a mãe, mas não o poder familiar), podem ser agentes deste crime. Se não existisse o parágrafo, cremos que seria cabível, do mesmo modo, a punição, embora pudesse haver controvérsias. Por tal razão, fez-se a devida explicação.

**21. Perdão judicial:** quando o agente devolver o menor ou o interdito a quem de direito sem que tenha sofrido qualquer tipo de privação ou maus-tratos, pode o juiz deixar de aplicar a pena, isto é, aplicar-lhe o perdão judicial, que é causa extintiva da punibilidade (art. 107, IX, CP). NORONHA, referindo-se à crítica feita por Romão de Lacerda (*Direito penal*, v. 3, p. 341), não compreende qual a razão de o legislador ter inserido o perdão judicial no art. 249 – que reputa mais grave –, não o fazendo igualmente no art. 248, que possui pena mais branda. Cremos que uma das explicações plausíveis para tal ter-se dado é que a subtração do incapaz faz com que o agente mantenha, de certo modo, o menor ou o interdito sob a sua esfera de proteção. Logo, é possível restituí-lo a quem de direito. No caso do art. 248, quando convence o menor ou o interdito a fugir, não se sabe para onde o incapaz vai e o que irá fazer, de forma que fica praticamente impossível conduzi-lo de volta a lugar seguro. O mesmo se diga da conduta de "confiar o incapaz a terceiro", pois o agente perde o contato com o menor ou interdito. Na última figura não teria mesmo cabimento falar em perdão, pois a negativa do agente é de restituir o menor, o que não poderia dar margem à aplicação do perdão ("restituir incapaz são e salvo"). Não é, pois, despropositada a ausência do perdão judicial no contexto do art. 248.

# Título VIII
## Dos crimes contra a incolumidade pública

### Capítulo I
### DOS CRIMES DE PERIGO COMUM[1]

**1. Conceito de crimes de perigo; perigo concreto e abstrato; perigo individual e coletivo:** ver notas introdutórias ao Capítulo III, Título I, Parte Especial ("Da periclitação da vida e da saúde").

### Incêndio

> **Art. 250.** Causar[2-4] incêndio,[5] expondo a perigo[6] a vida, a integridade física ou o patrimônio de outrem:[7-11]
>
> Pena – reclusão, de 3 (três) a 6 (seis) anos, e multa.

### Aumento de pena

> § 1.º As penas aumentam-se de um terço:[12]
>
> I – se o crime é cometido com intuito[13] de obter vantagem pecuniária em proveito próprio ou alheio;
>
> II – se o incêndio é:[14]
>
> a) em casa habitada ou destinada a habitação;[15]
>
> b) em edifício público ou destinado a uso público ou a obra de assistência social ou de cultura;[16]
>
> c) em embarcação, aeronave, comboio ou veículo de transporte coletivo;[17]
>
> d) em estação ferroviária ou aeródromo;[18]
>
> e) em estaleiro, fábrica ou oficina;[19]
>
> f) em depósito de explosivo, combustível ou inflamável;[20]
>
> g) em poço petrolífero ou galeria de mineração;[21]
>
> h) em lavoura, pastagem, mata ou floresta.[22]

# Art. 250

**Incêndio culposo**

> § 2.º Se culposo[23] o incêndio, a pena é de detenção, de 6 (seis) meses a 2 (dois) anos.

**2. Análise do núcleo do tipo:** *causar* significa provocar, dar origem ou produzir. O objeto da conduta é incêndio. Compõe-se com *expor* (arriscar), que, em verdade, já contém o fator perigo, podendo-se dizer que "expor alguém" é colocar a pessoa em perigo. Ainda assim, complementa-se o tipo exigindo o perigo à vida, à integridade física ou ao patrimônio de outrem. Na jurisprudência: STJ: "1. O fato de o réu ter colocado fogo em material inflamável não justifica, por si só, o incremento da pena-base, uma vez que o tipo praticado foi justamente o de causar incêndio. Assim, não se vislumbra reprovabilidade anormal da conduta" (AgRg no HC 625.263-SP, 6.ª T., rel. Antonio Saldanha Palheiro, 24.08.2021, v.u.).

**3. Sujeitos ativo e passivo:** o sujeito ativo pode ser qualquer pessoa. O sujeito passivo é a sociedade. Trata-se, pois, de crime vago. É certo que pessoas determinadas podem sofrer diretamente o perigo, embora não seja indispensável identificá-las para que o agente possa ser punido.

**4. Elemento subjetivo do tipo:** é o dolo de perigo, ou seja, a vontade de gerar um risco não tolerado a terceiros. Não se exige elemento subjetivo do tipo específico. A forma culposa é punida no § 2.º. Na jurisprudência: STJ: "É exigível para a configuração do crime tão somente o dolo de perigo, independentemente de qualquer finalidade específica, sendo bastante a consciência da possibilidade de prejudicar terceiro, assim como a comprovação do efetivo risco de expor a vida, a integralidade física e o patrimônio do ofendido a perigo" (HC 437.468-SP, 5.ª T., rel. Ribeiro Dantas, 19.06.2018, v.u.).

**5. Incêndio:** é o fogo intenso que tem forte poder de destruição e de causação de prejuízos.

**6. Expondo a perigo:** trata-se de situação que evidencia o risco iminente de dano. O perigo, segundo nos parece, é constituído de uma hipótese e de um trecho da realidade. No caso presente, o tipo penal está exigindo a prova de uma situação de perigo, não se contentando com mera presunção, nem simplesmente com a conduta ("causar incêndio"), razão pela qual cuida-se de *perigo concreto*.

**7. Objetos material e jurídico:** o objeto material é a substância ou objeto incendiado. O objeto jurídico é a incolumidade pública.

**8. Crime de atividade:** nos crimes de perigo, partindo-se do pressuposto de que o perigo pode até possuir uma existência física, no curso causal, ele não apresenta um resultado naturalístico obrigatório, que modifique o mundo exterior, para a sua consumação, como ocorre no caso do delito de resultado ou material (ex.: homicídio = morte de alguém). Portanto, são delitos de atividade, cujo foco da punição se concentra na conduta do agente. Particularmente, são formais, ou seja, as infrações que se consumam com a prática da ação ou omissão, mas que podem provocar um resultado naturalístico. No caso do incêndio, a sua causação, expondo a perigo a vida de alguém, permite a configuração do delito, embora possa chegar a um resultado naturalístico mais grave, como a morte de outrem. Aliás, se houver a morte, haverá, inclusive, uma causa de aumento.

**9. Classificação:** trata-se de crime comum (aquele que pode ser cometido por qualquer pessoa); formal (delito que não exige, para sua consumação, a ocorrência de resultado naturalístico, consistente na efetiva ocorrência de dano para alguém). Havendo dano, ocorre o exaurimento; de forma livre (pode ser cometido por qualquer meio eleito pelo agente); comissivo (o verbo implica ação); instantâneo (cuja consumação não se prolonga no tempo, dando-se em momento determinado); de perigo comum concreto (aquele que coloca um número indeterminado de pessoas em perigo, mas precisa ser provado); unissubjetivo (aquele que pode ser cometido por um único sujeito); unissubsistente (praticado num único ato) ou plurissubsistente (delito cuja ação é composta por vários atos, permitindo-se o seu fracionamento), conforme o caso concreto; admite tentativa, na forma plurissubsistente.

**10. Exame pericial:** é necessário. Preceitua o art. 173 do Código de Processo Penal que, "no caso de incêndio, os peritos verificarão a causa e o lugar em que houver começado, o perigo que dele tiver resultado para a vida ou para o patrimônio alheio, a extensão do dano e o seu valor e as demais circunstâncias que interessarem à elucidação do fato". Na jurisprudência: STJ: "1. Ainda que a materialidade do crime de incêndio esteja em consonância com a prova testemunhal colhida nos autos ou com fotografias, mostra-se imprescindível a realização de perícia, nos termos dos arts. 158 e 173 do Código de Processo Penal. 2. Não tendo sido apontado nenhum fundamento capaz de justificar a não realização da perícia no local do crime, impõe-se a absolvição do paciente nos termos da jurisprudência desta Corte" (AgRg no HC 798.064/RS, 6.ª T., rel. Jesuíno Rissato, 11.12.2023, v.u.); "1. Segundo o entendimento desta Corte, a ausência de perícia no crime de incêndio somente poderá ser suprida por outros meios de prova nas hipóteses em que seja impossível a realização do exame de corpo de delito, o que não restou evidenciado no caso dos autos. 2. Não tendo sido apontado nenhum fundamento capaz de justificar a não realização da perícia no local do crime, impõe-se a absolvição do recorrente e do corréu" (AgRg no REsp 1.916.613-RS, 6.ª T., rel. Olindo Menezes, 11.05.2021, v.u.).

**11. Concurso de crimes:** parece-nos perfeitamente admissível a possibilidade de haver concurso entre o delito do art. 250, que protege a incolumidade pública, exigindo um incêndio (fogo de grandes proporções), colocando em risco a vida ou a integridade física de pessoas, bem como o patrimônio alheio, com o crime do art. 171, § 2.º, V (modalidade de estelionato que prevê a destruição de coisa própria para obter valor de seguro), que protege o patrimônio da seguradora. No primeiro caso, gerou-se perigo comum a inúmeras pessoas, enquanto na segunda situação há o dano ao patrimônio individualizado de uma empresa. Não são incompatíveis as duas ocorrências, nem há *bis in idem*. É certo que, se o ânimo de lucro já foi utilizado para tipificar o crime do art. 171, § 2.º, V, cremos que o incêndio deve ser punido na modalidade simples.

**12. Causa de aumento da pena:** configuradas as hipóteses dos incisos do § 1.º e sendo o incêndio doloso, aplica-se um aumento de um terço na pena.

**13. Finalidade específica:** configura-se quando há intuito especial do agente na obtenção de vantagem (ganho, lucro) pecuniária (realizável em dinheiro ou conversível em dinheiro) para seu proveito ou de terceiro. É o elemento subjetivo do tipo específico. Há posição sustentando não ser admissível a configuração da causa de aumento quando o agente atuar mediante paga, isto é, tendo recebido dinheiro *antes* de causar o incêndio (DELMANTO, *Código Penal comentado*, p. 468). Não vemos razão, no entanto, para tal posição, uma vez que a interpretação extensiva, para buscar o real conteúdo da norma, merece ter lugar. A obtenção de vantagem pecuniária é a origem da causa de aumento, pouco importando se ela foi auferida antes ou depois da prática do delito. O objetivo da elevação da pena é o ânimo de lucro, algo

# Art. 250

Código Penal Comentado · **Nucci**

que pode ocorrer tanto no caso de paga quanto no de promessa de recompensa, pois há, por parte do agente, "intuito de obter vantagem pecuniária". Aliás, se ele receber a vantagem ou não, o crime comporta o agravamento da pena do mesmo modo, razão pela qual não se há de negar que o recebimento anterior não afasta o "intuito de lucro" que move o incendiário.

**14. Razão do aumento:** em todas as hipóteses do inciso há possibilidade de se encontrar grande quantidade de pessoas, o que aumenta consideravelmente o risco de dano. Além disso, em determinados locais, o risco de propagação do incêndio é bem maior, como ocorre em depósitos de explosivo, combustível ou inflamável, poços de petróleo, galerias de mineração, lavouras, pastagens, matas ou florestas.

**15. Casa habitada ou destinada a habitação:** *casa* é o edifício destinado a servir de moradia a alguém. Estar *habitada* significa que se encontra ocupada, servindo, efetivamente, de residência a uma ou mais pessoas. Ser *destinada a habitação* quer dizer um prédio reservado para servir de morada a alguém, embora possa estar desocupado. A cautela do tipo penal, ao mencionar as duas formas ("habitada" e "destinada a habitação"), deve-se ao fato de a casa poder estar ocupada por alguém ou não. Assim, configura-se a causa de aumento ainda que seja uma residência de veraneio, desocupada, pois é destinada a habitação. Na jurisprudência: STJ: "Quanto à causa de aumento do art. 250, § 1.º, II, 'a', impõe-se a incidência da referida majorante ainda que a residência não estivesse desocupada no momento da prática delituosa, pois o texto legal menciona 'casa habitada ou destinada a habitação'" (HC 437468-SP, 5.ª T., rel. Ribeiro Dantas, 19.06.2018, v.u.).

**16. Edifício público ou destinado ao público:** quando o prédio for de propriedade do Estado ou tiver destinação pública, isto é, finalidade de atender a um grande número de pessoas (ex.: teatros, prédios comerciais em horário de expediente, estádios de futebol). Inclui-se nesta última hipótese a utilização por obra de assistência social ou cultural, porque não deixa de ser uma utilidade pública.

**17. Embarcação, aeronave, comboio ou veículo de transporte coletivo:** *embarcação* é toda construção destinada a navegar sobre a água; *aeronave* é "todo aparelho manobrável em voo, que possa sustentar-se e circular no espaço aéreo, mediante reações aerodinâmicas, apto a transportar pessoas ou coisas" (art. 106 do Código Brasileiro de Aeronáutica); *comboio* significa trem; *veículo de transporte coletivo* é qualquer meio utilizado para conduzir várias pessoas de um lugar para outro (ônibus, por exemplo).

**18. Estação ferroviária ou aeródromo:** *estação ferroviária* é o local onde se processam o embarque e desembarque de passageiros ou cargas de trens; *aeródromo* é o aeroporto, isto é, área destinada a pouso e decolagem de aviões. Não abrange, obviamente, rodoviárias e portos.

**19. Estaleiro, fábrica ou oficina:** *estaleiro* é o local onde se constroem ou consertam navios; *fábrica* é o estabelecimento industrial destinado à produção de bens de consumo e de produção; *oficina* é o local onde se executam consertos de um modo geral.

**20. Depósito de explosivo, combustível ou inflamável:** *depósito* é o lugar onde se guarda ou armazena alguma coisa. *Explosivo* é a substância capaz de estourar; *combustível* é a substância que tem a propriedade de se consumir em chamas; *inflamável* é a substância que tem a propriedade de se converter em chamas.

**21. Poço petrolífero ou galeria de mineração:** *poço petrolífero* é a cavidade funda, aberta na terra, que atinge lençol de combustível líquido natural; *galeria de mineração* é a passagem subterrânea, extensa e larga, destinada à extração de minérios.

# Art. 251

**Título VIII – Dos crimes contra a incolumidade pública** · 1085

**22. Lavoura, pastagem, mata ou floresta:** *lavoura* é plantação ou terreno cultivado; *pastagem* é o terreno onde há erva para o gado comer; *mata* é o terreno onde se desenvolvem árvores silvestres; *floresta* é o terreno onde há grande quantidade de árvores unidas pelas copas. Esta figura está derrogada pelo art. 41 da Lei 9.605/1998, no tocante a causar incêndio em floresta ou outras formas de vegetação. Aplicam-se os princípios da especialidade e da sucessividade. Restam, apenas, os incêndios provocados em lavoura e pastagem.

**23. Figura culposa:** demanda-se, neste caso, a comprovação de ter agido o incendiário com imprudência, negligência ou imperícia, infringindo o dever de cuidado objetivo, bem como tendo previsibilidade do resultado. A pena é sensivelmente menor.

### Explosão

> **Art. 251.** Expor[24-26] a perigo a vida, a integridade física ou o patrimônio de outrem, mediante explosão,[27] arremesso[28] ou simples colocação[29] de engenho de dinamite[30] ou de substância de efeitos análogos:[31-33]
>
> Pena – reclusão, de 3 (três) a 6 (seis) anos, e multa.
>
> § 1.º Se a substância utilizada não é dinamite ou explosivo de efeitos análogos:[34]
>
> Pena – reclusão, de 1 (um) a 4 (quatro) anos, e multa.

### Aumento de pena

> § 2.º As penas aumentam-se[35] de 1/3 (um terço), se ocorre qualquer das hipóteses previstas no § 1.º, I, do artigo anterior, ou é visada ou atingida qualquer das coisas enumeradas no n. II do mesmo parágrafo.

### Modalidade culposa

> § 3.º No caso de culpa, se a explosão[36] é de dinamite ou substância de efeitos análogos, a pena é de detenção, de 6 (seis) meses a 2 (dois) anos; nos demais casos, é de detenção, de 3 (três) meses a 1 (um) ano.

**24. Análise do núcleo do tipo:** *expor* (arriscar), em verdade, já contém o fator perigo, ínsito no seu significado, podendo-se dizer que "expor alguém" é colocar a pessoa em perigo. Ainda assim, o tipo penal explicita que a exposição é a perigo voltado à vida, à integridade física ou ao patrimônio de alguém. As formas de concretizá-lo são através de explosão, arremesso e colocação de engenho de dinamite ou substância análoga. Na jurisprudência: STJ: "Demonstrado que a conduta delituosa expôs, de forma concreta, o patrimônio de outrem decorrente do grande potencial destruidor da explosão, notadamente porque o banco encontra-se situado em edifício destinado ao uso público, ensejando a adequação típica ao crime previsto no art. 251 do CP, incabível a incidência do princípio da consunção. Infrações que atingem bens jurídicos distintos, enquanto o delito de furto viola o patrimônio da instituição financeira, o crime de explosão ofende a incolumidade pública" (REsp 1647539-SP, 6.ª T., rel. Nefi Cordeiro, 21.11.2017, v.u.).

**25. Sujeitos ativo e passivo:** o sujeito ativo pode ser qualquer pessoa. O sujeito passivo é a sociedade.

# Art. 251

**Código Penal Comentado · Nucci**

**26. Elemento subjetivo do tipo:** é o dolo de perigo, ou seja, a vontade de gerar um risco não tolerado a terceiros, nem se exige elemento subjetivo do tipo específico.

**27. Explosão:** é o abalo seguido de forte ruído causado pelo surgimento repentino de uma energia física ou expansão de gás.

**28. Arremesso:** é o efeito de atirar para longe, com força, alguma coisa.

**29. Simples colocação:** é a aposição do engenho em algum lugar, de maneira singela, isto é, sem necessidade de preparação para detonar. Nessa hipótese, pelo perigo que a bomba em si representa, pune-se a conduta do agente.

**30. Engenho de dinamite:** é um aparelho ou maquinismo envolvendo explosivo à base de nitroglicerina, apto a causar explosão.

**31. Substância de efeitos análogos:** é a interpretação analógica, significando que qualquer outro artefato, semelhante a um engenho de dinamite, serve para configurar o tipo penal.

**32. Objetos material e jurídico:** o objeto material é o engenho de dinamite ou substância análoga. O objeto jurídico é a incolumidade pública.

**33. Classificação:** trata-se de crime comum (aquele que pode ser cometido por qualquer pessoa); formal (delito que não exige, para sua consumação, a ocorrência de resultado naturalístico, consistente na efetiva existência de dano para alguém). Havendo dano, trata-se de exaurimento; de forma livre (pode ser cometido por qualquer meio eleito pelo agente); comissivo (o verbo implica ação); instantâneo (cuja consumação não se prolonga no tempo, dando-se em momento determinado); de perigo comum concreto (aquele que coloca um número indeterminado de pessoas em perigo, mas precisa ser provado); unissubjetivo (aquele que pode ser cometido por um único sujeito); unissubsistente (praticado num único ato) ou plurissubsistente (delito cuja ação é composta por vários atos, permitindo-se o seu fracionamento), conforme o caso concreto; admite tentativa, na forma plurissubsistente.

**34. Tipo privilegiado:** quando a substância explosiva não é dinamite – considerada pelo legislador mais perigosa do que outras – ou análoga a esta (ex.: utilização de pólvora), a pena diminui nos patamares mínimo e máximo.

**35. Causa de aumento:** eleva-se em um terço a pena se acontecerem as seguintes hipóteses, no caso de explosão: a) houver o intuito de obter vantagem pecuniária em proveito próprio ou alheio (art. 250, § 1.º, I); b) atingir ou tiver por fim atingir casa habitada ou destinada a habitação, edifício público ou destinado ao público ou a obra assistencial ou cultural, embarcação, aeronave, comboio, veículo de transporte coletivo, estação ferroviária, aeródromo, estaleiro, fábrica, oficina, depósito de explosivo, combustível ou inflamável, poço petrolífero, galeria de mineração, lavoura, pastagem, mata ou floresta (art. 250, § 1.º, II). Na jurisprudência: TJSC: "5. Não incide a causa de aumento de pena prevista no art. 251, § 2.º, do CP quando, na espécie, a explosão realizada com o intuito de obtenção de vantagem pecuniária confunde-se com o objeto do furto, sob pena de *bis in idem* rechaçado pelo ordenamento jurídico-penal" (Ap. 0018902-46.2016.8.07.0009, 1.ª T., rel. Hilton Queiroz, 28.02.2019, v.u.).

**36. Figura culposa:** neste caso, havendo imprudência, negligência ou imperícia, com resultado previsível ao agente, pune-se a forma culposa, embora o tipo penal só tenha levado em conta a *explosão*, e não o arremesso ou colocação.

# Art. 252

**Título VIII – Dos crimes contra a incolumidade pública**

### Uso de gás tóxico ou asfixiante

> **Art. 252.** Expor[37-39] a perigo a vida, a integridade física ou o patrimônio de outrem, usando de gás tóxico ou asfixiante:[40-42]
>
> Pena – reclusão, de 1 (um) a 4 (quatro) anos, e multa.

### Modalidade culposa

> **Parágrafo único.** Se o crime é culposo:[43]
>
> Pena – detenção, de 3 (três) meses a 1 (um) ano.

**37. Análise do núcleo do tipo:** *expor* (arriscar), como já visto, já contém o fator perigo, ínsito no seu significado, podendo-se dizer que "expor alguém" é colocar a pessoa em perigo. Ainda assim, o tipo penal explicita que a exposição deve colocar em perigo a vida, a integridade física ou o patrimônio de alguém. A forma de concretizá-lo é a utilização de gás tóxico ou asfixiante. Na jurisprudência: TJRS: "Em se tratando de fatos relativos à lei Maria da Penha, a palavra da ofendida até por ser a principal interessada na responsabilização do seu ofensor assume especial relevância probatória, sendo suficiente, se coerente, para ensejar condenação, a menos que haja algum indicativo de que possui interesses escusos em eventual condenação do acusado. No caso dos autos, demonstrado que o réu soltou a válvula de gás GLP, vindo a causar asfixia nas ofendidas, sua ex-companheira e filha, colocando em risco a vida de ambas" (Ap. 70077559755, 2.ª Câmara Criminal, rel. Luiz Mello Guimarães, 28.06.2018, v.u.).

**38. Sujeitos ativo e passivo:** o sujeito ativo pode ser qualquer pessoa. O sujeito passivo é a sociedade.

**39. Elemento subjetivo do tipo:** é o dolo de perigo, ou seja, a vontade de gerar um risco não tolerado a terceiros, nem se exige elemento subjetivo do tipo específico.

**40. Gás tóxico ou asfixiante:** *gás tóxico* é o fluido compressível que envenena; *gás asfixiante* é o produto químico que provoca sufocação no organismo.

**41. Objetos material e jurídico:** o objeto material é o gás tóxico ou asfixiante. O objeto jurídico é a incolumidade pública.

**42. Classificação:** trata-se de crime comum (aquele que pode ser cometido por qualquer pessoa); formal (delito que não exige, para sua consumação, a ocorrência de resultado naturalístico, consistente na efetiva existência de dano para alguém). Havendo dano, cuida-se de exaurimento; de forma livre (pode ser cometido por qualquer meio eleito pelo agente); comissivo (o verbo implica ação); instantâneo (cuja consumação não se prolonga no tempo, dando-se em momento determinado); de perigo comum concreto (aquele que coloca um número indeterminado de pessoas em perigo, mas precisa ser provado); unissubjetivo (aquele que pode ser cometido por um único sujeito); unissubsistente (praticado num único ato) ou plurissubsistente (delito cuja ação é composta por vários atos, permitindo-se o seu fracionamento), conforme o caso concreto; admite tentativa, na forma plurissubsistente.

**43. Tipo culposo:** se, ao invés de dolo, houver imprudência, negligência ou imperícia, com previsibilidade do resultado pelo agente, pune-se o agente culposamente. A pena é consideravelmente reduzida.

# Art. 253

**Código Penal Comentado · Nucci**

**Fabrico, fornecimento, aquisição, posse ou transporte de explosivos ou gás tóxico, ou asfixiante**

> **Art. 253.** Fabricar,[44-46] fornecer, adquirir, possuir ou transportar, sem licença da autoridade,[47] substância ou engenho explosivo,[48] gás tóxico ou asfixiante,[49] ou material destinado à sua fabricação:[50-52]
>
> Pena – detenção, de 6 (seis) meses a 2 (dois) anos, e multa.

**44. Análise do núcleo do tipo:** *fabricar* (construir ou manufaturar); *fornecer* (dar ou prover); *adquirir* (obter ou comprar); *possuir* (ter a posse de algo ou usufruir); *transportar* (levar de um lugar a outro ou conduzir). O objeto é substância ou engenho explosivo, gás tóxico ou asfixiante ou material destinado à sua fabricação. É tipo misto alternativo, isto é, a prática de uma ou mais condutas implica na realização de um único crime, desde que em idêntico contexto fático. Na jurisprudência: TJMG: "1. A posse de artefato explosivo, em desacordo com determinação legal, configura crime, por se tratar de delito de perigo abstrato, cuja realização se dá pela mera conduta, a despeito de qualquer resultado finalístico" (Ap. 10024170002877001, 3.ª Câmara Criminal, rel. Octavio Augusto De Nigris Boccalini, 12.03.2019, v.u.).

**44-A. Confronto com o art. 16, § 1.º, III, da Lei 10.826/2003:** preceitua este dispositivo: Art. 16. "(...) Parágrafo único. Nas mesmas penas incorre quem: (...) III – possuir, deter, fabricar ou empregar artefato explosivo ou incendiário, sem autorização ou em desacordo com determinação legal ou regulamentar". Observa-se que, pelos critérios da especialidade e da sucessividade, o art. 16 do Estatuto do Desarmamento é específico em relação ao art. 253 do Código Penal (lei geral) e também é mais recente, afastando o texto mais antigo. Porém, ele não envolve todos os objetos materiais previstos no art. 253. Embora artefato (art. 16) e engenho (art. 253) sejam sinônimos, o art. 253 do Código Penal evidencia, ainda, a substância explosiva, não abrangida pelo art. 16. Nesse ponto, portanto, não houve derrogação do referido art. 253. Na jurisprudência: TJCE: "4. O art. 253 do Código Penal não foi completamente derrogado pelo art. 16, p.u., III, do Estatuto do Desarmamento, vez que sendo 'artefato' e 'engenho' sinônimos, a disposição do Código Penal quanto à fabricação, ao fornecimento, à aquisição, à posse e ao transporte de 'substância' explosiva continua incólume, razão pela qual a conduta do réu de possuir 'pólvora' deve ser desclassificada para o crime do art. 253 do Código Penal, pois pólvora se trata de substância explosiva, não de 'artefato'" (Ap. 0007269-04.2014.8.06.0052-CE, 1.ª Câmara Criminal, rel. Mario Parente Teófilo Neto, 12.07.2018, v.u.).

**45. Sujeitos ativo e passivo:** o sujeito ativo pode ser qualquer pessoa. O sujeito passivo é a sociedade.

**46. Elemento subjetivo do tipo:** é o dolo de perigo, ou seja, a vontade de gerar um risco não tolerado a terceiros. Não existe a forma culposa, nem se exige elemento subjetivo do tipo específico.

**47. Elemento normativo do tipo:** *sem licença da autoridade* é elemento da ilicitude levado para dentro do tipo. É preciso que se saiba quais são as hipóteses em que existe tal licença, a fim de verificar a concretização do delito. Pode-se, pois, falar em *norma penal em branco*.

**48. Substância ou engenho explosivo:** pode ser a substância inflamável, capaz de produzir explosão (abalo seguido de forte ruído causado pelo surgimento repentino de uma energia física ou expansão de gás), como a pólvora; pode incluir também a dinamite, como engenho explosivo (material manufaturado para explodir). Ver, também, a nota 30 ao art. 251 e a nota 44-A *supra*.

**49. Gás tóxico ou asfixiante:** ver nota 40 ao art. 252.

**50. Material destinado à sua fabricação:** significa qualquer substância destinada à construção de alguma coisa. No caso deste tipo penal, trata-se de material voltado à fabricação de substância ou engenho explosivo, gás tóxico ou asfixiante. Não é preciso que a substância *só* possa ser usada para o fabrico de explosivo, mas que, em determinado contexto, seja usada para tal fim.

**51. Objetos material e jurídico:** o objeto material é a substância ou engenho explosivo, gás tóxico ou asfixiante ou material destinado à sua fabricação. O objeto jurídico é a incolumidade pública.

**52. Classificação:** trata-se de crime comum (aquele que pode ser cometido por qualquer pessoa); formal (delito que não exige, para sua consumação, a ocorrência de resultado naturalístico, consistente na efetiva existência de um risco iminente de dano para alguém); de forma livre (pode ser cometido por qualquer meio eleito pelo agente); comissivo (os verbos implicam ações); instantâneo (cuja consumação não se prolonga no tempo, dando-se em momento determinado) nas formas "fabricar", "fornecer" e "adquirir", mas permanente (cuja consumação se prolonga no tempo) nas modalidades "possuir" e "transportar"; de perigo comum abstrato (aquele que coloca um número indeterminado de pessoas em perigo, sendo presumido pelo legislador); unissubjetivo (delito que pode ser cometido por um único sujeito); unissubsistente (praticado num único ato) ou plurissubsistente (delito cuja ação é composta por vários atos, permitindo-se o seu fracionamento), conforme o caso concreto; não admite tentativa, pois já é uma exceção, onde se punem os atos preparatórios do crime de explosão e do uso de gás tóxico ou asfixiante.

### Inundação

> **Art. 254.** Causar[53-55] inundação,[56] expondo a perigo a vida, a integridade física ou o patrimônio de outrem:[57-58]
>
> Pena – reclusão, de 3 (três) a 6 (seis) anos, e multa, no caso de dolo, ou detenção, de 6 (seis) meses a 2 (dois) anos, no caso de culpa.

**53. Análise do núcleo do tipo:** *causar* significa provocar, dar origem ou produzir. O objeto da conduta é inundação. Compõe-se com *expor* (arriscar), que, em verdade, já contém o fator perigo, podendo-se dizer que "expor alguém" é colocar a pessoa em perigo. Ainda assim, complementa-se o tipo exigindo o perigo à vida, à integridade física ou ao patrimônio de outrem.

**54. Sujeitos ativo e passivo:** o sujeito ativo pode ser qualquer pessoa. O sujeito passivo é a sociedade.

**55. Elemento subjetivo do tipo:** é o dolo de perigo, ou seja, a vontade de gerar um risco não tolerado a terceiros. Não se exige elemento subjetivo do tipo específico. Pune-se a culpa, com pena substancialmente menor.

**56. Inundação:** trata-se de um alagamento ou uma enchente. Interessante anotar a observação de HUNGRIA: "Entende-se por *inundação* o alagamento de um local de notável

# Art. 255

Código Penal Comentado · **Nucci**

1090

extensão, não destinado a receber águas (...), sendo necessário que não esteja mais no poder do agente dominar a força natural das águas, cujo desencadeamento provocou, criando uma situação de perigo comum" (*Comentários ao Código Penal*, v. 9, p. 48-49).

**57. Objetos material e jurídico:** o objeto material é a água liberada em grande quantidade. O objeto jurídico é a incolumidade pública.

**58. Classificação:** trata-se de crime comum (aquele que pode ser cometido por qualquer pessoa); formal (delito que não exige, para sua consumação, a ocorrência de resultado naturalístico, consistente na efetiva existência de dano para alguém). Havendo dano, ocorre o exaurimento; de forma livre (pode ser cometido por qualquer meio eleito pelo agente); comissivo (o verbo implica ação); instantâneo (cuja consumação não se prolonga no tempo, dando-se em momento determinado); de perigo comum concreto (aquele que coloca um número indeterminado de pessoas em perigo, mas precisa ser provado); unissubjetivo (aquele que pode ser cometido por um único sujeito); plurissubsistente (delito cuja ação é composta por vários atos, permitindo-se o seu fracionamento); admite tentativa, na forma plurissubsistente e desde que não seja na modalidade culposa.

### Perigo de inundação

> **Art. 255.** Remover,[59-61] destruir ou inutilizar, em prédio[62] próprio ou alheio, expondo a perigo a vida, a integridade física ou o patrimônio de outrem, obstáculo natural[63] ou obra destinada a impedir inundação:[64-66]
>
> Pena – reclusão, de 1 (um) a 3 (três) anos, e multa.

**59. Análise do núcleo do tipo:** *remover* (mudar de um lugar para outro ou afastar), *destruir* (arruinar ou fazer desaparecer) ou *inutilizar* (tornar inútil ou invalidar) são condutas que se compõem com o verbo *expor*, que, como já dissemos, significa arriscar. Em verdade, já contém o fator perigo, podendo-se dizer que "expor alguém" é colocar a pessoa em perigo. Ainda assim, complementa-se o tipo exigindo o perigo à vida, à integridade física ou ao patrimônio de outrem. Trata-se de tipo misto alternativo, ou seja, o cometimento de uma ou mais condutas provoca a punição por um único crime, desde que no mesmo contexto fático.

**60. Sujeitos ativo e passivo:** o sujeito ativo pode ser qualquer pessoa. O sujeito passivo é a sociedade.

**61. Elemento subjetivo do tipo:** é o dolo de perigo, ou seja, a vontade de gerar um risco não tolerado a terceiros. Não existe a forma culposa, nem se exige elemento subjetivo do tipo específico.

**62. Prédio:** é o edifício ou casa (construção de alvenaria ou madeira, ocupando certo espaço de terreno e limitada por teto e paredes, destinando-se a servir de moradia ou comércio).

**63. Obstáculo natural:** é barreira ou impedimento produzido pela natureza, como morros ou rochedos.

**64. Obra destinada a impedir inundação:** é a construção sólida realizada pelo ser humano com a finalidade de servir de barragem à força das águas, como os diques.

**65. Objetos material e jurídico:** o objeto material é o obstáculo natural ou a obra destinada a impedir inundação. O objeto jurídico é a incolumidade pública.

**66. Classificação:** trata-se de crime comum (aquele que pode ser cometido por qualquer pessoa); formal (delito que não exige, para sua consumação, a ocorrência de resultado naturalístico, consistente na efetiva existência de dano para alguém). Havendo dano, ocorre o exaurimento; de forma livre (pode ser cometido por qualquer meio eleito pelo agente); comissivo (os verbos implicam ações); instantâneo (cuja consumação não se prolonga no tempo, dando-se em momento determinado); de perigo comum concreto (aquele que coloca um número indeterminado de pessoas em perigo, mas precisa ser provado); unissubjetivo (aquele que pode ser cometido por um único sujeito); unissubsistente (praticado num único ato) ou plurissubsistente (delito cuja ação é composta por vários atos, permitindo-se o seu fracionamento), conforme o caso concreto; não admite tentativa, pois é fase preparatória do crime de inundação, excepcionalmente tipificada.

### Desabamento ou desmoronamento

> **Art. 256.** Causar[67-69] desabamento ou desmoronamento,[70] expondo a perigo a vida, a integridade física ou o patrimônio de outrem:[71-72]
>
> Pena – reclusão, de 1 (um) a 4 (quatro) anos, e multa.

### Modalidade culposa

> **Parágrafo único.** Se o crime é culposo:[73]
>
> Pena – detenção, de 6 (seis) meses a 1 (um) ano.

**67. Análise do núcleo do tipo:** *causar* significa provocar, dar origem ou produzir. O objeto da conduta é desabamento ou desmoronamento. Compõe-se com *expor* (arriscar), que, em verdade, já contém o fator perigo, podendo-se dizer que "expor alguém" é colocar a pessoa em perigo. Ainda assim, complementa-se o tipo exigindo o perigo à vida, à integridade física ou ao patrimônio de outrem.

**68. Sujeitos ativo e passivo:** o sujeito ativo pode ser qualquer pessoa. O sujeito passivo é a sociedade. Pode ser, ainda, a pessoa diretamente prejudicada pelo desabamento ou desmoronamento.

**69. Elemento subjetivo do tipo:** é o dolo de perigo, ou seja, a vontade de gerar um risco não tolerado a terceiros. Não se exige elemento subjetivo específico. A forma culposa está prevista no parágrafo único.

**70. Desabamento e desmoronamento:** *desabar* significa ruir ou cair (refere-se a construções de um modo geral); *desmoronar* quer dizer vir abaixo ou soltar-se (refere-se a morros, pedreiras ou semelhantes).

**71. Objetos material e jurídico:** o objeto material é a construção, morro, pedreira ou semelhante. O objeto jurídico é a incolumidade pública.

**72. Classificação:** trata-se de crime comum (aquele que pode ser cometido por qualquer pessoa); formal (delito que não exige, para sua consumação, a ocorrência de resultado naturalístico, consistente na efetiva existência de dano para alguém). Havendo dano, trata-se de exaurimento; de forma livre (pode ser cometido por qualquer meio eleito pelo agente);

# Art. 257

Código Penal Comentado · **Nucci**

comissivo (o verbo implica ação); instantâneo (cuja consumação não se prolonga no tempo, dando-se em momento determinado); de perigo comum concreto (aquele que coloca um número indeterminado de pessoas em perigo, mas precisa ser provado); unissubjetivo (aquele que pode ser cometido por um único sujeito); unissubsistente (praticado num único ato) ou plurissubsistente (delito cuja ação é composta por vários atos, permitindo-se o seu fracionamento), conforme o caso concreto; admite tentativa, na forma plurissubsistente.

**73. Figura culposa:** pune-se o agente que agir com imprudência, negligência ou imperícia, tendo possibilidade de prever o resultado, que é o desabamento ou desmoronamento.

### Subtração, ocultação ou inutilização de material de salvamento

> **Art. 257.** Subtrair,[74-76] ocultar ou inutilizar, por ocasião[77] de incêndio, inundação, naufrágio, ou outro desastre ou calamidade, aparelho, material ou qualquer meio destinado a serviço de combate[78] ao perigo, de socorro ou salvamento; ou impedir ou dificultar serviço de tal natureza:[79-80]
>
> Pena – reclusão, de 2 (dois) a 5 (cinco) anos, e multa.

**74. Análise do núcleo do tipo:** *subtrair* (tirar ou apoderar-se), *ocultar* (esconder ou encobrir) e *inutilizar* (tornar inútil ou danificar) são as condutas que têm por objeto aparelho, material ou outro meio destinado ao serviço de combate ao perigo, de socorro ou salvamento. *Impedir* (colocar obstáculo ou embaraçar) e *dificultar* (tornar mais custoso) conjugam-se com serviço de tal natureza. É tipo misto alternativo, querendo significar que a prática de uma ou mais condutas consome-se num único crime, desde que no mesmo contexto fático.

**75. Sujeitos ativo e passivo:** o sujeito ativo pode ser qualquer pessoa. O sujeito passivo é a sociedade.

**76. Elemento subjetivo do tipo:** é o dolo de perigo, ou seja, a vontade de gerar um risco não tolerado a terceiros. Não existe a forma culposa, nem se exige elemento subjetivo do tipo específico.

**77. Ocasião especial:** o delito só tem lugar se praticado durante a ocorrência de incêndio, inundação, naufrágio ou outro desastre ou calamidade.

**78. Aparelho, material ou outro meio destinado a serviço de combate:** é indispensável que o instrumento seja *especificamente* voltado ao combate a perigo, à prestação de socorro ou ao salvamento ou *manifestamente* adequado ao serviço de debelação do perigo ou de salvamento, como bombas de incêndio, alarmes, extintores, salva-vidas, escadas de emergência, medicamentos etc. Acompanhamos, nesse prisma, a posição de Hungria (*Comentários ao Código Penal*, v. 9, p. 54).

**79. Objetos material e jurídico:** o objeto material é o aparelho, material ou qualquer meio destinado a serviço de combate ao perigo, de socorro ou salvamento. O objeto jurídico é a incolumidade pública.

**80. Classificação:** trata-se de crime comum (aquele que pode ser cometido por qualquer pessoa); formal (delito que não exige, para sua consumação, a ocorrência de resultado naturalístico, consistente na efetiva existência de um risco iminente de dano para alguém). Havendo dano, cuida-se de exaurimento; de forma livre (pode ser cometido por qualquer meio eleito pelo agente); comissivo (os verbos implicam ações); instantâneo (cuja consumação não se prolonga no tempo, dando-se em momento determinado), nas formas "subtrair", "inutilizar", "impedir" e "dificultar", mas permanente (cuja consumação se prolonga no tempo) na modalidade "ocultar"; de perigo comum abstrato (aquele que coloca um número indeterminado de pessoas em perigo, não precisando ser provado); unissubjetivo (aquele que pode ser cometido por um único sujeito); plurissubsistente (delito cuja ação é composta por vários atos, permitindo-se o seu fracionamento); admite tentativa, na forma plurissubsistente.

### Formas qualificadas de crime de perigo comum[81]

> **Art. 258.** Se do crime doloso de perigo comum resulta lesão corporal de natureza grave, a pena privativa de liberdade é aumentada de 1/2 (metade); se resulta morte, é aplicada em dobro. No caso de culpa, se do fato resulta lesão corporal, a pena aumenta-se de 1/2 (metade); se resulta morte, aplica-se a pena cominada ao homicídio culposo, aumentada de 1/3 (um terço).

**81. Crime qualificado pelo resultado:** o dolo de perigo, na conduta antecedente, somente se compatibiliza com a culpa, na conduta consequente. Portanto, havendo inicialmente dolo de perigo, somente se aceita, quanto ao resultado qualificador, culpa. No tocante à conduta antecedente culposa, é natural que o resultado mais grave possa ser, também, imputado ao agente a título de culpa, pois inexiste incompatibilidade. Na jurisprudência: STJ: "Os crimes de perigo comum são qualificados pelo resultado, nos termos do art. 258 do Código Penal. Exige-se dolo ou culpa na conduta antecedente, devendo a conduta consequente ser culposa. Dessa forma, incabível a tese defensiva de que inexistiu dolo na conduta consequente, visto que se existisse o *animus necandi* seria um crime contra a vida e não crime de incêndio" (REsp 945.311-SP, 5.ª T., rel. Laurita Vaz, 27.03.2008, v.u., embora antigo, mantido pelo relevo do exemplo).

### Difusão de doença ou praga

> **Art. 259.** Difundir doença ou praga que possa causar dano a floresta, plantação ou animais de utilidade econômica:
> Pena – reclusão, de 2 (dois) a 5 (cinco) anos, e multa.

### Modalidade culposa

> **Parágrafo único.** No caso de culpa, a pena é de detenção, de 1 (um) a 6 (seis) meses, ou multa.[82]

**82. Confronto com o art. 61 da Lei 9.605/1998:** preceitua o art. 61: "Disseminar doença ou praga ou espécies que possam causar dano à agricultura, à pecuária, à fauna, à flora ou aos ecossistemas: Pena – reclusão, de 1 (um) a 4 (quatro) anos, e multa". Sobre o tema, ao comentar o mencionado artigo em nossa obra *Leis penais e processuais penais comentadas – vol. 2*, escrevemos o seguinte: "Prevalece o art. 61 da Lei 9.605/98 não somente por ser lei especial, mas também por ser a mais recente. Revogado está, implicitamente, o art. 259, que, aliás, é menos abrangente que o art. 61. Há, na verdade, uma alteração

# Art. 260

importante. Afastado o art. 259, deixa de subsistir a forma culposa nele prevista, mas não repetida no art. 61 desta Lei. Logo, se a disseminação se der por imprudência do agente, por exemplo, é fato atípico".

## Capítulo II
### DOS CRIMES CONTRA A SEGURANÇA DOS MEIOS DE COMUNICAÇÃO E TRANSPORTE E OUTROS SERVIÇOS PÚBLICOS

### Perigo de desastre ferroviário

> **Art. 260.** Impedir[1-3] ou perturbar serviço de estrada de ferro:[4-6]
>
> I – destruindo,[7] danificando ou desarranjando, total ou parcialmente,[8] linha férrea,[9] material rodante[10] ou de tração,[11] obra de arte[12] ou instalação;[13-13-A]
>
> II – colocando[14] obstáculo na linha;[15]
>
> III – transmitindo[16] falso aviso[17] acerca do movimento dos veículos ou interrompendo ou embaraçando o funcionamento de telégrafo,[18] telefone[19] ou radiotelegrafia;[20]
>
> IV – praticando outro ato de que possa resultar desastre:[21]
>
> Pena – reclusão, de 2 (dois) a 5 (cinco) anos, e multa.

### Desastre ferroviário

> § 1.º Se do fato resulta desastre:[22]
>
> Pena – reclusão, de 4 (quatro) a 12 (doze) anos, e multa.
>
> § 2.º No caso de culpa, ocorrendo desastre:[23]
>
> Pena – detenção, de 6 (seis) meses a 2 (dois) anos.
>
> § 3.º Para os efeitos deste artigo,[24] entende-se por estrada de ferro qualquer via de comunicação em que circulem veículos de tração mecânica, em trilhos ou por meio de cabo aéreo.

**1. Análise do núcleo do tipo:** *impedir* significa impossibilitar a execução ou obstar; *perturbar* quer dizer causar embaraço ou dificuldade. O objeto das condutas é o serviço de estrada de ferro, compondo-se com as ações descritas nos incisos. É tipo misto alternativo, isto é, a prática de uma ou mais condutas implica no cometimento de um único delito, desde que no mesmo contexto fático. Na jurisprudência: TJSP: "Absolvição por fragilidade probatória no tocante ao crime descrito no art. 260, inc. I, do Código Penal – impossibilidade – materialidade e autoria delitivas comprovadas – ao subtrair os fios da via férrea com o intuito de lucro, o agente comete furto e atenta contra a segurança dos meios de transporte" (Ap. 0097819-59.2015.8.26.0050, 4.ª Câmara de Direito Criminal, Ivana David, 13.03.2019, v.u.).

**2. Sujeitos ativo e passivo:** o sujeito ativo pode ser qualquer pessoa. O sujeito passivo é a sociedade.

**3. Elemento subjetivo do tipo:** é o dolo de perigo, ou seja, a vontade de gerar um risco não tolerado a terceiros. Não se exige elemento subjetivo específico, nem se pune a forma culposa, se não houver o resultado qualificador (ver § 2.º).

**4. Serviço de estrada de ferro:** é o desempenho de trabalho ou a prestação de auxílio referente a qualquer "via de comunicação em que circulem veículos de tração mecânica, em trilhos ou por meio de cabo aéreo" (conforme § 3.º).

**5. Objetos material e jurídico:** o objeto material é linha férrea, material rodante ou de tração, obra de arte ou instalação, telégrafo, telefone ou radiotelegrafia. O objeto jurídico é a incolumidade pública, voltada, especificamente, para a segurança dos meios de comunicação, transportes e outros serviços públicos.

**6. Classificação:** trata-se de crime comum (aquele que pode ser cometido por qualquer pessoa); formal (crime que não exige, para sua consumação, resultado naturalístico, consistente em gerar efetivo dano para alguém). Havendo dano, trata-se de exaurimento. É a figura qualificada pelo resultado; de forma vinculada (só pode ser cometido pelos meios eleitos pelo tipo penal); comissivo (os verbos implicam ações); instantâneo (cuja consumação não se prolonga no tempo, dando-se em momento determinado); de perigo comum concreto (aquele que coloca um número indeterminado de pessoas em perigo, que necessita ser provado); unissubjetivo (delito que pode ser cometido por um único sujeito); plurissubsistente (delito cuja ação é composta por vários atos, permitindo-se o seu fracionamento); admite tentativa.

**7. Análise das condutas complementares ao tipo:** *destruir* (arruinar ou fazer desaparecer); *danificar* (causar dano ou deteriorar); *desarranjar* (alterar a boa ordem ou embaraçar), tendo por objeto linha férrea, material rodante ou de tração, obra de arte ou instalação.

**8. Total ou parcialmente:** significa que a destruição, danificação ou desarranjo pode ser completo ou incompleto, dando margem, de qualquer forma, à configuração do crime.

**9. Linha férrea:** é a via permanente fixa consubstanciada em trilhos, destinada à passagem de material rodante. É bem verdade que *linha férrea* pode ser considerada genericamente, também, o serviço de estrada de ferro, mas, na hipótese deste inciso, é mais adequado o conceito restrito, porque o tipo menciona, separadamente, os demais componentes da linha, que são o material rodante ou de tração, as obras e as instalações.

**10. Material rodante:** são os veículos ferroviários, que compreendem os de tração, como as locomotivas, e os rebocados, como os carros de passageiros e vagões de carga.

**11. Material de tração:** trata-se de elemento já contido no termo anterior ("material rodante"). É o veículo ferroviário que serve de tração para os demais. Na composição ferroviária, trata-se da locomotiva ou automotriz.

**12. Obra de arte:** são as estruturas que se repetem ao longo de uma estrada ou linha férrea, tais como pontes, viadutos, túneis, muros de arrimo e outros.

**13. Instalação:** é o conjunto de aparelhos ou de peças que possui certa utilidade. No caso deste inciso, são os sinais da linha férrea, cabos, cancelas, entre outros.

**13-A. Concurso com furto:** possibilidade. Ao retirar peças da linha férrea, com o intuito de lucro, o agente comete furto, mas, concomitantemente, atenta contra a segurança dos meios

# Art. 261

Código Penal Comentado · **Nucci**

de transporte. Mesmo que não haja dolo direto, configura-se o dolo eventual, pois assume o risco de perigo de desastre ferroviário. Aplica-se o concurso formal.

**14. Análise da conduta complementar ao tipo:** *colocar* significa situar ou pôr em algum lugar. O objeto é obstáculo na linha do trem.

**15. Obstáculo:** é a barreira ou impedimento, que pode ser de qualquer espécie.

**16. Análise das condutas complementares ao tipo:** *transmitir* quer dizer enviar ou mandar de um lugar ao outro; *interromper* significa provocar a suspensão da continuidade de alguma coisa; *embaraçar* quer dizer causar impedimento ou perturbar. Os objetos podem ser, respectivamente, falso aviso sobre movimentação de veículos ou telégrafo, telefone ou radiotelegrafia.

**17. Falso aviso:** é a notícia que não correspondente à realidade.

**18. Telégrafo:** é o sistema de transmissão de mensagens entre pontos diversos, através do envio de sinais.

**19. Telefone:** é o aparelho que serve para transmitir a palavra falada a certa distância.

**20. Radiotelegrafia:** é a telegrafia sem fio, por ondas eletromagnéticas.

**21. Outro ato de que possa resultar desastre:** trata-se de interpretação analógica, isto é, o tipo penal fornece exemplos de condutas que causam perigo ao serviço de transportes, capazes de gerar desastre, para, depois, generalizar, através do emprego de um processo de semelhança, para "outro ato" que possa causar acidente ou grande prejuízo. Imagine-se, pois, a conduta de quem embaraça a transmissão de um fac-símile.

**22. Crime qualificado pelo resultado:** sendo as primeiras condutas determinadas pelo dolo de perigo, somente se admite, na sequência, a modalidade culposa. Portanto, o desastre (acidente, com grave prejuízo e de larga extensão) há de ser causado por imprudência, negligência ou imperícia, havendo previsibilidade do resultado. Se a conduta principal (ex.: perturbar serviço de estrada de ferro) causar a morte de uma pessoa apenas – que não pode ser considerada um *desastre* –, a melhor hipótese de tipificação é de homicídio culposo.

**23. Crime qualificado pelo resultado:** neste caso, as primeiras condutas são causadas por culpa (imprudência, negligência ou imperícia), sendo natural exigir-se que a sequência também seja determinada pelo mesmo elemento subjetivo, ou seja, culpa. Observe-se, no entanto, que a modalidade culposa está restrita ao advento do efeito "desastre", isto é, as figuras descritas no art. 260, *caput* e parágrafos, somente são puníveis por culpa se houver o evento qualificador.

**24. Norma penal explicativa:** fornece o legislador o conceito de estrada de ferro, a encaixar-se no *caput*.

### Atentado contra a segurança de transporte marítimo, fluvial ou aéreo

**Art. 261.** Expor[25-27] a perigo embarcação[28] ou aeronave,[29] própria ou alheia, ou praticar qualquer ato tendente a impedir ou dificultar navegação marítima, fluvial ou aérea:[30-32]

Pena – reclusão, de 2 (dois) a 5 (cinco) anos.

## Sinistro em transporte marítimo, fluvial ou aéreo

§ 1.º Se do fato resulta[33] naufrágio, submersão ou encalhe[34] de embarcação ou a queda ou destruição[35] de aeronave:

Pena – reclusão, de 4 (quatro) a 12 (doze) anos.

## Prática do crime com o fim de lucro

§ 2.º Aplica-se,[36] também, a pena de multa, se o agente pratica o crime com o intuito de obter vantagem econômica, para si ou para outrem.

## Modalidade culposa

§ 3.º No caso de culpa,[37] se ocorre o sinistro:[38]

Pena – detenção, de 6 (seis) meses a 2 (dois) anos.

**25. Análise do núcleo do tipo:** *expor* (arriscar) é conduta que já contém o fator perigo (causação de risco iminente de dano), podendo-se dizer que "expor alguém" é colocar a pessoa em perigo. O objeto é embarcação ou aeronave. A segunda conduta é *praticar*, que significa realizar ou concretizar, tendo por objeto ato tendente a impedir (obstar) ou dificultar (tornar mais custosa) navegação marítima, fluvial ou aérea. Trata-se de tipo misto alternativo, ou seja, a realização de uma ou mais condutas implica na concretização de um único crime, desde que no mesmo contexto fático. Cuida-se de norma penal em branco, sendo indispensável buscar-se o complemento em regulamentos específicos para a navegação de embarcações e aeronaves (ver a nota 30-A abaixo).

**26. Sujeitos ativo e passivo:** o sujeito ativo pode ser qualquer pessoa. O sujeito passivo é a sociedade.

**27. Elemento subjetivo do tipo:** é o dolo de perigo, ou seja, a vontade de gerar um risco não tolerado a terceiros. Não se exige elemento subjetivo específico, nem se pune a forma culposa, salvo se houver sinistro (§ 3.º).

**28. Embarcação:** é a construção destinada a navegar sobre a água.

**29. Aeronave:** é "todo aparelho manobrável em voo, que possa sustentar-se e circular no espaço aéreo, mediante reações aerodinâmicas, apto a transportar pessoas ou coisas" (art. 106 do Código Brasileiro de Aeronáutica).

**30. Navegação marítima, fluvial e aérea:** é o percurso realizado em embarcação por mar (marítima), por rio (fluvial) ou, em aeronave, por ar, normalmente conduzindo algo ou alguém de um ponto a outro. Não envolve a navegação lacustre, porque o art. 262 a abrange.

**30-A. Itens prejudiciais à navegação aérea:** como ilustração, a Portaria 2526/SPO/AR, de 29 de outubro de 2014, publicada no *Diário Oficial da União* de 30 de outubro de 2014, seção 1, página 4, disciplinou a utilização de dispositivos eletrônicos portáteis a bordo de voos. O objetivo era proteger a aeronave e seus instrumentos de navegação das interferências eletromagnéticas. Há

# Art. 261

Código Penal Comentado · **Nucci**

1098

basicamente quatro categorias: a) aeronave tolerante a PED (dispositivo eletrônico portátil): é a "aeronave que foi testada ou avaliada especificamente quanto à imunidade a interferência de PEDs, conforme normas aplicáveis e reconhecidas para este tipo de avaliação"; b) modo avião: "estado em que o T-PED permanece desabilitado a transmitir intencionalmente sinais de radiofrequência, como chamadas telefônicas, comunicação de dados, *Wi-Fi*, *bluetooth* etc."; c) PEDs emissores não intencionais: "dispositivos eletrônicos que não possuem circuitos e antenas transmissoras de radiofrequência, porém são fontes de emissões espúrias inerentes ao funcionamento de seus circuitos internos. Ex.: MP3 *player*, jogos eletrônicos, *laptops* etc. Aparelhos que permitem que suas funções de transmissão sejam desabilitadas, como telefones celulares em modo avião, *laptops* e *tablets* com comunicações *Wi-Fi* e *bluetooth* desabilitadas, também podem ser tratados como PEDs emissores não intencionais, desde que as instruções de cabine orientem os passageiros a desabilitar o modo de transmissão"; d) PEDs emissores intencionais (T-PEDs): "dispositivos que possuem antenas transmissoras de radiofrequência e irradiam intencionalmente em faixas determinadas de frequência. Ex.: telefone celular, *Wi-Fi*, *bluetooth* etc.". São liberados em todas as fases do voo: máquinas fotográficas, *flashes*, câmeras filmadoras, gravadores de som, aparelhos de marca-passo, relógios eletrônicos, aparelhos auditivos, aparelhos de barbear, equipamentos médico-eletrônicos indispensáveis. Ilustrando, são aparelhos que podem ser permitidos – ou não – de acordo com a cabine de voo: telefones celulares, controles remotos, toca-discos CD, *scanners* de computador, radiotransmissores, jogos eletrônicos, entre outros.

**31. Objetos material e jurídico:** o objeto material é a embarcação ou aeronave. O objeto jurídico é a incolumidade pública, voltada, especificamente, para a segurança dos meios de comunicação, transportes e outros serviços públicos.

**32. Classificação:** trata-se de crime comum (aquele que pode ser cometido por qualquer pessoa); formal (crime que não exige, para sua consumação, resultado naturalístico, consistente em ocorrer efetivo dano a alguém). Se houver dano, é o exaurimento. Ver figura qualificada pelo resultado descrita nas notas 33 e 37; de forma livre (pode ser cometido por qualquer meio eleito pelo agente); comissivo (os verbos implicam ações); instantâneo (cuja consumação não se prolonga no tempo, dando-se em momento determinado); de perigo comum concreto (aquele que coloca um número indeterminado de pessoas em perigo, que precisa ser provado); unissubjetivo (delito que pode ser cometido por um único sujeito); plurissubsistente (delito cuja ação é composta por vários atos, permitindo-se o seu fracionamento); admite tentativa.

**33. Crime qualificado pelo resultado:** o dolo de perigo serve para preencher as condutas previstas no tipo penal, sendo natural exigir-se, para a sequência (naufrágio, submersão, encalhe, queda ou destruição), apenas a existência de culpa. Afinal, o dolo de perigo é totalmente incompatível com o sequencial dolo de dano. Quando o delito se realiza, unicamente, na forma de dolo no antecedente e culpa no consequente, a doutrina costuma classificá-lo como preterdoloso.

**34. Naufrágio, submersão e encalhe:** *naufrágio* é a perda da embarcação que vai a pique; *submersão* é o afundamento da embarcação (em tese, pode não haver perda); *encalhe* é ficar em lugar seco.

**35. Queda e destruição:** *queda* é a descida sobre a terra; *destruição* é a ruína, desaparecimento ou extinção de algo.

**36. Figura qualificada:** aumenta-se a pena, em abstrato, acrescentando-se a multa, quando a finalidade do agente é a obtenção de vantagem (ganho ou lucro) econômica (resultante em dinheiro ou que possa ser representada, de algum modo, pecuniariamente).

# Título VIII – Dos crimes contra a incolumidade pública
## Art. 262

**37. Crime qualificado pelo resultado:** trata-se de outra figura anômala, quando se pune a forma culposa da conduta descrita no *caput* somente quando houver resultado qualificador. Assim, a mera exposição a perigo, sem haver sinistro, quando efetivada por imprudência, negligência ou imperícia, é atípica.

**38. Sinistro:** significa desastre, dano ou grande prejuízo.

### Atentado contra a segurança de outro meio de transporte

> **Art. 262.** Expor[39-41] a perigo outro meio de transporte público,[42] impedir-lhe ou dificultar-lhe o funcionamento:[43-44]
>
> Pena – detenção, de 1 (um) a 2 (dois) anos.
>
> § 1.º Se do fato[45] resulta desastre, a pena é de reclusão, de 2 (dois) a 5 (cinco) anos.
>
> § 2.º No caso de culpa,[46] se ocorre desastre:
>
> Pena – detenção, de 3 (três) meses a 1 (um) ano.

**39. Análise do núcleo do tipo:** *expor* (arriscar) é conduta que já contém o fator perigo (causação de risco iminente de dano), podendo-se dizer que "expor alguém" é colocar a pessoa em perigo. O objeto é qualquer outro meio de transporte não previsto nas hipóteses anteriormente descritas. Há, ainda, as seguintes condutas: *impedir* (obstar ou interromper) e *dificultar* (tornar mais custoso). Trata-se de tipo misto alternativo, vale dizer, a realização de uma ou mais condutas implica no cometimento de um único crime, desde que no mesmo contexto fático. Na jurisprudência: TJSP: "Expor a perigo outro meio de transporte público, impedir-lhe ou dificultar-lhe o funcionamento (art. 262, *caput*, do CP). Bloqueio de rodovia por meio de ação de incendiar pneus. Materialidade e autoria demonstradas nos autos" (APR 15029609820228260189, 2.ª T. Cível e Criminal, rel. Adílson Vagner Ballotti, 24.10.2023, m.v.).

**40. Sujeitos ativo e passivo:** o sujeito ativo pode ser qualquer pessoa. O sujeito passivo é a sociedade.

**41. Elemento subjetivo do tipo:** é o dolo de perigo, ou seja, a vontade de gerar um risco não tolerado a terceiros. Não se exige elemento subjetivo específico e somente se pune a forma culposa quando houver desastre (§ 2.º).

**42. Outro meio de transporte público:** nas figuras anteriores, os tipos cuidaram de transportes marítimos, fluviais, aéreos e ferroviários. Assim, mais uma vez valendo-se de interpretação analógica, o tipo penal do art. 262 é constituído de um processo de semelhança, significando a inserção de qualquer *outro* meio de transporte, desde que seja público. Assim, podem-se incluir nesse caso o ônibus, os automóveis de aluguel e a navegação lacustre.

**43. Objetos material e jurídico:** o objeto material é qualquer meio de transporte público não abrangido nos artigos antecedentes. O objeto jurídico é a incolumidade pública, voltada, especificamente, para a segurança dos meios de comunicação, transporte e outros serviços públicos.

**44. Classificação:** trata-se de crime comum (aquele que pode ser cometido por qualquer pessoa); formal (crime que não exige, para sua consumação, resultado naturalístico, consistente em haver efetivo dano para alguém). Havendo dano, ocorre o exaurimento; de forma livre

# Art. 263

(pode ser cometido por qualquer meio eleito pelo agente); comissivo (os verbos implicam ações); instantâneo (cuja consumação não se prolonga no tempo, dando-se em momento determinado); de perigo comum concreto (aquele que coloca um número indeterminado de pessoas em perigo, que precisa ser provado); unissubjetivo (aquele que pode ser cometido por um único sujeito); plurissubsistente (delito cuja ação é composta por vários atos, permitindo--se o seu fracionamento); admite tentativa.

**45. Crime qualificado pelo resultado:** o dolo de perigo, exigível na conduta descrita no *caput*, somente se compatibiliza com a conduta culposa na conduta sequencial. Por isso, havendo desastre (acidente de vasta proporção, com grande prejuízo), exige-se, quanto a este, imprudência, negligência ou imperícia, com previsibilidade do resultado.

**46. Crime qualificado pelo resultado:** trata-se de forma anômala, punindo-se a conduta prevista no *caput* a título de culpa *somente* se houver resultado qualificador.

### Forma qualificada[47]

> **Art. 263.** Se de qualquer dos crimes previstos nos arts. 260 a 262, no caso de desastre ou sinistro, resulta lesão corporal ou morte, aplica-se o disposto no art. 258.

**47. Tipo remetido:** o art. 263 faz remissão ao art. 258, significando que, em havendo desastre ou sinistro, nos crimes descritos nos arts. 260, 261 e 262, resultando morte ou lesão grave, a pena terá outro acréscimo.

### Arremesso de projétil

> **Art. 264.** Arremessar[48-50] projétil[51] contra veículo,[52] em movimento,[53] destinado ao transporte público por terra, por água ou pelo ar:[54-55]
>
> Pena – detenção, de 1 (um) a 6 (seis) meses.
>
> **Parágrafo único.** Se do fato resulta[56] lesão corporal, a pena é de detenção, de 6 (seis) meses a 2 (dois) anos; se resulta morte, a pena é a do art. 121, § 3.º, aumentada de um terço.

**48. Análise do núcleo do tipo:** *arremessar* significa atirar com força para longe. O objeto é projétil (qualquer corpo ou objeto apto a ser lançado e lesionar ou destruir o alvo, desde uma pedra até uma bala de arma de fogo). Reserva-se à Lei 10.826/2003 (Estatuto do Desarmamento) os disparos de arma de fogo em local público. Na jurisprudência: TJDF: "3. A autoria e a materialidade do delito de arremesso de projétil restaram demonstradas à luz dos depoimentos colhidos na fase inquisitorial e sob o crivo do contraditório. Com efeito, o motorista, o cobrador e um passageiro do transporte público (fls. 10, 90 e 91) foram uníssonos no sentido de que o recorrente lançou duas pedras contra um ônibus de passageiros. Em sentido análogo, o policial militar responsável pela condução dos envolvidos à Delegacia, asseverou que, no momento da prisão em flagrante, o réu confessou que atirou o objeto contra o veículo em face de uma contenda pretérita com o condutor (fl. 55). 4. Destaca-se, por oportuno, que, o crime em comento é de perigo abstrato ou presumido, que, portanto, resulta da própria ação, bastando, para sua caracterização, seja provado o comportamento comissivo previsto pelo tipo para que se considere criada a situação de perigo. Nesse passo, demonstra-se prescindível a realização de perícia no veículo, desde que a ação ilícita possa ser demonstrada por outros meios, tal qual ocorreu na hipótese vertente" (20170710064694, 1.ª T. Recursal, rel. Soníria Rocha Campos, 14.02.2019, v.u.).

**49. Sujeitos ativo e passivo:** o sujeito ativo pode ser qualquer pessoa. O sujeito passivo é a sociedade.

**50. Elemento subjetivo do tipo:** é o dolo de perigo, ou seja, a vontade de gerar um risco não tolerado a terceiros. Não há elemento subjetivo específico, nem se pune a forma culposa.

**51. Projétil:** é qualquer objeto sólido que serve para ser arremessado, inclusive por arma de fogo.

**52. Veículo destinado a transporte público:** é qualquer meio dotado de mecanismo, habitualmente utilizado para conduzir pessoas ou cargas de um lugar para outro, de uso comum. Na jurisprudência: TJSP: "Arremesso de projétil. Tipicidade. O crime tipificado no art. 264 do Código Penal não prescinde de comprovação que o alvo era veículo de transporte público" (Apelação Criminal 0000005-17.2015.8.26.0545, 2.ª Câm. Criminal, rel. Sérgio Mazina Martins, 24.09.2018, v.u.).

**53. Exigência da movimentação:** o tipo penal refere-se, expressamente, à necessidade de estar o veículo em deslocamento. Parece-nos, no entanto, que tal expressão não pode ter seu significado restringido, pois o veículo parado num congestionamento está em movimentação, levando pessoas de um local a outro, embora, momentaneamente, não esteja em marcha. Assim, somente não se configura o tipo penal do art. 264 quando o veículo estiver estacionado.

**54. Objetos material e jurídico:** o objeto material é o projétil. O objeto jurídico é a incolumidade pública, voltada, especificamente, para a segurança dos meios de comunicação, transporte e outros serviços públicos.

**55. Classificação:** trata-se de crime comum (aquele que pode ser cometido por qualquer pessoa); formal (crime que não exige, para sua consumação, resultado naturalístico, consistente em gerar efetivo dano para alguém). Havendo dano, é o exaurimento; de forma livre (pode ser cometido por qualquer meio eleito pelo agente); comissivo (o verbo implica ação); instantâneo (cuja consumação não se prolonga no tempo, dando-se em momento determinado); de perigo comum abstrato (aquele que coloca um número indeterminado de pessoas em perigo, que é presumido pela lei); unissubjetivo (aquele que pode ser cometido por um único sujeito); unissubsistente (praticado num único ato) ou plurissubsistente (delito cuja ação é composta por vários atos, permitindo-se o seu fracionamento), conforme o caso concreto; admite tentativa na forma plurissubsistente. Há posições em sentido contrário, sustentando ser inadmissível o fracionamento da conduta nuclear, consistente em arremessar (DELMANTO, *Código Penal comentado*, p. 483; LUIZ REGIS PRADO, *Código Penal anotado*, p. 816). Cremos poder haver, entretanto, em certos casos, possibilidade para a ocorrência da tentativa. Imagine-se o sujeito, segurado pelo braço pela ação de terceiro, no exato momento em que lança uma pedra contra um ônibus. O projétil pode desviar-se, pelo tranco, caindo ao solo, sem ter sido efetivamente *lançado*. Trata-se de um início de execução, pois ato idôneo e unívoco para atingir o resultado. Admitindo-a também: PAULO JOSÉ DA COSTA JÚNIOR (*Direito penal – Curso completo*, p. 582).

**56. Crime qualificado pelo resultado:** havendo lesão corporal ou morte, em virtude do lançamento de projétil contra o veículo público em movimento, aplica-se pena mais grave

# Art. 265

Código Penal Comentado · **Nucci**

por conta do resultado qualificador. Tendo em vista que o dolo de perigo, exigível na conduta antecedente ("arremessar"), é incompatível com o dolo de dano, somente é cabível culpa na conduta subsequente.

## Atentado contra a segurança de serviço de utilidade pública

> **Art. 265.** Atentar[57-59] contra a segurança ou o funcionamento[60] de serviço[61] de água, luz, força ou calor, ou qualquer outro de utilidade pública:[62-63]
>
> Pena – reclusão, de 1 (um) a 5 (cinco) anos, e multa.
>
> **Parágrafo único.** Aumentar-se-á a pena[64] de 1/3 (um terço) até a 1/2 (metade), se o dano ocorrer em virtude de subtração de material essencial ao funcionamento dos serviços.

**57. Análise do núcleo do tipo:** *atentar* significa perpetrar atentado ou colocar em risco, através de atos executórios, alguma coisa ou alguém. O objeto é a segurança ou o funcionamento de serviço de água, luz, força ou calor ou outro de utilidade pública. Na jurisprudência: TJSP: "Apelação da Justiça Pública – Atentado contra a segurança de serviço de utilidade pública – Artigo 265 do Código Penal – Equipamento regulador de tensão de energia elétrica danificado em propriedade rural – Imputação do crime ao acusado, em razão do seu veículo ter sido visto transitando nas proximidades do local dos fatos – Dúvidas a respeito da materialidade do crime, ante a inexistência de laudo pericial – Inexistência de provas a respeito da autoria do delito – Depoimentos contraditórios dos funcionários da 'CPFL'– Aplicação do brocardo 'in dubio pro reo' – Absolvição mantida" (Ap. Crim. 0000577-13.2017.8.26.0412, 9.ª C. Crim., rel. Cesar Augusto Andrade de Castro, 30.07.2021, v.u.); "Recurso em sentido estrito – Atentado contra a segurança de serviço de utilidade pública – Pretendida a reforma da decisão de rejeição da denúncia por atipicidade da conduta – Não acolhimento – Recorrido que avisa, por meio de rede social, sobre a realização de *blitz* policial – Conduta não se amolda ao art. 265 do CP – Atuação policial não incluída na fórmula genérica prevista no tipo penal – Interpretação analógica encontra limites no sentido possível do texto, extraído dos exemplos contidos na fórmula casuística, dos conceitos de direito administrativo e da interpretação histórica e sistemática – Recurso não provido" (Recurso em Sentido Estrito 1502687-66.2019.8.26.0079, 2.ª C. Crim., rel. Amaro Thomé, 21.07.2020, v.u.).

**58. Sujeitos ativo e passivo:** o sujeito ativo pode ser qualquer pessoa. O sujeito passivo é a sociedade.

**59. Elemento subjetivo do tipo:** é o dolo de perigo, ou seja, a vontade de gerar um risco não tolerado a terceiros. Inexiste elemento subjetivo específico, não se punindo a forma culposa.

**60. Segurança e funcionamento:** *segurança* é condição daquilo em que se pode confiar; *funcionamento* é a movimentação de algo com regularidade. Objetiva-se a proteção dos serviços de água, luz, força, calor ou outro de utilidade pública.

**61. Serviço de água, luz, força, calor ou outro de utilidade pública:** presta o poder público à sociedade os serviços de fornecimento de água, luz, força, calor e outros, mantendo--os em rigoroso controle, para evitar qualquer dano ("segurança") e cortes indesejáveis no abastecimento ("funcionamento"). Dessa forma, qualquer tentativa de colocar em risco a segurança ou o funcionamento encaixa-se neste tipo penal. Nota-se, por fim, que, uma vez mais, valeu-se o legislador da interpretação analógica, ou seja, forneceu exemplos de serviços

# Art. 266

Título VIII – Dos crimes contra a incolumidade pública

**1103**

de utilidade pública (luz, água, força, calor) para generalizar através da expressão "outro de utilidade pública", como ocorre com o gás. Neste tipo não se encaixa a telefonia, que encontra amparo no próximo artigo.

**62. Objetos material e jurídico:** o objeto material é o serviço de água, luz, força, calor ou outro de utilidade pública. O objeto jurídico é a incolumidade pública, especialmente voltada para a segurança dos meios de comunicação e transporte, bem como outros serviços públicos.

**63. Classificação:** trata-se de crime comum (aquele que pode ser cometido por qualquer pessoa); formal (crime que não exige, para sua consumação, resultado naturalístico, consistente em efetivo dano para alguém). Ocorrendo dano, trata-se do exaurimento; de forma livre (pode ser cometido por qualquer meio eleito pelo agente); comissivo (o verbo implica ação) e, excepcionalmente, omissivo impróprio ou comissivo por omissão (quando o agente tem o dever jurídico de evitar o resultado, nos termos do art. 13, § 2.º, CP); instantâneo (cuja consumação não se prolonga no tempo, dando-se em momento determinado); de perigo comum abstrato (aquele que coloca um número indeterminado de pessoas em perigo, que é presumido pela lei); unissubjetivo (aquele que pode ser cometido por um único sujeito); plurissubsistente (delito cuja ação é composta por vários atos, permitindo-se o seu fracionamento). Não admite tentativa por ser crime de atentado, vale dizer, a lei já pune como crime consumado o mero início da execução. Seria, em nosso entender, ilógico sustentar a hipótese de "tentativa de tentar". Há posição em sentido contrário, admitindo a tentativa, mas reconhecendo ser de difícil configuração (DELMANTO, *Código Penal comentado*, p. 484; PAULO JOSÉ DA COSTA JÚNIOR, *Direito penal – Curso completo*, p. 583; LUIZ REGIS PRADO, *Código Penal anotado*, p. 819).

**64. Crime qualificado pelo resultado:** trata-se de uma figura híbrida, inserindo a possibilidade de maior punição, através de uma causa de aumento de pena, mas exigindo um resultado danoso qualificador, constituído pelo dano resultante da subtração de material essencial ao funcionamento dos serviços. Assim, se houver a referida subtração, porém não ocorrer o dano, inexiste a elevação da pena. O mesmo ocorre se houver o dano, mas não em virtude da subtração. O resultado mais grave deve advir em virtude de culpa, já que a conduta antecedente deve ser inspirada pelo dolo de perigo.

### Interrupção ou perturbação de serviço telegráfico, telefônico, informático, telemático ou de informação de utilidade pública

> **Art. 266.** Interromper[65-67] ou perturbar serviço telegráfico, radiotelegráfico ou telefônico, impedir ou dificultar-lhe o restabelecimento:[68-70]
>
> Pena – detenção, de 1 (um) a 3 (três) anos, e multa.
>
> § 1.º Incorre na mesma pena quem interrompe[71-73] serviço telemático ou de informação de utilidade pública, ou impede ou dificulta-lhe o restabelecimento.[74-75]
>
> § 2.º Aplicam-se as penas em dobro se o crime é cometido por ocasião de calamidade pública.[76]

**65. Análise do núcleo do tipo:** *interromper* significa fazer cessar ou romper a continuidade; *perturbar* quer dizer causar embaraço ou atrapalhar; *impedir* tem o significado de impossibilitar a execução ou obstruir; *dificultar* significa tornar mais custoso ou colocar obstáculo. O objeto é o serviço telegráfico, radiotelegráfico ou telefônico. Trata-se de tipo misto

# Art. 266

Código Penal Comentado · **Nucci**

1104

alternativo, quanto às condutas "interromper" ou "perturbar", podendo o agente realizar uma ou as duas, implicando um único crime. É, também, cumulativo, pois a segunda forma de agir é diversa – "impedir ou dificultar o restabelecimento" –, embora, caso o agente cometa as duas (interrompe e impede o restabelecimento), a última delas deva ser considerada "fato posterior não punível", pois mero desdobramento da primeira.

**66. Sujeitos ativo e passivo:** o sujeito ativo pode ser qualquer pessoa. O sujeito passivo é a sociedade.

**67. Elemento subjetivo do tipo:** é o dolo de perigo, ou seja, a vontade de gerar um risco não tolerado a terceiros. Não há elemento subjetivo específico, nem se pune a forma culposa.

**68. Serviço telegráfico, radiotelegráfico ou telefônico:** é o desempenho de atividades ligadas aos sistemas de transmissão de mensagens entre pontos diversos, através do envio de sinais (telegrafia), de telegrafia sem fio, por ondas eletromagnéticas (radiotelegrafia) e de transmissão da palavra falada a certa distância (telefonia).

**69. Objetos material e jurídico:** o objeto material é o serviço de telegrafia, radiotelegrafia e telefonia. O objeto jurídico é a incolumidade pública, voltada para a segurança dos meios de comunicação, transporte e outros serviços públicos.

**70. Classificação:** trata-se de crime comum (aquele que pode ser cometido por qualquer pessoa); formal (crime que não exige, para sua consumação, resultado naturalístico, consistente em efetivamente causar dano a alguém). Havendo dano, é o exaurimento; de forma livre (pode ser cometido por qualquer meio eleito pelo agente); comissivo (os verbos implicam ações); instantâneo (cuja consumação não se prolonga no tempo, dando-se em momento determinado); de perigo comum abstrato (aquele que coloca um número indeterminado de pessoas em perigo, que é presumido pela lei); unissubjetivo (aquele que pode ser cometido por um único sujeito); plurissubsistente (delito cuja ação é composta por vários atos, permitindo-se o seu fracionamento); admite tentativa.

**71. Análise do núcleo do tipo:** *interromper* significa fazer cessar ou romper a continuidade. A conduta se volta a *serviço telemático* (transmissão de informes por meio de computador combinado com outros meios de telecomunicação; por exemplo: modem, banda larga, cabo etc.) ou *serviço de informação de utilidade pública* (hipótese genérica, sem especificação apropriada, ferindo a taxatividade, visto poder se dar em qualquer linha de transmissão). Outra peculiaridade é a menção a serviço *informático*, no título do crime, sem a sua inserção no tipo penal, logo, inaplicável. Entretanto, o termo *telemática* já é suficiente para o cenário ora proposto. As figuras alternativas, tal como ocorre no *caput*, são: *impedir* (impossibilitar a execução de algo) e *dificultar* (tornar algo mais custoso, colocando obstáculo). Voltam-se ao restabelecimento do serviço interrompido. Logo, responde pelo crime tanto quem interrompe o serviço como quem impede ou dificulta o seu restabelecimento. Se for o mesmo agente para todas as condutas, responde por um só crime, pois se trata de tipo misto alternativo. Esclarecem Jesus e Milagre que "a principal técnica para esses ataques é a chamada DoS (acrônimo em inglês de *Denial of Service*) ou ataque de negação de serviços. Um ataque de negação de serviço é uma tentativa de tornar recursos de um sistema indisponíveis para quem os utiliza, sendo os alvos mais comuns os servidores *Web*. É preciso esclarecer que não se trata de invasão de sistemas ou dispositivos informáticos, mas de nítida invalidação pela sobrecarga" (*Manual de crimes informáticos*, p. 109). Os autores apresentam, ainda, outra forma de interrupção ou perturbação, consistente num ativismo cibernético – DDoS (*Distributed Denial of Service*). Nessa forma, "um computador 'Mestre' pode assumir o comando de centenas ou milhares de

# Título VIII – Dos crimes contra a incolumidade pública

# Art. 267

outras máquinas, os 'Zumbis', podendo ordenar que eles ataquem determinado alvo em certa data e hora, o que torna mais fácil alcançar o objetivo de indisponibilizar os serviços" (*Manual de crimes informáticos*, p. 109).

**72. Sujeitos ativo e passivo:** o sujeito ativo pode ser qualquer pessoa. O sujeito passivo é a sociedade.

**73. Elemento subjetivo do tipo:** é o dolo de perigo (gerar risco intolerável a terceiros). Não há elemento subjetivo específico, nem se pune a forma culposa.

**74. Objetos material e jurídico:** o objeto material é o serviço telemático ou de informação de utilidade pública. O objeto jurídico é a incolumidade pública, voltada à segurança dos meios de comunicação.

**75. Classificação:** trata-se de crime comum (pode ser cometido por qualquer pessoa); formal (delito que não exige resultado naturalístico, consistente na efetiva lesão a alguém, embora possa ocorrer); de forma livre (pode ser cometido por qualquer meio eleito pelo agente); comissivo (as condutas implicam ações); instantâneo (o resultado se dá de maneira determinada na linha do tempo); de perigo comum abstrato (gera risco a um número indeterminado de pessoas, cujo perigo é presumido por lei); unissubjetivo (pode ser cometido por uma só pessoa); plurissubsistente (cometido por vários atos); admite tentativa.

**76. Figura qualificada:** dobra-se a pena do agente quando a interrupção ou perturbação dos serviços telegráficos ou telefônicos ocorre durante estado de calamidade pública (desgraça que atinge várias pessoas), tendo em vista a maior reprovabilidade da conduta, já que, nessas situações, os serviços mencionados são essenciais.

## Capítulo III
### DOS CRIMES CONTRA A SAÚDE PÚBLICA

**Epidemia**

> **Art. 267.** Causar[1-3] epidemia,[4] mediante a propagação de germes patogênicos:[5-7]
>
> Pena – reclusão, de 10 (dez) a 15 (quinze) anos.
>
> § 1.º Se do fato resulta morte, a pena é aplicada em dobro.[8]
>
> § 2.º No caso de culpa,[9] a pena é de detenção, de 1 (um) a 2 (dois) anos, ou, se resulta morte, de 2 (dois) a 4 (quatro) anos.

**1. Análise do núcleo do tipo:** *causar* significa dar origem ou produzir. O objeto é epidemia. Conjuga-se com a conduta de *propagar*, isto é, espalhar ou disseminar.

**2. Sujeitos ativo e passivo:** o sujeito ativo pode ser qualquer pessoa. O sujeito passivo é a sociedade.

**3. Elemento subjetivo do tipo:** é o dolo de perigo, ou seja, a vontade de gerar um risco não tolerado a terceiros. Não se exige elemento subjetivo específico. A forma culposa é prevista no § 2.º.

# Art. 267

Código Penal Comentado · **Nucci**

1106

**4. Epidemia:** significa uma doença que acomete, em curto espaço de tempo e em determinado lugar, várias pessoas. Diferencia, corretamente, a doutrina a epidemia da endemia (enfermidade que existe, com frequência, em determinado lugar, atingindo número indeterminado de pessoas) e da pandemia (doença de caráter epidêmico que abrange várias regiões ao mesmo tempo).

**5. Germes patogênicos:** são os microrganismos capazes de gerar doenças, como os vírus e as bactérias, dentre outros.

**6. Objetos material e jurídico:** o objeto material é o germe patogênico. O objeto jurídico é a saúde pública.

**7. Classificação:** trata-se de crime comum (aquele que pode ser cometido por qualquer pessoa); material (delito que exige, para sua consumação, a ocorrência de resultado naturalístico, consistente em haver epidemia, algo que, por si só, é atentatório à saúde pública); de forma vinculada (delito que somente pode ser cometido através da propagação de germes patogênicos); comissivo (o verbo implica ação). Há quem sustente ser delito passível de cometimento na forma omissiva (Noronha, *Direito penal*, v. 4, p. 5; Delmanto, *Código Penal comentado*, p. 486), com o que discordamos, pois *causar* é dar origem a alguma coisa, parecendo-nos ser sempre forma ativa de conduta. A única hipótese viável de omissão é a descrita no art. 13, § 2.º, quando o agente tem o dever jurídico de impedir o resultado. É delito instantâneo (cuja consumação não se prolonga no tempo, dando-se em momento determinado); de perigo comum concreto (aquele que coloca um número indeterminado de pessoas em perigo, que necessita ser provado). Há voz em sentido oposto, acolhendo a possibilidade de ser crime de perigo abstrato (Delmanto, *Código Penal comentado*, p. 486). Assim não nos parece, uma vez que o tipo *exige* que o sujeito *provoque* o surgimento de uma epidemia. Ora, havendo a disseminação de uma doença rapidamente, numa localidade, é certo que o perigo surgido é concreto. Cremos inexistir possibilidade de muitas pessoas ficarem doentes ao mesmo tempo e isso não ser considerado um perigo efetivo para a saúde pública. Existe, ainda, posição intermediária (Paulo José da Costa Júnior, *Direito penal – Curso completo*, p. 585), sustentando ser crime, concomitantemente, de dano (para as pessoas lesadas pela doença) e de perigo (para os que não foram atingidos). Mantemos nossa posição, classificando-o como de perigo concreto, pois o objeto jurídico protegido não é a incolumidade individual, e sim coletiva, além de ser crime contra a saúde pública, e não individual. Logo, a ocorrência da doença em alguns faz parte do perigo concreto determinado pelo tipo penal. Fosse a conduta do agente voltada somente a alguns indivíduos e estaríamos diante de um crime de lesão corporal, cuja pena é muito menor. Quem espalha doença, no entanto, pode terminar condenado a uma pena elevada de 10 anos de reclusão. Portanto, trata-se de um delito de perigo concreto, punido com especial rigor, justamente porque efetivamente atinge pessoas. No sentido que defendemos: Luiz Regis Prado, *Código Penal anotado*, p. 823. É crime unissubjetivo (aquele que pode ser cometido por um único sujeito); unissubsistente (praticado num único ato) ou plurissubsistente (delito cuja ação é composta por vários atos, permitindo-se o seu fracionamento), conforme o caso concreto; admite tentativa na forma plurissubsistente. Exemplo dado por Hungria: pode haver mera tentativa caso as autoridades sanitárias adotem medidas suficientes para evitar o surto (*Comentários ao Código Penal*, v. 9, p. 101). E acrescentamos: ainda assim, houve um início de contágio geral, de modo que o perigo se concretizou.

**8. Crime qualificado pelo resultado:** a conduta antecedente deve ser sustentada pelo dolo de perigo, enquanto a consequente (morte) somente comporta a culpa. Nesse caso, está-se diante de crime hediondo, conforme preceitua o art. 1.º, VII, da Lei 8.072/1990.

**9. Forma culposa e qualificada pelo resultado:** a primeira parte do § 2.º é punida a título de culpa, caso o agente atue com imprudência, negligência ou imperícia, havendo previsibilidade do resultado. A segunda parte cuida da figura qualificada pelo resultado, onde há culpa na conduta antecedente e culpa no tocante ao resultado qualificador.

### Infração de medida sanitária preventiva

> **Art. 268.** Infringir[10-12] determinação do poder público,[13-14] destinada a impedir introdução ou propagação de doença contagiosa:[15-17]
>
> Pena – detenção, de 1 (um) mês a 1 (um) ano, e multa.
>
> **Parágrafo único.** A pena é aumentada[18] de 1/3 (um terço), se o agente é funcionário da saúde pública ou exerce a profissão de médico, farmacêutico, dentista ou enfermeiro.

**10. Análise do núcleo do tipo:** *infringir* quer dizer violar ou transgredir; *impedir* significa obstruir ou tornar impraticável. O objeto é a determinação do poder público.

**11. Sujeitos ativo e passivo:** o sujeito ativo pode ser qualquer pessoa. O sujeito passivo é a sociedade.

**12. Elemento subjetivo do tipo:** é o dolo de perigo, ou seja, a vontade de gerar um risco não tolerado a terceiros. Não se exige elemento subjetivo específico, nem se pune a forma culposa.

**13. Determinação do poder público:** é a ordem ou resolução dos órgãos investidos de autoridade para realizar as finalidades do Estado. Trata-se de norma penal em branco, dependente de outra que venha a complementá-la, para que se conheça o seu real alcance. Como ilustração, a Lei 13.979/2020 complementa este artigo penal, para fins de aplicação, além dos atos administrativos do Ministério da Saúde e gestores de saúde das esferas estadual e municipal. Nos termos do art. 3.º da referida Lei: "para enfrentamento da emergência de saúde pública de importância internacional de que trata esta Lei, as autoridades poderão adotar, no âmbito de suas competências, entre outras, as seguintes medidas: I – isolamento; II – quarentena; III – determinação de realização compulsória de: a) exames médicos; b) testes laboratoriais; c) coleta de amostras clínicas; d) vacinação e outras medidas profiláticas; ou e) tratamentos médicos específicos; III-A – uso obrigatório de máscaras de proteção individual; IV – estudo ou investigação epidemiológica; V – exumação, necropsia, cremação e manejo de cadáver; VI – restrição excepcional e temporária, por rodovias, portos ou aeroportos, de: a) entrada e saída do País; e b) locomoção interestadual e intermunicipal; VII – requisição de bens e serviços de pessoas naturais e jurídicas, hipótese em que será garantido o pagamento posterior de indenização justa; e VIII – autorização excepcional e temporária para a importação e distribuição de quaisquer materiais, medicamentos, equipamentos e insumos da área de saúde sujeitos à vigilância sanitária sem registro na Anvisa considerados essenciais para auxiliar no combate à pandemia do coronavírus, desde que: a) registrados por pelo menos 1 (uma) das seguintes autoridades sanitárias estrangeiras e autorizados à distribuição comercial em seus respectivos países: 1. Food and Drug Administration (FDA); 2. European Medicines Agency (EMA); 3. Pharmaceuticals and Medical Devices Agency (PMDA); 4. National Medical Products Administration (NMPA)". Na jurisprudência: STF: "Direito penal. Crime de infração de medida sanitária preventiva (CP, art. 268). Norma penal em branco. Complementação por ato normativo estadual ou municipal. Artigo 22, inciso I, da Constituição Federal. Questão

# Art. 268

Código Penal Comentado · **Nucci**

constitucional. Potencial multiplicador da controvérsia. Repercussão geral reconhecida com reafirmação de jurisprudência. Recurso extraordinário com agravo a que se dá provimento. 1. Nos termos da jurisprudência desta Suprema Corte a competência para proteção da saúde, seja no plano administrativo, seja no plano legislativo, é compartilhada entre a União, o Distrito Federal, os Estados e os Municípios, inclusive para impor medidas restritivas destinadas a impedir a introdução ou propagação de doença contagiosa. 2. A infração a determinações sanitárias do Estado, ainda que emanada de atos normativos estaduais, distrital ou municipais, permite seja realizada a subsunção do fato ao crime tipificado no artigo 268 do Código Penal, afastadas as alegações genéricas de inconstitucionalidade de referidas normas por violação da competência privativa da União. 3. Agravo em recurso extraordinário conhecido. Apelo extremo provido. 4. Fixada a seguinte tese: O art. 268 do Código Penal veicula norma penal em branco que pode ser complementada por atos normativos infralegais editados pelos entes federados (União, Estados, Distrito Federal e Municípios), respeitadas as respectivas esferas de atuação, sem que isso implique ofensa à competência privativa da União para legislar sobre direito penal (CF, art. 22, I)" (ARE 1.418.846 RG, Tribunal Pleno, rel. Rosa Weber, 24.03.2023, v.u.).

**14. Revogação da norma de natureza complementar:** há divergência doutrinária a respeito, embora nos pareça mais correta a posição daqueles que sustentam haver *possibilidade* de aplicação do princípio da retroatividade benéfica, dependendo do caso concreto. Afinal, saber qual foi exatamente a causa da revogação da norma destinada a impedir a introdução ou propagação da doença contagiosa é fundamental para a inteligência do tipo penal. Caso o poder público revogue a medida, por considerá-la, por exemplo, inócua para o efetivo resultado pretendido, não há razão para punir o agente. Entretanto, se a revogação se der porque já foi contida a doença, é preciso aplicar o art. 3.º do Código Penal, considerando ultrativo o complemento, mantendo-se a punição do agente.

**15. Introdução e propagação de doença contagiosa:** a determinação do poder público deve voltar-se à *introdução* (ingresso ou entrada) ou à *propagação* (proliferação ou multiplicação) de *doença contagiosa* (enfermidade que se transmite de um indivíduo a outro por contato imediato ou mediato).

**16. Objetos material e jurídico:** o objeto material é a determinação do poder público. O objeto jurídico é a saúde pública.

**17. Classificação:** trata-se de crime comum (aquele que pode ser cometido por qualquer pessoa); formal (crime que não exige, para sua consumação, resultado naturalístico, consistente em gerar efetivo dano a alguém). Havendo dano, ocorre o exaurimento; de forma livre (pode ser cometido por qualquer meio eleito pelo agente); comissivo (o verbo implica ação); instantâneo (cuja consumação não se prolonga no tempo, dando-se em momento determinado); de perigo comum abstrato (aquele que coloca um número indeterminado de pessoas em perigo, que é presumido pela lei); unissubjetivo (aquele que pode ser cometido por um único sujeito); plurissubsistente (delito cuja ação é composta por vários atos, permitindo-se o seu fracionamento); admite tentativa.

**18. Causa de aumento da pena:** se o autor do crime for funcionário da saúde pública, médico, farmacêutico, dentista ou enfermeiro, que exercem a profissão, agrava-se especialmente a pena, pois tais pessoas têm obrigação de evitar a propagação ou introdução de doenças contagiosas, pelo próprio dever inerente ao cargo ou à função que possuem. Note-se que a causa de aumento exige habitualidade na atividade profissional do médico, farmacêutico, dentista ou enfermeiro, não bastando, pois, que ostentem tais títulos.

## Omissão de notificação de doença

> **Art. 269.** Deixar[19-21] o médico de denunciar à autoridade pública[22] doença[23] cuja notificação é compulsória:[24-25]
>
> Pena – detenção, de 6 (seis) meses a 2 (dois) anos, e multa.

**19. Análise do núcleo do tipo:** *deixar de denunciar* significa não delatar ou negar conhecimento sobre alguma coisa. O objeto é doença de notificação obrigatória.

**20. Sujeitos ativo e passivo:** o sujeito ativo somente pode ser o médico. O sujeito passivo é a sociedade.

**21. Elemento subjetivo do tipo:** é o dolo de perigo, ou seja, a vontade de gerar um risco não tolerado a terceiros. Não se demanda elemento subjetivo específico, nem se pune a forma culposa.

**22. Autoridade pública:** é o órgão do Estado encarregado de fazer cumprir as leis ou determinações do poder público. No caso deste tipo penal, deve ser a autoridade apta a cuidar da saúde pública.

**23. Doença de notificação compulsória:** é a enfermidade cuja ciência, pelo poder público, é obrigatória. Trata-se de norma penal em branco, necessitando de complemento para ser compreendida, isto é, torna-se indispensável conhecer o rol das doenças de que o Estado deseja tomar conhecimento.

**24. Objetos material e jurídico:** o objeto material é a notificação compulsória. O objeto jurídico é a saúde pública.

**25. Classificação:** trata-se de crime próprio (aquele que demanda sujeito ativo especial ou qualificado); de mera conduta (crime que não possui, para sua consumação, qualquer resultado naturalístico); de forma vinculada (crime que só pode ser cometido pelo meio eleito pelo tipo penal, ou seja, através do não envio de notificação à autoridade pública); omissivo (o verbo implica omissão); instantâneo (cuja consumação não se prolonga no tempo, dando-se em momento determinado); de perigo comum abstrato (aquele que coloca um número indeterminado de pessoas em perigo, que é presumido pela lei); unissubjetivo (aquele que pode ser cometido por um único sujeito); unissubsistente (praticado num único ato); não admite tentativa por se tratar de delito omissivo próprio, sem possibilidade de fracionamento do *iter criminis*.

## Envenenamento de água potável ou de substância alimentícia ou medicinal

> **Art. 270.** Envenenar[26-28] água potável,[29] de uso comum ou particular,[30] ou substância alimentícia[31] ou medicinal[32] destinada a consumo:[33-36]
>
> Pena – reclusão, de 10 (dez) a 15 (quinze) anos.
>
> § 1.º Está sujeito à mesma pena quem entrega[37] a consumo ou tem em depósito,[38] para o fim[39] de ser distribuída, a água ou a substância envenenada.

# Art. 270

Código Penal Comentado · **Nucci**

**Modalidade culposa**

> § 2.º Se o crime é culposo:[40]
> Pena – detenção, de 6 (seis) meses a 2 (dois) anos.

**26. Análise do núcleo do tipo:** *envenenar* significa misturar substância que altera ou destrói as funções vitais do organismo em alguma coisa ou intoxicar. O objeto é água potável.

**27. Sujeitos ativo e passivo:** o sujeito ativo pode ser qualquer pessoa. O sujeito passivo é a sociedade.

**28. Elemento subjetivo do tipo:** é o dolo de perigo, ou seja, a vontade de gerar um risco não tolerado a terceiros. Não existe elemento subjetivo específico. A forma culposa está prevista no § 2.º.

**29. Água potável:** é a água boa para beber, sem risco à saúde. Quando o lançamento de alguma substância na água torná-la visivelmente imprópria para consumo, consuma-se o crime do art. 271 (corrupção ou poluição de água potável). Na jurisprudência: STJ: "1. O objeto jurídico tutelado pelo tipo penal inscrito no art. 270 do Código Penal é a incolumidade pública, não importando o fato de as águas serem de uso comum ou particular, bastando que sejam destinadas ao consumo de indeterminado número de pessoas. 2. No caso dos autos, apesar de se tratar de poço situado em propriedade particular, verifica-se que o consumo da sua água era destinado a todos os que a ele tinham acesso, de modo que eventual envenenamento dessa água configuraria, em tese, o crime do art. 270 do Código Penal, cuja ação penal é pública incondicionada, nos termos do art. 100 do Código Penal" (HC: 55.504 PI 2006/0044937-8, 5.ª T., rel. Laurita Vaz, 11.12.2007, v.u.).

**30. Uso comum ou particular:** pode a água estar situada numa fonte, lago ou qualquer lugar de livre acesso público, portanto, de uso comum, ou mesmo em propriedade particular, sendo de uso privativo de alguém.

**31. Substância alimentícia:** é a matéria que se destina a nutrir e sustentar o organismo.

**32. Substância medicinal:** é a matéria voltada à cura de algum mal orgânico.

**33. Destinação de consumo:** não basta ser substância alimentícia ou medicinal, exigindo o tipo penal seja ainda reservada para consumo, isto é, destinada a ser utilizada e ingerida por um número indeterminado de pessoas.

**34. Objetos material e jurídico:** o objeto material é a água potável. O objeto jurídico é a saúde pública.

**35. Classificação:** trata-se de crime comum (aquele que pode ser cometido por qualquer pessoa); formal (delito que não exige, para sua consumação, a ocorrência de resultado naturalístico, consistente na efetiva existência de um dano para alguém). Se houver dano, ocorre o exaurimento; de forma livre (pode ser cometido por qualquer meio eleito pelo agente); comissivo (o verbo implica ação) e, excepcionalmente, omissivo impróprio ou comissivo por omissão (quando o agente tem o dever jurídico de evitar o resultado, nos termos do art. 13, § 2.º, CP); instantâneo (cuja consumação não se prolonga no tempo, dando-se em momento determinado); de perigo comum abstrato (aquele que coloca um número indeterminado de pessoas em perigo, sendo presumido pelo tipo penal); unissubjetivo (delito que pode ser cometido por um único sujeito); unissubsistente (praticado num único ato) ou plurissubsistente (delito cuja ação é composta por vários atos, permitindo-se o seu fracionamento), conforme o caso concreto; admite tentativa, na forma plurissubsistente.

**36. Delito que era considerado hediondo:** a Lei 8.072/1990 incluiu-o na relação dos delitos hediondos, embora, com o advento da Lei 8.930/1994, tenha sido este artigo retirado desse rol. A despeito disso, em se tratando de crime de perigo abstrato – não dependente de prova da existência efetiva do perigo, que é presumido pela lei –, possui pena excessivamente elevada. Imagine-se a conduta de alguém que envenene uma fonte de propriedade particular, com raríssimo acesso de alguém ao local: poderia ser processado pela prática de envenenamento de água potável, ainda que não tivesse havido perigo concreto para qualquer pessoa, recebendo, no mínimo, dez anos de reclusão. Lesar-se-ia o princípio da proporcionalidade.

**37. Análise do núcleo do tipo:** *entregar* significa passar à posse de outra pessoa, gratuita ou onerosamente, para o fim de ser ingerida ou degustada. *Ter em depósito* é conservar em local seguro. O objeto é a água ou substância envenenada.

**38. Crime permanente:** na modalidade *ter em depósito* o delito é permanente, cuja consumação se prolonga no tempo.

**39. Elemento subjetivo do tipo:** na hipótese do § 1.º, segunda parte ("ter em depósito"), exige-se *finalidade específica*, consistente em ver a água ou substância envenenada distribuída (espalhada ou entregue a várias pessoas).

**40. Figura culposa:** se a prática da conduta descrita no *caput* ou no § 1.º é fruto da imprudência, negligência ou imperícia, havendo previsibilidade do resultado, pune-se o agente com pena substancialmente menor.

### Corrupção ou poluição de água potável

> **Art. 271.** Corromper[41-43] ou poluir água potável,[44] de uso comum ou particular,[45] tornando-a imprópria para consumo ou nociva à saúde:[46-48]
> Pena – reclusão, de 2 (dois) a 5 (cinco) anos.

### Modalidade culposa

> **Parágrafo único.** Se o crime é culposo:[49]
> Pena – detenção, de 2 (dois) meses a 1 (um) ano.

**41. Análise do núcleo do tipo:** *corromper* significa adulterar ou estragar; *poluir* quer dizer sujar ou tornar prejudicial à saúde. O objeto é água potável. Trata-se de tipo misto alternativo, de modo que a prática de uma ou das duas condutas implica num único delito, quando no mesmo contexto. Na jurisprudência: TJRS: "1. A partir das provas colhidas nos autos, inexistem dúvidas de que o réu poluiu *água* potável, de uso particular, tornando-a imprópria para consumo, colocando restos de carne podre na caixa d'*água* da residência de um vizinho. A conduta do réu restou adequadamente tipificada no art. 271, *caput*, do CP" (Ap. Crim. 70080774805, 4.ª C. Crim., rel. Julio Cesar Finger, 04.07.2019, v.u.).

# Art. 272

Código Penal Comentado · **Nucci**

1112

**42. Sujeitos ativo e passivo:** o sujeito ativo pode ser qualquer pessoa. O sujeito passivo é a sociedade.

**43. Elemento subjetivo do tipo:** é o dolo de perigo, ou seja, a vontade de gerar um risco não tolerado a terceiros. Não se exige elemento subjetivo específico. Pune-se a forma culposa nos termos do parágrafo único.

**44. Água potável:** ver conceito na nota 29 ao artigo anterior. Se a água já estiver, de algum modo, conspurcada e, portanto, imprópria para ser ingerida, configura-se a hipótese do crime impossível.

**45. Uso comum ou particular:** ver nota 30 ao artigo anterior.

**46. Impropriedade do consumo ou nocividade à saúde:** a água deve tornar-se imprestável a ser utilizada e ingerida por um número indeterminado de pessoas ("consumo") ou prejudicial à saúde.

**47. Objetos material e jurídico:** o objeto material é a água potável. O objeto jurídico é a saúde pública.

**48. Classificação:** trata-se de crime comum (aquele que pode ser cometido por qualquer pessoa); formal (crime que não exige, para sua consumação, resultado naturalístico, consistente em gerar efetivo dano a alguém). Havendo dano, ocorre o exaurimento; de forma livre (pode ser cometido por qualquer meio eleito pelo agente); comissivo (os verbos implicam ações); instantâneo (cuja consumação não se prolonga no tempo, dando-se em momento determinado); de perigo comum abstrato (aquele que coloca um número indeterminado de pessoas em perigo, que é presumido pela lei); unissubjetivo (delito que pode ser cometido por uma só pessoa); plurissubsistente (delito cuja ação é composta por vários atos, permitindo-se o seu fracionamento); admite tentativa.

**49. Forma culposa:** caso o delito seja fruto da imprudência, negligência ou imperícia do agente, que possuía previsibilidade do resultado, é ele punido com pena substancialmente menor.

### Falsificação, corrupção, adulteração ou alteração de substância ou produtos alimentícios

> **Art. 272.** Corromper,[50-52] adulterar, falsificar ou alterar substância ou produto alimentício[53] destinado a consumo,[54] tornando-o nocivo à saúde[55] ou reduzindo-lhe o valor nutritivo:[56-58]
>
> Pena – reclusão, de 4 (quatro) a 8 (oito) anos, e multa.[59]
>
> § 1.º-A. Incorre nas penas deste artigo quem fabrica,[60-62] vende, expõe à venda, importa, tem em depósito para vender ou, de qualquer forma, distribui ou entrega a consumo a substância alimentícia ou o produto falsificado, corrompido ou adulterado.[63-64]
>
> § 1.º Está sujeito às mesmas penas quem pratica as ações previstas neste artigo em relação a bebidas,[65] com ou sem teor alcoólico.

**Modalidade culposa**

> § 2.º Se o crime é culposo:[66]
> Pena – detenção, de 1 (um) a 2 (dois) anos, e multa.[67]

**50. Análise do núcleo do tipo:** *corromper* é estragar ou alterar para pior; *adulterar* significa deformar ou deturpar; *falsificar* significa reproduzir, através de imitação, ou contrafazer; *alterar* é transformar ou modificar. Todas as condutas devem compor-se com *tornar* (converter em algo) nocivo à saúde ou *reduzir* (diminuir as proporções) o valor nutritivo. O objeto é substância ou produto alimentício destinado a consumo. Trata-se de tipo misto alternativo, isto é, a prática de uma ou mais condutas implica na realização de um único delito, desde que no mesmo contexto fático. Na jurisprudência: STJ: "2. Quanto ao mérito, a defesa sustenta que 'não se pode 'presumir' que a mera adição de água e algum soluto ao leite tenha, automaticamente, ocasionado a perda do seu valor nutritivo'. Em resumo, argumenta-se que, além de perícia sobre a adulteração do produto alimentício, a condenação válida deveria estar calcada também em perícia quanto ao resultado da adulteração, comprovando que a diluição de leite em água reduz o valor nutricional do primeiro. 3. A premissa da argumentação defensiva procede, na medida em que o art. 272, *caput*, do CP efetivamente exige que a corrupção, adulteração, falsificação ou alteração da substância ou do produto alimentício resulte em nocividade à saúde ou em redução do seu valor nutritivo, tratando-se de crime de perigo concreto. 4. Ocorre que o ponto relativo à consequência da adulteração havia sido enfrentado de forma explícita pelas instâncias ordinárias, no julgamento que transitou em julgado, não apenas pela necessidade da própria adequação típica da conduta, mas também porque a defesa havia ventilado diretamente a tese de desconformidade com a parte final do tipo incriminador. 5. Diante dessa controvérsia, as instâncias ordinárias julgaram provado que os réus adicionaram água ao leite, visando serem remunerados na venda de volume inflado artificiosamente, além de soluto destinado a mascarar a própria adulteração ou o grau de perecimento do produto. 6. A partir de então, e dada a especificidade das substâncias envolvidas no caso concreto, concluiu-se que a diluição do leite em água, por si só, atende à parte final do tipo incriminador. 7. De fato, no peculiar caso destes autos, as instâncias ordinárias consideraram que a diluição de leite em água era suficiente para evidenciar a redução do valor nutricional do laticínio, mostrando-se uma conclusão razoável, afinal, que a água não tem valor provê nutrição, sendo substância isenta de calorias, é fato notório, independe de prova" (AgRg no HC 834.801/RS, 5.ª T., rel. Reynaldo Soares da Fonseca, 28.08.2023, v.u.); "1. A conduta punível prevista no art. 272 do CP é de corromper (deteriorar, modificar para pior), adulterar (deturpar, deformar), falsificar (reproduzir por meio de imitação) ou alterar (transformar ou modificar) substância ou produto alimentício destinado a consumo, tornando-o nocivo, ou seja, capaz de causar efetivo dano ao organismo, seja pela prejudicialidade à saúde ou pela redução do valor nutritivo. 2. No presente caso, trata-se de adulteração de produto alimentício destinado a consumo, no caso, óleo de soja degomado que foi alterado na mistura de outros elementos, cujas empresas destinatárias do produto eram atuantes no ramo alimentício e na produção de óleo de cozinha. 3. A partir da moldura fática apresentada pelo Tribunal *a quo*, não ficou demonstrada que a adulteração em questão tornou o produto nocivo à saúde ou reduziu-lhe o valor nutritivo, ou seja, pela leitura do Laudo de Exame de Perícia Criminal de Identificação de Substância, considerado pela origem, não há qualquer afirmação acerca da comprovação de nocividade ao organismo ou da redução do valor nutritivo na deformação do óleo de soja degomado utilizado para a produção de alimentos. Dessa forma, não estando comprovados todos os elementos do

# Art. 272

Código Penal Comentado • **Nucci**

1114

tipo penal, a condenação pelo crime do art. 272 do CP deve ser afastada" (AgRg no AREsp 1.361.693-GO, 5.ª T., rel. Reynaldo Soares da Fonseca, 02.04.2019, v.u.).

**51. Sujeitos ativo e passivo:** o sujeito ativo pode ser qualquer pessoa. O sujeito passivo é a sociedade.

**52. Elemento subjetivo do tipo:** é o dolo de perigo, ou seja, a vontade de gerar um risco não tolerado a terceiros. Não se exige elemento subjetivo específico. A forma culposa está prevista no § 2.º.

**53. Substância ou produto alimentício:** é a matéria que se destina a nutrir e sustentar o organismo.

**54. Destinação a consumo:** é a finalidade de ser utilizada e ingerida por um número indeterminado de pessoas.

**55. Nocivo à saúde:** significa algo prejudicial às normais funções orgânicas, físicas e mentais. Destaque-se que a nocividade à saúde não diz respeito às condutas típicas, mas sim ao produto alimentício destinado a consumo, de modo que este somente se torna objeto do crime quando for prejudicial às normais funções orgânicas, físicas e mentais, do ser humano. O crime, no entanto, é de perigo abstrato, isto é, basta que se prove a adulteração do alimento, por exemplo, fazendo com que fique nocivo à saúde, e está concretizado, independentemente da prova de ter ele a possibilidade efetiva de atingir alguém.

**56. Valor nutritivo:** é a qualidade de servir para alimentar e sustentar, própria dos alimentos.

**57. Objetos material e jurídico:** o objeto material é substância ou produto alimentício destinado a consumo. O objeto jurídico é a saúde pública.

**58. Classificação:** trata-se de crime comum (aquele que pode ser cometido por qualquer pessoa); formal (delito que não exige, para sua consumação, a ocorrência de resultado naturalístico, consistente na efetiva existência de um dano para alguém). Havendo dano, ocorre o exaurimento; de forma livre (pode ser cometido por qualquer meio eleito pelo agente); comissivo (os verbos implicam ações); instantâneo (cuja consumação não se prolonga no tempo, dando-se em momento determinado); de perigo comum abstrato (aquele que coloca um número indeterminado de pessoas em perigo, que é presumido); unissubjetivo (aquele que pode ser cometido por um único sujeito); plurissubsistente (delito cuja ação é composta por vários atos, permitindo-se o seu fracionamento); admite tentativa.

**59. Crítica à pena excessiva e desproporcional:** o tipo penal prevê punição idêntica para aquele que torna prejudicial à saúde a substância alimentícia e para quem apenas lhe diminui o valor nutritivo, embora, neste último caso, possa não existir, em grande parte das vezes, qualquer perigo imediato e razoável para a saúde. Aliás, tal modificação, introduzida pela Lei 9.677/1998, também alterou a pena, que era de reclusão, de dois a seis anos, e multa, para reclusão, de quatro a oito anos, mantendo-se a multa.

**60. Análise do núcleo do tipo:** *fabricar* significa manufaturar ou construir; *vender*, alienar por certo preço; *expor à venda*, pôr à vista para ser alienado; *importar,* trazer de fora para dentro do País; *ter em depósito para vender*, manter guardado até que seja alienado; *distribuir*, espalhar ou entregar a uns e outros; *entregar a consumo*, passar às mãos de alguém para que seja ingerido. O objeto das condutas é a substância alimentícia ou o produto falsificado, corrompido ou adulterado.

**61. Sujeitos ativo e passivo:** o sujeito ativo pode ser qualquer pessoa. O sujeito passivo é a sociedade.

**62. Elemento subjetivo do tipo:** é o dolo de perigo, ou seja, a vontade de gerar um risco não tolerado a terceiros. Não se exige elemento subjetivo específico, exceto na modalidade "ter em depósito para vender". Nesta hipótese é preciso que o agente mantenha a substância guardada com a finalidade de aliená-la a certo preço. A conduta "expor à venda" é composta e só tem sentido conjuntamente interpretada, de forma que prescinde de vontade específica. Ninguém simplesmente "expõe" (mostra ou põe à vista) substância corrompida, adulterada ou falsificada, pois não há nisso interesse algum, nem perigo à saúde. Aliás, há outras formas compostas que só têm sentido se interpretadas conjuntamente, como ocorre com a expressão "empregar no fabrico" (art. 274), que não faz nascer nenhum elemento subjetivo específico. A forma culposa está prevista no § 2.º.

**63. Objetos material e jurídico:** o objeto material é a substância alimentícia ou produto falsificado, corrompido ou adulterado. O objeto jurídico é a saúde pública.

**64. Classificação:** trata-se de crime comum (aquele que pode ser cometido por qualquer pessoa); formal (delito que não exige, para sua consumação, a ocorrência de resultado naturalístico, consistente na efetiva existência de um dano para alguém). Havendo dano, trata-se de exaurimento; de forma livre (pode ser cometido por qualquer meio eleito pelo agente); comissivo (os verbos implicam ações); instantâneo (cuja consumação não se prolonga no tempo, dando-se em momento determinado), nas formas "fabricar", "vender", "importar", "distribuir" e "entregar", mas permanente (crime cuja consumação se arrasta no tempo) nas modalidades "expor à venda" e "ter em depósito". É delito de perigo comum abstrato (aquele que coloca um número indeterminado de pessoas em perigo, que é presumido); unissubjetivo (aquele que pode ser cometido por um único sujeito); plurissubsistente (delito cuja ação é composta por vários atos, permitindo-se o seu fracionamento); admite tentativa.

**65. Extensão às bebidas:** além de visar à proteção das substâncias alimentícias, que podem ser líquidas, para evitar qualquer dúvida foram incluídas no tipo as bebidas (líquidos potáveis), com ou sem álcool. Este acréscimo foi determinado pela Lei 9.677/1998.

**66. Figura culposa:** pode dar-se em qualquer das formas. O agente, por imprudência, negligência ou imperícia, com previsibilidade do resultado, pratica as condutas descritas nos tipos anteriores (*caput* e §§ 1.º-A e 1.º). Esta é também a opinião de Hungria, que inclui a falsificação – por alguns outros autores excluída, sob o argumento de que a "falsificação" necessita ser, sempre, dolosa –, como se vê, *in verbis*: "Pode existir não intenção maligna, mas grosseira desatenção quanto à deturpação ou falsificação da substância" (*Comentários ao Código Penal*, v. 9, p. 116).

**67. Aumento da pena:** a Lei 9.677/1998 alterou a pena, elevando-a de seis meses a um ano, e multa, para um a dois anos, mantendo-se a multa.

### Falsificação, corrupção, adulteração ou alteração de produto destinado a fins terapêuticos ou medicinais

**Art. 273.** Falsificar,[68-70] corromper, adulterar ou alterar produto destinado a fins terapêuticos ou medicinais:[71-74]

Pena – reclusão, de 10 (dez) a 15 (quinze) anos, e multa.[74-A-74-B-74-C]

# Art. 273

§ 1.º Nas mesmas penas incorre quem importa,[75-77] vende, expõe à venda, tem em depósito para vender ou, de qualquer forma, distribui ou entrega a consumo o produto falsificado, corrompido, adulterado ou alterado.[78-79]

§ 1.º-A. Incluem-se entre os produtos[80] a que se refere este artigo os medicamentos, as matérias-primas, os insumos farmacêuticos, os cosméticos, os saneantes e os de uso em diagnóstico.

§ 1.º-B. Está sujeito às penas deste artigo quem pratica as ações previstas no § 1.º em relação a produtos[81] em qualquer das seguintes condições:[81-A]

I – sem registro, quando exigível, no órgão de vigilância sanitária competente;

II – em desacordo com a fórmula constante do registro previsto no inciso anterior;

III – sem as características de identidade e qualidade admitidas para a sua comercialização;

IV – com redução de seu valor terapêutico ou de sua atividade;

V – de procedência ignorada;

VI – adquiridos de estabelecimento sem licença da autoridade sanitária competente.

**Modalidade culposa**

§ 2.º Se o crime é culposo:[82]
Pena – detenção, de 1 (um) a 3 (três) anos, e multa.

**68. Análise do núcleo do tipo:** *falsificar* significa reproduzir, através de imitação, ou contrafazer; *corromper* é estragar ou alterar; *adulterar* significa deformar ou deturpar; *alterar* é transformar ou modificar. O objeto é produto destinado a fins terapêuticos ou medicinais. Trata-se de tipo misto alternativo, ou seja, a prática de uma ou mais condutas implica sempre num único delito, quando no mesmo contexto.

**69. Sujeitos ativo e passivo:** o sujeito ativo pode ser qualquer pessoa. O sujeito passivo é a sociedade.

**70. Elemento subjetivo do tipo:** é o dolo de perigo, ou seja, a vontade de gerar um risco não tolerado a terceiros. Não se demanda elemento subjetivo específico, punindo-se a forma culposa no § 2.º.

**71. Produto destinado a fins terapêuticos ou medicinais:** é a substância voltada ao alívio ou à cura de doenças (terapêuticos), bem como ao combate de males e enfermidades (medicinais).

**72. Objetos material e jurídico:** o objeto material é o produto destinado a fins terapêuticos ou medicinais. O objeto jurídico é a saúde pública.

**73. Classificação:** trata-se de crime comum (aquele que pode ser cometido por qualquer pessoa); formal (delito que não exige, para sua consumação, a ocorrência de resultado naturalístico, consistente na efetiva existência de dano para alguém). Ocorrendo dano, cuida-se de exaurimento. É a figura qualificada pelo resultado de forma livre (pode ser cometido por qualquer meio eleito pelo agente); comissivo (os verbos implicam ações); instantâneo (cuja consumação não se prolonga no tempo, dando-se em momento determinado); de perigo comum abstrato (aquele que coloca um número indeterminado de pessoas em perigo, que é presumido). Em sentido contrário, sustentando dever existir perigo concreto: Delmanto (*Código Penal comentado*, p. 495). É delito unissubjetivo (aquele que pode ser cometido por um único sujeito); plurissubsistente (delito cuja ação é composta por vários atos, permitindo--se o seu fracionamento); admite tentativa.

**74. Crime hediondo:** a Lei 9.677/1998 alterou substancialmente as penas deste delito, passando-as de um a três anos, e multa, para dez a quinze anos, mantendo-se a multa. Houve, ainda, a criação de novas condutas típicas, tanto no *caput* quanto nos parágrafos. Em seguida, a Lei 9.695/1998 classificou este delito como hediondo, ao incluí-lo no rol do art. 1.º da Lei 8.072/1990.

**74-A. Pena desproporcional:** noticiou-se uma onda de eventos, na década de 1990, trazendo à tona alguns problemas relativos à falsificação e adulteração de remédios, em particular, no contexto das pílulas anticoncepcionais. Por conta disso, em função da explosiva carga da mídia, o Legislativo, mais uma vez, editou lei penal, alterando o tipo penal do art. 273, bem como sua faixa de penas. Para um delito de perigo abstrato, criou-se a impressionante cominação de 10 a 15 anos de reclusão, algo equivalente a um homicídio qualificado. Há condutas tipificáveis nesse artigo, que são nitidamente pobres em ofensividade, razão pela qual jamais poderiam atingir tais reprimendas. O outro oposto seria considerar *bagatela* a falsificação, corrupção, adulteração ou alteração de remédios e similares, bem como outras condutas previstas nos §§ do art. 273. Exagero, por certo. Há relevância jurídica em punir tais atitudes, mas o ponto fulcral é a absurda penalidade *criada* pelo legislador, sem qualquer critério. Diante disso, em homenagem ao princípio da proporcionalidade, muitos julgados têm optado por soluções alternativas: alguns absolvem, *alegando* falta de provas (quando elas, na verdade, estão presentes); outros preferem usar a analogia *in bonam partem*, aplicando a pena do tráfico de drogas – o que me parece a mais sensata; terceiros, ainda, simplesmente, ignoram a pena e punem tal como prevê a lei. O choque de ideias é evidente, nascendo da confusa atividade legislativa, que, há tempos, domina o cenário brasileiro. Como mencionado, optamos pelo meio-termo: entre a abusiva pena do art. 273 e a absolvição, por qualquer causa, quando presentes as provas suficientes, o ideal é o uso da analogia, com aplicação da pena do tráfico de drogas (art. 33, Lei 11.343/2006). Posteriormente, o Superior Tribunal de Justiça, analisando esse preceito sancionador, em função do princípio da proporcionalidade, declarou a inconstitucionalidade da pena do art. 273, § 1.º-B, V, deste Código. *In verbis*: "Arguição de In constitucionalidade. Preceito secundário do art. 273, § 1.º-B, V, do CP. Crime de ter em depósito, para venda, produto destinado a fins terapêuticos ou medicinais de procedência ignorada. Ofensa ao princípio da proporcionalidade. 1. A intervenção estatal por meio do Direito Penal deve ser sempre guiada pelo princípio da proporcionalidade, incumbindo também ao legislador o dever de observar esse princípio como proibição de excesso e como proibição de proteção insuficiente. 2. É viável a fiscalização judicial da constitucionalidade dessa atividade legislativa, examinando, como diz o Ministro Gilmar Mendes, se o legislador considerou suficientemente os fatos e prognoses e se utilizou de sua margem de ação de forma adequada para a proteção suficiente dos bens jurídicos fundamentais. 3. Em atenção ao princípio constitucional da proporcionalidade e razoabilidade das leis restritivas de direitos (CF, art. 5.º, LIV), é imprescindível a atuação do Judiciário para corrigir o exagero e ajustar a pena cominada à conduta inscrita no art. 273, § 1.º-B, do Código Penal. 4. O crime de ter em depósito, para venda, produto destinado a fins terapêuticos ou medicinais de procedência igno-

# Art. 273

Código Penal Comentado · **Nucci**

1118

rada é de perigo abstrato e independe da prova da ocorrência de efetivo risco para quem quer que seja. E a indispensabilidade do dano concreto à saúde do pretenso usuário do produto evidencia ainda mais a falta de harmonia entre o delito e a pena abstratamente cominada (de 10 a 15 anos de reclusão) se comparado, por exemplo, com o crime de tráfico ilícito de drogas – notoriamente mais grave e cujo bem jurídico também é a saúde pública. 5. A ausência de relevância penal da conduta, a desproporção da pena em ponderação com o dano ou perigo de dano à saúde pública decorrente da ação e a inexistência de consequência calamitosa do agir convergem para que se conclua pela falta de razoabilidade da pena prevista na lei. A restrição da liberdade individual não pode ser excessiva, mas compatível e proporcional à ofensa causada pelo comportamento humano criminoso. 6. Arguição acolhida para declarar inconstitucional o preceito secundário da norma" (AI no HC 239.363-PR, Corte Especial, rel. Sebastião Reis Júnior, 26.02.2015, m.v.). Em voto vencedor, o Ministro Luis Felipe Salomão entendeu viável aplicar a posição que sustentamos nesta nota: "Guilherme de Souza Nucci sugere, como solução, uma interpretação conforme a Constituição no sentido de aplicar, nos casos em que não há enormes danos, o preceito secundário da lei de entorpecentes. (...) Tal solução parece a mais adequada, pois não se pode negar que a conduta tipificada merece reprimenda penal, mesmo quando não existir a possibilidade de causar enormes danos à sociedade. Entretanto, nesse caso, o Poder Judiciário, por mandamento constitucional, deve aplicar penalidade compatível com a conduta, em atenção aos princípios da lesividade e da proporcionalidade". Após essa decisão, na jurisprudência: STF: "3. *In casu*, o recorrente foi condenado à pena de 05 (cinco) anos de reclusão, em regime inicial semiaberto, pela prática do crime previsto no art. 273, §§ 1.º, 1.º-A e 1.º-B, I, V e VI, do Código Penal, sendo-lhe aplicado preceito secundário do delito de tráfico ilícito de entorpecentes, com fulcro no princípio da proporcionalidade. O Tribunal de origem negou incidência da causa de diminuição prevista no art. 33, § 4.º, da Lei 11.343/2006 em razão da habitualidade delitiva" (HC 168.769 AgR, 1.ª T., rel. Luiz Fux, 24.06.2019, maioria). STJ: "3. A Corte Especial do Superior Tribunal de Justiça, no julgamento da Arguição de Inconstitucionalidade no *Habeas Corpus* 239.363/PR, reconheceu a inconstitucionalidade do preceito secundário da norma descrita no art. 273, § 1.º-B, do Código Penal, possibilitando a aplicação de outro dispositivo bastante a tornar proporcional a reprimenda diante do caso concreto. Precedentes" (AgRg no AREsp 1.665.750-SC, 6.ª T., rel. Antonio Saldanha Palheiro, 12.08.2020, v.u.). Entretanto, em 2021, o Plenário do Supremo Tribunal Federal, por maioria, apreciando o Tema 1.003 de repercussão geral, fixou o entendimento de que a sanção penal do art. 273, § 1.º-B, inciso I, do Código Penal, é desproporcional e estabeleceu a seguinte tese: "É inconstitucional a aplicação do preceito secundário do art. 273 do Código Penal, com redação dada pela Lei n.º 9.677/98 (reclusão, de 10 a 15 anos, e multa), à hipótese prevista no seu § 1.º-B, I, que versa sobre a importação de medicamento sem registro no órgão de vigilância sanitária. Para esta situação específica, fica repristinado o preceito secundário do art. 273, na redação originária (reclusão, de 1 a 3 anos, e multa)", vencidos os Ministros Marco Aurélio, Ricardo Lewandowski e Edson Fachin (RE 979.962, 24.03.2021). Na mesma trilha, STF: "5. Embargos de declaração providos, com a readequação da tese de julgamento nos seguintes termos: 'É inconstitucional a aplicação do preceito secundário do art. 273 do Código Penal, com redação dada pela Lei n.º 9.677/98 (reclusão, de 10 a 15 anos, e multa), à hipótese prevista no seu § 1.º-B, I, que versa sobre importar, vender, expor à venda, ter em depósito para vender ou, de qualquer forma, distribuir ou entregar produto sem registro no órgão de vigilância sanitária. Para estas situações específicas, fica repristinado o preceito secundário do art. 273, na sua redação originária (reclusão, de 1 a 3 anos, e multa)'" (Embargos de Declaração no RE 979.962, Pleno, rel. Roberto Barroso, j. 13.06.2023, m.v.). Embora nos pareça mais adequado utilizar a analogia *in bonam partem*, aplicando a pena do tráfico ilícito de drogas, visto que o instituto da repristinação deve ser realizado por meio da edição de lei, deve prevalecer a posição do Pretório Excelso. Retorna-se a pena à faixa de reclusão de um a três anos, e multa. Porém, remanesce a dúvida em relação às demais figuras do art. 273, pois o STF abordou, especificamente, o disposto pelo § 1.º-B, inciso I, desse dispositivo. Parece-nos que o fundamento relativo à desproporcionalidade da sanção penal cominada (reclusão, de dez a quinze anos, e multa) envolve todas as condutas previstas no referido art. 273, que é crime de perigo abstrato, não comportando uma penalidade tão severa, equivalente a um homicídio qualificado.

**74-B. Competência:** como regra, cabe à Justiça Estadual julgar os casos de delitos contra a saúde, a menos que ingresse uma das hipóteses previstas no art. 109 da Constituição Federal, para chamar a competência à esfera federal. Na jurisprudência: STJ: "1. Os crimes contra a saúde pública são de competência concorrente entre os entes da Federação, somente se firmando a competência federal quando constatada a internacionalidade da conduta. Precedentes desta Corte. 2. No caso, a venda de medicamentos falsificados e sem registro no órgão de vigilância sanitária se amolda, em princípio, ao crime tipificado no art. 273, § 1.º e § 1.º-B, I, do Código Penal. 3. Inexistindo indícios de que os acusados tenham participado da internalização de tais produtos, não há falar em competência da Justiça Federal. 4. Agravo regimental improvido" (AgRg no CC 158.212-AM, 3.ª Seção, rel. Sebastião Reis Júnior, 12.06.2019, v.u.).

**74-C. Materialidade:** parece-me relevante exigir laudo pericial para comprovar a adulteração de um medicamento. Como poderia o magistrado concluir ser aquele produto falsificado, corrompido, adulterado ou alterado sem o auxílio de um perito? Não se trata de visibilidade do *homem comum*. No entanto, há decisão em sentido diverso: STJ: "II. No que concerne ao crime previsto no art. 273 do Código Penal – Falsificação, corrupção, adulteração ou alterações de produtos destinados a fisioterapêuticos ou medicinais –, a jurisprudência desta Corte firmou-se no sentido de ser dispensável a confecção de laudo pericial para a comprovação da materialidade delitiva. III. Agravo regimental a que se nega provimento" (AgInt no REsp 1.747.145-PR, 5.ª T., rel. Reynaldo Soares da Fonseca, 02.04.2019, v.u.).

**75. Análise do núcleo do tipo:** *importar* (trazer algo de fora para dentro do País); *vender* (alienar por certo preço); *expor à venda* (colocar à vista com o fim de alienar a certo preço); *ter em depósito para vender* (manter algo guardado com o fim de alienar a certo preço); *distribuir* (dar para várias pessoas em várias direções ou espalhar); *entregar a consumo* (passar algo às mãos de terceiros para que seja ingerido ou gasto). O objeto é produto falsificado, corrompido, adulterado ou alterado. Na jurisprudência: STJ: "5. A comercialização e adulteração de próteses auditivas defeituosas, apresentadas aos pacientes como se novas fossem, se enquadra perfeitamente na descrição abstrata da norma penal descrita no art. 273, § 1.º, do Código Penal. 6. O objeto material do tipo em questão é o produto falsificado, corrompido, adulterado ou alterado e o objeto jurídico é a saúde pública. 7. O delito descrito no art. 273 do Código Penal é formal (que não exige, para a sua consumação, a ocorrência de resultado naturalístico, consistente na efetiva existência de um dano para alguém). Ocorrendo dano, fala-se em exaurimento. 8. Agravo regimental desprovido" (AgRg no REsp 1565008-RS, 5.ª T., rel. Jorge Mussi, 19.06.2018, v.u.).

**75-A. Princípio da especialidade:** em confronto com o contrabando (art. 334-A), deve prevalecer o tipo penal especial, que é o previsto nos §§ 1.º, 1.º-A e 1.º-B do art. 273. Na jurisprudência: STJ: "I – A conduta de introduzir no país produtos destinados a fins terapêuticos ou medicinais sem registro no órgão de vigilância sanitária competente ou de procedência ignorada se subsume ao delito do art. 273, § 1.º e § 1.º-B, I e V, do CP, sendo equivocado desclassificar para a conduta do art. 334 [atual 334-A] do Código Penal, de acordo com o

# Art. 273

Código Penal Comentado · **Nucci**

1120

princípio da especialidade. Precedentes" (AgRg no AREsp 1.643.523-MS, 5.ª T., rel. Felix Fischer, 16.06.2020, v.u.).

**76. Sujeitos ativo e passivo:** idênticos aos do *caput*.

**77. Elemento subjetivo do tipo:** idêntico ao do *caput*. Discordamos daqueles que sustentam ser a forma "expor à venda" acrescida do elemento subjetivo específico ("para vender"), pois isso descaracteriza a conduta, que é naturalmente composta. Não se pune, porque sem sentido, a conduta de *expor* (mostrar, exibir), mas sim a de mostra para vender. O mesmo raciocínio é usado no tocante ao "ter em depósito", que não significa "ter + a finalidade específica de ter para guardar (depósito)". A conduta é composta, ou seja, "ter em depósito" é uma única conduta, sem necessidade de se falar em elemento subjetivo específico. No caso do tipo penal em questão, para a forma "ter em depósito" existe o elemento subjetivo específico, que é acrescido de "para vender". Assim, a conduta composta "ter em depósito", tradicionalmente utilizada em outros tipos penais, neste caso ganha uma finalidade especial, que é a vontade de alienar a certo preço. O mesmo não ocorre, no entanto, com a conduta de "expor à venda", que poderia ser *traduzida* como sendo "apresentar ao comprador".

**78. Objetos material e jurídico:** o objeto material é o produto falsificado, corrompido, adulterado ou alterado. O objeto jurídico é a saúde pública.

**79. Classificação:** trata-se de crime comum (aquele que pode ser cometido por qualquer pessoa); formal (delito que não exige, para sua consumação, a ocorrência de resultado naturalístico, consistente na efetiva existência de um dano para alguém). Ocorrendo dano, fala-se em exaurimento; de forma livre (pode ser cometido por qualquer meio eleito pelo agente); comissivo (os verbos implicam ações); instantâneo (cuja consumação não se prolonga no tempo, dando-se em momento determinado), nas formas "importar", "vender", "distribuir" e "entregar", mas permanente (delito cuja consumação se arrasta no tempo) nas modalidades "expor à venda" e "ter em depósito". É de perigo comum abstrato (aquele que coloca um número indeterminado de pessoas em perigo, que é presumido); unissubjetivo (aquele que pode ser cometido por um único sujeito); plurissubsistente (delito cuja ação é composta por vários atos, permitindo-se o seu fracionamento), conforme o caso concreto; admite tentativa.

**80. Extensão do objeto e eventual lesão ao princípio da proporcionalidade:** além dos produtos destinados a fins terapêuticos ou medicinais, houve por bem o legislador fazer incluir no § 1.º-A outros objetos, alguns dos quais, com bom senso, já poderiam ser considerados incluídos no *caput*. A propósito, vejam-se: *medicamento* é remédio, isto é, substância voltada à cura de males e doenças (produto medicinal, em última análise); *matéria-prima* é a substância bruta com que se fabrica alguma coisa. É natural que, neste caso, não se esteja falando de qualquer matéria-prima, mas sim a que serve de base para a constituição de uma substância destinada a fins terapêuticos ou medicinais. Assim, em essência, já está contida no *caput*. Mas, para evitar dissabores na interpretação, fez-se questão de mencionar tanto o medicamento – que contém o produto destinado a fins terapêuticos ou medicinais – como a matéria-prima – que serve para construir o produto destinado aos fins expostos. Pode-se, então, concluir que a matéria-prima serve ao produto destinado a fins terapêuticos ou medicinais, que, por sua vez, serve para constituir o medicamento. Além dessas duas, há, também, os *insumos farmacêuticos* (produtos combinados de variadas matérias-primas, com a finalidade de servirem de medicamentos); os *cosméticos* (produtos destinados à limpeza, à conservação e à maquilagem da pele); os *saneantes* (produtos de limpeza em geral) e os produtos usados em diagnóstico (são os instrumentos para a detecção ou determinação de uma doença). Há quem se insurja contra a inclusão, neste tipo, dos cosméticos e saneantes, alegando ferir o princípio da proporcionalidade (por todos, ver Delmanto, *Código Penal comentado*, p. 496). Com isso não concordamos integralmente. Se exagero houve, foi na fixação da pena elevada, que varia de dez a quinze anos. Nesse ponto, sem dúvida, pode-se sustentar a falta de proporcionalidade entre a pena cominada e o possível resultado gerado pelo delito. No mais, é preciso verificar que um cosmético entra em contato direto com o organismo humano, tanto quanto um medicamento, de forma que os danos à saúde podem ser de igual monta, caso sejam adulterados ou falsificados. O mesmo se diga dos saneantes, que servem à higienização de muitos locais, como hospitais, clínicas e consultórios, ligando-se diretamente à questão da saúde. Na jurisprudência: STJ: "1. A venda de produtos (sabonetes, óleos e pó branco) sem registro nos órgãos sanitários competentes, autorização para fabricação ou rótulos com características das substâncias utilizadas, sob a promessa de cura de problemas de saúde, amolda-se ao delito previsto no art. 273, §§ 1.º e 1.º-B, I, III, V e VI, do Código Penal. 2. Agravo regimental improvido" (AgRg no HC 460.375/PB, 6.ª T., rel. Nefi Cordeiro, 26.02.2019, v.u.).

**81. Outra extensão relativa aos produtos:** vinculando os produtos previstos nos incisos com as condutas de importar, vender, expor à venda, ter em depósito para vender, distribuir e entregar a consumo, há um novo acréscimo quanto ao objeto do crime. Incluem--se, também, os seguintes produtos: a) *sem registro, quando exigível, no órgão de vigilância sanitária competente*: é o produto que, embora não adulterado de qualquer forma, deixou de ser devidamente inscrito no órgão governamental de controle da saúde e da higiene pública. Menciona-se, nesta hipótese, que é preciso ser *exigível* tal registro, de modo que é norma penal em branco; b) *em desacordo com a fórmula constante do registro previsto no inciso anterior*: isto é, faz-se a inscrição do produto no órgão competente, embora seja ele alienado, por exemplo, com conteúdo diverso do que consta no registro. Não deixa de ser, nesse caso, uma modalidade específica de alteração do produto, além de norma penal em branco; c) *sem as características de identidade e qualidade admitidas para a sua comercialização*: ou seja, é o produto que não corresponde exatamente àquele que conta com autorização governamental para ser vendido ao público, seja porque mudou sua forma de apresentação, seja porque não preenche, na essência, o objetivo da vigilância sanitária. Trata-se de norma penal em branco; d) *com redução de seu valor terapêutico ou de sua atividade*: significando que o produto, tal como é conhecido, deveria apresentar certa eficácia para o combate a determinados males e doenças, deixando de manifestá-la porque foi alterado, perdendo capacidade terapêutica ou diminuindo-se o tempo de duração de seus efeitos. É outra modalidade específica de adulteração ou alteração; e) *de procedência ignorada*: ou seja, é o produto sem origem, sem nota e sem controle, podendo ser verdadeiro ou falso, mas dificultando, sobremaneira, a fiscalização da autoridade sanitária. É um nítido perigo abstrato (o preceito secundário, aplicável a este tipo penal, foi declarado inconstitucional pelo STJ; ver a nota 74-A *supra*); f) *adquiridos de estabelecimento sem licença da autoridade sanitária competente*: isto é, compõem o universo dos produtos originários de comércio clandestino de substâncias medicinais ou terapêuticas. Tendo em vista o perigo abstrato existente na comercialização de produtos sem o controle sanitário, é natural que não se possa adquiri-los de lugares não licenciados. Na jurisprudência: STJ: "1. Mesmo que o delito tipificado no art. 273, § 1.º-B, do CP seja de perigo abstrato, a sua configuração não se manifesta pela só ausência de registro de medicamento na ANVISA, havendo, igualmente, a necessidade de potencialidade lesiva, abstratamente considerada, à saúde pública. (...)" (AgRg no REsp 1599228-PE, 6.ª T., rel. Nefi Cordeiro, 12.09.2017, v.u.).

**81-A. Princípio da insignificância e finalidade de uso próprio:** pode-se aceitar que a importação, por exemplo, de um medicamento não registrado no órgão de vigilância sanitária competente em pouca quantidade, voltada ao uso próprio do agente, ganhe o cenário da insig-

# Art. 274

Código Penal Comentado • Nucci

1122

nificância, não apresentando grau suficiente de potencialidade ofensiva. Logo, seria um fato materialmente atípico. Depende, pois, de prova e das circunstâncias fáticas do caso concreto. Na jurisprudência: STJ: "3. A jurisprudência desta Corte Superior é firme no sentido de ser inaplicável o princípio da insignificância ao crime do art. 273, § 1.º e § 1.º-B, incisos I, V e VI do Código Penal, qualquer que seja a quantidade de medicamentos falsificados apreendidos" (AgRg no REsp 1.852.819-SC, 6.ª T., rel. Laurita Vaz, 01.12.2020, v.u.).

**82. Forma culposa:** quando as condutas são cometidas por imprudência, negligência ou imperícia do agente, que tem previsibilidade do resultado, compõe-se a modalidade culposa do crime. Abrange todas as figuras acima previstas, inclusive a falsificação que, como HUNGRIA bem coloca, pode ser cometida não com intenção maligna, mas por "grosseira desatenção" (*Comentários ao Código Penal*, v. 9, p. 116).

### Emprego de processo proibido ou de substância não permitida

> **Art. 274.** Empregar,[83-85] no fabrico de produto destinado a consumo,[86] revestimento,[87] gaseificação artificial,[88] matéria corante,[89] substância aromática,[90] antisséptica,[91] conservadora[92] ou qualquer outra não expressamente permitida pela legislação sanitária:[93-95]
>
> Pena – reclusão, de 1 (um) a 5 (cinco) anos, e multa.[96]

**83. Análise do núcleo do tipo:** *empregar* significa fazer uso de algo ou aplicar. O objeto é o fabrico de produto destinado a consumo. É norma penal em branco, tornando-se indispensável conhecer o conteúdo da legislação referente à proteção da saúde e da higiene pública.

**84. Sujeitos ativo e passivo:** o sujeito ativo pode ser qualquer pessoa. O sujeito passivo é a sociedade.

**85. Elemento subjetivo do tipo:** é o dolo de perigo, ou seja, a vontade de gerar um risco não tolerado a terceiros. Não se demanda elemento subjetivo específico, nem se pune a forma culposa.

**86. Fabrico de produto destinado a consumo:** é a manufatura ou preparo de substância voltada ao gasto ou à ingestão por um número indeterminado de pessoas.

**87. Revestimento:** é tudo aquilo que cobre uma determinada superfície, tendo por fim protegê-la ou adorná-la.

**88. Gaseificação artificial:** é a operação provocada por processo não natural, que tem por finalidade reduzir algo sólido ou líquido a gás ou vapor.

**89. Matéria corante:** é a substância voltada a colorir ou tingir alguma coisa.

**90. Substância aromática:** é o corpo cuja composição contém propriedades odoríferas, ou seja, de perfume agradável.

**91. Substância antisséptica:** é o corpo cuja composição contém elementos capazes de impedir a proliferação de microrganismos, através da sua eliminação.

**92. Substância conservadora:** é o corpo cuja composição contém propriedades capazes de impedir ou atrasar a modificação de alimento, diante da ação de microrganismos ou enzimas.

**93. Qualquer outra não expressamente permitida pela legislação sanitária:** trata-se de interpretação analógica. O tipo penal fornece os exemplos de substâncias ou processos que somente podem ser utilizados no fabrico de algum produto destinado a consumo quando houver autorização legal, como o revestimento, a gaseificação artificial, a matéria corante e a substância aromática, antisséptica ou conservadora, e, a partir daí, generaliza para qualquer outro igualmente não permitido, semelhante aos primeiros. Trata-se, como já mencionado, de norma penal em branco, tendo em vista ser necessário conhecer o conteúdo da legislação sanitária.

**94. Objetos material e jurídico:** o objeto material é o produto fabricado e destinado a consumo. O objeto jurídico é a saúde pública.

**95. Classificação:** trata-se de crime comum (aquele que pode ser cometido por qualquer pessoa); formal (crime que não exige, para sua consumação, resultado naturalístico, consistente em provocar efetivo dano a alguém). Se houver dano, cuida-se de exaurimento; de forma livre (pode ser cometido por qualquer meio eleito pelo agente); comissivo (o verbo implica ação) e, excepcionalmente, omissivo impróprio ou comissivo por omissão (quando o agente tem o dever jurídico de evitar o resultado, nos termos do art. 13, § 2.º, CP); instantâneo (cuja consumação não se prolonga no tempo, dando-se em momento determinado); de perigo comum abstrato (aquele que coloca um número indeterminado de pessoas em perigo, que é presumido pela lei); unissubjetivo (aquele que pode ser cometido por um único sujeito); plurissubsistente (delito cuja ação é composta por vários atos, permitindo-se o seu fracionamento); admite tentativa.

**96. Alteração da pena:** a Lei 9.677/1998 provocou a elevação da pena de detenção, de um a três meses, e multa, para reclusão, de um a cinco anos, mantendo-se a multa.

### Invólucro ou recipiente com falsa indicação

> **Art. 275.** Inculcar,[97-99] em invólucro ou recipiente[100] de produtos alimentícios, terapêuticos ou medicinais,[101] a existência[102] de substância que não se encontra em seu conteúdo ou que nele existe em quantidade menor que a mencionada:[103-104]
>
> Pena – reclusão, de 1 (um) a 5 (cinco) anos, e multa.[105]

**97. Análise do núcleo do tipo:** *inculcar* significa apontar, citar, gravar ou imprimir. O objeto é a substância não encontrada no invólucro ou recipiente de produtos alimentícios, terapêuticos ou medicinais ou que nele existe em quantidade menor do que a mencionada. Na jurisprudência: TJMG: "A materialidade do art. 275, CP, não se restringe à mera adulteração da embalagem do produto, mas depende da comprovação da incompatibilidade entre a descrição trazida no rótulo e a substância constante no interior da embalagem" (Ap. Crim. 1.0672.14.003798-3/001, 1.ª C., rel. Kárin Emmerich, 23.06.2020, v.u.).

**98. Sujeitos ativo e passivo:** o sujeito ativo pode ser qualquer pessoa. O sujeito passivo é a sociedade.

**99. Elemento subjetivo do tipo:** é o dolo de perigo, ou seja, a vontade de gerar um risco não tolerado a terceiros. Não se exige elemento subjetivo específico, nem se pune a forma culposa.

# Art. 276

Código Penal Comentado · **Nucci**

**100. Invólucro e recipiente:** *invólucro* é tudo aquilo que serve para encerrar ou conter alguma coisa, como capa plástica ou de papel; *recipiente* é o objeto destinado a encerrar em si substâncias líquidas ou sólidas, como frascos ou sacos plásticos.

**101. Produtos alimentícios, terapêuticos e medicinais:** são as substâncias destinadas a nutrir ou sustentar o organismo (alimentícias), a aliviar ou curar doenças (terapêuticos) ou a combater males e enfermidades (medicinais).

**102. Composição com o núcleo do tipo:** a conduta do agente é gravar no invólucro ou recipiente de algum produto alimentício, terapêutico ou medicinal a *existência* de substância que, na realidade, nele inexiste ou, alternativamente, mandar imprimir que há substância em quantidade maior do que efetivamente existe no seu conteúdo.

**103. Objetos material e jurídico:** o objeto material é o invólucro ou recipiente de produtos alimentícios, terapêuticos ou medicinais. O objeto jurídico é a saúde pública.

**104. Classificação:** trata-se de crime comum (aquele que pode ser cometido por qualquer pessoa); formal (crime que não exige, para sua consumação, resultado naturalístico, consistente em gerar, efetivamente, dano para alguém). Se houver dano, é o exaurimento; de forma livre (pode ser cometido por qualquer meio eleito pelo agente); comissivo (o verbo implica ação); instantâneo (cuja consumação não se prolonga no tempo, dando-se em momento determinado); de perigo comum abstrato (aquele que coloca um número indeterminado de pessoas em perigo, que é presumido pela lei); unissubjetivo (delito que pode ser cometido por uma só pessoa); plurissubsistente (delito cuja ação é composta por vários atos, permitindo-se o seu fracionamento); admite tentativa.

**105. Modificação da pena e acréscimo no tipo penal:** a Lei 9.677/1998 determinou a inclusão no tipo do elemento "terapêuticos", após "alimentícios", bem como alterou a pena de detenção, de um a três meses, ou multa, para reclusão, de um a cinco anos, e multa.

### Produto ou substância nas condições dos dois artigos anteriores

> **Art. 276.** Vender,[106-108] expor à venda, ter em depósito para vender ou, de qualquer forma, entregar a consumo produto nas condições dos arts. 274 e 275:[109-110]
>
> Pena – reclusão, de 1 (um) a 5 (cinco) anos, e multa.[111]

**106. Análise do núcleo do tipo:** *vender* (alienar por certo preço); *expor à venda* (colocar à vista com o fim de alienar a certo preço); *ter em depósito para vender* (manter algo guardado com o fim de alienar a certo preço); *entregar a consumo* (passar algo às mãos de terceiros para que seja ingerido ou gasto). O objeto é o produto nas condições descritas nos arts. 274 e 275. Trata-se de tipo penal remetido, passível de compreensão desde que se consulte o conteúdo dos mencionados artigos, bem como alternativo, isto é, a prática de uma ou mais condutas implica num único crime.

**107. Sujeitos ativo e passivo:** o sujeito ativo pode ser qualquer pessoa. O sujeito passivo é a sociedade.

**108. Elemento subjetivo do tipo:** é o dolo de perigo, ou seja, a vontade de gerar um risco não tolerado a terceiros. Não se exige elemento subjetivo específico, salvo no caso "ter

Título VIII – Dos crimes contra a incolumidade pública     **Art. 277**

em depósito *para vender*", que demanda a finalidade de guardar objeto para aliená-lo a certo preço. Inexiste a forma culposa.

**109. Objetos material e jurídico:** o objeto material é o produto nas condições determinadas pelos arts. 274 e 275. O objeto jurídico é a saúde pública.

**110. Classificação:** trata-se de crime comum (aquele que pode ser cometido por qualquer pessoa); formal (crime que não exige, para sua consumação, resultado naturalístico, consistente em gerar efetivo dano a alguém). Se houver dano, é o exaurimento; de forma livre (pode ser cometido por qualquer meio eleito pelo agente); comissivo (os verbos implicam ações); instantâneo (cuja consumação não se prolonga no tempo, dando-se em momento determinado) nas formas "vender" e "entregar", mas permanente (delito cuja consumação se arrasta no tempo) nas modalidades "expor à venda" e "ter em depósito"; de perigo comum abstrato (aquele que coloca um número indeterminado de pessoas em perigo, que é presumido pela lei); unissubjetivo (aquele que pode ser cometido por um único sujeito); plurissubsistente (delito cuja ação é composta por vários atos, permitindo-se o seu fracionamento); admite tentativa.

**111. Alteração da pena:** a Lei 9.677/1998 elevou a pena deste delito de detenção, de um a três meses, ou multa, para reclusão, de um a cinco anos, e multa.

### Substância destinada à falsificação

> **Art. 277.** Vender,[112-114] expor à venda, ter em depósito ou ceder substância destinada à falsificação[115] de produtos alimentícios, terapêuticos ou medicinais:[116-118]
>
> Pena – reclusão, de 1 (um) a 5 (cinco) anos, e multa.[119]

**112. Análise do núcleo do tipo:** *vender* (alienar por certo preço); *expor à venda* (colocar à vista com o fim de alienar a certo preço); *ter em depósito* (manter algo guardado); *ceder* (colocar algo à disposição de alguém). O objeto é substância destinada à falsificação de produtos alimentícios, terapêuticos ou medicinais. Trata-se de tipo misto alternativo, ou seja, a prática de uma ou mais condutas implica na realização de um só delito, desde que no mesmo contexto fático.

**113. Sujeitos ativo e passivo:** o sujeito ativo pode ser qualquer pessoa. O sujeito passivo é a sociedade.

**114. Elemento subjetivo do tipo:** é o dolo de perigo, ou seja, a vontade de gerar um risco não tolerado a terceiros. Exige o tipo penal elemento subjetivo específico, ou seja, a finalidade de atuar, vendendo, colocando à venda, tendo em depósito ou cedendo substância *destinada* à falsificação. Não se pune a forma culposa.

**115. Substância destinada à falsificação:** a substância deve ser *especificamente* voltada à falsificação, embora se deva verificar essa finalidade no caso concreto, e não de maneira geral. Assim, quando uma substância tiver múltipla destinação, sendo uma delas a de produzir alimentos ou remédios falsos, é preciso que fique bem demonstrado na situação concreta ser essa a razão de agir do autor. No mais, parece-nos extremado rigorismo pretender que a substância sirva *unicamente* para falsificar os produtos mencionados. É o mesmo modo de interpretar utilizado no caso do art. 253 ("substância ou engenho explosivo, gás tóxico ou asfixiante, ou material destinado à sua fabricação"). Há posição em sentido contrário, exigindo

# Art. 278

Código Penal Comentado · **Nucci**

que a substância tenha finalidade *inequívoca* de falsificação (cf. Delmanto, *Código Penal comentado*, p. 500).

**116. Produtos alimentícios, terapêuticos ou medicinais:** ver nota 101 ao art. 275.

**117. Objetos material e jurídico:** o objeto material é substância destinada à falsificação de produtos alimentícios, terapêuticos ou medicinais. O objeto jurídico é a saúde pública.

**118. Classificação:** trata-se de crime comum (aquele que pode ser cometido por qualquer pessoa); formal (crime que não exige, para sua consumação, resultado naturalístico, consistente em gerar efetivo dano para alguém). Havendo dano, é o exaurimento; de forma livre (pode ser cometido por qualquer meio eleito pelo agente); comissivo (o verbo implica ação); instantâneo (cuja consumação não se prolonga no tempo, dando-se em momento determinado), nas formas "vender" e "ceder", mas permanente (delito cuja consumação se prolonga no tempo) nas modalidades "expor à venda" e "ter em depósito"; de perigo comum abstrato (aquele que coloca um número indeterminado de pessoas em perigo, que é presumido pela lei); unissubjetivo (aquele que pode ser cometido por um único sujeito); plurissubsistente (delito cuja ação é composta por vários atos, permitindo-se o seu fracionamento). Cremos não admitir tentativa, pois se trata de fase de preparação dos delitos previstos nos arts. 272 e 273. Note-se que deve ser usado o mesmo raciocínio já exposto por ocasião do delito do art. 253, que é fase preparatória do previsto no art. 251. Não teria sentido punir a preparação de um determinado delito – que normalmente não é punível (ver art. 14, II, CP) – como crime autônomo prevendo-se para este também a figura da tentativa. Seria a ilogicidade de punir a tentativa de preparação de um delito que somente é objeto de punição porque, excepcionalmente, o legislador construiu um tipo penal para tanto. Assim, ter em depósito substância destinada à falsificação de um produto medicinal, não fosse o tipo do art. 277, seria conduta impunível, não podendo ser considerada ato executório do crime do art. 273, porque mera preparação. É incabível, pois, ao intérprete aumentar a exceção criada pelo legislador.

**119. Alteração da pena:** a Lei 9.677/1998 elevou a pena deste delito de detenção, de seis meses a um ano, e multa para reclusão, de um a cinco anos, mantendo-se a multa.

### Outras substâncias nocivas à saúde pública

> **Art. 278.** Fabricar,[120-122] vender, expor à venda, ter em depósito para vender ou, de qualquer forma, entregar a consumo coisa ou substância nociva à saúde,[123] ainda que não destinada[124] à alimentação ou a fim medicinal:[125-126]
>
> Pena – detenção, de 1 (um) a 3 (três) anos, e multa.

### Modalidade culposa

> **Parágrafo único.** Se o crime é culposo:[127]
>
> Pena – detenção, de 2 (dois) meses a 1 (um) ano.

**120. Análise do núcleo do tipo:** *fabricar* (manufaturar ou construir); *vender* (alienar por certo preço); *expor à venda* (colocar à vista com o fim de alienar a certo preço); *ter em depósito* *para vender* (manter algo guardado com a finalidade de alienar por certo preço); *entregar a consumo* (passar algo às mãos de terceiros para que seja ingerido ou gasto). O objeto é coisa ou substância nociva à saúde. Na jurisprudência: STJ: "2. Na espécie, verifica-se que as condutas imputadas ao recorrente foram devidamente explicitadas na vestibular, tendo o Ministério Público consignado que, na qualidade de representante da Indústria Brasileira de Cigarros Ltda. – IBC, fabricava, tinha em depósito e entregava três marcas de cigarros sem autorização da ANVISA, tratando-se de produtos nocivos à saúde, narrativa que lhe permite o exercício da ampla defesa e do contraditório" (AgRg no RHC 128.396-SP, 5.ª T., rel. Jorge Mussi, 18.08.2020, v.u.).

**121. Sujeitos ativo e passivo:** o sujeito ativo pode ser qualquer pessoa. O sujeito passivo é a sociedade.

**122. Elemento subjetivo do tipo:** é o dolo de perigo, ou seja, a vontade de gerar um risco não tolerado a terceiros. Não se exige elemento subjetivo específico, salvo na conduta de "ter em depósito", que pede a finalidade de venda. A forma culposa está prevista no parágrafo único.

**123. Coisa ou substância nociva à saúde:** é o objeto ou a matéria prejudicial às funções orgânicas, físicas e mentais do ser humano.

**124. Ressalva:** o tipo penal, para evitar dúvidas, tornou expressa a reserva quanto à aplicação deste artigo no tocante aos produtos alimentícios ou medicinais. Assim, caso estes sejam de qualquer modo adulterados, tornando-se nocivos à saúde, deve o agente ser punido pelos tipos dos arts. 272 e 273, com penas mais severas. Entretanto, se porventura o produto for nocivo à saúde, não se encaixando nos destinados à alimentação ou a fins medicinais, responde o agente pelo delito do art. 278.

**125. Objetos material e jurídico:** o objeto material é coisa ou substância nociva à saúde. O objeto jurídico é a saúde pública.

**126. Classificação:** trata-se de crime comum (aquele que pode ser cometido por qualquer pessoa); formal (delito que não exige, para sua consumação, a ocorrência de resultado naturalístico, consistente na efetiva existência de dano para alguém). Havendo dano, cuida-se de exaurimento; de forma livre (pode ser cometido por qualquer meio eleito pelo agente); comissivo (os verbos implicam ações); instantâneo (cuja consumação não se prolonga no tempo, dando-se em momento determinado) nas formas "fabricar", "vender" e "entregar", mas permanente (crime cuja consumação se arrasta no tempo) nas modalidades "expor à venda" e "ter em depósito"; de perigo comum abstrato (aquele que coloca um número indeterminado de pessoas em perigo, que é presumido); unissubjetivo (aquele que pode ser cometido por um único sujeito); plurissubsistente (delito cuja ação é composta por vários atos, permitindo-se o seu fracionamento); admite tentativa.

**127. Figura culposa:** caso o delito seja cometido por imprudência, negligência ou imperícia, havendo previsibilidade do agente quanto ao resultado, pune-se com pena substancialmente menor.

### Substância avariada

**Art. 279.** (Revogado pelo art. 23, Lei 8.137/1990.)

• V. Lei 8.137/1990, art. 7.º, IX.

# Art. 280

Código Penal Comentado • **Nucci**

1128

### Medicamento em desacordo com receita médica

> **Art. 280.** Fornecer[128-130] substância medicinal[131] em desacordo[132] com receita médica:[133-135]
>
> Pena – detenção, de 1 (um) a 3 (três) anos, ou multa.

### Modalidade culposa

> **Parágrafo único.** Se o crime é culposo:[136]
>
> Pena – detenção, de 2 (dois) meses a 1 (um) ano.[137]

**128. Análise do núcleo do tipo:** *fornecer* significa prover ou pôr à disposição de alguém. O objeto é substância medicinal.

**129. Sujeitos ativo e passivo:** o sujeito ativo pode ser qualquer pessoa. Entende MAGA-LHÃES NORONHA ser crime próprio, ou seja, somente podendo ser o farmacêutico ou o prático (farmacêutico não formado), devidamente autorizado (*Direito penal*, v. 4, p. 50). Assim não nos parece, pois o tipo penal fala simplesmente em "fornecer", o que pode ser feito gratuita ou onerosamente, além do que a substância medicinal pode chegar às mãos de alguém licitamente, que a entrega a terceiros, contrariamente ao que dispõe a receita médica. Inclui-se, nesse tipo, o balconista da farmácia, por exemplo. O sujeito passivo é a sociedade.

**130. Elemento subjetivo do tipo:** é o dolo de perigo, ou seja, a vontade de gerar um risco não tolerado a terceiros. Não se exige elemento subjetivo específico. A forma culposa é prevista no parágrafo único.

**131. Substância medicinal:** é a matéria voltada à cura de algum mal orgânico.

**132. Elemento normativo do tipo:** inclui-se elemento pertinente à ilicitude no tipo penal, fazendo com que, quando houver receita médica *de acordo*, ou seja, autorizando, a conduta se torne atípica. Sendo crime de perigo abstrato, pouco importa se a medicação fornecida melhorou o estado de saúde do paciente ou se serviu para piorar.

**133. Receita médica:** é a prescrição escrita feita pelo médico, devidamente identificado.

**134. Objetos material e jurídico:** o objeto material é a substância medicinal. O objeto jurídico é a saúde pública.

**135. Classificação:** trata-se de crime comum (aquele que pode ser cometido por qualquer pessoa). Há voz em contrário (ver nota 129 ao sujeito ativo); formal (delito que não exige, para sua consumação, a ocorrência de resultado naturalístico, consistente na efetiva existência de dano para alguém). Se houver dano, é o exaurimento; de forma livre (pode ser cometido por qualquer meio eleito pelo agente); comissivo (o verbo implica ação); instantâneo (cuja consumação não se prolonga no tempo, dando-se em momento determinado); de perigo comum abstrato (aquele que coloca um número indeterminado de pessoas em perigo, que é presumido); unissubjetivo (aquele que pode ser cometido por um único sujeito); plurissubsistente (delito cuja ação é composta por vários atos, permitindo-se o seu fracionamento); admite tentativa.

**1129** Título VIII – Dos crimes contra a incolumidade pública

# Art. 282

**136. Forma culposa:** se o agente fornece a substância medicinal, em desacordo com receita, mas por fruto da sua imprudência, negligência ou imperícia, havendo previsibilidade do resultado, é apenado mais brandamente.

**137. Falha legislativa:** deveria ter sido prevista, também para o tipo culposo, a pena de multa alternativa, embora o juiz possa corrigir essa falha, substituindo-a, quando a lei o permitir (art. 60, § 2.º, CP).

### Comércio, posse ou uso de entorpecente ou substância que determine dependência física ou psíquica

**Art. 281.** (Revogado pela Lei 6.368/1976.)

### Exercício ilegal da medicina, arte dentária ou farmacêutica

**Art. 282.** Exercer,[138-140] ainda que a título gratuito,[141] a profissão de médico, dentista ou farmacêutico, sem autorização legal[142] ou excedendo-lhe os limites:[143-146]

Pena – detenção, de 6 (seis) meses a 2 (dois) anos.

**Parágrafo único.** Se o crime é praticado com o fim de lucro,[147] aplica-se também multa.

**138. Análise do núcleo do tipo:** *exercer* implica desempenhar algo habitualmente. Significa, pois, que o agente necessita atuar com regularidade e frequência, uma vez que a punição se volta ao estilo de vida, e não a um comportamento isolado. O caráter *habitual* é fornecido não somente pelo verbo, mas também pelo complemento, que é a profissão (atividade remuneratória que se pratica com habitualidade). O objeto é a profissão de médico, dentista ou farmacêutico. Sobre o caráter habitual da infração penal, ver nota 39 ao art. 229. Na jurisprudência: TJRS: "Conjunto probatório que não se mostra suficiente ao fim de comprovar a prática delitiva. Prova oral que se resume ao depoimento de testemunhas que não presenciaram os fatos, deles apenas tomando conhecimento a partir da palavra de terceiros (pessoas cuja identidade sequer restou minimamente esclarecida), o que não comprova, por si só, o *exercício* irregular da profissão, o dolo da conduta ou, ainda, a habitualidade exigida para a configuração do delito. Fragilidade probatória que impõe a manutenção do édito absolutório" (Ap. Crim. 71010087831, Turma Recursal Criminal, rel. Luis Gustavo Zanella Piccinin, 16.08.2021, v.u.).

**139. Sujeitos ativo e passivo:** o sujeito ativo pode ser qualquer pessoa, quando se refere o tipo ao exercício da profissão de médico, dentista ou farmacêutico. Entretanto, necessita ser médico, dentista ou farmacêutico quando, na segunda parte, faz referência à ultrapassagem dos limites inerentes à profissão. O sujeito passivo é a sociedade. Secundariamente, a pessoa diretamente atingida pela conduta do agente.

**140. Elemento subjetivo do tipo:** é o dolo de perigo, ou seja, a vontade de gerar um risco não tolerado a terceiros. Não se pune a forma culposa. Exige-se, no entanto, o elemento subjetivo específico, porque se trata de crime habitual, que é a vontade de desempenhar a atividade usualmente, como estilo de vida.

# Art. 283

Código Penal Comentado · **Nucci**

1130

**141. Gratuita ou onerosamente:** o agente pode exigir contraprestação pelos seus serviços profissionais, embora possa exercer a atividade gratuitamente, por mero capricho ou desejo.

**142. Elemento normativo do tipo:** a autorização legal é peculiar ao campo da ilicitude, embora tenha sido colocada no tipo penal, integrando-o. Assim, quando o agente atuar com autorização da lei, configura-se atipicidade da conduta. Sabe-se, pois, que esses profissionais precisam de registro do título e licença para exercer a atividade, não bastando a diplomação.

**143. Transposição dos limites:** toda profissão regulamentada pelo Estado confere ao sujeito que a exerce direitos e deveres. Não há, pois, como deixar de atender à lei para o correto desempenho da atividade.

**144. Objetos material e jurídico:** o objeto material é a profissão de médico, dentista ou farmacêutico. O objeto jurídico é a saúde pública.

**145. Classificação:** trata-se de crime comum (aquele que pode ser cometido por qualquer pessoa), na primeira parte do tipo, e próprio (delito que exige sujeito ativo especial), na segunda; formal (delito que não exige, para sua consumação, a ocorrência de resultado naturalístico, consistente na efetiva existência de dano para alguém). Havendo dano, cuida-se de exaurimento; de forma livre (pode ser cometido por qualquer meio eleito pelo agente); comissivo (o verbo implica ação) e, excepcionalmente, omissivo impróprio ou comissivo por omissão (quando o agente tem o dever jurídico de evitar o resultado, nos termos do art. 13, § 2.º, CP); habitual (crime cuja consumação somente se dá a partir da reiteração de ações, impossível de se determinar no tempo com precisão, de modo que somente a colheita da prova poderá estabelecer a tipicidade ou não da conduta). Sobre a impossibilidade de se lidar com o crime habitual como se fosse permanente, ver nota 39 ao art. 229. É crime de perigo comum abstrato (aquele que coloca um número indeterminado de pessoas em perigo, que é presumido); unissubjetivo (aquele que pode ser cometido por um único sujeito); plurissubsistente (delito cuja ação é composta por vários atos, permitindo-se o seu fracionamento); não admite tentativa, por se tratar de delito habitual.

**146. Diferença do charlatanismo e do curandeirismo:** no charlatanismo, qualquer pessoa, incluindo o médico, o dentista e o farmacêutico, promete cura através de meios secretos ou infalíveis, em verdade totalmente inviáveis para o fim almejado, sem que a vítima disso tenha conhecimento. No curandeirismo, há uma pessoa qualquer, que não se passa por médico, dentista ou farmacêutico, do que a vítima tem noção, mas que habitualmente atua para curar males alheios.

**147. Figura qualificada:** quando há intenção de obter lucro, portanto, a atividade é remunerada, acrescenta-se a pena pecuniária ao preceito sancionador. Ver julgado citado na nota 138 *supra*.

### Charlatanismo

> **Art. 283.** Inculcar[148-150] ou anunciar cura[151] por meio secreto ou infalível:[152-155]
>
> Pena – detenção, de 3 (três) meses a 1 (um) ano, e multa.

**148. Análise do núcleo do tipo:** *inculcar* significa apregoar ou dar a entender; *anunciar* quer dizer divulgar ou fazer saber. O objeto das condutas é a cura por meio secreto ou infalível. Tem-se por fim punir aquele que, sendo médico ou não, se promove à custa de métodos questionáveis e perigosos de curar pessoas, de maneira oculta ou ignorada do paciente e do poder público, além de divulgar mecanismos inverídicos de cura, visto não existir nada infalível quando se trata de cura de enfermidades. Como explica Flamínio Fávero, o "termo charlatanismo vem de charlar, do italiano *ciarlare*, que quer dizer conversar. De início, parece que só isso satisfazia os charladores. Enchiam o seu tempo e dos ouvintes, mais ou menos agradavelmente, conversando apenas. É como quem diz 'conversando fiado' ou 'dando pontos sem nós'. Depois, esses charladores julgaram de bom aviso unir o útil ao agradável e, então, vendiam drogas, apregoando-as com exagero: são os 'pontos com nós'... (...) Então surge a medicina desonesta. Os homens querem, mais do que o alívio e o consolo, a cura, e por qualquer preço. E assim confiam em tudo o que sejam promessas. E estimulam mesmo essas promessas, embora saibam que, às vezes, oferecem apenas embusteirice e impostura... É o terreno propício para os charlatães que medram como os cogumelos no terreno úmido e sombrio". Em suma, charlatanismo é "inculcar ou anunciar cura por meio secreto e infalível. No segredo e na infalibilidade estão os pontos fundamentais do ilícito moral e legal, porque a medicina não pode agir por meios secretos, devendo ser franca e leal em sua atuação e também porque nunca pode pretender a infalibilidade" (*Medicina legal*, p. 41-42).

**149. Sujeitos ativo e passivo:** o sujeito ativo pode ser qualquer pessoa, inclusive o médico, dentista ou farmacêutico. O sujeito passivo é a sociedade.

**150. Elemento subjetivo do tipo:** é o dolo de perigo, ou seja, a vontade de gerar um risco não tolerado a terceiros. Ao contrário de outros autores, não vemos necessidade de se exigir do agente que saiba que o seu método não é infalível ou ineficaz. Ainda que seja um crédulo no que faz, o fato é que não deve assim proceder, por colocar em risco a saúde pública, podendo levar pessoas a não se tratarem em outros locais para se aventurarem em seara desconhecida e perigosa. A vontade, pois, deve voltar-se a divulgar cura por método infalível, creia nisso ou não. Não há exigência do elemento subjetivo específico, nem se pune a forma culposa.

**151. Cura:** é o restabelecimento da saúde de alguém, que estava enfermo.

**152. Meio secreto ou infalível:** *meio* é o recurso utilizado para atingir um determinado objetivo, no caso, a cura do doente. Na modalidade *secreto* significa ser meio oculto ou ignorado do paciente. Sendo *infalível*, quer isso dizer sem qualquer chance de falhar.

**153. Objetos material e jurídico:** o objeto material é o anúncio de cura secreta ou infalível. O objeto jurídico é a saúde pública.

**154. Classificação:** trata-se de crime comum (aquele que pode ser cometido por qualquer pessoa); formal (delito que não exige, para sua consumação, a ocorrência de resultado naturalístico, consistente na efetiva existência de dano para alguém). Se houver dano, fala-se em exaurimento; de forma livre (pode ser cometido por qualquer meio eleito pelo agente); comissivo (os verbos implicam ações); instantâneo (cuja consumação não se prolonga no tempo, dando-se em momento determinado); de perigo comum abstrato (aquele que coloca um número indeterminado de pessoas em perigo, que é presumido); unissubjetivo (aquele que pode ser cometido por um único sujeito); plurissubsistente (delito cuja ação é composta por vários atos, permitindo-se o seu fracionamento); admite tentativa.

# Art. 284

Código Penal Comentado • Nucci

**155. Charlatanismo e atividade religiosa:** ver nota 160 ao art. 284, que cuida da proteção constitucional à liberdade de crença e culto.

### Curandeirismo

> **Art. 284.** Exercer[156-158] o curandeirismo:[159]
>
> I – prescrevendo, ministrando ou aplicando, habitualmente, qualquer substância;
>
> II – usando gestos, palavras ou qualquer outro meio;[160-161]
>
> III – fazendo diagnósticos:[162-163]
>
> Pena – detenção, de 6 (seis) meses a 2 (dois) anos.
>
> **Parágrafo único.** Se o crime é praticado mediante remuneração,[164] o agente fica também sujeito à multa.

**156. Análise do núcleo do tipo:** *exercer* significa desempenhar uma atividade com habitualidade. A conjugação dessa conduta se faz com as que vêm descritas nos incisos: a) *prescrever* (indicar como remédio ou receitar); *ministrar* (fornecer para ser ingerido ou utilizado por alguém); *aplicar* (empregar ou utilizar em alguém). O objeto, nesse caso, é qualquer substância (matéria que serve a alguma finalidade, como, por exemplo, a substância medicinal, destinada à cura de enfermidades); b) *usar gestos, palavras ou outros meios* (gesticular, falar ou agir de qualquer maneira que simbolize um ritual); c) *fazer* (produzir, executar, realizar), tendo por objeto o *diagnóstico*, que é o conhecimento de uma determinada doença através dos seus sintomas. A exigência da habitualidade é, sem dúvida, fundamental para a configuração do crime, porque, se não fosse assim, qualquer pessoa, um dia, estaria sujeita a cometer este delito, até porque há um costume generalizado de "agir como médico" no círculo doméstico ou social. Sobre a tendência universal do ser humano de "prescrever" substâncias a terceiros, narra Flamínio Fávero a seguinte anedota a respeito de "Gonelle, bobo da corte do duque de Este. Apostou ele, com seu amo, que todos são médicos. Para demonstrá-lo, saiu certa manhã a percorrer a cidade, tendo amarrado ao queixo um lenço. E todos que o conheciam lhe indicavam um remédio esplêndido para a sua dor de dentes. Assim, reuniu ele para mais de trezentas receitas. Voltando ao palácio, o próprio duque, condoído dele, lhe deu uma prescrição. Então Gonelle, tirando o lenço do rosto, disse que havia ganho a aposta e que até seu amo era médico" (*Medicina legal*, p. 46).

**157. Sujeitos ativo e passivo:** o sujeito ativo pode ser qualquer pessoa. O sujeito passivo é, primordialmente, a sociedade. Em segundo plano, a pessoa que é objeto da "cura" do agente.

**158. Elemento subjetivo do tipo:** é o dolo de perigo, vale dizer, a vontade de gerar um risco inadmissível a terceiros. Exige-se o elemento subjetivo específico, que é a vontade de desempenhar a conduta *habitualmente*. Não existe a forma culposa.

**159. Conceito de curandeirismo:** o termo *curandeirismo* já possui uma significação peculiar, que é a atividade desempenhada pela pessoa que promove curas sem ter qualquer título ou habilitação para tanto, fazendo-o, geralmente, por meio de reza ou emprego de magia. Não haveria, em tese, necessidade de existir o complemento dado pelos incisos, mas, no caso presente, o tipo é de forma vinculada, exigindo que os atos somente sejam considerados penalmente relevantes quando tiverem a roupagem prescrita em lei.

**160. Passes e rituais de religiões e cultos:** a Constituição Federal assegura a inviolabilidade de consciência e de crença, assegurando o livre exercício dos cultos religiosos (art. 5.º, VI). Assim, não se pode considerar *curandeirismo* a conduta daqueles que, crendo na ação de espíritos, fazem gestos com as mãos, nomeados *passes*, para a cura de males físicos ou psíquicos de alguém, que, por sua vez, acredita no mesmo. Assim, ambas as partes envolvidas estão vinculadas a uma religião, no caso o espiritismo, bem como a um culto (práticas consagradas para a exteriorização de uma religião ou crença). No mesmo patamar estão outras religiões que empregam gestos, palavras e outros meios para curar os males dos seus adeptos, invocando o nome de espíritos ou de ícones da sua crença, como Jesus Cristo, a fim de exercitarem e colocarem em prática a sua liturgia.

**161. Excessos da atividade religiosa:** em face da proteção constitucional, há, com certeza, abusos de toda ordem por parte de pessoas que exercem autêntico *curandeirismo*, mas sob a veste de atividade religiosa. O Estado nada pode fazer para impedir a prática desses rituais, às vezes envolvendo a cura de males físicos através do emprego de "cirurgias espirituais", porque está envolvida a crença do paciente. Enquanto não se ultrapassar o limite do disponível, funciona o consentimento da vítima para afastar qualquer ilicitude. Entretanto, se o ofendido morrer ou sofrer lesão grave, como lamentavelmente já aconteceu por conta disso, o agente da "operação espiritual" deve ser responsabilizado pelo que causou à vítima, tendo em vista que a vida e a integridade corporal em determinados graus são consideradas bens indisponíveis, ainda que se tenha de afastar a aplicação da inviolabilidade de crença, pois nenhum direito é absoluto.

**162. Objetos material e jurídico:** o objeto material é a substância prescrita, o gesto, a palavra ou outro meio empregado e o diagnóstico realizado. O objeto jurídico é a saúde pública.

**163. Classificação:** trata-se de crime comum (aquele que pode ser cometido por qualquer pessoa); formal (delito que não exige, para sua consumação, a ocorrência de resultado naturalístico, consistente na efetiva existência de dano para alguém). Havendo dano, é o exaurimento; de forma vinculada (delito que só pode ser cometido pelo meio eleito pelo tipo penal); comissivo (os verbos implicam ações); habitual (crime que pune um estilo de vida, isto é, a reiteração de várias ações consideradas, no seu conjunto, indesejáveis para a sociedade). Não se fala em instantaneidade ou permanência (ver nota 39 ao art. 229). É crime de perigo comum abstrato (aquele que coloca um número indeterminado de pessoas em perigo, que é presumido); unissubjetivo (aquele que pode ser cometido por um único sujeito); plurissubsistente (delito cuja ação é composta por vários atos, permitindo-se o seu fracionamento); não admite tentativa, por se tratar de crime habitual.

**164. Figura qualificada:** havendo intuito de lucro, incide também a pena pecuniária.

### Forma qualificada[165]

> **Art. 285.** Aplica-se o disposto no art. 258 aos crimes previstos neste Capítulo, salvo quanto ao definido no art. 267.

**165. Tipo remetido:** para configurar a forma qualificada pelo resultado referente aos crimes contra a saúde pública, o tipo faz remissão ao art. 258, já comentado. Excepciona o art.

267, que possui regra própria a respeito do agravamento da pena pelo resultado qualificador. Na jurisprudência: STJ: "2. A forma qualificada do delito de exercício ilegal da medicina (arts. 282, 285 e 258, todos do CP) preconiza que o resultado gravoso seja culposo" (AgRg no AREsp 1.750.594-SP, 5.ª T., rel. Joel Ilan Paciornik, 09.02.2021, v.u.).

# Título IX
## Dos crimes contra a paz pública

**Incitação ao crime**

> **Art. 286.** Incitar,[1-3] publicamente,[4] a prática de crime:[5-8-A]
> Pena – detenção, de 3 (três) a 6 (seis) meses, ou multa.
> **Parágrafo único.** Incorre na mesma pena quem incita, publicamente, animosidade entre as Forças Armadas, ou delas contra os poderes constitucionais, as instituições civis ou a sociedade.[8-B]

**1. Análise do núcleo do tipo:** *incitar* significa impelir, estimular ou instigar. O objeto da conduta é a prática de crime. Na jurisprudência: STJ: "4. Neste caso, o paciente foi acusado de ser o responsável por uma página no Facebook na qual se lia um comentário alusivo a possíveis ações da Polícia Militar em um bairro na cidade de Bauru. O comentário (A multidão organizada sempre colocou os cães do Estado para correr) foi tipificado como crime, previsto no art. 286 do Código Penal. 5. O delito de incitação ao crime pressupõe, além da publicidade dos comentários de incentivo ao cometimento da infração penal, que seja possível extrair das palavras de estímulo referência a delitos determinados, pois a instigação genérica, por ser vaga, é ineficaz. 6. Na situação aqui debatida, não é possível extrair das palavras do comentário a incitação clara à prática de qualquer crime, sendo inviável o elastecimento semântico da frase a ponto de acomodar uma interpretação que possa ser traduzida como estímulo à prática de nenhum delito de modo específico. 7. Ordem concedida de ofício para determinar o trancamento do Termo Circunstanciado de Ocorrência n. 1511372-52.200.8.26.0071" (HC 659.499-SP, 5.ª T., rel. Reynaldo Soares da Fonseca, 08.06.2021, v.u.).

**2. Sujeitos ativo e passivo:** o sujeito ativo pode ser qualquer pessoa. O sujeito passivo é a sociedade.

**3. Elemento subjetivo do tipo:** é o dolo. Não se exige elemento subjetivo específico, nem se pune a forma culposa.

**4. Modo de atuação:** a instigação à prática do delito somente ganha relevo penal quando feita publicamente, isto é, de modo a atingir várias pessoas, em lugar público ou de acesso ao público. Não seria conduta típica a incitação feita em particular, de um amigo para outro, por exemplo.

# Art. 286

Código Penal Comentado · **Nucci**

**5. Crime:** não se admite a inclusão da contravenção penal, que é espécie de infração penal, mas não de crime. Por outro lado, é indispensável que o agente instigue pessoas determinadas ou indeterminadas da coletividade a praticar crimes *específicos*, pois a menção genérica não torna a conduta típica. Inexiste, nesse delito, um destinatário certo, pois a vítima é a coletividade, e quem quer que seja incitado a cometer algum tipo de delito faz nascer intranquilidade social.

**6. Objetos material e jurídico:** o objeto material é a paz pública. Do mesmo modo, o objeto jurídico é a paz pública.

**7. Classificação:** trata-se de crime comum (aquele que pode ser cometido por qualquer pessoa); formal (crime que não exige, para sua consumação, resultado naturalístico, consistente na efetiva perturbação da paz pública, com a prática de crimes); de forma livre (pode ser cometido por qualquer meio eleito pelo agente); comissivo (o verbo implica ação); instantâneo (cuja consumação não se prolonga no tempo, dando-se em momento determinado); de perigo comum (delito que expõe um número indeterminado de pessoas a perigo); unissubjetivo (aquele que pode ser cometido por um único sujeito); unissubsistente (praticado num único ato) ou plurissubsistente (delito cuja ação é composta por vários atos, permitindo-se o seu fracionamento), conforme o caso concreto; admite tentativa, na forma plurissubsistente.

**8. Concurso de pessoas:** se o destinatário da instigação for único e efetivamente cometer o crime, pode o autor da incitação ser considerado partícipe (art. 29, CP). Nessa hipótese, o crime de perigo (art. 286) é absorvido pelo crime de dano cometido. Entretanto, se forem vários os destinatários da incitação e apenas um deles cometer o crime, haverá concurso formal, isto é, o agente da incitação responde pelo delito do art. 286 e também pelo crime cometido pela pessoa que praticou a infração estimulada.

**8-A. Marcha e outras manifestações:** ver a nota 17-A *infra*.

**8-B. Animosidade entre as Forças Armadas e outros poderes constitucionais:** a nova figura típica, introduzida pela Lei 14.197/2021, é bem-vinda, pois o tipo incriminador que vigorava era muito amplo, exposto pelo art. 23 da Lei de Segurança Nacional (hoje, revogada): "incitar: I – à subversão da ordem política ou social; II – à animosidade entre as Forças Armadas ou entre estas e as classes sociais ou as instituições civis; III – à luta com violência entre as classes sociais; IV – à prática de qualquer dos crimes previstos nesta Lei. Pena: reclusão, de 1 a 4 anos". A nova previsão, inserida no parágrafo único, volta-se à incitação de animosidade entre as Forças Armadas ou entre elas e os poderes constitucionais, as instituições civis ou a sociedade. Não mais se criminaliza a denominada incitação à *subversão da ordem política ou social*, nem à *luta violenta entre classes sociais*, tampouco à *prática de crimes contra a segurança nacional*. A conduta criminalizada pelo parágrafo único do art. 286 limita-se a um relevante aspecto, aliás, já constatado nos últimos tempos, no Brasil. Em primeiro lugar, cumpre destacar que essa conduta é grave e a pena prevista é muito branda, constituindo infração de menor potencial ofensivo. De todo modo, aquele que estimula ou instiga a animosidade (hostilidade ou aversão) entre as Forças Armadas (Exército contra Marinha, Exército contra Aeronáutica, Marinha contra Aeronáutica) ou entre qualquer dessas Forças em relação aos poderes da República (Executivo, Legislativo ou Judiciário) permite a configuração do crime. Além disso, o estímulo à hostilidade de qualquer das Forças Armadas com instituições civis (*v.g.*, Ordem dos Advogados do Brasil, Organizações não governamentais de diversas finalidades, Associações de profissionais, entre outras) ou no tocante à sociedade (o conjunto dos brasileiros, sem uma personalidade jurídica), também, concretiza o crime. O que se verifica, na realidade, é um delito contra o Estado Democrático

# Título IX – Dos crimes contra a paz pública

# Art. 287

de Direito e não em relação à paz pública. Qualquer pessoa pode cometer esse delito e o sujeito passivo é não somente o Estado, mas, igualmente, a sociedade, que, no contexto em que foi inserido, busca preservar a tranquilidade social e política. Verifique-se, no mais, a classificação constante da nota 7 *supra*. Cuida-se de um *crime político*, cuja competência para apurar e processar é da Justiça Federal (art. 109, IV, CF), pois o objeto jurídico não se limita à paz pública, mas à mantença de um regime democrático, que funcione sem a pressão de forças militares contra instituições civis e, também, entre elas.

### Apologia de crime ou criminoso

> **Art. 287.** Fazer,[9-11] publicamente,[12] apologia[13] de fato criminoso[14] ou de autor de crime:[15-17-A]
>
> Pena – detenção, de 3 (três) a 6 (seis) meses, ou multa.

**9. Análise do núcleo do tipo:** *fazer* significa produzir, executar ou dar origem. O objeto da conduta é a apologia de fato criminoso ou autor de crime (ver as próximas notas).

**10. Sujeitos ativo e passivo:** o sujeito ativo pode ser qualquer pessoa. O sujeito passivo é a sociedade.

**11. Elemento subjetivo do tipo:** é o dolo. Não se exige elemento subjetivo específico, nem se pune a forma culposa.

**12. Modo de atuação:** ver nota 4 ao artigo anterior.

**13. Conceito de apologia:** significa louvor, elogio ou discurso de defesa.

**14. Fato criminoso:** neste tipo penal, utiliza-se a expressão como sinônimo de *crime*, não se considerando a contravenção penal. Por outro lado, refere-se, basicamente, ao fato típico (homicídio – art. 121, CP; roubo – art. 157, CP; estupro – art. 213, CP etc.), ou seja, quer-se evitar o incentivo à prática das condutas proibidas descritas nos tipos incriminadores. Não se pretende discutir a completude do delito, para fim de condenação, incluindo ilicitude e culpabilidade.

**15. Autor de crime:** é a pessoa condenada, com trânsito em julgado, pela prática de um crime, não se incluindo a contravenção penal. Não é suficiente a mera acusação, pois o tipo não prevê apologia de pessoa *acusada* da prática de crime.

**16. Objetos material e jurídico:** os objetos material e jurídico são a paz pública.

**17. Classificação:** trata-se de crime comum (aquele que pode ser cometido por qualquer pessoa); formal (crime que não exige, para sua consumação, resultado naturalístico, consistente na efetiva perturbação social); de forma livre (pode ser cometido por qualquer meio eleito pelo agente); comissivo (o verbo implica ação); instantâneo (cuja consumação não se prolonga no tempo, dando-se em momento determinado); de perigo comum abstrato (aquele que coloca um número indeterminado de pessoas em perigo, que é presumido pela lei); unissubjetivo (crime que pode ser cometido por um único sujeito); unissubsistente (praticado num único ato) ou plurissubsistente (delito cuja ação é composta por vários atos, permitindo-se o seu fracionamento), conforme o caso concreto; admite tentativa na forma plurissubsistente.

# Art. 288

Código Penal Comentado · **Nucci**                                                     1138

**17-A. Marchas, protestos, passeatas e outras manifestações:** o objeto jurídico tutelado pelos crimes previstos pelos arts. 286 a 288 é a *paz pública*. Não se quer a associação criminosa de pessoas porque, a qualquer momento, podem perturbar a paz pública, cometendo delitos de dano. Igualmente, não se deseja o incentivo público à prática de crime, nem o elogio de delito ou delinquente, para que não haja o cometimento de novas infrações penais, perturbando, com efetividade, a ordem pública. Situação bem diversa é o direito de se expressar do indivíduo e a liberdade de reunião pacífica, garantidos pela Constituição Federal (art. 5.º, incisos IV, IX e XVI). Portanto, organizar uma marcha ou protesto contra a criminalização de determinada conduta ou em favor da liberação de certas proibições constitui direito fundamental, típico do Estado Democrático de Direito. Em época recente, assistimos manifestações e passeatas em prol da *legalização* do uso da maconha. Em contraposição, lamentavelmente, alguns setores do Judiciário resolveram *proibir* tais eventos, a pedido do Executivo-polícia, sob o argumento de incentivar a prática de crime ou fazer apologia de fato criminoso. Ora, o objetivo das marchas era pela *liberação* oficial, dentro dos parâmetros legais, do uso de determinada droga; não havia nenhuma bandeira de instigação ao uso ilegal de maconha. Se as pessoas não puderem se expressar, favorável ou contrariamente a algum delito, como o Parlamento poderá sensibilizar-se a alterar a lei? O crime, materialmente considerado, configura-se pela vontade popular de que determinada conduta sofra sanção penal. Formalmente, o Legislativo transforma tal anseio em tipo incriminador. O caminho inverso pode dar-se, buscando-se a legalização de algo e, consequentemente, a revogação do tipo incriminador. Nada demais, afinal, o próprio legislador, em 2006, retirou toda e qualquer punição, com pena privativa de liberdade, ao usuário de drogas (art. 28, Lei 11.343/2006). A política criminal do Estado pode variar de tempos em tempos, constituindo direito do cidadão participar dessas movimentações ideológicas. Fez-se justiça na questão da marcha pela liberação das drogas, pois o STF considerou-a direito individual – e não apologia ou incentivo a crime. O mesmo pode ocorrer, no futuro, se outras passeatas forem organizadas, em prol de outras liberações, como, por exemplo, do aborto – outra matéria controversa, que conta com diversas opiniões. Em suma, não há dolo de perturbar a paz pública nos eventos organizados para protestar contra alguma lei incriminadora ou fato criminoso.

### Associação criminosa

> **Art. 288.** Associarem-se[18-20] 3 (três) ou mais pessoas,[21-22] para o fim específico[23] de cometer crimes:[24-28]
>
> Pena – reclusão, de 1 (um) a 3 (três) anos.[29-31-A]
>
> **Parágrafo único.** A pena aumenta-se até a metade se a associação é armada ou se houver a participação de criança ou adolescente.[32-32-A]

**18. Análise do núcleo do tipo:** *associar-se* significa reunir-se em sociedade, agregar-se ou unir-se. O objeto da conduta é a finalidade de cometimento de crimes. A associação distingue-se do mero concurso de pessoas pelo seu caráter de durabilidade e permanência, elementos indispensáveis para a caracterização do crime previsto neste tipo. A existência mínima de três pessoas é indispensável, embora não seja necessária a identificação e a condenação de todas. Por outro lado, o objetivo do grupo associado é o cometimento de delitos, embora não se exija a consecução deles para a concretização da associação criminosa. O perigo abstrato para a paz pública é evidente e não precisa ser provado; afinal, o Estado não quer a existência de agrupamentos organizados e estáveis, prontos a delinquir a qualquer momento. Eis o fundamento da punição. Na jurisprudência: STF: "A caracterização do crime de associação criminosa prescinde de identificação dos agentes, bastando comprovação do vínculo associativo de três ou mais pessoas" (RHC 176.370, 1.ª T., rel. Marco Aurélio, 13.10.2020, v.u.). STJ: "7. Para a caracterização do delito previsto no art. 288 do Código Penal é necessário que, além da reunião de mais de três pessoas, seja indicado, na denúncia, o vínculo associativo permanente para a prática de crimes; vale dizer é impositivo que haja a descrição da predisposição comum de meios para a prática de uma série indeterminada de delitos e uma contínua vinculação entre os associados com essa finalidade" (RHC 139.465-PA, 6.ª T., rel. Rogerio Schietti Cruz, j. 23.08.2022, v.u.); "1. O crime de associação criminosa é formal e autônomo e apenas exige, para sua configuração, a convergência de condutas com a finalidade de atingir resultados ilícitos, sendo irrelevante o efetivo cometimento das infrações penais inicialmente planejadas pelos membros do grupo. 2. No caso, as instâncias ordinárias afirmaram que, pelos elementos colhidos, restou comprovada a estabilidade e a permanência da associação, demonstradas, sobretudo, pelas interceptações realizadas e pela própria confissão do agravante" (AgRg no AREsp 1.844.642-GO, 5.ª T., rel. Reynaldo Soares da Fonseca, 08.06.2021, v.u.). TJSP: "Associação criminosa destinada à prática de roubos circunstanciados pela restrição da liberdade da vítima e pelo emprego de arma de fogo, crimes considerados hediondos, bem delineada. Comprovado nos autos o vínculo estável e dedicado à prática delitiva habitual entre os seus integrantes" (Ap. Crim. 1503686-02.2020.8.26.0526, 16.ª C., rel. Camargo Aranha Filho, 05.07.2021, v.u.); "2. Associação criminosa não comprovada. Ausência de aprofundamento nas investigações acerca do envolvimento dos acusados com outras práticas delitivas. Dúvidas acerca do vínculo associativo. Absolvição necessária. Marco temporal indicado na denúncia que se mostra insuficiente para caracterização do vínculo associativo. Ausência de elementos a indicar a estruturação de associação criminosa anteriormente à data dos fatos. Insuficiência de elementos a indicar vínculo estável e permanente entre os acusados para prática de delitos contra o patrimônio" (Ap. Crim. 0101307-90.2013.8.26.0050, 16.ª C., rel. Marcos Alexandre Coelho Zilli, 20.07.2021, v.u.).

**19. Sujeitos ativo e passivo:** o sujeito ativo pode ser qualquer pessoa. Existe a cautela de se exigir, pelo menos, três pessoas. O sujeito passivo é a sociedade. Na jurisprudência: STJ: "Para o reconhecimento do crime de formação de quadrilha [hoje, associação criminosa], basta a comprovação da existência de associação estável de mais de três pessoas [atualmente, bastam três], com a intenção de praticar crimes diversos, sendo, pois, prescindível a identificação efetiva de todos os membros da quadrilha ou bando. Precedentes" (HC 160290-MS, 5.ª T., rel. Laurita Vaz, 14.02.2012, v.u.).

**20. Elemento subjetivo do tipo:** é o dolo. Exige-se elemento subjetivo específico, consistente na finalidade de "cometer crimes". Não se pune a forma culposa.

**21. Número mínimo de três pessoas:** o tipo penal não exige que todas elas sejam imputáveis, de modo que se admite, para a composição do crime, a formação de associação criminosa entre maiores e menores de 18 anos (posição majoritária: MIRABETE, *Manual de direito penal*, v. 3, p. 188; DELMANTO, *Código Penal comentado*, p. 511; DAMÁSIO, *Código Penal anotado*, p. 818; NORONHA, *Direito penal*, v. 4, p. 91-92). É o que se denomina de "concurso impróprio". Natural, ainda, argumentar que depende muito da idade dos menores, uma vez que não tem cabimento, quando eles não têm a menor noção do que estão fazendo, incluí-los na associação. Se dois maiores se valem de uma criança de nove anos para o cometimento de furtos, não pode o grupo ser considerado uma associação criminosa, pois um deles não tem a menor compreensão do que está fazendo. É apenas uma hipótese de autoria mediata, ou seja, os maiores usam o menor para fins escusos. Mas, quando se tratar de adolescente que, não responsável penalmente, tem discernimento para proceder à associação, forma-se o

# Art. 288

Código Penal Comentado • **Nucci**

1140

grupo criminoso e configura-se o tipo penal. Note-se que o ânimo associativo não depende do entendimento do caráter ilícito do fato, daí por que o adolescente já o possui, embora seja punido apenas pela Vara da Infância e Juventude, e não pela Vara Criminal.

**22. Quadrilha ou bando:** eram os termos utilizados para o título do crime previsto pelo art. 288. Cuidavam-se de termos sinônimos, significando a reunião de pessoas, com caráter estável e permanente, visando à prática de delitos, ainda que não os tenham efetivamente cometido. Diferenciar os termos *quadrilha* e *bando* sempre foi tarefa inglória, tanto porque o tipo penal não o fazia, quanto porque o resultado seria exatamente o mesmo: bastava que, pelo menos, quatro pessoas se associassem para o cometimento de crimes para a concretização da infração penal. Nas palavras de HELENO FRAGOSO: "*Quadrilha* ou *bando* são termos que a lei emprega como sinônimos, definindo-se como associação estável de delinquentes (*societas delinquentium*), com o fim de praticar reiteradamente crimes, da mesma espécie ou não, mas sempre mais ou menos determinados" (*Lições de direito penal*, v. 3, p. 757). No mesmo prisma de serem termos idênticos, podendo ser usados um pelo outro: PAULO JOSÉ DA COSTA JÚNIOR, *Comentários ao Código Penal*, p. 886; MIRABETE, *Código Penal interpretado*, p. 1547-1548; DAMÁSIO, *Código Penal anotado*, p. 818-819. Em contrário, adotando a lição de João Marcelo de Araújo Filho, está a posição de MARCELO FORTES BARBOSA, mencionando que *quadrilha* é urbana, e *bando* é rural. Diz: "Quadrilha é organizada e dirigida a um fim, portanto, teleológica, operacionalizada previamente e indicativa de *societas sceleris* racional. Bando é difuso, inorgânico, de regra, ocasionalmente composto e sem articulação, demandando racionalidade maior" (*Latrocínio*, p. 94). O importante a destacar é a positiva alteração do título do delito para *associação criminosa*, advinda da edição da Lei 12.850/2013.

**23. Finalidade específica:** a reforma introduzida pela Lei 12.850/2013 incluiu, no tipo penal, o termo *específico*, referindo-se ao fim dos agentes. Nada mais fez o legislador que consagrar a orientação doutrinária e jurisprudencial no sentido de se exigir a finalidade especial de cometer crimes, o que configura o caráter de durabilidade e estabilidade da associação, diferenciando-se do mero concurso de agentes. Por outro lado, é preciso ressaltar devam tais delitos, visados pelo agrupamento, ser *determinados*, vale dizer, não basta um singelo ajuntamento de pessoas que não têm a menor noção do que fazer. Por outro lado, para se concretizar a estabilidade e a permanência, devem os integrantes da associação pretender realizar *mais de um* delito. Não fosse assim e tratar-se-ia de concurso de agentes, como já mencionado. Acrescentem-se, ainda, serem fatos atípicos o agrupamento de pessoas com outras finalidades especiais, sem o objetivo de conturbar a paz pública, mas, sim, com a meta de chamar a atenção para a solução de algum problema.

**24. Objetos material e jurídico:** os objetos material e jurídico são a paz pública.

**25. Classificação:** trata-se de crime comum (aquele que pode ser cometido por qualquer pessoa); formal (crime que não exige, para sua consumação, resultado naturalístico, consistente no cometimento efetivo do delito); de forma livre (pode ser cometido por qualquer meio eleito pelo agente); comissivo (o verbo implica ação); de perigo comum abstrato (coloca um número indeterminado de pessoas em perigo, que é presumido pela lei). Sustentando, também, tratar-se de crime de perigo abstrato: JUAREZ TAVARES, *Teoria do injusto penal*, p. 202; plurissubjetivo (delito que somente pode ser cometido por vários sujeitos); plurissubsistente (delito cuja ação é composta por vários atos, permitindo-se o seu fracionamento); não admite tentativa, em razão da estabilidade e permanência requeridas (ou estão presentes e o crime está consumado ou estão ausentes, sendo um fato penalmente irrelevante).

**26. Prática de crime continuado:** o crime continuado é um benefício criado para permitir a aplicação de uma pena mais branda a quem realize mais de um delito da mesma espécie, que, pelas condições de tempo, lugar, maneira de execução e outras semelhantes, parecem ser uma continuação um do outro. É, segundo entendemos, autêntica ficção. Por isso, é plausível supor que pessoas associadas para a prática de vários roubos, por exemplo, ainda que em continuidade delitiva, possam provocar a concretização do crime previsto no art. 288. Afinal, estão agrupadas com a finalidade de cometer *crimes*, ainda que venham a ser considerados, para efeito de aplicação da pena, uma continuidade. Essa é a corrente amplamente majoritária na doutrina, ressaltando Paulo José da Costa Jr. que o mesmo se dá na Itália (*Comentários ao Código Penal*, p. 885). Há posição em sentido contrário (por todos, Delmanto, *Código Penal comentado*, p. 512, destacando seguir a precedente lição de Hungria).

**27. Concurso de pessoas:** é controversa a aceitação do concurso de pessoas, na espécie *participação*, no contexto do crime de associação criminosa (plurissubjetivo). Há quem sustente a impossibilidade, pois a pessoa que dá algum tipo de auxílio para uma associação deve ser considerada integrante desta, isto é, coautor necessário. Assim não pensamos, pois cremos admissível supor que um sujeito, conhecedor da existência de uma determinada associação criminosa, resolva, por uma só vez, auxiliar a sua organização, cedendo aos integrantes do grupo um local para o encontro. Tornou-se partícipe, sem integrar o grupo. É o que sustentam Antolisei, Cicola, Pannaim e Esther Figueiredo Ferraz, que faz a citação dos primeiros (*A codelinquência no direito penal brasileiro*, p. 134).

**28. Concurso do crime de associação criminosa com outro delito qualificado pela mesma circunstância:** cremos admissível a possibilidade de punição do agente pela associação criminosa, situação ofensiva à sociedade, tratando-se de crime de perigo abstrato e comum, juntamente com o roubo com causa de aumento, consistente na prática por duas ou mais pessoas, delito que se volta contra vítima determinada e é de dano. Inexiste *bis in idem*, pois os objetos jurídicos são diversos, bem como a essência dos delitos. Fossem ambos de perigo ou ambos de dano, poder-se-ia falar em dupla punição pelo mesmo fato. No sentido que defendemos: STJ: "É perfeitamente possível a coexistência entre o crime de formação de quadrilha ou bando [associação criminosa] e o de roubo qualificado pelo uso de arma e pelo concurso de agentes, porquanto os bens jurídicos tutelados são distintos e os crimes, autônomos" (REsp 1.287.467-MG, 5.ª T., rel. Laurita Vaz, 16.02.2012, v.u.).

**29. Pena diferenciada:** quando a associação criminosa se formar para o fim de cometer crimes hediondos, prática da tortura, tráfico ilícito de entorpecentes e drogas afins ou terrorismo, a pena será de 3 a 6 anos (art. 8.º, Lei 8.072/1990). Havendo delação, quando o participante ou associado denunciar à autoridade o integrante da associação, acarretando o seu desmantelamento, a pena será reduzida de um a dois terços (art. 8.º, parágrafo único, Lei 8.072/1990). Nesta última hipótese, entendemos cabível a causa de diminuição de pena somente quando se tratar de crimes hediondos e equiparados (tortura, tráfico e terrorismo), pois é previsão feita no parágrafo único do art. 8.º da lei específica, não podendo ser generalizado para todos os casos do art. 288. Quanto à associação de duas ou mais pessoas para o fim de cometimento de tráfico de drogas, nos termos do art. 35 da Lei 11.343/2006, aplica-se esta pena (reclusão, de 3 a 10 anos, e pagamento de 700 a 1.200 dias-multa), porque se trata de lei especial mais recente.

**30. Prova autônoma dos crimes:** o delito do art. 288 tem prova autônoma dos diversos crimes que a associação praticar. Assim, nada impede que o sujeito seja condenado pela

# Art. 288

Código Penal Comentado • **Nucci**

1142

prática de associação criminosa, porque as provas estavam fortes e seguras, sendo absolvido pelos crimes cometidos pelo grupo, tendo em vista provas fracas e deficitárias.

**31. Cessação da permanência:** ocorre com o recebimento da denúncia pelo crime de associação criminosa. Assim, caso os agentes permaneçam na mesma atividade criminosa, é possível haver nova acusação, inexistindo, nessa hipótese, *bis in idem*.

**31-A. Diferença entre associação criminosa e organização criminosa:** a Lei 12.850/2013 estabelece o crime de organização criminosa (art. 2.º), conceituando-se a *organização criminosa* como "a associação de 4 (quatro) ou mais pessoas estruturalmente ordenada e caracterizada pela divisão de tarefas, ainda que informalmente, com objetivo de obter, direta ou indiretamente, vantagem de qualquer natureza, mediante a prática de infrações penais cujas penas máximas sejam superiores a 4 (quatro) anos, ou que sejam de caráter transnacional" (art. 1.º, § 1.º). Portanto, a organização criminosa tem a estrutura de uma *empresa voltada ao crime*, com hierarquia, divisão precisa de funções entre os seus integrantes, exigindo-se o mínimo de quatro membros. O seu alvo é a concretização de delitos graves, cuja pena máxima exceda quatro anos ou quando possua o caráter transnacional. Esses requisitos estritos não estão presentes na tipificação da associação criminosa, como se pode observar na nota 18 supra. Na jurisprudência: STF: "Há indícios suficientes quanto à associação de 4 (quatro) ou mais pessoas estruturalmente ordenada e caracterizada pela divisão de tarefas, com o objetivo de obter vantagem pecuniária, mediante a prática do crime de peculato, infração penal cuja pena máxima é superior a 04 anos. A chamada Operação Candeeiro, deflagrada em setembro do ano de 2015 e antecedida por ampla investigação conduzida pelo Ministério Público do Estado do Rio Grande Norte, evidenciou a atuação, naquele Estado, de organização criminosa voltada ao desvio de recursos públicos provenientes do IDEMA, organização essa cujo principal beneficiário, conforme demonstrou indiciariamente o Ministério Público, consiste no parlamentar ora denunciado. 11. O crime de organização criminosa é de natureza permanente, o que, aliás, é da essência da figura típica criminalizada, considerando que a opção do legislador não foi a de criminalizar a associação eventual para a prática de crimes, mas sim a atuação estruturada e reiterada de grupos voltados à prática de infrações penais. No caso em tela, os fatos imputados à organização criminosa tida como constituída pelo denunciado foram praticados em parte antes e em parte após a entrada em vigor da Lei n.º 12.850/13. Nesse contexto, dada a natureza de crime permanente acima destacada, impende, para viabilizar o recebimento da denúncia quanto à integralidade dos fatos imputados à organização criminosa ora denunciada que se invoque o entendimento consagrado no Enunciado 711 da Súmula do STF, segundo o qual "a lei penal mais grave aplica-se ao crime continuado ou ao crime permanente, se a sua vigência é anterior à cessão da continuidade ou da permanência" (AO 2.275, 1.ª T., rel. Luiz Fux, 23.10.2018, v.u.). STJ: "15 – Na associação criminosa (art. 288 do CP), não se faz necessária a existência de estrutura organizacional complexa, bastando associação incipiente. A pedra de toque para a distinção entre a associação e a organização, é que, nesta última, há uma dimensão institucional para o cometimento do crime" (APn 989/DF, Corte Especial, rel. Nancy Andrighi, 16.02.2022, v.u.).

**32. Causa de aumento de pena:** deve o juiz elevar a pena até a metade se a associação é armada, vale dizer, fizer uso de arma. Como o tipo penal não estabelece qualquer restrição, entende-se ser possível para configurar a causa de aumento tanto a arma própria (instrumento destinado a servir de arma, como as armas de fogo, punhais, espadas etc.) como a imprópria (instrumento utilizado extraordinariamente como arma, embora sem ter essa finalidade, como ocorre com a faca de cozinha, pedaços de pau, entre outros). Parece-nos possível configurar a causa de aumento quando apenas um dos membros da associação está armado, desde que todos saibam e concordem com isso. E mais, cremos ser indispensável que o porte das armas se faça de modo ostensivo, o que gera maior intranquilidade e conturbação à paz pública. Outra hipótese para o aumento de pena é a participação de criança ou adolescente. Nesse caso, pouco importa se o menor de 18 anos é usado como mero instrumento ou se participa ativamente da associação (no caso de ser adolescente). Merece crítica a previsão de aumento indefinida quanto ao mínimo. Determina-se o aumento de *até* metade. Ora, inexistindo previsão para o mínimo, deve-se entender cabível apenas um dia (art. 11, CP). Mas, se o julgador aplicar o aumento de somente um dia, estaria tergiversando e contornando a intenção legal, voltada a uma pena realmente mais elevada para tais situações. Parece-nos plausível adotar o aumento mínimo de um sexto, que é a menor causa de aumento prevista no Código Penal. Na jurisprudência: STJ: "3. 'No delito de associação criminosa armada, aumenta-se a pena até a metade, sempre de forma justificada, o que não ocorreu na hipótese. Ante a ausência de motivação judicial, o percentual de exasperação deve ser redimensionado para o mínimo legal (1/6) (REsp 1.688.915/RJ, rel. Min. Rogerio Schietti Cruz, 6.ª T., j. 27.02.2018, *DJe* 20.03.2018)" (AgRg no PExt no HC 496.469-RJ, 6.ª T., rel. Laurita Vaz, 12.08.2020, v.u.). TJDFT: "III – A comprovação de que a associação criminosa contava com a participação de ao menos um adolescente e de que um dos crimes anteriores à receptação foi cometido com emprego de arma de fogo, circunstância esta que era de conhecimento dos demais integrantes do grupo, justifica a aplicação da causa de aumento de pena prevista no artigo 288, parágrafo único" (Ap. 00090299120178070007, 3.ª T., rel. Nilsoni de Freitas Custodio, 17.06.2021, v.u.).

**32-A. Concurso com roubo, mediante o emprego de arma de fogo:** é perfeitamente viável, pois o roubo é um crime de dano, cujo bem jurídico afetado é o patrimônio. A associação criminosa é um delito de perigo, cujo bem jurídico é a paz pública. Em ambas as figuras criminosas, o emprego de armas torna mais grave a infração. Mas isto não justifica falar em *bis in idem*. Na jurisprudência: STJ: "II – Como destacado na decisão agravada, não há que falar em *bis in idem*, ante a imputação concomitante das majorantes do emprego de arma e concurso de pessoas do crime de roubo com as majorantes da quadrilha armada – prevista no parágrafo único do art. 288 do Código Penal (antiga redação) –, na medida em que se tratam – os crimes de roubo circunstanciado pelo emprego de arma e concurso de pessoas e de formação de quadrilha armada – de delitos autônomos e independentes, cujos objetos jurídicos são distintos – quanto ao crime de roubo: o patrimônio, a integridade jurídica e a liberdade do indivíduo e, quanto ao de formação de quadrilha (atual associação criminosa): a paz pública –, bem como diferentes as naturezas jurídicas, sendo o primeiro material, de perigo concreto, e o segundo formal, de perigo abstrato. Agravo regimental desprovido" (AgRg no HC 470.629-MS, 5.ª T., rel. Felix Fischer, 19.03.2019, v.u.).

### Constituição de milícia privada

> **Art. 288-A.** Constituir, organizar, integrar, manter ou custear[33-35] organização paramilitar, milícia particular, grupo ou esquadrão com a finalidade de praticar qualquer dos crimes previstos neste Código:[36-37]
>
> Pena – reclusão, de 4 (quatro) a 8 (oito) anos.[38-39]

**33. Análise do núcleo do tipo:** *constituir* (formar), *organizar* (estabelecer bases para algo), *integrar* (tomar parte), *manter* (sustentar, prover) ou *custear* (financiar) são as condutas alternativas, que têm por objeto a organização paramilitar (agrupamento de pessoas armadas, imitando a corporação militar oficial), milícia particular (grupo paramilitar, que age ao largo

# Art. 288-A

Código Penal Comentado · **Nucci**

1144

da lei), grupo ou esquadrão (agrupamento residual, envolvendo qualquer espécie de milícia). Este tipo penal difere do anterior (associação criminosa) pelos seguintes motivos: a) é mais restrito quanto à finalidade, pois se circunscreve a grupo armado, semelhante ao militar, para cometer crimes previstos no Código Penal – não valendo para outros delitos, dispostos em legislação especial; b) não demanda o número mínimo de três pessoas; aliás, não fixa número algum. Assim sendo, pode constituir-se uma milícia ou grupo com apenas duas pessoas. O crime demanda estabilidade e durabilidade, nos mesmos moldes que a associação criminosa, pois é a forma indicada para distingui-lo do mero concurso de agentes para o cometimento de um só delito. Deveria ter sido incluída esta figura típica no rol dos crimes hediondos (art. 1.º, Lei 8.072/1990), mas tal medida não se deu. Na jurisprudência: STJ: "1. Depreende-se da interpretação literal da norma disposta no art. 288-A do Código Penal – CP, que o legislador restringiu as hipóteses para a caracterização da milícia privada à prática dos crimes previstos no Diploma Repressivo. 2. Na hipótese, o Tribunal de origem consignou, expressamente, que o grupo criminoso 'não se limitava somente aos crimes descritos no Código Penal, os quais podemos destacar: a posse e porte ilegais de armas de fogo de uso permitido e de uso restrito (Lei 10.826/03), agiotagem (art. 4.º, 'a', da Lei 1.521/51), comércio ilegal de combustíveis (art. 1.º, I, da Lei 8.176/91), entre tantos outros', motivo pelo qual a conduta dos recorridos foi desclassificada do delito previsto no art. 288-A do CP (milícia privada) para o crime tipificado no art. 288, parágrafo único, do mesmo Diploma Legal (associação criminosa armada), mais favorável aos réus. 3. Correta a conclusão da Corte *a quo*, pois a ampliação do alcance da norma disposta no art. 288-A do CP, para incluir no âmbito de atuação do grupo criminoso os crimes previstos em legislação extravagante, não pode ser admitida, na medida em que a interpretação extensiva *in malam partem* é vedada no âmbito do direito penal. Desclassificação operada pelo Tribunal de origem mantida" (REsp 1.986.629-RJ, 5.ª T., rel. Joel Ilan Paciornik, j. 08.08.2023, v.u.). TJDFT: "1. Deve-se manter a tipificação do crime como associação criminosa quando associarem-se três ou mais pessoas para o fim específico de cometer crimes. Entende-se como crime de milícia privada, previsto no art. 288-A, do Código Penal: constituir, organizar, integrar, manter ou custear organização paramilitar, milícia particular, grupo ou esquadrão com a finalidade de praticar crimes previstos no Código Penal. As organizações militares ou paramilitares são aquelas que não fazem parte da polícia e forças armadas estatais, mas atuam na defesa nacional, em comunidades ou seguranças internas de condomínios, podendo atuar também na defesa de interesses privados, sejam eles políticos ou monetários" (Ap. 00023643120188070005, 1.ª T., rel. Carlos Pires Soares Neto, 01.07.2021, v.u.).

**34. Sujeitos ativo e passivo:** o sujeito ativo pode ser qualquer pessoa; o passivo é a sociedade.

**35. Elemento subjetivo do tipo:** é o dolo. Existe elemento subjetivo específico, consistente na "finalidade de praticar qualquer dos crimes previstos no Código Penal". Não há a forma culposa.

**36. Objetos material e jurídico:** o objeto material é a segurança coletiva, que traduz o objeto jurídico, a paz pública.

**37. Classificação:** trata-se de crime comum (aquele que pode ser cometido por qualquer pessoa); formal (crime que não exige, para sua consumação, resultado naturalístico, consistente no cometimento efetivo do delito); de forma livre (pode ser cometido por qualquer meio eleito pelo agente); comissivo (os verbos implicam ação) e, excepcionalmente, omissivo impróprio ou comissivo por omissão (quando o agente tem o dever jurídico de evitar o resultado, nos termos do art. 13, § 2.º, CP); permanente (cuja consumação se prolonga no tempo), nas formas *constituir, organizar, integrar*, mas habitual nas modalidades *manter* e *custear*; de perigo comum abstrato (coloca um número indeterminado de pessoas em perigo, que é presumido pela lei); plurissubjetivo (delito que somente pode ser cometido por vários sujeitos); plurissubsistente (delito cuja ação é composta por vários atos, permitindo-se o seu fracionamento); não admite tentativa, em razão da estabilidade e permanência requeridas (ou estão presentes e o crime está consumado ou estão ausentes, sendo um fato penalmente irrelevante). Além disso, há as condutas com caráter de habitualidade, que não comportam tentativa.

**38. Benefícios penais:** o delito tem penas elevadas, bem superior à associação criminosa. Se aplicada no mínimo, em tese, comporta pena alternativa e regime aberto, visto não se tratar de delito violento. Porém, a natureza do delito indica ser inviável, na maioria dos casos, regime inferior ao semiaberto, apontando a incompatibilidade natural com a pena restritiva de direitos. O mais indicado é a avaliação concreta no contexto da individualização da pena.

**39. Confronto com a revogada Lei de Segurança Nacional:** a Lei 7.170/1983 previa figura semelhante como um crime político, nos termos do art. 24: "constituir, integrar ou manter organização ilegal de tipo militar, de qualquer forma ou natureza armada ou não, com ou sem fardamento, com finalidade combativa. Pena: reclusão, de 2 a 8 anos". Não se tratava de figura idêntica à criada pelo art. 288-A (milícia privada), mas havia pontos de identidade, consistentes em constituir, integrar ou manter uma organização de caráter militar, embora as finalidades entre os tipos fossem diferentes. Na antiga Lei de Segurança Nacional o objetivo era o combate, voltando-se aos próprios militares, que estavam no poder; quando o delito do art. 288-A foi criado, a meta do grupo paramilitar passa a ser o cometimento de crimes previstos no Código Penal. Portanto, perdeu o seu conteúdo político, passando a ser considerado um delito comum.

# Título X
## Dos crimes contra a fé pública[1]

### Capítulo I
### DA MOEDA FALSA

**Moeda falsa[2]**

> **Art. 289.** Falsificar,[3-5] fabricando-a ou alterando-a, moeda metálica ou papel-moeda[6] de curso[7] legal no país[8] ou no estrangeiro:[9-11]
>
> Pena – reclusão, de 3 (três) a 12 (doze) anos, e multa.
>
> § 1.º Nas mesmas penas incorre quem, por conta própria ou alheia, importa[12-14] ou exporta, adquire, vende, troca, cede, empresta, guarda ou introduz na circulação moeda falsa.[15-17]
>
> § 2.º Quem,[18-20] tendo recebido de boa-fé, como verdadeira,[21] moeda falsa ou alterada, a restitui à circulação,[22] depois de conhecer a falsidade, é punido com detenção, de 6 (seis) meses a 2 (dois) anos, e multa.[23-24]
>
> § 3.º É punido[25] com reclusão, de 3 (três) a 15 (quinze) anos, e multa, o funcionário público ou diretor, gerente, ou fiscal de banco de emissão que fabrica, emite ou autoriza a fabricação ou emissão:
>
> I – de moeda com título[26] ou peso[27] inferior ao determinado em lei;
>
> II – de papel-moeda em quantidade superior à autorizada.[28-29]
>
> § 4.º Nas mesmas penas incorre quem desvia[30] e faz circular moeda, cuja circulação não estava ainda autorizada.[31]

**1. Conceito de fé pública:** a fé é uma crença ou uma confiança em algo ou alguém. No sentido jurídico-penal, acrescenta-se o termo pública, de modo a evidenciar ser uma confiança geral, que se estabelece em assuntos proporcionados pelo Estado. Tal contexto vincula-se à credibilidade existente em certos atos, símbolos, documentos, papéis ou formas em geral, impostas em lei, que merecem salvaguardar-se do seu maior algoz: o falso. Por isso, a moeda, cunhada pelo Estado, tem valor em si mesma, circulando nos meios comerciais, desde que goze de fé pública, vale dizer, todos acreditam na força do seu símbolo, representativo de dinheiro e, consequentemente, de patrimônio. O documento não foge à regra, mesmo sendo particular, pois ele vale por si mesmo, constituindo instrumento confiável para dar lastro a

# Art. 289

Código Penal Comentado · **Nucci**

negócios dos mais variados tipos. A fé pública é a fé na autoridade, nas coisas que trazem o cunho de fidedignidade impresso pelo Estado, nas palavras de CARRARA (*apud* HUNGRIA, *Comentários do Código Penal*, v. IX, p. 185). Ou, ainda, valendo-se de Pessina, é a fé sancionada pelo Estado, transmitindo confiança geral a certos atos, símbolos ou formas a que a lei atribui valor jurídico (idem, p. 185). Embora seja debate existente, filiamo-nos à corrente doutrinária que visualiza diferença essencial entre fraude e falso, devendo ser separados os bens jurídicos afetados por cada uma dessas condutas. A fraude atinge bens diversos da fé pública, quando tratada em sentido estrito, pois esta se calca em coisas que valem por si mesmas, por força de lei. Não é a fraude que altera uma moeda ou um documento, mas o falso. O falsário atua para reconstituir moedas, papéis, documentos etc., com o fim de gerar uma coisa com aparência de valor, quando, em verdade, não mais o possui. O fraudador atua para ferir bens jurídicos diversos, em particular, o patrimônio, mas também extensivo aos interesses da administração pública. Pode-se até conjugar as condutas do falsário e do fraudador num único cenário criminoso, como ocorre com o cheque falsificado e entregue ao comerciante para obter um produto. Figura, nesse contexto, o falso e a fraude, gerando falsidade documental e estelionato. Atualmente, entende-se que o estelionato absorve o falso, quando este nele se esgota. Mas são dois delitos diversos: o falso afetou a fé pública; a fraude, o patrimônio. Em suma, há Códigos estrangeiros, que cuidam de crimes como a violação de segredo funcional, a fraude no comércio ou em leilões, o falso testemunho, a usurpação de função pública, entre outros, como atentatórios à fé pública. Preferimos considerar correta a observação de Nelson Hungria a respeito: "Qualquer desses crimes pode ofender a confiança de indivíduo para indivíduo ou a normalidade da ordem jurídico-administrativa, mas não a fé pública, no sentido de fé comum ou geral nos objetos, sinais ou formas a que a ordem jurídica empresta o cunho de atestação da genuinidade ou veracidade" (*Comentários ao Código Penal*, v. IX, p. 193). Por isso, a fé pública, como bem jurídico autonomamente tutelado, lida com as coisas impregnadas de valor próprio, advindo de lei, despertando a confiança geral nesses papéis, moedas e documentos. A porção criminosa, a afetar a fé pública, é a falsidade. Por isso, neste Título X, os crimes são ligados a esse cenário: moeda falsa e assimilados; petrechos para falsificação de moeda; emissão de títulos ao portador sem permissão legal; falsificação de papéis públicos; petrechos de falsificação; falsificação de selo ou sinal público; falsificação de documento público; falsificação de documento particular; falsidade ideológica; falso reconhecimento de firma ou letra; certidão ou atestado ideologicamente falso; falsidade material de atestado ou certidão; falsidade de atestado médico; reprodução ou adulteração de selo ou peça filatélica; uso de documento falso; supressão de documento; falsidade do sinal empregado no contraste de metal precioso ou na fiscalização alfandegária, ou para outros fins; falsa identidade; fraude de lei sobre estrangeiros; adulteração de sinal identificador de veículo automotor.

**2. Proteção internacional:** o Brasil é signatário da Convenção Internacional para a Repressão da Moeda Falsa (Decreto 3.074/1938). Explica NORONHA que "a fé pública é um bem jurídico internacional. A cooperação entre as nações para a tutela desse interesse econômico universal firmou-se bem antes e bem mais amplamente no campo do Direito Penal, do que no chamado Direito Administrativo Internacional (união monetária latina, escandinava etc.). E isso se explica facilmente, refletindo-se que é muito mais fácil o acordo na reação contra a delinquência do que na sujeição a um único regime monetário. Hoje, portanto, com a incriminação do falso numário, não se limita a lei a proteger a soberania monetária do Estado, mas tutela a circulação monetária em geral, se bem que, em relação aos delitos cometidos no estrangeiro, o Estado naturalmente se preocupa em assegurar de modo especial o que mais o interessa" (*Direito penal*, v. 4, p. 106).

**3. Análise do núcleo do tipo:** *falsificar* quer dizer reproduzir imitando, ou imitar com fraude. Associa-se essa conduta às seguintes: a) *fabricar* (manufaturar ou cunhar); b) *alterar* (modificar ou adulterar). O objeto é a moeda em curso no País ou no estrangeiro. Exige-se que a reprodução imitadora seja convincente, pois se for grosseira e bem diversa da original não se configura o delito. Aliás, tratar-se-ia de crime impossível (objeto absolutamente impróprio). Entretanto, se o agente conseguir ludibriar a vítima, com uma falsificação grosseira qualquer, obtendo vantagem, pode-se, conforme a situação concreta, tipificar o crime de estelionato, de competência da justiça estadual (Súmula 73 do STJ: "A utilização de papel-moeda grosseiramente falsificado configura, em tese, o crime de estelionato, da competência da Justiça Estadual"). Na jurisprudência: STJ: "3. Comprovado o dolo do recorrente, ou seja, a vontade livre e consciente de colocar em circulação as cédulas e o pleno conhecimento da falsidade, bem como o fato de se tratar de falsificação de boa qualidade atestada em laudo pericial, típica a conduta praticada" (AgRg no REsp 1.872.932-AL, 5.ª T., rel. Reynaldo Soares da Fonseca, 16.06.2020, v.u.); "1. A Corte federal de origem não dissentiu da jurisprudência do Superior Tribunal de Justiça, orientada no sentido de que '(...) a grande quantidade de cédulas falsas apreendidas deve ser considerada como demonstrativa de maior reprovabilidade da conduta, apta a ensejar a majoração da pena-base, em razão da finalidade na norma legal, que busca proteção da fé pública' (AgRg no AREsp 1.083.941/SP, Rel. Ministro Felix Fischer, Quinta Turma, julgado em 24/10/2017, *DJe* 30/10/2017, grifei). 2. No caso, conforme consignado pelas instâncias ordinárias, foi apreendido um total de 197 (cento e noventa e sete) notas falsas de R$100,00 (cem reais) (fl. 2.190), circunstância concreta que, nos termos da orientação jurisprudencial deste Tribunal Superior, demonstra a maior reprovabilidade da conduta e autoriza a majoração da pena-base" (AgRg no REsp 1.864.511-SC, 6.ª T., rel. Laurita Vaz, 03.11.2020, v.u.).

**4. Sujeitos ativo e passivo:** o sujeito ativo pode ser qualquer pessoa. O sujeito passivo é o Estado.

**5. Elemento subjetivo do tipo:** é o dolo. Não se exige elemento subjetivo específico, nem se pune a forma culposa.

**6. Moeda metálica e papel-moeda:** moeda é o "valorímetro dos bens econômicos, o denominador comum a que se reduz o valor das coisas úteis" (Hungria, *Comentários ao Código Penal*, v. 9, p. 202-203). No passado, utilizavam-se para confeccionar a moeda metais nobres, como ouro e prata, que, atualmente, não mais são usados. Os metais usados para o cunho de moedas são vulgares, sem valor em si mesmos. Por outro lado, passou-se a representar a moeda também pelo papel, chamado de *papel-moeda*, que são as notas ou cédulas de dinheiro. Cabe ao Conselho Monetário Nacional regular o valor interno da moeda (art. 3.º, II, da Lei 4.595/1964), bem como autorizar as emissões de papel-moeda (art. 4.º, I, da mesma lei). Ao Banco Central do Brasil compete emitir papel-moeda e moeda metálica, conforme autorização dada pelo Conselho Monetário Nacional (art. 10 da citada lei, bem como art. 164 da Constituição Federal). Por outro lado, à Casa da Moeda compete a fabricação, em caráter exclusivo, de papel-moeda e moeda metálica (art. 2.º da Lei 5.895/1973), fixando as características técnicas e artísticas do papel-moeda (art. 5.º da Lei 4.511/1964).

**7. Curso legal:** o meio circulante é constituído de moedas metálicas e de cédulas (art. 2.º da Lei 4.511/1964; art. 1.º da Lei 9.069/1995), legalmente fabricadas e emitidas.

**8. Outras figuras típicas relacionadas:** levando-se em conta a obrigatoriedade de recebimento da moeda em curso legal no País, encontramos a contravenção penal do art. 43 da Lei das Contravenções Penais: "Recusar-se a receber pelo seu valor, moeda de curso legal do País:

# Art. 289

Pena – multa". Tendo em vista que não se permite a utilização de qualquer tipo de impresso que se assemelhe, de algum modo, às cédulas de papel-moeda ou às moedas metálicas (art. 13 da Lei 4.511/1964), temos o art. 44: "Usar, como propaganda, de impresso ou objeto que pessoa inexperiente ou rústica possa confundir com moeda: Pena – multa".

**9. Objetos material e jurídico:** o objeto material é a moeda metálica ou papel-moeda. O objeto jurídico é a fé pública.

**9-A. Aplicação do princípio da insignificância (bagatela):** inviabilidade. O objeto jurídico tutelado não admite a insignificância, uma vez que se trata da fé pública e, consequentemente, da confiança que a sociedade deposita na moeda. Ao tomar conhecimento da moeda falsificada, especialmente quando gerar prejuízo, há um natural descrédito com relação às próximas moedas a receber, algo que desafia a fé pública. Na jurisprudência: STJ: "1. A aplicação do princípio da insignificância não é cabível ao crime de moeda falsa, em razão de ser a fé pública o bem jurídico tutelado. Precedentes" (AgRg no REsp n. 2.133.358/AM, 6.ª T., rel. Rogerio Schietti Cruz, 24.06.2024, v.u.); "1. Nos termos da jurisprudência deste Superior Tribunal, 'Não se cogita a aplicação do princípio da insignificância aos crimes de moeda falsa, pois o bem jurídico protegido de forma principal é a fé pública, ou seja, a segurança da sociedade, sendo irrelevante o número de notas, o seu valor ou o número de lesados' (AgRg no REsp n. 1.969.774/SP, relator Ministro Ribeiro Dantas, Quinta Turma, julgado em 15/3/2022, *DJe* de 18/3/2022)" (AgRg no REsp 2.112.089/RO, 6.ª T., rel. Jesuíno Rissato, 06.08.2024, v.u.); "1. 'Não se cogita a aplicação do princípio da insignificância aos crimes de moeda falsa, pois o bem jurídico protegido de forma principal é a fé pública, ou seja, a segurança da sociedade, sendo irrelevante o número de notas, o seu valor ou o número de lesados' (AgRg no REsp n. 1.969.774/SP, relator Ministro Ribeiro Dantas, Quinta Turma, julgado em 15/3/2022, *DJe* de 18/3/2022)" (AgRg no HC 772.340-MT, 5.ª T., rel. Reynaldo Soares da Fonseca, 18.10.2022, v.u.).

**10. Classificação:** trata-se de crime comum (aquele que pode ser cometido por qualquer pessoa); formal (crime que não exige, para sua consumação, resultado naturalístico, consistente em efetivo prejuízo para alguém); de forma livre (pode ser cometido por qualquer meio eleito pelo agente); comissivo (os verbos implicam ações); instantâneo (cuja consumação não se prolonga no tempo, dando-se em momento determinado); unissubjetivo (aquele que pode ser cometido por um único sujeito); plurissubsistente (delito cuja ação é composta por vários atos, permitindo-se o seu fracionamento); admite tentativa. Não se deve olvidar que a fase de preparação para a falsificação de moeda pode ser considerada típica, diante da existência do crime previsto no art. 291 do Código Penal.

**11. Competência:** Justiça Federal. Na jurisprudência: "3. Na espécie, a perícia concluiu que a falsificação da moeda 'foi realizada com conhecimentos e equipamentos técnicos, resultando em características macroscópicas (visíveis a olho nu) com qualidade, podendo ser confundida com documento autêntico, dependendo do meio, do conhecimento e da atenção do observador'. Destarte, tendo em vista que a moeda poderia ser tida por autêntica, está configurada a competência da Justiça Federal para julgamento do delito tipificado no art. 289 do Código Penal – CP" (STJ, CC 170.644-SC, 3.ª Seção, rel. Joel Ilan Paciornik, 13.05.2020, v.u.).

**12. Análise do núcleo do tipo:** *importar* (trazer do exterior para dentro das fronteiras do País); *exportar* (remeter para fora do País); *adquirir* (obter ou comprar); *vender* (alienar por certo preço); *trocar* (permutar ou substituir uma coisa por outra); *ceder* (transferir a posse ou a propriedade a terceiro); *emprestar* (confiar algo a alguém, por determinado período, para ser devolvido); *guardar* (tomar conta ou vigiar); *introduzir* (fazer entrar). O objeto é moeda falsa em circulação. Na jurisprudência: TRF3: "1. Réu denunciado por prática do crime previsto no art. 289, § 1.º, do Código Penal por guardar 16 (dezesseis) cédulas de R$ 50,00 (cinquenta reais). (...) 3. Comprovadas a autoria e a materialidade da conduta dolosa de guarda das cédulas falsas, que o acusado trazia consigo escondidas sob as vestes íntimas" (Ap. 74357-SP, 5.ª T., rel. André Nekatschalow, 25.06.2018, v.u.).

**13. Sujeitos ativo e passivo:** são os mesmos do *caput*. Há quem sustente também figurar como sujeito passivo aquele que recebeu a moeda falsa, no tipo previsto neste § 1.º do art. 289. Chega-se, inclusive, a permitir a aplicação de agravantes, tendo por pessoa tutelada algum parente ou pessoa enfraquecida. Na jurisprudência: STJ: "Nos casos de prática do crime de introdução de moeda falsa em circulação (art. 289, § 1.º, do CP), é possível a aplicação das agravantes dispostas nas alíneas 'e' e 'h' do inciso II do art. 61 do CP, incidentes quando o delito é cometido 'contra ascendente, descendente, irmão ou cônjuge' ou 'contra criança, maior de 60 (sessenta) anos, enfermo ou mulher grávida'. De fato, a fé pública do Estado é o bem jurídico tutelado no delito do art. 289, § 1.º, do CP. Isso, todavia, não induz à conclusão de que o Estado seja vítima exclusiva do delito. Com efeito, em virtude da diversidade de meios com que a introdução de moeda falsa em circulação pode ser perpetrada, não há como negar que a vítima pode ser, além do Estado, uma pessoa física ou um estabelecimento comercial, dado o notório prejuízo experimentado por esses últimos. Efetivamente, a pessoa a quem, eventualmente, são passadas cédulas ou moedas falsas pode ser elemento crucial e definidor do grau de facilidade com que o crime será praticado, e a fé pública, portanto, atingida. A propósito, a maior parte da doutrina não vê empecilho para que figure como vítima nessa espécie de delito a pessoa diretamente ofendida" (HC 211.052-RO, 6.ª T., rel. Min. Sebastião Reis Júnior, rel. p/ acórdão Min. Rogerio Schietti Cruz, 05.06.2014, *Informativo* 546). Segundo nos parece, o bem jurídico protegido é a fé pública e o sujeito passivo é somente o Estado, que emite a moeda de maneira exclusiva. Sem dúvida, quando a moeda falsa entra em circulação, há *prejudicados* pelo crime, aqueles que, tendo-a por verdadeira, utilizam-na para seus propósitos pessoais e podem sofrer algum prejuízo. Na realidade, quando a infração penal ocorre, além do sujeito passivo, existe também a figura do *prejudicado*. Ilustrando, a vítima do homicídio é a pessoa que perdeu a vida; o filho do falecido é o prejudicado, mas não é o titular do bem jurídico *vida*. É o que ocorre nesse crime (moeda falsa). O sujeito passivo é o Estado; quem toma contato com a moeda, sejam quantos forem, são prejudicados pelo delito. Por isso, não vemos sentido em se aplicar agravantes pessoais, como crime cometido contra pai, mãe, idoso, mulher grávida etc.

**14. Elemento subjetivo do tipo:** é o mesmo do *caput*.

**15. Moeda falsa:** é a moeda que não tem validade, por não estar em curso legal no País ou no estrangeiro.

**15-A. Falsificação grosseira:** como regra, em todos os tipos penais que abordam a falsidade material de peças, objetos e papéis, quando se tratar de falsidade *evidente*, facilmente perceptível, não se configura o delito. No entanto, é possível, conforme o caso concreto, concretizar o tipo do estelionato. Na jurisprudência: STJ: "1. Hipótese na qual o laudo pericial aponta a má qualidade da moeda falsificada e as circunstâncias dos autos indicam que ela não possui a capacidade de ludibriar terceiros. 2. 'A utilização de papel-moeda grosseiramente falsificado configura, em tese, o crime de estelionato, da competência da Justiça Estadual' (Súmula n. 73/STJ). 3. Competência da Justiça Estadual, o suscitado" (CC 135.301-PA, 3.ª S., rel. Ericson Maranho, 08.04.2015, v.u.).

**16. Objetos material e jurídico:** iguais aos do *caput*.

# Art. 289

Código Penal Comentado · **Nucci**

1152

**17. Classificação:** mantém-se a classificação realizada no *caput*, alterando-se o seguinte: a) quanto à conduta "guardar", de instantâneo para permanente (delito cuja consumação se arrasta no tempo); b) quanto à conduta "vender", de formal para material, pois implica resultado naturalístico, consistente no recebimento de determinado preço pela entrega da moeda falsa.

**18. Análise do núcleo do tipo:** *receber* (aceitar ou tomar como pagamento); *restituir* (devolver); *conhecer* (ter informação ou saber). O objeto é a moeda falsa recebida como verdadeira. O tipo é privilegiado, pois a pena é alterada para menor, passando de reclusão para detenção e com o mínimo e o máximo caindo para seis meses a dois anos.

**19. Sujeitos ativo e passivo:** são os mesmos do *caput*.

**20. Elemento subjetivo do tipo:** é o dolo, embora se exija somente a forma *direta* ("depois de conhecer a falsidade"). Não há elemento subjetivo do tipo específico, nem se pune a forma culposa.

**21. Recebimento de boa-fé como se verdadeira fosse:** a situação, aparentemente, implica uma contradição, pois o sujeito que recebe moeda, a qualquer título, estando de boa--fé, certamente a está tomando como verdadeira. Seria incompreensível que alguém, de *boa-fé*, recebesse moeda falsa. A segurança da descrição típica fez com que o legislador especificasse a situação.

**22. Restituição à circulação:** a moeda tem como finalidade precípua circular, isto é, correr de mão em mão. Portanto, normalmente para evitar prejuízo, o recebedor de boa-fé, sabendo que a moeda é falsa, passa-a adiante, de qualquer forma, lesionando, também, a fé pública.

**23. Objetos material e jurídico:** iguais aos do *caput*.

**24. Classificação:** trata-se de crime comum (aquele que não demanda sujeito ativo qualificado ou especial); formal (delito que não exige resultado naturalístico, consistente no efetivo prejuízo a alguém, com a utilização de qualquer papel falsificado); de forma livre (podendo ser cometido por qualquer meio eleito pelo agente); comissivo (os verbos implicam ações); instantâneo (cujo resultado se dá de maneira instantânea, não se prolongando no tempo), mas permanente (cujo resultado se arrasta no tempo) na figura "guardar"; unissubjetivo (delito que pode ser cometido por um só agente); unissubsistente (cometido em um único ato) ou plurissubsistente (em regra, vários atos integram a conduta), conforme o caso; admite tentativa, na forma plurissubsistente.

**25. Figura qualificada:** a pena máxima é aumentada para quinze anos, quando pessoa qualificada (funcionário público ou diretor, gerente ou fiscal de banco de emissão) pratica as seguintes condutas: a) *fabricar* (manufaturar ou cunhar); b) *emitir* (pôr em circulação); c) *autorizar a fabricação ou emissão* (dar permissão para manufaturar ou para colocar em circulação). O objeto é moeda. Trata-se, também, de norma penal em branco, pois é preciso o complemento dado por outra norma, a fim de saber qual é o título ou peso determinado *em lei* e qual é a quantidade *autorizada*.

**26. Título:** é o texto contido na liga metálica. Ex.: *1 Real*, na moeda metálica.

**27. Peso:** é o produto da massa de um corpo conforme a aceleração da gravidade, passível de determinação em medidas. Aplica-se à moeda metálica, que possui peso determinado em lei.

# Art. 290

**28. Quantidade superior a determinada:** há um limite para a fabricação ou emissão de papel-moeda, controlado pelo Conselho Monetário Nacional e pelo Banco Central. Ultrapassar esse limite constitui crime. Exemplo desse controle de emissão de moeda no mercado pode ser constatado na época de mudança da moeda antiga para a atual (real). O art. 1.º da Lei 8.891/1994 estabeleceu o limite de um bilhão e quinhentos milhões de unidades para impressão de cédulas do novo padrão monetário.

**29. Classificação:** trata-se de crime próprio (aquele que demanda sujeito ativo especial ou qualificado); formal (crime que não exige, para sua consumação, resultado naturalístico, consistente em causar efetivo prejuízo a alguém); de forma vinculada (pode ser cometido somente pelo meio eleito em lei, uma vez que a fabricação e a emissão de moeda verdadeira têm processo específico); comissivo (os verbos implicam ações); instantâneo (cuja consumação não se prolonga no tempo, dando-se em momento determinado); unissubjetivo (aquele que pode ser cometido por um único sujeito); unissubsistente (praticado num único ato) ou plurissubsistente (delito cuja ação é composta por vários atos, permitindo-se o seu fracionamento), conforme o caso concreto; admite tentativa na forma plurissubsistente.

**30. Análise do núcleo do tipo:** *desviar* (mudar a direção ou afastar-se de determinado ponto); *fazer circular* (promover a propagação ou colocar em curso). O objeto é a moeda não autorizada a circular.

**31. Norma penal em branco:** a autorização para a circulação da moeda deve ser buscada em outra norma, que merece ser analisada para a configuração deste tipo.

### Crimes assimilados ao de moeda falsa

> **Art. 290.** Formar[32-34] cédula, nota ou bilhete representativo de moeda[35] com fragmentos[36] de cédulas, notas ou bilhetes verdadeiros;[37] suprimir, em nota, cédula ou bilhete recolhidos,[38] para o fim de restituí-los à circulação, sinal indicativo de sua inutilização;[39] restituir à circulação cédula, nota ou bilhete em tais condições,[40] ou já recolhidos para o fim de inutilização:[41-42]
>
> Pena – reclusão, de 2 (dois) a 8 (oito) anos, e multa.
>
> **Parágrafo único.** O máximo[43] de reclusão é elevado a 12 (doze) anos e o da multa a Cr$ 40.000 (quarenta mil cruzeiros), se o crime é cometido por funcionário que trabalha na repartição onde o dinheiro se achava recolhido, ou nela tem fácil ingresso, em razão do cargo.[44]

**32. Análise do núcleo do tipo:** *formar* (dar forma, construir ou compor), que é a primeira conduta, compõe-se com cédula, nota ou bilhete representativo de moeda, concebida a partir de fragmentos de cédulas, notas ou bilhetes verdadeiros; *suprimir* (eliminar ou fazer desaparecer), que é a segunda conduta, associa-se a sinal indicativo da sua inutilização; *restituir à circulação* (devolver ao manejo público) coordena-se com nota ou bilhete inutilizado ou recolhido. É sempre indispensável haver aparência de autenticidade nas cédulas, notas ou bilhetes para se configurar o delito. Trata-se de tipo misto cumulativo, havendo três condutas diversas, passíveis de punição autônoma. Entretanto, quanto à terceira conduta, aplica-se a teoria do *fato posterior não punível*, quando a restituição à circulação for feita pelo próprio agente que *fabricou* a cédula, nota ou bilhete, ou mesmo *suprimiu* sinal identificador da sua inutilização.

# Art. 290

Código Penal Comentado · **Nucci**

**33. Sujeitos ativo e passivo:** o sujeito ativo pode ser qualquer pessoa. O sujeito passivo é o Estado.

**34. Elemento subjetivo do tipo:** é o dolo, não se exigindo elemento subjetivo específico nas formas "formar" e "restituir". Quanto à modalidade "suprimir", demanda-se o dolo, embora com elemento subjetivo específico, consistente na vontade de "restituí-los à circulação". Não se pune a forma culposa.

**35. Cédula, nota e bilhete representativo de moeda:** são termos correlatos, representativos do papel-moeda.

**36. Fragmento:** é a parte de um todo ou pedaço de algo partido. Portanto, pune-se a conduta do agente que ajunta pedaços de cédulas, notas ou bilhetes verdadeiros para construir uma moeda falsa, como se verdadeira fosse.

**37. Colagem de notas verdadeiras:** se o agente ajuntar pedaços de uma cédula verdadeira em outra, cremos tratar-se da figura deste artigo, e não do crime de moeda falsa. Afinal, a cédula não é fabricada pelo agente, tampouco alterada – que seriam condutas do art. 289 –, mas apenas *composta* por cédulas verdadeiras. E HUNGRIA cita o seguinte exemplo: "No famoso 'Caso da Caixa de Conversão', as cédulas recolhidas (destinadas à incineração) eram picotadas, e os agentes do crime (funcionários da repartição) destacavam as múltiplas partes não atingidas pelo picote e com elas, habilmente ajustadas, formavam novas cédulas (e por muito tempo passou despercebido que cada um dos exemplares assim formados apresentava duplicidade de numeração)" (*Comentários ao Código Penal*, v. 9, p. 211).

**38. Recolhimento do papel-moeda:** é efetivado toda vez que contiver marcas, símbolos, desenhos ou outros caracteres a ele estranhos, perdendo seu poder de circulação (art. 14 da Lei 4.511/1964).

**39. Sinal indicativo de sua inutilização:** *sinal* é qualquer marca utilizada para servir de alerta, captado pelos sentidos, possibilitando reconhecer ou conhecer alguma coisa. No caso mencionado no tipo penal, a sua função é proporcionar a detecção das cédulas marcadas para destruição.

**40. Condições específicas:** a restituição à circulação de cédula, nota ou bilhete *em tais condições* significa aquela que já tiver sido *recolhida* por qualquer razão ou contiver *sinal indicativo* de que será inutilizada. Pode, também, ser a cédula *construída* por fragmentos verdadeiros, pois ela também retornará à circulação.

**41. Objetos material e jurídico:** o objeto material pode ser fragmento de cédula, nota ou bilhete verdadeiro ou moeda recolhida. O objeto jurídico é a fé pública.

**42. Classificação:** trata-se de crime comum (aquele que pode ser cometido por qualquer pessoa); formal (crime que não exige, para sua consumação, resultado naturalístico, consistente em haver efetivo prejuízo material ao Estado); de forma livre (pode ser cometido por qualquer meio eleito pelo agente); comissivo (os verbos implicam ações); instantâneo (cuja consumação não se prolonga no tempo, dando-se em momento determinado); unissubjetivo (aquele que pode ser cometido por um único sujeito); unissubsistente (praticado num único ato) ou plurissubsistente (delito cuja ação é composta por vários atos, permitindo-se o seu fracionamento), conforme o caso concreto; admite tentativa na forma plurissubsistente.

**43. Competência:** Justiça Federal.

**44. Figura qualificada:** aumenta-se a pena máxima para 12 anos de reclusão quando o crime for cometido por funcionário público, trabalhando justamente na repartição onde o dinheiro estava guardado, ou tendo acesso facilitado ao local, por conta do seu cargo. Quanto à pena de multa, não é passível de elevação, uma vez que, após a Reforma Penal de 1984, não mais se fala em valor nominal para a pena pecuniária, e sim em quantidade de dias-multa. Portanto, onde se lê "Cr$ 40.000", deve-se ler "multa". Ao fixar o número de dias-multa e o valor de cada um deles, deve o juiz levar em consideração que essa multa precisa ser superior àquela prevista no *caput*.

### Petrechos para falsificação de moeda

> **Art. 291.** Fabricar,[45-47] adquirir, fornecer, a título oneroso ou gratuito, possuir ou guardar maquinismo,[48] aparelho,[49] instrumento[50] ou qualquer objeto[51] especialmente[52] destinado à falsificação de moeda:[53-56]
>
> Pena – reclusão, de 2 (dois) e 6 (seis) anos, e multa.

**45. Análise do núcleo do tipo:** *fabricar* (construir ou cunhar); *adquirir* (obter ou comprar); *fornecer* (guarnecer ou prover), de forma onerosa (mediante o pagamento de certo preço) ou gratuita (sem contraprestação); *possuir* (ter a posse ou reter); *guardar* (vigiar ou tomar conta de algo). O objeto pode ser maquinismo, aparelho, instrumento ou outro objeto destinado à falsificação de moeda. Nota-se que essa é a fase de preparação do crime de moeda falsa, que o legislador resolveu nivelar à categoria de delito autônomo. O tipo é misto alternativo: a prática de uma ou mais condutas implica sempre num único crime. Na jurisprudência: STJ: "1. O art. 291 do Código Penal tipifica, entre outras condutas, a posse ou guarda de maquinismo, aparelho, instrumento ou qualquer objeto especialmente destinado à falsificação de moeda. 2. A expressão especialmente destinado não diz respeito a uma característica intrínseca ou inerente do objeto. Se assim fosse, só o maquinário exclusivamente voltado para a fabricação ou falsificação de moedas consubstanciaria o crime, o que implicaria a absoluta inviabilidade de sua consumação (crime impossível), pois nem mesmo o maquinário e insumos utilizados pela Casa de Moeda são direcionados exclusivamente para a fabricação de moeda. 3. A dicção legal está relacionada ao uso que o agente pretende dar ao objeto, ou seja, a consumação depende da análise do elemento subjetivo do tipo (dolo), de modo que, se o agente detém a posse de impressora, ainda que manufaturada visando ao uso doméstico, mas com o propósito de a utilizar precipuamente para contrafação de moeda, incorre no referido crime" (REsp 1.758.958-SP, 6.ª T., rel. Sebastião Reis Júnior, 11.09.2018, v.u.).

**46. Sujeitos ativo e passivo:** o sujeito ativo pode ser qualquer pessoa. O sujeito passivo é o Estado.

**47. Elemento subjetivo do tipo:** é o dolo. Não se exige elemento subjetivo específico, nem se pune a forma culposa.

**48. Maquinismo:** é o conjunto de peças de um aparelho ou mecanismo.

**49. Aparelho:** é o conjunto de mecanismos existente numa máquina.

**50. Instrumento:** objeto empregado para a execução de um trabalho.

**51. Qualquer objeto:** trata-se de interpretação analógica, lançando o tipo penal os exemplos de objetos (tudo que é manipulável ou perceptível aos sentidos), para depois generalizar, usando a fórmula "qualquer objeto" destinado à falsificação.

# Art. 292

**52. Especialmente:** é o maquinismo, aparelho, instrumento ou objeto que tem por finalidade *principal* falsificar moeda. Pode até ser utilizado para outros fins, embora se concentre na contrafação de moeda.

**53. Objetos material e jurídico:** o objeto material é o maquinismo, aparelho, instrumento ou outro objeto destinado à falsificação de moeda. O objeto jurídico é a fé pública.

**54. Classificação:** trata-se de crime comum (aquele que pode ser cometido por qualquer pessoa); formal (crime que não exige, para sua consumação, resultado naturalístico, consistente em efetivamente falsificar moeda com prejuízo do Estado); de forma livre (pode ser cometido por qualquer meio eleito pelo agente); comissivo (os verbos implicam ações); instantâneo (cuja consumação não se prolonga no tempo, dando-se em momento determinado) nas formas "fabricar", "adquirir" e "fornecer", mas permanente (cuja consumação se prolonga no tempo) nas modalidades "possuir" e "guardar"; unissubjetivo (aquele que pode ser cometido por um único sujeito); plurissubsistente (delito cuja ação é composta por vários atos, permitindo-se o seu fracionamento); não admite tentativa, pois se trata da tipificação da preparação do crime previsto no art. 289. Ora, a fase de preparação normalmente é penalmente irrelevante, pois o direito brasileiro adotou a teoria objetiva no campo da tentativa (ver notas ao art. 14, II). Assim, quando, por exceção, resolve o legislador criar o tipo penal especialmente para puni-la, é natural que não admita tentativa.

**55. Delito subsidiário:** trata-se da subsidiariedade implícita, isto é, quando um tipo envolve outro de modo tácito. O crime previsto neste tipo, como já mencionado, pode ser a fase preparatória do delito de moeda falsa, razão pela qual, se o agente fabricar um aparelho para falsificar moeda e terminar contrafazendo-a, responde unicamente pela infração principal, que é a do art. 289.

**56. Competência:** Justiça Federal.

### Emissão de título ao portador sem permissão legal

> **Art. 292.** Emitir,[57-59] sem permissão legal,[60] nota, bilhete, ficha, vale ou título que contenha promessa de pagamento em dinheiro[61] ao portador ou a que falte indicação do nome da pessoa a quem deva ser pago:[62-63]
>
> Pena – detenção, de 1 (um) a 6 (seis) meses, ou multa.
>
> **Parágrafo único.** Quem recebe ou utiliza[64-66] como dinheiro qualquer dos documentos referidos neste artigo incorre na pena de detenção, de 15 (quinze) dias a 3 (três) meses, ou multa.[67-68]

**57. Análise do núcleo do tipo:** *emitir* significa colocar em circulação. O objeto é a nota, bilhete, ficha, vale ou título com promessa de pagamento em dinheiro. A finalidade de existência deste tipo penal é evitar que papéis não autorizados pela lei passem a ocupar, gradativamente, o lugar da moeda. Imagine-se que um empregador emita a seus funcionários vales, em lugar de efetuar o pagamento do salário em dinheiro. Se esses vales tiverem um determinado valor em dinheiro e forem inominados, ou seja, devendo ser pagos a quem os apresentar ao empresário, no futuro, torna-se evidente que podem ser negociados, entrar em circulação e substituir a moeda. Proliferando, tendo credibilidade junto ao público, nada impede que algumas pessoas passem a aceitar os referidos *vales* como substitutivos do papel--moeda, colocando em grave risco a fé pública. Pode ocorrer de, subitamente, o empresário não mais honrar o pagamento dos vales, até mesmo porque fechou sua empresa, deixando vários beneficiários sem qualquer garantia.

**58. Sujeitos ativo e passivo:** o sujeito ativo pode ser qualquer pessoa que os coloque em circulação. É possível haver participação daquele que subscreveu o título, desde que saiba que seria colocado em circulação. O sujeito passivo é o Estado.

**59. Elemento subjetivo do tipo:** é o dolo. Não existe a forma culposa, nem se exige elemento subjetivo do tipo específico.

**60. Norma penal em branco:** trata-se de um elemento normativo do tipo, representado por um componente da ilicitude – *sem permissão legal* – inserido no tipo, que indica haver necessidade de um complemento, isto é, consulta à legislação específica para saber se há ou não autorização para a emissão dos títulos. Havendo, trata-se de fato atípico.

**61. Nota, bilhete, ficha, vale e título:** *nota* (cédula ou papel onde se insere um apontamento para lembrar alguma coisa); *bilhete* (título de obrigação ao portador); *ficha* (peça de qualquer material utilizada para marcar pontos num jogo, podendo representar quantias em dinheiro); *vale* (escrito informal, representativo de dívida); *título* (qualquer papel negociável). Nesses papéis deve estar representada uma promessa de pagamento em dinheiro *ao portador*, isto é, sem beneficiário definido, ou quando *falte indicação* do beneficiário que receberá o dinheiro. Esclarecem HUNGRIA e NORONHA não estarem inseridos neste dispositivo legal os vales íntimos (os emitidos dentro de um estabelecimento agrícola, industrial ou comercial, de qualquer espécie, representativos de um simples lembrete para pagamento), os vales de caixa (emitidos no comércio para comprovar algum suprimento urgente ou retirada em dinheiro), os títulos representativos de algum negócio ou mercadoria (conhecimento de depósito, *warrant*, passagens de veículos, entre outros), pois não se destinam à circulação, fazendo concorrência com a moeda (respectivamente, *Comentários ao Código Penal*, v. 9, p. 233-234; *Direito penal*, v. 4, p. 126).

**62. Objetos material e jurídico:** o objeto material é a nota, bilhete, ficha, vale ou título que contenha promessa de pagamento em dinheiro. O objeto jurídico é a fé pública.

**63. Classificação:** trata-se de crime comum (aquele que não demanda sujeito ativo qualificado ou especial); formal (delito que não exige resultado naturalístico, consistente na efetiva concorrência dos títulos com a moeda, prejudicando a fé pública); de forma livre (podendo ser cometido por qualquer meio eleito pelo agente); comissivo ("emitir" implica ação); instantâneo (cujo resultado se dá de maneira instantânea, não se prolongando no tempo); unissubjetivo (que pode ser praticado por um só agente); unissubsistente (delito praticado num único ato). Essa é, também, a posição de FRAGOSO. Em sentido contrário, admitindo a forma plurissubsistente estão as posições de NORONHA (*Direito penal*, v. 4, p. 127) e DELMANTO (*Código Penal comentado*, p. 520). Para quem adota a posição de ser o crime unissubsistente, não se admite a tentativa. Cremos ser impossível encontrar *iter criminis* válido, pois a conduta punida é a *emissão* (colocação do título em circulação). Portanto, ou o agente efetivamente *emite* o título ou trata-se de um irrelevante penal.

**64. Análise do núcleo do tipo:** *receber* (aceitar em pagamento, tomar) e *utilizar* (empregar, fazer uso) são as condutas puníveis. O objeto é qualquer dos documentos citados no *caput*. Tem-se por fim impedir que, uma vez emitidos os títulos, as pessoas deles façam uso como se dinheiro fossem.

**65. Sujeitos ativo e passivo:** os mesmos do *caput*.

# Art. 293

Código Penal Comentado · **Nucci**

1158

**66. Elemento subjetivo do tipo:** o mesmo do *caput*.

**67. Objetos material e jurídico:** os mesmos do *caput*.

**68. Classificação:** trata-se de crime comum (aquele que não demanda sujeito ativo qualificado ou especial); formal (delito que não exige resultado naturalístico, consistente no efetivo prejuízo para a circulação da moeda e para a fé pública); de forma livre (podendo ser cometido por qualquer meio eleito pelo agente); comissivo (os verbos implicam ações); instantâneo (cujo resultado se dá de maneira instantânea, não se prolongando no tempo); unissubjetivo (que pode ser praticado por um só agente); unissubsistente (praticado num único ato) ou plurissubsistente (em regra, vários atos integram a conduta), conforme o caso concreto; admite tentativa na forma plurissubsistente.

## Capítulo II
### DA FALSIDADE DE TÍTULOS E OUTROS PAPÉIS PÚBLICOS

**Falsificação de papéis públicos**

> **Art. 293.** Falsificar,[1-3] fabricando-os ou alterando-os:
>
> I – selo destinado a controle tributário,[4-5] papel selado[6] ou qualquer papel de emissão legal[7] destinado à arrecadação de tributo;[8]
>
> II – papel de crédito público[9] que não seja moeda de curso legal;
>
> III – vale postal;[10-11]
>
> IV – cautela de penhor,[12] caderneta de depósito de caixa econômica[13] ou de outro estabelecimento mantido por entidade de direito público;
>
> V – talão,[14] recibo,[15] guia,[16] alvará[17] ou qualquer outro documento[18] relativo a arrecadação de rendas públicas ou a depósito ou caução por que o poder público seja responsável;
>
> VI – bilhete,[19] passe[20] ou conhecimento de empresa de transporte[21] administrada pela União, por Estado ou por Município:[22-23]
>
> Pena – reclusão, de 2 (dois) a 8 (oito) anos, e multa.
>
> § 1.º Incorre na mesma pena quem:
>
> I – usa, guarda, possui ou detém[24] qualquer dos papéis falsificados a que se refere este artigo;[25-25-A]
>
> II – importa, exporta, adquire, vende, troca, cede, empresta, guarda, fornece ou restitui à circulação[25-B] selo falsificado destinado a controle tributário;[25-C]
>
> III – importa, exporta, adquire, vende, expõe à venda, mantém em depósito, guarda, troca, cede, empresta, fornece, porta ou, de qualquer forma, utiliza em proveito próprio ou alheio,[25-D-25-F] no exercício de atividade comercial ou industrial, produto ou mercadoria:[25-G]
>
> a) em que tenha sido aplicado selo que se destine a controle tributário falsificado; [25-H]
>
> b) sem selo oficial, nos casos em que a legislação tributária determina a obrigatoriedade de sua aplicação.[25-I]
>
> § 2.º Suprimir,[26-28] em qualquer desses papéis, quando legítimos,[29] com o fim de torná-los novamente utilizáveis, carimbo ou sinal indicativo[30] de sua inutilização:[31-33]

# Art. 293

**1159** Título X – Dos crimes contra a fé pública

> Pena – reclusão, de 1 (um) a 4 (quatro) anos, e multa.
>
> § 3.º Incorre na mesma pena quem usa,[34] depois de alterado, qualquer dos papéis a que se refere o parágrafo anterior.[35]
>
> § 4.º Quem usa ou restitui[36-37] à circulação, embora recebido de boa-fé, qualquer dos papéis falsificados ou alterados, a que se referem este artigo e o seu § 2.º, depois de conhecer[38] a falsidade ou alteração, incorre na pena[39] de detenção, de 6 (seis) meses a 2 (dois) anos, ou multa.[40-42]
>
> § 5.º Equipara-se a atividade comercial, para os fins do inciso III do § 1.º, qualquer forma de comércio irregular ou clandestino, inclusive o exercido em vias, praças ou outros logradouros públicos e em residências.[42-A]

**1. Análise do núcleo do tipo:** *falsificar* quer dizer reproduzir, imitando, ou contrafazer. Conjuga-se a conduta com as formas *fabricar* (manufaturar, construir, cunhar) e *alterar* (modificar, transformar). Os objetos estão descritos nos incisos.

**2. Sujeitos ativo e passivo:** o sujeito ativo pode ser qualquer pessoa. O sujeito passivo é o Estado.

**3. Elemento subjetivo do tipo:** é o dolo. Não existe a forma culposa, nem se exige elemento subjetivo do tipo específico.

**4. Selo destinado a controle tributário:** é a marca feita por carimbo, sinete, chancela ou máquina, inclusive por meio de estampilha (ver a nota 6 abaixo), cuja finalidade é comprovar o pagamento de determinada quantia referente a tributo.

**5. Anterior derrogação do art. 293, I:** a antiga redação do inciso I mencionava *selo postal*, mas já se encontrava revogada pelo disposto no art. 36 da Lei 6.538/1978 ("Falsificar, fabricando ou adulterando, selo, outra fórmula de franqueamento ou vale-postal: Pena – reclusão, até 8 (oito) anos, e pagamento de 5 (cinco) a 15 (quinze) dias-multa. Parágrafo único. Incorre nas mesmas penas quem importa ou exporta, adquire, vende, troca, cede, empresta, guarda, fornece, utiliza ou restitui à circulação, selo, outra fórmula de franqueamento ou vale--postal falsificados").

**6. Papel selado:** é a estampilha fixa, ou seja, "o selo destinado a facilitar, assegurar e comprovar (atestar) o pagamento de certos impostos ou taxas (federais, estaduais ou municipais), seja na órbita administrativa, seja na órbita judiciária. Também pode ser *adesiva* ou *fixa*, constituindo neste último caso o *papel selado*, a que expressamente se refere o inciso em exame" (HUNGRIA, *Comentários ao Código Penal*, v. 9, p. 238).

**7. Qualquer papel de emissão legal:** após ter exemplificado (selo e papel selado), indica a norma penal, por interpretação analógica, que também se encaixam neste artigo todas as outras formas eventualmente criadas pela Administração para a mesma finalidade.

**8. Destinação dos papéis:** todos eles têm a finalidade de garantir o controle da arrecadação de tributos em geral.

**9. Papel de crédito público:** são os títulos da dívida pública (federal, estadual ou municipal), que não representam moeda em curso, mas podem servir como meio de pagamento, como as apólices ou letras do Tesouro.

# Art. 293

Código Penal Comentado · **Nucci**

1160

**10. Vale postal:** é a letra de câmbio postal, ou seja, "um título de crédito emitido por alguma repartição do Departamento dos Correios e Telégrafos em favor de terceiros, por conta de quem aí deposita a quantia correspondente" (Hungria, *Comentários ao Código Penal*, v. 9, p. 239).

**11. Derrogação do art. 293, III:** foi substituído o inciso III pelo art. 36 da Lei 6.538/1978 ("Falsificar, fabricando ou adulterando, selo, outra fórmula de franqueamento ou vale-postal: Pena – reclusão, até 8 (oito) anos, e pagamento de 5 (cinco) a 15 (quinze) dias-multa. Parágrafo único. Incorre nas mesmas penas quem importa ou exporta, adquire, vende, troca, cede, empresta, guarda, fornece, utiliza ou restitui à circulação, selo, outra fórmula de franqueamento ou vale-postal falsificados"). Na jurisprudência: STJ: "1. A sentença adotou o recurso da interpretação analógica, para, usando a pena mínima prevista para o crime do art. 293, § 1.º, I, do CP (falsificação de papeis públicos), impor o mínimo de 2 anos para o delito especial previsto no art. 36 da Lei n. 6.538/78 (falsificação de selo, fórmula de franqueamento ou vale postal); e, à vista do caso concreto, valorou negativamente 3 vetoriais e fixou a pena-base em 4 anos. 2. O Direito Penal não admite a analogia *in malam partem*, sendo inviável o emprego dessa ferramenta hermenêutica para sanar, em desfavor do réu, omissões legais, como corolário do princípio magno da reserva legal, expressão peculiar do Direito Penal. 3. Deve ser afastado o critério interpretativo usado pelas instâncias ordinárias, e, por razoabilidade e proporcionalidade, há que ser considerada a previsão mínima para a pena-base, de 1 ano de reclusão, haja vista que o art. 36 da Lei n.º 6.538/78, no preceito secundário, prevê a pena em abstrato de 'reclusão, até oito anos, e pagamento de cinco a quinze dias-multa'" (HC 708.226/PR, 6.ª T., rel. Olindo Menezes (Desembargador convocado do TRF 1.ª Região), j. 06.12.2022, v.u.).

**12. Cautela de penhor:** é um documento público e título de crédito relativo a um penhor realizado, que pode ser resgatado pagando-se o devido bem como retirando-se a coisa apenhada.

**13. Caderneta de depósito de caixa econômica:** trata-se de documento praticamente inexistente nos dias de hoje e sem nenhuma valia para o falsificador, que dele não tirará proveito algum. É o livrete onde se registram os depósitos feitos em estabelecimento bancário de economia popular, denominados de "caixa econômica".

**14. Talão:** define Hungria ser o "documento de quitação que se destaca de adequado libreto, onde fica residualmente o denominado 'canhoto', com dizeres idênticos aos do correspondente talão" (*Comentários ao Código Penal*, v. 9, p. 241).

**15. Recibo:** é a declaração escrita de quitação.

**16. Guia:** é o formulário utilizado para o pagamento de determinadas importâncias em repartições públicas.

**17. Alvará:** é o documento passado por autoridade administrativa ou judiciária para autorizar depósito ou arrecadação (no contexto deste tipo penal).

**18. Qualquer outro documento:** é a interpretação analógica, determinando que outros papéis, equivalentes aos primeiros exemplificados, também podem ser objeto de falsificação, desde que destinados à arrecadação de rendas públicas ou a depósito ou caução de responsabilidade do poder público.

**19. Bilhete:** é o papel que serve de senha para autorizar alguém a fazer percurso em determinado veículo coletivo.

**20. Passe:** é o bilhete, gratuito ou oneroso, normalmente fornecido com abatimento, que dá direito ao transporte público.

**21. Conhecimento de empresa de transporte:** é o documento que "certifica a entrega de coisas para o transporte e legitima a ulterior restituição a quem o apresentar" (HUNGRIA, *Comentários ao Código Penal*, v. 9, p. 241).

**22. Objetos material e jurídico:** o objeto material pode ser selo destinado a controle tributário, papel selado, outro papel semelhante, papel de crédito público, vale postal, cautela de penhor, caderneta de depósito, talão, recibo, guia, alvará, outro documento semelhante, bilhete, passe ou conhecimento de empresa de transporte. O objeto jurídico é a fé pública.

**23. Classificação:** trata-se de crime comum (aquele que não demanda sujeito ativo qualificado ou especial); formal (delito que não exige resultado naturalístico, consistente no efetivo prejuízo para alguém, com a utilização de qualquer papel falsificado); de forma livre (podendo ser cometido por qualquer meio eleito pelo agente); comissivo (os verbos implicam ações); instantâneo (cujo resultado se dá de maneira instantânea, não se prolongando no tempo), mas permanente (cujo resultado se arrasta no tempo) nas formas *guardar*, *possuir* ou *deter* do § 1.º, I, e na forma *guardar* do inciso II, e nas formas *expor à venda, manter em depósito, guardar* e *portar* do inciso III; unissubjetivo (que pode ser praticado por um só agente); plurissubsistente (em regra, vários atos integram a conduta); admite tentativa.

**24. Análise do núcleo do tipo:** *usar* significa empregar com habitualidade, servir-se de algo; *guardar* quer dizer tomar conta, cuidar para que fique seguro; *possuir* tem o significado de ter a posse ou propriedade de algo; *deter* quer dizer conservar em seu poder. Portanto, aquele que fizer uso, guardar, possuir ou meramente detiver qualquer dos papéis falsificados ou alterados, descritos nos incisos anteriores, responde igualmente pelo crime previsto no art. 293, cuja pena é de reclusão, de dois a oito anos, e multa. Na jurisprudência: TJSP: "Conduta imputada que melhor se subsume à descrição típica prevista no artigo 293, § 1.º, inciso I, do Código Penal. Posse ou detenção de bilhete eletrônico de transporte público falsificado ou alterado com crédito ilícito. Falsificação de bilhete de empresa de transporte administrada pelo Estado. SPTrans/CPTM. Empresas estatais compreendidas pela norma penal. Papéis falsificados. Expressão que abrange a falsificação ou alteração de seu conteúdo, ainda que eletrônico. Crime de atividade formal que não exige resultado naturalístico. Condenação mantida" (Ape. Crim. 0002093-72.2017.8.26.0540, 16.ª C. Crim., rel. Camargo Aranha Filho, 17.08.2020, v.u.). Conferir a nota 11 *supra*.

**25. Concurso com a falsificação:** não há. Se o agente falsificar o papel e depois utilizá-lo, por exemplo, deve responder somente pela falsificação, pois as figuras do § 1.º, I, representam *fato posterior não punível*.

**25-A. Sujeitos do crime, elemento subjetivo, objetos do crime e classificação:** ver as notas 2, 3, 22 e 23, respectivamente.

**25-B. Análise do núcleo do tipo:** *importar* (trazer algo do exterior para o território nacional); *exportar* (levar algo do território nacional para o exterior); *adquirir* (obter, conseguir); *vender* (trocar por certo preço); *trocar* (permutar, dar uma coisa por outra); *ceder* (transferir a posse ou a propriedade a outrem); *emprestar* (confiar o uso de algo a alguém por certo tempo, gratuitamente); *guardar* (tomar conta, cuidar para que fique seguro); *fornecer* (abastecer, prover); *restituir* (devolver) à circulação. Essas inúmeras condutas alternativas têm por objeto o selo falsificado destinado a controle tributário. Logo, se no inciso I já se fala

# Art. 293

Código Penal Comentado · **Nucci**

1162

em quatro outras condutas diversas de falsificar, fabricar ou alterar (*caput*), no inciso II, na ânsia de abranger todos os comportamentos possíveis, chega-se a repetir, inutilmente, o verbo *guardar*. De toda forma, o inciso I é mais abrangente, pois envolve todos os papéis descritos nos incisos do art. 293, enquanto o inciso II faz referência apenas ao selo falsificado destinado a controle tributário. Caso o agente realize mais de uma conduta (ex.: importa, vende, cede e fornece selos), responde por um só crime.

**25-C. Sujeitos do crime, elemento subjetivo, objetos do crime e classificação:** ver as notas 2, 3, 22 e 23, respectivamente.

**25-D. Análise do núcleo do tipo:** ver a nota 25-B, acrescendo *expor à venda* (exibir ou mostrar com o intuito de vender); *manter em depósito* (conservar em lugar próprio); *portar* (carregar consigo); *utilizar* (fazer uso). Os objetos dessas condutas são os produtos ou mercadorias que contenham os selos falsificados ou que não contenham os que são obrigatórios. O tipo é misto alternativo, significando que a prática de uma só conduta ou mais de uma implica no cometimento de uma só infração penal.

**25-E. Sujeitos do crime:** o sujeito ativo é o comerciante ou industrial. Por equiparação (§ 5.º), pode ser, também, qualquer pessoa que possua comércio irregular ou clandestino. O sujeito passivo é o Estado.

**25-F. Elemento subjetivo do tipo:** é o dolo. Existe elemento subjetivo específico consistente em agir *em proveito próprio ou alheio*. Não existe a forma culposa.

**25-G. Classificação:** trata-se de crime próprio (demanda sujeito ativo qualificado); formal (não exige resultado naturalístico, consistente na efetiva perda de arrecadação por parte do Estado); de forma livre (não há forma definida para a sua prática); comissivo (os verbos demonstram ação); instantâneo (o resultado se dá em tempo determinado), exceto nas formas *manter em depósito*, *guardar* e *portar*, que evidenciam permanência (o resultado se prolonga no tempo); unissubjetivo (pode ser cometido por um só agente); plurissubsistente (demanda a prática de mais de um ato); admite tentativa.

**25-H. Excessiva cautela legislativa:** não há necessidade de haver esta figura típica. Quem guardar selo falsificado, por exemplo, já está incurso na figura do art. 293, § 1.º, I, e também no mesmo parágrafo, inciso II. Não bastasse, se o selo estiver colocado em alguma mercadoria (como cigarros ou bebidas, por exemplo), devidamente guardada, incide o sujeito na terceira figura típica simultânea. Ora, o tipo foi alterado não para corrigir distorções, mas, simplesmente, mais uma vez, piorar o cenário das normas penais incriminadoras, confusas e de redação equivocada. Note-se que qualquer pessoa que utilize produto contendo selo falsificado, em última análise, está usando o próprio selo, pois se beneficia justamente do não pagamento do tributo devido. Logo, fazer uso do selo falsificado é mais do que suficiente (como constava na antiga redação do § 1.º do art. 293), não havendo necessidade alguma de inserir outras figuras, como vender mercadoria contendo selo falsificado, pois, nesta situação, está-se usando o selo do mesmo modo.

**25-I. Crime contra a ordem tributária:** inseriu-se no § 1.º, III, *b*, um tipo penal que não tem por finalidade zelar pela fé pública, como os demais tipos deste capítulo, mas, ao contrário, volta-se exclusivamente para o combate à sonegação. O comerciante ou industrial que importar, exportar, adquirir, vender (entre outras condutas dispostas no inciso III do § 1.º) produto ou mercadoria *sem selo oficial*, nos casos em que a legislação tributária determina a obrigatoriedade de sua aplicação, incorre nas penas do delito de *falsificação de papéis públicos*. Não há nenhuma relação direta entre falsificar selo e vender cigarro sem selo. A primeira conduta é lesiva à fé pública; a segunda é, apenas, sonegação de tributo. Na jurisprudência: STJ: "1.1. Em regra, é indispensável o exame de corpo de delito quando a infração deixa vestígios, exceto quando não for possível o referido exame, conforme dispõem os artigos 158 e 167, ambos do Código de Processo Penal – CPP. Contudo, há precedentes pela desnecessidade do exame de corpo de delito quando outras provas demonstrarem de forma inequívoca a materialidade. 1.2 *In casu*, irrelevante a realização de exame pericial sobre o conteúdo das garrafas de bebida apreendidas sem selo oficial durante o transporte, porque os mais de 5.000 vasilhames foram industrializados (enchidos, tampados e rotulados) e denominados como diversos tipos de bebida alcoólica, motivo pelo qual ao fornecedor competia ter-lhes aplicado o selo oficial obrigatório, nos termos da legislação tributária. 2. A falta de apontamento do dispositivo legal violado configura deficiência da fundamentação, conforme Súmula 284/STF. 3. Agravo regimental desprovido" (AgRg no REsp 1.679.498-SC, 5.ª T., rel. Joel Ilan Paciornik, 21.06.2018, v.u.).

**26. Análise do núcleo do tipo:** *suprimir* (eliminar ou fazer desaparecer).

**27. Sujeitos ativo e passivo:** o sujeito ativo pode ser qualquer pessoa. O sujeito passivo é o Estado.

**28. Elemento subjetivo do tipo:** é o dolo, acrescido do elemento subjetivo específico, que é a "finalidade de torná-los novamente utilizáveis". Não se pune a forma culposa.

**29. Elemento normativo do tipo:** *legitimidade* significa legalidade, ou seja, produzido conforme determinação legal.

**30. Carimbo ou sinal:** *carimbo* é o instrumento destinado a produzir sinais ou o resultado da marca produzida; *sinal* é qualquer marca utilizada para servir de alerta, captado pelos sentidos, possibilitando reconhecer ou conhecer alguma coisa. Quando o papel contiver um carimbo ou sinal para identificar ter sido inutilizado, pode ser objeto deste tipo penal.

**31. Objetos material e jurídico:** o objeto material é o papel legítimo inutilizado por sinal ou carimbo. O objeto jurídico é a fé pública.

**32. Classificação:** trata-se de crime comum (aquele que não demanda sujeito ativo qualificado ou especial); formal (delito que não exige resultado naturalístico, consistente no efetivo prejuízo para a fé pública); de forma livre (podendo ser cometido por qualquer meio eleito pelo agente); comissivo ("suprimir" implica ação); instantâneo (cujo resultado se dá de maneira instantânea, não se prolongando no tempo); unissubjetivo (que pode ser praticado por um só agente); plurissubsistente (em regra, vários atos integram a conduta); admite tentativa.

**33. Confronto com figura típica mais recente:** quando se tratar de selo ou vale postal, aplica-se o art. 37 da Lei 6.538/1978: "Suprimir, em selo, outra fórmula de franqueamento ou vale-postal, quando legítimos, com o fim de torná-los novamente utilizáveis, carimbo ou sinal indicativo de sua utilização: Pena – reclusão, até 4 (quatro) anos, e pagamento de 5 (cinco) a 15 (quinze) dias-multa".

**34. Análise do núcleo do tipo:** *usar* significa empregar com habitualidade ou servir-se de algo. A pessoa que fizer uso dos documentos ou papéis mencionados no § 2.º responde igualmente pelas mesmas penas de quem suprimiu o sinal identificador da inutilização.

**35. Confronto com figura típica mais recente:** quando se tratar de selo ou vale postal, aplica-se o art. 37, § 1.º, da Lei 6.538/1978: "Incorre nas mesmas penas quem usa, vende, fornece ou guarda, depois de alterado, selo, outra fórmula de franqueamento ou vale-postal".

# Art. 293

Código Penal Comentado · **Nucci**                    1164

**36. Análise do núcleo do tipo:** *usar* (empregar ou fazer uso de algo) ou *restituir* (fazer voltar ou devolver) os papéis falsificados ou alterados compõem as condutas típicas. Exige-se, no entanto, a boa-fé de quem recebeu os mencionados papéis.

**37. Sujeitos ativo e passivo:** o sujeito ativo pode ser qualquer pessoa que tenha recebido o papel de boa-fé. O sujeito passivo é o Estado.

**38. Elemento subjetivo do tipo:** é o dolo. Exige-se o dolo direto ("depois de conhecer a falsidade ou alteração"). Não se pune a forma culposa.

**39. Figura privilegiada:** trata-se de pena mais branda, nos patamares mínimo e máximo, porque o agente não falsificou, nem fez uso do que foi falsificado, mas apenas devolveu à circulação os papéis que recebeu sinceramente, sem má intenção.

**40. Objetos material e jurídico:** o objeto material é o papel falsificado ou alterado. O objeto jurídico é a fé pública.

**41. Classificação:** trata-se de crime comum (aquele que não demanda sujeito ativo qualificado ou especial); formal (delito que não exige resultado naturalístico, consistente no efetivo prejuízo para a fé pública); de forma livre (podendo ser cometido por qualquer meio eleito pelo agente); comissivo (os verbos implicam ações); instantâneo (cujo resultado se dá de maneira instantânea, não se prolongando no tempo); unissubjetivo (que pode ser praticado por um só agente); unissubsistente (praticado num único ato) ou plurissubsistente (em regra, vários atos integram a conduta), conforme o caso concreto; admite tentativa na forma plurissubsistente.

**42. Confronto com figura típica mais recente:** quando se tratar de selo ou vale postal, aplica-se o art. 37, § 2.º, da Lei 6.538/1978: "Quem usa ou restitui à circulação, embora recebido de boa-fé, selo, outra fórmula de franqueamento ou vale-postal, depois de conhecer a falsidade ou alteração, incorre na pena de detenção, de 3 (três) meses a 1 (um) ano, ou pagamento de 3 (três) a 10 (dez) dias-multa".

**42-A. Comércio irregular ou clandestino:** a norma de equiparação, inserida no § 5.º, teve a nítida finalidade de alcançar os camelôs, que comercializam cigarros importados sem o pagamento de tributos e, logicamente, sem o selo destinado à comprovação do referido pagamento. Por isso, fala-se em atividades exercidas em vias, praças ou outros logradouros públicos e em residências. Entretanto, novamente lança-se mão do Direito Penal, sem o devido respeito ao princípio da intervenção mínima, para buscar a tipificação de condutas de menor importância para o contexto global da arrecadação tributária. Bastaria uma fiscalização rigorosa e todos esses "comerciantes de rua" poderiam ter a mercadoria confiscada, ser enquadrados nos delitos já existentes (ex.: contrabando), se fosse o caso, e retirados de circulação. Mas, diante da inoperância estatal generalizada, cria-se mais um tipo penal incriminador, lançando-se à polícia a tarefa de retirar das ruas os camelôs, simplesmente porque vendem maços de cigarro sem o selo ou com selo falsificado. Confira-se, para finalizar, a exposição de motivos do Ministro da Fazenda quanto ao projeto de lei que deu origem à Lei 11.035/2004: "Pela presente proposta, passa a constituir crime a falsificação de selo destinado a controle tributário, ou qualquer tipo de comercialização de produto ou mercadoria em que tenha sido aplicado o referido selo falsificado, com o objetivo de desestimular práticas que conduzem à evasão fiscal, *especialmente no que diz respeito à comercialização de cigarros com selo de controle*, falsificado, ou sem a aplicação do selo oficial próprio e idôneo, exigível de conformidade com as normas tributárias pertinentes" (grifo nosso).

**1165**      Título X – Dos crimes contra a fé pública      # Art. 294

### Petrechos de falsificação

> **Art. 294.** Fabricar,[43-45] adquirir, fornecer, possuir ou guardar objeto[46] especialmente destinado à falsificação de qualquer dos papéis referidos no artigo anterior:[47-50]
>
> Pena – reclusão, de 1 (um) a 3 (três) anos, e multa.

**43. Análise do núcleo do tipo:** *fabricar* (construir, criar); *adquirir* (obter, comprar); *fornecer* (abastecer ou guarnecer); *possuir* (ter a posse de algo ou reter em seu poder); *guardar* (vigiar ou tomar conta de algo). Voltam-se tais condutas a objeto destinado a falsificar papéis. É ato preparatório do crime de falsificação de papéis públicos, tipificado como crime autônomo.

**44. Sujeitos ativo e passivo:** o sujeito ativo pode ser qualquer pessoa. O sujeito passivo é o Estado.

**45. Elemento subjetivo do tipo:** é o dolo. Não existe a forma culposa, nem se exige elemento subjetivo do tipo específico.

**46. Objeto especialmente destinado à falsificação:** significa qualquer coisa perceptível e manipulável que tenha a finalidade *particular* – embora possa servir para outros fins – de servir de instrumento para a construção de imitações dos papéis referidos no artigo anterior (cautela de penhor, títulos da dívida pública, talão, bilhete etc.).

**47. Objetos material e jurídico:** o objeto material é o objeto destinado à falsificação. O objeto jurídico é a fé pública.

**48. Classificação:** trata-se de crime comum (aquele que não demanda sujeito ativo qualificado ou especial); formal (delito que não exige resultado naturalístico, consistente na efetiva utilização do objeto para falsificar papéis); de forma livre (podendo ser cometido por qualquer meio eleito pelo agente); comissivo (os verbos implicam ações); instantâneo (cujo resultado se dá de maneira instantânea, nao se prolongando no tempo) nas formas "fabricar", "adquirir" e "fornecer", mas permanente (cuja consumação se arrasta no tempo) nas modalidades "possuir" e "guardar"; unissubjetivo (que pode ser praticado por um só agente); unissubsistente (praticado num único ato) ou plurissubsistente (como regra, vários atos integram a conduta); não admite tentativa, pois trata-se da tipificação da preparação do crime previsto no art. 293. Ora, a fase de preparação normalmente é penalmente irrelevante, pois o direito brasileiro adotou a teoria objetiva no campo da tentativa (ver notas ao art. 14, II). Assim, quando, por exceção, resolve o legislador criar o tipo penal especialmente para puni-la, é natural que não admita tentativa.

**49. Fato anterior não punível:** caso o agente adquira objeto destinado à falsificação e, em seguida, contrafaça um papel legítimo qualquer, o delito do art. 294 é absorvido pelo previsto no art. 293, pois considerado fato anterior não punível. Constitui crime-meio para chegar ao crime-fim.

**50. Confronto com lei especial:** em se tratando de objeto destinado a falsificar selos ou vales postais, aplica-se o art. 38 da Lei 6.538/1978: "Fabricar, adquirir, fornecer, ainda que gratuitamente, possuir, guardar, ou colocar em circulação objeto especialmente destinado à falsificação de selo, outra fórmula de franqueamento ou vale-postal: Pena – reclusão, até 3 (três) anos, e pagamento de 5 (cinco) a 15 (quinze) dias-multa".

# Art. 295

Código Penal Comentado · **Nucci**

> **Art. 295.** Se o agente é funcionário público, e comete o crime prevalecendo-se do cargo, aumenta-se a pena de sexta parte.[51]

**51. Causa de aumento da pena:** caso o agente dos delitos previstos nos arts. 293 e 294 seja funcionário público (ver art. 327, CP), a pena deve ser aumentada em um sexto. Por outro lado, exige-se que o funcionário tenha utilizado, de algum modo, as facilidades proporcionadas pelo seu cargo.

## Capítulo III
## DA FALSIDADE DOCUMENTAL

### Falsificação de selo ou sinal público

> **Art. 296.** Falsificar,[1-3] fabricando-os ou alterando-os:
>
> I – selo público[4] destinado a autenticar atos oficiais[5] da União, de Estado ou de Município;
>
> II – selo ou sinal[6] atribuído por lei a entidade de direito público, ou a autoridade, ou sinal público de tabelião:[7-9]
>
> Pena – reclusão, de 2 (dois) a 6 (seis) anos, e multa.
>
> § 1.º Incorre nas mesmas penas:
>
> I – quem faz uso[10] do selo ou sinal falsificado;
>
> II – quem utiliza[11] indevidamente[12] o selo ou sinal verdadeiro em prejuízo de outrem ou em proveito próprio ou alheio;
>
> III – quem altera,[13] falsifica ou faz uso indevido[14] de marcas,[15] logotipos,[16] siglas[17] ou quaisquer outros símbolos[18] utilizados ou identificadores de órgãos ou entidades da Administração Pública.[19-21]
>
> § 2.º Se o agente é funcionário público, e comete o crime prevalecendo-se do cargo, aumenta-se a pena de sexta parte.[22]

**1. Análise do núcleo do tipo:** *falsificar* quer dizer reproduzir, imitando, ou contrafazer. Conjuga-se a conduta com as formas *fabricar* (manufaturar, construir, cunhar) e *alterar* (modificar, transformar). Os objetos estão descritos nos incisos.

**2. Sujeitos ativo e passivo:** o sujeito ativo pode ser qualquer pessoa. O sujeito passivo é o Estado.

**3. Elemento subjetivo do tipo:** é o dolo. Não existe a forma culposa, nem se exige elemento subjetivo do tipo específico. É válido esse conceito para todas as figuras típicas do art. 296.

**4. Selo público:** *selo público* (ou *sinal público*) tem duplo significado. Pode ser a marca estampada sobre certos papéis, para conferir-lhes validade ou autenticidade, representando o Estado, bem como o instrumento com que se fixa no papel ou noutro local apropriado a marca supramencionada. É a peça que contém reproduzida em *negativo*, sobre superfície metálica ou de borracha, a figura que necessita ser impressa. É justamente esse instrumento que está protegido pelo tipo penal, na lição de Sylvio do Amaral (*Falsidade documental*, p.

183), e não a figura impressa. Assim se entende porque a lei pune, no § 1.º, I, quem faz uso do selo ou sinal falsificado, como crime autônomo, demonstrando referir-se ao instrumento que falsifica. Fosse *selo público* também a marca falsificada e a sua utilização não iriam encaixar-se no referido § 1.º, I, mas sim no art. 304 (uso de documento falso). É o ensinamento de Soler (*apud* Sylvio do Amaral, *Falsidade documental*, p. 184).

**5. Autenticação de atos oficiais:** *autenticar* significa reconhecer como verdadeiro. Os *atos oficiais*, na melhor definição de Noronha (*Direito penal*, v. 4, p. 138), são os *documentos oficiais* (bases de conhecimento, materialmente fixadas, destinadas a fazer prova de algo, bem como servindo de consulta), pois são estes que reproduzem aqueles.

**6. Selo e sinal:** são termos correlatos, significando a marca estampada sobre certos papéis, para conferir-lhes validade ou autenticidade, bem como o instrumento destinado a produzi-la. Devem estar, no caso deste inciso, devidamente previstos em lei para atribuição e uso de entidade de Direito Público (autarquia ou entidade paraestatal). Podem, ainda, ser atribuídos e de uso de autoridade (judiciária ou administrativa), como ocorre com as chancelas, bem como podem ser de atribuição e uso de tabelião. Para alguns, o sinal do tabelião é a "assinatura especial deste, enfeitada, que constitui a sua *marca* de tabelião e que não se confunde com a assinatura simples (esta chamada *sinal raso*)" (Delmanto, *Código Penal comentado*, p. 524). Para outros, trata-se apenas do instrumento (sinete, timbre ou cunho), que tem por finalidade imprimir a rubrica ou desenho utilizado pelo tabelião para autenticar seus atos (Sylvio do Amaral, *Falsidade documental*, p. 191). Parece-nos correto este último entendimento, até porque a lei não se preocupa em diferenciar a sua utilização em documento público ou particular, o que certamente faria se se tratasse do desenho ou da marca. E porque os tabeliães lançam assinatura de próprio punho nos documentos, sem usar qualquer instrumento, não tem aplicação, atualmente, esse dispositivo. Na jurisprudência: TJRS: "II – As provas dos autos comprovam exaustivamente a ocorrência do delito, isto é, que o acusado *falsificou* sinal público de Tabelião para reconhecer firma em documento de transferência de veículo, a fim de que pudesse repassá-lo para terceiro. III – Não há falar em ausência de dolo, tendo em vista ser flagrante, pela análise das circunstâncias em que ocorrido o delito, o interesse do réu na referida *falsificação* da assinatura no documento do veículo, já que, com ela, pode revendê-lo para terceiro e, com isso, auferir vantagem" (Ap. Crim. 50028298720178210008, 4.ª C., rel. Rogerio Gesta Leal, 05.08.2021, v.u.).

**7. Base legal do sinal público do tabelião:** aponta Carlos Rocha de Siqueira, mencionado por Sylvio do Amaral, que este sinal "provém de dispositivos das Ordenações até hoje não revogados explícita ou implicitamente. No Direito escrito, de promulgação mais recente, conforme as pesquisas feitas pelo aludido magistrado, só o art. 1.638, VIII [atual art. 1.869, parágrafo único], do Código Civil o contempla, expressamente, como um dos requisitos formais do testamento cerrado" (*Falsidade documental*, p. 185).

**8. Objetos material e jurídico:** o objeto material é o selo ou sinal. O objeto jurídico é a fé pública.

**9. Classificação:** trata-se de crime comum (aquele que não demanda sujeito ativo qualificado ou especial); formal (delito que não exige resultado naturalístico, consistente no efetivo emprego do selo ou sinal falso para prejudicar alguém); de forma livre (podendo ser cometido por qualquer meio eleito pelo agente); comissivo (os verbos implicam ações) e, excepcionalmente, comissivo por omissão (omissivo impróprio, ou seja, é a aplicação do art. 13, § 2.º, CP); instantâneo (cujo resultado se dá de maneira instantânea, não se prolongando no tempo); unissubjetivo (que pode ser praticado por um só agente); plurissubsistente (em regra, vários atos integram a conduta); admite tentativa.

# Art. 296

**Código Penal Comentado · Nucci**

**10. Análise do núcleo do tipo:** *fazer uso* significa utilizar, empregar. O objeto é o selo ou sinal falsificado. É possível que o uso seja feito pela mesma pessoa que falsificou. Será, então, a falsificação um fato anterior não punível, pois o objetivo é o uso, que absorve o primeiro. Na jurisprudência: STJ: "1. A utilização de selos falsos do INMETRO em extintores de incêndio, para ludibriar os consumidores em relação à sua autenticidade, não acarreta, por si só, lesão a bens, serviços ou interesses da União, de suas autarquias ou empresas públicas. 2. A falsificação de selos, prevista no art. 296, § 1.º, do CP, que não tenha atingido diretamente bens ou interesses da União ou de suas entidades é de competência da Justiça Estadual. 3. Agravo improvido" (AgRg no CC 148.135-SC, 3.ª Seção, rel. Jorge Mussi, 13.02.2019, v.u.).

**11. Análise do núcleo do tipo:** *utilizar* significa fazer uso ou empregar. No caso deste inciso, pune-se a conduta daquele que, valendo-se de selo ou sinal verdadeiro, serve-se dele para prejudicar terceiro ou em proveito próprio ou alheio.

**12. Elemento normativo do tipo:** *indevidamente* quer dizer ilicitamente, ou seja, contra o disposto em lei. Não é por qualquer pessoa, nem para qualquer fim que se pode utilizar um selo ou sinal. Por isso, quem contrariar dispositivo legal pode incidir nesta figura.

**13. Análise do núcleo do tipo:** *alterar* significa deturpar ou modificar; *falsificar* quer dizer reproduzir, através de imitação, ou contrafazer; *fazer uso* significa utilizar ou empregar. O tipo, acrescentado pela Lei 9.983/2000, tem redação defeituosa, não se encaixando com harmonia nas demais figuras previstas no *caput* e nos incisos anteriores. Note-se que, no *caput,* está prevista a conduta principal de *falsificar,* que é reproduzir alguma coisa, imitando o verdadeiro, conjugada com *fabricar* (manufaturar, construir algo novo) ou *alterar* (modificar o que já existe). Assim, o ideal deveria ter sido a inserção de uma figura no inciso III do *caput*, contendo apenas o objeto da conduta principal (falsificação): "marcas, logotipos, siglas ou quaisquer outros símbolos utilizados ou identificadores de órgãos ou entidades da Administração Pública". Assim, não ficariam misturadas e equiparadas as condutas "alterar" e "falsificar", sendo que, em verdade, o objetivo é punir quem "falsifica, através da alteração". Do modo como ficou constando no inciso III do § 1.º, a alteração parece ser autônoma em relação à falsificação, quando se sabe que esta envolve aquela. Além disso, deveria ter sido mantida a conduta de "fazer uso indevido..." sozinha no referido inciso III do § 1.º, para se harmonizar com as demais, previstas nos incisos I e II ("fazer uso" e "utilizar"). Na jurisprudência: STJ: "1. O tipo previsto no art. 296, § 1.º, III, do Código Penal, é crime de mera conduta, sendo suficiente, para sua caracterização, o uso indevido das marcas, logotipos, siglas ou outros símbolos identificadores de órgãos ou entidades da Administração Pública, mostrando-se desnecessária a demonstração de dolo específico, bem como de ocorrência de prejuízo a terceiros. Precedentes do STJ e STF. (...)" (AgRg no AREsp 800.235-PE, 6.ª T., rel. Nefi Cordeiro, 06.02.2018, v.u.).

**14. Elemento normativo do tipo:** a expressão "fazer uso *indevido*" constitui elemento da ilicitude trazido para dentro do tipo, de forma que o uso devido, legal e autorizado faz desaparecer a tipicidade.

**15. Marca:** é o sinal que serve de alerta, captado pelos sentidos, possibilitando reconhecer ou conhecer alguma coisa. Pode ser um desenho, um emblema ou uma letra especial.

**16. Logotipo:** é uma marca produzida por um grupo de letras ou siglas, especialmente desenhada para designar algum órgão ou empresa.

**17. Sigla:** é a reunião das letras iniciais de palavras essenciais, que designam algo ou alguém. São abreviaturas. Ex.: PM, designando a Polícia Militar.

**18. Outros símbolos:** vale-se o tipo da interpretação analógica, isto é, tendo fornecido os exemplos, dissemina o uso do dispositivo penal para todos os outros símbolos (aquilo que, pela sua natureza, representa algo ou alguém) que se assemelhem aos primeiros (marcas, logotipos e siglas).

**19. Elemento normativo do tipo:** exige-se que os símbolos adulterados ou de uso indevido sejam pertinentes à Administração Pública. Portanto, é crime usar, sem ser policial militar, por exemplo, os símbolos da corporação.

**20. Objetos material e jurídico:** o objeto material é a marca, o logotipo, a sigla ou outro símbolo da Administração Pública. O objeto jurídico é a fé pública.

**21. Classificação:** trata-se de crime comum (aquele que pode ser cometido por qualquer pessoa); formal (delito que não exige, para sua consumação, a ocorrência de resultado naturalístico); de forma livre (pode ser cometido por qualquer meio eleito pelo agente); comissivo (os verbos implicam ações); instantâneo (cuja consumação não se prolonga no tempo, dando-se em momento determinado); unissubjetivo (aquele que pode ser cometido por um único sujeito); unissubsistente (praticado num único ato) ou plurissubsistente (delito cuja ação é composta por vários atos, permitindo-se o seu fracionamento), conforme o caso concreto; admite tentativa, na forma plurissubsistente.

**22. Causa de aumento de pena:** caso o agente seja funcionário público (ver art. 327, CP), a pena deve ser aumentada em um sexto. Por outro lado, exige-se que o funcionário tenha utilizado, de algum modo, as facilidades proporcionadas pelo seu cargo.

### Falsificação de documento público[23]

> **Art. 297.** Falsificar,[24-26] no todo ou em parte,[27] documento público,[28-30] ou alterar documento público verdadeiro:[31-39-A]
>
> Pena – reclusão, de 2 (dois) a 6 (seis) anos, e multa.
>
> § 1.º Se o agente é funcionário público, e comete o crime prevalecendose do cargo, aumenta-se a pena de sexta parte.[40]
>
> § 2.º Para os efeitos penais, equiparam-se[41] a documento público o emanado de entidade paraestatal,[42] o título ao portador ou transmissível por endosso, as ações de sociedade comercial, os livros mercantis e o testamento particular.
>
> § 3.º Nas mesmas penas incorre quem insere[43] ou faz inserir:[44]
>
> I – na folha de pagamento[45] ou em documento de informações que seja destinado a fazer prova perante a previdência social, pessoa que não possua a qualidade de segurado obrigatório;[46]
>
> II – na Carteira de Trabalho e Previdência Social do empregado ou em documento que deva produzir efeito perante a previdência social, declaração[47] falsa ou diversa[48-48-A] da que deveria ter sido escrita;
>
> III – em documento contábil[49] ou em qualquer outro documento relacionado com as obrigações da empresa perante a previdência social, declaração[50] falsa ou diversa[51] da que deveria ter constado.
>
> § 4.º Nas mesmas penas[52] incorre quem omite, nos documentos mencionados no § 3.º, nome do segurado e seus dados pessoais, a remuneração, a vigência do contrato de trabalho ou de prestação de serviços.

# Art. 297

Código Penal Comentado · **Nucci**

1170

**23. Maior proteção aos documentos públicos:** a punição para o falsificador de documento público é superior à prevista para o agente que falsifica documento particular. O mínimo em abstrato fixado para a pena passa de um ano de reclusão para o dobro, embora o aumento, quanto ao máximo, seja de apenas um ano, passando de cinco para seis anos de reclusão. Nas palavras de Sylvio do Amaral, "tal ocorre porque a violação da verdade expressa nos documentos emitidos pelo Estado afeta diretamente o prestígio da organização política, além de atingir a fé pública inspirada pelo documento violado. Em torno do Estado existe a presunção da absoluta veracidade de todas as suas manifestações, documentais ou não, de modo tal que qualquer ato atentatório dessa presunção repercute desmesuradamente na confiança da coletividade, fazendo periclitar um dos fatores fundamentais da harmonia e da ordem nas relações do cidadão com o Estado. Assim, pois, o crédito incondicionado que os documentos expedidos pelo Estado merecem do povo a ele sujeito faz com que seja incomparavelmente maior a possibilidade de dano decorrente da falsificação desses documentos" (*Falsidade documental*, p. 7-8).

**24. Análise do núcleo do tipo:** *falsificar* quer dizer reproduzir, imitando, ou contrafazer; *alterar* significa modificar ou adulterar. A diferença fundamental entre *falsificar* e *alterar* é que no primeiro caso o documento inexiste, sendo criado pelo agente, enquanto na segunda hipótese há um documento verdadeiro, atuando o agente para modificar-lhe o aspecto original. E salienta Sylvio do Amaral: "O que caracteriza a falsificação parcial e permite discerni-la da alteração é o fato de recair aquela, necessariamente, em documento composto de duas ou mais partes perfeitamente individualizáveis". O delinquente fabrica parte do documento, que é autônoma em relação às demais frações. O exemplo que fornece: a falsificação parcial pode dar-se ao pé de um requerimento genuíno de certidão negativa de impostos, lançando o interessado certidão apócrifa do teor desejado (*Falsidade documental*, p. 50-51). O objeto é documento público. Este tipo penal preocupa-se com a *forma* do documento, por isso cuida da *falsidade material*. Não há necessidade de resultado naturalístico, nem de posterior uso do documento falsificado. Na jurisprudência: STJ: "2. Configura falsidade material, e não ideológica, a inserção de assinatura falsa em documento. Precedentes" (AgRg no AREsp 2.051.479/MG, 5.ª T., rel. Ribeiro Dantas, j. 24.05.2022, v.u.). TJMG: "Restando evidenciado pelas provas existentes nos autos que o acusado falsificou documento público, afixando sua fotografia em carteira de habilitação, cujo número identificador pertence a outra pessoa, configurado está o crime previsto no art. 297, do CP. O crime disposto no art. 297, do CP é formal, consumando-se com a falsificação, no todo ou em parte, de documento público, ou com a alteração de documento público verdadeiro, prescindindo-se do seu uso posterior, bem como da obtenção de qualquer vantagem ou da causação de efetivo prejuízo a alguém" (Ap. Crim. 1.0346.16.000921-0/001, 6.ª C., rel. Jaubert Carneiro Jaques, 23.02.2021, v.u.).

**24-A. Falsidade grosseira:** exige-se a potencialidade lesiva do documento falsificado ou alterado, pois a contrafação ou modificação grosseira, não apta a ludibriar a atenção de terceiros, é inócua para esse fim. Quando se menciona o *terceiro*, cuida-se da pessoa comum, não abrangendo policiais, por exemplo, cuja atividade pressupõe preparo para identificar documentos falsos. Nessa linha: STF: "Atestado médico apresentado para justificar ausência ao serviço. Falsidade grosseira. Documento que iludiu a pessoa responsável pelo setor de recebimento de dispensas médicas. (...) Ordem denegada" (HC 117.638-RJ, 2.ª T., rel. Gilmar Mendes, 11.03.2014, v.u.). STJ: "4. Nos termos da orientação jurisprudencial desta Corte, para a caracterização do delito previsto no art. 297 do Código Penal 'exige-se a potencialidade lesiva do documento falsificado ou alterado, pois a contrafação ou modificação grosseira, não apta a ludibriar a atenção de terceiros, é inócua para esse fim. Quando se menciona o terceiro, cuida-se da pessoa comum, não abrangendo policiais, por exemplo, cuja atividade pressupõe preparo para identificar documentos falsos' (NUCCI, Guilherme de Souza, in Código Penal Comentado, 19.ª edição, pág. 1379) (AgRg no AREsp 1454093/DF, Rel. Ministro Reynaldo Soares da Fonseca, Quinta Turma, julgado em 07/05/2019, *DJe* 20/05/2019) 5. Na hipótese, contudo, como ressaltado pelas instâncias ordinárias, até mesmo os experientes policiais somente descobriram a falsidade da Carteira Nacional de Habilitação após consulta aos órgãos de trânsito, cuja potencialidade lesiva foi confirmada pelo apenado, que confessou tê-la utilizado com êxito em outra oportunidade" (AgRg no AREsp 1.976.275/SP, 6.ª T., rel. Olindo Menezes, 22.03.2022, v.u.). Eventualmente, pode se tratar de estelionato, quando, a despeito de grosseiramente falso, tiver trazido vantagem indevida, em prejuízo de outra pessoa, para o agente.

**25. Sujeitos ativo e passivo:** o sujeito ativo pode ser qualquer pessoa. O sujeito passivo é o Estado, em primeiro plano. Secundariamente, pode ser a pessoa prejudicada pela falsificação.

**26. Elemento subjetivo do tipo:** é o dolo. Não existe a forma culposa, nem se exige elemento subjetivo do tipo específico.

**27. Total ou parcialmente:** a falsificação pode produzir um documento inteiramente novo (construído pelo agente) ou apenas alterar um documento verdadeiro, introduzindo-lhe pedaços não autênticos.

**28. Documento público:** a doutrina o define como sendo o escrito, revestido de certa forma, destinado a comprovar um fato, desde que emanado de funcionário público, com competência para tanto. Pode provir de autoridade nacional ou estrangeira (neste caso, desde que respeitada a forma legal prevista no Brasil), abrangendo certidões, atestados, traslados, cópias autenticadas e telegramas emitidos por funcionários públicos, atendendo ao interesse público. Caso o agente construa um documento novo, pratica a primeira conduta. Caso modifique, de qualquer modo, um documento verdadeiro, comete a segunda conduta. Ressalte-se que somente pode ser objeto do crime o documento válido, pois o que for considerado nulo está fora da proteção do tipo penal.

**29. Documento formal e substancialmente público e formalmente público e substancialmente privado:** é inócua tal diferença, pois o tipo penal abrange, indistintamente, as duas modalidades. O documento formal e substancialmente público seria aquele proveniente de ato legislativo, administrativo ou judicial, no interesse da administração Pública, com natureza e relevo públicos. Ex.: carteira de identidade. O documento formalmente público e substancialmente privado seria aquele concernente a interesse privado, embora tenha sido elaborado por funcionário público. Ex.: testamento público.

**30. Relevância jurídica do documento:** é necessariamente do documento público, podendo não estar presente no documento privado a sua *relevância jurídica*, isto é, sempre representa alguma relação de direito que se cria, extingue ou modifica, com significação jurídica para o Estado ou para o cidadão (Sylvio do Amaral, *Falsidade documental*, p. 13).

**31. Fotocópias sem autenticação:** não podem ser consideradas documentos públicos para os efeitos deste artigo.

**32. Objetos material e jurídico:** o objeto material é o documento público, verdadeiro ou não. O objeto jurídico é a fé pública.

**33. Classificação:** trata-se de crime comum (aquele que não demanda sujeito ativo qualificado ou especial); formal (delito que não exige resultado naturalístico, consistente no efetivo prejuízo causado a alguém pela falsificação); de forma livre (podendo ser cometido

# Art. 297

Código Penal Comentado · **Nucci**                                                      1172

por qualquer meio eleito pelo agente); comissivo (os verbos implicam ações); instantâneo (cujo resultado se dá de maneira instantânea, não se prolongando no tempo); unissubjetivo (que pode ser praticado por um só agente); plurissubsistente (em regra, vários atos integram a conduta); admite tentativa.

**34. Crime de perigo abstrato:** entendemos ser o delito de perigo abstrato, como os demais crimes de falsificação. Assim, para configurar risco de dano à fé pública, que é presumido, basta a contrafação ou modificação do documento público. Tal posição não afasta a possibilidade de haver tentativa, desde que se verifique a forma plurissubsistente de realização do delito. Lembremos que o fato de alguém manter guardado um documento que falsificou pode configurar o tipo penal, uma vez que não é impossível que, algum dia, venha ele a circular e prejudicar interesses. Há, pois, o risco de dano.

**35. Exame de corpo de delito:** é necessário, pois é infração que deixa vestígios (art. 158, CPP).

**36. Concurso de estelionato e falsidade:** aplica-se a Súmula 17 do Superior Tribunal de Justiça: "Quando o falso se exaure no estelionato, sem mais potencialidade lesiva, é por este absorvido". Trata-se da aplicação da regra de que o crime-fim absorve o crime-meio.

**37. Concurso de falsificação e uso de documento falso:** a prática dos dois delitos pelo mesmo agente implica no reconhecimento de um autêntico *crime progressivo*, ou seja, falsifica-se algo para depois usar (crime-meio e crime-fim). Deve o sujeito responder somente pelo uso de documento falso. No mesmo prisma, Sylvio do Amaral, *Falsidade documental*, p. 179. Na jurisprudência: STJ: "1. A teor da jurisprudência desta Corte, o uso de documento falsificado (CP, art. 304) deve ser absorvido pela falsificação do documento público ou privado (CP, arts. 297 e 298), quando praticado pelo mesmo agente, caracterizando o delito de uso *post factum* não punível, ou seja, mero exaurimento do crime de falso, não respondendo o falsário pelos dois crimes, em concurso material" (AgRg no RHC 112.730-SP, 5.ª T., rel. Ribeiro Dantas, 03.03.2020, v.u.).

**38. Concurso da falsidade com apropriação indébita ou outro crime patrimonial:** se a falsidade é realizada para encobrir delito patrimonial anterior deve haver concurso de crimes, pois o objeto jurídico protegido é diverso.

**39. Falsificação de certidão ou atestado emitido por escola:** cremos estar configurada a falsidade de documento público e não o delito do art. 301 (certidão ou atestado ideologicamente falso e falsidade material de atestado ou certidão – § 1.º). Este último tipo penal prevê que o atestado ou a certidão seja destinado à habilitação de alguém a obter cargo público, isenção de ônus ou serviço público ou qualquer outra vantagem semelhante, o que não é necessariamente a finalidade do atestado ou da certidão escolar. Por isso, melhor é a aplicação da figura típica genérica do art. 297. Quanto à competência para apurar o delito, é da Justiça Estadual (Súmula 104 do STJ: "Compete à Justiça Estadual o processo e julgamento dos crimes de falsificação e uso de documento falso relativo a estabelecimento particular de ensino").

**39-A. Regime Especial de Regularização Cambial e Tributária:** a Lei 13.254/2016 permitiu a repatriação de dinheiro enviado ilicitamente para o exterior, com a finalidade de, *perdoando* os criminosos, auferir lucro com elevadas quantias para os cofres públicos. Dispõe o art. 5.º dessa Lei, o seguinte: "A adesão ao programa dar-se-á mediante entrega da declaração dos recursos, bens e direitos sujeitos à regularização prevista no *caput* do art. 4.º e pagamento integral do imposto previsto no art. 6.º e da multa prevista no art. 8.º desta Lei. § 1.º O cumprimento das condições previstas no *caput* antes de decisão criminal extinguirá, em relação a recursos, bens e direitos a serem regularizados nos termos desta Lei, a punibilidade dos crimes a seguir previstos, praticados até a data de adesão ao RERCT: (...) IV – nos seguintes arts. do Decreto-Lei n.º 2.848, de 7 de dezembro de 1940 (Código Penal), quando exaurida sua potencialidade lesiva com a prática dos crimes previstos nos incisos I a III: a) 297; b) 298; c) 299; d) 304". No inciso III, consta o "art. 337-A do Decreto-Lei n.º 2.848, de 7 de dezembro de 1940 (Código Penal)".

**40. Causa de aumento de pena:** sendo o agente funcionário público (art. 327, CP), é natural que sua conduta tenha mais desvalor, merecendo, pois, maior rigor punitivo. Aumenta-se de um sexto a pena. Deve ficar evidenciado que ele se valeu do cargo para chegar ao resultado típico.

**41. Documento público por equiparação:** todo documento emanado de entidade paraestatal (ver nota 42), bem como os títulos de crédito ao portador ou que possam circular mediante endosso, como os cheques, as notas promissórias, as duplicatas, entre outros (não mais havendo possibilidade de endosso, mas somente de transmissão por cessão civil, não se incluem neste artigo), as ações de sociedade comercial, os livros mercantis e o testamento particular (também chamado de hológrafo: manifestação de última vontade do testador, devidamente reduzida por escrito, respeitada a forma descrita em lei – art. 1.876, § 1.º, do Código Civil), são equiparados a documento público para tipificar a conduta daquele que os falsifica. Note-se o caráter "em branco" da norma, que necessita buscar conceitos próprios do Direito Comercial para completar o seu sentido – títulos ao portador ou transmissíveis por endosso, ações de sociedade comercial e livros mercantis –, bem como do Direito Civil – testamento particular. Assim, o título falho, como a duplicata emitida sem a causa correspondente ou a nota promissória ao portador, não serve de objeto para a falsificação.

**42. Entidade paraestatal:** conforme expusemos nos comentários ao art. 327, § 1.º, aos quais remetemos o leitor, o conceito de entidade paraestatal deve ser extensivamente interpretado, envolvendo entidade tipicamente paraestatal, como a autarquia, mas também sociedades de economia mista, empresas públicas e fundações instituídas pelo poder público. Segundo MARIA SYLVIA ZANELLA DI PIETRO, o sentido mais utilizado para *entidade paraestatal* é o apregoado por Hely Lopes Meirelles, "de modo a abranger as entidades de direito privado que integram a Administração Indireta (empresas estatais de todos os tipos e fundações de Direito Privado), bem como os serviços sociais autônomos; a tais entidades tem-se que acrescentar, agora, as entidades de apoio (fundações, associações e cooperativas), as organizações sociais e as organizações da sociedade civil de interesse público. Em tal sentido deve ser interpretada a expressão entidade paraestatal no art. 327, parágrafo único, do Código Penal [atual art. 327, § 1.º, CP] e no art. 36 do Código Judiciário do Estado de São Paulo (Decreto-lei Complementar 3, de 27.08.1969), que confere juízo privativo às entidades paraestatais" (*Direito administrativo*, p. 399-400).

**43. Análise do núcleo do tipo:** *inserir* significa introduzir ou colocar, enquanto *fazer inserir* é permitir que outrem introduza ou coloque. Os objetos das condutas vêm descritos nos incisos. Esta figura é fruto dos crimes previstos anteriormente na Lei 8.212/1991, art. 95, *g*, *h* e *i* (primeira parte), hoje substituídos pela Lei 9.983/2000.

**44. Falsidade ideológica no contexto da falsidade material:** a colocação do § 3.º, que cuida da falsidade ideológica (sobre as diferenças entre esta falsidade e a material, ver nota 80 ao art. 299), no contexto da falsidade material foi equivocada, causando indevida confusão de

# Art. 297

Código Penal Comentado · **Nucci**

conceitos. Merecia ter sido introduzido no art. 299, prevendo-se pena especial para o delito, se é que o objetivo do legislador foi aproveitar a pena de reclusão, de 2 (dois) a 6 (seis) anos, e multa, prevista para a falsidade material, portanto, superior à da falsidade ideológica.

**45. Folha de pagamento:** é o registro geral das remunerações pagas aos empregados da empresa, de onde surge o montante que servirá de base para a contribuição a ser recolhida para a seguridade social.

**46. Segurado obrigatório:** são segurados obrigatórios da previdência social as seguintes pessoas físicas: "I – como empregado: *a)* aquele que presta serviço de natureza urbana ou rural à empresa, em caráter não eventual, sob sua subordinação e mediante remuneração, inclusive como diretor empregado; *b)* aquele que, contratado por empresa de trabalho temporário, definida em legislação específica, presta serviço para atender a necessidade transitória de substituição de pessoal regular e permanente ou a acréscimo extraordinário de serviços de outras empresas; *c)* o brasileiro ou estrangeiro domiciliado e contratado no Brasil para traba-lhar como empregado em sucursal ou agência de empresa nacional no exterior; *d)* aquele que presta serviço no Brasil a missão diplomática ou a repartição consular de carreira estrangeira e a órgãos a ela subordinados, ou a membros dessas missões e repartições, excluídos o não brasileiro sem residência permanente no Brasil e o brasileiro amparado pela legislação previ-denciária do país da respectiva missão diplomática ou repartição consular; *e)* o brasileiro civil que trabalha para a União, no exterior, em organismos oficiais brasileiros ou internacionais dos quais o Brasil seja membro efetivo, ainda que lá domiciliado e contratado, salvo se segurado na forma da legislação vigente do país do domicílio; *f)* o brasileiro ou estrangeiro domiciliado e contratado no Brasil para trabalhar como empregado em empresa domiciliada no exterior, cuja maioria do capital votante pertença a empresa brasileira de capital nacional; *g)* o servidor público ocupante de cargo em comissão, sem vínculo efetivo com a União, Autarquias, in-clusive em regime especial, e Fundações Públicas Federais; *h)* o exercente de mandato eletivo federal, estadual ou municipal, desde que não vinculado a regime próprio de previdência so-cial [a Resolução do Senado Federal 26/2005 (*DOU* 22.06.2005) suspendeu a execução desta alínea]; *i)* o empregado de organismo oficial internacional ou estrangeiro em funcionamento no Brasil, salvo quando coberto por regime próprio de previdência social; *j)* o exercente de mandato eletivo federal, estadual ou municipal, desde que não vinculado a regime próprio de previdência social; II – como empregado doméstico: aquele que presta serviço de natureza contínua a pessoa ou família, no âmbito residencial desta, em atividades sem fins lucrativos; [os incisos III e IV foram revogados pela Lei 9.876/99]; V – como contribuinte individual: *a)* a pessoa física, proprietária ou não, que explora atividade agropecuária, a qualquer título, em caráter permanente ou temporário, em área superior a 4 (quatro) módulos fiscais; ou, quando em área igual ou inferior a 4 (quatro) módulos fiscais ou atividade pesqueira, com auxílio de empregados ou por intermédio de prepostos; ou ainda nas hipóteses dos §§ 10 e 11 deste artigo; *b)* a pessoa física, proprietária ou não, que explora atividade de extração mineral-garimpo, em caráter permanente ou temporário, diretamente ou por intermédio de prepostos, com ou sem o auxílio de empregados, utilizados a qualquer título, ainda que de forma não contínua; *c)* o ministro de confissão religiosa e o membro de instituto de vida consagrada, de congregação ou de ordem religiosa; [alínea *d* revogada pela Lei 9.876/99]; *e)* o brasileiro civil que trabalha no exterior para organismo oficial internacional do qual o Brasil é membro efetivo, ainda que lá domiciliado e contratado, salvo quando coberto por regime próprio de previdência social; *f)* o titular de firma individual urbana ou rural, o diretor não empregado e o membro de con-selho de administração de sociedade anônima, o sócio solidário, o sócio de indústria, o sócio gerente e o sócio cotista que recebam remuneração decorrente de seu trabalho em empresa urbana ou rural, e o associado eleito para cargo de direção em cooperativa, associação ou entidade de qualquer natureza ou finalidade, bem como o síndico ou administrador eleito para exercer atividade de direção condominial, desde que recebam remuneração; *g)* quem presta serviço de natureza urbana ou rural, em caráter eventual, a uma ou mais empresas, sem relação de emprego; *h)* a pessoa física que exerce, por conta própria, atividade econômica de natureza urbana, com fins lucrativos ou não; VI – como trabalhador avulso: quem presta, a diversas empresas, sem vínculo empregatício, serviços de natureza urbana ou rural definidos no regulamento; VII – como segurado especial: a pessoa física residente no imóvel rural ou em aglomerado urbano ou rural próximo a ele que, individualmente ou em regime de economia familiar, ainda que com o auxílio eventual de terceiros a título de mútua colaboração, na condição de: *a)* produtor, seja proprietário, usufrutuário, possuidor, assentado, parceiro ou meeiro outorgados, comodatário ou arrendatário rurais, que explore atividade: 1. agropecuária em área de até 4 (quatro) módulos fiscais; ou 2. de seringueiro ou extrativista vegetal que exerça suas atividades nos termos do inciso XII do *caput* do art. 2.º da Lei 9.985, de 18 de julho de 2000, e faça dessas atividades o principal meio de vida; *b)* pescador artesanal ou a este assemelhado, que faça da pesca profissão habitual ou principal meio de vida; e *c)* cônjuge ou companheiro, bem como filho maior de 16 (dezesseis) anos de idade ou a este equiparado, do segurado de que tratam as alíneas *a* e *b* deste inciso, que, comprovadamente, trabalhem com o grupo familiar respectivo" (art. 12 da Lei 8.212/1991).

**47. Declaração:** tem variado significado: a) *afirmação*; b) *relato*; c) *depoimento*; d) *manifestação*. Ressalte-se que, havendo necessidade de comprovação – objetiva e concomitante – pela autoridade da autenticidade da declaração, não se configura o crime, caso ela seja falsa ou, de algum modo, dissociada da realidade. Ex.: declaração falsa de antecedentes, feita pelo empregado, quando o empregador tiver acesso à certidão comprobatória da situação de condenado do interessado.

**48. Elemento normativo do tipo:** *falsa* ou *diversa da que deveria ter sido escrita* são elementos de valoração jurídica, pois cada documento possui informes esperados. A introdução de algo não correspondente à realidade compõe a falsidade (ex.: incluir na carteira de trabalho um vínculo empregatício inexistente) e a inserção de declaração não compatível com a que se cspcrava fosse colocada compõe a outra situação (ex.: inserir valor de salário diverso do real).

**48-A. Confronto com o art. 49 do Decreto-lei 5.452/1943 (CLT):** se a falsidade gerada na Carteira de Trabalho e Previdência Social disser respeito ou produzir prejuízo no cenário dos direitos trabalhistas do empregado, aplica-se o mencionado art. 49 (ver a nota 82 ao art. 299). Porém, se a referida falsidade se voltar ao contexto da Previdência Social, aplica-se o disposto no art. 297, § 3.º, II, do CP. Afinal, cada um dos tipos penais tutela objeto jurídico diverso (direito do trabalhador *versus* direito relativo à Previdência Social).

**49. Documento contábil:** é todo escrito, produzido por alguém determinado, revestido de certa forma, destinado a comprovar atividades negociais, transações e operações econômicas da empresa ou do empregador.

**50. Declaração:** ver nota 47 ao inciso anterior.

**51. Elemento normativo do tipo:** ver nota 48 ao inciso anterior.

**52. Figura omissiva:** quem deixa de inserir nos documentos mencionados no parágrafo anterior (folha de pagamento, carteira de trabalho e previdência social ou documento contábil), quando for pertinente, o nome do segurado, seus dados pessoais, a remuneração e a vigência do contrato responde também por falsificação ideológica na modalidade omissiva. É a reprodução

# Art. 298

da figura típica anteriormente prevista no art. 95, *i*, parte final, da Lei 8.212/1991, atualmente substituído pela Lei 9.983/2000, que alterou esse artigo do Código Penal. Na jurisprudência: STJ: "1. Esta Corte Superior de Justiça, diante da gravidade do fato para a aplicação da lei trabalhista e do seu potencial ofensivo a direitos sociais fundamentais, tem compreendido que a ausência de registro do vínculo empregatício na Carteira de Trabalho e Previdência Social – CTPS constitui omissão penalmente relevante e apta a configurar o delito de falsificação de documento público, nos termos do art. 297, § 4.º, do Código Penal. 2. Diante da perfeita adequação típica, não há falar que a conduta imputada constituiria simples ilícito administrativo. Ademais, para a caracterização do delito, basta o dolo genérico de omitir na CTPS, de forma livre e consciente, as informações que nela deveriam constar" (AgRg no REsp 1.947.635/PA, 6.ª T., rel. Laurita Vaz, 06.12.2022, v.u.).

### Falsificação de documento particular

> **Art. 298.** Falsificar,[53-55] no todo ou em parte,[56] documento particular[57-60] ou alterar documento particular verdadeiro:[61-65-A]
> Pena – reclusão, de um a cinco anos, e multa.

### Falsificação de cartão

> **Parágrafo único.** Para fins do disposto no *caput*, equipara-se a documento particular o cartão de crédito ou débito.[66-66-A]

**53. Análise do núcleo do tipo:** *falsificar*, como já visto, quer dizer reproduzir, imitando, ou contrafazer; *alterar* significa modificar ou adulterar. O objeto é documento particular. O tipo penal preocupa-se com a *forma* do documento, por isso cuida da *falsidade material*. Por outro lado, exige-se a potencialidade lesiva do documento falsificado ou alterado, pois a contrafação ou modificação grosseira, não apta a ludibriar a atenção de terceiros, é inócua para esse fim. Eventualmente, pode se tratar de estelionato, quando, a despeito de grosseiramente falso, tiver trazido vantagem indevida, em prejuízo de outra pessoa, para o agente. Ver a nota 24-A do art. 297.

**54. Sujeitos ativo e passivo:** o sujeito ativo pode ser qualquer pessoa. O sujeito passivo é o Estado, em primeiro plano. Secundariamente, pode ser a pessoa prejudicada pela falsificação.

**55. Elemento subjetivo do tipo:** é o dolo. Não se exige elemento subjetivo específico, nem se pune a forma culposa.

**56. Total ou parcialmente:** a falsificação pode produzir um documento inteiramente novo (construído pelo agente) ou apenas alterar um documento verdadeiro, introduzindo-lhe pedaços não autênticos.

**57. Documento particular:** é todo escrito, produzido por alguém determinado, revestido de certa forma, destinado a comprovar um fato, ainda que seja a manifestação de uma vontade. O documento particular, por exclusão, é aquele que não se enquadra na definição de público, isto é, não emanado de funcionário público ou, ainda que o seja, sem preencher as formalidades legais. Assim, o documento público, emitido por funcionário sem competência a tanto, por exemplo, pode equiparar-se ao particular. Na jurisprudência: STF: "2. São privados os documentos cuja elaboração não conta com a participação de funcionário público no exercício de suas atribuições" (Inq 2.593, Pleno, rel. Edson Fachin, 01.12.2016, maioria).

**57-A. Petição de advogado:** consultar a nota 71 ao art. 299.

**58. Cheque como documento particular:** somente deve ser considerado como documento particular quando já tiver sido apresentado ao banco e recusado por falta de fundos, visto não ser mais transmissível por endosso.

**59. Relevância jurídica:** para preencher o tipo penal, como objeto material, é preciso que o documento tenha algum interesse jurídico. Se for totalmente irrelevante para o direito, é objeto absolutamente impróprio.

**59-A. Potencialidade da falsidade para causar prejuízo:** além de não se configurar o delito de falsificação, em qualquer de suas modalidades, quando se cuidar de falsidade grosseira (conferir a nota 24-A ao art. 297), bem como ser preciso que o documento falsificado tenha algum relevo jurídico (ver a nota 59 *supra*), torna-se indispensável que a falsidade, mesmo que não seja grosseira ou o documento possua relevo jurídico, tenha aptidão para gerar prejuízo, conforme o meio eleito pelo agente para a prática da infração penal. Note-se: não se trata de transformar o crime de falsidade em material, ou seja, aquele que exige resultado naturalístico, mas de evidenciar que não é toda falsificação um meio hábil a prejudicar a fé pública. Convém registrar que, ainda que se pudesse falar em *falsidade grosseira*, perceptível pelo oficial de justiça de pronto, há outro fator a considerar: o meio usado pelo agente e a citação validamente realizada em seguida. O serventuário somente notou a falsidade porque o advogado voltou à sua presença *minutos depois*, o que não configuraria período razoável para obter outra procuração do cliente. Por isso, constatou a falsidade. Esta, repita-se, pode até não ter sido *grosseira*, mas o método utilizado foi ineficaz. Além disso, na sequência, a citação realizou-se corretamente, com um instrumento autêntico, com poderes para recebê-la. O crime impossível configurou-se não pela falsificação em si, mas pelo método usado pelo agente. E mais: a fé pública nem chegou a ser abalada, pois o ato processual foi corretamente realizado.

**60. Fotocópias sem autenticação, documentos impressos sem assinatura ou documentos anônimos:** não podem ser considerados documentos particulares para os efeitos deste artigo. Na jurisprudência: TJSP: "Materialidade e autoria bem demonstradas nos autos. Laudo pericial que atestou a falsidade material das xerocópias apresentadas em sede de ação cível. Confissão judicial do acusado, admitindo ter 'montado' os recibos constantes das xerocópias apresentadas naqueles autos, para se furtar à prisão civil por conta da inadimplência. Testemunha C. (genitora do alimentando) que confirmou não ter emitido recibos relativos aos pagamentos das pensões, bem como negou o depósito dos valores pelo acusado em sua conta corrente. Todavia, a simples xerocópia desprovida de autenticação não é documento particular para fins penais. Doutrina e jurisprudência do STJ. Absolvição que se impõe, dada a atipicidade da conduta. Recurso provido para absolver o apelante da conduta tipificada no artigo 298, do Código Penal, com fundamento no artigo 386, inciso III, do Código de Processo Penal" (Ap. Crim. 1500363-53.2019.8.26.0128, 15.ª C. Crim., rel. Gilda Alves Barbosa Diodatti, 26.01.2021, v.u.).

**61. Objetos material e jurídico:** o objeto material é o documento particular. O objeto jurídico é a fé pública.

**62. Classificação:** trata-se de crime comum (aquele que não demanda sujeito ativo qualificado ou especial); formal (delito que não exige resultado naturalístico, consistente no

# Art. 298

Código Penal Comentado · **Nucci**

efetivo prejuízo causado a alguém pela falsificação); de forma livre (podendo ser cometido por qualquer meio eleito pelo agente); comissivo (os verbos implicam ações); instantâneo (cujo resultado se dá de maneira instantânea, não se prolongando no tempo); unissubjetivo (que pode ser praticado por um só agente); plurissubsistente (em regra, vários atos integram a conduta); admite tentativa.

**63. Crime de perigo abstrato:** como já visto na nota 34 ao artigo anterior, entendemos ser o delito de perigo abstrato, como os demais crimes de falsificação. Assim, para configurar risco de dano à fé pública, que é presumido, basta a contrafação ou modificação do documento. Tal posição não afasta a possibilidade de haver tentativa, desde que se verifique a forma plurissubsistente de realização do delito. Lembremos que o fato de alguém manter guardado um documento que falsificou pode configurar o tipo penal, uma vez que não é impossível que, algum dia, venha ele a circular e prejudicar interesses. Há, pois, o risco de dano.

**64. Diferença entre falsidade material e ideológica:** ver nota 80 ao próximo artigo.

**65. Concurso com outros delitos:** ver notas 36, 37 e 38 ao artigo anterior.

**65-A. Regime Especial de Regularização Cambial e Tributária:** a Lei 13.254/2016 permitiu a repatriação de dinheiro enviado ilicitamente para o exterior, com a finalidade de, *perdoando* os criminosos, auferir lucro com elevadas quantias para os cofres públicos. Dispõe o art. 5.º dessa Lei, o seguinte: "A adesão ao programa dar-se-á mediante entrega da declaração dos recursos, bens e direitos sujeitos à regularização prevista no *caput* do art. 4.º e pagamento integral do imposto previsto no art. 6.º e da multa prevista no art. 8.º desta Lei. § 1.º O cumprimento das condições previstas no *caput* antes de decisão criminal extinguirá, em relação a recursos, bens e direitos a serem regularizados nos termos desta Lei, a punibilidade dos crimes a seguir previstos, praticados até a data de adesão ao RERCT: (...) IV – nos seguintes arts. do Decreto-Lei n.º 2.848, de 7 de dezembro de 1940 (Código Penal), quando exaurida sua potencialidade lesiva com a prática dos crimes previstos nos incisos I a III: a) 297; b) 298; c) 299; d) 304". No inciso III, consta o "art. 337-A do Decreto-Lei n.º 2.848, de 7 de dezembro de 1940 (Código Penal)".

**66. Documento particular por equiparação:** o cartão de crédito ou débito, por si mesmo, não é propriamente um documento (base material disposta a estampar informe ou outro dado), mas assim deve ser considerado para fins de falsificação. Enquanto a nota promissória e o cheque são títulos de crédito equiparados a documento público, pois podem circular no comércio, gerando maiores danos a terceiros, o cartão de crédito e débito é equiparado a documento particular, cuja pena é menor. A diferença é consistente, pois o cartão não circula. Entretanto, observa-se, atualmente, a redução drástica no uso de cheque ou nota promissória, visto surgirem inúmeros outros instrumentos tecnologicamente avançados que os substituíram. Idêntico processo de perda de importância, cada vez mais frequente, no âmbito das transações comerciais e financeiras, ocorre com o cartão de crédito ou débito. Aliás, os criminosos, para a prática de fraudes, utilizando indevidamente o cartão de outrem, têm-se utilizado de meios telemáticos ou informáticos, tornando-se cada vez mais comum o emprego da internet para o cometimento dessa forma de estelionato. Com o uso do *chip*, nos cartões de crédito e débito, a falsificação rareou e nem mais é empregada, pois os *golpes* são aplicados por meio do uso do número do cartão, sua data de validade e seu código, dispensando-se o cartão de plástico. Nesse tópico, Jesus e Milagre mencionam que a falsidade cometida por meio informático, permanecendo o cartão na posse da vítima, enquanto o seu código e a numeração são usados, em *sites* para compras, como se fosse o titular do cartão, não se encaixa nesse artigo (*Manual* de crimes informáticos, p. 117). Na jurisprudência: STF: "1. O Superior Tribunal de Justiça, no legítimo exercício de sua competência como intérprete final da legislação federal, definiu, em sede de recurso especial, a extensão do elemento normativo 'documento', admitindo em seu conteúdo semântico o vocábulo 'cartão de crédito'. 2. A interpretação da autoridade apontada como coatora não violou a garantia constitucional da irretroatividade da lei penal maléfica, pois definiu que o tipo penal já albergava, desde sua redação original (anterior ao cometimento do delito sob apreciação), a conduta de 'clonagem de cartão de crédito'. 3. A Corte Superior agiu dentro dos limites de sua competência constitucional, uniformizando a interpretação da lei federal ao definir o sentido e o alcance do elemento normativo previsto em lei penal criminalizadora, sem incorrer em ilegalidade ou abuso de poder aptos a serem corrigidos pela via do *writ*. 4. Agravo regimental conhecido e não provido" (HC 138.019 AgR, 1.ª T., rel. Rosa Weber, 29.11.2019, v.u.). STJ: "1. A inserção do parágrafo único ao art. 298 do Código Penal apenas ratificou e tornou explícito o entendimento jurisprudencial da época, relativamente ao alcance do elemento normativo 'documento', clarificando que cartão de crédito é considerado documento. Não houve, portanto, uma ruptura conceitual que justificasse considerar, somente a partir da edição da Lei n. 12.737/2012, cartão de crédito ou de débito como documento. Seria incongruente, a prevalecer a tese da atipicidade anterior à referida lei, reconhecer que todos os casos anteriores assim definidos pela jurisprudência, por meio de legítima valoração de elemento normativo, devam ser desconstituídos justamente em face da edição de uma lei interpretativa que veio em apoio à própria jurisprudência já então dominante (*ut*, REsp 1578479/SC, Rel. Ministra Maria Thereza de Assis Moura, Rel. p/ Acórdão Ministro Rogerio Schietti Cruz, Sexta Turma, *DJe* 03/10/2016) 2. Nessa linha de raciocínio: HC n.116.356/GO, Rel. Ministro Napoleão Nunes Maia Filho (*DJe* 4/6/2008); RHC n. 19.936/RJ, Rel. Ministra Laurita Vaz (*DJ* 11/12/2006); RHC n. 13.415/CE, Rel. Ministro Gilson Dipp, *DJ* 3/2/2003), HC 27.520/GO, Rel. Ministro Paulo Medina (*DJ* 15/9/2003), entre outros. Também no STF: HC n. 102.971/RJ, Rel. Ministra Ellen Gracie (*DJe* 5/5/2011); HC n. 82.582/RJ, Rel. Ministro Gilmar Mendes (*DJ* 4/4/2003), entre outros" (AgRg no REsp 1710131-SP, 5.ª T., rel. Reynaldo Soares da Fonseca, 08.02.2018, v.u.).

**66-A. Exame de corpo de delito:** este crime deixa vestígios, suscetíveis de comprovação por perícia, nos moldes previstos pelo art. 158 do CPP. Portanto, sem a prova pericial da materialidade, não deve haver condenação.

### Falsidade ideológica

> **Art. 299.** Omitir,[67-68] em documento público ou particular,[69-69-B] declaração[70-74] que dele devia constar,[75] ou nele inserir ou fazer inserir declaração falsa ou diversa da que devia ser escrita,[76-76-A] com o fim[77] de prejudicar direito, criar obrigação ou alterar a verdade sobre fato juridicamente relevante:[78-81-A]
>
> Pena – reclusão, de 1 (um) a 5 (cinco) anos, e multa, se o documento é público, e reclusão, de 1 (um) a 3 (três) anos, e multa, se o documento é particular.[82-84]
>
> **Parágrafo único.** Se o agente é funcionário público,[85] e comete o crime prevalecendo-se do cargo, ou se a falsificação ou alteração[86] é de assentamento de registro civil,[87] aumenta-se a pena de sexta parte.

**67. Análise do núcleo do tipo:** *omitir* (deixar de inserir ou não mencionar); *inserir* (colocar ou introduzir); *fazer inserir* (proporcionar que se introduza). Os objetos das condutas devem ser declarações relevantes a constar em documentos públicos e particulares. A diferença

# Art. 299

Código Penal Comentado · **Nucci**

fundamental entre *inserir* e *fazer inserir* é o modo pelo qual o agente consegue a introdução de declaração indevida no documento: no primeiro caso, age diretamente; no segundo, proporciona meios para que terceiro o faça. Na falsidade ideológica, como ensina SYLVIO DO AMARAL, "não há rasura, emenda, acréscimo ou subtração de letra ou algarismo. Há, apenas, uma mentira reduzida a escrito, através de documento que, sob o aspecto material, é de todo verdadeiro, isto é, realmente escrito por quem seu teor indica" (*Falsidade documental*, p. 53). Na jurisprudência: STF: "3. No crime de falsidade ideológica, a conduta comissiva do tipo penal imputado não pode ser presumida, unicamente, pelo cargo de direção ocupado na época dos fatos, pois a *contrario sensu* estar-se-ia autorizar a aplicação da vedada responsabilidade penal objetiva. 4. O quadro processual revela a insubsistência de prova de manobra ou de conduta precedente ou posterior do denunciado, que, na condição de diretor geral, causasse óbices ou dificuldades na atuação dos agentes responsáveis pela fiscalização no trato de questões ambientais. 5. Absolvição por ausência de provas de que o réu tenha concorrido para a prática dos crimes previstos nos arts. 299 do CP e 69 da Lei 9.605/1998, por força do art. 386, V, do CPP" (AP 987, 2.ª T., rel. Edson Fachin, 25.09.2018, v.u.). STJ: "(...) Interrogado, Breno afirmou que trabalhava como assessor parlamentar e também como professor na Escola Municipal Parque São Carlos e que, quando em razão do ofício na Câmara Municipal, não podia comparecer às aulas, enviava um substituto da mesma matéria para que desempenhasse sua função, remunerando-o com dinheiro próprio. Asseverou, outrossim, que assinava a ficha de ponto mesmo quando não comparecia à escola, porquanto era orientação da Secretaria de Educação que a substituição deveria ocorrer dessa maneira, bem como que a assinatura da ficha de ponto deveria ser realizada pelo professor responsável pela aula e não pelo substituto (arquivos audiovisuais de p. 154 e 170). (...) Assim, resta descartada a possibilidade de absolvição por insuficiência de provas. (...) O crime do art. 299, do Código Penal não demanda resultado naturalístico para a consumação, ou seja, trata-se de crime formal que se consuma com a inserção dos dados falsos no documento público. (...) Isso ganha especial relevo porquanto se afigura irrelevante se a conduta de inserir dados falsos era praxe ou mesmo orientação da Secretaria de Educação, porquanto nenhuma orientação ou praxe seria suficiente para revogar o Estatuto Repressor, tampouco afastar o dolo da conduta. (...) Com efeito, a ilegalidade do procedimento adotado, ainda que pela Municipalidade, não concede autorização para o acusado cometer outra ilegalidade, declarando que estava num local em que não estava e recebendo por isso. (...) Ademais, o repasse dos valores para o substituto ou mesmo a ausência de dano ao erário público não tem o condão de afastar a responsabilidade penal do acusado, eis que o crime restou consumado quando houve a inserção de dados falsos na ficha de ponto. (...) Ora, se a praxe adotada pela Administração Pública não se afigura dentro da legalidade caberia ao acusado comparecer às aulas ou, acaso não pudesse lecioná-las, que faltasse e sofresse o desconto no holerite, mas jamais autorizaria que o mesmo falseasse, deliberadamente, o documento relativo à ficha de ponto" (AgRg no REsp 1.945.790-MS, 6.ª T., rel. Sebastião Reis Júnior, j. 13.09.2022, v.u.); "1. Segundo consta dos autos, o recorrente, instrutor credenciado do Departamento de Polícia Federal DPF, de modo consciente e voluntário, perpetrou três crimes de falsidade ideológica (art. 299 do CPB) nas mesmas circunstâncias de tempo, modo de execução e outras circunstâncias similares. As falsidades ideológicas consistiram no fato dele, na condição de instrutor de tiros, ao ser procurado por N. M. F., C. S. C. e K. A. L. – todos interessados em obterem autorização para porte de arma de fogo perante o DPF –, haver realizado os tiros – em moldes aptos à aprovação – nas cartolinas dos 'clientes', fazendo-os, na sequência, assinarem as cartolinas como se houvessem sido os autores dos disparos" (AgRg nos EDcl nos EDcl no AREsp 1.685.253-PE, 5.ª T., rel. Joel Ilan Paciornik, 18.05.2021, v.u.); "1. Diante da inexistência do elemento indispensável para a caracterização do delito previsto no art. 299 do Código Penal, a saber, o dolo de inserir declaração diversa da que deveria ser escrita com o fim de alterar

# Art. 299

**Título X – Dos crimes contra a fé pública**

a verdade sobre fato juridicamente relevante, insuperável, na espécie, o reconhecimento da atipicidade da conduta, pelo que não se há de condenar o réu pela prática do delito de falsidade ideológica" (AgRg no AREsp 1.694.649-AP, 5.ª T., rel. Ribeiro Dantas, 18.08.2020, v.u.).

**68. Sujeitos ativo e passivo:** o sujeito ativo pode ser qualquer pessoa. O sujeito passivo é o Estado, principalmente; em segundo plano, a pessoa que for prejudicada pela falsificação.

**69. Documento público e documento particular:** ver notas aos arts. 297 e 298.

**69-A. Documento sem assinatura:** é imprestável para caracterizar o delito de falsidade ideológica, pois inexiste bem jurídico a tutelar, vale dizer, não há ofensa à fé pública.

**69-B. Contrato com "laranjas":** a inserção de nomes fictícios ou de pessoas que, de fato, não tomam parte na sociedade, em contratos específicos, constitui crime de falsidade ideológica.

**70. Declaração:** tem variado significado: a) *afirmação*; b) *relato*; c) *depoimento*; d) *manifestação*. Ressalte-se que, havendo necessidade de comprovação – objetiva e concomitante –, pela autoridade, da autenticidade da declaração, não se configura o crime, caso ela seja falsa ou, de algum modo, dissociada da realidade. Ex.: declaração falsa de endereço, quando se exige o acompanhamento de documento comprobatório, como conta de luz ou água. Nessa hipótese, de maneira objetiva e imediata, pode o funcionário conferir o endereço antes de providenciar a expedição do documento que interessa ao agente.

**71. Petição de advogado:** não é considerada documento, para fins penais. Na realidade, o documento é uma peça que tem possibilidade intrínseca (e extrínseca) de produzir prova, sem necessidade de outras verificações. Aliás, essa é a segurança da prova documental. Portanto, se alguém apresenta a sua cédula de identidade, quem a consulta tem a certeza de se tratar da pessoa ali retratada, com seus dados pessoais. Não se faz verificação do conteúdo desse documento. No entanto, a petição do advogado é constituída de alegações (do início ao fim), que merecem ser verificadas e comprovadas. Por tal motivo, não pode ser considerada documento. Em suma, ela não vale por si mesma. Entretanto, há um ponto relevante, que pode configurar a falsidade da petição: a assinatura e a identificação como advogado. Ilustrando, se um estagiário assinar a peça como se advogado fosse, permite a constituição do delito de falsidade ideológica (se inventar um nome e uma assinatura inexistentes) ou falsidade material (se imitar a assinatura de advogado existente).

**71-A. Declaração de pobreza para obter os benefícios da justiça gratuita:** não pode ser considerada documento para os fins deste artigo, pois é possível produzir prova a respeito do estado de miserabilidade de quem pleiteia o benefício da assistência judiciária.

**71-B. Procuração *ad judicia*:** depende do texto alterado, para o fim de configurar o delito previsto neste artigo. Se o agente insere, falsamente, as cláusulas referentes ao mandato propriamente dito, criando relação jurídica inexistente, concretiza-se o tipo penal, pois se trata de fato juridicamente relevante. No entanto, a inclusão de dados secundários ou periféricos, tais como endereço, estado civil e correlatos, não é suficiente para gerar a falsidade ideológica.

**72. Declaração cadastral para qualquer fim:** não é considerada documento, para fins penais. Ex.: preenchimento de ficha para hospedagem em hotel ou estabelecimento similar. Na jurisprudência: STJ: "1. No caso, não está configurada a conduta típica prevista no art. 299 do Código Penal, pois o preenchimento de um simples formulário de inscrição disponível na internet não confere, por si só, o direito ao credenciamento postulado perante a Associação dos Analistas e Profissionais de Investimento do Mercado de Capitais – APIMEC. De fato, a

# Art. 299

Código Penal Comentado · **Nucci**

concessão de eventual direito dependeria, sem dúvida, da verificação das informações e da conferência dos documentos pertinentes pela entidade credenciante, especialmente por se tratar de informação relativa ao grau de escolaridade do requerente. 2. Tratando-se de declaração alegadamente falsa, mas que é incapaz de produzir efeitos por si só e que demanda verificação objetiva e concomitante pela entidade que a recebe, a conduta imputada é atípica" (AgRg no RHC 127.408-SP, 6.ª T., rel. Laurita Vaz, 16.03.2021, v.u.).

**73. Laudo médico:** pode configurar a falsidade ideológica se o médico afirmar, em laudo, que o paciente tem uma doença inexistente, mas não se pode considerar como tal a sua conclusão – meramente opinativa – acerca do período necessário para repouso ou afastamento do trabalho. Quando se tratar de atestado, ver o art. 302.

**74. Declaração particular prestada em cartório de notas:** se a finalidade do declarante era produzir prova, não há cabimento em se considerar concretizada a falsidade ideológica, porque se trata de meio ilegítimo de produção de provas. Logo, não há qualquer relevância jurídica nessa declaração por não ter o potencial de "prejudicar direito, criar obrigação ou alterar a verdade sobre fato juridicamente relevante". Nesse sentido: STF: "A Turma concluiu julgamento de *habeas corpus* impetrado em favor de advogado acusado da suposta prática do crime de falsidade ideológica (CP, art. 299), consistente no fato de ter redigido e juntado, em autos de processo penal, declaração de conteúdo falso, assinada, a seu pedido, por testemunha de acusação, que presenciara delito de homicídio imputado a cliente do causídico. No caso concreto, a referida declaração, em que lançava dúvidas sobre a autoria do homicídio, fora anexada quando a testemunha já havia feito o reconhecimento visual do acusado de homicídio e prestado depoimento em juízo, sendo que, reinquirida posteriormente no Tribunal do Júri, afirmara que teria assinado a declaração porque o paciente lhe assegurara que o conteúdo do documento não modificaria o depoimento já prestado – v. *Informativo* 412. Por maioria, deferiu-se o *writ* ao fundamento de inexistência de dano relevante, entendendo que a declaração ofertada não pode ser considerada documento para os fins de reconhecimento do tipo penal previsto no art. 299 do CP. Asseverou-se que, neste processo, a situação não haveria de ser tida como absolutamente distinta da do precedente suscitado pelo simples fato de que o documento fora registrado em cartório. No ponto, considerou-se que a declaração seria inócua para o convencimento do magistrado acerca da autoria ou da materialidade delitiva, haja vista que a testemunha confirmara em juízo a versão inicial de seu depoimento, contrária ao que contido no documento" (HC 85064-SP, 2.ª T., rel. orig. Joaquim Barbosa, rel. p/ acórdão Gilmar Mendes, 13.12.2005, m.v., *Informativo* 413).

**75. Elemento normativo do tipo:** *dele devia constar* é expressão indicativa de um juízo valorativo jurídico, pertinente ao conteúdo esperado do documento. Ex.: em uma carteira de habilitação, espera-se que conste, quando for o caso, que o motorista precisa usar óculos para dirigir. Se houver omissão desse dado relevante, trata-se de *declaração que dele devia constar*.

**76. Elementos normativos do tipo:** *falsa ou diversa da que devia ser escrita* são elementos de valoração jurídica, pois cada documento possui informes esperados. A introdução de algo não correspondente à realidade compõe a falsidade (ex.: incluir na carteira de habilitação que o motorista pode dirigir qualquer tipo de veículo, quando sua permissão limita-se aos automóveis de passeio) e a inserção de declaração não compatível com a que se esperava fosse colocada compõem a outra situação (ex.: se a idade do portador da carteira de identidade é alterada).

**76-A. Transferência de pontuação advinda de multa de trânsito:** pode configurar o crime de falsidade ideológica, desde que o condutor verdadeiro faça inserir no formulário apropriado ter sido outra a pessoa a dirigir o veículo no momento da autuação. Nessa hipótese, tudo está *aparentemente* correto, com assinaturas legítimas e documentos pertinentes; eis por que a falsidade é *ideológica*. Se houver a indicação de outro condutor, *falsificando* a sua assinatura, está-se diante de falsidade material. Na jurisprudência: TJSP: "(...) 2. *Crime de falsidade ideológica consumado, porque a simples declaração falsa de quem seria o real condutor do veículo no momento da infração de trânsito, com o fito de transferência de pontos a serem registrados na Carteira Nacional de Trânsito, tipifica o crime previsto no art. 299, caput, do Código Penal. Inteligência da doutrina e da jurisprudência do TJSP. (...)*" (Ap. 0003842-47.2014.8.26.0050-SP, 3.ª Câmara de Direito Criminal, rel. Airton Vieira, 14.11.2017, v.u., grifamos).

**77. Elemento subjetivo do tipo:** é o dolo, mas se exige o elemento subjetivo específico, consistente na vontade de "prejudicar direito, criar obrigação ou alterar a verdade sobre fato juridicamente relevante". Dessa forma, a falsificação que não conduza a qualquer desses três resultados deve ser considerada penalmente indiferente. Não se pune a forma culposa. Na jurisprudência: STJ: "3. O crime de falsidade ideológica, descrito no art. 299, *caput*, do Código Penal, exige dolo específico, com o intuito de prejudicar direito, criar obrigação ou alterar a verdade sobre fato juridicamente relevante" (RHC 132.543-GO, 6.ª T., rel. Olindo Menezes, 15.06.2021, v.u.).

**78. Objetos material e jurídico:** o objeto material é o documento público ou particular. O objeto jurídico é a fé pública.

**79. Classificação:** trata-se de crime comum (aquele que pode ser cometido por qualquer pessoa); formal (delito que não exige, para sua consumação, a ocorrência de resultado naturalístico, consistente na efetiva ocorrência de um dano para alguém); de forma livre (pode ser cometido por qualquer meio eleito pelo agente); comissivo (o verbo implica ação), na forma "inserir" ou "fazer inserir", e omissivo (o verbo indica abstenção), na modalidade "omitir"; instantâneo (cuja consumação não se prolonga no tempo, dando-se em momento determinado); unissubjetivo (aquele que pode ser cometido por um único sujeito); unissubsistente (praticado num único ato) ou plurissubsistente (delito cuja ação é composta por vários atos, permitindo-se o seu fracionamento), conforme o caso concreto; admite tentativa, na forma plurissubsistente, que não é o caso da conduta "omitir".

**80. Diferenças entre falsidade material e ideológica:** são, basicamente, as seguintes: a) a *falsidade material* altera a forma do documento, construindo um novo ou alterando o que era verdadeiro. A *falsidade ideológica*, por sua vez, provoca uma alteração de conteúdo, que pode ser total ou parcial. O documento, na falsidade material, é perceptivelmente falso, isto é, nota-se que não foi emitido pela autoridade competente ou pelo verdadeiro subscritor. Ex.: o falsificador obtém, numa gráfica, impressos semelhantes aos das carteiras de habilitação, preenchendo-os com os dados do interessado e fazendo nascer uma carteira não emitida pelo órgão competente. Na falsidade ideológica, o documento não possui uma falsidade sensivelmente perceptível, pois é, na forma, autêntico. Assim, o sujeito, fornecendo dados falsos, consegue fazer com que o órgão de trânsito emita uma carteira de habilitação cujo conteúdo não corresponde à realidade. Imagine-se a pessoa que só tem permissão para dirigir determinado tipo de veículo e consegue, através de algum tipo de fraude, que tal categoria seja alterada na sua carteira, ampliando-a para outros veículos, o que a torna ideologicamente falsa; b) quando a *falsidade for material*, há dois tipos diferentes: um para os documentos públicos; outro para os documentos particulares; quando a *falsidade for ideológica*, tanto os públicos, quanto os particulares, ingressam no mesmo tipo.

# Art. 299

Código Penal Comentado · **Nucci**

1184

**81. Exame pericial:** diversamente da falsidade material, na ideológica não é cabível.

**81-A. Regime Especial de Regularização Cambial e Tributária:** a Lei 13.254/2016 permitiu a repatriação de dinheiro enviado ilicitamente para o exterior, com a finalidade de, *perdoando* os criminosos, auferir lucro com elevadas quantias para os cofres públicos. Dispõe o art. 5.º dessa Lei, o seguinte: "A adesão ao programa dar-se-á mediante entrega da declaração dos recursos, bens e direitos sujeitos à regularização prevista no *caput* do art. 4.º e pagamento integral do imposto previsto no art. 6.º e da multa prevista no art. 8.º desta Lei. § 1.º O cumprimento das condições previstas no *caput* antes de decisão criminal extinguirá, em relação a recursos, bens e direitos a serem regularizados nos termos desta Lei, a punibilidade dos crimes a seguir previstos, praticados até a data de adesão ao RERCT: (...) IV – nos seguintes arts. do Decreto-Lei n.º 2.848, de 7 de dezembro de 1940 (Código Penal), quando exaurida sua potencialidade lesiva com a prática dos crimes previstos nos incisos I a III: a) 297; b) 298; c) 299; d) 304". No inciso III, consta o "art. 337-A do Decreto-Lei n.º 2.848, de 7 de dezembro de 1940 (Código Penal)".

**82. Falsificação de Carteira de Trabalho e Previdência Social:** aplicação de legislação específica, com as penas previstas no art. 299. Ver art. 49 do Decreto-lei 5.452/1943 (CLT): "Para os efeitos da emissão, substituição ou anotação de Carteiras de Trabalho e Previdência Social, considerar-se-á crime de falsidade, com as penalidades previstas no art. 299 do Código Penal: I – fazer, no todo ou em parte, qualquer documento falso ou alterar o verdadeiro; II – afirmar falsamente a sua própria identidade, filiação, lugar de nascimento, residência, profissão ou estado civil e beneficiários, ou atestar os de outra pessoa; III – servir-se de documentos, por qualquer forma falsificados; IV – falsificar, fabricando ou alterando, ou vender, usar ou possuir Carteira de Trabalho e Previdência Social assim alterada; V – anotar dolosamente em Carteira de Trabalho e Previdência Social ou registro de empregado, ou confessar ou declarar em juízo, ou fora dele, data de admissão em emprego diversa da verdadeira".

**83. Concurso com outros delitos:** ver notas 36, 37 e 38 ao art. 297.

**84. Falsificação em folha de papel em branco:** há três posições possíveis a adotar: "a) *é crime de falsidade ideológica*: se a folha foi abusivamente preenchida pelo agente, que tinha sua posse legítima; b) *se o papel estava sob a guarda do agente, ou foi obtido por meio criminoso*: sendo preenchida de forma abusiva, há crime de falsidade material (arts. 297 ou 298); c) *quando*, na hipótese anterior, *houver revogação do mandato ou 'tiver cessado a obrigação ou faculdade de preencher o papel'*: o agente também responde por falsidade material" (Luiz Regis Prado e Cezar Roberto Bitencourt, *Código Penal anotado e legislação complementar*, p. 900). Parece-nos que, havendo a entrega de folha de papel em branco, assinada por alguém, para o fim de preenchimento em outra oportunidade com termos específicos, ocorrendo a deturpação do conteúdo, é a concretização de falsidade ideológica. Logo, não se trata de falsidade material, que pressupõe a desfiguração do documento, transformando-o em algo diverso. A folha em branco é construída pelo agente do crime e quem a forneceu já sabia que o conteúdo seria formado posteriormente.

**85. Causa de aumento de pena:** sendo o agente funcionário público (art. 327, CP), prevê-se maior rigor na valoração da sua conduta, aumentando em um sexto a sua pena. Deve ficar evidenciado que ele se valeu do cargo para chegar ao resultado típico. Por vezes, pode-se pensar que, se o documento é público, significa ter sido elaborado por funcionário público, razão pela qual seria indevido este aumento, porque cuida de autor funcionário público, prevalecendo-se do seu cargo. É apenas aparente a hipótese de *bis in idem*. O delito do art. 299 é comum, qualquer pessoa pode cometê-lo, funcionário ou não. Assim, caso um funcionário proporcione a inserção de dados falsos em documento particular, sua pena é de 1 a 3 anos, e multa, com o aumento de um sexto. Mas o funcionário pode fazer o mesmo em relação à elaboração de um documento por outro funcionário público, motivo pelo qual sua pena igualmente eleva-se de 1 a 5 anos, e multa, para um patamar acrescido de um sexto. Ainda que o próprio funcionário, elaborando o documento público, insira dados incorretos, a pena é aumentada, uma vez que o que se protege, com pena mais grave (1 a 5 anos, e multa), é o objeto, isto é, ser público o documento; a causa de aumento gira em torno da qualidade do autor do delito, que é funcionário público. Outra vez, não há *bis in idem*. Na jurisprudência: TJDFT: "Evidenciado pelas provas dos autos que o réu, na condição de agente de trânsito, a pedido de servidor ocupante do mesmo cargo, inseriu informação falsa em auto de infração, com o fim de criar obrigação indevida de pagamento de multa pela vítima, mantém-se a sua condenação pelo delito tipificado no art. 299, parágrafo único do Código Penal, não havendo que se falar em inexistência de conduta dolosa ou em atipicidade do fato, se tinha pleno conhecimento de que o documento somente deve ser elaborado pelo agente que visualiza a prática da infração, bem como diante da inexistência de prova de que o coautor estava impedido de lavrá-lo de próprio punho" (Ap. 07094745720208070009, 1.ª T., rel. J. J. Costa Carvalho, 29.07.2021, v.u.).

**86. Segunda causa de aumento de pena:** se a falsificação se voltar a documento público, consistente em assentamento de registro civil, diante da segurança que tal tipo de escrito precisa proporcionar, a pena também deve ser aumentada em um sexto.

**87. Assentamento de registro civil:** é a escrituração correspondente ao registro civil das pessoas naturais e ao registro civil das pessoas jurídicas (art. 1.º, § 1.º, I e II, da Lei 6.015/1973).

### Falso reconhecimento de firma ou letra

> **Art. 300.** Reconhecer,[88-90] como verdadeira, no exercício de função pública,[91] firma ou letra[92] que o não seja:[93-94]
>
> Pena – reclusão, de 1 (um) a 5 (cinco) anos, e multa, se o documento é público; e de 1 (um) a 3 (três) anos, e multa, se o documento é particular.

**88. Análise do núcleo do tipo:** *reconhecer* significa admitir como certo ou constatar. Tem por objeto firma ou letra de alguém. Exige-se a conjugação com o elemento normativo *como verdadeira* (real, autêntica), isto é, indica a conduta de quem admite que determinada firma foi produzida por certa pessoa, quando, na realidade, não o foi.

**89. Sujeitos ativo e passivo:** o sujeito ativo somente pode ser o funcionário que possui fé pública para reconhecer a firma ou a letra. O sujeito passivo é o Estado, em primeiro plano; secundariamente, inclui-se a pessoa prejudicada.

**90. Elemento subjetivo do tipo:** é o dolo. Não se exige elemento subjetivo específico, nem se pune a forma culposa.

**91. Exercício da função pública:** exige-se que o reconhecimento ocorra *no exercício* da função, não sendo admitida a autenticação feita por funcionário público sem atribuição para tanto ou afastado das suas atividades funcionais.

# Art. 301

Código Penal Comentado • **Nucci** 1186

**92. Firma ou letra:** *firma* é a assinatura manuscrita de alguém; *letra* é o sinal gráfico, representativo de vocábulos da linguagem escrita.

**93. Objetos material e jurídico:** o objeto material é a firma ou letra. O objeto jurídico é a fé pública.

**94. Classificação:** trata-se de crime próprio (aquele que demanda sujeito ativo especial ou qualificado); formal (crime que não exige, para sua consumação, resultado naturalístico, consistente no efetivo prejuízo para a fé pública com a utilização de documento contendo firma ou letra irregularmente reconhecida); de forma vinculada (pode ser cometido apenas pelo meio previsto no tipo, que é procedimento específico). Contra, prevendo qualquer meio eleito pelo agente: Luiz Regis Prado e Cezar Roberto Bitencourt (*Código Penal anotado*, p. 903). É comissivo (o verbo implica ação); instantâneo (cuja consumação não se prolonga no tempo, dando-se em momento determinado); unissubjetivo (aquele que pode ser cometido por um único sujeito); unissubsistente (praticado num único ato). Em nosso entendimento, o agente reconhece a assinatura em ato único, não sendo cabível fracioná-lo para representar o *iter criminis*; não admite tentativa. Em sentido contrário, admitindo tentativa: Luiz Regis Prado e Cezar Roberto Bitencourt (*Código Penal anotado*, p. 903).

### Certidão ou atestado ideologicamente falso

> **Art. 301.** Atestar[95-97] ou certificar falsamente,[98] em razão de função pública,[99] fato ou circunstância[100] que habilite alguém a obter cargo público,[101] isenção de ônus[102] ou de serviço de caráter público,[103] ou qualquer outra vantagem:[104-106]
>
> Pena – detenção, de 2 (dois) meses a 1 (um) ano.

### Falsidade material de atestado ou certidão

> § 1.º Falsificar,[107-109] no todo ou em parte,[110] atestado ou certidão,[111] ou alterar o teor de certidão ou atestado[112] verdadeiro, para prova de fato ou circunstância[113] que habilite alguém[114] a obter cargo público,[115] isenção de ônus ou de serviço de caráter público, ou qualquer outra vantagem:[116-117]
>
> Pena – detenção, de 3 (três) meses a 2 (dois) anos.[118]
>
> § 2.º Se o crime é praticado com o fim de lucro, aplica-se, além da pena privativa de liberdade, a de multa.[119]

**95. Análise do núcleo do tipo:** *atestar* (afirmar ou demonstrar algo por escrito); *certificar* (afirmar a certeza de algo). Certificar é mais forte que atestar, pois representa a afirmação de algo que encontra respaldo em documento arquivado em alguma repartição do Estado e é, efetivamente, verdadeiro, estando na esfera de atribuição do funcionário público, enquanto o atestar representa uma afirmação passível de questionamento. Assim, atesta-se a idoneidade de alguém e certifica-se que a pessoa foi demitida do serviço público. *Atestar* provém do latim *testis*, ou seja, testemunhar, por isso é documento que contém o testemunho do signatário a respeito de um fato (Sylvio do Amaral, *Falsidade documental*, p. 126-127). Sustentando a mesma diferença: Hungria, *Comentários ao Código Penal*, v. 9, p. 292-293. O objeto das condutas é o fato ou circunstância que habilite alguém a obter cargo, isenção, serviço ou outra vantagem. Trata-se da falsidade ideológica de atestado ou certidão. Na jurisprudência: STJ: "2. Pretendida desclassificação da conduta imputada ao paciente (art. 304, c/c o art. 298 do Código Penal) para aquela prevista no art. 301, § 1.º, do Código Penal. Não obstante o delito previsto no art. 301, § 1.º, do Código Penal possa ser praticado por qualquer pessoa, não há como se interpretar o § 1.º do art. 301 de forma dissociada dos termos do *caput* do referido dispositivo legal. Assim, o delito de falsidade material de atestado ou certidão pressupõe a existência de atestado ou certidão emitidos ou que possam ser emitidos *em razão de função pública* inerente aos documentos, a serem falsificados no todo ou em parte a fim de habilitar alguém a obter cargo público, isenção de ônus ou de serviço de caráter público ou qualquer outra vantagem. 3. Se o documento supostamente falsificado é particular, e foi adulterado à margem de função pública, não haveria que se falar em desclassificação da conduta para aquela prevista no art. 301, § 1.º, do Código Penal. Além disso, a jurisprudência desta Corte está sedimentada no sentido de que o réu se defende somente dos fatos narrados na denúncia, e não da capitulação jurídica, sendo possível que o julgador, por ocasião da prolação de sentença, dê nova definição aos fatos narrados na exordial acusatória. De mais a mais, a desclassificação da conduta demanda o reexame do contexto fático-probatório dos autos, procedimento incompatível com os limites de cognição da via eleita" (HC 585.789-PE, 6.ª T., rel. Antonio Saldanha Palheiro, 07.12.2020, v.u.).

**96. Sujeitos ativo e passivo:** o sujeito ativo só pode ser o funcionário público, com atribuição para expedir o atestado ou a certidão. O sujeito passivo é o Estado.

**97. Elemento subjetivo do tipo:** é o dolo. Exige-se elemento subjetivo específico, consistente na finalidade de proporcionar a alguém a obtenção de "cargo público, isenção de ônus ou de serviço de caráter público, ou qualquer outra vantagem". Não se pune a forma culposa. Na jurisprudência: STJ: "A jurisprudência desta Corte Superior possui o entendimento de que 'O especial fim de agir exigido pelo art. 301 do Código Penal refere-se à obtenção de vantagem de natureza pública. Sendo assim, se a Corte de origem afirmou que não foi esse o objetivo perseguido pelo agente no caso concreto, não há como admitir a pretendida desclassificação' (AgRg no REsp 1.279.507/SP, 6.ª T., rel. Min. Sebastião Reis Júnior, *DJe* 03.08.2015)" (AgRg no AREsp 1.520.560-PR, 6.ª T., rel. Rogerio Schietti Cruz, 22.10.2019, v.u.). Em outro sentido: STJ: "2. A conduta da paciente de ter falsificado atestado médico para justificar faltas em empresa privada enquadra-se na parte final do § 1.º do art. 301 do Código Penal – CP, falsificação de atestado para obter 'qualquer outra vantagem.'" (HC 500.439-SP, 5.ª T., rel. Joel Ilan Paciornik, 23.04.2019, v.u.).

**98. Elemento normativo do tipo:** *falsamente* é elemento de valoração jurídica, pois corresponde ao que não é real, segundo as regras estabelecidas pelo ordenamento jurídico.

**99. Em razão de função pública:** não se exige, como no tipo anterior, que o funcionário esteja *exercendo* a sua função, mas apenas que execute as condutas típicas *em razão* dela, isto é, valendo-se das facilidades proporcionadas pela atividade funcional.

**100. Fato ou circunstância:** *fato* é um acontecimento ou uma ocorrência; *circunstância* é a situação, condição ou estado que envolve alguém ou algo. Conforme demonstra o tipo penal, torna-se indispensável que o fato ou a circunstância seja apto para levar alguém a obter cargo público, isenção de ônus, serviço de caráter público ou outra vantagem.

**101. Cargo público:** é o posto criado por lei na estrutura hierárquica da Administração Pública, com denominação e padrão de vencimentos próprios (Maria Sylvia Zanella Di Pietro, *Direito administrativo*, p. 420).

**102. Isenção de ônus público:** dispensa do cumprimento de alguma obrigação de interesse público.

# Art. 301

Código Penal Comentado · **Nucci**

1188

**103. Serviço de caráter público:** é o exercício de uma função obrigatória que tenha interesse público.

**104. Qualquer outra vantagem:** por interpretação analógica, o tipo penal fornece exemplos – cargo público, isenção de ônus, isenção de serviço de caráter público – para depois generalizar, através do processo de semelhança. Portanto, quando, em virtude do atestado ou da certidão falsa, a pessoa obtiver qualquer vantagem relativa ao setor público, configura-se o crime.

**105. Objetos material e jurídico:** o objeto material é o atestado ou a certidão. O objeto jurídico é a fé pública.

**106. Classificação:** trata-se de crime próprio (aquele que demanda sujeito ativo especial ou qualificado); formal (crime que não exige, para sua consumação, resultado naturalístico, consistente na efetiva obtenção, pelo beneficiário do atestado ou da certidão, da vantagem indevida); de forma livre (pode ser cometido por qualquer meio eleito pelo agente); comissivo (os verbos implicam ações); instantâneo (cuja consumação não se prolonga no tempo, dando--se em momento determinado); unissubjetivo (aquele que pode ser cometido por um único sujeito); unissubsistente (praticado num único ato) ou plurissubsistente (delito cuja ação é composta por vários atos, permitindo-se o seu fracionamento), conforme o caso concreto; admite tentativa na forma plurissubsistente.

**107. Análise do núcleo do tipo:** *falsificar*, como já visto, quer dizer reproduzir, imitando, ou contrafazer; *alterar* significa modificar ou adulterar. O objeto, nesse caso, é atestado ou certidão. O tipo penal preocupa-se com a *forma* do documento, por isso cuida da *falsidade material*. Por outro lado, exige-se a potencialidade lesiva do documento falsificado ou alterado, pois a contrafação ou modificação grosseira, não apta a ludibriar a atenção de terceiros, é inócua para esse fim. Eventualmente, pode se tratar de estelionato, quando, a despeito de grosseiramente falso, tiver trazido vantagem indevida ao agente, em prejuízo de outra pessoa. Na jurisprudência: STJ: "1. O fato do recorrido ter utilizado de certidão negativa de débito (CND) para fins de averbação de obra de construção civil junto ao cartório de registro de imóveis, para obter vantagem, adequa-se perfeitamente àquela descrita no art. 301, § 1º, do CP" (AgRg no REsp 2.059.744/RS, 5.ª T., rel. Ribeiro Dantas, 23.10.2023, v.u.); "2. A conduta da paciente de ter falsificado atestado médico para justificar faltas em empresa privada enquadra-se na parte final do § 1.º do art. 301 do Código Penal – CP, falsificação de atestado para obter 'qualquer outra vantagem'." (HC 500.439-SP, 5.ª T., rel. Joel Ilan Paciornik, 23.04.2019, v.u.). TJDFT: "1. Para a configuração do crime previsto no art. 301, § 1.º, do Código Penal, exige-se que a vantagem obtida em razão da falsificação do atestado ou certidão tenha natureza pública. 2. A conduta de apresentar atestado médico falso, da Secretaria de Saúde do Distrito Federal, à empresa privada a fim de justificar o não comparecimento ao serviço, subsume-se ao tipo penal descrito no art. 304 c/c art. 297, *caput*, ambos do Código Penal" (Ap. 00026434020168070020, 3.ª T., rel. Waldir Leôncio Lopes Júnior, 25.03.2021, v.u.).

**108. Sujeitos ativo e passivo:** o sujeito ativo pode ser qualquer pessoa. O sujeito passivo é o Estado.

**109. Elemento subjetivo do tipo:** é o dolo. Exige-se elemento subjetivo específico consistente na finalidade de habilitar alguém à obtenção de cargo público, isenção de ônus ou de serviço público ou outra vantagem. Não há a forma culposa.

**110. Total ou parcialmente:** a falsificação pode produzir um atestado ou certidão inteiramente novo (construído pelo agente) ou apenas alterar um verdadeiro, introduzindo-lhe pedaços não autênticos.

**111. Falsificação de certidão ou atestado escolar:** ver nota 39 ao art. 297.

# Art. 302

**112. Certidão e atestado:** são resultados das condutas de *certificar* e *atestar*. Ver nota 95 ao *caput*.

**113. Fato ou circunstância:** ver nota 100 ao *caput*.

**114. Habilitação de terceira pessoa e não do próprio agente:** houve falha legislativa nesta hipótese, pois o tipo penal não contempla a possibilidade de o agente falsificar o atestado ou certidão – ou alterar o seu teor – para prova de fato ou circunstância que o habilite a obter cargo público. A jurisprudência, no entanto, vem corrigindo essa falha, interpretando o termo "alguém" como abrangente do próprio autor da falsificação ou da alteração. É a utilização da interpretação extensiva.

**115. Cargo, isenção, serviço e outra vantagem:** ver notas 101 a 104 ao *caput*.

**116. Objetos material e jurídico:** o objeto material é o atestado ou certidão. O objeto jurídico é a fé pública.

**117. Classificação:** trata-se de crime comum (aquele que pode ser cometido por qualquer pessoa); formal (crime que não exige, para sua consumação, resultado naturalístico, consistente em causar efetivo ganho para o beneficiário do atestado ou certidão falso); de forma livre (pode ser cometido por qualquer meio eleito pelo agente); comissivo (os verbos implicam ações); instantâneo (cuja consumação não se prolonga no tempo, dando-se em momento determinado); unissubjetivo (aquele que pode ser cometido por um único sujeito); plurissubsistente (delito cuja ação é composta por vários atos, permitindo-se o seu fracionamento), conforme o caso concreto; admite tentativa.

**118. Crítica à brandura da pena:** a pena fixada para o delito de falsificação de atestado ou certidão é muito menor do que a estabelecida para os outros tipos de falsificação (ver arts. 297 e 298), o que não se justifica. Note-se a ponderação de Sylvio do Amaral: "Andou mal o legislador, por certo, quando assim, *a priori*, seguindo as trilhas da lei italiana, estabeleceu diferença tão substancial entre umas e outras hipóteses de falsidade, tão só porque versam sobre documentos formalmente diferentes. Não se vê por que deva ser considerada menos perigosa, *em tese*, a falsificação de uma certidão que a falsificação do documento original, do qual foi extraída. O argumento da maior dificuldade de restauração da verdade, na falsificação do documento original, ou da *maggior facilità di scoprire il falso*, na violação do documento derivado, sobre apreciar a nocividade da ação delituosa sob ângulo demais restrito, não teria aplicação aos atestados em geral e às certidões expedidas pelos funcionários que têm fé pública, documentos que são, também, originais, e não se reportam a outros, necessariamente" (*Falsidade documental*, p. 129).

**119. Figura qualificada:** a intenção de obter lucro (qualquer vantagem econômica) do agente que falsifica ou altera atestado ou certidão faz aumentar, abstratamente, a pena prevista, acrescendo a multa. Trata-se, pois, de autêntica qualificadora.

### Falsidade de atestado médico

> **Art. 302.** Dar[120-122] o médico, no exercício da sua profissão,[123] atestado[124] falso:[125-126]
>
> Pena – detenção, de 1 (um) mês a 1 (um) ano.[127]
>
> **Parágrafo único.** Se o crime é cometido com o fim de lucro, aplica-se também multa.[128]

# Art. 303

**120. Análise do núcleo do tipo:** *dar* é ceder ou produzir. O objeto é o atestado falso, que deve versar, segundo doutrina majoritária, sobre *fato* relevante (constatação de enfermidade, por exemplo), e não sobre opinião ou prognóstico do profissional. Na jurisprudência: TJMG: "Impossível se mostra o acolhimento da tese de desclassificação do delito, previsto no art. 299, do Código Penal, para aquele compreendido no art. 302, do mesmo *codex*, em razão de a declaração falsa para encobrir a verdadeira causa da morte em atestado de óbito verdadeiro, configura o crime de falsidade ideológica e não o delito de falsidade de atestado médico, uma vez que o atestado de óbito *in casu* era verdadeiro, havendo apenas a inserção de declaração falsa, com o fim de alterar a verdade sobre fato juridicamente relevante" (Apelação Criminal 1.0470.17.009391-3/001, 4.ª Câmara Criminal, rel. Corrêa Camargo, 03.03.2021, v.u.).

**121. Sujeitos ativo e passivo:** o sujeito ativo somente pode ser o médico. O sujeito passivo é o Estado; secundariamente, o terceiro prejudicado.

**122. Elemento subjetivo do tipo:** é o dolo. Não existe a forma culposa, nem se exige elemento subjetivo do tipo específico.

**123. No exercício da profissão:** não basta que o médico forneça o atestado falso, sendo indispensável fazê-lo no exercício da sua profissão. Exemplificando: se o médico der um atestado de idoneidade a alguém, ainda que falso, não se configura o delito.

**124. Atestado:** é o documento que contém a afirmação ou a declaração acerca de algo.

**125. Objetos material e jurídico:** o objeto material é o atestado falso. O objeto jurídico é a fé pública.

**126. Classificação:** trata-se de crime próprio (aquele que demanda sujeito ativo qualificado ou especial); formal (delito que não exige resultado naturalístico, consistente no efetivo prejuízo à fé pública); de forma livre (podendo ser cometido por qualquer meio eleito pelo agente); comissivo ("dar" implica ação); instantâneo (cujo resultado se dá de maneira instantânea, não se prolongando no tempo); unissubjetivo (que pode ser praticado por um só agente); plurissubsistente (em regra, vários atos integram a conduta); admite tentativa.

**127. Crítica à brandura da pena:** aponta a doutrina, com razão, ter sido indevida a previsão de pena mais branda ao médico, profissional que deveria sempre respeitar os deveres inerentes ao seu grau, que dá atestado falso do que a prevista para o cidadão comum que mente para a composição de um documento (art. 299 – falsidade ideológica).

**128. Figura qualificada:** havendo intuito de obter qualquer vantagem ou ganho de natureza econômica, a pena abstrata recebe o acréscimo da multa, qualificando o crime.

### Reprodução ou adulteração de selo ou peça filatélica[129]

> **Art. 303.** Reproduzir[130-132] ou alterar selo ou peça filatélica[133] que tenha valor para coleção, salvo[134] quando a reprodução ou a alteração está visivelmente anotada na face ou no verso do selo ou peça:[135-136]
>
> Pena – detenção, de 1 (um) a 3 (três) anos, e multa.
>
> **Parágrafo único.** Na mesma pena incorre quem, para fins de comércio, faz uso do selo ou peça filatélica.[137]

**129. Substituição:** o tipo penal foi substituído pelo art. 39 da Lei 6.538/1978: "Reproduzir ou alterar selo ou peça filatélica de valor para coleção, salvo quando a reprodução ou alteração estiver visivelmente anotada na face ou no verso do selo ou peça: Pena – detenção, até 2 (dois) anos, e pagamento de 3 (três) a 10 (dez) dias-multa. Parágrafo único. Incorre nas mesmas penas quem, para fins de comércio, faz uso de selo ou peça filatélica de valor para coleção, ilegalmente reproduzidos ou alterados". Os comentários são aplicáveis ao tipo substitutivo.

**130. Análise do núcleo do tipo:** *reproduzir* (tornar a produzir ou repetir); *alterar* (modificar ou transformar). O objeto é selo ou peça filatélica. Nesse caso, porque o reconhecimento de um selo ou peça filatélica, quanto à autenticidade, é mais complexo, necessitando de experts ou colecionadores, é maior a dificuldade da adulteração desse tipo de objeto. E são maiores as exigências no tocante à perfeição da imitação. Pequenos erros ou defeitos na reprodução podem levar ao crime impossível, por serem detectáveis com facilidade pelos especialistas, algo que, ao homem comum, pode passar despercebido (SYLVIO DO AMARAL, *Falsidade documental*, p. 74).

**131. Sujeitos ativo e passivo:** o sujeito ativo pode ser qualquer pessoa. O sujeito passivo é o Estado.

**132. Elemento subjetivo do tipo:** é o dolo. Não existe a forma culposa, nem se exige elemento subjetivo do tipo específico.

**133. Selo ou peça filatélica:** *selo* é a estampilha adesiva, fixa ou estampada, destinada a comprovar o pagamento de quantia referente ao transporte de correspondências e objetos enviados pelo correio. *Peça* é o pedaço de um todo ou a parte de uma coleção. Ao mencionar a *filatelia*, está o tipo penal fazendo referência ao hábito de colecionar e estudar selos. Portanto, nesse caso, o objeto do delito é o selo ou qualquer peça (como um cartão ou um bloco comemorativo) destinada a colecionadores. A importância da proteção penal é o crescente aumento do valor do selo ou da peça com o passar do tempo, tornando-se autêntica preciosidade. Aliás, a figura típica contém o adendo indispensável a esse entendimento: "que tenha valor para coleção".

**134. Elemento normativo do tipo:** a exceção inserida no tipo diz respeito à licitude da conduta, no caso da reprodução ou alteração ser feita abertamente, estampando-se o alerta na face ou no verso do selo ou da peça, de modo a não induzir em erro o colecionador. Desse modo, havendo a anotação, torna-se atípico o fato.

**135. Objetos material e jurídico:** o objeto material é o selo ou a peça filatélica. O objeto jurídico é a fé pública.

**136. Classificação:** trata-se de crime comum (aquele que não demanda sujeito ativo qualificado ou especial); formal (delito que não exige resultado naturalístico, consistente no efetivo prejuízo à fé pública); de forma livre (podendo ser cometido por qualquer meio eleito pelo agente); comissivo (os verbos implicam ações); instantâneo (cujo resultado se dá de maneira instantânea, não se prolongando no tempo); unissubjetivo (que pode ser praticado por um só agente); plurissubsistente (em regra, vários atos integram a conduta); admite tentativa.

**137. Análise do núcleo do tipo:** o sujeito que, objetivando o comércio, utiliza o selo ou a peça filatélica de valor para coleção, reproduzidos ou alterados sem a ressalva do *caput*, incide nas mesmas penas.

# Art. 304

**Código Penal Comentado · Nucci**                                                                          1192

### Uso de documento falso

> **Art. 304.** Fazer uso[138-140] de qualquer dos papéis falsificados ou alterados,[141-142-A] a que se referem os arts. 297 a 302:[143-148-A]
>
> Pena – a cominada à falsificação ou à alteração.

**138. Análise do núcleo do tipo:** *fazer uso* significa empregar, utilizar ou aplicar. Os objetos são os papéis falsificados ou alterados constantes nos arts. 297 a 302. Exige-se que a utilização seja feita como se o documento fosse autêntico, além do que a situação envolvida há de ser juridicamente relevante. Trata-se de *tipo remetido*, aquele que indica outros tipos para ser integralmente compreendido. Neste caso, a amplitude do conceito de "papel falsificado ou alterado" depende da verificação do conteúdo dos arts. 297 a 302. A falsidade grosseira do documento é fato atípico, pois não afeta o bem jurídico tutelado – fé pública. Sob outro aspecto, quando policiais percebem a falsidade, porque são treinados, esta situação não representa *falsidade grosseira*. Essa espécie de falsidade é detectada por qualquer pessoa comum, vale dizer, é nítida a qualquer um. Sob outro aspecto, quem falsifica o documento e, depois, faz uso desse documento, deve responder apenas por este último, que é o crime-fim. O primeiro foi o crime-meio. Entretanto, há posição no sentido de que o primeiro delito prevalece, considerando o segundo (uso de documento falso) um mero exaurimento. Na jurisprudência: STF: "Falsidade ideológica (art. 299 do CP). Uso de documento falso (art. 304 do CP). Concurso material. Inviabilidade. Princípio da consunção. Aplicação. Imputação mantida no tocante ao crime-fim" (AO 2.411, Tribunal Pleno, rel. Dias Toffoli, j. 13.04.2023, v.u.). STJ: "1. É pacífico o entendimento neste Superior Tribunal de Justiça de que, tratando-se de crime formal, o delito tipificado no artigo 304 do Código Penal consuma-se com a utilização ou apresentação do documento falso, não se exigindo a demonstração de efetivo prejuízo à fé pública nem a terceiros" (AgInt no AREsp 1.229.949-RN, 6.ª T., rel. Maria Thereza de Assis Moura, 06.03.2018, v.u.). Conferir, ainda, a Súmula 546 do STJ: "A competência para processar e julgar o crime de uso de documento falso é firmada em razão da entidade ou órgão ao qual foi apresentado o documento público, não importando a qualificação do órgão expedidor".

**139. Sujeitos ativo e passivo:** o sujeito ativo pode ser qualquer pessoa. O sujeito passivo é o Estado; secundariamente, a pessoa prejudicada.

**140. Elemento subjetivo do tipo:** é o dolo. Não existe a forma culposa, nem se exige elemento subjetivo do tipo específico.

**141. Papéis constantes nos arts. 297 a 302:** são os seguintes: documento público, documento particular, papel onde constar firma ou letra falsamente reconhecida, atestado ou certidão pública ou, ainda, o atestado médico.

**141-A. Exame de corpo de delito para falsidade material:** é indispensável a realização de perícia para apontar a falsidade documental. Sem o laudo não se comprova, satisfatoriamente, a materialidade da infração penal. Na jurisprudência: STJ: "2. Em relação ao crime previsto no art. 304, do CP, este Superior Tribunal de Justiça possui entendimento jurisprudencial no sentido de que, embora ausente laudo pericial atestando a falsidade documental, o delito tipificado no mencionado dispositivo pode ser comprovado por outros elementos probatórios existentes nos autos. Precedentes. 3. Recurso especial provido" (REsp 1.688.535-MG, 5.ª T., rel. Jorge Mussi, 23.08.2018, v.u.).

**142. Dúvida quanto à falsidade:** pode elidir o crime, pois, em tese, afasta o dolo, que deve ser abrangente, isto é, envolver todos os elementos objetivos do tipo. Entretanto, sendo o delito passível de punição por dolo direto ou eventual, caso o agente faça uso de documento por mera imprudência, a conduta é atípica. Mas se o agente assume o risco de estar se valendo de documento falso, o crime está configurado.

**142-A. Carteira de habilitação falsa:** cuidando-se de falsidade ideológica (art. 299, CP), não há necessidade de laudo específico, na medida em que o órgão de trânsito atesta a sua falta de autenticidade. Ademais, há um trâmite para se tirar a referida habilitação, motivo pelo qual o sujeito que a adquire de outrem, pagando certo preço, tem natural ciência de se tratar de documento falso. Outro ponto importante é a falsidade captada por policiais. Esses agentes estatais são treinados para perceber a falsificação, razão pela qual não se pode acoimar o documento de *falsidade grosseira*. Essa falsidade é aquela perceptível por qualquer pessoa comum. Na jurisprudência: TJRS: "Réu que entregou sua carteira aos policiais assim que solicitada na abordagem, contendo sua CNH falsa, com intuito evidente de apresentar o referido documento aos agentes públicos. II – Não há que falar em contrafação grosseira, já que o documento apresentado pelo acusado se mostrava plenamente capaz de ludibriar terceiros" (Apelação Criminal 50020780420168210019, 4.ª Câmara Criminal, rel. Rogerio Gesta Leal, j. 29.06.2023). TJSP: "1. No crime de uso de documento falso, a mera suspeita, por parte dos policiais, sobre a idoneidade do documento apresentado durante a abordagem não gera atipicidade da conduta por ineficácia absoluta do meio, eis que a falsidade do documento somente é constatada através da verificação do registro e do exame pericial" (Apelação Criminal 1526344-70.2022.8.26.0228, 12.ª Câmara de Direito Criminal, rel. Nogueira Nascimento, 29.08.2023, v.u.).

**143. Objetos material e jurídico:** o objeto material é o papel falsificado ou alterado. O objeto jurídico é a fé pública. A simples cópia de um documento não pode ser objeto material do crime de falso ou de uso de documento falso.

**143-A. Crime de bagatela:** tendo em vista o bem jurídico tutelado (fé pública), como regra, não se admite a aplicação do princípio da insignificância. Quando um papel qualquer for considerado desprovido de eficácia como documento, por óbvio, nem interessa debater se insignificante, pois verdadeiramente atípico. No mais, se o material se apresentar como apto a produzir alguma prova, mesmo que a falsificação seja mínima, não se deve acolher a bagatela. Na jurisprudência: STJ: "1. É firme a jurisprudência desta Corte no sentido de que, sendo o bem jurídico tutelado a fé pública, não é possível mensurar o seu valor, razao pela qual, inaplicável o princípio bagatelar" (AgRg no AREsp 1.585.414-TO, 6.ª T., rel. Nefi Cordeiro, 19.05.2020, v.u.).

**144. Classificação:** trata-se de crime comum (aquele que não demanda sujeito ativo qualificado ou especial); formal (delito que não exige resultado naturalístico, consistente no efetivo prejuízo para a fé pública); de forma livre (podendo ser cometido por qualquer meio eleito pelo agente); comissivo ("fazer uso" implica ação) e, excepcionalmente, comissivo por omissão (omissivo impróprio, ou seja, é a aplicação do art. 13, § 2.º, CP); instantâneo (cujo resultado se dá de maneira instantânea, não se prolongando no tempo); unissubjetivo (que pode ser praticado por um só agente); unissubsistente (praticado num único ato) ou plurissubsistente (em regra, vários atos integram a conduta); admite tentativa na forma plurissubsistente, embora seja rara a sua ocorrência. Aliás, sobre a possibilidade de fracionamento do *iter criminis*, ver o item "desistência voluntária" abaixo, nota 147. Contra, não admitindo a tentativa: Sylvio do Amaral, *Falsidade documental*, p. 173.

**145. Apresentação espontânea, exigência e apreensão pela autoridade:** cremos ser totalmente irrelevante se o agente utiliza o documento falso em ato unilateral ou se o faz porque qualquer autoridade assim exige. Há perfeita possibilidade de configuração do tipo penal quando a exibição de uma carteira de habilitação falsa, por exemplo, é feita a um policial rodoviário que exige a sua apresentação, por estar no exercício da sua função fiscalizadora.

# Art. 304

Código Penal Comentado • **Nucci**

1194

Assim tem sido a posição majoritária da jurisprudência em geral. Na jurisprudência: STJ: "1. É firme a jurisprudência desta Corte em afirmar que a utilização de documento falsificado, ainda que solicitado pela autoridade policial, configura o delito tipificado no art. 304 do CP. Súmula n. 83 do STJ" (AgRg no AREsp 871502-RS, 6.ª T., rel. Rogerio Schietti Cruz, 15.05.2018, v.u.). Em sentido contrário, sustentando que o documento deve sair da esfera do agente por iniciativa dele mesmo: DELMANTO, *Código Penal comentado*, p. 541. Ressalte-se, no entanto, que o encontro casual do documento falso em poder de alguém (como ocorre por ocasião de uma revista policial) não é suficiente para configurar o tipo penal, pois o núcleo é claro: "fazer uso".

**146. Exigência de apresentação por autoridade incompetente:** não configura o delito de uso de documento falso, pois se configura a ilegalidade do ato de *exigir* identificação por quem não tem o poder legal de fazê-lo. Seria o mesmo que um particular exigir do outro um documento qualquer. Diversamente, quando o autor do delito apresenta, por sua conta, o documento falso ao particular (por exemplo, para fazer uma compra em loja).

**146-A. Documento falso para escapar à prisão:** não elimina a configuração do delito previsto neste artigo. O uso de documento falso pressupõe a falsificação documental, ambos crimes cujo bem jurídico é a fé pública. Há limite para a autodefesa, que não pode adentrar o âmbito da insegurança documental. Na jurisprudência: TJSP: "O increpado se escudou na Carteira Nacional de Habilitação de que tratam os autos – cópia acostada a fls. 28 – com o propósito de camuflar sua condição de evadido do sistema prisional. Entretanto, o procedimento adotado pelo insurgente não se justifica. Como sabido, o direito de o réu emudecer e não prestar colaboração na coleta de informes que o possam comprometer não compreende o de falsear a própria identidade. É incorreto sustentar que o suspeito pode atribuir-se falsa identidade, ou utilizar documento contrafeito, no exercício da ampla defesa constitucional. A liberdade de mentir, sem sanção processual, não é ilimitada e não importa na impunidade pelos crimes que venham a ser praticados através das declarações mendazes" (Ap. 1501188-46.2020.8.26.0068, 5.ª C., rel. Geraldo Wohlers, 26.10.2021, v.u.).

**147. Desistência voluntária:** possibilidade, embora de difícil configuração. Se é admissível, ainda que raro, o fracionamento do *iter criminis*, para efeito de desistência voluntária, é natural que possa haver, também, para a tentativa.

**148. Concurso com o crime de falsidade:** como já expusemos na nota 37 ao art. 297, se o agente falsificador usa o documento, o delito do art. 304 deve absorver o falso, por ser considerado o crime-fim. Entretanto, há posição contrária, afirmando a possibilidade do concurso de crimes, embora minoritária. Existem, ainda, aqueles que sustentam dever o falso absorver o uso de documento falso. Segundo nos parece, as mais adequadas soluções são a absorção do crime-fim (uso do documento falso) pelo crime-meio (falsidade documental) ou a absorção do primeiro delito (falsidade documental) pelo segundo, sob o argumento de fato posterior não punível. O concurso material nos soa excessivo, tendo em vista que ambos os crimes ferem o mesmo bem jurídico e, na realidade, ninguém falsifica um documento para guardar; logicamente, assim o faz para o uso. Eis o motivo de uma conduta depender da outra, resultando em delito único. Na jurisprudência: STJ: "1. A teor da jurisprudência desta Corte, o uso de documento falsificado (CP, art. 304) deve ser absorvido pela falsificação do documento público ou privado (CP, arts. 297 e 298), quando praticado pelo mesmo agente, caracterizando o delito de uso *post factum* não punível, ou seja, mero exaurimento do crime de falso, não respondendo o falsário pelos dois crimes, em concurso material" (AgRg no RHC 112.730-SP, 5.ª T., rel. Ribeiro Dantas, 03.03.2020, v.u.); "1. Para aplicação do princípio da consunção pressupõe-se a existência de ilícitos penais chamados de consuntos, que funcionam apenas como estágio de preparação ou de execução, ou como condutas, anteriores ou posteriores de outro delito mais grave, nos termos do brocardo *lex consumens derogat legi consumptae*. 2. A partir do quadro fático-probatório firmado pelo Tribunal de Justiça do Estado do Rio de Janeiro, extrai-se que a falsificação do documento foi apenas um ato preparatório para o seu uso perante órgão público; a ação final do Paciente era a obtenção de uma identidade pública com informação errada. Assim, caracterizado o desdobramento causal de uma única ação, motivo pelo qual o delito tipificado no art. 299 do Código Penal deve ser absorvido pelo crime descrito no art. 304 do Código Penal" (HC 464.045-RJ, 6.ª T., rel. Laurita Vaz, 26.02.2019, v.u.).

**148-A. Regime Especial de Regularização Cambial e Tributária:** a Lei 13.254/2016 permitiu a repatriação de dinheiro enviado ilicitamente para o exterior, com a finalidade de, *perdoando* os criminosos, auferir lucro com elevadas quantias para os cofres públicos. Dispõe o art. 5.º dessa Lei, o seguinte: "A adesão ao programa dar-se-á mediante entrega da declaração dos recursos, bens e direitos sujeitos à regularização prevista no *caput* do art. 4.º e pagamento integral do imposto previsto no art. 6.º e da multa prevista no art. 8.º desta Lei. § 1.º O cumprimento das condições previstas no *caput* antes de decisão criminal extinguirá, em relação a recursos, bens e direitos a serem regularizados nos termos desta Lei, a punibilidade dos crimes a seguir previstos, praticados até a data de adesão ao RERCT: (...) IV – nos seguintes arts. do Decreto-Lei n.º 2.848, de 7 de dezembro de 1940 (Código Penal), quando exaurida sua potencialidade lesiva com a prática dos crimes previstos nos incisos I a III: a) 297; b) 298; c) 299; d) 304. No inciso III, consta o art. 337-A do Decreto-Lei n.º 2.848, de 7 de dezembro de 1940 (Código Penal)".

### Supressão de documento

> **Art. 305.** Destruir,[149-151] suprimir ou ocultar, em benefício próprio ou de outrem, ou em prejuízo alheio, documento público ou particular[152] verdadeiro,[153] de que não podia[154] dispor:[155-158]
>
> Pena – reclusão, de 2 (dois) a 6 (seis) anos, e multa, se o documento é público, e reclusão, de 1 (um) a 5 (cinco) anos, e multa, se o documento é particular.

**149. Análise do núcleo do tipo:** *destruir* (fazer desaparecer ou extinguir o documento por completo); *suprimir* (eliminar o documento como tal, ou seja, permanece o papel, mas desaparece o documento, como ocorre se for coberto de tinta); *ocultar* (esconder ou camuflar). O objeto das condutas é o documento público ou particular, do qual não tinha a disposição. O delito está indevidamente inserido no Capítulo III, referente à falsidade documental, pois não cuida disso. Suprimir um documento não significa fabricá-lo ou alterá-lo de qualquer modo. Na jurisprudência: STJ: "2. O delito do art. 305 do Código Penal se consuma com simples destruição, supressão ou ocultação do documento, não se exigindo um dano efetivo. A restauração dos autos não configura atipicidade" (AgRg no AREsp 606.549-MS, 5.ª T., rel. Joel Ilan Paciornik, 06.11.2018, v.u.). TJSP: "Supressão de documentos. Réu que, mediante danificação de janela, ingressa na residência do ofendido (com quem possuía desentendimentos, tendo-o processado com vistas ao reconhecimento de relação empresarial) e dali se apodera de sua cédula de identidade, de seu cartão de CPF, de sua carteira de trabalho e ainda da escritura de um imóvel, dos quais não podia dispor, destruindo-os, suprimindo-os ou ocultando-os. Prova clara. Autoria e materialidade comprovadas. Relatos do ofendido e do policial civil coerentes e seguros. Versão exculpatória em desacordo com o laudo de confronto datiloscópico, indicando o expert que um dos fragmentos de impressão digital encontrado

# Art. 305

na janela danificada correspondia à impressão dígito-papilar do dedo médio esquerdo aposto na ficha de identificação civil do acusado. Versão exculpatória isolada. Condenação de rigor" (Apelação Criminal 1502101-28.2019.8.26.0047, 5.ª Câmara de Direito Criminal, rel. Pinheiro Franco, 30.08.2022, v.u.).

**150. Sujeitos ativo e passivo:** o sujeito ativo pode ser qualquer pessoa. O sujeito passivo é o Estado. Eventualmente, pode haver um segundo sujeito passivo, que é a pessoa prejudicada pela conduta típica.

**151. Elemento subjetivo do tipo:** é o dolo. Exige-se elemento subjetivo específico, consistente na vontade do agente de beneficiar a si mesmo ou a outrem, bem como poder agir em prejuízo alheio. Não se pune a forma culposa. Na jurisprudência: TJMG: "No crime de supressão de documento público, previsto no art. 305 do Código Penal, é imprescindível a comprovação do elemento subjetivo do tipo, qual seja, o dolo específico de obter vantagem para si ou para outrem ou de causar prejuízo a terceiros. Ausente o elemento subjetivo, a absolvição é medida que se impõe" (APR 10071150059666001, 4.ª Câm. Criminal, rel. Valéria Rodrigues Queiroz, 06.07.2022, v.u.).

**152. Documento público ou particular:** sobre o conceito, ver notas aos arts. 297 e 298.

**153. Autenticidade do documento:** é exigida pelo tipo penal. Protege-se a fé pública e, consequentemente, o documento público ou particular *verdadeiro*. Caso o agente destrua, suprima ou oculte documento *falso*, estará consumindo prova de um crime, podendo, em tese, haver a configuração de outro tipo penal, como, por exemplo, os arts. 337 (subtração ou inutilização de livro ou documento) e 356 (sonegação de papel ou objeto de valor probatório). Não se incluem nesse âmbito as cópias não autenticadas extraídas de documentos, nem os traslados e certidões de assentamentos. Há entendimento particular exigindo que o documento seja insubstituível em seu valor probatório, isto é, se for cópia autenticada, ainda que seja considerado documento (art. 232, parágrafo único, CPP), não o é para servir de objeto material deste delito, pois o original pode ocupar-lhe o lugar. Esta posição, segundo nos parece, é correta, desde que o original realmente exista e esteja disponível, pois, do contrário, a cópia autenticada pode ser o único meio de servir de prova de algo.

**154. Elemento normativo do tipo:** incluiu-se no tipo penal elemento pertinente à ilicitude da conduta, que é "não poder dispor" do objeto material. Assim, havendo autorização legal para que o possuidor do documento dele disponha – ou não havendo proibição para que não o faça –, é natural que a conduta de quem destruir, suprimir ou ocultar referido documento é atípica.

**155. Objetos material e jurídico:** o objeto material é o documento público ou particular. O objeto jurídico é a fé pública.

**156. Classificação:** trata-se de crime comum (aquele que pode ser cometido por qualquer pessoa); formal (crime que não exige, para sua consumação, resultado naturalístico, consistente em haver efetivo prejuízo para a fé pública); de forma livre (pode ser cometido por qualquer meio eleito pelo agente); comissivo (os verbos implicam ações); instantâneo (cuja consumação não se prolonga no tempo, dando-se em momento determinado) nas formas "destruir" e "suprimir", mas permanente (delito cuja consumação se arrasta no tempo) na forma "ocultar"; unissubjetivo (aquele que pode ser cometido por um único sujeito); plurissubsistente (delito cuja ação é composta por vários atos, permitindo-se o seu fracionamento); admite tentativa.

**157. Diferença entre supressão do documento, dano e furto:** tudo está a depender do intuito do agente. Se for para fazer o documento desaparecer para não servir da prova de

# Art. 306

**1197**      Título X – Dos crimes contra a fé pública

algum fato relevante juridicamente, trata-se de delito contra a fé pública (art. 305); caso seja somente para causar um prejuízo para a vítima, é delito contra o patrimônio na forma de "dano" (art. 163); se for subtraído para ocultação, por ser valioso em si mesmo (como um documento histórico), trata-se de delito contra o patrimônio na modalidade "furto" (art. 155).

**158. Diferença entre os crimes de supressão de documento e sonegação de papel ou objeto de valor probatório:** o primeiro é praticado com a finalidade de evitar que o documento sirva de prova de algum fato, por isso é crime contra a fé pública; o segundo é cometido por advogado, ou procurador judicial, que elimina documento, com valor probatório, embora não seja intuito do agente eliminá-lo como prova. Este último é um dano contra o patrimônio do Estado.

## Capítulo IV
### DE OUTRAS FALSIDADES

### Falsificação do sinal empregado no contraste de metal precioso ou na fiscalização alfandegária, ou para outros fins

> **Art. 306.** Falsificar,[1-3] fabricando-o ou alterando-o, marca ou sinal[4] empregado pelo poder público no contraste de metal precioso[5] ou na fiscalização alfandegária,[6] ou usar marca ou sinal dessa natureza, falsificado por outrem:[7-9]
>
> Pena – reclusão, de 2 (dois) a 6 (seis) anos, e multa.
>
> **Parágrafo único.** Se a marca ou sinal falsificado[10] é o que usa a autoridade pública para o fim de fiscalização sanitária,[11] ou para autenticar ou encerrar determinados objetos,[12] ou comprovar o cumprimento de formalidade legal:[13]
>
> Pena – reclusão ou detenção, de 1 (um) a 3 (três) anos, e multa.

**1. Análise do núcleo do tipo:** *falsificar* quer dizer reproduzir, imitando, ou contrafazer. Conjuga-se a conduta com as formas *fabricar* (manufaturar, construir ou cunhar) e *alterar* (modificar ou transformar). Outra das condutas típicas é *usar* (empregar ou utilizar). O objeto é marca ou sinal empregado no contraste de metal precioso ou na fiscalização alfandegária. O tipo é misto alternativo, de modo que o agente pode falsificar e usar ou somente falsificar ou, ainda, somente usar, para incorrer na prática de um só delito.

**2. Sujeitos ativo e passivo:** o sujeito ativo pode ser qualquer pessoa. O sujeito passivo é o Estado.

**3. Elemento subjetivo do tipo:** é o dolo. Não se exige elemento subjetivo específico, nem se pune a forma culposa.

**4. Marca ou sinal:** *marca* ou *sinal* – termos correlatos – é aquilo que serve de alerta, captado pelos sentidos, possibilitando reconhecer ou conhecer alguma coisa.

**5. Contraste de metal precioso:** é a marca feita no metal, consistindo o seu título (relação entre o metal fino introduzido e o total da liga) em indicador de peso e quilate.

**6. Marca de fiscalização alfandegária:** é a representação gráfica utilizada pela fiscalização realizada na alfândega, a fim de demonstrar que uma mercadoria foi liberada ou para outra finalidade relativa ao controle de entrada e saída de mercadorias no País.

# Art. 307

**Código Penal Comentado · Nucci**

**7. Marca ou sinal falsificado por outra pessoa:** equipara o tipo penal, para fins de punição, a conduta de quem falsifica a marca ou sinal à conduta de usar o material falsificado por outra pessoa, pois o prejuízo à fé pública é o mesmo.

**8. Objetos material e jurídico:** o objeto material é a marca ou sinal utilizado para contraste de metal precioso ou para fiscalização alfandegária. O objeto jurídico é a fé pública.

**9. Classificação:** trata-se de crime comum (aquele que pode ser cometido por qualquer pessoa); formal (crime que não exige, para sua consumação, resultado naturalístico, consistente em haver efetivo prejuízo para alguém); de forma livre (pode ser cometido por qualquer meio eleito pelo agente); comissivo (os verbos implicam ações); instantâneo (cuja consumação não se prolonga no tempo, dando-se em momento determinado); unissubjetivo (aquele que pode ser cometido por um único sujeito); unissubsistente (praticado num único ato) ou plurissubsistente (delito cuja ação é composta por vários atos, permitindo-se o seu fracionamento), conforme o caso concreto; admite tentativa na forma plurissubsistente.

**10. Figura privilegiada:** trata-se de um privilégio, pois há possibilidade de modificação da qualidade da pena (de reclusão para detenção), bem como de redução da metade dos prazos mínimo e máximo previstos pelo *caput*. Assim, caso o agente falsifique ou use marca ou sinal referente à fiscalização sanitária ou para autenticação ou encerramento de determinados objetos, responde pelo tipo privilegiado.

**11. Fiscalização sanitária:** é a vigilância exercida pelo Estado para assegurar a saúde e a higiene públicas.

**12. Autenticação e encerramento de objetos:** *autenticar* significa reconhecer como verdadeiro; *encerrar*, nesse contexto, quer dizer guardar em lugar que se fecha. Pode o Poder Público valer-se de algum tipo de sinal ou lacre para cerrar um objeto dentro de um local qualquer, a fim de ter certeza de que não será modificado ou subtraído. A pessoa que falsificar esse sinal ou utilizá-lo indevidamente responde pelo tipo privilegiado.

**13. Comprovação do cumprimento de formalidade legal:** *comprovar* significa auxiliar a provar ou confirmar. Portanto, quando a autoridade pública (federal, estadual ou municipal) tem um determinado sinal para confirmar que determinada formalidade legal (rotina ou praxe prevista em lei para validar algo) foi executada, havendo a falsificação da referida marca ou o uso indevido do sinal alterado, responde pelo tipo privilegiado.

### Falsa identidade

> **Art. 307.** Atribuir-se[14-16] ou atribuir a terceiro falsa identidade[17-18] para obter vantagem, em proveito próprio ou alheio, ou para causar dano a outrem:[19-20]
>
> Pena – detenção, de 3 (três) meses a 1 (um) ano, ou multa, se o fato não constitui elemento de crime mais grave.[21-22]

**14. Análise do núcleo do tipo:** *atribuir* significa considerar como autor ou imputar. As condutas são: a) imputar a si mesmo identidade falsa; b) imputar a outrem identidade falsa. Não se inclui na figura típica o ato da pessoa que se omite diante da falsa identidade que outrem lhe atribui. É essencial verificar o cenário em que se dá esse fornecimento de identidade não verdadeira, a fim de não se banalizar o crime. Há lugares em que *dar um nome falso* pode configurar conduta insignificante, inapta a constituir fato típico (ex.: dar um nome falso ao ingressar num local de encontro para namoro é conduta inviável para afetar a fé pública). Todavia, preencher um formulário governamental para ingressar num programa assistencial, com recebimento de recurso público, demanda a aposição de um nome verdadeiro, do contrário tipifica-se a infração penal, se não configurar crime mais sério que o absorva, como falsidade documental. Conferir a Súmula 522 do STJ: "a conduta de atribuir-se falsa identidade perante autoridade policial é típica, ainda que em situação de alegada autodefesa". Observe-se que o conteúdo da referida súmula se restringe à autoridade policial, portanto, em momento formal de qualificação. Consultar, ainda, a nota 18 infra. Na jurisprudência: STJ: "2. O crime de falsa identidade é formal, ou seja, consuma-se com a simples conduta de atribuir-se falsa identidade, apta a ocasionar o resultado jurídico do crime, sendo dispensável a ocorrência de resultado naturalístico, consistente na obtenção de vantagem para si ou para outrem ou de prejuízo a terceiros, ocorrendo inclusive em situação de autodefesa" (AgRg no HC 821.195-SP, 5.ª T., rel. Joel Ilan Paciornik, 28.08.2023, v.u.).

**15. Sujeitos ativo e passivo:** o sujeito ativo pode ser qualquer pessoa. O sujeito passivo é o Estado. Pode haver um segundo sujeito passivo, que é a pessoa prejudicada pela atribuição indevida.

**16. Elemento subjetivo do tipo:** é o dolo. Exige-se, ainda, elemento subjetivo específico, consistente em "obter vantagem para si ou para outrem" ou "provocar dano a terceiro". É importante analisar o quadro relativo à vantagem demandada no tipo penal; há de ser uma vantagem ilícita, pois sendo lícita, logo, devida, no máximo, seria uma tipificação cabível no art. 345 do CP (exercício arbitrário das próprias razões). Suponha-se que "A" tem um crédito a receber de "B", embora ambos, que eram amigos, tenham cortado relações. Para receber o que lhe é devido e não está sendo pago por puro capricho de "B", o credor "A" consegue receber o valor, quando fornece o nome de "C", também credor de "B". Este paga o que deve a "A", mas pensando tratar-se de "C". Não vemos sentido algum em buscar a punição de "A" como autor do delito de falsa identidade. Retornamos à ideia de que o bem jurídico, que é a "fé pública", não foi afetado, em negócio particular, reduzido a duas pessoas. Quanto ao outro objetivo específico ("provocar dano a terceiro"), igualmente, é importante mensurar exatamente que tipo de dano seria e a sua efetiva potencialidade lesiva, para não se cair no quadro da insignificância. Esse dano há de ser qualificado em termos jurídicos, vale dizer, ilícito. Ilustrando, dar um nome falso para participar de um jogo, em ambiente recreativo, pode irritar o perdedor, mas não há qualquer dano ilícito, nem mesmo potencialidade lesiva. Não se pune a forma culposa.

**17. Falsa identidade:** *identidade* é o conjunto de características peculiares de uma pessoa determinada, que permite reconhecê-la e individualizá-la, envolvendo o nome, a idade, o estado civil, a filiação, o sexo, entre outros dados. Não se inclui no conceito de identidade o endereço ou telefone de alguém. Considerá-la *falsa* significa que não corresponde à realidade, isto é, não permite identificar ou reconhecer determinada pessoa tal como ela é. Há polêmica no sentido de se estreitar ou alargar o conceito de *identidade*, inserindo-se ou não dados que vão além do nome, como idade, profissão, naturalidade etc. Cremos que a solução deve impor-se de acordo com a necessidade do dado identificador. Se a pessoa já está *identificada*, reconhecida individualmente, pelo nome e filiação, por exemplo, a menção falsa a outro dado, nesse caso secundário, como a profissão, não serve para configurar o delito. Entretanto, caso seja essencial obter determinado informe para individualizar a pessoa, como acontece com a idade ou a filiação, em casos de homonímia, é possível que a apresentação de dado falso constitua o crime do art. 307. Não nos parece socorrer o entendimento adotado por alguns de que os arts. 309 e 310 estariam evidenciando existir diferença entre *nome* e *qualidade*, razão pela qual a *qualidade* da pessoa não poderia ser confundida com seu nome. Ocorre que o termo

# Art. 307

*identidade* é mais abrangente que esses dois, envolvendo todos os caracteres da pessoa, que servem para individualizá-la. Ademais, nos tipos que vêm a seguir (arts. 309 e 310), os termos têm significação própria, pois não foi interessante ao legislador ampliá-los. Assim, quando o estrangeiro pretende ingressar no País, colhe-se apenas seu nome, para saber se está ou não impedido, enquanto, ao mencionar "qualidade", envolve-se o direito a visto (para trabalhar ou simplesmente para turismo), de modo que, mesmo individualizado como pessoa, a profissão passa a ter grande interesse para as autoridades que controlam a imigração. Isso não quer dizer que a profissão não auxilie, quando for o caso, à individualização de alguém.

**18. Autodefesa:** sustentamos não constituir infração penal a conduta de quem se atribui falsa identidade para escapar à ação policial, evitando a sua prisão. Há uma ligação com a fuga do preso, sendo que esta escapada não constitui crime. Ampliando o tema, em virtude de vários casos que julgamos no Tribunal de Justiça de São Paulo, notamos que o direito à não autoincriminação é constitucionalmente assegurado, mas não deve ser vinculado ao cometimento de uma infração penal grave, cujo objeto jurídico também é a fé pública. Isso significa não poder utilizar um documento falso para fugir à prisão. Restringe-se, então, o alcance da possibilidade de fuga. Se o agente apenas disser ao policial um nome diferente do seu verdadeiro, não vemos como caracterizar o delito do art. 307, uma vez que a polícia pode exigir documento de identidade, em caso de dúvida quanto a ela, demostrado por fundada suspeita. Registre-se que a identificação pessoal se faz por meio de documento e não pela mera narração do nome. Além disso, é preciso ponderar que, sem usar documento falso, a simples menção a um nome falso para escapar à prisão não preenche o elemento subjetivo específico (obter vantagem ilícita), inclusive porque a fuga não é punida. *Não abrange, no entanto, o momento de qualificação*, seja na polícia, seja em juízo, pois o direito de silenciar ou mentir que possui o acusado não envolve essa fase do interrogatório. Nesse momento formal, a falsa identidade adquire o contorno de um "falso testemunho", ganhando relevo diverso, pois o bem jurídico envolve critérios mais significativos, como a fé pública e, também, a própria administração pública. Não há, como já visto em itens anteriores, qualquer direito absoluto, de modo que o interesse na escorreita administração da justiça (nesta hipótese, mescla-se com a fé pública), impedindo-se que um inocente seja julgado em lugar do culpado, prevalece nesse ato. Daí por que, falseando quanto à sua identidade, pode responder pelo crime do art. 307. A jurisprudência, no entanto, tem sido mais rigorosa, não aceitando a falsa identidade em qualquer momento: STJ: "2. A Terceira Seção do Superior Tribunal de Justiça, no julgamento do REsp 1.362.524/MG (rel. Min. Sebastião Reis Júnior, *DJe* 02.05.2014), sob o rito do art. 543-C, c/c o § 3.º do CPP, consolidou entendimento no sentido de que típica é a conduta de atribuir-se falsa identidade perante autoridade policial, ainda que em situação de alegada autodefesa (art. 307 do CP)" (AgRg no REsp 1.828.318-MG, 5.ª T., rel. Reynaldo Soares da Fonseca, 27.08.2019, v.u.). *Em contrário:* TJMG: "O agente que atribui falsa identidade a si mesmo perante a Autoridade Policial visando apenas exercitar sua autodefesa não incorre no crime previsto no artigo 307 do Código Penal porque o referido tipo penal exige, para sua caracterização, a presença do dolo específico, voltado para a obtenção de vantagem ilícita" (Ap. 1.0024.16.149990-0/001-MG, 5.ª C. Crim., rel. Pedro Vergara, 26.06.2018).

**19. Objetos material e jurídico:** o objeto material é a identidade. O objeto jurídico é a fé pública.

**20. Classificação:** trata-se de crime comum (aquele que pode ser cometido por qualquer pessoa); formal (crime que não exige, para sua consumação, resultado naturalístico, consistente na obtenção efetiva de vantagem ou na causação de prejuízo para outrem); de forma livre (pode ser cometido por qualquer meio eleito pelo agente); comissivo (o verbo implica ação);

instantâneo (cuja consumação não se prolonga no tempo, dando-se em momento determinado); unissubjetivo (aquele que pode ser cometido por um único sujeito); plurissubsistente (delito cuja ação é composta por vários atos, permitindo-se o seu fracionamento); admite tentativa, embora de difícil configuração.

**21. Delito subsidiário:** somente se pune o agente pela concretização do tipo penal da falsa identidade se outro crime mais grave, que o contenha, não seja praticado. Pode o sujeito atribuir-se falsa identidade para praticar um estelionato, fazendo com que responda somente por este último crime, que é o principal. O mesmo ocorre se houver uso de documento falso: STJ: "2. Ademais, o crime previsto no art. 307 do Código Penal possui caráter subsidiário, de modo que só incidirá se a atribuição de falsa identidade não constituir delito mais grave. E, no caso, a conduta do Paciente subsume-se ao tipo penal pelo qual foi condenado (art. 299 do Código Penal)" (HC 458.145-MG, 6.ª T., rel. Laurita Vaz, 19.11.2019, v.u.).

**22. Confronto com a contravenção penal do art. 68 do Decreto-lei 3.688/1941:** quando houver a recusa ao fornecimento de dados identificadores ou o fornecimento de dados inverídicos, sem a finalidade de obter vantagem ou prejudicar alguém, trata-se de contravenção penal. É possível questionar a constitucionalidade do mencionado art. 68, por ofensa ao princípio da intervenção mínima, como sustentamos em nosso *Leis penais e processuais penais comentadas*. Entretanto, havendo tal intuito e sendo conduta comissiva ("atribuir-se"), passa a ser o crime do art. 307, até mesmo porque o art. 68, parágrafo único, da Lei das Contravenções Penais menciona, expressamente, ser tipo subsidiário ("se o fato não constitui infração penal mais grave").

> **Art. 308.** Usar,[23-25] como próprio,[26] passaporte,[27] título de eleitor,[28] caderneta de reservista[29] ou qualquer documento de identidade[30] alheia ou ceder a outrem, para que dele se utilize, documento dessa natureza, próprio ou de terceiro:[31-33]
>
> Pena – detenção, de 4 (quatro) meses a 2 (dois) anos, e multa, se o fato não constitui elemento de crime mais grave.[34]

**23. Análise do núcleo do tipo:** *usar* quer dizer empregar ou utilizar; *ceder* significa pôr à disposição ou emprestar. O objeto é passaporte, título de eleitor, caderneta de reservista ou outro documento de identidade alheia.

**24. Sujeitos ativo e passivo:** o sujeito ativo pode ser qualquer pessoa. O sujeito passivo é o Estado. Eventualmente, pode ser a pessoa prejudicada pelo mau uso do documento identificador alheio.

**25. Elemento subjetivo do tipo:** é o dolo. Não se exige elemento subjetivo específico no tocante ao uso. Entretanto, quanto à cessão do documento, cremos estar presente a finalidade de que seja o objeto "utilizado por outrem". Não se pune a forma culposa.

**26. "Como próprio":** indica estar o agente passando-se por outra pessoa, embora sem atribuir-se a falsa identidade, mas única e tão somente valendo-se de documento alheio. Não deixa de ser uma modalidade específica do crime de falsa identidade.

**27. Passaporte:** é o documento oficial que autoriza a pessoa a sair do País, bem como a ingressar e identificar-se em países estrangeiros.

# Art. 309

**28. Título de eleitor:** é o documento que comprova a situação de eleitor do indivíduo, ou seja, a pessoa que está apta a votar, participando, democraticamente, da escolha do governo e do legislador.

**29. Caderneta de reservista:** é o documento que comprova a regularidade da situação de alguém diante do serviço militar obrigatório. Reservista é o indivíduo que serviu ou foi dispensado das fileiras das Forças Armadas, podendo ser convocado a qualquer momento.

**30. Qualquer documento de identidade:** após terem sido mencionados os exemplos – passaporte, título de eleitor, caderneta de reservista –, ingressa a interpretação analógica: "ou qualquer documento de identidade", que serve, naturalmente, para identificar uma pessoa. É o que se pode considerar a carteira funcional. A utilização de carteira de identidade de terceiro pode ingressar no contexto deste artigo ou do art. 307. Se o agente se vale do documento alheio para ingressar em algum lugar, por exemplo, sem necessidade de "atribuir-se" a identidade constante no documento, é a conduta do art. 308. Entretanto, se usa o documento para identificar-se, imputando-se caracteres alheios, está configurado o crime do art. 307.

**31. Objetos material e jurídico:** o objeto material é o documento de identificação alheio. O objeto jurídico é a fé pública.

**32. Classificação:** trata-se de crime comum (aquele que pode ser cometido por qualquer pessoa); formal (crime que não exige, para sua consumação, resultado naturalístico, consistente no efetivo prejuízo para alguém); de forma livre (pode ser cometido por qualquer meio eleito pelo agente); comissivo (os verbos implicam ações); instantâneo (cuja consumação não se prolonga no tempo, dando-se em momento determinado); unissubjetivo (aquele que pode ser cometido por um único sujeito); unissubsistente (praticado num único ato) ou plurissubsistente (delito cuja ação é composta por vários atos, permitindo-se o seu fracionamento), conforme o caso concreto; admite tentativa na forma plurissubsistente.

**33. Alteração de fotografia do documento:** pode constituir o crime do art. 297 – caso o intuito seja diverso da atribuição de falsa identidade – ou o delito do art. 307 – se a intenção for imputar-se falsa identidade. Nota-se, pois, que o uso de identidade alheia há de ser feito com a singela apresentação do documento, sem que contenha alteração e sem que o agente se atribua a identidade que não lhe pertence.

**34. Delito subsidiário:** somente se pune o agente pela concretização do tipo penal do uso de identidade alheia se outro crime mais grave, que o contenha, não seja praticado.

### Fraude de lei sobre estrangeiros

> **Art. 309.** Usar[35-37] o estrangeiro, para entrar ou permanecer no território nacional, nome[38] que não é o seu:[39-41]
>
> Pena – detenção, de 1 (um) a 3 (três) anos, e multa.
>
> **Parágrafo único.** Atribuir[42-44] a estrangeiro falsa[45] qualidade[46] para promover-lhe a entrada em território nacional.[47-48]
>
> Pena – reclusão, de 1 (um) a 4 (quatro) anos, e multa.

**35. Análise do núcleo do tipo:** *usar* significa empregar ou fazer uso de algo. Compõe-se com as condutas *entrar*, que quer dizer passar de fora para dentro ou penetrar, e *permanecer*, que significa conservar-se ou demorar-se. O objeto é nome que não lhe pertence.

**36. Sujeitos ativo e passivo:** o sujeito ativo somente pode ser o estrangeiro. O sujeito passivo é o Estado.

**37. Elemento subjetivo do tipo:** é o dolo. Não existe a forma culposa. Exige-se elemento subjetivo do tipo específico consistente na vontade de ingressar ou permanecer no território brasileiro.

**38. Nome:** é a designação patronímica de uma pessoa.

**39. Objetos material e jurídico:** o objeto material é o nome que não pertence ao agente. O objeto jurídico é a fé pública, envolvendo o interesse do Estado no controle da imigração.

**40. Classificação:** trata-se de crime próprio (aquele que demanda sujeito ativo qualificado ou especial); formal (delito que não exige resultado naturalístico, consistente no efetivo prejuízo para a fé pública); de forma livre (podendo ser cometido por qualquer meio eleito pelo agente); comissivo ("usar" implica ação); instantâneo (cujo resultado se dá de maneira instantânea, não se prolongando no tempo); unissubjetivo (que pode ser praticado por um só agente); unissubsistente (delito cometido num único ato) ou plurissubsistente (via de regra, vários atos integram a conduta), conforme o caso concreto; admite tentativa na forma plurissubsistente.

**41. Competência:** Justiça Federal.

**42. Análise do núcleo do tipo:** *atribuir* significa imputar ou fazer recair algo em alguém, sendo o objeto a falsa qualidade. Compõe-se com a conduta de *promover a entrada* (favorecer o ingresso ou a admissão). Neste caso, não se inclui a *permanência* no território nacional.

**43. Sujeitos ativo e passivo:** o sujeito ativo pode ser qualquer pessoa. O sujeito passivo é o Estado.

**44. Elemento subjetivo do tipo:** é o dolo. Exige-se elemento subjetivo específico, consistente na vontade de promover a entrada do estrangeiro no território nacional. Não se pune a forma culposa.

**45. Falsa:** não autêntica, não correspondente à realidade.

**46. Qualidade:** é a propriedade ou condição ostentada por alguém ou por alguma coisa, que serve para individualizá-la.

**47. Objetos material e jurídico:** o objeto material é a falsa qualidade. O objeto jurídico é a fé pública, especialmente voltada ao interesse do Estado no controle da imigração.

**48. Classificação:** trata-se de crime comum (aquele que não demanda sujeito ativo qualificado ou especial); formal (delito que não exige resultado naturalístico, consistente na efetiva entrada do estrangeiro no País); de forma livre (podendo ser cometido por qualquer meio eleito pelo agente); comissivo ("atribuir" implica ação); instantâneo (cujo resultado se dá de maneira instantânea, não se prolongando no tempo); unissubjetivo (que pode ser praticado por um só agente); unissubsistente (praticado num único ato) ou plurissubsistente (em regra, vários atos integram a conduta), conforme o caso concreto; admite tentativa na forma plurissubsistente.

> **Art. 310.** Prestar-se a figurar[49-51] como proprietário ou possuidor[52] de ação, título ou valor[53] pertencente a estrangeiro, nos casos em que a este é vedada por lei[54] a propriedade ou a posse de tais bens:[55-56]
>
> Pena – detenção, de 6 (seis) meses a 3 (três) anos, e multa.

# Art. 311

### Código Penal Comentado • **Nucci**

**49. Análise do núcleo do tipo:** *prestar-se a figurar* significa ser útil ou estar disposto a representar algo. O objeto é ser proprietário ou possuidor de ação, título ou valor pertencente a estrangeiro. Esclarece Hungria que este dispositivo penal atende ao "interesse de evitar burla ao objetivo constitucional de nacionalização de certas companhias ou empresas ou de certos bens (ou valores). (...) O que procura conjurar, na espécie, é o 'homem de palha', o 'testa de ferro' que se presta a dissimular a interferência capitalística de estrangeiro na vida das sociedades ou empresas em questão ou a vedada propriedade ou posse de determinados bens ou valores por parte de estrangeiro" (*Comentários ao Código Penal*, v. 9, p. 310-311).

**50. Sujeitos ativo e passivo:** o sujeito ativo poder ser qualquer pessoa, desde que brasileiro. O sujeito passivo é o Estado.

**51. Elemento subjetivo do tipo:** é o dolo. Não existe a forma culposa. Há o elemento subjetivo do tipo específico, consistente na finalidade de promover a entrada do estrangeiro no País.

**52. Proprietário ou possuidor:** *proprietário* é a pessoa que tem a propriedade de alguma coisa; *possuidor* é aquele que tem o gozo ou o desfrute de algo.

**53. Ação, título ou valor:** *ação* é o título representativo do capital das sociedades; *título* é qualquer papel negociável; *valor* é um papel representativo de dinheiro ou um título negociável em bolsa.

**54. Norma penal em branco:** torna-se indispensável conhecer a legislação específica que autoriza ou veda a propriedade ou a posse de tais bens por estrangeiros a fim de poder complementar o dispositivo penal.

**55. Objetos material e jurídico:** o objeto material é a ação, título ou valor. O objeto jurídico é a fé pública, voltando-se para a ordem econômica.

**56. Classificação:** trata-se de crime comum (aquele que não demanda sujeito ativo qualificado ou especial); formal (delito que não exige resultado naturalístico, consistente no efetivo prejuízo para a fé pública ou a ordem econômica); de forma livre (podendo ser cometido por qualquer meio eleito pelo agente); comissivo ("prestar-se a figurar" implica ação); instantâneo (cujo resultado se dá de maneira instantânea, não se prolongando no tempo), podendo tornar-se permanente (delito cuja consumação se arrasta no tempo); unissubjetivo (que pode ser praticado por um só agente); plurissubsistente (em regra, vários atos integram a conduta); admite tentativa.

### Adulteração de sinal identificador de veículo

**Art. 311.** Adulterar, remarcar ou suprimir[57-59] número de chassi, monobloco, motor, placa de identificação,[60-61] ou qualquer sinal identificador de veículo automotor, elétrico, híbrido, de reboque, de semirreboque ou de suas combinações, bem como de seus componentes ou equipamentos, sem autorização do órgão competente:[62-63]

Pena – reclusão, de 3 (três) a 6 (seis) anos, e multa.[64]

§ 1.º Se o agente comete o crime no exercício da função pública ou em razão dela, a pena é aumentada de 1/3 (um terço).[65]

§ 2.º Incorrem nas mesmas penas do *caput* deste artigo:

> I – o funcionário público que contribui para o licenciamento ou registro do veículo remarcado ou adulterado, fornecendo indevidamente material ou informação oficial;[66]
>
> II – aquele que adquire, recebe, transporta, oculta, mantém em depósito, fabrica, fornece, a título oneroso ou gratuito, possui ou guarda maquinismo, aparelho, instrumento ou objeto especialmente destinado à falsificação e/ou adulteração de que trata o *caput* deste artigo;[67] ou
>
> III – aquele que adquire, recebe, transporta, conduz, oculta, mantém em depósito, desmonta, monta, remonta, vende, expõe à venda, ou de qualquer forma utiliza, em proveito próprio ou alheio, veículo automotor, elétrico, híbrido, de reboque, semirreboque ou suas combinações ou partes, com número de chassi ou monobloco, placa de identificação ou qualquer sinal identificador veicular que devesse saber estar adulterado ou remarcado.[68]
>
> § 3.º Praticar as condutas de que tratam os incisos II ou III do § 2.º deste artigo no exercício de atividade comercial ou industrial:[69]
>
> Pena – reclusão, de 4 (quatro) a 8 (oito) anos, e multa.
>
> § 4.º Equipara-se a atividade comercial, para efeito do disposto no § 3.º deste artigo, qualquer forma de comércio irregular ou clandestino, inclusive aquele exercido em residência.[70]

**57. Análise do núcleo do tipo:** *adulterar* quer dizer falsificar ou mudar; *remarcar* significa tornar a marcar; *suprimir* exprime eliminar, abolir ou exterminar (esta última conduta foi adicionada porque fazia falta na aplicabilidade do tipo penal a casos concretos). São as condutas alternativas (a prática de uma ou mais de uma no mesmo contexto concretiza um só delito) cujo objeto é o número de chassi (estrutura de material rígido, como aço, para suportar o veículo; o seu número funciona como a identidade do carro), monobloco (é o ajuntamento de peças, colocado em cima do chassi para formar o veículo; pode ser utilizado, também, como sinônimo de chassi), motor (mecanismo produtor da energia que movimenta o veículo), placa de identificação (cuida-se da chapa de metal onde constam letras e números para identificar, externamente, o veículo) – havia jurisprudência afastando a modificação de placa por entender que não seria um particular modo de identificação do automóvel, o que sempre nos pareceu conclusão inadequada – ou qualquer sinal identificador (cláusula aberta para abranger toda espécie de identificação do veículo, como a colocação de decalque do número de chassi no vidro) de veículo (meio de transporte) automotor (movido por sua própria fonte de energia, geralmente a combustão), elétrico (movido pela fonte elétrica de energia), híbrido (movido tanto pela combustão como pela energia elétrica), de reboque (transportador de carga atrelado ao veículo motorizado), de semirreboque (além de servir de transportador, ligado a um veículo motorizado, vale-se deste para ser apoiado), de suas combinações (mesclas de ambos) e dos componentes e equipamentos instalados nos veículos. A modificação da identificação do veículo (ou similar) pode ser feita desde que *autorizada* pelo órgão competente, como o Denatran (Departamento Nacional de Trânsito) ou o Detran (Departamento Estadual de Trânsito). A Lei 14.562/2023 alterou o *caput* do art. 311 justamente para abranger todos os veículos e similares, além de suas variadas possibilidades de identificação, com o fim de contornar os julgados restritivos à interpretação do tipo em questão, reduzindo o seu alcance. Sobre a adulteração de placa ou outro sinal identificador, pode se tratar de falsificação de ordem material (a placa, *v.g.*, é fabricada falsamente por alguém) ou ideológica (a placa é emitida pelo órgão de trânsito competente, mas baseada essa emissão em documentos falsos). É preciso lembrar que, quando a adulteração for realizada pelo próprio condutor, deve ele responder, em concurso

# Art. 311

Código Penal Comentado • **Nucci**

material, pela falsificação (material ou ideológica) juntamente com o art. 311 do Código Penal. Na jurisprudência, antes da modificação da Lei 14.562/2023: STJ: "3. Além disso, a conclusão contida no acórdão de apelação quanto ao crime de adulteração da placa de veículo automotor encontra-se em harmonia com o entendimento desta Corte Superior no sentido de que: a simples conduta de adulterar a placa de veículo automotor é típica, enquadrando-se no delito descrito no art. 311 do Código Penal. Não se exige que a conduta do agente seja dirigida a uma finalidade específica, basta que modifique qualquer sinal identificador de veículo automotor (AgRg no AREsp n. 860.012/MG, relator Ministro Rogerio Schietti Cruz, Sexta Turma, julgado em 7/2/2017, *DJe* de 16/2/2017)" (AgRg no HC 799.453-SP, 5.ª T., rel. Reynaldo Soares da Fonseca, 28.02.2023, v.u.); "1. Em relação à arguida atipicidade da conduta, tem-se que 'a conduta consistente na troca de placas importa em adulteração do principal sinal identificador externo do veículo automotor, adequando-se à figura típica prevista no art. 311 do Código Penal' (AgRg nos EDcl no REsp n. 1.908.093/PR, relatora Ministra Laurita Vaz, Sexta Turma, julgado em 11/4/2023, *DJe* de 18/4/2023). 2. O Tribunal, ao valorar a prova, comprovou os fatos imputados pela acusação, tendo em vista que o ora agravante foi encontrado na posse da motocicleta com a placa alfanumérica pertencente a outro veículo, além de estar com o lacre rompido, demonstrando-se que tal alteração foi realizada durante o período em que o veículo permaneceu com ele, de acordo com as circunstâncias da apreensão, os depoimentos das testemunhas e o laudo pericial. Conforme destacou a Corte estadual, as alegações da defesa não encontravam lastro no substrato probatório dos autos" (AgRg no AREsp 2.400.302/SP, 6. ª T., rel. Antonio Saldanha Palheiro, 06.02.2024, v.u.). TJMS: "II – No mérito, a absolvição se impõe, eis que a conduta do Apelante é atípica, pois a adulteração, conforme art. 311, do Código Penal, deve ser empreendida em veículo automotor, de seu componente ou equipamento, e *não em semirreboque*, que, conforme anexo do Código de Trânsito Nacional, é veículo, mas não automotor. III – Recurso conhecido. E, no mérito, provido. Com o parecer" (APR 00033545220128120018-MS, 1.ª C., rel. Juiz Lúcio R. da Silveira, 25.09.2020, v.u., grifamos).

**58. Sujeitos ativo e passivo:** o sujeito ativo pode ser qualquer pessoa. O sujeito passivo é o Estado; secundariamente, é a pessoa prejudicada pela adulteração ou remarcação.

**59. Elemento subjetivo do tipo:** é o dolo. Não existe a forma culposa, nem se exige elemento subjetivo do tipo específico. Na jurisprudência: TJMG: "II – Para configurar o delito, tipificado no art. 311, do Código Penal, não se exige o dolo específico (demonstração de que a adulteração de sinal identificador de veículo automotor visava a prática de outra infração), sendo suficiente o dolo genérico, ou seja, a vontade livre e consciente de praticar o ato. Precedentes do STJ e do STF" (Ap. Crim. 1.0499.14.001570-6/001, 4.ª C., rel. Corrêa Camargo, 22.09.2021, v.u.).

**60. Placa fornecida pelo órgão de trânsito:** ainda que a placa seja desvirtuada de sua função, desde que não seja falsa, não se configura o crime. É o que decidiu o Supremo Tribunal Federal, cuidando de caso da denominada "placa fria", fornecida a autoridades para uso em serviço público, porém utilizada em atividade particular. STF: "No caso, o acusado recebera do Detran um par de placas reservadas à Polícia Federal, em razão de requisição feita por outro magistrado, também denunciado, cuja finalidade consistiria em viabilizar investigações de caráter sigiloso. Posteriormente, apurara-se que referidas placas teriam sido utilizadas para outro fim, tendo substituído placas originais de veículos particulares – v. *Informativo* 400. Entendeu-se que a substituição de placas particulares por outras fornecidas pelo Detran não pode configurar qualquer adulteração ou falsificação, já que esse órgão sempre tem a possibilidade de verificar a existência de placa reservada, a sua origem e a razão de ser da sua utilização, perante as autoridades públicas ou quem mais tivesse interesse no assunto. Considerou-se que, para a configuração do crime, é imprescindível que a substituição da placa se faça por outra placa, falsa. Ressaltou-se, por fim, que a prática dos citados atos pode consistir em irregularidade administrativa, passível de responsabilização nessa esfera" (HC 86.424-SP, 2.ª T., rel. p/ acórdão Gilmar Mendes, 11.10.2005, m.v., *Informativo* 405).

**61. Uso de fita adesiva na placa:** a colocação de fita adesiva para alterar o número ou a letra da placa pode – ou não – configurar o crime. Se a falsificação for grosseira, de modo que qualquer um perceba, configura fato atípico, pois delito impossível, embora possa constituir infração de trânsito. Mas, se a inserção da fita conseguir um resultado enganoso, o crime do art. 311 se perfaz. Na jurisprudência: STF: "A conduta de adulterar a placa de veículo automotor mediante a colocação de fita adesiva é típica, nos termos do art. 311 do CP ('Adulterar ou remarcar número de chassi ou qualquer sinal identificador de veículo automotor, de seu componente ou equipamento: Pena – reclusão, de três a seis anos, e multa'). Com base nessa orientação, a 2.ª Turma negou provimento a recurso ordinário em *habeas corpus*. O recorrente reiterava alegação de falsidade grosseira, percebida a olho nu, ocorrida apenas na placa traseira, e reafirmava que a adulteração visaria a burlar o rodízio de carros existente na municipalidade, a constituir mera irregularidade administrativa. O Colegiado pontuou que o bem jurídico protegido pela norma penal teria sido atingido. Destacou-se que o tipo penal não exigiria elemento subjetivo especial ou alguma intenção específica. Asseverou-se que a conduta do paciente objetivara frustrar a fiscalização, ou seja, os meios legítimos de controle do trânsito. Concluiu-se que as placas automotivas seriam consideradas sinais identificadores externos do veículo, também obrigatórios conforme o art. 115 do Código de Trânsito Brasileiro" (RHC 116.371-DF, 2.ª T., rel. Min. Gilmar Mendes, 13.08.2013, v.u., *Informativo* 715). STJ: "1. A jurisprudência deste Superior Tribunal de Justiça firmou-se que a norma contida no art. 311 do Código Penal busca resguardar autenticidade dos sinais identificadores dos veículos automotores, sendo, pois, típica a simples conduta de alterar, com fita adesiva, a placa do automóvel, ainda que não caracterizada a finalidade específica de fraudar a fé pública" (AgRg no REsp 2.009.836-MG, 5.ª T., rel. João Batista Moreira, 14.02.2023, v.u.); "1. Em relação ao delito de adulteração de sinal identificador de veículo automotor, a jurisprudência do Superior Tribunal de Justiça firmou-se no sentido de que a norma contida no art. 311 do Código Penal busca resguardar a autenticidade dos sinais identificadores dos veículos automotores, sendo, pois, típica, a simples conduta de alterar a placa de automóvel, mesmo que de maneira grosseira e ainda que não caracterizada a finalidade específica de fraudar a fé pública" (AgRg no HC 570.975-SC, 6.ª T., rel. Antônio Saldanha Palheiro, 22.06.2021, v.u.); "4. A adulteração do sinal identificador do veículo, ainda que tenha facilitado o furto, restou consumada no momento em que o paciente se utilizou da fita isolante para alterar uma letra e um número da placa do carro que alugou para trabalhar como motorista de aplicativo, servindo, dentre outros, também para afastar eventuais penalidades por infrações cometidas no trânsito. Além de conduta independente, não se trata de meio usual ou fase de preparação para o furto" (HC 640.667-RS, 5.ª T., rel. Ribeiro Dantas, 09.03.2021, v.u.)

**62. Objetos material e jurídico:** o objeto material é o número do chassi, monobloco, motor, placa de identificação ou qualquer sinal identificador de veículo. O objeto jurídico é a fé pública, voltando-se o interesse do Estado à proteção da propriedade e da segurança no registro de automóveis.

**63. Classificação:** trata-se de crime comum (aquele que não demanda sujeito ativo qualificado ou especial); formal (delito que não exige resultado naturalístico, consistente em efetivo prejuízo para alguém); de forma livre (podendo ser cometido por qualquer meio eleito pelo agente); comissivo (os verbos implicam ações); instantâneo (cujo resultado se dá de maneira

# Art. 311

Código Penal Comentado · **Nucci**

instantânea, não se prolongando no tempo), porém de efeitos permanentes (o delito deixa, após consumado, rastros visíveis); unissubjetivo (que pode ser praticado por um só agente); plurissubsistente (em regra, vários atos integram a conduta); admite tentativa.

**64. Benefícios penais:** cabe, em tese, a proposta de acordo de não persecução penal. Havendo condenação, conforme o montante da pena, pode-se impor o regime aberto e, também, substituir a pena privativa de liberdade por restritiva de direitos.

**65. Causa de aumento:** sendo o agente funcionário público (ver art. 327, CP), exercendo sua função (encontra-se no seu posto de trabalho em horário de serviço) ou prevalecendo--se dela (pode estar em outro local, fora do expediente, mas utiliza a sua posição de servidor público para tanto), há um aumento de um terço na pena. Nessa hipótese, o crime é próprio, vale dizer, a causa de aumento exige o sujeito ativo qualificado pela função pública exigida.

**66. Hipótese de favorecimento ou participação:** *licenciar* (autorizar o veículo a circular pela via pública) e *registrar* (inserir no banco de dados do órgão de trânsito o veículo identificado e seu proprietário) são as condutas indispensáveis a todos os veículos para que os órgãos estatais tenham o controle e a fiscalização da circulação dos variados tipos de automóveis, podendo promover a responsabilização de seus proprietários ou motoristas pelas infrações de trânsito e acidentes em geral. Portanto, o servidor encarregado dessas atividades pode irmanar-se com quem promove a adulteração de qualquer sinal identificador do veículo, possibilitando transferir um automóvel do seu legítimo proprietário a outrem, que pode saber ou não assumir a titularidade de um bem de origem criminosa. Essa contribuição se dá por meio do fornecimento, naturalmente indevido, de qualquer material (impressos a serem posteriormente preenchidos, por exemplo) ou informação oficial (número disponível de placa para ser usado, ilustrando). De qualquer maneira, esse auxílio pode ter sido tratado antes ou depois da adulteração do sinal identificador. Se antes, cuida-se de uma espécie de participação; se depois, há um tipo de favorecimento pessoal ou real (arts. 348 e 349, CP), mas com a pena, em qualquer hipótese, prevista no *caput* do artigo (reclusão, de 3 a 6 anos, e multa). A causa de aumento do § 1.º incide nesta figura do § 2.º, inciso I. Inexiste *bis in idem* (dupla apenação pelo mesmo fato), pois a causa de aumento incide para o servidor público que adultera o sinal do veículo ou para o que contribui para o seu licenciamento. Resta a situação de o funcionário público desenvolver a figura do *caput* (ex.: adulterar o chassi de um veículo) e, depois, contribuir para o seu registro. Parece-nos que, nesta hipótese, a segunda conduta pode ser considerada *fato posterior não punível*, como um exaurimento da primeira, embora o julgador possa levar em conta como circunstância judicial negativa. Evita-se um excesso punitivo, que seria promover o concurso material entre a adulteração (*caput*) e a contribuição para o licenciamento (§ 2.º, I), mas se leva em consideração todos os aspectos da infração penal.

**67. Preparação do crime:** por vezes, quando o legislador entende ser grave a preparação de um crime, promove a tipificação à parte, já que só se pune, como regra, o *iter criminis* (percurso criminoso) a partir do início dos atos executórios (cf. art. 14, II, CP). O inciso II do § 2.º aponta condutas preparatórias à execução da figura prevista no *caput* (adulteração de sinal identificador de veículo). Essas ações formam um tipo misto alternativo, ou seja, pode o autor praticar uma ou mais de uma, no mesmo contexto, para responder por crime único. Pode-se observar que o objeto das condutas pode ser qualquer máquina, aparelho, instrumento ou objeto apropriado para a contrafação planejada. A peculiaridade desta figura típica é não admitir tentativa, tendo em vista já constituir exceção à regra, vale dizer, pune-se a adulteração – que aceita tentativa –, mas adquirir um objeto apto a produzir modificação veicular deve ser preenchido e punido como crime consumado ou é apenas uma figura atípica. Não nos soa cabível, como situação punitiva plausível, *tentar preparar* um delito, fugindo ao padrão de penalização – pela teoria objetiva da tentativa – somente dos atos executórios.

**68. Receptação de veículo adulterado:** o inciso III deste parágrafo prevê a figura da receptação no contexto da falsificação de sinal identificador de veículo, propiciando a punição de quem recebe coisa de origem ilícita, nesta hipótese o veículo automotor, elétrico, híbrido, de reboque, semirreboque ou suas combinações ou partes, quando estiverem com a sua *identidade* original de qualquer forma *adulterada*. Observe-se que a figura típica não demanda o dolo direto – como no *caput* da receptação do art. 180 do CP –, mas se contenta com o dolo eventual – *devesse saber* – do mesmo modo que ocorre com a receptação qualificada do art. 180, § 1.º, do Código Penal. Poderia o legislador ter deixado claro o *saber* ou *dever saber*, inserindo ambas as expressões, mas não o fez. Então, deve-se levar em consideração a interpretação hoje dominante no cenário da receptação qualificada, lendo-se que, havendo punição pelo simples dolo eventual (o *menos*), por óbvio, quem agir com dolo direto (o *mais*) deverá ser igualmente punido. A diferença entre essa receptação e a qualificada do art. 180, § 1.º, situa-se na qualidade de quem recebe o veículo adulterado, no tocante à punição. A previsão feita no referido art. 180, § 1.º, para o comerciante ou industrial, é de reclusão, de 3 a 8 anos, e multa, enquanto a receptação de veículo com sinal adulterado ingressa no § 4.º do art. 311, com pena de reclusão, de 4 a 8 anos, e multa. Quanto às condutas descritas neste inciso, conferir as notas 1 e 10 ao art. 180 deste Código.

**69. Receptação qualificada:** extrai-se a figura mais grave, como foi feito no cenário do art. 180, § 1.º, deste Código, para punir, com mais severidade, o recebimento e a utilização de veículos com sinal falsificado, bem como a lida com maquinário destinado ao preparo da adulteração, quando for realizado no exercício de atividade comercial ou industrial, dada a maior facilidade de que esses profissionais consigam adquirir e repassar os carros adulterados ou ter os mecanismos para tanto.

**70. Figura de equiparação:** como norma explicativa, indica-se a intenção de abranger todo e qualquer tipo de comércio, em particular os *informais*, sem qualquer visibilidade, para o fim de negociar os veículos adulterados, incluindo os comerciantes de *fundo de quintal* (exercido em residência). Ademais, várias formas de modificação de sinal identificador de carros e outros similares são realizadas em ambiente oculto e longe da regularidade de uma atuação empresarial.

**Capítulo V**

**DAS FRAUDES EM CERTAMES DE INTERESSE PÚBLICO[1-2]**

**Fraudes em certames de interesse público[3]**

> **Art. 311-A.** Utilizar ou divulgar,[4-5] indevidamente,[6] com o fim de beneficiar a si ou a outrem, ou de comprometer a credibilidade do certame,[7] conteúdo sigiloso de:[8-9]
>
> I – concurso público;[10]
>
> II – avaliação ou exame públicos;[11]
>
> III – processo seletivo para ingresso no ensino superior; ou[12]
>
> IV – exame ou processo seletivo previstos em lei:[13]
>
> Pena – reclusão, de 1 (um) a 4 (quatro) anos, e multa.[14]

> § 1.º Nas mesmas penas incorre quem permite ou facilita,[15-17] por qualquer meio, o acesso de pessoas não autorizadas às informações mencionadas no *caput*.[18-19]
>
> § 2.º Se da ação ou omissão resulta dano à administração pública:[20]
>
> Pena – reclusão, de 2 (dois) a 6 (seis) anos, e multa.[21]
>
> § 3.º Aumenta-se a pena de 1/3 (um terço) se o fato é cometido por funcionário público.[22-23]

**1. Indevida inserção no Título X:** a Lei 12.550, de 15 de dezembro de 2011, autoriza o Poder Executivo a criar a empresa pública denominada Empresa Brasileira de Serviços Hospitalares. São 17 artigos cuidando do tema, que diz respeito à saúde e à administração pública. Eis que, de repente, aproveita-se um espaço qualquer, em lei absolutamente estranha, para editar matéria penal, criando-se um tipo penal incriminador e uma nova pena restritiva de direitos (arts. 18 e 19). O legislador brasileiro não aprende mesmo. Um tema tão relevante como esse, tratado de maneira secundária, atirado numa lei de criação de empresa pública na área da saúde. Não bastasse, com vários erros, como já é hábito em leis penais. Inseriu-se o Capítulo V, após vários outros tratando de falsidades, no Título X, referente à fé pública. Ora, em primeiro lugar, a fraude em certames públicos não diz respeito ao bem jurídico tutelado pelo Título X. A fé pública, como já se disse, ocupa-se da credibilidade existente em moedas, papéis e documentos, por força de lei (ver a nota 1 ao Título X). Os crimes que podem afetar o referido bem jurídico dizem respeito às falsidades em geral – e não às fraudes. Estas são capazes de afetar o patrimônio ou o interesse da administração pública, nos seus aspectos material e moral. Logo, está deslocado este Capítulo V no Título IX. Deveria ter sido inserido no Título XI (Dos crimes contra a administração pública), especificamente no Capítulo II (Dos crimes praticados por particular contra a administração em geral). Ou, ainda, poderia constituir um capítulo próprio, ao final, intitulado "Dos crimes praticados por particular e por funcionário público contra a administração em geral". Enfim, o bem jurídico afetado pelo delito previsto no art. 311-A não é a fé pública, na essência, mas a administração pública, nos seus aspectos material e moral, o que certamente abrange a lisura em certames de interesse público.

**2. Titulação equivocada:** nomeou-se o capítulo V como "das fraudes em certames de interesse público", para, em seguida, conferir o mesmo título ao crime descrito pelo art. 311-A. Trata-se de pobreza de linguagem e equívoco técnico. O Título cuida do bem maior, em caráter abrangente e genérico; o capítulo evidencia o objeto jurídico tutelado; o crime nomeia exatamente o objeto material. Note-se, como exemplos: no Título I, encontramos "Dos crimes contra a pessoa" (bem maior protegido é o ser humano); no capítulo I, tem-se "Dos crimes contra a vida" (objeto jurídico tutelado é a vida humana); no art. 121, a rubrica é "homicídio simples" (o objeto material é a pessoa que perde a vida). O mesmo se encontra em vários outros títulos, capítulos e crimes. No caso da Lei 12.550/2011, inseriu-se o capítulo V no Título X – primeiro equívoco – para, na sequência, nomear da mesma forma o capítulo e o crime – segundo equívoco. Neste último caso, o erro está na titulação do capítulo, pois o objeto jurídico é o interesse da administração na lisura dos certames públicos, algo não contemplado pelo legislador. Expandiu-se o nome do delito para compor o capítulo. Seria o mesmo que inserir no capítulo I do Título I da Parte Especial: Dos homicídios.

**3. Rubrica do crime:** parece-nos correta, pois o termo certame envolve uma competição para atingir lugares premiados ou um ato público por meio do qual várias pessoas (físicas ou jurídicas) concorrem para lograr graduação mais elevada. Diante disso, é o gênero, do qual são espécies o concurso público, a avaliação ou exame público, o processo seletivo para ingressar em ensino superior e os demais exames ou processos seletivos previstos em lei. A inclusão do termo fraudes no *nomen juris* do delito arrasta o tipo incriminador para a esfera do estelionato, composto, basicamente, por fraude, em seus inúmeros aspectos: erro, mediante artifício ou ardil e demais mecanismos enganosos. Por isso, cremos ser indispensável incluir o ânimo fraudulento no elemento subjetivo desta infração penal.

**4. Análise do núcleo do tipo:** compõe-se de dois verbos, sendo um deles de caráter bem abrangente, que é utilizar (tornar algo útil, aproveitar, fazer uso de algo, empregar com utilidade, usar). O outro é divulgar (espalhar, propagar, tornar público ou conhecido). Ambos se voltam ao objeto conteúdo sigiloso de concurso, avaliação, exame, processo seletivo, em geral. O tipo é misto alternativo, podendo o agente utilizar e divulgar o conteúdo sigiloso, cometendo um só delito. É indiferente praticar uma conduta ou as duas previstas no tipo, desde que no mesmo cenário. Deve-se compor, como já mencionado, a conduta (utilizar ou divulgar) com o mecanismo de fraude (forma enganosa de contornar a atenção e a vigilância alheia), previsto no próprio título do tipo penal. O conteúdo sigiloso diz respeito, em grande parte, às provas tecidas, em segredo, justamente para assegurar idoneidade, lisura e igualdade a todos no certame. Porém, conteúdo é tudo o que está contido em algo; neste caso, cuida-se do concurso, avaliação, exame ou processo seletivo, não envolvendo somente a prova, mas também o gabarito, contendo as respostas da referida prova. Abrange, também, todos os demais pontos constituídos em segredo para garantir a igualdade de todos perante a avaliação. Exemplo: os temas do concurso podem ser sigilosos, antes de se publicar o edital, razão pela qual fazem parte do conteúdo sigiloso do evento. O tipo não especifica, de modo que se pode interpretar de maneira ampla o contexto do certame: desde a escolha da banca ou dos examinadores, com a seleção de pontos, divulgação do edital, período de inscrições, feitura das provas, realização destas, correção e finalização, com a publicação dos aprovados. Na jurisprudência: STJ: "2. Consoante já decidiu esta Corte Superior, 'a expressão 'conteúdo sigiloso', prevista no art. 311-A do Código Penal, não deve se restringir, exclusivamente, ao gabarito oficial da Instituição organizadora do certame, mas, igualmente, abranger aquele especialista que realiza a prova e, antes de terminar o período de duração do certame, transmite, por meio eletrônico, as respostas corretas ou o seu próprio gabarito, ainda que sem correção doutrinária/legal, a outros candidatos que ainda encontram-se realizando o certame, pois, antes do término do prazo de duração da prova, as respostas de um candidato são sigilosas em relação aos demais candidatos que ainda encontram-se na realização do processo seletivo' (RHC 81.735/PA, 5.ª T., rel. Min. Reynaldo Soares da Fonseca, j. 17.08.2017, *DJe* 25.08.2017)" (AgRg no REsp 1.753.609-SP, 5.ª T., rel. Jorge Mussi, 07.05.2019, v.u.).

**5. Sujeitos ativo e passivo:** o sujeito ativo pode ser qualquer pessoa. O sujeito passivo é o Estado. Secundariamente, todos os prejudicados pela fraude no certame.

**6. Elemento normativo do tipo:** incluiu-se no tipo o termo indevidamente, sinalizando um elemento normativo vinculado à legalidade ou ilegalidade do ato. Não havia necessidade. Se fora estivesse, quem divulgasse o conteúdo sigiloso de concurso, de maneira lícita, estaria no exercício regular do direito. Portanto, seria uma exclusão da ilicitude. No entanto, preferiu o legislador inserir o elemento do injusto diretamente no tipo incriminador, razão pela qual quem utilizar ou divulgar o conteúdo sigiloso, nos termos legais, incorre em conduta atípica.

**7. Elemento subjetivo do tipo:** é o dolo, não se punindo a figura culposa. Exige-se elemento subjetivo específico, consistente em obter benefício para si, obter benefício a outrem

# Art. 311-A

Código Penal Comentado · **Nucci**

ou comprometer a credibilidade do certame, todos eles envoltos pelo *animus lucri faciendi*, ou seja, a intenção de defraudar (lesar alguém de modo fraudulento).

**8. Objetos material e jurídico:** o objeto material é o conteúdo sigiloso do certame (provas, gabaritos, questões, pontos etc.). O objeto jurídico, segundo a inserção legal, embora equívoca, é a fé pública. Preferimos indicar como objeto jurídico a administração pública, nos aspectos material e moral.

**9. Classificação:** trata-se de crime comum (pode ser cometido por qualquer pessoa); formal (a simples prática da conduta permite a consumação, independente de atingir resultado naturalístico, que seria o prejuízo efetivo para o certame); de forma livre (pode ser cometido por qualquer meio eleito pelo agente); comissivo (os verbos implicam ações); instantâneo (a consumação se dá em momento certo na linha do tempo); unissubjetivo (pode ser cometido por uma só pessoa); plurissubsistente (cometido, como regra, em vários atos); admite tentativa.

**10. Concurso público:** é o certame organizado para o provimento de cargos e empregos públicos, nos termos do art. 37, II, da Constituição Federal: "a investidura em cargo ou emprego público depende de aprovação prévia em concurso público de provas ou de provas e títulos, de acordo com a natureza e a complexidade do cargo ou emprego, na forma prevista em lei...". Há leis disciplinando a realização de vários concursos públicos, além de ser um padrão de regras, igualmente, os editais de cada um.

**11. Avaliação ou exame público:** trata-se de qualquer espécie de prova para testar conhecimento, promovida pela administração ou entidade por ela fiscalizada, com o fim de estabelecer padrões e graduações, necessários a atingir alguma habilitação, licença ou alvará. Exemplo: o exame para tirar a carteira de habilitação.

**12. Processo seletivo para ingresso no ensino superior:** é o procedimento utilizado para eleger quais os mais indicados e aptos candidatos a ocupar vaga em curso superior, particularmente quando houver carência de vagas e excesso de candidatos. Denomina-se, ainda, para várias instituições de ensino, como vestibular. Outras formas de seleção podem ser indicadas, mas desde que assegure igualdade e probidade na realização do certame.

**13. Exame ou processo seletivo previsto em lei:** é a forma residual dos demais, abrangendo qualquer certame.

**14. Benefícios penais:** a forma simples do crime permite a suspensão condicional do processo (art. 89, Lei 9.099/1995), pois a pena mínima é de um ano. Não admite transação penal. A pena máxima, não sendo superior a quatro anos, como regra, não admite prisão preventiva (art. 313, I, CPP). Em caso de condenação, pode substituir a pena privativa de liberdade por restritiva de direitos. Aceita-se, ainda, o regime aberto.

**15. Análise do núcleo do tipo:** trata-se de outro tipo básico, com condutas diferentes do *caput*. Permitir significa consentir em algo, dar permissão para alguma coisa, autorizar a fazer uso de algo. Facilitar quer dizer tornar mais fácil ou simples alguma coisa ou, também, pôr à disposição de alguém. A permissão ou a facilitação se volta ao conteúdo sigiloso do certame. Geralmente, o autor do crime tem acesso a tais dados, devendo até zelar pelo seu segredo. Outros são funcionários públicos, que serão apenados, inclusive, com a causa de aumento prevista no § 3.º deste artigo. O crime se dá quando o detentor do conteúdo sigiloso do certame permite ou facilita que terceiros, não autorizados, tenham acesso a tais informações.

As condutas permitem tanto a forma comissiva quanto a omissiva, pois permitir e facilitar aceitam a versão do não fazer.

**16. Sujeitos ativo e passivo:** o sujeito ativo pode ser qualquer pessoa. O sujeito passivo é o Estado. Secundariamente, os que foram lesados pela fraude no certame.

**17. Elemento subjetivo do tipo:** é o dolo, não se punindo a forma culposa. Não se prevê o elemento subjetivo específico explícito, mas cremos existente o ânimo de fraude, com fundamento na titulação do próprio delito.

**18. Objetos material e jurídico:** o objeto material é o conteúdo sigiloso do certame. O objeto jurídico, segundo a inserção legal, embora equívoca, é a fé pública. Preferimos indicar como objeto jurídico a administração pública, nos aspectos material e moral.

**19. Classificação:** trata-se de crime comum (pode ser cometido por qualquer pessoa); formal (a simples prática da conduta permite a consumação, independente de atingir resultado naturalístico, que seria o prejuízo efetivo para o certame); de forma livre (pode ser cometido por qualquer meio eleito pelo agente); comissivo ou omissivo (os verbos implicam ações ou omissões, dependendo do caso concreto); instantâneo (a consumação se dá em momento certo na linha do tempo); unissubjetivo (pode ser cometido por uma só pessoa); plurissubsistente (cometido, como regra, em vários atos), na modalidade comissiva, ou unissubsistente (praticado num único ato), quando na forma omissiva; admite tentativa, na forma comissiva e plurissubsistente.

**20. Crime qualificado pelo resultado:** estabeleceu-se a forma qualificada pelo resultado. O crime se consuma com a conduta, sem a exigência de resultado naturalístico, consistente em prejuízo efetivo para o certame e para a administração pública, mas, se da conduta resultar dano (efetivo, naturalístico), eleva-se a pena. Atingir o resultado danoso significa o exaurimento do delito.

**21. Benefícios penais:** a forma qualificada pelo resultado é mais severa, não admitindo qualquer benefício da Lei 9.099/1995 (suspensão condicional do processo ou transação penal). O delito admite prisão preventiva, pois a pena máxima ultrapassa quatro anos. Em caso de condenação, não havendo violência ou grave ameaça à pessoa, pode-se substituir a pena privativa de liberdade por restritivas de direitos, desde que se respeito o teto de quatro anos. Conforme a pena, admite-se o regime aberto ou semiaberto.

**22. Causa de aumento de pena:** se o autor do delito for funcionário público, pessoa que deve zelar, em primeiro plano, pelos interesses da administração, a pena deve ser elevada em um terço. Aplica-se na terceira fase de aplicação da pena. Essa circunstância de aumento é aplicável às três figuras típicas (*caput*, § 1.º e § 2.º). Observe-se o conceito de funcionário público, para fins penais, no art. 327 deste Código.

**23. Cola eletrônica:** trata-se de uma espécie de estelionato, pois o agente ouvia as respostas, enquanto realizava a prova, por meio de outra pessoa, a quem tinha acesso por equipamento eletrônico. Uma fraude típica, que conferia a agente vantagem indevida. O STF, entretanto, considerou atípica a conduta, pois não se enquadrava, com perfeição, à figura típica do estelionato, conforme previsão feita pelo art. 171 do Código Penal. Não se poderia admitir qualquer forma de analogia para prejudicar o réu. Hoje, com o advento da Lei 12.550/2011, segundo nos parece, o problema está resolvido. Afinal, é impossível obter as respostas às perguntas se estas não forem divulgadas a terceiros, que não fazem parte do certame, em momento inadequado. Por isso, preenche-se o tipo penal incriminador. Ilustrando, o concurseiro que utiliza as questões da prova (conteúdo sigiloso para quem está fora do certame), com o fim de obter as respostas, comete o delito do art. 311-A. O elemento subjetivo específico é, igualmente, preenchido, pois o seu fim é o benefício próprio e, além disso, atua com fraude.

# Título XI
## Dos crimes contra
## a Administração Pública[1]

**1. Conceito de Administração Pública:** apesar de bastante amplo, o conceito de Administração Pública abrange, atualmente, toda a "atividade funcional do Estado e dos demais entes públicos", trazendo este Título do Código Penal uma gama de delitos voltados à proteção da atividade funcional do Estado e seus entes, variando única e tão somente o objeto específico da tutela penal (ANTONIO PAGLIARO e PAULO JOSÉ DA COSTA JÚNIOR, *Dos crimes contra a Administração Pública*, p. 16-18).

### Capítulo I
### DOS CRIMES PRATICADOS POR FUNCIONÁRIO PÚBLICO
### CONTRA A ADMINISTRAÇÃO EM GERAL

**Peculato**

> **Art. 312.** Apropriar-se[2-3] o funcionário público de dinheiro, valor ou qualquer outro bem móvel,[4] público ou particular,[5] de que tem a posse[6] em razão do cargo,[7] ou desviá-lo, em proveito[8-10] próprio ou alheio:[11-14]
>
> Pena – reclusão, de 2 (dois) a 12 (doze) anos, e multa.
>
> § 1.º Aplica-se a mesma pena, se o funcionário público,[15-16] embora não tendo a posse do dinheiro, valor ou bem, o subtrai,[17] ou concorre para que seja subtraído, em proveito próprio ou alheio, valendo-se de facilidade que lhe proporciona a qualidade de funcionário.[18]

**Peculato culposo**

> § 2.º Se o funcionário concorre culposamente[19] para o crime de outrem:
>
> Pena – detenção, de 3 (três) meses a 1 (um) ano.
>
> § 3.º No caso do parágrafo anterior, a reparação do dano, se precede à sentença irrecorrível, extingue a punibilidade; se lhe é posterior, reduz de metade a pena imposta.[20]

# Art. 312

Código Penal Comentado · **Nucci** — 1216

**2. Análise do núcleo do tipo:** são duas as condutas típicas previstas no *caput* do artigo: a) *apropriar-se*, que significa tomar como propriedade sua ou apossar-se. É o que se chama de *peculato-apropriação*; b) *desviar*, que significa alterar o destino ou desencaminhar. É o que se classifica como *peculato-desvio*. O objeto é o dinheiro, valor ou outro bem móvel, de quem tem a posse, em função do cargo. O termo *peculato*, desde o início, teve o significado de furto de coisa do Estado. Conforme esclarece FERNANDO HENRIQUE MENDES DE ALMEIDA, "o étimo da palavra está em *pecus*, tal como em suas convizinhas pela raiz (*pecus* = gado) pecúnia, pecúlio, especular, e se reporta à época em que o gado foi havido como moeda. A palavra, como se sabe, designou, em sua evolução, a subtração da moeda, ou metal do Fisco, até que, finalmente, passou a significar furtos e apropriações indevidas, realizadas por prestadores de contas, bem como quaisquer fraudes em prejuízo da coisa pública" (*Dos crimes contra a Administração Pública,* p. 11-12). Pode-se acrescentar, ainda, a menção de BASILEU GARCIA de que "o peculato foi outrora considerado gravíssimo delito, sujeito à pena capital, como quase todos os fatos delituosos que ofendiam diretamente o Estado e as prerrogativas do soberano" (*Dos crimes contra a Administração Pública,* p. 222). Na jurisprudência: STJ: "1. As instâncias ordinárias, soberanas na análise dos fatos, entenderam que as pacientes praticaram crime de peculato ao desviar dinheiro público em favor de terceiros por meio não só da inclusão de funcionários fantasmas na folha de pagamentos do Estado de Roraima, mas também pelo aliciamento de pessoas, em geral humildes, que lhes forneciam procurações para que o dinheiro depositado em razão dos pagamentos 'fantasmas' fosse movimentado na rede bancária. 2. Os fatos imputados às recorrentes e fixados pelas instâncias ordinárias, melhor se adequam ao crime de peculato (art. 312) do Código Penal, do que ao de inserção de dados falsos em sistemas de informações (art. 313-A), uma vez que presentes outros elementos na conduta criminosa que extrapolam a simples inserção de dados em sistema de informações falso com o fim de obter vantagens" (RHC 97.111-RR, 5.ª T., rel. Joel Ilan Paciornik, 09.02.2021, v.u.).

**3. Sujeitos ativo e passivo:** o sujeito ativo somente pode ser o funcionário público. O sujeito passivo é o Estado; secundariamente, a entidade de direito público ou o particular prejudicado. Pode ser sujeito ativo o parlamentar e, além disso, pela função ocupada, ainda merece pena superior à do funcionário comum.

**4. Dinheiro, valor ou qualquer outro bem móvel:** *dinheiro* é a moeda em vigor, destinada a proporcionar a aquisição de bens e serviços; *valor* é tudo aquilo que pode ser convertido em dinheiro, possuindo poder de compra e trazendo para alguém, mesmo que indiretamente, benefícios materiais; *outro bem móvel* é fruto da interpretação analógica, isto é, dados os exemplos – dinheiro e valor –, o tipo penal amplia a possibilidade de qualquer outro bem, semelhante aos primeiros, poder constituir a figura do peculato. Assim, se o funcionário receber uma joia, configura-se a hipótese de "outro bem móvel". Nas palavras de FERNANDO HENRIQUE MENDES DE ALMEIDA, "quanto ao valor econômico do bem, cumpre observar um pouco. Não se deve levar em conta unicamente o que possa ser estimado pecuniariamente. Antes, cumpre ter em atenção, também, o interesse moral. Se, por exemplo, um empregado de uma ferrovia estatizada vende a um passageiro um bilhete de viagem já utilizado, está claro que o bilhete já não tem valor. No entanto, houve peculato precisamente porque, não tendo valor o bilhete, o funcionário, ciente disto, ousou vendê-lo ao particular, considerando que tal passagem tem o mecanismo do título ao portador. Pouco importa que a ferrovia, provado o delito, não reembolse o passageiro, no exemplo aqui dado. Há o crime, apesar de o objeto não ter valor e a Administração Pública não reparar o dano econômico. Há o crime porque foi violada a confiança da Administração Pública" (*Dos crimes contra a Administração Pública,* p. 14).

**5. Origem do bem recebido:** pode ser de natureza pública – pertencente à Administração Pública – ou particular – pertencente a pessoa não integrante da Administração –, embora em ambas as hipóteses necessite estar em poder do funcionário público em razão de seu cargo. Exemplo de apropriação de bem particular é o do carcereiro que, em razão do cargo, fica com bens ou valores pertencentes ao preso. Porém, se o carcereiro toma dinheiro dos detentos, para lhes fazer um favor pessoal (comprar alguma coisa, por exemplo), cuida-se de mera apropriação indébita (art. 168, CP), se não devolver a quantia.

**6. Conceito de posse:** deve ser entendida em sentido lato, ou seja, abrange a mera detenção, bem como a posse indireta. Na jurisprudência: STJ: "1. O conceito de 'posse' de que cuida o artigo 312 do Código Penal tem sentido amplo e abrange a disponibilidade jurídica do bem, de modo que resta configurado o delito de peculato na hipótese em que o funcionário público apropria-se de bem ou valor, mesmo que não detenha a sua posse direta. 2. Pratica o delito de peculato o Delegado da Polícia Federal que obtém em proveito próprio quantia em espécie em posto de combustível com o qual a Superintendência Regional havia celebrado convênio para abastecimento de viaturas, sendo irrelevante que o réu não detivesse a posse direta do valor apropriado se possuía a disponibilidade jurídica do valor, dado que era ele que emitia as requisições de abastecimento. 3. Recurso provido" (REsp 1695736-SP, 6.ª T., rel. Maria Thereza de Assis Moura, 08.05.2018, v.u.).

**7. Em razão do cargo:** o funcionário necessita fazer uso de seu cargo para obter a posse de dinheiro, valor ou outro bem móvel. Se não estiver na esfera de suas atribuições o recebimento de determinado bem, impossível se falar em peculato, configurando-se outro crime. O policial, por exemplo, não tem atribuição para receber valor correspondente a fiança. Se o fizer, pode se configurar corrupção passiva ou apropriação indébita, conforme o caso.

**8. Elemento subjetivo do tipo:** é o dolo. Exige-se o elemento subjetivo específico, consistente na vontade de se apossar, definitivamente, do bem, em benefício próprio ou de terceiro. Entendemos que o elemento específico deve ser aplicado apenas à segunda figura, uma vez que a primeira já o possui ínsito ao verbo-núcleo do tipo – apropriar-se. Maiores detalhes, ver nota ao art. 168, quanto ao elemento subjetivo do tipo. E, quanto à sua vontade de apossar-se do que não lhe pertence, não basta o funcionário alegar que sua intenção era restituir o que retirou da esfera de disponibilidade da Administração, devendo a prova ser clara nesse prisma, a fim de se afastar o ânimo específico de aproveitamento, tornando atípico o fato. A forma culposa vem prevista no § 2.º.

**9. Peculato de uso:** assim como o furto, não se configura crime quando o funcionário público utiliza um bem qualquer infungível, em seu benefício ou de outrem, mas com a nítida intenção de devolver, isto é, sem que exista a vontade de se apossar do que não lhe pertence, mas está sob sua guarda. A vontade de se apropriar demonstra que a intenção precisa estar voltada à conquista definitiva do bem móvel. Portanto, inexiste crime quando o agente utiliza um veículo que lhe foi confiado para o serviço público em seu próprio benefício, isto é, para assuntos particulares. Configura-se, nessa hipótese, mero ilícito administrativo. Não se pode, ainda, falar em peculato de uso quando versar sobre dinheiro, ou seja, coisa fungível. Se o funcionário usar dinheiro que tem sob sua guarda para seu próprio benefício, pratica o delito de peculato. Por vezes, ainda que não punível penalmente, constitui ilícito administrativo. Sobre o tema, convém mencionar a lição de ANTONIO PAGLIARO e PAULO JOSÉ DA COSTA JÚNIOR: "Nesta hipótese, para que se possa falar de apropriação indébita ou de desvio, é necessário que o uso, por sua natureza e por sua duração, seja tal que comprometa a utilidade da coisa para a Administração Pública ou para outro sujeito ao qual pertença. Naturalmente, para que se

# Art. 312

Código Penal Comentado • **Nucci** 1218

aperfeiçoe o crime, é preciso que haja um compromisso sério na utilização da coisa. Por isso, não haverá ilícito penal, mas somente um ato moralmente reprovável e suscetível de sanções disciplinares, se um funcionário público, por ocasião de uma festa, enfeitar sua casa com quadros de sua repartição, ou, então, usar vez ou outra, máquinas de escrever, automóveis, que pertençam a terceiros e estejam em sua posse em razão do cargo. Se se verificar consumo de gasolina ou de outro material, poder-se-á configurar o peculato em relação a tais materiais" (*Dos crimes contra a Administração Pública*, p. 46).

**10. Funcionário que recebe dinheiro ou outro valor de particular e aplica na própria repartição:** comete peculato-desvio, pois o valor foi destinado ao Estado, não sendo da esfera de atribuição do funcionário, sem autorização legal, aplicá-lo na repartição, ainda que para a melhoria do serviço público, desde que o agente obtenha alguma vantagem (como, por exemplo, a instalação de aparelho de ar-condicionado) ou de outrem. Se a única beneficiária for a Administração, pode-se desclassificar para a figura do art. 315. Qualquer investimento nos prédios públicos depende de autorização e qualquer recebimento de vantagem exige a incorporação oficial ao patrimônio do Estado. Se receber valores indevidos, porque os solicitou ao particular, ingressa no contexto da corrupção passiva (art. 317, CP), ainda que os aplique na própria repartição em que trabalha.

**11. Objetos material e jurídico:** o objeto material é constituído de dinheiro, valor ou qualquer outro bem móvel. O objeto jurídico é a Administração Pública, levando-se em conta seu interesse patrimonial e moral. Na jurisprudência: STF: "O crime de peculato, previsto no art. 312 do Código Penal, enquadra-se no rol dos crimes pluriofensivos, atingindo, além dos próprios bens que compõem o patrimônio estatal, outros valores, tais como a probidade, a lisura e a retidão reclamadas no trato da coisa pública. Assim, ao incidir em tal figura delitiva, o agente sacrifica postulados ético-jurídicos extremamente caros à Administração Pública e que se encontram condensados nos princípios da moralidade, da impessoalidade, da legalidade e da eficiência, inscritos no art. 37, *caput*, da Constituição Federal" (Inq 3.701, 1.ª T., rel. Alexandre de Moraes, 11.02.2020, v.u.).

**12. Classificação:** trata-se de crime próprio (aquele que somente pode ser cometido por sujeito ativo qualificado ou especial); material (crime que exige, para sua consumação, resultado naturalístico, consistente no efetivo benefício auferido pelo agente nas duas figuras). Entretanto, apontando o modo formal: STJ:"10. O crime de peculato, na modalidade desvio, consuma-se quando a bem público móvel é dado destinação ou emprego diverso daquele para o qual ele foi entregue ao agente, *independentemente da concreta obtenção do proveito próprio ou alheio*, sendo, inclusive, dispensável a indicação dos beneficiários da vantagem ou dos destinatários do dinheiro desviado. Precedentes" (APn 702-AP, Corte Especial, rel. Nancy Andrighi, 03.08.2020, v.u., grifamos); de forma livre (pode ser cometido por qualquer meio eleito pelo agente); comissivo (os verbos implicam ações); instantâneo (cuja consumação não se prolonga no tempo, dando-se em momento determinado); unissubjetivo (aquele que pode ser cometido por um único sujeito), nas formas dolosas, porém plurissubjetivo (crime que exige pelo menos duas pessoas) na modalidade culposa (vide a nota 19 *infra*); plurissubsistente (delito cuja ação é composta por vários atos, permitindo-se o seu fracionamento); admite tentativa.

**13. Concurso de pessoas:** é admissível, segundo a regra do art. 30 do Código Penal. A condição pessoal do agente comunica-se ao coautor, porque elementar do crime.

**14. Aplicação da defesa preliminar:** ao peculato e outros delitos funcionais aplica-se o procedimento do art. 514, *caput*, do mesmo Código de Processo Penal: "Nos crimes afiançáveis, estando a denúncia ou queixa em devida forma, o juiz mandará autuá-la e ordenará a notificação do acusado, para responder por escrito, dentro do prazo de 15 (quinze) dias".

**15. Sujeitos, objetos e classificação do crime:** ver notas 3, 4 e 12 ao *caput*.

**16. Elemento subjetivo do tipo:** ver nota 8 ao *caput*.

**17. Análise do núcleo do tipo:** a conduta, nesta hipótese, é *subtrair* (tirar de quem tem a posse ou a propriedade), não se exigindo, portanto, que o funcionário tenha o bem sob sua guarda, o que é necessário para a figura do *caput*. Por isso, a doutrina classifica o § 1.º como *peculato-furto*. Note-se, ainda, que o tipo penal prevê outra hipótese, que é *concorrer para que seja subtraído*, dando mostra que considera conduta principal o fato de o funcionário colaborar para que outrem subtraia bem da Administração Pública. Se porventura não houvesse tal previsão, poder-se-ia indicar que o funcionário, colaborando para a subtração alheia, respondesse por furto, em concurso de pessoas, já que o executor material seria pessoa não ligada à Administração. Mas, havendo expressamente essa disposição – "concorre para que seja subtraído" –, é natural supor que o particular, mesmo agindo como executor, ingressa no tipo do art. 312, que é especial em relação ao do art. 155 (furto), como coautor. Na jurisprudência: STJ: "(...) a jurisprudência deste Sodalício entende que a consumação do crime de peculato-furto ocorre no momento da subtração ou apropriação indevida do bem, aproveitando-se o agente de sua qualidade de funcionário público, independente de sua posse. (...) Dessa forma, verifica-se que o tipo do artigo 312, § 1.º, do Código Penal não exige que o funcionário público se aproprie daquilo que recebe em razão do seu mister, requisito necessário para a caracterização do crime de peculato-apropriação, previsto no '*caput*' do referido dispositivo legal. Para a configuração do delito atribuído ao agravante, que é o de peculato-furto, requer-se que o funcionário subtraia ou concorra para a subtração do dinheiro, valor ou qualquer outro bem móvel do qual não tenha posse, aproveitando-se de facilidade que lhe proporciona a qualidade de funcionário público" (AgRg no AREsp 1.341.836-RN, 5.ª T., rel. Jorge Mussi, 04.12.2018, *DJe* 12.12.2018).

**18. Elemento normativo do tipo:** *valer-se de facilidade proporcionada pela qualidade de funcionário* é fundamental para a configuração do *peculato-furto*. Assim, não basta que haja a subtração, sendo indispensável que ela se concretize em razão da facilidade encontrada pelo funcionário para tanto. Se o agente, ainda que funcionário, não se vale do cargo, nem de qualquer facilidade por ele proporcionada, para subtrair bem da Administração Pública, comete furto, e não peculato.

**19. Peculato culposo:** é figura a ser preenchida através do elemento subjetivo *culpa*, isto é, imprudência, negligência ou imperícia. Ver as notas 72 a 74 ao art. 18, II, do Código Penal. Na realidade, criou-se neste dispositivo autêntica participação culposa em *ação* dolosa alheia (note-se que não se fala em participação culposa em *crime* doloso, o que é inviável pela teoria monística adotada no concurso de pessoas, conforme explicamos na nota 12 ao art. 29). O funcionário, para ser punido, insere-se na figura do garante, prevista no art. 13, § 2.º, do Código Penal. Assim, tem ele o dever de agir, impedindo o resultado de ação delituosa de outrem. Não o fazendo, responde por peculato culposo. Exemplificando: se um vigia de prédio público desvia-se de sua função de guarda, por negligência, permitindo, pois, que terceiros invadam o lugar e de lá subtraiam bens, responde por peculato culposo. O funcionário, neste caso, infringe o dever de cuidado objetivo, inerente aos crimes culposos, deixando de vigiar, como deveria, os bens da Administração que estão sob sua tutela. Vale ressaltar, ainda, que esta modalidade de peculato é sempre plurissubjetiva, isto é, necessita da concorrência de pelo me-

# Art. 313

Código Penal Comentado · **Nucci**                                                              1220

nos duas pessoas: o funcionário (garante) e terceiro que comete o crime para o qual o primeiro concorre culposamente. É impossível que um só indivíduo seja autor de peculato culposo.

**20. Causa de extinção da punibilidade ou de redução da pena:** aplicável somente ao peculato culposo, é possível que o funcionário reconheça a sua responsabilidade pelo crime alheio e decida reparar o dano, restituindo à Administração o que lhe foi retirado. Nessa hipótese, extingue-se a punibilidade, se tal reparação se der antes do trânsito em julgado de sentença condenatória. Caso a restituição seja feita posteriormente, é apenas uma causa de diminuição da pena. Nesta última hipótese, cabe ao juiz da execução penal aplicar o redutor da pena, por ter cessado a atividade jurisdicional do juiz da condenação. Na jurisprudência: STJ: "7. No peculato doloso, embora não seja possível a extinção da punibilidade, o ressarcimento do dano pode configurar o arrependimento posterior, se verificada a presença de seus requisitos. Porém, tratando-se de causa de diminuição de pena, deve ser analisada no momento oportuno, pelo juiz da causa, sob pena de supressão de instância" (RHC 120.906-BA, 5.ª T., rel. Ribeiro Dantas, 16.06.2020, v.u.).

### Peculato mediante erro de outrem

> **Art. 313.** Apropriar-se[21-23] de dinheiro ou qualquer utilidade[24] que, no exercício do cargo,[25] recebeu por erro de outrem:[26-29]
>
> Pena – reclusão, de 1 (um) a 4 (quatro) anos, e multa.

**21. Análise do núcleo do tipo:** *apropriar-se*, como mencionado, significa tomar algo como propriedade sua ou apossar-se. É o chamado *peculato-estelionato* ou peculato impróprio.

**22. Sujeitos ativo e passivo:** o sujeito ativo é somente o funcionário público. É correta a lembrança de Fernando Henrique Mendes de Almeida: "Se particular entrasse no fato, evidentemente, estaríamos defronte de uma usurpação de funções públicas em forma agravada (art. 328). De qualquer forma, o que importa é verificar que o peculato por erro de outrem é praticado na base inicial de uma usurpação de atribuições" (*Dos crimes contra a Administração Pública,* p. 27). O sujeito passivo é o Estado; secundariamente, a entidade de direito público ou a pessoa prejudicada.

**23. Elemento subjetivo do tipo:** é o dolo. Entendemos não haver, também, elemento subjetivo do tipo específico. A vontade específica de pretender apossar-se de coisa pertencente a outra pessoa está ínsita no verbo "apropriar-se". Portanto, incidindo sobre o núcleo do tipo, o dolo é suficiente para configurar o crime de peculato-apropriação. Além disso, é preciso destacar que o dolo é atual, ou seja, ocorre no momento da conduta "apropriar-se", inexistindo a figura por alguns apregoada do "dolo subsequente". Não existe a figura culposa.

**24. Dinheiro ou qualquer utilidade:** *dinheiro* é a moeda corrente oficial destinada a proporcionar a sua troca por bens e serviços. *Utilidade* é qualquer vantagem ou lucro. O tipo penal, valendo-se da interpretação analógica, generaliza, proporcionando que, por meio do exemplo dado ("dinheiro"), se consiga visualizar outras hipóteses, semelhantes a esta, que sejam úteis ao agente (por isso a menção a "utilidade"), sendo móveis e com valor econômico.

**25. No exercício do cargo:** seria puro preciosismo distinguir a expressão "no exercício do cargo" da anterior, utilizada no art. 312, "em razão do cargo". Em ambas as hipóteses, o que se tem em conta é que o funcionário, prevalecendo-se das suas funções, consegue obter valor que não lhe chegaria às mãos não fosse o cargo exercido. Assim, ver nota 7 ao artigo anterior.

**26. Erro de outrem:** erro é a falsa percepção da realidade. Torna-se necessário que a vítima, por equivocar-se quanto à pessoa do funcionário público encarregado de receber o dinheiro ou a utilidade, termine entregando o valor a quem não está autorizado a receber. Este, por sua vez, interessado em se apropriar do bem, nada comunica à pessoa prejudicada, tampouco à Administração. Aliás, é possível ainda que o ofendido entregue dinheiro ou outra utilidade *desnecessariamente* ao funcionário competente e este, aproveitando-se do erro, aproprie-se do montante. Nas últimas edições deste Código defendíamos que o erro deveria originar-se do próprio ofendido, não podendo ser causado pelo agente. Baseávamo-nos na interpretação da expressão "recebeu por erro *de outrem*", a indicar, aparentemente, que o equívoco brotou da vítima. E nesse prisma, sustenta HUNGRIA: "O erro de quem entrega (sujeito passivo) há de ser *espontâneo*: se provocado pelo funcionário *accipiens*, o crime a reconhecer será uma das modalidades da *concussão* (art. 316) ou estelionato" (*Comentários ao Código Penal*, v. IX, p. 353-354). Meditando sobre o tema, não mais nos convencemos dessa postura. Se estamos diante do denominado *peculato-estelionato*, cuida-se, afinal, de uma forma de estelionato praticado por funcionário público, do mesmo modo que há o *peculato-furto*, estudado no art. 312, forma de furto cometido pelo funcionário. Qual a diferença de o erro brotar do ofendido espontaneamente e de haver a colaboração do funcionário para que tal se dê? Nenhuma. Não se pode pretender lançar o fato para o campo do estelionato puro, como sugere HUNGRIA, na medida em que há uma apropriação de dinheiro público por um funcionário que induziu alguém em erro. E o tipo do art. 313 é especial em relação ao do art. 171. E muito menos se pode sustentar a ocorrência de concussão, cuja prática demanda a conduta de *exigir* no *caput,* e, quanto ao excesso de exação, previsto nos §§ 1.º e 2.º, cuida-se de *exigência* ou *desvio* de tributo ou contribuição social – e não qualquer dinheiro ou utilidade. Enfim, a modalidade prevista no art. 313 é um estelionato cometido por funcionário público em detrimento, primordialmente, do Estado, bem como, em segundo plano, da pessoa prejudicada. O importante é que exista apropriação de dinheiro ou outra utilidade decorrente de *erro* de terceiro, pouco importando se esse equívoco nasceu espontaneamente ou foi induzido pelo agente receptor.

**27. Objetos material e jurídico:** o objeto material é dinheiro ou outra utilidade. O objeto jurídico é a Administração Pública (interesses patrimonial e moral).

**28. Classificação:** trata-se de crime próprio (aquele que somente pode ser cometido por sujeito ativo qualificado ou especial); material (crime que exige, para sua consumação, resultado naturalístico, consistente no efetivo benefício auferido pelo agente); de forma livre (pode ser cometido por qualquer meio eleito pelo agente); comissivo (o verbo implica ação); instantâneo (cuja consumação não se prolonga no tempo, dando-se em momento determinado); unissubjetivo (aquele que pode ser cometido por um único sujeito); plurissubsistente (delito cuja ação é composta por vários atos, permitindo-se o seu fracionamento); admite tentativa.

**29. Defesa preliminar:** é cabível. Ver nota 14 ao artigo anterior.

### Inserção de dados falsos em sistema de informações[30-30-A]

> **Art. 313-A.** Inserir[31-33] ou facilitar, o funcionário autorizado, a inserção de dados falsos, alterar ou excluir indevidamente[34] dados corretos nos sistemas informatizados[35] ou bancos de dados[36] da Administração Pública com o fim de obter vantagem indevida[36-A] para si ou para outrem ou para causar dano:[37-38]
>
> Pena – reclusão, de 2 (dois) a 12 (doze) anos, e multa.

# Art. 313-A

Código Penal Comentado · **Nucci**

**30. Figura semelhante ao peculato impróprio:** a criação desse novo tipo penal, incluindo-o a Lei 9.983/2000 no contexto do peculato, equivale a compará-lo com o peculato impróprio ou o peculato-estelionato. Neste (figura do art. 313), o sujeito apropria-se de dinheiro ou outra utilidade que, exercendo um cargo, recebeu por engano de outrem. Naturalmente, é de se considerar que o dinheiro deveria ter ido parar nos cofres da Administração Pública, mas termina com o funcionário (sujeito ativo específico). Assim, ao inserir dados falsos em banco de dados da Administração Pública, pretendendo obter vantagem indevida, está, do mesmo modo, visando apossar-se do que não lhe pertence ou simplesmente desejando causar algum dano. Pelo ardil utilizado (alteração de banco de dados ou sistema informatizado), verifica-se a semelhança com o estelionato.

**30-A. Confronto com o estelionato previdenciário (art. 171, § 3.º, CP):** prevalece o princípio da especialidade, devendo-se aplicar a figura deste artigo. Na jurisprudência: STJ: "3. Na hipótese dos autos, o réu, servidor do INSS, em conluio com outra agente, inseriu dados falsos nos sistemas informatizados a que tinha acesso em razão de seu cargo, com a finalidade de obter vantagem indevida para terceiros, consistente em benefícios previdenciários a que não tinham direito. 4. Do cotejo entre os tipos penais previstos nos arts. 171, § 3.º, e 313-A do CP, colhe-se que os dois versam sobre a obtenção de vantagem indevida mediante fraude, mas um deles especifica as condições do engodo (inserção de dados falsos em sistema informatizado ou banco de dados da Administração) e circunstância de caráter pessoal de seu agente (funcionário autorizado). 5. O art. 313-A do CP é norma especial em relação ao art. 171, § 3.º, do mesmo estatuto, porquanto acrescenta circunstâncias elementares à descrição típica do estelionato, as quais se comunicam a todos os coautores do delito delas cientes, nos termos do art. 30 do CP" (AgRg no AREsp 1.466.958-DF, 6.ª T., rel. Rogerio Schietti Cruz, 14.03.2023, v.u.).

**31. Análise do núcleo do tipo:** *inserir* (introduzir ou incluir) ou *facilitar a inserção* (permitir que alguém introduza ou inclua), *alterar* (modificar ou mudar) ou *excluir* (remover ou eliminar) são as condutas puníveis. O objeto é o dado falso ou correto, conforme o caso. Nas duas primeiras – inserir ou facilitar a inserção – visa-se o dado falso, que é a informação não correspondente à realidade. Tal conduta pode provocar, por exemplo, o pagamento de benefício previdenciário a pessoa inexistente. Nas duas últimas – alterar ou excluir – tem-se por fim o dado correto, isto é, a informação verdadeira, que é modificada ou eliminada, fazendo com que possa haver algum prejuízo para a Administração. Exemplo disso seria eliminar a informação de que algum segurado faleceu, fazendo com que a aposentadoria continue a ser paga normalmente. Na jurisprudência: STJ: "1. A condição de funcionário público, elementar do tipo descrito no art. 313-A do Código Penal, comunica-se a todos os envolvidos na prática do crime, ainda que não possuam referida qualidade, nos termos do art. 30 do Código Penal, razão pela qual inviável o acolhimento do pedido de absolvição quanto ao crime de inserção de dados falsos em sistema de informações. 2. A despeito de não ser funcionário público e não haver praticado as condutas descritas no preceito primário do art. 313-A do Código Penal, deve o agravante responder pelo crime de inserção de dados falsos em sistema de informações, tendo em vista a possibilidade de comunicação das condições de caráter pessoal, porque elementares do tipo, bem como o fato de ter intervindo voluntária e decisivamente para o aperfeiçoamento do crime" (AgRg no REsp 1.512.328-RS, 6.ª T., rel. Rogerio Schietti Cruz, 05.05.2020, v.u.).

**32. Sujeitos ativo e passivo:** o sujeito ativo somente pode ser o funcionário público e, no caso presente, devidamente autorizado a lidar com o sistema informatizado ou banco de dados. O funcionário *não autorizado* somente pode praticar o crime se acompanhado de

# Art. 313-A

Título XI – Dos crimes contra a Administração Pública

outro, devidamente autorizado. Cremos que a limitação não deveria ter sido estabelecida e qualquer funcionário público que tivesse acesso ao sistema, por qualquer meio que fosse, alterando-o, deveria ser igualmente punido. O sujeito passivo é o Estado e, secundariamente, a pessoa prejudicada.

**33. Elemento subjetivo do tipo:** é o dolo. Exige-se elemento subjetivo específico consistente na finalidade de obter vantagem indevida para si ou para outrem ou para causar dano. Não se pune a forma culposa.

**34. Elemento normativo do tipo:** exige-se que a conduta do funcionário seja *indevida*, pois, se autorizada por lei ou por regulamento, ainda que cause prejuízo à Administração, não se configura o tipo penal.

**35. Sistema informatizado:** é o conjunto de elementos, materiais ou não, coordenados entre si, que funcionam como uma estrutura organizada, tendo a finalidade de armazenar e transmitir dados, por meio de computadores. Pode significar uma rede de computadores ligados entre si, por exemplo, que transmitem informações uns aos outros, permitindo que o funcionário de uma repartição tome conhecimento de um dado, levando-o a deferir o pagamento de um benefício ou eliminar algum que esteja sendo pago. O *sistema informatizado* é peculiar de equipamentos de informática, podendo possuir um banco de dados de igual teor. Assim, a diferença existente entre o sistema informatizado e o banco de dados é que o primeiro sempre se relaciona aos computadores, enquanto o segundo pode ter, como base, arquivos, fichas e papéis não relacionados à informática.

**36. Banco de dados:** é a compilação organizada e inter-relacionada de informes, guardados em um meio físico, com o objetivo de servir de fonte de consulta para finalidades variadas, evitando-se a perda de informações. Pode ser organizado também de maneira informatizada.

**36-A. Vantagem indevida:** pode ser qualquer lucro, ganho, privilégio ou benefício ilícito, ou seja, contrário ao direito, ainda que ofensivo apenas aos bons costumes. Entendíamos que o conteúdo da vantagem indevida deveria possuir algum conteúdo econômico, mesmo que indireto. Ampliamos o nosso pensamento, pois há casos concretos em que o funcionário deseja obter somente um elogio, uma vingança ou mesmo um favor sexual, enfim, algo imponderável no campo econômico, e, ainda assim, corrompe-se para prejudicar ato de ofício. Por vezes, já que a natureza humana é complexa para abarcar essas situações, uma vantagem não econômica pode surtir mais efeito do que se tivesse algum conteúdo patrimonial. Não se tratando de delitos patrimoniais, pode-se acolher essa amplitude.

**37. Objetos material e jurídico:** o objeto material são os dados falsos ou verdadeiros de sistemas informatizados ou bancos de dados. O objeto jurídico é a Administração Pública, nos seus interesses material e moral.

**38. Classificação:** trata-se de crime próprio (aquele que demanda sujeito qualificado); formal (delito que não exige, para sua consumação, a ocorrência de resultado naturalístico); de forma livre (pode ser cometido por qualquer meio eleito pelo agente); comissivo (os verbos implicam ações); instantâneo (cuja consumação não se prolonga no tempo, dando-se em momento determinado); unissubjetivo (aquele que pode ser cometido por um único sujeito); plurissubsistente (delito cuja ação é composta por vários atos, permitindo-se o seu fracionamento); admite tentativa.

# Art. 313-B

Código Penal Comentado · **Nucci**

1224

## Modificação ou alteração não autorizada de sistema de informações

> **Art. 313-B.** Modificar[39-41] ou alterar, o funcionário, sistema de informações[42] ou programa de informática[43] sem autorização[44] ou solicitação de autoridade competente:[45-46]
>
> Pena – detenção, de 3 (três) meses a 2 (dois) anos, e multa.
>
> **Parágrafo único.** As penas são aumentadas[47] de um terço até a metade se da modificação ou alteração resulta dano para a Administração Pública ou para o administrado.

**39. Análise do núcleo do tipo:** *modificar* (imprimir um novo modo, transformar de maneira determinada) ou *alterar* (mudar de forma a desorganizar, decompor o sistema original). A primeira conduta implica dar nova forma ao sistema ou programa, enquanto a segunda tem a conotação de manter o sistema ou programa anterior, embora conturbando a sua forma original. O objeto é o sistema de informações ou programa de informática.

**40. Sujeitos ativo e passivo:** o sujeito ativo é somente o funcionário público. O sujeito passivo é o Estado.

**41. Elemento subjetivo do tipo:** é o dolo. Não existe a forma culposa, nem se exige elemento subjetivo do tipo específico.

**42. Sistema de informações:** é o conjunto de elementos materiais agrupados e estruturados visando ao fornecimento de dados ou instruções sobre algo. Embora pelo contexto tenha-se a impressão de se tratar de meio informatizado, cremos que pode ter maior abrangência, isto é, pode ser organizado por computadores ou não.

**43. Programa de informática:** é o *software*, que permite ao computador ter utilidade, servindo a uma finalidade qualquer. Trata-se de uma sequência de etapas, contendo rotinas e funções, a serem executadas pelo computador, resolvendo problemas e alcançando determinados objetivos. Muitos desses programas envolvem, atualmente, as folhas de pagamento de vencimentos de servidores, aposentadorias ou outros benefícios a segurados etc.

**44. Elementos normativos do tipo:** a falta de *autorização* ou *solicitação* da autoridade competente para manipular o sistema de informações ou o programa de informática constitui elemento de ilicitude trazido para dentro do tipo. Assim, existindo a autorização ou a solicitação, em vez de lícita, torna-se atípica a conduta.

**45. Objetos material e jurídico:** o objeto material pode ser o sistema de informações ou o programa de informática. O objeto jurídico é a Administração Pública (interesses material e moral).

**46. Classificação:** trata-se de crime próprio (aquele que demanda sujeito qualificado); formal (delito que não exige, para sua consumação, a ocorrência de resultado naturalístico); de forma livre (pode ser cometido por qualquer meio eleito pelo agente); comissivo (os verbos implicam ações); instantâneo (cuja consumação não se prolonga no tempo, dando-se em momento determinado); unissubjetivo (aquele que pode ser cometido por um único sujeito); plurissubsistente (delito cuja ação é composta por vários atos, permitindo-se o seu fracionamento); admite tentativa.

**47. Causa de aumento de pena:** trata-se do exaurimento do crime. O delito é formal, de modo que basta a conduta (modificar ou alterar) para haver a consumação. Entretanto, o resultado naturalístico possível com tal conduta é justamente o prejuízo gerado para a Administração Pública ou para o administrado, razão pela qual, atingindo-o, o delito está exaurido, aumentando-se a pena.

### Extravio, sonegação ou inutilização de livro ou documento

> **Art. 314.** Extraviar[48-50] livro oficial ou qualquer documento,[51] de que tem a guarda em razão do cargo;[52] sonegá-lo ou inutilizá-lo, total ou parcialmente:[53-54]
>
> Pena – reclusão, de 1(um) a 4 (quatro) anos, se o fato não constitui crime mais grave.[55-56]

**48. Análise do núcleo do tipo:** *extraviar* é fazer com que algo não chegue ao seu destino; *sonegar* significa ocultar ou tirar às escondidas; *inutilizar* é destruir ou tornar inútil. Qualquer das condutas pode ser realizada *total* ou *parcialmente*, o que torna mais difícil a configuração da tentativa, já que a inutilização parcial de um documento constitui delito consumado, em face da descrição típica.

**49. Sujeitos ativo e passivo:** o sujeito ativo é somente o funcionário público. O sujeito passivo é o Estado; secundariamente, a entidade de direito público ou outra pessoa prejudicada.

**50. Elemento subjetivo do tipo:** é o dolo. Não se exige elemento subjetivo específico, nem se pune a forma culposa.

**51. Livro oficial ou outro documento:** *livro oficial* é o livro criado por força de lei para registrar anotações de interesse para a Administração Pública. "Os livros oficiais de que fala a lei são: a) todos aqueles que, pelas leis e regulamentos, são guardados em arquivos da Administração Pública com a nota de que assim se devem considerar; b) todos os que, embora aparentemente possam conter fatos que, a juízo do funcionário que os guarda, não apresentam a característica de oficialidade, lhe são confiados como se a tivessem" (FERNANDO HENRIQUE MENDES DE ALMEIDA, *Dos crimes contra a Administração Pública*, p. 35). *Documento* é qualquer escrito, instrumento ou papel, de natureza pública ou privada.

**52. Em razão do cargo:** ver nota 7 ao art. 312.

**53. Objetos material e jurídico:** o objeto material é o livro oficial ou outro documento. O objeto jurídico é a Administração Pública (nos enfoques patrimonial e moral).

**54. Classificação:** trata-se de crime próprio (aquele que somente pode ser cometido por sujeito ativo qualificado ou especial); formal (crime que não exige, para sua consumação, resultado naturalístico, consistente no efetivo prejuízo para a Administração); de forma livre (pode ser cometido por qualquer meio eleito pelo agente); comissivo (quando implica ação), nas modalidades *extraviar* e *inutilizar,* ou omissivo (quando implica omissão), na forma *sonegar,* e, excepcionalmente, omissivo impróprio ou comissivo por omissão (quando o agente tem o dever jurídico de evitar o resultado, nos termos do art. 13, § 2.º, CP); instantâneo (cuja consumação não se prolonga no tempo, dando-se em momento determinado); unissubjetivo (aquele que pode ser cometido por um único sujeito); unissubsistente (quando composto por um único ato) ou plurissubsistente (delito cuja ação é composta por vários atos, permitindo-se o

# Art. 315

Código Penal Comentado · **Nucci**

seu fracionamento), conforme o caso (extraviar e inutilizar admitem a forma plurissubsistente; sonegar é unissubsistente); admite tentativa na modalidade plurissubsistente.

**55. Delito subsidiário:** somente se aplica o art. 314 quando não houver figura típica mais grave. Se o sujeito, por exemplo, resolve extraviar um documento, de que tem a guarda, em função do cargo, por ter recebido alguma vantagem indevida, configura-se o delito de corrupção passiva, com pena de reclusão, de 2 a 12 anos, e multa, absorvendo o crime previsto no art. 314. Sob outro aspecto, se o extravio for de "livro oficial, processo fiscal ou qualquer documento, de quem tenha a guarda em razão da função; sonegá-lo ou inutilizá-lo, total ou parcialmente, acarretando pagamento indevido ou inexato de tributo ou contribuição social", prevalece o art. 3.º, I, da Lei 8.137/1990, em razão da especialidade, sobre a figura do art. 314 do Código Penal.

**56. Defesa preliminar:** é cabível. Ver nota 14 ao art. 312.

### Emprego irregular de verbas ou rendas públicas

> **Art. 315.** Dar[57-59] às verbas ou rendas públicas aplicação[60-60-A] diversa da estabelecida em lei:[61-64]
>
> Pena – detenção, de 1 (um) a 3 (três) meses, ou multa.

**57. Análise do núcleo do tipo:** *dar aplicação* significa empregar ou utilizar. O objeto da conduta são as verbas ou rendas públicas. Na jurisprudência: STF: "Art. 312, *caput*, do Código Penal (peculato desvio). O desvio de recursos para finalidades públicas não configura o crime de peculato. O proveito à administração pública não se enquadra no conceito de proveito próprio ou alheio exigido pelo tipo penal. Desclassificação para o art. 315 do CP" (Inq. 3731, 2.ª T., rel. Gilmar Mendes, 02.02.2016, v.u.).

**58. Sujeitos ativo e passivo:** o sujeito ativo é o funcionário público. O sujeito passivo é o Estado; secundariamente, a entidade de direito público prejudicada.

**59. Elemento subjetivo do tipo:** é o dolo. Não se exige elemento subjetivo específico, nem se pune a forma culposa.

**60. Verbas ou rendas públicas:** *verba pública* é a dotação de quantia em dinheiro para o pagamento das despesas do Estado; *renda pública* é qualquer quantia em dinheiro legalmente arrecadada pelo Estado.

**60-A. Finalidade justa do emprego irregular de verbas:** pouco importa. O funcionário tem o dever legal de ser fiel às regras estabelecidas pela Administração para aplicar o dinheiro público – logo, não havendo exigência, para este delito, de elemento subjetivo específico, isto é, o objetivo de prejudicar o Estado, qualquer desvio serve para a configuração do crime. "Outrossim, não importa demonstrar que o emprego irregular de verba ou renda pública obedeceu a propósitos honestos e teve também fins honestos. A lei positiva por que se deve reger a ordem jurídica somente coincide com o princípio de moral, quando o legislador o encampa. Finalmente, não aproveita, ainda, demonstrar que a aplicação irregular foi mais racional do que seria, se obedecida a lei. O argumento lógico, ainda quando realmente insuscetível de contestação, não é o que, em todos os casos se contém na lei. Esta, apesar de dura, de absurda, de injusta, de imoral, deve ser cumprida por aqueles a que se dirige, salvo se houver impossibilidade insuperável decorrente da natureza das coisas" (Fernando Henrique Mendes de Almeida, *Dos crimes contra a Administração Pública*, p. 43-44).

**61. Conceito de lei:** tendo em vista tratar-se de dinheiro público, é preciso que se compreenda restritivamente o significado de *lei*. Portanto, é a norma emanada do Poder Legislativo, e não estão incluídos aí meros decretos, portarias, provimentos ou outras normas em sentido amplo. Nesse sentido, ver os arts. 163 e 165 da Constituição Federal.

**62. Objetos material e jurídico:** o objeto material é a verba ou a renda pública. O objeto jurídico é a Administração Pública, em seus interesses patrimonial e moral.

**63. Classificação:** trata-se de crime próprio (aquele que somente pode ser cometido por sujeito ativo qualificado ou especial); material (crime que exige, para sua consumação, resultado naturalístico, consistente no efetivo emprego da verba ou da renda em finalidade diversa da prevista em lei); de forma livre (pode ser cometido por qualquer meio eleito pelo agente); comissivo ("dar" implica ação); instantâneo (cuja consumação não se prolonga no tempo, dando-se em momento determinado); unissubjetivo (aquele que pode ser cometido por um único sujeito); plurissubsistente (delito cuja ação é composta por vários atos, permitindo-se o seu fracionamento); admite tentativa.

**64. Defesa preliminar:** é cabível. Ver nota 14 ao art. 312.

### Concussão

> **Art. 316.** Exigir,[65-66] para si ou para outrem,[67] direta ou indiretamente,[68] ainda que fora da função ou antes de assumi-la, mas em razão dela,[69] vantagem indevida:[70-74]
>
> Pena – reclusão, de 2 (dois) a 12 (doze) anos, e multa.[75-75-B]

### Excesso de exação

> § 1.º Se o funcionário[76-78] exige tributo ou contribuição social[79-80] que sabe ou deveria saber[81] indevido,[82] ou, quando devido, emprega na cobrança meio vexatório ou gravoso,[83] que a lei não autoriza:[84-86]
>
> Pena – reclusão, de 3 (três) a 8 (oito) anos, e multa.[87]
>
> § 2.º Se o funcionário[88] desvia,[89] em proveito próprio ou de outrem,[90] o que recebeu indevidamente para recolher aos cofres públicos:[91-93]
>
> Pena – reclusão, de 2 (dois) a 12 (doze) anos, e multa.

**65. Análise do núcleo do tipo:** *exigir* significa ordenar ou demandar, havendo aspectos nitidamente impositivos e intimidativos na conduta, que não precisa ser, necessariamente, violenta. Não deixa de ser uma forma de extorsão, embora colocada em prática por funcionário público. Explica Basileu Garcia que a palavra *concussão* "liga-se ao verbo latino *concutere*, sacudir fortemente. Empregava-se o termo especialmente para alusão ao ato de sacudir com força uma árvore para que dela caíssem os frutos. Semelhantemente procede o agente desse crime: sacode o infeliz particular sobre quem recai a ação delituosa, para que caiam frutos, não no chão, mas no seu bolso" (*Dos crimes contra a Administração Pública*, p. 225). Na juris-

# Art. 316

**Código Penal Comentado · Nucci**

prudência: STJ: "2. A Corte local, corretamente, salientou que 'durante a instrução do feito, restou claro que os réus incutiam medo nas vítimas, tratando-as com rispidez e frieza a fim de obterem a oferta da propina por eles desejada, não se trata[ndo] apenas de uma solicitação de vantagem indevida, mas de verdadeira exigência, acompanhada de ameaças e intimidação, muito embora sempre praticada de forma velada ou indireta'. 3. Ressaltou, ainda, que a denúncia descreve que 'a conduta dos réus F. R. e G. J. consistia, de modo geral, em procurar as vítimas alegando haver irregularidades ambientais em suas empresas ou terrenos, ocasião em que tratavam os cidadãos de forma ríspida e faziam *pressão emocional*, amedrontando--os com ameaças de multas elevadas e embargo das atividades empresariais'. Consignou que a denúncia descreveu que 'o temor era impingido pelos fiscais de tal forma que, segundo se depreende dos autos, uma das vítimas, a Sr<sup>a</sup> M. L. C., chegou a ter um ataque de nervos ao comparecer ao IBAMA e ser atendida pelos réus" (AgRg no AREsp 1.221.187/PR, 6.ª T., rel. Rogerio Schietti Cruz, 10.05.2022, v.u.); "5. A concussão praticada pelo réu se renovou a cada exigência mensal à vítima, quando policial se apresentava para recolher nova quantia em dinheiro e o empresário podia, ou não, deixar de pagar o acerto e se submeter a eventual intervenção da equipe da Delegacia de Proteção ao Meio Ambiente" (HC 528.599-RJ, 6.ª T., rel. Rogerio Schietti Cruz, 13.12.2022, v.u.); "3. A conduta praticada pelo réu configura o crime de concussão, pois, valendo-se de sucessivos pedidos, feitos de forma capciosa, mensalmente (sempre por volta do dia 10 de cada mês, quando eram pagos os terceirizados), exigia dinheiro das vítimas, transportadores escolares, que entregavam as quantias solicitadas, por fundado temor de serem prejudicados no desenvolvimento do contrato que possuíam, haja vista a condição do réu, de diretor de transportes, ao qual eram ligados" (AgRg no AREsp 1859361-SC, 5.ª T., rel. Reynaldo Soares da Fonseca, 22.06.2021, v.u.).

**65-A. Espécies de concussão:** na análise de Fernando Henrique Mendes de Almeida, a concussão se apresenta em três modalidades: a) típica (prevista no *caput*), em que se exige vantagem indevida, desconectada de qualquer tributo; b) própria, na qual há o abuso de poder, exigindo-se tributo ou contribuição indevida (§ 1.º, primeira parte); c) imprópria, em que se demanda, com abuso de poder, tributo ou contribuição devida (§ 1.º, segunda parte) (*Dos crimes contra a Administração Pública*, p. 50).

**66. Sujeitos ativo e passivo:** o sujeito ativo é somente o funcionário público. O sujeito passivo é o Estado; secundariamente, a entidade de direito público ou a pessoa diretamente prejudicada.

**67. Elemento subjetivo do tipo:** é o dolo. Exige-se elemento subjetivo específico, consistente em destinar a vantagem para si ou para outra pessoa. Não existe a forma culposa.

**68. Modos de atuação:** é possível a configuração do delito caso o agente atue diretamente (sem rodeios e pessoalmente) ou fazendo sua exigência de modo indireto (disfarçado ou camuflado ou por interposta pessoa).

**69. Utilização da função:** o tipo é explícito ao exigir que o agente se valha de sua função para demandar a vantagem indevida. Pode ele se encontrar fora da função (suspenso ou de licença), não ter, ainda, assumido suas atividades (nomeado, mas não empossado) ou já estar em pleno desenvolvimento de sua função. Entretanto, em qualquer caso, é indispensável que reclame a vantagem invocando sua atividade profissional. Na jurisprudência: STJ: "A circunstância de o acusado encontrar-se em licença para tratamento de saúde ao tempo da sentença é irrelevante para a incidência do art. 92, I, do Código Penal. E, nos termos do art. 316 do Código Penal, o crime de concussão pode ser cometido ainda que fora da função" (AgRg no REsp 1.664.149-SC, 5.ª T., rel. Reynaldo Soares da Fonseca, 10.04.2018, v.u.).

**70. Conceito de vantagem indevida:** pode ser qualquer lucro, ganho, privilégio ou benefício ilícito, ou seja, contrário ao direito, ainda que ofensivo apenas aos bons costumes. Entendíamos que o conteúdo da vantagem indevida deveria possuir algum conteúdo econômico, mesmo que indireto. Ampliamos o nosso pensamento, pois há casos concretos em que o funcionário deseja obter somente um elogio, uma vingança ou mesmo um favor sexual, enfim, algo imponderável no campo econômico e, ainda assim, corrompe-se para prejudicar ato de ofício. Por vezes, já que a natureza humana é complexa para abarcar essas situações, uma vantagem não econômica pode surtir mais efeito do que se tivesse algum conteúdo patrimonial. Não se tratando de delitos patrimoniais, pode-se acolher essa amplitude.

**71. Objetos material e jurídico:** o objeto material é a vantagem indevida. O objeto jurídico é a Administração Pública (aspectos material e moral).

**72. Classificação:** trata-se de crime próprio (aquele que somente pode ser cometido por sujeito ativo qualificado ou especial); formal (crime que não exige, para sua consumação, resultado naturalístico, consistente no efetivo benefício auferido pelo agente); de forma livre (pode ser cometido por qualquer meio eleito pelo agente); comissivo (o verbo implica ação); instantâneo (cuja consumação não se prolonga no tempo, dando-se em momento determinado); unissubjetivo (aquele que pode ser cometido por um único sujeito); unissubsistente (crime praticado num único ato) ou plurissubsistente (delito cuja ação é composta por vários atos, permitindo-se o seu fracionamento), conforme o caso concreto; admite tentativa na forma plurissubsistente.

**73. Prisão em flagrante:** se o crime é formal, a prisão em flagrante deve ocorrer no momento da exigência, e não por ocasião do recebimento da vantagem, instante em que há somente o exaurimento do delito. Assim, se o funcionário exige uma vantagem, prometido o pagamento para o dia seguinte, não há possibilidade de se lavrar prisão em flagrante por ocasião do recebimento. O correto, uma vez que o crime está consumado, seria a decretação da prisão preventiva, quando for necessário, prendendo-se o agente no momento do recebimento, que serve para demonstrar, com maior nitidez, a concretização da concussão.

**74. Flagrante e crime impossível:** nos casos de concussão, não se configura o flagrante preparado – aquele que é armado por policiais para incriminar alguém, sendo de consumação inviável –, aplicando-se a Súmula 145 do STF, quando a polícia, cientificada antecipadamente da conduta do funcionário, dá voz de prisão logo após feita a exigência. É o que se chama de flagrante esperado. Cremos, como exposto na nota anterior, ser incabível a prisão em flagrante no momento do pagamento da quantia, quando este constituir mero exaurimento do delito, porque feito muito depois da consumação. Ainda assim, se realizado o flagrante, isto não significa que seja motivo para reconhecer a ocorrência do crime impossível. Relaxa-se o flagrante, mas pune-se o funcionário.

**75. Defesa preliminar:** é cabível. Ver nota 14 ao art. 312.

**75-A. Crime de concussão contra paciente do SUS:** é da competência da Justiça Estadual, pois a parte prejudicada não é o estabelecimento de saúde, nem o sistema, ainda que administrado pela União. O ofendido é o particular.

**75-B. Aumento da pena máxima:** a Lei 13.964/2019 elevou a pena da concussão de oito para doze anos, igualando este delito, em matéria de punição, à corrupção ativa e passiva, o que demonstra coerência, afinal, é mais agressiva a conduta do agente da concussão do que da corrupção (art. 317, CP).

# Art. 316

Código Penal Comentado · **Nucci**

**76. Conceito de exação:** é a cobrança pontual de tributos. Portanto, o que este tipo penal tem por fim punir não é a exação em si mesma, mas o seu excesso, sabido que o abuso de direito é considerado ilícito. Assim, quando o funcionário cobra tributo além da quantia efetivamente devida, comete o *excesso de exação*.

**77. Análise do núcleo do tipo:** há duas formas para compor o excesso de exação: a) *exigir* (demandar, ordenar) o pagamento de tributo ou contribuição social indevidos; b) *empregar* (dar emprego ou usar) meio vexatório na cobrança.

**78. Sujeitos ativo e passivo:** ver nota 66 ao *caput*.

**79. Tributo ou contribuição social:** *tributo* é "toda prestação pecuniária compulsória, em moeda ou cujo valor nela se possa exprimir, que não constitua sanção de ato ilícito, instituída em lei e cobrada mediante atividade administrativa plenamente vinculada" (art. 3.º do Código Tributário Nacional). São espécies de tributos: impostos, taxas e contribuições de melhoria. As contribuições sociais são, atualmente, consideradas também tributos, estando previstas nos arts. 149 e 195 da Constituição Federal. Há autores que as incluem, conforme a hipótese de incidência, como impostos, taxas ou contribuições de melhoria (cf. Roque Antonio Carrazza, *Curso de direito constitucional tributário*, p. 178), enquanto outros as colocam como autênticas espécies de tributos (cf. Ricardo Cunha Chimenti, *Direito tributário*, p. 37). Não há possibilidade de ampliação do rol, em razão do princípio constitucional da reserva legal.

**80. Cobrança de emolumentos não configura tributo nem excesso de exação:** "tipifica-se o excesso de exação pela exigência de tributo ou contribuição social que o funcionário sabe ou deveria saber indevido, ou, quando devido, emprega na cobrança meio vexatório ou gravoso, que a lei não autoriza. No conceito de tributo não se inclui custas ou emolumentos. Aquelas são devidas aos escrivães e oficiais de justiça pelos atos do processo e estes representam contraprestação pela prática de atos extrajudiciais dos notários e registradores. Tributos são as exações do art. 5.º do Código Tributário Nacional. Em consequência, a exigibilidade pelo oficial registrador de emolumento superior ao previsto no Regimento de Custas e Emolumentos não tipifica o delito de excesso de exação, previsto no § 1.º, do art. 316 do Código Penal, com a redação determinada pela Lei 8.137, de 27 de dezembro de 1990" (STJ, RHC 8.842-SC, 6.ª T., rel. Fernando Gonçalves, 16.11.1999, v.u., *DJ* 13.12.1999, p. 179 – embora antigo, mantém-se para ilustrar).

**81. Elemento subjetivo do tipo:** é o dolo, nas modalidades *direta* ("que sabe") e *indireta* ("que deveria saber"). Não há elemento subjetivo específico, nem se pune a forma culposa. Por exclusão, deixou claro o tipo penal que a primeira modalidade (exigir tributo ou contribuição social) admite o dolo direto e o dolo eventual, mas a segunda, por não repetir a mesma fórmula, somente aceita o dolo direto.

**82. Elemento normativo do tipo:** o termo *indevido* evidencia que o tributo ou a contribuição social cobrada há de ser impróprio, vale dizer, de exigência ilícita, seja porque a lei não autoriza que o Estado os cobre, seja porque o contribuinte já os pagou, seja, ainda, porque estão sendo demandados em valor acima do correto.

**83. Meio vexatório ou gravoso:** *meio vexatório* é o que causa vergonha ou ultraje; *gravoso* é o meio oneroso ou opressor. É natural que o Estado não possa aceitar – nem fazer – uma cobrança vexatória ou gravosa, parecendo supérfluo mencionar, na parte final do tipo, a expressão "que a lei não autoriza". Seria inconstitucional se o fizesse, isto é, se lei autorizasse vexar ou oprimir o contribuinte. Entretanto, foi melhor constar, a fim de não autorizar o enten-

# Art. 317

Título XI – Dos crimes contra a Administração Pública

dimento de que o *vexame* ou o *gravame* seriam analisados do ponto de vista de quem contribui. Em verdade, verifica-se se o tributo ou a contribuição estão sendo corretamente cobrados de acordo com a lei, ainda que possa parecer a quem paga gravoso demais, por exemplo.

**84. Norma em branco:** é preciso consultar os meios de cobrança de tributos e contribuições, instituídos em lei específica, para apurar se está havendo excesso de exação.

**85. Objetos material e jurídico:** o objeto material é o tributo ou a contribuição social. O objeto jurídico é a Administração Pública (interesses material e moral).

**86. Classificação:** trata-se de crime próprio (aquele que somente pode ser cometido por sujeito ativo qualificado ou especial); formal (delito que não exige resultado naturalístico, consistente no recebimento do tributo ou da contribuição não devidos) na forma "exigir" e material (crime que exige, para sua consumação, resultado naturalístico, consistente no efetivo emprego de meio vexatório ou gravoso) na modalidade "empregar na cobrança"; de forma livre (pode ser cometido por qualquer meio eleito pelo agente); comissivo (os verbos implicam ações); instantâneo (cuja consumação não se prolonga no tempo, dando-se em momento determinado); unissubjetivo (aquele que pode ser cometido por um único sujeito); unissubsistente (crime cometido por um único ato) ou plurissubsistente (delito cuja ação é composta por vários atos, permitindo-se o seu fracionamento), conforme o caso concreto; admite tentativa na forma plurissubsistente.

**87. Pena desproporcional:** após a modificação imposta pela Lei 8.137/1990, a pena do excesso de exação tornou-se desproporcional e exagerada, mormente quando considerada em confronto com as figuras do *caput* (concussão) e do § 2.º (exação qualificada). Reclama o tipo penal, pois, em razão do princípio da proporcionalidade das penas, uma correção.

**88. Sujeitos ativo e passivo:** ver nota 66 ao *caput*.

**89. Análise do núcleo do tipo:** é o *excesso de exação qualificado*. Quando o funcionário *desviar* (alterar o destino original) para si ou para outrem o que *recebeu indevidamente* (aceitar em pagamento sem previsão legal), pratica a figura qualificada do delito previsto no § 2.º. O recolhimento, apesar de indevido, destina-se, sempre, aos cofres públicos, uma vez que se trata de exação (cobrança de impostos).

**90. Elemento subjetivo do tipo:** é o dolo. Exige-se o elemento subjetivo específico, consistente na vontade de praticar a conduta "em proveito próprio ou de outrem". Não há a forma culposa.

**91. Objetos material e jurídico:** ver nota 85 ao parágrafo anterior.

**92. Classificação:** ver nota 86 ao parágrafo anterior. Acresça-se que, nesta figura, o crime é formal, bastando o desvio para a consumação, ainda que a Administração não sofra prejuízo (resultado naturalístico).

**93. Defesa preliminar:** é cabível. Ver nota 14 ao art. 312.

### Corrupção passiva

> **Art. 317.** Solicitar ou receber,[94-95] para si ou para outrem,[96] direta ou indiretamente,[97] ainda que fora da função ou antes de assumi-la, mas em razão dela,[98-99] vantagem indevida,[100-102-A] ou aceitar promessa de tal vantagem:[103-107]

# Art. 317

**Código Penal Comentado · Nucci**

> Pena – reclusão, de 2 (dois) a 12 (doze) anos, e multa.[107-A]
>
> § 1.º A pena é aumentada de 1/3 (um terço), se, em consequência da vantagem ou promessa, o funcionário retarda ou deixa de praticar qualquer ato de ofício ou o pratica infringindo dever funcional.[108]
>
> § 2.º Se o funcionário pratica, deixa de praticar ou retarda ato de ofício, com infração de dever funcional, cedendo a pedido ou influência de outrem:[109-110]
>
> Pena – detenção, de 3 (três) meses a 1 (um) ano, ou multa.

**94. Análise do núcleo do tipo:** *solicitar* significa pedir ou requerer; *receber* quer dizer aceitar em pagamento ou simplesmente aceitar algo. A segunda parte do tipo penal prevê a conduta de *aceitar promessa*, isto é, consentir em receber dádiva futura. Classifica a doutrina como *corrupção própria* a solicitação, recebimento ou aceitação de promessa de vantagem indevida para a prática de ato ilícito, contrário aos deveres funcionais, bem como de *corrupção imprópria*, quando a prática se refere a ato lícito, inerente aos deveres impostos pelo cargo ou função. Pensávamos, ainda, que a modalidade "receber" implicaria um delito necessariamente bilateral, isto é, demandaria a presença de um corruptor (autor de corrupção ativa) para que o corrupto também fosse punido. E, se assim fosse, logicamente, a não identificação do corruptor não impediria a punição do corrupto, embora a absolvição do primeiro, conforme o caso (fato inexistente, por exemplo), devesse implicar a absolvição do segundo. Melhor refletindo e contrastando este tipo penal do art. 317 com a descrição típica feita no art. 333, nota-se que existe possibilidade de se configurar a corrupção passiva, sem que haja a corrupção ativa. Afinal, esta demanda o *oferecimento* ou a *promessa* de vantagem indevida *para* que o funcionário faça ou deixe de fazer algo. Logo, a corrupção ativa é prévia à realização do ato (o que destacaremos na nota 67 ao art. 333). Ora, se um funcionário público receber, para si, vantagem indevida, em razão de seu cargo, configura-se, com perfeição, o tipo penal do art. 317, *caput*. A pessoa que fornece a vantagem indevida pode estar *preparando* o funcionário para que, um dia, dele necessitando, solicite algo, mas nada pretenda no momento da entrega do mimo. Ou, ainda, pode presentear o funcionário, após ter este realizado um ato de ofício. Cuida-se de corrupção passiva do mesmo modo, pois fere a moralidade administrativa, sem que se possa sustentar (por ausência de elementos típicos) a ocorrência da corrupção ativa. Em igual prisma, conferir BASILEU GARCIA (*Dos crimes contra a Administração Pública*, p. 228). Classifica-se, ainda, a corrupção em antecedente, quando a retribuição é pedida ou aceita antes da realização do ato, e subsequente, quando o funcionário a solicita ou aceita somente após o cumprimento do ato (ANTONIO PAGLIARO e PAULO JOSÉ DA COSTA JÚNIOR, *Dos crimes contra a Administração Pública*, p. 102). Esclarece BASILEU GARCIA que "o crime de corrupção existia na Consolidação das Leis Penais sob nome diverso. Intitulava-se 'peita ou suborno'. Embora as palavras fossem empregadas como sinônimas, enunciavam, realmente, duas modalidades. Já era assim no Código Criminal do Império. No velho estatuto de 1830, havia a peita quando recebesse o funcionário dinheiro ou (acrescentava alternativamente o texto na colorida linguagem da época) 'ou algum donativo'. Suborno ocorria, quando se deixasse corromper o funcionário por influência ou (é textual) 'outro peditório de alguém.'" (*Dos crimes contra a Administração Pública*, p. 226). Na jurisprudência: STF: "2. Conforme a jurisprudência deste Supremo Tribunal Federal, a perfeita subsunção da conduta ao crime de corrupção passiva exige a demonstração de que o favorecimento negociado pelo agente público encontra-se no rol das atribuições previstas para a função que exerce. Precedentes. No caso, a narrativa ministerial não aponta, dentre as atribuições dos cargos exercidos pelo denunciado à época dos fatos, quais seriam os atos passíveis de negociação no interesse de sociedades empresárias, em especial no contexto dos procedimentos licitatórios das Usinas Hidrelétricas de Santo Antônio e Jirau, o que evidencia a inépcia da denúncia, causa de sua rejeição, nos termos do art. 395, I, do Código de Processo Penal. 3. Denúncia rejeitada" (Inq 4.436, Tribunal Pleno, rel. Edson Fachin, 28.11.2022, v.u.); "Em crimes como o de corrupção passiva, o réu não age às claras; ao contrário, perpetra sua ação na surdina, de modo que a coleta da prova da prática do fato típico torna-se mais difícil, o que justifica, dessa forma, a decretação da questionada interceptação telefônica, medida adequada e necessária para o prosseguimento das investigações" (RHC 156.593 AgR, 2.ª T., rel. Ricardo Lewandowski, 17.08.2018, v.u.). STJ: "3. Não é possível o prosseguimento de ação penal onde o réu, particular, é denunciado pelo crime de corrupção passiva (art. 317, § 1º do CP), sem que tenha se identificado e denunciado o servidor público corrupto" (AgRg no RHC 186.284/SP, 6.ª T., rel. Antonio Saldanha Palheiro, 18.06.2024, m.v.); "2. De acordo com a jurisprudência desta Corte, a conduta praticada bem se amolda ao tipo penal, pois o delito de corrupção passiva trata de crime formal, bastando para a sua consumação a prática de um dos verbos nucleares previstos no art. 317 do Código Penal, isto é, solicitar ou receber vantagem indevida, ou aceitar promessa de tal vantagem, sendo, pois, prescindível a efetiva realização do ato funcional ou de que a ação indevida esteja dentro das atribuições formais do funcionário público, bastando que, em razão da função pública, o agente possa interferir para que se alcance o resultado prometido em troca da vantagem ilícita" (AgRg no AREsp 2.010.695/DF, 6.ª T., rel. Olindo Menezes, 07.06.2022, v.u.); "2. Para tipificação do art. 317 do Código Penal, deve ser demonstrada a solicitação ou recebimento de vantagem indevida pelo agente público, não configurada quando há mero ressarcimento ou reembolso de despesa" (AgRg no HC 541.447-SP, 5.ª T., rel. João Otávio de Noronha, 14.09.2021, v.u.); "1. Para a configuração do crime de corrupção passiva, ao contrário do que ocorre no crime de corrupção ativa, não se exige a comprovação de que a vantagem indevida solicitada, recebida ou aceita pelo funcionário público, esteja causalmente vinculada à prática, omissão ou retardamento de 'ato de ofício'. Inclusive, nem mesmo há a exigência de que o 'ato de ofício' seja da competência funcional do agente corrupto (REsp 1.745.410/SP, rel. Min. Sebastião Reis Júnior, rel. p/ acórdão Min. Laurita Vaz, 6.ª T., j. 02.10.2018, *DJe* 23.10.2018)" (AgRg no AREsp 1.650.032-RJ, 5.ª T., rel. Joel Ilan Paciornik, 25.08.2020, v.u.).

**94-A. Ausência de menção à expressão ato de ofício:** a figura típica da corrupção ativa, prevista no art. 333 deste Código, prevê, como meta da percepção da vantagem indevida pelo funcionário público, a prática, omissão ou retardamento de *ato de ofício*. Essa expressão significa o ato inerente às típicas atividades do servidor público. A partir disso, questiona-se o porquê da diferença entre o referido art. 333 e este art. 317. Parece-nos haver, sem dúvida, proposital omissão do *ato de ofício* nesse artigo. A corrupção passiva, como explicamos na nota anterior, pode ter por finalidade apenas deixar o funcionário *receptivo* a futuros pedidos. Não é preciso que o corruptor entregue a vantagem ao funcionário para a prática ou omissão de ato de ofício naquele momento. Qualquer percepção de benefício inadequado pelo servidor configura lesão à moralidade administrativa, representando a concretude do crime de corrupção passiva. Por outro lado, quando se refere o art. 333 à corrupção ativa, é mais comum que o oferecimento ou a promessa de vantagem indevida pelo particular ao funcionário tenha, naquele momento, um determinado *ato de ofício*. Noutros termos, quando alguém pretende tornar o servidor *flexível e receptivo* a futuros pedidos, encaminha-lhe vantagem (solicitada ou não), cometendo o delito de corrupção passiva, como partícipe, vez que induziu o servidor a aceitar o indevido ou atendeu ao pedido dele. Mas, quando o agente objetiva algo certo, oferta ou promete vantagem já visando ao ato de ofício, cometendo corrupção ativa.

**95. Sujeitos ativo e passivo:** o sujeito ativo é somente o funcionário público. O sujeito passivo é o Estado; secundariamente, a entidade de direito público ou a pessoa prejudicada. Vale destacar as exceções expostas por BASILEU GARCIA: "um funcionário pode ser autor do

# Art. 317

Código Penal Comentado · **Nucci**

crime de corrupção ativa e o particular pode sê-lo do crime de corrupção passiva. Quanto à corrupção passiva, a lei adverte que o crime se poderá dar através de pedido ou recebimento indiretamente efetuado. Suponha-se que o funcionário relapso se utilize dos préstimos de um intermediário, que poderá ser outro funcionário, como também um particular. O nexo de coautoria o vinculará à responsabilidade do principal protagonista. Pode dar-se, também, que determinado servidor do Estado assedie outro, para obter dele a prática de algum ato funcional mediante remuneração: aí teremos como réu de corrupção ativa um funcionário" (*Dos crimes contra a Administração Pública*, p. 228-229).

**96. Elemento subjetivo do tipo:** é o dolo. Exige-se elemento subjetivo específico, consistente na vontade de praticar a conduta "para si ou para outrem". Não há a forma culposa.

**97. Modos de atuação:** ver nota 68 ao art. 316.

**98. Utilização da função:** ver nota 69 ao art. 316.

**99. Desnecessidade de mencionar expressamente na denúncia o ato de ofício:** conforme expusemos na nota 94-A, esse tipo penal não prevê a expressão *ato de ofício* e não se deve inclui-la como se fosse o suprimento de uma lacuna. A corrupção passiva pode aperfeiçoar-se sem a meta do *ato de ofício*, seja por parte de quem deu a vantagem, seja por parte de quem recebeu. Diante disso, passamos a sustentar a *desnecessidade* de se apontar na denúncia o ato funcional vinculado à referida vantagem indevida.

**100. Conceito de vantagem indevida:** pode ser qualquer lucro, ganho, privilégio ou benefício ilícito, ou seja, contrário ao direito, ainda que ofensivo apenas aos bons costumes. Entendíamos que o conteúdo da vantagem indevida deveria possuir algum conteúdo econômico, mesmo que indireto. Ampliamos o nosso pensamento, pois há casos concretos em que o funcionário deseja obter somente um elogio, uma vingança ou mesmo um favor sexual, enfim, algo imponderável no campo econômico e, ainda assim, corrompe-se para prejudicar ato de ofício. Por vezes, já que a natureza humana é complexa para abarcar essas situações, uma vantagem não econômica pode surtir mais efeito do que se tivesse algum conteúdo patrimonial. Não se tratando de delitos patrimoniais, pode-se acolher essa amplitude.

**101. Princípio da insignificância:** tem aplicação, neste caso, o princípio da bagatela, ou seja, pequenos mimos ou lembranças, destinados a funcionários públicos, por exemplo, em datas comemorativas – como Natal, Páscoa etc. – é conduta penalmente irrelevante, não configurando o tipo penal da corrupção passiva. "É certo que, para chegar à compreensão de que a cortesia é desinteressada, é preciso que não nos inspiremos no exemplo exagerado daquilo que, por costume (mas, evidentemente, mau costume apenas) se justifique entre altos funcionários. A regra limitativa deve ser esta: a) que o presente seja ocasional e não habitual, ou contínuo; b) que não ocorra correspondência alguma entre o seu valor econômico e o ato de ofício, isto é, que não se possa formular, em face do fato, a relação que induza o caráter retributivo" (cf. Fernando Henrique Mendes de Almeida, *Dos crimes contra a Administração Pública*, p. 84-85). Porém, já é tempo de cessar essa *cortesia* com funcionários públicos, pois se trata de uma conduta antiética. O servidor não está naquele local para receber mimos; está ali para cumprir um dever e quem o faz, não merece recompensa alguma, apenas justa remuneração paga pelo Estado. Convém mencionar a Súmula 599 do STJ: "O princípio da insignificância é inaplicável aos crimes contra a administração pública".

**102. Vantagem indevida idônea:** não bastam meras ofertas de vantagens impossíveis ou não factíveis, incapazes de gerar no funcionário público uma real cobiça ou um atentado à moralidade administrativa. É preciso que o agente ofereça algo idôneo e verossímil, de acordo com suas condições, bem como harmônico com o seu contexto de vida.

**102-A. Aspectos da consumação e a cifra negra da corrupção:** a corrupção passiva é crime instantâneo, consumando-se no exato momento em que ocorre a solicitação ou a percepção, pelo funcionário, da vantagem indevida. Merecem consideração dois aspectos. O primeiro deles diz respeito à possibilidade de prisão em flagrante; assim que o servidor solicita a vantagem ao particular, consuma-se o crime, razão pela qual deveria ser efetuada a prisão em flagrante. Se o particular *não concorda* com o pleito, o caminho correto é dar voz de prisão ao corrupto. Mas, quantos terão autonomia e coragem suficientes para tanto? Certamente, sem testemunhas, ninguém ousaria prender um funcionário público; afinal, a corrupção é feita, como regra, em absoluto sigilo. Considerando-se a hipótese de que a prisão em flagrante é praticamente inviável, inúmeras condutas, que tipificam corrupção passiva, ficam ocultas, seja porque o funcionário solicitou e o particular concordou, seja porque não aquiesceu, mas também não deu voz de prisão, nem comunicou, posteriormente, as autoridades. A não comunicação, igualmente, deve-se ao temor de não conseguir provar o alegado (a palavra do particular contra a do funcionário). Há uma imensa *cifra negra* (crimes ocorridos e não punidos, que ficam fora das estatísticas oficiais) nesse cenário, demonstrativa do quanto se precisa fazer no campo da corrupção para evitar a impunidade.

**103. Objetos material e jurídico:** o objeto material é a vantagem indevida. O objeto jurídico é a Administração Pública (aspectos patrimonial e moral).

**104. Classificação:** trata-se de crime próprio (aquele que somente pode ser cometido por sujeito ativo qualificado ou especial); formal (delito que não exige resultado naturalístico, bastando a conduta para consumar-se); de forma livre (pode ser cometido por qualquer meio eleito pelo agente); comissivo (os verbos implicam ações); instantâneo (cuja consumação não se prolonga no tempo, dando-se em momento determinado); unissubjetivo (aquele que pode ser cometido por um único sujeito); unissubsistente (delito praticado por um ato) ou plurissubsistente (delito cuja ação é composta por vários atos, permitindo-se o seu fracionamento), conforme o caso concreto; admite tentativa na forma plurissubsistente. Em contrário, desautorizando a hipótese da tentativa em qualquer caso, Antonio Pagliaro e Paulo José da Costa Júnior, Dos crimes contra a Administração Pública, p. 121; Basileu Garcia, Dos crimes contra a Administração Pública, p. 228. Convém mencionar a posição intermediária de Fernando Henrique Mendes de Almeida: "Entendemos, entretanto, que a tentativa da corrupção passiva, dependente como é este delito, deve existir, apenas, quando também a corrupção ativa fica igualmente frustrada. A tentativa da solicitação não é punível, se o agente não chega a realizar a solicitação de modo a colher eco ou resistência do particular. No primeiro caso, haverá tentativa de ambos os delitos (da corrupção ativa e da corrupção passiva) se for frustrada ação de ambos os sujeitos ativos do delito. Frustrado apenas por um, por iniciativa do particular, haverá tentativa, de um lado apenas, já que solicitar o indevido em razão de ofício 'já é, só por só, começo de crime'" (Dos crimes contra a Administração Pública, p. 67-69).

**105. Concurso de pessoas:** o Código Penal, mais uma vez, abriu exceção à teoria unitária do crime (ou monista), criando outra figura típica (art. 333) para a pessoa que corrompe o funcionário. Assim, o particular que dá a vantagem indevida, em lugar de responder como partícipe do delito de corrupção passiva, comete o crime de corrupção ativa. Porém, pode o fornecedor do presente ao funcionário ser punido como partícipe do delito de corrupção passiva, caso o mimo seja fornecido após a prática do ato funcional ou sem que haja a promessa de realização de ato de ofício (ver a nota 94 *supra*), pois não há caracterização do crime de corrupção ativa.

# Art. 318

**106. Defesa preliminar:** é cabível. Ver nota 14 ao art. 312.

**107. Crime militar ou comum, conforme o caso:** se o delito de corrupção ativa ou passiva for cometido por militar, no exercício da função, aplica-se o disposto no Código Penal Militar (arts. 308 e 309). Do contrário, é competência da justiça comum.

**107-A. Aumento de pena:** elevou-se a pena da corrupção passiva de 1 a 8 anos para 2 a 12 anos, mantendo-se a cominação de multa, conforme previsão da Lei 10.763/2003. Somente se pode considerar que o referido aumento teve por finalidade bloquear o benefício da suspensão condicional do processo, que exige a pena mínima de 1 ano, aos autores de corrupção. O aumento do teto da pena é inoperante no direito brasileiro, seja porque vige a política da pena mínima (praticamente inexiste a fixação da pena em grau máximo), seja porque a prescrição que realmente importa é a que leva em conta a pena concreta (normalmente no patamar mínimo) e não a da pena em abstrato, que levaria em consideração o máximo previsto para o crime. Por outro lado, tomando-se por base o novo mínimo previsto para o crime (2 anos), continua a ser viável a concessão de inúmeros benefícios penais, como a pena alternativa, o *sursis* e o regime aberto. Portanto, a alteração pouco efeito produzirá.

**108. Causa de aumento da pena:** eleva-se em um terço a pena do agente que, em razão da vantagem recebida ou prometida, efetivamente retarda (atrasa ou procrastina) ou deixa de praticar (não leva a efeito) ato de ofício que lhe competia desempenhar ou termina praticando o ato, mas desrespeitando o dever funcional. É o que a doutrina classifica de *corrupção exaurida*. De fato, tendo em vista que o tipo penal é formal, isto é, consuma-se com a simples solicitação, aceitação da promessa ou recebimento de vantagem, mesmo que inexista prejuízo material para o Estado ou para o particular, quando o funcionário atinge o resultado naturalístico exaure-se (esgota-se) o crime. Na jurisprudência: STJ: "1. O funcionário público que deixa de praticar ato de ofício que na hipótese dos autos consubstanciado na não inclusão em procedimento fiscalizatório de empresa acusada de sonegação fiscal comete o crime de corrupção passiva na sua forma majorada, nos termos do art. 317, § 1.º, do Código Penal: 'A pena é aumentada de um terço, se, em consequência da vantagem ou promessa, o funcionário retarda ou deixa de praticar qualquer ato de ofício ou o pratica infringindo dever funcional'. 2. Demonstrado que efetivamente o agravante deixou de praticar ato de ofício, o recebimento da vantagem é mero exaurimento do crime, não influindo na consumação" (AgRg no AREsp 1.018.814-SP, 6.ª T., rel. Rogerio Schietti Cruz, 21.03.2019, v.u.).

**109. Figura privilegiada:** a corrupção tem forma privilegiada, alterando-se a pena de reclusão para detenção e os limites para 3 meses a 1 ano ou multa, quando o funcionário pratica ou retarda o ato, bem como deixa de praticá-lo, levando em conta *pedido* (solicitação) ou *influência* (prestígio ou inspiração), mas sem qualquer vantagem indevida em questão.

**110. Defesa preliminar:** é cabível. Ver nota 14 ao art. 312.

### Facilitação de contrabando ou descaminho

> **Art. 318.** Facilitar,[111-112] com infração de dever funcional,[113] a prática de contrabando ou descaminho (art. 334):[114-119]
>
> Pena – reclusão, de 3 (três) a 8 (oito) anos, e multa.

**111. Análise do núcleo do tipo:** *facilitar* (tornar mais fácil, ou seja, sem grande esforço ou custo) a *prática* (exercício ou realização) de contrabando ou descaminho (arts. 334 e 334-A). Na jurisprudência: STJ: "1. Nos termos do entendimento desta Corte, ainda que o policial rodoviário federal não tenha a função precípua de atuar contra o descaminho, atua na repressão de crimes, devendo, portanto, responder pelo delito do art. 318 do CP, subsistindo o dever funcional de agir, independentemente de estar em serviço, em horário ou em local de trabalho" (AgRg no REsp 1853897-PR, 6.ª T., rel. Nefi Cordeiro, 19.05.2020, v.u.); "O crime do art. 318 do CP é formal e consuma-se com a efetiva concreção da conduta descrita no tipo penal, vale dizer, com a facilitação, mediante infração de dever funcional, da prática do descaminho, independentemente da consumação do crime de descaminho. Todas as alegações atinentes ao crime de descaminho são irrelevantes para a tipificação do crime previsto no art. 318 do CP" (REsp 1304871-SP, 6.ª T., rel. Rogerio Schietti Cruz, 18.06.2015, v.u.).

**112. Sujeitos ativo e passivo:** o sujeito ativo é apenas o funcionário público. O sujeito passivo é o Estado.

**113. Elemento subjetivo do tipo:** é o dolo. Não se exige elemento subjetivo específico, nem se pune a forma culposa.

**114. Infração do dever funcional:** a expressão integra a conduta típica, não sendo, pois, suficiente que o funcionário facilite o contrabando ou o descaminho, mas que o faça infringindo seu dever funcional, vale dizer, deixando de cumprir os deveres previstos em lei. Exige-se que o agente tenha a função de controlar, fiscalizar e impedir a entrada de mercadoria proibida no território nacional ou garantir o pagamento de imposto devido pela referida entrada.

**115. Tipo remetido:** a descrição típica deste crime faz referência expressa ao art. 334, remetendo o aplicador do direito a outra figura típica, que a complementa.

**116. Exceção à teoria unitária:** esta é outra exceção criada pelo legislador, prevendo pena mais grave para o funcionário público que *facilita* o contrabando, incidindo nesta figura típica, e sanção mais leve ao agente do contrabando ou descaminho, que incide na figura do art. 334 ou 334-A. Se o funcionário público não infringe dever funcional, poderá ser coautor ou partícipe do delito de contrabando ou descaminho.

**117. Objetos material e jurídico:** o objeto material é a mercadoria contrabandeada ou o imposto não recolhido. O objeto jurídico é a Administração Pública (aspectos material e moral).

**118. Classificação:** trata-se de crime próprio (aquele que somente pode ser cometido por sujeito ativo qualificado ou especial); formal (crime que não exige, para sua consumação, resultado naturalístico, consistente no efetivo contrabando ou descaminho); de forma livre (pode ser cometido por qualquer meio eleito pelo agente); comissivo (ação) ou omissivo (inação), conforme o caso; instantâneo (cuja consumação não se prolonga no tempo, dando-se em momento determinado); unissubjetivo (aquele que pode ser cometido por um único sujeito); unissubsistente (praticado num único ato) ou plurissubsistente (delito cuja ação é composta por vários atos, permitindo-se o seu fracionamento); admite tentativa na forma plurissubsistente.

**119. Competência:** é da Justiça Federal, por se tratar de crime conexo ao contrabando ou descaminho, cujo interesse é da União, além de o funcionário encarregado de fiscalizar a fronteira, na maioria dos casos, ser federal.

# Art. 319

**Prevaricação**

> **Art. 319.** Retardar ou deixar de praticar,[120-121] indevidamente,[122] ato de ofício,[123] ou praticá-lo contra disposição expressa de lei,[124] para satisfazer interesse ou sentimento pessoal:[125-128]
>
> Pena – detenção, de 3 (três) meses a 1 (um) ano, e multa.

**120. Análise do núcleo do tipo:** *retardar* significa atrasar ou procrastinar; *deixar de praticar* é desistir da execução; *praticar* é executar ou realizar. Há, pois, três condutas puníveis no crime de prevaricação. É o que se chama de *autocorrupção própria*, já que o funcionário se deixa levar por vantagem indevida, violando deveres funcionais (Antonio Pagliaro e Paulo José da Costa Júnior, *Dos crimes contra a Administração Pública*, p. 134). Na jurisprudência: TJRS: "Prevaricação. Diversamente do que alega a acusação, o réu não deixou de praticar ato de ofício e sequer o fez contra disposição legal, vez que efetivamente levou os fatos que lhe incumbia atestar à conhecimento da autoridade superior. O fato de tê-lo feito de modo diverso do que aquele adotado pela Procuradoria pode ser tão somente irregularidade administrativa passível de ser sanada internamente, não apresentando qualquer reflexo na esfera criminal" (Ap. Crim. 70084481423, 4.ª C. Crim., rel. Rogerio Gesta Leal, 17.06.2021, v.u.).

**121. Sujeitos ativo e passivo:** o sujeito ativo é somente o funcionário público. O sujeito passivo é o Estado; secundariamente, a entidade de direito público ou a pessoa prejudicada.

**122. Elemento normativo do tipo:** *indevidamente* significa não permitido por lei, infringindo dever funcional. Assim, as duas primeiras condutas (retardar ou deixar de praticar) devem ser abrangidas por tal elemento. Exemplo da primeira conduta seria o funcionário que, por não se dar bem com o requerente de uma certidão, cuja expedição ficou ao seu encargo, deixa de expedi-la no prazo regular. Exemplo da segunda seria a conduta do delegado que, devendo instaurar inquérito policial, ao tomar conhecimento da prática de um crime de ação pública incondicionada, não o faz porque não quer trabalhar demais.

**123. Ato de ofício:** é o ato que o funcionário público *deve* praticar, segundo seus deveres funcionais. Exige, pois, estar o agente no exercício da função.

**124. Elemento normativo do tipo:** *contra disposição expressa de lei* é também algo ilícito e contrário aos deveres funcionais. É o caso do delegado que, ao término de um inquérito policial, promove o seu arquivamento, sem enviá-lo, como determina a lei, ao Ministério Público, tendo por fim beneficiar o indiciado.

**125. Interesse ou sentimento pessoal:** *interesse pessoal* é qualquer proveito, ganho ou vantagem auferido pelo agente, não necessariamente de natureza econômica. Aliás, sobre o assunto, dizem Antonio Pagliaro e Paulo José da Costa Júnior que o interesse não deve ser de ordem econômica, pois isso iria configurar a corrupção passiva (*Dos crimes contra a Administração Pública*, p. 138). *Sentimento pessoal* é a disposição afetiva do agente em relação a algum bem ou valor. O funcionário que, pretendendo fazer um favor a alguém, retarda ato de ofício, age com "interesse pessoal"; se fizer o mesmo para se vingar de um inimigo, age com "sentimento pessoal". A atuação do agente para satisfazer "interesse pessoal" consistente em livrar-se de processo administrativo ou judicial é considerada parte de seu direito à autodefesa, não se configurando o delito.

**126. Elemento subjetivo do tipo:** é o dolo. Exige-se elemento subjetivo específico consistente na vontade de "satisfazer interesse" ou "sentimento pessoal". Não existe a forma culposa.

**127. Objetos material e jurídico:** o objeto material é o ato de ofício. O objeto jurídico é a Administração Pública (interesses material e moral).

**128. Classificação:** trata-se de crime próprio (aquele que somente pode ser cometido por sujeito ativo qualificado ou especial); formal (crime que não exige, para sua consumação, resultado naturalístico, consistente na efetiva satisfação do interesse ou do sentimento, prejudicando a Administração); de forma livre (pode ser cometido por qualquer meio eleito pelo agente); comissivo (quando implica ação) ou omissivo (quando resulta em abstenção). A conduta "retardar" pode ser praticada por ação (esconder os autos de um processo para a certidão não sair a tempo) ou por omissão (simplesmente não expedir a certidão no prazo); a conduta "deixar de praticar" é uma abstenção; a conduta "praticar" implica ação. É crime instantâneo (cuja consumação não se prolonga no tempo, dando-se em momento determinado); unissubjetivo (aquele que pode ser cometido por um único sujeito); unissubsistente (praticado num único ato) ou plurissubsistente (delito cuja ação é composta por vários atos, permitindo-se o seu fracionamento), conforme o caso concreto; admite tentativa na forma plurissubsistente, que só pode ser a comissiva.

> **Art. 319-A.** Deixar[128-A-128-C] o Diretor de Penitenciária e/ou agente público, de cumprir seu dever de vedar ao preso o acesso[128-D] a aparelho telefônico, de rádio ou similar, que permita a comunicação com outros presos ou com o ambiente externo:[128-E-128-F]
>
> Pena – detenção, de 3 (três) meses a 1 (um) ano.[128-G]

**128-A. Análise do núcleo do tipo:** *deixar* (não considerar, omitir, desviar-se de algo) é o verbo central que se associa a *cumprir seu dever de vedar* (proibir algo por obrigação legal). O objeto da omissão indevida é o acesso (alcance de alguma coisa) a aparelho telefônico (de qualquer espécie – fixo ou móvel), de rádio (aparelho que recebe e emite sinais radiofônicos, por meio do qual se ouve algo, mas também se podem transmitir mensagens) ou similar (qualquer outro aparelho que a moderna tecnologia capacite à comunicação entre pessoas, como, por exemplo, o computador, apto, atualmente, a promover conversação, seja por meio do teclado, seja em viva voz). A destinação dos mencionados aparelhos é a possibilidade de comunicação entre presos (do mesmo estabelecimento penal, em alas diferentes, ou em presídios diversos), bem como entre o preso e qualquer pessoa situada *fora* do ambiente carcerário, considerado pelo tipo penal como o *ambiente externo*. Cuida-se de norma advinda do conhecido problema de troca de mensagens frequentes entre presos de diferentes lugares, bem como entre detentos e pessoas livres, gerando o aprimoramento do *crime organizado* e aperfeiçoando as formas de liderança das *organizações criminosas*. A Lei de Execução Penal, por datar de 1984, previu apenas, como direito do preso, o "contato com o mundo exterior por meio de correspondência escrita, da leitura e de outros meios de informação que não comprometam a moral e os bons costumes" (art. 41, XV, Lei 7.210/1984). Naquela ocasião, quando não existia o aparelho de telefonia móvel (celular), ao menos no Brasil, para a utilização da população em geral, a forma de comunicação do preso com o ambiente externo se dava, fundamentalmente, por intermédio de cartas. Não se falava, ainda, em computadores pessoais, aptos a, igualmente, promover o contato entre pessoas situadas em lugares distantes uma da outra, tampouco em outros tipos de aparelhos de moderna tecnologia, habilitados à

# Art. 319-A

Código Penal Comentado · Nucci

mesma função. Os telefones fixos existentes nos presídios eram de fácil controle por parte da direção e, para acessá-lo, somente se houvesse autorização ou à força, em caso de rebelião, por exemplo. As cartas sempre foram supervisionadas, justamente para controlar a segurança do estabelecimento penal. No mais, com o advento, em especial, do telefone celular – diga-se, a bem da verdade, cada vez menores e mais baratos – muitos presos passaram a gozar de um privilégio incomum: continuar a vida criminosa profissional de dentro dos estabelecimentos penais. Embora com a liberdade cerceada, justamente em decorrência da prática de uma infração penal (ou várias), permanecia atuante, quando não liderando comparsas, que agiam como seus braços e pernas em sociedade. Ora, se um condenado ao regime fechado não pode permanecer em comunidade, seria, de fato, atingir o ápice da falta de organização, controle e disciplina de um presídio, permitir que ele conversasse, livremente, com outras pessoas, como se estivesse em sua residência particular – e não em um estabelecimento estatal, cumprindo pena. Por isso, o Estado passou a atuar nesse campo, buscando, sempre atrasado, infelizmente, evitar a utilização do aparelho celular e outros similares por parte do preso. Presídios novos foram erguidos, em tese, equipados com mecanismos impeditivos de utilização desses tipos de aparelhos de telefonia móvel; leis mais rígidas foram estabelecidas, criando regimes novos, como o *regime disciplinar diferenciado* (RDD), de forma a evitar, a qualquer custo, a comunicação entre o preso e o ambiente externo. Sem esta providência, torna-se praticamente inútil a prisão de alguém, particularmente considerado perigoso. Lembremos que, no mundo atual, negócios de altíssimo valor, contatos políticos, contratos e tantas outras relevantes atitudes são tomadas por telefone ou outro meio de comunicação, leia-se, pois, sem qualquer contato pessoal entre os participantes da avença. Compras e vendas são feitas pela internet, sem que o consumidor tenha que ir ao estabelecimento comercial. Até mesmo as banais compras de supermercado podem ser feitas pelo computador e entregues em domicílio. O criminoso age do mesmo modo, valendo-se da tecnologia para os seus fins ilícitos. Do exposto, ainda que lentamente, o Estado tenta coibir essa rica fonte de contato entre presos e entre estes e o mundo externo ao presídio com investimentos e com a edição de novas leis. Incluiu-se como falta grave, capaz de gerar prejuízos concretos ao preso (ex.: impossibilidade de progressão de regime), a posse, utilização ou fornecimento de aparelho telefônico, de rádio ou similar, em estabelecimento penais (art. 50, VII, Lei 7.210/1984, alterada pela Lei 11.466/2007). É o conteúdo da Súmula 660 do STJ: "A posse, pelo apenado, de aparelho celular ou de seus componentes essenciais constitui falta grave". Em decorrência disso, criou-se um tipo penal específico, visando à punição do funcionário público, especialmente aquele que atua em contato direto com o preso, quando permitir, de algum modo, que esses aparelhos cheguem ao alcance do preso ou não se impeça a sua utilização. Nasceu o art. 319-A (Lei 11.466, de 28 de março de 2007). Não lhe forneceu o legislador um título, de modo que pode ser considerada uma outra forma de *prevaricação*. Sabemos que leis novas não constituem a única forma de garantir a cessação de condutas consideradas indevidas, mas podem servir de fator de desestímulo a muitos servidores que, sob vários pretextos, passaram, nos últimos tempos, a colaborar com a introdução de celulares e outros aparelhos em presídios, valendo-se da lacuna existente no campo penal para criminalizar a conduta. Entretanto, a aplicação efetiva do art. 319-A dependerá da eficiência do Estado em controlar seus próprios agentes, o que nem sempre ocorre, motivo pelo qual campeia a corrupção em vários setores dos organismos estatais. A mera criação de novo tipo penal incriminador gera a expectativa de que, a partir de agora, a sociedade conta com mais um instrumento para coibir o nefasto uso do aparelho telefônico por presos. Frustrada tal expectativa, será apenas – e lamentavelmente – mais um fator a cultivar a imensa plantação de frutos da impunidade reinante no Brasil.

**128-B. Sujeitos ativo e passivo:** o sujeito ativo é o funcionário público (ver o conceito no art. 327, CP), embora o tipo faça questão de mencionar, o que era desnecessário, o *diretor de penitenciária e/ou agente público*. Aliás, ao fazer referência a *agente público* está-se demonstrando ser o funcionário público, tal como previsto pelo próprio contexto onde foi inserido o art. 319-A. Não se imagine que a inclusão de *diretor de penitenciária* afastaria o diretor ou dirigente de *cadeia pública*. Tampouco o delegado de polícia, que possua, em seu distrito, uma ou mais celas. Qualquer funcionário público, que tenha algum contato com o preso, permitindo a este o acesso ao aparelho mencionado no tipo, deve responder pela infração penal. Exemplo: caracteriza-se a infração penal se o policial que fizer a escolta do preso ao fórum permitir a alguém a transferência ao detido de um celular. Não se compreende esse *novo estilo* legislativo de incluir um funcionário público em especial (diretor de penitenciária), como se fosse um crime somente a ele voltado, bem como se adicionando as conjunções "e/ou", configurando lamentável forma de redação. Obviamente que o diretor do presídio pode responder, em concurso de pessoas, com o agente penitenciário se ambos permitirem o acesso do preso ao celular. E pode responder somente o diretor ou somente o agente penitenciário, a depender das provas que apontem a responsabilidade e o dolo de cada um deles. Por que, então, o uso do "e/ou", inaugurando uma nova fase de linguagem jurídico-penal? Vamos atribuir à pressa em solucionar o problema de uso de celular por presos nos estabelecimentos penais brasileiros. O sujeito passivo é o Estado. Secundariamente, a sociedade, que poderia ser prejudicada pelo uso do aparelho, propiciando o cometimento de novas infrações penais.

**128-C. Elemento subjetivo do tipo:** é o dolo. Não há elemento subjetivo específico, nem se pune a forma culposa. Eis um crime que mereceria a tipicidade no formato culposo. Muitos funcionários públicos, em atitude claramente negligente, permitem o acesso de presos aos aparelhos telefônicos ou de comunicação em geral.

**128-D. Acesso ao aparelho:** não se deve interpretar, restritivamente, tal situação. Ao contrário, merece ser dada à expressão o seu real alcance. Portanto, se o funcionário público deixar de retirar o celular das mãos de um preso, esteja o aparelho em uso ou não, constitui o crime previsto no art. 319-A. Do mesmo modo, se ele mesmo, servidor público, fizer chegar às mãos do preso o referido aparelho. Embora o tipo penal seja omissivo (deixar de cumprir seu dever de vedar o acesso), a partir do momento em que se fornece o aparelho (atitude comissiva), está-se, logicamente, deixando de vedar o acesso ao mesmo. Em suma, o agente público deve fiscalizar, revistar, buscar e impedir que presos tenham ou usem qualquer meio de comunicação telefônico, de rádio ou similar. A famosa *vista grossa*, que significa *fingir não ver* o aparelho ou sua utilização, é suficiente para, quando houver dolo, gerar o crime previsto no novo tipo penal.

**128-E. Objetos material e jurídico:** o objeto material é o aparelho telefônico, de rádio ou similar. O objeto jurídico é a Administração Pública (interesses material e moral), com particular ênfase à segurança.

**128-F. Classificação:** trata-se de crime próprio (aquele que demanda sujeito ativo qualificado ou especial); formal (delito que não exige resultado naturalístico, consistente em efetivo prejuízo para a Administração Pública ou qualquer outra pessoa); de forma livre (podendo ser cometido por qualquer meio eleito pelo agente); omissivo ("deixar de cumprir" implica inação), na essência, e por opção legislativa na redação do tipo penal; instantâneo (cujo resultado se dá de maneira instantânea, não se prolongando no tempo); de perigo abstrato (existe a probabilidade, presumida em lei, de haver prejuízo a alguém); unissubjetivo (pode ser praticado por um só agente); unissubsistente (como regra, basta um ato para a concretização do tipo); não admite tentativa por se tratar de crime omissivo.

# Art. 320

**128-G. Benefícios penais:** é infração de menor potencial ofensivo, admitindo transação e os demais benefícios da Lei 9.099/1995. Em caso de condenação, possibilita vários benefícios: substituição da pena privativa de liberdade por multa ou pena restritiva de direitos, além da aplicação da suspensão condicional da pena, conforme a situação concreta.

### Condescendência criminosa

> **Art. 320.** Deixar o funcionário,[129-130] por indulgência,[131] de responsabilizar subordinado[132] que cometeu infração no exercício do cargo[133] ou, quando lhe falte competência,[134] não levar o fato ao conhecimento da autoridade competente:[135-136]
>
> Pena – detenção, de 15 (quinze) dias a 1 (um) mês, ou multa.

**129. Análise do núcleo do tipo:** *deixar de responsabilizar* significa não imputar responsabilidade a quem cometeu uma infração, para que possa sofrer as sanções cabíveis; *não levar ao conhecimento* é ocultar ou esconder algo de alguém. A condescendência criminosa, na lição de FERNANDO HENRIQUE MENDES DE ALMEIDA, tem alguns pontos a destacar: a) refere-se a uma forma de conivência, que se traduz em omissão e supõe infração a ela conectada; b) emerge de considerações relativas ao direito disciplinar administrativo; c) o conivente pode ser coautor do delito ocultado (*Dos crimes contra a Administração Pública,* p. 101).

**130. Sujeitos ativo e passivo:** o sujeito ativo somente pode ser o funcionário público. O sujeito passivo é o Estado.

**131. Elemento subjetivo do tipo:** é o dolo. Exige-se elemento subjetivo específico consistente na vontade de ser indulgente (tolerante ou benevolente). Não existe a forma culposa.

**132. Subordinado:** é a pessoa que, numa estrutura hierárquica, deve cumprir ordens de outra pessoa, considerada o superior.

**133. Cometimento de infração no exercício do cargo:** para a configuração deste crime, não se exige que o subordinado seja sancionado pela infração cometida, tampouco que o superior seja obrigado a puni-lo. Quer-se levar em conta o dever funcional do superior de *apurar* a responsabilidade do subordinado pela infração, em tese, que praticou, no exercício do seu cargo.

**134. Falta de competência para apurar a infração:** em que pese o tipo fazer referência à "falta de competência" do funcionário para punir outro que cometeu infração, é preciso destacar que o objetivo não é instituir a delação obrigatória no seio da Administração Pública. Em verdade, quando o funcionário tiver por atribuição a punição de subalternos pela prática de infrações funcionais, cabe-lhe, não sendo o competente para punir, acionar outro, que tenha tal atribuição. No mínimo, exige-se que seja superior hierárquico da pessoa que cometeu a infração. Em suma, somente é agente deste crime aquele funcionário que tem competência para punir outro ou, pelo menos, que seja superior hierárquico, com o dever de comunicar a falta a quem de direito. Nesse prisma: ANTONIO PAGLIARO e PAULO JOSÉ DA COSTA JÚNIOR, *Dos crimes contra a Administração Pública,* p. 147.

**135. Objetos material e jurídico:** o objeto material é a infração não punida ou não comunicada. O objeto jurídico é a Administração Pública, nos aspectos material e moral.

**136. Classificação:** trata-se de crime próprio (aquele que somente pode ser cometido por sujeito ativo qualificado ou especial); formal (crime que não exige, para sua consumação, resultado naturalístico, consistente na efetiva impunidade do infrator); de forma livre (pode ser cometido por qualquer meio eleito pelo agente); omissivo (os verbos implicam omissões); instantâneo (cuja consumação não se prolonga no tempo, dando-se em momento determinado); unissubjetivo (aquele que pode ser cometido por um único sujeito); unissubsistente (delito cuja ação pode ser composta por um único ato); não admite tentativa.

### Advocacia administrativa

> **Art. 321.** Patrocinar,[137-139] direta ou indiretamente,[140] interesse privado[141] perante a Administração Pública, valendo-se da qualidade de funcionário:[142-144]
>
> Pena – detenção, de 1 (um) a 3 (três) meses, ou multa.
>
> **Parágrafo único.** Se o interesse é ilegítimo:[145]
>
> Pena – detenção, de 3 (três) meses a 1 (um) ano, além da multa.

**137. Análise do núcleo do tipo:** *patrocinar* significa proteger, beneficiar ou defender. O objeto da benesse é o interesse privado em confronto com o interesse da Administração Pública. O termo utilizado na rubrica ("advocacia") pode dar a entender tratar-se de um tipo penal voltado somente a advogados, o que não corresponde à realidade, pois está no sentido de "promoção de defesa" ou "patrocínio". Acrescente-se, ainda, que o patrocínio não exige, em contrapartida, a obtenção de qualquer ganho ou vantagem econômica. Pode significar para o agente um simples favor, o que, por si só, é fato típico. "Esta expressão [advocacia administrativa], ao que tudo indica, se formou na língua portuguesa falada no Brasil, sendo provável que se trata de um brasileirismo. É certo que, desde 1905, pelo menos, julgados já a utilizam para significar o patrocínio indébito de interesse privado realizado por funcionário público perante repartições públicas ('Revista de Direito', vol. 17, pág. 348). A expressão 'advocacia administrativa', contudo, pode ser usada com o seu sentido honesto, isto é, o de exercício normal de patrocínio de causas em assuntos administrativos na pressuposição do estabelecido nas disposições que regulam a profissão de advogado. (...) Pelo direito romano, a advocacia administrativa já era contemplada. Como não havia, ainda, uma noção tão ampla do delito, figurava ela, a par da concussão e da corrupção, por igual confundidas, sob a generalidade dos chamados *crimina repetundarum*. Naquela legislação, pois, já se proibia terminantemente que funcionários por si ou interpostas pessoas emprestassem dinheiro ou outros bens adquiridos em heranças confiadas ao Fisco" (FERNANDO HENRIQUE MENDES DE ALMEIDA, *Dos crimes contra a Administração Pública*, p. 109-112). Na jurisprudência: STJ: "5. Conforme decidido pelos integrantes da Sexta Turma desta Casa no julgamento do REsp 1.770.444/DF, de minha relatoria, o crime de advocacia administrativa demanda, para sua configuração, a influência do funcionário público sobre outro colega no patrocínio de interesse privado. Sendo assim, o servidor não age de ofício, mas postula perante outro funcionário público, direta ou indiretamente, interesse privado de outrem. No caso, apenas descreveu o Ministério Público erros na fiscalização efetivada pelo próprio funcionário público competente, no exercício de suas atribuições. Não delineou a peça acusatória pedido formulado pelo auditor fiscal a outro servidor público, valendo-se da influência derivada de seu cargo, destinado a beneficiar as empresas mencionadas na inicial. Esse é o quadro, não se pode tomar como típica a conduta do recorrente. Muito embora possam existir erros ou falhas nos atos de fiscalização das pessoas jurídicas auditadas, as condutas narradas na denúncia não se justapõem àquela descrita no art. 3.º, III, da Lei 8.137/90" (RHC 99.411-RJ, 6.ª T., rel. Antonio Saldanha Palheiro, 25.06.2019, v.u.);

# Art. 321

Código Penal Comentado · **Nucci**

"O crime de advocacia administrativa é próprio, formal e de concurso eventual, cuja essência proibitiva recai sobre a defesa de interesses privados perante a Administração Pública por funcionário público. O patrocínio do interesse privado e alheio, legítimo ou não, por funcionário público, perante a Administração Pública, pode ser direto, concretizado pelo ele próprio, ou indireto, valendo-se ele de interposta pessoa, para escamotear a atuação. Fundamental que o funcionário se valha das facilidades que a função pública lhe oferece, em qualquer setor da Administração Pública, mesmo que não seja especificamente o de atuação do agente" (HC 376927-ES, 5.ª T., rel. Ribeiro Dantas, 17.10.2017, v.u.).

**138. Sujeitos ativo e passivo:** o sujeito ativo é somente o funcionário público. O sujeito passivo é o Estado; eventualmente, em caráter secundário, a entidade de direito público ou a pessoa prejudicada.

**139. Elemento subjetivo do tipo:** é o dolo. Não se exige elemento subjetivo específico, nem se pune a forma culposa.

**140. Modos de atuação:** ver nota 68 ao art. 316.

**141. Interesse privado:** é qualquer vantagem, ganho ou meta a ser atingida pelo particular. Esse interesse deve confrontar-se com o interesse público, isto é, aquele que é inerente à Administração Pública. Não significa, porém, que o interesse privado – para a caracterização do crime – há de ser ilícito ou injusto. O interesse da Administração é justamente poder decidir sem a interferência exterior de qualquer pessoa, mormente o particular. Quando alguém, pertencendo aos seus quadros, promove a defesa de interesse privado, está se imiscuindo, automaticamente, nos assuntos de interesse público, o que é vedado. Se o interesse for ilícito, a advocacia administrativa é própria; caso seja lícito, considera-se cometida na forma imprópria (cf. FERNANDO HENRIQUE MENDES DE ALMEIDA, *Dos crimes contra a Administração Pública*, p. 113).

**142. Valer-se da qualidade de funcionário:** a conduta tipificada volta-se justamente para a pessoa que, sendo funcionária pública, com seu prestígio junto aos colegas ou sua facilidade de acesso às informações ou à troca de favores, termina investindo contra o interesse maior da Administração de ser imparcial e isenta nas suas decisões e na sua atuação.

**143. Objetos material e jurídico:** o objeto material é o interesse privado. O objeto jurídico é a Administração Pública, nos seus aspectos material e moral.

**144. Classificação:** trata-se de crime próprio (aquele que somente pode ser cometido por sujeito ativo qualificado ou especial); formal (crime que não exige, para sua consumação, resultado naturalístico, consistente no efetivo benefício auferido pelo particular); de forma livre (pode ser cometido por qualquer meio eleito pelo agente); comissivo (o verbo implica ação); instantâneo (cuja consumação não se prolonga no tempo, dando-se em momento determinado); unissubjetivo (aquele que pode ser cometido por um único sujeito); plurissubsistente (delito cuja ação é composta por vários atos, permitindo-se o seu fracionamento); admite tentativa.

**145. Figura qualificada:** a pena em abstrato é aumentada (mínimo e máximo), configurando uma qualificadora, quando o interesse privado patrocinado pelo funcionário público é ilegítimo (ilícito). Nota-se, portanto, que não existe necessidade, para configurar a advocacia administrativa, que o interesse seja, primariamente, ilícito. Somente na figura qualificada é que se exige tal qualificação. No mais, para aperfeiçoar o *caput*, basta a defesa de *qualquer* interesse privado.

# Art. 322

**Título XI – Dos crimes contra a Administração Pública**      1245

### Violência arbitrária[146]

> **Art. 322.** Praticar[147-149] violência,[150] no exercício de função ou a pretexto de exercê-la:[151-153]
>
> Pena – detenção, de 6 (seis) meses a 3 (três) anos, além da pena correspondente à violência.[154]

**146. Revogação do art. 322 pela Lei de Abuso de Autoridade:** cremos ter sido revogado este tipo penal pela vigência da Lei 4.898/1965, que disciplinou, integralmente, os crimes de abuso de autoridade. Assim, a violência praticada no exercício da função ou a pretexto de exercê-la deve encaixar-se em uma das figuras previstas na referida lei, não havendo mais necessidade de se utilizar o art. 322. Tendo em vista que há voz em contrário, sustentando a manutenção do delito de violência arbitrária, faremos as notas pertinentes ao tipo penal. Atualmente, a Lei 13.869/2019 (nova Lei de Abuso de Autoridade) revogou a Lei 4.898/1965, mas isto não faz o art. 322 voltar a vigorar. Inexiste o efeito repristinatório.

**147. Análise do núcleo do tipo:** *praticar* é executar ou realizar.

**148. Sujeitos ativo e passivo:** o sujeito ativo somente pode ser o funcionário público. O sujeito passivo é o Estado; secundariamente, a pessoa prejudicada.

**149. Elemento subjetivo do tipo:** é o dolo. Cremos presente, como nos crimes de abuso de autoridade, o elemento subjetivo específico, que é a vontade de abusar da sua autoridade. Não existe a forma culposa.

**150. Conceito de violência:** é a coerção física cometida contra pessoa. Não se inclui no tipo, expressamente, se a violência contra coisa poderia configurar o delito do art. 322, sendo mais razoável supor, conferindo-se interpretação restritiva à figura típica, somente ser plausível a coerção contra ser humano. Tal postura fica confirmada pela previsão do preceito secundário do tipo, que demonstra ser punível, também, a prática da violência. Ora, só pode ser a coerção física contra a pessoa humana, tendo em vista que a violência contra a coisa, porque normalmente crime de ação privada (ver art. 167, CP), não conta com tal proteção indisponível do Estado.

**151. Modos de atuação:** pode o agente atuar violentamente quando estiver *efetivamente* no desempenho da sua função ou pode simplesmente *argumentar* que se encontra desempenhando seu mister, quando na realidade não está. No título do crime, inseriu-se, com razão, o termo *arbitrária*, tendo em vista que os funcionários do Estado podem ser levados à utilização da violência em várias oportunidades – é o que ocorre, como regra, quando se efetua uma prisão –, estando, no entanto, no estrito cumprimento de um dever. Assim, somente o que for excessivo ou abusivo pode ser considerado ilícito ou arbitrário.

**152. Objetos material e jurídico:** o objeto material é a pessoa que sofre a violência. O objeto jurídico é a Administração Pública, nos aspectos material e moral.

**153. Classificação:** trata-se de crime próprio (aquele que somente pode ser cometido por sujeito ativo qualificado ou especial); material (crime que exige, para sua consumação, resultado naturalístico, consistente no efetivo emprego de violência); de forma livre (pode ser cometido por qualquer meio eleito pelo agente); comissivo (o verbo implica ação); instantâneo (cuja consumação não se prolonga no tempo, dando-se em momento determinado);

# Art. 323

Código Penal Comentado · **Nucci**

unissubjetivo (aquele que pode ser cometido por um único sujeito); plurissubsistente (delito cuja ação é composta por vários atos, permitindo-se o seu fracionamento); admite tentativa.

**154. Concurso de crimes:** juntamente com a prática do art. 322, pune-se o delito violento contra a pessoa (lesões corporais, vias de fato, tentativa de homicídio, entre outros).

### Abandono de função

> **Art. 323.** Abandonar[155-157] cargo público,[158] fora dos casos permitidos em lei:[159-161]
>
> Pena – detenção, de 15 (quinze) dias a 1 (um) mês, ou multa.
>
> § 1.º Se do fato resulta prejuízo público:[162]
>
> Pena – detenção, de 3 (três) meses a 1 (um) ano, e multa.
>
> § 2.º Se o fato ocorre em lugar compreendido na faixa de fronteira:[163-164]
>
> Pena – detenção, de 1 (um) a 3 (três) anos, e multa.

**155. Análise do núcleo do tipo:** *abandonar* significa largar ou deixar ao desamparo. Objetiva-se proteger o regular funcionamento dos serviços públicos. Não se deve confundir o abandono previsto neste tipo penal, que pode configurar-se em curto espaço de tempo, com o *abandono de cargo*, estabelecido em lei específica que rege a carreira do funcionário público, normalmente demandando um prazo fixo e relativamente extenso. Torna-se evidente que um funcionário público, fiscalizando um posto de fronteira, não precisa largar o cargo por 30 dias consecutivos para concretizar o delito. Basta que fique fora por tempo suficiente para determinar o seu descaso e o seu ânimo de se afastar da função.

**156. Sujeitos ativo e passivo:** o sujeito ativo só pode ser o funcionário público. O sujeito passivo é o Estado.

**157. Elemento subjetivo do tipo:** é o dolo. Não se exige elemento subjetivo específico, nem se pune a forma culposa.

**158. Cargo público:** é o posto criado por lei na estrutura hierárquica da Administração Pública, com denominação e padrão de vencimentos próprios (cf. Maria Sylvia Zanella Di Pietro, *Direito administrativo*, p. 420). O cargo possui função, mas esta nem sempre possui o cargo correspondente. Por isso, está incorreta a rubrica do crime – abandono de *função* –, sendo melhor dizer que se trata de abandono de *cargo público*. O funcionário público, ao ocupar determinado cargo, deve prestar serviços essenciais à população, de forma que, largando-o sem orientador, sem alertar o superior hierárquico, enfim, sem dar satisfação do seu ato para que uma substituição seja providenciada, comete o delito previsto neste tipo penal.

**159. Elemento normativo do tipo:** ao mencionar que o abandono deve ocorrer "fora dos casos permitidos em lei", está o tipo penal prevendo a possibilidade de o funcionário deixar o cargo *licitamente*. Tal ocorre quando ingressar em licença de saúde ou em férias regulamentares, por exemplo.

**160. Objetos material e jurídico:** o objeto material é o cargo público. O objeto jurídico é a Administração Pública, nos interesses material e moral.

**161. Classificação:** trata-se de crime próprio (aquele que somente pode ser cometido por sujeito ativo qualificado ou especial), aliás, é delito de mão própria, que somente o funcionário, pessoalmente, pode praticar; formal (crime que não exige, para sua consumação, resultado naturalístico, consistente no efetivo prejuízo para a Administração, decorrente do abandono); de forma livre (pode ser cometido por qualquer meio eleito pelo agente); omissivo (o verbo implica omissão, ou seja, largar, deixar de atuar); instantâneo (cuja consumação não se prolonga no tempo, dando-se em momento determinado); unissubjetivo (aquele que pode ser cometido por um único sujeito); unissubsistente (delito cuja ação pode ser composta por um único ato); não admite tentativa.

**162. Figura qualificada pelo resultado:** a pena é aumentada no mínimo e no máximo, configurando-se uma qualificadora, quando do abandono advier prejuízo público, ou seja, qualquer transtorno ou dano aos serviços públicos. Trata-se, naturalmente, de uma perturbação efetiva, pois o mero abandono já é uma presunção de dano para a Administração Pública.

**163. Figura qualificada pelo local:** mais uma vez aumenta-se a pena, nos seus valores mínimo e máximo, expressando a existência de uma qualificadora, quando o cargo público for objeto de abandono em área de fronteira. O dano para o Estado é significativamente maior se um posto de fiscalização, por exemplo, em zona limítrofe com outro país, for deixado acéfalo pelo funcionário público. Cremos ser aplicável esta qualificadora diretamente sobre a figura do *caput,* e não sobre o § 1.º. Assim, caso o abandono ocorra em zona fronteiriça e, ao mesmo tempo, resultar prejuízo para o serviço público, deve o juiz aplicar a pena prevista no § 2.º, levando em conta a existência da outra qualificadora (prejuízo) como circunstância judicial (art. 59) para elevar a pena-base.

**164. Faixa de fronteira:** preceitua o art. 20, § 2.º, da Constituição Federal: "A faixa de até cento e cinquenta quilômetros de largura, ao longo das fronteiras terrestres, designada como faixa de fronteira, é considerada fundamental para defesa do território nacional, e sua ocupação e utilização serão reguladas em lei". Dispõe o art. 1.º da Lei 6.634/1979: "É considerada área indispensável à segurança nacional a faixa interna de 150 km (cento e cinquenta quilômetros) de largura, paralela à linha divisória terrestre do território nacional, que será designada como faixa de fronteira".

### Exercício funcional ilegalmente antecipado ou prolongado

> **Art. 324.** Entrar[165-167] no exercício de função pública[168] antes de satisfeitas as exigências legais,[169] ou continuar a exercê-la, sem autorização,[170] depois de saber[171] oficialmente que foi exonerado,[172-173] removido,[174] substituído[175-176] ou suspenso:[177-179]
>
> Pena – detenção, de 15 (quinze) dias a 1 (um) mês, ou multa.

**165. Análise do núcleo do tipo:** *entrar no exercício* significa iniciar o desempenho de determinada atividade; *continuar a exercê-la* quer dizer prosseguir no desempenho de determinada atividade. O objeto é a função pública. A conduta de *exercer*, quando isolada, é considerada habitual, embora, no caso presente, não se possa dizer tratar-se de delito habitual. Começar o *exercício* tem o significado de dar início a uma prática que será, pela própria natureza da função pública, habitual. Como se fala em *entrar,* e não em *exercer,* há instantaneidade na conduta. O mesmo se diga da forma *continuar* a exercê-la, quando se pressupõe já existir a habitualidade, representativo do *exercício,* que apenas é reiniciada. "Na verdade, algumas das figuras referidas no art. 324 são variantes das referidas no art. 328. Com efeito, se alguém não

# Art. 324

Código Penal Comentado · **Nucci**

1248

é funcionário, porque não adquiriu tal qualidade pela investidura, ou, porque prolongou por sua conta e risco um exercício de que foi demitido, exonerado, substituído etc., evidentemente é usurpador. (...) Há, porém, um grave inconveniente nisto: é que se, em razão dessa prorrogação ou dessa antecipação, o delinquente houver cometido outro delito, será qualificado este como de usurpador, o que prova a inadequação do art. 324, entre os delitos cometidos por funcionário público" (FERNANDO HENRIQUE MENDES DE ALMEIDA, *Dos crimes contra a Administração Pública*, p. 132-133).

**166. Sujeitos ativo e passivo:** o sujeito ativo só pode ser o funcionário público nomeado, porém sem ter tomado posse. Na segunda hipótese, há de estar afastado ou exonerado. O sujeito passivo é o Estado.

**167. Elemento subjetivo do tipo:** é o dolo. Não se exige elemento subjetivo específico, nem se pune a forma culposa. Na segunda figura, em face da expressão "depois de saber", entendemos haver apenas dolo direto. Não teria sentido o funcionário *saber* que está fora da função e continuar a exercê-la atuando com dolo eventual. Inexiste a forma culposa.

**168. Função pública:** é o conjunto de atribuições inerentes ao serviço público, que não correspondem a um cargo ou emprego (MARIA SYLVIA ZANELLA DI PIETRO, *Direito administrativo*, p. 421). Portanto, pode exercer função pública mesmo aquele que não tem cargo (posto criado por lei, cujo ingresso se dá por concurso) ou emprego (vínculo contratual, sob regência da CLT). Logicamente, para o efeito deste tipo penal, a função é genérica e abrange o cargo e o emprego.

**169. Norma penal em branco:** as exigências legais para o funcionário público entrar no exercício do seu cargo são previstas em legislação específica, que merece ser consultada para poder complementar o tipo em questão. Como exemplo, pode-se citar o funcionário público que, antes da posse – ato formal que o investe no cargo –, começa a desempenhar suas atribuições.

**170. Elemento normativo do tipo:** a expressão "sem autorização" indica a ilicitude da conduta, ao passo que a continuidade do exercício, devidamente permitida pela Administração Pública, não configura o tipo penal.

**171. Comunicação oficial:** é exigida, e a prova de que o funcionário a recebeu incumbe à acusação: "O funcionário deverá ser oficialmente comunicado da sua exoneração, remoção, substituição ou suspensão. Não basta a publicação no *D.O.*, a menos que reste comprovado que o funcionário teve conhecimento dela" (ANTONIO PAGLIARO e PAULO JOSÉ DA COSTA JÚNIOR, *Dos crimes contra a Administração Pública*, p. 170).

**172. Exoneração:** é o ato que desveste o funcionário do cargo. Pode acontecer a pedido ou de ofício. Neste último caso, quando se tratar de cargo em comissão ou, em caso do término do estágio probatório, não houver confirmação na carreira. Ocorre, ainda, quando o funcionário nomeado não toma posse no prazo legal. Quando for a pedido chama-se ato negocial, porque os efeitos são desejados por ambas as partes – funcionário e Administração (MARIA SYLVIA ZANELLA DI PIETRO, *Direito administrativo*, p. 207). Apesar de não constar expressamente, deve-se fazer uma interpretação extensiva do termo *exonerar*, para que abranja também a demissão, ou seja, quando a Administração, impondo uma sanção, desveste o funcionário público de seu cargo ou função. Não teria sentido o funcionário demitido continuar a exercer o cargo, sem incidir em qualquer figura penal. Ademais, a exoneração, por ser desejada pelo servidor, não o fará continuar no exercício da função, enquanto a demissão pode levá-lo a perpetuar-se na sua atividade. Inclua-se, ainda, a destituição, que é a pena aplicada ao funcionário em cargo em comissão ou em função comissionada (art. 127, V, Lei 8.112/1990).

**173. Aposentado compulsoriamente:** deve imediatamente afastar-se do cargo o funcionário que completa a idade fixada em lei, ainda que não tenha sido formalizada a sua aposentadoria. Não o fazendo, pode incidir nas penas deste artigo. Equipara-se, para os fins penais, ao exonerado que foi destituído do cargo. Vemos, nesse caso, uma interpretação extensiva, uma vez que os termos utilizados no tipo penal não precisam guardar exata sintonia com o Direito Administrativo. É justamente o que ocorre com a inclusão da demissão – que é pena – dentro do contexto da exoneração. Não há analogia *in malam partem*. Há posição em sentido contrário, negando a possibilidade de haver a inserção da aposentadoria, das férias e da licença.

**174. Remoção:** é a mudança do funcionário de um posto para outro, embora mantendo o mesmo cargo. Não pode, naturalmente, continuar a exercer a sua função no posto anterior.

**175. Substituição:** é a colocação de um funcionário em lugar de outro. Altera-se a atividade, embora se mantenham o cargo e o local de trabalho.

**176. Funcionário em férias ou licença:** cremos equiparar-se ao substituído, pois é justamente o que acontece quando um funcionário entra em gozo de férias ou de licença. Um juiz, por exemplo, que está em férias é substituído por outro, a fim de que o serviço público não padeça de solução de continuidade.

**177. Suspensão:** é a sanção disciplinar que retira o funcionário, temporariamente, do seu cargo ou de sua função.

**178. Objetos material e jurídico:** o objeto material é a função pública. O objeto jurídico é a Administração Pública, nos interesses material e moral.

**179. Classificação:** trata-se de crime próprio (aquele que somente pode ser cometido por sujeito ativo qualificado ou especial), aliás, é delito de mão própria, que somente o funcionário, pessoalmente, pode cometer; formal (crime que não exige, para sua consumação, resultado naturalístico, consistente no efetivo prejuízo para a Administração com o exercício indevido); de forma livre (pode ser cometido por qualquer meio eleito pelo agente); comissivo (os verbos implicam ações); instantâneo (cuja consumação não se prolonga no tempo, dando-se em momento determinado); unissubjetivo (aquele que pode ser cometido por um único sujeito); plurissubsistente (delito cuja ação é composta por vários atos, permitindo-se o seu fracionamento); admite tentativa.

### Violação de sigilo funcional

> **Art. 325.** Revelar[180-182] fato de que tem ciência[183] em razão do cargo[184] e que deva permanecer em segredo,[185] ou facilitar-lhe a revelação:[186-187]
>
> Pena – detenção, de 6 (seis) meses a 2 (dois) anos, ou multa, se o fato não constitui crime mais grave.[188-189]
>
> § 1.º Nas mesmas penas deste artigo incorre quem:
>
> I – permite[190-192] ou facilita, mediante[193] atribuição, fornecimento e empréstimo de senha ou qualquer outra forma, o acesso de pessoas não autorizadas[194] a sistemas de informações[195] ou banco de dados[196] da Administração Pública;[197-198]

# Art. 325

Código Penal Comentado · **Nucci**

1250

> II – se utiliza,[199-201] indevidamente,[202] do acesso restrito.[203-206]
>
> § 2.º Se da ação ou omissão resulta dano à Administração Pública ou a outrem:
>
> Pena – reclusão, de 2 (dois) e 6 (seis) anos, e multa.

**180. Análise do núcleo do tipo:** *revelar* significa fazer conhecer ou divulgar; *facilitar* a revelação quer dizer tornar sem custo ou esforço a descoberta. O objeto é o fato que deva permanecer em segredo. É um delito variante daquele de que se ocupa o art. 154, genericamente dirigido à tutela penal da observância do princípio da inviolabilidade dos segredos (cf. FERNANDO HENRIQUE MENDES DE ALMEIDA, *Dos crimes contra a Administração Pública*, p. 138).

**181. Sujeitos ativo e passivo:** o sujeito ativo é o funcionário público, abrangendo o aposentado ou em disponibilidade. O sujeito passivo é o Estado; secundariamente, a pessoa prejudicada com a revelação.

**182. Elemento subjetivo do tipo:** é o dolo. Não existe a forma culposa, nem se exige elemento subjetivo do tipo específico.

**183. Fato de que tem ciência:** é o *fato* (qualquer acontecimento) que chega ao conhecimento do funcionário justamente por conta do cargo que exerce.

**184. Em razão do cargo:** significa que a informação somente chegou ao seu conhecimento porque exerce uma função pública. Não fosse funcionário público e desconheceria o ocorrido. Entretanto, se tomou ciência do fato por intermédio de outra fonte que não o seu cargo, não comete o delito previsto neste tipo penal.

**185. Segredo:** é o que deve ser mantido em sigilo, sem qualquer divulgação. Se o funcionário conta o fato sigiloso a quem dele já possui conhecimento, não se consuma a infração penal. Por outro lado, quando, em nome do interesse público, houve necessidade da revelação do fato – para apuração de um crime mais grave que está sendo encoberto, por exemplo –, cremos não se configurar o crime. Ensina NORONHA: "No tocante ao delito em tela, se é o interesse público que impede guarde silêncio o funcionário, tal obrigatoriedade cessa quando outro *interesse público* maior se levanta" (*Direito penal*, v. 4, p. 287).

**186. Objetos material e jurídico:** o objeto material é a informação sigilosa. O objeto jurídico é a Administração Pública (interesses material e moral).

**187. Classificação:** trata-se de crime próprio (aquele que demanda sujeito ativo qualificado ou especial); formal (delito que não exige resultado naturalístico, consistente em prejuízo para a Administração ou para outra pessoa com a revelação); de forma livre (podendo ser cometido por qualquer meio eleito pelo agente); comissivo (os verbos implicam ações); instantâneo (cujo resultado se dá de maneira instantânea, não se prolongando no tempo); unissubjetivo (que pode ser praticado por um só agente); unissubsistente (um único ato perfaz o tipo penal) ou plurissubsistente (via de regra, vários atos integram a conduta), conforme o caso; admite tentativa na forma plurissubsistente.

**188. Delito subsidiário:** cede espaço à aplicação de norma penal mais severa quando esta se configurar.

**189. Confronto com outros tipos especiais:** este crime não se aplica quando houver delito previsto em legislação específica.

**190. Análise do núcleo do tipo:** *permitir* significa consentir ou dar liberdade para fazer alguma coisa; *facilitar* quer dizer tornar mais fácil ou eliminar obstáculos. O objeto é o acesso a sistemas de informações ou banco de dados da Administração Pública.

**191. Sujeitos ativo e passivo:** o sujeito ativo é somente o funcionário público, ainda que esteja aposentado ou em disponibilidade. O sujeito passivo é o Estado. Secundariamente, pode ser considerada a pessoa prejudicada pelo acesso à informação.

**192. Elemento subjetivo do tipo:** é o dolo. Não existe a forma culposa, nem se exige elemento subjetivo do tipo específico.

**193. Modos de atuação:** pode o agente praticar a conduta típica através dos seguintes mecanismos: a) *atribuir (conceder ou conferir) senha (fórmula convencionada por alguém, para impedir que terceiros tenham acesso a segredos guardados)*: Trata-se de conduta comum na Administração, quando se quer permitir que alguns funcionários, especialmente autorizados, ingressem em arquivos ou conheçam dados ou documentos confidenciais. Assim, por convenção, a determinado funcionário confere-se um código, que o identifica, permitindo-lhe entrar em salas ou sistemas informatizados. Tal conduta pode ocorrer, ainda, atribuindo-se *outra forma* de acesso, como falso crachá de identificação; b) *fornecer (entregar, confiar a alguém) senha*: A conduta difere da anterior, pois neste caso o funcionário não confere um código a terceiro, para que este tome conhecimento de dados sigilosos, mas confia senha sua ou de outra pessoa para que o ingresso seja feito. A conduta também pode ser cometida através da entrega de *outra forma* de passagem, como uma chave; c) *emprestar (confiar a alguém determinada coisa para ser devolvida) instrumento de acesso*: Tal conduta não se adapta, perfeitamente, à senha, pois, quanto a esta, fornecendo-se o seu código, nada mais resta a fazer. Não se empresta senha, mas fornecem-se os seus caracteres. Portanto, a senha não é devolvida. Se o funcionário que a forneceu desejar tê-la de volta com a característica original de bloqueio de acesso a pessoas *não* autorizadas, necessita alterá-la. Trata-se de forma vinculada.

**194. Pessoas não autorizadas:** são aquelas que não detêm da Administração Pública ou da própria lei liberdade para ingressar e tomar conhecimento de sistemas de informações ou banco de dados públicos. É elemento normativo do tipo, que depende de valoração.

**195. Sistema de informações:** é o conjunto de elementos materiais agrupados e estruturados visando ao fornecimento de dados ou instruções sobre algo. Embora se possa ter a impressão de se tratar de meio informatizado, cremos que pode ter maior abrangência, isto é, pode ser organizado por computadores ou não.

**196. Banco de dados:** é a compilação organizada e inter-relacionada de informes, guardados em um meio físico, com o objetivo de servir de fonte de consulta para finalidades variadas, evitando-se a perda de informações. Pode ser organizado também de maneira informatizada.

**197. Objetos material e jurídico:** o objeto material é o sistema de informações ou banco de dados. O objeto jurídico é a Administração Pública, nos seus aspectos material e moral.

**198. Classificação:** trata-se de crime próprio (aquele que só pode ser cometido por sujeito qualificado); formal (delito que não exige, para sua consumação, a ocorrência de resultado naturalístico); de forma livre (pode ser cometido por qualquer meio eleito pelo agente); comissivo (os verbos, quando conjugados, implicam ações. Ex.: permitir o acesso, atribuindo senha), mas pode configurar-se na modalidade omissiva (ex.: facilitar o acesso, largando a senha visível em cima da mesa); instantâneo (cuja consumação não se prolonga no tempo, dando-se

# Art. 325

**Código Penal Comentado · Nucci**                                                          1252

em momento determinado) ou permanente (delito cuja consumação se arrasta no tempo), conforme o caso. Se o funcionário atribui uma senha de computador a alguém não autorizado, permitindo-lhe o acesso contínuo a dados da Administração Pública, o delito ganha contorno permanente. Entretanto, se o funcionário empresta sua chave para que a pessoa ingresse na sala do arquivo, para checar informações não autorizadas, o crime é instantâneo. É unissubjetivo (aquele que pode ser cometido por um único sujeito); unissubsistente (praticado num único ato) ou plurissubsistente (delito cuja ação é composta por vários atos, permitindo-se o seu fracionamento), conforme o caso concreto; admite tentativa, na forma plurissubsistente.

**199. Análise do núcleo do tipo:** *utilizar-se* significa valer-se de algo ou usar. O objeto é o acesso restrito a sistema de informações ou banco de dados. Observe-se que *utilizar* não é simplesmente tomar conhecimento, de forma que o funcionário público, não autorizado, necessita valer-se dos dados para qualquer finalidade não permitida. O tipo previsto no inciso anterior destina-se ao funcionário público que libera a entrada no sistema restrito a qualquer pessoa não autorizada, enquanto este se volta ao funcionário público, sem autorização, que faz uso do sistema. O particular que ingressa no sistema de acesso restrito somente pratica crime se divulgar os dados conhecidos. O interesse maior é punir o funcionário que permite o acesso, e não aquele que toma conhecimento do seu conteúdo. Na jurisprudência: TJRS: "No tocante ao delito de violação de sigilo funcional, os elementos dos autos são claros no sentido de que a ré utilizou indevidamente do Sistema de Consultas Integradas, cujo acesso tinha em razão do cargo, e verificou o andamento de vários feitos envolvendo o noivo, além de informações relativas a outros Delegados e autoridades policiais. O fato foi confirmado pela prova testemunhal" (Ap. Crim. 70083949867, 4.ª C. Crim., rel. Rogerio Gesta Leal, 03.12.2020, v.u.). TJSP: "Acusação de que Luciano facultou a Fábio acesso a sistemas de informações ou banco de dados da Administração Pública mediante fornecimento de *login* e senha pessoais. Insuficiência de provas. Alegação de Luciano – no sentido de que se ausentou de sua mesa sem bloquear o computador e, ao retornar, Fábio estava usando o seu terminal de trabalho – não infirmada por outros elementos produzidos em juízo. Verossimilhança das alegações. Dolo não demonstrado. Negligência não punível. Absolvição mantida. Conduta de Fábio. Pretendido reconhecimento da atipicidade. Admissibilidade. Não configuração efetiva da utilização indevida de acesso restrito. Utilização do computador do corréu que já estava logado, com o código 'PE', limitado à realização de pesquisas. Apelante que realizava pesquisa de pontuação de CNH a pedido de uma colega. Informação que poderia ter sido obtida através de qualquer terminal com acesso à internet. Absolvição necessária, no art. 386, III, CPP" (Ap. Crim. 0056470-18.2013.8.26.0577, 16.ª C. D. Crim., rel. Otávio de Almeida Toledo, 28.07.2020, v.u.).

**200. Sujeitos ativo e passivo:** o sujeito ativo deve ser funcionário público. O sujeito passivo é o Estado; secundariamente, a pessoa prejudicada pelo conhecimento da informação sigilosa.

**201. Elemento subjetivo do tipo:** é o dolo. Não existe a forma culposa, nem se exige elemento subjetivo do tipo específico.

**202. Elemento normativo do tipo:** trata-se de elemento da ilicitude trazido para dentro do tipo. Logo, quando houver autorização para o acesso, a conduta é atípica.

**203. Acesso restrito:** é o ingresso limitado a determinadas pessoas no sistema de informações ou banco de dados da Administração Pública.

**204. Objetos material e jurídico:** ver nota 197 ao inciso anterior.

**205. Classificação:** trata-se de crime próprio (aquele que só pode ser cometido por sujeito qualificado); formal (delito que não exige, para sua consumação, a ocorrência de resultado naturalístico); de forma livre (pode ser cometido por qualquer meio); comissivo (o verbo implica ação); instantâneo (cuja consumação não se prolonga no tempo, dando-se em momento determinado); unissubjetivo (aquele que pode ser cometido por um único sujeito); unissubsistente (praticado num único ato) ou plurissubsistente (delito cuja ação é composta por vários atos, permitindo-se o seu fracionamento), conforme o caso concreto; admite tentativa, na forma plurissubsistente.

**206. Crime qualificado pelo resultado:** havendo dano à Administração Pública, qualifica-se o crime, aumentando-se a faixa abstrata de fixação da pena (mínimo e máximo).

### Violação do sigilo de proposta de concorrência[207]

> **Art. 326.** Devassar o sigilo de proposta de concorrência pública, ou proporcionar a terceiro o ensejo de devassá-lo:
>
> Pena – detenção, de 3 (três) meses a 1 (um) ano, e multa.

**207. Revogação:** foi revogado tacitamente pelo art. 94 da Lei 8.666/1993 (Lei de Licitações). Mesmo com o advento da Lei 14.133/2021, o artigo permanece revogado. Vide nota 189 ao art. 325.

### Funcionário público

> **Art. 327.** Considera-se funcionário público, para os efeitos penais,[208] quem, embora transitoriamente ou sem remuneração, exerce cargo, emprego ou função pública.[209-211-A]
>
> § 1.º Equipara-se a funcionário público quem exerce cargo, emprego ou função em entidade paraestatal,[212-213] e quem trabalha para empresa prestadora de serviço contratada ou conveniada para a execução de atividade típica da Administração Pública.[214]
>
> § 2.º A pena será aumentada da terça parte[215] quando os autores dos crimes previstos neste Capítulo forem ocupantes de cargos em comissão ou de função de direção ou assessoramento de órgão da administração direta, sociedade de economia mista, empresa pública ou fundação instituída pelo poder público.[215-A]

**208. Efeitos penais:** o conceito de funcionário público não é o mesmo que o previsto no Direito Administrativo. No caso penal, por exemplo, é considerada como tal a pessoa que exerce função pública, ainda que sem remuneração. Aplica-se este artigo a toda a legislação, inclusive especial.

**209. Conceitos de cargo, emprego ou função pública:** *cargo público* é o posto criado por lei na estrutura hierárquica da Administração Pública, com denominação e padrão de vencimentos próprios, ocupado por servidor com vínculo estatutário (ex.: cargo de delegado de polícia, de oficial de justiça, de auditor da receita etc.); *emprego público* é o posto criado por lei na estrutura hierárquica da Administração Pública, com denominação e padrão de

# Art. 327

Código Penal Comentado • **Nucci**                                                                    1254

vencimentos próprios, embora seja ocupado por servidor que possui vínculo contratual, sob a regência da CLT (ex.: escrevente judiciário contratado pelo regime da CLT, antes do advento da Constituição de 1988); *função pública* é a denominação residual, que envolve todo aquele que presta serviços para a Administração, embora não seja ocupante de cargo ou emprego (ex.: servidor contratado temporariamente, sem concurso público; servidor que exerce função de chefia, embora sem a existência de cargo). Consultar, ainda, MARIA SYLVIA ZANELLA DI PIETRO, *Direito administrativo*, p. 420-422.

**210. Podem ser considerados funcionários públicos:** a) vereadores; b) serventuários da justiça; c) funcionários de cartórios; d) peritos judiciais; e) contador da prefeitura; f) prefeito municipal; g) inspetor de quarteirão; h) leiloeiro oficial, quando auxiliar do juízo; i) administrador de hospital que presta atendimento a segurados da Previdência Social; j) funcionários do Banco do Brasil (cf. DELMANTO, *Código Penal comentado*, p. 578); k) zelador de prédio municipal; l) advogado do município; m) estudante atuando como estagiário da Defensoria Pública; n) militar; o) guarda-noturno não particular (cf. DAMÁSIO, *Código Penal anotado*, p. 917-918); p) deputados e senadores; q) jurados (cf. FERNANDO HENRIQUE MENDES DE ALMEIDA, *Dos crimes contra a Administração Pública*, p. 162-164). Ainda: a) membro do Conselho Tutelar: TJMG: "Comete o crime de peculato aquele que se apropria de dinheiro de que tem a posse em razão da função pública de Conselheiro Tutelar. Inteligência dos artigos 312 e 327 do Código Penal" (Ap. Crim. 1.0521.10.095485-3/001-MG, 2.ª C. Crim., rel. Renato Martins Jacob, 30.04.2015); b) despachante aduaneiro: STJ: "1. O despachante aduaneiro é pessoa física que atua como representante do importador e/ou do exportador nas atividades de comércio exterior, além daquelas previstas no art. 808 do Decreto 6.759/2009. 2. Embora o § 8.º do art. 810 do Decreto 6.759/2009 estabeleça a inexistência de vínculo funcional entre tais agentes e a Administração Pública, não há dúvida de que a categoria se enquadra como agente delegado, circunstância que firma sua equiparação ao funcionário público para fins penais (art. 327 do CP). 3. Considerando que o ato de delegação e a fiscalização subsequente da atividade são de atribuição da Receita Federal do Brasil, sendo, inclusive, reguladas por ato normativo daquele órgão federal (Instrução normativa 1.209, de 07.11.2011), não há dúvida que há interesse da União nos crimes perpetrados por tais agentes no exercício da função, sendo, ainda, o caso de incidir o enunciado da Súmula 147 desta Corte à espécie. 4. Conflito conhecido para declarar competente o Juízo Federal da 9.ª Vara da Seção Judiciária do Estado do Paraná, o suscitante" (CC 170.426-PR, 3.ª S., rel. Sebastião Reis Júnior, 12.02.2020, v.u.).

**211. Não são considerados funcionários públicos:** a) administrador judicial de massa falida; b) defensor dativo; c) administradores e médicos de hospitais privados credenciados pelo Governo (cf. DELMANTO, *Código Penal comentado*, p. 578); d) tutores e curadores; e) inventariantes; f) advogado, mesmo exercendo a função de representante classista ou remunerado por convênio público (cf. DAMÁSIO, *Código Penal anotado*, p. 918); g) dirigente sindical. Quanto ao advogado remunerado por convênio, ver a próxima nota.

**211-A. Defensor dativo em convênio com órgão estatal:** pensamos tratar-se de funcionário público, para fins penais. O advogado, quando atua como defensor dativo (nomeado pelo juiz para patrocinar a defesa de pessoa pobre) ou "ad hoc" (apenas para determinado ato processual), *sem* receber remuneração dos cofres públicos, assim o faz no exercício de um *munus* público; nesse cenário, não pode ser considerado funcionário público. Porém, quando o advogado ingressa em convênio firmado entre a OAB e órgão estatal, como a Defensoria Pública, recebendo por sua atuação, parecenos evidente a sua posição equiparada a servidor público para fins penais. Nesta última hipótese, é preciso lembrar que, a partir da Constituição Federal de 1988, o Estado garantiu proporcionar aos necessitados a devida assistência jurídica

# Art. 327

**1255** Título XI – Dos crimes contra a Administração Pública

gratuita. O ideal é que a Defensoria Pública assumisse todas as causas criminais; entretanto, por falta de quadros suficientes, termina-se por indicar advogados, previamente inscritos em convênio, para tal mister. Esses defensores suprem a atuação estatal, simbolizando função pública. Eis o motivo pelo qual podem responder, por exemplo, por corrupção passiva, caso solicitem ou recebam alguma vantagem indevida, como a cobrança de remuneração por fora do convênio. Na jurisprudência: STJ: "2. Segundo a jurisprudência pacífica desta Corte Superior, é possível considerar o defensor dativo, cujas atividades derivam de convênio realizado entre a OAB e a Defensoria Pública para realização de defesa em local não provido de atuação dessa instituição, como funcionário público, para fins penais, nos termos do art. 327 do CP" (EDcl no RHC 126.207-SP, 6.ª T., rel. Nefi Cordeiro, 02.06.2020, v.u.).

**212. Entidade paraestatal:** também aqui o conceito deve ser extensivamente interpretado. É equiparada a funcionário público a pessoa que exerce cargo, emprego ou função não somente em entidade tipicamente paraestatal, como a autarquia, mas também em sociedades de economia mista, empresas públicas e fundações instituídas pelo poder público. Aliás, é o que se denota pela leitura do § 2.º. Concluindo, é preciso destacar que o § 2.º deste artigo menciona ser possível o aumento da pena da terça parte quando os autores dos crimes previstos neste Capítulo forem ocupantes de cargos em comissão ou de função de direção ou assessoramento de órgão da Administração direta, *sociedade de economia mista*, empresa pública ou fundação instituída pelo poder público. Ora, somente teria cabimento falar no aumento de pena para ocupantes de cargos diretivos em sociedades de economia mista se eles forem considerados funcionários públicos. Há opinião em contrário, sustentando interpretação restritiva, ou seja, somente a autarquia seria entidade paraestatal (DAMÁSIO, *Código penal anotado*, p. 918). Na jurisprudência: STF: "1. Associação civil qualificada como Organização Social é considerada entidade paraestatal para os fins do disposto no § 1.º do artigo 327 do Código Penal, o que torna legítima a qualificação de seus dirigentes, para efeitos penais, como funcionários públicos por equiparação. 2. O Instituto Candango de Solidariedade – ICS, enquanto ostentou a condição de Organização Social, constituiu entidade paraestatal, enquadrando-se no disposto no § 1.º do artigo 327 do Código Penal. 3. Os ocupantes de cargo, emprego ou função no Instituto em referência respondem pela prática de crimes contra a Administração Pública. 4. Agravo regimental conhecido e não provido" (HC 131.672 AgR, 1.ª T., rel. Rosa Weber, 05.10.2018, v.u.). STJ: "1. No caso, a Corte de origem entendeu corretamente que os supostos crimes praticados por empregados da Ordem dos Advogados do Brasil – OAB devem ser tidos como cometidos por funcionário público, por equiparação, nos termos do art. 327, § 1.º, do Código Penal – CP, haja vista a natureza pública dos serviços prestados pela Entidade. De fato, conforme bem consignado pelo Tribunal *a quo*, o Supremo Tribunal Federal – STF, nos autos da ADI n. 3.026/DF (Relator Ministro Eros Grau, *DJ* 29/9/2006), firmou o entendimento de que a OAB é uma entidade *sui generis*, devendo ser considerada como um serviço público independente" (AgRg no AgRg no AREsp 2.037.269-GO, 5.ª T., rel. Joel Ilan Paciornik, j. 28.02.2023, v.u.); "1. O dirigente de entidade caracterizada como organização da sociedade civil de interesse público (OSCIP, Lei 9.790/99), que presta serviços públicos mediante repasse de verbas públicas, pode ser equiparado a funcionário público, nos termos do § 1.º do art. 327 do Código Penal, por se tratar de entidade paraestatal (precedentes do Supremo Tribunal Federal e Superior Tribunal de Justiça)" (STJ, HC 416.672-PR, 6.ª T., rel. Antonio Saldanha Palheiro, 01.10.2019, v.u.).

**213. Equiparação restrita ao sujeito ativo:** cremos ser exclusivamente o sujeito ativo dos crimes que pode ser equiparado nos termos do § 1.º, não havendo cabimento para estender-se o alcance dessa norma ao sujeito passivo. Trata-se, afinal, de artigo que encerra o capítulo dos delitos cometidos por *funcionário público*. Assim: DELMANTO (*Código Penal*

# Art. 327

Código Penal Comentado · **Nucci**

*comentado*, p. 578); Damásio (*Código Penal anotado*, p. 919). Em outro sentido, ver a posição do STJ na nota 208 *supra*.

**214. Empresa prestadora de serviço contratada ou conveniada para a execução de atividade típica da Administração Pública:** toda pessoa que trabalhar para empresa que celebra contrato de prestação de serviços ou celebra convênio com a Administração pode responder pelos delitos previstos neste capítulo. Como ensina Maria Sylvia Zanella Di Pietro, *contrato administrativo* é todo ajuste que a "Administração, nessa qualidade, celebra com pessoas físicas ou jurídicas, públicas ou privadas, para a consecução de fins públicos, segundo regime jurídico de direito público" (*Direito administrativo*, p. 232), e *convênio* é a "forma de ajuste entre o Poder Público e entidades públicas ou privadas para a realização de objetivos de interesse comum, mediante mútua colaboração" (*Direito administrativo*, p. 284). Na jurisprudência: TJMG: "O funcionário de Santa Casa de Misericórdia conveniada ao sistema público de saúde é legalmente equiparado a funcionário público, para fins de responsabilização criminal. Inteligência do artigo 327, § 1.º, do Código Penal" (Ap. Crim. 1.0335.15.002640-9/001, 2.ª C. Crim., rel. Beatriz Pinheiro Caires, 07.08.2020, v.u.).

**215. Causa de aumento de pena:** as pessoas, funcionários públicos próprios ou impróprios, quando exercerem cargos em comissão ou função de direção ou assessoramento, devem ser mais severamente punidas. Afinal, em lugar de dar o exemplo de probidade, quando cometem crimes funcionais, merecem maior reprovação social. Eleva-se a pena em um terço.

**215-A. Aplicabilidade ao Chefe do Poder Executivo:** STF: "aplica-se ao Chefe do Poder Executivo a causa de aumento de pena prevista no § 2.º do art. 327 do CP ('Art. 327. Considera-se funcionário público, para os efeitos penais, quem, embora transitoriamente ou sem remuneração, exerce cargo, emprego ou função pública. (...) § 2.º A pena será aumentada da terça parte quando os autores dos crimes previstos neste Capítulo forem ocupantes de cargos em comissão ou de função de direção ou assessoramento de órgão da administração direta, sociedade de economia mista, empresa pública ou fundação instituída pelo poder público'). Com base nessa orientação, o Plenário, em conclusão de julgamento e por maioria, recebeu denúncia formulada em face de Senador – à época ocupante do cargo de Governador – ao qual se imputa a suposta prática, com outros corréus, dos delitos previstos no art. 89 da Lei 8.666/1993 e no art. 312 do CP – v. *Informativo* 704. De início, o Colegiado preconizou o desdobramento do feito no tocante aos codenunciados, não detentores de foro por prerrogativa de função perante a Corte. Em seguida, reconheceu a ocorrência da prescrição da pretensão punitiva quanto ao delito do art. 89 da Lei 8.666/1993. Por outro lado, no que se refere ao crime de peculato (CP, art. 312), assentou a incidência do referido § 2.º do art. 327 do CP. A respeito, o Tribunal assinalou que detentores de função de direção na Administração Pública deveriam ser compreendidos no âmbito de incidência da norma, e que a exclusão do Chefe do Executivo conflitaria com a Constituição ('Art. 84. Compete privativamente ao Presidente da República: (...) II – exercer, com o auxílio dos Ministros de Estado, a direção superior da administração federal'). Vencidos os Ministros Gilmar Mendes, Marco Aurélio e Ricardo Lewandowski (Presidente eleito), que rejeitavam a peça acusatória. Não admitiam a incidência do § 2.º do art. 327 do CP, à luz do princípio da legalidade estrita. Assentavam, ainda, a prescrição da pretensão punitiva em relação ao crime de peculato. No ponto, o Ministro Ricardo Lewandowski apontava que o preceito referir-se-ia a detentores de função administrativa, e não de função de governo, tipicamente exercida por Chefe de Poder" (Inq 2.606-MT, Plenário, rel. Min. Luiz Fux, 04.09.2014, *Informativo* 757).

## Capítulo II
### DOS CRIMES PRATICADOS POR PARTICULAR CONTRA A ADMINISTRAÇÃO EM GERAL

### Usurpação de função pública

> **Art. 328.** Usurpar[1-3] o exercício de função pública:[4-6]
> Pena – detenção, de 3 (três) meses a 2 (dois) anos, e multa.
> **Parágrafo único.** Se do fato o agente aufere vantagem:[7]
> Pena – reclusão, de 2 (dois) a 5 (cinco) anos, e multa.

**1. Análise do núcleo do tipo:** *usurpar* significa alcançar sem direito ou com fraude. O objeto de proteção é a função pública. Na jurisprudência: STJ: "Afirma a exordial que o ora Agravante (recepcionista – cargo em comissão – do 20.º Distrito Policial) negociava a realização de cobranças de dívidas, bem como a apreensão de produtos eletrônicos de origem ilícita, como suposto policial civil, outrossim, teria acessado informações sigilosas da testemunha (descritas no registro de ocorrência de crime de homicídio) e fornecido ao Corréu (antigo colega de local de trabalho e ex-Delegado do referido Distrito Policial), o que teria culminado na exigência de vantagem indevida em desfavor do traficante Júnior Cabeção. Tais fatos, em juízo de cognição sumária, podem evidenciar a prática dos crimes de usurpação da função pública (art. 328 do Código Penal) e de concussão (art. 316 do Código Penal)" (AgRg no RHC 149.412-GO, 6.ª T., rel. Laurita Vaz, 13.12.2022, v.u.); "2. A aferição de vantagem não é condição necessária para a tipificação do crime previsto no *caput* do art. 328 do Código Penal. Essa circunstância só é exigida para caracterizar a forma qualificada do crime, razão pela qual não há que se falar em atipicidade da conduta" (AgRg nos EDcl no HC 665.271-SP, 5.ª T., rel. Reynaldo Soares da Fonseca, 08.06.2021, v.u.).

**2. Sujeitos ativo e passivo:** o sujeito ativo pode ser qualquer pessoa, inclusive o funcionário público, quando atue completamente fora da sua área de atribuições. O sujeito passivo é o Estado. Ressalte-se que a "inofensividade do fato exclui o crime. Assim, por exemplo, se um funcionário da polícia, em tal qualidade, concede diploma ou condecoração, não pratica nem usurpação, nem prevaricação, porque o fato é inofensivo com relação à Administração Pública" (ANTONIO PAGLIARO e PAULO JOSÉ DA COSTA JÚNIOR, *Dos crimes contra a Administração Pública*, p. 185).

**3. Elemento subjetivo do tipo:** é o dolo. Não existe a forma culposa, nem se exige elemento subjetivo do tipo específico. Ínsito ao verbo – "usurpar" – já está o desejo de tomar conta do que não é seu de direito, de modo que não há necessidade de se falar em elemento subjetivo específico.

**4. Conceito de função pública:** como já visto na nota 168 ao art. 324, é o conjunto de atribuições inerentes ao serviço público, que não correspondem a um cargo ou emprego (cf. MARIA SYLVIA ZANELLA DI PIETRO, *Direito administrativo*, p. 421). Portanto, pode exercer função pública mesmo aquele que não tem cargo (posto criado por lei, cujo ingresso se dá por concurso) ou emprego (vínculo contratual, sob regência da CLT). Pode ser exercida de modo gratuito ou remunerado, pressupondo-se, ao menos, que ela exista na estrutura da Administração Pública.

# Art. 329

**5. Objetos material e jurídico:** o objeto material é a função pública. O objeto jurídico é a Administração Pública, nos interesses patrimonial e moral.

**6. Classificação:** trata-se de crime comum (aquele que não demanda sujeito ativo qualificado ou especial); formal (delito que não exige resultado naturalístico, consistente em efetivo prejuízo para a Administração); de forma livre (podendo ser cometido por qualquer meio eleito pelo agente); comissivo ("usurpar" implica ação); instantâneo (cujo resultado se dá de maneira instantânea, não se prolongando no tempo); unissubjetivo (que pode ser praticado por um só agente); plurissubsistente (em regra, vários atos integram a conduta); admite tentativa.

**7. Figura qualificada:** caso o agente, usurpando função pública, consiga obter alguma vantagem (ganho ou lucro), a pena será consideravelmente aumentada, de detenção para reclusão e com faixa variando de 2 a 5 anos, com multa. "A lei, é certo, não falou em 'vantagem indevida'. Aliás, seria desnecessário fazê-lo, pois é óbvio que se alguém se arroga qualidade, ofício, ou estado que não lhe diz respeito, toda e qualquer vantagem direta ou indireta, em gênero, ou em espécie, que venha a tirar do fato, é *indevida*, porque decorre de uma fonte indevida: a fraude ou artifício que levou outro particular a dar-lhe e a origem de tal vantagem num fato que na origem e na sucessão contém vício irremovível" (cf. FERNANDO HENRIQUE MENDES DE ALMEIDA, *Dos crimes contra a Administração Pública*, p. 171).

### Resistência

> **Art. 329.** Opor-se[8-10] à execução de ato legal,[11] mediante violência ou ameaça[12-15] a funcionário competente[16] para executá-lo ou a quem lhe esteja prestando auxílio:[17-19]
>
> Pena – detenção, de 2 (dois) meses a 2 (dois) anos.
>
> § 1.º Se o ato, em razão da resistência, não se executa:[20]
>
> Pena – reclusão, de 1 (um) a 3 (três) anos.
>
> § 2.º As penas deste artigo são aplicáveis sem prejuízo das correspondentes à violência.[21-22]

**8. Análise do núcleo do tipo:** *opor-se* significa colocar obstáculo ou dar combate. O objeto da conduta é a execução de ato legal. Na jurisprudência: STJ: "2. Admite-se a incidência do princípio da consunção se o agente, em um mesmo contexto fático, além de resistir ativamente à execução de ato legal, venha a proferir ofensas verbais contra policial na tentativa de evitar a sua prisão. No caso, porém, infere-se que o réu, após abordagem policial, desceu do seu veículo proferindo impropérios contra o funcionário público. Na sequência, após ter se recusado a apresentar o documento do automóvel, o ora paciente ofereceu propina para ser liberado. Diante disso, o policial deu-lhe voz de prisão, contra a qual o réu ofereceu resistência, tendo sido necessário o uso de algemas para o cumprimento do decreto prisional. Nesse passo, descabe falar em absorção do delito de desacato pelo de resistência, pois não resta demonstrada a unidade de desígnios, bem como que o réu tão somente buscou se esquivar da prisão" (HC 380.029-RS, 5.ª T., rel. Ribeiro Dantas, 22.05.2018, v.u.). TJMG: "2. O agente que na ocasião de sua prisão, desamparado de qualquer causa justificante ou exculpante, oferece resistência a ato praticado por policiais em seu regular ofício, deve ser condenado pelo delito descrito no artigo 329 do Código Penal" (Ap. Crim. 1.0183.20.004137-8/001, 7.ª C. Crim., rel. Paulo Calmon Nogueira da Gama, 22.09.2021, v.u.).

**9. Sujeitos ativo e passivo:** o sujeito ativo pode ser qualquer pessoa, inclusive o funcionário público. "Se, porém, alguém comete a ação em que importa o fato, sendo embora funcionário, entender-se-á que, no caso, se equipara ao particular, pois não será considerada, logicamente, a sua qualidade eventual de funcionário para eximi-lo da responsabilidade que lhe cabe por um crime que cometeu, não na sua qualidade de funcionário, mas como qualquer particular" (cf. Fernando Henrique Mendes de Almeida, Dos crimes contra a Administração Pública, p. 176). O sujeito passivo é o Estado e, secundariamente, o funcionário ou outra pessoa que sofreu a violência ou ameaça. Esta outra pessoa, à qual nos referimos, precisa estar acompanhada do funcionário encarregado de realizar a execução do ato legal (ou agir em seu nome). Não se configura o delito de resistência contra o particular que resolva prender alguém em flagrante (flagrante facultativo – art. 301, CPP), caso haja oposição, ainda que violenta. Qualquer do povo está autorizado a realizar prisão em flagrante, mas isso não o transforma em funcionário competente para realizá-la, razão pela qual aquele que resiste responderá pelo mal causado – por exemplo, por lesões corporais –, mas não como incurso no art. 329 do Código Penal.

**10. Elemento subjetivo do tipo:** é o dolo. Não existe a forma culposa. Exige-se elemento subjetivo do tipo específico, consistente na vontade de não permitir a realização do ato legal. Por isso, havendo dúvida *fundada* (razoável e consistente) quanto à legalidade do ato ou competência do agente, pode o particular resistir, sem a configuração do delito.

**11. Ato legal:** é preciso que o funcionário público esteja fazendo cumprir um ato lícito. Caso pretenda concretizar algo ilegítimo, é natural que o particular possa resistir, pois está no exercício regular de direito (ou em legítima defesa, se houver agressão), já que ninguém é obrigado a fazer ou deixar de fazer alguma coisa senão em virtude de lei (art. 5.º, II, CF). O conceito de legalidade do ato não se confunde com justiça, pois contra ato *injusto*, mas legal, não é admissível a oposição, sem que se configure o delito de resistência (cf. Antonio Pagliaro e Paulo José da Costa Júnior, *Dos crimes contra a Administração Pública*, p. 191).

**12. Violência ou ameaça:** *violência* é a coerção física, enquanto *ameaça* é a intimidação. Neste caso, não exige o tipo penal seja a ameaça *grave* (séria), embora deva ser a promessa de causar um mal injusto. Não se configura o delito se a pessoa "ameaça" o funcionário de representá-lo aos superiores, uma vez que é direito de qualquer um fazê-lo. Por outro lado, é preciso que tanto a violência quanto a ameaça sejam dirigidas contra a *pessoa* do funcionário, e não contra coisas (ex.: se alguém, ao ser preso, chutar a viatura policial, não há crime de resistência. Porém, se houver dano ao veículo, pode ser processado, conforme o caso, pelo delito de dano – art. 163, parágrafo único, III). Lembremos, ainda, que ofensas não são ameaças, de modo que podem dar azo à configuração do desacato.

**13. Roubo e resistência:** cremos perfeitamente possível a configuração do crime de resistência se, durante a prática de um roubo, o agente voltar-se violentamente contra agentes da polícia que pretendam prendê-lo. A violência para assegurar a posse da coisa subtraída é uma, não se podendo confundir com a outra, usada para afastar o funcionário público do exercício da sua função, ainda que no mesmo contexto. Os objetos protegidos são diversos (patrimônio, no primeiro caso, e Administração Pública, no outro). Assim, não nos parece ser a violência decorrente do roubo, que tem por fim a obtenção da coisa móvel, a mesma utilizada contra a pessoa humana (agente do Estado) – ou mera decorrência, como alguns afirmam. Ressalte-se que a violência utilizada para matar alguém normalmente não é confundida com a que for usada contra policial que pretenda prender o homicida, respondendo o agente, nesse

# Art. 329

caso, por homicídio (ou tentativa) e resistência, em concurso material. A mesma visão deveria valer para os crimes patrimoniais violentos.

**14. Resistência ativa (*vis corporalis* ou *vis compulsiva*) e resistência passiva (vis civilis):** a ativa consiste justamente no emprego de violência ou ameaça contra o funcionário público, servindo para configurar o crime; a passiva é a oposição sem ataque ou agressão por parte da pessoa, que se pode dar de variadas maneiras: fazendo "corpo mole" para não ser preso e obrigando os policiais a carregá-lo para a viatura; não se deixar algemar, escondendo as mãos; buscar retirar o carro da garagem antes de ser penhorado; sair correndo após a voz de prisão ou ordem de parada, entre outros. É o que Hungria chama de "atitude *ghândica*" (*Comentários ao Código Penal*, v. 9, p. 411), em referência à resistência passiva e política da não violência (*satyagraha*) recomendada pelo Mahatma Ghandi, na primeira metade do século XX, na Índia, contra os ingleses, através de conduta pela qual os indianos não atacavam os dominadores do seu território, mas também não desocupavam um determinado local, quando instados pelas forças policiais a fazê-lo. Acabavam agredidos pelos próprios agentes do Império Britânico, sem que agissem da mesma forma. Na jurisprudência: STJ: "6. Ademais, os indícios de irresignação do agravante diante da lei penal, bem como de sua natureza violenta, são reforçados por sua suposta resistência à prisão, tendo fugido da viatura policial, bem como investido contra a guarnição com a finalidade de impedir sua recolocação no veículo, ocasião em que teria atingido um policial militar com uma cabeçada" (AgRg no HC 802.174/RS, 5.ª T., rel. Reynaldo Soares da Fonseca, j. 07.03.2023, v.u.).

**15. Embriaguez:** de acordo com a lei penal brasileira, o sujeito voluntariamente embriagado deve responder pelo que faz (art. 28, II, CP). Se pode até cometer homicídio, sendo por isso punido, cremos que também a resistência não escapa da esfera de proteção penal. Não há motivo para afastar a aplicação do art. 329 ao agente embriagado, pois o elemento subjetivo específico é, assim como o dolo, presumido (para quem acolhe a tese da presunção de responsabilidade nesse caso) ou projeta-se pela *actio libera in causa* (para quem aceita o dolo inicial, mesmo que eventual, na conduta). Basta, pois, que o bêbado agrida fisicamente o funcionário público para se configurar a resistência. Quanto à ameaça, dependendo do que falar, por estar embriagado, pode não se configurar o crime, visto que não será considerada intimidação razoável, nem irá impressionar o funcionário.

**16. Funcionário competente:** não basta que a vítima seja funcionário público, pois o tipo penal exige que tenha ele *competência* para executar o ato. Se um oficial de justiça vinculado a uma Vara de Família pretende efetuar uma penhora, referente a mandado de Vara Cível, é evidente que não é "competente" para o ato. Pode, pois, o particular recusar-se a atendê-lo. Ressalte-se que o número de funcionários contra os quais se opõe o agente não faz nascer vários delitos de resistência em concurso formal, pois o objeto jurídico protegido é a Administração Pública, e não o interesse individual de cada um deles.

**17. Prestador de auxílio:** pode o funcionário público valer-se de terceiros para executar o ato legal. Se assim fizer, essa pessoa, que lhe dá assistência, também pode ser vítima do crime de resistência. Exemplo seria o do transportador de móveis, durante uma penhora realizada por oficial de justiça competente. Se ele for agredido, configurado está o delito do art. 329.

**18. Objetos material e jurídico:** o objeto material é a pessoa agredida ou ameaçada. O objeto jurídico é a Administração Pública, nos interesses material e moral.

**19. Classificação:** trata-se de crime comum (aquele que não demanda sujeito ativo qualificado ou especial); formal (delito que não exige resultado naturalístico, consistente na efetiva falta de execução do ato legal); de forma livre (podendo ser cometido por qualquer meio eleito pelo agente); comissivo ("opor-se" implica ação); instantâneo (cujo resultado se dá de maneira instantânea, não se prolongando no tempo); unissubjetivo (que pode ser praticado por um só agente); plurissubsistente (em regra, vários atos integram a conduta); admite tentativa, embora seja de difícil configuração.

**20. Figura qualificada:** para a configuração da qualificadora, exige-se a não realização do ato legal praticado por funcionário competente. Assim ocorrendo, modifica-se a pena de detenção para reclusão e aumenta-se a faixa de fixação para 1 a 3 anos. Trata-se de mais uma forma de exaurimento do crime, que faz elevar a pena do agente. Anota a jurisprudência que o ato legal precisa deixar de ser praticado por força *exclusiva* da oposição violenta ou ameaçadora do agente, e não por inépcia do funcionário.

**21. Concurso de crimes:** tendo em vista que a violência contra a pessoa deve ser sempre punida com rigor, o tipo penal prevê, como em várias outras oportunidades, o sistema da acumulação material, isto é, o agente responde pela resistência e pelo que causou à vítima, diante do emprego da coerção física (ver a nota 101-A ao art. 69).

**22. Absorção do desacato e da desobediência:** a ressalva feita para os crimes violentos não se aplica ao desacato e à desobediência. Pode o agente, durante a prisão, resistir ativamente contra os policiais e ainda valer-se de ofensas verbais contra eles, deixando de cumprir suas ordens. Todo esse contexto faz parte, em último grau, da intenção nítida de não se deixar prender, de modo que deve absorver os demais delitos. Somente quando o agente já está preso, cessando a resistência, pode configurar-se o crime de desacato, na hipótese de ofender o delegado que lavra o auto de prisão em flagrante, por exemplo.

### Desobediência

> **Art. 330.** Desobedecer[23-26] a ordem[27-28] legal[29-36-A] de funcionário público:[37-38]
>
> Pena – detenção, de 15 (quinze) dias a 6 (seis) meses, e multa.

**23. Análise do núcleo do tipo:** *desobedecer* significa não ceder à autoridade ou força de alguém, resistir ou infringir. É preciso que a ordem dada seja do conhecimento *direto* de quem necessita cumpri-la. Na jurisprudência: STJ: "2. Não há de se falar em direito de os agravantes desrespeitarem ordem de parada emanada por agentes públicos, em contexto de policiamento ostensivo, para encobrirem a prática de outros crimes e escaparem da prisão em flagrante, eis que o direito a não autoincriminação, assim como qualquer outro, não é absoluto e não há de ser invocado para justificar a prática de condutas típicas" (AgRg no REsp 2.006.197-MG, 5.ª T., rel. Joel Ilan Paciornik, 26.06.2023, v.u.); "3. Tendo o agravante sido perseguido por viatura policial, sendo determinada ordem de parada do veículo conduzido de forma perigosa em via de grande movimentação, não há falar em mera infração administrativa, mas em crime de desobediência à ordem emanada de autoridade policial, nos termos do art. 330 do Código Penal" (AgRg no AREsp 1.876.145-SE, 6.ª T., rel. Jesuíno Rissato, 11.04.2023, v.u.); "3. Recurso especial representativo da controvérsia provido, com a fixação a seguinte tese: A desobediência à ordem legal de parada, emanada por agentes públicos em contexto de policiamento ostensivo, para a prevenção e repressão de crimes, constitui conduta penalmente típica, prevista no art. 330 do Código Penal Brasileiro" (REsp 1.859.933-SC, 3.ª Seção, rel. Antonio Saldanha Palheiro, 09.03.2022, v.u.); "2. O crime de desobediência é comum e formal, cujo núcleo típico

# Art. 330

é desobedecer, no sentido de desatender ou recusar. O verbo do tipo recai sobre o elemento normativo, consistente na legalidade da ordem do funcionário público, seja sob o aspecto formal da competência daquele que emite ou executa a ordem, seja sob o aspecto substancial. Para a configuração do tipo, sob o aspecto subjetivo, necessário o conhecimento da ordem não manifestamente ilegal, independentemente de qualquer finalidade específica. Ressalte-se, por óbice do princípio do *nemo tenetur se detegere*, inexistir o dolo de desobediência da ordem se esta implicar autoincriminação ou situação jurídica desfavorável" (RHC 85.496-BA, 5.ª T., rel. Ribeiro Dantas, 23.04.2019, v.u.).

**24. Sujeitos ativo e passivo:** o sujeito ativo pode ser qualquer pessoa, inclusive funcionário público. Nessa hipótese, torna-se indispensável verificar se a ordem dada tem ou não relação com a função exercida, uma vez que, se tiver e não for cumprida, pode configurar-se o delito de prevaricação. Se o funcionário, que recebe ordem legal de outro, não pertinente ao exercício das suas funções, deixa de obedecer, é possível se configurar a desobediência, pois, nessa hipótese, age como particular. Entretanto, se receber a ordem e for da sua competência realizar o ato, pode concretizar-se outro tipo penal, como o supramencionado (art. 319). O sujeito passivo é o Estado.

**25. Prefeito como sujeito ativo:** impossibilidade, se estiver no exercício das funções, cabendo processá-lo por crime de responsabilidade, tipificado no art. 1.º, XIV, do Decreto-lei 201/1967.

**26. Elemento subjetivo do tipo:** é o dolo. Não se exige elemento subjetivo específico, nem se pune a forma culposa. Note-se que o verbo *desobedecer* é do tipo que contém, em si mesmo, a vontade específica de contrariar ordem alheia, infringindo, violando. O engano quanto à ordem a ser cumprida (modo, lugar, forma, entre outros) exclui o dolo.

**27. Ordem legal:** é indispensável que o comando (determinação para fazer algo, e não simples pedido ou solicitação) seja legal, isto é, previsto em lei, formal (ex.: emitido por autoridade competente) e substancialmente (ex.: estar de acordo com a lei). Não se trata de ordem dada para satisfazer uma vontade qualquer do superior, fruto de capricho ou prepotência. Por outro lado, como já mencionado na análise do núcleo do tipo, exige-se conhecimento direto (na presença de quem emite o comando, por notificação ou outra forma inequívoca, não valendo o simples envio de ofício ou carta) por parte do funcionário ao qual se destina a ordem, sem ser por interposta pessoa, a fim de não existir punição por mero "erro de comunicação", que seria uma indevida responsabilidade penal objetiva. Sob outro aspecto, a legalidade da ordem não se confunde com sua justiça ou injustiça. Ordens legais, ainda que injustas, devem ser cumpridas.

**27-A. Proibição de venda e uso de bebida alcoólica em dia de eleição:** não se constitui ordem legal, logo, caso seja desobedecida, é fato atípico. Tornou-se costume – embora venha sendo gradativamente extinto em vários Estados da Federação – que autoridades judiciárias ou policiais editem *portarias* ou *resoluções* proibindo a venda e o consumo de bebidas alcoólicas no dia do pleito, sob o fundamento de garantir a regularidade dos trabalhos, impedindo distúrbios e contendo exageros. Alega-se, para justificar tais atos, o poder geral de cautela do juiz ou mesmo o poder de polícia do Estado. Há nítidos desvios de perspectiva nessa atuação. O princípio da legalidade, conquista inestimável dos direitos humanos fundamentais, preceitua que ninguém é obrigado a fazer ou deixar de fazer alguma coisa senão em virtude de *lei*, bem como que só há crime caso *lei* assim o defina (art. 5.º, II e XXXIX, CF). Ora, não cabe ao juiz e muito menos a qualquer autoridade policial (mesmo que seja o Secretário da Segurança Pública) editar "leis". Não está na esfera de sua competência. Enfim, é uma irregularidade que vem sendo praticada há muito tempo, ainda que nobres sejam as intenções. Mas não é com propósito elevado que se constrói segurança jurídica. Por isso, a desobediência a tais portarias e resoluções não pode ser considerada *crime*. Ao contrário, inibir o comerciante, por meio da força, de vender bebida alcoólica, ou mesmo o consumidor de utilizá-lo, constitui abuso de autoridade. Destacam MONIQUE VON HERTWIG BITTENCOURT e VICTOR JOSÉ SEBEM FERREIRA que "a previsão de sanção mediante aplicação do art. 330 do Código Penal por desobediência à portaria administrativa oriunda de Secretaria de Segurança Pública não pode ser aplicada, vez que o funcionário público – mesmo que Secretário ou Delegado – não tem competência para publicar ato tipificando como crime aquilo que não consta em lei" (*A proibição do comércio e consumo de bebidas alcoólicas em locais públicos no dia do pleito*, p. 2).

**28. Ordem emanada de juiz impedido:** não tem validade para efeito de gerar o crime de desobediência. Se o magistrado está impedido de funcionar no processo, qualquer ordem que dê é considerada ilegal, não configurando o crime de desobediência o seu não cumprimento.

**29. Inexistência de outro tipo de punição:** ressalta, com pertinência, NÉLSON HUNGRIA que "se, pela desobediência de tal ou qual ordem oficial, alguma lei comina determinada penalidade administrativa ou civil, não se deverá reconhecer o crime em exame, salvo se a dita lei ressalvar expressamente a cumulativa aplicação do art. 330 (ex.: a testemunha faltosa, segundo o art. 219 do Código de Processo Penal, está sujeita não só à prisão administrativa e pagamento das custas da diligência da intimação, como a 'processo penal por crime de desobediência')" (*Comentários ao Código Penal*, v. 9, p. 420). O mesmo não ocorre com a testemunha arrolada em processo civil, que, intimada, deixa de comparecer à audiência. Pode ser conduzida coercitivamente, mas não será processada por desobediência, em face da inexistência de preceito autorizador, como existe no Código de Processo Penal em relação à testemunha arrolada em processo criminal. Aliás, nesse contexto inclua-se o caso da ausência do réu, que tem o *direito* de estar presente às audiências do seu processo, mas não o dever. Logo, a sua falta já provoca consequência, que é o seu desinteresse em acompanhar a instrução com prejuízo para a autodefesa. Além do mais, conforme o caso, havendo indispensável necessidade da sua presença, pode o juiz conduzi-lo coercitivamente ao fórum ou, conforme a situação, decretar a sua prisão processual. Não pode, no entanto, determinar que seja processado por desobediência. A negativa do acusado, por outro lado, ao fornecimento de seus dados pessoais para a qualificação, algo que não está abrangido pelo direito ao silêncio, pode configurar o delito do art. 330. Portanto, havendo sanção administrativa ou processual, sem qualquer ressalva à possibilidade de punir pelo crime de desobediência, não se configura este. No mesmo sentido, quando o não cumprimento der ensejo ao ajuizamento de ação própria, também não se configura o delito de desobediência (é o caso da parte que é intimada para depositar, em determinado prazo, os salários do perito e não o faz). Outro aspecto diz respeito à ordem de parada proferida por policial militar de trânsito (ou outro agente de trânsito). Para o descumprimento, há sanção específica prevista no art. 195 do Código de Trânsito Brasileiro: "Desobedecer às ordens emanadas da autoridade competente de trânsito ou de seus agentes: Infração – grave; Penalidade – multa". Entretanto, cuidando-se de ordem de polícia civil ou militar no exercício da atividade preventiva ou repressiva ao crime, inexiste sanção específica, logo, é cabível a configuração do delito de desobediência. Na jurisprudência: STF: "crime de desobediência. Descumprimento de ordem de parada de automóvel emitida por policiais militares durante *blitz* de trânsito. Atipicidade da conduta. Incidência do art. 195 do Código de Trânsito Brasileiro. Ordem concedida" (HC 174.557, 2.ª T., rel. Cármen Lúcia, 17.12.2019, v.u.). STJ: "2. Para a caracterização do crime de desobediência (art. 330 do CP), é necessário que não haja sanção especial para o seu não cumprimento, ou seja, se pelo descumprimento de ordem legal de servidor público, alguma lei estabelece determinada penalidade administrativa

# Art. 330

Código Penal Comentado · **Nucci**                    1264

ou civil, não se deverá reconhecer o crime em questão, salvo se a referida lei expressamente ressalvar a cumulativa aplicação do art. 330 do CP (AgRg no REsp 1.492.647/PR, Rel. Ministro Reynaldo Soares da Fonseca, Quinta Turma, julgado em 10/11/2015, *DJe* 17/11/2015). 3. No caso, o recorrente foi penalizado administrativamente em razão da desobediência, sanção prevista no art. 195 do CTB, como está demonstrado através da notificação de autuação de trânsito, razão pela qual não poderia ser denunciado também o crime de desobediência, previsto no art. 330 do Código Penal. Ainda, a acusação não narra um contexto de atividade ostensiva dos policiais e nada de ilícito ou irregular foi identificado com o recorrente ou no veículo. Constrangimento ilegal. Precedentes do STJ" (AgRg no RHC 159.395/RS, 5.ª T., rel. Reynaldo Soares da Fonseca, 07.06.2022, v.u.). Sobre ordem de policial em repressão ou prevenção ao crime: STJ: "2. O entendimento do acórdão recorrido encontra-se em consonância com a jurisprudência desta Corte, segundo a qual configura crime de desobediência a fuga do agente, após ordem de parada emitida por policiais, quando a atuação destes for voltada à prevenção e à repressão ao crime, tal qual ocorreu na espécie, em que o acusado desobedeceu à ordem de parada, empreendendo fuga" (AgRg no AREsp 1.657.226-PR, 6.ª T., rel. Nefi Cordeiro, 30.06.2020, v.u.).

**29-A. Descumprimento das condições impostas na suspensão condicional do processo:** não configura o crime de desobediência, pois a consequência para isso é a revogação do benefício, com o prosseguimento da ação penal.

**29-B. Descumprimento das imposições feitas ao usuário de drogas:** não gera crime de desobediência. O art. 28 da Lei 11.343/2006 instituiu a quem adquira, guarde, tenha em depósito, transporte ou traga consigo, para consumo pessoal, drogas ilícitas, as seguintes penas: a) advertência sobre os efeitos da droga; b) prestação de serviços à comunidade; c) medida educativa de comparecimento a programa ou curso educativo. O descumprimento de qualquer medida restritiva imposta tem as consequências previstas no art. 28, § 6.º: a) admoestação verbal; b) multa.

**29-C. Descumprimento de medida imposta com fundamento na Lei Maria da Penha:** em nossa visão, era possível a configuração do crime de desobediência. Exemplo: não se aproximar da vítima; se o agente o fizesse, estaria descumprindo ordem judicial. Porém, prevaleceu o entendimento de que não cabia o crime de desobediência, pois o juiz poderia decretar a prisão preventiva, como se esta fosse prisão-sanção. Em nosso entendimento, não havia a possibilidade de se considerar a prisão cautelar como uma *pena antecipada*, pois seria lesão direta ao princípio da presunção de inocência. A discussão perdeu o efeito em face da edição da Lei 13.641/2018, que criou o tipo penal incriminador na Lei 11.340/2006: "art. 24-A. Descumprir decisão judicial que defere medidas protetivas de urgência previstas nesta Lei: Pena – reclusão, de 2 (dois) a 5 (cinco) anos, e multa. § 1.º A configuração do crime independe da competência civil ou criminal do juiz que deferiu as medidas. § 2.º Na hipótese de prisão em flagrante, apenas a autoridade judicial poderá conceder fiança. § 3.º O disposto neste artigo não exclui a aplicação de outras sanções cabíveis".

**29-D. Descumprimento de convocação de militar para depor:** deve responder por desobediência na Justiça Comum. Afinal, comprovado o trâmite necessário para a sua convocação, perante seu superior, o não comparecimento significa desobedecer a ordem legal.

**30. Dever da vítima de colaborar com a investigação ou processo criminal:** recusando-se a colaborar com a polícia judiciária na investigação criminal, não participando, por exemplo, da elaboração do exame de corpo de delito, que não prescinde da sua presença, no

Instituto Médico Legal, pode ser processada por desobediência. Em juízo, no entanto, uma vez que pode ser conduzida coercitivamente, não será processada por desobediência, caso falte à audiência. Mas se outra diligência importante, determinada pelo magistrado, necessitar da sua participação, não sendo o caso de mera condução coercitiva, é possível o processo por desobediência. Ressalta, com pertinência, ANTONIO SCARANCE FERNANDES, que, "se a vítima pode se constituir em importante auxílio, pode também representar pesado óbice para a investigação, quando se recuse a colaborar em diligências que, sem a sua participação, não podem ser efetuadas. Imagine-se, por exemplo, se ela deliberadamente não comparece para realizar exame de corpo de delito em crime de lesão corporal, fazendo com que desapareçam os vestígios; dificilmente será provada a materialidade da infração. (...) No Código de Processo Penal, ficou evidente a intenção de prestigiar o interesse na repressão ao crime. Pode, então, a autoridade adotar medidas rigorosas para forçá-la a auxiliar na investigação. Assim, se a vítima, intimada, não comparece para prestar declarações, pode ser conduzida coercitivamente (art. 201, parágrafo único, Código de Processo Penal [atual art. 201, § 1.º, com redação determinada pela Lei 11.690/2008]), exceto nos crimes de ação penal privada, quando a recusa pode configurar renúncia tácita ao direito de queixa. Pode a polícia, se a vítima não quiser ser submetida a exame de corpo de delito, instaurar inquérito policial por desobediência à ordem legal e conduzi-la para perícias externas de fácil realização (lesão corporal), não contudo para exame que implique ofensa à sua integridade, à sua intimidade" (*La víctima en el proceso penal*, p. 126).

**31. Autoacusação:** como abordamos em nota anterior, o réu pode não comparecer às audiências, mas deve fornecer seus dados pessoais para a qualificação em interrogatório. É preciso verificar que o direito ao silêncio guarda importante sintonia com a ausência do dever de se autoacusar.

**32. Ordem dada por autoridade (juiz criminal, delegado ou CPI) à testemunha ou ao indiciado ou réu:** em face do direito que toda pessoa possui de não se autoacusar, como bem anotado por DELMANTO (*Código Penal comentado*, p. 583), a testemunha arrolada para depor – embora tratada como se fosse acusada – não está obrigada a entregar documentos ao juiz, ao delegado ou aos parlamentares, caso esta documentação seja suficiente para incriminá-la de algum modo.

**33. Sigilo médico e recusa em fornecer dados sobre o paciente:** cremos, conforme o caso, poder configurar o crime de desobediência. É certo que o sigilo profissional é previsto em lei e até mesmo o Código Penal o reconhece e protege (art. 154 – violação de segredo profissional), embora nenhum direito seja absoluto. O médico deve guardar sigilo sobre o prontuário do paciente, a fim de assegurar o seu direito à intimidade, como preceitua o Código de Ética Médica (ainda assim, pode revelar fato de que tenha conhecimento em razão da profissão se houver *justa causa, dever legal* ou *autorização do paciente*). E, do mesmo modo, o gerente de um banco deve assegurar o sigilo pertinente à movimentação da conta bancária do seu cliente, com o mesmo fito de garantir a intimidade. Ocorre que, para colaborar com o Poder Judiciário, na sua tarefa de apurar lesões ou ameaças a direito, pode o sigilo ser rompido, visto não haver direito absoluto. Se pode o sigilo bancário ser quebrado por ordem do magistrado, por que não poderia o sigilo médico? Por isso, quando for indispensável para apurar um crime – como a configuração da materialidade em crimes que deixam vestígios –, é lógico que deve o médico enviar ao juiz a ficha de atendimento do paciente (por vezes, vítima do crime que está sendo apurado), a fim de se formar um juízo acerca da prova. Não fosse assim e estar-se-ia negando aplicação ao art. 5.º, XXXV, da Constituição Federal ("a lei não excluirá da apreciação do Poder Judiciário lesão ou ameaça a direito"). É evidente que o caso concreto irá determinar o melhor caminho a seguir. Se o juiz deseja informações sobre o prontuário de um paciente que

# Art. 330

Código Penal Comentado · **Nucci**                                    1266

faz terapia, a fim de melhor conhecer sua personalidade, pode o médico recusar-se a fornecer, embora *deva* responder ao ofício, e não simplesmente ignorá-lo. Entretanto, no caso da ficha de atendimento, onde constam lesões corporais aptas a demonstrar até mesmo a ocorrência de uma tentativa de homicídio ou de outro crime grave qualquer, não se pode assimilar o sigilo médico como razoável. A lesão causada à vítima precisa ser apurada e depende, diretamente, da colaboração do médico, de forma que o Código de Ética não será, jamais, superior à própria Constituição Federal. Registre-se o disposto no art. 12, § 3.º, da Lei 11.340/2006, que cuida da violência doméstica: "Serão admitidos como meios de prova os laudos ou prontuários médicos fornecidos por hospitais e postos de saúde". Confirma-se a inviabilidade de se alegar sigilo médico para a formação da materialidade de um crime.

**34. Sigilo do advogado:** compreende-se como razoável e não passível de punição por desobediência o sigilo do advogado, a respeito de seu cliente, pois é inerente à sua própria função ouvir e conhecer detalhes que não podem comprometer, depois, o sujeito que os narrou. Se ninguém é obrigado a se autoacusar, ao procurar o advogado, é justamente esse direito que se está exercitando. Logo, não há hipótese que obrigue o profissional da advocacia a quebrar o sigilo. A característica da sua profissão é inerente ao direito de não se autoincriminar que todos possuem.

**35. Identificação dactiloscópica:** sendo ela indispensável não pode o sujeito recusar-se a empreendê-la, sob pena de responder por desobediência. Entretanto, em outras situações, somente quando a autoridade policial tiver sérias dúvidas a respeito da identidade do indiciado poderá exigir-lhe a identificação dactiloscópica. Recusando-se, pode configurar o crime de desobediência. Atualmente, está em vigor a Lei 12.037/2009, disciplinando em quais casos pode ser colhida a identificação criminal da pessoa, a despeito de já ter sido apresentado documento de identificação civil. São os seguintes: "o documento apresentar rasura ou tiver indício de falsificação", "o documento apresentado for insuficiente para identificar cabalmente o indiciado", "o indiciado portar documentos de identidade distintos, com informações conflitantes entre si", "a identificação criminal for essencial às investigações policiais, segundo despacho da autoridade judiciária competente, que decidirá de ofício ou mediante representação da autoridade policial, do Ministério Público ou da defesa", "constar de registros policiais o uso de outros nomes ou diferentes qualificações", "o estado de conservação ou a distância temporal ou da localidade da expedição do documento apresentado impossibilite a completa identificação dos caracteres essenciais" (art. 3.º da referida Lei). É preciso ressaltar a modificação introduzida pela Lei 12.654/2012, acrescentando, também, a identificação pela colheita de material biológico. A negativa, em qualquer caso, dá ensejo à tipificação do delito de desobediência.

**36. Distinção do delito de desobediência e da contravenção de recusa de dados sobre a própria identidade ou qualificação:** preceitua o art. 68, *caput*, da Lei de Contravenções Penais que configura infração penal "recusar à autoridade, quando por esta justificadamente solicitados ou exigidos, dados ou indicações concernentes à própria identidade, estado, profissão, domicílio e residência". Aparentemente, o delito de desobediência deverá ceder espaço à contravenção toda vez que o indiciado/réu se recusar a fornecer seus dados de qualificação, o que não nos parece correto. A Lei de Contravenções Penais estipulou, no art. 3.º, que, "para a existência da contravenção, basta a ação ou omissão voluntária". O dolo ou a culpa somente são exigidos quando expressamente constarem do tipo. Assim, confrontando-se o disposto nessa Lei com o Código Penal, nota-se que, havendo dolo (embutido no verbo, como já mencionado, o elemento subjetivo específico, que é a vontade de insurgir-se contra quem deu a ordem), é caso de aplicação do crime de desobediência e não simplesmente da contravenção penal. Resta a esta, para quem ainda entende possível a sua configuração livre de dolo, bastando a voluntariedade, um campo de aplicação mais restrito (ex.: pessoa que não fornece seus dados à polícia, na via pública, para evitar ser testemunha de algum delito, mas sem a intenção de transgredir ordem legal). Por outro lado, caso seja acolhida a posição tomada por doutrina majoritária, atualmente, no sentido de que para todas as contravenções penais também deve ser exigida a prova do dolo ou da culpa, torna-se inaplicável a contravenção do art. 68, tendo em vista que a intenção de violação, de afronta à ordem dada legalmente, acarreta infração penal mais grave, que é a desobediência. É também a nossa posição, incluindo-se como fundamento o princípio da intervenção mínima, associado, naturalmente, ao princípio da culpabilidade (ver as notas 386 e 387 à Lei de Contravenções Penais em nosso *Leis penais e processuais penais comentadas* – vol. 1). Há nítida subsidiariedade da contravenção do art. 68 em face do disposto no art. 330 do Código Penal. Aliás, é a mesma situação que ocorre quando o sujeito atribui a si mesmo falsa identidade, com o fito de obter vantagem (note-se nesse caso que, além do dolo, há a especificidade da vontade). Havendo o referido elemento subjetivo específico, deve responder pelo art. 307 do Código Penal, e não pela contravenção penal do art. 68, parágrafo único ("quem, nas mesmas circunstâncias, faz declarações inverídicas a respeito de sua identidade pessoal, estado, profissão, domicílio e residência"), que é igualmente subsidiário – a bem da verdade, nesta hipótese, explicitamente, ao mencionar: "se o fato não constitui infração penal mais grave". Finalize-se, ressaltando que o delito previsto no art. 330 tem como objeto jurídico a administração em geral, que é seriamente comprometida, quando o indiciado/réu nega a sua qualificação. Deve-se, pois, reservar a contravenção penal para casos outros, que não envolvam esse específico contexto, para quem a entenda ainda aplicável.

**36-A. Embriaguez:** como já sustentamos na nota 15 ao art. 329, a embriaguez do agente não afasta a tipificação do delito de desobediência.

**37. Objetos material e jurídico:** o objeto material é a ordem dada. O objeto jurídico é a Administração Pública, nos interesses material e moral.

**38. Classificação:** trata-se de crime comum (aquele que não demanda sujeito ativo qualificado ou especial); formal (delito que não exige resultado naturalístico, consistente na ocorrência de algum prejuízo efetivo para a Administração por conta do não cumprimento da ordem); de forma livre (podendo ser cometido por qualquer meio eleito pelo agente); comissivo (implicando ação) ou omissivo (implicando abstenção), conforme o caso concreto. O sujeito pode desobedecer ao comando dado, fazendo, ou não, aquilo que lhe é ordenado cumprir; instantâneo (cujo resultado se dá de maneira instantânea, não se prolongando no tempo); unissubjetivo (que pode ser praticado por um só agente); unissubsistente (praticado num único ato) ou plurissubsistente (em regra, vários atos integram a conduta); admite tentativa na forma comissiva, quando plurissubsistente.

### Desacato

> **Art. 331.** Desacatar[39-42] funcionário público[43] no exercício da função[44-47] ou em razão dela:[48-51]
>
> Pena – detenção, de 6 (seis) meses a 2 (dois) anos, ou multa.

**39. Análise do núcleo do tipo:** *desacatar* quer dizer desprezar, faltar com o respeito ou humilhar. O objeto da conduta é o funcionário. Pode implica qualquer tipo de palavra grosseira ou ato ofensivo contra a pessoa que exerce função pública, incluindo ameaças e agressões físicas. Não se concretiza o crime se houver reclamação ou crítica contra a atuação funcional

# Art. 331

de alguém. "Simples censura, ou desabafo, em termos queixosos, mas sem tom insólito, não pode constituir desacato. Nem importa que o fato não tenha tido a publicidade que o agravasse, especialmente. Importa, unicamente, que ele tenha dado, de modo a não deixar dúvida, com o objetivo de acinte e de reação indevida ao livre exercício da função pública. (...) No que toca às palavras oralmente pronunciadas, importam o tom acre e a inflexão dada à voz, quando as testemunhas possam, ao depor sobre o fato, auxiliar na prova de que a configuração do desacato é ou pode ser concluída como inegável" (FERNANDO HENRIQUE MENDES DE ALMEIDA, *Dos crimes contra a Administração Pública*, p. 186). Deve constar na denúncia e na sentença quais foram exatamente as expressões utilizadas pelo agente, mesmo que de baixo calão. Na jurisprudência, em primeiro plano, o STF reconheceu a recepção deste artigo pela Constituição Federal de 1988: STF: "1. Trata-se de arguição de descumprimento de preceito fundamental em que se questiona a conformidade com a Convenção Americana de Direitos Humanos, bem como a recepção pela Constituição de 1988, do art. 331 do Código Penal, que tipifica o crime de desacato. 2. De acordo com a jurisprudência da Corte Interamericana de Direitos Humanos e do Supremo Tribunal Federal, a liberdade de expressão não é um direito absoluto e, em casos de grave abuso, faz-se legítima a utilização do direito penal para a proteção de outros interesses e direitos relevantes. 3. A diversidade de regime jurídico – inclusive penal – existente entre agentes públicos e particulares é uma via de mão dupla: as consequências previstas para as condutas típicas são diversas não somente quando os agentes públicos são autores dos delitos, mas, de igual modo, quando deles são vítimas. 4. A criminalização do desacato não configura tratamento privilegiado ao agente estatal, mas proteção da função pública por ele exercida. 5. Dado que os agentes públicos em geral estão mais expostos ao escrutínio e à crítica dos cidadãos, deles se exige maior tolerância à reprovação e à insatisfação, limitando-se o crime de desacato a casos graves e evidentes de menosprezo à função pública. 6. Arguição de descumprimento de preceito fundamental julgada improcedente. Fixação da seguinte tese: 'Foi recepcionada pela Constituição de 1988 a norma do art. 331 do Código Penal, que tipifica o crime de desacato'" (ADPF 496, Tribunal Pleno, rel. Roberto Barroso, 22.06.2020, m.v., vencidos os Ministros Edson Fachin e Rosa Weber). Em outros tribunais: STJ: "1. O bem jurídico protegido pela conduta tipificada no art. 331 do Código Penal, de acordo com a doutrina, é o prestígio ou o respeito à função pública, de interesse do Estado, a fim de preservar a regular atividade da Administração Pública, de modo que eventual ofensa, com a prática do referido delito, não se dirige diretamente ao indivíduo, mas primordialmente à Administração Pública. 2. Se o crime for praticado, em um mesmo contexto fático, contra vários funcionários públicos, não haverá concurso formal; vale dizer, quando uma pessoa ofende vários funcionários públicos, em um mesmo contexto fático, cometerá apenas um crime de desacato, porquanto o bem jurídico terá sido atingido uma única vez. 3. Na espécie, a descrição feita pela denúncia denota que a recorrente, dentro do mesmo contexto fático, desacatou os agentes de trânsito que atuavam na ocasião, razão pela qual responde por um único delito" (AgRg no RHC 136.918-SP, 6.ª T., rel. Sebastião Reis Júnior, rel. para acórdão Rogerio Schietti Cruz, 23.03.2021, v.u.); "6. Em relação ao delito do art. 331 do CP, a Terceira Seção desta Corte reconheceu, por maioria de votos, 'a incolumidade do crime de desacato pelo ordenamento jurídico pátrio' (HC 379.269/MS, Rel. Ministro Reynaldo Soares da Fonseca, Rel. p/ Acórdão Ministro Antonio Saldanha Palheiro, Terceira Seção, julgado em 24/5/2017, *DJe* 30/6/2017). 7. Trata-se de crime de forma livre, porquanto admite qualquer meio de execução, podendo ser cometido através de palavras, gestos, símbolos, ameaças, vias de fato ou lesão corporal. Mais: se a ofensa foi perpetrada na presença de funcionário público, no exercício de suas funções ou em razão delas, ainda que se trate de comportamento que importe em afronta à sua honra subjetiva, deve ser reconhecida a subsunção do fato ao tipo penal do art. 331 do CP" (RHC 81.292-DF, 5.ª T., rel. Ribeiro Dantas, 05.10.2017, v.u.).

**39-A. Sobre a alegada inconstitucionalidade do crime de desacato:** apesar de o STF já ter considerado a constitucionalidade do art. 331 (vide nota 39 *supra*), confira-se o conteúdo deste julgado, com mais argumentos: "(...) Por ter desacatado o 2.º Sargento do Exército Átila Ferro Corrêa, que se encontrava no exercício de suas funções no Batalhão da Guarda Presidencial, chamando-o de 'palhaço', foi imputado ao paciente o crime previsto no art. 299 do CPM, tendo sido condenado pelo Superior Tribunal Militar à pena de 6 meses de detenção, regime inicial aberto, com direito ao *Sursis*. Referido tipo penal estabelece o crime de desacato a militar (...) O Código Penal, em seu art. 331, define o mesmo delito (...) Ambos os tipos penais guardam similitude, podendo-se considerar nas duas hipóteses legais o funcionário público (civil ou militar) como sujeito passivo secundário do crime de desacato, figurando o Estado como sujeito passivo principal. Desacatar, consoante o *Dicionário Houaiss da língua portuguesa*, tem o sentido de destratar, desprezar, afrontar, insultar ou vituperar, figurando como antônimo ações de respeitar, acatar ou honrar. Trata-se de crime praticado por particular contra a administração em geral (CP) ou, em especial, a administração militar (CPM). Nesse sentido, o bem jurídico tutelado pela norma penal, segundo NUCCI, é a administração pública, levando-se em conta seu interesse patrimonial e moral. (NUCCI, Guilherme de Souza. *Manual de Direito Penal*. 13. ed. Rio de Janeiro: Forense. 2017). A tutela penal está no interesse em se assegurar o normal funcionamento do Estado, protegendo-se o prestígio do exercício da função pública. Ressalte-se, pois, que a norma tem como destinatário da proteção legal mais a função pública do que a pessoa do funcionário (civil ou militar). Colhe-se, portanto, para a configuração do crime, não ser necessário que o funcionário público se sinta ofendido, bastando que seja insultuosa a conduta do agente. Exige-se, porém, a presença do ofendido, sendo indispensável que o menoscabo tenha alvo certo, de forma que a vítima deve ouvir a palavra injuriosa ou sofrer diretamente o ato. (NUCCI, Guilherme de Souza. *Código Penal Militar Comentado*. 2.ª edição. Rio de Janeiro: Forense. 2014). O desacato é um crime comum, podendo ser praticado por qualquer pessoa. O sujeito passivo, conforme dissemos, é o Estado, sendo o funcionário público (civil ou militar) uma vítima secundária da infração. É essencial para a configuração do delito que o funcionário público esteja no exercício da função, ou, estando fora, que a ofensa seja empregada em razão dela. Deve, pois, haver o chamado nexo funcional. Com efeito, desacatar é a ação de ofender, humilhar, espezinhar, agredir o funcionário público *in officio ou propter officium*. Nesse cenário reside o dolo do agente. A crítica ou a censura, sem excessos, não constituem desacato, ainda que veementes. Segundo Nélson Hungria, o delito consiste em qualquer palavra ou ato que redunde em vexame ou humilhação, desprestígio ou irreverência ao funcionário. Explica o destacado jurista que o desacato é a grosseira falta de acatamento, podendo consistir de palavras injuriosas, difamatórias ou caluniosas, vias de fato, agressões físicas, ameaças e gestos obscenos, gritos agudos, dentre outros comportamentos assemelhados. O dolo deve abranger o conhecimento pelo agente da qualidade de funcionário público da vítima indireta. O desconhecimento desse dado pode redundar na atipicidade por erro de tipo, por exclusão do dolo, persistindo tão somente eventual crime de injúria. Observe-se que o CPM aponta o desacato como tipo penal subsidiário, ou seja, esse delito é punido desde que não se configure outro mais grave. Aludido tipo penal é expresso quanto ao seu caráter subsidiário (subsidiariedade expressa), incidindo sua aplicação somente nas hipóteses de não ocorrência de um delito mais grave, o qual afasta a aplicação da norma subsidiária. Nessa hipótese, em que a norma subsidiária funciona como um soldado de reserva, apenas na ausência ou impossibilidade de aplicação da norma principal mais grave é que incide a norma subsidiária, menos grave, conforme o antigo provérbio *latino lex primaria derogat legi subsidiariae*. Essas breves considerações sobre o delito de desacato, no âmbito doutrinário da classificação dos crimes, faz-se necessário para melhor analisar a alegada violação à Convenção Americana de Direitos Humanos e à Constituição

# Art. 331

Código Penal Comentado · **Nucci**

1270

Federal. Com efeito, suscita-se a incompatibilidade desse delito com a liberdade de expressão e do pensamento, garantidos tanto pela Convenção Americana de Direitos Humanos, artigo 13 (promulgado pelo Decreto 6.788/92) como pela Constituição Federal, art. 5.º, incisos. IV, VIII e IX, e 220, os quais não teriam recepcionado referido tipo penal. (...) Destarte, para além do controle de constitucionalidade, o modelo brasileiro atual comporta, também, um controle de convencionalidade das normas domésticas. Diante do quadro colocado, assinale-se o que estabelece o Pacto de San José da Costa Rica a respeito da liberdade de pensamento e de expressão: (...) Tomando referido tratado internacional como parâmetro do controle de convencionalidade do ordenamento jurídico interno, a uma simples leitura do dispositivo supracitado não se infere qualquer afronta na tipificação do crime de desacato. Não houve revogação da norma penal, mas recepção pela regra supralegal. Observe-se que o item 2, letra *a*, do art. 13 do Pacto de San José dispõe claramente que o exercício do direito à liberdade de pensamento e de expressão, embora não sujeito a censura prévia, deve assumir responsabilidades ulteriores, expressamente fixadas em lei, para assegurar o respeito aos direitos ou à reputação das demais pessoas. Não prospera, portanto, a alegada descriminalização do desacato (art. 299 do CPM ou art. 331 do CP), nem se está tampouco diante da chamada *abolitio criminis*. Consigne-se que em diversos ordenamentos jurídicos externos, especificamente no âmbito regional, como Chile, Costa Rica, Cuba, Equador, Haiti, Honduras, México, Nicarágua, Peru, República Dominicana, Uruguai, Venezuela, a conduta do desacato é criminalizada. Saindo das Américas, na Europa, o Código Penal português traz em seu art. 187.º uma figura penal que, com outro *nomen juris*, tutela o mesmo bem jurídico do desacato, punindo o agente que afirma ou propala fatos inverídicos, capazes de ofender a credibilidade, o prestígio ou a confiança devidos às instituições e serviços que exerçam autoridade pública. Na mesma linha, nos crimes contra a honra, as penas são agravadas quando o ofendido tem a condição de funcionário público e esteja no exercício das funções ou por causa delas, conforme prevê o art. 184.º. A liberdade de expressão prevista na Convenção Americana de Direitos Humanos não difere do tratamento conferido pela Constituição Federal ao mesmo tema, não possuindo esse específico direito, como todos os demais direitos fundamentais, caráter absoluto. A Constituição Federal, ao tutelar a honra, a intimidade e a dignidade da pessoa humana, direitos conferidos a todos, sem distinção de qualquer natureza (art. 5.º da CF), recepcionou a norma do desacato prevista na legislação penal. O direito à liberdade de expressão deve harmonizar-se com os demais direitos envolvidos (honra, intimidade e dignidade), não eliminá-los. Incide o princípio da concordância prática, pelo qual o intérprete deve buscar a conciliação entre normas constitucionais. O exercício abusivo das liberdades públicas não se coaduna com o Estado democrático. A ninguém é lícito usar de sua liberdade de expressão para ofender, espezinhar, vituperar a honra alheia. O desacato constitui importante instrumento de preservação da lisura da função pública e, indiretamente, da própria dignidade de quem a exerce. Não se pode despojar a pessoa de um dos mais delicados valores constitucionais, a dignidade da pessoa humana, em razão do *status* de funcionário público (civil ou militar). A investidura em cargo ou função pública não constitui renúncia à honra e à dignidade. A Corte Interamericana de Direitos Humanos, órgão responsável pelo julgamento de situações concretas de abusos e violações de direitos humanos, reiteradamente tem decidido contrariamente ao entendimento da Comissão de Direitos Humanos, estabelecendo que o Direito Penal pode, sim, punir condutas representativas de excessos no exercício da liberdade de expressão. Nesse ponto, consigne-se que a Terceira Seção do STJ, no julgamento do *habeas corpus* 379.269, enfatizou que desacatar funcionário público no exercício da função ou em razão dela continua a ser crime, conforme previsto no artigo 331 do Código Penal. No voto do Ministro Rogério Schietti Cruz registrou-se que a Corte Interamericana tem repudiado abusos no exercício da liberdade de expressão, citando-se os seguintes *cases* à guisa de exemplo: caso Ricardo Canese vs.

# Art. 331

Título XI – Dos crimes contra a Administração Pública

Paraguai, sentença de 31 de agosto de 2004, § 104; caso Kimel *vs.* Argentina, sentença de 2 de maio de 2008, §§ 71 e 76; e caso Herrera Ulloa *vs.* Costa Rica, sentença de 2 de julho de 2004. Impende destacar que a liberdade de expressão consubstancia um dos mais valiosos instrumentos na preservação do regime democrático. O pluralismo de opiniões, a crítica, a censura, são vitais para a formação da vontade livre de um povo. O direito de se comunicar livremente é inerente à sociabilidade, que é próprio da natureza humana. E deve ser ampla a liberdade do discurso político, do debate livre, impedindo-se possíveis interferências do poder. O Estado de Direito democrático não desconhece esse valor universal. Entretanto, a repressão do excesso não é incompatível com a democracia. O veto à censura prévia não proíbe a censura *a posteriori*, permitindo-se a intervenção contra manifestações não protegidas jurídico--constitucionalmente, o que ocorre quando transbordam dos limites do art. 5.º, inciso X, da Constituição Federal, que trata, em contraposição à liberdade de manifestação, da invulnerabilidade da honra. O STF, nesse sentido, decidiu em caso assemelhado que o discurso de ódio não se inclui no âmbito de proteção da liberdade de expressão. No HC 82.424, Redator para o acórdão Min. Maurício Corrêa, *DJ* 19.3.2004, consignou-se: O direito à livre expressão não pode abrigar, em sua abrangência, manifestações de conteúdo imoral que implicam ilicitude penal. De conseguinte, a figura penal do desacato não tolhe o direito à liberdade de expressão, não retirando da cidadania o direito à livre manifestação, desde que exercida nos limites de marcos civilizatórios bem definidos, punindo-se os excessos. (...) Portanto, o desacato não é incompatível com a democracia desde que, em contrapartida, haja lei que puna os abusos de autoridade. O Estado de Direito democrático deve possuir mecanismos de salvaguarda do cidadão contra abusos do poder, ao mesmo tempo em que deve colocar o agente público também a salvo do exercício abusivo de direitos conferidos aos demais membros da sociedade. (...)" (HC 141.949, 2.ª T., rel. Gilmar Mendes, 13.03.2018, por maioria).

**40. Sujeitos ativo e passivo:** o sujeito ativo pode ser qualquer pessoa. O sujeito passivo é o Estado e, em segundo plano, também o funcionário público. Aliás, para o conceito de funcionário público, quando no polo passivo, a maioria tem entendido ser aplicável o art. 327 do Código Penal. Quanto ao funcionário como sujeito ativo, entendemos, na esteira de Fragoso e Noronha (*Direito penal*, v. 4, p. 307), poder haver desacato, pouco importando se de idêntica hierarquia, superior ou inferior. Um policial, prestando depoimento, pode desacatar o juiz, enquanto este pode desacatar o colega, em igual situação. Pode, ainda, o delegado desacatar o investigador de polícia (ou detetive). Cremos, no entanto, ser preciso cautela na tipificação do delito, pois a intenção do agente pode não ser o desprestígio da função pública, mas o abuso do poder que detém. Quanto ao advogado como sujeito ativo, apesar de o Estatuto da Advocacia (art. 7.º, § 2.º) preceituar que há imunidade profissional e, no exercício da sua atividade, não poder constituir desacato qualquer manifestação de sua parte, esse trecho está com a eficácia suspensa por julgamento proferido pelo Supremo Tribunal Federal.

**41. Pluralidade de funcionários ofendidos:** o crime é único, pois o sujeito passivo é único, ou seja, o Estado. Assim, o agente que desacata mais de um policial, no mesmo contexto, pratica *um* desacato.

**42. Elemento subjetivo do tipo:** é o dolo. Não existe a forma culposa, nem se exige elemento subjetivo do tipo específico. Há posição em contrário, sustentando haver a vontade específica de desprestigiar a função pública, proferindo ou tomando postura injuriosa. Assim não cremos, pois o verbo é suficiente para essa conclusão. *Desacatar* significa, por si só, humilhar ou menosprezar, implicando algo injurioso, que tem por fim desacreditar a função pública. De qualquer forma, seja porque no verbo do tipo concentra-se o ânimo de menosprezar o funcionário público, seja porque há elemento subjetivo específico, cujo objetivo é o

# Art. 331

Código Penal Comentado · **Nucci**

mesmo, exige-se essa clara intenção, sob pena de não se configurar o delito. Entretanto, cremos correta a posição de quem, para a análise do dolo, leva em consideração as condições pessoais do agressor, como sua classe social, grau de cultura, entre outros fatores (DAMÁSIO, *Código Penal anotado*, p. 933). Deve-se ter a mesma cautela quando o agente estiver descontrolado ou profundamente emocionado ou irado, pois, nessa hipótese, *pode* (embora não deva ser regra geral) não se configurar a vontade de depreciar a função pública – o que está ínsito ao conceito de *desacato*, como já mencionado.

**43. Funcionário que não se identifica pode cometer o crime contra outro funcionário:** como mencionado anteriormente, qualquer pessoa pode figurar como sujeito ativo; em especial visão, o funcionário pode cometer desacato contra outro funcionário ao agir fora da sua função, como um particular qualquer.

**44. Exercício da função ou em sua razão:** exige-se que a palavra ofensiva ou o ato injurioso seja dirigido ao funcionário que esteja exercendo suas atividades ou, ainda que ausente delas, tenha o autor levado em consideração a função pública.

**45. Presença do funcionário:** é indispensável, pois o menoscabo necessita ter alvo certo, de forma que o funcionário público deve ouvir a palavra injuriosa ou sofrer diretamente o ato. Ainda que esteja à distância, precisa captar por seus próprios sentidos a ofensa, inclusive se for assistindo um programa de televisão (ANTONIO PAGLIARO e PAULO JOSÉ DA COSTA JÚNIOR, *Dos crimes contra a Administração Pública*, p. 209). Se a ofensa for por escrito, caracteriza-se injúria, mas não desacato.

**45-A. Importância das declarações do servidor ofendido:** o sujeito passivo desse delito é a Administração Pública; porém, ela é representada, na prática, por funcionários públicos. Eis a relevância dos depoimentos das pessoas diretamente ofendidas no âmbito do crime de desacato.

**46. Funcionário que provoca a ofensa:** não configura desacato se o particular devolve provocação do funcionário público, tendo em vista que não busca desprestigiar a função pública, mas dar resposta ao que julgou indevido.

**47. Embriaguez do agressor:** conforme já expusemos ao tratar do crime de resistência (art. 329, nota 15), cremos se configurar o crime ainda que o ofensor esteja sob efeito do álcool ou substância de efeito análogo (art. 28, II, CP).

**48. Objetos material e jurídico:** o objeto material é o funcionário. O objeto jurídico é a Administração Pública, nos seus interesses material e moral. É considerado delito pluriofensivo, por atingir a honra do funcionário e o prestígio da Administração Pública.

**49. Classificação:** trata-se de crime comum (aquele que não demanda sujeito ativo qualificado ou especial); formal (delito que não exige resultado naturalístico, consistente no efetivo desprestígio da função pública); de forma livre (podendo ser cometido por qualquer meio eleito pelo agente); comissivo ("desacatar" implica ação); instantâneo (cujo resultado se dá de maneira instantânea, não se prolongando no tempo); unissubjetivo (que pode ser praticado por um só agente); unissubsistente (praticado num único ato) ou plurissubsistente (em regra, vários atos integram a conduta); admite tentativa na forma plurissubsistente, embora seja de difícil configuração.

**50. Concurso de crimes:** mencionamos que o desacato pode ser praticado de variadas formas, inclusive com agressões físicas. Portanto, conforme a gravidade da violência ou da ameaça utilizada, pode ou não absorver tais delitos. Se praticar lesão corporal contra o funcionário, cremos deva responder por concurso formal (lesão + desacato); porém, cometendo vias de fato, deve responder somente pelo desacato.

**51. Indiferença do ofendido:** se o funcionário público demonstra completo desinteresse pelo ato ofensivo proferido pelo agressor, não há que se falar em crime, pois a função pública não chegou a ser desprestigiada. É o que pode acontecer quando um delegado, percebendo que alguém está completamente histérico, em virtude de algum acidente ou porque é vítima de um delito, releva eventuais palavras ofensivas que essa pessoa lhe dirige. Não se pode considerar fato típico, desde que o prestígio da Administração tenha permanecido inabalável. Mas caso o funcionário seja efetivamente humilhado, no exercício da sua função, a sua concordância é irrelevante, pois o crime é de ação pública incondicionada.

### Tráfico de influência

> **Art. 332.** Solicitar, exigir, cobrar ou obter,[52-53] para si ou para outrem,[54] vantagem ou promessa de vantagem,[55] a pretexto de influir[56] em ato[57] praticado por funcionário público[58] no exercício da função:[59-60]
>
> Pena – reclusão, de 2 (dois) a 5 (cinco) anos, e multa.
>
> **Parágrafo único.** A pena é aumentada da 1/2 (metade),[61] se o agente alega ou insinua que a vantagem é também destinada ao funcionário.

**52. Análise do núcleo do tipo:** *solicitar* (pedir ou rogar); *exigir* (ordenar ou reclamar); *cobrar* (exigir o cumprimento de algo); *obter* (alcançar ou conseguir). Conjugam-se com outra conduta: *influir* (inspirar ou incutir). O objeto das ações é a vantagem com relação a ato praticado por funcionário público. É o que se chama de *jactância enganosa, gabolice mendaz* ou *bazófia ilusória* (Antonio Pagliaro e Paulo José da Costa Júnior, *Dos crimes contra a Administração Pública*, p. 218). Na jurisprudência: STF: "2. Ademais, verifica-se que o entendimento do acórdão recorrido, que afastou a alegada arguição de inconstitucionalidade do art. 332 do CP, na redação dada pela Lei 9.127/1995, por ofensa ao princípio da proporcionalidade, encontra-se em consonância com a orientação desta Suprema Corte, no sentido de que cabe ao legislador ordinário e não ao Poder Judiciário a previsão e dosagem, qualitativa e quantitativa, da resposta penal" (RE 1164419 AgR, 2.ª T., rel. Edson Fachin, 22.05.2020, v.u.). STJ: "7. Dispõe o art. 332 do Código Penal que, para a configuração do delito de tráfico de influência, deve o agente 'solicitar, exigir, cobrar ou obter, para si ou para outrem, vantagem ou promessa de vantagem, a pretexto de influir em ato praticado por funcionário público no exercício da função'. 8. 'Conclui-se que o delito perfaz-se com a mera prática de um de seus núcleos (solicitar, exigir, cobrar ou obter), cometidos com a específica finalidade de buscar vantagem ou promessa de vantagem, para o próprio Agente ou em benefício de terceiro, 'a pretexto de influir em ato praticado por funcionário público no exercício da função (...)' (HC n. 202.519/DF, 5.ª T., rel. Ministra Laurita Vaz, j. 10.12.2013, *DJe* 3.2.2014). 9. Na hipótese, constou da inicial acusatória, amiúde, que a conduta supostamente perpetrada pelo ora recorrente, quanto ao delito de tráfico de influência, consistiu em se recusar a desligar o som do veículo, e, ato contínuo, a ameaçar ligar para uma pessoa denominada de 'Coronel Edir', em inequívoco tom de bazófia, o qual, ante o critério da legalidade estrita, não permite subsumir a conduta do recorrente ao tipo penal pois 'a simples gabarolice ou fanfarronada, sem a solicitação ou recebimento da utilidade, não configura o ilícito, podendo, eventualmente, constituir crime contra a honra do servidor' (MIRABETE, Julio Fabbrini. *Manual de Direito*

# Art. 332

Código Penal Comentado · **Nucci**

**1274**

*Penal*: parte especial. v. 3. 21. ed. São Paulo: Atlas, 2006, p. 451). 10. Recurso parcialmente conhecido e, nessa extensão, parcialmente provido para trancar a ação penal ante a manifesta atipia da conduta do recorrente referente ao delito de tráfico de influência" (RHC 102.202-PA, 6.ª T., rel. Antonio Saldanha Palheiro, 09.04.2019, v.u.).

**52-A. Carteirada:** a denominada *carteirada*, quando uma autoridade invoca o seu posto para intimidar certo servidor público a fazer algo ou a deixar de fazer, a pretexto de influir em ato de seu superior hierárquico configura o crime descrito neste artigo. No entanto, a chamada *carteirada* significa, em verdade, uma modalidade de corrupção, merecendo uma figura típica independente.

**53. Sujeitos ativo e passivo:** o sujeito ativo pode ser qualquer pessoa, inclusive funcionário público. O sujeito passivo é o Estado.

**54. Elemento subjetivo do tipo:** é o dolo. Exige-se, ainda, elemento subjetivo específico, consistente no ânimo de ter para si ou destinar para outra pessoa a vantagem. Não existe a forma culposa.

**55. Vantagem ou promessa de vantagem:** *vantagem* é qualquer ganho ou lucro para o agente, lícito ou ilícito, que pode servir para configurar o tipo. *Promessa de vantagem* é obrigar-se a, no futuro, entregar algum ganho a alguém.

**56. Resultado concreto da influência:** não é necessário, bastando que o agente solicite, exija, cobre ou obtenha a vantagem *a pretexto* (sob a desculpa ou justificativa) de exercer ascendência sobre funcionário público. É o que a doutrina chama de "venda de fumaça". Na jurisprudência: STJ: "1. A conduta de entregar dinheiro para outrem, que solicitou o recebimento de vantagem pecuniária, com a promessa de influenciar servidor da Receita Federal a não praticar ato de ofício referente a uma autuação fiscal, por ter sido extrapolado o limite de importação na modalidade simplificada, não se enquadra no delito de tráfico de influência previsto no art. 332 do Código Penal" (RHC 122.913-SP, 5.ª T., rel. Joel Ilan Paciornik, 15.12.2020, v.u.).

**57. Ato do funcionário:** pode ser lícito ou ilícito, pois o tipo penal não discrimina. O ato, no entanto, deve ser futuro, e não passado. Se o agente *vai influir* é natural que o ato não pode ter sido praticado.

**58. Três pessoas envolvidas, mesmo que virtualmente:** há de se exigir, para a configuração do tipo penal, que um *sujeito* qualquer – funcionário público ou não – solicite, exija, cobre ou obtenha de *outra pessoa* – funcionário ou não – qualquer vantagem, sob o pretexto de exercer influência em um *funcionário público* no exercício da função.

**59. Objetos material e jurídico:** o objeto material é a vantagem. O objeto jurídico é a Administração Pública, especialmente no aspecto da moralidade.

**60. Classificação:** trata-se de crime comum (aquele que não demanda sujeito ativo qualificado ou especial); formal (crime que não exige resultado naturalístico, consistente na efetiva prática indevida de algum ato administrativo). Cremos, reformulando posição anterior, que, somente nas formas *solicitar, exigir* e *cobrar*, o delito é formal, pois o objeto jurídico protegido é a escorreita Administração Pública. Portanto, quando o agente obtém a vantagem, o crime é material, pois já feriu o interesse protegido, embora possa não levar, necessariamente, à influência e prática de algo indevido. Se isto se der, trata-se do exaurimento do crime; de forma livre (podendo ser cometido por qualquer meio eleito pelo agente); comissivo (os verbos implicam ações); instantâneo (cujo resultado se dá de maneira instantânea, não se prolongando no tempo); unissubjetivo (que pode ser praticado por um só agente); unissubsistente (praticado num único ato) ou plurissubsistente (em regra, vários atos integram a conduta); admite tentativa na forma plurissubsistente.

**61. Causa de aumento da pena:** eleva-se a pena em metade, caso o agente afirme ou dê a entender de modo sutil que o ganho destina-se, também, ao funcionário que vai praticar o ato. Caso realmente se destine, trata-se de corrupção (ativa para quem oferta e passiva para quem recebe).

### Corrupção ativa

> **Art. 333.** Oferecer ou prometer[62-64] vantagem indevida[65-66] a funcionário público, para determiná-lo[67] a praticar, omitir ou retardar ato de ofício:[68-73]
>
> Pena – reclusão, de 2 (dois) a 12 (doze) anos, e multa.[73-A-73-B]
>
> **Parágrafo único.** A pena é aumentada de 1/3 (um terço),[74] se, em razão da vantagem ou promessa, o funcionário retarda ou omite ato de ofício, ou o pratica infringindo dever funcional.

**62. Análise do núcleo do tipo:** *oferecer* (propor ou apresentar para que seja aceito) ou *prometer* (obrigar-se a dar algo a alguém), cujo objeto é a vantagem, conjuga-se com *determinar* (prescrever ou estabelecer) a *praticar* (executar ou levar a efeito), *omitir* (não fazer) ou *retardar* (atrasar), cujo objeto é ato de ofício. Portanto, se alguém, exemplificando, propõe vantagem a um funcionário público, levando-o a executar um ato que é sua obrigação, comete o delito previsto neste artigo. A consumação se dá por ocasião do oferecimento ou da promessa, independendo da efetiva entrega. Na jurisprudência: STF: "IV – O delito previsto no *caput* do art. 333 do Código Penal (corrupção ativa), por tratar-se de crime formal, consuma-se independentemente do recebimento ou da aceitação da promessa feita ao funcionário público, bem como da efetiva prática do ato de ofício por aquele. Daí ser possível a aplicação da majorante disposta no parágrafo único desse mesmo artigo nos casos em que o servidor, em razão da vantagem ofertada, efetivamente pratica, omite ou retarda ato de ofício, como ocorreu no caso concreto. V – Para fins de tipicidade dos crimes previstos nos arts. 317 e 333 do CP, é irrelevante que o ato de ofício seja lícito. Doutrinariamente, receber vantagem indevida para praticar ato de ofício regular constitui a chamada corrupção imprópria. Doutrina" (HC 202118 AgR, 2.ª T., rel. Ricardo Lewandowski, 21.06.2021, v.u.). STJ: "4. No caso, como se viu das transcrições, os policiais estavam cumprindo mandado de prisão contra o paciente, em razão de investigação nos autos da operação 'guilhotina', por supostamente, comercializar ilicitamente drogas, armas de fogo e munição e fazer parte de facção criminosa. Ocorre que, ao iniciarem a abordagem do paciente, os policiais se identificaram, mostrando seus distintivos, momento em que o paciente acelerou o carro na direção deles, dando início à perseguição. Após ter sido capturado, o paciente, teria oferecido a quantia de R$ 50.000,00, para que os policiais o liberassem. Precedentes" (AgRg no HC 823.812-CE, 5.ª T., rel. Reynaldo Soares da Fonseca, 13.06.2023, v.u.); "1. Como registrado na decisão impugnada, a qual nesta oportunidade se confirma, a prisão cautelar do ora recorrente foi justificada pelo juízo de primeira instância a partir de considerações sobre a peculiar gravidade concreta dos delitos aparentemente perpetrados, na medida em que, embora consigo tenha sido apreendida apenas pequena quantidade de tóxicos proscritos, há indícios de ser um dos responsáveis pelo enorme estoque encontrado no imóvel

# Art. 333

**Código Penal Comentado · Nucci**                                                              1276

do qual acabara de sair: 6,8 toneladas de maconha e 7,7 toneladas de cocaína. 2. Também consta que, além de ter oferecido armas aos policiais condutores da sua prisão em flagrante, como forma de suborno em troca de não ser preso, incorrendo no crime de corrupção ativa, teria orquestrado a entrega de cinco armas de fogo, inclusive algumas com numeração suprimida, a partir de simples telefonemas, reforçando a tese de que exerceria posição de destaque em possível organização criminosa" (AgRg no RHC 178.440-MG, 5.ª T., rel. Reynaldo Soares da Fonseca, 05.06.2023, v.u.); "4. É entendimento pacificado nesta Corte Superior que o 'crime de corrupção ativa é um crime formal, bastando a oferta ou a promessa de vantagem indevida do agente' (REsp 783.525/RS, rel. Min. Laurita Vaz, 5.ª T., 10.05.2007, *DJ* 06.08.2007). Assim, ainda que o paciente não tivesse condições de arcar com o valor prometido, o delito se consumou no momento da oferta, sendo que o efetivo pagamento configura mero exaurimento da conduta ilegal" (HC 588.211-SP, 5.ª T., rel. Ribeiro Dantas, 18.08.2020, v.u.).

**62-A. A questão referente à conduta dar:** a figura típica retratada neste artigo não inclui o verbo *dar* (entregar algo) e, em nosso sentir, inexiste necessidade, por duas razões básicas: a) o verbo *oferecer* significa *apresentar algo para que seja aceito*; noutras palavras, simboliza, como sinônimo, *dar*; b) somente para argumentar, considerando-se que as condutas *oferecer* e *dar* têm diverso significado, não há como negar que a *oferta* antecede a *dação*, de modo que, se o *menos* é punido, por uma questão de lógica, o *mais* também o será; assim sendo, se a simples oferta constituir ato de corrupção, torna-se indubitável que a dação concretiza, ainda mais, o referido delito. Não fossem tais razões, é preciso considerar que, levantando-se outro argumento, *dar* uma vantagem indevida a funcionário público, no mínimo, configura participação no crime de corrupção passiva. Aliás, visualizamos dois cenários para a conduta *dar*: 1) se o agente der ao servidor uma vantagem indevida para que realize (omita ou retarde) ato de ofício, configura corrupção ativa; 2) se o agente der ao funcionário uma vantagem indevida porque este solicitou ou meramente recebeu, para qualquer outro fim (que não ato de ofício), pratica corrupção passiva (nos termos do art. 29 deste Código, quem, de qualquer forma, concorre para o crime, incide nas suas penas).

**63. Sujeitos ativo e passivo:** o sujeito ativo pode ser qualquer pessoa. O sujeito passivo é o Estado. Sobre outras hipóteses de configuração do crime, consultar a nota 95 ao art. 317.

**64. Elemento subjetivo do tipo:** é o dolo. Exige-se elemento subjetivo específico, consistente na vontade de fazer o funcionário praticar, omitir ou retardar ato de ofício. Não há forma culposa.

**65. Vantagem indevida:** pode ser qualquer lucro, ganho, privilégio ou benefício ilícito, ou seja, contrário ao direito, ainda que ofensivo apenas aos bons costumes. Entendíamos que o conteúdo da vantagem indevida deveria possuir algum conteúdo econômico, mesmo que indireto. Ampliamos o nosso pensamento, pois há casos concretos em que o funcionário deseja obter somente um elogio, uma vingança ou mesmo um favor sexual, enfim, algo imponderável no campo econômico e, ainda assim, corrompe-se para prejudicar ato de ofício. Por vezes, já que a natureza humana é complexa para abarcar essas situações, uma vantagem não econômica pode surtir mais efeito do que se tivesse algum conteúdo patrimonial. Não se tratando de delitos patrimoniais, pode-se acolher essa amplitude.

**66. Suborno para fugir:** trata-se de *vantagem indevida*, configurando-se o crime de corrupção ativa, quando o preso oferece algum valor ao guarda, para deixá-lo escapar. Dizer que a fuga sem violência é ato lícito não afasta a corrupção do agente penitenciário, pois a conduta do agente ofende, de qualquer modo, a Administração Pública. Escapar, sem usar violência, pode ser conduta atípica, o que não significa corromper funcionário.

**67. Oferecimento ou promessa anterior ao ato:** exige-se. Quando qualquer vantagem for dada depois da prática do ato, sem ter havido qualquer tipo de promessa ou oferta anterior, não se trata de corrupção ativa, podendo, conforme o caso, constituir outro tipo de ilícito não penal (infração administrativa) ou delito por parte do funcionário (ilustrando: corrupção passiva para o funcionário, com participação daquele que fornece o presente – ver a nota 94 ao art. 317). Na jurisprudência: TJRS: "II – O delito de corrupção ativa restou suficientemente comprovado pelos depoimentos dos policiais militares que abordaram o réu. Ainda que o réu tenha alegado não ter tido a intenção de corromper, a tese não convence. O réu ofereceu ao policial vantagem indevida para que não praticasse ato de ofício, restando apreendida a quantia oferecida. Inexistindo comprovação de que os policiais tivessem interesse de prejudicá-lo, seus depoimentos devem ser considerados prova de reconhecida idoneidade, merecendo credibilidade, eis que colhida sob o crivo do contraditório e não enfrenta dúvida razoável" (Ap. Crim. 70085092831, 4.ª C. Crim., rel. Rogerio Gesta Leal, 10.09.2021, v.u.).

**68. Ato de ofício:** é o ato inerente às atividades do funcionário. Portanto, o ato visado deve estar na esfera de atribuição do funcionário, não necessitando ser ilícito. Aliás, nem mesmo precisa ser identificado *qual é* o ato de ofício desejado, pois a corrupção se concretiza quando o agente oferta a vantagem, inclusive porque pode almejar ter um funcionário aberto a lhe satisfazer alguma vontade no futuro. Na jurisprudência: STJ: "2. Embora o artigo 333 do Código Penal mencione como elemento caracterizador do tipo a prática de ato de ofício, diante de sua natureza formal, é prescindível a sua ocorrência efetiva, bastando que tenha havido o oferecimento de vantagem para sua prática" (AgRg no AREsp 1.014.485-SP, 5.ª T., rel. Jorge Mussi, 21.03.2019, v.u.).

**69. Objetos material e jurídico:** o objeto material é a vantagem. O objeto jurídico é a Administração Pública, nos interesses material e moral. Na jurisprudência: STJ: "1. O bem jurídico protegido no crime de corrupção ativa é a administração pública no que concerne à preservação dos princípios da probidade e da moralidade, que devem reger o exercício da atividade pública" (AgRg no Ag no REsp 1705197-RJ, 5.ª T., rel. João Otávio de Noronha, 01.06.2021, v.u.).

**70. Classificação:** trata-se de crime comum (aquele que não demanda sujeito ativo qualificado ou especial); formal (delito que não exige resultado naturalístico, consistente no efetivo recebimento do suborno); de forma livre (podendo ser cometido por qualquer meio eleito pelo agente); comissivo (os verbos implicam ações); instantâneo (cujo resultado se dá de maneira instantânea, não se prolongando no tempo); unissubjetivo (que pode ser praticado por um só agente); unissubsistente (praticado num único ato) ou plurissubsistente (em regra, vários atos integram a conduta), admite tentativa na forma plurissubsistente.

**71. "Carteirada":** é a expressão utilizada para demonstrar o ato de autoridade que, fazendo uso de sua função, exibe seu documento funcional para conseguir algum préstimo de outra autoridade ou funcionário público. Tal ato não é, tecnicamente, corrupção ativa, podendo, conforme o caso, configurar o crime de tráfico de influência. Entretanto, deveria haver figura típica especial para prever a *carteirada* como modalidade de corrupção ativa.

**72. Crime bilateral:** não se exige que, para a configuração da corrupção ativa, esteja devidamente demonstrada a corrupção passiva. Logo, não se trata de delito bilateral.

**73. Embriaguez:** não afasta o crime (art. 28, II, CP). Ver nota 15 ao art. 329.

**73-A. Aumento de pena:** elevou-se a pena da corrupção ativa de 1 a 8 anos para 2 a 12 anos, mantendo-se a cominação de multa, conforme previsão da Lei 10.763/2003. Somente se

# Art. 334

**Código Penal Comentado · Nucci**

pode considerar que o referido aumento teve por finalidade bloquear o benefício da suspensão condicional do processo, que exige a pena mínima de 1 ano, aos autores de corrupção. O aumento do teto da pena é inoperante no direito brasileiro, seja porque vige a política da pena mínima (praticamente inexiste a fixação da pena em grau máximo), seja porque a prescrição que realmente importa é a que leva em conta a pena concreta (normalmente no patamar mínimo) e não a da pena em abstrato, que levaria em consideração o máximo previsto para o crime. Por outro lado, tomando-se por base o novo mínimo previsto para o crime (2 anos), continua a ser viável a concessão de inúmeros benefícios penais, como a pena alternativa, o *sursis* e o regime aberto. Portanto, a alteração pouco efeito produzirá.

**73-B. Princípio da insignificância:** não há como acolher o crime de bagatela em situação grave como a corrupção, seja ela ativa ou passiva; logo, o montante da vantagem é indiferente, pois o prejuízo para a moralidade administrativa se concretiza de qualquer modo. Na jurisprudência: STF: "V – '[C]uidando-se de corrupção ativa, crime contra a administração pública, a pequenez do suborno oferecido jamais poderia atrair a aplicação do princípio da insignificância (pelo contrário, pela humilhação que acarreta ao servidor, quiçá pudesse acarretar concurso formal entre a corrupção ativa e o desacato...)' ( HC 89.832 AgR/SP, rel. Min. Sepúlveda Pertence). VI – Agravo regimental a que se nega provimento'" (RHC 199851 AgR, 2.ª T., rel. Ricardo Lewandowski, 12.05.2021, v.u.).

**74. Causa de aumento da pena:** eleva-se a pena em um terço quando, em razão da promessa ou da vantagem, efetivamente o agente atrasa ou não faz o que deveria, ou mesmo pratica o ato, infringindo dever funcional. Nessa hipótese, o crime é material, isto é, exige resultado naturalístico.

### Descaminho

> **Art. 334.** Iludir,[75-77] no todo ou em parte,[78-79] o pagamento de direito ou imposto[80] devido pela entrada, pela saída ou pelo consumo[81] de mercadoria:[82-87]
>
> Pena – reclusão, de 1 (um) a 4 (quatro) anos.[88]
>
> § 1.º Incorre na mesma pena quem:
>
> I – pratica navegação de cabotagem,[89] fora dos casos permitidos em lei;[90]
>
> II – pratica fato assimilado, em lei especial, a descaminho[91]
>
> III – vende,[92-94] expõe à venda, mantém em depósito ou, de qualquer forma, utiliza em proveito próprio ou alheio, no exercício de atividade comercial ou industrial,[95] mercadoria[96] de procedência estrangeira que introduziu clandestinamente[97] no País ou importou fraudulentamente[98] ou que sabe ser produto de introdução clandestina no território nacional ou de importação fraudulenta por parte de outrem;[99-100]
>
> IV – adquire,[101-103] recebe ou oculta, em proveito próprio ou alheio, no exercício[104] de atividade comercial ou industrial, mercadoria[105] de procedência estrangeira, desacompanhada de documentação[106] legal ou acompanhada de documentos que sabe serem falsos.[107-109]
>
> § 2.º Equipara-se[110] às atividades comerciais, para os efeitos deste artigo, qualquer forma de comércio irregular ou clandestino de mercadorias estrangeiras, inclusive o exercido em residências.[111]
>
> § 3.º A pena aplica-se em dobro se o crime de descaminho é praticado em transporte aéreo, marítimo ou fluvial.[112-112-C]

**75. Análise do núcleo do tipo:** antes do advento da Lei 13.008/2014, o descaminho figurava, junto com o contrabando, no mesmo tipo penal; portanto, ambos possuíam a mesma pena – reclusão, de 1 a 4 anos. Pretendendo elevar a sanção do contrabando, os delitos foram separados, passando-se o contrabando para o art. 334-A, com pena de reclusão, de 2 a 5 anos. *Iludir* (enganar ou frustrar) é a conduta, cujo objeto é o pagamento de direito ou imposto. Trata-se do denominado *contrabando impróprio*. A Lei 13.804/2019 acrescentou ao Código de Trânsito Brasileiro o art. 278-A, nos seguintes termos: "o condutor que se utilize de veículo para a prática do crime de receptação, descaminho, contrabando, previstos nos arts. 180, 334 e 334-A do Decreto-Lei n.º 2.848, de 7 de dezembro de 1940 (Código Penal), condenado por um desses crimes em decisão judicial transitada em julgado, terá cassado seu documento de habilitação ou será proibido de obter a habilitação para dirigir veículo automotor pelo prazo de 5 (cinco) anos".

**76. Sujeitos ativo e passivo:** o sujeito ativo pode ser qualquer pessoa. Se houver a participação de funcionário, pode configurar-se o tipo autônomo do art. 318 (facilitação de contrabando ou descaminho). O sujeito passivo é o Estado.

**77. Elemento subjetivo do tipo:** é o dolo. Não se exige elemento subjetivo específico, nem se pune a forma culposa.

**78. Norma penal em branco:** a obrigação de pagar qualquer espécie de tributo ou similar deve constar de lei específica, que complementa essa norma incriminadora. Somente se sabe se houve descaminho consultando-se a lei impositiva do dever de pagar.

**79. Modos de descaminho (perda ou extravio):** pode a fraude ao pagamento de direito ou imposto ser total (completa, isto é, sem o pagamento de qualquer valor) ou parcial (pagando-se quantia inferior à devida). Tal situação, no entanto, deve ser levada em consideração para a fixação da pena. Se o agente ludibria o Estado completamente, sem nada pagar, merece pena maior do que aquele que paga ao menos uma parte do devido.

**80. Direito ou imposto:** *imposto* é uma espécie de tributo (prestação monetária compulsória devida ao Estado em virtude de lei – ver o art. 16 do Código Tributário Nacional), podendo haver outros pagamentos necessários para a importação ou exportação de mercadorias, como a tarifa de armazenagem ou a taxa para liberação da guia de importação.

**81. Imposto sobre consumo:** na realidade, atualmente, não mais se caracteriza o imposto incidente sobre o consumo de bens como tal, embora persista no sistema tributário brasileiro. Podem-se considerar como impostos sobre o consumo o IPI e o ICMS. Preceitua o Código Tributário Nacional: "Art. 46. O imposto, de competência da União, sobre produtos industrializados tem como fato gerador: I – o seu desembaraço aduaneiro, quando de procedência estrangeira; II – a sua saída dos estabelecimentos a que se refere o parágrafo único do art. 51; III – a sua arrematação, quando apreendido ou abandonado e levado a leilão. Parágrafo único. Para os efeitos deste imposto, considera-se industrializado o produto que tenha sido submetido a qualquer operação que lhe modifique a natureza ou a finalidade, ou o aperfeiçoe para o consumo". Quanto ao ICMS, convém ressaltar o disposto no art. 155, IX, *a*, da Constituição Federal: "IX – incidirá também: a) sobre a entrada de bem ou mercadoria importados do exterior por pessoa física ou jurídica, ainda que não seja contribuinte habitual do imposto, qualquer que seja a sua finalidade, assim como sobre o serviço prestado no exterior, cabendo o imposto ao Estado onde estiver situado o domicílio ou o estabelecimento do destinatário da mercadoria, bem ou serviço".

# Art. 334

Código Penal Comentado · **Nucci**

**82. Conceito de mercadoria:** é qualquer coisa móvel passível de comercialização.

**83. Objetos material e jurídico:** o objeto material pode ser o direito ou o imposto devido. O objeto jurídico é a Administração Pública, nos seus interesses patrimonial e moral.

**84. Classificação:** trata-se de crime comum (aquele que pode ser cometido por qualquer pessoa); formal (crime que não exige, para sua consumação, resultado naturalístico, consistente na produção de efetivo dano para a Administração Pública) na forma "iludir o pagamento". Entretanto, nesse caso, o Estado deixa de arrecadar valores importantes para a Administração Pública, o que se pode constatar faticamente. É de forma livre (pode ser cometido por qualquer meio eleito pelo agente); comissivo ou omissivo, conforme o caso concreto; instantâneo (cuja consumação não se prolonga no tempo, dando-se em momento determinado); unissubjetivo (aquele que pode ser cometido por um único sujeito); unissubsistente (praticado num único ato) ou plurissubsistente (delito cuja ação é composta por vários atos, permitindo-se o seu fracionamento), conforme o caso concreto; admite tentativa na forma plurissubsistente e quando comissivo.

**85. Princípio da insignificância:** encontra aplicação neste delito. A falta de pagamento do tributo devido pode alcançar valor ínfimo, nem chegando a prejudicar o erário. Configuraria típica infração de bagatela, passível de punição fiscal, mas não penal. Há vários exemplos de aplicação do referido princípio, que serão citados a seguir. Porém, é preciso ressaltar a posição do STJ, mencionando precedente do STF, no sentido de serem configurados *insignificantes*, no contexto do descaminho, valores inferiores a certo montante, que por ora se encontra no patamar de R$ 20.000,00 (vinte mil reais). Essa tese desenvolveu-se a partir de leis que permitem à Fazenda Pública não cobrar tributos em atraso até o referido montante. Se é bagatela para a União cobrar valores iguais ou inferiores a esse patamar, o contribuinte não poderia ser criminalmente processado por não ter recolhido aos cofres públicos algum valor abaixo dessa quantia. Porém, não nos parece que, em matéria penal, deva-se confundir a medida de política fiscal com a política criminal. Num país como o Brasil, considerar R$ 20.000,00 (ou similar) como bagatela soa-nos demais permissivo. Pode ser que não compense à União acionar o Judiciário para cobrar a dívida, mas não quer dizer que o referido montante seja pífio. Na jurisprudência: STF: "1. A parte recorrente não impugnou, especificamente, os fundamentos da decisão agravada, o que impossibilita o conhecimento do recurso, na linha da pacífica jurisprudência do Supremo Tribunal Federal (STF). 2. O STF já decidiu que, em se tratando de crime de descaminho, deve ser considerada a soma dos débitos consolidados para a análise do preenchimento do requisito objetivo necessário à aplicação do princípio da insignificância. Hipótese em que a notícia de que o ora agravante responde a outros procedimentos administrativos fiscais inviabiliza, neste *habeas corpus*, o pronto reconhecimento da atipicidade penal. Precedentes. 3. Agravo regimental não conhecido" (HC 167.235 AgR, 1.ª T., rel. Roberto Barroso, 10.05.2019, m.v.). STJ: "1. Considerando os princípios da segurança jurídica, da proteção da confiança e da isonomia, deve ser revisto o entendimento firmado, pelo julgamento, sob o rito dos repetitivos, do REsp 1.112.748/TO – Tema 157, de forma a adequá-lo ao entendimento externado pela Suprema Corte, o qual tem considerado o parâmetro fixado nas Portarias 75 e 130/MF – R$ 20.000,00 (vinte mil reais) para aplicação do princípio da insignificância aos crimes tributários federais e de descaminho. 2. Assim, a tese fixada passa a ser a seguinte: incide o princípio da insignificância aos crimes tributários federais e de descaminho quando o débito tributário verificado não ultrapassar o limite de R$ 20.000,00 (vinte mil reais), a teor do disposto no art. 20 da Lei 10.522/2002, com as atualizações efetivadas pelas Portarias 75 e 130, ambas do Ministério da Fazenda" (REsp 1.688.878-SP, 3.ª S., rel. Sebastião Reis Júnior, 28.02.2018, v.u.). Em outro sentido, questionando o critério do valor objetivo firmado para a execução fiscal: "O critério objetivo-formal invocado pela defesa – *quantum* para ajuizamento das execuções fiscais – para aplicação do princípio da insignificância não se coaduna com (a) a proteção dos bens jurídicos tutelados pelo crime de descaminho e (b) a independência das responsabilidades nas esferas administrativa, cível e penal. Por menor que possa ter sido o resultado da lesão patrimonial, a aplicação do princípio da insignificância não pode ignorar os demais elementos do tipo penal não patrimoniais considerados igualmente pelo legislador como bens jurídicos a serem tutelados. 2. É pacífica a jurisprudência desta Corte no sentido de que a demanda penal proposta pela prática do crime de descaminho não se sujeita às condições procedimentais de natureza administrativa referentes aos delitos materiais contra a ordem tributária. 3. O parâmetro monetário legalmente estabelecido é para a propositura judicial de execução fiscal, mas permanece a cobrança na esfera administrativa. Com efeito, a Lei 10.522/2002, nas condições postas nesta impetração, não dispensa a Fazenda Nacional de cobrar os seus créditos, não renuncia ao seu direito de executar, muito menos afirma que o crédito é inexpressivo (vide arts. 2.º, 18, §1.º e 20). 4. A consideração de que o expressivo montante de R$ 12.409,74 (doze mil, quatrocentos e nove reais e setenta e quatro centavos) não pode ser considerado irrelevante ou insignificante, aliada à efetiva ofensa a interesses caros ao Estado e à coletividade, impede o reconhecimento da atipicidade da conduta do agente. 5. Agravo regimental a que se nega provimento" (HC 144.193 AgR, 1.ª T., rel. Alexandre de Moraes, 15.04.2020, v.u.).

**85-A. Habitualidade delitiva:** se o agente comete várias vezes o delito, mesmo com valores inferiores a R$ 20.000,00, não é cabível a aplicação da bagatela. Nessa ótica: STF: "II – A jurisprudência desta Suprema Corte é pacífica no sentido de que o princípio da insignificância poderá ser aplicado ao delito de descaminho quando o valor sonegado for inferior ao estabelecido no art. 20 da Lei 10.522/2002, com as atualizações instituídas pelas Portarias 75/2012 e 130/2012, ambas do Ministério da Fazenda, ressalvados os casos de reincidência ou comprovada habitualidade delitiva, que impedirão a aplicação desse princípio, em razão do elevado grau de reprovabilidade da conduta do agente. III – Na espécie, o princípio da insignificância não foi aplicado ao caso concreto, pois, contra os réus, foi reconhecida a habitualidade na prática do crime de descaminho, motivo suficiente para a manutenção dessa decisão, independentemente de o valor do tributo sonegado ser inferior ao que determinado pelo art. 20 da Lei 10.522/2002, com as atualizações instituídas pelas Portarias 75/2012 e 130/2012, ambas do Ministério da Fazenda" (HC 152.922 AgR, 2.ª T., rel. Ricardo Lewandowski, 15.06.2018, v.u.). STJ: "2. Conforme jurisprudência uníssona desta Corte Superior, é inaplicável o princípio da insignificância aos réus contumazes no delito de descaminho, ainda que o valor do tributo iludido seja inferior a R$ 20.000,00. Precedentes. No caso, o réu ostenta, além de sete procedimentos administrativos fiscais, outras ações penais em andamento pela prática do crime previsto no artigo 334 do Código Penal" (AgRg no AREsp 1724878-MS, 5.ª T., rel. Ribeiro Dantas, 20.04.2021, v.u.); "I – Quanto à aplicação do princípio da insignificância no delito de descaminho, haja vista a persistente polêmica instaurada no âmbito dos tribunais pátrios, a questão foi submetida novamente à apreciação da Terceira Seção desta Corte, sob o rito dos recursos repetitivos, a qual decidiu reformar o entendimento anterior e fixar a nova tese para o tema em debate, em 06/03/2018: 'Incide o princípio da insignificância aos crimes tributários federais e de descaminho quando o débito tributário verificado não ultrapassar o limite de R$ 20.000,00 (vinte mil reais), a teor do disposto no art. 20 da Lei n. 10.522/2002, com as atualizações efetivadas pelas Portarias 75 e 130, ambas do Ministério da Fazenda'. II – Na linha da jurisprudência do eg. Supremo Tribunal Federal e desta eg. Corte, o valor do tributo não recolhido, por si só, não se revela suficiente para o reconhecimento do crime de bagatela. Assim, a existência de outras ações penais, inquéritos policiais em curso ou procedimentos administrativos fiscais, como

# Art. 334

no presente caso, em que pese não configurarem reincidência, denotam a habituação delitiva do réu e afastam, por consectário, a incidência do princípio da insignificância. Precedentes" (AgRg no REsp 1898367-PR, 5.ª T., rel. Felix Fischer, 09.12.2020, v.u.).

**86. Descaminho e violação de direitos autorais:** inexiste dupla punição pelo mesmo fato, pois são objetos jurídicos diversos e vítimas, igualmente, diferentes. A competência federal, imposta pelo descaminho, atrai o julgamento do outro delito.

**87. Competência:** como regra, é da Justiça Federal, pois o imposto ou direito a ser recolhido destina-se à União, além de que, na maioria dos casos, ocorre em região alfandegária, cuja jurisdição é federal. Porém, cuidando-se de ICMS, cabe à Justiça Estadual.

**88. Benefícios penais:** cabe a suspensão condicional do processo, pois a pena mínima é de um ano. Em caso de condenação, permite-se a aplicação de penas alternativas, visto não se tratar de crime violento (art. 44, CP), ou mesmo da suspensão condicional da pena, quando cabível (art. 77, CP).

**89. Navegação de cabotagem:** é a navegação "realizada entre portos ou pontos do território brasileiro, utilizando a via marítima ou esta e as vias navegáveis interiores" (art. 2.º, IX, da Lei 9.432/1997).

**90. Norma penal em branco:** necessita de complemento, feito por legislação específica, autorizando e regulando a navegação de cabotagem. Em especial, regula o transporte aquaviário no território nacional a Lei 9.432/1997. Ver, ainda, o disposto no art. 178 da Constituição Federal e na seguinte legislação: Decreto 24.643, de 10.07.1934 (art. 39); Lei 5.025/1966 (art. 81) e Decreto-lei 190/1967 (art. 1.º).

**91. Descaminho por assimilação:** é o fato semelhante ao descaminho (não pagamento de imposto devido), previsto em legislação especial.

**92. Análise do núcleo do tipo:** *vender* (alienar por certo preço); *expor à venda* (deixar à mostra para alienação); *manter em depósito* (conservar em determinado lugar); *utilizar* (fazer uso de algo); *introduzir* (levar para dentro); *importar* (trazer algo de fora do País para dentro de suas fronteiras). O objeto dessas condutas é a mercadoria estrangeira clandestina ou fraudulentamente introduzida no País.

**93. Sujeitos ativo e passivo:** o ativo é o comerciante ou industrial. O passivo é o Estado.

**94. Elemento subjetivo do tipo:** é o dolo. Há o elemento subjetivo específico consistente na satisfação de interesse próprio ou alheio. Na parte em que menciona "*sabe* ser produto de introdução clandestina ou importação fraudulenta" exige-se dolo direto. Inexiste a forma culposa.

**95. Modo de atuação:** há de ser no *exercício* (desempenho de algo) de atividade comercial (quanto a esta, ver o § 2.º deste artigo) ou industrial.

**96. Mercadoria:** ver nota 82 ao *caput*.

**97. Clandestino:** significa oculto ou ilegítimo.

**98. Fraudulento:** quer dizer onde há emprego de artifício ou ardil para iludir.

**99. Diferença entre introdução clandestina e importação fraudulenta:** nas duas situações, há uma forma de atividade ilícita, embora, no primeiro caso, a mercadoria ingresse no País sem passar pela zona alfandegária. Portanto, penetra no território nacional às ocultas. Na segunda situação, o agente traz a mercadoria para o País, introduzindo-a pela zona alfandegária, mas liberando-a sem o pagamento dos impostos devidos. Na primeira figura, o próprio agente que vende, expõe à venda, mantém em depósito ou utiliza em proveito próprio ou alheio, diretamente, introduziu ou importou a mercadoria. Há, ainda, uma segunda figura, quando o agente pratica as condutas típicas valendo-se de produto introduzido ou importado por outra pessoa.

**100. Classificação:** trata-se de crime próprio (aquele que exige sujeito ativo especial, não podendo ser cometido por qualquer pessoa), consistente em ser comerciante ou industrial; material (delito que exige, para sua consumação, a ocorrência de resultado naturalístico, relativo a receber vantagem), nas formas *vender* e *utilizar*, mas formal (delito que não exige resultado naturalístico), nas modalidades *expor à venda, manter em depósito*; de forma livre (pode ser cometido por qualquer meio eleito pelo agente); comissivo (os verbos implicam ações); instantâneo (cuja consumação não se prolonga no tempo, dando-se em momento determinado), nas formas *vender* e *utilizar*, mas permanente (cuja consumação se arrasta no tempo), nas modalidades *expor à venda* e *manter em depósito*; unissubjetivo (aquele que pode ser cometido por um único sujeito); unissubsistente (praticado num único ato) ou plurissubsistente (delito cuja ação é composta por vários atos, permitindo-se o seu fracionamento), conforme o caso concreto; admite tentativa na forma plurissubsistente.

**101. Análise do núcleo do tipo:** *adquirir* (obter ou comprar); *receber* (aceitar em pagamento ou acolher); *ocultar* (esconder ou encobrir). O objeto é a mercadoria que venha do exterior, ingressando em território nacional, sem os documentos exigidos pela legislação ou com documentos falsos (ideológica ou materialmente adulterados).

**102. Sujeitos ativo e passivo:** o ativo é o comerciante ou industrial. O passivo é o Estado.

**103. Elemento subjetivo do tipo:** é o dolo, acompanhado do elemento subjetivo específico, que é o proveito próprio ou de terceiro. Não há a forma culposa. Na figura pertinente à documentação falsa, exige-se dolo direto ("que *sabe* serem falsos").

**104. Modo de atuação:** ver nota 95 à alínea anterior.

**105. Mercadoria:** ver nota 82 ao *caput*.

**106. Documentação:** trata-se de uma receptação específica para o contexto do descaminho. Quem adquirir mercadoria sem a documentação legal (como a nota fiscal) ou acompanhada de documentos falsos (imitadores dos verdadeiros), está favorecendo a prática do descaminho, razão pela qual deve responder exatamente como ocorre com a pessoa que adquire coisa que sabe ser produto de crime (art. 180, CP).

**107. Confronto com a receptação:** tratando-se de crime específico e doloso, quando a pessoa, exercendo atividade comercial ou industrial, adquirir, receber ou ocultar mercadoria estrangeira sem documentação válida, pratica o crime previsto neste artigo. Entretanto, se fizer o mesmo fora da atividade comercial ou industrial, bem como se agir culposamente, pode responder pelo delito previsto no art. 180 do Código Penal. Ver, no entanto, a nota 111, tratando da exigência da habitualidade.

**108. Objetos material e jurídico:** o objeto material é mercadoria estrangeira. O objeto jurídico é a tutela da Administração Pública, nos seus espectros patrimonial e moral.

**109. Classificação:** trata-se de crime próprio (aquele que demanda sujeito ativo especial ou qualificado, que precisa ser comerciante ou industrial); material (delito que exige, para sua consumação, a ocorrência de resultado naturalístico, consistente em ter vantagem patrimonial); de forma livre (pode ser cometido por qualquer meio eleito pelo agente); comissivo (os

# Art. 334

Código Penal Comentado · **Nucci**                    1284

verbos implicam ações); instantâneo (cuja consumação não se prolonga no tempo, dando-se em momento determinado) nas formas *adquirir* e *receber*, mas permanente (cuja consumação se prolonga no tempo), na forma *ocultar*; unissubjetivo (aquele que pode ser cometido por um único sujeito); plurissubsistente (delito cuja ação é composta por vários atos, permitindo-se o seu fracionamento), conforme o caso concreto; admite tentativa.

**110. Figura de equiparação:** evitando-se interpretações benéficas e excludentes de responsabilidade ao sujeito que lida com mercadorias de origem estrangeira, produtos de contrabando ou descaminho, em atividade restrita e sem ter estabelecimento comercial, o § 2.º equiparou ao comerciante regularmente estabelecido a qualquer pessoa que também comercialize as referidas mercadorias, embora em contexto residencial ou limitado. Pode--se considerar, portanto, por exemplo, o vendedor ambulante, a pessoa que comercializa na empresa onde trabalha, até chegar ao indivíduo que se vale de sua própria casa para tanto.

**111. Habitualidade:** tanto neste parágrafo quanto no anterior, toda vez que se menciona "no exercício de atividade comercial" ou "no exercício de atividade industrial", bem como "exercido em residência", está-se referindo ao crime habitual, aquele que necessita, para sua configuração, de condutas reiteradas no tempo, de modo a concretizar um estilo de vida. Assim, não é a pessoa que, eventualmente, adquire algo de procedência ilícita que responderá pelos delitos do § 1.º deste artigo. Quer-se punir o sujeito que, habitualmente, entrega-se ao comércio (termo que, por si só, implica habitualidade) desse tipo de mercadoria. Por isso, não configurada a conduta habitual, pode responder o autor por receptação (art. 180, CP), que é crime instantâneo, como regra.

**112. Causa de aumento:** eleva-se a pena do agente para o dobro caso o descaminho seja praticado por via aérea, marítima ou fluvial, tendo em vista a maior dificuldade de se detectar o ingresso ou a saída irregular das mercadorias. De fato, quem invade o País transportado por avião, por exemplo, tem menor probabilidade de ser fiscalizado do que a pessoa que segue pela via terrestre. Mas se deve ponderar que os voos regulares de companhias aéreas estabelecidas, passando por zona alfandegária, não devem incidir neste parágrafo, uma vez que a fiscalização existe e deve ser rigorosa. Não vemos sentido em *dobrar* a pena do agente, quando ele se arrisca a passar por área de fiscalização estatal. Refere-se o aumento, segundo nos parece mais adequado, aos voos clandestinos. Dá-se o mesmo no tocante à navegação às escondidas por mar ou rio. Entretanto, em outro sentido: STJ: "1. O Superior Tribunal de Justiça já decidiu que o art. 334, § 3.º, do Código Penal prevê a aplicação da pena em dobro, se 'o crime de contrabando ou descaminho é praticado em transporte aéreo'. Ainda, nos termos da jurisprudência desta Corte, se a lei não faz restrições quanto à espécie de voo que enseja a aplicação da majorante, não cabe ao intérprete restringir a aplicação do dispositivo legal, sendo irrelevante que o transporte seja clandestino ou regular (HC 390.899/SP, Min. Ribeiro Dantas, 5.ª T., *DJe* 28.11.2017)" (AgRg no REsp 1.850.255-SP, 6.ª T., rel. Sebastião Reis Júnior, 26.05.2020, v.u.); "3. A causa de aumento do descaminho tipificada no § 3º do art. 334 do CP incide independente de se tratar de voo regular ou clandestino, pois, nesse dispositivo, apenas consta que 'a pena aplica-se em dobro se o crime de descaminho é praticado em transporte aéreo, marítimo ou fluvial'. Assim, quando a lei não faz qualquer distinção, não cabe ao intérprete fazê-lo" (AgRg no REsp 1.810.491/SP, 6.ª T., rel. Nefi Cordeiro, 27.10.2020, v.u.).

**112-A. Procedimento administrativo e ação penal:** atualmente, pode-se vincular o ajuizamento de ação penal ao término de procedimento administrativo instaurado para apurar a sonegação fiscal decorrente da importação ou exportação de mercadoria. E é preciso considerar que, havendo plena quitação do imposto devido à Receita Federal, não se mantém a justa causa para a ação penal. O descaminho, por ausência de dolo, não subsiste, devendo, pois, ser trancada a ação penal ou o inquérito policial. Não se trata de extinção da punibilidade, como estabelecido no art. 34 da Lei 9.249/1995, embora seja matéria controversa, pois essa norma faz referência expressa apenas aos crimes definidos na Lei 8.137/1990 e na Lei 4.729/1965, que não cuidam do descaminho. As causas de extinção da punibilidade não comportam, em nosso entendimento, analogia *in bonam partem*. Entretanto, o agente que paga o devido à Receita Federal, em virtude de importação de mercadoria, demonstra sua intenção de não frustrar o recolhimento do imposto, merecendo tal conduta ser considerada para descaracterizar o dolo. Diga-se o mesmo quando nem a esfera administrativa apurou se houve descaminho.

**112-B. Prova pericial:** é exigida, desde que haja dúvida quanto à origem estrangeira da mercadoria.

**112-C. Crime impossível:** configura-se a hipótese do art. 17 do Código Penal quando o agente, ao ingressar no País, declara ou apresenta aos agentes de fiscalização a mercadoria introduzida. O meio seria absolutamente ineficaz para configurar o descaminho.

### Contrabando

> **Art. 334-A.** Importar[112-D-112-F] ou exportar mercadoria[112-G] proibida:[112-H-112-M]
>
> Pena – reclusão, de 2 (dois) a 5 (cinco) anos.[112-N]
>
> § 1.º Incorre na mesma pena quem:
>
> I – pratica fato assimilado, em lei especial, a contrabando;[112-O]
>
> II – importa ou exporta clandestinamente mercadoria que dependa de registro, análise ou autorização de órgão público competente;[112-P]
>
> III – reinsere no território nacional mercadoria brasileira destinada à exportação;[112-Q]
>
> IV – vende, expõe à venda, mantém em depósito ou, de qualquer forma, utiliza em proveito próprio ou alheio, no exercício de atividade comercial ou industrial, mercadoria proibida pela lei brasileira;[112-R]
>
> V – adquire, recebe ou oculta, em proveito próprio ou alheio, no exercício de atividade comercial ou industrial, mercadoria proibida pela lei brasileira.[112-S-112-T]
>
> § 2.º Equipara-se às atividades comerciais, para os efeitos deste artigo, qualquer forma de comércio irregular ou clandestino de mercadorias estrangeiras, inclusive o exercido em residências.[112-U]
>
> § 3.º A pena aplica-se em dobro se o crime de contrabando é praticado em transporte aéreo, marítimo ou fluvial.[112-V]

**112-D. Análise do núcleo do tipo:** *importar* significa trazer algo de fora do País para dentro de suas fronteiras; *exportar* quer dizer levar algo para fora do País. O objeto é mercadoria proibida. É o denominado *contrabando próprio*. Após a edição da Lei 13.008/2014, o contrabando desvinculou-se do descaminho. Este permanece no art. 334, com pena menor, enquanto o contrabando passa a figurar neste artigo, com pena maior. Na jurisprudência: STF: "Cigarros. Contrabando. Artigo 334 do Código Penal. Constituição definitiva crédito tributário. Desnecessidade. 1. A conduta engendrada pelo paciente – importação clandestina de cigarros – configura contrabando, e não descaminho. Precedentes. 2. Desnecessária a constituição definitiva do crédito tributário na esfera administrativa para configuração dos crimes de contrabando e descaminho. Precedentes. 3. Agravo regimental conhecido e não provido"

# Art. 334-A

Código Penal Comentado · **Nucci**

(HC 125847 AgR-PR, 1.ª T., rel. Rosa Weber, 05.05.2015, m.v.). A Lei 13.804/2019 acrescentou ao Código de Trânsito Brasileiro o art. 278-A, nos seguintes termos: "o condutor que se utilize de veículo para a prática do crime de receptação, descaminho, contrabando, previstos nos arts. 180, 334 e 334-A do Decreto-Lei n.º 2.848, de 7 de dezembro de 1940 (Código Penal), condenado por um desses crimes em decisão judicial transitada em julgado, terá cassado seu documento de habilitação ou será proibido de obter a habilitação para dirigir veículo automotor pelo prazo de 5 (cinco) anos".

**112-E. Sujeitos ativo e passivo:** o sujeito ativo pode ser qualquer pessoa. Se houver a participação de funcionário, pode configurar-se o tipo autônomo do art. 318 (facilitação de contrabando ou descaminho). O sujeito passivo é o Estado.

**112-F. Elemento subjetivo do tipo:** é o dolo. Não se exige elemento subjetivo específico, nem se pune a forma culposa.

**112-G. Mercadoria:** é qualquer coisa móvel passível de comercialização.

**112-H. Norma penal em branco:** a proibição deve ser captada em outras leis, havendo, pois, necessidade de complementar o conteúdo da norma do art. 334-A.

**112-I. Objetos material e jurídico:** o objeto material é a mercadoria proibida. O objeto jurídico é a Administração Pública, nos seus interesses patrimonial e moral.

**112-J. Classificação:** trata-se de crime comum (aquele que pode ser cometido por qualquer pessoa); formal (crime que não exige, para sua consumação, resultado naturalístico, consistente na produção de efetivo dano para a Administração Pública) nas modalidades "importar" e "exportar". Se a mercadoria é proibida de ingressar ou sair do País, o simples fato de fazê-lo consuma o crime, embora não se tenha produzido um resultado passível de realização fática. É de forma livre (pode ser cometido por qualquer meio eleito pelo agente); comissivo (os verbos implicam ações), nas formas *importar* e *exportar*; instantâneo (cuja consumação não se prolonga no tempo, dando-se em momento determinado), na importação ou exportação, quando a mercadoria for liberada, clandestinamente, na alfândega; se não passar pela via normal, assim que invadir as fronteiras do País ou traspassá-las ao sair. É unissubjetivo (aquele que pode ser cometido por um único sujeito); unissubsistente (praticado num único ato) ou plurissubsistente (delito cuja ação é composta por vários atos, permitindo-se o seu fracionamento), conforme o caso concreto; admite tentativa na forma plurissubsistente e quando comissivo.

**112-K. Princípio da insignificância no contrabando:** é aplicável, com cautela. Para quase todas as figuras típicas incriminadoras, torna-se perfeitamente amoldável o denominado *crime de bagatela*, quando a ofensa ao bem jurídico tutelado é pífia. No caso do contrabando – importar ou exportar mercadoria proibida –, somente se pode aceitar a insignificância quando a mercadoria tiver valor ínfimo e não afetar bem de interesse nacional ou de particular relevo. Além disso, desenvolve-se o debate acerca da mescla da tutela de bens jurídicos diversos, como no caso da importação de cigarros, que abrange, também, a saúde pública. Na jurisprudência: STF: "1. A importação de arma de pressão por ação de gás comprimido, de calibre igual ou inferior a 6 mm, de uso permitido, submete-se a uma proibição relativa, por se tratar de produto controlado pelo Exército. 2. A importação, sem autorização prévia do Exército, de arma de pressão por ação de gás comprimido, de calibre igual ou inferior a 6 mm, de uso permitido, tipifica o crime de contrabando. 3. O princípio da insignificância não se aplica ao crime de contrabando. Precedentes. 4. Ordem denegada" (HC 131943, 2.ª T., rel. Gilmar Mendes, rel. p/ acórdão Edson Fachin, 07.05.2019, v.u.). Exemplo de bem, cuja importação não comporta insignificância: STJ: "2. A jurisprudência desta Corte é assente no sentido da inaplicabilidade do princípio da insignificância ao crime de contrabando de cigarros, pois a conduta não se limita à lesão da atividade arrecadatória do Estado, atingindo outros bens jurídicos, como a saúde, segurança e moralidade pública" (AgRg no REsp 2.053.404-SP, 5.ª T., rel. Ribeiro Dantas, 28.08.2023, v.u.); "2. Incabível a aplicação do princípio da insignificância em relação à conduta de introduzir em território nacional medicamentos veterinários não autorizados pelos órgãos competentes, ante o elevado grau de reprovabilidade da conduta, porquanto tinha como objetivo melhorar o desempenho de cavalo de corrida" (AgRg no REsp 2.044.314-RS, 6.ª T., rel. Jesuíno Rissato, 14.08.2023, v.u.).

**112-L. Princípio da especialidade:** quando houver lei específica regulando a importação ou exportação de mercadoria proibida – como é o caso da Lei 11.343/2006 (drogas) –, aplica-se a lei especial em detrimento do art. 334-A.

**112-M. Competência:** Justiça Federal, pois a atividade fiscalizatória de fronteiras cabe à União.

**112-N. Benefícios penais:** em caso de condenação, cabe pena alternativa (pena até 4 anos, conforme o art. 44, CP) ou *sursis* (pena até 2 anos, nos termos do art. 77, CP). A pena máxima superior a 4 anos permite a decretação de prisão preventiva, quando preenchidos os requisitos do art. 312 do CPP.

**112-O. Contrabando por assimilação:** é o fato semelhante ao contrabando (importação ou exportação de mercadoria proibida), previsto em legislação especial. Exemplo disso é o disposto no Decreto-lei 288/1967 (tratando da Zona Franca de Manaus): "Art. 39. Será considerado contrabando a saída de mercadorias da Zona Franca sem a autorização legal expedida pelas autoridades competentes". Portanto, a pena para quem retirar mercadorias da Zona Franca de Manaus, sem respeitar os requisitos legais, é a mesma do art. 334-A do Código Penal, por força da incidência do § 1.º, II.

**112-P. Diferença com o *caput*:** quanto às condutas *importar* e *exportar*, além dos sujeitos e objetos do crime, consultar as notas referentes ao *caput*. Este inciso foi inscrito pela Lei 13.008/2014, acrescendo a possibilidade de se trazer para o território nacional (ou retirar daqui) não somente a mercadoria proibida, mas também aquela dependente de avaliação de órgãos estatais. Noutros termos, a importação ou exportação é possível, desde que autorizada. Do contrário, configura contrabando. O termo *clandestinamente* conduz a ação do agente para a atividade escondida das autoridades. Por consequência, se alguém importa ou exporta mercadoria dependente de autorização, mas o faz às claras, constitui fato atípico.

**112-Q. Reinserção da mercadoria:** cuida-se de figura típica introduzida pela Lei 13.008/2014, significando um contrabando *invertido*, pois o agente traz de volta ao território brasileiro a mercadoria destinada ao território estrangeiro. Na realidade, o verbo *reinserir* representa *inserir novamente*, ou seja, a mercadoria saiu e voltou; portando, o termo *destinada* não simboliza apenas uma meta futura, mas algo que realmente já foi encaminhado ao exterior – e não deveria ter voltado. A figura criminosa deve-se ao fato de que mercadorias destinadas à exportação, como regra, recebem certos incentivos fiscais, incompatíveis com a sua comercialização interna. Por isso, reintroduzir o material exportado fere interesse da Administração Pública.

**112-R. Confronto com o inciso III do § 1.º do art. 334:** as condutas deste inciso são as mesmas, assim como os sujeitos ativo e passivo e o elemento subjetivo do crime. Mantém-se o objeto jurídico. Altera-se, apenas, o objeto material, que passa a ser mercadoria proibida por lei.

# Art. 335

**112-S. Confronto com o inciso IV do § 1.º do art. 334:** as condutas deste inciso são as mesmas, assim como os sujeitos ativo e passivo e o elemento subjetivo do tipo. Mantém-se o objeto jurídico. Modifica-se, somente, o objeto material, que passa a ser a mercadoria proibida por lei.

**112-T. Confronto com a receptação:** tratando-se de crime específico e doloso, quando a pessoa, exercendo atividade comercial ou industrial, adquirir, receber ou ocultar mercadoria proibida, pratica o crime previsto neste art. 334-A. Entretanto, se fizer o mesmo fora da atividade comercial ou industrial, bem como se agir culposamente, pode responder pelo delito previsto no art. 180 do Código Penal. Ver, no entanto, a nota 111 *supra*, tratando da exigência da habitualidade.

**112-U. Figura de equiparação:** ver a nota 110 *supra*.

**112-V. Elevação da pena:** ver a nota 112 *supra*.

### Impedimento, perturbação ou fraude de concorrência[112-W]

> **Art. 335.** Impedir, perturbar ou fraudar concorrência pública ou venda em hasta pública, promovida pela administração federal, estadual ou municipal, ou por entidade paraestatal; afastar ou procurar afastar concorrente ou licitante, por meio de violência, grave ameaça, fraude ou oferecimento de vantagem:
>
> Pena – detenção, de 6 (seis) meses a 2 (dois) anos, ou multa, além da pena correspondente à violência.
>
> **Parágrafo único.** Incorre na mesma pena quem se abstém de concorrer ou licitar, em razão da vantagem oferecida.

**112-W. Revogação deste tipo penal pela Lei 8.666/1993:** a substituição pela nova Lei de Licitações (Lei 14.133/2021) não modificou essa situação.

### Inutilização de edital ou de sinal

> **Art. 336.** Rasgar[113-115] ou, de qualquer forma,[116] inutilizar ou conspurcar edital[117] afixado por ordem de funcionário público; violar ou inutilizar selo ou sinal[118] empregado, por determinação legal ou por ordem de funcionário público, para identificar ou cerrar qualquer objeto:[119-120]
>
> Pena – detenção, de 1 (um) mês a 1 (um) ano, ou multa.

**113. Análise do núcleo do tipo:** *rasgar* (dividir em pedaços, romper ou desfazer); *inutilizar* (tornar inútil ou destruir); *conspurcar* (macular ou sujar); *violar* (devassar ou profanar); *identificar* (determinar a identidade); *cerrar* (fechar ou encobrir). O objeto das condutas de rasgar, inutilizar e conspurcar é o edital, enquanto o objeto das condutas de violar ou inutilizar é o selo ou sinal.

**114. Sujeitos ativo e passivo:** o sujeito ativo pode ser qualquer pessoa. O sujeito passivo é o Estado.

**115. Elemento subjetivo do tipo:** é o dolo. Não existe a forma culposa, nem se exige elemento subjetivo do tipo específico.

**116. De qualquer forma:** estabelece a possibilidade de o agente destruir ou macular, total ou parcialmente, o edital.

**117. Edital:** é o ato escrito emanado de autoridade administrativa ou judicial para dar avisos ou intimações, devendo ser afixado em locais públicos ou de acesso ao público, bem como pela imprensa, a fim de ser conhecido por alguma pessoa determinada ou por vários interessados. Note-se que, transcorrido o prazo de validade do edital, não pode mais ser objeto material deste delito.

**118. Selo ou sinal:** é qualquer marca destinada a identificar algo. Ensina Hungria ser "uma tira de papel ou de pano, ou pequena chapa de chumbo, que, contendo (pelo menos) a assinatura, carimbo ou sinete da autoridade competente, se fixa, por meio de cola, tachas, cosedura, lacre, arame etc., em fechaduras, gavetas, portas, janelas, bocas de vasos, frascos, sacos ou caixas, em suma, na abertura de algum *continente*, para garantia oficial de integridade do respectivo *conteúdo*" (*Comentários ao Código Penal*, v. 9, p. 445). Exemplo de configuração do delito seria o caso do agente que rompe cosedura do testamento cerrado, sem ordem judicial (art. 1.869, CC).

**119. Objetos material e jurídico:** o objeto material das primeiras condutas (rasgar, inutilizar ou conspurcar) é o edital; das outras (violar ou inutilizar) é o selo ou sinal identificador ou que cerra algo. O objeto jurídico é a Administração Pública, nos interesses patrimonial e moral.

**120. Classificação:** trata-se de crime comum (aquele que não demanda sujeito ativo qualificado ou especial); formal (delito que não exige resultado naturalístico, consistente em efetivo prejuízo para a administração); de forma livre (podendo ser cometido por qualquer meio eleito pelo agente); comissivo (os verbos implicam ações); instantâneo (cujo resultado se dá de maneira instantânea, não se prolongando no tempo); de dano (consuma-se apenas com efetiva lesão a um bem jurídico tutelado); unissubjetivo (que pode ser praticado por um só agente); plurissubsistente (em regra, vários atos integram a conduta); admite tentativa.

### Subtração ou inutilização de livro ou documento

> **Art. 337.** Subtrair,[121-123] ou inutilizar, total ou parcialmente,[124] livro oficial, processo ou documento[125] confiado à custódia[126] de funcionário, em razão de ofício,[127] ou de particular em serviço público:[128-130]
>
> Pena – reclusão, 2 (dois) a 5 (cinco) anos, se o fato não constitui crime mais grave.[131]

**121. Análise do núcleo do tipo:** *subtrair* (retirar ou tirar às escondidas) ou *inutilizar* (invalidar ou destruir), tendo por objeto livro oficial, processo ou documento. Esse tipo penal busca punir aquele que, em vez de cuidar, com zelo, de coisas que lhe são confiadas, termina por subtraí-las ou inutilizá-las.

**122. Sujeitos ativo e passivo:** o sujeito ativo pode ser qualquer pessoa. O sujeito passivo é o Estado. Secundariamente, pode-se falar também na pessoa prejudicada.

**123. Elemento subjetivo do tipo:** é o dolo. Não existe a forma culposa, nem se exige elemento subjetivo do tipo específico.

**124. Formas de inutilização:** menciona o tipo penal que a destruição pode ser *total* (completa, abrangendo o todo) ou *parcial* (não completa, abrangendo partes), o que torna mais difícil a tentativa, já que inutilizar parcialmente é considerado crime consumado.

# Art. 337-A

**Código Penal Comentado · Nucci**

**125. Livro oficial, processo ou documento:** *livro oficial* é o livro criado por força de lei para registrar anotações de interesse para a Administração Pública. O termo *processo*, como bem anotado por MARIA SYLVIA ZANELLA DI PIETRO, significa "uma série de atos coordenados para a realização dos fins estatais", podendo-se falar em "processo legislativo, pelo qual o Estado elabora a lei", "processo judicial e administrativo, pelos quais o Estado aplica a lei" (*Direito administrativo*, p. 481). Logo, a sua utilização no tipo penal refere-se aos *autos*, que é o conjunto das peças componentes do processo, incluindo-se, nesse contexto, também os autos de processo findo. *Documento* é qualquer escrito, instrumento ou papel, de natureza pública ou privada.

**126. Confiado à custódia:** significa que o livro, processo ou documento foi entregue ao funcionário, em confiança, para ser guardado.

**127. Em razão do ofício:** o livro, processo ou documento somente chegou às mãos do funcionário em razão do seu cargo. Logo, não se inclui neste tipo penal o sujeito que subtrai livro oficial de pessoa que não o retém por conta da sua função.

**128. Particular em serviço público:** excepcionalmente, pode-se encontrar um particular atuando em função pública, como, por exemplo, o perito judicial nomeado que recebe documentos para realizar um exame. Assim, configura-se este tipo penal quando alguém subtrai ou inutiliza tais papéis.

**129. Objetos material e jurídico:** o objeto material pode ser um livro oficial, um processo ou um documento. O objeto jurídico é a Administração Pública, nos seus interesses material e moral.

**130. Classificação:** trata-se de crime comum (aquele que não demanda sujeito ativo qualificado ou especial); formal (delito que não exige resultado naturalístico, consistente em efetivo prejuízo para a Administração); de forma livre (podendo ser cometido por qualquer meio eleito pelo agente); comissivo (os verbos implicam ações); instantâneo (cujo resultado se dá de maneira instantânea, não se prolongando no tempo); unissubjetivo (aquele que pode ser praticado por um só agente); plurissubsistente (em regra, vários atos integram a conduta); admite tentativa.

**131. Crime subsidiário:** somente se pune a conduta descrita neste tipo penal caso não se configure delito mais grave (arts. 305, 314 ou 356).

### Sonegação de contribuição previdenciária

> **Art. 337-A.** Suprimir[132-134] ou reduzir contribuição[135] social previdenciária e qualquer acessório, mediante as seguintes condutas:[135-A]
>
> I – omitir[136] de folha de pagamento[137] da empresa ou de documento de informações previsto pela legislação previdenciária segurados empregado,[138] empresário,[139] trabalhador avulso[140] ou trabalhador autônomo[141] ou a este equiparado[142] que lhe prestem serviços;[143-144]
>
> II – deixar[145] de lançar mensalmente nos títulos próprios da contabilidade da empresa as quantias descontadas dos segurados ou as devidas pelo empregador[146] ou pelo tomador de serviços;[147-148]

| | |
|---|---|
| 1291 | Título XI – Dos crimes contra a Administração Pública |

# Art. 337-A

III – omitir,[149] total ou parcialmente, receitas[150] ou lucros auferidos, remunerações pagas ou creditadas e demais fatos geradores de contribuições sociais previdenciárias:[151-153]

Pena – reclusão, de 2 (dois) a 5 (cinco) anos, e multa.

§ 1.º É extinta a punibilidade[154-155] se o agente, espontaneamente, declara e confessa as contribuições, importâncias ou valores e presta as informações devidas à previdência social, na forma definida em lei ou regulamento, antes do início da ação fiscal.

§ 2.º É facultado ao juiz deixar de aplicar[156] a pena ou aplicar somente a de multa se o agente for primário e de bons antecedentes, desde que:

I – (Vetado.);

II – o valor das contribuições[157-157-A] devidas, inclusive acessórios, seja igual ou inferior àquele estabelecido pela previdência social, administrativamente, como sendo o mínimo para o ajuizamento de suas execuções fiscais.[158]

§ 3.º Se o empregador[159] não é pessoa jurídica e sua folha de pagamento mensal não ultrapassa R$ 1.510,00 (um mil, quinhentos e dez reais), o juiz poderá reduzir a pena de 1/3 (um terço) até a metade ou aplicar apenas a de multa.

§ 4.º O valor a que se refere o parágrafo anterior será reajustado[160] nas mesmas datas e nos mesmos índices do reajuste dos benefícios da previdência social.

**132. Análise do núcleo do tipo:** *suprimir* (eliminar ou fazer desaparecer) ou *reduzir* (diminuir) são as condutas típicas, tendo por objeto a contribuição social previdenciária e seus acessórios. A supressão e a redução devem ser conjugadas com as condutas previstas nos incisos. Merece crítica o verbo *suprimir* utilizado, pois somente o legislador pode fazer *desaparecer* o tributo. O que se quis dizer foi *não pagar* a contribuição previdenciária, o que é diferente de suprimi-la. Na jurisprudência: STJ: "II – Inaplicável o princípio da insignificância aos delitos de apropriação indébita previdenciária (art. 168-A, do Código Penal) e sonegação de contribuição previdenciária (art. 337-A, do Código Penal) consoante entendimento assentado do. col. Supremo Tribunal Federal que conferiu caráter supraindividual ao bem jurídico tutelado, haja vista visarem proteger a subsistência financeira da Previdência Social. Precedentes" (AgRg na RvCr 4.881-RJ, 3.ª Seção, rel. Felix Fischer, 22.05.2019, v.u.).

**132-A. Condição objetiva de punibilidade:** é preciso a constituição do procedimento administrativo de constatação da dívida tributária para que se possa iniciar a ação penal.

**133. Sujeitos ativo e passivo:** o sujeito ativo é o responsável da empresa, cuja função é administrar as contas, devendo recolher as contribuições previdenciárias. O sujeito passivo é o Estado, especificamente o INSS. Esta análise vale para todos os incisos, com os quais se conjugam as condutas *suprimir* e *reduzir*.

**134. Elemento subjetivo do tipo:** é o dolo. Cremos haver a exigência, como em todo delito de natureza fiscal, do elemento subjetivo específico, que é a vontade de fraudar a previdência, deixando de pagar a contribuição. Não existe a forma culposa. Embora não diga respeito à sonegação de contribuição previdenciária, o princípio de exigência do dolo específico é o mesmo. O elemento subjetivo vale para todos os incisos, que são meras conjugações com as condutas do *caput* (suprimir ou reduzir). Na jurisprudência: STJ: "3. Os crimes de sonegação fiscal e apropriação indébita previdenciária prescindem de dolo específico, sendo suficiente, para a sua caracterização, a presença do dolo genérico consistente na omissão voluntária do

# Art. 337-A

Código Penal Comentado · **Nucci**

1292

recolhimento, no prazo legal, dos valores devidos (AgRg no AREsp 469.137/RS, Min. Reynaldo Soares da Fonseca, 5.ª T., *DJe* 13.12.2017)" (AgRg nos EDcl no REsp 1.646.760-SP, 6.ª T., rel. Sebastião Reis Júnior, 27.08.2019, v.u.).

**135. Contribuição previdenciária:** é uma espécie de tributo incidente sobre a remuneração do empregado com o fim de custear a previdência social.

**135-A. Regime Especial de Regularização Cambial e Tributária:** a Lei 13.254/2016 permitiu a repatriação de dinheiro enviado ilicitamente para o exterior, com a finalidade de, *perdoando* os criminosos, auferir lucro com elevadas quantias para os cofres públicos. Dispõe o art. 5.º dessa Lei, o seguinte: "A adesão ao programa dar-se-á mediante entrega da declaração dos recursos, bens e direitos sujeitos à regularização prevista no *caput* do art. 4.º e pagamento integral do imposto previsto no art. 6.º e da multa prevista no art. 8.º desta Lei. § 1.º O cumprimento das condições previstas no *caput* antes de decisão criminal extinguirá, em relação a recursos, bens e direitos a serem regularizados nos termos desta Lei, a punibilidade dos crimes a seguir previstos, praticados até a data de adesão ao RERCT: (...) IV – nos seguintes arts. do Decreto-Lei n.º 2.848, de 7 de dezembro de 1940 (Código Penal), quando exaurida sua potencialidade lesiva com a prática dos crimes previstos nos incisos I a III: a) 297; b) 298; c) 299; d) 304". No inciso III, consta o "art. 337-A do Decreto-Lei n.º 2.848, de 7 de dezembro de 1940 (Código Penal)".

**136. Análise do núcleo do tipo:** o núcleo, como já visto em nota anterior, é composto da supressão ou redução da contribuição social previdenciária associada à *omissão* (não menção) de segurados – empregado, empresário, trabalhador avulso ou autônomo ou equiparado que preste serviço – da folha de pagamento. Tal conduta certamente provoca a sonegação do tributo devido. Trata-se da renovação, com modificação, do antigo art. 95, *a*, da Lei 8.212/1991. A alteração deveu-se ao fato de que, na norma revogada, considerava-se crime a mera omissão da folha de pagamento, sendo que, atualmente, cuida-se da figura típica fazendo expressa referência ao resultado, que é a supressão ou redução da contribuição paga, gerando prejuízo para a previdência.

**137. Folha de pagamento:** é o registro geral das remunerações pagas aos empregados da empresa, do qual surge o montante que servirá de base para a contribuição a ser recolhida para a seguridade social.

**138. Empregado:** é a "pessoa física que prestar serviços de natureza não eventual a empregador, sob a dependência deste e mediante salário" (art. 3.º, *caput*, CLT), ou a "pessoa física que, em propriedade rural ou prédio rústico, presta serviços de natureza não eventual a empregador rural, sob a dependência deste e mediante salário" (art. 2.º da Lei 5.889/1973).

**139. Empresário:** cuida-se de pessoa física ou jurídica, que administra e gere uma atividade econômica, visando ao lucro, de forma habitual.

**140. Trabalhador avulso:** trata-se de quem presta serviços a uma empresa, eventualmente, sem qualquer vínculo empregatício, valendo-se da intermediação de outrem, como um sindicato, como regra para trabalho temporário.

**141. Trabalhador autônomo:** cuida-se de quem trabalha em maneira independente, sem vínculo empregatício, com uma empresa. A sua remuneração se baseia em serviço proporcionado, e não em um salário mensal, sem subordinação e plano específico de trabalho e jornada diária fixa.

**142. Equiparado a autônomo:** nos termos do art. 5º, § 1º, da Lei 3.807/1960, são trabalhadores equiparados aos autônomos: "a) os ministros de confissão religiosa e os membros dos institutos de vida consagrada e de congregação ou de ordem religiosa, estes quando por ela mantidos, salvo se filiados obrigatoriamente à previdência social em razão de outra atividade, ou filiados obrigatoriamente a outro regime de previdência social, militar ou civil, ainda que na condição de inativo; b) os empregados de organismos oficiais internacionais ou estrangeiros, que funcionam no Brasil, salvo se obrigatoriamente amparados por regime próprio de previdência social; c) os brasileiros civis que trabalhem, no exterior, para organismos oficiais internacionais dos quais o Brasil seja membro efetivo, ainda que lá domiciliados e contratados, salvo se segurados obrigatórios na forma da legislação do País do domicílio".

**143. Objetos material e jurídico:** o objeto material é a folha de pagamento. O objeto jurídico é a seguridade social.

**144. Classificação:** trata-se de crime próprio (aquele que demanda sujeito qualificado); formal (delito que não exige, para sua consumação, a ocorrência de resultado naturalístico, consistente em dano para a previdência social. Entretanto, deixando de arrecadar o que lhe é devido, certamente os serviços de seguridade social podem ser prejudicados. Cremos que alguns delitos omissivos têm força para *causar* resultados. É a situação presente. A fonte de custeio da previdência diminui e seu patrimônio também quando o devedor deixa de pagar o tributo devido. Logo, valendo-se da especial vontade de fraudar o Fisco, o sujeito embolsa quantia que juridicamente devia ter sido destinada ao Estado); de forma livre (pode ser cometido por qualquer meio eleito pelo agente); omissivo (os verbos *suprimir* e *omitir* devem ser interpretados conjugadamente, razão pela qual, unidos, implicam abstenção, e não ação). Fosse somente o verbo *suprimir* e poder-se-ia falar em crime comissivo. Entretanto, neste caso, o agente deixa de pagar o tributo devido porque não coloca na folha de pagamento o segurado. Assim, é pura omissão. É crime instantâneo (cuja consumação não se prolonga no tempo, dando-se em momento determinado, que é o da data estipulada, em lei, para o pagamento da contribuição); unissubjetivo (aquele que pode ser cometido por um único sujeito); unissubsistente (delito cuja ação é composta por um ato, sem fracionamento); não admite tentativa.

**145. Análise do núcleo do tipo:** deve-se analisar o não lançamento conjuntamente com a supressão ou redução da contribuição social previdenciária. Assim, o agente que não fizer constar nos títulos de contabilidade da empresa as quantias que descontou dos segurados ou devidas pelo empregador ou tomador de serviços, está sonegando. É figura que equivale ao revogado art. 95, *b*, da Lei 8.212/1991.

**146. Empregador:** é a pessoa física ou jurídica que contrata pessoas como trabalhadores, mediante remuneração, para realizar tarefas previamente combinadas, assumindo todos os encargos previstos em lei.

**147. Objetos material e jurídico:** o objeto material é o título próprio da contabilidade da empresa. O objeto jurídico é a Seguridade Social.

**148. Classificação:** trata-se de crime próprio (aquele que demanda sujeito qualificado); formal (delito que não exige, para sua consumação, a ocorrência de resultado naturalístico, consistente em dano para a previdência social. Entretanto, deixando de arrecadar o que lhe é devido, certamente os serviços de seguridade social são prejudicados. Cremos que alguns delitos omissivos têm força para *causar* resultados. É a situação presente. A fonte de custeio da previdência diminui e seu patrimônio também quando o devedor deixa de pagar o tributo devido. Logo, valendo-se da especial vontade de fraudar o Fisco, o sujeito embolsa quantia

# Art. 337-A

que juridicamente devia ter sido destinada ao Estado); de forma livre (pode ser cometido por qualquer meio eleito pelo agente); omissivo (os verbos *suprimir* e *deixar de lançar* devem ser interpretados conjugadamente, razão pela qual, unidos, implicam abstenção, e não ação). Fosse somente o verbo *suprimir* e poder-se-ia falar em crime comissivo. Entretanto, neste caso, o agente deixa de pagar o tributo devido porque não coloca nos títulos contábeis da empresa as quantias descontadas dos segurados ou devidas por terceiros. Assim, é pura omissão. É crime instantâneo (cuja consumação não se prolonga no tempo, dando-se em momento determinado, que é o da data estipulada, em lei, para o pagamento da contribuição); unissubjetivo (aquele que pode ser cometido por um único sujeito); unissubsistente (delito cuja ação é composta por um ato, sem fracionamento); não admite tentativa.

**149. Análise do núcleo do tipo:** o núcleo, como já visto em nota anterior, é composto da supressão ou redução da contribuição social previdenciária associada à *omissão* (não menção) de receitas ou lucros auferidos, remunerações pagas ou creditadas e outros fatos geradores de contribuições previdenciárias. Trata-se de tipo penal equivalente à revogada figura do art. 95, *c*, da Lei 8.212/1991. Na jurisprudência: STJ: "3. O delito do art. 337-A, inciso III, do Código Penal, é de natureza material, somente se consumando com o lançamento definitivo do crédito tributário. 4. Não obstante a sentença trabalhista seja apta para reconhecer a existência do crédito tributário, ela não substituiu lançamento e a constituição definitiva, os quais somente podem ser feitos após regular procedimento administrativo fiscal. Precedentes da Sexta Turma e do Supremo Tribunal Federal. 5. Se não houve o lançamento definitivo do crédito tributário, o delito do art. 337-A, inciso III, do Código Penal não se consumou, inexistindo justa causa para a ação penal, nos termos da Súmula Vinculante n. 24, do Supremo Tribunal Federal, sendo devida a rejeição da denúncia" (REsp 1.959.871-SP, 6.ª T., rel. Laurita Vaz, 25.04.2023, v.u.).

**150. Receitas ou lucros auferidos:** a receita é o faturamento da empresa ou do empregador, que significa o ganho bruto das vendas de mercadorias, de mercadorias e serviços e de serviços de qualquer natureza, não se integrando nesta o "valor do imposto sobre produtos industrializados, quando destacado em separado no documento fiscal" e o "valor das vendas canceladas, das devolvidas e dos descontos a qualquer título concedidos incondicionalmente" (art. 2.º, parágrafo único, da Lei Complementar 70/1991). A folha de salários já não servia de base única para a contribuição à seguridade social, pois a aceleração da substituição do homem pela máquina fez cair a folha de pagamentos. Surgem novas fontes de custeio, que são o faturamento e o lucro. Cabe à empresa fornecer fundos para a seguridade social porque provoca despesas com o exercício da sua atividade, que gera riscos para o trabalhador. Esses riscos implicam o pagamento de benefícios e a organização de vários serviços em benefício do trabalhador (BALERA, *Curso de direito previdenciário,* p. 49-51).

**151. Objetos material e jurídico:** o objeto material é a receita, o lucro auferido, a remuneração paga ou creditada ou outro fato gerador de contribuição previdenciária. O objeto jurídico é a seguridade social.

**152. Classificação:** trata-se de crime próprio (aquele que demanda sujeito qualificado); formal (delito que não exige, para sua consumação, a ocorrência de resultado naturalístico, consistente em dano para a previdência social. Entretanto, deixando de arrecadar o que lhe é devido, certamente os serviços de seguridade social são prejudicados. Cremos que alguns delitos omissivos têm força para *causar* resultados. É a situação presente. A fonte de custeio da previdência diminui e seu patrimônio também quando o devedor deixa de pagar o tributo devido. Logo, valendo-se da especial vontade de fraudar o Fisco, o sujeito embolsa quantia que juridicamente devia ter sido destinada ao Estado); de forma livre (pode ser cometido por qualquer meio eleito pelo agente); omissivo (os verbos *suprimir* e *omitir* devem ser interpretados conjugadamente, razão pela qual, unidos, implicam abstenção, e não ação). Fosse somente o verbo *suprimir* e poder-se-ia falar em crime comissivo. Entretanto, neste caso, o agente deixa de pagar o tributo devido porque não menciona à previdência a receita, lucro, remuneração paga ou creditada ou outro fato gerador. Assim, é pura omissão. É crime instantâneo (cuja consumação não se prolonga no tempo, dando-se em momento determinado, que é o da data estipulada, em lei, para o pagamento da contribuição); unissubjetivo (aquele que pode ser cometido por um único sujeito); unissubsistente (delito cuja ação é composta por um ato, sem fracionamento); não admite tentativa.

**153. Competência:** é da Justiça Federal e a ação é pública incondicionada.

**154. Causa de extinção da punibilidade:** exigem-se, para que a punibilidade do agente da sonegação de contribuição previdenciária seja afastada, os seguintes requisitos: a) declaração do valor devido (demonstrar à previdência o montante que deveria ser recolhido, mas não foi pela omissão de dados praticada); b) confissão da prática delituosa, isto é, a admissão de ter omitido dados da folha de pagamento ou de documento de informações, de ter deixado de lançar nos títulos próprios as quantias descontadas ou de ter omitido receitas e lucros auferidos, entre outras fontes geradoras de contribuições; c) prestar as informações devidas (além de declarar o devido, precisa esclarecer a previdência social a respeito da sua real situação, para que os próximos recolhimentos sejam corretamente efetuados); d) espontaneidade (sinceridade na declaração, demonstrando arrependimento, agindo sem subterfúgios). Em Direito Penal, embora se faça diferença entre atos voluntários e espontâneos, nesta hipótese, tem-se admitido a confusão entre os termos, considerando-se a imprecisão do legislador ao redigir esta regra; e) agir antes do início da ação fiscal, que deveria ser compreendida como o ajuizamento de ação promovida pelo fisco na justiça para cobrar a dívida. Ocorre que outro requisito menciona a confissão do débito, podendo demostrar que o Estado nem sabia da supressão ou redução da contribuição. Logo, tem-se apontado como *ação fiscal* a atividade administrativa do órgão competente, desvendando a apropriação. É preciso considerar que a causa de extinção da punibilidade *deixou de prever* a necessidade de efetuar o pagamento do montante devido. O § 1.º menciona, simplesmente, que o agente deve *declarar* e *confessar* o que deve, bem como *prestar as informações devidas* à previdência. Pagar, não precisa. Logo, caberia extinção da punibilidade ao sujeito que admite o débito, confessa a sonegação e informa os dados necessários, mas nada paga, obrigando o Fisco a ingressar com a ação cabível. Trata--se de uma lacuna, sem que se possa corrigir por meio de analogia *in malam partem* com o disposto pelo art. 168-A, § 2.º, deste Código.

**154-A. Alegação de inconstitucionalidade:** a Procuradoria-Geral da República ingressou com ação direta de inconstitucionalidade do § 1.º do art. 337-A, por "revelar insuficiente proteção estatal do bem jurídico supraindividual tutelado e por configurar afronta aos desdobramentos penais do princípio da isonomia". A ação foi julgada improcedente pelo STF com a seguinte ementa: "1. Alegação de inconstitucionalidade material por violação dos arts. 3.º; 5.º, *caput* e inciso I; 194, *caput* e inciso V; e 195 da Constituição Federal, bem como do princípio da proporcionalidade. Inexistência de afronta aos objetivos fundamentais da República Federativa do Brasil (art. 3.º). A extinção da punibilidade em completa harmonia com ordem constitucional brasileira, com os objetivos fundamentais da República e com a finalidade do Direito Penal. 2. A norma impugnada não fragiliza o princípio constitucional da igualdade. Ausência de concessão de vantagens a um grupo da sociedade em detrimento de outro. A possibilidade de colaboração espontânea é ofertada a todos os sujeitos ativos do crime de sonegação de contribuição previdenciária. 3. A natureza funcional do bem jurídico tutelado pelo art. 337-A

# Art. 337-A

Código Penal Comentado · **Nucci**

1296

do Código Penal é atingida por meio da incidência do seu § 1.º por via reflexa. A capacidade arrecadadora pode ser plenamente exercida após a declaração, a confissão e a prestação das informações imprescindíveis para o exercício do procedimento fiscal. A norma impugnada prestigia a espontaneidade e a honestidade do agente contribuinte, estimulando no seio social o fortalecimento dos deveres concernentes à cidadania, princípio fundamental da República (art. 1.º, inciso II, da CF), por meio de normas despenalizadoras que estimulam a regularidade fiscal e concretizam a eficiência como vetor de atuação do Estado. 4. A manutenção da causa extintiva da punibilidade observa o princípio da proporcionalidade ao se inserir na proibição do excesso. Proporcional, uma vez adequada, necessária e porque atendida proporção entre meio e fim (proporcionalidade em sentido estrito), a diferença legislativa no tratamento da extinção da punibilidade entre o crime de sonegação de contribuição previdenciária e os demais tipos penais elencados pelo requerente na petição inicial da presente ação direta. 5. Pedido da ação direta de inconstitucionalidade julgado improcedente" (ADI 4.974, Tribunal Pleno, rel. Rosa Weber, 18.10.2019, v.u.).

**155. Não aplicação do art. 34 da Lei 9.249/1995:** o Supremo Tribunal Federal considerava aplicável à hipótese do não recolhimento de contribuições previdenciárias a causa de extinção da punibilidade prevista na referida lei. Entretanto, naquela hipótese, era preciso pagar toda a dívida antes do recebimento da denúncia. Ora, existindo causa específica para o crime previdenciário, em nossa visão, não mais tem cabimento a aplicação do mencionado art. 34. Portanto, deixando de pagar o devido até a ação fiscal ter início, já não se deve considerar extinta a punibilidade caso o recolhimento seja efetuado antes da denúncia. Há posição em sentido contrário, aceitando a aplicação do referido art. 34.

**156. Perdão judicial ou figura privilegiada:** criou-se, com o § 2.º, uma hipótese alternativa de perdão judicial ("deixar de aplicar a pena") ou de privilégio (aplicação somente da multa). Mas há requisitos a respeitar: a) primariedade; b) bons antecedentes. Sobre os conceitos de primariedade e bons antecedentes, remetemos o leitor aos comentários aos arts. 63 (primariedade) e 59 (antecedentes), sabendo-se, desde logo, que primário é o sujeito que não é reincidente (o conceito é feito por exclusão) e possui bons antecedentes aquele não os ostenta negativos (mais uma vez o conceito é feito por exclusão); c) respeitar o teto estabelecido pela previdência social como sendo o mínimo para o ajuizamento de executivo fiscal, conforme se verá na nota seguinte.

**157. Valor devido de pouca monta:** essa hipótese para a aplicação do perdão judicial ou do privilégio é ser o montante devido aos cofres previdenciários igual ou inferior ao estabelecido pela própria previdência, *administrativamente* (o que prescinde de lei), para justificar uma execução fiscal. Se o Fisco não tem interesse em cobrar judicialmente o valor, não há cabimento para a atribuição de penalidades severas ao agente. Houve época em que o Fisco considerou como valor considerado inofensivo para a execução fiscal o montante de R$ 1.000,00 (art. 1.º, I, da Lei 9.441/1997). A Portaria MPS 296/2007 considera incabível o ajuizamento das execuções fiscais de dívida ativa do INSS de valor até R$ 10.000,00. Não se deveria confundir, no entanto, pequeno valor, não justificador da ação fiscal do Estado, com *valor ínfimo*. Este último permitiria a configuração do crime de bagatela, isto é, a aplicação do princípio da insignificância, que tornaria atípica a conduta de não recolher ou repassar quantia ínfima à Previdência Social. Porém, já existe precedente no sentido de não configurar crime de bagatela a sonegação de contribuição previdenciária (ver a nota *infra*).

**157-A. Princípio da insignificância:** em face do relevante bem jurídico tutelado, como regra, não se admite o reconhecimento do crime de bagatela, gerando a atipicidade da conduta. Na jurisprudência: STJ: "1. No julgamento da RvCr n. 4.881/RJ, a Terceira Seção concluiu, em julgamento unânime, acompanhando entendimento do Supremo Tribunal Federal, que o princípio da insignificância não se aplicaria aos crimes de apropriação indébita previdenciária (art. 168-A do Código Penal) e de sonegação de contribuição previdenciária (art. 337-A do Código Penal). Precedentes" (AgRg no REsp 1832011-MG, 6.ª T., rel. Antonio Saldanha Palheiro, 10.08.2021, v.u.).

**158. Critério para a escolha do juiz:** tendo em vista que o legislador previu hipótese alternativa (perdão ou privilégio), mas impôs condições cumulativas, é preciso distinguir quando o magistrado deve aplicar o perdão judicial e quando deve aplicar somente a multa. Assim, para um ou para outro benefício demandam-se primariedade, bons antecedentes e pequeno valor das contribuições devidas. Parece-nos que a escolha deve fundar-se nos demais elementos norteadores, sempre, da análise do agente do crime, que são as circunstâncias judiciais do art. 59. Dessa forma, a verificação da personalidade e da conduta social do autor, dos motivos do delito e das circunstâncias e consequências da infração penal, que constituem a culpabilidade, maior ou menor reprovação social do que foi feito, levarão o juiz à decisão mais justa: perdão ou multa.

**159. Causa de diminuição da pena ou privilégio:** em outra hipótese, prescindindo da primariedade e dos bons antecedentes, caso seja o empregador pessoa física e possuidor de folha de pagamento que não supere determinado valor, é possível, tendo havido sonegação de contribuição previdenciária, a redução da pena de um terço até a metade *ou* pode simplesmente ser aplicada a multa. A opção pela diminuição da pena ou pela aplicação do privilégio, que é substituir a pena privativa de liberdade pela pecuniária, deve obedecer aos critérios do art. 59, que são as circunstâncias judiciais. Por outro lado, a redução, que é variável (um terço até a metade), merece pautar-se pelo valor da sonegação. Assim, as circunstâncias judiciais do art. 59 serviriam para a escolha entre um dos dois benefícios, enquanto o montante do valor devido permitiria a opção pelo *quantum* de redução.

**160. Reajuste do valor de referência da folha de pagamento:** trata-se de norma benéfica ao réu, pois, quanto maior for o valor da folha de pagamento, mais cresce a possibilidade de receber um dos dois benefícios. Assim, quando reajustados os benefícios da previdência social, que têm correlação com o salário mínimo, corrige-se também esse montante. O legislador já utilizou semelhante critério para proteger valores pecuniários no Código Penal, no art. 49, § 2.º, em relação à aplicação da correção monetária à pena de multa.

**Capítulo II-A**

**DOS CRIMES PRATICADOS POR PARTICULAR CONTRA A ADMINISTRAÇÃO PÚBLICA ESTRANGEIRA**[1]

**Corrupção ativa em transação comercial internacional**[2]

> **Art. 337-B.** Prometer, oferecer ou dar,[3-8] direta ou indiretamente,[9] vantagem indevida[10] a funcionário público estrangeiro,[11] ou a terceira pessoa, para determiná-lo a praticar, omitir ou retardar ato de ofício[12] relacionado a transação comercial internacional:[13-16]
>
> Pena – reclusão, de 1 (um) a 8 (oito) anos, e multa.
>
> **Parágrafo único.** A pena é aumentada de 1/3 (um terço), se, em razão da vantagem ou promessa, o funcionário público estrangeiro retarda ou omite o ato de ofício, ou o pratica infringindo dever funcional.[17]

# Art. 337-B

Código Penal Comentado · **Nucci**

1298

**1. Origem das novas figuras típicas:** em 17.12.1997, foi concluída, em Paris, a Convenção sobre o Combate da Corrupção de Funcionários Públicos Estrangeiros em Transações Comerciais Internacionais, assinada, inicialmente, pelos seguintes países: Alemanha, Irlanda, Argentina, Islândia, Austrália, Itália, Áustria, Japão, Bélgica, Luxemburgo, Brasil, México, Bulgária, Noruega, Canadá, Nova Zelândia, Chile, Holanda, Coreia, Polônia, Dinamarca, Portugal, Espanha, Reino Unido, Estados Unidos, Eslovênia, Finlândia, Suécia, França, Suíça, Grécia, República Tcheca, Hungria e Turquia. No seu preâmbulo, deixou estatuído que a finalidade era punir a corrupção de funcionários estrangeiros, no âmbito das transações comerciais internacionais, "considerando que a corrupção é um fenômeno difundido nas Transações Comerciais Internacionais, incluindo o comércio e o investimento, que desperta sérias preocupações morais e políticas, abala a boa governança e o desenvolvimento econômico, e distorce as condições internacionais de competitividade". Entrou em vigor internacional no dia 15.02.1999. O Congresso Nacional aprovou a referida Convenção por meio do Decreto Legislativo 125, de 14.06.2000. Após, o Governo brasileiro depositou o Instrumento de Ratificação à mencionada Convenção em 24.08.2000, passando a vigorar no Brasil em 23.10.2000 (Dec. 3.678). Por isso, era necessário tipificar as condutas que seriam condizentes com o texto da recém-aprovada Convenção, tendo por finalidade o combate à corrupção nas transações comerciais internacionais. Resta saber, como sempre ocorre no Brasil, se haverá instrumentos suficientes e eficazes para tanto, pois o grande dilema, no contexto da corrupção, é justamente a ausência de mecanismos eficientes para detectá-la, colhendo provas, sob o crivo do devido processo legal, a fim de punir seus autores. Espera-se que tal desiderato seja atingido.

**2. Figura típica similar:** trata-se do crime de corrupção ativa (art. 333, CP).

**3. Análise do núcleo do tipo:** *prometer* significa obrigar-se a dar algo a alguém; *oferecer* quer dizer propor ou apresentar para que seja aceito; *dar* tem o significado de entregar a posse de algo, passar às mãos de alguém, ceder como presente. O objeto das condutas é a vantagem indevida, para que o funcionário público estrangeiro ou terceira pessoa possa *determinar* (prescrever ou estabelecer) a *praticar* (executar ou levar a efeito), *omitir* (não fazer) ou *retardar* (atrasar) ato de ofício. Nota-se que este tipo penal incluiu a conduta de *dar*, que é nitidamente material, gerando resultado naturalístico, o que não ocorre com o delito previsto no art. 333 (corrupção ativa), que somente possui as condutas formais (oferecer e prometer). Além disso, enquanto no delito de corrupção ativa menciona-se apenas o funcionário público, neste caso há ainda a inclusão de *terceira pessoa*, abrindo a possibilidade de se punir alguém que consiga, mediante o oferecimento de uma quantia indevida qualquer, a atividade de sujeito não vinculado à Administração, mas que pode nela influir, para o fim de prejudicar ato de ofício inerente a transação comercial. Amplia-se, com isso, a possibilidade de punição, pois não é só o funcionário público estrangeiro que está habilitado a prejudicar a Administração Pública estrangeira, mas também outros que a ela tenham, de algum modo, acesso. Aliás, essas inclusões guardam harmonia com o texto da Convenção, que assim dispôs: "Cada Parte deverá tomar todas as medidas necessárias ao estabelecimento de que, segundo suas leis, é delito criminal qualquer pessoa intencionalmente oferecer, prometer ou dar qualquer vantagem pecuniária indevida ou de outra natureza, seja diretamente ou por intermediários, a um funcionário público estrangeiro, para esse funcionário ou para terceiros, causando a ação ou a omissão do funcionário no desempenho de suas funções oficiais, com a finalidade de realizar ou dificultar transações ou obter outra vantagem ilícita na condução de negócios internacionais".

**4. Tipo misto alternativo:** a prática das condutas previstas no tipo pode ser isolada ou cumulada, implicando um único crime. Assim, caso o sujeito prometa, ofereça e depois dê uma vantagem indevida, pratica delito único e não concurso material de infrações.

**5. Sujeitos ativo e passivo:** o sujeito ativo pode ser qualquer pessoa. O sujeito passivo é a pessoa física ou jurídica prejudicada, incluindo-se o Estado (nacional ou estrangeiro). Para PAULO JOSÉ DA COSTA JR., nas modalidades *prometer* e *oferecer* é também sujeito passivo, embora mediato, o funcionário público (*Comentários ao Código Penal*, 7. ed., p. 1.078). Assim não nos parece, pois a parte lesada não é jamais o funcionário, até porque essas duas condutas são formais, independendo de qualquer resultado naturalístico. Quem sofre o prejuízo é a pessoa que, em face do ato de ofício omitido ou praticado de modo indevido, termina sofrendo percalços na transação comercial internacional. E, ainda que o ato de ofício seja regularmente praticado, o sujeito passivo continua a ser a pessoa que poderia sofrer o prejuízo, pois o objeto jurídico protegido é a moralidade das relações internacionais, no que tange às transações comerciais.

**6. Pessoa jurídica como sujeito ativo:** defendemos a possibilidade de a pessoa jurídica responder por crime, como nos casos de delitos ambientais, embora não na hipótese deste art. 337-B, tendo em vista que deveria sempre haver norma penal interna específica a respeito. Inexiste autorização expressa para a responsabilização da pessoa jurídica. Convém, no entanto, ressaltar que a Convenção firma o entendimento de que devem os países signatários garantir a punição da pessoa jurídica pela corrupção de funcionários públicos estrangeiros: "Cada Parte deverá tomar todas as medidas necessárias ao estabelecimento das responsabilidades de pessoas jurídicas pela corrupção de funcionário público estrangeiro, de acordo com seus princípios jurídicos" (artigo 2). Logicamente, dentre os países que aderiram à referida Convenção, há divergências no tocante a essa possibilidade. Estados Unidos, França, Japão e Austrália, por exemplo, podem criar medidas punitivas criminais para as pessoas jurídicas que corrompam funcionários estrangeiros, pois seus sistemas jurídicos acolhem essa possibilidade, enquanto outros podem não o fazer. Por isso, o texto estabelece uma ressalva: "Caso a responsabilidade criminal, sob o sistema jurídico da Parte, não se aplique a pessoas jurídicas, a Parte deverá assegurar que as pessoas jurídicas estarão sujeitas as sanções não criminais efetivas, proporcionais e dissuasivas contra a corrupção de funcionário público estrangeiro, inclusive sanções financeiras" (artigo 3.2).

**7. Participação:** a Convenção sugere que "cada Parte deverá tomar todas as medidas necessárias ao estabelecimento de que a cumplicidade, inclusive por incitamento, auxílio ou encorajamento, ou a autorização de ato de corrupção de um funcionário público estrangeiro é um delito criminal" (artigo 1.2). Temos possibilidade de punir o partícipe (moral ou material), conforme prevê o art. 29 do Código Penal. Assim, qualquer pessoa que instigue, incentive, aconselhe, sirva de mecanismo de transmissão de mensagens, enfim, dê suporte àquele que pretende corromper o funcionário estrangeiro deve responder como partícipe. Note-se, pois, que, sendo possível a prática da corrupção por meio indireto, isto é, por interposta pessoa, esta pode ser ou não partícipe, conforme o caso concreto. Se souber que está transmitindo promessa, oferta ou levando alguma vantagem a funcionário, no intuito de colaborar com a obtenção de vantagem ilícita, responde pelo crime. Mas, caso seja usada somente como transmissor de mensagem, sem noção do que se passa, não será possível a punição, evitando-se a responsabilidade penal objetiva.

**8. Elemento subjetivo do tipo:** o crime somente é punido na forma dolosa. Exige-se, ainda, elemento subjetivo do tipo específico, consistente na vontade de fazer com que o funcionário público estrangeiro pratique, omita ou retarde ato de ofício. O texto da Convenção deixa expresso que o crime só deve ser punido se for praticado *intencionalmente*.

**9. Forma de execução:** diversamente do tipo penal estabelecido para o crime de corrupção ativa, que não prevê essas formas, este delito expressamente menciona que o agente

# Art. 337-B

Código Penal Comentado · **Nucci**

1300

pode prometer, oferecer ou dar a vantagem indevida de maneira direta (sem interposta pessoa, sem rodeios, de forma clara) ou indireta (por intermédio de interposta pessoa, de forma dissimulada, com rodeios). Favorece, sem dúvida, a punição, pois não permite que se argumente não ter havido qualquer assédio ao funcionário, unicamente porque o agente valeu-se de um cerco tortuoso para chegar ao seu propósito de corrompê-lo.

**10. Vantagem indevida:** pode ser qualquer lucro, ganho, privilégio ou benefício ilícito, ou seja, contrário ao direito, ainda que ofensivo apenas aos bons costumes. Entendíamos que o conteúdo da vantagem indevida deveria possuir algum conteúdo econômico, mesmo que indireto. Ampliamos o nosso pensamento, pois há casos concretos em que o funcionário deseja obter somente um elogio, uma vingança ou mesmo um favor sexual, enfim, algo imponderável no campo econômico e, ainda assim, corrompe-se para prejudicar ato de ofício. Por vezes, já que a natureza humana é complexa para abarcar essas situações, uma vantagem não econômica pode surtir mais efeito do que se tivesse algum conteúdo patrimonial. Não se tratando de delitos patrimoniais, pode-se acolher essa amplitude.

**11. Conceito de funcionário público estrangeiro:** vide notas ao art. 337-D.

**12. Ato de ofício:** é o ato inerente às atividades do funcionário, devendo estar na sua esfera de atribuições, não necessitando ser ilícito.

**13. Objetos material e jurídico:** o objeto material é a vantagem prometida, oferecida ou dada. O objeto jurídico, segundo o Código Penal, é a Administração Pública estrangeira, nos seus aspectos material e moral. Convém, entretanto, mencionar a precisa advertência feita por Luiz Regis Prado, criticando a inclusão desses novos tipos penais em capítulo destinado a proteger a "Administração Pública estrangeira", o que não seria cabível para o país que pune aquele que corrompe funcionário alheio. Assim, tendo sido o tipo penal criado para voltar-se contra o autor de corrupção ativa, o objeto jurídico não pode ser a proteção da administração de outra nação, mas sim a boa-fé, a regularidade e a transparência das transações comerciais internacionais, que "não são bens exclusivos de determinado país, mas pertencem a toda a comunidade internacional. Isso porque os Estados têm interesse na preservação da liberdade no sistema de intercâmbio e no direito de que suas administrações, seus cidadãos e suas empresas não sejam obrigadas a arcar com despesas injustas. Além de um novo bem jurídico a proteger, descortina-se aqui também uma nova forma de proteção: cada Estado exerce jurisdição sobre seus nacionais no intuito de tutelar um bem jurídico que pertence à comunidade internacional" (*Curso de direito penal brasileiro*, v. 4, p. 584). Embora concordemos com essa observação, não se pode descurar do aspecto trazido pela Convenção Internacional, ou seja, houve um pacto entre nações para que uma pudesse proteger, por meio de punição realizada em seu território, outra (ou outras) contra atos criminosos de corruptores de funcionários públicos estrangeiros. Logo, está também incluída nesse contexto – mas não somente como colocou o Código Penal – a Administração Pública estrangeira. Se o Brasil pune aquele que influencia um funcionário público italiano, por exemplo, está protegendo negócios realizados pela Itália, bem como permitindo que este país descubra seus funcionários corruptos (aí está o interesse da Administração Pública estrangeira), tendo, por consequência, a mesma proteção desse país, quando algum italiano influir em funcionário brasileiro para a mesma finalidade.

**14. Transação comercial internacional:** é qualquer ajuste ou acordo relativo ao comércio concernente a duas ou mais nações, envolvendo pessoas físicas e/ou jurídicas.

**15. Classificação:** trata-se de crime comum (aquele que não demanda sujeito ativo especial ou qualificado); formal (delito que não exige resultado naturalístico, consistente em efetivo prejuízo material para o Estado); de forma livre (pode ser cometido de qualquer modo, conforme eleição do agente); comissivo (os verbos implicam ações); instantâneo (crime cujo resultado se dá de maneira instantânea, não se prolongando no tempo); unissubjetivo (pode ser cometido por um só indivíduo); unissubsistente (praticado num único ato) ou plurissubsistente (cometido por meio de vários atos), conforme o modo eleito pelo autor); admite tentativa na forma plurissubsistente. Aliás, quanto à punição da tentativa, trata-se de recomendação expressa feita na Convenção: "A tentativa e a conspiração para subornar um funcionário público estrangeiro serão delitos criminais na mesma medida em que o são a tentativa e a conspiração para corrupção de funcionário público daquela Parte".

**16. Não configuração de crime bilateral:** não se exige, nos moldes da corrupção ativa (art. 333), que esteja devidamente demonstrada a corrupção passiva. Aliás, esta somente seria tipificada no país de origem do funcionário público estrangeiro, interessando à Administração Pública estrangeira a sua punição. Logo, não é delito bilateral.

**17. Causa de aumento de pena:** o crime, como já expusemos na classificação, pode ser considerado formal (nas formas *prometer* e *oferecer*), bem como material (na modalidade *dar*). Caso o agente apenas prometa ou ofereça vantagem indevida, sem a efetivação da sua entrega, está-se punindo a mera atividade, independentemente de haver resultado naturalístico. Mas, havendo a dação, ocorrerá afetação da boa-fé e da moralidade das relações comerciais internacionais, podendo-se falar em crime de resultado. Ocorre que a tipicidade construída é incongruente, pois, ainda que o agente prometa, ofereça ou dê vantagem indevida a funcionário público estrangeiro, é possível que este não deixe de praticar seu ato de ofício como a lei determina – ou termine praticando, nos termos legais –, razão pela qual configura-se o crime sem a causa de aumento. A incongruência afigura-se justamente pelo fato de o agente prometer, oferecer ou dar vantagem – consumando o crime –, mas não conseguir atingir a sua finalidade específica. O aumento se torna aplicável com o exaurimento do delito, isto é, já consumado pelo simples oferecimento, promessa ou dação da vantagem, termina provocando o efetivo retardo ou omissão do ato de ofício, ou mesmo a sua prática fora dos ditames legais, motivo pelo qual deve ser mais severamente punido.

### Tráfico de influência em transação comercial internacional[18]

> **Art. 337-C.** Solicitar, exigir, cobrar ou obter,[19-21] para si ou para outrem,[22] direta ou indiretamente,[23] vantagem ou promessa de vantagem[24] a pretexto de influir[25] em ato[26] praticado[27] por funcionário público estrangeiro no exercício de suas funções, relacionado a transação comercial internacional:[28-30]
>
> Pena – reclusão, de 2 (dois) e 5 (cinco) anos, e multa.
>
> **Parágrafo único.** A pena é aumentada da metade, se o agente alega ou insinua que a vantagem é também destinada a funcionário público estrangeiro.[31]

**18. Figura similar:** trata-se do crime de tráfico de influência, previsto no art. 332 do Código Penal.

**19. Análise do núcleo do tipo:** *solicitar* significa pedir ou rogar; *exigir* quer dizer demandar com veemência, ordenar ou reclamar; *cobrar* tem o significado de exigir o cumprimento de algo; *obter* quer dizer alcançar ou conseguir. São condutas conjugadas a *influir*, isto é, inspirar ou incutir. Portanto, o objeto dessas ações é vantagem ou promessa de vantagem com relação

# Art. 337-C

Código Penal Comentado · **Nucci**

1302

a ato de funcionário público. O intuito do agente é auferir algum tipo de lucro para que possa incentivar, de algum modo, um funcionário estrangeiro a promover algum tipo de facilidade em transação comercial internacional.

**20. Tipo misto alternativo:** a prática das condutas previstas no tipo pode ser isolada ou cumulada, implicando um único crime. Assim, caso o sujeito solicite, exija, cobre e depois obtenha uma vantagem qualquer, pratica delito único e não concurso material de infrações.

**21. Sujeitos ativo e passivo:** o sujeito ativo pode ser qualquer pessoa, inclusive outro funcionário público. O sujeito passivo é a pessoa física ou jurídica prejudicada, incluindo-se o Estado (nacional ou estrangeiro, conforme o caso). Ver a nota que cuida deste tema ao artigo anterior.

**22. Elemento subjetivo do tipo:** é o dolo. Exige-se, ainda, o elemento subjetivo do tipo específico, consistente na vontade de ter para si ou para outrem qualquer tipo de vantagem. Não se pune a forma culposa.

**23. Formas de execução:** diversamente do tipo penal estabelecido para o crime de tráfico de influência, que não prevê essas formas, este delito expressamente menciona que o agente pode praticar as condutas típicas de maneira direta (sem interposta pessoa, sem rodeios, de forma clara) ou indireta (por intermédio de interposta pessoa, de forma dissimulada, com rodeios). Favorece, sem dúvida, a punição, pois não permite a argumentação de que não houve qualquer abordagem explícita.

**24. Vantagem ou promessa de vantagem:** *vantagem* é qualquer lucro, ganho, benefício ou privilégio para o agente, seja lícito ou ilícito. Não há necessidade de ter conteúdo de natureza econômica (vide nota ao artigo anterior). A *promessa de vantagem* é a obrigação de, no futuro, entregar algum benefício, ganho, privilégio ou lucro a alguém.

**25. Pretexto de exercer influência:** trata-se de desculpa ou justificativa para a prática das condutas previstas no tipo, não sendo necessário que o agente efetivamente assedie o funcionário para influenciá-lo a praticar ou deixar de praticar qualquer ato, nem é necessário verificar se ele tem, de fato, condições de influir em ato do funcionário. Na verdade, como regra, trata-se de autêntica fraude: o agente consegue vantagem sob a justificativa de exercer futura ascendência sobre outrem, o que pode não ocorrer. Aliás, a autêntica influência em funcionário público estrangeiro por parte de quem pode fazê-lo e sem solicitar ou obter qualquer vantagem não é crime.

**26. Ato do funcionário:** pode ser lícito ou ilícito, tendo em vista que o tipo penal não explicita. Exige-se, no entanto, que se trate de ato futuro, e não do passado.

**27. Existência de três pessoas envolvidas, ainda que virtualmente:** exige-se, para a concretização do tipo penal, que um sujeito qualquer – funcionário público ou não – solicite, exija, cobre ou obtenha de *outra pessoa* – funcionário ou não – qualquer vantagem, com a desculpa de exercer influência em um *funcionário público estrangeiro* no exercício da função.

**28. Relação com transação comercial internacional:** este delito somente se caracteriza caso haja, em jogo, transação comercial internacional, ou seja, qualquer contrato ou negócio comercial envolvendo o interesse de pessoas ligadas a mais de uma nação.

**29. Objetos material e jurídico:** o objeto material é a vantagem ou promessa de vantagem. O objeto jurídico, segundo o Código Penal, é a Administração Pública estrangeira, nos seus aspectos material e moral. Acreditamos que, além desse objeto, há que se considerar também a boa-fé, a regularidade e a transparência das transações comerciais internacionais. Ver a nota pertinente ao artigo anterior, em que consta a posição de LUIZ REGIS PRADO.

**30. Classificação:** trata-se de crime comum (aquele que não demanda sujeito ativo especial ou qualificado); formal (delito que não exige resultado naturalístico, consistente em efetivo prejuízo material para o Estado). Não é necessário que o agente realmente influencie em ato praticado por funcionário público estrangeiro, em transação comercial internacional, mas, se o fizer, cuida-se de mero exaurimento do delito (continua a produzir efeitos depois de consumado); de forma livre (pode ser cometido de qualquer modo, conforme eleição do agente); comissivo (os verbos implicam ações); instantâneo (crime cujo resultado se dá de maneira instantânea, não se prolongando no tempo); unissubjetivo (pode ser cometido por um só indivíduo); unissubsistente (praticado num único ato) ou plurissubsistente (cometido por meio de vários atos), conforme o modo eleito pelo autor; admite tentativa na forma plurissubsistente. Aliás, quanto à punição da tentativa, trata-se de recomendação expressa feita na Convenção: "A tentativa e conspiração para subornar um funcionário público estrangeiro serão delitos criminais na mesma medida em que o são a tentativa e a conspiração para corrupção de funcionário público daquela Parte" (artigo 1.2, 2.ª parte).

**31. Causa de aumento de pena:** prevê-se o aumento de pena (metade), caso o agente dê a entender, explícita ou implicitamente, que a vantagem por ele percebida ou demandada destina-se, igualmente, ao funcionário público estrangeiro. Naturalmente, há maior gravidade, pois denota corrupção (ativa para quem oferta e passiva para quem a recebe).

### Funcionário público estrangeiro

> **Art. 337-D.** Considera-se funcionário público estrangeiro,[32] para os efeitos penais, quem, ainda que transitoriamente ou sem remuneração, exerce cargo, emprego ou função pública[33] em entidades estatais[34] ou em representações diplomáticas[35] de país estrangeiro.[36]
>
> **Parágrafo único.** Equipara-se a funcionário público estrangeiro quem exerce cargo, emprego ou função em empresas[37] controladas, diretamente ou indiretamente, pelo Poder Público de país estrangeiro ou em organizações públicas internacionais.[38]

**32. Conceito de funcionário público estrangeiro:** trata-se de conceituação própria do Direito Penal, não se confundindo com o sustentado pelo Direito Administrativo. Nesse contexto, cuida-se de toda pessoa que exerça, transitoriamente ou não, com ou sem remuneração, cargo, emprego ou função pública em entidades estatais ou em representações diplomáticas de país estrangeiro (aliás, como está disposto neste artigo). Preceitua o texto da Convenção: "Funcionário público estrangeiro significa qualquer pessoa responsável por cargo legislativo, administrativo ou jurídico de um país estrangeiro, seja ela nomeada ou eleita; qualquer pessoa que exerça função pública para um país estrangeiro, inclusive para representação ou empresa pública; e qualquer funcionário ou representante de organização pública internacional" (art. 1.4.a).

**33. Cargo, emprego e função pública:** *cargo* é o posto criado por lei na estrutura hierárquica da Administração Pública, com denominação e padrão de vencimentos próprios (cf. MARIA SYLVIA ZANELLA DI PIETRO, *Direito administrativo*, p. 420). O cargo possui função,

# Art. 337-D

Código Penal Comentado · **Nucci**

1304

mas nem sempre esta possui o cargo correspondente. *Emprego público* é o posto existente na estrutura hierárquica da Administração Pública, que difere do cargo unicamente pelo vínculo que liga o funcionário à entidade estatal. Enquanto no cargo o vínculo é estatutário, regido pelo Estatuto dos Funcionários Públicos, no caso do emprego dá-se a ligação por vínculo contratual regido pela CLT. Evidentemente que, em se tratando de funcionário público estrangeiro, deve-se respeitar a forma pela qual alguém se vincula ao Estado na legislação estrangeira pertinente, pouco interessando se tal ocorre por força de estatuto ou por relação empregatícia. Esse é o motivo de serem mencionados neste artigo tanto o cargo quanto o emprego. A *função pública* é o conjunto de atribuições inerentes ao serviço público, que não correspondem a um cargo ou um emprego (MARIA SYLVIA ZANELLA DI PIETRO, *Direito administrativo*, p. 421). Dessa forma, pode exercer função pública aquele que não possui cargo, nem emprego; logo, cuida-se de atividade residual. Pode ser o caso do servidor contratado por período temporário, por vezes sem concurso público, dada a urgência da situação, ou mesmo do assessor de confiança, que não exige a contratação por concurso, como ocorre para os ocupantes de cargos ou empregos.

**34. Entidades estatais:** são as pessoas jurídicas de direito público encarregadas de exercer as funções administrativas do Estado. Como lembra MARIA SYLVIA ZANELLA DI PIETRO, "a Administração Pública abrange as atividades exercidas pelas pessoas jurídicas, órgãos e agentes incumbidos de atender concretamente às necessidades coletivas; corresponde à função administrativa, atribuída preferencialmente aos órgãos do Poder Executivo" (*Direito administrativo*, p. 59).

**35. Representações diplomáticas:** trata-se do conjunto de representantes de governo estrangeiro junto a um Estado. Como ensina FRANCISCO REZEK, os agentes diplomáticos são "funcionários acreditados pelo governo de um Estado, perante o governo de outro, para representarem os seus direitos e interesses" (*Direito internacional público*, p. 292). Abrange, naturalmente, os indivíduos do próprio Estado, nomeados por governo estrangeiro para representá-lo, desde que haja a concordância daquele. Um brasileiro, por exemplo, pode ser indicado cônsul de país estrangeiro, para representá-lo em território nacional, incluindo-se, então, no conceito de funcionário público estrangeiro, para efeito de aplicação deste artigo. Note-se, ademais, que todo o corpo de funcionários administrativos e técnicos das embaixadas e consulados também se inclui nessa categoria de agentes diplomáticos. Aliás, a Convenção de Viena lhes confere imunidade idêntica à que possuem os diplomatas.

**36. País estrangeiro:** como menciona o texto da Convenção, deve-se considerar *país estrangeiro* "todos os níveis e subdivisões de governo, do federal ao municipal".

**37. Empresas controladas pelo Poder Público:** são as empresas públicas, denomina-das estatais ou governamentais, abrangendo todas as "sociedades civis ou comerciais, de que o Estado tenha o controle acionário, abrangendo a empresa pública, a sociedade de economia mista e outras empresas que não tenham essa natureza e às quais a Constituição faz referência em vários dispositivos, como categoria à parte (arts. 71, II, 165, § 5.º, III, 173, § 1.º)" (MARIA SYLVIA ZANELLA DI PIETRO, *Direito administrativo*, p. 368).

**38. Organizações públicas internacionais:** são os órgãos constituídos por tratados internacionais, subscritos pelos Estados, com personalidade jurídica e objetivos próprios, tais como a ONU (Organização das Nações Unidas), a OEA (Organização dos Estados Americanos), a OMS (Organização Mundial da Saúde), a OIT (Organização Internacional do Trabalho), entre outras. Na lição de ANGELO PIERO SERENI, "organização internacional é uma associação voluntária de sujeitos de direito internacional, constituída por ato internacional e disciplinada nas relações entre as partes por normas de direito internacional, que se realiza em um ente de aspecto estável, que possui um ordenamento jurídico interno próprio e é dotado de órgãos e institutos próprios, por meio dos quais realiza as finalidades comuns de seus membros mediante funções particulares e o exercício de poderes que lhe foram conferidos" (*apud* CELSO D. DE ALBUQUERQUE MELLO, *Curso de direito internacional público*, v. 1, p. 413).

### Capítulo II-B
### DOS CRIMES EM LICITAÇÕES[1-2] E CONTRATOS ADMINISTRATIVOS[3-4]

**1. Fundamento constitucional:** estabelece o art. 37 da Constituição Federal que "a administração pública direta e indireta de qualquer dos Poderes da União, dos Estados, do Distrito Federal e dos Municípios obedecerá aos princípios de legalidade, impessoalidade, moralidade, publicidade e eficiência e, também, ao seguinte: (...) XXI – ressalvados os casos especificados na legislação, as obras, serviços, compras e alienações serão contratados mediante processo de licitação pública que assegure igualdade de condições a todos os concorrentes, com cláusulas que estabeleçam obrigações de pagamento, mantidas as condições efetivas da proposta, nos termos da lei, o qual somente permitirá as exigências de qualificação técnica e econômica indispensáveis à garantia do cumprimento das obrigações".

**2. Licitação:** *licitar* é oferecer algum bem ou serviço ao público em geral, para que se atinja o melhor valor possível, por meio de lances. No cenário da Administração Pública, a licitação é um procedimento democrático de eleição de prestadores de serviços e fornecedores de bens, respeitando-se os princípios gerais, norteadores dos atos do Poder Público, tais como legalidade, moralidade, impessoalidade, publicidade, eficiência, entre outros. Nas palavras de MARIA SYLVIA ZANELLA DI PIETRO, "é um procedimento integrado por atos e fatos da Administração e atos e fatos do licitante, todos contribuindo para formar a vontade contratual. Por parte da Administração, o edital ou convite, o recebimento das propostas, a habilitação, a classificação, a adjudicação, além de outros atos intermediários ou posteriores, como o julgamento de recursos interpostos pelos interessados, a revogação, a anulação, os projetos, as publicações, anúncios, atas etc. Por parte do particular, a retirada do edital, a proposta, a desistência, a prestação de garantia, a apresentação de recursos, as impugnações" (*Direito administrativo*, p. 291).

**3. Contrato administrativo:** o contrato é um acordo entre duas ou mais partes, de finalidades variadas, com o objetivo de fixar obrigações e promover a transferência de bens ou direitos. No âmbito administrativo, é o "ajuste que a Administração Pública, agindo nessa qualidade, firma com particular ou outra entidade administrativa para a consecução de objetivos de interesse público, nas condições estabelecidas pela própria Administração. Nessa conceituação enquadram-se os ajustes da Administração direta e da indireta, porque ambas podem firmar contratos com peculiaridades administrativas que os sujeitem aos preceitos do Direito Público" (HELY LOPES MEIRELLES, *Direito administrativo brasileiro*, p. 208).

**4. Competência:** licitações e contratos irregularmente realizados podem ser objeto de atenção da Justiça Estadual ou Federal, conforme o ente estatal atingido. Quando a União, suas autarquias e empresas públicas forem as interessadas no certame ou no negócio, cabe à Justiça Federal processar e julgar os autores de crimes previstos nos arts. 337-E a 337-O (art. 109, IV, CF). Quando se tratar de interesse de Estado, do Distrito Federal, de Município, de suas autarquias, empresas públicas, sociedades de economia mista em geral e fundações, cabe

# Art. 337-E

Código Penal Comentado · **Nucci**

à Justiça Estadual. Lembremos que a competência desta é residual, vale dizer, ingressa sempre que não houver interesse da União, de suas autarquias e empresas públicas no certame.

### Contratação direta ilegal

> **Art. 337-E.** Admitir, possibilitar ou dar causa[5-9] à contratação direta fora das hipóteses previstas em lei:[10-11]
>
> Pena – reclusão, de 4 (quatro) a 8 (oito) anos, e multa.[12]

**5. Análise do núcleo do tipo:** *admitir* (aceitar, estar de acordo com algo, reconhecer como possível), *possibilitar* (proporcionar que ocorra, tornar algo viável) e *dar causa* (gerar algo, permitir um acontecimento) são as condutas alternativas, cujo objeto é a *contratação direta* (na hipótese em comento, cuida-se do ajuste feito entre a Administração Pública e o particular ou outro ente administrativo, com o propósito de realizar algo de interesse público, transferindo bens ou direitos ou efetuando serviços, mediante determinada remuneração, sem licitação). Com relação a este artigo, a inovação introduzida reproduz, com outros termos, a mesma essência do anterior art. 89 da Lei 8.666/1993 ("dispensar ou inexigir licitação fora das hipóteses previstas em lei, ou deixar de observar as formalidades pertinentes à dispensa ou à inexigibilidade"). Nota-se, pela atual redação, a forma afirmativa de criminalização: permitir ou proporcionar a contratação direta, sem permissão legal. Na redação antiga, a forma era uma maneira de omissão quanto a um dever: dispensar a licitação para a contratação feita pela Administração, sem autorização legal. No fundo, cuida-se do mesmo objetivo, que é tipificar a contratação, no âmbito administrativo, sem licitação, em hipóteses não permitidas em lei. Aliás, vale ressaltar que, diversamente do que ocorria com os tipos incriminadores da Lei 8.666/1993, no atual cenário, o legislador forneceu um título para o delito, comprovando justamente o foco da criminalização: *contratação direta ilegal*. Naturalmente, a aplicação desse tipo depende de complemento, por se tratar de norma penal em branco (ver a nota *infra*), pois é preciso conhecer quais são as hipóteses previstas em lei para autorizar a contratação direta sem licitação. Outra modificação, neste caso positiva, diz respeito à eliminação do parágrafo único do anterior art. 89 da Lei 8.666/1993: "na mesma pena incorre aquele que, tendo comprovadamente concorrido para a consumação da ilegalidade, beneficiou-se da dispensa ou inexigibilidade ilegal, para celebrar contrato com o Poder Público". Há, basicamente, três razões para essa eliminação: a) todo particular que contrate com a Administração Pública, em situações ilegais, havendo dolo, responderá como partícipe, pela regra geral do art. 29 do Código Penal ("quem, de qualquer modo, concorre para o crime incide nas penas a este cominadas, na medida da sua culpabilidade"), razão pela qual o referido parágrafo único era desnecessário; b) a condição estipulada nesse revogado parágrafo único, referente a ter o particular *comprovadamente concorrido para a consumação da ilegalidade*, era um fator limitador da responsabilidade do partícipe; afinal, muitos podem tomar parte do contrato ilegal sem ter concorrido diretamente para gerar a ilegalidade; c) a outra condição fixada, igualmente, nesse parágrafo único, dizendo respeito a ter o particular se *beneficiado da dispensa ou inexigibilidade ilegal* era, também, fator de limitação da responsabilidade do partícipe, pois a concorrência na prática criminosa independe de qualquer prova efetiva de lucro. Em boa hora, foi eliminado o dispositivo. A pena, também, foi alterada para maior, passando de reclusão, de 3 a 5 anos, e multa, para reclusão, de 4 a 8 anos, e multa. Na jurisprudência, ainda sobre o anterior art. 89 da Lei 8.666/1993: STF: "As imputações feitas aos dois primeiros denunciados na denúncia foram de, na condição de prefeita municipal e de procurador-geral do município, haverem declarado e homologado indevidamente a inexigibilidade de procedimento licitatório para contratação de serviços de consultoria em favor da Prefeitura Municipal de Arapiraca/AL. O que a norma extraída do texto legal exige é a *notória especialização, associada ao elemento subjetivo confiança*. Há, no caso concreto, requisitos suficientes para o seu enquadramento em situação na qual *não incide o dever de licitar*, ou seja, de inexigibilidade de licitação: *os profissionais contratados possuíam notória especialização*, comprovada nos autos, além de desfrutarem da confiança da Administração. Ilegalidade inexistente. Fato atípico. Não restou, igualmente, demonstrada a vontade livre e conscientemente dirigida, por parte dos réus, a superar a necessidade de realização da licitação. Pressupõe o tipo, além do necessário dolo simples (vontade consciente e livre de contratar independentemente da realização de prévio procedimento licitatório), a intenção de produzir um prejuízo aos cofres públicos por meio do afastamento indevido da licitação. 5. Ausentes os requisitos do art. 41 do Código de Processo Penal, não há justa causa para a deflagração da ação penal em relação ao crime previsto no art. 89 da Lei n.º 8.666/1993. 6. Acusação, ademais, improcedente (Lei n.º 8.038/90, art. 6.º, *caput*)" (Inq. 3.077-AL, Tribunal Pleno, rel. Dias Toffoli, *DJ* 29.03.2012).

**6. Sujeitos ativo e passivo:** o sujeito ativo é o funcionário público, responsável pela realização da contratação direta, sem autorização legal. Sobre o conceito de funcionário público, consultar o art. 327 deste Código. O sujeito passivo é o Estado (União, Estado-membro, Distrito Federal e Município), bem como as autarquias, empresas públicas, sociedades de economia mista, fundações públicas e outras entidades sob controle estatal direto ou indireto. O crime é próprio, mas não é de mão própria, o que significa admitir coautoria e participação. Portanto, é possível haver um conluio entre vários servidores públicos (de alto e baixo escalão) para o cometimento do crime, sem que outra pessoa, estranha aos quadros administrativos, tenha qualquer participação. Por outro lado, é viável existir o concurso de servidores públicos e de particulares (não servidores), devendo todos responder pela infração penal. Tudo depende da análise do elemento subjetivo, devendo-se demonstrar o dolo.

**7. Elemento subjetivo:** é o dolo. Em nossa visão, não há elemento subjetivo específico, nem se pune a forma culposa. Porém, a maior parte da jurisprudência fixou o entendimento de que há necessidade de se apurar o elemento específico, consistente na vontade de causar prejuízo ao erário, no tocante ao anterior art. 89 da Lei 8.666/1993. Segundo nos parece, a exigência de especial intenção de causar dano ao erário é desnecessária porque está em jogo, além do aspecto patrimonial, a moralidade da Administração. Ora, a realização de contratação direta em hipótese na qual se exige licitação afeta, automaticamente, esse relevante valor; portanto, mesmo que, no campo patrimonial, o poder público obtenha ganho, lesou-se a imparcialidade administrativa para contratar serviços ou comprar bens. Na jurisprudência: STJ: "2. Ao interpretar o artigo 89 da Lei 8.666/1993, esta Corte Superior de Justiça consolidou o entendimento no sentido de que para a configuração do crime de dispensa ou inexigibilidade de licitação fora das hipóteses previstas em lei é indispensável a comprovação do dolo específico do agente em causar dano ao erário, bem como do prejuízo à Administração Pública" (RHC 115.457-SP, 5.ª T., rel. Jorge Mussi, 20.08.2019, v.u.); "1. Como cediço, a jurisprudência desta Corte Superior acompanha o entendimento do Pleno do Supremo Tribunal Federal (Inq. n. 2.482-MG, julgado em 15/9/2011), no sentido de que a consumação do crime do art. 89 da Lei n. 8.666/1993 exige a demonstração do dolo específico, ou seja, a intenção de causar dano ao Erário e a efetiva ocorrência de prejuízo aos cofres públicos, malgrado ausência de disposições legais acerca dessa elementar. Precedentes" (RHC 35.598-SP, 5.ª T., rel. Ribeiro Dantas, 05.04.2016, v.u.).

**8. Norma penal em branco referente à dispensa de licitação:** o complemento deve ser buscado no art. 75 da Lei 14.133/2021: "É dispensável a licitação: I – para contratação que envolva valores inferiores a R$ 100.000,00 (cem mil reais), no caso de obras e serviços de engenharia ou de serviços de manutenção de veículos automotores; II – para contratação que envolva valores inferiores a R$ 50.000,00 (cinquenta mil reais), no caso de outros serviços e compras; III – para contratação que mantenha todas as condições definidas em edital de licitação realizada há menos de 1 (um) ano, quando se verificar que naquela licitação: a) não surgiram licitantes interessados ou não foram apresentadas propostas válidas; b) as propostas apresentadas consignaram preços manifestamente superiores aos praticados no mercado ou incompatíveis com os fixados pelos órgãos oficiais competentes; IV – para contratação que tenha por objeto: a) bens componentes ou peças de origem nacional ou estrangeira necessários à manutenção de equipamentos, a serem adquiridos do fornecedor original desses equipamentos durante o período de garantia técnica, quando essa condição de exclusividade for indispensável para a vigência da garantia; b) bens, serviços, alienações ou obras, nos termos de acordo internacional específico aprovado pelo Congresso Nacional, quando as condições ofertadas forem manifestamente vantajosas para a Administração; c) produtos para pesquisa e desenvolvimento, limitada a contratação, no caso de obras e serviços de engenharia, ao valor de R$ 300.000,00 (trezentos mil reais); d) transferência de tecnologia ou licenciamento de direito de uso ou de exploração de criação protegida, nas contratações realizadas por Instituição Científica, Tecnológica e de Inovação (ICT) pública ou por agência de fomento, desde que demonstrada vantagem para a Administração; e) hortifrutigranjeiros, pães e outros gêneros perecíveis, no período necessário para a realização dos processos licitatórios correspondentes, hipótese em que a contratação será realizada diretamente com base no preço do dia; f) bens ou serviços produzidos ou prestados no País que envolvam, cumulativamente, alta complexidade tecnológica e defesa nacional; g) materiais de uso das Forças Armadas, com exceção de materiais de uso pessoal e administrativo, quando houver necessidade de manter a padronização requerida pela estrutura de apoio logístico dos meios navais, aéreos e terrestres, mediante autorização por ato do comandante da força militar; h) bens e serviços para atendimento dos contingentes militares das forças singulares brasileiras empregadas em operações de paz no exterior, hipótese em que a contratação deverá ser justificada quanto ao preço e à escolha do fornecedor ou executante e ratificada pelo comandante da força militar; i) abastecimento ou suprimento de efetivos militares em estada eventual de curta duração em portos, aeroportos ou localidades diferentes de suas sedes, por motivo de movimentação operacional ou de adestramento; j) coleta, processamento e comercialização de resíduos sólidos urbanos recicláveis ou reutilizáveis, em áreas com sistema de coleta seletiva de lixo, realizados por associações ou cooperativas formadas exclusivamente de pessoas físicas de baixa renda reconhecidas pelo poder público como catadores de materiais recicláveis, com o uso de equipamentos compatíveis com as normas técnicas, ambientais e de saúde pública; k) aquisição ou restauração de obras de arte e objetos históricos, de autenticidade certificada, desde que inerente às finalidades do órgão ou com elas compatível; l) serviços especializados ou aquisição ou locação de equipamentos destinados ao rastreamento e à obtenção de provas previstas nos incisos II e V do *caput* do art. 3.º da Lei n.º 12.850, de 2 de agosto de 2013, quando houver necessidade justificada de manutenção de sigilo sobre a investigação; m) aquisição de medicamentos destinados exclusivamente ao tratamento de doenças raras definidas pelo Ministério da Saúde; V – para contratação com vistas ao cumprimento do disposto nos arts. 3.º, 3.º-A, 4.º, 5.º e 20 da Lei n.º 10.973, de 2 de dezembro de 2004, observados os princípios gerais de contratação constantes da referida Lei; VI – para contratação que possa acarretar comprometimento da segurança nacional, nos casos estabelecidos pelo Ministro de Estado da Defesa, mediante demanda dos comandos das Forças Armadas ou dos demais ministérios; VII – nos casos de guerra, estado de defesa, estado de sítio, intervenção federal ou de grave perturbação da ordem; VIII – nos casos de emergência ou de calamidade pública, quando caracterizada urgência de atendimento de situação que possa ocasionar prejuízo ou comprometer a continuidade dos serviços públicos ou a segurança de pessoas, obras, serviços, equipamentos e outros bens, públicos ou particulares, e somente para aquisição dos bens necessários ao atendimento da situação emergencial ou calamitosa e para as parcelas de obras e serviços que possam ser concluídas no prazo máximo de 1 (um) ano, contado da data de ocorrência da emergência ou da calamidade, vedadas a prorrogação dos respectivos contratos e a recontratação de empresa já contratada com base no disposto neste inciso; IX – para a aquisição, por pessoa jurídica de direito público interno, de bens produzidos ou serviços prestados por órgão ou entidade que integrem a Administração Pública e que tenham sido criados para esse fim específico, desde que o preço contratado seja compatível com o praticado no mercado; X – quando a União tiver que intervir no domínio econômico para regular preços ou normalizar o abastecimento; XI – para celebração de contrato de programa com ente federativo ou com entidade de sua Administração Pública indireta que envolva prestação de serviços públicos de forma associada nos termos autorizados em contrato de consórcio público ou em convênio de cooperação; XII – para contratação em que houver transferência de tecnologia de produtos estratégicos para o Sistema Único de Saúde (SUS), conforme elencados em ato da direção nacional do SUS, inclusive por ocasião da aquisição desses produtos durante as etapas de absorção tecnológica, e em valores compatíveis com aqueles definidos no instrumento firmado para a transferência de tecnologia; XIII – para contratação de profissionais para compor a comissão de avaliação de critérios de técnica, quando se tratar de profissional técnico de notória especialização; XIV – para contratação de associação de pessoas com deficiência, sem fins lucrativos e de comprovada idoneidade, por órgão ou entidade da Administração Pública, para a prestação de serviços, desde que o preço contratado seja compatível com o praticado no mercado e os serviços contratados sejam prestados exclusivamente por pessoas com deficiência; XV – para contratação de instituição brasileira que tenha por finalidade estatutária apoiar, captar e executar atividades de ensino, pesquisa, extensão, desenvolvimento institucional, científico e tecnológico e estímulo à inovação, inclusive para gerir administrativa e financeiramente essas atividades, ou para contratação de instituição dedicada à recuperação social da pessoa presa, desde que o contratado tenha inquestionável reputação ética e profissional e não tenha fins lucrativos; XVI – para a aquisição, por pessoa jurídica de direito público interno, de insumos estratégicos para a saúde produzidos por fundação que, regimental ou estatutariamente, tenha por finalidade apoiar órgão da Administração Pública direta, sua autarquia ou fundação em projetos de ensino, pesquisa, extensão, desenvolvimento institucional, científico e tecnológico e de estímulo à inovação, inclusive na gestão administrativa e financeira necessária à execução desses projetos, ou em parcerias que envolvam transferência de tecnologia de produtos estratégicos para o SUS, nos termos do inciso XII do *caput* deste artigo, e que tenha sido criada para esse fim específico em data anterior à entrada em vigor desta Lei, desde que o preço contratado seja compatível com o praticado no mercado".

**9. Norma penal em branco referente à inexigibilidade de licitação:** o complemento deve ser buscado no art. 74 da Lei 14.133/2021: "É inexigível a licitação quando inviável a competição, em especial nos casos de: I – aquisição de materiais, de equipamentos ou de gêneros ou contratação de serviços que só possam ser fornecidos por produtor, empresa ou representante comercial exclusivos; II – contratação de profissional do setor artístico, diretamente ou por meio de empresário exclusivo, desde que consagrado pela crítica especializada ou pela opinião pública; III – contratação dos seguintes serviços técnicos especializados de natureza predominantemente intelectual com profissionais ou empresas de notória especialização, vedada a inexigibilidade para serviços de publicidade e divulgação: a) estudos técnicos, planejamentos e projetos básicos ou executivos; b) pareceres, perícias e avaliações em geral;

# Art. 337-F

Código Penal Comentado · **Nucci**

1310

c) assessorias ou consultorias técnicas e auditorias financeiras ou tributárias; d) fiscalização, supervisão ou gerenciamento de obras ou serviços; e) patrocínio ou defesa de causas judiciais ou administrativas; f) treinamento e aperfeiçoamento de pessoal; g) restauração de obras de arte e bens de valor histórico; h) controles de qualidade e tecnológico, análises, testes e ensaios de campo e laboratoriais, instrumentação e monitoramento de parâmetros específicos de obras e do meio ambiente e demais serviços de engenharia que se enquadrem na definição deste inciso; IV – objetos que devam ou possam ser contratados por meio de credenciamento; V – aquisição ou locação de imóvel cujas características de instalações e de localização tornem necessária sua escolha".

**10. Objetos material e jurídico:** o objeto material é o contrato celebrado de maneira direta, sem autorização legal. O objeto jurídico é a proteção dos interesses da Administração Pública, nos seus aspectos patrimonial e moral.

**11. Classificação:** próprio (só pode ser cometido por servidor público); formal (não exige resultado naturalístico para a consumação, consistente em *efetivo* prejuízo para a Administração); de forma livre (pode ser cometido por qualquer meio eleito pelo agente); comissivo (os verbos indicam ações); instantâneo (a consumação se dá em momento determinado); unissubjetivo (pode ser cometido por um só agente); plurissubsistente (cometido por intermédio de vários atos); admite tentativa.

**12. Benefícios penais:** se a pena for fixada no mínimo legal, pode-se substituí-la por penas restritivas de direitos, além de comportar o regime aberto. Estabelecendo-se a pena acima de 4 anos, pode-se aplicar o regime semiaberto.

### Frustração do caráter competitivo de licitação

> **Art. 337-F.** Frustrar ou fraudar,[13-16] com o intuito de obter para si ou para outrem vantagem decorrente da adjudicação do objeto da licitação, o caráter competitivo do processo licitatório:[17-18]
>
> Pena – reclusão, de 4 (quatro) anos a 8 (oito) anos, e multa.[19]

**13. Análise do núcleo do tipo:** *frustrar* (malograr, não alcançar o objetivo esperado) ou fraudar (enganar, burlar) são as condutas mistas alternativas, cujo objeto é o caráter competitivo do procedimento licitatório. O tipo penal, após a reforma, deixou de prever *como* o agente deve praticar o delito, o que, aliás, no anterior art. 90 era mesmo inócuo. Dizia que a frustração ou fraude se desse por ajuste (pacto), combinação (acordo) ou qualquer outro expediente (instrumento para alcançar determinado fim). Entretanto, não víamos sentido prático para tanto, pois o importante era eliminar a competição ou promover uma ilusória competição entre participantes da licitação por qualquer mecanismo, pouco importando ter havido ajuste ou combinação (aliás, termos sinônimos). Renovou-se, corretamente, a redação do tipo incriminador, deixando a sua prática em forma livre. Entretanto, não se alterou a sua essência. A pena foi sensivelmente alterada, passando de detenção, de 2 a 4 anos, e multa, para reclusão, de 4 a 8 anos, e multa. Na jurisprudência, ainda sobre o art. 90: STJ: "3. No caso, do cotejo das condutas imputadas ao recorrente e aos corréus com o tipo penal aplicado (art. 90 da Lei n. 8.666/1993) observa-se que o objeto jurídico principal do crime, consistente na fraude do 'caráter competitivo do procedimento licitatório', não existiu. São narradas todas as tratativas para a frustração de um processo licitatório, mas falta a descrição do próprio procedimento que seria fraudado pelos acusados. 4. Na inicial acusatória, não é narrada nem a fraude de um processo licitatório, nem a frustração da eficácia da competição, tendo o órgão da acusação se limitado a descrever a intenção e a astúcia dos acusados, bem como a existência de divergência entre grupos ligados ao Chefe do Executivo Municipal, no tocante à busca pela fraude de uma parceria público-privada que não parece ter ocorrido, pois a inicial não narra a existência dela. 5. Recurso em *habeas corpus* provido para trancar a ação penal proposta contra o recorrente e os corréus constantes como acusados no item n. 12.9 da denúncia proposta na Ação Penal n. 5000507-71.2017.4.04.7002, sem prejuízo de que nova denúncia seja formulada pelo Ministério Público Federal, desde que descritos devidamente os fatos capazes de tipificar o crime previsto no art. 90 da Lei n. 8.666/1993" (RHC 90.861-RS, 6.ª T., rel. Sebastião Reis Júnior, 03.09.2019, v.u.); "2. O mero ajuste informal entre os réus não possui o condão de frustrar o caráter competitivo da licitação, regra que o tipo penal previsto no art. 90 da Lei 8.666/1993 visa a preservar. Tal ajuste caracteriza-se meramente como ato preparatório, na medida em que o elemento subjetivo do tipo, consistente no intuito de obter, para si ou para outrem, vantagem decorrente da adjudicação do objeto do certame, somente ocorrerá com a formalização do contrato administrativo, momento em que consolidarão os direitos e deveres do licitante. 3. Em relação ao delito previsto no art. 90 da Lei n. 8.666/1993, o termo inicial para contagem do prazo prescricional deve ser a data em que o contrato administrativo foi efetivamente assinado" (HC 484.690-SC, 5.ª T., rel. Ribeiro Dantas, 30.05.2019, v.u.).

**14. Sujeitos ativo e passivo:** o sujeito ativo é o participante da licitação. O sujeito passivo é o Estado (União, Estado-membro, Distrito Federal e Município), bem como as autarquias, empresas públicas, sociedades de economia mista, fundações públicas e outras entidades sob controle estatal direto ou indireto.

**15. Elemento subjetivo:** é o dolo. Exige-se o elemento subjetivo específico, consistente no "intuito de obter, para si ou para outrem, vantagem decorrente da adjudicação do objeto da licitação". Não há a forma culposa.

**16. Elementos normativos do tipo:** a expressão *caráter competitivo do procedimento licitatório* constitui o cenário de elementos normativos do tipo, envolvendo interpretação valorativa (não são meras descrições fáticas), nesse caso, jurídica. Deve-se analisar o que foi feito pelo agente do delito à luz do que se entende por licitação, suas finalidades, fundamentos e propósitos. Logo, constituindo a essência da licitação a promoção da justa disputa de interessados, alheios aos quadros estatais, em celebrar contrato com o Poder Público, enaltecendo-se a imparcialidade, é natural que o resultado deva ser promissor e vantajoso à Administração. Aliás, em qualquer ambiente de negócios privados, busca-se, por estímulo à competição e à livre concorrência, o melhor negócio. Se uma empresa privada ou um particular pretende adquirir um produto, por exemplo, faz, por sua conta, uma pesquisa no mercado, busca diversos orçamentos em variados fornecedores e termina atingindo o melhor preço para o bem mais qualificado. O Estado, não podendo sair em busca de um fornecedor de seu interesse, pois deve atuar com imparcialidade, precisa produzir, por intermédio da competição regrada, o mesmo resultado: conseguir o melhor produto com o mais baixo custo possível.

**17. Objetos material e jurídico:** o objeto material é a competição do procedimento licitatório. O objeto jurídico é a proteção dos interesses da Administração Pública, nos seus aspectos patrimonial e moral.

**18. Classificação:** próprio (só pode ser cometido por participante da licitação); formal (não exige resultado naturalístico para a consumação, consistente em efetivo prejuízo para a Administração, tampouco se demanda a obtenção de vantagem ao agente). É o teor da Súmula

# Art. 337-G

Código Penal Comentado · **Nucci**

645 do STJ: "O crime de fraude à licitação é formal, e sua consumação prescinde da comprovação do prejuízo ou da obtenção de vantagem". Em contrário, sustentando ser crime material: Paulo José da Costa Júnior (*Direito penal das licitações*, p. 27); de forma livre (pode ser cometido por qualquer meio eleito pelo agente); comissivo (os verbos indicam ações); instantâneo (a consumação se dá em momento determinado); unissubjetivo (pode ser cometido por um só agente); plurissubsistente (cometido por intermédio de vários atos); admite tentativa.

**19. Benefícios penais:** se a pena for fixada no mínimo legal, pode-se substituí-la por penas restritivas de direitos, além de comportar o regime aberto. Estabelecendo-se a pena acima de 4 anos, pode-se aplicar o regime semiaberto.

### Patrocínio de contratação indevida

> **Art. 337-G.** Patrocinar,[20-22] direta ou indiretamente, interesse privado perante a Administração Pública, dando causa à instauração de licitação ou à celebração de contrato cuja invalidação vier a ser decretada pelo Poder Judiciário:[23-27]
>
> Pena – reclusão, de 6 (seis) meses a 3 (três) anos, e multa.[28]

**20. Análise do núcleo do tipo:** *patrocinar* (favorecer, beneficiar) é a conduta que tem por objeto qualquer interesse privado (proveito para pessoa física ou jurídica estranha aos quadros estatais), quando colocado em confronto com a Administração, promovendo o início de procedimento licitatório ou a celebração de contrato. Guarda correspondência com o art. 321 do Código Penal (advocacia administrativa), porém, no caso do art. 337-G, diz respeito, exclusivamente, ao cenário das licitações e dos contratos administrativos. É um conflito aparente de normas (art. 321, CP *versus* art. 337-G), que se resolve com o critério da especialidade. O modo de atuação é livre, podendo ser de maneira direta, sem qualquer rodeio ou intermediário, de forma pessoal, bem como indireta, dependente da atuação de interposta pessoa ou de modo camuflado. A pena foi alterada somente quanto ao máximo, retirando o crime da esfera das infrações de menor potencial ofensivo.

**21. Sujeitos ativo e passivo:** o sujeito ativo é somente o servidor público, nos termos do art. 327 deste Código. O sujeito passivo é o Estado (União, Estado-membro, Distrito Federal e Município), bem como as autarquias, empresas públicas, sociedades de economia mista, fundações públicas e outras entidades sob controle estatal direto ou indireto.

**22. Elemento subjetivo:** é o dolo. Cremos existir o elemento subjetivo específico, consistente em buscar promover a instauração de licitação ou a celebração de contrato. Aliás, não fosse assim, não haveria diferença entre esse delito e o previsto no art. 321 do Código Penal. Não se pune a forma culposa.

**23. Ausência de exigência de expresso uso da condição de funcionário:** o art. 321 do Código Penal demanda que o agente do crime patrocine interesse privado, perante a Administração, *valendo-se da qualidade de funcionário*, ou seja, utilizando seu prestígio junto a colegas ou seu fácil acesso a informes sigilosos. O art. 337-G não exige que o servidor se utilize da sua qualidade de funcionário para atingir o pretendido. Logo, para a configuração do crime, basta ser um servidor público, conhecido ou não dos outros funcionários; pode fazer uso de informes privilegiados ou não. Importa buscar o benefício de terceiros perante a Administração Pública.

**24. Condições objetivas de punibilidade:** há duas condições estabelecidas neste tipo penal para que o agente possa ser punido. Em virtude do patrocínio por ele promovido, é fundamental ocorrer: a) instauração de licitação ou celebração de contrato; b) na sequência, a invalidação de um ou outro pelo Poder Judiciário. O dolo do agente envolve o patrocínio de interesse privado perante a Administração, com o fito específico de ser instaurada licitação ou celebrado um contrato. Mesmo assim, tanto a instauração da licitação como a celebração do contrato dependem de terceiros. A invalidação, igualmente, depende de outras pessoas, fora da alçada do agente. Por tal razão, são condições objetivas de punibilidade. O mesmo se dá, por comparação, no contexto dos crimes falimentares, em que a sentença, decretando a falência, é condição para a punição do agente, embora não dependa deste, mas de terceira parte, no caso, o Judiciário.

**25. Invalidação pelo Judiciário:** o procedimento licitatório e o contrato administrativo regem-se pela legalidade estrita. Se as regras não forem seguidas, cabe à parte interessada pleitear ao Poder Judiciário a sua invalidação pelo instrumento processual adequado (mandado de segurança ou ação ordinária). É perfeitamente possível anular-se tanto a licitação, antes da adjudicação, como o contrato celebrado. Exemplo: visualizando o patrocínio indevido de servidor público, um dos concorrentes, no processo licitatório instaurado, impetra mandado de segurança, pleiteando a sustação liminar do andamento da licitação para que, ao final, seja esta invalidada.

**26. Objetos material e jurídico:** o objeto material é o interesse privado perante a Administração. O objeto jurídico é a tutela dos interesses da Administração Pública, nos seus aspectos patrimonial e moral.

**27. Classificação:** próprio (só pode ser cometido por servidor público); material (exige resultado naturalístico para a consumação, consistente na invalidação da licitação ou do contrato pelo Judiciário); de forma livre (pode ser cometido por qualquer meio eleito pelo agente); comissivo (o verbo indica ação); instantâneo (a consumação se dá em momento determinado); unissubjetivo (pode ser cometido por um só agente); plurissubsistente (cometido por intermédio de vários atos); não admite tentativa por se tratar de delito condicionado (consuma-se com a invalidação da licitação ou do contrato).

**28. Benefícios penais:** na anterior redação, cuidava-se de infração de menor potencial ofensivo; atualmente, a pena máxima passou para reclusão de 3 anos, retirando essa qualificação. É viável aplicar a suspensão condicional do processo (pena mínima inferior a um ano). Pode-se conceder a substituição da pena privativa de liberdade por restritiva de direitos, se preenchidos os requisitos do art. 44 do Código Penal. Conforme o montante da pena, cabe suspensão condicional, nos termos do art. 77 do Código Penal.

### Modificação ou pagamento irregular em contrato administrativo

> **Art. 337-H.** Admitir, possibilitar ou dar causa[29-31] a qualquer modificação ou vantagem, inclusive prorrogação contratual,[32] em favor do contratado, durante a execução dos contratos celebrados com a Administração Pública, sem autorização em lei, no edital da licitação ou nos respectivos instrumentos contratuais,[33] ou, ainda, pagar fatura com preterição da ordem cronológica de sua exigibilidade:[34-35]
>
> Pena – reclusão, de 4 (quatro) anos a 8 (oito) anos, e multa.[36]

# Art. 337-H

**29. Análise do núcleo do tipo:** *admitir* (aceitar), *possibilitar* (tornar viável) ou *dar causa* (fazer nascer, originar) são as condutas cujo objeto é a modificação ou vantagem relativa a contrato celebrado entre a Administração e terceiro. Neste caso, o contrato é modificado (alterado) ou confere vantagem (qualquer lucro) ao contratado (pessoa que celebra o ajuste com a Administração, após a licitação), inclusive com eventual prorrogação, *sem haver autorização legal* (norma penal em branco, a depender de complemento para se conhecer as hipóteses de prorrogação legal). A outra conduta é *pagar* (satisfazer dívida), tendo por objeto fatura (escrita unilateral do vendedor, demonstrativa das mercadorias, objeto do contrato). Pune-se, nesse caso, o desprezo à ordem cronológica para o referido pagamento, o que fere a impessoalidade e a moralidade da Administração, desde que existam vários particulares contratados, todos aguardando a quitação de parcelas de serviços por eles executados. Dessa maneira, conforme os contratados forem apresentando prova de que concluíram sua etapa de realização de obras, por exemplo, devem receber na estrita ordem cronológica de finalização dos serviços. Não teria sentido pagar o contratado X, que findou uma etapa da sua obra depois do contratado Y, que já terminou muito antes e aguarda o pagamento. O tipo é misto alternativo. Na atual redação do art. 337-H, corretamente, retirou-se o antigo parágrafo único do art. 92, assim redigido: "incide na mesma pena o contratado que, tendo comprovadamente concorrido para a consumação da ilegalidade, obtém vantagem indevida ou se beneficia, injustamente, das modificações ou prorrogações contratuais". Pode-se indicar, basicamente, quatro razões para essa eliminação: a) todo particular que contrate com a Administração Pública, em situações ilegais, havendo dolo, responderá como partícipe, pela regra geral do art. 29 do Código Penal ("quem, de qualquer modo, concorre para o crime incide nas penas a este cominadas, na medida da sua culpabilidade"), motivo pelo qual o referido parágrafo único era desnecessário; b) a condição estipulada nesse revogado parágrafo único, referente a ter o particular *comprovadamente concorrido para a consumação da ilegalidade*, era um fator limitador da responsabilidade do partícipe; afinal, muitos podem tomar parte do contrato ilegal sem ter concorrido diretamente para gerar a ilegalidade; c) a outra condição fixada, igualmente, nesse parágrafo único, dizendo respeito a ter o particular obtido *vantagem ou benefício das modificações ou prorrogações contratuais* consistia, também, em fator de limitação da responsabilidade do partícipe, pois a concorrência na prática criminosa independe de qualquer prova efetiva de lucro; d) a inserção dos termos *indevida* e *injustamente* era desnecessária, pois seria óbvio que o contratado sofresse punição se tivesse concorrido para a ilegalidade e dela obtivesse vantagem ou benefício. E, por se tratar de cenário de *ilegalidade*, a vantagem somente poderia ser *indevida* e o benefício *injustificado*. Enfim, o referido parágrafo foi extirpado.

**30. Sujeitos ativo e passivo:** o sujeito ativo é o servidor público. O sujeito passivo é o Estado (União, Estado-membro, Distrito Federal e Município), bem como as autarquias, empresas públicas, sociedades de economia mista, fundações públicas e outras entidades sob controle estatal direto ou indireto. Pode configurar o especial crime de responsabilidade de prefeito (art. 1.º, XII, do Decreto-lei 201/1967), caso seja ele o responsável pela quebra da ordem cronológica quanto ao pagamento a credores do Município.

**31. Elemento subjetivo:** é o dolo. Não há elemento subjetivo específico, nem se pune a forma culposa.

**32. Prorrogação contratual em decorrência de avença anterior celebrada sem licitação:** viabilidade. Caso o contrato original tenha sido firmado, com supedâneo nas hipóteses de dispensa ou inexigibilidade, pode haver a prorrogação sem haver licitação. Cuida-se de consequência lógica do primeiro contrato.

**33. Norma penal em branco:** há de se buscar em lei e nos editais, além dos instrumentos contratuais, o complemento para este tipo penal, conhecendo-se as hipóteses legítimas de modificação contratual, incluindo prorrogação, bem como a regra de pagamento dos serviços prestados.

**34. Objetos material e jurídico:** o objeto material é o contrato administrativo modificado ou prorrogado, bem como pode ser, ainda, o pagamento feito a contratado. O objeto jurídico é a proteção dos interesses da Administração Pública, nos seus aspectos patrimonial e moral.

**35. Classificação:** próprio (só pode ser cometido por servidor público ou contratado); formal (não exige resultado naturalístico para a consumação, consistente em efetivo prejuízo para a Administração); de forma livre (pode ser cometido por qualquer meio eleito pelo agente); comissivo (os verbos indicam ações); instantâneo (a consumação se dá em momento determinado); unissubjetivo (pode ser cometido por um só agente); plurissubsistente (cometido por intermédio de vários atos); admite tentativa.

**36. Benefícios penais:** se a pena for fixada no mínimo legal, pode-se substituí-la por penas restritivas de direitos, se preenchidos os requisitos do art. 44 do Código Penal, além de comportar o regime aberto. Estabelecendo-se a pena acima de 4 anos, pode-se aplicar o regime semiaberto.

### Perturbação de processo licitatório

> **Art. 337-I.** Impedir, perturbar ou fraudar[37-39] a realização de qualquer ato de processo licitatório:[40-41]
>
> Pena – detenção, de 6 (seis) meses a 3 (três) anos, e multa.[42]

**37. Análise do núcleo do tipo:** *impedir* (obstruir, não deixar acontecer), *perturbar* (atrapalhar, causar embaraço) e *fraudar* (iludir, enganar) são as condutas mistas alternativas, que têm por objeto qualquer ato do processo licitatório. Quando a Administração realiza a licitação, visando à escolha de quem irá fornecer algum bem ou serviço, deve respeitar uma sucessão de atos formais previstos em lei, desenrolando-se por várias etapas e, como regra, durante diversas semanas. Por isso, aquele que não permitir o desenvolvimento da licitação, conturbar o seu andamento ou promover alguma ação para frustrar os propósitos do certame deverá responder criminalmente, com base neste tipo penal. Ilustrando, registre-se o disposto no art. 17 da Lei 14.133/2021: "O processo de licitação observará as seguintes fases, em sequência: I – preparatória; II – de divulgação do edital de licitação; III – de apresentação de propostas e lances, quando for o caso; IV – de julgamento; V – de habilitação; VI – recursal; VII – de homologação". De qualquer forma, o tipo foi redigido de forma muito aberta, lesando o princípio da taxatividade, pois as condutas são descritas de maneira vaga; a experiência auferida em diversos processos licitatórios já permitiria ao legislador especificar quais seriam as condutas criminalizadas exatamente.

**38. Sujeitos ativo e passivo:** o sujeito ativo pode ser qualquer pessoa. O sujeito passivo é o Estado (União, Estado-membro, Distrito Federal e Município), bem como as autarquias, empresas públicas, sociedades de economia mista, fundações públicas e outras entidades sob controle estatal direto ou indireto.

# Art. 337-J

Código Penal Comentado · **Nucci**

1316

**39. Elemento subjetivo:** é o dolo. Não há elemento subjetivo específico, nem se pune a forma culposa.

**40. Objetos material e jurídico:** o objeto material é o ato do processo licitatório, que sofreu impedimento, perturbação ou fraude. O objeto jurídico é a proteção dos interesses da Administração Pública, nos seus aspectos patrimonial e moral.

**41. Classificação:** comum (pode ser cometido por qualquer pessoa); formal (não exige resultado naturalístico para a consumação, consistente em efetivo prejuízo para a Administração; se houver, cuida-se de exaurimento do delito); de forma livre (pode ser cometido por qualquer meio eleito pelo agente); comissivo (os verbos indicam ações); instantâneo (a consumação se dá em momento determinado); unissubjetivo (pode ser cometido por um só agente); plurissubsistente (cometido por intermédio de vários atos); admite tentativa.

**42. Benefícios penais:** na anterior redação, cuidava-se de infração de menor potencial ofensivo; atualmente, a pena máxima passou para reclusão de 3 anos, retirando essa qualificação. É viável aplicar a suspensão condicional do processo (pena mínima inferior a um ano). Pode-se conceder a substituição da pena privativa de liberdade por restritiva de direitos, se preenchidos os requisitos do art. 44 do Código Penal. Conforme o montante da pena, cabe suspensão condicional, nos termos do art. 77 do Código Penal.

### Violação de sigilo em licitação

> **Art. 337-J.** Devassar[43-45] o sigilo de proposta apresentada em processo licitatório ou proporcionar a terceiro o ensejo de devassá-lo:[46-47]
>
> Pena – detenção, de 2 (dois) anos a 3 (três) anos, e multa.[48]

**43. Análise do núcleo do tipo:** *devassar* (descobrir, mostrar o que estava encoberto) é a conduta, cujo objeto é o sigilo (segredo) de proposta oferecida durante a licitação. A segunda conduta é *proporcionar* (dar, tornar oportuno), cujo objeto é o ensejo (oportunidade, ocasião) de devassar o referido sigilo. Logo, o agente pode, diretamente, tomar conhecimento de proposta, que deveria permanecer em segredo, como tem a possibilidade de, indiretamente, levar terceiro a devassar o sigilo esperado. Integra a natureza do procedimento licitatório a concorrência feita em sigilo, apresentando cada interessado a sua proposta em envelope lacrado, que somente será aberto em momento público e solene, para que sejam conhecidas as ofertas. Vencerá a que melhor atender aos interesses da Administração. Se as propostas fossem conhecidas, aquele que apresentasse a última oferta poderia sagrar-se vencedor, pois iria adaptá-la às demais, de maneira a superá-las. Por isso, quem descobrir a proposta sigilosa, antes do instante adequado, encaixa-se na figura prevista neste tipo penal. Excetua-se desse cenário a concorrência aberta, prevista no art. 56, I, da Lei 14.133/2021 ("O modo de disputa poderá ser, isolada ou conjuntamente: I – aberto, hipótese em que os licitantes apresentarão suas propostas por meio de lances públicos e sucessivos, crescentes ou decrescentes").

**44. Sujeitos ativo e passivo:** o sujeito ativo pode ser qualquer pessoa. Em contrário, PAULO JOSÉ DA COSTA JÚNIOR sustenta que na primeira modalidade (*devassar*) o crime é próprio e somente o comete o funcionário público encarregado de guardar as propostas oferecidas até a sua abertura (*Direito penal das licitações*, p. 49). Assim não pensamos. Qualquer pessoa pode acessar os envelopes – embora mais comum, nesses casos, seja da alçada do servidor público fazê-lo –, tomando conhecimento do seu conteúdo sigiloso. E, também, qualquer pessoa pode tornar oportuno a terceiro que tenha conhecimento da proposta. O sujeito passivo é o Estado (União, Estado-membro, Distrito Federal e Município), bem como as autarquias, empresas públicas, sociedades de economia mista, fundações públicas e outras entidades sob controle estatal direto ou indireto.

**45. Elemento subjetivo:** é o dolo. Não há elemento subjetivo específico, nem se pune a forma culposa.

**46. Objetos material e jurídico:** o objeto material é a proposta sigilosa. O objeto jurídico é a proteção dos interesses da Administração Pública, nos seus aspectos patrimonial e moral.

**47. Classificação:** comum (pode ser cometido por qualquer pessoa); formal (não exige resultado naturalístico para a consumação, consistente em efetivo prejuízo para a Administração; se houver, cuida-se de exaurimento do delito); de forma livre (pode ser cometido por qualquer meio eleito pelo agente); comissivo (os verbos indicam ações); instantâneo (a consumação se dá em momento determinado); unissubjetivo (pode ser cometido por um só agente); plurissubsistente (cometido por intermédio de vários atos); admite tentativa.

**48. Benefícios penais:** não é aplicável o disposto na Lei 9.099/1995 (nem transação, nem suspensão condicional do processo). Porém, cuidando-se de crime sem violência ou grave ameaça à pessoa, respeitados os requisitos do art. 44 do Código Penal, pode o juiz substituir a pena privativa de liberdade pela restritiva de direitos. Nos termos do art. 77 do Código Penal, é viável a aplicação de *sursis*. Comporta regime aberto.

### Afastamento de licitante

> **Art. 337-K.** Afastar ou tentar afastar[49-51] licitante por meio de violência, grave ameaça, fraude ou oferecimento de vantagem de qualquer tipo:[52-53]
>
> Pena – reclusão, de 3 (três) anos a 5 (cinco) anos,[54] e multa, além da pena correspondente à violência.[55]
>
> **Parágrafo único.** Incorre na mesma pena quem se abstém ou desiste de licitar em razão de vantagem oferecida.[55-A]

**49. Análise do núcleo do tipo:** *afastar* (impedir, tirar do caminho) ou *tentar afastar* (buscar impedir de algum modo) são as condutas mistas alternativas, cujo objeto é qualquer licitante (participante do processo de licitação). Estabelece o tipo penal como meio para isso o emprego de violência (constrangimento físico), grave ameaça (coação moral), fraude (engodo) ou oferecimento de vantagem de qualquer tipo (apresentar lucro de qualquer espécie). Não cremos correta a redação. Mesclam-se, indevidamente, situações incompatíveis, algumas já previstas em outros tipos penais incriminadores. Afastar o licitante com emprego de fraude, segundo nos parece, é passível de adequação aos arts. 337-F ou 337-I desta Lei. Se o agente atua para eliminar o caráter competitivo da licitação, incide na figura do art. 337-F. Se agir para fraudar qualquer ato licitatório, incide no tipo do art. 337-I. Enfim, desnecessário incluir, novamente, o afastamento de licitante, por meio de fraude, no art. 337-K. Por outro lado, a parte final também soa estranha. Eliminar o concorrente, no processo de licitação, oferecendo-lhe vantagem de qualquer tipo, não nos parece penalmente relevante. A Administração Pública não pode ser prejudicada se um licitante deixar o certame, tendo em vista que outro licitante lhe ofereceu algum tipo de benefício. Um negócio entre particulares, estranhos aos quadros administrativos, não fere o bem jurídico protegido. Se, porventura, a atitude tiver por fim

# Art. 337-K

Código Penal Comentado · **Nucci**

eliminar a competição, ingressa a figura do art. 337-F, não sendo aplicável a prevista neste art. 337-K. Insistir na punição de alguém que afaste outrem da licitação, pelo oferecimento de vantagem, sem eliminar o caráter competitivo desta, parece-nos arbitrário e lesivo ao princípio da intervenção mínima, que envolve a indispensabilidade de ofensividade ao bem jurídico tutelado. Nessa modalidade, parece-nos a tipificação de uma espécie de corrupção, abrangendo particulares. Para CLEBER MASSON cuida-se de situação peculiar, consistente na incriminação da *corrupção passiva privada*, apontando que o Brasil foi signatário da Convenção das Nações Unidas contra a Corrupção, incorporada pelo Decreto 5.687/2006, a qual recomendaria a tipificação do suborno no setor privado (*Crimes em licitações e contratos administrativos*, p. 66). No pretérito, pareceu-nos interessante a tipificação da corrupção privada, com o objetivo de impor regras éticas e morais, de forma coativa, por meio de lei penal. Porém, há argumentos mais sólidos a recomendar outra postura: a) o princípio da intervenção mínima tem por finalidade evitar a criminalização de condutas de menor relevo para a sociedade ou para o Estado; b) não se deve utilizar o direito penal como método de regular comportamentos ou posturas de cunho moral (vide o fértil campo dos regramentos antiquados no cenário dos delitos *contra os costumes*, onde ainda remanescem delitos desnecessários, agora sob o título de crimes contra a dignidade sexual); c) a corrupção privada precisa ser integralmente regulada pelos órgãos internos de grandes empresas – *compliance* – mas devem remanescer ausentes do contexto criminal; d) o crime precisa lesar um bem jurídico relevante, preferencialmente tutelado pela Constituição Federal, como vida, liberdade, integridade física, honra, dignidade sexual, moralidade administrativa, patrimônio, dentre outros, mas não pode invadir a moralidade no cenário privado. Tipificar a *corrupção privada* é abrir uma porta arriscada, podendo dar ensejo à criminalização de incontáveis outras posturas imorais ou antiéticas, ampliando em excesso o já excessivo campo do direito penal.

**50. Sujeitos ativo e passivo:** o sujeito ativo pode ser qualquer pessoa. O sujeito passivo é o Estado (União, Estado-membro, Distrito Federal e Município), bem como as autarquias, empresas públicas, sociedades de economia mista, fundações públicas e outras entidades sob controle estatal direto ou indireto. Secundariamente, a pessoa agredida, ameaçada ou enganada.

**51. Elemento subjetivo:** é o dolo. Não se exige elemento subjetivo do tipo específico, nem se pune a forma culposa.

**52. Objetos material e jurídico:** o objeto material é a pessoa licitante. O objeto jurídico é a proteção dos interesses da Administração Pública, nos seus aspectos patrimonial e moral.

**53. Classificação:** comum (pode ser cometido por qualquer pessoa) na figura do *caput*, mas próprio (somente pode ser cometido pelo licitante) na modalidade do parágrafo único; formal (não exige resultado naturalístico para a consumação, consistente em efetivo prejuízo para a Administração; se houver, cuida-se de exaurimento do delito); de forma livre (pode ser cometido por qualquer meio eleito pelo agente); comissivo (os verbos indicam ações), mas omissivo, na forma *abster-se*, prevista no parágrafo único; instantâneo (a consumação se dá em momento determinado); unissubjetivo (pode ser cometido por um só agente), embora plurissubjetivo na forma do parágrafo único (neste caso, é preciso que alguém ofereça a vantagem para que o licitante abstenha-se ou desista, havendo, pois, mais de uma pessoa); plurissubsistente (cometido por intermédio de vários atos); não admite tentativa, por se tratar de delito de atentado (ou de empreendimento). O legislador equiparou a forma consumada (afastar licitante) à mera tentativa (procurar afastar licitante, mas não conseguir o objetivo).

**54. Benefícios penais:** não é aplicável o disposto na Lei 9.099/1995 (nem transação, nem suspensão condicional do processo). Porém, cuidando-se de crime sem violência ou grave ameaça à pessoa, respeitados os requisitos do art. 44 do Código Penal, pode o juiz substituir a pena privativa de liberdade pela restritiva de direitos, não ultrapassando a pena de 4 anos. Pode comportar regime aberto ou semiaberto, a depender do montante da pena aplicada.

**55. Sistema da acumulação material:** adota-se, para este crime, a acumulação material, ou seja, além de se considerar a violência para efeito de gerar o delito previsto no art. 337-K, exige a lei que o juiz aplique, em cumulação, a pena referente ao crime compatível com a violência praticada (lesão leve, grave ou gravíssima).

**55-A. Corrupção privada:** cuida-se de uma ampliação inadequada do campo do direito penal (consultar a nota 49 *supra*).

### Fraude em licitação ou contrato

> **Art. 337-L.** Fraudar,[56-58] em prejuízo da Administração Pública, licitação ou contrato dela decorrente, mediante:[59-60]
>
> I – entrega de mercadoria ou prestação de serviços com qualidade ou em quantidade diversas das previstas no edital ou nos instrumentos contratuais;[61]
>
> II – fornecimento, como verdadeira ou perfeita, de mercadoria falsificada, deteriorada, inservível para consumo ou com prazo de validade vencido;[62]
>
> III – entrega de uma mercadoria por outra;[63]
>
> IV – alteração da substância, qualidade ou quantidade da mercadoria ou do serviço fornecido;[64]
>
> V – qualquer meio fraudulento que torne injustamente mais onerosa para a Administração Pública a proposta ou a execução do contrato.[65]
>
> Pena – reclusão, de 4 (quatro) anos a 8 (oito) anos, e multa.[66]

**56. Análise do núcleo do tipo:** fraudar (enganar, ludibriar, lesar por meio de engodo) é a conduta, cujo objeto é a licitação ou o contrato dela decorrente. Exige-se prejuízo para a Administração Pública e cuida-se de tipo vinculado, pois são descritas, nos incisos, as maneiras pelas quais a licitação ou o contrato podem ser frustrados. Naturalmente, as condutas previstas nos incisos I a V deste artigo são mistas alternativas, vale dizer, a prática de uma ou de mais de uma delas implica a realização de um só delito, quando no mesmo contexto. As condutas descritas nos incisos I a V dizem respeito à execução do contrato (exceto, no contexto do inciso V, a parte relativa à proposta, que é relativa à licitação). Essa fraude, conforme evidenciam as condutas descritas nos incisos, é conduta que deixa vestígios, razão pela qual nos parece essencial a realização de exame pericial para a prova da materialidade do delito. Seria uma forma de estelionato no campo das licitações e contratos administrativos.

**57. Sujeitos ativo e passivo:** o sujeito ativo é o licitante ou o contratado. O sujeito passivo é o Estado (União, Estado-membro, Distrito Federal e Município), bem como as autarquias, empresas públicas, sociedades de economia mista, fundações públicas e outras entidades sob controle estatal direto ou indireto.

**58. Elemento subjetivo:** é o dolo. Parece-nos existente o elemento subjetivo do tipo específico implícito, consistente no intuito de obter lucro abusivo. Extrai-se essa conclusão

# Art. 337-L

Código Penal Comentado · **Nucci**

do disposto no tipo penal, analisando-se a expressão *em prejuízo da Administração Pública*. Logo, a contrário senso, sofrendo o erário público lesão, é natural que o fito do agente seja a obtenção de vantagem excessiva. Não se pune a forma culposa.

**59. Objetos material e jurídico:** o objeto material pode ser a mercadoria ou a prestação de serviços, bem como proposta ou execução contratual. O objeto jurídico é a proteção dos interesses da Administração Pública, nos seus aspectos patrimonial e moral.

**60. Classificação:** próprio (só pode ser cometido por licitante ou contratado); material (exige resultado naturalístico para a consumação, consistente em efetivo prejuízo para a Administração); de forma vinculada (só pode ser cometido pelos meios descritos nos incisos do art. 337-L); comissivo (os verbos indicam ações); instantâneo; unissubjetivo (pode ser cometido por um só agente); plurissubsistente (cometido por intermédio de vários atos); admite tentativa.

**61. Mercadoria ou prestação de serviços diversa:** a *qualidade* é um atributo especial de alguma coisa, destacando-a de outras; no contexto da aquisição feita pelo poder público, há de ser uma característica particularmente boa; a *quantidade* representa um número, que necessita ser especificado para ser exigido e fiscalizado por meio de medição ou contagem. Portanto, este inciso se refere ao fornecimento de mercadoria (produto adquirido) ou prestação de serviços (execução de atividade de interesse da Administração) com característica diferente daquela prevista no edital de licitação ou no contrato celebrado, voltando-se, por óbvio, para pior, vale dizer, mercadoria ou serviço inferior ao prometido pelo participante da licitação ou contratado. Além disso, pode configurar-se o crime, igualmente, se, embora mantida a qualidade, o produto for entregue em número inferior ao previsto ou o serviço prestado ficar aquém do pactuado, constatando-se a ausência do preenchimento de todos os requisitos para os quais foi contratado.

**62. Mercadoria falsificada, deteriorada, inservível para consumo ou com prazo de validade vencido:** *falsificada* é a mercadoria não autêntica; *deteriorada* é a mercadoria autêntica, porém estragada, imperfeita para uso; *inservível para consumo* se refere a qualquer coisa imprestável, por qualquer razão, para ser consumida, geralmente no contexto da alimentação; *prazo de validade vencido* é a situação comum nas relações de consumo, em que se vislumbra que certos produtos têm um período para ser utilizado, fora do qual pode se tornar nocivo. As duas últimas situações foram incluídas na figura típica do art. 337-L, II. Cuida-se de um crime contra as relações de consumo *às avessas*. Na realidade, se fosse o particular a vítima, encaixar-se-ia em figura própria de crime contra o consumidor. No entanto, quem recebe a mercadoria, neste caso, é a Administração Pública, merecendo, pois, o empresário-fornecedor a punição cabível pela fraude empregada.

**63. Troca de mercadoria:** no mesmo prisma da nota anterior, vê-se que o Estado, ao consumir bens, também pode ser ludibriado. Assim, exemplificando, caso o fornecedor entregue cobre em lugar de ouro, é natural que haverá prejuízo para o erário, que pagou pelo metal mais precioso e recebeu o de menor valor.

**64. Alteração da substância, qualidade ou quantidade da mercadoria ou serviço:** seguindo a ótica das notas anteriores, o Estado vê-se lesado, como se fosse autêntico consumidor de bens e serviços. No caso deste inciso, o fornecedor altera (modifica) substância, qualidade ou quantidade da mercadoria. Exemplo: obrigou-se a entregar 500 quilos de determinado produto, mas promove a remessa de apenas 450. Na jurisprudência, ainda no tocante ao anterior art. 96: TJDFT: "1. Havendo demonstração de autoria e de materialidade, descabe o pedido de absolvição do réu. 2. Afigura-se dolosa a conduta do réu que fraudar licitação, entregando produtos com qualidade inferior à exigida no edital do certame e auferindo proveito econômico indevido. 3. Não há falar em negligência ainda que a Administração Pública tenha aprovado previamente os materiais divergentes da previsão editalícia, uma vez que evidenciado o dolo do agente. 4. Recurso conhecido e desprovido" (APR 20110110804134-DFT, 3.ª T. Crim., rel. Waldir Leôncio Lopes Júnior, 09.02.2017, v.u.).

**65. Emprego de meio fraudulento onerando a Administração Pública:** esta figura típica, que já existia na lei anterior, experimentou pouca alteração e continuou a ser aberta e lesiva ao princípio da taxatividade. Aliás, pela atual redação, tornou-se pleonástica, pois se lê: *fraudar* licitação ou contrato mediante qualquer meio fraudulento. O objetivo dessa fraude é tornar mais dispendiosa ou cara a proposta feita ou a execução do contrato do que originalmente previsto. Manteve-se o termo *injustamente*, que se refere a um elemento normativo do tipo, passível de valoração; noutros termos, a proposta ou o contrato até podem ficar mais onerosos, desde que se considere *justo* – algo sempre imponderável ou de avaliação questionável. Há de se examinar com muita cautela este inciso. Em princípio, o contratado pode, como exemplo, simular um motivo de força maior para postergar a entrega de certo bem adquirido, visando ao atendimento de outro cliente em primeiro lugar, para auferir maior ganho, o que seria uma fraude à contratação realizada com a Administração. Referindo-se ao anterior inciso V do art. 96 da Lei 8.666/1993 e considerando-o inconstitucional, por ferir a taxatividade e a legalidade, estava a posição de Marçal Justen Filho (*Comentários à lei de licitações e contratos administrativos*, p. 635).

**66. Benefícios penais:** se a pena for fixada no mínimo legal, pode-se substituí-la por pena restritiva de direitos, se preenchidos os requisitos do art. 44 do Código Penal, além de comportar o regime aberto. Estabelecendo-se a pena acima de 4 anos, pode-se aplicar o regime semiaberto.

### Contratação inidônea

> **Art. 337-M.** Admitir[67-69] à licitação empresa ou profissional declarado inidôneo:[70-71]
>
> Pena – reclusão, de 1 (um) ano a 3 (três) anos, e multa.[72]
>
> § 1.º Celebrar[73-75] contrato com empresa ou profissional declarado inidôneo:[76-77]
>
> Pena – reclusão, de 3 (três) anos a 6 (seis) anos, e multa.[78]
>
> § 2.º Incide na mesma pena do *caput* deste artigo aquele que, declarado inidôneo, venha a participar de licitação e, na mesma pena do § 1.º deste artigo, aquele que, declarado inidôneo, venha a contratar com a Administração Pública.[79]

**67. Análise do núcleo do tipo:** *admitir* (aceitar, acolher) a licitação é a conduta cujo objeto é a empresa ou o profissional considerado inidôneo (inadequado, inconveniente). Busca-se evitar que o servidor público coloque em risco o erário, permitindo que pessoa física ou jurídica, reputada inidônea ou inconfiável, possa tomar parte da licitação, uma vez que tem potencial para prejudicar o processo ou, no futuro, não cumprir o contrato. A reforma dividiu as infrações penais, atribuindo pena mais branda à figura do *caput* (admissão à licitação) e mais grave ao previsto pelo § 1.º (contratar com a Administração); naturalmente, por considerar potencialmente mais danoso aos interesses do poder público o contrato formalizado com

# Art. 337-M

pessoa inidônea do que a simples admissão ao processo licitatório. Exemplo da importância da idoneidade para contratar com o poder público: Lei 14.133/2021: "Art. 91 (...) § 4.º Antes de formalizar ou prorrogar o prazo de vigência do contrato, a Administração deverá verificar a regularidade fiscal do contratado, consultar o Cadastro Nacional de Empresas Inidôneas e Suspensas (CEIS) e o Cadastro Nacional de Empresas Punidas (CNEP), emitir as certidões negativas de inidoneidade, de impedimento e de débitos trabalhistas e juntá-las ao respectivo processo. (...) Art. 156. Serão aplicadas ao responsável pelas infrações administrativas previstas nesta Lei as seguintes sanções: (...) IV – declaração de inidoneidade para licitar ou contratar".

**68. Sujeitos ativo e passivo:** o sujeito ativo é o servidor público. O sujeito passivo é o Estado (União, Estado-membro, Distrito Federal e Município), bem como as autarquias, empresas públicas, sociedades de economia mista, fundações públicas e outras entidades sob controle estatal direto ou indireto.

**69. Elemento subjetivo:** é o dolo. Não se exige elemento subjetivo do tipo específico, nem se pune a forma culposa. Em outro prisma, sustenta PAULO JOSÉ DA COSTA JÚNIOR ser exigível o elemento específico representado pela vontade consciente de admitir à licitação ou de celebrar contrato com empresa ou profissional "que sabe ser inidôneo" (*Direito penal das licitações*, p. 65). Não nos parece correta a interpretação dada. Em primeiro lugar, o tipo penal não se vale da expressão "que sabe ser inidôneo", mas apenas se refere à empresa ou ao profissional "declarado inidôneo". Logo, o dolo precisa ser, como naturalmente se exige, abrangente, envolvendo todos os elementos do tipo penal. Tal situação não o transforma em "dolo específico". Admite-se tanto o dolo direto quanto o eventual, sem elemento subjetivo específico.

**70. Objetos material e jurídico:** o objeto material é a empresa ou profissional inidôneo admitido no processo licitatório. O objeto jurídico é a proteção dos interesses da Administração Pública, nos seus aspectos patrimonial e moral.

**71. Classificação:** próprio (só pode ser cometido pelo servidor); formal (não exige resultado naturalístico para a consumação, consistente em efetivo prejuízo para a Administração); de forma livre (pode ser cometido por qualquer meio eleito pelo agente); comissivo (o verbo indica ação); unissubjetivo (pode ser cometido por um só agente); plurissubsistente (cometido por intermédio de vários atos); admite tentativa.

**72. Benefícios penais:** cabe suspensão condicional do processo (art. 89 da Lei 9.099/1995). Em caso de condenação, pode-se substituir a pena privativa de liberdade por restritiva de direitos (art. 44, CP) ou conceder *sursis* (art. 77, CP). O regime pode ser o aberto.

**73. Análise do núcleo do tipo:** *celebrar* (formalizar) contrato é a conduta, cujo objeto é a empresa ou o profissional considerado inidôneo (inadequado, inconveniente). Busca-se evitar que o servidor público coloque em risco o erário, permitindo que pessoa física ou jurídica, reputada inconfiável ou imprópria, o que envolve vários aspectos, possa contratar com a Administração Pública, uma vez que tem potencial para não cumprir o avençado. A reforma dividiu as infrações penais, atribuindo pena mais branda à figura do *caput* (admissão à licitação) e mais grave ao previsto pelo § 1.º (contratar com a Administração); naturalmente, por considerar potencialmente mais danoso aos interesses do poder público o contrato formalizado com pessoa inidônea do que a simples admissão ao processo licitatório. Exemplo da importância da idoneidade para contratar com o poder público: a) Lei 14.133/2021: "Art. 91. (...) § 4.º Antes de formalizar ou prorrogar o prazo de vigência do contrato, a Administração deverá verificar a regularidade fiscal do contratado, consultar o Cadastro Nacional de Empresas Inidôneas e Suspensas (CEIS) e o Cadastro Nacional de Empresas Punidas (CNEP), emitir as certidões negativas de inidoneidade, de impedimento e de débitos trabalhistas e juntá-las ao respectivo processo. (...) Art. 156. Serão aplicadas ao responsável pelas infrações administrativas previstas nesta Lei as seguintes sanções: (...) IV – declaração de inidoneidade para licitar ou contratar".

**74. Sujeitos ativo e passivo:** o sujeito ativo é o servidor público. O sujeito passivo é o Estado (União, Estado-membro, Distrito Federal e Município), bem como as autarquias, empresas públicas, sociedades de economia mista, fundações públicas e outras entidades sob controle estatal direto ou indireto.

**75. Elemento subjetivo:** é o dolo. Não se exige elemento subjetivo do tipo específico, nem se pune a forma culposa. Em outro prisma, sustenta Paulo José da Costa Júnior ser exigível o elemento específico representado pela vontade consciente de admitir à licitação ou de celebrar contrato com empresa ou profissional "que sabe ser inidôneo" (*Direito penal das licitações*, p. 65). Não nos parece correta a interpretação dada. Em primeiro lugar, o tipo penal não se vale da expressão "que sabe ser inidôneo", mas apenas se refere à empresa ou ao profissional "declarado inidôneo". Logo, o dolo precisa ser, como naturalmente se exige, abrangente, envolvendo todos os elementos do tipo penal. Tal situação não o transforma em "dolo específico". Admite-se tanto o dolo direto quanto o eventual, sem elemento subjetivo específico.

**76. Objetos material e jurídico:** o objeto material é a pessoa física ou jurídica inidônea contratada. O objeto jurídico é a proteção dos interesses da Administração Pública, nos seus aspectos patrimonial e moral.

**77. Classificação:** próprio (só pode ser cometido pelo servidor); formal (não exige resultado naturalístico para a consumação, consistente em efetivo prejuízo para a Administração); de forma livre (pode ser cometido por qualquer meio eleito pelo agente); comissivo (o verbo indica ação); unissubjetivo (pode ser cometido por um só agente); plurissubsistente (cometido por intermédio de vários atos); admite tentativa.

**78. Benefícios penais:** havendo condenação, pode-se substituir a pena privativa de liberdade (até 4 anos) por restritiva de direitos (art. 44, CP). Conforme o montante da pena e os elementos do art. 59 do CP, comporta regime inicial aberto ou semiaberto.

**79. Dever de abstenção:** a pessoa declarada inidônea para contratar com a Administração tem o dever legal de não tomar parte no processo licitatório, nem pode formalizar contrato com o poder público. Se o fizer, infringe dever legalmente previsto de abstenção, incidindo na figura do parágrafo único deste artigo. MARÇAL JUSTEN FILHO reputa inconstitucional este dispositivo, argumentando ferir os princípios da isonomia e da proporcionalidade (*Comentários à lei de licitações e contratos administrativos*, p. 636). Assim não entendemos. Em primeiro lugar, o fato de não ter sido prevista a hipótese de impedimento àquele que teve o direito de participar de licitação suspenso, mas ainda não declarado inidôneo, pode ser uma falha legislativa, mas não envolve, em absoluto, lesão ao princípio da isonomia. Se o legislador olvidou determinado fato grave, não quer isto significar que deva haver impunidade a todos os demais, que sejam semelhantes e tenham sido tipificados. Por outro lado, não há nenhuma ofensa à proporcionalidade, uma vez que o Estado pode, desde que o faça legal e previamente, impor o dever de omissão a quem quer que seja. Note-se, para ilustrar, os casos de omissão penalmente relevante, previstos no art. 13, § 2.º, do Código Penal. Se determinada pessoa for considerada inidônea para contratar com a Administração, é justo que dela se aguarde a conduta ideal de se abster de tomar parte em licitações, pois, assim não fazendo, desrespeita a sanção que lhe foi aplicada, após o devido processo administrativo, buscando ludibriar, novamente, o poder público.

# Art. 337-N

**Impedimento indevido**

> **Art. 337-N.** Obstar, impedir ou dificultar[80-82] injustamente a inscrição de qualquer interessado nos registros cadastrais[83] ou promover indevidamente a alteração, a suspensão ou o cancelamento de registro do inscrito:[84-85]
>
> Pena – reclusão, de 6 (seis) meses a 2 (dois) anos, e multa.[86]

**80. Análise do núcleo do tipo:** *obstar* (causar embaraço), *impedir* (impossibilitar, tolher) ou *dificultar* (tornar algo custoso de ser feito ou atingido) são as condutas mistas alternativas, cujo objeto é a inscrição de interessados nos registros cadastrais (arquivos mantidos pelo poder público para a chamada em processos de licitação). Nota-se, no entanto, a similitude entre os verbos *obstar* e *impedir*, bastando um deles para a composição do tipo, evitando-se a redundância. Exige-se que a conduta se revista de *injustiça*, o que é natural. Fosse legalmente exigível o obstáculo, o servidor nada mais faria senão cumprir seu dever. A outra conduta é *promover* (provocar, originar) a alteração (modificação), suspensão (interrupção provisória) ou cancelamento (interrupção definitiva) de registro do inscrito. Neste caso, exige-se que assim se faça *indevidamente*, o que é óbvio, afinal, se o servidor atuasse desse modo por mandamento legal ou judicial, nada teria cometido de ilegal, pois estaria no estrito cumprimento de um dever.

**81. Sujeitos ativo e passivo:** o sujeito ativo é o servidor público. O sujeito passivo é o Estado (União, Estado-membro, Distrito Federal e Município), bem como as autarquias, empresas públicas, sociedades de economia mista, fundações públicas e outras entidades sob controle estatal direto ou indireto. Secundariamente, a pessoa prejudicada pela atuação do agente.

**82. Elemento subjetivo:** é o dolo. Não se exige elemento subjetivo do tipo específico, nem se pune a forma culposa.

**83. Registro cadastral:** sobre a importância do tema, ver Lei 14.133/2021: "Art. 78. São procedimentos auxiliares das licitações e das contratações regidas por esta Lei: (...) V – *registro cadastral*. (...) Art. 80. A pré-qualificação é o procedimento técnico-administrativo para selecionar previamente: I – licitantes que reúnam condições de habilitação para participar de futura licitação ou de licitação vinculada a programas de obras ou de serviços objetivamente definidos; II – bens que atendam às exigências técnicas ou de qualidade estabelecidas pela Administração. § 1.º A pré-qualificação poderá ser aberta a licitantes ou a bens, observado o seguinte: I – na pré-qualificação aberta a licitantes, *poderão ser dispensados os documentos que já constarem do registro cadastral*. (...) Art. 87. Para os fins desta Lei, os órgãos e entidades da Administração Pública deverão utilizar o sistema de *registro cadastral unificado* disponível no Portal Nacional de Contratações Públicas, para efeito de cadastro unificado de licitantes, na forma disposta em regulamento" (grifamos).

**84. Objetos material e jurídico:** o objeto material é a inscrição ou o registro. O objeto jurídico é a proteção dos interesses da Administração Pública, nos seus aspectos patrimonial e moral. Afinal, quanto mais pessoas cadastradas existirem, melhor será a licitação e, como regra, mais vantagens obterão os entes estatais.

**85. Classificação:** próprio (só pode ser cometido pelo servidor). Em outra posição, Paulo José da Costa Júnior defende que, na primeira parte (obstar, impedir ou dificultar), pode ser sujeito ativo tanto o funcionário como qualquer outra pessoa (*Direito penal das licitações*, p. 69). Não nos parece. O tipo penal é voltado a quem pode promover a inscrição ou de qualquer

# Art. 337-O

Título XI – Dos crimes contra a Administração Pública

forma manipular o registro, logo, somente o servidor público. Se terceiro impedir alguém de ir ao órgão competente inscrever-se, não está cometendo crime contra a Administração Pública, mas contra o particular, configurando-se constrangimento ilegal; formal (não exige resultado naturalístico para a consumação, consistente em efetivo prejuízo para a Administração); de forma livre (pode ser cometido por qualquer meio eleito pelo agente); comissivo (os verbos indicam ações); instantâneo (consuma-se em momento determinado no tempo); unissubjetivo (pode ser cometido por um só agente); plurissubsistente (cometido por intermédio de vários atos); admite tentativa.

**86. Benefícios penais:** é infração de menor potencial ofensivo, sendo cabíveis os benefícios da Lei 9.099/1995, como, por exemplo, a transação. Em caso de condenação, torna-se viável a substituição da pena privativa de liberdade por restritiva de direitos, se preenchidos os requisitos do art. 44 do Código Penal, bem como a concessão de *sursis*, nos termos do art. 77 do Código Penal.

### Omissão grave de dado ou de informação por projetista

> **Art. 337-O.** Omitir, modificar ou entregar[87-89] à Administração Pública levantamento cadastral ou condição de contorno em relevante dissonância com a realidade, em frustração ao caráter competitivo da licitação ou em detrimento da seleção da proposta mais vantajosa para a Administração Pública, em contratação para a elaboração de projeto básico,[90] projeto executivo[91] ou anteprojeto,[92] em diálogo competitivo[93] ou em procedimento de manifestação de interesse.[94-95]
>
> Pena – reclusão, de 6 (seis) meses a 3 (três) anos, e multa.[96]
>
> § 1.º Consideram-se condição de contorno as informações e os levantamentos suficientes e necessários para a definição da solução de projeto e dos respectivos preços pelo licitante, incluídos sondagens, topografia, estudos de demanda, condições ambientais e demais elementos ambientais impactantes, considerados requisitos mínimos ou obrigatórios em normas técnicas que orientam a elaboração de projetos.[97]
>
> § 2.º Se o crime é praticado com o fim de obter benefício, direto ou indireto, próprio ou de outrem, aplica-se em dobro a pena prevista no *caput* deste artigo.[98]

**87. Análise do núcleo do tipo:** *omitir* (suprimir, deixar de escrever ou dizer algo, olvidar), *modificar* (alterar, mudar) e *entregar* (dar algo a alguém, passar adiante) são os verbos deste tipo misto alternativo, significando que a prática de uma ou das três condutas, no mesmo cenário, representa crime único. O objeto da omissão, modificação ou entrega é o levantamento cadastral ou a condição de contorno, ambas em *relevante dissonância* (situação de importante desarmonia ou desacordo) com a realidade, significando, pois, algo não autêntico. Outra possibilidade é tratar de levantamento cadastral ou condição de contorno de modo a atingir uma fraude ou engodo à essência da licitação, que é a sua competitividade. Sobre o caráter competitivo da licitação, confira-se o disposto pelo art. 11 da Lei 14.133/2021: "O processo licitatório tem por objetivos: I – assegurar a seleção da proposta apta a gerar o resultado de contratação mais vantajoso para a Administração Pública, inclusive no que se refere ao ciclo de vida do objeto; II – assegurar tratamento isonômico entre os licitantes, bem como a justa competição; III – evitar contratações com sobrepreço ou com preços manifestamente inexequíveis

# Art. 337-O

Código Penal Comentado · **Nucci**

1326

e superfaturamento na execução dos contratos; IV – incentivar a inovação e o desenvolvimento nacional sustentável". A terceira forma de atuar representa lidar com o levantamento cadastral ou condição de contorno de modo a afastar a proposta mais vantajosa para a Administração Pública, fazendo com que esta termine selecionando alguma outra mais onerosa. A manipulação de levantamento cadastral ou condição de contorno deve se dar durante o processo de contratação para a elaboração de projeto (básico ou executivo), anteprojeto, diálogo competitivo ou, genericamente, em qualquer procedimento de interesse da Administração. Lembre-se de que os projetos são "serviços técnicos especializados de natureza predominantemente intelectual: (...)" (art. 6.º, XVIII, Lei 14.133/2021).

**88. Sujeitos ativo e passivo:** o sujeito ativo é o encarregado de fazer o levantamento cadastral ou a condição de contorno. O sujeito passivo é o Estado (União, Estado-membro, Distrito Federal e Município), bem como as autarquias, empresas públicas, sociedades de economia mista, fundações públicas e outras entidades sob controle estatal direto ou indireto. Secundariamente, a pessoa prejudicada pela atuação do agente.

**89. Elemento subjetivo:** é o dolo. Não se exige elemento subjetivo específico, nem se pune a forma culposa. Entretanto, há de se ressaltar a estranha situação prevista para o *caput* em contraste com o disposto pelo § 2.º deste artigo. Nesta última hipótese, há o fim de obter benefício (qualquer espécie e não necessariamente uma vantagem econômica) para si ou para outrem, de maneira direta (pessoal) ou indireta (por interposta pessoa), o que nos parece uma situação óbvia e lógica. O que se questiona é a omissão, alteração ou entrega de levantamento cadastral ou condição de contorno inautêntica, fraudada e apta a prejudicar a licitação e, por via de consequência, gerar prejuízo à Administração Pública *gratuitamente*, vale dizer, sem obter *nenhum benefício*. Parece até que se pretende punir uma conduta negligente do autor, logo culposa, mas representada pelo dolo (vontade de alterar a realidade, gerando potencial prejuízo ao Estado). Trata-se, afinal, de um grave desvio de conduta por parte do agente do crime, embora, na figura do *caput*, ele assim atue sem a finalidade (nem é preciso a efetiva obtenção) de alcançar um benefício (note-se: de qualquer espécie). Em suma, parece-nos que a pena desta infração penal será quase sempre aplicada em dobro, nos termos do § 2.º.

**90. Projeto básico:** é o "conjunto de elementos necessários e suficientes, com nível de precisão adequado para definir e dimensionar perfeitamente a obra ou o serviço, ou o complexo de obras ou de serviços objeto da licitação, elaborado com base nas indicações dos estudos técnicos preliminares, que assegure a viabilidade técnica e o adequado tratamento do impacto ambiental do empreendimento e que possibilite a avaliação do custo da obra e a definição dos métodos e do prazo de execução, devendo conter os seguintes elementos: a) levantamentos topográficos e cadastrais, sondagens e ensaios geotécnicos, ensaios e análises laboratoriais, estudos socioambientais e demais dados e levantamentos necessários para execução da solução escolhida; b) soluções técnicas globais e localizadas, suficientemente detalhadas, de forma a evitar, por ocasião da elaboração do projeto executivo e da realização das obras e montagem, a necessidade de reformulações ou variantes quanto à qualidade, ao preço e ao prazo inicialmente definidos; c) identificação dos tipos de serviços a executar e dos materiais e equipamentos a incorporar à obra, bem como das suas especificações, de modo a assegurar os melhores resultados para o empreendimento e a segurança executiva na utilização do objeto, para os fins a que se destina, considerados os riscos e os perigos identificáveis, sem frustrar o caráter competitivo para a sua execução; d) informações que possibilitem o estudo e a definição de métodos construtivos, de instalações provisórias e de condições organizacionais para a obra, sem frustrar o caráter competitivo para a sua execução; e) subsídios para montagem do plano de licitação e gestão da obra, compreendidos a sua programação, a estratégia de suprimentos, as normas de fiscalização e outros dados necessários em cada caso; f) orçamento detalhado do custo global da obra, fundamentado em quantitativos de serviços e fornecimentos propriamente avaliados, obrigatório exclusivamente para os regimes de execução previstos nos incisos I, II, III, IV e VII do *caput* do art. 46 desta Lei" (art. 6.º, XXV, Lei 14.133/2021).

**91. Projeto executivo:** é o "conjunto de elementos necessários e suficientes à execução completa da obra, com o detalhamento das soluções previstas no projeto básico, a identificação de serviços, de materiais e de equipamentos a serem incorporados à obra, bem como suas especificações técnicas, de acordo com as normas técnicas pertinentes" (art. 6.º, XXVI, Lei 14.133/2021).

**92. Anteprojeto:** é a "peça técnica com todos os subsídios necessários à elaboração do projeto básico, que deve conter, no mínimo, os seguintes elementos: a) demonstração e justificativa do programa de necessidades, avaliação de demanda do público-alvo, motivação técnico-econômico-social do empreendimento, visão global dos investimentos e definições relacionadas ao nível de serviço desejado; b) condições de solidez, de segurança e de durabilidade; c) prazo de entrega; d) estética do projeto arquitetônico, traçado geométrico e/ou projeto da área de influência, quando cabível; e) parâmetros de adequação ao interesse público, de economia na utilização, de facilidade na execução, de impacto ambiental e de acessibilidade; f) proposta de concepção da obra ou do serviço de engenharia; g) projetos anteriores ou estudos preliminares que embasaram a concepção proposta; h) levantamento topográfico e cadastral; i) pareceres de sondagem; j) memorial descritivo dos elementos da edificação, dos componentes construtivos e dos materiais de construção, de forma a estabelecer padrões mínimos para a contratação" (art. 6.º, XXIV, Lei 14.133/2021).

**93. Diálogo competitivo:** é a "modalidade de licitação para contratação de obras, serviços e compras em que a Administração Pública realiza diálogos com licitantes previamente selecionados mediante critérios objetivos, com o intuito de desenvolver uma ou mais alternativas capazes de atender às suas necessidades, devendo os licitantes apresentar proposta final após o encerramento dos diálogos" (art. 6.º, XLII, Lei 14.133/2021).

**94. Objetos material e jurídico:** o objeto material é o levantamento cadastral ou a condição de contorno. O objeto jurídico é a proteção dos interesses da Administração Pública, nos seus aspectos patrimonial e moral.

**95. Classificação:** próprio (só pode ser cometido pelo produtor de levantamento cadastral ou condição de contorno); formal (não exige resultado naturalístico para a consumação, consistente em efetivo prejuízo para a Administração); de forma livre (pode ser cometido por qualquer meio eleito pelo agente); comissivo (os verbos indicam ações) nas formas *modificar* e *entregar*, mas omissivo (indicativo de inação) na conduta *omitir*; instantâneo (consuma-se em momento determinado); unissubjetivo (pode ser cometido por um só agente); plurissubsistente (cometido por intermédio de vários atos), nos formatos *modificar* e *entregar*, mas unissubsistente (cometido por meio de ato único) na forma *omitir*; admite tentativa somente na modalidade plurissubsistente.

**96. Benefícios penais:** admite suspensão condicional do processo, na forma tanto do *caput* quanto do § 2.º. Em caso de condenação, não ultrapassando a pena de reclusão de 4 anos, admite a substituição por restritivas de direitos. Pode comportar *sursis* e, também, admite a imposição de regime aberto, conforme o montante de pena aplicado.

# Art. 337-P

**97. Norma penal explicativa:** estabelece o legislador em interpretação autêntica o conteúdo de *condição de contorno*, com a finalidade de estreitar o âmbito de análise por parte dos operadores do Direito, quando forem aplicar o tipo penal incriminador.

**98. Causa de aumento de pena:** reportamo-nos aos comentários feitos na nota 89. Este parágrafo aponta um elemento subjetivo específico, consistente na finalidade de obtenção de benefício, direto ou indireto, próprio ou de terceiro. A aplicação da pena em dobro poderia dar margem ao entendimento de se tratar de uma qualificadora, alterando em abstrato a pena cominada no *caput*. Essa mesma situação já foi gerada pelo legislador em outros tipos incriminadores e temos preferido considerar uma causa de aumento, a ser aplicada na terceira fase de fixação da pena, quando o julgador estabelecer o seu *quantum*. A qualificadora deve estar expressamente prevista no tipo penal, indicando a elevação concomitante do mínimo e do máximo previstos para a faixa em abstrato da pena.

> **Art. 337-P.** A pena de multa cominada aos crimes previstos neste Capítulo seguirá a metodologia de cálculo prevista neste Código e não poderá ser inferior a 2% (dois por cento) do valor do contrato licitado ou celebrado com contratação direta.[99]

**99. Pena pecuniária:** a reforma corrigiu um grave defeito da anterior redação do art. 99 da Lei 8.666/1993, que era assim redigido: "a pena de multa cominada nos arts. 89 a 98 desta Lei consiste no pagamento de quantia fixada na sentença e calculada em índices percentuais, cuja base corresponderá ao *valor da vantagem efetivamente obtida ou potencialmente auferível pelo agente*" (grifamos). Em diversas situações, a pena de multa se tornava inaplicável, tendo em vista não se firmar, no processo-crime, qual o montante da vantagem obtida pelo agente ou, ao menos, o potencial de ganho a ser auferido. Aliás, há delitos que nem mesmo exigem qualquer benefício ou ganho do agente (vide o caso do art. 337-O, *caput*, CP). Retorna a aplicação da pena pecuniária ao critério genérico do Código Penal: 10 a 360 dias-multa, calculado cada dia entre 1/30 e 5 vezes o salário mínimo. De qualquer forma, estabelece-se um piso: nunca inferior a 2% do valor do contrato licitado ou celebrado com a contratação direta (elemento mais concreto e passível de apuração). Na anterior legislação, a multa seria destinada ao erário da União, do Distrito Federal, do Estado ou do Município, conforme o sujeito passivo do crime; a partir da nova redação, será recolhida ao fundo penitenciário, nos termos do art. 49, *caput*, do CP.

## Capítulo III
### DOS CRIMES CONTRA A ADMINISTRAÇÃO DA JUSTIÇA

**Reingresso de estrangeiro expulso**

> **Art. 338.** Reingressar[1-3] no território nacional[4] o estrangeiro[5] que dele foi expulso:[6-10]
>
> Pena – reclusão, de 1 (um) a 4 (quatro) anos, sem prejuízo de nova expulsão após o cumprimento da pena.

**1. Análise do núcleo do tipo:** *reingressar* significa voltar, ingressar novamente. O retorno tem em vista o território nacional.

**2. Sujeitos ativo e passivo:** o sujeito ativo somente pode ser o estrangeiro que tenha sido oficialmente expulso do País. O sujeito passivo é o Estado.

**3. Elemento subjetivo do tipo:** é o dolo. Não se pune a forma culposa, nem se exige elemento subjetivo do tipo específico.

**4. Conceito de território nacional:** trata-se do conceito jurídico, isto é, todo espaço onde o Brasil exerce a sua soberania. Ver nota 49 ao art. 5.º.

**5. Conceito de estrangeiro:** é a pessoa que possui vínculo jurídico-político com outro Estado, que não o Brasil. Por exclusão, o estrangeiro é aquele que não é considerado brasileiro (art. 12, CF: "São brasileiros: I – natos: a) os nascidos na República Federativa do Brasil, ainda que de pais estrangeiros, desde que estes não estejam a serviço de seu país; b) os nascidos no estrangeiro, de pai brasileiro ou mãe brasileira, desde que qualquer deles esteja a serviço da República Federativa do Brasil; c) os nascidos no estrangeiro de pai brasileiro ou de mãe brasileira, desde que sejam registrados em repartição brasileira competente ou venham a residir na República Federativa do Brasil e optem, em qualquer tempo, depois de atingida a maioridade, pela nacionalidade brasileira; II – naturalizados: a) os que, na forma da lei, adquiram a nacionalidade brasileira, exigidas aos originários de países de língua portuguesa apenas residência por um ano ininterrupto e idoneidade moral; b) os estrangeiros de qualquer nacionalidade residentes na República Federativa do Brasil há mais de quinze anos ininterruptos e sem condenação penal, desde que requeiram a nacionalidade brasileira".

**6. Extradição, repatriação, deportação e expulsão:** a extradição é um instrumento de cooperação internacional para a entrega de pessoa acusada da prática de crime a Estado estrangeiro, seja para responder ao processo, seja para cumprir pena. Portanto, quando o Brasil extradita alguém, significa que está colaborando para a repressão à criminalidade internacional, embora o extraditando possa não ter feito nada de errado em solo nacional. A repatriação é a determinação de saída compulsória do Brasil, quando ocorre a "devolução de pessoa em situação de impedimento ao país de procedência ou de nacionalidade" (art. 49, *caput*, Lei da Migração). São situações de impedimento de entrada em território nacional (art. 45): "1 – anteriormente expulsa do País, enquanto os efeitos da expulsão vigorarem; II – condenada ou respondendo a processo por ato de terrorismo ou por crime de genocídio, crime contra a humanidade, crime de guerra ou crime de agressão, nos termos definidos pelo Estatuto de Roma do Tribunal Penal Internacional, de 1998, promulgado pelo Decreto n.º 4.388, de 25 de setembro de 2002, III – condenada ou respondendo a processo em outro país por crime doloso passível de extradição segundo a lei brasileira; IV – que tenha o nome incluído em lista de restrições por ordem judicial ou por compromisso assumido pelo Brasil perante organismo internacional; V – que apresente documento de viagem que: a) não seja válido para o Brasil; b) esteja com o prazo de validade vencido; ou c) esteja com rasura ou indício de falsificação; VI – que não apresente documento de viagem ou documento de identidade, quando admitido; VII – cuja razão da viagem não seja condizente com o visto ou com o motivo alegado para a isenção de visto; VIII – que tenha, comprovadamente, fraudado documentação ou prestado informação falsa por ocasião da solicitação de visto; ou IX – que tenha praticado ato contrário aos princípios e objetivos dispostos na Constituição Federal. Parágrafo único. Ninguém será impedido de ingressar no País por motivo de raça, religião, nacionalidade, pertinência a grupo social ou opinião política". A deportação é a determinação de saída compulsória do território nacional, quando o estrangeiro aqui se encontra em situação migratória irregular, seja porque ingressou sem ter visto, este pode ter expirado, ou porque, a despeito de turista, exerceu ativi-

# Art. 339

dade laborativa remunerada. Como diz FRANCISCO REZEK, "cuida-se de exclusão por iniciativa das autoridades locais, sem envolvimento da cúpula do governo: no Brasil, agentes policiais federais têm competência para promover a deportação de estrangeiros, quando entendam que não é o caso de regularizar sua documentação. A medida não é exatamente punitiva, nem deixa sequelas. O deportado pode retornar ao País desde o momento em que se tenha provido de documentação regular para o ingresso" (*Direito Internacional Público*, p. 199). Poderá ser decretada a prisão do estrangeiro, por juiz federal, enquanto aguarda a deportação (o mesmo se diga para a expulsão). O procedimento administrativo de deportação se sujeita ao contraditório, à ampla defesa e à garantia de recurso com efeito suspensivo, notificando-se sempre a Defensoria Pública da União (art. 51, Lei da Migração). A expulsão é a determinação de saída compulsória do território nacional do estrangeiro (migrante ou turista), com impedimento de reingresso por determinado prazo (art. 54). São causas para a expulsão: a) a condenação com sentença transitada em julgado relativa à prática de crime de genocídio, crime contra a humanidade, crime de guerra ou crime de agressão, nos termos definidos pelo Estatuto de Roma do Tribunal Penal Internacional, de 1998, promulgado pelo Decreto n.º 4.388, de 25 de setembro de 2002; b) a condenação com trânsito em julgado relativa à prática de crime comum doloso passível de pena privativa de liberdade, consideradas a gravidade e as possibilidades de ressocialização em território nacional. Os pressupostos para a expulsão são mais graves e a consequência, como regra, é a impossibilidade de retorno. Há inquérito, com contraditório e ampla defesa, notificando-se a Defensoria Pública da União a respeito. Cumpre lembrar que o reingresso de estrangeiro expulso é crime (art. 338, CP).

**7. Objetos material e jurídico:** o objeto material é o ato oficial de expulsão do governo brasileiro. O objeto jurídico é a administração da justiça.

**8. Classificação:** trata-se de crime próprio (aquele que somente pode ser cometido por sujeito ativo qualificado ou especial). No caso presente, cuida-se da hipótese específica de delito de mão própria (aquele que só pode ser praticado pelo agente diretamente), pois não pode o estrangeiro valer-se de terceira pessoa para reingressar no território nacional; formal (que não exige, para sua consumação, resultado naturalístico); de forma livre (pode ser cometido por qualquer meio eleito pelo agente); comissivo ("reingressar" implica ação); instantâneo (cuja consumação não se prolonga no tempo, dando-se em momento determinado); unissubjetivo (aquele que pode ser cometido por um único sujeito); plurissubsistente (delito cuja ação é composta por vários atos, permitindo-se o seu fracionamento); admite tentativa.

**9. Ressalva da expulsão após o cumprimento da pena:** dispõe a Lei 13.445/2017 (Lei de Migração) poder o condenado estrangeiro obter qualquer benefício durante a execução da sua pena. Portanto, depois do seu cumprimento, pode ser expulso outra vez.

**10. Competência:** Justiça Federal (art. 109, X, CF).

### Denunciação caluniosa[11]

> **Art. 339.** Dar causa[12-14] à instauração de inquérito policial,[15] de procedimento investigatório criminal,[15-A] de processo judicial,[16] de processo administrativo disciplinar,[17] de inquérito civil[18] ou de ação de improbidade administrativa[19-21] contra alguém,[22] imputando-lhe crime,[23] infração ético-disciplinar[23-A] ou ato ímprobo[23-B] de que o sabe inocente:[24-29]
>
> Pena – reclusão, de 2 (dois) a 8 (oito) anos, e multa.
>
> § 1.º A pena é aumentada de sexta parte,[30] se o agente se serve de anonimato[31] ou de nome suposto.[32]

**1331** Título XI – Dos crimes contra a Administração Pública **Art. 339**

> § 2.º A pena é diminuída de metade, se a imputação é de prática de contravenção.[33]

**11. Crime complexo:** trata-se de crime complexo em sentido amplo, constituído, em regra, da calúnia e da conduta lícita de levar ao conhecimento da autoridade pública – delegado, juiz ou promotor – a prática de um crime e sua autoria. Portanto, se o agente imputa falsamente a alguém a prática de fato definido como crime, comete o delito de calúnia. Se transmite à autoridade o conhecimento de um fato criminoso e do seu autor, executa conduta permitida expressamente pelo Código de Processo Penal (art. 5.º, § 3.º). Entretanto, a junção das duas situações (calúnia + comunicação à autoridade) faz nascer o delito de denunciação caluniosa, de ação pública incondicionada, porque está em jogo o interesse do Estado na administração da justiça. Atualmente, com as reformas introduzidas no art. 339, a denunciação caluniosa tornou-se mais ampla do que a comunicação de crime à autoridade, envolvendo, também, outros ilícitos, como infrações ético-disciplinares e atos ímprobos.

**12. Análise do núcleo do tipo:** *dar causa* significa dar motivo ou fazer nascer algo. No caso deste tipo penal, o objeto é investigação ou processo. Ressalte-se que o agente pode agir diretamente ou por interposta pessoa, além de poder fazê-lo por qualquer meio escolhido, independentemente da formalização do ato. Neste último caso, trata-se de quem informa à autoridade policial, *verbalmente*, a existência de um crime e de seu autor, sabendo que este é inocente: está fornecendo instrumentos para a investigação. Acrescente-se, ainda, a viabilidade de cometimento de denunciação caluniosa, quando se sabe que Fulano praticou um furto, mas o agente leva ao conhecimento da autoridade ter ele cometido um roubo, elevando a gravidade da infração penal. É o pensamento exposto por HUNGRIA (*Comentários ao Código Penal*, v. IX, p. 462), com o qual concordamos. É preciso levar em consideração, igualmente, os excessos havidos em investigação ou processo judicial já instaurado. Se, lançada a denunciação caluniosa no meio da instrução, dando ensejo a uma particular investigação, seja por incidente procedimental ou no bojo do feito principal, constrangendo quem foi injustamente acusado, também há de se considerar praticado o crime do art. 339. A denunciação caluniosa pode ocorrer em qualquer cenário: cível ou criminal. O ponto crítico deste delito é macular a honra (tanto que muitos autores o consideram um delito contra a honra, na sua essência) de alguém perante a autoridade administrativa ou judiciária. Diante disso, *dar causa* à instauração de investigação policial não quer dizer unicamente inaugurar o inquérito formalmente. Se, durante o seu andamento, o agente lança uma segunda acusação, esta sim caluniosa, é absolutamente natural que seja obrigação da autoridade policial investigá-la. Está inaugurando uma segunda linha investigatória, com constrangimentos ao investigado, por conta da falsa acusação. O mesmo raciocínio deve ser usado para o processo judicial, que, por conta de uma denunciação caluniosa, altera completamente o seu rumo, dando ensejo à produção de provas à parte, a fim de captar a essência daquela acusação falsa. Se for verdadeira, o fato é atípico e o incômodo gerado ao investigado é inócuo, devendo ainda haver apuração criminal. Entretanto, se for falso e quem produziu a denúncia sabe disso, o fato é típico, pois *gerou* uma investigação *interna* no processo cível ou criminal, podendo ter sérias consequências para o acusado no deslinde da causa. Não fosse assim, ficaria muito fácil aos acusadores levianos lançar calúnias e outras imputações falsas em processos – dos quais não fazem parte e não se beneficiam da imunidade judiciária do art. 142 do CP – para provocar retrocessos processuais, prejuízos investigatórios nítidos, mudanças de linha investigatória e até mesmo um resultado processual diverso do que seria proferido se não houvesse aquela denunciação caluniosa. Na jurisprudência: STJ: "2. Esta Corte firmou compreensão de que o 'tipo penal descrito no art. 339 do Código Penal [...] exige que haja por parte do agente a certeza da inocência da pessoa

# Art. 339

a quem se atribui a prática criminosa. Em outras palavras, deve o agente atuar contra a própria convicção, intencionalmente e com conhecimento de causa, sabendo que o denunciado é inocente' (RHC n. 147.724/SP, relator Ministro Reynaldo Soares da Fonseca, Quinta Turma, julgado em 19/10/2021, *DJe* de 26/10/2021). 3. No caso, como bem destacado pela Corte *a quo*, o Agravante, 'policial civil na época dos fatos, não possuía atribuição para determinar a instauração de inquérito policial, tampouco de ação penal. Sua conduta, como acertadamente destacou a magistrada, consistiu em dar causa à instauração de investigação policial pelos crimes de tráfico de drogas e associação para ao tráfico que sabia não terem ocorrido' (sem grifos no original)" (AgRg no HC 766.371/SP, 6.ª T., rel. Teodoro Silva Santos, 26.02.2024, v.u.); "2. A alteração legislativa no art. 339 do CP substituiu o termo 'investigação policial' por 'inquérito policial' e 'procedimento investigatório', e o termo 'investigação administrativa' por 'processo administrativo disciplinar', além de acrescentar a falsa imputação de infração ético-disciplinar ou ato ímprobo. 3. O embargante foi condenado por denunciação caluniosa em sua forma tentada, por haver assumido o risco de dar causa à instauração de uma investigação policial, a qual visava flagrar a vítima na posse de entorpecentes, permitindo ao ora embargado, na qualidade de Delegado de Polícia, imputar-lhe o crime de tráfico de drogas e, com isso, constranger o acusado a confessar a participação no homicídio investigado, sob pena de, se assim não o fizesse, dar causa à instauração do respectivo inquérito policial (fls. ___). 4. Em que pesem o esforço argumentativo da defesa e os precedentes apontados, não se vislumbra omissão na decisão embargada nem mesmo possibilidade de se reconhecer a pretendida atipicidade da conduta perpetrada – denunciação caluniosa tentada –, tipificada no art. 339, *caput*, do Código Penal (com as alterações legislativas promovidas pela Lei n. 14.110/2020), motivo pelo qual ela se mantém por seus próprios fundamentos" (EDcl nos EDcl no HC 585.748-CE, 6.ª T., rel. Sebastião Reis Júnior, 14.09.2021, v.u.); "Com efeito, este Tribunal Superior tem entendido que, 'para a configuração do crime previsto no art. 339 do Código Penal, é necessário que a denúncia falsa dê ensejo à deflagração de uma investigação, seja ela policial ou administrativa, ou de um processo judicial, inquérito civil ou ação de improbidade administrativa contra a pessoa alvo da imputação' (RHC 93.309/PB, rel. Min. Jorge Mussi, 5.ª T., j. 14.08.2018, *DJe* 22.08.2018), sendo irrelevante para a consumação do delito que a investigação iniciada com base em denunciação caluniosa venha a ser, ao final, arquivada, bastando que se comprove que o denunciador tinha certeza da inocência de quem acusava. E, no caso concreto, o exame preliminar da controvérsia revelou que a representação formulada pelo recorrente contra a vítima, perante a Promotoria Especial de Defesa do Património Público, somente foi arquivado após ter a vítima apresentado provas cabais de sua inocência" (AgRg no HC 589.252-PR, 5.ª T., rel. Reynaldo Soares da Fonseca, 18.08.2020, v.u.).

**13. Sujeitos ativo e passivo:** o sujeito ativo pode ser qualquer pessoa. Acrescenta, com razão, Paulo José da Costa Júnior que, em se tratando de acusação da prática de crime de ação privada, ou de crime de ação pública condicionada, o sujeito ativo é somente o titular da queixa ou da representação (*Direito penal – Curso completo*, p. 732). Na mesma esteira, Hungria (*Comentários ao Código Penal*, v. IX, p. 462). Os sujeitos passivos são, principalmente, o Estado e, em segundo lugar, a pessoa prejudicada pela falsa denunciação.

**14. Autoridade que age de ofício:** pode ser sujeito ativo do crime de denunciação caluniosa. Não se exige que somente um particular provoque a ação da autoridade para a instauração de investigação administrativa ou policial, inquérito civil ou ação civil ou penal, uma vez que, para assegurar o escorreito funcionamento da máquina administrativa, pode haver procedimento de ofício. Assim, o delegado que, sabendo inocente alguém, instaura contra ele inquérito policial; o promotor que, com igual ideia, determina a instauração de inquérito civil, bem como o membro do Ministério Público que, tendo notícia de que determinada pessoa é inocente, ainda assim requisita a instauração de inquérito, podem responder por denunciação caluniosa.

**15. Inquérito policial:** a reforma introduzida pela Lei 14.110/2020, corretamente, alterou a expressão *investigação policial*, referida no tipo penal, passando a inquérito policial – que é procedimento administrativo de persecução penal do Estado, presidido pelo delegado, destinado à formação da convicção do órgão acusatório, instruindo a peça inaugural da ação penal. Afinal, não havia cabimento em se considerar, no âmbito da denunciação caluniosa, os meros atos investigatórios isolados, conduzidos pela autoridade policial ou seus agentes, proporcionados pelo simples registro de uma ocorrência. Seria demais atribuir o delito de denunciação caluniosa a quem não conseguiu efetivamente o seu intento, vale dizer, a sua narrativa foi tão infundada que a autoridade policial, nos primeiros passos da investigação, prescindindo do inquérito, chegou à conclusão de se tratar de algo inadequado ou impossível. A administração da justiça não chegou a ser afetada, configurando, até mesmo, hipótese de aplicação do princípio da insignificância. Aliás, acrescente-se, também, a expressa menção feita no tipo penal de que é preciso "dar causa à instauração de inquérito policial (...) contra alguém". Defendíamos que, mesmo iniciado o inquérito, para a consumação do crime de denunciação caluniosa, seria necessário o indiciamento do suspeito pela autoridade. Porém, alteramos o nosso entendimento, pois seria exigir uma etapa excessivamente formal, não demandada em várias outras situações, como no caso de instauração do procedimento investigatório criminal (PIC) do Ministério Público. A mesma situação pode desenhar-se, ainda, pela simples instauração de investigação na Corregedoria de um órgão público, em decorrência de narrativa falsa sobre infração ético-disciplinar. Em suma, basta a instauração do inquérito policial para apurar a conduta de alguém para ser viável a consumação do crime previsto no art. 339 do Código Penal, quando preenchidos os seus demais requisitos. Nessa posição, defendendo que é preciso instaurar o inquérito, mas sem necessidade do indiciamento para a consumação: FORTES BARBOSA (*Denunciação caluniosa*, p. 108-109).

**15-A. Procedimento investigatório criminal:** esta é a denominação dada à investigação criminal instaurada pelo Ministério Público, cuja sigla é PIC. Portanto, considerando-se a formalização da inauguração do *procedimento investigatório criminal* contra alguém, em face de falsa denúncia, pode-se configurar a denunciação caluniosa.

**16. Processo judicial:** costumava-se defender que o processo referido neste artigo deveria ser o criminal, uma vez que a imputação à vítima seria de crime de que o sabe inocente. Assim, instaura-se processo-crime para apurar o delito por ventura cometido pelo ofendido, quando, então, descobre-se não ser ele culpado, concretizando a denunciação caluniosa. Ocorre que, atualmente, após a edição da Lei 10.028/2000, acrescentando ao tipo penal a possibilidade de se dar causa, indevidamente, à instauração de inquérito civil – procedimento preparador da ação civil pública, por excelência –, bem como ampliando-se o alcance do crime para envolver meras investigações administrativas e ações de improbidade administrativa, é preciso reconsiderar essa postura. Imagine-se que alguém, sabendo ser outra pessoa inocente, imputa-lhe crime, que termina redundando no ajuizamento de ação civil, para exigir a reparação do dano na esfera cível (ainda que nada ocorra no contexto criminal). Parece-nos que, se o singelo inquérito civil provoca a realização deste tipo penal, com muito mais justiça está configurada a denunciação caluniosa, no caso de ajuizamento de ação civil (pública ou não) contra indivíduo sabidamente inocente. Logo, o conceito deve ser ampliado, para envolver não somente as ações penais – sempre de interesse público –, mas também as ações civis. De todo modo, a consumação somente ocorre quando houver o recebimento da denúncia ou queixa (processo-

# Art. 339

Código Penal Comentado · **Nucci**

1334

-crime) ou da petição inicial (ação civil). A apresentação da denúncia ou queixa e da petição inicial, no distribuidor, sem o recebimento, situa-se na esfera da tentativa.

**17. Processo administrativo disciplinar:** a Lei 14.110/2020 mudou os termos do tipo penal passando de *investigação administrativa* para *processo administrativo disciplinar*, conferindo maior segurança às situações concretas, tendo em vista que simples sindicâncias para apurar um fato ilícito qualquer pode não ter nenhum resultado prático (igual situação se dava no tocante à expressão aberta *investigação criminal*, agora transformada em *inquérito policial*). Em boa hora, marca-se a firmeza de que a Administração, em decorrência de falsa notícia de crime, infração ético-disciplinar ou outro ato ilícito, instaure, realmente, processo administrativo para apurar a conduta de alguém. Somente essa situação permite a configuração do delito previsto no art. 339. Convém deixar claro, ainda, ter a nova lei introduzido a viabilidade de se considerar denunciação caluniosa não somente a falsa imputação de *crime* ao servidor público, mas, também, uma infração ético-disciplinar ou ato ímprobo, dando ensejo a um processo interno, no âmbito administrativo. Na jurisprudência: STF: "2. A sindicância administrativa instaurada contra a suposta vítima ajusta-se ao domínio semântico da cláusula típica investigação administrativa, elementar do crime de denunciação caluniosa (art. 339, *caput*, do Código Penal)" (RHC 172.074 ED, 1.ª T., rel. Rosa Weber, 08.02.2021, v.u.).

**18. Inquérito civil:** como define Motauri Ciocchetti de Souza, trata-se de "um procedimento administrativo de natureza inquisitiva, presidido pelo Ministério Público e que tem por finalidade a coleta de subsídios para a eventual propositura de ação civil pública pela Instituição" (*Ação civil pública e inquérito civil*, p. 85). Logo, após a inclusão do inquérito civil no contexto da denunciação caluniosa, pela Lei 10.028/2000, além do inquérito policial e de todas as outras investigações administrativas possíveis, deixou claro o legislador a intenção de coibir a conduta daquele que provoca a movimentação oficial do Ministério Público, no sentido de apurar ilícitos, que deem margem à propositura de ação civil pública ou de improbidade administrativa contra o imputado. Além do mais, por vezes, do inquérito civil, parte o Ministério Público também para a ação penal, sem necessidade de inquérito policial, uma vez que, nesse contexto, tem competência para colher provas. Assim, embora tenha iniciado o inquérito civil para apurar ilícito civil, termina encontrando elementos para o ajuizamento do processo criminal. Caso duas ações sejam indevidamente propostas contra a vítima da denunciação caluniosa, nem por isso haverá mais de um delito, pois o tipo penal do art. 339 é alternativo: uma ou mais investigações e/ou processos configuram um só crime. A consumação ocorrerá quando o inquérito civil deixar claro que está investigando pessoa determinada, justamente aquela que o agente sabe inocente.

**19. Ação de improbidade administrativa:** conferir o conteúdo da Lei 14.230/2021.

**20. Término da investigação ou processo em geral:** torna-se imprescindível, para que se julgue corretamente o crime de denunciação caluniosa, aguardar a finalização da investigação instaurada para apurar a infração penal, ético-disciplinar ou ato ímprobo imputado, bem como o processo disciplinar, a ação civil ou penal, sob pena de injustiças flagrantes. Recomenda Hungria que, "conforme pacífica doutrina e jurisprudência, a decisão final no processo contra o denunciante deve aguardar o prévio reconhecimento judicial da inocência do denunciado, quando instaurado processo contra este. Trata-se de uma medida de ordem prática, e não propriamente de uma condição de existência do crime" (*Comentários ao Código Penal*, v. IX, p. 465-466). Em igual sentido: Paulo José da Costa Júnior, *Direito penal – Curso completo*, p. 734.

**21. Confronto da denunciação caluniosa com o delito previsto no art. 19 da Lei 8.429/1992:** dispõe este artigo que "constitui crime a representação por ato de improbidade contra agente público ou terceiro beneficiário, quando o autor da denúncia o sabe inocente. Pena: detenção, de seis a dez meses, e multa. Parágrafo único. Além da sanção penal, o denunciante está sujeito a indenizar o denunciado pelos danos materiais, morais ou à imagem que houver provocado". Nota-se, pois, com a nova redação do art. 339, ser o caso de aplicar o disposto no Código Penal – lei mais recente e mais severa – quando a imputação leviana der margem à instauração de processo administrativo ou ação de improbidade administrativa.

**22. Pessoa determinada:** o elemento do tipo *alguém* indica, nitidamente, tratar-se de pessoa certa, não se podendo cometer o delito ao indicar para a autoridade policial apenas a materialidade do crime e as várias possibilidades de suspeitos. Por outro lado, não há crime quando o agente noticia a ocorrência de um fato criminoso, solicitando providências da autoridade, mas sem indicar nomes. Caso se verifique não ter ocorrido a infração penal, poderá se configurar o crime do art. 340, mas não a denunciação caluniosa, que demanda imputado certo.

**23. Infração penal:** a denunciação caluniosa tem por finalidade punir o agente que, falsamente, imputou a prática de um crime ou de uma contravenção penal a outrem. Entretanto, aplica-se o *caput* (pena de reclusão de dois a oito anos e multa) para o caso de imputação de crime, e o § 2.º (pena de reclusão de um a quatro anos e multa) para a hipótese de imputação de contravenção penal.

**23-A. Infração ético-disciplinar:** é a infração dos deveres impostos pela Administração Pública a seus servidores, passível de gerar o processo administrativo disciplinar. Ilustrando, constata-se, na Lei 8.112/1990 (Estatuto dos Servidores Públicos Civis da União), os deveres do funcionário, que, se não forem cumpridos, ensejam medidas disciplinares: "Art. 116. São deveres do servidor: I – exercer com zelo e dedicação as atribuições do cargo; II – ser leal às instituições a que servir; III – observar as normas legais e regulamentares; IV – cumprir as ordens superiores, exceto quando manifestamente ilegais; V – atender com presteza: a) ao público em geral, prestando as informações requeridas, ressalvadas as protegidas por sigilo; b) à expedição de certidões requeridas para defesa de direito ou esclarecimento de situações de interesse pessoal; c) às requisições para a defesa da Fazenda Pública; VI – levar as irregularidades de que tiver ciência em razão do cargo ao conhecimento da autoridade superior ou, quando houver suspeita de envolvimento desta, ao conhecimento de outra autoridade competente para apuração; VII – zelar pela economia do material e a conservação do patrimônio público; VIII – guardar sigilo sobre assunto da repartição; IX – manter conduta compatível com a moralidade administrativa; X – ser assíduo e pontual ao serviço; XI – tratar com urbanidade as pessoas; XII – representar contra ilegalidade, omissão ou abuso de poder". Por outro lado, há vedações ao servidor; se forem infringidas, proporcionam a instauração de processo administrativo disciplinar. *In verbis*: "Art. 117. Ao servidor é proibido: I – ausentar-se do serviço durante o expediente, sem prévia autorização do chefe imediato; II – retirar, sem prévia anuência da autoridade competente, qualquer documento ou objeto da repartição; III – recusar fé a documentos públicos; IV – opor resistência injustificada ao andamento de documento e processo ou execução de serviço; V – promover manifestação de apreço ou desapreço no recinto da repartição; VI – cometer a pessoa estranha à repartição, fora dos casos previstos em lei, o desempenho de atribuição que seja de sua responsabilidade ou de seu subordinado; VII – coagir ou aliciar subordinados no sentido de filiarem-se a associação profissional ou sindical, ou a partido político; VIII – manter sob sua chefia imediata, em cargo ou função de confiança, cônjuge, companheiro ou parente até o segundo grau civil; IX – valer-se do cargo para lograr proveito pessoal ou de outrem, em detrimento da dignidade da função pública; X – participar

# Art. 339

**Código Penal Comentado · Nucci** 1336

de gerência ou administração de sociedade privada, personificada ou não personificada, exercer o comércio, exceto na qualidade de acionista, cotista ou comanditário; XI – atuar, como procurador ou intermediário, junto a repartições públicas, salvo quando se tratar de benefícios previdenciários ou assistenciais de parentes até o segundo grau, e de cônjuge ou companheiro; XII – receber propina, comissão, presente ou vantagem de qualquer espécie, em razão de suas atribuições; XIII – aceitar comissão, emprego ou pensão de estado estrangeiro; XIV – praticar usura sob qualquer de suas formas; XV – proceder de forma desidiosa; XVI – utilizar pessoal ou recursos materiais da repartição em serviços ou atividades particulares; XVII – cometer a outro servidor atribuições estranhas ao cargo que ocupa, exceto em situações de emergência e transitórias; XVIII – exercer quaisquer atividades que sejam incompatíveis com o exercício do cargo ou função e com o horário de trabalho; XIX – recusar-se a atualizar seus dados cadastrais quando solicitado". Registre-se o disposto pelo art. 148: "O processo disciplinar é o instrumento destinado a apurar responsabilidade de servidor por infração praticada no exercício de suas atribuições, ou que tenha relação com as atribuições do cargo em que se encontre investido".

**23-B. Ato ímprobo:** cuida-se do universo dos atos de improbidade administrativa, aptos a dar origem ao ajuizamento de ação de improbidade administrativa contra alguém. Confira-se o disposto na Lei de Improbidade Administrativa.

**24. Elemento subjetivo do tipo:** é o dolo; entretanto, somente na sua forma direta, tendo em vista que o tipo penal exige o nítido conhecimento do agente acerca da inocência do imputado. Logo, torna-se impossível que ele assuma o risco de dar causa a uma investigação ou processo contra alguém inocente (dolo eventual). Não existe, obviamente, a forma culposa. Cremos presente o elemento subjetivo do tipo específico, consistente na vontade de induzir o julgador em erro, prejudicando a administração da justiça. No mesmo sentido: Hungria (*Comentários ao Código Penal*, v. IX, p. 463). Na jurisprudência: STF: "O crime de denunciação caluniosa (art. 339 do CP) exige, para sua configuração, que o agente tenha dolo direto de imputar a outrem, que efetivamente sabe ser inocente, a prática de fato definido como crime, não se adequando ao tipo penal a conduta daquele que vivencia uma situação conflituosa e reporta-se à autoridade competente para dar o seu relato sobre os acontecimentos. Precedente (Inq 1.547, rel. Min. Carlos Velloso, rel. p/ Acórdão: Min. Marco Aurélio, Tribunal Pleno, j. 21.10.2004)" (Inq. 3.133, 1.ª T., rel. Luiz Fux, 05.08.2014, v.u.). STJ: "1. O Superior Tribunal de Justiça entende que, para a caracterização do delito de denunciação caluniosa, é imprescindível a presença do dolo específico de imputar a alguém a prática de crime do qual o sabe inocente, induzindo em erro o julgador e prejudicando, por conseguinte, a administração da Justiça" (AgRg no AREsp 2.408.484/RJ, 6.ª T., rel. Antonio Saldanha Palheiro, 27.02.2024, v.u.).

**25. Inocência do imputado:** além de o agente ter esse conhecimento, exigem a doutrina e a jurisprudência majoritárias, com razão, que o imputado seja realmente prejudicado pela ação do autor, isto é, seja injustamente investigado ou processado, para, ao final, ocorrer o arquivamento ou a absolvição por falta de qualquer fundamento para vinculá-lo à autoria. Porém, se a punibilidade estiver extinta (pela prescrição, anistia, abolição da figura delitiva, dentre outros fatores) ou se ele tiver agido sob o manto de alguma excludente de ilicitude ou de culpabilidade, enfim, se o inquérito for arquivado ou houver absolvição, por tais motivos, não há crime de denunciação caluniosa. Tal se dá porque havia possibilidade concreta de ação da autoridade policial ou judiciária, justamente pela existência de fato típico (havendo autor sujeito à investigação ou processo), embora não seja ilícito, culpável ou punível. Nesse rumo está a lição de Hungria (*Comentários ao Código Penal*, v. IX, p. 462).

# Art. 339

**25-A. Crime impossível:** é admissível a hipótese da tentativa inidônea (art. 17, CP) quando o agente, ainda que aja com vontade de denunciar alguém, sabendo-o inocente, à autoridade, termina por fazer com que esta encontre subsídios concretos de cometimento de um outro crime. Seria indevido punir o agente por delito contra a *administração da justiça*, já que esta só teve a ganhar com a comunicação efetuada. Aliás, também se configura crime impossível quando não há mais possibilidade de ação da autoridade (anistia, abolição do crime, prescrição, entre outros).

**26. Autodefesa de réu em processo ou indiciado em inquérito:** é comum – embora possa ser imoral ou antiético – que uma pessoa acusada da prática de um delito queira livrar-se da imputação, passando a terceiro esse ônus. Ao indicar alguém para assumir o seu lugar, pretende desviar a atenção da autoridade, livrando-se da acusação. Ainda que indique terceira pessoa para tomar parte na ação penal ou na investigação por achar que ela teve alguma participação nos fatos, não se configura o crime. Não há, nessas hipóteses, elemento subjetivo do tipo específico, consistente no desejo de ver pessoa inocente ser injustamente processada, sem qualquer motivo, prejudicando a administração da justiça. A vontade específica do agente é livrar-se da sua própria imputação. Nesse sentido, já tivemos oportunidade de defender que, no exercício da sua autodefesa e para não incidir na autoacusação, pode o acusado dizer o que bem entende, inclusive mentir. Se pode e deve defender-se com amplidão, é natural que o direito de faltar com a verdade esteja presente. Tanto assim que ele pode até incriminar outra pessoa para salvar-se, sem que seja punido. Igualmente: HUNGRIA (*Comentários ao Código Penal*, v. IX, p. 463). Entretanto, não descartamos, completamente, a possibilidade de o indiciado ou réu, pretendendo vingar-se de terceiro, utilizar o inquérito, em que já está indiciado, ou o processo que lhe foi instaurado, para delatar, maldosamente, alguém. A delação, segundo cremos, é a admissão por alguém da prática do fato criminoso do qual está sendo acusado, envolvendo outra pessoa e atribuindo-lhe algum tipo de conduta delituosa, referente à mesma imputação. Não se trata, simplesmente, de acusar outrem pela prática de um delito, buscando livrar-se da imputação, pois isso é um puro testemunho. A delação, que vem sendo admitida como meio de prova pelos tribunais pátrios, implica a assunção da autoria por parte do delator. Por isso, para ser assim considerada, é indispensável que o autor de um crime admita a autoria e indique terceiro. Essa prova pode ser suficiente para uma condenação, razão pela qual atenta diretamente contra a administração da justiça. Ademais, o indiciado ou réu não necessita assumir o crime, indicando outra pessoa para *também* responder pelo fato, como estratégia defensiva. Sua intenção, nesse caso, não é se defender, mas prejudicar outrem, incluindo-o onde não merece, motivo pelo qual cremos poder responder por denunciação caluniosa. Afinal, configurados estão o dolo direto e o elemento subjetivo específico. Defendendo que o réu não comete, jamais, denunciação caluniosa em seu interrogatório, pois tem o ânimo de se defender, acima de tudo, está a posição de MALULY (*Denunciação caluniosa*, p. 62). Registre-se que, no âmbito da Lei 12.850/2013 (Organização criminosa), há o delito específico: "Art. 19. Imputar falsamente, sob pretexto de colaboração com a Justiça, a prática de infração penal a pessoa que sabe ser inocente, ou revelar informações sobre a estrutura de organização criminosa que sabe inverídicas: Pena – reclusão, de 1 (um) a 4 (quatro) anos, e multa".

**27. Objetos material e jurídico:** o objeto material é o inquérito policial, o procedimento investigatório criminal, o processo judicial, o processo administrativo disciplinar, o inquérito civil ou a ação de improbidade administrativa indevidamente instaurados. O objeto jurídico é o interesse na escorreita administração da justiça.

**28. Classificação:** trata-se de crime comum (aquele que pode ser cometido por qualquer pessoa); formal (delito que não exige, para sua consumação, resultado naturalístico,

# Art. 340

Código Penal Comentado · **Nucci**

consistente no efetivo prejuízo para a administração da justiça); de forma livre (pode ser cometido por qualquer meio eleito pelo agente); comissivo ("dar causa" implica ação); instantâneo (cuja consumação não se prolonga no tempo, dando-se em momento determinado); unissubjetivo (aquele que pode ser cometido por um único sujeito); plurissubsistente (delito cuja ação é composta por vários atos, permitindo-se o seu fracionamento); admite tentativa, embora de difícil configuração. Ver, a respeito dos diversos momentos consumativos, as notas 15 a 19.

**29. Competência:** Justiça Estadual ou Federal, conforme a natureza do crime que foi imputado à vítima, logo, onde será apurado, bem como em razão da qualidade do ofendido.

**30. Causa de aumento de pena:** determina o tipo penal o aumento obrigatório de um sexto na pena quando o agente se servir de anonimato ou de nome suposto, o que dificulta, sobremaneira, a identificação do autor da denúncia falsa.

**31. Anonimato:** é a posição assumida por alguém que escreve ou transmite uma mensagem sem se identificar.

**32. Nome suposto:** é a posição de quem escreve algo ou transmite uma mensagem adotando um nome fictício, isto é, sem se identificar.

**33. Causa de diminuição da pena:** como dissemos, a denunciação caluniosa pode abranger a imputação falsa de crime ou de contravenção, pois, em ambas as hipóteses, fere-se o interesse do Estado na apurada administração da justiça. Entretanto, tendo em vista o desvalor da conduta, isto é, a menor potencialidade lesiva que propicia à vítima da denunciação caluniosa responder por uma contravenção penal do que por um crime, diminui-se a pena da metade quando o agente imputa a alguém a prática de contravenção.

### Comunicação falsa de crime ou de contravenção

> **Art. 340.** Provocar[34-35] a ação de autoridade,[36] comunicando-lhe[37] a ocorrência de crime ou de contravenção que sabe[38] não se ter verificado:[39-42]
>
> Pena – detenção, de 1 (um) a 6 (seis) meses, ou multa.

**34. Análise do núcleo do tipo:** *provocar* significa dar causa, gerar ou proporcionar, que deve ser interpretado em conjunto com *comunicar* (fazer saber ou transmitir), resultando na conduta mista de dar origem à ação da autoridade por conta da transmissão de uma informação inverídica. Sendo composta, é possível a tentativa, como, por exemplo, se o sujeito comunica a ocorrência de crime inexistente e, antes de a autoridade agir, é desmascarado por terceiro.

**35. Sujeitos ativo e passivo:** o sujeito ativo pode ser qualquer pessoa. O sujeito passivo é o Estado.

**36. Ação de autoridade:** diferentemente do disposto no artigo antecedente, neste tipo penal fala-se de *ação* de autoridade, e não em *investigação* policial ou *processo* judicial. Podem o delegado (registrando um boletim de ocorrência), o promotor e o juiz (requisitando a instauração de inquérito policial) tomar atitudes em busca da descoberta ou investigação de uma infração penal, ainda que não oficializem seus atos, através da instauração do inquérito ou do oferecimento ou recebimento da denúncia. É suficiente para a concretização do delito de *comunicação falsa de crime ou de contravenção* fazer com que a autoridade aja sem qualquer motivo, perdendo tempo e comprometendo a administração da justiça, uma vez que deixa de atuar em casos verdadeiramente importantes. Há um prejuízo presumido a toda a sociedade.

**37. Forma da comunicação:** pode ser por escrito ou oral.

**38. Elemento subjetivo do tipo:** é o dolo, apenas na modalidade direta, pois o agente precisa *saber* não se ter verificado a infração penal. Além disso, demanda-se o elemento subjetivo do tipo específico, consistente na vontade de fazer a autoridade atuar sem causa. Não se pune a forma culposa.

**39. Ocorrência de crime diverso:** não se configura o delito, pois a ação da autoridade não foi inútil, não tendo havido qualquer prejuízo à administração da justiça. Por outro lado, se o delito existiu, mas terminou afetado por qualquer causa de extinção da punibilidade (como anistia, *abolitio criminis*, prescrição da pretensão punitiva, dentre outras), também há de ser afastada a configuração do crime do art. 340.

**40. Crime impossível:** cremos admissível a hipótese da tentativa inidônea (art. 17, CP) quando o agente, ainda que aja com vontade de provocar inutilmente a ação da autoridade, comunicando-lhe infração penal que sabe não se ter verificado, termina por fazer com que a autoridade policial ou judiciária encontre subsídios concretos de cometimento de outro crime. Seria indevido punir o agente por delito contra a *administração da justiça*, já que esta só teve a ganhar com a comunicação efetuada. Aliás, também se configura crime impossível quando não há mais possibilidade de ação da autoridade, como já mencionado na nota anterior (anistia, abolição do crime, prescrição, entre outros).

**41. Objetos material e jurídico:** o objeto material é a ação da autoridade. O objeto jurídico é a administração da justiça.

**42. Classificação:** trata-se de crime comum (aquele que pode ser cometido por qualquer pessoa); formal (que não exige, para sua consumação, resultado naturalístico); de forma livre (pode ser cometido por qualquer meio eleito pelo agente); comissivo ("provocar" e "comunicar" implicam ações); instantâneo (cuja consumação não se prolonga no tempo, dando-se em momento determinado); unissubjetivo (aquele que pode ser cometido por um único sujeito); plurissubsistente (delito cuja ação é composta por vários atos, permitindo-se o seu fracionamento); admite tentativa.

### Autoacusação falsa

> **Art. 341.** Acusar-se,[43-45] perante a autoridade,[46-47] de crime inexistente[48] ou praticado por outrem:[49-51]
> Pena – detenção, de 3 (três) meses a 2 (dois) anos, ou multa.

**43. Análise do núcleo do tipo:** *acusar* significa imputar falta, incriminar ou culpar. Portanto, *acusar-se* é a conduta do sujeito que se autoincrimina, chamando a si um crime que não praticou, seja porque inexistente, seja porque o autor foi outra pessoa.

**44. Sujeitos ativo e passivo:** o sujeito ativo pode ser qualquer pessoa. O sujeito passivo é o Estado. Embora pareça irreal o fato de uma pessoa autoacusar-se, correndo o risco de ser condenada, há muitas possibilidades para tal ocorrer. Pode o sujeito pretender assumir a prática de um delito mais leve para evitar a imputação de um crime mais grave. Pode, ainda, ter sido

# Art. 341

Código Penal Comentado • **Nucci**

1340

subornado pelo verdadeiro autor da infração penal para chamar a si a responsabilidade. Enfim, motivos existem para que a autoacusação falsa aconteça, merecendo ser evitada a qualquer custo, para preservar o interesse maior da correta administração da justiça.

**45. Direito de mentir do réu:** embora, no exercício do seu direito de defesa, que é constitucionalmente assegurado – ampla defesa – e não deve ser limitado por qualquer norma ordinária, tenha o acusado o direito de mentir, negando a existência do crime, sua autoria, imputando-a a outra pessoa, invocando uma excludente qualquer, enfim, narrando inverdades, não lhe é conferido pelo ordenamento jurídico o direito de se autoacusar falsamente. Nem em nome do princípio da ampla defesa é-lhe assegurado o direito de se autoacusar, pois também é princípio constitucional evitar, a qualquer custo, o erro judiciário (art. 5.º, LXXV). Não havendo hierarquia entre normas constitucionais, deve o sistema harmonizar-se sem necessidade de que uma norma sobrepuje outra. Assim, sob qualquer prisma, evitar a autoacusação é tipo penal perfeitamente sintonizado com a segurança almejada pelo sistema jurídico-penal. Note-se que uma confissão, mormente quando feita em juízo, tem valor probatório dos mais fortes em nosso processo penal. Aliás, possui valor maior do que o devido, pois costuma-se desprezar a chance de a admissão de culpa ser falsa. Ainda assim, há contundência no depoimento de uma pessoa que, sem qualquer pressão aparente, admite, perante a autoridade, a prática de um delito. Essa conduta, se fosse penalmente admissível, iria causar a provável condenação de um inocente, com a inconsequente impunidade do autêntico autor do crime. E, não havendo delito, remanesce, ainda, o inaceitável erro judiciário do Estado, algo que a Constituição ressaltou expressamente não ser suportável, tanto que assegura indenização. Diante disso, qualquer pessoa pode defender-se, quando for acusada da prática de um delito, embora não possa ficar impune caso o faça com o ânimo de chamar a si uma responsabilidade inexistente.

**46. Autoridade:** em se tratando de crime contra a administração da *justiça*, é preciso entender por *autoridade* o agente do poder público que tenha atribuição para apurar a existência de crimes e sua autoria ou determinar que tal procedimento tenha início. Portanto, é a autoridade judiciária ou policial, bem como o membro do Ministério Público.

**47. Elemento subjetivo do tipo:** é o dolo. Entendemos que há, ainda, o elemento subjetivo do tipo específico, consistente na vontade de prejudicar a administração da justiça. Não se pune a forma culposa.

**48. Crime inexistente:** é imprescindível que se trate de crime, não se aceitando a falsa imputação de contravenção penal.

**49. Praticado por outrem:** é indispensável, para a configuração do tipo penal, que o sujeito se autoacuse da prática de crime cometido por outra pessoa, sem ter tomado parte como coautor ou partícipe.

**50. Objetos material e jurídico:** o objeto material é a declaração eivada de falsidade. O objetivo jurídico é a administração da justiça.

**51. Classificação:** trata-se de crime comum (aquele que não demanda sujeito ativo qualificado ou especial); formal (que não exige, para sua consumação, resultado naturalístico); de forma livre (pode ser cometido por qualquer meio eleito pelo agente); comissivo ("acusar--se" implica ação); instantâneo (cuja consumação não se prolonga no tempo, dando-se em momento determinado); unissubjetivo (aquele que pode ser cometido por um único sujeito); plurissubsistente (delito cuja ação é composta por vários atos, permitindo-se o seu fracionamento); admite tentativa, ainda que seja de difícil configuração.

**Título XI – Dos crimes contra a Administração Pública**

**Art. 342**

### Falso testemunho ou falsa perícia

> **Art. 342.** Fazer[52-54] afirmação falsa, ou negar ou calar[55] a verdade,[56-58] como testemunha,[59] perito, contador, tradutor ou intérprete[60] em processo judicial, ou administrativo, inquérito policial,[61-62] ou em juízo arbitral:[63-66]
>
> Pena – reclusão, de 2 (dois) a 4 (quatro) anos, e multa.[67]
>
> § 1.º As penas aumentam-se de 1/6 (um sexto) a 1/3 (um terço), se o crime é praticado mediante suborno[68] ou se cometido com o fim de obter prova destinada a produzir efeito em processo penal,[69] ou em processo civil em que for parte entidade da Administração Pública direta[70] ou indireta.[71-72]
>
> § 2.º O fato deixa de ser punível[73-74] se, antes da sentença no processo em que ocorreu o ilícito,[75-76] o agente se retrata ou declara a verdade.[77-78-A]

**52. Análise do núcleo do tipo:** as condutas possíveis são as seguintes: *fazer afirmação falsa* (mentir ou narrar fato não correspondente à verdade); *negar a verdade* (não reconhecer a existência de algo verdadeiro ou recusar-se a admitir a realidade); *calar a verdade* (silenciar ou não contar a realidade dos fatos). A diferença fundamental entre *negar a verdade* e *calar a verdade* é que a primeira conduta leva a pessoa a contrariar a verdade, embora sem fazer afirmação (ex.: indagado pelo juiz se presenciou o acidente, como outras testemunhas afirmaram ter ocorrido, o sujeito nega), enquanto a segunda conduta faz com que a pessoa se recuse a responder (ex.: o magistrado faz perguntas à testemunha, que fica em silêncio ou fala que não responderá). Na jurisprudência: STF: "2. A ausência de responsabilização da testemunha de defesa pelo crime de falso testemunho não implica necessariamente se considerar provado o fato por ela narrado. Pelo contrário, a não responsabilização da testemunha pode conviver, sem contradição, com a condenação do paciente pelo crime contra a vida que lhe é imputado. 3. Não havendo contradição frontal entre as respostas aos quesitos, prevalece o que decidido pelo Conselho de Sentença, em observância ao princípio constitucional da soberania dos veredictos (HC 96.242/SP, 1.ª T., rel. Min. Ricardo Lewandowski, *DJe* 12.6.2009). 4. Agravo regimental conhecido e não provido" (RHC 116.262 AgR, 1.ª T., rel. Rosa Weber, 06.11.2018, m.v.).

**53. Sujeitos ativo e passivo:** os sujeitos ativos são especiais, podendo ser somente a testemunha, o perito, o contador, o tradutor ou o intérprete. Trata-se, em verdade, de crime de mão própria, só podendo ser cometido por tais sujeitos diretamente, sem interposta pessoa. O sujeito passivo é o Estado; eventualmente, pode ser também a pessoa prejudicada pelo ato falso.

**54. Elemento subjetivo do tipo:** é o dolo. Cremos presente, ainda, o elemento subjetivo do tipo específico, consistente na vontade de prejudicar a correta distribuição da justiça. Por isso, não há viabilidade para a punição daquele que afirmou uma inverdade, embora sem a intenção de prejudicar alguém no processo. Ex.: sem ter certeza da ocorrência de determinado fato, a testemunha termina afirmando a sua existência, confiando na sua memória, em verdade lacunosa. Não tendo havido vontade específica de prejudicar a administração da justiça, o crime não se configura. Não se pune a forma culposa.

**55. Recusa da testemunha em depor:** inicialmente, há de se ressaltar que *reticência* é simplesmente *calar a verdade* (omitir-se) e isso é falso testemunho. Portanto, quando a testemunha cala, recusando-se a depor a respeito do que efetivamente sabe, está afrontando o seu dever de colaborar com a administração da justiça, e jamais buscando afrontar funcionário público, que lhe deu uma ordem, razão pela qual não se cuida de crime de desobediência. O

# Art. 342

magistrado, ao compromissar a testemunha, cumpre a lei, e não dá ordens a quem vai depor. Cada qual cumpre sua função: o juiz ouve a testemunha e esta fala, ambos seguindo a norma legal. Por outro lado, seria privilegiar a atitude daqueles que, inconformados com o dever de depor a verdade do que sabem, mas não desejam receber uma pena de reclusão de um ano (com aumento de 1/6 a 1/3 quando se tratar de feito criminal), podem socorrer-se da recusa em depor, calando, razão pela qual poderiam responder por desobediência, cuja pena mínima é de singelos 15 dias de detenção e a máxima não ultrapassa seis meses. É, pois, evidente que deve a pessoa que se recusa a depor responder por falso testemunho. Acrescente-se, ainda, que, se fosse processada por desobediência – a testemunha que se recusasse a depor –, não poderia se valer da faculdade prevista no art. 342, § 2.º, que é a retratação, ou seja, quando o agente resolve voltar atrás e contar a verdade do que sabe. Afinal, essa causa de extinção da punibilidade tem aplicação restrita à hipótese do falso testemunho, e não a outro delito. Nesse sentido, encontra-se a posição de FERNANDO JOSÉ DA COSTA (*O falso testemunho*, p. 88), acrescentando o autor, com o que concordamos, que "não ir prestar depoimento após a devida intimação, importante esclarecer que não se trata de falso testemunho por omissão, já que tal omissão não diz respeito ao depoimento; trata-se de uma desobediência à ordem de autoridade, podendo, quando muito, se tratar de crime de desobediência, art. 330 do Código Penal, jamais de crime de falso testemunho por omissão".

**56. Fato juridicamente relevante:** é essencial que o fato falso (afirmado, negado ou silenciado) seja juridicamente relevante, isto é, de alguma forma seja levado em consideração pelo delegado ou juiz para qualquer finalidade útil ao inquérito ou ao processo, pois, do contrário, tratar-se-ia de autêntica hipótese de crime impossível. Logo, não é um ponto pertinente à classificação do delito como formal ou material. Isto é certo. Porém, se o sujeito afirma fato falso, mas absolutamente irrelevante para o deslinde da causa, por ter-se valido de meio absolutamente ineficaz, não tem qualquer possibilidade de lesar o bem jurídico protegido, que é a escorreita administração da justiça. Na jurisprudência: STJ: "2. Nos termos da jurisprudência consolidada desta Corte Superior de Justiça, 'o crime de falso testemunho é de natureza formal, consumando-se no momento da afirmação falsa a respeito de *fato juridicamente relevante*, aperfeiçoando-se quando encerrado o depoimento' (AgRg no REsp. 1.269.635/MG, rel. Min. Sebastião Reis Júnior, 6.ª T., 23.09.2013). Assim, tratando-se de crime formal, é irrelevante aferir a potencialidade lesiva do falso testemunho ou seu grau de influência no convencimento do magistrado para que se configure o crime" (AgRg no AREsp 1.428.315-SP, 5.ª T., rel. Ribeiro Dantas, 20.08.2019, v.u., grifamos).

**56-A. Qualificação da testemunha:** se, no momento de ser qualificada (fornecimento de seus dados pessoais, tais como nome, filiação, endereço, profissão etc.), a testemunha faltar com a verdade, introduzindo dados inverídicos, pensamos tratar-se do delito de falsa identidade (art. 307, CP). FERNANDO JOSÉ DA COSTA, por sua vez, embora concorde parcialmente com a tese, menciona o seguinte: "Todavia, esta regra deve admitir exceções, como no caso de uma mãe que, em auxílio do filho, falseia sua qualificação, omitindo tal informação ao julgador. Neste caso, tal falsidade é crucial para o valor desta prova, influenciando diretamente no mérito e na veracidade de seu depoimento, sendo de mais salutar opinião considerá-la crime de falso testemunho, seguindo Noronha" (*O falso testemunho*, p. 94-95). Apesar da preocupação exposta pelo autor, mantemo-nos fiéis ao cometimento do crime de falsa identidade. Não se deve abrir mão da estrita legalidade, tipificando a situação exatamente no tipo penal para ela idealizado, ainda que prejuízos outros ocorram.

**57. Natureza da falsidade:** há duas posições a respeito: *a)* falso é o que, objetivamente, não corresponde à realidade; *b)* falso é o que, subjetivamente, não corresponde à realidade, ou seja, aquilo que não guarda sintonia com o que o agente efetivamente captou e compreendeu. Parece-nos melhor a segunda posição. Afinal, a verdade, para o sujeito que presta um depoimento ou elabora um parecer, é apenas uma representação ideológica que se desenha na mente de alguém, que passa a acreditar na existência de algo. Portanto, ainda que algo seja "verdade" absoluta para alguém, pode ser, na realidade, uma falsidade, isto é, algo contrário à realidade.

**58. Opinião da testemunha:** não configura o crime de falso, pois a testemunha deve depor sobre fatos, e não sobre seu modo particular de pensar. Quando se indaga da testemunha sua opinião acerca de algo (como, por exemplo, a respeito da personalidade do réu), deve-se suportar uma resposta verdadeira ou falsa, valorando o magistrado da forma como achar melhor. É curial destacar, no entanto, que a falsa opinião, no contexto da perícia, é bem diferente, pois, em grande parte, o perito termina fornecendo a sua particular visão sobre alguma matéria ou sobre algum fato. Essa opinião é técnica, possuindo intrínseco valor probatório.

**59. Direito de mentir da testemunha:** somente existe quando a testemunha falta com a verdade ou se cala evitando comprometer-se, vale dizer, utiliza o princípio constitucional do direito ao silêncio e de não ser obrigado a se autoacusar. Por isso, é indispensável que o interrogante tenha cautela na avaliação do depoimento, para não se precipitar, crendo estar diante de testemunha mentirosa, quando, na realidade, está ouvindo um "futuro acusado", que busca esquivar-se, validamente, da imputação.

**60. Conceito de testemunha, perito, tradutor, intérprete e contador:** testemunha é a pessoa que viu ou ouviu alguma coisa relevante e é chamada a depor sobre o assunto em investigação ou processo. Cremos ser indispensável que se lhe dê tal condição quando for inquirida, isto é, é indispensável que seja reconhecida como testemunha, e não como simples declarante ou informante, pessoas estas que narram seu entendimento sobre algo sem o compromisso de dizer a verdade. Perito é a pessoa especializada em determinado assunto, preparada para dar seu parecer técnico. Tradutor é aquele que traslada algo de uma língua para outra, fazendo-o por escrito, enquanto o intérprete, conhecedor de uma língua, serve de ponte para que duas ou mais pessoas possam estabelecer conversação entre si. Contador é o especialista em fazer cálculos. Acrescentou-se esse profissional, nem sempre considerado perito, através da Lei 10.268/2001, justamente para impedir que cálculos oferecidos em juízo possam ser fraudados, contendo dados incorretos, prejudicando, enormemente, as partes envolvidas no processo. Não são poucas as notícias de indenizações milionárias, frutos de manifestas inverdades, traduzidas em cálculos apresentados por especialistas, dificilmente contestados pelos profissionais do direito – juízes, promotores e advogados –, até por falta de aptidão.

**61. Processo judicial, inquérito policial ou processo administrativo:** corrigiu-se, com a edição da Lei 10.268/2001, o erro anteriormente contido na descrição do tipo. Fazia-se referência a "processo judicial, policial ou administrativo", quando o correto deveria ser processo judicial, *inquérito policial* – que é apenas um procedimento, mas não um processo – e processo administrativo. Tal situação não mais ocorre. Incluem-se os processos administrativos ou inquéritos substitutivos do policial, por ser esta a finalidade do tipo penal. Assim, abrange a sindicância, que não é apenas um "procedimento preparatório" do processo administrativo, tendo em vista que, através dela, pode-se punir um funcionário público com certos tipos de pena, como a repreensão e a suspensão (art. 270 c.c. o art. 274, da Lei 10.261/1968, Estatuto dos Funcionários Públicos do Estado de S. Paulo), o inquérito produzido pela Comissão Parlamentar de Inquérito e o inquérito civil, presidido pelo Ministério Público. Quanto ao inquérito parlamentar, destaque-se a sua nítida natureza de procedimento preparatório de um processo judicial. Além disso, há o tipo remetido da Lei 1.579/1952: "Art. 4.º Constitui crime:

# Art. 342

Código Penal Comentado · **Nucci**

(...) II – fazer afirmação falsa, ou negar ou calar a verdade como testemunha, perito, tradutor ou intérprete, perante a Comissão Parlamentar de Inquérito: Pena – a do art. 342 do Código Penal". No sentido da interpretação extensiva do tipo penal, admitindo o falso em todas as hipóteses mencionadas, ANTONIO CARLOS DA PONTE, *Falso testemunho no processo*, p. 58; Fernando José da Costa, *O falso testemunho*, p. 36.

**62. Compromisso da testemunha de dizer a verdade:** há duas posições: *a)* não é necessário o compromisso para a configuração do crime de falso, tendo em vista que toda pessoa tem o dever de dizer a verdade em juízo, não podendo prejudicar a administração da justiça. Além do mais, a formalidade do compromisso não integra mais o crime de falso, como ocorria por ocasião do Código Penal de 1890; *b)* há necessidade do compromisso, pois sem ele a testemunha é mero informante, permitindo ao juiz livre valoração de seu depoimento. Como ensina FRAGOSO: "Em relação à testemunha é indispensável que tenha prestado o compromisso legal, pois somente neste caso surge o dever de dizer a verdade". Cremos mais acertada a segunda posição, mesmo porque é a única que está em sintonia com as regras processuais penais. O art. 203 do CPP é expresso ao mencionar que "a testemunha fará, sob palavra de honra, a promessa de dizer a verdade do que souber e lhe for perguntado (...)". Em seguida, lê-se no art. 208: "Não se deferirá o compromisso a que alude o art. 203 aos doentes e deficientes mentais e aos menores de 14 anos, nem às pessoas a que se refere o art. 206" (neste dispositivo legal menciona-se que podem eximir-se de depor o ascendente, o descendente, o afim em linha reta, o cônjuge, ainda que separado, o irmão, o pai, a mãe e o filho adotivo do acusado). Ora, analisando-se em conjunto tais normas, tem-se o seguinte: o compromisso é o ato solene que concretiza, tornando expresso, o dever da pessoa que teste-munha de dizer a verdade, sob pena de ser processada por falso testemunho. E nem se diga que é mera formalidade, cuja falta nem mesmo implica nulidade, pois se está analisando a situação sob o prisma do sujeito ativo, e não do processo. Se a falta do compromisso vai ou não causar nulidade é irrelevante, diante da ausência propositada do alerta à pessoa que vai depor de que está *obrigada* a dizer a verdade. Aliás, somente poderia estar obrigada ou de-sobrigada de acordo com a lei. Por isso, quando o juiz olvidar o compromisso de pessoa que está *legalmente obrigada* a dizer a verdade, não se afasta o crime de falso. Entretanto, se, ao contrário, a ela expressamente não deferir o compromisso, deixando claro tratar-se de meras declarações, não há como punir o sujeito que mentiu. Sem o compromisso, não se pode exigir que o depoente fale a verdade, mesmo porque as pessoas que estão imunes à promes-sa de dizer a verdade são justamente as que não têm condições emocionais de fazê-lo ou, por conta de deficiência mental ou falta de maturidade, terminam não narrando a verdade. Como se pode exigir do pai do réu – eximido da obrigação de depor (art. 206, CPP) – que conte a verdade do que aconteceu, mesmo sabendo que o filho pode ir, graças ao seu depoimento, para a cadeia? Excepcionalmente, diz o próprio art. 206, parte final, quando por outra forma não for possível obter ou integrar a prova do fato e de suas circunstâncias, pode o magistrado determinar a inquirição dessas pessoas, *embora sem lhes deferir o compromisso* (art. 208). E por quê? Qual razão teria o legislador ao determinar para uns o compromisso e para outros, não? É evidente que a intenção é diferenciar a testemunha do mero declarante. A testemunha tem o dever de dizer a verdade, porque compromissada, logo, sujeita às penas do crime de falso, que é a consequência jurídica do descumprimento do dever que assumiu. O declaran-te não possui o dever de narrar a verdade e está sendo ouvido por pura *necessidade* do juízo na busca da verdade real, embora não preste compromisso, como a lei assegura. O magistra-do levará em consideração o seu depoimento com reserva, fazendo o possível para confron-tá-lo com as demais provas dos autos. Não fosse assim e todos deveriam ser compromissados, sem exceção, respondendo pelo crime de falso. Entendemos, outrossim, que a obrigação de

# Art. 342

depor pode existir, mesmo para os que não forem compromissados – porque está expresso em lei (art. 206, *fine*, CPP) –, mas não com a incidência do art. 342 do Código Penal. A despeito da figura típica criada para punir o falso testemunho, como crime contra a administração da justiça, é preciso considerar que o sistema de produção de provas – alicerce da distribuição de justiça – é disciplinado pelo Código de Processo Penal, não podendo a lei penal interferir em seara alheia. Se há compromisso para alguns e não há para outros, é indispensável respeitar tal sistemática, sob pena de haver o predomínio indisfarçável do Código Penal sobre o de Processo. Diga-se o mesmo no tocante à vítima (art. 201), para quem também não se exige o compromisso de dizer a verdade, justamente porque é parte envolvida no fato delituoso, tendo sofrido a conduta e estando emocionalmente vinculada, em grande parte, à punição da pessoa que julga ser culpada por seu sofrimento. Tanto é verdade, que a vítima não se inclui no rol de testemunhas (está em capítulo diverso do referente às testemunhas) e não presta depoimento, mas "declarações" (art. 201, *caput*, CPP). E, arrematando, note-se o disposto no art. 210, *caput*, parte final, do CPP – "... devendo o juiz adverti-las das penas cominadas ao falso testemunho" –, que se refere, naturalmente, às *testemunhas* que prestam depoimento sob compromisso, e não aos meros declarantes (incluindo-se nestes as vítimas). Convém mencionar o raciocínio esposado por ANTONIO CARLOS DA PONTE, alegando ser dispensável o compromisso, que possui "conotação estritamente no campo valorativo das declarações da testemunha, de forma que sua dispensa serve apenas para considerar-se menos intenso seu valor probante. (...) Certamente, não é crível imaginar que, em decorrência da alteração sofrida pela lei processual civil, que deixou de exigir o competente compromisso por parte dos peritos, estes ficaram, consequentemente, à margem do tipo previsto no art. 342 do Código Penal, dirigido a testemunhas, peritos, tradutores e intérpretes, uma vez que o compromisso não integra o tipo penal" (*Falso testemunho no processo*, p. 35-36). Permitimo-nos discordar. No tocante às testemunhas, já expusemos o nosso entendimento, salientando que o compromisso não tem valor unicamente decorativo, nem formal, tanto assim que há pessoas dispensadas de depor e, se o fizerem, prestam depoimento como meros declarantes – ainda que o valor probatório da declaração possa ser superior ao do depoimento da testemunha. Quanto aos peritos, a dispensa do compromisso, formalizada no ofício judicial, não foi abolida, mas, ao contrário, foi estipulada em lei, com o fito de evitar burocracia. O art. 466 do CPC/2015 menciona que "o perito cumprirá escrupulosamente o encargo que lhe foi cometido, independentemente do termo de compromisso". Fala-se em dispensa do *termo* de compromisso, e não deste último. Logo, o compromisso é previsto em lei, abrangendo toda pessoa que se dispuser a desempenhar a função de perito. Seria como a lei estabelecer que toda pessoa, ouvida em juízo, em qualquer situação, está automaticamente obrigada a dizer a verdade. Se assim fosse, estaria fixado o compromisso legal de dizer a verdade, o que não ocorre no contexto das testemunhas. Portanto, continua o perito obrigado a não falsear seus trabalhos, porque a lei faz a determinação expressamente. Merece ser mencionado, ainda, em matéria de direito comparado, o disposto no Código Penal alemão. Com finalidade expressa de punir quem mente em juízo, há dois tipos penais: *a)* declaração falsa sem compromisso, destinado à pessoa que, como testemunha ou perito, esteja depondo em juízo e falte com a verdade. A pena será de 3 meses a 5 anos (§ 153); *b)* perjúrio, que é o autêntico falso testemunho, de quem, compromissado a dizer a verdade, mente em juízo. A pena será de, no mínimo, um ano (§ 154). Por isso, mais uma vez insistimos, o crime de falso testemunho, previsto no Código Penal brasileiro, deve ser punido unicamente quando a pessoa prestar o compromisso de dizer a verdade. Quisesse a lei abranger as duas formas e deveria ter criado as duas figuras típicas compatíveis, pois são situações nitidamente diferentes. Na jurisprudência: STJ: "2. A regra é que a testemunha não tem o direito de ficar calada, todavia, quando esta é formalmente arrolada nessa condição, mas tratada materialmente como um inves-

# Art. 342

Código Penal Comentado • **Nucci**

tigado, também deverá incidir a garantia constitucional. 3. Sem a comprovação do aviso do direito ao silêncio, nulo está o depoimento do paciente, e não há sentido em se admitir que ele possa ser processado pelo crime do art. 342 do Código Penal" (RHC 88.030-RJ, 6.ª T., rel. Rogerio Schietti Cruz, 06.04.2021, v.u.); "2. Os arts. 202 e 206 do CPP dispõem que 'toda pessoa poderá ser testemunha' e que 'a testemunha não poderá eximir-se da obrigação de depor. Poderão, entretanto, recusar-se a fazê-lo o ascendente ou descendente, o afim em linha reta, o cônjuge, ainda que desquitado, o irmão e o pai, a mãe, ou o filho adotivo do acusado'. Já o art. 447, § 2.º, I, do CPC enumera que são impedidos 'o cônjuge, o companheiro, o ascendente e o descendente em qualquer grau e o colateral, até o terceiro grau, de alguma das partes, por consanguinidade ou afinidade'. 3. Tratando-se de falso testemunho cometido em processo cível, deve ser aferida a qualidade de testemunha nos termos do CPC. Lado outro, se o falso testemunho tiver sido praticado em processo criminal, como na hipótese dos autos, a qualidade de testemunha tem que ser verificada de acordo com o CPP, sem necessidade de aplicação analógica do CPC. 4. Conforme leciona a doutrina, o rol do art. 206 do CPP 'é taxativo e uma das principais razões para isso é o princípio da verdade real. No processo penal, reduz-se ao mínimo possível a lista de pessoas que não prestam o compromisso de dizer a verdade. Além dos parentes do acusado, os menores de 14 anos e os enfermos mentais. Ninguém mais se isenta desse dever'. (NUCCI, Guilherme de Souza. *Código de Processo Penal comentado*. 18. ed. Rio de Janeiro: Forense, 2019. p. 576). Nesse contexto, conforme consignado pelo Min. Nefi Cordeiro, no AREsp 1.021.166/DF, j. 1.º.08.2017, 'não se encaixa no rol das testemunhas descompromissadas, consoante art. 206 c/c art. 208, ambos do CPP, colateral em terceiro grau.'" (AgRg no RHC 108.823-SP, 5.ª T., rel. Reynaldo Soares da Fonseca, 15.08.2019, v.u.).

**63. Objetos material e jurídico:** os objetos materiais podem ser o depoimento prestado, o laudo apresentado, o cálculo efetuado ou a tradução realizada por escrito ou verbalmente. O objeto jurídico é a administração da justiça, que pode ficar comprometida diante das falsidades aventadas.

**64. Concurso de pessoas no crime de falso:** entendemos perfeitamente admissível, na modalidade de participação, o concurso de agentes. Nada impede, tecnicamente, que uma pessoa induza, instigue ou auxilie outra a mentir em juízo ou na polícia. O crime é de mão própria: embora isso queira significar ter o autor de cometê-lo pessoalmente, nada impede tenha ele o auxílio de outrem. Há voz destoante afirmando tratar-se de exceção pluralista ao sistema monista ou unitário adotado no concurso de pessoas. Assim, quis o legislador punir aquele que presta falso testemunho ou produz falsa perícia (art. 342), e, em outro tipo penal, deliberou punir aquele que suborna testemunha ou perito (art. 343). Teria feito o mesmo com o aborto (o tipo do art. 124 é aplicado à gestante que pratica o aborto e o tipo do art. 126 seria aplicado ao sujeito que lhe dá apoio) e com outras figuras típicas. Não nos parece seja este o caso. As exceções pluralistas à doutrina unitária do crime são específicas e não podem ser ampliadas pelo intérprete. Portanto, a pessoa que *provoca* o aborto com consentimento da gestante responde pelo art. 126, mas o sujeito que instiga a gestante a praticar o autoaborto ingressa, como partícipe, no art. 124. Seria injusto deixá-lo impune e seria ainda mais despropositado incluí-lo na figura do art. 126, pois ele efetivamente não *provocou*, apenas deu a ideia. Se induzir fosse o mesmo que provocar ("ser causa de"), poderíamos sustentar ser criminosa a mãe que tem a ideia fixa de abortar, terminando por conseguir um aborto natural... Ela estaria "induzindo" a si mesma, o que é ilógico, visto que a conduta é ativa e naturalística, tendo o sentido de dar causa, promover ou gerar o aborto. Destarte, a pessoa que mentiu deve responder pelo falso testemunho, enquanto aquele que a induziu ingressa no tipo como partícipe. Prevendo figura à parte, mas dando-lhe o destaque devido – até mesmo para que alguns não aleguem tratar-se de simples partícipe, reduzindo-lhe a pena –, quis o legislador tipificar o suborno (dar dinheiro para a testemunha mentir ou o perito falsear), no art. 343. A exceção criada é específica e não impede a incursão no art. 342 de quem é partícipe. Note-se, ademais, que os defensores da impossibilidade de participação do agente que induz a mulher a abortar, na figura do art. 124, terminam sustentando o ingresso na figura mais grave do art. 126. Dever-se-ia fazer o mesmo no caso do sujeito que induz, instiga ou auxilia alguém a mentir, colocando-o, artificialmente, no art. 343? Cremos que não. A ele cabe, com perfeição, a participação no crime de falso testemunho ou falsa perícia do art. 342. Alguns outros argumentam ser incabível a participação porque o art. 343 pune a pessoa que suborna testemunha com a mesma pena do crime de falso testemunho. Logo, seria injusto punir o partícipe, que não suborna, com a mesma sanção daquele que alicia outro a mentir. O argumento é de *justiça por comparação*. Essa posição encontra-se superada pela modificação introduzida pela Lei 10.268/2001, que aumentou consideravelmente a pena do crime de suborno a testemunha e peritos em geral (art. 343), passando-a de 1 a 3 anos para 3 a 4 anos, mantida a multa. Logo, o partícipe do falso testemunho – aquele que induziu, instigou ou auxiliou à produção da mentira ou da falsidade – será punido com sanção bem menor do que a pessoa que subornar testemunha ou perito. A despeito disso, já sustentávamos, antes da reforma, ser indispensável considerar que muitos partícipes apresentam comportamento mais reprovável do que a testemunha que mentiu, merecendo, pois, exatamente a mesma sanção. Uma pessoa culta e preparada que induza outra, simples e ignorante, a prestar um depoimento falso pode apresentar comportamento muito mais daninho à sociedade do que a conduta do autor direto da mentira. Acrescente-se, ainda, que há pessoas com forte poder de argumentação que somente conseguem o seu objetivo – fazer alguém cometer o falso testemunho – justamente porque não lhe ofereceu dinheiro ou qualquer vantagem, mas o convenceu de que a justiça, naquela situação concreta, seria faltar com a verdade. Tivesse oferecido vantagem e não teria logrado êxito. Assim, nunca nos convenceu o argumento de que o suborno (art. 343) não poderia ter a mesma pena de quem convencesse outrem a mentir sem lhe dar, oferecer ou prometer dinheiro ou vantagem. Diga-se, a bem da verdade, que o desvalor da conduta é idêntico: convencer uma pessoa a mentir à autoridade, por dinheiro ou por força de argumentos escusos, tem a capacidade de ferir com igual intensidade a administração da justiça. Além disso, é preciso anotar que o lucro do agente que mente pode não ser visível, de forma que pode não estar configurado o suborno (figura do art. 343), e, ainda assim, o crime de falso é cometido (ex.: a pessoa, convencida pelo advogado do réu, embora sem qualquer promessa de vantagem imediata, mente em juízo para protegê-lo, crente de que, no futuro, poderá contar com favores do acusado ou mesmo do causídico). Logo, não vislumbramos óbice algum para a punição do partícipe no crime do art. 342. Na jurisprudência: STJ: "2. A Corte local assentou que 'os Tribunais Superiores têm entendimento pacificado no sentido de que advogado pode ser partícipe em crime de falso testemunho'. De fato, é 'perfeitamente admissível, na modalidade de participação, o concurso de agentes. Nada impede, tecnicamente, que uma pessoa induza, instigue ou auxilie outra a mentir em juízo ou na polícia' (Nucci, Guilherme de Souza. *Código Penal Comentado*. 14. ed. rev., atual. e ampl. Rio de Janeiro: Forense, 2014. p. 1384). Precedentes" (RHC 106.395-SP, 5.ª T., rel. Reynaldo Soares da Fonseca, 26.03.2019, v.u.). Na doutrina: Antonio Carlos da Ponte, admitindo a possibilidade de punição da pessoa que induz, instiga ou auxilia outra a cometer o falso (*Falso testemunho no processo*, p. 49-50); Luiz Regis Prado, no mesmo sentido (*Falso testemunho e falsa perícia*, p. 121-126 e 146); Fernando José da Costa (*O falso testemunho*, p. 78 e 83), acrescentando, inclusive, com nitidez, a posição do advogado partícipe: "Com relação ao advogado ser partícipe ou não do crime de falso testemunho, posição preferível é aquela que entende possível a participação do advogado como partícipe desse crime. O advogado pode e

# Art. 342

Código Penal Comentado · **Nucci**

1348

deve orientar a testemunha, porém jamais poderá induzi-la, auxiliá-la ou instigá-la à prática do falso testemunho. Tal conduta configura a participação no crime de falso testemunho".

**65. Classificação:** trata-se de crime próprio (aquele que somente pode ser cometido por sujeito ativo qualificado ou especial). Aliás, é delito de mão própria – que necessita ser cometido diretamente pelo agente. É crime formal (que não exige, para sua consumação, resultado naturalístico), consumando-se ao final do depoimento. É, também, de forma livre (pode ser cometido por qualquer meio eleito pelo agente); comissivo ou omissivo, dependendo da forma como é praticado; instantâneo (cuja consumação não se prolonga no tempo, dando-se em momento determinado); unissubjetivo (aquele que pode ser cometido por um único sujeito); unissubsistente (delito cuja ação é composta por ato impossível de ser fracionado); não admite tentativa. Contra, admitindo a possibilidade de tentativa, mas esvaziando totalmente a possibilidade de sua punição, Luiz Regis Prado: "Parece bem observar que o reconhecimento da possibilidade de tentativa não significa que esta deva ser punível. Ao contrário, razões múltiplas, inclusive de política criminal, favorecem sua impunidade. Além da retratação, praticamente inexiste possibilidade de uma tentativa de falso testemunho produzir uma decisão errônea" (*Falso testemunho e falsa perícia*, p. 121). Mantemo-nos fiéis à doutrina majoritária, que não a admite, por absoluta impossibilidade lógica. Não há como fracionar um depoimento, em que a testemunha, por ir e vir muitas vezes, pode mentir e, logo em seguida, contar a verdade, pode narrar a verdade e mentir de novo. Somente quando findar o que está falando o juiz terá condições de concluir se, afinal, mentiu ou não. Logo, para aqueles que entendem ser cabível prisão em flagrante nesse caso, devem esperar que a testemunha assine o que declarou. Jamais deve-se dar a voz de prisão durante o depoimento, pois há possibilidade de a testemunha tornar atípica a conduta que possa ter-se iniciado típica, isto é, voltar atrás na mentira que estaria a narrar. Acrescentamos, ainda, que o crime de falso testemunho adquire o contorno de delito condicionado, que, por sua natureza, não aceita tentativa. Exige-se, para a condenação do agente, o advento da sentença, com trânsito em julgado, no processo em que o falso foi proferido, admitindo-se ter havido prejuízo à administração da justiça (até a decisão final, a testemunha pode retratar-se, o juiz pode considerar irrelevante suas declarações ou o tribunal, em grau de recurso, considerar que ela não mentiu, não se aperfeiçoando a infração penal).

**66. Crime de bagatela:** é possível ocorrer também no contexto do crime de falso testemunho, desde que seja uma inverdade que pouco resultado traga e, ao contrário, já tenha sido rechaçada pela própria realidade dos fatos. Registre-se o exemplo dado pela jurisprudência, de um falso testemunho cometido por familiares, dando conta de inverídicos maus-tratos, o que propiciou a instauração de inquérito policial, fruto, no entanto, de desavenças familiares, afinal superadas, apenas para exemplificar: STJ: "Trancamento recomendado pela insignificância penal do ato da desavença entre familiares afinal harmonizados, na exata conceituação do chamado crime de bagatela" (RHC 3.725-SP, 5.ª T., rel. José Dantas, 15.06.1994, v.u., *DJ* 01.08.1994, p. 18.665, embora antigo, serve de ilustração para o caso, pois rara a ocorrência).

**67. Competência para apurar o crime de falso:** cabe à Justiça Estadual, se foi da sua competência o processo em que o falso foi produzido, o mesmo se aplicando à Justiça Federal. Se o crime de falso se der em processo eleitoral, a competência é da Justiça Federal. Verificar, ainda, o disposto na Súmula 165 do STJ: "Compete à Justiça Federal processar e julgar crime de falso testemunho cometido no processo trabalhista". Sob outro prisma, é importante destacar que cabe ao juízo deprecado, onde foi colhido o depoimento, processar e julgar o crime de falso cometido em carta precatória. Afinal, o delito de falso testemunho é formal e consuma-se após a finalização do depoimento (ver nota 31 ao art. 205 do nosso CPP comentado).

# Art. 342

**68. Causa de aumento de pena:** existem quatro hipóteses para o falso testemunho, aplicando-se o mesmo raciocínio para os demais sujeitos ativos deste crime: *a)* a pessoa mente sem ser subornada, tenha sido convencida por outro sujeito ou não – tipifica-se o art. 342; *b)* a pessoa induz, instiga ou auxilia outrem a mentir, sem lhe prometer vantagem – tipifica-se a figura do art. 342, combinado com o art. 29 (participação); *c)* a pessoa mente, porque foi subornada – responde pelo art. 342, § 1.º, ou seja, com a pena aumentada de um sexto a um terço; *d)* a pessoa induz, instiga ou auxilia outrem a mentir, dando, oferecendo ou prometendo dinheiro ou qualquer vantagem – em vez de responder pelo delito do art. 342, § 1.º, preferiu o legislador criar uma figura autônoma, prevista no art. 343, atualmente com pena devidamente maior que aquela que recebe a testemunha que falseia a verdade. O indivíduo que suborna recebe 3 a 4 anos (na forma simples) ou a mesma pena, porém com aumento de um sexto a um terço (se o processo é criminal ou processo civil com parte constituída por entidade da Administração Pública direta ou indireta). O subornado recebe o montante de 2 a 4 anos, aumentado de um sexto a um terço.

**69. Sentido da expressão processo penal:** chegamos a afirmar que essa expressão abrangeria, igualmente, o inquérito policial e o processo judicial, pois, em ambos, estar-se-ia produzindo prova para valer no contexto criminal. Revemos esse posicionamento, pois equivocado. Não nos parece correta a doutrina que apregoa estar o inquérito policial abrangido nesta figura com pena particularmente aumentada (cf. Delmanto, *Código Penal comentado*, p. 620; Damásio, *Código Penal anotado*, p. 971). Afinal, o *caput* do artigo já inclui, expressamente, o inquérito policial, não podendo, naturalmente, a figura prevista no § 1.º, que contém causa de aumento da pena, abrangê-lo novamente. Seria um despropósito. Afinal, indagar-se-ia: se o falso é cometido no inquérito policial – que se destina, unicamente, a servir de preparo para o processo penal –, responde o agente pela figura simples do *caput* ou pela específica do parágrafo? Obviamente, por exclusão e dentro da lógica, ao inquérito policial, constituindo mero procedimento administrativo, reserva-se o falso testemunho simples (*caput*), enquanto para o processo judicial penal aplica-se a figura específica do § 1.º. Nessa linha, a ótica de Hungria: "Processo penal se entende o que corre perante autoridade judiciária, pouco importando que verse sobre crime ou contravenção. É irrelevante que o depoimento falso seja prestado para o efeito de condenação ou de absolvição" (*Comentários ao Código Penal*, v. IX, p. 487). Aliás, é razoável supor que um falso prestado no inquérito policial, cujo destino primordial é formar a convicção do Ministério Público para o oferecimento de denúncia, não possa ter a mesma força que o falso cometido diante do juiz criminal, que irá, efetivamente, julgar a causa.

**70. Entidade da Administração Pública direta:** são os órgãos integrantes das pessoas jurídicas políticas, como a União, o Estado, o Município e o Distrito Federal.

**71. Entidade da Administração Pública indireta:** são as pessoas jurídicas possuidoras de personalidade de direito público ou privado, executando atividade administrativa típica do Estado, como as autarquias, as empresas públicas, as sociedades de economia mista e as fundações públicas.

**72. Processo civil em que for parte entidade da Administração Pública direta ou indireta:** é nova causa de aumento de pena, justamente para garantir maior punição àqueles que causam, de uma forma direta ou indireta, um prejuízo considerável à sociedade, pois prejudicada pode ser a pessoa jurídica de direito público interno, bem como os órgãos que exercem a função administrativa, refletindo em toda coletividade que sustenta, em última análise, a atividade estatal. Entendemos, no entanto, que a causa de aumento deveria ter sido relacionada exclusivamente ao caso de falso cometido por testemunha, perito, contador, tradu-

# Art. 342

Código Penal Comentado • **Nucci**

tor ou intérprete, visando ao prejuízo da entidade da Administração Pública direta ou indireta. Quando o falso beneficiar o Estado, não haveria razão de se aumentar a pena do agente, pois a coletividade não sairia prejudicada. Nem se diga que a administração da justiça foi afetada, pois esse é, realmente, o objeto jurídico protegido para qualquer tipo de falso, envolvendo, inclusive a figura simples, prevista no *caput*. Mas, do modo como ficou constando, após a reforma introduzida pela Lei 10.268/2001, não se distingue entre as duas hipóteses, motivo pelo qual basta estar presente, no polo ativo ou passivo da demanda, entidade da Administração Pública para configurar a causa de aumento.

**73. Condição negativa de punibilidade:** por política criminal, em busca da verdade real e no interesse da administração da justiça, o legislador criou uma escusa para evitar a punibilidade de um crime já aperfeiçoado. Portanto, apesar de consumado o falso quando o depoimento da testemunha é concluído ou o laudo é entregue, pode o agente, retratando-se (desdizendo-se), apresentar a verdade. Em face disso, não mais se pune o crime cometido. Expressamente, diz o art. 107, VI, tratar-se de causa extintiva da punibilidade, embora a sua natureza jurídica seja, na realidade, de excludente de tipicidade, uma vez que a lei utiliza a expressão "o fato deixa de ser punível". Se o *fato* não é punível, logo, nem mesmo deve ser considerado *típico*. Na jurisprudência: STJ: "1. Segundo o § 2.º do art. 342 do CP, no crime de falso testemunho, o fato deixa de ser punível se, antes da sentença no processo em que ocorreu o ilícito, o agente se retrata ou declara a verdade. No presente caso, não houve retratação no processo em que ocorrido o ilícito, a saber, o processo previdenciário, não podendo se falar na presença de causa extintiva da punibilidade do agente" (AgRg no REsp 1.803.460-SC, 5.ª T., rel. Reynaldo Soares da Fonseca, 07.05.2019, v.u.).

**73-A. Voluntariedade da retratação:** há de ser fruto da livre manifestação de vontade do agente, independentemente de qualquer valoração quanto aos motivos que o levaram a tanto. Correta, pois, a lição de FERNANDO JOSÉ DA COSTA: "esta retratação deve ser voluntária, porém, não se exige espontaneidade. Assim, não necessidade o retratante a explicar ou fundamentar o porquê de estar desdizendo algo. Exige-se apenas que seja uma retratação total, isto é, que o agente retrate tudo que foi falsamente declarado ou omitido, não bastando uma retratação parcial" (*O falso testemunho*, p. 130). Logo, pode a testemunha pretender a retratação porque, sinceramente (espontaneidade), se arrependeu da mentira narrada, ou pelo fato de ter sido aconselhada por terceiros, evitando, com isso, responder criminalmente pelo ocorrido (mera voluntariedade).

**74. Comunicabilidade aos partícipes:** é possível estender a extinção da punibilidade aos partícipes, pois diz a lei que o *fato deixa de ser punível*, não havendo cabimento – dentro da teoria monista adotada para o concurso de pessoas – que alguns sejam punidos e outros não.

**75. Sentença:** entenda-se, por natural, a decisão de 1.º grau do processo em que o depoimento, o cálculo, a tradução ou a perícia falsa foi produzida. A administração da justiça foi lesada a partir do instante em que o juiz do feito, crendo no depoimento, no cálculo, na tradução ou no laudo, julga o caso ao arrepio da realidade, justamente por desconhecê-la ou por estar iludido. Não havia o menor sentido na corrente que sustentava ser admissível a retratação até o momento em que o crime de falso seria julgado, levando em consideração que a *sentença*, referida neste parágrafo, seria a do processo-crime que apurava o ilícito. Hoje, no entanto, a lei foi alterada, corretamente, para constar que se trata da sentença no processo "em que ocorreu o ilícito". Há julgados, ainda, ampliando a possibilidade de retratação até outros marcos, como o acórdão proferido em grau de recurso ou o trânsito em julgado da sentença, no processo em que se deu o falso. Na jurisprudência: TJMG: "No crime de falso testemunho, se houver retratação antes da prolação da sentença do processo principal, é possível a extinção

**1351** Título XI – Dos crimes contra a Administração Pública **Art. 342**

da punibilidade, com base no art. 342, § 2.º do Código Penal" (Ap. Crim. 1.0479.12.003710-2/001, 8.ª C., rel. Márcia Milanez, 23.09.2021, v.u.).

**76. Retratação no procedimento do júri:** cremos que o ápice é a decisão em sala secreta tomada pelos jurados. Se a decisão de mérito somente será proferida pelo Conselho de Sentença, não há cabimento para se levar em consideração a decisão de pronúncia, que simplesmente julga admissível a acusação. Em contrário, admitindo a retratação apenas até o momento da pronúncia: FERNANDO JOSÉ DA COSTA (*O falso testemunho*, p. 132-133).

**77. Condição para instauração do inquérito ou da ação pelo crime de falso:** cometido o delito de falso testemunho ou falsa perícia, é natural que o inquérito possa ser requisitado ou instaurado de ofício. Pensávamos não devesse, no entanto, o suspeito ser indiciado, nem ter contra si ajuizada a ação penal. Alteramos o nosso entendimento, pois é preciso haver a investigação, antes que as provas se percam, em especial quando se tratar da memória de testemunhas acerca do fato, além de poder haver o indiciamento – que poderá ser cancelado, caso haja a futura retratação. Por outro lado, o ajuizamento da ação penal é fundamental para interromper a prescrição (art. 117, I, CP). Aguarda-se, apenas, o término definitivo do processo em que o falso se deu para, então, julgar o processo-crime onde se apura o falso testemunho. Assim, suspende-se o curso do feito onde se apura o falso, aguardando o julgamento do outro processo, o que levará à suspensão da prescrição (art. 116, I, CP).

**77-A. Condição de procedibilidade no processo do Tribunal do Júri:** as provas colhidas, no procedimento do júri, destinam-se, em última análise, aos jurados; portanto, cabe a eles se pronunciar sobre eventual crime de falso testemunho. Por vezes, pode-se acreditar que determinada testemunha mentiu, mas os jurados assim não concluíram, preferindo crer que outra versão dada por pessoa diversa seria a falsa. Então, torna-se essencial que o juiz presidente promova o quesito próprio ao conselho de sentença, indagando se determinada testemunha faltou com a verdade. Se negado o quesito, não cabe ação penal por falso testemunho. Se afirmado, torna-se viável o processo-crime. Na jurisprudência: STJ: "1. Quando o falso testemunho ocorre no julgamento pelo Tribunal do Júri, é imperioso que o Conselho de Sentença se pronuncie expressamente sobre a questão por meio de quesito especial. Tal providência é necessária, pois os jurados, destinatários da prova, decidem sobre a materialidade e a autoria do homicídio secretamente e sem fundamentação explícita, sendo imprescindível perguntar se efetivamente consideraram falsa a declaração da testemunha, evitando-se, dessa forma, a influência do Juiz Presidente na avaliação das provas. 2. Desse modo, a resposta positiva ao quesito especial constitui verdadeira condição de procedibilidade da ação penal do crime de falso testemunho ocorrido no âmbito do Tribunal do Júri. 3. Na espécie, como não ocorrera a formulação do quesito de falso testemunho, é caso de trancamento da ação penal, referente ao falso alegado. Doutrina e jurisprudência pertinentes. 4. Recurso ordinário em *habeas corpus* provido para trancar a Ação Penal 0271.17.005794-4" (RHC 102.791-MG, 5.ª T., rel. Reynaldo Soares da Fonseca, 11.06.2019, v.u.).

**78. Atipicidade do falso dependente do caso concreto:** impossibilitada a retratação do agente, bem como tornando-se impossível detectar se, realmente, houve falso testemunho, uma vez que não houve julgamento concernente ao valor do depoimento prestado, no feito em que o referido falso se deu, considera-se atípico o crime, que não se aperfeiçoou. Noutros termos, o delito de falso testemunho tem como bem tutelado a administração da justiça e, para tanto, torna-se essencial que o depoimento acoimado de falso seja avaliado, quanto ao mérito, pelo julgador. Qualquer razão impeditiva, a colocar fim ao processo em que se deu o falso testemunho, é também fator de obstáculo à formação efetiva da infração penal do art. 342. Afinal, trata-se de delito condicionado (ver a nota 65 *supra*).

# Art. 343

**78-A. Extinção da punibilidade por meio de *habeas corpus* de ofício:** hipótese interessante surgiu para a nossa apreciação, consistente no seguinte caso: duas testemunhas afirmaram, na fase policial, terem visto o crime, apontando o acusado como autor; em juízo, mudaram as suas versões e disseram nada ter presenciado; o juiz mandou processá-las por falso testemunho; elas se retrataram, antes mesmo da pronúncia, no inquérito instaurado para apurar o delito de falso testemunho; o juiz valeu-se dos depoimentos produzidos na fase policial (verdadeiros, em face da retratação operada), para pronunciar o réu, que recorreu. Apreciando o recurso em sentido estrito, verificamos a necessidade de manter a pronúncia, pois as testemunhas presenciais confirmaram ter mentido em juízo e não na fase policial, havendo provas seguras da autoria; porém, observamos que a ação penal, pelo crime de falso testemunho, já havia sido movida contra ambas, sem que se tivesse declarado extinta a punibilidade pelo desdito consumado. Em face disso, concedemos *habeas corpus* de ofício para trancar a ação penal, sem justa causa, pois calcada em fato atípico, diante da retratação havida.

> **Art. 343.** Dar, oferecer ou prometer[79-81] dinheiro ou qualquer outra vantagem[82] a testemunha, perito, contador, tradutor ou intérprete,[83] para fazer afirmação falsa, negar ou calar a verdade[84] em depoimento, perícia, cálculos, tradução ou interpretação:[85-87]
>
> Pena – reclusão, de 3 (três) a 4 (quatro) anos, e multa.
>
> **Parágrafo único.** As penas aumentam-se de 1/6 (um sexto) a 1/3 (um terço), se o crime é cometido com o fim de obter prova destinada a produzir efeito em processo penal ou em processo civil em que for parte entidade da Administração Pública direta ou indireta.[88]

**79. Análise do núcleo do tipo:** *dar* (presentear ou conceder), *oferecer* (propor para que seja aceito, apresentar) e *prometer* (comprometer-se a fazer alguma coisa) referem-se a dinheiro ou qualquer vantagem destinada a testemunha, perito, contador, tradutor ou intérprete para o cometimento de falso testemunho ou falsa perícia. É o crime de suborno (oferta de vantagem para obter algo ilícito), uma espécie de falso testemunho, embora cometido em virtude de vantagem ilícita. Na jurisprudência: TRF2: "I – Tratando-se de crime de corrupção de testemunha, tipificado no art. 343 do Código Penal, a prova da ocorrência do fato delituoso é eminentemente testemunhal, uma vez que não se mostraria factível a confecção de recibo formal de pagamento, nem mesmo qualquer outra prova documental ou pericial acerca do eventual oferecimento de pagamento da vantagem à testemunha" (Ap. 0500056-51.2016.4.02.5002-TRF2, 1.ª Turma Especializada, rel. Abel Gomes, 07.03.2018, v.u.).

**80. Sujeitos ativo e passivo:** o sujeito ativo pode ser qualquer pessoa. Logo, não há necessidade de ser sujeito qualificado, pois o suborno não exige nenhuma condição especial do agente. Diversamente, o falso testemunho requer a condição específica de testemunha, perito etc. O sujeito passivo é o Estado, primordialmente. Em segundo plano, pode ser a pessoa prejudicada pelo depoimento ou pela falsa perícia.

**81. Elemento subjetivo do tipo:** é o dolo. Exige-se elemento subjetivo específico, consistente na vontade de conspurcar a administração da justiça. Não existe a forma culposa.

**82. Dinheiro ou qualquer outra vantagem:** vale-se a lei da interpretação analógica: fornecendo o exemplo da vantagem que pode ser destinada a testemunhas, peritos, contadores, tradutores e intérpretes, termina generalizando para qualquer outra semelhante. Portanto, é indispensável que a *vantagem* oferecida tenha algum valor econômico, mesmo que indireto,

# Art. 344

Título XI – Dos crimes contra a Administração Pública

para o agente. Não fosse assim e seria completamente desnecessário ter a descrição típica mencionado o elemento *dinheiro* (moeda em vigor, que serve para, havendo troca, a obtenção de mercadorias e serviços), bastando dizer *qualquer vantagem*.

**83. Conceito de testemunha, perito, contador, tradutor ou intérprete:** ver nota 60 ao art. 342. Exige-se, no entanto, que a pessoa, destinatária do dinheiro ou da vantagem, ostente a condição de testemunha, perito, contador, tradutor ou intérprete no momento da conduta típica.

**84. Fazer afirmação falsa, negar ou calar a verdade:** ver nota 55 ao art. 342.

**85. Expressão ainda que a oferta ou promessa não seja aceita:** não há mais essa expressão, retirada pela Lei 10.268/2001. Tratava-se de uma ressalva inútil feita pelo tipo penal para destacar que o crime comporta, na realidade, três fases: dar, oferecer ou prometer, sem que o destinatário aceite (mera conduta); dar, oferecer ou prometer, com a aceitação do destinatário, mas sem que haja o falso (formal); e dar, oferecer ou prometer, com a aceitação do destinatário e havendo o falso (exaurido). Atualmente, basta considerar o crime como sendo de mera atividade, pouco importando que o resultado ínsito ao tipo – prejuízo para a administração da justiça – seja alcançado.

**86. Objetos material e jurídico:** o objeto material é a testemunha, perito, contador, tradutor ou intérprete. O objeto jurídico é a administração da justiça.

**87. Classificação:** trata-se de crime comum (aquele que pode ser cometido por qualquer pessoa); formal (que não exige, para sua consumação, resultado naturalístico); de forma livre (que pode ser cometido por qualquer meio eleito pelo agente); comissivo (os verbos implicam ações); instantâneo (cuja consumação não se prolonga no tempo, dando-se em momento determinado); unissubjetivo (aquele que pode ser cometido por um único sujeito); unissubsistente (crime que pode ser praticando em um único ato) ou plurissubsistente (delito cuja ação é composta por vários atos, permitindo-se o seu fracionamento); admite tentativa, quando na modalidade plurissubsistente.

**88. Figura qualificada e causa de aumento da pena:** não existe mais a forma qualificada, substituída por um aumento de pena. Antes do advento da Lei 10.268/2001, previa-se a aplicação da pena em dobro – tanto o mínimo, quanto o máximo, eram alterados. Atualmente, quando o delito for cometido com a finalidade de produzir prova em processo penal ou em processo civil envolvendo a participação de entidade da Administração Pública direta ou indireta, dá-se um aumento variável de um sexto a um terço. Ver nota 72 a respeito dessas situações feita ao art. 342.

### Coação no curso do processo

> **Art. 344.** Usar[89-90] de violência ou grave ameaça,[91-91-A] com o fim de favorecer interesse próprio ou alheio,[92] contra autoridade, parte, ou qualquer outra pessoa que funciona ou é chamada a intervir[93-95] em processo judicial, policial ou administrativo, ou em juízo arbitral:
>
> Pena – reclusão, de 1 (um) a 4 (quatro) anos, e multa, além da pena correspondente à violência.[96]
>
> **Parágrafo único.** A pena aumenta-se de 1/3 (um terço) até a metade se o processo envolver crime contra a dignidade sexual.[96-A]

# Art. 344

Código Penal Comentado · **Nucci**                    1354

**89. Análise do núcleo do tipo:** *usar* (empregar ou servir-se) de violência (coação física) ou grave ameaça (séria intimidação) para coagir pessoa envolvida em processo judicial, policial ou administrativo ou juízo arbitral é o cerne da figura delitiva. O objetivo do agente é favorecer interesse próprio ou alheio, naturalmente ilícito. Na jurisprudência: STJ: "2. Denúncia que descreve fato típico, ilícito e culpável, deixando claro o envolvimento dos acusados em esquema criminoso envolvendo as eleições da Cooperativa de Eletrificação de Braço do Norte/SC – CERBRANORTE, bem como a intenção de frustrar as investigações acerca das ilicitudes verificadas no decorrer das referidas eleições. Narra a peça acusatória que os acusados utilizaram de suas funções na pessoa jurídica para coagir funcionários que teriam envolvimento na delação das irregularidades ocorridas. 3. Denúncia baseada em elementos de informação que dão conta de que o denunciado, na companhia de seus comparsas, abusando do poder por ser funcionário da Cooperativa de Eletrificação de Braço do Norte/SC – CERBRANORTE, em comunhão de esforços e unidade de desígnios, ciente da ilicitude de suas condutas, usou de grave ameaça, com o fim de favorecer interesse próprio, contra pessoas que foram chamadas a intervir em processo judicial (Eproc n. 0300448-60.2019.8.24.00101) e em procedimento policial ainda em curso (Eproc n. 0001665-17.2019.8.24.0010). 4. Diante dos indícios de autoria e materialidade, e devidamente caracterizada a subsunção da conduta do agravante ao tipo penal descrito na denúncia, faz-se necessário o prosseguimento da persecução criminal" (AgRg no HC 708.315-SC, 5.ª T., rel. Ribeiro Dantas, 22.03.2022, v.u.).

**90. Sujeitos ativo e passivo:** o sujeito ativo pode ser qualquer pessoa. O sujeito passivo há de ser o Estado, em primeiro plano, mas, secundariamente, a pessoa que sofreu a violência ou a grave ameaça.

**91. Caráter da ameaça:** não se exige que se trate de causar à vítima algo injusto, mas há de ser intimidação envolvendo uma conduta *ilícita* do agente, isto é, configura-se o delito quando alguém usa, contra pessoa que funcione em um processo judicial, por exemplo, de grave ameaça *justa*, para obter vantagem (imagine-se o agente que, conhecendo algum crime do magistrado, ameace denunciá-lo à polícia, o que é lícito fazer, caso não obtenha ganho de causa). Nota-se que, no caso apresentado, a conduta não é lícita, pois ninguém está autorizado a agir desse modo, buscando levar vantagem para encobrir crime alheio. Por outro lado, se a conduta disser respeito ao advogado que intimide a testemunha relembrando-a das penas do falso testemunho caso não declare a verdade, trata-se de conduta lícita, pois é interesse da administração da justiça que tal ocorra, vale dizer, que diga a verdade do que sabe. Nesse prisma: STJ: "Crime de coação no curso do processo – Advogado que faz advertência a testemunha no sentido de retratar-se para que não seja processada por falso testemunho – Não caracterização do crime. Embora não se exija, no tipo do art. 344 do CP, que o mal ameaçado seja injusto, a gravidade da ameaça, no caso, dependeria de ser o testemunho realmente falso, hipótese em que o advogado estaria agindo nos limites do exercício regular da profissão". Houve trancamento do inquérito policial (REsp 24.544-SP, 5.ª T., rel. Assis Toledo, 28.10.1992, v.u., *DJ* 16.11.1992, p. 21.154, embora antigo, é mantido pela relevância do tema).

**91-A. Grau da ameaça:** é preciso, como o próprio tipo penal exige, ser realmente intensa, de modo a causar potencial aflição à vítima. Como consequência, necessita cercar-se de credibilidade, verossimilhança e eficiência.

**92. Elemento subjetivo do tipo:** é o dolo, havendo, expressamente, elemento subjetivo do tipo específico, consistente na finalidade de favorecer interesse próprio ou alheio em processo ou em juízo arbitral. Não há a forma culposa.

**93. Autoridade, parte ou qualquer outra pessoa que funciona ou é chamada a intervir:** trata-se de interpretação analógica. O tipo penal oferece o molde, demonstrando por intermédio de menção a autoridade e a parte que é preciso ser pessoa de algum modo ligada a um processo judicial, policial ou administrativo, ou a juízo arbitral. Portanto, não somente a autoridade que conduz o processo tampouco só a parte nele envolvida podem ficar expostas à coação, mas também outros sujeitos que tomem parte no feito, tais como os funcionários que promovem o andamento processual, a testemunha que vai depor, o perito que fará um laudo, o jurado, dentre outros.

**94. Objetos material e jurídico:** o objeto material é a pessoa que sofre a coação. O objeto jurídico é a administração da justiça.

**95. Classificação:** trata-se de crime comum (aquele que pode ser cometido por qualquer pessoa); formal (que não exige, para sua consumação, resultado naturalístico, consistente no efetivo prejuízo para a administração da justiça); de forma livre (pode ser cometido por qualquer meio eleito pelo agente); comissivo ("usar" implica ação); instantâneo (cuja consumação não se prolonga no tempo, dando-se em momento determinado); unissubjetivo (aquele que pode ser cometido por um único sujeito); plurissubsistente (delito cuja ação é composta por vários atos, permitindo-se o seu fracionamento); admite tentativa.

**96. Tipo cumulativo:** havendo o emprego de violência, no lugar da grave ameaça, fica o agente responsável também pelo que causar à integridade física da pessoa, devendo responder em concurso material. Vide nota 101-A ao art. 69.

**96-A. Causa de aumento de pena:** incluída pela Lei 14.245/2021, o objetivo é punir mais severamente quem coagir autoridade, parte ou qualquer outra pessoa incluída no processo que envolver delito contra a dignidade sexual. Na realidade, essa causa de elevação da pena terá pouco relevo, pois a finalidade da mencionada Lei 14.245/2021 é proteger, no campo processual, a vítima do crime sexual, impedindo que seja novamente vitimizada, quando ouvida durante a persecução penal. Tanto assim que foram incluídos os arts. 400-A e 474-A no Código de Processo Penal, bem como o art. 81, § 1.º-A na Lei 9.099/1995, vedando qualquer forma de constrangimento à pessoa ofendida, durante a sua inquirição, em juízo, além de incluir a proibição de utilização de linguagem, informes ou material ofensivo, igualmente, à dignidade da testemunha. Raramente – embora não seja impossível –, há situações de coação, com emprego de violência ou grave ameaça, contra vítima ou testemunha de infração penal contra a dignidade sexual.

### Exercício arbitrário das próprias razões

> **Art. 345.** Fazer justiça pelas próprias mãos,[97-99] para satisfazer pretensão,[100] embora legítima,[101] salvo quando a lei o permite:[102-104]
>
> Pena – detenção, de 15 (quinze) dias a 1 (um) mês, ou multa, além da pena correspondente à violência.[105]
>
> **Parágrafo único.** Se não há emprego de violência, somente se procede mediante queixa.[106]

**97. Análise do núcleo do tipo:** *fazer justiça pelas próprias mãos* é uma expressão inadequada para preencher um tipo incriminador, que tenha o objetivo primordial de respeitar a taxatividade, tendo em vista comportar uma série de interpretações abertas e até mesmo vagas.

# Art. 345

Código Penal Comentado · **Nucci**

Observa-se, em busca da avaliação literal, que *fazer* representa a realização, o desenvolvimento, a construção ou a produção de algo; o seu objeto é *justiça*, termo de valoração abrangente e duvidosa, que se pode traduzir por equidade ou qualidade do que é justo (honesto, razoável, legítimo, eticamente adequado e moralmente correto). A terceira parte da expressão – *pelas próprias mãos* – envolve o modo de ação, demonstrando que a *construção da justiça* é da alçada direta do agente, vale dizer, age por sua própria conta, sem utilizar os órgãos estatais. Em suma, cuida-se de expressão indevida para a taxatividade ideal, que preserve a legalidade (definir o crime em lei). Valendo-se da análise dessa expressão, conforme o entendimento leigo ou alheio ao universo jurídico, significa *punir alguém diretamente, por ter cometido um crime ou praticado um ato injusto*, sem se socorrer do Estado; cuida-se de um enfoque punitivo, tal como um linchamento, mais próximo a sancionar um delinquente do que obter algo que lhe é devido. Envolve mais um tipo de *justiçamento*, feito por *justiceiros*, como espelho da vingança pelo mal gerado, do que uma conduta voltada a satisfazer pretensão lícita. Por isso, deveria ser alterada, promovendo-se o devido esclarecimento do que se pretende evidenciar. Afinal, conforme o grau de violência utilizado para alcançar a sua meta, nem há sentido na punição pelo art. 345, cuja sanção é de detenção, de 15 dias a um mês, ou multa (praticamente, o equivalente a uma contravenção penal), devendo-se concentrar o foco punitivo no crime mais grave. Para argumentar, se o legislador perceber que não consegue descrever, objetivamente, o que significa *fazer justiça pelas próprias mãos*, torna-se adequado suprimir essa figura, sem qualquer prejuízo à sociedade. Afinal, tudo o que alguém fizer para conseguir, à força, sem se valer do Estado, qualquer objetivo, poderia constituir infração penal diversa deste artigo. Dito isso, por ora, vigente este tipo penal, parece-nos que a mais adequada análise se concentra em desenvolver uma conduta qualquer, que tenha por finalidade atingir um objetivo lícito, em face de outrem, sem se valer dos mecanismos estatais, mas, sim, de seu próprio esforço. Alcançando ou não o seu alvo, por se tratar de crime formal, consuma-se a infração, visto que o bem jurídico é a administração da justiça. Na jurisprudência: STJ: "2. O pedido de desclassificação da conduta do agente de constrangimento ilegal para exercício arbitrário das próprias razões, ao argumento de que houve exclusão do uso da arma de fogo, não deve ser acolhido. Isso porque a mera simulação de empunhadura de uma arma de fogo com o objetivo de fazer a vítima deixar a residência caracteriza a violência ou grave ameaça necessária para o reconhecimento do ilícito imputado" (AgRg no AREsp 2.013.186-RJ, 6.ª T., rel. Antonio Saldanha Palheiro, 06.12.2022, v.u.); "2. A condenação encontra-se devidamente fundamentada, pois as condutas descritas, referentes a despir, chicotear com uma corrente, dar socos e chutes, ameaçar mediante o uso de arma de fogo e restrição da liberdade dos ofendidos, para obter uma confissão sobre o responsável pelo fornecimento de comandas falsas para o consumo no estabelecimento comercial dos sentenciados, se amoldam ao art. 1.º, I, *a* e § 3.º, em relação à vítimas maiores de idade e ao ofendido que sofreu lesão grave e, bem como ao art. 1.º, I, *a* e § 4.º, II, todos da Lei 9.455/1997, em relação à vítimas menores de idade" (AgRg no AREsp 1.780.475-PR, 6.ª T., rel. Olindo Menezes, 15.06.2021, v.u.); "1. Pela interpretação da elementar 'para satisfazer', conclui-se ser suficiente, para a consumação do delito do art. 345 do Código Penal, que os atos que buscaram fazer justiça com as próprias mãos tenham visado obter a pretensão, mas não é necessário que o Agente tenha conseguido efetivamente satisfazê-la, por meio da conduta arbitrária. A satisfação, se ocorrer, constitui mero exaurimento da conduta. 2. Por se tratar de crime formal, uma vez praticados todos os atos executórios, consumou-se o delito, a despeito de o Recorrente não ter logrado êxito em sua pretensão, que era a de pegar o celular de propriedade da vítima, a fim de satisfazer dívida que esta possuía com ele" (REsp 1.860.791-DF, 6.ª T., rel. Laurita Vaz, 09.02.2021, v.u.).

**98. Sujeitos ativo e passivo:** o sujeito ativo pode ser qualquer pessoa. O sujeito passivo é, principalmente, o Estado, que tem a sua atividade de compor conflitos usurpada, prejudicando a administração da justiça, mas, secundariamente, é a pessoa contra a qual se volta a conduta do agente.

**99. Elemento subjetivo do tipo:** é o dolo, havendo, ainda, o elemento subjetivo do tipo específico, consistente na vontade de satisfazer qualquer tipo de aspiração lícita. Não existe a forma culposa.

**100. Caráter da pretensão:** há de ser um interesse que possa ser satisfeito em juízo, pois não teria o menor cabimento considerar *exercício arbitrário das próprias razões* – delito contra a administração da justiça – a atitude do agente que consegue algo incabível de ser alcançado através da atividade jurisdicional do Estado. Ademais, nem deveria constar o termo "embora" associado a "legítimo", ou seja, bastaria a inserção de "pretensão legítima". Por óbvio, é preciso que seja pretensão legítima, leia-se, lícita. Seria contraditório supor que a busca pelo ilícito pudesse comportar pena tão irrisória como a prevista para o art. 345. Nesta última hipótese, cuida-se de crime diverso, conforme a conduta desenvolvida. Na jurisprudência: STJ: "Para a configuração do crime de exercício arbitrário das próprias razões é necessário que a pretensão seja legítima, o que não ocorre se o agente, mediante o uso de violência e grave ameaça, subtrai bens e exige o pagamento de juros oriundos do crime de usura" (REsp 1.101.831-RJ, 5.ª T., rel. Laurita Vaz, 16.04.2009).

**101. Elemento normativo do tipo:** a *legitimidade* (algo que é fundado no direito, logo, lícito) é levada em conta para a configuração do tipo penal, isto é, o objetivo do legislador é impedir que as pessoas invadam competência exclusiva do Estado para compor os conflitos emergentes na sociedade. Entretanto, como mencionado em nota anterior, carece o tipo de uma descrição condizente com o princípio da taxatividade.

**102. Ressalva do exercício regular de direito ou outra excludente prevista em lei:** em tese, a parte final do tipo penal – *salvo quando a lei o permite* – seria desnecessária, pois óbvia. Se a lei permite que o agente atue dentro do exercício de um direito, torna-se evidente que não se pode considerar criminosa a conduta. Assim, quando o Direito Civil autoriza que o "possuidor turbado ou esbulhado" mantenha-se ou restitua-se "por sua própria força, contanto que o faça logo" (art. 1.210, § 1.º, CC), cria o direito de o agente – através da "legítima defesa da posse" – *fazer justiça pelas próprias mãos*. Note-se que, nesse caso, há autorização estatal para tal postura, não se considerando usurpação de função, tampouco prejuízo para a administração da justiça, até mesmo porque o Estado não pode estar em todos os lugares ao mesmo tempo. Permite, então, que o particular se defenda diretamente, fazendo uso de um direito. A atuação do agente, quando a lei permite, torna o fato atípico. No entanto, evitando-se qualquer dúvida, deixa-se bem claro a viabilidade de ação do indivíduo, para assegurar direito seu, sem a interferência estatal, mormente porque a lei assim admite.

**102-A. Estado de necessidade:** ainda dentro da ressalva, é possível que o agente se valha do estado de necessidade. Por vezes, fazer "justiça pelas próprias mãos", mesmo com o emprego de arma de fogo, pode configurar a excludente do art. 24 do Código Penal. Consultar: STJ: "1. Tendo em vista a incidência do princípio da consunção, adequada a absorção do delito de porte ilegal de arma de fogo de uso permitido (art. 14, *caput*, da Lei n. 10.826/2003) pelo delito de exercício arbitrário das próprias razões, previsto no art. 345, *caput*, do Código Penal. 2. Consoante a jurisprudência deste Superior Tribunal, o princípio da consunção pressupõe que haja um delito-meio ou fase normal de execução do outro crime (crime-fim), sendo

# Art. 346

**Código Penal Comentado · Nucci**

que a proteção de bens jurídicos diversos e a absorção de infração mais grave pelo de menor gravidade não são motivos para, de per si, impedirem a referida absorção (Súmula 83/STJ). 3. Aplicável ao caso o denominado estado de necessidade. A mulher do réu necessitava de tratamento médico e de medicamentos. Por conseguinte, foi necessário que o sujeito atuasse para evitar um perigo atual, isto é, com a probabilidade de dano, presente e imediata, ao bem jurídico (saúde de sua mulher), nos termos do art. 24 do Código Penal (causa excludente de antijuricidade). 4. O agravo regimental não merece prosperar, porquanto as razões reunidas na insurgência são incapazes de infirmar o entendimento assentado na decisão agravada. 5. Agravo regimental improvido" (AgRg no REsp 1472834-SC, 6.ª T., rel. Sebastião Reis Júnior, 07.05.2015, v.u., embora antigo, mantido pela relevância).

**103. Objetos material e jurídico:** o objeto material é a coisa ou pessoa que sofre a conduta do agente. O objeto jurídico é a administração da justiça.

**104. Classificação:** trata-se de crime comum (aquele que pode ser cometido por qualquer pessoa); formal (que não exige, para sua consumação, resultado naturalístico, consistente na efetiva satisfação da pretensão). Há posição em sentido contrário, considerando material a infração penal, necessitando, para a consumação, que o agente satisfaça sua pretensão. É de forma livre (pode ser cometido por qualquer meio eleito pelo agente); comissivo ("fazer" implica ação); instantâneo (cuja consumação não se prolonga no tempo, dando-se em momento determinado); unissubjetivo (aquele que pode ser cometido por um único sujeito); plurissubsistente (delito cuja ação é composta por vários atos, permitindo-se o seu fracionamento); admite tentativa.

**105. Sistema da acumulação material:** havendo o emprego de violência na atuação do agente, haverá concurso material de infrações, responsabilizando-se o autor pelo que causar à integridade física da pessoa. Observe-se, como mencionado em nota anterior, a previsão legislativa para os casos de emprego de violência, quase sempre o modo encontrado por pessoas que resolvem agir por conta própria. Por isso, além do delito do art. 345, responderão, também, pelo resultado dessa violência.

**106. Crime de ação pública ou privada:** conforme o caso concreto, inexistindo violência, deixa o Estado a ação penal sob a iniciativa exclusiva da parte ofendida. Porém, quando o agente empregar atos violentos, torna-se público o interesse, habilitando o Ministério Público a agir. Se a lesão provocada for simples, a ação pública será condicionada à representação da vítima.

> **Art. 346.** Tirar, suprimir, destruir ou danificar[107-109] coisa própria,[110] que se acha em poder de terceiro[111] por determinação judicial ou convenção:[112-113]
>
> Pena – detenção, de 6 (seis) meses a 2 (dois) anos, e multa.

**107. Análise do núcleo do tipo:** *tirar* (arrancar ou retirar), *suprimir* (eliminar ou fazer com que desapareça), *destruir* (aniquilar ou extinguir) ou *danificar* (causar dano ou provocar estrago), tendo por objeto coisa própria em poder de terceiro. É tipo misto alternativo, significando que o agente pode praticar uma única conduta, ou todas, e o delito será um só.

**108. Sujeitos ativo e passivo:** o sujeito ativo é o proprietário da coisa. O sujeito passivo é o Estado, podendo-se indicar, secundariamente, a pessoa prejudicada pela conduta.

**109. Elemento subjetivo do tipo:** é o dolo. Não se pune a forma culposa, nem se exige elemento subjetivo do tipo específico.

**110. Conceito de coisa própria:** trata-se de objeto pertencente ao próprio sujeito ativo. Pode ser coisa móvel ou imóvel.

**111. Em poder de terceiro por determinação judicial ou convenção:** é elementar do tipo que a coisa pertença ao autor da infração penal, embora esteja sob a esfera de proteção e vigilância de terceiro, seja porque o juiz assim determinou (coisa penhorada e guardada em depósito), seja porque as partes haviam acordado que dessa maneira aconteceria (automóvel alugado em poder do locatário).

**112. Objetos material e jurídico:** o objeto material é a coisa tirada, suprimida, destruída ou danificada. O objeto jurídico é a administração da justiça.

**113. Classificação:** trata-se de crime próprio (aquele que somente pode ser cometido por sujeito ativo qualificado ou especial); material (que exige, para sua consumação, resultado naturalístico); de forma livre (pode ser cometido por qualquer meio eleito pelo agente); comissivo (os verbos implicam ações); instantâneo (cuja consumação não se prolonga no tempo, dando-se em momento determinado); unissubjetivo (aquele que pode ser cometido por um único sujeito); plurissubsistente (delito cuja ação é composta por vários atos, permitindo-se o seu fracionamento); admite tentativa.

### Fraude processual

> **Art. 347.** Inovar[114-115] artificiosamente,[116-117] na pendência de processo civil ou administrativo,[118] o estado de lugar, de coisa ou de pessoa, com o fim de induzir a erro o juiz ou o perito:[119-120]
>
> Pena – detenção, de 3 (três) meses a 2 (dois) anos, e multa.
>
> **Parágrafo único.** Se a inovação se destina a produzir efeito em processo penal, ainda que não iniciado,[121] as penas aplicam-se em dobro.[122-123-A]

**114. Análise do núcleo do tipo:** *inovar* significa introduzir uma novidade. O objeto da conduta é coisa, lugar ou pessoa envolvida em processo judicial. Exige-se que a inovação tenha a capacidade de enganar, constituindo efetivamente uma modificação no estado natural das coisas. Não estão incluídas as alterações naturais das coisas, dos lugares e das pessoas (ex.: deixar crescer a barba ou o bigode). Além disso, aspectos interiores da pessoa, como modificações do estado psíquico ou de ânimo, não servem para a configuração da inovação. Questão interessante é a troca de um réu por outro para dificultar o reconhecimento em audiência: não se pode considerar inovação, pois houve, na realidade, substituição de pessoa. Na jurisprudência: STJ: "II – A segregação cautelar do agravante está devidamente fundamentada em dados concretos extraídos dos autos, que evidenciam de maneira inconteste a necessidade da prisão para garantia da ordem pública, notadamente em razão da forma pela qual o delito foi em tese praticado, consistente em homicídio qualificado, cometido contra a enteada da recorrente, com sete anos de idade, ressaltado pelas instâncias ordinárias que a recorrente 'matou a pequena vítima com golpes de martelo na região da cabeça e depois alterou a cena do crime para simular que a infante havia sofrido uma queda, um mero acidente doméstico, buscando fugir de sua responsabilidade criminal' e que 'há informações nos autos de que a paciente demorou mais de três horas para tomar as providências quanto ao socorro da vítima, só a encaminhando

# Art. 347

Código Penal Comentado · Nucci

para atendimento médico após não conseguir conter um grande hemorragia que obstruía suas vias aéreas, dando banho na criança', dados que revelam a gravidade concreta da conduta e justificam a imposição da medida extrema" (AgRg no RHC 173.451-MS, 5.ª **T., rel.** Messod Azulay Neto, j. 12.06.2023, v.u.).

**115. Sujeitos ativo e passivo:** o sujeito ativo pode ser qualquer pessoa. O sujeito passivo é o Estado, principalmente; em segundo plano, a pessoa prejudicada pela inovação artificiosa.

**116. Elemento normativo do tipo:** *artificiosamente* significa usar um recurso engenhoso, malícia ou ardil. A mera inovação, portanto, não causa a concretização do tipo, dependendo-se da atitude engenhosa e fingida do autor, vale dizer, do seu intuito de fraudar.

**117. Elemento subjetivo do tipo:** é o dolo. Exige-se elemento subjetivo do tipo específico, consistente na vontade de fraudar o processo, levando o juiz ou o perito a erro. Não há a forma culposa.

**118. Processo civil ou administrativo:** nesse caso, não estão abrangidas as investigações de natureza civil e as sindicâncias. Em se tratando de processo penal, ver o parágrafo único.

**119. Objetos material e jurídico:** os objetos materiais são a coisa, o lugar ou a pessoa que sofrem a inovação. O objeto jurídico é a administração da justiça.

**120. Classificação:** trata-se de crime comum (aquele que pode ser cometido por qualquer pessoa); formal (que não exige, para sua consumação, o resultado naturalístico previsto no tipo, ou seja, o efetivo erro do juiz ou do perito). Exige-se, pelo menos, que a inovação tenha efeito, ainda que não chegue ao conhecimento do juiz ou do perito. É de forma livre (pode ser cometido por qualquer meio eleito pelo agente); comissivo ("inovar" implica ação); instantâneo (cuja consumação não se prolonga no tempo, dando-se em momento determinado); unissubjetivo (aquele que pode ser cometido por um único sujeito); plurissubsistente (delito cuja ação é composta por vários atos, permitindo-se o seu fracionamento); admite tentativa.

**121. Ressalva que inclui o inquérito:** admitindo, expressamente, que a inovação possa ocorrer antes mesmo de ter início o processo penal, o tipo acolhe a possibilidade de a conduta dar-se durante a fase de investigação policial. Evidentemente, para a concretização típica, torna-se indispensável aguardar o desfecho do inquérito, pois a inovação artificiosa há de produzir efeito em futuro processo penal. Se este não puder ser iniciado, porque houve o arquivamento do inquérito policial, não há que se falar em fraude processual.

**122. Causa de aumento de pena:** melhor refletindo, em lugar de qualificadora, cuida-se de aplicação da pena em dobro, o que se dará na terceira fase, vale dizer, quando o juiz lançar as causas de aumento e diminuição existentes (art. 68, *caput*, CP). Os efeitos no processo penal são sempre mais devastadores do que no processo civil ou administrativo, tendo em vista que o erro judiciário pode levar um inocente ao cárcere ou mesmo colocar em liberdade um sujeito perigoso.

**123. Autodefesa do acusado:** cremos fazer parte do direito de autodefesa do réu a inovação de certas coisas (como a modificação das características da arma utilizada para o homicídio, por exemplo, para não ser apreendida), de determinados lugares (a arrumação da casa, lavando-se manchas de sangue, após o cometimento do delito) ou de pessoas (buscar alterar a própria feição para não ser reconhecido). O crime destina-se, portanto, àquele que não é réu, diretamente envolvido no processo, mas busca alterar o estado de coisa, lugar ou pessoa para levar a erro o magistrado ou o perito. Entretanto, há limite para a utilização da autodefesa, quando a inovação de lugar implica, por exemplo, o cometimento de delito mais grave, como a ocultação de cadáver. Este último tem objeto jurídico diverso, que é o respeito à memória do morto, a merecer sepultamento digno, além de possuir pena mais grave (reclusão, de um a três anos, e multa). Ver a nota 123-A *infra*.

**123-A. Absorção por crime mais grave:** se a fraude processual se confundir com o cometimento de delito mais grave, deve ser por este absorvida. Se o agente do homicídio promove a destruição ou ocultação do cadáver, uma vez descobertos os delitos, deve responder por homicídio (art. 121, CP), em concurso material com ocultação ou destruição de cadáver (art. 211, CP), mas absorvendo-se a fraude processual. Esta infração penal perde o sentido por duas razões: houve a concretização de delito mais grave (ocultação ou destruição de cadáver), além de implicar o direito de autodefesa.

### Favorecimento pessoal

> **Art. 348.** Auxiliar a subtrair-se[124-126] à ação de autoridade pública[127] autor de crime[128-131] a que é cominada pena de reclusão:[132-133]
>
> Pena – detenção, de 1 (um) a 6 (seis) meses, e multa.
>
> § 1.º Se ao crime não é cominada pena de reclusão:[134]
>
> Pena – detenção, de 15 (quinze) dias a 3 (três) meses, e multa.
>
> § 2.º Se quem presta o auxílio é ascendente, descendente, cônjuge ou irmão do criminoso, fica isento de pena.[135]

**124. Análise do núcleo do tipo:** *auxiliar a subtrair-se* significa fornecer ajuda a alguém para fugir, esconder-se ou evitar a ação da autoridade que o busca. Não são punidas as condutas de induzir ou instigar alguém a se subtrair da ação da autoridade, podendo, no entanto, haver participação – por induzimento ou instigação – ao auxílio prestado por outrem. Há uma figura específica de favorecimento pessoal, que deve ser seguida, em detrimento desta do art. 348, no art. 359-K, § 1.º, deste Código.

**125. Sujeitos ativo e passivo:** o sujeito ativo pode ser qualquer pessoa. O sujeito passivo é o Estado.

**126. Elemento subjetivo do tipo:** é o dolo. Cremos existir, ínsito no tipo, o elemento subjetivo específico, consistente na vontade de ludibriar a autoridade, deixando de fazer prevalecer a correta administração da justiça. Não existe a forma culposa.

**127. Autoridade pública:** pode ser o juiz, o promotor, o delegado ou qualquer outra que tenha legitimidade para buscar o autor de crime.

**128. Autor de crime:** poder-se-ia interpretar o termo *crime* neste contexto do mesmo modo que se procede no caso do art. 180, § 4.º, do Código Penal, ou seja, um *injusto* (fato típico e antijurídico). Na visão da doutrina tradicional, seria o crime, sob o ângulo objetivo, sem a culpabilidade que lhe proporcionava o lado subjetivo (dolo e culpa). Na situação do art. 348, no entanto, há um adendo muito relevante – "a que é cominada pena de reclusão" –, afastando-se, com isso, a possibilidade de levar em conta apenas o injusto, pois se deve acrescer ao tipo a possibilidade concreta de o sujeito favorecido pela conduta de quem lhe deu auxílio ser, efetivamente, condenado a uma pena de reclusão. Tal linha de raciocínio afasta, naturalmente, a possibilidade de se considerar típica a conduta da pessoa que auxilia um menor

# Art. 348

Código Penal Comentado · **Nucci**

1362

infrator a ocultar-se da polícia ou um doente mental, a quem se impôs medida de segurança, a fazer o mesmo. São sujeitos para os quais não se comina pena de reclusão. O menor de 18 anos comete ato infracional e é sancionado de acordo com legislação especial, enquanto o louco não comete crime sujeito a pena de reclusão. E mais: não existindo o crime anterior, impossível falar em favorecimento pessoal, tendo em vista não estar ferida a administração da justiça. Assim, qualquer causa que sirva para elidir a configuração do crime anterior (extinção da punibilidade, reconhecimento de excludentes de tipicidade, antijuridicidade ou culpabilidade, imunidades, dentre outros) arreda, também, o delito do art. 348. Afasta-se, ainda, a possibilidade de se considerar a contravenção penal, visto que o sentido da palavra *crime* não a inclui. Não fosse assim e o legislador ter-se-ia valido do termo *infração penal*.

**129. Diferença entre o favorecimento e a participação:** para configurar-se o crime de favorecimento é indispensável que o auxílio seja prestado após o primeiro delito ter-se consumado, isto é, depois que alguém praticou o injusto, buscando esconder-se, fornece-se a ele o abrigo necessário. Se o sujeito oferecer abrigo ou qualquer tipo de ajuda antes do cometimento do crime, trata-se de participação. Além disso, é também curial destacar não ser o autor do crime de favorecimento o coautor do primeiro, pois, do contrário, estaria havendo indevida punição. Se o comparsa esconde o outro em sua casa, é natural que não responda por favorecimento, uma vez que está, identicamente, protegendo-se. É o que Hungria chama de *autofavorecimento* (*Comentários ao Código Penal*, v. 9, p. 507).

**130. Viabilidade do crime anterior:** o delito anterior cometido necessita ser juridicamente viável, ou seja, é preciso ter potencialidade de provocar a condenação de alguém. Se houver absolvição, por qualquer causa, não se está diante do favorecimento, uma vez que a pessoa não pode ser considerada *autora* de *crime*. Para tanto, torna-se necessário aguardar o deslinde do processo anterior para o reconhecimento da prática do delito de favorecimento pessoal, pois, se houver absolvição, como mencionado, este crime deixa de existir. Entendemos que o favorecimento está configurado na hipótese de alguém prestar auxílio a criminoso ainda não condenado, não socorrendo o argumento de que o tipo penal fala em *autor de crime,* e não em *acusado*. Ora, justamente porque se fala em autor de crime é que não se fala em *culpado*. Assim, se o agente dá abrigo em sua casa a um procurado pela polícia, ainda não condenado, pode ficar sujeito às penas do favorecimento, desde que se aguarde a condenação do favorecido. Parece-nos cauteloso instaurar o inquérito, ajuizar a ação penal e, depois, aguardar o deslinde do processo anterior. O juiz se vale de questão prejudicial (art. 93, CPP) para a suspensão do feito, suspendendo-se, também, a prescrição.

**131. Exercício regular de direito:** não configura favorecimento pessoal a hipótese de o morador impedir a entrada da polícia, durante à noite, em seu domicílio, ainda que seja para capturar fugitivo. Trata-se de exercício regular de direito, garantido pela Constituição Federal, no art. 5.º, XI ("a casa é asilo inviolável do indivíduo, ninguém nela podendo penetrar sem consentimento do morador, salvo em caso de flagrante delito ou desastre, ou para prestar socorro, ou, durante o dia, por determinação judicial"). Logo, caso o autor de crime esteja refugiado em casa alheia, a autoridade policial somente pode ingressar no domicílio durante o dia. Nem se diga que, nessa situação, estaria configurado o flagrante delito de favorecimento pessoal, pois, repita-se, sendo direito do morador resguardar sua casa como asilo inviolável, durante a noite, é impossível dizer que tal atitude, por si só, configura o delito previsto neste artigo. Se, quando alvorecer, permanecer o impedimento, nesse caso, pode-se falar em favorecimento pessoal. Ademais, é preciso analisar quais outras condutas o morador tomou, além de impedir a entrada da polícia durante a noite. Se houve auxílio prestado, sob diferente formato, em tese,

# Art. 349

Título XI – Dos crimes contra a Administração Pública

pode-se cuidar deste delito, mas se a atitude se restringiu a resguardar o seu lar da invasão policial após o anoitecer, nada há a ser punido.

**132. Objetos material e jurídico:** o objeto material é a autoridade enganada. O objeto jurídico é a administração da justiça.

**133. Classificação:** trata-se de crime comum (aquele que não demanda sujeito ativo qualificado ou especial); material (delito que exige resultado naturalístico, consistente na efetiva ocultação do criminoso); de forma livre (podendo ser cometido por qualquer meio eleito pelo agente); comissivo ("auxiliar" implica ação); instantâneo (cujo resultado se dá de maneira instantânea, não se prolongando no tempo); unissubjetivo (que pode ser praticado por um só agente); plurissubsistente (em regra, vários atos integram a conduta); admite tentativa.

**134. Figura privilegiada:** fala-se em favorecimento pessoal privilegiado, cujos mínimo e máximo da pena diminuem quando o crime do indivíduo que foi protegido é sujeito a pena de detenção.

**135. Escusa absolutória (imunidade absoluta):** não é punido o agente do favorecimento pessoal quando, por razões de política criminal e motivos de ordem sentimental e humanitária, for ascendente, descendente, cônjuge ou irmão do delinquente.

### Favorecimento real

> **Art. 349.** Prestar[136-138] a criminoso,[139] fora dos casos de coautoria ou de receptação,[140-141] auxílio destinado a tornar seguro o proveito do crime:[142-146]
> Pena – detenção, de 1 (um) a 6 (seis) meses, e multa.

**136. Análise do núcleo do tipo:** *prestar auxílio* significa ajudar ou dar assistência. O destinatário do apoio é o criminoso.

**137. Sujeitos ativo e passivo:** o sujeito ativo pode ser qualquer pessoa. O sujeito passivo é o Estado.

**138. Elemento subjetivo do tipo:** é o dolo, exigindo-se, ainda, o elemento subjetivo do tipo específico, consistente na vontade de tornar seguro o proveito do crime. Não se pune a forma culposa.

**139. Conceito de criminoso:** há de ser a pessoa que comete o crime, vale dizer, o sujeito ativo do delito. Portanto, nos mesmos moldes do favorecimento pessoal, não se admite o inimputável (menor ou doente mental), posto não ser *criminoso*.

**140. Exceções legais:** não se incluem no tipo penal do favorecimento real a pessoa que é coautora (inclua-se, também, o partícipe), tendo em vista o seu natural interesse de se favorecer ocultando o produto do delito, bem como o receptador, que possui tipo específico para sua punição. Aliás, para detectar se se trata de receptação ou favorecimento real, deve-se analisar o destino do proveito do crime: se for em benefício do agente do crime anterior, trata-se da figura do art. 349; caso seja para proveito próprio ou de terceiro, configura-se a receptação.

**141. Promessa de auxílio feita antes do cometimento do crime:** configura-se, nessa hipótese, modalidade de participação, mas não o crime de favorecimento real. Para o delito

# Art. 349-A

Código Penal Comentado • Nucci

1364

do art. 349 é preciso que o agente forneça o auxílio *depois* da prática do crime, sem ter feito qualquer promessa nesse sentido anteriormente.

**142. Proveito do crime:** é o ganho, o lucro ou a vantagem auferida pela prática do delito. Pode ser bem móvel ou imóvel, material ou moral.

**143. Conceito de crime:** é o fato típico, antijurídico e culpável, necessitandose do julgamento definitivo do delito anterior para a consideração de mérito do tipo penal do art. 349. Pode-se processar o pretenso autor do favorecimento, devendo-se aguardar a solução no outro feito, a fim de saber se houve proveito de crime. Se houver absolvição do autor do crime anterior, por julgar o juiz inexistente o fato, por exemplo, não é cabível falar em favorecimento real. Entretanto, causas pessoais de exclusão da pena não provocam a exclusão do tipo do art. 349, visto que o fato criminoso permaneceu íntegro. Assim, a pessoa que esconde em sua casa o veículo subtraído do pai pelo filho comete favorecimento real, tendo em vista que a imunidade absoluta atinge somente o agente, e não a situação fática.

**144. Crime anterior consumado ou tentado:** cremos ser indiferente o delito anterior ao favorecimento real ser consumado ou tentado, desde que o proveito seja assegurado. Fornece-nos um exemplo PAULO JOSÉ DA COSTA JÚNIOR: pode o agente do favorecimento auxiliar alguém a ocultar numerário já percebido para a execução de um crime de homicídio que, no entanto, não se consumou (*Direito penal – Curso completo*, p. 750).

**145. Objetos material e jurídico:** o objeto material é o proveito do crime, que recebe o auxílio. O objeto jurídico é a administração da justiça.

**146. Classificação:** trata-se de crime comum (aquele que não exige sujeito ativo qualificado ou especial); formal (que não exige, para sua consumação, resultado naturalístico, consistente na efetiva ocultação do proveito do crime); de forma livre (pode ser cometido por qualquer meio eleito pelo agente); comissivo ("prestar" implica ação); instantâneo (cuja consumação não se prolonga no tempo, dando-se em momento determinado); unissubjetivo (aquele que pode ser cometido por um único sujeito); plurissubsistente (delito cuja ação é composta por vários atos, permitindo-se o seu fracionamento); admite tentativa.

> **Art. 349-A.** Ingressar, promover, intermediar, auxiliar ou facilitar a entrada[146-A-146-C] de aparelho telefônico de comunicação móvel, de rádio ou similar, sem autorização legal,[146-D] em estabelecimento[146-E] prisional.[146-F-146-G]
>
> Pena: detenção, de 3 (três) meses a 1 (um) ano.[146-H-146-I]

**146-A. Análise do núcleo do tipo:** *ingressar* (dar entrada de algo em algum lugar), *promover* (propiciar, dar causa a algo), *intermediar* (colocar-se entre duas pessoas, servindo-lhes de ponte ou ligação), *auxiliar* (dar ajuda ou socorro) ou *facilitar* (tornar mais fácil, favorecer) são as condutas alternativas previstas. Os verbos promover, *intermediar, auxiliar e facilitar* podem ter por objeto a entrada de aparelho telefônico de comunicação móvel (celular), de rádio ou similar (qualquer instrumento apto a gerar a comunicação à distância). O verbo *ingressar* significa, em verdade, levar consigo o aparelho para dentro do presídio, o que não deixa de ser uma forma de promover a entrada do referido aparelho. A inclusão do art. 319-A (modalidade de prevaricação trazida pela Lei 11.466/2007) passou a criminalizar a conduta do funcionário público que deixe de cumprir seu dever de impedir o acesso do preso a aparelho telefônico, de rádio ou similar. Entretanto, esta é a tipificação do outro lado da questão, consistente na criminalização da conduta de quem leva o aparelho de comunicação para o interior do estabelecimento penitenciário. Afinal, tanto pode o funcionário público prevaricar e permitir o acesso ao celular, como pode o particular beneficiar o preso, longe das vistas do referido funcionário, facilitando a entrada de aparelhos de comunicação. De todo modo, nos moldes ocorridos com a corrupção, há dois tipos previstos, com a mesma sanção (detenção, de três meses a um ano), para o mesmo fato, visto sob ângulos diversos: o acesso do preso a aparelho de comunicação. Na primeira hipótese (art. 319-A), pune-se o funcionário, que deixou de fiscalizar convenientemente, desde que atue com dolo, permitindo o ingresso do aparelho. Na segunda situação (art. 349-A), pune-se o particular, que promoveu, de algum modo, a entrada do aparelho no presídio. Portanto, pode-se ter um único fato, com a incidência de dois tipos penais distintos, aplicando-se a exceção pluralística à teoria monística. É questionável se as partes referentes a um aparelho celular poderiam tipificar este crime: bateria, *chip*, carregador etc. Levando-se em consideração a legalidade estrita, somente configura o delito caso se apreenda um aparelho completo, que tenha aptidão para produzir comunicação. Entretanto, tem-se observado, na prática, que os aparelhos são desmembrados para não serem facilmente localizados pelos agentes do presídio. Pode-se apontar, então, uma falha na redação dessa figura, que deveria prever, também, *qualquer parte do aparelho*. Se apenas o *chip* não pode configurar a infração penal, o celular *sem o chip* deve servir, uma vez que se caracteriza o crime; afinal, não está quebrado, bastando inserir o referido *chip* para funcionar perfeitamente. Na jurisprudência: STJ: "2. A conduta de ingressar em estabelecimento prisional com *chip* de celular não se subsume ao tipo penal previsto no art. 349-A do Código Penal, em estrita observância ao princípio da legalidade, pois o legislador limitou-se em punir o ingresso ou o auxílio na introdução de aparelho telefônico móvel ou similar em estabelecimento prisional, não fazendo qualquer referência a outro componente ou acessório utilizados no funcionamento desses equipamentos" (HC 619.776-DF, 5.ª T., rel. Ribeiro Dantas, 20.04.2021, v.u.).

**146-B. Sujeitos ativo e passivo:** o sujeito ativo pode ser qualquer pessoa. O sujeito passivo é o Estado. Secundariamente, a sociedade, que pode ser vítima da prática de outros delitos, caso exista comunicação dos presos com o mundo exterior.

**146-C. Elemento subjetivo do tipo:** é o dolo, não se punindo a forma culposa. Inexiste elemento subjetivo específico.

**146-D. Elemento normativo do tipo:** a expressão *sem autorização legal* torna-se elemento normativo do tipo, dependente de análise e interpretação segundo a legislação vigente. Não se trata de norma penal em branco, pois inexiste uma fonte normativa específica lidando com o assunto, tal como há no contexto das drogas ilícitas.

**146-E. Estabelecimento prisional:** deve ser compreendido em sentido amplo, valendo para qualquer lugar onde existe controle de entrada e saída de presos, provisórios ou condenados, em regimes fechado, semiaberto ou aberto.

**146-F. Objetos material e jurídico:** o objeto material é o aparelho telefônico de comunicação móvel, de rádio ou similar. O objeto jurídico é a administração da justiça, com ênfase à segurança pública.

**146-G. Classificação:** o crime é comum (pode ser praticado por qualquer pessoa); formal (independe de qualquer resultado naturalístico, demonstrativo de prejuízo ao Estado); de forma livre (pode ser cometido por qualquer meio eleito pelo agente); comissivo (os verbos indicam ações); instantâneo (a consumação se dá em linha determinada no tempo); de perigo

# Art. 350

**Código Penal Comentado • Nucci**

1366

abstrato (há probabilidade de dano, presumida pela lei); unissubjetivo (pode ser praticado por uma só pessoa); plurissubsistente (cometido em vários atos). Admite tentativa.

**146-H. Benefícios penais:** é infração de menor potencial ofensivo, admitindo transação e os demais benefícios da Lei 9.099/1995.

**146-I. Particularidades:** para o estudo da nova figura típica, alguns pontos merecem destaque: a) para a configuração, consumação e punição do crime não é preciso apreender o aparelho em mãos do preso. Basta que se descubra o referido aparelho dentro do presídio, contra as determinações vigentes, conseguindo-se, por certo, identificar quem promoveu o seu ingresso; b) sobre a capacitação do aparelho, devem-se volver os olhos ao art. 17, cuidando do crime impossível. Tratando-se de aparelho danificado, de modo a tornar *impossível* qualquer comunicação, trata-se de objetivo absolutamente impróprio. Porém, se o aparelho estiver com mau funcionamento, mas capaz de alguma transmissão, o objeto passa a ser considerado relativamente impróprio, de modo que não mais se configura o crime impossível. Nesse sentido, como objeto relativamente impróprio, o celular pré-pago, sem crédito, no momento do ingresso no presídio. A qualquer instante ele pode ser carregado, logo, não é crime impossível. Diga-se o mesmo do sistema de proteção instalado em redor do presídio para obstar a comunicação dos aparelhos celulares. A depender de exame pericial, deve-se proceder à análise do aparelho; c) quanto aos equipamentos de segurança destinados a bloquear a comunicação para telefones celulares e outros rádios transmissores com o mundo exterior, não há qualquer impedimento para a consumação do delito do art. 349-A. Aliás, independentemente da análise da eficiência do bloqueio, o tipo penal não faz nenhuma referência à comunicação interior-exterior. Portanto, é vedado o ingresso de aparelhos de comunicação em estabelecimentos prisionais, pois não é dado o direito ao preso de se comunicar dessa maneira, inclusive com outros detentos, situados em pavilhões ou celas diversas; d) os aparelhos similares aos celulares e aos rádios devem adequar-se ao art. 60, § 1.º, da Lei 9.472/1997, a saber: "Serviço de telecomunicações é o conjunto de atividades que possibilita a oferta de telecomunicação. § 1.º Telecomunicação é a transmissão, emissão ou recepção, por fio, radioeletricidade, meios ópticos ou qualquer outro processo eletromagnético, de símbolos, caracteres, sinais, escritos, imagens, sons ou informações de qualquer natureza".

### Exercício arbitrário ou abuso de poder[147-157]

> **Art. 350.** (Revogado pela Lei 13.869/2019.)

**147 a 157:** Notas referentes ao art. 350, revogado.

### Fuga de pessoa presa ou submetida a medida de segurança

> **Art. 351.** Promover ou facilitar[158-160] a fuga[161] de pessoa[162] legalmente presa ou submetida a medida de segurança detentiva:[163-164]
>
> Pena – detenção, de 6 (seis) meses a 2 (dois) anos.
>
> § 1.º Se o crime é praticado a mão armada, ou por mais de uma pessoa, ou mediante arrombamento, a pena é de reclusão, de 2 (dois) a 6 (seis) anos.[165]
>
> § 2.º Se há emprego de violência contra pessoa, aplica-se também a pena correspondente à violência.[166]

> § 3.º A pena é de reclusão, de 1 (um) a 4 (quatro) anos, se o crime é prati-
> cado por pessoa sob cuja custódia ou guarda está o preso ou o internado.[167]
>
> § 4.º No caso de culpa[168] do funcionário incumbido da custódia ou guarda,
> aplica-se a pena de detenção, de 3 (três) meses a 1 (um) ano, ou multa.

**158. Análise do núcleo do tipo:** *promover* significa dar causa, impulsionar ou originar; *facilitar* quer dizer tornar mais fácil, acessível sem grande esforço. O objeto dessas condutas é a fuga de pessoa presa. O fato é atípico quando se tratar de fuga de menor infrator, pois não se pode considerá-lo *preso* ou *submetido a medida de segurança*. O adolescente pode ser apenas internado, submetido a medida socioeducativa. Na jurisprudência: STJ: "1. Nos termos do entendimento consolidado deste Superior Tribunal de Justiça, o trancamento da ação penal por meio do *habeas corpus* é medida excepcional, que somente deve ser adotada quando houver inequívoca comprovação da atipicidade da conduta, da incidência de causa de extinção da punibilidade ou da ausência de indícios de autoria ou de prova sobre a materialidade do delito. 2. A expressão 'pessoa legalmente presa ou submetida a medida de segurança detentiva', contida no *caput* do art. 351 do Código Penal, não abrange os menores internados em razão do cumprimento de medida socioeducativa decorrente da prática de ato infracional. 3. Conforme a lição de Guilherme Nucci, 'o fato é atípico quando se tratar de fuga de menor infrator, pois não se pode considerá-lo preso ou submetido a medida de segurança' (NUCCI, Guilherme de Souza. *Manual de Direito Penal*. 13.ª ed. rev., atual. e ampl. Rio de Janeiro: Forense, 2017, p. 1196). 4. Forçoso reconhecer a impossibilidade de aplicação da lei incriminadora à hipótese por ela não abrangida, por caracterizar analogia *in malam partem*, o que não se admite em razão do princípio da estrita legalidade que rege o sistema penal pátrio. Por certo, não compete ao magistrado, sobrepondo-se ao legislador, ampliar o sentido da norma e o objeto material do crime, por entender que o tipo penal deveria ter previsto conduta assemelhada, de modo a prejudicar o réu. Precedentes" (RHC 86.991-SE, 5.ª T., rel. Ribeiro Dantas, 10.10.2017, v.u.).

**158-A. Absorção do crime de corrupção passiva:** se o servidor público recebe alguma vantagem para promover ou facilitar a fuga de presos ou internados, nasce o conflito aparente de normas, que deve ser resolvido pelo critério *crime-meio* e *crime-fim*, aplicando-se a absorção da corrupção pela conduta constitutiva da finalidade última do agente, que é a evasão do estabelecimento. Na jurisprudência: STJ: "1. Consta do combatido acórdão que (fls. 2.099/2.106): Quanto ao crime de corrupção passiva, encontram-se presentes as elementares do tipo penal respectivo, necessárias para a configuração delitiva, porquanto o réu recebeu ou aceitou a promessa de receber, para si, em razão da função que exercia, vantagem financeira indevida. [...] No tocante ao delito de 'fuga de pessoa presa ou submetida a medida de segurança', também há de se reconhecer que estão presentes as elementares do tipo necessárias para a sua configuração, sobretudo na forma qualificada, prevista no § 3.º do artigo 351 do Código Penal, pois o réu facilitou a fuga de presos, sob sua custódia e guarda, ao lhes entregar lâminas para serrar as trancas dos cadeados das celas, as grades dos portões e a cerca. [...] No ponto, ousa-se divergir, haja vista que o entendimento perfilhado pela doutrina e pela jurisprudência pátria é no sentido de que, havendo concorrência entre os respectivos delitos, deve incidir na espécie apenas o de facilitação da fuga de pessoa presa qualificada (artigo 351, § 3º, do Código Penal), ainda que apenado com menor sanção, haja vista que que este tipo é especial em relação ao de corrupção passiva (artigo 317 do Código Penal). [...] Com efeito, em face do efeito devolutivo amplo do recurso da Defesa, tendo em vista a aplicação do princípio da especialidade e que o delito de facilitação da fuga de preso é apenado com menor rigor que o crime de corrupção passiva, portanto mais favorável ao réu, desclassifico a sua conduta para o tipo penal previsto

# Art. 351

Código Penal Comentado · **Nucci**

1368

no artigo 351, § 3º, do Código Penal, ficando o crime do artigo 317 do mesmo Estatuto absorvido. 2. Tratando-se de tipos penais que tutelam o mesmo bem jurídico, a administração pública, sendo a corrupção passiva crime praticado por funcionário público contra a Administração em geral, e a fuga de pessoa presa ou submetida a medida de segurança, crime contra a Administração da Justiça, tenho que, sob pena de *bis in idem*, inviável o reconhecimento do cúmulo material, notadamente no caso concreto, em que o agente, mediante promessa de obter vantagem indevida, auxiliou os custodiados a empreender fuga da unidade prisional" (AgRg no REsp 1.862.863/DF, 6.ª T., rel. Sebastião Reis Júnior, 06.03.2023, v.u.).

**159. Sujeitos ativo e passivo:** o sujeito ativo pode ser qualquer pessoa. O sujeito passivo é o Estado.

**160. Elemento subjetivo do tipo:** é o dolo. Não se exige elemento subjetivo do tipo específico. Pune-se a forma culposa nos termos do § 4.º deste artigo.

**161. Conceito de fuga:** é a escapada ou o rápido afastamento do local onde se está detido. Concretiza-se a *fuga* ainda que não seja definitiva.

**162. Pessoa presa:** estipula o tipo penal ser indispensável que a prisão da pessoa seja *legal*, vale dizer, feita nos moldes previstos pela lei, significando, atualmente, decorrer de prisão em flagrante ou por ordem escrita e fundamentada de autoridade judiciária, salvo nos casos de transgressão militar (art. 5.º, LXI, CF). Por outro lado, pode ser também pessoa sujeita a medida de segurança detentiva, que é a internação (art. 96, I, CP).

**163. Objetos material e jurídico:** o objeto material é a pessoa fugitiva. O objeto jurídico é a administração da justiça.

**164. Classificação:** trata-se de crime comum (aquele que pode ser cometido por qualquer sujeito); material (delito que exige, para sua consumação, resultado naturalístico consistente na efetiva fuga); de forma livre (pode ser cometido por qualquer meio eleito pelo agente); comissivo (os verbos implicam ações); instantâneo (cuja consumação não se prolonga no tempo, dando-se em momento determinado); unissubjetivo (aquele que pode ser cometido por um único sujeito); plurissubsistente (delito cuja ação é composta por vários atos, permitindo-se o seu fracionamento); admite tentativa.

**165. Figura qualificada:** a pena abstrata altera-se substancialmente – passando de 6 meses a 2 anos para 2 a 6 anos – quando o crime for cometido *a mão armada* (com o emprego de qualquer tipo de arma, própria ou imprópria, como instrumento), por meio de *mais de uma pessoa* (concurso de duas ou mais pessoas) ou mediante *arrombamento* (abertura forçada, rompendo-se obstáculo material).

**166. Concurso de crimes:** havendo violência *contra a pessoa* (não valendo a violência realizada contra a coisa, que já pode ser suficiente para qualificar o delito, conforme § 1.º), deve-se punir o delito do art. 351 associado ao crime violento praticado.

**167. Figura qualificada:** altera-se, também, a pena abstrata – de 6 meses a 2 anos para 1 a 4 anos – caso o delito seja cometido por pessoa que deveria custodiar o preso, em vez de promover-lhe ou facilitar-lhe a fuga. Pode ser funcionário público ou não. Este tipo penal – § 3.º – é especial em relação à corrupção passiva. No entanto, este último crime é mais grave. Incidindo ambos, mais acertada é a aplicação do concurso formal (art. 70, CP).

**168. Forma culposa:** a previsão para a punição do delito de fuga de pessoa presa ou submetida a medida de segurança somente comporta a forma culposa – imprudência, negli-

# Art. 352

**1369**    Título XI – Dos crimes contra a Administração Pública

gência ou imperícia – quando o sujeito ativo for funcionário público incumbido da guarda ou da custódia. Nessa situação, trata-se de crime próprio. Portanto, se eventualmente o particular contribuir para a fuga de alguém, por ter agido com imprudência, negligência ou imperícia, o fato é atípico.

### Evasão mediante violência contra pessoa

> **Art. 352.** Evadir-se ou tentar evadir-se[169-170] o preso ou o indivíduo[171-172] submetido a medida de segurança detentiva, usando de violência contra a pessoa:[173-175]
>
> Pena – detenção, de 3 (três) meses a 1 (um) ano, além da pena correspondente à violência.

**169. Análise do núcleo do tipo:** *evadir-se* significa fugir ou escapar da prisão. O tipo penal prevê, também, a forma tentada, equiparando-a à consumada, fazendo com que seja impossível haver tentativa. Assim, fugir ou tentar fugir, para as finalidades do art. 352, têm o mesmo alcance. Por outro lado, é preciso ressaltar, desde logo, que a fuga do preso somente é punida se houver violência contra a pessoa, visto ser direito natural do ser humano buscar a liberdade, do mesmo modo que se permite ao réu, exercitando a autodefesa, mentir. Ressalte-se, ainda, que a fuga violenta exercida no momento da decretação da prisão configura o delito de resistência. Mas se o indivíduo já estiver preso legalmente e tentar fugir ou conseguir fugir mediante o emprego de violência, configura-se o crime do art. 352.

**170. Elemento subjetivo do tipo:** é o dolo. Parece-nos cabível falar na existência de um elemento subjetivo específico implícito consistente na vontade de escapar da prisão *legal*, valendo-se de *violência*.

**171. Sujeitos ativo e passivo:** o sujeito ativo somente pode ser o preso ou a pessoa submetida a medida de segurança detentiva (internação). O sujeito passivo é o Estado. Secundariamente, pode-se mencionar a pessoa agredida, embora, nesta hipótese, remanesça a figura típica referente à violência, ou seja, o fugitivo responde pelo art. 352 em concurso com o delito violento.

**172. Legalidade da prisão:** cremos ser indispensável, para a configuração do tipo, a legalidade da prisão, pois, do contrário, é direito do réu fugir e quem o impedir praticará uma agressão injusta, passível de ser contraposta pela legítima defesa.

**173. Violência contra a pessoa:** é a coação física exercida contra ser humano, não se incluindo, naturalmente, a violência contra coisas, como ocorre com o detento que serra as grades da prisão, por exemplo. Não se encaixa no tipo penal, também, o emprego de grave ameaça. Melhor seria se o Código Penal tivesse previsto também a forma de uso de violência contra coisas, impedindo que o preso, legalmente detido, destruísse a cadeia – patrimônio público – tendo por fim a fuga. Nesse sentido, disciplinou o Código Penal venezuelano (art. 259).

**174. Objetos material e jurídico:** o objeto material é a pessoa agredida. O objeto jurídico é a administração da justiça; em segundo plano, mas punindo-se como crime autônomo, a incolumidade física da pessoa.

# Art. 353

Código Penal Comentado · **Nucci**

**175. Classificação:** trata-se de crime próprio (aquele que somente pode ser cometido por sujeito ativo qualificado ou especial), especificamente de mão própria (somente o autor, pessoalmente, pode praticá-lo); material (exige, para sua consumação, resultado naturalístico, consistente no efetivo emprego de violência contra pessoa, ainda que a fuga não se consume); de forma livre (pode ser cometido por qualquer meio eleito pelo agente); comissivo (os verbos implica ações); instantâneo (cuja consumação não se prolonga no tempo, dando-se em momento determinado); unissubjetivo (aquele que pode ser cometido por um único sujeito); plurissubsistente (delito cuja ação é composta por vários atos, permitindo-se o seu fracionamento); não admite tentativa, pois é crime de atentado (a figura da tentativa está equiparada ao delito consumado).

### Arrebatamento de preso[176]

> **Art. 353.** Arrebatar[177-179] preso, a fim de maltratá-lo, do poder[180] de quem o tenha sob custódia ou guarda:[181-182]
>
> Pena – reclusão, de 1 (um) a 4 (quatro) anos, além da pena correspondente à violência.

**176. Conceito de preso:** é somente a pessoa cuja prisão foi decretada, incluindose aqueles que, cautelarmente, foram detidos (prisão temporária, preventiva ou semelhante) e os que estão cumprindo pena. Não abrange o internado, cumprindo medida de segurança. Essa conclusão pode ser extraída por comparação aos tipos anteriores, que fizeram expressa referência ao indivíduo submetido a medida de segurança.

**177. Análise do núcleo do tipo:** *arrebatar* significa tirar com violência, tendo por objeto a pessoa presa. Pune-se, como em outros tipos semelhantes, também o tipo penal que configura a violência, em concurso material. O fato é atípico quando se tratar de arrebatamento de menor infrator, pois não se pode considerá-lo *preso*. O adolescente pode ser apenas internado, submetido a medida socioeducativa.

**178. Sujeitos ativo e passivo:** o sujeito ativo pode ser qualquer pessoa. O sujeito passivo é o Estado, mas secundariamente o preso que será maltratado.

**179. Elemento subjetivo do tipo:** é o dolo. Exige-se elemento subjetivo do tipo específico, consistente na vontade de maltratar o preso arrebatado. Não existe a forma culposa.

**180. Poder de quem o tem sob custódia ou guarda:** é indispensável que o preso esteja custodiado ou guardado legalmente. Neste caso, torna-se indiferente ser a prisão legal ou ilegal, pois o fim do agente é maltratar o preso, e não o salvar de uma ilegalidade qualquer.

**181. Objetos material e jurídico:** o objeto material é o preso arrebatado. O objeto jurídico é a administração da justiça; secundariamente, a incolumidade física do preso, que é protegida também em tipo à parte, já que se pune a violência em concurso material.

**182. Classificação:** trata-se de crime comum (aquele que pode ser cometido por qualquer sujeito); formal (que não exige, para sua consumação, o resultado naturalístico previsto no tipo, que é o maltrato ao preso); de forma livre (pode ser cometido por qualquer meio eleito pelo agente); comissivo ("arrebatar" implica ação); instantâneo (cuja consumação não se prolonga no tempo, dando-se em momento determinado); unissubjetivo (aquele que pode

# Art. 354

**Título XI – Dos crimes contra a Administração Pública**                    1371

ser cometido por um único sujeito); plurissubsistente (delito cuja ação é composta por vários atos, permitindo-se o seu fracionamento); admite tentativa.

### Motim de presos

> **Art. 354.** Amotinarem-se[183-185] presos,[186] perturbando a ordem ou a disciplina[187-189] da prisão:[190-191]
>
> Pena – detenção, de 6 (seis) meses a 2 (dois) anos, além da pena correspondente à violência.

**183. Análise do núcleo do tipo:** *amotinar-se* significa revoltar-se ou entrar em conflito com a ordem vigente. O objeto da conduta é a ordem e a disciplina da prisão, que restam perturbadas. Na jurisprudência: STJ: "1. Discute-se se a prática da conduta descrita no art. 354 do Código Penal abrange ou não quem cumpre medida socioeducativa. 2. A decisão proferida pelo Tribunal de origem encontra-se em perfeita sintonia com a jurisprudência desta Corte Superior de Justiça, que entende ser possível que se estenda a prática de motim a socioeducando cumprindo pena em unidade destinada à submissão a medida socioeducativa de internação. 3. Da doutrina, colhe-se que o termo preso abrange a todos, excluindo apenas as pessoas sujeitas à medida de segurança detentiva" (RHC 127.982-DF, 6.ª **T., rel.** Sebastião Reis Júnior, 14.06.2022, v.u.).

**184. Sujeitos ativo e passivo:** o sujeito ativo somente pode ser o preso (não vale o tipo para as pessoas sujeitas a medida de segurança detentiva). No caso presente, mais de um, pois o tipo fala em *presos*. É crime de concurso necessário. O sujeito passivo é o Estado.

**185. Elemento subjetivo do tipo:** é o dolo. Não se pune a forma culposa, nem se exige elemento subjetivo do tipo específico. O próprio verbo – "amotinarem-se" – indica a vontade de perturbar a ordem e/ou a tranquilidade do presídio.

**186. Número de presos:** o delito é de concurso necessário, embora somente se possa falar em motim ou revolta, com perturbação da ordem, quando houver pelo menos três presos (ou mais) se sublevando. Não teria cabimento considerar uma rebelião se apenas dois presos desafiam a ordem interna do presídio. Ainda assim, a fixação de um número – três ou mais – é sempre relativa, pois em um presídio com mais de 5.000 detentos, por exemplo, quatro pessoas, agrupadas em motim, pode não significar nada. Portanto, embora possamos ter um padrão de, pelo menos, quatro pessoas, o melhor é verificar o caso concreto para determinar se o tipo está ou não concretizado.

**187. Ordem e disciplina:** *ordem* é a tranquilidade de um lugar, enquanto *disciplina* quer dizer a observância de regras e preceitos.

**188. Grau de perturbação:** há quem sustente devam os presos praticar efetivos atos comissivos, com violência contra pessoas e coisas, perturbando seriamente a ordem e disciplina internas da cadeia. Não cremos desse modo. O tipo fala em sublevação de presos para perturbar a ordem e a tranquilidade do presídio, o que pode dar-se, perfeitamente, na chamada "desobediência ghândica", ou seja, todos se recusam a voltar às suas celas, permanecendo horas a fio no pátio interno, causando desordem e confusão generalizada.

# Art. 355

Código Penal Comentado · **Nucci**

1372

**189. Legalidade da prisão:** exige-se. Os que estiverem presos ilicitamente têm o direito de se manifestar contrariamente ao abuso do Estado.

**190. Objetos material e jurídico:** o objeto material é a disciplina carcerária. O objeto jurídico é a administração da justiça.

**191. Classificação:** trata-se de crime próprio (aquele que somente pode ser cometido por sujeito ativo qualificado ou especial); material (aquele que exige, para sua consumação, resultado naturalístico, consistente na efetiva perturbação da ordem ou da disciplina); de forma livre (pode ser cometido por qualquer meio eleito pelo agente); comissivo ou omissivo, conforme o caso. Embora o verbo *amotinar-se* tenha significado predominantemente comissivo, é perfeitamente possível uma rebelião passiva, caso os presos resolvam não sair de suas celas ou não desocupar o pátio interno, onde tomam banho de sol; permanente (cuja consumação se prolonga no tempo, ou seja, enquanto a ordem ou a tranquilidade estejam sendo afetadas); plurissubjetivo (aquele que só pode ser cometido por mais de um sujeito); unissubsistente (praticado num único ato, como na forma omissiva, recusando-se a sair de um lugar) ou plurissubsistente (praticado mediante vários atos, como queimando colchões e destruindo coisas), conforme o caso concreto; admite tentativa na forma plurissubsistente, embora de rara configuração.

### Patrocínio infiel

**Art. 355.** Trair,[192-193] na qualidade de advogado ou procurador, o dever profissional,[194-195] prejudicando interesse,[196] cujo patrocínio, em juízo,[197] lhe é confiado:[198-199]

Pena – detenção, de 6 (seis) meses a 3 (três) anos, e multa.

### Patrocínio simultâneo ou tergiversação

**Parágrafo único.** Incorre na pena deste artigo o advogado ou procurador judicial que defende[200-202] na mesma causa,[203] simultânea ou sucessivamente,[204] partes contrárias.[205-206]

**192. Análise do núcleo do tipo:** *trair* significa ser desleal ou enganar. Focaliza-se o dever profissional do advogado ou do procurador judicial, conforme preceituado no art. 33 do Estatuto da Advocacia (Lei 8.906/1994): "O advogado obriga-se a cumprir rigorosamente os deveres consignados no Código de Ética e Disciplina. Parágrafo único. O Código de Ética e Disciplina regula os deveres do advogado para com a comunidade, o cliente, o outro profissional e, ainda, a publicidade, a recusa do patrocínio, o dever de assistência jurídica, o dever geral de urbanidade e os respectivos procedimentos disciplinares". Quanto aos deveres profissionais do advogado, ver art. 2.º, parágrafo único, do Código de Ética e Disciplina da OAB, *DJ* 4.11.2015, em especial os seguintes itens, por dizerem respeito ao patrocínio da causa em juízo: "estimular, a qualquer tempo, a conciliação e a mediação entre os litigantes, prevenindo, sempre que possível, a instauração de litígios"; "desaconselhar lides temerárias, a partir de um juízo preliminar de viabilidade jurídica"; "abster-se de utilizar de influência indevida, em seu benefício ou do cliente"; "abster-se de entender-se diretamente com a parte adversa que tenha patrono constituído, sem o assentimento deste". E mais o art. 9.º, do mesmo Código: "O advogado deve informar o cliente, de modo claro e inequívoco, quanto a eventuais riscos da sua pretensão, e das consequências que poderão advir da demanda. Deve, igualmente, denunciar, desde logo, a quem lhe solicite parecer ou patrocínio, qualquer circunstância que possa influir na resolução de submeter-lhe a consulta ou confiar-lhe a causa". Na jurisprudência: STJ: "1. Na hipótese dos autos, não ficou configurado o crime de corrupção passiva, uma vez que a conduta atribuída à acusada não foi por ela praticada durante o exercício de função pública, haja vista a extinção de seu contrato de prestação de serviços com a administração pública municipal anos antes do fato. 2. Para a caracterização do delito de patrocínio infiel, deve haver a traição do dever profissional. Na espécie, a orientação errônea e aventureira da acusada ao seu cliente configura, no máximo, infração ética, e não o crime de patrocínio infiel" (REsp 1.716.072-MG, 6.ª T., rel. Sebastião Reis Júnior, 15.03.2018, v.u.).

**193. Sujeitos ativo e passivo:** o sujeito ativo só pode ser o advogado (Lei 8.906/1994, art. 3.º, *caput*: "O exercício da atividade de advocacia no território brasileiro e a denominação de advogado são privativos dos inscritos na Ordem dos Advogados do Brasil – OAB") ou o procurador judicial (integrantes da Advocacia-Geral da União, da Procuradoria da Fazenda Nacional, da Defensoria Pública e das Procuradorias e Consultorias Jurídicas dos Estados, do Distrito Federal, dos Municípios e das respectivas entidades de Administração indireta e fundacional – art. 3.º, § 1.º; o estagiário de advocacia – art. 3.º, § 2.º). O sujeito passivo é, em primeiro plano, o Estado, mas secundariamente a pessoa prejudicada.

**194. Dever profissional:** ver nota 192, referente ao núcleo do tipo.

**195. Elemento subjetivo do tipo:** é o dolo. Não se exige elemento subjetivo do tipo específico, nem se pune a forma culposa.

**196. Consentimento do ofendido:** quando o interesse em disputa for disponível, havendo concordância da vítima, não se pode falar em ilicitude. Em matéria penal, não há possibilidade de se aceitar essa excludente, pois o interesse é indisponível.

**197. Patrocínio em juízo:** são elementares do tipo ser o patrocínio (existência de mandato ou nomeação feita pelo juiz para cuidar de uma causa) realizado em juízo (refere-se a processo ajuizado, não sendo possível ocorrer na fase do inquérito policial, por exemplo). Portanto, não comete o crime – podendo configurar-se uma infração ética – o advogado que orienta de forma errônea e aventureira uma pessoa que não lhe outorgou mandato, nem está com causa em juízo. Nesse prisma: STF: "O crime de patrocínio infiel pressupõe que o profissional da advocacia tenha recebido outorga de poderes para representar seu cliente. Com base nesse entendimento, a 1.ª Turma julgou extinta a ordem de *habeas corpus* por inadequação da via processual, mas a concedeu, de ofício, por atipicidade da conduta" (HC 110.196-PA, 1.ª T., rel. Marco Aurélio, 14.05.2013, v.u., *Informativo* 706).

**198. Objetos material e jurídico:** o objeto material é a pessoa que sofre a conduta indevida ou a coisa que materializa tal conduta. O objeto jurídico é a administração da justiça, levando-se em conta que o art. 133 da Constituição Federal preceitua ser o advogado "indispensável à administração da justiça".

**199. Classificação:** trata-se de crime próprio (aquele que exige sujeito ativo especial); material (crime que exige resultado naturalístico para consumar-se, consistente em haver interesse legítimo efetivamente prejudicado); de forma livre (pode ser cometido por qualquer meio eleito pelo agente); comissivo (delito cometido através de uma ação) ou omissivo (crime cometido por uma abstenção), conforme o caso; instantâneo (delito cuja consumação não se

# Art. 356

### Código Penal Comentado · Nucci

1374

arrasta no tempo); unissubjetivo (aquele que pode ser cometido por apenas um agente); plurissubsistente (delito cuja ação é composta por vários atos, permitindo o seu fracionamento); admite-se tentativa na forma comissiva.

**200. Análise do núcleo do tipo:** *defender* significa sustentar com argumentos ou prestar socorro. Nesse contexto, leva-se em conta a atividade do advogado prestando auxílio técnico a quem necessita. O que se veda, neste tipo penal, é a defesa simultânea ou sucessiva prestada a partes contrárias. Exige-se, no entanto, que o advogado ou procurador pratique algo concreto, não bastando o mero recebimento de procuração ou a nomeação feita pelo juiz.

**201. Sujeitos ativo e passivo:** o sujeito ativo só pode ser advogado ou procurador judicial. O sujeito passivo é o Estado; secundariamente, a pessoa prejudicada.

**202. Elemento subjetivo do tipo:** é o dolo. Não se exige elemento subjetivo do tipo específico, nem se pune a forma culposa.

**203. Patrocínio na mesma causa:** exige-se, neste tipo, que ocorra o patrocínio – com a outorga de mandato ou nomeação – de interesses relativos a uma mesma *causa*, e não processo. Isto significa que a lide (pretensão em disputa numa mesma relação jurídica) pode estender-se por vários feitos, como ocorre numa disputa entre marido e mulher no momento da separação, envolvendo separação judicial, guarda de filhos, alimentos, regulamentação de visitas, entre outros.

**204. Conceito de simultânea e sucessiva:** *simultâneo* é o que ocorre ao mesmo tempo, enquanto *sucessivo* é o que vem em seguida. No caso do tipo penal, trata-se da tergiversação.

**205. Partes contrárias:** são as pessoas que possuem interesses contrapostos numa relação processual, tais como ocorre entre autor e réu.

**206. Classificação:** é crime próprio (aquele que exige sujeito ativo especial); formal (delito que não exige resultado naturalístico, consistente em causar, efetivamente, algum prejuízo às partes); de forma livre (pode ser praticado por qualquer meio eleito pelo agente); comissivo (delito praticado por meio de uma ação); instantâneo (cujo resultado não se arrasta no tempo); unissubjetivo (aquele que pode ser praticado por um único sujeito); plurissubsistente (consistente na prática de vários atos); admite tentativa.

### Sonegação de papel ou objeto de valor probatório

> **Art. 356.** Inutilizar,[207-209] total ou parcialmente,[210] ou deixar de restituir autos, documento ou objeto de valor probatório,[211-212] que recebeu na qualidade de advogado[213-214] ou procurador:[215-216]
>
> Pena – detenção, de 6 (seis) meses a 3 (três) anos, e multa.

**207. Análise do núcleo do tipo:** inutilizar significa invalidar ou destruir. É a modalidade comissiva. Há, ainda, a forma omissiva, constituída pela conduta de deixar de restituir, ou seja, sonegar ou não devolver o que é devido. O objeto é constituído dos autos do processo, documento ou outro objeto relevante para a prova. Na jurisprudência: STJ: "1. O STJ entende ser desnecessária a intimação pessoal do acusado para caracterização do delito previsto no art. 356 do Código Penal, na modalidade devolução dos autos. A intimação é circunstância fundamental para demonstração do dolo, contudo, nesse ponto, é suficiente aquela promovida pelo diário oficial. 2. As instâncias antecedentes consignaram que o agravante foi intimado e comunicado, por diversas vezes, para devolver os autos do processo de execução fiscal no qual atuava na defesa de particular e quedou-se inerte por mais de um ano, comportamento que inclusive frustrou hasta pública então designada, circunstâncias que demonstraram o dolo. Incidência do disposto na Súmula n. 83 do STJ" (AgRg nos EDcl no REsp 2.022.971/PE, 6.ª T., rel. Rogerio Schietti Cruz, 23.05.2023, v.u.); "2. Doutrina e jurisprudência, ao interpretar a aplicação do art. 356 do CP, não exigem que haja prévia intimação pessoal do advogado para devolver os autos, até porque, em regra, os causídicos são intimados por meio do diário de justiça. Nesse contexto, não há se falar em atipicidade da conduta por ausência de intimação pessoal" RHC 89.059-MG, 5.ª T., rel. Reynaldo Soares da Fonseca, 27.02.2018, v.u.).

**208. Sujeitos ativo e passivo:** o sujeito ativo somente pode ser advogado ou procurador judicial. Ver nota 193 ao artigo anterior. O sujeito passivo é o Estado; secundariamente, a pessoa prejudicada.

**209. Elemento subjetivo do tipo:** é o dolo. Não se pune a forma culposa, nem se exige elemento subjetivo do tipo específico.

**210. Inutilização total ou parcial:** o tipo penal prevê a possibilidade de o agente destruir documentos de maneira completa ou apenas uma parte. Assim, torna-se bem mais difícil a concretização da tentativa.

**211. Autos, documentos e objeto de valor probatório:** *autos* é termo que designa o conjunto das peças que constituem um processo. Estão incluídos na proteção prevista neste artigo os autos de processo findo. *Documento* é qualquer escrito, instrumento ou papel público ou particular destinado a produzir prova em juízo (art. 232, CPP). *Objeto de valor probatório* é qualquer coisa material destinada a convencer o juízo acerca da verdade de um fato.

**212. Intimação para a devolução:** é imprescindível para a configuração do tipo penal, pois, do contrário, pode-se estar punindo alguém por mera negligência e o crime é doloso, não culposo. Cremos válida qualquer forma de intimação, prevista em lei, para a comunicação de atos do processo. Não há razão para sustentar que deva ser a intimação pessoal feita por mandado judicial.

**213. Procedimento sancionador da OAB:** é inteiramente dispensável, pois os deveres inerentes à função do advogado não podem sobrepor-se ao tipo penal. Além disso, exigir a interferência da Ordem dos Advogados do Brasil significaria criar uma condição de procedibilidade não estabelecida em lei.

**214. Restituição dos autos, documento ou objeto antes da denúncia ser oferecida:** é irrelevante para a configuração do tipo penal, que tem por objeto jurídico, já lesionado, a administração da justiça. Pode o juiz levá-la em consideração como atenuante (art. 65, III, *b*, CP). Não cremos possível afirmar, sem a devida prova, que a mera devolução, antes do oferecimento da denúncia, elimina o dolo. Portanto, fixado – e ultrapassado – o prazo para a restituição, somente a prova de um motivo de força maior poderia demonstrar a ausência de dolo.

**215. Objetos material e jurídico:** os objetos materiais são os autos, documentos ou objetos de valor probatório. O objeto jurídico é a administração da justiça.

**216. Classificação:** trata-se de crime próprio (aquele que somente pode ser cometido por sujeito ativo qualificado ou especial); material (delito que exige resultado naturalístico) na modalidade *inutilizar* e formal (crime que não exige, para sua consumação, resultado na-

# Art. 357

### Código Penal Comentado · Nucci

turalístico) na modalidade *deixar de restituir*; de forma livre (pode ser cometido por qualquer meio eleito pelo agente); comissivo ("inutilizar" implica ação) ou omissivo ("deixar de restituir" significa uma abstenção); instantâneo (cuja consumação não se prolonga no tempo, dando-se em momento determinado), mas permanente (delito cujo resultado se arrasta no tempo), na forma *deixar de restituir*; unissubjetivo (aquele que pode ser cometido por um único sujeito); plurissubsistente (delito cuja ação é composta por vários atos, permitindo-se o seu fracionamento); admite tentativa na modalidade comissiva, embora de difícil configuração.

### Exploração de prestígio

> **Art. 357.** Solicitar ou receber[217-219] dinheiro ou qualquer outra utilidade,[220] a pretexto de influir em juiz, jurado, órgão do Ministério Público, funcionário de justiça, perito, tradutor, intérprete ou testemunha:[221-223]
>
> Pena – reclusão, de 1 (um) a 5 (cinco) anos, e multa.
>
> **Parágrafo único.** As penas aumentam-se de um terço,[224] se o agente alega ou insinua que o dinheiro ou utilidade também se destina a qualquer das pessoas referidas neste artigo.

**217. Análise do núcleo do tipo:** *solicitar* (pedir ou buscar) e *receber* (aceitar em pagamento) vinculam-se ao *pretexto de influir* (tendo por finalidade inspirar ou insuflar) em juiz, jurado, membro do Ministério Público, serventuários da justiça, perito, tradutor, intérprete ou testemunha. Na jurisprudência: STJ: "2. Dispõe o art. 357 do Código Penal que, para a configuração do delito de exploração de prestígio, deve o agente 'solicitar ou receber dinheiro ou qualquer outra utilidade, a pretexto de influir em juiz, jurado, órgão do Ministério Público, funcionário de justiça, perito, tradutor, intérprete ou testemunha'. 3. Na linha da jurisprudência desta Corte, 'o crime de exploração de prestígio é, por assim dizer, uma 'subespécie' do crime previsto no art. 332 do Código Penal (tráfico de influência). É a exploração de prestígio, a venda de influência, a ser exercida especificamente sobre pessoas que possuem destacada importância no desfecho de processo judicial (APn n. 549/SP, Corte Especial, relator Ministro Felix Fischer, *DJe* 18/11/2009). 4. Na hipótese, ao realizar o cotejo entre a conduta – narrada na denúncia – do corréu (Marcos Valério, ora requerente) com a do recorrente (Walter Faria), verifica-se que não há identidade de situação fático-jurídica, pois, como expresso na incoativa, o corréu (requerente) figurava como um dos 'mentores dos meios pelos quais são atingidos os objetivos do patrocinador, detendo domínio de toda a rede que operacionaliza suas diretrizes'. É dizer, enquanto a narrativa fática constante da exordial acusatória, referente ao recorrente, é no sentido de que este figurava somente como patrocinador – ou seja, quem de fato comprava o prestígio ('comprador de fumaça') –, a função do corréu cingir-se-ia, outrossim, ao papel de mentor da operação, cujo domínio da rede a ele era incumbido, independentemente se também teria encomendado 'os serviços ilícitos dos demais denunciados', o que torna prematura a extinção *ante tempus* da persecução penal" (PExt no RHC 55.940-SP, 6.ª T., rel. Antonio Saldanha Palheiro, 11.12.2018, v.u.).

**218. Sujeitos ativo e passivo:** o sujeito ativo pode ser qualquer pessoa. O sujeito passivo é o Estado. Na modalidade *receber* exige o concurso de outra pessoa, que faz o pagamento.

**219. Elemento subjetivo do tipo:** é o dolo. Exige-se, ainda, o elemento subjetivo específico, consistente na finalidade de influir nas pessoas descritas no tipo penal. Não se pune a forma culposa.

**220. Dinheiro ou outra utilidade:** *dinheiro* é a moeda em curso oficial no País, enquanto *outra utilidade* deve ser entendida como algo significativo, como o é o dinheiro. Não se trata de algo necessariamente material, mas que possa converter-se, de algum modo, em benefício material para o agente. Trata-se, afinal, de uma interpretação analógica, isto é, a generalização feita pelo tipo penal (qualquer outra utilidade) necessita guardar sintonia com o exemplo dado (dinheiro).

**221. Conceitos das partes visadas pela exploração de prestígio:** *juiz* é a autoridade judiciária, componente do Poder Judiciário, encarregada de aplicar o direito ao caso concreto; *jurado* é o juiz leigo, que funciona, exclusivamente, no Tribunal do Júri para julgar crimes dolosos contra a vida; *órgão do Ministério Público* é o Promotor de Justiça (1.ª instância) ou o Procurador de Justiça (2.ª instância); *funcionário da justiça* é o funcionário público que exerce suas atividades no Poder Judiciário. Quanto aos conceitos de perito, tradutor, intérprete e testemunha, ver nota 60 ao art. 342.

**222. Objetos material e jurídico:** o objeto material é o dinheiro ou a utilidade recebida ou solicitada. O objeto jurídico é a administração da justiça.

**223. Classificação:** trata-se de crime comum (aquele que não depende de sujeito ativo qualificado ou especial); formal (que não exige, para sua consumação, resultado naturalístico). Há quem sustente ser material o crime na modalidade *receber*, com o que não concordamos, pois o objeto jurídico é a administração da justiça, que pode não ser lesionada efetivamente pelo agente. O tipo penal menciona o recebimento para o fim de influenciar, o que não significa ter realmente ocorrido. Por isso, trata-se de delito formal nas duas modalidades; de forma livre (pode ser cometido por qualquer meio eleito pelo agente); comissivo (os verbos indicam ações); instantâneo (cuja consumação não se prolonga no tempo, dando-se em momento determinado); unissubjetivo (aquele que pode ser cometido por um único sujeito); unissubsistente (crime cometido por um único ato) ou plurissubsistente (delito cuja ação é composta por vários atos, permitindo-se o seu fracionamento); admite tentativa na forma plurissubsistente.

**224. Causa de aumento da pena:** se o agente *alegar* (apresentar como explicação) ou *insinuar* (dar a entender de modo indireto) que o dinheiro ou a utilidade destina-se, também, ao juiz, ao jurado, ao membro do Ministério Público, ao funcionário da justiça, ao perito, ao tradutor, ao intérprete ou à testemunha, sua pena deve ser aumentada em um terço. Ao valer-se dos verbos *alegar* e *insinuar*, o tipo penal deixa claro que tais pessoas não estão envolvidas no fato, mas são usadas pelo agente para a obtenção da vantagem.

### Violência ou fraude em arrematação judicial

> **Art. 358.** Impedir, perturbar ou fraudar[225-227] arrematação judicial;[228] afastar ou procurar afastar concorrente ou licitante, por meio de violência, grave ameaça, fraude ou oferecimento de vantagem:[229-231]
>
> Pena – detenção, de 2 (dois) meses a 1 (um) ano, ou multa, além da pena correspondente à violência.[232]

**225. Análise do núcleo do tipo:** *impedir* é impossibilitar a execução ou obstruir; *perturbar* significa causar embaraço ou agitar; *fraudar* quer dizer lesar através de engano ou ilusão. O objeto, nessa hipótese, é a arrematação judicial. Há, ainda, as formas *afastar* (pôr de

# Art. 359

lado ou tirar do caminho) e *procurar afastar* (ter por finalidade tirar do caminho), que têm por objeto a pessoa de concorrente ou licitante.

**226. Sujeitos ativo e passivo:** o sujeito ativo pode ser qualquer pessoa. O sujeito passivo é o Estado, podendo, em segundo plano, figurar o terceiro prejudicado (participante da arrematação ou licitante).

**227. Elemento subjetivo do tipo:** é o dolo. Não se pune a forma culposa, nem se exige elemento subjetivo do tipo específico.

**228. Arrematação judicial:** é a venda em hasta pública promovida pelo Poder Judiciário. Quando o leilão for promovido pelo poder público, aplica-se a Lei 14.133/2021.

**229. Violência, grave ameaça, fraude e oferecimento de vantagem:** *violência* é a coação física (nesse caso, deve voltar-se contra a pessoa, e não contra coisas); *grave ameaça* é a intimidação séria e grave; *fraude* é o ardil promovido para enganar; *oferecimento de vantagem* é propor qualquer favor, lucro ou ganho.

**230. Objetos material e jurídico:** o objeto material pode ser a arrematação judicial ou a pessoa que participa desta. O objeto jurídico é a administração da justiça.

**231. Classificação:** trata-se de crime comum (aquele que pode ser cometido por qualquer sujeito); formal (que não exige, para sua consumação, resultado naturalístico), nas modalidades *perturbar* e *procurar afastar,* e material (exigindo resultado naturalístico), nas formas *impedir, fraudar, afastar*; de forma livre (pode ser cometido por qualquer meio eleito pelo agente); comissivo (os verbos implicam ações); instantâneo (cuja consumação não se prolonga no tempo, dando-se em momento determinado); unissubjetivo (aquele que pode ser cometido por um único sujeito); plurissubsistente (delito cuja ação é composta por vários atos, permitindo-se o seu fracionamento); admite tentativa.

**232. Concurso de crimes:** exige o tipo penal que, havendo violência, a pena correspondente ao seu emprego seja aplicada em concurso com a do delito previsto no art. 358.

### Desobediência a decisão judicial sobre perda ou suspensão de direito

> **Art. 359.** Exercer[233-235] função, atividade, direito, autoridade ou múnus,[236] de que foi suspenso ou privado[237] por decisão judicial:[238-240]
>
> Pena – detenção, de 3 (três) meses a 2 (dois) anos, ou multa.

**233. Análise do núcleo do tipo:** *exercer* significa desempenhar com habitualidade. Objetiva-se punir a pessoa que teve função, atividade, direito, autoridade ou múnus suspenso por decisão judicial.

**234. Sujeitos ativo e passivo:** o sujeito ativo há de ser somente a pessoa suspensa ou privada de direito por decisão judicial (ver art. 92, CP). O sujeito passivo é o Estado.

**235. Elemento subjetivo do tipo:** é o dolo. Não se pune a forma culposa, nem se exige elemento subjetivo do tipo específico.

**236. Função, atividade, direito, autoridade e múnus:** *função* é a prática de um serviço relativo a um cargo ou emprego; *atividade* significa qualquer ocupação ou diligência; *direito* é a faculdade de praticar um ato, autorizada por lei; *autoridade* significa o poder de dar ordens e fazer respeitar decisões, no âmbito público; *múnus* é um encargo público.

**237. Suspensão ou privação:** *suspensão* significa fazer cessar por um determinado período; *privação* é o tolhimento definitivo.

**238. Decisão judicial:** entende-se que há necessidade de ser uma decisão proferida por autoridade judiciária, voltando-se, no caso penal, principalmente, aos efeitos da condenação (art. 92, I a III, CP). Na hipótese de se cuidar de efeito da condenação, torna-se exigível o trânsito em julgado da sentença. Por outro lado, tratando-se de outras decisões judiciais, ainda que provisórias ou no exercício do poder geral de cautela, por evidente, não há necessidade de *trânsito em julgado*. Aliás, o tipo penal do art. 359 não se aplica, unicamente, no âmbito penal; decisões judiciais civis, impondo a suspensão ou a privação de qualquer direito, também podem ser abrangidas pela figura deste artigo, caso descumpridas. Exemplo disso seria encontrado na Lei 8.429/1992 (Improbidade Administrativa), onde se prevê a possibilidade de afastamento do servidor, em decisão proferida pelo juízo civil. O descumprimento poderia dar ensejo à tipificação do delito do art. 359 do CP.

**238-A. Pena alternativa:** não se pode aplicar este artigo para o condenado que infringiu a pena alternativa de interdição temporária de direitos, pois, para essa hipótese, existe solução, consistente na revogação do benefício concedido, com a transformação da pena em privativa de liberdade.

**238-B. Suspensão condicional do processo:** não se trata de crime o descumprimento das condições impostas pelo juiz, no âmbito da suspensão condicional do processo (art. 89, Lei 9.099/1995). A consequência será o prosseguimento da ação penal.

**238-C. Afastamento do cônjuge do lar:** as medidas restritivas, previstas na Lei de Violência Doméstica (art. 22, II e III, Lei 11.340/2006), proibindo o marido ou companheiro de se aproximar da mulher ou determinando o seu afastamento do lar constituem ordens judiciais. Logo, nesses casos, se descumpridas, acarretam o crime previsto no art. 24-A da Lei 11.340/2006.

**238-D. Suspensão ou proibição de dirigir veículos:** não configura o delito do art. 359. Essas restrições estão previstas nos arts. 294 e 296 da Lei 9.503/1997, havendo um tipo penal incriminador específico para o seu descumprimento (art. 307, Lei 9.503/1997).

**239. Objetos material e jurídico:** o objeto material é a função, atividade, direito, autoridade ou múnus. O objeto jurídico é a administração da justiça.

**240. Classificação:** trata-se de crime próprio (aquele que somente pode ser cometido por sujeito ativo qualificado ou especial); formal (que não exige, para sua consumação, resultado naturalístico); de forma livre (pode ser cometido por qualquer meio eleito pelo agente); comissivo ("exercer" implica ação); habitual (delito que somente se configura quando o agente adota frequentemente a mesma conduta, configurando um comportamento de vida); unissubjetivo (aquele que pode ser cometido por um único sujeito); plurissubsistente (delito cuja ação é composta por vários atos, permitindo-se o seu fracionamento); não admite tentativa, por se tratar de delito habitual. Portanto, não se configura o crime caso o agente, uma única vez, desempenhe função proibida ou suspensa.

# Capítulo IV
## DOS CRIMES CONTRA AS FINANÇAS PÚBLICAS[1]

**1. Fundamento constitucional:** a proteção dispensada às finanças públicas, no Brasil da atualidade, é crescente, espargindo-se por várias leis infraconstitucionais, embora encontre, na Constituição da República, o seu incontrastável fundamento. O Título VI, Capítulo II, cuidando das *finanças públicas*, nos arts. 163 a 169, fornece as diretrizes para a proteção, regulação, objetivos e funcionamento das finanças públicas, da dívida pública externa e interna, da concessão de garantias pelas entidades públicas, da emissão e resgate de títulos da dívida pública, da fiscalização financeira da administração pública direta e indireta, das operações de câmbio realizadas por órgãos e entidades da União, dos Estados, do Distrito Federal e dos Municípios, bem como da compatibilização das funções das instituições oficiais de crédito da União, resguardadas as características e condições operacionais plenas das voltadas ao desenvolvimento regional (art. 163, CF). Nessa linha, o art. 165, § 9.º, estabeleceu que "cabe à lei complementar: (...) II – estabelecer normas de gestão financeira e patrimonial da administração direta e indireta, bem como condições para a instituição e funcionamento de fundos". Não foi outra, portanto, a missão da Lei Complementar 101, de 4 de maio de 2000, que dispõe, no art. 1.º, § 1.º, o seguinte: "A responsabilidade na gestão fiscal pressupõe a ação planejada e transparente, em que se previnem riscos e corrigem desvios capazes de afetar o equilíbrio das contas públicas, mediante o cumprimento de metas de resultados entre receitas e despesas e a obediência a limites e condições no que tange à renúncia de receita, geração de despesas com pessoal, da seguridade social e outras, dívidas consolidada e mobiliária, operações de crédito, inclusive por antecipação de receita, concessão de garantia e inscrição em Restos a Pagar". Portanto, é inegável a necessidade da lei para o País, na consecução de objetivos orçamentários claros e definidos, impeditivos do endividamento exagerado e daninho ao desenvolvimento econômico e social, que costuma tornar as gestões de órgãos e entidades públicas em desastrosas experiências para a sociedade em geral. Além de inúmeras normas, visando a regularização e controle das administrações direta e indireta, deliberou o legislador promover mudanças profundas também na esfera penal, a fim de buscar uma política preventiva, que somente a lei penal pode proporcionar, com seu caráter intimidativo e repressivo. Não são poucos os especialistas que expõem, com clareza, as mazelas do sistema político brasileiro, pouco interessado nas finanças públicas, aspectos justificadores do nascimento da Lei Complementar 101/2000 e da Lei 10.028/2000. Esclarece RÉGIS FERNANDES DE OLIVEIRA que "crescem as frustrações com o comportamento político. O agente público assume o cargo apenas para locupletar-se. Cria-se expectativa em torno de reformas e do império da seriedade, a cada eleição. No entanto, as expectativas tendem à completa frustração, o que cria clima de rejeição aos políticos de forma geral. São frases do cotidiano: 'todos são picaretas', 'rouba mas faz', o que leva ao descrédito, fazendo com que perpetue o desânimo com o próprio processo democrático. (...) Os desmandos administrativos, o tratamento do dinheiro público como se fosse particular, as infrações que contra o erário se praticam, a absoluta falta de vergonha que cerca os detentores de mandatos eletivos levam a população ao absoluto descrédito em relação aos políticos. O eleito, no dia seguinte à sua posse, já busca recursos para sua nova eleição. Não procura honrar o mandato que lhe foi outorgado pelo povo. Não dignifica o cargo. Todas as promessas feitas nos palanques são olvidadas. Os compromissos são postergados e, no mais das vezes, esquecidos. (...) Daí a superveniência de leis que buscam pôr freio nos maus administradores públicos, criando tipos penais e instituindo comportamentos que atentam contra a probidade administrativa, de forma a tentar impedir o uso desmedido dos interesses particulares em detrimento do público" (*Responsabilidade fiscal*, p. 13-14). Tratando do mesmo tema, sustentam CARLOS MAURÍCIO FIGUEIREDO, CLÁUDIO FERREIRA, FERNANDO RAPOSO, HENRIQUE BRAGA e MARCOS NÓBREGA

Título XI – Dos crimes contra a Administração Pública **Art. 359-A**

que o "equilíbrio fiscal sempre foi uma das prioridades do processo de reformas por que vem passando o País desde a implantação do Plano Real. (...) Dessa forma, o grande fator diferenciador da LRF é o de estabelecer um novo padrão fiscal no País, sobretudo do ponto de vista comportamental. (...) A LRF procura mudar esse estado de coisas, estabelecendo o que para muitos significa um 'choque de moralidade' na gestão pública, ensejando a responsabilização pelos gastos efetuados e buscando conscientizar governos, políticos e sociedade da importância desse tipo de mudança de padrão fiscal" (*Comentários à lei de responsabilidade fiscal*, p. 17). Espera-se, certamente, que os entraves trazidos por legislação tão ampla, que terminou por engessar muitas atividades públicas, entre as quais, em especial a do Poder Judiciário, sejam corrigidos com o passar do tempo. Lembra o Ministro Carlos Velloso que, graças ao disposto na Lei Complementar 101/2000, "o serviço da Justiça, de regra deficiente, porque deficiente o número de juízes, deficiente o apoio administrativo aos juízes de 1.º grau, tende a piorar, porque os Tribunais não poderão aperfeiçoá-los. Convém registrar que, por esse Brasil afora, há juízes que não dispõem nem de máquina de escrever, quando a máquina de escrever, diante da revolução dos computadores e da informática, virou peça de museu. Se trago ao debate essas questões, é para mostrar o grau de polêmica criado pela Lei Complementar 101" (prefácio aos *Comentários à lei de responsabilidade fiscal*, organização de Ives Gandra da Silva Martins e Carlos Valder do Nascimento). Em suma, apesar dos defeitos incontestáveis que o texto normativo recém-editado provocou, há benefícios indiscutíveis também. Portanto, corrigidos aqueles, espera-se que estes tornem o Brasil um país mais sério, mormente no setor das finanças públicas, tão desgastado e desacreditado nos últimos tempos. Sob tal prisma, inclui-se mais um capítulo ao Código Penal, tendo por finalidade tipificar a conduta ilícita dos administradores irresponsáveis no trato com o dinheiro público.

### Contratação de operação de crédito

> **Art. 359-A.** Ordenar,[2-6] autorizar ou realizar operação de crédito,[7-8] interno ou externo, sem prévia autorização legislativa:[9-11]
>
> Pena – reclusão, de 1 (um) a 2 (dois) anos.
>
> **Parágrafo único.** Incide na mesma pena quem ordena, autoriza ou realiza operação de crédito, interno ou externo:
>
> I – com inobservância[12-13] de limite, condição ou montante estabelecido em lei ou em resolução do Senado Federal;[14]
>
> II – quando o montante da dívida consolidada[15] ultrapassa o limite máximo autorizado por lei.

**2. Análise do núcleo do tipo:** *ordenar* significa mandar que se faça ou determinar, constituindo ato mandamental; *autorizar* quer dizer dar licença a outrem para fazer ou consentir expressamente que seja feito; *realizar* é ato executório, implicando tornar efetivo ou pôr em prática. Pode, pois, o agente do crime dar a ordem para que a operação de crédito seja efetivada, como pode simplesmente permitir que outra pessoa o faça, seja executando, seja ordenando. Finalmente, pode o agente, diretamente, concretizar a operação de crédito. O tipo é misto alternativo, razão pela qual pode a autoridade competente efetivar uma ou mais das condutas previstas no tipo penal e o crime será único. É fundamental ressaltar que o pedido feito ao Ministério da Fazenda (atual Ministério da Economia) para analisar a possibilidade de realização da operação de crédito não constitui, por si só, *autorização* para a efetivação da operação de crédito, ainda que irregular e em desacordo com a lei orçamentária. Entende Luiz Celso de Barros que, dada a autorização pelo Ministério da Fazenda ou entidade equivalente,

# Art. 359-A

Código Penal Comentado · **Nucci**

quem concretiza a operação de crédito irregular não deve responder pelo delito, reservando-se a punição ao funcionário que autorizou, pertencente ao Ministério ou entidade mencionada (*Responsabilidade fiscal e criminal*, p. 142). Parece-nos, no entanto, que tudo depende do dolo e da consciência potencial de ilicitude. Se a autorização foi pleiteada, mas sabe o requerente que se trata de algo indevido, ainda que aquela seja dada, devem responder pelo delito todos os que nele tomaram parte conscientes de que participavam de uma operação de crédito irregular e ilícita.

**3. Sujeitos ativo e passivo:** o sujeito ativo é o funcionário público competente para ordenar, autorizar ou realizar operação de crédito. Sobre o conceito de funcionário público, ver o art. 327 do Código Penal. O sujeito passivo é, primordialmente, o Estado. Secundariamente, no entanto, é a sociedade, pois o abalo nas finanças públicas, como visto na introdução ao tema na nota 1, gera consequências desastrosas para toda a coletividade.

**4. Presidente da República:** pode responder, também, por crime de responsabilidade, previsto no art. 10 da Lei 1.079/1950: "São crimes de responsabilidade contra a lei orçamentá-ria: (...) 9) ordenar ou autorizar, em desacordo com a lei, a realização de operação de crédito com qualquer um dos demais entes da Federação, inclusive suas entidades de administração indireta, ainda que na forma de novação, refinanciamento ou postergação de dívida contraída anteriormente".

**5. Prefeito Municipal:** há lei especial, cuidando do assunto, conforme se vê no art. 1.º, XX, do Decreto-lei 201/1967: "São crimes de responsabilidade dos prefeitos municipais, sujeitos ao julgamento do Poder Judiciário, independentemente do pronunciamento da Câmara dos Vereadores: (...) XX – ordenar ou autorizar, em desacordo com a lei, a realização de opera-ção de crédito com qualquer um dos demais entes da Federação, inclusive suas entidades de administração indireta, ainda que na forma de novação, refinanciamento ou postergação de dívida contraída anteriormente".

**6. Elemento subjetivo:** é o dolo. Não existe a forma culposa, nem se exige elemento subjetivo do tipo específico.

**7. Conceito de operação de crédito:** é fornecido pelo art. 29, III, da Lei Complementar 101/2000: é o "compromisso financeiro assumido em razão de mútuo, abertura de crédito, emissão e aceite de título, aquisição financiada de bens, recebimento antecipado de valores provenientes da venda a termo de bens e serviços, arrendamento mercantil e outras operações assemelhadas, inclusive com o uso de derivativos financeiros". Ensina RÉGIS FERNANDES DE OLIVEIRA que "a operação de crédito é uma figura contratual que pressupõe agente capaz, objeto lícito e forma prescrita ou não defesa em lei, nos exatos termos do art. 82 [atual art. 104] do Código Civil. Guarda a peculiaridade, no caso de contratos públicos, pelo fato de que um dos contratantes é ente federativo. Trata-se de compromisso em razão de um empréstimo, gerando crédito e débito" (*Responsabilidade fiscal*, p. 63). Em resumo, as operações de crédito "são aquelas realizadas pela União, Estados, Distrito Federal e Municípios contemplando compromissos de pagamento a serem honrados no futuro" (citação de CARLOS VALDER DO NASCIMENTO, feita por JOSÉ MAURÍCIO CONTI, *Comentários à lei da responsabilidade fiscal*, p. 220). A regulamentação rígida estabelecida pela Lei de Responsabilidade Fiscal, em relação às operações de crédito realizadas pelos agentes públicos, gestores das finanças, tem por finalidade garantir que essas transações contribuam, de fato, para toda a coletividade, não excedendo a capacidade do ente público de arcar com o seu custo. Por isso, há necessidade de prévia fiscalização e, conforme o caso, da aprovação de vários órgãos, inclusive e especialmente do Ministério da Fazenda (art. 32, LRF), bem como do Senado Federal (arts. 30, I, e 32, § 1.º, III e IV, LRF) e do Banco Central do Brasil (arts. 32, § 4.º, e 38, §§ 2.º e 3.º, LRF). O fundamental é que a operação de crédito, para efeito de futura análise e aprovação pelo Tribunal de Contas, tenha fulcro em lei orçamentária previamente aprovada, razão pela qual o parecer do Ministério da Fazenda, embora não tenha caráter vinculativo, pode evitar futura sanção (RÉGIS FERNANDES DE OLIVEIRA, *Responsabilidade fiscal*, p. 67). No mesmo sentido, esclarece JOSÉ MAURÍCIO CONTI que "a contratação das operações de crédito precisa estar previamente autorizada por lei da entidade que pleiteia realizá-la. Um Município, por exemplo, antes de contratar a operação de crédito, deve ter previsão desse ato na legislação pertinente. E a operação deverá estar em rubrica própria na lei orçamentária anual, ou em lei específica que faça constar essa previsão, mediante abertura de crédito adicional, nos termos das normas gerais de direito financeiro" (*Comentários à lei da responsabilidade fiscal*, p. 222).

**8. Operação de crédito por equiparação:** dispõe o art. 29, § 1.º, da Lei de Responsabilidade Fiscal que "equipara-se a operação de crédito a assunção, o reconhecimento ou a confissão de dívidas pelo ente da Federação, sem prejuízo do cumprimento das exigências dos arts. 15 e 16".

**9. Autorização prévia do Poder Legislativo:** trata-se de elemento vinculado à ilicitude, porém trazido para o tipo penal, constituindo seu elemento normativo. Assim, torna-se fundamental para o aperfeiçoamento da tipicidade que o agente público ordene, autorize ou realize a operação de crédito, não possuindo, anteriormente ao ato, a autorização legislativa.

**10. Objetos material e jurídico:** o objeto material é a operação de crédito efetivada. O objeto jurídico é a proteção à regularidade das finanças públicas e à probidade administrativa.

**11. Classificação:** trata-se de crime próprio (aquele que só pode ser cometido por sujeito ativo qualificado); formal (delito que não exige, para sua consumação, a ocorrência de resultado naturalístico, consistente na efetiva realização da operação de crédito, com prejuízo para o erário ou para a probidade administrativa); de forma vinculada (deve ser cometido de acordo com o meio de realização eleito pela lei para a efetivação dos atos administrativos); comissivo (os verbos implicam ações); instantâneo (cuja consumação não se prolonga no tempo, dando-se em momento determinado); de perigo abstrato (aquele que independe da prova do perigo para as finanças públicas, bastando a simples realização das condutas previstas no tipo penal); unissubjetivo (pode ser cometido por um único sujeito); unissubsistente (praticado num único ato) ou plurissubsistente (delito cuja ação é composta por vários atos, permitindo-se o seu fracionamento), conforme o caso concreto; admite tentativa, na forma plurissubsistente. Admitindo a tentativa somente na conduta *realizar*, está a posição de DAMÁSIO (*Comentários à lei de responsabilidade fiscal*, p. 612).

**12. Análise do núcleo do tipo:** a figura equiparada prevista no parágrafo único tem as mesmas condutas já analisadas – ordenar, autorizar ou realizar operação de crédito –, embora traga diferenças na sua concretização. Enquanto a figura do *caput* prevê a hipótese de o agente público efetivar operação de crédito, *sem autorização legislativa*, no caso deste parágrafo, a autorização existe, mas a transação foi feita ao arrepio das condições fixadas pela resolução do Senado, sejam elas pertinentes ao limite da operação ou em relação a qualquer outra ou, ainda, em desacordo com o limite máximo, fixado na lei, para a consolidação da dívida resultante da operação de crédito.

**13. Norma penal em branco:** para se ter a exata noção do seu conteúdo é preciso conhecer quais são os limites, as condições e os montantes fixados em lei ou resolução do Senado,

# Art. 359-B

Código Penal Comentado · **Nucci**

1384

razão pela qual a figura prevista no parágrafo único é norma penal em branco, necessitando do complemento apontado.

**14. Autorização do Senado Federal:** estabelece o art. 52 da Constituição que "compete privativamente ao Senado Federal: (...) V – autorizar operações externas de natureza financeira, de interesse da União, dos Estados, do Distrito Federal, dos Territórios e dos Municípios; VI – fixar, por proposta do Presidente da República, limites globais para o montante da dívida consolidada da União, dos Estados, do Distrito Federal e dos Municípios; VII – dispor sobre limites globais e condições para as operações de crédito externo e interno da União, dos Estados, do Distrito Federal e dos Municípios, de suas autarquias e demais entidades controladas pelo Poder Público federal; VIII – dispor sobre limites e condições para a concessão de garantia da União em operações de crédito externo e interno; IX – estabelecer limites globais e condições para o montante da dívida mobiliária dos Estados, do Distrito Federal e dos Municípios".

**15. Dívida consolidada:** segundo o art. 29, I, da Lei de Responsabilidade Fiscal, é o "montante total, apurado sem duplicidade, das obrigações financeiras do ente da Federação, assumidas em virtude de leis, contratos, convênios ou tratados e da realização de operações de crédito, para amortização em prazo superior a doze meses". A despeito disso, comenta Ives Gandra da Silva Martins que, "apesar da preocupação do legislador com os conceitos por ele utilizados, não há, na lei, uma definição do que seja 'dívida pública fundada ou consolidada', mas apenas a enumeração dos elementos que a compõem. A somatória total das obrigações financeiras de uma entidade federativa é que constitui seu montante global, não podendo, à evidência, haver duplicação, ou seja, a mesma obrigação aparecer em mais de um item de sua descrição". Sobre a expressão "para amortização em prazo superior a doze meses", explica o autor que deve ser lida nos seguintes termos: "das obrigações financeiras do ente da Federação assumidas para amortização em prazo superior a doze meses, decorrentes de leis, contratos, convênios, tratados e oposições de crédito". São equiparados os vocábulos "consolidada" e "fundada" (*Comentários à lei de responsabilidade fiscal*, p. 182-183). Note-se que, neste caso, não se trata de norma penal em branco, pois o conceito dado pela Lei de Responsabilidade Fiscal é incompleto e apenas enunciativo, como explica Ives Gandra. Dessa forma, cabe ao intérprete fornecê-lo, considerando-se elemento normativo do tipo.

### Inscrição de despesas não empenhadas em restos a pagar

> **Art. 359-B.** Ordenar ou autorizar[16-18] a inscrição em restos a pagar,[19] de despesa[20] que não tenha sido previamente empenhada[21] ou que exceda limite[22] estabelecido em lei:[23-24]
>
> Pena – detenção, de 6 (seis) meses a 2 (dois) anos.

**16. Análise do núcleo do tipo:** *ordenar* significa mandar que se faça ou determinar, constituindo ato mandamental; *autorizar* quer dizer dar licença a outrem para fazer ou consentir expressamente que seja feito. Veda este artigo que o agente público ordene ou autorize a inscrição em restos a pagar (ver conceito na nota 19 seguinte) de despesa que ainda não foi empenhada ou que, apesar de ter sido, excedeu o limite estabelecido na lei. Logo, evita-se deixar para o ano seguinte, e, principalmente, para outro administrador, despesas que já não constem expressamente como devidas e cujo pagamento há de se estender no tempo, especialmente se não houver recursos para o pagamento.

**17. Sujeitos ativo e passivo:** o sujeito ativo é o funcionário público competente para ordenar ou autorizar a inscrição da despesa. Sobre o conceito de funcionário público, ver o art. 327 do Código Penal. O sujeito passivo é, primordialmente, o Estado. Secundariamente, no entanto, é a sociedade, pois o abalo nas finanças públicas, como visto na introdução ao tema na nota 1, gera consequências desastrosas para toda a coletividade.

**18. Elemento subjetivo:** é o dolo. Não existe a forma culposa, nem se exige elemento subjetivo do tipo específico.

**19. Restos a pagar:** são as despesas empenhadas, que não foram pagas no exercício financeiro, esgotado em 31 de dezembro. Segundo Régis Fernandes de Oliveira, "constituem eles a denominada dívida flutuante e devem ser registrados em conta própria. Normalmente, são pagas por meio de crédito especial, podendo haver dotação orçamentária específica para seu pagamento". Estabelece o art. 36 da Lei 4.320/1964, que os restos a pagar se distinguem em processados e não processados. E explicam Luiz Flávio Gomes e Alice Bianchini: "os *restos a pagar processados* representam as despesas que cumpriram o estágio da liquidação e que deixaram de ser pagas apenas por circunstâncias próprias do encerramento do exercício. Os *não processados* são todas as despesas que deixaram de passar pelo estágio da liquidação" (*Crimes de responsabilidade fiscal*, p. 53). Sobre a execução das despesas públicas, ver a nota 21 abaixo, tratando do empenho da despesa.

**20. Conceito de despesa pública:** sob o prisma financeiro, diz Carlos Valder do Nascimento ser despesa pública "todo emprego ou dispêndio de dinheiro para aquisição de alguma coisa ou execução de um serviço" (*Comentários à lei de responsabilidade fiscal*, p. 107).

**21. Empenho da despesa:** *empenhar,* no contexto deste artigo, significa comprometer o orçamento imputando-lhe uma despesa da Administração Pública a ser futuramente paga. Estabelece o art. 58 da Lei 4.320/1964 que o "empenho de despesa é o ato emanado de autoridade competente que cria para o Estado obrigação de pagamento pendente ou não de implemento de condição". O empenho é indispensável, pois é vedada a realização de despesa que não tenha sido previamente separada do orçamento para honrar o compromisso assumido (art. 60, Lei 4.320/1964). O procedimento referente à execução de despesas públicas obedece a uma ordem: primeiramente, empenha-se a despesa, destacando-a do orçamento, isto é, reservando-se recursos da dotação orçamentária para determinado pagamento. Emite-se, para tanto, a *nota de empenho*. Em seguida, o administrador providencia a sua liquidação, que significa verificar o direito do credor de receber o montante separado, checando notas e documentos. A última etapa equivale à ordem de pagamento. Nas palavras de Luiz Flávio Gomes e Alice Bianchini, o "empenho é o instrumento de que se serve a Administração a fim de controlar a execução orçamentária. É por meio dele que o legislativo se certifica de que os créditos concedidos ao Executivo estão sendo obedecidos. O empenho constitui instrumento de programação, para que o Executivo tenha sempre o panorama dos compromissos assumidos e das dotações ainda disponíveis. Não há empenho posterior" (*Crimes contra as finanças públicas*, p. 44).

**22. Limite estabelecido em lei:** trata-se de norma penal em branco, exigindo-se conhecer qual é o limite fixado em lei, para poder aplicar o tipo penal incriminador.

**23. Objetos material e jurídico:** o objeto material é a despesa empenhada. O objeto jurídico é a proteção à regularidade das finanças públicas e à probidade administrativa.

**24. Classificação:** trata-se de crime próprio (aquele que só pode ser cometido por sujeito ativo qualificado); formal (delito que não exige, para sua consumação, a ocorrência de

# Art. 359-C

Código Penal Comentado · **Nucci**

1386

resultado naturalístico, consistente na efetiva realização da operação de crédito, com prejuízo para o erário ou para a probidade administrativa); de forma vinculada (deve ser cometido de acordo com o meio de realização eleito pela lei para a efetivação dos atos administrativos); comissivo (os verbos implicam ações); instantâneo (cuja consumação não se prolonga no tempo, dando-se em momento determinado); de perigo abstrato (aquele que independe da prova do perigo para as finanças públicas, bastando a simples realização das condutas previstas no tipo penal); unissubjetivo (pode ser cometido por um único sujeito); unissubsistente (praticado num único ato) ou plurissubsistente (delito cuja ação é composta por vários atos, permitindo-se o seu fracionamento), conforme o caso concreto; admite tentativa, na forma plurissubsistente. Admitindo, igualmente, a tentativa: Luiz Flávio Gomes e Alice Bianchini (*Crimes de responsabilidade fiscal*, p. 45). Não admitindo: Damásio (*Adendo especial aos comentários à lei de responsabilidade fiscal*, p. 615).

### Assunção de obrigação no último ano do mandato ou legislatura

> **Art. 359-C.** Ordenar ou autorizar[25-27] a assunção de obrigação,[28] nos dois últimos quadrimestres[29] do último ano do mandato ou legislatura, cuja despesa não possa ser paga no mesmo exercício financeiro ou, caso reste parcela a ser paga no exercício seguinte, que não tenha contrapartida suficiente de disponibilidade[30] de caixa:[31-33]
>
> Pena – reclusão, de 1 (um) a 4 (quatro) anos.

**25. Análise do núcleo do tipo:** *ordenar* significa mandar que se faça ou determinar, constituindo ato mandamental; *autorizar* quer dizer dar licença a outrem para fazer ou consentir expressamente que seja feito. No caso deste artigo, a ordem ou o consentimento do administrador volta-se à assunção de obrigação, no final do seu mandato ou legislatura. Quer-se proteger a Administração Pública dos constantes desmandos de ocupantes de cargos de direção que, estando prestes a deixar o governo ou o parlamento, em plena época de eleição, terminam comprometendo o orçamento vindouro, assumindo obrigações de pagamentos que não farão diretamente, mas, sim, o seu sucessor. Assume-se a obrigação de pagar levianamente, como se o orçamento fosse multiplicável, conforme o desejo do administrador, o que não ocorre, havendo constante estado de inadimplência e desequilíbrio fiscal por parte de muitos órgãos públicos. Além disso, quer-se evitar que o administrador transmita despesa sua ao futuro ocupante do cargo. Logo, a primeira parte do tipo penal tem por finalidade abranger a assunção de dívida, que não será paga no mesmo exercício, sendo complementada pela segunda parte, voltada a garantir que a dívida, caso reste para o exercício seguinte, ao menos tenha previsão de caixa suficiente para satisfazê-la. E tudo sob a ótica geral de estar o administrador efetivando o contrato ou a operação de crédito, devidamente autorizado por lei. Esta conduta é mais grave do que a prevista no artigo anterior, tendo em vista que a inscrição de despesas não empenhadas em restos a pagar não se refere ao estouro de caixa realizado no último ano do mandato ou da legislatura, transferindo a conta para o sucessor, mas é um procedimento de rolagem de dívida indevido, ainda que seja na mesma gestão. O art. 359-B tem por finalidade moralizar a passagem do funcionário por determinado cargo, a fim de que gaste aquilo que pode e está autorizado em lei. Trata-se do equilíbrio fiscal que uma gestão honesta deve ter. Abrange qualquer funcionário competente para ordenar ou autorizar despesa. No caso do art. 359-C, a conduta é mais séria, pois o administrador ou parlamentar, valendo-se de mandato ou legislatura – e não qualquer funcionário –, termina atuando no sentido de empurrar a terceiros despesas e comprometimentos financeiros que assumiu, mas sabe que não irá pagar. Na jurisprudência: TJRS: "A resposta extemporânea não pode ser levada em conta na decisão de recebimento da denúncia. Assim, determina-se o desentranhamento da respectiva peça e dos documentos que a instruem. Precedentes. Embora a alegação do denunciado, de que o fato é atípico, existe lastro probatório suficiente a indicar que ele assumiu novas obrigações nos oito meses antes do término do mandato e não as saldou no período, por falta de disponibilidade orçamentária, inscrevendo-as em restos a pagar. As alegações para justificar os fatos, são inaptas a afastar, de plano, a acusação. Denúncia recebida" (Ação Penal – Procedimento Sumário 70063703755-RS, 4.ª C. Crim., rel. Rogerio Gesta Leal, 28.05.2015, v.u.).

**26. Sujeitos ativo e passivo:** o sujeito ativo é o funcionário público competente para ordenar ou autorizar a assunção de obrigação, embora, neste caso, deva ser ocupante de cargo para o qual foi eleito. Abrange tanto o chefe de Poder, que exerce função administrativa, quanto o integrante do Legislativo, incumbido de autorizar os gastos. Incluem-se, ainda, o chefe do Ministério Público e todos os outros gestores, nomeados para o exercício de um mandato, quando gozarem de autonomia administrativa e financeira para deliberar sobre gastos. Sobre o conceito de funcionário público, ver o art. 327 do Código Penal. O sujeito passivo é, primordialmente, o Estado. Secundariamente, no entanto, é a sociedade, pois o abalo nas finanças públicas, como visto na introdução ao tema na nota 1, gera consequências desastrosas para toda a coletividade.

**27. Elemento subjetivo:** é o dolo. Não existe a forma culposa, nem se exige elemento subjetivo do tipo específico.

**28. Assunção de obrigação:** significa assumir a obrigatoriedade de realizar despesa, através de qualquer ato ou fato. Logo, não quer dizer unicamente empenhar despesa, nem contrair obrigação de pagamento. Nessa ótica, conferir o magistério de FIGUEIREDO, FERREIRA, RAPOSO, BRAGA e NÓBREGA (*Comentários à lei de responsabilidade fiscal*, p. 225).

**29. Dois últimos quadrimestres:** a proibição de assunção de obrigação tem início a partir de 1.º de maio do ano final do mandato ou da legislatura.

**30. Disponibilidade de caixa:** analisando a disponibilidade de caixa, explicam FLÁVIO DA CRUZ, ADAUTO VICCARI JÚNIOR, JOSÉ OSVALDO GLOCK, NÉLIO HERZMANN e ROSÂNGELA TREMEL que "deve ser considerado todo o estoque da dívida existente em 30 de abril, independentemente do exercício em que foi gerada. Desse montante, identifica-se o valor vencido e a vencer até 31 de dezembro, para fins da projeção da disponibilidade de caixa naquela data, levando em consideração que, pela exigência legal da observância da ordem cronológica de vencimento, estes valores deverao ter prioridade de pagamento em relação aos novos compromissos a serem assumidos, lembrando, ainda, que é crime anular despesas liquidadas, inscritas em Restos a Pagar. Num exemplo prático, se a Administração assinou um contrato no dia 28 de abril, para a execução de uma obra cujo cronograma físico financeiro avance até o dia 31 de março do exercício seguinte, a parcela a ser paga nos três meses do próximo ano não precisaria constituir disponibilidade de caixa em 31 de dezembro, pois o ato que a originou não ocorreu nos últimos dois quadrimestres. Contudo, o valor a ser pago no decorrer do ano deverá ser considerado quando da projeção da disponibilidade de caixa. Os entes da Federação e órgãos públicos que possuem grande endividamento serão forçados a, nesse período, reduzir ao máximo suas despesas correntes e ficarão, praticamente, impedidos de realizar despesas de capital cujo valor não possa ser integralmente liquidado no exercício, tendo como alternativa tentar o aumento da receita e outras medidas no mercado fornecedor, como, por exemplo, a licitação e contratação parcial de obras etc." (*Lei de responsabilidade fiscal comentada*, p. 129-

# Art. 359-D

Código Penal Comentado • **Nucci**

130). Assim, também, é a posição assumida por Carlos Maurício Figueiredo, Cláudio Ferreira, Fernando Raposo, Henrique Braga e Marcos Nóbrega (*Comentários à lei de responsabilidade fiscal*, p. 227).

**31. Objetos material e jurídico:** o objeto material é a obrigação assumida. O objeto jurídico é a proteção à regularidade das finanças públicas e à probidade administrativa.

**32. Classificação:** trata-se de crime próprio (aquele que só pode ser cometido por sujeito ativo qualificado); formal (delito que não exige, para sua consumação, a ocorrência de resultado naturalístico, consistente no efetivo prejuízo para a administração diante da falta de recursos para arcar com a obrigação gerada); de forma vinculada (deve ser cometido de acordo com o meio de realização eleito pela lei para a efetivação dos atos administrativos); comissivo (os verbos implicam ações); instantâneo (cuja consumação não se prolonga no tempo, dando-se em momento determinado); de perigo abstrato (aquele que independe da prova do perigo para as finanças públicas, bastando a simples realização das condutas previstas no tipo penal); unissubjetivo (pode ser cometido por um único sujeito); unissubsistente (praticado num único ato) ou plurissubsistente (delito cuja ação é composta por vários atos, permitindo-se o seu fracionamento), conforme o caso concreto; admite tentativa, na forma plurissubsistente. Não admitindo tentativa: Damásio (*Adendo especial aos comentários à lei de responsabilidade fiscal*, p. 618).

**33. Exclusão de responsabilidade:** alerta Misabel Abreu Machado Derzi, tratando da norma limitadora da contração de obrigação nos dois últimos quadrimestres do mandato (art. 42, LRF), que "o dispositivo, não obstante, não atinge as novas despesas contraídas no primeiro quadrimestre do último ano do mandato, ainda que de duração continuada superior ao exercício financeiro. Também não deverá alcançar outras despesas contraídas no final do exercício para socorrer calamidade pública ou extraordinárias para atender a urgências necessárias" (*Comentários à lei de responsabilidade fiscal*, p. 310). É preciso acrescentar, ainda, ser possível aplicar ao contexto dos crimes previstos neste Capítulo as regras gerais de exclusão da ilicitude ou da culpabilidade. Assim, pode ocorrer hipótese de estado de necessidade ou mesmo de inexigibilidade de conduta diversa, a justificar o gasto realizado ao arrepio da Lei de Responsabilidade Fiscal. A situação, embora típica, não será considerada penalmente ilícita ou culpável, conforme o caso.

### Ordenação de despesa não autorizada

> **Art. 359-D.** Ordenar[34-36] despesa[37] não[38-39] autorizada por lei:[40-41]
> Pena – reclusão, de 1 (um) a 4 (quatro) anos.

**34. Análise do núcleo do tipo:** *ordenar*, como já visto em nota anterior significa mandar que se faça ou determinar. No contexto deste artigo diz respeito à despesa não autorizada previamente em lei ou em desacordo com a autorização legal, constituindo afronta ao disposto na Lei de Responsabilidade Fiscal (Lei Complementar 101/2000), cuja finalidade é moralizar a Administração Pública. Ensina Carlos Valder do Nascimento que "recomendação dessa natureza tem razão de ser porque nem sempre os gastos públicos, objeto das decisões governamentais, obedecem ao critério da racionalidade. O que se busca, ao menos teoricamente, é direcionar a ação pública no sentido do maior proveito dos tributos em prol da coletividade, de modo que a fórmula possa ser consubstanciada no princípio da máxima vantagem social, que 'constitui uma das regras racionais em que geralmente se inspiram ou devem se inspirar os governantes'" (*Comentários à lei de responsabilidade fiscal*, p. 113). Na jurisprudência: STJ: "Ordenação de despesa não autorizada é, em princípio, crime-meio para o peculato. Pelo princípio da consunção, ele é absorvido pelo peculato mais gravoso se o dolo é de assenhoramento de valores públicos. A certificação do elemento subjetivo – o dolo – exige, no entanto, o exaurimento da instrução criminal, sendo prematuro atestá-lo ou afastá-lo em fase de recebimento de denúncia. 6. Denúncia recebida integralmente" (APn 702 – AP, Corte Especial, rel. João Otávio de Noronha, 03.06.2015, v.u.).

**35. Sujeitos ativo e passivo:** o sujeito ativo é o funcionário público competente para ordenar despesa. Sobre o conceito de funcionário público, ver o art. 327 do Código Penal. O sujeito passivo é, primordialmente, o Estado. Secundariamente, no entanto, é a sociedade, pois o abalo nas finanças públicas, como visto na introdução ao tema na nota 1, gera consequências desastrosas para toda a coletividade.

**36. Elemento subjetivo:** é o dolo. Não existe a forma culposa, nem se exige elemento subjetivo do tipo específico.

**37. Conceito de despesa:** ver nota 20 ao art. 359-B.

**38. Benefício para a Administração:** é irrelevante, pois o delito é de perigo abstrato, cujo prejuízo para as finanças públicas e para a probidade administrativa é presumido pelo próprio tipo penal. Logo, ainda que a Administração seja beneficiada pela liberação de verba, não prevista na lei orçamentária ou em lei específica, o crime está configurado. Em sentido contrário, estão as posições de Luiz Flávio Gomes e Alice Bianchini: "Pode ocorrer, entretanto, que a despesa, ainda que não autorizada por lei, venha a ser plenamente justificada. A inexistência de autorização constitui, tão somente, indício de irregularidade, havendo necessidade, para se criminalizar a conduta, que se verifique, diretamente, a existência de uma lesão não justificada ao bem jurídico. Quando devidamente explicável a despesa, deslegitimada encontra-se a possibilidade de se punir a conduta, ao menos penalmente. O controle a ser exercido pelos órgãos que a LRF designa deve ir além do mero aspecto de legalidade, 'sempre que necessário, para efetivar o comando da legitimidade e eficiência'" (*Crimes de responsabilidade fiscal*, p. 50).

**39. Autorização legal para a despesa:** estipula o art. 15 da Lei de Responsabilidade Fiscal que "serão consideradas não autorizadas, irregulares e lesivas ao patrimônio público a geração de despesa ou assunção de obrigação que não atendam o disposto nos arts. 16 e 17". Estes, por sua vez, disciplinam o seguinte: "A criação, expansão ou aperfeiçoamento de ação governamental que acarrete aumento da despesa será acompanhado de: I estimativa do impacto orçamentário-financeiro no exercício em que deva entrar em vigor e nos dois subsequentes; II – declaração do ordenador da despesa de que o aumento tem adequação orçamentária e financeira com a lei orçamentária anual e compatibilidade com o plano plurianual e com a lei de diretrizes orçamentárias. § 1.º Para os fins desta Lei Complementar, considera-se: I – adequada com a lei orçamentária anual, a despesa objeto de dotação específica e suficiente, ou que esteja abrangida por crédito genérico, de forma que somadas todas as despesas da mesma espécie, realizadas e a realizar, previstas no programa de trabalho, não sejam ultrapassados os limites estabelecidos para o exercício; II – compatível com o plano plurianual e a lei de diretrizes orçamentárias, a despesa que se conforme com as diretrizes, objetivos, prioridades e metas previstos nesses instrumentos e não infrinja qualquer de suas disposições. § 2.º A estimativa de que trata o inciso I do *caput* será acompanhada das premissas e metodologia de cálculo utilizadas. § 3.º Ressalva-se do disposto neste artigo a despesa considerada irrelevante,

# Art. 359-E

nos termos em que dispuser a lei de diretrizes orçamentárias. § 4.º As normas do *caput* constituem condição prévia para: I – empenho e licitação de serviços, fornecimento de bens ou execução de obras; II – desapropriação de imóveis urbanos a que se refere o § 3.º do art. 182 da Constituição" (art. 16). "Considera-se obrigatória de caráter continuado a despesa corrente derivada de lei, medida provisória ou ato administrativo normativo que fixem para o ente a obrigação legal de sua execução por um período superior a dois exercícios. § 1.º Os atos que criarem ou aumentarem despesa de que trata o *caput* deverão ser instruídos com a estimativa prevista no inciso I do art. 16 e demonstrar a origem dos recursos para seu custeio. § 2.º Para efeito do atendimento do § 1.º, o ato será acompanhado de comprovação de que a despesa criada ou aumentada não afetará as metas de resultados fiscais previstas no anexo referido no § 1.º do art. 4.º, devendo seus efeitos financeiros, nos períodos seguintes, ser compensados pelo aumento permanente de receita ou pela redução permanente de despesa. § 3.º Para efeito do § 2.º, considera-se aumento permanente de receita o proveniente da elevação de alíquotas, ampliação da base de cálculo, majoração ou criação de tributo ou contribuição. § 4.º A comprovação referida no § 2.º, apresentada pelo proponente, conterá as premissas e metodologia de cálculo utilizadas, sem prejuízo do exame de compatibilidade da despesa com as demais normas do plano plurianual e da lei de diretrizes orçamentárias. § 5.º A despesa de que trata este artigo não será executada antes da implementação das medidas referidas no § 2.º, as quais integrarão o instrumento que a criar ou aumentar. § 6.º O disposto no § 1.º não se aplica às despesas destinadas ao serviço da dívida nem ao reajustamento de remuneração de pessoal de que trata o inciso X do art. 37 da Constituição. § 7.º Considera-se aumento de despesa a prorrogação daquela criada por prazo determinado" (art. 17). Além desses dispositivos, outros pode haver que impeçam a geração de despesa, caso não esteja expressamente prevista e autorizada em lei, como demonstram os arts. 21 e 26 da Lei de Responsabilidade Fiscal.

**40. Objetos material e jurídico:** o objeto material é a despesa ordenada. O objeto jurídico é a proteção à regularidade das finanças públicas e à probidade administrativa.

**41. Classificação:** trata-se de crime próprio (aquele que só pode ser cometido por sujeito ativo qualificado); formal (delito que não exige, para sua consumação, a ocorrência de resultado naturalístico, consistente na efetiva realização da despesa, com prejuízo para o erário ou para a probidade administrativa); de forma vinculada (deve ser cometido de acordo com o meio de realização eleito pela lei para a efetivação dos atos administrativos); comissivo (o verbo implica ação); instantâneo (cuja consumação não se prolonga no tempo, dando-se em momento determinado); de perigo abstrato (aquele que independe da prova do perigo para as finanças públicas, bastando a simples realização da conduta prevista no tipo penal); unissubjetivo (pode ser cometido por um único sujeito); unissubsistente (praticado num único ato) ou plurissubsistente (delito cuja ação é composta por vários atos, permitindo-se o seu fracionamento), conforme o caso concreto; admite tentativa, na forma plurissubsistente. Admitindo, igualmente, tentativa: Luiz Flávio Gomes e Alice Bianchini (*Crimes de responsabilidade fiscal*, p. 51). Não aceitando a tentativa: Damásio (*Adendo especial aos comentários à lei de responsabilidade fiscal*, p. 620).

### Prestação de garantia graciosa

> **Art. 359-E.** Prestar garantia[42-44] em operação de crédito[45] sem que tenha sido constituída contragarantia em valor igual ou superior ao valor da garantia prestada, na forma da lei:[46-47]
>
> Pena – detenção, de 3 (três) meses a 1 (um) ano.

**42. Análise do núcleo do tipo:** *prestar garantia* significa compromissar-se a satisfazer a dívida assumida, oferecendo algum tipo de caução. A Lei de Responsabilidade Fiscal trata do tema, expressamente, no art. 29, IV, nos seguintes termos: é o "compromisso de adimplência de obrigação financeira ou contratual assumida por ente da Federação ou entidade a ele vinculada". Nas palavras de Misabel Abreu Machado Derzi, "garantia é expressão ampla, que inclui qualquer *caução* destinada a conferir segurança ao pagamento, quer oferecida pelo próprio devedor, em adição à garantia genérica que o seu próprio patrimônio configura, quer por terceiro, estranho à obrigação principal (...). A contragarantia tem a mesma natureza e extensão da garantia, ou seja, qualquer caução contraprestada pelo devedor ao garantidor, terceiro estranho ao vínculo obrigacional que lhe garantiu o pagamento" (*Comentários à lei de responsabilidade fiscal*, p. 274-275). Pode ser, segundo explica Ives Gandra da Silva Martins, financeira ou contratual. O compromisso deve ser assinado por ente da Federação (União, Estados, Distrito Federal e Municípios) ou por entidade da Administração indireta, tal como autarquias, fundações, empresas públicas, entre outras (*Comentários à lei de responsabilidade fiscal*, p. 186). Por outro lado, sustenta Régis Fernandes de Oliveira que, dada a garantia – por exemplo, a União pode ser chamada a dar garantia, no caso de operação junto a organismo internacional –, deve ser exigida a contragarantia do Estado, do Município ou de outro ente que deseje obter um empréstimo. As garantias e contragarantias podem ser pessoais (ex.: aval) ou reais (ex.: hipoteca) (*Responsabilidade fiscal*, p. 75-76). Não é diferente a expressa previsão legal para que a garantia possa ser oferecida, embora se exigindo a contragarantia: "Os entes poderão conceder garantia em operações de crédito internas ou externas, observados o disposto neste artigo, as normas do art. 32 e, no caso da União, também os limites e as condições estabelecidos pelo Senado Federal. § 1.º A garantia estará condicionada ao oferecimento de contragarantia, em valor igual ou superior ao da garantia a ser concedida, e à adimplência da entidade que a pleitear relativamente a suas obrigações junto ao garantidor e às entidades por este controladas. (...)" (art. 40, LRF). Em suma, a conduta típica objetivada neste crime é impedir que o administrador apto a prestar garantia em operação de crédito possa valer-se dessa faculdade sem a devida exigência de contragarantia, o que é indispensável, para conferir segurança ao ente que assegurou o compromisso alheio. Não se admite que o funcionário preste garantia por mera liberalidade.

**43. Sujeitos ativo e passivo:** o sujeito ativo é o funcionário público competente para prestar garantia em operação de crédito. Sobre o conceito de funcionário público, ver o art. 327 do Código Penal. O sujeito passivo é, primordialmente, o Estado. Secundariamente, no entanto, é a sociedade, pois o abalo nas finanças públicas, como visto na introdução ao tema na nota 1, gera consequências desastrosas para toda a coletividade.

**44. Elemento subjetivo:** é o dolo. Não existe a forma culposa, nem se exige elemento subjetivo do tipo específico.

**45. Conceito de operação de crédito:** ver a nota 7 ao art. 359-A.

**46. Objetos material e jurídico:** o objeto material é a operação de crédito desguarnecida de contragarantia. O objeto jurídico é a proteção à regularidade das finanças públicas e à probidade administrativa.

**47. Classificação:** trata-se de crime próprio (aquele que só pode ser cometido por sujeito ativo qualificado); formal (delito que não exige, para sua consumação, a ocorrência de resultado naturalístico, consistente na efetiva realização da operação de crédito, com prejuízo para o erário ou para a probidade administrativa); de forma vinculada (deve ser cometido de

# Art. 359-F

Código Penal Comentado · **Nucci**

acordo com o meio de realização eleito pela lei para a efetivação dos atos administrativos); comissivo (os verbos implicam ações); instantâneo (cuja consumação não se prolonga no tempo, dando-se em momento determinado); de perigo abstrato (aquele que independe da prova do perigo para as finanças públicas, bastando a simples realização das condutas previstas no tipo penal). Para LUIZ FLÁVIO GOMES e ALICE BIANCHINI, no entanto, trata-se de um delito de perigo concreto, dependente da prova de que, em face da inexistência da contragarantia, as finanças públicas correram o risco de lesão (*Crimes de responsabilidade fiscal*, p. 52); unissubjetivo (pode ser cometido por um único sujeito); unissubsistente (praticado num único ato) ou plurissubsistente (delito cuja ação é composta por vários atos, permitindo-se o seu fracionamento), conforme o caso concreto; admite tentativa, na forma plurissubsistente. No mesmo sentido, GOMES e BIANCHINI (*Crimes de responsabilidade fiscal*, p. 52). Em contrário, sustentando ser inadmissível, DAMÁSIO (*Adendo*, p. 622).

### Não cancelamento de restos a pagar

> **Art. 359-F.** Deixar[48-50] de ordenar, de autorizar ou de promover o cancelamento do montante de restos a pagar[51] inscrito em valor superior ao permitido em lei:[52-53]
>
> Pena – detenção, de 6 (seis) meses a 2 (dois) anos.

**48. Análise do núcleo do tipo:** *deixar de ordenar, autorizar ou promover* fornece a nítida significação de delito omissivo, implicando uma abstenção indevida por parte do administrador. *Ordenar* quer dizer dar um comando; *autorizar* significa fornecer o consentimento, aquiescer; *promover* quer dizer ser causa geradora de algo. O objetivo deste crime é complementar o anterior, previsto no art. 359-B (inscrição de despesas não empenhadas em restos a pagar). Assim, aquele que ordena ou autoriza a inscrição de despesa não autorizada, por qualquer razão, em restos a pagar responde pelo art. 359-B, mas o agente administrativo que, podendo e tendo competência a tanto, toma conhecimento do que foi feito por outro e não determina o cancelamento dessa indevida inscrição responde pelo art. 359-F. Note-se que, sendo o mesmo administrador, o crime previsto neste artigo é considerado *fato posterior não punível*, pois, se ele inscreveu o indevido, é natural que não providencie o cancelamento.

**49. Sujeitos ativo e passivo:** o sujeito ativo é o funcionário competente para ordenar, autorizar ou promover o cancelamento de restos a pagar. Sobre o conceito de funcionário público, ver o art. 327 do Código Penal. O sujeito passivo é, primordialmente, o Estado. Secundariamente, no entanto, é a sociedade, pois o abalo nas finanças públicas, como visto na introdução ao tema na nota 1, gera consequências desastrosas para toda a coletividade.

**50. Elemento subjetivo:** é o dolo. Não existe a forma culposa, nem se exige elemento subjetivo do tipo específico.

**51. Conceito de restos a pagar:** ver a nota 19 ao art. 359-B.

**52. Objetos material e jurídico:** o objeto material é a inscrição de restos a pagar. O objeto jurídico é a proteção à regularidade das finanças públicas e à probidade administrativa.

**53. Classificação:** trata-se de crime próprio (aquele que só pode ser cometido por sujeito ativo qualificado); formal (delito que não exige, para sua consumação, a ocorrência de resultado naturalístico, consistente na efetiva realização da operação de crédito, com prejuízo

# Art. 359-G

Título XI – Dos crimes contra a Administração Pública

para o erário ou para a probidade administrativa); de forma vinculada (deve ser cometido de acordo com o meio de realização eleito pela lei para a efetivação dos atos administrativos); omissivo (o verbo principal "deixar de" implica omissão); instantâneo (cuja consumação não se prolonga no tempo, dando-se em momento determinado); de perigo abstrato (aquele que independe da prova do perigo para as finanças públicas, bastando a simples realização das condutas previstas no tipo penal); unissubjetivo (pode ser cometido por um único sujeito); unissubsistente (praticado num único ato); não admite tentativa, por se tratar de crime omissivo próprio.

### Aumento de despesa total com pessoal no último ano do mandato ou legislatura

> **Art. 359-G.** Ordenar, autorizar ou executar[54-56] ato que acarrete aumento de despesa total com pessoal,[57] nos 180 (cento e oitenta) dias anteriores ao final do mandato ou da legislatura:[58-59]
>
> Pena – reclusão, de 1 (um) a 4 (quatro) anos.

**54. Análise do núcleo do tipo:** *ordenar* quer dizer dar um comando; *autorizar* significa fornecer o consentimento, aquiescer; *executar* tem o mesmo sentido de realizar, ou seja, tornar efetivo. Volta-se o tipo penal para qualquer ato que possa acarretar um aumento de despesa, referente a pessoal, no prazo de 180 dias antes do final do mandato ou legislatura. Visa-se coibir as elevações indevidas de salários ou concessões de vantagens em geral, passando-se a conta ao sucessor do cargo, enquanto o prestígio de ter atendido às reivindicações dos funcionários fica com o administrador que proporcionou a elevação de vencimentos. Este crime não se relaciona com o previsto no art. 359-C, porque, na assunção de obrigação no último ano do mandato ou legislatura, está-se levando em conta despesas que não possam ser pagas no mesmo exercício, ficando a obrigação de pagamento ao sucessor, sem ter disponibilidade orçamentária para tanto. No caso do art. 359-G, o aumento de despesa com pessoal é permanente, isto é, com certeza irá atravessar o exercício, atingindo os anos vindouros. Assim acontecendo, é possível que o orçamento fique comprometido, deixando de propiciar ao administrador futuro condições para gerir, convenientemente, a máquina estatal. Note-se, ademais, que pouco interessa para a configuração do crime, previsto neste artigo, que haja suficiência de verbas para o pagamento, pois a vedação é expressa e tem por finalidade evitar os gestos de benemerência com o dinheiro público, justamente quando haverá de assumir outro administrador, com outras ideias e projetos. Além disso, muitos desses aumentos de vencimentos têm nítida conotação eleitoral, tendo por fim favorecer determinados partidos ou candidaturas, o que não está de acordo com a lisura exigida na Administração Pública. Acrescente-se o disposto no art. 21, parágrafo único, da Lei de Responsabilidade Fiscal: "Também é nulo de pleno direito o ato de que resulte aumento da despesa com pessoal expedido nos 180 (cento e oitenta) dias anteriores ao final do mandato do titular do respectivo Poder ou órgão referido no art. 20". E, no art. 20, encontram-se disciplinados os tetos máximos para os gastos dos Poderes do Estado e de outras instituições que possuem autonomia financeira e administrativa, como ocorre com o Ministério Público. Torna-se importante anotar o comentário de Maria Sylvia Zanella Di Pietro, sobre o tema: "O dispositivo não proíbe atos de investidura ou os reajustes de vencimentos ou qualquer outro tipo de ato que acarrete aumento de despesa, mas veda que haja aumento de despesa com pessoal no período assinalado. Assim, nada impede que atos de investidura sejam praticados ou vantagens pecuniárias sejam outorgadas, desde que haja

# Art. 359-G

aumento da receita que permita manter o órgão ou Poder no limite estabelecido no art. 20 ou desde que o aumento da despesa seja compensado com atos de vacância ou outras formas de diminuição da despesa com pessoal. (...) A intenção do legislador com a norma do parágrafo único foi impedir que, em fim de mandato, o governante pratique atos que aumentem o total de despesa com pessoal, comprometendo o orçamento subsequente ou até mesmo superando o limite imposto pela lei, deixando para o sucessor o ônus de adotar as medidas cabíveis para alcançar o ajuste. O dispositivo, se fosse entendido como proibição indiscriminada de qualquer ato de aumento de despesa, inclusive atos de provimento, poderia criar situações insustentáveis e impedir a consecução de fins essenciais, impostos aos entes públicos pela própria Constituição" (*Comentários à lei de responsabilidade fiscal*, p. 156). Em suma, é preciso considerar que o tipo penal fala em *aumento de despesa*, não envolvendo, pois, reposição de funcionários, como bem esclarece Maria Sylvia Zanella Di Pietro. Mas, somos levados a discordar da eminente administrativista, no que se refere à possibilidade de aumentar as despesas, se houver folga no orçamento. O crime em tela veda *aumento* de despesa em final de mandato, com ou sem folga orçamentária, estando ou não no limite fixado pela Lei de Responsabilidade Fiscal (art. 20). Quer-se garantir que a decisão de elevação de despesas fique a cargo do futuro ocupante do cargo e não simplesmente permitir que o administrador, que se despede, brinde o funcionalismo com qualquer tipo de aumento. Logo, quer-nos parecer que, para o fim de preenchimento deste tipo penal, basta a conduta de ordenar, autorizar ou executar ato que provoque *aumento* de despesa total com pessoal. Concordamos que a contratação de funcionários, por conta da vacância de cargos é razoável, tendo em vista que há, aí, uma compensação, logo, inexiste aumento. No mais, ainda que haja folga orçamentária, os efetivos *aumentos* estão proibidos, nos 180 dias anteriores ao término do seu mandato ou legislatura.

**55. Sujeitos ativo e passivo:** o sujeito ativo é o funcionário público competente para ordenar, autorizar ou executar o ato que acarrete aumento de despesa com pessoal, embora, neste caso, deva ser ocupante de cargo para o qual foi eleito. Abrange tanto o chefe de Poder, que exerce função administrativa, quanto o integrante do Legislativo, incumbido de autorizar os gastos. Incluem-se, ainda, o chefe do Ministério Público e todos os outros gestores, nomeados para o exercício de um mandato, quando gozarem de autonomia administrativa e financeira para deliberar sobre gastos. Note-se, ainda, que a figura típica abrange o *executor*, isto é, o funcionário que tenha competência para implantar, efetivamente, o aumento. Logicamente, se o competente para ordenar dá um comando, é natural supor que o funcionário encarregado de implantar o aumento cumpra. Se ele vislumbrar manifesta ilegalidade, deve recusar-se a fazê-lo, pois ninguém é obrigado a cumprir ordens ilegais. Mas se a ordem ou autorização for de duvidosa legalidade, pode ele valer-se da obediência hierárquica – excludente de culpabilidade. No mais, se aquiesceu à ordem ou autorização dada, é coautor. Sobre o conceito de funcionário público, ver o art. 327 do Código Penal. O sujeito passivo é, primordialmente, o Estado. Secundariamente, no entanto, é a sociedade, pois o abalo nas finanças públicas, como visto na introdução ao tema na nota 1, gera consequências desastrosas para toda a coletividade.

**56. Elemento subjetivo:** é o dolo. Não existe a forma culposa, nem se exige elemento subjetivo do tipo específico.

**57. Despesa com pessoal:** preceitua o art. 18 da Lei de Responsabilidade Fiscal entender-se como despesa total com pessoal "o somatório dos gastos do ente da Federação com os ativos, os inativos e os pensionistas, relativos a mandatos eletivos, cargos, funções ou empregos, civis, militares e de membros de Poder, com quaisquer espécies remuneratórias, tais como vencimentos e vantagens, fixas e variáveis, subsídios, proventos da aposentadoria, reformas e pensões, inclusive adicionais, gratificações, horas extras e vantagens pessoais de qualquer natureza, bem como encargos sociais e contribuições recolhidas pelo ente às entidades de previdência". Mencionemos, novamente, que os limites estabelecidos para os gastos pelos Poderes encontrados no art. 20 são de duvidosa constitucionalidade, por ter a União, ao fixar percentuais, invadido a competência dos outros entes federativos – os Estados e os Municípios. A matéria é polêmica e, como lembra Regis Fernandes de Oliveira, o "Supremo Tribunal Federal, em recentíssima decisão, entendeu constitucional o art. 20 da lei ora comentada, por seis votos a cinco. Pelo resultado, vê-se a dificuldade do problema. No entanto, para nós, não há como se entender constitucional o dispositivo, no que vincula Estados e Municípios, impondo-lhes restrições, bem como no que alcança os Poderes Judiciário e Legislativo. A norma nacional complementar apenas pode dispor sobre 'normas gerais' e, positivamente, assim não se podem entender aquelas que descem a detalhes sobre percentuais de aplicação obrigatória. Reconhece-se que o Supremo Tribunal Federal é um tribunal político e, como tal, amoldou-se à exigência ética da norma. Jamais poderia ter entendido o dispositivo como aplicação de 'norma geral'" (*Responsabilidade fiscal*, p. 48).

**58. Objetos material e jurídico:** o objeto material é o ato autorizador do aumento de despesa com pessoal. O objeto jurídico é a proteção à regularidade das finanças públicas e à probidade administrativa.

**59. Classificação:** trata-se de crime próprio (aquele que só pode ser cometido por sujeito ativo qualificado); formal (delito que não exige, para sua consumação, a ocorrência de resultado naturalístico, consistente no efetivo aumento da despesa com prejuízo para as finanças públicas); de forma vinculada (deve ser cometido de acordo com o meio de realização eleito pela lei para a efetivação dos atos administrativos); comissivo (os verbos implicam ações); instantâneo (cuja consumação não se prolonga no tempo, dando-se em momento determinado); de perigo abstrato (aquele que independe da prova do perigo para as finanças públicas, bastando a simples realização das condutas previstas no tipo penal); unissubjetivo (pode ser cometido por um único sujeito); unissubsistente (praticado num único ato) ou plurissubsistente (delito cuja ação é composta por vários atos, permitindo-se o seu fracionamento), conforme o caso concreto; admite tentativa, na forma plurissubsistente.

### Oferta pública ou colocação de títulos no mercado

> **Art. 359-H.** Ordenar, autorizar ou promover[60-62] a oferta pública ou a colocação no mercado financeiro de títulos da dívida pública sem que tenham sido criados por lei ou sem que estejam registrados em sistema centralizado de liquidação e de custódia:[63-64]
>
> Pena – reclusão, de 1 (um) a 4 (quatro) anos.

**60. Análise do núcleo do tipo:** *ordenar* quer dizer dar um comando; *autorizar* significa fornecer o consentimento, aquiescer; *promover* quer dizer ser causa geradora de algo. O objetivo deste crime é evitar que o funcionário competente possa inserir no mercado financeiro, de alguma forma, títulos da dívida pública, sem autorização legal para a sua criação ou sem o devido registro no órgão de fiscalização competente. Evita-se, com isso, um descontrole das finanças do Estado. Menciona o art. 29, II, da Lei de Responsabilidade Fiscal que a dívida pública mobiliária é representada por "títulos emitidos pela União, inclusive os do Banco Central do Brasil, Estados e Municípios". Na explicação de Figueiredo, Ferreira, Raposo, Braga e Nóbrega, "esses títulos são negociados em mercado através de leilões eletrônicos monitorados pelo BACEN. A LRF destaca os títulos emitidos pelo BACEN para efeito de caracterização da

# Art. 359-H

## Código Penal Comentado · Nucci

1396

dívida mobiliária. Isso se deve a uma nova postura determinada pela lei quanto ao volume de dívida gerada pelo BACEN na execução da política monetária, que antes não se integrava ao montante da dívida mobiliária da União, resultando na falta de controle do Tesouro federal sobre as emissões" (*Comentários à lei de responsabilidade fiscal*, p. 183).

**61. Sujeitos ativo e passivo:** o sujeito ativo é o funcionário público competente para ordenar, autorizar ou promover oferta pública ou colocação no mercado financeiro de títulos da dívida pública. Sobre o conceito de funcionário público, ver o art. 327 do Código Penal. O sujeito passivo é, primordialmente, o Estado. Secundariamente, no entanto, é a sociedade, pois o abalo nas finanças públicas, como visto na introdução ao tema na nota 1, gera consequências desastrosas para toda a coletividade.

**62. Elemento subjetivo:** é o dolo. Não existe a forma culposa, nem se exige elemento subjetivo do tipo específico.

**63. Objetos material e jurídico:** o objeto material são os títulos da dívida pública. O objeto jurídico é a proteção à regularidade das finanças públicas e à probidade administrativa.

**64. Classificação:** trata-se de crime próprio (aquele que só pode ser cometido por sujeito ativo qualificado); formal (delito que não exige, para sua consumação, a ocorrência de resultado naturalístico, consistente na efetiva realização da operação de crédito, com prejuízo para o erário ou para a probidade administrativa); de forma vinculada (deve ser cometido de acordo com o meio de realização eleito pela lei para a efetivação dos atos administrativos); comissivo (os verbos implicam ações); instantâneo (cuja consumação não se prolonga no tempo, dando-se em momento determinado); de perigo abstrato (aquele que independe da prova do perigo para as finanças públicas, bastando a simples realização das condutas previstas no tipo penal); unissubjetivo (pode ser cometido por um único sujeito); unissubsistente (praticado num único ato) ou plurissubsistente (delito cuja ação é composta por vários atos, permitindo-se o seu fracionamento), conforme o caso concreto; admite tentativa, na forma plurissubsistente.

# Título XII
## Dos crimes contra
## o Estado Democrático de Direito[1-5]

### Capítulo I
### DOS CRIMES CONTRA A SOBERANIA NACIONAL

**1. Aspectos históricos:** a Lei de Segurança Nacional (Lei 7.170/1983) foi elaborada pelo Congresso Nacional e sancionada pelo Presidente da República, mas emergiu durante a época da ditadura militar, que envolveu o Brasil por aproximadamente duas décadas. Somente por esse aspecto, confundiu-se o seu conteúdo com autoritarismo e, por via de consequência, vislumbrava-se um conjunto de normas *antidemocráticas*. O período em que foi editada é uma coisa; a *necessidade* de se ter uma lei prevendo crimes políticos é outra bem diversa. Sem dúvida, havia tipos incriminadores inadequados para um Estado Democrático de Direito, porém, nem todos eram impróprios. HÉLIO BICUDO narra que "o problema da segurança nacional é uma preocupação geral das nações em todos os tempos, e não uma preocupação de hoje. Desde o momento em que as nações se constituem, manter a segurança do Estado, que representa a Nação, e da Nação enquanto constituída dos seus cidadãos, é questão que desde logo se impõe. Mas, a verdade é que a expressão 'segurança nacional' tem hoje um significado que nem sempre reflete o sentido que deve ter, de defesa da Pátria" (*Lei de segurança nacional*, p. 8). Aliás, os princípios fundamentais da República Federativa do Brasil, na atualidade, calcam-se num Estado de paz, com respeito às garantias individuais e repúdio ao terrorismo e atividades violentas para derrubar o Governo, que deve ser democraticamente eleito pelo povo. Dessa forma, no art. 5.º, consideram-se imprescritíveis e inafiançáveis as ações de grupos armados, civis ou militares, contra a ordem constitucional e o Estado Democrático (inciso XLIV). Aliás, a própria Constituição Federal de 1988 não desconsiderou a existência de crimes políticos, atribuindo a competência para julgá-los à Justiça Federal (art. 109, IV). Nem foi novidade, pois exatamente o mesmo dispositivo é encontrado na CF de 1934 (art. 81, *i*). Atualmente, revogou-se a Lei 7.170/1983, mas se editou a Lei 14.197/2021, incluindo no Código Penal vários de seus tipos incriminadores. Na época do governo militar, os crimes políticos eram julgados pela Justiça Militar, embora a Constituição Federal de 1988 os tenha transferido para a competência da Justiça Federal comum.

**2. Conceito anterior de segurança nacional:** uma das anteriores Leis de Segurança Nacional era muito mais vinculada à repressão dos denominados *inimigos internos* do que a Lei 7.170/1983. Note-se o conceito extraído do art. 3.º do Decreto-lei 898, de 29.09.1969: "a segurança nacional compreende, essencialmente, medidas destinadas à preservação da segurança externa e interna, inclusive a prevenção e repressão da guerra psicológica adversa e da guerra revolucionária ou subversiva". A diferença entre essa lei e a Lei 7.170/1983 é evidente, a começar pelo fato de ter sido esta última editada pelo Congresso Nacional; ademais, não traz nenhum conceito de segurança nacional, mas somente o critério para se visualizar um *crime político*, o que é correto. O bem jurídico tutelado pode ser deduzido pelos tipos incriminadores existentes na Lei. Ainda a título de exemplo, a lei anterior de 1969, no art. 3.º, § 1.º, estabelecia: "a segurança interna, integrada na segurança nacional, diz respeito às ameaças ou pressões antagônicas, de qualquer origem, forma ou natureza, que se manifestem ou produzam efeito no país". No § 2.º: "a guerra psicológica adversa é o emprego da propaganda, da contrapropaganda e de ações nos campos político, econômico, psicossocial e militar, com a finalidade de influenciar ou provocar opiniões, emoções, atitudes e comportamentos de grupos estrangeiros, inimigos, neutros ou amigos, contra a consecução dos objetivos nacionais". Finalmente, o § 3.º: "a guerra revolucionária é o conflito interno, geralmente inspirado em uma ideologia ou auxiliado do exterior, que visa a conquista subversiva do poder pelo controle progressivo da Nação". Outro importante fator a ser considerado: a lei de 1969 previa prisão perpétua e pena de morte em tempo de paz. Como diz Heleno Cláudio Fragoso, essa lei, "de inspiração profundamente antidemocrática, constitui um dos mais típicos exemplos da chamada *legislação revolucionária*, instituída pelo regime militar que se instalou desde 1964" (*Lei de segurança nacional*, p. 13). Depois, surgiu a Lei 6.620/1978, editada pelo Congresso Nacional, atenuando as penas e abolindo tais penalidades, mesmo antes do advento da CF/1988; mas ainda trazia o conceito de segurança nacional em termos similares aos da lei anterior – e inadequados para uma democracia. Estabelecer, em lei, alguns conceitos de natureza política pode não ser apropriado – exatamente o que houve com as anteriores leis de segurança nacional. Fragoso demonstra que, "quanto à forma, a conceituação legal é inaplicável e perigosa, por ser tautológica e sem conteúdo. Por outro lado, é imprópria e perigosa, em se tratando de lei penal. É fórmula totalitária e abrangente de elementos que nada têm a ver com os crimes políticos, únicos que devem figurar numa lei dessa natureza" (ob. cit., p. 24). E propõe que, em eventual reforma, o conceito de segurança nacional deva ser eliminado, por ser inútil e defeituoso (ob. cit., p. 38). A Lei de Segurança Nacional podia ser adaptada aos preceitos constitucionais de 1988, tutelando o Estado Democrático de Direito, pois desvinculou-se dos vícios mais graves das anteriores, especialmente porque absteve-se de definir *segurança nacional*. Entretanto, remanescia um de seus graves problemas, que era manter a Justiça Militar como competente para julgar tais delitos. No entanto, o advento da CF de 1988 transferiu essa competência para a Justiça Federal comum.

**3. Visão pragmática de segurança nacional em confronto com o crime político:** se estipularmos termos restritos para essa análise, verificaremos que a segurança *nacional*, vale dizer, a segurança da Nação é uma tarefa do Estado, que se desdobra no Poder Público e nas Forças Armadas. Noutros termos, seria garantir a segurança dos brasileiros *diante de ataques externos*, que coloquem em risco a nossa integridade territorial e outros valores importantes à nação brasileira. O crime político, na realidade, não diz respeito diretamente à segurança da Nação, pois ele é praticado internamente, com vistas a derrubar, por meios ilegais, geralmente pela força das armas, o sistema político legítimo em vigor. Busca alterar o Governo e até mesmo a forma de governar. Aliás, como bem explica Edmundo Moniz, nesse prisma, "o crime político só é crime quando não atinge os seus objetivos. Quando um partido tenta alcançar o poder bem como o indivíduo se rebela contra a ordem instituída somente são punidos ou por terem falhado em seus intentos ou por não terem condições para levá-los avante. O partido político, que se revolta contra o regime e conquista o poder, adquire a legitimidade de fato pela força das armas. O partido vencido passa a ser julgado ilegítimo pelo novo governo que o partido vitorioso controla. Não se pode dizer, portanto, que se trata de uma questão de segurança nacional ou mesmo segurança interna. O atingido é o governo e não a nacionalidade" (*A lei de segurança nacional e a justiça militar*, p. 9). Como dissemos linhas atrás, em termos restritivos, essa seria a mais adequada conclusão. Porém, tratando o tema em termos gerais, a segurança nacional tornou-se uma expressão de proteção dos valores mais relevantes da Nação brasileira, tal como erigidos pela Constituição Federal, mormente quando esta é tecida por uma Assembleia Nacional Constituinte, eleita pelo povo. Não se pode considerar *crime político* somente a atuação interna de grupos armados ou mal-intencionados, voltados a eliminar os valores de liberdade e pluralismo político instaurados pelo Texto Fundamental. O delito político pode ter origem exterior, bastando que haja uma troca de auxílio, por exemplo, entre um governo estrangeiro e um grupo brasileiro para derrubar o Governo legitimamente eleito pelo povo. A atual Lei 14.197/2021 não mais faz referência à *segurança nacional*, optando pela expressão *soberania nacional*, cuja finalidade é a mesma, vale dizer, proteger o Estado Democrático de Direito. Para Itamar Franco, a segurança nacional deve ser entendida como "o estado de garantia assegurado para o regular exercício das atividades públicas e das liberdades individuais" (In: Lima, *Lei de segurança nacional*, p. 7). Sobre o sentido amplo da expressão *segurança nacional*, Mario Pessoa chega a dizer que, no sentido global, "é quase indefinível, uma vez que ela chega a ser também a lei que protege as atividades normais da vida humana". E, mais adiante, após várias considerações, repete: "será sempre a Segurança Nacional o fator de manutenção e a base da garantia dos regimes democráticos" (*Da aplicação da lei de segurança nacional*, p. 28 e 46). Em suma, a denominação não é tão relevante (segurança nacional ou soberania nacional, pois o importante é que ambas se voltem à tutela do Estado Democrático de Direito).

**4. Objeto jurídico da Lei 14.197/2021:** dispõe o art. 1.º da Constituição Federal: "a República Federativa do Brasil, formada pela *união indissolúvel* dos Estados e Municípios e do Distrito Federal, constitui-se em *Estado Democrático de Direito* e tem como fundamentos: I – a *soberania*; II – a cidadania; III – a dignidade da pessoa humana; IV – os valores sociais do trabalho e da livre-iniciativa; V – o pluralismo político. Parágrafo único. Todo o poder emana do povo, que o exerce por meio de representantes eleitos ou diretamente, nos termos desta Constituição". No art. 4.º, vê-se: "a República Federativa do Brasil rege-se nas suas relações internacionais pelos seguintes princípios: I – *independência nacional*; II – prevalência dos direitos humanos; III – *autodeterminação dos povos*; IV – não intervenção; V – igualdade entre os Estados; VI – *defesa da paz*; VII – solução pacífica dos conflitos; VIII – *repúdio ao terrorismo* e ao racismo; IX – cooperação entre os povos para o progresso da humanidade; X – concessão de asilo político" (grifos nossos). O Estado Democrático de Direito precisa contar com instrumentos legais para combater atividades ilegais, que considerem meios alternativos e violentos para chegar ao poder. Por isso, para assegurar a soberania, o poder nas mãos do povo, exercido pelo pluralismo político, além de garantir a defesa da paz, repudiando atos de grupos armados avessos à democracia, torna-se fundamental uma lei de proteção do Estado Democrático de Direito. É o objetivo da atual Lei 14.197/2021. Os objetos jurídicos focados nesta Lei são a segurança e a estabilidade do Estado Democrático de Direito.

**5. Crimes políticos:** os arts. 359-I a 359-R, introduzidos no Código Penal, têm natureza política e devem ser julgados pela Justiça Federal. Há, basicamente, três critérios para avaliar se um delito tem natureza política: a) *objetivo*, concentrando-se nos bens jurídicos lesados; b) *subjetivo*, enfocando apenas a motivação do agente para atentar contra interesses políticos do

Estado; c) *misto*, considerando-se tanto o bem jurídico afetado quanto a motivação do autor. O entendimento majoritário busca o parâmetro misto, associando-se o bem jurídico lesado e a intenção do agente, buscando desestabilizar o Estado Democrático de Direito. Um elemento relevante a ser registrado se dá no cenário da extradição, pois não se admite a entrega de criminoso político a outro país. Portanto, o STF tem-se valido do critério misto para avaliar se o delito cometido pelo extraditando é político ou não. Sob outro aspecto, na doutrina, HELENO CLÁUDIO FRAGOSO define o crime político com base no critério misto, embora dando ênfase ao critério subjetivo: "o especial fim de agir que se consubstancia no propósito de atentar contra a segurança do Estado deve ser elementar a todo crime dessa natureza. Pelo menos os crimes contra a segurança interna, que gravitam em torno da sedição (crimes políticos propriamente ditos), não podem dispensar o propósito subversivo. Essa concepção do crime político corresponde a uma visão liberal, que é sumamente importante defender, particularmente nos períodos de eclipse no sistema de garantias dos direitos de liberdade, como o que se abateu sobre nosso país. Vamos encontrá-la em doutrina autorizada e de grande prestígio. Expressando bem a opinião generalizada, EUGENIO FLORIAN ensina: 'doutrinariamente entendemos que, para obter a noção de delito político, devem associar-se critérios do *bem* ou *interesse jurídico* e do *fim político*. O critério deduzido da qualidade do bem que o delito político ofende é critério primário, posto que penetra intimamente na essência jurídica do delito… mas o critério do direito lesado não basta: o delito deve ser político objetiva e subjetivamente. Quando se considera o delito político… *o fim político tem de ser considerado elemento essencial dessa noção*" (*Lei de segurança nacional*, p. 27). Conferir, sob a égide da anterior Lei 7.170/1983: STF: "1. Crimes políticos, para os fins do artigo 102, II, *b*, da Constituição Federal, são aqueles dirigidos, subjetiva e objetivamente, de modo imediato, contra o Estado como unidade orgânica das instituições políticas e sociais e, por conseguinte, definidos na Lei de Segurança Nacional, presentes as disposições gerais estabelecidas nos artigos 1.º e 2.º do mesmo diploma legal. 2. 'Da conjugação dos arts. 1.º e 2.º da Lei n.º 7.170/83, extraem-se dois requisitos, de ordem subjetiva e objetiva: i) motivação e objetivos políticos do agente, e ii) lesão real ou potencial à integridade territorial, à soberania nacional, ao regime representativo e democrático, à Federação ou ao Estado de Direito. Precedentes' (RC 1472, Tribunal Pleno, Rel. Min. Dias Toffoli, Rev. Ministro Luiz Fux, unânime, j. 25/05/2016)" (RC 1473, 1.ª T., rel. Luiz Fux, 14.11.2017). STJ: "Ocorre que é pacífico nos Tribunais Superiores que a incidência da Lei 7.170/1983 pressupõe a presença de dois requisitos cumulativos, um subjetivo, consistente na motivação e objetivos políticos do agente, e outro objetivo, referente à lesão real ou potencial à integridade territorial, à soberania nacional, ao regime representativo e democrático, à Federação ou ao Estado de Direito. (...) No caso dos autos, não obstante as críticas que possam ser feitas ao artigo publicado pelo paciente (e-STJ, fls. 20/22), de uma breve análise de seu conteúdo, não é possível extrair a sua motivação política, tampouco a lesão real ou potencial à integridade territorial, à soberania nacional, ao regime representativo e democrático, à Federação ou ao Estado de Direito, circunstância que revela o *fumus boni iuris* e recomenda o deferimento da cautela requerida" (HC 607.921-DF, 5.ª T., rel. Jorge Mussi, 27.08.2020, decisão monocrática); "II – A Lei 7.170/83, em seus artigos 1.º e 2.º traz dois requisitos, um de ordem subjetiva e outro objetiva, para sua incidência: i) motivação e objetivos políticos do agente, e ii) lesão real ou potencial à integridade territorial, à soberania nacional, ao regime representativo e democrático, à Federação ou ao Estado de Direito. III – Ausentes, no caso, os requisitos, por não haver lesão real ou potencial aos bens jurídicos tutelados pela lei, o que afasta sua incidência. Conflito de competência conhecido para declarar competente o Juízo de Direito suscitado" (CC 156.979-SP, 3.ª S., rel. Felix Fischer, 11.04.2018, v.u.).

**Art. 359-I**

### Atentado à soberania

> **Art. 359-I.** Negociar [6-8] com governo ou grupo estrangeiro, ou seus agentes, com o fim de provocar atos típicos de guerra contra o País ou invadi-lo: [9-10]
>
> Pena – reclusão, de 3 (três) a 8 (oito) anos.[11]
>
> § 1.º Aumenta-se a pena de metade até o dobro, se declarada guerra em decorrência das condutas previstas no *caput* deste artigo.[12]
>
> § 2.º Se o agente participa de operação bélica com o fim de submeter o território nacional, ou parte dele, ao domínio ou à soberania de outro país:[13]
>
> Pena – reclusão, de 4 (quatro) a 12 (doze) anos.[14]

**6. Análise do núcleo do tipo:** a atual figura típica do art. 359-I congrega, em outros termos, os antigos arts. 8.º, 9.º e 10 da anterior Lei 7.170/1983. No *caput*, encontra-se a conduta *negociar* (debater um tema para atingir um acordo; ajustar ou contratar algo), tendo por parceiro um governo ou grupo estrangeiro (ou seus agentes), cuja finalidade é desencadear atos *típicos* (característicos, próprios) de uma guerra (conflito armado) contra o Brasil. Esses atos podem configurar manifestações de hostilidade, como rápidas invasões ao território nacional, com provocações aos agentes de segurança nacional. É atitude típica de traição à pátria. Em conduta alternativa, pode-se negociar com grupos estrangeiros a invasão a solo nacional. Outro ato peculiar de traição.

**7. Sujeitos ativo e passivo:** o sujeito ativo pode ser qualquer pessoa. O sujeito passivo é o Estado. Secundariamente, a sociedade, que arca com os prejuízos de uma eventual guerra ou invasão.

**8. Elemento subjetivo do tipo:** é o dolo. Há elemento subjetivo específico consistente em provocar atos típicos de guerra, quanto à primeira figura. Na negociação para invadir o território brasileiro, inexiste elemento subjetivo específico. Não existe a forma culposa.

**9. Objetos material e jurídico:** o objeto material é a negociação ou a invasão; o objeto jurídico é, especificamente, a soberania nacional, lembrando-se do bem maior, que é tutela ao Estado Democrático de Direito.

**10. Classificação:** trata-se de crime comum (pode ser cometido por qualquer pessoa); formal (não exige o resultado naturalístico previsto no tipo, que é a guerra ou a efetiva invasão); de forma livre (pode ser cometido por qualquer meio ou método eleito pelo agente); comissivo (a execução se dá por meio de ação); instantâneo (consuma-se no momento da atividade, não se prolongando no tempo); unissubjetivo (pode ser cometido por uma só pessoa); plurissubsistente (praticado em mais de um ato); admite tentativa.

**11. Benefícios penais:** não se trata de infração de menor potencial ofensivo e não se sujeita à suspensão condicional do processo, nem a acordo de não persecução penal. Cuidando-se de ação não violenta, ao menos na figura do *caput*, pode-se substituir a pena privativa de liberdade por restritiva de direitos, e comporta regime aberto, se não ultrapassar quatro anos.

**12. Causa de aumento de pena:** deve ser ponderada na terceira fase de aplicação da pena privativa de liberdade. A elevação deveria ter um valor fixo, pois é uma circunstância objetiva: ocorrer a declaração de guerra. Porém, há um aumento variável de metade até o dobro, podendo-se deduzir o grau de hostilidade real de nação ou grupo estrangeiro em relação ao

# Art. 359-J

**Código Penal Comentado · Nucci**

Brasil. Havendo apenas a declaração de guerra, sem a concretização de atos, o aumento pode se dar em metade; caso os atos de guerra se efetivem, o aumento deve atingir o máximo (dobro).

**13. Crime qualificado:** se a atuação do agente se voltar à participação de operação de guerra, cuja meta é a submissão do território nacional (ou parte dele) a domínio ou soberania estrangeira. Outro ato grave de traição à pátria. A pena passa a ser de reclusão, de quatro a doze anos (anteriormente, era delito autônomo, com pena de reclusão de quatro a vinte anos). Não se cuida de exaurimento do delito, pois a criminalização se volta apenas ao compartilhamento do agente nos atos de guerra, mesmo que não atinja resultados concretos.

**14. Benefícios penais:** a pena passa a ser de reclusão, de quatro a doze anos; cuidando--se de atos de guerra, logo, violentos, não caberia substituição da privativa de liberdade por restritiva de direitos. Em tese, a fixação no mínimo legal daria ensejo a regime aberto. Entretanto, na avaliação dos requisitos subjetivos, seria difícil alcançar desde logo esse regime tão benéfico em face de crime tão grave.

### Atentado à integridade nacional

> **Art. 359-J.** Praticar[15-17] violência ou grave ameaça com a finalidade de desmembrar parte do território nacional para constituir país independente:[18-19]
>
> Pena – reclusão, de 2 (dois) a 6 (seis) anos, além da pena correspondente à violência.[20]

**15. Análise do núcleo do tipo:** *praticar* (realizar, efetivar, concretizar) é a conduta principal, voltada à violência ou grave ameaça, cuja meta é *desmembrar o território nacional para constituir país independente* (destacar parte do território, formando uma nação soberana e separada do Brasil). Na lei anterior, punia-se quem *tentava* desmembrar o território nacional, mesmo sem violência ou grave ameaça, podendo ser realizada por discursos, campanhas e atos de convencimento público. Houve caso de pessoas que tentaram liderar um movimento separatista – sem emprego de violência ou ameaça – mas eliminado desde logo por conta da tipificação do art. 11 da Lei 7.170/1983. Pela nova redação, o discurso separatista não encontra criminalização, mas somente o desenvolvimento de práticas violentas ou ameaçadoras para esse fim. Não deixa de ser estranho, pois a atividade de pessoas querendo dividir o Brasil, separar Estados e constituir um país independente não é nada democrática e deveria ser punida, independentemente do emprego de violência ou grave ameaça. Uma das razões disso é que, havendo o convencimento da população de um certo local, para o desmembramento do território nacional, o passo seguinte terminará em belicosidade, possivelmente, com violência e derramamento de sangue. O tipo presente foi abrandado, pois o anterior mencionava *tentar desmembrar* o território nacional; o atual exige que essa tentativa seja realizada – para haver criminalização – com violência ou grave ameaça. É temerário, como dissemos, pois, do discurso de convencimento – sem qualquer agressividade – podem brotar, de outras pessoas, recursos violentos. De qualquer modo, cuida-se de um delito de atividade, sem a exigência de se atingir o resultado: desmembramento do território e formação de país independente. Ademais, se isto realmente ocorrer, nada mais se pode fazer, pois um país soberano nasceu e somente a guerra poderia submetê-lo, novamente, à soberania brasileira. Justamente por isso é que o título do delito é *atentado* à integridade nacional.

**16. Sujeitos ativo e passivo:** o sujeito ativo pode ser qualquer pessoa. O sujeito passivo é o Estado. Secundariamente, a sociedade brasileira.

**1403** Título XII – Dos crimes contra o Estado Democrático de Direito

# Art. 359-K

**17. Elemento subjetivo do tipo:** é o dolo. Há elemento subjetivo específico, consistente em desmembrar parte do território nacional para constituir país independente. Não há a forma culposa.

**18. Objetos material e jurídico:** o objeto material é a pessoa ou coisa que sofre a violência ou a grave ameaça; o objeto jurídico é a soberania nacional, incluindo a proteção ao Estado Democrático de Direito.

**19. Classificação:** trata-se de crime comum (pode ser cometido por qualquer pessoa); formal (não exige o resultado naturalístico previsto no tipo, que é a efetiva constituição de país independente à custa de parte do território nacional); de forma livre (pode ser cometido por qualquer meio ou método eleito pelo agente); comissivo (a execução se dá por meio de ação); instantâneo (consuma-se no momento da atividade, não se prolongando no tempo); unissubjetivo (pode ser cometido por uma só pessoa); plurissubsistente (praticado em mais de um ato); admite tentativa.

**20. Benefícios penais:** a penalidade estipulada é ilógica, pois o agente se valeu de atos agressivos para desmembrar o território nacional, ficando sujeito a uma pena de dois a seis anos (embora possa, também, responder pela violência). Mesmo assim, a pena prevista para o anterior delito do art. 11 da Lei de Segurança Nacional era de reclusão de quatro a doze anos, mais adequada à gravidade do ato e – lembre-se – sem a exigência de emprego de violência ou grave ameaça. Portanto, na atual redação do tipo incriminador, conforme a concreta situação, o agente pode receber a pena de dois anos de reclusão e ser beneficiado com *sursis*.

### Espionagem

> **Art. 359-K.** Entregar[21-23] a governo estrangeiro, a seus agentes, ou a organização criminosa estrangeira, em desacordo com determinação legal ou regulamentar, documento ou informação classificados como secretos ou ultrassecretos nos termos da lei, cuja revelação possa colocar em perigo a preservação da ordem constitucional ou a soberania nacional: [24-25]
>
> Pena – reclusão, de 3 (três) a 12 (doze) anos.[26]
>
> § 1.º Incorre na mesma pena quem presta auxílio a espião, conhecendo essa circunstância, para subtraí-lo à ação da autoridade pública.[27]
>
> § 2.º Se o documento, dado ou informação é transmitido ou revelado com violação do dever de sigilo.[28]
>
> Pena – reclusão, de 6 (seis) a 15 (quinze) anos.
>
> § 3.º Facilitar[29-31] a prática de qualquer dos crimes previstos neste artigo mediante atribuição, fornecimento ou empréstimo de senha, ou de qualquer outra forma de acesso de pessoas não autorizadas a sistemas de informações:[32-33]
>
> Pena – detenção, de 1 (um) a 4 (quatro) anos.[34]
>
> § 4.º Não constitui crime a comunicação, a entrega ou a publicação de informações ou de documentos com o fim de expor a prática de crime ou a violação de direitos humanos.[35]

**21. Análise do núcleo do tipo:** esta figura criminosa guarda correspondência com o anterior art. 13 da Lei 7.170/1983, inclusive com a mesma penalidade. *Entregar* é a conduta principal, significando dar algo a alguém, que, nesta hipótese, é um governo estrangeiro, seus

# Art. 359-K
Código Penal Comentado · **Nucci**
1404

agentes, ou uma organização criminosa estrangeira. Envolve qualquer país estrangeiro (ou agentes do governo) ou grupo criminoso estrangeiro (na hipótese deste tipo, mencionou-se *organização criminosa* e não qualquer criminoso individual ou associado a outros). Na figura anterior havia maior amplitude, prevendo a entrega a qualquer grupo estrangeiro, mesmo de natureza não governamental, o que não ocorre na atual previsão. O espião deve fornecer os dados para servidores públicos estrangeiros ou integrantes do crime organizado estrangeiro. Qualquer situação fora disso não serve para caracterizar o delito, o que nos parece inadequado, afinal, se o documento é sigiloso não deveria ser remetido a ninguém, especialmente estrangeiro. O objeto da entrega é *documento* (base material disposta a armazenar dados), envolvendo, igualmente, a cópia do documento, não necessitando tratar-se do original, ou *informação* (dados, planos, assuntos ou esclarecimentos sobre o funcionamento de algo). Os mencionados dados precisam ser classificados como *secretos* ou *ultrassecretos*, nos termos da lei, portanto, abre-se uma norma penal em branco, cujo complemento se dará em legislação específica (consultar a Lei 12.527/2011 e o Decreto 7.845/2021) para considerar um documento ou uma informação de natureza sigilosa (ou muito sigilosa, o que nos parece integralmente desnecessário, pois o que é secreto já envolve o ultrassecreto). Entretanto, cumpre esclarece ter o tipo adotado a classificação da documentação em secreta e ultrassecreta, porque esta última é a que impõe maior rigor, nos termos de lei específica e respectivo decreto. Além de ser transmitido o dado sigiloso, exige-se que essa revelação seja potencialmente danosa à *preservação da ordem constitucional* (as estruturas do Estado Democrático de Direito, pois este é o objetivo do Título XII do Código Penal) ou à *soberania nacional* (autodeterminação do povo brasileiro, como base da República Federativa do Brasil, conforme o art. 1.º, I, CF). Um elemento normativo, concernente à ilicitude, foi incluído no tipo (*em desacordo com determinação legal ou regulamentar*). Portanto, por razões evidentes, caso a entrega se dê de acordo com as normas vigentes, o fato é atípico. Nota-se, portanto, constituir um delito de fundo político, cujo objetivo do agente, denominado *espião*, é minar os alicerces democráticos da nação brasileira, não envolvendo atividades empresariais de qualquer ordem, nem outros interesses econômico-financeiros ou de natureza diversa da política. A maior parte dos países – senão todos – busca guardar em absoluto sigilo alguns informes de sua própria estrutura, visando à segurança interna e externa, no que se refere à estrutura política vigente.

**22. Sujeitos ativo e passivo:** o sujeito ativo pode ser qualquer pessoa. Tratando-se de alguém encarregado de resguardar o documento ou a informação, pode responder na forma qualificada no § 2.º. O espião é aquele que consegue ingressar em sistema protegido, retirando dali o dado secreto, para o fim de entregar a governo ou crime organizado estrangeiro, podendo ser brasileiro ou forasteiro. O sujeito passivo é o Estado. Secundariamente, a sociedade brasileira, interessada em manter as bases democráticas da República.

**23. Elemento subjetivo do tipo:** é o dolo. Não há elemento subjetivo específico. Não se pune a forma culposa.

**24. Objetos material e jurídico:** o objeto material é constituído pelos documentos ou informes secretos ou ultrassecretos. O objeto jurídico é a soberania nacional, incluindo a proteção ao Estado Democrático de Direito.

**25. Classificação:** trata-se de crime comum (pode ser cometido por qualquer pessoa); formal (não exige o resultado naturalístico consistente em fazer uso dos dados sigilosos, prejudicando o país); de forma livre (pode ser cometido por qualquer meio ou método eleito pelo agente); comissivo (a execução se dá por meio de ação); instantâneo (consuma-se no momento

# Art. 359-K

**1405** Título XII – Dos crimes contra o Estado Democrático de Direito

da atividade, não se prolongando no tempo); unissubjetivo (pode ser cometido por uma só pessoa); de perigo (coloca em risco a soberania nacional e o Estado Democrático de Direito); unissubsistente (cometido num só ato) ou plurissubsistente (praticado em mais de um ato), conforme o modo de execução eleito pelo agente; comporta tentativa na forma plurissubsistente.

**26. Benefícios penais:** o crime possui uma pena elevada, mas, fixada em montante que não ultrapasse quatro anos, cabe a substituição por penas restritivas de direitos, visto não se tratar de delito violento. Entretanto, conforme a gravidade, o juiz pode levar em conta o disposto pelo art. 44, III, do Código Penal, para negar o benefício. Para a fixação do regime, leva-se em conta o disposto pelo art. 59 do CP.

**27. Favorecimento pessoal específico:** a inserção da figura prevista neste parágrafo cria um tipo particular de favorecimento a quem ajuda o espião a escapar à ação da autoridade pública. Deixa bem claro que o prestador de auxílio deve conhecer a condição de *espião* do autor do delito previsto no art. 359-K, *caput*. Por isso, recebe a mesma pena elevada de reclusão de 3 a 12 anos. Note-se que a comum figura do favorecimento pessoal do art. 348 do Código Penal comina uma pena bem menor: detenção, de um a seis meses, e multa (quando o autor favorecido responde por crime apenado com reclusão) ou detenção, de quinze dias a três meses, e multa (quando ao crime do favorecido não for cominada pena de reclusão). Há dois pontos a analisar. O primeiro deles concerne ao indispensável conhecimento da situação de *espião* do criminoso; portanto, se o auxiliador favorecer um criminoso a fugir, sem ter noção específica de se tratar do delito do art. 359-K, logo, sem saber tratar-se de espião, deve responder pela figura geral do art. 348 do Código Penal. Outro ponto a ser observado diz respeito à escusa absolutória (imunidade absoluta) referente à não punição do ascendente, descendente, cônjuge ou irmão do delinquente, quando auxiliar seu ente querido a escapar da ação da autoridade. Na hipótese específica do § 1.º deste art. 359-K, inexiste essa possibilidade, em face da gravidade da infração penal.

**28. Figura qualificada:** quando o agente for encarregado de resguardar o sigilo do documento, dado ou informação, como regra, servidor público, por óbvio, a revelação a governo estrangeiro ou organização criminosa estrangeira torna o delito muito mais grave, tanto que a pena se eleva para reclusão, de seis a quinze anos.

**29. Análise do núcleo do tipo:** *facilitar* é tornar algo mais fácil, em sentido estrito; porém, ampliando-se, significa um modo de favorecimento ou de auxílio para que alguém atinja um objetivo. Neste tipo penal, representa exatamente o modelo de prestar auxílio, de qualquer forma, para a prática dos tipos previstos no *caput*, §§ 1.º e 2.º. Tal favorecimento distingue-se do previsto no § 1.º, pois neste a meta é ajudar o criminoso espião a escapar da persecução penal, enquanto nesta modalidade a facilitação envolve três condutas: *atribuir* (designar alguém a fazer algo); *fornecer* (entregar algo) e *emprestar* (entregar algo para uso temporário e posterior devolução). Tais condutas abrangem a *senha* (código criado para proteger o ingresso em algum lugar físico ou virtual) ou outra forma de acesso de pessoas (genericamente, a entrada em sistemas eletrônicos, atualmente, pode dar-se por meio de leitura óptica, de digitais ou dos traços faciais) não autorizadas a sistema de informações (conjunto informatizado destinado a armazenar dados). Cuida-se da criação específica de uma participação de menor importância, com pena mais branda: detenção, de um a quatro anos. Se não houvesse essa figura, o fornecedor de senha, que permitisse o acesso do espião a documentos sigilosos e a consecução da entrega dos dados a estrangeiros, conforme previsto no *caput*, seria um autêntico partícipe,

# Art. 359-K

Código Penal Comentado · **Nucci**

1406

nos termos do art. 29, *caput*, do Código Penal. Por outro lado, é viável que a senha sirva para permitir a fuga do espião.

**30. Sujeitos ativo e passivo:** o sujeito ativo pode ser qualquer pessoa, embora se concentre naquelas com capacidade para gerar a senha, modificá-la ou consegui-la por qualquer meio para que, então, possa facilitar o crime de espionagem, passando-a a terceiros não autorizados. O sujeito passivo é o Estado. Secundariamente, a sociedade brasileira, interessada em manter as bases democráticas da República.

**31. Elemento subjetivo do tipo:** é o dolo. Não há elemento subjetivo específico. Não se pune a forma culposa.

**32. Objetos material e jurídico:** o objeto material é a senha. O objeto jurídico é a soberania nacional, incluindo a proteção ao Estado Democrático de Direito.

**33. Classificação:** trata-se de crime comum (pode ser cometido por qualquer pessoa); formal (não exige o resultado naturalístico consistente em fazer uso dos dados sigilosos, prejudicando o país); de forma livre (pode ser cometido por qualquer meio ou método eleito pelo agente); comissivo (a execução se dá por meio de ação); instantâneo (consuma-se no momento da atividade, não se prolongando no tempo); unissubjetivo (pode ser cometido por uma só pessoa); de perigo (coloca em risco a soberania nacional e o Estado Democrático de Direito); unissubsistente (cometido num só ato) ou plurissubsistente (praticado em mais de um ato), conforme o modo de execução eleito pelo agente; comporta tentativa na forma plurissubsistente.

**34. Benefícios penais:** o delito pode receber o acordo de não persecução penal ou suspensão condicional do processo, se preencher os requisitos legais. Havendo condenação, não se tratando de delito violento, é viável a substituição da pena privativa de liberdade por restritiva de direitos.

**35. Excludente de ilicitude:** por uma questão de política criminal de nível constitucional, optou-se pela previsão de uma exclusão de antijuridicidade para a comunicação (dar conhecimento de algo a alguém), a entrega (dar algo a alguém) ou a publicação (tornar algum informe ou dado de conhecimento geral da sociedade), caso alguém exponha um documento ou uma informação secreta ou ultrassecreta, com a finalidade de denunciar o cometimento de um crime ou a violação de direitos humanos, entendidos estes como os inerentes à dignidade humana, muitos dos quais estão previstos no art. 5.º da Constituição Federal, mas, também, em convenções e tratados internacionais. Entretanto, há alguns pontos a destacar. Em primeiro lugar, insere-se uma causa excludente de ilicitude no cenário de um grave delito de espionagem, que pode colocar em perigo a preservação da ordem constitucional ou a soberania nacional. Portanto, pode-se questionar essa *troca*, vale dizer, um crime revelado (nem se especifica qual) ou a exposição genérica de violação de direitos humanos (nem se especifica quais e em qual proporção). Assim sendo, torna-se uma permuta delicada e contestável, pois se pode trocar um direito individual em prejuízo do direito de muitos. Em segundo, o crime, em que se inseriu a excludente, é de espionagem, prevendo que um indivíduo entregue a governo estrangeiro ou ao crime organizado informes sigilosos do Brasil, colocando em risco valores muito relevantes (ordem constitucional e soberania nacional). Nesta hipótese, poderia o espião invadir sistemas protegidos, extrair dados, passá-los a governo estrangeiro (não se menciona nenhuma corte internacional de direitos humanos, nem mesmo órgãos das Nações Unidas) apenas para denunciar a prática de um crime, o que nos soa ilógico.

# Capítulo II
## DOS CRIMES CONTRA AS INSTITUIÇÕES DEMOCRÁTICAS

### Abolição violenta do Estado Democrático de Direito

> **Art. 359-L.** Tentar,[36-38] com emprego de violência ou grave ameaça, abolir o Estado Democrático de Direito, impedindo ou restringindo o exercício dos poderes constitucionais:[39-40]
>
> Pena – reclusão, de 4 (quatro) a 8 (oito) anos, além da pena correspondente à violência.[41]

**36. Análise do núcleo do tipo:** *tentar* significa buscar atingir algum objetivo, sem ter êxito. No caso deste tipo penal a meta do agente é *abolir* (eliminar, suprimir) o Estado Democrático de Direito. O meio utilizado é o emprego de violência (coerção física, força bruta) ou grave ameaça (coação moral, intimidação intensa). Além disso, a estratégia para chegar à sua meta é *impedir* (obstar, deter, parar) ou restringir (limitar, estreitar, delimitar) o exercício dos poderes constitucionais (Executivo, Legislativo e Judiciário). Vale para a União e para os Estados, mas não abrange o Município, que, certamente, não abala o Estado Democrático de Direito e pode ser mais facilmente controlado, por ser atividade muito localizada. O agente pode agir diretamente, valendo-se de força física ou de intimidação, mas, também, pode se utilizar de terceiras pessoas, atuando como indutor, instigador ou mandante. Desse modo, são concorrentes (art. 29, CP) tanto quem açula quanto quem comete o ato violento ou intimidador. Este tipo guarda semelhança com os anteriores delitos previstos nos arts. 16 e 18 da revogada Lei de Segurança Nacional. Por outro lado, tem como correspondente nesta lei o tipo previsto no art. 359-M (Golpe de Estado), embora nesta hipótese busque-se depor o governo legitimamente constituído, referindo-se, em particular, ao Poder Executivo. O tipo do art. 359-L tutela todos os três Poderes. Logo, é mais abrangente. É importante destacar que o delito se apresenta na forma *tentada*, porque, se houver triunfo na abolição do Estado Democrático de Direito, quem ocupar o poder não será, naturalmente, processado e punido. Tornou-se o novo governo e haverá outros poderes, razão pela qual a lei está correta ao prever a figura da tentativa. Entretanto, lembremos que a Constituição Federal de 1988 manifesta o seu repúdio à ação de grupos armados, civis ou militares, contra a ordem constitucional e o Estado Democrático, tornando tal conduta inafiançável e imprescritível (art. 5.º, XLIV). Na jurisprudência: STF: "4. ATOS ANTIDEMOCRÁTICOS de 08/01/2023 e o contexto dos crimes multitudinários. Autoria e materialidade do crime de abolição violenta do Estado Democrático de Direito (CP, Art.359-L) comprovadas. Réu aderiu à marcha que culminou na invasão do Congresso Nacional, do Palácio do Planalto e do Supremo Tribunal Federal, inclusive por grupo autodenominado patriotas, do qual fazia parte, que procedeu com violência e grave ameaça contra as forças policiais de maneira orquestrada tentando abolir o Estado Democrático de Direito, impedindo ou restringindo o exercício dos poderes constitucionais. Réu foi preso no deslocamento para a Praça dos Três Poderes na posse de objetos de evidente potencial lesivo. Precedentes: (APs 1.060, 1.502 e 1.183, Rel. Min. Alexandre de Moraes, Plenário, j. 13/9/2023 e 14/9/2023)" (AP 1.421, Tribunal Pleno, rel. Alexandre de Moraes, 14.02.2024, m.v.).

**37. Sujeitos ativo e passivo:** o sujeito ativo pode ser qualquer pessoa. O sujeito passivo é o Estado. Secundariamente, a sociedade brasileira, interessada em manter as bases democráticas da República.

# Art. 359-M

**38. Elemento subjetivo do tipo:** é o dolo. Não há elemento subjetivo específico. O objetivo é romper a ordem constitucional, mas isto é exatamente o previsto no tipo, não se perquirindo qual a intenção do agente por realizar a conduta. Não se pune a forma culposa.

**39. Objetos material e jurídico:** o objeto material é o livre exercício dos poderes constitucionais. O objeto jurídico é a livre atuação das instituições democráticas, o que abrange a proteção ao Estado Democrático de Direito.

**40. Classificação:** trata-se de crime comum (pode ser cometido por qualquer pessoa); formal (não exige o resultado naturalístico consistente em abolir o Estado Democrático de Direito); de forma livre (pode ser cometido por qualquer meio ou método eleito pelo agente); comissivo (a execução se dá por meio de ação); instantâneo (consuma-se no momento da atividade, não se prolongando no tempo); unissubjetivo (pode ser cometido por uma só pessoa); de perigo (coloca em risco o Estado Democrático de Direito); plurissubsistente (praticado em mais de um ato). Não cabe tentativa, pois já é um delito de atentado (a simples tentativa consuma o crime). Não é possível haver *tentativa da tentativa*.

**41. Benefícios penais e sistema da acumulação material:** em razão da gravidade do crime, a pena é elevada e não comporta benefícios que impeçam a persecução penal. Em caso de condenação, mesmo sendo pena mínima de quatro anos, não cabe substituição por pena restritiva de direitos, por ser delito violento ou intimidador. O julgador deve avaliar o regime inicial, conforme os requisitos do art. 59 do Código Penal. Por outro lado, adota-se a *acumulação material*, ou seja, o emprego da violência implicará a punição pelo art. 359-L e pelo crime gerado pela força física (lesão corporal, tentativa de homicídio etc.).

### Golpe de Estado

> **Art. 359-M.** Tentar depor,[42-44] por meio de violência ou grave ameaça, o governo legitimamente constituído:[45-46]
>
> Pena – reclusão, de 4 (quatro) a 12 (doze) anos, além da pena correspondente à violência.[47]

**42. Análise do núcleo do tipo:** *tentar* significa buscar atingir algum objetivo, sem ter êxito. A meta é a *deposição* (destituição de alguém de seu cargo) do governo legitimamente constituído (o chefe do Executivo federal, eleito pelo povo). O meio utilizado é o emprego de violência (coerção física, força bruta) ou grave ameaça (coação moral, intimidação intensa). O crime prevê a forma tentada porque, se realmente o governo for deposto, ingressa-se em nova situação político-institucional, de qualquer formato, não se punindo quem passa a governar. Um *golpe de Estado*, por mais ilegítimo que seja, se triunfante, passa a ser o governo e, portanto, protegido pela força das armas. Lembremos que a Constituição Federal de 1988 manifesta o seu repúdio à ação de grupos armados, civis ou militares, contra a ordem constitucional e o Estado Democrático, tornando tal conduta inafiançável e imprescritível (art. 5.º, XLIV). Na jurisprudência: STF: "5. Atos antidemocráticos de 08/01/2023 e o contexto dos crimes multitudinários. Autoria e materialidade do crime de golpe de Estado (CP, Art. 359-M) comprovadas. Conduta do réu, mediante associação criminosa armada (CP, art. 288, p.u), que, pleiteando, induzindo e instigando a decretação de intervenção militar, por meio de violência, tentou depor o governo legitimamente constituído e democraticamente eleito em 30/10/2022, diplomado pelo Tribunal Superior Eleitoral em 12/12/2022 e empossado perante o Congresso Nacional em 1º de janeiro de 2023. Precedentes: (APs 1.060, 1.502 e 1.183, Rel. Min. Alexandre de Moraes, Plenário, j. 13/9/2023 e 14/9/2023)" (AP 1.421, Tribunal Pleno, rel. Alexandre de Moraes, 14.02.2024, m.v.).

**43. Sujeitos ativo e passivo:** o sujeito ativo pode ser qualquer pessoa. O sujeito passivo é o Estado. Secundariamente, a sociedade brasileira, interessada em manter as bases democráticas da República.

**44. Elemento subjetivo do tipo:** é o dolo. Não há elemento subjetivo específico. O objetivo é depor o governo, exatamente o previsto no tipo. Inexiste necessidade em perquirir a intenção do agente para tal atitude. Não se pune a forma culposa.

**45. Objetos material e jurídico:** o objeto material é o governo constituído. O objeto jurídico é a livre atuação das instituições democráticas, o que abrange a proteção ao Estado Democrático de Direito.

**46. Classificação:** trata-se de crime comum (pode ser cometido por qualquer pessoa); formal (não exige o resultado naturalístico consistente em depor o governo); de forma livre (pode ser cometido por qualquer meio ou método eleito pelo agente); comissivo (a execução se dá por meio de ação); instantâneo (consuma-se no momento da atividade, não se prolongando no tempo); unissubjetivo (pode ser cometido por uma só pessoa); de perigo (coloca em risco o Estado Democrático de Direito); plurissubsistente (praticado em mais de um ato). Não cabe tentativa, pois já é um delito de atentado (a simples tentativa consuma o crime). Não é possível haver *tentativa da tentativa*.

**47. Benefícios penais e sistema da acumulação material:** em razão da gravidade do crime, a pena é elevada e não comporta benefícios que impeçam a persecução penal. Em caso de condenação, mesmo sendo pena mínima de quatro anos, não cabe substituição por pena restritiva de direitos, por ser delito violento ou intimidador. O julgador deve avaliar o regime inicial, conforme os requisitos do art. 59 do Código Penal. Por outro lado, adota-se a *acumulação material*, ou seja, o emprego da violência implicará a punição pelo art. 359-L e pelo crime gerado pela força física (lesão corporal, tentativa de homicídio etc.).

**Capítulo III**
**DOS CRIMES CONTRA O FUNCIONAMENTO DAS INSTITUIÇÕES DEMOCRÁTICAS NO PROCESSO ELEITORAL**

**Interrupção do processo eleitoral**

> **Art. 359-N.** Impedir ou perturbar[48-50] a eleição ou a aferição de seu resultado, mediante violação indevida de mecanismos de segurança do sistema eletrônico de votação estabelecido pela Justiça Eleitoral:[51-52]
>
> Pena – reclusão, de 3 (três) a 6 (seis) anos, e multa.[53]

**48. Análise do núcleo do tipo:** *impedir* (obstruir, bloquear) e *perturbar* (causar transtorno, estorvar) são as condutas alternativas, cuja meta é a *eleição* (ato de escolha de representantes no Legislativo e no Executivo) ou a *aferição do resultado* (constatação do produto

# Art. 359-O

Código Penal Comentado · **Nucci**

1410

final). O mecanismo para tanto é a *violação* (rompimento) indevida dos mecanismos de segurança (aparatos para assegurar a integridade de algo), cujo objeto é o sistema eletrônico de votação, conforme fixado pela Justiça Eleitoral. O tipo penal foi construído para proteger a forma eleitoral que se usa, no Brasil, há vários anos. Os acontecimentos mais recentes, nos anos de 2020 e 2021, demonstram ataques verbais, por ora, contra o sistema eletrônico de votação, por parte de alguns grupos, com ou sem partidarismo político. O delito se volta a quem puser em ação atitudes concretas para colocar obstáculos ou inserir dificuldade para a eleição ou para a sua apuração. Esses atos consistem em invadir o mecanismo de segurança criado pela Justiça Eleitoral.

**49. Sujeitos ativo e passivo:** o sujeito ativo pode ser qualquer pessoa. O sujeito passivo é o Estado. Secundariamente, a sociedade, que tem interesse na mantença do sistema democrático nacional.

**50. Elemento subjetivo do tipo:** é o dolo. Não há elemento subjetivo específico. Inexiste a forma culposa.

**51. Objetos material e jurídico:** o objeto material é a violação de mecanismos de segurança do sistema eletrônico de votação. O objeto jurídico é o funcionamento das instituições democráticas no processo eleitoral.

**52. Classificação:** trata-se de crime comum (pode ser cometido por qualquer pessoa); formal (não exige o resultado naturalístico consistente no integral comprometimento do sufrágio); de forma livre (pode ser cometido por qualquer meio ou método eleito pelo agente); comissivo (a execução se dá por meio de ação); instantâneo (consuma-se no momento da atividade, não se prolongando no tempo); unissubjetivo (pode ser cometido por uma só pessoa); de perigo (coloca em risco a eleição); plurissubsistente (praticado em mais de um ato). Cabe tentativa.

**53. Benefícios penais:** o crime não comporta acordo de não persecução penal, nem suspensão condicional do processo. Entretanto, em caso de condenação, não sendo delito violento ou intimidador, pode ser aplicada a substituição da pena privativa de liberdade por restritiva de direitos, caso não ultrapasse os quatro anos. Quanto à fixação do regime, depende da avaliação dos requisitos do art. 59 do Código Penal.

> **Art. 359-O.** (Vetado).

### Violência política

> **Art. 359-P.** Restringir, impedir ou dificultar,[54-56] com emprego de violência física, sexual ou psicológica, o exercício de direitos políticos a qualquer pessoa em razão de seu sexo, raça, cor, etnia, religião ou procedência nacional:[57-58]
>
> Pena – reclusão, de 3 (três) a 6 (seis) anos, e multa, além da pena correspondente à violência.[59]

**54. Análise do núcleo do tipo:** as condutas alternativas são *restringir* (limitar, estreitar), *impedir* (obstar, travar) e *dificultar* (tornar algo mais complicado e custoso), voltando-se ao exercício dos direitos políticos (nesta situação, dirige-se ao direito de votar e de ser votado). O meio empregado é a violência física (constrangimento físico e lesivo), sexual (constrangimento dirigido a ter qualquer ato libidinoso) ou violência psicológica (intimidação ou grave ameaça). A razão para as referidas condutas é peculiar, em contexto de infração penal política, pois se volta a *sexo, raça, cor, etnia, religião ou procedência nacional*. Intitulado o crime como *violência política*, na realidade, tem ares de um delito de pura discriminação. Pode-se apontar que o fundamento para isso pode ser o intuito de prejudicar pessoa – integrante de grupos minoritários ou vulneráveis (por conta de orientação sexual, cor da pele, religião e outros fatores similares) – que seja obstada ou pressionada indevidamente nos seus direitos de votar e de ser votada. De todo modo, de maneira inédita, inclui-se violência sexual no âmbito de violência política, algo estranho. Ilustrando, seria a utilização de um estupro para compelir alguém a não se candidatar ou a não votar.

**55. Sujeitos ativo e passivo:** o sujeito ativo pode ser qualquer pessoa. O sujeito passivo é o Estado, primordialmente, que tem interesse no processo eleitoral democrático e isento. Secundariamente, a sociedade, em seu interesse no processo democrático de sufrágio. Há, também, a pessoa diretamente prejudicada pelo agente.

**56. Elemento subjetivo do tipo:** é o dolo. O elemento subjetivo específico diz respeito a intuito discriminatório. Inexiste a forma culposa.

**57. Objetos material e jurídico:** o objeto material é a pessoa discriminada. O objeto jurídico é o correto funcionamento das instituições democráticas eleitorais.

**58. Classificação:** trata-se de crime comum (pode ser cometido por qualquer pessoa); formal (não exige o resultado naturalístico consistente no integral comprometimento dos direitos políticos da vítima); de forma livre (pode ser cometido por qualquer meio ou método eleito pelo agente); comissivo (a execução se dá por meio de ação); instantâneo (consuma-se no momento da atividade, não se prolongando no tempo); unissubjetivo (pode ser cometido por uma só pessoa); de perigo (coloca em risco o direito político); plurissubsistente (praticado em mais de um ato). Cabe tentativa.

**59. Benefícios penais e sistema da acumulação material:** não se trata de infração de menor potencial ofensivo, nem se pode conceder suspensão condicional do processo ou acordo de não persecução penal. Em caso de condenação, não cabe substituição da pena privativa de liberdade por restritiva de direitos, por se tratar de delito violento. Quanto ao regime, depende da apreciação do julgador, nos termos do art. 59 do Código Penal. Havendo violência, além de responder pelo crime do art. 359-P, deve-se punir a infração penal configuradora da violência (como lesão corporal ou estupro, por exemplo).

> **Art. 359-Q.** (Vetado).

## Capítulo IV
### DOS CRIMES CONTRA O FUNCIONAMENTO DOS SERVIÇOS ESSENCIAIS

**Sabotagem**

> **Art. 359-R.** Destruir ou inutilizar[60-62] meios de comunicação ao público, estabelecimentos, instalações ou serviços destinados à defesa nacional, com o fim de abolir o Estado Democrático de Direito:[63-64]
>
> Pena – reclusão, de 2 (dois) a 8 (oito) anos.[65]

# Art. 359-T

Código Penal Comentado · **Nucci**

1412

**60. Análise do núcleo do tipo:** *destruir* (danificar por completo, arruinar) e *inutilizar* (tornar algo imprestável) são as condutas alternativas, que se voltam aos meios de comunicação (todos os aparatos para comunicar ao público o que se passa na política e na sociedade em geral, desde televisões, rádios, até atingir a internet e seus amplos canais). Além disso, podem ter por alvo os estabelecimentos ou serviços (locais ou atividades) dirigidas à defesa nacional (nesta hipótese, como regra, instalações e atuações militares). A finalidade do agente, ao prejudicar os meios de comunicação e os mecanismos de defesa do Estado é justamente a eliminação do Estado Democrático de Direito. Intitula-se o crime de *sabotagem* (danificar, de propósito, alguma coisa ou um sistema). Cuida-se de um delito vinculado às atividades antidemocráticas, previstas nos arts. 359-L e 359-M.

**61. Sujeitos ativo e passivo:** o sujeito ativo pode ser qualquer pessoa. O sujeito passivo é o Estado. Secundariamente, a sociedade brasileira, interessada em manter as bases democráticas da República.

**62. Elemento subjetivo do tipo:** é o dolo. Há elemento subjetivo específico, consistente em eliminar o Estado Democrático de Direito. Inexiste a forma culposa.

**63. Objetos material e jurídico:** o objeto material pode ser o meio de comunicação ao público ou o estabelecimento, instalação ou serviço destinado à defesa nacional. O objeto jurídico se volta, especificamente, ao funcionamento dos serviços essenciais, tendo por cenário o Estado Democrático de Direito.

**64. Classificação:** trata-se de crime comum (pode ser cometido por qualquer pessoa); formal (não exige o resultado naturalístico consistente no integral comprometimento dos meios de comunicação ou sistema de defesa nacional); de forma livre (pode ser cometido por qualquer meio ou método eleito pelo agente); comissivo (a execução se dá por meio de ação); instantâneo (consuma-se no momento da atividade, não se prolongando no tempo); unissubjetivo (pode ser cometido por uma só pessoa); de perigo (coloca em risco o direito político); plurissubsistente (praticado em mais de um ato). Cabe tentativa.

**65. Benefícios penais:** pela gravidade do fato, a pena é branda. Não comporta benefícios excludentes da persecução penal. No entanto, em caso de condenação, pode ensejar a substituição de pena privativa de liberdade por restritiva de direitos (não se indica violência contra a pessoa) ou aplicação da suspensão condicional da pena (em caso de fixação do mínimo legal). Quanto ao regime, depende dos requisitos do art. 59 do Código Penal.

**Capítulo V**

**(Vetado)**

**Capítulo VI**

**DISPOSIÇÕES COMUNS**

> **Art. 359-T.** Não constitui crime previsto neste Título a manifestação crítica aos poderes constitucionais nem a atividade jornalística ou a reivindicação de direitos e garantias constitucionais por meio de passeatas, de reuniões, de greves, de aglomerações ou de qualquer outra forma de manifestação política com propósitos sociais.[66]

**66. Excludente de ilicitude:** essa previsão, voltada a todos os crimes previstos no Título XII, ficou deslocada no contexto, em razão das infrações penais que restaram, após os vetos feitos pelo Poder Executivo. Afinal, o único delito para o qual se aplicaria o disposto pelo art. 359-T era o tipo penal do art. 359-O ("promover ou financiar, pessoalmente ou por interposta pessoa, mediante uso de expediente não fornecido diretamente pelo provedor de aplicação de mensagem privada, campanha ou iniciativa para disseminar fatos que sabe inverídicos, e que sejam capazes de comprometer a higidez do processo eleitoral"). Se o veto não for derrubado, essa excludente do art. 359-T não terá aplicabilidade. Os crimes constantes do Título XII vigentes não abrangem delito de opinião, a fim de justificar o apontamento de que a manifestação crítica aos poderes constitucionais, a atividade jornalística e a reivindicação de direitos e garantias estão imunes à criminalização. Neste último caso, mesmo quando feitas por meio de passeatas, reuniões, greves, aglomerações ou outra forma de expressão política com propósitos sociais. Note-se o panorama dos crimes políticos: a) atentado à soberania, significando negociar com governo ou grupo estrangeiro a provocação de guerra contra o Brasil ou invadi-lo; ou participar de operação bélica para submeter o território nacional ao domínio estrangeiro (art. 359-I); b) atentado à integridade nacional, representando a prática de violência ou grave ameaça para desmembrar o território nacional e constituir país independente (art. 359-J); c) espionagem, que significa entregar a governo estrangeiro ou organização criminosa estrangeira dados sigilosos aptos a prejudicar a ordem constitucional ou a soberania nacional (art. 359-K); d) abolição violenta do Estado Democrático de Direito, simbolizando o uso de violência ou grave ameaça para impedir ou restringir o exercício dos poderes constitucionais (art. 359-L); e) golpe de estado, representando o uso de violência ou grave ameaça para depor o governo (art. 359-M); f) interrupção do processo eleitoral, simbolizando o impedimento ou a perturbação da eleição, violando mecanismo de segurança do sistema eletrônico de votação (art. 359-N); g) violência política, que já exprime o emprego de violência para impedir, restringir ou dificultar alguém de exercer seus direitos políticos (art. 359-P); h) sabotagem, significando a destruição ou inutilização de meio de comunicação ou serviços de defesa nacional, para abolir o Estado Democrático de Direito (art. 359-R).

> **Art. 359-U.** (Vetado).

**Artigos vetados da Lei 14.197/2021, razões do veto e comentários do autor:**

*a) "Comunicação enganosa em massa.* **Art. 359-O. Promover ou financiar, pessoalmente ou por interposta pessoa, mediante uso de expediente não fornecido diretamente pelo provedor de aplicação de mensagem privada, campanha ou iniciativa para disseminar fatos que sabe inverídicos, e que sejam capazes de comprometer a higidez do processo eleitoral:** Pena – reclusão, de 1 (um) a 5 (cinco) anos, e multa." Razões do veto: "A proposição legislativa estabelece como tipo penal a comunicação enganosa em massa definindo-o como 'promover ou financiar, pessoalmente ou por interposta pessoa, mediante uso de expediente não fornecido diretamente pelo provedor de aplicação de mensagem privada, campanha ou iniciativa para disseminar fatos que sabe inverídicos, e que sejam capazes de comprometer a higidez do processo eleitoral', estipulando pena de reclusão, de um a cinco anos, e multa. A despeito da boa intenção do legislador, a proposição legislativa contraria o interesse público por não deixar claro qual conduta seria objeto da criminalização, se a conduta daquele que gerou a notícia ou daquele que a compartilhou (mesmo sem intenção de massificá-la), bem como enseja dúvida se o crime seria continuado ou permanente, ou mesmo se haveria um 'tribunal da verdade' para definir o que viria a ser entendido por inverídico a ponto de constituir um crime punível pelo Decreto-lei n.º 2.848, de 7 de dezembro de 1940 – Código Penal, o que acaba por provocar enorme insegurança jurídica. Outrossim, o ambiente digital é favorável à propagação de informações verdadeiras ou falsas, cujo verbo 'promover' tende a

# Art. 359-U

Código Penal Comentado · Nucci

1414

dar discricionariedade ao intérprete na avaliação da natureza dolosa da conduta criminosa em razão da amplitude do termo. A redação genérica tem o efeito de afastar o eleitor do debate político, o que reduziria a sua capacidade de definir as suas escolhas eleitorais, inibindo o debate de ideias, limitando a concorrência de opiniões, indo de encontro ao contexto do Estado Democrático de Direito, o que enfraqueceria o processo democrático e, em última análise, a própria atuação parlamentar".

**Comentário do autor:** o tipo penal vetado volta-se ao combate das denominadas *fake news* (informes falsos), em ambiente bem claro: comprometimento da higidez (lisura e bom andamento) do processo eleitoral (sufrágio para a escolha, por meio do voto, dos representantes parlamentares e integrantes dos cargos do Executivo). Portanto, o dispositivo não tinha por finalidade apenas criminalizar a disseminação de qualquer informação falsa, visto que o intuito era a punição de quem promover (impulsionar, dar ênfase) ou financiar (custear, pagar algo), de maneira direta ou indireta, valendo-se de expedientes camuflados, a disseminação (espalhamento, difusão), na rede mundial de computadores, de fatos *que sabe* (dolo direto) inverídicos. Esses fatos mentirosos teriam potencial para comprometer a honestidade e a transparência do pleito. Portanto, não nos parece tenha sido um tipo penal aberto em demasia e que poderia gerar qualquer cerceamento do idôneo debate democrático em torno das propostas de campanhas dos diversos partidos políticos e seus candidatos. Note-se que o texto vetado era expresso no sentido de que o agente da notícia, passando-a originalmente ou retransmitindo-a, *tem perfeita ciência* de se tratar de informe *falso*. Logo, não seria necessário um "tribunal da verdade", tendo em vista que, no cenário do Direito Penal, existem inúmeras figuras típicas incriminadoras tratando da promoção de injustificadas lesões à honra de uma pessoa (como os delitos de calúnia, difamação e injúria), assim como delitos voltados à punição de condutas discriminatórias e racistas, sem que se aufira qualquer prejuízo à segurança jurídica, visto ser atribuição do Judiciário avaliar se houve a mentira ou a pecha lesiva à honra ou a discriminação racial, conforme o caso concreto. No mesmo caminho, andou bem o Legislativo – tal como fez no caso do art. 359-O do CP – ao criminalizar a propagação proposital de *fake news* com o nítido objetivo de prejudicar algo extremamente relevante ao Estado Democrático de Direito que, no caso objeto do veto, são as eleições e seu processo de debates de ideias. Ademais, em tempos pretéritos, as *fake news* já constituíam uma realidade, inclusive em processos eleitorais, mas o seu controle, até mesmo pela justiça eleitoral, era mais fácil e rápido, pois o lançamento da notícia falsa se dava num programa de rádio ou televisão, geralmente em horário político gratuito, havendo o pronto direito de resposta. Mesmo assim, houve casos de graves prejuízos a certos candidatos, porque não se conseguiu disseminar, em tempo útil, a resposta. A internet e seus vários meios de comunicação tornaram o espalhamento de notícias – verdadeiras ou falsas – uma opção extremamente rápida e abrangente, sendo quase impossível o eficaz direito de resposta. Portanto, a realidade demonstra a indispensabilidade de um maior controle estatal para evitar que as informações comprovadamente inverídicas e sabidamente falsas por quem as dissemina se tornem um poderoso instrumento de causação de desordem em relação a vários aspectos da organização do Estado Democrático de Direito e de suas instituições. No contexto do sufrágio, simbolizando o fiel espelho da democracia, o estrago das *fake news* pode ser inaceitável. Por isso, parece-nos injustificado o veto.

**b) "*Ação penal privada subsidiária*. Art. 359-Q. Para os crimes previstos neste Capítulo, admite-se ação privada subsidiária, de iniciativa de partido político com representação no Congresso Nacional, se o Ministério Público não atuar no prazo estabelecido em lei, oferecendo a denúncia ou ordenando o arquivamento do inquérito." Razões do veto:** "A proposição legislativa estabelece a ação penal subsidiária privada definindo que 'para os crimes previstos neste Capítulo, admite-se ação privada subsidiária, de iniciativa de partido

# Art. 359-U

1415 | Título XII – Dos crimes contra o Estado Democrático de Direito

político com representação no Congresso Nacional, se o Ministério Público não atuar no prazo estabelecido em lei, oferecendo a denúncia ou ordenando o arquivamento do inquérito'. A despeito da boa intenção do legislador, a proposição legislativa contraria o interesse público, por não se mostrar razoável para o equilíbrio e a pacificação das forças políticas no Estado Democrático de Direito, o que levaria o debate da esfera política para a esfera jurídico-penal, que tende a pulverizar iniciativas para persecução penal em detrimento do adequado crivo do Ministério Público. Nesse sentido, não é atribuição de partido político intervir na persecução penal ou na atuação criminal do Estado".

**Comentário do autor:** nesse aspecto, parece-nos correto o veto, pois não cabe legitimar um partido político a propor ação penal contra quem quer que seja. Seria a intervenção política direta na área criminal, o que não se afigura adequado no Estado Democrático de Direito. Aliás, a Constituição Federal confere a exclusividade da ação penal ao Ministério Público, que, nesses crimes do capítulo III, pode agir de maneira não concentrada, pois depende de quem seja o agente do delito; noutros termos, inexiste um foco exclusivo na órbita de um só órgão do *Parquet*. Ademais, o texto constitucional atribui, como exceção à titularidade da ação penal do MP, à vítima do crime, nos termos do art. 5.º, LIX, a propositura da ação penal privada subsidiária da pública.

**c) "Capítulo V. Dos crimes contra a cidadania.** *Atentado a direito de manifestação.* **Art. 359-S. Impedir, mediante violência ou grave ameaça, o livre e pacífico exercício de manifestação de partidos políticos, de movimentos sociais, de sindicatos, de órgãos de classe ou de demais grupos políticos, associativos, étnicos, raciais, culturais ou religiosos:** Pena – reclusão, de 1 (um) a 4 (quatro) anos. § 1.º Se resulta lesão corporal grave: Pena – reclusão, de 2 (dois) a 8 (oito) anos. § 2.º Se resulta morte: Pena – reclusão, de 4 (quatro) a 12 (doze) anos." Razões do veto: "A proposição legislativa estabelece como tipo penal o atentado a direito de manifestação definindo-o como 'impedir, mediante violência ou grave ameaça, o livre e pacífico exercício de manifestação de partidos políticos, de movimentos sociais, de sindicatos, de órgãos de classe ou de demais grupos políticos, associativos, étnicos, raciais, culturais ou religiosos', que resultaria em pena de reclusão de um a quatro anos. Se culminar em lesão corporal grave, resultaria em pena de reclusão de dois a oito anos. Por sua vez, se resultar em morte, a reclusão seria de quatro a doze anos. A despeito da boa intenção do legislador, a proposição legislativa contraria o interesse público, ante a dificuldade de caracterizar, *a priori* e no momento da ação operacional, o que viria a ser manifestação pacífica, o que geraria grave insegurança jurídica para os agentes públicos das forças de segurança responsáveis pela manutenção da ordem. Isso poderia ocasionar uma atuação aquém do necessário para o restabelecimento da tranquilidade, e colocaria em risco a sociedade, uma vez que inviabilizaria uma atuação eficiente na contenção dos excessos em momentos de grave instabilidade, tendo em vista que manifestações inicialmente pacíficas poderiam resultar em ações violentas, que precisariam ser reprimidas pelo Estado".

**Comentário do autor:** em qualquer sociedade realmente democrática inexiste empecilho para toda e qualquer manifestação pacífica sobre algum tema, seja em formato de protesto, de apoio ou de sugestão à adoção de medida legislativa. Há algum tempo, o STF considerou que passeatas pela liberação do uso da maconha faziam parte do livre exercício do pensamento e não se tratava de apologia ao crime. Afinal, o que se pleiteava nessas manifestações era a alteração legislativa para que o uso fosse autorizado; não se tratava de passeata *pregando* a utilização de drogas *contra a lei*. Do mesmo modo, pode haver manifestação pela legalização do aborto, como pode haver outra pela sua total criminalização. De toda forma, mormente no campo político, as pessoas devem ter plena liberdade de se expor, manifestando o seu

# Art. 359-U

Código Penal Comentado · **Nucci**

1416

pensamento. O art. 5.º, XVI, da Constituição Federal é bem claro: "todos podem reunir-se pacificamente, sem armas, em locais abertos ao público, independentemente de autorização, desde que não frustrem outra reunião anteriormente convocada para o mesmo local, sendo apenas exigido prévio aviso à autoridade competente". O artigo vetado criminaliza o impedimento a direito constitucionalmente assegurado, por meio de violência ou grave ameaça. Aliás, a bem da verdade, não se trata somente de manifestação política, pois envolve movimentos sociais, sindicatos, órgãos de classe, associações, grupos étnicos, raciais, culturais e religiosos, o que pode abranger desde uma passeata LGBT até uma passeata religiosa. Por que impedi-la de modo violento ou intimidador? Inexiste razão para tanto. O fundamento dado pelo veto é paradoxal. Um primeiro argumento aponta para a *dificuldade de caracterizar* o que seria uma manifestação *pacífica*, gerando incerteza para a ação dos agentes de segurança pública. Ora, se assim for, até hoje não se entenderia o teor do próprio texto constitucional, ao mencionar ser livre a reunião *pacífica*. A contrário senso, se não se consegue vislumbrar o que é *pacífico*, distinguindo-o do que é *destrutivo, agressivo, violento* etc., logo, o art. 5.º, XVI, da CF não teria aplicabilidade. A contradição do argumento do veto se torna mais evidente quando esclarece que as "manifestações inicialmente pacíficas poderiam resultar em ações violentas, que precisariam ser reprimidas pelo Estado". Ora, então, sabe-se perfeitamente bem o que é uma manifestação *inicialmente pacífica* que termina em depredação, atos violentos e quebra-quebra. Em suma, se a própria polícia não conseguisse diferenciar um ato pacífico de um outro considerado destrutivo, a segurança pública se encontraria em precárias condições. Por isso, o veto nos soa injustificado.

**d) "*Aumento de pena*. Art. 359-U. Nos crimes definidos neste Título, a pena é aumentada:** I – de 1/3 (um terço), se o crime é cometido com violência ou grave ameaça exercidas com emprego de arma de fogo; II – de 1/3 (um terço), cumulada com a perda do cargo ou da função pública, se o crime é cometido por funcionário público." Razões do veto: "A proposição legislativa estabelece que, nos crimes definidos neste Título, a pena é aumentada de um terço, se o crime é cometido com violência ou grave ameaça exercidas com emprego de arma de fogo; de um terço, cumulada com a perda do cargo ou da função pública, se o crime é cometido por funcionário público. Em que pese a boa intenção do legislador, a proposição contraria interesse público, pois não se pode admitir o agravamento pela simples condição de agente público em sentido amplo, sob pena de responsabilização penal objetiva, o que é vedado".

**Comentário do autor:** as causas de aumento de pena foram duas, considerando-se os incisos I e II: utilizar violência ou grave ameaça com emprego de *arma de fogo* (inciso I); crime cometido por funcionário público (além da elevação, a perda do cargo ou função pública). O veto comentou apenas a parte referente ao funcionário público, alegando que o agravamento não pode se dar pela *simples condição* de agente público, pois seria responsabilidade penal objetiva, o que é vedado. Inexiste razão para vetar o uso de arma de fogo como causa de aumento, aliás, nem mesmo foi mencionado o motivo, pois é notório o maior perigo à integridade física e à vida das pessoas quando se emprega violência ou grave ameaça, utilizando essa espécie de armamento. Não fosse assim, a pena do roubo, sancionada a mudança legislativa pelo mesmo Poder Executivo, não teria atingido um aumento de 2/3 pelo emprego de arma de fogo (art. 157, § 2.º-A, I, CP) e uma elevação atingindo o dobro se a arma de fogo for de uso restrito ou proibido (art. 157, § 2.º-B, CP). Para cometer um crime contra o Estado Democrático de Direito não pode haver aumento da pena pelo emprego de arma de fogo, mas para praticar crimes patrimoniais é viável e em grau muito mais elevado: uma evidente contradição, tornando o veto sem sustentação. Outro ponto, cujo argumento jurídico é inédito: aumentar a pena do funcionário público, que agride o próprio Estado, é responsabilidade penal objetiva. Nem pode haver aumento, nem perda do posto. Nesse caso, todo o Capítulo I do Título XI do

**1417** Título XII – Dos crimes contra o Estado Democrático de Direito

# Art. 359-U

Código Penal seria *incabível*, pois leva em consideração ser o agente funcionário público em crimes contra a administração pública para prever sanções mais severas do que as cominadas ao cidadão comum. O furto tem pena de reclusão de um a quatro anos; a apropriação indébita, idem (e multa). O peculato, nas modalidades furto e apropriação, é punido pela pena de reclusão, de dois a doze anos (e multa), somente porque quem comete o delito é *funcionário público* contra a *administração pública*. Ora, é inadmissível que funcionários públicos atentem contra o Estado Democrático de Direito. Por isso, perfeitamente justificado o aumento de pena, que não tem absolutamente nada a ver com responsabilidade penal objetiva (punir alguém que age sem dolo ou culpa). A perda do cargo ou função não é novidade. O art. 92, I, *a* e *b*, do Código Penal, prevê a viabilidade da perda do cargo, função ou mandato eletivo, como efeito da condenação. Em suma, esse veto é não somente inconsistente como lacunoso.

e) *"Aumento de pena*. **Art. 359-U (...) III – de metade, cumulada com a perda do posto e da patente ou da graduação, se o crime é cometido por militar."Razões do veto:** "A proposição legislativa estabelece que, nos crimes definidos no Título 'Dos crimes contra o Estado de Direito', acrescido por esta proposição à Parte Especial do Decreto-lei n.º 2.848, de 7 de dezembro de 1940 – Código Penal, a pena seria aumentada de metade, cumulada com a perda do posto e da patente ou da graduação, se o crime fosse cometido por militar. A despeito da boa intenção do legislador, a proposição legislativa contraria o interesse público, uma vez que viola o princípio da proporcionalidade, colocando o militar em situação mais gravosa que a de outros agentes estatais, além de representar uma tentativa de impedir as manifestações de pensamento emanadas de grupos mais conservadores. Ademais, em relação à pena acessória da perda do posto e da patente, vislumbra-se violação ao disposto nos incisos VI e VII do § 3.º do art. 142 da Constituição, que vincula a perda do posto e da patente pelo oficial das Forças Armadas a uma decisão de um tribunal militar permanente em tempos de paz, ou de tribunal especial em tempos de guerra. Dessa forma, a perda do posto e da patente não poderia constituir pena acessória a ser aplicada automaticamente, que dependesse de novo julgamento pela Justiça Militar, tendo em vista que o inciso I do *caput* do art. 98 e o art. 99 do Decreto-lei n.º 1.001, de 21 de outubro de 1969 – Código Penal Militar, já preveem como pena acessória no caso de condenação a pena privativa de liberdade por tempo superior a dois anos para a perda do posto e patente pelo oficial".

**Comentário do autor:** na esteira do que já foi mencionado quanto ao aumento previsto para o funcionário público (inciso II), não há dúvida de ser muito mais grave que o militar, incumbido pela força das armas, a zelar pela segurança externa e interna do País, impedindo qualquer agressão ao Estado Democrático de Direito, constitucionalmente tutelado, seja o autor dos crimes previstos neste Título. Quem guarda, cuida; quem protege, impede lesão ao protegido. Quem tem o poder das armas possui o dever de guarnecer a democracia. Enfim, inexiste desproporcionalidade; ao contrário, está-se utilizando o princípio da isonomia, tratando desigualmente os desiguais, o que se busca empreender justamente para equilibrar a igualdade das pessoas diante da lei. Matar a mulher constitui feminicídio, uma forma qualificada de homicídio, com pena de reclusão, de doze a trinta anos. A pena leva em consideração a maior vulnerabilidade da vítima. Idêntico critério se utiliza para o estupro de vulnerável, com pena mais grave do que o estupro contra pessoa adulta. A proporcionalidade é usada para atender às situações desiguais entre as pessoas, inclusive no cenário da prática de crimes. Por outro lado, restou ininteligível a outra parte da razão do veto: "tentativa de impedir as manifestações de pensamento emanadas de grupos mais conservadores". Em primeiro lugar, seriam os militares brasileiros componentes de grupos mais conservadores? Se afirmativo, o que significaria esse *conservadorismo*? Em segundo, considerando-se a manifestação de pensamento emanada por militares conservadores (não se está tratando de civis neste ponto da lei; cuida-se de aumento

# Art. 359-U

**Código Penal Comentado · Nucci**                    1418

de aumento de pena para militares, autores de crimes contra o Estado Democrático de Direito), podem eles, em tese, expor opiniões nos meios próprios e dentro das regras regentes da sua instituição, sem que isso implique delito contra o Estado Democrático de Direito. Logo, não há sentido algum em considerar o aumento de pena uma meta de cercear *manifestações conservadoras*. Quanto à perda do posto e da patente, a Constituição Federal cuida somente de oficiais, no art. 142, § 3.º, VI ("o oficial só perderá o posto e a patente se for julgado indigno do oficialato ou com ele incompatível, por decisão de tribunal militar de caráter permanente, em tempo de paz, ou de tribunal especial, em tempo de guerra") e VII ("o oficial condenado na justiça comum ou militar a pena privativa de liberdade superior a dois anos, por sentença transitada em julgado, será submetido ao julgamento previsto no inciso anterior"). Observe-se que o inciso VI não cuida de crime, mas de indignidade para o oficialato. Quanto ao inciso VII, de modo claro, prevê condenação na justiça comum (justiça federal, que cuida de crimes políticos) a pena privativa de liberdade superior a dois anos, devendo, então, ser julgado por tribunal militar para perder o posto e a patente. Aliás, o Código Penal Militar já prevê a viabilidade de pena acessória de perda de posto e patente (art. 98, I), indicando condenação a pena privativa de liberdade por tempo superior a dois anos, importando a perda das condecorações (art. 99). Por *muito menos*, uma lei infraconstitucional impõe a perda do posto e patente, enquanto, para ilustrar, o cometimento do crime do art. 359-L resulta em pena de reclusão de quatro a oito anos (além da pena relativa à violência) e o delito do art. 359-M comina pena de reclusão de quatro a doze anos (além da pena relativa à violência). Com muito mais fundamento, a maior sanção deveria orientar a perda do posto, patente ou graduação. Em suma, não há razão para o veto, mesmo que se entenda que a perda, em face da condenação, precisa ser consumada em tribunal militar. O importante é haver previsão legal para tanto, o que, ademais, nem seria preciso, pois o texto constitucional é expresso nesse sentido (art. 142, § 3.º, VII).

# Disposições Finais

**Art. 360.** Ressalvada a legislação especial sobre os crimes contra a existência, a segurança e a integridade do Estado e contra a guarda e o emprego da economia popular, os crimes de imprensa[67] e os de falência, os de responsabilidade do Presidente da República e dos Governadores ou Interventores, e os crimes militares, revogam-se as disposições em contrário.

67. **Crimes de imprensa:** a ADPF 130-7, no STF, foi julgada procedente, considerando não recepcionada a Lei de Imprensa. Por ora, os crimes cometidos pela imprensa passam a ser punidos pela legislação penal comum, até que outra lei especial possa ser editada.

**Art. 361.** Este Código entrará em vigor no dia 1.º de janeiro de 1942.

Rio de Janeiro, 7 de dezembro de 1940; 119.º da Independência e 52.º da República.

Getúlio Vargas

Francisco Campos

# Referências Bibliográficas

ABRÃO, Eliane Y. *Direitos de autor e direitos conexos*. São Paulo: Editora do Brasil, 2002.

ACCIOLY, Hildebrando. *Manual de direito internacional público*. 11. ed. 11. tir. Revisão Geraldo Eulálio do Nascimento e Silva. São Paulo: Saraiva, 1995.

ALMADA, Célio de Melo. *Legítima defesa*. Legislação. Doutrina. Jurisprudência. Processo. São Paulo: José Bushatsky, 1958.

ALMEIDA, Carlota Pizarro de. *Modelos de inimputabilidade* – Da teoria à prática. Coimbra: Almedina, 2000.

ALMEIDA, Carlota Pizarro de; D'ALMEIDA, Luís Duarte; PATRÍCIO, Rui; VILALONGA, José Manuel. *Código Penal anotado*. Coimbra: Almedina, 2003.

ALMEIDA, Dario Martins de. *O livro do jurado*. Coimbra: Almedina, 1977.

ALMEIDA, Fernando Henrique Mendes de. *Dos crimes contra a Administração Pública*. São Paulo: RT, 1955.

ALMEIDA JR., A.; COSTA JR., J. B. de O. *Lições de medicina legal*. 9. ed. São Paulo: Companhia Editora Nacional, 1971.

ALTAVILLA, Enrico. *Psicologia judiciária*. Trad. Fernando de Miranda. 3. ed. Coimbra: Arménio Amado, 1981.

ALVES, Roque de Brito. *Ciúme e crime*. Recife: Fasa, 1984.

ALVES, Roque de Brito. *Crime e loucura*. Recife: Fasa, 1998.

ALVES, Roque de Brito. *Direito penal* – Parte geral. 2. ed. Recife: Nossa Livraria, 2005.

AMARAL, Sylvio do. *Falsidade documental*. 2. ed. São Paulo: RT, 1978.

AMERICANO, Odin. Da culpabilidade normativa. *Estudos de direito e processo penal em homenagem a Nélson Hungria*. Rio de Janeiro-São Paulo: Forense, 1962.

ANCEL, Marc. *A nova defesa social*. Rio de Janeiro: Forense, 1979.

ANDREUCCI, Ricardo Antunes; DOTTI, René Ariel; REALE JR., Miguel; PITOMBO, Sérgio M. de Moraes. *Penas e medidas de segurança no novo Código*. 2. ed. Rio de Janeiro: Forense, 1987.

ANTOLISEI, Francesco. *Manuale di diritto penale* – Parte generale. Atual. Luigi Conti. 14. ed. Milano: Giuffrè, 1997.

ANTOLISEI, Francesco. *Manuale di diritto penale* – Parte speciale. Atual. Luigi Conti. 12. ed. Milano: Giuffrè, 1997.

ANTOLISEI, Francesco. *Manuale di diritto penale* – Parte speciale. Atual. Luigi Conti. 13. ed. Milano: Giuffrè, 1999.

ARAGÃO, Antonio Moniz Sodré de. *As três escolas penais*. Rio de Janeiro: Freitas Bastos, 1977.

ARANHA FILHO, Adalberto José Queiroz Telles de Camargo. *Direito penal. Crimes contra a pessoa*. 4. ed. Belo Horizonte: D'Plácido, 2022

ARAÚJO, Cláudio Th. Leotta de; MENEZES, Marco Antônio. Em defesa do exame criminológico. *Boletim do IBCCRIM*, n. 129, ago. 2003, p. 3.

ARAUJO, Luiz Alberto David. *A proteção constitucional das pessoas portadoras de deficiência*. Brasília: Coordenadoria Nacional para Integração da Pessoa Portadora de Deficiência-Corde, 1994.

ARAUJO, Luiz Alberto David. *A proteção constitucional do transexual*. São Paulo: Saraiva, 2000.

ARAUJO, Luiz Alberto David; NUNES JÚNIOR, Vidal Serrano. *Curso de direito constitucional*. 3. ed. São Paulo: Saraiva, 1999.

ARAÚJO JÚNIOR, João Marcello de. *Delitos de trânsito*. Rio de Janeiro: Forense, 1981.

ARAÚJO JÚNIOR, João Marcello de. *Dos crimes contra a ordem econômica*. São Paulo: RT, 1995.

ARBENZ, Guilherme Oswaldo. *Compêndio de medicina legal*. Rio de Janeiro-São Paulo: Livraria Atheneu, 1983.

ARNAU, Frank. *Por que os homens matam*. Trad. Vera Coutinho. Rio de Janeiro: Civilização Brasileira, 1966.

ARROYO DE LAS HERAS, Alfonso. *Manual de derecho penal* – El delito. Pamplona: Editorial Aranzadi, 1985.

ARROYO ZAPATERO, Luis; FERRÉ OLIVÉ, Juan Carlos; GARCÍA RIVAS, Nicólas; SERRANO PIEDECASAS, José Ramón; GÓMEZ DE LA TORRE, Ignacio Berdugo. *Lecciones de derecho penal* – Parte general. 2. ed. Madrid: La Ley, 1999.

AZEVEDO, David Teixeira de. *Atualidades no direito e processo penal*. São Paulo: Método, 2001.

AZEVEDO, David Teixeira de. *Dosimetria da pena* – Causas de aumento e diminuição. 1. ed., 2. tir. São Paulo: Malheiros, 2002.

BACIGALUPO, Enrique. *Principios de derecho penal* – Parte general. 5. ed. Madrid: Akal, 1998.

BALERA, Wagner (Org.). *Curso de direito previdenciário*. 3. ed. São Paulo: LTr, 1996.

BALTAZAR JR., José Paulo. Aspectos penais. In: FREITAS, Vladimir Passos de (Org.). *Direito previdenciário* – Aspectos materiais, processuais e penais. 2. ed. Porto Alegre: Livraria de Advogado, 1999.

BARBOSA, Marcelo Fortes. Do crime continuado. *Justitia* 83/149.

BARBOSA, Marcelo Fortes. *Crimes contra a honra*. São Paulo: Malheiros, 1995.

BARBOSA, Marcelo Fortes. Denunciação caluniosa. *Direito Penal Atual (estudos)*. São Paulo: Malheiros, 1996.

BARBOSA, Marcelo Fortes. *Latrocínio*. 1. ed. 2. t. São Paulo: Malheiros, 1997.

BARRETO, Tobias. *Menores e loucos em direito criminal*. Campinas: Romana, 2003.

BARROS, Carmen Silvia de Moraes. *A individualização da pena na execução penal*. São Paulo: RT, 2001.

BARROS, Flávio Augusto Monteiro de. *Crimes contra a pessoa*. São Paulo: Saraiva, 1997.

BARROS, Flávio Augusto Monteiro de. *Direito penal* – Parte geral. São Paulo: Saraiva, 1999. v. 1.

BARROS, Luiz Celso de. *Responsabilidade fiscal e criminal*. São Paulo: Edipro, 2001.

BARROSO, Luís Roberto. *Interpretação e aplicação da Constituição*. São Paulo: Saraiva, 1996.

BASTOS, Celso Ribeiro. *Curso de direito constitucional*. 18. ed. São Paulo: Saraiva, 1997.

BASTOS, Celso Ribeiro; MARTINS, Ives Gandra da Silva. *Comentários à Constituição do Brasil*. São Paulo: Saraiva, 1988. v. 1.

BATISTA, Nilo. Alternativas à prisão no Brasil. *Revista da Escola do Serviço Penitenciário*, n. 4, jul.-set. 1990.

BATISTA, Nilo. *Concurso de agentes* – Uma investigação sobre os problemas da autoria e da participação no direito penal brasileiro. 2. ed. Rio de Janeiro: Lumen Juris, 2004.

BATISTA, Nilo. *Decisões criminais comentadas*. Rio de Janeiro: Liber Juris, 1976.

BATTAGLINI, Giulio. *Direito penal* – Parte geral. Trad. Paulo José da Costa Jr. e Ada Pellegrini Grinover. São Paulo: Saraiva, 1964.

BAUMANN, Jürgen. *Derecho penal* – Conceptos fundamentales y sistema (introducción a la sistemática sobre la base de casos). Trad. Conrado A. Finzi. 4. ed. Buenos Aires: Depalma, 1981.

BENETI, Sidnei Agostinho. Responsabilidade penal da pessoa jurídica: notas diante da primeira condenação na justiça francesa. *RT* 731/471, set. 1996.

BENETI, Sidnei Agostinho. *Execução penal*. São Paulo: Saraiva, 1996.

BERISTAIN, Antonio. *Victimología* – Nueve palabras clave. Valencia: Tirant Lo Blanch, 2000.

BERNALDO DE QUIRÓS, Constancio. *Derecho penal (parte general)*. Puebla: José M. Cajica Jr., 1949. v. I e II.

BETTIOL, Giuseppe. *Diritto penale* Parte generale. 1. ed. Palermo: G. Priulla, 1958.

BETTIOL, Giuseppe. Os princípios fundamentais do direito penal vigente. *Revista do Instituto de Pesquisas e Estudos Jurídico-Econômico-Sociais,* n. 4. Instituição Toledo de Ensino, abr.-jun. 1967.

BETTIOL, Giuseppe; BETTIOL, Rodolfo. *Istituzioni di diritto e procedura penale*. 5. ed. Padova: CEDAM, 1993.

BETTIOL, Giuseppe; BETTIOL, Rodolfo. *Istituzioni di diritto e procedura penale*. 5. ed. Padova: CEDAM, 1993.

BEVILÁQUA, Clóvis. *Código Civil dos Estados Unidos do Brasil comentado*. 7. tir. Rio de Janeiro: Editora Rio.

BIANCHINI, Alice; GOMES, Luiz Flávio. *Crimes de responsabilidade fiscal* – Lei 10.028/2000: crimes contra as finanças públicas, crimes de responsabilidade fiscal de prefeitos, legislação na íntegra (Lei 10.028 e LC 101/2000). São Paulo: RT, 2001 (Série *As Ciências Criminais no Século XXI*, v. 2.).

BICUDO, Hélio. *Lei de segurança nacional*. Leitura crítica. São Paulo: Edições Paulinas, 1986.

BIRNBAUM, Johann Michael Franz. *Sobre la necesidad de una lesión de derechos para el concepto de delito*. Trad. José Luis Guzmán Dalbora. Montevideo-Buenos Aires: Editorial B de f, 2010.

BITENCOURT, Cezar Roberto. Alguns aspectos da culpabilidade na atualidade. *RT* 756/425, out. 1998.

BITENCOURT, Cezar Roberto. Alguns aspectos penais controvertidos do Código de Trânsito. *RT* 754/480, ago. 1998.

BITENCOURT, Cezar Roberto. *Erro de tipo e erro de proibição* – Uma análise comparativa. 3. ed. São Paulo: Saraiva, 2003.

BITENCOURT, Cezar Roberto. A exasperação penal nos crimes de furto, roubo e receptação. Reflexões sobre as inovações da Lei 9.426/96. *Ajuris* 72/195.

BITENCOURT, Cezar Roberto. *Teoria geral do delito.* São Paulo: RT, 1997.

BITENCOURT, Cezar Roberto. *Tratado de direito penal* – Parte geral. 8. ed. São Paulo: Saraiva, 2003; 22. ed. São Paulo: Saraiva, 2016.

BITENCOURT, Cezar Roberto. *Tratado de direito penal* – Parte especial. São Paulo: Saraiva, 2003. v. 2, 3.

BITENCOURT, Cezar Roberto; PRADO, Luiz Regis. *Código Penal anotado e legislação complementar.* 2. ed. São Paulo: RT, 1999.

BITENCOURT, Monique von Hertwig; FERREIRA, Victor José Sebem. A proibição do comércio e consumo de bebidas alcoólicas em locais públicos no dia do pleito. Disponível em: <http://www.tre-sc.gov.br/sj/cjd/doutrinas/monique.htm>.

BITTAR, Carlos Alberto. *Contornos atuais do direito do autor.* 2. ed. Atualização de Eduardo Carlos Bianca Bittar. São Paulo: RT, 1999.

BITTAR, Carlos Alberto. *Direito de autor.* 4. ed. atual. Eduardo Carlos Bianca Bittar. Rio de Janeiro: Forense Universitária, 2003.

BLASI NETTO, Frederico. *Prescrição penal* – Manual prático para entendê-la e calculá-la. São Paulo: Juarez de Oliveira, 2000.

BLEGER, José. *Psicologia da conduta.* Trad. Emilia de Oliveira Diehl. 2. ed. Porto Alegre: Artes Médicas, 1989.

BLOOM, Paul. *O que nos faz bons ou maus.* Trad. Eduardo Rieche. Rio de Janeiro: Best Seller, 2014.

BOSCARELLI, Marco. *Compendio di diritto penale* – Parte generale. Milano: Giuffrè, 1968.

BOSCHI, José Antonio Paganella; SILVA, Odir Odilon Pinto da. *Comentários à Lei de Execução Penal.* Rio de Janeiro: Aide, 1987.

BOSCHI, José Antonio Paganella. *Das penas e seus critérios de aplicação.* 2. ed. Porto Alegre: Livraria do Advogado, 2002.

BRAGA, Henrique; RAPOSO, Fernando; FIGUEIREDO, Carlos Maurício; FERREIRA, Cláudio; NÓBREGA, Marcos. *Comentários à Lei de Responsabilidade Fiscal.* 2. ed. São Paulo: RT, 2001.

BRANCO, Vitorino Prata Castelo. *Da defesa nos crimes contra o patrimônio.* São Paulo: Sugestões Literárias, 1965.

BRUNO, Aníbal. *Direito penal* – Parte especial. 2. ed. Rio de Janeiro: Forense, 1972. t. IV.

BRUNO, Aníbal. *Direito penal* – Parte geral. Rio de Janeiro: Forense, 1978. t. I e II.

BRUNO, Aníbal. *Das penas.* Rio de Janeiro: Editora Rio, 1976.

BRUNO, Aníbal. Sobre o tipo no direito penal. *Estudos de direito e processo penal em homenagem a Nélson Hungria.* Rio de Janeiro-São Paulo: Forense, 1962.

BUENO, Paulo Amador Thomas Alves da Cunha. *Crimes na Lei do Parcelamento do Solo Urbano*. São Paulo: Lex Editora, 2006.

BULGARELLI, Waldirio. *Títulos de crédito*. 2. ed. São Paulo: Atlas, 1982.

BUSATO, Paulo César. *Direito penal*. Parte geral. 2. ed. São Paulo: Atlas, 2015. v. 1.

BRUNO, Aníbal. *Direito penal*. Parte especial. 2. ed. São Paulo: Atlas, 2016. v. 2.

BRUNO, Aníbal. *Direito penal*. Parte especial. São Paulo: Atlas, 2016. v. 3.

BUSTOS RAMÍREZ, Juan (Org.). *Prevención y teoria de la pena*. Santiago: Editorial Jurídica ConoSur, 1995.

BUSTOS RAMÍREZ, Juan; VALENZUELA BEJAS, Manuel. *Derecho penal latinoamericano comparado. Parte generale*. Buenos Aires: Depalma, 1981. t. I.

CABRAL NETTO, J. Recurso *ex officio*. *RT* 692/242, jun. 1993.

CAHALI, Yussef Said. *Divórcio e separação*. 4. ed. São Paulo: RT, 1984.

CALLEGARI, André Luís. A imputação objetiva no direito penal. *RT* 764/434, jun. 1999.

CAMARGO, Antonio Luis Chaves. *Culpabilidade e reprovação penal*. Tese para concurso de professor titular da cadeira de Direito Penal da USP, 1993.

CAMARGO, Antonio Luis Chaves. *Imputação objetiva e direito penal brasileiro*. São Paulo: Cultural Paulista, 2001.

CANOTILHO, José Joaquim Gomes. *Direito constitucional*. 6. ed. Coimbra: Almedina, 1995.

CANT, Paul de. O trabalho em benefício da comunidade: uma pena em substituição? *Prestação de serviços à comunidade*. Porto Alegre: Ajuris – Associação dos Juízes do Rio Grande do Sul, 1985.

CARNELUTTI, Francesco. *El problema de la pena*. Trad. Santiago Sentís Melendo. Buenos Aires: Rodamillans, 1999.

CARRARA, Francesco. *Derecho penal*. México: Editorial Pedagógica Iberoamericana, 1995.

CARRARA, Francesco. *Programa do curso de direito criminal* – Parte geral. Trad. José Luiz V. de A. Franceschini e J. R. Prestes Barra. São Paulo: Saraiva, 1956. v. I.

CARRARA, Francesco. *Programa do curso de direito criminal* – Parte geral. Trad. José Luiz V. de A. Franceschini e J. R. Prestes Barra. São Paulo: Saraiva, 1957. v. II.

CARRAZZA, Roque Antonio. *Curso de direito constitucional tributário*. 14. ed. São Paulo: Malheiros, 2000.

CARVALHO, Américo A. Taipa de. *A legítima defesa* – Da fundamentação teórico-normativa e preventivo-geral e especial à redefinição dogmática. Coimbra: Coimbra Editora, 1995.

CARVALHO FILHO, Aloysio. *Comentários ao Código Penal*. 4. ed. Rio de Janeiro: Forense, 1958. v. 4.

CARVALHO FILHO, Luís Francisco. *A prisão*. São Paulo: Publifolha, 2002.

CARVALHO FILHO, Luís Francisco. *Os crimes contra a pessoa no Código Penal* – Parte 1. São Paulo: CPC, 1996.

CARVALHO FILHO, Luís Francisco. *Os crimes contra a pessoa no Código Penal* – Parte 2. 2. ed. São Paulo: CPC, 1999.

CASTIÑEIRA, Maria T. *El delito continuado*. Barcelona: Bosch, 1977.

CASTRO, Francisco José Viveiros de. *Attentados ao pudor (Estudos sobre as aberrações do instincto sexual)*. 2. ed. Rio de Janeiro: Freitas Bastos, 1932.

CASTRO, Francisco José Viveiros de. *Os delictos contra a honra da mulher*. 3. ed. Rio de Janeiro: Freitas Bastos, 1936.

CASTRO, Francisco José Viveiros de. *Questões de direito penal*. Rio de Janeiro: Jacintho Ribeiro dos Santos, 1900.

CAVALCANTI, Stela. *Violência doméstica contra a mulher no Brasil*: análise da Lei "Maria da Penha", nº 11.340/06. 4. ed. Salvador: JusPodivm, 2012.

CEREZO MIR, José. *Curso de derecho español* – Parte general. 5. ed. Madrid: Tecnos, 1998. v. 1.

CEREZO MIR, José. *Curso de derecho penal español*. 6. ed. Madrid: Tecnos, 1999. v. 2.

CERNICCHIARO, Luiz Vicente; COSTA JR., Paulo José. *Direito penal na Constituição*. 3. ed. São Paulo: RT, 1995.

CHAVES, Antonio. *Adoção*. Belo Horizonte: Del Rey, 1995.

CHAVES, Antonio. *Direito à vida e ao próprio corpo (intersexualidade, transexualidade, transplantes)*. 2. ed. São Paulo: RT, 1994.

CHIMENTI, Ricardo Cunha. *Direito tributário*. São Paulo: Saraiva, 2000.

CLEMENTE, Miguel; ESPINOSA, Pablo. *La mente criminal* – Teorías explicativas del delito desde la psicología jurídica. Madrid: Dykinson, 2001.

CLÈVE, Clèmerson Merlin. Contribuições previdenciárias. Não recolhimento. Art. 95, *d*, da Lei 8.212/91. Inconstitucionalidade. *RT* 736/503, fev. 1997.

CLONINGER, Susan C. *Teorias da personalidade*. São Paulo: Martins Fontes, 1999.

CORDOBA RODA, Juan. *Culpabilidad y pena*. Barcelona: Bosch, 1977.

CORREA, Pedro Ernesto. *El delito continuado*. Buenos Aires: Abeledo-Perrot, 1959.

CORRÊA JUNIOR, Alceu; SHECAIRA, Sérgio Salomão. *Teoria da pena*. São Paulo: RT, 2002.

CORREIA, Eduardo. *Direito criminal*. Coimbra: Almedina, 1997. v. 1.

COSTA, Álvaro Mayrink da. *Direito penal* – Parte especial. 4. ed. Rio de Janeiro: Forense, 1994. v. 2, t. I e II.

COSTA, Álvaro Mayrink da. *Exame criminológico. Doutrina e jurisprudência*. 2. ed. Rio de Janeiro: Forense, 1989.

COSTA, Carlos Adalmyr Condeixa da. *Dolo no tipo* – Teoria da ação finalista no direito penal. Rio de Janeiro: Liber Juris, 1989.

COSTA, Fernando José da. *O falso testemunho*. Rio de Janeiro-São Paulo: Forense Universitária, 2003.

COSTA, José de Faria. *Tentativa e dolo eventual (ou da relevância da negação em direito penal)*. Reimp. Coimbra: Coimbra Editora, 1996.

COSTA, Mário Ottobrini; SUCENA, Lílian Ottobrini Costa. A eutanásia não é o direito de matar. *RT* 263/25, set. 1957.

COSTA, Tailson Pires. *Penas alternativas* – Reeducação adequada ou estímulo à impunidade? São Paulo: Max Limonad, 1999.

COSTA E SILVA, A. J. da. *Código Penal (Decreto-lei 2.848, de 7 de dezembro de 1940)*. São Paulo: Companhia Editora Nacional, 1943. v. 1.

COSTA E SILVA, A. J. da. *Comentários ao Código Penal brasileiro*. 2. ed. atual. Luiz Fernando da Costa e Silva. São Paulo: Contasa, 1967. v. I.

COSTA JR., J. B. de O.; ALMEIDA JÚNIOR, A. *Lições de medicina legal*. 9. ed. São Paulo: Companhia Editora Nacional, 1971.

COSTA JR., Paulo José da. *Comentários ao Código Penal*. 4. ed. São Paulo: Saraiva, 1996; 7. ed. São Paulo: Saraiva, 2002.

COSTA JR., Paulo José da. *O crime aberrante*. Belo Horizonte: Del Rey, 1996.

COSTA JR., Paulo José da. *Direito penal* – Curso completo. São Paulo: Saraiva, 1999.

COSTA JR., Paulo José da. *Nexo causal*. 2. ed. São Paulo: Malheiros, 1996.

COSTA JR., Paulo José da; CERNICCHIARO, Luiz Vicente. *Direito penal na Constituição*. 3. ed. São Paulo: RT, 1995.

COSTA JR., Paulo José da; PAGLIARO, Antonio. *Dos crimes contra a Administração Pública*. São Paulo: Malheiros, 1997.

COSTA JR., Paulo José da; QUEIJO, Maria Elizabeth. *Comentários aos crimes do novo Código Nacional de Trânsito*. São Paulo: Saraiva, 1998.

COSTA NETTO, José Carlos. *Direito autoral no Brasil*. São Paulo: FTD, 1998.

CREUS, Carlos. *Introducción a la nueva doctrina penal*. Santa Fé: Rubinzal-Culzoni, 1992.

CROCE, Delton; CROCE JR., Delton. *Manual de medicina legal*. São Paulo: Saraiva, 1995.

CROCE JR., Delton; CROCE, Delton. *Manual de medicina legal*. São Paulo: Saraiva, 1995.

CRUZ, Flávio da (Coord.); GLOCK, José Osvaldo; HERZMANN; Nélio, TREMEL, Rosângela; VICCARI JUNIOR, Adauto. *Lei de Responsabilidade Fiscal comentada*. 2. ed. São Paulo: Atlas, 2001.

CUELLO CONTRERAS, Joaquín. *El nuevo derecho penal de menores*. Madrid: Civitas, 2000.

CUNHA, Rogério Sanches. *Manual de direito penal*. Parte especial. 6. ed. Salvador: Juspodivm, 2014.

CUNHA, Rogério Sanches. *Manual de direito penal*. Parte geral. 2. ed. Salvador: Juspodivm, 2014.

D'ALMEIDA, Luís Duarte; PATRÍCIO, Rui; VILALONGA, José Manuel; ALMEIDA, Carlota Pizarro de. *Código Penal anotado*. Coimbra: Almedina, 2003.

D'ANDREA, Flavio Fortes. *Desenvolvimento da personalidade*. 15. ed. Rio de Janeiro: Bertrand Brasil, 2001.

DEL RIO, J. Raimundo. *Derecho penal* – Parte general. Santiago: Editorial Nascimento, 1935. t. II.

DELITALA, Giacomo. *Scritti di diritto penale*. Milano: Giuffrè, 1976. v. 1.

DELMANTO, Celso *et alli*. *Código Penal comentado*. 5 ed. Rio de Janeiro: Renovar, 2000.

DIAS, Jorge de Figueiredo. *Liberdade, culpa, direito penal*. 3. ed. Coimbra: Coimbra Editora, 1995.

DIAS, Jorge de Figueiredo. *O problema da consciência da ilicitude em direito penal*. 5. ed. Coimbra: Coimbra Editora, 2000.

DIAS, Jorge de Figueiredo. *Questões fundamentais do direito penal revisitadas*. São Paulo: RT, 1999.

DIAS, Jorge de Figueiredo. *Temas básicos da doutrina penal* – Sobre os fundamentos da doutrina penal, sobre a doutrina geral do crime. Coimbra: Coimbra Editora, 2001.

DÍEZ RIPOLLÉS, José Luis. *Los elementos subjetivos del delito*. Bases metodológicas. 2. ed. Montevideo-Buenos Aires: Editorial B de f, 2007.

DINAMARCO, Cândido Rangel. *Execução civil*. 2. ed. São Paulo: RT, 1987. v. 1.

DINIZ, Maria Helena. *Conflito de normas*. 3. ed. São Paulo: Saraiva, 1998.

DINIZ, Maria Helena. *Dicionário jurídico*. São Paulo: Saraiva, 1998. v. 1 a 4.

DOLCINI, Emilio; MARINUCCI, Giorgio. *Corso di diritto penale*. 2. ed. Milano: Giuffrè, 1999. v. 1.

DOMINGUEZ, Humberto Barrera. *Delitos contra el patrimonio economico*. Bogotá: Temis, 1963.

DONNA, Edgardo A. *La imputación objetiva*. Buenos Aires: Belgrano, 1997.

DOTTI, René Ariel. Os atentados ao meio ambiente: responsabilidade e sanções penais. *Revista Brasileira de Ciências Criminais* 7/117.

DOTTI, René Ariel. *Bases e alternativas para o sistema de penas*. 2. ed. São Paulo: RT, 1998.

DOTTI, René Ariel. *O incesto*. Curitiba: Guignone, 1976.

DOTTI, René Ariel. Processo penal executório. *RT* 576/309, out. 1993.

DOTTI, René Ariel. Visão geral da medida de segurança. *Estudos criminais em homenagem a Evandro Lins e Silva (criminalista do século)*. In: SHECAIRA, Sérgio Salomão (Org.). São Paulo: Método, 2001.

DOTTI, René Ariel; REALE JR., Miguel; ANDREUCCI, Ricardo Antunes; PITOMBO, Sérgio M. de Moraes. *Penas e medidas de segurança no novo Código*. 2. ed. Rio de Janeiro: Forense, 1987.

DUTRA, Mário Hoeppner Dutra. *O furto e o roubo em face do Código Penal brasileiro*. São Paulo: Max Limonad, 1955.

ENRIQUE EDWARDS, Carlos. *Garantías constitucionales en materia penal*. Buenos Aires: Astrea, 1996.

ESBEC RODRÍGUEZ, Enrique; GÓMEZ-JARABO, Gregorio. *Psicología forense y tratamiento jurídico-legal de la discapacidad*. Madrid: Edisofer, 2000.

ESTEFAM, André. *Direito penal*, v. 1. São Paulo: Saraiva, 2010.

FARHAT, Alfredo. *Do infanticídio*. São Paulo: RT, 1956.

FÁVERO, Flamínio. *Medicina legal*. 7. ed. São Paulo: Martins Fontes, 1962. v. 3.

FEDELI, Mario. *Temperamento. Caráter. Personalidade. Ponto de vista médico e psicológico*. Trad. José Maria de Almeida. São Paulo: Paulus, 1997.

FERNANDES, Antônio Scarance; MARQUES, Oswaldo Henrique Duek. Estupro – Enfoque vitimológico. *RT* 653/265.

FERNANDES, Antônio Scarance. *La víctima en el proceso penal* – Su régimen legal en Argentina, Bolivia, Brasil, Chile, Paraguay, Uruguay. Buenos Aires: Depalma, 1997.

FERRAJOLI, Luigi. *Direito e razão* – Teoria do garantismo penal. Trad. Ana Paula Zommer Sica, Fauzi Hassan Choukr, Juarez Tavares e Luiz Flávio Gomes. São Paulo: RT, 2002.

FERRAZ, Esther de Figueiredo. *A codelinquência no direito penal brasileiro*. São Paulo: José Bushatsky, 1976.

FERRAZ, Esther de Figueiredo. *Os delitos qualificados pelo resultado no regime do Código Penal de 1940*. Dissertação de livre docência. São Paulo: Universidade de São Paulo, 1948. 139 p.

FERRÉ OLIVÉ, Juan Carlos; GARCÍA RIVAS, Nicólas; SERRANO PIEDECASAS, José Ramón; GÓMEZ DE LA TORRE, Ignacio Berdugo; ARROYO ZAPATERO, Luis. *Lecciones de derecho penal* – Parte general. 2. ed. Madrid: La Ley, 1999.

FERREIRA, Amadeu. *Homicídio privilegiado*. 3. reimp. Coimbra: Almedina, 2000.

FERREIRA, Cláudio; FIGUEIREDO, Carlos Maurício; RAPOSO, Fernando; BRAGA, Henrique; NÓBREGA, Marcos. *Comentários à Lei de Responsabilidade Fiscal*. 2. ed. São Paulo: RT, 2001.

FERREIRA, Ivette Senise. *O aborto legal*. Tese de doutoramento. São Paulo: Universidade de São Paulo, 1982.

FERREIRA, Manuel Cavaleiro de. *Direito penal português – Parte geral*. 2. ed. Lisboa: Editorial Verbo, 1982. v. 1.

FERREIRA, Victor José Sebem; BITENCOURT, Monique von Hertwig. *A proibição do comércio e consumo de bebidas alcoólicas em locais públicos no dia do pleito*. Disponível em: <http://www.tre-sc.gov.br/sj/cjd/doutrinas/monique.htm>.

FERREIRA FILHO, Manoel Gonçalves. *Comentários à Constituição brasileira de 1988*. 2. ed. São Paulo: Saraiva, 1997. v. 1.

FIGUEIREDO, Carlos Maurício; FERREIRA, Cláudio; RAPOSO, Fernando; BRAGA, Henrique; NÓBREGA, Marcos. *Comentários à Lei de Responsabilidade Fiscal*. 2. ed. São Paulo: RT, 2001.

FIORE, C. *Diritto penale* – Parte generale. Torino: Utet, 1999. v. 1.

FONTÁN BALESTRA, Carlos. *Tratado de derecho penal*. 2. ed. Buenos Aires: Abeledo-Perrot, 1992. t. III.

FOUCAULT, Michel. *Vigiar e punir* – Nascimento da prisão. 25. ed. Trad. Raquel Ramalhete. Petrópolis: Vozes, 2002.

FRADIMAN, James e FRAGER Robert. *Teorias da personalidade*. São Paulo: Harbra, 2002.

FRAGOSO, Heleno Cláudio. Alternativas da pena privativa da liberdade. *Revista de Direito Penal*, n. 29, Rio de Janeiro: Forense, jan.-jul. 1980.

FRAGOSO, Heleno Cláudio. *Conduta punível*. São Paulo: Bushatsky, 1963.

FRAGOSO, Heleno Cláudio. *Lições de direito penal* – Parte especial. Rio de Janeiro: Forense, 1958. v. 1 e 2; 1959. v. 3 e 4.

FRAGOSO, Heleno Cláudio. *Lições de direito penal* – Parte geral. 15. ed. Rio de Janeiro: Forense, 1994.

FRAGOSO, Heleno Cláudio. Pressupostos do crime e condições objetivas de punibilidade. *Estudos de direito e processo penal em homenagem a Nélson Hungria*. Rio de Janeiro-São Paulo: Forense, 1962.

FRAGOSO, Heleno Cláudio. *Lei de segurança nacional*: uma experiência antidemocrática. Porto Alegre: Sergio Antonio Fabris Editor, 1980.

FRANÇA, Rubens Limongi. O conceito de morte, diante do direito ao transplante e do direito hereditário. *RT* 717/65.

FRANCO, Alberto Silva. Aborto por indicação eugênica. *RJTJSP* 132/9.

FRANCO, Alberto Silva. *Crimes hediondos*. 3. ed. São Paulo: RT, 1994.

FRANCO, Alberto Silva *et al*. *Código Penal e sua interpretação jurisprudencial*. 5. ed. São Paulo: RT, 1995.

FRANCO, Alberto Silva; STOCO, Rui; MARREY, Adriano. *Teoria e prática do júri*. 6. ed. São Paulo: RT, 1997.

FREITAS, Gilberto Passos de; FREITAS, Vladimir Passos de. *Abuso de autoridade*. 5. ed. São Paulo: RT, 1993.

FREITAS, Vladimir Passos de. O crime ambiental e a pessoa jurídica. *Revista da Associação dos Magistrados Brasileiros*, n. 6, 1.º semestre 1999.

FREITAS, Vladimir Passos de; FREITAS, Gilberto Passos de. *Abuso de autoridade*. 5. ed. São Paulo: RT, 1993.

FREITAS, Vladimir Passos de (Org.). *Direito previdenciário – Aspectos materiais, processuais e penais*. 2. ed. Porto Alegre: Livraria do Advogado, 1999.

FREUD, Sigmund. *Artigos sobre hipnotismo e sugestão* – A psicoterapia da histeria. Trad. José Luís Meurer e Christiano Monteiro Oiticica. Rio de Janeiro: Imago, 1998.

FRISCH, Wolfgang; ROXIN, Claus; JAKOBS, Günther; SCHÜNEMANN, Bernd; KÖHLER, Michael. *Sobre el estado de la teoria del delito (Seminario en la Universitat Pompeu Fabra)*. Madrid: Civitas, 2000.

GALLO, Marcello. *Il concetto unitário di colpevolezza*. Milano: Giuffrè, 1951.

GAMA, Guilherme Calmon Nogueira. *A família no direito penal*. Rio de Janeiro-São Paulo: Renovar, 2000.

GARCIA, Basileu. *Instituições de direito penal*. 5. ed. São Paulo: Max Limonad, 1980. v. 1, t. I, e 2.

GARCIA, Waléria Garcelan Loma. *Arrependimento posterior*. Belo Horizonte: Del Rey, 1997.

GARCÍA ARÁN, Mercedes; MUÑOZ CONDE, Francisco. Dos crimes contra a administração pública. *Revista Forense*, nov. 1944.

GARCÍA ARÁN, Mercedes. Crimes patrimoniais entre cônjuges e parentes. *Revista Forense*, v. 143, 1952.

GARCÍA ARÁN, Mercedes. *Derecho penal* – Parte general. 3. ed. Valencia: Tirant Lo Blanch, 1998.

GARCÍA ARÁN, Mercedes. *Fundamentos y aplicación de penas y medidas de seguridad en el Código Penal de 1995*. Pamplona: Aranzadi, 1997.

GARCÍA RIVAS, Nicólas; SERRANO PIEDECASAS, José Ramón; GÓMEZ DE LA TORRE, Ignacio Berdugo; ARROYO ZAPATERO, Luis; FERRÉ OLIVÉ, Juan Carlos. *Lecciones de derecho penal* – Parte general. 2. ed. Madrid: La Ley, 1999.

GATTAZ, Wagner F. Violência e doença mental: fato ou ficção? *Folha de S. Paulo*, 7 nov. 1999, 3.º Caderno, p. 2.

GIACOMOLLI, Nereu José. Função garantista do princípio da legalidade. *RT* 778/476.

GIMBERNAT ORDEIG, Enrique. *Estudios sobre el delito de omisión*. 2. ed. Montevideo-Buenos Aires: Editorial B de f, 2013.

GLOCK, José Osvaldo; CRUZ, Flávio da (Coord.); HERZMANN, Nélio; TREMEL, Rosângela; VICCARI JUNIOR, Adauto. *Lei de Responsabilidade Fiscal comentada*. 2. ed. São Paulo: Atlas, 2001.

GOGLIANO, Daisy. Morte encefálica. *Revista de Direito Civil*, v. 63-64, ano 17, jan.-mar. 1993.

GOGLIANO, Daisy. Pacientes terminais – Morte encefálica. *Revista do Curso de Direito da Universidade Federal de Uberlândia*, v. 23, n. 1-2, dez. 1994.

GOMES, Geraldo. *Engenharia genética – Deontologia – Clonagem*. São Paulo: Oliveira Mendes, 1998.

GOMES, Luiz Flávio. *Direito penal – Parte geral – Introdução*. 2. ed. São Paulo: RT, 2004.

GOMES, Luiz Flávio. *Erro de tipo e erro de proibição*. 3. ed. São Paulo: RT, 1996.

GOMES, Luiz Flávio. A lei formal como fonte única do direito penal (incriminador). *RT* 656/257, jun. 1990.

GOMES, Luiz Flávio; BIANCHINI, Alice. *Crimes de responsabilidade fiscal – Lei 10.028/2000:* crimes contra as finanças públicas, crimes de responsabilidade fiscal de prefeitos, legislação na íntegra (Lei 10.028 e LC 101/2000). São Paulo: RT, 2001 (Série *As Ciências Criminais no Século XXI*, v. 2.).

GOMES, Luiz Flávio. *Princípio da insignificância e outras excludentes de tipicidade*. São Paulo: RT, 2009.

GOMES, Luiz Flávio; MAZZUOLI, Valerio de Oliveira. *Comentários à Convenção Americana sobre Direitos Humanos – Pacto de San José da Costa Rica*, 2. ed. São Paulo: RT, 2009.

GOMES, Mariângela Gama de Magalhães. *O princípio da proporcionalidade no direito penal.* São Paulo: RT, 2003.

GOMEZ, Eusebio. *Tratado de derecho penal*. Buenos Aires: Compañia Argentina de Editores, 1939. t. I.

GÓMEZ DE LA TORRE, Ignacio Berdugo; ARROYO ZAPATERO, Luis; FERRÉ OLIVÉ, Juan Carlos; GARCÍA RIVAS, Nicólas; SERRANO PIEDECASAS, José Ramón. *Lecciones de derecho penal* – Parte general. 2. ed. Madrid: La Ley, 1999.

GÓMEZ-JARABO, Gregorio; ESBEC RODRÍGUEZ, Enrique. *Psicología forense y tratamiento jurídico-legal de la discapacidad.* Madrid: Edisofer, 2000.

GONÇALVES, M. Maia. *Código Penal português anotado e comentado e legislação complementar*. 11. ed. Coimbra: Almedina, 1997.

GONÇALVES, Odonel Urbano. *Seguridade social comentada*. São Paulo: LTr, 1997.

GONZAGA, João Bernardino. Crimes comissivos por omissão. *Estudos de direito e processo penal em homenagem a Nélson Hungria*. Rio de Janeiro-São Paulo: Forense, 1962.

GONZAGA, João Bernardino. *O direito penal indígena. À época do descobrimento do Brasil.* São Paulo: Max Limonad: 1972.

GOTI, Jaime E. Malamud. *Legitima defensa y estado de necesidad*. Buenos Aires: Cooperadora de derecho y ciências sociales, 1977.

GRAMATICA, Filippo. *Principios de defensa social*. Olejnik, 2020.

GRECO, Alessandra Orcesi Pedro. *A autocolocação da vítima em risco*. São Paulo: RT, 2004.

GRECO, Luís; LEITE, Alaor. O que é e o que não é a teoria do domínio do fato sobre a distinção entre autor e partícipe no direito penal. *Revista dos Tribunais*, vol. 933, p. 61-92, jul. 2013.

GRECO, Rogério. *Curso de direito penal* – Parte geral. Rio de Janeiro: Impetus, 2002.

GRECO FILHO, Vicente. *Manual de processo penal*. São Paulo: Saraiva, 1991.

GRECO FILHO, Vicente. *Tóxicos – Prevenção – Repressão*. 9. ed. São Paulo: Saraiva, 1993.

GRECO FILHO, Vicente. *Tutela constitucional das liberdades*. São Paulo: Saraiva, 1989.

GRISOLIA, Giovanni. *Il reato permanente*. Padova: CEDAM, 1996.

GUADAGNO, Gennaro. *Manuale di diritto penale* – Parte generale. 2. ed. Roma: Casa Editrice Stamperia Nazionale, 1967.

GUSMÃO, Chrysolito de. *Dos crimes sexuais. Estupro, atentado violento ao pudor, sedução e corrupção de menores*. 4. ed. Rio de Janeiro-São Paulo: Freitas Bastos, 1954.

HASSEMER, Winfried; MUÑOZ CONDE, Francisco. *Introducción a la criminología y al derecho penal*. Valencia: Tirant Lo Blanch, 1989.

HEIDEGGER, Martin. *A essência da liberdade humana: introdução à filosofia.* Trad. Marco Antonio Casanova. Rio de Janeiro: Viaverita Editora, 2012.

HERNANDEZ, César Camargo. *El delito continuado.* Barcelona: Bosch, 1951.

HERZMANN, Nélio; CRUZ, Flávio da (Coord.); GLOCK, José Osvaldo; TREMEL, Rosângela; VICCARI JUNIOR, Adauto. *Lei de Responsabilidade Fiscal comentada.* 2. ed. São Paulo: Atlas, 2001.

HIGUERA GUIMERA, Juan Felipe. *Las excusas absolutorias.* Madrid: Marcial Pons, 1993.

HORVATH, Estevão; OLIVEIRA, Régis Fernandes de. *Manual de direito financeiro.* 3. ed. São Paulo: RT, 2000.

HUÉLAMO BUENDÍA, Antonio Jesús; POLO RODRÍGUEZ, José Javier. *La nueva ley penal del menor.* Madrid: Colex, 2000.

HUNGRIA, Nélson. *Comentários ao Código Penal.* Rio de Janeiro: Forense, 1958. v. 1, t. I e II, 2, 5, 6, 7.

HUNGRIA, Nélson. *Comentários ao Código Penal.* Rio de Janeiro: Forense, 1959. vol. 3, 8, 9.

HUNGRIA, Nélson. *Comentários ao Código Penal.* 5. ed. Rio de Janeiro: Forense, 1979. v. 5.

HUNGRIA, Nélson. Concurso de infrações penais. *Revista Forense* 193/16, jan.-fev. 1961.

HUNGRIA, Nélson. *A legítima defesa putativa.* Rio de Janeiro: Livraria Jacintho, 1936.

HUNGRIA, Nélson. Ortotanásia ou eutanásia por omissão. *RT* 221/14, mar. 1954.

HUNGRIA, Nélson. LYRA, Roberto. *Direito penal* – Parte geral. Rio de Janeiro: Livraria Jacintho, 1938.

ISOLDI FILHO, Carlos Alberto da Silveira. Exame criminológico, parecer da CTC e a nova Lei 10.792/2003. *Informe – Boletim do Sindicato dos Promotores e Procuradores de Justiça do Estado de Minas Gerais,* n. 21, fev. 2004.

ITAGIBA, Ivair Nogueira. *Do homicídio.* Rio: Forense, 1945.

JAKOBS, Günther. *Derecho penal del enemigo.* Trad. Manuel Cancio Meliá. Madrid: Thompson-Civitas, 2003.

JAKOBS, Günther. *Derecho penal – Parte general – Fundamentos y teoría de la imputación.* 2. ed. Trad. Cuello Contreras e Gonzalez de Murillo. Madrid: Marcial Pons, 1997.

JAKOBS, Günther. *Fundamentos do direito penal.* Trad. André Luís Callegari. São Paulo: RT, 2003.

JAKOBS, Günther. *La imputación objetiva en derecho penal.* Trad. Manuel Cancio Meliá. Madrid: Civitas, 1999.

JAKOBS, Günther; FRISCH, Wolfgang; ROXIN, Claus; SCHÜNEMANN, Bernd; KÖHLER, Michael. *Sobre el estado de la teoria del delito (Seminario en la Universitat Pompeu Fabra).* Madrid: Civitas, 2000.

JEFFREYS, Sheila. *The idea of prostitution.* Melbourne: Spinifex Press Pty Ltd, 2008.

JESCHECK, Hans-Heinrich. *Tratado de derecho penal* – Parte general. Trad. Mir Puig e Muñoz Conde. Barcelona: Bosch, 1981.

JESUS, Damásio Evangelista de. *Adendo especial aos comentários à Lei de Responsabilidade Fiscal.* In: MARTINS, Ives Gandra da Silva; NASCIMENTO, Carlos Valder do (Org.). São Paulo: Saraiva, 2001.

JESUS, Damásio Evangelista de. *Código Penal anotado.* 9. ed. São Paulo: Saraiva, 1999.

JESUS, Damásio Evangelista de. *Imputação objetiva.* São Paulo: Saraiva, 2000.

JESUS, Damásio Evangelista de. *Questões criminais*. 3. ed. São Paulo: Saraiva, 1986.

JESUS, Damásio Evangelista de. *Teoria do domínio do fato no concurso de pessoas*. 3. ed. São Paulo: Saraiva, 2009.

JESUS, Damásio Evangelista de; MILAGRE, José Antonio. *Manual de crimes informáticos*. São Paulo: Saraiva, 2015.

JIMÉNEZ DE ASÚA, Luis. *Lecciones de derecho penal*. México: Editorial Pedagógica Iberoamericana, 1995.

JIMÉNEZ DE ASÚA, Luis. *Principios de derecho penal* – La ley y el delito. Buenos Aires: Abeledo-Perrot, 1997.

JIMÉNEZ DE ASÚA, Luis. *Tratado de derecho penal*. 2. ed. Buenos Aires: Losada, 1950. t. II.

KÖHLER, Michael; FRISCH, Wolfgang; ROXIN, Claus; JAKOBS, Günther; SCHÜNEMANN, Bernd. *Sobre el estado de la teoria del delito (Seminario en la Universitat Pompeu Fabra)*. Madrid: Civitas, 2000.

LA MEDICA, Vincenzo. *O direito de defesa*. Trad. Fernando de Miranda. São Paulo: Saraiva, 1942.

LAFER, Celso. Racismo – o STF e o caso Ellwanger. *O Estado de S. Paulo*, 20.07.2003, Espaço Aberto, p. A2.

LAFER, Celso. O STF e o racismo: o caso Ellwanger. *Folha de S. Paulo*, 30.03.2004, Tendências e Debates, p. A3.

LAJE ROS, Cristóbal. *La interpretación penal en el hurto, el robo y la extorsión (desviación y crisis)*. Córdoba: Lerner Editora, 2013.

LEITE, Alaor; GRECO, Luís. O que é e o que não é a teoria do domínio do fato sobre a distinção entre autor e partícipe no direito penal. *Revista dos Tribunais*, vol. 933, p. 61-92, jul. 2013.

LEONE, Giovanni. *Del reato abituale, continuato e permanente*. Napoli: Jovene, 1933.

LIMA, Carolina Alves de Souza. *Aborto e anencefalia. Direitos fundamentais em colisão*. Curitiba: Juruá, 2009.

LIMA, Paulo A. C. *Lei de segurança nacional*. Crítica e exegese. Rio de Janeiro: Edições Trabalhistas, 1979.

LINHARES, Marcello Jardim. *Coautoria (o concurso de pessoas do art. 29 da nova Parte Geral do Código Penal)*.

LINHARES, Marcello Jardim. *Direito penal aplicado*. São Paulo: Sugestões Literárias, 1977.

LINHARES, Marcello Jardim. *Direito penal aplicado*. 3. ed. Rio de Janeiro: Aide, 1987.

LINHARES, Marcello Jardim. *Estrito cumprimento de dever legal. Exercício regular de direito*. Rio de Janeiro: Forense, 1983.

LINHARES, Marcello Jardim. *Legítima defesa*. 4. ed. São Paulo-Rio de Janeiro: Saraiva-Forense, 1994.

LONGFORD, Lord. *Punishment and the punished*. London: Chapmans, 1991.

LOPES, Jair Leonardo. *Curso de direito penal* – Parte geral. 2. ed. São Paulo: RT, 1996.

LOUREIRO NETO, José da Silva. *Embriaguez delituosa*. São Paulo: Saraiva, 1990.

LOZANO, Carlos Blanco. *Derecho penal* – Parte general. Madrid: La Ley, 2003.

LUFT, Lya. Medo e preconceito. *Revista Veja*, Ed. Abril, 10.09.2014, p. 24.

LUISI, Luiz. Um novo conceito de legalidade penal. *Ajuris* Especial, jul. 1999, p. 110-117.

LUISI, Luiz. *Os princípios constitucionais penais*. Porto Alegre: Sérgio Antonio Fabris Editor, 1991.

LYRA, Roberto. *Comentários ao Código Penal*. 2. ed. Rio de Janeiro: Forense, 1955. v. 2.

LYRA, Roberto. *Criminologia*. Rio de Janeiro: Forense, 1964.

LYRA, Roberto; HUNGRIA, Nelson. *Direito penal* – Parte geral. Rio de Janeiro: Livraria Jacintho, 1938.

MACHADO, Raul. *A culpa no direito penal*. 2. ed. São Paulo.

MAGGIORE, Giuseppe. *Derecho penal*. Bogotá: Temis, 1954. v. 1.

MALULY, Jorge Assaf. *Denunciação caluniosa* – A acusação falsa de crimes ou atos de improbidade (comentários atualizados conforme a Lei 10.028, de 19.10.2000). Rio de Janeiro: Aide, 2001.

MANTOVANI, Ferrando. *Diritto penale* – Parte speciale. Padova: Cedam, 1989.

MANZINI, Vincenzo. *Trattato di diritto penale italiano*. 5. ed. Atual. P. Nuvolone e G. D. Pisapia. Torino: Torinese, 1981.

MARANHÃO, Odon Ramos. *Curso básico de medicina legal*. 3. ed. São Paulo: RT, 1984.

MARCÃO, Renato. *Curso de execução penal*. 12. ed. São Paulo: Saraiva, 2014.

MARINUCCI, Giorgio; DOLCINI, Emilio. *Corso di diritto penale*. 2. ed. Milano: Giuffrè, 1999. v. 1.

MARQUES, José Frederico. *Elementos de direito processual penal*. Atual. Victor Hugo Machado da Silveira. Campinas: Bookseller, 1997. v. 1 e 4.

MARQUES, José Frederico. Os princípios constitucionais da justiça penal. *Revista Forense* 182/20, mar.-abr. 1959.

MARQUES, José Frederico. *Tratado de direito penal*. Atual. Antonio Cláudio Mariz de Oliveira, Guilherme de Souza Nucci e Sérgio Eduardo Mendonça Alvarenga. Campinas: Bookseller, 1997. v. 1 e 2.

MARQUES, José Frederico. *Tratado de direito penal*. Atual. Antonio Cláudio Mariz de Oliveira, Guilherme de Souza Nucci e Sérgio Eduardo Mendonça Alvarenga. Campinas: Millenium, 1999. v. 3 e 4.

MARQUES, Oswaldo Henrique Duek. Crimes culposos no novo Código de Trânsito. *Revista da Associação Paulista do Ministério Público* 14/23, jan. 1998.

MARQUES, Oswaldo Henrique Duek. *Fundamentos da pena*. São Paulo: Juarez de Oliveira, 2000.

MARQUES, Oswaldo Henrique Duek. *A pena capital e o direito à vida*. São Paulo: Juarez de Oliveira, 2000.

MARQUES, Oswaldo Henrique Duek; FERNANDES, Antônio Scarance. Estupro – Enfoque vitimológico. *RT* 653/265.

MARREY, Adriano; FRANCO, Alberto Silva; STOCO, Rui. *Teoria e prática do júri*. 6. ed. São Paulo: RT, 1997.

MARREY NETO, José Adriano. *Transplante de órgãos* – Disposições penais. São Paulo: Saraiva, 1995.

MARRONE, José Marcos. *Delitos de trânsito* – Aspectos penais e processuais do Código de Trânsito brasileiro. São Paulo: Atlas, 1998.

MARSICH, Piero. *Il delitto di falsa testimonianza*. Padova: Cedam, 1929.

MARSICO, Alfredo de. *Delitti contro il patrimonio*. Napoli: Jovene, 1951.

MARSICO, Alfredo de . *Diritto penale* – Parte generale. Napoli: Jovene, 1937.

MARTINEZ ESCAMILLA, Margarita. *La suspensión e intervención de las comunicaciones del preso*. Madrid: Tecnos, 2000.

MARTINS, Ives Gandra da Silva; NASCIMENTO, Carlos Valder do (Org.). *Comentários à Lei de Responsabilidade Fiscal*. São Paulo: Saraiva, 2001.

MARTINS, Ives Gandra da Silva; BASTOS, Celso. *Comentários à Constituição do Brasil*. São Paulo: Saraiva, 1988. v. 1

MARTINS, José Salgado. *Direito penal* – Introdução e parte geral. São Paulo: Saraiva, 1974.

MARUOTTI, Luigi; SANTANIELLO, Giuseppe. *Manuale di diritto penale* – Parte generale. Milano: Giuffrè, 1990.

MARZAGÃO JR., Laerte I. *Assédio sexual e seu tratamento no direito penal*. São Paulo: Quartier Latin, 2006.

MASSON, Cleber. *Crimes em licitações e contratos administrativos*. Rio de Janeiro: Método, 2021.

MASSUD, Leonardo. *Da pena e sua fixação. Finalidades, circunstâncias judiciais e apontamentos para o fim do mínimo legal*. São Paulo: DPJ Editora, 2009.

MAURACH, Reinhart; ZIPF, Heinz. *Derecho penal* – Parte general. Buenos Aires: Astrea, 1994. v. 1.

MEDICA, Vincenzo La. *O direito de defesa*. Trad. Fernando de Miranda. São Paulo: Saraiva, 1942.

MÉDICI, Sérgio de Oliveira. Penalistas podem socorro ao direito civil. *Boletim do IBCCRIM* n. 73, dez. 1998, p. 6.

MÉDICI, Sérgio de Oliveira. *Teoria dos tipos penais* – Parte especial do direito penal. São Paulo: RT, 2004.

MEDINA, Avelino. *Distúrbios da consciência: coma*. Rio de Janeiro: Cultura Médica, 1984.

MEHMERI, Adilson. *Noções básicas de direito penal* – Curso completo. São Paulo: Saraiva, 2000.

MEIRELLES, Hely Lopes. *Direito municipal brasileiro*. 7. ed. atual. Izabel Camargo Lopes Monteiro e Yara Darcy Police Monteiro. São Paulo: Malheiros, 1994.

MELLO, Dirceu de. *Aspectos penais do cheque*. São Paulo: RT, 1976.

MENEZES, Marco Antônio; ARAÚJO, Cláudio Th. Leolta de. Em defesa do exame criminológico. *Boletim do IBCCRIM*, n. 129, ago. 2003, p. 3.

MESTIERI, João. *Do delito de estupro*. São Paulo: RT, 1982.

MEZGER, Edmundo. *Tratado de derecho penal*. Madri: Revista de Derecho Privado, 1955. t. I.

MILAGRE, José Antonio; JESUS, Damásio Evangelista de. *Manual de crimes informáticos*. São Paulo: Saraiva, 2015.

MIR PUIG, Santiago. *Estado, pena y delito*. Montevideo-Buenos Aires: Editorial B de f, 2013.

MIRABETE, Julio Fabbrini. *Código Penal interpretado*. São Paulo: Atlas, 1999.

MIRABETE, Julio Fabbrini. Crimes de trânsito têm normas gerais específicas. *A Força Policial,* n. 17, jan.-fev.-mar. 1998.

MIRABETE, Julio Fabbrini. *Execução penal*. São Paulo: Atlas, 1996.

MIRABETE, Julio Fabbrini. *Manual de direito penal*. 8. ed. São Paulo: Atlas, 1994. v. 2.

MIRABETE, Julio Fabbrini. *Manual de direito penal*. 7. ed. São Paulo: Atlas, 1994. v. 3.

MIRABETE, Julio Fabbrini. *Manual de direito penal* – Parte geral. 11. ed. São Paulo: Atlas, 1996. v. 1.

MOLINA, García-Pablos de. *Tratado de criminologia*. Valência: Tirant lo Blanch, 2008.

MONIZ, Edmundo. *A lei de segurança nacional e a justiça militar*. Rio de Janeiro: Editora Codecri, 1984.

MONTEIRO, Antonio Lopes. *Crimes contra a Previdência Social*. São Paulo: Saraiva, 2000.

MORAES, Alexandre de. *Constituição do Brasil interpretada e legislação constitucional*. São Paulo: Atlas, 2002.

MORAES, Alexandre de. *Direito constitucional*. 7. ed. São Paulo: Atlas, 2000.

MORAES, Alexandre de. Imunidades parlamentares. *RT* 742/81, ago. 1997.

MORAES, Alexandre Rocha Almeida de. *Direito penal do inimigo* – a terceira velocidade do direito penal. Curitiba: Juruá, 2008.

MORAES, Flavio Queiroz de. *Delito de rixa*. São Paulo: Saraiva.

MORAES, Flavio Queiroz de. *Denunciação caluniosa (problemas que suscita no Código Penal vigente)*. São Paulo: Saraiva, 1944.

MUNHOZ NETO, Alcides. Causas de exclusão da culpabilidade. *Anais do Ciclo de Conferências sobre o Novo Código Penal*. São Paulo: Associação dos Advogados de São Paulo, 1972.

MUÑOZ CONDE, Francisco; GARCÍA ARÁN, Mercedes. *Derecho penal* – Parte especial. 12. ed. Valencia: Tirant Lo Blanch, 1999.

MUÑOZ CONDE, Francisco. *Derecho penal* – Parte general. 3. ed. Valencia: Tirant Lo Blanch, 1998.

MUÑOZ CONDE, Francisco; HASSEMER, Winfried. *Introducción a la criminología y al derecho penal*. Valencia: Tirant Lo Blanch, 1989.

NAHUM, Marco Antonio R. *Inexigibilidade de conduta diversa. Causa supralegal. Excludente de culpabilidade*. São Paulo: RT, 2001.

NASCIMENTO, Carlos Valder do; MARTINS, Ives Gandra da Silva (Org.). *Comentários à Lei de Responsabilidade Fiscal*. São Paulo: Saraiva, 2001.

NASCIMENTO, Walter Vieira do. *A embriaguez e outras questões penais*. Doutrina, legislação, jurisprudência. 2. ed. Rio de Janeiro: Forense, 1990.

NICÁS, Nuria Castelló. *El concurso de normas penales*. Granada: Editorial Comares, 2000.

NÓBREGA, Marcos; BRAGA, Henrique; RAPOSO, Fernando; FIGUEIREDO, Carlos Maurício; FERREIRA, Cláudio. *Comentários à Lei de Responsabilidade Fiscal*. 2. ed. São Paulo: RT, 2001.

NOGUEIRA, Carlos Frederico Coelho. Efeitos da condenação, reabilitação e medidas de segurança. *Curso sobre a reforma penal* (Coord. Damásio E. de Jesus). São Paulo: Saraiva, 1985.

NOGUEIRA, J. C. Ataliba. *Medidas de segurança*. São Paulo: Saraiva, 1937.

NORONHA, E. Magalhães. *Do crime culposo*. São Paulo: Saraiva, 1957.

NORONHA, E. *Direito penal*. 32. ed. Atual. Adalberto José Q. T. de Camargo Aranha. São Paulo: Saraiva, 1997. v. 1.

NORONHA, E. *Direito penal*. 28. ed. Atual. Adalberto José Q. T. de Camargo Aranha. São Paulo: Saraiva, 1996. v. 2.

NORONHA, E. *Direito penal*. 22. ed. Atual. Adalberto José Q. T. de Camargo Aranha. São Paulo: Saraiva, 1995. v. 3.

NORONHA, E. *Direito penal*. 20. ed. Atual. Adalberto José Q. T. de Camargo Aranha. São Paulo: Saraiva, 1995. v. 4.

NORONHA, E. Questões acerca da tentativa. *Estudos de direito e processo penal em homenagem a Nélson Hungria*. Rio de Janeiro-São Paulo: Forense, 1962.

NOVOA MONREAL, Eduardo. *Causalismo y finalismo en derecho penal*. 2. ed. Bogotá: Temis, 1982.

NUCCI, Guilherme de Souza. *Estatuto da Criança e do Adolescente comentado*. 6. ed. Rio de Janeiro: Forense, 2025.

NUCCI, Guilherme de Souza. *Código de Processo Penal comentado*. 23. ed. Rio de Janeiro: Forense, 2024.

NUCCI, Guilherme de Souza. *Código Penal comentado*. 24. ed. Rio de Janeiro: Forense, 2024.

NUCCI, Guilherme de Souza. *Código Penal Militar comentado*. 5. ed. Rio de Janeiro: Forense, 2024.

NUCCI, Guilherme de Souza. *Curso de direito penal*. 8. ed. Rio de Janeiro: Forense, 2024. v. 1 a 3.

NUCCI, Guilherme de Souza. *Manual de direito penal*. 20. ed. Rio de Janeiro: Forense, 2024.

NUCCI, Guilherme de Souza. *Leis penais e processuais penais comentadas*. 15. ed. Rio de Janeiro: Forense, 2023. v. 1 e 2.

NUCCI, Guilherme de Souza. *Individualização da pena*. 8. ed. Rio de Janeiro: Forense, 2022.

NUCCI, Guilherme de Souza. Tratado de crimes sexuais. Rio de Janeiro: Forense, 2022.

NUCCI, Guilherme de Souza. *Organização criminosa*. 5. ed. Rio de Janeiro, 2021.

NUCCI, Guilherme de Souza. Dolo eventual e culpa consciente. In: ASSIS MOURA, Maria Thereza de; REALE JÚNIOR, Miguel (coord.). *Coleção 80 anos do Código Penal*. São Paulo: RT, 2020. v. 1.

NUCCI, Guilherme de Souza. *Direitos humanos* versus *segurança pública*. Rio de Janeiro: Forense, 2016.

NUCCI, Guilherme de Souza. *Corrupção e anticorrupção*. Rio de Janeiro: Forense, 2015.

NUCCI, Guilherme de Souza. *Princípios constitucionais penais e processuais penais*. 4. ed. Rio de Janeiro: Forense, 2015.

NUNES, Clayton Alfredo. *Execução penal: o cálculo para benefícios (crime comum x crime hediondo). Boletim do IBCCRIM*, n. 83, p. 4.

NUNES JÚNIOR, Vidal Serrano; ARAUJO, Luiz Alberto David. *Curso de direito constitucional*. 3. ed. São Paulo: Saraiva, 1999.

OHLER, Norman. *High Hitler: Como o uso de drogas pelo Führer e pelos nazistas ditou o ritmo do Terceiro Reich*, 2. ed. Trad. Silvia Bittencourt. São Paulo: Editora Planeta do Brasil, 2020.

OLIVEIRA, Ana Sofia Schmidt de. *A vítima e o direito penal*. São Paulo: RT, 1999.

OLIVEIRA, Guilherme Percival. *Estados afetivos e imputabilidade penal*. São Paulo: RT, 1958.

OLIVEIRA, Regis Fernandes de. *Responsabilidade fiscal*. São Paulo: RT, 2001.

OLIVEIRA NETO, Olavo de. *Comentários à Lei das Contravenções Penais*. São Paulo: RT, 1994.

OLIVEIRA NETO, Olavo de; HORVATH, Estevão. *Manual de direito financeiro*. 3. ed. São Paulo: RT, 2000.

PADOVANI, Tullio. *Diritto penale*. 5. ed. Milano: Giuffrè, 1999.

PAGLIARO, Antonio; COSTA JR., Paulo José da. *Dos crimes contra a administração pública*. São Paulo: Malheiros, 1997.

PAGLIUCA, Thiago. *Medidas de segurança no direito penal brasileiro*. Rio de Janeiro: Lumen Juris, 2023.

PALMA, João Augusto da. *Código Penal aplicado ao trabalho*. São Paulo: LTr, 2000.

PASSETI, Edson; SILVA, Roberto Baptista Dias da (Org.). *Conversações Abolicionistas* – Uma crítica do sistema penal e da sociedade punitiva. São Paulo: IBCCrim – PEPG Ciências Sociais PUC/SP, 1997.

PATRÍCIO, Rui; VILALONGA, José Manuel; ALMEIDA, Carlota Pizarro de; D'ALMEIDA, Luís Duarte. *Código Penal anotado*. Coimbra: Almedina, 2003.

PAVON VASCONCELOS, Francisco. *Manual de derecho penal mexicano* – Parte generale. 2. ed. México: Porrua, 1967.

PEDROSO, Fernando de Almeida. *Direito penal*. São Paulo: Leud, 1993.

PEÑARANDA RAMOS, Enrique. *Estudios sobre el delito de asesinato*. Montevideo-Buenos Aires: Editorial B de f, 2014.

PENNA, Antonio Gomes. *Introdução à motivação e emoção*. Rio de Janeiro: Imago, 2001.

PESSAGNO, Hernán A. *El delito de desacato*. Buenos Aires: Depalma, 1952.

PESSOA, Mário. *Da aplicação da lei de segurança nacional*. São Paulo: Saraiva, 1978.

PETRONE, Marino. *Reato abituale*. Padova: CEDAM, 1999.

PIERANGELI, José Henrique. *Códigos Penais do Brasil* – Evolução histórica. Bauru: Jalovi, 1980.

PIERANGELI, José Henrique. *O consentimento do ofendido na teoria do delito*. 2. ed. São Paulo: RT, 1995.

PIERANGELI, José Henrique. Desafios dogmáticos da culpabilidade. *RT* 761/445, mar. 1999.

PIERANGELI, José Henrique. *Escritos jurídico-penais*. 2. ed. São Paulo: RT, 1999.

PIERANGELI, José Henrique; ZAFFARONI, Eugenio Raúl. *Manual de direito penal brasileiro* – Parte geral. São Paulo: RT, 1997.

PIERANGELI, José Henrique; ZAFFARONI, Eugenio Raúl. *Da tentativa*. 4. ed. São Paulo: RT, 1995.

PIETRO, Maria Sylvia Zanella Di. *Direito administrativo*. 11. ed. São Paulo: Atlas, 1999.

PIMENTEL, Manoel Pedro. *Crimes de mera conduta*. Tese apresentada à Congregação da Faculdade de Direito da Universidade de São Paulo para o Concurso de Livre-Docência de Direito Penal. São Paulo: 1959.

PIMENTEL, Manoel Pedro. A crise da administração da justiça criminal. *Justitia*, n. 78, 1972.

PIMENTEL, Manoel Pedro. A culpabilidade na dogmática penal moderna. *RJTJSP* 124/19.

PINHEIRO, Geraldo de Faria Lemos. Breves notas sobre a embriaguez ao volante de veículos automotores. *Revista do Advogado* 53/18, out. 1998.

PINHEIRO, Geraldo de Faria Lemos; RIBEIRO, Dorival. *Código Nacional de Trânsito anotado*. São Paulo: Saraiva, 1996.

PINOTTI, José Aristodemo. Anencefalia. *Revista de cultura IMAE*, ano 5, n. 12, jul.-dez. 2004, p. 63.

PINTO FERREIRA. *Comentários à Constituição brasileira*. São Paulo: Saraiva, 1990. v. 2.

PINTO FERREIRA. *Princípios gerais do direito constitucional moderno*. 6. ed. ampl. e atual. São Paulo: Saraiva, 1983. v. 1 e 2.

PINTO FERREIRA. *Teoria geral do Estado*. 3. ed. rev. e ampl. São Paulo: Saraiva, 1975. v. 1 e 2.

PISAPIA, Domenico. *Reato continuato*. Napoli: Jovene, 1938.

PITOMBO, Sérgio Marcos de Moraes. Breves notas sobre a novíssima execução penal das penas e das medidas de segurança. *Reforma penal*. São Paulo: Saraiva, 1985.

PITOMBO, Sérgio Marcos de Moraes. Conceito de mérito, no andamento dos regimes prisionais. *Revista Brasileira de Ciências Criminais*, n. 27, São Paulo, RT, jul.-set. 1999, p. 149.

PITOMBO, Sérgio Marcos de Moraes. Execução penal. *RT* 623/257, set. 1987.

PITOMBO, Sérgio Marcos de Moraes. Os regimes de cumprimento de pena e o exame criminológico. *RT* 583/312, maio 1984.

PITOMBO, Sérgio Marcos de Moraes; ANDREUCCI, Ricardo Antunes; DOTTI, René Ariel; REALE JR., Miguel. *Penas e medidas de segurança no novo Código*. 2. ed. Rio de Janeiro: Forense, 1987.

POLO RODRÍGUEZ, José Javier; HUÉLAMO BUENDÍA, Antonio Jesús. *La nueva ley penal del menor*. Madrid: Colex, 2000.

PONTE, Antonio Carlos da. *Falso testemunho no processo*. São Paulo: Atlas, 2000.

PORTO, Antonio Rodrigues. *Da prescrição penal*. 5. ed. São Paulo: RT, 1998.

PRADO, Luiz Regis. *Bem jurídico-penal e Constituição*. 2. ed. São Paulo: RT, 1997.

PRADO, Luiz Regis. *Curso de direito penal brasileiro*. 2. ed. São Paulo: RT, 2002. v. 2, 3, 4.

PRADO, Luiz Regis. *Curso de direito penal brasileiro* – Parte geral. 3. ed. São Paulo: RT, 2002. v. 1.

PRADO, Luiz Regis. *Falso testemunho e falsa perícia*. 2. ed. São Paulo: RT, 1994.

PRADO, Luiz Regis; BITENCOURT, Cezar Roberto. *Código Penal anotado e legislação complementar*. 2. ed. São Paulo: RT, 1999.

PUNZO, Massimo. *Il problema della causalità materiale*. Padova: Cedam, 1951.

QUEIJO, Maria Elizabeth; COSTA JR., Paulo José da. *Comentários aos crimes do novo Código Nacional de Trânsito*. São Paulo: Saraiva, 1998.

QUEIROZ, Narcelio de. *Teoria da actio libera in causa*. Rio de Janeiro: Livraria Jacintho, 1936.

QUEIROZ, Paulo de Souza. *Do caráter subsidiário do direito penal*. Belo Horizonte: Del Rey, 1998.

QUEIROZ, Paulo de Souza. *Direito penal – parte geral*. São Paulo: Saraiva.

QUEIROZ, Paulo de Souza. A teoria da imputação objetiva. *Boletim do IBCCRIM*, n. 103, jun. 2001, p. 6.

QUINTANO RIPOLLES, Antonio. *Tratado de la parte especial del derecho penal*. 2. ed. Atual. Carlos García Valdés. Madrid: Revista de Derecho Privado, 1977. t. II.

RAMPIONI, Roberto. *Contributo alla teoria del reato permanente*. Padova: CEDAM, 1988.

RANIERI, Silvio. *Manuale di diritto penale* – Parte generale. Padova: CEDAM, 1952. v. 1.

RAPOSO, Fernando; FIGUEIREDO, Carlos Maurício; FERREIRA, Cláudio; BRAGA, Henrique; NÓBREGA, Marcos. *Comentários à Lei de Responsabilidade Fiscal*. 2. ed. São Paulo: RT, 2001.

REALE JR., Miguel. *Antijuridicidade concreta*. São Paulo: José Bushatsky, 1973.

REALE JR., Miguel. A lei penal do mínimo esforço. *Folha de S. Paulo*, 30 nov. 1998.

REALE JR., Miguel. *Parte geral do Código Penal* – Nova interpretação. São Paulo: RT, 1988.

REALE JR., Miguel. *Problemas penais concretos*. São Paulo: Malheiros, 1997.

REALE JR., Miguel. *Teoria do delito*. São Paulo: RT, 1998.

REALE JR., Miguel; DOTTI, René Ariel; ANDREUCCI, Ricardo Antunes; PITOMBO, Sérgio M. de Moraes. *Penas e medidas de segurança no novo Código*. 2. ed. Rio de Janeiro: Forense, 1987.

REQUIÃO, Rubens. *Curso de direito comercial*. 13. ed. São Paulo: Saraiva, 1984. v. 2.

REYNOSO DÁVILA, Roberto. *Teoría general del delito*. 2. ed. México: Porrúa, 1995.

REZEK, J. F. *Direito internacional público* – Curso elementar. 6. ed. São Paulo: Saraiva, 1996.

RIBEIRO, Dorival; PINHEIRO, Geraldo de Faria Lemos. *Código Nacional de Trânsito anotado*. São Paulo: Saraiva, 1996.

RISTORI, Roberta. *Il reato continuato*. Padova: CEDAM, 1988.

ROCCO, Arturo. *El objeto del delito y de la tutela jurídica penal*. Contribución a las teorías generales del delito y de la pena. Trad. Gerónimo Seminara. Montevideo-Buenos Aires: Editorial B de f, 2013.

ROCHA, Fernando A. N. Galvão. *Direito penal, parte geral*. Rio: Impetus, 2004.

ROCHA, Maria Isabel de Matos. Transplantes de órgãos entre vivos: as mazelas da nova lei. *RT* 742/67, ago. 1997.

RODRIGUES, Anabela Miranda. *A determinação da medida da pena privativa de liberdade*. Coimbra: Coimbra Editora, 1995.

ROMEIRO, Jorge Alberto. *Curso de direito penal militar* – Parte geral. São Paulo: Saraiva, 1994.

ROMEIRO, Jorge Alberto. *Elementos de direito penal e processo penal*. São Paulo: Saraiva, 1978.

ROMEIRO, Jorge Alberto. A noite no direito e no processo penal. *Estudos de direito e processo penal em homenagem a Nélson Hungria*. Rio de Janeiro-São Paulo: Forense, 1962.

ROSA, Antonio José Miguel Feu. Do crime continuado. *RTJE* 33/3, jul.-ago. 1985.

ROSA, Antonio José Miguel Feu. *Direito penal* – Parte geral. 1. ed., 2. tir. São Paulo: RT, 1995.

ROSA, Fábio Bittencourt da. Crimes e seguridade social. *Revista de Informação Legislativa*, n. 130, Brasília, abr.-jun. 1996.

ROXIN, Claus. A culpabilidade como critério limitativo da pena. *Revista de Direito Penal*, n. 11-12, jul.-dez. 1973.

ROXIN, Claus. *Autoría y dominio del hecho en derecho penal*. 7. ed. Madrid-Barcelona: Marcial Pons, 2000.

ROXIN, Claus. *Derecho penal* – Parte general (Fundamentos. La estructura de la teoria del delito). Trad. Diego-Manuel Luzón Peña, Miguel Díaz y García Conlledo, Javier de Vicente Remesal. Madrid: Civitas, 1999. t. I.

ROXIN, Claus. *La evolución de la política criminal, el derecho penal y el proceso penal*. Valencia: Tirant lo Blanch, 2000.

ROXIN, Claus. *La imputación objetiva en el derecho penal*. Trad. Manuel A. Abanto Vasquez. Lima: Idemsa, 1997.

ROXIN, Claus. *La teoría del delito en la discusión actual*. Trad. Manuel Abanto Vásquez. Lima: Editora Jurídica Grijley, 2007.

ROXIN, Claus. *Problemas fundamentais de direito penal*. 3. ed. Lisboa: Vega, 1998.

ROXIN, Claus. *Teoria del tipo penal* – Tipos abertos y elementos del deber jurídico. Buenos Aires: Depalama, 1979.

ROXIN, Claus; FRISCH, Wolfgang; JAKOBS, Günther; SCHÜNEMANN, Bernd; KÖHLER, Michael. *Sobre el estado de la teoria del delito (Seminario en la Universitat Pompeu Fabra)*. Madrid: Civitas, 2000.

RUDÁ, Antonio Sólon. *Breve história do direito penal e da criminologia*. Rio de Janeiro: Lumen Juris, 2013.

SABINO JÚNIOR, Vicente. *Direito penal* – Parte geral. São Paulo: Sugestões Literárias, 1967. v. 1 e 2.

SABINO JÚNIOR, Vicente. *Direito penal* – Parte especial. São Paulo: Sugestões Literárias, 1967. v. 3 e 4.

SALLES JUNIOR, Romeu de Almeida. *Homicídio e lesão corporal culposos no Código Penal e no Código de Trânsito Brasileiro*. São Paulo: Oliveira Mendes, 1998.

SAMPAIO, Rogério Marrone de Castro. *Direito civil* – Contratos. São Paulo: Atlas, 1998.

SANTANIELLO, Giuseppe; MARUOTTI, Luigi. *Manuale di diritto penale* – Parte generale. Milano: Giuffrè, 1990.

SANTORO, Arturo. *Manuale di diritto penale*. Torino: Torinese, 1958.

SANTOS, Antonio Furtado dos. *Direito internacional penal e direito penal internacional – Aplicação da lei penal estrangeira pelo juiz nacional*. Lisboa: Petrony, 1960.

SANTOS, Christiano Jorge. *Prescrição penal e imprescritibilidade*. Rio de Janeiro: Elsevier, 2010.

SANTOS, José Carlos Daumas. *Princípio da legalidade na execução penal*. São Paulo: Manole & Escola Paulista da Magistratura, 2005.

SANTOS, Lycurgo de Castro. O princípio de legalidade no moderno direito penal. *Revista Brasileira de Ciências Criminais* n. 15/182.

SANTOS, Maria Celeste Cordeiro Leite. *Morte encefálica e a lei de transplante de órgãos*. Sao Paulo: Oliveira Mendes, 1998.

SCHULTZ, Duane; P. SCHULTZ, Sydney Ellen. *Teorias da personalidade*. São Paulo: Thomson, 2002.

SCHÜNEMANN, Bernd; FRISCH, Wolfgang; ROXIN, Claus; JAKOBS, Günther; KÖHLER, Michael. *Sobre el estado de la teoria del delito (Seminario en la Universitat Pompeu Fabra)*. Madrid: Civitas, 2000.

SEELIG, Ernst. *Manual de criminologia*. Trad. Guilherme de Oliveira. Coimbra: Armênio Amado, 1959. v. I e II.

SEGRE, Marco. Eutanásia: aspectos éticos e legais. *Revista da Associação Médica Brasileira* 32/141, 1986.

SEMER, Marcelo. *Crime impossível e a proteção dos bens jurídicos*. São Paulo: Malheiros, 2002.

SERRANO PIEDECASAS, José Ramón; GÓMEZ DE LA TORRE, Ignacio Berdugo; ARROYO ZAPATERO, Luis; FERRÉ OLIVÉ, Juan Carlos; GARCÍA RIVAS, Nicólas. *Lecciones de derecho penal* – Parte general. 2. ed. Madrid: La Ley, 1999.

SHECAIRA, Sérgio Salomão. *Criminologia*. São Paulo: RT, 2004.

SHECAIRA, Sérgio Salomão. *Prestação de serviços à comunidade*. São Paulo: Saraiva, 1993.

SHECAIRA, Sérgio Salomão. *Responsabilidade penal da pessoa jurídica*. 1. ed., 2. tir. São Paulo: RT, 1999.

SHECAIRA, Sérgio Salomão; CORRÊA JUNIOR, Alceu. *Teoria da pena*. São Paulo: RT, 2002.

SILVA, César Dario Mariano da. *Manual de direito penal* – Parte geral. São Paulo: Edipro, 2000. v. I.

SILVA, Germano Marques da. *Direito penal português* – *Parte geral* – Teoria das penas e das medidas de segurança. Lisboa: Editorial Verbo, 1999.

SILVA, José Afonso da. *Manual do vereador*. 3. ed. São Paulo: Malheiros, 1997.

SILVA, M. Nelson da. *A embriaguez e o crime*. Rio de Janeiro-São Paulo: Forense, 1968.

SILVA, Roberto Baptista Dias da; PASSETI, Edson (Org.). *Conversações abolicionistas* – Uma crítica do sistema penal e da sociedade punitiva. São Paulo: IBCCrim – PEPG Ciências Sociais PUC/SP, 1997.

SILVA FILHO, Artur Marques da. *O regime jurídico da adoção estatutária*. São Paulo: RT, 1997.

SILVA SÁNCHEZ, Jesús Maria. *Aproximación al derecho penal contemporáneo*. Barcelona: Bosch, 1992.

SILVA SÁNCHEZ, Jesús Maria. *Política criminal y nuevo derecho penal* – Libro homenaje a Claus Roxin. Barcelona: Bosch, 1997.

SILVEIRA, Alípio. A sentença indeterminada nos Estados Unidos. *Estudos de direito e processo penal em homenagem a Nélson Hungria*. Rio de Janeiro-São Paulo: Forense, 1962.

SILVEIRA, Euclides Custódio. *Direito penal* – Crimes contra a pessoa. 2. ed. Atual. Everardo da Cunha Luna. São Paulo: RT, 1973.

SILVEIRA, Renato de Mello Jorge. *Direito penal supraindividual* – Interesses difusos. São Paulo: RT, 2003.

SISCO, Luis P. *La defensa justa (Estudio doctrinario, legal y jurisprudencial sobre la legitima defensa)*. Buenos Aires: El Ateneo, 1949.

SOARES, Ana Raquel Colares dos Santos. Eutanásia: direito de morrer ou direito de viver? In: GUERRA FILHO, Willis Santiago (Coord.). *Dos Direitos Humanos aos Direitos Fundamentais*. Porto Alegre: Livraria do Advogado, 1997.

SOLER, Sebastián. *Derecho penal argentino*. Buenos Aires: El Ateneo, 1940. t. I.

SOUZA, Luciano Anderson de. *Direito penal*. Parte geral. 2. ed. São Paulo: RT, 2021. v. 1.

SOUZA, Luciano Anderson de. *Direito penal*. Parte especial. 2. ed. São Paulo: RT, 2021. v. 2, 3, 4 e 5.

SOUZA, Luciano Anderson de. *Crimes contra a administração pública*. São Paulo: RT, 2018.

SOUZA, Motauri Ciocchetti de. *Ação civil pública e inquérito civil*. São Paulo: Saraiva, 2001.

SOUZA, Nélson Bernardes de. Ilícitos previdenciários: crimes sem pena? *RT* 730/393, ago. 1996.

SOUZA, Percival de. *A prisão* – Histórias dos homens que vivem no maior presídio do mundo. 2. ed. São Paulo: Editora Alfa-Omega, 1976.

SOUZA NETO, João Baptista de Mello. *Direito civil* – Parte geral. 2. ed. São Paulo: Atlas, 1999.

STEVENSON, Oscar. Concurso aparente de normas penais. *Estudos de direito e processo penal em Homenagem a Nélson Hungria*. Rio de Janeiro-São Paulo: Forense, 1962.

STOCO, Rui; MARREY, Adriano; FRANCO, Alberto Silva. *Teoria e prática do júri*. 6. ed. rev., atual. e ampl. São Paulo: RT, 1997.

SUCENA, Lílian Ottobrini Costa e COSTA, Mário Ottobrini. A Eutanásia não é o Direito de Matar. *RT* 263/25, set. 1957.

SUXBERGER, Antonio Henrique Graciano. *Responsabilidade penal sucessiva nos crimes de imprensa*. Porto Alegre: Sergio Antonio Fabris Editor, 2001.

SWENSSON, Walter. A competência do juízo da execução. In: NETO, Caetano Lagrasta; NALINI, José Renato e DIP, Ricardo Henry Marques (Coord.). *Execução penal* – Visão do TACRIM-SP. São Paulo: Oliveira Mendes, 1998.

TAVARES, Juarez. *Teorias do delito* – Variações e tendências. São Paulo: RT, 1980.

TAVARES, Juarez. *Teoria do injusto penal*. Belo Horizonte: Del Rey, 2000.

TELLES JÚNIOR, Goffredo. Preleção sobre o justo. *Justitia*, v. 50.

TERRAGNI, Marco Antonio. *El delito culposo*. Santa Fé: Rubinzal-Culzoni, 1998.

TOLEDO, Francisco de Assis. *Princípios básicos de direito penal*. 5. ed. São Paulo: Saraiva, 1994.

TOLEDO, Francisco de Assis. Teorias do dolo e teorias da culpabilidade. *RT* 566/271, dez. 1992.

TOLEDO, Francisco de Assis *et al. Reforma penal*. São Paulo: Saraiva, 1985, dez. 1992.

TORON, Alberto Zacharias. *Inviolabilidade penal dos vereadores*. São Paulo: Saraiva, 2004.

TOURINHO FILHO, Fernando da Costa. *Código de Processo Penal comentado*. 4. ed. São Paulo: Saraiva, 1999. v. 1 e 2.

TOURINHO FILHO, Fernando da Costa. *Processo penal*. 18. ed. São Paulo: Saraiva, 1997. v. 3.

TREMEL, Rosângela; CRUZ, Flávio da (Coord.); GLOCK, José Osvaldo; HERZMANN, Nélio; VICCARI JUNIOR, Adauto. *Lei de Responsabilidade Fiscal comentada*. 2. ed. São Paulo: Atlas, 2001.

VALENZUELA BEJAS, Manuel; BUSTOS RAMÍREZ, Juan (Org.). *Derecho penal latinoamericano comparado* – Parte generale. Buenos Aires: Depalma, 1981. t. I.

VALLADÃO, Haroldo. Imunidades dos agentes diplomáticos. *RT* 434/307, dez. 1971.

VENEZIANI, Paolo. *Motivi e colpevolezza*. Torino: G. Giappichelli, 2000.

VERGARA, Pedro. *Da legítima defesa subjetiva*. 2. ed. Rio de Janeiro: Imprensa Nacional, 1949.

VIANA, Lourival Vilela. *Embriaguez no direito penal*. Belo Horizonte: Imprensa Oficial, 1949.

VICCARI JUNIOR, Adauto; CRUZ, Flávio da (Coord.); GLOCK, José Osvaldo; HERZMANN, Nélio; TREMEL Rosângela. *Lei de Responsabilidade Fiscal comentada*. 2. ed. São Paulo: Atlas, 2001.

VIDAL, Hélvio Simões. *Causalidade científica no direito penal*. Belo Horizonte: Mandamentos, 2004.

VILALONGA, José Manuel; ALMEIDA, Carlota Pizarro de; D'ALMEIDA, Luís Duarte; PATRÍCIO, Rui. *Código Penal anotado*. Coimbra: Almedina, 2003.

VON HIRSCH, Andrew. *Censurar y castigar*. Trad. Elena Larrauri. Madrid: Trotta, 1998.

VON LISTZ, Franz. *Tratado de derecho penal*. 18. ed. Trad. Luis Jiménez de Asúa. 4. ed. Madrid: Editorial Reus, 1999. t. I a III.

WELZEL, Hans. *Derecho penal alemán*. Santiago: Editorial Juridica de Chile, 1997.

WELZEL, Hans. *El nuevo sistema del derecho penal* – Una introducción a la doctrina de la acción finalista. Barcelona: Ariel, 1964.

WESSELS, Johannes. *Direito penal – Parte geral – Aspectos fundamentais*. Trad. Juarez Tavares. Porto Alegre: Fabris, 1976.

ZAFFARONI, Eugenio Raúl. *Tratado de derecho penal* – Parte general. Buenos Aires: Ediar, 1988.

ZAFFARONI, Eugenio Raúl; PIERANGELI, José Henrique. *Manual de direito penal brasileiro* – Parte geral. São Paulo: RT, 1997.

ZAFFARONI, Eugenio Raúl; PIERANGELI, José Henrique. *Da tentativa*. 4. ed. São Paulo: RT, 1995.

ZIPF, Heinz e MAURACH, Reinhart. *Derecho penal* – Parte general. Buenos Aires: Astrea, 1994. v. 1.

## Códigos Penais

*Alabama Criminal Code annotated*. Virginia: The Michie Company, 1993.

*Code Pénal*. Paris: Prat, 1999.

*Codigo Penal – Republica de Chile*. 15. ed. Santiago: Editorial Jurídica de Chile, 1998.

*Codice Penale e leggi complementari*. 9. ed. (Giustino Gatti, Raffaele Marino e Rossana Petrucci). Napoli: Esselibri-Simone, 1994.

*Codigo Penal de la Nación Argentina*. 31. ed. (Mario I. Chichizola, Org.). Buenos Aires: Abeledo-Perrot, 1998.

*Codigo Penal de Venezuela*. Caracas: Eduven, 1964.

*Código Penal alemán* (Emilio Eiranova Encinas, Org.). Madrid-Barcelona: Marcial Pons, 2000.

*Código Penal* (Angel Calderon Cerezo, Org.). Barcelona: Gaceta Fiscal, 1996.

*Código Penal português*. 11. ed. (Maia Gonçalves). Coimbra: Almedina, 1997.

*Codigo Penal del Paraguay*. Assunción: Bibliográfica Jurídica Paraguay.

# Apêndice

### Súmulas do Supremo Tribunal Federal em Matéria Penal

**3.** A imunidade concedida a deputados estaduais é restrita à Justiça do Estado.
- Consultar a nota 57 ao art. 5.º.

**145.** Não há crime, quando a preparação do flagrante pela polícia torna impossível a sua consumação.
- Consultar a nota 59 ao art. 17.

**146.** A prescrição da ação penal regula-se pela pena concretizada na sentença, quando não há recurso da acusação.
- Consultar a nota 20 ao art. 117.

**147.** A prescrição de crime falimentar começa a correr da data em que deveria estar encerrada a falência, ou do trânsito em julgado da sentença que a encerrar ou que julgar cumprida a concordata.
- Consultar a nota 76 ao art. 119.

**245.** A imunidade parlamentar não se estende ao corréu sem essa prerrogativa.
- Consultar a nota 55 ao art. 5.º.

**246.** Comprovado não ter havido fraude, não se configura o crime de emissão de cheque sem fundos.
- Consultar a nota 57 ao art. 171.

**421.** Não impede a extradição a circunstância de ser o extraditando casado com brasileira ou ter filho brasileiro.
- Consultar a nota 90 ao art. 7.º.

**422.** A absolvição criminal não prejudica a medida de segurança, quando couber, ainda que importe privação da liberdade.
- Consultar a nota 6-A ao art. 97.

**497.** Quando se tratar de crime continuado, a prescrição regula-se pela pena imposta na sentença, não se computando o acréscimo decorrente da continuação.
- Consultar a nota 74 ao art. 119.

Código Penal Comentado • **Nucci**

**499.** Não obsta à concessão do *sursis*, condenação anterior à pena de multa.
- Consultar a nota 12 ao art. 77.

**554.** O pagamento de cheque emitido sem provisão de fundos, após o recebimento da denúncia, não obsta ao prosseguimento da ação penal.
- Consultar as notas 51 ao art. 16 e 57 ao art. 171.

**592.** Nos crimes falimentares, aplicam-se as causas interruptivas da prescrição, previstas no Código Penal.
- Consultar a nota 76 ao art. 119.

**604.** A prescrição pela pena em concreto é somente da pretensão executória da pena privativa de liberdade.
- Não mais se aplica o teor dessa súmula, tendo em vista que a prescrição da pena em concreto pode dar-se no tocante à prescrição da pretensão punitiva, como se pode constatar com a prescrição retroativa. Consultar a nota 45 ao art. 110.

**605.** Não se admite continuidade delitiva nos crimes contra a vida.
- Consultar a nota 123 ao art. 71.

**608.** No crime de estupro, praticado mediante violência real, a ação penal é pública incondicionada.
- Consultar a nota 2 ao art. 225.

**610.** Há crime de latrocínio, quando o homicídio se consuma, ainda que não realize o agente a subtração de bens da vítima.
- Consultar a nota 33 ao art. 157.

**611.** Transitada em julgado a sentença condenatória, compete ao Juízo das execuções a aplicação de lei mais benigna.
- Consultar a nota 25 ao art. 2.º.

**698.** Não se estende aos demais crimes hediondos a admissibilidade de progressão no regime de execução da pena aplicada ao crime de tortura.
- Consultar a nota 18 ao art. 33. Vale observar que, em face da edição da Lei 11.464/2007, autorizando a progressão para todos os crimes hediondos e equiparados, essa Súmula perde a eficiência.

**711.** A lei penal mais grave aplica-se ao crime continuado ou ao crime permanente, se a sua vigência é anterior à cessação da continuidade ou da permanência.
- Consultar as notas 26 e 27 ao art. 2.º.

**715.** A pena unificada para atender ao limite de 30 (trinta) anos de cumprimento, determinado pelo art. 75 do Código Penal, não é considerada para a concessão de outros benefícios, como o livramento condicional ou regime mais favorável de execução.
- Consultar a nota 138 ao art. 75.

**716.** Admite-se a progressão de regime de cumprimento da pena ou a aplicação imediata de regime menos severo nela determinada, antes do trânsito em julgado da sentença condenatória.
- Consultar a nota 49 ao art. 38.

**717.** Não impede a progressão de regime de execução da pena, fixada em sentença não transitada em julgado, o fato de o réu se encontrar em prisão especial.
- Consultar a nota 49-A ao art. 38.

**718.** A opinião do julgador sobre a gravidade em abstrato do crime não constitui motivação idônea para a imposição de regime mais severo do que o permitido segundo a pena aplicada.

- Consultar a nota 11 ao art. 33.

**719.** A imposição do regime de cumprimento mais severo do que a pena aplicada permitir exige motivação idônea.

- Consultar a nota 12 ao art. 33.

**720.** O art. 309 do Código de Trânsito Brasileiro, que reclama decorra do fato perigo de dano, derrogou o art. 32 da Lei das Contravenções Penais no tocante à direção sem habilitação em vias terrestres.

- Consultar a nota 107 ao art. 12.

**722.** São da competência legislativa da União a definição dos crimes de responsabilidade e o estabelecimento das respectivas normas de processo e julgamento.

- Consultar a nota 11 ao art. 1.º.

**723.** Não se admite a suspensão condicional do processo por crime continuado, se a soma da pena mínima da infração mais grave com o aumento mínimo de 1/6 (um sexto) for superior a 1 (um) ano.

- Consultar a nota 127-A ao art. 71.

## SÚMULAS VINCULANTES DO SUPREMO TRIBUNAL FEDERAL EM MATÉRIA PENAL

**9.** O disposto no artigo 127 da Lei n. 7.210/84 (Lei de Execução Penal) foi recebido pela ordem constitucional vigente, e não se lhe aplica o limite temporal previsto no *caput* do artigo 58.

- Consultar as notas 44 ao art. 56 e 52 ao art. 39.

**11.** Só é lícito o uso de algemas em casos de resistência e de fundado receio de fuga ou de perigo à integridade física própria ou alheia, por parte do preso ou de terceiros, justificada a excepcionalidade por escrito, sob pena de responsabilidade disciplinar, civil e penal do agente ou da autoridade e de nulidade da prisão ou do ato processual a que se refere, sem prejuízo da responsabilidade civil do Estado.

**24.** Não se tipifica crime material contra a ordem tributária, previsto no art. 1.º, incisos I a IV, da Lei 8.137/1990, antes do lançamento definitivo do tributo.

- Consultar a nota 5 ao Título II, letra "d", cuidando da classificação dos crimes.

**26.** Para efeito de progressão de regime no cumprimento de pena por crime hediondo, ou equiparado, o juízo da execução observará a inconstitucionalidade do art. 2.º da Lei 8.072, de 25 de julho de 1990, sem prejuízo de avaliar se o condenado preenche, ou não, os requisitos objetivos e subjetivos do benefício, podendo determinar, para tal fim, de modo fundamentado, a realização de exame criminológico.

- Consultar as notas 18-A ao art. 33 e 21-A ao art. 33.

**46.** A definição dos crimes de responsabilidade e o estabelecimento das respectivas normas de processo e julgamento são da competência legislativa privativa da União.

**56.** A falta de estabelecimento penal adequado não autoriza a manutenção do condenado em regime prisional mais gravoso, devendo-se observar, nessa hipótese, os parâmetros fixados no RE 641.320/RS.

- Consultar a nota 13 ao art. 33.

Código Penal Comentado • **Nucci** 1448

**59.** É impositiva a fixação do regime aberto e a substituição da pena privativa de liberdade por restritiva de direitos quando reconhecida a figura do tráfico privilegiado (art. 33, § 4.o, da Lei 11.343/06) e ausentes vetores negativos na primeira fase da dosimetria (art. 59 do CP), observados os requisitos do art. 33, § 2.o, alínea c, e do art. 44, ambos do Código Penal.

## Súmulas do Superior Tribunal de Justiça em Matéria Penal

**17.** Quando o falso se exaure no estelionato, sem mais potencialidade lesiva, é por este absorvido.
- Consultar as notas 90 ao art. 7.º, 110 ao art. 12, 12 ao art. 171 e 56 ao art. 297.

**18.** A sentença concessiva do perdão judicial é declaratória da extinção da punibilidade, não subsistindo qualquer efeito condenatório.
- Consultar a nota 30 ao art. 107.

**24.** Aplica-se ao crime de estelionato, em que figure como vítima entidade autárquica da Previdência Social, a qualificadora do § 3.º do art. 171 do Código Penal.
- Consultar a nota 67 ao art. 171.

**40.** Para obtenção dos benefícios de saída temporária e trabalho externo, considera-se o tempo de cumprimento da pena no regime fechado.
- Consultar a nota 40 ao art. 35, § 2.º.

**74.** Para efeitos penais, o reconhecimento da menoridade do réu requer prova por documento hábil.
- Consultar as notas 78 ao art. 65, 59 ao art. 115 e 10 ao art. 181.

**96.** O crime de extorsão consuma-se independentemente da obtenção da vantagem indevida.
- Consultar a nota 41 ao art. 158.

**174.** No crime de roubo, a intimidação feita com arma de brinquedo autoriza o aumento da pena.
- Súmula cancelada pela Terceira Seção, na sessão de 24.10.2001 (DJU de 06.11.2001 em vigor desde a publicação).
- Consultar as notas 20 e 21 ao art. 157.

**191.** A pronúncia é causa interruptiva da prescrição, ainda que o Tribunal do Júri venha a desclassificar o crime.
- Consultar a nota 65 ao art. 117.

**220.** A reincidência não influi no prazo da prescrição da pretensão punitiva.
- Consultar a nota 41-B ao art. 110.

**241.** A reincidência penal não pode ser considerada como circunstância agravante e, simultaneamente, como circunstância judicial.
- Consultar as notas 6 ao art. 59 e 67 ao art. 65.

**269.** É admissível a adoção do regime prisional semiaberto aos reincidentes condenados a pena igual ou inferior a 4 (quatro) anos se favoráveis as circunstâncias judiciais.
- Consultar a nota 30-B ao art. 33.

**341.** A frequência a curso de ensino formal é causa de remição de parte do tempo de execução da pena sob regime fechado ou semiaberto.
- Consultar a nota 55-A ao art. 39.

**415.** O período de suspensão do prazo prescricional é regulado pelo máximo da pena cominada.

- Consultar a nota 37 ao art. 109.

**419.** Descabe a prisão civil do depositário judicial infiel.

**438.** É inadmissível a extinção da punibilidade pela prescrição da pretensão punitiva com fundamento em pena hipotética, independentemente da existência ou sorte do processo penal.

- Consultar a nota 39 ao art. 109.

**439.** Admite-se o exame criminológico pelas peculiaridades do caso, desde que em decisão motivada.

- Consultar a nota 21-A ao art. 33.

**440.** Fixada a pena-base no mínimo legal, é vedado o estabelecimento de regime prisional mais gravoso do que o cabível em razão da sanção imposta, com base apenas na gravidade abstrata do delito.

- Consultar a nota 12 ao art. 33.

**441.** A falta grave não interrompe o prazo para obtenção de livramento condicional.

- Consultar a nota 8-A ao art. 83.

**442.** É inadmissível aplicar, no furto qualificado, pelo concurso de agentes, a majorante do roubo.

**443.** O aumento na terceira fase de aplicação da pena no crime de roubo circunstanciado exige fundamentação concreta, não sendo suficiente para a sua exasperação a mera indicação do número de majorantes.

- Consultar a nota 18 ao art. 157.

**444.** É vedada a utilização de inquéritos policiais e ações penais em curso para agravar a pena-base.

- Consultar a nota 4 ao art. 59.

**471.** Os condenados por crimes hediondos ou assemelhados cometidos antes da vigência da Lei 11.464/2007 sujeitam-se ao disposto no art. 112 da Lei 7.210/1984 (Lei de Execução Penal) para a progressão de regime prisional.

- Consultar a nota 18 ao art. 33.

**491.** É inadmissível a chamada progressão *per saltum* de regime prisional.

- Consultar a nota 25 ao art. 33.

**493.** É inadmissível a fixação de pena substitutiva (art. 44 do CP) como condição especial ao regime aberto.

- Consultar a nota 43-A ao art. 36.

**500.** A configuração do crime do art. 244-B do ECA independe da prova da efetiva corrupção do menor, por se tratar de delito formal.

- Consultar a nota 19 ao art. 218.

**501.** É cabível a aplicação retroativa da Lei n. 11.343/2006, desde que o resultado da incidência das suas disposições, na íntegra, seja mais favorável ao réu do que o advindo da aplicação da Lei n. 6.368/1976, sendo vedada a combinação de leis.

- Consultar a nota 22-A ao art. 2.º.

Código Penal Comentado · **Nucci**

**502.** Presentes a materialidade e a autoria, afigura-se típica, em relação ao crime previsto no art. 184, § 2.º, do CP, a conduta de expor à venda CDs e DVDs piratas.

- Consultar a nota 5-A ao art. 184.

**511.** É possível o reconhecimento do privilégio previsto no § 2.º do art. 155 do CP nos casos de crime de furto qualificado, se estiverem presentes a primariedade do agente, o pequeno valor da coisa e a qualificadora for de ordem objetiva.

**513.** A *abolitio criminis* temporária prevista na Lei n. 10.826/2003 aplica-se ao crime de posse de arma de fogo de uso permitido com numeração, marca ou qualquer outro sinal de identificação raspado, suprimido ou adulterado, praticado somente até 23/10/2005.

**520.** O benefício de saída temporária no âmbito da execução penal é ato jurisdicional insuscetível de delegação à autoridade administrativa do estabelecimento prisional.

- Consultar a nota 40-B ao art. 35.

**522.** A conduta de atribuir-se falsa identidade perante autoridade policial é típica, ainda que em situação de alegada autodefesa.

- Consultar a nota 14 ao art. 307.

**526.** O reconhecimento de falta grave decorrente do cometimento de fato definido como crime doloso no cumprimento da pena prescinde do trânsito em julgado de sentença penal condenatória no processo penal instaurado para apuração do fato.

- Consultar as notas 22 e 22-A ao art. 33.

**527.** O tempo de duração da medida de segurança não deve ultrapassar o limite máximo da pena abstratamente cominada ao delito praticado.

- Consultar a nota 8 ao art. 97.

**533.** Para o reconhecimento da prática de falta disciplinar no âmbito da execução penal, é imprescindível a instauração de procedimento administrativo pelo diretor do estabelecimento prisional, assegurado o direito de defesa, a ser realizado por advogado constituído ou defensor público nomeado.

**534.** A prática de falta grave interrompe a contagem do prazo para a progressão de regime de cumprimento de pena, o qual se reinicia a partir do cometimento dessa infração.

**535.** A prática de falta grave não interrompe o prazo para fim de comutação de pena ou indulto.

**536.** A suspensão condicional do processo e a transação penal não se aplicam na hipótese de delitos sujeitos ao rito da Lei Maria da Penha.

**542.** A ação penal relativa ao crime de lesão corporal resultante de violência doméstica contra a mulher é pública incondicionada.

**545.** Quando a confissão for utilizada para a formação do convencimento do julgador, o réu fará jus à atenuante prevista no art. 65, III, *d*, do Código Penal.

- Consultar as notas 86 e 86-A ao art. 65.

**546.** A competência para processar e julgar o crime de uso de documento falso é firmada em razão da entidade ou órgão ao qual foi apresentado o documento público, não importando a qualificação do órgão expedidor.

- Consultar a nota 138 ao art. 304.

**562.** É possível a remição de parte do tempo de execução da pena quando o condenado, em regime fechado ou semiaberto, desempenha atividade laborativa, ainda que extramuros.

**567.** Sistema de vigilância realizado por monitoramento eletrônico ou por existência de segurança no interior de estabelecimento comercial, por si só, não torna impossível a configuração do crime de furto.

* Consultar a nota 8-G ao art. 155.

**574.** Para a configuração do delito de violação de direito autoral e a comprovação de sua materialidade, é suficiente a perícia realizada por amostragem do produto apreendido, nos aspectos externos do material, e é desnecessária a identificação dos titulares dos direitos autorais violados ou daqueles que os representem.

* Consultar as notas 5-A e 7-B ao art. 184.

**575.** Constitui crime a conduta de permitir, confiar ou entregar a direção de veículo automotor a pessoa que não seja habilitada, ou que se encontre em qualquer das situações previstas no art. 310 do CTB, independentemente da ocorrência de lesão ou de perigo de dano concreto na condução do veículo.

**582.** Consuma-se o crime de roubo com a inversão da posse do bem mediante emprego de violência ou grave ameaça, ainda que por breve tempo e em seguida à perseguição imediata ao agente e recuperação da coisa roubada, sendo prescindível a posse mansa e pacífica ou desvigiada.

* Consultar a nota 13-B ao art. 157.

**587.** Para a incidência da majorante prevista no art. 40, V, da Lei 11.343/2006, é desnecessária a efetiva transposição de fronteiras entre estados da Federação, sendo suficiente a demonstração inequívoca da intenção de realizar o tráfico interestadual.

**588.** A prática de crime ou contravenção penal contra a mulher com violência ou grave ameaça no ambiente doméstico impossibilita a substituição da pena privativa de liberdade por restritiva de direitos.

**589.** É inaplicável o princípio da insignificância nos crimes ou contravenções penais praticados contra a mulher no âmbito das relações domésticas.

* Consultar a nota 35-B ao art. 129.

**593.** O crime de estupro de vulnerável se configura com a conjunção carnal ou prática de ato libidinoso com menor de 14 anos, sendo irrelevante eventual consentimento da vítima para a prática do ato, sua experiência sexual anterior ou existência de relacionamento amoroso com o agente.

**599.** O princípio da insignificância é inaplicável aos crimes contra a administração pública.

**600.** Para a configuração da violência doméstica e familiar prevista no artigo 5.º da Lei 11.340/2006 (Lei Maria da Penha) não se exige a coabitação entre autor e vítima.

* Consultar a nota 38 ao art. 129.

**604.** O mandado de segurança não se presta para atribuir efeito suspensivo a recurso criminal interposto pelo Ministério Público.

**605.** A superveniência da maioridade penal não interfere na apuração de ato infracional nem na aplicabilidade de medida socioeducativa em curso, inclusive na liberdade assistida, enquanto não atingida a idade de 21 anos.

**606.** Não se aplica o princípio da insignificância a casos de transmissão clandestina de sinal de internet via radiofrequência, que caracteriza o fato típico previsto no art. 183 da Lei 9.472/1997.

**607.** A majorante do tráfico transnacional de drogas (art. 40, I, da Lei 11.343/2006) configura-se com a prova da destinação internacional das drogas, ainda que não consumada a transposição de fronteiras.

# Código Penal Comentado · **Nucci**

**617.** A ausência de suspensão ou revogação do livramento condicional antes do término do período de prova enseja a extinção da punibilidade pelo integral cumprimento da pena.

**630.** A incidência da atenuante da confissão espontânea no crime de tráfico ilícito de entorpecentes exige o reconhecimento da traficância pelo acusado, não bastando a mera admissão da posse ou propriedade para uso próprio.

· Consultar a nota 86 ao art. 65.

**631.** O indulto extingue os efeitos primários da condenação (pretensão executória), mas não atinge os efeitos secundários, penais ou extrapenais.

· Consultar a nota 15 ao art. 107.

**636.** A folha de antecedentes criminais é documento suficiente a comprovar os maus antecedentes e a reincidência.

· Consultar a nota 66 ao art. 63.

**639.** Não fere o contraditório e o devido processo decisão que, sem ouvida prévia da defesa, determine transferência ou permanência de custodiado em estabelecimento penitenciário federal.

**643.** A execução da pena restritiva de direitos depende do trânsito em julgado da condenação.

**644.** O núcleo de prática jurídica deve apresentar o instrumento de mandato quando constituído pelo réu hipossuficiente, salvo nas hipóteses em que é nomeado pelo juízo.

**645.** O crime de fraude à licitação é formal, e sua consumação prescinde da comprovação do prejuízo ou da obtenção de vantagem.

**648.** A superveniência da sentença condenatória prejudica o pedido de trancamento da ação penal por falta de justa causa feito em *habeas corpus*.

**658.** O crime de apropriação indébita tributária pode ocorrer tanto em operações próprias, como em razão de substituição tributária.

**659.** A fração de aumento em razão da prática de crime continuado deve ser fixada de acordo com o número de delitos cometidos, aplicando-se 1/6 pela prática de duas infrações, 1/5 para três, 1/4 para quatro, 1/3 para cinco, 1/2 para seis e 2/3 para sete ou mais infrações.

**660.** A posse, pelo apenado, de aparelho celular ou de seus componentes essenciais constitui falta grave.

**661.** A falta grave prescinde da perícia do celular apreendido ou de seus componentes essenciais.

**662.** Para a prorrogação do prazo de permanência no sistema penitenciário federal, é prescindível a ocorrência de fato novo; basta constar, em decisão fundamentada, a persistência dos motivos que ensejaram a transferência inicial do preso.

**664.** É inaplicável a consunção entre o delito de embriaguez ao volante e o de condução de veículo automotor sem habilitação.

**668.** Não é hediondo o delito de porte ou posse de arma de fogo de uso permitido, ainda que com numeração, marca ou qualquer outro sinal de identificação raspado, suprimido ou adulterado.

**669.** O fornecimento de bebida alcoólica a criança ou adolescente, após o advento da Lei n. 13.106, de 17 de março de 2015, configura o crime previsto no art. 243 do ECA.

# Índice Alfabético-Remissivo

## A

**ABANDONO COLETIVO DE TRABALHO**
caracterização: arts. 200 e 201

**ABANDONO DE ANIMAIS**
em propriedade alheia: art. 164

**ABANDONO DE FUNÇÃO**
art. 323
com prejuízo público: art. 323, § 1.º
em faixa de fronteira: art. 323, § 2.º

**ABANDONO DE INCAPAZ**
art. 133
vítima maior de sessenta anos: art. 133, § 3.º, III

**ABANDONO DE RECÉM-NASCIDO**
art. 134

**ABANDONO INTELECTUAL**
art. 246

**ABANDONO MATERIAL**
art. 244

**ABANDONO MORAL**
art. 247

*ABERRATIO DELICTI*
art. 74

*ABERRATIO ICTUS*
art. 73

**ABOLICIONISMO PENAL**
nota 2-A, Tít. V

**ABORTO**
Vide, também, CRIMES CONTRA A VIDA
autoaborto; ou aborto consentido: art. 124
caso de estupro; legal: art. 128, II
consentido pela gestante: arts. 126 e 127
hipóteses de tentativa de aborto e de lesão ao
feto: art. 125, nota 86-A
necessário: art. 128, I
praticado por médico: art. 128
provocado por terceiro: arts. 125 e 127
qualificado: art. 127
resultante de lesão corporal: art. 129, § 3.º

**ABUSO DE AUTORIDADE**
agravante da pena: art. 61, II, *f*

**ABUSO DE CONFIANÇA**
crime de furto: art. 155, § 4.º, II

**ABUSO DE INCAPAZ**
art. 173

**ABUSO DE PODER**
agravação da pena: art. 61, II, *g*
perda de cargo, função ou mandato eletivo:
art. 92, I

**AÇÃO**
Vide CONDUTA

**AÇÃO EM CURTO-CIRCUITO**
Vide CONDUTA

**AÇÃO PENAL**
arts. 100 a 106

# Código Penal Comentado · Nucci

crime complexo: art. 101

classificação: art. 100

decadência do direito de queixa ou de representação: art. 103

do cônjuge, ascendente, descendente ou irmão: art. 100, § 4.º

e concurso de crimes: art. 101

indivisibilidade: art. 106, I

irretratabilidade da representação: art. 102

perdão; alcance: art. 106

perdão; inadmissibilidade: art. 106, § 2.º

perdão do ofendido: arts. 105, 106 e 107, V

perdão tácito; conceito: art. 106, § 1.º

prescrição: art. 109

privada: art. 100, §§ 2.º a 4.º

privada; como será promovida: art. 100, § 2.º

privada; subsidiária: art. 100, § 3.º

pública; quem a promove: art. 100, § 1.º

pública; ressalva: art. 100

pública condicionada e incondicionada: art. 100, § 1.º

pública incondicionada: art. 186, II e III

renúncia expressa ou tácita do direito de queixa: art. 104

## AÇÃO PENAL PRIVADA

crime de dano: art. 167

crime de esbulho possessório: art. 161, § 3.º

crime de exercício arbitrário das próprias razões: art. 345, parágrafo único

crime de fraude à execução: art. 179, parágrafo único

crime de induzimento ou ocultação a erro essencial: art. 236, parágrafo único

crime de introdução ou abandono de animais em propriedade alheia: art. 167

crimes contra a honra: art. 145

## AÇÃO PENAL PÚBLICA CONDICIONADA

crime de ameaça: art. 147, § 2º

crime de furto de coisa comum: art. 156, § 1.º

crime de perigo de contágio venéreo: art. 130, § 2.º

crimes contra a honra: art. 145, parágrafo único

crimes contra a inviolabilidade de correspondência: arts. 151, § 4.º, e 152, parágrafo único

crimes contra a inviolabilidade dos segredos: arts. 153, § 1.º, e 154, parágrafo único

crimes contra o patrimônio: arts. 182 a 183-A

crimes contra a propriedade intelectual: art. 186, IV

## ACIDENTE DE TRÂNSITO

pena: arts. 47, III, e 57

## ACIONISTA

negociação de voto; pena: art. 177, § 2.º

## AÇÕES

cotação falsa: art. 177, § 1.º, II

de sociedade; caução ou penhor: art. 177, § 1.º, V

de sociedade; compra e venda: art. 177, § 1.º, IV

equiparação a documento público: art. 297, § 2.º

## ACUSAÇÃO FALSA

auto: art. 341

## ADEQUAÇÃO SOCIAL, PRINCÍPIO DA

art. 14 (Vide Outras classificações do tipo penal): notas 27, alínea *h*; 27-A.

## ADMINISTRAÇÃO DA JUSTIÇA

crimes contra a: arts. 338 a 359

## ADMINISTRAÇÃO DE SOCIEDADES POR AÇÕES

fraudes e abusos na: art. 177 e §§ 1.º e 2.º

## ADMINISTRAÇÃO PÚBLICA

crimes contra a administração da justiça: arts. 338 a 359

crimes contra a administração pública: arts. 312 a 359

crimes praticados por funcionário público contra a administração em geral: arts. 312 a 327

crimes praticados por particular contra a administração em geral: arts. 328 a 337

## ADULTERAÇÃO

de alimento: art. 272

de selo ou peça filatélica: art. 303

de sinal identificador de veículo automotor: art. 311

na escrituração do Livro de Registro de Duplicatas: art. 172, parágrafo único

## ADVOCACIA ADMINISTRATIVA

art. 321

## ADVOGADO

imunidade judiciária: art. 142, I

patrocínio infiel: art. 355

sonegação de papel ou objeto de valor probatório: art. 356

## AERÓDROMO
incêndio ou explosão em: arts. 250, § 1.º, II, *d*, e 251, § 2.º

## AERONAVES BRASILEIRAS
crimes cometidos em: art. 7.º, II, *c*

extensão do território nacional: art. 5.º, § 1.º

incêndio ou explosão em: arts. 250, § 1.º, II, *c*, e 251, § 2.º

## AERONAVES ESTRANGEIRAS
crimes cometidos em: art. 5.º, § 2.º

incêndio ou explosão: arts. 250, § 1.º, II, *c*, e 251, § 2.º

## ÁGUA
envenenada; depósito: art. 270, § 1.º

potável; corrupção ou poluição: art. 271

potável; corrupção ou poluição; crime culposo: art. 271, parágrafo único

potável; envenenamento: art. 270

potável; envenenamento; crime culposo: art. 270, § 2.º

usurpação de: art. 161, §§ 1.º, I, 2.º e 3.º

## AIDS
Vide arts. 121, nota 38-A; 130, nota 16; 131, nota 24.

## ALICIAMENTO DE TRABALHADORES
de um local para outro do território nacional: art. 207

para o fim de emigração: art. 206

## ALIMENTO
adulteração: art. 272

alteração de: art. 273

alteração; crime culposo: art. 273, § 2.º

alterado; venda, exposição à venda, depósito: art. 273, § 1.º-A

bebidas; falsificação: art. 272, § 1.º

corrompido; venda, exposição à venda, depósito: art. 272, § 1.º-A

corrupção, adulteração ou falsificação: art. 272

corrupção, adulteração ou falsificação; crime culposo: art. 272, § 2.º

envenenamento de: art. 270

envenenamento de; crime culposo: art. 270, § 2.º

não pagamento de pensão alimentícia: art. 244

## AMEAÇA
art. 147

contra a mulher: art. 147, § 1º

representação: art. 147, § 2º

## ANALOGIA
utilização: art. 1.º

## ANIMAIS
abandono em propriedade alheia: art. 164

introdução em propriedade alheia: art. 164

receptação: art. 180-A

supressão ou alteração de marcas em: art. 162

## ANISTIA
extinção da punibilidade: art. 107, II

## ANTERIORIDADE DA LEI
princípio: art. 1.º

## APLICAÇÃO DA LEI PENAL
arts. 1.º a 12

anterioridade da lei: art. 1.º

contagem de prazo: art. 10

eficácia de sentença estrangeira: art. 9.º

extraterritorialidade: art. 7.º

frações não computáveis da pena: art. 11

legislação especial: art. 12

lei excepcional ou temporária: art. 3.º

lei penal no tempo: art. 2.º

lugar do crime: art. 6.º

pena cumprida no estrangeiro: art. 8.º

tempo do crime: art. 4.º

territorialidade: art. 5.º

## APLICAÇÃO DA PENA
arts. 59 a 76

## APOLOGIA DE CRIME
art. 287

## APOLOGIA DE CRIMINOSO
art. 287

## APOSTA
induzimento à: art. 174

## APROPRIAÇÃO
Vide APROPRIAÇÃO INDÉBITA

## APROPRIAÇÃO INDÉBITA
arts. 168 a 170

aplicação do art. 155, § 2.º: art. 170

## Código Penal Comentado · Nucci

apropriação de coisa achada: art. 169, parágrafo único, II

apropriação de coisa havida por erro, caso fortuito ou força da natureza: art. 169

apropriação de tesouro: art. 169, parágrafo único, I

aumento de pena; casos: art. 168, § 1.º

isenção de pena: art. 181

isenção de pena; inaplicabilidade: art. 183, I a III

previdenciária: art. 168-A

representação: art. 182

representação; inaplicabilidade: art. 183, I a III

## ARMA
Vide EMPREGO DE ARMA

## ARREBATAMENTO
de preso: art. 353

## ARREMATAÇÃO JUDICIAL
violência ou fraude em: art. 358

## ARREMESSO DE PROJÉTIL
art. 264

lesão corporal ou morte: art. 264, parágrafo único

## ARREPENDIMENTO
atenuação da pena: art. 65, III, *b*

eficaz: art. 15

posterior; diminuição da pena: art. 16

## ASCENDENTE
ação penal: art. 100, § 4.º

crime contra o: art. 61, II, *e*

crime contra o patrimônio; caso de imunidade penal: art. 181, II

crime contra os costumes: art. 226, II

crime de favorecimento pessoal; caso de imunidade penal: art. 348, § 2.º

crime de lenocínio e tráfico de pessoas: arts. 149-A, 227, § 1.º, 228, § 1.º e 230, § 1.º

crime de sequestro e cárcere privado: art. 148, § 1.º, I

## ASFIXIA
art. 121, § 2.º, III

## ASFIXIANTE – GÁS
aquisição de: art. 253

fabrico de: art. 253

fornecimento de: art. 253

posse de: art. 253

transporte de: art. 253

uso de: art. 252

uso de; crime culposo: art. 252, parágrafo único

## ASSÉDIO SEXUAL
art. 216-A

## ASSISTÊNCIA FAMILIAR
Vide, também, CRIMES CONTRA A ASSISTÊNCIA FAMILIAR

crimes contra a: arts. 244 a 247

## ASSOCIAÇÃO
crimes contra a liberdade de: art. 199

## ASSOCIAÇÃO CRIMINOSA
art. 288

armada: art. 288, parágrafo único

denúncia e redução de pena: art. 159, § 4.º

diferença de organização criminosa: art. 288

extorsão mediante sequestro; qualificadoras: art. 159, § 1.º

## ASSUNÇÃO DE OBRIGAÇÃO NO ÚLTIMO ANO DO MANDATO OU LEGISLATURA
art. 359-C

## ATENTADO
contra a liberdade de associação: art. 199

contra a liberdade de contrato de trabalho: art. 198

contra a liberdade de trabalho: art. 197

contra a segurança de outro meio de transporte: art. 262

contra a segurança de outro meio de transporte; culpa: art. 262, § 2.º

contra a segurança de outro meio de transporte; desastre como resultado: art. 262, § 1.º

contra a segurança de serviço de utilidade pública: art. 265

contra a segurança de serviço de utilidade pública; subtração de material: art. 265, parágrafo único

contra a segurança de transporte marítimo, fluvial ou aéreo: art. 261

## ATESTADO
Vide, também, ATESTADO MÉDICO FALSO

falsidade material: art. 301, § 1.º

falsidade material com o fim de lucro: art. 301, § 2.º

médico falso: art. 302

médico falso; com o fim de lucro: art. 302, parágrafo único

**ATESTADO MÉDICO FALSO**
art. 302
com o fim de lucro: art. 302, parágrafo único

**ATO LEGAL**
oposição a: art. 329

**ATO OBSCENO**
art. 233

**AUMENTO DE DESPESA TOTAL COM PESSOAL NO ÚLTIMO ANO DO MANDATO OU LEGISLATURA**
art. 359-G

**AUTOABORTO**
art. 124

**AUTOACUSAÇÃO**
falsa: art. 341

**AUTOMUTILAÇÃO**
baleia azul: nota 54-A ao art. 122
induzimento, instigação ou auxílio: art. 122
lesão corporal grave ou gravíssima: art. 122, § 1.º
morte: art. 122, § 2.º
pena até o dobro: art. 122, § 4.º
pena em dobro: art. 122, §§ 3.º e 5.º

**B**

**BAGATELA, CRIME DE**
Vide INSIGNIFICÂNCIA, PRINCÍPIO DA

**BANDO**
Vide ASSOCIAÇÃO CRIMINOSA

**BIGAMIA**
art. 235
casamento; inexistência de crime: art. 235, § 2.º
casamento com pessoa casada: art. 235, § 1.º

**BOICOTE AO TRABALHO**
art. 198

***BULLYING***
intimidação sistemática: art. 146-A

**C**

**CADÁVER**
destruição, subtração ou ocultação de: art. 211
vilipêndio de: art. 212

**CADERNETA DE DEPÓSITO**
de Caixa Econômica; falsificação: art. 293, IV

**CADERNETA DE RESERVISTA**
uso criminoso: art. 308

**CALAMIDADE PÚBLICA**
prática de crime por ocasião de: art. 61, II, *j*

**CALÚNIA**
art. 138
ação penal: art. 145
aumento de pena; crime cometido na presença de várias pessoas ou por meio que facilite a divulgação: art. 141, III
aumento de pena; crime contra funcionário público em razão de suas funções: art. 141, II
aumento de pena; crime contra pessoa maior de sessenta anos ou portadora de deficiência: art. 141, IV
aumento de pena; crimes contra o Presidente da República ou chefe de governo estrangeiro: art. 141, I
contra mortos: art. 138, § 2.º
disposições comuns: arts. 141 a 145
divulgação de falsa imputação: art. 138, § 1.º
exceção da verdade: art. 138, § 3.º
retratação: arts. 143 e 144

**CÁRCERE PRIVADO**
art. 148
qualificadoras; vítima ascendente, descendente, cônjuge do agente ou maior de sessenta anos: art. 148, § 1.º, I

**CASA**
alcance da expressão: art. 150, *caput*, §§ 4.º e 5.º

**CASA DE PROSTITUIÇÃO**
Vide, também, PROSTITUIÇÃO
manutenção: art. 229
menor de 18 anos; residência ou trabalho em: art. 247, III

## CASAMENTO
Vide, também, CRIMES CONTRA O CASA-MENTO
crimes contra o: arts. 235 a 240

## CAUSALIDADE ADEQUADA, TEORIA DA
Vide NEXO CAUSAL

## CERIMÔNIA FUNERÁRIA
impedimento ou perturbação de: art. 209

## CERIMÔNIA RELIGIOSA
impedimento ou perturbação: art. 208

## CERTIDÃO
falsa: art. 301

## CHARLATANISMO
art. 283

## CHEFE DE GOVERNO ESTRANGEIRO
crime contra a honra de: arts. 138, § 3.º, II, 141, I, e 145, parágrafo único

## CHEQUE
sem provisão de fundos: art. 171, § 2.º, VI

## CINZAS
vilipêndio de: art. 212

## CLASSIFICAÇÃO DOS CRIMES
Vide CRIME(S)

## COAÇÃO
impeditiva de suicídio: art. 146, § 3.º, II
irresistível: art. 22
no curso do processo: art. 344
resistível; circunstância: art. 65, III, c

## COAUTORIA
art. 29
agravantes aplicáveis: art. 62
impunibilidade: art. 31

## COISA ACHADA
apropriação: art. 169, II

## COISA ALHEIA
apropriação indevida: art. 168
disposição como própria: art. 171, § 2.º, I, e § 3.º

## COISA HAVIDA POR ERRO, CASO FORTUITO OU FORÇA DA NATUREZA
apropriação: art. 169

## COISA PRÓPRIA
tirar, suprimir, destruir ou danificar: art. 346

## COMÉRCIO
fraude no: art. 175

## COMINAÇÃO DAS PENAS
arts. 53 a 58

## COMUNICAÇÃO
crimes contra a segurança dos meios de comunicação e transporte e outros serviços: arts. 260 a 266

## COMUNICAÇÃO FALSA
de crime ou contravenção: art. 340

## COMUNICAÇÃO RADIOELÉTRICA
violação de: art. 151, § 1.º, II

## COMUNICAÇÃO TELEFÔNICA
violação de: art. 151, § 1.º, II

## CONCAUSA
Vide NEXO CAUSAL

## CONCORRÊNCIA
fraude, impedimento e perturbação: art. 335
violação de proposta de: art. 326

## CONCURSO
crime cometido em; denúncia por concorrente; redução da pena: art. 159, § 4.º
de crimes: arts. 69 e 70

## CONCURSO DE PESSOAS
arts. 29 a 31
agravante de pena: art. 62
autoria colateral: art. 29, § 2.º
autoria incerta: art. 29, § 2.º
autoria mediata: art. 29, § 2.º
casos de impunibilidade: art. 31
circunstâncias incomunicáveis: art. 30
conceito: art. 29
conivência: art. 29, § 2.º
cooperação dolosamente distinta: art. 29, § 2.º
cumplicidade: art. 29, § 2.º
domínio do fato, teoria do: art. 29
participação: art. 29
participação de menor importância: art. 29, § 1.º

## CONCURSO FORMAL
art. 70

## CONCURSO MATERIAL
art. 69

## CONCUSSÃO
art. 316
aumento da pena máxima: nota 75-B ao art. 316

## CONDENAÇÃO
efeitos da: arts. 91, 91-A e 92

## CONDESCENDÊNCIA CRIMINOSA
art. 320

## CONDIÇÃO NEGATIVA DE PUNIBILIDADE
art. 107

## CONDIÇÃO OBJETIVA DE PUNIBILIDADE
art. 107

## CONDICIONAL
Vide LIVRAMENTO CONDICIONAL

## CONDUTA
conceito: art. 13
ação em curto-circuito: art. 13

## CONFISCO
bens; patrimônio do condenado: art. 91-A
instrumentos e produtos do crime: art. 91, II

## CONFISSÃO
espontânea: atenuante: art. 65, III, *d*

## CONFLITO APARENTE DE NORMAS
art. 12

## CONHECIMENTO DE DEPÓSITO OU *WARRANT*
emissão irregular: art. 178

## CÔNJUGE
abandono de incapaz: art. 133, § 3.º, II
ação privada; oferecimento de queixa ou prosseguimento: art. 100, § 4.º
crime contra; circunstância agravante genérica: art. 61, II, *e*
crime contra o patrimônio: art. 181, I
de criminoso; prestação de favorecimento pessoal: art. 348, § 2.º
separado ou desquitado; crime contra o patrimônio: art. 182, I
sequestro ou cárcere privado; qualificadora: art. 148, § 1.º, I

## CONSENTIMENTO DO OFENDIDO
Vide EXCLUDENTE SUPRALEGAL DE ILICITUDE

## CONSTRANGIMENTO ILEGAL
art. 146

## CONTÁGIO
perigo de contágio venéreo: art. 130
perigo de moléstia grave: art. 131

## CONTRABANDO
art. 334-A
facilitação de: art. 318

## CONTRABANDO OU DESCAMINHO
art. 334

## CONTRATAÇÃO DE OPERAÇÃO DE CRÉDITO
art. 359-A

## CONTRAVENÇÃO
comunicação falsa de: art. 340
concurso: art. 76
falsa imputação: art. 339, § 2.º

## CONVENÇÃO: conceito
art. 5.º

## COOPERAÇÃO DOLOSAMENTE DISTINTA
Vide CONCURSO DE PESSOAS
Vide TRATADO

## CORRESPONDÊNCIA
comercial: art. 152
crimes contra a inviolabilidade de: arts. 151 e 152
destruição: art. 151, § 1.º
sonegação: art. 151, § 1.º
violação: art. 151

## CORRESPONDÊNCIA COMERCIAL
desvio, sonegação, subtração, supressão ou exposição do conteúdo: art. 152

## CORRUPÇÃO
de água potável: art. 271
de alimento ou medicamento: art. 272

## CORRUPÇÃO ATIVA
art. 333
de perito: art. 343
de testemunha: art. 343
transação comercial internacional: art. 337-B

## CORRUPÇÃO DE MENORES
art. 218
ação penal: art. 225
aumento de pena: art. 226
disposições gerais: arts. 223 a 226

## CORRUPÇÃO PASSIVA
art. 317

## CRIANÇA
crime contra; agravação da pena: art. 61, II, *h*
crimes contra a dignidade sexual; termo inicial; prazo prescricional: art. 111, V
extraviada ou abandonada; omissão de socorro: art. 135

## CRIME(S)
arts. 13 a 25
ação penal: art. 100
agente; tentativa de evitar-lhe ou minorar-lhe as consequências; atenuante da pena: art. 65, III, *b*
agravação pelo resultado: art. 19
apologia: art. 287
arrependimento eficaz: art. 15
arrependimento posterior: art. 16
classificação: Título II (Do Crime), nota 5
coação irresistível e obediência hierárquica: art. 22
cometido à traição, de emboscada, ou mediante dissimulação, ou outro recurso que dificultou ou tornou impossível a defesa do ofendido; agravação da pena: art. 61, II, *c*
cometido com abuso de autoridade ou prevalecendo-se de relações domésticas, de coabitação ou de hospitalidade; agravação da pena: art. 61, II, *f*
cometido com emprego de veneno, fogo, explosivo, tortura ou outro meio insidioso ou cruel, ou de que podia resultar perigo comum; agravação da pena: art. 61, II, *d*
cometido contra ascendente descente, irmão ou cônjuge; agravação da pena: art. 61, II, *e*
cometido contra criança, velho, enfermo e mulher grávida, agravação da pena: art. 61, II, *h*
cometido em cumprimento de ordem de autoridade superior; atenuante da pena: art. 65, III, *c*
cometido em estado de embriaguez preordenada: agravação da pena: art. 61, II, *l*
cometido em ocasião de incêndio, naufrágio ou inundação ou qualquer calamidade pública, ou desgraça particular do ofendido; agravação da pena: art. 61, II, *j*
cometido fora do território brasileiro: art. 7.º
cometido para facilitar ou assegurar a execução, ocultação, impunidade ou vantagem de outro crime; agravante da pena: art. 61, II, *b*
cometido por motivo de relevante valor social ou moral; atenuante da pena: art. 65, III, *a*
cometido por motivo fútil ou torpe; agravação da pena: art. 61, II, *a*
cometido quando o ofendido estava sob a imediata proteção da autoridade; agravação da pena: art. 61, II, *i*
cometido sob coação; atenuante da pena: art. 65, III, *c*
cometido sob coação irresistível ou por obediência hierárquica: art. 22
cometido sob influência de multidão em tumulto; atenuante da pena: art. 65, III, *e*
cometido sob influência de violenta emoção; atenuante da pena: art. 65, III, *c*
comissivo: Título II (Do Crime), nota 5
complexo: art. 101
comum: Título II (Do Crime), nota 5
comunicação falsa de: art. 340
conceito: Título II (Do Crime), nota 1
confissão da autoria; atenuante da pena: art. 65, III, *d*
consumado: art. 14, I
contravenção penal, diferenças: Título II (Do Crime), nota 3
culposo: art. 18, II
descriminantes putativas: art. 20, § 1.º
doloso: art. 18, I
erro determinado por terceiro: art. 20, § 2.º
erro evitável: art. 21, parágrafo único
erro na execução: arts. 73 e 74
erro sobre a ilicitude do fato: art. 21
erro sobre a pessoa: art. 20, § 3.º
erro sobre elementos do tipo: art. 20
estado de necessidade: art. 24
excesso punível: art. 23, parágrafo único
exclusão da ilicitude: art. 23
forma livre, de: Título II (Do Crime), nota 5
forma vinculada, de: Título II (Do Crime), nota 5
formal: Título II (Do Crime), nota 5
habitual: Título II (Do Crime), nota 5
impossível: art. 17

incitação: art. 286

instantâneo: Título II (Do Crime), nota 5

isenção ou redução da pena; incapacidade do agente: art. 26

legítima defesa: art. 25

lugar: art. 6.º

material: Título II (Do Crime), nota 1

mera conduta: Título II (Do Crime), nota 5

objetos do: Título II (Do Crime), nota 4

omissivo: Título II (Do Crime), nota 5

pena de tentativa: art. 14, parágrafo único

permanente: Título II (Do Crime), nota 5

plurissubjetivo: Título II (Do Crime), nota 5

plurissubsistente: Título II (Do Crime), nota 5

pressuposto; extinção da punibilidade: art. 108

progressivo: Título II (Do Crime), nota 5

próprio: Título II (Do Crime), nota 5

reincidência; agravação da pena: art. 61, I

relação de causalidade: art. 13

relevância da omissão: art. 13, § 2.º

remetido: Título II (Do Crime), nota 5

sujeitos do: Título II (Do Crime), nota 4

superveniência de causa independente: art. 13, § 1.º

tentado: art. 14, II

tempo do crime: momento da consumação: art. 4.º

unissubjetivo: Título II (Do Crime), nota 5

unissubsistente: Título II (Do Crime), nota 5

vago: Título II (Do Crime), nota 5

## CRIME COMPLEXO
art. 101

## CRIME CONTRA A HONRA
arts. 138 a 140

contra criança, adolescente, pessoa maior de 60 anos ou pessoa com deficiência; aumento de pena: art. 141, IV

## CRIME IMPOSSÍVEL
art. 17

## CRIMES CONTRA A ADMINISTRAÇÃO DA JUSTIÇA
arts. 338 a 359

arrebatamento de preso: art. 353

autoacusação falsa: art. 341

coação no curso do processo: art. 344

comunicação falsa de crime ou de contravenção: art. 340

denunciação caluniosa: art. 339

desobediência a decisão judicial sobre perda ou suspensão de direito: art. 359

evasão mediante violência contra a pessoa: art. 352

exercício arbitrário das próprias razões: art. 345

exploração de prestígio: art. 357

falsa perícia: art. 342

falso testemunho: art. 342

favorecimento pessoal: art. 348 e §§ 1.º e 2.º

favorecimento real: art. 349

fraude processual: art. 347

fuga de pessoa presa ou submetida a medida de segurança: art. 351

patrocínio infiel: art. 355

patrocínio simultâneo ou tergiversação: art. 355, parágrafo único

promessa de vantagem a testemunha, perito, tradutor ou intérprete: art. 343

reingresso de estrangeiro expulso: art. 338

sonegação de papel ou objeto de valor probatório: art. 356

tirar, suprimir, destruir ou danificar coisa própria: art. 346

violência ou fraude em arrematação judicial: art. 358

## CRIMES CONTRA A ADMINISTRAÇÃO PÚBLICA
arts. 312 a 359

crimes contra a administração da justiça: arts. 338 a 359

crimes praticados por funcionário público contra a administração em geral: arts. 312 a 327

crimes praticados por particular contra a administração em geral: arts. 328 a 337-A

## CRIMES CONTRA A ADMINISTRAÇÃO PÚBLICA ESTRANGEIRA
arts. 337-B a 337-D

corrupção ativa em transação comercial: art. 337-B

funcionário público: art. 337-D

tráfico de influência; transação comercial: art. 337-C

## CRIMES CONTRA A ASSISTÊNCIA FAMILIAR
arts. 244 a 247

abandono intelectual: art. 246

abandono material: art. 244

entrega de filho menor a pessoa inidônea: art. 245 e §§ 1.º e 2.º

entrega de filho menor a pessoa inidônea; envio para exterior: art. 245

entrega de filho menor a pessoa inidônea; intenção de lucro: art. 245, § 1.º, *in fine*

menor de 18 anos; frequência de casa de jogo ou mal-afamada, ou convivência com pessoa viciosa ou de má vida: art. 247, I

menor de 18 anos; frequência de espetáculo capaz de pervertê-lo ou de ofender-lhe o pudor: art. 247, II

menor de 18 anos; mendicância: art. 247, IV

menor de 18 anos; residência e trabalho em casa de prostituição: art. 247, III

pensão alimentícia; falta de pagamento: art. 244, parágrafo único

## CRIMES CONTRA A DIGNIDADE SEXUAL
arts. 213 a 234-B

crimes contra a liberdade sexual: arts. 213 a 216-A

crimes sexuais contra vulnerável: art. 217-A a 218-C

disposições gerais: arts. 223 a 226

exposição da intimidade sexual: art. 216-B

lenocínio e tráfico de pessoa para fim de prostituição ou outra forma de exploração sexual: arts. 227 a 230

ultraje público ao pudor: arts. 233 e 234

disposições gerais: arts. 234-A e 234-B

## CRIMES CONTRA A FAMÍLIA
arts. 235 a 249

crimes contra a assistência familiar: arts. 244 a 247

crimes contra o casamento: arts. 235 a 240

crimes contra o estado de filiação: arts. 241 a 243

crimes contra o pátrio poder, tutela ou curatela: arts. 248 e 249

## CRIMES CONTRA A FÉ PÚBLICA
arts. 289 a 311-A

falsidade de títulos e outros papéis públicos: arts. 293 a 295

falsidade documental: arts. 296 a 305

falsidades; outras: arts. 306 a 311

fraudes em certames de interesse público: art. 311-A

moeda falsa: arts. 289 a 292

## CRIMES CONTRA A HONRA
arts. 138 a 145

calúnia: art. 138

calúnia; aumento de pena; crime cometido na presença de várias pessoas ou por meio que facilite a divulgação: art. 141, III

calúnia; aumento de pena; crime contra funcionário público em razão de suas funções: art. 141, II

calúnia; aumento de pena; crime contra pessoa maior de sessenta anos ou portadora de deficiência: art. 141, IV

calúnia; aumento de pena; crimes contra o Presidente da República ou chefe de governo estrangeiro: art. 141, I

calúnia; aumento de pena: art. 141 e §§ 1.º a 3.º

calúnia; retratação: arts. 143 e 144

difamação: art. 139

difamação; aumento de pena; crime cometido na presença de várias pessoas ou por meio que facilite a divulgação: art. 141, III

difamação; aumento de pena; crime contra funcionário público em razão de suas funções: art. 141, II

difamação; aumento de pena; crime contra pessoa maior de sessenta anos ou portadora de deficiência: art. 141, IV

difamação; aumento de pena; crimes contra o Presidente da República ou chefe de governo estrangeiro: art. 141, I

difamação; aumento de pena: art. 141 e §§ 1.º a 3.º

difamação; exclusão do crime: art. 142 e parágrafo único

difamação; retratação: arts. 143 e 144

exceção da verdade: art. 139, parágrafo único

injúria: art. 140

injúria; aumento de pena; crime cometido na presença de várias pessoas ou por meio que facilite a divulgação: art. 141, III

injúria; aumento de pena; crime contra funcionário público em razão de suas funções: art. 141, II

injúria; aumento de pena; crime contra pessoa maior de sessenta anos ou portadora de deficiência: art. 141, IV injúria; aumento de pena; crimes contra o Presidente da República ou chefe de governo estrangeiro: art. 141, I

injúria; aumento de pena: art. 141 e §§ 1.º a 3.º

injúria; exclusão do crime: art. 142 e parágrafo único

injúria; retratação: arts. 143 e 144

queixa: art. 145

retratação: arts. 143 e 144

## CRIMES CONTRA A INCOLUMIDADE PÚBLICA

arts. 250 a 285

crimes contra a saúde pública: arts. 267 a 285

crimes contra a segurança dos meios de comunicação e transporte e outros serviços: arts. 260 a 266

crimes de perigo comum: arts. 250 a 259

## CRIMES CONTRA A INVIOLABILIDADE DE CORRESPONDÊNCIA

arts. 151 e 152

correspondência comercial; desvio, sonegação, subtração, supressão ou exposição do conteúdo: art. 152

destruição de correspondência: art. 151, § 1.º

sonegação de correspondência: art. 151, § 1.º

violação de comunicação radioelétrica: art. 151, § 1.º, II

violação de comunicação telefônica: art. 151, § 1.º, II

violação de comunicação telegráfica: art. 151, § 1.º, II

violação de correspondência: art. 151

## CRIMES CONTRA A INVIOLABILIDADE DO DOMICÍLIO

art. 150

casa; alcance da expressão: art. 150, §§ 4.º e 5.º

## CRIMES CONTRA A INVIOLABILIDADE DOS SEGREDOS

arts. 153 e 154

divulgação de segredo: art. 153

violação de segredo profissional: art. 154

## CRIMES CONTRA A LIBERDADE INDIVIDUAL

arts. 146 a 154

crimes contra a inviolabilidade de correspondência: arts. 151 e 152

crimes contra a inviolabilidade do domicílio: art. 150

crimes contra a inviolabilidade dos segredos: arts. 153 e 154

crimes contra a liberdade pessoal: arts. 146 a 149

## CRIMES CONTRA A LIBERDADE PESSOAL

arts. 146 a 149

ameaça: art. 147

constrangimento ilegal: art. 146

perseguição: art. 147-A

redução a condição análoga à de escravo: art. 149

sequestro e cárcere privado: art. 148

violência psicológica contra a mulher: art. 147-B

## CRIMES CONTRA A LIBERDADE SEXUAL

arts. 213 a 216-A

assédio sexual: art. 216-A

estupro: art. 213

estupro; ação penal: art. 225

estupro; aumento de pena: art. 226

importunação sexual: art. 215-A

violação sexual mediante fraude: art. 215

violação sexual mediante fraude; ação penal: art. 225

violação sexual mediante fraude; aumento de pena: art. 226

## CRIMES CONTRA A ORGANIZAÇÃO DO TRABALHO

arts. 197 a 207

aliciamento de trabalhadores de um local para outro do território nacional: art. 207

aliciamento para o fim de emigração: art. 206

atentado contra a liberdade: art. 197

atentado contra a liberdade de associação: art. 199

atentado contra a liberdade de contrato de trabalho e de boicotagem violenta: art. 198

exercício de atividade com infração de decisão administrativa: art. 205

frustração de direito assegurado por lei trabalhista: art. 203

frustração de lei sobre nacionalização do trabalho: art. 204

invasão de estabelecimento industrial, comercial ou agrícola; sabotagem: art. 202

paralisação de trabalho de interesse coletivo: art. 201

paralisação de trabalho seguida de violência ou perturbação da ordem: art. 200

## CRIMES CONTRA A PAZ PÚBLICA

arts. 286 a 288-A

incitação pública de animosidade entre as Forças Armadas e outros poderes constitucionais: art. 286, parágrafo único

apologia de crime ou criminoso: art. 287

incitação ao crime: art. 286

associação criminosa: art. 288

associação criminosa armada: art. 288, parágrafo único

## CRIMES CONTRA A PESSOA

arts. 121 a 154

crimes contra a honra: arts. 138 a 145

crimes contra a inviolabilidade de correspondência: arts. 151 e 152

crimes contra a inviolabilidade do domicílio: art. 150

crimes contra a inviolabilidade dos segredos: arts. 153 e 154

crimes contra a liberdade individual: arts. 146 a 154

crimes contra a liberdade pessoal: arts. 146 a 149

crimes contra a vida: arts. 121 a 128

lesões corporais: art. 129

periclitação da vida e da saúde: arts. 130 a 136

rixa: art. 137

## CRIMES CONTRA A PROPRIEDADE IMATERIAL

arts. 184 a 186

violação de direito autoral: art. 184

violação de direito autoral; qualificadoras: 184, §§ 1.º a 3.º

## CRIMES CONTRA A PROPRIEDADE INTELECTUAL

arts. 184 a 186

violação de direito autoral: art. 184

violação de direito autoral; qualificadoras: 184, §§ 1.º a 3.º

## CRIMES CONTRA A SAÚDE PÚBLICA

arts. 267 a 285

água ou substância envenenada em depósito: art. 270, § 1.º

alteração de substância alimentícia ou medicinal: art. 273

alteração de substância alimentícia ou medicinal; crime culposo: art. 273, § 2.º

charlatanismo: art. 283

corrupção, adulteração ou falsificação de substância alimentícia: art. 272

corrupção, adulteração ou falsificação de substância alimentícia; crime culposo: art. 270, § 2.º

corrupção ou poluição de água potável: art. 271

corrupção ou poluição de água potável; crime culposo: art. 271, parágrafo único

curandeirismo: art. 284

curandeirismo; prática mediante remuneração: art. 284, parágrafo único

emprego de processo proibido ou de substância não permitida: arts. 274 e 276

envenenamento de água potável ou de substância alimentícia ou medicinal: art. 270

envenenamento de água potável ou de substância alimentícia ou medicinal; crime culposo: art. 270, § 2.º

epidemia: art. 267

epidemia com resultado morte: art. 267, § 1.º

epidemia; culpa: art. 267, § 2.º

exercício ilegal de medicina, arte dentária ou farmacêutica: art. 282

exercício ilegal de medicina, arte dentária ou farmacêutica; com o fim de lucro: art. 282, parágrafo único

infração de medida sanitária preventiva: art. 268

infração de medida sanitária preventiva; caso de aumento de pena: art. 268, parágrafo único

invólucro ou recipiente com falsa indicação: arts. 275 e 276

medicamento em desacordo com receita médica: art. 280

medicamento em desacordo com receita médica; crime culposo: art. 280, parágrafo único

omissão de notificação de doença: art. 269

outras substâncias nocivas à saúde pública: art. 278

substância alimentícia ou medicinal alterada; venda, exposição à venda, depósito: art. 273, § 1.º

substância alimentícia ou medicinal corrompida; venda, exposição à venda, depósito: art. 272, § 1.º

substância destinada à falsificação: art. 277

substâncias nocivas à saúde; modalidade culposa: art. 278, parágrafo único

## CRIMES CONTRA A SEGURANÇA DOS MEIOS DE COMUNICAÇÃO E TRANSPORTE E OUTROS SERVIÇOS PÚBLICOS

arts. 260 a 266

arremesso de projétil: art. 264

arremesso de projétil; lesão corporal ou morte: art. 264, parágrafo único

atentado contra a segurança de outro meio de transporte: art. 262

atentado contra a segurança de outro meio de transporte; culpa: art. 262, § 2.º

atentado contra a segurança de outro meio de transporte; desastre como resultado: art. 262, § 1.º

atentado contra a segurança de serviço de utilidade pública: art. 265

atentado contra a segurança de serviço de utilidade pública; subtração de material: art. 265, parágrafo único

atentado contra a segurança de transporte marítimo, fluvial ou aéreo: art. 261

desastre ferroviário; culpa: art. 260, § 2.º

desastre ferroviário; lesão corporal ou morte: art. 263

estrada de ferro; conceito: art. 260, § 3.º

interrupção ou perturbação de serviço telegráfico ou telefônico: art. 266

interrupção ou perturbação de serviço telegráfico ou telefônico; por ocasião de calamidade pública: art. 266, parágrafo único

perigo de desastre ferroviário: art. 260

sinistro em transporte marítimo, fluvial ou aéreo: art. 261, § 1.º

sinistro em transporte marítimo, fluvial ou aéreo; lesão corporal ou morte: art. 263

sinistro em transporte marítimo, fluvial ou aéreo; modalidade culposa: art. 261, § 3.º

sinistro em transporte marítimo, fluvial ou aéreo; prática do crime com o fim de lucro: art. 261, § 2.º

## CRIMES CONTRA AS FINANÇAS PÚBLICAS

arts. 359-A a 359-H

## CRIMES CONTRA AS INSTITUIÇÕES DEMOCRÁTICAS

arts. 359-L e 359-M

abolição violenta do Estado Democrático de Direito: art. 359-L

golpe de Estado: art. 359-M

## CRIMES CONTRA A SOBERANIA NACIONAL

arts. 359-I a 359-K

atentado à soberania: art. 359-I

atentado à integridade nacional: art. 359-J

espionagem: art. 359-K

## CRIMES CONTRA A VIDA

arts. 121 a 128

aborto necessário: art. 128, I

aborto no caso de gravidez resultante de estupro: art. 128, II

aborto praticado por médico: art. 128

aborto provocado (por terceiro) com consentimento da gestante: arts. 126 e 127

aborto provocado pela gestante ou com seu consentimento: art. 124

aborto provocado por terceiro: arts. 125 e 127

causa de aumento referente ao dobro da pena: nota 64-D ao art. 122, § 4.º

crime de menor potencial ofensivo: nota 63-B ao art. 122

contra agente estatal: art. 121, VII

feminicídio: art. 121-A

homicídio contra menor de 14 anos: art. 121, § 2.º, IX

homicídio contra menor de 14 anos com aumento de pena: art. 121, § 2.º-B

homicídio culposo: arts. 121, § 3.º

homicídio culposo com aumento de pena: art. 121, § 4.º

homicídio qualificado: art. 121, § 2.º

homicídio simples: art. 121

homicídio simples com diminuição de pena: art. 121, § 1.º

induzimento, instigação ou auxílio a suicídio ou a automutilação: art. 122

infanticídio: art. 123

lesão grave ou gravíssima: nota 63-C ao art. 122, § 1.º

perdão judicial no homicídio: art. 121, § 5.º

vítima menor ou com resistência diminuída: nota 65 ao art. 122, § 7.º

## CRIMES CONTRA O CASAMENTO

arts. 235 a 239

bigamia: art. 235

casamento; inexistência de crime: art. 235, § 2.º

casamento com pessoa casada: art. 235, § 1.º

conhecimento prévio de impedimento: art. 237

induzimento a erro essencial e ocultação de impedimento: art. 236

induzimento a erro essencial e ocultação de impedimento; ação penal: art. 236, parágrafo único

simulação de autoridade para celebração de casamento: art. 238

simulação de casamento: art. 239

## CRIMES CONTRA O ESTADO DE FILIAÇÃO

arts. 241 a 243

parto suposto; supressão ou alteração de direito inerente ao estado civil de recém-nascido: art. 242

parto suposto; supressão ou alteração de direito inerente ao estado civil de recém-nascido; motivo de reconhecida nobreza: art. 242, parágrafo único

registro de nascimento inexistente: art. 241

sonegação de estado de filiação: art. 243

## CRIMES CONTRA O ESTADO DEMOCRÁTICO DE DIREITO

arts. 359-I a 359-T

crimes contra a soberania nacional: arts. 359-I a 359-K

crimes contra as instituições democráticas: arts. 359-L e 359-M

crimes contra o funcionamento das instituições democráticas no processo eleitoral: arts. 359-N a 359-P

crimes contra o funcionamento dos serviços essenciais: art. 359-R

## CRIMES CONTRA O FUNCIONAMENTO DAS INSTITUIÇÕES DEMOCRÁTICAS NO PROCESSO ELEITORAL

arts. 359-N a 359-P

interrupção do processo eleitoral: art. 359-N

violência política: art. 359-P

## CRIMES CONTRA O FUNCIONAMENTO DOS SERVIÇOS ESSENCIAIS

sabotagem: art. 359-R

## CRIMES CONTRA O PATRIMÔNIO

arts. 155 a 183-A

apropriação indébita: arts. 168 a 170

dano: arts. 163 a 167

disposições gerais: arts. 181 a 183-A

estelionato e outras fraudes: arts. 171 a 179

extorsão e roubo: arts. 157 a 160

furto: arts. 155 e 156

instituição financeira: art. 183-A

receptação: art. 180

serviço de segurança privada: art. 183-A

usurpação: arts. 161 e 162

## CRIMES CONTRA O PÁTRIO PODER, TUTELA OU CURATELA

arts. 248 e 249

induzimento a fuga, entrega arbitrária ou sonegação de incapazes: art. 248

subtração de incapaz; pai tutor ou curador: art. 249, § 1.º

subtração de incapaz; restituição: art. 249, § 2.º

subtração de incapazes: art. 249

## CRIMES CONTRA O RESPEITO AOS MORTOS

arts. 209 a 212

destruição, subtração ou ocultação de cadáver: art. 211

impedimento ou perturbação de cerimônia funerária: art. 209

vilipêndio a cadáver: art. 212

violação de sepultura: art. 210

## CRIMES CONTRA O SENTIMENTO RELIGIOSO E CONTRA O RESPEITO AOS MORTOS

arts. 208 a 212

crimes contra o respeito aos mortos: arts. 209 a 212

crimes contra o sentimento religioso: art. 208

ultraje a culto e impedimento ou perturbação de ato a ele relativo: art. 208

## CRIMES CULPOSOS

conceito: art. 18, II

de trânsito; aplicação de pena de interdição: art. 57

pena de multa, aplicação: art. 58, parágrafo único

penas privativas de liberdade; substituição: art. 44, § 2.º

penas restritivas de direitos; aplicação: art. 54

## CRIMES DE PERIGO COMUM

arts. 250 a 259

aquisição de explosivos ou gás tóxico ou asfixiante: art. 253

desabamento ou desmoronamento: art. 256

desabamento ou desmoronamento; crime culposo: art. 256, parágrafo único

difusão de doença ou praga: art. 259

difusão de doença ou praga; modalidade culposa: art. 259, parágrafo único

explosão: art. 251

explosão; aumento de pena: art. 251, § 2.º

explosão; modalidade culposa: art. 251, § 3.º

explosão; substância utilizada diversa da dinamite ou explosivo de efeitos análogos: art. 251, § 1.º

fabrico de explosivos ou gás tóxico ou asfixiante: art. 253

formas qualificadas de: art. 258

fornecimento de explosivos, gás tóxico ou asfixiante: art. 253

incêndio: art. 250

incêndio com aumento de pena: art. 250, § 1.º

incêndio culposo: art. 250, § 2.º

inundação: art. 254

perigo de inundação: art. 255

posse de explosivos ou gás tóxico ou asfixiante: art. 253

subtração, ocultação ou inutilização de material de salvamento: art. 257

transporte de explosivos, gás tóxico ou asfixiante: art. 253

uso de gás tóxico ou asfixiante: art. 252

uso de gás tóxico ou asfixiante; crime culposo: art. 252, parágrafo único

## CRIMES DE TRÂNSITO

culposos; aplicação da pena de interdição: art. 57

## CRIMES DOLOSOS

conceito: art. 18, I

contra vítimas diferentes, cometidos com violência ou grave ameaça à pessoa; aumento da pena: art. 71, parágrafo único

prática com a utilização de veículo; efeito da condenação; inabilitação: art. 92, III

sujeitos à pena de reclusão, cometidos contra filho, tutelado ou curatelado; efeitos da condenação: art. 92, II

## CRIMES EM LICITAÇÕES E CONTRATOS ADMINISTRATIVOS

arts. 337-E a 337-P

afastamento de licitante: art. 337-K

contratação direta ilegal: art. 337-E

contratação inidônea: art. 337-M

fraude em licitação ou contrato: art. 337-L

frustração do caráter competitivo de licitação: art. 337-F

impedimento indevido: art. 337-N

modificação ou pagamento irregular em contrato administrativo: art. 337-H

omissão grave de dado ou de informação por projetista: art. 337-O

patrocínio de contratação indevida: art. 337-G

perturbação de processo licitatório: art. 337-I

violação de sigilo em licitação: art. 337-J

## CRIMES PERMANENTES

prescrição; termo inicial: art. 111, III

## CRIMES PRATICADOS POR FUNCIONÁRIO PÚBLICO CONTRA A ADMINISTRAÇÃO EM GERAL

arts. 312 a 327

abandono de função: art. 323

abandono de função com prejuízo público: art. 323, § 1.º

abandono de função em faixa de fronteira: art. 323, § 2.º

advocacia administrativa: art. 321

concussão: art. 316

condescendência criminosa: art. 320

corrupção passiva: art. 317

emprego irregular de verba ou rendas públicas: art. 315

excesso de exação: art. 316, §§ 1.º e 2.º

exercício funcional ilegalmente antecipado ou prolongado: art. 324

extravio, sonegação ou inutilização de livro ou documento: art. 314

facilitação de contrabando ou descaminho: art. 318

funcionário público; definição para efeitos penais: art. 327

funcionário público; definição para efeitos penais; equiparados: art. 327, § 1.º

funcionário público; definição para efeitos penais; ocupantes de cargos em comissão ou

de função de direção ou assessoramento: art. 327, § 2.º
peculato: art. 312
peculato culposo: art. 312, §§ 2.º e 3.º
peculato mediante erro de outrem: art. 313
prevaricação: art. 319
violação de sigilo funcional: art. 325
violação de sigilo ou proposta de concorrência: art. 326
violência arbitrária: art. 322

**CRIMES PRATICADOS POR PARTICULAR CONTRA A ADMINISTRAÇÃO EM GERAL**
arts. 328 a 337-A
contrabando: art. 334-A
corrupção ativa: art. 333
desacato: art. 331
descaminho: art. 334
desobediência: art. 330
edital; inutilização: art. 336
fraude de concorrência: art. 335
impedimento de concorrência: art. 335
inutilização de livro ou documento: art. 337
inutilização de sinal: art. 336
perturbação de concorrência: art. 335
resistência: art. 329 e §§ 1.º e 2.º
sonegação de contribuição previdenciária: art. 337-A
subtração de livro ou documento: art. 337
tráfico de influência: art. 332
usurpação de função: art. 328
usurpação de função com vantagem: art. 328, parágrafo único

**CRIMES QUALIFICADOS PELO RESULTADO**
art. 19

**CULPABILIDADE, CONCEITO**
art. 22
princípio: Vide nota 1-F ao Título I

**CULTO RELIGIOSO**
ultraje a culto e impedimento ou perturbação de ato a ele relativo: art. 208

**CURADOR**
incapacidade para o exercício da curatela: art. 92, II
subtração de incapaz: art. 249

**CURATELA**
Vide, também, CRIMES CONTRA O PÁTRIO PODER, TUTELA OU CURATELA
crimes contra o pátrio poder, tutela ou curatela: arts. 248 e 249
incapacidade para o exercício: art. 92, II

**CYBERBULLYING**
intimidação sistemática vitual: art. 146-A, parágrafo único

**DANO**
arts. 163 a 167
alteração de local especialmente protegido: art. 166
crime de, conceito: Título II (Do Crime), nota 1
em coisa de valor artístico, arqueológico ou histórico art. 165
introdução ou abandono de animais em propriedade alheia: art. 164
introdução ou abandono de animais em propriedade alheia; ação penal: art. 167
isenção de pena: art. 181
isenção de pena; inaplicabilidade: art. 183, I a III
qualificado: art. 163, parágrafo único
qualificado; ação penal: art. 167
representação: art. 182
representação; inaplicabilidade: art. 183, I a III
simples: art. 163

**DECADÊNCIA**
do direito de queixa ou de representação: art. 103
extinção da punibilidade: art. 107, IV

**DECISÃO ADMINISTRATIVA**
exercício de atividade com infração de: art. 205

**DECISÃO JUDICIAL**
desobediência a: art. 359

**DEFICIENTE MENTAL**
crimes contra a dignidade sexual de vulnerável: art. 217-A a 218-B

**DEFORMIDADE**
permanente; lesão corporal causadora de: art. 129, § 2.º, IV

## DEFRAUDAÇÃO DE PENHOR
art. 171, § 2.º, III

## DENTISTA
exercício ilegal da profissão de: art. 282
infração de medida sanitária preventiva: art. 268

## DENÚNCIA
ação de iniciativa privada; não oferecimento pelo Ministério Público: art. 100, § 3.º
arrependimento posterior: art. 16
interrupção da prescrição: art. 117, I
irretratabilidade da representação: art. 102

## DENUNCIAÇÃO CALUNIOSA
art. 339

## DESABAMENTO
art. 256
crime culposo: art. 256, parágrafo único

## DESACATO
art. 331

## DESASTRE FERROVIÁRIO
art. 260, § 1.º
culpa: art. 260, § 2.º
lesão corporal ou morte: art. 263
perigo de: art. 260

## DESCAMINHO
art. 334
facilitação: art. 318
mediante transporte aéreo, marítimo ou fluvial: art. 334, § 3.º

## DESCENDENTE
ação penal pelo: art. 100, § 4.º
circunstância agravante: art. 61, II, *e*
crime contra o patrimônio: art. 181, II
crime de cárcere privado: art. 148, § 1.º, I
crime de favorecimento pessoal: art. 348, § 2.º
crime de lenocínio: arts. 227, § 1.º, 228, § 1.º
crime de sequestro e cárcere privado: art. 148, § 1.º, I
crime de tráfico de pessoas: 149-A e 213-A
prestação de favorecimento pessoal: art. 348, § 2.º
queixa; oferecimento e prosseguimento na ação penal privada; morte do ofendido: art. 100, § 4.º

## DESCONHECIMENTO DE LEI
atenuante: art. 65, II

## DESCRIMINANTE PUTATIVA
noção de: art. 20, § 1.º

## DESISTÊNCIA VOLUNTÁRIA
art. 15

## DESMORONAMENTO
art. 256
crime culposo: art. 256, parágrafo único

## DESOBEDIÊNCIA
art. 330
da decisão judicial sobre perda ou suspensão de direito: art. 359

## DESPESAS
falta de recursos para responder a: art. 176

## DESTRUIÇÃO DE CADÁVER
art. 211

## DESTRUIÇÃO DE CORRESPONDÊNCIA
art. 151, § 1.º, I

## DETRAÇÃO
art. 42
conceito: art. 42
multa, relação com: art. 42
prisão provisória, relação com: art. 42
regime inicial, relação com: art. 42
suspensão condicional da pena, relação com: art. 42

## DEVER LEGAL
estrito cumprimento do: art. 23, III

## DIFAMAÇÃO
art. 139
ação penal: art. 145
causas de aumento de pena: art. 141
causas de aumento de pena; crime cometido na presença de várias pessoas ou por meio que facilite a divulgação: art. 141, III
causas de aumento de pena; crime contra funcionário público em razão de suas funções: art. 141, II
causas de aumento de pena; crime contra pessoa maior de sessenta anos ou portadora de deficiência: art. 141, IV

causas de aumento de pena; crimes contra o Presidente da República ou chefe de governo estrangeiro: art. 141, I

exceção da verdade: art. 139, parágrafo único

exclusão de crime: art. 142

pedido de explicação: art. 144

retratação: art. 143

## DIGNIDADE DA PESSOA HUMANA
princípio da, ver a nota 1-F ao Título I

## DIREITO DE QUEIXA
decadência: art. 103

renúncia: art. 104

## DIREITO PENAL MÍNIMO
nota 2-A, Tít. V

## DIREITO PENAL MÁXIMO
nota 2-C, Tít. V

## DIREITO TRABALHISTA
frustração de direito assegurado por lei trabalhista: art. 203

## DIREITOS DO INTERNADO
art. 99

## DIREITOS DO PRESO
art. 38

## DIVULGAÇÃO DE SEGREDO
art. 153

## DOCUMENTO
falsidade documental: arts. 296 a 305

inutilização de: art. 337

subtração de: art. 337

supressão de: art. 305

## DOCUMENTO FALSO
uso: art. 304

## DOCUMENTOS PÚBLICOS
equiparados: art. 297, § 2.º

falsificação de: art. 297

falsificação por funcionário público: art. 297, § 1.º

## DOENÇA
difusão de: art. 259

difusão de; modalidade culposa: art. 259, parágrafo único

mental: conceito, art. 26

necessidade de perícia: art. 26

omissão de notificação; médico: art. 269

## DOLO
conceito: art. 18, I

direto: art. 18, I

eventual: art. 18, I

exclusão; erro sobre elementos do tipo legal do crime: art. 20, *caput*

## DOMICÍLIO
Vide, também, CRIMES CONTRA A INVIOLABILIDADE DO DOMICÍLIO

casa; alcance da expressão: art. 150, §§ 4.º e 5.º

violação de: art. 150

## DUPLICATA SIMULADA
art. 172

## DUPLICATAS
falsificação ou adulteração na escrituração do Livro de Registro de: art. 172, parágrafo único

## E

## EDITAL
inutilização de: art. 336

## EFEITOS DA CONDENAÇÃO
arts. 91, 91-A e 92

## EMBOSCADA
arts. 61, II, *c*, e 121, § 2.º, IV

circunstância agravante de pena: art. 61, II, *c*

homicídio qualificado: art. 121, § 2.º, IV

## EMBRIAGUEZ
art. 28, II

*actio libera in causa*, teoria da: art. 28, II

conceito: art. 28, II

diagnóstico: art. 28, II

preordenada; circunstância agravante de pena: art. 61, II, *l*

## EMIGRAÇÃO
aliciamento para o fim de: art. 206

## EMOÇÃO
art. 28, I

## EMPREGO DE ARMA
arma branca; violência ou ameaça; aumento de pena: art. 157, § 2.º, VII

associação criminosa: art. 288, parágrafo único

de fogo: art. 157, § 2.º-A, I

emprego de arma de fogo de uso restrito ou proibido: nota 28-F ao art. 157, § 2.º-B

na extorsão: art. 158, § 1.º

na violação de domicílio: art. 150, § 1.º

no constrangimento ilegal: art. 146, § 1.º

no roubo: art. 157, § 2.º, I

## EMPREGO IRREGULAR DE VERBAS OU RENDAS PÚBLICAS
art. 315

## ENERGIA ELÉTRICA
furto de: art. 155, § 3.º

## ENFERMEIRO
infração de medida sanitária preventiva: art. 268, parágrafo único

## ENFERMO
circunstância agravante de pena: art. 61, II, *h*

## ENRIQUECIMENTO ILÍCITO
art. 91-A

verificação do patrimônio irregular: nota 4-I ao art. 91-A

patrimônio do sentenciado: nota 4-J ao art. 91-A, § 1.º

perda dos instrumentos do crime: nota 4-N ao art. 91-A, § 5.º

## ENTREGA DA COISA
fraude na: art. 171, § 2.º, IV

## ENVENENAMENTO DE ÁGUA POTÁVEL
art. 270

## ENVENENAMENTO DE ALIMENTO
art. 270

## EPIDEMIA
art. 267

com morte: art. 267, § 1.º

culpa: art. 267, § 2.º

## EQUIVALÊNCIA DOS ANTECEDENTES, TEORIA DA
Vide NEXO CAUSAL

## ERRO DE PROIBIÇÃO
art. 21

## ERRO DE TIPO
art. 20

erro essencial e erro acidental: art. 20

## ESBULHO POSSESSÓRIO
art. 161, §§ 1.º, II, 2.º e 3.º

isenção de pena: art. 181

isenção de pena; inaplicabilidade: art. 183, I a III

representação: art. 182

representação; inaplicabilidade: art. 183, I a III

## ESCÁRNIO
motivo religioso: art. 208

## ESCRAVIDÃO
redução a condição análoga à de escravo: art. 149

## ESCRITO OU OBJETO OBSCENO
art. 234

## ESCUSA ABSOLUTÓRIA
art. 107

## ESPAÇO AÉREO
conceito: art. 5.º

## ESPÉCIES DE PENAS
art. 32

## ESPONTANEIDADE
Vide DESISTÊNCIA VOLUNTÁRIA

## ESTABELECIMENTO AGRÍCOLA, COMERCIAL OU INDUSTRIAL
invasão de: art. 202

## ESTABELECIMENTO DE SEGURANÇA MÁXIMA OU MÉDIA
execução da pena; regime fechado: art. 33, § 1.º, *a*

## ESTABELECIMENTO INDUSTRIAL
invasão de: art. 202

## ESTAÇÃO FERROVIÁRIA
incêndio ou explosão: arts. 250, § 1.º, II, *d*, e 251, § 2.º

## ESTADO DE FILIAÇÃO
Vide CRIMES CONTRA O ESTADO DE FILIAÇÃO

crimes contra o: arts. 241 a 243

## ESTADO DE NECESSIDADE
arts. 23, I, e 24

conceito: art. 24

exculpante: art. 24

putativo: art. 20, § 1.º

## ESTALEIRO
explosão em: art. 251, § 2.º

incêndio em: art. 250, § 1.º, II, *e*

## ESTAMPILHA
falsificação: art. 293, I

## ESTELIONATO E OUTRAS FRAUDES
art. 171 a 179

ação pública incondicionada: nota 68-C ao art. 171, § 5.º

abuso de incapazes: art. 173

alienação ou oneração fraudulenta de coisa própria: art. 171, § 2.º, II

alteração de obra: art. 175, §§ 1.º e 2.º

causa de aumento de pena: art. 171, §§ 2.º-B, 3.º e 4.º

causa de diminuição de pena: art. 171, § 1.º

contra idoso: art. 171, § 4.º

contra vulnerável: art. 171, § 4.º

crime de bagatela: art. 171

criminoso primário e de pequeno valor o prejuízo: art. 171, § 1.º

defraudação de penhor: art. 171, § 2.º, III

disposição de coisa alheia como própria: art. 171, § 2.º, I

duplicata simulada: art. 172

emissão irregular de conhecimento de depósito ou *warrant*: art. 178

falsificação ou adulteração na escrituração do Livro de Registro de Duplicatas: art. 172

falta de recurso para pagar gastos: art. 176

fraude à execução: art. 179

fraude com a utilização de ativos virtuais, valores mobiliários ou ativos financeiros: art. 171-A

fraude eletrônica: art. 171, § 2.º-A

fraude na entrega de coisa: art. 171, § 2.º, IV

fraude no comércio: art. 175

fraude no pagamento por meio de cheque: art. 171, § 2.º, VI

fraude para recebimento de indenização ou valor de seguro: art. 171, § 2.º, V

fraudes e abusos na fundação ou administração de sociedade por ações: art. 177

induzimento à especulação: art. 174

isenção de pena: art. 181

isenção de pena; inaplicabilidade: art. 183, I a III

representação: art. 182

representação; inaplicabilidade: art. 183, I a III

## ESTRADA DE FERRO
Vide, também, ATENTADO

conceito: art. 260, § 3.º

## ESTRANGEIRO
crime cometido por brasileiro no; sujeição à lei brasileira: art. 7.º, II, *b*

expulso; reingresso: art. 338

fraude de lei sobre: art. 309

ingresso irregular; falsa identidade: art. 310

uso de nome que não é seu: art. 309

## ESTRITO CUMPRIMENTO DO DEVER LEGAL
art. 23, III

conceito: art. 23, III

## ESTUPRO
art. 213

aborto no caso de gravidez resultante de: art. 128, II

ação penal: art. 225

aumento de pena: art. 226

coletivo: art. 226, IV, *a*

corretivo: art. 226, IV, *b*

## EUTANÁSIA
art. 121, nota 15

## EVASÃO
de condenado; prescrição: art. 113

mediante violência contra a pessoa: art. 352

## EXAÇÃO
excesso de: art. 316, §§ 1.º e 2.º

## EXAME
verificação de cessação de periculosidade: art. 97, § 2.º

## EXAME CRIMINOLÓGICO
para início do cumprimento da pena em regime fechado: art. 34, *caput*

para início do cumprimento da pena em regime semiaberto: art. 35, *caput*

para progressão de regime: art. 33, nota 21-A

## EXAURIMENTO DO CRIME
art. 14, I

## EXCEÇÃO DA VERDADE
no crime de calúnia: art. 138, § 3.º

no crime de difamação: art. 139, parágrafo único

## EXCESSO DE EXAÇÃO
art. 316, §§ 1.º e 2.º

## EXCESSOS NAS EXCLUDENTES
art. 23, parágrafo único

## EXCLUDENTE SUPRALEGAL DE ILICITUDE
art. 23

## EXCLUSÃO
de antijuridicidade: art. 23
de ilicitude: art. 23
de imputabilidade: arts. 26 e 27

## EXECUÇÃO
fraude à: art. 179

## EXECUÇÃO PROVISÓRIA DA PENA
Vide PRESO(S)

## EXERCÍCIO ARBITRÁRIO
das próprias razões: art. 345

## EXERCÍCIO ILEGAL DE MEDICINA
art. 282
com o fim de lucro: art. 282, parágrafo único

## EXERCÍCIO REGULAR DE DIREITO
art. 23, III
conceito: art. 23, III

## EXPLORAÇÃO DE PRESTÍGIO
art. 357

## EXPLORAÇÃO SEXUAL
arts. 218-B, 228, 229

## EXPLOSÃO
art. 251
com intuito de vantagem: art. 251, § 2.º

## EXPLOSIVOS
aquisição de: art. 253
circunstância agravante de pena: art. 61, II, *d*
fabrico de: art. 253
fornecimento de: art. 253
homicídio qualificado: art. 121, § 2.º, III
posse de: art. 253
transporte de: art. 253

## EXPOSIÇÃO DA INTIMIDADE SEXUAL
ação penal: art. 216-B, nota 71-B
registro não autorizado: art. 216-B

## EXTINÇÃO DA PENA
livramento condicional: arts. 89 e 90

## EXTINÇÃO DA PUNIBILIDADE
arts. 107 a 120
anistia: art. 107, II
causas de: art. 107
causas impeditivas da prescrição: art. 116
causas interruptivas da prescrição: art. 117
crime pressuposto: art. 108
crimes conexos: art. 108
decadência: art. 107, IV
graça: art. 107, II
indulto: art. 107, II
medidas de segurança: art. 96, parágrafo único
morte do agente: art. 107, I
não extensão; casos de: art. 108
noção de: art. 107
ocorrência; casos: art. 107
perdão do ofendido: art. 107, V
perdão judicial: arts. 107, IX, e 120
perempção: art. 107, IV
prescrição: arts. 107, IV, e 109 a 118
prescrição antes de transitar em julgado a sentença: art. 109
prescrição da multa: art. 114
prescrição das penas mais leves: art. 119
prescrição das penas restritivas de direito: art. 109, parágrafo único
prescrição no caso de evasão do condenado ou de revogação do livramento condicional: art. 113
redução dos prazos de prescrição: art. 115
renúncia do ofendido: art. 107, V
ressarcimento do dano no peculato culposo: art. 312, § 2.º
retratação do agente: art. 107, VI
retroatividade da lei: art. 107, III
término da pessoa jurídica: art. 107, nota 9-B
termo inicial da prescrição antes de transitar em julgado a sentença final: art. 111
termo inicial da prescrição após a sentença condenatória irrecorrível: art. 112

## EXTORSÃO
arts. 157 a 160
com lesão corporal grave: art. 159, § 2.º
com morte: art. 159, § 3.º
cometida em associação criminosa: art. 159, § 4.º
indireta: art. 160

isenção de pena: art. 181

isenção de pena; inaplicabilidade: art. 183, I a III

mediante sequestro: art. 159 e §§ 1.º a 4.º

mediante "sequestro relâmpago": art. 158, § 3.º

mediante violência: art. 158, § 2.º

representação: art. 182

representação; inaplicabilidade: art. 183, I a III

## EXTRADIÇÃO
art. 7.º

## EXTRATERRITORIALIDADE
art. 7.º

## EXTRATIVIDADE DE LEI
art. 2.º

combinação de leis: art. 2.º

competência para aplicação da lei benéfica: art. 2.º

lei intermediária, aplicação: art. 2.º

lei processual penal, aplicação: art. 2.º

## F

## FALSA PERÍCIA
art. 342

## FALSIDADE
da moeda: arts. 289 a 292

## FALSIDADE DE TÍTULOS E OUTROS PAPÉIS PÚBLICOS
arts. 293 a 295

## FALSIDADE DOCUMENTAL
arts. 296 a 305

atestado; falsidade material: art. 301, § 1.º

atestado; falsidade material com o fim de lucro: art. 301 § 2.º

atestado falso: art. 301

atestado médico falso: art. 302

atestado médico falso com o fim de lucro: art. 302, parágrafo único

cartão: art. 298, parágrafo único

certidão; falsidade material: art. 301, § 1.º

certidão; falsidade material com o fim de lucro: art. 301, § 2.º

certidão falsa: art. 301

documento; supressão: art. 305

documento falso; uso: art. 304

documentos públicos; equiparados: art. 297, § 2.º

falsidade ideológica: art. 299

falsidade ideológica; funcionário público: art. 299, parágrafo único

falsificação de documento público: art. 297

falsificação de documento público; funcionário público: art. 297, § 1.º

falsificação do selo ou sinal público: art. 296

falso reconhecimento de firma ou letra: art. 300

peça filatélica; reprodução ou adulteração: art. 303

peça filatélica; reprodução ou adulteração com o fim de comércio: art. 303, parágrafo único

selo; reprodução ou adulteração: art. 303

selo; reprodução ou adulteração com o fim de comércio: art. 303, parágrafo único

uso de selo ou sinal falsificado: art. 296, § 1.º, I

utilização indevida de selo ou sinal verdadeiro: art. 296, § 1.º, II

utilização indevida de selo ou sinal verdadeiro; funcionário público: art. 296, § 2.º

## FALSIDADE IDEOLÓGICA
art. 299

funcionário público: art. 299, parágrafo único

## FALSIDADES
crimes contra a fé pública: arts. 306 a 311-A

## FALSIFICAÇÃO
de documento público: art. 297

de documento público por funcionário público: art. 297, § 1.º

de sinal ou marca empregada pelo poder público: art. 306

do selo ou sinal público: art. 296

na escrituração do Livro de Registro de Duplicatas: art. 172, parágrafo único

## FALSO TESTEMUNHO
art. 342 e §§ 1.º e 2.º

## FARMACÊUTICO
exercício ilegal da atividade de: art. 282

exercício ilegal da atividade de; com o fim de lucro: art. 282, parágrafo único

## FAVORECIMENTO PESSOAL
art. 348

## FAVORECIMENTO REAL
art. 349

art. 349-A

## FÉ PÚBLICA
crimes contra a: arts. 289 a 311-A

## FEMINICÍDIO
art. 121-A

aumento de pena: art. 121-A, § 2.º

coautoria: art. 121-A, § 3.º

efeitos da condenação: art. 92, § 2.º

## FILIAÇÃO
Vide, também, CRIMES CONTRA O ESTADO DE FILIAÇÃO

crimes contra o estado de: arts. 241 a 243

## FINANÇAS PÚBLICAS
Vide, também, CRIMES CONTRA AS FINANÇAS PÚBLICAS

## FLAGRANTE PROVOCADO
Vide CRIME IMPOSSÍVEL

## FONTES DO DIREITO PENAL
art. 1.º

## FRAGMENTARIEDADE
princípio: Vide nota 1-F ao Título I

## FRAUDE
à execução: art. 179

com a utilização de ativos virtuais, valores mobiliários ou ativos financeiros: art. 171-A

de lei sobre estrangeiros: art. 309

e abusos na fundação ou administração de sociedade por ações: art. 177

eletrônica: art. 171, § 2.º-A

em arrematação judicial: art. 358

estelionato e outras: arts. 171 a 179

falta de recurso para pagamento de gastos: art. 176

isenção de pena: art. 181

isenção de pena; inaplicabilidade: art. 183, I a III

na entrega da coisa: art. 171, § 2.º, IV

no comércio: art. 175

no pagamento por meio de cheque: art. 171, § 2.º, VI

para recebimento de indenização ou valor de seguro: art. 171, § 2.º, V

representação: art. 182

representação; inaplicabilidade: art. 183, I a III

## FRAUDE DE CONCORRÊNCIA
art. 335

## FRAUDE PROCESSUAL
art. 347

## FUGA DE PRESO
facilitação ou promoção de: art. 351

## FUNÇÃO PÚBLICA
abandono de: art. 323

perda da: art. 92, I

usurpação de: art. 328

## FUNCIONÁRIO PÚBLICO
Vide, também, CRIMES PRATICADOS POR FUNCIONÁRIO PÚBLICO CONTRA A ADMINISTRAÇÃO EM GERAL

crimes praticados por funcionário público contra a administração em geral: arts. 312 a 327

definição para efeitos penais: art. 327

definição para efeitos penais; equiparados: art. 327, § 1.º

definição para efeitos penais; ocupantes de cargos em comissão ou função de direção ou assessoramento: art. 327, § 2.º

estrangeiro; definição para efeitos penais: art. 337-D

estrangeiro; equiparação: art. 337-D, parágrafo único

## FUNDAÇÃO DE SOCIEDADES POR AÇÕES
fraudes e abusos na: art. 177 e §§ 1.º e 2.º

## FURTO
art. 155

aumento de pena; caso: art. 155, § 1.º

criminoso primário e de pequeno valor a coisa furtada; substituição da pena de reclusão pela pena de detenção: art. 155, § 2.º

com o emprego de explosivos: art. 155, § 4.º-A

de coisa comum: art. 156

de coisa comum; representação: art. 156, § 1.º

de semovente domesticável: art. 155, § 6.º

de substâncias explosivas: art. 155, § 7.º

de veículo automotor: art. 155, § 5.º

fraude mediante uso de dispositivo eletrônico ou informático: art. 155, § 4.º-B

isenção de pena: art. 181

isenção de pena; inaplicabilidade: art. 183, I a III

qualificado: art. 155, § 4.º

representação: art. 182

representação; inaplicabilidade: art. 183, I a III

subtração de coisa comum fungível: art. 156, § 2.º

## G

**GARANTISMO PENAL**
nota 2- B, Tít. V

**GÁS TÓXICO**
aquisição de: art. 253
fabrico de: art. 253
fornecimento de: art. 253
posse de: art. 253
transporte de: art. 253
uso de: art. 252
uso de; crime culposo: art. 252, parágrafo único

**GESTANTE**
Vide, também, ABORTO e CRIMES CONTRA A VIDA
aborto provocado com consentimento da: arts. 126 e 127
circunstância agravante da pena: art. 61, II, h

**GRAÇA**
art. 107, II

**GRAVIDEZ**
circunstância agravante da pena: art. 61, II, h
estupro e; aborto legal: art. 128, II

**GREVE**
paralisação de trabalho coletivo: art. 201
violenta: art. 200

**GUIA**
falsificação de: art. 293, V

## H

**HABITUALIDADE**
Vide CLASSIFICAÇÃO DOS CRIMES: Título II (Do Crime), nota 5

**HOMICÍDIO CULPOSO**
art. 121, § 3.º
aumento de pena: art. 121, § 4.º
dispensa de aplicação de pena: art. 121, § 5.º

**HOMICÍDIO DOLOSO**
art. 121, §§ 1.º, 2.º e 4.º
aumento de pena: art. 121, § 4.º
contra maior de sessenta anos: art. 121, § 4.º
contra menor de quatorze anos: art. 121, § 4.º
qualificado: art. 121, § 2.º
qualificado; asfixia, emboscada, explosivo, fogo, meio cruel, meio de perigo comum, tortura, veneno e meio insidioso: art. 121, § 2.º, III
qualificado; dissimulação; recurso que torne difícil a defesa e traição: art. 121, § 2.º, IV
qualificado; motivo fútil: art. 121, § 2.º, II
qualificado; motivo torpe e promessa de recompensa: art. 121, § 2.º, I
simples: art. 121, caput

**HOMICÍDIO PRIVILEGIADO**
art. 121, § 1.º

**HOMOLOGAÇÃO DE SENTENÇA ESTRANGEIRA**
art. 9.º
cumprimento de pena imposta no exterior: art. 9.º, nota 93-A

**HONRA**
Vide, também, CRIMES CONTRA A HONRA
crimes contra a: arts. 138 a 145

**HUMANIDADE**
princípio: Vide nota 1-F ao Título I

**IDENTIDADE**
falsa com o fim de obter vantagem: art. 307
falsa para ingresso de estrangeiro no País: art. 310

**IDOSO**
abandono de incapaz; aumento de pena: art. 133, § 3.º, III
abandono material: art. 244
crime contra; agravação da pena: art. 61, II, h
difamação e calúnia; causa de aumento de pena: art. 141, IV
estelionato contra; causa de aumento de pena: art. 171, § 4.º
extorsão mediante sequestro qualificada: art. 159, § 1.º
homicídio contra; causa de aumento de pena: art. 121, § 4.º
imunidade, não aplicação: art. 183, III
injúria qualificada: art. 140, § 3.º
sequestro e cárcere privado; qualificadora: art. 148, § 1.º, I

## ILICITUDE, CONCEITO
art. 23

## IMÓVEL
alteração de limites de linha divisória de imóvel; usurpação: art. 161

## IMPEDIMENTO DE CONCORRÊNCIA
art. 335

## IMPERÍCIA
art. 18, II

## IMPRUDÊNCIA
art. 18, II

## IMPUNIBILIDADE NA CODELINQUÊNCIA
art. 31

## IMPUTABILIDADE PENAL
arts. 26 a 28

embriaguez: art. 28, II

emoção e paixão: 28, I

inimputáveis: art. 26

menores de dezoito anos: art. 27

noção: art. 26

## IMPUTAÇÃO OBJETIVA, TEORIA DA
Vide NEXO CAUSAL

## IMUNIDADES PARLAMENTARES E DIPLOMÁTICAS
art. 5.º

## INCAPAZ
abuso de: art. 173

induzimento a fuga, entrega arbitrária ou sonegação de: art. 248

periclitação da vida e da saúde; abandono de: art. 133

subtração de: art. 249

subtração e restituição de: art. 249, § 2.º

subtração por pai, tutor ou curador: art. 249, § 1.º

## INCÊNDIO
art. 250

com intenção de vantagem: art. 250, § 1.º

culposo: art. 250, § 2.º

## INCITAÇÃO AO CRIME
art. 286

animosidade entre as Forças Armadas e outros poderes constitucionais: art. 286, parágrafo único

## INCOLUMIDADE PÚBLICA
Vide, também, CRIMES CONTRA A INCOLUMIDADE PÚBLICA

crimes contra a: arts. 250 a 285

## INDIVIDUALIZAÇÃO DA PENA
princípio: Vide nota 1-F ao Título I

## INDULTO
art. 107, II

## INEXIGIBILIDADE DE CONDUTA DIVERSA
art. 22

## INFANTICÍDIO
art. 123

## INFLUÊNCIA
tráfico de: art. 332

## INIMPUTABILIDADE
Vide, também, INIMPUTÁVEIS

art. 26

conceito: art. 26

critério para a diminuição: art. 26, parágrafo único

inviabilidade de isenção de pena: art. 26, parágrafo único

medida de segurança; imposição: art. 97

menor de 18 anos: art. 27

## INIMPUTÁVEIS
medidas de segurança para: art. 97

medidas de segurança; desinternação ou liberação condicional: art. 97, § 3.º

medidas de segurança; internação: art. 97

medidas de segurança; perícia médica: art. 97, § 2.º

medidas de segurança; prazo: art. 97, § 1.º

## INJÚRIA
art. 140

ação penal: art. 145

aumento de pena: art. 141

aumento de pena; crime cometido na presença de várias pessoas ou por meio que facilite a divulgação: art. 141, III

aumento de pena; crime contra funcionário público em razão de suas funções: art. 141, II aumento de pena; crime contra pessoa maior de sessenta anos ou portadora de deficiência: art. 141, IV

aumento de pena; crimes contra o Presidente da República ou chefe de governo estrangeiro: art. 141, I

discriminação de religião ou a condição de pessoa idosa ou com deficiência: art. 140, § 3.º

exclusão de crime: art. 142

perdão judicial: arts. 107, IX, e 140, § 1.º

real: art. 140, § 2.º

retratação: arts. 143 e 144

## INSCRIÇÃO DE DESPESAS NÃO EMPENHADAS EM RESTOS A PAGAR
art. 359-B

## INSIGNIFICÂNCIA, PRINCÍPIO DA
art. 14 (Vide Outras classificações do tipo penal): notas 27; 27-B; 27-C

## INSTIGAÇÃO AO SUICÍDIO OU À AUTOMUTILAÇÃO
condutas; penas: art. 122

## INSTRUMENTOS DO CRIME
perda dos: art. 91, II, *a*

perda; não localização: art. 91, §§ 1.º e 2.º

## INTERNADO
direitos do: art. 99

## INTERPRETAÇÃO
analógica: art. 1.º

extensiva: art. 1.º

## INTÉRPRETE
corrupção: art. 343

falso testemunho: art. 342

prestígio de; exploração: art. 357

## INTERRUPÇÃO
Vide ATENTADO

## INTERVENÇÃO MÍNIMA
princípio: Vide nota 1-F ao Título I

## INUNDAÇÃO
art. 254

perigo de: art. 255

## INUTILIZAÇÃO
de livro ou documento: art. 337

## INVASÃO
de estabelecimento: art. 202

de dispositivo informático: art. 154-A

de dispositivo informático; ação penal: art. 154-B

## INVIOLABILIDADE DE CORRESPONDÊNCIA
crimes contra a: arts. 151 e 152

## INVIOLABILIDADE DE DOMICÍLIO
crimes contra a: art. 150

## INVIOLABILIDADE DOS SEGREDOS
crimes contra a: arts. 153 e 154

## INVÓLUCRO
com falsa indicação: arts. 275 e 276

## IRMÃO
ação penal pelo: art. 100, § 4.º

de criminoso; prestação de favorecimento pessoal: art. 348, § 2.º

## JOGO
induzimento à prática de: art. 174

## JUÍZO ARBITRAL
coação durante o processo: art. 344

falsa perícia: art. 342

falso testemunho: art. 342

## JURADO
exploração de seu prestígio: art. 357

## JUSTIÇA
Vide também CRIMES CONTRA A ADMINISTRAÇÃO DA JUSTIÇA

crimes contra a administração da: arts. 338 a 359

restaurativa: nota 2-F, Título V, Parte Geral

retributiva: nota 2-F, Título V, Parte Geral

## LATROCÍNIO
art. 157, § 3.º

## LEGALIDADE
competência para legislar em matéria penal: art. 1.º

eficácia do princípio: art. 1.º

princípio da: art. 1.º

## LEGÍTIMA DEFESA
arts. 23, II, e 25

da honra no cenário do adultério: art. 25

de agente de segurança pública: art. 25, par. ún.

de terceiros: art. 25

excesso punível: art. 23, parágrafo único

própria: art. 25

putativa: art. 20, § 1.º

## LEI
anterioridade: art. 1.º

brasileira; crime cometido no estrangeiro; aplicação: art. 7.º

desconhecimento; atenuante: art. 65, II

excepcional: art. 3.º

intermitente: art. 3.º

nacionalização do trabalho; frustração: art. 204

posterior: art. 2.º

retroatividade da intermediária: art. 2.º

sobre estrangeiros; fraude: art. 309

temporária: art. 3.º

trabalhista; direito assegurado; frustração: art. 203

## LEI PENAL
aplicação: arts. 1.º a 12

em período de *vacatio legis*: art. 2.º

publicada com erros, aplicação: art. 2.º

## LENOCÍNIO E TRÁFICO DE PESSOA
arts. 149 e 227 a 230

estabelecimento para exploração sexual: art. 229

favorecimento da prostituição: art. 228

favorecimento da prostituição; com o fim de lucro: art. 228, § 3.º

favorecimento da prostituição; emprego de violência; grave ameaça ou fraude: art. 228, § 2.º

favorecimento da prostituição; obrigação de cuidado, proteção ou vigilância: art. 228, § 1.º

mediação para servir a lascívia de outrem: art. 227

mediação para servir a lascívia de outrem; com o fim de lucro: art. 227, § 3.º

mediação para servir a lascívia de outrem; emprego de violência; grave ameaça ou fraude: art. 227, § 2.º

mediação para servir a lascívia de outrem; vítima maior de 14 e menor de 18 anos: art. 227, § 1.º

rufianismo: art. 230

rufianismo; emprego de violência ou grave ameaça: art. 230, § 2.º

rufianismo; vítima maior de 14 e menor de 18 anos: art. 230, § 1.º

tráfico de pessoas: art. 149

## LESÃO(ÕES) CORPORAL(AIS)
aborto: art. 129, § 2.º, V

arremesso de projétil: art. 264, parágrafo único

conceito: art. 129

contra autoridade ou agente policial: art. 129, § 12

contra mulher: art. 129, § 13

contra pessoa portadora de deficiência: art. 129, § 11

culposa: art. 129, § 6.º

deformidade permanente: art. 129, § 2.º, IV

de natureza grave: art. 129, § 1.º

dolosa: art. 129 e §§ 1.º a 3.º

dolosa; grave: art. 129, § 1.º

dolosa; gravíssima: art. 129, § 2.º

dolosa; pena; aumento: art. 129, § 7.º

dolosa; pena; diminuição: art. 129, § 4.º

dolosa; simples: art. 129

dolosa; substituição da pena: art. 129, § 5.º

enfermidade incurável: art. 129, § 2.º, II

grave; extorsão com: art. 159, § 2.º

grave; roubo com: art. 157, § 3.º, I

incapacidade permanente para o trabalho: art. 129, § 2.º, I

perda ou inutilização de membro, sentido ou função: art. 129, § 2.º, III

resultante de rixa: art. 137, parágrafo único

seguida de morte: art. 129, § 3.º

substituição da pena: art. 129, § 5.º

## LESIVIDADE
princípio da, ver a nota 1-F ao Título I

## LIBERDADE
crimes contra a liberdade pessoal: arts. 146 a 149

de associação; atentado contra a: art. 199

de trabalho; atentado contra a: art. 197

penas privativas de: arts. 33 a 42

## LIBERDADE INDIVIDUAL
crimes contra a: arts. 146 a 154

## LIBERDADE PESSOAL
crimes contra a: arts. 146 a 149

## LIBERDADE SEXUAL

Vide, também, CRIMES CONTRA A LIBER-DADE SEXUAL

crimes contra a: arts. 213 a 216-A

## LINHA DIVISÓRIA DE IMÓVEL

alteração de limites de: art. 161

## LIVRAMENTO CONDICIONAL

arts. 83 a 90

bom comportamento: nota 9 ao art. 83, III, *a*

concessão; requisitos: art. 83

condições a que ficará subordinado o: art. 85

efeitos da revogação: art. 88

extinção da pena: arts. 89 e 90

não cometimento de falta grave nos últimos 12 (doze) meses: nota 9-A ao art. 83, III, *b*

prescrição no caso de revogação do: art. 113

revogação: art. 86

revogação facultativa: art. 87

soma das penas: art. 84

## LIVRO

inutilização de: art. 337

subtração de: art. 337

## LIVRO DE REGISTRO DE DUPLICATAS

falsificação ou adulteração na escrituração do: art. 172, parágrafo único

## LOCK-OUT

paralisação de trabalho coletivo: art. 201

violento: art. 200

## LUGAR DO CRIME

art. 6.º

## M

## MAIOR

de setenta anos; atenuante: art. 65, I

de setenta anos; prescrição penal: art. 115

## MAIORIDADE PENAL

art. 27

## MARCA

empregada pelo poder público; falsificação ou fabricação: art. 306 e parágrafo único

## MARCA EM ANIMAIS

supressão ou alteração: art. 162

## MAR TERRITORIAL

conceito: art. 5.º

## MAUS-TRATOS

periclitação da vida e da saúde: art. 136

## MEDICAMENTO

adquirido de estabelecimento sem licença da autoridade sanitária: art. 273, § 1.º-B, VI

alteração de: art. 273

alteração de; crime culposo: art. 273, § 2.º

alterado; venda, exposição à venda, depósito: art. 273, § 1.º

com redução de seu valor terapêutico: art. 273, § 1.º-B, IV

corrompido; venda, exposição à venda, depósito: art. 272, § 1.º

corrupção, adulteração ou falsificação: art. 272

corrupção, adulteração ou falsificação; crime culposo: art. 272, § 2.º

de procedência ignorada: art. 273, § 1.º-B, V

em desacordo com fórmula constante do registro: art. 273, § 1.º-B, II

em desacordo com receita médica: art. 280

em desacordo com receita médica; crime culposo: art. 280, parágrafo único

envenenamento: art. 270

envenenamento; crime culposo: art. 270, § 2.º

equiparação a matérias-primas; insumos farmacêuticos; cosméticos; saneantes: art. 273, § 1.º-A

falta de registro: art. 273, § 1.º-B, I

sem as características de identidade e qualidade: art. 273, § 1.º-B, III

## MEDICINA

exercício ilegal de: art. 282

exercício ilegal de; com o fim de lucro: art. 282, parágrafo único

## MÉDICO

aborto praticado por: art. 128

## MEDIDA SANITÁRIA PREVENTIVA

infração de: art. 268

infração de; caso de aumento de pena: art. 268, parágrafo único

## MEDIDAS DE SEGURANÇA

arts. 96 a 99

direitos do internado: art. 99

espécies: art. 96

extinção da punibilidade: art. 96, parágrafo único

legalidade; aplicação do princípio: art. 1.º

para inimputável: art. 97

para inimputável; desinternação ou liberação condicional: art. 97, § 3.º

para inimputável; internação: art. 97 e §§ 1.º e 4.º

para inimputável; perícia médica: art. 97, § 2.º

para inimputável; prazo: art. 97, § 1.º

substituição da pena por medida de segurança para o semi-imputável: art. 98

## MEIO DE TRANSPORTE
Vide ATENTADO

## MEIOS DE COMUNICAÇÃO
crimes contra a segurança dos meios de comunicação e transporte e outros serviços: arts. 260 a 266

## MEIOS DE TRANSPORTE
crimes contra a segurança dos meios de comunicação e transporte e outros serviços: arts. 260 a 266

## MENDICÂNCIA
menor de dezoito anos: art. 247, IV

## MENORES
abandono intelectual: art. 246

abandono material: art. 244

abandono moral: art. 247

abuso de incapazes: art. 173

de 18 anos; inimputabilidade: art. 27

de 18 anos; frequência de casa de jogo ou mal-afamada, ou convivência com pessoa viciosa ou de má-vida: art. 247, I

de 18 anos; frequência de espetáculo capaz de pervertê-lo ou de ofender-lhe o pudor: art. 247, II

de 18 anos; mendicância: art. 247, IV

de 18 anos; residência e trabalho em casa de prostituição: art. 247, III

entrega a pessoa inidônea: art. 245 e § 1.º

entrega arbitrária: art. 248

envio para o exterior: art. 245, § 2.º

induzimento a fuga: art. 248

sonegação: art. 248

subtração: art. 249

## MILÍCIA PRIVADA
constituição: art. 288-A

aumento de pena: art. 121, § 6.º

## MINISTÉRIO PÚBLICO
ação penal pública; promoção: art. 100, § 1.º

crimes de ação pública; falta de oferecimento da denúncia; ação penal privada: art. 100, § 3.º

exploração de prestígio: art. 357

revogação de reabilitação: art. 95

## MOEDA
de circulação não autorizada: art. 289, § 4.º

encarregados da fabricação; emissão ou autorização de fabricação ou emissão de moeda falsa: art. 289, § 3.º

falsa: arts. 289 a 292

falsa; crimes assimilados: art. 290

falsa; crimes assimilados por funcionário que trabalha na repartição onde se achava recolhida: art. 290, parágrafo único

falsa; fabricação: art. 289

falsa; importação, exportação, aquisição, venda, cessão, empréstimo, guarda ou introdução na circulação: art. 289, § 2.º

falsa; restituição à circulação: art. 289, § 2.º

falsificação: art. 289

petrechos para falsificação de: art. 291

## MOLÉSTIA GRAVE
periclitação da vida e da saúde; perigo de contágio e de: art. 131

## MORTE
abandono de incapaz: art. 133, § 2.º

abandono de recém-nascido: art. 134, § 2.º

aborto: art. 127

arremesso de projétil: art. 264, parágrafo único

caso de epidemia: art. 267, § 1.º

caso de extorsão: art. 158, § 2.º

caso de extorsão mediante sequestro: art. 159, § 3.º

caso de lesão corporal dolosa: art. 129, § 3.º

caso de maus-tratos: art. 136, § 2.º

caso de omissão de socorro: art. 135, parágrafo único

caso de condicionamento de atendimento médico-hospitalar: art. 135-A, parágrafo único

caso de rixa: art. 137, parágrafo único

caso de roubo: art. 157, § 3.º, II

como resultado de violência; ação penal: art. 225
conceito: art. 121
crime contra a saúde pública: art. 285
crime contra a segurança dos meios de transporte: art. 263
crime de perigo comum: art. 258
do ofendido; sucessão processual: art. 100, § 4.º
exposição de recém-nascido: art. 134, § 2.º
extinção da punibilidade: art. 107, I
roubo com: art. 157, § 3.º, II

**MORTOS**
crimes contra o respeito aos: arts. 209 a 212

**MOTIM**
de presos: art. 354

**MULHERES**
Vide, também, TRÁFICO DE PESSOAS
crime contra mulher grávida; agravação da pena: art. 61, II, *h*
lenocínio: arts. 227 a 229

**MULTA**
aumento: art. 60, § 1.º
cobrança e pagamento: art. 50, § 1.º
competência para a execução: art. 51
conceito: art. 49
conversão: art. 51
correção monetária, constitucionalidade: art. 49, § 2.º
critérios especiais: art. 60
critérios para fixação da multa: art. 49
dívida de valor executada perante o juiz da execução penal: art. 51
execução e hipossuficiência do condenado: art. 51, nota 122-D
fixação do dia-multa em salário mínimo; constitucionalidade: art. 49, § 1.º
irrisória; cobrança: art. 50
limite: art. 58
pagamento: art. 50
parâmetro da execução fiscal: art. 51, nota 122-C
parcelamento: art. 50
pena de: arts. 49 a 52
prescrição da: art. 114
suspensão da execução: art. 52

## N

**NACIONALIZAÇÃO DO TRABALHO**
frustração de lei sobre: art. 204

**NÃO CANCELAMENTO DE RESTOS A PAGAR**
art. 359-F

**NEXO CAUSAL**
art. 13

**NORMA PENAL EM BRANCO**
art. 3.º

## O

**OBEDIÊNCIA HIERÁRQUICA**
art. 22

**OBJETO**
de valor probatório; sonegação de: art. 356
do crime: Título II (Do Crime), nota 4

**OBJETO OBSCENO**
art. 234

**OBRA**
alteração de: art. 175, §§ 1.º e 2.º

**OCULTAÇÃO**
Vide, também, OCULTAÇÃO DE CADÁVER
de material de salvamento: art. 257
de recém-nascido: art. 242
de recém-nascido; perdão judicial: art. 242, parágrafo único
impedimento de casamento: art. 236

**OCULTAÇÃO DE CADÁVER**
art. 211

**ODONTOLOGIA**
exercício ilegal de: art. 282
exercício ilegal de; com o fim de lucro: art. 282, parágrafo único

**OFENDÍCULO**
art. 25

**OFENDIDO**
perdão do: art. 105

## OFENSIVIDADE
princípio da, ver a nota 1-F ao Título I.

## OFERTA PÚBLICA OU COLOCAÇÃO DE TÍTULOS NO MERCADO
art. 359-H

## OMISSÃO
Vide, também, OMISSÃO DE SOCORRO

conceito: art. 13

de notificação de doença: art. 269

relevância da: art. 13, § 2.º

## OMISSÃO DE SOCORRO
periclitação da vida e da saúde: art. 135

## ORDEM
paralisação do trabalho seguida de perturbação da: art. 200

## ORDENAÇÃO DE DESPESA NÃO AUTORIZADA
art. 359-D

## ORGANIZAÇÃO DO TRABALHO
Vide, também, CRIMES CONTRA A ORGA-NIZAÇÃO DO TRABALHO

crimes contra a: arts. 197 a 207

## P

## PAI
subtração de incapaz: art. 249, § 1.º

## PAIXÃO
art. 28, I

## PAPEL
de valor probatório; sonegação: art. 356

## PAPÉIS PÚBLICOS
Vide, também, TÍTULOS

falsidade de títulos e outros: arts. 293 a 295

## PARALISAÇÃO
de trabalho de interesse coletivo: art. 201

de trabalho, seguida de violência ou perturbação da ordem: art. 200

## PARTICIPAÇÃO
Vide CONCURSO DE PESSOAS

## PARTICIPAÇÃO DE MENOR IMPORTÂNCIA
Vide CONCURSO DE PESSOAS

## PARTICULAR
crimes praticados por particular contra a administração em geral: arts. 328 a 337-A

## PARTO
aceleração: art. 129, § 1.º, IV

## PARTO SUPOSTO
supressão ou alteração de direito inerente ao estado civil de recém-nascido: art. 242

supressão ou alteração de direito inerente ao estado civil de recém-nascido; motivo de reconhecida nobreza: art. 242, parágrafo único

## PASSAPORTE
uso criminoso: art. 308

## PATRIMÔNIO
Vide, também, CRIMES CONTRA O PATRI-MÔNIO

crimes contra o: arts. 155 a 183-A

perda: art. 91-A

## PÁTRIO PODER
Vide, também, CRIMES CONTRA O PÁTRIO PODER, TUTELA OU CURATELA

crimes contra o pátrio poder, tutela ou curatela: arts. 248 e 249

## PATROCÍNIO
infiel: art. 355

simultâneo; ou tergiversação: art. 355, parágrafo único

## PAZ PÚBLICA
Vide, também, CRIMES CONTRA A PAZ PÚBLICA

crimes contra a: arts. 286 a 288

## PEÇA FILATÉLICA
reprodução ou adulteração: art. 303

reprodução ou adulteração com o fim de comércio: art. 303, parágrafo único

## PECULATO
art. 312

culposo: art. 312, §§ 2.º e 3.º

mediante erro de outrem: art. 313

## PENAS

Vide, também, EFEITOS DA CONDENAÇÃO; LIVRAMENTO CONDICIONAL e REABILITAÇÃO

arts. 32 a 95

acidente na execução do crime: 73

agravantes: arts. 61 e 62

agravantes e atenuantes; concurso de circunstâncias: art. 67

agravantes no caso de concurso de pessoas: art. 62

aplicação da: arts. 59 a 76

atenuantes: arts. 65 e 66

cálculo da pena: art. 68

características: art. 32

circunstâncias atenuantes: art. 65

circunstâncias que sempre agravam a: art. 61

cominação; conceito: art. 32

cominação das: arts. 53 a 58

conceito: art. 32

concurso de circunstâncias agravantes e atenuantes: art. 67

concurso de crimes; multa: art. 72

concurso de infrações: 76

concurso formal: art. 70

concurso material: art. 69

crime continuado: art. 71

crimes dolosos; aumento de: art. 71, parágrafo único

de multa: arts. 49 a 52

detração: art. 42

direitos do preso: art. 38

direitos e deveres do preso: art. 40

efeitos da condenação: arts. 91 e 92

erro na execução do crime: art. 73

espécies: arts. 32 a 52

fixação da: art. 59

interdição temporária de direitos: art. 43, II

interdição temporária de direitos; aplicação: arts. 56 e 57

interdição temporária de direitos; espécies: 47

legislação especial: art. 40

limitação de fim de semana: art. 43, VI

limitação de fim de semana; conceito: art. 48 e parágrafo único

limites das: art. 75

livramento condicional: arts. 83 a 90

livramento condicional; extinção das: arts. 89 e 90

livramento condicional; soma das: art. 84

mulheres; regime especial: art. 37

multa: art. 32, III

multa; aumento da: art. 60, § 1.º

multa; cobrança e pagamento: art. 50, § 1.º

multa: critérios especiais: art. 60

multa; dívida de valor: art. 51

multa; em que consiste: art. 49

multa; limite: art. 58

multa; pagamento: art. 50

multa; suspensão da execução: art. 52

multa substitutiva: arts. 60, § 2.º, e 58, parágrafo único

pena de multa: arts. 49 a 52

penas privativas de liberdade: arts. 33 a 42

penas restritivas de direito: arts. 43 a 48

perda de bens e valores: art. 43, II

prestação de serviços à comunidade e/ou a entidades públicas: art. 43, IV

prestação de serviços à comunidade e/ou a entidades públicas; conceito: art. 46

prestação pecuniária: art. 43, I

privativa de liberdade; extinção: art. 82

privativa de liberdade; substituição pela pena de multa: art. 60, § 2.º

privativa de liberdade; substituição por penas restritivas de direitos e multa: arts. 44, 58, parágrafo único, e 69, § 1.º

privativas de liberdade: art. 32, I e 33 a 42

privativas de liberdade; execução: art. 33, § 2.º

privativas de liberdade; limite: art. 53

privativas de liberdade; regime inicial; critérios: art. 33, § 3.º

reabilitação: arts. 93 a 95

reclusão e detenção: art. 33

reclusão e detenção; diferenças: art. 33

redução nos crimes praticados por quem tenha o dever legal de enfrentar o perigo: art. 24, § 2.º

redução por denúncia: art. 159, § 4.º

redução por embriaguez proveniente de caso fortuito ou força maior: art. 28, § 2.º

redução por homicídio: art. 121, § 1.º

regime aberto: art. 33, § 1.º, c

regime aberto; fundamento: art. 36

regime aberto; trabalho: art. 36, § 1.º

regime aberto; transferência do condenado; casos: art. 36, § 2.º

regime especial: art. 37

regime fechado: art. 33, § 1.º, a

regime fechado; exame criminológico do condenado: art. 34

regime fechado; regras: art. 34

regime fechado; trabalho: art. 34, § 1.º

regime fechado; trabalho; aptidão: art. 34, § 2.º

regime fechado; trabalho externo; admissibilidade: art. 34, § 3.º

regime semiaberto: art. 33, § 1.º, *b*

regime semiaberto; regras: art. 35

regime semiaberto; trabalho: art. 35, § 1.º

regime semiaberto; trabalho externo; admissibilidade: art. 35, § 2.º

reincidência: arts. 63 e 64

reparação de dano: art. 78, § 2.º

restritivas de direitos: art. 32, II, e 43 a 48

restritivas de direitos; aplicação: art. 54

restritivas de direitos; conversão: art. 45

restritivas de direitos; duração: arts. 46, § 2.º, e 55

restritivas de direitos; espécies: art. 43

restritivas de direitos; são autônomas: art. 44

restritivas de direitos; substituição das penas privativas de liberdade: art. 44

resultado diverso do pretendido na execução crime: art. 74

sentença; conteúdo: art. 79

superveniência de doença mental: art. 41

suspensão; alcance: art. 80

suspensão; revogação facultativa: art. 81, § 1.º

suspensão; revogação obrigatória: art. 81

suspensão condicional da pena: arts. 77 a 82

suspensão condicional da pena; condições: art. 78

suspensão condicional da pena; facultatividade: art. 78

suspensão da pena; prorrogação do período de prova: art. 81, § 2.º

suspensão da pena; requisitos: art. 77

suspensão da pena; violência doméstica: art. 77

trabalho do preso; remuneração e benefício social: art. 39

unificação de: art. 75, §§ 1.º e 2.º; Súm. 715/STF

cf. também CIRCUNSTÂNCIAS AGRAVANTES, CIRCUNSTÂNCIAS ATENUANTES, EFEITOS DA CONDENAÇÃO, LIVRAMENTO CONDICIONAL e REABILITAÇÃO

## PENAS PRIVATIVAS DE LIBERDADE

arts. 33 a 42

execução: art. 33, § 2.º

limite: art. 53

regime inicial; critérios: art. 33, § 3.º

## PENAS RESTRITIVAS DE DIREITOS

arts. 43 a 48

aplicação: art. 54

autônomas: art. 44

conversão: art. 45

duração: arts. 46, § 4.º, e 55

espécies: art. 43

prescrição das: art. 109, parágrafo único

requisitos cumulativos: art. 44

substituição das penas privativas de liberdade: art. 44

## PENHOR

defraudação de: art. 171, § 2.º, III

## PENSÃO ALIMENTÍCIA

não pagamento: art. 244

## PERDA DE BENS

art. 43, II

## PERDÃO

alcance: art. 106

bilateralidade: art. 106, III

do ofendido: art. 105

inadmissibilidade do: art. 106, § 2.º

individualizado: art. 106, II

tácito; conceito: art. 106, § 1.º

## PERDÃO JUDICIAL

art. 120

extinção da punibilidade: art. 107, IX

## PERICLITAÇÃO DA VIDA E DA SAÚDE

arts. 130 a 136

abandono de incapaz: art. 133

condicionamento de atendimento médico-hospitalar: art. 135-A

exposição ou abandono de recém-nascido: art. 134

maus-tratos: art. 136

omissão de socorro: art. 135

perigo de contágio de moléstia grave: art. 131

perigo de contágio venéreo: art. 130

perigo para a vida ou saúde de outrem: art. 132

## PERIGO

crimes de, conceito: Título II (Do Crime), nota 5

## PERIGO COMUM
Vide, também, CRIMES DE PERIGO COMUM

crimes de: arts. 250 a 259

## PERIGO DE CONTÁGIO DE MOLÉSTIA GRAVE
periclitação da vida e da saúde: art. 131

## PERSEGUIÇÃO
Vide, também, CRIMES CONTRA A LIBER-
DADE PESSOAL

art. 147-A

## PERSONALIDADE
princípio: Vide nota 1-F ao Título I

## PERTURBAÇÃO
Vide ATENTADO

## PERTURBAÇÃO DA ORDEM
paralisação do trabalho seguida de: art. 200

## PERTURBAÇÃO DA SAÚDE MENTAL
art. 26, parágrafo único

## PERTURBAÇÃO DE CERIMÔNIA FUNERÁRIA
impedimento ou: art. 209

## PERTURBAÇÃO DE CONCORRÊNCIA
art. 335

## PESSOA
Vide, também, CRIMES CONTRA A PESSOA

concursos de: arts. 29 a 31

crimes contra a pessoa: arts. 121 a 154

## PRAGA
difusão de: art. 259

difusão de; modalidade culposa: art. 259, parágrafo único

## PRAZO
Vide, também, PRESCRIÇÃO

contagem: art. 10

decadência: art. 103

para exame de cessação de periculosidade: art.
97, § 1.º

penas restritivas de direitos: arts. 46, 2.º, e 55

prescrição das penas de multa: art. 114

prescrição das penas privativas de liberdade:
art. 109

prescrição das penas restritivas de direitos: art.
109, parágrafo único

reincidência: art. 64, I

requerimento em caso de reabilitação: art. 94

*sursis*: art. 77

## PRESCRIÇÃO
acordo de não persecução penal: nota 62-B ao
art. 116, IV

antes de transitar em julgado a sentença: art. 109

causas impeditivas da: art. 116

causas interruptivas da: art. 117

crimes conexos e: art. 108

da multa: art. 114

das penas mais leves: art. 119

das penas restritivas de direitos: art. 109, parágrafo único

depois de transitar em julgado sentença final
condenatória: art. 110

no caso de evasão do condenado ou de revogação
do livramento condicional: art. 113

pendência de recursos: nota 62-A ao art. 116, III

perdão judicial: art. 120

redução dos prazos de: art. 115

termo inicial da prescrição antes de transitar em
julgado a sentença final: art. 111

termo inicial da prescrição após a sentença
condenatória irrecorrível: art. 112

## PRESIDENTE DA REPÚBLICA
crime contra a honra: art. 138, § 3.º, II, 141, I, e
145, parágrafo único

crime contra a vida ou liberdade: art. 7.º, I, *a*

## PRESO(S)
arrebatamento de: art. 353

cumprimento da pena no local do domicílio:
art. 38

direitos do: art. 38

execução provisória da pena: art. 38

evasão de: art. 352

facilitação ou promoção de fuga: art. 351

motim de: art. 354

visita íntima: art. 38

## PRESTAÇÃO DE GARANTIA GRACIOSA
art. 359-E

## PRESTAÇÃO DE SERVIÇO À COMUNIDADE OU A ENTIDADES PÚBLICAS
art. 43, IV

## PRESTAÇÃO PECUNIÁRIA
art. 43, I

## PRESTÍGIO
exploração de: art. 357

## PRETERDOLO
art. 19

## PREVARICAÇÃO
art. 319
art. 319-A

## PRINCÍPIOS DE DIREITO PENAL
Vide nota 1-F ao Título I

## PROCESSO
coação no curso do: art. 344
fraude processual: art. 347

## PROCURADOR
patrocínio infiel: art. 355

## PROFANAÇÃO DE SEPULTURA
art. 210

## PROJÉTIL
arremesso de: art. 264
arremesso de; lesão corporal ou morte: art. 264, parágrafo único

## PROMESSA DE VANTAGEM
art. 343

## PROMOÇÃO DE MIGRAÇÃO ILEGAL
art. 232-A

## PROPORCIONALIDADE
princípio: Vide nota 1-F ao Título I

## PROPOSTA DE CONCORRÊNCIA
violação de: art. 326

## PROPRIEDADE IMATERIAL
crimes contra a: arts. 184 a 186

## PROPRIEDADE INTELECTUAL
crimes contra a: arts. 184 a 186

## PROSTITUIÇÃO
favorecimento da: art. 228
favorecimento da; agente é ascendente, padrasto, madrasta, irmão, enteado, cônjuge, companheiro, tutor ou curador, preceptor ou empregador da vítima: art. 228, § 1.º
favorecimento da; com o fim de lucro: art. 228, § 3.º
favorecimento da; emprego de violência, grave ameaça ou fraude: art. 228, § 2.º
menor de 18 anos; residência ou trabalho em casa de: art. 247, III

## PROVA
sonegação de papel ou objeto com valor de: art. 356

## PUDOR
ultraje público ao: arts. 233 e 234

## PUNIBILIDADE
Vide, também, EXTINÇÃO DA PUNIBILI-DADE
extinção da: arts. 107 a 120

## Q

## QUADRILHA
Vide ASSOCIAÇÃO CRIMINOSA

## QUEIXA
ação penal de iniciativa privada: art. 100, § 2.º
causa interruptiva da prescrição: art. 117, I
crime contra a honra: art. 145
crime sem violência ou grave ameaça à pessoa; arrependimento posterior: art. 16
crimes contra a propriedade intelectual: art. 186
dano e introdução ou abandono de animais em propriedade alheia: arts. 163, 164 e 167
decadência do direito de: art. 103
esbulho possessório; propriedade particular: art. 161, § 3.º
exercício arbitrário das próprias razões: art. 345, parágrafo único
extinção da punibilidade pela renúncia do direito de: art. 107, V
fraude à execução: art. 179, parágrafo único
induzimento a erro essencial: art. 236, parágrafo único
introdução ou abandono de animais em propriedade alheia: art. 167
perdão do ofendido: art. 105
renúncia expressa ou tácita do direito de: art. 104
violação de direito autoral: art. 184

# R

## REABILITAÇÃO
arts. 93 a 95
alcance: art. 93
requerimento: art. 94
revogação: art. 95

## RECÉM-NASCIDO
parto suposto; supressão ou alteração de direito inerente ao estado civil de: art. 242
parto suposto; supressão ou alteração de direito inerente ao estado civil de; motivo de reconhecida nobreza: art. 242, parágrafo único
periclitação da vida e da saúde; exposição ou abandono de: art. 134 e §§ 1.º e 2.º

## RECEPTAÇÃO
art. 180
animal: art. 180-A
culposa: art. 180, § 3.º
isenção de pena: art. 181
isenção de pena; inaplicabilidade: art. 183, I a III
representação: art. 182
representação; inaplicabilidade: art. 183, I a III

## RECIPIENTE
com falsa indicação: arts. 275 e 276

## RECONHECIMENTO DE FIRMA OU LETRA
falso: art. 300

## REGIME DE CUMPRIMENTO DE PENAS
fundamentação: art. 33
progressividade: art. 33

## REGRESSÃO DE REGIME
art. 36, § 2.º

## RELIGIÃO
ultraje a culto e impedimento ou perturbação de ato a ele relativo: art. 208

## REMÉDIOS
falsificação; corrupção; adulteração: art. 273
importação; exportação; exposição à venda de produto falsificado: art. 273, § 1.º
modalidade culposa: art. 273, § 2.º

## REMIÇÃO
art. 39
inexistência de trabalho no presídio: art. 39

perda dos dias remidos: art. 39
preso provisório, direito do: art. 39

## RENDAS PÚBLICAS
emprego irregular: art. 315

## REPRESENTAÇÃO
ameaça: art. 147, parágrafo único
correspondência comercial: art. 152
crimes contra a dignidade sexual: art. 225, *caput*
crimes contra a honra: art. 145, parágrafo único
decadência do direito de: art. 103
despesas; falta de recurso para pagamento: art. 176, parágrafo único
divulgação de segredo: art. 153, § 1.º
do ofendido; ação pública: art. 100, § 1.º
furto de coisa comum: art. 156, § 1.º
inaplicabilidade; crime de roubo ou de extorsão, ou, em geral, quando haja emprego de grave ameaça ou violência à pessoa: art. 183
inaplicabilidade; crime praticado contra pessoa com idade igual ou superior a sessenta anos: art. 183, III
inaplicabilidade; estranho que participa do crime: art. 183, II
irretratabilidade da: art. 102
perigo de contágio venéreo: art. 130, § 2.º
receptação: art. 182
violação de correspondência: art. 151, § 4.º
violação de segredo profissional: art. 154, parágrafo único

## RESERVA LEGAL
art. 1.º

## RESISTÊNCIA
art. 329

## RESPEITO AOS MORTOS
Vide, também, CRIMES CONTRA O RESPEITO AOS MORTOS
crimes contra o: arts. 209 a 212

## RESPONSABILIDADE PESSOAL
princípio: Vide nota 1-F ao Título I

## RESTRIÇÃO DE DIREITO
reconversão à pena privativa de liberdade: art. 44, § 4.º
penas restritivas de direitos: arts. 43 a 48

## RETRATAÇÃO
nos casos de calúnia, difamação e injúria: arts. 143 e 144

## RETROATIVIDADE DE LEI
Vide, também, EXTRATIVIDADE DE LEI
arts. 2.º e 107, III

## RIXA
art. 137

## ROUBO
art. 157
aumento de pena; casos: art. 157, §§ 2.º e 2.º-A
com lesão corporal grave: art. 157, § 3.º, I
com morte: art. 157, § 3.º, II
de veículo automotor: art. 157, § 2.º, IV
isenção de pena: art. 181
isenção de pena; inaplicabilidade: art. 183, I a III
representação: art. 182
representação; inaplicabilidade: art. 183, I a III

## ROUBO E EXTORSÃO
arts. 157 a 160

## RUFIANISMO
art. 230
emprego de violência, grave ameaça ou fraude: art. 230, § 2.º
vítima maior de 14 e menor de 18 anos: art. 230, § 1.º

## S

## SABOTAGEM
art. 202

## SAÚDE
periclitação da vida e da: arts. 130 a 136

## SAÚDE PÚBLICA
Vide, também, CRIMES CONTRA A SAÚDE PÚBLICA
crimes contra a: arts. 267 a 285

## SEGREDO(S)
crimes contra a inviolabilidade dos: arts. 153 e 154
divulgação de: art. 153
profissional; violação de: art. 154 e parágrafo único

## SEGREDO DE JUSTIÇA
art. 234-B

## SEGURANÇA
medidas de: arts. 96 a 99

## SEGURANÇA DOS MEIOS DE COMUNICAÇÃO E TRANSPORTE E OUTROS SERVIÇOS PÚBLICOS
Vide, também, CRIMES CONTRA A SEGURANÇA DOS MEIOS DE COMUNICAÇÃO E TRANSPORTE E OUTROS SERVIÇOS PÚBLICOS
crimes contra a: arts. 260 a 266

## SELO
falsificação, fabricação ou alteração: art. 296
falsificado; uso: art. 296, § 1.º
reprodução ou adulteração: art. 303
reprodução ou adulteração; com o fim de comércio: art. 303, parágrafo único
verdadeiro; utilização indevida: art. 296, § 1.º, II

## SENTENÇA CONDENATÓRIA
transitada em julgado; multa; dívida de valor: art. 51

## SENTIMENTO RELIGIOSO
Vide, também, CRIMES CONTRA O SENTIMENTO RELIGIOSO
crimes contra o: art. 208

## SEPULTURA
violação de: art. 210

## SEQUESTRO
art. 148
extorsão mediante: art. 159 e §§ 1.º a 4.º
qualificadoras: art. 148, §§ 1.º e 2.º

## SEQUESTRO RELÂMPAGO
art. 158, § 3.º

## SERVIÇO DE UTILIDADE PÚBLICA
Vide ATENTADO

## SERVIÇO TELEFÔNICO, INFORMÁTICO, TELEMÁTICO OU DE INFORMAÇÃO DE UTILIDADE PÚBLICA
interrupção ou perturbação de: art. 266

## SERVIÇO TELEGRÁFICO
interrupção ou perturbação de: art. 266

## SERVIÇOS

Vide, também, CRIMES CONTRA A SEGU-RANÇA DOS MEIOS DE COMUNICAÇÃO E TRANSPORTE E OUTROS SERVIÇOS PÚBLICOS

crimes contra a segurança dos meios de comunicação e transporte e outros: arts. 260 a 266

## SIGILO FUNCIONAL

violação: art. 325

## SIGILO OU PROPOSTA DE CONCORRÊNCIA

violação de: art. 326

## SIMULAÇÃO

de autoridade para celebração de casamento: art. 238

de casamento: art. 239

## SINAL

empregado pelo poder público; falsificação ou fabricação: art. 306 e parágrafo único

inutilização de: art. 336

## SINAL PÚBLICO

falsificação: art. 296

## SINAL VERDADEIRO

utilização indevida de: art. 296, § 1.º, II

utilização indevida por funcionário público: art. 296, § 2.º

## SOCIEDADES POR AÇÕES

fraudes e abusos na fundação ou administração de: art. 177

## SONEGAÇÃO

de papel ou objeto de valor probatório: art. 356

## SUBSIDIARIEDADE

princípio: Vide nota 1-F ao Título I

## SUBTRAÇÃO

de cadáver: art. 211

de livro ou documento: art. 337

## SUICÍDIO

automutilação: art. 122

auxílio: nota 59 ao art. 122

coação para impedi-lo: art. 146, § 3.º, I

induzimento, instigação ou auxílio a: art. 122

## SUJEITO

do crime: Título II (Do Crime), nota 4

## *SURSIS*

Vide SUSPENSÃO CONDICIONAL DA PENA

## SUSPENSÃO CONDICIONAL DA PENA

arts. 77 a 82

## T

## TAXATIVIDADE

princípio: Vide nota 1-F ao Título I

## TELEFONE CELULAR

crime do diretor do presídio ou agente público: art. 319-A

crime do particular contra a administração: art. 349-A

## TENTATIVA

branca: art. 14, II

conceito: art. 14, II

crimes que não a admitem: art. 14, parágrafo único

critério para diminuição da pena: art. 14, parágrafo único

imperfeita: art. 14, parágrafo único

perfeita: art. 14, parágrafo único

## TERGIVERSAÇÃO

patrocínio simultâneo ou: art. 355, parágrafo único

## TERRITORIALIDADE

art. 5.º

## TESOURO

apropriação de: art. 169, I

## TESTEMUNHA

corrupção ativa de: art. 343

falso testemunho: art. 342 e §§ 1.º e 2.º

## TIPICIDADE, CONCEITO

art. 14

## TIPO PENAL, CONCEITO E CLASSIFICAÇÃO

art. 14

## TÍTULO DE ELEITOR

uso criminoso: art. 308

## TÍTULOS

ao portador; emissão sem permissão legal: art. 292

e outros papéis públicos; petrechos de falsificação: art. 294

públicos; petrechos de falsificação: art. 294

públicos falsificados; fabricação ou alteração: art. 293

recebimento e utilização de título emitido sem permissão legal: art. 292, parágrafo único

## TÍTULOS AO PORTADOR

emissão sem permissão legal: art. 292

## TÍTULOS PÚBLICOS

Vide, também, TÍTULOS

falsidade de títulos e outros papéis públicos: arts. 293 a 295

## TRABALHADORES

Vide, também, CRIMES CONTRA A ORGA-NIZAÇÃO DO TRABALHO

aliciamento de trabalhadores de um local para outro do território nacional: art. 207

aliciamento para o fim de emigração: art. 206

## TRABALHO

aliciamento de trabalhadores de um local para outro do território nacional: art. 207

aliciamento para o fim de emigração: art. 206

atentado contra a liberdade de: art. 197

atentado contra a liberdade de associação: art. 199

atentado contra a liberdade de contrato de trabalho e boicotagem violenta: art. 198

crimes contra a organização do: arts. 197 a 207

de interesse coletivo; paralisação: art. 201

do preso; obrigatoriedade: art. 34

exercício de atividade com infração de decisão administrativa: art. 205

frustração de direito assegurado por lei trabalhista: art. 203

frustração de lei sobre nacionalização do trabalho: art. 204

invasão de estabelecimento industrial, comercial ou agrícola; sabotagem: art. 202

paralisação de trabalho de interesse coletivo: art. 201

paralisação de trabalho, seguida de violência ou perturbação da ordem: art. 200

paralisação seguida de violência ou perturbação da ordem: art. 200

## TRADUTOR

art. 343

falso testemunho: art. 342

exploração de prestígio: art. 357

## TRÁFICO DE INFLUÊNCIA

art. 332 e parágrafo único

transação comercial internacional: art. 337-C

## TRÁFICO DE PESSOAS

art. 149-A

adoção ilegal: art. 149-A, IV

aumento de pena: art. 149-A, § 1.º

condição análoga à de escravo: art. 149-A, II

diminuição de pena: art. 149-A, § 2.º

exploração sexual: art. 149-A, V

remoção de órgãos, tecidos ou partes do corpo: art. 149-A, I

submissão a qualquer tipo de servidão: art. 149-A, III

## TRÂNSITO

aplicação da pena de interdição aos crimes culposos de: art. 57

## TRANSPORTE

Vide, também, ATENTADO

crimes contra a segurança dos meios de comunicação e transporte e outros serviços: arts. 260 a 266

## TRANSPORTE MARÍTIMO

Vide ATENTADO

## TRATADO: conceito

art. 5.º

## TUTELA

Vide, também, CRIMES CONTRA O PÁTRIO PODER, TUTELA OU CURATELA

crimes contra o pátrio poder, tutela ou curatela: arts. 248 e 249

## TUTOR

subtração de incapaz: art. 249, § 1.º

## ULTRAJE PÚBLICO AO PUDOR
ato obsceno: art. 233
escrito ou objeto obsceno: art. 234 e parágrafo único

## ULTRATIVIDADE
Vide, também, EXTRATIVIDADE
Aplicação: art. 2.º

## USURPAÇÃO
arts. 161 e 162
alteração de limites de linha divisória de imóvel: art. 161
de águas: art. 161, § 1.º, I
esbulho possessório: art. 161, § 1.º, II
isenção de pena: art. 181
isenção de pena; inaplicabilidade: art. 183, I a III
representação: art. 182
representação; inaplicabilidade: art. 183, I a III
supressão de alteração de marca em animais: art. 162

## USURPAÇÃO DE FUNÇÃO
art. 328
com vantagem: art. 328, parágrafo único

**V**

## VANTAGEM
dar, oferecer ou prometer: art. 343 e parágrafo único

## VEÍCULO AUTOMOTOR
adulteração de sinal identificador: art. 311 e §§ 1.º e 2.º
furto e transporte para outro Estado ou para o exterior: art. 155, § 5.º

## VELHO
crime contra; agravação da pena: art. 61, II, *h*

## VERBAS PÚBLICAS
emprego irregular de: art. 315

## VIDA
Vide, também, CRIMES CONTRA A VIDA
crimes contra a: arts. 121 a 128
periclitação da: arts. 130 a 136

## VIDA E SAÚDE
periclitação da: arts. 130 a 136

## VILIPÊNDIO A CADÁVER
art. 212

## VIOLAÇÃO DE SEPULTURA
art. 210

## VIOLAÇÃO DE SIGILO OU PROPOSTA DE CONCORRÊNCIA
art. 326

## VIOLÊNCIA
doméstica: art. 29, §§ 9.º a 13
em arrematação judicial: art. 358
paralisação do trabalho seguida de: art. 200
psicológica contra a mulher: art. 147-B

## VIOLÊNCIA ARBITRÁRIA
art. 322

## VIOLÊNCIA DOMÉSTICA
art. 129, §§ 9.º a 13

## VOLUNTARIEDADE
Vide DESISTÊNCIA VOLUNTÁRIA

## WARRANT
emissão irregular de: art. 178

# Obras do Autor

*Código de Processo Penal comentado.* 24. ed. Rio de Janeiro: Forense, 2025.

*Código Penal comentado.* 25. ed. Rio de Janeiro: Forense, 2025.

*Curso de Direito Penal. Parte geral.* 9. ed. Rio de Janeiro: Forense, 2025. vol. 1.

*Curso de Direito Penal. Parte especial.* 9. ed. Rio de Janeiro: Forense, 2025. vol. 2.

*Curso de Direito Penal. Parte especial.* 9. ed. Rio de Janeiro: Forense, 2025. vol. 3.

*Curso de Direito Processual Penal.* 22. ed. Rio de Janeiro: Forense, 2025.

*Drogas – De acordo com a Lei 11.343/2006.* Rio de Janeiro: Forense, 2025.

*Estatuto da Criança e do Adolescente Comentado.* 6. ed. Rio de Janeiro: Forense, 2025.

*Manual de Direito Penal. Volume Único.* 21. ed. Rio de Janeiro: Forense, 2025.

*Manual de Processo Penal. Volume Único.* 6. ed. Rio de Janeiro: Forense, 2025.

*Código Penal Militar Comentado.* 5. ed. Rio de Janeiro: Forense, 2024.

*Curso de Execução Penal.* 7. ed. Rio de Janeiro: Forense, 2024.

*Direito Penal. Partes geral e especial.* 9. ed. São Paulo: Método, 2024. Esquemas & Sistemas.

*Prática Forense Penal.* 15. ed. Rio de Janeiro: Forense, 2024.

*Processo Penal e Execução Penal.* 8. ed. São Paulo: Método, 2024. Esquemas & Sistemas.

*Tribunal do Júri.* 10. ed. Rio de Janeiro: Forense, 2024.

*Leis Penais e Processuais Penais Comentadas.* 15. ed. Rio de Janeiro: Forense, 2023. vol. 1 e 2.

*Habeas Corpus.* 4. ed. Rio de Janeiro: Forense, 2022.

*Individualização da pena.* 8. ed. Rio de Janeiro: Forense, 2022.

*Provas no Processo Penal.* 5. ed. Rio de Janeiro: Forense, 2022.

*Prisão, medidas cautelares e liberdade.* 7. ed. Rio de Janeiro: Forense, 2022.

*Tratado de Crimes Sexuais.* Rio de Janeiro: Forense, 2022.

*Código de Processo Penal Militar comentado.* 4. ed. Rio de Janeiro: Forense, 2021.

*Criminologia.* Rio de Janeiro: Forense, 2021.

*Organização Criminosa.* 5. ed. Rio de Janeiro: Forense, 2021.

*Pacote Anticrime Comentado.* 2. ed. Rio de Janeiro: Forense, 2021.

*Execução Penal no Brasil – Estudos e Reflexões.* Rio de Janeiro: Forense, 2019 (coordenação e autoria).

*Instituições de Direito Público e Privado.* Rio de Janeiro: Forense, 2019.

*Manual de Processo Penal e Execução Penal.* 14. ed. Rio de Janeiro: Forense, 2017.

*Direitos Humanos* versus *Segurança Pública.* Rio de Janeiro: Forense, 2016.

*Corrupção e Anticorrupção.* Rio de Janeiro: Forense, 2015.

*Prostituição, Lenocínio e Tráfico de Pessoas.* 2. ed. Rio de Janeiro: Forense, 2015.

*Princípios Constitucionais Penais e Processuais Penais.* 4. ed. Rio de Janeiro: Forense, 2015.

*Crimes contra a Dignidade Sexual.* 5. ed. Rio de Janeiro: Forense, 2015.

*Dicionário Jurídico.* São Paulo: Ed. RT, 2013.

*Código Penal Comentado* – versão compacta. 2. ed. São Paulo: Ed. RT, 2013.

*Tratado Jurisprudencial e Doutrinário.* Direito Penal. 2. ed. São Paulo: Ed. RT, 2012. vol. I e II.

*Tratado Jurisprudencial e Doutrinário.* Direito Processual Penal. São Paulo: Ed. RT, 2012. vol. I e II.

*Doutrinas Essenciais. Direito Processual Penal.* Organizador, em conjunto com Maria Thereza Rocha de Assis Moura. São Paulo: Ed. RT, 2012. vol. I a VI.

*Doutrinas Essenciais. Direito Penal.* Organizador, em conjunto com Alberto Silva Franco. São Paulo: Ed. RT, 2011. vol. I a IX.

*Crimes de Trânsito.* São Paulo: Juarez de Oliveira, 1999.

*Júri* – Princípios Constitucionais. São Paulo: Juarez de Oliveira, 1999.

*O Valor da Confissão como Meio de Prova no Processo Penal. Com comentários à Lei da Tortura.* 2. ed. São Paulo: Ed. RT, 1999.

*Tratado de Direito Penal.* Frederico Marques. Atualizador, em conjunto com outros autores. Campinas: Millenium, 1999. vol. 3.

*Tratado de Direito Penal.* Frederico Marques. Atualizador, em conjunto com outros autores. Campinas: Millenium, 1999. vol. 4.

*Tratado de Direito Penal.* Frederico Marques. Atualizador, em conjunto com outros autores. Campinas: Bookseller, 1997. vol. 1.

*Tratado de Direito Penal.* Frederico Marques. Atualizador, em conjunto com outros autores. Campinas: Bookseller, 1997. vol. 2.

*Roteiro Prático do Júri.* São Paulo: Oliveira Mendes e Del Rey, 1997.